TRAITÉ

DE

LA POLICE.

TRAITÉ

DE

LA POLICE,

Où l'on trouvera

L'HISTOIRE DE SON ETABLISSEMENT,

LES FONCTIONS ET LES PREROGATIVES

DE SES MAGISTRATS,

TOUTES LES LOIX ET TOUS LES REGLEMENS

qui la concernent :

On y a joint

UNE DESCRIPTION HISTORIQUE ET TOPOGRAPHIQUE DE PARIS
& huit Plans gravez, qui representent son ancien Etat, & ses divers Accroissemens;

AVEC UN RECUEIL

DE TOUS LES STATUTS ET REGLEMENS DES SIX CORPS DES MARCHANDS
& de toutes les Communautez des Arts & Métiers.

TOME PREMIER,

A PARIS,

Chez JEAN & PIERRE COT, ruë Saint Jacques, à l'entrée de
à la Minerve.

M. DC

AVEC PRIVILEGE DU

AU ROY.

IRE,

IL manquoit à l'accomplissement du Traité de la Police, que j'eusse le bonheur de le présenter à VOTRE

EPISTRE.

MAJESTE'. *Je le fais avec d'autant plus de confiance, que tout ce qu'il contient de meilleur, aprés les Loix divines, est l'Ouvrage de sa Sagesse, & de son Amour pour les Peuples qu'Elle gouverne.*

Ainsi j'ose me flatter que mon entreprise ne luy sera pas desagreable, & que sous une aussi puissante Protection, les suites en seront heureuses. En effet, SIRE, cette portion du Droit public qui en est l'objet, n'est pas moins importante au service de VOTRE MAJESTE', qu'elle est necessaire au repos, & à la felicité de ses Sujets.

Personne jusques à present n'avoit pris soin d'en écrire, personne n'en avoit ramassé les Loix, ou pour en procurer la connoissance, ou pour en faciliter l'étude. Je n'ay donc pas crû devoir negliger plus long-temps une Jurisprudence entierement consacrée à l'utilité commune, & qui merite par tant de raisons une préference toute singuliere.

Si mon devoir m'a porté d'abord à cette application, & à cette recherche pour m'instruire de mes obligations les plus indispensables, la reconnoissance des biens que je reçois depuis tant d'années des liberalitez de VOTRE MAJESTE' ne m'y a pas moins excité. Quelque puissans neanmoins qu'ayent été ces engagemens, j'avoüe qu'un autre motif a ajouté un nouvel empressement à mon dessein, une nouvelle ardeur à mon zele.

Ce motif, SIRE, est celuy de correspondre à cette inclination constante de VOTRE MAJESTE' pour tout ce qui concerne la Police, c'est-à-dire, pour ce bel ordre duquel dépend le bonheur des Eſtats. J'ay eu en vûë de contribuer ſelon mes forces à ce grand ouvrage du bien public qu'Elle a ſi fort à cœur, & qu'Elle a fait triompher de tant d'obſtacles.

On peut dire, au reſte, que dans tout ce qu'ont entrepris ſur cette matiere les plus ſages Legiſlateurs, rien ne l'emporte ſur ce qu'a établi de nos jours VOTRE MAJESTE'. Un ſeul exemple approche, en quelque façon, de ce qu'Elle a fait pour nous procurer, outre tant d'autres avantages, une ſecurité ſi heureuſe, & ſi univerſelle.

Cet exemple eſt de celuy des Céſars, qui par les ſages établiſſemens qu'il fit dans la Capitale de l'Empire autant que par ſes exploits, merita le nom d'Auguſte. Ce Prince dit l'Hiſtoire, crea dans Rome un Tribunal, & un Magiſtrat unique pour la Police, que beaucoup d'autres exerçoient auparavant avec une confuſion terrible, & des inconveniens continuels.

Vous ſçavez, SIRE, que la Police de votre Capitale, & du reſte de vos Eſtats eſtoit, comme celle de l'ancienne Rome, dans un deſordre preſque univerſel, lorſque Vous prîtes Vous-même les rênes du gouvernement. Vous la ſéparâtes, comme Auguſte, des autres Tribunaux. Mais que ne fîtes-Vous point davantage pour la rendre cette Police un objet de la reconnoiſſance de vos Peuples, de l'eſtime, & de l'admiration des étrangers ?

On ne trouvoit preſqu'avant ce temps-là aucune ſeureté, ny dans la Ville, ny dans les Campagnes contre les Voleurs, ou contre les Aſſaſſins. La pudeur, &

EPISTRE.

la décence dans les mœurs, le point d'honneur dans les familles, la bonne foy dans le commerce, & dans les Arts n'estoient pas exposez à de moindres écueils. Les blasphêmes regnoient dans le discours, l'irreligion dans les Temples, le relâchement, & la division dans l'Eglise.

Tant d'autres maux, enfin troubloient la douceur, & les commoditez de la vie, qu'il ne faloit pas une Religion moins éclairée, une droiture moins constante, une penetration, & une puissance moins souveraines que celles de VOTRE MAJESTE', pour en dé-livrer le Royaume.

Eblouï des grandeurs que j'envisage dans l'accom-plissement d'un si vaste & si glorieux dessein, permet-tez-moy, SIRE, d'en demeurer là. Trouvez bon que je laisse à celebrer aux Orateurs, comme aux Histo-riens les plus habiles, tant de Victoires remportées, tant de Villes prises, tant de Peuples conquis, tant de fois la Paix donnée à l'Europe : trouvez bon, dis-je, que je me sois renfermé dans ce qui dépend de mon sujet.

Cette intelligence profonde qui Vous a fait pourvoir aux besoins des Peuples par un si grand nombre de sages reglemens, & à leur veritable bien par une discipline si excellente; ce juste discernement, si par-ticulier à VOTRE MAJESTE', dans le choix de Magistrats illustres pour leur confier le précieux dépost de ses ordres, est l'objet qui m'occupe tout entier ; mais j'ose dire en même-temps que cet objet n'est pas le moins vaste, le moins glorieux, ny le moins digne d'estre mis en vûe.

EPISTRE.

Tout éclatans, SIRE, que feront toûjours les hauts faits guerriers qui vous diftinguent entre les Heros, rien n'égalera le luftre que ceux dont je viens de parler, répandront fur vos jours & fur votre memoire, dans la pofterité la plus reculée.

En effet, quelque admiration que puiffe exciter l'Hiftoire fur tout ce que VOTRE MAJESTE' a entrepris avec tant de réuffite au delà de fon Empire, quels éloges ne donnera-t-on point à ce qu'Elle a fçû executer dans l'interieur de fes Eftats ? Là d'ordinaire c'eft l'évenement qui couronne les projets; c'eft de l'idée icy, & du deffein d'où l'on tire tout l'éclat de l'entreprife : d'un cofté c'eft le Prince feul qui obtient toute la gloire de l'execution; & de l'autre ce font des Peuples infinis qui en reçoivent tout l'avantage : fi dans les fuccés du dehors les conqueftes donnent de la terreur, & de la jaloufie aux Princes, ou voifins, ou éloignez; les Loix fages établies & obfervées dans les Eftats d'un Roy puiffant & victorieux, ne peuvent infpirer aux uns & aux autres que de l'eftime, & de la veneration : Enfin, SIRE, fi tant de progrés militaires obligent tous les Souverains à rendre à votre gloire le témoignage qui lui eft dû, & leur font craindre de Vous avoir pour ennemy, cette fageffe de gouvernement qui pourvoit à tout, cette attention interieure que toutes les affaires du dehors ne peuvent diftraire, fera refpecter vos vertus dans tous les temps, Vous affeurera pour toûjours l'amour des Peuples, impofera filence à l'envie, & aux Princes de la Terre, l'obligation de Vous propofer à leurs defcendans com-

EPISTRE.

me le plus digne & le plus parfait modele qu'ils puissent imiter.

Daignez donc, SIRE, agréer un ouvrage où VOTRE MAJESTE' a tant de part, puisque vos Edits si pleins de sagesse, & de justice ont presque fourni les plus excellens materiaux que j'y employe; & que mes vûës ont esté guidées par vos lumieres, & mon zele par votre exemple.

Fasse le ciel qu'il Vous persuade de la sincerité de mes desirs dans tout ce que j'ay fait; qu'il me procure ce bien pour la récompense de mon travail; mais qu'il accorde, sur tout à mes vœux, une santé longue, & parfaite de VOTRE MAJESTE', & qu'il égale, si je l'ose dire, ce dernier bienfait au dévouement, & au respect tres-profond avec lequel je suis,

SIRE,

DE VOSTRE MAJESTE',

Le tres-humble, tres-obéissant, & tres-
fidéle serviteur & sujet,
DELAMARE.

PREFACE.

IL est assez ordinaire à ceux qui écrivent touchant leur Profession de dire qu'ils n'ont entrepris ce travail que pour leur utilité, & leur instruction particuliere. Ce lieu commun est aujourd'huy tellement rebattu, & si fort usé, qu'il a sans doute beaucoup perdu de son credit. J'ose encore cependant m'en servir; & je le fais avec d'autant moins de scrupule, qu'il est parfaitement connu de plusieurs personnes de consideration & de probité, qu'en cela je ne dis rien qui ne soit veritable. Aussitost que j'eus envisagé les obligations de l'état que j'ay embrassé, je reconnus un partage parfaitement bien marqué de deux especes de fonctions toutes differentes, & dans leurs fins, & dans leurs exercices. Les unes qui concernent les affaires & les interests des particuliers ; & les autres qui n'ont pour objet que le service du Roy & le bien public. Celles-là toûjours commodes, & profitables ; & celles-cy accompagnées perpetuellement de sollicitudes, & sans autre rétribution que les bienfaits qu'un service zelé & assidu peut faire esperer du Prince. Je ne balançai point dans le choix du parti que je devois prendre : le soin du Public me parut une obligation infiniment plus étroite de mon état, que celuy des affaires particulieres, & lucratives. Ainsi sans trop negliger les unes, quand mon devoir m'y a appellé, j'ay toûjours donné la préferance aux autres. Ce fut dans cette vûë, & en effet pour ma propre instruction, que je commençay à étudier ces matieres du Droit public, dont je n'avois eû jusques alors que des notions fort generales, & fort imparfaites. Je formay en même tems le dessein de rassembler tout ce qui avoit esté fait sur ce sujet, & d'en composer une espece de Code politique pour mon usage particulier, & sur lequel je pusse régler ma conduite. Je n'eus pas si-tost mis la main à l'ouvrage, que je découvris toutes les difficultez de mon entreprise, & je fus plusieurs fois sur le point de l'abandonner.

Ce que les Républiques, & les Etats les plus celebres ont eu d'usages dans ce genre, les Ordonnances de nos Rois, les Arrests, & les Réglemens qui concernent la Police & l'ordre public sont répanduës dans un si grand nombre de Volumes : tout cela d'ailleurs s'y trouve entrecoupé, & mêlé de tant d'autres matieres, & avec si peu d'ordre, que c'est déja un fort grand travail d'en faire la recherche, & de les séparer de tout ce qui leur est étranger. Ce n'est pas toutefois la plus grande des difficultez qu'il y avoit à surmonter. Il auroit du moins suffi pour y réussir d'avoir des livres, & de les étudier avec quelque attention ; mais combien y a-t-il de ces Ordonnances

&

PREFACE.

& de ces Réglemens qui n'ont jamais esté tirez de nos Regiſtres pour eſtre imprimez ? Combien d'autres à la verité ont eſté donnez au Public, mais en feuilles volantes & fugitives, ou par des affiches, qui diſparoiſſent ſi promptement que les idées s'en perdent par le même ſort. Il a donc eſté neceſſaire, pour remplir mon deſſein, de rechercher celles-cy dans les anciennes Archives & dans nos Greffes, où elles ſont conſervées. Le Treſor des Chartres de France, dont nous avons des Extraits, ou des Répertoires aſſez amples ; la Chambre des Comptes, & les Manuſcrits conſervez dans les Bibliotheques m'en ont fourni quelques-unes ; mais le plus grand nombre s'eſt trouvé dans les Regiſtres du Parlement, dans les Bannieres, & dans les autres Regiſtres du Chaſtelet de Paris.

Henry II. qui avoit compris la neceſſité de ce deſſein, conçut en même-tems celui de faire rédiger en un corps toutes ces Loix & toutes ces Ordonnances. C'eſt ce qu'on voit par un Edit du mois de Mars 1555, que je rapporte dans ce Traité. Mais les Guerres conſiderables que ce Prince eut à ſoûtenir ne permirent pas que ſon Edit fût executé.

Ce travail, tout penible & tout rebutant qu'il eſt, me plut beaucoup dans la ſuite, & j'y employai avec plaiſir toutes les heures que les fonctions de ma Charge me laiſſoient de repos. Je m'étois borné d'abord à une ſimple compilation du Texte des Ordonnances, dont j'avois fixé l'époque la plus reculée au Regne de Philippes le Bel, où commencent nos plus anciens Regiſtres. Je découvris dans ces Réglemens que j'eus à parcourir, tant de ſageſſe, un ſi grand ordre, & une liaiſon ſi parfaite entre toutes les parties de la Police, que je crûs pouvoir réduire en Art ou en Pratique l'Etude de cette Science, en remontant juſques à ſes principes.

Pour executer donc ce deſſein beaucoup plus vaſte, & plus difficile que le premier, j'ay eû recours aux Loix des plus fameuſes Républiques, & des Empires les plus conſiderables de l'Antiquité ; aux Capitulaires, aux Ordonnances de nos Rois, & aux écrits des Anciens, & des Modernes : enfin j'ay tiré de toutes ces ſources tout ce que j'ay pû y découvrir de plus important ſur cette matiere, & ce qui a plus de rapport à noſtre Police, & à nos Uſages.

Au reſte, comme toutes les Loix de la Police n'ont pour objet que le bien commun de la ſocieté, les évenemens generaux ſont à leur égard, ce que les eſpeces particulieres ſont au droit privé. Si donc les Loix qui regardent les intereſts des particuliers ne ſont jamais mieux entenduës, que lorſqu'on en fait l'application aux eſpeces qu'elles doivent décider ; de même l'intelligence de celles de la Police dépend preſque toûjours de la connoiſſance des évenemens qui leur ont donné lieu. Dans cette vûë, j'ay crû devoir joindre aux Loix, & aux Réglemens que j'ay rapporté dans ce Traité, tous les ſecours que l'Hiſtoire nous fournit pour les bien entendre, & pour en penetrer l'eſprit & les motifs.

Ce n'eſt donc plus un ſimple Recueil d'Ordonnances, comme je me l'étois d'abord propoſé : ce ſont des Diſſertations ſur toutes les matieres de Police : c'eſt une Hiſtoire ſuivie de toutes ſes Loix, & de tous ſes Réglemens depuis l'établiſſement de la plus ancienne des Républiques juſques à preſent.

Quant à l'ordre que je me ſuis preſcrit pour rendre cette étude méthodique, & la faciliter autant qu'il m'a eſté poſſible, il ne peut eſtre, ce ſemble, plus naturel & plus ſuivi. J'ay commencé par prouver l'exiſtence, & la neceſſité de la Police, la dignité de ſes Magiſtrats, & la ſoûmiſſion que l'on doit à ſes Loix : j'ay enſuite montré que ſon unique objet conſiſte à conduire l'homme à la plus parfaite felicité dont il puiſſe joüir en cette vie.

Ce bonheur de l'homme, comme chacun ſçait, dépend de trois ſortes de biens, les biens de l'ame, les biens du corps, & ceux qu'on appelle de la fortune. La privation des premiers jette les tenebres dans ſon eſprit, corrompt ſon cœur, & luy fait oublier ſes principaux devoirs : celle des ſeconds l'abandonne à la langueur & aux ſouffrances ; & ſi les derniers luy manquent, il eſt rare, ſans une grace d'enhaut,

ou

ou des secours tout particuliers, qu'il puisse joüir d'un veritable repos.

On trouvera suivant cet ordre dans le cours de ce traité, par rapport aux biens de l'ame toutes les Loix qui concernent la Religion, & les mœurs ; pour les biens du corps toutes celles qui ont pour objet la santé, les vivres, les habits, le logement, la commodité des voyes publiques, la seureté, & la tranquilité de la vie.

Les Sciences, & les Arts liberaux font une espece de classe à part, où l'on peut dire que se trouvent renfermez tous ces differens biens que la Police a pour objet. Elles font certainement partie des biens de l'ame, & après la vertu & les dons de la grace, elles y tiennent sans contredit le premier rang. Que si le corps contribue à les acquerir par la parfaite conformation de ses organes, & l'heureuse constitution de son tempe-rament qui en facilite l'étude, il en reçoit aussi cet avantage qu'elles pourvoyent à la conservation, & au rétablissement de sa santé, & qu'elles lui procurent une infinité d'autres biens, & de commoditez. Enfin quoique les Sciences se proposent un objet incomparablement plus grand que l'interest, ou le gain mercenaire, il est neanmoins certain que c'est l'une des routes qui conduisent aux fortunes les plus éclatantes ; si ce n'est pas toûjours la plus seure & la plus courte, c'est du moins certainement la plus noble & la plus glorieuse : ainsi j'ay placé tout ce qui les concerne en cet endroit, commetenant le milieu entre tous ces autres biens.

Le Commerce, les Manufactures, & les Arts mécaniques font d'autres moyens legi-times de parvenir à la possession de cette troisiéme espece de biens, que l'on nomme de la fortune, & je les ay fait suivre dans ce même ordre les Sciences, & les Arts liberaux.

Ceux qui font sans biens & qui n'ont esté élevez, ni dans les Sciences, ni dans le commerce, ni dans les Arts, se mettent en service, & ils y trouvent chacun selon ses talens tous les secours qui leur font necessaires.

Il y a long-tems, graces au Ciel, que la dure peine de l'esclavage a cessé entre nous, elle n'estoit conforme ny à la sainteté de nostre Religion, ny à la bonté de nos mœurs. Ainsi nos domestiques, & les manouvriers qui nous servent, font des personnes li-bres, & l'on trouvera icy une discipline, & des loix qui les concernent.

Lorsque faute de lumieres, de biens, de forces, ou de santé l'homme ne peut sub-sister de ses talens ou de son travail, ou que faute de cœur il ne veut pas s'y appliquer, dans le premier cas on pourvoit à son indigence par le secours des charitez ou des Hospitaux ; on chastie dans le second la malice ou le libertinage, & l'on force par des Loix ces derniers à gagner leur vie, sans estre à charge au Public.

Il est donc vray de dire qu'en quelque état que l'homme se trouve, & quelque parti qu'il prenne, la Police veille continuellement à sa conservation, & à luy procu-rer tous les biens dont il peut estre capable, soit de l'ame, soit du corps, soit de la fortune, par rapport aux dispositions presentes où il se rencontre.

Voilà en general le systême que je me suis formé de la Police, & que je renferme en douze Livres.

On ne sera peut-estre pas fâché de trouver icy un plan succint de ces douze Parties de tout l'Ouvrage, pour en faire comprendre plus aisément, & comme d'une premiere vûë toute l'importance.

Dans le PREMIER LIVRE, je considere la Police en elle-même, pour ainsi dire : je prouve son existence necessaire : je remonte jusques à sa source : j'explique les motifs qui luy ont donné naissance : je la fais connoistre par ses définitions, par sa division, & par toutes les descriptions que les Anciens & les Modernes en ont fait, & les éloges magnifiques qu'ils luy ont donnez.

Je passe ensuite à l'Histoire de ses Magistrats : j'y ajoûte celle des Officiers qui leur font subordonnez, & qui en partagent avec eux les premiers soins : l'on y voit leurs Etablissemens, leurs Dignitez, leurs Prérogatives, & leurs Fonctions.

Je parcours sur chacun de ces points tout ce qui s'est passé dans les trois plus celebres Républiques, ou Monarchies de l'Antiquité, les Hebreux, les Grecs & les Romains. J'examine l'ancienne Police des Gaules : celle que les Cesars y établirent avec leur Domination, & ce qui en fut conservé par nos premiers Rois. Je descends dans le détail de toutes les vicissitudes ausquelles cette Police a esté exposée. On y

PREFACE.

découvre les troubles qu'elle a eu à supporter; le silence, ou l'oubli de ses Loix, ses langueurs, pour ainsi dire, ses chutes; toutes les causes qui ont produit ces differens & dangereux effets, tous les moyens qui ont esté mis en usage en divers tems pour les réparer. L'on y remarque enfin l'état de perfection où elle a esté portée de nos jours, & dont nous sommes redevables à la profonde Sagesse du Roy, & à l'attention continuelle de Sa Majesté à tout ce qui peut contribuer au repos, & à l'avantage de l'Etat.

Comme la Police de Paris a toûjours esté donnée pour modèle à toutes les autres Villes du Royaume, & que les Ordonnances de nos Rois les obligent de s'y conformer autant qu'il leur est possible, elle est décrite icy en particulier dans toute son étenduë. J'ay même jugé à propos pour une plus parfaite intelligence d'y joindre une Description historique, & topographique de cette Ville capitale. L'on y voit en huit Cartes son ancien Plan du tems des Gaulois, ce que les Romains y ajoûterent aprés leurs Conquestes, ses accroissemens sous nos Rois, ses differentes clostures, la grandeur, & la magnificence où elle est parvenuë aujourd'huy.

Je conclus enfin ce premier Livre par l'obéïssance qui est duë aux Magistrats, & la soumission que l'on doit à l'exacte observation des Loix. J'y fais voir l'importance de ces deux points, que tout l'ordre public en dépend, & qu'ils influent necessairement sur toutes les parties de la Police.

Le second Livre contient toutes les matieres qui concernent la Religion. J'y prouve d'abord par l'Ecriture, les Conciles, les Peres, les Souverains Pontifes, que de tout tems, soit dans l'ancienne, soit dans la nouvelle Loy, les soins de maintenir la veritable Religion dans sa pureté, & d'en faire observer le culte exterieur, ont esté confiez aux deux puissances, la spirituelle, & la temporelle, chacune dans l'étenduë de son pouvoir.

Je recherche avec application dans ces mêmes preuves en quoy consistent ces soins, & ce pouvoir à l'égard du Magistrat politique, l'utilité que la Religion en reçoit, & celle qu'elle en peut esperer : Comment l'Eglise même s'en est expliquée dans ses Loix, & combien les premiers Empereurs Chrétiens, & nos Princes ont recommandé cette importante portion de la Police à leurs Officiers.

De ces considerations generales, je passe au détail de ce qui s'est fait dans tous les tems pour maintenir ce bon ordre, & cette discipline. L'on y voit l'Eglise attaquée dés sa naissance par trois puissans ennemis, les Payens, les Juifs, & les Heretiques. L'on y admire son progrés au milieu des plus cruelles persecutions. Toutes les puissances de la terre armées contre Elle, bien éloignées de lui donner aucuns secours.

La conversion de Constantin lui en procura par l'Edit solemnel de l'an 313. Je le rapporte, avec tout ce qui fut fait depuis cette heureuse époque par ce Prince devenu seul Maistre de l'Empire. L'on y remarque la sagesse avec laquelle il se conduisit pour appaiser les murmures du Senat, encore tout payen, & allarmé de l'atteinte que l'on donnoit au culte de ses faux Dieux; comment ce Prince s'y prit pour calmer les esprits du peuple idolâtre, & prévenir les émotions qu'un faux zele auroit pû exciter; ce qu'il fit pour favoriser la Prédication de l'Evangile, la propagation de la Foy, la multiplication des Eglises; & comme on vid enfin sous les Successeurs de ce premier Prince Chrétien le Paganisme entierement aboli dans leurs Etats, les Temples démolis, tous les lieux, & tous les biens qui avoient autrefois servi à l'idolatrie convertis en œuvres pieuses.

Pendant ces favorables conjonctures la Conqueste des Gaules par les François rétablit presque le Culte des fausses Divinitez dans tous les lieux qui furent soûmis à leur obéïssance. Leurs Princes devenus Chrétiens rendirent bien-tost à l'Eglise dans leurs Etats son ancien lustre, par une protection toute singuliere. Je rapporte tous les Edits ou Capitulaires qu'ils firent pour l'abolition de ces restes du Paganisme, & de toutes les superstitions qui avoient quelque rapport à ce faux culte.

J'ay recherché avec le même soin tout ce qui s'est passé en faveur de la Religion Chrétienne contre les Juifs. L'on trouvera icy sur cette matiere tous les Canons des

Conciles

PREFACE.

Conciles, les Decrets des Papes, les Loix des Empereurs, les Capitulaires, & les Ordonnances de nos Rois; tout ce qui a esté fait ou pour les tolerer, ou pour regler leur discipline & leur commerce avec les Chrétiens, ou pour les chasser & bannir des Etats.

Les Payens, & les Juifs totalement séparez de l'Eglise ne furent pas les ennemis qu'elle eust le plus à craindre. C'estoient autant d'étrangers qui ne l'attaquoient qu'à découvert & dans ses dehors, pour ainsi dire, ce qui rendoit sa deffense contre eux plus facile. Les Heresies lui firent une guerre plus dangereuse, & lui furent d'autant plus difficiles à combattre, qu'elles avoient pris naissance dans son propre sein.

Il n'est pas absolument de mon ressort, ni mesme de mon dessein de décrire les Victoires que l'Eglise a remportées sur les Heresiarques dans les trois premiers siecles sans le secours des Puissances temporelles; l'Histoire en est trop connuë, ainsi je passe aux Loix qui composent nostre droit à cet égard, & cette partie de nostre Police.

L'on y voit entre-autres les décisions de l'Eglise appuyées de l'autorité des premiers Princes Chrétiens, pour les faire suivre, & respecter par leurs Sujets; les Heretiques privez de tous honneurs, chassez de la Cour des Princes, exclus des emplois & des charges publiques, leurs livres supprimez & brûlez, leurs Temples & lieux d'assemblez démolis, leurs biens confisquez, & quelquefois même les plus opiniastres, & les plus seditieux proscrits, ou condamnez à des peines corporelles.

Je me suis neanmoins attaché principalement à la recherche de tout ce qui s'est passé en France à cet égard. Il y avoit plusieurs siecles que les Heresies s'estoient répanduës par tout ailleurs, avant que d'avoir pû trouver aucune entrée dans ce Royaume. Les Ariens, & les Iconoclastes firent plusieurs tentatives pour s'y introduire, & furent toûjours repoussez. Les lumieres de nos Prélats, leur zéle apostolique, & la pureté de leur foy fut un boulevart impenetrable à toutes les erreurs, & le plus solide appui de la verité orthodoxe. L'Eglise universelle en estoit tellement persuadée, qu'elle les consulta sur les differens qui partageoient alors les Grecs & les Latins touchant quelques articles de la Foy.

La pieté de nos Rois n'éclata pas moins dans ces tems de troubles & de division. Ils appuyerent les décisions des Conciles par leurs Capitulaires ou Ordonnances, & ils donnerent du secours aux souverains Pontifes, autant de fois que l'Eglise se vid en quelque peril par la protection que les autres Princes donnoient aux Heretiques. Mon projet m'engage à rapporter tous ces faits, à quoi je ne me borne pas seulement; mais je tâche à les établir par des preuves assez curieuses.

Les Albigeois & les Vaudois qui sont venus dans leur tems, furent les premiers Heretiques qui infecterent la France. L'on verra les troubles que leurs erreurs y causerent; tout ce qui fut fait pour détruire ceux qui s'y trouverent engagez; & enfin l'Edit de saint Loüis, qui rétablit la paix dans l'Eglise de son Royaume.

La Religion y joüissoit de ce repos, lors qu'au commencement du seizième siecle des Disciples de Luther penetrerent jusques à Paris; mais quand les Magistrats de cette Ville en eurent connoissance, ces nouveaux Sectaires apprehendant d'estre découverts, furent obligez de prendre la fuite.

Calvin plus hardi, & plus artificieux, fonda dans le même siecle à Genéve une Ecole qu'il avoit pour ainsi dire commencée en France. Les suites funestes des erreurs qu'il répandit sont trop connuës pour m'y étendre. Je n'ay pas crû neanmoins qu'il fût inutile d'en toucher quelques circonstances, pour justifier les Loix que je rapporte, & qui ont esté faites de tems en tems, afin de remedier aux maux inévitables de l'Heresie, & pour sa totale extirpation.

Aprés cela les Apostats & les Relaps ne feront pas un article moins important, comme on le verra par l'énoncé des Loix qui les punissent.

Les Dogmes de la Religion ainsi affermis, il ne s'agit plus que de faire observer avec exactitude tout ce qui concerne son culte exterieur. J'ay trouvé sur cette matié-

é   re

PREFACE.

re que les Loix & les Ordonnances de Police viennent au fecours des ufages, & des décifions de l'Eglife en ces fept points. I. Faire rendre aux Lieux faints le refpe& qui leur eft dû. II. Obferver exactement les Dimanches & les Feftes. III. S'abftenir pendant le Carême des viandes défenduës. IV. Conferver dans les Proceffions publiques l'ordre, & la décence convenable. V. Empefcher les abus qui fe peuvent commettre fous le titre de Pelerinages. VI. Prendre les mêmes précautions à l'égard des Confréries. VII. Et enfin veiller qu'il ne fe faffe aucuns nouveaux établiffemens, fans y avoir obfervé les formalitez neceffaires.

Il eft de l'ordre que je me fuis prefcrit de rapporter enfuite toutes les Loix qui ont pour objet la difcipline des Mœurs, & d'en compofer le TROISIE'ME LIVRE de ce Traité.

J'ay étudié fur cette matiere autant qu'il m'a efté poffible le cœur de l'homme, & je l'ay fuivi dans toutes les routes par lefquelles l'amour propre le conduit depuis les attachemens qui paffent pour les moins criminels, jufques à fes derniers déreglemens.

Une paffion défordonnée pour le luxe, pour la bonne cheré, pour le jeu, & pour les fpectacles, commence à luy faire abandonner fes devoirs effentiels, & à le jetter dans des dépenfes au-deffus de fes forces; à cette vie molle, fenfuelle, & oifive, fuccede bien toft la débauche des femmes, & la frequentation des mauvais lieux. Il eft rare qu'en cet état il lui refte encore beaucoup de Foy & de Religion : ainfi il tombe aifément dans les juremens & les blafphêmes. Il y en a enfin qui font affez malheureux, n'ayant plus ni confcience, ni biens, de fe jetter entre les bras des devineurs, des Sorciers ou Mágiciens, ou pluftoft de ces miferables impofteurs, qui les amufent de l'efperance de tréfors cachez, ou d'autres fecours diaboliques, & abufant ainfi de leur trop credule aveuglement, les conduifent à leur derniere perte.

Pour ne rien outrer neanmoins, j'ay diftingué dans ce qui flatte, ou ce qui entretient les paffions, ce qui eft permis, ou toleré en de certaines rencontres, d'avec ce qui eft défendu.

Ainfi fans rien negliger de tout ce qu'il peut y avoir de curieux, & d'hiftorique fur chaque matiere dont je traitte, j'ay rapporté toutes les Loix qui les concernent. L'on y trouve donc celles qui ont condamné le luxe, l'intemperance, certains jeux, & certains fpectacles, les débauches & proftitutions des femmes, les juremens, les blafphêmes, l'aftrologie judiciaire, la Magie & les Sorciers.

La Police ayant ainfi donné ces premiers foins à régler la conduite de l'homme par rapport à fon efprit & à fon cœur, doit s'appliquer, fuivant noftre divifion, à lui procurer auffi les biens corporels.

Il m'a paru que la fanté, les vivres, l'habit, le logement, la commodité des chemins, & la feureté contre les violences, qui auroient pû attaquer fa vie, ou traverfer fon repos, renferment tout ce qui peut eftre défiré à cet égard.

La fanté donc, qui eft le premier & le plus défirable de ces biens corporels, precede icy tous les autres de cette nature, & fert de matiere au QUATRIE'ME LIVRE de ce Traité.

A l'imitation des Anciens, j'ay divifé tous les foins que l'on doit prendre pour entretenir cette heureufe conftitution, ou pour la rétablir quand la maladie lui donne quelque atteinte, à ces cinq principaux points, la Salubrité de l'Air, la Pureté de l'Eau, la bonté des autres Alimens, le choix des Remedes, la Capacité des Medecins, & des Chirurgiens que l'on employe.

J'ay rapporté toutes les autoritez qui prouvent l'importance de chacun de ces points. L'eftime que les Anciens en ont fait, les abus qui s'y peuvent commettre, toutes les Loix & les Ordonnances qui ont établi des précautions pour ne rien negliger dans une matiere fi favorite, & qui nous touche de fi prés.

Quoique ces foins generaux pour la confervation, ou pour le recouvrement de la fanté dans les cas ordinaires, demandent de grandes & de continuelles attentions de la part

du

PREFACE.

du Magiſtrat, & des Officiers de Police, ſur leſquels le Public ſe repoſe ; il y a des occaſions, où leur vigilance eſt incomparablement plus neceſſaire, ce ſont celles des maladies épidemiques ou populaires.

La Lepre, & la Peſte ſont de ce nombre, les plus univerſelles, les plus dange-reuſes, & les plus à craindre.

Il y a long-tems (graces au Ciel) que la France ſe trouve totalement délivrée de la premiere, & que les atteintes de la ſeconde y ſont fort rares. Cependant comme ce ſont des fleaux que Dieu nous menage quelquefois par ſa miſericorde, pour nous châtier en pere dés ce monde, & nous faire rentrer dans nôtre devoir, j'ay recherché & rapporté avec ſoin tout ce qui s'eſt fait dans ces triſtes occurrences.

Le CINQUIE'ME LIVRE eſt deſtiné à la Police des Vivres : elle y eſt traitée dans toute ſon étenduë, & diviſée en ces neuf principaux points, qui comprennent tout ce qui peut être deſiré à cet egard. I. Le Pain. II. La Viande. III. Le Poiſſon de mer frais, ſec & ſalé. IV. Le Poiſſon d'eau douce. V. Les Oeufs, le Beurre, & le Fromage. VI. Les Fruits, & les Legumes. VII. Le Vin, & la Biere. VIII. Le Bois, & le Charbon, qui ſervent à préparer les alimens pour la cuiſſon. IX. Le Foin, & les Grains dont on nourrit les beſtiaux, qui ſont employez à la culture de la terre, à voiturer les vivres, ou à d'autres ſervices pour nos commoditez particulieres.

Chacune de ces matieres y eſt traitée ſous autant de differents Titres & de Cha-pitres, dont elle s'eſt trouvée ſuſceptible.

A l'egard du Pain, & de la Police des Grains, l'on y a pour objet.

I. Les Laboureurs qui employent leurs ſoins & leurs travaux pour faire venir les Grains, & deſquels on les tire de la premiere main. II. Les Marchands qui en font le Commerce. III. Les Voituriers qui les conduiſent. IV. Les ports ou marchez où ils doivent être expoſez en vente. V. Les Officiers prépoſez pour les meſurer. VI. Les Porteurs établis pour faciliter les décharges des vaiſſeaux, ou des harnois, & le tranſport des Grains dans les greniers.

Cela engage en quelque façon à dire un mot de l'Agriculture. L'on y remarque l'eſtime que les Anciens en ont faite, & les éloges qu'ils luy ont donnez.

Je rapporte toutes les Loix & les Ordonnances qui ont eſté faites. I. Pour favoriſer la culture & les engrais des terres. II. Pour la conſervation de celles qui ſont enſemen-cées. III. Pour les Moiſſons. IV. Pour la garde, la vente, & le debit des grains par les Laboureurs.

L'importance de ce Commerce par les Marchands qui en font le debit public, demande beaucoup de ſoin, de vigilance, & de précautions, pour y entretenir la bonne foy, prévenir, & corriger tous les monopoles, les uſures, & les autres abus, que l'avarice & la cupidité du gain pourroient y introduire. Les Loix, les Ordon-nances, & les Arrêts, qui y ont pourveu avec autant de force, que de ſageſſe, ſe trouveront rangez icy chacun en ſon lieu.

Ce Commerce conſideré en gros, eſt encore diſtingué en local, c'eſt à dire, ce-luy qui ſe fait dans la même Province où les grains ont été recueillis ; en provin-cial, lors qu'ils ſont tranſportez d'une Province en une autre ; & en étranger, quand par des Traittes-foraines l'on en fait part aux Royaumes, ou autres Etats voiſins, lors que le Prince le permet.

Ces differens Commerces ont leurs uſages, qui ſont preſcrits par les Reglemens qui les concernent, & que l'on trouvera auſſi dans leur rang.

Mais pour ne pas rendre ce diſcours trop long, & trop languiſſant par un detail trop circonſtancié des matieres que je traitte dans cet Ouvrage, j'ajoûterai ſeu-lement que j'obſerve dans ce qui ſuit, la même œconomie, le même partage des matieres, la même recherche, & le même recueil de faits hiſtoriques, de Loix, tant anciennes que modernes, d'Ordonnances & de Jugemens ſur chaque ſujet. On trou-vera ainſi ce qui regarde les Voituriers, les Ports & les Marchez, les Halles de Paris, les Blatiers, & les Marchands forains, les Meſureurs, & les Porteurs.

PREFACE.

Je traitte aprés dans le même ordre & avec les mêmes recherches hiftoriques, ce qui regarde la fabrique des Farines & du Pain, la difference des machines que l'on y a employé dans les tems même les plus reculez. Les Ouvriers qui s'y occupent, les Corps qu'ils compofent, la Difcipline qui leur eft particuliere, & la Jurifprudence enfin que les Loix de la Police ont établies à ce fujet.

Je n'oublie pas enfuite de décrire les précautions que l'on prend dans les tems de fterilité & de difette; les recherches de ce que l'on a fait fur cette matiere dans tous les tems jufques à préfent ne déplairont pas, fans doute, à ceux qui aiment le bien public. En voicy donc une legere idée.

L'on trouvera d'abord. I. Combien de fois cette calamité s'eft fait fentir en France depuis l'établiffement de la Monarchie. II. De quelles horreurs elle a été accompagnée en certaines occafions. III. Quelles font les caufes generales ou particulieres dont elle procede ordinairement. IV. Tous les moyens qui ont été mis en ufage en differens tems pour la prévenir, ou pour y remedier. V. L'on y rapporte ce grand nombre d'Ordonnances, d'Arrefts & de Reglemens, qui prefcrivent aux Laboureurs, aux Marchands de Grains, aux Officiers des Ports, & des Marchez, aux Mefureurs, aux Braffeurs, & aux Boulangers leurs devoirs & ce que le bien public demande de chacun dans ces tems d'affliction. VI. L'on y trouve la condamnation des ufures, des monopoles, des arremens, des achats clandeftins en verd ou fur pied, des focietez vicieufes, des referves en greniers ou magafins cachez, des retards ou détours de voitures, des faux bruits répandus, & de tant d'autres moyens, que l'avarice & la cupidité du gain fait inventer dans le commerce des grains en ces fortes d'occafions. VII. L'on y remarque d'ailleurs les ordres qui font donnez pour implorer du Ciel par des Vœux & des Prieres publiques la delivrance de cette affligeante tribulation. VIII. Les foins extraordinaires que l'on prend d'affifter les pauvres dans leurs preffantes neceffitez. IX. Les ateliers publics que l'on ouvre pour occuper les valides, & les faire fubfifter. X. Les aumofnes volontaires, & les impofitions pour fubvenir aux neceffitez de ceux qui font dans l'impuiffance de gagner leur vie. XI. Les Affemblées des Magiftrats, & de tous les Ordres de la Ville, pour concerter les moyens de rétablir l'abondance, & de pourvoir aux befoins preffants. XII. Les defcentes des Officiers de Police dans les Provinces pour découvrir fur les lieux, & y voir de plus prés les veritables caufes des maux que la famine fait reffentir au centre de l'Eftat; informer contre ceux qui en font les autheurs ou les complices; rechercher & faire ouvrir les Magafins cachez; faire conduire les Bleds aux Marchez les plus proches des lieux, en faire charger pour la Ville capitale, en preffer le départ, en affeurer & diligenter les voitures; faire en forte enfin que du moins le neceffaire fe trouve en tous lieux, & à jufte prix, en attendant qu'il plaife au Ciel y rétablir l'abondance & le bon marché.

Mais je raporte fur tout icy ce que la Pofterité n'oubliera jamais, les bontez avec lefquelles le Roy entra dans tous les befoins de fon peuple, pendant ces triftes années de famine dont la France fut affligée fur la fin du dernier fiecle. Les dépenfes veritablement Royales de fa Majefté, pour faire venir des Bleds des extremitez de l'Europe, & pour en aller chercher jufques en Afrique; les immenfes charitez de Pain, & d'Argent qu'Elle fit répandre en tous lieux pour foulager une infinité de Pauvres, qui feroient morts de faim, fans ce fecours; la force & la fageffe de fes Loix, qui intimiderent les méchants, fortifierent les gens de bien, & mirent en mouvement tous les remedes, qui pouvoient être apportez à un mal fi preffant, pour en addoucir la peine, & en abreger la durée.

Je n'ai eu garde d'oublier encore en cet endroit, tout ce qui fut fait alors par ce grand & ce fage Magiftrat, qui eft à la tefte du premier, & du plus augufte Tribunal du Royaume. Combien, à l'imitation de fes illuftres Anceftres, qui ont fi fouvent rempli ce glorieux Pofte, il donna de preuves de fon zele pour le fervice du Roy; le bien de l'Etat, & le foulagement du pauvre peuple; à combien de fatigues il expofa une fanté fi

précieufe,

précieuse, pour se faire rendre compte de tous les événemens, donner ses Ordres pour y pourvoir, & se trouver souvent en personne dans tous les lieux, où il crut que sa presence & son autorité étoient necessaires.

N'a-t-il pas esté aussi également juste & raisonnable, de joindre à ces observations tout ce que l'un & l'autre de ces dignes Magistrats qu'on a vû remplir successivement le Tribunal de Police de la Ville capitale, ont concouru de leur part à ce grand ouvrage du bien public dans ces tems difficiles ; avec combien de sagesse, de prudence, d'activité, de vigilance, & de soins infatigables, on les vid remedier aux maux les plus pressans, prévenir ceux qui étoient à craindre, punir, récompenser, intimider, consoler, soûtenir les courages abatus, relever les esperances, procurer des secours, les faire distribuer à propos, le tout selon que les differentes occurrences se presentoient tous les jours, & presque à tous momens ; animer enfin le zéle de ces Officiers, qui agissent ordinairement sous leurs ordres, & dont les services ne sont jamais si importans & si necessaires que dans ces tems de calamité ? Comme on ne trouve aucun monument plus parfait en ce genre de Police, qui pût estre donné pour modéle à l'avenir, si le Ciel nous affligeoit encore d'un semblable fleau, rien n'en a esté retranché.

L'on void bien par ce détail que j'ay dû suivre les mêmes regles au sujet des Viandes, & que je n'ay pas manqué de faire un partage semblable des matieres qui les concernent. L'on trouvera donc icy sous autant de differens titres tout ce qui regarde les Marchands de Bestiaux, de Volailles, & de Porcs ; les Bouchers, les Rotisseurs, les Chaircuitiers, les Patissiers, les Cuisiniers. Toutes les Loix, toutes les Ordonnances, & tous les Réglemens qui établissent la Discipline qui doit estre suivie dans ce Commerce important, & dans chacune de ces differentes Professions.

J'ay observé la même œconomie sur tout ce qui concerne le Poisson de Mer frais, sec, & salé, & celui d'eau douce. Ainsi pour y suivre, comme dans les autres matieres precedentes, l'ordre le plus naturel, j'y traite d'abord, I. De la Pesche à l'égard de la Mer. II. Des lieux où elle se fait, & des instrumens dont l'on peut se servir à cet usage. IV. Des précautions que l'on prend pour la seureté des Pescheurs & de leurs Vaisseaux en tems de guerre. V. Comment ces Provisions pour la ville de Paris se doivent faire sur les lieux. VI. Des Marchands-Forains, ou Chasse-Marées. VII. Des Jurez-Vendeurs, & des autres Officiers établis pour ce Commerce. VIII. Ce qui concerne les Salines en particulier. IX. Des Poissonnieres & Harangeres, qui vendent en détail. X. Des Tribunaux qui connoissent de cette Police, & de la Jurisprudence qui s'y observe.

Les Réglemens qui concernent le Poisson d'eau douce, sont aussi rapportez dans l'ordre qui convient à ce commerce, selon les differentes manieres & saisons, de le pescher, de le conserver, de l'apporter, d'en faire le debit en gros, & en détail, l'établissement & la discipline des lieux & marchez destinez pour en faire la vente.

Le Beurre, les Oeufs, le Fromage, les Fruits, & les Herbes ou Legumes vertes suivent immediatement dans la Police des Vivres, la Viande & le Poisson. L'on rapporte encore icy tout ce qui concerne ces provisions, tant par rapport aux Marchands-Forains, qu'à ceux qui les vendent dans les Villes. I. La Discipline qu'ils doivent observer dans leurs achats, & leurs ventes. II. Ce qui leur est permis ou deffendu. III. Les Places & Marchez qui leur sont destinez. IV. L'Election des Jurez, & les Visites qu'ils doivent faire. V. La Discipline des Lotissemens. VI. Les Professions ausquelles ce Commerce est défendu par incompatibilité, & enfin tous les Réglemens qui ont esté faits pour en procurer l'abondance, & y entretenir la bonne foy.

La boisson n'est pas moins necessaire à l'homme que les alimens solides, & c'est encore l'un des objets de la Police d'y pourvoir.

L'Eau y tient le premier rang ; c'est la plus simple de toutes les boissons, & celle dont l'usage est le plus commun ; la nature seule nous la produit : elle n'a besoin d'aucune préparation. Ainsi tous les soins de la Police à cet égard consistent à faire en sorte que chaque lieu en soit pourvû d'une suffisante quantité pour ses besoins,

&

PREFACE.

& qu'elle y foit confervée, & diftribuée dans fa pureté ; les Ordonnances & les Réglemens y ont pourvû : ce feroit icy le lieu d'en parler ; mais ils ont une liaifon fi intime avec tous ceux qui ont pour objet la confervation de la fanté, que je n'ay pas
jugé à propos de les en féparer, & ils compofent tous enfemble le quatriéme Livre
de ce Traité.

Le Vin eft fans contredit le plus excellent, & le plus eftimé de tous les alimens
liquides : il n'y a perfonne qui lui difpute cette préférence. Le régime que l'on doit
obferver dans l'ufage que l'on en fait a tant de force fur noftre temperament, que
j'ay encore rangé entre les matieres qui concernent la fanté, une partie de celles
qui ont rapport à cette liqueur. L'on y trouvera I. Tout ce que les Auteurs facrez &
profanes en ont dit de bien & de mal. II. Les preceptes qu'ils nous ont donné pour
en ufer utilement. III. Les fophiftications, falfifications, mélanges, & tous les autres
abus qui fe peuvent commettre en le préparant, & que l'on doit éviter. IV. Les Ordonnances & les Réglemens qui ont établi des peines contre ces prévarications.

Ainfi tout ce qui refte à dire fur le Vin dans ce Traité des Vivres ne regarde plus que fon
commerce. Je rapporte donc en cet endroit I. Tout ce qui concerne le plan, & la façon
des Vignes. II. Les Vendanges. III. Les Preffoirs bannaux. IV. Les Tonneliers. V. Les Marchands Forains. VI. Les Voituriers par eau & par terre. VII. Les Etapes, les Ports, les Places
ou Halles deftinées au commerce du Vin. VIII. Les Officiers établis fur cette marchandife, leurs devoirs, leurs fonctions & leurs droits. IX. Les Marchands de Vin en
gros. X. Les Cabaretiers. XI. Les Pots ou Mefures à Vin.

La Biere ou Cervoife eft d'un ufage fort ancien : il a précédé celui du Vin dans
les Gaules. j'ay auffi fait mention dans le quatriéme Livre entre les Réglemens
qui concerne la fanté de tous ceux qui ont efté faits pour empêcher les abus qui fe
pourroient commettre dans la compofition de cette liqueur, & qui feroient capables de la corrompre. Quant à fon commerce, toute fa difcipline eft comprife dans
les Statuts des Braffeurs & dans les Ordonnances qui ont efté faites pour fon debit
en gros ou en détail, & je les rapporte icy dans toute leur étenduë.

L'on conclud enfin cette matiere des liqueurs par tous les Réglemens qui concernent, I. Les Diftilateurs. II. Les Eaux de Vie. III. Les Limonadiers. IV. Le commerce
ou debit en gros, & en détail du Thé, du Caffé & du Chocolat. V. La vente & le debit de la Glace.

La préparation des alimens eft encore l'un des foins de cette Police des Vivres, &
en font une partie confiderable. Ainfi comme le Bois & le Charbon y font tellement
neceffaires, que felon noftre ufage, & le climat fous lequel nous vivons, il feroit impoffible de s'en paffer. J'ay crû devoir comprendre dans ce même Livre tous les
Réglemens qui concernent l'une & l'autre de ces Provifions : l'on entend affez que
cela doit regarder, I. Les façons & les achats dans les forefts. II. Les Marchands-
Forains. III. Les voitures par eau & par terre. IV. Les Ports, les Places & les Chantiers
deftinez pour la vente & le debit qui s'en doit faire dans les Villes. V. Les fixations
du prix. VI. Les Jurez-Mouleurs, & les autres Officiers qui ont efté établis pour ce
commerce. VII. L'on conclud enfin cette matiere par des remarques fur tout ce qui
a efté mis en ufage pour ne point manquer de cette provifion à Paris, & principalement fur l'invention du bois flotté, quand & par qui cette découverte a efté faite,
& les régles que l'on y a établies pour la perfectionner, & la rendre toûjours de plus
en plus utile au Public.

La nourriture des animaux qui fervent à la culture de la terre, & aux voitures des
vivres, entre encore naturellement dans le deffein de ce cinquiéme Livre ; puifque
fans leurs fecours nous pourrions fouvent nous-mêmes avoir difette des alimens qui
nous font les plus neceffaires. L'Avoine qui eft la principale provifion deftinée à cet
ufage fe tire des Laboureurs, & des mêmes Marchands qui vendent le Blé. Ainfi comme ce n'eft qu'un même commerce, on ne répete point icy les difpofitions des Réglemens qui le concernent, ils ont efté rapportez en leur lieu, fous les titres précedens, l'on peut y avoir recours.

Le

PREFACE.

Le Foin vient enſuite, & le commerce que l'on en fait a auſſi ſes Regles & ſa Diſ-cipline. Je rapporte encore icy tout ce qui concerne cette Marchandiſe. I. Le ſoin que l'on doit prendre d'avoir des Prairies en chaque territoire, & de veiller à leur conſervation. II. Les abus & malverſations qui ſe peuvent commettre dans ce com-merce, & qui ſont deffendus. III. Les Marchands-Forains qui trafiquent pour Paris, ce qu'ils doivent obſerver en faiſant leurs achats ſur les lieux. IV. L'obligation dans. laquelle ils ſont d'amener à Paris tout ce qu'ils ont achetté, d'en garnir les Ports, & ce qui leur eſt deffendu ſur la route. V. Comment les Proprietaires des Terres peuvent faire venir leurs Foins, & ſous quelles conditions. VI. Ce qui doit eſtre ob-ſervé par les Eſcuyers, les Argentiers, les Pourvoyeurs, & les Maiſtres d'Hoſtel dans les achats du Foin pour les maiſons dont ils ont la charge. VII. Les Voituriers, tant par eau que par terre, & ce qu'ils doivent obſerver de leur part. VIII. Les Ports de Paris pour la Marchandiſe de Foin, & l'ordre qui s'y obſerve, pour y placer les batteaux, & les en retirer. IX. Ce qui doit eſtre obſervé par les Marchands à l'ar-rivée de leurs batteaux, & dans la vente & le debit de leurs Marchandiſes. X. Les Réglemens pour le poids & le prix du Foin, ſelon l'abondance ou la ſterilité de l'an-née, & ſelon les ſaiſons. XI. Les Jurez-Vendeurs & Controlleurs, & les autres, Officiers établis ſur cette Marchandiſe : rien enfin n'a eſté omis de tous les Ré-glemens qui établiſſent l'ordre & la diſcipline de ce Commerce.

L'Habit eſt la choſe la plus neceſſaire à l'homme, après la ſanté & les vivres, & ç'auroit eſté icy le veritable endroit d'en parler, ſi je ne l'avois fait ailleurs : cet ordre a donc eſté changé, & il eſt bon d'en rendre la raiſon. Il y a trois choſes qui occupent la Police à l'égard des Habits. I. Les étoffes dont elle regle le commerce: II. Les Ouvriers qu'elle contient dans l'ordre & la diſcipline établie par les Régle-mens. III. Et l'excés du luxe qu'elle doit retrancher. Ainſi pour conſerver un plus grand ordre, j'ay ſuivi cette même diviſion, & j'ay rapporté tout ce qui concerne les Habits dans le troiſiéme Livre ſous le titre du Luxe; dans le neuviéme, qui eſt deſtiné au commerce; & dans le dixiéme, où il eſt traité des Arts mécaniques.

Je paſſe donc immediatement de la Police des Vivres à celle du Logement, & de ſes dépendances; c'eſt à dire à cette portion que l'on nomme Police de la Voirie. Comme ce n'eſt pas un point moins capital à l'utilité publique, je rapporte avec le meſme ſoin dans le SIXIÉME LIVRE tout ce qui la concerne. Ainſi j'y traite I. Des Baſtimens, de leur origine, des matereaux differens qu'on y employe, & des Ouvriers qui les mettent en œuvre. II. Des ruës & des voyes publiques : leur pavé, leur nétoye-ment; des dangers & des obſtacles qui les rendent moins ſeures ou moins commodes. III. Les grands chemins ſuivent cet ordre; & je n'ay rien oublié de ce qui les regarde. IV. On y trouvera auſſi à cette occaſion l'origine des Poſtes, & des Voitures publiques, & tous les Réglemens qui ont eſté faits pour en établir l'ordre & la diſcipline. Je ne repeterai point icy que ſur toutes ces matieres, de même que ſur les precedentes, je rapporte tout ce que l'Hiſtoire nous en apprend, tout ce que l'ancien Droit en a dicté, & ce que les Ordonnances modernes ou nouvelles y ont ajoûté.

Le SEPTIÉME LIVRE a pour objet la tranquilité publique, qui eſt encore l'une des plus importantes matieres de la Police, puiſqu'il n'y a perſonne dans l'Etat qu'elle n'intereſſe. Pour la traiter icy avec plus de methode, j'ay crû devoir ranger dans un ordre naturel, & ſous certaines cathegories toutes les actions qui peuvent troubler noſtre repos, à commencer depuis les plus legeres, juſqu'aux plus grandes, & tout ce qui a eſté fait pour les corriger. L'on y trouvera d'abord ce que les cas fortuits, & ce que les purs accidens nous donnent lieu de craindre; cet article comprend toutes les Loix, les Ordonnances & les Réglemens contre les perils imminens des édifices, ce qui doit eſtre obſervé par les Couvreurs & les autres Ouvriers qui travaillent aux Bâ-timens; par les Cochers, les Charretiers, les Marchands de chevaux, & les Meuſniers pour la conduite de leurs Caroſſes, Harnois, Chevaux ou Mulets, & pluſieurs au-tres ſemblables cas, dont le détail ſeroit trop long.

P R E F A C E.

Je viens en second lieu aux actions qui ne se commettent pas, non plus que les précedentes, dans l'esprit de nuire; mais qui sont neanmoins accompagnées d'une plus grande negligence, & qui renferment même en certaines occasions quelques degrez de malice; comme de laisser aller par la Ville des bestes feroces ou dangereuses, tirer des armes à feu, des petards ou fusées, fronder, crosser, joüer au mail dans les ruës, dans les chemins ou passages publics, y essayer des chevaux, ou y faire quelque autre exercice avec danger de blesser les passans, ou d'y causer une incendie, ou quelque autre accident.

L'on doit se précautionner en troisiéme lieu contre les Filoux & les Voleurs; & je rapporte à cet égard toutes les Loix & les Ordonnances qui enjoignent aux Bourgeois, chacun en particulier, de veiller à la garde & seureté de leurs maisons: comment & à quelles heures les portes en doivent estre fermées. Les deffenses aux Marchands & aux Artisans d'achetter de gens inconnus, ou sans un répondant solvable & connu. Tout ce que ces mêmes Loix & ces mêmes Ordonnances ont statué contre les Revenderesses publiques, les Bohëmiens, les Vagabonds, les gens sans aveu, & les Filoux.

Je range sous la quatriéme cathegorie tout ce qui regarde les violences, les homicides, & les autres crimes de cette nature. L'on y trouve de mesme que sous les autres matieres plusieurs faits historiques, les Loix des Anciens, les Capitulaires, & les Ordonnances de nos Rois, les Arrests & les Réglemens qui établissent des précautions, pour prévenir les crimes, ou des peines pour les punir.

La cinquiéme contient toutes les Loix, & tous les Réglemens qui ont en veuë la tranquilité publique en general, & de prévenir toutes les entreprises secretes & clandestines qui la peuvent troubler. L'on y trouve donc les deffenses des Assemblées illicites, des Placards, & Libelles diffamatoires, de répandre & faire courir de faux bruits, de composer ou distribuer des Gazettes à la main; & enfin la discipline des Auberges, des Hôtelleries, & des Chambres-garnies.

La seureté de la nuit remplit le sixiéme lieu de nostre distribution. L'on y trouve les Réglemens qui fixent aux Soldats les heures de leur retraite; aux Carbaretiers, Vendeurs d'Eau de vie, & d'autres liqueurs, les heures ausquelles ils doivent cesser leur Commerce. A quelles heures & comment les maisons des autres habitans doivent estre fermées; l'établissement & le réglement des lanternes publiques, l'ordre & la discipline du Guet de nuit.

La seureté des grands chemins n'est pas moins importante au bien public, que celle des Villes; ainsi l'on a rangé en cet endroit tout ce qui la concerne. Les soins que le Prevost de Paris, les Baillifs, & Senéchaux doivent prendre en personne de la seureté publique à cet égard, par des chevauchées frequentes dans l'étenduë de leur Jurisdiction. Les secours & l'obeïssance que la Noblesse, & les Habitans des lieux doivent à ces Magistrats dans ces occasions. Les Peines qui ont esté établies par les Loix, par les Capitulaires, & par les Ordonnances de nos Rois contre les voleurs de grands chemins, & ceux qui les favorisent ou leur donnent retraite. J'ay fait mention dans le premier Livre sous le titre des Magistats d'Epée, de l'établissement des Prevosts - des Mareschaux, Vice-Baillifs, & Vice-Senéchaux, & en particulier du Prevost general de l'Isle de France; mais je rapporte icy plus en détail en quoy consistent leurs soins, & leurs fonctions, & j'y ay joint toutes les Ordonnances & les Réglemens qui les concernent.

Les tems de guerre qui mettent la sureté publique dans un plus grand danger, demandent encore, sans doute, plus de soin, de vigilance & d'attention que les tems pacifiques. Ainsi outre tout ce qui vient d'estre expliqué, & qui doit estre soûtenu par les Officiers de Police avec exactitude dans tous les tems, il y a encore des Loix, des Ordonnances, & des Réglemens pour ceux-cy en particulier. Ce qui s'est passé à cet égard pour la seureté de la ville de Paris dans les siecles, & sous des Regnes, qu'elle avoit tout à craindre des ennemis de l'Etat, & qu'elle estoit bien éloignée de

la

PREFACE.

la sécurité, où les Armes victorieuses de nostre invincible Monarque l'a mise aujourd'huy, sera icy donné, pour exemple, de ce qui peut estre observé en semblables occasions. L'on y trouvera donc des Ordonnances & des Réglemens contre les Discours, les Libelles & Placards séditieux; les deffenses des Assemblées sans la permission du Prevost de Paris; celles qui estoient faites aux Bourgeois & Habitans de retirer ou loger chez eux aucunes personnes, sans en donner avis le même jour au Commissaire des Quartiers. La distribution des Bourgeois de toutes conditions sous certaines Bannieres, & le pouvoir donné par nos Rois au Prevost de Paris de leur faire prendre, ou poser les armes, & d'establir des Guets & Gardes extraordinaires pour la deffense de la Ville, & la seureté publique. Les soins que ce Magistrat devoit prendre des fortifications de la Ville, & qu'elle fust pourveuë de vivres, & de munitions de guerre necessaires pour sa deffense. Les taxes qui estoient imposées pour soûtenir cette dépense, l'ordre ou la discipline qui devoit être observée par les gens de guerre logez dans l'étendüe de la Prevosté de Paris, & la punition des déserteurs. De ces matieres particulieres qui ne regardent que la seureté de chacune des Villes, l'on passe aux generales, & l'on rapporte les Déclarations de Guerre, l'adresse qui en est faite au Magistrat de Police pour les faire publier. Les ordres qu'il doit donner, & les soins qu'il doit prendre pour faire executer tout ce qui est ordonné en ces occasions, soit aux sujets du Roy, soit aux étrangers, qui se trouvent dans ses Etats. L'origine du ban & de l'arriere-ban, & toutes les Loix, & les Ordonnances qui en reglent l'ordre & la discipline. Je conclus enfin cette matiere, & ce septiéme Livre par les publications de Paix, de Treves, ou d'Amnisties qui rétablissent la tranquillité dans l'Estat.

Le HUITIE'ME LIVRE contient tout ce qui regarde les Sciences, & les Arts liberaux. C'est encore, & ç'a esté de tout tems une partie considerable des soins du Magistrat de Police d'y veiller, & d'en regler la discipline, *liberalium quoque studiorum Disciplinam exerceri curabat: omnes Artes sub ejus Imperio exercebantur.*[a] C'est ainsi que les Loix s'en expliquent.

J'ay déja observé qu'entre les biens que nous procure la Police, celui-cy tient le milieu; & j'ay fait voir comment il entre en participation de tous les autres. C'est pourquoy il trouve icy sa place, après les Traitez des biens de l'ame & du corps, & avant ceux qui sont destinez à rapporter ce qui concerne les biens que l'on nomme de la Fortune. J'ay donc rassemblé dans ce Livre, en suivant mon systéme, tout ce que l'Histoire nous apprend touchant l'origine & le progrés des Sciences, l'établissement des differentes Ecoles, & des plus fameuses Universitez. Je n'ay touché neanmoins ces faits qu'en passant; & autant qu'il a esté necessaire pour une plus parfaite intelligence des Loix, & des Ordonnances, où, selon mon objet, je me suis principalement arresté, & j'ay fait mon possible de n'en oublier aucune de toutes celles qui concernent cette importante matiere.

J'ay rangé sous le titre de la Medecine, qui est l'une des trois hautes Facultez tout ce qui concerne la Pharmacie, & la Chirurgie, qui en dépendent, & tout ce qui n'a point esté dit touchant ces Professions dans le Livre de la Santé, où j'ay commencé d'en parler.

Les Mathematiques, les Academies pour les Exercices de la jeunesse, l'Imprimerie, la Geographie, l'Ecriture, la Peinture, la Sculpture, la Graveure & toutes leurs dépendances composent le reste de ce Livre; & je rapporte avec la même exactitude tout ce que l'Histoire nous en apprend de plus curieux, tout ce que les Loix & les Ordonnances y ont établi, ou en ont décidé, & tous les Statuts & les Réglemens des Corps ou Communautez qui exercent ces Arts ou Professions.

Le NEUVIE'ME LIVRE est destiné à traiter du Commerce, & de tout ce qui en dépend. L'on y trouvera, comme dans toutes les autres matieres, son Origine, son Progrès, & son Etat present; combien de tems il a subsisté par de simples trocs, ou échanges des choses même en nature; en quels tems, & en quels lieux l'invention

i ij   de

PREFACE.

de la Monoye a commencé , de quel metail , ou de quelle autre matiere l'on s'est d'abord servi , & l'on se sert encore en differentes Nations à cet usage. L'origine des Poids & des Mesures , leurs usages , & leur difference ; quels peuples ont acquis le plus de réputation par leurs Commerces , & quelles ont esté à cet égard leurs principales Loix.

Je passe ensuite au Commerce de France en particulier , & je le divise en Commerce des Villes , Commerce de Province en Province , & Commerce étranger , ou de long cours.

On ne peut donner un modele plus grand , & en même tems plus parfait du premier de ces Commerces , que celui de la ville de Paris ; l'on verra donc icy les foibles commencemens du Negoce de cette Ville ; le trouble que les Juifs , & les Lombards qui s'y estoient introduits , en differens tems , y causerent autres fois par leurs usures , & comment ces Etrangers en furent chassez. L'on y rapporte l'établissement , la difference , & le rang des six Corps des Marchands qui exercent le principal commerce de cette Capitale. L'on y a joint les Statuts qui doivent estre observez par chacun de ces six Corps en particulier , & les Réglemens qui ont esté faits sur les differens qu'ils ont eu les uns contre les autres , & qui fixent les bornes & l'étenduë de leurs commerces réciproques. L'on conclut enfin cette matiere par les Privileges & les Prérogatives qui leur ont esté accordées , & par l'établissement du Consulat dont ils remplissent les uns aprés les autres le Tribunal avec beaucoup d'honneur, de desinteressement & de probité.

La France est scituée sous un climat si heureux qu'elle abonde dans tous les biens necessaires pour l'entretien, & les autres commoditez de la vie. Ce n'est pas que cet avantage se rencontre en chaque Province, certaines choses croissent & se trouvent en abondance dans les unes , qui manquent totalement dans les autres ; mais ces biens leur deviennent communs par le commerce continuel qu'elles ont ensemble. C'est donc de ce commerce reciproque dont il s'agit icy ; & pour en donner une plus juste idée, j'ay recherché avec soin ce qui se passe à cet égard en chaque Province. L'on y trouvera un détail tres-exact de tout ce que chacune contribuë à ce bien general & commun de l'Etat, soit par ses mines, ses carrieres, ses salines, ses bois , ses pasturages , la culture, & la fertilité de ses terres, ou par l'industrie de ses habitans. J'y parle ensuite des traittes qui s'y font d'une Province en une autre ; des voitures que l'on y employe , tant par eau que par terre ; de l'établissement, & de la discipline des Foires , & des Marchez ; & je rapporte encore sur chacun de ces points tout ce que l'Histoire nous en apprend , & tout ce que les Loix des Anciens, les Capitulaires , & les Ordonnances de nos Rois , les Arrests , & les Réglemens y ont établi , ou en ont décidé.

Le Commerce étranger , & de long cours a ses avantages particuliers, son utilité, ses Prérogatives, ses Privileges & ses Loix, qui sont encore autant de parties importantes que j'ay parcouru, & tâché d'établir en cet endroit.

Pour le faire avec plus d'ordre, je range tout ce qui a esté dit, & ce qui a esté fait à cet égard sous deux differentes époques ; l'une qui comprend tous les tems qui ont précédé la découverte des Indes, & l'autre tous ceux qui se sont passez depuis que ces riches Parties du monde sont venuës à la connoissance des peuples de nostre Europe.

Sous la premiere , je rapporte ce que l'Histoire nous apprend des Etats qui ont acquis autrefois le plus de réputation & de richesses par leur commerce ; je découvre en particulier celui des Gaulois nos prédécesseurs , & jusques où ils penetroient par leurs Navigations. J'y remarque la scituation avantageuse de la France leur patrie, la fertilité de ses Provinces , la longue étenduë de ses Costes maritimes, le nombre, & la seureté de ses ports & de ses rades sur l'une & sur l'autre mer ; la commodité de ses fleuves, & de ses rivieres ; l'abondance de ses bois, de ses mines de fer, & de ses chanvres pour la construction & l'équipage des vaisseaux , l'inclination laborieuse de ses habitans, & leur adresse.

J'y prouve qu'en effet les François profitant de tous ces avantages, ont esté les premiers peuples de l'Europe, qui ont entrepris des voyages de long-cours pour le commerce ; qu'ils ont long-tems fait seuls celui de l'Orient, dont ils recevoient les Epiceries, & les autres marchandises par l'Egypte, & qu'ils en fournissoient l'Espagne, l'Angleterre, & la Hollande : qu'il en estoit de même du Commerce de Turquie, & de celui des côtes d'Affrique ; & sur l'autre mer, du commerce de Pologne, de Norwege, de Suede, & de Moscovie.

Je parcours ensuite tous les changemens qui sont arrivez dans le commerce depuis la découverte des Indes par les Portugais. On y trouvera ce que chacune des differentes Nations de l'Europe s'en est appropriée ; le préjudice que la France en souffrit d'abord dans son commerce, par la portion considerable que les autres Nations luy enleverent, de ce qu'elle faisoit seule auparavant. L'extrême négligence dans laquelle estoient tombez nos Negocians, & le petit nombre où leurs vaisseaux aussi-bien que ceux de l'Etat estoient reduits. Les tentatives qui furent faites sous Louis XIII. de glorieuse memoire pour rétablir la Navigation & le Commerce. Combien les troubles civils & les guerres étrangeres traverserent ce grand dessein, & le peu de réussite qu'il eut. En quel état les choses estoient à cet égard, lors que Louis le Grand nôtre Invincible Monarque monta sur le Trône, tout ce qui a esté fait par Sa Majesté ou sous ses Ordres en faveur de l'une & de l'autre de ces deux parties si necessaires, & si importantes à la Monarchie. Les nombreuses Flottes qui ont esté mises en mer, autant pour la seureté de nos Negocians contre les Pirates & les Corsaires, que pour la gloire & la seureté de l'Etat en general contre nos ennemis. L'authorité du Roy reconnuë & affermie dans ce nouveau monde par les forces que Sa Majesté y a envoyée, & par le rétablissement de la Justice, du bon ordre & de la Police, qui en avoient esté presque bannies. Nos Colonies fortifiées par cette puissante protection, leurs plantations, & leurs commerces multipliez à proportion de cet heureux progrès. L'établissement de ces deux grandes Compagnies des Indes Orientales & Occidentales formées au centre du Royaume, & que l'on peut appeller veritablement Royales, puisque le Roy a bien voulu luy-même en faire partie, les honorer de sa protection, les soûtenir par ses forces ; & en porter seul la plus grande partie de la dépense. L'on y void ensuite tout ce qui a esté fait en faveur de cette importante entreprise. Les Privileges, & les Prérogatives accordez par le Roy aux Negocians. L'établissement des Chambres des Asseurances, des Conseils, & des Chambres de Commerce.

L'on y rapporte enfin tout ce qui s'est fait sous cet heureux & glorieux Regne pour favoriser le commerce interieur de l'Etat, qui est la source aussi-bien que le terme de tout le commerce étranger. La diminution des Peages sur les fleuves & les rivières. Les réparations des ponts, chaussées, turcies, levées, & grands chemins, dont le mauvais état empêchoit notablement le transport des marchandises. La seureté publique rétablie dans tout le Royaume par le bon ordre & la discipline des Officiers qui en sont chargez. Les canaux ouverts pour la communication des fleuves qui arrosent les principales, & les plus fertiles Provinces, & qui vont se décharger dans les mers ; mais sur tout cet incomparable travail qui nous ouvre une route courte, & facile d'une mer à l'autre : la plus glorieuse, & la plus hardie des entreprises, & qui surpasse en grandeur, & en magnificence toutes celles que les Anciens ont tant vanté, & dont l'Histoire des Grecs, aussi-bien que celle des Romains nous ont conservé la memoire comme autant de monumens de la puissance, & de la majesté de ces fieres Républiques.

Aprés ce détail, & le recueil de toutes les pieces qui le justifie, je rapporte avec les mêmes soins, & la même exactitude tout ce qui a esté dit touchant les avantages que la France peut tirer de ce commerce ; quelles sont les Marchandises que les Etrangers y viennent charger, ou que nous leur portons, & celles que nous prenons chez eux, ou qu'ils nous apportent. Combien il nous seroit plus facile de nous

paſſer d'eux, qu'ils ne peuvent ſe paſſer de nous ; & neanmoins les raiſons qui doivent nous porter, & tous les autres Etats à entretenir, & à favoriſer autant qu'il eſt
poſſible ce commerce mutuel, & réciproque.

Le DIXIE'ME LIVRE traite des Manufactures, & des Arts mechaniques : la matiere
n'en eſt pas moins importante, moins étenduë, ni moins curieuſe, que celle du
commerce, c'en eſt ſouvent la ſource. L'ornement de nos Egliſes, les habits, les
meubles, les équipages, la préparation des vivres, les ſervices de la table ſont les
principaux objets de nos Manufactures, & les emplois les plus ordinaires de nos Artiſans. L'on ne parle point icy de tout ce qui concerne les Baſtimens ; leurs plus gros
ouvrages ſont compris dans le ſixiéme Livre ſous la Police de la Voirie, & leurs ornemens d'Architecture, de Sculpture, & de Peinture ſont partie des Arts liberaux qui
ſont l'une des matieres du ſeptiéme.

Les Etoffes d'or, d'argent ou de ſoye tiennent donc icy le premier rang comme
les plus precieuſes ; il en a déja été parlé à l'occaſion du luxe dans le troiſiéme Livre
où cette matiere eſt traitée. L'on y a fait voir comment l'uſage de ces Etoffes commença en Orient, en quel tems il a paſſé en Europe, par qui il y a été apporté, &
quel progrès il y a fait. L'on y trouve ſon établiſſement en France, & en quelles
Villes l'on commença d'y travailler, & d'en faire le commerce ; ainſi tout ce qui
reſte à rapporter en cet endroit conſiſte aux Statuts, aux Réglemens, & aux Ordonnances qui concernent le rétabliſſement de ces riches Manufactures, la Maîtriſe,
l'ordre, & la diſcipline des Ouvriers que l'on y employe.

L'on vient enſuite aux Etoffes de laines beaucoup plus communes, mais beaucoup
plus neceſſaires, & d'un plus grand uſage. L'on remonte juſqu'aux premieres Manufactures qui en ont été établies en France. L'on y trouve entre toutes les autres celle de Paris qui étoit ſi conſiderable, qu'elle a laiſſé ſon nom à quelques-unes des principales ruës de cette ville ; l'on y rapporte tout ce que l'antiquité nous en apprend,
tout ce qui s'en trouve dans nos anciennes Ordonnances. L'on y remarque le tems,
& les raiſons de ſon aboliſſement, & de ſa diſperſion en pluſieurs autres Villes.

Je touche un mot de l'extrême négligence où ce travail étoit tombé ; comment les
Etrangers en avoient profité, le prejudice que la France en ſouffroit ; je rapporte enſuite tout ce qui a été fait ſous le Regne, & par l'Ordre du Roy pour le rétabliſſement de cette importante Manufacture dans ſes Etats, & combien la réuſſite a répondu aux intentions de Sa Majeſté ; j'accompagne ces remarques de toutes les Ordonnances, & de tous les Réglemens qui ont été faits à cette occaſion, & j'y comprends
tout ce qui concerne la teinture, qui en fait l'une des principales parties.

Les Manufactures des Verreries, celles des Glaces à miroirs, des Tapis de Turquie & de Perſe, des Bas au métier, & des Cuirs d'Hongrie trouvent encore icy leurs
places, & j'en rapporte toutes les Ordonnances, & tous les Réglemens. J'y ay même joint les Manufactures de Points, & quelques-autres qui ne ſubſiſtent plus, parce
qu'il peut arriver tels changemens qu'elles ſeroient rétablies, & qu'en ce cas leurs Réglemens pourroient ſervir.

Quoique les Manufactures des Meubles de la Couronne dans l'Hôtel Royal des
Gobelins ne ſoit pas du reſſort de la Police ordinaire, je n'ay eu garde d'oublier un
établiſſement qui a fait tant d'honneur à la France, & qui porte juſques aux Nations
les plus reculées tant de riches Monumens de la Gloire, & de la Magnificence de
noſtre Monarque. J'en ay donc rapporté les Lettres patentes, les Statuts, les Prerogatives, & les Privileges. Ils ne ſont pas tout à fait étrangers à noſtre ſujet, puiſqu'il y en a un qui n'eſt pas des moins conſiderables, par lequel les Eleves de ces excellens Artiſtes paſſent, & doivent être reçus dans les Corps & Communautez de la
Ville, de même que s'ils avoient fait leurs apprentiſſages chez l'un des Maîtres.

J'ay joint à cet article les Privileges accordez aux Ouvriers à qui le Roy fait
l'honneur de donner un logement dans les Galleries de ſon Louvre, en récompenſe
des peines qu'ils ont priſes à perfectionner les Arts, dont ils continuent la Profeſſion

fion avec plus de repos, & d'affiduité dans ce Palais magnifique.

J'ay cette enfin aux Corps de Métiers de la Ville & des Fauxbourgs, que je range fous ces trois differentes claffes, qui les diftinguent en Métiers - Jurez, Métiers fuivant la Cour, & Métiers qui s'exercent dans les lieux privilegiez.

J'ay remonté jufques aux tems que tous les Arts étoient libres, & que chacun ufoit du Droit commun pour s'appliquer à celui auquel il étoit propre. J'ay découvert l'origine des Corps & Communautez de quelques-uns des principaux Arts dans Rome, & les Loix qui furent faites pour leurs difciplines. Je rapporte ce qui s'eft paffé en France à cet égard depuis les premiers tems de la Monarchie jufqu'à prefent; en quel tems les Corps & Communautez des Arts & Métiers de Paris fe font formez. Les premiers Statuts & Réglemens qui leur furent donnez; tous les Statuts, & tous les Réglemens qui ont été depuis ajoûtez à ces anciens; les conteftations que certains Corps qui font connexes, & pour ainfi dire, limitrophes les uns des autres ont eû enfemble, & quelles en ont efté les raifons, & les évenemens. J'ay recherché, & rapporté avec le même foin tout ce qui s'eft fait à cet égard pour le general du Royaume, les Edits de création des Corps & Communautez dans toutes les Villes, & la difcipline qu'ils y doivent obferver.

Quant aux Arts & Métiers établis pour la fuite de la Cour, il en a efté fuffifamment parlé dans le premier Livre, fous le titre qui concerne la Jurifdiction du Prevoft de l'Hoftel: l'on y void leur établiffement, leur nombre, & ce qu'ils doivent obferver dans les Villes où ils font leur refidence: l'on y rapporte fur tout ce qui a efté décidé entre-eux, & les Corps & Communautez de la ville de Paris; & comme ils font tous également fujets à la Police de cette capitale, tant qu'ils y ont leur demeure.

Je rapporte enfin à l'égard des lieux privilegiez tout ce qui a efté dit touchant cette grande queftion que l'on a quelquefois agitée, s'il eft avantageux ou non au bien public de ne fouffrir dans les Villes que des Métiers-Jurez, ou d'y tolerer quelques-uns de ces lieux où il eft libre à tous Ouvriers de fe retirer pour y travailler de leur Art. J'ay recherché fur cette matiere l'origine des Privileges dont jou'iffent à Paris les habitans des enclos du Temple, & de faint Jean de Latran, du Faubourg faint Antoine, & de quelques-autres lieux; j'en rapporte les attributions, les Réglemens, & tout ce qui a efté décidé entre-eux, & les Communautez-Jurées de la Ville.

LE ONZIE'ME LIVRE contient tout ce qui concerne les Serviteurs, Domeftiques, & les Manouvriers. Quelque féche, & quelque fterile que femble être cette matiere, elle ne laiffe pas d'être curieufe, & d'avoir fon utilité. J'y remonte jufques à l'origine de la fervitude, & de l'efclavage, & j'en rapporte toutes les Loix; je fais voir ce qui s'eft obfervé en France à cet égard depuis l'établiffement de la Monarchie: combien la dureté de la fervitude des anciens y fut temperée par les Capitulaires ou Ordonnances de nos premiers Rois: comment elle s'eft infenfiblement abolie par les Manumiffions ou Affranchiffemens. Je paffe enfuite aux Ordonnances, & aux Réglemens qui ont efté faits depuis que nos Serviteurs ont efté mis au nombre des perfonnes libres, pour les contenir dans leur devoir, & nous en affeurer la fidelité, & à eux le payement de leurs gages. L'on y trouvera l'établiffement des Bureaux d'Adreffe, & celui des Recommandereffes pour la facilité des Domeftiques qui cherchent condition; j'y ay enfin rapporté tous les Réglemens qui ont efté faits pour les Manouvriers & les Gens de Journée, qui font employez aux travaux de la Campagne.

Le dernier, & le pire de tous les Etats où l'homme puiffe être réduit par rapport à la vie temporelle, eft celui de la pauvreté. C'eft auffi là la matiere de noftre DOUZIE'ME & dernier LIVRE: elle y eft traitée dans toute fon étenduë: j'en fais voir d'abord l'importance, & que dans les foins que l'on en prend il y entre de la Religion, de la difcipline des mœurs, de la fanté, de la fureté publique, du Commerce, & des Arts; & qu'ainfi cette feule partie de la Police en comprend plufieurs autres.

J'y diftingue tous les pauvres en deux claffes, & par-là j'établis leur premiere
difference.

difference. Il y en a qui souffrent leurs peines en secret dans leurs maisons, & qui font encore quelques efforts pour subsister, mais qui manquent de beaucoup de choses, & souvent de tout, soit par maladie ou faute d'ouvrages ; & ce sont ceux-là que nous connoissons sous le nom de Pauvres-honteux. Il y en a d'autres qui ont recours aux aumônes, & ce sont les Pauvres-mendians.

L'on distingue en second lieu les pauvres en sains, & en malades ; les sains, en valides, & en invalides ; & enfin par une derniere subdivision les invalides, en enfans, en caducs par vieillesse, & en estropiez ou infirmes.

Il y a des Loix, des Ordonnances, & des Réglemens pour tous ces differens états de Pauvreté. Les uns qui ont pourvû aux besoins des Pauvres-honteux, des Pauvres malades, & des Pauvres invalides ; & les autres qui engagent les Pauvres valides à s'appliquer pour gagner leur vie, soit aux travaux de la campagne, soit à des ateliers que l'on ouvre exprés pour les occuper, ou qui établissent des peines contre ceux qui persistent par faineantise ou libertinage dans la mendicité. Toutes ces Loix, ces Ordonnances, & ces Réglemens sont encore rapportez icy avec beaucoup d'exactitude, & j'ay fait mon possible qu'il ne reste rien à desirer sur cette matiere, non plus que sur toutes les autres parties de la Police qui composent ce Traité.

L'on concevra aisément qu'un si grand & si vaste dessein, qui embrasse tant de matieres differentes, qui rapproche de nous des temps si éloignez, & qui n'avoit jamais esté entrepris ni touché de personne, n'a pû s'accomplir sans une lecture, & une étude fort assiduë.

Les Greffes des Cours & du Chastelet, les Bibliotheques, & les autres dépôts publics, les Chartulaires, & les Titres conservez dans les Archives des Abbaïes, & des autres anciennes Maisons ou Communautez, m'en ont fourni la matiere. J'ay trouvé dans tous ces lieux assez de personnes officieuses pour y avoir un facile accés, & tout le tems necessaire pour y consulter les originaux, & en tirer tous les Extraits, & toutes les connoissances dont j'ay eu besoin. Mais deux de mes intimes amis, à qui je dois icy cette reconnoissance publique, m'ont aidé plus que tous les autres. Monsieur Baudelot de Dairval de l'Academie de Padouë des Ricovrati, autant connu par l'érudition de plusieurs Ouvrages qu'il a donnez au Public, que par le choix d'une Bibliotheque sçavante, & par les singularitez précieuses, & celebres de son Cabinet d'Antiques, m'a souvent fait part de ses Livres & de ses lumieres. Monsieur Rousseau Auditeur des Comptes qui a joint à une exacte probité l'étude des belles Lettres, & un juste discernement des Auteurs, & qui a penetré par une application infatigable ce qu'il y a de plus certain & de plus curieux dans les Antiquitez de cette Ville, a eu la bonté de me communiquer ses Memoires, & les anciens & rares Manuscrits de sa Biblioteque.

C'est ainsi, & avec ces secours que j'ay rempli les douze Livres dont je viens de donner l'Analise. L'on pourra peut-être m'objecter que j'y rapporte plusieurs Loix des autres Nations, & plusieurs anciennes Ordonnances qui ne sont plus d'usage, je l'avouë, & je réponds que mon dessein n'a pas esté de donner un simple Recueil des Ordonnances & des Réglemens de Police, mais d'en rapporter l'Histoire. Ainsi j'ay dû remonter jusqu'à l'origine de chaque établissement, pour y faire voir dans leurs sources tous les principes, & pour ainsi dire toutes les semences de nos Régles, & de nos Maximes de Police. Chaque chose ainsi considerée dés sa naissance nous y paroist dans sa pureté. L'on y découvre avec beaucoup plus de certitude sa veritable nature, les raisons & les motifs qui lui ont donné lieu, & consequemment l'estime & l'usage que l'on en doit faire. J'ajoûte de plus que si cette methode est la meilleure dans toute sorte d'étude, elle l'est incomparablement davantage, & devient même en quelque sorte necessaire, lorsqu'il s'agit de la Police. Comme cette portion importante de nostre droit public consiste beaucoup plus en Gouvernement qu'en Jurisdiction contentieuse ; il est de sa nature de se proportionner toûjours aux circonstances des tems. Ainsi n'arrivant rien de nouveau sous le Ciel, selon le dire du Sage, c'est principalement dans les évenemens passez que nous pou-

vons

PREFACE.

vons puiser des régles de prudence, & de conduite pour le présent, & pour l'avenir. Or l'on verra dans le détail de cette Histoire ce qui a esté observé pour le bien & l'ordre public en toutes sortes d'occasions, & d'évenemens. Le nombre des siecles que l'on y parcourt, fournit des exemples de toutes les differentes révolutions de Paix & de Guerre, de tranquilité & de troubles, d'abondance & de sterilité, de santé & de maladie ; en un mot de tout ce qui fait, ou peut faire l'objet, & la matiere de la Police ; & cela s'y trouve varié par rapport aux autres dispositions generales ou particulieres de l'Etat, dans tous les sens dont semblables évenemens peuvent estre susceptibles. Il n'y a donc point de Réglemens de Police necessaires dans ces occasions qui n'ayent été faits & qui ne se trouvent dans ce Traité.

Quant au stile il m'a paru que celui d'une narration historique où l'on voit des faits suivis, & une liaison perpetuelle d'évenemens & de Loix est plus propre à remplir un sujet dans ces matieres de Police & de Gouvernement, qu'un simple Commentaire. Ainsi je l'ay suivi, je l'ay rendu le plus court, & le plus net qu'il m'a été possible, & j'y ay évité également l'enflure, & la bassesse. S'il s'y trouve au surplus quelque negligence ou quelque deffaut de correction qui me soit échappé, je supplie le Lecteur de considerer qu'étant dans un employ, chargé de beaucoup de soins & de fonctions, j'ay été perpetuellement interrompu dans mes études & dans mon travail : que si j'y ay réüssi, j'en suis redevable à la grace que Dieu m'a faite de me donner une santé assez forte pour soûtenir les fatigues des veilles, un attachement inviolable au Service du Roy, une forte inclination pour tout ce qui peut contribuer à maintenir l'ordre public, & un desir ardent d'y remplir mes devoirs.

TABLE
DES TITRES,
CHAPITRES ET PARAGRAPHES.

LIVRE PREMIER.

De la Police en general, & de ses Magistrats & Officiers.

TITRE PREMIER.

*I*Dée generale de la Police, Page 1

TITRE SECOND.

De la Police des Hebreux, *& de l'é-tablissement de leurs Magistrats & Officiers.*, 5

TITRE TROISIE'ME.

Des Magistrats & Officiers de Police d'Athenes, & des autres Républiques de la Grece, 8

TITRE QUATRIE'ME.

De la Police des Romains, 11

CHAP. I. Des Magistrats & Officiers de Rome pour la Police, sous les Rois & sous les Consuls, jusqu'à l'establissement du Préteur, premier Magistrat ordinaire de la Ville, ibid.

CHAP. II. Des Magistrats & Officiers de Rome pour la Police, depuis l'establissement du Préteur de la Ville, jusqu'au Regne d'Auguste, 14

CHAP. III. Auguste reforme la Police de Rome, réduit le nombre des Préteurs, & celuy des Ediles. Retire de leur Jurisdiction la Police. Crée un premier Magistrat pour en connoistre, sous le titre de Préfet de la Ville, & les Commissaires des quartiers pour estre ses Aides ou Coadjuteurs, 16.

CHAP. IV. Creations d'autres Officiers de Police par Auguste, 19

CHAP. V. Les Usages & les Coustumes qui s'observoient à Rome, passerent par une Loy expresse dans toutes les Villes de l'Empire. Partage des Gaules en dix-sept Provinces. Proconsuls envoyez pour les gouverner, & pour y administrer la Justice. Leurs Commissaires, ou Subdeleguez nommez, Legati, n'eurent d'abord aucuns départemens certains : ils furent ensuite fixez dans les principales Villes ; cela les fit nommer, Servatores loci. Les Proconsuls & les autres Magistrats prirent les noms de Ducs & de Comtes : & la raison de ce changement, 21

CHAP. VI. Establissement de nouveaux Officiers auprés des Magistrats des Provinces. Distribution de ces Officiers dans les quartiers des Villes, pour y maintenir l'ordre public. Importance de cet employ. Qualitez de ceux qui le devoient remplir, 23

TITRE CINQUIE'ME.

De la Police de France, & de ses Magistrats, 26

CHAP. I. Conquestes des Gaules par les François. Magistrats qu'ils establirent dans les Provinces à la place des Magistrats Romains. Ordonnances ou Capitulaires de nos premiers Rois sur cette matiere, ibid.

CHAP. II. Troubles arrivez en France sur la fin de la seconde Branche de nos Rois. Abolition & oubli total de l'ancien Droit. Changemens que cela causa dans la Magistrature, & dans la Police. Origine des Prevosts,

voſts, Vicomtes, Viguiers, Baillis & Se-
neſchaux, 29
CHAP. III. *Comment l'autorité & les fonc-*
tions des Baillis, & des Seneſchaux ont
paſſé à leurs Lieutenans Generaux, 32
CHAP. IV. *De la Juriſdiction de Police*
des Baillis & Seneſchaux, & des autres
Magiſtrats des Provinces, 34
CHAP. V. *Lieutenans Generaux, Procu-*
reurs du Roy, Commiſſaires, & autres Of-
ficiers de Police eſtablis dans les Provinces.
Réglemens qui ont eſté faits pour les main-
tenir dans leurs fonctions & prérogatives,
39.

TITRE SIXIE'ME.

Deſcription hiſtorique & topographique de
la Ville de Paris, conſiderée dans tous
les differens eſtats par leſquels elle a paſ-
ſé juſqu'à preſent, & qui ſert d'intro-
duction à la connoiſſance de ſa Police,
67.

CHAP. I. *Eſtat & Gouvernement des Pa-*
riſiens du temps des Gaulois. Lutece leur
Ville Capitale conquiſe par Céſar. Le Con-
ſeil Souverain des Gaules y eſt eſtabli. Dans
quelle conſideration elle a eſté ſous la do-
mination des Romains. Sa converſion par
ſaint Denys. Elle eſt conquiſe par nos pre-
miers Rois. Ils y eſtabliſſent leur ſejour. Clo-
vis la choiſit pour Capitale du Royaume.
ibid.
CHAP. II. *Situation avantageuſe de la*
Ville de Paris. Son ancien Plan, & ſa pre-
miere Clôture, 70
CHAP. III. *Premier accroiſſement de la*
Ville de Paris hors de ſon Iſle: & ſa ſecon-
de Clôture, dont le temps eſt incertain, 71
CHAP. IV. *Accroiſſemens de la Ville de*
Paris ſous nos premiers Rois; & ſa troiſié-
me Clôture ſous le regne de Philippe Au-
guſte, 75
CHAP. V. *Accroiſſement de Paris depuis*
Philippe Auguſte: Et ſa quatriéme Clôture
commencée ſous le regne de Charles V. &
finie ſous Charles VI. 78
CHAP. VI. *Accroiſſemens de la Ville de*
Paris, depuis Charles VI. juſqu'à la fin du
regne de Henry III. Et le premier deſſein de
luy donner des bornes, 79
CHAP. VII. *Accroiſſement de la Ville de*
Paris, depuis le commencement du regne de
Henry IV. juſqu'à la fin du regne de Louis
XIII. & ſa nouvelle Clôture, 81
CHAP. VIII. *Accroiſſemens & embelliſſe-*
mens de la Ville de Paris, ſa nouvelle en-
ceinte, & ſon eſtat preſent, 87
CHAP. IX. *Nouvelle diviſion de la Ville*
de Paris en vingt Quartiers, 91

TITRE SEPTIE'ME.
De la Police de Paris. 97

CHAP. I. *De la Police des Pariſiens du*
temps des Gaulois. L'eſtabliſſement d'un Pré-
fet ou Gouverneur de la Ville, par les Ro-
mains. Que cet ancien titre du Premier
Magiſtrat fut conſervé par nos Rois; Et com-
ment il a depuis eſté changé ſucceſſivement
en ceux de Comte, de Vicomte, & de Prevôt,
ibid.
CHAP. II. *Que le Prevoſt de Paris eſt*
entré dans tous les droits, & dans toutes
les fonctions du Vicomte. Prérogatives &
privileges de ſa Juriſdiction: Abus qui s'y
eſtoient introduits, & la reforme qui en fut
faite par ſaint Louis, 99
CHAP. III. *Le Gouvernement de Paris*
ſeparé de la Prevoſté; & les autres chan-
gemens arrivez dans la Juriſdiction du Chaſ-
telet, depuis le regne de ſaint Louis, juſ-
qu'à preſent, 108

TITRE HUITIE'ME.
Juriſdiction de Police du Prevoſt de Paris,
113.

CHAP. I. *Le Prevoſt de Paris ſeul Ma-*
giſtrat de Police, en premiere inſtance, à Pa-
ris; maintenu dans cette unité de Tribunal.
Et ce qui s'eſt paſſé de plus conſiderable à
cet égard, juſqu'en l'an 1500. que ce Magiſ-
trat a ceſſé d'exercer la Police, & de ren-
dre la Juſtice en perſonne, ibid.
CHAP. II. *Conteſtation entre les Lieu-*
tenans Civil & Criminel pour la Police,
demeurée indéciſe, depuis 1500. juſqu'en
1630. Concurrence entr'eux pendant ce
temps, & combien l'ordre public ſouffroit de
cette confuſion, 116
CHAP. III. *La Police conſervée au ſeul*
Tribunal Civil du Chaſtelet de Paris en 1630.
Ce qui fut fait pour la perfectionner, &
comment les troubles l'avoient fait retomber
de nouveau dans le deſordre & la confuſion,
120.
CHAP. IV. *Reſtabliſſement du bon ordre*
& de la diſcipline publique ſous Louis le
Grand; & l'eſtat preſent de la Police de
Paris, 127

TITRE NEUVIE'ME.

L'unité de Tribunal du Chaſtelet pour la
Police, maintenuë contre tous ceux qui
ont entrepris de la troubler, 137

CHAP. I. *Réglemens en faveur du Pre-*
voſt de Paris pour la Police, contre les Sei-
gneurs Hauts-Juſticiers, & leurs Officiers,
ibid.
CHAP. II. *La Juriſdiction du Grand-Pa-*
netier, & celles qui ont eſté autrefois eſta-
blies en faveur des autres grands Officiers de
la Couronne ſur les Arts & Meſtiers de Paris,
ont toujours eſté ſubordonnées à la Juriſdic-
tion du Chaſtelet, pour la Police, 148

CHAP.

Table des Titres, Chapïtres,

CHAP. III. La Jurisdiction de Police conservée au Prevost de Paris, contre les prétentions des Officiers de la Prevosté de l'Hostel, & grande Prevosté de France, 151.

CHAP. IV. Establissement des Marchands & des Artisans Privilegiez suivans la Cour. Que ceux de cette qualité qui ont leurs domiciles à Paris, sont soumis à la seule Jurisdiction du Chastelet pour la Police, 154.

§. I. Des privileges que le Grand-Conseil avoit establis à sa suite, & qui ont esté suprimex, 160

§. II. Privilege accordé à Monsieur le Maréchal du Plessis-Praslin, de commettre un certain nombre de Marchands & d'Artisans à la suite de la Cour, qui a esté revoqué, 161.

§. III. Des Marchands privilegiez de la Garderobe du Roy, ibid.

§. IV. Les Chirurgiens des Maisons Royales, & de la suite de la Cour, soumis, comme les autres, à la Jurisdiction de Police du Chastelet de Paris, 163

CHAP. V. Jurisdiction de Police du Prevost de Paris, dans l'estenduë du Baillage du Palais, 163

CHAP. VI. Réglement pour la Police, entre le Prevost de Paris, & les Officiers de l'Hostel de Ville, 167

CHAP. VII. Que les causes concernant la Police ne sont sujettes à aucun renvoy, ny à aucunes évocations aux Jurisdictions extraordinaires, ou de privileges, 177

TITRE DIXIE'ME.

Des Avocats & Procureurs du Roy, 178

TITRE ONZIE'ME.

Des Conseillers-Commissaires-Enquesteurs & Examinateurs, 182

CHAP. I. Origine des Commissaires-Examinateurs. Motifs de leur establissement. Qu'il y a eu de semblables Officiers dans tous les Estats bien disciplinez. Exemples des trois plus celebres Républiques de l'Antiquité, ibid.

CHAP. II. Des Commissaires-Examinateurs establis en France par les Romains; & comment ils furent conservex par nos premiers Rois, 183

CHAP. III. Ce qui s'est passé dans l'Office des Commissaires-Examinateurs, depuis Hugues Capet, jusqu'à Philippe le Bel, 186.

CHAP. IV. Fixation du nombre: Nouvelles créations, & autres changemens arrivex dans l'Office des Commissaires, depuis Philippe le Bel, jusqu'à la fin du regne de Louis XII. 191.

CHAP. V. Changemens arrivex dans les Offices de Commissaires-Examinateurs, depuis François I. jusqu'à present, 194

CHAP. VI. Fonctions de Police des Commissaires, concernant la Religion, les Mœurs, les Vivres, & la Santé, 200

CHAP. VII. Fonctions de Police des Commissaires, concernant la Seureté publique, la Voirie, les Sciences, & les Arts Liberaux; le Commerce, les Arts Mécaniques, les Serviteurs Domestiques, & les Pauvres. Suite du Chapitre precedent. 204

CHAP. VIII. Que les Examinateurs sont du Corps des Juges: que jusqu'en 1531. ceux du Chastelet de Paris ont eu voix deliberative; & qu'il leur en est resté le droit d'assister à toutes les Assemblées generales de Police, & la voix consultative ou honoraire dans les affaires qu'ils rapportent, 208

CHAP. IX. Du rang & seance des Commissaires-Examinateurs, 213

CHAP. X. Des Privileges accordez par nos Rois aux Commissaires-Examinateurs, 215

§. I. Du droit de Garde-Gardienne, ibid.

§. II. Du droit de Committimus aux Requestes de l'Hostel & du Palais, ibid.

§. III. Du droit de Franc-Salé, ibid.

§. IV. Exemptions du droit d'Aides & autres impositions pour les vins & grains de leur cru, 216

§. V. Exemptions de tailles, emprunts, & autres subsides ordinaires & extraordinaires, ibid.

§. VI. Exemption de logemens de gens de guerre, & de la suite de la Cour, ibid.

§. VII. Exemptions de toutes charges de Ville, & publiques, 217

§. VIII. Exemption de Tutelle & de Curatelle, ibid.

§. IX. Du droit de Veterance, ibid.

CHAP. XI. Que ce n'est pas seulement dans les Gaules & en France, que l'usage des Commissaires-Examinateurs s'est conservé. Qu'il est encore le même dans la Ville de Rome qu'il y estoit du temps des Césars; & qu'il est dans cette même vigueur dans tous les autres Estats dont l'ordre & la discipline ont acquis le plus de réputation, 218

TITRE DOUZIE'ME.

Des Conseillers. 221

CHAP. I. Origine, prérogatives & fonctions des Conseillers. Qu'il y en a eu dans toutes les plus celebres Républiques de l'Antiquité, & dans tous les Estats bien disciplinez. Exemples des Hebreux, des Grecs & des Romains, ibid.

CHAP. II. Des Conseillers establis en France dés la naissance de la Monarchie, auprés des Comtes, qui estoient alors les premiers Magistrats des principales Villes du Royaume, 223

CHAP. III. Que les Baillis & Seneschaux qui succederent aux Comtes, eurent d'abord le choix de leurs Conseillers. Combien de temps cet usage a subsisté. Sur qui ce choix tomboit ordinairement. Establissement des

Conseillers

& Paragraphes.

Conseillers en titre d'Office au Chastelet de Paris, & ensuite dans les autres Iurisdictions où il a esté jugé necessaire, 225

TITRE TREIZIE'ME.
Des Magistrats d'épée. 229

CHAP. I. Des Lieutenans-Criminels de Robe-Courte, ibid.
CHAP. II. Des Chevaliers du Guet, 234
CHAP. III. Des Prevosts des Maréchaux, & des Vice-Baillis, & Vice-Seneschaux, 246.

TITRE QUATORZIE'ME.
De l'obéïssance dûë aux Magistrats, 255

TITRE QUINZIE'ME.
De l'observation des Loix, 258

CHAP. I. Des Loix en general, ibid.
CHAP. II. Des publications & affiches des Loix, pour en faire connoistre les dispositions, & rendre inexcusables ceux qui ne les observeroient pas, 259
CHAP. III. De l'ordre qui s'observe pour l'execution des Loix, après qu'elles sont connuës par les publications & par les affiches, 264.

LIVRE SECOND.
De la Religion.

TITRE PREMIER.
Que la Religion est le premier & le principal objet de la Police, & que dans tous les temps, les soins en ont esté confiez aux deux Puissances, la spirituelle, & la temporelle, 267

CHAP. I. Premieres preuves tirées de l'Ecriture sainte, des Conciles, des Peres, & du Droit-Canon, ibid.
CHAP. II. Secondes preuves tirées des Loix Imperiales & des Ordonnances de nos Rois, 271

TITRE SECOND.
Des Payens, 275

CHAP. I. Naissance de l'Eglise dans la Palestine : l'Empereur Tibere en est informé, & y est favorable. Commencement du nom de Chrestien. Progrés de l'Evangile. Persécutions sous les Empereurs Payens. Paix de l'Eglise, & abolition du Paganisme dans l'Empire Romain, ibid.
CHAP. II. Abolition des restes du Paganisme en France, 277

TITRE TROISIE'ME.
Des Juifs, 279

CHAP. I. Dispersion des Juifs dans l'Empire Romain. Et la discipline qui leur fut imposée par les Loix, ibid.
CHAP. II. Ce qui s'est passé en France touchant les Juifs, 280

TITRE QUATRIE'ME.
Des Heretiques, 286

CHAP. I. Origine des Heresies. Et par quelles Loix elles ont esté combattuës dans l'Empire Romain, ibid.
CHAP. II. Que la France a conservé la pureté de la Foy plus long-temps qu'aucune autre partie du Monde. Et des vains efforts que les Ariens & les Iconoclastes ont fait pour s'y introduire, 290
CHAP. III. Des Albigeois & des Vaudois ; qu'ils ne purent encore penetrer dans aucune des Provinces, qui composoient en ce temps-là la Monarchie Françoise, 292
CHAP. IV. Origine du Calvinisme. Introduction & progrés de cette Heresie en France ; les maux qu'elle y a causez ; & les efforts qui ont esté faits pendant plus d'un siecle pour l'en chasser, 294
CHAP. V. L'exercice du Calvinisme ou de la R. P. R. aboly en France. Et les précautions qui ont esté prises pour y maintenir la pureté de la Foy, & l'unité de l'Eglise Catholique, 299

TITRE CINQUIE'ME.
Des Apostats & des Relaps, 310

TITRE SIXIE'ME.
Pacification des troubles causez dans l'Eglise, touchant les questions de la Grace & de la Predestination, au sujet du Livre de Jansenius Evêque d'Ypres, 313

TITRE SEPTIE'ME
Du respect dû aux Eglises, 320

ő iij   TITRE

Table des Titres, Chapitres,

TITRE HUITIEME.

De l'observation du Dimanche & des Festes en general, 328

CHAP. I. De l'exactitude avec laquelle le Sabbat estoit observé dans l'ancienne Loy; & que les Apostres, conduits par l'Esprit de Dieu, ont transferé cette solemnité au Dimanche, ibid.

CHAP. II. De l'establissement & de l'observation des Festes, 331

§. I. Des Festes de Pasques & de la Pentecoste, ibid.

§. II. Des contestations qui ont partagé autrefois l'Eglise, touchant le jour que la Feste de Pasques devoit estre celebrée, 332

§. III. La solemnité de la Feste de Pasques pendant deux semaines; reduite à trois jours, 333.

§. IV. La solemnité de la Feste de la Pentecoste pendant une semaine entiere, reduite à trois jours, 334

§. V. De la Feste de l'Ascension, de la Nativité de N. S. & de l'Epiphanie, 335

§. VI. Des autres Festes de l'année, selon l'ordre chronologique de leur establissement. Les Festes qui sont de commandement dans le Diocése de Paris, 340

CHAP. III. Des Loix & des Ordonnances qui sont communes à l'observation du Dimanche, & à celle des Festes, 342

CHAP. IV. Distinction des œuvres qui sont défendües les jours du Dimanche & des Festes; & de celles qui sont permises, 345.

CHAP. V. De l'observation du Dimanche & des Festes par les Boulangers, 347

CHAP. VI. De l'observation du Dimanche & des Festes par les Bouchers, 349

CHAP. VII. De l'observation du Dimanche & des Festes par les Patissiers, 350

CHAP. VIII. De l'observation du Dimanche & des Festes par les Cabaretiers & les Paulmiers, 352

CHAP. IX. De l'observation du Dimanche & des Festes par les Barbiers, 353

TITRE NEUVIEME.

De l'observation des temps de Penitence, 355.

CHAP. I. Du Caresme, ibid.

§. I. Des estats qui dispensent du jeûne ou de l'abstinence pendant le Caresme, 356

§. II. Dispenses qui s'accordent quelquefois en Caresme à tout un Diocése, 359

CHAP. II. Du Jubilé, 360

TITRE DIXIEME.

Des Processions; 361

CHAP. I. De la Procession du saint Sacrement, i id.

CHAP. II. De la Procession qui se fait le jour de l'Assomption de la sainte Vierge, 362.

CHAP. III. Procession de la Chasse de sainte Geneviéve, 364

TITRE ONZIEME.

Des Pelerinages, 367

TITRE DOUZIEME

Des Confrairies, 370

CHAP. I. Des Confrairies en general, ibid.

CHAP. II. Des Confrairies establies en France, 372

TITRE TREIZIEME.

Des nouveaux establissemens de Communautez Seculieres ou Regulieres, 376.

LIVRE TROISIEME.

Des Mœurs.

TITRE PREMIER.

Du luxe dans les Habits, les Meubles, les Equipages, & les Bastimens, 379

CHAP. I. Du Luxe en general, ibid.

CHAP. II. De la Police des Grecs touchant le luxe, 381

CHAP. III. Des Loix Romaines contre le luxe, 382

CHAP. IV. De la Police de France touchant le luxe, depuis la naissance de la Monarchie, jusqu'à la fin du regne de Charles IX. 385

Doutes proposez au Roy par le Parlement, en interpretation de l'Edit contre le luxe; & les réponses du Roy à chaque article, 389

CHAP. V. De la Police de France touchant le luxe, depuis le commencement du regne de Henry III. jusqu'à la fin du regne de Louis XIII. 392

CHAP. VI. Ordonnances de Louis le Grand, contre le luxe, 399

TITRE

TITRE SECOND.

Des Festins,   427

CHAP. I. *Des repas en commun, establis par les Anciens; de leur utilité, & de leur discipline,*   ibid.

CHAP. II. *Des Loix Somptuaires des Grecs & des Romains, concernant les repas,* 428

CHAP. III. *Des Loix Somptuaires, qui ont esté observées en France touchant les repas,*   430

TITRE TROISIE'ME.

Des Spectacles,   433

CHAP. I. *Des spectacles anciens, leur origine, leur division, leurs déréglemens, & les Loix qui ont esté faites pour les reformer,*   ibid.

CHAP. II. *De l'origine des Histrions, des Troubadours, des Jongleurs, & des autres petits spectacles qui ont precedé en France l'establissement des grandes pieces de theatre, & des Réglemens qui les ont disciplinez,* 435.

CHAP. III. *Du Theatre François ; son origine, & qu'il n'a esté occupé pendant plus d'un siecle, qu'à la representation de Pieces spirituelles, sous le titre de moralitez,* 437.

CHAP. IV. *De la Comedie Françoise ; son origine, son progrés, & les Réglemens qui ont esté faits pour en permetre, corriger & discipliner les representations, ou pour en asseurer la tranquillité,*   439

TITRE QUATRIE'ME.

Des Jeux,   446

CHAP. I. *De l'origine des jeux ; des motifs, & de l'utilité de leurs establissemens,* ibid.

CHAP. II. *Des jeux qui sont permis, & des jeux qui sont défendus,*   448

CHAP. III. *Des circonstances que les Loix obligent d'observer dans les jeux-mêmes qui sont permis ou tolerez,*   451

CHAP. IV. *Que dés le temps du Paganisme, les Assemblées ou Academies de jeu, & tous les jeux de hazard ont esté défendus ; & que depuis la naissance de l'Eglise, les Loix Ecclesiastiques & les Loix Civiles ont encore ajousté de nouvelles severitez à ces défenses,*   453

CHAP. V. *Des Ordonnances de nos Rois, & des Loix Ecclesiastiques touchant les jeux, depuis la naissance de la Monarchie, jusqu'à la fin du regne de Louis XIII.* 455

CHAP. VI. *De ce qui s'est passé contre les jeux défendus, depuis le commencement du regne de Louis XIV. jusqu'à present,* 459

CHAP. VII. *Des Lotteries,*   470

TITRE CINQUIE'ME.

Des femmes de mauvaise vie, & des lieux de débauche & de prostitution,   483

CHAP. I. *Combien la débauche des femmes a toujours esté odieuse, & de quelles peines ce vice estoit puni par les Loix que Dieu donna aux Hebreux ;*   ibid.

CHAP. II. *Quels ont esté les sentimens & les Loix des Payens touchant les débauches des femmes,*   484

CHAP. III. *Ce qui a esté fait sous les Empereurs Chrestiens, pour abolir les lieux de prostitution & de débauche dans leurs Estats,* 487.

CHAP. IV. *De la Police observée en France touchant les femmes de mauvaise vie,* 489.

CHAP. V. *Des Maisons de Force pour enfermer les femmes débauchées incorrigibles ; & des lieux de refuge ou de retraites volontaires pour celles qui se convertissent,* 495.

Réglement que le Roy veut estre executé dans l'Hospital General de Paris, pour la reception des garçons au dessous de vingt-cinq ans, & des filles qui y seront enfermées par correction,   496.

Réglement que le Roy veut estre executé pour la punition des femmes d'une débauche publique & scandaleuse, qui se pourront trouver dans sa bonne Ville de Paris, & pour leur traitement dans la Maison de la Salpestriere de l'Hospital General, où elles seront enfermées,   496.

Réglement pour la Communauté des Filles du Bon Pasteur,   500

TITRE SIXIE'ME.

Des Blasphêmes, & des Iuremens,   511

CHAP. I. *Explication de ces mots, blasphêmes & juremens, & à quelles peines les coupables de ces crimes ont esté condamnez par les anciennes Loix divines & humaines,*   ibid.

CHAP. II. *Des peines qui ont esté imposées aux Blasphêmateurs & aux Jureurs, depuis saint Louis, jusqu'à la fin du regne de Louis XIII.*   513

CHAP. III. *Des Ordonnances de Louis le Grand contre les Blasphêmateurs,*   517

TITRE SEPTIE'ME.

Des Magiciens, des Sorciers, des Devineurs & des Pronostiqueurs,   520

CHAP. I. *Origine de la Magie & de l'Astrologie judiciaire, & la division de ces Arts en leurs differentes especes,*   ibid.

CHAP. II. *Que ces Arts ont esté condamnez par la Loy de Dieu ; que les Payens mêmes les ont eu en horreur, & les ont punis du dernier supplice,*   523

CHAP.

CHAP. III. Des Loix de l'Eglise, & des Princes Temporels, contre la Magie & l'Astrologie judiciaire, depuis la naissance du Christianisme, 525

CHAP. IV. Ordonnances de nos Rois contre la Magie, l'Astrologie judiciaire & leurs dépendances, depuis l'établissement de la Monarchie, jusqu'à present, 527.

LIVRE QUATRIEME.
De la Santé.

TITRE PREMIER.

De la Santé en general, 533

TITRE SECOND.

Que la salubrité de l'air contribuë à la santé, 535

CHAP. I. Comment l'air entretient la santé & la vie; & des moyens generaux de le maintenir dans sa bonté, ibid.

CHAP. II. De quelques autres moyens qui contribuent à maintenir la salubrité de l'air, 538

CHAP. III. Qu'il ne faut élever dans les Villes aucuns des bestiaux qui causent de l'infection, 539

CHAP. IV. Eloigner du milieu des Villes les Professions qui peuvent infecter l'air, 541

TITRE TROISIE'ME.

De la Police de l'Eau par rapport à la santé, 544.

CHAP. I. Eloge de l'Eau; & combien elle contribuë à la santé, ibid.

CHAP. II. Du soin que les Atheniens & les Romains ont pris que leurs Villes fussent fournies de bonne eau, avec abondance, 545

CHAP. III. De la Police de France touchant les eaux de fontaine & les eaux de puits, 548.

CHAP. IV. De la Police sur les rivieres par rapport à la santé, 553

§. I. Réglemens pour empêcher que le nettoyement des ordures de la Ville ne soit jetté, ou ne s'écoule dans la riviere, 553

§. II. Que les Mestiers qui causent des infections doivent estre éloignez du milieu des Villes, 554

CHAP. V. Des Porteurs d'eau, 557

TITRE QUATRIEME.

De la Police du Pain par rapport à la santé, 560.

Avis des six Medecins de la Faculté, & des six Bourgeois de Paris, touchant la levûre de biere, 561

TITRE CINQUIE'ME.

De la Viande, 571

CHAP. I. Des Bouchers, ibid.
CHAP. II. Des Chaircuittiers, 573
CHAP. III. Des Poulailliers & des Rotisseurs, ibid.

TITRE SIXIE'ME.

Du Poisson de mer, & d'eau douce, 574

§. I. Du poisson d'eau douce, 575

TITRE SEPTIE'ME.

Du beurre & du lait, 576

§. Du lait, ibid.

TITRE HUITIE'ME.

Des fruits & des legumes, 578

§. I. Des melons, ibid.
§. II. Des raisins, 579

TITRE NEUVIE'ME.

Du Vin, 580

§. I. De la biere, 584

TITRE DIXIE'ME.

Des remedes, 586

TITRE ONZIE'ME.

Des Medecins, 598

§. I. Des Chirurgiens, 601

TITRE DOUZIE'ME.

De la lepre, 602

CHAP. I. Des maladies contagieuses en general. Que la lepre est une des plus dangereuses. Sa description; les soins qui ont toujours esté pris pour l'éviter; & ce qui a esté observé par les Anciens, & en France, pour séparer de toutes societez ceux qui en sont frappez, 603

CHAP.

& Paragraphes.

Chap. II. *Diminution du nombre des Lepreux en France; de faux Lepreux vagabonds voulurent prendre leurs places; desordres des Maladeries, & les remedes que l'on y apporta,* 605

Chap. III. *Reforme des maladeries, leurs biens unis & incorporez aux Ordres de saint Lazare & du Mont-Carmel, & depuis desunis & employez au soulagement des pauvres, & autres œuvres de pieté; un Hospital unique reservé pour les Lepreux,* 607

Memoire pour Messieurs les Archevêques & Evêques, Intendans & Commissaires départis dans les Provinces, chacun dans l'étendüe de leurs Diocéses & de leurs Generalitez, concernant l'execution de l'Edit du mois de May 1693. & des Déclarations du 15. Avril & 24. Aoust suivant, données en consequence pour la desunion & l'employ des biens cy-devant réunis à l'Ordre de Nostre-Dame du Mont-Carmel & de saint Lazare, en vertu de l'Edit du mois de Decembre mil six cens soixante-douze, 613

TITRE TREIZIEME.

De l'Epidemie, contagion ou peste, 616

Chap. I. *Définition de cette maladie; combien elle est à craindre, & ce que les Anciens ont dit de ses causes & de ses remedes,* ibid.

Chap. II. *Combien il est important que le Magistrat de Police soit promptement averti de la maladie contagieuse dés qu'elle commence à paroistre; des ordres qu'il donne en cette occasion; de l'establissement des Hospitaux, ou Maisons de Santé, pour y recevoir les malades qui doivent y estre portez; & des précautions que l'on doit prendre à l'égard de ceux qui peuvent se faire traiter en leurs maisons,* 617

Chap. III. *Des Prevosts, Baillis, ou Capitaines de la Santé, & de leurs Archers,* 619

Chap. IV. *Des secours spirituels & temporels que l'on doit procurer aux malades de la contagion,* 622

Chap. V. *Du devoir des Medecins en temps de contagion,* 623

Chap. VI. *Des Chirurgiens, & de leurs devoirs en temps de contagion,* ibid.

Chap. VII. *Des moyens generaux que l'on doit employer en temps de contagion pour arrester le cours de cette maladie,* 625

§. I. *De la propreté interieure des maisons,* ibid.

§. II. *Du nettoyement des ruës,* ibid.

§. III. *Du soin d'entretenir pure l'eau de la riviere, & d'éloigner de la Ville les Mes-*

tiers qui la peuvent corrompre, 626

§. IV. *Des précautions qui concernent les Mareschaux en particulier,* ibid.

§. V. *Eloigner l'infection qui pourroit provenir du transport, ou de la vente volontaire, ou par Justice, des meubles ou habits,* ibid.

§. VI. *Précautions contre les tentures de deüil aux Eglises,* 627

§. VII. *D'éloigner l'infection qui peut estre causée par les pauvres Mendians,* ibid.

§. VIII. *Des moyens que l'on employe pour rafraichir, & pour purifier l'air en temps de contagion,* 628

§. IX. *Interdire l'usage des étuves publiques en temps de contagion,* ibid.

Chap. VIII. *De la quarantaine, & de la discipline qui doit estre observée par les convalescens de la maladie contagieuse, & les gens de leurs maisons, pour ne point infecter les autres,* 629

Chap. IX. *De l'inhumation des corps morts de contagion, & des moyens que l'on employe pour purifier les maisons qui ont esté infectées de cette maladie; soit aprés la convalescence, soit aprés la mort des malades,* 630.

Chap. X. *Des taxes & aumônes des Habitans & Bourgeois, pour estre employées aux dépenses qui sont necessaires en temps de contagion,* 631

Chap. XI. *Des preservatifs contre la peste; & des parfums pour purifier & airier les maisons qui en ont esté infectées,* 633.

§. I. *Des Preservatifs,* ibid.

§. II. *Des parfums pour airier les personnes, les habits, les maisons & les meubles; & comment ils doivent estre employez,* 634.

§. III. *Parfum preservatif,* ibid.

§. IV. *Autres Parfums pour airier & parfumer les personnes, les habits, les maisons & les meubles qui ont esté infectez de la maladie contagieuse,* ibid.

§. V. *Comment il faut se servir des parfums pour airier & parfumer les personnes, les hardes, & les meubles,* 634.

TITRE QUATORZIEME.

De la discipline qui doit estre observée, lors que la contagion est dans une Ville, Bourg ou Village, pour empêcher qu'elle ne se communique aux autres lieux, soit de la même Province, ou autres plus éloignées, 636.

Fin de la Table des Titres, &c.

APPROBATION.

J'Ay lû, par ordre de Monseigneur le Chancellier, un Manuscrit qui a pour titre, *Traité de la Police*, &c. Cet Ouvrage est rempli d'une profonde érudition : car aprés avoir décrit la Police & la forme du gouvernement des Hebreux, des Grecs & des Romains, il traite de la Police des Gaulois, & en remontant à ce qui s'y est passé dans les siecles les plus éloignez, il descend jusqu'au temps present, ayant ramassé avec un tres-grand soin les Réglemens de Police anciens & nouveaux qui s'y sont faits : enfin l'Auteur fait voir dans tout son Ouvrage une connoissance exacte des Historiens Etrangers & des nostres, du Droit-Civil Romain, des origines & des principes de nostre Droit François qu'il a puisé dans les pures & vives sources, qui sont les Capitulaires de nos Rois, les Formules de Marculfe, & autres Auteurs du moyen siecle, & dans les Edits & Ordonnances. Ainsi le Public recevra beaucoup d'instruction & d'utilité de la lecture de ce Livre. Fait à Paris ce 28. Decembre 1702. Signé, I S S A L Y.

PRIVILEGE DU ROY.

LOUIS, par la grace de Dieu, Roy de France & de Navarre ; A nos amez & feaux Conseillers, les Gens tenans nos Cours de Parlement, Maistres des Requestes ordinaires de nostre Hostel, Grand-Conseil, Prevost de Paris, Baillis, Seneschaux, leurs Lieutenans, & autres nos Officiers & Justiciers qu'il appartiendra, Salut. Nostre cher & bien-amé Conseiller-Commissaire en nostre Chastelet de Paris, le Sieur de Lamare, nous ayant tres-humblement fait remontrer que depuis plusieurs années il s'est appliqué avec beaucoup d'assiduité & d'exactitude aux Ordonnances & Réglemens concernans la Police, dont il a composé un Livre intitulé, *Traité general de la Police, contenant son origine, son progrés & sa division, l'establissement ; les fonctions & les prérogatives de ses Magistrats & Officiers ; un recueil abregé des Réglemens anciens & nouveaux, concernant la Religion, les Mœurs, les Vivres, la Santé, la Seureté, la Voirie, les Sciences & les Arts-Liberaux, le Commerce, les Manufactures, les Arts-Mechaniques, les Serviteurs-Domestiques, les Manouvriers & les Pauvres ; tirez des Loix & des Usages des plus celebres Républiques de l'Antiquité, des Capitulaires, des Edits & déclarations & Lettres Patentes de nos Rois, des Arrests du Conseil & des Parlemens, & des Ordonnances des Magistrats ; avec une description topographique & historique de la Ville de Paris en neuf plans gravez, representant son ancien estat, ses differents accroissements & son estat present, & un recueil general de tous les Statuts & Réglemens des six Corps des Marchands, & de toutes les Communautez des Arts & Mestiers de cette Ville* ; Lequel Ouvrage il desireroit donner au Public, s'il Nous plaisoit luy accorder nos Lettres de privilege sur ce necessaires ; Nous luy avons permis & accordé, permettons & accordons par ces presentes de faire imprimer par tel Imprimeur ou Libraire qu'il voudra choisir, & debiter en tous les lieux de nostre obéïssance ledit Livre en un ou plusieurs volumes, conjointement ou séparément, en telles formes, marges, caractéres, & autant de fois que bon luy semblera, & de faire graver les Plans qu'il desire joindre audit Livre, pendant l'espace de trente années, à compter du jour de la date des presentes : Faisons tres-expresses défenses à tous Imprimeurs, Libraires, & autres personnes de quelque qualité ou condition qu'elles soient d'imprimer ou faire imprimer ledit Livre en tout ou en partie, même les planches y contenuës, ny d'en vendre & distribuer en aucun lieu de nostre obéïssance, sous quelque pretexte que ce soit, même d'impression étrangere, sans son consentement par écrit, ou de ceux qui auront son droit, sous pretexte d'augmentation, de correction, de reduction, de changemens de titre, fausses marques, ou autres deguisemens, en quelque maniere que ce soit, & à tous Etrangers d'en apporter & vendre en ce Royaume, Pays & Terres de nostre obéïssance aucuns exemplaires de ceux qui pourroient avoir esté imprimez ailleurs, à peine de trois mille livres d'amende payable par chacun des contrevenans, applicable un tiers à Nous, un tiers à l'Hostel-Dieu de Paris, & l'autre tiers à l'exposant ; de confiscation des exemplaires contrefaits, des presses & caractéres qui auront servi à les imprimer, & de tous dépens, dommages & intetests : à condition que ces presentes seront enregistrées és Registres de la Communauté des Imprimeurs & Libraires de Paris ; que l'impression sera faite dans nostre Royaume, & non ailleurs, en beau papier & bons caractéres, suivant les Réglemens faits pour l'Imprimerie & la Librairie : & qu'avant que d'exposer ledit Livre en vente, il en sera mis deux exemplaires dans nostre Biblioteque publique, un dans la Biblioteque de nostre Chasteau du Louvre, & un dans celle de nostre tres-cher & feal Chevalier Chancelier de France le Sieur Phelypeaux Comte de Pontchartrain, Commandeur de nos Ordres ; le tout à peine de nullité des presentes : Du contenu desquelles vous mandons & enjoignons de faire re joüir pleinement & paisiblement l'exposant & ceux qui auront droit de luy, sans souffrir qu'il reçoive aucun trouble ny empêchement quelconque. Voulons que la copie des presentes, qui sera imprimée au commencement ou à la fin du Livre, soit tenuë pour dûement signifiée, & qu'aux copies collationnées par l'un de nos amez & feaux Conseillers Secretaires, foy soit ajoutée comme à l'original : mandons au premier nostre Huissier ou Sergent sur ce requis de faire pour l'execution des presentes tous actes requis & necessaires, sans demander autre permission, nonobstant Clameur de Haro, Chartre-Normande & Lettres à ce contraire : car tel est nostre plaisir. Donné à Versailles le 24. Juin, l'an de grace 1703. & de nostre regne le 61. Signé, Par le Roy en son Conseil, MIDY. Et scellé du grand Sceau de cire jaune.

Registré sur le Livre de la Communauté des Imprimeurs & Libraires, conformémeent aux Réglemens. A Paris, ce troisiéme Juillet mil sept cens trois. Signé, P. T R A B O U I L L E T, Syndic.

Ant Dieu invenit   *Benedié. Audran sculpsit*

TRAITÉ
DE
LA POLICE.

LIVRE PREMIER.
De la Police en general ; & de ses Magistrats, & Officiers.

TITRE PREMIER.
Idée generale de la Police.

'AMOUR de la Societé que les hommes apportent en naissant, & les secours mutuels dont ils ont continuellement besoin, portent bien-tôt les premiers Habitans de la terre, à s'approcher & à se joindre plusieurs familles ensemble [a] Ce fut ainsi que de leurs Cabanes ou Maisons rustiques, telles qu'un Ancien nous les décrit, [b] ils formerent d'abord des Hameaux & des Villages. Du progrés de ces foibles commencemens, les Villes ont ensuite pris naissance : & enfin de l'union de plusieurs Villes, les grands Estats ont esté formez.

La vie commode & tranquille fut le premier objet de ces Societez : [c] mais l'amour propre, les autres passions, & l'erreur y jetterent bientost le trouble & la division. Pour remedier à ce mal, les plus sages d'entre les hommes ont eu recours à l'établissement des Loix: C'est le nom qu'ils donnerent à ces preceptes tirez de la droite raison, & de l'équité naturelle qui éclairent l'esprit, redressent la volonté, & rangent chaque chose dans son ordre.

Entre ces Loix il y en a qui ont pour objet le bien general & commun de la Société; & il y en a d'autres qui ne concernent que les interests des particuliers. Une distinction si naturelle a formé dans la suite des temps ce que nous appellons le Droit Public, & le Droit Privé.

Toutes les Nations bien disciplinées ont suivi cette juste division des Loix; mais les Grecs dont la Langue entre toutes les autres a toûjours esté abondante en noms énergiques, donnerent en-

[a] Plat. de Repub. lib. 2.
[b] Vitruve lib. 2. cap. 1.
[c] Platon de Repub. lib. 4. & de Lois. gib. lib. 3. & 5. Aristot. Polit. lib. 7. cap. 8.

Tome I.   A   core

core celuy de Police à ce Droit Public. Ils tirerent ce nom Πολιτεία, du mot primitif Πόλις, qui signifioit chez eux la Cité. [a] Leur dessein estoit, selon les plus habiles Interpretes, de faire entendre par la conformité des noms, que l'execution de ces Loix qui composent le Droit public, & la conservation de la Société civile, qui constituë & qui forme chaque Cité, estoient deux choses inseparables. De-là sans doute est aussi venu l'un des noms qu'ils donnoient à leur Jupiter. Il estoit appellé πολιεύς, dit un Orateur celebre, à cause de la Loy sur laquelle estoit fondée l'utilité commune, qu'ils croyoient tenir de luy, & dont il estoit selon eux, le protecteur. [b]

Ce nom de Police, qui a passé des Grecs aux Romains, est parvenu jusqu'à nous dans cette même signification, mais comme il renferme toutes les differentes formes de gouvernement, & qu'il y en a de plusieurs especes, il est équivoque. On le prend quelquefois pour le gouvernement general de tous les Estats, sous quelque forme qu'ils soient establis : & dans ce sens il se divise en Monarchie, Aristocratie, Democratie, & en quelques autres parties moins parfaites, formées des differens mélanges qui se peuvent faire de ces trois premieres. D'autresfois il signifie le gouvernement de chaque Estat en particulier ; & alors il se divise en Police Ecclesiastique, Police Civile, & Police Militaire ; mais ordinairement & dans un sens plus limité, il se prend pour l'ordre public de chaque Ville ; & l'usage lui a tellement attaché cette signification, que toutes les fois qu'il est prononcé absolument & sans suite, il n'est entendu que dans ce dernier sens. [c] Il semble même que c'est uniquement celuy-cy que les Philosophes & les Jurisconsultes ont eu en vûë dans tous ces grands éloges qu'ils ont donnez à la Police, & que nous lisons dans leurs écrits.

Platon, en traitant des Loix, définit la Police, la vie, le reglement, & la loy par excellence qui maintient la Cité. [d] Aristote son Disciple, élevé dans ces mêmes Maximes, la nomme aussi, le bon ordre, le gouvernement de la Ville, la soûtien de la vie du Peuple, le premier & le plus grand des biens. [e]

Isocrate l'un des plus sçavans Orateurs de la Grece, s'en exprime d'une maniere encore plus noble, dans un discours qu'il composa, pour estre prononcé dans l'Areopage. [f] Il y fait l'éloge de l'ancien gouvernement d'Athenes, & pour animer ses Concitoyens à rapeler ces heureux tems, il represente que la Police dont il desiroit le rétablissement, n'est autre chose que l'ame de la Cité ; qu'elle y opere les mêmes effets que l'entendement dans l'homme; que c'est elle qui pense à tout, qui regle toutes choses, qui fait, ou qui procure tous les biens necessaires aux Citoyens,& qui éloigne de leur societé tous les maux & toutes les calamitez qu'ils auroient à craindre.

Ciceron & Plutarque, après ces Anciens, éclairez des mêmes lumieres, semblent n'avoir fait que raporter ce que ceux-là en avoient dit. [g] Tous ceux enfin qui ont écrit depuis de la Republique, & du gouvernement, ont eu sur ces matieres des idées semblables, & ont tenu le même langage.

Nos Auteurs François, instruits par la même raison, & guidez par ces excellens modeles, se sont tous accordez à ce même sentiment. Nous en avons entr'autres un témoignage bien autentique dans la Somme Rurale de Boutillier, l'un de

nos anciens Jurisconsultes. [h] Cet illustre & sçavant Conseiller du Parlement de Paris, au commencement de son Ouvrage, divise toute la science pratique, en Morale, Oeconomique, Rhetorique & Politique : il ajoûte en même temps, que la quatriéme partie est la plus noble. C'est par elle, dit-il, que l'on apprend à l'homme à « gouverner le Peuple en Justice ; à maintenir « les Habitans d'une Ville en paix, & à contenir « chacun dans son devoir ; à veiller sur les Ouvrages, afin qu'il n'y soit fait aucune fraude ; « & à tenir la main à ce que le commerce soit « exercé avec fidelité. «

M. le Bret aussi bon Jurisconsulte que grand Magistrat, n'en avoit pas de moindres idées : il semble même en donner une description plus methodique & plus exacte. [i] J'appelle, dit-il, « Police, les Loix & les Ordonnances que l'on « a de tout temps publiées dans les Estats bien ordonnez ; pour regler l'œconomie des vivres, « retrancher les abus, & les monopoles du Commerce, & des Arts, empêcher la corruption « des mœurs, retrancher le luxe, & bannir des « Villes les jeux illicites : ce qui a merité ce nom « particulier de Police, ajoûte-t-il ; d'autant « qu'il seroit impossible qu'aucune Cité pût long-« temps subsister, si ces choses y estoient ne-« gligées. «

Bacquet dans son Traité des Droits de Justice, [k] définit la Police, un exercice qui contient en soy tout ce qui est necessaire pour la conservation & l'entretenement des Habitans, & du bien Public d'une Ville.

Loisseau s'exprime encore beaucoup mieux sur ce sujet, & donne plus d'étenduë à sa définition de la Police. [l] C'est un Droit, dit ce sçavant Jurisconsulte, par lequel il est permis de faire « d'Office, par le seul interest du bien public, & « sans postulation de personne, des Reglemens « qui engagent, & qui lient tous les Citoyens « d'une Ville, pour leur bien, & leur utilité « commune. Et il ajoûte, que le pouvoir du « Magistrat de Police approche, & participe « beaucoup plus de la puissance du Prince, que « celuy du Juge qui n'a droit que de prononcer « entre le Demandeur & le Defendeur. «

Que le nom de Police soit donc parvenu des Grecs jusqu'à nous, comme il est évident, il n'y a pas lieu d'en estre surpris : puisque les premiers élemens de la chose qu'il signifie, & la plus grande partie des regles que nous suivons, ont fait le même progrés.

Mais quoique cette origine soit déja fort ancienne, il ne nous est pas permis, sans blesser la verité, d'en demeurer à cette Epoque. Comme la Police renferme dans son objet toutes les choses qui servent de fondement, & de regle aux societez que les hommes ont establies entr'eux ; elle a dû necessairement commencer avec la plus ancienne,& la plus parfaite des Republiques. [m]

C'est en effet une opinion commune, que tous ces sages Legislateurs de la Grece, [n] avoient eu communication des Livres de Moyse, & en avoient tiré leurs principales Loix. Les Auteurs qui ont traité de cette matiere, nous apprennent que Solon dans un voyage qu'il fit en Egypte, avoit eu plusieurs conferences avec le Prophete Jeremie sur ce sujet. Ils nous rendent un semblable témoignage de Platon, & qu'il avoit puisé dans cette même source, non seulement ces pensées sublimes sur la Divinité, mais encore toutes ces grandes, & sages maximes de morale & de politique qui se lisent dans ses ouvrages, & qui luy avoient acquis le surnom de Divin.

C'est

C'est donc à cette Republique des Hebreux, (établie par les ordres de Dieu même, & conduite par son Esprit, la plus ancienne, dont la memoire s'est conservée entiere jusqu'à nous, & la seule qui a merité par l'excellence de son Gouvernement ce glorieux nom de Theocratie) que les Grecs étoient redevables de tous ces sages établissemens, qui avoient porté leur Police à ce haut point de reputation. [a] C'est encore dans cette auguste & divine source que toutes les autres Nations ont puisé leurs principales Loix & tout ce qu'il y a de bon dans leur Gouvernement & dans leur Police. *Judæorum politia vivam effigiem omnibus rebus publicis præstat, ex quâ veluti ab augusto Divinitatis fonte quicquid honestum & præclarum in politiis petendum est. Leges verò Moysis, cùm plenitudinem juris & justitiæ contineant, ex his omnium gentium constitutiones & leges honestæ emanant.* [b] C'est ainsi que les plus graves Auteurs qui ont traité de cette matiere s'en expliquent.

[a Joseph. histor. Judæor. l. 2. c. 4. & cont. Appion. l. 2. c. 6. Phil. contra gent.]

[b Apud Joachim. Steph. l. 1. c. 6. & 10.]

Quant à la division de la Police, les livres saints, [c] par la raison touchée dans l'article precedent, nous en fournissent aussi le premier exemple. C'est là qu'entre ce grand nombre d'excellentes Loix du plus sage des Legislateurs, nous trouvons pour la premiere fois celles qui défendent l'idolatrie, le blaspheme, & l'impieté; les ordonnances de sanctifier le jour du repos, & les jours de Festes; celles qui regardent les devoirs reciproques des peres, des meres, & des enfans; des maîtres, & des esclaves; les défenses d'épouser une esclave ou une débauchée, fondée sur ce motif, que les enfans qui naissent de parens vertueux ont un naturel plus noble que ceux qui sont sortis d'une alliance honteuse, & criminelle. C'est-là encore, dans leur source, que nous trouvons les Loix Sumptuaires, en faveur de la modestie, & de la frugalité, contre le luxe, & l'intemperance; d'autres Loix qui défendent les débauches, & les prostitutions des femmes, & des filles; les reglemens pour la culture des terres, les moissons, les vendanges; ceux qui concernent les viandes dont l'usage étoit alors permis ou défendu; les Loix qui éloignent du milieu du peuple les maladies contagieuses; celles qui défendent de nuire à son prochain, soit en sa personne, soit en celles de ses proches, ou dans ses biens; les défenses de vendre à faux poids ou à fausses mesures, ou d'user de tromperie en quelque autre maniere que ce soit dans le commerce ou dans les arts; les reglemens concernant la voye publique, & les bâtimens; le soin de secourir les indigens, qui étoit porté à un si haut point de perfection, que la Loy punissoit comme coupable celuy qui avoit pû assister son prochain dans un besoin pressant, & qui ne l'avoit pas fait: l'obligation de recevoir favorablement les Etrangers, de ne refuser jamais à personne le feu, l'eau, la nouriture, l'adresse du chemin qu'on devoit tenir, & la sepulture. Ainsi toutes ces loix concernant la Police des Hebreux peuvent estre rangées sous ces dix classes ou categories : La Religion, les Mœurs, les Vivres, la Santé, la Sureté, la Voirie, c'est-à-dire le soin des édifices, & des voyes publiques, le Commerce, les Arts, les Pauvres, & l'Hospitalité.

[c Exod. cap. 20. & seqq. Levit. cap. 2. c. 6. 14. & 25. Deuteron. cap. 5. 7. 11. 12 & seqq. usque ad 26. Joseph. histor. Judæor. l. 2. c. 7. & 10. lib. 4. cap. 8. & contra Appion. lib. 1. cap. 6. 7. & 10. Sigon. de Repub. Hebræor. l. 4 cap. 4.]

Les Grecs, qui ont depuis appliqué toutes ces sages dispositions à leurs usages, & à leurs mœurs, en ont fait aussi une division fort métodique. [d] Les premiers Legislateurs de ces celebres Republiques considerent que la vie est le suport de tous les autres biens qui sont l'objet de la Police; & que la vie même, si elle n'est accompagnée d'une bonne & sage conduite, & de tous les secours exterieurs qui luy sont necessaires, n'est qu'un bien

[d Plat. de leg. lib. 3. & 4. & de repub. l.3 passim. Demosthen. ad Lacrit. & pro Ctesiphont. Isocrat. in Areop. Diogen. Laert. in Solon. Æschin. cont. Timarch.]

Tome I.

fort imparfait, diviserent toute la Police en ces trois parties; la conservation, la bonté, & les agrémens de la vie.

Subdivisant ensuite chacune de ces principales parties en leur diferentes especes, ils renfermoient dans ces divisions tous les soins du bien public, & toutes les fonctions de leur Police.

Pour la conservation de la vie, par exemple ils donnoient leur premiere atention à la naissance qui en est la source, puis à la santé, & aux vivres qui en sont le soutien.

Ils s'attachoient quant à la naissance, à se procurer nombre de Citoyens d'une bonne & heureuse constitution, en reglant l'âge des mariages. Ils punissoient severement, par ces mêmes motifs, la vie molle ou effeminée des hommes, les débauches & les prostitutions des femmes, toutes causes ennemies de la fécondité, & dont les productions sont toujours foibles, & vitieuses.

[Plutarq[ue]; in Solon. Themist. & Pericl. &c. dits not. Lacedi.]

Ils faisoient consister les soins de la santé en ces quatre points principaux. La salubrité de l'air, la pureté de l'eau, la bonté des alimens, & des remedes, & la probité des Medecins. Ainsi rien n'échapoit à cet égard, non plus qu'aux autres parties de leur Police, à l'exactitude de leur prévoyance, & à la sagesse de leur discipline.

[Bodin. de repub. l. 4. cap. 6 Sigon. de repu Hebraor. lib. 1.]

Les Romains qui sont venus dans la suite, n'eurent pas plûtôt formé leur Etat d'une certaine étenduë, qu'ils pensèrent à établir dans le centre une discipline; qui ne fut pas moins la source de sa conservation, que de sa gloire. [e] Ils reconnurent par un aveu bien solemnel, que pour y réussir ils avoient besoin des lumieres de ces Sages de la Grece, dont la reputation s'étoit répanduë par tout l'Univers. Ce fut donc le motif qui les détermina d'envoyer vers la Republique d'Athenes cette celebre Ambassade de trois Senateurs, dont il est parlé dans l'Histoire, pour en tirer les instructions, sur lesquelles ils formerent ensuite les Loix, & la Police de leur Republique, & suivirent à peu de choses prés la même division. De là vient que les premiers, & les plus sages d'entr'eux, pour en marquer leur reconnoissance, nommoient Athenes, la mere des sciences, & des loix, & la nourrice des Arts, l'Ecole de la Sagesse, & la source de toute Police, & de toute Discipline. [f]

[Tolosan. syntagm. juris lib. 1. cap. 4. Postel. de Magistratib. & Atheniensium cap.17. & 14. Keckermann inColmer.de rep. Atheniensium & Spartan. lib. 2. cap.11. & seq.]

[e Cicero de Orat. lib. 1. & pro Flac. Plutarque, de exil. De excell. Athen. Tit. Liv. lib. 1. Florus lib. 1. Rossin. antiqa Roman. lib. 7. cap. 19. Sigon. commi. in fast. Roman. sub. anno 302.]

Que ces fameux exemples ayent été suivis par nos Ancêtres, on n'en peut pas douter, après le témoignage d'un Auteur contemporain de nos premiers Roys. [g] Voicy comme il s'en explique.

Les François Peuples de Germanie, qui ont « passé le Rhin, & par la force de leurs armes se « sont rendus les Maîtres des Gaules, n'ont rien « passé des mœurs barbares de leur ancienne « Patrie. Ils sont doux & civils dans leurs manieres, « & dans leur conversation : mais surtout c'est une « chose admirable comme ils s'étudient à rendre « Justice aux Etrangers, à se la rendre mutuelle- « ment les uns aux autres, & à maintenir entr'eux « l'union & la concorde. Ils se sont approprié les « mêmes Loix, la même Police, & les mêmes usages « des Romains. Ils ont, comme eux, établi des « Magistrats dans toutes leurs Villes, & par ce bon « ordre & cette sage conduite, ils ont affermi leur « domination, & mis leurs ennemis hors d'état de « leur resister.

[f Cicer. de Orator. lib. 1. & pro Flacco. Lucret. in Poet. natural.]

[g Agathias lib.]

Nôtre Police ayant donc esté formée sur ces grands modeles de l'Antiquité, nous avons aussi conservé, à peu de chose prés, leur même Metode, dans la division des matieres. Il y a seulement cette difference, que la sainteté de nôtre Religion ne nous permettant pas de preferer les soins du corps à ceux de l'ame, les premiers Empereurs Chrêtiens, & nos Roys après eux, sans

A ij

sans rien toucher aux termes, ny à l'esprit de cette ancienne division, n'en ont fait que changer l'ordre. De-là vient qu'au lieu que les Grecs se proposerent pour premier objet de leur Police la conservation de la vie naturelle ; nous avons postposé ces soins à ceux qui la peuvent rendre bonne, & que nous divisons comme eux en deux points ; la Religion, & les Mœurs.

Quand nous avons repris pour second objet la conservation de la vie, nous avons encore suivi à cet égard la même subdivision, en appliquant les soins de nôtre Police à ces deux choses importantes ; la santé, & la subsistance des Citoyens. A l'égard de la commodité de la vie, qui étoit le troisiéme objet de la Police des Anciens, nous la subdivisons aussi comme eux en six points ; la Tranquilité publique ; les soins des Bâtimens, des Rues, des Places publiques, & des Chemins ; les Sciences, & les Arts liberaux ; le Commerce ; les Manufactures ; les Arts mecaniques ; les Domestiques, & les Manouvriers.

Nous avons enfin imité ces anciennes Republiques, dans les soins qu'elles donnerent à cette portion de la Police, qui concerne les agrémens de la vie. Il y a neanmoins cette difference entre les anciens, & nous, que comme les jeux & les spectacles faisoient parmy eux une partie considerable du culte qu'ils rendoient à leurs Dieux, leurs Loix n'avoient en vûë que de les multiplier, & d'en augmenter la magnificence : au lieu que les nôtres plus conformes à la pureté de nôtre Religion & à nos mœurs, n'ont pour objet que d'en corriger les abus qu'une trop grande licence pourroit y introduire, ou d'en asseurer la tranquillité. De-là vient qu'au lieu d'en faire, comme eux, un titre separé dans nôtre Police, nous les rangeons sous celuy qui concerne la discipline des mœurs.

Mais depuis la naissance du Christianisme, les Empereurs, & nos Rois ont ajoûté à cette ancienne division le soin & la discipline des Pauvres ; comme une partie considerable du bien public, dont il ne se trouve aucun exemple dans la Police d'Athenes, ny dans celle de Rome Payenne. Ils en ont fait un titre separé, non seulement par l'importance de la matiere, mais encore parce que les Reglemens qui la concernent, entrent en participation de toutes les autres parties de la Police : ensorte qu'il seroit difficile de les ranger sous aucun autre titre, où l'on pût dire qu'ils fussent veritablement en leur lieu. Si l'on considere en effet les soins dûs aux Pauvres, comme des exercices de charité, ils entrent dans cette partie de la Police qui a pour objet la Religion. Que si l'on fait attention sur l'oisiveté, le libertinage, & une infinité d'autres vices, dont la pauvreté est la source, & qui ne peuvent être prevenus, corrigez ou punis, qu'en faisant cesser la mendicité ; on range aussi-tôt cette partie de la Police sous la categorie de la discipline des mœurs. La salubrité de l'air procurée par l'éloignement des infections que les Mendians sains ou malades portent d'ordinaire avec eux, trouvera sa place dans cette partie considerable, qui veille à la conservation de la santé. Enfin l'interdiction totale de la mendicité oblige les Pauvres de rentrer dans l'ordre où la Providence les a placez ; les Invalides aux Hôpitaux, & les autres aux emplois proportionnez à leur naissance, à leur état, & à leur force. Il importe ainsi pour la seureté, & pour la tranquillité publique, pour le Commerce, pour les Arts, & pour l'Agriculture, que la cessation de ce desordre, en diminuant le nombre des Vagabonds, fournisse à l'Etat un nouveau secours de Laboureurs, & d'Artisans. Il est vray par consequent de dire, que cette seule Police des Pauvres renferme tous les autres soins & les autres objets du bien public : & cela merite un Titre particulier.

La Police, selon nous, est donc toute renfermée dans ces onze parties que l'on vient de parcourir ; la Religion ; la Discipline des mœurs ; la Santé ; les Vivres ; la Seureté, & la Tranquillité publique ; la Voirie ; les Sciences, & les Arts Liberaux ; le Commerce, les Manufactures & les Arts Mecaniques ; les Serviteurs Domestiques, les Manouvriers, & les Pauvres.

Chacune de ces parties étant ensuite subdivisée en ses differentes especes, (comme on le verra dans la suite de ce Traité) composent universellement toute cette partie de nôtre Droit, qui a merité par excellence le nom de Police. On y découvre en même temps combien cette Police que nous suivons a de conformité avec celle de ces anciennes & celebres Republiques qui nous ont servy de modeles : & l'on commencera ce paralelle par celuy de leurs Magistrats & des nôtres.

TITRE II.

De la Police des Hebreux, & de l'établissement de leurs Magistrats.

LA Republique des Hebreux, qui a pris naissance en quelque façon dans le desert, passa sous des Tentes les quarante premieres années de son établissement. Comme Dieu même luy fournissoit alors par un miracle continuel tous les besoins de la vie, elle fut exempte en cet état de tous les differens qui naissent de la proprieté des biens, ou du Commerce, & n'eut aucun besoin de Tribunaux pour les actions & les affaires de cette nature.

Il n'en fut pas de même des matieres de Police, & qui concernent l'ordre public. Ce Peuple nouvellement sorti d'une dure servitude, où il avoit été élevé sans éducation, & sans Loix, entretenu par raison d'Etat dans une profonde ignorance de toutes choses ; continuellement appliqué par des Maîtres impitoyables aux Ouvrages les plus laborieux ; avoit aussi contracté toutes les habitudes, & tous les defauts de cette basse & servile condition. C'est pour cela que l'Ecriture luy reproche si souvent son indocilité, la dureté de son cœur, son penchant continuel au murmure, à la division, à l'ingratitude, & à l'idolatrie. Jamais Peuples par consequent n'ont eu un plus grand besoin de Magistrats & d'Officiers, pour contenir chacun dans son devoir, appaiser les querelles qui estoient frequentes entr'eux, faire reparer les injures, punir les crimes, & maintenir en toutes choses l'ordre & la discipline publique.

Moyse, [a] que Dieu leur donna pour Conducteur & pour Juge, entreprit d'abord de soustenir seul cet emploi si important & si difficile. Il tenoit ses Audiances certains jours de la Semaine, depuis le matin jusqu'au soir, pour entendre tous ceux qui avoient recours à luy, recevoir leurs plaintes, & juger leurs differens. Tous les autres jours il estoit appliqué à faire observer les Loix que Dieu luy avoit dictées, & à pourvoir à la tranquilité publique.

Mais la premiere année de son gouvernement fut à peine passée, qu'il se trouva accablé de ces soins laborieux. Il reconnut selon le témoignage qu'il en rend lui-même, que cette entreprise estoit au-dessus de ses forces, & qu'il avoit besoin de secours pour en supporter le poids.

Les Livres saints nous apprennent que ce sage Legislateur en cet état, & par le conseil de Jethro Prestre, ou, selon quelques-uns, Roy de Madian son beau-pere, choisit un certain nombre d'hommes sages & craignans Dieu, d'une probité connuë, & sur-tout ennemis du mensonge & de l'avarice, pour leur confier une portion de son autorité. Ce fut sur eux qu'il se reposa d'une partie de ses soins, pour conduire & gouverner sous ses ordres le Peuple, entendre ses differends en tous temps & en tous lieux, appaiser leurs querelles, faire observer la Loy, maintenir l'union entre les particuliers, & la tranquilité publique. Ils avoient ordre sur-tout

d'agir toûjours équitablement, sans nulle faveur, ou acception de personne, & que des choses de consequence & difficiles, ils luy en referassent, pour les regler selon leurs rapports, ou leur prescrire ce qu'ils auroient à faire pour y pourvoir. Ce sont les propres termes du pouvoir, & des instructions qu'il leur donna en presence de tout le Peuple, qu'il fit assembler pour faire cet establissement, & pour installer ces Officiers dans leurs Charges.

Il regla ensuite l'étenduë qui devoit estre commise aux soins de chacun d'eux, & sur laquelle il devoit avoir son inspection.

Les Israëlites n'ayant alors aucun territoire fixe & permanent qui se pût diviser ; il partagea tout le Peuple en differentes Tribus de mille familles chacune, selon qu'elles estoient placées dans le Camp, & subdivisa chacune de ces Tribus en d'autres portions ou départemens de cent, de cinquante, ou de dix familles.

Aprés ces divisions, il établit un de ces Officiers pour avoir l'Intendance de toute la Tribu entiere, & d'autres pour ses Collegues, & avoir seulement l'inspection chacun d'eux sur l'une des portions ou départemens de cent, de cinquante, ou de dix familles de cette même Tribu. C'est de-là que ces premiers furent nommez, selon l'original Hebreu, Sare Alaphim, Prefets, ou Intendans des Tribus ; & les autres Sare Meot, Sare Hhamischim, Sare Hasaroth, Prefets, ou Intendans de cent, de cinquante, ou de dix Familles ; pour les distinguer entr'eux, par rapport à cette distribution qui leur estoit faite des differentes Tribus, ou differens quartiers du Camp par inégales portions.

Sur quoy les plus habiles Interpretes ont observé, que ce mot Hebreu Sare, & le Grec Ἄρχη, signifioient également les Premiers, ou Principaux dans chaque Ordre, ou Societé ; les Magistrats, & tous les autres Officiers qui avoient quelque Intendance ou superiorité sur le Peuple, ou sur quelqu'une des portions du Peuple en particulier ; Sare, vel Ἄρχη ; id est, administrationem aut Officium habere super Cives ; vel Populum, aut specialiter aliquod hominum genus. Ce sont leurs propres termes.

De sorte qu'en cet endroit de l'Ecriture, Sare Alaphim, & ces autres noms subordonnez à celuy-cy, ne signifioient autre chose que des Officiers establis pour avoir l'inspection sur le Peuple, & tenir la main à l'execution des Loix, à la Police & Discipline publique, sous les ordres du premier Magistrat. C'est aussi pour cette raison qu'ils estoient obligez de luy referer des choses difficiles ou importantes, suivant cette clause de leur institution. Quòd si difficile vobis visum aliquid fuerit, referte ad me, & ego audiam, præcepique omnia quæ facere deberetis.

Ce bon ordre establi pour la discipline publique, Moyse y trouva ce soulagement ; que tous les petits differens du Peuple ne venoient plus jusqu'à

Marginal notes (left column):
[a] Exod. 18. ver. 13. & seqq.
Deuteron. t. v. 9. & seqq.
Sulpic. Sever. histor. sac. lib. 1.
Cornel. à Lapid.
Annal. vet. Test.
Sigon. de Rep.
Hebræor. lib. 6.
cap. 6. lib 7. c 7.
Salian. Annal.
veter. Testam.
Joach. Stephan.
de Jurisdiction.
Judæor. l. 1. c. 6.

Marginal notes (right column):
Sanct. Paghinus Robert. Stephan. Buxtorf.

Deuteron. t. v. 17. & 18.

Num. cap. 11. v. 16. & 17.
Sulp. Sever. hist. sacra.

Cornel. à Lapid. Sigon. de Repu. Hebrator. l. 6. c. 7. Salian. Annal. veter Testam. Joann. Staphan. de Jurisdict. Heb. lib. 1. cap. 7.

jusqu'à luy, & que les affaires les plus importantes & les plus difficiles & estoient apportées
tout instruites par des Officiers de confiance,
sur la foy, & le rapport desquels il luy estoit
beaucoup plus facile de les entendre, & de les
décider. Cependant il luy restoit encore à sousté-
nir en personne les principales parties du Gouvernement ; & il s'estoit toûjours reservé la décision des affaires importantes, dans lesquelles
il avoit souvent besoin de soulagement, & de
conseil. Ce sage Legislateur dans cette veuë, &
par les ordres de Dieu même, choisit encore,
avant la fin de cette année, soixante & dix autres
Officiers plus avancez en âge, dont il se forma
un Conseil : & ceux-cy furent nommez par leur
âge & par leur autorité *Zekenim, Seniores &
Magistri Populi*, les Anciens & les Maistres du
Peuple.

[a] Deuteron. c. 16. v. 18. Paralippom. c. 19. v. 5. Isai c. 1. v. 26. Judæor. c. 2. Joseph. Histor. contra Apion. Sulp Sev. hist. sacra. Cornel. à Lapid. Sigon. de Rep. Hebr. l 6 c. 4. & seqq. & lib. 6. Joan Stephan. de Jurisd. Judæor. l. 1. c. 6. & seqq. Petr. Galatin. in Talmud.

Tous ces Officiers establis par Moyse[a] dans le
desert, furent conservez par les Juifs après leur
establissement dans les Villes de la Palestine :
il y eut seulement cette difference, qu'estant
alors arrivez dans les Provinces que Dieu leur
avoit destinées, leurs Tribunaux commencerent
d'estre fixes & permanens aussi-bien que leurs
demeures.

Le *Sanhedrin*, ou grand Conseil des soixante-
dix, establit son Siege dans Jerusalem ; & ce
souverain Tribunal, où presidoit le Grand
Prestre, connoissoit seul de toutes les matieres
importantes qui concernoient la Religion, &
l'observation des Loix. Luy seul avoit aussi le
droit de connoistre des crimes qui meritoient le
dernier supplice, ou de répandre le sang du
coupable, & des appellations de tous les autres
Juges inferieurs.

[b] Reg. lib. 3. c. 11. Joseph. h'st. Judæor. lib. 4. Joann. Steph. lib. 1. cap. 6. & 9.

Il y eut en même temps dans[b] cette Ville
Capitale aux autres Tribunaux, & dans les
autres Villes un Tribunal, pour connoistre en
premiere instance de toutes les matieres civiles,
& des fautes ou crimes, où il ne s'agissoit que
d'imposer toutes autres peines que celles du sang
ou de la mort. Chacun de ces Tribunaux devoit
estre composé de sept Juges, entre lesquels il
y avoit toûjours des Levites.

[c] Deut. c. 16. v. 18. 2. Para 1pp. c. 19. v. 5. Ita cap. 1. v. 16. Joseph. hist. l. 4. cap. 8. & lib. 1. contr. Appion. Sulp Sever. historia sacra. Cornel à Lap. Sigon de Repub. Hebr. lib. 6. lib. 1. cap. 9. Joan Stephan. de Jurisd. Judæ. l. 1. c. 6. & seqq. Petrus Galat. in Talmudist.

Au reste ce changement d'estat[c] de voyageurs
en Citoyens permanens de ces fertiles Provinces,
en apporta peu dans l'administration de la Justice.
Les matieres de la Jurisdiction civile contentieuse, selon la remarque des Auteurs qui ont
écrit de cette Republique, furent toûjours presqu'aussi rares qu'elles avoient esté dans le desert.
L'obligation imposée par les Loix, de conserver
dans chaque famille les mêmes heritages qui
avoient esté donnez en partage à ses Ancestres
du temps de Josüé ; la Loy du Jubilé qui abo-
lissoit après la revolution de quelques années,
toutes les dettes, & toutes les alienations ; &
celles qui regloient avec tant d'ordre & d'équité,
le partage des biens entre les descendans, estoient
autant de sages précautions contre toutes les
actions réelles & hypothequaires, & contre tous
les autres procès qui peuvent naistre de la proprieté, ou de la possession des immeubles. La
vie frugale, & laborieuse des Israëlites, leur
application presque unique à cultiver leurs
heritages, & à nourrir leurs bestiaux ; l'interdiction de l'usure entr'eux ; le peu de commerce qu'il leur estoit permis d'avoir avec les
Etrangers, estoient encore des remedes presque
infaillibles contre tous les autres differens, que
l'usage des meubles ou de l'argent pouvoit
introduire.

[d] Joach. Stephan. liq. 1. cap. 10.

Ainsi les Magistrats n'estant point,[d] ou tres-

peu détournez par ces matieres contentieuses du
Droit Privé, continuerent toûjours, comme ils
avoient commencé dans le desert, à donner leurs
principaux soins pour maintenir l'observation
des Loix concernant la Religion, les mœurs,
la tranquilité, & toutes les autres parties de la
Police, & de l'Ordre public.

Il en fut de même de ces Officiers ou Magistrats inferieurs, qui estoient subordonnez aux
premiers Magistrats, pour avoir la premiere
inspection sur le Peuple, & pour tenir la main
à l'execution de ces mêmes Loix. Leur establissement qui avoit commencé dans le desert,
comme nous venons de voir, fut aussi continué
dans toutes les autres principales Villes de la
Palestine. Il y eut seulement cette difference,
que les Israëlites ayant alors un territoire fixe
& certain à partager, l'estenduë distribuée à
chacun de ces Officiers pour y exercer leurs
fonctions, & y donner leurs soins, ne fut plus
reglée par Tribus, ou par Familles, mais par
quartiers ou portions de ces mêmes Villes. De
ce partage de Territoire, ils commencerent
aussi d'estre nommez *Sare Pelakim, le Kireiah*,
Prefets, ou Intendans des Quartiers de la Ville,
au lieu de ces premiers noms de Prefets, ou
Intendans des Tribus, ou d'un certain nombre
de familles, qui leur avoient esté donnez dans
le desert, & qui ne leur convenoient plus depuis
ce changement.

[e] Deuteron. cap. 16. v. 18. Paralip. l. 1. c. 2 v. 1. L. 1. v. 24 c. 17. v. 5. & seqq. Isa. c. 1. v. 33. & 16. Sulp. Sever. historia sacra. Corn. à Lapid. Hebrator. l. 6. c. 6. & lib. 7. cap. 7. Joach. Steph. de Jurisd. Judæor. lib. 1. cap. 6. [f] Esdr. 11. cap. 3. v. 9. 12. 14. & seqq.

Jerusalem, qui estoit la Ville Capitale, & sur
laquelle toutes les autres se devoient regler, nous
servira d'exemple pour l'establissement de cette verité. [f] L'Ecriture sainte rapporte que
cette grande Ville estoit partagée en quatre Regions, ou Quartiers, nommez *Pelek Bethacaram*,
Quartier de la Maison de la Vigne ; *Pelek Bethsur*, Quartier de la Maison de Force ; *Pelek Malpha*, Quartier de la Guerite ; *Pelek Ceila*, Quartier de la division, ou separation : chacun de
ces Quartiers prenant un nom de quelques-uns
de ses principaux édifices, ou du lieu de sa
situation ; ou bien, comme il y avoit quatre
Villes dans la Judée qui portoient ces mêmes
noms, *Bethacaram, Bethsur, Malpha, & Ceila* ;
peut-estre que ces Quartiers avoient aussi pris
leurs noms des principales rües de cette grande
Ville, qui conduisoient à ces autres Villes voisines : comme nous disons aujourd'huy à Paris ;
Quartier de saint Denys, Quartier de Montmartre,
& ainsi des autres.

Les mêmes livres saints nous apprennent qu'en
chacun de ces quartiers de la ville il y avoit deux
de ces Officiers chargez des soins de la Police &
du bien public ; l'un, qui avoit l'intendance & la
direction entiere de tout le quartier, nommé par
cette raison *Sar Pelek*, Prefet ou Intendant du
quartier ; & l'autre, qui n'avoit l'inspection que
sur une portion du quartier, reglée ordinairement
à la moitié : d'où il estoit aussi nommé *Sarhhatsi
Pelek*, Prefet ou Intendant de la moitié du quartier ; comme nous disons à Paris Commissaire
du quartier, absolument, en parlant de celuy qui
est l'ancien ou le premier Commissaire, qui a l'inspection entiere sur tout le quartier ; & second ou
troisiéme Commissaire dans un tel quartier, en
parlant de ses confreres qui lui sont donnez pour collegues, & qui n'ont l'inspection que sur leurs
départemens, qui font partie du quartier. On ne
peut rien desirer de plus clair & de plus exact que
les passages de l'Ecriture sainte à cet égard : elle
descend même jusques dans ce détail, de nous apprendre que lors du rétablissement de Jerusalem
par Esdras, au retour de la captivité de Babylone,

cette

cette même division de la ville en quatre regions ou quartiers fut observée, & qu'en ce tems Melchias, & Sellem étoient Commissaires ou Intendans du quartier de Bethacaram; Raphaia, & Nehemias du quartier de Bethsur; Aser, & Sellum du quartier de Malpha; Hasebias, & Banai du quartier de Ceila. Rien n'est donc plus certain que l'établissement, & la distribution de ces Officiers de Police dans les quartiers de cette Ville Capitale ; & il en étoit de même, selon le témoignage des Auteurs, de toutes les autres villes principales de la Judée.

Quant à leurs fonctions, ils continuerent toujours d'avoir l'inspection qui leur avoit esté confiée dans le Desert lors de leur institution, sur les mœurs & sur la conduite du peuple. C'étoit eux qui tenoient la main, sous l'autorité des premiers Magistrats, à l'execution des Loix, au bon ordre & à la discipline publique. Et comme la Manne qui avoit nourri le peuple dans le Desert cessa de tomber aussi-tôt qu'il eut passé le Jourdain, l'inspection sur les vivres fut encore ajoutée aux soins de ces Officiers, comme l'une des principales parties de la Police. Ils l'avoient de même sur les autres provisions dont le peuple commença d'avoir besoin, tant pour sa subsistance, que pour son commerce. Rien ne fut changé par consequent dans l'exercice de leurs fonctions. Les Hebreux, dit un celebre Auteur, [a] ont des Préfets ou Intendans des quartiers de leurs villes, qui ont l'inspection sur tout ce qui s'y passe. La Police du pain, celle des autres vivres, & du commerce est aussi de leurs soins ; ils reglent eux-mêmes les petits differens qui s'y presentent, & des autres ils en referent au Magistrat, ce qui renferme en peu de mots tout ce qui peut estre desiré sur cette matiere. Nous y ajouterons seulement, que leurs fonctions n'estoient pas bornées aux seuls soins de la Police ; les matieres civiles & les criminelles estoient encore de leur ressort. Ils avoient aussi cette portion de l'autorité publique que les Jurisconsultes nomment *jus prehensionis*, & qui donne le droit de faire arrester les coupa-

a Arianus lib. 5.

bles, ou les gens suspects : de les interroger, & de les faire conduire prisonniers, ou seulement devant les Juges, lors que le fait n'est pas évident, & que l'on peut raisonnablement douter s'il merite la prison, soit par la qualité de la personne, ou par les circonstances de l'action. Ce fut en vertu de ce pouvoir, selon Josephe, [b] que l'un de ces Officiers fit arrester le Prophete Jeremie sur le chemin de Jerusalem au Bourg d'Anathot. Comme on le soupçonnoit d'intelligence avec le Roy de Babylone ennemy de l'Etat, & que ce n'estoit qu'une simple conjecture contre une personne qualifiée, il l'interrogea, & le fit conduire devant les Juges qui l'envoyerent prisonnier. Sur quoy un Auteur qui a commenté les Loix Judaïques, remarque qu'il y a avoit chez eux deux sortes de Magistrats qui avoient l'autorité publique en main. Les premiers d'un ordre superieur, pour juger & faire les reglemens ; & ceux-cy du second ordre, pour conduire le peuple, & l'obliger d'executer les Loix. *Hebræi sic distinguunt inter se Judices, qui determinant causam sive judicium; & Præfectos atque Magistratus, qui dominantur populo, & mandata Judicum exequuntur.* [c]

Voilà donc dans la plus ancienne & la plus sage des Republiques, dont la memoire s'est conservée entiere jusques à nous, des Tribunaux établis pour la Police. On y voit des Officiers chargez d'en prendre les premiers soins, & distribuez dans tous les quartiers des principales villes, pour y maintenir l'autorité des premiers Magistrats, l'Ordre public, & l'execution des Loix. Les Grecs, qui ont paru immediatement après les Hebreux, & qui ont esté long-temps leurs contemporains, ont esté aussi les premiers à profiter de cet exemple, autant que la difference des Religions & des mœurs le pouvoit permettre. *Sic & posteà Græci quicquid habuerunt sapientiæ & industriæ in constituendis & gubernandis politiis, à Judæis acceperunt.* [d] C'est ainsi que les Auteurs s'en expliquent.

b Lib. 10. cap. 10.

c Paul Fag. in Deuteron. cap. 16.

d Apud Joach. Stephilib. I. cap. 8. & 10.

TITRE III

Des Magiſtrats, & Officiers de Police d'Athenes ; & des autres Republiques de la Grece.

a Eſchin. in Cteſiphont. Lemoſth. adv. Midia. Theophraſt. de legibus. Euripid. Syrr. Ulpian. in De-moſthen. Budæ in Pan-dect. Petit. in leg. Attic. lib. 2. tit. 1. Keckermann. in Colm de Repub. Athen.

b Cicer. de Orator. lib. 1. pro Flacco.

LA pluſpart des Grécs ont eu pour maxime, de partager l'autorité du Gouvernement, & de la Magiſtrature entre pluſieurs Citoyens. Les Republiques prenoient encore cette autre précaution, de changer ſouvent de Gouverneurs, & de Magiſtrats ; de crainte qu'un ſeul ſe trouvant en place aſſez de temps pour en abuſer, il ne ſe rendiſt trop puiſſant, n'entrepriſt ſur la liberté publique, & n'uſurpaſt enſuite l'authorité ſouveraine. [a]

Les Atheniens qui ont eſté les premiers à mettre en uſage cette politique, & qu'un ſçavant Romain [b] nomme les Peres de toutes les ſciences, & de toutes les Loix, choiſiſſoient tous les ans cinq cens de leurs principaux Citoyens, dont ils formoient le Senat qui devoit gouverner la Republique pendant l'année. Ce n'eſt pas qu'ils euſſent tous à la fois également cette autorité. Pour éviter la confuſion, & ne pas rendre trop puiſſant un nombre ſi conſidérable de Citoyens, il n'y en avoit qu'un chaque jour qui euſt le Gouvernement. Les autres ſervoient ſeulement de Conſeil à celuy qui eſtoit de jour. Et voicy le bon ordre qu'ils obſervoient, pour accorder la perfection de cet Etat monarchique d'un ſeul Gouverneur, avec la liberté de la Republique.

Ils diviſoient ces cinq cens Senateurs en dix claſſes de cinquante chacune, qu'ils nommoient Πρυτανεις Prytanes ; & ils faiſoient une pareille diviſion de l'année en dix parties, qu'ils partageoient entre ces cinquantaines ; l'année des Atheniens eſtoit Lunaire, & par conſequent de trois cens cinquante-quatre jours ſeulement. Ainſi chaque Prytane ou cinquantaine commandoit & gouvernoit l'Etat pendant trente-cinq jours ; & la derniere, ſelon quelques-uns, y ajoutoit les quatre jours de plus qui reſtoient pour finir l'année, ou, ſelon quelques autres, chaque jour eſtoit donné aux quatre premieres qui l'avoient commencée.

De ces cinquante qui eſtoient de mois, l'on en tiroit toutes les ſemaines dix, qu'ils nommoient Προεδροι Preſidens. Entre ces dix premiers l'on en choiſiſſoit ſept. Et enfin par une derniere ſubdiviſion, ces ſept partageoient entre eux les jours de la Semaine. Pour une plus grande ſureté toutes ces diviſions, & ces ſubdiviſions neceſſaires qui conduiſoient à l'unité de Gouverneur, ſe commettoient au ſort. Celuy qui eſtoit de jour ſe nommoit Αρχων Prince ou Premier, pour marquer ſa ſuperiorité, & le diſtinguer des autres : Voilà ce qui s'obſervoit à l'égard du Gouvernement.

Ils ſuivoient à peu prés le meſme ordre pour l'adminiſtration de la Juſtice : car au commencement de chaque mois, aprés que des dix Prytanes ou Cinquantaines ils avoient choiſi par le ſort celle qui devoit gouverner la Republique, ils choiſiſſoient enſuite un Magiſtrat dans chacune des neuf autres Cinquantaines. De ces neuf Magiſtrats, qu'ils nommoient auſſi Αρχοντες Princes

ou Gouverneurs, ils en tiroient trois au ſort, pour adminiſtrer la Juſtice pendant le mois ; l'un pour préſider aux affaires ordinaires des Citoyens, & pour tenir la main à l'execution des loix concernant la Police, & le bien public, nommé Πολιαρχος Prefet ou Gouverneur de la ville ; l'autre avoit l'intendance & la juriſdiction ſur tout ce qui concernoit la Religion, & ils le nommoient Βασιλευ Roy ; le troiſiéme, qui eſtoit nommé πολιμαρχος Commandant general, ou Intendant de la guerre, connoiſſoit de toutes les affaires militaires, & de celles qui arrivoient entre les Citoyens & les Etrangers. Les ſix autres Αρχοντες ſervoient de Conſeil à ces trois premiers. Ils avoient encore le ſoin pendant le mois de leur Magiſtrature d'examiner, & de corriger les nouvelles Loix que l'on deſiroit introduire, & d'en faire le rapport au Senat, & au Peuple, pour les faire recevoir, ſi elles eſtoient jugées utiles à l'Etat. Et c'eſt cette fonction qui les fit auſſi nommer Θεσμοθετα Legiſlateurs.

Il y avoit encore quelques autres Tribunaux inferieurs pour differentes matieres, tant civiles, que criminelles. Ces Tribunaux changeoient auſſi de Juges ; les uns, tous les mois ; les autres, tous les ans ; en ſorte qu'aucun de ces Juges ou de ces Magiſtrats n'eſtoit en exercice plus d'une année. [c]

Mais la Police, [d] qui demande des ſoins ſans interruption, & une connoiſſance toujours ſuivie, n'eſtoit d'aucun de ces Tribunaux, que pour l'execution. Comme il faut pour y réuſſir une étude continuelle pour ſe former ſur le paſſé, des regles de prudence & de conduite, elle ne pouvoit s'accorder avec cette viciſſitude & ces changemens continuels. La connoiſſance principale en eſtoit reſervée par cette raiſon au Senat de l'Areopage, qui eſtoit le ſeul Tribunal où les Juges eſtoient fixes & perpetuels. C'eſtoit auſſi celuy dont la probité & l'exacte juſtice eſtoit plus connuë, & dans une plus haute eſtime. Cet auguſte Senat n'eſtoit compoſé que des principaux Citoyens, qui avoient exercé avec reputation l'une de ces trois Magiſtratures ordinaires dont il vient d'eſtre parlé, & contre leſquels, aprés une trés-exacte information, il ne s'eſtoit formé aucune plainte, ni même aucun ſoupçon de mauvaiſe conduite. Auſſi quelques Auteurs remarquent qu'il eſtoit élevé au deſſus de tous les autres, comme une eſpece de ſentinelle, qui veilloit continuellement à tous les beſoins publics.

Le premier Magiſtrat de la ville, Πολιαρχος Prefectus urbis, agiſſoit donc dans l'adminiſtration de la Police ſous les ordres de cette Cour ſuperieure de l'Areopage : [e] mais ne pouvant ſeul remplir cet employ important, il avoit encore ſous luy, pour Aydes & Aſſeſſeurs, d'autres Officiers du ſecond ordre, comme il y en avoit dans la Republique des Hebreux. [f] Ces Officiers avoient l'inſpection immediate ſur la conduite & les mœurs du peuple, & ſur tout ce qui ſe

paſſoit

c Demoſthen. contra Mid. Theoph. de legib. Eſchin. in Cteſiphont. Ulp. in Demoſth. Petit. in leg. Attic. lib. 2. tit. 2. & lib. 5. tit. 1. Keckermann. de Repub. Athen. lib. 2. cap. 5.

d Xenophon de Repub. Atheniens. Heraclid. fragment. de politiis. Eſchin. in Timarch. Plutarque, vies de Solon & de Pericles. Demoſth. contra Andro. Iſocrat. in Areopagit. Diogen. Laert. Athen. lib. 4. cap. 10. & lib. 5. Valer-Maxime. lib. 2. cap. 6. Petit. in leg. Attic. lib. 2. de Magiſtratib. cap. 4. Keckermann. de Rep. Athen. lib. 2. cap. 2 & 6. 12. & 13. & lib. 3. paſſim.

e Plat. de leg. lib. 34. cap. 10. & lib. 5. f Plat. de leg. & c. Ariſtot. polit. lib. 6. cap. 4. & lib. 6. cap. 8.

Iſocrat. in Pa-
nathen.
Ariſtophan. in
Avib.& in Veſp.
Athe n. lib. 5.
& 6.
Demoſthen.
contra Timocr.
Suidas.
Xenophon
Pæd. 8.
Polib. lib. 6.
cap. 7.
Plutarque, vies
de Pericles & de
Camille.
Cicer. de leg.
lib. 5.
Colum. de re
Ruſtic. lib. 12.
cap. 5.
Keckermann. de
Repub. Athen.
lib. 2. cap. 17.
a Soph. in
Ajac.
Ariſtot. Polit.
lib. 4. cap. 15.
Chryſolog.
Lucian. in
ſomn.
Plutarque,
vie de Pericles.
Suidas.
b Ariſtot. Po-
lit. lib. 4.
Cicer. de leg.
Pollux.
Columel. de re
ruſt. lib. 12. cap.
5.
Keckermann.
de rep. Spartan.
lib. 2. cap. 6.

c Plato de leg.
lib. 34. cap. 6.

paſſoit dans la ville. Ils y maintenoient l'execution des Loix, l'ordre & la discipline publique ; & par la raiſon que nous venons de toucher, ils eſtoient perpetuels, comme l'Areopage.

Les Grecs, qui avoient cultivé leur langue plus que les autres peuples, eſtoient abondans en mots ; & les Atheniens, comme les autres, avoient une infinité de noms ſynonymes. C'eſt de là que nous trouvons dans Athenes ces Officiers de Police, ſous tous ces differens titres, qui avoient rapport à leurs fonctions en general ; & qui en exprimoient parfaitement bien toute l'étenduë [a] Δοχιμαςοι, Exploratores, Inquiſitores ; Examinatores. Παντοφοντι, omnium rerum inſpectores, omnia oculis ſuis luſtrantes. Χοριμφθιι, regionum urbis inſpectores.

Dans Lacedemone tous ces differens titres eſtoient elegamment renfermez dans ce ſeul nom de Νομοφυλαχιç, les dépoſitaires & les gardiens de l'execution des Loix. [b] Les Auteurs remarquent à cette occaſion, qu'il y avoit deux ſortes d'Officiers tres-differens en pouvoir, en rang, & en dignité, qui portoient neanmoins ce même nom de Νομοφυλαçι. Les uns d'un ordre fort ſuperieur, qui avoient l'inſpection ſur tous les Magiſtrats, pour les obliger de ſuivre les Loix dans l'exercice de leurs fonctions ; & ceux-cy qui eſtoient ſeulement prépoſez ſur le peuple, pour le contenir dans ſon devoir, par l'execution de ces mêmes Loix.

Les villes de la Grece eſtoient auſſi partagées en pluſieurs quartiers de même que celles des Hebreux ; [c] les petites, en deux ; les mediocres, en trois ; & les plus grandes, en quatre : ce qu'ils exprimoient par ces trois differens noms. Διπολις, Τριπολις, Τετραπολις, Ville de deux, de trois ou de quatre regions ou quartiers ; qui eſtoient enſuite diſtribuez à ces Officiers, pour y maintenir l'ordre public, chacun dans l'étenduë de ſon departement. Ils en faiſoient encore une autre diſtribution tous les mois entr'eux, par la voye du ſort, pour faire des viſites & des Polices extraordinaires dans celuy des quartiers qui leur eſtoit échû.

Mais outre ces diſtributions locales du territoire de la ville, imitées des Hebreux, les Grecs y ajoûterent de plus cette nouvelle circonſtance, d'appliquer chacun de ces Officiers ſelon ſes talens, aux principales matieres de Police, diſtinguées en cinq claſſes, qui leur eſtoient diſtribuées par le Magiſtrat. Cela leur donna lieu d'ajoûter à leur titre general ou commun des noms particuliers, par rapport à cette diſtribution ; pour faire connoiſtre au public les ſoins qui leur eſtoient confiez, & ce qu'il devoit attendre de leur ſecours.

d Ariſt. Polit.
lib. 4. cap. 8.
Sigon. l. 4. in
Axiom. à Socrat.
Keckermann.
de Rep. Athen.
lib. 2. cap. 16.
Miſcella de-
fenſiones pro Sal-
maſ. de variis
obſervationibus
ad jus Atticum
pertinentibus l.
2. cap. 7.

Les uns nommez par les Atheniens Σωφρςιςςι, & à Lacedemone Αρμοςυςι, Emendatores vel curatores morum, avoient [d] l'inſpection ſur tout ce qui concerne la diſcipline exterieure de la religion & des mœurs. Ils tenoient la main, que les Loix faites ſur ces matieres fuſſent executées avec exactitude. Qu'il ne s'introduiſiſt aucune nouveauté dans la Religion. Que les jeux & les ſpectacles, qui faiſoient partie de leur culte, & de leurs feſtes ſolemnelles, fuſſent obſervés & repreſentées avec decence, & avec modeſtie. Que chacun y demeuraſt dans ſon ordre & ſur tout, que les jeunes reſpectaſſent les anciens. Il eſtoit encore de leurs ſoins, que chacun des habitans s'appliquaſt avec aſſiduité à un employ honneſte, pour gagner ſa vie. Ils faiſoient punir l'oiſiveté, & empêchoient la frequentation des cabarets & des jeux de hazard, auſſi-bien que

Tome I.

les boufonneries, l'immodeſtie, la petulance, & la débauche de la jeuneſſe. Ces ſages Republiques ont toujours eu tant d'horreur pour l'yvrognerie, que par les Loix de Dracon l'un de leurs premiers Legiſlateurs, elle eſtoit punie de mort, ſans diſtinction d'âge ny de qualitez. Il en rend cette raiſon, que les yvrognes deviennent facilement ſeditieux.

D'autres eſtoient prépoſez [e] pour faire obſerver les Loix Sumptuaires ſur le luxe des habits, & des meubles. Leur inſpection s'étendoit auſſi ſur la conduite, & les mœurs des femmes en particulier. Ils faiſoient punir celles qui s'abandonnoient à la débauche, & faiſoient ceſſer le ſcandale qu'elles cauſoient par leur immodeſtie ou par leur deſordre. Cette fonction ſi neceſſaire & ſi avantageuſe leur fit nommer Γυναχονομιι, Curatores decentiæ & modeſtiæ mulierum. Les hommes eſtoient ſi éloignez de la moleſſe, & des vanitez du luxe, que ces loix ne les regardoient pas.

On ajouta enſuite à leurs ſoins l'inſpection ſur les feſtins, & les aſſemblées, tant pour le nombre des conviez, qui eſtoit reglé par les loix, que pour y empêcher les ſuperfluitez. De cette nouvelle attribution ils furent encore nommez Οψιονομιι, Conſervateurs des Loix dans les feſtins.

Il y en avoit [f] qui avoient ſoin de la ſeureté, & de la tranquillité publique, l'inſpection ſur les émotions populaires, les querelles entre les Citoyens, les aſſemblées illicites, les incendies, le rétabliſſement des maiſons en ruine, ou qui menaçoient de quelque peril ; & ſur tout ce qui pouvoit nuire à la ſeureté & à la liberté de la voye publique, ou en quelque maniere apporter quelque trouble ou incommodité aux Citoyens. Il eſtoit auſſi de leurs ſoins de procurer la ſanté en éloignant les cauſes generales des maladies populaires. Et par rapport à toutes ces fonctions, ils eſtoient nommez Αςυνομιι, Conſervateurs des Loix qui rendent la ville commode & tranquille.

Ceux qui eſtoient appliquez [g] à viſiter les marchez publics, & les autres lieux où il y avoit des marchands, eſtoient appellez Αγορανομιι, Conſervateurs des vivres, des marchez, & du commerce. Leur employ eſtoit de procurer l'abondance de toutes les choſes neceſſaires à la vie ; d'entretenir la perfection des Arts, & la bonne foy dans le commerce, tant de la part des vendeurs, que de celle des acheteurs, auſquels la fraude & le menſonge eſtoient entre autres choſes défendus ſous de tres-grieves peines. Ils tenoient auſſi la main à l'execution des loix dans les temps de ſterilité, faiſoient ouvrir en ces [temps] magaſins, & ne permettoient [à] chaque Citoyen de garder en ſa maiſon [que la] grande quantité de bleds [neceſ]ſaire pour l'entretien de ſa famille pendant un an.

Il y en avoit enfin [h] d'autres qui avoient l'inſpection ſur les poids, & ſur les meſures, pour les faire entretenir juſtes, & faire punir ceux qui eſtoient trouvez y avoir commis quelque faute ou quelque abus. Par rapport à ces ſoins ils eſtoient nommez Μετρονομιι, menſurarum legum curatores.

Les premiers ſoins de la Police & du bien public eſtoient donc partagez entre ces Officiers, pour y pourvoir avec l'exactitude & l'aſſiduité neceſſaire. Lors qu'ils faiſoient leurs viſites, ils avoient droit d'exercer leur juriſdiction de cette maniere. [i] S'ils trouvoient quelqu'un en contravention ou en faute legere, quand il eſtoit étranger, ou de condition ſervile, il B le

e Ariſtot. Pou
lit. l.b. 6. cap.8.
Athen. lib. 5.
& 6.
Pollux. lib. 6.
cap. 7.
Demoſth. con-
tra Timocrat.
Euſtath.
Sigon. lib. 4.
de Rep. Athen.
Keckermann
de Rep. Athen
lib. 2. cap. 128.

f Plat. de leg.
lib. 6. & lib. 34.
paſſim.
Ariſtot. Polit.
lib. 2. cap. 4. lib.
6. cap. 8. & lib.
7. cap. 11.
Demoſth. con-
tra Timocrat.
A hen. lib. 6.
Pollux. lib. 6.
Suidas.
Harpocrat.
Euſtath.
Polib lib. 6.
Keckermann
de Rep. Athen.
lib. 2. cap. 18.

g Plat. de leg.
lib. 6. & 8.
paſſim.
Ariſt. de Rep.
lib. 2. cap. 4.
& 15. & lib. 6.
cap. 7.
Theophraſt.
de leg.
Dion. Halicar.
lib. 5.
Ariſtoph. in
Veſp.
Demoſth. con-
tra Timocrat. &
Leptinia. con-
Micberg.
Harpoc in Capt
Oppian.
Demoſth.
de Mat de Ma-
giſtrat. Athen.
E ſth.
Polib. lib. 6.
Harpocrat.
& Harpocrat.
Dem ſth. con.
tra Formion.
Suidas.

i Plat. de leg.
lib. 34. cap. 6.

le faifoient punir fur le champ de quelques coups de verges par leurs Huiffiers, ou ils l'envoyoient prifonnier. Si c'eftoit un Citoyen, ils pouvoient le condamner en quelque legere amende, jufqu'à cent dragmes, & au deffous, ce qui revient à 40. liv. de noftre monnoye. Lors que la faute eftoit grave, & qu'elle meritoit une plus groffe peine, ou qu'elle eftoit commife par des perfonnes de condition diftinguée, ils en referoient au premier Magiftrat de la Ville, pour y donner les ordres qu'il jugeoit à propos, ou en faire rapport au Senat de l'Areopage, qui avoit feul le droit en plufieurs occafions d'y pourvoir.

Cet établiffement, [a] qui commença dans Athenes, fe répandit enfuite par toutes les autres villes de la Grece, & même, felon Platon, par toute fa terre, c'eft-à-dire, dans toutes les Republiques, & tous les Etats qui eftoient alors connus. Les Grecs avoient une eftime fi particuliere de ces Officiers de Police, que Platon dans fon traité des Loix, & aprés luy, Ariftote,

les mettent au nombre des Magiftrats, fans lefquels aucune Republique ne peut fubfifter. La raifon qu'en rendent ces deux grands Philofophes, c'eft que le foin des principales chofes qui rendent la vie plus commode, plus tranquille & plus heureufe, & pour lefquelles les hommes fe font affemblez, & ont eftably des focietez entr'eux, leur font confiées.

Mais auffi de cette eftime fi generale [b] qu'on avoit pour cet employ, il s'enfuivoit qu'il eftoit ordinairement le premier échelon pour monter aux plus hautes dignitez. Les premiers Citoyens commençoient fouvent par l'exercer, pour fe former aux affaires publiques, & acquerir cette capacité qui les rendoit enfuite les premiers hommes de l'Eftat. C'eft ce que nous voyons dans les exemples d'Epaminondas, de Demofthenes, & de Plutarque, qui l'ont remply chacun dans la capitale de fon pays. [c] On verra auffi dans les titres fuivans, que ce fut une des chofes que les Romains imiterent des Grecs avec le plus d'exactitude, & de conformité.

[a] Plat. de leg. lib. 34. cap. 3. & 6.
Arift. Polic. lib. 4. cap. 15. & lib. 6. cap. 8.
Cicer. de Off. lib. 2. & lib. 1. de divinat.
Serran. in Plat. de leg. lib. 34. cap. 3. & 6.

[b] Plat. de leg. lib. 5. & 34. cap. 6.
Arift. Polit. lib. 4. cap. 15. & lib. 6. cap. 8.

[c] Not. in Harpocrat. p. 76. Plutar. inftruction pour ceux qui manient les affaires d'Eftat. Id. vie de Pericles.
Demofth. contra Midia. Keckermann. de repub. Athen. & Spartan. lib. 2. cap. 11.

TITRE IV.

De la Police des Romains.

CHAPITRE PREMIER.

Des Magistrats & Officiers de Rome, pour la Police, sous les Rois, & sous les Consuls, jusques à l'establissement du Preteur, Premier Magistrat de la Ville.

Tit. Liv. in Romul.
Plutarque vie de Romulus.
Dionyf Halicar lib. 4. tit. 59. &61.
Pompon.Læt de Magift.Rom.
Onuphr.de antiquæ Urbis imag. & de Romul.
Reg I.
Feneftel.de Magiftrat. Roman. cap. 5, & 6.

TOUT l'estat des Romains renfermé dans les murs d'une petite Ville bastie par Romulus n'eut d'abord que mille Maisons, & douze cens pas de circuit. Il ne fut pas necessaire dans ces premiers temps, d'y establir un grand nombre de Magistrats & d'Officiers pour l'administration de la Justice. Romulus la rendoit en personne avec ceux des principaux Citoyens qu'il s'estoit choisy pour Conseil, & qu'il nomma Senateurs. Lors qu'il estoit obligé de sortir de la Ville pour quelque expedition militaire, il establissoit extraordinairement & par commission, un Magistrat, sous le titre de Préfet, ou Gouverneur de la Ville, *Præfectus Urbis,* pour rendre la justice en son absence. Ce qui fut observé par tous les Roys ses Successeurs.

Les matieres criminelles estoient neanmoins exceptées de ce souverain Tribunal. Les Roys qui se reservoient à eux seuls la distribution des graces, renvoyoient au Peuple la punition des crimes; & le Peuple, les jugeoit dans ses Assemblées, ou nommoit des Commissaires pour en connoistre en son nom.

Jusques-là il n'y avoit encore aucuns Officiers; car chacun sçait, & tous les Auteurs en conviennent, que le titre de Senateur n'estoit pas un Office. C'estoit uniquement le nom de l'un des trois Ordres qui furent establis par Romulus, lors qu'il divisa tous les Citoyens en Senateurs, en Chevaliers, & en Gens du Peuple, ou du Tiers-Estat. On sçait aussi par le témoignage des mêmes Auteurs, que le Prefet de la Ville, aussi bien que les Juges donnez par le Peuple dans les affaires criminelles, n'estoient que de simples Commissaires establis pour un temps, & pour certaines affaires particulieres, qui n'avoient aucun titre, ny caractere public, après leur commission finie.

Tit.Liv.capt.
L.1.Origo ff.de Off.quæft.
Nov.80.de Qu-Gruchi de C.m. Rom. l 1 c.5.&
lib. 2. cap. 2.
Varro de ling. Latin.
Feneft. de Magift. Rom.c. 3
Pompon. Læt. de Magift Rom. cap. 17
Budę ex Leg. poſterior ff. de orig.jur & Mag.
c Feneſtell. de Magift.Rom.
Gruch de Co-

Mais les Romains ne furent pas long-temps sans s'appercevoir du besoin qu'ils avoient d'establir du moins ces Officiers, qui ont esté jugez necessaires dans tous les temps, & par toutes les autres Nations, pour veiller continuellement & sans interruption, à la seureté, & à la tranquilité publique. Romulus luy-même, selon quelques-uns, ou Numa Pompilius, selon d'autres, firent cet establissement.

On choisit deux Officiers, qui furent chargez de tenir la main à l'execution des Loix, faire la recherche des crimes, & toutes les instructions necessaires pour les faire punir. Ils furent nommez *Quæstores, vel Quæsitores, à quærendo,* dit un Ancien; *quia conquirerent maleficia;* d'où est venu ensuite, & peu de temps après le nom d'Enquesteurs. *Quæstoris imponimus nomen priscis temporibus, in quibus Inquisitores vocabantur.* Un de nos Jurisconsultes en rend cette raison; que leur Office consistoit principalement à faire les informations, & tenir la main à l'execution des Loix, & à la punition des crimes. *Quæstores appellabantur, quia solebant creari causâ rerum capitalium quærendarum: quærere, est enim informationem facere, & Legibus vindicare.* Voilà tout ce qui nous reste du temps des Roys, concernant la Police & l'administration de la Justice à Rome; tous les grands establissemens n'ayant commencé à paroistre que sous les Consuls.

mitis Romanoż. lib. 2e cap.1.
Vart. de Ling. Latin.lib.4.

d Novell.80. de Quæftorib.

e Bud. ex Leg. poſterior ff. de origin Juris.

Rome n'avoit encore avancé ses conquestes qu'à quinze milles de ses remparts, pendant deux cens quarante ans qui s'estoient passez depuis sa fondation jusqu'à Tarquin. Ce Prince, qui perdit sa couronne par sa superbe, & par sa mauvaise conduite, donna lieu à changer le Gouvernement Monarchique, en une Republique Aristodemocratique. C'est pourquoy les deux Consuls qui furent créez pour exercer pendant l'année de leur Consulat toute l'autorité Souveraine que le Peuple leur déferoit, continuerent de rendre la Justice conjointement, ou chacun d'eux separément, selon les occurrences. Comme ils n'avoient encore que la petite estenduë de sept ou huit lieuës à gouverner, il ne leur estoit pas difficile d'exercer cette fonction. Ils se servoient, selon l'occurrence, d'Assesseurs, ou Conseillers choisis entre les Senateurs, ausquels ils joignirent dans la suite un certain nombre de Chevaliers: & lors qu'ils estoient obligez de s'éloigner pour les affaires de la Republique, ou pour commander les Armées, ils establissoient par commission, à l'exemple des Roys, un Magistrat extraordinaire, sous le titre de Prefet de la Ville, *Præfectus Urbis,* pour rendre la Justice en leur absence. Les Enquesteurs continuerent aussi sous l'autorité des Consuls, de faire la recherche des crimes; & le Peuple d'en connoistre par luy-même dans ses Assemblées, ou par les Commissaires qu'il nommoit. De sorte que dans ces premiers temps de la Republique, il n'y eut rien de changé dans l'administration de la Justice.

L.1. ff.de Origin. Magiſtr. & de exactis Regibus.

Mais les choses ne demeurerent pas long-temps en cet estat. Cent seize ans après ce change-ment, le Peuple opprimé par les Senateurs & les Chevaliers, qui toûjours donnoient des Consuls à la Republique, se mutina, prit les armes, & obli-gea les deux Ordres superieurs de venir à com-position avec luy. Il demanda qu'il y eust aussi des Magistrats de son Ordre ; & on luy donna les deux Tribuns, [a] qui furent créez pour le proteger contre les entreprises des Nobles.

[a] L. 2. ff. de origin. juris & Magistrat. §. iisdem temporibus. Aul.Gel.lib.17. cap.21.

Les Tribuns demanderent aussi-tost des Aides pour les soulager dans cet employ : ce qui donna lieu à la creation de deux autres Officiers, qui furent encore pris de l'Ordre Plebeïen, & nom-mez Ædiles. [b] Ce nom leur fut donné, parce que leurs uniques soins consisterent d'abord à conserver les Edifices, qui estoient entretenus aux dépens du Public ; Ædiles, ab ædibus.

[b] L. 2. ff. de origin. jur. & Magistr. itemque Gruchius de Co-mitiis Romanor. lib. 2. cap.3.

Les Consuls rendoient encore en ce tems la Justice arbitrairement, sans Loix, & sans Or-donnances par écrit ; parce que celles qui avoient esté establies par les Roys, avoient esté abolies avec la Royauté. Les Tribuns, vingt-neuf ans après leur establissement, s'en plaigni-rent ; ils demanderent des Loix certaines, sur lesquelles les particuliers pussent à l'avenir fixer leur conduite, & les Juges former leurs Juge-mens. Cette proposition, qui tendoit à diminuer l'autorité des Consuls, ne leur fut pas agreable. Les Tribuns insisterent, & après trois ans de sollicitations, trois Senateurs furent deputez vers les Republiques de la Grece. Leur com-mission estoit d'y faire une recherche exacte des Loix, & de rapporter les meilleures & les princi-pales de Solon, comme des autres Legislateurs. Ces Deputez de retour au bout de trois ans, dix Commissaires nommez par le Senat, dont les trois premiers qui avoient fait le voyage, furent du nombre, ramasserent les Loix en dix Tables, qui furent autorisées par le Senat, & par le Peuple. Dans la suite on les augmenta de deux autres : ce qui leur donna le nom de » Loix des douze Tables, qui ont depuis servi de fondement à tout le Droit écrit des Romains.

La premiere reforme apportée par ces nou-velles Loix, tomba sur les matieres criminelles, comme les plus importantes au repos public. Les peines des crimes avoient esté jusques alors arbitraires, de même que toutes les autres parties du Droit. Ces Loix en establirent aux plus grands crimes, & à ceux qui arrivoient plus frequemment. Ce fut toûjours nean-moins avec ces deux anciennes précautions qu'ils firent passer en force de Loy. L'une, que lors qu'il s'agiroit de la vie ou de l'hon-neur d'un Citoyen Romain, il ne pourroit estre jugé que dans l'Assemblée generale des Centuries, ou par des Commissaires nommez dans cette Assemblée, qui estoit la plus solem-nelle du Peuple. L'autre, que les Enquesteurs establis pour la recherche des crimes, & les instructions des autres crimes criminelles, seroient choisis, & pourvûs de leur Office par le Peuple : [c] De capite Civis, nisi per Maximum Comitatum ne ferunto : Et Quæstores, qui de rebus capitalibus quæ-rant à Populo creantor. Ce sont les termes de la Loy. Et comme ces Peuples ne connoissoient point de plus grand crime, que celuy d'atten-ter à la vie d'un Citoyen, qu'ils appelloient Parricide, Parricida, non à Parente, comme nous l'entendons aujourd'huy, sed à pari ; c'est-à-dire, un homme qui a tué son semblable. De-là ces Officiers commencerent d'estre nom-mez, [d] Quæstores Parricidii, pour faire entendre

[c] Leg.12.Tabul.

[d] L.2.ff.de orig. Jur. & Magistr. §. & quia.

que leurs principaux soins consistoient à main-tenir la tranquilité publique, en faisant punir les crimes, & principalement celuy qui pouvoit y causer de plus grands desordres.

Aprés cela, & sur le fondement de ces mêmes Loix ; tous ces grands establissemens parurent pour le bon ordre, & la discipline publique, qui ont porté le Gouvernement, & la Police des Romains à un si haut point de reputation. Comme ils avoient appris par le rapport de leurs Deputez, les sages Reglemens, & le nom-bre d'Officiers establis dans Athenes, & dans les autres Republiques de la Grece, ils compri-rent l'importance de les imiter. Sur cette idée ils formerent le premier plan de leur Police ; & parce que les Consuls rendoient encore la Justice en personne, ces principaux soins tom-berent en leur partage, & ils y donnoient eux-mêmes leur application.

Mais dans la suite, l'employ de ces deux souverains Magistrats, s'estant augmenté à pro-portion de l'accroissement des bornes de la Re-publique, les Consuls jugerent à propos de se dé-charger d'une partie des soins de la Police. Deux autres Magistrats furent créez pour cela sous le titre de Censeurs, l'an trois cent onze de la fon-dation de Rome. Ceux-cy devoient faire tous les cinq ans, la Cense, ou le denombrement du Peuple, prendre le soin & l'Intendance des Edifices, du pavé, & du nettoyement des rües, des reparations des grands chemins, des Aque-ducs, & des autres grands Ouvrages. Ils estoient chargez des revenus publics, d'en faire l'em-ploy, & de veiller sur les mœurs & sur la dis-cipline des Citoyens. Censores Populi ævitates, so-boles, familias, pecuniasque censento, Urbis Tem-pla, vias, aquas, ærarium, vectigalia tuentor, mores populi regunto. C'est la Loy qui fut faite pour leur establissement.

[e] Leg. duod. Tabi L. 17. ff. de Orig. Jur. & Magistrat. §. post deinde. Dio.lib.54.sub anno Urb. cond. 735. Cicer. de Legib. l.3. & pro Cluen. Giph. Roma illu-strata.

Cet employ des Censeurs estoit grand & diffi-cile, & ils connurent d'abord qu'ils avoient necessairement besoin de secours pour le souste-nir. Cependant les Romains en ce temps-là ne donnoient point d'Aides ou d'Assesseurs à leurs Magistrats. Comme l'élection d'un Officier ne se pouvoit faire que dans les Comices, ces grandes & solemnelles Assemblées du Peuple, il auroit esté difficile de les convoquer aussi sou-vent qu'il auroit esté necessaire pour remplir toutes les Charges qui seroient venües à vaquer. Cet inconvenient fit reduire leurs élections aux seuls Magistrats, ou Chefs d'Office, qui avoient ensuite la liberté de se choisir tous les Officiers dont ils avoient besoin pour les soulager dans leurs fonctions. Il y avoit neanmoins cette diffe-rence, que lors qu'il s'agissoit de confier quel-qu'une des fonctions qui leur estoient person-nelles, & qui demandoient quelque participa-tion à l'autorité publique, ils ne faisoient leur choix que d'un autre Magistrat d'un Ordre infe-rieur, establi comme eux en titre d'Office : au lieu qu'ils estoient libres d'en choisir pour le conseil, ou pour le service, entre les personnes privées, tels qu'ils le jugeoient à propos.

Les Censeurs usant donc de ce pouvoir dans le premier de ces deux cas, choisirent les Ediles, Magistrats municipaux, ou du second Ordre, pour décharger du moins sur eux, les soins du pavé, & du nettoyement des rües. Mox Ædiles Roma sternendis, reparandisque viis à Censo-ribus sunt præfecti. Les Ediles correspondi-rent avec exactitude à cette confiance des Censeurs, & cela donna lieu dans la suite, en autorisant ce choix par une Loy expres-se,

Vinnius.&Vario Nott.in leg.duo. Tabul. Gotofred. Gruchius de Co-mitiis Romanor. lib.1.cap.1.

fe, d'y ajouter encore l'attribution des premiers foins de la Police pour les vivres, & pour la difcipline des jeux & des fpectacles publics. On y joignit ce nouveau titre d'honneur, que leur merita cette participation aux fonctions de la Police ; qu'à l'avenir leur Office feroit le premier degré pour parvenir aux plus hautes dignitez de la Republique.[a] *Suntoque Ædiles Curatores Urbis, Annonæ, Ludorumque folemnium, ollifque ad honoris amplioris gradum, is primus cenfus efto.* Ce font les propres termes de cette Loy, qui fut ajoutée à celle des douze Tables, en faveur de ces Officiers. Ce nouveau nom *Curatores Urbis*, que tous les Interpretes ont traduit, *Commiffaires de la Ville*, leur fut ajouté, parce que leur premier titre, qui n'avoit rapport qu'aux édifices publics, dont les foins leur avoient efté confiez originairement, *Ædiles ab ædibus*, ne convenoit plus, eftant feul, à ce grand nombre de fonctions de Police, qui leur avoient efté attribuées de nouveau.

Un accroiffement de pouvoir fi confiderable, & ces nouvelles prérogatives attachées à l'Office des Ediles, firent naiftre l'envie à la Nobleffe Romaine, d'avoir part à cet employ. Elle ne pouvoit y parvenir par fon inftitution primitive; c'eftoit l'un des privileges qui avoient efté accordez au Peuple, que ces deux Officiers, auffi bien que les Tribuns, feroient toûjours pris de fon Ordre, d'où ils furent nommez Magiftrats municipaux, *à muneribus capiundis*. Mais l'an 388. de Rome, foixante dix-fept ans après l'attribution de ces nouvelles fonctions de Police, & de ces nouveaux droits, il arriva deux occafions dont la Nobleffe profita pour parvenir à fes fins. L'une fut, que le Peuple toûjours jaloux de voir toutes les grandes Charges entre les mains des Senateurs & des Chevaliers, demanda que l'un des Confuls fuft pris de l'Ordre populaire. Les deux Ordres fuperieurs qui afpiroient à l'Edilité, accorderent au Peuple fa demande, à la charge qu'il y auroit auffi deux Ediles qui feroient choifis entre la Nobleffe. Cette condition embarraffa le Peuple, & fufpendit fon confentement; parce que pour un Magiftrat que l'on accordoit à fon Ordre, les Nobles en demandoient deux. Pendant cette conteftation les Ediles refuferent de donner au Peuple les grands jeux, dans un temps qu'ils y eftoient obligez, à caufe que la dépenfe excedoit de beaucoup les fonds deftinez à cet ufage. Ce qui les engageoit davantage à ce refus, c'eft que le refte de la dépenfe devoit eftre fourny à leurs frais, & même liberalement, & avec magnificence, s'ils vouloient acquerir la reputation qui leur eftoit neceffaire pour parvenir aux grandes dignitez. La jeune Nobleffe embraffant cette derniere occafion, offrit de donner les jeux à fes dépens, en la rendant participante de l'Edilité. Tous les Ordres accepterent cette propofition. L'on fit un Conful de l'Ordre populaire, & deux Ediles furent créez du Corps de la Nobleffe. On nomma les anciens Ediles Plebeïens ; & ceux-cy furent nommez Ediles Curules,[b] *Ædiles Curules*. Ce nom, qui les diftinguoit des autres, eftoit pris du Siege d'yvoire qu'il leur fut permis d'avoir, nommé *Curulis, à curru* ; parce qu'ils

le faifoient porter dans les chars dont ils fe fervoient en Ville, pour faire paroître en public cette marque de leur Dignité.[c] Avec cette prérogative cependant ils n'eurent d'abord que les mêmes fonctions, & le même pouvoir que les autres Ediles : de même que le Conful qui fut dans le même temps accordé au Peuple, fut égal en toutes chofes à fon Collegue pris entre les Nobles.

Ces nouveaux eftabliffemens déchargerent bien à la verité les Confuls, d'un grand nombre de foins concernant la Police & la Difcipline publique : mais ils s'eftoient toûjours refervez à eux feuls le Droit de Tribunal & de Jurifdiction. Les Cenfeurs, par exemple, pouvoient bien noter, & comme dit un fçavant Romain, faire rougir par leur reprimende : mais ils n'avoient aucun droit de condamner, ou de punir perfonne : c'eft pourquoy leur note eftoit fimplement nommée *ignominia* ; parce qu'elle ne touchoit, pour ainfi dire, que le nom, & la rendoit moins confiderable : au lieu que la même action qu'ils avoient cenfurée, en fuite eftant condamnée par les Juges, comme il arrivoit quelquefois, cela fe nommoit *infamia* ; c'eft-à-dire, la perte entiere de la reputation.[d] Les Tribuns avoient bien auffi le droit, pour deffendre le Peuple contre l'oppreffion des Grands, de s'oppofer aux Decrets du Senat, & des Confuls mêmes, & d'en empêcher l'execution, en y foufcrivant leur oppofition par le mot *Veto* ; & les Ediles le pouvoir d'examiner tout ce qui fe paffoit dans le Public, découvrir les fautes & les abus, faire les defcentes, les vifites, les inftructions, & même de faire emprifonner les coupables. Cependant ny les uns, ny les autres de ces Magiftrats, n'avoient ny aucun Tribunal, ny aucune Jurifdiction. Lors qu'il s'agiffoit du jugement, & de la décifion des affaires de leur attribution, ils eftoient obligez d'avoir recours aux Confuls, ou au Peuple même dans fes Affemblées, pour les matieres dont il s'eftoit refervé la connoiffance.[f]

Les chofes refterent en cet eftat, tant que la Republique demeura renfermée dans fes bornes eftroites : mais cent quarante-quatre ans après fon eftabliffement, & 388. de la fondation de Rome, les Confuls l'ayant eftenduë confiderablement par leurs conqueftes, les foins, & les affaires n'augmenterent que trop à proportion. Ces deux fouverains Magiftrats, qui eftoient fouvent obligez de s'éloigner, pour deffendre les limites contre les ennemis de l'Etat, ou les pouffer plus loin par de nouvelles conqueftes, jugerent à propos, par l'avis du Senat, & du Peuple, de partager les fonctions qu'ils ne pouvoient remplir. Ils fe déchargerent d'abord du foin embarraffant de rendre la Juftice en perfonne, & feparerent enfin le gouvernement d'avec la Jurifdiction contentieufe, par la creation d'un Magiftrat ordinaire de la Ville, fous le titre de Preteur.[g] Ce nouveau Magiftrat tint la place des Roys, qui avoient rendu la Juftice en perfonne pendant deux cent quarante-quatre ans, & des Confuls qui l'avoient exercée depuis eux-mêmes cent quarante-quatre autres années.

[a] Leg. duod. Tabul. Cicer. de legib. lib. 2. & 3. Pompon. L. ff. cap. 10.

[b] L. 2. de orig Jur. & Magiftr. ff. deinde cùm. Tit. Liv. l. 6. fin. Cicer. de Off. l. 2.

[c] Cicer. de Rep. l. 4. 3. de Leg. & pro Cluent.

[d] L. ni qui notanturinfamia facti appellant ff. in L. palàm ff. quæ de ritu nupt. L. 1. cognit. de variis & extraord. ff. de Senatorib. L. Infamem ff. de publicis judic.

[e] Dion. lib. 19. Tit. Liv. l. 6.

[f] A. Gell. l. 13. Varro de Ling. Latin. Meffala.

[g] L. 2. de orig. Jur. & Magiftr. ff. Cúmque.

CHAPITRE II.

Des Magistrats & Officiers de Rome pour la Police, depuis l'establissement du Preteur de la Ville, jusques au Regne d'Auguste.

L. 2. de Orig.
Jur. & Magistr.
§ 27.
Vinnius in eam.
Leg.
Tit. Liv. l. 8. & 7.
Aul. Gell. lib. 13.
cap. 14.
Fenest. de Magist.
Roman. cap. 19.
Varro lib. 4. de
Ling. Latin.

LES Consuls, pour executer le dessein qu'ils avoient formé de se soulager d'une partie de leurs fonctions, firent créer ce nouveau Magistrat, sous le titre de Preteur, qu'ils portoient eux-mêmes lors qu'ils tenoient leurs Audiences. Ils déposerent entre les mains de cet Officier, toute l'autorité qu'ils avoient euë jusques alors pour l'administration de la Justice dans Rome ; d'où il fut nommé *Prætor Urbanus*, Preteur de la Ville. Comme les Consuls rendoient ce Magistrat, par cette attribution, participant de l'une de leurs plus considerables fonctions, il fut nommé par honneur, leur Collegue ; & on luy accorda les mêmes marques de dignité dont ils se servoient.

L. 1. Prætor ait.
ff. de Alea toribus.
Tit. Si Mensor.
fallum. ff.
Titul. de itiner.
& cuique privato
ff.
Tit. de Fontib. ff.
Tit. de Clonels. ff.
Titul. de damno
infecto. ff.
L. unic. de via
pub. reficiend. &
itin. publi. ff. &
passim.
L. 1. Cum res
damn. infect. ff.
de damn. inf.
Tacit. Annal. l. 2.
Lipsi. in Tacit.
eod loc.
Aul. Gell. lib. 13.
Messalla.
Varro.
Pompon. L. 2. de
orig. Jur. & Mag.
cap. 10.
Alexand. in l.
Jubere ff. de Jur.
omn. Jud.
L. Dies caution.
ff. de damn. inf.
Arnolf. de Castro
Paul. in eamd.
Pld annal. l. 4.
Bodin. de Rep.
lib. 3. tit. 3.

Ce Magistrat ne fut d'abord establi que pour la Police, & les matieres civiles. De-là vient que la plus grande partie des Loix de l'ancien Droit Romain sur ces matieres de Police, ou Civiles, sont tirées des Edits qu'il faisoit publier, & afficher tous les ans, sous son nom & son autorité, *Edictum Prætoris*, ou des Commentaires des Jurisconsultes sur ces mêmes Edits.

Il fut seul de son Tribunal créé en titre d'Office, selon l'usage de ce temps : mais il eut la liberté accordée à tous les Magistrats, suivant le même usage, de se choisir tous les Officiers dont il avoit besoin pour remplir ses devoirs.

Il conserva aux Ediles les fonctions de Police, dont il les trouva en possession ; & ces Officiers municipaux continuerent d'agir sous les ordres de ce Magistrat, comme ils avoient fait auparavant sous les Consuls, & sous les Censeurs. Mais comme les Ediles n'estoient point Officiers de la Jurisdiction ordinaire, & ne faisoient point partie de son Tribunal, le Preteur prenoit toûjours la précaution, en les commettant, de faire entendre qu'ils n'agissoient qu'en son lieu, & par subdelegation. *Ex vice suâ, vel subdelegatione sibi à Prætore factâ.* Ce sont les propres termes que nous lisons dans les fragmens qui nous sont restez de ses Edits, sur la competence des Ediles ; & il se reservoit toûjours à luy-même la décision, & tout ce qui consistoit en connoissance de cause.

Les affaires estoient donc instruites par ce Magistrat même, ou par celuy des Ediles qu'il jugeoit à propos de commettre, lors qu'il n'y pouvoit pas vacquer en personne. C'est pourquoy il choisissoit en chaque affaire dans tous les Ordres un certain nombre d'Assesseurs, ou Conseillers, personnes privées, mais capables de cet employ. Il leur faisoit faire serment de s'en acquitter en conscience, & leur donnoit le procés à voir, & à juger : ce qu'ils faisoient sans luy, & en son absence. Enfin lorsque ces Juges choisis avoient donné leur Sentence, le Preteur montoit au Tribunal, la prononçoit ; & ensuite elle estoit executée sous son nom, & sous son autorité.

Dans la suite des temps, comme le nombre des Loix se trouva augmenté considerablement, on commença d'avoir besoin de quelque estude

pour les sçavoir, & pour en faire une juste application aux questions qui se presentoient à décider. Ainsi le Preteur se trouvoit assez embarrassé dans le choix qu'il estoit obligé de faire de ses Assesseurs, ou Conseillers, lors qu'il se presentoit à son Tribunal quelqu'une de ces questions de Droit, qui devoient estre décidées par les Loix : cela l'obligea de choisir cinq hommes dans chacune des trente-cinq Tribus, des plus habiles entre ceux qui s'estoient appliquez à l'estude des Loix. Ces personnes, qui composoient en tout cent soixante-quinze Jurisconsultes, furent neanmoins nommez *Centum Viri*, pour une plus facile prononciation. Depuis cet establissement, lors qu'il se presentoit des affaires à juger, il se faisoit la distinction des questions de fait, d'avec celles de droit. Pour les premieres, il continua de prendre des Assesseurs ou Conseillers dans tous les Ordres, à sa discretion ; & pour les dernieres, il les choisissoit dans cette Compagnie des cent hommes ; d'où ils furent nommez, *Centum Viri de litibus judicandis*, les Cent Hommes pour juger les procés. Ils ne pouvoient prendre d'autre titre que celuy de leur nombre ; parce qu'ils n'estoient pas Officiers.

Cicer. de Orat.
lib. 1.
Gruchius de Comitiis Romanor.
lib. 2. cap. 14.

Quant aux matieres criminelles, qui ne furent point d'abord du Tribunal de ce Magistrat, le Peuple continua d'en connoistre. Les Enquesteurs, sous l'autorité du Peuple, continuerent aussi leurs mêmes fonctions pour la découverte des crimes, & pour en faire les poursuites, & leurs rapports au Peuple, & aux Commissaires qu'il nommoit dans ses Assemblées. Le choix du Peuple tomboit souvent sur les Enquesteurs mêmes qui estoient tout instruits de l'affaire. D'où vient que les Jurisconsultes, parlant des fonctions que ces Officiers exerçoient dans ces premiers temps, se servent ordinairement des termes de recherches, d'informations. *Quæstores vel Quæstores qui quærebant maleficia : quærere enim, est informationem facere :* ce qui leur appartenoit par le titre de leur Office. Quelquefois ces mêmes Jurisconsultes se servent à leur égard du terme de presider au Jugement des procez criminels. *Quæstores qui præerant causis capitalibus.* Ce qui ne pouvoit en ce temps leur appartenir, non plus qu'à pas un des autres Officiers ou Magistrats, ny même aux Consuls, que par commission extraordinaire du Peuple.

Budæ in Leg.
poster. ff. de origin. juris.

Mais comme dans la suite le Peuple s'estoit augmenté de beaucoup, le nombre des affaires multiplia de même à proportion. Il estoit par consequent difficile de le faire assembler autant de fois qu'il se presentoit quelque crime à punir : ce qui causoit souvent l'impunité, ou l'évasion des coupables. C'est pourquoy l'an 604. de la fondation de Rome, le Senat & le Peuple de concert, pour remedier à cet inconvenient, establirent les Questeurs perpetuels ; c'est-à-dire, un Ordre fixe & certain qui seroit toûjours observé, sans qu'il fust besoin à l'avenir d'avoir recours au Peuple pour la poursuite, ny pour la punition des crimes. Le Peuple se déchargea

ainsi

ainſi de ce ſoin entre les mains du Preteur; dont la juriſdiction demeura par ce moyen le ſeul Tribunal de la Ville, tant pour la Police, que pour le Civil, & le Criminel.

Par cette nouvelle attribution des affaires criminelles au Preteur, les Enqueſteurs, qui avoient juſqu'alors agi ſous les ordres du peuple; où des Conſuls immediatement, commencerent d'eſtre ſubordonnés à ce Magiſtrat; ils devinrent Officiers de ſon Tribunal. Ce fut donc le Preteur qui preſida dans la ſuite au jugement de toutes les affaires criminelles, & qui eut le droit de choiſir en chaque affaire les Juges qui devoient y aſſiſter. Ce changement neanmoins n'en apporta aucun aux fonctions ordinaires des Enqueſteurs. Ils continuerent toujours de faire la recherche des crimes, & d'en établir les preuves. Celuy d'entr'eux qui avoit fait l'inſtruction aſſiſtoit au jugement du procés, aſſis entre les autres Juges, ſur les bancs placez pour eux, proche, & un peu plus bas que le Tribunal du Preteur qui preſidoit : *Prætor quidem in tribunali ſedebat, ac pro imperio Judices cogebat ; Quæſitor autem in ſubſelliis, cum cæteris Judicibus : ejuſque munus erat quærere de crimine.* [a] Ceſt Ciceron luy-même, qui avoit été Preteur, qui rend ce témoignage de l'uſage qui s'obſervoit de ſon temps.

Ce Magiſtrat avoit donc deux ſortes d'Aides pour le ſoulager dans ſes fonctions ; les *Enqueſteurs* Officiers ordinaires de ſon Tribunal ; & les Ediles, par ſubdelegation pour la Police. Nous venons de voir en quoy conſiſtoit l'employ des *Enqueſteurs*. Voicy quel eſtoit celuy des Ediles.

Ils eſtoient chargez de veiller ſur tout ce qui concernoit la diſcipline exterieure de la Religion, & de prendre garde perpetuellement, qu'il ne s'introduiſît aucune nouveauté dans le culte autoriſé par les loix. Leur ſoin eſtoit encore de faire la recherche des mauvais livres, de les ſaiſir ; & après qu'ils avoient eſté condamnez, de les faire brûler. Ils devoient ſur tout faire executer les Loix Sumptuaires concernant le luxe des habits, ou la ſuperfluité, & la dépenſe exceſſive dans les feſtins.

Ils avoient l'inſpection ſur les tavernes, les jeux deffendus, les femmes débauchées, & les autres gens de deſordre, & de mauvaiſe vie, pour les faire punir.

C'eſtoit de leurs ſoins de pacifier les querelles qui arrivoient dans les ruës ou ailleurs ; de recevoir les plaintes ou les dénonciations des crimes, & de veiller ſur tout ce qui pouvoit troubler le repos public ; faire arreſter les coupables, ou gens ſuſpects, & les faire conduire priſonniers, ou devant le Magiſtrat, ſelon que la matiere s'y trouvoit diſpoſée.

C'eſtoit encore une de leurs fonctions de pourvoir aux incendies, & que les gens prepoſez pour le guet de nuit fiſſent leur devoir. Un de leurs premiers ſoins eſtoit auſſi de procurer l'abondance des vivres, viſiter les marchez, & les boutiques des Boulangers, maintenir la bonne foy dans le commerce, & faire entretenir juſtes les poids, & les meſures. Leur inſpection s'étendoit de même à faire ceſſer les perils imminens des maiſons, retrancher & retirer les ſaillies, les étalages, & tous les obſtacles qui pouvoient nuire à la ſeureté, & à la commodité de la voye publique, & d'empêcher qu'il fuſt rien dans les ruës, qui puſt incommoder ou bleſſer les paſſans.

Dans ces mêmes vuës ils avoient encore le ſoin,

& l'adminiſtration du pavé, de pourvoir au nettoyement des ruës, aux réparations des cloaques, des bains, des aqueducs, & des auttres édifices publics, de faire entretenir les quais, les chauſſées, les ponts, les paſſages, & de remedier aux deſordres que les inondations des rivieres pouvoient cauſer.

Enfin, comme dit Ciceron, parlant de luy-même étant Edile, tous les premiers ſoins du repos & du bien public de la ville leur étoient confiez : *Nunc ſum deſignatus Ædilis ; mihi totam urbem tuendam eſſe commiſſam* [b] Et c'eſtoit ſur leurs ſoins & leur vigilance, ſelon Tite Live, que tous les autres Citoyens ſe repoſoient.

Quant au nombre des Ediles, ils ne furent créez originairement que deux, tirez de l'Ordre populaire. Les deux Ediles Curules y furent ajoutez cinquante un après. On leur donna dans la ſuite pour Aides ou Adjoints, dix autres Officiers, que l'on chargea des ſoins de la Police, & de la ſeureté publique pendant la nuit. C'eſt pour cela qu'ils furent diſtribuez, cinq dans chacune des deux portions de la Ville ſeparées par le Tibre. Ils n'eurent d'abord d'autre titre que celuy de leur nombre : *Decem viri, quinque cis Tiberim, & quinque ultra.* Mais comme ces dix hommes trouverent de la difficulté à ſoûtenir cet employ, ſans un caractere qui leur donnaſt plus d'autorité ; ils furent peu de temps après créez Ediles eux-mêmes, & rendus Collegues des autres Ediles par un decret exprés du Senat. On les nomma Ediles des incendies : *Ædiles incendiorum extinguendorum* ; parce que c'eſtoit l'objet principal qu'ils devoient avoir dans leur employ. [c] Jules Ceſar établit encore dans la ſuite deux nouveaux Ediles pour la Police des vivres en particulier. Cette fonction les fit nommer *Ædiles Cereales* ; parce que le pain eſt la proviſion la plus neceſſaire pour la ſubſiſtance des Citoyens. Ainſi l'on remarque qu'il y avoit dans Rome en ce temps, pour les premiers ſoins de la Police, ſeize Ediles, qui agiſſoient tous ſous l'autorité du Preteur, & comme ſes Subdeleguez, *ex delegatione & vice Prætoris.* [d] Ce ſont les propres termes des loix qui font mention de leur competence.

Les Ediles avoient neanmoins en certains cas cette eſpece de juriſdiction *correctionnelle*, qui avoit eſté attribuée aux Officiers Hebreux, & à ceux des Grecs. Sans ce droit en effet, ſelon la penſée des Juriſconſultes, il ſeroit impoſſible de maintenir l'ordre & la diſcipline publique ; & les Officiers qui en ſont chargez ne pourroient reüſſir dans leurs fonctions. Ils avoient donc, par cette juriſdiction l'autorité, en faiſant leurs viſites, que, s'ils trouvoient des gens de ſervile condition coupables de quelque legere faute, ou d'inſolence, ou que des gens du menu peuple vendiſſent des vivres mal conditionnez, ils pouvoient leur faire donner ſur le champ, & d'office, quelques coups des baguettes que leurs Huiſſiers portoient. Par la même autorité ils avoient droit de faire rompre ſur le champ les fauſſes meſures. Ils pouvoient auſſi faire mettre en pieces, & brûler ce qu'ils trouvoient expoſé de vivres dans les ruës, & qui embarraſſoit la liberté de la voye publique. Mais en cela même ils n'agiſſoient encore que ſous les ordres du Preteur, & *vice ſuâ.* En effet toutes les loix qui leur attribuent cette autorité, ſont tirées des anciens Edits ou Ordonnances de ce Magiſtrat, qui ne leur accordoit ce droit, que pour les mettre en eſtat de le ſoulager davantage dans ſes fonctions, & les ren-

dre

Marginal references:

[a] Cicer. pro Cluent. & pro Roſc. Amerin.
Gruchius de comitiis Romanorum lib. 2.
Françiſc. Robertell. de judiciis & omni conſuetud. cauſas agendi Romanis.

Tit. Liv. lib. 5. 4. 5. 8. 10.
Cicer. de leg. lib. 2.
Tacit. annal. lib. 2. 3. 30.
Senec. controverſ. lib. 10. Princip.
Lipf. in Tacit. annal. lib. 2.
Aul. Gell. lib. 4. cap. 18. 20. & lib. 13. c. 11.
Dionyſ. Haliſtarn. lib. 7 c. 24.
Plutarch. in Coriolan. & Calon. major.
Plaut. in Capt. Juvenal. Sat. 5. & 10.
Seneque, des controverſes.
Cœli Rhod. lib. 16. cap. 40.
Dio. lib. 43. 54. 58.
Roſin. lib. 7. cap. 14. & 47.
Petron. Arbit. ſat. 5. & 6.
Pompon. Læt. de Orig. jur. lib. 1.

Cœli Rhodi. lib. 16. cap. 40.
Cicer. de leg. de office. lib. 2.
lib. in v. vi. Orat. 5.
Richard. Gorſat. annal. principio.
Ulpian. cont. Demoſth. & Demoſth.
Paneit. notit. Imper. Romani.
L. 1. & ſeqq. ff. de damno infecto.
L. unic. ff. de via publica.
L. 1. ff. ne quid in via publica.
L. 2. ff. de Off. Præf. vigil.

Ayſault de l'ordre judiciaire des Anciens.

[b] Cicer. in Verrem. & 5. 7. Oratio. & de Officiis. lib. 3.
[c] Tit. Liv. lib. 3. decad. 1. 5. fin.
Dio. lib. 5. De Originibus jur. ff. 31. & Magiſtrat. Cujac. codd. loc.
Alexand. in Leg. Juber. ff. de juriſd. omn. Judicii. Aul. Gel. lib. 3.
Varro.
Meſſalla.
Bodin. de rep. lib. 15. tit. ul. 31

[e] L. 2. ff. de Orig. juris & Magiſtrat. §. Deinde Cajus.
A ex. Neapolitam lib. 4. cap.
[f] Fraſſic. Baldanus ad Ædil. Edict.

[g] Paul de Caſtro in leg. dies cauni ff. de deſtit. in leg. Alex. in leg. jubert ff. de juriſd. omn. Judic.
L. de damno infecto.
Arſiſus in eamdem leg.
Aul. Gel. lib. 13.
Varro.
Meſſalla.
Bodin. de rep. lib. 3 cap. 5.
L. 1. item quiſ juberte ff. de juriſd. omn. Judic.
L. 1. eos quiſ ff.
L. 2. Decurionib.
L. 3. Magiſtratus ff. de juriſd. omn. Judic.
L. 1. Decurionib.
L. 1. latos ff. de periculo & commodo rei venditæ.

dre plus utiles au public. Cela se faisoit encore sous ces deux conditions, qui marquent toûjours de plus en plus leur subordination. La premiere, que les gens qui seroient frappez de leurs Huissiers par leurs ordres, n'encourroient pour cela aucune note d'infamie, parceque cette peine ne passoit que pour une simple & legere correction *sine figurâ judicii*, comme dit la Loy : [a] au lieu que ceux qui avoient esté frappez, en execution des Sentences renduës par le Preteur, estoient reputez infames. [b] Et la seconde, que lors qu'ils s'estoient mépris, qu'ils avoient fait quelque chose contre l'ordre de la Justice, en abusant de leur autorité, ils pouvoient estre pris à partie; & ce Magistrat seul estoit leur Juge. [c]

a L. 11. eos qui, ff. de Decurionib.

b L cognitionum §. minutim ff. de extraordin. cognit.

c L. 19. quemadmodum. §. Magistratib. municipalib. ff. ad leg. Aquiliam.

Voilà ce qui fut observé par les Ediles, & les veritables bornes de leur competence, tant que la Republique fut en sa vigueur. Mais deux choses ariverent dans la suite, qui apporterent un notable changement à ce bon ordre, & à cette juste & legitime subordination des Ediles au Preteur.

La premiere, que pendant les desordres qui arriverent sur la fin de la Republique, chacun des Citoyens qui avoit quelque part au Gouvernement, s'efforça d'augmenter son credit, & de parvenir à l'indépendance. Les Tribuns qui estoient de ce nombre, & qui n'avoient eu jusqu'alors, non plus que les Ediles, aucune jurisdiction contentieuse, ni aucun Tribunal, s'attribuerent ce droit de leur autorité. [d] A l'imitation des Tribuns, les Ediles Curules se sentant appuyez du credit du menu peuple, qui les reconnoissoit singulierement pour ses Officiers, en firent autant. La facilité qu'avoit eu le Preteur de leur renvoyer souvent quelques causes concernant la vente des bestiaux, celle des esclaves, & quelques autres matieres sommaires de son Tribunal, pour en connoistre comme ses Commissaires, ou Subdeleguez, leur donna occasion d'en abuser. Ils entreprirent d'établir un Tribunal particulier, pour y prendre d'eux-mêmes, connoissance de ces sortes de causes mobiliaires, & pousserent peu à peu le progrés de leurs entreprises, jusques à connoistre aussi de la vente des immeubles, & même de faire publier tous les ans, comme le Preteur, un Edit en leur nom collectif, *Edictum Ædilitium*. [e] Il ne purent neanmoins si bien establir ce qu'ils prétendoient à l'égard de ce dernier point, qu'il ne restast toûjours quelque marque de dépendance du Preteur. [f] De-là vient que leurs Edits ne furent jamais considerez, que comme faisant partie des Ordonnances de ce premier Magistrat duquel ils dépendoient, & n'ayant force de Loy que sous son autorité. *Edicta Curulium sunt pars juris Prætoris; Edicta Prætorum habent vim Legis.* [g] C'est la décision qui fut mise au nombre des Loix, pour sauver toûjours dans ce débris de l'ordre public, quelque ombre d'autorité au Preteur sur les Ediles.

d Tit. Liv. lib. 3. & 6. Aul. Gel. lib. 10. Plutarq. vie de Caton. Apian. lib. 1. Dion. Halicarn. lib. 5. & 6.

e Tit. Liv. lib. 3. & 6. Tacit. lib. 1. Dionys. Halicarnas. lib. 5. & 6. Aulu-Gel. lib. 10. & lib. 13. cap. 12. Dion. Halicarn. lib. 5. 6. Piso annal. lib. 4. Varro. Messala. Apian. lib. 1. Alexand. Napolit. lib. 2. cap. 15.

La seconde chose qui survint encore dans le même temps, apporta beaucoup plus de changement à son Tribunal. Ceux qui formerent le dessein de changer le Gouvernement, & de s'en rendre les Maistres, connurent bien d'abord le secret d'y parvenir. L'autorité, la vigilance, & les soins continuels d'un Magistrat de Police, toujours appliqué à pourvoir au bien, & à la tranquillité publique, par un même esprit, & une conduite uniforme dans toute l'estenduë de la Ville, estoit un fort grand obstacle à leur entreprise. Elle ne pouvoit jamais réussir que par la division; c'est pourquoy ils commencerent de longue main pour arriver à leurs fins, d'affoiblir ce Tribunal du Preteur, en le partageant. L'on avoit donné à ce Magistrat, peu de temps aprés sa creation, un Collegue, pour connoistre des causes des estrangers, sous le titre de leur Preteur, *Prætor Peregrinus* [h]; & qui estoit sans consequence; parce qu'il n'avoit aucune part aux affaires publiques. L'on y ajouta six nouveaux Preteurs pour les matieres capitales; & l'on joignit à ceux-cy tous les Preteurs Provinciaux, sous pretexte de les instruire des affaires publiques pendant un an, avant que de partir pour leurs Provinces. Il y eut ensuite deux autres Preteurs d'instituez pour la Police des vivres en particulier. Enfin ce partage fut porté à un tel excés, que sous le Triumvirat, qui acheva la ruine de la liberté & de la Republique, il y avoit jusques au nombre de soixante-quatre Preteurs, qui avoient tous leurs Tribunaux, & rendoient la Justice dans Rome. [i] De sorteque ce deffaut de subordination des Ediles au Preteur, & cette multiplicité de Tribunaux, & de Magistrats égaux en autorité, estant incompatibles avec le bon ordre & la discipline publique, cela contribua sans doute beaucoup à tous les desordres, & à toutes les divisions, qui furent les présages, aussi-bien que les causes principales du renversement de la Republique.

L. 1. ff. de origin. Magistrat. Rolin. lib. 7. cap. 4. Manucius in Ciceron. Epist. lib. 8. Epist. 4. Pancirol. de Magistrat. municipal. Bodin. de republ. lib. 3. cap. 3.

f L. 1. & seqq. ff. de Edict. Ædil. Institut de jure natural. §. Proponebant.

g Institut. Justin. de jure §. Prætorum.

h L. 2. ff. de origin. Jud. & Magistrat. §. Deinde

i L. 1. & 2. ff. de orig. Magistrat. Dion. lib. 41. 43. & 48. Lipsius in Tacit. Tit. Liv. lib. 40. Festus lib. 16. in voce Rogat.

CHAPITRE III.

Auguste reforme la Police de Rome; réduit le nombre des Preteurs, & celuy des Ediles; retire de leur Jurisdiction la Police; crée un premier Magistrat pour en connoistre, sous le titre de Prefet de la Ville; & les Commissaires des Quartiers pour estre ses Aides, ou Coadjuteurs.

Auguste parvenu à l'Empire, employa les treize premieres années à l'affermissement de son Regne. Aprés avoir surmonté ses ennemis, & donné la paix à toute la terre, comme parlent les Auteurs, il ferma le Temple de Janus, marque de la tranquilité publique, & donna ses premiers soins à reformer les abus qui s'estoient introduits pendant les troubles arrivez sur la fin de la Republique, & sous le Regne tumultueux, & peu assuré de Jules Cesar son Predecesseur.

Il commença cette reforme par la Ville Capitale de l'Empire, pour servir de regle & de modele à toutes les autres. La Police & la Justice luy parurent d'abord les deux principales parties qui contribuent davantage à rendre un Estat heureux, & celles qui avoient reçû de plus fortes atteintes pendant les divisions qui avoient desolé l'Estat. Ce fut aussi l'objet de ses premieres applications; & voicy la conduite qu'il y observa.

II

Il commença par réduire ce grand nombre de soixante-quatre Préteurs, à seize, n'ayant pû du premier coup poulſer ce retranchement plus loin; comme il fit bien connoître dans la ſuite que c'eſtoit ſon intention, par les autres réductions qu'il en fit. [a]

Faiſant en même-temps reflexion ſur les experiences du paſſé, qui avoient ſuffiſamment fait connoiſtre combien l'uniformité d'eſprit & de conduite eſt neceſſaire dans une grande ville, pour y maintenir le bon ordre & la diſcipline publique, & qu'il eſt impoſſible d'y parvenir tant que l'autorité eſt partagée entre pluſieurs Magiſtrats avec égal pouvoir ; il reſolut de rétablir l'unité de Tribunal, au moins pour la Police.

Pour remplir ce deſſein, il fixa la competence des Préteurs qui reſtoient en exercice ; aux ſeules matieres civiles en premiere inſtance. Il établit au deſſus d'eux tous, par une nouvelle création, un premier Magiſtrat ordinaire, ſous ce titre ancien de *Prefet de la Ville*, que les Rois, & les Conſuls avoient coûtume de donner à celuy qu'ils établiſſoient par commiſſion, pour rendre la juſtice en leur abſence, quand ils eſtoient obligez de ſortir de Rome.

La juriſdiction qui fut attribuée à ce premier Magiſtrat s'étendoit ſur toute la ville, & ſon territoire juſqu'à cinquante ſtades aux environs: ce qui revient à trente-cinq de nos lieües. Il avoit ſeul la connoiſſance de tous les procès où quelqu'un des Senateurs avoit intereſt. Il connoiſſoit de tous les crimes qui ſe commettoient dans toute l'étenduë de la province. Les appellations des Sentences renduës par les Préteurs ſe relevoient devant luy : mais ſur tout Auguſte l'établit le ſeul Magiſtrat de Police & cette Charge unique fut d'abord d'une ſi grande conſideration, que l'Empereur en pourvut pour la premiere fois Agrippa ſon gendre & ſon favory, l'un des plus ſages Seigneurs de ſa Cour ; & luy ſucceſſivement les uns après les autres Mecenas autre favory d'Auguſte, Meſſala, Corvinus, Taurus Statilius, & Lucius Piſo, les premiers hommes de leur temps. [b]

Ce nouveau Magiſtrat de Police fut donc chargé du ſoin de tout ce qui concerne le bien public, & l'utilité commune des Citoyens. Il donnoit les ordres neceſſaires pour aſſeurer, & pour maintenir la tranquillité publique. Il mettoit le prix à la viande, & faiſoit les reglemens des marchez, & de la vente des beſtiaux. Il prenoit auſſi le ſoin que la Ville fuſt pourvûe ſuffiſamment de bled, & de toutes les autres proviſions neceſſaires à la ſubſiſtance des Citoyens. Il avoit l'inſpection ſur tout le commerce, pour le faciliter, le permettre ou l'interdire & le droit d'établir les marchez, ou de les ſupprimer pour un temps, ou pour toûjours, ainſi qu'il le jugeoit à propos pour le bien public. Il faiſoit les reglemens pour les poids & les meſures, & punir ceux qui eſtoient convaincus d'y avoir commis quelque fraude. Les Arts liberaux eſtoient auſſi de ſa juriſdiction. Il regloit les ſpectacles, les comedies & les jeux publics ; & ils ne ſe donnoient au peuple qu'avec ſa permiſſion. Il avoit toute l'intendance & la juriſdiction de Police des bâtimens, & des ouvrages publics, du pavé, & des autres reparations des ruës & des grands chemins. Tous les arts, & tous les corps de métiers de la ville eſtoient ſoumis à ſa juriſdiction, pour tout ce qui concernoit leurs profeſſions. Enfin comme la tranquillité publique, qui eſt l'un des principaux objets de la Police, dépend

de la paix particuliere de chaque famille, & que les foibles ſoient protegez contre l'oppreſſion des plus forts ; ce Magiſtrat connoiſſoit encore de tous les differens d'entre les pupilles, & leurs tuteurs ou curateurs, & d'entre les patrons, & leurs eſclaves. [c]

Aprés avoir reformé ces Tribunaux des Préteurs, & mis au deſſus d'eux-tous ce premier Magiſtrat de Police, Auguſte s'appliqua auſſi à faire ceſſer les entrepriſes des Ediles ſur la juriſdiction ordinaire. Il connut dés ce temps, ce que l'un de ſes ſucceſſeurs a depuis parfaitement bien exprimé dans l'une de ſes conſtitutions, que les Officiers Municipaux ont toûjours l'eſprit populaire, & oppoſé à l'Etat Monarchique, il en retrancha dix, & il ôta aux ſix qui reſtoient, la Police, & cette juriſdiction qu'ils avoient uſurpée ſur le Preteur. [d] De-là vient qu'il n'eſt plus fait mention d'eux dans les loix du Code, & qu'au contraire toutes les conſtitutions qui concernent les matieres dont ils avoient autrefois entrepris la connoiſſance, ſont addreſſées au Prefet de la ville Magiſtrat de Police, comme eſtant alors de ſa juriſdiction.

Mais comme il falloit neceſſairement remplir ces places, & au lieu de ces Officiers Municipaux que le Preteur avoit eſté obligé d'employer par ſubdelegation, & qui en avoient abuſé, établir d'autres Officiers pour exercer le même employ auprés du premier Magiſtrat de Police: Auguſte, qui avoit alors toute l'autorité, & qui ne conſultoit plus les ſuffrages du peuple pour faire tous les changemens qu'il jugeoit à propos dans les Charges publiques, créa quatorze nouveaux Officiers, ſous le titre de Commiſſaires de la Ville, *Curatores urbis*, qu'il joignit à ce Magiſtrat, pour eſtre de ſon Conſeil ordinaire, & toûjours prets à le ſoulager dans ſes fonctions. *Fecit Romæ Curatores Urbis quatuordecim, quos audire negotia urbana, cum Præfecto Urbis juſſit ; ita ut omnes, aut magna pars, adeſſent cùm alta fierent.* D'où il furent nommez ſes Adjoints ou Coadjuteurs, *Adjutores Præfecti Urbis ;* & de cette participation qu'ils avoient aux fonctions de ce Magiſtrat, ils furent mis eux-mêmes, comme les Ediles, au nombre des Magiſtrats du ſecond ordre : *Et Magiſtratus minores dicuntur.*

Mais ſur tout, ces Officiers furent chargez de tous les premiers ſoins de la Police, qui avoient eſté juſqu'alors le principal employ des Ediles. C'eſt pourquoy, après l'enumeration des fonctions de Police du premier Magiſtrat de la ville, la même Loy qui les contient, ajoute à la fin, & par un dernier article, qu'encore que la juriſdiction de toutes ces matieres importantes à l'ordre public, appartienne à ce premier Magiſtrat, la conduite ou l'execution en avoit eſté neanmoins confiée à ces Magiſtrats d'un ordre inferieur, que le Prince luy avoit donnez pour Aides ou Commiſſaires: *Quarum tamen moderatio minoribus Magiſtratibus à Principe eligendis, demandabatur.* [e]

Il y avoit encore en ce ce deffaut dans la Police de Rome du temps des Roys, & de la Republique, qu'encore que la Ville euſt eſté partagée en quatre parties par Servius Tullius, neanmoins il n'y avoit eu aucun Officier prépoſé en chacun quartier pour veiller au bien public. C'eſt pourquoy le Preteur eſtant obligé de ſe ſervir des Ediles par ſubdelegation pour la Police ; les loix portoient que la fonction dont il s'agiroit, ſeroit adreſſée à celuy qui ſe trouveroit logé le plus proche du lieu : ce qui prouve qu'ils n'avoient aucun quartier d'affecté, &

Tome I. C &

a Dio. lib. 56.

b L. 1. ff. de origin. Magiſtrat. §. Et hæc omnia. L. 1. ff. de off. Præf. urb. Sueton. in Aug. Dio. lib. 53. & 54. Dionyſ. Halic. Pompon. Lætus de Magiſtratib. Rom. cap. 9. Pancirol. in notit. Imp. Roman. cap. 15. Bud. in Pandect.

c L. 1. §. 33. & hæc omnia. ff. de origin. & progreſſ. Iur. L. 1. ff. de orig. Magiſtrat. titul. de off. Præfect. urb. ff. & Cod. Accurſ. ead. loc. L. 1. & 3. ff. de off. Præf. vigil. L. nam Salut. ff. de off. Præf. vigil. L. ult. fin. ff. ad leg. Juliam. de Annon. L. 3. ff. de Stud. liberal. L. 14. & ſeq. Cod. Theod. de Scenic. L. ult. C. Theod. de Lenon. L. 1. C. Theod. de uſu ſtell. L. 1. C. Theod. de caloc. cod. Caſſiodor. lib 6. in formul. Præf. urb. Novel. 41. de Pantap. Novel. 63. fine. Pompon. Lætus de Magiſtrat. Rom. cap. 7. Dionyſ. Halicar. lib. 6. Pancirol. not. Imp. Roman. Orieg. cap. 15. & Occid. cap. 5.

d Nov. L. 47. Leop. Tacit. lib. 1. & 13. Piſo. annal. L. 4. Dion. Halic.

L. ſ. C Theod. de cuſtod teor. L. 4. C Theod. de executor. ib. P æf. urb. Symmach. lib. 10 Ep. ſt. 56. Caſſiod. 1. 6. Sueton. in Aug. Dio. lib. 44. & 55. Sextus Rufus deſcript. Urb. R m. Pancirol. de notit. regio. rib Roman. Onuphrius, deſcript. urb. Rom. R. ſin. V gener in titu. Liv. Victor. deſcript. urb. Rom. in Tacit. L. 4. de off. Dion. Symmach. Ep. ſt. 6. ad Theod. Imperat.

Sueton. in Aug. Dio. lib. 55. 56. & 59. Gaius. lib. 1. ad leg. duodec. Tabul. Vinnius de orig. & progreſſ. jur. Roman. Marcellin. l. 27. Bud. in Pandect. Vopiſcus in Floriano.

f Dion. Halicarn. lib. 4.

& de commis à leurs soins.

Tranqu II. in Auguft. c. 30.

Auguste voulant aussi remedier à cet inconvenient, partagea la ville de Rome en quatorze regions ou quartiers, qu'il distribua par la voye du sort à ces nouveaux Officiers de Police, qu'il avoit créez en pareil nombre; d'où ils furent nommez, *Curatores regionum urbis*, Commissaires des quartiers de la ville. Voicy comment les Auteurs s'en expliquent. *Urbsque tota in regiones divisa fuit quatuordecim, quibus forte divisis, hi Curatores præssent; & inde Curatores regionum urbis vocantur.* Ainsi chacun de ces Officiers exerçant ses fonctions de Police dans cette étenduë confiée à ses soins, devoit y procurer aux Citoyens tout le bien, & toutes les commoditez possibles. C'est encore ce que les mêmes Auteurs ont elegamment exprimé par ces termes abregez, qui renferment tout le devoir de ces Officiers. *Curatorum munus erat procurare commoda regionum.* Et ailleurs, *totius regionis sollicitudinem Curatores habent.*

Sextus Ruufus. Petr. Victor. Pancirol. Onuphrius Panvinius de quatuordecim regionib. urb. Rom.

Auguste se servit de ce titre, *Curatores*, pour qualifier ces nouveaux Officiers, parce que c'estoit le même qui avoit esté donné autrefois aux Ediles, lors que l'on commença de leur confier quelques portions de la Police.

Il n'y avoit point de nom en effet, selon le genie de cette Langue, qui leur pust mieux convenir que celuy-là, par rapport à leurs fonctions. Les Romains se servoient de ce mot, *Curatores*, dans le sens propre, pour exprimer ceux qui estoient chargez de la personne ou des biens d'un mineur privé de tuteur, ou d'un majeur interdit de l'administration de ses biens. Le public qui est dans une semblable impuissance, de se défendre soy-même, a besoin d'un pareil secours de personnes intelligentes, & affectionnées, pour veiller à ses interests, & pourvoir à ses besoins. Ainsi les personnes chargées de cet employ important, furent aussi qualifiées de ce même titre, *Curatores*, [b] pris à leur égard dans un sens figuré, par l'analogie ou similitude de leurs fonctions, & de leurs soins pour le bien public, avec les soins, & les fonctions des curateurs donnez aux mineurs, & aux autres personnes impuissantes. C'est delà que nous trouvons dans les Loix, dans la Notice de l'Empire, & dans les Jurisconsultes, tous les Officiers chargez du soin de quelque portion du bien public porter ce même titre, *Curatores*. Ceux-cy, par exemple qui estoient chargez de maintenir l'ordre public dans les quartiers de la ville, *Curatores regionum urbis*; celuy qui avoit soin des affaires communes de quelque ville, pour *Syndic*, *Curator Reipublicæ*; ceux qui estoient chargez du depost des deniers publics, *Curatores ærariorum publicorum*; d'entretenir libre le cours du Tibre, *Curatores alvei Tiberis*; du soin des fontaines publiques, *Curatores aquarum*; des grands chemins, *Curatores viarum*; le dépositaire des biens saisis réellement, *Curator bonorum*; & ainsi des autres.

§ Cicer. in Orat. 4. contra Verr. Cujac. in leg. Prætor. institut. Ulp. in L. hæres. absens. §. si quis tutelam ff. de judic.

De ce mot *Curator*, nous avons fait celuy de Curateur: mais nostre Langue qui est ennemie des équivoques, l'a renfermé dans sa primitive, & propre signification, pour exprimer seulement ceux qui sont donnez aux mineurs ou aux interdits. Elle a substitué en sa place celuy de Commissaires, pour qualifier toutes les personnes publiques que les Romains nommoient, *Curatores*. Delà vient, par exemple, que nous ne disons pas comme eux, Curateurs, mais Commissaires des quartiers de la Ville, Commissaires aux saisies réelles.

Il arrive encore de ce même changement, que toutes les autres Charges qui ont pris leur origine en France, ou qui y sont connues sous ce titre de Commissaires, se trouvent dans toutes nos versions Latines sous cet ancien nom, *Curatores*. Par exemple, Commissaires des Guerres, *Curatores Classis*; Commissaires de l'Artillerie, *Curatores muralium tormentorum*; Commissaires des vivres, *Curatores castrensis commeatus*; Commissaire de la Cavalerie, *Curator militiæ equestris.* Il en est de même de tous les autres.

Bodin. de rep. lib. 3. cap. 2.

Ces Commissaires furent donc établis, & distribuez par Auguste dans tous les quartiers de la Ville de Rome, pour y maintenir l'ordre public, comme les Ediles avoient fait autrefois sous l'autorité du Preteur. Ce Prince connoissant en même-temps l'importance de cet employ, leur donna le droit de porter la même Robe que les Magistrats, d'avoir chacun deux Huissiers ou Licteurs, pour marcher devant eux lors de leurs visites; & tous les autres Huissiers qui avoient servi auprès des Ediles supprimez. *Curatores plebeii sunt constituti, quibus veste quem Magistratus gerunt, ac Lictoribus binis in iis locis quibus præssent uti certis diebus concessum, ac servitia quæ ante cum Ædilibus in usum incendiorum extinguendorum fuerunt addita.* Depuis cet establissement il resta si peu de fonctions aux six Ediles reservez, que Constantin les supprima totalement, comme Officiers qui estoient devenus inutiles.

Julius Capitolin. in Marc. Anton. Pancirol. Dio. lib. 55. Lipsius.

Ces quatorze Commissaires de la première création furent pris dans le Tiers Etat, comme nous l'apprenons de ce passage, *Curatores plebeii sunt constituti*, de même que l'on avoit fait autrefois les deux premiers Ediles. Mais comme l'excellence de cet employ qui a pour objet le service du Prince, & le bien public, avoit engagé la Noblesse au commencement de la Republique, à demander d'avoir part aussi à l'Edilité; cette consideration fit le même effet sous les Empereurs à l'égard des Offices de Commissaires des quartiers de la ville: car environ 230. ans après cette division de Rome en quatorze quartiers, & cette création de quatorze Commissaires par Auguste, Alexandre Severe l'un de ses successeurs, en augmenta, & doubla le nombre par une nouvelle création de quatorze, qui furent tous pris dans les familles Consulaires la plus haute Noblesse de l'Empire. *Alexander fecit Romæ Curatores urbis quatuordecim, sed ex Consularibus viris.* Ce sont les propres termes des Auteurs qui rapportent cet establissement.

Lamprid. in vit. Alex. Sever. Onuphr.descrip. urb. Rom.

Par cette nouvelle création d'Alexandre Severe il y eut dans Rome vingt-huit Commissaires des quartiers de la ville, *Curatores regionum urbis*. Toutes les descriptions qui nous ont esté données de temps en temps de cette Ville capitale, font mention de ces vingt-huit Officiers en chacune region ou quartier; & cet establissement dans la suite fut trouvé d'une si grande utilité, que non seulement il a esté maintenu pendant tout le temps de l'Empire Romain, mais qu'il subsiste encore aujourd'huy à Rome dans toutes ces circonstances.

L. si apud. C. de appellat. Pancirol. in notis. Imp. Rom. Vigener. in Tit. Liv. Rufus. & Victor. descript. urb. Rom. Rusin.

CHAPITRE

CHAPITRE IV.

Créations d'autres Officiers de Police par Auguste.

LEs Romains ont toujours eu un soin tres-particulier que leur Ville fust pourvûë suffisamment de toutes les provisions necessaires à la subsistance des Citoyens. Ils estoient sur-tout, convaincus, que l'abondance de bled, & la facilité consequemment au Peuple d'avoir du pain, estoit l'un des principaux moyens d'entretenir la tranquillité publique; que rien n'irrite tant les esprits, & ne déconcerte davantage la societé civile, que la disette de cette manne quotidiéne, dont personne ne se peut passer, & qui fait la principale, & souvent l'unique nourriture du menu Peuple. [a] C'est pourquoy, outre les grains que leur fournissoient les fertiles Campagnes de l'Italie; ils faisoient encore venir d'Afrique tous les ans, jusqu'à deux cent mille septiers de froment, du poids de cent vingt livres chaque septier; ils remplissoient les greniers publics de ce grain estranger; pour estre toujours en estat d'entretenir le bon marché du pain, quelque sterilité qui pust arriver dans leurs Provinces. A cette sage prévoyance, ils avoient encore ajousté une Loy, par laquelle le minot de froment du poids de vingt livres fust fixé à neuf deniers en tout temps, pour un certain nombre des plus pauvres familles. Ce soin pour la subsistance du Peuple, leur parut plus si précieux à l'Estat, que par une autre Loy, le froment fut même distribué *gratis*, trois fois l'année, à ces Citoyens qui avoient besoin de ce secours. On leur donnoit, pour le connoistre, & pour éviter la surprise & la confusion, un mereau d'airain, sur lequel estoit écrit le nombre des personnes dont la famille estoit composée, & la quantité de bled qui leur estoit necessaire. Trois cent vingt mille personnes se trouverent d'abord participans de cette liberalité. Ce nombre s'estant trouvé dans la suite excessif; & l'Estat ne pouvant soustenir cette dépense, Jules Cesar le reduisit à cent cinquante mille. Ce même Prince, pour affermir encore davantage cet establissement, créa deux Preteurs, & deux Ediles, pour prendre les soins de l'achapt, de la voiture, du dépost dans les greniers, & de la distribution du bled, à ceux qui avoient le droit d'en recevoir *gratis*. Ils furent aussi chargez d'en faire vendre aux Boulangers à juste prix, & de regler sur ce même pied, le prix du pain qu'ils distribuoient dans leurs Boutiques. [b]

Mais Auguste dans sa reforme, voulant reduire toutes choses à cet estat de perfection, qui ne se rencontre en matiere de Police & de Gouvernement, que dans l'unité de puissance & de direction, supprima ces quatre Officiers, & réünit leurs fonctions au Tribunal unique du Prefet de la Ville. Cependant comme ce Magistrat estoit déja chargé d'un fort grand nombre de soins importans, & qu'il n'auroit pû avec beaucoup de difficulté descendre dans ce petit détail. Auguste luy reservant toujours toute l'autorité, & tous les principaux soins de cette portion de Police, comme de toutes les autres, luy créa un Subdelegué, sous le titre de Prefet des Provisions, *Præfectus annonæ*, qu'il prit dans l'Ordre des Chevaliers. [c]

Cet Officier fut donc chargé des soins de faire venir du bled, & de l'huile d'Afrique, & de tirer de ces Provinces éloignées, ou d'ailleurs, toutes les autres provisions necessaires à la subsistance des Citoyens, dans les temps & les saisons convenables. Il donnoit ses ordres pour faire décharger les grains, & les autres vivres sur les Ports, les faire voiturer à Rome, & serrer les bleds dans les greniers publics. Il estoit de sa vigilance de faire distribuer de ces grains, aux uns à juste prix, & aux autres gratuitement, selon les temps & les ordres qui luy estoient donnez par le premier Magistrat de Police. Il eut aussi l'inspection sur la vente du pain, du vin, de la viande, du poisson, & des autres vivres. Comme toutes ces fonctions demandoient quelque autorité, il fut mis dans la suite au nombre des Magistrats. Sa jurisdiction s'estendoit sur tous ceux qui se messloient du commerce des vivres; & sur la navigation qui en facilitoit les voitures. Il ne pouvoit neanmoins leur imposer que de legeres peines, ou corrections; les fautes graves n'estoient pas de sa competence: lors qu'il s'agissoit d'imposer de plus grandes peines, il en referoit au Prefet de la Ville pour y pourvoir. *Olim Præfectus annona Magistratus non fuit ; sed postcà auctâ ejus auctoritate, inter Nautas, Mensores, & Negotiatores frumenti judicabat , in quos animadvertere poterat. Multabat etiam , aut modicè castigabat eos qui in annonam deliquissent : capitis verò pœnâ plectere non licebat : hoc enim Præfecti Urbis jus erat* [d] Aussi apprenons-nous des provisions qui estoient données à ce Magistrat, dont Cassiodore nous a conservé la formule; qu'il devoit estre inviolablement attaché auprès du premier Magistrat de Police, & paroistre souvent avec luy en public; afin que le Peuple le voyant participer aux honneurs de ce premier Magistrat, en eust plus de respect, & plus de consideration pour luy. *Præfectus Urbis mixtâ glorificatione tu concedis , tu illi in spectaculis conjunctissimus inveneris ; ut plebs, quam industria tua satiat , in suam reverentiam te honoratum esse cognoscat.* [e] Tant il est vray que de tout temps les fonctions de Police, même dans les Officiers du second Ordre, ont demandé de la dignité, & de la consideration dans le Public, pour estre utilement exercées.

Aprés les vivres, la seureté publique, & principalement celle de la nuit, est l'une des plus importantes parties de la Police. Les Romains en avoient d'abord donné la charge, à trois Officiers, qu'ils nommerent *Triumviri Nocturni*. Ils avoient le soin de faire la ronde pendant la nuit, d'examiner si les gens de mestier qui estoient chargez de faire le guet, estoient postez dans leurs Corps-de-Garde, & en bon ordre, & de pourvoir aux incendies lors qu'il en arrivoit. Ces Officiers n'ayant pas eu dans la suite toute l'autorité necessaire pour soustenir cet employ, les Romains en chargerent les Ediles, qu'ils augmenterent pour cela de dix. [f]

Cette Police fut aussi l'un des points de la reforme d'Auguste. Il supprima ces dix Ediles, fit choisir dans le Peuple mille hommes pour le guet, ou la garde de la nuit, qu'il divisa en sept Cohortes, ou Compagnies, qui avoient chacune leur Tribun. Il establit au dessus d'eux tous un

Commandant,

[a] Plin.l.18.

[b] Plutarq. & Florus in Cæsar. Asconius Tranquil.c.40.& 41. Dion. l. 43. Sext. Aurel. Ibid. l.ult.c.14. L. 52. sed & 51 ff. de judiciis. L.1.& seqq.Cod. Theod.deCanone frumentario urb. Rom.

[c] Tranquil. in August.c.40.& 41. L.2. necessarium §. captâ deinde Sardin.ff.de orig. Jur.& Magistrat. Cassiodor. form. Præf. Annon.

[d] L. 2. hiic ǽ omnia ff.de orig. Jur. L.t.c.deoff.Præf. Urb. L.1.& seqq. C. Th. de Canone frum. urb. Rom. &.bi C.thofr. L. 1. C Th. de conditis in publicis horreis. L. ult. C. Th. de navicularia. L. 1. C. Th. de mensis oleariis, & ibi Gothofr. L. 3. & 4. C.Th. de pistoribus. L. 1. & seqq. C. Th.depistoribus. Ammian. l. 19. p. 160. Symmach.l. 10. epist. 48. 3 donat. Apollin. l.1. epist. 10. Vopisc.in Aurel. Pancir. in not, occid. c.5.

[e] Cassiod. in form Præf.anno.

[f] Pancir. in not; Imp. Rom L. 1. de orig. Jur. §. & quia , §. Pænelæl c.14. Pomp Læt.c.10. Vinnius distinge Jur & Magistrat. Rom §. 31,& 33. De off. Præf. Vig. ff & Gloss. Sueton. in Aug. Dio.l 55 ad ann. Urb.cond.c.52.

Commandant, sous le titre de Prefet du Guet, *Præfectus Vigilum*, qu'il choisit aussi dans l'Ordre des Chevaliers. Chacune de ces Compagnies du guet avoit la garde pendant la nuit, de deux des Quartiers de la Ville, où les gens qui la compofoient faifoient la ronde, & pofoient des Corps-de-Gardes. Le Colonel, ou Prefet du Guet faifoit fa Ronde-major, pour les contenir tous dans leur devoir, & maintenir dans ces Heures deftinées au repos, la tranquillité publique.

Cet Officier eut pour cela une efpece de Jurifdiction fur les voleurs, les filous, les autres malfaicteurs, ou gens fufpects, & generalement fur tous ceux qui caufoient quelque defordre, ou tumulte pendant la nuit. Il eftoit en fon pouvoir de faire arrefter & conduire prifonniers les coupables, ou gens fufpects. Il avoit de plus cette autorité, quand ce n'eftoit que des efclaves, ou perfonnes viles, & que la faute eftoit peu confiderable, de les punir fur le champ par quelque legere correction : mais lorfque la faute eftoit grave, ou que les accufez eftoient Citoyens Romains, ou gens de quelque confideration, il eftoit obligé d'en referer au premier Magiftrat de Police.

C'est ainfi que pour maintenir toûjours cette fubordination fi neceffaire dans la Police & l'ordre public, ce Magiftrat de la nuit, auffi-bien que celuy des vivres, fut mis fous l'entiere dépendance du Prefet de la Ville, premier Magiftrat de Police, qui leur commandoit à l'un & à l'autre, de même qu'à tous les autres Officiers de Police, ce qu'il jugeoit neceffaire pour le bien public. *Præfectus Urbis duobus Præfectis, videlicet Annonæ & Vigilum, qui erant fub difpofitione ejus, imperabat.* a

Outre ces deux Officiers, l'un pour les vivres, & l'autre pour le guet de nuit, Augufte créa encore fous la difpofition du Prefet de la Ville, premier Magiftrat de Police, & pour agir fous les Ordres:

Un Commiffaire des Canaux, *Curator Formarum*, qui avoit foin d'entretenir & de faire reparer les Aqueducs, les Canaux, & les Refervoirs, les Chafteaux d'eau, & tous les autres Ouvrages qui eftoient neceffaires pour la conduite, la confervation, & la diftribution de l'eau à Rome. b

Un Commiffaire du canal ou lit du Tibre, des bords ou quays du même Fleuve, & des cloaques de Rome, *Curator riparum alvei Tiberis, & cloacarum*; pour veiller que rien ne fuft jetté, ou ne s'amaffaft dans le Tibre, qui puft en corrompre les eaux, ou nuire à la navigation; entretenir fes bords & fes quays en bon eftat, faire curer & reparer les cloaques qui fervoient au nettoyement de la Ville. c

Augufte s'eftant refervé à luy-même toute l'autorité de la Cenfure, créa un Officier, pour faire feulement, fous les ordres du premier Magiftrat de Police, la defcription du Peuple Romain, & de fes revenus. Cela s'obfervoit principalement, afin de connoiftre dans les befoins publics, ou en temps de guerre, ce que chacun devoit contribuer legitimement aux charges de l'Eftat; d'où cet Officier fut nommé, *Magifter Cenfus*. Il eftoit auffi de fes foins, de tenir un Regiftre de tous les Eftrangers qui arrivoient à Rome, de leurs noms, leurs qualitez, leurs Pays, & le fujet de leurs voyages; & lors qu'ils y vouloient demeurer oififs & inutiles, après leurs affaires finies, il les obligeoit d'en fortir, & les renvoyoit en leur Patrie. d

Il créa encore fous le même Magiftrat, un Commiffaire des eaux, *Curator aquarum*, qui

avoit foin que les eaux qui arrivoient à Rome par les Canaux, & les Aqueducs, fuffent employées felon leur deftination, & diftribuées aux lieux publics, ou aux particuliers, à proportion des conceffions qu'ils en avoient obtenuës du Prince. e

Un Commiffaire des grands Ouvrages, *Curator Operum maximorum*, qui eftoit chargé d'entretenir, & de faire reparer le grand Cirque, les Remparts, & l'Amphitheatre du Champ de Mars. f

Un Commiffaire des Ouvrages publics, *Curator Operum publicorum*, pour avoir foin des reparations, & de l'entretien des Murs de la Ville, des Ponts, des Amphitheatres, de la grande Boucherie, & de tous les autres Ouvrages publics, excepté ceux qui avoient leurs Commiffaires particuliers. g

Un Commiffaire des Statuës, *Curator Statuarum*, pour veiller à la confervation de ce grand nombre de Statuës d'airain, de marbre, d'yvoire, ou d'autres matieres precieufes, ou dorées, qui embelliffoient les places publiques. h

Un Infpecteur General du nettoyement de la Ville, *Tribunus rerum nitentium*, qui avoit foin fous les ordres du premier Magiftrat de Police, & des Commiffaires des Quartiers, de faire agir tous les Ouvriers, Entrepreneurs, ou Serviteurs employez au nettoyement des Ruës, des Theatres, des Amphitheatres, des Marchez, & des autres Places, & de l'interieur des Temples, des Tribunaux, des Bains, des Bibliotheques, & de tous les autres lieux deftinez à quelque ufage public. i

Après toutes ces créations, Augufte connoiffant combien il eftoit important que ces Commiffaires des Quartiers de la Ville fuffent exactement avertis de tout ce qui fe pafferoit dans leurs Quartiers contre le fervice du Prince, le bon ordre, ou le bien public, & combien il pouvoit arriver d'évenemens qui demandoient un prompt fecours, & de joindre la force à l'autorité; il créa encore en chaque Quartier, trois fortes d'Officiers fubordonnez, & foumis aux ordres des Commiffaires; les uns nommez *Denuntiatores*; les autres, *Vicomagiftri*; & les derniers, *Stationarii*.

Les Denonciateurs furent eftablis au nombre de deux en chaque Quartier, pour veiller continuellement de leur part, fur tout ce qui fe paffoit dans le Quartier; découvrir les fautes, les contraventions aux Loix & aux Reglemens, les crimes, & tout ce qui arrivoit, foit en public, ou en particulier, qui pouvoit eftre de quelque confequence au fervice du Prince, ou au bien public. Ils eftoient obligez d'en donner auffi-toft avis au Commiffaire du Quartier, pour y pourvoir, ou en referer au Magiftrat, felon que la chofe eftoit plus ou moins importante, ou preffée, comme il fe voit par les anciennes formules de ces deux Offices. *Curatorum munus erat procurare commoda Regionum, & totius Regionis follicitudinem habent. Denuntiatorum verò Officium erat, quidquid Regioni tàm publicè, quàm privatè accideret, denuntiare; & hi erant Miniftri Curatorum.* k

Quant aux *Vicomagiftri*, l que quelques Auteurs ont traduit, Capitaines des Quartiers : pour entendre leurs fonctions, il faut fçavoir que chaque quartier de la Ville de Rome, eftoit fubdivifé en plufieurs départemens, compofez de certain nombre de ruës; ce qu'ils nommoient *Vicus*, par le rapport que ce nombre de ruës avoit à l'eftenduë ordinaire d'un Village. Augufte eftablit en chacun de ces départemens, quatre Citoyens, qui eftoient choifis tous les ans entre

les

Notes marginales (colonne gauche) :

a L. 3. nam falutem ff. de off. Præf. Vigil. Notit.Imp. occidunt c. 4. & ibi Pancir.commen.

b Tranquil. in Augusti.

c Ibid. c. 8.

d Ibid. c. 10.

Notes marginales (colonne droite) :

e Ibid. c. 13.

f Ibid. c. 14.

g Ibid. c. 15.

h Ibid. c. 16.

i Ibid. c. 19.

k Sextus Ruffus Petr. Victor Panciroli.de quatuor decim Regionib Urb. Romæ Onuphr.Panvin. antiq.Urbis imagu c.de Urbis regionum.

l Ibidem.

les Habitans de ces mêmes ruës, pour veiller aussi de leur part, qu'il n'arrivaft aucun desordre dans les ruës de leur département ; d'où ils prirent le nom de *Vicomagistri*. Il estoit de leur devoir de sortir en armes, & de prester main-forte aux Commissaires des Quartiers, lors qu'ils paroissoient en public, & qu'ils en avoient besoin. En sorte que la ville de Rome estant divisée en quatorze Quartiers ; ces Quartiers subdivisez en 424. *Vicus*, ou départemens ; il y avoit pour maintenir dans toute cette estenduë, la tranquillité, le bon ordre, & la discipline publique, vingt-huit Commissaires, pareil nombre de Denonciateurs, pour découvrir les fautes, & en donner avis aux Commissaires, & seize cens quatre-vingt-seize *Vicomagistri*, pour leur prester main-forte.

Les Stationnaires estoient encore d'autres Officiers distribuez avec des armes en certains Corps-de-Gardes, dans tous les Quartiers de la Ville, pour appaiser les seditions ou émotions naissantes, & estre toujours prests de prester main-forte pour l'execution des Ordres du Magistrat, ou des Commissaires, & des Mandemens & Ordonnances de Justice.

L.1. Omnia S. quies ff. de off. Præf. Urb. Dion. Fenest.deMagist. Rom. c. 6.

CHAPITRE V.

Les Usages, & les Coustumes qui s'observoient à Rome, passerent par une Loy expresse dans toutes les Villes de l'Empire. Partage des Gaules en dix-sept Provinces. Proconsuls envoyez, pour les gouverner, & pour y administrer la Justice. Leurs Commissaires, ou Subdeleguez, nommez Legati, n'eurent d'abord aucuns départemens certains ; ils furent ensuite fixez dans les principales Villes ; cela les fit nommer Servatores Loci. Les Proconsuls & les autres Magistrats prirent les noms de Ducs & de Comtes. Et la raison de ce changement.

LEs Romains s'estant rendus Maistres de l'Italie, après 494. années de guerres contre ses anciens Habitans leurs voisins, poussèrent ensuite, & en moins d'un siecle leurs conquestes si avant dans les trois parties du monde lors connuës, que n'estimant pour rien ce qui leur en restoit à conquerir, ils ne firent aucune difficulté de se nommer les Seigneurs, les Maistres, & les Vainqueurs de toute la terre ; *Totius mundi Domistos, Domitores Orbis & Præsules*. Sur ce fondement ils firent cette Loy, par laquelle en donnant à leur ville de Rome le titre pompeux de Capitale du monde, ils soumirent toutes les autres Villes de ce vaste Empire, à ses Loix, à ses usages, & à ses coustumes. *Omnes Civitates debent sequi consuetudinem Urbis Romæ, cùm sit caput Orbis terrarum.* Ainsi cette seule Loy suffiroit, sans aucun davantage, pour prouver que dans toutes les autres Villes de l'Empire, & consequemment dans celles des Gaules, la Police de Rome estoit exactement suivie, & que les mêmes Offices y estoient en usage : mais comme le détail instruit toujours davantage, il est bon d'y entrer. [a]

Les Gaules avant le Regne d'Auguste, n'estoient partagées qu'en quatre Provinces, ou grands Gouvernemens : la Belgique, la Celtique, l'Aquitanique, & la Narbonnoise. Les Romains envoyoient en chacune de ces Provinces un Magistrat pour la gouverner, & pour y administrer la Justice, sous le titre de Proconsul. [b]

Chacun de ces Magistrats dans sa Province, avoit reüni en sa personne par les Loix, tout le pouvoir, & toutes les fonctions que le Prefet de la Ville, & les autres grands Magistrats exerçoient dans Rome. Mais sur-tout la tranquillité de la Province, la subsistance des Peuples, la culture des Arts, la facilité du Commerce, la conservation des édifices, la commodité de la voye publique, & generalement toutes les autres parties de la Police, luy estoient singulierement, & tres-expressément recommandées. [c]

Pour remplir ce grand nombre de soins, ces Magistrats des Provinces avoient aussi auprès d'eux, de même que les Magistrats de la Ville capitale, un certain nombre de Subdeleguez. Ces Officiers du second Ordre estoient chargez des mêmes fonctions que les Enquesteurs & les Commissaires des Quartiers exerçoient dans Rome. [d]

Cependant ceux-cy ne prirent dans les Provinces le nom, les uns, ny des autres des Officiers de la Ville capitale, il est facile d'en rendre la raison. Ils n'avoient garde de prendre celuy des Enquesteurs, parce que leurs fonctions estant beaucoup plus estenduës que celles de ces Officiers de Rome, ce nom ne les auroit pas suffisamment exprimées, ny fait connoître. Ils ne pouvoient non plus en ce temps, prendre celuy de Commissaires des Quartiers de la Ville ; puisque dans ces commencemens ils ne furent attachez, non plus que le Magistrat, à aucune Ville particuliere, mais estant auprès de luy dans la Ville où il faisoit sa residence, il les envoyoit dans les autres differens lieux, où leur presence, & leurs fonctions estoient necessaires. De-là vient, peut-estre, qu'au lieu des anciens titres qui estoient en usage à Rome, ils furent nommez dans les Provinces, *Legati Proconsulum*, envoyez du Proconsul ; [e] ou bien, selon Varron, le nom leur fut imposé, parce qu'ils estoient choisis dans les Comices à Rome, comme le Magistrat, & envoyez, comme luy, dans la Province. *Legatorum nomen habebant, quòd publicè legerentur, & mitterentur.* [g] Ainsi ils tenoient leur pouvoir du Prince immediatement ; à la difference de tous les autres Officiers du Magistrat, qu'il avoit la liberté de se choisir luy-même, soit à Rome avant de partir, ou dans la Province lors qu'il y estoit arrivé. [h] Il n'y avoit au surplus aucune autre difference entre ces Officiers des Provinces, & les Enquesteurs & Commissaires des Quartiers de la Ville de Rome, soit dans l'objet de leur establissement, soit dans l'estenduë de leur competence,

[d]De off.Proconf. & Legat. ff & C. Fenest.deMagist. Rom.cap. 11. Pompon. Læt. de Mag. Rom. c.13.

[e] Tacit. lib. 2.
L.lib.5.de Ling. Latin.

[f]Robort.de Provinciis Rom. & earum distribut. atque administ.

[h] L. Lucin. ff. de administ tutor. Tacit. Annal. 1.

C iij

[a]L. 1. Deo autore C. de vetere Jure enucleando § sed & si. L.1. rei annonar. C. Theod. tit. 3. fine censu. L.to.probabileC. Theod.de diver. officiis. Gloss.in leg.item veniant § ut So. natus ff. de petit. hæredit. Fauchet, des antiquitez Gauloif. LeBret.Ordo perantiquus Judic. civilium.

[b] Pancir.de Magistr.Prov. c.98.

[c] De off. Proc. & Leg.ff.& Cod. De off. Rector. Prov. C.Theod. Gothofr. cod. tit. De off. præsid. ff. L.4.ff.de feriis. Novell.Justin.18 14.& 128. Nov.Major.1. 4. cap. habenda. Cassiodor. Epist.

petence, ou dans le détail de leurs fonctions.

Leur establissement dans les Provinces, non plus qu'à Rome, n'avoit point d'autre objet que le soulagement du Magistrat dans ses propres fonctions, par l'impossibilité de les pouvoir toutes remplir luy-même en personne. *Quoniam negotiorum Provincialium multitudinem per seipsum obire Proconsulem difficile est; Legatos Proconsules habere solent.* [a] Et ailleurs: *Proconsules ad Provincias mittebantur, singuli singulos Legatos habebant, qui administrationi præstarent auxilium.* [b] Ils furent aussi nommez par cette raison, les Aydes, ou Coadjuteurs des Magistrats; *& Adjutores Magistratuum dicuntur; quia Magistratibus adjungebantur, ut in muniis obeundis essent qui eos adjuvarent.* [c]

Pour l'estenduë de leur competence, ils n'estoient, non plus que ces Officiers de la Ville Capitale, que Referendaires; ils n'avoient que le pouvoir d'entendre, & de connoistre de quoy il s'agissoit en chaque affaire, & d'en referer au Magistrat pour le jugement. *Legati non judicent, sed audiant, & Proconsuli referant, ut ipse Proconsul damnet, vel absolvat.* [d] Que si même il leur arrivoit quelque doute, ou quelque difficulté dans leurs fonctions, ils devoient à l'instant avoir recours au Magistrat pour le consulter, & luy demander ses Ordres; qu'il ne pouvoit aussi de sa part leur refuser. *Etsi Legati dubitant in aliquo, ipsum Proconsulem consulere debent, & is ad consultationes Legatorum debebit respondere.* [e]

Quant à leurs fonctions; elles consistoient principalement, de même qu'à Rome, à informer des crimes; interroger les accusez, & faire les autres instructions des procez criminels, qu'ils remettoient ensuite au Magistrat, pour rendre sa Sentence. [f] *Postquam Proconsul intraverit Provinciam sibi decretam, potest mandare Legatos, ut ipsi Legati audiant custoditos, vel ipsos custodes, & postquam audiverint ipsi Legati, remittant ad Proconsulem, ut ipse Proconsul damnet, vel absolvat; quia Legati Proconsulis possunt cognoscere de criminibus, sed Proconsul sentiabit.* [g] De cette fonction, selon le témoignage de Pline le Jeune, ils furent aussi nommez Enquesteurs. *Norbanum Licinianum Legatum & Inquisitorem reum postulavit.*

Les affaires civiles n'estoient pas moins de leur competence que les criminelles. *Legati non solùm criminales, sed etiam civiles causas audiant*; mais toûjours sous cette condition, de renvoyer les Parties au Magistrat aprés l'instruction, & lors qu'il s'agissoit de juger: *ita ut si sententiam in reos ferendam providerent, ad Proconsules eos transmittere non morentur.*

A l'égard de la Police, il estoit de leurs soins, sous les Ordres du Magistrat, de maintenir la paix & la tranquillité publique, de tenir la main que la Province fust purgée de crimes, qu'elle fust pourvûë des vivres qui luy estoient necessaires pour la subsistance de ses Habitans; que le Commerce, & les Arts y fussent protegez, les édifices publics, les ruës & les grands chemins entretenus & reparez: [h] en un mot, ils devoient par leur application & vigilance, pourvoir à tout ce qui concerne le bon ordre, & la discipline publique.

Ces Officiers, pour l'exercice de ce grand nombre de fonctions, n'eurent d'abord aucune demeure fixe & certaine, non plus que le Magistrat. Ils l'accompagnoient ordinairement dans les visites qu'il faisoit dans sa Province, pour la discipliner. Quelquefois aussi ils le precedoient, pour y preparer les matieres, & mettre les affaires en estat d'estre portées devant luy à son arrivée; & souvent le Magistrat les envoyoit où il ne pouvoit aller en personne, pour entendre les differens qui naissoient entre les Citoyens, ou pourvoir à quelques besoins publics.

Mais comme la Police demande dans chaque Ville des soins sans interruption, & que la negligence d'un seul moment devient souvent irreparable, il estoit impossible qu'un seul Magistrat dans une grande Province, & un petit nombre de Commissaires, qui n'estoient attachez, non plus que luy, à aucun lieu particulier, pussent remplir tous leurs devoirs, & qu'il n'échapast à leur vigilance une infinité de choses importantes au service du Prince, & au bien public.

Ces inconveniens connus donnerent lieu dans la suite aux Magistrats de fixer du moins dans chacune des principales Villes de leurs Provinces un certain nombre de ces Officiers, pour y avoir une attention continuelle sur tout ce qui concerne la Police, & l'ordre public. Alors n'estant plus envoyez, mais sedentaires en certains lieux, ils quitterent cet ancien nom de *Legati*, qui ne leur convenoit plus, & furent nommez aprés cette distribution, & par rapports aux soins qui leur estoient confiez, *Servatores loci*, [i] Conservateurs ou Protecteurs d'un tel lieu.

Mais comme ces Officiers sous ce nouveau titre de Conservateurs, n'eurent encore que leur premier pouvoir d'instruire, & de referer, & que le Magistrat, qui estoit toujours unique en chacune des quatre grandes Provinces, se trouvoit souvent trop éloigné des lieux où les fautes estoient commises, pour y avoir recours aussi promptement qu'il auroit esté necessaire; cet establissement laissa toûjours la Police des Provinces tres-imparfaite.

Les choses estoient en cet estat, lors qu'Auguste parvint à l'Empire. Ce Prince ayant donné ses premiers soins pour reformer la Police de Rome, passa ensuite dans les Gaules, pour les discipliner. Il acheva de soumettre aux Loix Romaines ces nouvelles Provinces de l'Empire. Il en fit pour la premiere fois la Cense, ou le denombrement des Habitans, & de leurs facultez. Il subdivisa les quatre Provinces, ou grands Gouvernemens en huit; [k] & pour y faciliter l'administration de la Justice, & les soins de la Police, il augmenta à proportion le nombre des Magistrats.

Les Successeurs d'Auguste continuerent cette reforme, par les même voyes, en differens temps, en sorte que sous Constantin, les Gaules se trouverent partagées en dix-sept Provinces. [l] Toutes ces Provinces furent subdivisées en trois cent cinq Peuples, ou Citez, & chaque Peuple en plusieurs Cantons, ou Contrées particulieres.

Chacun de ces Peuples avoit sa Ville Capitale: celle du premier Peuple de chacune des dix-sept grandes Provinces, estoit nommée *Metropole*, ou *Ville Matrice*; & dans chacune des quatre anciennes parties des Gaules, il y avoit une Ville qui avoit l'honneur de la Primatie sur les autres Metropoles. Celle de Lyon, par exemple, avoit la Primatie sur toutes les autres Villes de la Gaule Celtique; Sens, Tours, Roüen, estoient Metropoles d'autant de differens Peuples & Citez; Paris, Auxerre, Troyes, Orleans & Chartres, Villes Capitales de leurs Cantons, ou Contrées; Melun, Meaux, Villes subalternes des Capitales. [m]

Certains Cantons se rendirent dans la suite si considerables, qu'ils furent mis au nombre des Citez, ou Peuples en chef; comme nous voyons dans les exemples de Paris, Chartres, Beauvais, & quelques autres, dés le temps des premiers Cesars.

Il y eut en même temps des Magistrats, & des

a Fenestel. de Magist. Roman. cap. 11.

b Pompon. Læt. de Magist. Rom. cap. 23.

c L. 5. Cod. Theod. de cust. reor. l. 4. c. Theo. de Palat. l. ult. c. de off. præf. urb. Symmach. l. 10. epist. 36. Cassiod. lib. 6. epist. 6. Fenest. de Magist. Roman. cap. 11.

d Gloss. in l. 6. solent ff. de off. Proconf. & Leg. Hermenop. lib. 6. tit. 14.

e L. 6. Solent ff. de off. Proconf. & Leg.

f L. 6. Solent ff. de off. Proconf. & Legat. Accurs. & Vivian. gloss. in hanc leg.

g Epist. 9. L. 1. Legat. C. de off. Proconf. & Legat.

h De off. Proc. & Leg. ff. & cod. Cicer. pro Marc. Fonteio. Du Boulay des Antiq. Romain. chap. 14. Cicer. pro Marc. Fonteio.

i Nov. 8. cap. 4. Nov. 17. cap. 15.

k Suet. in Oct.

l Dio. l. 53.

m Applan. Alexandr. in bell. Celtiq. Plutar. in Cæsar.

des Juges eſtablis dans toutes les Villes, & dans tous les autres lieux de leurs dépendances ; en ſorte que la Juſtice commença d'eſtre adminiſtrée juſques dans les moindres Villages.

Le premier Magiſtrat de chacune des dix-ſept Provinces, eſtoit nommé Preſident, ou Proconſul, ſelon que la Province eſtoit du partage de l'Empereur, ou du Senat. Les Magiſtrats des autres Villes Capitales, n'avoient point d'autres titres que celuy de Juges ordinaires, *Judices ordinarii*; & ſouvent même ils ſe trouvent nommez dans les Loix, *Ordinarii*, Ordinaires, le nom de Juges ſous-entendu ; ceux des autres Villes moins conſiderables, *Judices Pedanei*, Juges Pedanez ; & les derniers, *Magiſtri Pagorum*, Maires des Bourgs, ou Villages.

Il y avoit appel de ces Juges des petites Villes, & des Bourgs, & Villages, au Tribunal de leur Ville Capitale ; de la Capitale, à celuy de la Metropole ; & de la Metropole, à la Primatie ; d'où l'on pouvoit encore en certains cas appeller à l'Empereur. Mais comme cela obligeoit les Peuples à des dépenſes exceſſives, Conſtantin le Grand mit au-deſſus de tous ces Tribunaux, un Juge Souverain, ſous le nom de Prefet du Prétoire des Gaules, où les affaires eſtoient jugées en dernier reſſort, ſans ſortir de la Province. Il arriva encore dans la ſuite ce changement ; que tous ces Juges Romains, prirent le nom de Ducs, ou de Comtes : & voicy quelle en fut l'occaſion. Dés le temps d'Adrien, les Empereurs s'eſtoient formez un Conſeil d'Eſtat, compoſé d'un certain nombre de leurs plus ſages, & plus fideles Sujets ; d'où ils furent nommez, *Comites*, Comtes, *à Comitatu Principis*. Ils avoient couſtume de choiſir dans cette Compagnie tous les grands Officiers, & tous les principaux Magiſtrats de l'Empire, ſoit pour la Cour, ſoit pour la Ville capitale, ou pour les Provinces. Ces Officiers, & ces Magiſtrats eſtoient enſuite ſi jaloux de conſerver une marque d'avoir eu place dans les Conſeils de l'Empereur, que pour en perpetuer la memoire, & pour s'en conſerver toujours l'entrée lors qu'ils ſortiroient de Charge,

& retourneroient à la Cour, ils quitterent tous leurs anciens titres, & prirent celuy de Comte, avec le nom des Provinces ou des Villes de leur Magiſtrature ; ou un mot tiré de leurs fonctions, pour ſe diſtinguer les uns des autres. De-là viennent tous ces titres que nous liſons dans les inſcriptions anciennes, dans la Notice de l'Empire, & ailleurs, *Comes Britanniæ*, Comte de Bretagne : *Comes Argentoratenſis*, Comte de Strasbourg : *Comes ſacrarum largitionum*, Comte du Tréſor Imperial, & tant d'autres. Les Magiſtrats des Provinces conſervent toujours neanmoins, ſous ce titre de Comte qui leur eſtoit commun, la même gradation qui avoit eſté auparavant entr'eux. Cela donna lieu à cette difference d'entre les grands Comtes, ou Comtes du premier ordre, *Comites majores, vel primi ordinis*, qui preſidoient ſur une Province entiere ; & les petits Comtes ou du ſecond ordre, *Comites minores vel ſecundi ordinis*, qui n'avoient de juriſdiction que ſur une ville particuliere, & ſon territoire.

La diſtinction que les Romains faiſoient des Provinces militaires, qui eſtoient expoſées aux mouvemens des guerres civiles ou étrangeres, d'avec les Provinces pacifiques, en établit encore une autre entre les Magiſtrats du premier ordre. Ceux qui eſtoient envoyez pour gouverner les Provinces militaires ayant ce double pouvoir d'y adminiſtrer la juſtice, & d'y commander les armées, exprimé dans leurs proviſions par ces deux mots, *Poteſtas & Imperium*, voulurent auſſi ſe diſtinguer des autres, en prenant un titre qui leur fuſt particulier. Celuy de Ducs, *Duces*, qui ſe donnoit aux Generaux des Armées, *quaſi Ductores exercituum*, leur parut propre pour leur deſſein, ils s'en qualifierent. Le nom de Comtes demeura donc aux ſeuls Magiſtrats des Provinces pacifiques, avec le pouvoir de les gouverner en paix, & d'y adminiſtrer la juſtice ; ce qu'ils nommoient ſimplement, *Poteſtas* : ces grands Magiſtrats, ſous ces differens noms de Duc, ou de Comte eſtant au ſurplus égaux en toutes choſes.

CHAPITRE VI.

Etabliſſement de nouveaux Officiers auprés des Magiſtrats des Provinces. Diſtribution de ces Officiers dans les quartiers des Villes, pour y maintenir l'ordre public. Importance de cet employ. Qualitez de ceux qui le devoient remplir.

IL y avoit eu ce défaut dans le Gouvernement des Provinces de l'Empire, que les Magiſtrats n'avoient en d'abord que des Officiers ambulans comme eux, pour les repreſenter, ſous le titre d'envoyez, *Legati*. Ils en fixerent dans la ſuite un certain nombre dans les principales Villes ; d'où ils furent nommez, *Servatores loci*, les Conſervateurs du lieu : mais il parut toujours beaucoup d'imperfection dans ces établiſſemens. Ce fut auſſi l'un des objets de la reforme d'Auguſte, ou de l'un des premiers Ceſars ſes ſucceſſeurs (car le temps n'en eſt pas certain.)

Tous ces défauts furent reparez lors de cette réforme, par la création qui fut faite de nouveaux Officiers dans les Provinces, *ad inſtar* des Commiſſaires des quartiers de la ville de Rome. Il y en avoit une Loy expreſſe, qui ordonnoit cette conformité de toutes les villes de l'Empire avec la capitale. *Omnes civitates debent ſequi conſuetudinem urbis Romæ, cùm ſit caput Orbis terrarum.* Et comme c'eſtoit ce dernier établiſſement qui eſtoit en uſage dans les Gaules, lors que nos Anceſtres en firent la conqueſte, il eſt important d'en examiner toutes les circonſtances. Il y en a cinq principales qui demandent noſtre attention. 1. L'origine, le choix, & l'élection de ces Officiers. 2. Leur diſtribution dans tous les quartiers des Villes. 3. Leurs noms. 4. Leurs fonctions. 5. Les troubles qui leur furent ſuſcitez par les Magiſtrats Romains, & les Loix qui furent faites pour les maintenir.

Il avoit paru que les Officiers qui avoient eſté envoyez dans les Provinces avec les Magiſtrats Romains, & qui eſtoient de leur même nation, ſoit ſous l'ancien titre d'Envoyez, *Legati*, ou ſous le nouveau de Conſervateurs, *Servatores loci*, manquoient de quatre qualitez eſſentielles pour former un bon Officier de Police. 1. La connoissance des mœurs des Citoyens. 2. L'amour de la Patrie. 3. L'assiduité à son devoir. 4. Le desinteressement. Il ne faut pas douter que ce furent ces quatre défauts qui firent tomber la Police des Provinces dans le desordre.

Pour y remedier par les plus sages, & les plus seures précautions qui puissent estre mises en usage, l'Empereur ordonna qu'en chaque ville il seroit choisi du corps même des Citoyens, un certain nombre d'Officiers pour remplir ce poste auprès du Magistrat, le representer, & le soulager dans ses fonctions.

Ce choix fut d'abord donné aux Présidens ou premiers Magistrats des Provinces : mais en ayant abusé, il fut dans la suite ordonné que l'élection en seroit faite par l'Evêque, le Clergé, les Magistrats, & les principaux Citoyens. Les mêmes Loix ordonnent qu'ils seroient choisis entre les plus qualifiés, les plus riches, & ceux qui étoient dans une plus haute reputation de probité, de sagesse, & de vivacité d'esprit : *Inter nobiliores, ditissimos, probatissimos, & districtissimos deffensores disciplinæ, spectatæ fidelitatis & solertiæ ingenuitate eligebantur.* Ceux qui estoient convaincus d'avoir brigué pour y parvenir, estoient condamnez en cinquante livres d'or d'amende. Dans les premiers temps après cette élection ils estoient seulement confirmez par le Prefet du Pretoire. Les Empereurs se reserverent en suite ce droit à eux-mêmes, mais toujours à condition de se faire recevoir par ce premier Magistrat. La Loy en rend cette raison, que c'estoit afin de les rendre participans de l'autorité de ce premier Tribunal, & de leur donner le droit d'y referer en cas de besoin des fautes considerables qui se commettoient contre la discipline publique, & le bien commun des Citoyens dans les cas dont la connoissance luy estoit reservée.

Il leur estoit principalement recommandé d'estre tels dans leur conduite, qu'ils n'eussent jamais rien à exiger des autres Citoyens, soit pour les mœurs, soit pour l'ordre public, qu'ils ne pussent auparavant leur estre donnez eux-mêmes pour exemple. Il ne leur estoit pas permis après leur reception d'abandonner les soins du public, ni de quitter leurs Offices sans la permission du Prince.

Il n'y en eut d'abord que dans les grandes, & principales Villes, *in Civitatibus,* principalement celles où il y avoit un plus grand nombre d'habitans, & un plus grand concours de peuple, *quæ habitantium frequentiâ celebres erant :* mais cet établissement parut si bon, qu'il y en eut ensuite jusques dans les plus petites Villes de l'Empire, *etiam in oppidis.*

Lors de leur premier établissement il n'en fut mis que quatre en chacune des grandes Villes, qui furent distribués dans les quartiers de la ville, *per omnes regiones.* Les Romains imiterent en cela les Hebreux, & les Grecs, qui ne partageoient leurs grandes Villes qu'en quatre Parties ou regions ; d'où elles estoient nommées Τετράπολις. De-là vient, selon la pensée d'un sçavant Jurisconsulte, qu'encore aujourd'huy ces portions des villes, quoy que multipliées selon leurs differens accroissemens, & souvent même en nombre impair, retiennent toujours neanmoins dans nostre langue le nom de quartiers de la ville, qui leur est demeuré de leur premiere division en quatre, comme nous avons vû dans l'exemple des dix-sept quartiers de la Ville de Paris, ayant sa nouvelle division en vingt quartiers.

Pour leurs noms, comme les Romains aussi-bien que les Grecs estoient abondans en noms ou épithetes pour exprimer un même Officier, par rapport à ses differentes fonctions ; ceux-cy eurent plusieurs noms en même-temps, sous tous lesquels ils se trouvent, & dans les Loix, & dans l'Histoire.

Ils furent nommez comme à Rome, *Curatores urbis,* Commissaires de la Ville, ou comme ces Officiers Romains qui les avoient precedez dans les Provinces, *locorum deffensores,* les protecteurs ou deffenseurs des lieux. Ils se trouvent encore sous tous ces differens noms qui leur conviennent ; *Vicarii* des Magistrats ; *Parentes plebis,* les peres du peuple ; *Deffensores disciplinæ,* les deffenseurs de la discipline ; *Inquisitores,* Enquesteurs ; *Discussores,* Examinateurs. On les nommoit dans les Provinces de la Grece, *Irenarchi,* Modrateurs, ou Pacificateurs : mais leur nom le plus frequent, le plus commun, qui renfermoit tous les autres, & sous lequel ils estoient le plus connus, est celuy de Deffenseurs de la Cité, *Deffensores Civitatis.*

Leur établissement eut toujours le même objet que nous avons vû par tout ailleurs, de donner au Magistrat des Aydes ou Coadjuteurs qui pussent le representer dans ce grand nombre d'occasions qui arrivent tous les jours, où il est impossible qu'il se puisse trouver en personne. *Deffensores Civitatis in urbe Præsidis vices gerebant.*

Tous les premiers soins de la Police, de l'observation des Loix, de l'ordre public, du service du Prince, & du bien commun des Citoyens leur estoient confiez.

Les Loix portent que c'estoit pour cela principalement qu'ils estoient établis. Ils tenoient la main à l'execution de toutes celles qui avoient esté faites pour entretenir la paix, & l'union entre les Citoyens. Ils veilloient continuellement, sur tout ce qui pouvoit l'interrompre, ou en troubler la tranquilité. Il leur estoit beaucoup recommandé, de faire en sorte chacun dans son quartier, qu'il ne s'y commist aucunes actions contre la Religion ou contre le service du Prince ; que la discipline y fust maintenuë en toutes choses ; que les violences & les autres crimes fussent punis, sans acception ou faveur de personne, & sans negligence ou interest Pour s'acquiter de ce devoir, ils faisoient la recherche des fautes, des abus, & des crimes qui se commettoient, soit contre le public, soit contre les particuliers ; ils en recevoient les plaintes, & les dénonciations ; ils faisoient les procés verbaux, les enquestes, & les informations necessaires pour établir la verité des faits. S'il arrivoit quelque émotion ou quelque tumulte dans la ville, ils devoient s'y transporter pour le calmer. Ils devoient faire en sorte que chacun rentrast dans son devoir, & vecust en repos ; & si le cas le meritoit, ils faisoient arrêter les coupables. Ceux qui estoient arrestez en commettant quelque délit, estoient conduits devant ces Officiers, pour estre interrogez. Ils les envoyoient ensuite devant le Magistrat ou en prison, selon que la matiere s'y trouvoit disposée. Ils faisoient punir les femmes de mauvaise vie, & les autres débauches, & prostitutions. Ils avoient l'inspection sur les vivres, & faisoient executer les Loix qui estoient faites pour en procurer l'abondance, & le bon marché. Ils veilloient sur les poids, & les mesures pour les entretenir justes. Ils avoient l'inspection sur le commerce. &
sur

Notes marginales (colonne de gauche) :

De deffensor'b. civitat. Cod. Theod. eod. titulo. C. Just.

X. 1. hi potissim C. Theod. de deff. civit.
L. 8 deffenf C de deff civit.
C. per omnes C. Theod de deff. civit.
Gothofred. in lib 5. deff. C Theod. de exhibend. & transmittendi.
L. ult. C. Theod. de execution'bus.
L. 2 c. de deffensor'b.
L. 11. C. Theod. de execution'b
Novel. 5. Majorian.
Novel. 15 Justinian. de deff. & gloss. in eamd.
Authent. Præsides c. de Episc.
Authent. de def cunctat §. N. 2 igitur & gloss. directa.
Novel. 128. cap. 4.

L. Per omnes C. Theod. de deff. civit.
L. 12. c. de executionib.
L. ult. c. de deff. civit.
Cassiod. lib. 7. formul. 19. de deff
Gothofred. in titul. de deff. civit. C. Theod.

L. 1. [donation. C. Th. de donationib.
Novel. 5. Majoriani.

L. 5. per omnes regiones C. Theod. de deff. civit.
Nov. 15. Justinian de deff. civitat.

Notes marginales (colonne de droite) :

L. Sanciones de Episcop. & Cleric'
L. 19. Si quispiam C. Theod. decursu public.
L. 3. ut illic. de deff. civit.
L. 4. c. eod.titul Gothofred. eod.
L. unic. c. de off. jurid.
L. 6. c. de deff. civit.
L. 1. c. de Irenarchis.
L. 10. protectores C. Theod. de Paganis.
Balux Miscellanea.tom. 1. p. 97
Pancirol. de Magistratib. municipal. cap. 9.
Cassiodor. lib. 7. formul. 11.

L. 4. per omnesc de deffensorib.civitat.
L. 2. C. Theod. eod.tit.
L. 1. C. Theod. ult. C. Theod.de deffensorib.
L. 12.Tribuni.C. Theod. de re militari.
Gothofred. in eamd. leg.
L. 12. nullus omnino C. Theod. de Paganis.
L. 3. Itauinus. C. Theod. eod. titul.
L. 40. quid. C. Theod. de hæreticis.
L. 40. deffensur. C. Theod. eod.titul.
L. 65. hæreticorum. C. Theod. eod. titul.
L. 2. C. Theod. de Lenonib.
Gothofred. in eamd. leg.
L. 19 siquispiam C. Theod. de cursu public.
L. 9. deffens. de deff. civit.
Gothofred. in 13. C. Theod. de
24. C. Theod. de fabric.
L. manente C. Theod. de his qui condition.
L. 3. C. de fabricaturib.
L. saluberrima C. Theod. de lituorum custodia.
L. 3. ut illic.de deff. civit.
Novel. 15. Justinian de deff.
L. 31. si quis C. Theod. de Episc.
Gothofred. in 8. cap. 5.
Pancirol. de Magist. munic c. 9.

Caffiod.lib.7.
form. 9.
L. 10. nemo C.
Theod. de Ju-
dziis.
L. 7. ficubi fub-
reptos.C. Theod.
L. 5. defenf. C.
Theod. de exhi-
bendis & tranf-
mit. reis.
Gothofred. in
hanc. leg.
L. 7. C. de deff.
civit.
L. 4. tutores C.
Theod. de admi-
nift. & petic. tu-
tor.
L. ult. C. Juf-
sinian. eod. tit.

fur les Arts, pour y maintenir l'ordre, & la difcipline convenable à chaque profeſſion. Il y
eut une Loy d'Honorius & d'Arcadius faite exprés pour les Gaules l'an 396. par laquelle, pour
le bien de la focieté civile, & pour la perfection du commerce & des Arts, il eſtoit deffendu à chacun des Citoyens de quitter fa profeſſion pour en prendre une autre; & cette Loy,
qui eſtoit addreſſée au Prefet du Pretoire, porte
auſſi l'injonction aux Deffenſeurs des Citez d'y
tenir la main. Ils appoſoient les fcellez aprés
le decés; ils faiſoient faire les inventaires &
leur preſence; les comptes des Tuteurs, & de toutes autres adminiſtrations eſtoient rendus, &
examinez devant eux. Ils pouvoient dans leurs
viſites de Police faire punir par quelque legere
correction de leurs Huiſſiers les petites fautes des
perſonnes viles. Dans tous les autres cas, ils en
referoient au Magiſtrat pour la déciſion. Ils
n'avoient aucun droit de condamner à l'amende:
mais en matiere civile, ils connoiſſoient de toutes les cauſes perſonnelles, *uſque ad aureos trecen-
tos*, que les Interpretes ont évalué à 410. liv.
de noſtre monnoye. Ils avoient un appartement
dans le Palais, où ſe rendoit la Juſtice, un Greffier commun pour leur audiance. Chacun d'eux
avoit deux Huiſſiers pour l'accompagner dans
ſes fonctions, & pour executer les Ordonnances.
Les Huiſſiers des barrieres, *Apparitores ſtationarii*,
eſtoient auſſi dans cette même obligation, &
tenus de leur obéïr. Ils ne pouvoient eſtre pris à
partie; mais dans les matieres civiles de leur
competence, il y avoit appel de leurs ſentences,
qui eſtoit relevé devant le premier Magiſtrat.

Cet établiſſement tout bon, & tout ſage qu'il
eſtoit, fut neanmoins traverſé; & ce qui pourroit ſurprendre, il le fut par ceux-mêmes qui
avoient le plus d'obligation de le maintenir,
ſoit par le devoir de leur Office, ſoit par leur
propre intereſt. Les Magiſtrats Romains qui
avoient accoûtumé d'avoir avec eux des Officiers de leur même Nation, ſupporterent avec
peine de voir les Charges remplies par les Citoyens des villes de Provinces, qui eſtoient
à leur égard des étrangers. Ils ne pouvoient qu'à
regret partager leur autorité, & leurs fonctions
avec ces mêmes peuples qu'ils avoient autrefois
vaincus, & traittez avec tant de hauteur & de
fierté. Ils diſſimulerent neanmoins d'abord ces
ſentimens injuſtes: mais leur entrepriſe fut d'autant plus funeſte à ces Officiers, qu'elle fut conduite avec tout l'art, & tout l'eſprit dont ces
grands Magiſtrats eſtoient capables.

L'élection de ces Officiers dépendoit originairement du Préſident de la Province, comme
nous avons déja dit. La Loy portoit qu'il les
choiſiroit entre les plus nobles, les plus riches,
& les plus ſages des Citoyens, *inter nobiliores,
ditiſſimos, probatiſſimoſque*. Des Sujets de cette
qualité eſtoient bien capables en effet de remplir

cet employ, qui demande de la dignité, pour
s'attirer l'eſtime, & l'obeïſſance du peuple; de
la ſageſſe, pour le conduire, & du bien, pour
ſoûtenir avec honneur des fonctions qui doivent
eſtre toutes liberales, & gratuites.

Les Magiſtrats jaloux de la conſideration, &
de l'autorité que de ſemblables diſpoſitions attiroient à ces Officiers, firent leur poſſible pour
les détruire.

Ils commencerent par les traverſer dans toutes leurs fonctions, ſe les appropriant à eux-
mêmes, ou les commettant à d'autres Officiers.
Ils s'attacherent enſuite, pour les abaiſſer, &
leur faire perdre inſenſiblement tout credit, de
n'admettre dans ces Charges que des Sujets indignes. Les Loix qui furent faites pour leur établiſſement, comme nous verrons dans la ſuite,
font mention qu'elles n'eſtoient plus remplies
que de gens inconnus, ſans naiſſance, & ſans
reputation, *Viri quidam obſcuri*; qu'ils eſtoient
ſi pauvres, que la plus grande partie n'avoient
pas même les choſes neceſſaires pour la vie, &
pour le vêtement. Cet abaiſſement les rendit enfin ſi mépriſables, qu'ils ſe trouverent ſans conſideration, ſans autorité, ſans crédit, & ſans
confiance, & conſequemment inutiles au public
dans leurs fonctions.

Cet état eſtoit trop violent, & d'une trop dangereuſe conſequence au ſervice du Prince, &
au bien public, pour durer long-temps. Les
Empereurs y pourvûrent; & leurs loix, qui furent faites ſur ce ſujet, portent, que pour rétablir cet office des Deffenſeurs dans ſon eſtat naturel, les plus nobles des Citoyens ſeroient
tenus, ſuivant l'ancien uſage, de l'exercer tour
à tour; qu'il ne ſeroit plus en la liberté du Magiſtrat de les choiſir, ny de les deſtituer; que
dorénavant ils ſeroient élus en chaque ville par
l'Evêque, le Clergé, les Magiſtrats, & les plus
notables Citoyens, & enſuite confirmez par
l'Empereur; que toutes leurs fonctions leur ſeroient conſervées; qu'elles ne ceſſeroient
pas même en la preſence du Magiſtrat, &
qu'il ne les pourroit commettre ou renvoyer
à aucun autre Officier; que pour ſoûtenir
cet employ rempli d'un ſi grand nombre de
fonctions gratuites, & liberales, ils auroient
des penſions du Prince ou du public. Et enfin
ces Loix finiſſent par cette reflexion, que plus
ces Officiers ſeroient élevez en eſtime, & en
conſideration, & plus le Magiſtrat leur Superieur auroit luy-même d'honneur, & de dignité.
Tout cela fut executé avec beaucoup d'exactitude. Ce dernier eſtat qui avoit reſtably l'honneur, & les fonctions de ces Officiers, a ſubſi-
té auſſi long-temps que l'Empire Romain. Et il
eſt prouvé qu'il y avoit de ces Officiers de Police dans toutes les principales Villes des Gaules l'an 400. peu de temps avant la conqueſte,
qui en fut faite par les François.

Novel. 15 Juſ-
tinian de deff.
civit & ib'.
C. de Gothofred.
Idem in l. 3. C.
de Metal.

L. 10. probabile
C. Theod de di-
verſis Offi-iis.
L. ultim. C. de
his qui condit.
proper.
L. 10. C. dede-
fertotib.

TITRE V.

De la Police de France, & de ses Magistrats.

CHAPITRE PREMIER.

Conqueste des Gaules par les François. Magistrats qu'ils établirent dans les Provinces à la place des Magistrats Romains. Ordonnances ou Capitulaires de nos premiers Roys sur cette matiere.

IL y avoit quatre cens soixante-dix ans que les Gaules estoient sous la domination des Romains, & que leurs Loix y estoient observées, lors que Pharamond, le premier de nos Roys, passa le Rhin à la tête d'une Colonie des plus braves de sa Nation. Il s'établit sur le bord de ce Fleuve, l'an 420. & jetta les fondemens de la Monarchie Françoise dans la Ville de Treves, où il borna ses conquestes.

Ces heureux commencemens de la plus glorieuse des entreprises, furent poussez jusqu'en Picardie par Clodion son successeur, qui établit son Siége en la Ville d'Amiens. Merovée, qui luy succeda, y joignit le reste de cette Province, la Champagne, l'Artois, une partie de l'Isle-de-France, & la Normandie. Childeric son fils se rendit maistre de Paris. Clovis le cinquiéme de nos Roys, & le premier Chrestien, acheva enfin de conquerir le reste des Gaules l'an 486. & l'an 508. il choisit la Ville de Paris pour son séjour, & la Capitale de ses Estats.

Ce fut alors que les Gaules, en changeant de Maistres, changerent aussi leur ancien nom, en celui de France, nom d'une Province d'Allemagne connuë dés le temps de Constantin dont ils estoient originaires. Les Gaulois anciens Habitans du païs, les Romains qui s'y estoient venus habituer pendant qu'ils en estoient en possession, & les François nouveaux conquerans, mêlez, & confus ensemble ne firent plus qu'un même Peuple, & une même Nation, qui a toujours esté connuë depuis sous le seul nom de François.

Il fut sans doute difficile dans ces premiers temps de faire vivre ensemble, & de maintenir en paix des Peuples si differens en mœurs, & en Religion. Cependant par une conduite, & une sagesse admirable de nos premiers Roys, ils trouverent ce secret. Le principal moyen qu'ils employerent pour y réüssir, fut de conserver la même Police, & les mêmes Loix que les Romains avoient établies dans les Gaules. Par cette sage politique, & cette prudente condescendance, ils se rendirent tout d'un coup les maistres des cœurs aussi-bien que des Provinces de leurs nouveaux Sujets. Ils ne changerent rien non plus dans la division des membres principaux de leur Estat. En conservant toujours celle qui avoit esté faite par les Empereurs, en quatre Primaties, & dix-sept Provinces; ils suivirent la même subdivision des Provinces, en Peuples ou Citez, & des Citez, en Cantons ou Contrées.

Il en fut de même des Offices que les Loix,

& des autres établissemens. Nos Roys, aprés leurs conquestes, en recompenserent tous les Braves de la Nation, qui les avoient suivis dans cette importante, & glorieuse entreprise. Ils distribuerent les Primaties, les Duchez, & les Comtez du premier ordre aux Officiers Generaux de leurs Armées; les Comtez du second ordre furent donnez aux Mestres de Camp, & aux Colonels; & les petites Villes, les Bourgs, & les Villages aux Capitaines, aux Lieutenans, & aux autres Officiers subalternes qui s'étoient distinguez. Ces concessions leur furent faites; pour en joüir autant de temps qu'il plairoit au Roy, aux mêmes titres qu'en avoient joüi les Officiers Romains, & sous les mêmes conditions, d'y maintenir la Police, le bon ordre, & la discipline publique, & d'y administrer la justice. Il y eut neanmoins cette difference, que ces Officiers, du temps des Romains, ne touchoient point aux revenus de leurs jurisdictions, & que nos Roys leur donnerent une partie considerable de l'usufruit; parce que c'estoit une recompense qu'ils accordoient à leurs services. C'est aussi ce qui a donné lieu à nos Jurisconsultes de nommer ces concessions, *Officia & Beneficia*; le premier de ces noms, à cause des fonctions de Police, & de Justice; & le second, par rapport à la joüissance des revenus.

Il y eut encore cette petite difference, qu'à la verité les Officiers Generaux, les Mestres de Camp, & les Colonels accepterent avec plaisir ces grands titres de Patrices, de Ducs, & de Comtes, attaché aux emplois qui tomberent en leur partage: mais les Capitaines, & les autres Officiers subalternes ne trouvant pas assez de dignité dans ces titres Romains de Juges Pedanez, ou de Maires des Villages, *Judices Pedanei vel Magistri pagorum*, ne voulurent point changer leurs anciens noms de Centeniers, Cinquanteniers, & Dizainiers, qu'ils avoient portez dans les armées. Ils ne laisserent pas, sous ces noms, & ces titres militaires, de tenir leurs Audiances, & de rendre la Justice dans les lieux où ils furent établis. Ils conserverent aussi toujours entr'eux la même subordination qu'ils avoient eu dans leurs premiers employs; les Centeniers estant demeurez superieurs des Cinquanteniers; &ceux-cy, des autres. Delà sont venus, selon toutes les apparences, les trois degrez de haute, moyenne, & basse Justice, qui sont encore aujourd'huy en usage dans ces Jurisdictions inferieures.

Enfin, au lieu du Prefet du Pretoire des Gaules,

Greg. Turon. lib. 1; lib. 2. cap. 12. & 41. lib. 8. cap. 18. lib. 9. cap. 36. & lib. 10. cap. 31.
Vualafrid. Strabo. dereb. Ecclesiast.
Fauchet, des antiquit. Gauloises liv. 1. chap. 4. & 16. liv. 6. ch. 15.
Id. de l'origine des Magistrats de France chap. 4.
D. Bignon. notæ ad Marculf.
Pasquier. liv. 1. chap. 1.
Traité des Offices par Loiseau liv. 1. chap. 5. nomb, 31.
Id. livre 5. ch. 4. nomb. 3.
Anton. Dadin. de Ducib. & Comitib. Provincialib. Galliæ. lib. 1.
Paul. Emil. lib. 1.
Budin. de rep. lib. 3. cap 5.
Greg. Turon. lib. 4. cap. 36. & passim.

Procop. de bello Gothorum lib. 3. & 4.
Zozom lib. 1. 2.
Agathiæ histor. lib. 1.
Capitul Clotar. 2. anno 560.
Dagobert. ann. 630.
Carol Magn. an. incerto.
Carol. Calv. an. 860.
Lud. Balb. ann. 877.
Marculf. formul. lib 1. cap. 10. 17. & 14.
Formul. Sirmondicæ cap. 15. 20. 21. 24 25. & 29.
Greg. Turon. lib. 3.

Agath. hist. l. 1.

Capitul. Clot. II. an. 595.
Carol. Magn. an 800. 811. & passim.
Vualafrid. Strabo. dereb. Ecclesiast. cap. 314.

Capit. Carol. Magn. an. 811.

Ludov. Pii. ann. 819. & 811.
Capit.Reg. Fran. 5.art.381.
Additio tertia ad eumd. lib. 5. col. 1171. & seq.

Capit. Dagobert. ann. 630.
Carol.Magn.an. 779. 788. 791. 793. 800. 801. 803. 805. 806. 807. 812. & 814.
Ludov. Pii ann. 819.8.1.812.828 819.817.
Carol.Calv.ann. 861.864.& 877.
Marculf. form. lib. 1 cap.8.
Gregor. Turon. de B. Nicetio.
Sirm.not. ad Ca. pitul. col.770.
Hieronym. Bi-gron.not.ad ap-pend. Marculf. col.962.

Gaules, nos Roys establirent sur tous ces Officiers un souverain Magistrat, sous le titre de Comte du Palais, qu'ils changerent quelque temps aprés en celuy de Maire, nommé aussi quelquefois Duc de France, ou Duc des Ducs; pour exprimer davantage sa dignité, sa superiorité sur tous les autres Magistrats, & l'estenduë de sa Jurisdiction.

Les devoirs & les fonctions de tous ces Officiers sont parfaitement bien expliquez, & reglez entre eux avec beaucoup d'exactitude, par les Ordonnances, ou Capitulaires de nos Roys; mais sur tout à l'égard des Comtes, qui estoient les premiers Magistrats de la Justice ordinaire des principales Villes du Royaume, rien n'est oublié de tout ce qui les concerne. On y trouve des reglemens pour leurs élections, les qualitez, & les mœurs que l'on desiroit en eux, leur capacité, & l'obligation dans laquelle ils estoient de sçavoir les Loix, & les Ordonnances; & de ne s'en point écarter dans leurs Jugemens; le temps qu'ils devoient employer à leurs audiences; leur autorité pour se faire obeïr & respecter; la conservation du bien des Eglises, & des Droits & Domaines du Roy, confiez à leurs soins; la protection qu'ils devoient donner aux Pauvres, aux Veuves, & aux Orphelins; l'application continuelle qu'ils devoient avoir à purger leur Jurisdiction de tous crimes, à maintenir la paix, la tranquilité, l'abondance, le commerce, & les arts; y faire entretenir, & reparer les bastimens, les grands chemins, les ponts, les chaussées, les ruës, & les places publiques; l'obligation de resider dans leur Ville, & d'y donner bon exemple, par la sagesse de leur conduite, & celle de toutes les personnes qui composoient leur famille; les défenses de recevoir aucuns presens; l'inspection, & l'autorité qu'ils avoient sur les Centeniers, & sur les autres Juges inferieurs de leur ressort, pour les obliger à remplir aussi de leur part, les obligations de leurs Offices. On voit aussi dans ces mêmes Ordonnances, & dans les Auteurs contemporains, cette parfaite harmonie, & cette juste subordination qu'il y avoit dés lors en France entre tous ces Tribunaux: comment les Centeniers des petites Villes, des Bourgs, & des Villages, relevoient des Comtes des Villes Capitales; ces Comtes, des Ducs, ou des Comtes des Villes Metropolitaines; ceux-cy des Patrices qui presidoient dans les Villes primatiales; & les Patrices, du Roy, qui jugeoit au souverain & en dernier ressort les grandes affaires, soit en particulier avec le Comte ou Maire du Palais, ou en public à la teste de son Parlement, lors qu'il estoit assemblé.

Il seroit trop long de rapporter toutes ces anciennes Ordonnances; & cela nous éloigneroit trop de l'objet principal de ce Traité: en voicy quelques-unes, qui suffiront, pour nous rappeller à cet égard, l'exacte discipline des premiers temps de nostre Monarchie.

Ordonnance de Dagobert II. de l'an 630. portant que, si des témoins sont assignez pour rendre témoignage devant le Centenier, le Comte, le Duc, le Patrice, ou le Roy, & qu'ils refusent de comparoistre, ils seront condamnez chacun en quinze sols d'amende: ce qui nous marque le nombre, & la gradation de ces Tribunaux.

Cette même Ordonnance porte, que suivant l'ancien usage, les Comtes tiendront leurs Audiences toutes les semaines une fois, dans les temps de troubles, ou difficiles; & tous les quinze jours dans les temps de tranquilité; qu'ils veilleront principalement que les pauvres soient protegez, & qu'ils ne souffrent aucune violence;

mais qu'ils tiendront aussi la main, que ces mêmes pauvres vivent selon les Loix; qu'ils ne s'abandonnent point au libertinage; qu'ils s'abstiennent même de médire, ou de murmurer contre les Puissances, ou contre les autres Habitans; qu'enfin la discipline soit si bien observée en toutes choses, que les méchans se corrigent, & que les gens de bien jouïssent de la paix. Que les Ducs tiendront leurs Audiences tous les mois, ou tous les quinze jours, selon qu'il sera necessaire pour l'expedition des affaires, & pour maintenir la paix dans leurs Provinces.

Ibid.col.1171

Ordonnance de Charlemagne du 27. Octobre 797. par laquelle, pour maintenir en paix les Eglises, les Veuves, les Orphelins, & les personnes qui ont besoin de protection, il ordonne que leurs causes seront traittées en premiere instance dans les Provinces de leurs demeures; que celuy qui contestera mal-à-propos, sera condamné en douze sols de dépens envers sa partie; que s'il se porte pour appellant au Palais du Roy, & qu'il succombe une seconde fois, il sera condamné en vingt-quatre sols pour les dépens de la cause d'appel.

Ibid. col. 5101 & seqq.

Ordonnance de Charlemagne de l'an 801. par laquelle il est enjoint aux Comtes de faire une si bonne, & si exacte Justice des voleurs, & des malfaiteurs, qu'il n'en demeure aucun en sureté dans l'estenduë de leur Jurisdiction. Qu'ils tiendront leurs Audiences à jeun, protegeront l'Eglise, les Veuves, les Orphelins, & les Pauvres, leur donneront les premieres Audiences, & termineront les affaires qui les concernent avec toute la diligence possible.

Que les Vicaires, ou Commissaires des Comtes, ne connoistront dans les affaires criminelles, que des causes fort legeres, & qui peuvent estre jugées sommairement.

Que les Comtes feront observer toutes les Loix dans l'estenduë de leur Jurisdiction, & y maintiendront tout ce qui concerne les droits du Roy.

Il est ordonné aux Evesques, & aux Comtes, d'entretenir la paix & l'union entr'eux; de sorte qu'ils puissent s'accorder le secours mutuels, dont ils peuvent avoir besoin dans leurs ministeres pour le bien de l'Eglise, & celuy de l'Estat.

Ibid.col. 17 à

Ordonnance de Charlemagne de l'an 802. portant, que les Comtes, & les Centeniers ayent un tres-grand soin de rendre Justice, chacun dans l'estenduë de sa Jurisdiction; qu'ils y protegent les Pauvres; & que sans aucune negligence ou dissimulation, ils punissent selon la Loy, les Voleurs, les Larrons, les Homicides, les Adulteres, les Magiciens, les Enchanteurs, les Devins & les Sacrileges: afin que par le secours de Dieu, & leurs soins, ils puissent faire cesser tous ces maux. Il leur est ordonné de juger selon les Loix, & non pas arbitrairement.

Ibid. col. 396. & 400.

Ordonnance de Charlemagne de l'an 803. portant, que les Comtes, leurs Vicaires, ou Commissaires sçauront les Loix, & les suivront dans leurs jugemens sans les changer.

Ibid.col. 498.

Ordonnance de Charlemagne de l'an 812. que les Centeniers ne pourront connoistre des causes où il s'agira de la perte de la vie, ou de la liberté, ny de celles qui concernent les heritages, ou les esclaves; que la connoissance en est reservée aux Comtes. Que les Commissaires qui sont envoyez par le Roy dans les Provinces, pour en corriger les abus, tiendront les Audiences avec les Comtes; en Hyver, au mois de Janvier; au Printemps, en Avril; en Esté, au mois de Juillet; & en Automne, au mois d'Octobre. Que tous les autres mois, les Comtes tiendront leurs

» Audiences, & rendront la Justice à l'ordinaire.

Ib. col. 1617. 658. » Ordonnance de Louis-le-Debonnaire de l'an » 819. par laquelle il est ordonné que les Comtes, » leurs Vicaires, ou Commissaires, & les Cente-» niers observeront l'Ordonnance, qui leur défend » de recevoir aucuns presens, pour pervertir la » Justice. Que les Commissaires envoyez par le » Roy, dans les Provinces, ne feront pas de long » sejour, ny aucune assemblée dans les lieux où » ils trouveront que la Justice sera bien admini-» strée par les Comtes.

Ordonnance de Louis-le-Debonnaire de l'an 823. par laquelle ce Prince establit ce qui doit estre observé par tous les différens estats de son Royaume; à commencer par les Evesques jus-ques aux derniers du Peuple, afin que chacun remplisse son devoir, & contribuë de sa part au bien public.

Ib. col. 634. 636. & l. 2. col. 737. » Il represente aux Comtes qu'ils font princi-» palement establis, pour faire rendre à l'Eglise » l'honneur, & le respect qui luy est dû; qu'ils » doivent estre unis estroitement avec leurs Evê-» ques, pour se donner mutuellement les secours » dont ils ont besoin dans leurs ministeres; qu'il » est de leurs soins de faire executer exactement les » ordres du Roy, dans l'estenduë de leurs Juris-» dictions, d'y maintenir, & d'y administrer la » Justice: que pour y reüssir, ils devoient estre » eux-mêmes irreprehensibles, &d'une reputation » si bien establie, que chacun les reconnust dignes » d'un si grand employ, qui les rendoit participans » de l'autorité du Roy, & les Protecteurs du Peu-» ple; qu'ils n'obtiendroient cette reputation, » qu'en rendant la Justice avec tant d'integrité, » que ny les presens de quoy que ce soit, ny la » consideration, l'amitié, la haine ou la crainte » des personnes ne les pussent jamais détourner de » leur devoir: que sur-tout ils devoient une pro-» tection particuliere à l'Eglise, à ses Ministres, » & à ses Serviteurs, aux Veuves, aux Orphelins, » & aux Pauvres; & une application continuelle » à punir les violences, les vols, & les autres fau-» tes qui troublent la tranquillité publique. Il en-» joint à tous ses Sujets de leur obeïr, & de leur » prester main forte dans l'exercice de leurs fonc-» tions. Que si en tout cela ils trouvoient quelque » resistance, ou difficulté, ils pouvoient s'ad-» dresser aussi-tost au Roy, qui leur accorderoit » tous les secours dont ils auroient besoin, & son » autorité pour les soustenir dans leur employ.

Ibid. addit. 4. col. 218. » Ordonnance de Louis-le-Debonnaire, de l'an » 829. par laquelle, il est enjoint aux Commissai-» res qu'il envoyoit dans les Provinces, d'avertir » les Comtes, & le Peuple, que Sa Majesté don-» neroit Audience un jour toutes les semaines, » pour entendre & juger les causes de ses Sujets, » dont les Commissaires, ou les Comtes n'au-» roient voulu faire Justice; exhortant aussi ces » mêmes Commissaires, &les Comtes, s'ils vou-» loient meriter l'honneur de ses bonnes graces, » d'apporter un fort grand soin, que par leur negli-» gence, les Pauvres ne souffrissent quelque pré-» judice, & que Sa Majesté n'en receust aucunes » plaintes.

Ibid. tom. 2. col. 265. » Ordonnance de Charles-le-Chauve, de l'an » 864. par laquelle, en conformité de celles des » Roys ses Predecesseurs, il ordonne aux Eves-» ques, & aux Comtes des Villes Metropolitaines, » de recevoir des mains de son Chancelier, les » Ordonnances par luy faites, ou qu'il feroit à » l'avenir, & de les envoyer aux autres Evêques,

aux Abbez, & aux autres Comtes du Diocese; « ou de la Province, pour les faire publier dans « toute l'estenduë de leurs Jurisdictions; afin que « tous ses Sujets fussent informez de sa volonté, & « s'y conformassent. Ordonne au Chancelier de « luy envoyer les noms des Evesques, & des « Comtes qui auroient satisfait à cette obligation, « pour connoistre ceux qui auroient negligée. «

Ordonnance de Charles-le-Chauve de l'an 877. « par laquelle, il est enjoint aux Comtes, de « purger leurs Provinces de malfaiteurs, d'y main-« tenir la paix, & de tenir regulierement leurs Au-« diences. «

Les Capitulaires de nos premiers Roys sont remplis d'autres Ordonnances addressées aux Comtes, sur toutes les parties de la Police, dont l'administration leur appartenoit. On les trouvera rangées sous chacun des titres qui leur convien-nent, par rapport aux matieres.

Les Autheurs contemporains de ces premiers temps de nostre Monarchie, nous fournissent en-core des preuves de ces différens degrez de Ju-risdiction, & de la subordination qui estoit ob-servée en France entre ces grands Magistrats. Nous en rapporterons seulement deux exemples; l'un, de la premiere;& l'autre, de la seconde bran-che de nos Roys.

Histor. Anon. Carol. Mag. apud Du Chesn. Hist. Fran. t. 2. p. 286. Eginard. Histor. Parv. Paschor. Ecc. Parisiens fol. 70. Bertin. Annal. apud Du Chesn. tom. 3. p. 258.

Marculfe, qui écrivoit environ l'an 660. sous Clovis II. & qui nous a laissé en deux livres les formules de toutes les Lettres Patentes de nos Roys, qui estoient alors en usage, & de tous les actes publics qui s'expedioient devant les Juges; Chartæ Regales, & Chartæ Pagenses, nous fournit le premier de ces exemples.

La Formule des Lettres de provision des Com-tez, des Duchez, des Patriciats, qui est la hui-tiéme du premier Livre de cet Autheur, nous apprend que ces Dignitez n'estoient en ce temps que des Offices de Magistrature, que nos Roys donnoient aux plus considerables, & aux plus fideles de leurs Sujets, & qu'ils revoquoient à leur volonté. Nous y apprenons aussi, que cha-cun de ceux qui en estoient pourvûs, avoit réüni en sa personne, ces trois pouvoirs des Ma-gistrats Romains; le Gouvernement de la Provin-ce, l'Administration de la Justice, & la Direction des Finances.

Walafride Strabon, qui vivoit sous le Regne de Charles-le-Chauve l'an 850. nous a laissé un fidele témoignage, que ces Dignitez subsistoient toûjours dans ce même ordre, & dans la seconde lignée de nos Roys. Cet Autheur entreprit dans son Traité, de rebus Ecclesiasticis, de faire voir le juste rapport qui se rencontre entre l'Or-dre Hierarchique de l'Eglise, & le Gouverne-ment civil, & politique d'un Estat bien disci-pliné. Il prit pour exemple, le Royaume de France, comme le plus accompli; & faisant un parallele de toutes ses Dignitez avec celles de l'Eglise, il compare le Roy au Pape; les Patri-ces, qui commandoient à l'une des quatre gran-des parties des Gaules, aux Primats; les Ducs « establis pour le Gouvernement des grandes Pro-« vinces, aux Archevesques; & les Comtes, qui « estoient les Juges, & les Gouverneurs des princi-« pales Villes, aux Evêques de ces mêmes Villes. « Ainsi rien n'est plus certain que tous les titres d'Offices, & de Dignitez, qui avoient commencé sous les Romains, furent conservez en France sous nos premiers Roys.

CHAPITRE

CHAPITRE II.

Troubles arrivez en France sur la fin de la seconde Branche de nos Roys. Abolition & oubly total de l'ancien Droit. Changemens que cela causa dans la Magistrature, & dans la Police. Origine des Prevosts, Vicomtes, Viguiers, Baillis, & Sené-chaux.

LEs grandes revolutions qui arrivent dans un Estat, attirent toûjours necessairement aprés elles beaucoup d'alteration, & souvent de notables changemens dans les Loix. Le bruit des armes leur impose silence, la foiblesse du Gouvernement les fait negliger ; & le partage de l'autorité publique divisant les esprits, & les interests, conduit insensiblement au mépris, & enfin au total oubly des anciennes, pour en introduire de nouvelles.

Tout cela arriva en France, sur la fin de la seconde Branche de nos Roys. Les courses frequentes des Normans jusques au cœur du Royaume, avec de puissantes armées, & les guerres civiles qui troublerent l'Estat, la foiblesse d'une partie de ces Princes, & l'extrême negligence des autres, avoient jetté la France dans une espece d'anarchie, & une confusion universelle.

Il estoit impossible qu'un si grand desordre ne fist beaucoup souffrir les Loix. Et en effet, ce fut en ce temps que commença ce silence, qui ne fut interrompu que trois siecles aprés. Le Code Theodosien, qui contenoit les Loix Romaines, que l'on avoit suivi jusques alors, cessa d'estre estudié, & les Livres mêmes en furent perdus. Les Capitulaires de nos Roys finissent à Charles-le-Simple l'an 921. Depuis ce temps ces Princes, non seulement cesserent de faire de nouvelles Loix, & leurs Peuples d'en suivre aucunes, mais celles de leurs Predecesseurs tomberent dans un total oubly.

La Magistrature qui est attachée à l'observation des Loix, eut aussi à proportion ses traverses à supporter. Les Ducs & les Comtes, Gouverneurs & Magistrats des grandes Provinces, & des Villes principales du Royaume, avoient fait plusieurs tentatives, pour s'en perpetuer la proprieté dans leurs familles. Quelques-uns en avoient souvent obtenu des concessions à vie, en consideration de leurs services ; d'autres, des survivances pour leurs enfans ; plusieurs même s'en estoient rendus les Maistres, sous le foible Gouvernement des derniers Roys de la premiere Race. Charlemagne les avoit remis dans leur devoir, & avoit restably toutes choses à cet égard dans leur premier estat. Mais enfin ces nouveaux troubles arrivez en France, & une espece d'interregne de quelques années, leur ayant encore presenté une occasion favorable de faire réüssir leur dessein, ils ne la manquerent pas. Chacun d'eux par un soulevement general, se rendit le Maistre de sa Province, & s'y cantonna.

Les choses estoient en cet estat, & la France à deux doigts de sa perte, lorsque la Providence divine, pour sauver la Monarchie Françoise aprés la mort de Louis V. l'an 987. fit monter sur le Trône Hugues Capet son proche parent. Ce Prince estoit alors le plus puissant, le plus estimé, & le seul capable de soustenir le poids de l'Estat chancelant, & d'en estre le restaurateur.

Il n'estoit pas facile à ce Monarque de corriger d'abord un si grand nombre d'abus : il fut encore obligé de ceder beaucoup au temps. La Couronne n'avoit presque plus rien en propre : luy-même tenoit par ses mains une partie considerable du Païs d'entre Loire & Seine, sous le titre de Duché de France, & les Comtez de Paris & d'Orleans. Presque toutes les autres Provinces estoient possedées par les Grands du Royaume. Les retirer tout d'un coup d'entre leurs mains, au commencement d'un Regne mal asseuré, cela n'estoit pas possible : les en laisser toûjours en possession sans titre legitime, non seulement la Justice ne le pouvoit souffrir, mais les consequences en auroient esté trop dangereuses. Entre ces deux extremitez, le Roy prit un temperament proportionné à l'Estat present des affaires generales de la Monarchie, & à sa profonde sagesse. Il accorda à la verité aux Ducs, & aux Comtes l'investiture à titre d'heredité de toutes les grandes Terres dont ils estoient en possession : mais sous ces deux conditions. La premiere, qu'ils luy en feroient foy & hommage, & s'obligeroient par serment de le servir en guerre. Et la seconde, qu'au defaut d'hoirs mâles, elles seroient réünies à la Couronne, par droit de reversion. Par cette condescendance il gagna le cœur de toute la Noblesse ; & par ces deux conditions, il s'en asseura la fidelité, & fraya le chemin aux Roys ses Successeurs, pour rentrer un jour en possession de tout ce Domaine alienè.

Ces mêmes Seigneurs accorderent ensuite de semblables infeodations à tous ceux qui tenoient sous eux les petites Villes, les Bourgs, & les Villages : en sorte que d'Officiers qu'ils estoient tous, ils furent faits Seigneurs & proprietaires incommutables de leurs Provinces, de leurs Villes, ou Territoires, & Vassaux relevant immediatement du Roy, ou les uns des autres, selon la dignité de leurs Terres, & la subordination qui avoit esté establie entr'eux dans le temps qu'ils n'en estoient que les Gouverneurs & les Juges.

Ces nouveaux Seigneurs ne voulant plus alors se donner les soins qui accompagnent l'administration de la Justice, s'en déchargerent de la partie la moins importante, & la plus incommode, sur des Officiers qu'ils establirent pour la rendre en leurs noms. Ceux de ces Officiers qui furent placez dans les Villes, prirent aussi-bien que les noms, de Vicomtes, *quasi Vicecomitum gerentes ;* de Prevosts, *quasi Præpositi juridicundo ;* de Viguiers, *quasi Vicarii, vel, vice alterius gerentes.* Ceux des Bourgs, ou des Villages les plus considerables, qui estoient fermez, ou qui avoient un Chasteau, furent nommez, Chastelains, *quasi Castellorum Custodes ;* & dans les autres lieux, *Majores Villarum,* Maires, ou, Principaux des Villages.

Les Ducs, & les Comtes s'estoient toûjours neanmoins reservé au-dessus de toutes ces Justices, une Jurisdiction superieure, qu'ils continuerent encore pendant quelque temps d'exercer

D iij   cer

Tresor des Chartres de France, Reg. 86. n. 19. 64. & 151.
Rigord. in vit. Philipp. August.
Joinville hist. de saint Louis.
Registre de saint Just. en la Chambre des Comptes.
& Reg. 1. pag. 158.
& Reg. 8. p. 55.
memorable de la Chambre des Comptes.
C. fol. 159.
Petit Livre blanc du Chastelet. f. 31.
Fontanel. l. 2. tit. 2.
Officier de France liv. 3. titre 1.
Ph. lipp de Beaumanoir ch. 61.
Bouillier Somme rura c tit. 34.
Joann. Gallus, quæst. 276.

Aufrerius ftyl.
antiq. Parlamen.
part. 3. tit. 17.
Catu i. Molin-in
Aufrer.eod.tit.
Budæ annot. in
Pandect.
Coquille Preface
fur la Couftume.
Bodinus de rep.
lib. 3. cap. 5.
Traité des Offi-
cespar Loifeau,
liv. 1. ch. 2. &
14.liv.2. chap.1.
liv. 4. ch.4.
Liv. des Seigneu-
ries chap. 5. & 7.
Mornac. not. in
Pandect. tit. de
off. Præfid.
Brodeau fur les
mots de Prevofté
& Vicomté de la
Couftume de Pa
ris.
Vincent. Lupan.
de Magiftrat. &
Piræfeci Francor.
Pithœus in Con
fuet. Trecent.
DuCange&Mef-
nard fur l'h ftoire
de Joinville.
Nangius in Gal-
fanct. Ludov.
Paul. Emil. Du-
Haillan.
Monftrelet vol.1.
chap. 115.
Froiffart vol. 1.
chap.131.&157.
Pafquier.l.1. c 5.
& l.4. l.4. c.17.
Spelmannus.
Label.Miscellanea
tom.1. pag. 498.
Rotillard hift. de
Melun.
Turneb. obferv.
l. 18. c. 1.

cer en perfonne, avec leurs Pairs, c'eft-à-dire, leurs principaux Vaffaux; & ils tenoient leurs Audiences, qu'ils nommoient, Affifes, quatre, ou fix fois l'année, & quelquefois plus fouvent, felon que les matieres s'y trouvoient difpofées. L'on traittoit dans ces Affemblées, de toutes les affaires concernant les Domaines, ou les Droits du Seigneur, & de toutes celles, dans lefquelles l'Eglife, ou quelqu'un du Corps de la Nobleffe avoit intereft. Ils s'eftoient auffi refervé la connoiffance de tous les crimes qui meritoient la peine de mort civile, ou naturelle, qu'ils jugeoient fur les inftructions qui avoient efté faites par les premiers Juges; & ils connoiffoient enfin dans ce Tribunal fuperieur, des appellations de tous les autres Juges de leur Province.

Mais dans la fuite, ces Seigneurs fe trouvant trop occupez dans les guerres qu'ils eurent à fouftenir contre les ennemis de l'Eftat, & fouvent les uns contre les autres, pour leurs querelles particulieres, ils fe déchargerent encore de cette portion de la Juftice qu'ils s'eftoient refervée. Ils commirent le foin à un Magiftrat fuperieur, que chacun d'eux eftablit dans la Ville Capitale de fa Province. Ils nommerent ces Magiftrats dans la plus grande partie du Royaume, Baillis, vieux mot Gaulois, qui fignifioit en temps-là, Gardiens, ou, Protecteurs. Ce nom, en effet, exprimoit parfaitement bien l'employ de ce Magiftrat, qui confiftoit principalement à garder, & conferver les Droits & les Domaines du Seigneur, ceux de l'Eglife, & de la Nobleffe, & à proteger, & défendre le Peuple, de l'oppreffion & de l'injuftice des Juges inferieurs: ils furent auffi nommez en quelques autres Provinces, Senéchaux. Ce nom fut tiré de la Langue Allemande, que les François avoient apportée dans les Gaules. Il fignifioit auffi, felon quelques-uns, Officier domeftique de la Cour du Seigneur, & felon d'autres, ancien Chevalier. L'on en ufa peut-eftre ainfi, parce que cet Office fe donnoit ordinairement à un vieux Gentilhomme, ou Courtifan, de la fidelité duquel le Seigneur eftoit affeuré. De-là viennent ces deux degrez de Jurifdiction, qui fubfiftent encore dans les principales Villes du Royaume, la Vicomté, Viguerie, ou Prevofté, & le Bailliage, ou la Senéchauffée.

La ville de Paris fut neanmoins exempte de ce double degré de Jurifdiction. Comme elle eftoit du Domaine de Hugues Capet, depuis l'infeodation qui en avoit efté faite à Hugues-le-Grand fon pere, par Charles IV. l'an 884. ce Prince la donna à Othon fon frere, à la charge de reverfion à la Couronne au defaut d'hoirs mafles. Le Magiftrat qui rendoit la Juftice en cette Ville, pour les Comtes Titulaires, eftoit unique, & portoit le nom de Vicomte, fuivant fa définition, *quafi vicem Comitis gerens*. Le Comte Othon deceda fans enfans l'an 1032. La Comté de Paris fut auffi-toft réünie à la Couronne, fuivant la Loy de l'infeodation; & le Magiftrat que le Roy y eftablit, prit le nom de Prevoft, pour faire entendre que ce n'eftoit plus au nom d'un Comte, ou Seigneur particulier, mais au nom du Roy, qu'il rendoit la Juftice.

Nos Roys n'ayant plus pour Officiers les Comtes, comme ils avoient eu auparavant ces infeodations, eftablirent auffi des Magiftrats, fous ce même titre de Prevofts, dans toutes les autres Villes du Domaine de la Couronne, qui eftoit alors fort limité.

Ces Prevofts Royaux eurent d'abord toute l'autorité qui avoit efté entre les mains des Comtes, pendant qu'ils avoient exercé cette Magiftrature. Ceux des Provinces en abuferent, au préjudice des Sujets du Roy; & au lieu du parfait defintereffement que demande l'adminiftration de la Juftice, ils fa rendoient fi venale, qu'ils ne s'appliquerent qu'à leur utilité particuliere. L'oppreffion fut encore beaucoup plus grande de la part des Seigneurs, qui avoient obtenu des infeodations. Il n'y eut prefque aucun, qui n'entreprift fur les Droits Royaux, qui eftoient toûjours demeurez attachez à la Couronne, & qui ne fift fes efforts pour fe rendre independant. Ils eftablirent plufieurs nouveaux Droits à la foule du Peuple; & après avoir mis en oubly toutes les anciennes Loix, comme nous avons vû dans les Titres precedens, ils introduifirent de nouveaux ufages, qui n'avoient pour but, que l'accroiffement de leur Domaine, & de leur autorité.

Les Prelats, les Chapitres, & les Abbayes de Fondations Royales furent les premiers à fe plaindre de ce joug: il leur devoit eftre en effet plus infupportable qu'aux autres de moindre dignité. Nos Roys les mirent fous leur protection Royale, & leur donnerent pour Juge le feul Prevoft de Paris. C'eft ce que l'on appelle encore aujourd'huy, Droit de Garde Gardienne, qui attira les affaires de ces perfonnes, & de ces Communautez privilegiées de toutes les parties du Royaume, à ce Tribunal de la Ville Capitale.

Les cris des autres Habitans qui n'avoient pas cet avantage, furent auffi écoutez. Nos Roys envoyerent dans les Provinces des Commiffaires choifis dans leurs Confeils, pour y maintenir leur autorité, connoiftre les cas Royaux, & proteger le Peuple. Les Seigneurs particuliers fe plaignirent de cette infpection qui les rappelloit à leur devoir, & contenoit leurs Officiers. Il falut encore ceder au temps; l'on ceffa d'en envoyer, & nos Roys fe contenterent d'en fixer quatre ordinaires, fous le titre de Bailtis, qui eurent leurs Sieges à Vermande, aujourd'huy Saint-Quentin, à Sens, à Macon, & à faint Pierre le Mouftier. Auffi-toft que cet eftabliffement fut fait, plufieurs des principaux Habitans des Provinces, demanderent d'eftre reçûs au nombre des Bourgeois de ces Villes, & de faire leur fejour dans ces Villes privilegiées, pendant certains temps de l'année. De-là vient le droit de Bourgeoifie du Roy, & les Lettres de Bourgeoifie, dont il eft fi fouvent fait mention dans nos anciennes Ordonnances, & dans les vieux ftiles de la Chancellerie.

La Ville Capitale du Royaume n'eut aucune part à tous ces abus, & à tous ces defordres des Provinces. Son Magiftrat toûjours choifi dans le Confeil de nos Roys, d'un merite diftingué, & agiffant, pour ainfi dire, fous les yeux de fon Prince, y rempliffoit fes devoirs. De-là vient que le Prevoft de Paris fut le feul qui demeura dans cette plenitude de pouvoir des anciens Comtes, & qui n'eut aucun Bailli au-deffus de luy. Il a cet avantage au contraire, de n'avoir que le Roy, ou fon Parlement pour fuperieur, & de preceder tous les Baillis, & Senéchaux, & tous les autres Juges ordinaires du Royaume. *Præpositus Parifiensis eft major poft Principem in Villa Parifienfi, & poft Dominos Parlamenti Principem reprafentantes; antecedit omnes Ballivos, & Senefeallos.* C'eft le témoignage qui luy a efté rendu en plein Parlement il y a plus de trois fiecles. Mais comme

Joan.Gall.quæft.
176. Carol. Mol.
ad ftyl Parlam.p.
3. tit. 15. §. 4.

les

les autres prérogatives de ce Magistrat sont grandes, & en grand nombre, elles meritent bien un titre particulier, où nous en verrons l'étenduë & les raisons.

L'autorité Royale se rétablissant peu à peu, le nombre des Baillis Royaux crut à proportion. Philippe Auguste, par son Edit de l'an 1190. en établit dans toutes les principales Vil- *Offices de Fran-* les de son Domaine. Il leur ordonna d'y rece- *ce tom.3. p.1799.* » voir tous les mois dans leurs Assises les plaintes » de ses sujets, & de leur rendre une exacte, & » prompte justice; de veiller sur la conduite des » Prevosts, & de les contenir dans leur devoir; » & enfin de rendre compte de leur conduite, & » de leurs Provinces au Conseil du Roy, tous » les quatre mois. C'est le plus ancien reglement que nous ayons sur cette matiere.

Mais en moins de deux siecles toutes ces anciennes Duchez & Comtez furent réunies à la Couronne, par alliances, reversions, ou confiscations : ce qui a toujours fait progrès jusques à present. Ainsi par ces réunions tous les grands Bailliages, & Senéchaussées des Provinces sont devenus Sieges Royaux.

Il en a esté de même des Sieges subalternes compris dans ces réunions; ne relevant que du Roy, ils ont aussi acquis cette dignité de Justices Royales. Quelques-unes même ont conservé le nom qu'elles portoient sous les Comtes, & qui marquoit leur dépendance. Delà vient le titre de Vicomte, que portent encore aujourd'huy quelques Magistrats des justices inférieures dans les Provinces : mais le plus grand nombre ont pris celuy de Prevost.

Le nom de Bailly ne devoit donc estre donné, non plus que celuy de Senéchal, qu'aux premiers Magistrats des Provinces, qui remplissent les Tribunaux superieurs que les Ducs & les Comtes avoient autrefois occupez. Cependant, comme les petits sont toujours portez naturellement à imiter ce que font les Grands, plusieurs Seigneurs particuliers dans ces temps de desordres, & de confusion, firent aussi prendre ce nom de Bailly aux Juges de leurs petites Villes, Bourgs, ou Villages; & ce nom leur est demeuré jusques à present. Quelques-uns même avoient poussé l'entreprise jusques au point d'y établir sous ce pretexte un double degré de Jurisdiction, de Prevosté, & de Bailliage; mais ce dernier neanmoins toujours soumis aux Baillis des Provinces. Delà vient cette distinction que nous lisons dans les anciennes Ordonnances d'entre les grands, & les petits Baillis, les superieurs, & les inferieurs, *Baillivi majores & minores, superiores & inferiores*; les uns estant subordonnez aux autres, & n'ayant pas plus de pouvoir sous le titre de Bailly, que les Prevosts, les Vicomtes, & les autres Juges en premiere instance. De ces Baillis subalternes il

y en a qui sont devenus Baillis Royaux, par cette même voye des réunions; mais toujours dans cette même dépendance des Baillis superieurs.

Tous ces differens degrez de jurisdiction établis ou confirmez par nos Roys ont donné lieu dans la suite à plusieurs Edits, & Ordonnances, soit pour regler les Juges Royaux entr'eux, soit pour contenir ceux des Seigneurs dans les bornes de leur competence, & de leur devoir.

Philippe Auguste avoit commencé par son Ordonnance de 1190. Saint Loüis en fit une beaucoup plus ample au mois de Decembre 1254. Philippe le Bel son petit-fils la renouvella, & amplifia encore par son Edit du mois de Mars 1302. Et les Roys ses successeurs en ont fait plusieurs autres sur cette même matiere.

Ces Ordonnances que nous ne repeterons point icy, parce que nos livres en sont remplis, où elles peuvent estre consultées, contiennent un droit complet de tout ce qui concerne les Offices des Baillis, des Senéchaux, des Prevosts, & des autres Juges, & Magistrats des Jurisdictions ordinaires. La forme de leurs élections y est reglée; les sermens qu'ils devoient faire à leurs installations y sont prescrits. Le desinteressement, la pureté des mœurs, le bon exemple de leur conduite, & de celle de toutes les personnes de leurs familles; l'obligation de veiller à la conservation des droits du Roy, de proteger l'Eglise, les veuves, les orphelins, & les pauvres; de maintenir l'ordre, & la discipline publique en toutes choses; le soin qu'ils devoient avoir de rendre la justice, sans acception de personne, ny aucune distinction de qualitez ou de nations, l'assiduité dans leurs employs, l'obligation de les exercer en personne, la liberté neanmoins aux Baillis, & Senéchaux de se choisir des Lieutenans, mais seulement en cas de maladie, d'absence, ou autres legitimes empêchemens; que ces necessitez cessant, ils reprendroient aussi-tost l'exercice de leurs fonctions; les temps qu'ils devoient tenir leurs Audiances ou Assises; l'obligation de rendre compte en certains temps de leur conduite, & de leur Province au Conseil du Roy; le temps qu'ils devoient demeurer dans leurs Offices, & enfin l'obligation qui leur estoit imposée de demeurer encore sur les lieux cinquante jours après ce temps expiré, pour y rendre compte de leur conduite, & reparer les torts qu'ils y auroient faits, en cas qu'il y eust quelques justes plaintes contr'eux; ce sont encore autant de preceptes qui leur sont donnez, & qui composent les principales décisions de ces reglemens. Nous les abregeons, pour passer à des matieres qui soient renfermées dans les bornes de nostre sujet.

CHAPITRE

CHAPITRE III.

Comment l'autorité, & les fonctions des Baillis, & des Senéchaux ont passé à leurs Lieutenans Generaux.

Registre de S.
Just. en la
Chambre des
Comptes.
Chronique de S.
Denys.
Froissart vol. 4.
chap. 86.
Fauchet des anti-
quit. Gaul. liv. 4.
Catel, des Com-
tes de Toulouse
chap. 2. 3. &. 5.
Boutillier, fom-
me rurale. liv. 2.
tit. 2.
Pithou.
Frerot.
Nangius. histor.
sanct. Ludov.
Pasquier liv. 2.
chap. 5.
Bodin de rep. lib.
3. cap. 5.
De la Roque,
traité de la No-
blesse chap. 55.

LEs Baillis, & Senéchaux, lors de leur institution, estant entrez dans tous les droits
qui avoient esté attachez originairement aux
grandes Magistratures, eurent d'abord toute l'intendance des Armes, de la Justice, & des Finances de leurs Provinces. Ils en assembloient les
forces, en deffendoient les places; ils remplissoient le premier Tribunal de la Justice par eux-
mêmes, faisoient remplir les autres par des Juges inferieurs qu'ils y commettoient, & en recevoient les Domaines. Quoique ce ne fust alors
qu'une simple commission pour un temps assez
court, cette triple autorité les rendoit neanmoins
trop puissans. Ils ne furent pas long-temps sans
en abuser. Les Ordonnances de saint Loüis, du
mois de Decembre 1254. & de Philippe le Bel,
du mois de Mars 1302. font assez connoistre, par
toutes les précautions qui sont prises contre ces
Magistrats, en combien de manieres ils s'estoient
déja écartez de leurs devoirs.

Les Finances dont l'administration est la plus
délicate, fut aussi la partie dans laquelle il parut
de plus grands abus, & la premiere qui leur
fut retranchée. Ils en devoient faire la recepte,
par forme de regie, & en rendre compte en la
Chambre. Il n'y avoit en cela aucun inconvenient : mais dans la suite il fut trouvé plus
commode d'en faire des baux pour un prix cer-
Nicol, Gilles.
Guaguin.
tain. Quelques-uns de ces Magistrats en furent
même les adjudicataires dans leurs Provinces,
ou les faisoient prendre aux Prevosts, & autres
Chronique de
S. Denys sous S.
Loüis.
Grand. Coustu-
mier de France
titres des Baillis
& Senéf.
Masuer, tit. de
Judicib.
Traité des Offic.
par Loiseau liv.
3. chap. 1.
Benedict capitul.
Raynut.
Chron. de Fland.
chap. 33.
Pasquier liv. 4.
chap. 17.
Juges inferieurs avec lesquels ils estoient en
part. Alors, comme Fermiers, ils recevoient les
amendes, & les confiscations qu'ils avoient prononcées comme Juges; ce fut l'ouverture d'une
infinité d'abus. Cela degenera enfin jusques à ce
point, que l'on comprit dans les Baux l'Office
même de Prevost, de Bailly, ou de Senéchal :
de sorte qu'en adjugeant les fermes du Domaine aux plus offrans, & aux derniers encherisseurs,
sans autre attention qu'à la solvabilité de ceux
qui se presentoient, on leur donnoit dans le
même-temps une dépendance de leur
bail, l'administration de la Justice. Les inconveniens que cette conduite fit naistre sont au delà
de tout ce qu'on en pourroit penser.

Saint Loüis voulant faire cesser cet abus, commença par la Prevosté de Paris, qu'il retira d'en-
Joinville,
hist. de S. Loüis.
Nicol. Gilles.
Guaguin.
Chron. de saint
Denys.
Fontan. liv.
2. tit. 1 nomb. 7.
Fontan. lib.
2. tit. 1. nomb. 17.
tre les mains des fermiers, & y restablit la dignité de la Magistrature. Philippe le Bel, par
son Edit du mois de Mars 1302. fit cette même réforme dans les Bailliages, & Senéchaussées ; & Charles VII. en fit autant à l'égard des
Prevostez, & des autres Justices subalternes,
par son Ordonnance du mois de Juillet 1493.
Ainsi les Finances furent separées de la Magistrature, & passerent aux Receveurs des Domaines.

Les Offices de Baillis, & Senéchaux ayant
esté destinez à la Noblesse, qui devoit gouverner les Provinces, & les maintenir en paix; les
armes, & l'administration de la justice leur convenoient beaucoup mieux que la recette du Domaine ou des Finances : aussi en faisoient-ils originairement leur principal exercice. L'amour de
l'interest ou du gain s'y mêla ; & il n'en fallut

pas davantage pour gâter tout ce qu'il y avoit
de meilleur. La Noblesse méprisa ces Magistratures qui se donnoient à ferme, sans distinction de naissance ny de merite. Les Magistrats
Fermiers ne penserent qu'à leur profit particulier ; tout le reste estoit negligé. Cela donna
lieu de pourvoir à la seureté des Provinces
frontieres. L'on envoya d'abord dans les principales Villes, & les plus exposées, des Commandans d'Armes, sous le titre de Capitaines,
pour veiller à leur seureté. Cet usage s'estant
fortifié par succession de temps, se trouva estably sous que l'abus des Fermiers cessa, & que
les Magistratures furent remises à la Noblesse ;
on le continua. Ces Commandans furent dans
la suite qualifiez Gouverneurs. Le nombre en
fut augmenté ; il y en eut de generaux pour les
Provinces, & de particuliers pour les Villes.
Le premier qui porta ce titre fut celuy de Languedoc sous Charles V. Cela fut imité dans les
autres Provinces, & se trouva totalement estably sous Loüis XII. Ainsi les Armes furent insensiblement retirées de l'Office des Baillis, &
Senéchaux. Il ne leur en reste plus que la convocation, & la conduite de l'Arriereban.

Quant à l'administration de la Justice, elle
avoit esté long-temps compatible avec les Armes. Les Comtes, qui la rendoient, sous la premiere & la seconde Branche de nos Roys,
estoient pris du Corps de la Noblesse, & portoient l'épée. Ils estoient neanmoins tenus de
sçavoir les Loix, & les Ordonnances : cela leur
estoit enjoint par plusieurs Capitulaires : mais
l'obligation qui leur estoit en même-temps imposée d'en avoir toujours le livre present à leur
Audiance, pour y avoir recours dans leurs jugemens, est une preuve que les Loix estoient
en petit nombre, & que dans leurs doutes ils
pouvoient aisément les consulter. Lors que les
Baillis, & Senéchaux furent establis, toutes
ces anciennes Loix étoient oubliées. Il n'y avoit
plus d'autre Droit en France que quelques usages locaux, ou quelques coûtumes non écrites.
La plus grande partie des Conventions estoient
verbales ; s'il y en avoit quelqu'une par écrit,
ce n'estoit que sous signature privée. Marculfe
nous en a conservé les formules jusqu'au Regne
de Philippe Auguste. Les Notaires n'ont esté
créez en titre d'Office que sous le Regne de saint
Loüis. Avant ce temps il n'y avoit aucuns Contracts en forme autentique. Ainsi tous les procés ne consistoient qu'en questions de fait, ou
en points de Coûtumes. L'un & l'autre se prou-
voient par enqueste, procés verbaux, & interrogatoires sur faits. Ce peu de Loix, & une
procedure aussi simple abregeoit de beaucoup
la durée aussi-bien que le nombre des procés ; les
parties n'avoient besoin le plus souvent ny d'A-
vocat, ny de Procureur pour estre entendües ;
elles n'en prenoient que dans le besoin ; & c'estoit une grace qui leur estoit accordée par lettres du Prince ; la droiture d'intention, & le
bon sens suffisoient pour les juger. Ainsi l'estude
n'estoit point necessaire pour l'exercice de la
Magistrature. Delà vient qu'en ce temps il estoit
enjoint

enjoint par les Ordonnances de Philippe le Bel, du mois de Mars 1302. & de Charles VI. du mois de Septembre 1388. aux Baillys, & Senéchaux d'exercer en personne, & qu'il leur estoit défendu d'avoir des Lieutenans, sinon en cas de maladie, d'absence pour le service du Roy, ou d'autres empêchemens legitimes.

Fontanon. lib. 1. tit. 1. art. 13.

L'estude du Droit Romain restablie en France environ l'an 1300. ne fut d'abord considerée que comme une science qui fait partie des belles Lettres. Quelques Provinces les plus proches de l'Italie, & où il avoit jetté, pour ainsi dire, de plus profondes racines, le reçûrent encore dans la suite pour Loix. Les autres Provinces en beaucoup plus grand nombre, ne purent, du moins luy refuser leur approbation. Ils le regarderent comme un tresor de sages maximes de Jurisprudence, & de Politique, capables de donner à l'esprit & au cœur toutes les lumieres, & toute la droiture necessaire pour se bien conduire dans l'administration de la Justice. L'on commença de le citer dans les Tribunaux, sinon comme Loix, du moins comme preceptes de la droite raison, & comme les opinions des plus grands Jurisconsultes de l'Antiquité. Cela le fit estudier avec plus de soin ; & il y eut peu de personnes destinées à suivre le Barreau, ou à remplir les Charges de Judicature, qui se dispensassent de cette estude, quoiqu'elle ne fust pas encore d'obligation. Mais comme les meilleures choses ne sont pas exemptes de defauts, & que l'on en peut toujours abuser ; il est arrivé que ces Loix étrangeres, par leur multiplicité, leur subtilité, & quelquefois même leur contrarieté, ont fourny dans la suite une abondante matiere à Procés.

Il eust esté alors difficile aux Baillys, & Senéchaux d'entendre en personne le grand nombre d'affaires qui se presentoient à leurs Tribunaux, & d'entrer dans toutes ces discussions épineuses des Loix qui commençoient d'estre citées. Cela donna lieu à Charles VI. par son Ordonnance du 27. May 1413. de leur permettre d'avoir des Lieutenans à leur choix, par le conseil neanmoins des autres Officiers de la Jurisdiction.

Fontanon. tom. 4. append. aux Ordonn. p.1336.

Le nombre des Lieutenans n'avoit point esté marqué par cette Ordonnance ; chaque Bailly ou Senéchal s'en donna plusieurs pour se soulager davantage, ce qui devint à charge au public. Charles VIII. reforma cet abus par son Ordonnance du mois de Juillet 1493. Il en fixa le nombre, à deux ; l'un general, & l'autre particulier, pour agir en l'absence du General.

Il n'y avoit point encore eu d'obligation d'estre Graduez pour remplir les Charges de Judicature des Justices ordinaires. Le Droit Civil

Fontanon. lib. 1. tit. 1, art. 58.

cependant faisant toujours progrés, embarrassoit à proportion, & de plus en plus le jugement des affaires. L'experience fit connoistre combien l'estude de cette ancienne Jurisprudence estoit necessaire, du moins à ceux qui presidoient dans ces premiers Tribunaux des Provinces. Cela donna lieu à Loüis XII. d'ordonner par Edit du mois de Mars 1498. qu'à l'avenir les Baillys, & Senéchaux seroient Graduez ; sinon qu'ils ne pourroient exercer leur Office en personne.

Il y avoit peu de Baillys, & Senéchaux qui fussent Lettrez ; ceux-là continuerent ; les autres furent obligez d'abandonner l'administration de la Justice à leurs Lieutenans Generaux, dont les places ne furent remplies à l'avenir, suivant ce même Edit, que par des Docteurs ou Licenciez en Droit. Le Roy défendit aux Baillys, & Senéchaux de les changer à leur volonté, comme ils avoient fait par le passé. Il s'en reserva à luy-même le pouvoir ; d'où l'on tire leur érection en Titre d'Office. Cette inégalité d'usages fit naistre dans la suite beaucoup de difficultez, qui furent enfin terminées aux Estats d'Orleans, par l'Ordonnance de Charles IX. du mois de Janvier 1560. elle porte, qu'à l'avenir tous les Baillys, & Senéchaux seroient de Robe-courte. Ainsi l'administration de la Justice passa aux Lieutenans Generaux dans tous les lieux du Royaume.

Aprés tous ces retranchemens il est toujours resté aux Baillys, & Senéchaux plusieurs prérogatives, & plusieurs fonctions considerables. Aucun ne peut estre esté reçû en leur Office, qui ne soit Gentilhomme de nom & d'Armes ; ils sont toujours les Chefs de leur Jurisdiction ; c'est en leur nom que la Justice y est renduë ; les Sentences, les Commissions, & les Contracts en sont intitulez : la convocation, & la conduite de l'Arriereban leur appartient ; ils peuvent, si bon leur semble, presider à tous les jugemens qui se rendent en leur Siege, tant à l'Audiance, qu'en la Chambre du Conseil, en s'abstenant d'y opiner. Ils doivent resider en leurs Provinces : l'obligation qui leur est imposée de les visiter quatre fois l'année leur est honorable : c'est pour ouïr les plaintes des Sujets du Roy, en conferer avec leurs Lieutenans, tenir la main que les Arrests, les Jugemens, & les Sentences soient executez ; maintenir la Justice, & la tranquillité publique ; dresser de ce qui pourroit alterer l'une ou l'autre, & les envoyer en Cour, pour y estre pourvû. Tous ces avantages leur ont esté conservez par les Ordonnances de Charles IX. à Orleans, du mois de Janvier 1560. à Moulins, du mois de Février 1566. & celle de Henry III. à Blois, du mois de May 1579.

CHAPITRE IV.

De la Jurisdiction de Police des Baillys, & Senéchaux, & des autres Magistrats des Provinces.

IL est constant que du temps des Romains le seul President de la Province avoit l'Intendance, & tous les grands soins de la Police generale; rien ne luy estoit recommandé plus étroitement par les Loix [a] que de maintenir dans sa Province la tranquillité, la pureté des mœurs, l'abondance des vivres, la bonne foy dans le commerce, le soin que les bastimens ne tombassent en ruine, & toutes les autres choses qui font l'objet de la Police : mais sur tout, cela nous est bien précisément marqué par cette Loy expresse, qui luy donnoit le pouvoir d'exercer toutes les fonctions que les Consuls, le Prefet du Prétoire, le Prefet de la Ville, & tous les autres grands Magistrats exerçoient dans Rome. Or toute la Police leur appartenoit dans cette Ville Capitale. Ainsi elle appartenoit de même sans difficulté à ce Magistrat, qui les representoit tous dans sa Province. Il n'en faut pas davantage pour establir cette verité.

Il est encore bien certain que les Comtes establis par nos premiers Roys dans les Villes Capitales des Provinces pour les gouverner, & y administrer la Justice, entrerent dans tous les droits, & dans toutes les prerogatives de ces grands Magistrats Romains. Aussi voyons-nous à l'égard de ce qui concerne la Police, qu'ils en avoient toute l'Intendance, & toute la jurisdiction. Les Capitulaires de Dagobert I. de l'an 630. de Childeric III. de l'an 744. de Charlemagne, de Loüis le Debonnaire, & de Charles le Chauve, des années 800. 819. 829. 861. 864. & plusieurs autres, recommandent expressément à ces Magistrats de maintenir l'ordre, & la tranquillité publique; de pourvoir à l'abondance, à la bonté, & au juste prix des vivres; de faire observer la bonne foy dans le Commerce, & les Arts; de veiller sur les poids, & les mesures pour les faire entretenir justes; d'avoir soin de faire réparer les ruës, les grands chemins, & les ponts. C'estoit à eux enfin que toutes les Ordonnances concernant la Religion, & les mœurs, la santé, les vivres, la sûreté, la voirie, les Arts, & les pauvres estoient addressées. Charles le Chauve ordonna par l'un de ses Capitulaires de l'an 823. qu'ils recevroient ces Ordonnances des mains de son Chancellier, & qu'ils auroient soin de les faire publier.

Du débris de ces grandes Jurisdictions qui s'exerçoient par les Comtes, se formerent au commencement de la troisiéme Branche de nos Roys, les Prevostez, les Vicomtez, les Vigueries Justices subalternes; les Bailliages, & Senéchaussées Tribunaux superieurs.

Toutes ces Justices inferieures, & superieures commencerent aussi en ce temps d'estre distinguées en Justices Royales, & Justices Seigneuriales. Les Justices Municipales parurent ensuite sous le Regne de Loüis le Jeune. Elles furent accordées par privilege à certaines Villes ; aux unes, pour l'exercice de la Justice ordinaire en premiere instance; & aux autres, pour connoistre seulement de certaines matieres, & en certains cas limitez par leurs privileges.

Tous ces changemens arrivez dans ces temps de troubles qui avoient renversé toute la Police, & tout l'ordre public, chacun de ces nouveaux Juges, selon toutes les apparences, ne manqua pas de s'en approprier la portion qu'il crut estre à sa bienséance. Cependant, à juger des choses par ce qui parut dans la suite, lors que l'on commença de remettre les Loix en vigueur, les Baillys, & les Senéchaux en avoient toujours conservé la principale partie. Ils connoissoient dans leurs Assises de toutes les matieres generales ; ils avoient la concurrence avec tous les autres Juges dans les matieres particulieres, les appellations de ces mêmes Juges estoient relevées devant eux. Leur superiorité enfin estoit si grande, que comme en ce temps toutes les Charges s'exerçoient par commission, ils avoient le pouvoir d'establir, de corriger, & de changer à leur volonté, les Prevosts, & les autres Juges leurs inferieurs. Tout cela nous est prouvé par les premiers réglemens qui furent faits pour restablir la discipline publique en France.

L'Edit de Philippe Auguste de l'an 1190. ordonne que les Baillys tiendront leurs Assises dans leurs Bailliages tous les mois; qu'en cette Audiance ils recevront les plaintes de ses Sujets, & feront justice à tous ceux qui auront recours à eux; qu'ils ne pourront changer les Prevosts que pour causes graves, & qu'ils rendront compte au Conseil du Roy, tous les quatre mois, de l'estat de leurs Provinces.

Les Ordonnances de S. Loüis de l'an 1228. contre les Albigeois ne sont addressées qu'aux Baillys, & Senéchaux. Il s'agissoit de la Religion, & consequemment d'une matiere qui fait partie de la Police generale : c'est pourquoy les soins, dés ce temps-là, n'en estoient confiez qu'à ces premiers Magistrats.

Cet Edit celebre de Philippe le Bel du mois de Mars 1302. pour la reformation generale du Royaume, marque encore en termes beaucoup plus forts cette autorité, & cette superiorité des Baillys, & Senéchaux sur les Juges subalternes. Il leur est ordonné par cet Edit de n'establir des Prevosts ou d'autres Juges sous eux, qui ne soient gens de bien, de n'en souffrir aucuns qui soient leurs parens ou leurs alliez, d'oster ceux qui n'auroient pas les qualitez requises, & de corriger les erreurs, & les fautes des autres. Cette subordination enfin estoit si connuë, & si parfaitement establie, qu'un de ces Prevosts ou autres Juges subalternes écrivant au Bailly ou Senéchal de sa Province, le qualifioit de *Haut & Puissant Seigneur*, pendant que celuy-cy ne luy donnoit d'autre titre en luy écrivant, que celuy d'*Honorable Homme* : ce qui estoit encore en usage, selon l'Auteur de la Somme rurale, à la fin du quatorziéme siecle. Entre ces Officiers qui estoient dans une telle dépendance les uns des autres, & qui avoient entr'eux une subordination si legitime, & si autorisée par les Loix, il ne pouvoit y avoir raisonnablement de jalousie, ny de procés pour leur competence.

Il en estoit de même à proportion des Maires, &

De Off. Proconsul. & Legat.
ff.
De Off. Præsid.
ff.

L. 7. si in aliam ff. de Off. Proconf. & Legati.

Off. de France add. au 3. livre pag. 1799.
Rigord. in gest. Philipp. August.

Thesauri Chartarum Regist. regist.10.fol. 47.

Fontanon. liv. 3. titre 1. Off. de France add. au 1. livre tit. 1.|pag 1810.

Titre 34.

& des autres Officiers des Justices Municipales. Comme ces Justices ne sont ny Royales, ny Seigneuriales, selon la remarque judicieuse de Loiseau, dans son Traité des Seigneuries, elles n'ont de fondement que les Chartes, ou Patentes de leurs privileges. Il y en a quelques-unes, mais en petit nombre, qui ont obtenu le premier degré de la Justice ordinaire ; & celles-là se trouvent naturellement placées dans la subordination des Baillys & Senéchaux leurs Juges superieurs, de même que les Prevôts, & les autres Juges ordinaires en premiere instance. Il y en a d'autres, & en plus grand nombre, qui n'ont qu'une jurisdiction bornée & limitée à certaines affaires, ou entre certaines personnes, pour causes legeres & sommaires, l'inspection sur quelques portions de la Police, & l'attribution de quelques droits utiles qui en dépendent. Et celles-cy, dans leur origine, & par les propres titres qui les ont establis, sont aussi subordonnées à ces premiers Magistrats des Provinces : cela n'a pas besoin de preuves.

Cet Ordre estably originairement, a reçû dans la suite divers changemens, & fait naistre un fort grand nombre de contestations, qui ont donné lieu à differentes reformes, & l'ont enfin conduit à l'estat où il est aujourd'huy. Charles VIII. érigea en titre d'Office les Prevôts, & les autres Juges des Justices Royales Subalternes, par Edit du mois de Juillet 1493. Ces Officiers recevant alors tout leur pouvoir immediatement du Roy, par leurs provisions, ils ne furent plus dans une si grande dépendance des Baillys, & Senéchaux leurs superieurs, qu'ils avoient esté par le passé. Ils s'en prévalurent dans la suite, & se mirent en possession de toutes les fonctions de la Police, tant generale, que particuliere, pretendant que les Baillys & Senéchaux n'en devoient connoistre que par voye d'appel. Les Officiers des Justices Municipales, à leur imitation, tendoient aussi beaucoup à l'indépendance de ces premiers Magistrats. Ce petit changement de subordination apporta quelques troubles dans l'ordre public, & fut la matiere de plusieurs procez. François I. les termina tous par cet Edit celebre de Cremieu du 19. Juin 1536. qui contient entre autres choses, un Reglement general sur cette matiere : en voicy les propres termes ; on n'en peut rien retrancher.

» Quant au fait de la Police, Voulons & en-
» tendons que nos Prevôts y vacquent & enten-
» dent, & en ayent la connoissance sans que nos
» Baillys, Senéchaux & autres Juges Presidiaux
» s'en entremettent, si ce n'est par appel chacun
» en son ressort. Et auront nosdits Prevôts la re-
» ception des sermens des Maistres des Mestiers
» Jurez, & la connoissance de tous les differens qui
» procederont à cause desdits mestiers, en premiere
» instance.
» Et où il écherra faire assemblée generale pour
» pourvoir au fait de la Police de nos Villes, es-
» quelles il y a Siege de Bailly, Senéchal, ou au-
» tre Juge Presidial : Voulons & ordonnons que
» nosdits Juges Presidiaux, ou leurs Lieutenans,
» president & concluent esdites assemblées, es-
» quelles seront aussi nosdits Prevôts & autres nos
» Officiers.
» Ordonnons aussi qu'és élections qui seront fai-
» tes des Maires, Echevins, Consuls, & autres
» ayant l'administration des affaires communes,
» nosdits Baillits, Senéchaux, & autres nos Juges
» ressortissans en nos Cours sans moyen, president
» & concluent respectivement, reçoivent le serment,

Tome I.

Chapitre 16.

Fontanon liv. 2. tit. 2. art. 70. Confer. des Ordonn. liv. 1. tit. 13. §. 13.

& procedent à l'institution, selon les Statuts & «
Ordonnances des Villes & lieux, par Nous conce- «
dez, approuvez, & confirmez : & par nosdits Bail- «
lys, Senéchaux, ou leurs Lieutenans, seront exa- «
minez & clos les comptes des deniers communs & «
octrois ; & auront la connoissance des procez & «
differens qui seront mûs pour raison d'iceux. «

Seront tenus lesdits Prevôts, & autres Juges «
inferieurs d'eux se trouver & comparoir és As- «
sises generales, qui seront tenuës par nosdits «
Baillys, Senéchaux, & autres Juges Presidiaux, «
pour entendre la lecture de nos Ordonnances, «
qui sera faite esdites Assises, & répondre, si mestier «
est, & la matiere y est disposée, de leurs Senten- «
ces & Jugemens desquels il y aura appel, ressor- «
tissant esdites Assises. «

Et pour le soulagement de nos Sujets, & à ce «
qu'ils puissent avoir plus prompte & brieve ex- «
pedition, Voulons & ordonnons, que durant «
lesdites Assises, nosdits Juges Presidiaux puissent «
visiter & juger en premiere instance, les procez «
pendans pardevant lesdits Prevôts, & autres «
Juges subalternes, qui seront en droit & estat «
de juger. «

Voulons en outre, & ordonnons que lesdits «
Prevôts, & autres nos Juges subalternes, Offi- «
ciers & Sergens soient instituez és Sieges de nos «
Baillis & Senéchaux en jugement és jours de «
plaidoiries, par nosdits Baillis & Senéchaux ; «
& autres nos Juges ressortissans en nos Cours de «
Parlement sans moyen ; & nosdits Baillis, Sené- «
chaux, & leurs Lieutenans Generaux, fassent & «
prestent le serment en tel cas requis & accoustumé «
en nosdites Cours de Parlement ; & les Lieutenans «
Particuliers, pardevant nosdits Baillis & Sené- «
chaux. «

Et à ce que nosdites Ordonnances soient en- «
tretenuës, & gardées, & observées sans aucune- «
ment les enfraindre, à l'occasion des procez in- «
tentez, ou autrement ; iceux procez ou proce- «
dures, en quelque estat ou condition qu'ils «
soient, avons cassez & annullez, cassons & an- «
nullons par ces Presentes. «

Par ce même Edit la connoissance des assem- «
blées illicites, des émotions populaires, & du «
port d'armes, est expressément reservée aux Bail- «
lys & Senéchaux, à l'exclusion des Prevôts «
& autres Juges subalternes ; & cette portion «
de la Police generale leur est toûjours demeu- «
rée. «

Voilà comme les Juges Royaux du premier & du second degré furent reglez entre eux pour la Police : mais il restoit encore à décider un ancien different qu'ils avoient tous sur cette même matiere avec les Juges des Seigneurs ; & celuy-cy paroissoit beaucoup plus difficile. Les Seigneurs soustenoient qu'ils avoient seuls toute la Jurisdiction de Police, dans l'estenduë de leurs Hautes Justices. Ils se fondoient sur les Ordonnances de S. Louis du mois de Decembre 1254. de Philippes-le-Bel du mois de Mars 1302. & de Philippe de Valois du 10. Juillet 1338. qui défendent expressément aux Baillys & Senéchaux d'entreprendre aucune Jurisdiction dans les Terres des Seigneurs, sinon des cas Royaux, ou de ressort.

Toute la difficulté tomboit sur ces cas royaux reservez indéfiniment, & de sçavoir en quoy ils consistoient. Il est vray qu'il y en a quelques-uns expliquez par l'Edit de Cremieu de l'an 1536. & par quelques autres Ordonnances. Mais comme elles finissent toutes par une clause generale, qui fait entendre que le dénombrement qui en est fait, n'est point complet, & qu'il y en a encore d'autres

qui

qui n'y font point exprimées ; la queftion eftoit toûjours demeurée indécife.

Les Juges Royaux fouftenoient que la Police eftoit comprife au nombre de ces cas royaux ; qu'ayant pour objet le bien commun & general de tous les Citoyens, leur confervation, leur fureté, & leur fubfiftance, il n'appartenoit qu'au Roy, ou à fes Officiers, d'en connoiftre. Ils fe fondoient fur cette maxime de Droit, que non feulement toute l'autorité neceffaire, mais encore tous les moyens qui doivent eftre employez pour remedier efficacement à ces béfoins publics, font entre les mains du Prince feul. *Nam falutem Reipublicæ tueri, nulli magis credidit convenire, nec alium fufficere ei rei, quàm Cæfarem.* Ce font les propres termes de la Loy. [a]

Ils ajouftoient l'exemple de tous les temps, à commencer par les Romains, fur la Police defquels la noftre a efté formée. Ils reprefentoient que le Prefet de la Ville en avoit feul toute l'Intendance, & toute la Jurifdiction à Rome ; & que tous les Citoyens, fans aucune diftinction, le reconnoiffoient pour leur unique Magiftrat dans ces matieres. *Præfecto urbis univerfi Cives fubditi erant ;* [b] que cela s'obfervoit de même dans toutes les Villes de l'Empire, *ad inftar de la Capitale,* fuivant cette Loy expreffe qui leur en impofoit la neceffité ; *Omnes Civitates debent fequi confuetudinem urbis Romæ :* [c] que les fages politiques rendoient cette raifon de leur conduite à cet égard ; que comme la Cité n'eft qu'un corps d'Habitans, la Police par laquelle elle eft gouvernée, doit eftre unique auffi, & conduite par un même efprit, & avec uniformité dans toutes fes parties : qu'autrement il y auroit lieu de craindre qu'en la partageant entre plufieurs, la diverfité de fentimens ou d'interefts, n'y apportaft du trouble & de la divifion : *neve unica Civitas diverfa habeat regimina.* [d] Ils reprefentoient enfin qu'ils en eftoient en poffeffion, fans aucun trouble, depuis la naiffance de la Monarchie : que nos Roys ayant fait l'honneur aux Seigneurs de leur accorder l'infeodation de leurs Terres, & un droit de Juftice, il n'eftoit pas à préfumer qu'ils euffent entendu y comprendre la Police, qui tient plus du Gouvernement que de la Jurifdiction contentieufe ; que dans tous les Eftats bien difciplinez, les Villes Capitales ayant toûjours fervi de regle aux autres, ils ne fuivoient que ce qui s'obfervoit à Paris ; que le premier Magiftrat de cette grande Ville eftoit en poffeffion de toute la Police, à l'exclufion des Juges des Seigneurs, qui ont leurs Juftices dans fon enceinte, & que par cette raifon il fe qualifioit feul Juge, pour le tout fur le fait de la Police des Ville & Fauxbourgs de Paris [e]; qu'en tout cas, on ne pouvoit pas leur difputer du moins la prévention, ou concurrence ; que fuppofé même que nos Roys euffent voulu accorder aux Seigneurs par les infeodations le droit de Police, ils n'avoient pas fans doute entendu fe priver du droit primitif qu'ils y avoient euxmêmes : En forte que ces conceffions devoient eftre prifes tout au plus *cumulativè,* & non pas *privativè;* que c'eft auffi en ce fens qu'elles avoient efté entenduës dans toutes les Provinces, & qu'il y en avoit une difpofition expreffe dans la Coûtume de Normandie art. 23.

Les Seigneurs fouftenoient de leur part, que depuis les infeodations de leurs terres, les Juftices font partie de leurs Domaines ; que par les Ordonnances de S. Louis du mois de Decembre 1254. de Philippe-le-Bel du mois de Mars 1302.

de Philippe de Valois du mois de Juillet 1338. du Roy Jean du 18. Decembre 1355. de Charles VI. du 28. Avril 1408. & de Charles VIII. du 28. Decemb. 1490. il eft expreffément défendu aux Juges Royaux de les y troubler : qu'il eft prouvé par les mêmes Ordonnances, que nos Roys ne fe font refervé, & à leurs Juges, que le droit de reffort, & la connoiffance des cas Royaux ; qu'il n'a jamais efté dit que la Police faffe partie de ces cas refervez ; qu'au contraire plufieurs de nos Coûtumes font mention, que la connoiffance des poids & mefures, & de la Voirie, appartient aux Seigneurs hauts Jufticiers ; qu'il en eft de même par une fuite, & une confequence neceffaire, de toutes les autres parties de la Police ; qu'en tout cas il faut diftinguer le droit de Police, qui confifte à faire des Reglemens, & qui n'appartient à la verité qu'au Roy, ou à fes Officiers, d'avec l'execution de ces mêmes Reglemens, dans les cas particuliers, dont la connoiffance a toûjours apartenu aux Juges ordinaires, chacun dans l'eftenduë de fon reffort ; qu'autrement il s'enfuivroit une infinité d'inconveniens, & l'impunité de la plus grande partie des fautes qui fe commettroient dans leurs Terres, par la difficulté qu'il y auroit d'avoir recours en toutes occafions à un Siege Royal, quelquefois éloigné de dix ou douze lieuës ; que la même Police demandant une continuelle attention, & fouvent des remedes inftans & preffez, il feroit du tout impoffible qu'un Juge Royal fi éloigné y puft pourvoir ; qu'enfin ils en eftoient en poffeffion.

Quelques-unes de ces conteftations portées au Parlement, Elles furent décidées pour la prévention & concurrence en faveur des Juges Royaux. Nous en avons un Arreft celebre du 16. Decembre 1561. contre M. l'Evêque de Soiffons, qui porte que le Seigneur Haut-Jufticier ne peut vendiquer un judiciable affigné pour fait de Police devant le Juge Royal.

Tous ces conflits qui eftoient formez tous les jours entre les Baillys, Senéchaux, & les Juges Royaux Subalternes, & entre ces Juftices Royales, & celles des Seigneurs, ne pouvoient pas manquer d'apporter beaucoup de troubles, & de confufion dans la Police. Les Juges eftant plus occupez à maintenir leur competence, & à fe défendre les uns des autres, qu'à remplir leurs devoirs, les interefts du Public fe trouvent totalement negligez : tant il eft vray qu'en matiere de Police & de gouvernement, la perfection ne fe trouve que dans l'unité. Les Eftats affemblez à Moulins, en porterent leurs plaintes au Roy. L'Edit qui fut fait alors par leurs avis au mois de Fevrier 1566. contient deux difpofitions pour remedier à ces inconveniens. La premiere concerne les Officiers Municipaux des Villes qui ont la Jurifdiction de Police : elle porte que les Maires, Efchevins, Confuls, « Capitouls, & Adminiftrateurs qui connoiffent « des matieres civiles, criminelles, & de Police, « continueront feulement l'exercice de la Police « & du criminel ; à quoy il left enjoint de fe « vacquer inceffamment & diligemment, & de « renvoyer les matieres civiles aux Juges ordinai- « res. «

La feconde difpofition porte, qu'à l'égard « des autres Villes dont la Police appartient aux « Officiers du Roy, ou à ceux des Seigneurs, qu'en « chacun Quartier, ou Parroiffe il feroit élu par les « Bourgeois un ou deux d'entr'eux, qui auroient « la Charge & Intendance de la Police; qu'ils « auroient le pouvoir de condamner, & de faire « executer jufqu'à foixante fols, nonobftant l'ap- « pel ;

Marginal notes (left column):
a L. 3. nam falutem ff. de Off. Præf. G. Vigil. Gloff. Paul. in eand. leg.

b L. 3 omnis C. de Off. Præf. Urb.

c L. 1 Deo Auct. 3. fed & G Cod. de veter. jur. enucl.

d Gloff. in L. final. de præfcrip. long. temper. Angel. de Peruf. & Alex. de Imola. in leg. de die 5. tutor. ff. qui fatif. cogantur.

e Lettres Patentes de Charles V. du 21 Sept 1372. livre rouge ancien fol. 72.
Lett. patentes de Charles VI. du 20. Janv. 1402. livre rouge ancien fol. 106.
Baquet des droits de Juftice ch. 18.

Marginal notes (right column):
Baquet des droits de Juftice. ch. 18.

» pel ; que neanmoins les plaintes de leurs Or-
» donnances seroient reçuës, & qu'il y seroit fait
» droit par les Juges ordinaires en l'assemblée
» de Police, qui seroit tenuë par-devant eux avec
» ces mêmes Bourgeois une fois la semaine ; qu'en
» cette assemblée ces Bourgeois Intendans de Po-
» lice, feroient rapport de ce qu'ils auroient fait,
» & de ce qu'ils estimeroient necessaire à l'avenir
» pour le bien de la Police. Le tout pour establir
» de l'uniformité entr'eux, & pour estre pourvû
» sur leurs rapports par les Juges ordinaires, ainsi
» qu'il appartiendroit.

Cette uniformité de conduite que l'on avoit
eu en vûë de restablir par cet Edit, comme l'u-
nique moyen de réüssir dans la Police, parut
dans la suite estre encore fort imparfaite. Ces
Bourgeois Intendans pouvoient bien à la verité
concerter entr'eux, & se conformer les uns aux
autres, dans les soins qui leur estoient confiez
pour l'execution des Ordonnances & des Reglemens : mais comme ils devoient faire leurs
rapports devant les Juges ausquels la connoissance de la Police appartenoit, la multiplicité
des Tribunaux qui avoient également cette prétention dans plusieurs Villes, estoit toûjours un
veritable obstacle au rétablissement de cette unité
si necessaire en matiere de gouvernement & de
Police. Ainsi cet Edit demeura sans aucun
fruit.

Il ne fut pas necessaire d'une fort longue
experience, pour connoistre la cause de cette
inutilité. Dés l'année suivante Charles IX. fit
assembler un Conseil à Paris, pour y remedier.
Les plaintes qui venoient de tous costez des
desordres, & du dereglement qu'il y avoit dans
la Police, depuis plusieurs années, & qui augmentoient tous les jours, y furent examinées.
Le Roy y pourvût par un Reglement arresté
en son Conseil le 4. Fevrier 1567. & confirmé
par Lettres Patentes du 23. Mars de la même année : M. de l'Hospital estoit alors Chancelier de
France ; cela dit beaucoup pour l'éloge de ce
Reglement : aussi voit-on en l'examinant, que
rien n'y fut oublié. Toutes les parties de la Police y sont traitées dans toute leur estenduë,
& avec la derniere exactitude : mais sur tout il
y a une disposition expresse pour restablir en
chaque Ville cette unité de Tribunal de Police,
jugée si necessaire dans tous les temps, & observée si religieusement par toutes les Nations bien
disciplinées. Cette disposition porte que ce qui
» a esté ordonné par l'Edit de Moulins, sera exe-
» cuté, mais que dans les lieux où il y a diversité
» d'Officiers de Police, il sera establi un certain
» lieu, & ordonné certain jour le mois pour s'as-
» sembler tous avec les Bourgeois élûs des Quar-
» tiers, ou Paroisses, & qu'en cette assemblée,
» chacun rapportera ce qui aura esté fait de part
» & d'autre, pour se conformer ensemble à même
» train & façon de faire, sans entrer en aucune
» diversité, ou contrarieté. Ce sont les propres
termes du Reglement.

La guerre civile qui se raluma en France trois
mois aprés ce Reglement, en arresta le progrés.
Aussi-tost que le calme fut restabli, le Roy en
renouvela & amplifia les dispositions par l'Edit
d'Amboise, du mois de Janvier 1572. Cet Edit
» porte, que les Ordonnances qui avoient esté
» faites sur le fait de la Police, tant par les Roys
» ses predecesseurs, que par luy, quoique tres-
» belles, estoient neanmoins demeurées inutiles
» & sans execution : que ce mal venoit du de-
» faut de personnes qui fussent chargez speciale-
» ment d'y vacquer, & d'en faire observer & en-

tretenir les Reglemens : que Sa Majesté en recevoit des plaintes continuelles de tous les endroits
du Royaume, & qu'aprés avoir deliberé plusieurs
fois avec la Reine sa Mere, les Princes du Sang,
les Seigneurs de sa Cour, & son Conseil ; il
avoit enfin arresté d'establir dans les Villes, certaines personnes notables commis & deputez
specialement pour la Police. Qu'à Paris l'un des
Presidens, & un Conseiller du Parlement, un
Maistre des Requestes, le Lieutenant Civil ou
Criminel, & en leur absence le Particulier, le
Prevost des Marchands, ou l'un des Echevins,
quatre notables Bourgeois non exerçant la marchandise, les Procureurs du Roy au Chastelet,
& à l'Hostel de Ville, s'assembleroient au Palais
en la Salle de la Chancellerie deux fois la Semaine, le Mardy & le Vendredy, depuis une
heure aprés midy jusques à cinq ; en laquelle
Assemblée pourroient aussi intervenir les Avocats
& Procureurs Generaux de Sa Majesté au Parlement, quand bon leur sembleroit, en la même
qualité que les autres Députez. Ausquels Députez le Roy donne puissance & autorité de mettre
taux aux vivres, de juger les rapports qui seroient faits par les Commissaires au Chastelet,
& de faire soigneusement garder & observer les
Ordonnances & Reglemens de Police ; que leurs
Jugemens seroient executez nonobstant l'appel,
& sans y prejudicier, jusqu'à quarante livres Parisis, & en dernier ressort, jusqu'à cent sols : que
lorsque les cas meriteroient punition corporelle, ils seroient renvoyez aux Juges ordinaires, & que l'un des Greffiers du Chastelet,
seroit nommé pour tenir la plume en cette assemblée, & en expedier les actes.

Que pour les autres Villes du Royaume où il y
a Parlement, le même ordre seroit suivi & gardé
au plus prés qu'il seroit possible.

Qu'à l'égard des Villes où il y a un Siege Royal,
il seroit commis six personnages notables, dont
les deux seroient Officiers, & les quatre autres
Bourgeois, qui seroient choisis de six mois en
six mois dans les assemblées des Villes, pour
s'assembler ces mêmes jours de Mardy & de Vendredy, & vaquer actuellement au fait & reglement de la Police dans toute l'estenduë de leur
ressort, ad instar de la Ville de Paris ; & que les
jugemens qu'ils rendroient, seroient executez
nonobstant l'appel, & sans y prejudicier, jusqu'à
vingt livres Parisis, & en dernier ressort, jusqu'à
quarante sols Parisis.

Et quant aux Seigneurs Hauts Justiciers, il
leur est enjoint de donner ordre au Reglement
de la Police de leurs Villes, Terres & Seigneuries, ainsi qu'ils connoistront estre necessaire
pour le bien & commodité de leurs Sujets, conformément néanmoins aux Declarations du Roy,
& s'accommodant au plus prés qu'il seroit possible, aux Reglemens faits par les Deputez des
Sieges Royaux.

A l'exception de Paris, il n'estoit fait aucune
mention des Juges ordinaires dans ce Reglement :
ils s'y trouvoient totalement dépossedez de la
Police, le plus beau de leur Charge : c'estoit
à la verité le fruit de leur division, ou de leur
negligence, mais il n'en estoit pas moins amer
pour eux.

Ces assemblées establies dans leurs Villes,
agissoient indépendamment d'eux ; le lieu où
elles devoient estre tenuës, n'estant point fixé
dans le Reglement, estoit choisi arbitrairement
par les Deputez, & jamais dans le lieu où se
rendoit la Justice ordinaire. Les Juges en porterent leurs plaintes au Roy : & comme ce trou-

ble dans une fubordination fi ancienne , & fi legitime , en apportoit neceffairement à l'ordre public ; Sa Majefté y pourvût par une Declaration du mois de Juillet de la même année 1572. elle porte :

,, Que dans les lieux où il n'y a aucune Séance ,, de Parlement , la Police fe tiendroit & exerce- ,, roit au lieu où la Juftice ordinaire tenoit fes ,, Seances. Que le Juge ordinaire , ou fon Lieute- ,, nant auquel la Police appartenoit d'ancienneté , ,, pourroit y affifter encore qu'il ne fuft du nombre ,, des élûs. Qu'en cette affemblée , celuy des Offi- ,, ciers du Roy qui feroit de plus grande qualité ,, auroit la preféance. Que les Avocats & Procu- ,, reurs de Sa Majefté , poutroient y intervenir ,, pour faire les requifitions qu'ils jugeroient à ,, propos. Que les Deputez pourroient bien infor- ,, mer des contraventions , & en faire leurs rapports ,, à l'affemblée , pour y eftre pourvû fur les Con- ,, clufions du Procureur du Roy ; mais que toutes ,, les vifitations neceffaires pour l'execution de la ,, Police , feroient faites par le Juge ordinaire , & ,, que les actes en feroient reçûs & expediez par fon ,, Greffier.

Ces Tribunaux extraordinaires, compofez de tant de perfonnes de differentes qualitez , ne furent eftablis qu'en certaines Villes , & avec beaucoup de peine. La difficulté de trouver tous les fix mois de nouveaux Sujets capables de cet employ , de les affembler autant de fois qu'il eftoit neceffaire , & encore plus celle d'accorder tant d'efprits , fouvent fi partagez de fentimens ou d'interefts , furent autant d'obftacles au bien de la Police. Ce fut auffi ce qui détermina d'en abolir l'ufage à Paris dés l'année fuivante , par une Declaration du 10. Septembre 1573. qui ren- ,, voya la Police au Chaftelet , & à l'Hoftel de Ville ,, chacun en droit foy.

Les troubles qui agitoient alors la France, em- pêcherent de perfectionner cette reforme , & de s'eftendre jufques dans les Provinces. La paix qui fut faite au mois de Septembre 1577. mit encore une fois en eftat de donner toute l'atten- tion neceffaire au reftabliffement de la Police. Henry III. fit tenir en fa prefence plufieurs Con- feils à Paris fur ce fujet. Un Reglement general , qui fut fait le 21. Novembre de la même année, confirmé par Lettres Patentes du même jour , nous en apprend le refultat. Les difpofitions qu'il contient , renouvellent toutes celles du Regle- ment de l'an 1567. mais fur-tout elles reftablif- fent les Juges ordinaires dans leur ancien droit, de connoiftre de la Police ; elles reduifent les Bourgeois eftablis en chaque quartier pour y te- nir la main , à la feule competence de condam- ner en foixante fols d'amende pour les fautes legeres , & de faire leurs rapports des fautes plus graves aux Juges qui en devoient connoiftre. Ce Reglement pourvoit neanmoins à maintenir en chaque lieu l'unité de Tribunal , par une difpo- fition expreffe. Comme la Police de Paris avoit efté renvoyée au Chaftelet , & à l'Hoftel de Ville par la Declaration du 10. Septembre 1573. il y avoit eu depuis ce temps de la divifion. Pour remedier à un auffi grand inconvenient , ce Re- ,, glement porte , qu'un jour de chaque Semaine ,, la Police fe tiendra au Chaftelet pardevant le ,, Prevoft de Paris , ou fes Lieutenans ; & le Roy ,, ordonne au Prevoft des Marchands , aux Eche- ,, vins , & à fon Procureur en l'Hoftel de Ville , ou ,, l'un d'eux de s'y trouver , pour affifter & eftre ,, prefens à ce qui concerne le fait de la Police; ,, qu'en cette affemblée fera fait rapport de ce qui ,, aura efté fait , ou ce qu'il fera befoin de faire ,

pour fe conformer les uns aux autres , & y eftre « pourvû par la Juftice ordinaire. Que le fembla- « ble fera obfervé aux petites Villes , & que les « Bourgeois élus pour tenir la main à l'execution « des Reglemens de Police , feront le ferment par- « devant les Juges Royaux , ou des Seigneurs « Hauts-Jufticiers. Que les Lieutenans & Confeil- « lers des Sieges ordinaires de la Juftice donne- « ront aide & affiftance publique aux Marchez & « ailleurs , une ou deux fois le mois , & plus fou- « vent , fi la neceffité le requiert , pour fupporter « & autorifer les Bourgeois & Officiers de Police; « & qu'enfin pour parvenir à cette unité de Tri- « bunal , ad inftar de Paris , dans tous les « lieux où il y aura diverfité d'Officiers de Police, « fera eftably certain lieu , & ordonné certain jour « le mois , pour s'affembler avec les Bourgeois « élûs les Quartiers , ou Parroiffes; qu'en cette « affemblée l'on rapportera , & l'on conferera ce qui « aura efté fait de part & d'autre , pour fe confor- « mer au même train & façon de Police , fans en- « trer en aucune diverfité ou contrarieté. Ce font « encore une fois les mêmes termes du Reglement « de 1567. renouvellé & confirmé par celuy-cy. «

Les Juges ordinaires reftablis dans leurs droits & dans leurs fonctions , renouvellerent leurs an- ciens differens entr'eux : les Baillys & Senéchaux traverferent de nouveau les Prevofts , & autres Juges Subalternes des Juftices Royales. Les plaintes que ceux-cy en porterent au Roy , don- nerent lieu à un Edit du mois de Decembre 1581. par lequel il eft défendu aux Baillis & Senéchaux , « leurs Lieutenans , & aux Gens tenans les Sieges « Prefidiaux , d'entreprendre aucune connoif- « fance , foit par prévention , ou autrement , des « caufes & matieres civiles , criminelles , ou de Po- « lice, dont la connoiffance appartient aux Prevofts, « & Juges ordinaires. «

Tous ces changemens arrivez dans l'adminiftra- tion de la Police , donnerent lieu à deux de nos plus habiles Jurifconfultes , Bacquet , & Loifeau , d'approfondir cette matiere. Ils ont rapporté l'un & l'autre , toutes les raifons , & toutes les auto- Bacquet traité des ritez pour & contre les prétentions reciproques droits de Juftice des differens Tribunaux : ils en ont fait une ch.16. 27. & 28. ample difcuffion ; & enfin font convenus , qu'il Loifeau traité des faut diftinguer dans la Police le droit de faire Seigneuries. c. 9. des Reglemens , d'avec l'execution & la connoif- fance des contraventions. Qu'il n'appartient qu'- « au Roy , ou à fes Parlemens , de faire des Regle- « glemens qui concernent la Police generale & « univerfelle du Royaume ; que par cette fubor- « dination à cet ordre general , il n'appartient auffi « qu'au Bailly , ou Senéchal , Premier Juge ordi- « naire de chaque Province , de faire des Regle- « mens qui concernent toute la Province , & au « Juge principal de chaque Ville , foit Royal , « ou autre , d'en faire pour la Police , qui doit « eftre obfervée en particulier dans fa Ville & les « Faux-bourgs : bien entendu que les Reglemens « du Magiftrat de la Province , ou de celuy de la « Ville particuliere , ne contiendront rien de con- « traire au Reglement general & univerfel du Roy, « ou du Parlement. «

Qu'à l'égard de l'exécution des Reglemens de « Police , & de la connoiffance des contraventions « ils conviennent qu'elle appartient aux Juges or- « dinaires en premiere inftance , foit Royaux , ou « autres , mais qu'il faut diftinguer deux fortes de « lieux. Les uns où il n'y a qu'un feul Tribunal ; « auquel cas , nulle difficulté que cette execution « des Reglemens de Police luy appartient , & que « le Tribunal fuperieur n'a pas droit de l'y trou- « bler , foit par prévention ou autrement. Les « autres

autres lieux font ceux où il y a plusieurs Justices. A l'égard de ceux-cy, ces deux celebres Autheurs entrant dans l'esprit, & dans les dispositions des Réglemens, demeurent d'accord
" que la Police ne se peut point partager entr'eux
" sans de tres-grands inconveniens; qu'ainsi pour
" maintenir une bonne discipline, & l'ordre pu-
" blic en toutes choses, le premier ou principal
" de ces Tribunaux, qui a toujours seul la Police
" generale, doit aussi avoir pour l'execution, &
" pour la Police particuliere, la prévention, &
" la concurrence avec tous les autres.

C'est en effet l'estat present de nostre Jurisprudence sur le fait de la Police. Il n'y a pas lieu d'en douter depuis qu'il a plû au Roy de l'autoriser par cet Édit celebre du mois de Decembre 1666. pour le restablissement de la Police de Paris. Il y en a une clause expresse, qui
" porte que le Roy veut & ordonne que la Poli-
ce generale soit faite par les Officiers ordinai- «
res du Chastelet, en tous les lieux prétendus «
privilegiez, ainsi que dans les autres quartiers «
de la Ville, sans aucune difference ny distinction. «
Qu'à l'égard de la Police particuliere, elle sera «
faite par les Officiers qui auront prévenu; & «
qu'en cas de concurrence, la preference appar- «
tiendra au Prevost de Paris. Toutes les autres «
Villes du Royaume doivent se former sur ce modele de la Capitale. C'est une Loy qui leur est imposée de tout temps. Les Réglemens generaux des 4. Février 1567. & 21. Novembre 1577. le portent expressément. Tout ce qu'il a plû au Roy de faire dans ces derniers temps pour perfectionner toujours de plus en plus l'ordre public, & la Police des Provinces, fait bien connoistre que c'est l'intention de Sa Majesté, que cette unité de Tribunal soit inviolablement gardée.

CHAPITRE   V.

Lieutenans Generaux, Procureurs du Roy, Commissaires, & autres Officiers de Police establis dans les Provinces; Reglemens qui ont esté faits pour les maintenir dans leurs fonctions; & leurs prerogatives.

L'Establissement d'un Lieutenant General de Police à Paris a eu des suites si avantageuses au service du Roy, & à l'ordre public de cette grande Ville, que toutes les Provinces desiroient il y a long-temps d'y participer. Sa Majesté toujours appliquée à perfectionner tout ce qui peut rendre ses peuples heureux, a enfin remply leur attente, par la création des Lieutenans Generaux de Police dans toutes les Jurisdictions Royales du Royaume. L'Edit en fut expedié à Versailles au mois d'Octobre 1699. Il

a esté suivi d'un autre Edit du mois de Novembre de la même année, portant aussi création de Procureurs du Roy, de Commissaires, de Greffiers, & d'Huissiers pour la Police. Il y a eu depuis plusieurs Réglemens, pour maintenir ces nouveaux Magistrats dans leurs fonctions, & dans leurs prerogatives contre les autres Officiers qui avoient entrepris de les traverser. Nous les rapporterons dans toute leur estenduë. Il n'y a pas une seule de leurs dispositions qui puisse estre retranchée, & dont la connoissance ne soit necessaire.

I
Octobre
1699. Edit
de création
des Lieute-
nans Gene-
raux de Po-
lice, registré
au Parle-
ment le 16.
du même
mois d'Octo-
bre.

LOUIS, par la grace de Dieu, Roy de France, & de Navarre: A tous presens, & à venir, Salut. Par nostre Edit du mois de Mars 1667. Nous avons créé, & érigé en titre d'Office un nostre Conseiller Lieutenant General de Police en nostre bonne Ville, & Fauxbourgs de Paris, pour y exercer la Police separément d'avec la Charge de Lieutenant Civil en nostre Chastelet, suivant qu'il a esté reglé par ledit Edit. L'avantage qu'ont receu les Bourgeois de nostredite Ville de Paris de cet establissement, Nous a paru si considerable, que Nous avons crû devoir le procurer à tous nos autres Sujets, en establissant un semblable Office en chacune des Villes, & lieux de nostre Royaume où l'establissement en sera jugé necessaire: Mais comme Nous sommes informez qu'il a déja esté créé par les Roys nos Predecesseurs de pareils Offices dont les fonctions n'ont jamais esté bien reglées, & qui dans la plupart des lieux se trouvent aujourd'huy reünis à d'autres Offices, dont les fonctions sont seules capables d'occuper ceux qui en sont pourvûs, en sorte que celles de la Police se trouvent entierement negligées au grand préjudice de nos Sujets; Nous avons jugé à propos de les supprimer, & de pourvoir au remboursement des Finances qui auront esté payées, afin de rendre l'establissement desdits nouveaux Offices uniforme dans toute l'estenduë de nostre Royaume, Pays, Terres, & Seigneuries de nostre obeïssance. A CES CAUSES, & autres à ce Nous mouvans, de nostre certaine science, pleine puissance, & autorité Royale, Nous avons par le present Edit perpetuel, & irrevocable, esteint, & supprimé, esteignons, & supprimons les estats, & Offices de nos Conseillers Lieutenans Generaux de Police, cy-devant créez dans toutes les Villes de nostre Royaume, à l'exception de nostre bonne Ville de Paris, soit que lesdits Offices soient possedez par des Titulaires en réünis à d'autres Corps d'Offices, ou aux Hostels de Ville. Voulons que les Proprietaires d'iceux rapportent incessamment en nostre Conseil leurs titres de proprieté, pour estre procedé à la liquidation de leur Finance, & pourvû à leur remboursement: Et du même pouvoir, & autorité que dessus, Nous avons créé, & érigé, créons, & érigeons en titre d'Office formé, & hereditaire, un nostre Conseiller Lieutenant General de Police dans chacune des Villes, & lieux de nostre Royaume, Pays, Terres, & Seigneuries de nostre obeïssance, où il y a Parlement, Cour des Aydes, Chambre des Comptes, Sieges Presidiaux, Bailliages, Senéchaussées, ou autres Jurisdictions Royales, pour en faire les fonctions ainsi que nostre Lieutenant General de Police, créé pour nostre bonne Ville de Paris, par nostre Edit du mois de Mars 1667. à l'instar duquel Nous avons créé par le present Edit lesdits Offices, dont les pourvûs

vûs auront entrée, rang, & féance dans les Bailliages, & autres Jurifdictions Royales des lieux où ils feront établis, immediatement aprés les Lieutenans Generaux, ou autres premiers Juges, & voix deliberative, ainſi que tous les autres Officiers deſdits Sieges. Et afin que leurs fonctions ſoient certaines, & ne puiſſent leur eſtre conteſtées, Nous voulons, & ordonnons que leſdits Lieutenans Generaux de Police connoiſſent de tout ce qui concernera la ſeureté des Villes, & lieux où ils feront établis ; du port d'armes prohibé par nos Ordonnances ; du nettoyement des rües, & places publiques ; de l'entretenement des Lanternes dans les Villes où l'établiſſement en a eſté fait, circonſtances, & dépendances ; de toutes les proviſions neceſſaires pour la ſubſiſtance deſdites Villes, des amas, & magaſins qui en ſeront faits, du taux, & prix des denrées ; auront la viſite des Halles, Foires, & Marchez, des Hoſtelleries, Auberges, Maiſons-Garnies, Cabareſts, Caſſez, Tabacs, & autres lieux publics ; auront la connoiſſance des aſſemblées illicites, ſeditions, tumultes, & deſordres qui arriveront à l'occaſion d'icelles ; des Manufactures, & dépendances d'icelles, des Elections des Maiſtres Jurez de chacun Corps de Marchands, & Meſtiers, des Brevets d'Apprentiſſage, & Reception des Maiſtres, des Rapports, & Procés Verbaux de Viſite des Jurez, & de l'execution des Statuts, & Reglemens des Arts, & Meſtiers ; donneront tous les ordres neceſſaires dans les cas d'incendies ou inondations ; feront l'Etalonage des poids, balances, & meſures des Marchands, & Artiſans deſdites Villes, & Fauxbourgs d'icelles, à l'excluſion de tous autres Juges ; connoiſtront de l'execution de noſtre Declaration du dernier Aouſt 1699. touchant le trafic des bleds ; recevront le Serment de ceux qui voudront faire le trafic deſdits bleds, & autres grains, à l'excluſion de tous nos autres Juges, auſquels Nous en interdiſons la connoiſſance. Connoiſtront auſſi des contraventions qui ſeront commiſes à l'execution des Ordonnances, Statuts, & Reglemens faits pour le fait de l'Imprimerie, & de la Librairie ; Seront tenus les Prevoſts des Mareſchaux, Vice-Baillys, leurs Lieutenans, Exempts & Archers, Huiſſiers & Sergens d'executer les Ordres, & Mandemens deſdits Lieutenans de Police ; Comme auſſi les Bourgeois & Habitans deſdites Villes de preſter main-forte à l'execution de leurs Ordres, & Mandemens, toutefois & quantes qu'ils en ſeront requis : Aſſiſteront à toutes les Aſſemblées de Villes, & y auront voix deliberative : parapheront tous les buletins qui ſeront délivrez par les Jurats, Capitouls, Conſuls, Maires, & Eſchevins pour les Logemens de Gens de Guerre ; & generalement appartiendra auſdits Lieutenans Generaux de Police l'execution de toutes les Ordonnances, Arreſts, & Reglemens, concernant le fait d'icelle, circonſtances, & dépendances, pour en faire les fonctions en la même forme, & maniere que fait le Lieutenant General de Police de noſtre dite Ville de Paris. Auront leſdits Lieutenans Generaux de Police, leur Siege ordinaire dans le Palais, ou Auditoire de chacune Ville où ils tiendront leurs Audiences aux jours, & heures qu'ils trouveront plus convenables, & joüiront des mêmes honneurs, prerogatives, privileges, droits, & autres avantages dont joüiſſent les Lieutenans Generaux deſdits Preſidiaux, Bailliages, & Senéchauſſées, même de l'exemption des Tailles, Subſides, Logemens de Gens de Guerre, Tutelles, Curatelles, & Nomination d'icelles, du ſervice du Ban, & Arriere-Ban, & generalement de toutes Charges publiques, du droit de Committimus, & d'un Franc-Sallé que Nous avons fixé ; Sçavoir, pour ceux qui ſeront établis dans les Villes où il y a Parlement ou autres Cours Superieures, à un Minot, & dans les autres Villes, & lieux un demy Minot qui leur ſeront délivrez en la maniere ordinaire. Leur avons en outre attribué, & attribuons la ſomme de cent trente-trois mille trois cens trente-trois livres ſix ſols huit deniers de gages effectifs à départir entr'eux, ſuivant les Rolles qui en ſeront arreſtez en noſtre Conſeil, à prendre ſur les revenans bons, tant des deniers patrimoniaux, & d'Octroy des Villes, & Communautez où ils ſeront établis, que des fonds qui s'impoſent en aucunes de nos Provinces, ſur les gages des Officiers deſdites Villes, & Communautez aprés les Charges ordinaires acquittées ; Et au defaut des fonds ſur ceux qui ſeront par Nous ordonnez, dont ſera fait employ dans nos Eſtats, & le payement leur en ſera fait par les Receveurs deſdits Octroys, & deniers patrimoniaux deſdites Villes, & Communautez, ou par les Receveurs Generaux de nos Finances, ou autres qui en ſeront chargez ſur leurs ſimples quittances qui ſeront paſſées, & alloüées ſans difficulté dans la dépenſe des Comptes deſdits Receveurs par tout où beſoin ſera ; Voulons que toutes Proviſions ſoient expediées au profit des Acquereurs ſur les Quittances de Finance qui leur ſeront délivrées par le Treſorier de nos Revenus Caſuels en exercice ; & celle des deux ſols pour livre qui leur ſeront délivrées par celuy qui ſera par Nous prépoſé pour l'execution du preſent Edit ; Ordonnons aux Officiers de nos Cours de Parlement de proceder inceſſamment à la reception deſdits Lieutenans Generaux de Police en la maniere accoûtumée auſſi-toſt qu'il leur apparoiſtra de nos Lettres de Proviſions. SI DONNONS EN MANDEMENT à nos amez, & ſeaux Conſeillers les Gens tenant noſtre Cour de Parlement, Chambre de nos Comptes, & Cour des Aydes à Paris, que ces Preſentes ils ayent à faire lire, publier, regiſtrer, même en temps de Vacations, & le contenu en icelles executer ſelon leur forme, & teneur, ceſſant, & faiſant ceſſer tous troubles, & empêchemens qui pourroient eſtre mis ou donnez, nonobſtant tous Edits, Déclarations, & autres choſes à ce contraires, auſquels Nous avons dérogé, & dérogeons, même à noſtre Edit du mois d'Aouſt 1692. portant création des Maires en ce qui ſe trouvera contraire à ces preſentes, aux copies deſquelles collationnées par l'un de nos amez & ſeaux Conſeillers, & Secretaires, Voulons que foy ſoit ajoûtée comme à l'original : CAR tel eſt noſtre plaiſir, & afin que ce ſoit choſe ferme, & ſtable à toujours, Nous y avons fait mettre noſtre ſcel. DONNE' à Fontainebleau au mois d'Octobre l'an de grace mil ſix cens quatre-vingt-dix-neuf ; Et de noſtre Regne le cinquante-ſeptiéme, ſigné LOUIS ; Et plus bas, par le Roy PHELYPPEAUX. Viſa PHELYPPEAUX. Et encore plus bas, Veu au Conſeil CHAMILLARD. Et ſcellées du grand Sceau de cire verte.

II.
Novembre
1699. Edit
de création

LOUIS, par la grace de Dieu, Roy de France, & de Navarre : A tous preſens, & à venir, Salut. Nous avons par noſtre Edit du mois d'Octobre dernier, créé, & érigé en Titre d'Offices hereditaires des Lieutenans Generaux de Police dans toutes les Villes, & lieux de noſtre Royaume, où il y a Parlement, Cour des Aydes, Chambre de nos Comptes, Sieges Preſidiaux,

Bailliages,

des Procu-
reurs du Roy,
Commiſſai-
res, Gref-
fiers, & Hui-
ſſiers de Poli-
ce, regiſtré
au Parle-
ment le 28.
du même
mois.

Bailliages, Senéchauſſées, & autres Juriſdictions Royales, pour y avoir à l'avenir, à l'excluſion de tous autres Officiers l'entiere adminiſtration de la Police, & en faire toutes les fonctions, ainſi que fait le Lieutenant General de Police de noſtre bonne Ville de Paris, & Nous avons lieu d'attendre du ſoin, & de l'application de ceux que Nous pourvoirons de ces Charges également importantes pour le bien de noſtre ſervice, & le repos de nos Sujets, le rétabliſſement du bon ordre, & le retranchement des abus qui ſe ſont gliſſez juſqu'à preſent dans le Gouvernement de la Police ; mais Nous ſommes informez que pour mettre ces Officiers en eſtat de remplir toutes leurs fonctions à la ſatisfaction du Public, & la noſtre, il eſt indiſpenſable d'eſtablir des Officiers qui puiſſent requerir devant eux tout ce qui concernera l'utilité publique qu la noſtre particuliere ; des Greffiers qui reçoivent leurs Ordonnances, & en délivrent les Expeditions, & des Huiſſiers qui les ſignifient, & les mettent à execution avec toute la celerité requiſe, même dans les Villes principales de noſtre Royaume, des Commiſſaires qui veillent ſous leurs ordres à tout ce qui regarde la Police, ainſi que ceux de noſtre Chaſtelet de Paris font ſous les ordres du Lieutenant General de Police de noſtredite Ville. A ces causes, & autres à ce Nous mouvans, & de noſtre certaine ſcience, pleine puiſſance, & autorité Royale, Nous avons par noſtre preſent Edit, perpetuel, & irrevocable, créé, & érigé en titre d'Offices formez hereditaires en chacune des Villes, & lieux de noſtre Royaume où l'eſtabliſſement de ceux de Lieutenans Generaux de Police ſera fait en conſequence dudit Edit du mois d'Octobre dernier, des Offices de nos Procureurs, pour aſſiſter à toutes les Audiances qui ſeront tenuës ſur le fait de la Police, prendre communication de toutes les affaires qui y ſeront portées, & y requerir tout'ce qu'ils jugeront de plus convenable ſoit au bien de noſtre Service, ou à l'utilité publique, ainſi que font tous nos autres Procureurs en toutes nos Cours, & Sieges de noſtre Royaume; même au cas d'abſence ou de legitime empêchement deſdits Lieutenans Generaux de Police, rendre toutes les Ordonnances, & faire toutes les fonctions portées par noſtredit Edit, ainſi que feroient leſdits Lieutenans Generaux; Auront noſdits Procureurs rang, & ſeance en toutes Aſſemblées publiques aprés nos Procureurs des Bailliages, Senéchauſſées, & autres Juſtices Royales ordinaires, & jouïront ainſi que les Lieutenans Generaux de Police de l'exemption de Tailles, logement de Gens de Guerre, Tutelles, Curatelles, Nomination d'icelles, ſervice du Ban, & Arriere-Ban, & autres Charges publiques, & de pareil droit de Franc-ſalé ; dont jouïront les Lieutenans Generaux de Police des lieux où ils ſont eſtablis. Avons en outre créé, & érigé en titre d'Offices formez hereditaires dans tous les lieux cy-deſſus, des Greffiers pour recevoir les Ordonnances de Police, qui ſeront renduës par leſdits Lieutenans Generaux de Police, & en leur abſence par noſdits Procureurs, & en délivrer les expeditions aux Parties, aux mêmes droits, & émolumens dont jouïſſent les Greffiers des Bailliages, & autres Juriſdictions Royales des lieux où ils ſeront eſtablis ; & des Huiſſiers Audianciers, pour donner toutes Aſſignations en fait de Police, ſoit à la Requeſte de nos Procureurs ou des Parties Civiles, ſignifier les Ordonnances, & les mettre à execution, & ce privativement, & à l'excluſion de tous autres Huiſſiers, & Sergens, avec faculté d'exploiter en toutes autres affaires, concurremment avec eux: Et par le même preſent Edit, Nous avons pareillement créé, & érigé, créons, & érigeons en titre d'Offices formez, & hereditaires, des Commiſſaires de Police, pour eſtre eſtablis dans les Villes principales de noſtre Royaume, où Nous en jugerons l'eſtabliſſement neceſſaire, & au nombre qui ſera fixé par les Rôlles que Nous ferons arreſter en noſtre Conſeil, dont la fonction conſiſtera à faire executer les ordres, & mandemens des Lieutenans Generaux de Police, faire le rapport de tout ce qui concernera la Police, & generalement toutes les autres fonctions que font nos Commiſſaires, les Commiſſaires de noſtre Chaſtelet de Paris, ſous le Lieutenant General de Police de noſtredite Ville ; & jouïront pour cet effet des droits, & émolumens qui ſeront fixez par le Tarif qui en ſera arreſté en noſtre Conſeil, & d'un quart des Amendes qui Nous ſeront adjugées ſur le fait de Police, leſquels recevront des mains des Receveurs des Amendes, & dont ils ſeront Bourſe-commune entr'eux. Voulons, que tant leſdits Commiſſaires, que leſdits Greffiers, & Huiſſiers, jouïſſent de l'exemption de logement de Gens de Guerre, Tutelle, Curatelle, & nomination d'icelle: Et pour mettre tous leſdits Officiers créez par le preſent Edit, en eſtat de s'acquitter de leurs fonctions, avec plus d'honneur, & de déſintereſſement, Nous leur avons attribué, & attribuons cent mille livres de gages effectifs, qui ſeront diſtribuez entr'eux par les Rôlles qui ſeront arreſtez en noſtre Conſeil, & ſur les mêmes fonds ſur leſquels ſeront payez ceux de noſdits Lieutenans Generaux de Police: Déclarons, tant les Charges de Lieutenans Generaux de Police creées par ledit Edit du mois d'Octobre dernier, que celles creées par le preſent Edit, compatibles avec tous Offices de Judicatures, & autres de quelque nature qu'ils ſoient. Voulons qu'il ſoit inceſſamment pourvû à tous leſdits Offices, de perſonnes capables, ſur les Quittances du Treſorier de nos Revenus Caſuels, & celles de deux ſols pour livre qui leur ſeront délivrées par celuy qui ſera par Nous chargé de l'execution du preſent Edit, en payant les Droits de Marc d'or, & de Sceau, qui ſeront par Nous reglez. Si donnons en mandement, à nos amez, & feaux Conſeillers, les Gens tenans noſtre Cour de Parlement, Chambre de nos Comptes, & Cour des Aydes à Paris, que ces Preſentes ils ayent à faire lire, publier, & regiſtrer; le contenu en icelles exécuter ſelon leur forme, & teneur; ceſſant, & faiſant ceſſer tous troubles, & empêchemens qui pourroient eſtre mis ou donnez, nonobſtant tous Edits, Déclarations, & autres choſes à ce contraires, auſquels Nous avons dérogé, & dérogeons par ces Preſentes ; aux copies deſquelles collationnées par l'un de nos amez, & feaux Conſeillers, & Secretaires, Voulons que foy ſoit ajouſtée comme à l'Original : Car tel eſt noſtre plaiſir. Et afin que ce ſoit choſe ferme, & ſtable à toujours, Nous y avons fait mettre noſtre Scel. Donne' à Verſailles au mois de Novembre, l'an de Grace mil ſix cens quatre-vingt-dix-neuf: Et de noſtre Regne le cinquante-ſeptième. Signé, LOUIS; Et plus bas, par le Roy, PHELYPEAUX: Et ſcellé du grand Sceau de cire verte.

III.
22. Decemb.
1699. Déclaration du Roy, qui regle l'âge des Officiers de Police des Provinces, regiftrée au Parlement le 2. Janvier 1700.

LOUIS, par la grace de Dieu, Roy de France, & de Navarre: A tous ceux qui ces Prefentes Lettres verront, Salut. Par nos Edits des mois d'Octobre, & Novembre derniers, Nous avons créé, & érigé dans toutes les Villes, & lieux où la Juftice Nous appartient, tous les Officiers neceffaires pour l'exercice de la Police; &Nous avons depuis efté informez par ceux que Nous avons chargé de la vente defdits Offices, qu'il feroit neceffaire qu'il Nous pluft expliquer noftre intention fur l'âge que les Acquereurs defdits Offices doivent avoir pour en eftre pourvûs, & en faire les fonctions. A CES CAUSES, & autres à ce Nous mouvans, & de noftre certaine fcience, pleine puiffance, & autorité Royale, Nous avons par ces Prefentes fignées de noftre main, dit, & ordonné, difons, & ordonnons, Voulons, & nous plaift, que toutes Provifions neceffaires foient expediées, & délivrées aux Acquereurs des Offices créez par nofdits Edits, pourvû qu'ils ayent atteint l'âge; fçavoir pour les Offices de Lieutenant Generaux de Police, ou de nos Procureurs, de vingt-cinq ans, & pour ceux des Commiffaires, Greffiers, & Huiffiers, vingt ans. Si DONNONS EN MANDEMENT à nos amez, & feaux Confeillers les Gens tenans noftre Cour de Parlement de Paris, que ces Prefentes ils ayent à faire lire, publier, & le contenu en icelles executer felon leur forme, & teneur; nonobftant tous Edits, Declarations, & autres chofes à ce contraires, aufquels Nous avons dérogé, & dérogeons par ces Prefentes: aux copies defquelles collationnées par l'un de nos amez, & feaux Confeillers, & Secretaires, Voulons que foy foit ajouftée comme à l'Original: CAR tel eft noftre Plaifir; En témoin de' quoy Nous avons fait mettre noftre Scel à cefdites Prefentes. DONNE' à Verfailles le vingt-deuxiéme jour de Decembre mil fix cens quatre-vingt-dix-neuf, & de noftre Regne le cinquante-feptiéme. Signé, LOUIS; Et fur le reply, Par le Roy PHELYPEAUX. Et fcellée du grand Sceau de cire jaune.

IV.
29. Decemb.
1699. Déclaration concernant les Officiers de Police dans l'eftenduë de l'Appanage de Monfieur, Regiftrée au Parlement, le 2. Janvier 1700.

LOUIS, par la grace de Dieu, Roy de France, & de Navarre: A tous ceux qui ces Prefentes Lettres verront, Salut. Nous avons par nos Edits des mois d'Octobre, & Novembre derniers, créé, & érigé en titre d'Offices formez hereditaires tous les Officiers neceffaires pour l'exercice de la Police dans les Villes, & lieux dont la Juftice Nous appartient; Mais noftre tres-cher Frere le Duc d'Orleans Nous ayant fait remontrer, que l'eftabliffement des Offices de Lieutenans Generaux de Police, & des Procureurs pour Nous dans l'eftenduë de fon Appanage, avec l'heredité que Nous leur avons attribuée, luy cauferoit un préjudice confiderable, en ce que les Charges de tous les Officiers des Bailliages, & autres Juftices Royales à qui la connoiffance du fait de Police avoit cy-devant appartenu, fe trouvant confiderablement diminuées de valeur, le droit de Nomination que Nous luy avons accordé aufdites Charges en fouffriroit une notable diminution, Nous avons refolu de pourvoir à fon indemnité, & pour cet effet de déclarer lefdits Offices cafuels dans l'eftenduë de l'Appanage de noftredit Frere le Duc d'Orleans, & luy en accorder à l'avenir la Nomination, ainfi que de tous les autres Offices de pareille nature. A CES CAUSES, & autres à ce Nous mouvans, & de noftre certaine fcience, pleine puiffance, & autorité Royale, Nous avons par ces prefentes fignées de noftre main, dit & ordonné, difons & ordonnons, Voulons & Nous plaift, que les Offices de Lieutenans Generaux, Procureurs pour Nous, & autres Officiers de Police créez par nofdits Edits des mois d'Octobre, & Novembre derniers, foient eftablis dans toutes les Villes de l'Appanage de noftredit Frere le Duc d'Orleans, où l'eftabliffement en a efté ordonné par nos Edits: Déclarons ceux de Lieutenans Generaux, & de nos Procureurs cafuels dans l'eftenduë dudit Appanage: Voulons que ceux qui en feront cy-aprés pourvûs, Nous en payent la premiere finance, & à noftredit Frere le droit annuel à l'avenir, fuivant l'évaluation qui en fera par Nous faite; faute de quoy lefdits Offices demeureront vacans à fon profit: auquel effet Nous avons dérogé, & dérogeons à cet égard à nofdits Edits, lefquels Nous voulons au furplus eftre executez felon leur forme & teneur. SI DONNONS EN MANDEMENT à nos amez, & feaux Confeillers, les Gens tenans noftre Cour de Parlement à Paris, que ces Prefentes ils ayent à faire lire, publier, & regifter, & le contenu en icelles executer felon leur forme, & teneur, nonobftant tous Edits, Déclarations, & autres chofes à ce contraires, aufquelles Nous avons dérogé, & dérogeons par ces Prefentes: aux copies defquelles collationnées par l'un de nos amez, & feaux Confeillers, & Secretaires; Voulons que foy foit ajouftée comme à l'Original: CAR tel eft noftre plaifir; En témoin de quoy Nous avons fait mettre noftre Scel à cefdites Prefentes. DONNE' à Verfailles le vingt-neuviéme jour de Decembre, mil fix cens quatre-vingt-dix-neuf; Et de noftre Regne le cinquante-feptiéme. Signé, LOUIS; Et plus bas, par le Roy, PHELYPEAUX. Et fcellée du grand Sceau de cire jaune.

V.
30. Janvier 1700. Arreft du Confeil, qui regle le rang & la féance du Lieutenant General de Police d'Orleans.

SUR la Requefte prefentée au Roy en fon Confeil, par Elie de la Fonds Lieutenant General de Police, Prevoft de la Ville d'Orleans, CONTENANT, Qu'il a plû à Sa Majefté, par Arreft du Confeil du cinquiéme du prefent mois, de réunir, & incorporer à fondit Office de Prevoft d'Orleans, celuy de Lieutenant General de Police, créé par Edit du mois d'Octobre dernier, pour en joüir conformément audit Edit, fans eftre tenu de prendre de nouvelles Provifions, & de prefter nouveau Serment; & comme il eft porté par cet Edit, que les pourvûs defdits Offices de Lieutenans Generaux de Police auroient entrée, rang, & féance dans les Bailliages, & autres Jurifdictions Royales des lieux où ils feront eftablis, immédiatement aprés les Lieutenans Generaux, ou autres premiers Juges: Ledit Sieur de la Fonds a requis le Sieur Curault Prefident ancien, & Lieutenant General au Bailliage, & Siege Prefidial d'Orleans, de luy donner féance dans ledit Siege immediatement aprés luy, au deffus du Sieur Thoinard Lieutenant Criminel; à quoy ledit Sieur Thoinard s'eft oppofé, prétendant eftre Lieutenant General Criminel, quoy que fon Edit de création ne luy donne point cette qualité; au contraire par Arreft du Confeil du mois de May 1685. rendu entre ledit Sieur Curault Lieutenant General, & le Sieur Cahoüet Prédeceffeur du Sieur Thoinard, la qualité de Lieutenant Criminel a efté reglée, avec défenfes audit Sieur Cahoüet de prendre la qualité de Lieutenant General Criminel. D'ailleurs la Police eftant un démembrement des fonctions Civiles, le Lieutenant General de Police, comme Juge Civil, doit preceder le Lieutenant Criminel, ainfi qu'il fe pratique au Chaftelet de Paris, où le Lieutenant General de

Police

Police precede le Lieutenant Criminel : mais ledit Sieur Thoinard au prejudice defdits Edit , & Arreft du Conſeil , ayant empêché ledit Sieur de la Fonds de prendre ſéance au deſſus de luy , le Suppliant a efté obligé de ſe pourvoir à Sa Majefté , pour luy eſtre pourvû. A CES CAUSES, requeroit le Suppliant qu'il pluſt à Sa Majefté ordonner que l'Edit du mois d'Octobre dernier , & l'Arreſt du Conſeil du cinq du preſent mois , ſeront executez ſelon leur forme, & teneur ; ce faiſant, que le Suppliant aura entrée, rang , ſéance, & voix déliberative audit Bailliage, & Sie-ge Preſidial d'Orleans, en toutes affaires Civiles, & Criminelles immediatement aprés ledit Lieu-tenant General , & ayant ledit Sieur Thoinard Lieutenant Criminel ; faire défenſes audit Thoinard, & tous autres, de troubler ledit Suppliant dans les fonctions , & prerogatives de ſa Charge de Lieutenant General de Police à Orleans, à peine de quinze cens livres d'amende, & de tous dé-pens , dommages , & intereſts ; & pour le trouble fait par ledit Thoinard , le condamner en telle peine qu'il plaira à Sa Majefté d'arbitrer , & aux frais, & dépens de l'Arreſt qui interviendra ſur la preſente Requefte ; ordonner au Sieur Commiſſaire départi en la Generalité d'Orleans, de tenir la main à l'execution dudit Arreſt. VEU ladite Requeſte ſignée Millain Avocat du Sup-pliant , enſemble ledit Edit & Arreſt , & les Procés verbaux des ſeize, & dix-neuf du preſent mois , & autres pieces juſtificatives d'icelles y attachées : Oüy le rapport du Sieur Chamillart Conſeiller ordinaire au Conſeil Royal, Controlleur General des Finances. LE ROY EN SON CONSEIL , ayant égard à ladite Requeſte, a ordonné , & ordonne, que conformément audit Edit du mois d'Octobre dernier, le Suppliant aura entrée, rang , ſéance , & voix déliberative audit Bailliage, & Siege Preſidial d'Orleans , en toutes affaires Civiles, & Criminelles immedia-tement aprés le Lieutenant General dudit Siege , & avant le Lieutenant Criminel, auquel Sa Majefté fait défenſes de le troubler dans les fonctions dudit Office , à peine de tous dépens , dommages , & intereſts. Fait au Conſeil d'Eſtat du Roy, tenu à Verſailles, le trentiéme jour de Janvier mil ſept cens. Collationné. Signé, GOUJON , avec paraphe.

VI.
25. May
1700. Arreſt
du Conſeil
qui regle le
rang , & la
ſéance du
Lieutenant
General de
Police de
Sens.

SUr la Requeſte preſentée au Roy en ſon Conſeil, par Maiſtre Milles-François l'Hermite, Con-ſeiller de Sa Majefté, Lieutenant General de Police de la Ville, Fauxbours, & Banlieuë de Sens, contenant qu'encore que par l'Edit de création de ces Offices du mois d'Octobre dernier, il ſoit ordonné , que ceux qui en ſeront pourvûs, auront entrée, rang , ſéance, & voix délibera-tive dans les Bailliages, & autres Juriſdictions Royales des lieux où ils ſeront eſtablis , immedia-tement aprés les Lieutenans Generaux, ou autres premiers Juges ; qu'ils joüiront des mêmes droits , honneurs , prérogatives, & autres avantages que les Lieutenans Generaux des Preſidiaux, Baillia-ges, & Senechauſſées ; que même Sa Majefté en conformité de cet Edit , ait ordonné par Arreſt de ſon Conſeil d'Eſtat du trente Janvier dernier, que le Sieur Elie de la Fonds Lieutenant de Po-lice d'Orleans , auroit entrée, rang , ſéance, & voix déliberative au Bailliage, & Siege Preſidial d'Orleans en toutes affaires civiles, & criminelles immediatement aprés le Lieutenant General, & avant le Lieutenant Criminel, auquel Sa Majefté a fait défenſes de le troubler dans les fonctions , & droits de ſon Office, à peine de tous dépens , dommages, & intereſts : neanmoins le Sup-pliant à qui Sa Majefté a bien voulu accorder cet Office dans la Ville de Sens , nonobſtant l'op-poſition des Officiers du Bailliage, y eſt journellement troublé par leurs entrepriſes, & entr'au-tres par celles du Sieur Pellé Lieutenant Criminel , lequel conteſte au Suppliant cette préſéan-ce, tant à l'Audiance qu'ailleurs, & qui prétend qu'en l'abſence du Lieutenant General il doit eſtre à la teſte des Officiers, & préceder le Suppliant lorſqu'ils vont en Corps en quelques oc-caſions que ce ſoit, ainſi qu'il reſulte du Procés verbal que le Suppliant en a dreſſé le ving-tiéme Avril dernier, où il paroiſt que ledit Sieur Pellé , Lieutenant Criminel de Sens pour l'ab-ſence du Lieutenant General , de concert avec tous les Officiers, avoit exclus le Suppliant du rang , & de la preéminence qui luy appartenoit par le Lieutenant Criminel dans une occaſion où le Suppliant eſtoit en droit de le preceder conformément à l'Edit de création des Offices de Lieutenans de Police, & à l'Arreſt du Conſeil d'Eſtat rendu en conformité, que le Suppliant a intereſt de faire déclarer commun avec le Lieutenant Criminel , & autres Officiers du Bail-liage, & Siege Preſidial de Sens : A CES CAUSES, requeroit, qu'il pluſt à Sa Majefté or-donner que l'Edit du mois d'Octobre , & Arreſt du Conſeil d'Eſtat rendu en conſequence le 30. Janvier dernier ſeront executez ſelon leur forme, & teneur ; ce faiſant, & en déclarant com-mun avec ledit Sieur Pellé , Lieutenant Criminel , & Officiers du Bailliage, & Siege Preſidial de Sens , ledit Arreſt du Conſeil d'Eſtat du trente Janvier 1700. ordonner que le Suppliant aura entrée, rang , ſéance, voix déliberative au Bailliage, & Siege Preſidial de Sens, immediate-ment aprés le Lieutenant General, & avant ledit Pellé , Lieutenant Criminel audit Siege : Le Suppliant precedera en toutes Aſſemblées, & occaſions le Lieutenant Criminel ; luy faire défen-ſes, & à tous autres de l'y troubler, à peine de trois mille livres d'amende qui ſera declarée en-couruë au cas de contravention contre les contrevenans. VEU ladite Requeſte ſignée, PERRIN, Avocat au Conſeil, & du Suppliant , l'Edit du mois d'Octobre 1699. & l'Arreſt du Conſeil du trente Janvier dernier , le Procés verbal dreſſé par le Suppliant le vingt Avril ſuivant , & autres pieces juſtificatives attachées à ladite Requeſte, Oüy le rapport du Sieur de Chamillart , Con-ſeiller ordinaire au Conſeil Royal, Controlleur General des Finances ; LE ROY EN SON CONSEIL ayant égard à ladite Requeſte, a ordonné , & ordonne, que le Suppliant aura en qualité de Lieutenant General de Police de ladite Ville de Sens, entrée , rang , ſéance, & voix deliberative au Bailliage, & Siege Preſidial de ladite Ville, immediate-ment aprés le Lieutenant General, & avant le Lieutenant Criminel ; ordonne en outre Sa Ma-jefté, qu'en l'abſence dudit Lieutenant General le Suppliant precedera en toutes Aſſemblées , & Ceremonies ledit Lieutenant Criminel, auquel Sa Majefté fait défenſes, & à tous autres de l'y troubler, à peine de tous dépens, dommages, & intereſts. Fait au Conſeil d'Eſtat du Roy te-nu à Marly, le vingt-cinquiéme jour de May 1700. Collationné, ſigné, DUJARDIN.

VII.
29. Juin
1700. Ar-
rest du Con-
seil qui con-
firme au
Lieutenant
General de
Police d'Or-
leans sa Ju-
risdiction sur
les Arts, &
Mestiers.

SUr la Requeste presentée au Roy en son Conseil par Elie de la Fonds Lieutenant General de Police, & Prevost de la Ville d'Orleans, Gaston - Jean - Baptiste Lestore, Procureur de Sa Majesté, & Claude Rencaume, Greffier de Police de ladite Ville; contenant, qu'il a plû à Sa Majesté par Arrests de son Conseil des 5. 26. Janvier, & 16. Février derniers, réunir lesdits Offices à ceux de Prevost, & Procureur de Sa Majesté, & de Greffier de la Prevosté d'Orleans, dont ils sont pourvûs, pour en joüir conformément aux Edits des mois d'Octobre & Novembre derniers; & comme il est porté par l'Edit du mois d'Octobre dernier, que les Lieutenans Generaux de Police auront la connoissance des Brevets d'Apprentissage, de l'execution des Statuts des Arts, & Mestiers, & generalement de toutes les Ordonnances, Arrests, & Reglemens concernant le fait de Police, ainsi que le Lieutenant General de Police de Paris, lequel connoît Statuts, & Reglemens des Chirurgiens, & contestations qui naissent de leur Art, comme il est justifié par l'Ordonnance du Sieur Lieutenant General de Police de Paris du 14. Mars 1670. servant de Reglement pour la perception des Droits des Prevosts, & des Maistres Chirurgiens Jurez à la reception des Aspirans; par l'Arrest contradictoire du Parlement de Paris du 27. Novembre 1694. sur l'Appel interjetté par les Apotiquaires, d'une Sentence rendüe par ledit Lieutenant General de Police de Paris, au profit des Chirurgiens de Paris. Les Supplians ont fait signifier au Syndic des Chirurgiens d'Orleans ledit Edit du mois d'Octobre dernier, à ce que lesdits Chirurgiens n'eussent à y contrevenir, & se pourvoir ailleurs que pardevant eux, dans les causes & contestations, au prejudice dudit Edit de création des Lieutenans Generaux de Police, & de la signification qui en a esté faite à leur Requeste. La Veuve Thomas Laiguillon Chirurgien à Orleans, sous pretexte que par l'Edit du mois de Février 1692. portant création des Chirurgiens Jurez, les differens Resultats des fonctions, & prétentions des Medecins-Chirurgiens, & de leurs Communautez ont esté renvoyez aux Bailliages, & Presidiaux, a fait assigner au Bailliage d'Orleans le 4. May dernier, Nampes aussi Chirurgien audit Orleans, pour estre condamné, suivant les Statuts, & Reglemens de leur Communauté, à chasser de sa Boutique le nommé Chaillot, Garçon Chirurgien, qui estoit sorti de la sienne; ce qui oblige les Supplians d'avoir recours à Sa Majesté, pour leur estre sur ce pourvû: A CES CAUSES, requeroient les Supplians qu'il plust à Sa Majesté ordonner que les Edits des mois d'Octobre, & Novembre derniers seront executez selon leur forme, & teneur; ce faisant, que les Supplians auront à l'exclusion des Officiers du Bailliage, & Siege Presidial d'Orleans, la connoissance des Brevets d'Apprentissage, de l'execution des Statuts & Reglemens des Arts, & Mestiers, & particulierement de l'Art de Chirurgie, ainsi que le Lieutenant General de Police de Paris, & en consequence faire défenses à la Veuve Laiguillon, audit Nampes, & à tous autres Chirurgiens, de se pourvoir ailleurs que pardevant eux, à peine de quinze cens livres d'amende, & de tous dépens, dommages, & interests. VEU ladite Requeste, les Edits des mois de Février 1692. Octobre, & Novembre 1699. la signification faite à la Requeste des Supplians le 29. Avril dernier, l'Assignation donnée à la Requeste de ladite Veuve Laiguillon au Bailliage d'Orleans le 4. May dernier, ladite Ordonnance du Lieutenant General de Police de Paris du 14. Mars 1670. & ledit Arrest du 27. Novembre 1694. Oüy le rapport du Sieur Chamillart, Conseiller ordinaire au Conseil Royal, Controlleur General des Finances. LE ROY EN SON CONSEIL, ayant égard à ladite Requeste, a ordonné, & ordonne que lesdits Edits des Mois d'Octobre, & Novembre derniers seront executez selon leur forme, & teneur; Ce faisant, que les Supplians auront, à l'exclusion des Officiers du Bailliage, & Siege Presidial d'Orleans, la connoissance des Brevets d'Apprentissage, & execution des Statuts, & Reglemens des Arts, & Mestiers; & nommément de l'Art de Chirurgie: Fait en consequence, Sa Majesté défenses à ladite Veuve Laiguillon, audit Nampes, & tous autres Chirurgiens, de se pourvoir ailleurs, pour raison de ce, que pardevant les Supplians, à peine de quinze cens livres d'amende, & de tous dépens, dommages, & interests. Fait au Conseil d'Estat du Roy, tenu à Versailles le vingt-neuviéme jour de Juin mil sept cens. Collationné. Signé, DUJARDIN.

VIII.
29. Juin
1700. Ar-
rest du Con-
seil qui re-
gle le rang,
& la seance
du Procu-
reur du Roy
au Tribunal
de Police de
Ponteau-de-
Mer.

SUr la Requeste presentée au Roy en son Conseil, par Maistre Charles le Vavasseur, Conseiller Procureur de Sa Majesté de Police de Ponteau-de-Mer; contenant, que quoyque par l'Edit de création dudit Office il soit précisément porté que les Procureurs de Sa Majesté de Police auront rang, & séance en toutes Assemblées publiques aprés les Procureurs de Sa Majesté des Bailliages, Senechaussées, & autres Justices Royales ordinaires; neanmoins le Suppliant se trouve journellement troublé par Maistre Nicolas du Buisson, second Avocat de Sa Majesté au Bailliage, & Vicomté dudit Ponteau-de-Mer, prétendant avoir rang, & séance avant luy, & même à luy refus de les luy ceder le Dimanche trentiéme May dernier, jour de la Pentecoste, dans les Ceremonies accoustumées de la grande Messe, où ledit Suppliant n'auroit voulu faire resistance par respect pour le lieu, mais se seroit seulement contenté d'en dresser son Procés verbal; & comme se procede est tout à fait contraire audit Edit, & une contravention formelle à iceluy, il a esté conseillé d'avoir recours à Sa Majesté, pour luy estre sur ce pourvû: Requerant A CES CAUSES, qu'il luy plaise ordonner que ledit Edit du mois de Novembre dernier sera executé selon sa forme, & teneur; en consequence, qu'il aura rang, & séance en toutes Assemblées, & Ceremonies publiques, immediatement aprés le Procureur de Sa Majesté du Bailliage, & Vicomté de ladite Ville de Ponteau-de-Mer, & avant ledit du Buisson, second Avocat de Sa Majesté ausdits Sieges; auquel il sera fait tres-expresses défenses, & inhibitions de l'y troubler à l'avenir, à peine de cinq cens livres d'amende, & de tous dépens, dommages, & interests. VEU ladite Requeste, le Procés verbal dressé par le Suppliant, dudit jour trente May dernier, Oüy le rapport du Sieur Chamillart, Conseiller ordinaire au Conseil Royal, Controlleur General des Finances. LE ROY EN SON CONSEIL, ayant égard à ladite Requeste a ordonné, & ordonne conformément audit Edit du mois de Novembre dernier, que le Suppliant aura rang, & séance en toutes Assemblées, & Ceremonies publiques, immediatement aprés le Procureur de Sa Majesté au Bailliage, & Vicomté de Ponteau-de-Mer, & ayant ledit du Buisson, auquel Sa Majesté fait défenses de l'y troubler, à peine de tous dépens, dommages & interests. Fait au Conseil d'Estat du Roy tenu à Versailles le vingt-neuf Juin mil sept cens. Collationné, signé, D U J A R D I N.

IX.
13. Juillet 1700. Arrest du Conseil, qui regle le rang & la séance du Lieutenant General de Police de Provins.

SUR la Requeste presentée au Roy en son Conseil par Nicolas Henry, Conseiller de Sa Majesté, Lieutenant General de Police du Bailliage & Siege Presidial de Provins : contenant, que s'estant presenté audit Siege le vingt-deuxiéme jour de Mars dernier, pour y prendre son rang & séance aprés le President, parce que le Lieutenant General estoit absent, le Sieur Goury Lieutenant Particulier s'y opposa, & ne voulut jamais permettre que le Suppliant fust placé entre le President & luy. Ce qui obligea le Suppliant de se retirer avec protestation de se pourvoir contre le Sieur Goury, pour estre maintenu dans les honneurs & prérogatives qui luy ont esté attribuez par l'Edit de création de son Office ; Et quoyqu'il n'y eust rien que de loüable dans cette conduite, cependant ledit Sieur Goury, qui n'avoit d'autre vûe que d'insulter le Suppliant, luy fit réponse, qu'il pouvoit n'y plus revenir, qu'il luy feroit plaisir : Et depuis le Suppliant a esté informé que les Officiers dudit Siege avoient concerté entr'eux de luy refuser l'entrée dans la Chambre du Conseil : Et comme procedé injurieux est directement contraire aux intentions de Sa Majesté, que l'Edit de création des Offices de Lieutenans de Police porte expressément, qu'ils auront rang & séance, & voix déliberative dans les Jurisdictions des lieux où ils seront establis, immediatement aprés les Lieutenans Generaux, ou autres premiers Juges ; qu'ils ne peuvent donc en l'absence de ceux-cy estre précedez par aucun autre ; qu'ainsi le Suppliant a eu raison de demander son rang aprés le President, & avant le Lieutenant Particulier, en l'absence du Lieutenant General ; que le sieur Goury n'a eu aucun prétexte raisonnable pour les luy contester, que l'empeschement qu'il y a formé pourroit avoir des suites fâcheuses, s'il n'y estoit promptement pourvû ; que d'un autre costé ceux qui ont droit d'assister aux Audiences, ont pareillement droit d'entrer dans la Chambre du Conseil : le Suppliant a esté conseillé de recourir à l'autorité de Sa Majesté : A CES CAUSES, requeroit qu'il plût à Sa Majesté ordonner que l'Edit de création des Offices de Lieutenans de Police du mois d'Octobre dernier, sera executé selon sa forme & teneur : ce faisant que le Suppliant aura entrée, rang, séance, & voix déliberative au Bailliage & Siege Presidial de Provins, tant à l'Audiance que dans la Chambre du Conseil, où il aura droit d'entrer, quand bon luy semblera, immediatement aprés le Lieutenant General, & avant ledit Goury Lieutenant Particulier, & tous autres Officiers qui sont précedez par le Lieutenant General, ainsi qu'il a esté décidé en faveur des Lieutenans Generaux de Police de la Ville d'Orleans, & de celle de Sens, contre les Lieutenans Criminels desdites Villes ; & en cas d'absence du Lieutenant General, ordonner que le Suppliant en qualité de Lieutenant de Police, précedera en toutes Assemblées & occasions les Lieutenans Criminel & Particulier : Faire défenses audit sieur Goury pourvû de l'Office de Lieutenant Particulier du Presidial de Provins, & à tous autres Officiers dudit Siege, d'apporter à l'avenir aucun trouble au Suppliant, dans lesdits rang & séance, sous quelque prétexte que ce soit, à peine de deux mille liv. d'amende, qui demeurera encourüe en vertu de l'Arrest qui interviendra, & sans qu'il en soit besoin d'autre : & pour le trouble & empeschement déja formé par ledit sieur Goury, le condamnet à cinq cens livres de dommages & interests envers le Suppliant, & aux cousts & frais de l'Arrest. Veu ladite Requeste, signée, CLAVIER Avocat du Suppliant, l'Edit de création des Offices de Lieutenans de Police du mois d'Octobre de l'année 1699, & autres pieces justificatives d'icelle : Oüy le Rapport du sieur de Chamillart Conseiller ordinaire au Conseil Royal, Contrôlleur General des Finances : LE ROY EN SON CONSEIL, ayant égard à ladite Requeste, a ordonné & ordonne, que l'Edit du mois d'Octobre dernier sera executé selon sa forme & ce faisant que ledit Henry aura entrée, rang, séance & voix déliberative au Bailliage & Siege Presidial de Provins, tant à l'Audiance, que dans la Chambre du Conseil, immediatement aprés le Lieutenant General, & avant ledit Goury & tous autres Officiers ; & en cas d'absence du Lieutenant General, ordonne Sa Majesté que ledit Henry en qualité de Lieutenant General de Police, précedera en toutes autres Assemblées & Ceremonies publiques, les Lieutenans Criminel & Particulier. Fait défenses audit sieur Goury & à tous autres Officiers dudit Siege de l'y troubler à peine de tous dépens, dommages & interests. Fait au Conseil d'Estat du Roy, tenu à Marly le treize Juillet mil sept cens. Collationné, signé, RANCHIN.

X.
27. Juillet 1700. Arrest du Conseil, qui conserve au Lieutenant General de Police de Bourges, sa Jurisdiction sur les Chirurgiens, les Barbiers, les Apoticaires, les Apreciateurs de grains, & les Bouchers.

SUR la Requeste presentée au Roy en son Conseil par Gabriel le Begue, Ecuyer Conseiller du Roy, Maire perpetuel & Lieutenant General de Police de la Ville de Bourges ; contenant que depuis l'Arrest du Conseil du deuxiéme Mars dernier, qui reünit l'Office de Lieutenant General de Police de la Ville de Bourges à celle de Maire perpetuel, dont le Suppliant est pourvû, il a esté troublé dans ses fonctions de Lieutenant General de Police, par le Lieutenant General du Bailliage, & le Prevost de Bourges : Premierement, pour tout ce qui regarde l'Art de Chirurgie, & particulierement pour les Registres concernant les affaires de la Communauté, dont ledit Sieur Lieutenant General du Bailliage prétend connoistre, en consequence de l'Edit de 1692, & aussi de tout ce qui concerne les Barbiers, Baigneurs, Etuvistes & Perruquiers, sur le fondement de l'Edit de 1691. ainsi qu'il est justifié par les Ordonnances des 18. Juin dernier, & premier Juillet de la presente année ; le Prevost de ladite Ville de Bourges a aussi entrepris sur les fonctions du Suppliant : 1º Pour la nomination & Prestation de Serment des Appreciateurs des grains les jours de Marché. 2º Pour les comptes de la Communauté & sotissement des Etaux des Maistres Bouchers. 3º Pour les défenses que l'on fait à la saint Jean à tous les Domestiques de sortir de chez leurs Maistres sans leur congé, & qu'outre les contraventions ledit Prevost prend la qualité de Juge ordinaire de Police, nonobstant l'Edit de Création de Lieutenans Generaux de Police du mois d'Octobre dernier, & que lesdits Lieutenant General du Bailliage & Prevost affectent de donner au Suppliant la simple qualité de Lieutenant de Police, quoyque celle de Lieutenant General luy soit düe, comme estant Lieutenant du Bailly de Berry à Bourges : comme toutes ces entreprises des Lieutenant General du Bailliage & Prevost de Bourges, sont des entreprises

manifestes

manifestes sur les fonctions naturelles & legitimes du Suppliant , en qualité de Lieutenant General de Police de Bourges , il est obligé d'avoir recours à Sa Majesté , pour luy estre sur ce pourvû. A CES CAUSES, requeroit le Suppliant, qu'il plust à Sa Majesté ordonner que l'Edit du mois d'Octobre dernier sera executé selon sa forme & teneur , & en consequence que le Suppliant connoistra generalement de tout ce qui concerne l'Art de Chirurgie & Apoticairerie , & l'execution de leurs Statuts & Reglemens , & Paraphes de leurs Registres , circonstances & dépendances , comme aussi tout ce qui concerne les Barbiers , Baigneurs , Estuvistes & Perruquiers , de la nomination & prestation de Serment des Appretiateurs des grains , des comptes de la Communauté , & Lotissement des Etaux des Maistres Bouchers , de l'execution des Ordonnances de la sortie des Valets & Servantes ; & que défenses seront faites au Prevost de la Ville de Bourges , de se qualifier à l'avenir Juge ordinaire de Police , & au Lieutenant General du Bailliage , & audit Prevost de qualifier le Suppliant de la simple qualité de Lieutenant de Police ; en consequence ordonner , que dans tous les Actes & Jugemens émanez de leur Jurisdiction , ils seront tenus de donner au Suppliant la qualité de Lieutenant General de Police, le tout à peine de quinze cent livres d'amende, & de tous dépens , dommages & interests : VEU ladite Requeste, les Edits des années 1691. 1692. & 1699. les Ordonnances du Lieutenant General au Bailliage de Bourges des dix-huit Juin dernier, & premier Juillet de la presente année , les Ordonnances du Prevost de Bourges des 26. 28. & 30. Juin dernier , & autres pieces justificatives y jointes : Oüy le Rapport du Sieur de Chamillart , Conseiller Ordinaire au Conseil Royal , Controlleur General des Finances. LE ROY EN SON CONSEIL ayant égard à ladite Requeste , a ordonné & ordonne que le Suppliant connoistra en ladite qualité de Lieutenant General de Police de la Ville de Bourges , de tout ce qui concerne l'Art de Chirurgie & Apoticairerie , en execution de leurs Statuts , & Paraphes de leurs Registres , circonstances & dépendances , comme aussi de tout ce qui concerne les Barbiers , Baigneurs , Estuvistes & Perruquiers , de la nomination & prestation de Serment des Appretiateurs des grains , des comptes de la Communauté & Lotissement des Etaux des Maistres Bouchers , & de l'execution des Ordonnances de la sortie des Valets & Servantes. Fait Sa Majesté défenses au Prevost de ladite Ville de Bourges , de se qualifier à l'avenir Juge ordinaire de Police , & au Lieutenant General du Bailliage , & audit Prevost de se qualifier de Lieutenant de Police , & ordonne que dans tous les Actes & Jugemens , ils seront tenus de luy donner la qualité de Lieutenant General de Police , & ce à peine de tous dépens , dommages & interests. Fait au Conseil d'Estat du Roy , tenu à Versailles le vingt-septiéme jour de Juillet mil sept cent. Collationné, signé, RANCHIN, avec paraphe.

XI.

3. Aoust 1700. Arrest du Conseil , portant Reglement entre le Lieutenant General de Police, & les Echevins de la Ville d'Ornans , concernant le taux des vivres, & autres fonctions

SUR la Requeste presentée au Roy en son Conseil , par Claude-François Verdy , Conseiller de Sa Majesté , Lieutenant General de Police de la Ville , Faux-bourgs & Banlieüe d'Ornans ; contenant , que quoique par l'Edit de Création des Lieutenans Generaux de Police du mois d'Octobre mil six cent quatre-vingt-dix-neuf , il soit précisément ordonné , qu'ils connoistront de toutes les provisions necessaires pour la subsistance des Villes , où ils seront establis , des amas & Magasins qui en seront faits , du Taux & prix des Denrées , auront la visite des Halles , Foires & Marchez , & autres : neanmoins le Suppliant se trouve journellement troublé dans ses fonctions ; & le vingt-six Juin dernier s'estant transporté à la Boucherie de ladite Ville , pour proceder à la Taxe de la Viande qui s'y devoit debiter la Semaine suivante , il y seroit survenu Denys de Bâle , & Jean-Baptiste Gouzel Eschevins , accompagnez de Jean-Claude Gouzel Syndic , & Jean-Baptiste Gerard Secretaire de ladite Ville , lesquels défendirent à Simon Baugue , & François Martel Bouchers , de se conformer à la Taxe du Suppliant , & reitererent lesdites défenses plusieurs fois , avec d'autant plus de mépris pour le Suppliant , que ledit Jean-Baptiste Gouzel eut la temerité de luy défendre d'y rien ordonner. Ce qui surprit tellement le Suppliant , qu'il crut de son devoir de le condamner en une amende de cent livres envers Sa Majesté : sur quoy ledit Jean-Baptiste Gouzel repliqua , qu'il le condamnoit luy-même en une amende de deux cent livres , le tout ainsi qu'il est fait mention par le Procés verbal qu'en rapporte ledit Suppliant , & pour raison de quoy il y a instance intentée contre luy au Parlement de Besançon : & comme ce procedé est une contravention manifeste audit Edit , il a esté conseillé de recourir à l'autorité de Sa Majesté , pour luy estre sur ce pourvû , comme aussi sur la préséance avant le Lieutenant Criminel du Bailliage de ladite Ville d'Ornans , en toutes Assemblées & Ceremonies publiques , que luy conteste ledit Lieutenant Criminel , au préjudice dudit Edit , qui ordonne que lesdits Lieutenans Generaux de Police auront rang immediatement après les Lieutenans Generaux , ou autres premiers Juges : & ce sur le fondement que ledit Suppliant n'est point Gradué , lequel par cette raison convient qu'il ne peut avoir séance audit Bailliage , mais qu'il est incontestable que dans les Ceremonies publiques il doit l'avoir avant ledit Lieutenant Criminel. A CES CAUSES , requeroit le Suppliant qu'il plust à Sa Majesté ordonner que ledit Edit du mois d'Octobre mil six cent quatre-vingt-dix-neuf, sera executé selon sa forme & teneur : ce faisant casser & annuller tout ce qui a esté fait par lesdits Denys de Bâle , & Jean-Baptiste Gouzel au sujet du Taux & Taxe de la Viande , ou autres Denrées dans ladite Ville d'Ornans , même toutes assignations , poursuites & procedures qui pourroient avoir esté faites & données pour raison de ce , & des faits en resultans au Parlement de Besançon , audit Verdy Lieutenant General de Police de ladite Ville , lequel sera maintenu dans ledit Taux & Taxe des Denrées , & autres fonctions conformément audit Edit ; à l'effet de quoy tout ce qui a esté & sera par luy fait , sera executé de point en point ; leur faire défenses , & à tous autres qu'il appartiendra , de plus à l'avenir s'y immiscer , non plus que dans aucunes desdites fonctions de Police de ladite Ville d'Ornans , ny d'y troubler ledit Verdy , à peine de quinze cent livres d'amende, & de tous dépens, dommages & interests : ordonner en outre par Sa Majesté , que ledit Verdy precedera en toutes Assemblées & Ceremonies publiques , le Lieutenant Criminel du Bailliage de ladite Ville d'Ornans , auquel Sa Majesté fera défenses de l'y troubler aussi , à peine de tous dépens , dommages & interests. VEU ladite Requeste, le Procés verbal dressé par le Suppliant le vingt-sixiéme Juin dernier : Oüy le Rapport du Sieur de Chamillart , Conseiller Ordinaire au

Conseil

Conseil Royal, Controlleur General des Finances. LE ROY EN SON CONSEIL, ayant égard à ladite Requeste, a ordonné & ordonne que ledit Edit du mois d'Octobre mil six cent quatre-vingt-dix-neuf, fera executé selon fa forme & teneur, & en confequence a caffé & annullé tout ce qui a efté fait par lefdits de Bâle & Jean-Baptifte Gouzel, au fujet du Taux & Taxe de la Viande, ou autres Denrées dans ladite Ville d'Ornans, même les Affignations données pour raifon de ce au Parlement de Befançon audit Verdy, lequel Sa Majefté a maintenu & maintient dans le droit de faire feul le Taux & Taxe des Denrées, & autres fonctions de Police conformément audit Edit, avec défenfes aufdits de Bâle & Gouzel, & à tous autres de plus à l'avenir s'y immifcer, non plus que dans aucunes defdites fonctions de Police de ladite Ville d'Ornans, ny d'y troubler ledit Verdy, à peine de quinze cent livres d'amende, & de tous dépens, dommages & interefts. Ordonne en outre Sa Majefté, que ledit Verdy précedera en toutes Affemblées & Ceremonies publiques le Lieutenant Criminel du Bailliage de ladite Ville d'Ornans, auquel Elle fait défenfes de l'y troubler, à peine de tous dépens, dommages & interefts : & fera le prefent Arreft executé felon fa forme & teneur, nonobftant oppofitions, appellations, ou autres empêchemens quelconques, dont fi aucuns interviennent, Sa Majefté s'en eft refervé la connoiffance, & à fon Confeil, & a icelle interdite à fes autres Cours & Juges. Fait au Confeil d'Eftat du Roy, tenu à Marly le troifiéme jour d'Aouft mil fept cent, collationné, figné, RANCHIN.

XII.
21. *Aouft 1700. Arreft du Confeil, qui conferve au Lieutenant General de Police de Montluçon, la Jurifdiction fur les Medecins, les Chirurgiens, & les Arts, & Meftiers.*

SUR la Requefte prefentée au Roy en fon Confeil, par Leonard Garreau Sieür de Chezelles, Lieutenant General de Police, & Jean Lullier Procureur de Sa Majefté, & de Police au de la Ville & Prevofté Royale de Montluçon, contenant, qu'il a plû à Sa Majefté par les Arrefts de fon Confeil, des premier & dernier Decembre mil fix cent quatre-vingt-dix-neuf, réünir lefdits Offices à ceux de Lieutenant Civil & Procureur de Sa Majefté, dont ils font pourvûs pour en joüir conformément aux Edits des mois d'Octobre & Novembre derniers : Et comme il eft porté par l'Edit du mois d'Octobre dernier que les Lieutenans Generaux de Police auront la connoiffance des Brevets d'Apprentiffage, de l'execution des Statuts & Reglemens des Arts & Meftiers, & generalement de toutes les Ordonnances, Arrefts & Reglemens concernant le fait de Police, ainfi que le Lieutenant General de Police de Paris, lequel connoift des Statuts & Reglemens des Chirurgiens, & conteftations qui naiffent de leur Art, comme il eft juftifié par l'Ordonnance du Sieur Lieutenant General de Police de Paris du quatorziéme jour de Mars mil fept cent fervant de Reglement pour la perception des Droits des Prevofts & Maiftres Chirurgiens Jurez, à la Reception des Afpirans ; par l'Arreft contradictoire du Parlement de Paris, du 27. Novembre 1694. fur l'Appel interjetté fur les Apoticaires, d'une Sentence renduë par ledit Lieutenant General de Police de Paris, au profit des Chirurgiens ; que même Sa Majefté, conformément audit Edit du mois d'Octobre dernier, a ordonné par les Arrefts de fon Confeil des 29. Juin & 27. Juillet derniers, que les Lieutenans Generaux de Police des Villes d'Orleans & de Bourges auront à l'exclufion de tous autres Officiers, la connoiffance des Brevets d'Apprentiffage, & de l'execution des Statuts & Reglemens des Arts & Meftiers, & particulierement de Chirurgie & Apoticairerie, ainfi que le Lieutenant General de Police de Paris : cependant au préjudice dudit Edit du mois d'Octobre dernier, les Medecins & Chirurgiens de la Ville de Moulins, fous prétexte de l'Edit du mois de Fevrier 1692. portant creation de Chirurgiens Jurez, ont fait affigner le quatriéme du prefent mois d'Aouft en la Senechauffée de Moulins les nommez Gemniet & la Lande, Chirurgiens de la Ville de Montluçon, & y refidans, pour fe faire recevoir Maiftres & prefter le ferment. Comme cette entreprife eft une contravention formelle audit Edit, cela oblige les fupplians d'avoir recours à Sa Majefté, pour leur eftre fur ce pourvû : A CES CAUSES, requeroient les Suppliants, qu'il plût à Sa Majefté ordonner que les Edits des mois d'Octobre & Novembre derniers feront executez felon leur forme & teneur : ce faifant, que les Suppliants auront, à l'exclufion des Officiers de la Senechauffée de Moulins, & tous autres Juges, la connoiffance des Brevets d'Apprentiffage, & l'execution des Statuts & Reglemens des Arts & Meftiers, & particulierement de l'Art de Chirurgie, ainfi que le Lieutenant General de Police de Paris : Et en confequence faire défenfes aufdits Officiers de la Senechauffée de Moulins de troubler les Suppliants dans les fonctions de leurs Charges, & à tous Medecins & Chirurgiens de fe pourvoir ailleurs que pardevant eux, à peine de quinze cens livres d'amende, & de tous dépens, dommages, & interefts : VEU ladite Requefte, & Edits des mois d'Octobre, & Novembre derniers, ladite Ordonnance du Lieutenant General de Police de Paris du 14. Mars 1700. & Arreft du Parlement du 27. Novembre 1694. les Arrefts du Confeil des 29. Juin, & 27. Juillet derniers, Oüy le rapport du Sieur Chamillart, Confeiller ordinaire au Confeil Royal, Controlleur General des Finances. LE ROY EN SON CONSEIL, ayant égard à ladite Requefte, a ordonné, & ordonne que les Suppliants auront, à l'exclufion des Officiers de la Senechauffée de Moulins, & tous autres Juges, la connoiffance des Brevets d'Apprentiffage, & execution des Statuts, & Reglemens des Arts, & Meftiers, & nommément de l'Art de Chirurgie, & Apoticairerie ; & fait défenfes aufdits Officiers de la Senechauffée de Moulins, de les troubler dans les fonctions de leurs Charges ; & à tous Medecins, & Chirurgiens de fe pourvoir, pour raifon de ce, ailleurs que pardevant eux, à peine de cinq cens livres d'amende, & de tous dépens, dommages, & interefts. Fait au Confeil d'Eftat du Roy, tenu à Verfailles le vingt-uniéme jour d'Aouft mil fept cens. Collationné. Signé, RANCHIN.

XIII.
24. *Aouft 1700. Arreft du Confeil, qui regle les fonctions de Gre-*

SUr la Requefte prefentée au Roy en fon Confeil par Antoine Ardaillon, Titulaire de l'Office de Greffier, & d'un Office de Commiffaire de Police de la Ville, Fauxbourgs, & Banlieuë de Clermont en Auvergne, créez par Edit du mois de Novembre 1699. contenant qu'il fe feroit fait recevoir dans lefdites deux Charges, en confequence de l'Arreft du Confeil du 18. May dernier ; mais efperant enfuite en faire, ou faire faire paifiblement les fonctions conformément aufdits Edit, & Arreft, & joüir des émolumens, & exemptions y attribuées ; au contraire, il fe trouve dépoüillé du tout fans aucune referve, ainfi qu'il appert par les Actes qu'il en rapporte,
daté

ffier de Police de Cler-mont.

lite des 16. & 18. Juin dernier, par lesquels il paroît que les nommez Roddier, Greffier du Bailliage, & Baptiste font les fonctions de Greffier de Police, qu'Antoine Vigier, Menuisier, s'immisce dans celles des Mesurages de Grains, Sel, & autres; quoy qu'elles soient du fait du Suppliant, & que le nommé la Rose Patissier, fait les fonctions de Commissaire, soit pour ce qui regarde la Visite des Hailes, & du Poisson, dont il reçoit les Droits ou autrement : Et comme il ne seroit pas juste que le Suppliant auquel lesdits Offices coustent prés de douze mille livres, qui est beaucoup au delà de leur valeur, restast purement, & simplement avec le Titre seul, & fust exclus des fonctions, & émolumens qui luy appartiennent, & que luy usurpent les susnommez qui n'ont aucun caractere dans la Police : il a recours à l'autorité de Sa Majesté, pour luy estre sur ce pourvû. Requerant, A CES CAUSES, qu'il luy plaise ordonner que ledit Edit du mois de Novembre dernier sera executé selon sa forme, & teneur; & en consequence que le Suppliant recevra seul toutes les Ordonnances, Sentences, Actes, & Jugemens de Police qui seront rendus par le Lieutenant General de Police de ladite Ville de Clermont, ou en son absence par le Procureur de Sa Majesté en ladite Police, soit pour raison des Grains, Jurandes, Receptions de Maistres, prestation de Serment, rapports d'Experts, & generalement pour tout ce qui concernera ladite Police, sans aucune exception ny reserve, en délivrera les Expeditions aux Parties, aux droits, & émolumens y attribuez, & jouïra de l'exemption de Logement de Gens de Guerre, & autres portées par ledit Edit; faire défenses ausdits Roddier, Vigier, Baptiste, & la Rose, de plus s'immiscer, ny faire dans ladite Police aucunes des fonctions appartenantes au Suppliant, tant à cause dudit Office de Greffier, que de celuy de Commissaire, ny de l'y troubler, à peine de cinq cens livres d'amende, & de tous dépens, dommages, & interests : VEU ladite Requeste, & pieces justificatives d'icelle : Oüy le rapport du Sieur de Chamillart Conseiller ordinaire au Conseil Royal, Controlleur General des Finances. LE ROY EN SON CONSEIL a ordonné, & ordonne, que ledit Edit du mois de Novembre dernier sera executé selon sa forme, & teneur; & en consequence, que ledit Ardaillon recevra seul toutes les Ordonnances, Sentences, Actes, & Jugemens de Police qui seront rendus par le Lieutenant General de Police de la Ville de Clermont, ou en son absence, par le Procureur de S. M. en ladite Police; soit pour raison des Grains, Jurandes, receptions de Maistres, prestation de Serment, rapports d'Experts, & generalement pour tout ce qui concerna ladite Police, sans aucune exception ny reserve, en délivrera les Expeditions aux Parties, aux droits, & émolumens y attribuez, & jouïra de l'exemption de Logement de Gens de Guerre, & autres portées par ledit Edit. Fait Sa Majesté défenses ausdits Roddier, Vigier, Baptiste, & la Rose de plus s'immiscer, ny faire dans ladite Police aucunes des fonctions appartenantes audit Ardaillon, tant à cause dudit Office de Greffier, que de celuy de Commissaire, ny de l'y troubler, à peine de cinq cens livres d'amende, & de tous dépens, dommages, & interests : Et sera le present Arrest executé selon sa forme & teneur; nonobstant oppositions ou appellations quelconques, dont si aucunes interviennent, Sa Majesté s'en est reservé la connoissance, & a icelle interdite à toutes ses Cours, & autres Juges. Fait au Conseil d'Estat du Roy, tenu à Marly le vingt-quatriéme jour d'Aoust mil sept-cens. Collationné. Signé RANCHIN.

XIV.
24. Aoust 1700. Arrest du Conseil, portant reglement entre le Lieutenant General de Police, & le Maire de Crespy, pour le rang, & pour les logemens de Gens de Guerre.

SUr la Requeste presentée au Roy par Pierre Duport, Conseiller de Sa Majesté, Lieutenant General de Police de Crespy en Vallois, contenant, que quoyque par l'Edit de création de sa Charge de Lieutenant General de Police, du mois d'Octobre dernier, unie à sa Charge de Lieutenant General au Bailliage, & Siege Presidial dudit Crespy, par Arrest du Conseil d'Estat du neuf Février dernier, Sa Majesté luy ait accordé entr'autres attributions d'assister à toutes Assemblées de Ville dudit Crespy, & y avoir voix déliberative, & parapher tous les Bulletins, qui seroient délivrez par les Maire, & Eschevins dudit Crespy; neanmoins le Sieur de Rochelambert de Grimancourt, Maire dudit Crespy, & Urbain Charpentier l'un des Eschevins, les onze & douze du mois de Juin dernier, se seroient avec les autres Eschevins, & Officiers, assemblez audit Hostel de Ville, pour recevoir les Routes de six Compagnies de Gendarmerie, passant par Estapes audit Crespy, déliberer entr'eux du Logement, & en délivrer les Bulletins, sans en avertir ny communiquer audit Suppliant, dont ils n'ignorent pas la qualité, pour avoir registré audit Hostel de Ville ledit Arrest d'Union, le 26. dudit mois de Février; qui auroit obligé le Suppliant de se trouver audit Hostel de Ville, pour oster ausdits Maire, & Eschevins tout pretexte de désobeïssance, & contravention audit Edit : Cependant comme lesdits Maire, & Eschevins, nonobstant, & sans avoir égard audit Edit, auroient continué le Logement desdites Gendarmeries, fait refus d'y laisser assister le Suppliant, d'y avoir voix déliberative, & d'y estre present, se renfermant au seul Paraphe que le Suppliant pouvoit faire de leurs Bulletins, lorsqu'ils en feroient la délivrance ausdits Gendarmes, ainsi qu'il appert par le Procés verbal y joint; comme lesdits Maire, & Eschevins, à ce qu'il a encore appris, font entr'eux journellement des Assemblées particulieres, tant pour les affaires de Ville, l'administration de leurs deniers patrimoniaux, & d'Octrois, les ouvertures desdites lettres, & paquets, que pour toutes autres choses qui concernent la Ville, & Communauté dudit Crespy, sans y appeller le Suppliant, ny luy en communiquer en façon quelconque; & que si les entreprises, & empêchemens desdits Maire, & Eschevins avoient lieu, & continuoient à l'avenir, ce seroit totalement détruire, & ruiner la Charge de Lieutenant General de Police du Suppliant, au moment de sa création, luy en retirer les fonctions avant son exercice, rendre la disposition dudit Edit inutile, sans execution, droits, honneurs, prérogatives, & effets, frustrer les Acquereurs desdits Offices de leurs esperances legitimement conçuës sous la foy dudit Edit : & enfin donner liberté à tous les Maire & Eschevins, & autres Officiers jaloux, & faschez de ladite Création, de tout oser, & entreprendre contre lesdits Lieutenans Generaux de Police, pour rendre par ce moyen, s'ils n'en estoient empêchez, ce nouveau Titre de Charge sans exercice ny fonctions, quoy que ce soit l'intention de Sa Majesté, que les Acquereurs, & Possesseurs desdits Offices en joüissent conformément audit Edit, sans vouloir qu'il y soit fait aucun trouble, empêchemens, entreprises, & contestations; A CES CAUSES, requeroit

requeroit le Suppliant, qu'il plûst à Sa Majesté ordonner que l'Edit du mois d'Octobre dernier, sera executé selon sa forme, & teneur: Ce faisant, que ledit Suppliant aura entrée, rang, séance, & voix déliberative en toutes les Assemblées de Ville dudit Crespy, immediatement aprés le Maire, & avant tous les Eschevins, & autres Officiers, avec défenses de délivrer aucuns Bulletins de Logemens de Gens de Guerre, sans estre paraphez par ledit Suppliant, à peine de nullité, de quinze-cens livres d'amende, & de tous dépens, dommages, & interests: VEU ladite Requeste, Oüy le rapport du Sieur de Chamillart, Conseiller ordinaire au Conseil Royal, Controlleur General des Finances. LE ROY EN SON CONSEIL, ayant égard à ladite Requeste, a ordonné, & ordonne, que ledit Duport aura en qualité de Lieutenant de Police de Crespy, entrée, rang, séance, & voix déliberative en toutes les Assemblées de ladite Ville, immediatement aprés le Maire ou autre Officier qui presidera en son absence; & fait défenses audit Maire, & à tous autres Officiers de l'y troubler à l'avenir, ny dans toutes les fonctions de sa Charge; comme aussi de délivrer aucuns Bulletins de Logemens de Gens de Guerre, sans estre paraphez par ledit Duport, le tout à peine de cinq-cens livres d'amende, & de tous dépens, dommages, & interests. Fait au Conseil d'Estat du Roy, tenu à Marly le vingt-quatriéme jour d'Aoust mil sept-cens, collationné. Signé, RANCHIN.

XV.
7. Septembre 1700. Arrest du Conseil, qui regle le rang & la séance du Procureur du Roy, au Tribunal de Police de Moulins.

Sur la Requeste presentée au Roy en son Conseil, par Maistre Jean Febvrier, Conseiller de Sa Majesté, & son Procureur en la Jurisdiction de Police de Moulins, contenant, que quoyque par l'Edit de création des Offices de Procureurs de Sa Majesté de Police du mois de Novembre 1699. il soit ordonné, que ceux qui en seront pourvûs, auront rang, & séance en toutes Assemblées publiques aprés les Procureurs de Sa Majesté, des Bailliages, Senechaussées, & autres Jurisdictions Royales ordinaires; que même en conformité dudit Edit, Sa Majesté ait par Arrest de son Conseil du 29. Juin dernier que le Procureur de Sa Majesté de Police de Ponteaude-Mer, aura rang, & séance en toutes Assemblées, & Ceremonies publiques immediatement aprés le Procureur de Sa Majesté au Bailliage, & Vicomté dudit lieu; & avant le second Avocat de Sa Majesté ausdits Sieges; neanmoins le Suppliant se trouve journellement troublé dans cette préséance par le second Avocat du Roy en la Senechaussée, & Presidial de ladite Ville de Moulins, ainsi qu'il appert par le Procés verbal que le Suppliant en a dressé le 15. Aoust present mois : Et comme ce procedé est une contravention manifeste audit Edit, il est obligé de recourir à l'autorité de Sa Majesté, pour luy estre sur ce pourvû : A CES CAUSES, requeroit qu'il plûst à Sa Majesté ordonner que ledit Edit du mois de Novembre 1699. & l'Arrest du Conseil rendu en consequence le 21. Juin dernier, seront executez selon leur forme, & teneur; Ce faisant, & en déclarant commun avec ledit second Avocat de Sa Majesté, du Bailliage, & Presidial de Moulins ledit Arrest du Conseil du 29. Juin dernier, ordonner que le Suppliant aura rang, & séance en toutes Assemblées, & Ceremonies publiques immediatement aprés le Procureur de Sa Majesté, de la Senechaussée, & Presidial de ladite Ville de Moulins, & avant le second Avocat ausdits Sieges, auquel il sera fait défenses de l'y troubler, à peine de tous dépens, dommages & interests. Vû ladite Requeste, le Procés verbal dressé par le Suppliant le 15. Aoust present mois, l'Arrest du Conseil rendu en faveur du Procureur de Sa Majesté de Police de Ponteau-de-Mer le 29. Juin dernier; la Signification faite par le Suppliant de ses Titres audit second Avocat de Sa Majesté, le 14. dudit mois d'Aoust : Oüy le rapport du Sieur Chamillart Conseiller ordinaire au Conseil Royal, Controlleur General des Finances. LE ROY EN SON CONSEIL, a ordonné, & ordonne conformément audit Edit du mois de Novembre dernier, que le Suppliant aura rang, & séance en toutes Assemblées, & Ceremonies publiques immediatement aprés le Procureur de Sa Majesté en la Senechaussée, & Presidial de Moulins, & avant le second Avocat de Sa Majesté ausdits Sieges, auquel elle fait défenses de l'y troubler, à peine de tous dépens, dommages, & interests. Fait au Conseil d'Estat du Roy, tenu à Versailles le septiéme jour de Septembre mil sept-cens. Collationné. Signé, RANCHIN.

XVI.
2. Octobre 1700. Arrest du Conseil, qui conserve aux Lieutenans Generaux de Police des Provinces, la Jurisdiction sur le commerce des Grains.

LE Roy ayant par son Edit du mois d'Octobre 1699. créé des Lieutenans Generaux de Police, ausquels Sa Majesté a entr'autres fonctions attribué la connoissance de l'execution de sa Déclaration du dernier Aoust precedent, touchant le Trafic des Bleds, & la reception du Serment de ceux qui voudront faire Trafic de Bleds, & autres Grains, à l'exclusion de tous autres Juges, ausquels elle en a interdit la connoissance : Et Sa Majesté estant informée, que sous pretexte que par ledit Edit, lesdits Offices sont seulement créez pour les Villes, & Fauxbourgs; les Lieutenans Generaux des Bailliages, & autres Sieges Royaux, prétendent contester ausdits Lieutenans Generaux de Police la connoissance de l'execution de ladite Déclaration, & la reception du serment de ceux qui font Trafic de Bleds, & autres Grains dans l'estenduë du ressort de leur Siege, hors les Villes, & Fauxbourgs de leur residence; ce qui est entierement contraire à l'intention de Sa Majesté, expliquée par ledit Edit, par lequel la connoissance de l'execution de ladite Déclaration estant attribuée ausdits Lieutenans Generaux de Police, à l'exclusion de tous autres Juges, ils en doivent seuls connoistre dans toute l'estenduë du ressort des Sieges où ils sont establis : A quoy Sa Majesté voulant pourvoir, afin de prevenir toutes les contestations qui pourroient naistre entre ces Officiers à l'occasion de ces fonctions : Oüy le rapport du Sieur Chamillart, Conseiller ordinaire au Conseil Royal, Controlleur General des Finances. SA MAJESTE' EN SON CONSEIL, a ordonné, & ordonne, conformément audit Edit du mois d'Octobre 1699. que les Lieutenans Generaux de Police connoistront seuls dans toute l'estenduë du ressort des Sieges où ils sont establis, de l'execution de ladite Déclaration du dernier Aoust precedent; & recevront seuls le serment de ceux qui voudront faire Trafic de Bleds, & autres Grains, à l'exclusion de tous autres Juges, ausquels Sa Majesté fait défenses d'en connoistre, & d'apporter aucun trouble ausdits Lieutenans de Police, à peine de tous dépens, dommages, & interests. Fait au Conseil d'Estat du Roy, tenu à Fontainebleau le deuxiéme jour d'Octobre mil sept cens. Collationné. Signé, DE LAISTRE, avec Paraphe.

XVII.
14. Decemb.
1700. *Arrest*
qui regle le
rang, la séan-
ce, & les
fonctions du
Lieutenant
General de
Police d'An-
goulesme.

SUr la Requeste presentée au Roy en son Conseil, par François Arnauld, Ecuyer, Conseil-ler du Roy, Lieutenant General de Police de la Ville, Fauxbourgs, & Banlieuë d'Angoulesme; contenant qu'encore que par Edit du mois d'Octobre 1699. portant création de Lieutenans de Police, il soit expressément porté qu'ils auront rang, & séance immediatement après les Lieutenans Generaux; & que par deux Arrests du Conseil des 30 Janvier, & 25. May dernniers, il ait esté ordonné que les Lieutenans de Police des Villes d'Orleans, & de Sens, auront entrée, séance, & rang au Bailliage, & Siege Presidial auparavant les Lieutenans Criminels des mêmes Villes, & que même en l'absence des Lieutenans Generaux, ils precederont en toutes Assemblées, & Ceremonies le Lieutenant Criminel : Cependant, s'estant fait le 19. Septembre dernier une Assemblée extraordinaire des Officiers du Presidial d'Angoulesme, pour déliberer sur la nourriture des pauvres invalides de ladite Ville, dans laquelle presidoit le Sieur de Bernage Intendant de la Province; le Sieur Souchet Lieutenant Criminel de cette Ville y prit dans cette Assemblée, sa place immediatement après le Sieur Lieutenant General. Sur quoy le Suppliant luy ayant remontré que cette place luy appartenoit, & que la question avoit esté decidée par les deux Arrests du Conseil cy-dessus énoncez; le Sieur Souchet répondit qu'ils n'avoient point esté rendus avec luy, & qu'il prétendoit soustenir sa préséance sur le Suppliant; de quoy il fit faire son Pro-cès verbal. D'un autre costé, quoyque par ledit Edit il soit précisément dit, que les Lieutenans Generaux de Police assisteront à toutes les Assemblées de Ville, y auront voix déliberative, & para-pheront tous les Bulletins qui seront délivrez par les Maires, & Echevins; & que depuis Sa Ma-jesté ait en conformité ordonné par Arrest de son Conseil du 24. Aoust dernier, que le Sieur du Port Lieutenant General de Police de Crespy en Valois, aura entrée, rang, séance, & voix dé-liberative en toutes les Assemblées de ladite Ville de Crespy, & fait défenses de délivrer aucuns Bulletins de logemens de Gens de Guerre, sans estre paraphez dudit Duport, à peine de cinq cens livres d'amende, & de tous dépens, dommages, & interests; neanmoins le Sieur Cherade Maire perpetuel de la Ville d'Angoulesme, & qui est aussi Lieutenant General de la Justice or-dinaire de la même Ville, s'ingere seul de faire les billets de logemens de Gens de Guerre, & veut empêcher le Suppliant au prejudice de son droit, d'assister à la confection d'iceux, & d'y avoir voix opinative, & déliberative, comme il paroist par plusieurs Procès verbaux qu'il en rapporte; que même ledit Maire, afin d'ôter entierement la connoissance desdits logemens au Suppliant, y procede en sa maison, & refuse de les faire au Palais Royal de ladite Ville, où se tiennent ordinairement les Assemblées d'icelle, au defaut de l'Hostel commun qui est tout-à-fait ruiné, ce qui est contre toutes les regles, estant absolument necessaire d'avoir un lieu com-mun où ledit Suppliant puisse avec seureté remedier aux abus qui se glissent au sujet desdits Lo-gemens. Et encore quoy qu'aux termes du même Edit de création du mois d'Octobre 1699. il soit porté, que les Lieutenans de Police connoistront du port d'armes prohibé par les Ordonnances, à l'exclusion de tous autres : Cependant le Sieur de Choisy, Lieutenant de Roy de la Ville d'An-goulesme, n'a pas laissé de rendre une Ordonnance au sujet du même port d'armes, laquelle il a fait afficher dans les carrefours de la Ville, ce qui est une entreprise manifeste sur les droits de la Charge du Suppliant, à qui seul il appartient de statuer, & de rendre des Ordonnances sur le port d'armes dans la Ville d'Angoulesme, sur quoy il se trouve obligé de se pourvoir. A CES CAUSES requeroit qu'il plût à Sa Majesté ordonner que ledit Edit du mois d'Octobre 1699. sera executé selon sa forme, & teneur; & que les Arrests du Conseil du 3. Janvier, 2. May, & 24. Aoust derniers seront en tant que de besoin déclarez communs avec le Suppliant, & les Sieurs Souchet Lieutenant Criminel de la Ville d'Angoulesme, & Cherade, Maire d'icelle : Ce faisant, que le Suppliant aura entrée, rang, séance, & voix déliberative au Bailliage, & Siege Presidial, immediatement après le Lieutenant General, & avant le Lieutenant Criminel de ladite Ville; & qu'en l'absence du Lieutenant General, le Suppliant precedera ledit Lieutenant Criminel en toutes Assemblées, & Ceremonies; comme aussi, qu'il aura entrée, rang, séance, & voix déli-berative en toutes les Assemblées de Ville, immediatement après le Maire, auquel il sera fait dé-fenses de délivrer aucuns Bulletins de logemens de Gens de Guerre, sans estre paraphez dudit Suppliant, & d'y proceder ailleurs qu'au Palais Royal de ladite Ville; maintient le Suppliant conformément audit Edit, dans le droit, & la faculté de connoistre du port d'armes prohibé par les Ordonnances; & faire défenses au Sieur de Choisy, & tous autres d'en prendre connoissance, & d'y troubler le Suppliant, le tout à peine de cinq cens livres d'amende pour chaque contravention, & de tous dépens, dommages, & interests. VEU ladite Requeste, les Procès verbaux des 29. Se-ptembre, 21. & 22. Octobre, & 1. Novembre derniers, lesdits Arrests du Conseil, & autres pieces attachées à ladite Requeste : Ouïy le rapport du Sieur Chamillart, Conseiller ordinaire au Conseil Royal, Controlleur General des Finances. LE ROY EN SON CONSEIL, ayant égard à ladite Requeste, a ordonné, & ordonne que le Suppliant aura entrée, rang, séance, & voix déli-berative au Bailliage, & Siege Presidial d'Angoulesme, après le Lieutenant General, & avant le Lieutenant Criminel, en toutes Assemblées, & Ceremonies, & aura entrée, rang, séance, & voix déliberative en toutes les Assemblées de Ville, immediatement après le Maire, auquel Sa Majesté fait défenses de délivrer aucuns Bulletins de logemens de Gens de Guerre, sans estre paraphez du Suppliant, & d'y proceder ailleurs qu'au Palais Royal de ladite Ville : maintient le Suppliant dans le droit de connoistre du port d'armes prohibé par les Ordonnances; & fait défenses à tous Offi-ciers d'en prendre connoissance, & de l'y troubler, à peine de cinq cens livres d'amende contre chacun des contrevenans, & de tous dépens, dommages, & interests. Fait au Conseil d'Estat du Roy tenu à Versailles le quatorziéme jour de Decembre mil sept cens. Collationné. Signé, DE LAISTRE.

XVIII.
21.Decembre
1700. Arreſt
du Conſeil
qui ordonne
que les Offi-
ciers des Pre-
ſidiaux&au-
tres Sieges
Royaux aſſi-
ſteront les
Lieutenans
Generaux de
Police,au ju-
gement en
dernier reſ-
ſort des pro-
cez contre les
Mendians,ſi-
non qu'il leur
ſera permis
d'y appeller
des Graduez.

LE Roy ayant par ſa Declaration du vingt-cinquiéme jour de Juillet dernier concernant les Mendians, enjoint aux Lieutenans Generaux de Police, de tenir la main à l'execution de ladite Declaration, de faire arreſter leſdits Mendians qui ſe trouveroient dans les Villes où ils ſeront établis, & dans les Banlieuës d'icelles, & à ceux deſdits Juges qui ſont Graduez, d'inſtruire le procés, & de juger en dernier reſſort avec les Officiers des Sieges Preſidiaux, & principaux BaillagesRoyaux des lieux, ceux deſdits Mendians ou Vagabonds valides, & qui peuvent gagner leur vie par leur travail, leſquels ſeroient trouvez contrevenans à ladite Declaration, & de les condamner aux peines y contenuës, & de faire conduire & enfermer les autres dans les Hôpitaux dans les cas portez par ladite Declaration : Et Sa Majeſté eſtant informée, que lorſque les Lieutenans Generaux de Police ont fait arreſter des Mendians, Vagabonds, & qu'aux termes de ladite Declaration, ceux d'entr'eux qui ſont Graduez, veulent inſtruire le procés deſdits Vagabonds, & les juger en dernier reſſort, & appellent pour cela avec eux les Officiers des Baillages & Sieges Preſidiaux des lieux de leur reſidence ; leſdits Officiers pretendent preſider, ou refuſent d'aſſiſter leſdits Lieutenans Generaux de Police : & d'autant que la connoiſſance deſdits Vagabonds eſt expreſſément attribuée auſdits Lieutenans Generaux de Police par ladite Declaration, & que les Officiers des Preſidiaux & principaux Baillages, ne ſont que pour les aſſiſter dans leſdits Jugemens, & ainſi ne peuvent pas pretendre y preſider : Sa Majeſté auroit jugé à propos, pour lever ces difficultez, qui retardent l'execution de ladite Declaration, d'expliquer de nouveau ſes intentions. A quoy voulant pourvoir : Oüi le Rapport du ſieur Chamillart, Conſeiller ordinaire au Conſeil Royal, Controlleur General des Finances : LE ROY EN SON CONSEIL a ordonné & ordonne : Que les Officiers des Preſidiaux, Baillages, & autres principaux Sieges Royaux, ſeront tenus d'aſſiſter les Lieutenans Generaux de Police, pour juger en dernier reſſort les procez des Mendians, Vagabonds, conformément à la Declaration du vingt-ſixiéme jour de Juillet dernier ; auxquels jugemens leſdits Lieutenans Generaux de Police preſideront, & au defaut deſdits Officiers, Sa Majeſté permet auſdits Lieutenans de Police, d'appeller des Graduez au nombre requis par les Ordonnances, pour juger conjointement avec eux leſdits procez. Fait au Conſeil d'Eſtat du Roy tenu à Verſailles le vingtuniéme jour de Decembre mil ſept cent. Collationné, ſigné, DE LAISTRE.

XIX.
28.Decembre
1700. Decla-
ration con-
cernant les
fonctions des
Lieutenans
Generaux de
Police,&les
appellations
de leurs juge-
mens. Regi-
ſtrée au Par-
lement le 7.
Janvier
1701.

LOUIS par la grace de Dieu Roy de France & de Navarre : A tous ceux qui ces preſentes Lettres verront, Salut. Nous avons par nos Edits du mois d'Octobre & Novembre mil ſix cent quatre-vingt-dix-neuf, créé tous les Officiers neceſſaires pour l'adminiſtration de la Police dans toutes les Villes & lieux de noſtre Royaume où la Juſtice Nous appartient, pour en faire les fonctions, ainſi que fait le Lieutenant General de Police de Paris, créé par noſtre Edit du mois de Mars mil ſix cens ſoixante-ſept. Mais comme nous ne nous ſommes pas ſuffiſamment expliquez au ſujet des appellations de leurs Jugemens, Nous avons eſté informez qu'il eſt ſurvenu pluſieurs conteſtations à ce ſujet, ainſi que ſur quelques-unes des attributions que nous leur avons faites par leſdits Edits ; ſur quoy Nous avons crû d'autant plus neceſſaire d'expliquer diſertement nos intentions, que juſques à preſent la Juriſprudence & l'uſage ſur le fait deſdites appellations ont eſté tres-differens dans les Reſſorts de tous nos Parlemens. A CES CAUSES, & autres à ce Nous mouvans, & de noſtre certaine ſcience, pleine puiſſance, & autorité royale ; Nous avons par ces preſentes ſignées de noſtre main, dit, déclaré & ordonné, diſons, declarons & ordonnons, voulons, & Nous plaiſt, que l'appel des Ordonnances & Jugemens qui ſeront rendus par les Lieutenans Generaux de Police, ou en leur abſence par nos Procureurs dans les Villes & lieux, où auront leur création l'appel des Sentences renduës par nos Juges ſur le fait de la Police, eſtoit porté directement en nos Cours, ne puiſſe eſtre relevé qu'en noſdites Cours. Voulons pareillement que l'appel des Ordonnances & Jugemens qui ſeront rendus par les Lieutenans Generaux des Baillages & autres Sieges dont les Appels relevent directement en nos Cours, leſquels ont obtenu ou obtiendront cy-aprés la réünion à leurs Offices de ceux de Lieutenans Generaux de Police, ſoit auſſi porté en noſdites Cours. Faiſons defenſes aux Officiers des Baillages, Sénéchauſſées & Sieges Preſidiaux d'en connoiſtre, & de donner aucunes défenſes de les executer, à peine de nullité de leurs Jugemens, & de tous dommages & intereſts des Parties. Voulons qu'hors les cas cy-deſſus exprimez, les appellations des Jugemens rendus par les Lieutenans Generaux de Police, eſtablis dans des Villes & lieux diſtans de plus de dix lieux de nos Cours, ſoient portées aux Baillages & autres Sieges où reſſortiſſoient avant noſtredit Edit, les appellations des Jugemens rendus par les Juges de Police deſdits lieux ; & à l'égard des Villes & lieux ſituez dans l'eſtenduë des dix lieuës, les appellations des Lieutenans Generaux de Police qui y ſeront eſtablis, ſeront portées en noſdites Cours. Ordonnons en outre, que dans l'un ou l'autre deſdits cas, ſoit que l'appel deſdites Sentences ſoit porté dans noſdites Cours, ou dans les Baillages & Sénéchauſſées, les Jugemens deſdits Lieutenans Generaux de Police, qui ne porteront condamnation d'amendes que juſques à ſoixante ſols, ſeront executez par proviſion, nonobſtant l'appel, ſans que pour quelque cauſe que ce puiſſe eſtre, les Juges d'appel puiſſent faire des défenſes de les executer, leſquelles défenſes Nous avons dés à preſent levées, & declarées nulles & de nul effet. Voulons que leſdits Lieutenans Generaux de Police ayent rang, ſéance, & voix deliberative dans les Baillages & Sieges Preſidiaux, & autres Sieges ordinaires des Villes de leur eſtabliſſement, tant aux Audiances, que Chambres du Conſeil, immediatement aprés les Lieutenans Generaux, & autres premiers Juges deſdits Sieges, & avant les Lieutenans Criminels, Lieutenans Particuliers, & tous autres Juges, & dans les Hoſtels de Villes, en toutes aſſemblées aprés le Maire, ſans qu'ils puiſſent neanmoins pretendre preſider en l'abſence, ſoit des Lieutenans Generaux, ou des Maires, mais auront ſeulement ſéance immediatement aprés celuy qui preſidera. Auront pareillement leſdits Lieutenans Generaux de Police dans toutes les Aſſemblées & Ceremonies publiques, même rang aprés les Lieutenans Generaux, en l'abſence deſquels, ils precederont dans leſdites Aſſemblées & Ceremonies, tous les autres Officiers qui ſont precedez par leſdits Lieutenans Generaux. Comme auſſi voulons qu'ils ayent rang & ſéance dans les Bureaux eſtablis pour la direction des

Hôpitaux, immediatement aprés les Lieutenans Generaux, ou autres premiers Juges des Sieges, en l'absence desquels ils presideront, en cas que la presidence appartienne ausdits Lieutenans Generaux, ou autres premiers Juges. Si DONNONS EN MANDEMENT à nos amez & feaux Conseillers les Gens tenans nostre Cour de Parlement à Paris, que ces presentes ils ayent à faire lire, publier & registrer, & le contenu en icelles garder, observer & executer selon leur forme & teneur, nonobstant tous Edits, Declarations, Reglemens, & autres choses à ce contraires; ausquels Nous avons dérogé & dérogeons par ces Presentes : Car tel est nostre plaisir ; en témoin de quoy Nous avons fait mettre nostre scel à cesdites Presentes. DONNE' à Versailles le vingt-huitiéme jour de Decembre, l'an de grace mil sept cent, & de nostre Regne le cinquante-huitiéme. Signé, LOUIS ; Et plus bas, par le Roy, PHELYPEAUX. Et scellées du grand sceau de cire jaune.

XX.
4. Janvier 1701. Arrest du Conseil, qui conserve au Lieutenant General de Police de Toul, sa jurisdiction sur les Medecins, Chirurgiens, & Apoticaires, & qui enjoint aux Avocats & Procureurs du Bailliage, de plaider devant luy, & de luy rendre les mêmes honneurs qu'au Lieutenant General du Presidial.

SUR la Requeste presentée au Roy en son Conseil par Estienne Morel, Conseiller de Sa Majesté, Lieutenant General de Police de la Ville, Faux-bourgs & Banlieuë de Toul, & Jean-Baptiste Bicquilley Procureur de Sa Majesté en la Police. Contenant, que Cesar Deschamps, Maistre Operateur & Otuliste, estant venu dans ladite Ville de Toul, pour y debiter des drogues & remedes ; il auroit demandé permission de vendre en public, audit sieur Morel, ce qu'il luy auroit accordé en faisant visiter en sa presence lesdites drogues & remedes : ce que s'estant mis en devoir de faire faire par le Medecin Juré, & les Apotiquaires, Laurent Martin, & Claude-Denys Duverger Chirurgiens Jurez, ayant prétendu que cette visite leur appartenoit, ils auroient obligé ledit Deschamps de la souffrir sans la participation des Suppliants, & ayant voulu exiger dudit Deschamps une somme de dix livres pour le droit de visite, il auroit refusé de la payer : & lesdits Martin & Duverger au lieu de s'adresser aux Suppliants, pour en obtenir le payement ; s'il leur estoit dû, ils auroient donné leur Requeste le vingt-sixiéme jour de Juin dernier, au Lieutenant General du Bailliage, & y auroient fait assigner ledit Deschamps, pour se voir condamner à payer ladite somme de dix livres par Exploit du même jour, & fait saisir tous ses effets ; mais ledit Deschamps qui n'a jamais reconnu d'autre Jurisdiction que celle de la Police, dans toutes les Villes du Royaume où il va debiter ses drogues & remedes, auroit donné le vingt-septiéme jour dudit mois de Juin, sa Requeste audit Morel Lieutenant General de Police, pour luy permettre d'assigner pardevant luy lesdits Martin & Duverger ; pour voir declarer l'assignation & saisie faite sur ses effets nulle, & en avoir main-levée, & que défense leur fust faite de proceder ailleurs que dans la Jurisdiction de la Police : ce que luy ayant esté accordé, & lesdits Martin & Duverger assignez, ils auroient au lieu de comparoistre, obligé le Procureur du Roy du Bailliage, de donner sa Requeste au Lieutenant General dudit Bailliage, pour faire assigner pardevant luy ledit Deschamps Operateur, & lesdits Martin & Duverger, pour contester en execution de son Ordonnance, avec défenses de proceder ailleurs, à peine de cent livres d'amende ; ce qu'ayant esté ainsi ordonné par ledit Lieutenant General du Bailliage le vingt-huitiéme jour dudit mois de Juin, il auroit condamné par défaut ledit Deschamps, au payement des dix livres repetées par lesdits Martin & Duverger ; & par le même jugement, parce que Maistre Matthieu Vanneson, Greffier Commis de ladite Police, qui est Controlleur des Declarations de dépens audit Bailliage & Siege Presidial, & qui en cette qualité a droit d'y postuler, avoit écrit de sa main la Requeste dudit Deschamps donnée au Lieutenant General de Police, il l'a interdit des fonctions de son Office de Procureur pendant trois mois, avec défense à luy d'en faire aucunes qu'aprés ledit temps expiré, à peine de nullité, & de cinquante livres d'amende, & de répondre des dommages & interests des parties ; défenses à luy de recidiver sous plus grandes peines ; & non content d'une action aussi hardie, il auroit ensuite fait assembler les Avocats & Procureurs postulans audit Bailliage, & auroit fait défenses de prester leur ministere aux Parties qui se pourvoiroient à la Police, ny de postuler en ladite Jurisdiction de la Police ; de sorte que lesdits Avocats & Procureurs ne veulent en aucune maniere paroistre en la Jurisdiction de la Police, & refusent d'y plaider, ainsi qu'il est justifié par le procés verbal du quatorze Juillet dernier. Que sur ces défenses les Avocats & Procureurs se sont même abstenus de rendre leurs devoirs audit Morel Lieutenant General de Police : & comme il est de notorieté que les Avocats & Procureurs ont toûjours postulé en ladite Jurisdiction de la Police, notamment devant le Lieutenant General de Police de Paris, à l'instar duquel les Lieutenans Generaux de Police dans le Royaume sont créez, ainsi qu'il est justifié par l'acte de notorieté du Chastelet de Paris du de sorte que toute la procedure du sieur Parisot Lieutenant General du Bailliage de Toul ; les défenses aux Avocats & Procureurs de plaider en la Jurisdiction de la Police, & l'interdiction dudit Vanneson, sont des entreprises & un attentat formel à l'autorité de Sa Majesté, & une contravention manifeste aux Edits de création de Lieutenans Generaux & Officiers de la Police, créez par Edits des mois d'Octobre & Novembre mil six cent quatre-vingt dix-neuf, & que ce procedé tend à la destruction de la Police, & que c'est formellement interdire la Police, que d'empêcher les Avocats & Procureurs d'y postuler, & interdire un Procureur pendant trois mois de ses fonctions, pour avoir seulement écrit de sa main une Requeste adressée au Lieutenant General de Police : A CES CAUSES, requeroient les Suppliants qu'il plust à Sa Majesté, ordonner que les Edits des mois d'Octobre & Novembre derniers, seront executez selon leur forme & teneur ; & ce faisant faire casser & annuller la procedure faite au Bailliage & Siege Presidial de Toul : faire défenses ausdits Martin & Duverger, & autres Chirurgiens de se pourvoir ailleurs que pardevant eux en pareil cas : A eux, & aux Medecins & Apotiquaires de faire aucunes visites de drogues & remedes pour estre debitez en public, ou autrement par les Operateurs ou autres, qu'en presence du Lieutenant General de Police, & lever l'interdiction du sieur Vanneson ; ordonner aux Avocats & Procureurs dudit Bailliage & Siege Presidial de Toul, de postuler & plaider pardevant le Lieutenant General de Police ; leur enjoindre de luy rendre les mêmes honneurs & devoirs qu'au Lieutenant General dudit Siege : & pour avoir par ledit Maistre Jean Michel Parisot Lieutenant General, interdit ledit Vanneson, & fait défenses aux

Avocats

Avocats & Procureurs de poftuler en la Jurifdiction de la Police, le condamner en cinq cent livres de dommages & interefts envers ledit Vanneson, luy faire défenses à l'avenir de prononcer pareille interdiction, & faire femblables défenses ; & pour l'avoir fait, qu'il demeurera pendant trois mois interdit des fonctions de fon Office. Veu ladite Requefte, les Edits des mois d'Octobre & Novembre mil fix cent quatre-vingt-dix-neuf, la procedure faite au Bailliage & Siege Prefidial de Toul, à la Requefte defdits Martin & Duverger, & du Procureur du Roy, celle faite pardevant ledit Lieutenant General de Police de ladite. Ville de Toul, à la requefte dudit Defchamps Operateur, le procés verbal du quatorziéme jour de Juillet dernier, l'Acte de notorieté du Chaftelet de Paris : Oüy le rapport du fieur Chamillart Confeiller ordinaire au Confeil Royal, Controlleur General des Finances : LE ROY EN SON CONSEIL, ayant aucunement égard à ladite Requefte, a caffé & annullé la procedure faite au Bailliage & Siege Prefidial de Toul par lefdits Martin & Duverger, au fujet de la vifite des drogues & remedes dudit Defchamps: Enfemble la Sentence du Lieutenant General dudit Siege du 28. Juin dernier, & tout ce qui s'en eft enfuivi. Fait Sa Majefté défenses audit Martin & Duverger & tous autres, de fe pourvoir en pareil cas ailleurs que pardevant le Lieutenant General de Police de ladite Ville, & à tous Chirurgiens, Medecins & Apotiquaires de ladite Ville, de faire vifite de drogues pour eftre diftribuées au public par les Operateurs qu'en fa prefence : leve Sa Majefté l'interdiction dudit Vanneson, prononcée par ladite Sentence, & enjoint aux Avocats & Procureurs dudit Bailliage & Siege Prefidial, de plaider & poftuler pardevant luy pour les affaires de Police, & de luy rendre les mêmes honneurs qu'au Lieutenant General du Prefidial; auquel Sa Majefté fait défenses de troubler à l'avenir ledit Lieutenant General de Police dans les fonctions de fa Charge, à peine de tous dépens, dommages & interefts. Fait au Confeil d'Eftat du Roy, tenu à Verfailles le quatriéme jour de Janvier mil fept cent un. Collationné, figné, G O U J O N.

XXI.
22. Fevrier 1701. Arreft du Confeil, qui ordonne que le Lieutenant General de Police de Trun, tiendra fa féance dans le Siege ordinaire, & luy conferve fa jurifdiction fur les Arts & Mefliers.

S UR la Requefte prefentée au Roy en fon Confeil par Claude de Cavey Ecuyer fieur de Fontenil, Lieutenant General de Police de Trun : contenant, que depuis qu'il eft pourvû de fa Charge, le fieur Jamot Lieutenant General au Bailliage de Trun, & le fieur Alliot Vicomte de ladite Ville, & Affeffeur audit Bailliage, ont fi fort affecté de le troubler dans les droits les plus certains de fa Charge, qu'il a efté obligé de leur declarer le treiziéme jour de Novembre mil fept cent, qu'il en abandonnoit les fonctions jufques à ce qu'il euft plû à Sa Majefté statuer fur les contraventions faites par ces Juges à l'Edit de creation de fa Charge, & ce pour éviter le defordre qui pourroit arriver entr'eux. En premier lieu ledit fieur Alliot Vicomte de Trun, & Affeffeur au Bailliage, a connu de la caufe d'entre Gondoüin Maiftre Chapelier de Trun, & Poitier fon Apprentif, au fujet d'un Brevet d'Apprentiffage ; & par la Sentence du vingt-huitiéme jour de Juillet dernier, ledit fieur Alliot a condamné ledit Poitier à retourner chez ledit Gondoüin fon Maiftre : Ce qui eft une attribution particuliere faite à la Charge du Suppliant, par l'Edit de fa création, en laquelle Sa Majefté a maintenu le Lieutenant de Police de Mont-luçon. En deuxiéme lieu, le fieur Jamot Lieutenant General de Trun, veut que le Suppliant tienne fes Audiances de Police fous les Halles, & non à l'Auditoire, ce qui eft contraire à l'Edit : C'eft dans cet Eftat que le Suppliant a crû devoir declarer aufdits Jamot & Alliot, qu'il abandonnoit les fonctions de fa Charge, jufques à ce qu'il euft plû à Sa Majefté prononcer fur lefdites contraventions qui font fans exemple, & faites par un mépris évident à l'Edit de creation d'icelle, ce qui l'oblige de fe pourvoir. A CES CAUSES, requeroit le Suppliant, qu'il pluft à Sa Majefté ordonner, que l'Edit de creation de fa Charge, & les Arrefts rendus en confequence des vingt-neuf Juin, & vingt-fept Juillet, trois, vingt-un, & vingt-quatre Aouft dernier, rendus en faveur des Lieutenaux de Police d'Orleans, Bourges, Ornans, Montluçon & Clermont, qui feront declarez communs avec luy, feront executez felon leur forme & teneur ; & faifant & conformément à iceux, qu'il tiendra fes Audiances de Police en l'Auditoire dudit lieu, qu'il connoiftra des Brevets d'Apprentiffage ; & en confequence caffer la Sentence rendüe par ledit fieur Alliot, entre Gondoüin Chapelier, & Poitier fon Apprentif, le vingt-huitiéme jour de Juillet dernier, avec défenses audit fieur Alliot, de connoiftre des Arts, & Mefliers, & Apprentiffage, à peine de cinq cent livres d'amende. Veu ladite Requefte fignée Cavey Suppliant, & Villeneuve Avocat és Confeils & du Supplianr, pieces juftificatives d'icelle : Oüy le rapport du fieur Chamillart, Confeiller ordinaire au Confeil Royal, Controlleur General des Finances : LE ROY EN SON CONSEIL, ayant égard à ladite Requefte, a ordonné & ordonne, que ledit Cavey tiendra fa féance dans le Siege ordinaire de Trun, aux jours dont il conviendra avec le Lieutenant General & le Vicomte, ou qui faute d'en convenir enfemble, feront reglez par le fieur Pinon, Commiffaire départy en la Generalité d'Alençon, & ce qui fera par luy reglé à cet égard, fera executé nonobftant oppofitions ou appellations quelconques, pour lefquelles ne fera differé : Caffe Sa Majefté la Sentence dudit Vicomte du vingt-fept Juin dernier; maintient le Supplianr dans la connoiffance de tout ce qui concerne les Arts & Mefliers, & fait défenses tant audit Vicomte, qu'audit Lieutenant General d'en connoiftre à l'avenir, à peine de caffation de leurs Jugemens. Fait au Confeil d'Eftat du Roy, tenu à Verfailles le vingt-deuxiéme jour de Fevrier mil fept cent un. Collationné. Signé, G O U J O N.

XXII.
8. Mars. 1701. Arreft du Confeil en faveur du Lieutenant General de Police de

S Ur la Requefte prefentée au Roy en fon Confeil, par Pantaleon Bruchié, Ecuyer-Confeiller de Sa Majefté, Lieutenant General de Police de la Ville, Fauxbourgs, & Banlieüe de Sezanne: contenant, qu'ayant rendu une Ordonnance le premier jour d'Avril mil fept cens, fur la requifition du Procureur du Roy de ladite Police ; par laquelle il eftoit fait défenses à toutes perfonnes de commettre aucunes irreverences dans les Eglifes, même d'y raper du Tabac : Me Guillaume Moutier Lieutenant General du Bailliage, qui cherche toutes les occafions d'entreprendre fur les fonctions du Supplianr, affecta de rendre une pareille Ordonnance le lendemain, & la fit publier le troifiéme Avril, une heure aprés celle de Supplianr, lequel faifant alors dans le

Marché

Sezanne, contre les Officiers du Bailliage, qui leur fait défenses de le troubler dans ses fonctions.

Marché ses fonctions, entendit le bruit d'un Trompette; & s'en estant approché, il demanda à Nicolas Giffey Sergent, qui publioit cette Ordonnance, pourquoy il s'ingeroit de sonner de sa Trompette, sans la permission du Suppliant; ce Sergent luy répondit, que c'estoit en vertu d'une Ordonnance émanée du Bailliage de Sezanne, portant défenses de raper du Tabac dans les Eglises : & comme c'estoit un fait purement de Police, sur lequel le Suppliant avoit rendu une precedente Ordonnance, il enjoignit au Sergent de luy remettre sa Trompette; ce qu'ayant refusé avec insolence, le Suppliant la tira de ses mains, & la donna à Pierre le Bats, premier Huissier-Audiancier en la Police, pour la porter au Greffe de ladite Police. Le Lieutenant General du Bailliage ne voulant pas attaquer directement le Suppliant, qui n'avoit fait que maintenir les fonctions de sa Charge, décerna le huitiéme suivant un Decret d'Ajournement personnel contre ledit le Bats, sur le pretexte du prétendu Procés verbal de rebellion, dressé par ledit Giffey, & de l'information faite en consequence contre ledit le Bats; le Suppliant ayant eu connoissance de ce Decret, fit signifier le lendemain au Lieutenant General & au Procureur du Roy du Bailliage, qu'il prenoit le fait, & cause pour Pierre le Bats; & ce faisant, qu'il protestoit de nullité de la permission d'informer, Information, Decrets, de l'Ordonnance renduë par le Lieutenant General, portant défenses de raper du Tabac, avec protestations d'en porter ses plaintes au Conseil. Nonobstant celle du Suppliant, signifiée au Greffe du Bailliage, le neuf Avril mil sept cens: le Lieutenant General du Bailliage, sur la requisition du Procureur du Roy, décerna un Decret de prise de corps contre ledit le Bats, & fit saisir, & annoter ses biens le dix-huit Avril suivant. Ces Procedures violentes obligerent le Suppliant à se pourvoir pardevant le Sieur Intendant de la Province, qui luy permit de faire assigner les Officiers du Bailliage, lesquels ayant comparu, ledit Sieur Intendant rendit son Ordonnance contradictoirement, le vingt-huit Avril mil sept cens, par laquelle il ordonne, que l'Ordonnance renduë par lesdits Officiers du Bailliage du même mois, seroit supprimée, avec défenses d'en donner de semblables, & de troubler le Suppliant dans l'exercice, & fonction de sa Charge; ledit le Bats fut déchargé par cette Ordonnance, des Jugemens, & Decrets rendus contre luy par lesdits Officiers du Bailliage; auquel fut fait main-levée de ses meubles, & elle fut signifiée à leur Greffe du Bailliage, le trente Avril. Le Suppliant s'estoit flaté que cette Ordonnance feroit cesser à l'avenir les entreprises des Officiers du Bailliage : mais la Declaration du vingt-huit Decembre dernier leur ayant fait croire qu'ils estoient superieurs du Lieutenant General de Police, & qu'ils estoient en droit de tout entreprendre sur ses fonctions, ils auroient rendu le onze Février dernier une Sentence sur un appel d'Ordonnance de Police, qui auroit condamné le nommé Renard à l'amende, pour avoir vendu des Bleds en vert, & avant la recolte, par laquelle ils n'ont seulement excedé les termes de ladite Declaration, mais encore sur les Conclusions de Dodenoud Procureur du Roy, ils ont interdit, & condamné en vingt livres d'amende ledit le Bats, sous pretexte d'avoir exploité, sans avoir purgé le Decret qu'ils avoient decerné contre luy : ils ont encore fait défenses au nommé Houllier, Notaire, & Procureur audit Bailliage, qui avoit esté commis Greffier de Police, d'en faire les fonctions, sous pretexte d'incompatibilité desdites Charges; ils ont aussi défendu à Me Charles Langlumé Avocat, de servir de Procureur du Roy, jusqu'à ce qu'il eust atteint l'âge de vingt-cinq ans : Et enfin, ils ont enjoint aux Officiers de Police d'observer les Edits, Ordonnances, & Réglemens, & de commettre pour Procureur du Roy dans le besoin, les plus anciens Avocats, selon l'ordre du Tableau, qui sont autant de réglemens au delà de leur pouvoir, & d'entreprises sur les fonctions, & autorité de la Charge du Suppliant, qu'il n'appartient qu'au Conseil de regler. Cette Sentence n'est que l'effet de la jalousie, & du chagrin des Officiers du Bailliage contre le Suppliant; ce qui est justifié *primò*, en ce que le Bats Huissier de Police ne pouvoit estre condamné à l'amende, pour avoir exploité, estant *in reatu*, puisque par l'Ordonnance du Sieur Intendant du vingt-huit Avril mil sept cens, il avoit esté déchargé des Jugemens, & Decrets rendus injustement contre luy par les Officiers du Bailliage, auxquels ladite Ordonnance avoit esté signifiée. *Secundò*, ils n'ont pû faire des défenses à Houllier de faire les fonctions de Greffier de la Police, sur le fondement qu'il est Procureur, & Notaire, puisque l'Edit de creation des Greffiers de Police declare ces Offices compatibles avec tous autres; ainsi c'est une contravention formelle faite audit Edit par les Officiers du Bailliage : D'ailleurs, cette défense quoique contraire à l'Edit, a tellement intimidé Houllier, qu'il n'a plus voulu faire les fonctions de Greffier en la Police; & personne ne se commettre avec le Lieutenant General du Bailliage, le Lieutenant de Police n'a pû faire aucune fonction de sa Charge depuis cette Sentence, par le defaut de Greffier; ainsi qu'il est justifié par le Procés verbal du Suppliant du onze Février mil sept cens un. *Tertiò*, Les Officiers du Bailliage n'estoient pas en droit de faire des injonctions au Suppliant; il n'y a que le Conseil qui le puisse faire, d'autant plus que le Suppliant prit pour Procureur du Roy, le seul Avocat qui estoit present à l'Audiance; ce qui oblige le Suppliant d'avoir recours à Nous, pour arrester les entreprises continuelles des Officiers dudit Bailliage, & se mettre en estat de remplir les fonctions de sa Charge, qui ont esté interrompuës depuis ladite Sentence; ce qui est tres-préjudiciable au Public, & au Suppliant. A CES CAUSES, requeroit qu'il pleust à Sa Majesté ordonner, que les Edits des mois d'Octobre, & Novembre, seroient executez selon leur forme, & teneur; ce faisant, casser, & annuler la Sentence du Bailliage de Sezanne, du onze Février mil sept cens un, & en consequence, décharger le Bats de l'amende prononcée contre luy par ladite Sentence, & lever conformément à l'Ordonnance dudit Sieur de Pomereu du 28. Avril 1700. les défenses qui luy sont faites d'exploiter; enjoindre à Houllier de continuer les fonctions de Greffier en la Police; lever les défenses à luy faites par ladite Sentence; ordonner aux Avocats, & Procureurs dudit Bailliage de postuler, & plaider pardevant le Lieutenant General de Police, lequel pourra prendre un des Avocats ou Praticiens presens à l'Audiance pour prendre des Conclusions en l'absence du Procureur du Roy. Comme aussi de faire défenses ausdits Officiers du Bailliage, de faire à l'avenir aucuns Réglemens de Police, ny de le troubler dans les fonctions de sa Charge, sous telle peine qu'il plaira au Conseil de prononcer. VEU ladite Requeste, les Edits des mois d'Octobre, & Novembre 1699. l'Ordonnance

nance du Lieutenant General de Police de Sezanne du 1. Avril 1700. celle du Lieutenant General du Bailliage, du 2. defdits mois & an; le Procés verbal du Suppliant, du 8. dudit mois; le Decret d'Ajournement personnel du 8. dudit mois; l'Acte fait par le Suppliant audit Lieutenant General du Bailliage du 9. dudit mois; le Decret de prife de corps du 17. du même mois; l'Ordonnance du Sieur de Pomereu, Intendant en Champagne; la fignification qui en a efté faite les 20. & 30. dudit mois d'Avril; la Sentence du Bailliage de Sezanne du 11. Février 1701. le Procés verbal du Suppliant du même jour en l'Audiance de Police, & autres Pieces juftificatives y attachées. Oüy le rapport du Sieur Chamillart, Confeiller ordinaire au Confeil Royal, Controlleur General des Finances. LE ROY EN SON CONSEIL, ayant égard à ladite Requefte, a caffé, & annullé la Sentence du Bailliage de Sezanne du 11. Février dernier, & décharge ledit le Bats de l'amende de cent livres contre luy prononcée par ladite Sentence; & conformément à l'Ordonnance dudit Sieur de Pommereu du 28. Avril 1700. a levé les défenfes qui y font faites audit le Bats d'exploiter à l'avenir; Enjoint Sa Majefté audit Houllier de continuer les fonctions de Greffier de Police en ladite Ville de Sezanne, & ce nonobftant les défenfes à luy faites par ladite Sentence: Enjoint pareillement Sa Majefté aux Avocats, & Procureurs dudit Bailliage, de poftuler, & plaider devant ledit Lieutenant General de Police, lequel en cas d'abfence du Procureur de Sa Majefté de Police pourra prendre tel des Avocats prefens à l'Audiance que bon luy femblera, pour prendre les Conclufions. Fait auffi Sa Majefté défenfes aux Officiers dudit Bailliage de faire à l'avenir aucuns Réglemens de Police, ny de le troubler dans les fonctions de fa Charge, à peine de tous dépens, dommages, & interefts; & fera le prefent Arreft executé nonobftant oppofitions ou empêchemens quelconques; dont fi aucuns interviennent, Sa Majefté s'en eft refervé la connoiffance, & icelle interdite à toutes fes Cours, & autres Juges. Fait au Confeil d'Eftat du Roy, tenu à Verfailles le huitiéme jour de Mars mil fept cens un. Collationné. Signé, GOUJON.

XXIII.
24. May 1701. Arreft du Confeil qui conferve au Lieutenant General de Police de Vire, fa jurifdiction fur lesMedecins, Chirurgiens, Arts, & Meftiers.

Sur la Requefte prefentée au Roy en fon Confeil, par Renault Broüard Sieur de la Motte, Lieutenant General de Police en la Ville, Bailliage, & Vicomté de Vire; & Gilles Moulin, Ecuyer Sieur de Criquetiere, Confeiller de Sa Majefté, & fon Procureur de ladite Police: contenant, qu'encore bien que par l'Edit de création des Lieutenans Generaux de Police, & les Arrefts du Confeil rendus en confequence, ils ayent droit de connoiftre de la Reception des Maiftres, Brevets d'Apprentiffage, execution des Statuts, & Réglemens des Arts, & Meftiers, & de la Reception, & eftabliffement des Majeurs, Gardes, ou Jurez de chacun Corps de Marchands, & Meftiers; neanmoins les Supplians font troublez dans leurs fonctions, par les Officiers defdits Bailliage, & Vicomté, lefquels prétendent connoiftre de l'execution des Statuts, des Arts, & Meftiers, & de l'Eftabliffement, Election, & Comptes des Majeurs, Gardes, ou Jurez de chacun Corps des Marchands, & Artifans; ce qui eft directement oppofé aufdits Edit, & Arrefts, & à la Declaration de Sa Majefté, du 1691. concernant les Arts, & Meftiers, fuivant laquelle les Juges de Police connoiffent, à l'exclufion des autres Juges, de la Reception & Election des Majeurs, Gardes, & Jurez, de la reddition de leurs Comptes; que lefdits Officiers defdits Bailliage & Vicomté, entreprennent encore de connoiftre de la marche, & du rang des Corps, & Communautez defdits Arts, & Meftiers, aux Proceffions folemnelles, des conteftations qui naiffent entre les Medecins, Chirurgiens, & Apotiquaires, au fujet de leurs Profeffions, en ce qui concerne la Police, quoique toutes ces chofes foient pures matieres de Police, de la competence unique des Supplians, ainfi qu'il refulte defdits Edit, Declaration, & Arrefts rendus en confequence, au profit des Officiers de Police des Villes d'Orleans, Bourges, & Montluçon, des 24. Juin, 27. Juillet, & 20. Aouft 1700. ce qui auroit obligé les Supplians de fe pourvoir. A CES CAUSES, requeroient qu'il plûft à Sa Majefté ordonner, que lefdits Edit, Declaration, & Arrefts du Confeil, feront executez felon leur forme, & teneur; ce faifant, que les Supplians connoiftront, à l'exclufion de tous autres Juges, de la reception, & eftabliffement des Majeurs, Gardes, & Jurez des Corps, & Communautez des Marchands, & Artifans; des Brevets d'Apprentiffage, & de l'execution des Statuts defdits Corps, circonftances, & dépendances; comme auffi de la reddition de leurs Comptes, & de l'ordre de leur marche aux Proceffions; & des conteftations des Medecins, Chirurgiens, & Apotiquaires, concernant la Police dans leur Profeffion; faire défenfes aufdits Medecins, Chirurgiens, Apotiquaires, Majeurs, Gardes, & Jurez des Marchands, & Artifans, de fe pourvoir ailleurs que pardevant les Supplians, pour raifon des conteftations concernant leur Profeffion, & aufdits Officiers defdits Bailliage & Vicomté, d'en prendre connoiffance, à peine de nullité, mille livres d'amende, dépens, dommages, & interefts. VEU ladite Requefte, fignée Luffon, Avocat defdits Supplians; un Procés verbal du Sieur Dubuat, Lieutenant ancien au Bailliage de Vire, & autres Pieces juftificatives d'icelles. Oüy le rapport du Sieur de Chamillart Confeiller ordinaire au Confeil Royal, Controlleur General des Finances. LE ROY EN SON CONSEIL, ayant égard à ladite Requefte, a ordonné, & ordonne que les Supplians connoiftront, à l'exclufion de tous autres Juges, de la reception, & eftabliffement des Majeurs, Gardes, & Jurez des Corps, & Communautez des Marchands, & Artifans de la Ville, & Fauxbourgs de Vire; des Brevets d'Apprentiffage, de l'execution des Statuts defdits Corps, & Communautez, circonftances, & dépendances; connoiftront auffi de la reddition de leurs Comptes, de l'ordre de leur marche aux Proceffions, & des conteftations des Medecins, Chirurgiens, & Apoticaires, concernant la Police en leurs Profeffions; & fait défenfes aufdits Medecins, Chirurgiens, & Apotiquaires, Majeurs, Gardes, & Jurez des Marchands, & Artifans, de fe pourvoir ailleurs que pardevant eux, pour raifon de ce; & aux Officiers des Bailliage, & Vicomté de Vire, d'en prendre connoiffance, à peine de nullité de leurs Jugemens, & de tous dépens, dommages, & interefts. Fait au Confeil d'Eftat du Roy, tenu à Verfailles le quatorziéme jour de May mil fept cens un. Collationné. Signé, DUJARDIN.

LOUIS,

XXIV.
6. Aoust
1701. Declaration portant que les Lieutenans Generaux de Police des Provinces, ne pourront rendre aucuns jugemens, qu'ils ne soient assistez de deux Conseillers. Registrée au Parlement le 19. du même mois d'Aoust.

LOUIS par la grace de Dieu Roy de France & de Navarre : A tous ceux qui ces presentes Lettres verront, Salut. La création que nous avons faite par nos Edits des mois d'Octobre & Novembre 1699. des Lieutenans Generaux & autres Officiers pour l'exercice de la Police, ayant donné lieu à plusieurs contestations entr'eux, & les Officiers de nos Bailliages, Senechaussées, & autres Justices ordinaires, sur-tout au sujet des appellations de leurs Jugemens, Nous avions crû y pourvoir suffisamment par nostre Declaration du huit Decembre dernier, par laquelle Nous aurions entr'autres choses ordonné, que les appellations des Jugemens qui seroient par eux rendus, seroient portées en nos Cours où autres Jurisdictions, où ressortissoient les appellations des Juges qui connoissoient de la Police avant eux ; ce que Nous aurions fait dans la vûë de n'apporter à cet égard aucun changement à l'ordre des Jurisdictions de nostre Royaume : mais Nous sommes informez que la Jurisprudence a esté sur cela jusques à present si differente dans tous les ressorts de nos Parlemens, & même l'usage si peu certain, que cette disposition a donné lieu à de nouvelles contestations dans la plus grande partie des lieux de nostre Royaume, & excite journellement entre nos Officiers des divisions dont le public souffriroit considerablement, si Nous n'y apportions un prompt remede, par une Loy certaine & uniforme, qui ne laisse lieu à l'avenir à aucunes contestations. A CES CAUSES, & autres à ce Nous mouvans, & de nostre certaine science, pleine puissance & autorité Royale, Nous avons par ces Presentes signées de nostre main, ordonné, dit & declaré, ordonnons, disons, & declarons, voulons & Nous plaist, qu'à l'avenir dans tous les lieux où il n'y a de Siege de Justice ordinaire, que Prevosté, Chastellenie, ou autre Justice subalterne, les appellations des jugemens rendus par les Lieutenans Generaux de Police qui y ont esté, ou seront cy-après establis, soient portées dans les Bailliages, Senechaussées, ou autres Sieges où ressortissent les appellations desdites Prevostez, Chastellenie ou autres Justices subalternes. Voulons neanmoins que dans les lieux où les Offices de Lieutenans Generaux de Police ont esté, ou seront cy-après réünis au Corps des Villes & Communautez dont les Consuls, Jurats, ou autres Officiers Municipaux estoient cy-devant en possession de connoistre de la Police, & où l'usage a toujours esté de relever les appellations des jugemens par eux rendus en fait de Police dans nos Parlemens, il en soit usé à cet égard comme par le passé ; & à l'égard des Villes esquelles il y a Bailliage, Senechaussée, ou autres Sieges royaux, dont les appellations ressortissent nuëment en nos Cours, Voulons que les Lieutenans Generaux de Police qui ont esté, ou seront par Nous establis, ne puissent à l'avenir rendre aucuns Jugemens en fait de Police, soit à l'Audiance ou autrement, sans estre assistez de deux Conseillers desdits Bailliages, Senechaussées, & autres Sieges, lesquels seront nommez par les Lieutenans Generaux ou autres premiers Officiers desdits Bailliages, Senechaussées ou autres Sieges, pour servir en la Chambre de Police, mois par mois, & suivant l'ordre du Tableau ; donneront leurs avis sur toutes les affaires qui y seront portées, & signeront tous les Jugemens, lesquels seront neanmoins intitulez du nom seul du Lieutenant General de Police, ce que Nous entendons avoir lieu, même à l'égard des Lieutenans Generaux, & autres Officiers des Bailliages, & Senechaussées qui ont cy-devant obtenu la réünion desdits Offices de Police à leurs Offices ou à leurs Corps, & ne pourront les appellations desdits Jugemens estre portées ailleurs qu'aux Parlemens ou autres Cours superieures où ressortissent les Appellations desdits Bailliages, Senechaussées, ou autres Sieges : Défendons à nos Officiers desdits Bailliages, Senechaussées & tous autres d'en connoistre, ny de donner aucunes défenses de les executer, à peine de nullité de leurs Jugemens, & de tous dépens, dommages, & interests des Parties ; seront lesdits Conseillers qui seront de service en ladite Chambre de Police tenus de s'y rendre exactement aux heures marquées pour les Audiances de Police, s'il n'y a empêchement legitime, auquel cas ils seront tenus d'avertir le Lieutenant General, lequel en nommera d'autres en leur lieu, & placé, suivant l'ordre du Tableau ; en sorte que le service de ladite Chambre ne puisse cesser : Ne pourront lesdits Conseillers s'immiscer en quelque maniere que ce soit en ce qui concerne l'élection des Maistres & Gardes, & Jurez des Corps des Marchands, & Mestiers, ny en la reception des Maistres, & Apprentis, & generalement en tout ce qui concerne l'exercice de la Police, & où il n'eschera point de prononcer aucuns Jugemens, ny Ordonnances, lesquelles fonctions appartiendront privativement ausdits Lieutenans Generaux de Police conformément à leur Edit de création ; auront lesdits Lieutenans Generaux de Police, l'instruction de toutes les affaires de Police ; rapporteront, & distribueront à leur choix, & recevront tous les rapports des Commissaires, pour y estre ensuite statué, s'il y échet en ladite Chambre de Police, sur les Conclusions de nostre Procureur, en la maniere ordinaire : Voulons que dans les cas où il écherra de faire Assemblée generale pour le fait de Police dans lesdites Villes esquelles il y a Bailliage, Senechaussée ou autres Sieges dont les Appellations ressortissent en nos Cours, la convocation en soit faite, & les déliberations prises en la maniere, & ainsi qu'il a toujours esté pratiqué avant nostre Edit du mois d'Octobre 1699. en presence desquelles, & sur le rapport du Lieutenant General de Police desdites Villes, lequel aura séance esdites Assemblées immediatement après le Lieutenant General ou autre Officier, auquel appartiendra de presider, & presidera en son absence ; & seront les Ordonnances, & Réglemens qui seront resolus esdites Assemblées, receus, & redigez, & les expeditions signées par les Greffiers de Police, sans que les Greffiers des Bailliages, Sieges Presidiaux, & autres puissent s'immiscer : N'entendons rien innover au droit, & faculté que Nous avons attribué à nos Procureurs pour le fait de Police créez par nostre Edit du mois de Novembre 1699. de faire toutes les fonctions desdits Lieutenans Generaux de Police en leur absence, ou en cas de legitime empêchement : Voulons que les Articles XII. & XIV. du titre des Matieres Sommaires de nostre Ordonnance du mois d'Avril 1667. concernant l'execution provisoire de tous les Jugemens rendus en fait de Police, soient executez selon leur forme, & teneur ; & faisons défenses aux Officiers de nos Cours, & autres d'y contrevenir sous les peines y portées : Voulons en outre que nosdits Edits des mois d'Octobre, & Novembre 1699. nostredite Declaration du 8. Decembre dernier, ensemble les Arrests de nostre Conseil des 2. Octobre & 21. Decembre dernier, dont les Extraits sont cy-attachez sous le contrescel des Presentes, soient executez suivant leur

forme,

forme; & teneur en ce qui ne se trouvera contraire à la disposition des Presentes. SI DONNONS EN MANDEMENT à nos amez, & feaux Conseillers, les Gens tenant nostre Cour de Parlement à Paris, que ces Presentes ils ayent à faire lire, publier & registrer, & le contenu en icelles faire garder, &executer selon leur forme, & teneur. CAR tel est nostre plaisir; en témoin de quoy Nous avons fait mettre nostre Scel à cesdites Presentes. Donné à Versailles le sixiéme jour d'Aoust, l'an de grace 1701. & de nostre Regne le cinquante-neuviéme. Signé LOUIS, Et plus bas, par le Roy, PHELYPEAUX. VEU au Conseil: Signé, CHAMILLARD. Et scellée du grand Sceau de cire jaune.

XXV.
9. Aoust 1701. Arrest du Conseil, qui conserve aux Lieutenans Generaux de Police leur Jurisdiction touchant les Manufactures, & qui regle leur rang auxHôtels deVilles.

SUR la Requeste presentée au Roy en son Conseil, par les Officiers du Bailliage, & Siege Presidial de Blois, Lieutenans Generaux de Police: contenant, que par Arrest du Conseil du 22. Mars dernier, l'Office de Lieutenant General de Police de ladite Ville de Blois, créé par Edit du mois d'Octobre 1699. auroit esté uny, & incorporé au Corps des Offices, dont les Supplians sont pourvûs, lesquels auroient aussi acquis les autres Offices de Police à leurs risques, sans que le Lieutenant General desdits Sieges, lequel n'a point contribué au payement du prix d'iceux, pust prétendre faire aucune des fonctions attribuées audit Office de Lieutenant General de Police, ny jouïr des gages, & droits y attribuez; avec défenses de les y troubler en quelque maniere que ce soit, à peine de tous dépens, dommages, & interests, pour ledit Office jouïr par les Supplians, conformément audit Edit, & au Traité fait entr'eux, reconnu le 27. Janvier aussi dernier, qui est omologué par ledit Arrest, & le tout approuvé, & confirmé par les Lettres Patentes qu'ils ont obtenuës en consequence en la Grande Chancellerie, registrées au Parlement de Paris; qu'au préjudice desdits Edits, Arrests, & Lettres Patentes, les Maires, & Echevins prétendent toujours estre Juges, pour ce qui concerne les Manufactures, quoiqu'il soit précisément porté au ledit Edit, que les Lieutenans Generaux de Police en auront la connoissance, & dépendances; que même ils font des Assemblées de Ville, sans y appeller celuy des Supplians qui se trouve de tour pour faire les fonctions dudit Office de Lieutenant General de Police, & délivrent les Bulletins de logement de Gens de Guerre sans estre de luy paraphez; qu'outre ce lesdits Maire, & Echevins publient hautement, que ceux qui acquiereront des Offices de Commissaires, & Huissiers de Police, & qui seront Marchands & Artisans, ne jouïront point de l'exemtion de logement de Gens de Guerre attribuée par ledit Edit; & cela afin d'empêcher que lesdits Offices qui sont à la charge des Supplians, & pour lesquels ils ont financé une somme considerable à Sa Majesté, ne soient pas vendus, le tout ainsi qu'il appert par les Procés verbaux, Bulletins, & autres Pieces qu'en rapportent lesdits Supplians: & comme tout ce procedé est une contravention manifeste audit Edit, aux Arrests sur ce rendus, & aux droits des Supplians, contre lesquels ledit Lieutenant General qui est père du Maire, & qui n'a pas voulu entrer avec eux dans l'acquisition desdits Offices de Police, a conçû une si grande haine, qu'il porte de tout son pouvoir lesdits Maire, & Echevins à les traverser, & est en partie cause du trouble qui est fait aux Supplians; ce qui les oblige de recourir à l'autorité de Sa Majesté, pour leur estre sur ce pourvû, requerant A CES CAUSES, qu'il luy plaise ordonner, que ledit Edit, Arrest, & Lettres Patentes, seront executées selon leur forme, & teneur; ce faisant, que les Supplians auront seuls la connoissance de ce qui concerne les Manufactures, & dépendances; que celuy d'eux qui se trouvera de tour, pour faire les fonctions dudit Office de Lieutenant General de Police, aura entrée, rang, séance, & voix déliberative en toutes les Assemblées generales & particulieres de la Ville, immediatement après le Maire, lors desquelles lesdits Maire &.Echevins seront tenus de le faire avertir; que tous les Bulletins des Logemens de Gens de Guerre, seront par luy paraphez, à l'effet dequoy lorsqu'il arrivera des troupes, lesdits Maire, & Echevins seront pareillement tenus de le faire avertir pour se trouver ausdits logemens, & que ceux ausquels les Supplians ont vendu ou vendront cy-après des Offices de Commissaires, & Huissiers de Police, jouïront en vertu de leurs Provisions, de l'exemption de logement de Gens de Guerre, & autres portées par l'Edit de création desdits Offices du mois de Novembre 1699. Faire défenses ausdits Maire, & Echevins, & Assesseurs de ladite Ville, & audit Lieutenant General de les y troubler, ny dans aucunes des autres fonctions de Police, le tout à peine de quinze cens livres d'amende pour chaque contravention, & de tous dépens, dommages, & interests, & sans que ladite peine puisse estre reputée comminatoire. VEU ladite Requeste, & Pieces justificatives; Veu aussi les Pieces, & Memoires des Maire, & Echevins de Blois. Oüi le rapport du Sieur Fleuriau d'Armenonville, Conseiller ordinaire au Conseil Royal, Directeur des Finances. LE ROY EN SON CONSEIL, a ordonné, & ordonne, que les Supplians auront seuls la connoissance de ce qui concerne les Manufactures, & dépendances; comme aussi que celuy d'entr'eux qui se trouvera en exercice des fonctions de l'Office de Lieutenant General de Police, aura entrée, rang, & voix déliberative en l'Hostel de ladite Ville, après le Maire ou autre Officier de Ville qui presidera en son absence; auquel effet il sera averti par les Valets de Ville en la maniere ordinaire. Veut SA MAJESTE', que tous les Bulletins de logemens de Gens de Guerre, soient paraphez par ledit Officier en exercice de la Police, conformément audit Edit du mois d'Octobre mil six cens quatre-vingt-dix-neuf; ordonne en outre, que ceux qui acquiereront d'eux lesdits Offices de Commissaires, & Huissiers de Police, jouïront de l'exemption de logement de Gens de Guerre, & autres Privileges portez par ledit Edit du mois de Novembre 1699. & fait défenses aux Maire, & Echevins de ladite Ville, & à tous autres de les y troubler, à peine de tous dépens, dommages, & interests. Fait au Conseil d'Estat du Roy, tenu à Marly le neuviéme jour d'Aoust mil sept cens un. Collationné. Signé, RANCHIN.

XXVI.
9. Aouſt
1701. Ar-
reſt du Con-
ſeil portant
réglement
entre le Lieu-
tenant Gene-
ral de Poli-
ce, & le
Maire de
Vallognes,
pour les lo-
gemens de
Gens de
Guerre.

SUR la Requeſte preſentée au Roy en ſon Conſeil par le Sieur de Montaigu-Bazan, Lieu-tenant ancien Civil, & Criminel, Lieutenant General de Police, & Maire de la Ville de Val-lognes; contenant, que par Edit de création de ſon Office de Lieutenant General de Police, il a eſté ordonné qu'il parapheroit les Bulletins des logemens de Gens de Guerre, leſquels doivent à cet effet eſtre faits dans les Hoſtels de Ville en preſence des Lieutenans Generaux de Police: & comme il n'y a point d'Hoſtel de Ville à Vallognes, les Aſſemblées de Ville ſe tien-nent dans la Chambre du Conſeil de la Juriſdiction ordinaire, dans laquelle le Sieur de Sainte-Marie, Maire en exercice de ladite Ville devroit faire leſdits Bulletins; mais pour empêcher que ledit Suppliant ne les paraphe, il les fait dans ſa maiſon, où le Suppliant ne peut aſſiſter, ce qui eſt contraire à la diſpoſition de l'Edit du mois d'Octobre 1699. & à un Arreſt du Con-ſeil du 14. Decembre dernier, par lequel il a eſté fait défenſes au Maire d'Angouleſme de proceder à la confection des Bulletins ailleurs qu'au Palais Royal de ladite Ville, où ſe tien-nent les Aſſemblées au defaut de l'Hoſtel commun de ladite Ville qui eſt en ruine: Et d'ail-leurs, quoique par le titre de ſon Office, il ſoit créé Lieutenant General de Police, cepen-dant le Sieur de Sainte-Marie ne le qualifie dans toutes ſortes d'Actes que de Lieutenant de Police, & non de Lieutenant General de Police; ce qui eſtant contraire à ſon titre, il eſt obligé d'avoir recours à Sa Majeſté. A CES CAUSES, requeroit qu'il luy plûſt ordonner que ledit Sieur de Sainte-Marie ſeroit tenu de faire les Billets de logemens de Gens de Guerre dans ladite Chambre du Conſeil, & ce en ſa preſence; leſquels Bulletins ne pourront eſtre délivrez ſans eſtre par luy paraphez. Ordonner en outre que ledit Sieur de Sainte-Marie ſera tenu de luy donner dans tous les Actes la qualité de Lieutenant General de Police. VEU ladite Requeſte, ledit Edit du mois d'Octobre 1699. ledit Arreſt du Conſeil du 14. Decembre dernier, & autres Pieces. Veu auſſi l'avis du Sieur Foucault, Commiſſaire départy en la Generalité de Caën, auquel ladite Requeſte auroit eſté renvoyée; contenant, que la prétention dudit Sieur de Sainte Ma-rie eſt une nouveauté qu'il veut introduire, & qui eſt contraire à l'uſage qui s'eſt toujours pra-tiqué à Vallognes en toutes les Aſſemblées de Ville, leſquelles ſoit pour affaires publiques, ou logemens de Gens de Guerre, ont toujours eſté tenues dans la Chambre du Conſeil de la Juriſ-diction de ladite Ville, faute d'Hoſtel commun, & la queſtion ſe trouve préjugée par ledit Arreſt du Conſeil du 14. Decembre dernier; joint qu'il ne conviendroit pas que des Officiers qui ont droit d'aſſiſter à toutes les Aſſemblées de Ville, & d'eſtre preſens aux logemens de Gens de Guerre fuſſent obligez dans les lieux où il n'y a point d'Hoſtel commun, de ſe rendre dans la maiſon du Maire; en ſorte qu'il ſeroit plus des regles, & plus décent que les Aſſemblées ſe tinſſent dans une Maiſon commune, où les ſuffrages ſeroient libres. Oüy le rapport du Sieur Fleuriau d'Armenonville, Conſeiller ordinaire au Conſeil Royal, Directeur des Finances. LE ROY EN SON CONSEIL, conformément à l'avis du Sieur Foucault, a ordonné, & ordonne que ledit de Sainte-Marie ſera tenu de faire les Billets de logemens de Gens de Guerre dans la Chambre du Conſeil de ladite Juriſdiction de Vallognes, pour y eſtre paraphez par le Suppliant, lequel ſera à cet effet tenu de s'y trouver; Ordonne en outre Sa Majeſté, que ledit de Sainte-Ma-rie ſera tenu de donner au Suppliant dans tous les Actes la qualité de Lieutenant General de Police, à peine de tous dépens, dommages, & intereſts. Fait au Conſeil d'Eſtat du Roy, tenu à Marly le neuviéme d'Aouſt mil ſept cens un. Signé, RANCHIN, avec paraphe, & à coſté, Collationné, encore avec paraphe.

XXVII.
16. Aouſt
1701. Ar-
reſt du Con-
ſeil qui re-
gle le rang &
& la ſéance
du Lieute-
nant General
de Police de
Nantes.

VEU au Conſeil d'Eſtat du Roy, l'Arreſt rendu en iceluy le vingt-neuviéme Juin 1700. ſur la Requeſte de Jean-Baptiſte Berthelot, Ecuyer Sieur de la Paragere, Conſeiller de Sa Majeſté, Alloué, Lieutenant General en la Senéchauſſée, & Siege Preſidial de Nantes, tendante pour les cauſes y contenuës, à ce qu'il plûſt à Sa Majeſté ordonner que conformément à l'Edit de création des Offices de Lieutenans Generaux de Police, du mois d'Octobre 1699. le Sieur Vale-ton, Lieutenant General de Police de Nantes, auroit rang, ſéance, & voix délibérative tant dans le Preſidial, que dans les autres Aſſemblées, & Ceremonies publiques; immédiatement après le Sieur Berthelot, Lieutenant General, nonobſtant qu'il ſoit porté par ſes Proviſions, qu'il aura rang, & ſéance immediatement après le Senéchal dudit Preſidial de Nantes; leſquel-les Proviſions demeureroient reformées à cet égard ſeulement, en vertu de l'Arreſt qui intervien-droit, avec défenſes de s'en ſervir pour leſdite préféance, à peine de tous dépens, dommages, & intereſts; par lequel Arreſt ladite Requeſte auroit eſté renvoyée au Sieur de Nointel, Commiſſai-re départi en la Province de Bretagne, pour entendre ledit Valeton, dreſſer ſon Procés verbal des dires, & conteſtations des Parties; lequel envoyé, vû, & rapporté au Conſeil avec ſon avis, ſeroit par Sa Majeſté ordonné ce qu'il appartiendra par raiſon; le Procés verbal dudit Sieur de Nointel dreſſé en conſequence du dix Février dernier, contenant la réponſe fournie à ladite Re-queſte par ledit Valeton, portant ſommairement qu'avant ledit Edit du mois d'Octobre 1699. il eſtoit en droit en qualité de Prevoſt de Nantes, de faire la Police en ladite Ville, & pour ſe conſerver les fonctions de la Police, leſquelles faiſoient les plus conſiderables de ſa Charge; il a eſté obligé de prendre l'Office de Lieutenant General de Police de ladite Ville de Nantes, moyen-nant la ſomme de ſoixante mille cinq cens livres, & les deux ſols pour livre. Et comme l'un des privileges attribuez auſdits Offices eſt d'avoir rang dans les Sieges immédiatement après les Lieutenans Generaux ou autres premiers Juges; ledit Berthelot en qualité d'Alloüé, & de Lieu-tenant au Preſidial de Nantes, luy conteſtoit mal à propos le rang qui luy appartient dans ledit Preſidial, attendu qu'il doit avoir rang immédiatement après le premier Juge, & qu'y, ayant au-dit Siege un premier Juge de Robe, qui eſt le Senéchal, il ſe trouveroit privé du rang que ledit Edit luy a donné, ſi la prétention dudit Sieur Berthelot avoit lieu, puiſqu'il ne ſeroit que le troiſiéme Officier: Qu'il eſt vray que ledit Sieur Berthelot a pris dans ſes Proviſions, comme avoit fait ſon Prédeceſſeur, la qualité de Lieutenant General: mais c'eſt une qualité qu'ils ſe ſont donnée ſans titre; les Alloüez n'eſtant en Bretagne que les Lieutenans des Senéchaux, leſquels font

font les fonctions de Lieutenans Generaux eſtant precedez par les grands Baillis d'épée, & par les Preſidens Preſidiaux, au moyen de quoy leſdits Senéchaux ne ſont que les Lieutenans Generaux des grands Baillis. Qu'avant qu'il euſt levé l'Office de Lieutenant General de Police, il n'y avoit que l'Alloüé qui duſt avoir la préſéance ſur luy qui eſtoit déja Prevoſt, & le rang que ledit Edit du mois d'Octobre 1699. luy a donné luy deviendroit inutile, ſi l'Alloüé, comme Lieutenant du Senéchal le precedoit; pourquoy il auroit requis qu'il pluſt à Sa Majeſté ordonner que ledit Edit du mois d'Octobre 1699. & l'Arreſt du Conſeil du trente Janvier 1700. rendu en conſequence, ſeroient executez ſelon leur forme & teneur: ce faiſant, ſans avoir égard à la demande & prétention dudit ſieur Berthelot, dont il ſeroit debouté: ordonner que conformement aux proviſions qui luy ont eſté accordées de l'Office de Lieutenant General de Police de Nantes, il auroit rang, ſéance & voix deliberative dans ledit Preſidial, & dans les Ceremonies & Aſſemblées publiques immediatement aprés le Senéchal de Nantes; faire défenſes audit ſieur Berthelot, & à tous autres de l'y troubler, à peine de tous dépens, dommages, & intereſts. Les repliques du ſieur Berthelot, & l'avis du ſieur de Nointel du ſept May dernier, par lequel il auroit eſtimé qu'il y avoit lieu, ſous le bon plaiſir de Sa Majeſté, d'ordonner l'execution dudit Edit du mois d'Octobre 1699. & de la Declaration du 28. Decembre dernier, ſervant de Reglement pour les Lieutenans de Police: Ce faiſant debouter ledit Berthelot de ſes demandes & prétentions,&c ordonner que conformement aux proviſions accordées audit ſieur Valeton, dudit Office de Lieutenant General de Police de Nantes, il aura rang, ſéance, & voix deliberative, tant à l'Audiance que Chambre du Conſeil du Preſidial, & aux Aſſemblées & Ceremonies publiques & particulieres, immediatement aprés le Senéchal, avec défenſes audit ſieur Berthelot, & tous autres de l'y troubler. Oüy le rapport du ſieur Fleuriau d'Armenonville, Conſeiller Ordinaire au Conſeil Royal, Directeur des Finances: LE ROY EN SON CONSEIL, conformement à l'avis dudit ſieur de Nointel, a debouté & deboute ledit Berthelot des fins & concluſions de ſa Requeſte inſerée audit Arreſt du Conſeil du vingt-neuf Juin mil ſept cent; & ayant égard à celle dudit Valeton, a ordonné & ordonne, que conformément à ſes Proviſions, il aura en qualité de Lieutenant General de Police de ladite Ville de Nantes, rang, ſéance, & voix deliberative tant à l'Audiance, qu'en la Chambre du Conſeil dudit Preſidial de Nantes, & aux Aſſemblées & Ceremonies publiques & particulieres, immediatement aprés le Senéchal. Fait Sa Majeſté défenſes au ſieur Berthelot & tous autres de l'y troubler, à peine de tous dépens, dommages & intereſts. Fait au Conſeil d'Eſtat du Roy, tenu à Marly, le ſeiziéme jour d'Aouſt mil ſept cens un. Collationné. Signé, R A N C H I N.

XXVIII.
8. Octobre 1701. Arreſt du Conſeil qui conſerve au Lieutenant General de Police de Bernay, la juriſdiction ſur les Chirurgiens.

SUR la Requeſte preſentée au Roy en ſon Conſeil par André Barrey, Ecuyer ſieur de Monfort, Lieutenant General de Police de Bernay, & Thomas Groult, ſieur de Behue, Procureur du Roy en ladite Police: contenant que par l'Edit de creation des Charges de Police du mois d'Octobre mil ſix cent quatre-vingt-dix-neuf, Sa Majeſté leur a accordé la connoiſſance des Brevets d'apprentiſſage & Reception des Maiſtres; de l'execution des Statuts & Reglemens des Arts & Meſtiers: en ſorte que les Officiers du Bailliage d'Orleans ayant voulu au prejudice dudit Edit connoiſtre des differens concernant les fonctions & pretentions des Medecins & Chirurgiens, & de leurs Communautez, par Arreſt du Conſeil d'Eſtat du vingt-neuviéme jour de Juin mil ſept cent, il a eſté ordonné que les Officiers de Police de la Ville d'Orleans, auront à l'excluſion de ceux du Bailliage, la connoiſſance des Brevets d'apprentiſſage, & execution des Statuts & Reglemens des Arts & Meſtiers, & nommément de l'Art de Chirurgie: & en conſequence il eſt fait défenſes aux Parties, de ſe pourvoir ailleurs que pardevant les Officiers de Police, à peine de quinze cent livres d'amende. La même choſe a eſté decidée en faveur des Officiers de Police de la Ville de Vire, par Arreſt du Conſeil d'Eſtat, du quatorziéme jour de May dernier, par lequel il eſt ordonné, que leſdits Officiers connoiſtront à l'excluſion de tous autres, des conteſtations des Medecins, Chirurgiens & Apotiquaires, concernant la Police en leurs Profeſſions; avec défenſes aux Officiers du Bailliage & Vicomté de Vire, de prendre connoiſſance deſdites conteſtations, à peine de nullité de leurs Jugemens, & de tous dépens, dommages & intereſts. En execution deſdits Edits & Arreſts, Maiſtre Olivier Joüen, Docteur en Medecine, pretendant que le nommé Mannoury vouloit ſe faire recevoir Maiſtre Chirurgien à ſon inſçû & en abſence, auroit preſenté Requeſte aux Supplians, tendante à ce que les Statuts & Reglemens concernant l'Art de Chirurgie fuſſent executez; en conſequence qu'il fuſt fait défenſes aux Gardes Chirurgiens, de proceder à la reception dudit Mannoury, ſans y avoir appellé ledit Joüen, ſans que ladite Requeſte eſt l'Ordonnance en vertu de laquelle les Maiſtres Chirurgiens ont eſté aſſignez, & par Sentence renduë en la Police de Bernay le quatriéme jour d'Aouſt mil ſept cent un, il eſt ordonné que les Parties communiqueront leurs Statuts, Arreſts & Reglemens, pour eſtre ordonné ce qu'il appartiendra; & cependant défenſes de paſſer outre à la reception dudit Mannoury. Les Officiers du Bailliage d'Orbec ayant eu avis de ladite conteſtation, ont rendu une Sentence le ſixiéme jour d'Aouſt, ſur le Requiſitoire du Procureur du Roy audit Bailliage, par laquelle il eſt fait défenſes audit Joüen & auſdits Chirurgiens, de proceder ailleurs qu'audit Bailliage, à la reception dudit Mannoury, à peine de nullité, caſſation des procedures, & de tous dépens, dommages & intereſts: & cependant défenſes audit Mannoury de faire les fonctions de Chirurgien, juſques à ce qu'il ait eſté reçû audit Bailliage. Cette Sentence eſt ſignifiée à la requeſte du Procureur de Sa Majeſté audit Joüen, avec aſſignation pour proceder audit Bailliage. Les Supplians pour arreſter les entrepriſes des Officiers du Bailliage d'Orbec ſur leurs Charges, ſe trouvent obligez de ſe pourvoir au Conſeil d'Eſtat de Sa Majeſté, pour demander que l'Edit de creation de leurs Charges, & Arreſts du Conſeil rendus en conſequence ſoient executez: ce faiſant, caſſer & annuller ladite Sentence renduë au Bailliage d'Orbec. 1° Ladite Sentence eſt directement contraire à l'Edit de creation des Officiers de Police du mois d'Octobre mil ſix cent quatre-vingt-dix-neuf, qui leur attribue la connoiſſance des Statuts & Reglemens concernant les Arts & Meſtiers, ce qui comprend l'Art de Chirurgie. Cette Sentence eſt encore renduë contre la diſpoſition des Arreſts du Con-

ſeil,

feil d'Eſtat des vingt-neuf Juin mil ſept cent, & quatorze May mil ſept cent un, qui ont préciſément decidé que les Officiers de Police doivent connoiſtre, à l'excluſion de ceux des Bailliages, des conteſtations concernant les fonctions des Medecins, Chirurgiens, & Apotiquaires. 2° Les Officiers du Bailliage d'Orbec ne ſont pas excuſables d'avoir fait cette entrepriſe d'Office, ſans la requiſition d'aucunes Parties; & après que l'affaire avoit eſté engagée, même jugée en la Police de Bernay. A CES CAUSES, requeroient les Suppliants qu'il plaiſe à Sa Majeſté ordonner que les Edits des mois d'Octobre & Novembre, & Arreſts du Conſeil des vingt-neuf Juin mil ſept cent un, & quatorze May mil ſept cent un, ſeront executez ſelon leur forme & teneur: ce faiſant caſſer & annuller la Sentence du Bailliage d'Orbec du ſixiéme jour d'Aouſt mil ſept cent un, & tout ce qui s'en eſt enſuivy, décharger ledit Joüen & autres des aſſignations données en conſequence, avec dépens, dommages & intereſts; & en conſequence ordonner que les Supplians connoiſtront à l'excluſion des Officiers dudit Bailliage d'Orbec, & tous autres Juges des Statuts & Reglemens des Arts & Meſtiers, & nommément de l'Art de Chirurgie; avec défenſes aux Officiers du Bailliage d'Orbec d'en connoiſtre à peine de quinze cent livres d'amende, & de tous dépens, dommages & intereſts. VEU ladite Requeſte, les Edits des mois d'Octobre & Novembre mil ſix cent quatre-vingt-dix-neuf, & Arreſts du Conſeil des 29. Juin 1700. & 14. May 1701. la Requeſte preſentée au Lieutenant General de Police de Bernay, le quatriéme jour d'Aouſt mil ſept cent un; la Sentence renduë en ladite Police le même jour, la Sentence renduë au Bailliage d'Orbec le ſix dudit mois, & l'aſſignation donnée en conſequence, & autres pieces juſtificatives: Oüy le Rapport du ſieur Fleuriau d'Armenonville, Conſeiller ordinaire au Conſeil Royal, Directeur des Finances. LE ROY EN SON CONSEIL, ſans avoir égard à la Sentence du Bailliage d'Orbec du ſix Aouſt dernier, ny à tout ce qui s'en eſt enſuivy, a déchargé & décharge ledit Joüen & tous autres, des aſſignations qui leur ont eſté données en conſequence audit Bailliage; & ordonne que le Lieutenant General de Police de Bernay, connoiſtra ſeul de tout ce qui concernera l'execution des Statuts & Reglemens de l'Art de Chirurgie, ainſi que des autres Arts & Meſtiers. Fait Sa Majeſté défenſes aux Officiers dudit Bailliage, & tous autres de l'y troubler, à peine de tous dépens, dommages & intereſts. Fait au Conſeil d'Eſtat du Roy, tenu à Fontainebleau le huitiéme jour d'Octobre mil ſept cent un. Collationné. Signé, DE LAISTRE.

XXIX.
22.Octobre
1701. Arreſt
du Conſeil,
qui conſerve
au Lieutenant
General de
Police de
Neuf-Chaſtel
ſa juriſdiction ſur les
Arts & Meſtiers.

SUR la Requeſte preſentée au Roy en ſon Conſeil, par Adrien le Bon, Conſeiller de Sa Majeſté, Lieutenant General de Police de la Ville, Faux-bourg & Banlieuë de Neuf-Chaſtel: contenant, que quoique par l'Edit de creation des Offices de Lieutenans Generaux de Police, du mois d'Octobre mil ſix cent quatre-vingt-dix-neuf, il ſoit préciſément porté qu'ils auront la connoiſſance des Elections des Maiſtres & Jurez de chacun Corps des Marchands & Meſtiers, des Brevets d'Apprentiſſage, & reception des Maiſtres, des rapports & procès verbaux des viſites des Jurez, & de l'execution des Statuts & Reglemens des Arts & Meſtiers: qu'ils aſſiſteront à toutes les aſſemblées de Ville, & y auront voix deliberative; parapheront tous les bulletins qui ſeront delivrez par les Jurats, Capitouls, Conſuls, Maires & Echevins, pour les Logemens de Gens de Guerre, & qu'il appartiendra auſdits Lieutenans Generaux de Police, l'execution de toutes les Ordonnances, Arreſts & Reglemens, concernant le fait d'icelles, circonſtances & dépendances; ce qui a eſté confirmé par pluſieurs Arreſts depuis intervenus: neanmoins le Lieutenant General Civil, & le Vicomte de ladite Ville de Neuf-Chaſtel, ſe ſont ingerez aux Aſſiſes Mercuriales qui ont eſté tenuës devant eux en ladite Ville, d'y faire appeller les Gardes Drapiers drapans, les Jaugeurs, Meſureurs de Grains, Gardes Chirurgiens, Serruriers, Patiſſiers, Chapeliers, & autres; pour les obliger de preſter ſerment devant eux; ce qui eſt attenter à la Juriſdiction du Suppliant, à qui ſeul en appartient la competence: qu'en outre les Echevins de ladite Ville de Neuf-Chaſtel, au mépris dudit Edit & deſdits Arreſts, ſont journellement, ſans appeller le Suppliant, des aſſemblées où ils traittent des affaires de la Ville, devant ledit Lieutenant General Civil, & ſont en ſon Siege les Deliberations nominatives, & l'Election des Echevins où il preſide, pretendant qu'ayant rembourſé & fait reünir à la Communauté l'Office de Maire, ſuivant la faculté accordée par l'Arreſt du Conſeil du vingt-ſix Octobre mil ſept cens, & les choſes eſtant comme auparavant, ils doivent faire auſſi leſdites aſſemblées; ce qui n'eſt aucunement naturel, puiſqu'il y a un Hoſtel de Ville. Que d'ailleurs il appartient audit Lieutenant General de Police d'y preſider, d'autant qu'il n'y a plus de Maire; même ils ont la temerité de faire & delivrer chez eux des Bulletins pour les Logemens de Gens de Guerre, & ſans eſtre paraphez dudit Suppliant, ainſi que du tout appert par les procez verbaux, actes & bulletins qui ſont par luy juſtifiez; & d'autant que toutes ces contraventions de la part deſdits Lieutenant General Civil, Vicomte, & Echevins, détruiſent entierement ſondit Office de Lieutenant General de Police, il eſt obligé de recourir à l'autorité de Sa Majeſté, pour luy eſtre ſur ce pourvû. A CES CAUSES, requeroit le Suppliant, qu'il pluſt à Sa Majeſté ordonner, que ledit Edit & Arreſts du Conſeil, rendus en conſequence, ſeront executez ſelon leur forme & teneur; ce faiſant, qu'il aura ſeul l'execution des Statuts & Reglemens des Jurez Drapiers drapans, Gardes Chirurgiens, Serruriers, Patiſſiers, Chapeliers, & autres Arts & Meſtiers, des Elections des Maiſtres & Jurez, recettes & preſtation de Serment, des rapports & procez verbaux de viſites des Jurez, des Brevets d'apprentiſſage, circonſtances & dependances; faire défenſes auſdits Lieutenant General Civil, Vicomte, & tous autres Juges d'en connoiſtre en aucune ſorte & maniere que ce ſoit; & auſdits Maiſtres, Jurez & Marchands, de connoiſtre pour leur Juge autre que le Suppliant; ordonner pareillement que dans toutes les aſſemblées generales & particulieres de Ville, le Suppliant y aura ſéance & voix deliberative, immediatement après le premier Echevin, ou celuy qui aura droit d'y preſider; faire auſſi défenſes auſdits Echevins de faire aucunes aſſemblées, ny de deliberer aucuns bulletins pour les Logemens de Gens de Guerre, ſans auparavant y appeller ledit Lieutenant General de Police, & que leſdits bulletins ne ſoient de luy paraphez; ordonner en outre que leſdites aſſemblées & leſdits bulletins ſeront faits en l'Hoſtel de ladite Ville & non ailleurs, le tout à peine de mille livres d'amende pour
chaque

chaque contravention , & de tous dépens , dommages & interefts. Veu ladite Requefte & pieces juftificatives d'icelle : Oüy le rapport du fieur Fleuriau d'Armenonville , Confeiller ordinaire au Confeil Royal , Directeur des Finances. LE ROY EN SON CONSEIL , a ordonné & ordonne, Que le Suppliant connoiftra feul de l'execution des Statuts & Reglemens de tous les Arts & Meftiers de ladite Ville de Neuf-Chaftel , des Elections des Maiftres & Jurez , de la reception & preftation de Serment , des rapports & procez verbaux des Jurez & Brevets d'apprentiffage , circonftances & dépendances : Fait Sa Majefté défenfes au Lieutenant au Vicomte , & à tous autres Juges de ladite Ville d'en connoiftre , & à tous Maiftres , Jurez & Marchands de ladite Ville de reconnoiftre d'autres Juges en cette matiere que le Suppliant. Veut en outre Sa Majefté, qu'il ait rang , féance & voix deliberative en toutes affemblées de Ville , immediatement aprés celuy qui prefidera ; Et fait défenfes aufdits Echevins de faire aucunes affemblées , ny de livrer aucuns bulletins pour les logemens de Gens de guerre , fans auparavant y appeller le Suppliant , & que lefdits bulletins ne foient par luy paraphez ; & feront lefdites affemblées & lefdits bulletins faits en l'Hôftel de ladite Ville , & non ailleurs , àpeine de tous dépens , dommages & interefts. Fait au Confeil d'Eftat du Roy , tenu à Fontainebleau le vingt-deuxiéme jour d'Octobre mil fept cent un. Collationné. Signé , De Laistre.

XXX.
29. Octobre 1701. Arreft du Confeil , qui regle les féances & les fonctions du Lieutenant General de Police de Moulins.

SUr la Requefte prefentée au Roy en fon Confeil , par Bernard de Champfeu , Confeiller de Sa Majefté , Maire perpetuel & Lieutenant General de Police de Moulins , & Maiftre Jean Fevrier de Mezalier , Procureur de Sa Majefté en la Jurifdiction de Police de ladite Ville : contenant , que par Arreft du Confeil du 16. Fevrier 1700. Sa Majefté auroit reüny l'Office de Lieutenant General de Police de ladite Ville de Moulins , creé par Edit du mois d'Octobre mil fix cent quatre-vingt-dix-neuf , tant à l'Office de Prevoft-Chaftelain de ladite Ville , dont eft pourvû le fieur Tallon , qu'à celuy de Maire dont ledit fieur de Champfeu eft auffi pourvû , par lequel Arreft il eft ordonné qu'ils feront les fonctions de Police conformément audit Edit , conjointement , ou feparément , ou par l'un d'eux en l'abfence de l'autre ; que toutes les plaintes feront reçûës indiftinctement par celuy d'entr'eux , auquel les Requeftes ou plaintes feront portées ; pour eftre fait droit fur lefdites plaintes dans les Audiances de Police , ou dans la Chambre du Confeil , où ledit fieur Tallon aura droit de prefider à ladite Police , & efquelles ledit fieur de Champfeu aura féance & voix deliberative immediatement aprés ledit fieur Tallon ; & en fon abfence en fera feul les fonctions , jugera & ftatuera ; comme auffi qu'ils pourront feuls connoiftre du reftabliffement & entretenement du pavé de ladite Ville , à la referve de celuy qui fe fait aux dépens de Sa Majefté , & feront toutes les autres fonctions concernant les faits de Police contenus audit Edit , & énoncez en la Chartre d'Anne de France du mois de Decembre 1518. dans lefquelles Sa Majefté les auroit en tant que befoin eft , ou feroit confirmé par ledit Arreft , fur lequel ils ont obtenu des Lettres Patentes en la grande Chancellerie le treize Mars audit an mil fept cent. Neanmoins au prejudice de ce , le neuf Septembre mil fept cent un , le fieur Champfeu s'eftant rendu avec le fieur Tallon à l'heure ordinaire en la Chambre de l'Audience , pour y juger les caufes de Police , il auroit fait avertir les Officiers du Prefidial qui eftoient affemblez en leur Chambre , de vouloir venir deux d'entr'eux pour affifter aufdits jugemens de Police , au defir de la Declaration de Sa Majefté du fixiéme jour d'Aouft dernier , où aprés avoir attendu un temps confiderable , les fieurs Perrin & Semin Confeillers audit Prefidial s'y feroient tranfportez ; & au lieu de prendre féance pour affifter aux caufes , ils auroient formé plufieurs incidens , & entr'autres que ledit fieur de Champfeu n'eftant point Gradué , il ne devoit point y avoir voix deliberative , & que le fieur Tallon & luy avoient deux voix , que les avis feroient toujours my-partis. A quoy ledit fieur de Champfeu auroit fait réponfe , qu'il y avoit donc apparence qu'ils avoient fait un concordat entr'eux à la Chambre du Prefidial , pour que deux Confeillers fuffent toujours de même avis , d'autant plus qu'ils faifoient courir un bruit dans le public , qu'ils ne formoient cette difficulté , que pour fe rendre maiftres de la Police , en excluant ledit fieur de Champfeu d'y avoir voix quand ledit fieur Tallon y feroit , ou pour obtenir qu'il y euft trois Confeillers au lieu de deux , afin que leurs voix fuffent toujours fuperieures : Ajoufta en outre ledit fieur de Champfeu que fa voix n'eftoit point aftervie à celle dudit fieur Tallon , & qu'il ne la donneroit jamais qu'en honneur & confcience ; comme auffi qu'ils ne devoient point fe prevaloir en aucune maniere fur fon defaut de grade ; qu'il avoit une longue experience dans ces matieres , & qu'en qualité de Maire , il a toujours exercé la Police avec le Chaftelain , en confequence de la Chartre d'Anne de France , cy-deffus datée , & que même les fieurs Aumaiftres , & de Noüette , & autres qui ne font point graduez , ne laiffoient pas que d'avoir voix deliberative en toutes les affaires du Prefidial & de la Senechauffée : ce qui leur a efté accordé par Sa Majefté , dont l'intention n'a pas efté lors qu'elle a donné la fufdite Declaration , de priver les Lieutenans Generaux de Police , de la voix & prefidence qui leur appartient aux Audiances de Police , dont la plus part font affaires fommaires ; autrement il auroit efté inutile au Suppliant de financer de nouveau une fomme confiderable pour l'acquifition defdites fonctions de Police , dont la plus grande partie defquelles eftoit attachée à fa Charge de Maire avant ledit Edit du mois d'Octobre mil fix cent quatre-vingt-dix-neuf. A ces causes, requeroient , qu'il luy plaife ordonner que les Edits des mois d'Octobre mil fix cent quatre-vingt-dix-neuf & Novembre de ladite année , Arrefts du Confeil du feiziéme jour de Fevrier mil fept cent , Lettres Patentes fur iceluy , & la Declaration du fix Aouft dernier , feront executez felon leur forme & teneur ; ce faifant , que ledit fieur de Champfeu fera les fonctions de Police en ladite Ville de Moulins , conformément à iceux ; qu'aux Audiances de Police , il y aura féance & voix deliberative immediatement aprés ledit fieur Tallon , & en fon abfence y prefidera ; faire défenfes au Lieutenant General de la Senechauffée , de commettre autre & plus grand nombre que celuy de deux Confeillers pour affifter aufdites Audiances de Police conformément à ladite Declaration ; lefquels auront voix aprés ledit fieur de Champfeu , qui fera de même affifté defdits deux Confeillers , lors qu'il fe trouvera prefider aufdites Audiances en l'abfence dudit fieur

H iij   Tallon,

Tailon. VEU ladite Requeſte & pieces juſtificatives d'icelle : Oüy le rapport du Sieur Fleuriau d'Armenonville, Conſeiller ordinaire au Conſeil Royal, Directeur des Finances. LE ROY EN SON CONSEIL ayant égard à ladite Requeſte, a ordonné, & ordonne, que ledit de Champfeu fera les fonctions de Police en ladite Ville de Moulins conformement audit Arreſt du Conſeil du ſeize Fevrier mil ſept cent ; ce faiſant, qu'il aura aux Audiances de Police & Chambre du Conſeil, ſéance, & voix deliberative immediatement aprés ledit Tailon, & avant les Conſeillers de ladite Senechauſſée qui doivent aſſiſter auſdites Audiances & Chambre du Conſeil, & qu'il y preſidera en l'abſence dudit Tailon. Fait Sa Majeſté défenſes au Lieutenant General de ladite Senechauſſée, de commettre autre & plus grand nombre que celuy de deux Conſeillers pour aſſiſter auſdites Audiances de Police & Chambre du Conſeil, leſquels auront ſéance & voix aprés ledit ſieur de Champfeu, qui ſera de même aſſiſté deſdits deux Conſeillers, lors qu'il preſidera auſdites Audiances & Chambre du Conſeil en l'abſence dudit Tailon. Fait au Conſeil d'Eſtat du Roy tenu à Fontainebleau, le vingt-neuviéme jour d'Octobre mil ſept cent un. Collationné, ſigné, DE LAISTRE.

XXXI.
29. Novemb. 1701. Arreſt du Conſeil, qui regle la ſéance & les fonctions du Procureur du Roy, au Tribunal de la Police de Compiegne.

SUR la Requeſte preſentée au Roy en ſon Conſeil, par Pierre le Jeune, Conſeiller de Sa Majeſté, & ſon Procureur en la Juriſdiction de la Police de Compiegne : contenant, que le vingt-quatriéme Octobre dernier s'eſtant rendu en la Chambre de l'Auditoire de ladite Ville, pour tenir l'Audiance de Police en l'abſence du Lieutenant General de Police, il propoſa aux deux Conſeillers du Bailliage nommez pour aſſiſter ledit Lieutenant General, de monter au Siege pour tenir l'Audiance, leſquels répondirent au Suppliant qu'il ne pouvoit pas y preſider, attendu que la Declaration du ſix Aouſt dernier, en ordonnant l'aſſiſtance de deux Conſeillers du Bailliage aux Audiances de Police, a revoqué par conſequent le droit qui eſtoit attribué aux Procureurs du Roy par l'Edit de creation de mil ſix cent quatre-vingt-dix-neuf de preſider en l'abſence des Lieutenans Generaux de Police ; ce qui obligea le Suppliant de leur repreſenter, que bien loin que la Declaration du mois d'Aouſt dernier donne quelque atteinte à l'Edit de création des Procureurs du Roy à la Police, elle confirme au contraire par un article précis & formel, le droit & la faculté qui leur eſt accordée par ledit Edit, de faire toutes les fonctions des Lieutenans Generaux de Police en leur abſence. Neanmoins au préjudice de cette remontrance les deux Conſeillers du Bailliage s'eſtant retirez au lieu de monter au Siege, & le Suppliant ſe voyant hors d'eſtat de pouvoir tenir l'Audiance aux termes de ladite Declaration, ſe retira, & en dreſſa ſon procez verbal. Mais comme cette prétention deſdits Officiers du Bailliage eſt contraire à l'intention de Sa Majeſté, qui a conſervé à ſes Procureurs à la Police, par ſa Declaration du ſix Aouſt, le même droit qui leur avoit eſté accordé par leur Edit de création : Que d'ailleurs ces refus des Officiers du Bailliage, d'aſſiſter aux Audiances de la Police, ſont préjudiciables au bien public, en retardant l'expedition des affaires de Police, qui ſont toujours inſtantes & proviſoires ; le Suppliant eſt obligé d'avoir recours à l'autorité de Sa Majeſté, pour luy eſtre ſur ce pourvû. A CES CAUSES, requeroit le Suppliant, qu'il pluſt à Sa Majeſté ordonner que l'Edit du mois de Novembre 1699. & la Declaration du 6. Aouſt 1701. ſeront executez ſelon leur forme & teneur ; ce faiſant, maintenir le Suppliant dans le droit de tenir les Audiances de la Police, d'y preſider, & de faire toutes les autres fonctions de la Police, en l'abſence, ou legitime empêchement dudit Lieutenant General de Police de Compiegne ; & en cas de refus des Officiers du Bailliage d'aſſiſter aux Audiances & à la Chambre de Police, permettre au Suppliant d'appeller deux Graduez, pour juger avec luy les affaires d'Audiance, ou de la Chambre. VEU ladite Requeſte, ſignée Millain, Avocat du Suppliant, enſemble l'Edit du mois de Novembre 1699. la Declaration du ſix Aouſt 1701. le Procés verbal du Suppliant du vingt-quatre Octobre dernier, & autres pieces juſtificatives d'icelle y attachée : Oüy le Rapport du Sieur Fleuriau d'Armenonville, Conſeiller Ordinaire au Conſeil Royal, Directeur des Finances. LE ROY EN SON CONSEIL, ayant égard à ladite Requeſte, a ordonné & ordonne conformement à ladite Declaration du ſix Aouſt dernier, qu'en l'abſence ou legitime empêchement du Lieutenant General de Police, le Suppliant tiendra en qualité de Procureur de Sa Majeſté de Police, les Audiances de la Police de ladite Ville, auſquelles les Conſeillers du Preſidial de Compiegne, nommez par le Lieutenant General du Bailliage, ſeront tenus d'aſſiſter, de même que ſi leſdites Audiances eſtoient tenuës par ledit Lieutenant General de Police. Fait au Conſeil d'Eſtat du Roy, tenu à Verſailles le dix-neuviéme jour de Novembre mil ſept cent un. Collationné, ſigné, DE LAISTRE.

XXXII.
10. Decembr. 1701. Arreſt du Conſeil, qui ordonne qu'en l'abſence des Conſeillers, les Lieutenans Generaux de Police pourront prendre des Graduez.

LE ROY ayant eſté informé que les Conſeillers des Bailliages & Senechauſſées de ſon Royaume, qui doivent en conſequence de la Declaration du ſixiéme Aouſt dernier, aſſiſter les Lieutenans Generaux de Police, & juger conjointement avec eux toutes les affaires de Police, ne ſe rendent pas auſſi aſſidus que le ſervice le requiert, aux Audiances de Police aux jours & heures indiquées pour cet effet, en ſorte que leſdits Lieutenans Generaux de Police ſe trouvent ſouvent obligez de remettre leurs Audiances, ſoit par l'abſence de ceux deſdits Conſeillers qui ſont de ſervice en la Chambre de Police, ou faute que les Lieutenans Generaux, & autres premiers Juges deſdits Bailliages & Senechauſſées, d'en ſubſtituer d'autres en leur lieu & place. A quoy Sa Majeſté voulant pourvoir, afin que le ſervice de la Police ſoit fait dans toutes les Villes de ſon Royaume avec l'aſſiduité & l'exactitude requiſes : Oüy le rapport du Sieur Fleuriau d'Armenonville, Conſeiller ordinaire au Conſeil Royal, Directeur des Finances. SA MAJESTE' EN SON CONSEIL a ordonné & ordonne, qu'en cas d'abſence des deux, ou de l'un deſdits Conſeillers des Bailliages & Senechauſſées qui auront eſté nommez par les Lieutenans Generaux & autres premiers Juges deſdits Sieges, pour eſtre de ſervice en la Chambre de Police, il en ſera par eux nommé d'autres à la premiere requiſition deſdits Lieutenans Generaux de Police : & faute par eux de ce faire, ou par ceux deſdits Conſeillers qui auront eſté nommez, de ſe trouver en ladite Chambre de Police aux jours & heures des Audiances, ou du rapport des affaires de Police, permet Sa Majeſté auſdits Lieutenans Generaux

de

de Police d'appeller des Graduez pour les assister, tant à l'Audiance, qu'à la Chambre du Conseil, & juger conjointement avec eux toutes affaires de Police, comme ils auroient pû faire avec lesdits Conseillers; auquel cas l'Appel de leurs Jugemens ne pourra estre porté qu'aux Parlemens, & autres Cours superieures où ressortissent les appellations desdits Bailliages, & Senechaussées. Fait Sa Majesté défenses aux Lieutenans Generaux, & autres Officiers desdits Seges, de les y troubler. Fait au Conseil d'Estat du Roy, tenu à Versailles le dixième jour de Decembre 1701. Signé, DE LAISTRE. Et scellé.

XXXIII.
31. Decemb.
1701. Arrest du Conseil, qui regle les fonctions, & les rang & seance des Officiers de Police d'Amboise.

SUR la Requeste presentée au Roy en son Conseil par Jean Chasteignier, Seigneur de Paradis, Conseiller de Sa Majesté, Maire perpetuel, & Lieutenant General de Police de la Ville, Fauxbourgs, & Banlieuë d'Amboise, Mathurin Michelin, François Chauveau Commissaires, & François Hallé Huissier de ladite Police: contenant, que les Officiers du Bailliage d'Amboise jaloux de la Jurisdiction de ladite Police, non contens d'anticiper tous les jours sur icelle, en s'attribuant presque toutes les affaires qui la concernent, comme la connoissance des comptes des Arts, Mestiers, & Communautez; des differens qui interviennent entre les Medecins, Chirurgiens, & Apotiquaires, des Mendians & Vagabons, des Grains, Legumes, Fruits de Vignes, & autres semblables; mais encore se donnent la liberté d'empêcher l'execution des Ordonnances de la Police, prononçant des défenses, & des amendes contre les Officiers de ladite Police, quoique par la Declaration de Sa Majesté du six Aoust 1701. il soit dit que les Appellations de la Police des lieux où il y a Bailliage, Senechaussée, & autres Jurisdictions Royales, seront portées aux Parlemens; que lesdits Officiers du Bailliage suscitent des Procés aux Commissaires, & Huissiers de ladite Police, qu'ils affectent de leur faire perdre contre toutes les regles; qu'ils les menacent, & insultent dans leurs fonctions de maniere à les faire abandonner, & empêchent par ce moyen que les autres Charges de Procureur de Sa Majesté, Greffier, Commissaires, & Huissiers soient levées, contestant même audit Chasteignier en qualité de Lieutenant General de Police, l'entrée, rang, séance, & voix déliberative dans ledit Bailliage, qui luy appartiennent immediatement après le premier Juge, conformément à l'Edit de création des Lieutenans de Police de l'année 1699. encore bien que ledit Chasteignier soit Gradué, & ait esté reçû au Parlement de Paris, ainsi que du tout appert par une Sentence du onze Janvier de la presente année, renduë par les Officiers du Bailliage d'Amboise, entre les Jurez, Corps, & Communautez des Maistres Tonneliers de ladite Ville, & Jean Cerizier l'un des Maistres de la Communauté, portant condamnation de rendre compte du maniement des deniers que ledit Cerizier avoit, appartenans à ladite Communauté: par l'Ordonnance du dix-huit du même mois & an, des Officiers dudit Bailliage, au profit des Corps, & Communautez des Couvreurs, contre le nommé Proux, l'un d'iceux: autre Ordonnance desdits Officiers du Bailliage du vingt Avril dernier, portant défenses aux Maistres Chirurgiens de la Ville d'Amboise, de poursuivre l'effet des Assignations qu'ils avoient fait donner à aucuns de leurs Confreres pour raison de leur Art, devant le Juge de Police, de se servir de ses Jugemens, & Sentences, & de reconnoistre d'autres Juges que les Officiers dudit Bailliage, à peine de cent livres d'amende, déclarée encouruë en cas de contravention: une Signification faite ausdits Officiers du Bailliage par Maistre Joseph Boisgautier, Commis à l'Office de Procureur de Sa Majesté de Police, en l'absence du Lieutenant, en consequence de Lettres Patentes du grand Sceau du onze Juin dernier, contenant Protestation de prise à partie, en cas que lesdits Officiers du Bailliage passassent outre dans le Procés qu'ils avoient extraordinairement intenté contre Hallé Huissier de Police, pour avoir par ordre dudit Boisgautier emprisonné la nommée Brossier, fille mendiante: autre Ordonnance du quatorze Aoust dernier, desdits Officiers du Bailliage, portant nomination de Gardes pour la conservation des fruits de Vignes, & autres Grains, dans les Paroisses de S. Denys, & autres: une Ordonnance du vingt dudit mois d'Aoust des Officiers dudit Bailliage, portant défenses ausdits Commissaires de Police, de faire aucunes fonctions hors la Ville, & Fauxbourgs, avec prononciation de nullité des Saisies qu'ils avoient faites de Bleds en poinçons sur divers Particuliers trouvez en contravention, aussi-bien que de l'Assignation qui avoit esté donnée à la Police au nommé Saboufé, Habitant de la Ville d'Amboise, pour raison des eaux, incommoditez, & immondices qu'il jettoit dans la cour & appartement du Sieur Fellau son voisin, le tout avec défenses aux Officiers de la Police d'en connoistre, ny d'empêcher directement ny indirectement les Parties de relever audit Bailliage les Appellations qu'elles voudroient interjetter des Jugemens de la Police, à peine de cent livres d'amende contre lesdits Officiers de Police : les Procés verbaux de Michelin, Chauveau, & Hallé, Commissaires & Huissiers de Police, en date des douze Juin, trente Juillet, & sept Septembre de la presente année, contenant les troubles, menaces, & insultes qui leur ont esté faites dans leurs fonctions par les Officiers dudit Bailliage. A CES CAUSES, requeroient les Supplians qu'il plust à Sa Majesté faire défenses ausdits Officiers dudit Bailliage d'Amboise, de plus à l'avenir les troubler dans l'exercice & fonctions de la Police, ny de connoistre aucunement des matieres concernant les Arts, Corps, & Communautez, des Statuts, differens, & contestations des Medecins, Chirurgiens, & Apotiquaires; des Mendians & Vagabons; de la Declaration de Sa Majesté concernant les Bleds, Fruits de Vignes, & autres Grains, circonstances, & dépendances; des immondices, & incommoditez publiques, de quelque nature qu'elles soient, ny d'aucunes autres affaires appartenantes à la Police; comme aussi que défenses leur soient faites de connoistre des Appellations des Jugemens de Police qui pourroient estre interjettées devant eux, sous quelque pretexte que ce puisse estre; & aux Parties de se pourvoir sur lesdites Appellations ailleurs qu'au Parlement, ausdits Officiers du Bailliage de prononcer aucunes nullitez, défenses, & condamnations contre lesdits Officiers de Police, & ordonner que ledit Chasteignier aura en qualité de Lieutenant General de Police, conformément à son Edit de création de 1699. entrée, rang, séance, & voix déliberative, tant à l'Audiance, Chambre du Conseil du Bailliage, que dans les autres Assemblées, & Ceremonies publiques & particulieres, immediatement après le Sieur Cormier,

Iy

ly de Robbe longue, premier Juge Civil, & Criminel, en l'absence duquel dans les Ceremonies, & Assemblées publiques, ledit Suppliant precedera les autres Juges, & aura le premier pas, avec défenses aux Officiers dudit Bailliage de l'y troubler, le tout à peine de deux mille livres d'amende, & de tous dépens, dommages, & interests : V E u ladite Requeste, & Pieces justificatives d'icelle : Oüy le rapport du Sieur Fleuriau d'Armenonville, Conseiller ordinaire au Conseil Royal, Directeur des Finances. L E R O Y E N S O N C O N S E I L, ayant égard à ladite Requeste, a ordonné, & ordonne que lesdits Edits des mois d'Octobre, & Novembre 1699. Declarations, & Arrests rendus en consequence concernant les fonctions des Lieutenans Generaux, & autres Officiers, créez par lesdits Edits pour l'exercice de la Police, seront executez selon leur forme, & teneur; & en consequence a maintenu & gardé, maintient & garde lesdits Officiers de Police d'Amboise, dans la connoissance de ce qui concerne les Arts & Mestiers, & les Statuts & differens des Medecins, Apotiquaires & Chirurgiens, & toutes autres matieres de Police ; maintient aussi Sa Majesté les Huissiers de Police de ladite Ville, dans la faculté d'exploiter concurremment avec les autres Sergens Royaux dans l'estenduë dudit Bailliage; & ordonne conformément audit Edit du mois d'Octobre 1699 que ledit Lieutenant General de Police aura entrée, rang, séance, & voix déliberative, tant à l'Audiance, Chambre du Conseil dudit Bailliage, que dans les autres Assemblées, & Ceremonies publiques & particulieres, immediatement aprés le premier Juge dudit Siege, en l'absence duquel ledit Lieutenant General de Police précedera les autres Officiers dans les Ceremonies, & Assemblées publiques. Fait Sa Majesté défenses aux Officiers dudit Siege, de troubler ceux de Police dans leurs fonctions, à peine de tous dépens, dommages, & interests : & sera le present Arrest executé, nonobstant oppositions ou empêchemens quelconques, dont si aucuns interviennent, Sa Majesté s'est reservé la connoissance, & icelle interdit à toutes ses Cours, & autres Juges. Fait au Conseil d'Estat du Roy, tenu à Versailles le trente-unième jour de Decembre mil sept cens un. Collationné. Signé, D E L A I S T R E.

X X X I V.
14. Janvier 1702. Arrest du Conseil qui conserve au Lieutenant General de Police de Bourges sa Jurisdiction sur les Orfévres.

S U R la Requeste presentée au Roy en son Conseil par Gabriel le Begue, Conseiller de Sa Majesté, Lieutenant General de Police de la Ville de Bourges : contenant, qu'en consequence de l'Edit de création des Lieutenans Generaux de Police du mois d'Octobre 1699. qui leur attribuë la connoissance de l'execution des Statuts, & Réglemens des Arts, & Mestiers, il rendit une Ordonnance le quinze Janvier 1701. sur la Requeste du Procureur du Roy à la Police, par laquelle il ordonna que dans huitaine les Procureurs - Syndics des Communautez des Marchands, & Artisans donneroient au Procureur de Sa Majesté à la Police des copies d'eux signées de leurs Statuts, sous peine de trois livres d'amende. Cette Ordonnance ayant esté signifiée à Jacques Cœurdoux, Syndic des Orfévres, & n'y ayant pas satisfait, il fut assigné à la Requeste du Procureur de Sa Majesté à la Police, pour estre condamné à l'amende de trois livres, faute par luy d'avoir donné une copie des Statuts de sa Communauté, suivant ladite Ordonnance du quinze Janvier precedent. Le Procureur du Roy de la Monnoye en ayant eu avis, s'opposa à l'Assignation donnée à la Police audit Syndic des Orfévres, sur le fondement que les Orfévres sont justiciables de la Cour des Monnoyes de Paris, & des Juges Gardes de la Ville de Bourges; & le Procureur de Sa Majesté à la Police ayant requis qu'il fust passé outre nonobstant ladite opposition, attendu que le Suppliant ne prétendoit connoistre que des contestations qui surviennent entre les Maistres, Apprentis, & Compagnons Orfévres, & autres choses qui regardent la Police de leur Mestier, & de l'execution des Statuts : le Suppliant rendit un Jugement le trentième Avril suivant, par lequel il ordonna que ledit Cœurdoux rapporteroit les Statuts en question, & qu'à faute de ce faire il y seroit contraint, & en l'amende de trois livres. Les Juges Gardes de la Monnoye ayant esté informez de ce Jugement en rendirent un autre à la Requeste du Procureur du Roy de la Monnoye, par lequel ils déchargerent ledit Cœurdoux de l'Assignation à luy donnée à la Police, & de l'effet de l'Ordonnance contre luy renduë : Mais comme l'execution des Statuts des Orfévres, aussi-bien que ceux des autres Arts, & mestiers appartient au Suppliant conformément à l'Edit de création des Lieutenans Generaux de Police, qui leur donne les mêmes fonctions qu'au Lieutenant General de Police de Paris, lequel conformément à un Arrest de Réglement rendu au Conseil le quinze Juin 1701 entre le Procureur General de la Cour des Monnoyes, & le Procureur de Sa Majesté au Chastelet, connoist de toutes les contestations qui surviennent au sujet des Brevets d'Apprentissage entre les Orfévres, & leurs Apprenti, & generalement de toute la Police entre lesdits Orfévres, à l'exception des contraventions concernant le titre, & alliage des matieres, marques, & poinçons seulement: Le Procureur de Sa Majesté à la Police à Bourges a fait executer l'Ordonnance du Procureur du trente Avril dernier, & en consequence a fait saisir une Tasse d'argent chez ledit Cœurdoux, pour l'obliger de satisfaire à ladite Ordonnance, & de luy fournir une copie en forme des Statuts de la Communauté des Orfévres; & le Procureur de Sa Majesté à la Monnoye s'est de nouveau opposé à ladite execution ; ce qui oblige le Suppliant d'avoir recours à l'autorité de Sa Majesté pour luy estre sur ce pourvû. A C E S C A U S E S, requeroit le Suppliant qu'il pluft à Sa Majesté ordonner que l'Edit du mois d'Octobre 1699. & l'Arrest du Conseil du quinze Juin 1701. seront executez selon leur forme, & teneur; ce faisant, que le Suppliant en qualité de Lieutenant General de Police de Bourges connoistra de toutes les contestations qui surviendront au sujet des Brevets d'Apprentissages entre les Orfévres, & leurs Apprentis, & Compagnons, & des autres contraventions, & generalement de toute la Police entre lesdits Orfévres, à l'exception des contraventions concernant le titre, & alliage des matieres, marques, & poinçons seulement, lesquels appartiendront aux Juges Gardes de la Monnoye : En consequence casser, & annuller toute la Procedure faite par lesdits Juges Gardes de la Monnoye, & ordonner que l'Ordonnance du Suppliant du quinze Janvier 1701. & le Jugement de Police rendu contre le Syndic des Orfévres le trente Avril suivant, seront executés selon leur forme, & teneur; & condamner lesdits Juges Gardes aux dépens. V E u ladite Requeste, signée Millain Avocat du Suppliant; ensemble l'Edit de création du mois d'Octobre 1699. l'Ordonnance de Police du quinze Janvier 1701. l'opposition du Procureur du

Roy

Roy à la Monnoye de Bourges du quinze Avril fuivant, le Jugement de Police du trente dudit mois, l'Ordonnance des Juges Gardes de la Monnoye du 7. Juin fuivant, la faifie, & execution faite chez le Syndic des Orfévres le quinze Novembre dernier ; l'oppofition formée à ladite Saifie à la Requefte du Procureur du Roy de la Monnoye, le 20. dudit mois ; Extrait de l'Arreft de Reglement rendu au Confeil le quinze Juin 1701. entre le Procureur Général de la Cour des Monnoyes à Paris, & le Procureur du Roy au Chaftelet, & autres Pieces juftificatives y attachées : Oüy le rapport du Sieur Fleuriau d'Armenonville, Confeiller ordinaire au Confeil Royal, Directeur des Finances. LE ROY EN SON CONSEIL, a ordonné, & ordonne que le Suppliant connoîtra de toutes les conteftations qui furviendront au fujet des Brevets d'Apprentiffages entre les Orfévres, leurs Apprentis, & Compagnons ; & des autres contraventions concernant la Police entre lefdits Orfévres, à l'exception de celles qui concernront le titre, & alliage des matieres, marques, & poinçons, dont la connoiffance appartiendra aux Juges de la Monnoye : & en confequence, caffe, & annulle toutes les Procedures faites par les Juges, & Gardes de la Monnoye ; & ordonne que l'Ordonnance renduë par le Suppliant le quinze Janvier 1701. & le Jugement de Police rendu contre lefdits Orfévres, le trente Avril enfuivant, feront executez felon leur forme, & teneur. Fait au Confeil d'Eftat du Roy, tenu à Verfailles le quatorziéme jour de Janvier mil fept cens deux. Collationné. Signé, GOUJON.

XXXV.
21. Mars
1702. Arreft
du Confeil,
qui regle les
fonctions du
Procureur
du Roy au
Tribunal de
Police de
Saumur, en
l'abfence du
Lieutenant
General.

SUR la Requefte prefentée au Roy en fon Confeil par Maiftre Jean Michel Boureau, Confeiller de Sa Majefté, & fon Procureur au Siege de Police de Saumur : contenant, qu'ayant inftruit un Procés criminel, pour raifon d'une emotion populaire arrivée en la Ville de Saumur, dont le Lieutenant General de Police s'eftoit déporté, & s'eftant tranfporté en la Chambre du Confeil de la Senéchauffée de Saumur, le douziéme Janvier de la prefente année, pour juger ledit Procés criminel, il y trouva Maiftre Jofeph Gueniveau, Affeffeur Criminel au Siege de ladite Senéchauffée, & Maiftres François Haîrault, & Noël Prevoft Confeillers, aufquels il propofa de vacquer avec luy au Jugement dudit Procés ; ce que lefdits Officiers de la Senéchauffée refuferent, alleguant pour pretexte, que la Chambre de la Senéchauffée eftant à eux, elle n'eftoit pas deftinée pour juger les affaires de la Police ; que la procedure faite pour l'inftruction dudit Procés criminel eftoit irreguliere, ayant efté commencée par le Lieutenant General de la Police, & continuée par le Suppliant qui avoit efté Partie requérante audit Procés, & que le Suppliant n'avoit pû commettre Maiftre Fovier, ancien Avocat aux Sieges Royaux de Saumur, pour faire les fonctions de Procureur de Sa Majefté : Ces raifons engagerent le Suppliant à remontrer aufdits Officiers, que depuis l'establiffement des Officiers de Police, les affaires de ce Siege ayant efté rapportées, & jugées en la Chambre du Confeil de la Senéchauffée, parce que Sa Majefté n'avoit pas encore pourvû les Officiers de Police d'une Chambre du Confeil, cela ne devoit point empêcher le Jugement des affaires de Police ; & qu'afin de ne pas retarder le Jugement dudit Procés criminel, le Suppliant offroit d'y proceder en tel autre endroit qu'ils voudroient. Il ajoûta que n'ayant efté pourvû de l'Office de Procureur de Sa Majefté à la Police, que dans le temps du défiftement du Lieutenant General de Police, il avoit continué l'inftruction dudit Procés criminel, en confequence de l'Edit de création du mois de Novembre 1699. & de la Declaration du fix Aouft 1701. & qu'il n'avoit point efté Partie requérante audit Procés criminel, dans lequel ledit Maiftre Fovier avoit fait les fonctions de Procureur de Sa Majefté en qualité d'ancien Avocat, ainfi qu'il fe pratique dans toutes les Jurifdictions. Nonobftant ces remontrances, lefdits Officiers de la Senéchauffée ayant perfifté dans leur refus, le Suppliant a efté obligé d'en dreffer fon Procés verbal le 12. Janvier de la prefente année, avec proteftation de fe pouvoir vers Sa Majefté ; & comme le refus des Officiers de la Senéchauffée donne atteinte aux droits du Suppliant, lequel conformément à l'Edit du mois de Novembre 1699. à la Declaration du fix Aouft 1701. & à l'Arreft du Confeil du 19. Novembre dernier, rendu au profit du Procureur du Roy de la Police de Compiegne, eft en droit de faire toutes les fonctions du Lieutenant General de Police, en fon abfence ou legitime empêchement, fans diftinction des affaires de Police, dans lefquelles le Suppliant a pris des Conclufions ; que d'ailleurs ce refus des Officiers retarde le Jugement dudit Procés criminel, & fait languir les Accufez dans les prifons, fans que le Suppliant puiffe y remedier, attendu que les Avocats que le Suppliant pourroit appeller n'ofent l'affifter, dans la crainte d'encourir l'indignation des Officiers de la Senéchauffée qu'ils ont intereft de ménager ; le Suppliant eft obligé d'avoir recours à Sa Majefté pour luy eftre fur ce pourvû. A CES CAUSES, requeroit le Suppliant qu'il pluft à Sa Majefté, conformément aux Edit, Declaration, & Arreft, le maintenir dans le droit de faire toutes les fonctions du Lieutenant General de Police de Saumur, en fon abfence ou legitime empêchement, même dans les affaires dans lefquelles il auroit pris des Conclufions en qualité de Procureur de Sa Majefté ; & en confequence enjoindre aux Confeillers de la Senéchauffée, fous peine de defobeïffance de l'affifter tant à l'Audiance, qu'à la Chambre du Confeil, pour juger toutes les Caufes, & Procés qui feront pendans à la Police, & ordonner que faute parlefdits Confeillers d'affifter le Suppliant, il luy fera permis d'appeller des Graduez, aufquels il fera enjoint de l'affifter à fa premiere requifition, & que toutes les affaires de Police continuëront d'eftre rapportées, & jugées en la Chambre du Confeil de la Senéchauffée, jufqu'à ce qu'autrement il en ait efté ordonné par Sa Majefté : VEU ladite Requefte, fignée, MILLAN, Avocat du Suppliant, enfemble le Procés verbal du 12. Janvier 1702. & autres Pieces juftificatives y attachées. Oüy le rapport du Sieur Fleuriau d'Armenonville, Confeiller ordinaire au Confeil Royal, Directeur des Finances. LE ROY EN SON CONSEIL, ayant égard à ladite Requefte, a maintenu, & maintient le Suppliant dans fon droit de faire toutes les fonctions du Lieutenant General de Police, en fon abfence, ou legitime empêchement ; même dans les affaires dans lefquelles il auroit pris des Conclufions en qualité de Procureur de Sa Majefté : enjoint en confequence aux Confeillers de ladite Senéchauffée, fous peine de defobeïffance de l'affifter, tant à l'Audiance, qu'à la la Chambre Conseil, pour juger toutes les Causes, & Procés qui seront pendans à la Police ; & que faute par lesdits Conseillers de l'assister, il luy sera permis d'appeller des Graduez, conformément à l'Arrest du Conseil du 6. Decembre dernier : Enjoint Sa Majesté ausdits Graduez de l'assister à sa premiere requisition. Fait au Conseil d'Estat du Roy, tenu à Versailles le vingt-unié-me jour de Mars 1702. Collationné. Signé, G O U J O N.

Tous ces Réglemens sont exactement executez dans les Provinces ; & l'on ne doute point de leur progrés dans la suite. Mais comme tout ce que nous avons vû dans les Titres précedens, depuis la naissance de la Monarchie jusqu'à present, a toujours eu pour modele la Police de Paris, il faut necessairement remonter jusqu'à cette source, & voir tout ce qui s'est passé dans cette Capitale, si nous desirons perfectionner nos connoissances sur cette matiere.

TITRE

TITRE VI.

*Description historique, & topographique de la Ville de Paris, confi-
derée dans tous les differens estats par lesquels elle a passé jusqu'à
present, & qui sert d'introduction à la connoissance de sa Police.*

CHAPITRE PREMIER.

*Estat & Gouvernement des Parisiens du temps des Gaulois. Lutece leur
Ville Capitale conquise par Cesar. Le Conseil Souverain des Gaules
y est estably. Dans quelle consideration elle a esté sous la domination
des Romains. Sa conversion par saint Denys. Elle est conquise par nos
premiers Roys. Ils y establissent leur sejour. Clovis la choisit pour
Capitale du Royaume.*

DANs tous les Estats bien disciplinez, la
Police de la Capitale a toûjours esté donnée aux autres Villes pour modele de leur
conduite. Les Romains n'eurent pas si-tost imposé à leur Ville le titre pompeux de Capitale du monde, qu'ils firent cette Loy expresse,
pour en estendre la Police, & les usages à toutes
les autres Villes de l'Empire. *Omnes Civitates de-*
 bent sequi consuetudines Urbis Romæ, cùm sit Caput
Orbis terrarum. [a] C'est aussi dans ce même esprit
que les François aprés avoir donné à la Ville de
Paris, tous ces titres magnifiques d'Abregé du
Monde, de Reine des Villes, de Trône des Roys,
de Ville Royale, & de Capitale de l'Empire François, & du salut de laquelle dépend le bonheur
de l'Estat. *Compendium mundi, Regina micans omnes*
super Urbes, Regia sedes, Civitas Regia, Caput
totius Gallici Imperii, cujus salvo & incolumi statu
Regni salus continetur, [b] ont en même temps
obligé par leurs Loix, toutes les autres Villes à
se conformer à sa Police : Il y en a une disposition expresse dans tous les Reglemens generaux.
Il est donc important d'avoir une juste & parfaite
idée de cette Police de la Ville de Paris ; puis
qu'elle est en un sens la Police generale du
Royaume.

Mais avant que d'entrer en matiere, il est bon
pour y establir quelque ordre, de commencer
par faire connoistre cette Ville Capitale, de la
connoistre, pour ainsi dire en elle-même ; quels
estoient ses premiers habitans ; leur ancien gouvernement, son estenduë dans ses premiers temps,
& les divers accroissemens qui l'ont enfin portée
au point de grandeur où elle est aujourd'huy.

A prendre les choses dans leur origine ; quoique les Gaulois ne fussent en effet qu'une même
Nation, ne formant qu'une seule Republique sous un même gouvernement ; ils estoient
neanmoins divisez en plusieurs Peuples, qui
faisoient presque autant de petits Estats separez,
ou, comme parlent les Anciens, autant de Citez differentes. On en comptoit lorsque Cesar en
fit la conqueste, jusques à soixante-quatre, sous
le gouvernement d'un pareil nombre de Ma-
Tome I.

gistrats. Chacune de ces Citez estoit partagée
en Pays ou Contrées ; il y en avoit trois à quatre cent ; & ces Pays ou Contrées estoient encore subdivisées en plusieurs Villes au nombre
de huit cent, selon quelques Autheurs, ou de
douze cent, selon d'autres, qui avoient aussi leurs
Magistrats particuliers. Pour reduire ensuite
cette multiplicité de Tribunaux à l'unité de gouvernement, chaque Ville particuliere d'une Con-
trée relevoit de sa Capitale ; toutes les Capitales
reconnoissoient pour Superieure ou Metropolitaine, la principale de leur Pays ou Cité ; &
toutes ensemble estoient subordonnées aux
Estats Generaux ; qui s'assembloient tous les ans
dans le Pays Chartrain, pour le gouvernement
en chef de la Republique.

Cette forme de gouvernement subsista, & les
Gaulois joüirent en paix de leurs Provinces,
tant qu'il y eut de l'union entre elles. La jalousie
& l'ambition de ceux d'Autun & de la Franche-
Comté ayant partagé tout l'Estat en deux factions,
leurs voisins profiterent de cette discorde. Les
Suisses d'un costé, & les Allemans de l'autre y
estant entrez se mirent en possession de quelques
Places, & y firent plusieurs degasts. Les Romains qui avoient déja conquis la Gaule Narbonnoise, & reçû dans leur alliance quelques
autres Provinces de la Celtique, se trouverent
interessez dans cette guerre. Ils firent passer les
Alpes à une armée conduite par Jules Cesar,
pour veiller à la conservation de leur Pays, &
secourir leurs Alliez. Ce General dés la premiere
Campagne, aprés plusieurs combats, fit retirer
les Suisses dans leurs Montagnes, & repasser le
Rhin aux Allemans : mais sous ce prétexte d'ami
& de Protecteur, il mit de fortes garnisons dans
les principales Villes des Gaules, & s'en asseura la
conqueste pour luy-même.

Les Parisiens, dont le Pays comprenoit aussi
celuy des Meldois, où de Meaux, avoient
esté originairement l'un de ces Peuples en chef,
qui ne reconnoissoient au-dessus d'eux, que les
Estats generaux de la Nation. Ils se joignirent
ensuite aux Senonois leurs voisins, pour la conqueste

I ij

...e de l'Italie, & eurent part à cette expedition fameuse de la prise de Rome, dont il est fait mention dans l'histoire 388. ans avant la naissance de N. S. J. C. Par cette union ils avoient reconnu la Ville de Sens pour leur Metropolitaine : mais long-temps avant la conqueste des Gaules par Cesar, ils s'estoient délivrez de cette subordination, & avoient esté remis encore une fois au nombre des Citez.

La petite Ville de Lutece leur Capitale, fut soumise à Cesar, par la voye qui vient d'estre expliquée.

Ce Prince en trouva le sejour si charmant, qu'il y transfera les Estats Generaux, qui ne s'étoient jamais tenus par les Gaulois, que dans le Pays Chartrain.

Une conqueste si considerable, & qui avoit si peu cousté à Cesar, ne fut pas long-temps sans estre traversée. Les Gaulois reconnurent, mais trop tard, combien leur coustoit l'amitié & le secours des Romains : la Gaule Belgique se souleva contre la Garnison de Cesar, & fut bien-tost suivie de la plus grande partie des autres Provinces.

Les Parisiens furent du nombre de ceux qui firent le plus d'effort pour secoüer ce joug étranger. Cesar envoya contre eux Labienus, l'un de ses Lieutenans. Il assiegea une premiere fois du costé du Midy Lutece leur Ville Capitale, & fut obligé d'en lever le Siege. La prise de la Ville de Melun l'ayant rendu le maistre de la riviere de Seine, luy facilita le dessein qu'il avoit toujours conservé sur cette Ville des Parisiens : il y revint avec un renfort de nouvelles troupes, & l'assiegea du costé du Nord. Les Parisiens pour luy oster toute esperance de prendre leur Ville, y mirent le feu, en sortirent tous en armes, en rompirent les ponts, & presenterent la bataille aux Romains. Labienus opposant la ruse à cette vigoureuse resistance, feignit de décamper pendant la nuit, & partagea son armée en trois, pour envelopper celle des ennemis quand ils viendroient à le suivre. Les Parisiens donnerent dans le piege ; ils furent défaits après un long combat ; & les Romains se rendirent une seconde fois les maistres de leur Ville & de leur Province. Nous verrons dans les Chapitres suivans, toutes les mesures qu'ils prirent pour s'en asseurer la possession.

Les Romains demeurerent en possession des Gaules, ou de quelques-unes de leurs Places, cinq cent quatre ans, & furent autant de temps les maistres de la Ville & du pays des Parisiens ; (car ce fut l'un des derniers postes dont ils furent chassez l'an 452.) Sous cette domination, & pendant tout ce temps, il n'arriva dans cette partie de l'Empire que quatre choses remarquables qui puissent entrer dans nostre dessein. Le nouveau partage des Provinces, la conversion des Gaulois, & en particulier celle des Parisiens à la Religion Chrestienne ; l'estime que les Empereurs conserverent toujours pour eux ; & le premier accroissement de leur Ville hors de son Isle.

Il ne s'agit point icy du partage general des Gaules en grandes Provinces ; nous avons vû ailleurs ce qui fut fait à cet égard : mais seulement des subdivisions qui furent faites des Peuples ou Citez particulieres, pour en retrancher l'estenduë, & sans doute, pour s'alleurer toujours de plus en plus de leur fidelité, par la diminution de leurs forces.

Ce fut ainsi que la Cité de Sens fut divisée en Senonois & en Troyens, *Senones* & *Tricasses* ; celle de Chartres, en Chartrains & Orleanois, *Carnutes* & *Aureliani* ; celle de Paris, en Parisiens & Meldois, ou de Meaux, *Parisii* & *Meldi* ; & ainsi de plusieurs autres : en sorte que les soixante-quatre anciennes Citez, ou Peuples des Gaules, se trouverent multipliez sous les Romains, jusqu'à cent soixante-cinq.

Les Gaulois avoient eu le malheur, comme toutes les autres Nations de la terre, à l'exception des Juifs, d'estre engagez dans les erreurs du Paganisme. Ils adoroient les mêmes Dieux que les Romains, mais sous d'autres noms ; Jupiter, Apollon, Mars, Mercure, & Ceres, estoient leurs Thamaris, Mithra, Heus, Theutales, & Isis. Les Parisiens en particulier avoient trois Temples proche de leur Ville ; le premier dedié à leur Idole tutelaire Ceres, ou Isis, où est à present l'Abbaye saint Germain des Prez ; le second à Mithra ou Mercure, sur le mont Locotitius, qui est aujourd'huy Nostre-Dame des Champs, au Faux-bourg saint Jacques ; & le troisiéme à Heus ou Mars, dans un bois sur une montagne qui en portoit le nom, & à present celuy de Montmartre : quelques-uns neanmoins estiment que celuy-cy estoit encore un Temple de Mercure ; de même qu'il y en avoit un second d'Isis, au Village qui en a retenu le nom d'Issi, qu'il porte encore aujourd'huy.

Cet usage de bastir les Temples des Idoles hors les Villes, dans les solitudes, sur des montagnes, ou dans des bois, est fort ancien, & l'une des principales preuves de l'antiquité des Villes.

Les premiers d'entre les hommes qui tomberent dans cet estrange aveuglement, de rendre un culte religieux aux creatures, y formerent sans doute l'idée sous quelques notions confuses qui leur restoient encore de la verité. Ils avoient oüi parler à leurs ancestres du Paradis terrestre, où Dieu commença de se faire connoistre à nos premiers parens ; qu'il y avoit dans cet excellent jardin deux arbres d'une extréme distinction ; qu'il y en avoit quantité d'autres qui formoient une obscurité assez épaisse, pour faire croire à Adam après sa chûte, qu'il y cacheroit aisément. Ces idées ayant fait une forte impression sur leurs esprits, ils s'imaginerent que la Divinité habitoit particulierement dans certains arbres, & qu'elle aimoit à estre servie dans l'obscurité des bois, ou dans les lieux écartez. Ceux qui sont venus dans la suite, & qui ont eu quelque connoissance imparfaite des livres saints, y ont encore appris que Dieu s'estoit manifesté, & avoit donné sa Loy aux hommes sur une montagne ; qu'il y avoit fait plusieurs fois connoistre sa majesté & sa puissance : d'où ils ont pû concevoir la même opinion de ces lieux élevez qu'ils avoient eu des bois ; tout cela pouvoit faire l'erreur des Parisiens idolâtres, & avoir donné lieu au choix des lieux où leurs Temples furent bastis. *

Les Romains estant eux-mêmes engagez dans l'erreur du Paganisme, n'apporterent aucun changement dans la Religion des Gaulois leurs nouveaux sujets, quant au culte general de leurs fausses Divinitez. Les vainqueurs, & les vaincus se trouverent dans une parfaite conformité de sentimens sur cet article ; il n'y eut de reformé que la cessation de ces cruels sacrifices que les Gaulois faisoient de victimes humaines à leurs idoles : les Romains plus doux, & plus civilisez leur en interdirent l'usage.

La Religion des Parisiens estoit encore en cet estat vers le milieu du troisiéme siecle. Les Edits

Almen. opusive antiquitas è sacris profanis rum specimen.

* Si l'on croit l'Abbé la Charmo, dans son antiquité des Celtes fut Mercure qui y introduisit le culte religieux, & supe... stitieux, qui les Titans s... ancestres ont répandu presque par-tout

Plin. hist. Nat. lib. 30.

Edits cruels des Empereurs contre l'Eglise naissante, avoient formé un obstacle perpetuel à sa propagation de la foy au deça des Alpes. La paix dont les fideles commencerent de joüir sous l'Empire de Philippe, fut un moyen que la divine Providence fit naistre, & dont elle se servit pour en augmenter le nombre par la predication de l'Evangile. Le Pape saint Fabien profitant de cette occasion favorable environ l'an 249. sacra sept Evêques, qu'il envoya dans les Gaules, avec d'autres Missionaires Apostoliques, pour en achever la conqueste à Jesus-Christ. Saint Denys eut en partage le pays des Parisiens, & il establit son Siege dans la petite Ville de Lutece leur Capitale. Le progrés qu'il y fit fut si grand, qu'il se trouva en estat de convertir en Eglise le Temple de Mercure, au mont Lucotitius, où il se logea avec son petit Clergé. On tient qu'il fit aussi bastir deux autres Eglises de ce même costé; l'une qu'il dédia à la sainte Trinité; & l'autre, sous l'invocation de saint Estienne: ce sont aujourd'huy saint Benoist, & saint Estienne des Grés: quelques-uns même ajoustent, qu'il fit encore bastir deux autres Chapelles dans les bois qui couvroient la Ville du costé du Nort; l'une sous l'invocation de la sainte Vierge, qui a depuis esté jointe à l'Eglise sainte Opportune; & l'autre, sous l'invocation de saint Pierre, qui fait à present partie de saint Mederic; & l'on prétend que c'est de cette antiquité que ces deux Chapelles ont retenu jusqu'à aujourd'huy les noms de Nostre-Dame, & de saint Pierre des Bois.

Il ne consacra aucun Lieu dans la Ville au culte saint des Autels, & ne toucha point au Temple d'Isis, ou Cerés, ny à celuy de Mars; ce qu'il restoit encore plusieurs idolâtres, & qu'apparemment les Magistrats Romains, qui estoient toujours de ce nombre, ne voulurent pas le luy permettre.

Ce calme dont l'Eglise avoit commencé de joüir ne fut pas de longue durée: une subite persecution s'éleva dans les Gaules; nostre saint Prelat s'y trouva enveloppé; il fut arresté au milieu de ses travaux Apostoliques, avec saint Rustique Prestre, & saint Eleuthere Diacre de son Eglise. On les resserra dans une estroite prison; ils furent ensuite conduits dans un autre lieu, où ils souffrirent plusieurs tourmens; enfin leur constance s'estant trouvée à l'épreuve des supplices les plus cruels, ils reçurent dans un troisiéme lieu la couronne du martyre. Le genre de leur mort est certain; ils eurent tous trois la teste coupée: il n'en est pas de même du lieu, ny de l'année: les sçavans sont partagez sur ces deux points: c'est neanmoins l'opinion la plus commune que ce fut sur la montagne où estoit le Temple de Mars, où ils furent conduits pour les obliger d'offrir de l'encens à cet idole: on prétend aussi que cela arriva sous l'Empire d'Aurelien environ l'an 275. Ces trois lieux qui avoient esté sanctifiez par la prison, la torture, & la mort de ce saint Apôtre de la France, furent consacrez en trois Eglises par les fideles aussi-tost qu'ils en eurent la liberté. Ces trois saints portent en effet encore aujourd'huy des noms qui marquent cette antiquité. Saint Denys de la Chartre, de Carcere; saint Denys du Pas, à Passione ejus; & saint Denys de Montmartre, à Monte Martyrum.

La paix rendüe encore une fois à l'Eglise, pour ne plus finir, par la conversion du Grand Constantin l'an 312. les saints Prelats des Gaules

ayant alors une entiere liberté d'y annon[...] vangile, y firent un grand nombre de conve[...] sions. Le Paganisme y fut presque totaleme[...] aboly: les Parisiens sur-tout s'y distinguere[...] par leur zele pour la pureté de la foy ortho[...] doxe; & ce fut sans doute, ce qui fit choisir leur Ville par tous les Evêques des Gaules, pour y assembler un Concile contre les Ariens l'an 362.

Il y avoit prés d'un siecle que l'Eglise joüissoit de cette tranquillité, lorsque les François firent la conqueste des Gaules sur les Romains. Meroüée le troisiéme de nos Roys acheva, selon l'opinion commune cette glorieuse expedition, par la prise de Paris sur Aëtius dernier Gouverneur Romain l'an 451. A juger des choses par les apparences, la Religion avoit tout à craindre de ce grand évenement. Les François estoient idolâtres, & ils avoient plusieurs Dieux, comme tous les autres Payens: mais il y avoit cela de supportable dans leur impieté, qu'ils n'avoient jamais eu cette cruelle aversion pour le Christianisme qui animoit tous ceux qui estoient attachez au culte des faux Dieux; qu'ils n'avoient jamais violenté les Chrestiens, ny ruiné leurs Eglises, ou persecuté leurs Prestres: ainsi dans ces nouveaux conquerans ne changerent rien dans la Religion des Gaules. Il parut au contraire dans la suite, que la misericorde de Dieu les avoit conduit eux-mêmes dans ces fertiles Provinces, beaucoup moins pour leur establissement temporel qu'ils venoient chercher, que pour y estre éclairez des lumieres de l'Evangile, & y abandonner leurs anciennes erreurs. Clovis & trois mille de ses sujets furent baptisez le jour de Noël l'an 496. Toute la Nation ne fut pas long-temps sans suivre ce grand exemple; & tous les restes du Paganisme furent enfin abolis, par un Edit celebre de Childebert l'an 554. [a]

Pendant que les choses se passoient ainsi dans la Religion, la petite Ville de Lutece recevoit toujours quelques marques de l'estime de ses Souverains, & quelques nouveaux présages de sa future grandeur. Le premier des Cesars aprés en avoir fait la conqueste la choisit pour y establir le Conseil souverain des Gaules, summum Galliæ Consilium in Lutetiam Parisiorum transtulit. C'est luy-même qui en rend ce témoignage. [b]

C'est une opinion qui a esté reçüe dans tous les temps, que le Proconsul Gouverneur General des Gaules, choisit aussi cette Ville pour son sejour ordinaire. [c] En effet, comment ce Magistrat auroit-il pû présider au Conseil souverain de la Province, s'il eust demeuré ailleurs que dans la Ville où Cesar avoit fixé l'assemblée annuelle de cette Cour superieure.

Ce fut aussi en cette qualité, [d] que Julien pourvû de cette haute Magistrature par l'Empereur Constance son parent, vint s'establir à Lutece l'an 358. Il est vray que comme ce Magistrat avoit le commandement des Armées, aussi-bien que l'administration de la Justice, il en partoit au Printemps pour aller faire la guerre aux Allemans; [e] mais la Campagne finie, il y revint comme à son sejour ordinaire. Les Legions qu'il commandoit l'y proclamerent Empereur l'an 360. & il n'en partit l'année suivante, que la mort de Constance luy laissa le Trône libre. Voicy ce qu'il a luy-même laissé à la posterité, de son sejour en cette Ville; [e] les termes en sont trop énergiques, & trop précis pour y rien changer. Je passay l'hyver dans ma chere Ville de Lu- « tece, (car c'est ainsi que les Gaulois appellent « la Ville des Parisiens:) elle est située dans une «

I iij   petite

Act. 5. Dion.
iP. Bosquet. l.1.
p.116.70.& 71.
Greg. Tur. histor.
Franc. lib.1.c.28.
30. & 31.
Idem de Glor.
Confess. cap.30.
Tillemont l'4 p.
441. & suiv.
Lun. de vit. S.
Dion. Paris. p.433
Fortunat. lib. I.
Cinien 11.

a Capitul. Regi
Franc.t.1.col. 8.

b L. 6. de bell.
Gallico.

c Belleforest l. 1.
de sa Cosmogr.
Annales de Paris
livre 1. chap. 4.

d Ammian. Marcellin l.14.16.17.
18.& 20. passim.
Henric. Valois
notæ in Ammian.

e Julian. Imper.
Misopog. vel Antiochen. epist.

» Ifle , & l'on y entre de l'un & de l'autre
» coſté par des ponts de bois ; le fleuve qui l'en-
» vironne croîſt & déborde rarement. Il fournit
» une eau tres-agreable & tres-pure à boire.
» L'hyver eſt fort doux en ce lieu , à cauſe ,
» diſent-ils , de l'Ocean qui n'en eſt éloigné que
» de quarante-cinq lieuës : auſſi l'eau de la mer
» ſemble eſtre plus chaude que l'eau douce : mais
» quoy qu'il en ſoit , que ce ſoit cette cauſe , ou
» quelque autre que j'ignore , il eſt toûjours cer-
» tain , que l'hyver eſt plus doux aux Habitans
» de ce pays qu'ailleurs : au reſte , il y croîſt de
» tres-bonnes vignes , même pluſieurs figuiers
» qu'ils élevent par art, les couvrant l'hyver avec
» de la paille de froment , & autres choſes ſem-
» blables , qui peuvent défendre les arbres de
» l'injure du temps. L'hyver de cette année fut
» donc plus rude qu'à l'ordinaire , & le fleuve
» charioit avec ſes eaux, dés crouſtes comme de
» marbre,ſemblables à ce que nous apellons pierre
» de Phrygie;pluſieurs de ces crouſtes fort grandes
» s'aſſemblant,&ſe joignant enſemble,paroiſſoient
» devoir bien-toſt former une eſpece de pont.
» Me trouvant alors d'une humeur plus auſtere
» & moins traitable que je ne l'avois jamais eſté ,
» je ne pouvois ſouffrir que l'on chauffaſt ma
» chambre , parce qu'en ce lieu toutes les mai-
» ſons ſe chauffent avec des fourneaux ; ce qui
» eſt aſſez commode : mais voulant m'accoû-
» tumer à ſupporter la rigueur du froid, par une
» eſpece de dureté à moy-même , je refuſois ce
» ſecours ſi neceſſaire dans une ſaiſon ſi fâ-

cheuſe. "

Les Empereurs qui ont paſſé dans les Gaules
pour quelque expedition , & qui ont penetré
juſqu'au pays des Pariſiens , ont tous choiſi cette
même Ville pour leur ſéjour. Valentinien I.
allant faire la guerre aux Allemans , y paſſa ſes
quartiers d'hyver des années 365. & 366. Il fit
pendant ce temps trois Loix que nous liſons
dans le Code Theodoſien ; l'une , pour la Police
des vivres ; l'autre touchant l'or & les autres
metaux ; & la troiſiéme , pour les Officiers des
Monnoyes. Gratien fit le même choix lorſqu'il
vint dans les Gaules pour en chaſſer les Allemans l'an 383.

Cette eſtime des Romains pour la Ville de
Paris , a reçu encore un ſurcroît tres-conſiderable , en paſſant ſous la domination des François. Meroüée le troiſiéme de nos Roys s'en
eſtant rendu le maiſtre l'an 452. choiſit cette
Ville pour ſon ſejour ordinaire : Childeric ſon
ſucceſſeur en fit autant ; & enfin Clovis , aprés
avoir achevé la conqueſte des Gaules , la declara
Capitale de ſes Eſtats l'an 508. ſelon le témoignage du plus ancien de nos Hiſtoriographes ;
Egreſſus Clodoveus à Turonis Pariſios venit , ibique
Cathedram Regni conſtituit. Ce ſont ſes propres termes. Depuis ce temps , la Ville de Paris eſt demeurée en poſſeſſion de ce glorieux titre , & a
continué de joüir de toutes ſes prerogatives qui
y ſont attachées. Il ne s'agit plus que d'en connoître l'ancien plan, ſes differens accroiſſemens
& ſon eſtat preſent.

(marginal notes: L.13.C. Theod. de annon. & trib. L.3.C. Theod. de metallis. L.11.de numerar. Ammian. Marc. l. 15.16 17. 20. 26. & 27. paſſim.)

(marginal note: Greg. Tur. hiſt. Franc. lib. 2.)

CHAPITRE II.

Situation avantageuſe de la Ville de Paris. Son ancien plan , & ſa premiere Cloſture.

LA Ville de Paris , comme toutes les autres ,
a eu ſon commencement & ſes progrez avant
que d'arriver à l'eſtat de grandeur & de perfection où elle eſt aujourd'huy. Chacun des differens degrez par leſquels a a paſſé , a fait changer autant de fois de conduite , pour en regler
le plan , par rapport à l'eſtat où elle eſtoit alors.
Tant qu'elle a eſté jugée trop petite , toutes
choſes ont eſté faites pour ſon accroiſſement :
eſtant parvenuë à une eſtenduë raiſonnable &
ſuffiſante, on luy a donné des bornes ; & lorsqu'il
a paru enſuite quelques entrepriſes au-delà des
limites qui luy avoient eſté marquées , elles ont
eſté reduites & corrigées. L'on a ſuivi en cela une
regle de prudence qui nous a eſté laiſſée par
Platon & Ariſtote , que pour rendre une ville
heureuſe & floriſſante , il luy faut donner des
limites , ny trop eſtroites , ny trop eſtenduës.
Ces deux ſages & habiles politiques en rendoient
cette raiſon , qu'une Ville trop petite ne peut
eſtre fournie de tous les arts & de toutes les autres choſes neceſſaires pour rendre ſes Citoyens
heureux ; & que lors qu'elle eſt portée à une
exceſſive grandeur , elle tombe neceſſairement
ſous ſon propre poids , ou faute de ſubſiſtance ,
ou faute de diſcipline , par la difficulté au Magiſtrat de pourvoir aux beſoins d'un auſſi grand
Peuple , & de le contenir dans ſon devoir.

Il ſeroit neanmoins impoſſible dans l'uſage &
la pratique d'eſtablir l'uniformité dans cette
eſtenduë des Villes : cela dépend de leur ſituation plus ou moins propre à baſtir & à ſubſiſter,

du genie de la Nation , & de la ſageſſe du gouvernement. La Ville de Paris s'eſt trouvée heureuſement avantagée dans tous ces points ; &
c'eſt ce qui fait aujourd'huy ſa grandeur. Les
foreſts dont elle eſt environnée, & qui en eſtoient
autrefois beaucoup plus proches ; les pierres à
plaſtres, & à chaux, le moilon & les pierres de taille
de ſes carrieres, les terres glaiſes de ſon voiſinage
propres à faire de la tuile , ou de la brique , &
les mines de fer qui n'en ſont pas fort éloignées,
luy ont fourni , & luy fourniſſent encore abondamment tous les materiaux neceſſaires à baſtir.
Les Campagnes fertiles en grains de la France,
de la Picardie , du Vexin & de la Beauſſe , & les
colines chargées de vignes & de fruits, dont elles
ſont entrecoupées , auroient ſeules ſuffi à ſa ſubſiſtance , ſe ſervir d'autres voitures que des
charois par terre ; mais le fleuve de la Seine, qui
la traverſe , groſſi de dix-ſept autres rivieres ou
canaux portant bateaux , & qui s'y rendent de
toutes les Provinces du Royaume , luy apportent
encore abondamment , & avec beaucoup plus de
facilité toutes les choſes neceſſaires à la vie. L'O-
cean & la Mediterranée , par les embouchures de
ces mêmes fleuves , & par les canaux de communication rempliſſent ſes ports de tout ce qu'il y a
de meilleur & de plus rare dans toutes les autres
parties de la terre. Ses Habitans ſont pacifiques
& laborieux ; cela entretient chez eux la tranquilité & l'abondance. La ſageſſe de ſes Loix ,
l'attention , & la vigilance de ſes Magiſtrats , ne
laiſſent rien à deſirer dans ſa Police & ſon gouvernement.

vernement. Toutes ces chofes enfin réunies enfemble la rendent aujourd'huy, non feulement la
plus grande, mais encore la plus commode, la
plus magnifique, & la plus heureufe Ville du
monde. L'Hiftoire nous apprend fes foibles commencemens tant qu'elle a efté enfermée dans les
bornes eftroites de fes premieres limites ; & les
Ordonnances de nos Roys nous inftruifent des
foins qui ont efté pris pour fon agrandiffement,
ou pour luy fixer de nouvelles bornes. Ce font
autant de preuves que nous examinerons, & qui
font neceffaires pour bien entendre enfuite les
réglemens qui ont efté faits pour y maintenir
l'ordre public.

Pour commencer par fon ancien Plan, Cefar
nous apprend luy-même, que lors qu'il fit la
conquefte des Gaules, cette Ville Capitale des
Parifiens nommée en ce temps Lutece, eftoit
toute renfermée dans une Ifle de la Seine. *Lutetia oppidum eft Parifiorum pofitum in Infula fluminis Sequanæ.* Ce font fes propres termes.

Elle fut affiegée par Labienus l'un de fes
Lieutenans Generaux ; les Parifiens defefperant
de la pouvoir défendre, la brûlerent, & en
rompirent les Ponts. Il ne reftoit donc plus
que la place, & peut-eftre quelques mafures que
les flâmes avoient épargnées lors que les Romains s'en rendirent les maiftres cette feconde
fois. Son affiete eftoit trop belle, & trop avantageufe pour eftre negligée. Cefar ordonna aux
Parifiens de la rebaftir ; fes ordres furent executez, & l'on vit en tres-peu de temps une nouvelle Ville renaiftre, pour ainfi dire, des cendres
de l'ancienne.

Quelque eftime que ce Prince euft pour cette
Ville, il conferva toujours la memoire de la
vigoureufe refiftance de fes Habitans aux armées
Romaines qui en avoient fait le fiege. Il confi-
dera d'ailleurs fa fituation avantageufe dans l'Ifle
d'un Fleuve qui fepare la Gaule Celtique de
la Belgique, & confequemment le pofte le plus
commode pour favorifer la jonction de ces deux
Provinces en cas de revolte. Dans ces vûës il
prit toutes les précautions neceffaires pour s'affurer d'une place fi confiderable, & de la fidelité de fes Habitans.

Ce fut dans ce deffein qu'il la fit entourer de
Murailles, & fortifier de Tours d'efpace en efpace au dedans de l'Ifle qui la contenoit encore : & c'eft delà, felon l'opinion de Boëce, que
cette Ville fut nommée la Cité de Jules Cefar,

*Lutetiam Cæfar ufque adeò ædificiis adauxit, tamque
fortiter mœnibus cinxit, ut Julii Cæfaris Civitas vo-
cetur.* Ce font fes propres termes. Il eftoit Senateur Romain ; il écrivoit peu de fiecles aprés
ce grand évenement, il en pouvoit parler avec
connoiffance. Il eft fait mention de ces Murs,
& de ces Tours dans les Lettres de Childebert
I. l'an 562. pour la fondation de l'Eglife de faint
Vincent, aujourd'huy faint Germain des Prez:
& ces fortifications eftoient encore en eftat lors
du fiege des Normans l'an 884.

C'eft encore une opinion commune, que Cefar fit baftir un Fort au bout de chacun des deux
ponts de cette Ville. L'antiquité de la groffe
Tour du grand Chaftelet, & le nom de Chambre de Cefar, qui eft demeuré par tradition
jufqu'à aujourd'huy à l'une de ces Chambres,
fortifient cette conjecture ; & l'ancien Ecriteau
qui fe voyoit encore, felon Corrozet, à la fin
du feizième fiecle fur une pierre de Marbre au
deffus de l'ouverture d'un Bureau fous l'arcade
de cette Forterefle, contenant ces mots, *tributum Cæfaris*, ne laiffe aucun lieu de douter qu'elle a efté baftie, ou par les ordres de ce Prince,
ou fous le Regne de quelqu'un des premiers Cefars fes fucceffeurs. C'eftoit alors l'une des portes de la Ville, & le péage fe payoit à ce Bureau.

A l'égard de l'autre Fort qui eftoit alors au
bout du Petit-Pont, il fut détruit par les Normans l'an 887. & il a efté rebafty fous le Regne
de Charles V. par les foins de Hugues Aubriot
Prevoft de Paris, l'an 1369. en l'eftat qu'il eft
à prefent.

Aprés que Jules Cefar eut ainfi fortifié la
Ville des Parifiens, il s'affura encore des dehors
par deux Legions de fes meilleures Troupes
qu'il y laiffa en garnifon. Il en mit une dans
un fort qu'il fit baftir exprés fur la Riviere de
Marne, au lieu où eft aujourd'huy faint Maur ;
& l'autre fur la Seine au Bourg d'Andrezy :
en forte que la Ville fe trouva renfermée entre
ces deux troupes, l'une au deffus, & l'autre
au deffous fur les bords des Fleuves d'où elle
peut tirer fa fubfiftance ; & qu'il eftoit au pouvoir des Romains de l'affamer quand bon leur
fembleroit ; toutes précautions qui marquent
combien ce grand Capitaine apprehendoit la
valeur qu'il avoit déja éprouvée des Habitans
de cette petite Ville. On ne peut guere en ce
genre fe former l'idée d'un plus grand éloge.

Annales de
Paris livre 17.
chap. 3. p. 637.
Corrozet anti-
quitez de Paris
chap. 2. fo 1.9.

Notitia Imp.
Roman. Philip-
pi Labbæi fect.
25. pag. 121.

CHAPITRE III.

*Premier accroiffement de la Ville de Paris hors de fon Ifle, & fa fecon-
de clofture dont le temps eft incertain.*

LA Ville de Paris eftoit encore renfermée entre les bras de la Seine, lors que Strabon,
& Ptolomée ont écrit leurs Geographies ; l'un
l'an 26. & l'autre 182. de noftre Salut. Ils ne luy
donnent point d'autre pofition ny d'autre eftendüe dans leurs Cartes, ny dans leurs Ecrits.

Julien Proconful des Gaules, & depuis Empereur, parlant de cette même Ville, lors qu'il
y arriva pour y faire fon féjour, l'an 358. luy
donne toujours ces mêmes bornes : *Lutetia oppidum Parifiorum, quæ in Infulâ eft non magnâ in Flu-
vio fitâ, qui eam ex omni parte cingit.* C'eft ainfi
qu'il s'en explique.

Ammian Marcellin Secretaire de ce Prince,
& qui écrivoit environ l'an 375. ne change encore rien à cette fituation de la Ville des Parifiens, finon qu'il ajoufte que l'Ifle qui la renfermoit eftoit environnée de la Marne, & de la
Seine jointes enfemble, & qu'il ne la nomme
plus qu'un Chafteau ou une Forterefle : *Matro-
na & Sequana Amnes magnitudinis geminæ, qui
fluentes per Lugdunenfem, poft circumclufum ambitu
Infulari Parifiorum caftellum, Lutetiam nomine confo-
ciatim meantes, protinus propè caftra Conftantia fun-
duntur in mare.* Il nous apprend neanmoins dans
la fuite de fon Hiftoire, que cette Ville, ou
                                                    cette

cette Forterefse toute petite qu'elle eftoit avoit dés ce temps-là un Palais, ou Chafteau, & une Place publique.

Une tradition fort ancienne appuyée de plufieurs graves Auteurs, ajoufte à tous ces témoignages, qu'auffi-toft que les premiers Chreftiens eurent obtenu des Empereurs le libre exercice de leur Religion, les Parifiens firent baftir à la pointe Orientale de l'Ifle qui renfermoit leur Ville, une Eglife Cathedrale, fous l'invocation de la fainte Vierge, de faint Eftienne premier Martyr, & de faint Denys leur Apoftre. Et delà l'on eftime que le Palais ou Chafteau dont parle Ammian Marcellin, eftoit bafty à l'autre pointe, ces deux lieux eftant conftamment les plus commodes, & d'un plus bel afpect. Il y a beaucoup d'apparence que ce fût auffi dans ce premier temps que les premiers Fideles convertirent en Eglifes toutes les maifons particulieres où ils avoient couftume de fe retirer, pour y faire en fecret leurs exercices pendant les perfecutions; & que c'eft delà que font venuës toutes ces petites Paroifses du quartier de la Cité dont on ne trouve point l'origine. Voilà tout ce que l'Antiquité nous apprend de l'eftat interieur de cette Ville.

Quant au dehors, Cefar n'en dit autre chofe finon qu'elle eftoit environnée de marais, de colines, & de bois; que cette fituation incommoda beaucoup fes troupes, & facilita la retraite des Parifiens lors que Labienus fon Lieutenant General en fit le fiege.

L'Empereur Julien ajoufte que ces colines du terroir de Paris eftoient plantées en vignes qui rapportoient d'excellent vin, & qu'il y avoit auffi des Jardins délicieux où les Parifiens avoient trouvé l'art d'élever des Figuiers.

Ammian Marcellin nous apprend que dés ce temps les Parifiens avoient commencé à fortir de leur Ifle, & à baftir des Fauxbourgs fur les bords de la Seine. C'eft à l'occafion du recit qu'il fait, que de nouvelles troupes eftant arrivées à l'Empereur fon Maiftre, il fortit de fon Palais, fut au devant d'elles, felon la couftume, jufqu'au Fauxbourg, & que le lendemain il en fit la revûë, & les harangua dans une place hors de la Ville, qu'il nomme le Champ de Mars.

C'eft encore une opinion commune, & que nous tenons par tradition de nos Anceftres, que le même Empereur Julien fit baftir dans l'un de ces Fauxbourgs du cofté du Midy un Palais avec des bains, & des étuves, d'où il fut nommé, felon l'ufage des Romains, le Palais des Thermes, *Palatium Thermarum*. L'on prétend même que ce Palais eft celuy qui fe voit encore aujourd'huy en la ruë des Mathurins, que l'on nomme l'Hoftel de Cluny. La forme antique de fon baftiment, fon jardin en l'air foutenu par des voutes, & les Aqueducs que l'on a trouvez en terre depuis cette Maifon jufqu'au Village d'Arcueil, pour y conduire de l'eau pour les Bains, font autant de veftiges qui ne laiffent aucun lieu de douter de fon Antiquité.

Corrozet, Antiquitez de Paris chap. 1. p. 8.

Mais comment ces foibles commencemens de quelques maifons baftiës fur l'un, & fur l'autre Bord de la Seine, qui ne meritoient tout au plus que le nom de Fauxbourgs, ont-ils fait un tel progrés, que de former dans la fuite ces deux nouvelles parties de Paris, la Ville & l'Univerfité, l'une & l'autre feparées, de beaucoup plus grande étenduë que n'a jamais efté l'ancienne, C'eft ce qui refte à examiner.

Si l'on en confulte tous les Auteurs qui nous ont donné jufqu'à prefent la Defcription ou la Topographie de l'ancien Paris, nous y trouverons que le premier accroifsement, & la premiere clofture de cette Ville a commencé fous Philippe Augufte, & du cofté du Midy, où eft aujourd'huy l'Univerfité. Cependant nous avons des preuves inconteftables que long-temps avant ce Prince il y a eu un accroifsement confiderable, & une clofture de Paris du cofté du Nord. Clofture, qui n'eftoit même que la feconde; puis qu'il y en avoit déja une premiere dans l'interieur de l'Ifle qui entouroit l'ancienne Cité. Ainfi celle de Philippe Augufte, que tous les Auteurs qualifient la premiere clofture de Paris n'a efté en effet que la troifiéme. Cette feconde clofture, felon qu'elle nous eft marquée dans plufieurs anciens Titres confervez dans nos Archives, commençoit à la Porte de Paris; continuoit le long de la ruë faint Denys, où il y avoit une Porte proche la ruë des Lombards; paffoit enfuite entre cette ruë des Lombards, & la ruë Trouffevache, au Cloiftre faint Mederic, où il y avoit une autre Porte; tournoit par la ruë de la Verrerie, entre les ruës Bardubec & des Billettes; defcendoit ruë des deux Portes; traverfoit la ruë de la Tixeranderie, & le Cloiftre faint Jean proche duquel eftoit une troifiéme Porte, & finiffoit fur le bord de la riviere entre faint Jean & faint Gervais. Nous nous fervons de tous ces noms modernes, pour faire mieux entendre quelle eftoit cette enceinte. En voicy les preuves.

Du B** ** tiquitez de Paris livre 1. & 3.

Par une Charte de Lothaire, & de Loüis V. fon fils, accordée aux Religieux de faint Magloire, dont l'Abbaye eftoit alors où eft à prefent la Paroifse de faint Barthelemy, il eft fait mention de leur Chapelle de faint George où eftoit leur Cimetiere, fituée dans le Fauxbourg, & proche les murs de Paris: *In Suburbio Parifiaco non protul à mœnibus.* C'eft aujourd'huy le Monaftere des Filles Penitentes.

Loüis le Jeune accorda fes Lettres Patentes l'an 1141. aux Habitans de la Greve, & du Monceau faint Gervais, par lefquelles moyennant 70. liv. qu'ils payerent, il leur accorda que la Place de la Greve l'un des anciens marchez de Paris, demeureroit à toujours libre de tous baftimens, & autres empêchemens: donc dés le temps de ce Prince pere de Philippe Augufte, le quartier de faint Gervais eftoit bafti, & la Greve une Place publique, & un ancien marché.

Suger Abbé de faint Denys, Miniftre d'Eftat de Loüis le Gros, & de Loüis le Jeune écrivant l'Hiftoire de fon Miniftere environ l'an 1150. rapporte que lors qu'il commença à eftre chargé des affaires du Roy, les entrées qui fe payoient à la Porte de la Ville ruë faint Martin proche de faint Mederic, ne rapportoient que douze livres par an, & que par fes foins il les fit monter jufqu'à cinquante livres. Il dit enfuite que n'ayant point de maifon à Paris, où les affaires du Royaume l'appelloient fouvent, il en acheta une qui tenoit à l'Eglife de faint Mederic, & à cette Porte de la Ville, qui luy coufta mille fous. Il eft encore fait mention de cette même Porte proche de faint Mederic dans un ancien Titre du Trefor des Chartes de France de l'an 1263. à l'occafion d'une maifon où eftoit pour Enfeigne *Le Fleau*, fcife en cet endroit, & qui eftoit chargée d'une redevance annuelle au Domaine du Roy.

Par un Titre de l'an 1253. il paroift que les Templiers avoient cinquante fols de rente à prendre fur deux Mafures à la Porte Baudets joignant les Murs le Roy, qui fubfiftoient encore

core en ce temps , quoique la clôture de Philippe Auguſte fuſt faite. Et par des Lettres Patentes de Philippe le Hardy du mois d'Aouſt 1280. pour borner la Juſtice de ſaint Eloy , il eſt porté que le territoire de ce Prieuré s'étendoit juſqu'à une maiſon des environs de la Porte Baudets , par où paſſoient autrefois les vieilles murailles de la Ville. *Propè portam Bauderii à domo Joannis des Carneaux , qua eſt de dicto territorio ſancti Eligii , per quam muri veteres Pariſienſes ire ſolebant.*

C'eſt ainſi que ces titres s'en expliquent , & la route de cette ancienne enceinte depuis la ruë ſaint Denys au deſſous des Filles Penitentes juſqu'à la Porte Baudets , y eſt parfaitement bien marquée.

Les veſtiges qui en eſtoient reſtez long-temps après que Philippe Auguſte eut porté beaucoup plus loin ſon enceinte , ſont encore une autre eſpece de preuve , qui n'eſt pas moins conſiderable. Les murs de l'ancienne clôture ſubſiſtoient encore proche la porte Baudets ſous le regne de ſaint Louis , comme il paroiſt par ce titre de l'an 1253. qui les nomme les murs du Roy , ou les murs le Roy , ſelon le langage du temps. Ils ſe trouverent abbatus comme inutiles , où tombez en ruine vingt-ſept ans après : mais comme la memoire en eſtoit toujours recente , l'on s'en ſervit encore dans le titre de 1280. pour marquer la ſituation d'une maiſon ; *Vbi muri veteres Pariſienſes ire ſolebant.* Raoul de Preſſes nous apprend que ſous le regne de Charles V. l'on voyoit encore le jambage d'une ancienne porte de la Ville proche ſaint Merry , & que juſques à François I. cet endroit de la ruë ſaint Martin ſe nommoit l'archet de ſaint Merry ; parce que cette porte ou ſon arcade y avoit ſubſiſté long-temps. Il n'y a pas vingt ans qu'il y avoit encore dans l'une des maiſons de la ruë des deux Portes , qui appartient à Monſieur de Barentin , une tour tres-antique , & il y en a une ſemblable qui ſubſiſte encore aujourd'huy dans une maiſon du Cloiſtre ſaint Jean , que l'on nomme l'Hoſtel de ſainte Meſme , qui eſtoient des tours de cette ancienne clôture , & qui en marquent toujours la verité.

Il eſt donc certain qu'avant le regne de Philippe Auguſte , il y avoit déja eu deux clôtures de Paris ; l'une dans l'interieur de l'Iſle , qui renfermoit l'ancienne Ville ; & l'autre aux environs de ſon premier accroiſſement du coſté du Nord. Chacun a toujours eſtimé que cette premiere clôture eſtoit un ouvrage des Romains , dont ils fortifierent cette Ville après en avoir fait la conqueſte. A l'égard de la ſeconde , comme perſonne n'en a parlé juſqu'à preſent , le temps en eſt plus incertain ; il faut avoir recours aux conjectures.

La premiere qui ſe preſente ſe tire du ſilence même de tous nos Auteurs François : il n'y avoit tout au plus qu'un ſiecle que nos Roys eſtoient en poſſeſſion de Paris , lorſque Gregoire de Tours écrivit ſon Hiſtoire. Ce ſçavant Prélat rapporte avec la derniere préciſion les baſtimens conſiderables qui furent élevez , & les fondations qui furent faites par nos Roys ; les incendies , les inondations , & tous les autres évenemens qui avoient eſté capables de faire changer de face à cette Ville Capitale , depuis la naiſſance de la Monarchie : auroit-il oublié de parler de ſon accroiſſement , & de ſa nouvelle clôture ? Il n'y a aucune apparence. Fredegaire , Aimoin, Sigebert , & pluſieurs autres l'ont ſuivy de prés ſous la premiere & la ſeconde Branche de nos Roys.

Tome I.

Ils l'ont imité dans ſon exactitude pour tout ce qui concerne la Ville de Paris , & ſont tous demeurez ſur le fait de cette clôture dans le même ſilence : cela donne ſans doute beaucoup de penchant à croire que c'eſt encore un ouvrage des Romains.

La ſeconde conjecture qui peut donner quelque poids à cette opinion , ſe tire de ces paſſages de Ceſar, de Strabon, de Ptolomée , & de l'Empereur Julien , où parlant de la petite Ville de Lutece , renfermée dans l'Iſle de la Seine, ils la nomment tous la Ville des Pariſiens , *Oppidum vel Vrbem Pariſiorum* ; & de ce paſſage d'Ammian Marcellin , qui ne luy donne plus que le nom de leur Chaſteau , ou petite Forterſſe , *Caſtellum Pariſiorum.* La raiſon de cette difference ſeroit difficile à donner , qu'en ſuppoſant que dans le temps de ces premiers Auteurs , les Pariſiens n'avoient point d'autres baſtimens que ceux qui eſtoient renfermez entre les bras de la Seine , qui compoſoient conſequemment toute leur Ville ; & que lorſque ce dernier a écrit , ils avoient baſti & fait clore cette autre partie , & pour ainſi dire, cette autre Ville ſur les bords de ce fleuve : d'où vient que l'ancienne qui eſtoit plus petite , n'eſt plus nommée que leur Chaſteau , ou leur Fort. Il ſemble même que dés lors cette Ville eſtant devenuë plus eſtenduë & plus conſiderable , merita par cet accroiſſement de porter le nom de ſon peuple Paris , *à Pariſis* , comme l'on a fait dans la ſuite à l'égard de toutes les autres Capitales : du moins eſt-il certain que depuis ce temps , nous ne trouvons plus le nom de Lutece en aucun Auteur, & qu'Ammian Marcellin même, qui luy avoit donné ce nom au commencement de ſon Hiſtoire , la nomme enſuite Paris en neuf autres endroits. Peut-eſtre même que c'eſt de-là que vient cette difference de noms qui ſubſiſte encore aujourd'huy , pour diſtinguer ces deux parties de Paris , la Cité & la Ville , qui prirent , ſelon toutes les apparences , ces deux differens noms , parce qu'en effet chacune avoit alors ſa clôture particuliere. On peut même marquer aſſez préciſément , & avec quelque ſorte de certitude le temps de cet accroiſſement , & de cette ſeconde clôture de Paris , puiſque cela doit avoir eſté fait depuis l'an 358. que Julien paſſa dans les Gaules en qualité de Proconſul, juſqu'en 375. qu'Ammian Marcellin écrivoit ſon Hiſtoire. Ce qui s'accorde aſſez avec l'opinion commune, que ce Prince pendant ſon ſejour à Paris , y fit faire pluſieurs baſtimens.

La troiſième conjecture ſe tire des noms qui furent donnez aux anciennes portes de cette Ville , & que les places où elles eſtoient autrefois, ont conſervé juſques aujourd'huy. Il y en a une que nous nommons la porte de Paris , *Porta Pariſienſis* ; comme il eſt porté par les anciens titres , & non pas l'aport de Paris , comme quelques-uns ont mal à propos penſé : l'autre que l'on nomme la porte Baudets , ou Baudoyer.

Le premier de ces noms fut donné à la porte de la petite Ville de Lutece , ou de l'ancienne Cité , où eſt aujourd'huy le Grand Chaſtelet , & que l'on nomme encore la Porte de Paris ; parce que le chemin qui aboutiſſoit à cette Porte , conduiſoit à la Province que l'on nommoit, & que l'on nomme encore le Pariſis : d'où vient Ville-Pariſis , Louvre en Pariſis , Cormeil en Pariſis , & autres ſemblables lieux.

Le ſecond fut donné à l'une des portes de la nouvelle enceinte du coſté de l'Orient. L'on nomme encore aujourd'huy une place qui n'en eſtoit pas fort éloignée, porte Baudets , ou Baudoyer :

K elle

elle est nommée dans les anciens titres, *porta Bauda*, ou *porta Bauderii* : tous ces anciens noms Latins ou François, par corruption de son ancien & veritable nom de *porta Bagauda*, ou *porta Bagaudarum*. Pour entendre cette étymologie, il est necessaire d'observer que la Legion que Cesar laissa en garnison dans un fort qu'il sit bastir sur la riviere de Marne, où est aujourd'huy saint Maur, pour contenir les Parisiens, se nommoit *Legio Alaudarum* : ce nom luy fut donné, parce que ceux qui la composoient avoient sur leur casque, ou armement de teste, la figure d'une alouette, nommée en latin *alauda*. De ce mot, *Alaudarum*, se sit dans la suite par corruption, celuy de *Bagaudarum*. Ces troupes ayant pris alliance dans les Gaules, se multiplierent jusqu'au point de faire une espece de Nation particuliere, que l'on nomma *Bagaudæ*. Ainsi ce nom qui avoit commencé par une simple désignation d'une partie de leurs armes, devint un nom de faction. Ils devinrent dans la suite si puissans, qu'ils se rendirent les maistres de cette Province des environs de Paris, où leur fort estoit basti, & luy donnerent leur nom : Deux de leurs Chefs nommez *Amandus*, dont on a découvert depuis peu des monnoyes avec le titre d'Auguste, & *Julianus* eurent même l'audace sur la fin du troisiéme siecle, de se faire proclamer Empereurs par leurs troupes. Ce soulevement obligea l'Empereur Maximien de passer dans les Gaules vers l'an 285. il défit les rebeles, sit raser leur fort, en sorte qu'il n'en resta que les fossez. Cela n'empêcha pas que cette partie de la Province Parisienne ne retint toujours ce même nom, *Regio*, *vel Patria Bagaudarum*, qu'elle a conservé tant que les Romains en ont esté en possession. De-là vient que comme la porte de l'ancienne Cité du côté du Parisis estoit nommée *porta Parisiensis*, celle-cy, qui conduisoit dans le quartier des Bagauds, sut nommée *porta Bagaudarum*, & depuis par differens degrez de corruption, *porta Bagauda*, *porta Bauda*, porte Baudets. Ceux qui ont connoissance de l'origine de la Langue Françoise, entendront bien que tous ces changemens ont esté possibles, & que nous avons une infinité de mots qui viennent de la même source. C'est donc encore un argument, ou du moins une presomption violente, que l'enceinte où estoit cette porte, est un ouvrage des Romains.

Deux autres circonstances qui ne sont pas moins essentielles, ny moins considerables, principalement dans un ouvrage tout dévoüé à la Police, meritent encore d'estre observées.

La premiere, que la Ville de Paris sous la domination des Romains commença d'estre partagée en differentes regions, pour y faciliter les fonctions de Police. On n'en peut douter : C'estoit l'usage & celuy de toutes les Nations bien policées : nous l'avons prouvé. Ce partage, selon toutes les apparences, sut fait en quatre parties. C'est l'opinion de l'Auteur des Annales

de Paris,[a] & celle de Loiseau dans son Traité des Offices : [b] mais de plus, c'est ce qui nous est bien précisément marqué par le terme de Quartier, dont on se sert encore aujourd'huy pour exprimer chacune de ces differentes regions, quoique le nombre en sust monté jusqu'à dix-sept, & qu'il ait esté porté de nos jours jusqu'à vingt. Or de ces dix-sept Quartiers, il y en a un qui contient encore toute l'ancienne Cité; & trois qui estoient exactement bornez avant la nouvelle division par l'enceinte de ce premier accroissement qui fut fait hors de l'Isle sur les bords de la Seine, du costé du Nord, & qui estoient alors les Quartiers de saint Jacques, de la Verrerie, & de la Greve; preuve bien certaine que ce partage est aussi ancien que cet accroissement, & que c'estoit en ce temps tout l'ancien Paris.

La seconde remarque n'est pas moins importante. Il estoit encore de l'usage des Romains, d'establir en certains lieux de leurs Villes, des Corps-de-garde d'Huissiers ou Sergens, qu'ils nommoient *Stationarii*, parce qu'ils estoient obligez de demeurer continuellement un certain nombre dans ces postes; pour estre toujours prests d'appaiser les querelles, ou émotions populaires, d'arrester les coupables, & de se rendre aux mandemens des Magistrats, ou des Officiers de Police des Quartiers. Cet establissement estoit trop bon & trop utile pour estre negligé par nos Ancestres : ils en conserverent l'usage. Ce sont aujourd'huy nos barrieres des Sergens, dont le nombre a esté augmenté en differens temps, à proportion de l'accroissement de Paris jusqu'à 14. Mais de ce nombre il n'y en a pas une dont l'establissement ne nous soit connu, ou par des Lettres Patentes, ou par des Arrests du Parlement : il faut neanmoins en excepter trois, establies aux deux portes de la Cité, aujourd'huy le Grand & le Petit Chastelet, & à la Porte Baudets, dont nous n'avons dans nos Archives, ou ailleurs aucuns memoires, ny aucuns titres. De-là l'on conclut que ces trois Corps-de-garde avoient esté establis au temps des Romains, aux trois principales portes de la Ville, & que la garde leur en estoit commise. Nous les avons nommé Barrieres du mot *Barra*, de la basse Latinité, parce que ces premieres furent establies proche des portes de la Ville, & qu'en ce même lieu il y avoit des barrieres pour arrester ceux qui entreprendroient de troubler la tranquillité publique. *Barra dicuntur præsertim repagula ac septa, quæ ad munimenta Oppidorum & Castrorum, vel ad eorum introitus ac portas ponuntur, ne inconsultis custodibus in eas aditus quibusvis pateat.* Et une Charte de Philippe Auguste de l'an 1195. pour la Ville de saint Quentin, nous apprend que c'estoit l'usage d'y establir un certain nombre de Sergens pour y veiller. *Servientes Ville, & ii qui Barras & Portas Villæ servant, nulli habeant respondere Justitiæ de Catallo, nisi coram Majore & Juratis.* C'est ainsi qu'il s'en explique.

Paulus Orosius lib.7.cap.15. Eutropius lib. 9. Salvian. lib. 5. Prosper. Aquit. in chronic. In vit S.Babolini Abbat Fossatensis Monaster.

Victor Cæsar. Eutrop. lib. 9. in Dioclet.

[a] *Parallelles de Paris avec les plus celebres Villes du monde.* [b] *Liv. 5. ch. 7 des Offices des Villes.*

Du Cang. in verb. Barra. Guillelm. Brito l.3. Philipp.

Apud Du Cang. in verb. Barra.

CHAPITRE

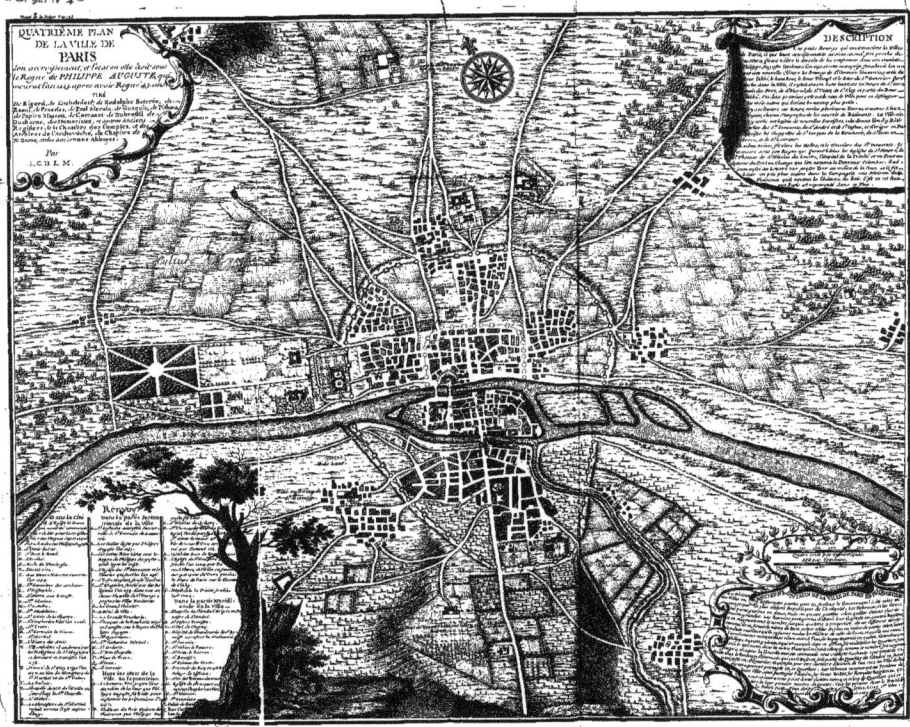

TROISIEME PLAN DE LA VILLE DE PARIS

CHAPITRE IV.

Accroiſſemens de la Ville de Paris ſous nos premiers Roys ; & ſa troiſiéme cloſture ſous le regne de Philippe Auguſte.

Aprés que la Ville de Paris eut reçû cet accroiſſement d'une nouvelle enceinte du coſté du Nord , d'un Fauxbourg , de quelques Egliſes , & d'un Palais du coſté du Midy ; il y avoit encore beaucoup à dire qu'elle euſt la même eſtenduë qu'elle a aujourd'huy. Elle eſtoit toujours environnée de ſes marais, & de ſes bois, d'un coſté ; de ſes vignes, & de ſes prez de l'autre, qui occupoient la plus grande partie de ſon territoire.

Nos Roys n'en eurent pas ſi-toſt fait la conqueſte, que l'ayant choiſie pour leur ſejour & la Capitale de leurs Eſtats , ils penſerent à la rendre la plus grande & la plus belle. Clovis l'an 500. à la ſollicitation de la Reine Clotilde ſon Epouſe , & de ſainte Genevieve, fonda ſur le haut de l'une des colines du mont Lucotitius , une Egliſe Collegiale ſous l'invocation de ſaint Pierre & de ſaint Paul , (qui eſt aujourd'huy ſainte Genevieve du Mont) & fit baſtir proche de cette Egliſe , un Palais pour s'y loger. Childebert l'an 559. fit baſtir dans le territoire d'Iſſi, une Abbaye ſous le nom de ſainte Croix & de ſaint Vincent , & de l'autre coſté une Collegiale ſous l'invocation du même ſaint Vincent ; & ce ſont aujourd'huy ſaint Germain des Prez, & ſaint Germain l'Auxerrois. Il eſt fait mention ſous le regne de ce même Prince du Monaſtere de ſaint Laurent l'an 560. nommé depuis ſaint Lazare. Sous le regne de Dagobert I. ſaint Eloy ſon Treſorier , & qui fut depuis Evêque de Noyon , fit baſtir l'Egliſe de ſaint Paul hors les murs de Paris environ l'an 640. pour ſervir de Cimetiere aux Religieuſes qu'il avoit fondé dans la Cité. Roland Comte de Blaye , neveu de Charlemagne, fit baſtir l'Egliſe Collegiale de ſaint Marcel, ſur la fin du huitiéme , ou au commencement du neuviéme ſiecle. Il y avoit eu une ancienne Abbaye proche Paris , qui eſtoit en ruine , que Henry I. fit reſtablir , ſous le titre de ſaint Martin l'an 1056. L'Ordre des Templiers commença l'an 1118. & peu d'années aprés il s'en eſtablit à Paris avec la permiſſion de nos Roys, où ils firent baſtir le Temple hors de la Ville.

Tous ces lieux & pluſieurs autres que nous omettrons , comme moins conſiderables, furent dotez des terres , des prez , & des vignes qui les environnoient. Chacun alors s'efforçant de faire valoir ſes heritages , en donna une partie à cens ou à rente , à la charge d'y baſtir. Les Seigneurs & les Courtiſans s'approcherent des Palais ou Maiſons de Plaiſance que nos Roys avoient hors de la Ville. Les Marchands, les Artiſans & les Laboureurs , s'eſtablirent auprés de chacun des principaux lieux , ſelon qu'ils y trouverent leurs avantages. Ainſi par ſucceſſion de temps ſe formerent aux environs de la Ville de Paris , pluſieurs gros de maiſons ou édifices , qui prirent le nom de Bourgs. Il y eut du coſté du Midy , les Bourgs de ſaint Germain des Prez , & de ſainte Genevieve , & de ſaint Marcel ; & du coſté du Nord,les deux Bourgs de S.Germain l'Auxerrois, le Bourg l'Abbé , (qui eſtoit de ſaint Martin,)

le Beau-Bourg , ſur les Terres du Temple , le Bourg Thibouſt , qui prenoit ſon nom d'une ancienne famille , dont eſtoit Guillaume Thibouſt Prevoſt de Paris l'an 1299. & le Bourg ſaint Eloy , où eſt l'Egliſe de ſaint Paul.

Entre ces Bourgs & la Ville de Paris , ſubſiſtoient encore d'un coſté , de grandes Campagnes , des Marais , qui furent deſſeichez , enſemencez , ou convertis en jardins , & de l'autre coſté des prez , & des vignes , que pluſieurs des proprietaires avoient fait enclore de hayes , & de foſſez , pour ſe ſeparer les uns des autres.

De-là viennent tous ces noms de Culture , ou par corruption Couture , de Courtilles , vieux mot qui ſignifie jardins & enclos , que nous liſons dans les anciens titres concernant les heritages du terroir de Paris , & que quelques-uns des lieux qui ont eſté depuis couverts de maiſons , retiennent encore aujourd'huy.

Il y avoit , (par exemple) du coſté du Nord, la Culture ſaint Eloy , aux environs de l'Egliſe de ſaint Paul; la maiſon du Fermier qui la faiſoit valoir , eſt encore proche de cette Egliſe , & a retenu juſques aujourd'uy , le nom de Grange de ſaint Eloy. La Culture de ſainte Catherine , qui a donné ſon nom au quartier qui a eſté baſti dans ſon eſtenduë. La Culture de ſaint Gervais , joignant celle de ſainte Catherine , & qui appartenoit à l'Hôpital de ſainte Anaſtaſe. La Culture du Temple , la Culture ſaint Martin , la Culture de ſaint Lazare , qui avoit ſa ferme & ſes greniers dans la ruë qui en a retenu le nom : la Culture ſaint Magloire , & la Culture l'Evêque , où a eſté baſtie la plus grande partie du Quartier ſaint Honoré , & qui s'eſtendoit juſques au lieu qui en a conſervé juſques à preſent le nom de la Culture l'Evêque. Il y avoit de ce même coſté les Courtilles de ſaint Martin , du Temple, & d'autres , qui prenoient leurs noms des familles auſquelles elles appartenoient. Ces Courtilles eſtoient des jardins champeſtres , comme ſont nos marais aujourd'huy : le Village qui a eſté baſti ſur une partie de celle du Temple , en a conſervé le nom : on ſe ſert encore en Picardie de ce mot de Courtilles , dans ce même ſens ; & c'eſt de-là qu'eſt venu ce Proverbe populaire de *vin de la Courtille* , pour dire , de mauvais vin , parce que les treilles des jardins n'en produiſent jamais de bon.

Entre ces jardins & ces Courtilles il y avoit une certaine eſtenduë de terre du Domaine du Roy , qui ſe trouve nommée dans les anciens titres latins *Campela* , en François Champeaux , ou les Petits-Champs. C'eſt une partie de cette eſtenduë que nos premiers Roys donnerent pour y faire le Cimetiere de Paris ; n'eſtant pas permis en ce temps d'enterrer dans les Villes. Sur une autre partie ſe tenoit le marché aux beſtiaux; ce cimetiere & ce marché furent placez en cet endroit ; parce qu'il eſtoit ſitué entre la Cité , la Ville, les Bourgs de S.Germain l'Auxerrois, la Culture l'Evêque , & le Bourg l'Abbé, au milieu & aſſez proche de tous ces lieux. Philippe Auguſte fit baſtir dans ce marché deux grandes

Halles, qu'il fit clore, & y transfera une Foire qu'il acheta des Religieux de faint Lazare l'an 1183. & il fit aussi clore de murs le Cimetiere de la Ville, aujourd'huy des faints Innocens.

Du costé du Midy, il y avoit la terre de Laas, qui estoit un grand vignoble le long de la Seine, depuis le lieu où est aujourd'huy le College Mazarin jusqu'à la ruë de la Huchette, & qui contenoit tout l'espace où sont les ruës faint André, Serpente, Poupée, & quelques autres qui sont renfermées entre celles-cy, & la riviere : Ce vignoble appartenoit aux Abbayes de fainte Geneviéve & de faint Germain.

Le clos de Garlande, qui s'estendoit depuis la ruë S. Jacques jusqu'à la Place Maubert, & en large depuis S. Julien le Pauvre, jusqu'à un chemin qui estoit bordé de noyers, qui le separoit du clos Bruneau, ce qui a donné les noms aux ruës de Garlande & des Noyers. Ce clos appartenoit à Estienne de Garlande, Archidiacre de l'Eglise de Paris, & à Guillaume de Garlande, *Dapifer*, c'est-à-dire, Grand-Maistre de la Maison de Loüis-le-Gros l'an 1124. qui luy donnerent leur nom. Il se nommoit auparavant le clos Mauvoisin ; épithete, qui luy avoit peut-estre esté donnée à cause de la riviere, qui pouvoit y causer quelque dommage par son voisinage.

Le Clos Bruneau, dont le Chapitre faint Marcel estoit Seigneur, avoit pour limites les ruës des Noyers, des Carmes, S. Hilaire, & S. Jean de Beauvais.

Le clos de S. Symphorien & celuy de fainte Geneviéve tenoient ensemble, & au clos Bruneau, fur le sommet du mont Lucotitius.

Les deux clos du Chardonnet, l'un dans le Fauxbourg faint Marceau, & l'autre au Fauxbourg faint Victor. Ce nom du Chardonnet leur fut donné à cause d'une terre couverte de chardons, qui s'estendoit depuis ce dernier jusqu'à la Seine.

Le clos du Roy fur le haut du mont Lucotitius, où est aujourd'huy S. Jacques du Haut-Pas, & les lieux des environs.

Le clos des Francs-Mureaux, où font à present les Fauxbourgs faint Jacques, & faint Michel, qui estoit aussi du Domaine du Roy, & de la dépendance du Palais Royal de la Cité.

Tous ces clos, & quelques autres moins considerables, qui appartenoient à des particuliers, estoient plantez en vignes. Ce font de ces vignes dont l'Empereur Julien fait mention, & l'éloge du vin qu'elles rapportoient.

Il y avoit aussi des prez aux environs de l'Abbaye de faint Germain, & le long des bords de la Seine : ce qui a donné à ce quartier le nom de faint Germain des Prez.

Ainsi, suivant ce plan, voicy l'idée que nous pouvons nous former de la Ville de Paris & de ses dehors, au commencement du regne de Philippe Auguste. Une petite Ville composée de deux parties, chacune ayant son enceinte particuliere ; l'une renfermée dans l'isle de la Seine, si petite qu'elle ne meritoit alors que le nom de Forteresse, ou Chasteau, *Castellum Parifiorum* ; nom qui depuis a esté changé en celuy de Cité, que l'on commença de donner sous le regne de Constantin, aux Villes Metropolitaines, & aux places fortes. Et l'autre bastie fur le bord de ce fleuve du costé du Nord, que l'on nomma la Ville ; parce qu'elle occupoit une plus grande estenduë que la Cité. Six autres Isles de ce même fleuve, trois au Levant, qui estoient lors en prez ; & trois au Couchant, en jardins, en

vignes, & en prez. Ce font aujourd'huy les Isles Louvier, de Nostre-Dame, qui estoit lors en deux, du Palais, qui estoit aussi lors en deux, & des Cignes ; & hors de la Seine, dans la circonference de deux à trois lieuës, un petit Faux-bourg, un Palais pour les bains & les estuves du Prince, quelques Eglises, & huit Bourgs, ou gros Villages, éloignez de quelque distance les uns des autres, & entre ces Bourgs, des espaces remplis de jardins, de terres labourables, de vignes, & de prez.

Les choses estoient en cet estat, lorsque Philippe Auguste forma le dessein immense de réunir dans une même enceinte, une partie considerable de ces lieux éloignez, & de faire couvrir de bastimens ces espaces vuides, pour en former l'une des plus grandes & des plus belles Villes du monde. Rigord. de geft Philip. Aug.

L'occasion du voyage d'Outremer, qu'il entreprit l'an 1190. avec une puissante armée, luy parut favorable pour persuader aux Parissens, sous prétexte de leur propre sureté, d'entreprendre cette closture, qui les devoit mettre à couvert de leurs ennemis pendant son absence. Pour leur en faciliter l'execution, le Roy se chargea d'indemniser les proprietaires des terres & de tous les autres lieux où passeroient les fondations des murs & les fossez : le reste de la dépense fut faite par les Bourgeois ; mais il y a beaucoup d'apparence que ce fut en ce temps, & pour soustenir cette dépense, que le Roy aliena à la Ville les peages & quelques autres droits Domaniaux, dont elle a joüi jusqu'en l'an 1638. les droits utiles & la garde de l'étalon des mesures aux grains & au vin, & quelques autres droits fur la riviere & fur les ports, dont elle joüit encore. Les premiers titres de ces attributions ne se trouvent point ; premiere preuve de leur antiquité : & dans un Arrest du mois de Mars 1274. sous le regne de Philippe-le-Hardy, il est fait mention de celles qui avoient esté accordées à la Ville par le Roy Philippe Auguste son bisayeul, fur les Taverniers, & les Jurez-Crieurs, présomption violente qu'il en est de même de toutes les autres.

Toutes les choses estant ainsi disposées, l'ouvrage fut commencé dés la même année, & continué sans interruption, tant en l'absence du Roy pendant son voyage, qui ne fut que d'un an, que depuis son retour jusqu'en 1211. qu'après vingt années de travail le tout se trouva achevé.

Pour bien comprendre quelle fut alors l'estenduë de cette enceinte, nous nous servirons encore des noms modernes, & qui sont aujourd'huy en usage, pour en marquer la route.

Elle commençoit donc fur le bord de la riviere du costé du Nord vis-à-vis le Louvre environ le milieu de la terrasse ; & en cet endroit il y avoit une Porte que l'on nomma Porte du Louvre, traversoit l'avantcourt ; passoit entre la ruë du Louvre, & celle du Coq ; traversoit la ruë Saint Honoré, où il y avoit une Porte à l'endroit où font aujourd'huy les Peres de l'Oratoire (on n'en sçait point le nom) continuoit entre les ruës d'Orleans, & de Grenelles ; traversoit l'Hostel de Soissons, & la ruë Coquilliere, où il y avoit une Porte à l'endroit où est la Chapelle de cet Hostel. Cette Porte fut d'abord nommée Bahagne, selon le jargon de ce temps, & prit le nom de Coquilliere sous Philippe le Bel, de Pierre Coquilliere notable Bourgeois, qui fit bâtir la plus grande partie de la ruë qui aboutissoit à cette Porte, & qui a retenu le nom. Delà cette enceinte continuoit entre la ruë Plâtriere, & celle qu'on nomme à present du Jour, au lieu du Sejour ;

qui

qui eftoit fon ancien nom : parce que nos Roys y avoient une Maifon de plaifance, nommée le Sejour dú Roy ; elle traverfoit la ruë Montmartre, où il y avoit une Porte qui fe trouve nommée dans les anciens titres, tantoft de Montmartre, & tantoft de faint Euftache : continuoit fa route entre la ruë Quiquetonne, & la pointe faint Euftache ; elle traverfoit la ruë Montorgueil, où l'on fit dans la fuite une fauffe Porte, pour la commodité des Comtes d'Artois, & que l'on nomma pour cette raifon Porte-Comteffe d'Artois, dont la ruë voifine a retenu le nom jufqu'aujourd'huy. Delà ces murs paffoient entre les ruës pavées, & du petit Lyon, & la ruë Mauconfeil ; traverfoient la ruë faint Denys un peu au deffus de faint Jacques de l'Hôpital, où eft aujourd'huy l'Hôtellerie de la fellete. Il y eut en cet endroit que l'on nomma la Porte aux Peintres ; parce que les Peintres s'affembloient ordinairement dans une maifon voifine, pour travailler, & fe perfectionner dans leur Art par l'émulation. Ces murs paffoient enfuite entre les ruës du Heuleu, & aux Oüies; traverfoient la ruë Bourg-labé, où il y avoit encore une fauffe Porte nommée la Poterne Bourg-labé. Ils traverfoient la ruë faint Martin, où il y eut une Porte nommée de faint Martin, vis-à-vis la ruë Grenier faint Lazare. Ils continuoient enfuite par cette ruë Grenier faint Lazare ; traverfoient la ruë Beaubourg, où il y eut auffi une fauffe Porte nommée Beaubourg, & quelquefois fauffe Porte Ideron, à caufe de Nicolas Yderon qui demeuroit proche cet endroit. Delà ces murs paffoient ruë Michel le Comte ; traverfoient la ruë fainte Avoye, proche l'Hoftel de Mefnes, où il y avoit une Porte nommée de fainte Avoye, ruë du Chaume à cofté de la Chapelle de Braque, aujourd'huy les Peres de la Mercy, où il y eut une fauffe Porte nommée du Chaume, que Philippe le Bel accorda dans la fuite aux Templiers, pour leur commodité, par Lettres Patentes données à Melun au mois de Janvier 1297. De cet endroit ces murs paffoient en tournant & traverfant la ruë de Paradis, au milieu du Convent des Blancs-Manteaux, vieille ruë du Temple; où il y eut une Porte, qui fut nommée fous Philippe le Bel Porte Barbette, d'Etienne Barbette Prevoft des Marchands qui demeuroit proche de ce lieu. Ils paffoient enfuite toujours en tournant les ruës des Francs-Bourgeois, & des Rofiers, proche l'Hoftel de Lorraine, l'Hoftel de faint Paul, l'Eglife de fainte Catherine. Ils traverfoient la ruë faint Antoine, où il y eut une Porte vis-à-vis les Jefuites, qui prit le nom de l'ancienne Porte Baudets. Les murs fe continuoient au travers des ruës des Jefuites, de la ruë de Joüy, du Monaftere de l'Ave-Maria, & de la ruë de la Mortellerie, où il y avoit une Porte qui fut nommée dans la fuite la Porte des Barrez, à caufe des Religieux Carmes, que l'on nomma d'abord Barrez, de leurs Habits qui eftoient lors barrez de noir & de blanc, & depuis Porte des Beguines, des Religieufes de ce nom, qui s'établirent où eft aujourd'huy l'*Ave Maria*. Cette clofture enfin fe terminoit fur le bord de la riviere : & en cet endroit il y eut une Porte que l'on nomma Porte Barbelle, d'une maifon qui en eftoit proche, qui appartenoit aux Religieux de Barbeaux. Il y a encore une ancienne Tour de cette clofture dans le Monaftere de l'*Ave Maria*, qui fert de chaufoir aux Religieufes.

Cette même clofture du cofté du Midy ou de l'Univerfité ; commençoit auffi fur le bord de la Seine, où eft aujourd'huy la Tournelle, vis-à-vis le lieu où finiffoit celle de l'autre cofté, & fe continuoit en tournant par derriere le College du Cardinal le Moine, le College des Bons-Enfans; & traverfoit la ruë faint Victor, montoit par derriere fainte Geneviéve ; & faifant le tour qui en a retenu encore jufqu'à aujourd'huy dans toute fon eftenduë, le nom de ruë des Foffez, venoit finir fur le bord de la riviere, où eft à prefent le College Mazarin ou des quatre Nations. Il y eut dans cette enceinte de ce cofté; les Portes de la Tournelle, de faint Victor, de faint Marcel, de faint Jacques ; Gibard nommée Porte d'Enfer, à caufe de l'opinion populaire, que les Efprits infernaux revenoient dans le Château de Vauvert, à prefent les Chartreux, qui prit le nom de Porte faint Michel fous Charles VI. les Portes de faint Germain, ou de Buffy, & de Nefle.

Pour ne rien negliger des fortifications de la Ville, outre le grand nombre de Tours qui furent bâties d'efpace en efpace dans toute l'enceinte, il y en eut quatre principales, plus groffes, & plus fortes fur les bords de la riviere, où fe terminoient les murs de chaque côté. Celles du cofté du Nord furent nommées Tour de Billy, & Tour du Bois ; & celles qui eftoient à l'oppofite du côté du Midy, Tournelle, & Tour de Nefle.

De l'une de ces Tours à l'autre, il y avoit une groffe chaîne de fer attachée à de gros pieux, qui traverfoit la riviere, & qui eftoit portée fur des bateaux d'efpace en efpace. Ainfi l'enceinte de Paris fembloit eftre continuée des murs de la Ville à ceux de l'Univerfité, fans interruption. Et comme le plan en avoit efté trouvé parfaitement rond, dont la Cité eftoit le centre ; l'afpect de cette grande Ville, après que ce deffein fut executé, devint fort agreable.

A l'exemple de cette Capitale, & par les ordres du Roy, la plus grande partie des autres principales Villes du Royaume furent fortifiées par leurs Habitans. Rigord, Medecin, & Hiftoriographe de ce Prince, s'en explique en ces termes. *Præcepit etiam Civibus Parifienfibus quòd Civitas Parifii, quam Rex multùm diligebat, muro optimo in tornellis decenter aptatis, & portis diligentiffimè clauderetur ; quod brevi temporis elapfo fpatio completum vidimus. Et hoc idem in aliis Civitatibus, & Caftellis fieri mandavit per totum Regnum. Et ailleurs dans la même hiftoire. Philippus Rex Magnanimus Civitatem Parifienfem totam in circuitu circumfepfit à parte Auftrali ufque ad Sequanam fluvium, ex utráque parte maximam terræ amplitudinem infrà murorum ambitum concludens, & poffeffiones agrorum, & vinearum, certum in terras illas & vineas, ad ædificandum in eis novas domos habitatoribus locarent, vel ipfimet novas ibidem domos conftituerent ; ita tota Civitas ufque ad muros plena domibus videretur. Sed & alias Civitates, oppida, & Municipia Regni muris & turribus inexpugnabilibus munivit. Mira & laudanda Principis ! licet de Jure fcripto poffet propter publicum Regni commodum in alieno fundo muros erigere, & foffata, ipfe tamen Juri præferens æquitatem, damna fua quæ per hoc homines incurrebant, de fifco proprio compenfabat.*

De gest. Philip. August.

Avant cette entreprife, & dés l'an 1184. Philippe Augufte avoit fait paver les ruës & les places publiques de l'ancien Paris, comme nous verrons dans le Titre du pavé, & du nettoyement de cette Ville. Ce Prince vécut encore douze ans après tous ces grands ouvrages finis. Il

Rigord. ibid.

eut la satisfaction pendant ce temps de voir couvrir d'édifices plusieurs de ces terres qu'il avoit fait renfermer : Chacun s'empressa pour luy plaire d'y faire bâtir. Il se plaisoit du côté de la Ville. Cela l'engagea d'y faire construire le Château du Louvre, qui fut achevé l'an 1214. & dans un bois qui estoit fort proche une petite Maison de plaisance, qu'il nomma le Château du Bois. Mais lors que le decés de ce Prince arriva, il restoit encore entre les murs de Paris, & dans tous les quartiers de la Ville plusieurs marais, terres labourables, prez, vignes, & autres lieux vagues, & vuides, qui n'ont esté bâtis & couverts de maisons que sous les Regnes suivans.

CHAPITRE V.

Accroissement de Paris depuis Philippe Auguste. Et sa quatriéme clôture, commencée sous le Regne de Charles V. & finie sous Charles VI.

CEs accroissemens de la Ville de Paris peuvent estre considerez, ou par rapport aux édifices qui furent construits dans son enceinte, pour achever de couvrir, & d'occuper tous ces lieux vuides que Philippe Auguste y avoit renfermez ; ou par rapport aux nouveaux Fauxbourgs qui furent bâtis hors de ses murs, & qui disposerent à une quatriéme clôture pour les y renfermer.

Que si nous considerons les dedans de Paris après la clôture de Philippe Auguste, nous y trouvons une partie de la Terre de Garlande, & les environs de saint Jean de Latran encore en vignes l'an 1238.

L'on ne commença de bâtir dans les champs du Chardonnet que l'an 1243. La Terre de Laas ne fut entierement couverte d'édifices que l'an 1263. La culture de saint Paul l'an 1269. Les environs de S. Honoré l'an 1281. & la culture saint Martin l'an 1282. Le clos de saint Etienne des Grés estoit encore en vignes l'an 1295. & l'on n'acheva de bâtir dans le clos de saint Symphorien, & dans celuy de sainte Genevieve que l'an 1355. Tout cela se justifie par les anciens titres qui sont en la Chambre des Comptes, ou dans les Archives des Abbayes ou des Chapitres, dont la plus grande partie de ces lieux relevent.

Ainsi lors du decés de Philippe Auguste, les dedans de Paris estoient encore fort deserts, mais principalement cette partie du costé du Midy, qui n'avoit esté close que sous son Regne.

Le choix que les Gens de Lettres en ont fait pour s'y loger, à cause du bon air, a beaucoup contribué à le peupler. C'est cela aussi qui l'a fait nommer dans la suite, l'Université, pour la distinguer de la Cité & de la Ville. Il n'y a point d'époque certaine & bien marquée du temps que ce nom luy a esté donné ; & il y a beaucoup d'apparence que c'est l'usage seul qui l'a introduit insensiblement. Ce qu'il y a de certain, c'est qu'en ce temps le corps même de l'Université, qui a donné lieu à l'imposition de ce nom, estoit fort nouveau. On en peut voir les preuves dans la suite de ce Traité sous le titre des Sciences, & des Arts Liberaux.

Robert Sorbon sous le Regne de saint Loüis, y fit bâtir son College l'an 1250. Cet exemple fut en même temps suivy par les Bernardins, les Prémontrez, & les Benedictins qui en firent bâtir aussi pour les Estudians de leurs Ordres ; & un Tresorier de Nostre-Dame de Roüen un autre pour douze pauvres Ecoliers de sa patrie. Le College de Calvy, & celuy d'Harcourt furent bâtis sous le Regne de Philippe le Hardy. Le College des Cholets, & ceux de Navarre, de Bayeux, de Laon, de Montaigu, de Nar-

bonne, & de Marmoutier, sous Philippe le Bel. Ces pieux establissemens acheverent d'attirer dans le quartier universellement toutes les études qui avoient esté dispersées dans la Ville. Et ce fut alors qu'il commença d'estre nommé le quartier de l'Université, pour le distinguer des deux autres. Ce fut aussi en ce temps, & à cette occasion que chacun s'empressa d'y bâtir, & de couvrir d'édifices tous ces grands vuides de la Montagne de sainte Genevieve, du clos de Garlande, du clos Bruneau, des terres de Laas, du Chardonnet, & de toutes ces autres campagnes, qui avoient esté renfermées dans la nouvelle enceinte de Philippe Auguste ; & le nombre des Eglises, & des Paroisses fut augmenté à proportion.

Il en fut à peu prés de même du côté de la Ville. Le Château du Louvre que Philippe Auguste y fit bâtir ; le grand Marché des Halles qu'il y establit ; les nouveaux bâtimens que Philippe le Bel fit faire au Temple ; celuy du Palais des Tournelles proche de saint Paul par Charles V. furent autant d'occasions pour y attirer d'un côté nombre de Seigneurs, & de Courtisans ; & de l'autre la plus grande partie des Negocians. Cela fit couvrir d'édifices tous ces vuides qui estoient restez dans les Bourgs de saint Germain l'Auxerrois, la Culture l'Evêque aux environs de saint Honoré, la Terre de Champeaux, & les Cultures de saint Magloire, de saint Paul, de saint Martin, de saint Lazare, & une partie de celles du Temple, de sainte Catherine, & de sainte Anastase.

Pendant que les dedans de Paris se peuploient ainsi, de nouveaux Fauxbourgs se formerent aux environs. L'Abbé de saint Germain donna de ses vignes, de ses terres, & sa garenne entiere pour y bâtir aux environs de son Abbaye. Evrard de Loursine, & quelques autres, firent bâtir aux environs de saint Marcel, & dans le terroir de Moufetard, qui estoit en vignes. Cela forma encore deux gros de maisons, & d'édifices ; & comme ils ne tenoient pas aux murs de la Ville, ils prirent les noms de Bourgs, & quelquefois même de Villes de saint Germain, & de saint Marcel lez Paris.

Les Guerres contre les Anglois, de l'an 1356. la perte de la Bataille de Poitiers, la prison du Roy Jean, & le bruit qui se répandit que les ennemis qui estoient au cœur de la France, se disposoient de venir assieger Paris, firent penser à la sûreté de cette Capitale. Il n'estoit pas temps d'entreprendre des fortifications bien regulieres. L'on se reduisit à l'entourer de fossez, & de contre-fossez. Les fossez du côté de l'Université furent creusez au pied des murs de l'ancien-

SIXIEME PLAN DE LA VILLE DE PARIS, Et ses accroissemens, depuis le commencement du Regne de Charles VII. l'an 1422, jusqu'a la fin du Regne d'Henry III. l'an 1589.

TIRÉ Des Lettres Patentes qui ont ordonné les Ouvrages, des Contracts passez avec les Entrepreneurs, des Registres de la Chambre des Comptes, de l'Histoire, et des Memoires du Temps.

Par L. C. O. L. M. 1705.

DESCRIPTION

RENVOYS

Cité — Ville — Vniversité

SUITTE DE LA DESCRIPTION

ne enceinte. Les Fauxbourgs de ce côté eftoient fi petits, que l'on négligea de les mettre à couvert : mais dans la fuite, pour empêcher les ennemis de s'y fortifier, on les ruina. Il fut permis à chacun d'en emporter ce qu'il pourroit des démolitions, & le feu fut mis au refte.

Il n'en fut pas de même du côté de la Ville. Les Fauxbourgs s'eftant trouvez plus gros, & plus proche des murs, l'on en renferma une partie dans l'enceinte des fortifications. Auffi-toft que la paix fut faite, Charles V. Regent du Royaume pendant l'abfence du Roy Jean fon pere l'an 1367. entreprit d'accompagner de murs & de rempars ces foffez du côté de la Ville, fans rien changer à celuy de l'Univerfité. La conduite en fut donnée à Hugues Aubriot Prevoft de Paris, qui fit auffi bâtir le Chafteau de la Baftille l'an 1371. Et cette entreprife ne fut achevée que fous le Regne de Charles VI. l'an 1383.

Cette nouvelle & quatriéme enceinte de Paris commençoit au bord de la riviere, où eft aujourd'huy l'Arcenal, & continuoit où font à prefent les Portes faint Antoine, faint Martin, & faint Denys. De la Porte faint Denys elle paffoit par la ruë de Bourbon, les petits Carreaux, ruë Montorgueil, où eft à prefent une boucherie, ruë neuve faint Euftache, ruë des Foffez, au travers de la Place des Victoires, de l'Hoftel de la Vrilliere, & du Palais Royal, ruë faint Honoré, où eft la boucherie des Quinze-vingts, ruë faint Nicaife ; & finiffoit au bout de cette ruë fur le bord de la Seine.

Par cet accroiffement de Paris, le quartier de faint Paul, la culture fainte Catherine, le Temple, faint Martin, les Filles Dieu, faint Sauveur, faint Honoré, les Quinze-vingts, & le Louvre, qui avoient efté jufqu'alors dans les Fauxbourgs fe trouverent renfermez dans la Ville. Delà viennent tous ces termes que nous lifons dans tous les titres qui ont precedé ce temps ; Saint Paul des champs, faint Martin des champs, le Louvre lez Paris : & ainfi des autres.

Quoique cette enceinte fuft beaucoup plus grande que celle de Philippe Augufte, elle eut toutefois moins de Portes. Des quinze de cette premiere clôture du quartier de la Ville, il n'y en eut que fix de confervées. Quelques-unes de ces Portes en changeant de place pour les avancer à la nouvelle clôture, changerent auffi de noms. Les Portes Baudets, de fainte Avoye, & des Peintres, furent nommées Porte faint Antoine, du Temple, & de faint Denys. Celle qui avoit eu les deux noms de faint Euftache, & de Montmartre, ne retint que le dernier. La Porte qui eftoit ruë faint Honoré, en prit le nom ; & celle de faint Martin conferva le fien. A l'égard des Portes du Louvre, Coquilliere, d'Artois, Bourg-labé, Beaubourg, du Chaume, Barbette, des Beguines, & Barbeffe, elles furent abbatuës ; & les places où elles eftoient jointes au Domaine de la Ville.

CHAPITRE VI.

Accroiffemens de la Ville de Paris depuis Charles VI jufqu'à la fin du Regne de Henry III. & premier deffein de luy donner des bornes.

L'An 1520. Albiac l'un des Elûs de Paris vendit fon clos de vignes nommé du Chardonnet, joignant les murs de l'Univerfité. Les acquereurs y continuerent la ruë Moufetard, & y firent bâtir pendant vingt ans les ruës Françoife, Triplet, & quelques autres, qui joignirent à Paris la petite Ville de faint Marcel, & la mirent au nombre de fes Fauxbourgs, fous le Regne de François I.

En 1536. ce Prince fit ouvrir une Porte fur le bord de la riviere au bout de la ruë faint Nicaife, où finiffoient les murs de la Ville, qui fut nommée Porte neuve.

Le Prieur, & les Religieux de fainte Catherine vendirent en 1544. ce qui reftoit de leur culture en terre & jardins, à plufieurs particuliers, à la charge d'y bâtir, & d'y dreffer des ruës ; ce qui fut executé.

L'Hoftel de faint Paul, qui avoit efté bâti par Charles V. & qui occupoit ce grand efpace de terre d'entre la ruë faint Antoine, & la riviere, depuis la ruë neuve faint Paul jufqu'à celle du petit Mufc, que l'on nommoit culture faint Eloy, fut vendu l'an 1545. à plufieurs particuliers. Ils diviferent tout cet efpace en ruës, que l'on commença à bâtir en 1551. qui furent achevées en 1564.

Les Jacobins de la ruë faint Jacques, avec la permiffion du Roy en 1546. donnerent à titre de cens & rente, leur clos de vignes contenant neuf arpens derriere leur Convent, à la charge d'y bâtir ; & ce font aujourd'huy les ruës faint Dominique, & faint Thomas, qui furent achevées l'an 1549.

Une partie de la ruë de la Bucherie, le bas de la Place Maubert, & le quay de la Tournelle, qui eftoient encore des lieux vagues, furent commencez à bâtir l'an 1548. & achevez quatre ans aprés.

Les guerres ayant obligé d'augmenter les tailles, pour en foutenir la dépenfe, plufieurs habitans de la campagne vinrent s'eftablir à Paris. Cela donna lieu aux proprietaires des terres qui environnoient cette Ville, d'y bâtir, & d'en accroître les Fauxbourgs.

Ce fut en ce temps que l'on commença d'apprehender que l'eftenduë de cette Ville ne fuft portée à une grandeur exceffive, & que l'on forma pour la premiere fois le deffein de luy donner des bornes. Cela donna lieu à un Edit de Henry II. du mois de Novembre mil cinq cens quarante-neuf, parlequel il fut défendu à « toutes perfonnes de quelque qualité que ce « fuft, de faire bâtir de neuf dans les Faux- « bourgs de Paris ; à peine de confifcation du « fonds, & du bâtiment. C'eft le premier Ré- « glement qui a fixé des bornes à la Ville de Pa- « ris. Il eft fondé fur cinq motifs. Le premier, « que les franchifes, & les exemptions dont « jouïffent les Habitans des Fauxbourgs, y en « attiroient plufieurs des autres Villes & Villa- « ges, pour s'exempter de payer la Taille. Le « » fecond «

» fecond, que les Apprentis des Artifans de la
» Ville, quittoient leurs Maiftres avant que le
» temps de leur Apprentiffage fuft achevé, pour
» fe retirer aux Fauxbourgs, & y travailler pour
» leur compte, fans eftre fujets à aucuns chefs-
» d'œuvres, ny vifites : en forte qu'eftant igno-
» rants, leurs ouvrages eftoient toujours defec-
» tueux ; & que cette difficulté aux Maiftres de la
» Ville d'avoir des Compagnons, rendoit leurs
» marchandifes, & leurs travaux beaucoup plus
» chers. Le troifiéme, qu'en plufieurs maifons
» des Fauxbourgs s'eftabliffoient des tavernes, des
» jeux defendus, des lieux de débauche & de pro-
» ftitution, & d'autres retraites à gens de mau-
» vaife vie, qui attiroient, & débauchoient
» grand nombre de jeuneffe : d'où s'enfuivoient
» plufieurs vols, larcins, meurtres, & autres
» crimes. Le quatriéme, qu'une fi grande mul-
» titude de gens dans une même Ville, & fes
» Fauxbourgs, y font une fi grande confom-
» ption de vivres, & d'autres chofes neceffai-
» res à la fubfiftance, & commodité de l'hom-
» me, que la difette y feroit à craindre. Et en-
» fin le cinquiéme, qu'il eftoit trop difficile de
» maintenir l'ordre, & la difcipline publique
» entre un fi grand nombre de Citoyens ; &
» qu'il eftoit à craindre que le defaut d'une bon-
» ne Police ne jettaft cette grande Ville dans le
» defordre, & la confufion.

Pour affurer d'autant plus l'execution de cet
Edit, le Roy en 1550. forma le deffein d'une
nouvelle enceinte, pour y renfermer les Fauxbourgs en l'eftat qu'ils eftoient. Le plan en fut
arrefté au Confeil le 8. Septembre, & on planta
les bornes du cofté de l'Univerfité le 5. Octobre de cette même année : mais cela demeura fans
execution.

En 1558. Henry II. revoqua cette défenfe, à
l'egard de ce qui reftoit du clos de vignes, nommé le clos du Roy, qui appartenoit au Chapelain des Chapelles de faint Marcel, & de faint
Loüis de la Sainte-Chapelle du Palais, que le
Roy luy permit d'aliener pour y bâtir; ce qui
acheva de couvrir de maifons le Fauxbourg
faint Jacques.

Dés le Regne de François I. les guerres qu'il
avoit eu à foutenir contre l'Empereur, & les approches des armées d'Allemagne jufqu'en Picardie, luy avoient fait prendre la refolution
de fortifier Paris de ce cofté. Cette entreprife
avoit efté tentée, & abandonnée plufieurs fois.
Henry II. la fit reprendre, à commencer fur
le bord de la riviere au deffous de la Baftille.
La premiere pierre y fut pofée le 11. Aouft 1553.
& les travaux continuez jufques au delà de la
Porte faint Antoine. Cette fortification à la difference des premieres fut conftruite folidement,
& fubfifte encore. C'est une Courtine flanquée de
baftions, & bordée de foffez larges, & à fond
de cuve. L'ouvrage ne fut achevé qu'en 1559. &
les maifons de Paris furent taxées pour cette
dépenfe.

Les ruës Barbette, des trois Pavillons, & du
Parc Royal s'ouvrirent en 1563. dans la culture
fainte Catherine, fur les ruines de l'Hoftel Barbette.

L'Hoftel Royal de faint Paul avoit efté démoli, pour en convertir l'efpace en ruës dés
l'année 1545. il reftoit encore au même quartier
le Palais des Tournelles, qui n'eftoit feparé de
ce premier, que par la ruë faint Antoine. Charles
IX. par le confeil de la Reine fa mere, ordonna
en 1566. que celuy-cy feroit auffi vendu, pour y
baftir des maifons, & faire des ruës : ce qui ne
fut executé qu'en partie.

La porte neuve proche le Louvre fut reculée
en 1566. jufques au lieu où elle eft à prefent; &
le onziéme Juillet de cette même année, le Roy
Charles IX. accompagné de la Reine fa mere,
des Princes fes freres, du Cardinal de Bourbon,
& des Seigneurs de fa Cour, mit la premiere
pierre au baftion qui eft proche cette porte, pour
en continuer la clofture, & y renfermer le Palais
des Tuileries, que la Reine Catherine de Medicis avoit fait baftir en 1564.

Ce commencement de clofture fit connoiftre
que le deffein eftoit de renfermer dans la Ville
le Fauxbourg faint Honoré. Comme le quartier
en eft tres-beau, proche les Maifons Royales,
& fur le chemin de faint Germain, où la Cour
eftoit fouvent ; cela fit multiplier en peu de
temps le nombre des baftimens. Chacun s'em-
preffa de s'y eftablir ; & il fe trouva fi peuplé,
qu'en 1578. l'on y fit baftir une Chapelle, fous
l'invocation de faint Roch, fuccurfale de faint
Germain l'Auxerrois, pour la commodité des
habitans, qui fe trouvoient alors trop éloignez
de leur Paroiffe. Et en 1581. Henry III. fit continuer les nouveaux murs depuis le baftion de la
Porte-Neuve, que l'on a depuis nommé Porte
de la Conference, jufques au bout de ce Fauxbourg.

Il n'y avoit point encore de baftimens confiderables dans le Fauxbourg faint Germain : tous
les Palais des Princes, & tous les Hoftels des Seigneurs eftoient dans le quartier de la Ville, où
le voifinage des Maifons Royales les avoit attirez. On commença dans ce temps-là d'ouvrir
dans ce Fauxbourg la ruë du Colombier, &
quelques autres ruës voifines ; & l'on y fit baftir
plufieurs belles maifons, qui furent occupées par
des perfonnes qualifiées.

Ces deux grands quartiers de faint Honoré, &
de faint Germain des Prez, fe trouvant ainfi augmentez de baftimens confiderables, le commerce
de l'un à l'autre devint beaucoup plus frequent :
la communication en eftoit neanmoins tres-in-
commode, ne pouvant fe faire que par le feul
Pont faint Michel, ou par bateau. Cela fit prendre refolution au Roy, de faire baftir un pont à
la pointe de l'Ifle du Palais : la premiere pierre
en fut pofée le dernier May 1578. du cofté des
Auguftins, & l'on commença en même temps d'y
travailler. L'ouvrage eftoit encore peu avancé,
lorfque les guerres civiles le firent ceffer ; & il
ne fut achevé que fous le regne fuivant.

CHAPITRE

SEPTIÈME PLAN DE LA VILLE
DE PARIS,
Son Accroissement et ses Embélissemens
sous Henry IIII et Louis XIII.
depuis 1589 jusqu'en 1643.

TIRÉ
Des Lettres Patentes, ou Arrests du Conseil,
qui ont ordonné les Ouvrages, des Devis, et
Marchez faits avec les Entrepreneurs chacun sur les Lieux ou ils ont été Construits,
et en la plus grande partie Subsistent encore.

Par
L. C. D. I. M.
1705.

SUITTE DE LA DESCRIPTION

DESCRIPTION

ABONVA
Cité   Ville

SUITTE DE LA DESCRIPTION

CHAPITRE VII.

Accroiſſement de la Ville de Paris, depuis le commencement du Regne de Henry IV. juſqu'à la fin du Regne de Loüis XIII. & ſa nouvelle cloſture.

I reſtoit encore dans l'enceinte des murs de Paris, au commencement du Regne de Henry IV. de grands eſpaces de terres labourables, de prez, & de marais vuides de maiſons. Il n'y avoit eu juſqu'alors aucuns accroiſſemens dans la Cité. Les Iſles de Noſtre-Dame, & du Palais eſtoient encore des prairies. Une partie des environs du Temple eſtoit en terres labourables, & en Marais ; & le Parc du Palais des Tournelles au quartier ſaint Antoine, en friche, & inhabité.

L'on n'avoit encore rien fait pour la décoration de cette Ville. Il n'y avoit d'autres Places publiques, que la Greve, les Halles, le Parvis Noſtre-Dame, la Place Maubert, & celles du Chevalier du Guet, de ſainte Opportune, & de la Croix du Tiroir.

Ce n'eſt que depuis le Regne de ce Prince que tous ces lieux vuides ont eſté couverts d'édifices, que l'on a commencé d'y voir des Places publiques regulieres, embellies de tous les ornemens de l'Architecture, & ornées de Statues dignes de la magnificence, & de la gloire de nos Roys.

Il en a eſté de même des dehors de la Ville. Le Fauxbourg ſaint Antoine s'eſt tellement accrû depuis ce temps, qu'il enferme aujourd'huy les Villages de Reüilly, & de Pincourt qui en eſtoient alors éloignez. Il s'eſt formé de nouveaux Fauxbourgs hors les Portes du Temple, de Montmartre, & de Richelieu. Ceux de S. Martin, & de ſaint Denys ont augmentez de moitié. La Ville-neuve qui eſtoit demeurée en meſure depuis la démolition qui en avoit eſté faite pendant les guerres, l'an 1593. & toutes les terres qui eſtoient en prez ou en marais entre ce lieu, & le Fauxbourg ſaint Honoré, ont eſté converties en belles, & grandes ruës. Le derriere de la Chapelle ſaint Roch, où s'eſtoit formé une butte des terres qui avoient eſté tirées des foſſez, lors que Paris avoit eſté fortifié de ce côté, a eſté applanie, & couverte de maiſons magnifiques. Le Fauxbourg ſaint Germain s'eſt tellement accrû, que l'on en avoit fait un dix-ſeptiéme quartier de la Ville avant la derniere diviſion, & qui avoit plus d'eſtenduë que quatre des ſeize autres quartiers de Paris joints enſemble; En ſorte qu'il eſt vray de dire que depuis ce temps la Ville de Paris eſt augmentée de plus d'un tiers.

En 1594. les Religieuſes de l'Hoſpital ſaint Gervais firent un Bail emphiteotique à Marchand Capitaine des Archers de la Ville, de ſix arpens de leur culture. Il y fit baſtir une partie de la ruë ſaint Loüis, les ruës ſainte Anaſtaſe, & de la culture ſaint Gervais.

En 1600. Henry IV. fit faire le baſtion qui eſt au bout du jardin de l'Arcenal, & qui joint & perfectionne les fortifications qui avoient eſté faites dés l'an 1553. depuis la riviere juſques au deſſus de la Porte ſaint Antoine.

Dés que ce Monarque eut pacifié les troubles de l'Eſtat, il fit continuer les ouvrages du Pont-Neuf, qui furent achevez l'an 1604.

Ce Pont eſt un des plus beaux qui ſe puiſſent voir. Il contient douze arcades ; ſept ſur le grand cours de l'eau, du coſté du Louvre ; & cinq ſur le bras de la Seine, du coſté des Auguſtins. Ces deux parties aboutiſſent à la pointe de l'Iſle du Palais, dont le terrain en cet endroit contient encore l'eſpace d'environ deux arcades. Au deſſus des arches du Pont du coſté de la riviere regne une double corniche d'un pied & demy de large. Elle eſt ſouſtenuë de deux pieds en deux pieds par des teſtes de Sylvains, de Driades, & de Satyres, ornées de fleurs & de feſtons à l'antique ; & à l'endroit des piles, il y a des cus de lampes qui ſortent fort avant ſur l'eau.

Le ſol du Pont eſt partagé en trois ; le milieu fort large, pour les chevaux, & les carroſſes ; & aux coſtez, deux banquettes élevées, pour les gens de pied.

L'on avoit projetté d'y baſtir des maiſons, comme au Pont Noſtre-Dame, & pour cela fait des caves ſur chaque pile : mais le deſſein fut changé, ſuivant la volonté du Roy ; parce que cela euſt oſté de la vuë au Louvre ; & les entrées des caves ont eſté bouchées.

Il y avoit eu autrefois vis-à-vis le lieu où ce Pont fut baſti, l'Hoſtel des Abbez de ſaint Denys, joignant le Convent des grands Auguſtins. Cet Hoſtel eſtoit tombé en ruine depuis pluſieurs années. & il n'en reſtoit que des maſures, & un jardin en friche : ce qui rendoit l'aſpect du Fauxbourg ſaint Germain de ce coſté là fort deſagreable, & ſon abord fort incommode. Auſſi-toſt que le Pont-neuf fut achevé, le Roy fit ouvrir en cet endroit, ſur ces maſures, & ſur une petite portion du jardin des Auguſtins, une grande ruë de trente-ſix pieds de large, que l'on nomma ruë Dauphine, en l'honneur du Prince Fils aiſné du Roy, qui a regné ſous le nom de Loüis XIII. Cette ruë fut accompagnée de ruës d'Anjou, Chriſtine, & de la Contreſcarpe, qui furent auſſi baſties en meſme temps.

Le Quay de l'Arcenal fut baſti cette même année 1604. Le Marquis de la Vieuville Surintendant des Finances, & pluſieurs autres perſonnes qualifiées s'y logerent.

Nous avons vû que dés l'an 1566. la Reine Mere Catherine de Medicis, touchée du accident arrivé à Henry II. ſon Epoux, obtint de Charles IX. ſon fils, que le Palais des Tournelles ſeroit démoly, & vendu pour y percer & conſtruire des ruës. Il n'y en eut qu'une partie d'abbatuë ; & quelques particuliers qui en avoient acquis les places, y avoient baſti quelques maiſons, mais ſans ordre ny ſymmetrie.

Henry IV. ayant deſſein d'eſtablir en France une Manufacture d'eſtoffes de ſoye, d'or & d'argent, y attira deux cens Ouvriers. Il les logea dans ce qui reſtoit du Palais des Tournelles.

En 1605. ceux qui avoient l'intendance de cette Manufacture, firent élever à leurs dépens un grand & magnifique logis faiſant face à une grande place qui reſtoit de ce Palais, & de ſon parc.

Tome I.   L

parc. Ce deſſein plut tant au Roy, qu'il reſolut de le continuer, & de faire de ce lieu une Place publique, qui ſeroit nommée Place Royale. Il en fit faire un plan, qui ſe trouva contenir ſoixante-douze toiſes en carré, qui ſont cinq mille cent quatre-vingt-quatre toiſes de ſuperficie. Le Roy fit baſtir à ſes dépens l'un des quatre coſtez, qu'il vendit dans la ſuite à des particuliers. Il donna les places des trois autres coſtez pour un écu d'or de cens, à la charge d'y faire baſtir des pavillons, ſuivant les deſſeins qui ſeroient donnez de ſa part. Le gros pavillon qui fait face à la ruë ſaint Antoine, fut nommé Pavillon du Roy ; & celuy qui eſt oppoſé, le Pavillon de la Reine. Le Roy prit encore cette précaution, pour empêcher qu'à l'avenir la ſymmetrie de cette Place ne fuſt alterée, d'ordonner qu'aucun des pavillons qui l'environneroient ne puſt eſtre partagé entre des coheritiers ; mais qu'il ſeroit mis dans un lot, ou leur appartiendroit par indivis ; ou en tout cas, qu'ils s'en accommoderoient entr'eux, de ſorte qu'il demeureroit en ſon entier.

Il fit en même-temps percer quatre ruës qui rendent de cette Place, ruë ſaint Antoine, aux Minimes, ruë des Egouts, & ruë de la culture ſainte Catherine. Les trois premieres furent nommées ruë Royales ; & la quatriéme n'a point d'autre nom que celuy de la ruë des Francs-Bourgeois, qu'elle continuë.

Cette Place qui eſt regulierement carrée, a neanmoins un pavillon de moins à l'un de ſes coſtez qu'aux trois autres ; parce que le bout de la ruë des Francs-Bourgeois eſt à ciel ouvert ; au lieu que celuy de la petite ruë Royale qui luy eſt oppoſé, a eſté couvert d'un pavillon ſur une arcade ſous laquelle on paſſe.

Il y a en tout trente-cinq pavillons, baſtis de pierre & de brique, & couverts d'ardoiſe. Ils ſont portez par le devant ſur une longuë ſuite d'arcades larges de huit pieds & demy, hautes de douze ou environ, ornées de pilaſtres d'Ordre Dorique, qui regnent autour de la Place, & forment autant de portiques larges de deux toiſes, couverts d'une voute ſurbaiſſée de brique & de pierre, comme les pavillons.

Cette Place eſt pavée le long des portiques de la largeur d'une ruë. Le reſte eſt fermé d'une baluſtrade de fer avec des ornemens dorez, qui renferme quatre grands tapis de gazon vert ; où l'on entre pour la promenade par quatre principales portes, & deux petites, qui ſont de fer, & ornées comme la baluſtrade. Tous les Etrangers enfin qui paſſent par cette Place, conviennent que c'eſt la plus grande, la plus reguliere, & la plus belle qu'ils ayent vûë.

A peine le deſſein de la Place Royale fut-il achevé, que le Roy forma celuy de baſtir l'Iſle du Palais, d'y ouvrir des ruës, d'y faire une Place publique, & de couvrir ſes quays de maiſons.

Quoique cette Iſle ait toujours eu un nom qui luy a eſté particulier, il eſt neanmoins certain que ce n'eſt que la pointe Occidentale de la grande Iſle de la Cité, à prendre depuis les anciens murs du jardin du Palais juſqu'au lieu où les deux bras de la riviere ſe réuniſſent. Cette pointe eſtoit autrefois coupée par un petit bras d'eau, qui la partageoit en deux parties, depuis ſon extrémité en ſa longueur, tirant en biais du coſté du grand cours de l'eau : ce qui formoit deux Iſles d'inégale grandeur preſque à coſté l'une de l'autre.

La plus grande de ces Iſles eſtoit autrefois plantée de vignes, qui dépendoient du Palais, de nos Roys. L'an 1160. Loüis le Jeune fit don au Chapelain de la Chapelle ſaint Nicolas du Palais, où eſt aujourd'huy la Sainte-Chapelle, de ſix muids de vin du cru des vignes qu'il avoit dans l'Iſle aux treilles derriere le Palais. Le vin qui venoit dans un terrain ſi proche de l'eau ne devant pas eſtre fort bon, ces vignes furent abandonnées ; & en 1250. cette Iſle eſtoit en prez, & en ſauſſaye ; ſon ancien nom neanmoins luy reſta, & elle ſe trouve encore nommée l'Iſle aux treilles dans des titres de 1556.

Nos Roys firent baſtir des étuves à la pointe de cette Iſle, pour eux, & les Seigneurs de leur Cour. Henry II. donna cet Hoſtel des Etuves aux Ouvriers de la Monnoye, lors que l'on commença d'en fabriquer au moulin.

L'autre iſle, qui ne contenoit qu'environ un demy quartier, & qui ne paroiſſoit qu'un atterriſſement par rapport à l'autre, ſe nommoit l'Iſle de Buſſi. Elle avoit pris ce nom d'un moulin qui en eſtoit proche, appartenant à ſaint Euſtache, que l'on nommoit le moulin de Buſſi, & que François II. acheta l'an 1560. pour l'employer auſſi à la Monnoye.

Ces deux Iſles furent jointes enſemble ſous Henry III. l'an 1578. lors que ce Prince fit commencer le Pont-neuf.

Henry IV. en fit don l'an 1607. à Monſieur le premier Preſident de Harlay, à la charge d'y faire baſtir, ſuivant les plans & les devis qui luy ſeroient donnez par le grand Voyer, & d'un ſou de cens, & de rente fonciere pour chacune des 3720. toiſes de ſuperficie qu'elle ſe trouva contenir. L'on fit d'abord le long des murs du jardin du Palais, une ruë de maiſons uniformes, qui aboutit aux deux quays du grand & petit cours de l'eau ; que l'on nomma ruë de Harlay.

Du reſte de l'Iſle l'on en fit une Place triangulaire, qui fut environnée de maiſons à double corps de logis, de même ſymmetrie, & couvertes d'ardoiſe ; l'un qui a vûë ſur la Place ; & l'autre, ſur les quays. On la nomma Place Dauphine.

Pour rendre l'abord, & le commerce de cette Iſle avec le reſte de la Cité, plus libre, & plus commode, l'on baſtit en même temps une ruë qui aboutit au Pont ſaint Michel, & à l'Iſle du Palais, qui fut nommée ruë ſaint Loüis ; & de l'autre coſté un quay depuis le Pont au Change juſqu'à la même Iſle, que l'on nomma Quay de l'Horloge. A l'égard des quays de cette Iſle le choix que les Orſévres ont fait de celuy du coſté du Midy, luy a donné leur nom. Et l'autre ſe nomme le quay du grand cours de l'eau ; & par le vulgaire, le quay des Morfondus, à cauſe de ſon aſpect au Nord.

Ces grands deſſeins executez dans la Cité, & dans l'Univerſité le Roy qui vouloit achever de perfectionner Paris, jetta encore ſes vûës du coſté de la Ville.

La Place Royale eſtoit trop proche du marais, pour oublier ce quartier, & ne pas prendre de part à ſon embelliſſement.

Une grande partie de la Culture du Temple eſtoit encore vuide de maiſons : c'eſtoit originairement des marais qui avoient eſté deſſeichez & convertis en terres labourables, que l'on enſemençoit en grains. En 1603. des Jardiniers les loüerent du Grand Prieur, à raiſon de quatre livres l'arpent, & en firent des potagers pour les proviſions de Paris. Ils y firent d'abord des loges

ges pour fe mettre à couvert : le Grand. Prieur dans la fuite leur permit d'y baftir de petites maifons pour s'y loger ; à la charge de les démolir, & en emporter les materiaux à la fin de leurs baux ; s'il n'aimoit mieux les retenir, en leur rembourfant feulement la moitié de leur valeur , fuivant l'eftimation.

Le Roy qui avoit déja embelli Paris de la Place Royale, & de la Place Dauphine, forma le deffein en 1608. de faire encore en ce lieu une place publique, fous le nom de Place de France, & de faire en même temps couvrir tout ce quartier de ruës qui aboutiroient à cette Place. Sa Majefté en parla au Grand Prieur, qui en écrivit au Grand Maiftre de Vignacourt ; & après les folennitez ordinaires pour les alienations des biens de l'Ordre, toute cette eftenduë de terre fut acquife par Pigou Bourgeois de Paris. Il en paya au Grand Maiftre quarante-quatre mille livres, s'obligea d'y faire baftir, fuivant les plans & les deffeins qui luy feroient donnez par le Duc de Sully, Grand Voyer de France, & de payer à l'Ordre fix cens livres de rente, dont il chargeroit par portions les maifons qu'il feroit baftir.

Le plan de la Place de France & des ruës qui devoient l'accompagner, fut donné par le Grand Voyer l'an 1609. Le Roy pour rendre ce nouveau quartier confiderable, & le faire promptement peupler, y eftablit une Foire tous les ans, & deux marchez francs toutes les femaines. On commença en même temps d'y baftir ; mais la mort de ce grand Prince, qui couvrit la France de deüil l'année fuivante, fit abandonner pour un temps l'execution de ce deffein.

La minorité de Louis XIII. n'interrompit que fort peu de temps les magnifiques entreprifes de Henry le Grand fon augufte Pere, pour les embelliffemens de Paris.

Le Roy défunt, l'année même de fon decés, avoit encore formé le deffein de faire baftir l'Ifle Noftre-Dame : le Duc de Sully Grand-Voyer de France, avoit reçû les ordres d'en faire dreffer le plan.

Cette Ifle qui eft à l'Orient de celle de la Cité, & qui en eft feparée par un bras de la riviere de Seine, eftoit autrefois divifée en deux Ifles d'inégale grandeur, par un petit canal qui la traverfoit vers fa partie Orientale, au même endroit où eft aujourd'huy l'Eglife de S. Louis, & l'une & l'autre eftoit en prairies.

Ces deux Ifles appartenoient originairement à l'Evêque & au Chapitre de Paris. Cela fit donner à la plus grande le nom d'Ifle Noftre-Dame; la plus petite qui eftoit abandonnée au pafcage des beftiaux, en prit le nom, de l'Ifle aux Vaches.

Les Comtes de Paris s'en mirent en poffeffion, & les unirent à leur Domaine ; mais Charles le Chauve l'an 867. les rendit à l'Evêque & au Chapitre de Paris ; & en dernier lieu la Seigneurie en eftoit demeurée au Chapitre feul.

En 1611. le Roy par l'avis de la Reine Regente fa Mere, & de fon Confeil, prit refolution d'executer ce grand deffein, qui devoit faire l'un des plus beaux ornemens de Paris. Chriftophe Marie Entrepreneur general des Ponts de France, fut choifi pour cette entreprife ; & il affocia pour un quart avec luy le Regratier Treforier des Cent Suiffes.

Le Roy nomma en même temps des commiffaires, pour acquerir du Chapitre de Noftre-Dame, l'Ifle Noftre-Dame, & l'Ifle aux Vaches, foit en deniers comptans, ou en récompenfes.

Avant que cette acquifition fuft faite, que l'on « fuppofoit facile, les Commiffaires que le Roy « avoit nommez, pafferent contrat avec Marie le « dix-neuviéme Avril 1614. par lequel, Marie « s'obligea de joindre les deux Ifles, en rem- « pliffant le Canal qui les feparoit, de les envi- « ronner dans dix ans, de Quais reveftus de « pierre de taille, d'y baftir des maifons, d'y « faire des ruës larges de quatre toifes, & un « pont pour paffer de la Ville en cette Ifle, vis- « à-vis la ruë des Nonaindieres; Il luy fut permis « de faire baftir des maifons fur ce Pont, d'une « même élevation & fymmetrie, & fuivant le plan « & modele de celles du pont Noftre-Dame, à la « charge d'y laiffer quatre toifes de ruë, pour fervir « au public. «

On luy accorda auffi la permiffion de baftir « dans l'Ifle un jeu de paume, & une maifon « pour les bains & les étuves ; & il fut convenu « que chacune des maifons de l'Ifle feroit char- « gée de douze deniers de cens, portant lods & « ventes, à condition que pendant foixante an- « nées, ces droits Seigneuriaux appartiendroient « à Marie, fes enfans, ou heritiers ; & qu'enfuite « ils feroient réunis à la Couronne. Ce Contrat « fut ratifié & confirmé par Lettres Patentes du 6. May de la même année.

En 1615. le Roy fit placer la Statuë Equeftre de Henry IV. fon pere, à la pointe de l'Ifle du Palais, qui eft au milieu du Pont-Neuf, & qui le fepare en deux en cet endroit. Le piedeftal, qui eft de marbre & de jafpe, eft chargé de plufieurs trophées, de bas reliefs, & d'infcriptions, qui marquent les victoires & les actions heroïques, qui ont merité à ce Monarque le furnom de Grand. C'eft le premier monument de cette nature qui a efté élevé à la gloire de nos Roys dans Paris, & dans aucune des autres Villes de France.

Les Entrepreneurs de l'Ifle Noftre-Dame ayant voulu commencer leurs travaux, le Chapitre de Noftre-Dame s'y oppofa : cela les fit furfeoir. L'affaire portée au Confeil du Roy, fut decidée par deux Arrefts des 6. Octobre 1616. & 30. Aouft 1618. par lefquels il fut ordonné que le marché fait « avec Marie feroit executé ; & que pour récom- « penfer le Chapitre du droit de propriété ; il « luy feroit payé douze cens livres de rente fur « le Domaine de Paris ; que tous les droits de « cenfives, lods & ventes de l'Ifle luy appartien- « droient après les foixante années de jouïffance « de Marie expirées, & que le terrain qui eft der- « riere l'Eglife de Noftre-Dame feroit reveftu de « pierres de taille, par les mêmes Entrepreneurs « aux dépens du Roy. En execution de ces Ar- « refts, Marie & fes Affociez firent continuer leurs travaux.

Pendant qu'ils avançoient cette entreprife, le Roy permit à Marfilly de faire des maifons de même fymmetrie le long du Quay Malaquefts, pour fervir d'afpect au Louvre, & à condition de payer dix livres de cens & rente au Domaine de Paris pour chaque maifon; Ce deffein fut executé l'an 1619. & ces maifons achevées parurent fi magnifiques, que plufieurs grands Seigneurs en ont fait leurs Hoftels.

Le Palais de la Reine Marguerite fut vendu en ce même temps à des particuliers ; à la charge d'y percer & baftir des ruës : cela fut executé ; & ce font aujourd'huy les ruës de Bourbon, de Verneüil, & des Petits Peres.

Marie & fes Affociez, après avoir fait baftir une partie de l'Ifle, foit par inconftance ou autrement, fe dégoûterent de leur entreprife : ils

L. ij   cederent

cederent leur traité à Maiftre Jean de la Grange, Secretaire du Roy, aux conditions dont ils convinrent entr'eux. S'eftant aussi trouvé en même temps quelques changemens à faire pour perfectionner ce deffein, il fut passé un nouveau contrat avec le fieur de la Grange le feiziéme Septembre 1623.

» Il s'obligea par ce contrat, d'indemnifer Marie & fes Affociez, & de continuer les ouvra-
» ges, fuivant le nouveau plan, & les nouveaux
» devis qui luy furent donnez ; de faire conf-
» truire un pont de bois, pour paffer de l'Ifle
» au Quartier de faint Landry ; deux autres ponts
» de pierre de taille en arcades ; l'un du cofté
» de l'Arfenal, de quatre piles ; & l'autre du
» cofté de la Tournelle, de cinq piles ; & de
» rendre tous ces ouvrages parfaits dans fix ans,
» à commencer du premier Mars lors prochain.
» Il luy fut permis de baftir des maifons fur les
» deux ponts de pierre ; à la charge que toutes
» les maifons, tant des ponts que de l'Ifle, fe-
» roient de même fymmetrie. Il eut la même per-
» miffion qui avoit efté accordée à Marie, de
» faire baftir dans l'Ifle un Jeu de paume,
» pourvû qu'il fuft éloigné des Eglifes ou Cha-
» pelles ; une maifon pour les bains & les étu-
» ves ; & l'on y ajoûta la permiffion d'y eftablir
» douze étaux à Boucheries, à la charge que les
» abatis des beftiaux feroient faits hors de l'Ifle;
» & des boutiques pour rotifferies, poiffonneries,
» & autres fortes de vivres. On luy accorda enfin
» la faculté de mettre fur la riviere des bateaux
» à laver les leffives, en telle quantité qu'il fe-
» roit avifé, & en tel endroit qu'il jugeroit à
» propos ; pourvû que ce fuft fans empêchement
» de la navigation, ny que le bruit puft incom-
» moder les habitans des maifons du Cloiftre
» Noftre-Dame.

Pendant que l'on baftiffoit l'Ifle Noftre-Dame, on penfa auffi à peupler une place qui eftoit encore demeurée vuide, hors la porte, & à cofté du Fauxbourg faint Denys : c'eftoit anciennement le lieu où le Monaftere des Filles-Dieu eftoit bafti. Cette maifon fut ruinée & abbatuë, avec tout ce qui l'environnoit l'an 1358. pour fortifier la Ville de Paris de ce cofté contre les Anglois. Plufieurs particuliers en 1551. avec la permiffion du Roy y avoient fait baftir des maifons, & une Chapelle fous l'invocation de faint Louis & de fainte Barbe. Les troubles que la Religion Pretenduë Reformée caufa en France fous le regne de Henry III. ayant encore obligé de fortifier Paris de ce cofté-là, en 1593. toutes ces maifons & cette Chapelle furent abbatuës. Les materiaux qui eftoient reftez fur les lieux, y avoient fait dans la fuite des tems une maffe confiderable. Ce fut fur ces ruines qu'une nouvelle Colonie de Bourgeois, avec la permiffion du Roy, fit de nouveau baftir en 1624. plufieurs ruës & une Eglife, fous le titre de Noftre-Dame de Bonnes Nouvelles. On nomma ce quartier la Nouvelle France, ou Villeneuve fur Gravois : l'on entend affez que l'étymologie de ce nom, fe tire de fa nouvelle conftruction, & de la qualité du fol de fes baftimens, compofé du maftic, des gravois, & autres materiaux de ces deux precedentes démolitions.

L'entreprife des baftimens du Marais du Temple, fous le regne de Henry IV. avoit efté interrompuë, comme nous l'avons obfervé en fon lieu. On la reprit dans la fuite, & l'on acheva d'y baftir, fuivant l'ancien plan, en 1626. les ruës de Bourgogne, d'Orleans, de Berry, de Poitou, de Touraine, de Limoges, de la Marche, de Xaintonge, d'Angoumois, de Beau-

jolois, de Beauffe, & quelques autres : ce qui remplit tout ce qui reftoit dans ce quartier, qui fut joint à celuy de fainte Avoye.

Les indemnitez que la Grange, nouvel Entrepreneur des baftimens de l'Ifle Noftre-Dame, des Quays & des Ponts, s'eftoit obligé de faire par le contrat de 1623. à Marie, le Regratier, & au fieur Poulletier anciens Entrepreneurs ; & les comptes que ceux-cy luy devoient rendre pour liquider leurs prétentions, ayant fait naiftre plufieurs procez entre eux au Confeil du Roy, les ouvrages en furent beaucoup retardez. Ils furent excitez de s'accommoder : les anciens Entrepreneurs acceptent ce parti ; & par Arreft du Con- «
feil du vingt-quatriéme Juillet 1627. ils furent «
fubrogez à la Grange, pour continuer l'en- «
treprife ; à la charge d'entretenir toutes les «
claufes du Contrat fait avec luy le feiziéme «
Septembre 1623. Il fut ordonné par le même «
Arreft, qu'ils nommeroient un Receveur, pour «
recevoir tout ce qui proviendroit de la vente «
& des loyers des places de l'Ifle, & des paffa- «
ges des Ponts, pour en faire l'employ au «
payement des ouvriers ; & on les obligea de «
rendre compte au Roy de fix mois en fix mois «
du progrés des ouvrages. Ils prefenterent pour «
Receveur Maiftre Martin Lyonne, Treforier «
General des Suiffes, qui fut agréé, & reçu par «
Arreft du Confeil du premier Septembre de «
la même année. Ce même Arreft nomma les «
Sieurs Almeras Maiftre des Comptes, & De- «
laiftre Bourgeois de Paris, pour avoir l'inten- «
dance fur les ouvrages, & tenir la main à l'exe- «
cution du traité. Après toutes ces précautions, «
ces anciens Entrepreneurs continuerent à faire travailler.

En 1630. M. le Premier Prefident le Jay, avec la permiffion du Roy, fit percer une nouvelle porte en la Cour du Palais, pour y entrer du cofté du Pont faint Michel, & fit baftir une ruë qu'il nomma de fainte Anne, pour rendre de cette porte un chemin à la ruë faint Louis.

La ruë faint Louis n'avoit efté baftie que du cofté de la riviere, les murs du Palais faifoient face de l'autre cofté. Les Chanoines de la fainte Chapelle cette même année 1630. éurent la permiffion de faire baftir des maifons le long de ces murs : ce qui fut en même temps executé, & cela rendit cette ruë beaucoup plus belle.

Après les baftimens de l'Ifle du Palais, de l'Ifle Noftre-Dame, & du Marais du Temple, il ne reftoit plus de grands vuides dans Paris ; mais il y avoit encore un grand efpace hors les murs, entre les Fauxbourgs faint Honoré & Montmartre, qui n'eftoit occupé que de marais : ce qui demandoit auffi d'eftre bafti & renfermé dans la Ville, pour rendre l'enceinte de Paris plus reguliere. Charles IX. en avoit projeté le deffein l'an 1562. & y avoit fait commencer des foffez dés l'année fuivante 1563. Ce même deffein fut repris en 1631. Barbier Intendant des Finances propofa de l'entreprendre : il en fut paffé contrat avec luy le neuviéme Octobre de cette année. Pidou fon Commis fit commencer la porte faint Honoré au lieu où elle eft à prefent, & un pont de bois vis-à-vis des Tuilleries. Mais eftant furvenu plufieurs oppofitions de la part des proprietaires des terres fur lefquelles cette clofture devoit paffer, ce contrat fut caffé par Arreft du Confeil du 31. Decembre 1632.

Le même Barbier l'année fuivante, fous le nom de M. Charles Froger Secretaire de la Chambre du Roy, renouvella cette entreprife. De
nouveaux

» nouveaux articles furent arreſtez au Conſeil avec
» luy le 23. Novembre 1633. Ils portoient qu'il
» feroit achever la conſtruction des murs pour
» renfermer dans la Ville les Fauxbourgs ſaint
» Honoré , Montmartre & la Ville-Neuve , à
» commencer depuis la nouvelle porte S. Ho-
» noré , que Pidou avoit fait conſtruire au bout
» du Fauxbourg , & continuer juſqu'à la porte
» S. Denys , ſuivant les alignemens de l'ancien
» deſſein.
» Que pour la décoration de la Ville , & com-
» modité du public , il ſeroit fait deux nouvelles
» portes ; l'une au bout du Fauxbourg Mont-
» martre ; & l'autre qui ſeroit nommée de Ri-
» chelieu , au bout d'une rüe neuve qui ſeroit
» faite , à commencer au bout de la rüe des Petits-
» Champs , au travers des anciens remparts & con-
» treſcarpes , pour aller rendre à un chemin qui
» conduit au derriere de la Ville-l'Evêque.
» Qu'il ſeroit tenu de faire abbattre & démo-
» lir les anciennes portes , murailles & rem-
» pars , faire combler les anciens foſſez depuis
» la grande Galerie du Louvre juſqu'à la porte
» S. Denys , & s'obligea de rendre tous ces ouvra-
» ges faits dans deux ans.
» En contréchange de tous ces ouvrages que
» Froger s'obligeoit de faire , il luy fut donné
» toutes les places des remparts , foſſez , con-
» treſcarpes & dehors dans toute cette eſtenduë ,
» les places des anciennes portes ſaint Honoré
» & Montmartre , & generalement toutes les
» terres qui appartenoient à Sa Majeſté & au
» public , même celles où ſe tenoit lors le Mar-
» ché aux chevaux , pour y faire baſtir & conſ-
» truire des rües & places , ſuivant les alignemens
» qui luy ſeroient donnez.
» Il luy eſtoit permis de faire baſtir dans cette
» nouvelle enceinte des halles , marchez , bou-
» cheries & poiſſonneries ; même pour débaraſſer
» la halle au bled , & remedier aux inconveniens
» que la trop grande affluence de chariots , cha-
» rettes , & chevaux y cauſoient journellement ;
» il luy fut permis d'en faire conſtruire une au
» Faux-bourg ſaint Germain , pour tous les bleds
» qui ſeroient amenez du coſté de la Beauſſe.
» Il fut ordonné que le marché aux Chevaux &
» autres beſtiaux , qui ſe tenoit alors prés la porte
» S. Honoré , ſeroit transferé en un autre lieu
» moins incommode ; afin de laiſſer cet endroit
» libre pour y baſtir , & aux autres places qui ſont
» proches ; & par ce moyen embellir la Ville ,
» par les beaux édifices qui s'y pourroient faire.
» Il luy fut permis de prendre toutes les ter-
» res des particuliers compriſes dans le deſſein ,
» en les récompenſant ſur le pied du quarantié-
» me denier , ſi mieux n'aimoient les proprie-
» taires recevoir le prix porté par leur dernier
» contract.
» Il fut auſſi ſtipulé , qu'en cas que dans la
» ſuite le démoliſſement de la butte qui eſtoit
» au derriere du Fauxbourg ſaint Honoré , au
» dedans de cette nouvelle enceinte ſe fiſt , Sa
» Majeſté permettoit à Froger de transferer les
» Moulins qui eſtoient alors ſur cette bute , & de
» les faire rebaſtir ſur les baſtions de la nouvelle
» cloſture.
Ce traité arreſté au Conſeil du Roy le 23.
Novembre 1633. fut regiſtré au Parlement en
vertu de Lettres Patentes du même jour , le cinquiéme Juillet 1634.
En execution de ce traité , cette cinquiéme
enceinte de Paris fut faite , non pas du total de
la Ville , comme la premiere & la troiſiéme , ny
de la moitié , comme la ſeconde & la quatriéme ,

mais ſeulement de la ſixiéme partie , ou environ
de ſa circonference.

L'ancienne porte ſaint Honoré , qui eſtoit proche les Quinze-vingts , fut abbatuë , & une Boucherie baſtie à ſa place. La nouvelle porte avoit
eſté baſtie par Pidou en 1631. au bout du Fauxbourg , à quatre cent toiſes ou environ de cette
ancienne. On commença la nouvelle enceinte à
cette porte , juſqu'au bout du Fauxbourg Montmartre , où il fut conſtruit une nouvelle porte ,
& l'ancienne , qui en eſtoit à plus de deux cent
toiſes , fut démolie ; & une Boucherie auſſi
conſtruite à la place qu'elle avoit occupée.
Elle fut enſuite continuée par derriere la Ville-
neuve , & vint finir à la Porte S. Denys.

Dans cette nouvelle enceinte furent baſties les
rües de Clery , du Mail , Neuve ſaint Euſtache ,
des Foſſez , ſaint Auguſtin , des Victoires , Neuve
des Petits-Champs , de Richelieu , ſainte Anne ,
Neuve ſaint Honoré , & toutes celles qui ſont
renfermées entre celles-cy & les extrémitez de la
Ville , & qui ſont toutes remplies d'Hoſtels & de
grandes Maiſons , qui ſont l'un des plus beaux
ornemens de Paris.

Cette cloſture fut à peine achevée , que des
particuliers firent baſtir un ſi grand nombre de
maiſons , hors la nouvelle porte ſaint Honoré ,
que le nouveau & gros Fauxbourg qui s'y forma ,
ſe trouva joint au Village du Roule.

Le coſté de l'Univerſité reçût encore en ce temps
beaucoup d'accroiſſement , par les nouveaux
baſtimens qui furent faits au Fauxbourg ſaint
Germain. Les Religieux de ſaint Germain voulant racheter la Baronie de Cordon qu'ils avoient
autrefois alienée à vil prix , vendirent avec la
permiſſion du Roy en 1637. un jardin , clos de
murs de trois arpens , qu'ils avoient proche leur
Abbaye , moyennant cinquante mille livres. Les
particuliers qui avoient fait cette acquiſition ,
firent baſtir la rüe ſaint Benoiſt , & d'autres rües
voiſines : il y eut encore pluſieurs autres baſtimens au bout des rües de Grenelle , S. Dominique , & du Colombier , & en pluſieurs autres
lieux de ce même Fauxbourg.

Ce fut auſſi en ce temps que la grande rüe du
Fauxbourg ſaint Antoine , fut baſtie le long du
grand chemin , depuis la porte de la Ville juſqu'à l'Abbaye ; & que par d'autres rües qui furent auſſi baſties des deux coſtez de celle-cy , les
Villages de Pincourt & de Reüilly ſe trouverent
joints à ce Fauxbourg.

Cette paſſion de baſtir de tous coſtez , & juſques
dans la Campagne des environs de Paris , fut
enfin porté à tel excés , que le Roy jugea à propos d'y donner encore une fois des bornes. Un
Arreſt du Conſeil du quinziéme Janvier 1638.
fit entendre cela les intentions de Sa Majeſté.
Cet Arreſt porte qu'il ſeroit fait un plan de la «
Ville & Fauxbourgs de Paris , qui en contien- «
droit l'eſtenduë , & en feroit connoiſtre les li- «
mites ; que des bornes ſeroient plantées d'eſ- «
pace en eſpace , dans toute ſa circonference ; «
par les Treſoriers de France ; qu'au delà de «
ces bornes nul ne pourroit baſtir pour quelque «
cauſe & occaſion que ce fuſt , ſans permiſſion «
expreſſe de Sa Majeſté , par Lettres Patentes du «
grand Sceau , enregiſtrées au Bureau des Finan- «
ces , & pardevant le Prevoſt de Paris , les Pre- «
voſt des Marchands & Eſchevins appellez. Fait «
pareillement défenſes à toutes perſonnes de faire «
conſtruire aucunes maiſons , boutiques , loges , ou «
échopes ſur les Quays , Ponts , ou Places publi- «
ques de Paris ; Sa Majeſté voulant que tous les «
lieux & leurs avenuës fuſſent conſervez en «
l'eſtat «

L iij

» l'estat qu'ils estoient , pour la commodité &
» décoration de la Ville. Enjoint aux Commis-
» saires du Chastelet d'y tenir la main : ordonne
» aussi que tous ceux qui avoient fait bastir le
» long des grands chemins , depuis la porte saint
» Antoine jusques au Monastere de ce nom , &
» depuis la porte neuve saint Honoré jusques
» au Village du Roule , seroient tenus de faire
» paver à leurs dépens le long de leurs maisons ,
» jardins & clostures , depuis leurs murs jusqu'à
» la chaussée de l'ancien pavé : que la chaussée
» continueroit d'estre entretenuë par les Prevost
» des Marchands & Echevins , & le nouveau pavé,
» aux dépens des proprietaires, qui seroient te-
» nus de les entretenir en bon estat.

Le plan de la Ville de Paris fut dressé en exe-
» cution de cet Arrest ; & par un autre Arrest du
» quatriéme Aoust de la même année 1638. les
» lieux où les bornes devoient estre plantées , au
» nombre de trente-une , furent désignez. Elles
» devoient commencer sur le bord de la riviere
» du costé du Pré aux Clercs , vis-à-vis le gros
» pavillon des Tuilleries , & continuer en circu-
» lant, pour renfermer les Fauxbourgs saint Ger-
» main, saint Michel, saint Jacques, saint Marcel,
» saint Victor , & finir sur le bord de la riviere,
» vis-à-vis le bastion de l'Arcenal ; & il y en
» devoit avoir dans cette estenduë vingt-une. La
» continuation de cette enceinte reprenoit sur
» le bord de la même riviere de l'autre costé ,
» à la pointe de ce même bastion de l'Arce-
» nal , & continuoit par les extremitez des Faux-
» bourgs saint Antoine, la Courtille , saint Mar-
» tin , saint Denys, Montmartre, saint Honoré,
» & venoit finir à la Porte-neuve, depuis nommée
» Porte de la Conference ; & de ce costé il n'y en
» devoit avoir que dix.

Ces Arrests avoient pour fondement six motifs,
» qui regardoient la santé, la subsistance,& la sûreté
» des Citoyens. Le premier , que la Ville de
» Paris portée à une grandeur excessive, seroit
» plus susceptible de mauvais air. Le second ,
» que cela rendroit le nettoyement de ses im-
» mondices beaucoup plus difficile.Le troisiéme,
» que l'augmentation du nombre des habitans ,
» augmenteroit à proportion le prix des vivres
» & des autres denrées , ouvrages , & marchan-
» dises. Le quatriéme , que l'on avoit depuis
» couvert de bastimens les terres qui avoient au-
» trefois servi d'agriculture pour les legumes &
» les menus fruits necessaires aux provisions de
» la Ville : ce qui en causeroit immanquable-
» ment la disette , si l'on continuoit à bastir.
» Le cinquiéme , que les Habitans des Bourgs,
» & des Villages voisins , attirez par les préro-
» gatives des Fauxbourgs de cette Capitale, ve-
» noient s'y habiter en si grand nombre ,
» que , si cela continuoit , la Campagne devien-
» droit deserte. Le sixiéme enfin , que la diffi-
» culté de gouverner un aussi grand peuple, &
» donnoit lieu au déreglement de la Police, &
» aux meurtres , vols & larcins, qui se commet-
» toient frequemment & impunément de jour
» & de nuit, en cette Ville , & dans ses Faux-
» bourgs.

Les Habitans du Fauxbourg saint Honoré representerent au Roy, que ce costé estant l'abord
de la Province de Normandie , & de plusieurs
autres lieux d'un grand commerce, il estoit necessaire d'accroistre encore ce Fauxbourg , & d'y
faire bastir un nombre suffisant d'Hostelleries,
pour la commodité des Marchands & des Voituriers. Cette proposition fut reçuë favorablement:
le Roy leur accorda des Lettres Patentes du mois

de May 1639. portant permission de bastir , &
d'unir à ce Fauxbourg le Village de la Ville-
l'Evêque , que Sa Majesté érigea en Paroisse.

Cette même année 1639. Monsieur le Cardinal
Duc de Richelieu voulant laisser à la posterité
des marques de son zele pour la gloire du Roy,
fit élever au milieu de la Place Royale la Statuë
Equestre de Sa Majesté , en bronze. Le piedestal
de marbre blanc est orné de plusieurs trophées,
bas-reliefs , & inscriptions , qui sont autant de
monumens des plus belles actions de ce Monarque.

Pendant tout ce temps le Chapitre de Nostre-
Dame avoit toujours troublé , & continuoit encore de troubler les Entrepreneurs des bastimens
de l'Isle ; ce qui retardoit considerablement
l'execution de leurs traitez.

Le Roy voulant enfin lever totalement cet obstacle , traita avec le Chapitre en 1642. Par ce «
traité le Chapitre vendit au Roy la place qui «
avoit esté choisie vers le Port saint Landry , «
pour la culée du Pont de bois , avec le fonds «
de l'Isle Nostre-Dame , & la jouïssance des «
lods , & ventes de ses maisons , durant soixan- «
te ans , à compter de l'an seize cens quatorze «
à la reserve des Censives , de la Voirie, de «
la Justice haute , moyenne , & basse ; & de «
soixante sols à chaque mutation. Qu'après «
les 60. ans passez ils rentreroient en posses- «
sion de tous leurs droits Seigneuriaux. Il fut «
aussi stipulé que les égouts des ruisseaux de l'Is- «
le tomberoient dans la Seine de costé & d'au- «
tre , à l'exception de ceux des boucheries , «
qui ne couleroient que du costé de la Greve , «
& du Port saint Paul ; & qu'il ne seroit mis «
ny moulin, ny batteau à lessive du costé du «
Cloistre. L'on ajousta encore à ces condi- «
tions , que le canal de la riviere qui passe «
entre l'Isle & le Cloistre, ne seroit point com- «
blé ; qu'il ne se feroit point de pont au ter- «
rain , ny de maisons sur le pont de bois ; «
que l'on ne bastiroit point sur le bord du «
quay du costé de la riviere ; que dans un an «
le Roy feroit revestir de pierre de taille , le «
terrain, comme les quays; & qu'enfin l'on «
donneroit au Chapitre dans un mois 50000. «
liv. amortis , & déchargez de finances , & de «
toutes charges, qui seroient employez en fonds «
de terre. «

Bien-tost aprés ce traité, le Conseil ordonna «
que cette somme de 50000. seroit levée sur les «
proprietaires des masures , & des maisons de «
l'Isle , à raison de cinquante sols par toise. «
Cela indisposa les Habitans de l'Isle con- «
tre les Entrepreneurs. Ils s'assemblerent «
en 1643. & demanderent ,par Hebert l'un d'eux, «
d'estre subrogez à Marie, & ses associez ; of- «
frirent d'achever dans trois ans les ponts , & «
les quays qui restoient à faire ; de les rendre «
parfaits dans quatre ans ; de payer au Cha- «
pitre les 50000. liv. que le Roy luy avoit pro- «
mis ; & de donner encore pareille somme de «
50000. liv. pour faire revestir le terrain ; & «
enfin d'observer tous les traitez qui avoient «
esté faits avec les Entrepreneurs, & les dis- «
positions des Arrests qui en avoient ordonné «
l'execution. Ces offres, malgré Marie, & ses «
Associez, furent acceptées. Le Roy leur trans- «
porta toutes les places qui restoient à vendre «
dans l'Isle, avec tous les droits qui avoient «
esté cedez à Marie. L'on y ajousta cette con- «
dition, qu'en cas que tous ses effets ne suf- «
sent pas suffisans pour toute la dépense qui «
seroit necessaire pour finir les ouvrages, cet- «

te «

» té dépenfe fe prendroit fur tous les proprie-
» taires ; & qu'en cas qu'il y euft de l'excedant,
» il appartiendroit à Marie, & fes Affociez.
Ce dernier traité fut executé; les ouvrages de
l'Ifle, qui avoient efté commencez par Marie,
& fes Affociez en 1614. continuez par de la

Grange en 1623. repris par Marie, & fa Compagnie en 1627. furent enfin achevez par fes foins,
& fous la conduite de Hebert, & des autres
Habitans, l'an 1647. Et ce nouveau quartier de
Paris fut depuis ajoufté à celuy de la Cité.

CHAPITRE VIII.

Accroiffemens & embelliffemens de la Ville de Paris. Sa nouvelle en-ceinte. Et fon eftat prefent.

JUfques-icy nous avons vû tous les Souverains
qui ont efté les maîftres de la Ville de Paris,
appliquez à la fortifier, pour la mettre en eftat
de défenfe contre leurs ennemis. Auffi-toft que
Cefar en eut fait la conquefte, il la fit environner de murs, & de tours, & fit baftir deux for-
tereffes au bout de fes ponts. Autant de fois que
fon eftenduë a reçu quelques accroiffemens, nos
Roys ont pris foin d'en affurer la défenfe par
de nouvelles enceintes. Tous les devis, & tous
les plans de ces anciennes cloftures, confervez
dans l'Hiftoire ou dans nos Archives, ne font
mention que de murs, de tours, de courtines,
de baftions, de foffez, de contrefcarpes, & d'autres fortifications. Il eftoit neceffaire en effet
dans tous ces temps d'en ufer ainfi. Le voifinage, & les forces des ennemis de la France demandoient toutes ces précautions, pour mettre
la ville Capitale à couvert des courfes qu'ils
faifoient quelquefois jufques dans le cœur de
l'Eftat.

Toutes ces chofes ont changé fous le Regne
de Loüis le Grand. La force, & la juftice de fes
armes ont réuny à la Couronne la plus grande
partie des Provinces qui en avoient efté feparées fous les Regnes precedens ; & fa profonde
fageffe s'en eft affermi la poffeffion par les titres
les plus juftes, par les traitez les plus folemnels. Ainfi les anciennes bornes de la France
reftablies de tous coftez ; la Capitale, qui eftoit
prefque frontiere, fe trouve aujourd'huy au
centre du Royaume. En cet eftat, à l'abry des
conqueftes de fon augufte Monarque, & environnée des plus fortes Places de l'Europe, elle
n'a plus rien à craindre. Tout ce qui avoit efté
fait dans les fiecles paffez, pour la mettre à couvert de fes ennemis, luy eft devenu deformais
inutile : auffi fes Habitans n'ont-ils plus entrepris d'ouvrages qu'à la gloire du Roy, pour
luy marquer leur zele, & leur reconnoiffance,
ou pour la commodité ou l'embelliffement de
leur Ville. C'eft pourquoy nous ne verrons plus
dans ce qui nous refte à parcourir, que des foffez
fez comblez, des Portes abbatuës, des Arcs de
Triomphe élevez aux places qu'elles occupoient,
des ruës élargies, de nouvelles ruës bafties fur
les ruines des anciennes fortifications, ou fur
celles des Hoftels, qui par leur antique ftruc-
ture défiguroient la Ville ; des Places publiques
ouvertes, des buttes applanies, des quays reveftus ; ce qui reftoit de Places vuides bafties, &
peuplées ; de nouveaux ponts conftruits. Aprés
cela fi l'on a entrepris une nouvelle enceinte
de Paris, au lieu de murs, de courtines, &
de baftions, qui marquoient autrefois la crainte
des Citoyens ; c'eft un Cours planté d'arbres pour
leurs délices, & qui fait également connoiftre la

magnificence de leur Ville, & fa fecurité prefente.

Dés la premiere année du Regne de Sa Majefté, l'an 1643. la Place du Palais Royal fut
ouverte fur les ruines de l'Hoftel de Sillery ; &
le quay des Orfévres fut achevé de baftir, & reveftu de pierre de taille.

Il reftoit encore plufieurs Places vuides dans
la nouvelle enceinte qui avoit efté faite depuis
la Porte faint Denys jufqu'à celle de faint Honoré. Le Roy voulant perfectionner cet ouvrage, ordonna par Arreft du Confeil du 28. Janvier 1645. que toutes ces Places feroient venduës
& bafties. Cela fut ponctuellement executé, &
ce quartier s'en trouva augmenté de plufieurs
nouvelles ruës. Cet accroiffement obligea d'ouvrir la même année de nouvelles Portes pour la
commodité de fes Habitans ; l'une au bout de la
ruë Montorgueil, que l'on nomma Porte fainte
Anne ; & l'autre au bout de la ruë de Gaillon,
qui devoit eftre nommée Porte faint Roch ; mais
qui a pris le nom de cette ruë.

Les rempars, les foffez, & les contrefcarpes n'a-
voient point efté compris dans cette enceinte, &
fubfiftoient toujours. La Ville de Paris connoiffant combien ces fortifications commençoient à
luy devenir inutiles, en demanda le don au
Roy, pour y baftir : & cela luy fut accordé
par Lettres Patentes du 7. Juillet 1646. l'on ne
commença neanmoins de combler les foffez,
d'applanir les rempars, d'y conftruire des édifices, & d'y dreffer des ruës, qu'entre les Portes de l'Univerfité. Les guerres de Flandre donnoient encore quelque allarme de l'autre cofté ;
les fortifications y furent confervées.

Les baftimens, & les ouvrages de l'Ifle Noftre-
Dame, qui avoient efté commencez dés l'an
1614. & tant de fois abandonnez, & repris, furent enfin achevez l'an 1646. mais les Entrepreneurs n'avoient conftruit le Pont de la Tournelle, que de bois ; au lieu que par leurs traitez il devoit eftre de pierre.

Le Pont au Change, qui n'eftoit que de bois,
avoit efté confumé avec le Pont aux Colombes ou aux Meuniers, qui en eftoit proche,
par un grand incendie, le 24. Octobre 1621.
Sa nouvelle conftruction de pierre de taille, telle
que l'on le voit aujourd'huy, fut commencée
fous le Regne du feu Roy, & ne fut achevée
que l'an 1647.

Le Pont de bois de la Tournelle ayant efté
rompu par les glaces, & les grandes eaux, fut
reftably & conftruit de pierre l'an 1656.

Il reftoit encore à baftir au Marais du Temple, pour achever l'entreprife commencée fous
Henry IV. l'an 1603. une place de mille toifes de fuperficie dans la culture faint Gervais.
Cette même année 1656. les Religieufes Hofpi-
taliéres

tilieres de sainte Anaftase ayant acheté l'Hoftel d'O pour s'y loger, elles vendirent cette Place, sous le bon plaisir du Roy, à Aubert de Fontenay Interessé aux Gabelles : & ce sont aujourd'huy les ruës de la Perle, & de l'Hoftel Sallé.

La tranquillité publique eftant reftablie par la paix conclüe avec l'Espagne, & affermie par le Mariage du Roy avec l'Infante, en l'année 1660. chacun s'empressa d'en marquer sa joye, par les expressions les plus vives. Les Parisiens qui doivent l'exemple aux autres Villes, mirent tout en usage pour se diftinguer autant par leur zele, qu'ils le sont par le rang qu'ils tiennent dans l'Eftat. Jamais feste ne fut plus magnifique, ny plus pompeuse que celle qu'ils preparerent pour la triomphante Entrée de leurs Majeftez dans cette Ville Capitale. Les descriptions exactes qui en ont esté données au Public, en conserveront la memoire jusqu'à la pofterité la plus reculée. Nous n'entreprendrons pas d'y rien ajoufter : mais voicy ce qui entre dans noftre sujet.

La Porte saint Antoine, qui avoit toujours conservé son ancienne forme de fortereffe, fut abbatuë. L'on éleva sur la même place un Arc de triomphe, orné de tout ce que l'Architecture a de plus exquis, & de plus achevé. Toutes les figures qui en accompagnent les trois portiques, sont autant de trophées à la gloire du Roy, ou d'hyerogliphes de la paix, & des avantages que l'on esperoit de cette augufte alliance. Le commerce reftably, & les Arts protegez ; l'abondance, & la tranquillité publique en furent les premiers fruits. Ce calme ne fut pas long-temps sans reveiller l'inclination naturelle des Parisiens pour les baftimens. Il eftoit refté derriere S. Roch un amas de terre, & de gravois, des dernieres fortifications, qui avoient formé une butte ou petite montagne, sur laquelle il y avoit des moulins. Quatre particuliers entreprirent de l'applanir, & le Roy leur en accorda la permiffion par Arreft du Conseil du 15. Septembre 1667. Cet ouvrage ne fut achevé qu'en 1677. & a donné douze nouvelles ruës au quartier de saint Honoré.

La Ville de Paris accruë au point où elle eft, ses anciens ports n'eftoient plus suffisans pour l'abord, & la décharge des marchandises necessaires à sa subfiftance, & qui luy sont amenées de tous coftez. Ses Magiftrats, avec la permiffion du Roy, en firent conftruire deux nouveaux l'an 1669. le long du quay de la Tournelle ; l'un au deffus, & l'autre au deffous du pont de la Tournelle.

L'on avoit revestu de pierre de taille le quay Malaqueft jusqu'à la ruë des petits Auguftins, dés l'an 1619. le refte eftoit demeuré brut ; ce qui faifoit un fort vilain aspect au Louvre, & causoit beaucoup d'incommodité au Public. Le Roy ordonna par Arreft du Conseil du premier Juillet 1669. que l'entier revestement de ce quay seroit achevé. Ce qui fut exécuté, & conduit à sa perfection l'année suivante 1670.

Cette même année 1670. le Roy informé qu'il manquoit à Paris un lieu propre, & commode pour obferver les Aftres, & perfectionner les sciences qui dépendent de leurs conftellations, & de leur cours, fit baftir l'Obfervatoire à l'extremité du Fauxbourg saint Jacques.

Mr de Louvois, Miniftre, & Secretaire d'Eftat au département de la Guerre, fit auffi commencer l'Hoftel Royal des Invalides, pour loger & nourrir les pauvres Officiers, & les Soldats

eftropiez au service du Roy ; & les Prevoft des Marchands, & Echevins commencerent à faire élargir les ruës de Paris, par celle des Arcis.

Ce fut auffi en ce même temps que le Roy leur permit par Arreft du Conseil du 7. Juin 1670. de faire de nouveaux rempars depuis la Porte saint Antoine jusqu'à la Porte de saint Martin, d'environ douze cens toises de longueur, fur seize toises de largeur, plantez d'arbres, à la place des anciens rempars, & foffez de la Ville.

L'on pensa auffi à l'embelliffement de la partie Meridionale de la Ville, ou du quartier de l'Univerfité. L'ancienne Porte de saint Bernard ou de la Tournelle, fut abbatuë, & l'on éleva à sa place un Arc de Triomphe à deux arcades ou portiques, à l'imitation des anciens. Tous les ornemens & les figures de cet ouvrage, sont autant de symboles, qui font entendre que cet endroit eft le plus grand abord des marchandifes qui arrivent par la Seine à Paris, & qu'elle reçoit des mers par son embouchure, & des autres fleuves & canaux qui groffiffent son cours. Il y en a d'autres qui expriment parfaitement bien, que si les Parifiens reçoivent avec abondance par ce commerce, tout ce qui peut contribuer à leur subfiftance, à leur commodité, ou à leurs délices, ils en sont redevables à la grandeur du Roy, à la puiffante protection, & à la sage prévoyance de Sa Majefté.

En 1671. les Hoftels de Nemours, & de Luynes furent démolis. Sur les ruines de l'un l'on fit ouvrir la ruë de Savoye ; & des maisons ont efté conftruites à la place de l'autre, qui font aujourd'huy partie du quay des Auguftins.

Le Roy fit baftir un Hoftel ruë du Bacq au Fauxbourg saint Germain, pour la première Compagnie de ses Moufquetaires. Quinze nouvelles fontaines furent conftruites en differens quartiers ; & une Pompe fur le Pont Noftre-Dame, pour fournir de l'eau à celles qui n'en pouvoient recevoir des anciennes sources. Un nouveau Port fut eftably dans l'Ifle Louvier ; & la ruë de la Verrerie fut élargie.

Par un Arreft du Conseil du 17. Mars de cette même année 1671. il fut permis aux Magiftrats de l'Hoftel de Ville de faire abbattre la Porte saint Denys, pour y continuer jufqu'à la Porte saint Honoré, le Cours ou rempart planté d'arbres qu'ils avoient commencé. La place de cette Porte fut auffi-toft occupée d'un Arc de triomphe élevé à la gloire du Roy. Il eft chargé de devifes, & d'hyerogliphes qui marquent le grand nombre, & la rapidité des conqueftes de Sa Majefté en Hollande pendant cette année & la fuivante 1672. & son retour victorieux en cette ville, après avoir donné ses ordres pour fortifier quarante Places frontieres de ses Etats.

Les Portes de Buffi, de saint Germain, & Dauphine furent auffi démolies en 1672. tant pour l'embelliffement de la Ville, que pour rendre plus commode la communication des quartiers. Et dans ce même temps les ruës Galande, des Noyers, de la vieille Draperie, & des Mathurins furent élargies ; la ruë Jean Beaufire continuée jufqu'aux rempars ; & une nouvelle ruë ouverte devant le grand Portail de l'Eglife des Cordeliers.

L'on baftiffoit cependant de tous les coftez dans les Fauxbourgs, & beaucoup au delà des bornes qui avoient efté plantées en 1638. Le Roy en ayant efté informé, ordonna par Lettres Patentes du 26. Avril 1672. qu'il seroit planté de nouvelles bornes aux extremitez des «

» Fauxbourgs,

» Fauxbourgs, pour en marquer l'enceinte ; &
» fit de tres-expresses défenses de les passer à l'a-
» venir par aucun bastiment. Ces Lettres fon-
» dées sur ce motif, qu'il estoit à craindre que
» la Ville de Paris parvenuë à cette excessive
» grandeur, n'eust le même sort des plus puis-
» santes Villes de l'Antiquité, qui avoient trou-
» vé en elles-mêmes le principe de leur ruine ;
» estant tres-difficile que l'ordre & la Police
» se distribuent commodément dans toutes les
» parties d'un si grand corps.

Les ouvrages publics de l'année 1673. commencerent par l'entreprise d'un nouveau quay,
depuis le Pont Nostre-Dame vis-à-vis la ruë
de Gêvres jusqu'à la Greve. Le Roy en aprou-
va le dessein, & en ordonna l'execution par
Arrest du Conseil du 17. Mars. Cet ouvrage est
l'un des plus beaux ornemens, & l'une des plus
grandes commoditez de Paris. Il donne une
route droite & continuë depuis la Porte de la
Conference jusqu'à l'Arcenal. Il contribue considerablement à la salubrité de l'air de la Ville,
par l'éloignement des Tanneurs, & des Teinturiers, qui causoient beaucoup d'infection en cet
endroit sur les bords de la Seine. C'est un dégagement pour les embarras frequens du Pont
de Nostre-Dame, & une communication commode du quartier de S. Antoine à l'Eglise de
Nostre-Dame, & au Chasteau du Louvre lor
des Entrées & des Ceremonies publiques. L'élar-
gissement du port de la Greve, & du port au
foin ; l'abruvoir, & le restablissement des
parapets du quay des Ormes furent une suite
de la construction de ce nouveau quay. Tous ces
ouvrages se trouvent sur la même route.

Les remparts plantez d'arbres sur les anciennes
fortifications de la Ville de Paris, depuis la
Porte saint Antoine jusqu'à la Porte saint Honoré, ordonnez par Arrests du Conseil des 7. Juin
1670. & 11. Mars 1671. se continuoient toujours
avec beaucoup de diligence. L'entreprise en parut si belle, que le Roy, par Arrest du Conseil
du 15. Juillet 1673. ordonna qu'il seroit fait un
semblable rempart depuis la Porte de S. Bernard
jusqu'à la Porte de saint Victor. Ce dessein est
neanmoins demeuré sans execution. Il ne parut
pas assez grand pour répondre au plan qui s'executoit de l'autre costé. Cela fit prendre la resolution de les conformer l'un à l'autre, & de
renfermer dans ce Cours ou rempart, l'Université & ses Fauxbourgs, aussi-bien que la Ville.
Celuy-cy fut commencé sur le bord de la riviere vis-à-vis celuy de la Porte de S. Antoine,
a esté poussé jusqu'à costé du Jardin Royal des
Plantes ; & doit estre continué par les extremitez des Fauxbourgs saint Victor, saint Marcel,
saint Jacques, saint Michel, saint Germain, &
finir sur le bord de la riviere vis-à-vis celuy
de la Porte de S. Honoré.

En 1674. les nouvelles conquestes du Roy en
Allemagne, en Flandre, en Franche-Comté, &
en Hollande, qui acheverent d'éloigner, &
d'assurer nos frontieres, en restablissant leurs anciennes limites, presenterent une nouvelle
occasion à la Ville de Paris d'en marquer sa reconnoissance à Sa Majesté, & son zele pour sa
gloire. La Porte de S. Martin qui estoit sur la
route de la plus grande partie des Provinces,
ou des Villes, & Places conquises, fut jugée un
lieu propre pour ce dessein. Elle fut abatuë, &
un Arc de triomphe élevé sur la place qu'elle
avoit occupé. L'on y voit en bas-reliefs la prise
des Villes, les Batailles gagnées, la triple Alliance des Ennemis du Roy découverte, & puis

rompuë, & l'heureux retour de Sa Majesté dans
la Capitale de ses Estats.

Il restoit encore dans l'enceinte commencée
par Barbier en 1634. cinq cens toises de places
à bastir proche les Filles-Dieu. Les heritiers
de Barbier les avoient venduës à des particuliers.
Les Prevost des Marchands & Echevins s'opposerent au décret volontaire qui en fut poursuivy
au Chastelet, & ensuite au Parlement. Ils prétendoient que cette place avoit autrefois fait partie des fossez de la Ville. Les heritiers de Barbier appellez en sommation, se pourvurent au
Conseil du Roy. L'affaire fut discutée ; & par
Arrest du 13. Avril 1676. les Prevost des Marchands & Echevins perdirent leur cause. Les
ventes furent confirmées ; & cette place fut bastie, & couverte de maisons.

En 1684. les Portes de S. Michel, de S. Jacques, & de S. Victor furent démolies ; & les
Fauxbourgs de ces noms joints à la Ville.

Il n'y avoit eu originairement à Paris que
deux ponts ; le grand, & le petit. Les autres y
ont esté ajoutez de temps en temps, à proportion des accroissemens de la Ville, pour faciliter la communication de ses quartiers. Le Pont
de S. Michel, qui fut construit l'an 1384. avoit
suffi pendant prés de deux siecles pour passer
du quartier de saint André à celuy de la Cité.
Les premiers accroissemens du Fauxbourg saint
Germain engagerent Henry III. d'y ajouster
le Pont neuf, qui fut commencé l'an 1578. &
achevé l'an 1604. comme il a esté observé en
son lieu.

Ces ponts cesserent d'estre suffisans sous le Regne de Loüis XIII. Les Hostels qui furent bastis sur le quay du Fauxbourg saint Germain
vis-à-vis le Louvre ; & le grand nombre d'autres
édifices dont ce quartier fut augmenté, en avoit
tellement reculé les limites, qu'elles se trouverent alors trop éloignées du Pont-neuf pour profiter commodément de ce passage. Cela donna
lieu à faire construire un nouveau pont entre le
Chasteau des Tuileries, & l'extremité de ce
Fauxbourg en 1632. & on le nomma le Pont-
Rouge, parce qu'il estoit peint de cette couleur.

Ce Pont, qui n'estoit que de bois, à l'endroit
le plus large, & le plus rapide de la riviere,
n'y subsista pas long-temps entier. Il fut plusieurs fois rompu, ou par les glaces, ou par les
inondations, & enfin totalement emporté pour
la derniere fois dans le grand dégel qui arriva
en l'année 1684.

L'utilité de ce passage pour la communication des quartiers de saint Germain des Prez,
& de saint Honoré parut si grande, que dés la
même année le Roy donna ses ordres pour y
construire un pont de pierre. Plusieurs des plus
habiles Architectes se presenterent pour cette
importante entreprise : mais le Sieur Gabriel
avoit donné tant de preuves de la superiorité
de son genie dans cet Art, & son experience
avoit tant de fois paru dans les bastimens du
Roy, élevez sous sa conduite, qu'il fut preferé
à tous les autres. Il en dressa le devis, & offrit
de l'executer pour six cens soixante-quinze mil
livres, son offre furent acceptées, & son payement luy fut delegué sur le Tresorier des ponts
& chaussées, par Arrest du Conseil du 10. Mars
1685.

L'ouvrage fut aussi-tost commencé sur un premier plan qui en avoit esté fait. L'on reconnut
alors que ce plan tout bon qu'il estoit,
pouvoit encore recevoir quelques degrez de perfection ; & le Sieur Gabriel eut tous les pou-

voirs necessaires d'y ajouster ce qu'il jugeroit à propos. Cet habile Entrepreneur répondit à l'estime qu'on avoit euë de luy en le choisissant ; & en moins de deux ans il rendit cet ouvrage parfait.

Ce Pont est en effet l'un des plus beaux qui se puissent voir. Il n'a que cinq arches, quoique sa longueur soit de soixante-six toises. L'Architecte a trouvé l'art, que la prodigieuse largeur de ces arches ne leur donne point trop d'élevation, & que l'on passe sur ce pont sans s'apercevoir que l'on y monte. L'on y admire encore l'un des plus hardis traits de l'Architecture aux deux arches des extrémitez. Elles sortent, pour ainsi dire, de dessous le pont ; & pour en élargir les entrées, elles s'étendent en forme de trompe de costé & d'autre, où sans perdre leur figure d'arc surbaissé, elles se vont joindre aux pierres de taille dont les quays sont revestus. Le sol du pont est partagé en trois comme celuy du Pont-neuf. Le milieu où passent les carosses & les autres voituriers, a cinq toises de largeur. Les costez pour les gens de pied, sont des banquettes élevées de vingt-un pouces au dessus du pavé, & larges de neuf pieds. Les murs d'apuy ou de parapet aux costez des banquettes ont trois pieds de hauteur, & deux pieds d'épaisseur. Les augmentations qui avoient esté faites pour conduire cet ouvrage à sa perfection, furent estimées à soixante-sept mille cent soixante-onze livres onze sous, par le Procés verbal de reception du 13. Juin 1689. confirmé par Arrest du Conseil du 25. Septembre de la même année. Ainsi tout l'ouvrage de ce pont, que l'on nomme à juste titre, Pont Royal, revient à sept cens quarante-deux mille cent soixante-onze livres onze sous.

Les ouvrages du nouveau rempart planté d'arbres avoient esté poussez en 1684. jusqu'à la Porte sainte Anne. La rencontre des fossez de la Ville, des butes de terre qui avoient autrefois servi aux fortifications, & de quelques maisons basties sur les contrescarpes, auroit pû en interrompre le cours. Le Roy en ayant esté informé, & voulant qu'un si beau dessein fust conduit à sa perfection, leva cet obstacle par des Lettres Patentes du mois de Juillet 1686. Ces Lettres qui confirmerent deux Arrests precedens, permettent aux Prevost des Marchands & Eschevins de faire applanir les buttes, combler les fossez, abatre les maisons, & de se mettre en possession des marais ou autres heritages qui se trouveroient compris dans le dessein du Cours, en remboursant les proprietaires du prix de leurs acquisitions. Il leur fut aussi permis de disposer par vente & alienation à perpetuité, des places vaines & vagues, fossez rempars, contrescarpes, portes anciennes & masures; pour estre les deniers qui en proviendroient employez aux ouvrages publics pour l'embellissement de la Ville. Depuis ce temps le cours a esté conduit jusqu'à la Porte saint Honoré: en sorte qu'il est de ce costé de la Ville à son terme & dans sa perfection. Les places qui se sont trouvées aux environs ont aussi esté venduës. L'on acheve actuellement de les couvrir de maisons, & d'y dresser des ruës, qui se trouveront par ce voisinage des promenades publiques dans l'une des plus agreables situations de Paris.

En execution de ces mêmes Lettres du mois de Juillet 1686. la Porte de S. Marcel fut démolie; & le terrain de la contrescarpe du fossé de S. Victor fut abaissée, le fossé comblé, & des maisons basties le long des murs de la Ville. Ainsi

cet endroit qui estoit impraticable aux voitures par son exhaussement, & occupé d'un costé par des fossez deserts, est aujourd'huy une tres-belle ruë en pente douce, qui facilite la communication du quartier saint Marceau aux quartiers de saint Marcel, de saint Jacques, & de saint Michel; & le transport des marchandises qui arrivent par la riviere, pour les provisions de tous ces quartiers éloignez.

Pendant que le Corps de Ville s'empressoit à marquer son zele pour la gloire du Roy, & & pour l'embellissement de Paris, Mr le Maréchal Duc de la Feüillade voulant entrer en son particulier dans ce grand dessein, forma le projet d'une nouvelle Place publique, qu'il entreprit de faire ouvrir à ses dépens, pour y élever une Statuë du Roy, & l'orner de trophées à la gloire de Sa Majesté. Dans cet objet il acheta l'Hostel de Senneterre, ruë des Petits-Champs, d'une situation avantageuse ; il estoit d'une estenduë considerable, & isolé de quatre ruës. Mr de la Feüillade le fit abatre en 1684. L'on forma en même-temps sur le terrain qu'il avoit occupé une place ovale, environnée de maisons d'une même symmetrie. Au milieu de cette place il fit élever en 1686. sur un piedestal de marbre blanc, un groupe de bronze doré, qui represente la Statuë pedestre du Roy couronné par la Victoire, & qui foule aux pieds un Cerbere. Il y a aux quatre coins du piedestal quatre Esclaves accompagnez de quantité de trophées ; & aux quatre faces, des bas reliefs où sont representées les victoires du Roy, que Sa Majesté termine par la paix qu'il donne à l'Europe. C'est ce lieu que l'on nomme à present la Place des Victoires.

La Porte saint Antoine, qui est celle des triomphes, & l'entrée de tous les Ambassadeurs, se trouve accompagnée de la Place Royale, qui se rencontre sur sa route, & qui en est assez proche. Le quartier saint Honoré, où est le Louvre, & qui est la route des Maisons Royales de saint Germain & de Versailles, par où passent les Ambassadeurs pour aller à leurs audiances, estoit privé de cet avantage d'une place publique. Le Roy voulant achever les embellissemens de sa Ville Capitale par cet ornement, acheta en 1685. l'Hostel de Vendôme, & le fit abatre en 1687. mais comme cet espace n'estoit pas encore suffisant pour y ouvrir une place assez considerable, Sa Majesté fit bastir sur le derriere du lieu que cet Hostel avoit occupé, un Convent pour les Capucines de la ruë saint Honoré. Elles y furent transferées en 1698. & par un acte capitulaire du 19. Avril de cette même année, elles abandonnerent pour ce grand dessein leur ancien Couvent, qui fut aussi démoly. L'on traça ensuite sur ce terrain le plan d'une place publique ; & pour la rendre plus belle, & plus reguliere, le Roy fit élever de même symmetrie les murs de façades des édifices qui la doivent environner.

Les lieux ainsi disposez, la Ville de Paris, après d'instantes prieres obtint du Roy la permission de faire élever en bronze au milieu de cette place la Statuë equestre de Sa Majesté. L'érection en fut faite le 19. Aoust 1699. avec toute la pompe & la magnificence possibles, & depuis ce temps, d'une voix commune de tous les Citoyens, ce lieu a esté nommé, la Place de Loüis le Grand.

C'est ainsi que la Ville de Paris renfermée originairement dans une petite Isle d'environ cinquante arpens, ou pour parler plus précisément,

de

de cinq cens toifes de long, fur cent quarante de large au milieu, & beaucoup moins aux extrémitez, eft parvenuë à cette extrême grandeur, qui luy donne aujourd'huy deux lieuës de diametre, & fix lieuës de circonférence, en y comprenant fes Fauxbourgs.

CHAPITRE IX.

Nouvelle divifion de la Ville de Paris en vingt Quartiers.

LA même raifon qui a porté toutes les Nations bien difciplinées, à eftablir auprés de leurs Magiftrats un certain nombre de Subdeleguez, pour les reprefenter dans leurs fonctions, les a engagez en même temps à partager chacune de leurs Villes en differentes portions, & à les diftribuer entre ces Officiers.

Leurs Loix que l'on a parcouruës dans les Chapitres precedens, nous apprennent quels furent les motifs de cet eftablillement, & les avantages que l'on en doit toujours efperer; nous ne les repeterons point. On a y veu auffi que les Hebreux nous en fourniffent le premier exemple dans le partage qu'ils faifoient de leurs Villes en quatre portions, qu'ils nommoient *Pelakim*, Regions ou Quartiers. Les Grecs en fuivant toujours nos preuves, y apportoient quelque diftinction par rapport à l'eftenduë de leurs Villes : ils en partageoient les petites en deux, les mediocres en trois, & les plus grandes en quatre; ce qu'ils exprimoient par ces trois mots, Δίπολις, Τρίπολις, Τετράπολις, Villes de deux, de trois, ou de quatre Regions ou Quartiers. Servius Tullius partagea la Ville de Rome en quatre, & Augufte en quatorze Regions. Les Villes des Provinces Romaines furent partagées en deux, en trois, ou en quatre, felon leur eftenduë : tout cela eft prouvé chacun en fon lieu, on n'en dira rien icy davantage.

Lutece Ville des Parifiens, lors qu'elle fut conquife par Cefar, n'eftoit pas d'une affez grande eftenduë pour eftre fufceptible d'aucun partage. Ce n'eftoit qu'une petite Place fortifiée dans l'Ifle de la Seine, *Caftellum Parifiorum, Lutetiam nomine in Infula Sequana*. C'eft ainfi que les Auteurs nous en marquent le plan. Son premier accroiffement, dont le temps eft incertain, fe fit hors de fon Ifle du cofté du Nort; & ce fut alors que l'on commença de la partager entre les Officiers qui eftoient chargez des foins du bien public. Ce partage fe fit en quatre; & il eft remarquable que ces quatre premiers Quartiers ont fubfifté jufqu'à aujourd'huy : ce font ceux de la Cité, de faint Jacques, de la Verrerie, & de la Greve; on les voit beaucoup mieux fur le plan que nous en avons donné. Le fecond accroiffement entrepris par Philippe Augufte l'an 1190. & qui fut achevé l'an 1211. fut beaucoup plus confiderable. Il renfermoit dans fon enceinte tout le cofté du Midy, qu'on a depuis nommé Univerfité; du cofté du Nort, le Bourg de faint Germain l'Auxerrois, le Bourg l'Abbé, le Beau-Bourg, & le Bourg Thibouft. C'eftoient autant de petits lieux qui avoient efté baftis aux environs & proche de Paris : mais il y avoit encore entre ces nouveaux murs beaucoup plus de marais, de terres labourables, de prez, & de vignes, que d'habitations; & ces lieux vagues ne fe trouverent baftis & occupez que vers la fin du regne de faint Louis. La Ville en fut auffi-toft augmentée de quatre nouveaux Quartiers, qui font du cofté du Nort, ceux

Tome I.

de fainte Opportune, & de S. Germain; & du cofté du Midy, les Quartiers de S. André, & de la Place Maubert.

Le troifiéme accroiffement, qui fut commencé par Charles V. & qui ne finit que fous Charles VI. l'an 1383. fut encore plus eftendu que n'avoit efté celuy de Philippe Augufte : mais il fut entierement pris du cofté du Nort. Cela donna à la Ville de Paris les huit nouveaux Quartiers, de faint Antoine, faint Gervais, fainte Avoye, faint Martin, faint Denys, les Halles, faint Euftache, & faint Honoré. Ainfi fous ce Prince toute la Ville fut partagée en feize Quartiers, ou Regions, qui conferverent neanmoins toujours le nom de Quartier, du nombre de leur première divifion en quatre.

Ce partage de Paris en feize Quartiers fe fit d'abord avec affez d'égalité : mais cette jufte proportion fi neceffaire pour y maintenir l'ordre public, ne fubfifta pas long-temps. Les nouveaux accroiffemens de la Ville, qui furent faits fous les regnes fuivans, fe trouverent joints par leur fituation aux Quartiers des extrémitez, & les avoient rendus d'une eftenduë immenfe, pendant que ceux de la Ville eftoient demeurez dans leurs anciennes bornes. Le Quartier de faint André, fut celuy dont l'accroiffement parut le plus confiderable : cela obligea en 1642. de le feparer en deux, & de faire un nouveau Quartier du Fauxbourg faint Germain : ainfi par cette addition, il y eut dix-fept Quartiers à Paris.

Mais les baftimens des Cultures de faint Eloy, de fainte Catherine, de fainte Anaftafe, des Marais du Temple, de la Villeneuve, de la Bute faint Roch, & les anciens Fauxbourgs qui ont efté renfermez dans une nouvelle enceinte, avoient auffi tellement accrû les Quartiers de faint Antoine, de fainte Avoye, de faint Martin, de faint Euftache, & de faint Honoré, qu'il y a peu de Villes en France, qui égalaffent en grandeur l'une de ces Quartiers. Le Fauxbourg faint Germain depuis fon érection en l'un des Quartiers de la Ville, avoit encore efté augmenté d'un fi grand nombre de nouvelles ruës, couvertes d'Hoftels magnifiques, & d'autres baftimens, qu'il excedoit encore en eftenduë le plus grand des autres Quartiers.

Ainfi le bien que l'on s'eftoit propofé dans la première divifion de la Ville, de rendre aifée l'infpection des Officiers de Police fur tout ce qui s'y paffe, n'eftoit plus d'aucun ufage : l'immenfe eftenduë des grands Quartiers, eftoit un obftacle perpetuel à l'execution des Reglemens de Police : il eftoit impoffible qu'il n'échapaft tous les jours à la plus exacte vigilance, & à l'attention la plus affiduë des Commiffaires, une infinité de chofes qui intereffoient le fervice du Roy, ou le bien public. Et comment ces Officiers, ou le Magiftrat leur rapportil, aroient-ils pû y pourvoir n'en eftant point averti ? L'on avoit fouvent projeté de multiplier le nombre.

nombre des Quartiers par une nouvelle division, pour en restablir sinon une parfaite égalité, du moins en approcher autant qu'il seroit possible.

L'occasion s'en presenta enfin, lors qu'il fut proposé au Conseil du Roy, d'establir en titre d'Office, des Receveurs des deniers destinez pour l'entretien des lumieres publiques, & du nettoyement de la Ville, au lieu des Receveurs Bourgeois qui en avoient esté chargez par le passé. On jugea dés la premiere proposition qui en fut faite, que l'extreme inégalité des Quartiers seroit encore un obstacle à cet establissement; que

le peu qu'il y avoit à recevoir dans les petits Quartiers, ne meritant pas d'y occuper un homme, éloigneroit ceux qui auroient dessein de lever ces Charges, & que la prodigieuse estenduë des grands, rendroit trop long & trop difficile le recouvrement qu'il y auroit à faire : on arresta qu'il en seroit fait une nouvelle division. Elle fut ordonnée par l'Edit de création de ces Offices du mois de Decembre 1700. & par une Declaration du douziéme Decembre 1702. & fut faite ensuite par l'Arrest du Conseil : on les rapportera icy dans toute leur estenduë.

I.
14. Janvier 1702. Nouvelle division de Paris en vingt Quartiers.

LE ROY ayant par son Edit du mois de Decembre mil sept cens un, créé vingt Offices de Receveurs Particuliers, & deux Offices de Receveurs Generaux des deniers destinez pour l'entretien des Lanternes, & pour le nettoyement des ruës de la Ville & Fauxbourgs de Paris ; & quatre Conseillers du Roy, Quarteniers pour les nouveaux Quartiers establis dans ladite Ville : lesquels Receveurs particuliers doivent faire leur Recette dans les Quartiers qui leur seront désignez par leurs quittances de finances. Et Sa Majesté estant informée que les seize anciens Quartiers de la Ville & Fauxbourgs de Paris sont tres-inégaux dans leur estenduë ; qu'il y en a plusieurs qui ne sont composez que de dix ou douze ruës, pendant que d'autres en contiennent plus de soixante ; que même ils sont engagez les uns dans les autres ; ce qui rend le service du Roy, & les soins de la Police & du bien public beaucoup plus difficiles. A quoy il est necessaire de pourvoir, en faisant une nouvelle division des vingt Quartiers ; joint que si l'ancienne subsistoit, la plûpart des Receveurs particuliers n'auroient presque pas de fonction, & leur recette seroit si modique, qu'ils ne recevroient tout au plus que trois à quatre mille livres chacun, pendant que les autres recevroient jusqu'à vingt-huit à trente mille livres par an ; ce qui seroit une tres-grande inégalité entre ces Officiers, par rapport à la premiere finance qu'ils doivent payer au Roy, à la repartition des Gages qui leur sont attribuez, & à leurs droits & taxations. Sur quoy Sa Majesté s'estant fait representer l'Edit de création desdits Offices du mois de Decembre mil sept cent un, & l'Arrest du Conseil du vingt-septiéme dudit mois, pour l'execution d'iceluy, ensemble le Plan de la Ville & Fauxbourgs de Paris : O u y le Rapport du sieur Desmaretz d'Armenonville, Conseiller Ordinaire au Conseil Royal, Directeur des Finances, SA MAJESTE' EN SON CONSEIL, a ordonné & ordonne, que ledit Edit & l'Arrest rendu en consequence, seront executez selon leur forme & teneur : Ce faisant, que la Ville & Fauxbourgs de Paris seront divisez en vingt Quartiers, ainsi qu'il ensuit : Sçavoir,

LE QUARTIER DE LA CITE', sera composé des Isles du Palais, de Nostre-Dame, & Louviers, depuis la Pointe Orientale de l'Isle Louviers, jusqu'à la Pointe Occidentale de l'Isle du Palais, & de tous les Ponts desdites Isles, y compris la Culée du Pont au Change.

LE QUARTIER DE SAINT JACQUES DE LA BOUCHERIE, sera borné à l'Orient par les ruës Planchemibray, des Arcis, & de Saint Martin exclusivement ; au Septentrion, par la ruë aux Ours exclusivement ; à l'Occident, par la ruë saint Denys depuis le coin de la ruë aux Ours, jusqu'à la ruë de Gévres, y compris le Marché de la Porte de Paris, & le Grand Chastelet inclusivement ; & au Midy, par la ruë & le Quay de Gévres inclusivement.

LE QUARTIER DE SAINTE OPPORTUNE, sera borné à l'Orient, par le Marché de la Porte de Paris, & la ruë de saint Denys exclusivement ; au Septentrion par la ruë de la Ferronnerie, y compris les Charniers des Saints Innocens du costé de la même ruë, & par une partie de la ruë de saint Honoré inclusivement, depuis ladite ruë de la Feronnerie, jusques aux coins des ruës du Roulle & des Prouvaires ; à l'Occident par les ruës du Roulle & de la Monnoye ; & par le Carrefour des Trois-Maries, jusqu'à la riviere, le tout exclusivement ; & au Midy, par les Quais de la Vieille Vallée de Misere & de la Megisserie inclusivement.

LE QUARTIER DU LOUVRE, OU DE SAINT GERMAIN DE L'AUXERROIS, sera borné à l'Orient par le Carrefour des Trois-Maries, & par les ruës de la Monnoye & du Roulle inclusivement ; au Septentrion, par la ruë de saint Honoré, y compris le Cloistre de saint Honoré inclusivement, à prendre depuis les coins des ruës du Roulle & des Prouvaires, jusques au coin de la ruë Frementeau ; à l'Occident ; par la ruë Frementeau, jusqu'à la riviere inclusivement ; & au Midy, par les Quays inclusivement depuis le premier Guichet du Louvre, jusqu'au Carrefour des Trois-Maries.

LE QUARTIER DU PALAIS ROYAL, sera borné de l'Orient par les ruës Frementeau & des Bons-Enfans, exclusivement ; au Septentrion, par la ruë Neuve des Petits-Champs exclusivement ; à l'Occident, par les extrémitez des Fauxbourgs de saint Honoré & du Roulle inclusivement ; & au Midy par les Quays inclusivement depuis le premier Guichet du costé du Quay de l'Ecole.

LE QUARTIER DE MONTMARTRE, sera borné à l'Orient par les ruës des Poissonniers & de sainte Anne exclusivement, jusqu'à l'extrémité des Fauxbourgs ; au Septentrion, par les extremitez des Fauxbourgs inclusivement ; à l'Occident, par les Marais des Porcherons inclusivement ; & au Midy, par la ruë Neuve des Petits-Champs, Place des Victoires, & les ruës des Fossez Montmartre, & Neuve saint Eustache inclusivement.

LE QUARTIER DE SAINT EUSTACHE, sera borné à l'Orient par les ruës de la Tonnellerie, Comtesse d'Artois & Montorgueil exclusivement, jusqu'au coin de la ruë Neuve de saint Eustache ; au Septentrion, par les ruës Neuve de saint Eustache, des Fossez Montmartre, & Place

. . . . . des

des Victoires exclusivement; à l'Occident par la rue des Bons-Enfans inclusivement; & au Midy, par la rue de saint Honoré exclusivement.

LE QUARTIER DES HALLES, sera borné à l'Orient par la rue de saint Denys exclusivement, depuis le coin de la rue de la Ferronnerie, jusqu'au coin de la rue Mauconseil; au Septentrion, par la rue Mauconseil exclusivement; à l'Occident, par les rues Comtesse d'Artois & de la Tonnellerie inclusivement; & au Midy, par la rue de la Ferronnerie, & partie de celle de saint Honoré exclusivement.

LE QUARTIER DE SAINT DENYS, sera borné à l'Orient par la rue de saint Martin, & par celle du Fauxbourg exclusivement; au Septentrion, par le Fauxbourg de saint Denys, & de saint Lazare inclusivement; à l'Occident, par les rues de sainte Anne, des Poissonniers, & Montorgueil inclusivement, jusqu'au coin de la rue Mauconseil; & au Midy, par les rues aux Ours, & Mauconseil inclusivement.

LE QUARTIER DE SAINT MARTIN, sera borné à l'Orient, par les rues Bar-du-bec, de sainte Avoye, & du Temple exclusivement; au Septentrion, par les extrémitez des Fauxbourgs inclusivement; à l'Occident, par la rue de saint Martin, & par la grande rue du Fauxbourg inclusivement; & au Midy, par la ruë de la Verrerie inclusivement; depuis le coin de la rue de S. Martin, jusqu'au coin de la rue de Bar-du-bec.

LE QUARTIER DE LA GREVE, sera borné à l'Orient par la rue Geoffroy Lasnier, & par la Vieille rue du Temple exclusivement; au Septentrion, par les rues de la Croix Blanche & de la Verrerie exclusivement; à l'Occident, par les rues des Arcis & de Planchemibray inclusivement; & au Midy, par les Quays Pelletier & de la Greve inclusivement, jusqu'au coin de la rue Geoffroy Lasnier.

LE QUARTIER DE SAINT PAUL, OU DE LA MORTELLERIE, sera borné à l'Orient par les Remparts inclusivement, depuis la Riviere jusqu'à la Porte de saint Antoine; au Septentrion, par la rue de saint Antoine exclusivement; à l'Occident, par la rue Geoffroy Lasnier inclusivement; & au Midy, par les Quays inclusivement, depuis le coin de la rue Geoffroy Lasnier jusqu'à l'extrémité du Mail.

LE QUARTIER DE SAINTE AVOYE, OU DE LA VERRERIE, sera borné à l'Orient par la Vieille rue du Temple exclusivement; au Septentrion, par les rues des Quatre-Fils, & des Vieilles Audriettes aussi exclusivement; à l'Occident par les rues de Sainte Avoye & Bar-du-bec inclusivement, depuis le coin de la rue des Vieilles Audriettes jusqu'à la rue de la Verrerie; & au Midy, par les rues de la Verrerie & de la Croix Blanche inclusivement, depuis le coin de la rue Bar-du-bec jusqu'à la Vieille rue du Temple.

LE QUARTIER DU TEMPLE, OU DU MARAIS, sera borné à l'Orient par les Remparts, & la rue du Mesnil-Montant inclusivement; au Septentrion, par les extrémitez des Fauxbourgs du Temple & de la Courtille inclusivement; à l'Occident par la grande rue des mêmes Fauxbourgs, & la rue du Temple inclusivement, jusqu'au coin de la rue des Vieilles Audriettes; & au Midy, par les rues des Vieilles Audriettes, des Quatre Fils, de la Perle, du Parc Royal, & Neuve S. Gilles inclusivement.

LE QUARTIER DE SAINT ANTOINE, sera borné à l'Orient par les extrémitez des Fauxbourgs inclusivement; au Septentrion, par l'extrémité des mêmes Fauxbourgs, & par les rues du Mesnil-Montant, Neuve S. Gilles, du Parc Royal, & de la Perle exclusivement; à l'Occident par la Vieille rue du Temple inclusivement, depuis les coins des rues des Quatre Fils, & de la Perle jusqu'à la ruë de S. Antoine; & au Midy par la ruë de S. Antoine inclusivement, depuis le coin de la vieille rue du Temple, jusqu'à l'extrémité du Fauxbourg.

LE QUARTIER DE LA PLACE MAUBERT, sera borné à l'Orient par les extrémitez des Fauxbourgs inclusivement; au Septentrion par les Quays de la Tournelle, & de S. Bernard inclusivement; à l'Occident, par la rue du pavé de la Place Maubert, le Marché de la Place Maubert, la Montagne de sainte Geneviéve, & par les rues Bordet, Mouffetart & de Lourcine inclusivement; & au Midy, par l'extrémité du Fauxbourg de saint Marcel inclusivement.

LE QUARTIER DE SAINT BENOIST, sera borné à l'Orient par la rue du Pavé de la Place Maubert, le Marché de la Place Maubert, la Montagne de sainte Geneviéve, les rues Bordet, Mouffetart & de Lourcine exclusivement; au Septentrion, par la Riviere, y compris le Petit Chaslelet; à l'Occident, par les rues du Petit Pont, & de S. Jacques inclusivement; & au Midy, par l'extrémité du Fauxbourg S. Jacques inclusivement, jusqu'à la rue de Lourcine.

LE QUARTIER DE SAINT ANDRE, sera borné à l'Orient par les rues du Petit Pont, & de saint Jacques exclusivement; au Septentrion, par la Riviere, depuis le Petit Chaslelet jusqu'au coin de la rue Dauphine; à l'Occident, par la rue Dauphine inclusivement; & au Midy par les rues Neuves des Fossez de saint Germain Desprez, des Francs-bourgeois, & des Fossez de saint Michel, ou de saint Hyacinthe exclusivement, jusques aux coins des rues de saint Jacques, & de saint Thomas.

LE QUARTIER DE LUXEMBOURG, sera borné à l'Orient par la rue du Fauxbourg de S. Jacques exclusivement; au Septentrion, par les rues des Fossez de saint Michel, ou de saint Hiacynthe, des Francs-bourgeois, & des Fossez de saint Germain Desprez inclusivement; à l'Occident, par les rues de Bully, Dufour, & de Seve inclusivement; & au Midy, par les extrémitez du Fauxbourg inclusivement, depuis la rue de Seve jusques au Fauxbourg de S. Jacques.

LE QUARTIER DE SAINT GERMAIN DESPREZ, sera borné à l'Orient par les rues Dauphine, de Bully, Dufour & de Séve exclusivement; au Septentrion, par la Riviere, y compris le Pont Royal & l'Isle aux Cignes; à l'Occident, & au Midy, par les extrémitez du Fauxbourg depuis la Riviere jusqu'à la rue de Séve.

ORDONNE SA MAJESTE', que dans chacun des vingt Quartiers cy-dessus divisez, les Commissaires du Chaslelet seront distribuez par le Sieur Lieutenant General de Police, pour y faire executer les Ordonnances & Reglemens, & y maintenir l'ordre public: & que pareille distribution sera faite des vingts Quarteniers dans les mêmes Quartiers, par les Sieur Prevost des

Marchands

Marchands, & Eschevins, pour y faire leurs fonctions ; à l'effet dequoy toutes Lettres Patentes seront expediées. F A I T au Conseil d'Etat du Roy tenu à Versailles le quatorziéme jour de Février mil sept cens deux. Collationné, signé, G O U J O N.

II.
22. Decemb.
1702. Declaration qui confirme la nouvelle division de Paris en vingt Quartiers, registrée au Parlement le 5. Janvier 1703.

L'O U I S, par la grace de Dieu Roy de France & de Navarre : A tous ceux qui ces presentes Lettres verront ; Salut. Par nostre Edit du mois de Decembre mil sept cens un, Nous avons créé vingt Offices de Receveurs particuliers, & deux Offices de Receveurs Generaux des deniers destinez pour l'entretien des lanternes, & pour le nettoyement des ruës de nostre bonne Ville, & Fauxbourgs de Paris, pour par lesdits Receveurs Particuliers faire la recette desdits deniers, chacun dans les quartiers qui leur seroient designez par leurs Quittances de Finance : & ayant esté informez que les seize anciens Quartiers de ladite Ville, & Fauxbourgs de Paris estoient tres-inégaux dans leur estenduë, qu'il y en avoit plusieurs qui n'estoient composez que de dix ou douze ruës, & que d'autres en contenoient plus de soixante ; que même ils estoient engagez les uns dans les autres, ce qui rendoit nostre service, & les soins de la Police & du bien public beaucoup plus difficiles : Nous aurions jugé à propos de faire une nouvelle division de ladite Ville, & Fauxbourgs en vingt Quartiers, & de les rendre autant que faire se pourroit égaux ; auquel effet Nous estant fait representer le Plan de ladite Ville, & Fauxbourgs, Nous aurions par Arrest de nostre Conseil du quatorze Janvier dernier ordonné que ladite Ville, & Fauxbourgs seroient divisez en vingt Quartiers contenus & specifiez en détail par ledit Arrest, dans chacun desquels les Commissaires du Chastelet seroient distribuez pour y faire executer les Ordonnances, & Réglemens, & y maintenir l'ordre public : & par autre Arrest de nostre Conseil du onze Avril aussi dernier, Nous aurions ordonné qu'il seroit imposé par chacun an dans ladite Ville, & Fauxbourgs la somme de trois cens mil livres pour l'entretien des Lanternes, & le nettoyement des ruës, laquelle somme seroit repartie & distribuée sur lesdits vingt Quartiers, ainsi qu'il est ordonné par ledit Arrest ; & voulant que l'imposition de ladite somme soit faite en chacun desdits Quartiers en la maniere accoustumée, & le recouvrement fait par lesdits Receveurs conformément audit Edit : A C E S C A U S E S & autres à ce Nous mouvans, Nous avons par ces Presentes signées de nostre main, dit, & ordonné, disons, & ordonnons conformément audit Arrest du quatorze Janvier dernier, que nostredite Ville, & Fauxbourgs de Paris seront & demeureront divisez en vingt Quartiers, & chacun desdits vingt Quartiers composé ; sçavoir le Quartier de la Cité, des Isles du Palais, de Nostre-Dame, & Louviers, depuis la pointe Orientale de l'Isle Louviers, jusqu'à la pointe Occidentale de l'Isle du Palais, & de tous les Ponts desdites Isles, depuis la culée du Pont au Change. Le Quartier de saint Jacques de la Boucherie sera borné à l'Orient par les ruës Planchembray, des Arcis, & de saint Martin exclusivement, au Septentrion par la ruë aux Ours exclusivement ; à l'Occident par la ruë saint Denys, depuis le coin de la ruë aux Ours, jusqu'à la ruë de Gêvres, y compris le Marché de la Porte de Paris, & le grand Chastelet inclusivement. & au Midy par la ruë & le quay de Gêvres inclusivement. Le Quartier de sainte Opportune sera borné à l'Orient par le Marché de la Porte de Paris, & la ruë saint Denys exclusivement, au Septentrion par la ruë de la Ferronerie, y compris les Charniers des Saints Innocens du costé de la même ruë, & par une partie de la même ruë saint Honoré inclusivement, depuis ladite ruë de la Ferronnerie jusqu'aux coins des ruës du Roulle & des Prouvaires ; à l'Occident par les ruës du Roulle & de la Monnoye, & par le carrefour des trois Maries jusqu'à la Riviere, le tout exclusivement, & au Midy par les quays de la vieille Vallée de Misere, & de la Megisserie inclusivement. Le Quartier du Louvre sera borné à l'Orient par le saint Germain de l'Auxerrois sera borné à l'Orient par le Carrefour des trois Maries, & par les ruës de la Monnoye & du Roulle inclusivement ; au Septentrion par la ruë saint Honoré, y compris le Cloistre de saint Honoré inclusivement, à prendre depuis les coins des ruës du Roulle & des Prouvaires, jusqu'au coin de la ruë Fromenteau, à l'Occident par la ruë Fromenteau jusqu'à la riviere inclusivement, & au Midy par les quays inclusivement depuis le premier Guichet du Louvre jusqu'aux Carrefours des trois Maries; Le Quartier du Palais Royal sera borné à l'Orient par les ruës Fromenteau & des bons Enfans exclusivement ; au Septentrion, par la ruë Neuve des Petits-Champs exclusivement ; à l'Occident, par les extrémitez des Fauxbourgs de saint Honoré & du Roulle inclusivement ; & au Midy, par les quays inclusivement depuis le premier Guichet du Louvre jusqu'au quay de l'Ecole. Le Quartier de Montmartre sera borné à l'Orient par les ruës de la Poissonnerie & de sainte Anne exclusivement, jusqu'à l'extremité des Fauxbourgs; au Septentrion, par les extrémitez des Fauxbourgs inclusivement; à l'Occident, par les marais des Porcherons inclusivement; & au Midy, par la ruë Neuve des Petits-Champs, Place des Victoires, & les ruës des Fossez Montmartre, & Neuve saint Eustache inclusivement. Le Quartier de saint Eustache sera borné à l'Orient par les ruës de la Tonnelerie, Comtesse d'Artois & Montorgueil exclusivement, jusqu'au coin de la ruë Neuve saint Eustache ; au Septentrion, par les rues Neuve saint Eustache, des Fossez Montmartre, & Place des Victoires exclusivement; à l'Occident, par la rue des Bons-Enfans inclusivement; & au Midy, par la ruë saint Honoré exclusivement. Le Quartier des Halles sera borné à l'Orient par la ruë de saint Denys exclusivement, depuis le coin de la ruë de la Ferronnerie jusqu'au coin de la rue Mauconseil ; au Septentrion, par la rue Mauconseil exclusivement ; à l'Occident, par les rues Comtesse d'Artois, & de la Tonnellerie inclusivement; & au Midy, par la rue de la Ferronnerie, & partie de celle de saint Honoré exclusivement. Le Quartier de saint Denys sera borné à l'Orient par la rue de saint Martin, & par celle du Fauxbourg exclusivement; au Septentrion, par le Fauxbourg de saint Denys & de saint Lazare inclusivement; à l'Occident, par les rues de sainte Anne, des Poissonniers, & Montorgueil inclusivement, jusqu'au coin de la rue Mauconseil ; & au Midy, par les rues aux Ours & Mauconseil inclusivement. Le Quartier de saint Martin sera borné à l'Orient par les rues Bardubec, de sainte Avoye, & du Temple exclusivement ; au Septentrion, par les extrémitez des Fauxbourgs inclusivement; à l'Occident, par la rue de saint Martin, & par la grande rue du Fauxbourg inclusivement ; &

au Midy, par la rue de la Verrerie incluſivement, depuis le coin de la rue ſaint Martin, juſqu'au coin de la rue Bardubec. Le Quartier de la Greve ſera borné à l'Orient par la rue Geoffroy Laſnier, & par la vieille rue du Temple excluſivement; au Septentrion, par les rues de la Croix Blanche, & de la Verrerie excluſivement; à l'Occident, par les rues des Arcis, & Planchemibray incluſivement; & au Midy, par les Quays Pelletier, & de la Greve incluſivement, juſqu'au coin de la rue Geoffroy Laſnier. Le Quartier de ſaint Paul ou de la Mortellerie ſera borné à l'Orient par les remparts incluſivement, depuis la riviere juſqu'à la Porte ſaint Antoine; au Septentrion, par la rue ſaint Antoine excluſivement; à l'Occident par la rue Geoffroy Laſnier incluſivement; & au Midy, par les Quays incluſivement depuis le coin de la rue Geoffroy Laſnier, juſqu'à l'extrémité du Mail. Le Quartier de ſainte Avoye ou de la Verrerie ſera borné à l'Orient par la vieille rue du Temple excluſivement; au Septentrion, par les rues des Quatre Fils, & des Vieilles Audriettes auſſi excluſivement; à l'Occident, par les rues de ſainte Avoye, & Bardubec incluſivement depuis le coin de la rue des Vieilles Audriettes juſqu'à la rue de la Verrerie; & au Midy, par les rues de la Verrerie & de la Croix Blanche incluſivement, depuis le coin de la rue Bardubec juſqu'à la Vieille rue du Temple. Le Quartier du Temple ou du Marais ſera borné à l'Orient par les remparts, & la rue du Menil-montant incluſivement; au Septentrion, par les extremitez des Fauxbourgs du Temple & de la Courtille incluſivement; à l'Occident, par la grande rue des mêmes Fauxbourgs, & de la rue du Temple incluſivement, juſqu'au coin de la rue des Vieilles Audriettes; & au Midy, par les rues des Vieilles Audriettes, des Quatre Fils, de la Perle, du Parc Royal, & Neuve ſaint Gilles incluſivement. Le Quartier de ſaint Antoine ſera borné à l'Orient par les extremitez des Fauxbourgs incluſivement; au Septentrion, par l'extrémité des mêmes Fauxbourgs, & par les rues du Menil-montant, Neuve ſaint Gilles, du Parc Royal, & de la Perle excluſivement; à l'Occident, par la Vieille rue du Temple incluſivement, depuis les coins des rues des Quatre Fils, & de la Perle; juſqu'à la rue de ſaint Antoine; & au Midy, par la rue de ſaint Antoine incluſivement depuis le coin de la Vieille rue du Temple juſqu'à l'extrémité du Fauxbourg. Le Quartier de la Place Maubert ſera borné à l'Orient par les extremitez des Fauxbourgs incluſivement; au Septentrion, par les quays de la Tournelle, & de ſaint Bernard incluſivement; à l'Occident, par la rüe du Pavé de la Place Maubert, le Marché de la Place Maubert, la Montagne de ſainte Geneviéve, & par les rues Bordet, Mouffetard, & de Lourcine incluſivement; & au Midy, par l'extrémité du Fauxbourg ſaint Marcel incluſivement. Le Quartier de ſaint Benoiſt ſera borné à l'Orient par la rue du Pavé de la Place Maubert, le Marché de la Place Maubert, la Montagne de ſainte Geneviéve, les rues Bordet, Mouffetard, & de Lourcine excluſivement; au Septentrion, par la riviere, y compris le petit Chaſtelet; à l'Occident, par les rues du Petit-Pont, & de ſaint Jacques incluſivement: & au Midy, par l'extrémité du Fauxbourg de ſaint Jacques incluſivement, juſqu'à la rue de Lourcine. Le Quartier de ſaint André ſera borné à l'Orient par les rues du Petit-Pont, & de ſaint Jacques excluſivement; au Septentrion, par la riviere depuis le petit Chaſtelet juſqu'au coin de la rue Dauphine; à l'Occident, par la rue Dauphine incluſivement; & au Midy, par les rues Neuves des Foſſez de ſaint Germain des Prez, des Francs-Bourgeois, & des Foſſez de ſaint Michel ou de ſaint Hiacynte excluſivement, juſqu'aux coins des rues de ſaint Jacques, & de ſaint Thomas. Le Quartier de Luxembourg ſera borné à l'Orient par la rue du Fauxbourg ſaint Jacques incluſivement; au Septentrion, par les rues des Foſſez de ſaint Michel ou de ſaint Hiacinte, des Francs-Bourgeois, & des Foſſez de ſaint Germain des Prez incluſivement; à l'Occident, par les rues de Buſſy, du Four, & de Seine incluſivement; & au Midy, par les extremitez du Fauxbourg incluſivement, depuis la rue de Seine juſqu'au Fauxbourg de ſaint Jacques. Le Quartier de ſaint Germain des Prez ſera borné à l'Orient par les rues Dauphine, de Buſſy, du Four, & de Seine excluſivement; au Septentrion, par la riviere, y compris le Pont Royal, & l'Iſle aux Cignes; à l'Occident & au Midy, par les extrémitez du Fauxbourg, depuis la riviere juſqu'à la rue de Seine: & que dans chacun des vingt Quartiers cydeſſus diviſez, les Commiſſaires du Chaſtelet qui y auront eſté diſtribuez, tiendront la main à l'execution des Ordonnances & Réglemens de Police: Ordonnons en outre, que conformément à l'Arreſt de noſtredit Conſeil du 11. Avril auſſi dernier, il ſera impoſé dans noſtredite Ville & Fauxbourgs pour l'année courante commencée au premier Janvier dernier, & à l'avenir par chacun an la ſomme de trois cens mille livres pour l'entretien des Lanternes, & le nettoyement des rues de ladite Ville, & Fauxbourgs; laquelle ſomme ſera repartie, & diſtribuée ſur leſdits vingt Quartiers; ſçavoir, ſur le Quartier de la Cité, vingt-deux mille livres; ſur le Quartier de ſaint Jacques de la Boucherie, treize mille livres; ſur celuy de ſainte Opportune, onze mille livres; ſur celuy du Louvre ou de ſaint Germain de l'Auxérois, douze mille livres; ſur celuy du Palais Royal ou de ſaint Honoré, ſeize mille cinq cens livres; ſur celuy de Montmartre, quatorze mille cinq cens livres; ſur celuy de ſaint Euſtache, treize mille cinq cens livres; ſur celuy des Halles, huit mille livres; ſur celuy de ſaint Denys, dix-ſept mille livres; ſur celuy de ſaint Martin, vingt-deux mille livres; ſur celuy de la Greve, onze mille livres; ſur celuy de la Mortellerie, dix mille livres; ſur celuy de la Verrerie, neuf mille livres; ſur celuy du Marais, quatorze mille cinq cens livres; ſur celuy de ſaint Antoine, ving-trois mille livres; ſur celuy de la Place Maubert, quinze mille cinq cens livres; ſur celuy de ſaint Benoiſt, quinze mille livres; ſur celuy de ſaint André des Arcs, quinze mille livres; ſur celuy de ſaint Germain des Prez, dix-neuf mille cinq cens livres; & ſur celuy de Luxembourg, dix-huit mille livres, revenant toutes leſdites ſommes à la premiere de trois cens mille livres; leſquelles ſommes ſeront impoſées par les Directeurs de chacun deſdits Quartiers en la maniere accouſtumée, & avec le plus d'égalité que faire ſe pourra; & les Rôlles arreſtez au plus tard dans la fin du mois de Novembre de chacune année, en ſorte qu'ils puiſſent eſtre homologuez au Chaſtelet dans le mois ſuivant par le Lieutenant General de Police, & remis avant le dernier Decembre, & ſans frais, entre les mains deſdits Receveurs, pour du montant deſdits Rôlles faire par eux le recouvrement ſur les redevables, ainſi qu'il s'eſt pratiqué par le paſſé en deux payemens égaux : Sçavoir, le premier dans le 15. Janvier; & le ſecond

cond dans le 15. de Juillet; le tout avec les privileges, & preferences portées par les Edits, & Réglemens, notamment par l'Arrest de nostre Conseil du 3. Decembre 1638. & par celuy de nostre Cour de Parlement du 30. Avril 1663. & sera l'imposition de chacune maison, boutique, échopes, places, & lieux sujets à ladite imposition, suivant nostredit Edit, comprise en un seul & même article; tant pour l'entretien des lanternes, que pour le nettoyement des rues, & le montant des frais desdits Rôlles, & de ceux des quittances imprimées que les Receveurs Particuliers doivent délivrer aux redevables, sera pris sur la recette de chaque quartier, & passé en la dépense de leurs comptes; Voulons qu'en cas de diminution de quelques Articles desdits Rôlles le rejet en soit fait sur les autres maisons du quartier, en sorte que les sommes imposées par ledit Arrest soient levées en entier, & sans aucun retranchement; outre, & par dessus lesquelles sommes, ceux qui voudront se servir de boëttes le long de leurs maisons, seront tenus de payer par chacun an la somme fixée par nostredit Edit, même de les entretenir à leurs frais & dépens; desquelles boëttes tant necessaires que de commodité, il sera arresté par chacun an dans chaque Quartier par les estats particuliers sur la representation qui sera faite aux Commissaires des permissions particulieres accordées par ledit Lieutenant General de Police, lequel mettra au bas de chacun desdits estats son Ordonnance, pour les rendre executoires contre les Particuliers qui y seront employez; & du montant d'iceux compté par les Receveurs Particuliers aux Receveurs Generaux dans la forme portée par l'Arrest de nostre Conseil du 30. Janvier dernier; & à l'égard des boëttes qui sont ou seront mises le long des ponts, murailles des Cloistres, cours, & jardins; comme elles sont de necessité, il n'en sera payé aucune somme, & l'entretien s'en fera aux dépens de la recette du Quartier; sauf à augmenter, s'il y échet, l'imposition des maisons d'où dépendent lesdites cours & jardins; Ordonnons en outre qu'à l'avenir deux des Directeurs de quatre des vingt quartiers de nostre bonne Ville de Paris s'assembleront les premiers Lundis de chaque mois en nostre Hostel du Bailliage de nostre Palais, en presence du Premier President, & de nostre Procureur General en nostre Cour du Parlement, du Lieutenant General de Police, & de nostre Procureur au Chastelet, pour aviser ensemble à tout ce qui pourra procurer la confection desdits Rôlles avec plus de diligence & d'égalité, & pour y regler en même temps sur le champ, & sans aucune forme de procés les plaintes qui pourroient estre faites sur l'augmentation ou diminution desdites taxes, & tout ce qui pourroit regarder l'execution des Réglemens de Police cy-devant faits sur ce sujet; & attendu qu'il est necessaire de pourvoir incessamment au recouvrement de ladite somme de trois cens mille livres pour l'année presente 1703. Voulons que les Rôlles qui ont esté arrestez pour l'année derniere 1702. soient executez pour ladite presente année, & que le recouvrement des sommes y contenuës, soit fait par lesdits Receveurs en vertu desdits Rôlles. SI DONNONS EN MANDEMENT à nos amez & feaux Conseillers, les Gens tenans nostre Cour de Parlement à Paris, & autres nos Officiers qu'il appartiendra, que ces Presentes ils ayent à faire lire, publier, registrer, & executer selon leur forme, & teneur; cessant, & faisant cesser tous troubles, & empeschemens au contraire: CAR tel est nostre plaisir. DONNE' à Versailles le douziéme jour de Decembre, l'an de grace mil sept cens deux, & de nostre Regne le soixantiéme. Signé LOUIS; *Et plus bas*, par de Roy, PHELYPEAUX. Veu au Conseil, signé, CHAMILLARD. Et scellée.

Mais c'est assez s'arrester à la topographie de cette Capitale: il est temps de considerer quel a esté son gouvernement & sa Police dans tous ces differens estats par lesquels elle a passé.

TITRE VII.

De la Police de Paris.

CHAPITRE PREMIER.

De la Police des Parifiens du temps des Gaulois. L'eftabliffement d'un Prefet ou Gouverneur de la Ville par les Romains. Que cet ancien titre du premier Magiftrat fut confervé par nos Roys. Et comment il a depuis efté changé fucceffivement en ceux de Comte, de Vicomte, & de Prevoft.

LA Province des Parifiens eftoit l'une des foixante-quatre Citez en chef, qui compofoient par leur confederation l'Eftat general des Gaules. Nous n'avons rien en particulier de leur Police dans ces premiers temps ; mais on en peut raifonnablement juger par celle qui eftoit commune à toute la Nation. Les fragmens que Cefar en a laiffé à la pofterité, nous font connoiftre quelle eftoit fur cela leur exactitude.

Les Druides qui eftoient leurs Preftres, & leurs Philofophes, éliffoient tous les ans dans chacune des principales Villes un premier Magiftrat, & un certain nombre de Senateurs, qui eftoient chargez de tous les foins de la Police, & du Gouvernement, & qui adminiftroient la Juftice. Les feuls Druides, & les Nobles y eftoient admis. Le Tiers Eftat n'y avoit aucune part. Deux perfonnes d'une même famille n'y pouvoient eftre reçûës en même-temps. Il n'eftoit pas permis au premier Magiftrat qui préfidoit à cette Compagnie, de fortir de la Ville pendant fon année d'exercice. Il y avoit auffi des Magiftrats inferieurs, qui s'élifoient dans toutes les petites Villes, & les autres lieux moins confiderables, qui eftoient chargez de ces mêmes foins dans leur détroit ; d'où ils eftoient nommez Chefs ou principaux des quartiers, *Principes regionum vel pagorum.* Il fe tenoit tous les ans au Pays Chartrain une affemblée de tous les Senateurs, comme une efpece d'Eftats generaux ou de Parlement. On y traitoit des affaires communes de toute la Nation ; & l'on y jugeoit les plaintes ou les appellations des Tribunaux particuliers. Chaque Citoyen eftoit d'ailleurs obligé de rendre compte inceffamment au Magiftrat, de ce qu'il avoit appris qui concernoit le Public, fans le communiquer à d'autres. Il eftoit étroitement défendu à tous particuliers de s'entretenir des affaires d'Eftat, & d'en parler ailleurs que dans le Confeil. Il n'eftoit permis qu'au feul Magiftrat d'en découvrir au Peuple ce qu'il jugeoit à propos de rendre public. Ils tenoient enfin pour maxime, que rien n'eftoit plus à craindre à la Nation, que le changement de leurs Loix, de leurs Couftumes, & de leurs Magiftrats. C'eftoit le motif le plus ordinaire, & le plus preffant dont leurs Generaux fe fervoient pour les animer à combattre, & à repouffer les Romains, & leurs autres ennemis. [b]

Cefar s'eftant enfin rendu le maiftre des Gaules, y eftablit les mêmes Loix, & les mêmes Magiftrats que dans les autres Provinces de la Republique. C'eftoit l'ufage des Romains de diftinguer les Villes dont ils faifoient l'acquifition ou la conquefte en quatre claffes, [c] felon qu'ils en eftoient plus ou moins les maiftres, ou affurez de leur fidelité. Il y en avoit qui faifoient feulement alliance avec eux, & qui ne s'obligeoient par les traitez de leur confederation qu'à de certains devoirs limitez ; comme de leur fournir un certain nombre d'hommes en cas de guerre. Celles-là confervoient toutes leurs anciennes Loix, & la liberté de fe choifir leurs Magiftrats. Telle eftoit dans les Gaules la Ville d'Autun, & quelques autres, qu'ils nommoient par cette raifon, *Civitates fœderatas.* Il y en avoit d'autres qui fe donnoient, pour ainfi dire, à eux ou volontairement, ou après une legere refiftance, & dont ils n'apprehendoient aucune revolte. A celles-cy, qu'ils nommoient *Municipes,* ils donnoient le droit de Citoyens Romains, & les foumettoient aux Loix de la Republique : mais ils leur laiffoient neanmoins toûjours la liberté du choix de leurs Magiftrats à l'ordinaire. [d] Il y en avoit quelques-unes dont ils eftoient tellement les maiftres, que par raifon d'Eftat ils en changeoient les Habitans, les tranfportoient ailleurs, & en diftribuoient les terres & les poffeffions aux Romains naturels ; ce qui leur donna le nom de Colonies, *Colonia.* [e] D'autres enfin n'avoient efté conquifes, & n'eftoient confervées que par la force des armes. Elles appartenoient à des Nations belliqueufes, contre lefquelles il faloit eftre perpetuellement en garde : auffi les Romains prenoient-ils, pour le conferver celles-cy, toutes les précautions d'habiles politiques. Ils y faifoient baftir des places fortes, ils y eftabliffoient de leurs meilleures troupes en garnifon, les foumettoient à leurs Loix, & y envoyoient des Magiftrats, fous le titre de Prefet ou Gouverneur de la Ville ; d'où elles furent nommées *Præfectura.* [f]

La conquefte des Gaules avoit tant couté à Cefar, que pour s'affurer contre la valeur de la Nation, & contre fon penchant continuel à recouvrer fa liberté, il en réduifit prefque toutes les Villes à cette derniere claffe. [g]

On ne peut raifonnablement douter que la Ville de Paris ne fuft de ce nombre. Nous avons vû dans les titres precedens fa vigoureufe refiftance

---

Lib. 6. & 7. de bello Gallico.
Sanfon fur Cefar, & fur la Carte ancienne des Gaules.

[b] *Cefar de bello Gallico lib. 6. & 7. paffim.*

[c] *Sueton. in Julio & in Augufto.*
Plin. lib. 4. cap. 17.
Velleius Paterculus in pofterior. fol.69. 70. & 71. & 76.
Tit. Liv. lib. 45. 59. 93. 102. & 104. paffim.
Capitolin. in Antonino Philofopho. p. 197.
Sextus Rufus cap. 8.
Sueton. in Auguft. cap. 37.
Hyginus lib. 1. de limit.
Sigonius. Rofinus.

[d] *Aul. Gel. lib. 16. cap. 13.*

[e] *Siculus Flaccus lib. de conditionibus agrorum.*

[f] *Ulpian.*

[g] *Sueton. in Jul. Cefar cap. 25.*

Tome I.   N

a Adon. Mar-
tyrolog. in vi-
ta S. Dyon.
Gregor. Tur.
lib. 1. cap. 31.
Fortunat. lib.
I. carm. 11.
Laun. vit.
Dion. Par. p.
433.
Tillem. mem.
Ecclef. t. 4.
p. 442.

b Greg. Tu-
ron. lib. 6.
cap. 35.
c Papir. Maf-
fo. annal. lib.
1. in Clota-
rio.

d Hiftor. a-
nonym.Carol.
Magn. apud
Duchefn.tom.
2. p. 186.
Eginard. hift.
apud Duchef-
ne. tom. 2. p.
106.
Bertiniani an-
nal. apud Du-
chefn. tom. 3.
p. 258.
e Parv. Paf-
toral. Ecclef.
Parif. Charta
22.
Favyn. Hift.
de Navarre
livre 3. p. 139.

fiftance contre l'armée de Cefar ; quelle eftime il fit de ce pofte avantageux après s'en eftre rendu le maiftre ; quels foins il prit de le fortifier, & combien de garnifons il laiffa aux environs pour fe l'affurer davantage. Après toutes ces précautions, auroit-il negligé cette autre incomparablement plus importante, de luy donner un Magiftrat Romain pour la gouverner, & pour maintenir fes Citoyens dans l'obéïffance, & dans la fidelité ? il n'y a aucune apparence, puifque c'eftoit l'ufage. En effet l'hiftoire du martyre de faint Denys nous apprend que ce faint Prélat, & fes Compagnons furent condamnez à Paris l'an 275. fous l'Empire d'Aurelien, par *Feftennius Sifinnus Præfeftus Urbis.* [a] Donc en ce temps c'eftoit le titre du premier Magiftrat de la Ville.

Tous les establiffemens des Romains dans les Gaules, furent confervez par les François après leurs conqueftes. Chacun en convient, & nous en avons rapporté les autorizé en lieu lieu. Ils conferverent fans doute, entre tous les autres, & comme l'un des plus importans, celuy des Magiftrats. Agathias contemporain de nos premiers Roys le dit en termes exprés : & c'eft le fentiment de tous les Auteurs qui en ont depuis écrit.

Delà vient que nous trouvons fous le Regne de Chilperic l'an 588. Montmol premier Magiftrat de Paris, qualifié de même que du temps des Romains, Prefet ou Gouverneur de la Ville, *Præfeftus Urbis;* [b] & que fous Clotaire III. l'an 665. *Ercembaldus* fur ce même Tribunal, portoit encore ce même titre. [c]

Peut-eftre auffi que ce nom eftoit alors une marque de diftinction de la Ville Capitale : car dés le temps de Conftantin, comme nous avons vû ailleurs, tous les Magiftrats des Provinces ou des Villes particulieres avoient changé leurs anciens titres en celuy de Comtes. Les feules Villes de Rome, & de Conftantinople, Capitales de l'Empire, avoient confervé à leur Magiftrat celuy de Prefet ou Gouverneur, *Præfeftus Urbis.* Clovis ayant choifi Paris pour Capitale de la France l'an 508. luy conferva auffi, felon toutes les apparences, & même honneur qui la diftinguoit de toutes les autres Villes de fes Eftats.

Mais dans la fuite le titre de Comte devint fi confidable, qu'il prévalut fur tous les autres. Comme il defignoit ceux qui eftoient de la Cour du Prince, ou qui avoient entrée dans fes Confeils, *Comites à Comitatu Principis* : chacun fe fit honneur de s'en qualifier. Le Préfet du Prétoire même, qui eftoit le premier, & le fouverain Magiftrat du Royaume, quitta cet ancien titre pour prendre celuy de Comte du Palais, *Comes Palatii.* Le premier Magiftrat de la Ville Capitale fuivit cet exemple. [d]

Le même *Ercembaldus,* qui avoit porté le titre de Préfet ou Gouverneur de Paris, avec cette épithete de Ville Royale, *Præfeftus Urbis Regia,* le quitta pour prendre celuy de Comte, *Comes Parifienfis.* Ce fut la qualité qu'il prit dans le contract de donation qu'il fit de fa maifon,qui eftoit où eft l'Hoftel-Dieu, de fa Chapelle, qui eft l'Eglife de faint Chriftophle, & de la terre de Creteil, à l'Eglife de Paris l'an 666. [e]

Gerardus, fous Pepin l'an 759. & *Stephanus* fous Charlemagne l'an 778. occupoient cette place importante du premier Tribunal de la Ville Capitale, fous ce même titre de Comte de Paris. Un Edit de Charlemagne de l'an 803. qui contient plufieurs Ordonnances pour maintenir la

feureté publique, & pour l'adminiftration de la Juftice, eft adreffé à celuy-cy, fous ce titre de Comte, pour le faire publier dans la Ville de Paris, & à fon Audiance, en la prefence de tous les Juges ou Confeillers, & tenir la main qu'il fuft executé. [f] Ce même *Stephanus* fe trouve encore fous ce titre de Comte de Paris, *Comes Parifienfis,* l'an 811. dans une donation qu'il fit au Chapitre de Paris de la Terre de Sucy en Brie. [g]

Ces Comtes Magiftrats des principales Villes eftoient pourvûs de leur Office par le Roy. La formule de leurs provifions eft parvenüe jufqu'à nous. [h] Ils eftoient obligez de fçavoir les Loix, [i] de tenir leurs Audiances certains jours, & d'adminiftrer la Juftice tant Civile que Criminelle avec exactitude & affiduité. [k] Il avoient auffi le Gouvernement politique de la Province, l'Intendance des Armes, la conduite de l'Arriereban, & la connoiffance de toutes les fautes qui s'y commettoient. [l] Il eftoit enfin de leurs foins que les Finances qui appartenoient au Roy dans l'eftenduë de leur Jurifdiction, fuffent exactement payées, & portées au Threfor Royal. [m]

Quand ils eftoient obligez de s'abfenter pour l'armée, ou pour quelque autre fujet legitime, ils commettoient en leur place un Lieutenant, fous le titre de Vicaire ou de Vicomte, *Vicarius vel Vicecomes,* dont le pouvoir limité & à certaines caufes fommaires, & finiffoit à leur retour. [n]

Il y avoit dans quelques-unes des autres Villes de leur Province, un Magiftrat fous ce même titre de Comte, mais d'un ordre inferieur, & fubordonné à celuy de la Capitale. Le Comte de Paris, par exemple, avoit fous luy les Comtes de Corbeil, de Montlhery, d'Etampes, & de Dammartin. C'eft delà, comme nous l'avons dit ailleurs, que vient cette diftinction qui fe trouve en tant d'endroits des anciennes Ordonnances, entre les Comtes du premier Ordre, & ceux du fecond : *Inter Comites majores vel primi Ordinis, & inter Comites minores vel fecundi Ordinis.* [o]

Dans les lieux un peu confiderables, la Juftice y eftoit adminiftrée en premiere inftance par les Centeniers. [p] Ceux-cy eftoient les premiers Juges après les Comtes, & avoient le degré de Jurifdiction que nous avons depuis nommé Chatellenie. Tels font aujourd'uy dans la Prevofté de Paris, faint Germain en Laye, Poiffy, Triel, Tournan, Brie-Comte-Robert, Gonneffe, Torcy, & Gournay. Le nombre en eftoit plus grand du temps des Comtes ; plufieurs de ces Terres ayant depuis efté annexées à d'autres lieux principaux, qui ont efté érigez en Pairie.

Il y avoit enfin dans les Villages, & les plus petits lieux, les Cinquanteniers, ou les Dizainiers pour premiers Juges ordinaires. Quelques-uns d'eux avoient les trois degrez de haute, moyenne, & baffe Juftice ; & les autres, la moyenne, ou baffe feulement. [q] Nous avons vû ailleurs les raifons de tous ces establiffemens ; nous ne les repeterons point icy.

Le Comte de Paris avoit l'infpection dans fa Province fur tous ces differens degrez de Jurifdiction, pour obliger les autres Juges fes fubalternes à remplir leurs devoirs. Il devoit tenir fes Affifes chez eux de temps en temps, pour reformer les abus qui auroient pû s'y introduire ; & il faifoit le Procés à ceux qui fe trouvoient en faute.

Cette dignité de Comte ou premier magiftrat
de

& 140.
Dubreuil anti-
quit. liv. 1. p.
85.

f Capitul.
Reg. Franc.
tom. 1. col.
391.
Eginard in vit.
Cal. Magn. fi-
ne.
g Parv. Paf.
toral. tom. 1.
rif. Charta 61.
h Marculf.
cap. 8.
i Car.Magn.
ann. 803. &
813.
Capitul. Reg.
Franc. tom. 1.
coll 396. 400.
508. 876. &
971.
k Dagobert.
Carol. Magn.
ann. 791. &
803.
Capit. Reg.
Franc. tom. 1.
col. 103. 105.
256. 860. &
alibi paffim.
l Car.Magn.
ann. 812. Lud.
Pius ann. 815.
Cap. Reg.
col. 491. 544.
& paffim.
Marculf. for-
mul. cap. 8.
m Car.Magn.
ann. 800.
Capit. Reg.
Franc. tom. 1.
col. 333.
Marculf. for-
mul. cap. 8.
n Car.Magn.
ann. 788. &
810.
Carol. Calv.
an. 864.
Capitul. Reg.
col. 150. &
473. & tom.
2. col. 179.
o Car.Magn.
ann. 779.
Capitul Reg.
Franc. tom. 1.
col. 100. &
862.
p Clotar. II.
ann. 595.
Carol. Magn.
ann. 798 801.
8.1.
Capitul. Reg.
Franc. tom. 1.
col. 19. 311.
321. 354. &
paffim.
Vualafrid.
Strab. de reb.
Ecclef. cap.31.
q Pepin. an.
793.
Carol. Magn.
ann. 800.
Vualafrid.

de la Ville Capitale d'une Province eſtoit grande, & d'un revenu confiderable. Le Comte de
Paris, entre tous les autres, jouïſſoit éminemment de toutes les prérogatives attachées à cette dignité. Les deux tiers du Domaine, &
des droits qui ſe levoient dans la Ville, luy
appartenoient. Nos Roys avoient diſpoſé de
l'autre tiers en faveur de l'Evêque de Paris ; &
les anciens titres portent que ce fut la premiere dot ou fondation de l'Evêché. Le Comte
jouïſſoit encore de pluſieurs autres revenus,
qu'il tiroit des autres lieux de ſa Juriſdiction.
Auſſi voyons-nous dans le peu qui nous reſte de
cette antiquité, la dignité, & les richeſſes de
ceux qui rempliſſoient ce grand poſte. *Ercembaldus* donne au Chapitre de Paris un Palais,
ſelon le temps, une Egliſe, & une belle Terre : & *Stephanus* l'un de ſes ſucceſſeurs, fait preſent au même Chapitre de l'un des plus gros
Bourgs des environs de Paris. Il falloit en ce
temps-là poſſeder des richeſſes immenſes pour
faire de ſemblables liberalitez. Le même *Ercembaldus*, après avoir exercé cet Office, fut élevé
à celuy de Comte ou Maire du Palais, le premier & ſouverain Magiſtrat du Royaume : &
Chonrardus fut pourvû de l'Office de Comte de
Paris ſous Charles le Chauve l'an 869. quoiqu'il
fuſt du ſang Royal, & qu'il euſt épouſé la Princeſſe Adelaïs fille du Roy.

Les choſes eſtoient en cet eſtat, lors que Hugues le Grand qui avoit eſté Tuteur de Charles le ſimple, obtint du Roy ſon parent, &
ſon pupile l'an 884. l'infeodation de la Comté
de Paris ; à la charge de reverſion à la Couronne, au defaut d'hoirs mâles.

Ce nouveau titre apporta auſſi-toſt un changement conſiderable dans l'adminiſtration de la
Juſtice. Les Comtes de Paris n'eſtant plus ſimples Officiers, mais Seigneurs & proprietaires
incommutables, ceſſerent de la rendre en perſonne. Ils établirent un nouveau Magiſtrat en leur
place pour remplir leur ancien Tribunal, ſous

le titre de Vicomte, *quaſi vice Comitis gerens*.
Hugues le Grand nomma pour Vicomte *Grimaldus*, [a] qui eut pour ſucceſſeurs dans cet Office
Teudo l'an 923. [b] *Adalelmus* l'an 987. [c] & *Falco*
l'an 1027. [d]

Cette inféodation de la Comté de Paris au
cœur du Royaume n'avoit point encore eu d'e-
xemple, & preceda de plus d'un ſiecle celles de
toutes les autres Provinces, ſi l'on en excepte
quelques-unes des plus éloignées, & en petit
nombre. Il y eut encore cette difference, que les
Comtes Provinciaux ne donnerent à leurs Vicomtes que la connoiſſance des affaires les moins
importantes de la Juſtice, & qu'ils ſe reſerve-
rent à eux-mêmes un Tribunal ſuperieur, qu'ils
remplirent encore quelque temps en perſonne ;
& enſuite eſtablirent un Bailly ou Senéchal
en leur place : au lieu que le Comte de Paris,
qui fut toujours ou Maire du Palais, ou l'un
des Princes du Sang, abandonna d'abord ſans
aucune reſerve toute l'adminiſtration de la Juſtice au Magiſtrat qu'il eſtablit en ſa place ſous
le titre de Vicomte. Auſſi prenoit-il toujours le
ſoin de ne remplir ce poſte important, que
d'un ſujet qui en fuſt digne, & ſouvent de l'un
de ſes proches parens. *Adalelmus* Vicomte eſtoit
neveu par ſa mere du Comte Odo, & du Roy
même. Ce ſeul exemple nous ſuffit.

Ce même Odo dernier Comte de Paris eſtant
mort ſans enfans l'an 1032. la Comté de Paris fut
réunie à la Couronne par droit de reverſion ; &
depuis ce temps elle n'en a point eſté ſeparée. Ainſi
Falco fut le dernier des Vicomtes. Le Magiſtrat
qui fut pourvû dans la ſuite, pour rendre la
Juſtice au nom du Roy, quitta ce titre de Vicomte qui ne luy convenoit plus, & prit celuy
de Prevoſt, *quaſi à Rege præpoſitus jure dicundo*.
Le premier qui remplit le Tribunal de Paris
ſous ce nouveau titre, ſe trouve nommé *Stephanus* ; & il eſtoit encore en exercice ſous Henry I. l'an 1060.

CHAPITRE II.

*Que le Prevoſt de Paris eſt entré dans tous les droits, & dans toutes les
fonctions du Vicomte. Prérogatives & privileges de ſa Juriſdiction.
Abus qui s'y eſtoient introduits, & la réforme qui en fut faite par
ſaint Loüis.*

PAr la reverſion à la Couronne, nos Roys
ſont rentrez dans tous les droits des Comtes
de Paris, qui avoient eſté alienez lors de l'inféodation ; Cela eſt ſans difficulté. Le Magiſtrat
qui fut pourvû en même-temps pour rendre la
Juſtice ſous le nom, & l'autorité du Roy, *vice
Regis*, eſt auſſi entré par la même raiſon dans tous
les droits, & dans toutes les fonctions de celuy
qui la rendoit auparavant au nom du Comte,
Vice Comitis; On n'en peut douter ; c'en eſt
une ſuite neceſſaire. C'eſt pourquoi le Prevoſt
de Paris a conſervé cette prérogative dont jouïſſoit le Vicomte, de ne reconnoiſtre de ſuperieur que le Roy, & le Parlement : & que
bien éloigné d'avoir au deſſus de luy aucun
Bailly ou Senéchal, comme les autres Prevoſts,
il les precede tous.[e] *Præpoſitus Pariſienſis eſt major
poſt Principem in Villa Pariſienſi, & poſt Dominos
Parlamenti Principem repreſentantes ; omneſque Baillivos, & Seneſcallos antecedit.* Voilà comment les

plus graves Auteurs s'en expliquent, & ce qui
a eſté décidé pluſieurs fois en ſa faveur. Nous
en avons encore une diſpoſition bien préciſe,
& bien conſiderable dans le grand Couſtumier
de France, qui porte que *le Prevoſt de Paris,
comme Chef du Chaſtelet, repreſente la Perſonne du
Roy au fait de la Juſtice*. En effet, le même Tribunal que le Magiſtrat remplit, a eſté ſouvent
honoré de la preſence de nos Roys ; qui ont
bien voulu y venir en perſonne rendre la Juſtice à leurs Sujets. De là vient auſſi que celuy auquel ils confient ce ſacré dépoſt pour eux, ne
prend que la qualité de Garde de la Prevoſté
de Paris ; & que lors que ce Siége eſt vacant,
c'eſt l'unique du Royaume qui eſt mis ſous la
garde & protection immediate du Roy, repreſenté par ſon Procureur General au Chaſtelet.
Ainſi on ne peut raiſonnablement diſputer au
Chaſtelet de Paris qu'il ne ſoit non ſeulement
le premier des Tribunaux ordinaires, mais

encore d'une maniere tres-distinguée, & toute singuliere, le propre Siege de nos Roys.

De cette premiere prerogative, toutes les autres dont jouït cette Jurisdiction s'ensuivent naturellement, & comme autant de consequences necessaires.

Son Siege est estably dans la plus ancienne des Maisons Royales, celle qui fut construite dés le temps des Romains pour estre la demeure du Gouverneur ou premier Magistrat de la Ville, *Præfectus Urbis.* [a] Les Comtes, & ensuite les Prevosts de Paris y ont eu leur logement jusqu'au Regne de Charles VII. Son ancienne structure, & sa caducité en rendant le séjour incommode, ce Prince par Lettres Patentes du 4. Decembre 1454. permit à ce Magistrat de se loger ailleurs, & luy accorda cent livres de rente sur le Domaine de Paris pour son logement. Cela n'empêche pas qu'il ne soit encore aujourd'huy le Chasteau ou principal Manoir de la Ville, & d'où relevent tous les Fiefs de la Comté de Paris. Lors qu'il fut jugé necessaire pour la premiere fois d'en reparer les Sales d'Audiances, & les Chambres qui tomboient en ruine par leur antiquité, Charles VIII. ne voulut point souffrir que ce Tribunal fust placé ailleurs que dans l'une de ses maisons. Il le fit transferer dans le Louvre même, où il demeura jusqu'en 1506. que les ouvrages furent achevez. [b]

a Livre noir du Chastelet de Paris, fol. 57.

b Livre rouge neuf. du Chastelet de Paris, fol. 105.

C'est de tout le Royaume l'unique Jurisdiction qui a le droit, & qui est en possession de temps immemorial d'avoir continuellement un dais au dessus de son principal Siege, comme estant la place du Roy.

C'est la premiere qui a eu un Sceau aux Armes du Roy, & un Officier particulier pour en avoir la garde. Elle a joui seule pendant plus d'un siecle de cette prérogative : les autres Juges ordinaires n'ont eu cet avantage que depuis l'Ordonnance de Philippe le Long, du mois de Janvier 1319. Avant cette Ordonnance chacun d'eux avoit son Sceau particulier, qui n'estoit que son Monogramme, ou quelque autre marque, qui changeoit à chaque mutation.

Cet usage des Sceaux au lieu de signature estoit beaucoup plus ancien. Il avoit commencé dans ces temps d'ignorance qu'à peine trouvoit-on hors les Monasteres, ou l'Etat Ecclesiastique des gens qui sceussent écrire. D'où vient que le nom de Clerc, qui n'appartenoit qu'au Clergé, se communiqua à tous ceux qui sçavoient cet art d'écrire. [c] Le Pere Mabillon rapporte à ce propos un Arrest rendu par Herbauld Comte du Palais l'an 874. au bas duquel est une croix, & ensuite ces mots : *Signum Heribaldi Comitis sacri Palatii qui ibi fui, & propter ignorantiam litterarum signum sanctæ Crucis feci.* [d] Ainsi pour ne pas davantage faire de confusion à ceux qui estoient dans cette incapacité, l'on establit pour regle generale de substituer à la signature de son nom l'impression d'un Sceau. Ce fut ainsi que dans la suite les parties interessées assuroient leurs conventions, que les témoins en attestoient la verité, & que les Magistrats autorisoient les actes publics.

c Mabill. de re diplomat. l. 2. cap. 22. p.

d Mabill. de re diplom. lib. 2. cap. 22. p. 163. & lib. 6. p. 543. cap. 104.

L'on se forma sans doute cette idée sur l'exemple de ce qui s'estoit observé de tout temps à l'égard des Souverains, mais par un autre motif. Ils vouloient, & il estoit juste, s'épargner la peine de signer eux-mêmes ce grand nombre d'expeditions émanées de leur autorité. Cela fit inventer l'usage des Sceaux, dont ils chargerent un principal Officier de leur Cour, pour avoir la garde de ce précieux depost, & en signer ou caracteriser leurs actes en leurs places. [e] Comme ces Sceaux tenoient lieu de signature, ils n'estoient ordinairement gravez que du nom de celuy auquel ils appartenoient; souvent, au lieu du nom, les Princes faisoient graver leur portrait, & les particuliers quelqu'autre symbole. Alors on mettoit pour legende autour du portrait ou du symbole, *Sigillum*, avec le nom, pour faire connoistre que c'estoit le Sceau d'un tel. Nous en avons un ancien & celebre exemple dans le cachet de Childeric, que l'on garde à la Bibliotheque du Roy. C'est un gros anneau d'or, où le portrait de ce Prince est gravé en creux, & autour, *Childerici Regis*; le mot *sigillum* sous-entendu. Le Pere Mabillon en rapporte quarante autres exemples de Sceaux de nos Roys en portraits ou monogrammes depuis l'an 679. jusqu'en 1226. [f] Philip. Aug. fut le premier qui ajousta à son Sceau un contre-scel d'une fleur de lys seule, dont il se servoit aussi de cachet ou de Sceau privé. Loüis VIII. son fils suivit cet exemple, à l'exception que quelquefois il multiplioit le nombre des Fleurs-de-lys. Saint Louis reduisit encore son contrescel à une seule Fleur-de-lys fleuronnée. Les Roys ses successeurs se servirent du même symbole d'une Fleurs-de-lys, & quelques-uns les multiplierent sans nombre, jusqu'à Charles V. qui les fixa enfin à trois.

e Mabill. de re diplom. lib. 2. passim.

f Mabill. de re diplom. lib. 6. passim.

L'on peut encore rappeller l'exemple de ce qui s'estoit passé à l'égard même des particuliers dans les temps les plus reculez. [g] Chacun des Citoyens avoit à Rome son cachet en forme d'anneau, *Annulus signatorius.* Ils s'en servoient à deux differens usages; l'un, pour autoriser leurs écritures, & l'autre pour sceller leurs coffres, leurs armoires, & tout ce qu'ils vouloient tenir secret, ou mettre dans une plus grande seureté. L'impression de ce Sceau estoit nommée chez eux indifferemment, *signum*, *signaculum*, ou *sigillum*. Enfin quoy qu'il en soit, cet usage des Sceaux au lieu de signature, s'establit en France dés la naissance de la Monarchie. Dagobert I. dans l'un de ses Edits de l'an 630. ordonna differens degrez de peines contre ceux qui n'obéïroient pas aux Actes scellez du Sceau des Magistrats, ou des Juges; ces peines plus au moins severes, à proportion de la dignité des Tribunaux.

g L. 74. de verb. signific. L. 25. argumento ff. de auro & argent. Vopiscus in Aureliano. L. 1. ff. deposito vel contra §. Si pecunia.

Le Prevost de Paris avoit donc son Sceau particulier, comme tous les autres Magistrats, dont il scelloit les actes de sa Jurisdiction contentieuse ou volontaire; & cela seul les rendoit authentiques, sans autre signature. L'abus des Prevosts Fermiers, qui s'estoit introduit au commencement du Regne de saint Loüis, avoit de beaucoup obscurcy l'ancien lustre de ce Tribunal, & l'avoit jetté dans un fort grand desordre. Ce Prince, aprés avoir pacifié les troubles de son Estat, voulut aussi pourvoir à celuy que souffroient les Habitans de sa Ville Capitale. Pour y réussir, il retira à luy la Prevosté de Paris, la sépara pour toujours des Fermes de son Domaine, & la donna en garde à un homme de distinction, comme nous dirons dans la suite. Alors cette Jurisdiction ayant le Roy même pour Prevost, ses actes commencerent d'estre scellez du Sceau Royal.

De-là vient que cet ancien Sceau du Chastelet de Paris, est aussi le seul qui avoit conservé de cette antiquité, la figure des Sceaux de S. Loüis, & de quelques-uns des Roys ses successeurs : c'estoit une seule Fleur-de-lys fleuronnée, telle que nous la voyons au bas des plus anciennes Chartes, ou Lettres Patentes de ces Princes : & ce Sceau estoit le contrescel de leur

Chancellerie,

Chancellerie ; c'est-à-dire , celuy qui estoit apposé au revers du grand Sceau , ou la figure du Royestoit representée ; ils s'en servoient aussi pour Sceau privé. Voicy l'un & l'autre de ce Sceaux , leurs figures en seront mieux comprendre la conformité.

Ancien contrescel de la Chancellerie, qui est au bas d'une Lettre Patente de Saint Louis, du mois de Février 1226.

Mabill. de re diplomatica , lib. 5. tab. 44. pag. 433.

Ancien Sceau du Chastelet

Ces deux Sceaux furent d'abord parfaitement conformes : ce fut sous le regne du Roy Jean, que les trefles furent changez en deux petites fleur-de-lys , & que le grenetis fut ajousté au tour de la legende. Les monnoyes de ce Prince nous fournissent la preuve de ces changemens : il y en a plusieurs especes , de ce temps , & sous cette forme , dans le docte & curieux cabinet de Monsieur Baudelot de Dairval , qu'il a eu la bonté de nous communiquer , & nous en avons les types ou empreintes dans le Glossaire de Monsieur Ducange , [a] & dans le traité des monnoyes de Monsieur le Blanc. [b]

[a] la verbo moneta Regia p. 614.
[b] Chap. du Roy Jean. p. 181.

C'estoit donc de ce Sceau d'une seule Fleur-de-lys fleuronnée, que l'on scelloit autrefois tous les actes du Chastelet de Paris sans aucune distinction.

Charles IX. apporta quelque changement à cet usage par son Edit du mois de Juin 1568. que l'on nomme l'Edit des petits Sceaux. Jusqu'alors les Sceaux des Justices Royales avoient esté compris dans les Fermes du Domaine du Roy , & les Fermiers commettoient à l'exercice : le Chastelet de Paris seul , comme il vient d'estre observé , avoit son Scelleur en titre d'Office.

Charles IX. par cet Edit créa un semblable Officier dans les autres Justices Royales , & ordonna qu'ils scelleroient d'un Sceau aux Armes de France , tous les Contrats, Sentences, & autres actes portant contraintes , ou executions. Le Scelleur du Chastelet , quoique plus ancien que cet Edit , fut soumis à la même Loy : elle estoit generale pour tout le Royaume ; ainsi tous les Contrats, les Sentences , & les autres Actes qui devoient produire quelque contrainte ou execution , commencerent d'y estre scellez de même que dans les autres Jurisdictions d'un Sceau à trois Fleur-de-lys : l'on conserva

neanmoins toujours l'usage de l'ancien Sceau d'une seule Fleur-de-lys , comme un monument précieux de l'antiquité , & des anciennes prérogatives de cette Jurisdiction : mais l'on en fixa seulement l'usage aux adjudications par Decret , & aux legalisations , parce que ce sont des Actes dont l'Edit des petits Sceaux n'avoit point fait de mention. C'est ainsi que l'on en a usé jusqu'à l'Edit du mois de Novembre 1696. qui a enfin rendu uniforme , & à trois Fleur-de-lys , tous les Sceaux des Jurisdictions Royales , pour tous les Actes soumis au Sceau , sans aucune distinction.

Il est vray , pour revenir à cet ancien Sceau , qu'aux empreintes que l'on en a vû dans ces derniers temps , & depuis plus d'un siecle , la Fleur-de-lys , estoit accompagnée de deux autres figures ; l'une qui representoit les Tours du Chastelet, & l'autre , un écusson chargé d'un chevron , accompagné en chef de trois testes d'oiseaux arrachées, & en pointe d'un rameau d'arbre.

L'on a recherché avec soin l'origine de ces additions , sans la pouvoir découvrir. Ces Armes ne sont point d'un Prevost de Paris , nous les avons toutes dans le Feron , il n'y en a aucune qui ait rapport à celles-cy ; tout ce que l'on en peut conjecturer de plus vray-semblable , c'est que ce sont les Armes de quelqu'un des Scelleurs , & que les Tours n'ont esté mises de l'autre costé que pour les accompagner. Ce Sceau depuis l'Edit de 1696. n'est donc plus d'aucun usage , celuy à trois Fleur-de-lys estably par cet Edit sans aucune exception , luy a succedé : mais comme il est bon de ne pas ensevelir dans l'oubly cette antiquité, qui prouve l'une des principales prérogatives de la premiere Jurisdiction ordinaire du Royaume, nous en avons rapporté icy la figure , désignée sur le même Sceau qui a servi en dernier lieu.

Memorial de la Chambre des Comptes fol. 131.

Comme ce Sceau Royal du Chastelet estoit originairement unique, il estoit aussi universel : on s'en servoit dans le besoin , & en l'absence du grand Sceau pour sceller toutes les Lettres de la Chancellerie. Firmin de Coquerel Evêque de Noyon & Chancelier de France , estant prest d'entreprendre

treprendre un long voyage pour affaires importantes à l'Estat, Philippe de Valois fit expedier des
Lettres Patentes le quatre Janvier 1348. pour regler ce qui seroit fait pendant l'absence du grand
Sceau, dont la clef est inseparable de la personne du
Chancelier : ces Lettres portent commission à ses
amez & feaux Pierre de Hangests, & Foulque Bar-
doul, pour sceller du Sceau du Chastelet, toutes les
Lettres qui leur seroient portées, & qu'ils jugeroient à propos d'estre scellées pendant l'absence
du Chancelier, ainsi que cela s'estoit fait autrefois
en semblables occasions.

Le Roy Jean se servit du même Sceau au
commencement de son Regne, pour sceller la
confirmation des Privileges du Clergé de France :
Voicy comme il s'en explique à la fin des Lettres qui en furent expediées : *Datum Parisiis in
Parlamento nostro die 23. Novembris anno Dom. 1350.
sub sigillo Castelleti nostri Parisiensis, in absentia
Majoris.* Le Traité du même Roy & du Dauphin
son Fils, avec Amedée Comte de Savoye, du
5. Janvier 1354. fut aussi scelé du Sceau du Châtelet, pour l'absence du grand Sceau; & les Lettres
en font mention.

Charles Dauphin de Viennois, Duc de Normandie, & Regent du Royaume, pendant l'absence du Roy Jean son pere, fit plusieurs Ordonnances avec les Princes du Sang & son Conseil
pour le Gouvernement de l'Estat au mois de
Mars 1356. & accorda plusieurs Lettres à differens particuliers, qui furent toutes scellées du
Sceau du Chastelet.

Le Roy estant de retour d'Angleterre, accorda
des Lettres Patentes aux Marchands de Marée,
au mois d'Avril 1361. il fit un Reglement pour le
Guet de nuit à Paris le sixième Mars 1363. il donna
des Statuts aux Teinturiers au mois d'Octobre
1369. & plusieurs autres Lettres pour des affaires
particulieres; qui furent toutes scellées du Sceau
du Chastelet, le grand Sceau de la Chancellerie
estant encore absent.

Un Sceau unique & universel, est en même
temps la marque aussi bien que l'effet de l'unité
& de l'universalité de la Jurisdiction à laquelle il
est attaché.

Elle est unique, en effet parce que c'est la seule où
nos Roys ont presidé & rendu la Justice en personne ; la seule dont le Magistrat ait l'honneur
d'avoir séance aux pieds du Roy, au dessous du
Grand Chambellan, lorsque Sa Majesté tient son
Lit de Justice au Parlement.

Elle est universelle, parce que c'est le premier Tribunal de la Ville Capitale du Royaume ;
& que comme *in Orbe Romano*, *Roma*, ainsi en
France la Ville de Paris est la commune Patrie,
communis Patria.

Elle est universelle, par ses usages & ses coûtumes, par les prérogatives de son Sceau : le
droit de Garde Gardienne ; les Privileges de l'U-
niversité, & celuy de Bourgeoisie.

Ses usages & ses coustumes estoient nommez
par les anciens indifferemment, Coustumes de
France, Coustumes Françoises, ou Coustumes &
Usages de la Comté, Vicomté, & Prevosté de
Paris. *Consuetudines Franciæ, sive Gallicanas, videlicet Comitatus Parisius, usus & Consuetudines Gallicanas Vicecomitatus, seu Præfecturæ Parisiensis.*
Elles sont en effet reçuës par tout le Royaume,
comme un droit commun, pour supplément,
ou interpretation des autres Loix ou Coustumes
locales.

Son Sceau, par un droit Royal qui luy est
particulier, est attributif de Jurisdiction, pour
attirer de tout le Royaume au Chastelet de Paris,

à l'exclusion de tous autres Juges, toutes les
actions qui naissent des actes qui en sont scellez.
Cela n'a fait aucune difficulté, tant que ce Sceau
a esté unique avec celuy de la Chancellerie. Des
Juges qui n'avoient pas droit de se servir d'un
Sceau aux armes de France, n'avoient garde
d'entreprendre de connoistre des actes qui portoient le caractere de la Souveraineté. Philippe
le Long par son Edit du mois de Janvier 1319.
unit à son Domaine tous les Sceaux des Jurisdictions qui s'exerçoient en son nom. Alors
tous les Juges de ces Jurisdictions Royales furent en droit de se servir de Sceaux aux Armes du
Roy : cela fit naistre quelque doute sur le droit
du Sceau du Chastelet, qui cessoit d'estre unique :
les Juges des Provinces refuserent de renvoyer
les affaires à ce Tribunal, lorsqu'ils en estoient
requis. La question en fut agitée au Parlement ;
& par quatre Arrests solemnels des trente & un
Decembre 1319. treizième Mars, & de la saint
Martin 1331. & 1350. elle fut décidée en faveur du
Prevost de Paris.

Les Juges Royaux, & ceux mêmes des Seigneurs firent de nouveaux efforts pour traverser
cette ancienne prérogative de la Prevosté de
Paris. Charles V. qui en fut informé, accorda
ses Lettres Patentes le 8. Fevrier 1367. pour faire
totalement cesser leurs prétentions : elles portent,
que de son droit Royal, & de si grande ancien- «
neté, qu'il n'estoit dés lors memoire du con- «
traire, la connoissance du Sceau de son Châ- «
telet de Paris, de l'execution des Lettres qui «
en estoient scellées, & de toutes leurs dépen- «
dances, appartenoit pour luy au Prevost de «
Paris, & non à autres; qu'il avoit appris que «
plusieurs de ses Officiers, de ceux des Princes «
de son Sang, & d'autres Seigneurs Hauts- «
Justiciers, s'efforçoient d'en connoistre, ce qui «
portoit grand préjudice à son droit, & à la «
Jurisdiction de sa Cour du Chastelet : c'est «
pourquoy, il declare qu'il veut que cette con- «
noissance du Sceau du Chastelet, & de tout «
ce qui en dépend, appartienne toujours au «
Prevost de Paris, qui estoit pour lors, & «
à ses Successeurs, à l'exclusion de tous autres, «
ainsi qu'il estoit accoustumé d'ancienneté, & «
que son droit Royal de sa Cour du Chastelet, «
fut gardé en cette partie. Elles ajoûtent une «
injonction au Prevost de Paris d'y tenir la «
main, & de punir ceux qui entreprendroient «
d'y contrevenir ; en sorte qu'ils servissent «
d'exemple aux autres. Ces mêmes dispositions «
ont depuis esté confirmées dans les mêmes termes, par d'autres Lettres Patentes de Charles
VII. & de Louis XI. des 6. Octobre 1447. & 25.
Juin 1473. & en dernier lieu contre le Parlement
de Normandie, nonobstant les privileges exor-
bitans de cette Province, par trois Arrests du
Conseil des 1. Juin 1672. 3. Juillet 1673. & 12.
May 1684.

Ainsi c'est abusivement que l'on s'est quelquefois servy du terme de privilege, en parlant de
l'autorité qu'a le Sceau du Chastelet, d'attirer les
affaires de toute l'estenduë du Royaume dans
cette Jurisdiction. C'est une prérogative qui luy
est attachée de plein droit, & aussi ancienne
que la Monarchie. Les termes avec lesquels nos
Roys s'en sont expliquez, font assez connoistre
cette verité; & tous les Auteurs qui en ont écrit,
sont de ce sentiment.

C'est aussi par une suite de cet ancien droit
que les Notaires, les Huissiers & les Sergens du
Chastelet, qui sont les veritables Ministres du
Sceau de la Jurisdiction ; les uns, pour en rece-

voir

Regist. de
Camer. Com.
f. 191. & 192,
Et in li. Arrest.
Curiæ Parlam.
hujus tempor.
fol. 6.
Livre Blanc
petit fol. 217.
Boutiller en sa
Somme rurale
titre 17.
Livre Rouge
ancien fol. 44.
Confer. des
Ordonn. l. 3.
tit. 6. art. 3.
Liv. Rouge 3.
fol. 72. 101. &
103.
Liv. Gris f. 5.
L. Vert vieux
second f. 91.
Bannieres, vol.
1. fol. 134.
Livre Rouge
neuf fol. 27.
Liv. Blanc du
1. vol. des mes-
tiers f. 138. &
144.

voir les actes, sous le nom & l'autorité du Prevost de Paris; & les autres pour les executer, exercent leurs fonctions dans tous les pays soumis à l'obeïssance du Roy, avec le même pouvoir & la même liberté qu'à Paris.

Lors qu'il a plû à nos Roys, par une protection toute singuliere, d'exempter quelque Corps, ou Communauté considerable, où quelques personnes distinguées, de reconnoistre les Tribunaux establis dans les Provinces, ils leur ont donné pour Juge le Prevost de Paris. Il n'est point necessaire en ce cas, que leurs actions soient fondées sur aucun titre passé sous le Sceau du Chastelet: c'est un autre droit, & une prérogative encore plus estenduë. Il suffit pour l'exercer par ceux qui en doivent jouïr, de prendre au Greffe du Chastelet une Commission qui leur donne ce pouvoir; & c'est ce que l'on nomme par un ancien usage, Garde Gardienne, ou protection. C'est en vertu de ce droit que l'Ordre de Malthe, l'Evêque & le Chapitre de Meaux, l'Abbaye de saint Faron, le Chapitre de Beauvais, les Celestins de Paris, de Soissons, d'Amiens, de Marcoüssy, le Chapitre de Senlis, les Chartreux de Montfontaine, l'Abbaye de Vaulx de Cernay, l'Abbaye de saint Cyr, celles de Farmoustier, du Val Nostre-Dame, de saint Martin de Pontoise, de saint Paul prés de Beauvais, de Nogent Lartaut, du Pont aux Dames, du Parc aux Dames lés Crespy, de Vaux de Parsons, de sainte Colombe prés de Sens, & tant d'autres Communautez, ou particuliers, tant de Paris, que des Provinces, ne peuvent estre contraints de plaider ailleurs, soit en demandant, ou défendant, qu'au Chastelet de Paris.

L'Université a ses privileges Apostoliques, & ses privileges Royaux. Pour la conservation des uns, Clement V. par ses Bulles du cinquiéme des Ides d'Octobre 1309. reçûës en France, luy a donné pour Protecteurs les Evêques de Beauvais, de Meaux & de Senlis: & pour la faire jouïr des autres, Philippe de Valois la mit sous la

protection du Prevost de Paris, par Lettres Patentes du trente-un Decembre 1340. Entre ces Privileges Royaux il y a celuy que ses Docteurs, Regens, Professeurs, Ecoliers, ou Supposts ne peuvent estre contraints de plaider ailleurs en premiere instance, que pardevant le Prevost de Paris, conservateur de leurs privileges, tant en demandant, qu'en défendant, & qu'ils peuvent y faire évoquer & renvoyer toutes les causes où ils ont interest. Ce privilege que l'on nomme de Scholarité, a depuis esté confirmé par d'autres Lettres Patentes de Louis XII. du mois d'Aoust 1498. de François I. du mois d'Avril 1515. & de Louis XIII. du mois de Janvier 1629.

Tous les Bourgeois de Paris qui ne sont fondez sur aucun titre scellé du Sceau du Chastelet, qui n'ont point le droit de Garde Gardienne, & qui ne sont point du Corps de l'Université, ont du moins ce privilege, de ne pouvoir estre contraints en matiere civile, de plaider ailleurs en défendant. Ils ne peuvent estre tirez hors de leurs murs par aucun procés, pour quelque cause ou privilege que ce soit: c'est une des dispositions de leur Coustume, autorisée par nos Rois, qui leur a esté confirmée par Lettres Patentes des neuf Novembre 1465. Septembre 1543. Mars 1594. Mars 1669. & dont ils sont en paisible possession.

La Jurisdiction du Chastelet est enfin universelle, pour tout ce qui concerne les vivres, &

les autres provisions necessaires à la subsistance de Paris. Les Ordonnances de son Magistrat sont encore executoires à cet égard dans toute l'estenduë du Royaume. Ce droit dont elle est en possession de temps immemorial, luy a esté confirmé par Lettres Patentes de Charles VI. du premier Mars 1388. par Arrest du Parlement du 5. Juillet 1551. rapporté par du Luc. & en dernier lieu, par Arrest du Conseil du vingt-un Avril 1667. Cet Arrest rendu du propre mouvement du Roy, fait mention de l'antiquité de ce droit; & en le confirmant, porte que les Ordonnances que le Lieutenant du Prevost de Paris « rendra sur le fait de la Police, & des marchan-« dises & denrées necessaires pour la provision & « la subsistance de la Ville de Paris, seront exe-« cutées selon leur forme & teneur, en tous lieux, « tant du ressort de Parlement de Paris, qu'ailleurs. « Enjoint Sa Majesté à tous ses Sujets d'y tenir la « main, & à tous Baillis, Vicebaillis & Prevosts, « Lieutenans Generaux; & tous Juges, tant « Royaux qu'autres, d'y déferer, & de prester « main-forte aux Commissaires, & aux autres « Officiers, qui seront envoyez sur les lieux à « cet effet. «

Un Tribunal qui jouït de toutes ces prérogatives, qui n'a d'autres bornes en tant d'occasions que celles du Royaume; qui avoit esté remply si souvent de Magistrats choisis dans les plus illustres Familles, & quelquefois même honoré de la presence de nos Rois, demandoit sans doute beaucoup de circonspection & de discernement dans le choix de celuy qui devoit y présider sous le nouveau titre de Prevost.

Nous ne sçavons autre chose du premier qui en fut pourvû par Henry, petit-fils de Hugues Capet, l'an 1032. sinon qu'il se nommoit Estienne: mais nous pouvons juger de la qualité des personnes que l'on y élevoit en ce temps, par celle d'Anselme de Garlande, que Philippe Auguste plaça sur ce Tribunal l'an 1192. Il estoit Seigneur de Tournan, l'une des plus belles Terres de la Province de Brie. Il descendoit de Guillaume Seigneur de la Terre de Garlande, proche les murs de Paris, & Dapifer, ou Grand-Maistre de la Maison de Louis le Gros. Estienne de Garlande Grand-Archidiacre de l'Eglise de Paris, donna sa portion de cette Terre, pour fonder les deux Canonicats de saint Aignan dans l'Eglise de Nostre-Dame: & Mahaude de Garlande en 1202. avoit épousé Matthieu de Montmorency, dans un temps que les Seigneurs de Montmorency avoient pris alliance dans la Maison Souveraine de Bretagne. Ainsi nostre Prevost de Paris ne pouvoit estre choisi dans une Maison plus distinguée, & en pieté, & en noblesse.

Cela nous apprend que la Prevosté de Paris se donnoit encore en ce temps au merite & à la qualité: toutes les autres Prevostez du Royaume estoient venduës, c'est-à-dire, selon le langage du temps, qu'elles estoient données à ferme. Les Ducs & les Comtes, lors des infeodations, avoient introduit ce mauvais usage dans leurs Terres, pour grossir le revenu de leurs Domaines; & nos Rois, après que ces mêmes Terres furent réunies à la Couronne, en souffrirent la continuation, Paris seul en fut exempt.

Mais les troubles & les besoins de l'Estat pendant la minorité de saint Louis, ayant obligé le Conseil de ce Prince d'avoir recours à des moyens extraordinaires pour les soûtenir; Paris se trouva réduit à cet égard à la même condition que les autres Villes. La Prevosté de cette Capitale fut comprise pour la premiere fois, entre les

Benedict. in
Capitul. Raynucius.
Masuer. tit. de
Judicibus.
Grand Coutumier, titre des
Baillis & Seneschaux.

Fermes

Fermes du Roy, & adjugée au plus offrant.

Les personnes qualifiées qui avoient autrefois rempli ce Tribunal, & les seules qui en estoient dignes, n'en voulurent plus à cette condition, & n'eurent garde de se trouver au nombre des encherisseurs. Ainsi la Prevosté de Paris devint en proye aux Gens de tous estats, sans naissance, & sans érudition. Il arrivoit même souvent que la fortune de ceux qui se presentoient pour prendre cette ferme estoit si bornée, qu'ils s'associoient plusieurs ensemble, & que tous prenoient la qualité de Prevosts de Paris, & en exerçoient collectivement les fonctions. On y vit en 1245. deux Marchands nommez Guernes de Verbrie, & Gaultier Lemaistre. En 1251. Henry d'Yeres, & Eudes le Roux de semblable condition, & cela devint commun.

On ne peut assez fortement exprimer tous les desordres que cette nouveauté causa dans la Police, & dans l'administration de la Justice à Paris. Il suffiroit pour le bien comprendre, de faire ces deux reflexions. La premiere, que le gouvernement de la Ville, le commandement de la Noblesse, & l'intendance des armes dans toute la Province, estoient encore en ce temps attachez à cette Magistrature. La seconde, qu'il n'y avoit point encore de Chambre du Thresor, ny d'autres Juges du Domaine du Roy, que le Prevost de Paris. Ainsi ces Marchands Fermiers & Magistrats, devenoient en même-temps les Chefs de la Noblesse, & les Juges de leurs propres causes. Peut-on concevoir rien de plus monstrueux ? Quels secours pouvoit-on esperer de semblables Gouverneurs, lors qu'il arrivoit quelque trouble dans la Ville, ou quelque revolution dans l'Estat ? Et quelle justice devoit-on attendre de tels Juges, lorsque leur Ferme s'y trouvoit interessée, comme il arrivoit dans tous les cas domaniaux ? Quels risques un innocent accusé ne couroit-il point, lors qu'il avoit de grands biens à confisquer ? & quelles negligences au contraire de faire la recherche des vagabonds, ou le procés à de veritables criminels, quand la dépense s'en devoit prendre sur la Ferme ? On ne finiroit jamais le détail de tous ces abus ; ils estoient infinis : mais aussi ils firent enfin deserter la Jurisdiction du Chastelet; & si on en croit les Auteurs de ce temps, plusieurs même sortirent du Royaume. Voici comment ils s'en expliquent dans l'Histoire de saint Louis, & les remedes que ce Prince y apporta.

» Sçachiez que ou temps passé l'Office de la
» Prevosté de Paris se vendoit au plus offrant ;
» dont il advenoit que plusieurs pilleries & ma-
» lefices se faisoient, & estoit tellement Justice
» corrompuë, par faveur d'amis, & par dons &
» promesses, dont le commun ne ouzoit habiter
» ou Royaume de France; & il estoit lors presque
» vague; & souventesfois n'y avoit aux plets de
» la Prevosté de Paris, quand le Prevost tenoit
» ses Assises, que dix personnes au plus, pour
» les injustices & abusions qui s'y faisoient. Pour-
» tant ne voulut-il plus, (c'est de saint Louis
» dont il parle,) que la Prevosté fust venduë;
» ains estoit Office qu'il donnoit à quelque
» grand & sage homme, avec bons gages &
» grands. Il fit abolir toutes les mauvaises Coû-
» tumes, dont le povre peuple estoit grevé au-
» paravant, & il fit enquerir par tout le pays
» là où il trouveroit quelque grand sage homme
» qui fût bon Justicier, & qui punit étroitement
» les malfaicteurs, sans avoir égard au riche plus
» qu'au povre. Il luy en fut amené un qu'on ap-
» pelloit Estienne Boileau, auquel il donna l'Of-

fice de Prevost de Paris; lequel depuis fit mer- «
veille de soy maintenir oudit Office, telle- «
ment que desormais n'y avoit larron, meur- «
trier, ne autre malfaicteur qui ouzast demeurer «
à Paris, que tantost qu'il en avoit connoissan «
ce, ne fust pendu ou puni à rigueur de Jus- «
tice, selon la qualité du méfait; & n'y avoit «
faveur de parenté, ne d'amis, ne or, ne ar- «
gent qui l'en eust pû garantir, & grandement «
fit bonne Justice. La Prevosté de Paris, «
dit un autre Auteur, estoit si mal administrée, «
parce qu'elle estoit baillée à ferme à des Mar- «
chands, que chacun Citoyen se retiroit sur les «
territoires des Hauts-Justiciers Ecclesiastiques, «
& demeuroit la Terre du Roy comme deserte, «
jusqu'à ce que ce bon Roy reprit la Justice, «
& la bailla en garde à un nommé Boileau. «

Por id tempus, ajoûte encore l'un de nos plus anciens Historiographes, *Præpositura Parisiensis venalis habebatur : undè fiebat ut inopes premerentur, opulenti omnia licenter agerent, fures nullis pœnis afficerentur. Hanc venalitatem Rex prohibuit, constituto annuo stipendio qui Præfectus esset : atque ita Stephanum Boilæum Præpositum instituit, qui id Officium adeptus, intrà paucos dies statum Civitatis longè tranquilliorem reddidit.*

Saint Louis ayant calmé tous les troubles de son Estat, surmonté ses ennemis, & mis fin aux guerres estrangeres, s'appliqua donc, selon ces Auteurs, à la reforme de son Royaume, & sur tout à celle des abus qui s'estoient introduits dans sa Ville Capitale. A l'égard du temps précis de cette reforme, voicy ce qu'en dit un Auteur anonyme fort ancien, dont le manuscrit est conservé dans la Bibliotheque du Roy. Le Roy estant de retour à Paris l'an 1258. assembla en cette Ville plusieurs Prélats, Barons & notables Clercs de tous les Estats, & des gens de son Conseil, pour aviser sur le fait de la Justice. Il fit faire plusieurs Ordonnances qu'il approuva & confirma, & les fit enregistrer, & publier en sa Cour & Auditoire du Chastelet de Paris, & aux autres Auditoires des Bail- «
lages, & Seneschaussées de son Royaume. Et pour présider en sadite Cour, & Auditoire du Chastelet, il y institua un Bourgeois de Paris bien renommé de prudhomie, nommé Estienne Boileau : & alloit souvent le Roy audit Chastelet, se seoir prés ledit Boileau, pour l'encourager à donner l'exemple aux autres Juges du Royaume. «

Pour affermir davantage cette reforme, saint Louis sépara pour toujours la Recette du Domaine d'avec la Prevosté de Paris ; & cela donna lieu à la création en titre d'Office d'un Receveur, d'un Sceleur, & de soixante Notaires.

L'on comprend assez pourquoy cette création d'un Receveur, & combien elle estoit necessaire pour procurer cette reforme. Le Prevost de Paris n'estant plus chargé de la Recette du Domaine, il faloit bien necessairement un Officier pour en prendre le soin, & pour en rendre compte. On n'entend pas avec la même facilité le rapport que les fonctions du Sceleur, & celles des Notaires, pouvoient avoir avec les Finances, que l'on séparoit de l'administration de la Justice. Il faut pour y parvenir, remonter necessairement jusqu'à la source, & avoir recours à l'usage establi dans les Gaules par les Romains, qui fut conservé par nos premiers Rois : alors on verra avec évidence, combien la création de ces Officiers estoit encore necessaire pour rendre cette reforme complette.

Les Romains ne comptoient au nombre des
écritures

écritures publiques que les feuls actes judiciaires, qui eſtoient prononcez dans les Tribunaux par les Juges, & qui s'expedioient enſuite par leurs Clercs domeſtiques, qu'ils nommoient, *Scribæ*; *vel Amanuenſes*.

Les contracts, & tous les actes volontaires dans les premiers temps de la Republique eſtoient écrits par les Parties mêmes, ou elles prioient l'un de ceux qu'elles appelloient, pour témoins de les écrire. Les perſonnes qualifiées, & les riches Citoyens ayant deſiré dans la ſuite des temps de s'épargner & à leurs amis cette peine, firent apprendre à écrire à de jeunes gens, qu'ils prenoient auprés d'eux comme Secretaires, & ils s'en ſervoient pour écrire leurs actes. Ceux-cy, pour ſe rendre plus vigilans, & plaire davantage à leurs Maiſtres, faiſoient leur principale étude d'écrire en notes ou abreviations: d'où ils furent nommez Notaires: *Notas qui didicerunt, Notarii appellantur.* [a] Cet uſage ainſi commencé par les particuliers pour toutes ſortes d'écritures, fut enfin reduit plus communément aux matieres judiciaires. On en tira dans la ſuite une ſi grande commodité, que les Villes ſe choiſirent un certain nombre de ces Notaires, qu'elles entretenoient aux dépens du Public; pour eſtre toujours preſts d'écrire les traittez des Citoyens qui auroient recours à eux. [b]

Mais tous ces actes, & ces contrats, ſoit qu'ils fuſſent écrits par les Parties mêmes, par l'un des témoins, ou par un Notaire domeſtique ou public, n'eſtoient toujours reputez que pour écritures privées. Les Parties qui deſiroient les rendre autentiques, les portoient enſuite au Magiſtrat, pour ordonner qu'ils ſeroient regiſtrez *apud acta*; c'eſt-à-dire, mis au nombre des actes publics: & alors ſeulement ils avoient leur derniere forme, pour eſtre executoires, & faire pleine foy en Juſtice.

Ainſi le nom de Notaire originairement ne ſignifioit point un Officier, mais ſimplement l'Art & la profeſſion de ceux qui le portoient. Leur miniſtere auſſi n'alloit pas plus loin en ce temps, qu'à ſoulager les Parties, en écrivant pour elles les actes qu'elles ne deſiroient pas écrire elles-mêmes. Delà vient que dans la ſuite l'on devint commun à tous ceux qui ſe mêloient de l'art d'écrire, & que l'on nomma indifferemment, *Scribæ & Notarii*, les Clercs ou Greffiers domeſtiques des Magiſtrats & des Juges: comme l'on ſe ſervit également de ces deux mots, *Librarii & Notarii*, pour qualifier ceux qui eſtoient employez à écrire les livres. [c]

Tous ces uſages paſſerent dans les Gaules avec la domination des Romains, & furent conſervez par nos premiers Roys. Les anciennes formules de Marculphe, & celles qui ont depuis eſté recueillies par d'autres celebres Auteurs, nous en rendent un témoignage qui ne peut eſtre ſuſpect. [d] Il y en a de tous les contracts, & de toutes les conventions qui peuvent tomber dans le commerce, & qui ſont aujourd'huy en uſage. L'on y en trouve pour ſervir de regle aux Parties qui deſiroient écrire elles-mêmes d'autres pour eſtre écrits par l'un des témoins; & il y en a enfin qui font mention qu'un Notaire a eſté appellé pour les écrire. Mais tous ſans aucune exception, ne ſont conçus qu'en termes d'écritures privées. L'on y trouve même la formule de l'acte d'apport, par lequel le Magiſtrat, ſur le requiſitoire des Parties, ordonnoit que ces écritures privées ſeroient regiſtrées *apud acta* de ſa Juriſdiction, pour eſtre enſuite executoires & autentiques.

Cela nous eſt encore confirmé par le Pere Mabillon, [e] dont l'érudition & l'exactitude ſont connuës. Il rapporte dans le Traité qu'il a fait *ex profeſſo* des anciennes écritures, qu'aprés une exacte recherche dans les plus celebres Bibliotheques, & les plus anciennes Archives; tant du Royaume, que des Pays étrangers, où il a voyagé exprés, il n'a trouvé aucun contract paſſé pardevant Notaires, comme Officiers, avant l'année 1270. donc cet ancien uſage des contracts ſous ſignature privée eſtoit encore en ſa vigueur ſous le Regne de ſaint Loüis.

Le Magiſtrat auquel ces écritures eſtoient enſuite apportées, & qui leur donnoit l'autorité publique, en les recevant au nombre des actes de ſa Juriſdiction, *apud acta*, en faiſoit enſuite délivrer aux Parties des expeditions écrites & ſcellées de ſon Sceau par ſes Clercs ou Greffiers domeſtiques. Mais comme les Notaires qui écrivoient des actes ſous les Parties chez les Romains appartenoient à l'Etat, *ſicut ſervi publici*, & qu'ils devoient conſequemment rendre compte de tout le gain qu'ils y faiſoient: nos Roys appliquerent auſſi à leur Domaine ce qui eſtoit payé pour ces expeditions; & le Magiſtrat eſtoit chargé d'en rendre compte. [f]

C'eſt pourquoy S. Loüis voulant débaraſſer entierement le Prevoſt de Paris de tout ce qui pouvoit avoir quelque rapport à la Finance, créa ſoixante Notaires en titre d'Office, pour recevoir tous les actes volontaires de ſa Juriſdiction. [g]

Les Ordonnances qui furent faites dans la ſuite touchant les fonctions de ces Officiers, nous apprennent ce qui leur fut preſcrit, pour rendre d'abord ces actes executoires & autentiques, ſans avoir davantage recours au Magiſtrat, & quelle portion de l'émolument ils en devoient rendre au Domaine du Roy.

La premiere de leurs obligations, eſtoit d'eſtre aſſidus dans l'exercice de leurs fonctions. La ſeconde, de ne paſſer aucun acte que dans le Chaſtelet, où ils avoient une Sale pour mettre leurs Bureaux. La troiſiéme, d'intituler tous leurs actes du nom du Magiſtrat, & de ne parler d'eux qu'en tierce perſonne. La quatriéme, que les deux qui auroient reçû l'acte le porteroient enſemble au Scelleur, qui avoit auſſi ſon Bureau proche leur Sale: afin que ſur leur témoignage cet Officier y appoſaſt, ſous l'autorité du Prevoſt de Paris, le Sceau de la Juriſdiction. La cinquiéme enfin, que de leurs émolumens ils en payeroient au Scelleur pour le Roy les trois quarts, que cet Officier remettroit enſuite au Receveur du Domaine, pour en compter à la Chambre des Comptes. [h]

L'on voit par ce ſiſtême la ſageſſe de cet établiſſement. Deux témoins dignes de foy ont toujours fait une preuve complette en Juſtice; & c'eſt une maxime que toutes les loix divines & humaines ont approuvé. Il ne s'agiſſoit ainſi que de rendre public ce témoignage. Les ſignatures par écrit n'eſtoient point encore en uſage. Les parties, & les témoins appoſoient leurs Sceaux au bas de l'acte. Ces Sceaux de perſonnes privées n'eſtant pas connus, l'on eſtoit obligé de les faire reconnoître en la preſence du Magiſtrat; juſques-là ces actes ne faiſoient aucune preuve en Juſtice. Il reſtoit encore aprés cette reconnoiſſance de leur donner la force d'eſtre executez. Cela n'a jamais eſté au pouvoir d'aucun particulier. Le Magiſtrat ſeul a cette autorité. Delà vient que le depoſt qui en eſtoit fait à ſon Greffe, *apud acta*, & le Sceau qu'il faiſoit appoſer ſur les expeditions qui en eſtoient

Tome I.   O   toient

Marginal notes:

[a] Sancti Aug. de doctrina Chriſtian. lib. 2. cap. 25. Plutarq. Dyon. Caſſius Paulus in L. Lucius ff. de teſtament. militis. Seneca Epiſt. 91.

[b] L. 1. in ordinem ff. de Magiſtratib. conveniendis. L. 2. ſi pupillus. ff. rem pupilli ſalvam fore. L. ff. de adoptionibus. L. ultim. C. de ſerv. Reip.

[c] Spartian. In Gordiani.

L. 33. inter eos. ff. ex quibus cauſis majores.

[d] Marculf. formul. lib. 2. paſſim. Formulæ Sirmondicæ. Formulæ Bignonianæ. Formulæ Lindenbrogii. Nova collectio formular. Baluzii.

[e] De re diplom. lib. cap. 13.

[f] Compul. in Cam. Com Maſuer. titul de Judicib. Grand Couſtumier de France, au titre de Baillis & Senéchaux. Chronique de Flandres ch 33 Du droit des Offices par Loyſeau liv. chap 1. Paſquier liv 4 chap 14. & 17. Joinville en la vie de S Louïs. Chronique de ſaint Denys. Nicole Gille. Guaguin. hiſt ſub. Janct. Ludovic. Loyſeau, du droit des Offices liv. 1. ch 4. & liv. 3 chap 1. Recueil des Ordonnances des Notaires, paſſim.

toient delivrées, pour les rendre autentiques.

Par cet establissement toutes ces formalitez se trouvent abrogées sans estre affoiblies. La presence de deux Notaires, dont les personnes & la probité sont toujours connuës dans la Jurisdiction, donne à l'acte toute la foy, & toute la certitude que l'on y peut desirer. Ils le recevoient dans le Chastelet sous les yeux, pour ainsi dire, du Magistrat ; & en quelques lieux qu'ils le reçoivent aujourd'huy, c'est toujours en son nom ; de même que les Greffiers de la Jurisdiction contentieuse reçoivent les appointemens dont les Parties ou leurs Procureurs sont d'accord. Ainsi c'est le Magistrat, & non pas eux, qui oblige les contractans ; comme c'est luy qui condamne dans les Sentences, quoiqu'elles soient accordées par les Parties. Ils venoient

enfin au Scelleur, luy rendoient témoignage de ce qui s'estoit passé ; & cet Officier, pour le Prevost de Paris, y apposoit le Sceau de la Jurisdiction, pour assurer par ce caractere public la verité de l'acte, & en même-temps le rendre executoire.

Ce Magistrat ainsi déchargé de la recette du Domaine, & de l'embaras de faire expedier les écritures de sa Jurisdiction, d'en recevoir les émolumens, & d'en rendre compte, donna tous ses soins au restablissement de l'ordre public, & à l'administration de la Justice. Il y reussit si bien en effet, que Paris en peu de jours changea totalement de face, & que la tranquillité publique s'y trouva parfaitement restablie ; *intrà paucos dies statum Civitatis longè tranquilliorem reddidit.* C'est le témoignage des plus graves Auteurs.

CHAPITRE III.

Le Gouvernement de Paris, separé de la Prevosté ; & les autres changemens arrivez dans la Jurisdiction du Chastelet, depuis le Regne de saint Loüis jusqu'à present.

LA Prevosté de Paris remise entre les mains du Roy par cette réforme ayant repris son premier lustre, nos Roys ne la donnerent plus qu'en garde pour eux, & ne conferent ce depost qu'à des personnes d'un rang & d'un merite tres-distingué. Comme le Gouvernement, la Police, & la Justice de cette Ville Capitale en faisoient alors tout l'employ, il n'y eut point de Seigneur qui crust ce poste au dessous de luy. Aussi y vit-on dans la suite des Sujets choisis dans les Maisons d'Hangests, de Coucy, de Crevecœur, de Clamecy, de Loré, d'Estouteville, de l'Isle-Adam, de Coligny, d'Alegre, d'Estampes, & de plusieurs autres du premier rang. Nos Roys voulant estre informez exactement par ce Magistrat de tout ce qui concernoit leur service ou le bien public, attacherent à son Office celuy de leur Chambellan Ordinaire, pour avoir accez à toutes heures auprés de leurs personnes. Ils luy donnerent aussi une Compagnie d'ordonnance de cent hommes entretenus auprés de luy ; pour estre toujours en estat de pourvoir au bien public, & d'executer les ordres qu'il recevoit de la Cour.

Il luy estoit défendu, comme à tous les autres Baillis, & Senéchaux d'avoir des Lieutenans qu'en cas de maladie, ou d'autres legitimes empêchemens : & alors il se les choisissoit à sa volonté. C'estoit l'une des dispositions précises des Ordonances de Philippe le Bel du mois de Mars 1302. & de Charles VI. du 28. Octobre 1394. Nous tenions encore cet usage des Romains, qui avoient imposé cette même loy aux Presidens de leurs Provinces.

La réforme du Chastelet de Paris par saint Loüis parut avec d'autant plus d'éclat, qu'elle fut unique pendant plus de cent cinquante ans. Charles V. estant Regent du Royaume pendant l'absence du Roy Jean son Pere, fit bien une tentative pour l'establir dans les Provinces, par son Ordonnance de l'an 1357. mais elle demeura sans execution ; & l'abus des Magistrats Fermiers y subsista toujours. Delà s'ensuivirent tous les desordres que l'on avoit éprouvez dans cette Capitale, avant la réforme ; & le Royaume se trouva, pour ainsi dire, inondé de crimes. D'attendre du secours de ces Magistrats Fermiers, il y

avoit peu d'apparence. Le Prevost de Paris estoit en ce temps-là le seul qui estoit élevé à cette dignité avec choix & distinction ; & consequemment le seul dont le merite fust connu. Le bon ordre qu'il avoit establi dans sa Jurisdiction luy donnoit tout le temps necessaire d'étendre ses soins ailleurs. Il fut choisi par Charles VI. pour faire le Procés aux mal-faiteurs dans toute l'étenduë du Royaume. La commission generale luy en fut expediée une premiere fois par Lettres Patentes du 20. May 1389. & une seconde, par d'autres Lettres du 21. Juin 1401. Rien ne pouvoit estre plus expressif que l'exposé de ces Lettres, pour faire entendre combien l'Estat avoit besoin à cet égard d'une réforme generale ; & rien de plus honorable au Prevost de Paris, que les termes par lesquels il fut chargé de cette commission. Elles portent, que « le Roy avoit entendu la clameur de ses Su- « jets des Baillages de Vermandois, d'Amiens, « de Sens, de Roüen, de Senlis, de Meaux, « de Melun, de Chartres, de Normandie, de « Picardie, & d'autres Provinces de son Royau- « me. Que tous ces lieux estoient infectez de « mal-faiteurs qui commettoient de jour en jour « plusieurs meurtres, homicides, larcins, ra- « vissemens de femmes, violations d'Eglises, « mutilations & navrures énormes, cabuseries, « & autres grands crimes & délits, qui meri- « toient peine capitale, tant contr'eux, que « leurs recepteurs & complices. Que le Roy ne « voulant point que tels crimes demeurassent « impunis ; bien certain de la prudence & af- « fection à faire bonne Justice de son amé & « féal Chevalier, Conseiller, & Chambellan « Guillaume de Tignonville, Prevost de Paris, « il le commet, & ordonne Reformateur, Ju- « ge, & Commissaire general en cette partie, « pour faire le procés à ces mal-faiteurs, & leur « imposer les peines qu'ils meritoient, en quel- « ques lieux du Royaume qu'ils fussent trou- « vez : Et mande à tous ses Officiers & Sujets « de luy obeïr. »

Les troubles que la maladie de Charles VI. causa dans l'Etat ; la division des Princes pour la Regence ; l'invasion des Anglois ; les guerres que Charles VII. eut à soustenir, au commencement

mencement de son Regne, furent autant de semences de nouveaux crimes dans tout le Royaume. Les Anglois chassez de France l'an 1436. le Roy donna ses premiers soins à faire joüir ses Sujets des fruits de la paix & de la tranquillité publique qu'il venoit de restablir. La punition des crimes luy parut d'abord d'une obligation indispensable, & le plus sûr moyen de rendre le calme à l'Estat. Il en donna encore la commission à son amé & feal Chevalier, Conseiller, & Chambelan, Ambroise, Seigneur de Loré, Baron d'Yvry, & son Prevost de Paris, par Lettres Patentes du 3. Avril 1437. Ces Lettres establirent de nouveau ce Magistrat, Juge & Reformateur General des crimes de Leze-Majesté, & de tous les autres crimes & delits dans toute l'étenduë du Royaume : & cette Commission fut renouvellée à Messire Robert d'Estouteville, Prevost de Paris, par d'autres Lettres du 6. Octobre 1447.

Ce Prince fit ensuite deux autres reformes dans l'administration de la Justice par ses Lettres Patentes du 7. Avril 1453. pour couper la racine à tous ces desordres qui arrivoient si frequemment dans les Provinces. La premiere, qu'à l'avenir les Prevostez ne se donneroient plus à ferme, mais que lors qu'elles viendroient à vacquer, les Officiers du Siege nommeroient trois Sujets prudhommes & sages ; entre lesquels le Roy en choisiroit un, pour l'élever à cette Magistrature. Et la seconde, que cette même formalité seroit aussi observée dans le choix des Lieutenans du Prevost de Paris, & des Baillis, & Senéchaux. Ainsi par cette nouvelle Loy, les Tribunaux ne furent plus remplis, soit en premier, ou en second, dans toute l'estenduë du Royaume, que par des Magistrats en titre d'Office, choisis avec distinction, & pourvûs par le Roy.

Quoique les Baillis & Senéchaux eussent le gouvernement de leurs Provinces, il arrivoit neanmoins quelquefois en temps de guerre, lors qu'ils n'estoient pas experts au fait des armes, que l'on jettoit dans leurs places des Capitaines pour y commander.

Cela n'estoit point encore arrivé à l'égard de Paris : le Prevost de cette Capitale toujours homme expert & de confiance, n'avoit jamais esté troublé dans cette prérogative : mais sous le regne de Louis XI. pendant les guerres qu'il eust à soustenir contre le Duc de Bourgogne ; l'armée ennemie s'estant avancée jusques à Beauvais, le Roy mit dans Paris pour la premiere fois un Lieutenant General pour luy, & luy confia le Gouvernement de la Ville. La commission en fut expediée au Seigneur de Gaucourt le vingt-un Juin 1472. Jacques de Villiers, Seigneur de l'Isle-Adam, estoit lors Prevost de Paris, il descendoit du fameux Philippe de Villiers, qui avoit livré la Ville de Paris aux Bourguignons l'an 1418. Il ne faut pas s'estonner si en cette occasion, ayant à se défendre des mêmes ennemis, l'on prit quelques mesures, pour s'assurer de sa fidelité : aussi cela n'eut-il encore aucune suite pour ses successeurs.

Mais quelques années après il arriva un autre changement beaucoup plus considerable dans les fonctions de ce Magistrat. Depuis le dixiéme siecle l'estude du Droit n'avoit point esté necessaire pour remplir les Charges de Judicature, il suffisoit d'avoir beaucoup de probité, de bon sens, & une parfaite connoissance des Coûtumes & des Usages de la Province. Cela fut jugé par deux Arrests du Parlement des trente May 1447. & premier Fevrier 1463. Charles

VIII. par son Ordonnance du mois de Juillet 1493. ordonna pour la premiere fois que les Prevosts & les Lieutenans des Baillis & Senéchaux seroient Docteurs ou Licenciez en l'un & l'autre Droit. Louis XII. par Lettres Patentes du mois de Mars 1498. estendit cette Loy aux Baillis & Senéchaux ; il ordonna qu'ils seroient aussi graduez ; sinon, qu'ils n'auroient plus de voix déliberative en leurs Tribunaux.

Jacques d'Estouteville estoit alors Prevost de Paris, & il n'avoit aucuns degrez d'estude : ses Lieutenans se mirent en possession des prérogatives qui leur avoient esté attribuées par l'Edit : il les traversa, & assisté des Conseillers du Châtelet, il entreprit de faire un Reglement. Le Lieutenant Civil s'en porta appellant, & par Arrest du vingt-huit May 1501. ils furent reglez. Cet Arrest porte que le Prevost de Paris, le « Lieutenant Civil, & les Conseillers s'assemble- « roient le Mardy, le Jeudy, & le Vendredy de « chacune Semaine au Chastelet, pour juger les « procez au dessus de cent livres qui se trouve- « roient en estat ; que le Lieutenant, ou l'un des « Conseillers en son absence presideroit, & signe- « roit les dictums avec le Rapporteur ; que les « procez seroient distribuez chaque Semaine par le « Prevost de Paris, quand il y seroit present avec le « Lieutenant, qui appelleroient avec eux deux « Conseillers ; qu'en l'absence du Prevost la distri- « bution seroit par le Lieutenant ; & qu'en cas « qu'il ne pust se trouver, soit à la distribution, « ou au Jugement, il pourroit y commettre l'un « des Conseillers à sa place. Qu'à l'égard des pe- « tits procez en matiere personnelle de cinquante « livres & au dessous, & des incidens & interlo- « cutions, en cas que le Lieutenant Civil fut em- « pêché par maladie, ou autrement, d'aller au « Chastelet, il pourroit les juger en sa maison, « en appellant avec luy au moins deux des Con- « seillers, selon l'ordre de leurs receptions. Il est « ensuite enjoint aux Conseillers, Greffiers, Avo- « cats, & Procureurs du Chastelet, de porter hon- « neur au Lieutenant, & de luy déferer ainsi qu'ils « le devoient.

Le gouvernement de la Ville, & le commandement des armes estoit encore attaché à l'Office de Prevost de Paris. La Commission du sieur de Gaucourt finie, le sieur d'Estouteville rentra dans tous ses droits de Gouverneur : il eut pour successeurs en 1507. Jacques de Coligny, en 1513. Gabriel Baron d'Alegre, & en 1529. Jean de la Barre Chevalier Comte d'Estampes, Vicomte de Bridiers, Baron de Verets, Seigneur de la Barre, de Villemartin, & Duplessis les Tours : celuy-cy fut le dernier qui joüit de cette prérogative. Louis XII. avoit establi des Gouverneurs dans toutes les Provinces, & François I. en establit un à Paris, & dans l'Isle de France. Depuis ce temps il n'est resté au Prevost de Paris du commandement des Armes, que la convocation & la conduite de l'Arriereban.

Cette Charge n'a pas laissé de conserver depuis ce temps, un rang tres-considerable : celuy qui la possede est toujours le Chef de la Noblesse de la premiere Province du Royaume, le premier Magistrat de la Ville Capitale : il peut en cette qualité présider à son Tribunal, quand bon luy semble : tous les Actes qui en sont émanez, soit contentieux, soit volontaires, sont intitulez de son nom, & s'executent sous son autorité. Il est de ses soins que sa Province soit maintenuë en paix, que les crimes y soient punis, & que la Justice y soit bien administrée : c'est luy qui reçoit les ordres du Roy pour as-

sembler

sembler la Nobleſſe de l'Arriere-ban, & il en a le commandement dans les Armées. Auſſi n'a-t-elle jamais eſté poſſedée depuis ce temps, non plus qu'auparavant, que par des ſujets tres-diſtin-guez en naiſſance & en merite.

La Juriſdiction du Chaſtelet n'avoit encore ſouffert aucun partage quant à l'adminiſtration de la Juſtice. François I. par ſon Edit de 1522. en ſepara la conſervation des privileges de l'U-niverſité. Ce nouveau Tribunal fut rempli d'un premier Magiſtrat, ſous le titre de Bailly de Paris, d'un Lieutenant Conſervateur, de douze Conſeillers, d'un Avocat, & d'un Procureur du Roy, d'un Greffier, & de deux Audianciers. Cet établiſſement ne ſubſiſta que quatre ans : ce nouveau Siege fut réüni à la Prevoſté de Paris, par d'autres Lettres du mois de May 1526. à condition qu'il y auroit deux Lieutenans Ci-vils, l'un de ſa Prevoſté, pour la Juriſdiction ordinaire ; & l'autre pour la conſervation : ces deux Charges ont depuis eſté réünies comme les autres.

Au mois d'Octobre de cette même année 1526. le ſieur de la Barre ſe preſenta au Parlement, pour eſtre reçû : ſes Lettres luy donnoient la qualité de Prevoſt de Paris : les Gens du Roy s'oppoſerent à ſa reception : il en preſenta de nouvelles ſous le titre de Garde de la Prevoſté, & il fut reçû.

Le Prevoſt de Paris, & les Baillis & Séné-chaux jugeoient autrefois en dernier reſſort tou-tes les affaires qui ſe preſentoient à leurs Tri-bunaux, & qui eſtoient de leur competence. Le Parlement ne s'aſſembloit qu'une fois ou deux l'année, & ne tenoit que fort peu de jours : il ne connoiſſoit alors que des grandes cauſes con-cernant les Duchez, les Comtez, les crimes des Pairs de France, & les Domaines de la Cou-ronne : que ſi l'on y examinoit quelquefois les Jugemens des Baillis & Senéchaux, c'eſtoit plutoſt par voye de plainte que par appel. La multiplicité des affaires ayant enfin obligé de fixer les ſéances ordinaires du Parlement de Pa-ris, & d'eſtablir de ſemblables Cours dans les Provinces, l'uſage des appellations s'eſt inſen-

ſiblement introduit : Il n'eſtoit reſté aux Baillis & Senéchaux que le droit de juger, à la charge de l'appel, & ſeulement par proviſion juſqu'à vingt-cinq livres : cette reſtriction engageoit ſou-vent les parties à des fatigues & à des frais im men-ſes pour des intereſts fort modiques. Ces motifs déterminerent Henry II. d'eſtablir par Edit du mois de Janvier 1551. des Preſidiaux dans les principales Villes, pour juger en dernier reſſort, juſqu'à 250. livres, ou 10. livres de rente ; & par proviſion, nonobſtant l'appel ; en donnant caution juſqu'à 500. livres, ou 200. l. de rente. L'un de ces Sieges fut eſtabli au Chaſtelet de Paris, & compoſé de vingt-quatre Conſeillers, y compris les anciens, par autre Edit du mois de Mars de la même année.

Il n'y a eu depuis ce temps-là juſqu'au regne de Louis le Grand, aucun changement conſide-rable dans la Juriſdiction du Chaſtelet de Paris. C'eſt à la profonde ſageſſe de Sa Majeſté, que nous ſommes redevables de la ſeparation de l'Office de Lieutenant Civil en deux Magiſtra-tures; l'une pour la Juriſdiction ordinaire, & l'autre totalement occupée des ſoins de la Police, & du bien public : c'eſt encore à ſon juſte diſ-cernement que nous ſommes beaucoup plus obli-gez de l'heureux choix des grands Magiſtrats qui ont toujours occupé, & qui occupent encore ces deux importantes places, d'où dépendent noſtre repos & noſtre felicité. C'eſt luy enfin, qui a fait ceſſer tous les deſordres que la multi-plicité des Juſtices ſubalternes cauſoit dans Pa-ris, & qui a reſtabli dans cette grande Ville, l'unité de Tribunal, ſi neceſſaire pour le main-nir l'ordre & la tranquillité publique. Ainſi voilà ce qui nous reſteroit à expliquer, pour faire connoître l'eſtat preſent de la Juriſdiction. Mais comme nous ne pourrions y employer ny de meilleurs, ny de plus forts termes que ceux des Edits mêmes, qui ont fait tous ces ſages eſtabliſſemens ; nous les rapporterons dans toute leur eſtenduë; à l'exception de ceux qui ne concernent que le Tribunal de Police en particulier, qui ont cy-aprés leur Chapitre ſeparé.

I.
Fevr. 1674.
Edit portant réünion des Juſtices qui s'exerçoient dans Paris, à celle du Châtelet, & créa-tion d'un nouveau Sie-ge Preſidial, & de la Pre-voſté de Pa-ris. Regiſtré au Parlement le 12. Mars 1674.

LOUIS par la grace de Dieu Roy de France & de Navarre : A tous preſens & à venir, Salut. Le deſir que Nous avons de faire adminiſtrer la Juſtice, dont nous ſommes redevables à nos Sujets, avec le plus de diligence, & le moins de frais qu'il nous eſt poſſible, Nous ayant fait conſiderer les incommoditez que le grand nombre des Juſtices Subalternes, qui ſont dans noſtre bonne Ville de Paris, cauſe à ſes Habitans, par les conflits, que l'incertitude de leurs limites, & la pré-vention des Officiers de noſtre Chaſtelet font ſouvent naiſtre, & les longueurs qu'apportent les differens degrez de Juriſdiction, qu'il faut eſſuyer, avant que les affaires puiſſent eſtre portées en noſtre Cour de Parlement, pour y eſtre terminées : Nous avons eſtimé n'y pouvoir apporter de remede plus utile, que de réünir toutes ces Juſtices, & même celle de noſtre Bailliage du Palais, au Siege Preſidial, & de la Prevoſté & Vicomté de Paris, tenu au Chaſtelet, en donnant aux Seigneurs Eccleſiaſtiques qui les poſſedent, des biens dont la jouïſſance leur ſoit plus utile, & aſſeurez avantageuſement la perte de ces marques d'honneur, devenuës onéreuſes à pluſieurs d'entr'eux par les ſommes qu'ils ſont obligez de payer pour la nourriture des Enfans Trouvez, & les autres frais neceſſaires pour les faire exercer, indemniſant leurs Officiers de ce qu'ils peuvent raiſonnable-ment prétendre ; & procurant par ce moyen l'avantage à la Ville Capitale de noſtre Royaume, que la Juſtice n'y ſoit renduë qu'en noſtre nom, & par nos ſeuls Officiers. Mais comme elle ſe trouve ſi conſiderablement augmentée, particulierement depuis noſtre Regne, qu'il ſeroit im-poſſible que les Officiers de noſtre Chaſtelet puſſent ſeuls expedier toutes les affaires qui s'y pré-ſenteront aprés cette réünion, Nous avons trouvé à propos de créer un autre Siege Preſidial & de la Prevoſté & Vicomté de Paris, avec pareil pouvoir, autorité & juriſdiction que celuy qui eſt déja eſtabli, pour ne faire tous deux enſemble qu'un ſeul & même Corps, qui tiendra ſes Séan-ces ſeparées, pour une expedition plus prompte de la Juſtice, & dont les territoires ſoient bor-nez de telle maniere, qu'ils ne puiſſent avoir aucun ſujet de conteſtation. A CES CAUSES, & autres bonnes & juſtes conſiderations à ce Nous mouvans ; aprés avoir mis cette affaire en délibe-ration en noſtre Conſeil : de l'avis d'iceluy, & de noſtre certaine ſcience, pleine puiſſance, & autorité Royale, Nous avons par le preſent Edit perpetuel & irrevocable, réüni & incorporé, réüniſſons & incorporons à la Juſtice de noſtre Chaſtelet de Paris, le Bailliage de noſtre Palais, & toutes les Juſtices des Seigneurs qui ſont dans noſtre bonne Ville, & Fauxbourgs de Paris, & s'eſtendent

s'eſtendent dans ſa Banlieuë, ſans qu'à l'avenir elles en puiſſent eſtre deſunies, ny reſtablies pour quelque cauſe, & ſous quelque prétexte que ce ſoit, en rembourſant tous les Officiers dudit Baillage du Palais, & indemniſant les poſſeſſeurs deſdites Juſtices, & leurs Officiers Titulaires pourvûs & jouiſſans de leurs Offices à titre onereux, de ce qui ſe trouvera leur eſtre dû, ſuivant la liquidation qui en ſera faite par les Commiſſaires de noſtre Conſeil, qui ſeront par Nous à ce députez. N'entendons neanmoins comprendre dans la preſente réünion, le dedans & Enclos de noſtre Palais, & Galeries d'iceluy ſeulement. Et par ce même preſent Edit, avons créé, inſtitué, eſtabli, & ordonné, créons, inſtituons, eſtabliſſons, & ordonnons dans noſtre Ville & Fauxbourgs de Paris, un Siege Preſidial, & de la Prévoſté & Vicomté de Paris, avec même pouvoir, autorité, prérogatives, & prééminences, que celuy qui y eſt déja eſtabli ; lequel Siege preſentement créé, ſera compoſé d'un Prevoſt, d'un Lieutenant General Civil, d'un Lieutenant General de Police, d'un Lieutenant General Criminel, & d'un Lieutenant Particulier Civil, de Police, & Criminel, un Conſeiller honoraire, trente-quatre Conſeillers, deux Clercs, & trente-deux Laïques, deux Avocats & un Procureur pour Nous, cinq Subſtituts de noſtredit Procureur, un Juge Auditeur, dix-neuf Commiſſaires, cent Procureurs poſtulans, un Commiſſaire des ſaiſies réelles, & un Commis, un premier Huiſſier Audiancier, dix autres Huiſſiers Audianciers, un Medecin, un Chirurgien, ſoixante Huiſſiers à Cheval, & ſoixante Sergens à Verge, douze autres Sergens Gardes pour ledit Prevoſt de Paris nouvellement créé, un Concierge & Garde des clefs du logement deſtiné pour y tenir ledit Siege, & un Concierge & Garde des Priſons, que Nous avons creéz & érigez, créons & érigeons en Titres d'Offices formez ; & encore un Lieutenant General, & un Procureur pour Nous, un Greffier, auſquels Nous attribuons en premiere inſtance la connoiſſance des affaires du dedans & enclos de noſtredit Palais, & Galeries d'iceluy, plus, un Receveur Payeur des Gages, & un Receveur Payeur des Eſpices, & un pareil nombre de Greffiers, Clercs, & Commis, qu'il y en a de créez, & eſtablis audit Chaſtelet, & conformément à noſtre Edit du mois de Mars mil ſix cens ſoixante-treize, & Declarations intervenuës en interpretation d'iceluy : leſquels Receveurs Payeurs, Greffiers, Clercs, & Commis, Nous avons auſſi creéz, & créons en Titres d'Offices formez, & hereditaires, pour eſtre auſdits Offices par Nous pourvû de perſonnes capables & ſuffiſantes. Voulons que le Siege & les Officiers preſentement creéz, ne faſſent qu'un ſeul & même Corps avec le Siege & les Officiers déja eſtablis, & jouïſſent des mêmes dignitez, privileges, honneurs, prérogatives, prééminences, franchiſes, libertez, avec les mêmes fonctions, penſions, appointemens, vacations, taxations, droits, émolumens, & autres choſes dont jouïſſent les Officiers dudit Chaſtelet, ſans qu'il y ait aucune difference entr'eux, quoique le tout ne ſoit plus particulierement exprimé par le preſent Edit, & aux gages de cinquante mille livres par chacun an, dont ſera fait fonds de trois quartiers à prendre ſur la Recette generale de nos Finances de Paris, qui ſera employée dans nos Eſtats, pour eſtre diſtribuée à tous leſdits Officiers, ſuivant les Rolles qui en ſeront par Nous arreſtez en noſtre Conſeil, dont les pourvûs deſdits Offices ſeront payez de quartier en quartier ſur leurs ſimples quittances. Ordonnons que lors que les deux Sieges ſeront aſſemblez pour quelque ceremonie ou autre occaſion, les Prevoſts de Paris, & les Lieutenans déja eſtablis, ceux preſentement creéz, & les autres Officiers garderont entr'eux le rang de leurs receptions ; & pour les entretenir dans l'union où nos Officiers doivent eſtre pour noſtre ſervice, & le bien de la Juſtice, Voulons que leſdits Lieutenans Civils, de Police, Criminels, & Particuliers, & nos Procureurs & Avocats, & les Subſtituts, ſervent alternativement, & d'année en année, en chacun deſdits Sieges, & les autres Officiers dans ceux de leur eſtabliſſement, & que les Officiers dudit Siege preſentement créé, ſoient reçûs en la forme & maniere qui s'obſerve pour ceux du Siege déja eſtabli. Seront les Territoires deſdits Sieges diviſez pour ladite Ville, Fauxbourgs & Banlieuë, & limitez par le grand courant de la Riviere de Seine ; en ſorte que ce qui ſe trouvera du coſté de noſtre Chaſteau du Louvre, & du lieu où eſt à preſent le Chaſtelet & l'Arſenal, ſera du Territoire du Siege déja eſtabli ; & ce qui ſe trouvera de l'autre coſté avec les Iſles du Palais, de Noſtre-Dame, & d'autres Iſles, les Ponts, & les Maiſons eſtant ſur iceux, juſques & compris celles baſties ſur les Culées deſdits Ponts, ſera du Territoire du Siege preſentement créé. Et à l'égard de ce qui eſt hors ladite Ville, Fauxbourgs, & Banlieuë, il ſera partagé par des Commiſſaires qui ſeront à ce commis, également, & par moitié entre les deux Sieges, auſquels chacun à ſon égard, Nous avons attribué & attribuons toute Cour & Juriſdiction dans leſdits Territoires, ſoit en premiere inſtance, ou par appel, lors qu'il y écherra, ſans que l'un deſdits Sieges puiſſe rien entreprendre au préjudice, & ſur le Territoire de l'autre. Voulons que les Subſtituts de nos Procureurs, Commiſſaires, Procureurs poſtulans, Huiſſiers Audianciers & à Cheval, & Sergens à Verge de l'un & de l'autre Siege, ſoient diſtribuez par moitié, pour ſervir à chacun deſdites Sieges ; pour éviter la confuſion ; & que les Reglemens faits, & ceux que nous ferons cy-aprés pour les fonctions des Officiers, & adminiſtration de la Juſtice, & diſcipline dudit Chaſtelet, ſoient communs auſdits deux Sieges, & y ſoient gardez & obſervez : & en attendant qu'il ait eſté baſti un Palais, pour rendre la Juſtice par les Officiers dudit Siege preſentement créé, ils tiendront leurs Séances & Juriſdiction dans le lieu qui leur ſera par Nous deſtiné. Si DONNONS en mandement à nos amez & feaux Conſeillers, les Gens tenans noſtre Cour de Parlement, & noſtre Chambre des Comptes à Paris, que noſtre preſent Edit ils faſſent lire, publier, & regiſtrer, & le contenu en iceluy garder & obſerver de point en point ſelon ſa forme & teneur, ſans permettre qu'il y ſoit contrevenu en quelque ſorte & maniere que ce ſoit, nonobſtant tous Edits, Ordonnances, Reglemens, & autres choſes à ce contraires, auſquels Nous avons dérogé & dérogeons par ces Preſentes : CAR tel eſt noſtre plaiſir. Et afin que ce ſoit choſe ferme & ſtable à toujours, Nous y avons fait mettre noſtre Scel. DONNÉ à Verſailles au mois de Fevrier l'an de grace mil ſix cens ſoixante-quatre, & de noſtre régne le trente-uniéme. Signé, LOUIS. Et ſur le repli, Par le Roy, COLBERT. Et ſcellé du grand Sceau de cire verte.

II.
Aouſt 1674.
Edit portant
Reglement
pour le par-
tage des deux
Sieges de la
Prevoſté
de Paris ,
regiſtré au
Parlement le
27. du même
mois d'Aouſt.

LOUIS, par la grace de Dieu Roy de France & de Navarre, A tous preſens & à venir, Salut : Par noſtre Edit du mois de Fevrier dernier, Nous avons réüni à la Juſtice de noſtre Chaſtelet de Paris, celle du Baillage de noſtre Palais, & toutes les autres Juſtices qui eſtoient dans noſtre bonne Ville & Fauxbourgs de Paris, & s'eſtendent dans la banlieuë d'icelle, & par le même Edit, Nous avons créé & érigé un Siege Preſidial de la Prevoſté & Vicomté de Paris, avec même pouvoir, authorité, prérogatives & prééminences que celuy qui y eſt déja eſtabli : mais bien que par l'eſtabliſſement qui a eſté fait dudit Siege, Nos Sujets, Habitans de noſtre bonne Ville, Fauxbourgs & Banlieuë de Paris, trouvent bien plus de facilité d'avoir Juſtice, & plus prompte expedition que par le paſſé, ce ne ſeroit pas ſatisfaire entierement à nos inten-tions, ſi Nous ne procurions les mêmes avantages dans tout le reſſort de la Prevoſté & Vicomté de Paris, & à tous ceux qui ont droit de plaider au Chaſtelet. Et comme il eſt important pour la commodité & le repos de nos Sujets, & même pour empêcher toutes conteſtations entre les Offi-ciers des deux Sieges, de regler & partager entr'euʆ toutes les affaires dont la connoiſſance appar-tient à noſtre Chaſtelet de Paris. A CES CAUSES, de l'avis de noſtre Conſeil, qui a vû ledit Edit, les memoires qui nous ont eſté preſentez par les Officiers de l'un & l'autre deſdits Sieges, & de noſtre certaine ſcience, pleine puiſſance, & autorité Royale, Nous avons par ces preſentes, ſignées de noſtre main, dit, déclaré, ſtatué & ordonné, diſons, déclarons, ſtatuons & ordonnons le Reglement qui ſuit.

ARTICLE PREMIER.

Que les Territoires des deux Sieges du Chaſtelet de Paris, pour la Campagne, & pour toute la Prevoſté & Vicomté de Paris, Iſle de France, & la Province de Normandie, ſeront diviſez par le courant de la Riviere de Seine, ainſi qu'il eſt porté par ledit Edit, pour la Ville & Fauxbourgs de Paris ; en ſorte que ce qui eſt du coſté du Louvre, de l'Arcenal, & du lieu où eſt à preſent eſtabli l'ancien Chaſtelet, ſera de ſon Territoire & de ſa Juriſdiction. Et ce qui eſt de l'autre coſté de l'eau, avec les iſles, & les ponts, maiſons baſties ſur leſdits ponts & ſur les culées d'iceux, ſera du Territoire & Juriſdiction du nouveau Chaſtelet : le tout, tant pour le Civil que pour le Crimi-nel, & pour quelque matiere que ce puiſſe eſtre.

ARTICLE II.

Les appellations des Prevoſtez, Chaſtellenies, & autres Juſtices qui reſſortiſſent au Chaſtelet de Paris, ſeront portées à celuy des Chaſtelets, dans l'eſtenduë duquel les principaux Sieges deſdites Prevoſtez, Chaſtellenies & autres Juſtices ſe trouveront ſituées.

ARTICLE III.

Pour éviter la confuſion que pourroit cauſer le concours du privilege du Scel du Chaſtelet, attributif de juriſdiction : Voulons que le Territoire ſoit pareillement diviſé, & que toutes les aſſignations qui ſeront données en vertu du Scel du Chaſtelet de Paris, à des perſonnes do-miciliées dans les Provinces de l'Iſle de France & de Normandie, pour ce qui eſt du coſté de la Riviere de Seine du reſſort de l'ancien Chaſtelet, Soiſſonnois, Champagne, Picardie, Artois, Flandre, Bourgogne, Lionnois, Foreſts, Auvergne, reſſort des Cours de Parlement de Pro-vence, Dauphiné & Metz, ſoient données au Siege de l'ancien Chaſtelet, & que les aſſigna-tions qui ſeront données dans l'autre portion de l'Iſle de France & de la Normandie qui ſont de l'autre coſté de la Riviere, lés Provinces de Beauſſe, Orleanois, le Perche, Touraine, Anjou, le Maine, Poitou, Angoumois, Bourbonnois, Nivernois, Berry, & les reſſorts des Cours de Parlement de Thoulouze, Bourdeaux, Pau & Bretagne, ſoient données au Siege du nouveau Chaſtelet.

ARTICLE IV.

La qualité de Conſervateur des Privileges de l'Univerſité de Paris appartiendra pareillement aux deux Prevôts de Paris & autres Officiers deſdits Sieges. Voulons à cet effet que l'ordre eſtabli par le precedent article, ſoit obſervé pour les cauſes qui ſont attirées au Chaſtelet en vertu des Privile-ges des Ecoliers Jurez & autres Suppoſts de l'Univerſité.

ARTICLE V.

Les Communautez & autres qui ont titre de Garde Gardienne au Chaſtelet de Paris, les Officiers & autres perſonnes qui ont leurs cauſes commiſes, ſeront tenus d'employer dans les aſſignations qu'ils y feront donner, auquel des deux Sieges du Chaſtelet, la perſonne qu'ils font aſſigner aura à comparoir, qui ſera celuy du domicile de la partie aſſignée.

ARTICLE VI.

Ce que deſſus aura lieu en toutes aſſignations en premiere inſtance qui ſeront données, dans leſ-quelles le défendeur originaire ſera aſſigné au Chaſtelet, dans le Territoire duquel ſera ſon domi-cile, ſoit dedans ou dehors la Ville de Paris. N'entendons neanmoins comprendre dans le preſent article, les demandes en ſommation & autres incidens, à l'égard deſquels la diſpoſition de noſtre Ordonnance de 1667. ſera ſuivie.

ARTICLE VII.

Quand celuy qui auroit droit de plaider au Chaſtelet aura eſté aſſigné devant un autre Juge, & qu'il voudra uſer de ſon privilege, & venir plaider au Chaſtelet, le renvoy de la cauſe ſe fera au Siege du Chaſtelet, dans le reſſort duquel il ſera demeurant.

ARTICLE VIII.

Tout ce que deſſus aura lieu, non ſeulement quand les deux parties ſeront domiciliées hors la Ville de Paris : mais auſſi quand l'une des parties ſera demeurante dans la Ville de Paris, ou en quel-qu'autre lieu du Royaume que ce ſoit.

ARTICLE IX.

Si des coheritiers dans une même ſucceſſion ſont demeurans dans l'un & l'autre des Territoires deſdits deux Sieges, les aſſignations pour demandes en partages, & pour autres demandes en qua-lité d'heritiers, ſeront données, & la connoiſſance appartiendra au Chaſtelet dans le Territoire duquel eſtoit le domicile de celuy de la ſucceſſion duquel il s'agira : ſi toutefois les heritiers eſtoient tous demeurans dans un même Territoire, & la ſucceſſion ouverte de l'autre, on ſuivra le domicile des heritiers.

ARTICLE

ARTICLE X.

Les contestations qui naistront en consequence des saisies & Arrests faits entre les mains de divers debiteurs, Locataires, Fermiers, ou autres demeurans dans les Territoires des deux Sieges, & les instances de preference seront portées au Siege du Chastelet, dans le Territoire duquel sera domicilié le debiteur, sur lequel lesdites saisies mobiliaires auront esté faites.

ARTICLE XI.

Toutes les saisies réelles d'heritages, Offices, rentes sur la Ville, ou autres immeubles qui seront saisis, en vertu d'une Sentence, seront poursuivies, & l'adjudication par decret en sera faite au Siege dans lequel ladite Sentence aura esté renduë, & le prix en provenant distribué audit Siege entre les Créanciers.

ARTICLE XII.

Les saisies réelles de maisons ou heritages, faites en vertu d'obligations, contrats ou autres actes passez pardevant Notaire, seront poursuivis dans celuy des Sieges du Chastelet, dans le Territoire duquel les heritages sont situez. Et à l'égard des Offices, rentes sur la Ville de Paris, ou autres rentes constituées, qui seront saisies réellement en vertu de contrats ou obligations: la vente & adjudication par decret en sera faite à celuy des Sieges dans le Territoire duquel la partie saisie se trouvera avoir eu son domicile au temps de la saisie réelle.

ARTICLE XIII.

La connoissance des affaires pendantes à l'ancien Chastelet, lesquelles aux termes de la presente declaration, sont du ressort & competence du nouveau Chastelet, appartiendra audit Siege du nouveau Chastelet. Et en consequence, Voulons que l'arrest de nostre Conseil du 18. Avril dernier, soit executé selon sa forme & teneur, pour la Ville, Fauxbourgs, & Banlieuë, ressort de la Prevosté & Vicomté de Paris, & tout le reste du Royaume, suivant le partage cy-dessus, sous les peines contenuës audit Arrest.

ARTICLE XIV.

Les Officiers qui servent dans les deux Sieges, & qui n'ont esté reçûs que dans l'un d'iceux, occuperont comme s'ils avoient esté reçûs dans lesdits deux Sieges; & afin de conserver l'égalité, & empescher la confusion qui pourroit naistre à l'avenir, à cause des receptions desdits Officiers. VOULONS, qu'il soit fait deux listes de tous lesdits Officiers, chacune de nombre égal, pour estre les uns reçûs à l'ancien, & les autres au nouveau Chastelet. Et quand lesdits Offices viendront à vacquer, ceux qui en seront pourvûs seront reçûs au Siege, auquel ils auront esté destinez: Et neanmoins que tous ceux qui seront pourvûs des Charges nouvellement créées par nostre Edit du mois de Février dernier, soient reçûs pour la premiere fois au nouveau Chastelet seulement, & ceux créez par nostre Declaration du   jour d   dernier, seront reçûs au Siege pour lequel ils sont destinez.

ARTICLE XV.

Les Lieutenans Civil, Criminel, & Particulier; nos Procureurs & Avocats du nouveau Chastelet, serviront au Siege de l'ancien Chastelet, & y entreront le Lundy 22. Octobre de la presente année 1674. jour de l'ouverture de la Plaidoirie aprés les Vacations: & le même jour les semblables Officiers de l'ancien Chastelet entreront au Siege du nouveau, dans lequel ils serviront jusqu'à pareil jour de l'année suivante qu'ils retourneront à l'ancien; & ainsi successivement d'année en année, le changement desdits Officiers se fera au jour de l'ouverture du Chastelet.

ARTICLE XVI.

Les Lieutenans Civils, Criminels, & particuliers en changeant de Sieges, ne pourront plus demeurer Rapporteurs d'aucuns Procés, dont la connoissance appartenoit audit Siege, ny continuer l'instruction d'aucuns Procés civils, ou criminels; & le tout sera remis au Greffe, en quelque estat que les affaires se trouvent.

ARTICLE XVII.

La connoissance de tout ce qui concerne les Corps des Marchands, Arts & Mestiers, Maistrises, Jurandes, & de la Police generale & particuliere, appartiendra à nos deux Procureurs dans lesdits Sieges du Chastelet, concurremment dans toute l'étenduë de la Ville, Fauxbourgs, & Banlieuë de Paris. Et neanmoins, toutes les fonctions qui en dépendent seront faites par l'un d'eux seulement; lesquelles fonctions ils exerceront alternativement de mois en mois, conformément à l'Arrest de nostre Conseil du 15. May dernier.

ARTICLE XVIII.

Toutes les Audiances des causes qui doivent estre plaidées en la Chambre de nostre Procureur, seront portées devant celuy qui sera en mois, en quelque lieu que les saisies ayent esté faites, lequel tiendra cette Audiance dans la Chambre du Siege dans lequel il servira.

ARTICLE XIX.

Les Procés criminels & autres, intentez pardevant nostre Lieutenant General de Police, seront poursuivis à la diligence de celuy de nos Procureurs, à la requeste duquel ils auront esté commencez, bien que l'instruction en fust continuée durant les mois qu'il ne fut plus en fonction de la Police; & au surplus sera ledit Arrest executé selon sa forme & teneur. SI DONNONS EN MANDEMENT à nos amez & féaux Conseillers les Gens tenans nostre Cour de Parlement à Paris, que ces presentes ils fassent lire, publier & registrer, & le contenu en icelles garder & observer de point en point selon leur forme & teneur, sans permettre qu'il y soit contrevenu en aucune sorte & maniere que ce soit; nonobstant tous Edits, Ordonnances, Réglemens, & autres choses à ce contraires, ausquels nous avons dérogé & dérogeons par ces presentes. CAR tel est nostre plaisir; & afin que ce soit chose ferme & stable à toujours, Nous y avons fait mettre nostre Scel. DONNÉ à Versailles au mois d'Aoust, l'an de grace 1674. & de nostre Regne le trente-deuxiéme. Signé, LOUIS. Et plus bas, par le Roy, COLBERT. Et scellé du grand Sceau de cire verte. Visa, D'ALIGRE.

LOUIS,

III.
Septembre
1684. Edit
portant la
réunion du
nouveau Sie-
ge de la Pre-
vosté de Pa-
ris à l'ancien,
registré au
Parlement
le 7. du mê-
me mois.

LOUIS, par la grace de Dieu, Roy de France & de Navarre; A tous presens & à venir: Salut. Les incommoditez que causoit aux Habitans de nostre bonne Ville de Paris le grand nombre de Justices Subalternes, ausquelles selon la situation de leurs demeures, ils estoient obligez de répondre, à raison des conflits que l'incertitude des limites desdites Justices, & la prévention des Officiers de nostre Chastelet faisoient souvent naistre, & pour autres bonnes & importantes considerations; Nous aurions par nostre Edit du mois de Février 1674. registré où besoin a esté, reuny & incorporé à la Justice de nostredit Chastelet, toutes lesdites Justices Subalternes, tant du Bailliage du Palais, que des Seigneurs; & en même-temps pour faire promptement administrer la Justice à nos Sujets, en establissant un nombre considerable d'Officiers, pour suppléer ceux dont les fonctions estoient cessées par ladite réunion: Nous aurions créé un second Siege Presidial, & de la Prevosté & Vicomté de Paris, lequel seroit composé entr'autres Officiers d'un Prevost, d'un Lieutenant General Civil, d'un Lieutenant General Criminel, d'un Lieutenant Particulier, d'un Procureur pour Nous, d'un nombre considerable de Conseillers, & d'autres Officiers necessaires, pour composer par lesdits Officiers un seul & même corps avec le Siege, & les Officiers déja establis, & joüir des mêmes dignitez, prérogatives, droits, pensions, vacations, & émolumens dont joüissoient les Officiers du Chastelet, sans qu'il y eust aucune difference entr'eux, si ce n'est par la séparation des Territoires, dans lesquels lesdits Sieges exerceroient la Justice, & que les Lieutenans Civils ancien & nouveau, les Lieutenans criminels & particuliers, nos Procureurs & Avocats, & leurs Substituts, serviroient alternativement, & d'année en année en chacun desdits Sieges; & à l'égard des autres Officiers, dans ceux de leur establissement, ainsi qu'il est au long porté par ledit Edit. Cet establissement que Nous avions crû tres-utile & avantageux à nos Peuples, a eu son execution jusqu'à present; cependant l'experience faisant journellement connoistre qu'il ne laisse pas d'avoir des inconveniens, lesquels sont d'autant plus considerables que l'administration de la Justice s'y trouve interessée, qu'on voit souvent des contrarietez, & des varietez dans les Jugemens, ce qui est principalement causé par le service alternatif des Chefs que la difficulté n'est pas moins grande dans la discussion ou scellé des effets d'un même homme situez en differens Territoires, l'omologation ou enterinement des attermoyemens ou repis des particuliers, dont les effets ou les Creanciers sont dans les ressors de differens Sieges; & enfin par un nombre infini d'autres inconveniens qui mettent la confusion dans l'ordre de la Justice, & jettent les peuples dans un grand embarras, & les constituent en des dépenses immenses; & voulant autant qu'il est possible contribuer à leur soulagement, à quoy la Paix profonde que nous avons lieu d'esperer, nous donnera d'autant plus moyen de nous appliquer doresnavant: Sçavoir faisons, que Nous pour ces causes & autres à ce nous mouvans, de nostre propre mouvement, certaine science, pleine puissance, & autorité Royale, Nous avons par le present Edit perpetuel & irrevocable, éteint & supprimé, éteignons & supprimons le nouveau Siege Presidial, & de la Prevosté & Vicomté de Paris, créé par nostredit Edit du mois de Février 1674. Voulons & Nous plaist que les Officiers créez par iceluy, à l'exception de ceux que Nous nommerons cy-après, soient & demeurent incorporez dans le Siege ancien, pour ne faire à l'avenir qu'un seul & même Siege, & exercer la Jurisdiction dans toute l'estenduë de la Prevosté & Vicomté de Paris, sans difference ny division de Territoire & limites, & suivant les Réglemens qui seront sur ce par Nous faits: & de nos mêmes puissance & autorité que dessus, avons éteint & supprimé, éteignons & supprimons les Offices de Prevost, de Lieutenant General Civil, & de Lieutenant General Criminel, créez par nostredit Edit; comme aussi l'Office de nostre Procureur en l'ancien Chastelet, en consequence de la demission que le Titulaire en a mis volontairement en nos mains: Défendons aux pourvûs d'iceux d'en plus faire aucune fonction à l'avenir, & nous pourvoirons incessamment au remboursement de la finance desdits Offices, suivant la liquidation qui en sera faite en nostre Conseil. Si DONNONS EN MANDEMENT à nos amez & féaux les Gens tenans nostre Cour de Parlement à Paris, que nostre present Edit ils ayent à faire lire, publier, & enregistrer; & le contenu en iceluy, entretenir & faire entretenir, garder & observer sans y contrevenir, ny souffrir qu'il y soit contrevenu en quelque sorte & maniere que ce soit: CAR tel est nostre plaisir. Et afin que ce soit chose ferme & stable à toujours, Nous y avons fait mettre nostre scel. DONNÉ à Versailles au mois de Septembre, l'an de grace mil six cens quatre-vingt-quatre, & de nostre Regne le quarante-deuxième. Signé, LOUIS. Et plus bas, Par le Roy, COLBERT. Visa, LE TELLIER. Et scellé du grand Sceau de cire verte, en lacs de soye rouge & verte.

TITRE VIII.

Jurifdiction de Police du Prevoft de Paris.

CHAPITRE PREMIER.

Le Prevoft de Paris feul Magiftrat de Police en premiere inftance à Paris ; maintenu dans cette unité de Tribunal. Et ce qui s'eft paffé de plus confiderable à cet égard, jufqu'en l'an 1500. que ce Magiftrat a ceffé d'exercer la Police, & de rendre la Juftice en perfonne.

L'On a vû jufques-icy, que dans tous les Eftats bien difciplinez, on a confervé inviolablement cette regle, de ne confier les premiers foins de la Police en chaque Ville, qu'à un feul Tribunal. Platon dans fon Traité des Loix fait confifter toute l'harmonie d'un bon & fage Gouvernement dans cette unité. Par ce moyen, dit-il, une Republique compofée d'une multitude d'Habitans, peut eftre gouvernée comme une feule famille, & une grande Ville, comme un feul homme. Ariftote fon Difciple eftoit de ce même fentiment. Il ajoute, que comme les parties du corps humain fi differentes en operations, ne s'accordent entr'elles dans cette parfaite union où nous les voyons, que parce qu'elles ne font animées que d'une feule & même vie ; de même, fi la Police, qui eft l'ame de la Cité, n'eft unique & uniforme en chaque Ville, toutes les parties de Corps civil & politique y feront en defordre. Les Romains s'eftant écartez de cette fage conduite par la multiplicité de leurs Preteurs fur la fin de la Republique ; leur Ville en qui confiftoit le principal reffort de l'Eftat, tomba dans la derniere confufion. Pour y reftablir l'ordre & la difcipline, Augufte commença fa reforme par l'eftabliffement d'un Magiftrat unique pour la Police, fous le titre de Prefet, ou Gouverneur de la Ville. *Præfectus Urbis* ; & ce même ordre paffa enfuite par une Loy expreffe dans toutes les Provinces de l'Empire. Nous avons vû enfin que tous les Docteurs qui ont écrit fur les Loix, ou du Gouvernement des Eftats, font pour cette unité de Tribunal.

Nos Anceftres donc qui trouverent cet ufage eftably dans les Gaules par les Romains, en connurent d'abord toute l'utilité, & le conferverent exactement. Un Autheur de ces premiers temps nous l'apprend en termes exprès ; & les Ordonnances de nos premiers Roys font remplies de difpofitions qui font connoître que les Comtes ou premiers Magiftrats des principales Villes avoient feuls en leur difpofition ce prétieux depoft de la Police.

Ainfi le Prevoft de Paris, qui eft entré dans tous les droits, & dans toute la Jurifdiction des anciens Comtes, fut mis d'abord en poffeffion de toute la Police de cette Capitale.

Cette prérogative luy fut difputée par perfonne jufqu'au Regne de Philippe Augufte : la Ville de Paris eftant encore en ce temps renfermée dans fes anciennes bornes, & tout fon terrain du Domaine du Roy, la Juftice n'y eftoit renduë qu'en fon nom.

Mais depuis la nouvelle enceinte qui fut faite fous les ordres de ce Prince, & les autres accroiffemens que cette Ville a reçûs depuis, & dans la fuite des temps, cinq autres differentes Jurifdictions fe font élevées contre cette unité de Tribunal pour la Police, & ont entrepris de la partager avec le Prevoft de Paris. Les Seigneurs des Bourgs & des Terres qui ont efté renfermez dans cette Ville, l'ont pretenduë dans l'étenduë de leurs territoires : quelques-uns des grands Officiers de la Couronne, fur le Commerce & fur les Arts : Le Grand-Prevoft de l'Hoftel, fur les Marchands & les Artifans fuivans la Cour : le Bailly du Palais, dans fon enclos & aux environs : & le Prevoft des Marchands, fur la riviere, & fur les ports.

On fera voir dans la fuite & en détail fous autant de differens chapitres, tous ces troubles que le Prevoft de Paris a eu à fupporter dans fa Jurifdiction de la Police, & les réglemens qui ont efté faits de temps en temps pour les faire ceffer ; les preuves qui eftabliffent en general le droit, & la poffeffion de ce Magiftrat, & tous les differens eftats par lefquels la Police de Paris a paffé depuis le Regne de faint Loüis jufqu'à prefent.

On ne peut douter que cette Police ne fuft dans un grand defordre au commencement du Regne de ce Prince fous les Prevofts Fermiers. Les Autheurs certainement n'ont rien exageré lors qu'ils nous reprefentent Paris en ce temps, comme une Ville fi remplie de confufion & de crimes, que les Citoyens fages & raifonnables eftoient obligez d'en deferter.

Le portrait qu'ils nous ont fait d'Eftienne Boyleau, que faint Loüis plaça fur le Tribunal de cette grande Ville, pour y reftablir l'ordre & la difcipline, n'a rien encore de flatté. L'on reconnoift en effet dans toute fa conduite un Magiftrat integre, actif, zelé pour la Juftice, & le bien public.

Il commença fa reforme par la recherche & la punition des crimes. Il fit pendre l'un de fes filleuls, parce que la mere de ce jeune homme fe plaignit qu'il s'abandonnoit au libertinage ; & l'un de fes comperes ayant efté convaincu de larcin, fouffrit le même fupplice.

Par cette exacte & jufte feverité, il rendit en peu de temps à Paris fa premiere tranquillité ; *intrà paucos dies ftatum Civitatis longè tranquilliorem reddidit.*

Tome I.   P

Marginal notes:
Plato de Legibus, lib. 3.
Ariftot. Politit. lib. 2. cap. &c.
Agathias lib. 7.

reddidit. C'est ainsi que les Autheurs s'en expliquent.

On remarque ensuite qu'il s'appliqua à restablir la discipline dans le commerce & dans les Arts. Deux choses l'avoient beaucoup troublée sous les Prevosts Fermiers. L'une, que la liberté du commerce & des Arts se vendoit à prix d'argent, sans aucun égard aux mœurs, ny à l'experience. Et l'autre, que les imposts qui se levoient sur les denrées & les marchandises, & qui faisoient aussi partie de la ferme des Prevosts, avoient esté portez à des sommes excessives.

Il rangea tous les Marchands & tous les Artisans en differens Corps ou Communautez sous le titre de Confrairies, selon le commerce ou les ouvrages qui les distinguoient entr'eux. Ce fut luy qui donna à ces Marchands les premiers statuts pour leur discipline ; & il fit plusieurs Réglemens pour restablir la bonne foy dans le commerce, & la perfection des Arts. Cela se fit avec tant de justice, & une si sage prévoyance, que ces mêmes statuts n'ont esté que copiez ou imitez dans tout ce qui a esté fait depuis pour la discipline des mêmes Communautez, ou pour l'establissement des nouvelles qui se sont formées dans la suite des temps.

Comme il estoit encore en ce temps le seul Juge des Domaines du Roy, aussi-bien que de la Police, il renouvella les tarifs de tous les péages, & des autres droits Royaux qui se levoient sur les denrées & les marchandises, tant par terre, que par eau ; & fit défenses d'en exiger de plus grands, sous de tres-rigoureuses peines.

Ces Réglemens faits, il les rassembla tous dans un corps ou recueil general, & fit publier dans une Assemblée des plus notables Citoyens ; & fit de tres expresses défenses d'y contrevenir. Les termes dont il se servit font également connoître la droiture de ses intentions, & quelle estoit son autorité sur toutes les autres Jurisdictions qui s'exerçoient alors dans la Ville & Banlieue de Paris. » Les voicy tels qu'ils se lisent à la fin de ce recueil. Ce avons nous fait ,, pour le profit de tous, mêmement pour ,, les povres, & pour les étrangers qui à Paris ,, viennent achater aucune marchandise ; qui Iy ,, marchandise soit si loyaux qu'il ne soit de- ,, ceu par le vice de Iy. Et pour ceux qui à Pa- ,, ris doivent aucune droiture ou coustume, ,, ou qui ne le doivent ; & mêmement pour ,, chastier ceux qui par convoitise de vilain ,, gaing, ou par non sens les demandent & ,, prendent contre Dieu, contre droit, & contre ,, reson. Quant à ce fut fait Conseil assemblé, & ,, ordené ; nous le fismes lire devant grand'planté ,, des plus sages, & des plus anciens hom- ,, mes de Paris, & de ceux qui plus devoient ,, sçavoir de ces choses ; lesquels tout ensem- ,, ble loüierent notre œuvre ; & nous com- ,, mandâmes à tous les mestiers de Paris, à tous ,, les payagers & les coustumiers de ce même ,, lieu, & à tous ceux qui Justice & Jurisdic- ,, tion ont dedans les murs, & dedans la Ban- ,, lieuë de Paris, que ils ne seissent ne allassent ,, encontre ; & que s'ils le faisoient à leur tort, ,, que ils l'amenderoient à la volonté le Roy, ,, & rendroient à la Partie tous les cous, tous ,, les dépens, & tous les dommages qu'ils y au- ,, roient eus & faits pour celle achoison, par ,, leal taxement de nous & de nos Successeurs.

Ce restablissement de la Police de Paris fut encore dans la suite perfectionné par les Ordonnaces des Prevosts successeurs d'Estienne Boyleau.

Le recueil qu'il avoit commencé fut continué jusqu'en 1300. & chacun d'eux y ajousta ce qu'il jugea necessaire au bien public. Les écritures se faisoient encore en ce temps sur des peaux entieres cousuës & roulées, *in rotulis.* Guillaume Thiboust, qui remplissoit ce Siege l'an 1300. fut le premier qui les fit copier en cahiers, pour les relier ensemble. Guillaume Germont l'un de ses successeurs y ajousta tout ce qui fut fait sur cette matiere, tant par Lettres Patentes de nos Roys, Arrests du Parlement, que par les Prevosts de Paris, jusqu'en 1344. & fit relier le tout dans un registre, dont l'original est conservé en la Chambre des Comtes, sous le titre de Premier Livre des Mestiers.

Le Roy Jean parvenu à la Couronne au mois d'Aoust 1350. s'appliqua d'abord à réformer tous les abus qui s'estoient introduits pendant la famine, les guerres & la cruelle peste, qui avoient successivement desolé le Royaume sur la fin du Regne de Philippe de Vallois son predecesseur. Il commença par un Réglement general & fort ample du 30. Janvier de cette même année pour la Police de Paris. Ce Ré-Livre noir,
foll. 66.
Fontanon. t.
1. liv. 5. titre
3. page 811. glement fut adressé au Prevost de Paris, & registré au Chastelet. Il contient plusieurs sages & importantes dispositions pour bannir de cette Ville tous les vices que la mendicité des valides, & l'oisiveté y avoient introduits, y maintenir la tranquillité publique, & y procurer la bonne foy dans le commerce & les Arts, & l'abondance des choses necessaires à la subsistance des Citoyens. Nous les verrons en détail chacune sous le titre qui luy convient.

Il y en a aussi qui concernent la Jurisdiction de la Police du Prevost de Paris, & qui prouvent l'unité de son Tribunal en premiere instance sur ces matieres. Tels sont, par exemple, les articles qui portent, que les Jurez Boulangers , " & les Jurez & Gardes des Marchands de pois- " son de mer & de poisson d'eau douce, seront " élûs tous les ans par ce Magistrat, ou l'un " des Auditeurs du Chastelet, en la presence du " Procureur du Roy, & du Prevost des Mar- " chands, qui seront appellez à cette élection. " Tels sont encore les articles de la Police du " Sel qui estoit amené par eau à Paris ; & qui " veut qu'après quarante jours de son arrivée " le prix y sera mis par le Prevost de Paris, " ou l'un des Auditeurs ; & que le Procureur du " Roy & le Prevost des Marchands y seroient " appellez. Mais le plus fort de tous est un article general par lequel ce Réglement finit. Voicy comment il s'en explique. *Item* en " tous les mestiers & toutes les marchandises " qui sont & se vendent à Paris aura Visiteurs, " Regardeurs & Maistres, qui regarderont par " lesdits mestiers & marchandises, les visite- " ront, & rapporteront les defaux qu'ils trou- " veront aux Commissaires, au Prevost de Paris, " ou aux Auditeurs du Chastelet. "

L'absence du Roy pendant quatre ans qu'il fut hors du Royaume jetta encore une fois la Police de Paris dans le desordre & la confusion. Chacun en ce temps y voulut estre le maistre. Il y eut des factions & des soulevemens ; & ce fut, selon le témoignage des Autheurs, une veritable anarchie.

Ce Prince estant de retour en France au mois d'Aoust 1360. vécut trop peu de temps après pour y restablir l'ordre & la tranquillité. Charles V. son fils parvenu à la Couronne, commença d'executer ce grand dessein, par le restablissement de l'autorité du Prevost de Paris sur

la

la Police generale. Il en fit expedier des Lettres Patentes tres-expreffes les 23. May 1369. & 25. Septembre 1372. par les premieres, qui furent expediées à l'occafion de quelques Officiers qui ne vouloient point reconnoiftre ce Magistrat pour Juge des fautes qu'ils commettoient, il

Livre rouge vieux, fol. 45.

» déclare, qu'à caufe du Domaine de la Cou- » ronne, la Jurifdiction ordinaire de fa bonne » Ville de Paris, appartient de plein droit, & » de temps immemorial, pour luy & en fon nom, » à fon Prevoft de Paris; qu'il le maintient dans » cette poffeffion, & qu'il veut & entend qu'il » ait feul, à l'exclufion de tous autres Juges, la » connoiffance, correction & punition de tous » les delits & malefices qui fe commettent à » Paris par quelque perfonne que ce foit. A l'é- gard des fecondes, en voicy les propres termes : ils font trop importans; & ils n'auroient pû eftre donnez par extrait fans les affoiblir.

Livre rouge vieux fol. 72.

» Charles par la grace de Dieu Roy de France, » au Prevoft de Paris, ou fon Lieutenant, Salut. » Comme en noftre bonne Ville de Paris y ait » plufieurs meftiers, marchandifes & vivres, & » y en vient & afflue de toutes les parties du » monde, qui doivent eftre, & ont toujours ac- » couftumé d'eftre gouvernées pour l'utilité de la » chofe publique, felon certaines Ordonnances » faites & adminiftrées en noftre Chaftelet de « Paris, & auffi felon certains ufages, formes & » manieres qui vous font certaines & plus no- » toires en voftre auditoire qu'en nul autre; & » nous avons entendu que plufieurs nos Sujets, » s'efforcent d'entreprendre la vifitation & con- » noiffance d'aucuns defdits meftiers, vivres & » marchandifes en noftredite Ville; lefquelles » chofes appartiennent mieux eftre tenües & » gardées par un Juge competant, que par plu- » fieurs & diverfes perfonnes; & ce nous appar- » tient de noftre droit Royal, pour le bien de la » chofe publique, que nous defirons fur toutes » chofes, eftre bien & diligemment gardée, » même en noftredite Ville, qui eft le chef de » noftre Royaume, & là où tous doivent pren- » dre bon exemple. Nous vous mandons, & » eftroitement enjoignons, en commettant, fi » meftier eft, que vous, de par Nous faites & » faites faire, diligemment les vifitations de » tous lefdits meftiers vivres & marchandifes, en » toute ladite Ville & banlieuë de Paris, & gar- » der les regiftres des bons ufages & couftumes » anciennes, en pourvoyant en cela où il con- » viendra annuller pour le profit commun, & » puniffant les tranfgreffeurs; faifant fur tout bon » droit & accompliffant de Juftice : & vou- » lons que ce foit fait par vous & vos Députez » fans qu'aucun autre s'en entremette. Et en ces » chofes entendez, & faites entendre par telle » maniere, que nous n'ayons de vous reprendre » de negligence. Et donnons en mandement à » tous nos Juges qu'à vous & à vos Députez, en » ce faifant obeïffent, nonobftant quelconques » Lettres fubreptices impetrées, ou à impetrer » au contraire. Et en noftre Chaftel du Bois » de Vincennes le 25. du mois de Septembre, l'an » de grace 1372. & de noftre regne le neuviéme. » Signé, par le Roy en fes Requeftes, R. DE » BEAUFORT.

Charles VI. penetré des mêmes fentimens que les Roys fes Predeceffeurs, avoient eu fur cette matiere, conferva exactement cette unité de Tri-

bunal dans Paris pour la Police generale; & il en eftendit même le pouvoir dans tous les autres lieux hors les limites de la Prevofté, lorfque cela feroit neceffaire pour le bien public de cette Capitale. Les Lettres Patentes qu'il en fit expedier le 1. Mars 1388. portent en termes ex- prés, qu'à fon Prevoft de Paris feul, & pour le « tout appartient & doit appartenir à caufe de « fon Office, & non à autre, le foin & le gouver- « nement de fa bonne Ville de Paris, pour l'en- « tretenir & garder en telle & fi bonne Juftice, « foit à la loüange de Dieu, à l'honneur du Roy, « au bien & à la decoration de la Ville, & à l'utilité « publique.

Livre rouge vieux, fol. 113.

Il y a enfuite plufieurs articles qui concer- nent le pavé, le nettoyement des ruës, & la re- fection des chemins, paffages des rivieres, ponts & chauffées; & à la fin une difpofition generale, en ces termes:

Voulons & ordonnons par ces Prefentes, « que toutes manieres de gens foient contraints « à entretenir & accomplir les chofes deffus dites, « & toutes chofes qui par noftredit Prevoft fe- « ront avifées & ordonnées pour le bon gouverne- « ment & eftat de la Police d'icelle Ville, &c. « De toutes ces chofes faire donnons & octroyons « plein pouvoir, autorité & mandement fpecial « à noftredit Prevoft, & de faire generalement « toutes autres chofes qu'il verra & trouvera « eftre bonnes, expedientes, ou neceffaires pour « le bon eftat & gouvernement de noftredite « bonne Ville, Prevofté & Vicomté de Paris; en « contraignant, & faifant contraindre tous les « Habitans des Villes voifines d'y contribuer « chacun en droit foy, fuppofé qu'aucunes « defdites Villes ne foient pas de la Prevofté & « Vicomté de Paris, ny du reffort d'icelle; & « s'il voit que bon foit, il faffe crier & publier « folemnellement de par Nous, par tous les lieux « à faire cris & mettes defdites Prevofté & Vi- « comté de Paris, & ailleurs, où bon luy fem- « blera, &c. «

Le même Roy, par Lettres Patentes du 28. Novembre 1400. manda au Prevoft de Paris, qu'attendu que toutes les Ordonnances, tant « de luy, que des Roys fes predeceffeurs, fur » toutes les marchandifes & denrées, amenées & « defcenduës en la Ville de Paris, eftoient oubliées, « il les fift derechef publier, & enfuite obferver, « & puniffant les tranfgreffeurs.

La création en titre d'Office des Lieutenans du Prevoft de Paris, & des Baillis & Senéchaux par Lettres Patentes du mois de Mars 1498. n'ap- porta aucun changement au Tribunal de Police. Le Prevoft de Paris continua d'y préfider en perfonne, lors qu'il n'avoit aucun empêchement legitime de s'en difpenfer, & fe referva tou- jours à luy-même la connoiffance de toutes les matieres qui concernent l'ordre public & la difcipline. Ses Ordonnances & fes Sentences qui font confervées dans les anciens regiftres du Chaftelet, font foy de cette verité. Elles nous apprennent auffi, que comme ce Magiftrat, en qualité de Chef de la Jurifdiction, préfidoit également au Civil & au Criminel, il tenoit auffi fes Audiences de Police indifferemment en l'un & en l'autre de ces Tribunaux, felon que l'occa- fion s'en rencontroit.

CHAPITRE II.

Contestation entre les Lieutenans Civil & Criminel pour la Police, demeurée indécise depuis 1500. jusqu'en 1630. Concurrence entr'eux pendant ce temps, & combien l'ordre public souffroit de cette confusion.

Toute l'administration de la Justice ayant esté retirée du Prevost de Paris, aussi bien que des Baillis & Senéchaux d'épée dans les Provinces, & laissée à leurs Lieutenans par l'Edit du mois de Mars 1498. cela fit naistre une fort grande difficulté au Chastelet de Paris. Comme la Police est mixte entre le Civil & le Criminel, le Lieutenant Civil, & le Lieutenant Criminel, prétendirent l'un & l'autre qu'elle estoit de leur Tribunal : cela ne pouvoit estre décidé par l'ancien usage : car le Prevost de Paris ayant éminemment l'une & l'autre Jurisdiction, l'on ne pouvoit dire en vertu de laquelle des deux il avoit exercé la Police. L'un & l'autre des Lieutenans Civil & Criminel rapportoit en sa faveur des Ordonnances renduës, & des Sentences de Police prononcées dans son Tribunal: le Prevost de Paris ayant tenu ses Audiances, & même ses Assemblées generales de Police tantost dans l'un, tantost dans l'autre, comme il vient d'estre observé.

La question portée au Parlement le dix-huit Fevrier 1515. le Lieutenant Criminel soustint » qu'il tenoit la place du Prevost de Paris, *sicut* » *Præfectus Urbis* ; qu'en cette qualité il avoit » connoissance des matieres criminelles & de cel- » les de la Police, que ces matieres ne pouvoient » estre divisées ; puisque les unes & les autres » avoient également pour objet l'ordre & la » tranquillité publique; que le Lieutenant Civil » tenoit *locum Prætoris*, qui ne connoissoit que » des matieres civiles ; Que pour cette raison les » Assises de la Jurisdiction des Chastellenies » qui en dépendent, avoient toujours esté te- » nuës par les Lieutenans Criminels en l'absence » du Prevost de Paris: parce qu'il s'agissoit de la » Police, & de la reformation de la Province.

Le Lieutenant Civil au contraire representa, » qu'il n'y avoit rien de si pernicieux au bien » public d'une Ville, que les entreprises des » Officiers les uns sur les autres ; que c'estoit une » source de desordres & de confusion ; qu'il » s'estoit passé un temps considerable que le Pre- » vost de Paris n'avoit qu'un Lieutenant, qui » expedioit en son absence toutes les causes, » tant civiles que criminelles ; que cette ancien- » ne Charge s'estoit perpetuée en la personne » du Lieutenant Civil ; que le Lieutenant Cri- » minel estoit nouveau ; que n'ayant esté créé » que pour les affaires criminelles, il ne pou- » voit entreprendre *ultra mandatum & institutio-* » *nem Officii ejus*, quand même le Lieutenant » Civil le voudroit souffrir ; & que les parties le » consentiroient ; que toutes les Assemblées de » Police se tenoient en la Chambre Civile où » le Lieutenant Civil présidoit le Lieutenant » Criminel. Que c'estoit le Lieutenant Civil qui » tenoit les Assises,&qu'il y connoissoit de toutes » les matieres tant civiles que criminelles ; que » si le Lieutenant Criminel s'y trouvoit, ce n'é- » toit qu'en qualité de Conseiller ; qu'à la ve- » rité le Lieutenant Criminel connoissoit con- » curremment avec le Lieutenant Civil de la Po-

lice criminelle, qui consiste à la recherche & « punition des vagabonds, qui troublent la « tranquillité publique, mais qu'il n'avoit au- « cune Jurisdiction sur la discipline du commer- « ce, & des arts & mestiers, ny sur aucune autre « partie de la Police. «

Le Lieutenant Criminel repliqua, qu'il con- « noissoit des matieres de Police, parce qu'elles « estoient toutes sommaires, & demandoient « prompte expedition : qu'il estoit tout le « jour au Chastelet ; qu'il y donnoit Audiance « le matin & l'apresdinée aux Marchands & aux « Forains, qui estoient expediez sur l'heure & à « peu de frais : que le Lieutenant Civil ne ve- « noit au Chastelet que le matin, & n'y demeu- « roit que pendant les Heures de l'Audiance « civile ; que cela causeroit beaucoup de retar- « dement aux pauvres Marchands Forains. Qu'à « l'égard des Assemblées generales de Police « lors qu'elles se tenoient en la Chambre civile, « le Lieutenant Civil y présidoit; mais qu'elles « se tenoient aussi en la Chambre criminelle, & « qu'alors le Lieutenant Criminel y avoit la pré- « séance. L'Avocat General, aprés avoir fait le « recit de la contestation, représenta à la Cour « qu'il estoit important d'entrer à fonds dans « l'examen de l'administration de la Justice au « Chastelet ; qu'il y avoit un fort grand desordre « auquel il faloit necessairement remedier ; que « par un Arrest de la Cour il avoit esté ordonné « que chacun des Commissaires demeureroit « dans son quartier ; qu'il auroit sous luy dix « Sergens à Verge, & que chacune Semaine il « feroit son rapport en la Chambre criminelle, « des fautes qui se commettoient dans la Police « des vivres & des denrées ; qu'il y feroit aussi « rapport des excés & pilleries qui se faisoient « chacun jour à Paris, pour y estre pourvû. «' Que cet ordre avoit esté totalement abandonné, « ce qui avoit causé plusieurs monopoles, & « d'autres fautes qui rendoient les vivres & les « denrées excessivement cheres : c'est pourquoy il « requeroit la Cour d'y pourvoir : & quant à la « Police des Mestiers & des Marchands Forains, « concluoit qu'il fust permis au Lieutenant Cri- « minel d'en connoistre,ainsi qu'il avoit accoutu- « mé; mais que lors qu'il ne pourroit accorder les « parties à passer par appointement à l'amiable, « & qu'il seroit necessaire de proceder *in forma* « *judicii*, qu'il les renvoyeroit au Civil. Sur les « Plaidoyers, & les Conclusions des Gens du « Roy, la Cour appointa les parties au Conseil, « & cependant ordonna que les choses demeu- « reroient en l'estat qu'elles estoient, jusques à « ce que par la Cour il en eust esté autrement « ordonné.

Pendant ce procés les soins de la Police furent abandonnez, & les desordres se multiplierent à Paris. Les Lieutenans Civil & Criminel en connurent l'importance ; & en sages Magistrats, ils sacrifierent au bien public leur querelle, & leurs interests particuliers.

La provision prononcée par l'Arrest du dix-huit

huit Fevrier 1515. continuoit la concurrence entr'eux jusques au jugement definitif : cette discussion auroit esté trop longue ; & cependant le public auroit eu beaucoup à souffrir : ils s'accorderent mutuellement une surséance , & s'appliquerent cependant de concert à restablir le bon ordre , & la tranquillité publique.

Leurs soins estant ainsi réünis, ils assemblerent le Conseil de Police du Chastelet , le neuviéme Juillet 1515. & y arresterent plusieurs articles importans , qui furent confirmez & homologuez par Arrest du Parlement le 14. du même mois.

Il y eut ensuite , & en differens temps plusieurs autres Réglemens pour la Police de Paris; & tous furent addressez pour l'execution aux Lieutenans Civil & Criminel. Ainsi la concurrence qui avoit esté jugée par provision , demeura par l'usage & la tolerance, definitivement.

La Ville de Paris ne fut pas long-temps sans s'appercevoir des mauvais effets de ce partage du Tribunal de Police ; & il est remarquable que c'est précisément à cette époque que l'on commence à trouver dans les Réglemens des énumerations de desordres & de crimes monstrueux , qui ont troublé de temps en temps le repos de cette grande Ville , & des plaintes contre les Officiers qui negligeoient d'y pourvoir. C'est aussi depuis ce même temps , & pendant plus d'un siecle que cette concurrence dura , que nous trouvons tant d'assemblées, tant de bureaux, & tant d'autres moyens extraordinaires, mis en usage pour la reforme, ou pour l'exercice de la Police de Paris : tant il est vray que le bon ordre & la discipline publique ne peuvent jamais s'accorder avec la multiplicité des Tribunaux.

Voicy les extraits de quelques-unes des principales pieces qui establissent toutes ces veritez.

» Arrest du Parlement du vingt-deux Juin 1520.
» portant injonction aux Lieutenans Civil &
» Criminel , & au Procureur du Roy du Chaste
» let de Paris pour ce mandez , de pourvoir à la
» Police de cette Ville , & d'en certifier la Cour
» dans le mois prochain.

Lettre de cachet de Henry IV. au Parlement , du trois Decembre 1551. regiftrée au Parlement
» le lendemain ; par laquelle il expose, qu'aprés
» avoir reçû plusieurs plaintes des inconveniens
» qui arrivoient journellement à Paris , par la
» negligence des Officiers de Police, il avoit bien
» voulu faire examiner en son Conseil les Ordon
» nances , & entre autres le Reglement du 14.
» Juillet 1515. en ayant esté les dispositions
» trouvées bonnes & suffisantes , il n'y avoit rien
» à y ajouter ; mais qu'il estoit d'autant plus
» important de les bien faire observer , que sa
» Ville de Paris devoit servir d'exemple à toutes
» les autres : mande au Parlement. d'y tenir la
» main , & d'ordonner au Prevost de Paris , & ses
» Lieutenans , d'estre dorénavant plus soigneux
» & plus vigilans à faire observer les Ordon
» nances & les Réglemens de Police ; & aux
» Avocats & Procureurs de Sa Majesté d'en faire
» les poursuites.

» Arrest du Parlement du 12. de ce même mois
» de Decembre 1551. par lequel , pour remedier
» aux desordres de la Police de Paris , & aux abus,
» fautes , insolences, rebellions , blasphêmes ,
» larcins, vols, meurtres, & autres maux infinis
» qui s'y commettoient tous les jours , par la ne
» gligence des Officiers qui en avoient la pre
» miere intendance & connoissance ; la Cour,
» aprés avoir par commandement exprés du Roy,
» fait rechercher les Ordonnances & Reglemens

de la Police ; & oüy le rapport des articles « arrestez en la Chambre Civile du Chastelet , « en la presence des Presidens & Conseillers par « elle commis , fit plusieurs Réglemens pour « restablir l'ordre & la tranquillité publique dans « cette grande Ville ; & l'execution en fut com « mise & renvoyée au Prevost de Paris ou ses « Lieutenans. Comme il ne s'agit icy que de la competence du Tribunal , ce que nous en rapportons en cet endroit suffit : le reste se verra dans la suite de ce recueil, où chacun des articles sera rangé selon l'ordre qui luy convient.

Lettres Patentes de Henry II. du mois de May 1555. regiftrées au Parlement le 14. Juin suivant, par lesquelles le Roy expose, que les Roys ses « Prédecesseurs avoient fait plusieurs belles Or « donnances pour la Police de Paris ; qu'il en « avoit fait aussi quelques-unes depuis son ave « nement à la Couronne , pour confirmer les « anciennes , & avoit mandé aux Officiers qui « en avoient la charge, d'y tenir la main ; que « neanmoins il estoit informé , & avoit reconnu « luy-même, que par la faute & la negligence de « ces mêmes Officiers, la Police de Paris estoit « totalement abandonnée ; que les Ordonnances « & les Réglemens n'estoient plus executez; que « la Ville estoit remplie de vagabonds ; qu'il s'y « commettoit journellement des meurtres, des « vols & d'autres crimes ; que les soins de la voi « rie , des vivres , & des autres parties de la Po « lice estoient également negligez ; le tout à « son grand regret , & au préjudice du bien pu « blic. A quoy desirant pourvoir , il declare « qu'il veut & entend , que toutes les Ordonnan « ces , les Edits , & Declarations de luy , & des « Roys ses Prédecesseurs , pour la Police de Paris, « soient executez & observez inviolablement « par toutes personnes , de quelque qualité qu' « elles soient : Enjoint à ses Officiers & Com « missaires d'y tenir la main. Et afin que chacun « & d'eux connoisse quelles sont ses obligations , « & qu'aucun ne puisse s'excuser d'avoir ignoré « les Réglemens qui le concernent : Sa Majesté « ordonne , qu'à la diligence de son Procureur « General au Parlement, les Ordonnances, Edits, « Declarations , & Arrests qui concernent la Po « lice de Paris , & ce qui en dépend , seroient « apportez & mis pardevers ses amez & feaux « Conseillers Mes Jean Maigret , & Christophle « de Thou, Presidens au Parlement , & Thierry « Dumont, Maistre des Requestes de l'Hostel , « pour les voir , & en faire chacun un extrait , « de ce que chacun des Officiers est obligé de « faire pour s'acquitter du devoir de sa Charge ; « que cet extrait seroit regiftré au Greffe du Par « lement , au Chastelet , & à l'Hostel de Ville ; « & qu'à l'avenir , en recevant les Officiers , ou « Commissaires chargez des soins de la Police, « & leur faisant faire le serment , on leur don « neroit connoissance de cet extrait , pour les « instruire des obligations qu'ils contractent à se « leurs receptions.

Autres Lettres Patentes du trente-un Aoust 1556. regiftrées au Parlement le vingt - quatre Septembre suivant : qui ordonnent que les pre « cedentes seront executées par Messieurs les « Commissaires nommez , ou par deux d'entr'eux.

Monsieur le Chancelier de l'Hôpital , accompagné d'un Conseiller d'Estat , & de quatre Maistres des Requestes fut au Parlement le 5. Juillet 1560. & dit entre autres choses à la Cour, de la part du Roy , toutes les Chambres assemblées , que la Ville de Paris avoit toujours eu « la reputation d'estre la plus fidele à ses Roys , «

P iij qu'elle

» qu'elle eſtoit la Capitale de l'Eſtat , & que le
» Roy eſtoit jaloux d'y maintenir le bon ordre;
» que Sa Majeſté avoit eſté avertie qu'elle eſtoit
» remplie de gens ſans aveu , & d'eſtrangers in-
» connus , qui alloient & venoient par la Ville
» avec armes ; qu'il y avoit eu pluſieurs batte-
» ries , & qu'il eſtoit à craindre que le mal ne
» vint du dehors; que la ſageſſe demandoit en ce
» tems , *omnia tuta tenere* : Que le Roy ſçavoit
» bien que la Cour avoit commencé d'y mettre
» ordre , & qu'il deſiroit que l'on continuaſt ;
» mais que les Commiſſaires des quartiers
» eſtoient corrompus ; qu'il eſtoit à propos d'y
» diſtribuer de Meſſieurs les Conſeillers du Par-
» lement, qui en feroient leur rapport à la Cour
» chacune ſemaine , & que plus il y auroit de
» perſonnes graves qui s'en mêleroient , plus
» l'affaire ſeroit autoriſée. Monſieur le Premier
» Preſident Le Maiſtre répondit à cet article ,
» qu'il y avoit eu quelque ſedition ; & quelques
» combats entre des particuliers ; que la Cour
» avoit donné ordre aux Lieutenans Civil &
» Criminel , & aux Commiſſaires d'y pourvoir;
» mais que les Commiſſaires ayant voulu y
» mettre ordre , avoient ſouffert beaucoup de
» rebellions & de violences ; que Monſieur l'A-
» vocat General Boucherat , eſtoit chargé de
» pluſieurs de leurs procès verbaux & informa-
» tions , pour en rendre compte au Roy; & qu'il
» ſeroit à propos , à l'exemple des Villes d'Italie,
» de défendre le port d'armes.

Arreſt du Parlement du 6. Aouſt 1560. con-
» tenant la diſtribution de deux de Meſſieurs
» les Preſidens & Conſeillers de la Cour en
» chacun des ſeize quartiers de Paris, pour veil-
» ler à la ſeureté publique , faire executer les
» Ordonnances & Réglemens qui concernent les
» Eſtrangers , & tenir la main que les Commiſ-
» ſaires au Chaſtelet fiſſent leur devoir.

Réglement general arreſté au Conſeil du Roy
le 4. Février 1567. pour la Police de Paris , &
des autres Villes du Royaume. Il contient pluſieurs articles qui ont eſté diſtribuez dans ce
Recueil ſous les titres qui leur conviennent. Et
les principaux de ces articles finiſſent, par une
» injonction aux Juges de Police d'y tenir
» exactement la main , & d'avertir le Roy , ou
» Monſieur le Chancelier, des contraventions &
» de leurs diligences pour les faire ceſſer. Sur ce
» Réglement il y eut des Lettres Patentes de
» Charles IX. du 25. Mars 1567. addreſſantes au
» Prevoſt de Paris, ou ſon Lieutenant , qui en
» ordonnent l'enregiſtrement , la publication, &
» l'execution.

Edit de Charles IX. du mois Janvier de 1572.
regiſtré au Parlement le vingt-un Fevrier de la
» même année ; par lequel , pour reſtablir la
» Police de Paris , dont l'ordre eſtoit interrom-
» pu , perverti , & negligé , il forma un Bureau
» de Police , compoſé de l'un des Preſidens &
» d'un Conſeiller du Parlement , d'un Maiſtre
» des Requeſtes , du Lieutenant Civil , ou du
» Lieutenant Criminel , & en leur abſence du
» Lieutenant Particulier, du Prevoſt des Mar-
» chands , ou de l'un des Eſchevins , de quatre
» notables Bourgeois, du nombre de ceux qui
» n'exercent point la Marchandiſe , & des Pro-
» cureurs du Roy au Chaſtelet , & à l'Hoſtel de
» Ville. Il ordonna que cette Compagnie s'aſ-
» ſembleroit au Palais en la Salle de la Chancel-
» lerie deux fois la Semaine , le Mardy & le
» Vendredy , depuis une heure après midy juſ-
» qu'à cinq. Qu'à cette Aſſemblée ſes Avocats
» & Procureur Generaux pourroient ſe trouver ,

quand ils verroient que la neceſſité des affai- «
res le requerroit ; non pour y exercer leurs «
Offices , mais en la même qualité que les au- «
tres Commiſſaires ; auſquels Deputez le Roy «
donna puiſſance & autorité , à l'excluſion de »
tous autres Officiers , de faire entretenir & gar- «
der les Ordonnances & Réglemens de Police, «
de juger les contraventions ſur les Rapports «
des Commiſſaires au Chaſtelet ; & ordonna que «
leurs jugemens ſeroient executez en dernier «
reſſort juſqu'à cent ſous ; & par proviſion , «
nonobſtant l'appel,juſqu'à quarante livres. Que «
lors qu'il s'agiroit d'impoſer une peine de «
punition corporelle , les delinquans ſeroient «
renvoyez aux Juges ordinaires qui en devoient «
connoiſtre. Et que pour tenir le regiſtre des «
Sentences de ce Bureau , & en faire les expe- «
ditions , il ſeroit choiſi l'un des Clercs du «
Greffe du Chaſtelet , qui en ſeroit payé ſur «
les amendes , ſuivant la taxe ; & le ſurplus des «
amendes appliqué au Bureau des pauvres.   «

Arreſt du Parlement du vingt-trois Fevrier
1572. ſur la Requeſte de Maiſtre Guillaume
Gellée Lieutenant Criminel de la Prevoſté de
Paris ; contenant qu'il eſtoit de notorieté que «
de toute antiquité la connoiſſance de la Police «
avoit appartenu aux Lieutenans Civil & Crimi- «
nel par concurrence ; que neanmoins par l'E- «
dit du mois de Janvier , qui eſtabliſſoit un «
Bureau de Police , il eſtoit ſeulement dit , que «
l'un ou l'autre des Lieutenans y aſſiſteroit ; «
qu'au moyen de cette alternative , il ne pou- «
roit pas s'y trouver avec le Lieutenant Civil , «
& que le Roy n'avoit point ſans doute en- »
tendu luy faire ce préjudice : ſur quoy la Cour, «
en expliquant l'article concernant le Lieutenant «
Criminel , ordonna qu'il luy ſeroit libre de «
ſe trouver en l'Aſſemblée aux jours fixez & «
ordonnez par l'Edit.   «

Declaration du Roy du 8. Juillet 1572. par
laquelle il eſt ordonné , que la Police ſera «
exercée ſommairement , ſans le miniſtere «
d'Avocats , ny de Procureurs , & que tous les «
Jugemens des Commiſſaires eſtablis par l'Edit «
du mois de Janvier lors dernier , ſeront exe- «
cutez par le Juge ordinaire , auquel la con- «
noiſſance de la Police appartient , & les «
exploits neceſſaires ſeront faits de ſon ordon- «
nance , & par ſes Sergens.   «

Declaration du Roy du dixiéme Septembre
1573. qui ſupprime le Bureau qui avoit eſté
eſtabli par l'Edit du mois de Janvier 1572. & «
renvoye la Police au Prevoſt de Paris , ou ſon «
Lieutenant , & aux Prevoſt des Marchands & «
Eſchevins.

Réglement arreſté au Conſeil du Roy le 21.
Novembre 1577. pour la Police generale du
Royaume,contenant pluſieurs articles ſur toutes
les matieres de Police ; qui ſont diſtribuées dans
la ſuite de ce Recueil , chacune en ſon lieu , &
ſous le titre qui luy convient.

Quant à la competence des Juges, dont il s'a-
git uniquement icy , le Roy ordonne qu'en «
chacun quartier il y aura deux notables Habi- «
tans qui ſeront élus , & qui auront la charge «
de la Police ; qu'ils pourront condamner juſ- «
ques à la ſomme d'un écu , & au deſſous ; que «
l'on ne pourra ſe pourvoir par appel contre «
leurs Ordonnances , mais ſeulement par voye «
de plainte en l'Aſſemblée generale de Police. «
Que cette Aſſemblée generale ſera tenuë une «
fois chacune Semaine pardevant le Prevoſt de «
Paris , ou ſes Lieutenans. Ordonne Sa Ma- «
jeſté aux Prevoſt des Marchands & Eſchevins, «
&

» & à fon Procureur en l'Hoftel de Ville de s'y
» trouver, ou l'un d'eux, pour affifter & eftre
» prefens à ce qui concerne le fait de la Police.

» Qu'en cette Affemblée fera fait rapport par
» tous les Elûs, de ce qu'ils auront fait, & de
» ce qu'ils eftimeront neceffaire de faire pour le
» bien public ; à ce qu'ils puiffent agir tous par
» un même efprit, & y eftre pourvû par la Juf-
» tice ordinaire, felon les occurrences.

» Qu'un jour ou deux de la femaine fera fait
» un département des Sergens, pour vacquer
» au fait de la Police avec les Elûs, tant pour
» la vente des grains, du pain, du vin, du
» bois, du foin, & des autres vivres, que pour
» les vifites des Hoftelleries, des Artifans, &
» autres chofes femblables.

» Les Commiffaires au Chaftelet chacun en
» fon quartier diftribueront auffi leur fervice
» par les heures du jour ; en forte qu'ils s'em-
» ployent à la Police deux heures du matin, &
» deux heures de relevée au moins, fans pré-
» judice de plus grandes vacations, felon les
» occurrences.

» Les Lieutenans & Confeillers des Sieges
» ordinaires de la Juftice donneront aide & af-
» fiftance publique és marchez, & ailleurs une
» ou deux fois le mois, & plus fouvent, fi la
» neceffité le requiert.

» Le femblable fera fait par les Prevoft des
» Marchands & Efchevins pour les lieux ou en-
» droits où ils ont attribution ou jouïffance de
» Police.

» Nonobftant l'eftabliffement d'un jour parti-
» culier de la femaine pour l'Affemblée de la
» Police generale, on ne laiffera pas de rece-
» voir tous les autres jours les rapports qui fe-
» ront faits par tous les Officiers, & autres per-
» fonnes qui fe prefenteront ; & feront tenus les
» Juges leur donner les premieres & plus prom-
» tes audiances.

» Dans les lieux où il y aura diverfité d'Offi-
» ciers de Police, fera eftably un lieu certain
» pour s'affembler un jour de chacun mois, pour
» rapporter ce qui aura efté fait de part &
» d'autre, en conferer enfemble, & fe confor-
» mer à même train & façon de Police, fans
» entrer en aucune diverfité ou contrarieté.

» Qu'en cette Affemblée feront appellez les
» Maiftres, Jurez & Gardes des Meftiers, Ou-
» vriers, Artifans, Marchands, Bourgeois, &
» autres qu'il conviendra, pour avifer les moyens
» de corriger les abus, & pourvoir à tout ce
» qui concerne la Police.

» Sur la remontrance faite par le Lieutenant
» Civil du Chaftelet touchant la Police de Pa-
» ris, Sa Majefté ordonne que tous les Mercredys
» le Lieutenant Civil apportera en la Grand'-
» Chambre du Parlement le Rôlle des Appel-
» lations interjettées des Sentences & Juge-
» mens de Police, & qu'elles feront jugées fur
» le champ, toutes autres affaires ceffantes,
» & fans forme ny figure de Procés.

» Que le femblable fera fait pour le regard
» des Appellations interjettées des Jugemens
» qui feront donnez par les Prevoft des Mar-
» chands & Efchevins de la Ville de Paris en
» leur Jurifdiction de la Police de l'eau.

» S'il furvient Jugement au fait de la Police,
» auquel foit intereffé un Confeiller de la Cour,
» un Maiftre des Comptes, ou autres perfonnes
» privilegiées, il ne laiffera pas d'eftre executé
» par provifion ; & s'il en eft appellé, l'Appel
» fera auffi jugé promtement toutes autres affai-
» res ceffantes, en la Grand' Chambre, fans

qu'il foit neceffaire d'affembler les autres
Chambres ; à l'exclufion de tous autres Juges, aufquels Sa Majefté défend de connoiftre de la Police.

Il eft enfin ordonné que pour faire executer
promtement les Ordonnances & Réglemens
de Police, & qu'ils ne demeurent pas illu-
foires comme ils avoient fait par le paffé, les
deniers des amendes adjugez pour les contraventions, feront affectez aux frais neceffaires pour l'execution. Qu'à cette fin ils feront
mis entre les mains d'un bon Bourgeois qui
en fera la dépenfe, fur les Ordonnances du
Prevoft de Paris ou fon Lieutenant, & qui
en comptera à la Chambre des Comptes.

Sur ce Réglement il y eut des Lettres Patentes le même jour addreffantes au Parlement, &
au Prevoft de Paris, ou fon Lieutenant, pour
le faire regiftrer. Ce qui fut fait au Parlement
le 2. Decembre de la même année 1577.

L'on vit par ce Réglement renaiftre tout l'efprit de l'ancienne difcipline de la Police de
Paris, & tout ce que les plus fages Legiflateurs
ont defiré fur cette matiere pour la rendre parfaite, beaucoup d'ordre, de fubordination, d'activité & de vigilance recommandées ; & fur toutes chofes l'unité de Tribunal reftablie.

La Police de Paris réunie au feul Tribunal de
la Chambre eftablie au Palais par l'Edit du mois
de Janvier 1572. avoit efté renvoyée par la Declaration du 10. Septembre 1573. au Chaftelet,
& au Bureau de la Ville. Ce partage la divifoit
encore ; & dans la Jurifdiction même du Chaftelet les Lieutenans Civil & Criminel concur-
rens la partageoient toujours entr'eux.

Tous ces inconveniens infeparables de la multiplicité des Tribunaux en matiere de Police,
& qui avoient fait prendre le party de cette
réunion en 1572. ne manquerent pas auffi-toft
de paroiftre. Il s'agiffoit d'en arrefter le cours ;
& on ne peut rien penfer de plus fage que ce
Réglement de 1577. pour y réuffir fans bleffer
les interefts de perfonne. Il reftablit au Chaftelet l'unité de Tribunal du Prevoft de Paris pour
la Police generale, & en ordonne une féance
toutes les femaines, où le Lieutenant Criminel
pouvoit bien fe trouver, mais toujours prefidé
par le Lieutenant Civil ; ce qui faifoit ceffer tous
les inconveniens de la concurrence. Il conferve
enfuite aux Officiers de l'Hoftel de Ville toute
leur Police particuliere, pour tenir la main de
leur part à l'execution des Réglemens fur les
matieres dont la connoiffance leur eft confiée :
mais en même-temps il les oblige de fe trouver aux Affemblées de la Police generale au
Chaftelet, pour apprendre ce qui s'y paffe, ce
qui doit eftre executé, & agir de concert. Toutes les autres Villes des Provinces font reglées
fur l'exemple de cette Capitale.

Ces Affemblées de la Police generale qui
avoient efté frequentées autrefois fous les Prevofts
de Paris furent donc reftablies, & fe tenoient le
Jeudy de chacune femaine. Les Prevofts des
Marchands, qui n'y avoient point manqué
tant que le Prevoft de Paris avoit exercé en
perfonne, fe difpenferent d'y venir depuis ce
Réglement, qui leur donnoit la liberté de s'y
faire reprefenter par un Efchevin ou par le Procureur du Roy de la Ville : mais l'un ou l'autre de ces Officiers, & quelquefois même plufieurs ne manquoient pas de s'y trouver ; & le
Lieutenant Civil, par l'avis de la Compagnie
y rendoit des Ordonnances pour la Police generale, qui eftoient executées dans toute l'eftenduë

tenduë de la Ville, tant sur la terre, que sur l'eau. Les Regiftres du Chaftelet en font foy; & les extraits de plufieurs de ces Ordonnances font rapportez dans ce Recueil.

Il eſtoit encore enjoint par ce Réglement de 1577. aux Juges de Police d'avertir le Roy ou Mr le Chancellier de toutes les contraventions & de leurs diligences pour les faire cefler. Cela fut exactement execute à Paris. Mr le Comte de Chiverny Chancellier de France, eſtoit averti tous les jours de ce qui s'y pafloit, & y donnoit fes ordres comme Chef de la Police. Un Arreſt du Confeil nous rend témoignage de cette verité. Voicy ce qu'il contient.

Livre noir
neuf fol. 218.

» Le Roy en fon Confeil, en confideration » & pour reconnoiffance des peines & du tra- » vail que prennent journellement le Sieur Com- » te de Chiverny Chancellier de France Chef de la » Police, le Lieutenant Civil, & le Procureur de Sa » Majeſté au Chaftelet, ordonne qu'ils auront cha- » cun un cent de jettons d'argent par an, à pren- » dre fur les amendes dudit Chaftelet. Ordon- » nant que fur les mandemens & acquits qui » en feront expediez & fignez par lefdits Lieu- » tenant Civil & Procureur de Sa Majeſté audit » Chaftelet, au Receveur defdites amendes; la » dépenfe qu'il aura faite pour ce regard luy » foit allouëe en fon compte. Fait au Confeil du » Roy tenu à Paris le 27. Septembre 1594. Signé, » FAYET.

La queſtion de la concurrence pour la Po- lice recommença entre Mr Miron Lieutenant Civil, & Mr Lallemant Lieutenant Criminel, à l'occafion de l'ouverture de la Foire faint Ger- » main en 1603. Mr le Lieutenant Civil donna fa » Requeſte au Parlement, & demanda d'eſtre main- » tenu & gardé en la pofleffion de fe dire Juge » General de Police; & que défenfes fuffent fai-

tes au Sieur Lieutenant Criminel de l'y trou- « bler. Mr le Lieutenant Criminel foûtint « au contraire qu'il devoit connoiftre concur- « remment de la Police Civile, & exclufive- « ment de la Police Criminelle, & demanda auf- « fi d'y eſtre maintenu. La conteſtation de ces « deux Magiſtrats portée en la Grand'Chambre, « aprés que les parties eurent eſté oüies, Mr l'A- « vocat General Marion, pour les Gens du Roy, « dit qu'ils avoient du déplaifir de voir le premier « Siege du Royaume fe féparer de volonté, comme « il eſtoit féparé en Tribunaux; que cela eſtoit « contre l'honneur de la Juſtice, & la droitu- « re des fonctions des Juges; que cette difcor- « de ne fe pouvoit couper tout d'un coup, vû « la divifion generale qui eſtoit entre les Offi- « ciers du Chaftelet. C'eſt pourquoy ils pen- « foient qu'il faloit prendre par parcelles; & « qu'il n'eſtoit befoin de mêler la queſtion ge- « nerale avec celle qui fe prefentoit; qu'il ne « s'agiffoit dans le fait particulier que de fçavoir « s'il appartenoit au Lieutenant Criminel de « faire la publication de la Foire faint Germain; « que ne s'agiffant dans cette publication que « d'empêcher de porter des armes & bâtons, ce « qui de fa nature ne fembloit qu'une précau- « tion pour prévenir les crimes dont la connoif- « fance appartenoit au Lieutenant Criminel, & « la pofleffion eſtant en fa faveur, s'il plaifoit à « la Cour elle pouvoit juger la queſtion fur le « champ. Sur quoy intervint Arreſt le 4. Jan- « vier 1603. par lequel la Cour ordonna qu'il « en feroit deliberé au Confeil; & cependant « par provifion, & fans prejudice des droits « des parties au principal, que la publication « de la Foire faint Germain feroit faite par le « Lieutenant Criminel. Ainfi la concurrence « fubfifta toujours. «

CHAPITRE III.

La Police confervée au feul Tribunal Civil du Chaſtelet de Paris en 1630. *Ce qui fut fait enfuite pour la perfectionner; & comment les troubles l'avoientfait retomber de nouveau dans le defordre & la confufion.*

L A Police de Paris fut donc exercée par les Lieutenans Civil & Criminel concurrem- ment pendant cent vingt-neuf ans; & tous les Ré- glemens qui furent faits pendant ce temps ef- toient adreffez indiftinctement à l'un ou à l'au- tre de ces Magiſtrats, ou conjointement aux deux enfemble. Les conteſtations frequentes que ce concours faifoit naiftre, & les troubles qui en font infeparables, firent enfin prendre la re- folution d'y pourvoir, en reftabliffant au Chaf- telet l'unité de Tribunal pour la Police. Le fruit en parut d'abord, & fit en peu de temps un progrés confiderable dans l'ordre & la difcipli- ne publique de cette grande Ville. Comme les actes eftabliffent beaucoup mieux cette verité, que tout ce que l'on en pourroit dire: Voicy les extraits de quelques-uns des principaux, fe- lon l'ordre de leurs dates.

Arreſt du Parlement du 12. Mars 1630. tou- » tes les Chambres affemblées, fur les plaintes » des defordres du Chaftelet. Par lequel la Cour » aprés avoir ouï les Officiers du Chaftelet, » ordonne entr'autres chofes, que le Lieutenant » Civil tiendra la Police deux fois la femaine;

qu'en cas de legitime empêchement de ce « Magiſtrat, elle fera tenuë par le Lieutenant « Criminel, ou par le Lieutenant Particulier. «

Ordonnance de Mr le Lieutenant Civil Mo- « reau du 9. Janvier 1635. que dorénavant tous « les Vendredys, aprés fon Audiance ordinai- « naire de Police, il fe tiendroit une Police ge- « nerale, où les feize anciens Commiffaires des « quartiers fe trouveroient; & chacun d'eux « avertiroit deux notables Bourgeois de fon « quartier de s'y rendre avec luy. Que Me Pier- « re Mufnier Greffier avertiroit Mrs les Lieute- « nans Criminel & Particulier, le Bret Doyen, « & Damours Sous-Doyen des Confeillers, les « Lieutenant Criminel de Robe-courte, Prevoft de « l'Ifle, & Chevalier du Guet, les Echevins de cet- « te Ville, & les Adminiftrateurs de l'Hoſtel-Dieu « d'affifter à cette Police. Qu'il avertiroit auffi le « Greffier des grains, les Marchands de bled, « les Jurez Boulangers de petit pain, les Bou- « langers de gros pain, les Mefureurs de grains, « les Mûniers, les Maiſtres & Gardes des Mar- « chands de vin, les Vendeurs de bétail, les « Jurez Bouchers, les Jurez Chandeliers, les «

» Jurez

» Jurez Rotisseurs, les Jurez de la marchandi-
» se de foin, & les Jurez Fruitiers, de s'y
» trouver.

Procés verbal de la première Police generale qui fut tenuë ensuite de cette Ordonnance par le Lieutenant Civil le Vendredy 12. Janvier 1635. où se trouverent le Lieutenant Criminel, de Laune Conseiller, & Legrain Lieutenant Criminel de Robe-courte, les seize anciens Commissaires des quartiers, Toucquoy, & Garnier Eschevins, & les trente-deux notables mandez par les Commissaires. La Compagnie assemblée, le Lieutenant Civil fit le recit de ce qu'il avoit observé dans les visites frequentes qu'il avoit faites sur les ports & dans les marchez, & des rapports que les Commissaires avoient fait à ses Audiances ordinaires de Police, qu'il tenoit regulierement toutes les semaines deux fois, & aux Polices extraordinaires qu'il avoit tenuës fort frequemment. Il fit ensuite l'ouverture de plusieurs moyens qu'il estimoit pouvoir estre mis en usage, pour perfectionner ce grand ouvrage du bien public; & enfin demanda l'avis de la Com-

pagnie. Chacun opina; & la pluralité des voix fut qu'il estoit necessaire de renouveler & de remettre en vigueur tous les anciens Réglemens par une Ordonnance generale; & l'on proposa en particulier plusieurs des principaux articles qui demandoient le plus d'attention. Sur quoy le Lieutenant Civil commit les Commissaires Fizeau, & le Laboureur: Saintot, Pietre, Perier & Bazin anciens Eschevins; de Coulange, & de saint Denys notables Bourgeois: pour examiner les articles qui avoient esté proposez sur chacune des differentes matieres de Police; pour ce fait, & le tout vû & rapporté, estre par luy ordonné ce qu'il appartiendroit.

L'Ordonnance du Magistrat suivit, le 30. Mars de la même année 1635. Et comme elle ne se trouve imprimée en aucun lieu, & que non seulement elle contient plusieurs dispositions considerables qui remettent en vigueur tous les anciens Réglemens, mais encore qu'elle nous apprend la discipline qui fut lors establie pour les faire observer avec plus d'exactitude, nous la rapporterons icy dans toute son estenduë.

30. Mars 1635. Réglement general pour la Police de Paris.

SUR ce que le Procureur du Roy nous a remontré, que quelque soin que l'on ait pris de faire executer les Ordonnances par nous cy-devant faites sur le fait de la Police de cette Ville de Paris, pour empêcher les desordres qui s'y commettent d'ordinaire: Neanmoins soit que la malice des hommes s'augmente de jour en jour, ou que les Officiers discontinuent leur travail, le mal n'est point diminué; au contraire les Vagabons & gens mal vivans courent plus que jamais: & le prix des denrées est venu à tel excés, que le peuple en est grandement incommodé. Requerant estre sur ce pourvû de remede convenable. CONSIDERE' lequel requisitoire, & aprés avoir mandé & pris avis de plusieurs Officiers & notables Bourgeois de cettedite Ville, pour ce assembler à divers jours en la Chambre Civile du Chastelet; même informez des achats & debit des marchandises & denrées: AVONS, ce requerant ledit Procureur du Roy, ordonné ce qui ensuit.

Contre les Vagabons, Faineans, & gens de mauvaise vie.

Avons enjoint, suivant les Ordonnances & Arrests de la Cour cy-devant donnez, à tous Vagabons sans condition & aveu, même à tous Garçons Barbiers, Tailleurs, & de toutes autres conditions, & aux filles & femmes débauchées, de prendre service & condition dans vingt-quatre heures, sinon vuider cette Ville & Fauxbourgs de Paris, à peine contre les hommes d'estre mis à la chaîne, & envoyez aux Galeres; & contre les femmes & filles, du foüet, d'estre rasées & bannies à perpetuité, sans autre forme de procés.

Sont faites défenses à tous proprietaires & principaux locataires de cette Ville & Fauxbourgs, de les loüer, ny sous-loüer qu'à personnes de bonne vie & bien famez, ny souffrir en icelles aucun mauvais train, jeux ny brelan; à peine de soixante livres d'amende la premiere fois, la perte des loyers pendant trois ans pour la seconde, & de la confiscation de la proprieté pour la troisiéme fois, au profit de l'Hostel-Dieu de cette Ville.

Pareilles défenses sont faites aux Taverniers, Cabaretiers, Loüeurs de chambres garnies, & autres, de loger, ny recevoir de jour ny de nuit aucunes personnes des conditions susdites, leur administrer aucuns vivres ny alimens, à peine de punition exemplaire.

Et à cette fin est enjoint à toutes personnes qui s'entremettent de loger & reloüer, soit en Hostellerie ou chambre garnie, au mois, à la semaine, & à la journée, de s'enquerir de ceux qui logeront chez eux, de leurs noms, surnoms, qualitez, conditions, demeurances, du nombre de leurs serviteurs, chevaux, le sujet de leur arrivée, & le temps de leur séjour; en faire registre, le porter le même jour au Commissaire de leur quartier, luy en laisser autant par écrit; & s'il y a aucuns de leurs hostes soupçonnez de mauvaise vie, en donner avis audit Commissaire, & de bailler caution de leur fidelité au Greffe de la Police: le tout à peine de quarante-huit livres parisis d'amende.

Est aussi enjoint à tous les Bourgeois & Habitans de cette Ville de Paris, aussi-tost qu'ils auront avis de quelque rebellion faite aux Officiers de Justice en execution des Ordonnances susdites, leur donner main-forte, confort & aide, pour se saisir des delinquans, les emprisonner, & faire en sorte que la force en demeure au Roy & à la Justice, suivant l'Arrest de la Cour du onze Février mil six cens trente-quatre.

Faisons pareillement défenses à tous Pages, Laquais, & Hommes-de-Chambre de porter aucunes épées, bastons, ny armes offensives & défensives, à peine de la hart, de répondre civilement par les Maistres des délits qui seroient par eux commis, & encore de trois cens livres d'amende payable par le Maistre, dont le Page, Laquais ou Homme-de-Chambre sera trouvé par la Ville avec épées ou autres armes; ladite amende applicable, le tiers au dénonciateur, & le surplus au Roy. Et à cette fin est enjoint aux Commissaires, & autres Officiers du Chastelet d'emprisonner les contrevenans, pour estre punis exemplairement.

Défenses sont faites à tous Soldats de sortir de leur quartier, sans haussecol ou bandoulieres, pour estre reconnus; & à eux enjoint de se retirer en leur quartier l'Hyver à cinq heures, & en Esté à huit heures; & défenses à eux de loger en autre lieu qu'en l'estenduë de leur quartier:

Q &

& où ils feront trouvez la nuit ailleurs, feront emprifonnez, & leurs procés faits comme deferteurs de la Milice, & infracteurs des Ordonnances, fuivant ledit Arreft de la Cour du onze Février mil fix cens trente-quatre.

Sont auffi faites défenfes à toutes perfonnes, fous quelque pretexte que ce foit, vendant biere ou autre breuvage, de vendre du tabac, ny retirer aucuns pour en ufer en leurs maifons, à peine de prifon, & du foüet, fuivant l'Arreft de la Cour cy-deffus daté. Et à tous vendeurs de Theriaque, Arracheurs de dent, Joüeurs de Tourniquets, Marionnettes, & Chanteurs de Chanfons, de s'arrefter en aucun lieu, & faire affemblée du peuple, fur les mêmes peines. Défendons à toutes perfonnes de vendre du Tabac, finon aux Apotiquaires, & par ordonnance du Medecin, à peine de quatre-vingt livres parifis d'amende.

Faifons défenfes à tous Ecoliers de porter épées, piftolets ou autres armes offenfives. Et enjoint aux Principaux & Procureurs des Colleges où ils font logez, de tenir leurs Colleges fermez dés cinq heures du foir en Hyver, & neuf en Efté; & faire toutes les femaines la vifite dans toutes les chambres de leurs Colleges, pour reconnoiftre ceux qui y feront logez, fans qu'en iceux Colleges ils puiffent retirer ny loger autres perfonnes que des Ecoliers eftudians actuellement en l'Univerfité, ou Preftres de bonnes mœurs, & de leur connoiffance, dont ils répondront, & feront tenus des délits qui fe trouveront par eux commis.

Et quant aux autres Ecoliers non refidans dans les Colleges, qui feront trouvez vagans par la Ville après lefdites heures, feront emprifonnez par les Commiffaires & autres Officiers qui les y rencontreront.

Et défenfes aufdits Ecoliers de faire aucunes affemblées, ny élire aucun Chef de nation entr'eux.

Pour le Bled. Les Marchands de bled ne pourront faire leurs achats de bled à dix lieuës prés de cette Ville de Paris, ny empêcher les grains eftant dans ladite eftenduë foient amenez és marchez d'icelle, à peine de confifcation d'iceux.

Pareilles défenfes font faites à toutes perfonnes d'acheter les grains en vert, ny iceux arrefter avant la cueillette, à peine de quatre cens livres parifis d'amende.

Comme auffi faifons défenfes à tous Marchands & autres perfonnes d'aller au devant des grains qui feront fur le chemin, d'eftre amenez en cette Ville tant par eau que par terre, les arrefter, acheter, ny empêcher d'arriver és ports & marchez, fur les mêmes peines que deffus.

Lefdits Marchands feront tenus amener inceffâmment leurs grains és marchez, ports & places publiques de cette Ville; les vendre & debiter en perfonne ou de leurs familles, & non par perfonnes interpofées, les debiter dans le premier ou fecond marché après qu'ils y feront arrivez; & s'ils y demeurent jufqu'au troifiéme, feront mis au rabais, fans qu'ils puiffent ferrer ny mettre lefdits grains en greniers, fans legitime caufe & noftre permiffion, à peine de confifcation des marchandifes, & d'amende arbitraire.

Toute la pile ou bateau de bled de même qualité, après que l'ouverture en aura efté faite, ne pourra eftre augmenté de prix, à peine de confifcation & d'amende.

Défenfes font faites à toutes perfonnes de vendre ny acheter grains és Greniers ny ailleurs, qu'és halles, marchez & places publiques, & aux jours & heures accouftumez : Et aux Boulangers & Pâtiffiers d'entrer efdits marchez, finon après les onze heures en Efté, & douze heures en Hyver : Et aux Boulangers de gros pain, qu'après deux heures de relevée, & non aux precedentes heures qui font refervées aux Bourgeois. Et ne pourront acheter en chacun marché; fçavoir les Boulangers plus de deux muids de bled, & les Pâtiffiers plus de trois feptiers, à peine de confifcation defdits bleds, & de quatre-vingt livres parifis d'amende.

Et pour le regard des Boulangers forains, ne pourront faire aucun achat ny tranfport de bleds és marchez & ports de Paris; ains leur avons enjoint d'aller faire leurs achats és Villes & marchez des environs de cettedite Ville, fur les mêmes peines que deffus.

Seront tenus les Mefureurs de grains d'affifter à l'ouverture des marchez, faire ouvrir les facs à huit heures précifes du matin, recueillir fidellement & fans connivence le prix de la vente de tous grains, pour par eux en eftre fait rapport és regiftres des appréciations, à peine de l'amende.

Pour le petit pain. Eft enjoint aux Maiftres Boulangers du petit pain de cette Ville de Paris, de cuire journellement, tenir leurs maifons, ouvroüers & feneftres toujours garnies de trois fortes de pain, de la qualité, blancheur, & poids ordonné par les anciennes Ordonnances : Sçavoir le pain de challis pefant après fa cuiffon douze onces; le pain de Chapitre, dix; & le pain Bourgeois bis blanc, feize onces; & outre du pain bis bis, appellé anciennement pain de Brodde, du poids de quatorze onces, le tout du prix de douze deniers chacun, dont ils feront tenus faire des demis, qui feront vendus à proportion dudit prix; & marqueront lefdits Boulangers lefdits pains de leur marque particuliere; tiendront poids & balances en leurs boutiques, le tout à peine d'eftre déchûs de la Maiftrife, & de plus grande s'il y échet. Pourront neanmoins faire du pain mollet, façon de Gonneffe, & d'autre forte, pour la commodité de ceux qui en voudront ufer : Lefquels ils ne pourront expofer à leur eftalage; ains les mettront à leur arriere-boutique, ou en tel lieu qu'il ne foit en vûë, à peine de quatre cens livres parifis d'amende, & de plus grande punition s'il y échet.

Boulangers de gros pain. Eft enjoint à tous les Boulangers de gros pain, tant de cette Ville & Fauxbourgs, que Forains amenans leurs pains aux marchez, de les vendre par eux, leurs femmes, enfans, ou ferviteurs, fans le faire vendre par des Regrattiers, & perfonnes interpofées, à peine de confifcation, & de foixante livres parifis d'amende contre des contrevenans.

Ne pourront iceux Boulangers garder ny ferrer és maifons prochaines, ny même emporter ce qui leur reftera de pain, qu'ils feront tenus de vendre dans les trois à quatre heures de relevée; autrement feront mis au rabais, & n'y pourront hauffer le prix du matin à la relevée du même jour, mais pluftoft le diminuer.

Faifons défenfes aufdits Boulangers de gros pain, de faire & expofer aucun pain au deffous
de

de trois fois à peine de confiscation d'iceluy, & de quatre-vingts livres parisis d'amende.

Pour les Meusniers.   Enjoignons aux Meusniers d'avoir des fleaux, & poids suffisans pour peser les bleds qui leur seroit baillez à moudre par les Bourgeois & Boulangers, pour le rendre en farine à même poids.

Leur faisons défenses d'avoir aucuns fours, ny huches pour faire & cuire pain, ains de se pourvoir pour leur nourriture chez les Boulangers, ny de nourrir aucuns porcs, volailles & pigeons, à peine de quatre-vingts livres parisis d'amende, & de punition corporelle.

Pareillement font faites défenses ausdits Meusniers, & leurs serviteurs de conduire par la Ville leurs bleds & farines les jours de Dimanches, & Festes de la Vierge, & autres solemnelles, à peine de confiscation, & de quatre-vingts livres parisis d'amende.

Pareilles défenses font faites ausdits Meusniers & leurs serviteurs, de faire courir leurs chevaux & mulets par les rues, à peine du fouët.

Pour la gros-se chair.   Ordonnons que tout le bestial à pied fourché, qui entrera au marché, n'y pourra estre retiré pour le nourrir, engraisser, & le revendre par après par le menu hors les marchez, à quelque personne que ce soit, ains sera ledit bestial restant ramené, & vendu és prochains jours de marché, soit du lieu où premierement il aura esté exposé; ou du plus proche marché; & si dans le second jour qu'il seroit exposé, il n'est vendu, sera mis au rabais; & défenses à toutes personnes de regratter ledit bestial de marché en autre, à peine de punition exemplaire; & sera contraint laisser au premier marché ledit bestial au prix qu'il l'aura acheté au marché precedent. Que le bestial amené aux marchez, sera lotty entre les Maistres Bouchers, si aucuns d'eux le requiert, afin que chacun d'eux soit également fourny.

Défenses ausdits Bouchers d'acheter bestial à sept lieues prés la Ville de Paris, sinon és marchez publics, & les jours d'iceux; d'aller ny envoyer leurs gens, pour détourner sur le chemin, & acheter la marchandise que l'on y amena, pour estre venduë ésdits marchez, ains la laisseront venir & entrer ésdits marchez, pour y estre venduë, à peine de confiscation du bestial, & d'amende arbitraire; & à cette fin seront toutes personnes reçuës à le denoncer au Procureur du Roy.

Enjoignons aux Vendeurs de bestial d'exercer en personne, & non par commis, leurs charges; se trouver dans les Marchez, & faire registres de la quantité du bestail amené & vendu en iceux, du prix de la vente, des noms, surnoms, & demeurances des vendeurs & achepteurs, & d'en envoyer par chacune Semaine és mains dudit Musnier Greffier un extrait, & se trouver par l'un d'eux aux jours de Police, à peine de soixante livres parisis d'amende.

Défendons ausdits Bouchers de garder le suif de Semaine à autre: leur enjoignons de le porter par chacune Semaine au Marché à ce destiné en la place aux Veaux, sans en faire reserve, sur les mêmes peines.

Comme aussi défendons ausdits Bouchers de mesler les suifs, ains de vendre separément celuy de chacun bestial, sans le corrompre d'une graisse qui le puisse empirer, à peine de confiscation desdits suifs, & d'amende arbitraire.

Et pour remedier aux abus qui font entre lesdits Maistres Bouchers, & les proprietaires des estaux, & afin de faire moderer le prix des chairs, défendons ausdits Bouchers de tenir par eux, ou personnes interposées, plus d'un ou deux estaux en une même Boucherie, ny plus de trois en toute l'estenduë de cette Ville & Fauxbourgs, encore qu'ils en fussent proprietaires.

Et s'il se trouve aucun desdits Maistres Bouchers avoir & tenir plus grand nombre d'Estaux, que trois en cette Ville & Fauxbourgs, seront tenus de les delaisser à ceux des Maistres Bouchers qui les requierront à prix moderé, & qui en auront besoin.

Ausquels Bouchers faisons défenses de laisser couler le sang de leurs abbatis dans les rues, ny le jetter en la riviere, ains de le mettre dans des vaisseaux pour le porter hors la Ville, à peine de vingt-quatre livres parisis d'amende, & de prison.

otisseurs.   Défenses font faites à tous Rotisseurs d'entrer aux places & marchez, ny acheter par eux ou par personnes interposées, aucunes volailles ou gibier, sinon après les dix heures du matin; & ne pourront cuire en leurs Ouvroüers & Boutiques, Volailles & Gibier, pour les vendre & debiter cuites, ains seulement pourront vendre & debiter cuites pieces de Bœuf, Veau, Mouton, Cochons, Porc & Oysons, selon l'ancienne forme & coustume. Pourront neanmoins, s'ils en font requis par les Bourgeois, faire cuisson d'autres volatiles dans leurs maisons, & non à leurs Ouvroüers.

Les Poulailliers ne pourront à deux lieuës des environs de Paris, acheter aucunes volailles, pigeons, ny gibier, à peine de confiscation des marchandises.

Comme aussi défenses font faites ausdits Poulailliers & Rotisseurs, d'aller ny envoyer leurs gens, ny autres personnes au devant des denrées qui s'apportent au marché, à peine de confiscation, & d'amende arbitraire, même d'aller ny envoyer aux Hostelleries où arrivent lesdites marchandises, pour les arrer & acheter, mais les laisser porter au marché, pour y estre venduës suivant les Réglemens cy-dessus.

ur le Vin.   Défenses font faites à tous Marchands de Vin, & Cabaretiers, d'acheter, ou faire acheter aucuns vins dans l'estenduë de vingt lieuës de cette Ville de Paris, avec défenses à tous Marchands Forains qui amenent vins de les encaver, ains les laisser: Sçavoir ceux qui font arrivez par eau dans les bateaux de la vente, ou sur la Greve; & ceux qui arrivent par terre à l'Estape & Place de Gréve, pour y estre vendus & debitez, suivant les Ordonnances.

Pareilles défenses font faites à tous Marchands & Bourgeois de Paris, de prester leur nom pour aucun Forain, ny avoüer aucune marchandise, si elle n'est à luy, à peine d'amende arbitraire.

Est enjoint aux Hostelliers, Cabaretiers, Marchands debitans en caves, de garnir leurs caves de toutes sortes de vins, & en debiter au public à divers prix, bon vin droit, loyal & marchand, sans estre mélangé, n'excedant le prix qui sera par nous mis d'année à autre, dont les Cabare-

Tome I.   Q ij   tiers

tiers feront tenus mettre une pancarte où ledit prix fera écrit ; à peine de quatre cens livres parifis d'amende.

Comme auffi font faites défenfes à toutes perfonnes de prendre qualité de Marchands de vins, s'ils ne font notoirement connus de bonne vie, & qu'ils ayent dans leurs caves fix muids de vin au moins.

Faifons défenfes à tous les Bourgeois & Habitans de cette Ville & Fauxbourgs, d'aller és tavernes & cabarets, & aux Cabaretiers & Taverniers, de les y recevoir pour y boire & manger, à peine de quatre-vingts livres parifis d'amende.

Pour les Beurres. Avons ordonné que tous les beurres frais & falé, apportez pour eftre vendus en motte & tinettes par les Marchands Forains, fera porté au poids du Roy, pour y eftre pefé, où les noms des Marchands Forains, & ceux de la Ville qui l'auront acheté, feront regiftrez par le Clerc dudit poids, lequel fera tenu porter ou envoyer au Commiffaire du quartier de la Halle, autant du regiftre dudit poids, qui le reprefentera à la Police, pour reconnoiftre & découvrir ceux qui enlevent les beurres des places publiques, & qui font les monopoles pour l'encherir.

Que tous les beurres frais & falez amenez par les Forains, feront dés l'inftant de leur arrivée, déchargez & pofez és Marchez & Places accouftumées, & non és Hoftelleries, fi ce n'eft qu'ils arrivent à heure indeuë, à peine de confifcation de la marchandife.

Sont faites défenfes à tous Facteurs & Colporteurs, d'aller au devant des Marchands, ny fe trouver és Marchez publics, pour faire la vente, & port defdits beurres, à peine de punition corporelle ; & en cas qu'ils y foient trouvez, permettons au premier Commiffaire de les emprifonner.

Enjoignons aufdits Forains, de faire la vente de leurs marchandifes en perfonne.

Comme auffi font faites inhibitions & défenfes à toutes perfonnes, de regratter, repetrir & patroüiller aucun beurre, foit frais & falé, le changer, mixtionner, ny meller en quelque forte, & maniere que ce foit, à peine du foüet.

Pareilles défenfes aux Beurriers & Beurrieres de cette Ville, qui ont eftaux & places du Domaine, Pâtiffiers, Regrattiers, Patroüilleurs, & toutes autres perfonnes d'aller au devant des Marchands Forains hors la Ville, ny dans les Hoftelleries, pour faire levée, achats, à peine d'amende arbitraire, confifcation des marchandifes, & de punition corporelle, aufquels Beurriers, Pâtiffiers & Regrattiers, interdifons d'entrer és Marchez qu'après l'heure prefcrite par les Ordonnances : fçavoir, le matin après onze heures, foit en hyver ou en efté, & le Jeudy de relevée à la Halle au bled après quatre heures en hyver, & cinq heures en efté, fur les peines que deffus.

Seront tenus les Beurrieres qui tiennent eftaux du Domaine, de tenir lefdites places garnies de beurre frais, & falé, à toutes heures les jours de marché ; & leur avons permis de debiter en pot & en motte, beurre frais & fallé, & le couper au filet par livres, demi-livres, quarterons, & demy quarterons, pour la commodité du public.

Et pour obvier aux plaintes qui fe font journellement, & pourroient eftre faites à l'avenir contre lefdits Patroüilleurs & Patroüilleufes de beurre : défenfes leur font faites d'expofer en vente, ny debiter aux Halles, Marchez, ny autres lieux publics, par les ruës aucun beurre patroüillé, à peine de confifcation d'iceluy, de cinquante livres parifis d'amende, & de punition corporelle. Faifons défenfes à tous Gagne-deniers & Crocheteurs de prendre plus grands droits pour le port defdits beurres, que ceux qui leur ont efté par nous taxez, à peine du foüet.

Pour le foin. Avons enjoint à tous Marchands, tant de cette Ville de Paris que Forains, de promptement, & fans délay faire charger, voiturer, & arriver és ports de Paris, leurs marchandifes, en forte que les ports foient fuffifamment garnis d'icelle marchandife, qui fera liée de trois liens de même foin, botteleure de carré, du poids de l'Ordonnance, felon les faifons, bon, loyal, fain, fec, non fourré : recouvert, ny lardé ; à peine contre les défaillans & contrevenans, de confifcation de la marchandife qui fera trouvée en leur poffeffion, & de quatre cens livres parifis d'amende.

Défenfes aufdits Marchands de vendre lefdits foins ailleurs que fur les Ports de cette Ville, ny à plus haut prix que celuy qui fera par nous fait d'année à autre, ny en faire le debit par autres que par eux, leurs femmes, enfans, ferviteurs & domeftiques : & à cette fin faifons défenfes à tous Courtiers, Débardeurs, Trieurs de ladite marchandife de foin, leurs femmes, enfans & ferviteurs, & à toutes autres perfonnes de s'entremettre de vendre ledit foin pour les Marchands ; le tout à peine de cent livres parifis d'amende.

Et afin que le prix de ladite marchandife ne puiffe eftre excedé, feront tenus les Jurez de ladite marchandife, mettre une banderolle au bout du bateau, en lieu le plus éminent, en laquelle fera écrit en groffe lettre ledit prix.

Enjoignons aux Jurez de ladite marchandife, d'affifter fur les Ports en perfonne, pour y faire la fonction de leurs Charges, faire regiftre de l'arrivage, de la quantité, qualité, prix dudit foin, dont ils donneront un extrait au Greffe de Maiftre Pierre Mufnier, Greffier de la Police ; & en cas de défectuofité dudit foin, nous en feront rapport à la Police, & feront iceux Jurez refponfables en leurs noms du défaut du prix qui fe trouvera audit foin.

Auffi eft enjoint aux Débardeurs de ladite marchandife, de vacquer affiduëment à ce qui eft de leurs fonctions, tirer le foin par tailles en travers, & de fond en comble des bateaux, l'apporter à terre par la planche, pour eftre plus facilement vifité & compté, fans permettre qu'autres perfonnes qu'eux entrent efdits bateaux pour tirer ladite marchandife, à peine de trois cens livres parifis d'amende.

Et d'autant que le defordre arrive ordinairement par l'infolence des Chartiers, qui pour avoir plus promptement leurs voitures, entrent & font entrer dans les bateaux des garçons vagabons, pour au préjudice des Ordonnances leur jetter du foin, comme font auffi les Crocheteurs ; en forte que ce qui ne devroit eftre debité qu'en un jour, eft debité en deux heures, avec grand defordre, confufion, perte & ruine des Marchands.

Défenfes

Défenses sont faites à toutes personnes tant Bourgeois, Mariniers, garçons de rivieres, Chartiers, Crocheteurs, & à toutes autres personnes d'entrer dans les bateaux pour en tirer & choisir la marchandise, la sequestrer & mettre dans autres bateaux particuliers sur le port, ny autres lieux, à peine de cinquante livres d'amende, confiscation des Charettes, chevaux, bateaux, & de punition exemplaire.

Sera payé aux Chartiers pour la voiture de chacun cent de foin : sçavoir, és environs des ports dix sols ; dans le milieu de la Ville, quinze sols ; en l'Université & Fauxbourgs, & lieux plus éloignez, vingt sols : & aux Crocheteurs qui en voudront porter, sera payé pareille somme pour chacun cent. Défenses aux uns & aux autres d'en exiger davantage, à peine du fouet ; & défenses sont faites ausdits Chartiers d'approcher leurs charettes qu'à trois toises prés des bateaux, ny en plus grand nombre que de trois à la fois, charger, ny faire charger, s'ils n'en sont requis par les Bourgeois presens, ou quelqu'un de leur part, avec défenses de l'enlever sans payer le Marchand, & droits pour ce dûs.

Comme aussi défenses sont faites aux Boteleurs de faire aucuns marchez en bloc pour le botelage de ladite marchandise, ains seulement au cent, à peine de punition exemplaire.

Coth & ceux qui occupent la voye publique. Défenses sont faites à toutes personnes de mettre aucunes selles, piles de draps, coffrets, bancs, chevalets, escabelles, tronches, tonnes, tonneaux, pierres, marbres & autres materiaux sur rües hors leurs ouvroüers & boutiques, & de pendre sur icelles aucunes toiles, serpillieres, perches, ou monstre à marchandises, dont la liberté & passage commun puisse estre empêché. Enjoint à eux de retirer leurs avances dans lesdits ouvroüers & boutiques à six pouces prés du gros mur, & deux toises de haut en rez de chaussée, à peine contre les contrevenans de quarante-huit livres parisis d'amende.

Pareilles défenses sont faites à tous Maçons, Charpentiers, Couvreurs, d'avoir & tenir dans les rües & voyes publiques aucunes pierres, gravois, tronches de bois, tuiles, ny autres materiaux qui puissent empêcher le passage commun : enjoint à eux de les retirer dans vingt-quatre heures, à peine de confiscation des materiaux, & de quarante-huit livres parisis d'amende.

Comme aussi défenses sont faites à tous Bourgeois de cette Ville, de jetter, ou faire jetter dans la rüe aucuns fumiers, ballieures de caves, jardins & immondices de puits, sinon les faire oster dans le même jour qu'ils y auront esté mis, à peine de vingt-quatre livres parisis d'amende.

Défenses sont faites à tous Voituriers, Chartiers conduisans leurs chevaux par la Ville, d'estre montez sur lesdits chevaux, ains les conduire à pied & par la bride, pour éviter aux inconveniens qui en arrivent tous les jours, à peine du fouet : & à toutes personnes de conduire des chevaux attachez en queüe plus haut que de trois.

Imprimeurs & Colporteurs. Avons fait & faisons tres-expresses inhibitions & défenses à tous Imprimeurs & Libraires, & à toutes autres personnes d'imprimer, faire imprimer, vendre & debiter aucun écrit quel qu'il puisse estre, sans privilege du grand Sceau, ou nostre permission, le nom de l'Autheur & Imprimeur, à peine de la vie.

Pareillement avons fait défenses à toutes personnes, fors aux cinquante Colporteurs qui auront leur marque & écusson attaché sur le devant de l'épaule, d'exposer en vente aucun écrit imprimé, soit par la Ville, ou autrement, si nostre permission n'y est exprimée ; & n'en pourront vendre aucuns qui ne soient dedans leurs balles ; qu'ils seront tenus à cette fin porter incessamment, quand ils voudront faire leurs expositions & ventes, sur pareilles peines que dessus : & à tous Imprimeurs & Libraires d'en donner à vendre & debiter à autres, qu'ausdits cinquante Colporteurs.

Points coupez, & dentelles de Flandres. Pour faire executer la Declaration du Roy, portant défenses à toutes personnes de porter aucuns points coupez & dentelles de Flandres, enjoignons ausdits Commissaires de transporter és maisons & boutiques des Marchands Lingers, & leur faire representer leurs inventaires, pour voir s'ils n'en ont point fait venir depuis lesdites défenses, & à quelles personnes ils ont vendu & debité ceux qui leur estoient restez.

Lesdits Commissaires se saisiront de tous les rabats & autres ouvrages qu'ils trouveront sur quelques personnes que ce soit contrevenant à ladite Ordonnance, les assigneront à la Police, pour estre multez d'amende, conformément à la Declaration.

Passemens sur les habits. Enjoignons ausdits Commissaires de vacquer soigneusement à ce que l'Ordonnance faite pour ce qui concerne les passemens sur les habits, soit exactement executé, se faire assister de Sergens, pour se saisir particulierement des Laquais, qui auront sur leurs habits & mandilles plus de deux gallons sur les coustures, pour estre leurs Maistres condamnez en telle amende qu'il sera arbitré, & assigner les autres personnes à la Police, pour sur leurs rapports estre procedé, suivant & au desir de ladite Ordonnance.

Et pour l'execution de tout ce que dessus, mandons à tous les Commissaires & Examinateurs dudit Chastelet, de tenir la main, & vacquer incessamment à la recherche des contraventions à la presente Ordonnance, & faire emprisonner les delinquans & contrevenans, selon les occurrences des cas : & à cette fin, se faire assister de nombre de Sergens ; ausquels nous enjoignons pareillement d'obéïr ausdits Commissaires, selon qu'ils sont obligez par les Ordonnances & Arrests de la Cour, & faire en sorte que lesdites Ordonnances soient entretenües.

Et pour y vacquer plus exactement, Ordonnons qu'entre les Polices ordinaires qui se tiennent les Lundy & Vendredy de chacune Semaine, tous les Commissaires se trouveront lesdits jours de Vendredy audit Chastelet, particulierement ceux qui sont commis separément par chacun mois, pour la recherche des Vagabons, Filoux, Faineans, Preneurs de tabac, Loüeurs de chambres garnies, bleds, pain, vin, viande de boucherie, volailles, gibier, suif, chandelle, foin, dentelles de Flandres, & point coupé, passemens sur les habits, & autres choses. Nous rapporteront, singulierement à la Chambre Civile issuë de la Police ordinaire, les desordres & abus qu'ils auront reconnus en faisant leurs visites & recherches, sur chacune espece des choses à

Q iij   quoy

quoy ils auront esté commis, & ce qui est à reformer ; & que tous les mois ledit jour de Vendredy, de relevée, aprés ladite Police ordinaire, assemblée sera faite audit Chastelet , de deux notables Bourgeois de chacun quartier, qui seront avertis par les anciens Commissaires des seize Quartiers, pour entendre lesdits rapports, donner leurs avis, & estre pourvû sur iceux, ainsi qu'il appartiendra, au soulagement du public.

Et à ce qu'aucun n'en prétende cause d'ignorance, seront lesdites Ordonnances imprimées, pour estre publiées & debitées par cette Ville & Fauxbourgs de Paris.

Fait & ordonné en la Chambre Civile du Chastelet de Paris, par Messire Michel Moreau, Conseiller du Roy en ses Conseils d'Estat & Privé, Lieutenant Civil de la Ville, Prevosté & Vicomté de Paris , & Prevost des Marchands de ladite Ville, le Vendredy trentiéme jour de Mars mil six cens trente-cinq. Signé, M U S N I E R.

Ces bonnes dispositions qui asseuroient la tranquillité publique, là correction des mœurs, la subsistance & la commodité des Citoyens, avoient encore besoin d'un grand secours, pour donner au Tribunal de Police, toute l'autorité qui luy estoit necessaire pour les soustenir. C'est ce qui luy fut accordé par des Lettres Patentes du 24. May 1639. qui donnent pouvoir au Prevost de Paris, ou son Lieutenant Civil, de faire executer les Ordonnances & les Réglemens dans tous leurs chefs, & dans toutes leurs circonstances , de faire chastier les coupables selon la rigueur de ces mêmes Loix, & de juger souverainement, & en dernier ressort au Presidial les voleurs, les vagabonds, & les femmes débauchées. Comme toutes les dispositions de ces Lettres sont importantes, & qu'elles n'ont point esté encore imprimées, nous les rapporterons aussi en leur entier.

24. May 1639. Lettres Patentes portant attribution au Tribunal de Police du Chastelet de Paris de juger en dernier ressort les voleurs, les vagabonds, & gens sans aveu, registrées au 12. vol. des Bannieres du Chastelet fol. 84.

L OUIS par la grace de Dieu Roy de France & de Navarre, Au Prevost de Paris, ou son Lieutenant Civil, Salut : Combien que Nous ayons toujours eu en une singuliere recommandation , ce qui est du fait de la Police de nostre bonne Ville & Fauxbourgs de Paris , comme estant la Capitale du Royaume, & la principale demeure des Roys, & qu'à l'exemple de nos Predecesseurs, Nous ayons sur ce fait diverses Ordonnances & Réglemens, tant pour ce qui est de l'observation des Loix, & la reformation des mœurs, que pour ce qui regarde la seureté & la tranquillité publique, avec declaration bien expresse des peines que doivent encourir les contrevenans : neanmoins soit que ceux ausquels le soin en a esté commis par le passé, n'en ayent pas bien fait leur devoir, ou que cela procede d'une generale corruption & dépravation des mœurs, il se commet tous les jours de si grands abus & desordres, au fait de ladite Police, dans nostredite Ville de Paris ; & la licence de mal faire, est venuë à tel point, ainsi que Nous l'apprenons, par les plaintes qui Nous sont journellement faites, que si ce mal estoit plus long-temps toleré, il seroit comme impossible d'y pouvoir plus apporter de remede, au grand mépris de la Justice, & au scandale des gens de bien : ce que voulant empescher de tout nostre pouvoir, par un plus particulier soin, que Nous voulons prendre à l'avenir, de l'observation exacte de nosdites Ordonnances, afin de faire cesser tous ces desordres, & restablir les bonnes mœurs, avec la seureté publique : A CES CAUSES, & autres bonnes considerations à ce Nous mouvans ; Nous voulons, commandons, & tres-expressément enjoignons par ces Presentes signées de nostre main, que toutes difficultez & empeschemens cessans, vous ayez à vaquer soigneusement, & sans interruption, au fait de la Police de nostredite Ville de Paris, selon que le devoir de vostre Charge vous y oblige ; faire observer les Ordonnances & Réglemens sur ce faits tant par Nous, que par les Roys nos Predecesseurs, en tous leurs chefs, circonstances & dépendances, tout ainsi que s'ils estoient icy plus particulierement specifiez & declarez ; faire punir & chastier les delinquans & coupables, selon la rigueur des peines y contenuës ; en telle sorte que Nous puissions voir au plutost cesser tous ces abus : Et comme les plus grands desordres qui se rencontrent à present au fait de ladite Police, procede du grand nombre de voleurs, vagabonds, & gens sans aveu, dont nostredite Ville est remplie ; ensemble des femmes débauchées qui les y attirent, & leur donnent retraite : Nous voulons & entendons aussi, que si en procedant par vous aux fins de ladite Police, il se rencontre des personnes de la qualité susdite, vous ayez à les faire arrester prisonniers, & leur faire & parfaire leur procès sommairement, & en dernier ressort, au Presidial de nostre Chastelet de Paris, avec le nombre des Juges porté par nos Ordonnances, nonobstant oppositions ou appellations quelconques, pour lesquelles Nous ne voulions l'execution de nos Jugemens estre differée ; & en tant que besoin est ou seroit, Nous vous en avons attribué & attribuons toute Cour, Jurisdiction & connoissance, & icelle interdite & défenduë, comme l'interdisons & défendons à toutes nos Cours & Juges quelconques, nonobstant aussi tous Edits, Ordonnances, & Lettres à ce contraires, ausquelles pour cet égard, & sans y préjudicier en autres choses, Nous avons dérogé & dérogeons par cesdites Presentes : de ce faire Nous vous donnons plein pouvoir, autorité, commission & mandement special; mandons & commandons à tous en ce faisant vous obéïr : CAR tel est nostre plaisir. DONNE' à saint Germain en Laye le vingt-quatriéme jour de May, l'an de grace mil six cens trente-neuf , & de nostre Regne le trentiéme. Signé LOUIS ; *Et plus bas*, par le Roy, DELOMENYE. Et scellé du grand Sceau de cire jaune. Et au dos est écrit : Les Lettres Patentes du Roy en forme de Declaration, portant attribution, & augmentation de pouvoir au fait de la Police de la Ville de Paris, plus au long specifiées & declarées de l'autre part, signées, LOUIS, *Et plus bas*, DELOMENYE, & scellées sur simple queuë de cire jaune, ont esté apportées au Chastelet de Paris : Et par moy principal Commis au Greffe de l'Audiance civile & criées dudit Chastelet, soussigné, lûës & publiées en Jugement au Parc Civil dudit Chastelet, le Siege Presidial tenant, en la presence, & ce requerant Noble Homme Maistre Jacques LE PICARD, Conseiller, & premier Avocat de Sa Majesté, pour estre executées conformément à la volonté du Roy, & estre registrées au Registre des Bannieres dudit Chastelet. Ce fut fait, lû apporté & publié, requis & octroyé en Jugement audit Chastelet, par Messire Isaac de Laffemas , Conseiller du Roy en ses Conseils d'Estat & Privé, Maistre des Requestes Ordinaire de son Hostel, & Lieutenant Civil de de la Ville, Prevoſté & Vicomté de Paris ; tenant le Siege le Samedy quatriéme jour de Juin mil ſix cens trente-neuf. Signé, BRETON.

Les Lettres Patentes du Roy cy-deſſus ont eſté apportées au Greffe du Chaſtelet de Paris, & re-giſtrées au preſent Regiſtre douziéme volume des Bannieres, Regiſtre ordinaire du Chaſtelet de Pa-ris, pour y avoir recours, & ſervir & valoir quand beſoin ſera. Ce fut fait & donné audit Chaſtelet le Lundy ſixiéme jour de Juin mil ſix cens trente-neuf.

Ce fut fait, extrait & expedié des volume, & feuillet cy-deſſus declarés par moy Greffier des Inſinuations & des Bannieres du Chaſtelet de Paris, ſouſſigné, ce vingt-neuviéme jour de Mars mil ſix cens quatre-vingt-quinze, pour ſervir & valoir à tous qu'il appartiendra, en temps & lieu ce que de raiſon. Signé, GARNIER.

Ce bon ordre reſtabli ſubſiſta juſqu'aux trou-bles qui agiterent la France au commencement du regne de S. M. la Police de Paris en reçût les premieres & les plus vives atteintes ; l'Hiſ-toire en eſt connuë, & les idées en ſont trop triſtes pour les renouveller. Il ſuffit pour noſtre ſujet d'obſerver, qu'en ce temps le bruit des ar-mes impoſa encore une fois ſilence aux Loix ;

que les ſoins de la Police furent preſque aban-donnez, & que toutes choſes retomberent dans une fort grande confuſion. Les troubles civils appaiſez, les guerres eſtrangeres occuperent en-core quelque temps les principales attentions du gouvernement : ainſi la Police fut encore quel-ques années, ſinon dans ce même deſordre, du moins extrêmement negligée.

CHAPITRE IV.

Reſtabliſſement du bon ordre, & de la diſcipline publique ſous Loüis le Grand ; & l'eſtat preſent de la Police de Paris.

AUſſi-toſt que le calme fut reſtably dans l'Eſ-tat, & avec nos voiſins, par la paix des Pyrenées ; le Roy dont la profonde ſageſſe a toujours égalé la ſuprême autorité, porta d'a-bord ſes premieres vûës à rendre ſes Sujets les plus heureux Peuples de la Terre. L'abolition des duels & des blaſphêmes, la ſeureté publique reſtablie ; les Sciences, le Commerce, & les Arts protegez ; les abus qui s'eſtoient introduits dans les Finances réformez, en furent les pre-miers fruits. La Police de Paris, ſur toutes cho-ſe, luy parut un ſujet digne de ſes Royales ap-plications. Il eſtablit un Conſeil exprés pour entrer dans le détail de toutes ſes parties. Ce Conſeil fut compoſé de Mr le Chancellier, de Mr le Maréchal de Villeroy, & de Meſſieurs Colbert, Dáligre, de Lezeau, de Machault, de Seve, Menardeau, de Morangis, Poncet, Bou-cherat, de la Marguerie, Puſſort, Voiſin, Hot-man, & Marin.

Les ſéances en commencerent le Jeudy 28. Oc-tobre 1666. & continuerent toutes les ſemaines, quelquefois pluſieurs jours, juſqu'au 10. Fé-vrier 1667.

Ce fut dans ce Conſeil, & enſuite de ſes dé-liberations, que le Roy forma tous ces grands deſſeins pour la Police de Paris, que nous avons vû depuis ſi heureuſement executez. La multiplicité des Tribunaux qui avoient recommencé leurs entrepriſes, pour la partager avec le Prevoſt de Paris, avoit eſté l'une des principales cauſes de ſa décadence. Le Roy fit à cet égard ce que fit Auguſte en pareille occaſion pour le reſtabliſ-ſement de la Police de Rome : Non ſeulement il en interdit la connoiſſance à tous les autres Tribunaux ; mais dans le Chaſtelet même il la

ſépata de la Juriſdiction Civile contentieuſe, & créa un Magiſtrat exprés, pour exercer ſeul cet-te ancienne Juriſdiction du Prevoſt de Paris. En effet ce qu'on appelle Police n'ayant pour objet que le ſervice du Prince & l'ordre public, elle eſt incompatible avec les embarras & les ſubtilitez des matieres litigieuſes, & tient beau-coup plus des fonctions du Gouvernement, que de celles du Barreau. Le paralele de ces deux grands Princes fut enfin accomply dans le choix des Sujets pour remplir ce poſte important. Auguſte le confia d'abord à l'un aprés l'au-tre, aux deux perſonnes de ſa Cour & de ſes Conſeils dont la ſageſſe, les lumieres, la probité & la fidelité luy eſtoient mieux connuës ; & le Roy, dont le juſte diſcernement s'eſt tou-jours fait admirer, a choiſi dans ſes Conſeils ſucceſſivement pour le même deſſein, deux Su-jets qui poſſedent dans un degré éminent toutes ces rares qualitez, & toutes les autres qui font les Grands Hommes & les parfaits Magiſtrats.

Ce n'a pas ſeulement eſté ſur la compétence des Tribunaux, & ſur le choix de ceux d'entre ſes Sujets qui les peuvent plus dignement rem-plir, que ſa Majeſté a eu la bonté d'eſtendre ſes ſoins auguſtes. Elle a bien voulu encore s'expli-quer par un Edit ſolemnel ſur l'execution des anciens Réglemens de Police les plus impor-tans. Elle y en a même ajouſté de nouveaux dont nous ſommes redevables à ſes lumieres, à ſa Juſtice & à ſa bonté. Comme toutes ces Loix doivent eſtre aujourd'huy la regle de noſtre con-duite, & que de ſimples extraits en affoibli-roient ou les motifs ou les diſpoſitions, dont rien n'eſt à perdre, nous rapporterons icy dans toute leur eſtenduë.

I.
§. Novemb.
1666. Arreſt
du Conſeil
qui conſerve
aux Officiers
du Chaſtelet

SUR ce qui a eſté repreſenté au Roy eſtant en ſon Conſeil, que le droit de faire Police ge-nerale dans l'eſtenduë de la Ville, Fauxbourgs, & Banlieuë de Paris, appartient au Prevoſt dudit lieu, & ſes Lieutenans Civil & Criminel du Chaſtelet, à l'excluſion de tous autres Officiers Royaux, & des Juſtices des Seigneurs particuliers : Sa Majeſté auroit donné ſes ordres audit Lieutenant Criminel, pour avec ſon Procureur audit Chaſtelet faire ladite Police generale, & informer Sa Majeſté des abus & deſordres qu'ils y auroient remarqué contraires aux Ordonnances, Arreſts, & Réglemens de Police. A quoy ayant eſté par eux procedé en differens jours, & ladite
Police

de Paris la Police generale à l'exclusion des autres Juges. Cet Arrest adressé au Lieutenant Criminel, la Charge de Lieutenant Civil estant vacante.

Police generale commencée, ils auroient esté troublez dans l'execution desdits Ordres par la concurrence de plusieurs Officiers desdites Justices particulieres ; & notamment par le Bailly du Fort-l'Evêque, lequel sans titre & sans pouvoir se seroit ingeré d'entreprendre semblable visite de Police generale. Et d'autant qu'il importe d'arrester le cours de ces sortes d'entreprises contraires au bien du Public, & qui pourroient empêcher le fruit d'une réformation si utile & si necessaire par la multiplicité & la confusion de toutes sortes d'Officiers, aux Ordonnances desquels les Bourgeois se trouveroient en peine d'obéïr dans la difference des Justices ; à quoy estant necessaire de pourvoir : LE ROY ESTANT EN SON CONSEIL, a ordonné & ordonne, que la Police generale commencée par lesdits Officiers du Chastelet, sera par eux incessamment continuée ; & à cet effet pourront se transporter dans toutes les Maisons, Hôstels, Colleges, Communautez, & autres lieux de ladite Ville, Fauxbourgs, & Banlieuë de Paris, dont ouverture leur sera faite nonobstant tous prétendus Privileges, sur lesquels Sa Majesté se reserve de faire droit en connoissance de cause, ainsi qu'il appartiendra. Et en consequence, a fait Sa Majesté tres-expresses inhibitions & défenses à tous les Officiers des Seigneurs Hauts-Justiciers de ladite Ville & Fauxbourgs de Paris, même aux Lieutenans du Grand-Prevost de l'Hôstel, & Bailly du Palais, d'entreprendre de faire ladite Police generale, ny donner aucun trouble ausdits Officiers du Chastelet pour raison de ce, sur le present Arrest executé nonobstant oppositions ou appellations quelconques ; dont si aucunes interviennent, Sadite Majesté s'en est reservé la connoissance, & icelle interdite à tous autres Juges. Enjoint à son Procureur du Chastelet de tenir la main à l'execution d'iceluy, lequel sera publié & affiché en tous les lieux & endroits accoustumez, à sa diligence. FAIT au Conseil d'Estat du Roy, Sa Majesté y estant, tenu à saint Germain en Laye le 5. Novembre 1666. Signé, DE GUENEGAUD.

I I. Decembre 1666. Edit portant Réglement general pour la Police de Paris, & qui confirme aux Officiers du Chastelet leur Jurisdiction pour la Police generale en premiere instance, à l'exclusion de tous autres Juges, avec l'Arrest d'enregistrement au Parlement, du 11. du même mois de Dec.

LOUIS, par la grace de Dieu, Roy de France & de Navarre, à tous presens & à venir : Salut. Les plaintes qui nous ont esté faites du peu d'ordre qui estoit dans la Police de nostre bonne Ville de Paris, & Fauxbourgs d'icelle, Nous ayant obligé de rechercher les causes dont ces defauts pouvoient proceder ; Nous aurions fait examiner en nostre Conseil les anciennes Ordonnances, & Réglemens de Police, que Nous aurions trouvez si prudemment concertez, que Nous aurions estimé qu'en apportant l'application, & les soins necessaires pour leur execution, elle pourroit estre aisément restablie, & les Habitans de nostre bonne Ville de Paris en recevoir de notables commoditez : qu'en effet bien que le grand concours d'Habitans, de carrosses & harnois, & la disposition des ruës eust fait croire que le nettoyement n'en pouvoit estre bien fait, & que quelque exactitude que l'on y eust pû apporter, il estoit impossible que les bouës n'incommodassent les gens de pied ; neanmoins comme nous n'estimons rien au dessous de nostre application, & que Nous voulons bien descendre jusqu'aux moindres choses, lors qu'il s'agit de la commodité publique ; les ordres que Nous y avons fait apporter, ont fait voir, en bien peu de jours, & sans qu'il ait esté necessaire d'augmenter les taxes, que dans la saison de l'année la plus incommode, le nettoyement a esté fait avec tant d'exactitude, que chacun par son experience s'est détrompé de cette opinion. Et comme le defaut de la sûreté publique expose les Habitans de nostre bonne Ville de Paris à une infinité d'accidens, Nous avons estimé qu'il estoit encore de nos soins de la restablir ; & afin qu'il ne manquast aucune chose de nostre part à la liberté de la Capitale de nostre Royaume où nous faisons nostre séjour plus ordinaire, comme les Roys nos predecesseurs ; Nous avons bien voulu charger nos Finances de la dépense necessaire pour le redoublement de la garde, que Nous y venons d'establir avec tant d'ordre, de discipline, & de vigilance, que Nous avons tout sujet de Nous promettre le restablissement de la sûreté toute entiere. Et dautant qu'à cet effet il importe de regler le port d'armes, & de prévenir la continuation des meurtres, assassinats, & violences qui se commettent journellement par la licence que des personnes de toutes qualitez se donnent de porter, & de celles même qui sont plus étroitement défenduës ; & de donner aux Officiers de Police un pouvoir plus absolu sur les vagabons, & gens sans aveu, que celuy qui est porté par les anciennes Ordonnances : A CES CAUSES, après avoir fait examiner en nostre Conseil les Réglemens faits tant en iceluy qu'en nostre Parlement de Paris pour le nettoyement des ruës, des 3. Decembre 1638. & 1663. ensemble les anciennes Ordonnances faites pour raison du port d'armes, même nostre Declaration du 18. Decembre 1660. registrée en nostre Cour de Parlement de Paris le 20. du même mois ; de l'avis de nostre Conseil, de nostre certaine science, pleine puissance, & authorité Royale; Nous avons dit, statué, & ordonné, & par ces Presentes signées de nostre main, disons, statuons & ordonnons, Voulons & Nous plaist, que ledit Réglement fait en nostredite Cour de Parlement, pour raison du nettoyement des ruës, le 30. Avril 1663. soit executé selon sa forme & teneur. Enjoignons au Prevost de Paris, ses Lieutenans, Commissaires dudit Chastelet, & à tous autres Officiers qu'il appartiendra, de tenir la main à l'execution d'iceluy, à peine en cas de contravention, d'en répondre en leurs propres & privez noms ; & ausdits Commissaires, d'interdiction de leurs Charges : Et voulant pourvoir à la sûreté de nostre bonne Ville de Paris, & empêcher la fabrique & port d'armes prohibez par les anciennes Ordonnances & Reglemens de Police : Nous voulons & ordonnons, que toute fabrique, debit, port & usage de pistolets de poche, soit à fusil, ou à roüet, bayonnettes, poignards, cousteaux en forme de poignards, dagues, épées en bastons, bastons à ferremens, autres que ceux qui sont ferrez par le bout, soient & demeurent pour toujours generalement abolis, & défendus à tous nos Sujets, & autres personnes quelconques dans nostre Royaume & Pays de nostre obeïssance, à peine contre les Fourbisseurs, Armuriers, Cousteliers, & Marchands qui les fabriqueroient & debiteroient cy-après, de confiscation desdites armes, cent livres d'amende, applicable, moitié à Nous, & l'autre moitié aux dénonciateurs, & d'interdiction de la Maistrise pendant un an, pour la premiere fois, & de privation d'icelle en cas de recidive: Et à l'égard des Compagnons travaillans en Chambre, à peine d'estre fustigez & flétris, pour la premiere fois, & pour la seconde, d'estre envoyez aux Galeres ; & en cas du port & usage desdites armes par tous autres particuliers, Nous voulons

qu'ils

qu'ils foient conftituez prifonniers, & condamnez à deux cens livres d'amende ; & en cas d'infol-vabilité des contrevenans, ils tiendront prifon pendant fix mois, & où ils recidiveroient, ceux qui auront payé les deux cens livres, feront condamnez à l'amende de mille livres, à Nous ap-plicable; & quant aux infolvables, ils feront condamnez aux Galeres : N'entendons neanmoins comprendre en ces prefentes défenfes, les bayonnettes à reffort, qui fe mettent au bout des armes à feu, pour l'ufage de la guerre, lefquelles toutefois ne pourront eftre fabriquées ny debitées, que par les Ouvriers qui feront par Nous commis à cet effet, & fans que lefdites bayonnettes à reffort puiffent eftre par eux venduës, ny délivrées qu'aux Officiers, qui feront par Nous prépo-fez, qui leur en délivreront certificat, & tiendront regiftre de la quantité par eux fournie, fous les mêmes peines : V O U L O N s, que lefdites bayonnettes, & armes prohibées cy-deffus trouvées chez lefdits Fourbiffeurs, Armuriers, & Marchands Quaincalliers, par la recherche qui en a efté faite par nos ordres ; enfemble ce qui pourra s'y trouver cy-après, & generalement chez tous nos autres Sujets, foient rompuës & brifées ; & à cet effet enjoignons à toutes fortes de perfon-nes, de quelque qualité & condition qu'elles foient, de les remettre dans huitaine, pour toutes prefixions & delais, du jour de la publication des Prefentes ; Sçavoir, pour noftre bonne Ville de Paris, entre les mains du Commiffaire du quartier ; & dans les Provinces, és mains des Of-ficiers de Police, à peine contre lefdits Armuriers & Marchands, de confifcation de leur Maiftrife, pour la fe-conde, & de privation d'icelle, pour la troifiéme ; & en cas de garde & recellement defdites armes par les particuliers, ils feront condamnez à deux cens livres d'amende, applicable moi-tié à Nous, & moitié au dénonciateur : Comme auffi, voulons, & ordonnons, que tous pifto-lets d'arçon n'ayent pas moins de quinze poulces de canon ; & à l'égard des autres qui auront moins de longueur, Nous en avons cy-deffus à prefent défendu tant la fabrique, que vente, debit, port & ufage. Enjoignons à tous Ouvriers, qui s'en trouveront chargez, & à tous autres, de s'en défai-re, & les envoyer hors de noftre Royaume, dans deux mois, du jour de la publication des Pre-fentes fous les mêmes peines par Nous ordonnées fur le fait des piftolets de poche. Pareillement ordonnons, que les épées ne pourront avoir moins de longueur que deux pieds & demy de lame, non compris le talon d'icelles & la garde ; & en confequence, enjoignons à tous Four-biffeurs, Marchands, & autres qui s'en trouveront chargez de s'en défaire, & les envoyer hors de noftre Royaume dans le même temps de deux mois, du jour de la publication des prefentes, fous les mêmes peines. Faifons tres-expreffes inhibitions & défenfes audits Ouvriers, Marchands, & à tous autres, de fabriquer, vendre, debiter, & porter des épées de moindre longueur, fous les mêmes peines ordonnées pour le fait des bayonnettes, & autres armes cy-deffus prohibées : Faifons pareillement défenfes à tous Fourbiffeurs, Ouvriers, Coûtelliers, & Compagnons defdits Mêtiers, de fe retirer dans les Colleges, & autres femblables Communautez, d'où ils feront tenus de vuider dans quinzaine, du jour de la publication des prefentes, à peine de cent livres d'amende, & de plus grande, s'il y échet, & aux Principaux defdits Colleges, & autres prépo-fez à la direction d'iceux, & defdites Communautez, de les y recevoir, à peine de deux cens livres d'amende. Défendons en outre à tous nos autres Sujets, de quelque qualité & condition qu'ils puiffent eftre, de porter la nuit dans noftre bonne Ville de Paris, & Fauxbourgs d'icelle, aucunes autres armes à feu, fous quelque pretexte de leur défenfe, ou quelqu'autre que ce foit, à peine de confifcation d'icelles, & de deux cens livres d'amende : Comme pareillement Nous avons défendu, & défendons le port defdites armes à feu de jour dans noftredite Ville de Paris, à tou-tes perfonnes autres qu'aux Officiers de noftre Maifon, ceux des Compagnies de nos Ordres, Gardes & Archers, ceux de la Prevofté de noftre Hoftel, Conneftablie, & Marefchauffée, Ar-chers eftablis pour la capture des Pauvres mendians, & conduite d'iceux dans les grands Hôpi-taux, Sergens, & autres Officiers de Juftice, lors qu'ils feront commandez pour l'execution des ordres d'icelle. Faifons pareillement défenfes à toutes perfonnes allant de nuit dans noftredite Ville de Paris, & Fauxbourgs d'icelle, de porter aucunes épées, à peine de prifon, & d'eftre procédé extraordinairement contr'eux, & punis comme vagabons, s'il y échet. N'entendons nean-moins comprendre dans cette prefente prohibition, les Gentilshommes & Officiers, tant de noftre Maifon, de nos Troupes, que de Juftice, & autres portans livrées & Cafaques d'Archers, écuffons & autres marques de leurs Charges, & qui ont droit d'en porter, pourvû qu'ils foient éclairez de flambeaux ou autre lumière, autres que des lanternes fourdes. Ne pourront aucunes perfonnes porter dans noftredite Ville de Paris, des épées de jour, s'ils ne font Gentils-hom-mes, ou Officiers de noftre Maifon, de nos Troupes, Compagnies de nos Ordonnances, Soldats des Regimens de nos Gardes, tant Françoifes que Suiffes, ou autres prépofez pour l'exe-cution des Ordres de Juftice, à peine de deux cens livres d'amende ; & en cas d'infolvabilité, d'eftre procédé contr'eux extraordinairement, comme Gens fans aveu. Voulons que ceux qui arriveront dans noftredite Ville de Paris, & Fauxbourgs d'icelle, & qui n'auront qualité ny droit de porter l'épée, ou autres armes, foient tenus à leur arrivée de les pofer entre les mains de leurs Hoftes, dont ils tiendront le regiftre, pour en donner par lefdits Hoftes leurs déclarations aux Commiffaires de leurs quartiers, qui feront tenus de prendre garde qu'il y foit commis aucun abus, ny contravention, à peine d'en répondre en leurs propres & privez noms. Ne pourront les Soldats de nos Gardes, tant Françoifes que Suiffes, vaguer la nuit dans leur quartier, ou Corps-de-Garde, s'ils font en garde, à fix heures du foir, depuis le Jour & Fefte de Touffaints; & à neuf heures du foir, depuis le Jour & Fefte de Pâques, avec épées, ou autres armes, s'ils n'ont ordre par écrit de leur Capitaine, à peine des Galeres ; à l'effet de quoy le procès leur fera fait & parfait par les Juges de Police : & pendant le jour ne pourront lefdits Soldats mar-cher en troupe, ny eftre enfemble hors de leur quartier en plus grand nombre que quatre avec leurs épées, fous les mêmes peines. Ordonnons, que ceux que nous nommons vulgairement Bohemiens, ou Egyptiens, & autres de leur bande & fuite, foient arreftez prifonniers, attachez à la chaîne, & conduits en nos Galeres pour y fervir comme Forçats, fans autre forme ny figure de procès : Et à l'égard des femmes & filles qui les accompagnent, & vaguent avec eux, qu'elles foient

Tome I.   R   foüettées,

foüettées, flétries, & bannies hors de noftre Royaume ; & que ce qui fera ordonné à cet égard par les Officiers de Police, foit executé comme Jugement rendu en dernier reffort. Comme aufli enjoignons aufdits Officiers de Police d'arrefter, ou faire arrefter tous vagabons, filoux, & gens fans aveu, aufquels Nous voulons qu'ils ayent à faire & parfaire le procés en dernier reffort, leur en attribuant toute Cour, Jurifdiction, & pouvoir à ce neceffaire ; nonobftant tous Edits, Declarations, Arrefts, & Réglemens à ce contraires ; aufquels Nous avons derogé & derogeons par ces prefentes. Seront déclarez gens vagabons, & gens fans aveu, ceux qui n'auront aucune profeffion ny meftier, ny aucuns biens pour fubfifter ; qui ne pourront faire certifier de leurs bonnes vie & mœurs par perfonnes de probité, connus & dignes de foy, & qui foient de condition honnefte. Seront les Colleges fermez aux heures reglées par les Statuts de l'Univerfité ; & les Principaux, & autres prépofez à la direction d'iceux, refponfables civilement de ceux qui s'y retirent. Comme aufli les Écuyers, & Maiftres des Academies, de leurs Penfionnaires & Domeftiques, fous les mêmes peines. Seront pareillement les Cabarets & lieux où fe vend la Biere à pot, fermez à fix heures du foir au plus tard, depuis le Jour & Fefte de Touffaints ; & à neuf heures du foir depuis la Fefte de Pâques ; à peine contre lefdits Cabaretiers & Vendeurs de Biere à pot, de cent livres d'amende pour la premiere fois ; & en cas de recidive, de deux cens livres d'amende, & d'eftre mis au Carcan. Voulons pareillement que les Ordonnances de Police pour chaffer ceux chez lefquels fe prend & confomme le Tabac, qui tiennent Academies, brelands, jeux de hazard, & autres jeux défendus, foient executées ; & à cet effet la publication d'icelles renouvellée. Faifons tres-expreffes inhibitions & défenfes à tous Princes, Seigneurs & autres nos Sujets de quelque qualité & condition qu'ils foient, de donner retraite dans leurs Hoftels & Maifons aux prévenus de crime, vagabons & gens fans aveu ; & aux Maiftres d'Hoftel defdits Hoftels & Maifons defdits Princes & Seigneurs, qui font à la fuite de noftre Cour, d'y donner retraite à autres qu'aux domeftiques actuels defdits Princes & Seigneurs, à peine de répondre en leur propre & privé nom des délits qui feroient commis par ceux qu'ils y auroient retirez, & d'eftre procedé contr'eux extraordinairement, s'il y échet. Nous voulons & ordonnons que la Police generale foit faite par les Officiers ordinaires du Chaftelet en tous les lieux prétendus privilegiez, ainfi que dans les autres quartiers de la Ville, fans aucune difference ny diftinction ; & qu'à cet effet le libre accés leur y foit donné: Et à l'égard de la Police particuliere, elle fera faite par les Officiers qui auront prévenu ; & en cas de concurrence, la préference appartiendra au Prevoft de Paris. Enjoignons à tous Compagnons Chirurgiens qui travaillent en chambre de fe retirer inceffamment chez les Maiftres, à peine de confifcation de leurs outils de Chirurgie ; & de cent livres d'amende pour la premiere fois ; & en cas de recidive, Voulons qu'ils foient condamnez au banniffement. Et à l'égard des Maiftres Chirurgiens, ils feront tenus de tenir boutiques ouvertes, à peine de deux cens livres d'amende pour la premiere fois ; & en cas de recidive, d'interdiction de la Maiftrife pendant un an ; & pour la troifiéme, de privation de leur Maiftrife. Seront tenus lefdits Chirurgiens de déclarer au Commiffaire du quartier, les bleffez qu'ils auront penfez chez eux ou ailleurs, pour en eftre fait par ledit Commiffaire fon rapport à la Police ; de quoy faire lefdits Chirurgiens feront tenus, fous les mêmes peines que deffus : Ce qui fera pareillement obfervé à l'égard des Hôpitaux, dont l'Infirmier ou Adminiftrateur qui a le foin des malades fera declaration au Commiffaire du quartier. Défendons au Prevoft de Paris, fes Lieutenans, & à tous autres Juges & Officiers de Juftice qu'il appartiendra, de décharger des amendes encouruës ceux qui y auront efté condamnez, fi ce n'eft que lefdites condamnations ayent efté renduës par defaut, & aprés que les Procureurs & Receveurs des amendes auront efté entendus, à peine de nullité, & d'en répondre en leurs propres & privez noms. Si DONNONS EN MANDEMENT à nos amez & feaux Confeillers, les Gens tenans noftre Cour de Parlement à Paris, & autres nos Officiers qu'il appartiendra, que ces Prefentes ils ayent à faire lire, publier, regiftrer & executer felon leur forme & teneur, ceffant & faifant ceffer tous troubles & empêchemens au contraire, CAR tel eft noftre plaifir; & afin que ce foit chofe ferme & ftable à toujours, Nous avons fait mettre noftre Scel à ces Prefentes, données à faint Germain en Laye au mois de Decembre, l'an de grace mil fix cens foixante-fix, & de noftre Regne le vingt-quatre, Signé, LOUIS : Et plus bas, Par le Roy, PHELYPEAUX.

CE jour la Cour aprés avoir veu les Lettres Patentes du Roy en forme d'Edit, données à faint Germain en Laye au mois de Decembre de la prefente année, fignées LOUIS : Et plus bas, Par le Roy, PHELYPEAUX, & fcellées fur lacs de foye du grand fceau de cire verte ; par lefquelles, & pour les caufes & contenuës, ledit Seigneur Roy, aprés avoir fait examiner en fon Confeil les Réglemens faits tant en iceluy, qu'en la Cour, pour le nettoyement des bouës ; enfemble faites aux anciennes Ordonnances faites pour raifon du port d'armes ; même la Declaration dudit Seigneur Roy du dix-huit Decembre mil fix cens foixante, regiftrée en la Cour le vingtiéme du même mois : Auroit dit, ftatué & ordonné, que le dernier Réglement fait en la Cour pour le nettoyement des Ruës, feroit executé felon fa forme & teneur : enjoint au Prevoft de Paris, fes Lieutenans, Commiffaires du Chaftelet & autres Officiers, d'y tenir la main, à peine d'en répondre en leurs propres & privez noms, & aufdits Commiffaires d'interdiction de leur Charge. Et outre que toute fabrique, debit, port & ufage des piftolets de poche, foit à fufil, ou à roüet, & bayonettes, poignards, coufteaux en forme de poignards, dagues, épées en baftons, & ferremens, autres que ceux qui font ferrez par le bout, fuffent & demeuraffent pour toujours abolis & défendus dans le Royaume, & pays de l'obeïffance dudit Seigneur Roy; même le port de toutes armes dans la Ville de Paris, tant de nuit que de jour, ainfi que plus au long le contiennent lefdites Lettres à la Cour addreffantes, & à elle apportées par le Procureur General du Roy: Conclufions dudit Procureur General du Roy, la matiere mife en deliberation, a arrefté & ordonné, que lefdites Lettres feront leuës, publiées, regiftrées, pour eftre executées felon leur forme & teneur ; à la charge neanmoins que pour connoiftre la garde des armes défenduës, la recherche ne pourra eftre faite dans la maifon des particuliers Bourgeois non Ouvriers,

vriers, qu'en vertu de la permission du Juge ordinaire, & qu'il sera procédé extraordinairement comme contre vagabonds, & gens sans aveu ; contre ceux lesquels ayant esté une fois condamnez, & ayant tenu prison pendant six mois, pour n'avoir pû payer l'amende, seront surpris en recidive : Qu'à l'égard des Chirurgiens, il en sera usé suivant les anciennes Ordonnances ; & qu'à l'égard de la Police, la concurrence, ny la prévention n'aura lieu dans l'étenduë de la Jurisdiction du Bailliage du Palais ; & seront lesdites Lettres publiées & affichées par les Carrefours & lieux accoustumez de la Ville & Fauxbourgs de Paris, & copies d'icelles envoyées aux Bailliages & Senéchaussées du Ressort, pour y estre pareillement leuës, publiées & registrées. Enjoint aux Substituts du Procureur General du Roy, d'y tenir la main, & d'en certifier la Cour au mois. Fait en Parlement le onze Decembre mil six cens soixante-six. Signé, D u T i l l e t.

I I I.
Mars 1667.
Edit de créa-
tion de l'Of-
fice de Lieu-
tenant de Po-
lice de la Vil-
le, Prevosté
& Vicomté
de Paris, a-
vec l'Arrest
d'enregistre-
ment au Par-
lement du 15.
du même
mois de
Mars.

L O U I S par la grace de Dieu Roy de France & de Navarre : A tous presens & à venir, Salut. Nostre bonne Ville de Paris estant la Capitale de nos Estats, & le lieu de nostre sejour ordinaire, qui doit servir d'exemple à toutes les autres Villes de nostre Royaume : Nous avons estimé que rien n'estoit plus digne de nos soins, que d'y bien regler la Justice & la Police ; & Nous avons donné nostre application à ces deux choses. Elle a esté suivie de tant de succez, & plusieurs défauts de la Police ont déja esté si heureusement corrigez, que chacun excité par les commoditez qu'il en reçoit, concourt & preste volontiers la main pour la perfection d'un si grand ouvrage : mais il est necessaire que la reformation que Nous y apportons soit soustenuë par des Magistrats. Et comme les fonctions de la Justice & de la Police sont souvent incompatibles, & d'une trop grande estenduë, pour estre bien exercées par un seul Officier dans Paris, Nous aurions resolu de les partager, estimans que l'administration de la Justice contentieuse & distributive, qui requiert une presence actuelle en beaucoup de lieux, & une assiduité continuelle, soit pour regler les affaires des Particuliers, soit pour l'inspection qu'il faut avoir sur les Personnes à qui elles sont commises, demandoit un Magistrat tout entier. Et que d'ailleurs la Police qui consiste à asseurer le repos du Public & des Particuliers, à purger la Ville de ce qui peut causer les desordres, à procurer l'abondance, & à faire vivre chacun selon sa condition & son devoir, demandoit aussi un Magistrat particulier qui pust estre present à tout. A c e s C a u s e s, & autres considerations à ce Nous mouvans, de l'avis de nostre Conseil, de nostre certaine science, pleine puissance, & autorité Royale ; Nous avons éteint & supprimé, & par ces Presentes signées de nostre main, éteignons & supprimons l'Office de Lieutenant Civil de nostre Prevosté de Paris, dont estoit pourveu le feu sieur d'Aubray ; sans que pour quelque cause, pretexte, ou occasion que ce soit, ledit Office puisse estre cy-aprés restably, ny créé de nouveau : ce faisant, Nous avons créé, érigé & establi ; & par ces mêmes Presentes créons, érigeons & establissons en titré d'Offices formez, deux Offices de Lieutenans de nostre Prevosté de Paris, dont l'un sera nommé & qualifié, nostre Conseiller & Lieutenant Civil dudit Prevost de Paris ; & l'autre nostre Conseiller, & Lieutenant du Prevost de Paris pour la Police ; pour estre lesdites deux Charges remplies & exercées par deux differens Officiers, & sans que cy-aprés elles puissent estre jointes & réünies, pour quelque cause, & sous quelque pretexte que ce puisse estre. Et pour regler les fonctions desdites Charges, Voulons, & Nous plaist, qu'au Lieutenant Civil appartienne la reception de tous les Officiers du Chastelet ; ensemble la connoissance de toutes actions personnelles, réelles & mixtes ; de tous Contrats, Testamens, Promesses, Matieres Beneficiales & Ecclesiastiques, de l'apposition des Scellez, confection des Inventaires, Tutelles, Curatelles, avis de Parens, Emancipations, & toutes autres matieres concernant la Justice contentieuse & distributive, dans l'estenduë de la Ville, Prevosté & Vicomté de Paris, pour en faire les fonctions en la même forme & maniere que les precedens Lieutenans Civils ont eu droit & pouvoir de ce faire, dans les mêmes Chambres & Sieges, & avec les mêmes Officiers ; à l'exception toutefois des matieres concernant la Police, precedera ledit Lieutenant Civil celuy de Police, dans toutes les Assemblées generales & particulieres, sans dépendance, neanmoins, autorité, ny subordination de l'un à l'autre ; mais exerceront leurs fonctions separément & distinctement, chacun en ce qui les concernera. Et quant au Lieutenant de Police, il connoistra de la seureté de la Ville, Prevosté & Vicomté de Paris, du port des armes prohibées par les Ordonnances, du nettoyement des Ruës & Places publiques, circonstances & dépendances ; donnera les ordres necessaires en cas d'incendie, ou d'inondation ; connoistra pareillement de toutes les provisions necessaires pour la subsistance de la Ville, amas & magasins qui en pourront estre faits, du taux & prix d'icelles ; de l'envoy des Commissaires, & autres Personnes necessaires sur les Rivieres, pour le fait des amas de foin, bottelage, conduite & arrivée d'iceluy à Paris, comme faisoit cy-devant le Lieutenant Civil exerçant la Police ; reglera les Etaux des Boucheries & adjudication d'iceux ; aura la visite des Halles, Foires & Marchez, des Hostelleries, Auberges, Maisons garnies, Brelands, Tabacs, & lieux mal famez ; aura la connoissance des Assemblées illicites, tumultes, seditions, & desordres qui arriveront à l'occasion d'icelles : des Manufactures & dépendances d'icelles : des Elections des Maistres & Gardes des six Corps des Marchands, des Brevets d'Apprentissage ; & Receptions des Maistres, de la reception des Rapports, des Visites desdits Gardes, & de l'execution de leurs Statuts & Réglemens, & des Renvois des Jugemens ou Avis de nostre Procureur sur le fait des Arts & Mestiers, à la même forme & maniere que les Lieutenans Civils exerçant la Police, en ont cy-devant bien & deuëment usé. Pourra estallonner les poids & balances de toutes les Communautez de la Ville & Fauxbourgs d'icelle, à l'exclusion de tous autres Juges. Connoistra des contraventions qui seront commises à l'execution des Ordonnances, Statuts & Réglemens faits pour le fait de l'Imprimerie par les Imprimeurs, en l'impression des Livres & Libelles défendus, & par les Colporteurs en la vente & distribution d'iceux. Les Chirurgiens seront tenus de luy donner les déclarations de leurs blessez, & qualitez d'iceux. Pourra connoistre de tous Delinquans & trouvez en flagrant délit, en fait de Police, leur faire & parfaire leur procez sommairement, & les juger seul, sinon és cas où il s'agira de peines afflictives,

& audit cas, en-fera fon rapport au Prefidial en la maniere accouftumée. Et generalement appartiendra audit Lieutenant de Police l'execution de toutes les Ordonnances, Arrefts & Réglemens
concernant le fait d'icelles, circonftances & dépendances, pour en faire les fonctions en même
forme & maniere qu'ont fait, ou eu droit de faire les cy-devant pourveus de la Charge de Lieutenant Civil exerçans la Police. Le tout fans innover ny préjudicier aux droits & Jurifdictions
que pourroient avoir, ou poffeffion en laquelle pourroient eftre les Lieutenans Criminel, Particulier, & noftre Procureur audit Chaftelet, mêmes les Prevoft des Marchands & Echevins de
ladite Ville, de connoiftre des matieres cy-deffus mentionnées : ce qu'ils continueront de faire
bien & deuëment, comme ils auroient pû faire auparavant. Seront tenus les Commiffaires du
Chaftelet, Huiffiers & Sergens, d'executer les Ordres & Mandemens defdits Lieutenans Civil &
de Police, même les Chevalier du Guet, Lieutenant Criminel de Robe-courte, & Prevoft de
l'Ifle ; comme auffi les Bourgeois de prefter main-forte à l'execution des Ordres & Mandemens,
tontesfois & quantes qu'ils en feront requis. Aura ledit Lieutenant de Police fon Siege ordinaire
& particulier dans le Chaftelet, en la Chambre prefentement appellée, la Chambre Civile ; &
entendra en icelle les Rapports des Commiffaires, & y jugera fommairement toutes les matieres
de Police, les jours de chacune Semaine, ou à tels jours qu'il jugera neceffaire ; & aura en outre
la difpofition d'une autre petite Chambre à cofté, jufqu'à ce qu'il ait efté par Nous pourveu
fur le fait defdites Chambres. Jouïront lefdits Lieutenans Civil & de Police, chacun à leur
égard, des mêmes droits, avantages, honneurs, & prérogatives qui ont appartenu, & dont ont
bien & deuëment joui, ou dû jouïr les cy-devant Lieutenans Civils en l'une & l'autre defdites
fonctions; & fera procedé à leur Reception efdites Charges au Parlement, & Inftallation en
leurs Sieges en la maniere accouftumée ; Nous refervant au furplus la libre & entiere difpofition
defdites Charges, pour en difpofer toutesfois & quantes que bon Nous femblera, en rembourfant à ceux qui feront pourveus d'icelles, les fommes convenuës pour raifon de ce, fuivant leurs
confentemens cy-attachez, fous le contre-fcel de noftre Chancellerie. S I D O N N O N S E N
M A N D E M E N T à nos amez & feaux Confeillers, les Gens tenans noftre Cour de Parlement à
Paris, que ces Prefentes ils ayent à faire regiftrer, & icelles executer felon leur forme & teneur:
ceffant & faifant ceffer tous troubles & empêchemens qui pourroient eftre donnez, nonobftant
tous Edits, Declarations, & autres chofes à ce contraires, aufquelles Nous avons dérogé & dérogeons par ces Prefentes : C A R tel eft noftre plaifir. Et afin que ce foit chofe ferme & ftable à
toujours, nous avons fait mettre noftre Scel à cefdites Prefentes. D O N N E E S à faint Germain en
Laye au mois de Mars l an de grace mil fix cens foixante - fept, & de noftre regne le vingt-
quatriéme. Signé, L O U I S. Et plus bas, Par le Roy, D E G U E N E G A U D. Et fcellées fur
lacs de foye du grand Sceau de cire verte. Et enfuite eft écrit ; Regiftrées, oüy & ce requerant
le Procureur General du Roy, pour eftre executées felon leur forme & teneur, aux charges portées par l'Arreft de ce jour, à Paris en Parlement ce quinziéme Mars mil fix cens foixante-fept.
Signé, D U T I L L E T.

V E U par la Cour, les Lettres Patentes du Roy en forme d'Edit, données à faint Germain
en Laye au mois de Mars de la prefente année 1667. Signées, L O U I S, & plus bas, D E
G U E N E G A U D, & fcellées fur lacs de foye du grand Sceau de cire verte ; par lefquelles, &
pour les caufes y contenuës, ledit Seigneur auroit efteint & fupprimé l'Office du Lieutenant
Civil du Prevoft de Paris, dont eftoit pourveu le défunt fieur d'Aubray ; fans que pour quelque
caufe, prétexte, & occafion que ce puiffe eftre, ledit Office foit cy-aprés eftably ny créé de
nouveau : ce faifant auroit ledit Seigneur, créé, érigé & établi en Titre d'Offices formez,
deux Offices de Lieutenant dudit Prevoft de Paris ; dont l'un fera nommé & qualifié, fon Confeiller & Lieutenant Civil du Prevoft de Paris ; & l'autre fon Confeiller & Lieutenant dudit
Prevoft de Paris pour la Police, pour eftre lefdites deux Charges remplies & exercées par deux
differens Officiers, fans que cy-aprés elles puiffent eftre jointes & réünies, pour quelque caufe
& prétexte que ce foit. Et pour regler les fonctions defdites Charges ; Veut & luy plaift ledit
Seigneur, qu'au Lieutenant Civil appartienne la Reception de tous les Officiers du Chaftelet :
enfemble la connoiffance de toutes Actions perfonnelles, réelles & mixtes ; de tous Contrats,
Teftamens, promeffes, Matieres Beneficiales & Ecclefiaftiques ; de l'appofition des Scellez,
des confections d'Inventaires, Tutelles, Curatelles, Avis de Parens, émancipations, & toutes
autres matieres concernant la Juftice contentieufe & diftributive dans l'eftenduë de la Ville,
Prevofté & Vicomté de Paris, pour en faire les fonctions en la même forme & maniere que les
precedens Lieutenans Civils ont eu droit & pouvoir de faire ; à l'exception toutefois des matieres
concernant la Police. Et quant au Lieutenant de Police, il connoiftra de la feureté de la Ville,
Prevofté & Vicomté de Paris ; du port d armes, du nettoyement des Ruës & Places publiques,
ainfi que plus au long contiennent lefdites Lettres à la Cour addreffantes. Veu auffi l'Acte portant
demiffion de ladite Charge de Lieutenant Civil faite par Maiftre Antoine d'Aubray entre les mains
dudit Seigneur, en rembourfant audit fieur d'Aubray la fomme de trois cens mille livres ; ledit
Acte portant confentement à la fuppreffion de ladite Charge de Lieutenant Civil, dont eftoit
pourveu défunt Maiftre Dreux d'Aubray fon pere, paffé pardevant de Beauvais, & le Foing
Notaires, le 3. Mars 1667. Autre Acte du dix Mars enfuivant, portant ratification de l'Acte
cy-deffus, par les Heritiers dudit défunt Maiftre Dreux d'Aubray. Autre Acte dudit jour trois
Mars 1667. par lequel Maiftre Gabriel Nicolas de la Reynie, declare avoir agréable la Charge
de Lieutenant de Police, en rembourfant par luy audit fieur d Aubray & autres fes Coheritiers,
la fomme de deux cens cinquante mille livres : Et outre auroit confenti, qu'en le rembourfant par
ledit Seigneur Roy, ou le faifant rembourfer des deux cens cinquante mille livres qu'il eft tenu
de payer audit fieur d'Aubray, & à fes Coheritiers, que ledit Seigneur puiffe difpofer toutesfois
& quantes de ladite Chage de Lieutenant de Police. Conclufions du Procureur General : oüy le
Rapport de Maiftre Claude Mefnardeau, Confeiller en la Cour: Et tout confideré ; L A D I T E
C O U R a ordonné & ordonne ; Que lefdites Lettres feront regiftrées au Greffe d'icelle, pour
eftre

eftre executées felon leur forme & teneur , aux claufes & conditions y contenuës ; & nommément fans innover ny préjudicier aux droits & Jurifdictions des Commiffaires de la Cour fur le fait de la Marée ; ny à ceux que peuvent avoir les Lieutenans Criminel & Particulier, & le Subftitut du Procureur General audit Chaftelet, & le Bailly du Palais ; comme auffi le Prevoft des Marchands & Efchevins de la Ville de Paris , dans lefquels ladite Cour les a maintenus & gardez, pour en jouïr ainfi que par le paffé ; même ledit Subftitut dudit Procureur General , dans le droit de donner fes Conclufions dans tous les Jugemens & Affaires de Police , qui feront inftruites à fa Requefte : Et outre , à la charge que toutes les conteftations qui interviendront entre les Officiers dénommez éfdites Lettres pour raifon de leurs Charges ; & de toutes les Appellations qui feront interjettées des Jugemens defdits Juges ; & toutes oppofitions à iceux Jugemens , feront jugées par la Cour en la maniere accoûtumée. Fait en Parlement le quinziéme Mars mil fix cens foixante-fept. Collationné. Signé, Du TILLET.

IV.
14. Avril 1667. du Confeil portant défenfes iteratives au Bailly du Palais, & à tous autres Juges de troubler le Lieutenant de Police & les Officiers du Chaftelet de Paris, dans la connoiffance & & les fonctions de la Police generale.

LE Roy s'eftant fait reprefenter en fon Confeil l'Arreft rendu en iceluy, Sa Majefté y eftant ; le cinquiéme jour de Novembre dernier ; par lequel Sa Majefté auroit entr'autres chofes, ordonné que la Police generale commencée par les Officiers du Chaftelet de Paris, feroit par eux inceffamment continuée ; & en confequence , fait tres-expreffes inhibitions & défenfes à tous les Officiers des Seigneurs Haut-Jufticiers de la Ville & Fauxbourgs de Paris , même aux Lieutenans du Prevoft de l'Hoftel & Bailly du Palais , d'entreprendre de faire ladite Police generale , ny donner aucun trouble aufdits Officiers du Chaftelet pour raifon de ce : VEU auffi le Jugement rendu par le Bailly du Palais le treiziéme jour du prefent mois d'Avril , fur la Remontrance du Procureur du Roy audit Bailliage ; par lequel il a ordonné que les Jurez Chandeliers de la Ville de Paris , qui ont efté affiftez de quelques Officiers du Chaftelet , en vifite chez le nommé Jean Baudin Maiftre Chandelier demeurant au Fauxbourg faint Jacques , où ils ont trouvé, faifi & tranfporté de la chandelle qu'ils ont crû défectueufe , feroient affignez en la Chambre dudit Bailliage , pour répondre aux Conclufions dudit Procureur du Roy ; qu'ils feroient tenus de reprefenter les chandeles par eux faifies fur ledit Baudin , pour eftre vûës & vifitées par des anciens Jurez dudit Meftier , qui feront nommez d'office par ledit Bailly , & le Rapport fait eftre ordonné fur la pretenduë contravention aux Statuts & Reglement ce que de raifon ; à la reprefentation defquelles chandeles faifies, lefdits Jurez feront contraints par corps. Cependant fait défenfes audit Baudin de répondre audit Chaftelet fur aucune affignation qui luy pourroit eftre donnée , & aufdits Jurez de faire aucunes pourfuites ailleurs que pardevant ledit Bailly , à peine de quarante-huit livres parifis d'amende contre les contrevenans , & que ladite Sentence feroit executée nonobftant oppofitions ou appellations quelconques , & fans préjudice d'icelles : la fignification faite de ladite Sentence ledit jour , aux Jurez Chandeliers de ladite Ville de Paris , portant affignation aux fins d'icelle pardevant ledit Bailly du Palais : Oüi le Rapport du fieur Hotman Confeiller du Roy en fes Confeils , Maiftre des Requeftes ordinaire de fon Hoftel , Intendant des Finances , Commiffaire à ce deputé : Et tout confideré ; SA MAJESTE' EN SON CONSEIL a ordonné & ordonne , Que l'Arreft du Confeil d'Eftat , du 5. Novembre dernier , fera execute felon fa forme & teneur , & conformément à iceluy , fait Sa Majefté iteratives inhibitions & défenfes audit Bailly du Palais, & à tous autres Juges qui ont Jurifdiction dans l'eftenduë de la Ville, Fauxbourgs, Prevofté & Vicomté de Paris , de troubler le Lieutenant du Prevoft de Paris pour la Police ; & Officiers du Chaftelet dans la fonction & connoiffance de la Police generale d'icelle : Et en confequence, fans s'arrefter à l'Ordonnance du Bailly du Palais du treiziéme du prefent mois , a déchargé & décharge lefdits Jurez Chandeliers de l'affignation à eux donnée pardevant ledit Bailly du Palais : Enjoint tant aufdits Jurez, qu'audit Baudin , d'executer les Ordonnances dudit Lieutenant de Police exerçant la Police generale , à peine d'eftre procedé contr'eux extraordinairement , fuivant la rigueur des Ordonnances. Fait au Confeil d'Eftat du Roy, tenu à Paris le 14. jour d'Avril 1667. Signé, BERRYER.

V.
21. Avril 1667. Arreft du Confeil portant que les Ordonnances du Lieutenant de Police pour les provifions & fubfiftance de Paris, feront executées dans toute l'eftenduë du Royaume.

SUR ce qui a efté reprefenté au Roy en fon Confeil ; Que pour faire fournir les provifions neceffaires en fa bonne Ville de Paris, fes Magiftrats exerçans la Police en icelle ont toujours donné leurs Ordonnances pour y faire arriver toutes fortes de Marchandifes & denrées ; ce qui a efté diverfes fois confirmé par plufieurs Arrefts, & avec d'autant plus de raifon , qu'eftant la Capitale du Royaume, elle doit eftre fournie & pourvûë de toutes les chofes neceffaires pour fa fubfiftance ; Et parce que dans le temps prefent il s'eft gliffé dans les lieux efloignez , & notamment hors l'eftenduë du Reffort du Parlement de Paris un defordre confiderable fur le fait de la Marchandife de foin , ce qui cefferoit , fi les Ordonnances du Lieutenant du Prevoft de Paris fur le fait de la Police eftoient exactement executées. A quoy eftant neceffaire de pourvoir , SA MAJESTE' EN SON CONSEIL a ordonné & ordonne que les Ordonnances dudit Lieutenant du Prevoft de Paris fur le fait de la Police , & des Marchandifes & denrées neceffaires pour la provifion & fubfiftance de la Ville de Paris , feront executées felon leur forme & teneur en tous lieux , tant du Reffort du Parlement de Paris , qu'autres lieux d'où lefdites Marchandifes & denrées font amenées. Enjoint Sa Majefté à tous fes Sujets d'y tenir la main , & à tous Baillis , Vicebaillis , Prevofts , Lieutenans Generaux , & tous Juges tant Royaux qu'autres d'y deferer & prefter main forte aux Commiffaires , & autres Officiers qui feront par luy à cet effet envoyez fur les lieux ; & feront lefdites Ordonnances fur le fait de la Police, provifion & fubfiftance de Paris, executées nonobftant oppofitions ou appellations quelconques , & fans préjudice d'icelles. Fait au Confeil d'Eftat du Roy, tenu à Paris le 21. jour d'Avril 1667. Collationné, figné, BERRYER.

LOUIS par la grace de Dieu Roy de France & de Navarre , Dauphin de Viennois , Comte de Valentinois & Diois , Provence , Forcalquier & terres adjacentes. A tous Baillis , Vicebaillis,

baillis, Prevofts, Lieutenans Generaux, & à tous nos autres Juges, Officiers & Sujets : Salut. Par l'Arreft dont l'extrait eft cy-attaché fous le contrefcel de noftre Chancellerie, ce jourd'huy donné en noftre Confeil d'Eftat, Nous avons ordonné que les Ordonnances du Lieutenant du Prevoft de Paris fur le fait de la Police, & des marchandifes & denrées neceffaires pour la provifion & fubfiftance de noftre Ville de Paris, feront executées felon leur forme & teneur, en tous lieux, tant du Reffort du Parlement de Paris, qu'autres lieux d'où lefdites marchandifes & denrées font amenées. A CES CAUSES, nous vous mandons & enjoignons d'y deferer, tenir la main, & prefter main forte aux Commiffaires & autres Officiers qui feront par luy envoyez fur les lieux : Commandons au premier noftre Huiffier, ou Sergent fur ce requis, de fignifier ledit Arreft à tous qu'il appartiendra, à ce qu'ils n'en prétendent caufe d'ignorance, & faire pour fon entiere execution, & des Ordonnances dudit Lieutenant du Prevoft de Paris, fur le fait cy-deffus toutes fignifications, commandemens, fommations, & autres Actes & Exploits requis & neceffaires, fans autre permiffion, nonobftant Clameur de Haro, Chartre Normande, & chofes à ce contraires. Voulons qu'aux copies dudit Arreft, & des Prefentes collationnées par l'un de nos amez & feaux Confeillers, Secretaires, foy ajoûtée comme aux Originaux ; CAR tel eft noftre plaifir. Donné à Paris le vingt-un jour d'Avril, l'an de grace 1667. Et de noftre regne le vingt-quatriéme, Par le Roy Dauphin, Comte de Provence en fon Confeil. Et fcellé. Signé, BERRIER.

Edit du mois de Mars 1674. portant création d'un nouveau Siege de la Prevofté de Paris, qui devoit eftre compofé, entr'autres Officiers, d'un Lieutenant de Police, aux mêmes Droits & Fonctions que celuy de l'ancienne Jurifdiction. Cet Edit eft rapporté en fon entier dans ce Traité, Titre 7. Chapitre 3. où il peut eftre vû : voicy ce qui l'a fuivi.

VII.
18. Avril.
1674. Declaration du Roy qui réunit à l'Office de Lieutenant de Police de l'ancien Châtelet de Paris celuy qui avoit efté creé pour le nouveau, pour eftre exercé par le même Magiftrat en l'un & en l'autre Siege, fous le titre de Lieutenant General de Police, regiftrée au Parlement le 27. du même mois d'Avril.

LOUIS, par la grace de Dieu, Roy de France & de Navarre : A tous ceux qui ces Prefentes Lettres verront, Salut: L'eftat où fe trouve à prefent noftre bonne Ville de Paris, & la confideration de fa grandeur & de fon eftenduë Nous ayant porté, en faveur de fes Habitans, à réunir plufieurs Juftices particulieres à celles de noftre Chaftelet, & à créer un nouveau Siege Préfidial de la Prevofté & Vicomté de Paris : Nous aurions par noftre Edit du mois de Mars de la prefente année, créé entr'autres Offices celuy d'un Lieutenant de Police, avec femblables fonctions & prérogatives que celles qui appartiennent à l'Eftat & Office de Lieutenant de Police, créé par autre Edit du mois de Mars 1667. Mais comme la Police, qui a pour objet principal la feureté, tranquillité, fubfiftance; & commodité des Habitans, doit eftre generale & uniforme dans toute l'eftenduë de noftredite Ville, & qu'elle ne pourroit y eftre divifée & partagée, fans que le Public en reçuft un notable préjudice. Nous aurions refolu de réunir ledit Office de Lieutenant de Police, nouvellement créé par noftredit Edit du mois de Mars dernier à celuy cy-devant eftably. A CES CAUSES, & pour autres bonnes confiderations importantes à noftre fervice, à ce Nous mouvant, de l'avis de noftre Confeil, & de noftre certaine fcience, pleine puiffance & autorité Royale: Nous avons par ces Prefentes, fignées de noftre main, dit, ftatué, declaré & ordonné ; difons, ftatuons, declarons, ordonnons, voulons & Nous plaift, que ledit Office de noftre Confeiller Lieutenant de Police, créé par l'un de l'autre Edit du mois de Mars dernier, demeure uny & incorporé, comme Nous l'uniffons & incorporons à l'Office de noftre Confeiller Lieutenant de Police, créé par Edit du mois de Mars 1667. dont eft à prefent pourvû le Sieur de la Reynie, lefquelles deux Charges feront par luy exercées dans toute l'eftenduë defdits deux Sieges, fous le feul titre de noftre Lieutenant General de Police de noftre bonne Ville, Prevofté, & Vicomté de Paris ; & en ce faifant, voulons luy eftre entendu & obéï és chofes concernant le fait de la Police par les Officiers qui font fous fa charge & autres qu'il appartiendra, tant en l'un qu'en l'autre defdits Sieges ; le tout, fans que fous pretexte de ladite réunion, il foit neceffaire d'aucune nouvelle reception ou preftation de nouveau Serment dudit Sieur de la Reynie, dont entant que befoin eft ou feroit, Nous l'avons difpenfé & difpenfons par cefdites Prefentes. SI DONNONS EN MANDEMENT à nos amez & feaux Confeillers, les Gens tenans noftre Cour de Parlement de Paris, que ces Prefentes ils ayent à faire lire, publier & enregiftrer, & du contenu en icelles faire jouïr & ufer ledit Sieur de la Reynie pleinement & paifiblement, ceffant & faifant ceffer tous troubles & empêchemens au contraire ; Car tel eft noftre plaifir. En témoin de quoy Nous avons fait mettre noftre Scel à cefdites Prefentes. Donné à Verfailles le dix-huitiéme jour d'Avril, l'an de grace 1674. & de noftre Regne le trente-uniéme. Signé, LOUIS. Et fur le reply, Par le Roy, COLBERT.

VIII.
23. Avril.
1674. Déclaration du Roy qui réunit aux Offices des Commiffaires de l'ancien Chaftelet de Paris, ceux qui avoient efté créez pour le nouveau, re-regiftrée au Parlement le 16. Juil. 1674.

LOUIS, par la grace de Dieu, Roy de France & de Navarre : à tous prefens & à venir ; Salut: Nous avons par noftre Edit du mois de Février dernier, & pour de grandes & importantes confiderations, créé & eftably un Siege Préfidial, & de la Prevofté & Vicomté de Paris, avec les mêmes pouvoir, auctorité, prérogatives & prééminences que celuy qui y eftoit eftably auparavant, & entr'autres Officiers, dont Nous avons voulu qu'il foit compofé : Nous avons créé dix-neuf nos Confeillers Commiffaires, Enquefteurs & Examinateurs, pour eftre lefdits Commiffaires nouvellement créez, diftribuez avec les anciens par moitié, & pour fervir féparément à chacun defdits Sieges ; mais comme tous lefdits Commiffaires, en la plus grande & principale fonction de leurs Charges, ont droit de fuite dans toute l'eftenduë du Royaume, & particulierement en fait de Police, lors qu'il s'agit de procurer l'abondance des chofes neceffaires pour la fubfiftance de noftre bonne Ville de Paris; comme auffi en fait de Scellez, Informations, Enqueftes, ou autres cas qui requierent que ce lefdits Commiffaires ont commencé, foit par eux continué dans les autres refforts : Nous avons jugé qu'il eftoit encore plus important de laiffer les fonctions defdits Commiffaires en leur entier, & la liberté de les exercer dans toute l'eftenduë de noftredite Ville, & d'autant plus que fe trouvant chargez, comme ils le font, de l'execution des Réglemens generaux, & des Ordonnances de Police de noftredite Ville, le Public avoit un grand intereft que les Officiers prépofez à cet effet, agiffent d'un même efprit,

&

& avec une conduite uniforme; ce qui feroit difficile fi lefdits Commiffaires de nouveau créez, enfemble ceux qui eftoient cy-devant eftablis n'eftoient tenus en un feul & même corps de Communauté, avec pouvoir de faire & continuer les fonctions de leurs Charges dans les refforts des deux Chaftelets, également & fans aucune diftinction. A CES CAUSES, & voulant donner moyen aux Commiffaires déja eftablis, de s'appliquer de plus en plus à la Police & au fervice du Public, & pour autres confiderations, à ce Nous mouvans, de l'avis de noftre Confeil, de noftre certaine fcience, pleine puiffance, & autorité Royale : Nous avons par ces Prefentes fignées de noftre main, dit & declaré, difons & déclarons, que le nombre de dix-neuf nos Confeillers Commiffaires, Enquefteurs, & Examinateurs créez par noftre fufdit Edit du mois de Février dernier, demeurera perpetuellement & à toujours, reduit & fixé à celuy de fept feulement; & en confequence avons efteint & fupprimé, efteignons & fupprimons le furplus defdits Offices de Commiffaires nouvellement créez, fans qu'ils puiffent jamais eftre reftablis, pour quelque caufe ou pretexte que ce foit. Voulons & Nous plaift, que les quarante-huit Commiffaires anciens, & les fept que Nous avons refervez des dix-neuf nouvellement créez, compofent tous enfemble un feul Corps & Communauté, & qu'ils exercent indiftinctement leurs fonctions dans toute l'eftenduë de noftre bonne Ville de Paris, dans les refforts de l'un & de l'autre Siege Préfidial, & de la Prevofté & Vicomté de ladite Ville; & que tous enfemble ils jouïffent des Droits, Attributions, Privileges, Exemptions, Prérogatives & fonctions portées par nos Ordonnances, Edits, Declarations, & Arrefts. SI DONNONS EN MANDEMENT à nos amez & feaux les Gens tenans noftre Cour de Parlement de Paris, que ces Prefentes ils faffent lire, publier & enregiftrer; icelles entretenir, garder & obferver de point en point, felon leur forme & teneur, CAR tel eft noftre plaifir; en témoin de quoy Nous avons fait mettre noftre Sceau à ces Prefentes: Donné à Auxerre, le vingt-troifiéme jour d'Avril, l'an de grace mil fix cens foixante-quatorze; & de noftre Regne le trente-deuxiéme. Signé, LOUIS. Et plus bas, par le Roy, COLBERT, & fcellées en lacs de foye du grand Sceau de cire verte : & à cofté eft écrit, Vifa, DALIGRE, en faveur des Commiffaires du Chaftelet.

IX.
27. Aouft 1701. Declaration du Roy qui conferve au Lieutenant Generale de Police fa competence pour le Jugement en dernier Reffort des Mendians, des Vagabons, & des gens fans aveu, regiftrée au Parlement le 2. Septembre 1701.

LOUIS, par la grace de Dieu, Roy de France & de Navarre : A tous ceux qui ces Prefentes Lettres verront, Salut. Nous aurions enjoint par noftre Declaration du 25. Juillet de l'année derniere, à tous Mendians, Faineans, Vagabons, fans condition & fans employ, de fortir des Villes & autres lieux où ils mendient, & de fe retirer dans ceux de leur naiffance, pour y travailler aux ouvrages dont ils peuvent eftre capables; avec défenfes de mendier, fous les peines qui y font contenuës. Mais Nous fommes informez qu'il y a dans noftre bonne Ville de Paris, & à la fuite de noftre Cour, une efpece de Faineans encore plus dangereux, qui n'ont d'autre occupation & d'autre fubfiftance que celle que leur libertinage leur procure, & qui donnent lieu par leurs déreglemens à beaucoup de querelles, de defordres & crimes. Et quoique les Roys nos Prececeffeurs ayent tâché d'y pourvoir par leurs Ordonnances, & que Nous l'ayons auffi fait par les noftres du mois de Decembre 1660. & Decembre 1666. Nous avons trouvé qu'elles font demeurées depuis long-temps fans execution, foit par la licence des guerres, foit parce que la qualité de ces fortes de gens, ny les peines qui leur doivent eftre impofées, ny la Jurifdiction des Juges qui en doivent connoiftre, n'ayant pas efté fuffifamment déterminées; fous les Juges ont efté embarraffez dans les Jugemens qu'ils avoient à rendre contr'eux, faute d'une Loy certaine & précife. Nous avons efté pareillement informez qu'un grand nombre de ceux qui ont efté bannis de quelques-unes des Villes ou Provinces de noftre Royaume, viennent fe refugier en noftre bonne Ville de Paris, ou à la fuite de noftre Cour, pour y cacher la honte de leurs premiers crimes, & fouvent pour en commettre de nouveaux. Et comme l'experience a fait connoiftre que ces fortes de perfonnes paffent aifément de l'eftat de Bannis à celuy de Vagabons; & que d'ailleurs il n'eft pas jufte que ceux qui font profcrits de leur Patrie, puiffent demeurer impunément à noftre fuite, ny dans la Capitale de noftre Royaume, que Nous regardons comme la Patrie commune de nos Sujets, Nous avons jugé à propos d'y pourvoir par une Loy particuliere, qui comprenne également les Vagabons & les Bannis : A CES CAUSES, de noftre propre mouvement, pleine puiffance & autorité Royale.

I. Nous avons enjoint, & par ces Prefentes fignées de noftre main, enjoignons à tous Vagabons qui font dans noftre bonne Ville de Paris, Fauxbourgs & Banlieuë d'icelle, de prendre des emplois, de fe mettre en condition pour y fervir, ou d'aller travailler à la culture des terres, ou aux ouvrages & meftiers aufquels ils peuvent eftre propres, dans un mois après la publication des Prefentes.

II. Declarons Vagabons & gens fans aveu ceux qui n'ont ny profeffion ny meftier, ny domicile certain, ny bien pour fubfifter, & qui ne font avoüez, & ne peuvent faire certifier de leurs bonnes vie & mœurs, par perfonnes dignes de foy.

III. Et faute par lefdits Vagabons d'avoir fatisfait dans ledit temps d'un mois à noftre prefente Declaration, Voulons qu'en vertu d'une fimple Ordonnance de nos Officiers cy-après nommez, renduë fur la Requefte de noftre Procureur au Chaftelet, ou fur les Procés verbaux des Huiffiers, Sergens, Archers, & autres Miniftres de Juftice, & Conclufions de noftredit Procureur au Chaftelet; tous ceux de la qualité cy-deffus exprimée, foient arreftez, & que le Procés leur foit fait & parfait par le Lieutenant General de Police de noftredite Ville de Paris, pour eftre enfuite lefdits Procés criminels par luy jugez en dernier Reffort, avec les Officiers du Chaftelet, au nombre de fept au moins.

IV. Pourra auffi le Lieutenant Criminel de Robe-courte de noftre Chaftelet de Paris, faire arrefter en la forme cy-deffus prefcrite lefdits Vagabons, leur faire & parfaire le Procés, & les juger en dernier Reffort avec nofdits Officiers au Chaftelet de Paris, à la charge de faire juger la Competence, & de fatisfaire aux autres formalitez prefcrites par nos Ordonnances; fans neanmoins qu'il puiffe prendre connoiffance des Vagabons contre lefquels le Lieutenant General de Police aura decreté avant luy, ou le même jour : & en cas de conteftations pour raifon de ce entre lefdits Officiers, elles feront reglées par noftre Cour de Parlement de Paris, fans que lefdits

dits Officiers puiſſent ſe pourvoir en noſtre Grand Conſeil ny ailleurs.

V. Ordonnons que leſdits Vagabons ſoient condamnez pour la premiere fois à eſtre bannis du Reſſort de la Prevoſté & Vicomté de Paris ; & pour la ſeconde, aux Galeres pour trois ans.

V I. Et en cas que leſdits Vagabons ayent déja eſté condamnez pour d'autres crimes à peine corporelle, Banniſſement ou Amende honorable ; Voulons qu'ils ſoient condamnez, même pour la premiere fois aux Galeres pour trois ans.

V I I. Voulons auſſi que ſi leſdits Vagabons ſont accuſez d'autres crimes, le Lieutenant General de Police ſoit tenu d'en laiſſer la connoiſſance aux Juges qui en doivent connoiſtre ſuivant nos Ordonnances ; ce que le Lieutenant Criminel de Robe-courte ſera pareillement tenu de faire dans les cas qui ne ſont pas de ſa Competence.

V I I I. Défendons à tous ceux qui ont eſté & ſeront cy-aprés condamnez au Banniſſement à temps, par quelques Juges de quelques-lieux que ce puiſſe eſtre, de ſe retirer pendant le temps de leur Banniſſement dans noſtredite Ville, Prevoſté & Vicomté de Paris. Enjoignons à ceux qui y ſont actuellement d'en ſortir dans un mois, ſinon & à faute de ce faire dans ledit temps, & iceluy paſſé, Voulons qu'ils ſoient condamnez aux peines portées par nos Declarations des 31. May 1682. & 29. Avril 1687. contre ceux & celles qui ne gardent pas leur Ban ; & qu'à cet effet le Procés leur ſoit fait par le Lieutenant General de Police, ou le Lieutenant Criminel de Robe-courte, ainſi que Nous avons ordonné cy-deſſus pour les Vagabons ; ſi ce n'eſt que leſdits Bannis euſſent eſté condamnez au Banniſſement, ſoit de noſtre Ville, Prevoſté & Vicomté de Paris, ou du Reſſort de noſtredite Cour ; auquel cas leſdits Lieutenant General de Police, ou Lieutenant Criminel de Robe-courte, ſeront tenus d'en laiſſer la connoiſſance à noſtredite Cour, ou aux Juges qui auront prononcé leſdites condamnations.

I X. Défendons pareillement à tous ceux qui ont eſté ou ſeront cy-aprés condamnez au Banniſſement à temps, de demeurer pendant le temps de leur Banniſſement à la ſuite de noſtre Cour ; enjoignons à ceux qui y ſont actuellement, enſemble à tous Vagabons & gens ſans aveu d'en ſortir dans un mois aprés la publication des Preſentes, ſinon & à faute de ce faire dans ledit temps & iceluy paſſé, Voulons qu'ils ſoient condamnez aux peines portées par noſtre preſente Declaration ; & qu'à cet effet leur Procés leur ſoit fait & parfait par le Prevoſt de noſtre Hoſtel, & Grand-Prevoſt de France ou ſes Lieutenans, en obſervant par eux les formalitez preſcrites à leur égard par les Ordonnances. S I D O N N O N S E N M A N D E M E N T à nos amez & feaux Conſeillers, les Gens tenans noſtre Cour de Parlement à Paris, que ces Preſentes ils ayent à faire lire, publier, & regiſtrer ; & le contenu en icelles garder & obſerver ſelon ſa forme & teneur : C A R tel eſt noſtre plaiſir : En témoin de quoy Nous avons fait mettre noſtre Scel à ceſdites Preſentes. Donné à Verſailles le vingt-ſeptiéme Aouſt, l'an de grace mil ſept cens un, & de noſtre Regne le cinquante-neuviéme. Signé, L O U I S ; Et plus bas, par le Roy, P H E L Y P E A U X. Et ſcellé du grand Sceau de cire jaune.

Voilà les titres generaux qui concernent la Juriſdiction unique du Prevoſt de Paris pour la Police generale en premiere inſtance dans toute l'eſtenduë de la Ville, Prevoſté, & Vicomté. Nous verrons dans les Chapitres ſuivans les Titres & les Réglemens particuliers, par leſquels il y a eſté maintenu contre tous les autres Juges qui ont entrepris de temps en temps de l'y troubler.

TITRE IX

L'unité de Tribunal du Chastelet pour la Police, maintenuë contre tous ceux qui ont entrepris de la troubler.

CHAPITRE PREMIER.

Réglemens en faveur du Prevost de Paris, pour la Police, contre les Seigneurs Hauts Justiciers, & leurs Officiers.

POur bien entendre ce titre, il est necessaire de remonter jusqu'à l'origine des Justices Seigneuriales qui ont esté exercées dans Paris, & de celles qui s'y exercent encore aujourd'huy; c'est ainsi que l'on en peut connoistre les veritables attributions, & les démeler des prérogatives qui sont toujours demeurées attachées à la Justice Royale du Chastelet.

Il est certain que de droit primitif & commun, le Souverain en chaque estat est le seul Seigneur, & qu'il n'appartient veritablement qu'à luy d'y rendre la Justice, ou d'establir des Juges pour la rendre en son nom, & sous son autorité immediate. *Rex, & quivis alius Princeps, qui est Monarcha in Regno suo, est solus Dominus sui territorii, & solus fundatus in Jurisdictione & Imperio. Et alibi: Omnia sunt Principis quantum ad Jurisdictionem; & potestas constituendorum Magistratuum ad Justitiam expediendam de regalibus est.*

C'est ainsi que les choses se sont passées en France pendant les cinq premiers siecles de la Monarchie. La Justice dans tous ces temps n'y estoit renduë qu'au nom du Roy. Nous avons vû comment ce bon ordre fut alteré pendant les troubles qui agiterent l'Estat sur la fin de la seconde, & au commencement de la troisième Branche de nos Roys; comment les Gouverneurs des Provinces & des principales Villes s'en firent accorder les inféodations; comment ils se rendirent ainsi les maistres & les proprietaires du Domaine & de la Justice, dont ils n'avoient eu auparavant que la recette & l'administration au nom du Roy; qu'ils y establirent ensuite des Juges pour y rendre la Justice en leur nom; qu'à leur imitation ceux qui possedoient les Bourgs & les plus petits lieux, en firent autant, en conservant neanmoins toujours entr'eux leur premiere subordination. Que de là l'on soit venuës toutes les Justices Seigneuriales, & cette distinction qu'elles conservent encore de haute, de moyenne & de basse Justice. Comme cela se fit alors d'un commun accord dans tout le Royaume, & que nos Roys y donnerent les mains par une tolerance generale; il n'y a aucun Edit ny autre titre de ces premieres inféodations. On a vû aussi comme toutes ces Provinces & ces principales Villes ont esté depuis par differentes voyes réünies à la Couronne. Les Seigneuries médiocres & les plus petites sont restées à ceux qui s'en estoient mis en possession, ou à leurs descendans. Nos Roys qui sont venus dans la suite & qui ont trouvé ce droit des inféodations estably par leurs predecesseurs, & confirmé par une

longue possession, les ont authorisées, & en ont multiplié le nombre. Ils ont même en differens temps permis l'union de plusieurs de ces Seigneuries, pour en former de nouveau de grandes Terres, qu'ils ont ensuite érigées en Duchez, en Marquisats, en Comtez, & permis aux Seigneurs de les posseder sous ces grands & anciens titres que portoient autrefois les Gouverneurs des Provinces & des principales Villes.

Ainsi il est toujours vray de dire, en suivant ces principes, qu'aucun ne peut s'attribuer en France ce droit de Justice, que par une permission ou concession de nos Roys, soit tacite & présumée par une possession de temps immemorial, soit expresse par un titre particulier. *In Gallia Jurisdictionem nemo habere potest, nisi ex concessione vel permissione Principis; quia à Principe, tanquam à fonte, omnes Jurisdictionum rivuli sive jura manant.* C'est ainsi que les Docteurs qui ont écrit sur nos Coustumes s'en expliquent. Or dans toutes ces concessions soit tacites, soit expresses, nos Roys se sont toujours reservé & à leurs Officiers trois prérogatives. 1º La connoissance & punition des grands crimes. 2º La Police generale des Villes où la principale Jurisdiction est exercée au nom du Roy. 3º La prévention des Officiers Royaux sur les Officiers de ces Justices Seigneuriales, lorsqu'elles se trouvent establies dans une même Ville. La punition des grands crimes interesse tout l'Estat, & consequemment n'appartient qu'au Roy ou à ses Officiers. La Police generale, comme nous l'avons prouvé ailleurs, a pour objet la tranquillité & l'ordre public; le salut, le repos & la subsistance de tous les Citoyens. Ainsi toutes ces matieres qui regardent principalement le service du Roy, & la conservation de ses Sujets, ne peuvent estre confiées qu'à ses Officiers dans les Villes où Sa Majesté a Jurisdiction. *Nam lex salutem Reipublicæ tueri nulli magis credidit convenire, nec alium sufficere ei rei quàm Cæsarem.* Quant à la prévention, la question a esté jugée in terminis bien des fois; nous en avons entr'autres un Arrest en faveur des Officiers du Roy, contre Mr l'Evêque de Noyon, du 10. Decembre 1585. Cette prévention est de droit, supposant, comme il est véritable, que toute la Justice originairement appartient au Roy: car il ne sera jamais présumé que lors qu'il a plû à nos Roys, de démembrer une portion de cette Justice, ils ayent voulu se priver eux-mêmes totalement de ce droit primitif attaché au temps à leur Couronne, & qu'ils ne se soient pas du moins reservé la prévention. Il y a nombre de Pro-vinces

vinces dans le Royaume, qui font tellement perfuadées de cette verité, qu'elles ont mis ce droit Royal de prévention au nombre de leurs Loix Municipales. Les Couftumes de Normandie, du Maine, d'Anjou, de Valois, de Laon, de Noyon, d'Amiens, de Sens, de Montreau, de Ribemont, de Blois, de Vaftan, de Clermont, de Ponthieu, de faint Paul en Artois, de Salle, de Lifle, en contiennent des difpofitions expreffes. Quant aux autres lieux, toutes les fois que la queftion s'en eft prefentée, Meffieurs les Gens du Roy l'ont fouftenuë en faveur des Officiers Royaux, contre tous ceux des Seigneurs. Ils fe font toujours principalement fondez fur cette maxime qui vient d'eftre expliquée, que dans ces conceffions de Juftice, le Roy n'a jamais prétendu fe priver totalement de fon droit. *Sed eandem jurifdictionem & poteftatem, imò majorem apud fe retinuit.* Et que s'il en a donné quelque portion, cela doit toujours s'entendre *cumulativè*, & non *privativè*. Ils ont enfin fouftenu, que du moins cette maxime eft fans contredit, lors que ces Juftices Seigneuriales fe rencontrent dans une même Ville, où le Roy a auffi fa Jurifdiction en première inftance.

Mais defcendant de ces confiderations generales au fait particulier de la Ville de Paris, qui eft l'objet principal de ce titre; on y verra dans fon exemple la confirmation de tout ce qui vient d'eftre obfervé.

Pour le faire avec quelque ordre, nous avons quatre époques confiderables à parcourir. La première, depuis l'eftabliffement de la Monarchie jufqu'au commencement des infeodations. La feconde, depuis les infeodations jufqu'aux accroiffemens de la Ville fous Philippe Augufte. La troifiéme, depuis Philippe Augufte jufqu'à l'année 1674. que les Juftices Seigneuriales furent réunies à la Prevofté de Paris. Et la quatriéme, depuis le reftabliffement de quelques-uns de ces Tribunaux fubalternes jufqu'à prefent.

La Ville de Paris renfermée dans fes anciennes bornes, n'eut d'abord, & pendant les cinq premiers fiecles de la Monarchie, d'autre Juge que le Magiftrat Royal, fous le titre de Préfet, & enfuite fous celuy de Comte. Nous l'avons prouvé. Les bois, les vignes, & les autres heritages qui environnoient la Ville eftoient auffi du Domaine de nos Roys; & perfonne ne fe partageoit encore avec eux. Auffi-toft que Clovis eut embraffé la Foy, il fe fervit de ces fonds pour doter des Eglifes & fonder des Couvens dans cette Capitale. Et cela fut imité par les Roys fes fucceffeurs. L'Evêché & le Chapitre de Paris furent mis en poffeffion d'une partie confiderable de ce terroir de la Ville du cofté du Nord & de l'Occident. Et Clovis l'an 500. fonda l'Eglife Collegiale de faint Pierre & de faint Paul, qui eft aujourd'huy fainte Geneviéve du Mont du cofté du Midy.

Les actes de ces premieres alienations du terroir de Paris ne fe trouvent ny dans les Archives de nos Roys, ny dans celles des parties intereffées; il ne faut pas s'en eftonner, douze fiecles & davantage ont bien pû les confumer ou les faire perdre: mais leurs difpofitions peuvent bien eftre fupléées par d'autres actes femblables prefque auffi anciens, que les temps ont épargnez, & qui ont paffé jufqu'à nous.

Childebert fils de Clovis eftant tombé malade au Village de Celle en Brie, fut abandonné des Medecins. Saint Germain lors Evêque de Paris, qui accompagnoit le Roy, pria pour luy;

& luy impofant les mains, il fut à l'inftant guery. Ce Prince en reconnoiffance donna à l'Eglife de Paris ce Village de Celle, que l'on nomme à prefent la grande Paroiffe, & quelques autres biens, par Lettres Patentes du mois de Janvier 531.

Le même Roy fonda l'Abbaye de fainte Croix & de faint Vincent hors les murs de Paris, par Lettres Patentes du 6. Decembre 559. C'eft aujourd'huy faint Germain des Prez.

Ces Lettres contiennent dans la plus exacte précifion le dénombrement de tout ce qui fut alors donné, foit à l'Eglife de Paris, foit à l'Abbaye de faint Germain; Terres, Vignes, Prez, Bois, Ifles, Moulins, Vannes, Pêches, Habitans, Serfs ou Mortaillables, & tous autres droits dépendans du Domaine. Il n'y a pas un feul mot de la Juftice; c'eft qu'en ce temps ce droit facré attaché à la Couronne eftoit encore inalienable.

Il eft vray que le mot *Fifcus* fe trouve dans l'une & dans l'autre de ces Lettres, & qu'il a efté fouvent traduit fort improprement par celuy de Fief. Mais cela ne conclud encore rien pour la Juftice. 1° Parce que le Fief & la Juftice n'ont rien de commun; que l'un de ces droits n'includ jamais l'autre; & que la Juftice qui eft beaucoup plus digne & plus noble que la feudalité, n'eft jamais préfumée fans une conceffion expreffe. Ce font autant de maximes de noftre Jurifprudence, qui n'ont pas befoin de preuve. 2° Que dans la verité le mot *Fifcus* ne fignifioit autre chofe que Domaine ou heritage, foit du Roy, foit des particuliers. *Fifcus, pro re quæ ad dominium alicujus pertinet. Fifcus Regius, id eft Regis Domanium, præedium Dominicum.* Cela eft fi vray, que l'ufage des Fiefs s'eftant depuis introduit, ces deux mots, *Fifcus* & *Feodum*, ont toujours efté employez dans deux fignifications toutes differentes; l'un, pour exprimer le domaine de propriété; & l'autre pour diftinguer l'heritage noble du Roturier. Ainfi lors que dans ces Lettres il eft fait mention que le Roy donne à l'Eglife de Paris, *Fifcum Cella*, & à l'Abbaye de faint Germain des Prez *Fifcum Ifciaci*, cela ne fignifie autre chofe que la donation de fes Domaines de Celle & d'Iffy.

Le même Childebert fonda à l'Occident de la Ville; environ dans le même temps, l'Eglife Collegiale de S. Vincent, aujourd'huy faint Germain l'Auxerrois. Dagobert dans le feptiéme fiecle, à la priere de faint Eloy, fonda l'Abbaye de faint Martial devant fon Palais dans la Cité. Il fonda auffi l'Eglife de faint Paul hors des murs à l'Orient de la Ville, pour fervir de Cimetiere aux Religieufes de Monaftere; tant qu'il ne fut pas permis en ce temps d'inhumer dans l'enceinte des Villes. Et Rolland Comte de Blaye neveu de Charlemagne fonda l'Eglife de faint Marcel dans la campagne à l'Orient de Paris, fur la fin du huitiéme fiecle.

Toutes ces fondations furent encore faites aux dépens du Domaine de nos Roys qui environnoit Paris. Chacun s'efforça enfuite d'en faire valoir fa portion; les bois furent abatus, les terres défrichées; celles qui eftoient proche furent données à cens ou à rentes, à la charge d'y baftir. Il y avoit encore en France des Habitans affujetis à une fervitude, que l'on nommoit gens Serfs ou Mortaillables. On leur accorda des manumiffions qui les rendoient libres, pour les encourager à travailler à ces eftabliffemens. Tout cela fit qu'en peu de temps il fe
forma

forma aux environs de Paris dix Bourgs ou Villages. A l'Orient le Bourg de saint Paul où de saint Eloy, & le Bourg Thiboust. Au Nord & à l'Occident, la Ville-l'Evêque, l'ancien & le nouveau Bourg de S. Germain l'Auxerrois, le Bourg l'Abbé, & le Beaubourg. Et au Midy le Bourg de saint Marcel, de sainte Geneviéve, & de saint Germain des Prez.

Les choses estoient en cet estat, lorsque Charles III. l'an 884. infeoda l'Office de Comte de Paris à Hugues le Grand son parent, & qui avoit esté son tuteur. Ce changement, où commence nostre seconde époque, en apporta beaucoup dans l'administration de la Justice : elle ne fut plus renduë à Paris au nom du Roy. Ce Comte Seigneur & Titulaire, la fit exercer en son nom par Grimaldus, sous le titre de Vicomte, *quasi vices Comitis gerens* : Et cela fut suivi par ses Successeurs, jusqu'en l'an 1032. que par le decés de Odo, dernier Comte Titulaire, qui ne laissa aucuns enfans, ce Comté, suivant la Loy de l'infeodation, fut réüni à la Couronne; & la Justice Royale fut alors restablie sous le titre de Prevosté.

Les infeodations des autres grandes Terres, suivirent de prés celle de Paris : & à cet exemple, il n'y eut si petit Seigneur qui ne donnast ce titre de Prevosté, ou même celuy de Baillage, à la Terre, qui n'entreprist d'y faire rendre la Justice en son nom. Les Grands leur tolererent cette entreprise; parce qu'ils s'en servoient dans les guerres particulieres qu'ils avoient presque continuellement les uns contre les autres; & les troubles qui agitoient alors tout l'Estat, ne permettoient pas à nos Roys d'y apporter aucun remede.

Ce fut aussi, selon l'opinion commune, dans ces temps, que les Justices Seigneuriales du Territoire & des environs de Paris prirent naissance. Chacun des Seigneurs particuliers de ces Bourgs ou Villages qui environnoient Paris, s'en mit en possession; & l'usage universel du Royaume les autorisa : aussi ne s'en trouve-t-il aucun acte ny aucuns vestiges plus anciens; & toutes les fois que les Gens du Roy en ont demandé à quelques-uns le titre primordial de concession, aucun d'eux n'a pû le representer : ils se sont toujours retranchez dans la prescription plus que centenaire. Et en effet, elle a esté jugée suffisante pour en asseurer la possession.

Guid. Pap. decif 416. Boër. decif. 263. col. 37. Bacquer des droits de Justice c. 5.

Ces Seigneuries du Territoire de Paris dans la suite des temps se multiplierent encore : Louis VI. dit le Gros, fonda l'Abbaye des Chanoines Reguliers de saint Victor, hors les murs, & à l'Orient de la Ville : il la dota des heritages voisins, & de plusieurs autres biens en differens lieux du Royaume. Les Lettres Patentes qu'il en fit expedier l'an 1113. le cinquiéme de son Regne, portent qu'il leur donne dans tous ces lieux tout le Domaine ou le Fief qui luy appartenoit. *Quidquid quod ad fiscum vel feodum nostrum attinet*, mais, *ne verbum quidem* de la Justice; il n'y en a aucune mention. Cependant cette Abbaye s'en est aussi trouvée dans la suite en possession.

Guill. Tyrii l. 12. c. 7. de bello sacro. Blovius, Spon- de & Raynal. in Ann. Eccl. LeMire in ori- gin. Ordin. Equest. lib. 1. c. 4. §. Chopin. l. 2.

L'on peut encore ranger sous cette époque l'establissement des Templiers à Paris. Cet Ordre commença dans la Palestine par une societé de neuf Confreres l'an 1118. Baudoüin II. Roy de Jerusalem, leur donna une maison proche du Temple; d'où ils furent nommez Templiers. Leur Ordre fut confirmé par Honorius II. l'an onze cens dix-huit. Ils n'estoient encore que neuf; leur nombre augmenta considera-

Tome I.

blement, & ils acquirent beaucoup de reputation & de grands biens en peu de temps. Ils se répandirent ensuite dans tous les Estats Chrétiens; & ils y furent reçûs favorablement. Ils s'establirent de même à Paris, & y occuperent une partie des marais qui estoient au Nord de la Ville. Le nom de Temple fut donné à leur demeure, comme ils portoient celuy de Templiers, qu'ils avoient toujours retenu de leur principale maison de Jerusalem. Le temps de cet establissement à Paris n'est pas certain; mais le premier privilege qui leur fut accordé est de Louis VII. dit le Jeune, de l'an 1158. ainsi, selon toutes les apparences, ils s'y establirent sous le Regne de ce Prince, environ quarante ans après l'establissement de leur Ordre, & trente ans depuis sa confirmation. Ce privilege ne contient autre chose, sinon que le Roy les affranchit, par aumône, de tous les peages, & autres droits, pour tout ce qu'ils pourroient venir par eau pour leur usage. Il n'y est fait aucune mention du droit de Justice; cependant ils s'en mirent dans la suite en possession, ainsi que tous les autres Seigneurs.

Toutes ces petites Justices qui s'establirent, & qui s'exerçoient alors hors de Paris, dans des lieux qui en estoient même assez éloignez, & sur des Laboureurs, des Jardiniers, des Vignerons, ou quelques Artisans, n'apportoient aucun trouble au Prevost de Paris : le Tribunal de ce Magistrat estoit toujours unique dans sa Ville; & toutes les Justices de son territoire & relevoient par appel, comme toutes les autres de la Prevosté.

Les choses demeurerent en cet estat jusqu'au regne de Philippe Auguste, où commence nôtre troisiéme époque. Ce Prince, après avoir réüni à la Couronne la plus grande partie des Provinces qui en avoient esté separées par les infeodations, domté ses ennemis; & donné la paix à ses Peuples, forma le dessein d'une nouvelle enceinte de Paris. Le plan dressé, on commença de l'executer l'an 1190. & il se trouva achevé l'an 1211. L'on renferma dans ces nouveaux murs les Bourgs ancien & nouveau de saint Germain l'Auxerrois, qui appartenoient à l'Evêque de Paris; une partie du Bourg l'Abbé qui appartenoit à l'Abbaye de saint Martin des Champs, tout le Beaubourg qui estoit sur les Terres du Temple; le Bourg Thiboust, qui appartenoit à une famille Parisienne de ce nom; toute la Terre ou Bourg de saint Eloy, tout le Bourg de sainte Geneviéve, une partie du Bourg de saint Germain des Prez, la plus grande partie des terres, des vignes & des prez qui estoient de la dépendance de ces Seigneurs, & qui les avoient jusqu'alors separé de la Ville.

Le premier different que cet accroissement de la Ville de Paris fit naître, fut entre l'Evêque de Paris, l'Abbé & les Religieux de saint Germain des Prez pour la Jurisdiction spirituelle. L'Abbé & les Religieux prétendirent d'en continuer l'exercice dans tous les lieux de leur terre qui avoient esté enclos : ils se fondoient sur le privilege d'exemption de l'Ordinaire dont ils joüissoient alors. L'Evêque de Paris prétendit au contraire, que ces lieux se trouvant dans l'enceinte de la Ville, cette Jurisdiction luy appartenoit; & il se fondoit sur la maxime du droit commun, *unus Urbis unus Episcopus*. Ce different fut d'abord porté à Rome, à l'avantage de l'Evêque de Paris, par Sentence arbitrale du mois de Janvier 1210. à laquelle les parties acquiescerent; & elle fut confirmée par

S ij   Philippe

Monast. t. 7. Theatri vitæ huma. vol 13. p. 1898. Dupuis Hist. des Templiers

Recüeil des privileges accordez à l'Ordre de S. Jean de Jerusalem, I. part titre 11 page 6.

Du Breüil p. 344.

Philippe Augufte au mois de Juin 1211. Cette maxime, qui conferva lors l'unité de Tribunal de l'Evêque de Paris eft fi certaine, que de nos jours, tout le refte du Bourg de faint Germain ayant efté uni à la Ville, les Abbé & Religieux en ont auffi-toft abbandonné toute la Jurifdiction à l'Archevêque de Paris, par tranfaction du 20. Septembre 1668. confirmée par Lettres Patentes du même mois.

On fçait quelles font les confiderations qu'on doit faire fur tout ce qui touche purement le fpirituel, & combien ce qui regarde la Religion, le repos des confciences, l'honneur & la gloire de Dieu, eft au deffus de toute comparaifon. Il y a neanmoins tant de connexité entre la juftice fpirituelle & la temporelle, que l'une a toujours fait confequence pour l'autre : c'eft la penfée de l'un des Peres de l'Eglife, dans fon Traité, *de rebus Ecclefiafticis* : que dès la naiffance du Chriftianifme, on mit en paralele le gouvernement de l'Eglife quant à la Jurifdiction, avec celuy que l'on trouva eftabli par les Puiffances temporeles dans l'Eftat. Ainfi les Primats, les Archevêques & les Evêques furent eftablis pour la Jurifdiction Ecclefiaftique dans les mêmes Villes, qui avoient pour Magiftrats temporels les Patrices, les Ducs & les Comtes, & y conferverent entre eux la même fubordination. Les Ordonnances ou Capitulaires de nos premiers Roys, que nous avons rapportées ailleurs dans ce même Livre, nous confirment encore cette verité, avec ces deux circonftances. La premiere, que chacune de ces Puiffances eftoit unique en chaque Ville ; l'une, pour le fpirituel ; & l'autre, pour le temporel. Et la feconde, que pour le bien de l'Eglife & celuy de l'Eftat, ceux qui en eftoient reveftus, devoient agir continuellement de concert, & s'accorder les fecours mutuels dont ils avoient befoin dans une infinité d'occafions. Ainfi, toutes ces anciennes Ordonnances, principalement celles qui concernent l'ordre public, ou la Police de chaque Ville, font adreffées à l'Evêque & au Comte, pour les faire publier, & tenir la main à ce qu'elles fuffent executées. Tant il eft vray que cette maxime qui maintient l'unité de Tribunal eft également certaine, tant pour la Juftice temporele, que pour la fpirituele ; *unius Urbis unus Epifcopus, & unus Magiftratus.*

Ainfi l'exemple de ce qui s'eftoit paffé lors de la clofture de Philippe Augufte, entre l'Evêque de Paris, & les Abbé & Religieux de faint Germain, pour la Jurifdiction Epifcopale dans toute la Ville, pouvoit bien eftre tiré à confequence, pour conferver cette même prérogative à la Juftice Royale ; puis qu'il y avoit parité de raifon & de neceffité. Cependant la pieté de nos Roys l'emporta fur ces confiderations, & fur leur propre intereft : ils fouffrirent dans l'enceinte de leur Ville toutes ces Juftices Seigneuriales, qui avoient commencé dans les Campagnes de fon territoire. Ils en reglerent feulement l'exercice, & referverent à leur Juftice Royale, à l'exclufion de toutes les autres, la punition des crimes les plus atroces. La Police, la prévention en premiere inftance dans toutes les autres matieres, & le reffort en cas d'appel. Par ces fages moyens, ils conferverent toujours les marques de fuperiorité, & ne dérangerent rien dans l'ordre public, d'où dépend le repos, & la tranquilité des Peuples.

Cette multiplicité de Tribunaux dans une même Ville, ne laiffa pas dans la fuite d'y apporter beaucoup de troubles & de confufion. Nous n'en rappellerons point les idées : les memoires du temps, & les regiftres publics en rendent un fidele témoignage. Les Officiers du Roy en ont fouvent porté leurs plaintes au Parlement ; & cette augufte Cour, la dépofitaire & l'interprete des Loix, y a pourvû autant de fois par fes fages décifions.

François I. perfuadé de la neceffité de reftablir l'unité de Tribunal, pour la Juftice ordinaire dans cette grande Ville, forma le deffein de fupprimer toutes ces Juftices Seigneuriales. Les Lettres en furent expediées le feizième Fevrier 1539. mais elles demeurerent fans execution. Cette reforme importante eftoit refervée au Regne de Louis le Grand ; & nous en fommes redevables à la fageffe & à la prudence confommée de Sa Majefté. Tous les actes qui prouvent ces faits font d'autant plus importans, que ce font les plus anciens titres des Juftices Seigneuriales qui ont efté exercées pendant prés de cinq fiecles, & de celles qui s'exercent encore dans Paris ; & que rappellant à ces principes toutes les queftions qui peuvent eftre faites fur ce fujet ; l'on en trouve avec beaucoup plus de facilité la veritable décifion. Voicy les extraits de quelques-uns des principaux.

Lettres Patentes en forme de tranfaction entre Philippe Augufte, l'Evêque & le Chapitre de Paris, données à Melun l'an 1222. que l'on nomme ordinairement *Charta pacis.*

Ces Lettres portent entr'autres chofes, « que l'Evêque aura toute Juftice au Bourg ancien « de faint Germain, en la Culture de l'Evêque, « & au Clos Brunel. C'eft aujourd'huy ce qui « compofe une partie des Quartiers de faint Honoré, de faint Germain l'Auxerrois, de faint Euftache, & de la Place Maubert, en montant depuis la rue des Noyers vers faint Hilaire, qui avoient efté de nouveau enclôs dans la Ville.

Que dans tous ces lieux l'Evêque jouïroit « de fes Couftumes, c'eft-à-dire, de fes droits « domaniaux, comme il en avoit jouï par le paffé. « Et parce que les Halles de Champeaux où fe vendoient les grains, eftoient fituées en partie fur la terre de l'Evêque, le Roy luy accorde, que de trois femaines l'une le Prevoft de Paris « feroit délivrer aux Officiers de l'Evêché les « mefures au bled, & qu'ils en recevroient pendant cette femaine les émolumens. «

Que le Prevoft, & les autres Officiers & do- « meftiques de l'Evêque jouïroient de fes fran- « chifes, & que tant qu'ils feroient à fon fervi- « ce, le Roy ne leveroit fur eux aucune taille. « Qu'il auroit auffi à Paris un Drapier, un Cor- « donier, un Maréchal, un Orfevre, un Boucher, « dans le parvis, un Charpentier, un Tonelier, un « Boulanger, un Claufier, un Peletier, un Taneur, « un Maçon, un Barbier, & un Sellier, qui jouï- « roient des mêmes franchifes que fes domefti- « ques ; à condition neanmoins, qu'il les nom- « meroit, ou feroit nommer au Roy, ou à fon « Prevoft de Paris. «

Le Roy fe referve dans toute la terre de l'E- « vêque, la connoiffance des crimes de rapt, & « de meurtre, le droit de chevauchée & de guet « pour la fûreté publique, la Juftice pour la dif- « cipline des Arts & du Commerce, & tout ce qui « concerne la marchandife, les mefures du bled & « du vin, & les Jurez Crieurs. «

Qu'à l'égard de toutes les autres fautes ou « crimes qui fe commettroient en ces lieux, l'E- « vêque

Vvalaf. Strab. in Biblioth. patr. t. 10.

Regift. de temporalit. in Cam. comput. fol. 12. Magn. paftor. Eccl. Parifien. p. 582. Livre rouge ancien du Chatelet. f. 14. Livre verta. cien f. 21.

» vêque en auroit la connoiſſance; à condition
» neanmoins, que ceux qui ſeroient condamnez
» par ſa Juſtice à quelque peine corporelle, ne
» pourroient eſtre executez qu'à ſaint Cloud, ou
» ailleurs en ſa terre, hors la Banlieuë de Paris.
» L'Evêque & le Chapitre quittent au Roy par
» échange, le nouveau Bourg S. Germain.
» Il eſt enfin porté, que toute la Voirie, &
» toute la Juſtice du chemin Royal de dix-huit
» pieds de large, depuis la maiſon de l'Evêque
» de Beauvais vers le Louvre, juſqu'au Pont de
» Chaillot, & depuis l'Egliſe de ſaint Honoré
» juſqu'au Pont du Roule, appartenoit au Roy.
» Et pour indemniſer l'Evêque & le Chapitre de
» leurs autres droits & prétentions, le Roy ac-
» corde à l'Evêque vingt livres pariſis, & au
» Chapitre cinquante ſols pariſis, à prendre cha-
» cun an ſur la Prevoſté de Paris.

Lettres Patentes en forme de tranſaction entre Philippe III. & l'Abbé & Religieux de l'Ab-baye de ſaint Germain des Prez du mois de Fe-vrier 1272. pour raiſon des terres de l'Abbaye, qui avoient eſté renfermées dans la nouvelle en-ceinte de Paris ſous Philippe Auguſte. Ces Let-» tres contiennent la deſcription exacte de ces
» terres de S. Germain nouvellement encloſes,
» & que les Abbé & Religieux auroient à l'ave-
» nir toute Juſtice Haute & Baſſe, & le droit de
» Voirie dans toute cette eſtenduë. Le Roy en
» excepte neanmoins le guet, la taille, le port
» d'armes, les chevauchées, les bans ou publica-
» tions, le taux du pain & du vin, le reſſort & tous
» autres cas qui luy appartenoient anciennement
» de droit commun; pour leſquels il ſe reſerve,
» & à ſes Succeſſeurs, tous droits de Juſtice dans
ces mêmes lieux. Il y avoit d'autres Terres dans cette même enceinte, qui eſtoient auſſi dans la cenſive de l'Abbaye, ſur leſquelles le Roy n'ac-corde aux Abbé & Religieux que la Juſtice fon-ciere, Juſtitia fundi terræ.

Arreſt du Parlement de la Touſſaints 1272. por-» tant, que dans les donations faites par le Roy,
» ſous ces mots, que le Roy donne tout ce qui
» luy appartient en certain lieu, la Haute Juſtice
» n'y eſt compriſe, ny ſous-entenduë.

Lettres Patentes données à Vincennes au mois d'Aouſt 1279. contenant l'accord fait entre Phi-lippes III. & les Chevaliers du Temple; Fratres Domûs Militiæ Templi Pariſienſis; pour raiſon de leurs terres qui avoient eſté compriſes dans la nouvelle enceinte de Paris. Cet accord porte, » qu'ils auront toute Juſtice en leur terre hors les
» murs, depuis la Porte du Temple, juſqu'à la
» Porte Barbete; & qu'à l'égard des terres qui
» avoient eſté encloſes dans la Ville, ils n'y au-
» roient que Juſtice fonciere.

Bulle de Clement V. du 6. des Nones de May » 1312. par laquelle, en execution de ce qui avoit
» eſté ordonné au Concile de Vienne, il eſteint &
» ſupprime l'Ordre des Templiers, unit & incor-
» pore leurs biens & leurs privileges à l'Ordre de
» ſaint Jean de Jeruſalem.

Arreſt du Parlement du Mercredy d'après » l'Annonciation l'an 1312. par lequel les Cheva-
» liers Hoſpitaliers de S. Jean de Jeruſalem ſont
» mis en poſſeſſion des biens que les Templiers
» avoient poſſedez en France, ſauf les droits du
» Roy: & cet Ordre fut mis ſous la garde & pro-
» tection du Prevoſt de Paris, & du Bailly de Ver-
» mandois; avec attribution de Juriſdiction en
» l'un & en l'autre de ces Sieges ſur toutes ſes
» cauſes, par Lettres Patentes de Charles VII. du
» mois de Janvier 1453. & de Louis XI. du mois
d'Aouſt 1461.

Lettres Patentes de Charles V. du 25. Septem-bre 1372. ſur la Police de la Ville & Fauxbourgs de Paris. Elles portent, que le Roy ayant eſté «
informé que pluſieurs de ſes Sujets s'efforçoient «
d'entreprendre la viſitation & connoiſſance de «
quelques-uns des meſtiers, & vivres qui arri- «
voient à Paris: que cela convenoit mieux eſtre «
fait par un ſeul Juge, que par pluſieurs: que «
c'eſtoit un droit Royal qu'il deſiroit maintenir «
pour le bien public, principalement en la «
Ville de Paris Capitale du Royaume, & ſur «
laquelle toutes les autres devoient prendre «
exemple. C'eſt pourquoy il declare qu'il veut & «
entend que cette Police ſoit exercée par le «
Prevoſt de Paris ſeul, ou ſes Députez, ſans «
qu'aucun autre s'en entremette: Et enjoint à «
tous Juges & autres de luy obéïr, nonobſtant «
toutes Lettres qui auroient pû eſtre obtenuës «
au contraire. «

Lettres Patentes de Charles VI. du premier Mars 1388. par leſquelles le Roy declaré, qu'à «
ſon Prevoſt de Paris ſeul, & pour le tout, «
appartient de maintenir la Ville en bonne & ſi «
bonne Police de toutes choſes, que ce ſoit à la «
loüange de Dieu, à l'honneur du Roy, & à «
l'utilité publique. «

Arreſt du Parlement du 22. Mars 1389. par le-quel l'Evêque de Paris eſt debouté de la reven-dication par luy faite de deux priſoniers arreſtez dans ſa Juriſdiction, pour crime; & les priſo-niers renvoyez au Prevoſt de Paris qui avoit prévenu.

Lettres Patentes de Charles VI. du mois de Juin 1390. par leſquelles le Roy à la priere & recommandation de la Reine ſon Epouſe, & en faveur de ſa premiere entrée à Paris, & en l'Egli-ſe de Noſtre-Dame, reçoit la tres-humble ſuppli-cation des Doyen & Chanoines du Chapitre de Pa-ris. Cette remonſtrance contient que de tems im-memorial, ils avoient droit de Juſtice en leurs «
Terres & Domaines, ſous le Reſſort immediat «
du Parlement; qu'il leur eſtoit neanmoins im- «
poſſible de juſtifier par titres la conceſſion de ce «
privilege, attendu ſon antiquité; qu'ils n'en «
avoient d'autre preuve que l'ancien uſage, & «
qu'ils en demandoient la confirmation, tant «
pour leur ancien Domaine, que pour les nou- «
velles terres par eux acquiſes. Sur quoy le «
Roy à la tres-inſtante priere de la Reine, & par «
grace ſpeciale, leur accorde le droit de Juſtice, «
relevant immediatement du Parlement, dans «
toutes leurs Terres & Seigneuries, tant de l'an- «
cien Domaine, que de leurs nouvelles acquiſi- «
tions. Leur accorde auſſi le privilege de ne plai- «
der qu'au Parlement, ou aux Requeſtes du Pa- «
lais, pour toutes les affaires concernant l'Egliſe, «
ſon temporel, & ſes droits, les Doyen, Chanoi- «
nes & Chapitre, & leurs Officiers touchant leurs «
Offices. «

Charles III. dit le Simple, par Lettres Pa-tentes du quinziéme May 911. avoit accordé au Chapitre de Paris, le privilege dont il jouit encore, de vendre aux Chanoines les maiſons du Cloiſtre, pour la neceſſité & utilité de l'E-gliſe. Lothaire avoit confirmé ce privilege par Lettres Patentes de l'an 986. Louis le Jeune luy avoit accordé l'an 1157. une confirmation en ter-mes generaux, de l'ancien eſtat, ordre, di-gnité & couſtumes de l'Egliſe de Paris. Philippe Auguſte luy confirma ſes poſſeſſions, couſtu-mes, libertez & droits, par Lettres Patentes de l'an 1190. Et le Roy Jean avoit ajoûté à tous ces privileges, celuy de ne loger dans le Cloitre, aucuns Princes, Seigneurs, ou Officiers de la

S iij ſuite

suite de la Cour. Mais comme aucun de ces titres ne fait mention du droit de Justice, il y a beaucoup d'apparence qu'ils jugerent à propos sous Charles VI. de ne s'en point servir, & de s'en tenir à la faveur & recommandation de la Reine.

Aussi ces Lettres du mois de Juin 1390. ayant esté presentées au Parlement, le Procureur General du Roy s'oppola à l'enregistrement : il » representa que cette concession estant contre le » droit commun, & à charge aux Sujets du Roy, » le Chapitre n'en pouvoit jouir, s'il ne represen- » toit ses anciens titres. Le Chapitre se retira vers le Roy, & après deux ans de solicitations, ob- tint des Lettres de Jussion le seizième Juin 1392. qui le dispensent de representer ses titres, & le relevent de ce defaut. Ces Lettres presentées au Parlement, les Gens du Roy persisterent en- core dans leur empêchement. La question fut beaucoup agitée, & enfin ils donnerent leur consentement, sous trois modifications consi- derables exprimées dans l'Arrest d'enregistre- ment, du 23. Janvier de la même année 1392. » La premiere, que les Officiers du Roy dans les » Jurisdictions esquelles les Terres du Chapitre » font assises, auront la connoissance des droits » Royaux, & des cas dont la connoissance appar- » tient au Roy seul. La seconde, que les mêmes » Officiers du Roy auront par prévention la con- » noissance de tous les autres cas ; à moins que » les Doyen, Chapitre, ou leurs Officiers en leurs » noms, & pour raison de leurs Offices ne soient » parties. Et la troisième, qui est une suite de la » precedente ; que les Baillis, Prevost, Sergens, » & autres Officiers Royaux continueroient de » faire dans les Terres du Chapitre estant dans » leur Jurisdiction, tous Exploits, Executions, » Arrests, Ajournemens, & autres Actes, dans » les matieres dont la connoissance leur appar- » tient, seuls ou par prévention.

Ces Lettres n'estoient que pour les Terres de la Campagne : il n'y est fait aucune mention de Paris ; & la Ville Capitale n'est jamais sous-en- tenduë où elle n'est point exprimée. Le Cha- pitre ne laissa pas de s'en mettre en possession dans l'Eglise & dans tout le Cloistre. Cela leur fut beaucoup contesté ; ce qui les obligea d'obtenir de Louis XI. les Lettres suivantes.

Lettres Patentes de Louis XI. du mois de » Septembre 1465. par lesquelles le Roy confir- » me aux Doyen & Chapitre de l'Eglise de Paris, » & en tant que besoin seroit, leur donne & » octroye de nouveau les droits, privileges, li- » bertez, immunitez, franchises, Justice & Ju- » risdiction qu'ils avoient de toute antiquité » dans leur Eglise & Cloistre. Veut & entend » que leurs personnes, leurs familles & serviteurs, » soient & demeurent francs, quittes & exempts » de tous Juges & Officiers Royaux, sauf le » ressort au Parlement ; & que si aucuns procés » avoient esté mûs & introduits pour raison, & à » cause de ce, entre le Procureur General du Roy, » & les Doyen & Chanoines, Sa Majesté veut » qu'ils cessent, & impose sur cela silence » perpetuel à son Procureur General & à tous autres.

Lettres de Jussion du troisième Fevrier 1466. sur les difficultez qui avoient esté faites par le Parlement pendant prés de dix-huit mois, d'en- registrer les precedentes ; par celles-cy, le Roy » réduit toute l'immunité & la Jurisdiction du » Chapitre de l'Eglise de Paris aux seules matie- » res criminelles pour les actions qui arriveroient » dans l'Eglise, ou dans le Cloistre, & où les sieurs » Doyen ou Chanoines seroient parties. Et avec

cette modification, il y eut encore tant de diffi- culté, que ces Lettres ne furent registrées, qu'a- prés plus d'un an de solicitations le 24. Fe- vrier 1467.

Cette Jurisdiction pour les actions criminelles qui arrivoient dans le Cloistre de Nostre-Dame, estoit lors fort limitée ; car en ce temps les sieurs Doyen & Chanoines ne loüoient leurs maisons à personne, & ne recevoient même aucun étran- ger en pension. Quelques-uns s'estant éman- cipez de le faire, le Chapitre fit un Statut exprés l'an onze cens quarante-deux, pour le défen- dre. Comme il est fort court, nous le rapporte- rons dans son entier : voicy ce qu'il contient. *Hoc quoque præsente Theobaldo Episcopo, totiusque Capituli Conventu annuente, in eodem Capitulo statu- tum, & sub anathemate corroboratum est, quod nullus Canonicorum domum suam alicui conduceret, nec aliquem in domo pretio prænominata procuraret.* Ce Statut avoit esté renouvelé par le même Cha- pitre au mois de Mars 1163. & il estoit si reguli- rement observé, que l'an 1262. le Pape Alexan- dre III. écrivant au Chapitre de Paris pour trois de ses neveux qu'il envoyoit estudier en cette Ville, le supplia par un Bref exprés, de vouloir bien luy faire le plaisir de les recevoir dans le Cloistre, & de leur permettre d'y loger pendant le temps de leurs estudes, sans neanmoins dé- roger au Statut qui le défendoit, *Statuto contrario,* ce sont les termes du Bref, *quod habere dicimini juramento firmatum, ne quis non Canonicus, vel expensis Canonici in domibus ipsis manere valeat, nonobstante, preces nostras taliter impleturi, quòd vestra indè possit devotio commendari.* Cet usage estoit dans son entier, lors de l'obtention de ces Lettres ; & nous verrons dans la suite qu'il a en- core subsisté plus de quatre siecles après. Ainsi il y avoit alors peu d'inconvenient pour la Justice Royale, dans cette concession de la Justice du Cloistre ; puisque les matieres criminelles entre personnes de la dignité de ceux qui en occu- poient les maisons sont tres-rares, & que tou- tes les matieres civiles, la Police, & en matiere criminelle, les cas Royaux n'y estoient pas com- pris. Ce fut aussi la raison, qui donna lieu aux Lettres suivantes, pour l'expedition des affai- res du Chapitre au Chastelet, où il avoit ses causes commises dans toutes ces matieres re- servées.

Lettres Patentes de Louïs XI. du 20. Mars « 1480. par lesquelles il mande au Prevost de « Paris de donner ou faire donner chacun jour « de plaidoirie une audiance aux Doyen & Cha- « pitre de l'Eglise de Paris. «

Bulles de Clement VII. du 2. Janvier 1523. de Paul III. du 2. Juin 1530. & de Pie IV. du premier Juin 1568. en faveur de l'Ordre de saint Jean de Jerusalem. Ces Bulles portent, que les Chevaliers, serviteurs, domestiques « & sujets de cet Ordre, leurs biens & posses- sions sont exempts de la Jurisdiction, correc- tion, visite, superiorité, impositions de tous « Prélats, & de tous Princes ou Puissances tem- « porelles, même Imperiale, Royale ou Du- « cale ; que les Eglises & maisons de l'Ordre « seront des lieux d'azile & de franchises pour « tous ceux qui voudront s'y retirer pour leur « seureté. Font défenses à toutes personnes de « mettre les mains violentes sur ceux qui s'y « seroient retirez, à peine d'excommunication. « Ces Bulles sur lesquelles Messieurs de Malte fondent le droit de franchise & d'azile de leurs Maisons du Temple, & de saint Jean de Latran, n'ont esté publiées, ny registrées en au- cunes

1. vol. des banieres f.198.

Recueil des privileges de l'Ordre de S. Jean de Jeru- salem p.97. & suivantes.

eunës Cours qu'au Parlement d'Aix, & encore ce fut en vacations le 27. Aoust 1579.

Arrest du Parlement du 3. Aoust 1536. entre les Abbé, Religieux, & Couvent de sainte Geneviéve du Mont, Appellans d'une Sentence du Prevost de Paris ou son Lieutenant; par » laquelle il avoit esté ordonné que les Jurez » Apotiquaires & Epiciers feroient leurs visi- » tes dans l'estenduë de la Jurisdiction de sain- » te Geneviéve, & leurs rapports à la Police » au Chastelet, d'une part : Les Maistres Ju- » rez Apotiquaires & Epiciers de la Ville de » Paris, & le Procureur General prenant le fait » & cause de son Substitut au Chastelet, Intimez, » d'autre part. L'Arrest ordonne que la visitation » des Apotiquaires & Epiciers demeurans dans » la Jurisdiction de sainte Geneviéve sera faite par » les Jurez Apotiquaires de Paris, deux Doc- » teurs de la Faculté de Medecine, & par un » des Apotiquaires de la Jurisdiction de sainte » Geneviéve. Que les rapports des contraven- » tions seront faits pardevant le Prevost de Pa- » ris ou ses Lieutenans Civil & Criminel, & » autres Officiers du Chastelet tenans la Police, » qui imposeront les peines telles qu'ils verront » bon estre : mais que des condamnations d'a- » mendes qui seront prononcées contre les Apo- » tiquaires demeurans sur les Terres des Ab- » bé & Religieux de sainte Geneviéve; les deux » tiers leur seront ajugez, & l'autre tiers aux » Jurez Apotiquaires de la Ville.

Arrest du Parlement du 3. Juillet 1537. entre le Cardinal de Tournon Abbé de saint Germain des Prez, prenant la cause pour ses Officiers, d'une part: Et le Procureur General du Roy, pre- nant le fait & cause pour son Substitut au Chas- telet, d'autre part; pour raison de la Police, & visitation des Arts & Mestiers dans le Faux- » bourg saint Germain. Aprés que les Avocats » des Parties eurent esté ouïes, Raymond, pour » le Procureur General du Roy, dit qu'en cet- » te Ville, qui est la Capitale du Royaume, il » y a plusieurs Justices subalternes: mais que » la connoissance de la Police a toujours appar- » tenu au Roy & à ses Officiers, à l'exclusion » de tous autres. Que les contraventions qui se » trouvent dans les Visites se rapportent à la Po- » lice devant le Prevost de Paris ou ses Lieute- » nans, pour en ordonner la punition. Que ce- » la ne portoit aucun prejudice aux Seigneurs, » particuliers, puisque les amendes des fautes » commises sur leurs Terres leur estoient aju- » gées. Que cette conduite estoit fondée non » seulement sur le droit commun, mais encore » sur la droite raison; parce que le Roy a le » principal interest à maintenir l'ordre public, » & de procurer le bien commun & general » des Citoyens. Que les Lettres de l'an 1272. » rapportées par l'Abbé de saint Germain pour » fondement de son droit de Justice, & les au- » tres pieces par lesquelles il prétendoit l'ap- » puyer, faisoient contre luy; puisqu'il est évi- » dent que la Police est comprise dans les cas » que le Roy s'est reservez. Qu'au surplus l'A- » vocat de saint Germain demeure luy-même » d'accord que les Officiers du Chastelet y a- » voient droit de Police, & qu'il ne deman- » doit d'en connoistre que par concurrence & » prévention avec eux : ce qui décidoit déja » une partie des contestations. Surquoy la Cour » confirme les Sentences renduës au Chastelet à » la Police, pour raison des Visites faites au » Fauxbourg saint Germain par les Jurez Pau- » miers de la Ville. Sur le réglement, appointe

les Parties au principal; & cependant par «« provision ordonne que les Officiers de saint «« Germain des Prez pourroient faire des Visites «« en leur particulier quand bon leur semble- «« roit dans l'estenduë de leur Jurisdiction. Que «« le Prevost de Paris, ses Lieutenans & Com- «« missaires pourroient aussi faire de semblables «« Visites quand ils les jugeroient necessaires «« pour l'execution des Ordonnances Royaux. «« Que des fautes qu'ils trouveroient, ils en fe- «« roient rapport à la Police; & que les amen- «« des des contraventions appartiendroient aux «« Abbé & Religieux de saint Germain. Fait dé- «« fenses au Prevost de Paris, ses Lieutenans, «« Commissaires & Sergens d'exploiter en la «« Terre des Seigneurs de saint Germain, sinon «« dans les cas de Police, de ressort, & autres «« cas dont la connoissance leur estoit reservée. ««

Lettres Patentes de François I, du 16. Février 1539. pour l'abbreviation des Procés & le res- tablissement de l'ordre public à Paris. Par ces Lettres Patentes le Roy declare qu'il est venu «« à sa connoissance que la tranquilité, la seu- «« reté, & le repos de ses Sujets estoient trou- «« blez par la pluralité des Justices qui s'exer- «« çoient dans Paris, & la Police que les Sei- «« gneurs prétendoient sous ce pretexte. Que ce- «« la ne pouvoit produire dans un corps poli- «« tique que desordres, confusion, contentions, «« questions, debats, impunitez des crimes «« & délits; toutes choses contraires au droit «« naturel & à la société civile. Qu'il y avoit «« dix ans qu'il avoit establi certains Commis- «« saires pour examiner & regler les droits de «« ces prétenduës Justices, qui s'exerçoient dans «« la Ville & les Fauxbourgs de Paris. Qu'ils y «« avoient peu avancé, par les fuites, subter- «« fuges, & délais de tous ceux qui prétendoient «« ce droit, & qui en jouïssoient. Qu'il estoit «« d'autant plus necessaire de faire cesser ces abus, «« que cette Ville Capitale donne l'exemple & «« la forme à toutes les autres. A quoy le Roy «« voulant pourvoir, saisit & met en sa main «« toutes & chacunes les Jurisdictions, Fiefs, Cen- «« sives, Voiries, & autres droits qui en dépen- «« dent, tenus par gens d'Eglise, Communau- «« tez, ou autres personnes quelconques, de «« quelque estat, qualité, ou condition qu'elles «« soient dans la Ville, Fauxbourgs & Banlieuë «« de Paris. Ordonne que dans le mois de May «« prochain ils representeront leurs titres parde- «« vant un President & deux Conseillers du Par- «« lement, un President, deux Maistres des Com- «« tes, & quatre Conseillers de la Chambre du «« Thrésor; pour estre examinez, & leur estre «« fait droit ainsi qu'il appartiendra. Que faute «« de faire cette representation dans le premier «« jour de May, Sa Majesté dés à present, com- «« me pour lors, leur a défendu & interdit, & «« à leurs prétendus Officiers, tout exercice de «« Jurisdiction, administration, & perception «« de tous droits de Justice, Censive, Police, «« Voirie, & tous autres qui en dépendent; à «« peine de commise & autres peines qu'il ap- «« partiendroit; & à tous ses Sujets de reconnois- «« tre lesdites Jurisdictions, ny de se pour- «« voir ailleurs que pardevant les Juges & Offi- «« ciers de sa Justice ordinaire. Ces Lettres furent «« publiées à Paris le dixiéme de Mars de la mé- «« me année.

Arrest du Parlement du 16. Mars 1544. sur la «« poursuite des Doyen, Chanoines, & Chapi- «« tre de l'Eglise de Paris, par lequel le bail «« fait par l'un des Chanoines à Me Loüis Chaban- «« » nies

[note marginale droite]

4

Fontanon. li 2. pag. 176. Ordonnances. Royaux p. 190 Ordonnances des Roys de France, depuis S. Loüis jus- qu'à Henry II. par Corrozet. p. 156.

» nier Conseiller de la Cour, fut cassé : Et or-
» donné que le Statut qui défend de loger dans
» le Cloistre d'autres personnes que les Chanoi-
» nes, sera observé.

Arrest du Parlement du 25. Octobre 1548.
» par lequel, sur l'avis donné au Procureur Ge-
» neral, que par un Arrest du 19. de ce même
» mois, une Sentence du Bailly de S. Marcel,
» qui condamnoit le nommé Chau à estre pen-
» du, avoit esté confirmée, & l'execution ren-
» voyée au Bailly. Il remontre à la Cour que
» ce Bailly ny autres Juges ou Officiers des Sei-
» gneurs Hauts Justiciers ne pouvoient faire
» faire execution de peine de mort dans la
» Ville, & Fauxbourgs de Paris; que cela n'ap-
» partient qu'au Prevost de Paris ou ses Lieu-
» tenans; qu'autrement ce seroit entreprendre
» sur les droits & l'autorité du Roy, ce qui ne
» devoit estre toleré. Sur quoy, la Cour après
» avoir mandé & ouy le Bailly de saint Marcel
» & son Greffier, les condamne à rapporter l'Ar-
» rest qui leur avoit esté délivré; leur défend
» de proceder à l'execution du condamné, & le
» renvoye pardevant le Prevost de Paris ou son
» Lieutenant Criminel, pour estre executé.

Arrest du Parlement du 20. Novembre 1559.
» sur les plaintes des Doyen & Chapitre de Paris,
» que plusieurs Chanoines avoient encore con-
» trevenu au Statut concernant les logemens du
» Cloistre: par lequel Arrest il est ordonné que
» le Statut & les precedens Arrests seront exe-
» cutez par les voyes de droit.

Arrest du Parlement sur productions de parties, & en forme de Réglement du 3. Decem-
» bre 1569. entre les Officiers du Chastelet, De-
» mandeurs, d'une part. L'Evêque de Paris, les
» Religieux, Abbé, & Couvent de sainte Gene-
» viéve; les Doyen & Chapitre de saint Mar-
» cel; les Religieux, Abbé & Couvent de saint
» Germain des Prez; les Religieux, Abbé &
» Couvent de saint Magloire; les Religieux,
» Prieur & Couvent de saint Martin des Champs;
» & le Grand Prieur du Temple, Défendeurs,
» d'autre part, pour raison des appositions de
» Sceliez, & des Inventaires. Par cet Arrest il
» est ordonné que dans toute l'estenduë de la
» Ville & Fauxbourgs de Paris, lors que les Of-
» ficiers du Roy auront prévenu, la fonction
» leur appartiendra, à l'exclusion des Seigneurs
» Hauts Justiciers & de leurs Officiers.

Statut du Chapitre de l'Eglise de Paris pour
les logemens du Cloistre, du 30. Avril 1574.
qui renouvelle, interprete, & amplifie tous
les precedens. Tous les termes en sont trop
beaux & trop édifians, pour en rien affoiblir
par un extrait. Le voicy dans son entier. *Hodie
renovatum est expressum Capituli statutum pluries re-
petitum & corroboratum, de alienis ab Ecclesiâ non
hospitandis in Claustro; quò cavetur quod nullus cujus-
cumque sit gradus aut præeminentiæ, habens claustra-
lem domum in eâdem, sub pœnâ excommunicationis
hospitetur, præsertim homines alterius status quàm Ecclesiæ; etiam suos parentes, nisi obiter transeundo, & pro
modicâ morâ temporis sex vel octo dierum. Similiter
ne ejusmodi domos locare præsumat, nisi personis ipsius Ecclesia: cùm reputetur unica & religiosa domus
dictum Claustrum, ubi Clerus in eo degens tranquillo
animo & quietâ mente, Officiis Divinis dictæ Ecclesiæ inhærere debet.* Ce même Réglement fut depuis
renouvelé par deux autres semblables Statuts des
8. Juin 1580. & 13. Novembre 1586.

Arrest du Parlement du 30. Avril 1588. par
» lequel il a esté jugé, que la Justice du Chapi-
» tre de l'Eglise de Paris est limitée aux seuls

cas qui arrivent dans l'Eglise ou dans le Cloif- «
tre, & où les Sieurs Doyen ou Chanoines, «
leurs serviteurs ou domestiques sont parties. «

Arrest du Parlement du 30. Decembre 1615.
entre l'Evêque de Paris Prieur de saint Eloy,
& les Officiers du Chastelet; il confir- «
me au Prevost de Paris la prévention sur «
les Officiers des Seigneurs Hauts Justiciers «
dans la Ville & les Fauxbourgs de Paris: Et «
fait défenses à tous leurs Juges de decreter «
contre les Sujets du Roy, ny de les condam- «
ner à l'amende, pour s'estre pourvûs au Chaf- «
telet. «

Arrest du Conseil du 9. Novembre 1641. par
lequel il est ordonné que le Commissaire Gi- «
rard continuëra sa residence au Fauxbourg saint «
Germain: Et fait défenses au Bailly de troubler «
les Commissaires dans l'exercice & les fon- «
ctions de leurs Charges. «

Arrest du Parlement du 2. Septembre
1645. qui fait défenses au Bailly de saint «
Marcel de decreter contre les Sujets du Roy, «
& de les condamner à l'amende, pour s'estre «
pourvûs pardevant le Prevost de Paris; & au «
Procureur Fiscal de le requerir, à peine de «
tous dépens, dommages, & interests des Par- «
ties. «

Arrest du Parlement du premier Novembre
1646. par lequel il est ordonné que le Prevost «
de Paris connoistra de la Police du Fauxbourg «
saint Germain. Que les rapports en seront faits «
au Chastelet; mais que les amendes qui se- «
ront adjugées appartiendront aux Abbé & «
Religieux. «

Arrest du Parlement du 20. Avril 1655. sur
l'appel comme d'abus d'un Statut du Chapitre
de l'Eglise de Paris du 23. Juillet 1632. par le- «
quel il avoit esté défendu aux Chanoines, «
suivant les Canons, de loger chez eux leurs pe- «
res, meres, freres, sœurs, oncles, tantes, ne- «
veux & nieces. Par l'Arrest les Parties sont «
appointées au Conseil; & cependant il est fait «
défenses aux Chanoines de Nostre-Dame de «
retenir en leurs maisons aucunes personnes laï- «
ques, autres que leurs peres, meres, freres & «
sœurs. Enjoint à tous ceux qui ne sont de cet- «
te qualité de vuider les lieux dans la S. Remy «
prochain. «

Arrest du Parlement du 20. Avril 1659. entre
les Gardes des Marchands de vin de la Ville; «
& les Baillis de sainte Geneviéve, de S. Mar- «
cel, & de saint Germain, pour raison des vi- «
sites de la Police du vin. Cet Arrest porte, que «
les Maistres & Gardes de la marchandise de «
vin continueront de faire leurs visites dans «
tous ces lieux, sans estre obligez de prendre «
avec eux aucun des Officiers de ces Justices; «
& que des contraventions ils en feront rapport «
à la Police du Chastelet, pour y estre pourvû «
ainsi qu'il appartiendra. «

Arrest définitif du Parlement du 4. May 1661.
par lequel il est ordonné, que l'Arrest du 20. «
Avril 1655. concernant les maisons du Cloif- «
tre, & le Statut fait en consequence par le «
Chapitre, le 3. Decembre 1659. seront exe- «
cutez selon leur forme & teneur; & que les «
Chanoines qui seront en demeure d'y satis- «
faire, y seront contraints par saisie de leur Gros. «

Arrest du Parlement du 9. Juillet 1661. entre
les Officiers du Chastelet, & les Doyen & Cha- «
pitre de l'Eglise de Paris, pour raison de leur «
Jurisdiction: Cet Arrest porte, que le privi- «
lege du Chapitre, d'estre exempt de la Ju- «
risdiction des Officiers Royaux, demeurera res- «

» traint

» traint & limité, suivant son ancienne confes-
» sion, aux Sieurs Doyen, Chanoines, Cha-
» pelains, & autres Ecclesiastiques desservant ac-
» tuellement dans l'Eglise de Paris. Les serviteurs
& domestiques n'y sont pas compris.

Arrest du Parlement du 6. Aoust 1661. sur
productions des Parties & les conclusions de M'
le Procureur General ; entre les Maistres & Gardes des six Corps des Marchands, d'une part :
Et les Officiers du Bailliage de saint Germain
des Prez, d'autre part ; pour raison des Visites
» & de la Police de la Foire. Le Bailly avoit
» fait emprisonner le Clerc des Marchands Mer-
» ciers, pour avoir assisté sans luy aux Visites
» des Maistres & Gardes ; & leur fit défenses d'y
» proceder à l'avenir. La Cour faisant droit sur
» le tout, sans s'arrester aux interventions de
» l'Abbé & Religieux, mit les appellations in-
» terjettées par les Maistres & Gardes, des proce-
» dures faites au Bailliage de saint Germain, &
» ce dont avoit esté appellé au neant ; émandant
» dit qu'il avoit esté mal, nullement & incom-
» petamment ordonné, procédé & executé par
» le Bailly de saint Germain, qui fut declaré
» bien intimé en son nom, & l'emprisonnement
» du Clerc des Marchands Merciers injurieux,
» tortionnaire & déraisonnable. Ordonna que
» l'écrou en seroit rayé & bifé ; & sur les appel-
» lations interjettées des procedures du Lieute-
» nant Civil par les Abbé & Religieux de saint
» Germain, pour leur Bailly & par quelques au-
» tres Marchands, les Parties furent mises hors
» de Cour & de procés. Et ayant aussi égard aux
» demandes faites par les Maistres & Gardes des
» Merciers, fit défenses aux Officiers du Bail-
» liage de saint Germain de les troubler ny em-
» pêcher à l'avenir en l'exercice de leurs fonc-
» tions & visites en la Foire de saint Germain ;
» à peine de mille livres d'amende : auxquel-
» les visites les Maistres & Gardes se feroient
» assister d'un Huissier du Chastelet ; & pour
» les contraventions, se pourvoiroient au Chas-
» telet de Paris. Les Abbé, Religieux & Con-
» sorts condamnez en l'amende ordinaire.

Arrest du Conseil du 5. Novembre 1666. sur
le nouveau trouble qui fut apporté aux Officiers du Chastelet dans l'exercice de la Police
generale par les Officiers du Bailliage du Palais,
& ceux des Seigneurs Hauts Justiciers. Ils prirent l'occasion que la Charge de Lieutenant Civil estoit vacante, pour former de nouvelles
entreprises sur la Police de Paris, le Roy en
fut informé ; & par cet Arrest Sa Majesté or-
» donna, que la Police generale commencée par
» les Officiers du Chastelet seroit par eux con-
» tinuée. Qu'ils pourroient se transporter dans
» toutes les Maisons, Hostels, Colleges, Com-
» munautez, & autres lieux de la Ville, Ban-
» lieuë, & Fauxbourgs de Paris ; que l'ouvertu-
» re de tous ces lieux leur sera faite, nonob-
» stant tous prétendus privileges, sur lesquels
» Sa Majesté se reserve de faire droit en con-
» noissance de cause, ainsi qu'il appartiendroit.
» Et en consequence fait Sa Majesté tres-expres-
» ses inhibitions & défenses à tous les Officiers
» des Seigneurs Hauts Justiciers de la Ville &
» Fauxbourgs de Paris, même aux Lieutenans
» du Grand Prevost de l'Hostel & du Bailly du
» Palais d'entreprendre de faire la Police gene-
» rale, n'y d'y donner aucun trouble aux Offi-
» ciers du Chastelet.

Edit du mois de Decembre 1666. registré au
Parlement l'onziéme du même mois, portant
Reglement general pour la Police de Paris. Par

Tome I.

l'une des dispositions de cet Edit, le Roy dé- «
clare qu'il veut & ordonne, que la Police ge- «
nerale soit faite par les Officiers ordinaires du «
Chastelet en tous les lieux prétendus privile- «
giez, ainsi que dans les autres quartiers de la «
Ville, sans aucune difference ny distinction ; «
& qu'à cet effet le libre accés leur y soit don- «
né. Et à l'égard de la Police particuliere, «
elle sera faite par les Officiers qui auront pré- «
venu ; & qu'en cas de concurrence, la préfe- «
rence appartiendra au Prevost de Paris. «

Arrest du Parlement du 22. Decembre 1666. «
entre les Officiers du Chastelet, & le Bailly de
saint Germain des Prez. Par cet Arrest il est ordonné, qu'au Prevost de Paris ou son Lieute- «
nant privativement à tous autres Juges, ap- «
partiendra la connoissance & execution de la «
Police generale dans la Ville & les Fauxbourgs «
de Paris, sans préjudice de la Police particu- «
liere, qui sera executée cumulativement à l'or- «
dinaire par les Officiers du Chastelet, & ceux «
du Bailliage dans l'estenduë de leur Jurisdic- «
tion. «

Arrest du Conseil du 14. Avril 1667. par le- «
quel Sa Majesté ordonne, que l'Arrest du 5. «
Novembre dernier sera executé selon sa for- «
me & teneur. Fait itératives défenses au Bailly «
du Palais, & à tous autres Juges qui ont Ju- «
risdiction dans la Ville, Fauxbourgs, Prevosté «
& Vicomté de Paris, de troubler le Lieute- «
nant du Prevost de Paris pour la Police, & les «
Officiers du Chastelet dans la fonction & con- «
noissance de la Police generale. «

Edit du mois de Février 1674. par le- «
quel le Roy considerant les incommoditez que «
le grand nombre de Justices subalternes causoit «
aux Habitans de Paris, par les conflits que l'in- «
certitude de leurs limites, & la prévention des «
Officiers du Chastelet faisoient souvent naistre ; «
& voulant y pourvoir : Sa Majesté réunit & «
incorpore à la Justice du Chastelet de Paris, le «
Bailliage du Palais, & toutes les Justices des «
Seigneurs qui estoient alors dans la Ville & «
Fauxbourgs de Paris, & s'estendoient dans la «
Banlieuë. Déclarant neanmoins Sa Majesté, «
qu'elle n'entendoit comprendre dans cette «
réunion le dedans, enclos, & galeries du Pa- «
lais seulement. «

Des dix-neuf Justices qui se sont trouvées
comprises dans cette suppression, le Roy par
des considerations particulieres en a depuis
excepté les Justices de l'Archevêché & du
Chapitre de Paris, & celles de l'Abbaye de
saint Germain des Prez, du Temple, & de
saint Jean de Latran ; pour estre exercées dans
les enclos, Cours & Cloistres seulement, &
aux conditions, & restrictions portées par les
Lettres, & par les Arrests d'enregistrement. Voicy
les extraits de ces Lettres de restablissement, où
l'on verra le quatriéme & dernier estat des
Justices Seigneuriales qui s'exercent dans Paris.

Lettres Patentes du mois d'Avril 1674. par
lesquelles le Roy érige la Terre de saint Cloud «
appartenante à l'Archevêché de Paris, en «
Duché & Pairie ; unit à cette Terre celles de «
Maisons, Creteil, Ozoir, la Ferriere & Ar- «
mentieres ; ensemble la Justice de la Tempo- «
ralité de l'Archevêché ; pour en jouïr par «
Messire François de Harlay alors Archevêque «
de Paris, & ses Successeurs, en tous droits, «
Justice & Jurisdiction de Pairie, sous le res- «
sort immediat du Parlement, excepté les cas «
Royaux, dont la connoissance appartiendra «
toujours aux Officiers du Roy, comme ils «
T
» leur

» leur appartenoient avant cette création. Veut
» & ordonne Sa Majesté,qu'il y ait un Siege de
» Duché & Pairie dans l'enclos de l'Archevê-
» ché de Paris, au même lieu où le Siege de
» la Temporalité avoit accoûtumé d'estre tenu:
» Auquel Siege il y aura un Bailly , un Pro-
» cureur Fiscal , quatre Procureurs , & deux
» Sergens ,pour y exercer la Justice, & con-
» noîstre en premiere instance de toutes les
» causes civiles , & criminelles , qui pourront
» arriver dans l'enclos de l'Archevêché , non-
» obstant l'Edit de suppression du mois de Fé-
» vrier alors dernier, auquel Sa Majesté déroge
» à cet égard ; & par appel des causes qui au-
» ront esté traitées en premiere instance par-
» devant les Prevosts de saint Cloud, Maisons,
» Creteil, Ozoir, la Ferriere , & Armentieres.
   Arrest du Conseil du 21. Janvier 1675. par
lequel le Roy , en interpretant l'Edit du mois
» de Février 1674. déclare n'avoir entendu par
» cet Edit réunir à la Justice du Chastelet, la
» haute Justice dans l'enclos du Couvent, & du
» Palais Abbatial de l'Abbaye de saint Ger-
» main des Prez , & les lieux occupez par les
» Abbé, & Religieux , & par leurs domestiques
» dans cet enclos seulement. Que Sa Majesté
» maintient & garde cette Abbaye en la posses-
» sion & jouïssance de la haute Justice dans les-
» dits lieux ; pour y estre exercée par un Bailly ,
» un Procureur Fiscal , un Greffier, & deux Huis-
» siers ; aux mêmes pouvoir , prérogatives &
» droits dont ils avoient joüi par le passé ; sans
» que les Officiers du Chastelet y puissent trou-
» bler ceux de l'Abbaye sous quelque pretexte
» que ce soit. Que le Bailly connoîstra des
» appellations des Sentences qui seront ren-
» duës en matiere civile par les Officiers des
» hautes Justices des Terres & Seigneuries dé-
» pendantes de l'Abbaye , situées hors la Vil-
» le, Fauxbourgs & Banlieuë de Paris , ainsi
» qu'ils avoient bien & dûement fait par le
» passé ; & de la basse Justice fonciere pour les
» cens, rentes , & autres redevances des mai-
» sons & biens estant dans la censive des Fiefs
» dépendans de l'Abbaye , situez dans la Ville,
» Fauxbourgs , & Banlieuë de Paris. Permet Sa
» Majesté au Sieur Abbé & à ses Successeurs d'es-
» tablir un ou plusieurs marchez dans le Faux-
» bourg saint Germain , aux lieux & endroits
» qui seront trouvez plus commodes pour le
» bien & l'avantage du public , & de percevoir
» à son profit les droits ordinaires & accoûtu-
» mez ; à la charge d'estre soumis à la Justice &
» Police du Sieur Lieutenant General de Poli-
» ce , ainsi que les autres de la Ville & Faux-
» bourgs de Paris, & d'acquiter, & indemniser
» ceux qui auront quelques prétentions à cause
» de cet establissement. Et qu'au surplus , pour
» indemniser l'Abbaye de ce qui demeure réu-
» ni & incorporé à la Justice du Chastelet, en
» execution de l'Edit du mois de Février 1674.
» Sa Majesté luy accorde par forme d'échange,
» les droits Seigneuriaux pour les échanges des
» Fiefs , Terres & Domaines qui sont de la mou-
» vance de ladite Abbaye ; pour en joüir con-
» formément aux Edit & Déclaration des 20.
» Mars 1673. & Février 1674. & des redevances,
» droits de lods & ventes, cens , & autres rede-
» vances sur les maisons nouvellement basties ,
» au préjudice des défenses de l'année 1638. dans
» l'estenduë du Fauxbourg saint Germain seule-
» ment ; sans estre obligez de payer pour raison
» de ce aucune somme à Sa Majesté, dont elle
» les décharge : comme aussi décharge l'Abbaye

de la contribution & payement qu'elle estoit
tenuë de faire chacune année de la somme de
3000. liv. pour aider à la subsistance des Enfans-
trouvez de la Ville de Paris, dont Sa Majesté
demeurera chargée du jour de la réunion des
Justices au Chastelet. Ordonne Sa Majesté, que
pour faire joüir à perpetuité l'Abbaye de ce
que dessus , toutes Lettres necessaires luy seront
expediées & scellées. Il n'y eut point de Lettres expediées sur cet Arrest qu'en l'année 1691.
& il demeura sans execution quant au restablissement de la Justice.
   Lettres patentes du 14. Aoust 1676. registrées
au Parlement le 2. de Septembre de la même
année. Par ces Lettres le Roy desirant favo-
blement traiter les Doyen , Chanoines & Chapitre de l'Eglise de Paris , déclare n'avoir entendu par l'Edit du mois de Février 1674.
réunir au Chastelet de Paris, la haute, moyenne & basse Justice de l'Eglise de Paris , appellée la Barre du Chapitre , pour l'estenduë de
l'Eglise , son Parvis & son Cloître , ensemble
le Terrain estant proche du Cloître ; pourvû que les jardins , & ce qui pourra estre basty
dans cette place nommée le Terrain , soit pour
le service des Doyen & Chanoines. Ce faisant,
Sa Majesté les maintient & garde en la possession & jouïssance de cette Justice , haute ,
moyenne & basse , & de la voirie dans cette
estenduë seulement ; pour y estre exercée à l'a-
venir par un Bailly & autres Officiers necessaires ; aux mêmes honneurs, pouvoir ,
prérogatives, droits & privileges qu'ils avoient
cy-devant, sans que le Prevost de Paris ou
même Juges Royaux les y puissent troubler,
ny même prévenir , ainsi qu'ils en ont bien
& dûement joüi , sauf l'appel au Parlement ;
comme aussi , pour connoîstre par le même
Juge des Appellations, des Jugemens , & Sentences qui seront renduës en matiere civile
par les Juges Officiers des Terres & Seigneuries dépendantes du temporel de l'Eglise de
Paris , situés hors la Ville, Fauxbourgs &
Banlieuë de Paris ; sans neanmoins qu'aucuns
Artisans & Ouvriers faisant commerce & profession de quelque Art ou Mestier que ce soit,
puissent s'establir dans le Cloître Nostre-Dame. Fait Sa Majesté défenses aux Doyen &
Chapitre de les y souffrir , à peine d'estre déchus de leur privilege. Qu'au surplus , pour
indemniser les Doyen , Chanoines & Chapitre
de leur Justice , pour ce qui en demeure réuni & incorporé au Chastelet , en execution de
l'Edit du mois de Février 1674. Sa Majesté
leur accorde par forme d'échange, les droits
Seigneuriaux, pour en joüir conformément
aux Edit & Déclaration des 20. Mars 1673.
& Février 1674. les décharge du payement de
2000. liv. qu'ils estoient tenus de payer chacune année à l'Hospital des Enfans-trouvez,
en execution de la Déclaration du mois de
Juin 1670. Et outre, les décharge des sommes qui ont esté exigées par les Entrepreneurs
des bastimens du Pont Marie, & l'Isle de Nôtre
Dame , à cause de la jouïssance des droits de
lods & ventes des places & maisons, depuis
1624. jusqu'à present, au delà de ce qui est dû
par la Coustume, & de ceux qui pourroient
estre dûs à Sa Majesté à l'avenir pour raison
des échanges , tant des heritages , que des
rentes, entre les places & maisons de ladite
Isle : leur faisant à cet effet Sa Majesté cession
de tous ses droits , actions & privileges ; en
attendant que la pleine jouïssance desdits
                         » droits

» droits de lods & ventes, retourne par droit de
» reverfion aufdits Doyen & Chapitre, au 1. Jan-
» vier 1684. ainfi qu'il eft porté par le contrat
» fait avec le Roy le 14. May 1642.

Lettres Patentes du 20. Mars 1678. par lefquelles le Roy en interpretant fon Edit du mois
» de Fevrier 1674. declare n'avoir réuni au Châ-
» telet de Paris ; la Haute Juftice des Comman-
» deries du Temple, & de faint Jean de Latran
» pour leurs enclos & cours feulement : & en con-
» fequence maintient & garde l'Ordre de Malte,
» en la poffeffion & jouïffance de la Haute Jufti-
» ce, dans les enclos & Cours du Temple, &
» de la Commanderie de faint Jean de Latran ;
» pour eftre exercée à l'avenir par un Bailly &
» autres Officiers neceffaires ; aux mêmes hon-
» neurs, prérogatives, droits & privileges,
» pour les enclos & cours feulement, que par le
» paffé ; comme auffi en la poffeffion & jouïf-
» fance de la Baffe-Juftice pour les cens rentes,
» & autres redevances des maifons & biens eftant
» dans la cenfive des Fiefs dépendans des Sei-
» gneuries du Temple, & de faint Jean de La-
» tran, fituez dans la Ville, Fauxbourgs, &
» Banlieuë de Paris ; le tout ainfi que l'Ordre
» en avoit bien & dûement joui, fans nean-
» moins qu'aucuns Artifans & Ouvriers, faifant
» commerce ou profeffion de quelque Art ou
» Meftier que ce foit, puiffent s'eftablir dans
» ces enclos du Temple, & de S. Jean de Latran,
» qu'ils ne foient fujets à la vifite des Maiftres,
» Gardes & Jurez de la Ville : lefquelles vifites
» ne pourront eftre faites qu'en confequence des
» Ordonnances du Lieutenant General de Police,
» qui leur en donnera la permiffion, & en
» prefence d'un Commiffaire du Chaftelet, qui
» fera par luy nommé. Défenfes aux Grand
» Prieur, Commandeurs, Chevaliers, & autres
» Officiers de l'Ordre, d'y fouffrir aucuns Ar-
» tifans, que fous ces conditions ; à peine
» d'eftre déchûs de leurs privileges ; qu'à l'é-
» gard du dédommagement dû à l'Ordre de
» Malte, pour ce qui demeure réuni & in-
» corporé à la Juftice du Chaftelet, en execution
» de l'Edit du mois de Fevrier 1674. Sa Ma-
» jefté luy accorde par forme d'échange, les
» droits Seigneuriaux pour les échanges des fiefs,
» terres & domaines, qui font de la mouvance
» des Seigneuries du Temple, & de faint Jean
» de Latran ; pour en jouïr conformément aux
» Edits & Declaration des vingt Mars 1673. & Fe-
» vrier 1674. comme auffi le décharge de la con-
» tribution de quinze cens livres, qu'il eftoit
» tenu de payer par chacune année, pour aider
» à la fubfiftance des Enfans-trouvez ; de laquelle
» fomme fa Majefté fe charge du jour de l'Edit de
» réünion des Juftices au Chaftelet.

Arreft du Parlement du 20. May 1678. par
» lequel il eft ordonné qu'avant de proceder
» à l'enregiftrement des Lettres du vingt Mars
» dernier, elles feront communiquées aux
» Officiers du Chaftelet, pour y donner leur
» confentement, ou dire par eux ce que bon
» leur femblera.

Arreft du Parlement du feptiéme Septembre
1678. fur productions des parties, & conclufions
de Mr le Procureur General : Entre Mr le Bailly
de Hautefeuille, Ambaffadeur Extraordinaire de
l'Ordre de Malte, demandeur en enregiftrement
des Lettres cy-deffus du vingt Mars dernier,
d'une part ; & les Officiers du Chaftelet, défen-

deurs & oppofans, d'autre part. Par cet Arreft, la
Cour ordonne que les Lettres feront regiftrées,
pour eftre executées felon leur forme & teneur,
& pour jouïr par l'Ordre de Malte & les Commandeurs du Temple, & de faint Jean de
Latran de leur effet ; à la charge neanmoins que
les appellations des Sentences qui feront données dans les Bailliages du Temple, & de faint
Jean de Latran, reffortiront pour les matieres
civiles au Chaftelet, & pour le criminel és
cas portez par les Ordonnances, au Parlement ;
& que les Arrefts intervenus avant la fuppreffion des Juftices des Seigneurs de Paris,
concernant la prévention, feront executez.
Qu'au furplus il ne fera rien innové pour le
rapport des contraventions faites dans les Arts
& Meftiers, ny à la nomination des Commiffaires, dont il fera ufé ainfi qu'il fe pratique pour
les Arts & Meftiers de la Ville.

Lettres Patentes du mois de Mars 1691. ad-
dreffées au Grand Confeil, par lefquelles le
Roy, en faveur de Monfieur le Cardinal de
Furftemberg Abbé de faint Germain, en con-
formité de l'Arreft du Confeil du 21. Janvier 1675.
reftablit la Juftice dans l'enclos de l'Abbaye. Ces
Lettres furent regiftrées au Grand Confeil le 15.
Mars 1691.

Ce reftabliffement reçut encore beaucoup de
difficulté pendant deux ans : le défaut d'enregiftrement au Parlement eftoit l'un des principaux obftacles : cela donna lieu à l'Arreft du
Confeil, & aux nouvelles Lettres Patentes qui
fuivent.

Arreft du Confeil du quatorziéme jour de
Fevrier 1693. en faveur des Abbé & Religieux
de faint Germain des Prez, par lequel Sa Ma-
» jefté ordonne, que l'Arreft de fon Confeil du
» 21. Janvier 1675. fera executé, & en confe-
» quence, en interpretant fon Edit du mois
» de Fevrier 1674. declare n'avoir entendu réü-
» nir au Chaftelet la Haute Juftice dans l'enclos
» de leur Convent, & Palais Abbatial, & lieux
» occupez par les Abbé, & Religieux, & leurs
» domefiques, dans cet enclos feulement. Les
» maintient & garde en la poffeffion & jouïffance
» de la Haute Juftice dans lefdits lieux ; pour
» eftre exercée par un Bailly, un Procureur
» Fifcal, un Greffier, & deux Huiffiers ; aux mê-
» mes honneurs, prérogatives, pouvoirs, &
» droits dont ils avoient joui par le paffé. Que le
» Bailly connoiftra des appellations des Ju-
» gemens & Sentences qui feront rendus en
» matiere civile, par les Officiers Hauts-Jufti-
» ciers des Terres & Seigneuries dépendantes de
» l'Abbaye, fituées hors la Ville, Fauxbourgs
» & Banlieuë de Paris ; ainfi qu'ils avoient bien
» & dûement fait par le paffé ; & de la baffe-
Juftice Fonciere pour les cens, rentes & redevances des maifons, & biens eftant dans la cenfive des Fiefs dépendans de l'Abbaye, fituez
dans la Ville, Fauxbourgs & Banlieuë de Paris ;
à la charge que les appellations des Jugemens
& Sentences du Bailly reffortiront, fçavoir pour
le criminel, au Parlement, & pour le civil, au
Chaftelet.

Lettres Patentes du mois de Fevrier 1693. accordées aux Abbé & Religieux de faint Germain des Prez, conformes aux Arrefts cy-deffus
des 21. Janvier 1675. & 14. Fevrier 1693. regiftrées au Parlement le 17. du même mois de
Fevrier.

CHAPITRE II.

La Jurisdiction du Grand Panetier, & celles qui ont esté autrefois establies par les autres Grands Officiers de la Couronne sur les Arts & Mestiers de Paris, ont toujours esté subordonnées à la Jurisdiction du Chastelet pour la Police.

AUssi-tost que les Ducs & les Comtes des Provinces eurent obtenu les infeodations de leurs Offices, qui leur en asseurerent la proprieté, les grands Officiers de la Couronne, & quelques-uns des principaux Officiers de la Cour, se reglant sur cet exemple, aspirerent au même avantage ; ce qui leur fut aussi accordé par nos Roys. Leurs Offices qui avoient esté jusqu'alors amovibles, furent ainsi érigez par une espece de fiction, en autant de fiefs personnels, & à vie, dont ils faisoient la foy & hommage au Roy. Quelques-uns même des plus puissans se les rendirent hereditaires : il y eut neanmoins beaucoup de difference entre ces fiefs de la Cour, (pour ainsi dire,) & ceux des Provinces. Les Ducs & les Comtes avoient eu la Recette du Domaine, & l'administration de la Justice attachée à leurs Offices ; tout cela leur fut infeodé ; leurs fiefs avoient un Territoire, & un Domaine certain, une Jurisdiction, & des vassaux. Il n'en fut pas de même des Officiers de la Couronne ; leurs Offices ne consistant qu'en dignité & en exercice personnel, les infeodations leur en asseurerent bien, à la verité, la possession ; mais ce furent autant de fiefs sans Domaine ny Territoire, ou, comme parlent les Jurisconsultes *sine gleba*. Ils voulurent neanmoins avoir une Jurisdiction, & une espece de sujets ou vassaux, & cette prérogative leur fut encore accordée. Cela ne fut pas difficile à l'égard du Connétable & du Grand Maistre. La suppression de l'Office de Maire du Palais, donna à l'un toute la Jurisdiction sur les Gens de Guerre ; & à l'autre, sur toutes les actions qui se passoient dans les Maisons Royales. Quant aux autres qui n'avoient pas une superiorité si naturelle, & si bien marquée, nos Roys leur accorderent le droit de disposer des Maistrises des Arts & Mestiers, & une espece de Jurisdiction sur tous les Marchands & les Artisans, qui avoient rapport à leurs Offices. Le Grand Chambrier, sur les Drapiers, les Merciers, les Pelletiers, les Tailleurs, les Fripiers, les Tapissiers, & sur tous les autres Marchands & Artisans des meubles & habits. Le grand Panetier, sur les Boulangers. Le grand Echanson, sur les Marchands de vin ; & ainsi des autres.

Il estoit impossible que l'ordre public & la discipline du commerce & des Arts, ne reçussent beaucoup d'atteintes de ces nouveaux establissemens. Chacune de ces Justices prétendit se mettre en possession d'une partie de la Police, indépendamment du Prevost de Paris. Les inconveniens de ce partage parurent de tous costez ; & le public ne fut pas long-temps sans s'appercevoir, & sans se plaindre du préjudice qu'il en souffroit. Cela donna lieu dans la suite à plusieurs Lettres Patentes de nos Roys, & à plusieurs Arrests du Parlement : le bon ordre fut restabli par les sages dispositions de ces Reglemens ; le Prevost de Paris maintenu dans son ancienne &

Du Tillet de la Maison & Couronne des Roys de France. P. 290.

unique Jurisdiction de Police ; & toutes ces Justices extraordinaires, furent encore renduës subordonnées & soumises à son Tribunal : En voicy les preuves.

Anciens Statuts des Boulangers tirez du Recueil que fit Estienne Boileau Prevost de Paris, & de tous les Statuts des Mestiers de cette Ville du temps de saint Louis. Ceux-cy portent, que nos Roys ont donné à leur Maistre Panetier la Maistrise des Boulangers de Paris ; qu'en vertu de ce droit, c'est à luy de les recevoir, & de leur donner des Jurez ; qu'il commet un Maistre des Boulangers pour les visiter, avec les Jurez & un Sergent du Chastelet ; que ce Maistre (qui a esté nommé depuis Lieutenant du Grand Panetier,) connoist des fautes qui se commettent dans la façon & debit du pain, des querelles & des bateries entre les Boulangers, quand il n'y a effusion de sang, & de leurs actions purement personnelles. Qu'il peut les punir de l'avis des Jurez, par la confiscation de leur pain, suspension de leur commerce, & six deniers d'amende contre les Maistres, & trois deniers contre les Compagnons : mais que si les Boulangers refusent d'obéir à ses Jugemens, ou que le cas merite plus grande peine, il doit avoir recours au Prevost de Paris pour y pourvoir. Il n'y avoit que les Boulangers de la Ville qui estoient soumis au grand Panetier ; il n'avoit aucun droit sur juridiction sur ceux des Faux-bourgs ; ils en sont exceptez par une clause expresse.

Les Statuts des Merciers, des Pelletiers, des Fripiers, & des autres Marchands & Artisans des meubles & habits, tirez de cet ancien Recueil du temps de saint Louis, contiennent ces mêmes dispositions en faveur du Grand Chambrier. Et ceux des Mareschaux, & autres gens de forge sur fer, en faveur du premier Mareschal de l'Ecurie du Roy.

Arrest du Parlement de la Toussaints 1281. portant que le Grand Panetier recevra les Maistres Boulangers ; que l'élection de leurs Jurez se fera devant luy ; qu'il aura la juridiction sur eux pour le fait de leur Mestier, mais à condition de n'en connoistre que jusqu'à six deniers d'amende contre les Maistres, & trois deniers contre les Compagnons. Que pour les autres cas, ils seront justiciables du Prevost de Paris. Et en cas que les Officiers du Grand Panetier, ou les Jurez soient negligens de visiter les Boulangers toutes les semaines deux fois, le Prevost de Paris pourra les y contraindre, ou y commettre d'autres personnes.

Arrest du Parlement de la Toussaints 1287. concernant les droits du Grand Chambrier, sur le Mestier des Cordonniers. Par cet Arrest, il est maintenu dans le droit de recevoir six sous pour la Maistrise de chaque Cordonnier, de les

Registre de temporalitibus, de la Chambre des Comptes, fol. 100, Premier vol. desMestiers de Paris, fol. 39.

Registre des Ordonnances du Domaine du Roy estant en la Chambre du Roy, en la Chambre du Domaine.

Du Tillet de la Maison & Couronne des Roys de France, chap. du Grand Panetier.

Du Tillet de la Maison & Couronne des Roys de France.

Registre de temporalitibus, de la Chambre des Comptes, f. 101. Livre blanc petit du Chastelet, f. 140. Histoire des Grands Officiers de la Couronne t. 5.

Liv. noir du Chastelet, f. 18.

» les faire visiter par les Officiers de sa Justice ;
» à condition de faire rapport des contraven-
» tions à l'Audiance du Prevost de Paris, pour
» y estre par luy pourvû, attendu que toute la
» jurisdiction luy en appartient ; & que nean-
» moins les amendes appartiendront au Grand
» Chambrier.

Arrest du Parlement du premier Juin 1316.
sur la Requeste de la Communauté des Citoyens
& Habitans de Paris, *Cives & Communitas habita-
torum Villæ Parisiensis.* (C'estoit alors le titre que
prenoit la Maison de Ville, lorsque ceux qui la
composoient agissoient en corps.) Par cette
» Requeste ils se plaignoient du desordre qu'il
» y avoit dans le debit du pain, & du prix ex-
» cessif où il estoit porté. Ils representerent que
» le Prevost de Paris avoit commencé d'y pour-
» voir, que cela luy appartenoit de droit, &
» par les anciennes Ordonnances de nos Roys ;
» que la jurisdiction luy en avoit esté troublée par le
» Grand Panetier de France ; ce qui les obligeoit
» d'avoir recours à l'autorité superieure du Par-
» lement. Le Procureur General du Roy, se
» joignit aux Citoyens contre le Grand Panetier :
» Sur quoy la Cour, après avoir oüy le Grand
» Panetier, ordonna que le Prevost de Paris
» continueroit de connoistre des fautes & contra-
» ventions dont il s'agissoit, sans prejudice des
» droits des parties en autres choses ; la Cour se
» reservant d'y pourvoir ainsi qu'il appartien-
» droit.

Extrait d'un Rouleau de la Chambre des Comptes. Histoire des Grands Officiers de la Maison du Roy, c. 6. pag. 509.

Guy Comte de saint Paul, Grand Bouteiller
de France, se plaignit à Philippe le Bel, qu'il
» estoit traversé dans ses droits, & sa juris-
» diction sur les Cabaretiers. Le Roy luy accorda
des Lettres Patentes le 6. Octobre 1311. addressées
» au Prevost de Paris, pour examiner ses titres,
» & le maintenir dans la jurisdiction & les autres
» droits qui se trouveroient luy appartenir
» legitimement. Le Prevost de Paris commit deux
» Examinateurs du Chastelet pour en faire une
» Enqueste. Le Grand Bouteiller leur mit ses faits
» entre leurs mains, & toutes ses pretentions se ré-
» duisirent à ces trois chefs. Le premier, que la
» moitié des lies de tous vins que l'on vendoit
» à broches en certains celliers de Paris, luy
» appartenoit. Le second, que le Registre,
» que luy ou ses gens tenoient, faisoit foy en
» Justice. Le troisiéme, que lorsque les Cabare-
» tiers contestoient son dire, qu'ils prétendoient
» que leur cellier n'y estoit pas sujet, qu'il estoit
» du nombre des celliers libres, ou qu'ils
» refusoient pour quelqu'autre raison d'y satis-
» faire ; c'estoit à sa Justice d'en connoistre ; qu'il
» pouvoit même les condamner à l'amende, les
» faire emprisonner au Chastelet, & qu'ils ne
» devoient estre mis en liberté que de son con-
» sentement. L'Enqueste fut faite par les Examina-
» teurs. Tous ces faits du grand Bouteillier furent
» prouvez, & que ses predecesseurs en avoient esté
» en possession. Le Comte de saint Paul mourut
pendant cette instruction, & la poursuite en
fut abandonnée. Henry IV. du nom, Sire de
Sully, fut pourvû de la Charge de Grand Bouteillier en 1317. il s'adressa à Philippe le Long,
pour estre maintenu dans tous les droits dont
les predecesseurs avoient joüi. Ce Prince luy accorda aussi des Lettres Patentes le 7. Juin 1320.
adressées au Prevost de Paris, par lesquelles il luy
» mande de voir l'Enqueste & les pieces du grand
» Bouteillier, & de luy faire Justice. Le Prevost
de Paris se fit representer l'Enqueste qui avoit
esté faite par les deux Examinateurs & les anciens Registres : & sur le vû de ces pieces, il

rendit sa Sentence le Samedy d'après *Reminiscere,*
l'an 1321. Cette Sentence porte que le Grand «
Bouteillier est maintenu & gardé dans le droit «
d'avoir la moitié des lies de tous les vins qui «
seroient vendus à broches dans tous les celliers «
qui dependoient de luy, & ses Officiers con- «
servez dans la jurisdiction & connoissance de «
tous les differens concernans ce droit. Ainsi «
le grand Bouteillier n'avoit aucune jurisdiction «
de Police sur les Cabaretiers, mais seulement «
pour la conservation de ses droits utiles ; enco- «
re estoit-il obligé d'avoir recours au Prevost de «
Paris pour l'y maintenir, lors qu'il y estoit «
troublé.

Bouchard de Montmorency Grand Panetier, Liv. blanc petit du Chaste-
let, fol. 231.
Du Tillet des
Grands Offi-
ciers de Fran-
ce, p. 287.
ayant derechef troublé le Prevost de Paris dans
la Police du pain, les Prevost des Marchands &
Eschevins en porterent leurs plaintes au «
Parlement. Ils representerent que cette Police «
appartenoit au Prevost de Paris, comme premier «
Magistrat de la Ville, *sicut Præfectus urbis*; & que «
ce trouble du Grand Panetier causoit un notable «
prejudice au public. Sur cette plainte, la Cour «
par Arrest contradictoire du trente-un Decembre
1333. ordonna, que le Grand Panetier joüiroit «
seulement de ses droits, selon les Réglemens «
registrez au Chastelet ; *juxtà tenorem Registri Castelleti Parisiensis super Officio dicti Panetarii, dudùm «
facti* : & que la jurisdiction & correction des «
fautes appartiendroit au Prevost de Paris.

Lettres Patentes du Roy Jean du 30. Janvier
1350. portant Réglement general pour la Police
de Paris. Par ce Réglement il est ordonné, que «
chacun an il sera élû par le Prevost de Paris, «
ou l'un des Auditeurs du Chastelet, à ce ap- «
pellé le Prevost des Marchands ; quatre «
Prudhommes pour visiter les Boulangers deux «
fois la Semaine ; que le pain qui sera trouvé «
n'estre pas du poids de l'Ordonnance sera con- «
fisqué, & le Boulanger condamné en soixante «
sous d'amende, de laquelle amende le Roy «
aura la moitié, le Prevost des Marchands & les «
Prudhommes l'autre moitié. Que les Prudhom- «
mes appelleront avec eux le Maire du Pane- «
tier de France, pour faire l'essay du pain deux «
fois l'année.

Après plusieurs autres articles pour la Police Fontanon,
t. 1. l. 5. tit. 8.
pag. 672.
des vivres, du commerce, & des Arts & Mestiers,
il y a un article general, qui porte, qu'en tous «
les Mestiers, & toutes les Marchandises, il y «
aura des Visiteurs, Regardeurs & Maistres, qui «
visiteront, & rapporteront les defauts qu'ils y «
trouveront, aux Commissaires, au Prevost de «
Paris, ou aux Auditeurs du Chastelet.

Arrest du Parlement du 2. Mars 1368. par lequel Livre rouge
du Chastelet
fol. 130.
il est permis au Grand Chambrier, de faire «
visiter par son Maire, les Pelletiers ; à la charge «
d'y appeller les quatre Maistres & Gardes du «
Mestier, & de faire rapport des contraventions «
au Prevost de Paris ; pour y estre par luy «
pourvû.

Lettres Patentes de Charles V. du vingt-un
Mars 1372. portant commission à deux Conseillers de la Cour, & au Prevost de Paris, d'examiner les Registres concernant le Grand Panetier ;
pour donner leur avis sur ses pretentions, & sur
les desordres qu'elles causoient dans la cherté du
pain.

Lettres Patentes de Charles V. du mois de
Juillet 1372. par lesquelles le Roy homologue «
le Réglement fait par les deux Conseillers de «
la Cour, & le Prevost de Paris, en execution de «
la commission cy-dessus : & en consequence, «
ordonne que les Boulangers seront visitez par «

T iij le

» le Prevoſt de Paris, ſon Lieutenant, ou per-
» ſonnes par luy commiſes: conſerve neantmoins
» au Grand Panetier, le droit de faire auſſi ſes
» viſites, mais à condition d'en faire rapport au
» Prevoſt de Paris, pour y eſtre pourvû.

Livre rouge
ancien du Châ-
telet fol. 72.
Lettres Patentes de Charles V. du vingt-cinq
» Septembre 1372. portant que tous les Meſtiers,
» vivres, & Marchandiſes de Paris, ne ſeront vi-
» ſitez que par le Prevoſt de Paris, ou par ſes
» Commis à ce deputez, & défenſes à tous autres
» de s'en meſler, nonobſtant tous Privileges, ou
» Lettres impetrées au contraire. Ces Lettres fon-
» dées ſur l'ancien droit & l'ancienne poſſeſſion
» des Officiers du Chaſtelet; que tous les Régle-
» mens de Police eſtoient regiſtrez en cette Ju-
» riſdiction; qu'ils y eſtoient mieux connus,
» qu'en aucune autre; & qu'il eſtoit beaucoup
» plus avantageux au ſervice du Roy, & au bien
» public, que la Police fuſt confiée à un ſeul
» Tribunal qu'à pluſieurs; que le partage en
» eſtoit toujours dangereux, & que cette maxi-
» me devoit avoir lieu, principalement à Paris,
» qui eſtoit la Ville Capitale du Royaume, ſur
» l'exemple de laquelle toutes les autres ſe de-
» voient regler.

Regiſtres du
Chaſtelet & de
la Chambre
du Treſor.
Du Tillet des
Grands Offi-
ciers de Fran-
ce, p. 296.
Livre rouge
ancien f. 173.
Lettres Patentes de Charles VI. du mois de
» Septembre 1384. par leſquelles il confirme les
» droits du Grand & premier Maréchal de ſon
» Ecurie. Déclare qu'entre autres droits les Maî-
» tres des Maréchaux, & des autres gens de forge
» ſur fer à Paris, luy appartiennent.

Les Officiers du Grand Chambrier ayant de
nouveau entrepris ſur la Police des Arts & Métiers, fait des viſites & des ſaiſies, prononcé des
amendes & des confiſcations, le Procureur General du Roy en porta d'Office ſes plaintes au
Parlement. Le Grand Chambrier intervint, &
prit le fait & cauſe de ſes Officiers. L'affaire contradictoire à l'Audiance; le Procureur General après
avoir repreſenté le prejudice que ces entrepriſes
apportoient à la Police de Paris, dit que tous les
Statuts concernant le Commerce & les Arts qui
s'exercent à Paris, avoient eſté faits par le Prevoſt
» de Paris ſous l'autorité du Roy, qu'ils eſtoient
» regiſtrez au Chaſtelet; qu'au ſeul Prevoſt de
» Paris, comme Juge ordinaire, appartient de
» connoiſtre pour le Roy, de la Police de Paris;
» que c'eſtoit à luy ſeul, ou à ſon Lieutenant
» de maintenir la diſcipline du Commerce & des
» Arts, d'en corriger & reformer les abus. Que
» cette Juriſdiction luy appartient de droit com-
» mun, & par toutes les anciennes Ordonnan-
» ces; qu'il en eſtoit en poſſeſſion de temps im-
» memorial; & qu'il eſtoit de l'intereſt du Roy,
» du bien & de l'utilité publique de l'y maintenir. La cauſe fut appointée; & par Arreſt contradictoire du neuviéme Decembre 1396. conforme aux Concluſions des Gens du Roy, le
Grand Chambrier fut debouté de ſes demandes
» & prétentions, & les parties qu'oſes Officiers
» avoient viſitez & condamnez, furent renvoyez
» pardevant le Prevoſt de Paris, pour leur eſtre
» fait droit.

Livre rouge
ancien f. 76. &
& liv. vert an-
cien 1. fol. 50.
Ordonnance de Charles VI. du ſeptiéme Janvier 1397. publiée au Chaſtelet: par laquelle,
» il eſt défendu au Prevoſt de Paris, de ſouffrir
» que le Grand Panetier & le Grand Bouteiller,
» levaſſent à l'avenir cinq ſous ſur chaque Bou-
» langer, & ſur chaque Cabaretier. Il y eut encore une ſemblable Ordonnance, qui fut publiée
l'an 1414.

Livre rouge
ancien f. 161.
Arreſt du Parlement du vingt-quatriéme May
» 1398. par lequel, ſur les conteſtations formées
» par les Maréchaux, & autres Gens de forge, au

premier Maréchal de l'Ecurie du Roy, qui pré- «
tendoit avoir droit de viſite & de juriſdiction «
ſur eux; les parties ſont renvoyées pardevant «
le Prevoſt de Paris.

Liv. noir du
Chaſtelet, f. 4.
Trois Arreſts du Parlement des 7. Novembre
23. Decembre 1411. & 26. Octobre 1413. pour
la Police du pain. Par ces Arreſts le Grand Pa- «
netier eſt maintenu en la poſſeſſion de recevoir «
les Boulangers à la Maiſtriſe, leur donner des «
Jurez, les viſiter, & en recevoir les droits uti- «
les qui luy ſont attribuez; & le Prevoſt de Paris «
maintenu dans toute la Juriſdiction de Police, «
pour la diſcipline publique, & la punition & «
correction des contraventions aux Ordonnances, «
abus & malverſations.

Liv. vert an-
cien, f. 94.
La France après une longue guerre, fut affligée de maladie & de famine: le Prevoſt des Marchands & les Eſchevins furent au Parlement le
douziéme Decembre 1416. pour y repreſenter les
beſoins du Peuple. Le Procureur General en leur
preſence, repreſenta la cherté du bled, & dit,
que le Prevoſt de Paris, ſicut Judex ordinarius, & «
Præfectus Urbis, avoit donné ſes ſoins pour en «
faire diminuer le prix, & celuy du pain à pro- «
portion: mais qu'il y avoit eſté troublé par le «
Grand Panetier; que le peril eſtoit éminent: «
requeroit la Cour d'y pourvoir. Par l'Arreſt qui «
fut rendu le même jour, il fut ordonné, que «
le Prevoſt de Paris par le conſeil des autres «
Officiers du Roy au Chaſtelet, pourvoiroit in- «
ceſſamment ſur le fait du bled & du pain; en «
ſorte que la Ville en eut été fournie. Enjoignit à «
tous Juges, Officiers & tous autres de luy obéir, «
& à ſes Lieutenans & Deputez.

Du Tillet Re-
cueil des Roys
de France, leur
Couronne &
Maiſon. pag.
289.
Cinq Arreſts du Parlement des trente-un Mars
1420. trois Avril, vingt-deux du même mois,
ſeize Juillet 1421. & cinq Decembre 1424. par
leſquels le Grand Chambrier eſt maintenu dans «
le droit de recevoir à la Maiſtriſe, les Mar- «
chands & Artiſans de ſa dépendance, & de les «
faire viſiter par ſes Officiers; à la charge nean- «
moins de faire rapport des contraventions au «
Prevoſt de Paris, pour y eſtre pourvû.

Liv. vert neuf
fol. 101.
Du Tillet p.
287.
Arreſt du Parlement du 2. May 1485. ſur la
Requeſte du Grand Panetier, demandant un «
Réglement de ſes droits. Cet Arreſt luy permet «
d'avoir ſa petite Juſtice, pour en jouïr par luy «
ou ſes Officiers, juſte & rité, ainſi que par le «
paſſé: il luy eſt permis d'avoir un Greffier, un «
Procureur pour luy, & un parquet dans la clô- «
ture du Palais, ainſi que ſes predeceſſeurs. «
Qu'il recevra les nouveaux Maiſtres Boulangers, «
fera l'élection des Jurez; pourra recevoir tous «
lès ans de chaque Boulanger un denier pariſis. «
Qu'à l'égard des viſitations chez les Boulangers, «
il luy eſt permis de les faire, ou de les faire «
faire par ſes Officiers, à la charge neanmoins «
d'en faire rapport au Chaſtelet à la Police; «
pour en eſtre ordonné, & les contraventions «
punies par le Prevoſt de Paris, ou ſon Lieu- «
tenant, ainſi que de raiſon; & que le Prevoſt «
de Paris, & les autres Officiers du Roy au «
Chaſtelet, pourront auſſi quand bon leur ſem- «
blera, viſiter les Boulangers, ſans que le Grand «
Panetier les en puiſſe empêcher.

Livre gris
fol. 131.
Arreſt du Parlement du vingtiéme Mars 1511.
par lequel un Boulanger trouvé en faute, & «
auquel les Officiers du Grand Panetier vou- «
loient faire le procès, eſt renvoyé au Chaſtelet «
pour y eſtre pourvû.

Livre rouge
neuf. f. 77.
Deux Arreſts du Parlement des 26. Novembre
& 3. Decembre 1521. par lequel Pierre Adan- «
court Fripier, que le Maire de la Juſtice du «
Grand Chambrier avoit empriſonné pour con- «
traventions,

Conference des Ordonn. liv. 11. tit.16. §.15. Recueil des Ordonn. de la Ville, de 1644. où il eft fait mention que ce Tableau, figné, L o n m i e r, Gre-fier du Chaf-telet, fut en effet pofé à l'Hoftel de Ville. Livre noir neuf, f. 146. Bannieres du Chaftelet, vol. 6. fol. 141.

» traventions, eft mis en liberté, renvoyé au
» Chaftelet;& le Grand Chambrier qui avoit pris
» le fait & caufe pour fes Officiers, condamné
» en fes dommages & interefts, & aux dépens.

Arreft au Parlement du treize Fevrier 1523. en faveur du Prevoft de Paris, contre le Grand Panetier, conforme aux precedens Réglemens, » du Chaftelet; il eft enjoint au Prevoft de » Paris, de faire faire trois Tableaux de cet Ar-» reft, de les faire afficher en la falle d'Audiance » du Chaftelet, à l'Hoftel de Ville, & aux Halles, » à ce qu'aucun n'en ignore, & de tenir la main » à l'execution.

Lettres Patentes de François I. du mois d'Oc-» tobre 1545. portant fuppreffion de l'Office de » Grand Chambrier, & réunion de fa Juftice, » & de tous fes autres droits au Domaine du » Roy.

Lettres Patentes de Charles IX. du mois de » Decembre 1561. portant confirmation de l'Of-» fice de Grand Panetier de France, en faveur d'Ar-» tus de Coffé, Seigneur de Gonnor, Chevalier de » l'Ordre du Roy; pour en jouir en la même for-» me & maniere que fes predeceffeurs en avoient » joui.

Meffire Claude de Lorraine, Prince de Join-ville, fut pourvû en 1621. de la Charge de Grand Chambellan, qui a fuccédé à celle de Grand Chambrier. Il fit une tentative pour faire refta-blir & attribuer à fa Charge cette ancienne Ju-rifdiction du Grand Chambrier fur les Arts & Meftiers de Paris: Il eut le credit de la faire comprendre dans fes Lettres de provifion: mais s'eftant prefenté au Parlement pour les faire re-« giftrer, il fut ordonné par Arreft du huitiéme « Avril 1622. qu'elles feroient reformées en ce « qui concernoit l'attribution de jurifdiction. « Ce qui fut fait.

Le Roy ayant ordonné par fon Edit du mois de Mars 1673. que tous ceux qui faifoient « profeffion de Commerce, ou d'Arts & Mê-« tiers, & qui n'eftoient d'aucun Corps, fe-« roient érigez en Communauté, & par Arreft du « Confeil du 31. Mars 1675. que tous les Arts & « Métiers des Fauxbourgs de Paris, feroient réunis « aux Communautez de la Ville; le Lieutenant « de la Paneterie donna des Lettres de Maiftrife à plufieurs Boulangers dés Fauxbourgs, fur lefquels il n'avoit eu jufqu'alors aucune Jurif-diction. Les Boulangers de la Ville s'en plai-gnirent au Confeil. Et par deux Arrefts contra-dictoires, l'un de provifion, & l'autre défini-tif, des 22. Aouft 1682. & 15. Avril 1684. le Roy caffa toutes ces receptions faites par le Lieu-« tenant de la Paneterie, luy fit défenfes de plus « recevoir à l'avenir aucuns Boulangers des « Fauxbourgs à la Maiftrife de la Ville, à peine « de nullité. «

C H A P I T R E   III.

La Jurifdiction de Police confervée au Prevoft de Paris, contre les prétentions des Officiers de la Prevofté de l'Hoftel, & grande Prevofté de France.

DE's la naiffance de la Monarchie il y a eu un Magiftrat eftabli dans le Palais de nos Roys, pour y rendre la Juftice en leur nom. Ce fut enco-re l'un de ces ufages Romains dont nos Anceftres connurent d'abord l'utilité, & qu'ils conferve-rent avec foin. Ils trouverent dans les Provin-ces des Ducs ou des Comtes qui les gouver-noient, & y adminiftroient la Juftice; & ils n'y apporterent d'autre changement que de faire remplir des grands poftes par des Seigneurs François. Ces Magiftrats Romains avoient au au deffus d'eux tous le Prefet ou Comte du Pa-lais de l'Empereur. Nos Roys eftablirent auffi dans leur Palais & auprès d'eux un Comte fu-perieur de tous les autres Magiftrats, fous le ti-tre de Comte du Palais, *Comes Palatii.* Les Or-donnances & les Ecrivains de ces premiers temps nomment encore ce Souverain Magiftrat, Maire, Prefet, Gouverneur, Duc & Prince du Palais, ou de la Cour Royale: *Major domûs Regiæ, Fræ-fectus, Gubernator & Dux Palatii, regalis curiæ Princeps.* Auffi fes fonctions répondoient-elles à tous ces grands titres. C'eftoit fur luy que nos Roys fe repofoient des principaux foins de l'Ef-tat & du Gouvernement, foit pour les armes, foit pour la Juftice ou pour les Finances. Il connoiffoit en premiere inftance de plufieurs af-faires importantes, que l'on nommoit par cette raifon, *Caufæ Palatinæ.* Toutes celles où le Prince avoit intereft, foit pour fa perfonne, foit pour le bien de fon Eftat, diftinguées par ces noms, *Caufæ Regales, caufæ Reipublicæ, vel caufæ pro falute Patriæ & utilitate Francorum,* n'ef-toient traitées qu'en ce Tribunal. Il confir-moit ou corrigeoit les Jugemens rendus par les Magiftrats des Provinces, lors que les Parties s'en plaignoient. Il eftoit ordinairement affifté dans ces Jugemens d'un certain nombre de Con-feillers, nommez par cette raifon, *Scabini Pala-tini.* Ce nom *Scabinus* venoit de l'Allemand *Scaben,* qui fignifie Juge ou Enquefteur, que les François avoient retenu de leur ancienne patrie. D'autres Seigneurs tant Ecclefiaftiques, que Laïcs, avoient auffi entrée dans ce Confeil; & nos Roys s'y trouvoient fouvent en perfonne, felon l'importance des matieres. Que fi c'ef-toit une affaire dont le Prince feul euft efté informé, ou dont il fe fuft refervé la connoif-fance, c'eftoit encore ce Magiftrat qui s'en inf-truifoit, & luy en faifoit le rapport. Plufieurs perfonnes de confideration avoient auffi par privilege leurs caufes commifes devant luy. Et enfin, comme il tenoit fon Tribunal dans la Maifon du Roy, il connoiffoit de toutes les ac-tions qui s'y paffoient, tant pour le civil, que pour le criminel.

Il y a des Auteurs qui feparent cette haute Magiftrature en deux differentes Charges; l'une, pour les armes & le Gouvernement, fous le ti-tre de Maire; & l'autre, pour l'adminiftration de la Juftice, fous celuy de Comte du Palais. D'au-tres Auteurs en plus grand nombre tiennent, que ce n'eftoit qu'une feule & même Charge; & les Capitulaires de nos premiers Roys fem-blent s'accorder à ce dernier fentiment. Mais quoy qu'il en foit, l'un & l'autre de ces titres furent éteints & fupprimez au commencement de la troifiéme Branche de nos Roys.

a Capitul. Carol. Magn. ann. 797. & 812. Capit. Ludov. Pii an. 819. & 812. Hincmar. Ar-chiep. Rem. de ordin. & Off.Palat.cap. 19. 15. & 33. Joan. Sarifbe-ri Epifc. Car-not.Epift. 163. Vit. fancti Præjeét.Epifc. & Martyr. c. 3. n. 11. apud Bolland. b Hincmar. loc. cit. c Cap. Car. Calvi tit. 23. §. 7. Ann Francor. Fuld. an. 752. Gefta Franco-nis Epifc. Co-noman. Fredegar. an. 768. Capit. Carol. Magn. an. 797.

d In vita S. Radegundis apud Fortuna-tum cap. 44. Fredeg. cap. 55. & 75. Aimon. lib. 4. cap. 15. & 26. Paul. Vuarne-frid. Epifcop. Metenf. Egin. in vit Carol. Magn & alios paffim. S. Vincent. de Vultur. lib. 2. Charta Carol. Simplic. apud Miræum in not. Ecclefiaft. Belgii p. 87. & in donatio-nibus Belgicis lib. 2. cap. 18. Monach. Gall. Hiftor. Franc. t. 3. p. 690. f Doublet p. 692. Chron. S. Be-nigni an. 925. g Eginar, in vit. Car. Mag. h Vit. Lud. Pii. an. 812. Marculf. for-mul. lib.1.cap. i Capitular. II Carol. Magn.

an. 797. c. 4.
Capit Ludov.
Pii, de Mona-
fterio S. Cru-
cis Pictavienf.
cap. 3.
Capit. Lud. Pii
an. 819. c. 4.
Charta Pipini
Regis Aquita-
niæ. pro Ec-
clef. S. Julian.
Brivatenfis an.
835.

Du Tillet ch.
du GrandMai-
ftre de France
p. 282.
Fauchet, de
l'origine des
Dignitez &
Magiftrats de
France ch. 10.
Fontan. liv.
1. titre 23. t.
1. p. 133.
Du Tillet ch.
duGrand-Mai-
ftre de France
p. 283.
Miramont,du
Prevoft de l'-
Hoftel, p. 27.
Fauchet, de
l'origine des
Dignitez &
Magiftrats de
France ch. 10.
Boutillier, en
la Somme ru-
rale, chap. des
Officiers &
Serviteurs du
Roy.

Off. de Fran-
ce liv. 2. tit. 4.
tom. 1. p.659.
Ordonn. des
Roys de Fran-
ce fol. 3. verfo.
Fontan. liv. 1.
tit. 23. tom. 1.
p. 133.

Livre blanc
petit. fol. 35.
Ordonn. des
Roys de Fran-
ce f. 12. verfo.

Du Tillet ch.
duGrandMai-

Il n'en fut pas de même de l'exercice. Comme toutes ces fonctions font importantes & neceffaires au Gouvernement de l'Eftat, nos Roys les féparerent entre plufieurs Seigneurs de leur Cour, & en formerent autant de Dignitez & de Charges confiderables.

Delà font venus les Maiftres des Requeftes de l'Hoftel, le grand Senefchal ou Grand-Maiftre ; entre lefquels l'adminiftration de la Juftice dans la Maifon du Roy fut partagée.

Les Maiftres des Requeftes, pour juger de certaines affaires qui leur font commifes, rapporter les autres devant le Roy ou fon Confeil, & connoiftre de toutes les caufes perfonnelles ou mixtes des Officiers du Roy, ou de quelques-autres perfonnes privilegiées.

Le grand Senefchal ou Grand-Maiftre, outre les éminentes fonctions attachées à fa Charge, eut auffi d'abord le droit de connoiftre avec les Maiftres-d'Hoftel du Roy, de toutes les actions tant civiles, que criminelles, qui fe paffoient dans les Maifons Royales.

La Police de Paris (pour rentrer dans noftre fujet) n'a jamais efté foumife ny à l'un ny à l'autre de ces Tribunaux.

Nous verrons en fon lieu qu'elle n'eft fujette à aucun renvoy ou evocation aux Requeftes de l'Hoftel ou du Palais, & qu'elle ne reconnoift d'autre Jurifdiction que le Prevoft de Paris en premiere inftance, & le Parlement par appel.

Quant à la Jurifdiction que les Maiftres-d'Hoftel du Roy exerçoient, & qui fait l'objet de ce Chapitre, ils entreprirent dans la fuite d'y attacher la Police des vivres & des autres provifions deftinées pour les Maifons Royales. Cette portion qu'ils voulurent enlever de la Police generale, & fouftraire à la connoiffance du Prevoft de Paris, fut d'une telle confequence, qu'en peu de temps l'ordre public en fut troublé, & le commerce interrompu. Les Eftats generaux affemblez fous Philippe V. pour la reforme du Royaume, s'en plaignirent. Cela donna lieu à un Edit du 25. Février 1318. par lequel » il fut ordonné que les Maiftres-d'Hoftel du Roy » n'auroient connoiffance d'aucunes affaires, que » des actions où les Officiers de l'Hoftel du Roy » feroient Parties, en défendant, & pour caufes » pures perfonnelles feulement.

Il n'eftoit fait aucune mention de la Police dans cette attribution. Celle qui concernoit les provifions de la Maifon du Roy n'y eftoit pas même comprife. C'eft pourquoy le même Prince ayant fait un Réglement le Jeudy avant Pâques fleuries de cette même année 1318. touchant les vivres que les Pourvoyeurs de la Maifon du Roy, de celles de la Reine, des Princes leurs Enfans, & des principaux Officiers de la Couronne devoient fournir, & touchant les voitures tant par terre que par eau, qui eftoient employées pour le fervice de S. M. & pour la fuite de la Cour : ce Réglement fut addreffé au Prevoft de Paris, & aux autres Baillis & Senefchaux, pour le faire executer, & connoiftre des contraventions.

La multiplicité des Jurifdictions eftant toujours à charge au peuple, le Roy Jean par Edit du mois de Decembre 1355. fupprima celle de fes Maiftres-d'Hoftel, & renvoya aux Maiftres des Requeftes de l'Hoftel les caufes des Officiers de fa Maifon en actions perfonnelles, & en défendant feulement, dont les Maiftres-d'Hoftel avoient connoiffance.

Cet Edit n'eut pas neanmoins d'execution, & la Jurifdiction des Maiftres-d'Hoftel du Roy fub-

fifta encore : mais elle fut reduite par Arreft du Parlement du 7. Mars 1389. dans l'enclos de la Maifon du Roy.

Ce fut par cette raifon que les Maiftres-d'Hoftel du Roy ayant adjugé à Simon Defourches Boucher, & Nicolas le Bailleur Poulailler les fournitures de Viande pour la Maifon de Sa Majefté pendant l'année 1398. la connoiffance en fut renvoyée par le Roy au Prevoft de Paris : & ce Magiftrat fit publier le 27. Mars de la même année une Ordonnance pour contenir ces deux Pourvoyeurs dans leur devoir. Il leur eftoit permis d'aller en tous lieux faire leurs achats pour les provifions de la Maifon du Roy ; & ils eftoient exempts de tous péages & paffages. Le Prevoft de Paris leur défendit & à leurs gens & ferviteurs d'abufer de ces privileges ; & fous pretexte, de faire aucune prife fur le peuple, à peine de prifon, & d'eftre punis ainfi qu'il appartiendroit.

Enfin par Lettres Patentes du 19. Septembre 1406. il fut ordonné que l'Edit de 1355. qui « avoit fupprimé la Jurifdiction des Maiftres- « d'Hoftel du Roy, feroit executé; qu'il n'y « auroit à l'avenir en l'Hoftel du Roy aucune « autre Jurifdiction que celle des Maiftres des « Requeftes pour les affaires de leur competen- « ce; & que les Ordonnances faites en faveur « des Juges ordinaires feroient executées. «

Ainfi finit cette Jurifdiction qui avoit commencé avec la Monarchie dans la Maifon de nos Roys par les Maires ou Comtes du Palais, & qui avoit efté exercée avec beaucoup moins d'eftenduë & de pouvoir, par le grand Senefchal ou Grand-Maiftre de France, & par les Maiftres-d'Hoftel du Roy.

Depuis ce temps il n'y eut plus de Juges dans la Maifon du Roy, fuivant l'Edit de 1355. & la Declaration de 1406. que les Maiftres des Requeftes pour les actions civiles & pures perfonnelles des Officiers du Roy, en défendant, & les Juges Royaux ordinaires pour toutes les autres matieres.

Il y avoit eu fous les Maiftres-d'Hoftel du Roy, & pour l'execution de leurs Sentences un Officier nommé Roy des Ribaux, Rex Ribaldi. Ce titre qui paroiftroit aujourd'huy extraordinaire & avoir quelque chofe de rebutant, eftoit en ce temps fort commun. Un mauvais ufage s'eftoit introduit de nommer Roy quelques-uns de ceux qui avoient quelque commandement ou autorité fur les autres. Cela s'eftendoit même jufqu'aux Chefs de quelques Communautez du Commerce ou des Arts, & des plus bas exercices. Ainfi l'on difoit fort ferieufement : Rex Armorum, Rex Arcariorum & Arbaleftariorum, Rex Merceriorum, Rex Alutariorum, Rex Juglatorum, Rex Miniftellorum. Et c'eft dans ce même fens que l'on difoit auffi, Rex Ribaldorum. Le nom de Ribaux, Ribaldi, qui ne fe prend aujourd'huy qu'en mauvaife part, eftoit alors equivoque ; il avoit à la verité, comme à prefent, cette fignification obfcene qui le rend odieux : mais il fignifioit auffi tres-fouvent des gens forts & puiffans de corps, foit pour le travail, foit pour les armes. Ainfi Ribauld eftoit pris également pour un débauché, un homme mercenaire, un foldat fort & vigoureux. Les Auteurs qui ont écrit du Roy des Ribaux, prétendent que dans toutes ces fignifications ce nom luy convenoit, & fe tiroit de fes fonctions. Il avoit fous luy un Lieutenant, fous le nom de Prevoft, & certain nombre d'Archers ou Sergens qui devoient eftre gens de main & d'execution. Ses fonctions

ftre de France
p. 284.

Livre rouge
ancien f. 165.
Offices de
France livre
1. tit. 4. tom.
1. p. 659.

Fauchet, de
l'origine des
Dignitez &
Magiftrats de
France ch. 14.
Du Tillet des
Roys de Fran-
ce, leur Cou-
ronne & Mai-
fon. Chap. du
Prevoft de l'-
Hoftel.
Miramont, 1
du Prevoft de
l'Hoftel, de
fa Jurifdic-
tion p. 73.
Gloffarium
mediæ & infi-
mæ latinitatis.
Du Cange, in
verbo Rex t.
3. p. 603.
Rigord. fub
an. 1189.
Vuillelm. Bri-
to.lib. 3. Phi-
lippid.
Anonym. de
geftis Frider.
II. Imperat.
Defcriptio vi-
ctoriæ Carol.
Siciliæ Regis
847.
Joan. Villa-
neus lib. 11.
cap. 139.
Cangium glo-
ffar. latin. in
verbo Ribaldi
t. 3. p. 606.
Miramont,
p. 79.

fonctions confiftoient à chaffer de la Cour les Vagabons, les Filoux, les brelans, les femmes débauchées, & les autres gens de mauvaife vie. Il avoit le foin que perfonne ne reftaft dans la Maifon du Roy pendant le dîné, & le foupé, que ceux qui avoient bouche à Cour, & d'en faire fortir tous les foirs ceux qui n'avoient pas droit d'y coucher. Il tenoit enfin la main à l'execution des Sentences qui eftoient renduës par le Grand-Maiftre de France, & les Maiftres-d'Hoftel de la Maifon du Roy, comme leur Officier. Ainfi, difent les Auteurs, foit que l'on confidere cet Officier par rapport aux gens qu'il commandoit, foit que l'on s'arrefte à ceux fur lefquels il exerçoit fes fonctions; il pouvoit bien eftre nommé, felon l'ufage de ce temps-là, *Rex Ribaldorum*.

Comme les fonctions de cet Officier eftoient neceffaires pour purger la fuite de la Cour de gens de mauvaife vie, il fut continué.

Ainfi fous le Regne de Charles VI. les Juges ordinaires furent mis en poffeffion de toute la Police & de la Jurifdiction criminelle dans la Maifon du Roy, & à la fuite de la Cour; & cet Officier en eut l'execution fous leurs ordres.

Les chofes demeurerent en cet eftat tant que le Roy fit fon féjour dans fes Maifons Royales ou dans quelqu'une de fes Villes. Mais fur la fin de fon Regne la France fe trouvant partagée en factions, ce Prince fut obligé d'eftre fouvent à la tête de fes armées. Les Juges ordinaires ne pouvant pas le fuivre dans fes Campagnes, & luy devant ailleurs leur affiduité & leurs fervices; il attacha pour la premiere fois à la fuite de la Cour le Prevoft des Marefchaux qui eftoit alors unique, pour y exercer en Campagne les mêmes fonctions qu'il avoit couftume d'exercer à la fuite des Armées: & ce Prevoft eut auffi fous luy le Roy des Ribaux, qui fuivoit la Cour en quelque lieu qu'elle fuft. Voicy comme un Auteur Contemporain:

Bouteiller, chap. des Connestables & Marefchaux de France.

» Item, a ledit Prevoft le Jugement de tous » les cas avenus en l'oft ou chevauchée du Roy; » & le Roy des Ribaux en a l'execution. Et » s'il avenoit qu'aucun forface, qui foit mis à » execution criminelle; le Prevoft de fon droit » a l'or & l'argent de la ceinture au malfaiteur, » & les Maréchaux ont le cheval & les harnois, » & tous autres hoftils fe ils y font, refervé les » draps & les habits quels qu'ils foient & dont » ils font veftus qui font au Roy des Ribaux, » qui en fait l'execution. Mais ce Prevoft des Marefchaux n'avoit cette Jurifdiction à la fuite de la Cour, que dans les marchez & chevauchées ou dans les Camps & Armées du Roy; ainfi qu'il paroift par ce même Auteur, qui continuë en ces termes. » le Roy des Ribaux, fi » fe fait toutefois que le Roy va en oft ou en » chevauchée, appelle l'executeur des Senten- » ces & commandemens des Marefchaux & de » leur Prevoft: & le Roy des Ribaux a de fon » droit, à caufe de fon Office, connoiffance fur » tous les joüeurs de dez, de berlans, & d'au- « tres qui fe font en l'oft & chevauchée du Roy. Ainfi cela n'apporta encore aucun trouble à la Jurifdiction des Juges ordinaires, lors que le Roy eftoit de retour dans fes Villes ou Maifons Royales.

Charles VII. parvenu à la Couronne au plus fort des troubles de l'Eftat, & prefque tout fon Regne s'eftant paffé en guerres, continua d'avoir à la fuite de fa Cour dans fes voyages ou campagnes, un Prevoft des Marefchaux. Ainfi les Juges ordinaires ayant leurs

Tome I.

Huiffiers & Sergens, & ce Prevoft des Marefchaux fes Archers, pour faire executer leurs Jugemens, foit que le Roy fuft fedentaire, ou en Campagne, l'Office du Roy des Ribauds devenu inutile, fut infenfiblement fupprimé; & depuis l'an 1422. il n'en eft plus fait mention dans les Eftats de la Maifon du Roy.

Miraumon. pag. 101.

Triftan Lhermite Prevoft des Marefchaux fut retenu par Charles VII. pour remplir cette place à la fuite de la Cour. Il l'exerça pendant le Regne de ce Prince, & fous Loüis XI. jufqu'à l'année 1475. qu'il mourut.

Miraumon. p. 101. & 112.

Après la mort de Lhermite, le Roy ne voulant plus détourner les Prevofts des Marefchaux du fervice qu'ils devoient ailleurs dans les Provinces ou à la fuite des Armées, eftablit enfin pour la premiere fois un Prevoft exprés à la fuite de fa Cour, fous le titre de Prevoft de l'Hoftel, trente Archers pour fervir fous luy, un Commiffaire pour en faire les revüës, & un Threforier pour les payer. Ce Tribunal a depuis efté augmenté de Lieutenans de Robe-longue, & de Robe-courte, d'un Procureur du Roy, d'un Greffier, & des autres Officiers neceffaires, tant pour les captures, que pour l'adminiftration de la Juftice.

Miraumon. p. 102. & fuiv.

Avant cet eftabliffement le Prevoft qui fervoit auprés du Conneftable, avoit couftume de prendre le titre de Grand-Prevoft de France; il prétendoit marquer par cette diftinction la préeminence de fa Charge, & la fuperiorité fur les Prevofts des Marefchaux, qui eftoient autant au deffous de luy, que la Marefchauffée l'eftoit en ce temps-là au deffous de la Conneftablie. Ainfi par cette même raifon de dignité, ce titre de grandeur parut naturellement dévolu à celuy que le Roy venoit d'attacher pour fervir prés de fa perfonne, & à la fuite de fa Cour. Cependant il en laiffa cet ancien Officier en poffeffion; & fes fucceffeurs en joüirent encore plus d'un fiecle. L'occafion s'eftant enfin prefentée favorable par le décés du Sieur de Chandieu Prevoft de la Conneftablie, & celuy du Sieur de Baufremont Prevoft de l'Hoftel; Henry III. en donnant des provifions à leurs fucceffeurs le dernier Février 1578. unit la Charge de Grand-Prevoft de France à celle de Prevoft de l'Hoftel, en faveur de Meffire François du Pleffis, Seigneur de Richelieu, qui en fut pourvû. Deux Prevofts de la Conneftablie, les Sieurs Rapin & Morel, ont depuis fucceffivement demandé d'eftre reftablis dans cette ancienne prérogative: & par deux Arrefts du Confeil des 3. Juin 1589. & 7. Mars 1609. ils en ont efté deboutez.

Miraumon. pag. 144.

Miraumon. pag. 147.

Comme cette nouvelle Jurifdiction eut les mêmes attributions de celle qui avoit efté exercée par les Maiftres-d'Hoftel du Roy, la premiere place en fut prefque toujours remplie par l'un d'eux pendant plus d'un fiecle. Mre Jean Innocent de Monteaud, Chevalier de l'Ordre du Roy, & Confeiller d'Eftat, en fut pourvû au mois de Decembre 1570. & ce pofte important n'a jamais efté confié qu'à des Sujets autant diftinguez par leur fageffe & par leur fincere attachement à la perfonne & au fervice du Roy, que par leur nalffance. Il l'eft encore aujourd'huy par un Seigneur de la Cour, qui poffede éminemment toutes ces grandes qualitez.

Cette Juftice ainfi reftablie dans la Maifon du Roy n'apporta aucun changement à la Police de Paris. Elle demeura toujours à la difpofition de fon Magiftrat ordinaire. Cela n'empêcha pas que le Tribunal du Chaftelet, qui avoit efté transferé au Louvre fous Charles VII. l'an 1460. n'y

V demeuraft

demeuraſt juſqu'en l'an 1506. que les lieux de cette ancienne Juriſdiction qui eſtoient tombez en ruine ſe trouverent entierement reſtablis. Il eſt même évident, par tous les anciens Réglemens qui furent faits pour cet eſtabliſſement de la Prevoſté de l'Hoſtel, qu'elle ne devoit avoir aucune fonction dans cette Ville Capitale. Il y en a ſix principaux fort amples & fort ſolennels, que les Officiers de la Prevoſté de l'Hoſtel citent en toutes occaſions comme l'ancien & l'unique fondement de tout leur pouvoir. Ils ſont des mois de Juillet 1522. 20. Aouſt 1536. 25. Janvier & 24. Mars 1559. 29. Decembre 1570. 28. Janvier 1572. & 31. Octobre 1576. Le premier de ces Réglemens fut fait à la Coſte de ſaint André en Dauphiné, le Roy eſtant à la teſte de ſes armées pour paſſer en Piémont ; quatre autres ſont datez de Valence, de Blois, d'Amboiſe, & de Villers-Cotereſts ; & le dernier de Paris, la Cour eſtant ſur le point de partir pour les Eſtats de Blois, & à l'occaſion de ce voyage. Il n'y a pas une de leurs diſpoſitions qui ne ſoit pour les marches & les voyages de la Cour. Le Roy y déclare dès le premier, que cette Juriſdiction eſt ambulatoire. Il n'y eſt fait mention que de logemens par Fourriers ou Maréchaux-des-Logis ; des précautions qui doivent eſtre priſes lors que la Cour ſe rencontre en de petits Villages, ou autres lieux étroits ; de l'ordre donné au Sieur Prevoſt de l'Hoſtel d'envoyer de ſes Lieutenans avant le depart du Roy, pour conferer avec les Officiers de Police des lieux, & faire avec eux le taux des vivres, & des autres proviſions neceſſaires ; de tenir la main à ce que ceux qui ſuivent la Cour payent leurs Hoſtes ; que les trains & les équipages ſoient reglez & fixez ; ce qui doit eſtre obſervé pour faire apporter des vivres des lieux circonvoiſins ; le réglement des Vivandiers & Pourvoyeurs ; les défenſes qui leur ſont faites de tendre des tentes dans les Halles des Villes où le Roy ſera ſéjour ; les rondes que les Officiers de la Prevoſté de l'Hoſtel ſont obligez de faire dans la campagne pour arreſter les malfaiteurs ; leurs viſites des lieux où Sa Majeſté ſera logée, pour y empêcher les bateries, les blaſphèmes, les débauches & les jeux défendus : qu'enfin s'il s'agit de faire le procès à quelque accuſé en matiere criminelle, le Prevoſt de l'Hoſtel y appellera, entr'autres Juges, les Lieutenans Generaux ou Particuliers des Baillages ou Seneſchauſſées, ou les Prevoſts Juges ordinaires, ſelon les lieux du Royaume où la Cour

ſe trouvera alors. Ainſi, ſoit que l'on conſidere les lieux où ces Réglemens ont eſté faits, ſoit que l'on en examine les dates & les diſpoſitions, il eſt évident qu'ils n'ont jamais eu pour objet que les campagnes ou les voyages de la Cour. La Ville Capitale n'y a jamais eſté compriſe. Elle a cette prerogative, qu'elle eſt toujours reputée le ſéjour ordinaire de nos Roys. La Cour y eſt, pour ainſi dire chez elle : & par tout ailleurs elle eſt en campagne ou en voyage. C'eſt le ſeul lieu du Royaume qui n'a aucun beſoin des ſoins preſcrits aux Officiers de la Prevoſté de l'Hoſtel par leurs Edits. Les Seigneurs y ont leurs Hoſtels ; les Officiers & les Gens de la ſuite de la Cour, leurs maiſons, ou des Auberges, ſans avoir beſoin de Mareſchaux-des-Logis, ou de Fourriers pour leurs logemens. Les vivres & les autres proviſions neceſſaires pour la ſubſiſtance des Habitans ou les commoditez de la vie y ſont en abondance plus qu'en aucun lieu du monde. La ſûreté publique y eſt maintenüe par les ſoins & la vigilance de ſes Magiſtrats : & ſa Police a ſes regles perpetuelles & permanentes, toujours également ſouſtenües, & qui ne reçoivent aucun accroiſſement ou diminution par la preſence ou l'abſence de la Cour ; à la difference de tous les autres lieux ſujets à cette viciſſitude, & pour leſquels les Officiers de la Prevoſté de l'Hoſtel ont eſté eſtablis.

Ce fut auſſi ſur ces fondemens que le Roy par deux Arreſts de ſon Conſeil des 5. Novembre 1666. & 21. Avril 1667. confirma les Of-« ficiers du Chaſtelet dans le droit de connoiſtre « ſeuls de la Police de Paris ; & fit défenſes aux « Officiers de la Prevoſté de l'Hoſtel, & à tous « autres de ſe troubler : & que par deux autres « Arreſts du Conſeil des 3. Février 1674. & 30. Oc-« tobre 1678. il eſt fait défenſes à toutes per-« ſonnes, ſinon qu'il s'agit de la Police de Paris, « de ſe pourvoir à la Prevoſté de l'Hoſtel, ou « ailleurs qu'au Chaſtelet, à peine de nullité, « caſſation de procedures, & de 3000. livres « d'amende. «

Les Officiers de la Prevoſté de l'Hoſtel n'ont pas laiſſé de faire de temps en temps quelques tentatives pour connoiſtre du moins de la Police qui concerne les Marchands & les Artiſans ſuivans la Cour, qui ont leurs domiciles ou leurs boutiques à Paris. Et quoiqu'ils ayent toujours ſuccombé dans cette prétention, il eſt bon de l'examiner à fond, & de faire connoiſtre combien ils y ſont encore mal fondez.

CHAPITRE IV.

Eſtabliſſement des Marchands & des Artiſans privilegiez ſuivans la Cour. Que ceux de cette qualité qui ont leurs domiciles à Paris ſont ſoumis à la ſeule Juriſdiction du Chaſtelet, pour la Police.

IL y a eu dés le douzième ſiecle des Marchands & des Artiſans de Paris dans la dépendance des Grands Officiers de la Cour, pour le ſervice des Roys & de leur ſuite. Le Grand-Maiſtre de la Maiſon du Roy, le Grand Chambrier, le Grand Echanſon, le Grand Panetier, & le Grand ou Premier Mareſchal de l'Ecurie du Roy, avoient leurs Marchands & leurs Artiſans, pour les vivres, les habits, les meu-

bles & les équipages de la Cour. Chacun de ces Grands Officiers donnoit des Lettres de Maitriſe, non ſeulement aux Marchands & aux Artiſans de ſa dépendance, mais encore à tous ceux qui exerçoient la même Profeſſion dans Paris. Il en tiroit une retribution proportionnée à leur eſtat, & fixée par les Réglemens. Il avoit droit de viſite, & une eſpece de Juriſdiction ſur eux, pour connoiſtre par ſes Officiers

Miraumont p. 178.
Conférence des Ordonnances l. 12. tit. 12. p. 632.

ciers, des petits differens qui naiſſoient entr'eux. Un certain nombre de ces Marchands & de ces Artiſans ſuivoit la Cour : il nous en eſt reſté ce monument ancien de la *Grange des Merciers*, à l'extrémité du Fauxbourg ſaint Antoine, où ceux qui faiſoient ce commerce ſe logeoient, & avoient leurs boutiques quand la Cour eſtoit à Vincennes. Mais toutes ces attributions attachées aux Charges de ces Grands Officiers de la Cour, portoient ces trois conditions indiſpenſables. La premiere, que tous ces Marchands & ces Artiſans de la Cour, auſſi bien que de la Ville, ne par-
» viendroient à cette Maiſtriſe, & qu'il ne leur en
» ſeroit délivré aucunes Lettres, qu'aprés avoir
» fait leur apprentiſſage chez les Maiſtres de
» leurs Communautez, & avoir paſſé tous les
» examens, les chef-d'œuvres, les experiences,
» & toutes les autres formalitez preſcrites par les
» Réglemens. La ſeconde, qu'ils ſeroient tou-
» jours ſujets à l'obſervation des Statuts & des
» Ordonnances, & aux viſites de leurs Gardes,
» ou de leurs Jurez. La troiſiéme, qu'ils ne ſe-
» roient ſoumis qu'à la ſeule juriſdiction du Pre-
» voſt de Paris, quant à la diſcipline du com-
» merce & des arts, & que les Officiers de tous
» ces autres Tribunaux, ſeroient rapport aux
» Audiances de Police de ce Magiſtrat, de tou-
» tes les contraventions qu'ils découvriroient
» dans leurs viſites, pour y eſtre par luy pourvû.
C'eſt ce qu'on a vû dans le Chapitre precedent, & dont on ne rapportera point icy les preuves.

De ces Juriſdictions extraordinaires, il ne reſtoit plus que celles du Grand Chambrier, & du Grand Panetier, lorſque l'Office du Prevoſt de l'Hoſtel fut créé l'an 1475. Toutes les autres avoient eſté ſupprimées dés l'an 1355. Nous en avons auſſi vû les preuves en leur lieu.

Les Officiers de la Prevoſté de l'Hoſtel prétendent que ce nouvel Officier de la Maiſon du Roy, obtint de Louis XII. d'avoir auſſi dans ſa dépendance un certain nombre de Marchands & d'Artiſans, ſous le titre de Privilegiez ſuivans la Cour : ils ne rapportent point cette conceſſion ; De Miraumont, leur Auteur favori, n'en fait aucune mention ; elle eſt ſeulement énoncée, ſans date, dans quelques Lettres poſterieres, & ne ſe trouve en aucun lieu. Que cela leur ſoit paſſé, neanmoins ſans preuves, du moins reſtera-t-il toujours dans l'eſprit cette conjecture, & ce puiſſant préjugé, qu'un tel privilege n'aura jamais eſté accordé plus ample, ny plus favorable à un nouvel Officier, que celuy dont avoient joui les grands Officiers de la Couronne en ſemblables matieres, & dont jouiſſoient encore en ce temps le Grand Chambrier, & le Grand Panetier de France. Que ſur ce principe l'on trouveroit ſans doute dans ces Lettres, ſi elles eſtoient rapportées, tout le droit du Grand Prevoſt, limité à choiſir des Marchands & des Artiſans, entre les Maîtres des Communautez de Paris, & à leur donner des commiſſions ; ou tout au plus, que s'il avoit droit de donner des Lettres de Maiſtriſe, c'eſtoit ſous les mêmes conditions que le Grand Maiſtre de la Maiſon du Roy, & les autres Grands Officiers de la Couronne en avoient donné autrefois, & que le Grand Panetier en donne encore aujourd'huy aux Boulangers, c'eſt-à-dire, à des Compagnons qui ont fait leur apprentiſſage, & achevé leur temps de ſervice ; à condition de faire leur chef-d'œuvre, ou de ſubir les examens preſcrits par les Réglemens, & d'eſtre toûjours ſoumis aux viſites des Gardes ou Jurez des Communautez, & à la juriſdiction

Tome I.

ordinaire de Police.

En effet, ſi toutes ces ſages précautions ont eſté jugées ſi neceſſaires dans les grandes Villes, pour ne pas expoſer leurs Habitans aux inconveniens terribles que l'ignorance, ou la malice dans le Commerce ou dans les Arts peuvent cauſer, à combien plus forte raiſon doivent-elles, eſtre obſervées religieuſement, lors qu'il s'agit d'en introduire à la ſuite de la Cour de nos Roys, & auprés des perſonnes les plus cheres à l'Eſtat.

Mais ſi les lumieres que nous aurions pû tirer du premier titre de cet eſtabliſſement, s'il avoit eſté repreſenté, nous manquent, il nous en reſte pluſieurs autres à conſulter. Nous y verrons qu'ils ont tous eſté rendus dans ce même eſprit, de ſoumettre les Marchands & les Artiſans ſuivans la Cour, à la même diſcipline de tous les autres, qui exercent de ſemblables profeſſions en Communautez jurées ; qu'ils en contiennent des diſpoſitions tres-expreſſes, & que ſur-tout, ces Marchands & ces Artiſans n'ont point d'autre Tribunal à reconnoiſtre pour la Police, que celuy du Chaſtelet, tant qu'ils font leur ſejour & leur commerce à Paris. Voicy les extraits de quelques-uns des principaux de ces Réglemens, qui ſuffiront pour eſtablir toutes ces veritez.

Edit de Louis XII. (qui ne ſe trouve point, & qui eſt ſeulement énoncé ſans date dans les Lettres ſuivantes.) Il eſt fait mention dans ces Lettres, que par cet Edit le Roy Louis XII. voulant pourvoir la ſuite de la Cour des vivres, « denrées, & autres marchandiſes neceſſaires, « avoit commis pour le ſuivre, cinq Marchands « de draps de laine & de ſoye, ſix Merciers, « ſix Chauſſetiers, quatre Pelletiers, deux Four-« biſſeurs, ſix Selliers, trois Eperonniers, ſix « Cordonniers, trois Lingers, ſix Bouchers, « ſix Poiſſonniers d'eau douce, quatre Pour-« voyeurs de foin & de paille, huit Pourvoyeurs « d'avoine, huit Pourvoyeurs de volailles & « gibier, trente Taverniers tenans aſſiete à boire « & manger, quatre Rotiſſeurs, ſix Vendeurs « de gros bois & fagots. Que tous ces Mar-« chands, Artiſans, Vivandiers & Pourvoyeurs, « ſeroient choiſis & choiſis par le Prevoſt de l'Hô-« tel : qu'il leur donneroit ſur ce ſes Lettres, « aux charges & conditions, & pour joüir des « privileges & exemptions declarez par cet « Edit.

Lettres Patentes de François I. du dix-neuf Mars 1543. Dans l'expoſé préliminaire il eſt fait mention, qu'il eſtoit ſouvent arrivé que « les lieux où le Roy avoit paſſé, ou fait ſejour « dans ſes campagnes ou ſes voyages, avoient « manqué de vivres & denrées ; parce que le « nombre de 93. Marchands, Artiſans, Pour-« voyeurs & Vivandiers eſtablis par l'Edit de « Louis XII. n'eſtoit plus ſuffiſant dans l'é-« tat où eſtoit alors la Cour. C'eſt pourquoy « Sa Majeſté les augmente juſques à 160. Sça-« voir, huit Marchands de draps de laine & de « ſoye, vingt Merciers, huit Chauſſetiers, ſix « Pelletiers, trois Fourbiſſeurs, ſix Selliers, « trois Eperonniers, ſix Cordonniers, trois Lin-« gers, douze Bouchers, vingt-deux Poulai-« liers, Poiſſonniers, vingt-cinq Taverniers-« Cabaretiers, douze Marchands de vin en gros « & en détail, dix Pourvoyeurs de foin, de « paille & d'avoine, huit Verduriers-Fruitiers ; « trois Apotiquaires, cinq Tailleurs, & neuf Carre-« leurs de ſouliers.

Ceux qui devoient remplir ces places pour

V ij   la

la premiere fois, font nommiez par cet Edit, à la charge de prendre leurs commiffions du » Prevoft de l'Hoftel. Sa Majefté luy donne pou- » voir de remplir celles qui viendront à vaquer; » luy fait défenfes d'en augmenter le nombre, & » leur accorde l'exemption de tous droits de pea- » ges, paffages, & autres impofitions pour les » vivres & marchandifes qu'ils feront conduire » à la fuite de la Cour. Cet Edit eftoit adreffé au Grand Confeil : il n'y fut point regiftré, ny en aucun autre lieu.

Il eft évident par cet Edit, & par tous les autres titres qui l'ont fuivy, que tout le pouvoir & toute la jurifdiction du fieur Prevoft de l'Hôtel fur les Marchands & Artifans fuivans la Cour, » confifte en ces quatre points ; les choifir, & » leur donner des commiffions ; les faire vivre » dans la difcipline, tant qu'ils font à la fuite » de la Cour en Campagne ; les maintenir dans » leurs exemptions de peages & autres impofi- » tions ; & juger les differens qui peuvent naî- » tre entre eux, ou contre eux, pour raifon du » prix des ouvrages ou des marchandifes dont ils font le commerce. Or la Police de Paris, ny des autres Villes, lorfque la Cour y fait fejour, ne fera jamais fous-entenduë dans aucunes de ces attributions où elle ne fe trouve point exprimée : mais ce qui ne laiffe aucun lieu d'en douter, c'eft que dans la fuite cet Edit & tous les autres ont efté expliquez en ce fens autant de fois que l'occafion s'en eft prefentée, & que les Officiers de la Prevofté de l'Hoftel ont voulu entreprendre fur la Police de Paris.

Quelques années aprés cet establiffement, les Cabaretiers de la fuite de la Cour qui refidoient à Paris, crurent eftre en droit de s'abandonner à toutes fortes de licences. Les Commiffaires du Chaftelet ayant reconnu cet abus dans leurs vifites, en firent affigner quelques-uns à la Police, où ils furent condamnez en l'amende. Les Cabaretiers fe pourvûrent au Grand Confeil, qui fit défenfes aux Commiffaires de les vifiter : le Lieutenant Civil s'en plaignit au Confeil du Roy, Sa Majefté eftant à Paris. Cette entreprife fur la Jurifdiction ordinaire parut fi importante au bien public, que le Parlement députa deux Prefidens & nombre de Confeillers, pour en porter auffi fes plaintes, & fes tres-humbles remontrances à Sa Majefté. Cela donna lieu à deux Arrefts du Confeil des dix-fept Fevrier & dix- » neuf Aouft 1588. par lefquels les défenfes faites » aux Commiffaires furent levées, & il fut or- » donné que le Grand Prevoft & les Cabaretiers » viendroient au premier jour pour eftre ouïs. Ils fe foûmirent auffi-toft à la Police, & cette affaire n'eut pas d'autres fuites.

Les mêmes Cabaretiers troublerent enfuite l'execution des Réglemens touchant le marché à la volaille : les Jurèz Rotiffeurs en faifirent quelques-uns trouvez en contravention, & les firent condamner au Chaftelet en fix livres d'amende : les Cabaretiers firent affigner à la Prevofté de l'Hoftel : les Rotiffeurs fe pourvûrent au Parlement ; les Cabaretiers au Grand Confeil. Sur ce conflit l'affaire fut evoquée au Confeil du Roy ; & par Arreft contradictoire en forme de Réglement, du dix-neuf Mars 1603. » le Roy eftant à Paris, il fut ordonné ; qu'à » l'avenir les Cabaretiers fuivans la Cour, ne » pourroient faire aucun achat dans les marchez » & lieux publics de cette Ville, d'aucun gi- » bier, finon aux heures qu'il eft permis par les » Ordonnances de Police d'en acheter.

Lettres Patentes de Henry IV. du 16. Septem-bre 1606. regiftrées au Grand Confeil le 18. Janvier 1607. Elles portent, que le Roy confiderant « combien cet eftabliffement avoit efté utile pen- « dant les derniers troubles, qu'il avoit conti- « nuellement tenu la Campagne à la tefte de fes « armées, & qu'il eftoit encore fouvent avec fa « Cour à Fontainebleau, & autres lieux éloignez « des Villes ; Sa Majefté confirme les Edits pre- « cedens, & augmente le nombre des Marchands « & Artifans fuivans la Cour, jufqu'au nombre « de 320. fçavoir, douze Marchands de vin, « vingt-cinq Marchands Cabaretiers, douze Bou- « chers, vingt-quatre Tailleurs, vingt-quatre « Poulailliers, Rotiffeurs, Poiffonniers, vingt- « quatre Merciers, douze Cordonniers, fix Apo- « tiquaires, huit Selliers, fix Chaircuitiers, « douze Pourvoyeurs de foin, de paille & « d'avoine, fix Pâtiffiers, fix Lingers, dix « Carreleurs de fouliers, huit Boulangers, huit « Verduriers-Fruitiers, vendans auffi gros bois & « fagots, fix Fourbiffeurs, trois Eperonniers, « fix Pelletiers, quatre Gantiers Parfumeurs, fix « Chandeliers, trois Corroyeurs-Baudroyeurs, « deux Libraires, fix Brodeurs, fix Paffemen- « tiers, deux Verriers, quatre Tapiffiers, deux « Plumaffiers, quatre Chirurgiens-Barbiers, « quatre Quincailliers, quatre Découpeurs- « Egratigneurs, deux Epiciers - Confituriers, « quatre Ceinturiers, quatre Fripiers, trois Cha- « peliers, deux Horlogers, deux Orfévres, fix « Ravaudeurs de bas, deux Parcheminiers, deux « Vertugadiers, fix Cuifiniers, huit Violons & « Joüeurs d'inftrumens de mufique, quatre Ar- « muriers, quatre Arquebufiers, deux Menui- « fiers-Tourneurs faifans lances, boules, & paille- « mails, deux Peintres, & deux Doreurs-Gra- « veurs & Damafquineurs. Ordonne Sa Majefté « que tous les Marchands, Artifans, Vivandiers « & Pourvoyeurs, prendroient Lettres du Pre- « voft de l'Hoftel, & Grand Prevoft de France. « Qu'il en feroit ufé de même par ceux qui « feroient par luy commis en leur lieu & place, « foit par mort, abfence, negligence ou autre- « ment, pour tel temps qu'il le trouveroit ne- « ceffaire au fervice du Roy, & à la fourniture « & commodité de ceux de la Cour, & fuite « de Sa Majefté ; & luy fait défenfes & à fes « fucceffeurs d'en augmenter le nombre. Or- « donne auffi qu'ils joüiront des privileges, « droits, libertez, exemptions & franchifes qui « leur ont efté attribuez par les Edits precedens ; « pour la confervation defquels privileges, Sa « Majefté en attribuë de nouveau toute Cour, « Jurifdiction, & connoiffance en premiere inf- « tance, à la Prevofté de l'Hoftel ; & par appel, « au grand Confeil.

Lettres Patentes de Louis XIII. du trentiéme Juin 1618. regiftrées au Parlement le douziéme Decembre de la même année. Elles contiennent, que le Roy François I. eftant contraint par les « grandes guerres qu'il avoit eu à foûtenir d'être « fouvent à la tefte de fes armées, & en des lieux « éloignez de vivres, & de toutes autres com- « moditez, avoit eftably à la fuite de fa Cour « un certain nombre de Marchands & d'Artifans, « qu'il leur avoit accordé le privilege d'eftre « exempts de tous fubfides & impofitions ; qu'il « les avoit mis en la garde du Prevoft de l'Hoftel, « & qu'il luy avoit donné le pouvoir de les inf- « tituer & de les deftituer, lors qu'ils man- « queroient à leur devoir : mais que cette jurif- « diction qui avoit efté jugée neceffaire dans ce « temps-là, avoit depuis tourné en abus fi grand, « que prefque pas un de ceux qui avoient efté « pourvûs

» pourvûs de ces commissions ne suivoient la
» Cour ; qu'ils ne s'y faisoient admettre, que
» pour joüir seulement des privileges & des
» exemptions dans la Ville de Paris : ce qui di-
» minuoit considerablement les Aides, & les
» autres droits du Roy, & troubloit la Police
» des Arts & Mestiers. Que Sa Majesté avoit mê-
» me esté avertie que depuis quelques années,
» l'on avoit voulu augmenter le nombre des pri-
» vilegiez, jusques à y mettre des Tapissiers ;
» comme si ce mestier eust esté necessaire à la
» suite de la Cour. A quoy Sa Majesté desirant
» pourvoir, declare qu'à l'avenir il n'y auroit
» aucuns Marchands Tapissiers à la suite de la
» Cour, autres que ceux de Sa Majesté, de la
» Reine, de la Reine Mere, des Princes & Prin-
» cesses Freres & Sœurs du Roy, employez dans
» les Estats de la Maison Royale, nonobstant
» toutes Lettres Patentes, ou Declarations du
» Roy, & toutes les provisions qui auroient pû
» estre données par le Prevost de l'Hostel, ou
» Sa Majesté declare nulles & revoquées ; & fait
» defenses à ceux qui les auroient obtenuës de
» s'en aider ; à peine de faux ; veut & entend
» qu'ils soient sujets aux Statuts du Mestier, & à la
» Police de Paris.

Arrest du Conseil du 23. May 1624. par lequel
» une permission qui avoit esté donnée par le
» Prevost de l'Hostel à un Boucher privilegié
» suivant la Cour, de vendre de la viande à
» Paris pendant le Carême, fut cassée, & luy
» est fait defenses d'en donner de semblables à
» l'avenir.

Les desordres que les Marchands & les Artisans privilegiez causoient à la Police & à l'ordre
public dans Paris furent si grands, & firent un
tel progrés, que les Maistres & Gardes des six
Corps, pour leur interest particulier, le Prevost
des Marchands & Echevins au nom de toute la
Ville, en porterent leurs plaintes au Conseil du
Roy. L'instance y fut poursuivie pendant six
ans, contre les sieurs de Bellengneville de Mo-
dennes, & de la Troüsse successivement Prevosts
de l'Hostel : & aprés une longue instruction, elle
fut enfin jugée par Arrest en forme de Réglement
» du 30. Janvier 1625. Cet Arrest porte, que
» dans trois mois le sieur Grand Prevost pour-
» voiroit de personnes capables, originaires
» François, à toutes les places de Marchands &
» Artisans privilegiez, dont joüissoient alors les
» Estrangers de quelque Nation qu'ils fussent,
» même ceux qui avoient obtenu des Lettres de
» naturalité sans qu'à l'avenir aucuns autres que
» des François, nez sujets du Roy, les pussent
» tenir, ny occuper.

» Fait defenses à tous les Marchands & Arti-
» sans suivans la Cour, d'associer avec eux d'au-
» tres Marchands François ou Etrangers ; de faire
» aucune marchandise par commission, ou au-
» trement prester leur nom, & trafiquer pour
» autres directement ou indirectement, sous
» quelque pretexte que ce soit ; à peine de con-
» fiscation des marchandises, & de cinq cens li-
» vres d'amende.

» Que le nombre des places fixé par les Let-
» tres du seizième Septembre 1606. ne pourra
» estre augmenté.

» Qu'il ne sera reçû en ces places aucun Mar-
» chand ou Artisan, qui ne fasse preuve d'avoir
» fait l'apprentissage requis en la Ville de Paris,
» ou en l'une des autres principales Villes de ce
» Royaume, où il y a Maistrise de Mestiers &
» Marchandises ; sinon, qu'ils seront examinez
» de leur suffisance par deux du Corps des Pri-

vilegiez où ils voudront entrer, & pareil «
nombre des Maistres de la Ville de Paris, du «
même estat & mestier. «

Qu'à l'égard des Apotiquaires, ils n'y seront «
reçûs, s'ils ne sont Maistres en l'une des prin- «
cipales Villes où il y a Maistrise, & qu'au «
préalable ils n'ayent esté interrogez & trouvez «
suffisans par le premier Medecin du Roy, le «
Doyen de la Faculté de Medecine, l'ancien «
des Maistres & Gardes Apotiquaires de la «
Ville de Paris, & le plus ancien des Apoti- «
quaires suivant la Cour, à peine de nullité de «
leurs receptions. «

Que les Privilegiez pourront tenir bouti- «
ques & magasins ouverts dans la Ville de «
Paris, le Roy y estant, ou lorsque Sa Ma- «
jesté sera à saint Germain, Monceaux, Fontai- «
nebleau, ou en autre lieu d'égale ou plus proche «
distance. «

Que trois jours aprés que le Roy sera parti «
pour aller en lieu plus éloigné, ils seront «
tenus de fermer leurs boutiques & magasins ; «
à peine de confiscation de leurs Marchandises, «
s'ils ne suivent actuellement en personne, & «
ne tiennent autres boutiques bien fournies à la «
suite de la Cour. «

Le Roy estant à Paris, les Marchands & Ar- «
tisans des Communautez de la Ville, feront «
leurs visites chez les Privilegiez, en la presence «
de l'un des Officiers de la Prevosté de l'Hostel; «
lorsque Sa Majesté sera absente de cette Ville, «
ces visites seront faites de l'autorité du Prevost «
de Paris, de même que chez les autres Mar- «
chands & Artisans de la Ville. «

Quoique cette permission donnée par Arrest aux Marchands & Artisans privilegiez de demeurer à Paris en certains temps, & sous certaines conditions, fust conçûë en des termes qui
sembloient restraindre leurs privileges, c'en
estoit neanmoins une veritable extension ; puis
que jusques alors il n'en avoit esté fait aucune
mention, ny dans leurs Edits, ny ailleurs.

Il y a encore cette reflexion à faire sur cet
Arrest, qu'il donne bien à la verité au nouveau
droit aux Officiers de la Prevosté de l'Hostel,
d'assister par l'un d'eux aux visites qui seroient
faites par les Gardes ou Jurez des Communautez
chez les Privilegiez ; mais qu'il n'y porte point
que les rapports seront faits à leur Tribunal, &
ne leur donne aucun droit de Jurisdiction pour
connoistre des contraventions. Or le droit d'assister à des visites, & celuy de corriger les fautes,
sont certainement deux droits qui ont esté de
tout temps distinguez & differens, comme nous
avons vû dans les exemples des Grands Officiers
de la Couronne, qui avoient ce droit de faire
faire de semblables visites par leurs Officiers,
chez les Marchands ou Artisans de leur dépendance ; sans neanmoins aucune jurisdiction, pour
corriger les contraventions ; ce droit ayant toujours esté reservé au Prevost de Paris, comme
seul Magistrat de Police.

L'on peut enfin observer en dernier lieu, que
cet Arrest fut rendu sans appeller ny entendre les
Officiers du Chastelet, pour y soustenir les interests de leur Jurisdiction, & celuy du public,
& qu'ainsi la question demeura toute entiere à
cet égard. Nous verrons dans la suite qu'elle a
depuis esté jugée en tres-grande connoissance
de cause, & plusieurs fois en faveur de l'ordre
public, & que la connoissance des fautes ou
contraventions des Marchands & Artisans privilegiez, a esté perpetuellement renvoyée au Tribunal de Police du Chastelet.

Les douze Bouchers ſuivans la Cour avoient leurs Etaux dans la ruë ſaint Honoré, proche la Croix du Tiroir, ils incommodoient en ce lieu la voye publique; le Lieutenant Civil par une Ordonnance du dix Avril 1634. leur ordonna de s'en retirer, & leur permit de choiſir dans Paris une autre place commode pour s'y eſtablir.

Les Rotiſſeurs ſuivans la Cour furent les premiers qui s'écarterent de leur devoir depuis cet Arreſt de 1625. Leur deſobéïſſance aux Réglemens de Police cauſa pluſieurs deſordres dans les Marchez, & fit augmenter conſiderablement le prix de la volaille & du gibier: le Commiſſaire Seveſtre trouva l'un de ces Rotiſſeurs en contravention; il le fit aſſigner à l'Audiance de Police du Chaſtelet, & il y fut condamné à l'amende: le Rotiſſeur ſe pourvût à la Prevoſté de l'Hoſtel, prit à partie le Commiſſaire, & le fit aſſigner en cette Juriſdiction. Le Roy eſtant à Paris, informé de ce deſordre dans la Police de cette grande Ville, rendit un Arreſt de ſon propre mouvement le treiziéme Novembre 1637.
» par lequel il eſt ordonné que la Sentence ren-
» duë à la Police au Chaſtelet contre le Rotiſ-
» ſeur, ſeroit executée, le Commiſſaire déchargé
» de l'aſſignation à luy donnée à la Prevoſté de
» l'Hoſtel, fait défenſes tres-expreſſes au Prevoſt
» de l'Hoſtel, ou ſon Lieutenant d'en prendre
» connoiſſance, & à la partie de faire aucunes
» pourſuites devant luy; à peine de nullité,
» caſſation de procedures, dépens, dommages
» & intereſts, & de ſix cens livres d'amende.
» Enjoint Sa Majeſté à tous les Rotiſſeurs, & à
» tous autres Marchands ſuivans la Cour, d'ob-
» ſerver à l'avenir les Ordonnances & les Ré-
» glemens de Police, ſous les peines & conte-
» nuës.
Arreſt du Conſeil du onziéme Decembre 1637.
» par lequel, ſur la remontrance faite au Roy
» des continuelles contraventions des Marchands
» privilegiez, qui troubloient l'ordre public, &
» la Police de Paris, que quatre d'entre eux du.
» nombre des Marchands Tailleurs, avoient
» eſté condamnez au Chaſtelet, ſur le rapport
» d'un Commiſſaire, en cent livres d'amende,
» pour avoir tenu leurs boutiques ouvertes les
» jours de Feſtes; qu'ils s'eſtoient pourvûs à la
» Prevoſté de l'Hoſtel, & enſuite au Grand Con-
» ſeil: Sa Majeſté declare nulle cette procedure
» des privilegiez: Ordonne que la Sentence du
» Chaſtelet ſera executée: Enjoint aux quatre
» particuliers condamnez, & à tous les autres
» Marchands & Artiſans privilegiez demeurans
» à Paris, d'obſerver les Réglemens de Police,
» & de répondre & proceder au Chaſtelet, ſur
» les contraventions, & non ailleurs, ſans pré-
» judice de la juriſdiction du Prevoſt de l'Hoſtel
» en ce qui concerne leurs privileges, & les
» viſites des Jurez en leurs boutiques ſeulement.
» Et afin que ce Réglement fuſt notoire, Sa Ma-
» jeſté ordonne, qu'il ſeroit lû & affiché aux
» lieux & endroits accouſtumez; au bas duquel
» Arreſt eſt la publication qui en fut faite par le
» Juré-Crieur le 23. du même mois.
Lettres Patentes de Louis XIII. du trente-un
» Mars 1640. portant augmentation de quarante
» Marchands & Artiſans ſuivans la Cour; ſça-
» voir, deux Rotiſſeurs, deux Boulangers, deux
» Cuiſiniers, deux Chaircuitiers, deux Patiſ-
» ſiers, deux Chandelliers, deux Fruitiers-Ver-
» duriers, deux Tailleurs, deux Merciers, deux
» Cordonniers, deux Gantiers, deux Lingers,
» deux Selliers, deux Fourbiſſeurs, deux Paſſe-

mentiers, deux Epiciers, deux Pelletiers, deux «
Ceinturiers, deux Chapeliers, & deux Arque- «
buſiers, pour faire en tout le nombre de trois cens
ſoixante.
Arreſt du Conſeil du cinquiéme Juin 1640.
le Roy eſtant à Paris, par lequel Sa Majeſté, «
ſans avoir égard aux Sentences de la Prevoſté «
de l'Hoſtel, & à l'Arreſt du Grand Conſeil; «
ordonne que la Sentence du Prevoſt de Paris «
du vingt-trois Mars 1638. ſera executée, & en «
conſequence, condamne Girard Huſchue l'un «
des vingt-quatre Marchands Merciers privile- «
giez ſuivans la Cour, à payer aux Jurez Au- «
neurs, le droit d'aunage de ſix pieces de drap «
ſur luy ſaiſies; luy fait défenſes d'en plus «
vendre aucunes en gros en ſon magaſin, qu'- «
elles n'ayent eſté portées aux Halles, ſuivant «
les Réglemens de Police; & qu'en cas de con- «
travention, luy & tous les autres privilegiez «
ſeront tenus de répondre pardevant le Prevoſt «
de Paris, & non ailleurs, ſans préjudice de la «
juriſdiction du Grand Prevoſt de l'Hoſtel, en «
ce qui concerne leurs privileges, & la viſite «
des Jurez en leurs boutiques ſeulement.
Les Maiſtres & Gardes de la Mercerie, en la
preſence d'un Commiſſaire au Chaſtelet, avoient
fait ſaiſir ſur un Marchand Mercier privilegié,
ſuivant la Cour, une aune dont il ſe ſervoit dans
ſon commerce, & qui fut trouvée trop courte;
le Commiſſaire fit aſſigner de ſon Ordonnance
ce Marchand au Chaſtelet: le Marchand ſe
pourvût en la Prevoſté de l'Hoſtel, & enſuite au
Grand Conſeil: les Maiſtres & Gardes eurent recours au Conſeil du Roy; & par Arreſt du 18.
Septembre 1648. les parties furent renvoyées «
pardevant le Prevoſt de Paris pour y proceder «
ſuivant les derniers erremens, & fit Sa Majeſté «
tres-expreſſes défenſes au Lieutenant du ſieur «
Grand Prevoſt de l'Hoſtel, de prendre à l'a- «
venir aucune connoiſſance d'un ſemblable «
different; cela n'eſtant pas de ſa competence. «
Arreſt du Conſeil du dix-ſeptiéme Novembre 1656. ſur la Requeſte preſentée au Roy
en ſon Conſeil, par le Procureur de Sa Majeſté
& les Commiſſaires au Chaſtelet, pour raiſon
des contraventions faites aux Réglemens de
Police par le nommé Hanier Rotiſſeur privilegié ſuivant la Cour; & les rebellions faites
par ce même particulier & ſa femme, à Me Jacques Piretoüy l'un des Commiſſaires; l'information faite contre ce Rotiſſeur & ſa femme; l'empriſonnement du mary dans les priſons du
Chaſtelet, & les pourſuites faites au Grand
Conſeil pour avoir liberté de ſa perſonne: par
lequel Arreſt le Roy renvoye les parties pardevant le Prevoſt de Paris en premiere inſtance, «
& par appel au Parlement; & décharge les «
ſupplians des aſſignations à eux données au «
Grand Conſeil.
Lettres Patentes du Roy du mois de May
1659. regiſtrées au Grand Conſeil le vingt-quatriéme Juillet de la même année, portant augmentation de quarante Marchands privilegiez «
ſuivans la Cour; ſçavoir, huit Marchands de «
Vin, ſeize Cabaretiers, huit Bouchers, & «
huit Chaircuitiers; pour faire en tout, avec «
les anciens, le nombre de quatre cens. Ces «
Lettres toujours fondées ſur le même motif que «
les precedentes; que le Roy eſtant obligé de «
faire de longs voyages, ou de ſe trouver dans «
ſes armées, pour la défenſe & conſervation de «
ſes Sujets, la ſuite de ſa Cour y manquoit «
ſouvent de vivres, & des autres commoditez «
neceſſaires. Donc il eſt toujours vray de dire, «
que

que ces establissemens n'ont point esté faits pour Paris, ny pour les autres grandes Villes, où ces incommoditez ne se rencontrent jamais.

Arrest du Conseil du cinquiéme Novembre 1666. par lequel Sa Majesté voulant faire cesser tous les desordres qui s'estoient introduits dans la Police de Paris ; connoissant que la multiplicité & la confusion de toutes sortes d'Officiers, aux Ordonnances desquels les Bourgeois se trouvoient en peine d'obéïr, & la difference des Justices pouvoient empêcher le fruit d'une reformation si utile & si necessaire ; » fait défenses à tous les Officiers des Seigneurs » Haut-Justiciers de la Ville & Fauxbourgs de » Paris, même aux Lieutenans du Grand Pre- » vost de l'Hostel, & à ceux du Bailly du Pa- » lais, d'entreprendre sur la Police generale » de Paris, & d'y troubler les Officiers du Châ- » telet.

Arrest du Conseil du vingt-sept Juin 1672. » par lequel le contrat de vente de la place de » Libraire & Imprimeur privilegié suivant la » Cour, faite au nommé Osmont, est declaré » nul, & ordonné que les deniers qu'il en » avoit payez luy seroient rendus. Cet Arrest rendu au rapport de Monsieur Colbert » est fondé sur ce motif ; qu'un tel establis- » sement dans la Librairie & l'Imprimerie estoit » contraire au bien public, & d'une perilleuse » consequence.

Arrest du Conseil du vingt-huit Septembre 1672. sur la Requeste des Maistres & Gardes de l'Orfévrerie contre deux particuliers, qui avoient surpris des Lettres de Marchands Orfevres sui- » vans la Cour : par lequel Arrest ces Lettres » sont declarées nulles ; & fait Sa Majesté dé- » fenses à ces deux particuliers, & à tous au- » tres, d'exercer l'art & le commerce d'Orfevre » à la suite de la Cour, ou ailleurs, sans avoir » esté reçû Maistre, conformément aux Or- » donnances ; à peine de mille livres d'a- » mende.

Il y a deux semblables Arrests pour les Batteurs d'or, des dix Fevrier 1681. & six Aoust 1682. qui enjoignent au sieur Lieutenant General de Police d'y tenir la main. Nous n'en parlons icy qu'à cause de la connexité de cette profession, avec l'Orfévrerie ; il en sera fait mention plus ample en leur lieu.

Arrest du Conseil du 23. Octobre 1673. sur la Requeste des Jurez Teinturiers en soye, contre deux Maistres de leur Communauté, qui avoient acheté des privileges de Teinturier suivant la Cour ; dont ils se servoient pour teindre aussi la laine & le fil, & confondre ainsi ces deux professions distinguées par les Réglemens de Police. » Par cet Arrest le Roy décharge les Teintu- » riers en soye de l'assignation à eux donnée au » Grand Conseil : ordonne que les Réglemens » sur le fait de leur mestier, & les Ordonnances » renduës en consequence, seront executées, & » qu'en cas d'appel, les parties se pourvoiront » au Parlement.

Les Gardes des Marchands Merciers firent saisir le 30. Decembre 1673. sur les nommez Angilbert & sa femme Lingers privilegiez suivans la Cour, trois caisses de toile venant de saint Quentin, avec assignation au Chastelet, pour en voir ordonner la confiscation. Angilbert & sa femme firent assigner le même jour les Gardes à la Prevosté de l'Hostel, & dés le lendemain il leur fut donné à ce Tribunal, une Sentence de main-levée, & qu'à la representation

des toiles saisies, les Maistres & Gardes seroient contraints par corps. Les Gardes se porterent pour appellans de cette Sentence. Le Parlement leur accorda un Arrest de défenses, qu'ils firent signifier. Angilbert & sa femme se pourvûrent au Grand-Conseil ; & cependant, au préjudice de l'Arrest de défenses, firent emprisonner au Fort-l'Evêque le Sieur Gervais grand Garde. Il fut mis en liberté le même jour en vertu d'un Arrest du Parlement. Les six Corps des Marchands se plaignirent au Conseil du Roy de ce mauvais procedé, & y donnerent Requeste en réglement de Juges. L'affaire instruite contradictoirement fut jugée par Arrest du 3. Fevrier 1674. au rapport de Mr Colbert Conseiller du Roy au Conseil Royal & Controlleur General des Finances. Par cet Arrest le Roy casse & annule la Sentence de la Prevosté de « l'Hostel, & l'Arrest du Grand-Conseil ; déclare « l'emprisonnement du grand Garde des Mer- « ciers injurieux, tortionnaire & déraisonnable; « ordonne que l'écrou en sera rayé & biffé. Et « pour réparation tant sur la réparation d'inju- « res, les dépens, dommages & interests de la « violence, que sur le fond & principal, Sa « Majesté renvoye les Parties pardevant le « Sieur Lieutenant General de Police en premie- « re instance, & au Parlement par appel ; avec « défenses à Angilbert & à tous autres de faire à « l'avenir sur ce fait particulier, & tout ce « qui concerne l'execution des Réglemens, le « Commerce & la Police de Paris, aucunes pour- « suites & procedures pardevant d'autres Juges, « à peine de nullité, cassation de procedures, « & de 3000. liv. d'amende.

Il y avoit lieu d'esperer que cet Arrest ; precedé de tant d'autres, seroit enfin une barriere inviolable aux entreprises des Officiers de la Prevosté de l'Hostel sur la Police & la discipline du Commerce, & des Arts & Mestiers de Paris. Cependant le contraire est arrivé, & se fondant sur la disposition de l'Arrest du 30. Janvier 1625. qui leur permettoit de connoistre des visites faites par les Gardes ou Jurez des Communautez de Paris chez les Privilegiez ; & affectant d'oublier les décisions contraires tant de fois repetées, & en plus grande connoissance de cause dans les Arrests & les Réglemens posterieurs, ils n'ont pas laissé de continuer. Toutes les Communautez des Marchands & Artisans de Paris, qui ont souffert ce trouble les unes aprés les autres, en ont porté leurs plaintes au Conseil du Roy : & le Public est redevable à la Justice, aux bontez, & à la protection de Sa Majesté ; que toutes les fois que la question s'est presentée, elle a esté décidée en faveur de la discipline & de l'ordre public. Les Sentences de la Prevosté de l'Hostel, & les Arrests du Grand-Conseil ont esté cassez, & les Parties renvoyées au Tribunal de Police du Chastelet. Il y en a un si grand nombre d'Arrests, que pour éviter la repetition de leurs dispositions qui sont toutes semblables, nous en rapporterons seulement les dates, & les noms des Communautez.

En suivant l'ordre Chronologique ; le premier qui se presente fut rendu au profit des Marchands Merciers, le 3. Fevrier 1674.

Voicy ceux qui l'ont suivi. Pour les Tapissiers, du 18. Juillet 1675. les Couvreurs, du 3. Avril 1675. les Tapissiers, du 14. Aoust 1675. les Menuisiers, du 18. Septembre 1675. les Merciers, du 31. Octobre 1675. les Cuisiniers, du 6. Novembre 1675. les Charrons, du 22. Janvier 1676. les Epiciers, du 14. Mars 1676. les Tapissiers, du

26.

26. Mars 1676. les Gantiers, du 28. Mars 1676. les Couturieres, le 11. Avril 1676. les Charons, le 20. May 1676. les Tonneliers, le 19. Aoust 1676. les Epiciers & Apotiquaires, le 10. Septembre 1676. les Ceinturiers, le 21. Octobre 1676. les Fruitiers, le 23. Decembre 1676. les Doyen & Docteurs Regens de la Faculté de Medecine, du 27. Janvier 1677. les Cordonniers, du 27. Janvier 1677. les Peintres, du 25. Janvier 1678. les Entrepreneurs de la Manufacture de Savon, du 30. Octobre 1678. les Apotiquaires, du 19. Septembre 1680. les Tailleurs, du 25. Février 1681. les Layetiers, du 21. Juillet 1682. les Teinturiers, du 24. Aoust 1682. les Tailleurs, du 28. Novembre 1685. & 8. Janvier 1687. les Epiciers, du 9. Juillet 1687. les Boulangers, du 15. Octobre 1687. les Patissiers, du 30. Octobre 1687. les Drapiers, du 6. Decembre 1687. les Boulangers, du 28. Avril 1688. les Merciers, du 13. Juillet 1688. les Chapeliers, du 21. Janvier 1689. les Epiciers, du 26. Juillet & du 23. Aoust 1690. les Chapeliers, du 31. Aoust 1690. les Apotiquaires, du 7. Juillet 1694. les Epiciers, du 18. Aoust 1694.

Tous ces Arrests fondez sur ce motif exprimé plus amplement dans celuy du 13. Juillet 1688. » que les Statuts du Commerce, & » des Arts & Mestiers ont esté donnez à chacun » des Corps & Communautez, pour y establir » l'ordre & la perfection necessaires au bien de » l'Estat. Que ces justes & sages précautions estoient devenuës inutiles par les abus qui s'y » commettoient, sous pretexte des titres de » Marchands & Artisans suivans la Cour. Que » depuis quelques années il s'en faisoit un si » mauvais usage, qu'au lieu que, suivant les » Ordonnances, les Statuts & les Réglemens, » tous Marchands & Artisans doivent se contenir dans les bornes de leurs professions, sans » entreprendre les uns sur les autres; & qu'au » lieu que ceux qui prennent les titres de Marchands & Artisans privilegiez suivans la Cour, » doivent estre premierement Marchands & Artisans choisis dans le nombre de ceux qui composent les Corps & Communautez déja esta-

blis : Ceux qui prenoient ces titres n'estoient « d'aucun Corps ou Communauté; ou s'ils en « estoient, c'estoient des Corps ou Communautez dont les exercices estoient incompatibles « avec les privileges qu'ils obtenoient. C'est ainsi « que le Roy s'en est expliqué dans ces Arrests.

L'on ne rapporte point en détail les especes qui ont donné lieu à ce grand nombre d'instances, ny les dispositions des Arrests. Mais en general on peut dire qu'elles renferment toutes les contraventions qui peuvent estre commises contre la Police & la discipline du Commerce & des Arts, soit dans les matieres, soit dans la forme des ouvrages, soit dans la conduite des Ouvriers. Qu'à l'égard des procedures, elles avoient toutes commencé par des visites des Gardes ou des Jurez des Communautez de Paris, assistez d'un Officier du Chastelet chez les Marchands ou Artisans privilegiez : les rapports faits à l'Audiance de Police du Chastelet, ou des demandes formées dans ce Tribunal par les Gardes ou Jurez, contre les Privilegiez prévaricateurs; des instances en revocation de la part de ces mêmes Privilegiez à la Prevosté de l'Hostel : des appellations de part & d'autre; les unes relevées au Parlement; les autres au Grand-Conseil; sur ces Conflits, des instances en réglement de Juges au Conseil du Roy : qu'en plusieurs de ces instances Mr le Grand-Prevost de l'Hostel est intervenu pour soutenir sa Jurisdiction; & enfin par tous ces Arrests, sans que les Officiers du Chastelet ayent fait de leur part aucune démarche, il a esté perpetuellement jugé; que sans avoir égard aux interventions « du Sieur Grand-Prevost, & sans s'arrester à ses « Sentences ny aux Arrests du Grand-Conseil, « qui sont cassez & annulez, les Parties sont « renvoyées pardevant le Sieur Lieutenant Ge- « neral de Police au Chastelet, & par Appel, « au Parlement. Ainsi voila une Jurisprudence bien confirmée, que les Officiers de la Prevosté de l'Hostel n'ont aucune Jurisdiction de Police dans Paris, soit que le Roy honore de son séjour cette Ville Capitale, ou qu'il en soit absent.

§. Premier. *Des Privilegiez que le Grand-Conseil avoit establis à sa suite, & qui ont esté supprimez.*

Le Grand-Conseil a aussi donné depuis quelques années des Commissions à des Marchands & des Artisans à sa suite. Il n'en a jamais eu aucune attribution, mais comme superieur du Prevost de l'Hostel, & Juge des appellations de ses Sentences en matiere civile, il a prétendu qu'il devoit jouïr éminemment de tous les droits de ce Tribunal inferieur. Cela luy a esté défendu, & semblables commissions ont esté cassées par Arrests du Conseil d'Estat. Nous en rapporterons seulement icy les extraits de quelquesuns des principaux.

Arrest du Grand-Conseil du 28. Novembre » 1662. qui reçoit Pierre Dancoigné Marchand » Mercier Privilegié à sa suite; & Lettres Pa-» tentes obtenuës par Dancoigné sur cet Arrest, » le 7. Decembre de la même année, qui en » ordonne l'execution.

Arrest du Conseil d'Estat du 27. Février 1665. entre les Maistres & Gardes des six Corps des Marchands, d'une part, & Pierre Dancoigné Marchand Mercier suivant le Grand-Conseil, & le Sieur Grand-Prevost, d'autre part; par lequel Arrest, sans avoir égard à celuy du Grand-Conseil du 28. Novembre 1662. ny aux Lettres Patentes de Commission du Grand Sceau du 7 » Decembre de la même année, Sa Majesté fait

tres-expresses défenses à Dancoigné de tenir « boutique; & au Grand-Conseil de faire à l'a-« venir des Marchands à sa suite, ny d'entre-« prendre sur la Jurisdiction du Chastelet & cel-« le du Parlement; concernant la Police des six « Corps des Marchands, à peine de nullité, « cassation de procedures, dépens, dommages « & interests envers les Parties. «

Quatre Arrests du Conseil d'Estat. Le premier, du 9. Septembre 1670. pour les Jurez Ecrivains. Le second, du 20. May 1676. pour les Charons. Le troisiéme, du 10. Septembre 1676. pour les Bonnetiers, & les autres Marchands des six Corps. Et le quatriéme, du 9. Juin 1682. pour les Layetiers; par lesquels des Commissions « d'Ecrivains & de Marchands ou d'Artisans à la « suite du Grand-Conseil, sont cassez, avec dé-« fenses à ceux qui en estoient pourvûs de s'en « servir.

Sentence du Lieutenant General de Police, du 21. Juillet 1682. renduë en consequence de l'Arrest du Conseil obtenu par les Layetiers, le 9. Juin precedent : par laquelle il est ordonné, que deux particuliers qui avoient obtenu des « Commissions de Layetiers à la suite du Grand-« Conseil, seroient tenus de fermer leurs bou-« tiques. «

§. I I.

§. II. *Privilege accordé à Monsieur le Mareschal du Plessis Praslin, de commettre un certain nombre de Marchands & d'Artisans à la suite de la Cour, qui a esté revoqué.*

Brevet du Roy du 20. Janvier 1658. par le-
» quel Sa Majesté augmente les Marchands &
» Artisans suivans la Cour, du nombre de deux
» en chacun des Corps & Communautez, avec
» permission de tenir boutique dans la Ville de
» Paris ; & Sa Majesté donne pouvoir à Mr le
» Mareschal du Plessis Praslin d'y pourvoir.

Lettres Patentes expediées au Grand-Sceau
sur ce Brevet, le 25. Juillet 1660. & Lettres de
Surannation du 29. Février 1672. addressées au
Grand-Conseil.

Arrest du Conseil d'Estat du 8. Juin 1672. entre les Maistres & Gardes des six Corps des
Marchands, plusieurs autres Communautez des
Arts & Mestiers de Paris, & le Procureur du Roy
au Chastelet, opposans à l'establissement de ces
nouveaux Privilegiez, d'une part : le Sieur
Mareschal du Plessis Praslin Défendeur & Demandeur en Requeste, d'autre part ; le Sieur
Prevost de l'Hostel & le Procureur du Roy de
sa Jurisdiction, intervenans. Par lequel Arrest
» il est ordonné, qu'il sera passé outre par le
» Grand-Conseil à l'enregistrement des Lettres
» obtenuës par le Sieur Mareschal du Plessis
» Praslin ; & qu'à cette fin toutes Lettres de Jus-
» sion requises & necessaires luy seront expe-
» diées.

Lettres de Jussion du 9. Juin 1672. & Arrest
d'enregistrement au Grand-Conseil, du même
jour.

Arrest du Conseil d'Estat du 23. Decembre
» 1681. par lequel Arrest il est ordonné, que les
» Brevets accordez par le Sieur Duc du Plessis
» Praslin aux nommez Doublet & Cordier, de

deux places de Tourneurs Privilegiez suivans «
la Cour, seront rapportez comme nuls. «

Arrest du Grand-Conseil en forme de Réglement du 28. Mars 1682. entre le Sieur Grand-
Prevost, d'une part ; & le Sieur Duc du Plessis
Praslin, d'autre : par lequel il est ordonné, que «
le Sieur Duc du Plessis jouira du droit de com- «
mettre à cent trente-quatre places de Privile- «
giez suivans la Cour ; & que les vingt-deux «
surnumeraires qu'il a pourvûs, seront suppri- «
mez : «

Arrest du Conseil d'Estat du 28. Novembre
1685. au profit des Jurez Tailleurs : Il porte, «
que sans s'arrester à l'Arrest du Grand-Conseil «
du 28. Mars 1682. le Brevet de Tailleur sui- «
vant la Cour, accordé par le Sieur Duc du «
Plessis Praslin à un particulier, est cassé & dé- «
claré nul. «

Arrest du Conseil du 8. Janvier 1686. sur la «
Requeste du Sieur Duc du Plessis Praslin ; qui «
confirme l'Arrest precedent du 28. Novembre «
1685. «

Arrest du Conseil d'Estat du 3. Octobre 1687.
par lequel, attendu la revocation faite par le
Roy, du Brevet accordé au Sieur Mareschal du
Plessis Praslin ; Sa Majesté, sans s'arrester à l'Arrest du Grand-Conseil du 28. Mars 1682. ordonne, que les Brevets de Patissiers suivans la Cour, «
qui avoient esté accordez à deux particuliers, «
seront rapportez comme nuls ; leur fait défen- «
ses de s'en servir. Et sur le surplus des de- «
mandes, renvoye les Parties pardevant le «
Lieutenant General de Police au Chastelet. «

§. III. *Des Marchands Privilegiez de la Garde-robe du Roy.*

Depuis la suppression de l'Office de Grand-
Chambrier du mois d'Octobre 1545. aucuns des
Grands Officiers de la Cour n'avoit eu le droit
de donner des Commissions à des Marchands
ou Artisans, jusqu'à ce qu'il ait plû au Roy
d'accorder ce pouvoir aux Maistres de sa Garde-robe ; ce qui a depuis passé en la personne
de Mr le Grand-Maistre. Le Brevet en fut expedié le 15. Avril 1644. Ce Brevet ne donne
aucun pouvoir de faire des Marchands ou des
Artisans ; mais seulement celuy de choisir dans
chacun des Corps de Mestiers deux des Artisans
qui seroient jugez les plus experts pour estre
employez au service de Sa Majesté par preference à tous autres. Quelques particuliers sans
qualité n'ont pas laissé dans la suite de surprendre des Lettres de Brevets de retenuë dans ces
places de Marchands ou Artisans de la Garde-
robe. Il estoit encore arrivé que plusieurs Marchands & Artisans surnumeraires avoient obtenu de ces mêmes Brevets, pour joüir des privileges qu'il a plû au Roy d'y attacher ; ce qui
estoit à charge au Public. L'un & l'autre de ces
inconveniens ont donné lieu à plusieurs Arrests du Conseil, qui ont cassé les Brevets obtenus par ces gens sans qualité ; & à une Déclaration du Roy, qui a reduit & fixé le nombre des Marchands & Artisans qui en pourroient obtenir à l'avenir, & supprimé les autres. En voicy les Extraits.

Brevet accordé par le Roy aux Maistres de
» sa Garde-robe, le 15. Avril 1644. qui leur don-
» ne le pouvoir de choisir dans chacun Corps

de Mestier deux Artisans qu'ils jugeront les «
plus experts, pour estre employez au service «
de sa Majesté, par préference à tous autres. «

Trois Arrests du Conseil des 25. Septembre 1646. 20. Juillet 1647. & 26. Septembre
1651. au profit des Gardes de la Mercerie
de Paris, contre François Gobert, Claude des
Jardins, Jean Lesiené, & Jean le Sonneur. Ces
Arrests portent que les Lettres de Marchands «
de la Garde-robe du Roy, obtenuës par ces «
particuliers sans qualité, sont déclarées nulles, «
& leur sont défenses de s'en aider. «

Arrest du Conseil du 24. Avril 1657. au profit des mêmes Gardes de la Mercerie : par lequel les Lettres de Marchand Mercier de la «
Garde-robe du Roy obtenuës par Benoist Gla- «
tra, sans qualité, sont déclarées nulles, luy «
est fait défenses de s'en aider. Et ordonne en «
forme de Réglement, qu'à l'avenir il ne sera «
expedié aucunes de ces Lettres, que confor- «
mément au Brevet accordé par Sa Majesté aux «
Maistres de sa Garde-robe, le 15. d'Avril «
1644. «

Arrest du Conseil du 11. Mars 1659. au Profit des Gardes de la Mercerie de la Ville de
Tours : par lequel les Lettres de Marchand «
Mercier de la Garde-robe du Roy, obtenuës «
par Pierre Simon Tapissier, sont déclarées «
nulles ; & luy est fait défenses de s'en aider. «

Arrest du Conseil du 28. Septembre 1661. au «
profit des Gardes de la Bonneterie de Paris : par «
lequel des Lettres de Marchand Bonnetier de «
la Garde-robe du Roy, obtenuës par le nom- «
» mé

» mé Thiebaut, fans qualité, font déclarées
» nulles; & luy eft fait défenfes de s'en aider.
Arreft du Confeil du 23. Octobre 1663. au
profit des Gardes de la Mercerie de Paris, Demandeurs; contre Jean Caumeil qui avoit obtenu des Lettres de Marchand Mercier de la
Garde-robe du Roy, Défendeur; Me Philippe Parceval Lieutenant General de la Prevofté
de l'Hoftel, intervenant. Par cet Arreft il eft or-
» donné, que les Lettres Patentes obtenuës par
» Caumeil, feront rapportées; luy eft fait dé-
» fenfes de s'en aider, à peine de confifcation;
» & de 3000. liv. d'amende; & aux Officiers de
» la Prevofté de l'Hoftel d'enregiftrer de fem-
» blables Lettres ou Brevets de retenuë, autres
» que des 24. Merciers Privilegiez fuivans la
» Cour, à peine de tous dépens, dommages,
» & interefts.
- Déclaration du Roy du 30. May 1664. par
» laquelle Sa Majefté fupprime plufieurs Offi-
» ces inutiles de fa Maifon; reduit les Mar-
» chands & Artifans de la Garde-robe à vingt-
» fix : fçavoir, douze Tailleurs, huit Cordon-
» niers, deux Pelletiers, deux Brodeurs, &
» deux Marchands Merciers; & fupprime tous
» les autres furnumeraires.
Arreft du Confeil du 27. Septembre 1664. au
» profit des Gardes de la Mercerie, qui caffe &
» déclare nul un Brevet de Marchand Mercier
» de la Garde-robe, obtenu par un particulier
» fans qualité; luy fait défenfes de s'en aider,
» à peine de 3000. liv. d'amende; & aux Offi-
» ciers de la Prevofté de l'Hoftel d'en enregif-
» trer de femblables, à peine de tous dépens
» dommages, & interefts.
Arreft du Confeil du 8. May 1665. pour les
Gardes de la Mercerie de Paris, Demandeurs
& faififfans; contre Henry de Willemin, Dé-
» fendeur : par lequel Arreft les Lettres de Mar-
» chand Mercier de la Garde-robe du Roy ob-
» tenuës par Willemin, fans qualité, font dé-
» clarées nulles; luy eft ordonné de les rappor-
» ter : & pour les avoir obtenuës, & s'en eftre
» fervi au prejudice des Arrefts precedens, les
» marchandifes fur luy faifies font confifquées
» au profit des Marchands Merciers.
Trois Arrefts du Confeil des 16. Juin 1665.
20. Octobre 1671. & premier Juin 1672. au profit des Gardes de la Mercerie, Demandeurs :
contre Jean Coquelard, Jean Gervaife, & Jean
Cornuël, Défendeurs; Me Philippe Parceval
Lieutenant General de la Prevofté de l'Hoftel,
» intervenant. Par lefquels Arrefts les Lettres
» de Marchands Merciers de la Garde-robe du
» Roy obtenuës par ces trois particuliers, font
» déclarées nulles; leur eft ordonné de les rap-
» porter, leur eft fait défenfes & à tous autres
» de fe fervir de pareils Brevets, à peine de
» confifcation & de 3000. liv. d'amende; & aux
» Officiers de la Prevofté de l'Hoftel des enregistrer, à peine de tous dépens, dommages & interefts.
Arreft du Confeil du 29. Avril 1673. fur la Requefte de Mr le Prince de Marcillac Grand-maiftre de la Garde-robe du Roy : par lequel Arreft
» Sa Majefté maintient & garde les Marchands
» & Artifans de fa Garde-robe en l'exercice de
» leurs Charges, & dans les Privileges qui leur
» font attribuez; leur permet de tenir boutiques
» ouvertes à Paris; fait défenfes de les y trou-
» bler nonobftant les Arrefts contraires qui
» avoient efté obtenus jufqu'à ce jour.
Nouveau Brevet du 25. Juillet 1673. accordé
par le Roy à Mr le Prince de Marcillac, por-

tant reftabliffement des Marchands & Artifans
de la Garde-robe du Roy, qui avoient efté fupprimez par le Réglement de 1664. Et Lettres
Patentes du 22. Juin 1674. en conformité de
ce Brevet, addreffées à la Cour des Aydes,
où elles ont efté regiftrées, le 14. Aouft de la
même année.

Arreft du Confeil du 18. Juillet 1675. entre
les Jurez Tapiffiers, Demandeurs en Réglement de Juges; & François Aleon, fe difant Ta-
piffier de la Garde-robe du Roy, Défendeur :
par lequel Arreft, fans avoir égard à la Sentence de la Prevofté de l'Hoftel & à l'Arreft du
Grand-Confeil, que Sa Majefté caffe & annulle,
les Parties font renvoyées pardevant le Lieutenant General de Police, avec défenfes de fe
pourvoir ailleurs. Aleon s'oppofa à l'execution de cet Arreft. Il fut debouté de fon oppofition par un autre Arreft du 14. Aouft de
la même année 1675.

Arreft du Confeil, du propre mouvement du
Roy, du 10. Février 1681. par lequel Sa Majefté
caffe deux Brevets de Batteurs d'or de la Garde-robe; fait défenfes de s'en fervir avant que
d'avoir efté reçus Maiftres à Paris; & enjoint
au Lieutenant General de Police d'y tenir la
main.

Arreft du Confeil du 4. Octobre 1681. par lequel les deux Batteurs d'or de la Garde-robe fupprimez par l'Arreft précedent font reftablis.

Arreft du Confeil du 21. May 1682. entre les
Gardes des Marchands Merciers, Demandeurs;
& le nommé Perinet Marchand de la Garde-
robe du Roy, Défendeur : par lequel les Parties, fur leurs conteftations, font renvoyées
au Chaftelet.

Arreft du Confeil du 16. Juin 1682. entre les
Maiftres Ouvriers d'or & d'argent : contre le
nommé Nativel Teinturier de la Garde-robe du
Roy; qui renvoye les Parties pardevant le
Lieutenant General de Police au Chaftelet.

Arreft du Confeil du 6. Aouft 1682. par lequel,
fans avoir égard à l'Arreft du 4. Octobre 1681.
touchant les Batteurs d'or, il eft ordonné, que
celuy du 10. Février de la même année fera
execute; & fait défenfes aux Batteurs d'or de
la Garde-robe, & à ceux de la Prevofté de
l'Hoftel d'exercer leur Meftier, qu'ils ne foient
auparavant admis à la Maiftrife de Batteur
d'or en la Ville de Paris, en la maniere accoutumée. Voulant à cet effet Sa Majefté, qu'aucunes provifions ne foient expediées par le
Grand-Maiftre de fa Garde-robe, ou par le
Prevoft de l'Hoftel, qu'il ne foit apparu des
Lettres de Maiftrife. Enjoint au Lieutenant
General de Police d'y tenir la main.

Arreft du Confeil du 24. Aouft 1682. entre
les Maiftres Ouvriers en draps d'or & d'argent;
& le nommé Nativel Teinturier de la Garde-robe
du Roy, par lequel il eft jugé, que les Marchands & Artifans de la Garderobe ont le
même droit que ceux des Corps & Communautez de Paris; & fur la queftion particuliere concernant leurs ouvrages, les parties
font renvoyées devant le Lieutenant General de Police au Chaftelet de Paris.

Lettres Patentes du vingt-neuf Octobre 1689.
regiftrées en la Cour des Aides le 24. Novembre de la même année, par lefquelles le Roy
declare, que depuis la fuppreffion par luy
faite en 1664. de plufieurs Officiers de fa Maifon, & des autres Maifons Royales, il n'avoit
qu'avec peine confenti d'en augmenter le
nombre

» nombre en differens temps , & leur avoit ac-
» cordé plusieurs privileges, qu'il avoit depuis
» esté informé estre à charge au public. A quoy
» voulant pourvoir, Sa Majesté par le premier
» article de ces Lettres Patentes, reduit les Mar-
» chands & Ouvriers de sa Garde-robe, confor-
» mément au Réglement de 1664. à vingt-six ;
» sçavoir, douze Tailleurs, huit Cordonniers,
» deux Pelletiers, deux Brodeurs, & deux Mar-
» chands Merciers : supprime tous les autres, &

leur défend d'exercer leurs privileges.   «
   Arrest du Conseil du 14. Decembre 1689.
par lequel Sa Majesté ordonne, que la Decla-   «
ration du vingt-neuf Octobre de cette même   «
année, sera executée selon sa forme & teneur , «
& que neanmoins les Marchands & Artisans de   «
sa Garde-robe supprimez, qui estoient encore   «
en exercice , pourront le continuer , & tenir   «
leurs Boutiques à Paris , ou dans les autres   «
Villes, pendant leur vie seulement.   «

§. IV. *Les Chirurgiens des Maisons Royales , & de la suite de la Cour , soûmis comme les autres ,*
à la Jurisdiction de Police du Chastelet de Paris.

Cette Profession , qui a pour objet la santé,
a eu de tout temps cette marque de distinction,
que nos Roys & nos Princes en ont toûjours
choisi , pour estre auprés de leurs personnes.
Il n'y en avoit point eu d'autres à la suite de
la Cour , que des Officiers des Maisons Royales , jusqu'en 1606. que Henry IV. par ses Lettres Patentes du seizième Septembre , augmentant le nombre des Privilegiez , y compris pour
la premiere fois des Chirurgiens , au nombre de
quatre. Il y a eu depuis plusieurs Réglemens ,
soit entre eux & les Chirurgiens de Paris , ou
du propre mouvement du Roy , pour regler
leur discipline. En voici quelques-uns des principaux.
   Arrest du Conseil du premier Juin 1669. par
» lequel le Roy fixe le nombre des Chirurgiens
» des Maisons Royales , & de la suite de la Cour
» à cinquante-six ; sçavoir , le premier Chirur-
» gien de Sa Majesté, son Chirurgien ordinaire,
» huit Chirurgiens servans par quartier , les qua-
» tre Chirurgiens de son Ecurie ; les quatre Chi-
» rurgiens de la Maison de la Reine ; les quatre
» de la feuë Reine Mere de Sa Majesté ; le pre-
» mier Chirurgien de Monsieur Frere du Roy ,
» son Chirurgien ordinaire , huit Chirurgiens
» servans par quartier ; deux Chirurgiens de la
» Maison de Madame ; le premier Chirurgien ,
» & Chirurgien ordinaire, huit servans par quar-
» tier de défunt Monsieur le Duc d'Orleans ;
» deux de la Maison de Madame Douairiere
» d'Orleans ; deux de la Maison de Mademoi-
» selle d'Orleans ; quatre de la Maison de Mon-
« sieur le Prince , & les quatre Chirurgiens sui-
» vans la Cour , à la nomination du sieur Pre-
» vost de l'Hostel. Ordonne Sa Majesté , que ces
» Chirurgiens des Maisons Royales , & de la
» suite de la Cour , auront droit & privilege
» d'exercer la Chirurgie , & de tenir boutique
» ouverte à Paris , sans qu'ils soient tenus de

faire auparavant aucun acte, ou experience en «
la Communauté des Maistres Chirurgiens.   «
   Arrest du Conseil du quatrième Septembre
1669. qui ordonne l'execution de l'Arrest du   «
premier Juin, contenant la reduction des Chi- «
rurgiens des Maisons Royales , & privilegiez   «
suivans la Cour ; & ordonne au Lieutenant   «
General de Police d'y tenir la main.   «
   Arrest du Conseil du 27. Juin 1672. sur la contestation faite par les Chirurgiens de Paris , aux «
Chirurgiens des Maisons Royales ; par laquelle «
ils prétendoient les empescher de pendre à   «
leur boutiques les marques & enseignes de   «
leur profession. Par cet Arrest , Sa Majesté   «
ordonne que les Chirurgiens de la Famille   «
Royale reservez & fixez par l'Arrest du pre- «
mier Juin 1669. pourront pendre à leurs en-   «
seignes & boutiques des bassins , boëtes , poë- «
letes , & autres marques de leur profession, ainsi «
que les Maistres de Paris , à la charge qu'ils «
seront tenus d'ajouter , les enseignes les Ar- «
mes des Princes & Princesses de la Famille   «
Royale, au service desquels ils seront attachez. «
Ordonne Sa Majesté au sieur Lieutenant Gene- «
ral de Police d'y tenir la main.   «
   Lettres Patentes du huitiéme Janvier 1701. qui
confirment le dernier Réglement de l'Art de   «
Chirurgie à Paris : elles portent , que les Chi- «
rurgiens du Roy, ceux de la Maison & Famille «
Royale , ceux des quatre Chirurgiens suivans la «
Cour , & les huit Chirurgiens de l'Artille-   «
rie, seront unis & aggregez à la Communauté   «
des Chirurgiens Jurez ; qu'ils ne seront con- «
seul & même Corps, & qu'ils seront soumis   «
aux mêmes Statuts , régis par les mêmes ré-   «
gles , & sujets à la même Police. Ce Régle-   «
ment est rapporté en son entier dans ce Traité,
Livre quatriéme , au Chapitre des Chirurgiens ,
où il peut estre vû.

CHAPITRE V.

Jurisdiction de Police du Prevost de Paris , dans l'estenduë du Bailliage du Palais.

L'On nommoit autrefois Concierges , ce que
l'on a depuis nommé Capitaines , & ensuite
Gouverneurs des Maisons Royales.
   Le Palais , qui est au milieu de Paris , estant
alors la demeure de nos Roys , avoit aussi son
Concierge ou Gouverneur.
   Ce Gouverneur n'avoit originairement non
plus de jurisdiction que celuy du Louvre , &
des autres Maisons Royales en ont aujourd'huy.
Cela se prouve par des Lettres Patentes de Phi-

lippe-le-Bel de l'an 1299. addressées au Prevost
de Paris, pour mettre en possession le Concierge du
Palais , des nouvelles Boutiques qu'il y avoit fait
bastir. Louis Hutin ayant abandonné le Palais au
Parlement pour y administrer la Justice ; comme
cette auguste Cour y represente la Majesté de nos
Roys, il y resta toujours un Concierge , avec
tous les droits utiles attachez à cet Office ,
mais sans aucune jurisdiction , non plus qu'auparavant.

Livre blanc
ou 1. vol. des
Mestiers 3.
partie, f. 138.

Livre noir f.
46.
Offices de
France liv. 3.
tit. 5.

Charles Duc de Normandie Regent du Royaume pendant l'absence du Roy Jean son pere, donna l'Office de Concierge du Palais à Philippe de Savoisy son Ecuyer, par Lettres Patentes du mois de Janvier 1358.

Par ces mêmes Lettres ce Prince, sous prétexte de déclarer les anciens droits attachez à cet Office, luy attribua toute Seigneurie, Justice & Jurisdiction moyenne & basse dans l'enclos du Palais, qui n'estoit alors borné que par la riviere, & dans quelques ruës aux environs.

Il y avoit eu autrefois un clos de vigne, nommé le clos des Mureaux, sis au Fauxbourg saint Jacques, & qui dépendoit de cette Maison Royale, & qui avoit esté couvert de maisons sous le Regne de Philippe Auguste: par cette raison de dépendance, le Prince Regent donna aussi à son Ecuyer la Seigneurie, & la moyenne & basse Justice de ce lieu.

Comme ces nouvelles attributions estoient exorbitantes, & qu'il auroit esté difficile d'en faire passer les Lettres au Parlement, elles ne furent addressées qu'au Prevost de Paris, & ne sont registrées qu'au Chastelet.

Le Concierge du Palais ayant voulu se mettre en possession de sa petite Justice, & assujetir les Marchands des Galeries à souffrir ses visites; ces Marchands en corps s'y opposerent, donnerent » leur Requeste à la Cour, & se plaignirent, que » c'estoit une nouveauté contre l'ancien usage, » de n'estre visitez que par le Prevost de Paris. » Le Procureur General du Roy se joignit aux » Marchands, & soustint que le Concierge du Pa- » lais n'avoit aucun droit de visite; que l'esta- » blissement de sa Jurisdiction n'avoit pû estre » fait par le Prince Regent; au préjudice des » droits du Roy, & de ses Officiers; qu'il n'a- » voit pû aliener cette portion du Domaine de » la Couronne; & conclut que les Marchands » du Palais ne seroient visitez que par les Offi- » ciers du Chastelet, suivant l'ancien usage. Sur cette premiere contestation, la Cour appointa les parties par Arrest du quinzième Juillet 1396. mais comme les Gens du Roy s'estoient déclarez en faveur du Prevost de Paris, le Concierge du Palais abandonna cette prétention.

Livre noir
f. 51.

Charles VI. confirma cette Justice moyenne & basse, à Jean Juvenal des Ursins, Concierge du Palais, par Lettres Patentes du mois de Mars 1413. ces Lettres furent addressées à la Chambre des Comptes: elles y furent présentées; le Prevost de Paris s'opposa à l'enregistrement: sur son opposition, la Chambre ordonna que » les Lettres seroient enregistrées; que Juvenal » des Ursins auroit le nom & le titre de Con- » cierge du Palais; qu'il jouïroit des revenus » & des profits attachez à cet Office; qu'il au- » roit même la nomination de tous les Officiers » necessaires pour sa Justice, mais que l'institu- » tion de ces mêmes Officiers appartiendroit au » Prevost de Paris; que le Concierge auroit seu- » lement l'inspection sur leur conduite, afin » que si quelqu'un manquoit à son devoir, il » en donnât avis au Prevost de Paris pour y » pourvoir.

Ce fut en ce temps que le nom de Concierge commença à le ceder à celuy de Capitaine ou Gouverneur, & à n'estre plus dans la même consideration. Juvenal des Ursins qui estoit alors Chancellier de Guyenne, & homme de qualité, fut aussi le premier qui méprisa ce titre, & prit de luy-même celuy de Bailly du Palais.

Livre jaune
f. 97.

Son Successeur, sous ce nouveau titre de

Bailly du Palais, entreprit de nouveau de visiter les Marchands & les Artisans de l'enclos du Palais: ils s'en plaignirent derechef au Parlement: le procés y fut instruit dans toutes les formes, & jugé par Arrest sur productions des parties le septiême Septembre 1463. Cet Arrest porte, que les Jurez des Mestiers feroient leurs visi- « tes dans l'enclos du Palais, par le congé du « » Bailly; qu'il ne pourroit leur refuser ce con- « » gé, & qu'ils feroient leurs rapports des con- « » traventions devant le Prevost de Paris. «

Entre les liberalitez immenses que Louis XI. Offices de
France. l. 3.
tit. 5.
fit à Jacques Coictier son premier Medecin, il luy donna cette jurisdiction de l'enclos du Palais, par Lettres Patentes du mois de Septembre 1482. & comme le titre de Concierge n'estoit pas encore bien oublié, ny celuy de Bailly assez establi; ces Lettres portent l'un & l'autre titre de Concierge & de Bailly du Palais, pour exprimer le même Office.

Nonobstant le prodigieux credit du premier Medecin, ces Lettres ne luy donnerent que le même droit de moyenne & basse Justice, dont ses predecesseurs avoient joüi.

Elles furent addressées pour la premiere fois au Parlement; l'on n'avoit osé jusques alors tenter de faire approuver à la Cour cette Jurisdiction extraordinaire, quelque petite & limitée qu'elle fust. Le premier Medecin en sollicita l'enregistrement, & avec toute sa faveur, il ne put l'obtenir qu'après deux mois de sollicita- tions, & de grandes résistances de la part de la Cour; il fut enfin obligé d'y employer l'au- torité du Roy. L'Arrest d'enregistrement du dix Janvier 1482. porte, qu'elles furent registrées, de expresso mandato Domini nostri Regis, pluribus « & iteratis vicibus facto. «

Voilà quels sont les titres du Bailly du Palais; il n'y en a point d'autre: ainsi tous ses droits doi- vent estre reglez sur ce pied de moyenne & basse Justice.

Quant à sa possession, il faut convenir qu'elle est beaucoup plus estenduë que ses titres.

Il est constamment en possession depuis tres- long-temps, de toute la Jurisdiction civile, sans excepter même les cas qui sont de la Haute Justice, quoiqu'il n'en ait aucune attribution. Le Chastelet n'a conservé à cet égard que le droit de suite des affaires commencées dans l'estenduë de sa jurisdiction; comme il a esté jugé en faveur des Commissaires pour les scellez, par Arrest con- tradictoire du 23. Aoust 1690.

Il n'en est pas de même du criminel; comme ces matieres sont beaucoup plus importantes, on ne les a pas laissées si fort en sa disposi- tion.

Les Lettres primordiales du mois de Janvier 1358. qui ont establi cette Jurisdiction, portent en termes exprés; que le Concierge du Palais « pourra faire prendre & emprisonner tous ceux « & celles qui auront fait, ou fait faire au Palais « dans son enclos & ses dépendances quelques « faussetez, larcins, ou quelqu'autres mauvaises « actions, & les garder en ses prisons, jusques à « ce qu'il soit sçeu, si dans ce qu'ils ont fait, « il y a crime capital, & que si les cas se trou- « vent civils, il en aura la connoissance, puni- « tion & correction: ainsi par ses propres titres, les actions criminelles dans ces cas graves n'estoient point de sa competence.

Il a esté pendant un tres-long-temps con- tenu dans ces justes bornes de son establisse- ment: en voicy quelques-uns des principaux exemples.

Le

Le Concierge du Palais ayant commencé le procés à Perrin de Chapes, accusé de crime commis dans le Palais, par Arreſt du 31. Janvier 1410. le priſonnier fut renvoyé au Prevoſt de Paris, pour luy eſtre fait droit.

Livre bleu fol. 63.

Le nommé Gilles Roze, arreſté dans la grande Salle du Palais, coupant un bout de ceinture garnie d'or à un Chanoine de la ſainte Chapelle, fut renvoyé au Prevoſt de Paris, ou ſon Lieutenant Criminel, par Arreſt du 27. Fevrier 1495.

Livre noir neuf f. 128.

Par autre Arreſt du huitiéme Juin 1575. ſur les concluſions de Monſieur le Procureur General, la Cour renvoya pardevant le Prevoſt de Paris, ou ſon Lieutenant Criminel, les informations & procedures qui avoient eſté commencées par le Bailly du Palais, pour raiſon de l'effraction faite à la ſainte Chapelle, & du vol ſacrilege de la vraye Croix. Et au bas de cet Arreſt, ſont les ſignifications qui en furent faites le même jour au Lieutenant & au Greffier du Bailliage, qui firent réponſe, qu'ils obéïroient à l'Arreſt.

A l'égard de la Police; il eſt vray que les Lettres de 1358. luy donnent le pouvoir de connoiſtre des fauſſes denrées qui ſont apportées à vendre au Palais, & d'y appeller les Maiſtres de la Ville, pour les faire viſiter.

Mais outre tout ce qui fut dit alors par les Gens du Roy contre ces Lettres primordiales, pour en faire connoiſtre la nullité, il y a encore trois reflexions à faire en faveur de la Juriſdiction du Prevoſt de Paris.

La premiere, que quand le Prince Regent qui accorda ces Lettres en faveur de ſon Ecuyer, en auroit eu le pouvoir, elles ſeroient toujours reductibles dans leurs propres termes, ſuivant cette maxime; que tout ce qui eſt accordé par privilege, & contre le droit commun, ne reçoit jamais d'extenſion: ainſi les Officiers du Bailliage du Palais, n'auroient tout au plus, par leur propre titre, que cette portion de la Police, qui concerne le debit des marchandiſes qui ſont venduës dans le Palais.

Livre rouge vieux fol. 72.

La ſeconde, que le même Prince qui avoit eſtabli cette Juriſdiction moyenne & baſſe, n'eſtant que Regent du Royaume, lors qu'il fut parvenu à la Couronne, en retrancha cette portion qui concerne la Police du commerce & des arts, par d'autres Lettres Patentes du vingt-cinq Septembre 1372. Ces Lettres Patentes portent, » qu'il convient beaucoup mieux pour l'utilité » publique, que la Police ſoit exercée par un » ſeul Juge, que de la communiquer à pluſieurs, principalement dans la Ville Capitale, » qui doit ſervir d'exemple à toutes les autres: » que de tout temps, par cette conſideration, » les Ordonnances concernant les Arts & Mé» tiers, ont eſté gardées au Chaſtelet, & qu'el» les ſont mieux connuës dans cette Juriſdiction » que dans pas une autre: c'eſt pourquoy le Roy » declare, qu'il entend que, ſuivant l'an» cien uſage, la connoiſſance de toutes les » matieres de Police, appartienne au ſeul Pre» voſt de Paris; qu'entant que beſoin eſt, il la » luy commet d'abondant; & luy enjoint de » faire luy-même, ou par ſes Deputez, les viſi» tes de tous les meſtiers, vivres & marchandi» ſes, dans toute la Ville & Banlieuë de Paris, » pour y faire obſerver les anciens uſages & Ré» glemens, ſans qu'aucun autre Juge s'en entre» mette, nonobſtant toutes Lettres impetrées ou » à impetrer au contraire.

La troiſiéme, qu'en effet toutes les fois qu'au préjudice de cette revocation, les Officiers du Bailliage du Palais ont voulu faire quelques viſites des Marchands & Artiſans du Palais, leur entrepriſe a eſté auſſi-toſt condamnée.

L'Arreſt du quinze Juillet 1396, & celuy du ſept Septembre 1463. rapportez au commencement de ce Chapitre, prouvent déja tres-clairement, que dés la premiere fois qu'ils firent paroiſtre cette prétention, les Gens du Roy s'y oppoſerent fortement, & que lors qu'ils la voulurent renouveller, elle fut auſſi-toſt condamnée par la Cour.

La même choſe a eſté depuis jugée pour les viſites des Bourſiers, par Arreſt du 7. Septembre 1463. celles des Orfévres par Arreſt du 30. Avril 1488. des Tailleurs d'habits par Arreſt du 13. Juin 1521. des Horlogers par Arreſt du dix-huit Mars 1586. & des Peigniers Tabletiers, par Arreſt du 13. Mars 1587.

Grand livre jaune f. 97. Livre rouge neuf f. 60. Livre vert neuf f. 136.

Ainſi il eſt vray de dire que cette attribution particuliere de la Police des Marchands & Artiſans de l'enclos du Palais pour le fait de leurs ouvrages ou commerce, qui ſembloit avoir eſté attribuée aux Officiers de la Conciergerie, ou Bailliage du Palais, par les Lettres Patentes du Prince Regent de l'an 1358. ayant depuis eſté revoquée par le même Prince, parvenu à la Couronne, & tant de fois condamnée par le Parlement, ils n'ont plus rien à y prétendre.

Il eſt vray qu'en 1604. le Bailly du Palais entreprit de recevoir à la Maiſtriſe des Artiſans dans l'eſtenduë de ſa juriſdiction, & de leur donner des Jurez. Il prétendit en même temps que luy ſeul avoit droit de les viſiter & de les diſcipliner. Les Jurez des Communautez de la Ville s'en plaignirent: le procés commença par les Aiguilliers-Aleniers. Les autres Communautez d'Artiſans, & le Procureur du Roy au Chaſtelet furent reçûs parties intervenantes. Le procés inſtruit fut jugé par Arreſt du ſixiéme Septembre 1608. Cet Arreſt porte, qu'il eſt fait « défenſes au Bailly du Palais, de recevoir à l'a- « venir aucuns Maiſtres des Meſtiers de Paris, « ny de faire aucuns Jurez, ſi ce n'eſt au Faux- « bourg S Jacques ſeulement. Qu'il eſt permis aux « Jurez des Meſtiers de Paris, d'aller en viſite dans « l'enclos & le Bailliage du Palais, en prenant « permiſſion du Bailly; & à la charge de faire ſe « rapport des contraventions pardevant ſon « Lieutenant. Que ce même Juge connoiſtra des « delits, des rebellions, & des autres empêche- « mens qui arriveront lors de ces viſites des Ju- « rez. Défenſes aux Maiſtres des Meſtiers, & « aux Marchands qui voudront demeurer ſur le « terroir du Bailliage, & en l'enclos du Palais, « d'y ouvrir leurs boutiques & échopes, que « premierement ils n'ayent pris la permiſſion « du Bailly, regiſtrée au Greffe du Bailliage, par « le Lieutenant, en la préſence du Procureur du » Roy. Défenſes aux Commiſſaires & autres Offi- « ciers du Chaſtelet, de faire aucun acte de Juſ- « tice, & prendre connoiſſance des matieres ci- « viles & criminelles, au dedans de la Juriſdiction « du Bailliage.

Mais cet Arreſt, qui eſt le ſeul titre, dont les Officiers du Bailliage du Palais ſe ſervent aujourd'huy, eſt ſuſceptible de deux réponſes.

La premiere, que le ſeul Procureur du Roy au Chaſtelet avoit eſté ouï, & que luy-même avec les autres Officiers de la Juriſdiction, qui n'avoient point eſté parties, prirent des Lettres de Requeſte civile le 2. Avril 1621. pour ſe faire reſtituer contre ſes déciſions. Ces Lettres fondées ſur des pieces nouvellement recouvrées, & ſur la contrarieté de cet Arreſt, avec toutes les Let-

X iij   tres

tres & les Arrefts qui l'avoient precedé; les Officiers du Bailliage du Palais y ont répondu; les parties ont efte appointées en droit, le procés eft indécis: & ainfi la queftion eft encore dans fon entier.

La feconde, qu'en tout cas cet Arreft ne décide que deux queftions : l'une, qui concerne les vifites & la Police particuliere des Artifans; qui eft demeurée jufqu'à prefent fans execution; & l'autre, la juftice civile & criminelle du Bailliage, qui n'eft point conteftée.

Il eft permis par cet Arreft aux Jurez de la Ville, de vifiter les Artifans de l'enclos du Palais, à la charge de faire leurs rapports des contraventions devant le Lieutenant du Bailliage. Ces Jurez, qui font reçûs au Chaftelet, & qui ne reconnoiffent point d'autre Tribunal en premiere inftance, s'abftiennent de faire ces vifites. Les Officiers du Bailliage du Palais, n'en peuvent rapporter aucun acte de poffeffion : ainfi les Artifans qui ont leurs demeures, ou leurs boutiques dans cet enclos, auroient efté abandonnez à leur fort, & auroient vécu à difcretion à l'égard de cette Police particuliere, fi les Officiers du Chaftelet n'avoient efté maintenus à y tenir la main, comme nous verrons dans la fuite.

Ce même Arreft fait défenfes aux Commiffaires du Chaftelet, & aux autres Officiers de cette Jurifdiction, de prendre connoiffance des matieres civiles & criminelles, dans l'eftenduë du Bailliage du Palais. Le droit de fuite a efté refervé aux Officiers du Chaftelet, par l'Arreft du 23. Aouft 1690. ils n'en prétendent pas davantage quant aux matieres civiles & criminelles. Ainfi à cet égard il ne refte aucune difficulté : mais il refte toujours les principales parties de la Police, qui ont appartenu de tout temps aux Officiers du Chaftelet, & que le Parlement leur a tacitement confervées par ce même Arreft; puis qu'il ne les a point compris dans fes décifions.

Les fix Corps des Marchands, par exemple, ne font obligez par cet Arreft, que de prendre l'attache ou permiffion du Bailly du Palais, pour s'eftablir dans fa Jurifdiction; il n'y eft fait aucune mention ny de la vifite de leurs Gardes, ny de leur difcipline : cela n'auroit non plus efté oublié, que celle des Artifans, fi c'euft efté l'intention de la Cour : mais c'eft qu'il s'agit à cet égard du grand commerce, qui fait partie de la Police generale, dont les foins & la Jurifdiction, en premiere inftance, ont toujours appartenu au feul Prevoft de Paris, & n'ont jamais efté divifez.

Il en eft de même de la Religion, de la difcipline des mœurs, de la fureté publique, de la fanté des Citoyens, de la propreté & commodité des ruës & des places publiques : toutes ces parties de la Police generale, n'ont jamais appartenu aux Officiers du Bailliage du Palais : il n'en eft fait aucune mention dans leur Edit primordial de l'an 1358. qui contient fort en détail tous leurs droits, & toutes leurs attributions, ny dans aucun autre de leurs Edits. Lors qu'ils ont voulu en entreprendre quelque portion, leur prétention a efté auffi-toft condamnée. Cela eft prouvé par un Arreft du dixhuit Janvier 1567. qui renvoye pardevant le Prevoft de Paris, ou fon Lieutenant Civil Juge de Police, les informations faites, pour raifon d'une violence commife par des Clercs, dans un Cabaret de la Cour du Palais. Ce renvoy fondé fur cet unique motif expliqué par Monfieur le Procu-

reur General, qu'il s'agiffoit d'un fait de Police. Et enfin l'Arreft du 6. Septembre 1608. le plus favorable titre qu'ayent les Officiers du Bailliage du Palais, & le feul dont ils fe fervent aujourd'huy, borne toute leur competance à l'égard de la Police, aux vifites des Artifans.

La poffeffion des Officiers du Chaftelet eft en effet conforme à ces titres. Et les derniers Réglemens qu'il a plû au Roy de faire pour la Police, les y confirment.

Les Commiffaires du Chaftelet ont dans leurs minutes une infinité de Procés verbaux concernant la Religion. Ils fe font tranfportez dans la cour & dans l'enclos du Palais autant de fois que l'occafion s'en eft prefentée, en execution des derniers Edits, pour recevoir les déclarations des Proteftans malades, faire arrefter les coupables fur le fait de la Religion, les interroger, & informer contr'eux.

La Déclaration du Roy du 21. Decembre 1630. l'Arreft du Parlement du 2. Septembre 1649. & le dernier Edit du mois d'Aouft 1686. concernant la Police de l'Imprimerie & de la Librairie, font mention des Libraires du Palais, & ne font neanmoins adreffez qu'au Prevoft de Paris, ou à fon Lieutenant Civil; & depuis, au Lieutenant General de Police, pour y tenir la main, fans aucune mention d'autres Officiers.

Les Commiffaires ont fait plufieurs vifites dans l'Enclos, les Galeries & les Salles du Palais, chez les Libraires; & y ont fait faire plufieurs faifies en leur prefence, dont les rapports ont efté faits aux Audiances de Police du Chaftelet.

Tous les Réglemens concernant le retranchement du luxe, font adreffez aux feuls Officiers du Chaftelet, pour y tenir la main à Paris, quoi-qu'il foit tres-connu que les Marchands de l'enclos du Palais, par la qualité de leur commerce, font fujets plus qu'aucuns autres, aux prohibitions portées par les Réglemens; & les Commiffaires du Chaftelet y font leurs vifites autant de fois que l'occafion s'en prefente, & que cela eft jugé neceffaire. Ils en ont dans leurs minutes un tres-grand nombre de Procés verbaux.

Quant à la fureté publique, les Lettres Patentes du Roy Jean de l'an 1363. & de François I. du mois de Janvier 1539. concernant l'ordre & la difcipline du Guet; enjoignent aux Officiers du Guet de pofter un Corps-de-garde dans la « Cour du Palais, pour la garde des Reliques « de la Sainte-Chapelle, & pour la fureté des « prifons; & en même-temps ordonnent aux « Commiffaires du Chaftelet d'avoir infpection « fur le Guet; & que les rapports de ce qui fe « paffera contre la fureté publique, feront faits « devant le Prevoft de Paris ou fon Lieutenant, « pour y eftre pourvû. L'Arreft du 8. Juin 1575. « qui renvoye au Chaftelet la connoiffance « du vol fait des Reliques de la Sainte-Cha- « pelle, entre encore dans cette preuve. Les Pro- « cés verbaux des Commiffaires du Chaftelet, « pour raifon des incendies arrivez dans l'en- « clos du Palais; & notamment celuy de la « Chambre des Comptes du 3. Mars 1682. prou- « vent auffi cette même verité. «

L'Arreft de Réglement fait par la Cour le 19. « Février 1691. pour la fureté de la nuit, conferve « toujours cette même fonction aux Commiffai- « res, & cette même Jurifdiction au Prevoft « de Paris fur le Guet, fans aucune diftinc- « tion de lieux. «

C'eft encore par cette même raifon de la fureté publique, que les Lanternes & les Chandelles qui doivent éclairer pendant la nuit une partie

partie de l'année, font fous la Jurifdiction des Officiers du Chaftelet dans le Palais, de même que dans tous les autres lieux de la Ville, comme il paroift par les Arrefts qui ont fait ou autorifé cet eftablilfement.

Tous les Réglemens faits pour la fanté, & qui doivent eftre executez dans l'enclos. du Palais, comme ailleurs dans toute l'eftenduë de la Ville, font addreffez aux feuls Officiers du Chaftelet.

Les Lettres Patentes de Charles VI. du premier Mars 1388. portent qu'au Prevoft de Paris » feul, & non à d'autres, appartient, à caufe » de fon Office, la Police de Paris; & en con- » fequence de cette Jurifdiction generale, que » c'eft auffi à luy feul de donner les ordres ne- » ceffaires pour le nettoyement de la Ville, & » à connoiftre de toutes les contraventions qui » s'y pourroient commettre.

Les Réglemens generaux des 23. Aouft 1476. » 28. Juillet 1500. 12. Avril 1505. 17. Novembre » 1522. & le dernier qui a efté fait par le Parle- » ment le 30. Avril 1663. ont toujours confirmé » cette Jurifdiction generale du nettoyement » au Prevoft de Paris; avec défenfes à tous au- » tres Juges d'en connoiftre, même à tous Huif- » fiers de faire aucuns exploits pour raifon de » cette Police, ny de donner affignation ail- » leurs qu'au Chaftelet, à peine d'interdiction. Il en eft de même de toutes les autres parties de la Police generale, dont le détail feroit trop long. •

Nonobftant tous ces Réglemens & cette longue poffeffion; les Officiers du Bailliage du Palais ayant voulu dans ces derniers temps faire quelques nouvelles tentatives fur la Police de Paris dans l'eftenduë de leur Jurifdiction : le Roy en ayant efté informé, & connoiffant combien cette multiplicité de Juges troubloit l'ordre public, commença ce grand ouvrage du retabliffement de la Police de Paris, dont nous fommes redevables aux bontez & à la Juftice de Sa Majefté, par un Arreft du Confeil du 5. Novembre 1666. qui fut le fruit de plufieurs Confeils qui avoient efté tenus fur cette matiere : Par cet Arreft Sa Majefté déclare, que la Police dans « toute l'eftenduë de la Ville; Fauxbourgs & « Banlieuë de Paris, appartient aux Officiers du « Chaftelet; la conferve & maintient dans ce « droit, nonobftant tous privileges : & en con- « fequence fait tres-expreffes inhibitions & dé- « fenfes à tous les Officiers des Seigneurs Hauts « Jufticiers, même aux Lieutenans du Grand- « Prevoft de l'Hoftel, & du Bailly du Palais, « d'entreprendre de faire la Police, ny de don- « ner aucuns troubles aux Officiers du Chafte- « let, & que cet Arreft feroit publié. Ce qui fut « fait le lendemain.

L'Edit du mois de Decembre de la même année 1666. qui eft le dernier, le plus ample, & le plus folennel Réglement qui ait efté fait pour la Police de Paris, contient la même difpofition en faveur des Officiers du Chaftelet, pour la Police generale.

CHAPITRE VI.

Réglement pour la Police, entre le Prevoft de Paris, & les Officiers de l'Hoftel de Ville.

I.
29. Janvier 1597. Arreft du Parlement qui renvoye au Chaftelet de Paris un procés commencé par les Prevoft des Marchands & Echevins, contre un particulier accufé d'avoir décramponné une partie des Portes & Ponts-levis de la Ville.

IL n'auroit pas efté difficile, en fuivant la méthode que l'on a tenuë jufqu'icy, de remonter encore jufqu'à l'origine de la Jurifdiction du Bureau de la Ville de Paris. Nous en aurions trouvé, fans fortir de nos propres Archives, l'eftabliffement fous Louïs le Jeune, le progrés fous Philippe Augufte, & tous les differens accroiffemens fous les Roys leurs Succeffeurs, jufqu'à prefent. Mais comme cette recherche auroit efté plus curieufe qu'utile; qu'il ne s'agit icy que de concilier les fonctions de ce Bureau, avec la Jurifdiction du Chaftelet : On fe contentera de rapporter ce qui en a efté decidé de temps en temps par les Arreft du Parlement, lors que des conflits y ont efté portez, ou que cette augufte Cour en a efté avertie, & y a pourvû d'Office, pour maintenir l'ordre public dans cette grande Ville. En voicy quelques-uns des principaux.

SUR ce que Seguier pour le Procureur General du Roy, a remontré à la Cour, que le Prevoft des Marchands & Echevins auroient inftruit le Procés à un nommé Jacques Defchamps, prévenu, comme l'on prétend, d'avoir décramponné une partie des Portes & Ponts-levis de cette Ville de Paris, & depuis fait conduire ledit Defchamps en la Conciergerie, & apporté fon Procés au Greffe de la Cour; n'y ayant donné aucun Jugement contre ledit Defchamps, comme de vray ils n'en ont le pouvoir, & auroient dû dés le commencement remettre ledit Defchamps au Prevoft de Paris, ou fon Lieutenant Criminel, pour luy eftre fon Procés par luy fait & parfait jufqu'à Sentence diffinitive inclufivement, refervé l'execution, s'il en eftoit appellé. Ce qu'ils requierent encore ordonné, ne voyant point de fujet de retenir par la Cour la connoiffance de ce fait en premiere inftance; la matiere fur ce mife en délibération, & tout confideré : L A COUR A RENVOYÉ & RENVOYE ledit Jacques Defchamps, charges, informations & procedures pardevant le Prevoft de Paris ou fon Lieutenant Criminel, pour à la Requefte dudit Subftitut du Procureur General du Roy, le Procés eftre fait & parfait audit Defchamps fur les cas à luy impofez, jufqu'à Sentence diffinitive inclufivement, fauf l'execution, s'il en eft appellé. Fait en Parlement le vingt-neuviéme jour de Janvier mil cinq cens quatre-vingt-dix-fept. Signé, VOISIN.

II.

23. Juin 1618. *Arrest du Parlement qui déclare les Prevost des Marchands & Echevins incompetans, pour une action commise sur la riviere.*

ENTRE François Benoist Changeur ordinaire & hereditaire du Roy , Philippe Benoist son fils, Charles Marcadé Orfévre de Madame Sœur du Roy, & Jean Beauvoisin Tailleur particulier de la Monnoye de Paris , aussi Orfévre, & tous Bourgeois de Paris, Appellans des Decrets de prise de corps, & ajournement personnel, decernez par les Prevost des Marchands & Echevins de cette Ville de Paris, en date du vingt-neuviéme Decembre 1617. Emprisonnement de la personne dudit Philippe Benoist, & de ce qui s'en est ensuivi: Nicolas Jaloux, Pasquier le Roy, Pierre Toutin, Philippes le Févre , Thomas Boucher, Simon Pipart, Pierre Hallé, Guillaume de la Ville, Jean Savart, Guillaume Chapron, Guillaume Pipart, Vincent Courtel , & Claude Marcadé, tous Habitans demeurans sur le Pont aux Changeurs, Demandeurs aux fins d'une Requeste afin d'intervention , en date du vingt-deuxiéme jour de Juin an present , d'une part: Et Claude Mezangé & René le Roy Voituriers par eau demeurans à Paris , & Me Pierre Pierrot Substitut du Procureur General du Roy à l'Hostel de cette Ville de Paris, Intimez & Défendeurs , d'autre , sans que les qualitez puissent prejudicier aux Parties. Aprés que Arragon pour les Appellans du Decret de prise de corps contr'eux decerné par les Prevost des Marchands & Echevins de cette Ville, a conclu en son appel, à ce qu'il soit dit qu'il a esté mal , nullement & incompetement decreté , & injurieusement emprisonné : en émendant , seront ses Parties envoyez absous, avec condamnation de dépens, dommages & interests contre les Intimez, & sera l'écrou rayé: Et que , par Fremin pour Pasquier, le Roy & Claude Mezangé Intimez, a esté dit que ses Parties sont Marchands sur l'eau ; est avenu que par l'impetuosité des vents & de l'eau, leurs bateaux sont portez aval; les Prevost des Marchands & Echevins de cette Ville de Paris ont commis un Sergent de la Ville pour les faire remonter ; ils en sont empeschez par les Habitans du Pont au Change , lesquels font grande rebellion : pour raison de laquelle ayant esté informé par Ordonnance du Prevost des Marchands, il y a eu Decret, soustient qu'il y a charge. Talon, pour Me Pierre Perrot Substitut du Procureur General à l'Hostel de Ville , a conclu à sollement intimé, attendu qu'il y a Partie qui soustient. Gravel , pour les particuliers Habitans du Pont au Change, ont presenté Requeste à ce qu'ils soient reçus parties intervenantes , & que toutes les procedures faites par les Prevost des Marchands & Echevins soient cassées, n'estant leur justiciable. Le Bret, pour le Procureur General du Roy, a dit , qu'il a esté fait information le 15. Decembre 1617. sur le sujet des bateaux qui ont esté laissez aller à l'aval, & ont mis le Pont au Change en hazard. Les Prevost des Marchands & Echevins ont la connoissance de ce qui se fait sur l'eau , & non de ce qui se passe en la Ville: Neanmoins ils informent & decrettent contre un nommé Benoist, qui n'est nommé par l'information, seulement designé par l'habit de couleur, & comme tel est mis prisonnier, & à l'instant lâché ; l'accusation de ce fait ne devoit appartenir aux Prevost des Marchands & Echevins , & a esté mal, nullement & incompetement decreté & procedé, & y va de l'honneur de tous les Bourgeois de cette Ville : sur le recit qu'ils ont fait des charges, la Cour en fera ce qu'il lui plaira, n'ayant leur Substitut à la Ville fait cette poursuite. S'il plaist à la Cour elle sera défensée aux Prevost des Marchands & Echevins de cette Ville, de plus connoistre de telles matieres. LA COUR dit, qu'il a esté en tout & par tout mal, nullement & incompetement procedé , decreté & executé , bien appellé par les Appellans ; ordonne que l'écrou de l'emprisonnement de l'Appellant sera rayé ; condamne les Intimez aux dépens, dommages & interests ; lesquels la Cour a liquidez & moderez à la somme de trente-deux livres Parisis. Ayant égard aux Conclusions du Procureur General du Roy , & Requeste d'intervention des Habitans du Pont au Change : La Cour fait défenses aux Prevost des Marchands & Echevins de cette Ville , , de prendre Cour, Jurisdiction, ny connoissance sur les Habitans du Pont au Change, en quelque sorte & maniere que ce soit. Fait en Parlement le vingt-trois Juin mil six cens dix-huit. Signé, DE BEAUNE.

III.

14. Decemb. 1618. *Arrest du Parlement qui déclare les Prevost des Marchands & Echevins incompetans pour un vol fait de robinets des Fontaines; & renvoye au Chastelet de Paris, pour faire le procès aux accusez.*

ENTRE

Aprés que Me Gabriel Lallemant Lieutenant Criminel, tant pour luy, que le Lieutenant Particulier, & autres Officiers du Chastelet de Paris, a conclu en leur appel , de ce qu'au prejudice de la Jurisdiction Criminelle qui leur appartient comme Officiers du Roy , lesdits Prevost des Marchands & Echevins de ladite Ville ont pris connoissance, fait le Procés, & rendu Sentence de condamnation de mort contre les nommez Dreux & Potin, pour raison du larcin par eux fait de quelques robinets des Fontaines de cette Ville, aye & que le tout soit cassé & revoqué comme attentat , & lesdits prisonniers renvoyez audit Chastelet , pour y estre leur Procés fait & parfait ; & que Me Henry de Mesmes Lieutenant Civil , à present Prevost des Marchands, aussi tant pour luy, que les Echevins & autres Officiers de ladite Ville , au contraire a soustenu que depuis deux ou trois cens ans, même de tout temps immemorial ils sont en possession d'avoir & exercer la Justice Criminelle pour ce qui concerne lesdites malversations commises, tant par les Marchands de bois , qu'autres Trafiquans sur la riviere & ports de cette Ville ; ausquels pour marque de leur Justice, y a Poteau dressé avec Carcan & Armes de la Ville y empreintes ; même contre ceux qui jettent immondices dans ladite riviere, & gâtent les Fontaines : qu'en ce droit ils sont fondez par plusieurs Lettres Patentes des Roys successivement les uns aprés les autres; que toutes & quantes fois qu'ils ont procedé criminellement, & rendu leur Jugement contre ceux qui avoient forfait & delinqué ; la Cour les auroit toujours confirmez, à cette fin renvoyé les prisonniers pardevant eux ; & de ce il y a un si grand nombre d'Arrests, qu'on n'a pû, & n'y a apparence de le vouloir aujourd'huy revoquer en doute : Partant concluent, a bien jugé, & à ce qu'ils soient maintenus & gardez en leurs Justices. Servin pour le Procureur General du Roy, ouï, qui a adheré aux Conclusions des Appellans , & requis défenses estre faites ausdits Prevost des Marchands & Echevins , de plus à l'avenir proceder criminellement contre les Sujets du Roy, Bourgeois & Habitans de la Ville, à peine de LA COUR dit qu'il a esté mal, nullement & incompetemment procedé, jugé & ordonné ; bien appellé par lesdits Appellans ;
pellans ;

pellans; & a caſſé, annulé, & revoqué comme attentat tout ce qui a eſté fait par les Prevoſt des Marchands & Echevins, & pour faire & parfaire le procés aux accuſez ſur le larcin des Robinets des Fontaines de la Ville, dont eſt queſtion, juſqu'à Sentence diffinitive incluſivement, ſauf execution s'il en eſt appellé; a renvoyé & renvoye les priſonniers pardevant le Prevoſt de Paris ou ſon Lieutenant; dépens réſervez. Fait en Parlement le quatorze Decembre mil ſix cens dix-huit. Collationné; ſigné, DU TILLET.

IV.
12. Janvier 1619. Arreſt du Parlement qui conſerve au Prevoſt de Paris ſa Juriſdiction ſur la riviere contre les Officiers du Bureau de la Ville, & ceux des Eaux & Foreſts.

ENTRE Jean Bocheron, Antoine-Pierre, & autre Antoine Amblard, Marchands Bourgeois de Paris, Appellans de la permiſſion d'informer, décernée par le Maiſtre Particulier des Eaux & Foreſts de la Prevoſté & Vicomté de Paris, le 20. Octobre 1618. dernier, Décret de priſe de corps, enſemble d'une Sentence renduë en conſequence le vingt-neuviéme jour deſdits mois & an, & de tout ce qui s'en eſt enſuivi, tant comme de Juge incompetent, qu'autrement; dûement, & Intimez d'une part: Et Philippe Vigongne Pêcheur à engins à Paris, Intimé & auſſi Appellant de l'empriſonnement fait de ſa perſonne és priſons de l'Hoſtel de cette Ville de Paris le dix-neuf dudit mois d'Octobre, & de tout ce qui s'en ſeroit enſuivy, tant comme il prétend Juge incompetent, qu'autrement, dûement d'autre part; ſans que les qualitez puiſſent préjudicier. Fremin, pour Bocheron & les autres Appellans, a dit que ſes Parties ſont Marchands de Bois de cette Ville. Que par le Réglement des Eaux & Foreſts il eſt défendu aux Pêcheurs de jetter aucuns engins dans la riviere, depuis le Soleil couchant, juſqu'au Soleil levant. La Partie averſe qui ſe dit Maiſtre Pêcheur à Paris, a eſté ſurpris la nuit par Jean de Roziers eſtably par la Ville à la garde des bois & charbon eſtant ſur le port, qui ſurprend l'Intimé qui avoit chargé quantité de fagots ſur ſa naſſelle; eſt mené priſonnier és priſons de l'Hoſtel de Ville; fait ſa plainte aux Juges des Eaux & Foreſts contre Bocheron, & autres ſes Parties; fait oüir en témoignage un nommé Leclerc, & un autre. Sur cette information j'on fait recherche de leurs perſonnes juſques dans l'Egliſe du Saint Eſprit; ſont proclamez à trois briefs jours à la Requeſte de l'Intimé qui eſt ſurpris en volant le bois de ſes Parties. Les Juges des Eaux & Foreſts ſont du tout incompetens: c'eſt pourquoy ſouſtient qu'il a eſté mal, nullement & incompetemment jugé & ordonné par les Juges des Eaux & Foreſts; & encore de ce qu'eſtant le batteau de l'Intimé laiſſé à ſon fils, neanmoins ils condamnent ſes Parties en cent livres envers l'Intimé. Ce ſont les appellations eſquelles il conclut & demande dépens. Grenet pour Philippes Vigongne Intimé & Appellant, contre les Appellans & Intimez, dit qu'on fait fondement en cette Cauſe ſur les défenſes faites de pêcher depuis Soleil couchant juſqu'au Soleil levant: Et neanmoins l'Ordonnance 54. porte, que défenſes ſont faites de pêcher la nuit, depuis la my-Mars, juſqu'à la my-May qui eſt le temps que le poiſſon fraye; ſouſtient qu'il a eſté bien jugé par le Maiſtre particulier des Eaux & Foreſts: quant aux procedures faites par le Prevoſt des Marchands & Echevins, qu'il a eſté mal & nullement decreté, que ſa Partie ſera envoyée abſous, & que le Procés ſera parachevé d'inſtruire aux Parties averſes par les Juges des Eaux & Foreſts. SERVIN pour le Procureur General du Roy, a dit qu'il y a en cette Cauſe deux ſortes de procedures dont eſt appel; l'une faite par le Prevoſt des Marchands & Echevins de cette Ville de Paris, l'autre par Maiſtre Denys de S. Yon Lieutenant des Eaux & Foreſts au premier Siege de la Table de Marbre du Palais. Quant à la premiere, c'eſt une information faite par Maiſtre Pierre du Pleſſis Conſeiller du Roy au Chaſtelet, contre Philippe Vigongnes Maiſtre Pêcheur d'eau priſonnier, mené la nuit du dix-neuf Octobre dernier par Jean de Roziers Garde de nuit és ports és bois, pour prétendu larcin de bois fait nuitamment au iceluy port. En cette information faite le vingtiéme d'iceluy mois d'Octobre, ont eſté oüys cinq témoins qui chargent le priſonnier, lequel s'eſt porté pour Appellant de cette procedure; & neanmoins a eſté interrogé par le même du Pleſſis Echevin, mais a ſuby l'interrogatoire ſans préjudice à ſon appel, & ce ſur la charge qui eſtoit qu'il avoit pris quelque bois dans le bateau d'un nommé Bocheron; ſur quoy il a répondu, que ſur les huit à neuf heures du ſoir du ſuſdit jour dix-neuf Octobre, eſtant accompagné d'un ſien fils âgé de dix ans, il vint au Port S. Landry, paſſa dans un petit bateau vers la Greve, ayant ſes filets & engins à pêcher, pour jetter un coup de filet, & tâcher à prendre quelque poiſſon, ce qu'ayant fait, comme il remontoit à mont l'eau, les ſerviteurs des Marchands de bois ſe prirent à crier au voleur aprés luy: quoy oüy par luy, il s'arreſta, & dit à l'un qui jettoit l'eau d'un bateau chargé de bois, qu'il entraſt dans ſon bachot pour voir s'il avoit du bois comme on l'accuſoit, & qu'à l'inſtant il fut chargé par pluſieurs, entr'autres par le fils d'Amblard; & tellement mal mené, qu'il fut bleſſé grandement, & ce fait emmené priſonnier és priſons de la Ville; & ſur ce que par les informations iceluy Vigongne eſtoit chargé, que Bocheron entrant dans ſon bateau, il y trouva une bûche, diſant à luy Vigongne accuſé, qu'il l'avoit priſe dans ſon bateau, & icelle renduë à iceluy Bocheron; a répondu qu'à la verité Bocheron ſeroit entré dans ſon bachot, & y auroit trouvé un éclat de bois, duquel il avoit outragé l'accuſé, encore qu'il luy déclaraſt n'avoir point mis cet éclat dans ſon bachot, qu'il y avoit eſté apporté par ceux qui l'ont excedé. Depuis a eſté fait une addition d'information par le même du Pleſſis Echevin, le troiſiéme Novembre, en laquelle il a oüy trois témoins qui chargent Vigongne, d'avoir fait autres larcins de bois, & qu'ils l'y ont ſurpris: tellement que ces trois témoins ajoutez aux cinq de la premiere information, font le nombre de huit, dont il y en a eu ſept de recolez le dix-neuf Novembre par le même Echevin. Au regard de l'autre procedure faite par le Lieutenant des Eaux & Foreſts, c'eſt une information du vingtiéme jour d'Octobre, ſur la plainte de Vigongne en qualité de Maiſtre Pêcheur, des excés qu'il prétend luy avoir eſté faits par Pierre Amblard fils d'Antoine Amblard, & deux de ſes ſerviteurs, & par Bocheron Marchand de bois, ſes ſerviteurs & autres, par l'un deſquels, qui ſeroit entré dans ſon bachot, iceluy Vigongne Pêcheur auroit eſté frappé d'une bûche qu'il tenoit en ſa main, laquelle fut laiſſée dans ſon bateau par celuy qui l'avoit battu, encore qu'il n'y euſt aucun ſujet de l'exceder, ne s'eſtant trouvé que du poiſſon dans ſon bateau. En cette information y a deux témoins; l'un, Maiſtre Pêcheur de Lagny; l'autre, compagnon de rivie-

re de Noify fur Marne, qui dépofent conformément à la plainte ; finon, qu'ils ne nomment pas
ceux qui ont fait le prétendu excés, mais feulement les qualifient Marchands de bois & leurs
ferviteurs : Et neanmoins le Subftitut en la Charge de Procureur du Roy en ce Siege des Eaux
& Forefts, auroit pris Conclufions contre Bocheron, le fils d'Amblard, & les ferviteurs de Bocheron,& requis Decret de prife de corps à l'encontre d'eux,aux perils & fortunes de Vigongne com-
plaignant. Tels font les termes & conclufions de ce Subftitut, & ainfi qu'il a efté requis, il a
efté ordonné par Sainction Lieutenant le même jour vingtiéme Octobre. Depuis y a eu une addition d'information faite le 22. Octobre par le même Lieutenant Sainction, en laquelle il a oüy
cinq témoins, fur les dépofitions defquels il a decerné Decret de prife de corps à l'encontre de
Pierre & Antoine Amblard pere & fils. Or de toute cette procedure y a appel interjetté par Bocheron & par lefdits Amblard pere & fils, & leurs ferviteurs. Ainfi par ces deux procedures,
la Cour voit que Vigongne eft accufé au procès commencé à l'Hoftel de Ville, & accufateur en
l'inftance faite au Siege des Eaux & Forefts. Quant à ce qui touche l'appel de la premiere procedure, l'Appellant foûtient incompetence. Au contraire les Intimez foûtiennent, que par les Ordonnances Royaux fur le fait & Jurifdiction prétenduë par la Prevofté des Marchands & l'Eche-
vinage de cette Ville de Paris, il y a un chapitre contenant l'exercice des Bateliers paffant l'eau
des ports de Paris, qui eft le cinquante-quatre, en l'art. XIII. duquel il eft dit qu'aucun Pêcheur
ne pêchera entre les quatre Tours de la Ville de Paris, fi ce n'eft entre deux Soleils, levant &
couchant, fur peine de vingt fols d'amende ; & auffi n'ira, ny viendra par la riviere par nuit,
ny foir ny matin, foit à naffelle, ou autrement, s'il n'eft telle heure de jour qu'on puiffe bien
connoiftre un tournois par parifis, fur la même peine : &fur ce l'on appuye la prétenduë Jurifdiction des Prevoft des Marchands & Echevins, & ce qu'ils ont fait contre Vigongne comme
s'ils avoient Juftice criminelle pour raifon du bois eftant au Port de Greve, contre ceux qui font
chargez de l'avoir dérobé nuitamment. Sur quoy n'eft befoin d'entrer en long propos pour difputer fi la connoiffance & animadverfion de tel fait appartient aux Prevoft des Marchands & Echevins, ou au Prevoft de Paris ou fon Lieutenant Criminel, dautant que laqueftion a efté jugée par
le celebre Arreft donné le quatorziéme Decembre dernier en la Grand' Chambre fur l'appel interjetté par le Lieutenant Criminel, tant pour luy, que pour le Lieutenant Particulier & autres Officiers, Juges Royaux ordinaires du Chaftelet ; de ce qu'au préjudice de la Jurifdiction Criminelle
qu'ils prétendoient leur appartenir comme Officiers de Roy, iceux Prevoft des Marchands &
Echevins avoient entrepris la connoiffance, fait le procès & rendu jugement de condamnation
de mort contre les nommez Dreux & Pottin accufez du larcin de quelques robinets des fontaines de cette Ville ; par lequel Arreft la Cour a dit qu'il eft mal, nullement & incompetemment procedé, jugé & ordonné ; bien appellé par les Appellans, caffe & annule ce qui avoit
efté fait par iceux Prevoft des Marchands & Echevins ; & pour faire & parfaire le procès, a renvoyé les accufez prifonniers pardevant iceluy Prevoft de Paris ou fon Lieutenant Criminel. Ce
qui a efté jugé en grande connoiffance de caufe, aprés que luy qui parle auroit déduit & examiné les moyens alleguez, & tout ce qui fe peut propofer tant par le Lieutenant Criminel pour
luy, & autres Officiers Royaux du Chaftelet de Paris, d'une part, que par les Prevoft des Marchands, & Echevins, d'autre ; ayant montré premierement ce que n'eftoient & ne pouvoient, ne
font & ne peuvent pas eftre iceux Prevoft des Marchands & Echevins ; & aprés avoir touché &
remarqué ce qui eft de leur pouvoir & Jurifdiction. Et certainement pour le premier ne font
pas tels que Me Henry de Mefmes, en qualité de Prevoft des Marchands, parlant pour luy & pour
les Echevins, a voulu dire ; fuppofant que luy & eux avoient la notion & Jurifdiction femblable aux Ediles Romains, aux Duumvirs & Magiftrats Municipaux, & aux défenfeurs des Citez,
& à ceux qui font appellez *Scabini in Capitularibus Regum Caroli Magni & Ludovici Pii*. Et fi en quelque chofe le pouvoir du Prevoft des Marchands & Echevins fe rapporte à la Charge des Ediles, laquelle *Dionyfius Halicarnaffeus* dit eftre pareille à celle des Agoranomes Grecs, pour le
foin qu'ils avoient des Marchez, & de faire garnir les Villes de ce qui eftoit neceffaire pour la
fourniture & entretenement des Habitans d'icelles, & pour les faire tenir nettes ; cela ne pouvoit
point fervir à l'intention d'iceux Prevoft des Marchands & Echevins de Paris : car les Ediles
Romains, non plus que les Agoranomes Grecs, n'avoient point le droit ny le pouvoir d'exercer la
Jurifdiction Criminelle,pour ordonner les peines que les Romains nommoient *Pœnas capitales*, où il
alloit de la vie, & *Pœnas capitis*, qui font celles lefquelles vont à l'honneur & à grandes amendes,
& confifcation de corps & de biens : & au regard des Duumvirs & Magiftrats Municipaux, s'il
y avoit quelque fimilitude de la Charge d'iceux Prevoft des Marchands & Echevins ; ce feroit
en ce que ceux-là n'avoient pas *jus meri imperii & gladii*: &partant les Prevoft des Marchands &
Echevins ne le peuvent prétendre. Au regard des défenfeurs des Citez aufquels les Prevoft des
Marchands & Echevins fe vouloient femblablement dire égaux, ils n'avoient pareillement le droit
de glaive, mais la feule droit des malfaicteurs, & aprés eftoient tenus par les Loix premiere & feptiéme, *C. de Défenforibus Civitatum*, de les diriger en bonne & feure garde, *fub idonea perfecutio-
ne ad judicium*, & les rendre au Recteur de la Province, lequel eft aujourd'huy repréfenté par le
Prevoft de Paris ou fon Lieutenant, Juges Royaux ordinaires. Davantage luy qui parle a montré
qu'iceux Prevoft des Marchands & Echevins ne font pas femblables, finon par le nom d'Echevin
tant feulement, mais non par puiffance & authorité,à ceux qui font nommez *Scabini*, aux Ordonnances Capitulaires des Empereurs & Roys Charlemagne & Loüis le l'ieux: car ceux-là eftoient
vrais Juges, auffi-bien que les Miniftres des Roys de ce temps-là, appellez *Comites*, ayant toute
forte d'exercice de Jurifdiction, même de la haute Juftice pour les crimes, ce que n'ont pas iceux
Prevoft des Marchands & Echevins de cette Ville de Paris, n'en ayant point eu de conceffion par
les Roys, telle que quelques Maires Confuls & Echevins Capitoux & Jurats, comme ceux de
Thouloufe, Bordeaux, Poitiers, & quelques-autres Villes : mais leur connoiffance & prétenduë
Jurifdiction eft beaucoup moindre, comme il fe void par leurs Regiftres & actes par eux communiquez de divers temps, même par ceux qui font mention de l'intendance & connoiffance qu'ils
ont du fait de la negociation fur les rivieres, tant de Seine, que les autres, entrant en icelle,
&

& de la fortification , decoration & bonne Police de la Ville , ports, murs , baftides , portes, égoûts, chauffées & foffez , & pour la garde, entretenement & reparation des fontaines , pour lefquelles ils ne peuvent prendre plus de pouvoir qu'avoit le Maiftre des Fontaines à Rome , ou celuy qui eftoit nommé *Comes formarum* , en la Notice de l'Empire Romain , par *Sidonius Apollinaris*. Et dans Caffiodore, *qui formis præerat & cuftos erat fontium* , qui eftoit , *fub difpofitione Præfecti Vrbis* , qui eftoit fon Superieur ; & encore qu'iceux Prevoft des Marchands & Echevins ayent voulu dire qu'ils avoient des marques d'honneur par l'affiftance des perfonnages nommez les Confeillers de la Ville , & notamment parce qu'iceux Prevoft des Marchands & Echevins ont des étallons pour les poids & mefures de toutes fortes de denrées, il leur a efté permis qu'ils ne pouvoient fe comparer en autorité, jurifdiction & puiffance , à celuy qui eftoit nommé *Præfectus annonæ* , en l'Etat Romain , *qui cognofcebat de menfuris* , comme le Lieutenant Civil en la qualité de Prevoft des Marchands auroit fait cette comparaifon plaidant n'a gueres luy-même fa caufe en la grande Chambre. Au contraire luy qui parle a fait voir en examinant cette fimilitude , qu'elle n'eftoit pas bonne : car ce que les Prevoft des Marchands & Echevins de cette grande Ville ont les étallons , ce n'eft que pour les poids & conferver , & non pas où il attriveroit quelque crime par falfification de poids ou mefure qu'ils en puiffent prendre connoiffance *cum jure gladii* : car il eft bien vray que ce pouvoir aucunes fois a efté donné entre les Romains , *præfecto annonæ* , & *præfecto Vigilum* , *qui quidem erant Senatoriæ dignitatis* , dont le Maiftre des Jurifconfultes de noftre fiecle , Mᵉ Jacques Cujas a cotté quelques exemples , autorifez par réponfes des Prudens & Conftitutions Imperiales en fes Paratitles fur le Titre 43. du Code Juftinien , *de Officio Præfecti annonæ* , & fur le 44: *de Officio præfecti vigilum* , où il a obfervé que ces deux Officiers , *Præfectus annonæ* , & *præfectus vigilum* , *qui regulariter fuberant Præfecto Vrbis* , *cognofcebant de quibufdam criminibus* , *ad indagandum, non ad prænuntiandum* , *fed remittebant reos ad Præfectum Vrbis* , & *illos condemnabat* , *vel abfolvebat* ; & à cette regle n'y avoit qu'une exception , laquelle le grand Interprete des Loix rapporte en ces termes , *nifi fpecialiter Præfecto annonæ datum fit jus gladii* ; ce que luy qui parle a confirmé par l'exemple de la Commiffion baillée à un qui portoit le même furnom que le Lieutenant Civil , qui eft aujourd'huy Prevoft des Marchands , ainfi qu'il fe voit par une infcription trouvée à Naples : mais telle puiffance *meri Imperii cum illo jure gladii* , n'a jamais efté commife au Prevoft des Marchands & Efchevins de cette Ville ; car pour l'avoir , il faudroit qu'ils euffent attribution par Lettres Patentes du Roy ; ce qu'ils n'ont en leurs Titres : mais bien iceux Prevoft des Marchands & Efchevins ont le pouvoir de tenir la main pour faire venir les vivres & autres commoditez , comme celuy qui eft appelle Magiftrat d'abondance en quelques Villes d'Italie , avec droit de haute Juftice. Vray eft qu'en la Place de Greve il y a un poteau , où eft le Navire , qui font les Armes de la Ville , & un carquan au même lieu : mais le poteau & carcan ont efté mis fans titre , & laiffez en Greve par tolerance ; tellement que c'eft une entreprife par voye de fait , & une vraye ufurpation. Bref , il a efté juftifié qu'iceux Prevoft des Marchands & Efchevins ne peuvent prétendre le droit *meri imperii* ; ains s'ils ont quelque partie de celuy qui eft appelle *mixtum* , c'eft pour chofe de peu , & de fi petite confequence , que même ils ont efté long-temps qu'ils n'avoient point de prifons , pour la garde des tranfgreffeurs & delinquans contre les Ordonnances , fur le fait de la marchandife de l'eau ; & cela appert clairement par les Lettres Patentes de François I. de l'an 1515. & par celles de Henry II. de l'an 1547. en la verification defquelles leur jurifdiction a efté reftrainte fur la Police , & la police des alimens & victuailles pour la provifion neceffaire de la Ville. En fomme , il a efté foûtenu & prouvé , que tout ce qu'ils ont fait pour avoir une jurifdiction & puiffance plus ample , que celle qui leur a efté commife par les Ordonnances Royaux , ne les a pas rendus Juges criminels ; car encore qu'ils ayent la connoiffance de quelques faits fur lefquels ils ont donné des Sentences , & qu'icelles Sentences ayent efté confirmées par quelques Arrefts , telle poffeffion eftant clandeftine , leur a efté juftement debatue par les Officiers du Chaftelet, quand ils l'ont découvert , même lors de la caufe plaidée le fufdit jour quatorziéme Decembre. Voilà en fommaire ce qui fut dit en cette plaidoirie faite en la grande Chambre fur le premier point ; fçavoir eft , que les Prevoft des Marchands & Efchevins ne font pas tels qu'on les a voulu qualifier ; ce que nous reprefentons aujourd'huy en tant qu'il eft neceffaire , que les Juges qui n'eftoient pas au plaidoyé de la grande Chambre fçachent ce qui s'y eft dit & jugé , & qui fert pour la décifion de la controverfe , qui s'agite maintenant en cette Audiance de la Tournelle. Ainfi luy qui parla ce jour quatorziéme Decembre , a remarqué par la methode des Définitions d'Ariftote ; premierement , ce que ne font pas les Prevoft des Marchands & Echevins de cette Ville ; & puis il a montré en fecond lieu ce qu'ils font veritablement , faifant voir à la Cour que le vray titre de Prevoft des Marchands , eft de Prevoft de la Marchandife de l'eau à Paris , & ce par plufieurs pieces , même par un Regiftre de l'an 1291. qui fait connoiftre que leur adminiftration fe rapporte au foin qu'avoit celuy qui eftoit appellé par les Romains , *Defenfor Negotiatorum* , en une vieille infcription , *ad ripam Maris & fluminis Dacia* , & en l'Empire dont le Siege a efté transferé en la nouvelle Rome , c'eft à dire à Conftantinople ; celuy qui eft nommé au Livre , *De Officiis* , *Imperii & Palatii Conftantinopolitani Comes Commerciorum* ; or celuy qui avoit cette qualité de Défenfeur des Negotiateurs , & Comte des Commerces , n'avoit pas ny par Mandement , ny par la Loy du Prince , le droit de pure puiffance , que les Grecs appellent *Cratos* , à *Craton* ; & les Romains , *merum Imperium* , & *jus gladii* : & les Prevoft des Marchands & Echevins de Paris n'ayant non plus cette puiffance ny par la Loy ou Ordonnance , ny par commiffion du Roy , ils ne fe la peuvent aucunement vendiquer ; ains tout le pouvoir qu'ils ont , eft de pouvoir par leur prefence & adminiftration à faire apporter les provifions des Bourgeois , & encore ce n'eft pas pour la provifion de toutes les denrées ; car le Prevoft de Paris ou les Lieutenans , ont puiffance & jurifdiction *meri imperii* , & *jus gladii* , pour ce qui regarde la Police pour le bled qui fe vend en la place de Greve , & fur la riviere dans les bateaux , & en autres lieux & places publiques ; & cette jurifdiction eft exercée par les Officiers Royaux ordinaires , même par les Commiffaires du Chaftelet , fur les Marchands

Forains & Laboureurs, & fur les Boulangers & Patiffiers, & l'appréciation des grains eftant rapportée par le Greffier des appréciations au Prevoft de Paris, ou fon Lieutenant Civil à l'iffuë de la Police en la prefence des Jurez Boulangers, le taux fe donne au pain fur ce rapport ; que s'il arrive quelque noife, querelles ou excés, foit de la part des Marchands ou Laboureurs qui vendent le grain, foit de la part des acheteurs, le Commiffaire en reçoit la plainte, & en fait rapport au Lieutenant Criminel, l'Audiance tenant, pour en faire juftice. *Item*, appartient au Prevoft de Paris & à fes Lieutenans, & fous eux aux Commiffaires du Châtelet, la police du foin. *Item*, celle du vin, & notamment fur ceux qui vendent en pots & mefures fans eftre étalonnez & marquez à l'Hoftel de Ville. *Item*, fur les Taverniers & fur les Tonneliers, Chartiers, Porteurs de bled, & Mariniers (ce qui eft à noter) dont il y a journellement des plaintes & inftances criminelles au Châtelet, au vû & fçû du Prevoft des Marchands & Echevins, lefquels ayant quelquefois fait arrefter des Mariniers & autres pour excés & meurtres, les ont rendus, & fait rendre aux Commiffaires, qui les ont mis & conftituez prifonniers aux prifons du Châtelet : en fomme, c'eft chofe certaine que la connoiffance & animadverfion des crimes, avec le pouvoir & droit de glaive appartient au Prevoft de Paris, ou fon Lieutenant Criminel privativement, & à l'exclufion du Prevoft des Marchands & Echevins, & fe doit ainfi juger fur l'hypothefe de la caufe qui fe prefente, auffi-bien qu'il a efté jugé en la caufe des fontaines ; encore qu'il foit queftion icy d'un fait avenu fur la riviere, & prés du port de la Gréve ; car tout ce que peuvent iceux Prevoft des Marchands & Echevins de Paris, eft ce que permirent les Hebreux à ceux qui avoient l'intendance *in remiges*, dont il eft fait mention dans la Prophetie d'Ezechiel, lefquels ils nommoient Malachins, de Malach, qui fignifie jet, & comme en noftre langue les Mariniers ont leur nom de la mer falée ; il eft vray qu'iceux Prevoft des Marchands & Echevins ont, & il eft utile & neceffaire au public, qu'ils ayent quelque connoiffance & coërtion pour aider à l'entretenement du negoce, mêmement fur ceux qui font appellez *Nauclerii*, és Politiques d'Ariftote, pour ce qui regarde ce qu'ils appellent Fortegie, & ce pour fournir la Ville de vivres & denrées ; mais encore qu'ils ayent cette infpection, *Navicularium*, ayant le Navire, fymbole de fauveté pour les Armes de la Ville, c'eft d'autant qu'ils ont la charge de veiller à ces articles des commoditez publiques ; & pour cet effet, d'empêcher que les Bateliers, ou autres fervans à la navigation ne foient point troublez ; & toutefois ils ne peuvent pas connoitre des crimes, fi aucuns font commis par les Negociateurs ou Bateliers, aux cas mêmes qui requierent punition corporelle ou exemplaire : bien peuvent-ils faire arrefter les delinquans ; mais après ils les doivent remettre és mains du Prevoft de Paris, ou fon Lieutenant, car même le *Præfectus annonæ, etiamfi & Negotiatores qui annonam Urbis adjuvabant, & naviculatios fub eis curaffent, imò apud illum de fuis moribus perdocere tenerentur, fecundùm legem Conftantini Imperatoris, quæ in libro primo Codicis Theodofiani titulo feptimo, de his quæ veniam ætatis impetrarunt. Tamen ordinariè non habebat jus gladii ; & quanvis idem Præfectus annonæ cognofceret quidem de crimine fraudatæ annonæ publicæ, non autem condemnabat aut abfolvebat reos fatos, fed remittebat ad Præfectum Urbis*, fors un cas de l'exception cy-deffus notée, *fi videlicet jus gladii, fpecialiter illi conceffum fuiffet à Principe*, & ainfi quand le pouvoir du Prevoft des Marchands & Echevins de cette Ville feroit égal à celuy *Præfecti illius annonæ Romanæ*, fi quelqu'un des Negotiateurs ou Bâteliers, fur lefquels ils ont la connoiffance pour les diriger au negoce & conduite des denrées, les excedoit & outrageoit, ou qu'autre fuft offenfée par eux arrivant une querelle, & à l'occafion d'icelle, meurtre ou effufion de fang, on ne pourroit pas eftre qu'iceux Prevoft des Marchands & Echevins, puiffent prendre connoiffance de tels faits ; elle en appartiendroit à celuy qui reprefente le pouvoir qu'avoit jadis à Rome *Præfectus Urbis*, auquel eft addreffée la Conftitution Imperiale qu'aucuns ont fait à l'Empereur Conftantin le Grand, mais qui eft de Conftantin Augufte, & de Julianus Cefar, s'addreffant à *Olibrius Præfectus Urbis*, qui eft une addreffe notable, laquelle eft rapportée au Code de Juftinien, *De Naviculariis leg.* 1. c'eft ce que luy qui parle a eftimé devoir dire, pour ce qui eft de la premiere qualité de cette caufe, entant que touche l'appel, qui eft fondé fur le defaut de pouvoir du Prevoft des Marchands & Echevins, aufquels à la verité il appartient d'avoir l'œil pour la garde du bois qui eft fur les Ports, afin qu'il ne foit dérobé : mais pour la punition des larrons pretendus, le renvoy en doit eftre fait pardevant le Prevoft de Paris, ou fon Lieutenant Criminel, comme il a efté fait par plufieurs Arrefts, dont il en tient fix en main, fçavoir quatre des années 1568. 72. 93. 97. & deux de l'an 1616. & un donné en une caufe plaidée en cette Chambre de la Tournelle le vingt-troifiéme Juin 1618. conformément aux conclufions prifes par luy qui parle ; tous ces Arrefts alleguez en l'Audiance de la caufe nagueres plaidée en la grande Chambre, & entre lefquels Arrefts il y en a un donné fur un fait de décramponnemens d'une des portes & ponts-levis de la Ville ; fur lequel la Cour s'eft principalement fondée, jugeant la caufe plaidée fur le procés fait par les Prevoft des Marchands & Echevins, aux larrons de robinets des fontaines de la Ville. Quant à ce qui touche la procedure du Lieutenant des Eaux & Forefts, il eft pareillement incompetent du fait dont la plainte a efté devant luy : car encore que Vigongne, qui eftoit accufé devant le Prevoft des Marchands & accufateur au Siege des Eaux & Forefts, foit Maiftre Paffeur d'Eau & Pefcheur, ce n'eft pas pour dire qu'il ait fes caufes commifes en la jurifdiction des Eaux & Forefts : car les crimes, foit ordinaires, foit extraordinaires qui fe font fur la riviere, ou fur le Port, ne font pas de la connoiffance du Juge des Eaux & Forefts, non plus que de celle du Prevoft des Marchands & Echevins ; ains ordinairement les Commiffaires du Chaftelet levent les corps qui fe trouvent noyez en la riviere, & ce de l'Ordonnance du Prevoft de Paris, ou fon Lieutenant Criminel, auquel ils én font rapport, & ils informent auffi des cas qui arrivent en la Greve prés des bateaux, ou en iceux, ainfi que l'un d'eux, qui eft le Commiffaire Cointerot, a fait au mois de Juillet 1614. dont luy qui parle a en en main le Procés Verbal. Bien eft vray que les Maiftres Pefcheurs de cette Ville, comme en plufieurs autres lieux fur la riviere de Seine & autres, ont un corps, lequel eft approuvé, tout ainfi que jadis il y avoit un ordre *corporis Pifcatorum & Urinatorum totius alvei Tiberis, quibus ex S. C. coire licebat*, dont il y a preuve par l'infcription découverte à Rome *in ædibus Mapheorum*. Mais quand les Pefcheurs ou aucuns d'eux commettent un larcin de bois fur le Port, ils ne font pas exempts

de

de la jurifdiction criminelle du Juge ordinaire. Si quelques privileges ont efté octroyez aux Pefcheurs, ils ne font pas le Lieutenant des Eaux & Forefts Juge d'un crime duquel un Pefcheur eft
accufé. Au furplus, outre l'incompetence manifefte du Lieutenant au Siege des Eaux & Forefts, il
y a une injuftice, en ce que le Subftitut du Subftitut du Procureur General du Roy en ce Siege, ayant
mal & incompetemment requis un Decret de prife de corps contre les accufez par Vigongne, fous
une condition conçuë en ces mots, aux perils & fortunes de l'accufateur; le Lieutenant des Eaux
& Forefts l'a ordonné: il foit dit par la Cour, qu'il a efté en tout & par tout mal, nullement &
incompetemment procedé, jugé & ordonné, tant par iceux Prevoft des Marchands & Echevins,
que par le Juge des Eaux & Forefts, & que l'accufation faite contre Vigongne fera renvoyée devant le Prevoft de Paris, ou fon Lieutenant Criminel, pour eftre le procés fait & parfait à iceluy
Vigongne, fur le larcin du bois prétendu fait nuitamment au Port au bois en Greve, & femblablement fur la Requefte de Vigongne, tendante afin de reftitution de fon bachot & poiffon; & défenfes d'Amblard, Bocheron, & de leurs ferviteurs au contraire; & outre requiert inhibitions &
défenfes eftre faites au Lieutenant des Eaux & Forefts, és caufes même qui feront de fa connoiffance,
de decerner à l'avenir aucun Decret de prife de corps, pain perils & fortunes des accufateurs; mais
luy enjoint de prononcer felon les charges refultantes des actes ou informations, fur lefquelles il
écherra de decreter, ou decret de prife de corps, ou d'ajournement perfonnel, fuivant ce qui
eft accouftumé par les formes & termes ordinaires de la Juftice. LA COUR a mis & met les
appellations refpectivement interjettées, & ce dont a efté appellé, au neant, fans amende; a évoqué
& évoque à elle le principal differend des parties, les a renvoyé & renvoye, enfemble les charges
& informations, pardevant le Prevoft de Paris, ou fon Lieutenant Criminel à huitaine, pour eftre
fait le procés à Vigongne fur le furt nocturne prétendu par luy commis, jufqu'à Sentence diffinitive
inclufivement, fauf l'execution s'il en eft appellé, comme auffi pour faire droit fur la demande
dudit Vigongne, afin de reftitution de fon bateau, filets, & autres uftancilles & poiffon, défenfes
au contraire, & préalablement fur ledit furt. Et faifant droit fur les conclufions du Procureur General du Roy, a fait & fait inhibitions & défenfes au Lieutenant Particulier des Eaux
& Forefts, de plus decreter aux perils & fortunes des Parties, tous dépens refervez. Fait en
Parlement le douziéme jour de Janvier mil fix cens dix-neuf. Collationné. Signé, DE LA
BEAUNE.

V.
14. May
1698. Arreft
du Parlement
qui renvoye
au Chaftelet
le procés cri-
minel com-
mencé au Bu-
reau de l'Hô-
tel de Ville,
contre un Fa-
cteur de mar-
chandifes de
bled fur la
riviere & fur
les ports, ac-
cufé de ban-
queroute
frauduleufe.

ENTRE Jeanne Gevré, femme feparée quant aux biens d'avec Armand Leguedois, Commif-
fionnaire de Grains, fon mary, Demandereffe aux fins de la Requefte par elle prefentée à la
Cour le 7. jour de Decembre 1697. à ce qu'il pluft la recevoir Appellante de la permiffion
de faifir & appofer fcellé, renduë par les Prevoft des Marchands & Echevins de cette Ville de
Paris, au mois de Novembre dernier 1697. faifie & execution de fes meubles, même de l'appofition de fcellé, ordonner que fur l'appel les parties auront Audiance au premier jour; & cependant par provifion, fans prejudice des droits des parties au principal, luy faire pleine & entiere
mainlevée de ladite faifie & execution de fes meubles, eftabliffement de garnifon, même de l'appofition defdits fcellez; avec dommages, interefts & dépens, d'une part: Et Pierre Ledoux & Pierre
Tournois le jeune, Marchands de Grains pour la provifion de cette Ville de Paris, Défendeurs &
Demandeurs en Requefte du 16. Decembre 1697. à ce qu'il pluft à la Cour le recevoir oppofant
à l'execution de l'Arreft furpris par la Défendereffe, portant défenfes d'executer l'ajournement
perfonnel contre elle decerné: comme auffi d'ordonner que fur la Requefte de la Défendereffe du
feptiéme jour de Decembre, les parties procederoient en la Chambre de la Tournelle Criminelle;
faifant droit fur l'oppofition, declarer la procedure nulle, lever les défenfes portées par ledit Arreft;
& fans s'arrefter à la Requefte du feptiéme Decembre dernier, ordonner que la procedure extraordinaire commencée pardevant le Prevoft des Marchands & Echevins de cette Ville de Paris, à la
Requefte des Demandeurs, contre Armand Leguedois, & fa femme, feroit parachevée, & procés
defdits Leguedois & fa femme fait & parfait jufqu'à Sentence diffinitive inclufivement, fauf l'appel
en la Cour; & à cette fin que les fcellez des effets defdits Leguedois & fa femme feroient levez,
iceux préalablement reconnus par le Commiffaire qui les a appofez, & defcription faite des papiers, regiftres, & autres effets defdits Leguedois & fa femme, pour fervir au procés ce que de
raifon, & condamner la Défendereffe aux dépens, d'une part: Et ladite Jeanne Gevré, femme dudit Leguedois Défendereffe d'autre part. Et entre Me Claude Robert, Confeiller du Roy, Subftitut
du Procureur General au Chaftelet de Paris, Demandeur aux fins de la Requefte par luy prefentée
à la Cour le quinziéme jour de Janvier 1698. tendante à ce qu'il plût à la Cour le recevoir oppofant à l'execution de l'Arreft rendu entre ladite Jeanne Gevré, Défendereffe cy-aprés nommée,
Pierre Ledoux, & Pierre Tournois le jeune, le dixhuit Decembre dernier: faifant droit fur fon
oppofition, declarer toute la procedure faite au Bureau, & pardevant les Officiers de la Ville,
à la Requefte defdits Ledoux & Tournois nulle: ce faifant, renvoyer ledit Armand Leguedois,
mary de ladite Défendereffe, au Chaftelet, pour fon procés luy eftre fait & parfait en la maniere
accouftumée; & en confequence, ordonner que les fcellez appofez fur les meubles de la Défendereffe par les Officiers de la Ville feront rompus & brifez, & que les fcellez appofez par le Commiffaire Gorillon, à la requefte dudit fieur Demandeur, feront par luy reconnus & levez, inventaire & defcription par eux faite des effets qui fe trouveront fous lefdits fcellez en la maniere ordinaire, & lefdits Tournois & Ledoux condamnez pour la diftraction de Jurifdiction en l'amende,
& aux dépens, & que l'Arreft qui interviendroit feroit declaré commun avec le Procureur du
Roy, & Officiers de la Ville, d'une part: Et ladite Jeanne Gevré, M. Titon Procureur du Roy de la Ville, Pierre Ledoux, & Pierre Tournois le jeune Marchands de Grains, pour
la provifion de cette Ville de Paris, Défendeurs d'autres. Et entre ledit Me Titon Subftitut du Procureur General du Roy au Bureau de l'Hoftel de Ville de Paris, Demandeurs aux
fins de la Requefte par luy prefentée à la Cour le huitiéme Fevrier 1698. à ce qu'il fut reçû partie
intervenante en la caufe pendante en la Cour entre Pierre Ledoux & Pierre Tournois le jeune,
d'une part; Armand Leguedois & Jeanne Gevré, femme feparée dudit Leguedois, d'autre: Et
Y iij   encore

encore entre ledit M. Claude Robert, Subſtitut du Procureur General du Roy au Chaſtelet auſſi, d'autre ; faiſant droit ſur l'intervention, maintenir & garder le Prevoſt des Marchands & Eche-vins de cette Ville, dans le droit & poſſeſſion de la Juriſdiction criminelle au cas dont eſtoit queſtion en conſequence, ſans avoir égard à la Requeſte dudit Robert Subſtitut du Procureur General au Chaſtelet du quinziéme Janvier 1698, dont il ſeroit debouté, declarer toute la pro-cedure nulle ; ordonner que les Scellez appoſez par le Commiſſaire Gorillon ſeront rompus & briſez, que Guedois & ſa femme ſeroient renvoyez à l'Hoſtel de Ville, pour leur procés leur eſtre fait & parfait en la maniere accoûtumée ; qu'à cet égard les ſcellez appoſez par le Commiſ-ſaire Remy, ſeroient par luy reconnus & levez, & la deſcription par luy faite de ce qui ſe trouveroit ſous iceux pour ſervir au procés dudit Guedois ce que de raiſon. Et encore entre ledit Titon Subſtitut du Procureur General au Bureau de l'Hoſtel de Ville, oppoſant à l'execu-tion de l'Arreſt du premier Fevrier dernier, rendu entre ledit Robert, Subſtitut du Pro-cureur General au Chaſtelet, Demandeur en Requeſte dudit jour quinziéme Janvier dernier, d'une part ; ladite Jeanne Gevré, ledit Titon Subſtitut du Procureur General au Bureau de la Ville, Ledoux & Tournois d'autre ; par lequel il a eſté ordonné, que les ſcellez appoſez par le Commiſſaire Gorillon ſeroient levez, inventaire & deſcription de ce qui ſe trouveroit ſous iceux, faite par les Officiers du Chaſtelet, parties preſentes, ſou duëment appellées, les ſcellez appoſez par les Officiers de la Ville préalablement reconnus par celuy qui les avoit appoſez, & faute par eux de venir faire la reconnoiſſance, paſſé outre ; & au ſurplus, declarer toute la procedure ex-traordinaire faite pardevant les Officiers de la Ville, à la requeſte deſdits Tournois & Ledoux nulle, & l'Arreſt du dix-huitiéme Decembre dernier executé, en ce qu'il porte mainlevée des ſaiſies & execution des meubles de ladite Gevré, ſignifié le quatre dudit mois, ſuivant l'acte ſignifié à ſa requeſte le dix dudit mois de Fevrier, d'une part : Et ledit M. Claude Robert, Subſtitut du Procureur General du Roy au Chaſtelet ; leſdits Pierre Ledoux, Pierre Tournois, & ladite Jeanne Gevré femme Leguedois, Défendeurs d'autre. Et entre leſdits Ledoux & Tournois oppoſans à l'execution de l'Arreſt ſuivant leur premier Fevrier dernier, ſuivant l'acte ſignifié le dix dudit mois de Fevrier d'une part : & ledit Robert Subſtitut du Procureur General du Roy au Chaſtelet, & ladite Gevré femme Leguedois, Défendeurs d'autre : ſans que les qualitez puiſ-ſent préjudicier aux parties. Aprés que Robert Subſtitut du Procureur du Roy au Châ-telet, & Titon Subſtitut du Procureur General de la Ville ont eſté ouïs pendant quatre Audiances, enſemble Portail pour le Procureur General du Roy : LA COUR a reçu le Subſtitut du Procu-reur General du Roy de l'Hoſtel de Ville, oppoſant à l'execution de l'Arreſt par défaut ; & faiſ-ſant droit au principal, ordonne que les ſcellez dont eſt queſtion ſeront levez & oſtez par les Of-ficiers du Chaſtelet, & deſcription par eux faite de ce qui ſe trouvera ſous les leſdits ſcellez, iceux préalablement reconnus par les Officiers du Bureau de la Ville, que par le Commiſ-ſaire du Chaſtelet qui les ont appoſez, parties intereſſées preſentes, ou duëment appellées ; & faute par leſdits Officiers du Bureau de la Ville d'en venir faire la reconnoiſſance, ſera paſſé outre par leſdits Officiers du Chaſtelet, tant en preſence qu'abſence ; ce faiſant, ordonne que les informations & autres procedures faites par leſdits Officiers du Bureau de ladite Ville ſeront por-tées au Greffe du Chaſtelet, pour eſtre par les Officiers dudit Siege, le procés continué, fait & parfait aux accuſez, juſques à Sentence diffinitive incluſivement, ſauf l'execution, s'il en eſt appellé : à ce faire le Greffier de la Ville contraint par corps : a donné défaut contre les Défaillans ; & pour le profit, declare l'Arreſt commun avec eux. Fait en Parlement le qua-torziéme jour de May mil ſix cens quatre-vingt-dix-huit. Collationné. Signé, DE LA BEAUNE.

Quoique ces Arreſts ne concernent que la Ju-riſdiction Criminelle, il en reſulte neanmoins un puiſſant préjugé en faveur du Tribunal de Police.

Les Officiers du Bureau de la Ville préten-doient connoiſtre d'un vol fait aux Portes & aux Ponts-levis ; parce que c'eſt à eux que la garde en eſt confiée, & qu'ils en font juga-ſe. Ils avoient la même prétention ſur les ac-tions qui ſe paſſoient aux Fontaines ; parce qu'il eſt de leurs ſoins d'en faire réparer les canaux & les reſervoirs ſur les deniers communs de la Ville, dont ils ſont les diſpenſateurs. L'ébran-lement du Pont au Change par des bateaux que l'impetuoſité des vents avoit pouſſez contre ſes arches ; & les differens arrivez à cette occaſion leur parurent encore de leur competance, parce que cette action s'eſtoit paſſée ſur la riviere. Il en fut de même d'un vol fait par un Pêcheur dans le batteau d'un marchand de bois, & de la banqueroute d'un Commiſſionnaire d'un Marchand de bled qui trafiquent ſur la riviere & ſur les ports. Voila quels furent alors tous leurs motifs ; la Cour les condamna. Ce ſont en-core aujourd'huy les mêmes qu'ils employent pour appuyer leurs prétentions ſur la Police de Paris. Ils n'en ont jamais eu d'autres ; ainſi tout ce qui fut jugé contr'eux en ce temps &

dans ces circonſtances, leur peut eſtre perpe-tuellement oppoſé.

A ce premier avantage il s'en joint un autre qui eſt encore plus conſiderable, parce qu'il eſt ſingulierement appliqué à la Police. Celuy-cy ſe tire du plaidoyé de Mr l'Avocat General Servin, rapporté dans l'Arreſt du 12. Janvier 1619. & qui en contient les motifs. Il s'agiſſoit de ſçavoir ſi les Officiers du Bureau de la Ville avoient quelque Juriſdiction Criminelle ſur la riviere. Ce ſage & ſçavant Magiſtrat prouva la negative par un tres-grand nombre d'autoritez ſoûtenuës d'une profonde érudition : Mais ſur tout il fit valoir la poſſeſſion dans laquelle eſ-toient ſans contredit le Lieutenant Civil & les Commiſſaires au Chaſtelet, de connoiſtre, de toute la Police des grains, du vin & du foin, tant ſur la riviere & ſur les ports, que dans tous les autres lieux de la Ville. Il en tiroit cet argument à pari ; Que ſi dans ces ma-tieres de Police, du propre aveu de l'Hoſtel de Ville, les Officiers du Chaſtelet avoient tou-te Juriſdiction ſur la riviere & ſur les ports, il en devoit eſtre de même du Criminel. Ainſi le droit & la poſſeſſion des Officiers du Chaſtelet ne peuvent eſtre mieux prouvez que par cet Arreſt. L'on abrege icy toutes les autres preu-ves, parce qu'elles ſont toutes tirées des matieres

res generales qui se trouvent répanduës dans ce Traité, sous les titres des Vivres, du Commerce, de la santé, & de la seureté publique, où elles peuvent estre consultées.

Il restoit encore neanmoins plusieurs difficultez sur la competance de l'une & de l'autre des Jurisdictions du Chastelet & de l'Hostel de Ville, qui ne servoient que trop souvent de matiere à de nouvelles contestations. Quelques sages & quelque bien intentionnez que soient

les Magistrats, il est toujours difficile que ces sortes de conflits n'alterent quelque chose de cette correspondance qui leur est si necessaire pour le service du Roy & le bien public. C'est à ce mal qu'il a plû à Sa Majesté, pour affermir toujours de plus en plus le bonheur des Citoyens de sa Ville Capitale, d'apporter un dernier & puissant remede par son Edit du mois de Juin 1700. Voicy ce qu'il contient.

VI.
Juin 1700.
Edit de Réglement pour la jurisdiction du Lieutenant General de Police, & celle des Prevost des Marchands & Echevins de la Ville de Paris.

LOUIS par la grace de Dieu, Roy de France & de Navarre ; A tous presens & à venir, Salut. Les inconvéniens que causent les conflits de Jurisdiction, estant également contraires au bien de la Justice, à l'ordre public, & à la dignité des Magistrats, qui sont obligez d'y prendre part ; Nous avons estimé necessaire de Nous faire rendre compte de quelques difficultez que la creation de plusieurs Charges, les interests des Officiers qui en ont esté pourvûs, la diversité des Usages dans les differentes Jurisdictions, & la multitude des affaires que la grandeur de nostre bonne Ville de Paris, & le commerce que l'on y fait, ont produit depuis plusieurs années entre nos Officiers du Chastelet, & les Prevost des Marchans & Echevins de nostredite Ville ; & voulant leur donner encore plus de moyen de continuer à Nous rendre dans la suite les services que Nous en recevons avec beaucoup de satisfaction, & garantir en même temps nos Sujets de l'embarras où ils se trouvent, lors qu'ils ne sçavent pas précisément à qui ils doivent s'addresser pour demander justice, & pour recevoir les ordres qui doivent estre donnez suivant les differentes occurrences : Après avoir entendu le rapport qui a esté fait en nostre Conseil desdites difficultez, Nous avons estimé necessaire de les terminer par nostre present Réglement, & de prévenir les suites fâcheuses qu'elles pourroient avoir à l'avenir, en declarant ainsi nostre volonté. A CES CAUSES, & autres à ce Nous mouvans, & de nostre certaine science, pleine puissance & autorité Royale, Nous avons dit, ordonné & declaré, & par ces Presentes signées de nostre main, disons ; ordonnons, declarons, voulons & Nous plaist,

ARTICLE PREMIER.
Que le Lieutenant Général du Prevost de Paris pour la Police, & les Prevost des Marchands & Echevins exercent chacun en droit soy la jurisdiction qui leur est attribuée par les Ordonnances, sur le commerce des bleds & autres grains, & les fassent executer à cet égard, ensemble les Réglemens de Police, ainsi qu'ils ont fait bien & dûëment jusqu'à cette heure : c'est à sçavoir, que le Lieutenant General de Police connoisse dans l'étenduë de la Prevosté & Vicomté de Paris, & même dans les huit lieuës aux environs de la Ville, de tout ce qui regarde la vente, livraison & voiture des grains que l'on y amène par terre, quand même ils auroient esté chargez sur la riviere, pourvû qu'ils en ayent esté déchargez par la suite sur la terre, à quelque distance que ce puisse estre de ladite Ville, comme aussi de toutes les contraventions qui pourroient estre faites ausdites Ordonnances & Réglemens, quand même on pretendroit que les grains auroient esté destinez pour cette Ville, & qu'ils devroient y estre amenez par eau, & ce jusqu'à ce qu'ils soient arrivez au lieu où l'on doit les charger sur les rivieres qui y affluent ; & que les Prevost des Marchands & Echevins connoissent de leur part de la vente & livraison desdits grains, lors qu'elles se feront dans le lieu où ils doivent estre embarquez sur lesdites rivieres, & pareillement de la voiture qui s'en fera par icelles : Et si dans les procès qui sont portez devant eux pour raison des ventes & livraisons ainsi faites, & des voitures desdits grains, ils trouvent qu'il y ait eu quelque contravention aux Ordonnances & Réglemens de Police, ils en prendront connoissance, & pourront ordonner sur la requisition qui sera faite d'Office par nostre Procureur & de la Ville, tout ce qu'ils estimeront necessaire pour l'execution de nos Ordonnances & Réglemens.

I I.
Que les Prevost des Marchands & Echevins reçoivent en la maniere accoutumée les declarations de tous les vins qui arrivent en nostredite Ville de Paris ; qu'ils prennent connoissance de tout ce qui regarde la vente & le commerce de ceux qui doivent y estre conduits, dedans & depuis le lieu où l'on les charge sur les rivieres, ensemble de leur voiture par icelles, & incidemment aux procès qui seront intentez pour ce sujet, des contraventions qui pourroient avoir esté faites à nos Ordonnances & Réglemens de Police, lors qu'ils seront dans les lieux où l'on les charge, & tant qu'ils seront dans les bateaux, sur les ports & sur l'étape de cette Ville : Et que le Lieutenant General de Police ait toute Jurisdiction, Police & connoissance sur la vente & commerce qui se fait desdits vins, lorsque l'on les amene par terre en cette Ville, & des contraventions qui peuvent estre faites aux Ordonnances & Réglemens de Police, même sur ceux qui y ont esté amenez par les rivieres, aussi-tost qu'ils seront transportez des bateaux sur lesquels ils ont esté amenez des ports & étapes de ladite Ville, dans les maisons & caves des Marchands de vin, & sans que les Officiers de la Ville puissent y faire aucunes visites, ny en prendre depuis aucune connoissance sous pretexte de mesures, où sous quelqu'autre que ce puisse estre.

I I I.
Que les Prevost des Marchands & Echevins connoissent de la voiture qui se fait par eau des bois Mairin & de Charonage, & qu'ils reglent les ports de cette Ville où ils devront estre amenez & dechargez ; & que le Lieutenant General de Police connoisse de tout ce qui regarde l'ordre qui doit estre observé entre les Charons & autres personnes qui peuvent employer lesdits bois de Mairin & de Charonage que l'on amene en nostredite Ville de Paris : Et pour prévenir les contestations qui peuvent arriver au sujet de la décharge desdits bois à terre ; voulons que le Voiturier qui les aura amenez, ou celuy à qui ils appartiendront, soient tenus de faire signifier au Bureau des Maistres Charons, par un Huissier ou Sergent du Chastelet l'arrivage desdits bois, afin que les Jurez en fassent la visite & le lotissement dans les trois jours qui suivront celuy de la signification :

cation : & à faute par eux de faire la visite & le lotissement dans ledit temps, permettons au Voiturier ou à celuy à qui lesdits bois appartiendront, de les faire descendre à terre sans en demander la permission à aucun Juge, & d'en disposer, après neanmoins que la visite aura esté faite.

IV.

Que les Prevost des Marchands & Echevins connoissent de tout ce qui regarde les conduites des Eaux & entretien des Fontaines publiques ; & que le Lieutenant General de Police connoisse de l'ordre qui doit estre observé entre les Porteurs d'eau, pour l'y puiser, & pour la distribuer à ceux qui en ont besoin ; ensemble de toutes les contraventions qu'ils pourroient faire aux Réglemens de Police, & qu'il puisse pareillement leur faire défenses d'en puiser en certains temps, & en certains endroits de la riviere, lors qu'il le jugera à propos.

V.

Que les Prevost des Marchands & Echevins prennent connoissance, & ayent Jurisdiction sur les Quays, pour empêcher que l'on y mette aucunes choses qui puissent empêcher la navigation sur la riviere, & pour en faire oster celles qui y auront esté mises, & pareillement celles qui pourroient causer le deperissement des Quays, de l'entretien desquels ils sont chargez, & sans qu'ils puissent y faire construire à l'avenir aucunes échopes, ny aucuns autres bastimens de quelque nature que ce puisse estre, sans en avoir obtenu nostre permission. Voulons au surplus que le Lieutenant General de Police exerce sur lesdits Quays, toute la Jurisdiction qui luy est attribuée dans le reste de nostredite Ville, & qu'il puisse même y faire porter les neiges lors qu'il le jugera absolument necessaire pour le nettoyement de la Ville, & pour la liberté du passage dans les rües.

VI.

Ordonnons que la publication des Traitez de Paix sera faite en presence de nos Officiers au Châtelet, & des Prevost des Marchands & Echevins, suivant les ordres que Nous leur en donnerons, & en la forme en laquelle elle a esté faite à l'occasion des derniers Traitez de Paix qui ont esté conclus à Riswik.

VII.

Lorsque l'on fera des échafaux pour des ceremonies ou des spectacles que l'on donne au sujet des festes & des rejouissances publiques, les Officiers tant du Châtelet, que de l'Hostel de Ville executeront les ordres particuliers qu'il Nous plaira leur donner sur ce sujet ; & lors qu'ils n'en auront point receu de nostre part, Voulons que le Lieutenant General de Police ait l'inspection sur les échafaux, & donne les ordres qu'il jugera necessaires pour la solidité de ceux qui seront faits dans les rües, & même sur les Quays, & pour empêcher que les passages necessaires dans la Ville n'en soient embarrassez ny empêchez, & que les Prevost des Marchands & Echevins prennent le même soin, & ayent la même connoissance sur ceux qui pourront estre faits sur le bord & dans le lit de la riviere, & dans la place de Greve.

VIII.

Lors qu'il arrivera un débordement d'eau, qui donnera sujet de craindre que les Ponts sur lesquels il y a des maisons basties ne soient emportez, & que l'on ne puisse passer sûrement sur lesdits Ponts ; Voulons que le Lieutenant General de Police & les Prevost des Marchands & Echevins, donnent conjointement, concurremment & par prévention tous les ordres necessaires pour faire déloger ceux qui demeurent sur lesdits Ponts, & pour en fermer les passages ; & qu'en cas de diversité de senti mens, ils se retirent sur le champ vers nostre Cour de Parlement, pour y estre pourvû ; & en cas qu'elle ne soit pas assemblée, pardevers celuy qui y préside, pour estre reglez par son avis.

IX.

Les Teinturiers, Dégraisseurs & autres Ouvriers qui sont obligez de se servir de l'eau de la riviere pour leurs Ouvrages, se pourvoiront pardevers les Prevost des Marchands & Echevins, afin de leur accorder la permission d'avoir des bateaux, s'ils en ont besoin, & de marquer les lieux où ils pourront les placer sans incommodité de ladite Ville, & sans empêcher le cours de la navigation : & lors qu'ils n'auront pas besoin d'avoir des bateaux, ils se pourvoiront seulement pardevers le Lieutenant General de Police.

X.

Le Lieutenant General de Police connoistra à l'exclusion des Prevost des Marchands & Echevins, de ce qui regarde la vente & le debit des Huistres, soit qu'elles soient amenées en cette Ville par eau ou par terre, & sans préjudice de la Jurisdiction des Commissaires du Parlement sur le fait de la Marée.

XI.

Le Lieutenant General de Police aura connoissance de tout ce qui regarde l'ordre & la police concernant la vente & le commerce du poisson d'eau douce, que l'on amene en nostredite Ville ; & à cet effet les Marchands de poisson qui y demeurent, auront soin de le visiter exactement aussitost qu'il y sera arrivé, & en feront rapport audit Lieutenant General de Police, lequel ordonnera sur lesdits rapports ou autrement, tout ce qu'il estimera convenable à l'ordre & à la Police publique, touchant ladite marchandise : & lors que les Marchands forains & autres vendront du poisson sur les boutiques & reservoirs aux femmes qui vendent en détail, ou à telles autres personnes que ce puisse estre ; ledit Lieutenant General de Police connoistra seul de tout ce qui regarde à cet égard l'ordre, la Police & l'execution de nos Ordonnances & Réglemens ; & les Prevost des Marchands & Echevins connoistront de ce qui touche la vente & livraison dudit poisson qui est destiné pour nostredite Ville de Paris dans les lieux où l'on le met sur les rivieres navigables qui y affluent ; ensemble de la voiture que l'on y fait dudit poisson, depuis lesdits lieux, & des contestations qui peuvent arriver pour raison d'icelles, & pareillement de celles qui naistront entre lesdits Marchands & les personnes qui achetent ledit poisson en détail ou autrement sur la riviere, & même des contraventions qui pourroient avoir esté faites aux Ordonnances & Réglemens de Police, & qui viendroient à leur connoissance incidemment aux susdits procés.

XII.

X I I.

Enjoignons au furplus aufdits Lieutenant General de Police, & Prevoft des Marchands & Eche-vins , d'éviter autant qu'il leur fera poffible toutes fortes de conflits de Jurifdiction ; de regler s'il fe peut à l'amiable, & par des conferences entr'eux, ceux qui feroient formez, & de les faire enfin regler au Parlement le plus fommairement qu'il fe pourra, fans qu'ils puiffent rendre des Ordonnances , ny faire de part & d'autre aucuns Réglemens au fujet defdites conteftations, ny fous aucun pretexte que ce puiffe eftre. S I D O N N O N S E N M A N D E M E N T à nos amez & feaux Confeillers, les Gens tenans noftre Cour de Parlement à Paris, que ces prefentes ils ayent à faire lire, publier & enregiftrer; & le contenu en icelles, faire fuivre, garder, obferver & executer fe-fon fa forme, & teneur; nonobftant tous Edits, Déclarations, Ufages, & autres chofes à ce con-traires, aufquels Nous avons dérogé & dérogeons par ces prefentes : aux copies defquelles col-lationnées par l'un de nos amez & féaux Confeillers & Secretaires, voulons que foy foit ajouftée comme à l'original : C A R tel eft noftre plaifir ; & afin que ce foit chofe ferme & ftable à tou-jours, Nous y avons fait mettre noftre Scel. Donné à Verfailles au mois de Juin l'an de grace mil fept cens, & de noftre Regne le cinquante-huitiéme. Signé, L O U I S ; Et plus bas, par le Roy P H E L Y P E A U X. Et fcellé du grand Sceau de cire verte.

C H A P I T R E V I I.

Que les Caufes concernant la Police ne font fujettes à aucun renvoy, ny à aucunes évocations aux Jurifdictions extraordinaires, ou de Privileges.

C Omme il n'y a rien de plus favorable que le bien public, qui eft l'objet de la Poli-ce , tous les autres privileges luy cedent. C'eft fur ce fondement qu'elle n'eft fujette à aucun renvoy ou évocations. Les Juges des Jurifdic-tions extraordinaires s'en font eux-mêmes dé-clarez incompetans, lors qu'il s'en eft prefenté quelques caufes à leurs Tribunaux , ou quand ils en ont voulu connoiftre, cela leur a efté dé-fendu par les Arrefts. En voicy quelques-unes des preuves.

Sentence des Requeftes du Palais du 16. Fé-vrier 1520. fur productions des Parties, & les » conclufions des Gens du Roy : par laquelle une » affaire de Police concernant les Jurez Cour-» tepointiers de Paris eft renvoyée au Chaftelet.

Sentence des Requeftes du Palais du 27. » Mars 1537. par laquelle une Caufe de Police » pour raifon du bétail vendu au Marché de » Paris eft renvoyée au Chaftelet.

Papon. liv. 5. tit. 14. art. 5. Arreft du Parlement du 3. Juillet 1537. en forme de Réglement : par lequel il eft ordonné » qu'aucun renvoy ne fera fait des Caufes de » Police. Et fait défenfes aux Requeftes de l'Hof-» tel & du Palais d'en connoiftre.

Arreft des Grands-Jours de Moulins du 6. » Octobre 1550. portant, qu'un Ecolier ne peut » en matiere de Police demander le renvoy de-» vant le Juge de fon privilege.

Le nommé Sardiny avoit obtenu le pri-vilege de faire venir à Paris du bois de fapin, & d'en faire feul le debit. Ces mêmes Lettres luy donnoient une évocation generale &

attribution de Jurifdiction de toutes fes caufes au Grand-Confeil. Un Commiffaire du Chafte-let faifant fes Vifites de Police, trouva dans le chantier de Sardiny beaucoup de bois à brûler dans le temps que la Ville en avoit difette. Il les fit faifir, & fit affigner de fon ordonnance à la Police au Chaftelet ceux qui fe trouverent dans ce chantier, pour fe voir condamner à « debiter du bois au public à prix raifonna- « ble, & en l'amende pour la contravention. « Sardiny intervint, prit le fait & caufe de fes « Facteurs; & en vertu de fon privilege, fit affi- « gner le Commiffaire au Grand-Confeil. Le Lieu- « tenant Civil en porta fes plaintes au Confeil du Roy. L'affaire y fut difcutée : Et par Arreft du 12. Octobre 1583. il fut ordonné, que fur la « faifie & autres chofes concernant la Police, « Sardiny répondroit pardevant le Prevoft de « Paris. Sa Majefté fit défenfes au Grand- « Confeil d'en prendre aucune Cour, Jurif- « diction ou connoiffance , & déchargea le Com- « miffaire de l'affignation qui luy avoit efté don- « née en ce Tribunal. «

Arreft du Confeil d'Eftat du 16. Novembre 1644. par lequel les Jurez Controleurs de la marchandife de foin font déchargez de l'af- « fignation qui leur avoit efté donnée aux Re- « queftes de l'Hoftel, à la requefte de M r de « Vertamont Confeiller d'Eftat ; & les Parties « renvoyées au Chaftelet, pour y proceder fui- « vant les derniers erremens, avec défenfes à « tous autres Juges d'en connoiftre. «

TITRE X.

Des Avocats & Procureurs du Roy.

APrés avoir vû l'établissement du Magistrat de Police, & sa competence reglée avec tous les autres Tribunaux, l'ordre naturel nous conduit à parler des Officiers qui doivent concourir avec luy dans ce grand ouvrage du bien public, & dont on trouve aussi des exemples dans tous les Etats bien disciplinez.

L'introduction des affaires au Tribunal, & le soin de les poursuivre, les instructions pour les mettre en estat, & le conseil pour juger celles qui par leur importance demandent de secours; sont trois differentes vûës dans lesquelles elles peuvent estre considerées. Cette même division donne d'abord aussi l'idée d'un pareil nombre de differens Officiers, necessaires pour les commencer, les instruire, & pour le jugement & la décision qui en doit estre le terme.

On suivra donc cette methode, qui naît, pour ainsi dire du fond de la matiere, preferablement à celle qui auroit pû estre tirée du rang & des autres prérogatives des Officiers, qui semble moins naturelle.

Dans les affaires des particuliers, où le Public ne prend aucune part, ce sont les parties interessées qui ont eu le soin elles-mêmes dans les premiers temps, de les introduire, & d'en faire les poursuites, ainsi qu'elles le jugeoient à propos. On leur a donné depuis des Avocats pour guides, pour conseil, & pour Orateurs. Les discours de ces sçavans Grecs & Romains pour leur défense, ou celle de leurs parties, en font des preuves invincibles. Cela suffisoit autrefois que toutes les affaires estoient jugées à l'Audience sans autre ministere que celuy de la parole. Les formalitez & les subtilitez de la procedure, ayant depuis esté introduites, on y a ajouté l'establissement des Procureurs pour en avoir la conduite.

Les plus puissans & les plus religieux des Princes se sont soumis eux-mêmes les premiers à leurs propres loix, pour en faire davantage connoistre l'équité, & les rendre plus venerables à leurs Sujets. Ils ont esté souvent, & sont encore quelquefois obligez par cette raison, de former des demandes, ou de se défendre pour la conservation de leur Domaine, ou de leurs autres droits. Il ne convenoit pas aussi qu'ils descendissent de leur Trône, pour venir en personne dans les Tribunaux y demander justice. Le Public d'un costé se roit exposé en proye à une infinité d'ennemis, s'il n'estoit continuellement défendu; & il est dans l'impuissance de se faire par luy-même. Les Eglises, les veuves, les orphelins & les pauvres seroient souvent sans défense, & abandonnez, si le Prince, qui est le pere commun de la patrie, n'avoit la bonté d'y pourvoir.

De-là est venu l'établissement des Avocats & des Procureurs du Prince, pour soûtenir & défendre en tout temps ses droits, s'interesser dans tout ce qui concerne l'ordre & le bien public, faire executer les Loix, & prendre en main la défense de l'Eglise, des veuves, des orphelins & de pauvres, toutes les fois que l'occasion s'en presente.

Les Romains en ont eu l'usage; leurs Loix nous en ont conservé la memoire, & nous en apprennent les fonctions & les prérogatives. On y trouve d'abord l'établissement d'un Avocat du Fisc dans le souverain Tribunal du premier Magistrat de l'Empire, le Prefet du Pretoire; & que dans la suite les affaires s'estant multipliées, on luy donna un Collegue qui luy fut égal en dignité & en pouvoir. Il y en avoit aussi un sous ce même titre auprés du premier Magistrat de chacune des Provinces. Ceux du souverain Tribunal estoient seuls choisis & pourvûs immediatement par le Prince; les autres estoient seulement élûs par les Magistrats des lieux où ils devoient exercer leurs fonctions. Le choix des uns & des autres se faisoit ordinairement du Corps des Avocats du Tribunal, & entre ceux qui avoient acquis le plus de reputation. Deux qualitez estoient principalement necessaires pour y parvenir, l'érudition & la probité : mais en concurrence il estoit ordonné par les Loix, que l'homme de bien fust toujours préferé au plus capable.

Leurs fonctions consistoient à intervenir dans toutes les affaires qui estoient portées aux Tribunaux, où il s'agissoit des revenus du Prince, de son tresor, de ses Domaines, de ses affaires, & de ses interests, ou de ceux du Public en quelque maniere que ce pust estre. Ils estoient obligez d'en prendre la défense avec autant de zele que de fidelité, & si quelque chose s'en perdoit par leur faute, ou par leur negligence, ils en estoient garants.

Cette Charge fut jugée si necessaire, qu'il n'étoit permis à aucun Juge qui connoissoit des droits du Prince, de les décider, sans ouïr auparavant ses Avocats.

Comme les affaires criminelles, aussi bien que toutes les autres, estoient instruites & jugées à l'Audience, il estoit encore du devoir des Avocats du Prince, lors qu'un crime venoit à leur connoissance, dont personne ne demandoit la reparation, d'en estre eux-mêmes les accusateurs contre les coupables, & de les faire punir.

Leur Charge fut d'abord annuelle, & depuis pour deux ans. Ils acqueroient par le temps de service, le titre de Comtes du premier ordre; & c'estoit un échelon pour monter aux plus hautes dignitez. Ils estoient exempts de toutes les charges publiques, du logement des gens de guerre dans leurs maisons, & ils transmettoient tous ces privileges à leur posterité.

Il y avoit aussi dans chacune des principales Provinces de l'Empire, un Procureur du Prince, Procurator Cæsaris. Ses fonctions consistoient à connoistre de toutes les causes qui concernoient les domaines & les revenus du Prince; non seulement il en faisoit la recherche, mais il en estoit luy-même le Juge entre le Prince & les Particulier. Il ne connoissoit point neanmoins des matieres criminelles, ny des causes qui concernoient l'estat des personnes; à moins que le President ne luy en donnast la commission pour

le

L. 1. Fisci ad. voc C. Theod. de Advoc. Fisci.

L. 3. & 31. C. Theod. de petition.

L. 41. & 43. C. Theod. de appellat.

L. 5. omnis C. que administ.

L. ult. C. Th. de bonis vac.

L. 1. Si patronum C Th. de advoc. diversi. judic.

gloss. cod. tit.

L. 1. & seq. C. de Adv. Fisci.

L. 3. §. divus, ff. de jure Fisc.

L. 5. ff. quib. ut indig.

Novel. 16. Th. de postul.

Symmac. l. 10.

Ep. 55.

Sulp. Sev. l. 1. hist. sacr.

Spart in Adri.

Brisson select. antiq. c 18.

Epist. Trajan. ad Plin.

L. 1. & seq. C. de proc. & conduct. dom. August.

L. 11. C. Th. de jurisd. omn. Jud.

L. 4. C. Th. de conlat. fund. patrimon.

L. 1. & seq ff. de off. procur. Cæsaris.

L. vic. C. Th.
de actorib.
L. fin. C. de
Adv. Fisci.
Cic.1. Agraria
Blond. de Roma triumph.
l. 3.
Cujac. in leg.
3 C de his qui
sponte mun:ra
su:cipiunt.
Cassiod. lib. 1.
epist. 22.

le representer. Mais il arrivoit quelquefois que le Prince luy donnoit le gouvernement entier de la Province, avec tout le pouvoir de ce premier Magistrat. Toutes les affaires du Prince luy estoient confiées; & tout ce qu'il faisoit, ce qu'il negocioit, ce qu'il acqueroit en cette qualité, estoit autorisé & ratifié par le Prince, comme s'il l'eust fait en personne.

Il ne paroist point que ces Magistrats fussent chargez en ce temps de la protection des veuves, des orphelins & des pauvres, comme ils le sont aujourd'huy. Ce n'est pas que ces personnes favorables fussent abandonnées dans un Estat aussi discipliné qu'estoit celuy des Romains; les Loix sont remplies de dispositions en leur faveur: mais dans les occasions où cela estoit necessaire, on leur nommoit d'office un Avocat qui prenoit leur défense; & s'ils estoient pauvres, il estoit payé aux dépens du public.

Tous ces usages passerent dans les Gaules, avec les Loix & la domination des Romains. Nos Rois les y trouverent establis, & leurs Ordonnances ou Capitulaires nous apprennent ce qu'ils en conserverent après leur conqueste.

Il n'y est fait aucune mention d'Avocats du Roy, ou du Fisc en particulier; mais il semble que tous les Avocats en general en exerçoient les fonctions. Ils estoient élus dans chaque Tribunal en la presence du premier Magistrat, comme tous les autres Officiers. Carol. Magn.
an 801. art. 12. *Volumus ut Advocati in praesentia Comitum eligantur.* L'on y observoit les mêmes formalitez, & l'on y prenoit les mêmes précautions que pour l'élection des Juges. Ils estoient toujours choisis entre ceux des Citoyens qui avoient le plus d'érudition & de probité, & faisoient Corps avec tous les autres Officiers de la Jurisdiction. Comme eux aussi ils estoient sujets à suppression, lorsque le Prince estoit averti qu'ils s'escartoient de leur devoir; & leurs places estoient à l'instant remplies par d'autres, dont la capacité & les bonnes mœurs estoient mieux connuës. Carol. Magn.
an.809. art.11. *Ut Judices, Advocati, Centenarii, Praepositi, Vicarii, Scabini quales meliores inveniri possunt, constituantur, administeria sua exercenda.* Et ailleurs, Capitul. Reg.
Franc.l.1.c.11.
& l.5. c.153. *de Advocatis, Vicedominis, Vicariis, Centenariis pravis, ut tollantur, & tales eligantur, qui sciant, & velint justè causam discernere, & terminare; & quisquis pravus inventus fuerit, nobis pro certo nuntietur.* Lorsque les Eglises ou les personnes Ecclesiastiques estoient attaquées, ou avoient besoin de protection, elles avoient recours au Roy, qui leur donnoit l'un de ces Avocats du Siege pour les défendre. Cap. Reg. Fr.
l.7. c.191.
Carol. Magn.
an. 801. art.
10. & 11. *Pro Ecclesiarum causis ac necessitatibus earum atque servorum Dei, excusatores, vel Advocati, seu defensores, quotiens necessitas ingruerit, à Principe postulentur, & ab eo fideliter atque juxta canonicas sanctiones fidelissimi dentur.* Ces anciennes Ordonnances sont remplies de semblables dispositions.

Ludovic. Pii.
an. 819. 829.
Cap. Reg Fr.
l.3. c.4 l. 4.
c 3. & 4. & l.
7. c. 216. &
190.
Greg. Turon.
hist. Fran l. 4.
c 36. & de gloria mart l 2.
c. 16.
Charta Carol.
III. in histor.
pergam. l. 3.
p. 399. Mais s'il n'est pas évident qu'il y ait eu des Avocats de nos Rois en titre d'Office dans ces premiers temps de la Monarchie, il n'en est pas de même de leurs Procureurs; il est bien certain qu'il y en avoit; les mêmes Ordonnances & les anciennes Chartes de nos premiers Rois, nous en fournissent une infinité de preuves. Ce sont eux sans doute qui s'y trouvent si frequemment sous ces differens titres. *Actores Dominici Actores fisci, Actores publici, Actores, vel procuratores Reipublicae.*

Leurs principales fonctions estoient de joindre leurs soins à ceux du premier Magistrat, pour conserver le domaine, les droits & les re-

Tome I.

venus du Prince, faire executer les Loix, proteger l'Eglise, les veuves & les orphelins. Lud. II. an 867.c.7. ar. 2 *Sancimus ut singuli Comites & Actores Reipublicae in suis ministeriis legalem procurent populo facere justitiam, pupillos & viduam protegant, per loca solita restant rent palatia, quibus cùm ita dictaverit, nos, Legatosque nostros valeant recipere, ne gravetur Ecclesia.* Il estoit de leurs soins de maintenir la tranquillité publique, en faisant punir les crimes, & ils s'appliquoient sur tout à faire reparer les fautes ou les injures qui se commettoient par ceux qui faisoient valoir les Domaines du Roy, & qui croyoient par cette raison pouvoir agir avec plus d'impunité. *De homicidiis, vel aliis institutis quae à* Ludov. Pii.an 829. art. 9. *fiscalinis nostris fiunt, quia impunè se ea committere posse existimant, nos Actoribus nostris praecipiendum esse decernimus, ne ultrà impunè fiant, ita ut ubicumque facta fuerint solvere sub disciplina praecipiamus.* C'est l'une de ces anciennes Ordonnances qui concerne leurs Offices. Les autres autorisez sont en trop grand nombre pour les rapporter: elles peuvent estre vûës dans les lieux citez en marge.

Les choses estoient en cet estat lors des revolutions qui arriverent en France sur la fin de la seconde, & au commencement de la troisiéme Branche de nos Rois. Les changemens qui arriverent alors dans l'administration de la Justice, dont rien ne fut écrit, par les raisons que nous avons dit ailleurs, & le silence des Loix & des Auteurs sur cette matiere pendant plus de trois siecles, sont autant de barrieres qui nous arrestent en cet endroit.

Ce ne fut que sous le regne de Philippe Auguste, que l'Etat se trouvant plus tranquille par les conquestes de ce Prince, les Loix recommencerent d'estre écoutées & à reprendre vigueur. Les sages establissemens de saint Louis y ajouterent encore de nouvelles preuves; & à la vérité ce ne fut sous Philippe le Bel que toutes choses se trouverent parfaitement restablies, & dans un nouvel estat de stabilité: aussi n'est-ce qu'à cette epoque ordinaire où l'on commence à chercher l'origine des plus anciennes Charges, qui nous sont connuës aujourd'huy. Ce n'est pas qu'il n'y ait eu des Officiers pendant tous ces temps de confusion: nous avons vû en son lieu une succession de Prevosts de Paris presque non interrompuë: mais les ennemis domestiques qui troubloient l'Etat, & les guerres étrangeres attirant alors toute l'attention, tout le reste estoit negligé. Il ne s'y trouve ny Ecrivains sur les matieres de Justice, ny registres, ny actes publics: ainsi c'est un grand vuide couvert de tenebres à cet égard, sur lequel il le faut necessairement passer.

En reprenant donc icy nostre recherche, nous y trouvons sous le regne de ce même Prince, des Avocats & des Procureurs du Roy en exercice.

On n'en peut douter à l'égard du Parlement, qui estoit alors l'unique Cour du Royaume, où toutes les plus importantes affaires de gouvernement & de Justice estoient traitées. Jean le Boffu, & Jean Pastoureau remplissoient les Offices d'Avocats du Roy en 1303. avant même que cet auguste Tribunal fust fixe & sedentaire à Paris. Il y avoit aussi dans ce même temps un Procureur du Roy; ce Prince en fait mention dans une Lettre à l'Archevêque de Sens, & le qualifie, *Catholicum juris Conditorem:* éloge que l'on ne peut rendre dans toute sa force en François. Le même Philippe le Bel, en parlant de ces trois grands Magistrats, les nommoit ordinairement *Gentes nostras;* d'où vient le titre de Livre de la Chambre des Comptes, coté pater. *Gens du Roy,* qu'ils portent encore aujourd'huy.

Z ij Rien

Rien ne peut eftre plus grand que leurs fonctions. Un fçavant Magiftrat du feiziéme fiecle
les a toutes renfermées dans ce peu de mots.
» Qu'ils font les depofitaires de tous les inte-
» refts du Prince & du public, l'afile des Loix,
» le rempart de la Juftice & de l'innocence at-
» taquées ; qu'il eft également de leurs foins de
» s'oppofer au mal , & de perfuader le bien; &
» que pour remplir des devoirs fi importans, ils
» ont continuellement l'efprit appliqué à pour-
» fuivre ou à défendre ce qui eft conforme au
droit & à l'équité. *Magiftratus is eft* , parlant du
Procureur General, *in quem omnes fuas actiones,
Principes, populus, univerfi tranfcripferunt , afilum
Legum , arx Juftitiæ, innocentiæ vim paffa, aut judicio circumventæ propugnaculum, interceffor rerum
malarum, fuafor rerum bonarum, præfentis femper
animi actor & defenfor , de fententia juris & æquita-
tis.* Ils eftoient autrefois les feuls pourvûs immediatement par le Prince ; d'où vient le titre de
General , qui les diftingue encore de tous les
fubalternes. Jufqu'en l'an 1454. ils exerçoient

même en la Chambre des Comptes comme au
Parlement , ou fubftituoient pour les y reprefenter.

Le Procureur General donnoit auffi des Lettres de Subftituts à ceux qui devoient remplir
ces Charges dans les Baillages & Senefchaucées
fur la nomination des Officiers du Siége : ils eftoient enfuite pourvûs par le Roy fous les titres
de fes Avocats & Procureurs. L'Edit de Philippes le Bel du mois de Mars 1302. pour la reforme generale du Royaume, fait mention des Procureurs du Roy dans tous ces Tribunaux. Il

leur eft ordonné par cet Edit de faire le même
ferment en la prefence du Roy, que les Baillis
& Sénéchaux, & de le renouveller publiquement dans les premieres Affifes du Baillage , ou
de la Senefchauffée, qui feroient tenües après la
publication de l'Edit. *Volumus infuper , quod Procuratores noftri jurent fecundùm formam quâ Ballivi
& Senefcalli jurare tenentur : & ut prædictum juramentum validius & firmius teneatur , volumus quod in
qualibet Affifia prædictorum Ballivorum & Senefcal-
lorum primò tenenda poft publicationem hujufmodi fa-
luberrimi Statuti aperté coram clericis & laicis, in
communi prædictum faciant juramentu n, quamvis aliàs
in præfentia noftra fecerint illud.* Ils s'engageoient
entre autres chofes par ce ferment , de faire juftice aux grands comme aux petits , aux Etrangers
comme aux Citoyens, fans aucune acception de
perfonnes , ou de nations ; de garder & de conferver les droits du Roy, fans neanmoins aucun
préjudice des droits d'autruy ; de faire obferver les Ufages & les Couftumes des lieux, & de
ne point fouffrir dans leur Jurifdiction de gens

fans religion, de perturbateurs du repos public,
d'ufuriers, & de gens fcandaleux & de mauvaife
vie, mais de les punir fans aucune diffimulation.
*Imprimis jurabunt quòd quamdiu fuerint in adminiftra-
tione vel officio fibi commiffo , facient juftum judicium
omnibus perfonis magnis & parvis, extraneis & privatis , cujufcumque conditionis exiftant,& fubditis qui-
bufcumque, fine perfonarum acceptione , vel nationum,
fervando & cuftodiendi diligenter ufagia locorum, &
confuetudines approbatas. Infuper jurabunt jura noftra
bonâ fide requirere, cuftodire & falvare, fine dimi-
nutione & impedimento , ac fine præjudicio juris alie-
ni: præctereà , quòd infideles , feu injuriofos & impro-
bos apertè exactores , vel de ufuris fufpectos , aut tur-
pem vitam ducentes , in fuo non fuftinebunt errore ,
immò eorum exceffus corrigent bonâ fide.*
Le Procureur du Roy dans chacun de ces
Baillages & Senefchauffées , après avoir été ainfi

pourvû fur la nomination des Officiers, & la
fubftitution de Monfieur le Procureur General
au Parlement , donnoit enfuite des Lettres de
fubftitution à qui bon luy fembloit , pour le reprefenter dans les Sieges inferieurs ou fubalternes , qui relevoient de ce Siége principal.

Il y avoit , comme il y a encore aujour-
d'huy, d'autres Tribunaux dans les Provinces,
qui ne font ny grands Baillages, ny Senefchauffées,& dont neanmoins les appellations relevent
immédiatement au Parlement. Ceux-cy ne laiffoient pas que de recevoir pour Procureur du
Roy, un Subftitut de celuy du principal Siége
de la Province, quoy qu'ils n'en relevaffent point.
Un Edit de François I. du mois d'Aouft 1522.
corrigea cet abus par la creation en titre d'Office, d'un Procureur du Roy en tous les Sièges
dont les appellations relevent immédiatement
au Parlement. Ce même Edit défend au Procureur du Roy des Sieges principaux, de prendre
la qualité de Procureur General du Baillage ou
Senefchauffée , & de fubftituer à ces autres Sièges de leurs Provinces.

Il ne reftoit plus à remplir de ces Charges,
que les Prevoftez & les autres Juftices fubalternes. Le Procureur du Roy de chacun des
Baillages & Senefchauffées continua d'exercer
fes fonctions par luy-même, ou par fes Subftituts , dans tous ces Sièges inferieurs ou fon reffort. Cela fut reformé par un Edit de Henry II.
du mois de Novembre 1553. qui porte creation
en titre d'Office d'un Procureur du Roy dans
chacune des Prevoftez , & des autres Juftices
fubalternes qui relevent des Baillages & Senefchauffées. L'on reconnut neanmoins dans la fuite, que l'on pouvoit diminuer le nombre de
ces Officiers, lors que le Siége fuperieur & l'inferieur fe trouvoient en exercice dans une même
Ville, & que ce retranchement iroit au foulagement du public : cela donna lieu à l'Article 51.
des Ordonnances qui furent faites en l'Affemblée
des Eftats à Orleans, au mois de Janvier 1560.
par lequel il fut ordonné qu'il n'y auroit qu'un
feul Procureur pour le Roy en chaque Ville,
tant pour le Baillage , ou la Senefchauffée, que
les Sièges fubalternes.

Il y en eut de créez dans les Jurifdictions des
Prevofts des Marefchaux , Vice-Baillis , Vice-
Senefchaux , & Lieutenans Criminels de Robe-
Courte, par Edit du mois de May 1581. mais ils furent fupprimez & réünis aux Procureurs du Roy
des Juftices ordinaires, par un autre Edit du mois
d'Aouft de la même année.

A l'égard des Avocats du Roy, il n'y en avoit
originairement qu'un dans chacun de ces principaux Siéges , qui eftoit ordinairement choifi
entre les anciens Avocats qui avoient acquis par
leur érudition & leur probité le plus de reputation. Il en eft fait mention dans un Edit de
Charles VI. de l'an 1388. qui regle la forme de
leurs élections, de même que celles des principaux Officiers du Siége. Henry III. en créa un
fecond dans les Préfidiaux, & les Baillages ou
Senefchauffées, par un Edit du mois d'Avril
1577. Il n'y en a point dans les Jurifdictions
fubalternes.

Le Chaftelet de Paris qui a toujours efté diftingué de ces Tribunaux des Provinces par ce
grand nombre de prerogatives attachées au premier Siége des Juftices ordinaires du Royaume,
& qui ont efté expliquées ailleurs, a auffi eu
de temps immemorial des Officiers deftinez à défendre les interefts du Roy & du Public, & en
plus grand nombre.

L'on

L'on s'éforceroit en vain de rechercher leur origine, ils font du nombre de ceux qui ont d'abord compofé ce Tribunal, dont l'antiquité des plus reculées precede tous les Edits de création, & ne peut eftre approfondie. Ainfi s'arreftant aux preuves qui fe tirent des Regiftres de la Jurifdiction, qui font fans contredit les plus anciens du Royaume : on les y trouve dés les premieres pages en exercice, & comme eftant deffors d'une inftitution fort ancienne. L'on rapportera feulement icy quelques uns des premiers exemples qui ont rapport à la Police.

Gilles Haguin Prevoft de Paris, fit faire trois nouveaux eftalons pour la verification des poids, qui fervoient dans le Commerce. Il en referva un pour eftre gardé au Chaftelet. Il en donna un autre en garde aux Maiftres Efpiciers. Le troifiéme au Bureau du poids du Roy; & le procés verbal de ce Magiftrat, daté du Dimanche des Brandons, l'an 1321. fait mention, que le tout fe fit en la prefence de Pierre de Ville-Brune Procureur du Roy au Chaftelet.

Premier Regiftre des Meftiers, paffim.

Les plus anciens Réglemens que nous ayons touchant les Arts & Meftiers, ont efté faits par les Prevofts de Paris, chacun en leur temps, aprés avoir ouy les Avocats & Procureur du Roy, qui en avoient eu communication. C'eft ainfi que s'en expliquent les premiers Statuts des Megiffiers du Mardy d'aprés la huitaine des Brandons, l'an 1323. Ceux des Clouttiers du Lundy d'aprés le Dimanche, où l'on chante, Lætare Jerufalem, l'an 1339. des Teinturiers, du 26. Aouft 1357. & tant d'autres dont le détail feroit trop long.

Ancien Regift. du Chaft. qui eft dans la Bibliotequ: de feu M. Colbert.

Dans une Affemblée generale de Police qui fut tenuë au Chaftelet par le Prevoft de Paris, de l'ordre du Roy, le 14. Avril 1366. à l'occafion de la cherté du pain : Eudes de Sens, Vincent Droüart & Eftienne de Mareüil, Avocats & Procureur du Roy, fe trouvent nommez entre les Officiers de la Jurifdiction, qui compofoient cette affemblée, & qui donnerent leur avis fur les matieres que l'on y mit en délibération. Jean Longuejoë, Guillaume de la Haye, & Jean Choüart, fe trouvent encore avec ces mêmes qualitez dans une pareille affemblée du 18. Février 1436. ainfi c'eft un fait bien certain, & qui n'a pas befoin d'un plus grand nombre de preuves, qu'il y a eu de tout temps, au moins deux Avocats & un Procureur du Roy en ce Tribunal.

Leur eftabliffement n'a point eu d'autres motifs que ceux qui font exprimez dans l'Edit de Philippe le Bel, du mois de Mars 1302. general pour tout le Royaume, de veiller à la confervation des droits du Roy, de tenir la main que les Edits & les Ordonnances fur le fait de la Juftice & du bien public, foient exactement obfervez, & que les fautes & les crimes foient ou prevenus ou punis. Ainfi comme tous ces objets font les mêmes que ceux de la Police, ils ont toujours efté fingulierement attachez à ce Tribunal, & y exercent une partie confiderable de leurs fonctions.

Le nombre des Avocats du Roy fut augmenté jufqu'à quatre par l'Edit du mois de Février 1674. qui fepara en deux Tribunaux le Siége du Prefidial & de la Prevofté de Paris; & ce même nombre de quatre a efté confervé par l'Edit de réünion du mois de Septemb. 1684. il y a eu depuis un Réglement general par des Lettres Patentes du mois de Janv. 1685. qui eftablit ce qui doit eftre obfervé pour l'adminiftration de la Juftice en ce Siége : voicy les Articles qui concernent Meffieurs les Avocats du Roy.

Le plus ancien en reception de nos Avocats « tiendra toujours la première place en l'Au- « diance de la Prevofté, & affiftera aux Audian- « ces de la Chambre Civile & de la grande Po- « lice. «

Les trois autres, à commencer par le plus « ancien d'entr'eux, affifteront fucceffivement, « chacun durant deux mois, à l'Audiance de la « Prevofté en la feconde place. «

Les deux qui ne feront point de fervice à « l'Audiance de la Prevofté, affifteront à celle « du Prefidial. Celuy qui fervira dans la fecon- « de place en l'Audiance de la Prevofté, fer- « vira durant le même-temps aux Audiances de « la petite Police : & celuy qui fervira dans la « feconde place en l'Audiance prefidiale, affif- « tera à celles qui fe tiendront pour les affaires « criminelles. Voulons neanmoins, & nous plaift « pour bonnes confiderations, que ceux qui font « pourvûs prefentement des deux Offices de nos « Avocats anciennement créez, fervent en l'Au- « diance de la Prevofté, tant qu'ils exerceront lef- « dites Charges feulement. «

Le plus ancien de nos Avocats refoudra en « l'abfence, ou autre empêchement de noftre Pro- « cureur, toutes les conclufions, préparatoires « & diffinitives, fur les informations & procés « criminels, & fur les procés civils qui ont ac- « couftumé d'eftre communiquez à noftre Pro- « cureur, & elles feront fignées par le plus an- « cien de fes Subftituts, ou autre qui fera par « luy commis, en la maniere accouftumée, fans « que ledit Subftitut puiffe déliberer. «

TITRE XI.

Des Conseillers-Commissaires-Enquesteurs & Examinateurs.

CHAPITRE PREMIER.

Origine des Commissaires-Examinateurs. Motifs de leur establissement. Qu'il y a eu de semblables Officiers dans tous les Etats bien disciplinez. Exemples des trois plus celebres Républiques de l'Antiquité.

C'Est une opinion sur laquelle il n'y a jamais eu de partage, & que l'experience fortifie encore tous les jours, qu'il seroit impossible que le Magistrat chargé de maintenir l'ordre public, & d'administrer la Justice à un peuple nombreux, pust seul & par luy-même remplir toutes les obligations d'un employ si important & si difficile : impossible qu'il pust voir de ses propres yeux tout ce qui se passe contre le service du Prince, ou en quelque autre maniere contre l'ordre & le bien public, & se trouver dans tous les lieux differens où sa presence seroit necessaire pour y pourvoir : que continuellement occupé des principaux soins de la Société civile, il pust entrer dans le détail de tous les petits differens qui naissent à toutes heures entre les Citoyens ; & que dans les matieres plus importantes il pust en personne faire toutes les instructions qui luy sont personnelles & attachées à son Office ; impossible enfin qu'il pust seul & sans conseil juger ce grand nombre de procés qui se presentent tous les jours à son Tribunal.

C'est de cette impuissance si certaine & si connuë, dont se plaignit autrefois le premier aussi-bien que le plus sage des Magistrats de l'Antiquité, dés la premiere année de son ad-» ministration. Je ne puis seul suffire à vous » tous, dit-il en parlant au peuple sur lequel » Dieu l'avoit establi : Je ne puis porter seul » le poids de vos affaires & de vos differens ; » parce que le Seigneur vostre Dieu vous a » tellement multipliez, que vous égalez au-» jourd'huy en nombre les Etoiles du Ciel. *Non possum solus sustinere vos : non valeo solus negotia vestra sustinere, & pondus ac jurgia ; quia Dominus Deus vester multiplicavit vos, & estis hodie, sicut stella Cæli, plurimi.* Çe sont ses propres termes.

Delà tirent leur origine deux sortes d'Officiers principaux qui ont esté establis auprés des Magistrats, & qui entrent en participation de leurs soins & de leurs fonctions. Les-uns, les Anciens ont nommez *Adjutores Magistratuum,* pour avoir une inspection intime & continuelle sur le peuple, tenir la main à l'execution des Loix, faire une partie considerable des instructions necessaires pour mettre les affaires en estat, referer au Magistrat de celles qui requierent une prompte expedition, & par leur assiduité, multiplier (pour ainsi dire) sa presence où elle seroit necessaire, s'il estoit possible qu'il se pust trouver en même-temps dans tous les lieux où l'on a besoin de son secours & de son

autorité. *Adjutores dicuntur, quia Magistratibus adjungebantur, ut in muniis obeundis essent, qui eos adjuvarent.* Les autres, que les mêmes Anciens ont nommez *Assessores Magistratuum,* ont esté establis pour assister le Magistrat au Tribunal, & luy donner avis & conseil dans le jugement & la décision des affaires les plus importantes : d'où le nom de Conseillers tire son origine. *Assessores quorum officium est assidere judici, atque consulere in causis ; & inde Consiliarii vocantur.* Les uns, comme dit un sçavant Politique du seizième siecle, pour luy aider à remplir ses fonctions ; & les autres, pour le conseiller : *Alii qui auxilio, & alii qui consilio profunt.*

Les Loix & l'Histoire de toutes les Nations qui ont aimé l'ordre & la discipline, ne nous presentent rien de plus ancien que l'establissement des uns & des autres de ces Officiers : mais nous l'avons déja vû amplement & bien prouvé dans ces trois fameux exemples des Hebreux, des Grecs & des Romains.

Leurs Villes, selon les preuves que nous ne repeterons point, estoient partagées en differens quartiers que les Hebreux nommoient, *Pelek* ; les Grecs, Χώρα, & les Romains, *Regio.* Elles nous apprennent encore qu'il y avoit en chaque quartier un certain nombre d'Officiers, pour y exercer, comme Aides ou Coadjuteurs des Magistrats, les premieres fonctions que nous venons d'expliquer. Les Hebreux nommoient celuy de ces Officiers qui avoit l'inspection sur tout le quartier, *Sarpelek,* Intendant ou Commissaire du quartier. Celuy qui n'avoit qu'un département dans le quartier, qui estoit ordinairement de la moitié, *Sarhatsipelek,* Intendant ou Commissaire de la moitié du quartier. Et en general ils les nommoient tous, *Sare pelakim le Kireiah,* Intendans ou Commissaires des quartiers de la Ville. Les Grecs nommoient ces mêmes Officiers, Δοχιϭμαϭοτ. Ρϗϛεπʹχʹϭτ. Χορτοπϗϗέϭτ. Enquesteurs, Examinateurs, Commissaires des quartiers de la Ville : & les Romains, *Curatores regionum, & Adjutores Præfecti Urbis,* que tous nos Auteurs ont aussi rendu en François par ce même nom, Commissaires des quartiers de la Ville, Aides ou Coadjuteurs du premier Magistrat.

Toutes ces sages Républiques avoient aussi en même-temps, comme on l'a prouvé, d'autres Officiers destinez pour assister le Magistrat au Tribunal, & luy donner conseil dans les Jugemens. Ceux-cy furent nommez par les Hebreux, *Zekenim,* les Anciens du Peuple : par les Grecs, Γαϛέϛϼεϛ, Assesseurs : & par les Romains, *Assessores.*

Ainsi

Ainsi voila dans les trois plus celebres Nations de l'Antiquité, le nom, l'usage, & la distinction de ces Officiers establis auprés des Magistrats, pour partager avec eux les sollicitudes du bien public, les soulager dans leurs fonctions, & leur donner conseil. Nous en avons rapporté toutes les preuves sous chacun des titres qui leur conviennent : cela nous dispense d'entrer icy dans un plus grand détail.

Ce n'est pas que ceux de ces Officiers qui avoient pour partage les soins du public, & les instructions des affaires, ne fussent aussi du Conseil du Magistrat, lors de la décision. Il est bien prouvé au contraire qu'ils estoient appellez dans toutes les Assemblées où l'on traitoit des affaires publiques, & même que leur presence, ou de la plus grande partie d'entr'eux y estoit necessaire pour la validité des actes. *Fecit Romæ Curatores Urbis quatuordecim, quos audire negotia urbana cum Præfecto Urbis jussit, ita ut omnes aut magna pars essent cùm acta fierent.* C'est ainsi que les Auteurs rapportent l'objet de leur establissement, comme Officiers de Police, & Commissaires des quartiers de la Ville. Quant aux affaires particulieres, où ils agissoient en qualité d'Enquesteurs, *Quæsitores*; celuy qui avoit fait l'instruction assistoit toujours au Jugement du Procés, assis entre les autres Juges, sur les bancs placez pour eux proche & un peu plus bas que le Tribunal du Magistrat qui présidoit. *Prætor quidem in Tribunali sedebat, ac pro Imperio Judices cogebat; Quæsitor autem in subselliis cum cæteris Judicibus, ejusque munus erat quærere de crimine.* C'est le témoignage qu'en rend Ciceron, qui ne peut estre suspect. Il avoit esté luy-même Préteur.

Lamprid. in Alex. Sever. Pancirol. in notit. Imper. Roman. de quatuord. Regionib.

Cicero pro Cluent. & pro Roscio Americo. Gruchius de Comitiis Roman. lib. 1. cap. 2. Robortel. de judiciis & omni consuetud. causas agendi Romanas.

Tous ces usages passerent dans les Gaules avec la domination des Romains, par cette Loy expresse que nous avons déja rapportée, qui assujetissoit toutes les Villes de l'Empire à la Police de la Capitale. *Omnes Civitates debent sequi consuetudinem Urbis Romæ, cùm sit Caput Orbis terrarum.* Ainsi, selon nos mêmes preuves, les Magistrats qui furent envoyez dans les Gaules eurent aussi auprés d'eux ces deux sortes de Conseillers; les uns, pour partager avec eux les soins du bien public, faire les instructions, & leur referer des affaires; & les autres, pour les assister de leurs conseils à leurs Audiances & au Jugement des procés: ceux-là nommez dans les commencemens, *Legati*, & qui se trouvent dans la suite sous tous ces differens noms, selon les temps ou les lieux : *Servatores loci, Curatores Urbis, Vicarii Magistratuum, Defensores Civitatis, Inquisitores, Discussores*; & ceux-cy toujours sous ce même nom : *Assessores Magistratuum.* Nous avons vû aussi en son lieu, que pour faciliter l'inspection & les fonctions de ces premiers, toutes les Villes, selon l'ancien usage, furent partagées en differentes Regions; les mediocres ou les petites en deux ou en trois; & les plus grandes en quatre. D'où est venu ensuite le nom de *Quartier*, qui subsiste encore aujourd'huy.

Comme toutes ces choses sont traitées à fond sous chacun des Titres où elles ont dû estre rangées, on ne les touche icy qu'en passant, & pour en rappeller seulement les idées. Ainsi pour remplir nostre dessein, & en suivant toujours le même plan que nous nous sommes proposé, il nous reste à faire voir que ces usages establis par les Romains dans les Gaules, furent conservez par nos premiers Roys aprés leur conqueste; que tous les changemens que la vicissitude des temps a fait naistre dans l'Estat, n'en ont apporté aucun à l'essentiel de cet establissement; que dans tous les premiers Tribunaux du Royaume, il y a toujours eu ces deux sortes d'Officiers principaux auprés des Magistrats; les uns, pour les instructions & le conseil; & les autres, pour le conseil seulement: & qu'enfin les Cours Superieures mêmes ont esté autrefois miparties de Conseillers Enquesteurs, pour instruire & rapporter les procés, & de Conseillers Jugeurs, qui n'avoient d'autres fonctions que de donner leur avis lors du Jugement.

CHAPITRE II.

Des Commissaires-Examinateurs establis en France par les Romains; & comment ils furent conservez par nos premiers Roys.

Loyseau, du droit des Offices liv. 4. ch. 5.

NE pouvoir representer un premier Edit de création est la premiere preuve de l'antiquité d'un Office dans l'Estat, selon l'opinion de celuy de nos Jurisconsultes qui a le plus approfondi cette matiere. Il en rapporte l'exemple des Magistrats qui remplissent les premieres places dans les Tribunaux, sans qu'il y ait jamais eu aucun Edit de création pour leur premier establissement; & il adjouste qu'il y auroit autant de temerité d'imputer à ces anciens Officiers cette privation comme un defaut au titre de leurs Charges, que de disputer à l'ancienne Noblesse les avantages de sa naissance : parce que la source en est inconnuë, & qu'elle ne rapporte point de Lettres d'annoblissement de ses Ancestres.

Les Commissaires-Examinateurs sont dans cette espece, & ont cela de commun avec tous les autres anciens Officiers du Royaume, qu'il ne se trouve aucun Edit de création qui ait donné naissance à leur Office. Il est bien vray qu'il en est fait mention dans les Capitulaires de nos premiers Roys, dans les anciens Registres du Parlement, dans ceux de la Chambre des Comptes, du Thresor des Chartes & du Chastelet; qui sont sans difficulté les plus anciens titres & les plus celebres Archives du Royaume: mais ce qui s'y trouve de plus ancien les suppose déja en possession depuis long-temps. Ainsi c'est encore ailleurs & en remontant plus haut qu'il faut chercher leur origine.

Nous avons vû l'usage de cet Office estably dans les trois plus celebres Républiques de l'Antiquité, & que les Romains l'avoient fait passer avec leur domination & leurs Loix dans les Gaules.

Agathias Ecrivain celebre, contemporain de nos premiers Roys, dont nous avons rapporté le passage ailleurs, nous apprend qu'aprés leurs conquestes ils conserverent avec soin tous ces usages Romains, & gagnerent par cette condescendance les cœurs de leurs nouveaux Sujets. Gregoire de Tours, Fauchet, Bodin, Pasquier, Loyseau,

Loyseau, & tous nos Auteurs anciens & modernes sont de ce même sentiment. Ainsi il ne faut point chercher ailleurs l'origine des Commissaires Examinateurs.

En effet descendant de l'Epoque fameuse qui a vû naître nôtre Monarchie, aux temps qui l'ont suivi de plus prés, & où nos Roys ayant affermi leur autorité, commencerent d'ajouster de nouvelles Loix aux anciennes : nous y trouvons ces Officiers en exercice, & en possession du même titre & des mêmes fonctions qui composent encore aujourd'huy leur employ.

Les Capitulaires de nos premiers Roys commencent par un Edit de Childebert Premier, de l'an 554. environ quarante-six ans aprés que les Gaules se trouverent entierement soumises à la domination des François. Il y en a cinq autres qui suivent sur differentes matieres : mais le premier de tous qui fait mention de quelques Officiers, & qui vient ensuite, est un Edit de Clotaire I I. donné à Paris le 17. Octobre l'an 615. sur la remontrance des Peres du cinquième Concile de cette Capitale. Cet Edit porte, d'autres dispositions, que les *a* » Prélats & les Seigneurs qui possedoient des Provinces à titre de Benefice de nos Roys, com- » me nous l'avons vû n'y establiroient » pour Juges ou Commissaires Examinateurs » chargez d'y rendre la Justice, que les origi- » naires de la même Patrie. *Episcopi verò vel Potentes qui aliis possident Regionibus, Judices vel missos Discussores de aliis provinciis non instituant, nisi de loco, qui Justitiam percipiant, & aliis reddant.* *a* Ce même Edit expliquant ensuite la raison de » cette Loy, porte, que c'est afin de conserver » avec le secours du Ciel, une paix & tran- » quillité perpetuelle dans tout le Royaume, » y maintenir le bon ordre & la discipline pu- » blique, & corriger tres-severement toutes les » fautes, les insolences & les rebellions de ceux » qui entreprendroient de la troubler par leur » malice. *Ut pax & disciplina in Regno nostro sit, Christo propitiante, perpetua; rebellio vel insolentia malorum hominum severissimè reprimatur.*

Il est encore fait mention de ces mêmes Officiers dans plusieurs autres de ces anciennes Ordonnances jusqu'en l'an 922. qu'elles finissent, & dans les Auteurs contemporains. *b* Il est vray que, suivant l'usage des anciens, & de donner à leurs Officiers plusieurs noms, comme autant d'épithetes pour exprimer leurs fonctions, ainsi que nous l'avons vû dans les exemples des Grecs & des Romains ; ceux-cy s'y trouvent sous tous ces autres differens noms. *Missi Comitum, Missi Reipublicæ, Vicarii Comitum, Servatores loci, Adjutores Comitum, Inquisitores;* tous ces noms estant également énergiques pour exprimer le titre de leur Charge & leurs fonctions ; *Missi aut Vicarii vel Adjutores Comitum,* pour faire entendre qu'ils representoient la personne du Magistrat ; *Missi Reip.* pour marquer leur application continuelle à maintenir la Police, le bon ordre & la discipline publique : *Respublica* n'estant pris en cet endroit, selon les Loix, que pour le bien public de chaque Ville en particulier : *c Discussores vel Inquisitores* ; parce qu'en effet ils estoient principalement appliquez à la recherche & à la découverte de la verité, & à l'establissement des preuves necessaires pour faire cesser les desordres, & punir les crimes: *Inquisitores, quasi intus Quæsitores,* ou bien, *Quæsitores à quærendo; qui conquirerent maleficia; inquirere enim, est informationem facere, & legibus vindicare:* Enfin ce nom *Loci Servatores* leur estoit donné

pour signifier la distribution qui estoit faite entr'eux, du territoire de la Jurisdiction, afin de veiller par chacun d'eux à la sûreté des Citoyens, & à maintenir le bien public dans l'estenduë confiée à ses soins par le Magistrat.

Mais en même-temps, de crainte que cette multiplicité de noms n'induisist en erreur, & ne fist croire qu'ils signifioient autant de differens Officiers, l'on prenoit souvent soin d'expliquer l'un de ces noms par l'autre, ou d'en joindre plusieurs ensemble pour signifier la même personne : par exemple, *Missus vel Servator loci; Missus, id est Servator loci, Vicarius, qui Missus Comitis est; loci Servator, id est Vicarius.* *d* C'est ainsi que plusieurs de ces anciennes Ordonnances, ou les Auteurs contemporains s'expliquent.

Ce ne fut pas seulement pour ces Officiers que le mot *Legati* fut changé en *Missi,* *e* qui sont deux noms synonymes. Les François en userent de même à l'égard de toutes les autres personnes publiques, que les Romains avoient nommées *Legati.*

C'est le nom (par exemple) qu'ils avoient donné aux Ambassadeurs : *Legati Populi Romani, Legati Persarum ;* aux Deputez des Provinces ou des Villes, *Legati Provinciæ, Legati Civitatis ;* aux Nonces du Pape aprés l'establissement du Christianisme, *Legati Ecclesiæ :* aux Intendans de l'Empereur dans les Provinces, *Legati Cæsaris :* aux Commissaires nommez par ces Princes pour reformer quelques abus, ou pour juger quelques affaires particulieres, *Legati Imperiales :* & enfin aux Officiers envoyez dans les Provinces avec les Magistrats, *Legati Proconsulum.*

Les François, en conservant quant aux fonctions tous ces mêmes usages, nommerent leurs Ambassadeurs, *Missi de Palatio, vel Missi ex latere Regis :* *f* ceux du Pape, *Missi sancti Petri, vel Missi sanctæ Romanæ Ecclesiæ :* *g* les Intendans dans les Provinces, *Missi Dominici :* *h* les Commissaires pour la reforme de quelques abus, ou pour connoistre de quelques affaires particulieres, *Missi discurrentes, vel Missi Regales.* *i* Ainsi on ne doit pas estre surpris, si par cette même regle ils changerent aussi *Legati Proconsulum,* en *Missi Comitum,* pour qualifier les Aides ou Coadjuteurs de leurs premiers Magistrats.

Quant au nom, *Discussores,* que nous lisons aussi dans cette ancienne Ordonnance, c'estoit encore une imitation des Romains. Ils s'en servoient quelquefois au lieu de cet autre nom, *Inquisitores :* & dans la basse Latinité ils y ajousterent, *Examinatores,* comme autant de synonymes pour signifier les mêmes emplois. *k*

Ainsi de ce premier Edit de Clotaire I I. il est bien evident que l'usage de ces Officiers que nous y trouvons en exercice, estoit l'un de ceux que ces premiers Conquerans des Gaules y avoient apportez, & qui furent conservez par nos premiers Roys, selon le témoignage des Auteurs contemporains. Mais en continuant nos preuves, cette verité s'y trouvera encore dans un plus grand jour, par toutes les autres conformitez qui s'y rencontrent.

Une Ordonnance de Charlemagne, dont la date est perduë ; *l* & deux autres Ordonnances de Loüis le Debonnaire, *m* & de Charles le Chauve, *n* des années 829. & 870. nous apprennent que ces Officiers estoient establis dans toutes les Comtez, *in omni Comitatu,* qui estoient alors les principales Jurisdictions du Royaume, & qui sont aujourd'huy nos Bailliages & Senechaussées ;

Left margin notes:

a Capitul. Reg. Franc. tom. I. col. 24.

b Gontram. an. 587.
Dagobert II. an. 630.
Carol. Magn. an. 801. & 810.
Lud. Pius. an. 819. 818. & 829.
Carol. Calv. an. 861. 864. & 870.
Carloman. an. 882.
Cap. Reg. Franc. lib. 2. cap. 27. & lib. 4. cap. 43.
Vualafrid. Strab. de reb. Ecclesiast cap. 3. de comparat. Ecclesiasticor. ordin. & sæculari.
Monach. Sangallens. de gestis Carol. Ma. lib. 1. cap. 32.
Aimon. Monach. lib. 5. cap. 14.
Hincm. Epist. pro Episcopis Galliarum ad Carol. Calv. cap. 3.

Right margin notes:

Pithœi Glos. far. ad lib. Capitul. in verb. *Missi Comitum.*

Hieronym. Bignon. not. ad Marculf. cap. 8.

c L. 17. inter. publ. ff. de verbor. signif.
L. 1. C. Th. de locat.fund.
L. 9. C. Th. de Decurion.
L. 18. C. Th. de operib.

d Carol. Magn. an. 800. 801. & 810.

Lex Longobard. lib. 1. tit. 25. §. 73.
Novell. Valentin. & gl. Isidor.

e Car. Magn. an. 800. &c.
Bodin de Rep. lib. 3. cap. 1.
L. 1. & seqq. C. de Legat. & ibi. gloss.

Legatis. ff. & ibi gloss.
Plaut. in Cas.
Valer. Max. cap. 1. lib. 5.

f Car. Magn. an. 814.
Ludovic. Pii. an. 819.

g Carloman. Pippin. an. 744.
Carol. Calv. an. 876.
Flodoard. lib. 3. cap. 21.
Conc. Althem. Burchard. lib. 1. cap. 1. cap. 58.
Ivo Carnot. Epist. 133.
Car. Magn. an. 779 & passim in cap. tul. Reg. Frat.

i Car. Magn. an. 779. 789. 803. & passim. Carnal. sub. an.

k Isidor. gloss. sar. Lat. Græc. cussor.

l Capitul. Reg. Franc. additio quarta cap. 106.

m Capitul. Reg. Franc. 1. col. 665.

n Capitul. tom. 2. col. 233.

chaussées ;

neschauffées, qu'ils y estoient élûs & choisis par les Seigneurs du Conseil, que nos Roys envoyoient visiter les Provinces ; que ce choix ne devoit jamais tomber que sur des Sujets d'un merite distingué, & d'une probité connuë ; qu'à l'égard de leurs fonctions, ils estoient chargez d'informer & de faire toutes les autres instructions necessaires pour la recherche & la découverte de la verité dans les affaires ; & qu'enfin ils estoient les *Aides* ou Coadjuteurs des premiers Magistrats dans l'administration de la Justice. Nous ne rapporterons que la derniere de ces Ordonnances, parce qu'elle est entierement conforme aux deux autres, & qu'elle en rappelle l'execution. *Volumus ut , secundùm capitula* Capitul. Reg.
Franc. tom. 2.
col. 233. *Avi & Patris nostri, in omni comitatu hi qui meliores & veraciores inveniri possunt , eligantur à Missis nostris , ad inquisitiones faciendas , & rei veritatem discendam ; utque Adjutores Comitum sint ad Justitias faciendas.*

Quoyque des preuves aussi claires & aussi fortes ne laissent rien à desirer sur cette matiere, nous rapporterons encore neanmoins le témoignage de *Walafridus Strabo* Abbé de S. Gal, qui Vulafrid.
Strab. de rebus
Ecclesiastic; c.
3. de compa-
rat. Eccle-
siastic. ordin.
& secular. a-
pud Bibliot.
Patrum I. 10. écrivoit environ l'an 840. sous le Regne de Louis le Debonnaire, dont la sainteté & l'érudition ont merité à ses œuvres d'avoir place entre celles des Peres de l'Eglise. Il nous a laissé un dénombrement fort exact de tous les Offices qui estoient alors en usage en France, où nous verrons encore mieux dans l'ordre & la subordination qui estoit observée entr'eux, leur veritable caractere. C'est dans le Traité qu'il a fait *de exordiis & incrementis rerum Ecclesiasticarum* , au chapitre qui a pour titre, *Comparatio Ecclesiasticorum Ordinum & Secularium*. Il entreprend de prouver le juste rapport qui se rencontre entre les Puissances Ecclesiastiques dans l'Ordre Hierarchique de l'Eglise, & les Puissances Temporelles. Pour establir sa proposition & justifier ce parallele, il compare,

L'Empereur qui estoit alors le Roy de France, au Pape.

Les Patrices, qui estoient les Gouverneurs & les Magistrats de ces quatre grandes parties de la division generale des Gaules, la Celtique, la Belgique, l'Aquitanique , & la Narbonnoise, aux Primats qui tenoient ce même rang dans l'Eglise.

Les Ducs, qui présidoient aux Provinces particulieres, & qui en avoient le Gouvernement, aux Archevêques de ces mêmes Provinces.

Les Comtes ou premiers Magistrats des principales Villes & des lieux qui en dépendoient, aux Evêques qui avoient aussi le Siege de leur Jurisdiction spirituelle en chacune de ces mêmes Villes.

Puis continuant toujours ce même parallele, il dit que comme les Comtes avoient leurs Commissaires, *Missos suos*, pour les soulager dans leurs fonctions, & maintenir le Peuple dans son devoir : les Evêques avoient aussi auprès d'eux les *Chorepiscopi*, pour leur donner le même secours dans le gouvernement de leurs Dioceses. Il fait ensuite plusieurs autres comparaisons, que nous abregeons, n'estant pas de nostre sujet.

Mais rien en effet ne pouvoit estre plus juste que celle-cy, des Commissaires Examinateurs aux Chorevêques , qui sont aujourd'huy representez par les Archidiacres & les Archiprestres. Tout le Diocése estoit partagé entr'eux, comme chacun des Commissaires Examinateurs avoit

Tome I.

son quartier dans la Jurisdiction temporelle ; ceux-là estoient appellez , selon les Canons, *in partem sollicitudinis Episcopalis* ; & ceux-cy , par les Ordonnances estoient establis pour estre les Coadjuteurs des Magistrats, *Coadjuto es Comitum.* Les uns referoient neanmoins de tout à leur Evêque , *cuncta tamen referant ad Episcopum* ; & les autres estoient dans la même obligation envers leur Magistrat. Ainsi jamais parallele n'a esté plus juste.

Nous descendrions bien dans un plus grand détail des fonctions de ces Offices. Toutes les anciennes Ordonnances & les Auteurs contemporains en sont remplis. Mais pour abreger, nous en rapporterons seulement des extraits de quelques-unes des principales.

Ils recevoient les Loix & les Ordonnances « Capit. Reg.
Franc. lib. 2.
cap. 24. par les mains des Comtes, pour les faire « ensuite entendre & observer aux Citoyens. «

Il estoit de leur devoir de veiller que rien ne « fust entrepris, ny même aucuns discours tenus « contre le service du Roy ou le bien public. «

Ils donnoient leurs soins à maintenir le bon « Dagobert. II.
an. 630. ordre & la discipline en toutes choses ; en sor- « te que les gens de mauvaise volonté fussent « contenus dans leur devoir, les vagabons chas- « sez ; les pauvres protegez, que les gens de « bien vécussent en sûreté & en paix. *Missus Co- « mitis distringat , ut neglectum non fiat , nec paupe- « res patiantur injuriam , nec sint sine lege ; sed in om- « nibus sit; disciplina, ut qui rebelles sunt de malis se « abstineant, & qui boni sunt pacem possideant.* «

Ils estoient pour cela chargez de la recher- « Ludov. Pii
an. 854. che de tous les abus , malversations & crimes « qui se commettoient dans le public , de faire « arrester les coupables, en informer & faire les « autres instructions pour parvenir à les faire « corriger ou punir. «

Lors qu'un malfaiteur estoit arresté dans « Carol. Magn.
an. 803. l'action, on le conduisoit d'abord devant l'un « d'eux pour l'interroger ; & il y avoit une pei- « ne contre ceux qui faisoient la capture, s'ils « manquoient à cette formalité. «

La sûreté publique leur estoit fort recom- « Carol. Calv.
an. 861. &
864. mandée, ils empêchoient le port des armes « défenduës , & qu'il n'en fust transporté aux « Etrangers sans un ordre exprés du Roy. «

Ils avoient l'inspection sur les Etrangers qui « arrivoient dans leurs départemens, en te- « noient registre, & ne les y souffroient de- « meurer qu'un certain temps qui leur estoit « permis par les Loix. «

Ils avoient encore l'inspection sur le Com- « Childer. III.
an. 744.
Carol. Magn.
an. 789. 800.
& 803. merce, les Arts & Mestiers, pour y faire ob- « server l'ordre & la discipline establie par les « Ordonnances & les Réglemens. «

Ils visitoient les Marchez, & il estoit de « Ludov. Pii.
an. 829. leur soin d'y procurer l'abondance des vivres, « & des autres denrées necessaires à la subsis- « Carol. Calv.
an. 861. &
864. tance des Citoyens. Ils empêchoient qu'il ne « se commit aucune fraude , soit en la qualité « ou au prix , soit au poids ou en la mesure ; « Ludov. Pii
an. 829. & ils estoient principalement chargez de pren- « Capitul. Reg.
Franc. lib. 4.
cap. 43. dre ces soins à l'égard des grains , du pain , « du vin & de la viande. «

C'estoit à eux aussi de faire entretenir le « Pithœi not.
ad Capitul. p.
114. pavé & le nettoyement des ruës , & les répa- « rations des grands chemins. «

Ils avoient enfin toute l'autorité des Comtes « Monach San-
gallens. de
gest. Carol.
Magn. en leur absence, & l'honneur de les represen- « ter dans toutes leurs fonctions. Ils tenoient « même leurs Audiances : mais ils ne connois- « Aimon. Mo-
nach hist. l. 5.
cap. 14. soient des causes pures personnelles, & « jusqu'à une certaine somme seulement. «

A a   II

Il y avoit dans ce même-temps un certain nombre de Conseillers qui n'assistoient qu'au Jugement des affaires, au nombre de sept ou de douze, selon que les matieres estoient plus ou moins importantes. Ceux-cy furent nommez en certains lieux, *Scabini*, & en d'autres, *Rachimburgi* ; deux noms qui descendent de la Langue Allemande, que les François avoient apportée dans les Gaules, comme nous verrons plus amplement en son lieu. Ainsi voilà sous la premiere & la seconde Branche de nos Roys ces deux sortes d'Assesseurs des Magistrats que nous avons vûs dans les plus celebres Republiques de l'Antiquité ; les uns, pour les representer dans leurs fonctions ; & les autres, pour le Conseil seulement. Il reste à prouver la perpetuité de cet usage.

CHAPITRE III.

Ce qui s'est passé dans l'Office de Commissaires-Examinateurs, depuis Hugues Capet, jusqu'à Philippe le Bel.

DEpuis l'an 922. que finissent les Capitulaires de nos premiers Roys, jusqu'au Regne de Philippe Auguste ; tout l'Estat fut tellement agité de troubles civils ou de guerres étrangeres, que toute l'attention attirée du costé des armes, l'execution des Loix & l'administration de la Justice furent extrêmement négligées.

Ce fut pendant ces temps de troubles, que les Gouverneurs des Provinces & des principales Villes du Royaume s'en rendirent les proprietaires par les inféodations, & mirent en leurs places des Baillis ou Seneschaux pour y administrer la Justice.

Ces changemens dans la Magistrature en apporterent à proportion dans tout l'ordre public. Les Loix anciennes ne furent plus écoutées : chacun de ces nouveaux Seigneurs en establit d'autres à sa volonté ou selon ses interests ; & le tout se fit si arbitrairement, que rien n'en fut écrit. Delà tirent leur origine toutes nos Coûtumes locales, aussi bien que la raison de leur difference.

Ces nouveaux Magistrats totalement dévouez aux Seigneurs qui les avoient establis, & souvent choisis entre leurs Commensaux, changerent aussi toute l'ancienne forme de rendre la Justice, & ne prenant conseil que d'eux-mêmes, ou tout au plus des vassaux de leurs Seigneurs, qu'ils assembloient dans leurs Assises, ils se passerent de tous ces principaux Officiers qui avoient esté anciennement establis par les Ordonnances de nos Roys.

Ainsi ce ne fut plus que dans les Villes Royales, ou dans celles que nos Roys donnoient en partage aux Princes de leur Sang, que l'usage des Commissaires-Examinateurs & des Conseillers des Magistrats fut conservé.

La preuve de cette verité aussi-bien que de toutes les autres choses qui se sont passées dans ces temps de confusion, est sans doute difficile ; tous ceux qui en ont voulu penetrer les tenebres l'ont éprouvé, & en sont convenus.

Les Loix & les Ordonnances ne nous sont plus d'aucun secours. Il n'y en eut aucune pendant tout ce temps. Les plus anciens Regiftres de nos Greffes & de nos Archives publiques ne commencent que sous le Regne de Philippe le Bel, comme nous avons prouvé ailleurs. Il est vray, que selon nos mêmes preuves, ce ne furent d'abord que des compilations de ce qui avoit precedé : mais ce qui s'y trouve de plus ancien, ne sont que quelques Chartes particulieres de Loüis le Jeune & de Philippe Auguste, qui ne concernent point les Officiers, ny

l'administration de la Justice.

Il ne nous reste donc à consulter pendant ce long silence des Loix, que quelques Auteurs, ou quelques anciens manuscrits conservez dans les Bibliotheques, & en tres-petit nombre.

Cela nous suffira neanmoins pour prouver que l'usage des Commissaires-Enquesteurs & Examinateurs subsista toujours, du moins dans les principales Villes du Royaume, qui demeurerent attachées au Domaine de la Couronne.

Vghellus contemporain de Henry I. petit-fils de Hugues Capet, qui écrivoit environ l'an 1033. & *Baldricus* sous le Regne de Philippe I. l'an 1089. rapportent que de leur temps il y avoit des Officiers establis pour aider les Juges dans la recherche & la découverte de la verité ; que les affaires leur estoient renvoyées pour les instruire ; qu'ils entendoient les témoins ; en referoient aux Juges, assistoient avec eux au Jugement ; & que par rapport à leurs fonctions, ils estoient nommez Enquesteurs & Auditeurs. *Inquisitores, qui de rebus controversis à Judicibus delegabantur, ad earum veritatem detegendam, adhibitis, auditisque testibus ; undè Auditores dicti, & de iis ad ipsos Judices, quorum judiciis intererant, referebant.* C'est ainsi que Mr du Cange dans ses doctes & curieuses recherches de l'Antiquité, rapporte le témoignage de ces deux Auteurs. Donc ce temps ces Officiers faisoient encore les instructions & le rapport des affaires ; & ils estoient toujours du nombre des Juges.

Ughellus in Commentiis Episcop. pag. 178. Baldricus, Chron. Camaracenf. lib. 3. cap. 61.

Mais nous n'avons rien de plus ample ny de plus autentique sur cette matiere du droit public, qui estoit alors en usage, que le Traité de Philippe de Beaumanoir, qui a pour titre : *Coustumes de Beauvoisis.* C'est un Volume de 70. chapitres, qui a esté donné depuis quelques années au Public, & dont l'original manuscrit en velin est dans la Bibliotheque de Mr Colbert. L'Autheur avoit esté Bailly de Senlis en 1273. Il l'estoit de Clermont en Beauvaisis lors qu'il fit ce Traité en 1283. Il le fut ensuite de Vermandois en 1290. & ainsi parfaitement bien instruit sur les usages & l'ordre judiciaire de ce temps. Chopin, Charondas, Loysel, Frerot, Pithou, Brodeau, & plusieurs autres de nos plus celebres Jurisconsultes ont cité cet écrit dans leurs ouvrages, comme une piece autentique, & avoüent qu'ils y ont puisé les plus pures lumieres & les plus solides principes de nostre Droit coustumier.

L'inscription que l'Auteur donne à son Livre prouve bien que c'est en effet un recueil de ces Coustumes non écrites, qui avoient succedé à l'ancien

» l'ancien droit. Chi commenche, dit-il en son
» idiome du tems, li livres des Couftumes &
» des Ufages, felon che il couroit ou tems que
» chis livres fus fez en l'an de l'Incarnation
» de Noftre Seigneur 1283. Et voicy comment
il s'en explique, lors qu'il rend enfuite rai-
» fon de fon deffein. Pour che que nous veons
» ufer felons les Couftumes des terres, & leffier
» les anciennes Loix pour les Couftumes, il
» m'eft avis & à autres auffint que ches Couftu-
» mes qui maintenant font ufées, fi font bonnes
» & pourfitables à faire mettre en écrit & en
» livre, fi que elles foient maintenues fans chan-
» gier des ores en avant, que par les memoires
» qui font remuans & écoulans par les vies des
» gens qui font courtes, che qui n'eft pas écrit,
» eft moult toft oublié.

Or dans ce Traité il y a un Chapitre exprés,
qui a pour titre en vieux langage, comme le
» refte du Livre. Chi commenche le quarantié-
» me Chapitre de ceft Livre, liquiex parole des
» Enquefteurs & Auditeurs. Et voicy comment
l'Auteur commence ce Chapitre, pour exprimer
» les fonctions des Officiers. Aprés che nous
» avons parlé des prueves & des voyes comment
» l'on puet & doit prouver, fi parlerons en che
» Chapitre des Auditeurs & Enquefteurs ; tiex
» manieres de gens qui font baillies pour oir
» témoins, font appellez Auditeurs ; pour che
» ils doivent oir che que les témoins diront, &
» fere écrire leur dit, & feler de leurs féaux, &
» rapporter le dit des témoins écrit & felé en
» jugement pardevant les Jugeurs à qui le que-
» rele appartient à juger. Ainfi ce nom d'Auditeur fut ajouté ; & quelques-uns même le prenoient feul, eftimant qu'il renfermoit dans fon
énergie leur ancien titre d'Enqueftenrs, puifque
l'un & l'autre expriment des fonctions qui s'executent en partie par l'organe de l'ouïe.

Mais foit qu'ils priffent ces deux noms conjointement, ou l'un d'eux feparément, ils
eftoient toujours du nombre des Juges. Un modele de procuration qui fe trouve dans le même
Auteur, nous en fournit encore la preuve. En
» voicy les termes. A tous cheux qui ces prefen-
» tes Lettres verront & orront li Bailly de Cler-
» mont, Salus. Sachent tuit que en noftre pre-
» fence pour che eftabli un tel, de tel lieu, a
» eftabli Jean de tel lieu fon Procureur general
» & fpecial en toutes caufes pardevant quelcon-
» ques Juges ordinaires, Delegas, Subdelegas,
» Arbitres, Confervateurs, Auditeurs-Enquê-
teurs, Baillis, Prevofts, Maïeurs, Echevins, &
» autres quelconques Juges, &c.

Il eft fait mention de ces Auditeurs-Enquê-
teurs dans un Arreft du Parlement de la Pente-
côte de l'an 1280. il fut noté fur la plainte des
Officiers du Roy d'Angleterre, Duc de Guyenne;
que lors qu'ils avoient quelques differens dans
les Tribunaux qui dépendoient de la France,
ils y trouvoient tous les Juges mal difpofez contre eux ; que lors qu'il s'agiffoit d'entendre des
témoins, de faire des enqueftes & d'autres inftructions, les Senéchaux, les Auditeurs Enque-
teurs, & les autres Officiers panchoient du côté
des François, n'écoutoient que leurs raifons, refufoient d'entendre les autres ; & qu'ainfi la verité n'eftoit jamais fidelement eftablie. Cùm
dicti Senefchali, & plures Inquifitores, &
fimiles Domini Regis Franciæ Officiarii, &c. C'eft
ainfi que cet Arreft s'explique à l'égard des Officiers contre lefquels on demandoit juftice. Le
refte peut eftre vû dans l'original, qui eft dans le
fecond volume des Olim du Parlement.

·Tome I.

On ne peut douter que ces Offices d'Auditeurs
& Enquêteurs ne fuffent les mêmes auprés des
Baillis & Senéchaux, que les Miffi Comitum a-
voient efté auprés des Comtes. Ils en exerçoient
toutes les fonctions, & ils tenoient le même
rang dans l'ordre de la Juftice que ces anciens
Officiers : mais de plus, en continuant toujours
l'analogie des noms que ces Officiers ont fucceffivement porté, pour exprimer en differens tems
le même Office, il eft prouvé que précifément dans
ce même tems qu'ils commencerent à fe fixer aux
feuls noms d'Auditeurs ou Enquêteurs ; la plus
grande partie des perfonnes publiques qui a-
voient efté nommées par les Romains Legati, &
par les François Miffi, quitterent auffi cet ancien
titre pour prendre celuy d'Enquêteurs.

Les Intendans des Provinces, les Juges commis pour connoître de quelques affaires particulieres, & ceux qui eftoient donnez pour Commiffaires dans les affaires Ecclefiaftiques, que les
Romains avoient nommez Legati Cæfaris, Legati
Imperiales, Legati Ecclefiæ ad caufam definiendam:
& les François, Miffi Dominici, Miffi regales, Miffi
fancti Petri, vel Miffi fanctæ Romanæ Ecclefiæ, fe
trouvent tous fous le regne de faint Louis, qualifiez du feul titre d'Enquêteurs, Inquifitores. En
voicy quelques preuves choifies entre plufieurs
autres dans chacun de ces exemples.

Guillaume de Nangis qui écrivoit fous le regne de Philippe le Bel, rapporte que faint Louis
envoyoit dans les Provinces des Enquêteurs,
pour y maintenir fon autorité, & corriger les
abus qu'ils trouveroient y avoir efté commis.
Super fore factis quæ tàm ad perfonam fuam quàm ad
Præpofitos & Baillivos fuos fpectabant, mittebat pluries per Regnum fuum Inquifitores diligentes & fideles, & inventas injurias emendari & reftitui fa-
ciebant.

Un Edit de ce même Prince donné à Paris
l'an 1256. touchant le devoir des Baillis &
Senéchaux, contient cet article. Item, ils ju- «
reront qu'ils ne feront prendre aucuns prefens «
à leurs femmes, ne à leurs autres parens, amis, «
ou mefgnie, ne à ceux qui leurs comptes oiront, «
ne à leur Enquêteur ou Vifiteur que nous envoi- «
rons enquerre contre eux és lieux où ils auront «
efté en office de par Nous. «

Tous les anciens comptes rendus en la Chambre par les Baillis & Senéchaux, font mention
de ces mêmes Enquêteurs ; foit en recepte, pour
raifon des peages, ou autres droits du Roy, qu'ils
régloient, & des amendes qu'ils adjugeoient ; foit
en dépenfe, des fommes qui eftoient débourfées
pour le défrayer. Computus Ballivorum de termino
Afcenfionis anno 1256. pro pedagio de 460. modiis
falis reducto de 12. denariorum ad 2. denarios pro quolibet, modio per Inquifitores in Villa Aurelianenfi,19.
lib. 4. f. 4. d.

Computus de termino Afcenfionis anno 1269. in expenfis Baillivi Meduntenfis pro denariis traditis pro expenfis Inquifitorum, 60. libr.

Computus Baillivorum de termino Afcenfionis anno
1306. recepta Hugonis Govand, Baillivi Bituricenfis
emenda per Inquifitores judicata.

De Petro Cancella nunc defuncto 4. libr.

Recepta Baillivi Matifconenfis.

Partes denariorum de expletis per Inquifitores ju-
dicatis, &c.

Pro emenda in qua fuit condemnatus per Inquifitores, &c.

Voilà pour les Intendans des Provinces ; paf-
fons aux preuves du fecond exemple des Juges
commis ou envoyez fur les lieux pour juger
quelques affaires extraordinaires.

Aa ij   Lorfque

Nangius in
g-ftis S. Lu-
dov. p. 366.

Lorfque faint Louis voulut faire faire le procés aux Juifs, non pour le fait de leur Religion,
mais pour leurs ufures, il leur donna des Commiffaires pour Juges; & ces Commiffaires fe trouvent nommez Enquêteurs dans le compte qui fut
rendu par ceux qui avoient payé ce que le Roy
avoit ordonné pour faire leur dépenfe. *Computus
Baillivorum de termino Afcenfionis 1258. pro expenfis
Inquifitorum fuper ufuris Judæorum, per mandatum
Regis, 15. lib.*

En 1303. Philippe le Hardy, envoya des Juges
tenir les Grands-Jours en Auvergne, pour la recherche & la punition de plufieurs violences &
concuffions dont les Officiers de cette Province
eftoient accufez. Et voicy comme il les qualifie
dans les Lettres Patentes qu'il leur addreffa.
*Philippe par la grace de Dieu Roy de France: «
A nos Inquifiteurs envoyez de par Nous en la «
Baillie d'Auvergne, fus nos Officiers, Salut. «
&c.* Donné à Paris aprés les witaines de Pafques
l'an de grace 1303.

Philippe V. commit deux Confeillers du Parlement pour aller en Normandie, informer des
abus qui fe commettoient dans cette Province;
& fur leur rapport intervint un Arreft au mois
de Mars 1316. qui commence par ces mots: *Inquefta facta ab Epifcopo Maclovienfi, & Petro de
Dici Milite, Inquifitoribus in Normaniam pro reformatione Patriæ delegatis.*

Ce fut auffi en ce même fens, que ceux qui
eftoient envoyez pour connoiftre des abus qui
fe commettoient dans l'ufage ou l'exploitation
des bois furent nommez, *Inquifitores foreftarum.*

Il y a dans le Tabulaire de faint Victor à Paris,
un ancien jugement, dont la date ne fe peut lire,
rendu *per Magiftrum Philippum le Convers, The-
faurarium fancti Stephani Trecenfis, Clericum Regis,
& Guillelmum de fancto Michaele, Inquifitores foreftarum.*

Enfin pour dernier exemple, les Commiffaires donnez par le Pape fe trouvent nommez au
Concile de Touloufe l'an 1229. *Inquifitores fidei.*
Ceux qui furent depuis commis dans les Conciles de Valence & d'Alby, pour faire faire le procés aux
Vaudois, furent qualifiez de ce même titre. *In
diebus autem Legationis ejufdem Epifcopi Tornacenfis,
per fummum Pontificem commiffa eft fratribus Ordinis
Prædicatorum Inquifitio in his terris contra Hæreticos
facienda; fueruntque ad hoc deputati Frater Petrus
Cellani, & Guillelmus Arnauldi.* Et voicy comment
s'expliquent ceux qui rendoient compte des
frais qui furent faits dans cette commiffion.

*Computus Baillivorum pro termino Afcenfionis anno
1248. In Baillivia Aurelienfi Fratres Inquifitores
10. lib.*

*In Baillivia Turonenfi, pro expenfis Fratrum
Inquifitorum 30. libr. 14. f.* Et ainfi de plufieurs
autres.

Aprés ces grands exemples dans les plus hauts
emplois, il n'y a pas lieu de s'eftonner, fi ceux
qui avoient efté nommez par les Romains *Legati
Proconfulum*, & par les François, *Miffi Comitum*,
quitterent auffi ces noms, pour ne conferver que
celuy d'Enquêteurs : il y avoit même une raifon
qui leur eftoit particuliere; puifque de tout
tems, comme il a efté prouvé ailleurs, ils avoient
joint à leurs autres noms celuy-cy d'Enquêteurs;
Legati Inquifitores, Miffi Difcufores, vel Inquifitores.
Ainfi à leur égard, ce fut plutoft un retranchement qu'un changement de nom.

Il eft encore bien prouvé que dans ce même
tems, il y avoit auffi des Confeillers dans tous
les Tribunaux, pour donner leur avis lors du
Jugement des affaires; que l'on nommoit fim-

plement *Jugeurs* : ce nom leur fut peut-eftre
donné à l'imitation des Romains, qui les nommoient originairement, *Viri de litibus judicandis.*
De ceux-cy il en eft encore fait mention dans Philippe de Beaumanoir : Voicy quelques-uns de
fes paffages. *Un hons feul en fa perfonne ne «
puet jugier; ainchois en convient ou deux, «
ou trois, ou quatre au moins.* «

*Il n'eft mie meftier que li Baillis en toutes «
chofes qui aviennent facet plet ordené; ain- «
chois doit courre au devant des meffes, & «
jufticier felonc le meffet, & toutes voyes bien «
fe warde que il ne mette nulli à mort fans ju- «
gement; ne il n'eft mie meftier que aucun «
cas avient dont la Juftiche doit eftre haftées «
que il attende fes Affifes, mais prenne trois «
des Jugeurs, ou quatre, ou plus, fe il li pleft, «
liquel foient fans foupechon, & face faire le «
jugement fans delai : car par les Juftiches qui «
trop delaient font maint maufaiteur échapé, «
& maint mal fet. Voilà pour le criminel, & «
les affaires qui fe jugent à l'extraordinaire : voicy
pour les civiles, & celles qui fe jugent aux
Audiances.*

*Biaux maidters eft à cheluy qui eft Avocas «
& à toutes manieres de gens qui ont à plai- «
dier pour aus ou pour autruy, quant il con- «
tent leur plet, que il compreignent tout leur «
fet en meins de paroles que il pourront, ne «
mes que toute la querelle foit bien comprife «
és paroles : car memoire d'homme retient trop «
plus legierement que de paroles, que moult «
& plus agreables as Juges qui les rechoivent, «
& grans empêchemens eft as Baillis, & as «
Jugeurs de oir longues paroles qui ne font rien «
en la querelle.* «

*Quant aux procés par écrit qui devoient
eftre rapportez par les Enquêteurs qui
avoient fait l'inftruction*, nous avons ce paffage
qui a déja efté rapporté en fon lieu. *Tiex ma- «
nieres de gens qui font baillies pour oir té- x
moins, font appellez Auditeurs; pour che «
que ils doivent oir che que les témoins di- «
ront, & fere écrire leur dit, & féler de leurs «
féaux, & rapporter le dit des témoins écrit «
& félé en jugement pardevant les Jugeurs à «
qui le querelle appartient à jugier. Ils eftoient «
auffi du nombre des Juges, fuivant cet autre «
paffage. Inquifitores, qui de rebus controverfis à «
judicibus delegantur, ad earum veritatem detegendam, adhibitis auditifque teftibus, (undè Auditores
dicti,) & de iis ad ipfos Judices quorum judiciis intererant, referebant.*

Cet ufage de partager ainfi les Affeffeurs, ou
Confeillers des Magiftrats en deux claffes; les
uns nommez Rapporteurs ou Rapporteurs; &
les autres Regardeurs des Enquêtes, ou Jugeurs,
fut obfervé fi religieufement en France, que le
Parlement même s'en fervit. Les *Olim*, & les au-
tres anciens Regiftres de ce premier Tribunal du
Royaume, en fourniffent une infinité d'exem-
ples. Ceux-cy fuffiront pour n'en pas douter.
*Vifa Inquefta quam fuper hoc protulerant Inquifitores
Domini Regis, &c. In Parlamento Candelofæ anno
Domini 1268.*

*Inquefta facta per Magiftrum Philippum Decanum
Bituricenfis Ecclefiæ, & Regnaldum de Mormant Militem de mandato Domini Regis, &c. & ufi fuerunt
ipfi Inquifitores, &c. in Parlamento Candelofæ anno
Domini 1268.* Les *Olim* de la Cour, font remplis
de femblables exemples.

Une Ordonnance de Philippe le Hardy de
l'an 1277. établit bien encore cette diftinction.
En voicy les termes : *Les Regardeurs des En- «
quefles,*

» questes, les Enquestes recevront de certaines » personnes de la Cort à ce ordenées, & par icelles, ensemble les Enquesteurs, seront jugiées.

Les Ordonnances qui estoient renouvelées tous les ans, pour nommer les Seigneurs qui devoient composer le Parlement pendant l'année, continuerent toujours cette même distinction des Conseillers Enquêteurs, ou Rapporteurs, & des Conseillers Jugeurs. La plus ancienne est de Louis Hutin du mois de Juillet 1316. elle porte, » qu'aux Enquestes il y aura les Evêques de » Mande & de Soissons, les Abbez de saint Germain & de S. Denys, sept autres Conseillers-» Clercs, & six Laïcs pour Jugeurs, & neuf Conseillers Rapporteurs. En voicy une autre de Philippe le Long du mois de Decembre 1319.

Il est ordonné par le Roy en son Grand Conseil sur l'estat de son Parlement en la maniere qui ensuit.

» Premierement, il n'y aura nuls Prelats : car » li Roy fait conscience de eux empêcher au » gouvernement de leurs spiritualitez, &c.

» Aux Enquestes y aura deux Chambres : en » icelles Chambres y aura huit Clers & huit Laïcs » Jugeurs, & vingt-quatre Rapporteurs.

Ce sont ces mêmes Conseillers Rapporteurs, qui sont nommez dans les anciens Arrests des *Olim*, & dans l'Ordonnance de l'an 1277. *Enquêteurs* ; comme il vient d'estre prouvé. Pasquier dans ses doctes & curieuses recherches en rend » la raison. C'est, dit-il, qu'en ce tems, tous les » procés par écrit se nommoient Enquêtes. En effet, ces deux noms se trouvent synonymes dans cette même Ordonnance de Philippe le Long, du mois de Decembre 1319. Voicy comment elle s'en explique.

Pasquier l. 3. chap. 3.

» Entant que touche les procés par écrit ou » enquestes, huit jours avant que le Parlement » commence, les Maistres du Parlement & des » Enquestes s'assembleront, pour sçavoir des » Rapporteurs, combien de procés restoient à » juger, & d'où peut provenir ce défaut ; que » dés leur arrivée on fasse inventaire d'iceux ; » que les anciennes Enquestes soient jugées de-» vant que l'on entende à d'autres ; que l'on ne » distribuë qu'une Enqueste à un Rapporteur. De-là vient sans doute que les Chambres où se relevent les appellations par écrit, sont encore nommées aujourd'huy Chambres des Enquestes.

Cette distinction des Conseillers *Jugeurs*, & des Conseillers *Enquesteurs & Rapportereurs*, finit au Parlement par l'Ordonnance de Philippe de Valois du 10. Avril 1344. qui les incorpora ensemble ; & elle n'a plus subsisté que dans les Bailliages & Senéchaussées.

Ainsi, pour rentrer dans nostre sujet, ce titre d'*Enquesteur*, qui ne donne, ce semble, dans son étroite signification, que l'idée d'un Officier préposé pour entendre des témoins, a toujours esté pris neanmoins dans un sens beaucoup plus estendu & plus élevé. Toutes les applications qui en ont esté faites, & qui viennent d'estre parcouruës, sont autant de preuves de cette verité. L'on y découvre sous ce seul titre, des fonctions pour maintenir l'autorité & les droits du Roy, l'ordre & la discipline publique, faire la recherche de la verité, en establir les preuves, reformer les abus, punir les crimes, instruire les procez, & estre du nombre des Juges. C'est donc dans tous ces sens que les Intendans des Provinces, les Juges commis extraordinairement pour certaines affaires importantes, soit à l'Estat, soit à la Religion, & les Conseillers des Cours l'ont porté. C'est aussi dans ce même sens, & à proportion, que les Officiers chargez de tous ces mêmes soins, & des mêmes fonctions dans les Tribunaux ordinaires, en ont esté qualifiez avec celuy d'Examinateurs, qui n'est qu'une repetition, ces deux noms estant synonymes.

Quant au titre *Commissarii*, Commissaires, qu'ils portent aussi, & qui leur est encore commun en certaines occasions avec tous ces grands Magistrats dont nous venons de parler, il n'est pas à beaucoup prés si ancien : il ne s'en trouve aucun exemple que dans la basse Latinité. On ne peut douter que ce ne soit encore une suite de l'ancien nom *Legati* des Romains. Nos ançestres au commencement de la Monarchie le changerent en *Missi* : & voicy, selon toutes les apparences, comment de ce dernier nom, ils ont fait *Commissarii*.

Rolandin. in Summa Not. cap. 8. Statuta Venetorum lib. 4. c. 17. & seq.

Nous avons vû en son lieu, que sous nos premiers Roys les Intendans des Provinces se nommoient *Missi Dominici*. Les Ordonnances de ces mêmes Princes nous apprennent qu'en chaque Province ils envoyoient toujours deux Intendans ensemble : *Fardulfus & Stephanus*, par exemple, estoient Intendans de Paris l'an 802. sous le regne de *Charlemagne*. Cet usage a esté conservé par les Roys leurs successeurs pendant plusieurs siecles. Ils continuerent d'envoyer dans chaque Province deux Intendans, & dans les cas extraordinaires ils y envoyoient plusieurs Juges ; & les Baillis & les Seneschaux nommerent aussi pour les instructions de chaque affaire deux Enquesteurs. Un exemple dans chacun de ces cas suffira pour en establir la verité.

Philippus Dei gratiâ Francorum Rex, Baillivo Silvanectensi, Salutem. Cùm nos dilectos nostros Mag. J. de Gonnesia Canon. Carnoten. & G. de Nogento fidelem Militem, pro quibusdam negotiis nostris ad partes tuæ Bailliæ destinemus, &c. Actum Parisiis ann. 1302. C'est une Commission de deux Intendans dans une même Province.

Petrus Dei gratiâ Silvanectensis Electus, & Thomas de Marfontaines Miles Domini nostri Regis, Inquisitores unà cum aliis, ac super reformatione Patriæ in Senescallia Lugdun. & Baillivia Matisconensi ab eodem Domino Rege deputati, Castellano Kariloci, nec non Castellano sancti Symphoriani, seu eorum loca tenentibus, Salutem, &c. Datum Lugduni sub sigillis nostris primâ die mensis Junii anno Domini 1316. C'est une Ordonnance renduë par des Juges deleguez, pour connoistre des malversations commises par les Officiers d'une Province.

Cùm Joannes de Lay pro se ac frarechia sua natis de Basilia de Pravino matre ipsorum conquestus fuerit coràm dilectis & fidelibus nostris Magistro Guillelmo Thesaurario Andegavensi, & Oudardo de Novavilla Inquisitoribus deputatis à nobis, &c. deinde lite contestatâ super his inter partes, & testibus hinc inde productis examinatis, & auditis rationibus & allegationibus partium prædictarum, & toto processu à dictis Inquisitoribus facto super inquestâ prædictorum delato coram Magistris Cameræ Parlamenti nostri Parisiensis, per Curiæ nostræ judicium dictum fuit, &c. In Parlamento Candelosæ anno Domini 1302. *mense Martii.* C'est un ancien Arrest rendu sur l'instruction faite par deux Conseillers de la Cour, deputez pour Enquêteurs.

In Castelleto dantur secundo Examinatores sicut in Parlamento secundo Commissarii, vel unus cum adjuncto. Voilà pour les Bailliages & Seneschaussées.

Joann. Galli quæst. variæ, quæst. 194.

Ainsi le verbe *committere*, composé de la préposition copulative, parut plus propre que le simple, pour exprimer cette Charge donnée à plusieurs personnes envoyées ou jointes ensemble : du moins c'est le sentiment de nos plus

habiles Grammairiens : *committere, ratione præpo-*
fitionis cum , *significat simul mittere , sive simul*
jungere.

Peut-estre aussi que ce verbe fut choisi par nos
Anciens , pour signifier les dispositions de probité , de prudence , & de capacité, que l'on sup-
posoit dans les personnes choisies pour ces emplois ; du moins est-il bien certain que c'est-là
la veritable & plus naturelle signification : *com-*
mittere, id est, alicujus fidei , prudentia ac solertia
rem aliquam tradere.

Quoy qu'il en soit , comme du participe de
mittere, s'estoit formé sous nos premiers Roys le
nom de *Missi*, & de son composé *emittere , Emissa-*
rii, de même du participe de *committere*, autre
composé de ce même verbe s'est aussi formé dans
la suite *Commissarii*, que nous trouvons pour la
premiere fois dans l'Ordonnance de S. Louis de
l'an 1254.

Depuis ce tems le nom *Commissaires* , a esté
fort en usage parmy nous : l'on s'en est servi ,
comme nous l'avons déja vû, dans le même sens
que les Romains employoient *Curatores*. Ainsi,
comme chez eux l'on distinguoit tous les emplois publics , selon Ciceron, *inter Officia , Sacer-*
dotia, & Curationes ; en France nous les avons tous
compris sous ces trois titres , Offices , Benefices
& Commissions.

Cicer.in Var.
Orat. 4.
Bodin.deRep.
l. 3. c. 1.

Mais comme à Rome le nom *Curatores* estoit
équivoque , qu'il signifioit quelquefois des personnes qui n'estoient chargées que pour un tems
de certains emplois extraordinaires & limitez ;
& d'autrefois des Officiers , avec des fonctions ordinaires attachées à leurs Offices ; de même en
France , ce nom *Commissaires* , a l'une & l'autre
de ces significations

Dans un sens il est opposé diametralement au
titre d'Officier , & l'inclusion de l'un est l'exclusion de l'autre. C'est dans ce premier sens qu'il
est donné aux Intendans des Provinces , aux
Juges choisis extraordinairement pour connoitre de certaines affaires ; & à d'autres personnes,
pour des fonctions limitées , qui ne sont ny
permanentes, ny attachées à leurs Offices.

Ordonn. de
Philippe de
Valois du 11.
Mars 1344.
Offices de
France, addit.
au 1. liv.tit.1.
p. xiv.

Dans un autre sens il est donné à des Officiers
de Compagnie , qui agissent dans des fonctions
ordinaires qui leur sont propres, attachées à
leurs Offices , & de leur competence , mais qui
leur tombent en partage , par le choix qui est
fait d'eux entre leurs Confreres. C'est ainsi que
les Conseillers des premiers Tribunaux du
Royaume , qui sont choisis par les Chefs des
Compagnies , pour quelques fonctions, ou pour
l'examen de quelques affaires , se qualifient
Commissaires ; & alors ce titre est non seulement
compatible avec celuy d'Officier, mais encore ne
peut appartenir qu'à ceux qui sont effectivement
en Charge. C'est aussi dans ce même sens que
les Enquesteurs & Examinateurs ont pris originairement le titre de *Commissaires* ; c'est veritablement Officiers , & l'ont esté de tout tems ;
on n'en peut pas douter. Les fonctions ordinaires qu'ils ont exercées dés la naissance de la
Monarchie ; les Ordonnances qui ont establi la
forme de leurs élections, tant que les Offices ont

esté electifs en France ; les Edits qui ont augmenté leur nombre , ou reglé leur competence
de tems en tems , sont autant de preuves de cette
verité. Mais dans toutes ces anciennes Ordonnances & ces anciens Edits , ils n'ont point d'autre qualité que celle d'Enquesteurs & Examinateurs. Aussi dans tous leurs Actes , & dans toutes
les fonctions de la Jurisdiction contentieuse, ils
ne prenoient anciennement que ce seul titre , &
y ajoustoient, suivant l'usage des autres Compagnies, *Commissaires en cette partie.*

Il est vray que comme Rome seule avoit ses
Curatores Regionum Urbis , & qu'encore qu'il y eust
de semblables Officiers dans les Provinces, ils y
estoient connus sous d'autres noms : de même les
Enquesteurs de Paris, ont esté long-temps les seuls
en possession d'estre qualifiez Commissaires dans
leurs fonctions de Police, & de mettre alors ce titre
avant les deux autres. Cette difference qu'ils
faisoient entre leurs fonctions de la Jurisdiction
contentieuse , & celles de Police , pour se qua- «
lifier differemment; dans les unes, Enquesteurs «
& Examinateurs Commissaires en cette partie; «
& dans les autres , Commissaires Enquesteurs & «
Examinateurs, doit avoir sa raison. Elle peut «
venir de ce que chaque fonction de la Jurisdiction contentieuse leur estoit originairement
distribuée par le Prevost de Paris ; & que comme
ils avoient besoin pour agir , de ce commititur ,
chacun d'eux se qualifioit *Commissaire en cette*
partie, c'est-à-dire , en cette affaire qui luy estoit
commise ou distribuée. Il n'en est pas de même
de la Police ; tout est instant , & demande des
soins sans interruption , & une attention continuelle. Ils en sont d'office la premiere intendance, comme parlent les Réglemens ; & sont à
cet égard les *Commissaires*, ou Subdeleguez nez
& perpetuels du Magistrat. Ainsi c'est avec raison que dans ces fonctions publiques ce nom de
Commissaires leur a toujours esté donné , ou seul
absolument , ou avant les deux autres.

Toutes ces distinctions de qualitez que ces
Officiers observoient , selon la difference des affaires contentieuses ou de Police, furent enfin
abolies sous le regne de François I. Ce Prince
augmentant leur nombre de seize à trente-deux,
par un Edit du quatriéme Février 1521. ne donna
aux anciens non plus qu'aux nouveaux , que le
seul titre de *Commissaires :* les deux autres d'*En-*
questeurs &d'*Examinateurs*, se sont trouvez depuis
ce tems virtuellement compris & confondus
dans celuy-cy. Henry III. ne leur en donna point
d'autre dans son Edit du mois de Juin 1586. qui
augmenta encore leur nombre jusques à quarante. Que si ces Officiers ont depuis continué
d'y ajouster les anciens titres d'*Enquesteurs* &
Examinateurs, ce n'est que pour en conserver la
memoire , & en fortifier toujours de plus en
plus les preuves de leur antiquité. Mais aprés
cet éclaircissement qui regarde que les noms
de ces Officiers , & qui estoit necessaire pour
en mieux connoistre toutes les attributions ;
il est tems de reprendre la suite de leur Histoire au Regne de Philippe le Bel , où nous
l'avons quittée.

CHAPITRE IV.

Fixations du nombre. Nouvelles créations. Et autres changemens arrivez, dans l'Office des Commmiſſaires, depuis Philippe le Bel, juſqu'à la fin du Regne de Loüis XII.

LE calme reſtably en France par Philippe Auguſte, nos Roys s'appliquerent à l'affermir par de nouvelles Loix

La réforme de la Juſtice au Chaſtelet de Paris par ſaint Loüis en fut l'un des premiers fruits. L'Ordonnance qui fut faite à cette occaſion n'eſt pas neanmoins venuë juſqu'à nous. Il en eſt ſeulement fait mention dans Joinville l'un des Seigneurs de la Cour de ce Prince, & ſon Hiſtoriographe, & dans une autre hiſtoire de ſa vie, dont le manuſcrit fort ancien eſt gardé dans la Bibliotheque du Roy. Ce qu'il y a de certain, ſelon ces Auteurs contemporains, c'eſt qu'il ſépara pour toujours la recette du Domaine d'avec la Juriſdiction ; qu'il donna la Prevoſté de Paris en garde à Eſtienne Boileau, défendit de la donner à ferme à l'avenir , & qu'il venoit ſouvent au Chaſtelet y rendre la Juſtice en perſonne. Loyſeau dans ſon Traité des Offices ajoûte , que ces écritures faiſoient alors partie du Domaine, dont les Prevoſts avoient eu la recette, ſaint Loüis, pour ne laiſſer aucun mélange de finance avec la Magiſtrature, créa en titre d'Office dans ce même temps ſoixante Notaires, pour écrire les actes de la Juriſdiction ; un Scelleur, pour y appoſer le Sceau ; & un Receveur du Domaine, pour recevoir ce qui en devoit revenir au Roy, & en rendre compte. Il y a beaucoup d'apparence que ce fut luy auſſi qui ſépara, lorſqu'il fit cette réforme, l'Office des Auditeurs d'avec celuy des Enqueſteurs & Examinateurs ; puiſque juſqu'alors ils avoient eſté joints enſemble, & qu'ils l'eſtoient encore ſous Philippe le Hardy, dans les Provinces, où cette réforme n'avoit pas encore eſté portée.

De ces changemens nous tirons la premiere preuve des Commiſſaires du Chaſtelet de Paris en particulier. Voicy en quoy elle conſiſte. Avant cette réforme le Prevoſt de Paris faiſoit écrire tous ſes actes par les Clercs domeſtiques. Les Auditeurs & les Enqueſteurs ou Examinateurs en faiſoient autant de tous les actes de leur competence. Les uns & les autres les faiſoient enſuite expedier & mettre en groſſe par tels Notaires ou Ecrivains que bon leur ſembloit, qui n'eſtoient alors que perſonnes privées. Après la création des ſoixante Notaires en titre d'Office, ceux qui furent choiſis prirent le titre de Notaires Jurez, pour faire entendre qu'ils avoient ſerment en Juſtice, & ſe diſtinguer des autres qui n'eſtoient point de ce nombre, ny Officiers. L'objet de leur création eſtoit d'écrire & d'expedier dans le Chaſtelet tous les actes de la Juriſdiction volontaire , & de mettre en groſſe tous les actes de la Juriſdiction contentieuſe. Ils ſe plaignirent à Philippe le Bel, que les Clercs du Prevoſt de Paris, ceux des Auditeurs, & des Enqueſteurs ou Examinateurs faiſoient écrire leurs groſſes par d'autres que par eux Notaires Jurez. Sur cette plainte le Roy manda au Prevoſt de Paris par Lettres Patentes du mois d'Avril

1301. de maintenir les Notaires Jurez dans leurs droits, ſans neanmoins préjudicier à ceux d'autruy. Comme ces Lettres ſont fort courtes , nous les rapporterons dans leur entier. Voicy ce qu'elles contiennent.

Philippus , Dei gratiâ Francorum Rex, Præpoſito Pariſienſi ; Salutem. Intelleximus quod tui , Auditorum , Inquiſitorum , ceu Examinatorum Caſtelleti noſtri Pariſienſis Clerici , ſuas depoſitiones , rationes , ceu articulos teſtium , vel inqueſtarum , ac aliorum proceſſuum judicarum, copias per alios quàm Juratos Notarios fieri faciunt : Quippe ea nolumus ; quin imò præſentibus multa dampna poſſunt & præjudicia provenire , ac cauſarum ſecreta indebitè revelare. Unde tibi mandamus , quatenus circà præmiſſa ſic ſtudeas , perinde quòd per proviſionem tuam noſtrorum Notariorum dicti loci, & alienum jus poſſit conſervari illæſum. Actum Pariſiis die Mercurii poſt Feſtum ſancti Marci Evangeliſtæ, anno Domini 1301.

Il eſt remarquable qu'après cet Edit de ſaint Loüis pour la réforme du Chaſtelet, dont il vient d'eſtre parlé , & qui ne ſe trouve point, celuy-cy de Philippe le Bel ſon petit-fils , eſt le plus ancien qui faſſe mention de la Juriſdiction du Chaſtelet de Paris en particulier. Ainſi les Officiers qui s'y trouvent nommez avec le Prevoſt de Paris, ſont certainement du nombre des plus anciens de cette Juriſdiction. Voicy, ſelon l'ordre chronologique, tous les autres Edits qui ont apporté quelques changemens à l'Office des Enqueſteurs & Examinateurs , ſoit au Chaſtelet de Paris , ſoit dans les Provinces. Les articles qui les concernent ſeront rapportez en leur entier quand ils ne ſeront point trop longs ; ſi non , par des extraits aſſez amples pour en faire connoiſtre tout l'eſſentiel.

Edit de Philippe V. dit le Long, du mois de Février 1320. pour la réforme generale du Chaſtelet de Paris. L'article des Examinateurs eſt conçu en ces termes.

Nous ordonnons qu'en noſtre Chaſtelet de « Paris il y ait huit Examinateurs tant ſeulement « loyaux & diſcrettes perſonnes , tels comme « nos Gens de Comptes eſtiront. «

Le même Prince avoit ordonné par un Edit precedent du mois de Mars 1319. que tous « les Baillis & Seneſchaux ſeroient reçûs, & « feroient ſerment en la Chambre des Comptes. «

Charles VI. en aboliſſant les Prevoſts Fermiers par ſon Edit du 7. Janvier 1407. ordonna que « les Prevoſtez ſeroient données en garde à bonnes & ſuffiſantes perſonnes , ſuivant l'élection qui s'en feroit en la Chambre des Comptes. Ainſi les Enqueſteurs ou Examinateurs du Chaſtelet de Paris eſtoient élûs , choiſis & reçûs en la même forme & au même lieu que ces premiers Magiſtrats. La raiſon de cet uſage eſt aiſée à comprendre ; c'eſt qu'en ce temps il n'y avoit point de Chambre du Threſor ny du Domaine. Le Prevoſt de Paris & les Magiſtrats des Provinces eſtoient les ſeuls chargez de la recherche & de la défenſe des droits du Roy. *Ad ip-ſum*

Manuſcrit coté 714. c. 34. p. 58.

Voir les preuves ſur le ch. 1. du titre 7. de ce Livre.

Recueil des Chartres des Notaires du Chaſtelet de Paris pag. 19.

Threſor des Chartres de France, Regiſtre 57. fol. 3. Off. de France , add. au Livre 3. tit. 1. p. 1823.

Off. de France Liv. 3. p. 305.

Joan. Gall.
Quæft. 176.
Carol. Molin.
ad ftyl. antiq
Parlament.
part. 3. titul.
15. de poftu-
lando. §. 4.

Regift. de tem-
poralitatib.
Camer. Com-
putor. fol. 101.
& feqq.
Off. de Fran-
ce liv. 3. tit.
25.

Bannieres vol.
1. fol. 321.

Bannieres vol.
1. fol. 272.

fum fpectat tueri & defendere jura regia. C'eft le témoignage de l'un de nos plus anciens Jurif-confultes en parlant du Prevoft de Paris. Et ainfi des autres. Or comme les Examinateurs ne font qu'une portion émanée de la Magiftrature, & qu'ils en partagent les foins & les fonctions, il eftoit bien raifonnable qu'ils fuffent choifis avec les mêmes précautions, & reçûs avec les mêmes formalitez.

Edit de Philippe de Valois pour une feconde réforme generale du Chaftelet de Paris, du » mois de Mars 1327. Nous ordonnons qu'ils » foient douze Examinateurs tant feulement, qui » auront fix Chambres; & en chacune Chambre, » deux Examinateurs.

» *Item* au déchargement du Siege de noftre- » dit Prevoft & pour l'avancement des caufes, » fi toft comme les faits & articles feront bail- » lez à nofdits Examinateurs, les Parties pren- » dront les affignations de leurs journées parde- » vant eux, jufqu'à tant qu'il foit conclu en la caufe. La raifon de ce nombre a efté touchée ailleurs; c'eft qu'en ce temps il falloit eftre deux Juges ou Commiffaires dans toutes leurs fonc-tions. Ainfi comme il y avoit deux Auditeurs dont il eft auffi parlé dans le même Edit, qui avoient leurs Chambres d'Audiance, pour con-noiftre en premiere inftance, & fauf l'appel de-vant le Prevoft de Paris, des caufes pures per-fonnelles jufqu'à vingt-cinq livres; il devoit auf-fi y avoir deux Examinateurs en chacune de leurs Chambres, pour toutes les inftructions des affaires qui excedoient la competence des Au-diteurs.

Au préjudice de cette fixation, il fe trouva quelques années aprés jufqu'à vingt-deux Exa-minateurs pourvûs par le Roy, & en exercice au Chaftelet. Philippe de Valois en l'ayant efté informé, & connoiffant qu'en effet le nombre de douze depuis les accroiffemens de Paris n'eftoit plus fuffifant, l'augmenta jufqu'à feize par fes Lettres Patentes du 24. Avril 1337. Il les choifit & nomma du nombre des vingt-deux. Et à l'é-gard des fix furnumeraires, il ordonna qu'ils rempliroient les places qui viendroient à va-quer, chacun felon l'ordre de leurs provifions, fans eftre obligez d'en obtenir de nouvelles. Ce même nombre de feize fut confirmé par Lettres Patentes du Roy Jean, du premier Juin 1353. de Charles V. du mois de Juin 1366. & de Char-les VI. du mois de Juin 1380.

Ces Charges eftoient encore en ce temps en une fi haute eftime, que le nombre en eftant remply, Loüis XI. en attendant qu'il y en euft de vacantes, en créa exprés quatre extraordi-naires par Edit du mois de Janvier 1464. pour eftre remplies par des perfonnes de fa Cour, qui luy avoient rendu & à l'Eftat des fervices confiderables.

Ce Prince donna l'un de ces quatre Offices extraordinaires à Pierre Affailly, qu'il qualifie » Premier Secretaire de fon tres-cher & tres-amé » fils le Dauphin, en recompenfe des fervices » qu'il avoit rendus auprés du Prince de Navar- » re, où Sa Majefté l'avoit envoyé deux diffe- » rentes fois pour les affaires & le bien de fon » Eftat: Un autre à François Chauvin, pour le » récompenfer de plufieurs fervices qu'il avoit » rendus au Roy, tant en fes Armées, qu'au- » prés de plufieurs Roys & Princes étrangers, » aufquels il avoit efté envoyé pour affaires & » négociations importantes.

Ces nouveaux pourvûs fe prefenterent au Chaf-telet, pour eftre reçûs dans leurs Charges. Les

feize Examinateurs s'y oppoferent. L'affaire fut portée au Parlement & appointée. Ce procés dura neuf ans. Le Roy fut informé du trouble que cette nouveauté apportoit dans l'adminif-tration de la Juftice. Il le fit ceffer par un Edit du mois de Mars 1473. qui confirma le nom-bre ancien de feize, & fupprima ces quatre Of-fices d'Examinateurs extraordinaires.

Le credit d'Affailly l'emporta encore nean- Bannieres vol.
moins fur l'utilité publique. Le Roy reftablit 1. fol. 171. en fa faveur un Office d'Examinateur extraor-dinaire, & luy fit don par Lettres Paten-tes du 27. Janvier 1473. Affailly fe prefenta au Chaftelet, & il y fut receu en cette qualité le 17. Février de la même année.

Les feize ordinaires avoient negligé de pre-fenter au Parlement l'Edit de fuppreffion des extraordinaires du mois de Mars 1473. Ils ne le firent que lors qu'ils fe virent de nouveau troublez par ce reftabliffement d'Affailly. Cela fit prendre d'autres mefures pour affurer la Char-ge d'Affailly, & même pour reftablir les trois autres extraordinaires qui avoient efté fuppri-mez. Ceux qui en avoient efté pourvûs renou-vellerent leurs follicitations en Cour, & firent de nouveau parler leurs fervices. Le Roy leur accorda un Edit du mois de Juin 1474. portant création de quatre Offices d'Examinateurs or- « dinaires en faveur des mêmes Pierre Affailly & « François Chauvin, de Jean Raoul, & de Pier- « re Boitel, pour compofer avec les feize an- « ciens le nombre de vingt. Cet Edit fut auffi « prefenté au Parlement : les feize anciens s'y « oppoferent. L'affaire portée à l'Audiance de « la Grand' Chambre entre toutes les Parties, « & plaidée contradictoirement, il y eut Arreft « le dixième May 1477. Cet Arreft ordon- « ne que l'Edit de fuppreffion des quatre Offi- « ces d'Examinateurs extraordinaires du mois « de Mars 1483. feroit regiftré ; & faifant droit « fur l'oppofition des feize anciens, qu'il ne fe- « roit paffé outre à l'enregiftrement des Lettres « portant création des quatre nouveaux Offices. « Ainfi cette nouvelle création n'eut point de « lieu. «

Mais les chofes ne demeurerent pas long-temps « en cet eftat. Le Roy fut bien-toft importuné par ceux qui afpiroient à ces Charges. Pour les fatisfaire, il en créa derechef quatre nouvelles par Edit du mois de Decembre de la même année 1477. pour faire en tout le nombre de dix-huit. Liv. vert vieux Pour autorifer davantage cette nouvelle créa- 2. fol. 153. tion, il la fonda fur ces deux motifs. Le pre- « mier, que depuis l'Edit de fuppreffion des « Examinateurs extraordinaires, le Roy avoit « recouvré par fes conqueftes plufieurs Duchez, « Comtez, Villes & Chafteaux, Seigneuries & « poffeffions qui donnoit beaucoup plus « d'eftenduë à la Jurifdiction du Chaftelet, tant « à caufe des privileges de l'Univerfité, qu'au- « trement. Le fecond, que la Ville de Paris ef- « toit beaucoup plus peuplée qu'auparavant, « & qu'il eftoit du fervice du Roy & du bien « public d'augmenter le nombre des Examina- « teurs à proportion, pour y maintenir une bon- « ne Police, & pour l'adminiftration de la Juf- « tice. «

Le Roy donna l'un de ces nouveaux Offices Liv. vert vieux à Simon d'Erquinvilliers, & l'autre à Me René 2. fol. 155. Menegent. Cette liberalité eut pour fondement « les bons & agreables fervices qu'ils luy avoient « rendus, & ceux qu'il efperoit encore d'en « recevoir à l'avenir ; & pour récompenfer Me- « negent de plufieurs grandes dépenfes par luy « » faites

» faites en certains voyages, où Sa Majeflé l'a-
» voit envoyé pour fes affaires. Ce font les mo-
» tifs exprimez dans les Lettres qui en furent
» expediées à chacun d'eux féparément, fe 23.
» Decembre 1477.

Liv.vert vieux
1. fol. dernier.

Le 5. Février de la même année Loüis XI.
créa encore un Office d'Examinateur extraor-
» dinaire, & le donna à Me Philippe Meufnier
» Maiflre és Arts, toujours en confideration de
» plufieurs bons & agréables fervices. Meufnier
» prefenta fes Lettres de provifion, & fut reçû
» au Chaflelet le 5. Mars fuivant.

Pierre Affailly renouvella auffi-toft fes follicitations auprés du Roy, & fe fervit de cet exemple de Meufnier, pour obtenir le reftabliffement
de fon Office d'Examinateur extraordinaire, en
attendant le premier ordinaire vacant. Cela luy
fut en effet accordé par Lettres Patentes du 30.
May 1478. & cet Office fut ainfi rendu compatible en fa perfonne avec celuy de premier Secretaire du Prince préfomptif Heritier de la
Couronne, lequel il conferva. Il prefenta fes
Lettres au Chaflelet, & il fut reçû Examinateur
extraordinaire le 13. Juin de la même année; & le
19. Avril 1479. il fut reçû en l'Office d'Examinateur ordinaire vacant par le deceds de Me Jean
Maintaine arrivé ce même jour. Ainfi l'Office
d'Examinateur extraordinaire demeura efteint.

Auffi-toft que Charles VIII. fut parvenu à la
Couronne, il reftablit au Chaflelet le nombre
des feize Examinateurs, & fupprima les furnumeraires, par Lettres Patentes du 27. Septembre 1493. Affailly, qui avoit efté fon premier
Secretaire, eftant Dauphin, & qui eftoit alors
Examinateur ordinaire, y employa fans doute
fon credit, & fit ce plaifir à fes confreres, &
en même-temps au Public.

Loüis XII. par Lettres Patentes du mois d'O-
ctobre 1507. confirma ce même nombre de feize,
» & ordonna qu'il demeureroit fixe à l'avenir,
» fans pouvoir eftre augmenté fous quelque pre-
» texte que ce puft eftre.

Il n'y a pas lieu d'eftre furpris que tant de
perfonnes diftinguées s'empreffaffent en ce temps
d'obtenir l'une de ces Charges de Commiffaires
Examinateurs au Chaflelet de Paris; que nos
Roys en multipliaffent exprés & extraordinairement le nombre, pour en recompenfer le fervices de leurs plus fideles Sujets; & que ceux
qui eftoient en place fiffent tant d'efforts pour
s'y maintenir : toutes les prerogatives qui avoient
rendu ces Charges fi confiderables dans toute
l'Antiquité, n'avoient encore reçû aucune atteinte ny aucune diminution.

Outre les foins, ou comme parlent les Réglemens, la première intendance & connoiffance de la Police & du bien public de cette Ville Capitale, qu'ils ont toujours confervée, ils
avoient encore en ce temps toutes les inftructions des affaires civiles & criminelles, voix
déliberative au Jugement, comme il fera prouvé en fon lieu; & tant que les Offices de Lieutenans du Prevoft de Paris ont efté electifs, le
choix tomboit le plus fouvent fur eux.

Auffi voyons-nous dans tous ces temps ces
Charges remplies de perfonnes qualifiées, &
qui contractoient des alliances dans les premieres Familles de la Robe.

Pierre de Thuilliers eftoit Examinateur &
Lieutenant Civil en 1337. Il eut un fils, Jean
de Thuilliers, qui fut auffi Examinateur.

Bannieres vol.
2. fol. 216.

Jean Turquam Examinateur eftoit Lieutenant Criminel en 1366. Il mourut en 1406. &
fut inhumé à faint Jacques de la Boucherie. On

y lit encore fon épitaphe fur fa Tombe, en ces
termes. Cy gift honorable & difcrette perfon- «
ne Me Jean Turquam, en fon vivant Exami- «
nateur au Chaflelet, & Lieutenant Criminel «
du Prevoft de Paris, qui trépaffa l'an 1406. le «
deuxième jour du mois d'Avril. Priez Dieu «
pour fon ame. Amen. «

Guillaume Porel Examinateur fut reçû Procureur du Roy au Chaflelet 1368. & André le
Preux exerçant la même Charge d'Examinateur,
fut auffi reçû en celle de Procureur du Roy en 1395.

Robert de Thuilliers fils de Jean & petit-fils
de Pierre eftoit Examinateur & Lieutenant Civil en 1402. Ce fut luy & Robert le Févre fon
Confrere Examinateurs au Chaflelet qui infor-
merent, de l'ordre du Roy, du meurtre commis
en la perfonne du Duc d'Orleans, l'an mil quatre cens fept. Il fut reçû Thréforier de France
en 1408. dans un temps qu'il n'y en avoit que
deux. Il eut l'honneur en 1416. d'eftre l'un des
Juges de Nicolas Dorgemont Chanoine de Noftre-Dame & frere du Chancellier de ce nom,
accufé de crime d'Eftat, & prifonnier à la Baftille. Il affifta en cette qualité à l'inftruction &
au Jugement de cette affaire importante; où
eftoient entre les Juges, Loüis d'Anjou Roy de
Sicile & de Jerufalem, Jean de France Duc de
Berry, Henry de Marle Chancellier de France,
Robert de Mafcon Chancellier de la Reine,
Tanneguy du Chaftel Prevoft de Paris, Guillaume de Boifratier Archevêque de Bourges, &
Gerard de Montaigu Evêque de Paris. Il fut reçû Maiftre des Comptes en 1417.

Chron. d'Alr
jou.

Magn. Paftor.
Ecclef. Parif.

Guillaume Quanouple eftoit Examinateur &
Lieutenant Civil en 1408.

Robert de Thuilliers Maiftre des Comptes
avoit deux freres Jean & Guillaume, qui demeurerent Examinateurs au Chaflelet. Jean n'eftant
encore que fimple Avocat, le Prevoft de Paris
luy donna rang au Barreau au deffus de tous les
autres Avocats, en confideration de fa naiffance ; & il y fut maintenu par Arreft du Parlement
du 22. Aouft 1408. Il fut reçû Examinateur peu
de temps aprés. Cela eftoit alors, & encore plus
d'un fiecle depuis, tres-frequent de voir ces Officiers avoir pour freres des Maiftres des Requeftes, des Confeillers du Parlement, des Prefidens ou des Maiftres des Comptes ; ou d'en
voir d'autres d'entr'eux paffer dans les hautes
dignitez, ou fans quitter leur premier Office,
prendre alliance dans des familles de cette qualité. Il feroit facile d'en rapporter plufieurs exemples que l'on retranche, parce qu'ils ne regardent que les familles particulieres qui en
defcendent, & qu'il s'agit icy de l'Office en general : ainfi continuons nos preuves.

Liv. blanc, pe-
tit. fol. 219. &
281.

Jean Choüart avoit efté Bailly de Meaux. Il
fut reçû Examinateur au Chaflelet en 1420. &
Procureur du Roy le 28. May 1430.

Jean Turgom Seigneur de Courcelles en Brie
eftoit Examinateur au Chaflelet en 1460. Il mourut en 1478. Sa Veuve le furvécut quarante ans.
Elle fut inhumée à faint Paul dans une Chapelle que fon pere & fa mere avoient fondée à
cofté de la Chapelle du faint Sacrement. Voicy
fon épitaphe. Cy gift noble femme Roline «
Gaudete en fon vivant veuve de feu noble «
homme Me Jean Turgom Examinateur au «
Chaflelet de Paris, Seigneur de Courcelles «
en Brie, & fille de nobles perfonnes Jean «
Gaudete & Marie Dourdine Fondateurs de «
cette Chapelle. Laquelle en fa viduité, qui «
fut par l'efpace de quarante ans, a vû fes en- «
fans jufqu'à la quatrième lignée ; & trépaffa «
» cu «

Du Breüil
antiquit. de
Paris liv. 3.
Chapp. de l'E-
glife de faint
Paul.

» en cette Paroiſſe en ſon Hoſtel, le 13. Janvier » 1518.

Jean Amiart Vicomte de Corbeil, Examinateur au Chaſtelet de Paris, fit don à l'Egliſe de ſaint Jean en Greve ſa Paroiſſe en 1472. de ſix deniers qu'il avoit droit de prendre, à cauſe du Domaine de ſa Vicomté, ſur chaque muid de ſel qui paſſe ſous le Pont de Corbeil.

Pierre Aſſailly premier Secretaire de Charles Dauphin de France, fut reçû, comme il vient d'eſtre prouvé, Examinateur extraordinaire au Chaſtelet de Paris le 13. Juin 1478. & ordinaire le 19. Avril 1479.

Eſtienne Carpentier eſtoit Examinateur au Chaſtelet, & Procureur General du Roy ſur le fait de ſes Domaines, c'eſt-à-dire, au Bureau des Finances en 1480.

Tous ces exemples, qui ne ſont qu'une partie de ceux qui pourroient eſtre rapportez, font connoiſtre dans quelle eſtime & dans quelle conſideration eſtoit cette Charge tant que les élections ont ſubſiſté, & que les Sujets n'y eſtoient élevez que par leur naiſſance ou par leur merite.

Miraumont de l'origine du Parlement & autres Juriſdictions, chap. de la Chambre du Thréſor.

CHAPITRE V.

Changemens arrivez dans l'Office de Commiſſaires-Examinateurs, depuis François I. juſqu'à preſent.

L E premier effet que produiſit la venalité des Charges à l'égard des Commiſſaires Enqueſteurs & Examinateurs, ce fut d'en augmenter le nombre dans les Provinces. Il y en avoit originairement dans toutes les juriſdictions qui avoient le titre de Comté, *in omni Comitatu.* La preuve en a eſté rapportée en ſon lieu. Les Baillis & Seneſchaux, qui avoient eſté eſtablis en la place des Comtes au temps des inféodations, en abolirent l'uſage, & s'en attribuerent les fonctions dans toutes les Villes qui avoient eſté inféodées. Ces mêmes Villes réunies dans la ſuite au Domaine de la Couronne par les voyes qui ont eſté expliquées ailleurs, nos Roys n'y apporterent aucun changement. Ainſi les Baillis & Seneſchaux de ces Villes eſtoient toujours demeurez en poſſeſſion de toutes les fonctions des anciens Enqueſteurs & Examinateurs. Il eſtoit impoſſible qu'ils puſſent ſatisfaire aux autres devoirs de leur employ, & à la portion qui en avoit eſté confiée à ces Officiers, principalement dans les grandes Villes. Delà vint qu'ils en commettoient la plus grande partie à leurs parens ou leurs affins, ſelon l'ancien langage, ou à leurs Greffiers, que l'on nommoit *Clercs* en ce temps-là. Philippe VI. crut y remédier, du moins pour les enqueſtes & les informations, par ſon » Ordonnance de 1345. Elle fait défenſes à tous » Baillis, Seneſchaux, & Prevoſts ou leurs Lieu- » tenans de retenir pardevers eux l'audition & » examen des Témoins, ou de les commettre à » leurs Clercs ou à leurs Affins, & de n'en fai- » re faire que par bons & ſuffiſans Commiſſai- » res. Mais il ne paroiſt point que cette Ordonnance ait eu aucune execution. Cela donna lieu à François Premier de créer par ſon Edit du mois de Février 1514. en chacun des Sieges des » Bailliages & Seneſchauſſées, Prevoſtez & Vi- » comtez, des Enqueſteurs pour faire toutes les » Enqueſtes, examens, recolemens & informa- » tions, & toutes les autres fonctions apparte- » nant à leurs Offices. Sçavoir, dans chacune » des Villes & Sieges principaux des Bailliages » & Seneſchauſſées, & des autres Juſtices qui » relevent immédiatement du Parlement, deux » Enqueſteurs & Examinateurs ; & dans les au- » tres Juſtices, un ſeul. Il leur attribué les mê- » mes droits, autorité, prérogatives, ſalaires, » & émolumens dont jouiſſoient les Enqueſ- » teurs & Examinateurs du Chaſtelet de Paris, » & ceux des autres Villes où il y en avoit » d'ancienneté. Cet Edit fondé principalement

ſur ce motif, que la Juriſdiction des Enqueſteurs & Examinateurs eſtoit tres-neceſſaire pour le bien de la Juſtice, le profit & l'utilité des Sujets du Roy.

Mais ce qu'il y eut en cette occaſion de plus univerſel dans tout le Royaume, à Paris comme ailleurs, c'eſt que tous les Officiers qui acheterent leurs Charges, furent plus attentifs qu'auparavant à ſe conſerver ou à ſe procurer des fonctions lucratives. Delà vient que c'eſt préciſement à cette époque que commencent tous les differens qu'ils ont eu entr'eux, & ce grand nombre de Réglemens qui les ont tant de fois décidez. Les Commiſſaires Examinateurs ſe trouverent les plus expoſez. Comme toutes leurs fonctions ſont émanées de celles des Magiſtrats, & qu'elles en font partie, ils ont toujours eſté plus enviez & plus traverſez que les autres Officiers : encore ont-ils eu ſouvent ce ſurcroiſt de chagrin, & qui leur eſt particulier, d'avoir à ſe défendre contre les principaux Officiers des Tribunaux.

Les Commiſſaires au Chaſtelet de Paris ne furent pas long-temps ſans ſe trouver dans cette fâcheuſe conjoncture. Mr de Baulne Lieutenant Civil en voyant un procés, ordonna que des témoins qui avoient eſté oüis dans une information ſeroient recolez, & l'information continuée pardevant luy ou l'un des Conſeillers. Les Commiſſaires s'en porterent pour Appellans : l'affaire portée au Parlement & plaidée contradictoirement en la Grand' Chambre, Mr le Lieutenant Civil dit entr'autres choſes, & pour ſon principal moyen, que les Commiſſaires du « Chaſtelet ne devoient point eſtre conſiderez « comme des Officiers ſéparez d'avec luy ; Non « *ſunt vocati negativè, imò cumulativè* avec les Lieu- « tenans ; qu'ils avoient créez *non tanquam abſtracti- « vè, ſed per modum ſupplementi, & ad adjuvandam generaliter Juriſdictionem.* Ce ſont ſes propres ter- « mes ; d'où il tiroit cette conſequence, qu'il avoit « par éminence le droit d'exercer toutes leurs « fonctions, & qu'il n'eſtoit obligé de leur ren- « voyer que celles qu'il ne vouloit pas retenir. « Il cita enſuite l'exemple de la Juriſdiction mi- « litaire rapporté par Lucas de Pamia, que le « Conneſtable avoit toute la plenitude de pouvoir « & de fonctions : mais parce qu'il ne pouvoit « pas ſuffire ſeul à tout, *non poterat omnibus ſubeſſe* « (c'eſt ainſi qu'ils s'en expliquent) les Mareſchaux « de France avoient eſté créez pour le ſoulager. « Il en fit l'application à la Juriſdiction civile, & «

» en

Livre rouge neuf, fol. 45.

en fortifia la consequence qu'il en avoit déja tirée. Enfin les raisons de part & d'autre expliquées, & les Gens du Roy ouï en leurs Conclusions, intervint Arrest le 3. May 1513. par » lequel la Sentence fut infirmée, & le recolement » renvoyé aux Commissaires ; avec défenses reci- » proques aux parties d'entreprendre sur les fonc- » tions les uns des autres. Il y a eu depuis plusieurs autres Réglemens ; mais ce n'est pas icy le lieu d'en parler.

Le Lieutenant Criminel de son costé traversa aussi les Commissaires dans quelques-unes de leurs fonctions. Le Parlement l'ayant commis pour faire le procés à Colinet du Puy, Commis de l'Extraordinaire des Guerres, Prisonnier à la Bastille, & accusé de crime d'Estat ; il rendit un appointement, par lequel il ordonna que les informations seroient faites par luy. Les Commissaires Examinateurs s'en porterent pour appellans, & par Arrest contradictoire du 15. May » 1520. la Cour infirma l'appointement, & ordonna » que le Lieutenant Criminel commettroit l'un » des Examinateurs, pour informer, suivant la » création, Ordonnance & institution de leur Offi- » ce. Ce sont les termes de l'Arrest.

Il y avoit cent quatre-vingt-quatre ans que le nombre des Commissaires au Chastelet de Paris, avoit esté fixé à seize, par l'Edit de Philippes de Valois du vingt-quatre Avril 1337. Il y en avoit eu d'extraordinaire sous Louis XI. mais ils avoient esté supprimez, & l'ancien nombre de seize restabli par Lettres Patentes de Charles VIII. du vingt-sept Septembre 1483. François I. *Bannieres vol.* par son Edit du quatrième Fevrier 1521. en créa *2. fol. 148. &* seize nouveaux, pour faire avec les anciens le *283.* nombre de trente-deux, & ne leur donna à tous que le titre de *Commissaires*, qui renferme en puissance depuis ce tems, tous ces autres titres qu'ils avoient portez autrefois. Cet Edit fut registré au Parlement le vingt-neuf Avril 1522. & au Chastelet le troisiéme Juin de la même année. Cinq de ces nouveaux Offices furent levez le sixiéme Fevrier 1523. par Jean Poullart, Jean Malingre, Nicole Chambon, Robert Allaire, & Robert Drouet. Ils se presenterent au Chastelet le treiziéme May de la même année pour estre reçus. Les 16. anciens s'y opposerent ; il fut passé outre, nonobstant leur opposition, sauf à eux de se retirer pardevers le Roy. Il y en eut encore d'autres qui furent reçus ; & enfin le nombre fut rempli par tous ceux qui se presenterent, & avec peu de distinction. Les anciens Commissaires presenterent leur Requeste au Roy, dont tous les termes sont considerables. Ils remon- » trerent, qu'ils avoient esté instituez pour le » gouvernement & Police de la Ville de Paris ; » que chacun d'eux avoit la charge & garde de » l'un des seize Quartiers de cette Ville, pour y » maintenir l'ordre & la tranquillité publique ; » qu'ils estoient aussi establis pour faire plusieurs » actes de Justice, au soulagement du Prevost » de Paris, & de ses Lieutenans : que la créa- » tion des seize nouveaux, apportoit beaucoup » de desordre au gouvernement & Police de la » Ville de Paris, & à l'administration de la » Justice. Que la plûpart de ceux qui en estoient » pourvûs, estoient gens mécaniques & rusti- » ques, qui avoient vendu tout leur bien pour » avoir leur Office, qui n'avoient aucune capa- » cité, ny aucune autre vûë que leur interest, » qu'ils faisoient de grosses exactions, qu'ils » avoient intelligence avec les Procureurs & les » Solliciteurs des parties, briguoient auprés » d'eux, & leur faisoient remise d'une partie de

Tome I.

leurs salaires pour en obtenir des *committitur.* « Que par de mauvaises voyes ils s'attiroient les « plus considerables, & les plus difficiles affai- « res, dont ils ne pouvoient ensuite s'acquitter « faute de capacité & d'experience. Que les an- « ciens s'en estoient souvent plaints, & que cette « division qui estoit entr'eux, avoit donné lieu « à plusieurs Juges, aux Notaires, aux Procu- « reurs, & à d'autres Officiers d'entreprendre « sur leurs Charges, & de leur enlever leurs fonc- « tions. Que cela causeroit immanquablement la « ruine des Commissaires, & porteroit un notable « préjudice au gouvernement, & à la Police de « Paris. Requeroient par ces considerations, « qu'il plust au Roy de supprimer ces nouveaux « Offices. «

Les seize nouveaux de leur costé, se plaigni- « rent, qu'encore qu'ils fussent pourvûs par le « Roy, & reçus dans la Jurisdiction, les anciens « ne vouloient pas les reconnoître pour Colle- « gues avec une parfaite égalité telle qu'elle de- « voit estre ; qu'ils se distinguoient toujours par « le titre d'ancien, qu'ils ajoûtoient à leurs au- « tres qualitez dans tous leurs actes. Qu'ils ne « donnoient aucune distribution de territoire, « ny d'Huissiers dans leurs Quartiers aux nou- « veaux, pour y exercer leurs fonctions de Po- « lice, & qu'ils ne vouloient point les compren- « dre dans leur tableau avec eux, selon l'ordre « de leur reception. Ils ajoûterent que le mé- « pris que leurs Confreres faisoient paroître en « toutes occasions pour eux, avoit passé, & fait « impressions dans les esprits de tous les au- « tres Officiers de la Jurisdiction. Que l'on ne « donnoit point aux seize de la nouvelle créa- « tion, les qualitez que l'on avoit donné de tout « tems, & que l'on donnoit encore aux seize « anciens. Que le Prevost de Paris ne leur don- « noit pas même celle *de nostre amé*, qu'il donnoit « aux autres. Que cette distinction injurieuse les « rendoit méprisables, & les mettoit hors d'estat « de bien servir le Roy & le Public dans leurs « fonctions de Police. Ils demanderent enfin d'ê- « tre regiez ; & le Roy les renvoya au Grand Con- « seil, auquel il en attribua la connoissance.

Tous ces chefs de plaintes des nouveaux Commissaires, sont assez à comprendre, hors le dernier qui demande quelque explication. Ils se plaignoient donc par celuy-cy, que l'on refu- « soit de les qualifier des mêmes titres que l'on « donnoit, & qu'on avoit donné de tout tems aux « anciens. Ainsi, pour bien entendre le sujet qu'ils avoient de se plaindre ; il faut sçavoir quelles estoient les qualitez par lesquelles on prétendoit alors les distinguer les uns des autres. Voicy ce que les Registres du Chastelet, les anciens titres, & les monumens publics nous en apprennent.

De tout tems les Commissaires Examinateurs avoient esté compris dans le nombre des principaux Officiers de la Jurisdiction. Dés le regne de Clotaire II. ils sont nommez entre les Juges, *Judices, vel Missi Discussores*. Dans les Ordonnances de Charlemage, de Louis le Debonnaire, & de Charles le Chauve, ils sont qualifiez les Aides, ou Coadjuteurs des premiers Magistrats dans l'administration de la Justice, *Adjutores* *Comitum ad justitias faciendas*. Un Auteur con- *Valafr. Strab.* temporain les place immediatement aprés les *de rebus Eccl.* Comtes, son parallele de tous les Officiers du Royaume. Il est fait mention d'eux entre les Juges des principales Jurisdictions du Royaume, du tems de Philippe le Hardy. Sous Philippe le Bel, ils se trouvent nommez entre les Juges du Chastelet, & ont les mêmes Greffiers que le

B b ij Prevost

Prevoſt de Paris. Charles VIII. declare par des
» Lettres Patentes du mois d'Octobre 1485. qu'ils
» ſont eſtablis pour aider & conſeiller le Prevoſt
» de Paris , & ſes Lieutenans , au jugement des
» procez. Pluſieurs Arreſts de la Cour leur ont
conſervé le rang & la ſéance qui leur appartiennent , ſur ce motif qu'ils ſont partie de l'Office du Magiſtrat : *quia ſunt vocati in partem officii
Judicis*. C'eſt ainſi qu'ils s'en expliquent. L'un
des Lieutenans Civils avoit reconnu en plein
Parlement le rapport de leur Office au ſien : *non
ſunt vocati negativè* , d'avec luy , *non cumulativè* :
ce ſont ſes propres termes. Chaſſanée dans ſon
Traité du rang qui eſt dû à chaque eſtat , quoique peu favorable aux Commiſſaires Examinateurs , eſt forcé d'avoüer que leur Charge eſt de
la même nature que celle des Magiſtrats ; quoique diſſemblable en quelques choſes. Qu'ils ſont,
pour ainſi dire , *leurs Aſſociez* : ce qu'il exprime
par ce mot . *Conjudices*. Il en eſtablit les preuves, dont toute la force eſt renfermée dans cette
Chaſſan. ca-
talog. gloriæ
mundi. part. 7.
conſid. 41.
concluſion qu'il en tire : *ex quibus concludendum,
quòd ſi Inquæſtarii ſint acceſſoriè dati ad Judices , ſive
ſint in aliquibus ſubrogati , licet in aliis diſcrepent,
tamen reputari debent Conjudices , & ſapere natu-
ram illorum in acceſſoriis.* Il eſt prouvé dans tout
ſon Ouvrage, que par le mot de *Juges, Judices*, il
entend les Magiſtrats.

Avec toutes ces prérogatives , il eſtoit juſte ,
que les Commiſſaires Examinateurs entraſſent
auſſi en quelque participation des titres qui
diſtinguoient les Magiſtrats d'avec les autres Officiers.

Caſſiod. l. 1.
Epiſt. Theod.
Reg. ad Senat.
Du droit des
Offices par
Loiſeau. l. 1. c.
1. n 4. & c. 8.
n. 81.
Celuy de *Maiſtre* , dans ſon origine ; eſtoit
tellement propre aux Magiſtrats , que le nom
même de leur dignité en eſt dérivé ; *Magiſtratus à Magiſtro , ſicut albatus ab albo* , dit l'un de
nos Juriſconſultes , fondé ſur l'explication que
les Loix même en ont donnée : il leur eſtoit encore
donné , pour ſignifier l'eſtendue de leur autorité :
Magiſter , quaſi qui magis poteſt.

Paſquier l 8.
c. 19.
De la Roque,
traité de la
Nobleſſe, c. 87
Ainſi dans les premiers tems , il n'eſtoit donné
qu'aux Magiſtrats , & ceux qui rempliſſoient les
plus éminentes dignitez des Tribunaux , s'en
faiſoient honneur ; l'on diſoit , *Maiſtres du Parlement* , comme l'on dit encore aujourd'huy de
cet ancien uſage , *Maiſtre des Requeſtes , Maiſtre des
Comptes*. Ces grands Magiſtrats s'en qualifioient
auſſi chacun en particulier avant leur nom ; & ce
titre eſtoit alors ſupérieur à celuy de *Meſſire* , qui
luy a ſuccedé.

Il s'appliquoit auſſi aux Gens de Lettres qui
eſtoient graduez , toujours dans la même ſignification , *Magiſter , qui magis poteſt* , pour marquer
l'autorité & l'aſcendant de la ſcience ſur les eſprits.

De la Roque
traité de la
Nobleſſe c. 68.
Des Ordres
par Loiſeau ,
ch. 5.
Offices de
France tom. 1.
pag. 73.
Le titre de *Maiſtre* , à l'égard des Magiſtrats ,
eſtoit ordinairement précedé de l'une ou de l'autre de ces qualitez , *Noble Homme* , ou *Honorable Homme & ſage*. La premiere ſe donnoit à ceux
qui avoient joint la ſcience à la nobleſſe de leur
origine ; & l'autre à ceux qui eſtoient ſeulement
Gens de Lettres. Le titre de Noble-Homme en ce
tems , eſtoit ſupérieur à celuy d'*Ecuyer* ; la plus
haute Nobleſſe s'en qualifioit.

Nos Roys avoient couſtume auſſi de diſtinguer dans leurs Lettres Patentes , les Magiſtrats
& les Officiers qui avoient dignité , d'avec les
autres , par ces titres , *Dilecti & fideles Noſtri*,
que l'on a traduits en François , *Nos amez &
feaux* : & ce titre , ſelon la remarque de Loiſeau,
dans ſon Traité des Ordres & Dignitez , ne ſe donnoit ordinairement qu'à ceux qui avoient celuy
de Conſeillers du Prince.

Les Commiſſaires Examinateurs ont toujours
eſté honorez de toutes ces marques de diſtinction ; ils ſont qualifiez dans les Lettres Patentes du Roy Jean , du premier Juin 1353. de
Charles V. du mois de Janvier 1366. de Charles
VI. du mois de Janvier 1380. & des autres Roys
leurs ſucceſſeurs , de ces titres qui ne ſe donnoient en ce tems-là qu'aux ſeuls Officiers ayant
dignité , *Dilecti & fideles Noſtri Magiſtri* , Nos amez
& feaux Maiſtres , &c.

L'on qualifioit de Noble Homme , ceux d'entr'eux qui eſtoient Gentilshommes , qui ſont encore
aujourd'huy entre les mains de leurs ſucceſſeurs ; les monumens publics en rendent auſſi
témoignage : nous l'avons vû en ſon lieu par l'é-cc
pitaphe qui eſt en l'Egliſe de ſaint Paul , decc
Noble femme Roline Gaudete , veuve de No-cc
ble homme Maiſtre Jean Turgom , Seigneurcc
de Courcelles en Brie , Examinateur au Chaſte-cc
let de Paris , decedé le treiziéme Janvier 1518.cc
l'on y pourroit joindre pluſieurs autres exem-cc
ples , ſi celuy-cy ne ſuffiſoit.

Tous les autres prenoient le titre d'Honorable Homme & ſage , qui eſtoit celuy des Gens
de Lettres en dignité : le premier Magiſtrat
même le leur donnoit , lors qu'il les nommoit
dans ſes appointemens. L'uſage s'eſtoit introduit
qu'il les qualifioit auſſi quelquefois , Noſtre
amé , qui eſt le même titre qu'il donnoit à ſes
Lieutenans , & qui équipoloit alors à celuy de
Conſeiller : il les diſtinguoit par-là des bas Officiers , qu'il ne nommoit que par leurs noms, ſans
aucun titre : en voicy quelques exemples tirez
des anciens Regiſtres du Chaſtelet.

Veu de nous certaines informations faites ,cc
par Honorable Homme & ſage Maiſtre Denyscc
Nicolas , Examinateur-Commiſſaire en cettecc
partie , &c. Ce fut faite & donné au Chaſteletcc
de Paris , par Monſieur le Prevoſt , le Mercredycc
28. Avril 1405. C'eſt une Sentence d'interdictioncc
d'un imbecille.

En la preſence du Procureur du Roy , qui acc
pris l'aveu & garantie des Marchands de poiſſoncc
de mer , en la cauſe pendante pardevant Nouscc
à la requeſte du Procureur de la marchandiſecc
de marée , &c. Nous par maniere de proviſion,cc
avons ordonné , que leſdits Eſtalliers vendrontcc
comme devant leurs moruës , tant vieilles quecc
fraiſches ſalées ; & ſeront tenus de declarercc
aux acheteurs leſquelles ſeront vieilles , ſurcc
peine d'amende. Et au principal , Noſtre amécc
Maiſtre Guillaume de Sain Examinateur , s'in-cc
formera *de commodo vel incommodo Reipublicæ*.cc
Et ſera par Nous ordonné ſur ſon rapport ,cc
pour le bien de la choſe publique , ce que decc
raiſon. Fait au Chaſtelet de Paris le Samedy 24.cc
Avril 1406.

Sur la demande à Nous faite par Monſieurcc
Jean de Dormans , d'un curateur à Damoiſellecc
Jeanne Allegrain , attendu ſa maladie. Nouscc
ordonnons que Mercredy prochain , noſtrecc
amé Lieutenant , ira voir la perſonne , & lacc
diſpoſition de ladite Damoiſelle : & ſur cecc
nous ſera ſon rapport ; ſur lequel Nous pro-cc
noncerons Jeudy prochain , ſur la requeſte ducc
Suppliant , ce que de raiſon. Fait au Chaſteletcc
de Paris , par Monſieur le Prevoſt , le Lundycc
10. May 1406.

Sur la Requeſte à Nous faite par René , Pro-cc
cureur d'Agnés de Dampmartin , qui a eu encc
gouvernement les biens de Catherine du Vivier,cc
femme ſeparée de Jacques Guillaume ; Nouscc
avons commis & commettons Nos amez Maiſ-cc
» tres

[Regiſtre de
la Chambre ;
Civile du
Chaſtelet, qui
avoit paſſé à
Coudray
Greffier, &qui
eſt à preſent
au dépoſt
commun.
Ibidem.

Ibidem.

Ibidem.]

» tres Guillaume Quanouble noſtre Lieutenant,
» & Jean de Fontenay Examinateurs, à ouïr le
» compte que veut faire & rendre ladite Agnés,
» de l'adminiſtration devant dite, appellez à ce
» ceux qui doivent y eſtre appellez. Ce fut fait
« & donné au Chaſtelet de Paris, par Monſieur le
» Prevoſt, le Mardy 18. May 1406.

Cette même preuve s'eſtablit encore par les
anciennes minutes des Commiſſaires, où l'on
voit, que les parties & les Procureurs leur addreſſant la parole dans la Preface des Comptes
& des autres Actes ; & les Experts dans les rapports de priſées & eſtimations, les qualifioient
toujours d'Honorable Homme, & ſage Monſieur-
Maiſtre. Il y a une infinité d'exemples entre
les mains de ceux qui ont ſuccedé à ces anciens.

Ainſi ce furent tous ces titres de dignité, qui
cauſerent le mécontentement des ſeize Commiſſaires de nouvelle création : on ne les qualifioit
point de Noble homme ; ils n'en avoient pas la
naiſſance : le titre d'Honorable Homme & ſage,
ne leur convenoit pas non plus, ils n'eſtoient pas
Gens de Lettres. L'un & l'autre de ces titres ſe
donnoient aux anciens ; cela fit la jalouſie de
ceux-cy ; ils s'en plaignirent, & ce fut l'un des
chefs de leurs demandes.

L'affaire fut inſtruite tres-ſerieuſement au
Grand Conſeil, ſur ce chef comme ſur les autres.
Les Prevoſt des Marchands & Echevins intervin-
rent pour le bien commun des Citoyens, & ſe
joignirent aux anciens contre les nouveaux, pour
en demander la ſuppreſſion. Enfin, après deux
ans de conteſtations, intervint Arreſt le premier
Aouſt 1534. par lequel il fut ordonné, que
» les trente-deux Examinateurs, comme ne fai-
» ſant qu'un même Corps & College, jouïroient
» des mêmes honneurs, privileges, & préémi-
» nences ; que les mêmes qualitez qui eſtoient
» données à ceux de l'ancienne création, dans
» les Sentences & Actes judiciaires, ſeroient
» pareillement données à ceux de la nouvelle
» création. Que les nouveaux iroient aux Aſ-
» ſemblées, & autres Actes où les anciens avoient
» accouſtumé de ſe trouver, ſans qu'il y euſt
» entr'eux aucune ſeparation, ou autre forme
» qui dénotaſt quelque difference. Qu'il ſeroit
» fait un tableau des trente-deux, ſelon l'ordre
» de leur reception. Que les enqueſtes, pro-
» cez de criées, decrets & licitations leur ſeroient
» diſtribuez également à tour de rôle. Que les
» examens, auditions de comptes, apprécia-
» tions, taxations, informations, interrogatoi-
» res, partages, & generalement toutes autres
» fonctions de leurs Charges, ſeroient exercées
» par les nouveaux ainſi que par les anciens. Que
» les ſeize nouveaux ſeroient diſtribuez dans les
» Quartiers, pour y vaquer à la Police, comme
» les anciens. Enjoint aux Huiſſiers & Sergens
» diſtribuez auprès d'eux, de leur obéïr égale-
» ment.

Après cette incorporation ainſi jugée, il n'y
eut plus de difference entre les Commiſſaires de l'ancienne, & ceux de la nouvelle création. Il n'en eſt demeuré autre choſe que
l'uſage qui ſubſiſte encore aujourd'huy, de
nommer ancien Commiſſaire de chacun quartier, celuy qui en a la principale direction.
Mais comme cela ſe diſtribuë par le Magiſtrat
de Police, ſans aucun égard à l'antiquité de la
création, ny même à celle de la reception, cela ne met plus aucune difference
entr'eux, que celle d'avoir plus ou moins de
part aux ſoins de la Police. Auſſi depuis ce
tems ils n'ont point pris de qualitez qui les

diſtinguent les uns des autres. Le titre de Noble
Homme, & celuy d'Honorable Homme & ſage
ſe ſont inſenſiblement abolis, tant à leur égard,
que de toutes les autres perſonnes qui avoient
accouſtumé de s'en qualifier. Ils eſtoient encore
en poſſeſſion de celuy de Monſieur Maiſtre, au
commencement du dernier ſiecle : tous leurs actes
en font mention : & c'eſt celuy que l'on ne peut
encore aujourd'huy leur diſputer avec juſtice.

Tant que les élections avoient ſubſiſté, il n'y
avoit eu aucune information à faire, ny aucun
examen à ſubir pour eſtre reçû dans les Charges.
Le choix qui eſtoit fait de l'Officier, eſtoit une
approbation ſuffiſante de ſon merite, & luy tenoit lieu de l'une & de l'autre de ces précautions.
Cet uſage ſubſiſta même encore quelques années
depuis l'eſtabliſſement de la venalité. Le danger
de remplir les Tribunaux de mauvais ſujets,
en y recevant tous ceux qui ſe preſentoient, ſans
autre diſtinction que celle de la fortune, parut
dans la ſuite un aſſez grand inconvenient, pour
en chercher le remede. La probité & la ſcience
eſtant les deux qualitez les plus neceſſaires à un
Officier, l'on jugea à propos de s'aſſeurer de
l'une, par une information des mœurs ; & de
l'autre, par un examen de la capacité des recipiendaires. Cela fut d'abord ordonné quant à
l'examen, pour le Chaſtelet de Paris en particulier, par un Arreſt du Parlement du vingtiéme
Juillet 1546. Il porte, que ceux qui ſeroient «
pourvûs de l'une ou l'autre des Charges de «
Conſeillers, ou de Commiſſaires Examina- «
teurs, ſeroient examinez avant leur reception, «
par les Lieutenans du Prevoſt de Paris, appel- «
lez avec eux deux des plus anciens Conſeil- «
lers, pour ſçavoir s'ils avoient les qualitez de «
ſcience, de pratique & d'experience neceſſai- «
res, pour ſe bien acquitter de leurs Offices. «

Il ne fut point encore parlé lors de ce Reglement, des autres Officiers, ny de l'information
qui devoit naturellement preceder cet examen. Cela ne fuſt eſtabli que par un Edit du mois
d'Aouſt de la même année 1546. Cet Edit qui
eſt general pour tout le Royaume porte, que «
les Baillis & Seneſchaux de robe longue, leurs «
Lieutenans Generaux & Particuliers, les Pre- «
voſts, & les autres Officiers de toutes les Ju- «
riſdictions, relevant immediatement du Par- «
lement, ne ſeroient reçûs en leurs Offices, qu'a- «
prés qu'il auroit eſté informé de leurs bonne «
vie & mœurs, & qu'ils auroient ſubi l'exa- «
men. «

La nouvelle Juriſprudence eſtablie par cet
Arreſt du Parlement, & par cet Edit, cauſa
dans la ſuite quelque diviſion entre les Officiers : ceux qui avoient eſté reçûs avec ces formalitez s'en prévaloient ; ils s'eſtimoient plus
gens de bien, & plus capables que les autres ;
ils les mépriſoient, & voulurent même les engager à ſubir un examen. Cela donna lieu à
une Déclaration du vingt-huitiéme jour de May
1548. Elle porte, que les Officiers qui avoient «
eſté reçûs avant ces Réglemens, ſuivant la «
forme ancienne qui eſtoit alors obſervée, & qui «
avoient exercé leurs Offices ſans note, ou re- «
prehenſion, ne ſeroient point troublez, ny «
ſujets à aucun examen, pour en continuer «
l'exercice. «

Enfin, ce qui n'avoit eſté ordonné par ces Réglemens que pour les Officiers du Chaſtelet & des
autres Juriſdictions qui relevent immediatement
du Parlement, fut étendu generalement à tous
les Officiers des Juſtices ſubalternes, par Edit
du mois de Janvier 1560. & c'eſt l'uſage qui

B b iij ſubſiſte

subſiſte encore aujourd'huy. Ces Réglemens ne portoient point ſur quoy cet examen ſeroit ſubi. Il n'eſtoit pas encore neceſſaire en ce temps d'eſtre Gradué pour eſtre Avocat, ou pour exercer aucune Charge de Judicature. L'étude du Droit Romain qui avoit eſté reſtablie en France au commencement du treiziéme ſiecle, ne fut conſiderée d'abord que comme une partie des belles-Lettres, qu'il n'eſtoit pas permis aux Sçavans d'ignorer. L'on commença enſuite d'en citer les déciſions dans les inſtructions des affaires. Philippe III. par une Ordonnance publiée en Parlement le lendemain des Roys 1277. & Philippe le Bel par l'Edit du mois de Mars 1304. qui fixa ſon Parlement à Paris, défendirent d'alleguer en jugement le Droit Romain comme Loix ou droit neceſſaire. Ils permirent ſeulement de l'enſeigner dans les Univerſitez, pour ouvrir l'eſprit de la jeuneſſe à la Juriſprudence, par la beauté des raiſons & la ſinguliere doctrine qu'il contient. Balde & pluſieurs autres Juriſconſultes qui écrivoient peu de temps aprés ces Ordonnances, furent de ce même ſentiment. [a] Et il fut jugé par Arreſt du Parlement du 1. Février 1463. rapporté par du Luc, [b] qu'il n'eſtoit pas neceſſaire d'eſtre Gradué pour eſtre reçû Conſeiller de la Cour. L'experience fit connoiſtre dans la ſuite qu'encore que cet ancien Droit ne fuſt plus celuy des François, ſes déciſions pouvoient du moins ſervir de regles d'équité & de prudence dans la conduite & le jugement des affaires. Ce fut ce qui donna lieu à Charles VIII. d'ordonner, que les Lieutenans Generaux ſeroient Docteurs és Loix; ainſi c'eſt ſur la Loy qu'ils devoient eſtre examinez. L'Arreſt du Parlement du 20. Juillet 1546. dont il vient d'eſ-
» tre parlé, avoit ordonné que les Commiſſaires
» Examinateurs au Chaſtelet de Paris ſubiroient
» le même examen que les Conſeillers du même
» Tribunal, ſur leur ſçavoir & leur experience,
» ſans faire mention de Degrez ny de Loix. Il
» eſt ordonné par Arreſt du Parlement du 1. Oc-
» tobre 1558. qu'il ne ſeroit reçû à l'avenir au-
» cun Avocat, qu'il ne fuſt Gradué. Henry II.
» par ſon Edit du mois de Janvier 1551. ordonna,
» qu'aucun ne ſeroit pourvû d'un Office de
» Conſeiller dans les Préſidiaux, qu'il ne fuſt
» Licentié, & n'euſt frequenté le Barreau, au
» moins pendant trois ans. Henry III. par Edit du
» mois de May 1583. regla auſſi les qualitez que
» devoient avoir les Commiſſaires Examinateurs,
» & quel examen ils devoient ſubir: il porte,
» qu'attendu que leurs Offices ſont du nombre
» des plus importans de la Judicature, qui doi-
» vent eſtre tenus par perſonnes de litterature
» & de ſcience, il n'en ſeroit dorénavant pour-
» vû, reçû ny admis aucuns qui ne fuſſent Li-
» centiez en la Faculté de Juriſprudence; qu'ils
» n'euſſent exercé la fonction d'Avocat pendant
» quelque temps, & préalablement ſubi l'exa-
» men en Droit & pratique au Parlement ou au
» Siege Préſidial, ſelon l'adreſſe de leurs provi-
» ſions; les autres Commiſſaires Examinateurs
» du Siege preſens, avec voix déliberative ſur
» le fait & dans le jugement de la capacité &
» reception de ceux qui ſe preſenteroient pour
» eſtre leurs Confreres.

Il eſt vray que dans l'uſage ce Réglement a reçû quelques changemens. L'examen des Recipiendaires, qui devoit eſtre unique, & en la Chambre du Conſeil, a eſté partagé en deux. L'un, qui eſt ſubi devant les Commiſſaires en leur Chambre, avec pouvoir de renvoyer le Recipiendaire, s'il n'eſt jugé capable à la plu-

ralité des voix d'eſtre admis avec eux. Et l'autre, quoy qu'il ſubi en la Chambre du Conſeil, où il eſt reçû Officier. C'eſt encore ce même Edit du mois de May 1583. que la qualité de Conſeillers du Roy fut donnée aux Commiſſaires. Ce titre ne ſe donnoit autrefois qu'à ceux qui avoient effectivement entrée dans le Conſeil de nos Roys. Si les Conſeillers des Cours l'ont toujours priſe, c'eſt qu'elles repreſentent la Majeſté du Prince, & que leurs Arreſts portent ſon nom, comme s'il les avoit rendus en perſonne. Henry II. la donna aux Lieutenans Generaux en 1551. & aux Auditeurs des Comptes en 1552. Mais il y en avoit encore tres-peu qui en fuſſent honorez lors que Henry III. la donna aux Commiſſaires Examinateurs par cet Edit. Il porte à cet égard, que
« pour les rendre d'autant plus reconnus & au-
« toriſez en leurs Offices, le Roy, les a voulu
« honorer & décorer, les honore & décore des
« nom, titre & qualité de ſes Conſeillers: leur
« permet & octroye que dorénavant ils puiſſent
« s'en qualifier, & veut qu'ils en ſoient quali-
« fiez en tous lieux & en tous actes, avec leur
« qualité d'Enqueſteur-Commiſſaire-Examina-
« teur.

Le nombre de trente-deux Commiſſaires au Chaſtelet de Paris avoit eſté augmenté juſqu'à trente-trois par un pur hazard pendant les troubles de la Religion. Voicy comment la choſe ſe paſſa. L'Hereſie de Calvin ayant commencé de s'introduire en France l'an 1527. quelques Officiers eurent le malheur d'en eſtre infectez: Me Gilles Dupré Commiſſaire au Chaſtelet fut de ce nombre. Ils furent pourſuivis & condamnez pour ce crime d'hereſie, & leurs Offices furent déclarez vacans & impetrables par Arreſt du 22. Decembre 1568. Me Claude Leſtourneau fut pourvû le 9. Avril 1569. de l'Office de Commiſſaire Dupré Les troubles furent pacifiez par l'Edit du mois d'Aouſt 1570. Le Commiſſaire Dupré fut reſtabli dans ſon Office.

Leſtourneau qui avoit financé pour obtenir cet Office, demanda ſon indemnité. Le Roy luy accorda ſes Lettres Patentes le 7. Septembre 1570. portant création en ſa faveur d'un nouvel Office de Commiſſaire, pour faire le nombre de
« trente-trois; à la charge que le premier des tren-
« te-trois qui viendroit à vaquer par mort, de-
« meureroit éteint.

Cette clauſe de ſuppreſſion n'eut point de lieu. Comme il euſt fallu rembourſer les heritiers du défunt, de leur finance, ce nombre de trente-trois ſubſiſta toujours. Les choſes eſtoient en cet eſtat lorſque Henry III. par ſon Edit du mois de Juin 1586. créa huit nouvelles Charges de Commiſſaires Examinateurs au Chaſtelet de Paris; quatre Commiſſaires Examinateurs aux Villes où il y a Parlement, deux aux Sieges Préſidiaux, & un en tous les Baillages, Seneſchauſſées, & Prevoſtez Royales; avec ſemblable pouvoir & ſemblables fonctions de Police que ceux du Chaſtelet de Paris.

L'on ne s'eſtoit pas ſouvenu lors de cet Edit de la nouvelle Charge du Commiſſaire Leſtourneau, qui auroit fait le nombre de quarante-un, contre les diſpoſitions du même Edit qui le fixoit à quarante. Cela donna lieu à une Déclaration du 25. du même mois de Juin 1586. par laquelle, le Roy informé de cette circonſtance, réduiſit la nouvelle création à ſept Offices, au lieu de huit.

Le titre d'Enqueſteur ne s'eſtant point trouvé exprimé dans cet Edit, cela fit naiſtre pluſieurs
conteſtations

a Bald. in L. Nemo. C. de interlocution. Jud. 'Cynus, & alii in L. 1. C. de ſumma Trin b Lib. 4. tit. 5. cap. 2.

Rebuffe liv. 1. p. 121.

Bannieres vol. 7. fol. 118.

Ban. vel. 7. fol. 300.

contestations dans les Provinces. Cet Office d'Enquesteur & Examinateur qui avoit toujours esté le même (ces deux noms estant synonymes) se trouva pour la première fois divisé en deux. Les Anciens conservèrent le seul titre d'Enquesteurs, & prétendirent qu'il comprenoit plusieurs fonctions qui n'appartenoient point à ceux de la nouvelle création sous le titre de Commissaires-Examinateurs. Ceux-cy au contraire soûtenoient qu'ayant esté créez *ad instar* des Commissaires au Chastelet de Paris, ils avoient des fonctions beaucoup plus étenduës que celles des anciens, sous ce titre seul d'Enquesteurs. Ce differend fut enfin terminé, après plusieurs procès particuliers, par un Arrest general du Conseil du onziéme Avril 1609. qui unit & incorpora les Commissaires-Examinateurs avec les Enquesteurs, pour ne faire tous ensemble qu'une même Charge, *ad instar* de ceux du Chastelet de Paris.

Ce nombre de quarante Commissaires au Chastelet parut dans la suite excessif, eu égard à l'estat où estoit alors la Ville de Paris. Cela donna lieu à plusieurs Arrests du Conseil confirmez par un Edit du mois d'Octobre 1603. portant que ceux qui viendroient à vaquer par mort seroient supprimez jusqu'à ce que leur nombre fust reduit à trente-deux. Mais comme la condition du remboursement de la finance estoit ordonnée, & que ce remboursement devoit estre fait aux veuves & heritiers par les Commissaires conservez, cette suppression n'eut pas tout son effet. Il n'y eut que la Charge du Commissaire Leschenault qui demeura supprimée, parce qu'elle tomba aux revenus casuels. Le Roy en ordonna la suppression par Arrest du Conseil du premier Mars 1606. en remboursant seulement par les Commissaires à sa veuve & ses heritiers le quart denier de la finance. Cela fut executé: & par ce moyen le nombre des Commissaires fut réduit à trente-neuf.

Loüis XIII. par Edit du mois de Juin 1622. créa dans le ressort des Parlemens de Toulouse, de Bordeaux, & d'Aix deux Commissaires en chacune des Villes où il y a Siège Presidial, & un en chacune des autres Villes. Il leur attribua privativement à tous Juges, & autres Officiers; la confection de leurs inventaires; le droit d'ordonner pour le fait des inventaires; leurs circonstances & dépendances ce qu'ils jugeroient à propos suivant les Ordonnances; celuy d'executer toutes Ordonnances & Commissions qui leur seroient adressées, tant par le Roy, que par les Cours ou autres Juges; & les mêmes honneurs, dignitez, prééminence, franchises & libertez des Commissaires du Chastelet de Paris. Comme aussi le Roy créa dans chacun de ces mêmes Sieges un Office de Greffier des Commissaires, pour écrire sous eux les inventaires; & attribua à ces Greffiers la qualité & les fonctions de Notaires Royaux, Tabellions & Gardenotes.

Par un Edit du mois de Decembre 1635. ce même Prince créa vingt-un Offices de Commissaires au Chastelet de Paris, pour faire, avec les trente-neuf qui estoient en exercice, le nombre de soixante. Cette nouvelle création fut reduite à neuf par Lettres Patentes du mois de Juillet 1638. Ainsi la Compagnie se trouva composée de quarante-huit Charges.

Il y a tant de liaison & un si parfait rapport entre l'ordre public & l'Office des Commissaires, que l'un ne peut recevoir d'atteinte que l'autre n'en souffre les contre-coups. Chacun sçait combien la Police de Paris avoit esté dé-

concertée pendant les guerres civiles, & les calamitez qui en sont les suites ordinaires : l'Office des Commissaires estoit diminué d'estime à proportion : l'usage de les qualifier Conseillers du Roy s'estoit insensiblement perdu, & on leur disputoit tous les jours quelqu'une de leurs autres prérogatives. Le Roy n'eut pas plutost restably le calme dans ses Estats & la paix avec ses voisins, qu'il pensa au restablissement de la Police de Paris, pour servir ensuite d'exemple à toutes les autres Villes du Royaume. Ce grand ouvrage de la profonde sagesse de Sa Majesté fut commencé en 1665. Plusieurs moyens furent employez pour y parvenir. Ils ont esté rapportez ailleurs. Le seul qui nous reste à expliquer icy est celuy qui regarde les Commissaires. Le Roy connoissant combien il estoit important à son service & au bien public de remettre cet Office en consideration, fit expedier de son propre mouvement des Lettres Patentes au mois de Juin 1668. Elles restablissent les Commissaires dans trois de leurs anciennes prérogatives; de se qualifier Conseillers du Roy, suivant l'Edit du mois de May 1583. de parler couverts aux Audiances; & du droit de veterance après vingt années d'exercice. Elles content leur franc-salé, & font passer tous leurs privileges à leurs veuves. Le Roy les honore enfin d'une pension en commun, & en fait esperer de particulieres à ceux qui se distingueront dans leur employ.

Lorsque le Baillage du Palais & toutes les Justices des Seigneurs qui s'exerçoient dans la Ville & Fauxbourgs de Paris furent réunies au Chastelet, & que ce Tribunal fut separé en deux Sieges par l'Edit du mois de Février 1674. le Roy créa dix-neuf Commissaires qu'il incorpora aux anciens, pour servir separément en l'un & en l'autre Siege de la Prevosté de Paris.

Les soins de la Police qui devoient estre conduits avec un même esprit & une parfaite conformité, n'estant pas susceptibles de ce partage dans une même Ville, comme il a esté prouvé ailleurs; le Roy de son propre mouvement réunit l'Office de Lieutenant General de Police de nouvelle création à l'ancien: & par une Déclaration séparée du 23. Avril de la même année 1674. S. M. réduisit les dix-neuf Offices de « Commissaires créez par l'Edit du mois de Fé- « vrier alors dernier, à sept; supprima le surplus; « ordonna que les quarante-huit anciens & les « sept de nouvelle création ne composeroient en- « semble qu'un seul corps, & qu'ils exerceroient « indifféremment leurs fonctions dans toute l'es- « tenduë de la Ville, & dans les Ressorts de l'un « & de l'autre Siege Presidial de la Prevosté & « Vicomté de Paris : & c'est leur estat present. «

A l'égard des Provinces, le Roy ayant esté informé qu'en plusieurs lieux les Offices de Commissaires Enquesteurs & Examinateurs qui avoient esté créez n'avoient pas esté levez; ou qu'estant venus à vaquer, ils estoient tombez en ses revenus casuels; Sa Majesté voulant qu'ils fussent tous remplis, en créa de nouveaux dans les mêmes lieux. Par l'Edit de cette création qui est du mois d'Octobre 1693. le Roy supprime tous les Offices d'Enquesteurs-Commissaires-Examinateurs créez jusqu'à ce jour, qui n'estoient pas remplis, & en crée de nouveaux; sçavoir quatre dans chacun des Présidiaux; deux dans chacun des Baillages & Seneschaussées; & un dans chacun des autres Sieges, & Jurisdictions Royales du Royaume. Leurs fonctions, leurs prérogatives d'entrée, rang & séance aux Audiances

&

& Chambre du Confeil, d'avoir Chambre & Bureaux, & de jouïr des privileges & exemptions dont jouïffent les Confeillers & autres Officiers des mêmes Sieges; y font amplement exprimez. Et le Roy les difpenfe d'eftre Graduez.

Par un autre Edit du mois de Novembre 1699. le Roy créa des Commiffaires de Police dans toutes les principales Villes du Royaume. Sa Majefté leur attribuë par cet Edit les mêmes fonctions de Police que les Commiffaires du Chaftelet exercent à Paris; leur donne le quart des amendes qui feront ajugées pour fait de Police, les exempte de logemens de gens de guerre, de tutelle & curatelle, & leur attribuë d'autres droits, émolumens & gages qui feront reglez en fon Confeil.

Le Roy enfin par un dernier Edit du mois de Mars 1702. fupprima les Offices de Commiffaires des inventaires qui avoient efté créez par l'Edit du mois de May 1623. dans les Refforts des Parlemens de Touloufe, Bordeaux, & Aix. Et par le même Edit Sa Majefté créa des Offices de fes Confeillers Commiffaires aux inventaires dans tous les lieux du Royaume où la Juftice luy appartient, à l'exception de Paris. Sçavoir, quatre dans les Viles où il y a Cour

fuperieure; & dans celles de Lyon, Marfeille, la Rochelle, Poitiers, Angers, Tours, Orleans, Caën, Amiens, Arras, Rheims, & Châalons; deux dans chacune des autres Villes où il y a Préfidial, Baillage, ou Senefchauffée reffortiffant aux Parlemens; & un dans chacune des autres Villes & Bourgs où il y a Jurifdiction Royale ordinaire, pour proceder feuls à l'exclufion de tous autres Officiers, à l'appofition & levée des fceliez, & aux inventaires après les decés, faillites, banqueroutes, & autres cas femblables. Qu'ils auront entrée, rang & féance dans les Baillages & autres Sieges après le dernier des Confeillers lors des referez qui feront par eux faits dans les cas où il fera befoin de l'Ordonnance des Juges: auquel cas ils rapporteront & auront voix deliberative. Pourront toutes perfonnes Graduées, ou non, s'en faire pourvoir. Et par le même Edit le Roy créa des Greffiers en pareil nombre que les Commiffaires, pour écrire fous eux les inventaires.

Voilà jufqu'icy ce qui concerne le titre & le veritable caractere de l'Office des Commiffaires-Examinateurs. Les chapitres fuivans nous apprendront quelles font leurs fonctions, leurs prérogatives & leurs privileges.

CHAPITRE VI.

Fonctions de Police des Commiffaires, concernant la Religion, les Mœurs, les Vivres & la Santé.

IL feroit difficile de rapporter en détail toutes les fonctions des Commiffaires-Examinateurs dans la Police. C'eft principalement en cela, felon la penfée d'un fçavant Jurifconfulte, qu'ils font non feulement les Aides & Coadjuteurs, Adjutores, mais encore les yeux des Magiftrats, oculi Magiftratuum. Ainfi tout ce qui tombe fous la Jurifdiction du Magiftrat de Police, tout ce qui eft foumis à fes décifions & à fon Tribunal, doit eftre l'objet des foins des Commiffaires, la matiere de leur infpection; & ce font eux, aux termes des Réglemens, qui en doivent avoir la premiere connoiffance.

Si nous remontons aux premiers fiecles de la Monarchie, nous les y trouverons dans cette poffeffion. Et en parcourant tous les temps qui ont fuivi, il ne s'y trouve aucun vuide à cet égard.

Les Ordonnances & les Auteurs contemporains de nos premiers Roys nous en fourniffent une infinité d'autoritez. Le détail en feroit trop long. Elles feront feulement rapportées en fubftance.

Ces mêmes Ordonnances de nos premiers Roys ont efté rapportées dans le chapitre 2. p. 185. & les lieux où elles fe trouvent, y font cités en marge; on ne les repete icy, que parce qu'elles y font encore dans leur veritable lieu: qu'elles don-

Ils recevoient en ce temps les Loix & les Ordonnances par les mains des Comtes, qui effoient alors les premiers Magiftrats, pour les faire enfuite entendre & obferver aux Citoyens.

Il eftoit de leur devoir que rien ne fuft entrepris, ny même aucuns difcours tenus contre le fervice du Roy ou le bien public.

Ils donnoient leurs foins à maintenir le bon ordre & la difcipline en toutes chofes: en forte que les gens de mauvaife vie fuffent contenus dans leur devoir, les vagabonds chaffez, les pauvres protegez, & que les gens de bien voculfent en fureté & en paix. Miffus Comitis diftringat ut neglectum non fiat, nec pauperes patiantur

injuriam, nec fint fine lege, fed in omnibus fit difciplina; ut qui rebelles funt, de malis fe abftineant, & qui boni funt, pacem poffideant. Comme cette Ordonnance eft courte, elle a efté rapportée en fon entier. Toutes les autres font de même force.

Ils eftoient pour cela chargez de la recherche de tous les abus, les malverfations & les crimes qui fe commettoient dans le public. Ils faifoient arrefter les coupables, informoient, & faifoient les autres inftructions, pour parvenir à les faire corriger ou punir.

Lorfqu'un malfaiteur eftoit arrefté dans l'action, on le conduifoit devant l'un des Commiffaires pour l'interroger; & il y avoit une peine contre ceux qui faifoient la capture, s'ils manquoient à cette formalité.

La fureté publique leur eftoit fort recommandée. Ils empêchoient le port des armes défenduës, & qu'il n'en fuft tranfporté aux Etrangers fans un ordre exprès dû Roy.

Ils avoient l'infpection fur les Etrangers qui arrivoient dans leurs départemens. Ils en tenoient regiftre, & ne les y fouffroient demeurer qu'un certain temps qui leur eftoit permis par les Loix, après que leurs affaires eftoient finies.

Le Commerce, les Arts & Meftiers eftoient encore confiez à leurs foins, pour y faire obferver l'ordre & la difcipline eftablie par les Ordonnances & les Réglemens.

Ils vifitoient les Marchez; & il eftoit de leur foin d'y procurer l'abondance des vivres & des autres provifions neceffaires à la fubfiftance des Citoyens. Ils empêchoient qu'il ne s'y commift aucune fraude, foit en la qualité ou au prix, foit au poids ou en la mefure. Ils eftoient principalement chargez de fe donner tous ces foins à l'égard des grains, du pain, de la viande & du vin.

C'eftoit

nent plus le jour & plus le pitre; & qui comme elles font fort coutes, la repetition n'a fera pas ennuyeufe.

C'eſtoit enfin à eux de faire entretenir le pavé & le nettoyement des ruës, & de tenir la main que les grands chemins fuſſent reparez.

Tous ces mêmes ſoins ſont encore aujourd'huy de l'Office des Commiſſaires-Examinateurs, ſi l'on en excepte le pavé des ruës & les reparations des grands chemins, qui ont eſté ſeparez du Tribunal de Police depuis un ſiecle, pour former l'Office des Grands-Voyers. Mais pour cette diminution de ſoins, il y en a eu pluſieurs autres d'ajoûtez aux Commiſſaires, ſoit par la conjonĉture des temps, ſoit par les nouvelles Ordonnances, qui ont toujours de plus en plus perfeĉtionné la Police. Il ſeroit difficile de les rapporter tous, ce ſeroit copier par avance les Réglemens qui ſont répandus dans toutes les parties de cet ouvrage. C'eſt-là que le Leĉteur doit avoir recours : il y trouvera dans toutes les parties de la Police diſtribuées ſous differens titres, quelles ſont les fonĉtions des Commiſſaires à cet égard ; elles y ſont expliquées. Ainſi l'on ſe contentera d'en donner icy une notion generale. Et afin que les preuves s'en trouvent plus facilement, l'on a ſuivi le même ordre qui a eſté obſervé dans la diviſion de la Police. Toutes ces fonĉtions y ſont parcouruës, non par une ſimple ſpeculation, mais ſur les aĉtes mêmes qui en establiſſent la preuve. Et comme Paris eſt toujours donné pour exemple à toutes les autres Villes, c'eſt uniquement à la Police de cette Capitale que l'on s'eſt arreſté.

La Religion, qui en eſt la premiere & la principale partie, demande auſſi des ſoins tres-particuliers de la part des Commiſſaires. C'eſt à eux à tenir la main que les Dimanches & les Feſtes ſoient religieuſement obſervez ; de faire ceſſer dans ces jours conſacrez à Dieu, tout commerce & autres œuvres ſerviles. Que les Cabarets & les jeux de paume ſoient fermez. Que les Bateleurs & tous autres ſpeĉtacles publics ceſſent pendant le Service Divin.

S'ils ont avis, ou s'ils découvrent par eux-mêmes quelques notables irreverences dans l'Egliſe, quelques profanations ou quelque trouble du Service Divin avec ſcandale, ils font arreſter le coupable ; commencent contre luy la procedure pour mettre l'inſtruĉtion en eſtat; ou bien ils en donnent ſeulement avis au Magiſtrat, ſelon la nature ou gravité de l'aĉtion, & les autres circonſtances des temps, des lieux & des perſonnes. Ce qui demande beaucoup de prudence & de diſcernement.

Ils tiennent la main que le commerce des viandes ceſſe pendant le Carême ; qu'il n'en ſoit vendu ailleurs que dans les boucheries deſtinées pour les infirmes. Ils viſitent les Hoſtelleries, les Auberges & les Cabarets, pour examiner ſi cette loy d'abſtinence y eſt exaĉtement obſervée.

Ils ont ſoin que les ruës ſoient tenduës de tapiſſeries, & tenuës propres, & qu'il ne s'y paſſe rien contre la ſûreté, la tranquillité & la décence pendant les Proceſſions generales.

Ils doivent faire punir les Blaſphemateurs, les Devins, les Pronoſtiqueurs, les Sorciers & Magiciens. Ils les font arreſter, les interrogent, ou informent ſeulement contr'eux, ſelon l'exigence des cas, ou la qualité des perſonnes : & le Magiſtrat decrete enſuite cette procedure, ainſi qu'il le juge à propos.

Ils ſont chargez de tenir la main à l'execution de tous les Edits, & de tous les Réglemens contre les Heretiques, & pour maintenir la pureté de la Foy.

Tome I.

Ils font la recherche de tous les livres ou libelles imprimez contre la Religion, ou ceux même ſur cette matiere qui ne ſont que ſuſpeĉts, pour avoir eſté imprimez ſans approbation des Doĉteurs, & ſans privilege ou permiſſion. Ils les font ſaiſir ; & aprés que ſur leurs rapports le Magiſtrat en a ordonné la ſuppreſſion, ils les font déchirer & mettre au pilon, c'eſt-à-dire, livrer à un Cartonnier qui les jette en leur preſence dans une cuve d'eau, où il les pile pour en faire du carton.

Pour faire cette découverte & celle des autres mauvais livres, ils viſitent ſouvent les Imprimeries. S'il s'en trouve quelques-uns de cette qualité ſous la preſſe, ils en dreſſent procés verbal, font ſaiſir les formes & les exemplaires ; & en certains cas graves, ou en matiere de frequente recidive, ils ont quelquefois d'office fait empriſonner l'Imprimeur, l'ont interrogé, & ont informé contre luy : mais ordinairement ils en referent d'abord au Magiſtrat, qui ordonne, ſur leur procés verbal, la procedure extraordinaire, ou renvoye à l'Audiance, ſelon que la matiere s'y trouve diſpoſée.

S'ils découvrent les Auteurs de ces mauvais livres, ils en referent au Magiſtrat. Et à l'égard des diſtributeurs, comme ce ſont ordinairement gens viles & dont l'évaſion eſt à craindre, ils les font arreſter, les interrogent & informent contr'eux.

Tant que la Religion Proteſtante a eſté tolerée en France, les Commiſſaires ont eu l'inſpeĉtion ſur les gens qui en faiſoient profeſſion, pour les obliger de ſe contenir dans les termes des Edits.

Lors qu'il plut au Roy d'ordonner par ſa Déclaration du 19. Novembre 1680. que les Baillis, Seneſchaux, & autres premiers Juges des lieux ſe tranſporteroient, aſſiſtez des Procureurs de Sa Majeſté ou Fiſcaux, chez les gens de la R. P. R. malades en danger de mourir, pour recevoir leur déclaration ; & qu'en cas qu'ils vouluſſent ſe faire inſtruire, ils y feroient venir ſans delay les Eccleſiaſtiques ou autres que les malades demanderoient ou deſireroient d'avoir : cette commiſſion fut donnée à Paris aux Commiſſaires du Chaſtelet chacun en ſon quartier.

Aprés que les places pour les Catholiques qui deſiroient aſſiſter aux Prêches de la R. P. R. furent marquées par le Magiſtrat de Police dans le Temple de Charenton, en execution de la Déclaration du Roy du 22. May 1683. l'un des Commiſſaires du Chaſtelet ſe tranſporta dans les autres Temples de la Prevoſté de Paris, où il exerça cette même fonĉtion.

Le Roy par ſa Déclaration du mois d'Aouſt 1685. fit défenſes à toutes perſonnes d'imprimer, vendre ou debiter d'autres livres touchant la R. P. R. que leur Profeſſion de Foy, les prieres & les regles ordinaires de leur diſcipline; & ordonna la ſuppreſſion de tous les livres qui avoient eſté faits contre la Religion Catholique. Deux des Commiſſaires du Chaſtelet eurent la commiſſion de faire cette recherche & cette ſuppreſſion, tant à Paris qu'à Charenton.

L'Edit de Nantes, & les autres Edits de tolerance marquez par celuy du mois d'Oĉtobre 1685. eſtant revoquez, trois Commiſſaires du Chaſtelet, en execution du premier article de cet Edit, firent démolir le Temple de Charenton.

Les premiers ſoins de faire executer les autres diſpoſitions de cet Edit & celles des Déclarations qui l'ont ſuivi, & des Arreſts rendus en conſequence, ſont encore du devoir & de l'o-

C c   bligation

bligation des Commiſſaires.

Ainſi c'eſt à eux depuis ce temps de veiller, chacun en ſon quartier, qu'il ne s'y faſſe d'aſſemblée pour y faire quelque exercice de la R. P. R. que des Miniſtres rentrez dans le Royaume ne s'y retirent. Que les enfans qui naiſſent ſoient portez à l'Egliſe pour eſtre baptiſez. Qu'ils ſoient enſuite élevez & inſtruits dans la Religion Catholique. Qu'aucun ne ſorte du Royaume ſans permiſſion par écrit du Roy. Et enfin que ceux qui reviennent des pays étrangers faſſent une déclaration de leur retour.

La diſcipline des mœurs, qui eſt le ſecond objet de la Police, ſelon noſtre diviſion, fait encore partie de l'Office des Commiſſaires. Cela comprend tous les Edits & Réglemens contre le luxe, les ſpectacles publics ſans permiſſion, ou ceux qui abuſent de celles qui leur ſont données; les chanſons ou libelles diſſolus, ou en quelque autre maniere contre les bonnes mœurs; les jeux illicites, les lieux de débauche & de proſtitution. Leurs fonctions conſiſtent ſur cela à viſiter leurs quartiers, & quelquefois les quartiers les uns des autres, ſelon qu'ils s'y diſtribuent en leur Chambre, recevoir des plaintes, des avis ou dénonciations; dreſſer des procés verbaux; donner leurs Ordonnances; faire aſſigner, ſouvent même à l'égard des lieux de débauche, faire empriſonner; & enſuite rapporter les contraventions aux Audiances de Police, pour y eſtre pourvû par le Magiſtrat. Il y avoit autrefois des Ordonnances qui regloient les feſtins pour en retrancher le luxe & l'intemperance. D'autres, qui défendoient aux domiciliez de frequenter les cabarets, & aux Cabaretiers de les y ſouffrir: mais elles ne ſont plus d'uſage.

A l'égard des vivres, tout conſiſte en ces deux points; en procurer l'abondance,& maintenir la bonne foy dans ceux qui en ſont le commerce: car delà il s'enſuivra toujours qu'ils ſeront à juſte prix & de bonne qualité. Ainſi, pour ce premier point les Commiſſaires doivent veiller qu'il ne s'en faſſe des magaſins exceſſifs; qu'ils ſoient amenez immediatement aux marchez, ſans eſtre déchargez, marchandez, ou vendus ſur les chemins, ny ailleurs; empêcher les regrats, les arremens, les ſocietez illicites, & les monopoles, les enlevemens ou reſſerrage des marchandiſes, qui ſont expoſées dans les marchez, & qui doivent y eſtre venduës, ou le même jour, ou dans certains termes preſcrits par les Réglemens, & les augmentations de prix du matin à l'aprés midy. A l'égard du ſecond point, il eſt de leurs ſoins de faire punir le debit des vivres corrompus, alterez, falſifiez; les faux poids & les fauſſes meſures. Tout cela demande beaucoup d'attention, pour avoir avis des fautes ou des malverſations; beaucoup d'aſſiduité dans les marchez; de frequentes viſites chez les Boulangers, les Cabaretiers, & les autres gens qui debitent les vivres; une grande exactitude à peſer le pain, & à examiner ſi les poids qui ſervent au commerce ſont juſtes, & ſi les meſures ſont étalonnées; renouveller tous ces ſoins avec encore plus d'exactitude & plus d'aſſiduité dans les temps de diſette; y en ajoûte de nouveaux qui ſont preſcrits par les Réglemens. Il eſt de leur devoir, par exemple, dans ces temps de calamité, outre les ſoins ordinaires, de faire la recherche des prévarications que les Uſuriers mettent en uſage, pour profiter des beſoins publics; informer contre les coupables, ſi c'eſt des grains dont il y a diſette; fai-

re ouvrir les greniers & magaſins, & ſaiſir ce qui s'y trouve reſſerré & en reſerve; ſe tranſporter ſur les lieux, & même dans les Provinces éloignées, lors qu'ils en ont la commiſſion; faire toutes les recherches, perquiſitions, ouvertures de greniers & magaſins, procés verbaux & informations neceſſaires: les preuves établies, en referer promptement au Magiſtrat, pour y eſtre par luy pourvû; tenir enſuite la main à l'execution de ſes Sentences & Ordonnances; faire diſtribuer aux pauvres les grains qui leur ſont confiſquez; faire porter les autres aux marchez, & en faire voiturer à Paris autant qu'il eſt poſſible, & qu'il s'en peut tirer des lieux, ſans préjudicier à leurs proviſions neceſſaires juſqu'à la moiſſon.

Aprés la Religion, les mœurs, & les vivres, viennent les ſoins de la ſanté publique. Il y en a de deux ſortes; les uns, de ſimple précaution, qui ſont de tous les tems; & les autres de remede, qui ne ſont mis en uſage, que quand les maux ſont arrivez. La ſalubrité de l'air, la pureté de l'eau, la bonté des alimens & des remedes, ſont les objets immediats de tous ces ſoins. De-là viennent les Ordonnances & les Réglemens pour le nettoyement des ruës, l'écoulement des inondations par les cloaques, & les décharges. La propreté interieure des maiſons, l'obligation d'y avoir des latrines, & d'empêcher que les eaux ne ſe corrompent ſoit dans les puits,faute de les curer,ou de s'en ſervir, ſoit dans les caves, lors qu'elles les rempliſſent par les inondations, & qu'elles y ſont un trop long ſejour. Les défenſes aux Porteurs d'eau de puiſer pendant les chaleurs, dans des endroits de la riviere où il ſe fait des ateriſſemens, & où l'eau croupit; & en tout tems, de puiſer au deſſous des bateaux où l'on lave la leſſive, ceux où les Teinturiers dégorgent leurs teintures, & autres lieux ſales & infectez de quelques autres ordures. C'eſt encore ſur ce motif que ſont fondez les Réglemens qui ordonnent que les Tanneurs, les fours à cuire les poteries de terre, les Teinturiers, & les tueries des beſtiaux, ſeront éloignez du milieu des Villes. Qu'à Paris, où l'on n'a pas pû, à cauſe de la grandeur de la Ville, faire executer ces deux derniers articles, il eſt du moins enjoint aux gens de ces profeſſions, de tenir leurs lieux nets, & ſur tout aux Bouchers, d'envoyer tous les jours hors la Ville, le ſang & les immondices de leurs abatis. Il eſt enfin défendu, par cette même raiſon, de nourrir dans la Ville & Fauxbourgs de Paris, des porcs, des lapins, des cannes,des oiſons, ou d'autres animaux, qui cauſent des putrefactions.

Quant aux alimens, les mêmes Ordonnances défendent aux Bouchers de vendre les viandes de leurs boucheries, le même jour que les beſtiaux ont eſté tuez, celle des beſtiaux morts de maladie, ou étouffez. Les mêmes défenſes ſont faites aux Chaircuitiers, & de vendre les chairs d'aucun porc ladre. Il eſt défendu aux Cabaretiers de mettre de la colle de poiſſon, ou d'autres falſifications dans les vins qu'ils débitent. Aux Boulangers de ſe ſervir dans leur pain, de levûre de biere trop vieille ou relante. Et à tous ceux qui ſe mêlent du commerce des vivres, d'en vendre de corrompus ou falſifiez. L'uſage des melons eſt défendu tous les ans au commencement de l'Automne, & celuy des raiſins en certaines années, quand par l'avis des Medecins il eſt eſtimé dangereux. L'on prend auſſi la précaution à l'égard des remedes, de ne ſouffrir perſonne profeſſer la Medecine, la Chirurgie,

la

la Pharmacie, la Chymie, ou de diſtribuer des remedes, ſous quelque autre titre que ce ſoit, ſans avoir les qualitez requiſes, ou une appro-bation de la Faculté de Medecine.

Il y a d'autres précautions beaucoup plus im-portantes, mais graces à Dieu beaucoup plus rares ; ce ſont celles qui ſont eſtablies contre les maladies contagieuſes. Il y en avoit autrefois de deux ſortes : la lepre, & la peſte : l'on em-pêchoit les Lepreux d'entrer dans les Villes ; il leur eſtoit enjoint de ſe retirer dans les Mala-deries : ces précautions ſont à preſent inutiles, cette maladie n'eſt plus connuë. A l'égard de la peſte, que l'on nomme auſſi contagion, ou ma-ladie contagieuſe ; lorſque quelques Provinces, Villes, ou autres lieux voiſins en ſont affligez, l'on commence par l'interdiction de tout com-merce avec leurs Habitans : viennent enſuite les Réglemens pour eſtablir les quarantaines, les repreſentations de billets de ſanté, l'eſtabliſ-ſement des évents ſur les routes ſuſpectes, l'eſtat des marchandiſes qui peuvent eſtre apportées, aprés avoir paſſé à l'évent, la ſurſéance des Foires, les précautions pour recevoir les let-tres des lieux infectez, à l'effet d'apprendre les differens progrez, ou diminution de la ma-ladie ; que ces lettres ſeront apportées à deux lieuës de la Ville, & laiſſées en pleine Campa-gne ; qu'au ſon d'une trompette, ou d'un tam-bour, deux hommes de la Ville voiſine les iront prendre avec un croc de fer, au bout d'une perche, les feront paſſer pardeſſus le feu de pou-dre à canon avant de les toucher. Il eſt encore de l'Office des Commiſſaires de tenir la main, que toutes ces précautions ſoient exactement obſervées. En ſemblables occaſions, à l'égard de Paris, des Commiſſaires au Chaſtelet ont eſté commis, & ont eſté chargez des ordres du Roy, pour eſtablir des évents ſur les routes des Villes infectées, & y demeurer pour faire executer les Réglemens, dreſſer des procez verbaux, & donner leurs certificats des marchandiſes qui avoient paſſé par les évents.

La Ville de Paris, graces à Dieu, & par l'exac-te obſervation de toutes ces précautions, a eſté exempte de maladie contagieuſe depuis prés d'un ſiecle. Ainſi, pour expliquer ce qui doit eſtre obſervé dans tous ces tems de la plus affligeante de toutes les calamitez, nous ſommes réduits dans cette heureuſe neceſſité, d'en rechercher les preuves dans les Réglemens des ſiecles paſſez. Voicy le ſommaire de ce qu'ils nous en appren-nent. Auſſi-toſt que la maladie contagieuſe pa-roiſt, les Quarteniers, les Medecins, les Chi-rurgiens, & les Apotiquaires, ſont obligez d'en donner avis aux Commiſſaires des Quartiers, pour y pourvoir. Les Commiſſaires font fermer les maiſons, & les marquer d'une croix blanche à l'une des feneſtres, & une pareille croix blanche à la principale porte. Si la maiſon en-tiere eſt occupée par la ſeule famille du malade, il peut s'y faire penſer ; ſinon, le Commiſſaire le fait tranſporter la nuit, à l'Hôpital deſtiné pour cette maladie. Les pauvres qui en ſont frappez, y ſont auſſi tranſportez. Les croix doi-vent demeurer deux mois ſur leurs maiſons : elles ſont fermées pendant tout ce tems. L'on pour-voit à la nourriture de ceux qui y logent ; ou bien ils ſont conduits la nuit, & renfermez en quelques lieux hors la Ville, pour y faire leur quarantaine. Le Magiſtrat de Police nomme & reçoit un certain nombre de Prevoſts de la ſanté, trois Aides, & un certain nombre d'Ar-chers à chaque Prevoſt. Ce ſont ces Officiers

qui ont ſoin de marquer les maiſons, & d'exe-cuter tout ce qui leur eſt ordonné à cette occa-ſion par le Magiſtrat de Police, ou par les Com-miſſaires. Ils ſont diſtribuez par Quartiers, & doivent aller tous les jours le matin & le ſoir, chez les Commiſſaires de leurs Quartiers pour recevoir leurs ordres. La Faculté de Medecine nomme de ſes Docteurs ; les Chirurgiens & les Apotiquaires, de leurs Maiſtres, le nombre qui leur eſt preſcrit par le Magiſtrat de Police, pour viſiter & penſer les malades de contagion. Ces Medecins, Chirurgiens & Apotiquaires ne viſitent & ne penſent aucun malade d'autres maladies pen-dant ce tems. Les Boutiques des Chirurgiens & Apotiquaires ſont même fermées, juſqu'à ce que le Magiſtrat leur ait permis de retourner à leurs fonc-tions ordinaires. Un certain nombre de Compa-gnons Chirurgiens jugez aſſez habiles ſont auſſi nommez, & gagnent par ce moyen la Maiſtriſe. Les Prevoſts ne doivent point entrer où ſont les malades, ny frequenter ceux qui ont eſté, mais doivent y envoyer leurs Aides & Archers. Ces Aides & Archers ne doivent jamais paroiſtre en public ſans leurs caſaques, qui ſont noires, avec une croix blanche. Le Curé de chaque Par-roiſſe nomme un Preſtre & un Clerc, pour por-ter le ſaint Sacrement aux malades : ils s'abſtien-nent pendant ce temps d'aller chez d'autres per-ſonnes. Le Commiſſaire du Quartier avec deux Marguilliers de chacune des Parroiſſes, nomment des gens pour enlever, & un Foſſoyeur pour in-humer les corps morts de la maladie contagieuſe. Ces inhumations ne ſont faites que pendant la nuit : une torche allumée eſt portée de-vant le corps, afin qu'on s'en détourne. Il eſt défendu aux Jurez Crieurs de mettre aucune tenture devant les maiſons, ou dans les Egliſes, pour quelque perſonne que ce ſoit, & de quel-que maladie qu'elle ſoit decedée. Ces mêmes perſonnes nommées par les Commiſſaires & les Marguilliers, nettoyent les maiſons des decedez, y allument des feux, tiennent les feneſtres ou-vertes, ferment les portes, & y mettent des croix qui doivent y demeurer pendant deux mois : L'on fait des feux dans les ruës ſoir & matin : Tous chefs de familles ſont tenus d'en fournir le bois deux fois la ſemaine. Il eſt défendu de laiſſer ſortir des chiens dans les ruës : les Pre-voſts de la Santé ; leurs Aides & Archers les ſont tuer. Il eſt défendu aux Fripiers, Tailleurs, & à tous autres Marchands & Artiſans, de faire aucune vente ou achat de lits, couvertures, meu-bles, ou hardes ſuſceptibles de mauvais air, ou d'en mettre en eſtalage à leurs boutiques. Il eſt défendu de déloger des maiſons, & d'en tranſ-porter les meubles, que dans les termes preſcrits par le Magiſtrat de Police. Il eſt auſſi défendu à tous Huiſſiers & Sergens, de faire aucune vente ſoit en place publique, ou en maiſon ſeulement, de hardes ou meubles, ſans permiſſion du Ma-giſtrat, accordée ſur le certificat du Commiſſaire du Quartier. Il eſt défendu aux Colporteurs de colporter & vendre des hardes par la Ville. Il eſt auſſi défendu aux Boulangers de gros pain, d'en vendre qui ne ſoit fait du jour precedent. Tous les vagabonds, femmes de mauvaiſe vie, & mendians valides ſont chaſſez de la Ville : les autres pauvres ſont renfermez. Les cottiſations pour les pauvres ſont augmentées : il eſt ordon-né aux Commiſſaires de tenir la main qu'elles ſoient payées. Tous les ſoins pour entretenir la Ville propre & nette de toutes immondices, ſont renouvellez & augmentez. Les Tanneurs, les Corroyeurs, les Megiſſiers, les Teinturiers, les tueries de beftiaux, les lavages de tripes, les trempis de moruës font éloignez du milieu des Villes. Il eft défendu de bruler des paillaffes dans les ruës, foit de jour, foit de nuit; de jetter aucune chofe par les feneftres, d'y eftendre des draps, linges ou habits, de jeter aucun fang dans les ruës, ny dans la riviere, mais le porter hors la Ville. Enjoint même aux Maréchaux de faigner les chevaux dans des vaiffeaux, & d'en porter le fang aux voiries. Il leur eft défendu pendant ce tems de fe fervir de charbon de terre. Les défenfes de nourrir des porcs, la-pins, ou volailles dans la Ville, font reïterées. Il eft défendu de vuider les latrines fans une preffante neceffité, & fans permiffion de Juftice. Il eft défendu aux Convalefcens de fortir de leurs maifons qu'aprés quarante jours certifiez, par le Commiffaire du Quartier. Il leur eft enjoint de faire faire auparavant des feux dans toutes les Chambres, & les cours de leurs maifons. Les gardes qui auront gardé les malades, feront obligez d'obferver cette même quarantaine, avant que de garder d'autres malades, ou de frequenter aucune perfonne.

CHAPITRE VII.

Fonctions de Police des Commiffaires concernant la feureté publique, la Vo irie, les Sciences & les Arts Liberaux, le Commerce, les Arts Mécaniques, les Serviteurs Domeftiques, & les Pauvres. Suite du Chapitre precedent.

LE Public peut eftre troublé par des injures, par des accidens, ou par des crimes, de nuit, ou de jour, en pleine paix, ou en tems de guerre; les loix de Police ont pourvû à fa feureté dans toutes ces circonftances.

Telles font, par exemple, à l'égard des injures, les défenfes des libelles diffamatoires, les injonctions faites aux Citoyens de vivre en paix, & les défenfes de s'injurier les uns les autres.

Quant aux fimples accidens, les défenfes de fouffrir dans les ruës les porcs, ou autres beftes qui peuvent bleffer les paffans; aux Charetiers & aux Meufniers de faire courir leurs chevaux ou mulets; les injonctions aux Charetiers de conduire à pied leurs harnois; les défenfes de mener à l'abbreuvoir plus de deux chevaux à la fois, l'un de monture, & l'autre à la main. Les défenfes de tenir les puits qui font dans les ruës découverts, les trapes des caves ouvertes. Les défenfes de tirer de l'arc, de joüer au mail, à la paume, croffer, ou faire quelque autre exercice dangereux dans les ruës, places publiques, ou autres lieux frequentez & paffans. Les défenfes de tirer des fufées, ou des petards, & de les expofer en vente. Les défenfes de tirer des armes à feu dans les ruës, ou fur les rivieres qui paffent dans les Villes. Les injonctions de faire ceffer les perils imminens des édifices. Celles qui font faites aux Couvreurs, Maçons, & autres ouvriers qui travaillent fur les maifons, & autres baftimens, d'y mettre l'enfeigne ordinaire de deux lates en croix au bout d'une corde, pour avertir de s'en détourner.

A l'égard des crimes, il y a efté pourvû par les défenfes du port d'armes, les Regiftres des Chambres garnies, l'obligation aux Aubergiftes d'avertir tous les jours les Commiffaires des gens qui arrivent chez eux, & de leur reprefenter tous les mois leurs Regiftres pour eftre vifez, les défenfes des Tabagies, des Academies de jeu; & des lieux de débauche; la recherche des vagabonds & gens fans aveu de l'un & de l'autre fexe, pour les enfermer dans les Hôpitaux, ou Maifons de Force, ou les chaffer de la Ville. Les défenfes aux Laquais de porter l'épée, ny même des cannes ou baftons; à toutes perfonnes d'avoir des piftolets de poche ou des bayonetes. L'inter-diction de la mendicité. Les injonctions aux Orfevres, Potiers d'eftain, Plombiers, Fripiers, & quelques autres proffefions, d'avoir des livres pour écrire leurs achats. Les défenfes d'acheter de gens inconnus ou fufpeds. Des affemblées des Revendereffes publiques, des joüeurs de merelles, tourniquets, & autres femblables attroupemens défendus. Les défenfes aux Soldats de fe traveftir fous d'autres habits que celuy d'Ordonnance, fi ce n'eft pour exercer quelque meftier, ou profeffion dans la Ville; auquel cas il leur eft défendu de porter l'épée, pendant tout le tems qu'ils n'auront point l'habit de Soldat. Les défenfes aux Mafques pendant le Carnaval, de porter des armes. L'injonction aux Cabaretiers, Limonadiers & Paumiers chez lefquels il arrive quelque querele ou violence, d'en avertir à l'inftant le Commiffaire du Quartier. Pareille injonction faite aux Chirurgiens, d'avertir les Commiffaires des bleffez qu'ils auront panfé. L'obligation des Quarteniers, Cinquanteniers, Dizainiers & Bourgeois, des auffitoft qu'un crime a efté commis, & qu'il eft venu à leur connoiffance, d'en avertir le Commiffaire du Quartier; & de fe joindre à luy s'il en eft befoin, pour y pourvoir. De-là vient auffi la diftribution des Huiffiers de Police, dans les Barrieres, ou Corps-de-garde, & auprés des Commiffaires, pour les accompagner dans leurs vifites, & pour executer leurs ordres. L'obligation de ces Officiers d'avertir auffi le Commiffaire auprés duquel ils font diftribuez, de toutes les fautes qui viennent à leur connoiffance. L'affiduité des Commiffaires dans leurs Quartiers, les vifites frequentes qu'ils y doivent faire; l'obligation où ils font dés qu'un crime eft venu à leur connoiffance, d'en informer inceffamment fans attendre qu'il y ait partie, de faire arrefter les coupables, fi faire fe peut, les interroger, les envoyer prifonniers par leurs Huiffiers, & faire toutes les recherches & les perquifitions neceffaires pour la découverte, & l'eftabliffement de la verité.

Pour la feureté de la nuit, outre l'eftabliffement du Guet, & celuy des lanternes & lumieres publiques; il y a les défenfes aux Cabaretiers & Limonadiers de retenir perfonne chez eux aprés huit heures du foir en Hyver, & dix heu-

res

res en Efté. L'obligation aux Bourgeois aprés ces mêmes heures , de tenir les portes de leurs maifons fermées à la clef & aux verroüils, fans y avoir des loquets par lefquels elles puiffent eftre ouvertes en dehors. L'injonction aux Soldats de fe retirer dans leurs Quartiers, & défenfe d'en fortier aprés la retraite batuë, s'ils n'ont ordre par écrit de leur Capitaine. Les défenfes à toutes perfonnes du port d'armes pendant la nuit.

En tems de guerre , tous ces mêmes foins, & ces mêmes précautions font mis en ufage avec encore plus d'attention & plus d'exactitude : l'on renouvelle fur tout, & l'on s'applique plus qu'en aucun autre temps à la Police des Auberges & des Chambres garnies. L'on y ajoufte les défenfes des libeles , placards & difcours feditieux, les affemblées & attroupemens, même fous prétexte de nôces ou feftins, fans la permiffion du Magiftrat de Police : les défenfes d'aller en mafque & le vifage couvert. Les défenfes aux Bourgeois & Habitans des Villes, de retirer ou loger chez eux aucunes perfonnes, fans le déclarer le même jour au Commiffaire de leur Quartier. Que les Principaux de Colleges ne logeront chez eux que les Ecoliers ou leurs gens , & qu'ils en donneront les noms aux Commiffaires des Quartiers. Les Réglemens pour fe pourvoir de vivres, & l'ordre qui doit eftre obfervé pour les diftribuer & ménager lors qu'il y en a faute.

Tous ces foins font tellement de l'Office des Commiffaires, que l'on s'en prend , pour ainfi dire, à eux, lorfque le Public ne jouït pas d'une parfaite tranquillité ; & le plus promt remede qu'on y apporte, eft toujours d'exciter leur vigilance : en voicy quelques exemples.

En 1473. Paris fe trouva inondé de crimes : le Parlement manda les feize Examinateurs du Roy au Chaftelet le dix-feptiéme Juillet : & aprés narration faite avec eux , (ce font les termes de l'Arreft,) de tous les maux qui arrivoient à Paris ; la Cour leur enjoignit par le ferment qu'ils doivent au Roy , de vaquer en toute
» diligence chacun en fon Quartier, à informer
» des crimes qui s'y commettoient ; qu'ils fiffent
» prendre & conduire prifonniers les coupables,
» & qu'ils enjoigniffent aux Quarteniers & Cin-
» quanteniers,de les accompagner & d'executer ce
» qu'ils leur commanderoient.

Le Lundy neuviéme Juillet 1515. il y eut une affemblée generale de Police au Chaftelet, pour remedier aux larcins, pilleries, meurtres, blafphêmes, & autres crimes infinis qui arrivoient tous les jours à Paris. Le refultat de cette Affem-
» blée, fut qu'attendu qu'aux feize Commiffaires
» appartient la premiere intendance des fautes,
» crimes & abus qui fe commettent en leurs
» Quartiers, ils feront tenus d'y aller demeurer,
» pour y pourvoir avec plus de diligence. Qu'ils
» auront chacun dix Sergens pour leur obéïr ;
» & que lorfque l'un des Commiffaires fortira
» de Paris, il donnera la charge de fon Quartier
» à l'un de fes Confreres. Ce refultat fut enfuite homologué par Arreft du Parlement, le quatorze du même mois de Juillet.

Le cinquiéme Juillet 1560. Monfieur le Chancelier vint au Parlement : il dit entre autres
» chofes ; Qu'il avoit ordre du Roy de reprefen-
» ter à la Cour , que Sa Majefté eftoit tres-me-
» contente de la Police de Paris: Que les de-
» fordres y augmentoient tous les jours , parce
» que les Commiffaires des Quartiers eftoient
» corrompus; que fi ces Officiers faifoient bien
» leur devoir, cela n'arriveroit pas ; exhorta la
» Cour d'y pourvoir. Monfieur le Premier Pre-

fident Lemaiftre excufa les Commiffaires, dit «
qu'ils faifoient leur devoir, mais qu'ils n'é- «
toient pas obéïs, qu'on avoit diminué le nom- «
bre de leurs Sergens , qu'ils avoient fouf- «
fert plufieurs rebellions ; & que Monfieur le «
Procureur General eftoit chargé de leurs pro- «
cez verbaux & de leurs informations , pour «
les porter au Roy. Neanmoins le fix Aouft la «
Cour rendit un Arreft , par lequel elle diftribua «
deux de Meffieurs les Prefidens & Confeillers en «
chacun des feize Quartiers de la Ville, pour y au- «
torifer davantage les Commiffaires, & y reftablir
la tranquillité publique.

Mais fans avoir befoin d'autres preuves, la feule experience de ce qui fe paffe tous les jours fous nos yeux, nous découvre affez quels font à cet egard les devoirs que les Commiffaires ont à remplir; que rien ne fe paffe qui puiffe troubler la tranquillité publique , qui ne foit de leur competence. Si une injure arrive , fi une injure eft proferée , une violence , un vol , un larcin, un homicide , un meurtre, un facrilege; enfin que quelques fautes ou quelques crimes foient commis; la premiere penfée qui tombe dans l'efprit, & le premier remede qu'on met en ufage , c'eft d'avoir recours à un Commiffaire. Que cela vient à leur connoiffance, ou par les plaintes des parties intereffées , ou par les avis des Officiers qui font chargez de faire ces découvertes, ou par les dénonciations de perfonnes zelées. Que les differens même qui naiffent dans les familles entre les perfonnes les plus proches; ceux qui arrivent entre les voifins , ou gens de même profeffion, font encore portez tous les jours devant eux, & qu'ils en font les premiers Juges pour les inftructions, ou le plus fouvent les pacificateurs.

Ce n'eft pas feulement de jour, mais encore à toutes les heures de la nuit, que les Commif- «
faires doivent eftre prefts d'agir, lorfque le Pu- «
blic a befoin de leur fecours. Il eft enjoint par «
les Réglemens du Guet de nuit, que lors qu'ils arrefteront des perfonnes char- «
gées de meurtres, de vols, ou d'autres crimes, ils «
en avertiront à l'inftant le Commiffaire, dans le «
Quartier duquel les crimes auront efté commis. «
Il leur eft ordonné de conduire fur le champ, «
fi l'on peut le faire avec feureté, en la maifon «
du Commiffaire les accufez, pour les interroger, «
s'il le trouve à propos, & les témoins pour les «
entendre, & pour faire les autres procedures qu'il «
jugera neceffaires pour affeurer les preuves.Il eft «
encore enjoint à ces mêmes Officiers du Guet, «
lors qu'ils verront quelque incendie, d'en aver- «
tir les Commiffaires , & de demeurer auprés «
d'eux en nombre fuffifant, pour faire executer ce «
qu'ils eftimeront à propos d'ordonner,tant pour «
l'extinction du feu, que pour toutes les autres «
chofes qu'ils jugeront neceffaires.   «

Ainfi l'on peut dire des Commiffaires, avec beaucoup de raifon , ce qu'on difoit autrefois à Rome des Tribuns du Peuple; que leurs maifons doivent eftre ouvertes jour & nuit,comme un port & un refuge affeuré à tous ceux qui font en quelque peril, ou qui ont befoin de quelque fecours. *Moribus Romanorum conftitutum fuit , ut ne domus Tribunorum noctu clauderentur , fed interdiù noctuque indigenti cuiquam, eôrum auxilio paterent quafi portus quidam & refugium periclitantium.* Auffi a-t-on toujours fait le même jugement à Rome & à Paris, de la prefence & de l'affiduité de ces Officiers , dans les lieux qui font confiez à leurs foins. Les Romains eftimoient celle de leurs Tribuns fi neceffaire à leur Ville, qu'il ne leur eftoit pas permis de s'en abfenter un feul jour. *Tribuno Plebis*

Plutarch. in problemat.
Macrob. 1.Saturnal.
Vinnius in L. 1.ff. de origin. Juris & Magiftratuum.
§. 10. iifdem temporibus.
Aul. Gel. l. 3. c. 1.
Dio. l. 37.

Aul Gel.an-
nal. l. 3.c.1.

François I.
27.Fevr.1539.
Arrest du Par-
lement pour
la Police de
Paris, du 11.
Juillet 1515.
22. Dec.1541.
30.Mar.1544.
20.Juil. 1546.
11.Oct.1551.&
22. Fev.1634.

Polyb. l. 4.

Pluta.in Fab.
Max.
Liv. l.5. l.3. c.
2.
Aul.Gel.l.14.
Artium Mag.
Va'er. Maxi.
l.1. c.1.
Cicer. l. 3. de
Legib.
Novel.Major.
Tacit. l. 3.
L. Si quis De-
curio. C. de
Decurionib.
L. 15. Illud &
tiam ff.de Off.
Præsid.
Cæsar.d. b:ll.
Gallic. c. 6.

·Philippes le
Long, Fevrier
1310.
Philip. de Va-
lois en 1144.
Charles VI.
aux mois
d'Oct. 1446.
& d'Av. 1453.
Charles VIII.
en Juil. 493.
Louis XII. en
Mars 1498 en
Nov 1507,&le
21. Oct. 1508.
François I.en
Octob 1535.en
Fevr & en
Aoust 1529 &
Henry III. au
mois de De-
cembre 1579.

Plebis nullum diem Româ abeffe licebat. Nos Roys, & le Parlement ont fait le même jugement de celle des Commiffaires à Paris. Les Ordonnances & les Arrefts leur défendent de fortir de la Ville, fans laiffer à leurs Collegues les foins de leurs Quartiers ou départemens pendant leur absence. Ainfi, s'ils ont plus de liberté que les Tribuns n'avoient à Rome, c'eft qu'ils font plufieurs qui peuvent fe representer, & fuppléer la prefence des uns des autres.

Cette obligation d'une refidence affiduë & rigoureuse,a toujours efté la marque de la dignité, auffi-bien que de l'utilité des Offices publics. Il eftoit défendu aux Magiftrats d'Athenes, fous la peine d'une amende preferite par les Loix, de s'abfenter de la Ville un jour entier. Les Confuls ne pouvoient s'éloigner de Rome, fi cela n'eftoit jugé à propos pour quelque occafion importante, & par une deliberation expreffe en forme de Loy. Le Souverain Pontife, & les Tribuns du Peuple n'avoient pas la liberté de coucher une feule nuit hors de la Ville. Augufte défendit aux Senateurs de s'en éloigner plus d'un jour fans fa permiffion. Les Prefidens des Provinces ne pouvoient en fortir, fi ce n'eftoit pour accomplir un vœu, & à condition d'y revenir coucher le même jour. Les Défenfeurs des Citez, qui eftoient chargez des premiers foins de la Police dans les principales Villes eftoient obligez à la même affiduité. Les Gaulois avant même que d'eftre foûmis aux Romains, eftabliffant un fouverain Magiftrat dans chacune de leurs Villes Metropolitaines, ou Chefs des Citez, l'engageoient en même à fe foûmettre au tems de fa s'en point éloigner pendant tout le tems de fa Magiftrature. Cette importante difcipline a toujours efté obfervée en France avec la même exactitude. Les Ordonnances de nos Roys l'ont prefcrite aux Magiftrats ; & les Commiffaires Examinateurs y font compris, comme il vient d'eftre obfervé.

La Police de la Voirie, qui vient enfuite de la feureté publique, demande des Commiffaires deux fortes de foins : les uns, qui regardent les baftimens ou édifices ; & les autres, qui ont pour objet les ruës & les places publiques. Pour les baftimens, tout fe reduit à faire ceffer les perils imminens des anciens, & empêcher les mauvaifes conftructions des nouveaux, lors qu'elles viennent à leur connoiffance. Ils doivent fur tout à l'égard de ceux-cy faire prendre toutes les précautions neceffaires contre les accidens du feu : ils font aidez en cela par les Jurez Maçons, & les Jurez Charpentiers.

Quant aux ruës, il eft du foin des Commiffaires d'entretenir la propreté, la commodité & la feureté. Ainfi, ils doivent faire executer les Réglemens pour le netoyement par les Bourgeois, l'enlevement des ordures & immondices par les Entrepreneurs des Quartiers, des matieres fecales par les Vuidangeurs, des gravois par les Maçons, du fang & des autres ordures des abatis par les Bouchers ; empêcher qu'il y foit rien apporté ou jetté fur les Bourgeois ; en faire retirer toutes les faillies, auvens, eftalages, & enfeignes des boutiques, maifons ou échopes au-delà de la mefure preferite par les Réglemens ; les bois des Chartons, Sculpteurs & Charpentiers, les pierres des baftimens en trop grande quantité. En un mot, tout ce qui avance trop fur les ruës, qui en occupe le paffage, & tout ce qui peut nuire à la liberté ou commodité de la voye publique. Autrefois le Prevoft de Paris connoiffoit feul du pavé de Paris. En ce tems les

Bann. vol.1.
f. 146. & vol.
7. f. 221.

Commiffaires avoient le foin qu'il fuft entretenu. Depuis 1609. que le Roy a bien voulu que la dépenfe de l'entretien du pavé fuft prife fur les Fermes de fon Domaine, ce font les Treforiers de France qui font des baux à ces Entrepreneurs, & qui en ont la Jurifdiction. Il ne refte plus aux Officiers du Chaftelet, que la connoiffance du premier pavé que chacun des Habitans doit faire mettre à fes dépens devant fes maifons nouvellement bafties aux Lieux qui n'ont point encore efté pavez, & l'entretien du pavé de certains lieux dont les Bourgeois & Habitans font chargez. Il eft encore de la fonction des Commiffaires de faire avec les Directeurs des Quartiers, les taxes & impofitions des fommes qui doivent eftre employées au nettoyement de la Ville, les baux des Entrepreneurs, & les marchez avec tous les Ouvriers employez à cette entreprife. Et ce font enfin eux, avec les mêmes Directeurs, qui donnent les Ordonnances ou Mandemens, à prendre fur les Receveurs Generaux, pour aquitter toutes ces dépenfes.

Pour les Sciences & les Arts Liberaux, c'eft aux Commiffaires de veiller, qu'il ne s'imprime ou ne fe debite dans le Public aucuns livres, livrets, ou feüilles volantes, fans permiffion, ou privilege. C'eft par-là que la doctrine en eft affeurée: ces Permiffions ou Privileges ne s'accordant, à l'égard des Livres de Theologie, qu'ils n'ayent efté approuvez par des Docteurs de la Faculté ; & ainfi de ceux qui traitent des autres fciences. Ils ont auffi égard qu'il ne s'imprime de Thefes, qu'elles ne foient vifées par le Syndic de la Faculté, & que dans leurs Quartiers il ne s'ouvre aucune Academie ou Conferences publiques fur les Sciences, ou fur les Arts, fans la permiffion du Magiftrat. Enfin lors qu'il arrive quelque defordre dans les Colleges, ou dans les Ecoles de Droit & de Medecine, ils en reçoivent les plaintes & en informent, pour y eftre pourvû par le Magiftrat.

Le Commerce & les Arts Mecaniques demandent encore de grands foins, pour y procurer l'abondance, & y maintenir la bonne foy, l'ordre & la difcipline. Les Syndics, les Gardes & les Jurez des Communautez, font prépofez pour y tenir la main. Ils font feuls leurs vifites chez les Marchands & les Maiftres de leurs Corps. Lors qu'ils y trouvent quelque contravention notable, ou que le Maiftre qui eft vifité forme quelque conteftation ou refus à la vifite ; ils ont recours au Commiffaire du Quartier, qui s'y tranfporte, entend les parties, eftablit les preuves, & fait droit. Ils font auffi des vifites chez les gens qui entreprennent fur leurs profeffions, fans en avoir les qualitez ; foit qu'ils foient d'une Communauté differente, ou fimples Ouvriers fans Maiftrife : & celles-cy ne fe peuvent faire qu'en la prefence de l'un des Commiffaires. De toutes ces vifites, lors qu'il y a de la contravention, le Commiffaire dreffe procès verbal, délivre fon Ordonnance, pour faire affigner les parties, & l'affaire eft jugée fur fon rapport à l'Audiance.

Mais outre cette difcipline interieure & contentieufe des Corps & Communautez, qui eft toujours excitée par leurs Officiers, les Commiffaires font encore chargez d'office à cet égard de plufieurs autres foins.

Quiconque a efté trompé en achetant quelque marchandife, foit en la qualité, foit au poids, ou à la mefure, l'Ordonnance & les Réglemens luy permettent d'avoir recours au Commiffaire du Quartier, qui examine la faute, fe tranfporte

fur

fur les lieux, entend les parties, fait faifir ce qui fe trouve en contravention, dreffe fon procès verbal, délivre fon Ordonnance pour affigner les parties, & en fait rapport à la Police.

Il y a de certaines profeffions dans le Commerce & dans les Arts, qui ont une telle liaifon avec les matieres generales de Police, qu'il eft important d'y maintenir une difcipline encore plus exacte, que dans les autres. La Librairie & l'Imprimerie, par exemple, intereffe la Religion, l'Eftat, les mœurs, & fouvent le repos des familles. L'Orfevrerie, les Marchands & les Artifans qui vendent, ou qui employent les eftofes, des meubles, ou des habits, fe trouvent compris dans tous les Réglemens generaux qui concernent le retranchement du luxe, & tous ceux qui ont pour objet la feureté publique. Les Frippiers, les Potiers d'eftaim, les Plombiers, les Revendeurs & les Reverendereffes publiques, & quelques autres profeffions qui achetent de vieille marchandife, doivent eftre obfervez par rapport auffi à la feureté publique. Ainfi fur toutes ces profeffions, les Commiffaires ont encore une infpection plus intime, & fans aucun requifitoire des Gardes ou Jurez, ny aucune plainte des parties intereffées, ils doivent fouvent y faire des vifites d'Office, & faire rapport des contraventions.

Enfin le commerce de toutes les chofes neceffaires à la fubfiftance des Habitans, demande encore ces mêmes foins d'Office, fans y eftre excitez par aucune demande, ou poftulation de perfonne. De-là viennent toutes ces vifites, & cette affiduité des Commiffaires dans les marchez, & ces vifites frequentes qu'ils font chez les Boulangers & les Cabaretiers, pour tenir la main que les Réglemens de Police foient executez.

Les Ordonnances & Réglemens de Police, concernant les Serviteurs & Domeftiques, dont l'execution eft encore confiée aux Commiffaires, ont pour objet la feureté publique, le repos des familles, & la protection qui eft dûë aux gens de bien reduits dans la fervitude, ou par leur naiffance, ou par l'eftat de leur fortune.

» Ils portent, qu'aucune perfonne ne pourra
» fe mettre en fervice en aucune maifon, fans
» declarer auparavant & par écrit, au Maiftre,
» ou à la Maiftreffe, le païs & le lieu de fa naif-
» fance, s'il a, ou non, déja fervi à Paris : au cas
» qu'il y ait fervi, il fera tenu de reprefenter
» avant que d'eftre reçû, le congé par écrit du
» dernier Maiftre ou Maiftreffe qu'il aura fervi,
» contenant la caufe, occafion, ou raifon pour
» lefquelles il aura efté congedié. Il leur eft dé-
» fendu, & à leurs cautions & répondans, de
» prendre & de fuppofer de faux noms, de fauf-
» fes demeures ou qualitez, de fe dire d'un au-
» tre païs, ou d'un autre lieu que celuy d'où
» ils feront, de diffimuler le fejour qu'ils auront
» fait à Paris, & les noms des Maiftres qu'ils
» auront fervi. Il leur eft auffi défendu de quit-
» ter le fervice de leurs Maiftres pour en aller
» fervir d'autres, fans leur confentement, ou
» pour quelque caufe ou occafion legitime, &
» fans en avoir un acte ou certificat par écrit,
» fur peine d'eftre punis comme vagabons. Que
» fi leurs Maiftres refufent de leur donner ce
» congé, les Serviteurs pourront fe retirer de-
» vers le Commiffaire du Quartier ; lequel,
» aprés s'eftre enquis de la caufe pour laquelle
» le Maiftre aura fait ce refus, donnera au Ser-
» viteur un acte contenant ce qu'il aura pû re-
» connoiftre de la verité ; & cet acte tiendra lieu

de congé. Voilà ce qui regarde les Serviteurs. Voicy les difpofitions qui concernent les Maîtres.

Il leur eft défendu de prendre aucuns Ser- «
viteurs, Servantes, ou Domeftiques fortans «
d'une autre maifon, fans avoir vû leur congé «
par écrit, & fans s'eftre préalablement infor- «
nez du dernier Maiftre ou Maiftreffe, que les «
Serviteurs ou Servantes auront quitté, s'ils «
leur ont donné congé, & pour quelle occafion «
ils font hors de leur fervice. Il eft ordonné à «
tous Maiftres & Chefs de famille, avant que «
de congedier aucuns Domeftiques, de leur «
donner un acte, ou certificat, contenant le «
tems qu'ils les auront fervis, & la caufe pour «
laquelle ils les auront congediez. Et pour «
rendre les maiftres & chefs de famille d'autant «
plus circonfpects, il leur eft fait défenfes de «
fe fervir de gens inconnus, vagabons, malfa- «
mez & de mauvaife vie ; à peine de répondre «
civilement des crimes & délits qu'ils commet- «
tent pendant qu'ils feront à leur fervice, & «
de telle autre peine qu'il appartiendra. «

A l'égard de la Police des pauvres, ce qui regarde les Commiffaires ne confifte qu'en ces fix points. Tenir la main que les Officiers «
des Hofpitaux faffent la capture des mendians «
avec facilité ; qu'ils n'y fouffrent ny violence «
ny rebellion. Informer contre les valides qui «
ne mendient que par libertinage. Faire la re- «
cherche & perquifition dans leurs quartiers «
des gens qui logent à la nuit, ou qui retirent «
les mendians, faineans & vagabons. Se faire «
reprefenter par ceux qui s'y trouveront logez, «
qui fe diront Manœuvres ou Manouvriers, les «
certificats des Maiftres ou Conducteurs des «
atteliers où, ils font actuellement employez, «
finon les faire emprifonner. Faire porter à «
l'Hoftel-Dieu les pauvres malades qui fe trou- «
vent abandonnez. Lever les enfans expofez & «
les faire porter à la couche. Et enfin em- «
ployer leur credit auprés du Magiftrat & par «
tout ailleurs où il leur fera poffible pour le «
foulagement des pauvres honteux de leurs «
quartiers, qui viennent leur découvrir leur mi- «
fere & leur faire confidence de leurs befoins. «
Il s'eft fouvent vû à l'égard de ce dernier arti- «
cle, qu'un fecours obtenu à propos des bontez «
du Roy par le Magiftrat de Police fur les avis «
des Commiffaires, a foutenu des familles con- «
fiderables qui periffoient, & en a relevé nom- «
bre d'autres qui eftoient déja tombées. «

Pour remplir par les Commiffaires toutes ces fonctions de Police ou de la Jurifdiction Criminelle, qu'il eft bien difficile en beaucoup d'occafions de diftinguer ou de feparer ; ils ont auffi toute l'autorité qui leur eft neceffaire, & que femblables Officiers ont eu dans tous les Eftats bien difciplinez, comme il a efté prouvé ailleurs.

Ainfi c'eft en vertu de ce pouvoir attaché de tout temps à leur Office qu'ils reçoivent les plaintes, dreffent les procès verbaux préparatoires de Juftice, font les informations & les enqueftes, interrogent les accufez arreftez en flagrant délit, ceux qui font decretez d'ajournement perfonel, ou d'affigner pour eftre oüy, & les domeftiques accufez par leurs maiftres. Ils interrogent les Parties fur faits & articles, appofent les fcellez, les levent & font les defcriptions : mais fur tout ils ont toujours confervé ces deux droits que les Jurifconfultes nomment, *Jus vocationis* & *jus prehenfionis*, & qu'ils ont mis au nombre des marques effentielles de la Magiftrature. L'un de faire affigner ou devant eux, quand il ne s'agit que d'inftructions, ou au Tribunal pour le Jugement & la décifion. Et l'autre, de faire emprifonner; & que tout cela fe faffe en vertu de leurs Ordonnances, & par des Officiers diftribuez exprés auprés d'eux pour executer ce qu'ils jugent à propos d'ordonner.

Les preuves de toutes ces fonctions fe tirent des mêmes titres qui concernent la Police generale, & qui fe trouvent rangez dans ce Traité, chacun en fon lieu, felon la diftribution des matieres où ils peuvent eftre confultez.

Ce feroit icy le lieu d'entrer encore dans le détail de toutes les autres fonctions des Commiffaires, les fcellez, les auditions, examens & clofture des comptes, les partages, les ordres & contributions, les liquidations de dommages & interefts, les taxes de dépens, & tant d'autres qui

font de leur competance, d'en faire voir l'antiquité, la juftice & l'utilité; toutes les confirmations qu'ils en ont obtenuës toutes les fois qu'ils y ont efté troublez. L'on pourroit même & tres-utilement y ajoûter toutes les Loix & les Ordonnances qui concernent ces fonctions; comment elles doivent eftre exercées pour s'en bien acquiter; toutes les difficultez & toutes les queftions qui peuvent naiftre en y procedant, & leurs décifions. Et enfin tous les droits lucratifs attribuez aux Commiffaires, foit fur les adjudications d'immeubles, pour les indemnifer de la recette des Confignations qui leur appartenoit autrefois, foit pour leurs falaires & leurs vacations. Mais tout cela eft refervé à un autre traité, celuy-cy eftant dévoué totalement aux matieres de Police.

CHAPITRE VIII.

Que les Examinateurs font du Corps des Juges. Que jufqu'en 1531. ceux du Chaſtelet de Paris ont eu voix deliberative; & qu'il leur en eſt reſté le droit d'aſſiſter à toutes les Aſſemblées generales de Police, & la voix conſultative ou honoraire dans les affaires qu'ils rapportent.

IL feroit difficile de caracterifer les Commiffaires Examinateurs d'un autre titre que de celuy de Juges, foit que l'on confidere leur inftitution, foit que l'on s'arrefte à leurs fonctions. Par leur inftitution il paroift qu'ils font eftablis pour eftre-les Aides ou Coadjuteurs des premiers Magiftrats dans l'adminiftration de la Juftice, *Adjutores Magiftratuum ad juſtitias faciendas*, & que l'on defire en eux les mêmes difpofitions de capacité, de probité, d'experience & de defintereffement qu'aux Juges. Il eft défendu d'en recevoir aucun qui ne foit Gradué & Avocat. Quant à leurs fonctions, les plus habiles Interpretes expliquent ce paffage, *juſtitias facere*, de l'affiftance à l'Audiance du Magiftrat, & au Jugement des procés, pour luy donner confeil. C'eft ce qu'ils ont fait pendant plufieurs fiecles: ils en rapportent les preuves. Cette fonction leur a efté à la verité retranchée lors que la multiplicité des affaires les a engagez de s'appliquer totalement aux inftructions: ces inftructions même qui leur font demeurées, font tellement des fonctions de Juges, qu'un fçavant Jurifconfulte qui a traité à fond cette matiere, *[note en marge: 'Ayrault, de l'ordre & inftruction judiciaire des Anciens. liv. 1. part. 1.]* ne feint pas de dire qu'elles font beaucoup plus de l'Office du Magiftrat, que le Jugement. Il appuye ce fentiment de l'autorité des Anciens qui faifoient faire religieufement toutes les inftructions par leurs Magiftrats mêmes, & donnoient enfuite les affaires à juger à des perfonnes privées, qui par cette raifon faifoient ferment en chaque caufe. Auffi voyons-nous que tout ce que les Commiffaires-Examinateurs font dans les Jurifdictions où ils font eftablis, eft fait dans les autres, ou par le Magiftrat en perfonne, ou par ceux des Juges qu'il y commet. Cette verité nous eft encore parfaitement bien prouvée par deux petites circonftances qui la rendent encore plus fenfible. L'une, que tous ceux qui exercent ces fonctions ne font qualifiez que Commiffaires, foit en titre d'Office comme les Examinateurs, foit par commiffions particu-

lieres comme les autres Juges, pour faire entendre que les uns & les autres reprefentent en cette partie le Magiftrat, auquel feul originairement & de droit ces fonctions appartenoient. La feconde, que dans la plus grande partie des Provinces les premiers Magiftrats des Tribunaux ont réuni à leurs Offices celuy des Commiffaires-Examinateurs, & s'en qualifient: ce qui feroit incompatible & monftrueux, fi leur Magiftrature & ces Charges eftoient de differente nature, & que ce ne fuft pas, pour ainfi dire, une efpece qui fe réunit naturellement à fon genre, une partie à fon tout. Toute autre Charge que celle-cy ne peut eftre exercée par un Juge dans un même Tribunal. Balde en rapporte plufieurs autres autorifez à l'égard de celle des Notaires. Il en eft de même de toutes les autres. C'eft auffi par ces mêmes confiderations, que leurs fonctions auffi-bien que celles des Juges font incompatibles avec celles d'Avocat dans une même caufe. Gothefroy en rend cette raifon, *[note en marge: L. 2. quifquis Cod. Th. de poftuland. Ibi Gothofred. L ult. C. de Affefforib.]* que les Enquefteurs eftant donnez aux Magiftrats pour Aides ou Affeffeurs, doivent eftre neutres entre les parties comme eux.

De ces notions generales, fi nous defcendons à l'ufage & à la pratique, nous remarquerons en effet dans l'Office des Commiffaires-Examinateurs tous les mêmes attributs qui diftinguent celuy des Juges d'avec les autres Officiers. Ils rendent des Ordonnances. Ils ont ces deux pouvoirs attachez à la Magiftrature, de faire affigner, & de faire emprifonner, *Jus vocationis, jus prehenfionis*. Ils prononcent des defauts. Ils condamnent à l'amende en certains cas faute de comparoiftre devant eux. Ils font les feuls Officiers qui parlent comme les Juges dans leurs actes ou dans leurs raports. Ils ont dans les Provinces les mêmes Greffiers que les Magiftrats. Il en eftoit de même autrefois à Paris, & fi leurs Clercs leur ont depuis efté donnez pour Greffiers dans cette Capitale, c'eft par l'immenfité de fon eftenduë & la multiplicité

de

de leurs fonctions imprevûës, qui demandent continuellement ce secours à leur suite. Mais soit à Paris, soit dans les Provinces ils ont tous auprés d'eux pour executer leurs ordres & leurs Ordonnances les mêmes Huissiers qui servent auprés des Magistrats. Ils ont enfin toujours eu rang & séance avec les Juges ; & ils joüissent de tous leurs mêmes privileges.

Mais comme ces prerogatives s'establissent beaucoup mieux par des preuves, que par des raisonnemens ; voicy quelques-unes des principales qui ont esté tirées du nos Registres, & dont les extraits acheveront de remplir ce Chapitre.

Recueil des Chartres des Notaires p.19. » Lettres Patentes de Philippe le Bel, du mois » d'Avril 1301. par lesquelles il est ordonné au » Prevost de Paris, aux Auditeurs, & aux En- » questeurs & Examinateurs du Chastelet de Pa- » ris, de faire expedier tous leurs actes par les » Notaires Jurez de la même Jurisdiction.

Thrésor des Chartres de France, Regist. 57. fol.3. Off. de France liv. 3. tit. 1. p. 1823. & additions au mémé liv. p.305. Reg. de tem. poralitatib. Camer. Computi fol. 101. & seqq. » Edit de Philippe V. du mois de Février 1320. » que les Commissaires du Chastelet seront élus » en la Chambre des Comptes. Pareille élection » se faisoit au même lieu des Prevosts ; & les Bail- » lis & Seneschaux y venoient faire le serment à leurs receptions.

» Edit de Philippe de Valois du mois de Mars » 1327. portant création de huit Conseillers au » Chastelet de Paris. Que les Commissaires- » Examinateurs n'auront plus de séance au rang » du Siége du Prevost de Paris. Qu'ils auront » six Chambres dans le Chastelet pour l'exer- » cice de leurs fonctions ; deux en chacune Cham- » bre ; & qu'à la décharge du Siége, les Procu- » reurs & les Parties prendront les assigna- » tions de leurs journées en jusqu'à ce » qu'il soit conclu en la cause, c'est-à-dire, » selon le langage & la pratique de ce temps, » jusqu'à l'appointement.

Ce fut par ce Réglement que l'on sépara pour la premiere fois l'Office d'Assesseurs du Prevost de Paris, entre les Conseillers & les Commissai- res-Examinateurs : ceux-là, pour l'Audiance ; & ceux-cy, pour les instructions : la voix déliberati- ve demeura commune aux uns & aux autres dans les procés par écrit, aux Audiances & Assem- blées de Police, dans toutes les affaires commu- nes de la Jurisdiction, & dans toutes celles qui s'instruisoient & se jugeoient à l'extraordinaire.

Le Roy accorda des Lettres Patentes aux » Lormiers le 20. May 1357. portant commis- » sion au Prevost de Paris de renouveller leurs » Statuts, & d'y ajoûter ce qu'il jugeroit à propos. Ils presenterent leur requeste à ce Ma- gistrat, sur laquelle il rendit son Ordonnance. » Elle porte, que leurs Lettres & Pieces seroient » mises és mains de Mes Pierre Droüard & » Jean de Foüilleuse Examinateurs de par le Roy » nostre Sire au Chastelet ; pour, avec le Procu- » reur du Roy, les examiner, entendre les Par- » ties interessées qu'ils feroient assigner parde- » vant eux, & dresser les articles qu'ils estime- » roient justes & raisonnables. Cela fut fait ; & sur le rapport des Examinateurs & les conclu- sions du Procureur du Roy, les Statuts furent homologuez par le Prevost de Paris.

Liv. vert ancien fol. 43. Pareilles formalitez furent observées, & des Commissaires-Examinateurs nommez pour le re- nouvellement des Statuts des Teinturiers, le 28. Juin de la même année 1357. L'un des arti- » cles porte, que les Maistres du mestier s'as- » sembleront chacun an pardevant les Com- missaires Examinateurs du Chastelet pour élire deux Jurez.

Tome I.

Ordonnance du Prevost de Paris du 14. Avril 1366. renduë dans une Assemblée generale de Police tenuë en la Salle du Chastelet, portant « Réglement entre les Boulangers de Paris & « les forains, par l'avis du Procureur General « du Roy, de Sire Jean Culdoc Prevost des « Marchands, de Me Pierre de Gien Lieutenant « du Prevost de Paris, Mes Eudes de Sens & « Vincent Droüard Avocats du Roy, Me Estien- « ne de Mareüil Procureur du Roy, Mes Guil- « laume Porel, Nicolas du Chesne, Jean de « Thuillieres, Odart d'Atainville & Jean de Bart « Examinateurs. *Ancien Regist. du Chastelet qui est en la Bibliotheque de M. Colbert.*

Statuts des Pottiers de terre, du 20. Novem- bre 1368. des Cousteliers du 15. Janvier de la même année ; union des Selliers & des Lormiers, & les Statuts communs qui leur furent ensuite donnez le 23. Decembre 1370. Statuts des Dra- piers du 24. Aoust 1373. & des Teinturiers en draps du 6. Juillet 1375. pour parvenir à l'ob- tention de ces Statuts & de ces Réglemens de Police. Le Prevost de Paris avoit appointé les Parties à mettre leurs pieces és mains de Mes Guillaume Porel & Nicolas du Chesne Exami- nateurs au Chastelet. Les Maistres des mestiers, & les autres Parties interessées furent assemblez & oüys plusieurs fois devant les Commissaires ; & ensuite sur leurs rapports & par leurs avis les Statuts furent homologuez. *Livre vert ancien ; fol. 21. 28. 80. 84. 91. Prem. vol des Mestiers fol. 64. Second vol. des Mestiers fol. 27. 106. 116. 130. 143. 201. 221. 226.*

Lettres Patentes de Charles VI. du 24. No- vembre 1393. pour l'augmentation des Procu- reurs du Chastelet. Elles font mention, que « par Ordonnance du Roy de l'an 1378. le nom- « bre des Procureurs du Chastelet avoit esté re- « duit à quarante ; que sur les inconveniens qui « en estoient arrivez, le Prevost de Paris, à la re- « queste du Procureur du Roy, avoit fait assem- « bler le Conseil de la Cour du Chastelet ; c'est à « sçavoir les Avocats, les Auditeurs & les Exa- « minateurs, pour avoir leur avis. Que par leur « déliberation il avoit esté trouvé que cette re- « duction estoit contre le bien de la Justice. Que « la Cour du Chastelet avoit accoustumé de se « gouverner le plus prés qu'elle le pouvoit, se- « lon ce qui s'observoit en la Cour du Parle- « ment, qui est la Cour Capitale & Souveraine « du Royaume, & où le nombre des Procureurs « n'estoit point limité. Qu'enfin cet avis des « Conseillers du Roy en la Cour du Chastelet « ayant esté rapporté au Conseil, Sa Majesté le- « ve la fixation, & permet au Prevost de Paris « de recevoir Procureurs tous ceux qui s'en « trouveroient capables. *Liv. rouge vieux. fol.118.*

Ainsi par ces Lettres il paroist que le Conseil du Roy au Chastelet estoit alors composé des huit Avocats qui avoient esté choisis & créez en titre d'Office par les Lettres Patentes du mois de Mars 1327. des Auditeurs & Examinateurs ; & que le titre de Conseillers estoit alors un terme generique qui les comprenoit tous. Cela est en- core prouvé par plusieurs autres titres de même-temps.

Le grand Coustumier de France qui fut écrit sous le Regne de Charles VI. fait mention de l'assistance des Examinateurs au Jugement des procés criminels, avec voix déliberative. En voicy les termes.

Item jaçoit ce que l'en tienne communé- « ment, que nul ne doit estre gehiné se son cas « n'est criminel ou capital ; toutesfois Jehan « de Divisi Ecuyer demeurant à Soissons fut « emprisonné, pour ce qu'il se aida d'une quic- « tance qui estoit signée par Philippe & Guil- « laume Duvivier Notaires du Chastelet : mais « *Grand Coustumier liv. 4. des peines, p. 116.*

toute

» toute la lettre qui premierement y avoit esté
» escripte, avoit esté raturée, excepté les deux
» signes qui estoient demeurez sous ladite quic-
» tance, qui avoit esté escripte sur le parchemin
» raturé, comme dit est; & avec ce il fut trouvé
» de mauvaise renommée, pour ce qu'il travail-
» loit à la Court de l'Official. Chaton, Dou-
» blet, de Silporelles, Auditeurs, & tous les
» Examinateurs du Chastelet furent d'opinion
» qu'il fust gehiné, pour sçavoir la verité par
» sa bouche, nonobstant qu'ils estoient bien
» d'opinion que le cas n'estoit mie criminel &
» capital, fors qu'il chéoit peine publique &
» confiscation; & toutesfois il fut gehiné deux
» fois.

Ordonnance de noble homme Guillaume Seigneur de Tignonville, Chevalier, Chambellan
& Conseiller du Roy nostre Sire, Garde de la
Prevosté de Paris; arrestée & deliberée avec
honorables hommes & sages Mes Simon de Bezon, Robert de Thuilliers Lieutenans, Martin
Double Avocat du Roy, Jean Guinet, Pierre
de Marigny & Jean Guerin Conseillers du Roy,
le Procureur du Roy, Jean de Fontenay, Robert de Pacy, Nicolas Lancelet, Pierre de Cam-
pignolles, Denys Nicolas, Examinateurs de
par le Roy au Chastelet.

Arrest du Parlement du 17. Novembre 1404.
sur l'appel interjetté par Me Pierre le Mercier
Auditeur au Chastelet accusé de plusieurs con-
cussions, appellant d'une Sentence renduë contre
luy par Me Robert de Thuilliers Examinateur
& Lieutenant du Prevost de Paris. Par les causes d'appel qui sont énoncées au long dans l'Ar-
» rest, l'Appellant se plaint que de Thuilliers
» avoit décerné un decret de prise de corps con-
» tre luy en haine d'un Procés que les Exami-
» nateurs avoient contre les Auditeurs. Que luy
» de Thuilliers, Piedefer & Gayant autres Exa-
» minateurs, ausquels il s'estoit successivement
» adressé, le Prevost de Paris estant malade,
» avoient refusé de luy répondre une requeste
» qu'il leur avoit presentée, afin d'estre mis en
» liberté en donnant caution. Qu'il n'estoit pas
» juste, estant ses parties declarées ennemis décla-
» rez, comme de Thuilliers l'avoit dit estant
» au Siege, ils fussent ses Juges; & qu'il les ré-
» cusoit tous. Le Prevost de Paris qui avoit esté
» intimé, suivant l'usage de ce temps, répon-
» dit que cette récusation proposée contre les
» Examinateurs n'estoit d'aucune consideration;
» qu'en tout cas il avoit luy-même pris con-
» noissance de l'affaire, & que pour la voir &
» la juger, attendu la recusation, il avoit fait
» assembler un autre Conseil d'Avocats non
» Examinateurs.

Arrest du Parlement du premier Avril 1407.
sur l'appel de Jean Varnier emprisonné de l'Ordonnance de Me Robert de Thuilliers: l'Appel-
» lant dit pour griefs, qu'ayant donné sa re-
» queste à de Thuilliers, il avoit refusé de la
» répondre; ce qui l'avoit obligé de s'adresser
» à Me Quanouple; qu'il l'avoit ju-
» gée raisonnable & avoit informé. De Thuilliers & Quanouple estoient Examinateurs.

Nouveaux Statuts des Menestriers du 10.
Juin 1407. & des Pottiers d'estaim du 30. Aoust
de la même année, sur le rapport, & par les
avis des Examinateurs qui avoient vûes les pieces, & oüy les Maistres & autres Parties interessées, assemblez devant eux.

Lettres Patentes de Charles VI. du 14. Juillet 1410. portant attribution de plusieurs privileges aux seize Examinateurs. Ces Lettres sont

fondées principalement sur ce motif, que les «
Examinateurs employoient tous les jours un «
temps considerable, tant aux instructions des «
procés civils & criminels, qu'à conseiller le «
Prevost de Paris & ses Lieutenans. «

Ordonnance du 31. Aoust 1432. renduë par
Me Estienne Desportes Conseiller au Parlement,
le Procureur du Roy au Chastelet, & Me Raoul
Crochetel Examinateur, Commissaires commis
par la Cour pour la Police des Boulangers. Elle
contient un Réglement pour la qualité, le poids
& le prix du pain.

Douze Ordonnances du Prevost de Paris pour
la Police du bled, & du pain, des 21. Octobre &
21. Novembre 1432. 27. Novembre 1434. 18.
& 23. Février 1436. 26. Février & 21. Avril 1437.
1. Mars 1438. 18. Aoust 1465. 28. Novembre
1471. 28. May 1472. & 7. Février 1473. renduës
par les avis & conseil des Lieutenans Civil &
Criminel, Avocats & Procureur du Roy, & des
Examinateurs. Celles-cy sont seulement données pour exemple. Il seroit trop long de rapporter toutes celles où les Examinateurs ont opiné; elles remplissent les Registres du Chastelet.

Sentence de reception d'un Chevalier du Guet
du 10. Aoust 1461. Elle porte qu'il fut installé «
au Siege en la maniere accoustumée par Me «
Jacques Boucher Examinateur, de par le Roy «
au Chastelet de Paris. «

Arrest du Parlement du 2. Avril avant Pasques 1485. pour la Police de la viande de Boucherie. Il porte, que les quatre Maistres Ju- «
rez de la grande Boucherie feront chacun rap- «
port au Prevost de Paris, ses Lieutenans ou «
Commissaires de la distribution & assiette des «
estaux, & que les vendeurs de bestail leur feront «
aussi rapport du prix de la vente des bestiaux. «

Lettres Patentes de Charles VIII. du mois
d'Octobre 1485. pour la confirmation des privileges des Commissaires. Elles font mention,
qu'ils ont esté establis pour faire les instruc- «
tions des procés civils & criminels, & pour «
aider & conseiller le Prevost de Paris & ses «
Lieutenans. «

Arrest du Parlement du 4. May 1524. par lequel il est enjoint aux Sergens à verge, suivant «
les anciennes Ordonnances, d'estre assidus chez «
les Commissaires, auprés desquels ils sont dis- «
tribuez, & d'executer leurs commandemens «
& Ordonnances, à peine d'interdiction. «

Pierre Lormier Greffier Civil; & Jean Adam
Greffier Criminel acheterent chacun une Charge
de Commissaire-Examinateur de nouvelle creation, & eurent le credit de s'y faire recevoir.
Les autres Examinateurs & les Gens du Roy
s'en plaignerent, attendu l'incompatibilité. Cela
donna lieu à une Sentence du 9. Avril 1527. par
laquelle il leur fut enjoint d'opter dans trois
mois; & cependant qu'ils s'abstiendroient d'e- «
xercer la Charge de Commissaire. «

Le 23. Juin 1530. l'Office de Lieutenant Civil
estant vacant, Me Jean Morin Lieutenant Criminel tenant la Police, prononça quelques condamnations contre des prisonniers, sans prendre
l'avis des Examinateurs. Les Examinateurs presens s'en plaignirent & remontrerent leur droit
& leur possession de temps immemorial. Le
Lieutenant Criminel ordonna qu'ils n'opine-
roient point, ny à la Police, ny au Jugement des
procés criminels. Les Examinateurs s'en porterent pour Appellans.

Causes d'appel des Commissaires; par lesquelles il paroist qu'ils avoient produit au Parlement plusieurs extraits des procés jugez tant à

Marginal notes (right column):
AncienRegist. du Chastelet, qui est en la Bibliotheque de feu M. Col-bert.

Regist. idem.

Liv. gris fol. 99.

Bannieres vol. 2. fol. 213.

la

la Police qu'au criminel, où ils avoient toujours opiné. Ils rapporterent entre autres les exemples de trois fameux criminels executez depuis peu à mort ; l'un qui se faisoit nommer le Roy Guillot : l'autre un Hermite convaincu d'heresie : le troisiéme qu'on surnommoit le Diable : ces deux derniers condamnez au feu, & au jugement desquels les Commissaires-Examinateurs avoient opiné, comme il paroissoit par les Registres & Cedules de la Chambre Criminelle.

Il y avoit un procés entre l'un des Commissaires de la nouvelle création, & un particulier, dans lequel les parties furent appointées à faire preuve. Le Commissaire de la nouvelle création recusa tous les anciens Commissaires, parce qu'ils estoient alors en procés les uns à l'encontre des autres, pour raison de leurs fonctions. La partie adverse de sa part, recusa tous les Commissaires de la nouvelle création ; parce que celuy contre lequel il avoit affaire estoit leur Confrere. Sur ces recusations reciproques, il y eut Sentence, qui commit Maistre Jean Bailly Greffier ; il paroist par les écritures, qu'il estoit aussi Notaire. Les Commissaires se porterent encore pour appellans de cette Sentence ; & pour griefs, soustinrent que leurs fonctions en cas de recusation, ne pouvoient estre commises qu'à un Juge. Arrest du Parlement du cinquiéme Decembre 1531. sur l'une & sur l'autre de ces deux appellations : par lequel, la Cour, sur l'appel de l'appointement, qui avoit commis Bailly Greffier, pour faire une enqueste, met l'appellation, & ce dont estoit appellé au neant : » ordonne qu'à l'avenir, quand tous les Commissaires du Chastelet seront recusez, l'on commettra la fonction à un Conseiller, ou aux » Juges in partibus. Quant à l'appellation de la » Sentence, par laquelle il estoit permis d'avoir » voix deliberative ; la Cour a mis l'appellation » au neant, & confirme la Sentence. Ordonne » neanmoins que les Commissaires seront tou-» jours appellez, suivant l'ancien usage, en la » Chambre du Conseil, aux Assemblées qui s'y » tiendront pour la Police. Qu'ils y feront leurs » rapports, & qu'ils pourront dire leur avis, & » ouvrir les expediens qu'ils jugeront à propos, » non comme voix deliberative, mais pour y » avoir tels égards que de raison. Et faisant » droit sur la demande des Commissaires, afin » de Réglement, fait defenses au Lieutenant » Criminel, de prendre auprés de luy plus d'un » Sergent de chaque Quartier ; afin qu'il en reste » auprés des Commissaires en nombre suffisant, » pour le service qu'ils y doivent rendre. Or-» donne aux Greffiers de tenir Registre des em-» prisonnemens qui seront faits de l'Ordonnance » des Commissaires.

Sentence du Chastelet du 17. Juillet 1539. au profit des Huissiers à Cheval. Elle porte, que les Or-» donnances des Commissaires du Chastelet, qui » doivent estre executées hors de la Banlieuë, dans » la Prevosté, seront faites addressées au pre-» mier Huissier à Cheval ; & que hors de la » Prevosté, s'il ne se trouve d'Huissier à Che-» val sur les lieux, ils pourront addresser leurs » Ordonnances au premier Huissier, ou Ser-» gent Royal. Cette Sentence a depuis esté confirmée par Lettres Patentes du mois de May 1582.

Arrest du Parlement du vingt-huit Juillet » 1544. par lequel la Cour ordonne, que les Let-» tres Patentes du huitiéme May alors dernier, » qui permettent aux Huissiers à cheval de de-

Tome I.

meurer à Paris au nombre de soixante, seront «
registrées, à la charge de faire par eux le ser- «
vice auprés des Lieutenans Civil & Criminel, «
& des Commissaires du Chastelet, sembla- «
ble à celuy que rendent les Sergens à Verge. «

Arrest du Parlement du vingtiéme Juillet 1546. par lequel il est entre autres choses or-donné, que les Conseillers & les Commissaires «
au Chastelet, subiront l'examen avant leur «
reception : & il est enjoint aux Sergens du «
Chastelet, d'obéïr promptement aux Lieute- «
nans & aux Commissaires ; à peine d'inter-«
tion & de prison. Ce qui fut réiteré par un autre «
Arrest du 12. Decembre 1551.

Offices de France, livr. 1. titre 10. t. 1. page 195.

Les Places de Clercs des Greffes, qui sont nos Greffiers d'aujourd'huy, furent créées en titre d'Office, par Edit du mois de Decembre 1577. leur service fut ensuite reglé par une Declaration du mois de Septembre 1578. elle porte, que les premiers serviront en la Chambre du «
Conseil ; les seconds aux Audiences civiles ; «
les troisiémes aux adjudications par Decret ; les «
quatriémes, cinquiémes & sixiémes auprés des «
Commissaires-Enquesteurs & Examinateurs ; & «
les septiémes, au Criminel. «

Edit de Henry III. du mois de May 1583. portant Réglement general pour l'Office des Commissaires-Examinateurs. Entre les motifs il est dit, qu'ils sont du nombre des plus anciens «
Officiers de Judicature. «

L'Article VII. porte, que lorsque les Lieutenans ne pourront vaquer aux recolemens & «
confrontations, ils ne les pourront renvoyer «
pardevant d'autres que les Commissaires-Exa-«
minateurs : ce qui leur est tres-expressément «
défendu, à peine de nullité, & de tous dépens, «
dommages & interests. «

L'Article VIII. ordonne, que les recusa-«
tions proposées contre les Commissaires-Exa-«
minateurs seront instruites & jugées en la même «
forme, & sous les mêmes peines prescrites «
par les Ordonnances pour les recusations des «
Juges. «

L'Article XV. enjoint à tous Huissiers & Ser-«
gens des Bailliages & Sénéchaussées, d'accom-«
pagner les Commissaires par-tout où ils auront «
besoin d'eux, & de leur obéïr. «

Par l'Article XVIII. le Roy déclare, que pour «
les rendre d'autant plus reconnus & autorisez «
en leur Office, il les honore & decore, des «
nom, titre, & qualité de ses Conseillers ; veut & «
entend qu'à l'avenir ils s'en qualitient en tous «
lieux, & en tous actes, avec leur qualité de «
Commissaire-Enquesteur & Examinateur. «

L'Article XIX. leur donne le droit dans toutes les Provinces, *ad instar* des Commissaires du «
Chastelet de Paris, d'avoir Chambre & Bureaux «
pour s'y assembler, & y donner Audiance aux «
parties & à leurs Procureurs. «

L'Article XX. ordonne, qu'il n'en sera reçu «
aucun qui ne soit gradué, n'ait exercé la fonc-«
tion d'Avocat pendant quelque tems, & qu'il «
n'ait subi l'examen sur la Loy au Parlement, «
ou au Presidial, selon l'addresse de ses provi-«
sions. «

Lettres Patentes de Henry III. du mois de Juin 1586. portant création de huit Commissaires au Chastelet de Paris, & d'un certain nombre dans les Jurisdictions Royales ; avec cette clause.

Seront lesdits Officiers appellez comme les «
Juges, és Assemblées des Villes, pour dire «
leur avis en ce qui sera ordonné des deniers «
communs & patrimoniaux, & passé aux Or-«

D d ij   donnances

» donnances qui en seront faites ; sans lesquels
» avis les Echevins & autres desdites Villes , ne
» pourront passer, ny faire aucune distribution
» de deniers , ou adjudication de Fermes & de
» Droits qui se levent , ny aux Adjudications
» des reparations.

Il est ordonné par ce même Edit aux Commissaires-Examinateurs des Provinces , de se ser-
» vir dans leurs fonctions , pour écrire & pour
» expedier leurs Actes , des Greffiers ordinaires
des Jurisdictions.

Arrest du Parlement du vingt-huit Fevrier
» 1608. par lequel il est ordonné aux Sergens à
» Verge du Chastelet , d'obéïr aux Commissaires
» en tout ce qui leur sera commandé concernant
» le service du Roy , & les affaires publiques ,
» de Police & de Justice ; à la charge neanmoins
» à l'égard des captures & emprisonnemens , de
» donner par les Commissaires leur Ordonnance
» par écrit, aux Sergens, pour leur décharge.

Réglement arresté au Conseil du Roy le neuf
Fevrier 1621. concernant ceux qui doivent joüir
du droit de *Committimus* , dans lequel les Commissaires sont mis au nombre des Juges & principaux Officiers du Chastelet , en ces termes :
» les principaux Officiers, Conseillers & Com-
» missaires du Chastelet à Paris , Conseillers du
» Thresor, Table de Marbre, Amirauté, Connesta-
» blie , Elûs , Bailliage du Palais & Hostel de
» Ville , en joüiront comme ils ont cy-devant
fait.

Procez verbaux des Assemblées generales de
Police , tant du Chastelet qu'en la Chambre de
saint Louis au Palais , des cinquiéme May 1627.
vingt-six Juillet , deux Novembre , douze &
treize Decembre 1630. & vingt-un Janvier 1633.
pour deliberer sur les besoins publics , causez
par la cherté des grains. Il y est fait mention
des Commissaires ; ils y sont nommez au nombre
des mandez , & y ont eu séance entre les Officiers du Chastelet , immediatement aprés les
Juges.

Arrest du Parlement les Chambres assemblées,
pour remedier aux desordres qui estoient dans
la Police de Paris , du quatorze Janvier 1634.
par cet Arrest , aprés avoir oüi les Lieutenant
Civil , Lieutenant Criminel du Chastelet , Lieutenant de Robe-courte , Substitut du Procureur
General du Roy , Chevalier du Guet , & Commissaires du Chastelet pour ce mandez : ensemble le Procureur General du Roy en ses Conclu-
» sions ; la Cour ordonna , que dans le jour de
» Jeudy alors prochain , seroit fait une Assem-
» blée au Chastelet des Lieutenant Civil, Lieu-
» tenant Criminel , Conseillers , Procureur du
» Roy , Lieutenant Criminel de Robe-courte ,
» Prevost de l'Isle , Chevalier du Guet , & Com-
» missaires, pour donner avis par écrit de ce qu'ils
» jugeroient necessaire , pour faire cesser les meur-
» tres & vols qui se commettoient à Paris.

Procés verbal de l'Assemblée tenuë au Chastelet , en execution de cet Arrest , le dix-huit du
même mois de Janvier. Les Commissaires moins
zrent mandez , & s'y trouverent : mais aprés
qu'ils eurent dit leur avis, Monsieur le Lieutenant Civil leur dit de se retirer. Ils represente-
» rent qu'ils faisoient partie de la Compagnie ;

qu'ils avoient toujours joüi de ce droit : re- «
queroient la Compagnie de les y souffrir, sinon «
qu'il en fut communiqué au Parquet de Mon- «
sieur le Procureur General pour estre reglez. «
Il fut ordonné qu'ils se retireroient. Ils pro- «
testerent contre l'injure que l'on faisoit à leurs «
Charges , se porterent pour appellans , & se «
retirerent.

Arrest du Parlement du vingt-sept Mars de la
même année 1634. entre les Commissaires du
Chastelet , appellans de l'Ordonnance renduë
contr'eux en cette Assemblée du 18. Janvier ,
& les Lieutenant Civil, & Conseillers du Chastelet intimez. Par l'Arrest aprés avoir oüi le Procureur General du Roy en ses Conclusions ; la
Cour a maintenu & gardé les Commissaires du «
Chastelet en la possession d'assister à toutes les «
Assemblées de Police generales & particulieres, «
qui seront faites tant à l'ordinaire , qu'en vertu «
des Arrests de la Cour, pour y estre oüis, & d'y «
demeurer jusqu'à la fin & conclusion des As- «
semblées. «

Procez verbaux des Assemblées generales de
Police , tant au Chastelet qu'en la Chambre de
saint Louis au Palais des 12. Janvier 1635. & 21.
Avril 1662. où les Commissaires ont toujours esté
mandez, & y ont eu séance immediatement aprés
les Juges. Il y en a plusieurs autres semblables ,
qu'il seroit trop long de rapporter.

Arrest du Parlement du vingt-huit Aoust 1662.
par lequel , aprés avoir oüi en presence des
Gens du Roy , les Lieutenans Civil & Criminel,
le Substitut du Procureur General du Roy , &
les Commissaires au Chastelet , qui ont fait rapport des avis des Bourgeois notables par eux
mandez en la Police generale , qui avoit esté tenuë au Chastelet , la Cour fait un Reglement pour
la Police du pain.

Lors qu'il a plû au Roy de faire un Réglement general pour la reformation de la Justice ,
par son Edit du mois d'Avril 1667. toutes les
fonctions des Commissaires ont esté comprises
sous le titre de Juges. Quelques-uns des Magistrats des Provinces en voulurent tirer avantage pour se les approprier : cela donna lieu à
deux instances au Conseil ; l'une entre les Officiers de la Seneschaussée de Lyon ; & l'autre ,
entre ceux du Bailliage de Meaux. Elles furent
terminées par deux Arrests des 9. Juillet & six
Aoust 1668. qui portent, que sous le nom de Ju- «
ges , les Commissaires-Examinateurs sont com- «
pris & sous-entendus. «

Arrest du Conseil d'Estat du 6. Septembre
1701. par lequel il est ordonné , que dans tous «
les actes que le sieur Prignant, Lieutenant Ge- «
neral , & Commissaire-Enquesteur & Examina- «
teur au Siege Presidial de Parthenay en Poitou, «
fera en qualité de Commissaire-Examinateur, il «
se servira pour les écrire sous luy, du Greffier «
de la Jurisdiction. «

Il reste beaucoup de choses à dire sur le rang
& séance , & sur les privileges des Commissaires-
Examinateurs. Comme ces prérogatives & ces
attributions ont leurs titres & leurs Réglemens
particuliers, elles sont reservées aux deux Chapitres suivans , pour éviter la confusion.

CHAPITRE

CHAPITRE IX.

Des Rang & Séance des Commissaires-Examinateurs.

De toutes les prérogatives qui sont dûës à l'Officier, il n'y en a point de plus importante que celle du rang. C'est celle-là sans doute que le Sage avoit en vûë, lors qu'il a conseillé de ne jamais ceder son honneur à autruy : aussi est-ce la seule, pour laquelle les Loix ont permis à l'Officier de former complainte. L'omission du salut, & de tous les autres devoirs, peut-estre dissimulée ; & il est même souvent de la prudence de ne s'en pas appercevoir : mais pour le rang, il n'est jamais permis de l'abandonner à un autre. Les mêmes Loix qui condamnent de sacrilege ceux qui usurpent une place qui ne leur appartient pas, notent aussi du crime de leze-Majesté, *actione imminuti Magistratus, ac veluti lezæ-Majestatis*, ceux qui souffrent volontairement cette usurpation : les uns, disent les Jurisconsultes, parce qu'ils volent l'honneur, qui est quelque chose de divin, & les autres, parce qu'ils abandonnent un dépost que le Prince leur avoit confié, & qu'il avoit proportionné aux fonctions dont ils sont chargez pour son service, & celuy du Public.

L. 1. & 2. C. Th. Ut dignit. ordo servetur, & ibi. gl. L. 1. Si quis C. Justin. cod. tit. & ibi gl. Tacit Annal Asconius in 1 Cicer. Orat. contra Verr Sava.. ad Sid. Apoll. l 1. Ep. ult. pag. 88.

Ainsi, ceux qui s'élevent injustement, & ceux qui s'abbaissent par lascheté, sont également reprehensibles. Il est donc important que l'Officier soit instruit du veritable rang qui luy appartient. Voicy ce qui en a esté reglé à l'égard des Commissaires-Examinateurs.

On ne repetera point icy ce qui a esté prouvé dans le Chapitre precedent, que de tout tems immemorial, les Commissaires-Examinateurs du Chastelet de Paris, ont esté compris au nombre des Juges, & ont eu rang & séance avec eux.

Aux Etats Generaux tenus à Tours l'an 1483. » les Commissaires-Enquesteurs & Examinateurs » Deputez des Provinces, eurent rang & séance » au banc des Juges.

Livre bleu f. 49.

Lettres Patentes de Charles VIII. du trente-un Aoust 1493. pour le Réglement des monnoyes, publiées à Paris par les Carrefours le 21. Janvier de la même année par le Juré-Crieur, en la presence d'honorables hommes & sages Maistres Jean Lhuillier Lieutenant Civil, Pierre Quatrelivres Procureur du Roy, Germain de Merle, & Nicolas Potier Generaux des Monnoyes, Jean Guillebon, & Pierre Turquam Examinateurs au Chastelet.

Livre vert vieux f. 84. Bannieres vol. 2. f. 228. & 250 Bann. vol. 4. f. 137. Livre gris f. 176. 181. Livre rouge neuf f. 166.

Publications de paix avec l'Angleterre le 3. Juin 1444. & le 16. Aoust 1514. avec l'Espagne le 23. Aoust 1516. l'Empereur le vingt-huit Decembre de la même année, l'Angleterre le 27. Aoust 1527. l'Empereur & l'Angleterre les 9. & 28. Aoust 1529. & l'Empereur le 20. Septembre 1544. en la presence des Lieutenans Civil & Criminel, Avocats, Procureur du Roy, Conseillers & Commissaires du Chastelet.

Ceremonial François.

Arrest du Parlement du treiziéme Juillet 1556. rendu à l'occasion des Processions generales, où la Chasse de sainte Geneviéve est portée. Il porte, » que le Lieutenant Criminel, & les Commissai- » res du Chastelet, precederont les Prevost des » Marchands & Echevins.

Chenu t. 2. part. 3. tit. xi. & Fileau. t. 2. part. 3.

Arrest du Parlement de Bordeaux du 38. Juin 1570. entre Maistre Jean de la Tagerdrie Enquesteur au Bailliage de Tulle, & Maistre Martin Freissenges, Elû en l'Election de la même Ville. Par cet Arrest, l'Enquesteur est maintenu en la possession d'estre assis au Siege de Tulle, & ailleurs, au rang des Lieutenans, aprés le Lieutenant Particulier : & il est défendu aux Elûs & à tous autres de l'y troubler.

Fileau t. 2. part. 3. titre 3.

Arrest du Parlement du vingtiéme Juin 1573. C'est un Réglement entre les six Enquesteurs en la Seneschaussée de Poitiers, les Lieutenans General & Particulier, & les Conseillers du même Siege. Il porte, que les Enquesteurs auront la « place & séance en l'Audiance, dont leurs pré- « decesseurs avoient joui. Chenu qui rapporte cet « Arrest, a mis en marge de cet endroit, ces mots *avant les Avocats.*

Arrest du Parlement du vingt-sept Juillet 1579. entre les Enquesteurs & les Juges du Presidial de Chartres. Il porte, que les Enquesteurs « auront séance en leur place au Bailliage & au « Siege Presidial.

Fileau, des rangs & séances, t. 2. part. 3. titre xi Joly des Offices de France, add. au liv. 3. c. 16. p. 1897.

Arrest du Parlement du quatriéme Aoust 1579. entre Maistre Pierre Thierry, Enquesteur en la Seneschaussée & Siege Presidial de Riom, appellant d'une Sentence du Seneschal, d'une part, & quelques-uns des Avocats plaidans au même Siege. Il s'agissoit de la préséance dans une Assemblée de Ville. Le Seneschal avoit prononcé par provision en faveur des Avocats, l'Enquesteur s'en porta pour Appellant. La cause portée en la Grande Chambre, l'Enquesteur representa que le trouble luy avoit esté fait par « trois des plus jeunes Avocats, contre l'avis de leurs anciens : qu'au fond, il avoit pour luy le droit & la possession : que l'Office d'Enques- « teur avoit esté démembré, & faisoit la meilleure « partie de celuy des Juges : & que les Enques- « teurs de tous les autres Sieges estoient comme « luy dans cette possession de la préséance. Les « Avocats opposerent, que l'Enquesteur n'estant « pas gradué, ne pouvoit avoir le pas devant « eux. Monsieur de Thou Avocat General dit, « que s'il avoit esté averti de la plaidoirie de « cette Cause, il auroit apporté les Arrests ren- « dus en pareil cas, & notamment celuy d'entre « les Commissaires au Chastelet de Paris, & les « Avocats. Que par cet Arrest il avoit esté ordon- « né, qu'aux nouvelles entrées des Roys, & en « tous autres actes, les Commissaires marcheront « devant les Avocats. Il en rend cette raison, que « les Commissaires sont appellez, *in partem officii* « *Judicis*; qu'ils en exercent la meilleure & la plus « grande partie des fonctions ; & qu'ainsi il est « juste qu'ils tiennent rang aprés les Juges. Sur « quoy la Cour mit l'appel, & ce dont avoit esté « appellé, au neant, en émendant, ordonna, « que les Enquesteurs du Siege de Riom prece- « deroient les Avocats en tous Actes de Justice & « publics. «

Bann. vol. 8. f. 165. 168. & 170.

Fileau. t. 2. part. 3. titr. xi.

Arrest du Parlement du 2. Janvier 1581. entre Maistre Antoine Cardon & Jean Moisnet, Enquesteurs en la Seneschaussée de Ponthieu, d'une part, & les Avocats de ce même Siege, d'autre part, pour raison de la préséance. A la communication

munication du Parquet, l'appointement fut en faveur des Enquefteurs. Les Avocats en confentirent la reception, & ne contefterent que pour les dépens. L'affaire portée en la Grande Chambre, Monfieur l'Avocat General de Thou » dit, qu'il eftoit raifonnable, que les Enquef- » teurs, qui font la meilleure partie de l'Office » des Juges, précedaffent les Avocats, & que les » Arrefts l'avoient ainfi jugé. Sur quoy la Cour, fuivant les Conclufions des Gens du Roy, ordonna que les Enquefteurs auroient la préféance fur les Avocats.

Fileau t. 2, part.3. titre 3 Joly des Off. de France,l.3. titre 1. n.92.

Edit de Henry III. du mois de May 1583. regiftré au Parlement le 15. Janvier 1585. C'eft un Réglement general fur les fonctions, des droits & des prérogatives des Commiffaires-Examinateurs. » L'article XVII. porte, qu'attendu que leur » Office eft du nombre & des plus importans de » Judicature, le Roy voulant qu'ils foient re- » connus felon leur qualité & dignité, ils auront » entrée & féance aux Audiances, & en la Cham- » bre du Confeil, immediatement auprés des » Avocats & Procureur de Sa Majefté, & qu'en » tous lieux & Affemblées publiques, ils mar- » cheront indiftinctement aprés ces mêmes Offi- » ciers, & privativement à tous autres.

Publication de Paix avec l'Efpagne le 12.Juin 1598. en la préfence des Lieutenans Civil, Criminel & Particulier, le Procureur du Roy, quatre Confeillers, & les Commiffaires du Chaftelet.

Arreft du Parlement de Bordeaux du 4. Avril 1603. c'eft un Réglement entre tous les Officiers & Avocats du Siege de Perigord. Il porte entre » autres chofes, que l'Enquefteur fera affis aux » Audiances au deffus des Gens du Roy, & qu'en » tous actes de Juftice, & aux Affemblées gene- » rales, il précedera les Avocats. Qu'à l'égard » des Affemblées particulieres, il ne prendra rang » que du jour de fa reception en fon Office, ou » de fon immatricule d'Avocat.

Fileau, t. 2, part. 3. titre 11. & 37. Joly des Offi- ces de France, l.3.tit.17.n.13.

Arreft du Confeil d'Eftat du 1. Octobre 1604. » par lequel il eft ordonné que Maiftre Pierre » Vacherie Commiffaire-Examinateur en la Se- » nefchauffée de la Baffe Marche au Siege du » Dorat, précedera les Avocats tant au Siege, » qu'en toutes les affemblées ; & les Avocats con- » damnez aux dépens.

Chaffan. ca- talog. gloriæ mundi. Bouvot quæft. not.t.2,in ver. Advoc. qu.1. Fileau t. 2. part.3.titre11.

Arreft du Parlement de Dijon du 11. Decembre 1605. fur la conteftation formée par les Avocats aux Commiffaires-Examinateurs non Graduez. Il porte que les Commiffaires Graduez » ou non Graduez, font maintenus dans le droit » & la poffeffion de preceder les Avocats.

Arreft du Parlement, entre Mᵉ Annibal de Leftocq, Commiffaire-Examinateur à Montdidier, le Subftitut du Procureur du Roy, & les Avocats, du 15. Janvier 1606. Par cet Arreft il eft » ordonné, qu'au Siege, & en toutes autres Af- » femblées, le Commiffaire aura la préféance fur » le Subftitut, & que le Subftitut précedera les » Avocats.

Inftallation des Commiffaires-Examinateurs de Bordeaux, en la place & au rang qu'ils doivent tenir à l'Audiance,par Mᵉ du Luc Majour,Maiftre des Requeftes, le 12. May 1608.

Joly Off. de France, liv.3. titre 17 n.34.

Arreft du Parlement du 17. Octobre 1609. entre Maiftre Jean Servant, Subftitut du Procureur du Roy au Bailliage, & autres Jurifdictions de Bourges, Maiftre Joachim Arrignon, Enquefteur, & les Avocats. Cet Arreft porte, que le Subftitut aura la préféance fur les Avocats, « tant au Siege, qu'en toutes les Affemblées pu- « bliques ; & qu'il precedera les Enquefteurs « qu'en l'abfence du Procureur du Roy feulement. « Il paroift que le Subftitut avoit prétendu eftre inftalé au Siege, immediatement aprés les Gens du Roy : ce que l'Enquefteur & les Avocats avoient empêché. Ainfi lorfque l'Arreft luy donne la préféance fur l'Enquefteur, en l'abfence du Procureur du Roy, cela ne s'entend qu'à l'Audiance, lorfqu'il eft feul : de même qu'en pareil cas, le Subftitut qui reprefente Mᵉ le Procureur General, y précede les Lieutenans Generaux.

Fileau t. 1. part. 1. titre 6. Joly des Off. de France, L.3. titre 14. n.43.

Arreft du Parlement du 16. Janvier 1627. entre les Officiers de la Prevofté de Coiffy, qui ordonne, qu'en toutes Affemblées publiques, « & en tous lieux, le Commiffaire-Examinateur « aura rang & féance immediatement aprés le « Procureur du Roy. «

Fileau t. part.3.titre 3.

Publication de Paix avec l'Efpagne le 14 Fevrier 1660. en la prefence de Meffieurs d'Aubray & Tardieu, Lieutenans Civil & Criminel, Ferrand Lieutenant Particulier, quatre Confeillers, Mᵉ de Riants Procureur du Roy, & fix Commiffaires.

Arreft du Parlement du 21. Aouft 1660. par lequel il eft ordonné, qu'à l'entrée du Roy & « de la Reine, & en toutes autres ceremonies, les « Commiffaires marcheront immediatement aprés « les Confeillers, Avocats, & Procureur du « Roy.

Le Roy ayant fait l'honneur aux Officiers du Chaftelet de les mander à faint Germain en Laye le 11. Septembre 1667. Meffieurs les Lieutenans Civil & Criminel,fix Confeillers l'Avocat du Roy & fix Commiffaires eurent audiance de Sa Majefté. C'eftoit au fujet de la paix faite avec l'Angleterre. Elle fut publiée le 13. du même mois, en la prefence des mêmes Officiers.

Dans toutes les autres publications de paix qui ont efté faites depuis, & que l'on abbrege, les Commiffaires ont toujours tenu ce même rang immediatement aprés les Magiftrats.

Edit du mois d'Octobre mil fix cens quatrevingt-treize, portant nouvelle création de Commiffaires-Examinateurs dans les Provinces. Cet Edit contient un dénombrement fort exact de tous leurs droits, de toutes leurs fonctions ; & entre autres, qu'ils auront rang & féance tant, aux Audiances, qu'en la Chambre du Confeil, immediatement aprés les Avocats & Procureurs du Roy.

CHAPITRE X.

Des privileges accordez par nos Roys aux Commissaires-Examinateurs.

Aprés la prérogative du rang, il n'y en a point de plus importantes & qui relevent davantage les Offices, que celles des privileges. Ce sont des marques de distinction que les Princes accordent à leurs Officiers, pour leur donner plus d'autorité & de consideration, & pour leur faciliter l'exercice de leurs emplois.

De ces privileges il y en a de deux sortes. Les uns attribuent des droits utiles & honorifiques, comme sont ceux de Garde-gardienne, de *Committimus*, de Franc-salé & de Veterance.

Les autres exemptent de charges, & de droits serviles & onereux: telles sont les exemptions des droits d'Aïdes, de tailles ou autres impositions, de logemens de gens de guerre, de tutelle, curatelle, ou charges de Ville: *Quia occupati circà majora, non vocantur ad minora,* selon la pensée d'un ancien Jurisconsulte sur ces sortes d'exemptions. Il n'y a aucuns de ces privileges dont les Commissaires-Examinateurs n'ayent esté honorez par nos Roys. L'on en parcourra icy les preuves en les renfermant chacune sous sa classe particuliere.

Bald. in leg. C. de Tutor. & Curator.

§. Premier. *Du droit de Garde-gardienne.*

Bann. vol. 1. fol. 178. & 45. vol. 2. fol. 65.& vol. 5. fol. 78: & 201.

Ce droit, qui a esté expliqué ailleurs, a esté accordé aux Commissaires du Chastelet de Paris, par Lettres Patentes du mois d'Octobre 1485. en ces termes. Voulons & ordonnons que toutes les causes & querelles desdits Examinateurs & leurs successeurs, tan en demandant, qu'en défendant, & aussi de leurs veuves, soient commises pardevant nôstre Prevôst de Paris ou son Lieutenant ; en faisant inhibitions & défenses de par Nous, sur grandes peines, à tous Juges ou leurs Lieutenans, pardevant lesquels lesdits Examinateurs ou leurs veuves ont ou auront aucunes causes muës

ou à mouvoir, où ils se voudront adjoindre ou prendre l'aveu, charge, garentie & défense ; qu'icelles causes ils renvoyent pardevant nostredit Prevost ; & à leur refus ou delay, voulons que le premier Sergent sur ce requis fasse ledit renvoy.

Ce privilege leur a depuis esté confirmé par Lettres Patentes de François I. du mois de Février 1516. de Henry II. du mois de Septembre 1548. de Loüis XIII. du mois de Juillet 1610. & de Loüis XIV. du mois de Mars 1650: toutes ces Lettres registrées au Parlement, & ailleurs où besoin a esté.

§. II. *Du droit de Committimus aux Requestes de l'Hostel & du Palais.*

Les Commissaires du Chastelet sont en possesion de temps immemorial du droit de *Committimus* aux Requestes de l'Hostel & du Palais. L'ancien Rolle ou *Sciendum* de la Chancellerie, qui contenoit les droits qui avoient ce droit d'antiquité, s'estant trouvé perdu, le Roy ordonna qu'il en seroit fait un nouveau. Cela fut executé le 9. Février 1621.

Ce nouveau *Sciendum* conforme à l'ancien, & qui le confirme, commence par les Princes, les Officiers de la Couronne, Chevaliers des Ordres, Conseillers d'Estat, Maîstres des Requestes, Officiers des Cours Superieures, Thrésoriers de France, Secretaires du Roy, & les Officiers Commensaux des Maisons Royales. Vient ensuite l'article où les Commissaires du Chastelet sont compris en ces termes. Les principaux Officiers, Conseillers & Commissaires du Chastelet de Paris, Conseillers du Thrésor, Table de Marbre, Amirauté, Connestablie, Elûs, & Baillage du Palais & Hostel de Ville en joüiront, comme ils ont cy-devant fait.

Ce droit a depuis esté confirmé aux Commissaires du Chastelet par Lettres Patentes du mois de Mars 1650. & par d'autres Lettres Patentes du mois de Juin 1668.

Dans la réforme qu'il plut au Roy de faire par son Edit du mois d'Aoust 1669: Sa Majesté réduisit le droit de *Committimus*, à l'égard des Officiers du Chastelet, aux Prevôst, les Lieutenans Generaux Civil, de Police, & Criminel, & Particulier, & le Procureur du Roy. Ainsi les Commissaires se trouverent du nombre des retranchez.

Mais ils furent restablis & remis au nombre de ceux qui doivent joüir de ce privilege, par Arrest du Conseil du 3. Juillet 1674. & par des Lettres Patentes qui furent expediées en consequence le 24. Aoust de la même année.

Le Roy ayant depuis ordonné par Arrest du 22. Janvier 1678. que tous ceux qui prétendoient joüir de ce droit rapportassent leurs titres ; & cependant qu'il seroit sursis à leur expedier des Lettres de *Committimus* : les Commissaires satisfirent à l'Arrest, representerent leurs titres ; & par un dernier Arrest au raport de Mr le Pelletier Conseiller d'Estat, du 7. May 1680. la surséance fut levée à leur égard ; & il leur fut ordonné qu'ils continueroient de joüir du droit de *Committimus*, conformément à leurs attributions.

§. III. *Du droit de Franc-salé.*

Depuis l'establissement des Gabelles sous Charles V. les Commissaires du Chastelet de Paris, comme plusieurs autres Officiers, avoient joüi du droit de Franc-salé, qui consistoit à prendre à la Gabelle le sel necessaire pour la provision de leur maison, en payant seulement le prix

que le Roy en payoit au Marchand : les Commissaires en prenoient ordinairement deux minots.

François I. pour fournir à la dépense des guerres qu'il eut à soustenir, augmenta ce droit de gabelle de 24. liv. par muid, & fit défenses

ſes aux Officiers des greniers à ſel d'en délivrer à aucune perſonne ſans payer ce droit.

Bannieres vol. 3. fol. 95. Ce Prince reçut les tres-humbles remontrances
de ſes Officiers;& par Lettres Patentes du 21. Mars
1521. il ordonna aux Grenetiers & Contrôleurs des
Gabelles, de délivrer aux Prevoſt de Paris, ſes
Lieutenans Civil & Criminel, Avocats & Procureur de Sa Majeſté, Conſeillers & Examinateurs, aux Greffiers Civil & Criminel du Chaſtelet, & au Receveur du Domaine de Paris,
le ſel neceſſaire pour la proviſion & dépenſe de
leurs Hoſtels, ſans payer aucun droit de gabelle, ny autre choſe que le prix du Marchand,
ainſi qu'ils en avoient jouy avant les défenſes:
déclarant Sa Majeſté n'avoir entendu les y comprendre.

Lettres Patentes du mois d'Aouſt 1648. par
» leſquelles le Roy confirme aux Commiſſaires
» du Chaſtelet & à leurs veuves pendant leur
» viduité leur droit de Franc-ſalé; mais le reduit
» à un minot ſeulement, qu'il ordonne leur eſ-
» tre délivré, ſur leurs certificats, par les
» Officiers du Grenier à ſel, les Fermiers ou Ad-
» judicataires des gabelles, ſans qu'ils ſoient
» tenus de payer autres droits que le prix ancien
» du Marchand, ainſi qu'il eſtoit accouſtumé; &

ce en attendant que la commodité des affai- «
res de Sa Majeſté luy permiſt de reſtablir les «
deux minots dont ils avoient jouy ancienne- «
ment. «

Ce droit leur a depuis eſté confirmé & à leurs
veuves, par d'autres Lettres Patentes du mois
de Septembre 1650. 18. Novembre 1657. mois de
Juin 1668. & du 27. Aouſt 1674.

Par les Ordonnances qu'il a plû au Roy de
faire ſur le fait des Gabelles au mois de Juin
1680. Sa Majeſté a fixé ce qui doit eſtre payé
par les Privilegiez, pour chaque minot de leur
Franc-ſalé; & en a fait quatre claſſes. La premie-
te, qui doit payer cinquante ſous. La ſeconde,
quatre livres dix ſous. La troiſiéme, ſept livres.
Et la quatriéme, dix livres. Les Officiers du
Chaſtelet ſont de la ſeconde.

Ces mêmes Ordonnances portent auſſi, que les «
veuves des Officiers Privilegiez continueront d'en «
jouïr pleinement pendant qu'elles ſeront veu- «
ves, & qu'il n'y aura point un autre Titulaire «
jouïſſant du même droit. Qu'elles en ſeront «
privées pour le tout, par leurs ſecondes nô- «
ces; & pour moitié, par la jouïſſance d'un «
autre Titulaire. «

§. I V. *Exemptions du droit d'Aides, & autres impoſitions pour les vins & grains de leur crû.*

Les droits d'Aides furent eſtablis par Charles
Mezeray hiſt. de France. V. du conſentement des Eſtats Generaux aſſemblez le 7. Decembre 1369. pour ſouſtenir la guer-
re qu'il avoit alors contre les Anglois. Elles ſe
levoient ſur le vin, à raiſon d'un treizième en
gros, & d'un quart en détail.

Bann. vol. 1 fol. 178 & 465. & vol. 5. fol. 78. Charles VI. accorda ſes Lettres Patentes le 14.
Juillet 1410. à ſon Procureur & aux ſeize Exa-
minateurs au Chaſtelet de Paris. Elles portent,
» qu'ils pourront vendre & debiter en gros &
» en détail tous les vins, grains & autres denrées
» qui croiſtront en leurs heritages ou de leurs
» femmes, ou bon leur ſemblera, ſans qu'ils
» ſoient tenus de payer au Roy où à ſes Officiers
» preſens & à venir aucunes impoſitions, qua-
« triéme, treizième & autres aides ou redevan-

ces quelconques. «

Cette exemption leur a eſté confirmée par
Lettres Patentes du mois de Janvier 1423. Octobre 1459. Octobre 1485. avec extenſion de ce
même privilege à leurs veuves pendant leur viduité, Février 1516. & Septembre 1548.

Les Commiſſaires-Examinateurs ſeuls en ont
depuis obtenu la continuation, & l'exemption
de tous droits de ponts, paſſages, péages, aides, & autres impoſitions & ſubſides pour leurs
vins, grains, bétail, fruits, & autres denrées
par Lettres Patentes du mois de Juillet 1607.
Juillet 1610. Mars 1650. & par des Lettres de
Surannation & de Juſſion du 31. Decembre
1660. pour l'enregiſtrement des dernieres.

§. V. *Exemptions de Tailles, emprunts, & autres ſubſides ordinaires & extraordinaires.*

Les Commiſſaires au Chaſtelet de Paris n'ont
pas beſoin de cette exemption. Les privileges
de Citoyens de la Ville Capitale leur ſuffiſent
pour en jouïr, puiſqu'elle en fait partie: mais
elle fut accordée à ceux des Provinces par Lettres Patentes du mois de Juin 1586. en ces

termes.

Jouïront ſemblablement leſdits Officiers «
tant & ſi longuement qu'ils ſeront pourvûs «
deſdits Offices, de l'exemption & affranchiſ- «
ſement de nos tailles, emprunts, ſubſides & «
contributions ordinaires & extraordinaires. «

§. V I. *Exemptions de logemens de gens de guerre, & de la ſuite de la Cour.*

Lettres Patentes de Charles IX. du 3. Juillet 1568. par leſquelles, en conſideration des ſer-
vices que les Commiſſaires au Chaſtelet de Paris rendent au Roy & au public dans la Police,
» Sa Majeſté les declare francs & exempts, les
» affranchit & exempte, enſemble leurs Succeſ-
» ſeurs és mêmes Offices, de loger en leurs mai-
» ſons les gens & perſonnes de la ſuite de la
» Cour, de quelque qualité qu'ils ſoient, ny
» aucunes garniſons qui pourroient eſtre miſes
» dans la Ville & Fauxbourgs de Paris; faiſant
» Sa Majeſté défenſes à tous Mareſchaux-des-
» Logis, & à tous Fourriers de marquer ou
» faire marquer leurs maiſons d'habitations,
» à peine d'eſtre punis comme infracteurs des
» Ordonnances.

Ce privilege leur a depuis eſté confirmé par
Lettres Patentes des mois de Juillet 1607. &
Mars 1650.

Sentence contradictoire de la Prevoſté de
l'Hoſtel du 23. Juin 1693. entre le Sieur d'Atis
Lieutenant des Cent-Suiſſes de la garde du Roy,
& les Fourriers de la même compagnie, d'une
part, & Mᵉ Pierre du Meſgnil Conſeiller du
Roy, Commiſſaire au Chaſtelet de Paris, d'autre partr. Elle porte, après avoir vû les Pieces
miſes ſur le Bureau, & oüi le Procureur du
Roy, que le Commiſſaire du Meſgnil eſt maintenu & gardé en la poſſeſſion & jouïſſance des «
privileges, droits & exemptions attribuez à «
ſa Charge par les Edits & Déclarations du «
Roy; & en conſequence il eſt déchargé du «
logement

» logement qui avoit efté donné au Sieur d'Atis » dans une maifon à luy appartenante, fife ruë » Montorgueil. Fait défenfes aux Fourriers & » autres Officiers de la Compagnie des Cent- » Suiffes de donner buletin ou logement pour » cette maifon ; à la charge neanmoins de l'oc- » cuper en perfonne par le Sieur du Mefnil, » en cas qu'il foit diftribué pour fes fonctions » de Commiffaire dans le quartier où elle eft » fituée.

Arreft du Confeil d'Eftat du 18. Février 1697. entre les proprietaires des maifons du quartier Montmartre, d'une part, & le Sieur Marquis de Courtenvaux Capitaine des Cent-Suiffes de la garde du Roy, d'autre part, pour raifon du logement de la Compagnie des Cent-Suiffes dans » ce quartier. Cet Arreft porte, que les maifons » comprifes au certificat du Sieur de Cavoye » Grand Marefchal des Logis du 20. Janvier » 1687. font fujettes au logement de la Compa- gnie des Cent-Suiffes ; à l'exception neanmoins « de celles qui feront occupées en tout ou par- « tie par les particuliers qui fe trouveront Offi- « ciers deS. M. & des Princes ou Princeffes jouïf- « fans des privileges de Commenfaux ; Prefidens « Confeillers & Gens du Roy du Parlement ; « Prefidens, Maiftres, Correcteurs, Auditeurs & « Gens du Roy de la Chambre des Comptes ; « Prefidens, Confeillers & Gens du Roy de la « Cour des Aides, & de la Cour des Monnoyes; « Secretaires du Roy, & Officiers de la grande « Chancellerie ; Prefidens, Confeillers, & Gens « du Roy du Grand Confeil, & Commiffaires « du Chaftelet, fans qu'aucun autre en puiffe « eftre exempt. «

Edit de création des Commiffaires de Police dans les Provinces, du mois de Novembre 1699. Il porte, entr'autres chofes, que ces Officiers « feront exems du logement des gens de guerre. «

§. VII.   *Exemptions de toutes Charges de Ville, & publiques.*

Lettres Patentes de Charles IX. du 3. Juillet » 1568. par lefquelles les Commiffaires-Exami- » nateurs au Chaftelet de Paris font déclarez » exems & affranchis du fervice & compara- » tion à tous guets, gardes & fentinelles, qui » ont efté & qui feront ordonnez pour la fûreté » & défenfe de la Ville de Paris. Fait Sa Ma- » jefté défenfes tres-expreffes aux Quarteniers, » Dizainiers, Cinquanteniers, & Capitaines » ordonnez par les quartiers, & à tous autres » Officiers de Ville, de les comprendre dans » les rôlles qu'ils font de ceux qui font fous » leur charge, quartiers, dizaine & cinquan- » taine, fous quelque pretexte & occafion que » ce foit, à peine d'eftre déclarez defobeïf- » fans, & punis comme infracteurs des Ordon- » nances.

Cette exemption de toutes Charges publiques en termes generaux fut confirmée aux Com- « miffaires, & eftenduë à ceux de toutes les au- tres Jurifdictions des Provinces, par Lettres Patentes du mois de May 1583.

Elle a efté confirmée depuis aux Commiffai- res du Chaftelet de Paris en particulier, par Lettres Patentes des mois de Juillet 1607. Juil- let 1610. & Mars 1650.

Arreft du Parlement du 27. Novembre 1694. confirmatif d'une Sentence du Chaftelet du 27. Février 1694. par laquelle Me Loüis Hierof- « me Daminois Confeiller du Roy, Commif- « faire au Chaftelet, eft déchargé de la nomi- « nation que l'on avoit faite de fa perfonne pour « Marguillier comptable de la Paroiffe de faint « Roch, & ordonné qu'il feroit procédé à nou- « velle élection d'un Marguillier. «

§. VIII.   *Exemption de Tutelle & de Curatelle.*

Ce privilege eft compris dans l'exemption gen-rale de toutes Charges publiques, & a efté ainfi interpreté par les titres fuivans.

Sentence du Chaftelet de Paris du 7. De- » cembre 1571. par laquelle Me Nicolas Martin » Commiffaire, la Communauté intervenante, » & le Procureur du Roy joint avec eux, fut » déchargé de l'acceptation d'une Tutelle, at- » tendu les foins de Police dont les Commif- » faires font chargez.

Arreft du Parlement du 15. Février 1575. qui » décharge Me Renault Chambon Commiffai- » re au Chaftelet de Paris, d'une Tutelle, fur » ce même motif des foins de la Police qui oc- » cupent affez les Commiffaires.

Lettres Patentes de Henry III. du mois de May 1583. contenant le Réglement general des fonctions, prérogatives, & privileges des Com- « miffaires-Examinateurs. Elles portent, entr'au- tres chofes, qu'ils font exems & affranchis « de toutes Charges publiques, fans qu'ils puif- « fent eftre contraints de les accepter & exercer, « fi bon ne leur femble. «

Sentence du Chaftelet de Paris du 10. No- vembre 1584. par laquelle Me François Coletet « Commiffaire eft déchargé d'une Tutelle, at- « tendu le privilege de la Charge. «

Edit du mois de Novembre 1699. portant création de Commiffaires de Police dans toutes les Villes du Royaume, où les Lieutenans Ge- neraux de Police ont efté eftablis ; par lequel le Roy déclare qu'il entend que ces Officiers « jouïffent de l'exemption de Tutelles & de Cu- « ratelles. «

§. IX.   *Du droit de Veterance.*

Les fervices des Officiers qui fe font diftin- guez dans des emplois honorables, & qui ont des privileges, ont toujours efté recompenfez par nos Roys, en accordant des furvivances aux peres pour leurs enfans, ou des Lettres de Veterance, qui confervent aux peres, même pendant leur vie, tous les honneurs & tous les privileges attachez à l'Office qu'ils ont exer- cé pendant vingt ans.

Les Commiffaires du Chaftelet de Paris ont fouvent efté honorez de ces marques de dif- tinction. En voicy quelques exemples choifis entre plufieurs autres.

Lettres de François I. du 3. Septembre 1537. Elles portent, que le Roy eftant informé des « bons fervices que Me Romain Martineau « Commiffaire au Chaftelet de Paris luy avoit « rendus & à l'eftat ; efperant que Me Nicolas « Martineau fon fils Licentié és Loix imitera « les bons exemples de fon pere : Sa Majefté, « » en

» en confequence de la réfignation du pere, » donne & octroye au fils l'Office de Commif-» faire-Examinateur , & au furvivant des deux; » pour l'exercer par le pere & le fils l'un en » l'abfence de l'autre, & par le furvivant , aux » honneurs , autoritez , privileges , franchifes , » droits, profits & émolumens accoustumez ; » fans que par le trépas du premier décedant, » l'Office puisse estre dit vacant, & fans qu'il » fust befoin par le furvivant d'en obtenir de » nouvelles Lettres, ny d'en prendre nouvelle » possession ou institution.

Ban. vol. 12. fol. 187.

Lettres de Veterance accordées par le Roy à Me Jacques Auttruy le 23. Avril 1658. pour les bons & fidelles fervices qu'il avoit rendus pendant trente-cinq ans au Roy & au Public en l'Office de Commissaire-Examinateur au Chastelet de Paris.

Ban. vol. 12. fol. 181.

Lettres de Veterance accordées par le Roy à Me Claude le Vacher le 25. Avril 1658. pour les bons & agréables fervices qu'il avoit rendus

pendant quarante-deux ans au Roy & au Public en l'Office de Commissaire-Examinateur au Chastelet de Paris, à l'imitation de Me Michel le Vacher fon pere, qui avoit exercé la même Charge pendant plusieurs années.

Lettres Patentes du mois de Juin 1668. par lesquelles le Roy déclare qu'il veut & entend , « que fes Conseillers Commissaires au Chastelet, « qui auront acquis le droit de Veteran, jouïf- « fent des mêmes privileges & des mêmes droits « honoraires dont jouïssent ceux qui font ac- « tuellement en charge; & que les veuves jouïf- « fent des mêmes privileges pendant leur vi- « duité. «

Depuis ce temps il y a encore eu des Let- tres de Veterance accordées à Me Jean Banne- lier le 7. Septembre 1668. Me Laurent Camin, avec difpenfe de trois ans de fervice pour ac- complir les vingt ans , le 4. Juillet 1677. & à Me Jacques Lavoine le 29. Mars 1683.

Ban. vol. 12 fol. 31.

CHAPITRE XI.

Que ce n'est pas feulement dans les Gaules ou en France que l'ufage des Commiffaires-Examinateurs s'est confervé. Qu'il est encore le même dans la Ville de Rome qu'il estoit du temps des Cefars, & qu'il est dans cette même vigueur dans tous les autres Estats dont l'ordre & la difcipline ont acquis le plus de reputation.

AUgufte partagea la Ville de Rome en qua-torze Regions ou quartiers , & y establit des Commissaires lorfqu'il en réforma la Poli-ce (comme il a esté prouvé en fon lieu.) Cet establissement dans la fuite des temps a toujours paru d'une fi grande utilité, que toutes les révolutions arrivées dans la decadence de l'Empire n'y ont apporté aucun changement. Les Goths en conferverent l'ufage, & il fe trou-va encore dans fa vigueur lors que la Ville de Rome fut délivrée de la tyrannie de ces Ufur-pateurs par nos Roys, & qu'elle fut renduë par leur pieté la Capitale du Monde Chref-

tien. Tous les changemens qui font arrivez fous la domination des Souverains Pontifes, fi dif-ferente de celle des Empereurs Payens, & des Roys Barbares, n'en ont apporté aucun à l'or-dre public à cet égard. La Ville de Rome est encore aujourd'huy divifée, comme elle l'estoit du temps des Cefars, en quatorze Regions ou quartiers, que les Italiens nomment Rio, par corruption du Latin, Regio. Ils en ont feule-ment changé les noms. L'on peut voir par cette Table des anciens & des nouveaux en quoy confiste cette difference.

Noms Anciens.	Noms Nouveaux.
REGIO.	RIO.
I. Porta Capena.	Treveio ou de la Treia.
II. Cœli Montium.	Di Monti.
III. Ifis & Serapis moneta.	Colonna.
IV. Via facra , aliàs Templum Pacis.	De fant' Eustachio.
V. Efquilina.	De Ponte.
VI. Alta femita.	De la Regola.
VII. Via lata.	De la Ripa.
VIII. Forum Romanum.	De Transtevere.
IX. Circus Flaminius.	De Campo Marzo.
X. De l'alatio.	Du Patrione.
XI. Circus maximus.	De Campidoglio.
XII. Pifcina publica.	De la Pigna.
XIII. Aventinus.	De fant' Angelo.
XIY. De Tranftiberina.	Du Borgo.

Statut five jus munic. Rom. Joan. Bafen-zoni. cap. 18. de Off. Capit. Region.

Il en est arrivé de même des Officiers que du partage des Quartiers de la Ville. Ils font ac-tuellement le même nombre de dix-huit qu'ils estoient du temps des Empereurs. Il n'y a eu d'autre changement, finon qu'au lieu de cet an-cien nom, Curatores Regionum Urbis, on les nom-

me aujourd'huy en Italien Capurioni, du Latin, Capita Regionum Urbis, Chefs des Quartiers de la Ville. Quant à leurs fonctions elles font tou-jours les mêmes ; & leur conformité avec cel-les de nos Officiers que nous venons de par-courir dans les Chapitres precedens, est une
une

une preuve bien évidente, que les uns & les autres tirent leur origine de la même source. Voicy ce que nous en apprennent les Statuts ou Loix municipales de la Ville de Rome, qui sont aujourd'huy en usage.

Ils sont toujours distribuez comme ils ont esté dés leur premier establissement, dans les 14. quartiers de la Ville. *Capita Regionum appellantur, quia singuli propriam habent regionem custodiendam.*

C'est à eux d'entretenir de tout leur pouvoir la tranquillité publique, d'empêcher qu'il ne se commette quelque violence dans leurs quartiers, remedier à celles qui arrivent, ou en avertir les Magistrats de Police. *Ad curam Capitum Regionum pro posse custodire, ne quid violentiâ fiat : violentias autem comprimere, aut Conservatoribus nunciare.* C'est dans cette vûe aussi qu'ils empêchent le port d'armes défenduës ; *arma ab illicitè deferentibus in earum regiones auferre*, & qu'ils sont chargez d'appaiser autant qu'il est en leur pouvoir, les querelles & les procez dés leur naissance ; *quæstiones & differentias tollere.* Ils doivent aider de leurs conseils & de leur secours, les Citoyens de leurs quartiers, dans leurs affaires les plus importantes lors qu'ils en ont besoin, & qu'ils ont recours à eux. Ce Statut donne icy pour exemple les Mariages, comme l'un des principaux évenemens de la vie ; *homines tàm mares quàm fœminas, ad matrimonium habiles, & contrahere volentes, si opus sit, consilio & factis juvant.*

Veiller que chacun des Citoyens s'applique à une profession honneste pour gagner sa vie ; observer ceux qui vivent mal, & dans l'oisiveté, ou qui dépensent au de-là de leurs facultez ; les exhorter à choisir quelque honneste exercice pour gagner leur vie, sinon les deferer aux Magistrats. *Malè & ultrà modum facultatem, aut sine exercitio viventes, hortari & movere ad exercitium aliquod animam & operam applicent, aliàs superioribus deferre.*

Chasser de leurs quartiers les gens de mauvaise vie, qui viennent se loger auprès des gens d'honneur. *Inhonestè viventes ab honestis vicinis suæ regionis expellere.*

Faire aussi sortir de leurs quartiers les Estrangers oisifs & faineans, sinon en avertir les Magistrats de Police. *Advenis otiosis in eorum regionibus commorantibus, & nihil agentibus, commeatum dare, aut Superioribus deferre.*

Les soins des bastimens, & de la voye publique leur sont aussi confiez. *Ædificare volentibus in eorum regione favere, impedientes reprimere.*

C'est à eux d'assembler les Citoyens de leurs quartiers, lors qu'il est necessaire de pourvoir à quelques besoins publics, & de les conduire selon les ordres des Magistrats. *Cives regionis convocare ad singulas civitatis necessitates, & eos juxtà Superiorum jussum conducere.*

Ils ont l'inspection sur les Boulangers, les Bouchers, les Marchands de poisson, de fruits ; & des autres vivres : sur tous les Arts & Mestiers, sur les poids & les mesures ; & plusieurs autres fonctions de Police, que l'on abrege, pour n'estre pas trop long.

Ils élisent tous les ans avec beaucoup de ceremonie l'un d'entr'eux pour estre leur Chef ou Doyen, sous le titre de *Prior.* C'est celuy-cy, avec les trois Conservateurs du Peuple Romain, choisis du Corps de la Noblesse, qui sont les quatre Magistrats de la Police de Rome.

Ce Doyen des Commissaires a le droit, comme les trois autres Magistrats, de porter dans les ceremonies, la robe de Senateur. Elle est de brocard d'or à l'antique. Il a aussi toujours com-

Tome I.

me eux quatre estafiers, avec la livrée de velours rouge galonnée d'or, entretenus des deniers communs de la Ville ; & il est l'un des *Signori del Soglio*, c'est-à-dire, l'un de ceux qui assistent le Pape aux grandes ceremonies, & qui ont place sur l'estrade où est le trône de Sa Sainteté.

Ils doivent assister tous les jours, du moins par leur Doyen, à l'assemblée des Conservateurs au Capitole, où l'on traite des affaires de Police. *Conservatoribus dictim assistere, saltem per eorum riorem ; & ils s'y trouvent tous lors qu'ils en sont avertis. Et omnes si requisiti fuerint ad Concilium unà cum aliis deputatis vocati venire.*

Ils ont voix deliberative dans toutes les Assemblées de Police, & dans tous les conseils qui se tiennent pour les affaires publiques, & y demeurent jusqu'à la fin. *Restè & fideliter consulere, ante concilii finem de concilio non redire.*

Ils doivent enfin tenir la main, que tout ce qui est arresté dans ces assemblées, toutes les Ordonnances, & tous les Réglemens qui concernent l'ordre public & la Police, soient executez. *Et assistere favoribus opportunis, ut statuta & ordines Civitatis serventur.* C'est par-là que finit le Chapitre qui les concerne dans les Ordonnances politiques de la Ville de Rome.

Il n'y a pas jusqu'au lieu de leur Assemblée, qui ne prouve cette antiquité : c'est l'un des plus beaux appartemens du Capitole : il est orné de peintures & de statuës fort estimées. C'est le même qui estoit occupé par leurs prédecesseurs du tems des Cesars : cela paroist par une ancienne inscription dediée à l'Empereur Trajan par ceux qui remplissoient sous son regne ces Offices de Commissaires dés quartiers de la Ville. L'inscription est gravée sur l'une des faces d'un grand marbre de forme cubique ; posé sur la porte de cet appartement ; & les noms des Officiers estoient gravez sur les deux autres faces de ce marbre. Il n'y reste plus que l'inscription, & les noms des Officiers des premier, dix, douze, treize & quatorziéme Quartiers, les autres sont effacez par l'antiquité. Au dessous des noms des deux Commissaires de chacun Quartier, sont les noms des deux Denonciateurs, & ensuite ceux des *Vico-Magistri*, & le nombre des ruës du Quartier. Cette piece se peut voir sans aller fort loin, elle est dans *Gruterius, de inscriptionibus Romanorum.*

Les Loix & la domination des Romains ayant penetré jusqu'en Espagne, en Angleterre, & en Allemagne aussi bien que dans les Gaules, l'usage de ces mêmes Officiers y fut aussi-tost establi, & s'y est conservé jusqu'aujourd'huy.

Les Espagnols & les Portugais ont leurs Regidors, ou Correcteurs des Quartiers de leurs principales Villes sous le Corregidor, qui en est le Magistrat de Police. Il sont chargez de tous les premiers soins du bien public, & font de frequentes visites, suivis de leurs Huissiers, pour y tenir la main. Dans les actions solemnelles ils sont vestus d'une robe de velours cramoisi, & chacun d'eux est précedé de deux Massiers.

Les *Justice of peace*, ou Justiciers de paix, que Smithe dans son Traité *de Republicâ Anglorum*, nomme *Irenarche*, Pacificateurs, & qu'un autre Auteur qualifie, *supervisores, Inspectores*, exercent les mêmes fonctions en Angleterre. L'Histoire des derniers troubles, & nos Gazettes, sans rechercher plus loin, nous en fournissent les preuves. Il y est fait mention d'une infinité de conjonctures, des ordres donnez à ces Officiers, de réveiller leur attention sur tout ce qui concerne

Davit. Le monde, où la description generalle de ses quatre parties tom. 1. de l'Europe.

Thom Smithi de Republ. Anglorum, l. 2 capit. 22.

Vr. Thorn. sub ann. 1363. apud Cangii sub lit. S. fol. 1023.

E e ij

concerne la recherche des crimes & des abus qui se commettent contre les Loix. On les y voit en exercice faire des visites & perquisitions dans tous les Quartiers des Villes , informer des crimes , faire arrêter les coupables , les interroger , veiller qu'il ne s'introduise rien de nouveau contre la Religion , ou la pureté des mœurs ; faire la recherche des Livres & Ecrits défendus , pour les faire supprimer ; pourvoir à la subsistance des Citoyens , & à tous les autres besoins publics. Ils ont sous eux dans chaque Quartier , deux autres Officiers nommez Connestables , qu'ils choisissent eux-mêmes entre les Bourgeois du Quartier , pour les accompagner dans leurs fonctions de Police , executer leurs ordres , découvrir les fautes , appaiser les querelles , ou arrêter les coupables , & les conduire devant l'un des Justiciers de paix. Smithe les nomme par cette raison , Gardes de la paix. *Custodes pacis.*

Les Allemans dans plusieurs de leurs Villes , ont aussi établi la même Police : celle de Groningue , qui en est à l'extrémité , nous en fournit l'exemple. Voicy ce qu'en dit l'Auteur qui nous en a donné la description & l'Histoire. *Alii quoque sunt octo viri regionum urbis Magistri , bini ex singulis Regionibus delecti, honore & autoritate non postremi.* Ils nomment ces Officiers dans la langue du Païs *Klustmeisters.*

Cet establissement enfin est si conforme à la droite raison , que toutes les Nations bien disciplinées , nonobstant l'éloignement des lieux , & toutes les autres differences de Loix , de Religion & de mœurs , & sans se concerter entr'elles , ont eu sur ce point la même pensée , & ont tenu à peu prés la même conduite.

Les Chinois qui n'ont jamais eu aucune connoissance des Loix Greques ny Romaines , & qui sont sans contredit les plus sages & les plus habiles Politiques de toutes les Nations de l'Asie , nous sont gárants de cette verité. Toutes leurs Villes , par rapport à la Police , sont partagées en differens Quartiers ; les Quartiers subdivisez en ruës , & les ruës en dizaines. Dans chaque dizaine il y a un Officier , qui doit connoître toutes les personnes qui en occupent les maisons , en tient des rolles , les visite quand bon luy semble , & veille sur tout ce qui s'y passe. Un autre Officier a l'inspection sur toute la ruë , & commande aux Dizainiers ; & au dessus d'eux tous , il y a un Chef du Quartier. Tous les autres rendent compte à celuy-cy de ce qui se passe : c'est luy qui est chargé du soin d'y maintenir les Loix qui concernent la Religion , le service du Prince , ou le bien public. Il informe des contraventions , fait arrêter les coupables , & en refere au premier Magistrat de la Ville , pour y donner les derniers ordres , qu'il fait en suite executer.

Tous ces exemples , & cette uniformité de conduite de toutes les Nations , sont de puissantes preuves de l'antiquité , & de l'utilité des Officiers , dont l'usage est parvenu jusqu'à nous , sous le titre de Commissaires-Examinateurs , ou de Commissaires des Quartiers de la Ville.

Thom. Smit. de Rep. Angl. l.2.c. 19. & 25.

Ubbonis Emmii de agro Frisiæ, deque Urbe Groningæ.

Histoire de l'Edit de l'Empereur de la Chine, en faveur de la Religion Chrestienne.

TITRE XII.

Des Conseillers.

CHAPITRE PREMIER.

Origine, prérogatives & fonctions des Conseillers. Qu'il y en a eû dans toutes les plus celebres Republiques de l'antiquité, & dans tous les Estats bien disciplinez. Exemples des Hebreux, des Grecs, & des Romains.

DE tous les Officiers, il n'y en a point qui participent tant à la dignité des Magistrats, que ceux qui ont esté establis pour leur donner conseil dans leurs Jugemens. Ils partagent avec eux l'éminente qualité de Juge; on ne peut rien concevoir de plus grand.

Prov. cap. 8. v. 15. Isaye cap. 33. v. 22. Le droit de juger les hommes, n'appartient en propre, & par nature, qu'à Dieu. C'est luy seul qui est veritablement leur Seigneur, leur Maistre & leur Juge; & c'est de cette divine source, que sont émanées toutes les puissances de la terre. Les Souverains ont reçû de Dieu même l'exercice de ce droit; & c'est en cela principalement, qu'ils sont d'une maniere qui leur est toute particuliere, ses Lieutenans & ses images vivantes en terre.

Aussi lors qu'il a plû à Dieu de se choisir entre toutes les Nations, un Peuple particulierement dévoüé à son service, luy qui impose toujours à chaque chose le nom qui convient à sa nature, ne voulut point que le Chef de cette Republique cherie, portast d'autre titre pour exprimer sa souveraine dignité, que celuy de Juge.

Il est vray que le Seigneur accorda dans la suite aux instantes prieres de son Peuple, qu'il seroit gouverné par des Roys, comme les autres Nations : mais en même temps addressant sa parole à ces Princes, il les avertit par ses Pro- *Proverb. 16. v. 12. & seq. c. 10. v. 8 c. 29. v. 4. 11. & 14. Sap. c. 1. v. 1. Jerem. c. 21. v. 11. & 12.* » phetes, qu'ils n'estoient élevez à cette haute » puissance, que pour y rendre justice avec » plus d'autorité, & que leur trône ne seroit » jamais mieux affermi que par l'équité de leurs » Jugemens.

Les Nations mêmes ensevelies dans les tenebres du Paganisme, ont senti par les seules lumieres de la raison naturelle, les impressions de cette verité, & y ont conformé leur conduite. Les Egyptiens, les Grecs, & les Romains n'eurent point d'autres Juges d'abord que leurs Roys.

Ainsi, s'il eust esté possible, les Souverains auroient toujours esté les seuls arbitres des differens qui naissent entre leurs Sujets. Mais comme l'estenduë des Estats, & la multiplicité des affaires ne leur permettent pas de descendre dans tout le détail que demande l'administration de la Justice, ils ont besoin de sages & fideles Sujets, ausquels ils puissent confier une partie de ce précieux dépost.

Exod. 20.13. C.21.v.6. C.22. v. 9. & 28. Psalm. 81. 6. De-là vient l'establissement des Magistrats; & c'est de la haute dignité de cette origine, que dans l'Ecriture ils sont nommez les Dieux, & que le saint Esprit même a pris soin de nous

instruire, que quiconque resiste à leur autorité, resiste à Dieu même. *Joan. 10. 35. ad Tit. 3.*

Il en est de même, à proportion de ceux qui *1 Petr. 2. 13. Reg. cap. 8.* ont esté establis pour leur donner conseil, & *Rom. 13.1.* pour former par leurs sages avis, les jugemens *Valer. Max.* qu'ils doivent rendre. Dieu n'eut pas plutost *lib. 1.* donné Moyse à son Peuple, pour Conducteur *Plutar in vir.* & pour Juge, & une Loy pour la luy faire ob- *Gracch & in* server, qu'il ordonna à ce souverain Magistrat, *Fabio* de se choisir un conseil. Assemblez-moy, luy *Bodin. de Rep.* dit le Seigneur, soixante-dix hommes, des « *lib. 3. cap. 5.* Enfans d'Israël, que vous sçaurez estre les « *Num. c. 11.* Anciens & les Maistres du Peuple, amenez-les « *v.16. 17.24. &* à l'entrée du Tabernacle de l'Alliance, où vous « *25.* les ferez demeurer avec vous; je descendray « là pour vous parler. Je prendray de l'esprit qui « est en vous, & je leur en donneray, afin qu'ils « soustiennent avec vous le fardeau de ce Peu- « ple, & que vous ne soyez trop chargé en le « portant seul. Moyse (ajouste l'Ecriture,) « estant donc venu vers le Peuple, luy rapporta « les paroles du Seigneur; & ayant assemblé « soixante-dix hommes choisis parmy les anciens « d'Israël, il les plaça prés du Tabernacle. Alors « le Seigneur estant descendu dans la nuée, parla « à Moyse, prit de l'esprit qui estoit en luy, « & le donna à ces soixante-dix hommes. Ils « furent nommez *Zekenim*, les Anciens du Peuple: d'où est venu ensuite le nom de Senateurs, *Senatores*, à *Senioribus*, pour faire entendre, (disent les Interpretes,) combien la sagesse & l'experience qui se trouvent dans un âge avancé, leur estoit necessaire. Le Seigneur prit de l'esprit qui estoit dans Moyse, & leur en donna. Ces paroles, dit un Pere, ne signifient autre chose, « *S. August in* sinon que chacun de ces soixante-dix hommes, « *Num. qu. 18.* dont devoit estre composé le Conseil du Peu- « ple, recevroit selon la mesure ordonnée de « Dieu, la grace du même esprit dont Moyse « avoit esté rempli, sans que la plenitude de la « grace, dont ce grand homme estoit rempli, en « diminuast en aucune sorte. «

Ainsi les Conseillers trouvent dans cet exemple ce double avantage, qu'ils sont d'institution divine, comme les Magistrats, & que dés leur origine Dieu leur a fait part de cet esprit principal, & de ces lumieres exquises, qu'il répand avec abondance sur ceux qui les président, & qui sont avec eux les maistres du sort des autres hommes. Reste pour en prouver la perpetuité, à parcourir ce qui s'est passé à cet égard dans tous les Estats jusqu'à present.

Ce Conseil suprême de soixante-dix Senateurs,

Ee iij auquel

auquel Moyſe préſida durant ſa vie, fut conſervé par les Hebreux, & a ſubſiſté dans Jeruſalem, auſſi long-tems que leur Eſtat. C'eſt celuy qu'ils nommerent *Gazith*, & dans la ſuite *Sanhedrin*, par imitation peut-eſtre du terme grec *Synedrion*, qui eſtant un peu changé, paſſa dans la langue Syriaque, & que les Latins ont exprimé par ce mot *Concilium*. Il connoiſſoit ſeul de toutes les matieres importantes qui concernoient l'Eſtat, ou la Religion. Luy ſeul avoit auſſi le droit de connoiſtre des crimes dont la peine eſtoit capitale, & des appellations de tous les autres Juges inferieurs.

Chacune des autres Villes avoit auſſi ſon petit Senat; mais il ne ſe mêloit que du gouvernement, & des affaires communes de la Ville. La Juriſdiction contentieuſe en premiere inſtance, eſtoit reſervée à d'autres Tribunaux; & ce ſont ceux-cy qui peuvent avoir quelque rapport aux noſtres, qui ſont l'objet de ce Traité.

Joſeph. l. 4.
Joach. Steph.
de Jur. Judæ.

Il y avoit deux de ces Tribunaux à Jeruſalem, & un ſeul dans chacune des autres Villes. Ils furent d'abord compoſez, ſoit dans cette Capitale, ſoit dans les Provinces, de ſept Juges.

L'élection en eſtoit confiée au Peuple, & ſon choix tomboit ordinairement ſur ceux des Citoyens qui avoient eſté du nombre des Senateurs, mais toujours ſur les plus gens de bien, & ceux qui excelloient principalement en juſtice & en pieté : *juſtitia & pietate illuſtres.* On y ajouſta dans la ſuite deux Levites; parce que ceux de cette Tribu s'attachoient davantage à l'eſtude des Loix. *Ut Laïcorum Concilia litteratorum ſapientia permiſcerentur, cùm Levitæ Legum ſcientia maximè præcellebant.* C'eſt la raiſon qu'en rendent les Auteurs.

Ces Tribunaux connoiſſoient de toutes les matieres civiles, & des criminelles, dont la peine n'alloit pas juſqu'au ſang. Il y avoit appel d'eux au Sanhedrin, ou Conſeil ſouverain de Jeruſalem.

Ainſi les Juifs avoient deux degrez de Juriſdiction, ces Juſtices ordinaires, qu'ils nommoient *Miſchphat*, en grec κρίσις, en latin *judicium*, & le *Sanhedrin*, ou ſouverain Conſeil, *Concilium*.

Pſalm. 1.v.5.

Il eſt fait mention de l'un & de l'autre de ces Tribunaux dans ce paſſage du Roy Prophete, où il nous apprend le ſoin que l'on prenoit de n'y admettre que les gens de bien; *non reſurgent impii in judicio, neque peccatores in concilio.*

C'eſt auſſi à ces deux differens Sieges que Noſtre Seigneur fit alluſion, (ſelon tous les Interpretes,) » lors qu'il dit, que celuy qui ſe mettroit en co- » lere contre ſon frere, ſeroit coupable de juge- » ment, & que s'il y ajouſtoit une injure expri- » mée par ce terme *Racha*, il ſeroit ſoumis au » Conſeil, c'eſt-à-dire, qu'il ſubiroit la peine que l'un ou l'autre de ces Tribunaux avoit droit d'impoſer ſelon la gravité de ſa faute.

Les Juifs avoient auſſi des noms differens, par leſquels ils diſtinguoient les Conſeillers de ces Tribunaux. Ceux du *Sanhedrin*, eſtoient nommez, comme il a eſté dit, *Zekenim*, les Anciens, ou les Maiſtres du Peuple, & ceux des Juſtices ordinaires n'avoient point d'autre titre que celuy de Juges, *Schophtim*. Ceux-cy eſtoient encore diſtinguez de ces autres aſſeſſeurs des Magiſtrats, nommez pour la Police, & les inſtructions des affaires, *Sare alaphim*, dont il eſt parlé dans le titre precedent, où leurs fonctions ſont expliquées.

Les Grecs ſont venus enſuite, & ont tenu à peu prés la même conduite, ſoit qu'on les conſidere ſous leurs Roys, ſous leurs ἄρχοντες, ou Magiſtrats perpetuels, ou dans les tems des Republiques, ils ont toujours eu des Conſeillers dans leurs Tribunaux.

Les Roys de la Grece avoient certains jours & certains lieux pour donner audiance, & pour rendre juſtice en perſonne à leurs Sujets. Ils eſtoient aſſiſtez dans leurs jugemens d'un certain nombre de Conſeillers, qui n'avoient point d'autre titre pour exprimer leur employ, que celuy d'amis du Roy, φιλοϹαϹιλεύς; & lorſque le Monarque eſtoit abſent, c'eſtoit l'un de ceux-cy qui préſidoit à ſa place.

Les Archontes, ou-Magiſtrats perpetuels, qui ſont venus enſuite, eſtant entrez dans les droits de la Royauté, en porterent auſſi les charges, & continuerent ce même uſage : il n'y eut que cette ſeule difference, que leurs Conſeillers prirent le nom d'Aſſeſſeurs, πάρεδροι, celuy d'amis du Roy ne leur convenant plus.

Les Republiques qui ſuccederent aux Archontes perpetuels, eſtablirent des Magiſtrats & des Tribunaux. Les Atheniens avoient deux Cours ſuperieures, le Senat des cinq cens, & l'Areopage; l'une toute occupée du gouvernement & de l'introduction ou correction des Loix, & l'autre, pour connoiſtre de la Police, des matieres criminelles, & de quelques autres affaires privilegiées. Il y avoit en tout dix Tribunaux, compris l'Areopage, qui avoient chacun leur competence.

Les Magiſtrats de ces Tribunaux qu'ils qualifioient de ce nom generique πρόεδροι, Preſidens, eſtoient aſſiſtez de Conſeillers. Il y en avoit trois cens dans l'Areopage, qui n'avoient point d'autre titre que celuy d'Areopagites. Ils eſtoient preſidez par l'un des neuf Archontes : les autres Tribunaux en avoient depuis deux juſqu'à cinquante, ſelon l'eſtendue & l'importance des matieres dont la connoiſſance leur eſtoit attribuée; ils les nommoient πάρεδροι, Aſſeſſeurs.

Les Magiſtrats interrogeoient eux-mêmes les parties & les témoins (en quoy conſiſtoit toute l'inſtruction de ce tems.) Les témoins avant de dépoſer, alloient faire ſerment proche de l'Autel : d'où vient le Proverbe, *Amicus uſque ad aras.* Le procés inſtruit eſtoit donné par le Magiſtrat à ſes Aſſeſſeurs pour l'examiner, *ut ſimul cauſas examinarent.* Leur fonction eſtoit enſuite de luy donner conſeil pour le juger; *functio, ſive actus Conſiliarii eſt conſultatio, quæ collectim ſumpta, indè Concilium dicitur.*

-Leg. Aticæ
Sam. Petit.
Comment. l.
1. tit. 3.

Ces Aſſeſſeurs eſtoient choiſis de toutes les Tribus, ſans diſtinction, pourvû qu'ils fuſſent âgez de trente ans, gens de bien, ſans aucun reproche, & d'une famille de notables Citoyens. *Oportebat eſſe fama integrâ, vita inculpatiſſima, neque inter ærarios relati*; & avant que d'eſtre reçûs en leur Office, ils eſtoient encore obligez de rendre compte de toute leur conduite paſſée devant le Senat des Cinq cens. *Antequam Judicibus poſſent adſidere, apud quingentos viros Pritanes primùm rationem reddidiſſe oportebat.*

Les Romains, comme toutes les autres Nations, furent d'abord gouvernez par des Roys; & ces Princes n'eſtablirent point d'autres Tribunaux pour juger les Peuples, que leur pro-pre thrône. Romulus Fondateur & premier Roy de cet Eſtat, ſe forma un Conſeil de cent notables Citoyens, qu'il conſultoit dans la déciſion des affaires qui ſe preſentoient devant luy. Il les nomma Senateurs, parce qu'il les choiſiſt entre les plus anciens, comme les plus ſages, & ceux qui avoient le plus d'experience, *Senatores, à Senioribus.* Ce même uſage fut conſervé par les

les Roys ses Succeſſeurs tant que l'Eſtat Monarchique ſubſiſta.

Les Conſuls, qui ſuccederent aux Roys, continuerent auſſi pendant plus d'un ſiecle à rendre la Juſtice en perſonne avec le Conſeil du Senat. Le Peuple en Corps s'eſtoit néanmoins reſervé la connoiſſance de certaines affaires ; & alors chacun opinoit, ou l'Aſſemblée choiſiſſoit des Juges, & formoit un Conſeil pour en connoiſtre.

La Republique ayant eſtendu ſes limites par de nouvelles conqueſtes, les affaires ſe multiplierent à proportion. Alors les Conſuls aſſez occupez du gouvernement de l'Eſtat & du commandement des Armées, eſtablirent le Préteur, pour rendre la Juſtice en leur place.

On ne forma point de Conſeil dans le Tribunal de ce Magiſtrat ; parce qu'en ce temps les Charges publiques ne ſe donnoient que dans les Comices ou grandes Aſſemblées du Peuple, qui ne ſe tenoient que pour l'élection des Magiſtrats : mais il eut le droit de choiſir luy-même des Juges pour la déciſion de chaque affaire.

Ce choix tomboit toujours dans les commencemens ſur les Senateurs ou les Chevaliers. Mais dans la ſuite le Tiers-Eſtat y fut auſſi admis ; & les Juges ſe tirerent des trois Ordres indifferemment, ſelon la capacité & la probité des Sujets, ou la gravité des matieres dont il s'agiſſoit.

Les Ordonnances des Roys, qui avoient formé le premier droit des Romains, ayant eſté abolies avec la Royauté ; la Juſtice fut renduë arbitrairement pendant cent cinquante-un an. Ainſi l'équité naturelle & le bon ſens ſuffiſoient à tous pour eſtre Juges. La fameuſe Ambaſſade de trois Senateurs vers les Republiques de la Grece, dont il a eſté parlé ailleurs, donna naiſſance aux Loix des douze Tables. Celles-cy furent bien-toſt ſuivies de pluſieurs autres, & formerent enfin un Corps de Droit, où l'on eſtoit obligé de puiſer les maximes ſur leſquelles les Jugemens dévoient eſtre formez. Ceux qui s'appliquerent à l'eſtude de ces Loix eſtoient ſouvent conſultez ſur les differens qui ſe preſentoient à juger : ils en prirent le titre de Juriſ-

conſultes. De ceux-cy le Préteur en choiſiſſoit cinq des plus habiles dans chacune des trente-cinq Tribus : il en forma une Compagnie de cent ſoixante-quinze, qui furent néanmoins nommez pour une plus facile prononciation, Centumviri, les Cent Hommes. Depuis cet eſtabliſſement, lors qu'il ſe preſentoit des affaires à ſon Tribunal, il faiſoit la diſtinction des queſtions de fait d'avec celles de droit. Pour les premieres, il continua de prendre des Juges dans tous les Ordres à ſa diſcretion. Et pour les dernieres, il les choiſiſſoit toujours dans cette Compagnie des Cent Hommes ; d'où ils furent nommez Centumviri de litibus judicandis, les Cent Hommes, pour juger les procés. Ils ne pouvoient prendre d'autre titre que celuy de leur nombre ; parce qu'ils n'eſtoient pas Officiers. Voila ce qui s'obſervoit à Rome.

Quant aux Provinces, les Proconſuls, les Préteurs ou les Preſidens, qui en eſtoient les Gouverneurs & les Magiſtrats, eurent auſſi ce même droit de ſe choiſir des Aſſeſſeurs ou Conſeillers à leur volonté. *Omnes Provinciarum Magiſtratus, unum aut plures Juriſconſultos ſecum ducebant, quorum conſilio ſecundùm Jura cauſas definiebant ; hi Aſſeſſores & Conſiliarii vocabantur, quia Judicanti aſſidebant & conſulebant.* Ils faiſoient ce choix, ou dans Rome avant que d'en partir, ou dans les Provinces lors qu'ils y eſtoient arrivez : cela leur eſtoit libre. Il y avoit néanmoins cette reſtriction, qu'ils n'en pouvoient prendre dans la même Province de leur Gouvernement, que pendant quatre mois : ils eſtoient obligez aprés ce temps d'en faire venir d'ailleurs.

Soit que ce choix ſe fiſt dans Rome ou dans les Provinces, il devoit toujours tomber ſur ceux qui avoient eſtudié les Loix ; *Studioſi Juris.* Leurs fonctions conſiſtoient à conſeiller les Magiſtrats dans leurs Jugemens, & à les repreſenter en leur abſence : d'où ils eſtoient qualifiez leurs Conſeillers & Collegues, *Conſiliarii & Comites Magiſtratuum.* Le Magiſtrat ne pouvoit néanmoins leur commettre que des inſtructions & l'examen des procés : il devoit toujours s'en reſerver le Jugement ſur leurs rapports & par leurs avis.

L 1. & ſeqq ff. de Off Ad feſſ. & ibi gloſſ.

CHAPITRE II.

Des Conſeillers eſtablis en France dés la naiſſance de la Monarchie, auprés des Comtes, qui eſtoient alors les premiers Magiſtrats des principales Villes du Royaume.

LEs Comtes François ayant ſuccedé dans les Gaules aux Magiſtrats Romains, comme il a eſté prouvé en ſon lieu, l'on prit ſoin auſſi d'eſtablir auprés d'eux un Conſeil pour les aſſiſter dans leurs Jugemens.

Ces Conſeillers des Comtes ſe trouvent nommez dans la plus ancienne de nos Loix, *Rachinburgi.* C'eſt un terme que les François avoient apporté d'Allemagne leur ancienne Patrie, & que les plus habiles Interpretes prétendent ſignifier Juges ; ils le compoſent de ces deux mots qui eſtoient auſſi en uſage chez eux, *Recht*, droit, & *Berghen*, conſerver ; pour renfermer ainſi dans un ſeul mot la principale fonction des Juges. Ce même nom *Rachinburgi* ou *Racinburgi* leur fut conſervé pendant toute la premiere Branche de la

Leg. Salic, ſ1. §. 2. Dagobert II. an. 630. art. 32. & 55. Pippin. an. 755. Carol. Magn. an. 809. c. 22. Pithœi Gloſſar. ad lib. Capitul. col. 699. & 701. D. Bign. not.

Famille Royale, & en quelques lieux juſqu'à la fin de la ſeconde. C'eſt ainſi qu'ils ſe trouvent nommez dans les Ordonnances ou Capitulaires de Dagobert, de l'an 630. de Pepin, de l'an 755. de Charlemagne, des années 798. & 809. & dans pluſieurs autres titres de ces premiers temps de la Monarchie.

En d'autres lieux, & beaucoup plus communément ils furent nommez, *Scabini, Scabinii,* ou *Scabinei,* de l'Allemand, *Schepen,* qui a auſſi cette même ſignification de juges ou d'hommes ſçavans, *Viri docti.* C'eſt le nom ſous lequel ils ſe trouvent dans les Ordonnances de Charlemagne des années 788. 803. 805. 809. de Loüis le Debonnaire des années 819. 829. & de Charles le Chauve des années 864. 867. & dans beaucoup d'autres.

L'élection

ad Leg. Sali cam. col. 849 Du Cang. gl in verb. B chinwurgi, & Scabini.

Car. Magn a°. 788. 803 805. & 809 Ludov. Pi an 819. Gloſſ. Pithœ ad lib capitul D. Bignon ad append. Ma cuſſ.

Capitular.
Reg. Franc.
tom. 1. col.
250. 390. 391.
393. 436. 466.
Tom. 2. col.
117. 232. &
passim.
Car. Magn.
an. 803. 809.
Carol. Calv.
an. 870.

Lud. Pius. an.
829.

L'élection s'en faisoit par le Magistrat même avec les principaux Citoyens. Ils estoient toûjours choisis du nombre de ceux qui avoient le plus de probité & de réputation. *Boni, veraces, mansueti, & quales meliores inveniri possint eligantur & constituantur*; & ils faisoient serment à leur reception entre les mains du Magistrat, de ne faire jamais aucune injustice avec connoissance; & *cùm electi fuerint jurare faciant, ut scienter injustè judicare non debeant.*

Lors qu'il s'en trouvoit quelques-uns en place qui n'avoient pas ces qualitez, soit que l'on se fust trompé dans l'élection, ou qu'ils se fussent corrompus, les Commissaires que nos Roys envoyoient dans les Provinces, *Missi Dominici*, pour y faire administrer la Justice, avoient le pouvoir de les destituer & d'en mettre d'autres en leurs places. Ce choix se faisoit encore avec le Magistrat & le Peuple, & les noms des nouveaux Elûs estoient à l'instant envoyez au Roy. L'Ordonnance ne dit point à quel effet : mais apparemment c'estoit pour estre confirmez, & pour engager davantage ceux-cy à mieux faire que leurs Predecesseurs.

Quant à leurs fonctions elles consistoient à donner conseil au Magistrat dans ses Jugemens, soit au civil soit au criminel, & à le representer, lors qu'il estoit occupé pour les affaires du Roy, ou par quelqu'autre legitime empêchement.

Capitul. Reg
Dagobert. II.
an. 630. an.
32. & 55.
Car. Magn.
an. 798. cap.
51. & an. 803.
Ludovic. Pii
an. 819.

Ils assistoient & opinoient ordinairement en chaque affaire au nombre de deux, de trois ou de sept, & quelquefois jusqu'à douze, selon la nature & la gravité de la matiere dont il s'agissoit ; & lors que ce nombre n'estoit pas complet au Siege, le Magistrat devoit le suppléer par d'autres Citoyens des plus capables, dont il avoit le choix. Tout cela est prouvé par les Ordonnances ou Capitulaires de nos Roys, citées en marge. Mais comme les exemples persuadent encore davantage, il est bon d'y avoir recours.

Marculfe, qui écrivoit environ l'an 660. sous le Regne de Clovis II. nous a conservé les formules des actes qui s'expedioient en ce temps soit dans les affaires publiques, soit entre les particuliers ; il les avoit divisées en deux livres, dont le premier contient les Lettres expediées au Palais des Roys, *Charta regales* ; & le second rapporte celles qui estoient données devant les Comtes ou Juges des lieux, *Charta Pagenses*. Trois celebres Auteurs en ont recouvré depuis un assez grand nombre qu'ils y ont ajoustées. En voicy quelques-unes qui nous apprennent la forme des anciens Jugemens qui estoient rendus par les Comtes ou leurs Lieutenans, assistez de leurs Conseillers, sous l'un ou sous l'autre de ces noms, *Rachinburgi* ou *Scabini*, & quelquefois avec l'Evêque du lieu.

Notitia de Servo quem Colonus comparat.

Marculf. append. form. 6.

Veniens magnificus vir ille, die illâ, in illa Civitate, in mallo publico ante inlustre viro illo Comite, & ante Apostolico viro illo, vel præsentibus quàm pluribus viris venerabilibus Rachinburgis, qui ibidem ad universorum causas audiendum, vel recta in Dei nomine judicia terminandum residebant vel adstabant, quorum nomina subter tenentur adnexa, homine aliquo nomine illo interpellabat ; dixit eò quòd servus ad Colono suo nomine illo capud suum venditionem habebat quomodo ipse Colonus ipsum comparaverat, & ipsam venditionem ibidem ostendebat ad relegendum. Relectâ Epistolâ, sic ipsi viri ipsum interrogaverunt, si aliquid contra ipsa Charta dicere volebat, vel si eam agnoscebat, an non. Sed ipse servus ipsa Charta vera & legitima recognovit. Sic ipsi viri tale decreverunt judicio, ut ipse ille ipsum ad servitium recipere deberet. Quod ita & fecit. Et per manum illius Vicarii per jussionem inlustre viro illo Comite, & per judicium ad ipsas personas præsentaliter recepit. His præsentibus. Datum ibi, sub die illo.

Notitia de Mancipio.

Formul. 6. Bignonian. col. 498.

Cùm resedisset ille Vicarius inlustris viri illius Cognomitis in illo Mallo publico, unà cum ipsis Scabinis qui in ipso Mallo resedebant ad causas audiendas, vel recta judicia terminanda ; ibique veniens Monachus Sancti illius, vel ille Abbas nomine illo, de illo Monasterio, unà cum Advocato Sancti illius nomine illo, feminam aliquam nomine illam interpellabat, repetebat is dum diceret eò quod Colona illa nomine illius, de curte suâ quæ dicitur illa, de parte Avia suâ nomine illius quondam de ipsa illa & de ipso servitio Sancti illius negligens aderat ; sed ipsa femina de præsenti adstare videbatur, & nullatenus habuit quod dicere, nec opponere, nec tradere rationes per quas de ipso servitio Sancti illius se abstrahere potuisset, sic ei in præsenti fuit judicatum, ut ipsum servitium Sancti illius, unde negligens aderat, ipsi Advocato revadiare deberet. Quod ita & fecit, & se ad ipsam secritinum Sancti illius ibi se in præsenti recredidit. Exinde opportunum fuit ipsos Monachos Sancti illius, vel ipsum Advocatum Sancti illius nomine illum, talem notitiam ante ipsas personas quæ in ipso Mallo residebant, manibusque eorum roboratas accipere, quod ita & fecerunt, ut omni tempore ipse Advocatus, vel casa sancta illa, vel ille Abbas, vel Successores sui, ipsam feminam superiùs nominatam, vel agnationem suam ad opus Sancti illi illius habeant evindicatam atque elitigatam. Præsentibus hic quorum præsentia alium fuit. Facta notitia in loco illo publiciter.

Cautio de Infracturis.

Form. 16. Bignon. col. 508.

Contigit quòd Cellarium vel Spicarium vestrum infregi, & exinde annonam vel aliam raupam in solidos tantos fecit furavi. Dum & vos & Advocatus vester exinde ante illum Comitem interpellare fecistis, & ego hanc causam nullatenus potui denegare, sic ab ipsis Racinburgis fuit judicatum, ut per wadium meum eam contra vos componere atque satisfacere debeam, hoc est solidos tantos vel.... Sed dum ipsos solidos minimè habui unde transolvere debeam, sic mihi aptificavit, ut brachium in collum posui, & per comam capitis mei, coram præsentibus hominibus tradere feci, in ea ratione, ut interim quod ipsos solidos vestros reddere potuero, & servitium vestrum, & operam qualemcunque vos vel juniores vestri injunxeritis, facere & adimplere debeam ; & si exinde negligens vel jactivus apparuero, spondeo me contra vos ut talem disciplinam suprà dorsum meum facere jubeatis, quam super reliquos servos vestros.

Judicium

Judicium seu Notitia.

Formul. 169.
Lindenbrogii
col. 552.

Dum resideret Comes ille in Mallo suo publico ad universorum causas audiendas, vel recta judicia definienda, ibique veniens Advocatus illius Episcopi aliquem hominem nomine illum interpellabat, dum diceret eò quod de capite suo legibus esset servus ipsius Ecclesiæ vel ipsius Episcopi, & propter hoc de ipso servitio negligens atque jectivus adesse videretur, quòd genitor suus vel genitrix sua, aut avus suus aut avia sua fecerunt. Sed ipse vir præfatus in præsente adstabat, & hanc causam in omnibus denegabat, quod nec ipsi Episcopo, nec ipsi Ecclesiæ Dei, secundùm legem nullum servitium agere deberet, eò quod de parte paterna aut de materna secundùm legem ingenuus esse videretur. Sed ipsi Scabini, qui tum ibidem aderant ei visi fuerunt judicasse, ut suprà noctes quadraginta cum duodecim Francis, sex de parte paterna, & sex de materna, in Ecclesia illa jurare debuisset, quod de parte paterna aut de materna, secundùm Legem Salicam ingenuus esse videretur. Ipsis verò noctibus expletis, venientes utique ad Ecclesiam illam, visus est ipse homo esse jectivus, eò quod non potuit ipsum Sacramentum explere sicut ei fuit judicatum.

Les Ordonnances de nos Roys se publioient à ces Audiances publiques des Comtes, *in Mallo publico* L'on en rapporte seulement un exemple, qui prouve de plus qu'il y avoit en Comte à Paris & des Conseillers pour l'administration de la Justice. C'est une Ordonnance de Charlemagne de l'an 803. au bas de laquelle est la publication qui en fut faite à l'Audiance d'Estienne Comte de Paris, en la presence de ses Conseillers. En voicy les propres termes. *Anno tertio Clementissimi Domini nostri Karoli Augusti, sub ipso anno, hæc facta Capitula sunt, & consignata Stephano Comiti, ut hæc manifesta faceret in Civitate Parisii Mallo publico, & illa legere faceret coram Scabineis. Quod ita & fecit; & omnes*

in uno consenserunt, quod ipsi voluissent omni tempore observare usque in posterùm.

Il y en a qui ont prétendu que de ce mot Latin *Scabini* est venu celuy d'*Echevins*, & qu'ainsi ceux qui le portoient alors n'estoient autres que des Officiers Municipaux, que les Comtes premiers Magistrats des Villes appelloient à leurs Conseils. Mais cette opinion a esté bien refutée. Ceux qui tiennent le contraire, & qui font descendre le nom d'Echevin du Latin *Cavere*, ou de l'ancien François *Eschever*, pour signifier les soins qu'ils se donnent de prévoir & d'éviter ce qui peut nuire aux Villes où ils sont establis, sont beaucoup plus celebres & en plus grand nombre. En effet, outre tout ce qu'ils en ont dit, & ce qui vient d'estre observé touchant l'origine & l'étymologie de cet ancien nom *Scabini*; le nombre de ceux qui en estoient qualifiez en chaque Comté, & leurs fonctions qui les distinguent si fort des Echevins, qui ne sont venus que plusieurs siecles après : il y a de plus une observation qui n'a point encore esté faite, & qui seule suffiroit pour détruire cette opinion; c'est que le Maire ou Comte du Palais de nos Roys avoit aussi ses Assesseurs ou Conseillers sous ce même titre *Scabini*. Il en est fait mention dans une ancienne Chronique du temps de Loüis le Debonnaire en ces termes. *Misericordiâ motus Adraldo Vicecomiti Palatii jussit ut resideret in judicio cum Agelmundo & Petro Scabinis Palatii, & ipsius Abbatis postulationem adimplerent.* Et dans une Charte de Charles le Simple en faveur des Flamands; ce Prince y fait mention d'un jugement rendu par des Juges de son Palais. *Judicio Scabinorum Palatii nostri.* Ainsi il doit demeurer pour bien constant, qu'alors *Scabini* estoit un terme generique, qui comprenoit tous les Conseillers ou Assesseurs de tous les Tribunaux, comme est celuy de *Juges*, d'aujourd'huy.

Chron. sanēti Vincentii de Vulturno lib. 2.
Apud Miræum in not. Ecclesſ Belgii. p. 87.
& in Donationib. Belgicis lib 2. cap. 18.
Du Cange sur Joinville, dissertation 14.
p. 223.

CHAPITRE III.

Que les Baillis & Seneschaux qui succederent aux Comtes, eurent d'abord le choix de leurs Conseillers. Combien de temps cet usage a subsisté. Sur qui ce choix tomboit ordinairement. Establissement des Conseillers en titre d'Office au Chastelet de Paris, & ensuite dans les autres Jurisdictions où il a esté jugé necessaire.

C'Est icy la grande Epoque des changements arrivez dans l'Estat au commencement de la troisiéme Branche de nos Roys, dont il a esté parlé tant de fois dans ce Traité. Les Comtes devenus proprietaires de leur Magistrature & de leurs Provinces par les inféodations; les anciennes Loix abolies; un nouveau Droit arbitraire establi en leur place par des usages & des coustumes non écrites; l'autorité Royale restrainte au centre du Royaume dans les bornes étroites de quelques Provinces; l'indépendance des Grands; les divisions particulieres entr'eux; les guerres civiles ou étrangeres : en un mot une veritable anarchie est l'estat où les Auteurs nous representent la France pendant prés de trois siecles.

Pendant ce temps de troubles & de tenebres

rien ne nous apprend ce qui se passoit dans l'administration de la Justice. Les plus anciens titres du Royaume depuis les Capitulaires de nos premiers Roys, qui finissent à Charles le simple l'an 907. ne commencent qu'à Loüis le Gros l'an 1110. Encore jusqu'à saint Loüis (si l'on en excepte l'Ordonnance de Philippe Auguste de l'an 1190.) ce ne sont que Chartes particulieres accordées à des Eglises ou à des Communautez, qui ne concernent point le general de l'Estat.

Les Greffes des Jurisdictions ne nous en apprennent pas davantage. Leurs plus anciens Registres, comme il a esté prouvé ailleurs, ne commencent qu'à Philippe le Bel l'an 1300. Que si l'on y trouve quelques pieces plus anciennes que l'on y a rapportées & transcrites; il n'y en a

Tome I.   F f   aucune

aucune qui précede l'onziéme fiecle.

Il en eft de même des Auteurs. Leur filence fur l'adminiftration de la Juftice a duré tout ce temps-là, & n'a commencé d'eftre interrompu que fous le Regne de S. Loüis. Il eft vray que par ce fecours nous pouvons du moins conjecturer tout ce qui s'eftoit paffé à cet égard dans les trois fiecles précedens; les chofes eftant encore en ce temps prefque au même eftat. Ainfi en parcourant ces preuves, & y ajouftant celles qui fe tirent des Ordonnances & des Réglemens qui les ont fuivi jufqu'à ce jour fans interruption, rien ne manquera aux éclairciffemens que nous cherchons.

L'on ne repetera point ̊icy ce qui a efté prouvé ailleurs touchant l'établiffement des Baillis, des Prevofts, des Chaftelains, des Vicomtes & des Viguiers, fur lefquels les Comtes proprietaires fe déchargerent de l'adminiftration de la Juftice; puifqu'il ne s'agit icy que de leurs Affeffeurs ou Confeillers.

Il eft d'abord évident qu'il n'y avoit aucuns Confeillers en titre d'Office dans les Tribunaux. L'abolition des Loix ayant rendu l'eftude du Droit inutile, chacun devint capable de juger felon les ufages & les couftumes locales qui leur fuccederent. Le Bailly, le Prevoft ou autre Juge rendoit feul la Juftice dans les caufes qui eftoient claires, & qui ne meritoient pas d'eftre mifes en Jugement, c'eft-à-dire en déliberation de confeil: Philippes de Beaumanoir chap. de l'Office des Baillis. Voicy comment s'en expli- » que un Auteur contemporain. Li Bailly doit » mettre grand peine de délivrer ce qui eft » plaidie devant luy, quand il fait che que l'en » doit fere dou cas felon le Couftume, & quand » il voit que le chofe eft claire à aperte; mes che » qui eft en doute, & les groffes querelles doi- » vent bien eftre mifes en jugement. Un homs » feul en fa perfonne ne le puet jugier; ainchois » en convient ou deux, ou trois, ou quatre au moins. Il pouvoit même en cas de befoin fubdeleguer un certain nombre d'Affeffeurs pour rendre Juftice en fon abfence; mais il eftoit refponfable de ceux qu'il avoit choifis. Li Bailly » ou li Prevoft, continuë ce même Auteur, » quand ils en ont meftier pour leur effoine, » puevent fere Affeffeurs; chil font appellé Affef- » feurs qui reprefentent la perfonne dou Bailly » ou dou Prevoft, en fezant leur Office. Mes » bien fe doivent prenre vuarde. Ii Bailly & li » Prevoft quiex gens ils mettent en leur lieu » quant ils n'y puevent eftre: car fi ils mefrai- » foient, chil qui les aroit mis en feroit blaf- » mes, & li Affeffeurs meifme pugni.

Le retour du Magiftrat à fes fonctions faifoit ceffer le pouvoir de fon Confeil; & chacun des Affeffeurs redevenoit perfonne privée. Il s'en formoit enfuite un nouveau en chaque affaire qui meritoit d'eftre mife en deliberation. L'on diftinguoit alors pour faire ce choix, les caufes de la Nobleffe d'avec celles des Roturiers. Beaumanoir chap. 1. de l'Of. des Baillis. p. 11. & paffim. Chap. 71. des Apiaux. pag. 319. Les Gentishommes avoient ce privilege, de ne pouvoir eftre jugez que par leurs Pairs, c'eft-à-dire, leurs égaux. C'eft pour cela que chaque Prince, chaque Duc, chaque Comte ou autre Seigneur Suzerain avoit uni certain nombre de fes principaux vaffaux qui portoient le titre de Pairs, & qui eftoient les Juges des Nobles de la Province. Les autres Seigneurs moins qualifiez en avoient à proportion plus ou moins, felon le nombre & l'eftenduë des mouvances de leurs Fiefs. Ainfi lors que les Parties eftoient du Corps de la Nobleffe, le Seigneur, ou fon Bailly choififfoit un certain nombre de ces

Gentishommes Pairs pour en eftre les Juges. Si au contraire il s'agiffoit de décider entre des Roturiers, le Bailly ou le Prevoft fe choififfoit pour Confeil telles perfonnes qu'il jugeoit à propos; & ceux-cy faifoient ferment en chaque caufe de juger en leur confcience, & n'avoient point d'autre titre que celuy de Prud-hommes ou de Jugeurs.

Il y a une infinité de décifions fur cette matiere dans les Ordonnances ou eftabliffemens de faint Loüis du l'an 1270. dans les Confeils de Pierre des Fontaines, & dans Philippe de Beaumanoir contemporains de ce Prince. Par exemple: Que lorfque l'une des Parties feroit Gentilhomme, & l'autre Roturier, la qualité du Défendeur regleroit celle de la Jurifdiction, fuivant cette maxime triviale, *forum rei fequitur.* Que le nombre des Juges feroit toujours de deux, de trois, de quatre ou de fept, felon la confequence de la matiere. Que fi dans la mouvance du Seigneur il n'y avoit pas affez de vaffaux, pour fournir ce nombre, l'on auroit recours au Seigneur le plus proche; & en cas de refus, au Seigneur Suzerain. Que les Juges feroient garants de leurs Jugemens. Qu'en cas de plaintes, ils les fouftiendroient; les Nobles, par gages de bataille; & les Roturiers, par de bonnes raifons; finon, ils feroient condamnez aux dommages & interefts dés Parties. Qu'enfin, fi les Juges choifis refufoient cet employ purement gratuit & perilleux, ils y feroient contraints; les Nobles, par faifie de leurs Fiefs; & les Roturiers, par prifon. Il feroit trop long de rapporter icy tous ces paffages dans leurs propres termes. Ceux qui voudront les confulter trouveront citez en marge les lieux d'où ils font tirez.

La dureté de ces Couftumes qui avoient pris naiffance pendant les divifions de l'Eftat, &, pour ainfi dire, au milieu des armes, fut beaucoup adoucie; & toutes chofes fe perfectionnerent & reprirent une nouvelle forme, à proportion que l'autorité Royale fe reftablit. La plus grande partie des Provinces réunies à la Couronne, & le calme remis dans l'Eftat, faint Loüis fit une Ordonnance l'an 1254. pour l'adminiftration de la Juftice. Elle fe trouve dans plufieurs de nos livres: mais elle eft beaucoup plus ample qu'ailleurs dans le Regiftre de faint Juft en la Chambre des Comptes. Elle porte entr'autres chofes, que ceux qui voudront fe « plaindre d'un Jugement, il n'y aura plus de « bataille; mais que le procés fera apporté en la « Cour du Roy, où il fera examiné & fait droit « à celuy qui aura raifon. En voicy les propres « termes. Se aucun veut fauffer jugement ou « pays là où il appartient que jugement foit « fauffé, il n'y aura point de bataille, mais « les clains, les refpons & les autres erremens « du plet feront apportez en noftre Cour, & « felon les erremens du plet, l'en fera depecier « le jugement ou tenir, & cil qui fera trouvé « en fon tort l'amendera felon la couftume de « la Terre. Le Juge ou fon Seigneur, en cas de « prife à partie, n'eftoit pas non plus tenu de « fouftenir fon jugement par bataille. Se « aucun veut appeller fon Seigneur de defaut « de droit, il conviendra que le defaut foit prou- « vé, fe comme il eft deffus dit, non par ba- « taille. Ce Prince renouvella ces mêmes difpofitions dans cette celebre Ordonnance connuë fous le titre d'Eftabliffemens de faint Loüis, felon l'ufage de Paris, d'Orleans & de Cour de Baronie.

Une Loy fi fage n'eut d'abord fon execution

Philippe de Beaumanoir ch. 1. de l'Of. des Baillis. p. 11. 12. 13. 14. 15. & paffim. Chap. 5 de l'Of. des Avocats. p. 34. Beaumanoir chap. 39. des Preuves pag. 106. Chap. 61. des Apiaux, page 319. Pierre des Fontaines ch. 21. Beaumanoir chap. 61. des Jugemens, p. 336. Regift. Thefauri in Cafnerii in Compot.

Beaumanoir, chap. 65. des Delais page 331.

que dans les Terres du Domaine du Roy, & non pas en celles des Seigneurs particuliers ſes Vaſſaux. Cela fut ainſi jugé par un Arreſt rendu entre ce Prince, & le Prieur de ſaint Pierre le Mouſtier, au Parlement de l'Octave de la Chandeleur l'an 1260. Ce deſordre des combats particuliers, pour ſouſtenir les jugemens en cas d'appel, ne ſe trouva entierement aboli, que ſous Philippe le Bel, petit-fils de ſaint Louis. Ce fut alors que par le mariage de ce Prince avec Jeanne de Navarre, Comteſſe de Brie & de Champagne, le reſte des Provinces qui avoient eſté alienées par les infeodations, ſe trouvant réünies à la Couronne, l'ordre public & l'adminiſtration de la Juſtice en reçûrent de nouvelles forces. Le Parlement fut fait ſedentaire à Paris; l'eſtude des Loix qui avoit recommencé ſous Philippe Auguſte, par bienſéance, & comme une partie des belles Lettres, fut recommandée comme une choſe ſinon neceſſaire, du moins utile pour parvenir aux Magiſtratures; & la couſtume barbare de ſouſtenir ſon jugement par les armes en cas de priſe à partie, fut totalement abolie.

Les Baillis, les Seneſchaux, & les autres Juges (pour revenir à noſtre ſujet) eurent la liberté de ſe choiſir un conſeil, ainſi que bon leur ſembloit. La diſtinction de la qualité des parties n'eut plus de lieu, & ils n'eurent plus d'égard dans ce choix qu'à la nature de l'affaire, & aux lumieres de ceux qu'ils deſiroient conſulter.

Il eſt vray, que comme le Droit Romain commença d'eſtre ſouvent cité, non pas comme une Loy, mais comme une opinion de gens ſages, qui devoit beaucoup déterminer dans les cas qui n'eſtoient pas décidez clairement par nos Loix; les Magiſtrats appellerent ordinairement à leur conſeil les Avocats ou Juriſconſultes, qui frequentoient le Barreau de leur Juriſdiction. C'eſt de là que viennent toutes les diſpoſitions des Ordonnances de nos Roys, qui défendent aux Juges, de prendre en leurs Sieges les avis de ceux qui avoient eſté Avocats ou Conſeillers de l'une ou de l'autre des Parties; & aux Avocats, d'eſtre Juges dans les affaires de ceux pour leſquels ils avoient plaidé ou conſulté. Mais en cela il n'y avoit aucune contrainte, & ſouvent ils appelloient à ce conſeil, les gens de toutes conditions, dont l'experience leur eſtoit connuë, par rapport aux affaires dont il s'agiſſoit; & c'eſt ce conſeil de gens ſages ou de prudhommes dont il eſt auſſi fait mention tant de fois dans les anciennes Ordonnances, qui reglent les fonctions des Baillis & Seneſchaux.

La Ville Capitale qui avoit eu moins de part aux diviſions de l'Eſtat, & qui eſtoit toujours demeurée le centre du Domaine de nos Roys, avoit auſſi beaucoup moins ſouffert de mutation dans l'adminiſtration de la Juſtice. Le Prevoſt de Paris avoit toujours conſervé ſon conſeil ordinaire, des Avocats & Procureur du Roy, des Auditeurs & des Examinateurs. Les preuves en ont eſté rapportées en leur lieu, ſous chacun des titres qui concernent ces Officiers. Cela n'empêchoit pas qu'il n'y appellaſt auſſi ſouvent des Avocats du Siege, & d'autres perſonnes, ſelon les occurrences; il en avoit la liberté comme les autres Magiſtrats; & nos Regiſtres ſont remplis de ces exemples.

Mais enfin les affaires s'eſtant multipliées, Philippe de Valois par ſon Edit du mois de Fevrier 1327. pour une plus prompte expedi-

tion de la Juſtice, créa en titre d'Office, huit Conſeillers au Chaſtelet de Paris, quatre Clercs, & quatre Laïcs. Ce nombre fut augmenté juſqu'à douze, ſans nouvel Edit, & demeura en cet eſtat pendant près de deux ſiecles.

François I. par un Edit du mois de Fevrier 1522. ſepara de la Prevoſté de Paris, la protection des privileges de l'Univerſité, & créa un Bailly, douze Conſeillers, & d'autres Officiers pour en connoiſtre. Ce même Prince par un autre Edit du mois de May 1526. réünit à la Prevoſté de Paris ce nouveau Tribunal, & en ſupprima les Officiers ſurnumeraires; ainſi les Conſeillers furent reduits à leur ancien nombre de douze.

L'Edit des Preſidiaux du mois de Janvier 1551. & celuy d'ampliation du mois de Mars de la même année, les augmenta juſqu'à 24. & en eſtablit de même dans toutes les principales Villes du Royaume. Cet Edit fut ſuivi de deux autres; l'un du mois d'Octobre 1571. qui en eſtablit auſſi un certain nombre dans toutes les Juſtices, qui relevent immediatement du Parlement; & à l'autre du mois d'Avril 1578. qui eſtendit cet eſtabliſſement à toutes les Prevoſtez, & les autres Juſtices Royales.

Ainſi, par ces eſtabliſſemens, l'ordre qui avoit eſté obſervé dans les plus celebres Republiques de l'antiquité, & dans les premiers tems de noſtre Monarchie, que les troubles de l'Eſtat avoient interrompu pendant quelques ſiecles, s'eſt trouvé parfaitement reſtabli; & il n'y a plus à preſent de Tribunaux un peu conſiderables qui n'ayent leurs Conſeillers.

Les quatre anciennes Charges de Conſeillers Clercs au Chaſtelet, ſe trouverent dans la ſuite remplies par des Laïcs. La Roche-Flavin obſerve que la même choſe eſtoit arrivée au Parlement; que neanmoins ces Charges n'ont eſté laïſées par aucun Edit; mais qu'autrefois de ſimples Clercs y ont eſté admis trop facilement, & qu'ils les ont fait inſenſiblement devenir dans l'eſtat laïc, en ſe mariant, au préjudice du ſerment qu'ils avoient fait à leur reception, de prendre les Ordres dans l'année.

Lors de la création des Preſidiaux, l'on ne penſa point d'y mettre des Clercs; le Clergé ſe plaignit d'avoir eſté oublié dans cet eſtabliſſement. Ses remontrances ſouvent reiterées, donnerent lieu aux Edits de création de deux Conſeillers Clercs, en chacun des Preſidiaux, du mois d'Aouſt 1573. & Decembre 1635. Le nombre des autres Conſeillers a auſſi eſté beaucoup augmenté en differens temps: il eſtoit de trente-quatre au Chaſtelet de Paris, lorſque cette Juriſdiction fut ſeparée en deux, par Edit du mois de Fevrier 1674.

Il y en eut pareil nombre de trente-quatre créez par le même Edit, pour ce nouveau Siege. Le Roy réüniſſant les deux Chaſtelets en un, par Edit du mois de Septembre 1684. réduiſit le nombre des Conſeillers à cinquante-ſix: & c'eſt leur eſtat preſent.

La dignité de ce premier Tribunal des Juſtices ordinaires du Royaume, & les qualitez éminentes de ſes Magiſtrats, y ont toujours attiré des ſujets d'un merite diſtingué, pour en former le Conſeil. Le grand nombre, & l'importance des affaires qui s'y traitent, & que l'on y voit naiſtre, inſtruire & juger, ajouſte encore tous les jours de nouvelles lumieres à celles qui ſont acquiſes avant que d'y entrer. Ainſi l'on peut dire à juſte titre de cette Compagnie, que c'eſt l'une des plus ſçavantes de la Juſtice, & un veritable Seminaire de Magiſtrats. Il n'en ſort aucuns

Ff ij   cuns

Marginal notes (left column)

S. Louis 1254
Philippes de Valois en 1344
Charles VI. en 1408.
Louis XII. en 1512.
Fontan. l. 2. titre 1. art. 35. 43. & 48.
Off. de France add. au titre 1. l. 3. p. 1811.

Reg. de tempor. in Cam. Comput. f. 101 Off. de Fr. l. 3.

Marginal notes (right column)

tit. 7. tom. 3. p. 947.

Fontan. l. 1. tit. 9. n. 1. & 2.

Fontan. l. 2. tit. 1. n. 81. & 84. p. 161. & 165.

Livre 2. c. 6. n° 17.

Off. de Fr. l. 3 ti. 9. t. 3. p. 1001.

cuns sujets, en effet, que pour passer dans les plus hautes dignitez de la Robe; & ils y paroissent toujours avec éclat.

Le Public, aussi-bien que les particuliers, est redevable à leurs soins, & profite de leurs lumieres : ils sont appellez aux Assemblées de Police generale; & ce sont eux qui forment le Conseil de ce Tribunal, & qui jugent avec le Magistrat, les affaires les plus importantes qui s'y presentent.

C'est en vûë, sans doute de ces fonctions toujours laborieuses & gratuites, que nos Roys leur ont accordé ce grand nombre de prérogatives & de privileges dont ils joüissent. Ils ont leur Francsalé, par Lettres Patentes de François I. du 21. Mars 1521. Le Droit de *Committimus*, & l'exemption de tous droits d'Aydes, ou autres impositions pour les grains, ou les autres fruits de leurs Terres. Par Edit du même Prince, du mois de May 1539. ils sont admis, comme les

Bann. vol. 3.
fol. 95.

Conseillers des Cours Superieures, au Droit Annuel, sans payer aucun prest : ainsi qu'il a esté jugé en leur faveur par Arrests du Conseil des 13. Octobre 1636. 16. Janvier 1639. 14. Janvier 1645. 8. Aoust 1648. & 20. Juin 1657.

A ces distinctions generales, nos Roys y en ont souvent joint de particulieres : la pension de cinq cens écus dont joüit Mr Blin depuis plus de vingt ans, est de ce nombre. Ce n'est pas que cela soit attaché au Decanat qu'il remplit avec tant de dignité ; c'est beaucoup plus à une profonde érudition, une exacte probité, & un attachement inviolable & assidu au service du Roy, & au bien public, que l'on est redevable de ce choix, qu'au nombre des années : ainsi, tous peuvent aspirer à ces bienfaits du Prince. On ne parle point icy de leurs autres droits & de leurs autres fonctions, qui n'ont point de rapport à la Police : elles ne sont point de l'objet de ce Traité.

TITRE XIII.

Des Magistrats d'Epée.

CHAPITRE PREMIER.

Des Lieutenans Criminels de Robe-courte.

Arist. Ethic.
lib. 1.
Cic. de Off. l. 1.
Macrob.
S. Amb. de Off.
lib. 41.
S. Greg. Mo-
ral. lib. 5.
Dion. lib. 1.
Carol. Pascal.
de virt. & vit.
cap 34.
Polus Pythag.
de justitia.
Procop. de bel.
Vand.

LA Justice & la Force sont deux vertus, dont l'exercice est indispensable dans le gouvernement des Etats : mais elles deviendroient bientost inutiles, sans les secours mutuels qu'elles se prestent l'une à l'autre : la Force sans la Justice dégenereroit en violence ; & souvent la Justice sans la Force languiroit, & ses décisions demeureroient sans execution. De-là vient qu'elles n'ont jamais esté separées dans la personne des Magistrats. Les mêmes Juges qui presidoient aux Tribunaux d'Israël, le conduisoient au combat contre ses ennemis. Les Archontes Grecs, les Consuls, les Preteurs, & les Proconsuls Romains, estoient Magistrats & Generaux d'Armée : les Ducs & les Comtes sous nos premiers Roys, avoient également l'exercice de la Justice & des armes ; & les Baillis & les Senefchaux, leur avoient succedé en l'une & en l'autre fonction.

Ainsi le Prevost de Paris, suivant cette maxime, comme le premier des Baillis & Senefchaux, estoit originairement de robe & d'épée ; il presidoit en robe au Tribunal, & portoit l'épée à la teste des troupes dont il avoit le commandement. Ce double pouvoir estoit même exprimé par les ornemens dans les grandes ceremonies : il y paroissoit vestu d'une robe de brocard d'or fourrée d'hermine, son cheval richement caparaçonné, & deux de ses Pages qui marchoient devant luy, portoient chacun au bout d'une lance son casque & ses gantelets.

Pour la seureté de sa Jurisdiction, il avoit une Compagnie d'Ordonnance de cent Maistres, & deux Compagnies de Sergens, (qui estoit alors un nom militaire,) l'une à cheval, & l'autre à pied.

Arrest du
Parlement de
la Toussaints
1187.
Philip. 5. Juin
1311.
Philippe de
Valois, Fevr.
1327.
Charles V. 8.
Juin 1369.
Ordonnan. du
Prev. de Paris,
21. Sept. 1392.
Arrest du 19.
Mars 1396.
Arrest du 3.
Juillet 1406.
Charles VI. du
7. Aoust 1406.
Louis XII. en
Juin 1504.
Olim. 2. p 78.
Livre blanc

Ces Compagnies qui n'estoient d'abord que de trente-cinq à cheval, & de soixante-dix à pied, furent augmentées en differens temps jusqu'à deux cens vingt chacune, & les Corps de garde ou Barrieres à proportion.

Les Sergens à pied portoient des bastons fleurdelisez ; d'où ils furent nommez, *Sergens à verge.* Ils estoient destinez pour la garde de la Ville & des Fauxbourgs de Paris, & pour l'execution des Réglemens de Police ; *ad custodiam dictæ Villæ, & tuitionem Politiæ ipsius* : c'est ainsi que les Réglemens en parlent. Ceux à cheval gardoient les dehors dans toute l'estenduë de la Prevosté ; les mêmes Réglemens, portent qu'ils estoient obligez de se presenter tous les jours devant le Prevost de Paris, pour recevoir ses ordres.

Il en estoit de même à proportion dans les Provinces ; chaque Bailly ou Senefchal, par ce double exercice des Armes & de la Justice, estoit chargé d'y maintenir la tranquillité publique.

La multiplicité des affaires, & l'estude du Droit restablie, qui en rendit les décisions & plus embarrassées, & plus difficiles, apporta beaucoup de changement à cette ancienne discipline. Charles VIII. par son Edit du mois de Juillet 1493. ordonna que les Lieutenans Generaux seroient graduez. Louis XII. par ses Lettres Patentes du mois de Mars 1498. estendit cette obligation aux Baillis & Senefchaux, sinon qu'ils n'auroient plus de voix deliberative : il s'en trouva tres-peu de cette qualité. Jacques d'Estouteville, qui estoit alors Prevost de Paris, n'avoit luy-même aucuns degrez d'estude ; ainsi toute l'administration de la Justice, demeura aux Lieutenans Generaux.

La force, ou le commandement des armes, estoit toujours demeuré aux Baillis & Senefchaux; les Ordonnances les obligeoient de faire residence dans leur Ville, de visiter tous les autres lieux de leur Jurisdiction, d'y maintenir la tranquillité publique, & de tenir la main que les Ordonnances & les jugemens rendus dans leurs Tribunaux fussent executez: mais le principal leur ayant esté retranché, ils negligeoient l'accessoire.

Les Lieutenans Generaux, à la verité, sont entrez dans tous les droits de ces Chefs de la Jurisdiction, & le sont devenus eux-mêmes, quant à l'exercice. La Robe longue qui est la marque de leur dignité, & de l'administration de la Justice, n'a rien d'incompatible avec le pouvoir d'en maintenir par la force les droits & les décisions, quand il est necessaire. Les Ordonnances de François II. du mois de Juin 1560. le portent en termes exprés : aussi ont-ils le commandement sur tous les mêmes Officiers d'épée, qui estoient obligez d'obéïr aux Baillis & Senefchaux.

Mais il restoit toujours cette difficulté dans les grandes Villes, que ne pouvant pas se mettre eux-mêmes à la teste des gens de main, pour la recherche & la capture des coupables, & n'ayant pas même tout le temps necessaire pour instruire & juger les procés, un tres-grand nombre de fautes, principalement celles de ces perturbateurs du repos public, qui n'ont point d'autre commerce que le vice, ny d'autre employ que celuy de vivre aux dépens d'autruy, échapoient à leur vigilance, & demeuroient impunies.

La Ville de Paris, comme la plus grande & la plus peuplée du Royaume, fut la premiere qui se ressentit de cet inconvenient. Cela donna lieu à François I. sur les remontrances du Parlement souvent réiterées, de commettre un Gentilhomme fort expert au fait des armes, sage & vertueux, pour faire la recherche & la capture des meurtriers, vagabonds, & gens de mauvaise vie. Aprés le decés de ce Gentilhomme, le Roy

petit f. 223.
Offices de Ft.
t. 3. p. 1547. &
1575.
Livre vert an-
cien f 149. &
155.
Liv. rouge an-
cien f. 179. &
116.
Livre noir f.
245.

par Edit du 7. May 1526. permit à Monsieur le Comte d'Estampes, premier Gentilhomme de sa Chambre, & alors Prévost de Paris, de commettre pour cette même fonction, un Lieutenant lay de Robe-courte. Ce titre de Lay vient du mot latin *Laicus* : chacun en sçait l'origine. Il y a eu un temps en France, que les sciences y estoient tellement negligées, qu'à peine trouvoit-on hors le Clergé, quelqu'un qui sçût écrire : de-là vient que le nom de Clerc signifioit également un Ecclesiastique & un homme de Lettres, & que celuy de Laïc luy estoit opposé. Les sciences restablies, l'usage demeura de nommer Clercs tous les gens d'estude : ainsi la qualité de Lieutenant Laïc ou lay, ne signifie autre chose en cet endroit, sinon qu'il n'estoit pas necessaire d'estre gradué, pour estre pourvû de cette Charge.

Ce ne fut qu'une commission pendant vingt-huit ans ; Henry II. la créa en titre d'Office, & en establit dans toutes les principales Villes du Royaume, & ensuite dans toutes les Justices Royales, par un Edit du mois de Novembre 1554. Ils furent supprimez dans la plus grande partie des Villes dès l'année suivante, & à leur place les Prevosts Provinciaux furent restablis. Les Edits & les Réglemens nous en apprendront davantage : voicy les extraits des principaux.

Lettres Patentes de François I. du 7. May 1526. par lesquelles, le Roy voulant pourvoir
» à la seureté de la Ville, Fauxbourgs, Banlieuë
» de Paris, & des environs, donne pou-
» voir au sieur d'Estampes, premier Genti-
» homme de sa Chambre, & Prevost de Paris, &
» à ses successeurs Prevosts de Paris, de com-
» mettre un Lieutenant Lay, de Robe-courte,
» vertueux, & experimenté au fait de la guerre
» & des armes, & vingt Archers, pour visiter
» chacun jour, accompagné de ses Archers, les
» Ruës, Carrefours, Tavernes, Cabarets, &
» maisons dissoluës, où ont accoustumé de se
» retirer les vagabonds, oisifs, mal vivans, gens
« sans aveu, joüeurs de cartes & de dez, quilles,
» & autres jeux prohibez & défendus ; blasphé-
« mateurs du nom de Dieu, ruffiens, mendians
» valides, & gens qui seront trouvez en flagrant
» délit, les prendre au corps, les mener dans
» les prisons du Chastelet, pour en estre fait la
» justice par le Prevost de Paris, ou son Lieute-
» nant Criminel, telle que de raison.

Edit de Henry II. du mois de Novembre 1554.
Fontan. l. 1. tit. 11. c. 2.
» par lequel le Roy supprime les Prevosts des
» Mareschaux Exprovinciaux, à l'exception de
» quelques Provinces où ils sont reservez: & par
» le même Edit, Sa Majesté ordonne qu'en la
» Ville de Paris, & dans le ressort du Chastelet,
» outre le Lieutenant & Magistrat Criminel, &
» le Lieutenant Particulier, qui sert tant au Ci-
» vil, qu'au Criminel, il y aura un Lieutenant
» de Robe-courte, que le Roy y crée en titre
» d'Office : lesquels Lieutenans auront sous eux
» douze Archers, ou Sergens extraordinaires.
» Qu'en chacun des autres Sieges Presidiaux,
» & autres Sieges Royaux, le Lieutenant Crimi-
» nel, aura un Lieutenant Criminel de Robe-
» courte, & le nombre d'Archers ou Sergens ex-
» traordinaires qui sera reglé.
» Que les Lieutenans de Robe-courte & les Ar-
» chers, seront reçus par les Lieutenans Crimi-
» nels,
» Que les Lieutenans Criminels & les Lieute-
» nans de Robe-courte, se conduiront dans l'exer-
» cice de leurs Charges en concorde & amitié ;
» prestant par les Lieutenans de Robe-courte l'o-

béïssance requise pour le bien de la Justice «
aux Lieutenans Criminels. Il est aussi enjoint «
aux Archers d'obéïr respectivement aux Lieu- «
tenans Criminels, & aux Lieutenans de Robe- «
courte, en ce qui concerne leurs Offices. «

Il est ordonné aux Lieutenans Criminels, «
assistez de leurs Lieutenans de Robe-courte, «
de visiter une fois l'année leurs Provinces, & «
aux Lieutenans de Robe-courte, de faire ces «
visites de quatre mois en quatre mois. «

Que les Lieutenans de Robe-courte infor- «
meront & instruiront les procez de tous ses cri- «
mes qui estoient de la competence des Prevosts «
des Mareschaux Provinciaux ; & qu'ils auront «
séance tant aux Audiances qu'en la Cham- «
bre du Conseil, après les Conseillers. «

Il est permis aux Archers d'exploiter pour «
le Criminel : & afin que cette faculté ne retarde «
le service, chacun d'eux à sa Reception nom- «
mera un Aide, qui se soumettra de le represen- «
ter pour lesfaire en cas d'absence. «

Jean Bernard Commissaire au Chastelet, fut le premier qui acheta l'Office de Lieutenant Criminel de Robe-courte : peu de temps après sa reception, il eut quelques difficultez sur l'exercice de ses fonctions, avec les Lieutenans Criminel & Particulier, & les Conseillers, sur lesquelles intervint la Declaration qui suit.

Declaration du Roy du dix-huit Avril 1555. par laquelle Sa Majesté ordonne, que son Edit «
du mois de Novembre lors dernier, sera exe- «
cuté, même les articles qui concernent les au- «
toritez, préeminences, droits & pouvoirs oc- «
troyez aux Lieutenans Criminels de Robe- «
courte. Mande & enjoint au Prevost de Paris, «
ses Lieutenans Civil, Criminel & Particuliers, «
Conseillers & Juges Presidiaux, de l'observer «
& entretenir de point en point, sans sur cela «
donner aucun trouble ou empeschement au «
Lieutenant Criminel de Robe-courte, spe- «
cialement en ce qui touche l'instruction des «
procez criminels, estant de la Jurisdiction du «
Prevost des Mareschaux, & en la séance au «
Siege & en la Chambre du Conseil, avec la- «
quelle séance le Roy luy attribuë voix & opi- «
nion deliberative au jugement des procez par «
luy instruits, & qui sont de sa Jurisdiction & «
connoissance. Enjoint aussi au Lieutenant Cri- «
minel de Robe-courte, de faire les chevauchées «
qui luy sont ordonnées par l'Edit de création de «
sa Charge, sans y faire aucune faute. «

Declaration du Roy du 2. Septembre 1555. en faveur du Lieutenant Criminel de Robe-courte du Chastelet de Paris. Elle porte, que par le restablissement, ou nouvel establisse- «
ment des Prevosts Criminels Provinciaux, le «
Roy n'a point prétendu supprimer l'Office de «
Lieutenant Criminel de Robe-courte en la Ville «
de Paris, ny les Offices de ses Archers : Veut «
& entend que ceux qui en sont pourvûs, & «
leurs successeurs, en joüissant conformément à «
leur Edit de création : augmenté leurs gages «
jusqu'à six cens livres pour le Lieutenant, & «
chacun des Archers, cent quatre-vingts livres. «
Ordonne que les Archers ne seront plus reçus «
par le Lieutenant Criminel, mais par celuy de «
Robe-courte : leur est enjoint de luy obéïr, «
sur peine d'amende, qui sera par luy arbitrée «
& levée. Qu'ils ne pourront exploiter des «
matieres pures civiles, mais seulement de «
celles qui concernent le criminel ; mais pour- «
ront executer toutes Lettres, Arrests, ajourne- «
mens & commissions, soit des Cours de Parle- «
ment, Prevosté de Paris, qu'autres Juges quel- «
conques, «

» quelconques, defquels dépendra l'emprifon-
» nement, arreft & détention des perfonnes.

» A condition neanmoins que le Lieutenant
» Criminel de Robe-courte, outre les charges
» à luy impofées par l'Edit de création de fon
» Office, fera tenu de tenir la main à la puni-
» tion & correction des contrevenans aux Ar-
» refts, Réglemens & Ordonnances faites pour
» la Police de Paris, & fur les abus, malver-
» fations & monopoles qu'il pourra trouver a-
» voir efté commis par les Débardeurs & Dé-
» chargeurs de foin, de bois & autres denrées,
» qui fe defcendent & amenent tant par eau,
» que par terre en cette Ville, & par les par-
» ticuliers qui les conduiront ; & ce par con-
» currence avec les Juges aufquels la connoif-
» fance en appartient.

» Qu'il veillera aufli à la punition des men-
» dians valides & vagabons, pour le bien public
» & la tranquillité des Sujets du Roy : Sa Ma-
» jefté luy en attribuant, entant que befoin fe-
» roit, toute cour, jurifdiction & connoiffance.
» Et enfin, que pour faire connoître le foula-
» gement que les Sujets du Roy recevroient
» de cet eftabliffement, le Lieutenant Crimi-
» nel de Robe-courte envoyeroit de fix mois en
» fix mois fon procés verbal à Mr le Chance-
» lier, pour en informer le Roy & fon Confeil.

A la prefentation de ces Lettres au Parlement il y eut des oppofitions formées par le
Lieutenant Criminel, les Confeillers & les
Commiffaires du Chaftelet, par les Prevoft
des Marchands & Echevins, par les Huiffiers
de la Cour, & les Sergens à cheval & à verge du Chaftelet. Sur ces oppofitions les Parties furent appointées par Arreft du 7. Octobre
1555. & reglées definitivement par l'Arreft dont
voicy la teneur.

Arreft du Parlement du 22. Février 1555. par
» lequel la Cour ordonne, que les Lettres obte-
» nuës par le Lieutenant de Robe-courte le deux
» Septembre dernier feront regiftrées, pour
» joüir par luy & fes Archers des difpofitions
» y contenuës, excepté de ce qui concerne le
» fait de la Police, la connoiffance de laquelle
» appartiendra au Prevoft de Paris ou fes Lieu-
» tenans, & au Prevoft des Marchands & Eche-
» vins refpectivement, ainfi qu'elle leur appar-
» tenu d'ancienneté ; que néanmoins le Lieute-
» nant de Robe-courte pourra informer des abus
» & malverfations des Vendeurs de foin,
» bois & d'autres denrées, & des Débardeurs,
» Déchargeurs, Charretiers, & autres contreve-
» nans, tant aux Ordonnances, qu'aux Arrefts
» de la Cour ; les prendre & conftituer prifon-
» niers és prifons du Chaftelet ou de l'Hoftel de
» Ville refpectivement & comme il appartient,
» pour en eftre fait punition, & remettre au
» Greffe de ces Jurifdictions les informations
» qu'il aura faites : le tout fans préjudice des
» droits des Commiffaires & des autres Officiers.

Off. de France l. 3. tit. 10. chap. 25.
Arreft du Parlement du 14. Janv. 1606. entre le
Lieutenant Criminel, & le Lieutenant Criminel
de Robe-courte au Baillage de Chafteau-Thierry.
» Il porte entr'autres chofes, que les montres
» de la Compagnie du Lieutenant Criminel de
» Robe-courte fe feront devant le Lieutenant
» General Criminel.

Arreft du Parlement du 16. May 1609. entre
M. Jean de Fontis Lieutenant Criminel de Robe-courte au Chaftelet de Paris, Demandeur en
réglement ; & M. René de Warcy Prevoft des
Mareschaux au Gouvernement de Paris & Ifle
de France, Défendeur. Il porte, qu'il eft per-

mis au Prevoft des Mareschaux d'avoir fon
domicile en la Ville de Paris, d'y faire captures & emprifonnemens de ceux qui feront furpris en flagrant délit, & de tous autres accufez de cas Prevoftaux, fans qu'il puiffe faire
aucune procedure, ny en prendre aucune Jurifdiction ou connoiffance ; laquelle appartiendra au Lieutenant Criminel de Robe-courte. Que fi neanmoins le Prevoft faifant fes chevauchées à la campagne, informe, decrete
& fait quelques pourfuites contre des accufez de la competence, & que les trouvant en
cette Ville il les y arrefte ; il leur pourra faire leur procés en la forme prefcrite par les
Ordonnances.

Le Prevoft de l'Ifle de France fe pourvut en
requefte civile contre cet Arreft au Grand Confeil. Mr le Conneftable, Mrs les Mareschaux de
France, & le Syndic de leurs Prevofts furent
reçus Parties intervenantes. Et fur le tout intervint l'Arreft qui fuit.

Arreft du Grand Confeil du 10. Decembre
1610. par lequel ayant égard aux Lettres de requefte civile obtenuës par le Prevoft de l'Ifle,
contre l'Arreft du Parlement du 16. May 1609.
le Confeil remet les Parties en tel eftat qu'elles eftoient avant cet Arreft. Et faifant droit au
principal fur l'oppofition des Sieurs Conneftable & Mareschaux de France ; ordonne que le
Prevoft de l'Ifle ou fon Lieutenant pourra faire capture des accufez de tous crimes & délits
commis en la Ville & Fauxbourgs de Paris ;
à la charge de laiffer aux Juges ordinaires les
prifonniers qui ne font fes jufticiables, à
peine de tous dépens, dommages & interefts
des prifonniers qu'il auroit retenus. Que privativement au Lieutenant Criminel de Robe
courte il connoiftra & aura Jurifdiction dans
la Ville & Fauxbourgs de Paris de tous crimes & délits commis à la campagne, defquels
la connoiffance luy eft attribuée par les Ordonnances, contre toutes perfonnes de quelque qualité qu'elles foient, même contre les
domiciliez, au cas que les crimes pour lefquels ils feront arreftez ayent efté commis
hors la Ville & les Fauxbourgs ; fauf au Lieutenant de Robe-Courte faifant fes chevauchées, la prévention & concurrence avec le
Prevoft en la Prevofté & Vicomté de Paris.

Arreft du Parlement du 9. Juillet 1668. par
lequel, fur la remontrance de M. le Procureur
General, il eft ordonné & enjoint aux Officiers & Archers du Guet, & à tous autres de
cette Ville de Paris, d'executer fans defay &
les jugemens & les ordres du Lieutenant de Police, à peine d'interdiction, & de plus grande peine, felon l'exigence des cas.

L'Article 12. de l'Ordonnance du mois d'Aouft
1670. pour les matieres criminelles, porte, que
les Prevofts des Mareschaux, les Lieutenans &
Criminels de Robe-courte, les Vice-Baillis &
Vice-Senefchaux connoiftront en dernier reffort de tous crimes commis par vagabons, gens
fans aveu & fans domicile, ou qui auront
efté condamnez, à peine corporelle, banniffement ou amende honorable ; connoiftront
auffi des oppreffions, excés, ou autres crimes commis par gens de guerre, tant dans
leurs marches, lieux d'étapes que d'affemblées, & de fejour pendant leurs marches ;
des deferteurs d'armées, affemblées illicites
avec port d'armes, levées de gens de guerre
fans commiffion du Roy, & des vols faits fur
les grands chemins. Qu'ils connoiftront auffi
» des

» des vols faits avec effraction, port d'armes & » violences publiques dans les Villes qui ne se-» ront point celles de leur residence;comme auf-» si des sacrileges avec effraction, assassinats pré-» meditez, seditions, émotions populaires, » fabrication, alteration ou exposition de mon-» noye, contre toutes personnes ; en cas tou-» tefois que les crimes ayent esté commis hors » les Villes de leur residence.

L'Article 13. concerne le privilege des Ecclesiastiques.

» L'Article 15. porte, que les Juges Presidiaux » connoistront aussi en dernier ressort des per-» sonnes & des crimes mentionnez en cet ar-ticle 12. & préférablement aux Prevosts des « Marefchaux, Lieutenans Criminels de Robe-« courte, Vice-Baillis & Vice-Senefchaux, « s'ils ont aresté avant eux ou le même jour. «

Les dispositions de ces deux articles avoient donné lieu à plusieurs conflits & à plusieurs contestations entre le Lieutenant Criminel, les Commissaires du Chastelet & le Lieutenant Criminel de Robe-courte ; & entre ses Archers & les Sergens du Chastelet. Le Roy en fut informé, & eut la bonté de les regler par un Edit du mois de Janvier 1691. Voicy ce qu'il contient.

Janv. 1691.
Edit du Roy
portant Ré-
glement en-
tre le Lieu-
tenant Cri-
minel du
Chastelet de
Paris, & le
Lieutenant
Criminel de
Robe-courte,
registré au
Parlement le
10. Février
de la même
année.

LOUIS, par la grace de Dieu, Roy de France & de Navarre: A tous presens & à venir. Comme Nous croyons que nous ne pouvons rien faire de plus utile pour empêcher l'impunité des crimes qui se commettent dans nostre bonne Ville de Paris, que de prévenir par un Réglement les conflits de jurisdiction entre le Lieutenant Criminel, les Lieutenans Particuliers, & le Lieutenant Criminel de Robe-courte de nostre Chastelet de Paris ; ensemble les différens qui arrivent souvent avec les Commissaires, Huissiers & Sergens dudit Chastelet ; en sorte que chacun se renfermant dans ses veritables fonctions, la Justice soit administrée avec toute l'exactitude & la diligence necessaire. A CES CAUSES, & autres bonnes considerations à ce Nous mouvant, de l'avis de nostre Conseil, & de nostre certaine science, pleine puissance, & autorité Royale; après avoir examiné en nostre Conseil les titres, pieces, moyens & écritures de part & d'autre, Nous avons dit, déclaré, statué & ordonné, disons, déclarons, statuons & ordonnons par nostre present Edit perpetuel & irrevocable, voulons & Nous plaist ce qui ensuit.

PREMIER.

Sçavoir, que le Lieutenant Criminel, & celuy de Robe-courte du Chastelet connoissent en dernier ressort concurremment & par prévention entr'eux dans nostre Ville & Fauxbourgs, Prevosté & Vicomté de Paris, des cas & crimes mentionnez en l'article douze du titre premier de la competence des Juges de nostre Ordonnance du mois d'Aoust 1670. en faisant juger préalablement leur competence suivant la forme prescrite par nostredite Ordonnance, & les Arrests de nostre Conseil des 19. Juillet, & 2. Septembre 1678. Voulant neanmoins qu'en cas qu'ils ayent decreté le même jour, le Lieutenant Criminel connoisse préférablement à l'autre du crime dont sera prevenu l'accusé.

II.

Le Lieutenant Criminel de Robe-courte connoistra à la charge de l'appel en nostre Cour de Parlement, à l'exclusion du Lieutenant Criminel, des rebellions commises à l'execution de ses jugemens, des crimes & des délits qui pourroient estre commis par les Officiers & Archers de sa Compagnie, même par son Greffier, en faisant les fonctions de leurs Charges sous ses ordres, & en execution de ses jugemens ; sans qu'en aucun autre cas il puisse prendre connoissance des délits & crimes commis par lesdits Greffier & Officiers de sa Compagnie.

III.

Connoistra aussi ledit Lieutenant Criminel de Robe-courte à la charge de l'appel par concurrence & prévention avec le Lieutenant Criminel, des meurtres ou attentats à la vie des Maistres commis par leurs domestiques, des crimes de viol & enlevement contre toutes sortes de personnes de quelque qualité qu'elles soient, excepté contre les Ecclesiastiques.

IV.

Faisons défenses audit Lieutenant Criminel de Robe-courte de prendre connoissance des cas & crimes qui doivent estre jugez à la charge de l'appel, autres que ceux mentionnez dans les articles precedens, à peine de nullité des procedures,& des dépens dommages & interests des Parties; luy enjoignons néanmoins à aux Officiers de sa Compagnie, d'arrester en prison toutes personnes prises en flagrant délit ou à la clameur publique, & d'en dresser des procés verbaux qui seront remis au Greffe Criminel du Chastelet pour y estre pourvû par le Lieutenant Criminel, ainsi que de raison.

V.

Le Lieutenant Criminel de Robe-courte ne pourra élargir ceux qui auront esté constituez prisonniers en vertu de decrets par luy decernez, que sur les conclusions de nostre Procureur audit Chastelet, & par déliberation prise à la Chambre du Conseil. Et lors que dans les affaires sujettes au jugement en dernier ressort, la competence aura esté jugée, ne pourront les accusez estre élargis qu'en jugeant leurs procés diffinitivement.

VI.

Aussi-tost que les procés seront instruits par le Lieutenant Criminel de Robe-courte, son Greffier sera tenu de les porter au Greffe Criminel du Chastelet pour estre distribuez par le Lieutenant Criminel en presence du Lieutenant Particulier qui sera de service à l'Audiance du Presidial, ou de l'autre en son absence, & du plus ancien des Conseillers de service au Criminel, & qui se trouvera au Chastelet lors que la distribution se fera à la derniere des Audiances qui se tenuë ce jour-là au Chastelet, si ce n'est que la qualité & l'importance de l'affaire desirassent une plus grande diligence.

VII.

En cas de recusation ou d'absence, maladie, ou autre empêchement du Lieutenant criminel de Robe-courte pendant ving-quatre heures pour ce qui requiert celerité, & où il y a peril en la demeure,

meure, & pendant trois jours pour les autres affaires. L'inftruction des procés de fa compétence appartiendra au Lieutenant Particulier qui fera de fervice à l'Audiance du Préfidial, ou de l'autre en fon abfence, ou du plus ancien Confeiller qui fera de fervice au Criminel, fans que le Lieutenant Criminel de Robe-courte puiffe commettre efdits cas un autre Officier du Chaftelet ; à la charge neanmoins que lors que l'empêchement ceffera par la prefence du Lieutenant Criminel de Robe-courte, il continuera à parachever l'inftruction commencée par ledit Lieutenant Particulier pour fon abfence.

VIII.

Le Lieutenant Criminel du Chaftelet ne pourra eftre qualifié Lieutenant Criminel de Robe-longue, mais feulement Lieutenant Criminel.

IX.

Le Lieutenant Criminel de Robe-courte commettra tous les mois un Exempt & dix Archers de fa Compagnie pour executer les decrets & mandemens de Juftice qui feront decernez par le Lieutenant Criminel, auffi-toft qu'ils en feront avertis par ledit Lieutenant Criminel, ou par noftre Procureur audit Chaftelet. Faifons défenfes aufdits Exempt & Archers de travailler pendant ledit temps à autre affaire fans en avoir la permiffion par écrit dudit Lieutenant Criminel ; & en cas qu'il foit befoin d'un plus grand nombre d'Officiers, tous les Lieutenans, Exempts & autres Archers de ladite Compagnie feront tenus de fe joindre à eux fur les ordres dudit Lieutenant Criminel, à peine d'interdiction de leurs Charges pendant le temps qu'il fera jugé convenable ; & d'amende en cas de refus ou de négligence. Enjoint au Lieutenant Criminel de Robe-courte d'y tenir foigneufement la main, en forte que la Juftice n'en fouffre aucun préjudice ny retardement.

X.

Le Lieutenant Criminel de Robe-courte, ou fes Lieutenans, recevront les plaintes, & procéderont aux informations des crimes qui feront de fa competence ; faifons défenfes aux Sous-Lieutenans, Exempts & Archers d'y vaquer, fous quelque pretexte que ce foit, à peine de nullité, dépens, dommages & interefts des Parties.

XI.

Le Lieutenant Criminel de Robe-courte pourra appofer fes fcellez fur les papiers & effets des accufez, pour y faire perquifition des pieces fervant à conviction, & les faire mettre en fon Greffe, fans qu'au furplus il puiffe s'entremettre de faire la defcription, par forme d'inventaire, de tous les titres & effets defdits accufez.

XII.

Les Archers du Lieutenant Criminel de Robe-courte feront, à l'exclufion des Sergens & Huiffiers du Chaftelet, les emprifonnemens & écroües des perfonnes arreftées en vertu des decrets du Lieutenant Criminel de Robe-courte, & donneront les affignations neceffaires pour l'inftruction des procés qui font de fa competence, fans qu'ils puiffent faire aucun procés verbal, ny donner des Exploits tant au Civil qu'au Criminel.

XIII.

Les conflits de jurifdiction d'entre le Lieutenant Criminel & celuy de Robe-courte, feront reglez par noftre Parlement de Paris ; leur faifons défenfes de fe pourvoir ailleurs, à peine de nullité.

Si donnons en mandement à nos amez & féaux Confeillers les Gens tenans noftre Cour de Parlement à Paris, que ces prefentes ils ayent à faire publier & regiftrer ; & le contenu en icelles garder felon leur forme & teneur, fans fouffrir qu'il y foit contrevenu en quelque forte & maniere que ce foit, nonobftant tous ufages & réglemens à ce contraires, aufquels Nous avons dérogé & dérogeons par ces prefentes : Car tel eft noftre plaifir ; & afin que ce foit chofe ferme & ftable à toujours, Nous y avons fait mettre noftre Scel. Donné à Verfailles au mois de Janvier, l'an de grace 1691. & de noftre Regne le quarante-huitiéme. Signé LOUIS. Et plus bas, par le Roy, PHELYPEAUX. Et fcellé du grand Sceau de cire verte.

Déclaration du Roy du 6. May 1692. en faveur des Prevofts Generaux Provinciaux & Particuliers, Vice-Baillis, & Vice-Senefchaux, Lieutenans Criminels de Robe-courte, leurs Lieutenans, Affeffeurs, Procureurs du Roy, Commiffaires & Controlleurs à faire les montres, Greffiers, Exempts, Premiers Archers, & generalement tous les Officiers en titre d'Office » des Marefchauffées. Elle porte, que tous ces » Officiers font exemts de taille, de tutelle & » de curatelle, de logemens de gens de guerre, » de guet & garde, de la levée de deniers or- » dinaires & extraordinaires, & autres charges » & dettes communes, foit par capitation ou » autrement. Que leurs gages ne pourront eftre » faifis fi ce n'eft pour nourriture, achats d'ha- » bits, armes ou chevaux. Que les Prevofts, » Vice-Baillis, Vice-Senefchaux, Lieutenans » Criminels de Robe-courte, leurs Lieutenans » & Affeffeurs, & les Procureurs du Roy, font » maintenus en la faculté de prendre la qualité » de Noble & d'Ecuyer, avec le titre & qualité » de Confeillers du Roy, tant qu'ils feront re-

veftus de leurs Charges feulement. Veut & or- « donne Sa Majefté, que les Prevofts, Vice-Bail- « lis, Vice-Senefchaux & Lieutenans Criminels « de Robe-courte ayent à l'avenir voix délibe- « rative aux procés inftruits, tant par eux, que « par leurs Lieutenans & Affeffeurs. Que les ju- « gemens qui interviendront fur ces procé foient « intitulez de leur nom : & qu'en ce cas ils ayent « rang & féance dans la Chambre du Confeil, « l'épée au cofté ; fçavoir les Prevofts generaux « aprés celuy qui préfidera ; & les Prevofts Pro- « vinciaux & Particuliers, Vice-Baillis, Vice- « Senefchaux & Lieutenans Criminels de Robe- « courte dans les Sieges Préfidiaux, immediate- « ment aprés le Doyen des Confeillers, foit qu'il « préfide ou non ; & dans les autres Sieges « Royaux, avant les Confeillers ; & que leurs « Lieutenans auront auffi féance aprés le dernier « des Confeillers. Qu'ils auront ce même rang « dans les Affemblées publiques & particulie- « res, les que les Officiers des Préfidiaux ou « Sieges Royaux ne feront point en Corps. Et « lors qu'ils feront en Corps, les Officiers des «

Tome I.

Gg » Marefchauffées

» Marefchauflées auront rang & féance à leur
» gauche dans les lieux où il n'y a point d'au-
» tre Compagnie qui foit en poffeffion de ce
» rang : le tout, en payant par ces Officiers les
» fommes pour lefquelles ils feront compris
» dans les rôles qui en feront arreftez au Confeil.

Il y avoit de ces Officiers qui eftoient en poffeffion d'un rang plus honorable que celuy qui
leur eftoit accordé par cette Déclaration : ce qui
donna lieu, fur leurs remontrances, à des Lettres Patentes du 30. May 1693. par lefquelles Sa Majefté déclare, que par fa Déclaration
» du 6. May 1692. elle n'a point entendu pré-
» judicier à ceux de ces Officiers qui eftoient
» en droit & en poffeffion d'un rang plus avan-
» tageux.

En plufieurs lieux l'on difputa aux Prevofts
des Marefchaux, & aux Lieutenans Criminels
de Robe-courte la voix délibérative ; parce qu'ils
ne font pas Graduez. Ils s'en plaignirent au Roy,
& repréfenterent qu'il n'eftoit pas extraordinaire que des Officiers non Graduez euffent voix
délibérative dans les procés criminels. Ils rapporterent pour exemple les Elûs & les Confeillers d'honneur dans les Préfidiaux. Sur quoy
Sa Majefté voulant faire connoître fes intentions, leur accorda un Arreft de fon Confeil
le 29. Septembre 1693. portant, que tous les «
Prevofts Generaux & Provinciaux, Vice-Bail-«
lis, Vice-fenefchaux, & Lieutenans Crimi-«
nels de Robe-courte, encore qu'ils ne foient «
Graduez, auront voix délibérative dans tous «
les Procés Prevoftaux inftruits tant par eux, «
que par leurs Lieutenans & Affeffeurs.

L'on auroit pu ajouter icy tous les Edits de
création des Lieutenans, des Affeffeurs, des Procureurs du Roy, des Greffiers, des Exempts,
des Commiffaires, des Contrôleurs aux montres & des Archers, qui ont augmenté, & qui
compofent aujourd'huy ces Compagnies des
Lieutenans Criminels de Robe-courte. Mais
comme ce Traité n'a pour objet que de faire
connoître l'origine & les motifs de cet eftabliffement, les prérogatives & les fonctions de
ces Officiers ; ce qui en a efté rapporté fuffit.

CHAPITRE II.

Des Chevaliers du Guet.

SI les foins de la fûreté publique en general
font importans, on peut dire que c'eft principalement pendant la nuit qu'ils doivent eftre
redoublez ; & que la neceffité de les mettre en
ufage fe fait davantage fentir. C'eft dans ce temps
deftiné au repos, & que tout eft calme en effet
pour les gens de bien, que les méchans favorifez
des tenebres qui les environnent & les cachent,
font dans la plus grande agitation, & s'efforcent davantage à faire réüffir leurs pernicieux deffeins. La verité mefme s'en eft expliquée,
pour nous mettre en garde contre leurs furpri-
fes. Elle nous avertit que ceux qui font le
Joan. c. 3.
⍰. 20.
mal haïffent la lumiere : *Omnis qui malè agit odit
lucem.* Il n'y a pas jufqu'au nom de *Nuit*, felon
quelques Grammairiens, qui ne nous faffe entendre que c'eft un temps dangereux & où l'on
Polyanthea
Langii. in
verb. Nox.
cherche à nous nuire ; *Nox* à *nucendo.*

Il ne faut donc pas s'eftonner fi toutes les Nations bien difciplinées ont pris des précautions
extraordinaires contre les perils nocturnes.

Les plus confiderables de chaque pays eftoient
d'ordinaire chargez de cet employ. C'eft pour
cela que les Atheniens en commettoient le foin
à une Compagnie tirée du nombre des cinq
cens notables Citoyens qui eftoient choifis tous
les ans pour l'adminiftration de la Republique. *Thefmotetes moderationis feu tranquillitatis cuf-
todes vindicefque fuerunt, & noctu Urbem obeuntes,
ne quid per petulantiam fieret providerunt.* Ce nom
Thefmotetes, Legiflateurs, leur eftoit commun avec
tous ceux qui eftoient chargez de maintenir les
Loix, comme il a efté prouvé ailleurs.

Les Romains de même eftablirent d'abord
trois Magiftrats de la nuit, *Triumviri nocturni,*
pour faire les rondes & veiller à la fûreté publique. Les Tribuns du Peuple & les Ediles y
joignirent enfuite leurs foins & y employerent
un certain nombre de Citoyens choifis entre les
Artifans.

Les accroiffemens de la Ville & les inconveniens qui arrivoient aux Magiftrats dans l'e-
xercice de cette fonction en perfonne, donnerent lieu à la création de dix Officiers pour les
repréfenter pendant la nuit. La Ville fut partagée entr'eux, felon fa divifion naturelle, par le
fleuve du Tybre, cinq de chaque cofté. *Quia
Magiftratibus vefpertinis temporibus in publicum effe
inconveniens erat, quinque viri conftituti funt cis Tyberim, & ultrà Tyberim qui poffint pro Magiftratibus fungi.* Mais on ne fut pas long-temps fans
s'appercevoir qu'il falloit de la dignité dans cette
fonction, pour y réüffir & s'y concilier toute l'autorité neceffaire. Ainfi l'on fut obligé peu de
temps aprés cet eftabliffement de donner à ces
Officiers le titre d'Ediles, par un decret du Senat. *Fiebant autem hi decem viri poftea Ædiles ex
Senatufconfulto* ; pour les diftinguer des autres
Ediles, on les nomma Ediles des Incendies,
Ædiles incendiorum extinguendorum ; parce que
c'eftoit l'un de leurs principaux foins.
L. 2. ff. de
Origin. Juris
& Magiftrat.
§ 31. & ibi
gloff. Cujas.
Dion. lib. 55.

Les chofes eftoient en cet eftat lors qu'Augufte parvint à l'Empire. Ce Prince trouva encore beaucoup d'imperfection dans cette garde
nocturne de la Ville, foit à l'égard du nombre,
foit par rapport à l'autorité de ceux qui en eftoient chargez. L'on a vû ailleurs que dans cette grande réforme qu'il fit de la Police de Rome, il en déchargea le Préteur & les Ediles, &
en attribua toute la jurifdiction à un nouveau
Magiftrat, qu'il créa exprés fous le titre de Préfet ou Gouverneur de la Ville, *Præfectus Urbis.*
Il fuivit ce mefme plan pour cette portion de la
Police, qui a pour objet la fûreté de la nuit :
Il ne crut pas qu'elle fuft indigne de fes foins,
ny qu'aucun autre y puft réüffir s'il n'y mettoit luy-
mefme la main. *Nam falutem Reipublicæ tueri, nulli magis credidit convenire, nec alium fufficere ei rei,
quàm Cæfarem.* Ainfi l'ayant auffi retirée de cette fonction aux Officiers Municipaux, les Ediles des incendies,
il eftablit fept Cohortes ou Compagnies du Guet
de nuit, qui furent diftribuées dans la Ville :
en forte que chaque Compagnie avoit deux des
quatorze regions ou quartiers à garder. *Itaque
feptem*
L. 1. & feqq.
ff. & C. de
Off. Præf. Vi-
gilum.
Pancirol. in
not. Imperii
Rom. Orient.
& Occident. cap.
17. &
Occident.cap.
6.

septem Cohortes opportunis locis conflituit, ut binas regiones Urbis unaquæque Cohors tueatur. Chacune de ces Compagnies eftoit commandée par un Tribun ou Capitaine ; & ils avoient tous pour Chef, ou Colonel du Guet, un homme de qualité, choifi dans l'Ordre des Chevaliers. *Præpofitis eis Tribunis, & fuper omnes fpectabili viro ex Equeftri Ordine electo, qui Præfectus Vigilum appellatur.* Ce Magiftrat faifoit fes rondes, pour maintenir pendant la nuit la tranquillité publique. *Hic Præfectus totâ nocte vigilabat, Urbis tranquillitati ftudebat, profpiciens ne tumultus nocte exorirentur.* Il devoit marcher armé, tantoft dans un Quartier de la Ville, tantoft dans un autre, fans tenir aucune route certaine ; afin que les malfaicteurs furpris, fuffent plus facilement arreftez. *Sciendum eft autem Præfectum Vigilum, per totam noctem vigilare debere, & coerrare calcatum cum hamis & dolabris.* Ce terme coerrare, felon la remarque d'Accurfe, ne fignifie autre chofe que ces marches & ces contremarches irregulieres qui viennent d'eftre expliquées : *coerrare, quafi errando, ut non teneat viam rectam : ut fic citiùs capiat aliquem malefacientem.* Il avoit une efpece de Jurifdiction pendant la nuit, & faifoit fur le champ punir de quelque legere correction, les fautes qui s'y commettoient par des gens d'une condition peu diftinguée. Mais lors qu'il s'agiffoit de matieres graves, ou que les

coupables eftoient qualifiez, la connoiffance en appartenoit au Prefet de la Ville. *De incendiariis ergo, effractoribus, furibus, raptoribus, receptatoribus apud Præfectum Vigilum cognitio eft : nifi fi quæ, tam atrox, tam famofa perfona fit, ut ad Præfectum Urbis remittatur.* Ce premier Magiftrat avoit le commandement fur le Guet, auffi-bien que fur le Magiftrat des provifions. *Imperabat autem Præfectus Urbis duobus Magiftratibus, fcilicet Præfectis Annonæ, & Vigilum.* Il y eut un femblable Officier fous ce même titre, *Præfectus Vigilum,* dans toutes les autres Villes de l'Empire, & on le nomma dans celles de la Grece, ΝΥΚΤΟΦΥΛΑΞ, & en Egypte, ΝΥΚΤΕΙΝΟΦΡΥΛΑΞ. Les Roys d'Italie qui fuccederent aux Empereurs, n'eurent garde de rien changer dans un eftabliffement dont le Public retiroit tant d'utilité : ils en conferverent l'ufage avec beaucoup de foin ; & les éloges magnifiques qu'ils donnoient à ce Magiftrat dans fes provifions, font une preuve bien évidente de l'eftime qu'ils en faifoient. Caffiodore nous en a confervé la Formule ; on ne peut rien de plus autentique : c'eft luy-même qui les écrivoit ; il eftoit Secretaire de Theodoric : ainfi perfonne ne pouvoit eftre mieux informé que luy de l'autorité, ny des fonctions de cette Magiftrature. Voicy dans fes propres termes, comme il s'en explique.

Marginal notes (left column):
Suet. in Aug. cap. 30.
Dio. l. 55. ad ann. urb. cond.
759.
Feneft. de Magift. Rom. cap. 14.
Pompon. Læt. de Magiftrat. Rom. cap. 10.

Marginal notes (right column):
Gothof. in l. 18 C de mun. & honorib.
Caffiod. formul. 8 de Præf. Vigil urb. Ravennatis, l. 7.

FORMULA PRÆFECTI VIGILUM URBIS ROMÆ.

*Q*Uamvis nomen tuum ad Civitatis te vigilias debeat excitare, ut poffis implere quod diceris, tamen providentia noftra folita cautela non deferit, nifi eos quos ad agendum deligimus, ad parendum quoque fuaviter invitemus. Quid eft tibi pulchrius, quàm in illa Urbe operam navanter impendere : diligentiâ tuâ ubi tales teftes videntur affiftere ? Cautela quidem tua, mox ut adhibita fuerit, per Patriciorum & Confulum ora difcurrit : vix te contigit aliquid follicitè facere, & audis proceres cum admiratione laudare. Mediocrem dignitatem Regis, & in fumma opinione verfaris : Cuftos Romanæ Civitatis diceris, quando eam ab inteftino hofte defendis. Quapropter circa fures follicitus efto : quos fi tibi Leges punire minimè præcipiunt, tamen eos indagandi licentiam contulerunt : credo ut quamvis effent raptores deteftabiles, tamen quia dicebantur Romani, majori eos fubderent dignitati. Utere igitur per indictionem illam præfecturæ Vigilis dignitate. Horror tibi pænarum ademptus eft, non poteftas : nam Lex à quo velit malos capi, ipfum cenfuit plus timeri. Eris fecuritas foporantium, munimen domorum, tutela ab uno non poteft explicari.

clauftrorum, difcuffor obfcurus, arbiter filentiofus, cui facilere infidiantes fas eft ; & decipere gloria. Actus tuus venatio nocturna eft, quæ miro modo fi non cernitur, tunc tenetur. Furta magis in furibus facis, dum illos circumvenire niteris, quos omnibus illudere poffe cognofcis. Præftigii genus eft, quod agitis, ut latronum verfutias irretire poffitis. Facilius enim æftimamus fphingis ænigmata comprehendi poffe, quàm raptoris fugacem præfentiam reperire. Ille circumfpectus ad omnia, inftabilis ad ventura, trepidus ad infidias, quemadmodum poteft capi, dum non venti nullo fitu cernitur contineri. Vigila igitur impiger cum nocturnis avibus : nox tibi pandat afpectus : & ficut illæ reperiunt in obfcuris cibum, ita tu poffis invenire præconium. Efto nunc ad injunctæ follicitus Venalitas tibi non adimat quod concedit induftria. Nam licet hæc fub profunda caligine videantur geri, nullus tamen actus eft, qui poffit abfcondi. Privilegia quoque tua, vel Officii deputati ex noftra tibi autoritate rationaliter vendicabis. Quia neceffe eft in tam magna civitate, per diverfos Judices agi, quod ab uno non poteft explicari.

FORMULA PRÆFECTI VIGILUM URBIS RAVENNATIS.

*Q*Uamvis dignitate magni nominis primâ fronte decoreris, (quia non potuit Antiquorum prudentia fumma, inæque fimili appellatione cenfere : ne fplendorem, quem fummis dabat, alterius utilitate pollueret,) tamen hinc intelligitur, quid fentire Majorum potuiffet auctoritas, quando Præfectos Vigilibus appellare voluere, qui pro generali quiete difcurrunt. Tibi enim commiffa eft fortunarum fecuritas, Civitatis ornatus, utilitas omnium, fcilicet, ut circà domefticos graffatores bellum pacatum gereres, fi quem Civium lædentia fentires. Cuftodi fortunas omnium : fecurus fomnus te vigilante carpitur, & moleftia nulla fentitur. In pace pofitus fumis de nocturno fure victoriam. Tuis laureis mane Civitas defenfa : lætatur quæ dum captos refpicit, tunc fe occulto hofte caruiffe cognofcit. Quotidiè triumphas, fi benè vigilas.

Et cùm rara fit gloria bellici certaminis, tibi jugiter latronibus famulatur inventis. Ob ducatum nimiâ Civium affectione fufceptum, affumes prædones inquirere quos per fe Dominus non valet invenire : & duplici ratione beneficus, aut futura furta prohibes, aut commiffa concludis. Nonne ifta quædam eft ineffabilis gratia Civitatis, unum in fe fufcipere, quod videt omnibus expedire ? Meritò tibi gloriofum nomen Præfecti prudens Antiquitas deputavit : quia illud facere non poterat, nifi qui Cives à fuis commodis plus amabat. Officium quoque tuum non parvo conftat munere fublevatum, quando & ipfis momenti jura dilatata funt, qui pro fecuritate Civium militare nofcuntur. Quæ cùm itâ fint, Præfecturam Civitatis Vigilum per illam indictionem, delectati in tua opinione concedimus. Ita ut & curam dignitatis, & privilegia tibi competentia modis omni-

Tome I.

Ggij   bus

bus exequaris. Sed quamvis nomen odiosissimum furum generalis persequatur assensus, tamen quia de effusione humani sanguinis agitur, nihil subitum, aut indeliberatum jubemus assumi. Modestiam sequere, qui damnas audaciam: continentiam dilige, qui furta condemnas.

Ad gesta perducti audiantur aliquid pro salute dicturi. Quoniam quidquid non discutitur, justitia non putatur. Convictis verò atque confessis, quæ sunt decreta serventur: quando crudele nil efficit, qui sequitur Leges.

Tous ces usages passerent dans les Gaules avec la domination des Romains, & furent conservez par nos premiers Roys: les preuves en ont esté rapportées ailleurs. Ainsi l'on trouve dés la naissance de la Monarchie, qu'il y avoit un Guet de nuit, dans chacune des principales Villes du Royaume. Clotaire II. en regla l'exercice par Edit de l'an 595. Charlemagne le confirma par Ordonnance de l'an 803. & ce même Prince par une autre Ordonnance de l'an 813. establit la peine de quatre sous d'amende, contre ceux qui devoient y faire le service, & qui ne s'y rendoient pas assidus. Le nom même de Guet, selon tous les Etymologistes, tire son origine de l'Allemand *Wachta* que les François avoient apporté en France, & qui se lit dans les anciennes Ordonnances de nos Roys.

Les troubles qui arriverent dans l'Estat au commencement du dixiéme siecle, qui introduisirent les infeodations, & qui imposerent silence aux Loix, n'apporterent aucun changement à l'ordre public à l'égard du Guet: il paroit au contraire que ces temps difficiles, où chacun pensoit à sa seureté, le rendirent encore plus necessaire. De là vient que dans la plus grande partie des Coustumes, qui prirent alors naissance, & qui succederent à l'ancien droit; il est fait mention expresse de cette obligation de faire le guet, que tous les Seigneurs imposerent à leurs nouveaux sujets.

Il est vray que le calme estant restabli, ce service personnel fut converti dans la plus grande partie des Provinces, en deniers ou redevances annuelles, & fut uni aux autres droits Seigneuriaux: en sorte qu'il ne resta plus de cet ancien usage, que les Compagnies du Guet de Paris, *ad instar* de laquelle celles de Lion & d'Orleans ont depuis esté creées.

Il est fait mention de ce Guet de Paris dans les *Olim* du Parlement, qui sont sans contredit les plus anciens Registres du Royaume. Le service estoit partagé entre les Bourgeois, & une Compagnie du Guet, entretenuë par le Roy, composée de vingt Sergens à cheval, & vingt-six Sergens à pied. Les Communautez de Marchands, & d'Artisans estoient obligées de fournir tous les jours alternativement un certain nombre d'hommes, reglé par le Prevost de Paris; & de ceux-là, l'on en formoit plusieurs Corps-de-Garde fixes, pour y avoir recours en cas de besoin: ce qui fit nommer ce service, le Guet assis. Le Guet Royal estoit destiné à faire les rondes.

Olim 4. f. 118

Le Commandant de cette Troupe se trouve nommé Chevalier du Guet, *Miles Gueti*, dés l'an 1254. dans une Ordonnance de saint Louis, & il se trouve sous ce même titre dans un Arrest du » Parlement des Octaves de Pâques. On appelle » en France Chevalier (dit Monsieur de la Roque » dans son Traité de la Noblesse) celuy qui estoit » nommé par les Latins *Miles*; pour marquer par » ce nom le choix qui en a esté fait entre plusieurs, » pour l'élever à cette dignité; *Miles, quasi unus ex* » *mille electus*. Ainsi ce n'est point l'abandon que Charles V. luy fit de l'Ordre de l'Etoile qui luy a donné le titre de Chevalerie, selon que quelques-uns l'ont pensé; puisque cet Ordre ne fut institué par le Roy Jean que l'an 1351. & que le Commandant du Guet portoit le titre de Cheva-

Du Haillan hist. de France

lier long-temps auparavant. Ce titre vient donc de plus loin; & selon toutes les apparences, il tire son origine de l'usage des Romains, qui ne confioient ce poste qu'à un homme de qualité: *spectabili viro ex Equestri ordine electo*, toujours choisi dans l'Ordre des Chevaliers.

Tout ce qui concerne la conduite, le commandement & la discipline militaire du Guet, luy appartient: mais comme le Guet de nuit chez les Romains, estoit subordonné au premier Magistrat de la Ville, pour punir les coupables: ainsi toute la Jurisdiction sur le Guet appartient au Prevost de Paris, *sicut Præfectus Urbis.*

La Compagnie du Guet fut augmentée jusqu'à deux cens quarante hommes, & le Guet Bourgeois ou assis supprimé, par Edit du mois de May 1559. Les troubles civils qui arriverent en 1561. à cause de la Religion, firent encore changer de conduite. La garde de Paris fut totalement remise aux Bourgeois, sans que la Compagnie du Guet en fist aucun exercice. La tranquillité restablie par l'Edit de Pacification du mois de Mars 1563. les Bourgeois furent derechef déchargez de ce service, & la Compagnie du Guet remise sur pied, par Edit du mois de Novembre de la même année. Elle fut alors fixée à cinquante hommes de cheval, & cent hommes de pied. Il n'y a eu depuis ce temps d'autre changement, que l'augmentation du nombre, à proportion des accroissemens de la Ville, & des besoins du service. Il ne reste plus, en suivant la methode qui a esté tenuë jusques icy, qu'à parcourir les Réglemens, d'où ces remarques ont esté tirées. En voicy les extraits.

Ordonnance de Clotaire II. de l'an 595. contre les gens establis pour le Guet de nuit, qui « entretenoient intelligence avec les voleurs, & « les laissoient échapper. Elle porte, que lors « qu'un vol sera fait la nuit, ceux qui seront de « garde dans le Quartier, en répondront en leur « nom, s'ils n'arrestent le voleur: que si le vo-« leur en fuyant devant ces premiers, est vû dans « un autre quartier, & que les Gardes de ce se-« cond quartier en estant aussi-tost avertis, ne-« gligent aussi de l'arrester, la perte causée par « le vol, tombera sur eux; & ils seront en outre « condamnez en cinq sous d'amende; & ainsi de « quartier en quartier, jusques au troisiéme in-« clusivement.

Capit. Reg. Fr. t. 1. pag. 10.

Ordonnance de Charlemagne de l'an 813. por-« tant, que si quelqu'un de ceux qui sont chargez « de faire le guet, manque à son devoir, il sera « condamné par le Comte, ou premier Magistrat, « en sist sous d'amende.

Capitu. Reg. Fr. t. 1. p. 514.

Ordonnance de saint Louis du mois de De-« cembre 1254. pour la seureté de Paris pendant la « nuit: elle porte, que les Habitans de Paris pour « la seureté de leurs corps, de leurs biens, & « marchandises, & pour remedier aux perils, « aux maux & accidens qui survenoient toutes « les nuits dans la Ville, tant par le feu, vols, « larcins, violences, & ravissemens de femmes, « enlevemens de meubles par locataires, pour « frustrer leurs Hostes, qu'autrement, ils avoient « supplié le Roy de leur permettre de faire le « guet pendant la nuit. Les gens d'un certain « nombre de mestiers se chargeant de le faire à « leurs dépens les uns aprés les autres de trois « semaines

Ancien manuscrit de la Bibliotheque du Collège de Navarre, qui a pour titre, le Livre des Coustumes de divers Pays, & des Ordonnances de Monseigneur S. Louis.

» femaines en trois femaines, à tour de rôlle : ce qui leur fut accordé. Ces mêmes Lettres portent, qu'outre le guet des mestiers, & pour plus grande seureté ; il y avoit depuis tres-long-temps un autre Guet, entretenu & payé par le » Roy : que celuy-cy estoit composé de vingt » Sergens à cheval, & de quarante Sergens à » pied, commandez par un Chevalier, nommé » le Chevalier du Guet. Que ce commandant les » gouvernoit, menoit & conduisoit toute la nuit » par la Ville, pour visiter & fortifier le Guet des » gens de mestier.

Olim 1.f.139. Arrest du Parlement de la Toussaints, de l'an » 1264. qui ordonne, que les Drapiers de Paris, » seront le guet comme les autres, soit que le » Prevost de Paris le commande en personne, ou » qu'il soit absent.

Olim 1. fol. Arrest du Parlement de la Pentecoste 1265. le *144. & Livre* Roy present, par lequel il est ordonné que les *blanc petit f.* » Habitans de la Seigneurie de l'Evêque de Paris, *331.* » seront tenus de faire le guet, ainsi que les » autres Bourgeois, lors qu'il leur sera commandé par le Prevost de Paris, ou par le Chevalier du Guet, (qui se trouve nommé en cet » endroit le Gardien de la Ville, *Custos Ville Pa-* » *risiensis*) & ce nonobstant les pretensions contraires de l'Evêque.

Olim 1.f 183. Arrest du Parlement de la Chandeleur 1270. » par lequel il est ordonné, que tous les Bourgeois » demeurans tant dans l'enclos que dans l'esten-» duë de la Jurisdiction du Temple, soit dans » la Ville, ou hors des murs, seront tenus de » faire le guet, ainsi que les autres Bourgeois de » Paris.

Olim 1.f.186. Arrest du Parlement de la Pentecoste 1271. contre les Changeurs, les Orfévres, les Drapiers, & quelques autres Bourgeois, qui prétendoient estre exempts de rendre le service dans le Guet, lorsque le Prevost de Paris ne le commandoit pas en personne. Par cet Arrest il est ordonné, que » ces Communautez seront tenuës, ainsi que les » autres mestiers, de faire le guet, selon qu'il » plaira au Prevost de Paris de le regler ; soit » qu'il y soit present, soit qu'il soit absent ; at-» tendu que le Guet est establi pour la seureté » commune de tous les Habitans de la Ville.

Olim 4.f.118. Arrest du Parlement de Pâques 1308. sur la contestation formée entre Conrad Bouvel Marchand de Florence d'une part, Firmin Coquerel Prevost de Paris, & Ferry Cahier Chevalier du Guet, *Miles Gueti*, d'autre part. Il s'agissoit d'une saisie qui avoit esté faite par le Guet, sur Bouvel, de trois balles remplies d'armes : Bouvel soustenoit que cette saisie avoit esté faite de jour : le Prevost de Paris & le Chevalier du Guet alleguoient au contraire, que ces balles avoient esté saisies pendant la nuit, & dans le temps que Bouvel avoit pris pour les faire transporter hors du Royaume. Sur cette contestation, il fut ordonné qu'il en seroit informé : & comme par l'Enqueste il parut que cette saisie avoit esté faite en plein jour, la Cour en fit main-levée.

Olim f. 116. Arrest du Parlement de l'Octave des Brandons de l'année 1311. par lequel sur l'appel d'une Sentence du Prevost de Paris, Pierre le Hatecourt, Sergent du Guet à cheval, pour des violences par luy faites à un Bourgeois pendant la nuit, fut destitué de son Office, condamné à vingt livres d'amende, & à tenir prison au Chastelet pendant un an.

Livre rouge Ordonnance du Roy Jean du sixième Mars *ancien fol. 39.* 1363. pour la seureté de la Ville de Paris pen-*& Bann. v. 2.* dant la nuit, scellée du scel du Roy du Chaste-*fol. 168.* let, pour l'absence du grand Sceau. Elle porte,

que les Roys ses predecesseurs depuis un «
temps immemorial, avoient ordonné que «
l'on fist toutes les nuits à Paris le guet par les «
Artisans de certains mestiers, les uns après «
les autres, pour veiller à la garde & seureté «
de la Ville, des saintes Reliques de la sainte «
Chapelle, des corps & personnes des Roys «
ses Predecesseurs, des Prisonniers du Chaste-«
let, des Bourgeois, biens & marchandises de «
la Ville, afin qu'il fust plus aisément donné «
ordre aux accidens de feu, aux meurtres, vols, «
ravissemens de femmes & de filles, & aux autres «
méchantes actions. Que chaque mestier seroit le «
guet en trois semaines ; & qu'il arrivoit «
que l'un de ces Artisans manquast à ce devoir, «
les Clercs du Guet mettoient un autre homme «
en sa place pour ce devoir. Que pour plus grande «
seureté, outre ce Guet Bourgeois, ces Princes «
avoient establi à leurs dépens un autre Guet, «
pour servir pendant toute la nuit, composé «
de vingt Sergens à cheval, & de vingt-six «
Sergens à pied, sous la conduite d'un Com-«
mandant nommé le Chevalier du Guet. Que «
ce Commandant avoit dix sols parisis de gages «
par jour, & vingt livres par an, pour manteaux: «
les Sergens à cheval, chacun deux sols ; & ceux «
à pied, douze deniers parisis. Qu'il y avoit «
aussi deux Commis nommez Clercs du Guet, «
pour écrire & enregistrer leurs noms ; qui «
avoient pour gages chacun douze deniers pa-«
risis, dont les fonctions estoient, de faire sça-«
voir chacun jour aux gens de mestier qui de-«
voient faire le guet, de se trouver en personne, «
ou du moins quelqu'un en leur place, avant «
l'heure du Couvre-feu (c'est-à-dire sept heures «
du soir) à un certain endroit du Chastelet à ce «
destiné. Que le Chevalier du Guet, & les Ser-«
gens à pied & à cheval s'y rendroient aussi, «
pour estre enregistrez par les Clercs du Guet. «
Que si quelqu'un des gens de mestier qui «
estoient de jour manquoit, il en seroit mis «
un autre en sa place à ses dépens : il en estoit «
neanmoins excusé, si sa femme estoit en cou-«
ches, qu'il eust esté saigné ce jour-là, ou qu'il «
fust hors de la Ville pour son commerce, ou «
autrement, ou qu'il fust âgé de plus de soi-«
xante ans : ce qu'ils estoient tenus de faire sça-«
voir aux Clercs du Guet. A l'égard du Cheva-«
lier du Guet, & des Sergens à cheval & à «
pied, celuy d'entre eux qui manquoit se de-«
voit trouver à l'heure prescrite, estoit privé des ga-«
ges qu'il devoit recevoir pour son service de «
la nuit. Les noms de ceux qui estoient presens «
estant enregistrez, les Clercs du Guet dispo-«
soient ceux des gens de mestier qui devoient «
faire le guet, en cette maniere : six Hommes «
sur les carreaux au-delà du Guichet du Chaste-«
let, pour la garde des Prisonniers, afin d'em-«
pêcher qu'aucun d'eux ne pust se sauver par «
les portes ; six autour du Chastelet, pour les «
empêcher de descendre avec des cordes, ou «
autrement, & de recevoir de dehors aucun «
secours à cet effet ; six en la Cour du Palais, «
allans & venans toute la nuit, pour la garde «
des saintes Reliques, & du lieu ; six en la Cité «
près la Magdelaine ; six devant la Fontaine «
des saints Innocens ; six sous les pilliers de la «
Greve ; six à la porte Baudoyer, & les autres «
aux Carrefours & endroits tels que les Clercs «
du Guet le jugeoient convenable. Tous lesquels «
devoient faire la nuit la garde, armez des «
armes qu'ils pouvoient avoir. Que ceux qui «
composoient le Guet à cheval & à pied, estoient «
tenus de partir du Chastelet aussi-tost après la «

G g iij clôche

» cloche du couvre-feu fonnée, & de marcher
» toute la nuit jufqu'au jour dans toutes les ruës
» de la Ville & Fauxbourgs, de vifiter le Guet
» des Meftiers, fçavoir de ceux qui formoient
» la garde, s'ils avoient befoin de fecours, &
» ce qui eftoit arrivé à leur pôfte : & en cas que
« les Sergens à cheval euffent reconnu que quel-
» ques-uns de ceux du Guet affis fuffent allez fe
» coucher, ou vaquer à leurs affaires, il leur
» eftoit permis d'emprifonner les autres du même
» corps-de-garde ; pour en eftre enfuite rendu
» compte au Prevôft de Paris. Que cet ordre
» avoit efté interrompu par la mauvaife conduite
» des nommez Pierre Grofparmi, & Guillaume
» Pommero, cy-devant Clercs du Guet, qui
» prenoient de l'argent de ceux qui devoient le
» Guet, pour en eftre exemptez. Que depuis ce
» temps on avoit difcontinué de faire le Guet,
» tant par les gens de meftier, que par les Ser-
» gens à pied & à cheval : ce qui avoit caufé une
» infinité de defordres, dont il eftoit neceffaire
» d'arrefter inceffamment le cours. Le Roy defi-
» rant pourvoir & remettre dans l'ordre cette
» partie fi importante de la feureté & tranquil-
» lité de la Ville de Paris ; ordonne que les
» Réglemens précedens feront executez ; que
» Grofparmi & Pommero feront deftituez de
» leurs Charges, & d'autres Clercs du Guet mis
» en leurs places, aux gagés de douze deniers
» par jour chacun ; à la Charge par eux de prê-
» ter ferment au Prevôft de Paris, & au Cheva-
» lier du Guet. Que les Clercs du Guet feront
» tenus d'avertir ceux qui devront le Guet, de
» fe trouver au Chaftelet, avant l'heure du cou-
» vre-feu, fans pouvoir en eftre déchargez que
» pour les caufes cy-devant marquées, & à con-
» dition de faire fçavoir aux Clercs du Guet, la
» caufe de leur abfence : lefquels Clercs feront
» tenus de fe trouver au Chaftelet avant l'heure
» du couvre-feu, & plutoft en Hyver qu'en Efté.
» Qu'ils auront chacun un grand papier, où ils
» enregiftreront dans l'un les noms & furnoms
» des gens de meftiers ; & dans l'autre, le Che-
» valier du Guet, fon Lieutenant, & les Ser-
» gens à pied & à cheval. Ce fait, diftribueront
» les gens du guet des meftiers, en la maniere
» cy-deffus prefcrite ; & les Sergens à cheval &
» à pied, felon l'ordonnance du Chevalier
» du Guet ou fon Lieutenant. Et en cas d'ab-
» fence des Sergens du guet à cheval & à
» pied, fans aucune caufe legitime, les Clercs
» feront tenus d'en mettre un autre en la place
» du défaillant, qui fera tenu de donner douze
» deniers pour celuy qui aura veillé pour luy.
» Et parce que plufieurs ont efté trouvez faifant
» faux guet, & avant le guet pofé ; il eft ordon-
» né que le guet à cheval & à pied fe prefentera
» en Efté à l'heure du couvre-feu fonné à Noftre-
» Dame, & en Hyver, à la nuit : auquel temps
» le guet fera tenu de partir du Chaftelet. Et
» en cas que lorfque le Guet à cheval & à pied
» vifitant les ruës & les places deftinées pour
» eftre gardées pendant la nuit, trouvaft
» quelqu'un du Guet des meftiers, retiré fans
» caufe legitime, fes Compagnons feront obli-
» gez par leurs fermens, de déclarer les noms
» des défaillans, pour eftre punis le lendemain
» par le Prevôft de Paris. Sera tenu le Chevalier
» du Guet, par luy, ou par perfonne fuffifante,
» de faire le Guet chaque nuit ; & ceux de fes
» Sergens à cheval ou à pied qui manqueront le
» Guet, perdront leurs gages pour la nuit qu'ils
» auront manqué. Les Clercs du Guet feront te-
» nus de donner tous les mois au Chevalier du

Guet, les noms des défaillans ; lequel les don- «
nera fous fon cachet, au Receveur de Paris. «
Fait défenfes aux Clercs du Guet de prendre «
aucun argent de perfonne, pour eftre difpenfé «
de fon devoir, fur peine de malverfation. Or- «
donne au Prevôft de Paris de tenir la main à «
l'execution de cette Ordonnance, & de la faire «
publier ; & à luy & au Chevalier du Guet, de «
remettre toutes les chofes concernant le Guet, «
en l'eftat cy-deffus prefcrit. «

Arreft du Parlement du dix-neuf May 1363.
par lequel l'Evêque de Paris eft debouté du «
droit par luy prétendu, de faire faire le Guet «
par fon Bailly, & par fes Officiers & Sergens «
armez, la veille de l'Affomption de la fainte «
Vierge, dans l'Eglife de Noftre-Dame & aux «
environs. Le Prevôft de Paris eft maintenu & «
gardé dans le droit & en la poffeffion d'en «
connoiftre, & de punir par amende ou au- «
trement, ceux qui contreviendront fur cela «
aux Ordonnances : & il eft ordonné qu'au cas «
que l'Evêque juge à propos d'avoir des Offi- «
ciers pour veiller cette nuit de fa part à la con- «
fervation de ce qui eft dans fon Eglife ; il le «
pourra faire, à condition que ces Officiers «
porteront leurs armes fous leurs habits, fans «
qu'il leur foit permis de les montrer, foit en «
allant au Guet, foit lors qu'ils y feront, ou «
qu'ils en reviendront en leurs maifons. «

Declaration du Roy du vingtiéme Avril 1411.
par laquelle les Gens des Comptes, & les Clercs «
de la Chambre, font declarez exempts du «
guet. «

Ordonnance de François I. du mois de Janvier 1539. dont les motifs font les mêmes que
ceux du Roy Jean. Que pour remedier aux «
accidens fâcheux qui arrivoient journellement «
à Paris pendant la nuit, les Roys fes prédé- «
ceffeurs avoient eftabli certain nombre de «
gens à cheval, & à pied, armez, appellé le Guet «
Royal, pour aller & venir durant la nuit par «
la Ville ; & un autre nombre de gens appellé «
le Guet affis, pour demeurer aux Carrefours «
& Places qui leur eftoient ordonnées, pour fe «
prefter fecours les uns aux autres en cas de «
befoin ; le tout fous la Charge d'un Capitaine «
appellé le Chevalier du Guet. Qu'il leur avoit «
efté ordonné de s'affembler au fon de la guette, «
& que leurs noms eftant écrits au Chaftelet par «
deux Clercs du Guet, pour connoiftre les pre- «
fens & les abfens ; le Guet Royal eftoit fait par «
des Officiers, & gens aux gages du Roy ; & le «
Guet affis, par ceux des gens de Meftiers, qui «
devoient le guet par tour, & à certains jours. «
Que pour maintenir cet ordre, il avoit efté «
rendu plufieurs Arrefts, pour reprimer les abus «
qui s'y eftoient gliffez ; qu'il s'y faifoit encore «
des fautes, tant par le fait & la negligence des «
Officiers prépofez, que par autres ayant la «
Charge du Guet. Que le Roy voulant y reme- «
dier, il eft ordonné que le guet fera continué «
par le Chevalier du Guet & fa Compagnie, «
compofée de 20. hommes de cheval, & de 40. «
hommes de pied, en ce compris fes Lieutenans; «
pour le guet fait par 10. Cavaliers, & 20. «
hommes de pied chacune nuit, par tour & al- «
ternativement. Que le Guet affis, appellé le «
Guet dormant, fera auffi continué par les gens «
des Meftiers, les nuits qui leur feront ordon- «
nées, fous la charge de deux Sergens, à la «
maniere accouftumée ; pour après avoir efté «
enregiftrez, eftre envoyé en nombre com- «
petant, en la place des carteaux, outre le «
Guichet, & au dedans des prifons ; au lieu «
appellé

Lib. de tem-
poral.in Cam.
Comp. f. 8. &
Bann. vol. 3.
fol. 268.

Reg. des Arr.
& Ordon. f. I.
Rebuffe p. 1113.
Ord. Royaux
fol. 187.
Fontan. t. 1. p.
702.

» appellé la Pierre, proche le Chaftelet, pour
» veiller à la garde des Prifonniers, du Geolier
» & fes Gens ; à la Cour du Palais, pour la garde
» des faintes Reliques, du Geolier, des Prifon-
» niers, & des chofes eftant dans le Palais ; au
» bout du Pont faint Michel ; fur le Quay des
» Auguftins ; au Carrefour de faint Cofme, au
» Carrefour faint Yves, au Carrefour faint Be-
» noift ; à la Croix des Carmes ; au Carrefour
» faint Severin ; à Petit Pont ; prés l'Eglife de
» la Magdeleine ; aux Planches de Mibray ; à
» la Croix de la Greve ; à l'Hoftel de Sens ; à
» la Porte Baudoyer ; au Coin de faint Paul ;
» à la Traverfe Quadier ; à l'Echelle du Temple;
» à faint Nicolas des Champs ; à faint Jacques
» de l'Hôpital ; à la Fontaine faint Innocent ; à
» la Pointe fainte Euftache ; à la Croix du Ti-
» roir ; à l'Ecole faint Germain; à la Place aux
» Chats ; & autres endroits des feize Quartiers,
» fuivant l'Ordonnance du Prevoft de Paris, ou
» fon Lieutenant Criminel, qui difpofera de
» tout, felon qu'il le jugera à propos ; pour y
» demeurer depuis le premier Octobre jufques au
» dernier Mars, à commencer entre fept & huit
» heures du foir, jufques entre quatre & cinq
» heures du matin ; & depuis le premier Avril
» jufques au dernier Septembre, entre huit &
» neuf du foir, jufques entre trois & quatre du
» matin. Et pour faire la retraite du Guet, celuy
» qui a la charge de la guette du Chaftelet, fera
» tenu de fonner la trompette aux heures cy-
» deffus marquées, & neanmoins en cas de ne-
» ceffité preffante, le Guet Royal pourra partir
» plutoft. Seront tenus fe prefenter tous les gens
» du Guet, aux heures affignées, pour eftre infcrits
» fur le Regiftre des Clercs du Guet ; fur peine
» de dix fols parifis d'amende ; au payement de
» laquelle les défaillans feront contraints dés le
» lendemain, fur la certification des Clercs du
» Guet, & rapport du Sergent qui aura donné
» l'affignation, par ventes de leurs biens, & em-
» prifonnement de leurs perfonnes, fi befoin eft.
Les autres difpofitions de cette Ordonnance,
» font pareilles à celles de la precedente, &
» qu'en d'autres termes. Et en cas qu'il foit ne-
» ceffaire d'affembler plus de gens, le Chevalier
» du Guet, ou fes Lieutenans, pourront appel-
» ler tous ceux qui forment le Guet. Ordonne
» que tous Marchands, gens de Meftiers, & au-
» tres tenans boutiques à Paris, exempts, ou non
» exempts, privilegiez, ou non privilegiez, fe-
» ront contraints de fervir au Guet, jufqu'à ce
» que par le Roy en foit autrement ordonné : à
» l'exception toutefois des fix-vingts Archers,
» foixante Arbaleftriers, & cent Arquebufiers de
» la Ville de Paris, Gardes des clefs des portes,
» ceux qui ont le roüet des chaînes, Quarteniers,
» Cinquanteniers, Dizainiers, Bedeaux de l'U-
» niverfité, Meffagers de l'Univerfité pendant
» leurs voyages, Monnoyeurs pendant que l'on
» travaille à la Monnoye, & les perfonnes de
» foixante ans, ou eftropiez de quelque
» membre, & dont il foit apparu au Prevoft de Pa-
» ris, ou fon Lieutenant. Ordonne que les deniers
» des amendes feront reçûs par les deux Sergens
» Collecteurs du Guet, qui en rendront compte au
» Receveur de Paris, en prefence du Procureur
» du Roy au Chaftelet. Enjoint à tous gens du
» Guet, d'emprifonner tous ceux qu'ils trouve-
» ront en flagrant delit ; de traiter humaine-
» ment, & fecourir les Habitans de Paris, fur
» peine de punition corporelle. Au Prevoft de
» Paris ou fon Lieutenant Criminel, de tenir la
» main à l'execution de cette Ordonnance, &

de contraindre les Officiers du Guet, tant «
Royal que des Meftiers, & tous autres, de s'ac- »
quitter de leur devoir ; les Officiers fur peine «
de privation de leurs Charges, & les autres «
par amendes & peines corporelles, felon l'exi- «
gence des cas : le tout nonobftant oppofitions «
ou appellations quelconques. Ordonne que le «
Prevoft de Paris, ou fon Lieutenant Crimi- «
nel, pourra commettre l'un des Examinateurs «
du Chaftelet, pour informer promptement, «
faire fon rapport, & proceder par emprifon- «
nement contre les delinquans fur le fait du «
Guet, tant pour rebellion, defobéiffance, «
querelles des gens du Guet les uns contre les «
autres, haines contre les Clercs du Guet & «
leurs Officiers, qu'autrement ; afin d'y eftre «
pourvû fommairement par le Prevoft de Paris «
ou fon Lieutenant. Ordonne que les Clercs «
du Guet & Sergens, feront payez pour le fait «
des chofes cy-deffus marquées ; fçavoir les «
Sergens & Collecteurs, à raifon de 2. fols parifis «
& les Clercs de 2. fols 8. den. parifis par chacun «
jour, pour chacun d'eux ; le tout prins & levé «
fur les deniers provenans des défauts & amendes. «

Commiffion du Prevoft de Paris du premier
Mars 1539. à Maiftre Jean Bailly, Examinateur
au Chaftelet de Paris ; en execution de l'Edit
du mois de Janvier alors dernier, pour informer promptement, faire fon rapport, & faire
emprifonner les rebelles & contrevenans aux Ordonnances & Reglemens concernant le Guet ; afin
que fur fon rapport des crimes, delits, rebellions & contraventions, il y foit fommairement
pourvû par le Prevoft de Paris.

Arreft du Parlement du feptiéme Janvier 1548.
entre Meffire Michel du Vauldray, Chevalier,
Gentilhomme de la Maifon du Roy, & Chevalier du Guet de nuit de la Ville de Paris, appellant du Prevoft de Paris, ou fon Lieutenant Criminel, d'une part. Et le Procureur General du Roy prenant la caufe pour fon Subftitut au Chaftelet, Intimé & Demandeur en Requefte. Par cet Arreft, la Cour pour certaines «
confiderations, met l'appellation, & ce dont il «
eftoit appellé, au neant. Emendant, ordonne, «
que les deux Clercs du Guet tiendront bon & «
fidelo Regiftre de ceux qui feront prefens au «
Chaftelet pour faire le Guet au commencement «
de l'affiete du Guet, à l'heure accouftumée, «
& de ceux qui ne feront pas comparus ; fans «
qu'il leur foit permis de prendre aucune chofe «
des défaillans, pour eftre excufez, à peine «
d'eftre reputez fauffaires, & de punition corpo- «
relle. Ordonne que ce Regiftre fera porté une «
fois la femaine, à jour & heure de Police par- «
devant le Prevoft de Paris, ou fon Lieutenant, «
pour, aprés avoir efté communiqué au Procu- «
reur du Roy, requerir par luy ce qu'il verra «
eftre à faire contre les défaillans. Qu'il fera fait «
un fecond rôle de ceux qui feront chacun «
jour deftinez à faire le Guet, foit à pied, foit «
à cheval, ou dormant, à l'heure de l'affem- «
blée, & de celle à laquelle fe feront retirez «
ceux qui n'auront pas attendu l'heure de le fai- «
re, ou fans congé du Chevalier du Guet, ou «
fes Lieutenans & affiftans : defquels abfens fera, «
auffi tenu Regiftre, qui contiendra les caufes «
des congez qui auront efté accordez, & fera «
figné par le Clerc du Guet, & par le Chevalier «
du Guet, s'il y eft prefent, ou fon Lieutenant. «
Que ce Regiftre fera porté le lendemain au «
Prevoft de Paris, ou fon Lieutenant, pour eftre «
communiqué au Procureur du Roy, pour y «
eftre pourvû fur fes conclufions à la premiere «
» Police

Reg. de la
Chambre cri-
minelle f. 1.

Regiftre du
Chaftel. livre
jaune f. 33.

» Police. Ordonne que la maifon anciennement
» deftinée pour la demeure du Chevalier du
» Guet, fera par luy occupée, ou par fon Lieu-
» tenant ; avec défenfes à luy & à fes fucceffeurs,
» de l'employer à un autre ufage ; à peine de la
» perte des loyers, d'eftre condamné au quadru-
» ple, & d'eftre privé du droit qu'il y prétend.
» Et à l'égard des Officiers du Guet, lefquels par
« l'âge, maladie, ou autres accidens, fe trouve-
» ront hors d'eftat de faire le fervice, leur enjoint
» de déclarer s'ils veulent réfigner ; & en atten-
» dant feront tenus de mettre un homme en leur
» place, propre à la remplir ; finon il y fera pour-
» vû par le Chevalier du Guet : auquel cepen-
» dant il eft enjoint & à fes Lieutenans, d'en
» ufer avec humanité envers ceux qui fe trouve-
» ront affoiblis par l'âge ou les maladies, ayant
« égard à leurs fervices & à leur merite, auffi-
» bien qu'à leur vieilleffe ou à leurs maladies.
» Ordonne que les armes prifes par les gens du
» Guet à ceux qui en auront porté au préjudi-
» ce des Ordonnances, feront confifquées au pro-
» fit du Roy, venduës au plus offrant ; & des
» deniers en provenans, la moitié remife au
» Receveur de Paris, & l'autre moitié au Ca-
» pitaine ou Chevalier du Guet, s'il s'eft trou-
» vé prefent lorfque ces armes auront efté pri-
» fes, dont il aura la moitié, & le refte aux Of-
» ficiers & autres gens du Guet. Enjoint au Che-
» valier du Guet & fes Lieutenans de faire à
» Paris la réfidence requife par les Ordonnan-
» ces, fans pouvoir s'en difpenfer que pour des
» affaires preffantes, ou autres empêchemens
» legitimes. Leur enjoint de commencer le Guet
» & le continuer tout le temps prefcrit par l'Or-
» donnance, fur les peines y portées. Fait dé-
» fenfes au Chevalier du Guet de prendre au-
» cune chofe directement ou indirectement de
» ceux qu'il eftablira fes Lieutenans, & à eux
» de rien recevoir ou exiger de ceux qu'ils
» commettront pour faire le Guet à la place
» des défaillans ; fur peine d'amende arbitraire
» pour la première fois, fufpenfion de leurs
» emplois pour la feconde, & privation pour la
» troifiéme. Et quant aux Artifans & autres Ha-
» bitans qui doivent le Guet, fait défenfes au
» Chevalier du Guet, fes Lieutenans & Clercs
» du Guet, fur les mêmes peines, de les pof-
» ter ou envoyer dorénavant en un quartier éloi-
» gné de leurs demeures, ny de leur faire aucun
» autre déplaifir. Enjoint au Chevalier du Guet
» de veiller fur les Officiers & Sergens ; & en
» cas qu'il foit informé qu'ils commettent quel-
» ques abus, fautes ou malverfations, de fe tranf-
» porter incontinent pardevant le Prevoft de
» Paris ou fon Lieutenant, pour y eftre pour-
» vû. Fait auffi défenfes au Chevalier du Guet
» d'y recevoir aucun pour le fervice fans eftre
» auparavant informé qu'il y eft propre. Enjoint
» à tous Officiers & gens du Guet d'obéir au
» Chevalier & à fes Lieutenans, fur peine de
» fufpenfion de leurs Offices, pour la premiere
» faute ; & de privation, pour la feconde.

Lib. 6. tit. 3.
art. 10.

Du Luc remarque fur cet Arreft, que ce n'eft
pas fans raifon que le logement du Chevalier
du Guet a efté eftably par nos Anceftres à l'endroit où il eft. Qu'eftant au milieu de la Ville,
proche du Tribunal où le Prevoft de Paris rend
la Juftice, & du lieu où les gens du Guet doivent s'affembler ; il eft plus à portée de remplir
les devoirs de fa Charge.

Fontan. t. 1.
liv. 5. tit. 8.
nomb. 78.

Arreft du Parlement du 20. Aouft 1554. qui or-
» donne, que les Commiffaires indiqueront les
» lieux où le Guet fera le plus neceffaire. Enjoint au Chevalier du Guet & à fes Lieutenans «
de faire partir les gens du Guet, des lieux & «
endroits qui leur feront déclarez par le Pre- «
voft de Paris ou fon Lieutenant, fur le rap- «
port des Commiffaires des quartiers. «

Edit de Henry II. du mois de May 1559. à
Paris, fur ce qui luy avoit efté reprefenté qu'il
eftoit arrivé une infinité d'inconveniens à l'é-
gard du Guet que doivent les Meftiers : Que
pour y remedier il avoit efté prefenté des Articles par le Chevalier du Guet, qu'à caufe
de l'intereft public le Roy avoit ordonné de
communiquer aux Officiers du Chaftelet pour
avoir leurs avis. A quoy ayant fatisfait, ce Prince
auroit enfuite commis un Maiftre des Reque-
tes, pour entendre les Gardes & Jurez des Meftiers, qui en avoit dreffé procès verbal ; lequel, enfemble les Articles prefentez par le Chevalier du Guet ayant efté examinez au Confeil
privé du Roy, il avoit efté ordonné,

I. Que le Guet, qui eftoit cy-devant de 60. per- «
fonnes par moitié alternativement, vingt de «
pied & dix de cheval par nuit ; & le Guet «
affis que les Marchands & Maiftres des Mef- «
tiers eftoient tenus de faire en perfonne, ou «
par gens pour eux, qui devoient eftre expe- «
rimentez au fait des armes, fera fait dorena- «
vant par deux cens quarante Archers de fer- «
vice, qui prendront Lettres du Roy pour cet- «
te première fois, & quand vacation arrivera ; «
dont il y en aura trente-deux de cheval, & «
deux cens huit de pied : Lefquels Archers fe- «
ront choifis d'entre les Artifans & autres Ha- «
bitans de Paris domiciliez & y refidens, & non «
d'autres ; fans que pour leurs provifions il foit «
pris ny levé, tant par le Roy alors regnant, «
que par les Roys fes Succeffeurs aucune taxe «
ou finance. Que ces Archers feront armez & »
équipez de morions, gantelets & corfelets «
complets ; porteront en main halebardes, ja- «
velines, épieux, piques, & autres fembla- «
bles baftons, qui leur feront ordonnez par le «
Chevalier du Guet à leurs receptions, à eux «
appartenans, & qui ne pourront eftre fur le «
faifis pour aucune dette. Tous lefquels «
Archers feront poftez & conduits par le Che- «
valier du Guet ou fes Lieutenans, comme bon «
leur femblera, fans que les Commiffaires du «
Chaftelet, les Clercs du Guet ou autres en puif- «
fent prendre dorénavant aucune connoiffance. «

II. Que les Archers ainfi équipez ferviront «
pendant les mois d'Octobre, Novembre, De- «
cembre, Janvier & Février, au nombre de cent «
vingt, dont cent quatre à pied & feize à che- «
val, depuis fix heures du foir jufqu'à onze «
heures de la nuit : & l'autre moitié, jufqu'à «
trois heures du matin : & le refte de l'année «
ils ferviront alternativement de deux nuits «
l'une, cent vingt par chaque nuit, depuis neuf «
heures du foir jufqu'à trois heures du matin. «
Seront tenus de fe trouver au Chaftelet par- «
devant le Chevalier du Guet ou fon Lieute- «
nant principal, demie heure avant d'ef- «
tre obligez de partir pour faire le Guet, «
tant du foir, que du matin. Comme auffi ils «
feront tenus de fe reprefenter dans le même «
lieu pardevant les mêmes Officiers avant que «
de fe retirer en leurs maifons. «

III. Ordonne que foixante-douze hommes «
de pied foient affis & diftribuez par petites «
troupes aux lieux que le Chevalier du Guet «
ou fon Lieutenant avifera, pour y demeurer «
autant de temps qu'il le jugera à propos ; fans «
qu'il foit permis à aucun de quitter fans fa «
» permiffion

» permiffion, ou en cas de maladie fubite, où
» autre accident imprevû, dont il fera tenu de
» faire apparoir le lendemain pardevant le Che-
» valier du Guet, fur peine de privation de
» l'Office dés la premiere fois. Et que les autres
» quarante-huit Archers feront divifez en deux
» troupes, chacune de feize hommes de pied &
» huit de cheval; pour aller l'une par les ruës
» & places de la Cité & Univerfité, & l'autre
» par la Ville; à moins que le Chevalier du
» Guet ou fon Lieutenant jugeaft à propos pour
» le bien du fervice de mener toutes les Com-
» pagnies enfemble.
» IV. Ordonne, que le Chevalier du Guet
» prendra du nombre des deux cens quarante
» Archers quatre Lieutenans, un pour chaque
» Troupe ou Compagnie: lefquels fur fa nomi-
» nation feront pourvûs par le Roy, & prefen-
» tez enfuite au Prevoft de Paris ou fon Lieu-
» tenant, pour eftre enregiftrez au Greffe du Chaf-
» telet, avant que de prefter le ferment parde-
» vant le Chevalier du Guet: ces Lieutenans
» neanmoins deftituables par luy, pour caufe
» de défobéiffance faute de fe trouver aux jours
» & heures de leurs fervices, & autres caufes le-
» gitimes. Lefquels Lieutenans en l'abfence du
» Chevalier, & après fur la Compagnie fera
» partie du Chaftelet, commanderont chacun à
» fa Compagnie. Et pour éviter toute contefta-
» tion entr'eux pour le rang & le commande-
» ment, tant aux affemblées & departemens des
» gens du Guet, qu'à leur conduite; & s'il ar-
» rivoit qu'il fuft befoin de faire marcher toutes
» les Compagnies enfemble: Ordonne que le
» Chevalier par fes Lettres de nomination dé-
» clarera celuy qu'il defirera eftre fon premier
» & principal Lieutenant, le fecond, le troifié-
» me & le quatriéme: & celuy qui fe trouve-
» ra le premier en ordre commandera en l'ab-
» fence du Chevalier, en tout ce qui concer-
» nera le fait du Guet, avec la même autorité
» qu'il feroit s'il y eftoit en perfonne.
» V. Enjoint au Chevalier & gens du Guet
» de conftituer prifonniers au Chaftelet tous
» ceux qu'ils trouveront commettans quelque
» crime ou autre faute, ou qui aux lieux & heu-
» res défenduës feront trouvez portans armes
» & baftons prohibez, ou autrement contreve-
» nans aux Ordonnances renduës fur le fait de
» la Police de la Ville de Paris, fans épargner
» perfonne. Seront à cet effet les prifons ou-
» vertes à toutes heures, finon pour incommo-
» dité du temps, ou que pour plus grande fû-
» reté le Chevalier du Guet ou fes Lieutenans
» jugeaffent à propos de mettre en un autre lieu
» feur ceux qu'ils auroient arreftez; dont ils
» demeureroient refponfables; & à condi-
» tion de les mettre le lendemain au Chaftelet,
» avec le procés verbal de la caufe & manie-
» re de l'emprifonnement, figné du Cheva-
» lier du Guet ou des Lieutenans qui auront
» efté à la capture, ou autres jufqu'au nombre
» de quatre, dont ils feront crûs à leur rap-
» port ainfi figné de quatre du Guet, ou certi-
» fié par deux perfonnes qui n'en feront pas,
» s'il s'en peut rencontrer. Et en cas de refiftan-
» ce de la part des coupables, s'il fe trouvent
» tuez ou bleffez, il n'en fera rien imputé aux
» gens du Guet, mais procedé contr'eux ainfi
» qu'il appartiendra. Ordonne que les armes pri-
» fes fur les délinquans feront le lendemain re-
» prefentées en Juftice, dont en eftre fait re-
» giftre, & après mifes en un coffre dont le
» Procureur du Roy au Chaftelet & le Cheva-

lier du Guet auront chacun une clef. Les déclare acquifes & confifquées au Roy, fans
que le Prevoft de Paris, qui connoiftra du
fujet des emprifonnemens, les puiffe faire
rendre à ceux qu'il aura condamnez à l'amende ou autres peines. Lefquelles armes feront
venduës au profit du Roy trois jours après
qu'elles auront efté prifes, au plus offrant, en
prefence d'un des Lieutenans du Guet, ou autre nommé par le Chevalier. Et en cas qu'il n'y
euft pas lieu de prononcer une condamnation à l'amende ou autre peine, ordonne que les
armes feront renduës par le Chevalier du Guet
ou fes Lieutenans aux proprietaires, fans pouvoir prendre ny exiger aucune chofe pour cette
reftitution.
VI. Sera tenu bon & fidelle regiftre de tous
les comparans & défaillans au Guet, tant à l'affemblée, qu'au retour; receptions d'Archers,
excufes, congez, permiffions, condamnations,
Ordonnances, appointemens, & autres chofes
qui s'y feront par le Chevalier, ou fes Lieutenans en fon abfence; & en fera délivré les actes
& expeditions que befoin fera au Procureur
du Roy, & Lieutenant Criminel du Chaftelet;
afin qu'ils puiffent connoiftre s'il s'eft commis
quelque faute fur le fait du Guet. Ordonne que
les Clercs ou Greffiers du Guet qui ont toujours
tenu ces places en chef & en titre d'Office, qui
avoient accouftumé de faire le département &
diftribution du Guet affis, & tenoient le regiftre & contrôle du Guet Royal, & qui fervoient
alternativement par mois, demeureront pourvûs
en chef & en titre d'Offices de Greffiers Contrôleurs du Guet: & en cette qualité, quand vacation arrivera, prendront dorénavant des provifions du Roy; & feront reçûs par le Prevoft
de Paris ou fon Lieutenant, pour y fervir alternativement par jour, mois, quartiers, ainfi
qu'il fera avifé par le Prevoft de Paris ou fon
Lieutenant avec le Chevalier du Guet; pour
à chacune affemblée faire regiftre & contrôle
des comparans ou défaillans au Guet, des places & affiettes ordonnées par le Chevalier ou fon
Lieutenant, pour faire le Guet affis, & de ceux
qui marcheront par la Ville, Cité & Univerfité.
Seront les défaillans de fe trouver aux heures
reglées, & qui n'envoyeront excufe dûement
certifiée de maladie ou autre empêchement neceffaire, ou homme capable armé comme deffus en leur place, fur l'heure croifez; & fans
plus les appeller, condamnez à feize fous parifis d'amende pour la premiere fois; & s'ils
manquent deux fois en un même mois, privez
de leurs Charges; à moins qu'à la prochaine
affemblée du Guet du lendemain, s'ils comparent volontairement, ils n'alleguent une raifon
valable de leur abfence, & de l'impoffibilité
de donner à temps un homme au lieu d'eux:
auquel cas l'amende fera rayée du rôle de l'Ordonnance du Chevalier du Guet, ou de celuy de
fes Lieutenans qui y préfidera. Et de tout ordonné qu'il foit fait un regiftre, afin que le Procureur du Roy & le Lieutenant Criminel foient
informez de quelle maniere le Guet fera gouverné. Et il y aura femblable amende contre
les défaillans au retour du Guet: & à cet effet
ordonne que les Greffiers & Contrôleurs ou l'un
d'eux fe trouvent préfens en chacune affemblée d'affiette & de retour du Guet aux heures devant déclarées, fur peine de cent fous parifis d'amende pour la premiere fois, & de fufpenfion & privation de leurs Charges, s'ils y
manquent plufieurs fois en un mois.

Hh » VII.

VII. Le Chevalier du Guet ou son Lieutenant qui tiendra la place en son absence, connoistra des querelles qui pendant le Guet & pour
raison de ce surviendront entre les Archers, insolences commises devant luy, desobéïssance à
ses ordres ; pour estre punis d'amende, suspension & privation de leurs Offices, à moins que
la chose ne meritast une punition plus rigoureuse, & interest à partie civile : auquel cas la
connoissance en appartiendra au Prevost de Paris ou son Lieutenant, pardevant lequel ressor-
tiront les appellations interjetées des condamnations prononcées par le Chevalier du Guet ou
ses Lieutenans, tant contre les Archers, que Greffiers. Nonobstant lesquelles appellations néanmoins, bien que les condamnations ne notent
pas d'infamie ceux qui les auront encouruës,
le Chevalier du Guet fera faire le service par
personnes capables, qui en auront les gages,
salaires & profits ; & sans que pour raison de ces
condamnations le Chevalier du Guet ou son
Lieutenant puissent estre pris à partie sinon en
cas de malice ou fraude seulement, & sans que
le Prevost de Paris ou son Lieutenant puissent
moderer ou dispenser personne des peines portées en cette Ordonnance, sur peine d'en répondre eux-mêmes en leur propre & privé nom.
VIII. En cas de maladie ou autre legitime
empêchement ; duquel, ensemble de la vérifi-
cation qui en aura esté faite par les Greffiers du
Guet, l'Archer pourra presenter au Chevalier
du Guet ou son Lieutenant, personne capable
avec ses armes, autre toutefois que l'un de ses
compagnons, qui aura les gages & profits pendant le temps de son service. Et en cas que l'Archer se trouvast hors d'estat de continuer le service, ordonne que dans trois mois il puisse se
défaire de sa Charge en faveur de personne capable ; faute de quoy, & aprés les trois mois expirez, elle sera déclarée vacante & impetrable. Et
en cas que quelques Archers par leurs blessures
receuës pendant le service devinssent incapables de
plus porter les armes ; ordonne que s'il y a lieu
de les employer en quelques Charges ou endroits du Guet, ils y soient employez : & s'il
se trouvoit qu'ils fussent entierement inutiles au
service du Guet, en rapportant certification
& avis du Chevalier du Guet & du Procureur
du Roy au Chastelet, il sera pourvû par le Roy
pour leur subsistance pour le reste de leur vie,
ainsi qu'il verra estre à faire.
IX. Accorde à chacun des deux cens huit Archers trois sols parisis de gages par nuit ; aux
trente-deux Archers à cheval, six sols parisis ;
& à chacun des Lieutenans du Chevalier du
Guet, deux sols parisis par jour, outre leurs
gages ordinaires d'Archers du Guet ; à la charge
de fournir de chandelles, lanternes, & autres
choses qu'ils ont accoutumé de fournir au Guet ;
& à chacun des Greffiers Controlleurs du Guet,
tant pour eux, que pour leurs Commis, chandelles, lanternes, papier, & autres choses qu'ils
ont accoutumé de fournir, huit-vingt livres par an ; & au Chevalier & Capitaine du
Guet, quatre cens livres parisis aussi par an. Lesquels leur seront payez de mois en mois
par le Receveur du Domaine à Paris, qui avoit
de tout temps accoustumé de payer les gages
du Chevalier & des Archers du Guet. Pour
ses gages, pour faire la recette & dépense des-
deniers ordonnez pour les gages des Officiers
du Guet, luy accorde huit-vingt livres par an,
outre ses gages & taxations ordinaires ; lesquels
il retiendra par ses mains.

X. Ordonne que pour le payement des gages
des Officiers du Guet, sur la recette ordinaire
du Domaine, il soit pris la somme de deux mille quatre cens livres, qui de tout temps a esté
employée pour les gages anciens du Guet Royal.
Et pour fournir ce qui leur est ordonné par le
present Edit, qu'au lieu de l'obligation qu'a-
voient les Marchands, Bourgeois & Artisans de
la Ville de se trouver au Guet, ou le faire faire
à leurs dépens, six, sept & huit fois par an, de
laquelle ils sont déchargez ; il sera pris sur chacun des Marchands & Artisans, comme Maçons,
Charpentiers, Tailleurs de pierre, Couvreurs,
Paveurs, Menêtriers, Jardiniers, Tisserans, Pas-
seurs & Pescheurs sur la riviere, Hostelliers,
Taverniers, Voituriers, Marchands de bois, vins,
bled, poisson, foin & chaux, & autres marchandises quelconques, exempts & non exempts,
privilegiez & non privilegiez, seize sols parisis par an ; & sur ceux des Fauxbourgs, quatre sols parisis seulement, le tout payable dans
les quatre quartiers de l'année ; sauf à diminuer
ou ordonner d'autres deniers, selon qu'il se trouvera cy-aprés avoir faire se devra. Lesquelles sommes seront levées par les Gardes & Jurez, qui
en feront les deniers bons : ausquels sera à cet
effet baillé commission du Prevost de Paris ou
son Lieutenant Criminel. Et quant à ceux qui
n'ont ny Gardes ny Jurez, les deniers seront
levez à la maniere accoustumée. Le tout par maniere de provision, & jusqu'à ce qu'autrement
il en ait esté ordonné par le Roy ; sans qu'aucune
personne de la condition cy-dessus marquée puisse estre exempt de cette taxe, excepté les Prevost
des Marchands & Echevins, pour le temps qu'ils
occuperont ces places seulement ; nonobstant
tous privileges accordez aux Bedeaux, Messagers & autres Officiers de l'Eglise, & Université de Paris ; Quarteniers, Dizainiers, & autres
Officiers de l'Hostel de Ville ; Orfévres, Barbiers, Apoticaires, Gardes des Roüets, Tanneurs, &c.
XI. Ordonne qu'au payement des gages des
Officiers du Guet seront convertis & employez
les deniers des amendes qui seront prononcées,
tant par le Chevalier du Guet ou son Lieutenant, que par le Prevost de Paris ou son Lieutenant, sur les gens du Guet, pour fautes commises en leurs fonctions, & dont sera fait rôle
à part, & les deniers délivrez au Receveur
du Domaine. Et en cas que tous les deniers cy-
dessus marquez ne soient pas suffisans pour le
payement des gages des gens du Guet, il sera
donné sur autre assignation telle & en tel lieu
que le tout se puisse aisément recouvrer.
XII. Et pour empêcher qu'aucune personne
prévenuë de crime, repris de Justice, ou autrement mal famez, ne puissent estre pourvûs d'aucune charge d'Archer du Guet : ordonne que
tous les Archers, aprés qu'ils auront reçû leurs
Lettres de provision, seront tenus de les representer à l'Audiance du Chastelet, en presence
du Procureur du Roy, pour y estre publiées ;
afin que si dans la huitaine il se trouvoit quelqu'un d'entr'eux qui fust de cette qualité, le
Procureur du Roy ait à le faire sçavoir au Chevalier du Guet, & un autre mis en sa place.
Aprés lesquels huit jours expirez, sera procedé
à la reception de celuy qui sera pourvû, avec
défenses d'exiger des pourvûs de ces places, aucuns deniers, soit pour vins, droits de Confrairie (que le Roy abolit par ces Presentes) qu'-
autrement, à l'exception de vingt deniers parisis
pour le Greffier qui aura enregistré la reception
de

» de l'Archer, & l'extrait, s'il le veut lever; sur
» peine de confiscation de ce qui aura esté pris
» pris, & de quarante livres d'amende envers le
» Roy, à l'égard de ceux qui en auront pris & re-
» çû, ou fait faire de la dépense de la nature de
» celle qui est défenduë par cette Ordonnance.
» Enjoint au Chevalier du Guet, ses Lieutenans,
» & au Lieutenant Criminel, & Procureur du Roy
» au Chastelet d'y avoir l'œil. Et quant aux soixan-
» te du Guet Royal, ordonne qu'ils seront tenus
» dans huitaine de prendre de nouvelles provisions,
» sinon leurs charges declarées imperrables.
» XIII. Accorde au Chevalier, Lieutenans,
» Archers, Greffiers du Guet, droit de *Committi-*
» *mus*, pardevant le Prevost de Paris; & qu'au sur-
» plus ils jouïssent des mêmes privileges, franchi-
» ses, libertez & exemptions dont ont jouï & jouïs-
» sent encore les Conseillers, Procureur du Roy,
» Commissaires, & les Clercs Civil & Criminel du
» Chastelet.
» XIV. Ordonne, que lorsque le Prevost de
» Paris, ou son Lieutenant Criminel voudront
» assister à l'assiete & département du Guet, ils le
» pourront, sans qu'ils puissent en leur absence
» commettre quelque personne que ce soit. Que
» s'ils jugent à propos de faire executer quelque
» chose pendant la nuit en leur absence, ils seront
» tenus d'envoyer leurs ordres par écrit au Cheva-
» lier du Guet, ou ses Lieutenans.
» XV. Ordonne, que pour une plus exacte ob-
» servation de la presente Ordonnance, tous les
» ans le Lundy d'après la saint Remy, tous les
» Archers & Lieutenans du Guet, se trouvent au
» Chastelet pardevant le Chevalier & les Greffiers
» Controleurs du Guet. Et après lecture faite de
» cette Ordonnance, qu'ils prestent és mains du
» Chevalier du Guet un nouveau serment, dont
» sera fait registre, sur peine d'amende arbi-
» traire contre les défaillans, s'il n'y a cause legi-
» time, qu'ils seront tenus envoyer & verifier le
» même jour, pardevant le Chevalier du Guet.
» XVI. Ordonne aux Cours superieures, Tre-
» soriers de France, Prevost de Paris, & tous autres
» ses Officiers & Justiciers, de tenir la main à l'exe-
» cution de la presente Ordonnance, & de la faire
» lire, publier & enregistrer.
» Au bas de cet Edit est porté, qu'il a esté lû,
publié & enregistré, le Procureur General ouï,
au Registre de la Cour, sur les modifications qui
y sont contenuës par provision seulement, & jusqu'à ce que par la même Cour il en ait esté autrement ordonné, le 30. May 1559.
» Arrest du Parlement du 17. Octobre 1559. qui
» ordonne que les Prevost des Marchands & Eche-
» vins, se transporteront au Chastelet, à une Assem-
» blée qui s y devoit tenir, pour trouver les
» moyens d'entretenir le Guet de nuit.
» Ordonnance du Roy du trente-un May 1561.
» portant injonction à toutes personnes sans dis-
» tinction, de tendre au devant de leurs maisons,
» le jour de la Feste du S. Sacrement, & le faire en-
» core tous les ans le jour de l'Octave de cette Feste,
» & aux Officiers du Guet de marcher jour-là par
» la Ville, pour empêcher les desordres qui pour-
» roient arriver. C'estoit à l'occasion des gens de la
» R. P. R. ainsi cette marche n'est plus necessaire;
» neanmoins elle continuë.

Font. t. r. l. 5.
tit. 8. n. 59.

» Ordonnance de Charles IX. du 3. Septembre
» 1561. qui ordonne l'execution de l'Edit prece-
» dent; à l'exception de ce qui suit. Que les deux
» cens quarante Archers du Guet seront reduits à
» deux cens, dont trente-deux de cheval, & le reste
» de pied; lesquels seront pris d'entre les Artisans
» ayant domicile & vacation honneste à Paris;

Tome I.

Qu'ils serviront sans fraude, & sans pouvoir estre «
dispensez du service à cause de l'âge, ou pour «
quelque occupation; qu'il ne sera rien pris pour «
leur reception, mais qu'ils s'équiperont à leurs «
dépens des armes qui leur sont ordonnées par «
l'Edit precedent. Qu'il sera mis en la Chambre «
Criminelle un tableau contenant les noms & de- «
meures des Archers, qui sera renouvellé à cha- «
que montre qu'ils feront pour recevoir leurs «
gages. «
Arrest du 10. Juillet 1562. qui ordonne, que «
les rondes & recherches que le Guet de nuit avoit «
accoustumé de faire de toute ancienneté dans «
l'enclos du Palais, seront continuées. «
Declaration de Charles IX. du 20. Novembre Font. t. r. l. 5.
1563. à Paris: portant que les Réglemens con- tit. 8. n. 80.
cernant le Guet de la Ville de Paris, & paye- «
ment des Officiers qui le composoient, avoient «
esté discontinuez depuis les troubles; ayant esté «
necessaire de faire faire à Paris le Guet par les «
Bourgeois; le Guet ordinaire n'estant pas suffi- «
sant pour la garde de la Ville. Mais que comme «
les troubles estoient passez, les gardes & senti- «
nelles Bourgeoises ne se faisoient plus, & que «
chacun ayant mis bas les armes dans toute l'es- «
tenduë du Royaume, le Roy avoit jugé à pro- «
pos de restablir le Guet ordinaire à Paris; & «
à cet effet Cesar Brancho de Cese, Maréchal des «
Logis du Roy, Chevalier & Capitaine du Guet, «
auroit obtenu des Lettres Patentes addressantes au «
Parlement & au Prevost de Paris, pour le met- «
tre en possession & exercice de cet Office, avec «
cent hommes de cheval & cinq cens hommes de «
pied. Mais comme il estoit survenu plusieurs «
difficultez pour la cottisation des Habitans, & «
autres moyens pour trouver l'argent necessaire, «
pour la solde & entretenement du Guet; le «
Roy auroit voulu que ces difficultez luy fussent «
proposées en presence de la Reine sa Mere, «
Princes de son Sang, & Gens de son Conseil «
Privé: par l'avis desquels, Sa Majesté auroit «
ordonné, que le Chevalier & Capitaine du Guet «
fera faire & continuer le Guet par cinquante «
hommes de cheval, & cent hommes de pied, «
armez d'armes convenables. Qu'ils seront pour- «
vûs par le Roy, ensemble ses quatre Lieutenans, «
quand vacance y écherra, à la nomination du «
Chevalier; & ceux qui y sont à present, conti- «
nuez, pourvû qu'ils soient de la qualité requise «
par l'Edit & Réglement de 1559. & Lettres Pa- «
tentes du 3. Septembre 1561. «
Et comme les gages de cent quatre-vingt li- «
vres ou environ, ne suffisent pas aux Lieutenans «
pour entretenir un Valet & deux chevaux qu'ils «
doivent avoir pour le service, ordonne qu'ils «
auront dorénavant trois cens soixante-cinq livres «
par chacune année. «
Pour le payement de la solde du Guet, outre «
la somme de deux mille quatre cens livres sur «
la Recepte ordinaire de Paris, la somme de deux «
mille six cens livres que le Roy ordonne estre «
prise sur les plus clairs deniers de la Recepte «
generale de Paris, quinze cens livres, à quoy ont «
esté taxez les Hauts-Justiciers, le surplus mon- «
tant à huit mille cinq cens livres, sera pris sur «
les deniers destinez pour la fortification de la «
Ville de Paris. «
Qu'au surplus l'Edit du mois de May 1559. «Font. t. r. p.
sera gardé & observé selon sa forme & teneur. «tit. 15.
Arrest du Parlement du 6. Octobre 1565. qui «
ordonne que la taxe faite sur tous les Mestiers de «
Paris, pour le payement des Officiers du Guet, «
sera levée suivant le Rôle arresté par les Officiers «
du Chastelet. «

Lettres

Reg. de la Chambre crimin. du Chast.f.100

Lettres Patentes de Charles IX. du neuviéme Decembre 1566. addreſſantes au Prevoſt de Paris, ſur la remontrance du Procureur du Roy au Châ-
» telet, que bien que par les Ordonnances & Ré-
» glemens ſur le fait du Guet, même par l'Edit
» de 1559. les deux Greffiers Contrôleurs du Guet,
» euſſent eſté ordonnez pour tenir Regiſtre des
» défaillans & comparans au Guet, ſoit Lieutenans,
» ſoit Archers, connoiſtre ſi les uns & les autres
» ſont bien montez, armez & équipez, & du tout
» tenir bon Regiſtre & contrôle ; qu'à cet effet,
» aprés avoir eſté pourvûs par le Prevoſt, ils ſoient
» reçûs & inſtituez en leurs Charges par le Prevoſt
» de Paris, & non par le Chevalier du Guet, &
» qu'ils ſoient tenus d'avertir le Prevoſt de Paris,
» & le Procureur du Roy, de ce qui ſe fait contre
» le bien du ſervice, pour y eſtre pourvû par le
» Prevoſt, ſans qu'il ſoit permis au Chevalier du
» Guet, ou ſes Lieutenans, de diſpenſer du ſer-
» vice, par maladie, congé ou autrement, ſans y
» commettre d'autres perſonnes en la place des dé-
» faillans ; afin que le nombre des gens du Guet,
» qui eſt fort petit, ſoit toujours rempli, & les
» défaillans marquez, pour eſtre condamnez à
» l'amende. Neanmoins depuis quelque temps,
» les Lieutenans du Guet donnoient congé à qui
» bon leur ſembloit, ſans y commettre en leur
» place, faiſoient rabattre pluſieurs defauts, au
» préjudice des Ordonnances : & qu'encore que
» deux d'entr'eux dûſſent chaque nuit eſtre à la
» teſte des Cavaliers deſtinez pour le Guet, &
» diviſez en deux troupes ou Compagnies ; l'une
» pour aller par la Ville, & l'autre par la Cité &
» Univerſité, & pour viſiter les poſtes du Guet
» aſſis, ſur le contrôle qui leur eſt donné ſur le
» champ par le Greffier Contrôleur ; cela n'eſtoit
» plus obſervé, & qu'il n'y avoit le plus ſouvent
» qu'un Lieutenant, qui ne formoit qu'une troupe,
» à cauſe du grand nombre d'abſens. Et lorſque
» les Greffiers avoient voulu en faire leur remon-
» trance aux Lieutenans, ils avoient répondu
» qu'ils eſtoient tenus d'obéïr en tout & par tout
» tant au Chevalier du Guet qu'à eux. Par cette
» Ordonnance, le Roy, aprés qu'il luy eſt ap-
» paru, que pour l'entiere execution des Régle-
» mens ſur le fait du Guet, ſi important à la ſeu-
» reté publique, il eſtoit neceſſaire que les fonc-
» tions des Greffiers du Guet ne fuſſent point trou-
» blées, & qu'ils s'acquittaſſent fidelement & dili-
» gemment de leur devoir ; il leur enjoint de te-
» nir fidele Regiſtre des comparans & défaillans,
» tant Lieutenans qu'Archers du Guet, ſans favo-
» riſer perſonne, & ſans qu'il ſoit permis au Che-
» valier du Guet ou ſes Lieutenans, de diſpenſer
» aucun du ſervice, qu'en y commettant d'autres
» perſonnes en la place de ceux qui ſeroient excu-
» ſez ; de faire extrait des défaillans à la fin de
» chaque quartier, ſigné de leurs mains, ou de ce-
» luy ſeulement qui aura tenu le Regiſtre ; pour
» eſtre mis és mains du Receveur commis au
» payement du Guet, ſans que le Chevalier, ou
» les Lieutenans puiſſent rabattre aucun des dé-
» faillans. Enjoint aux Greffiers d'avertir le Prevoſt
» de Paris & le Procureur du Roy, des fautes qui
» pourroient ſe commettre ſur le fait du Guet, afin
» d'y eſtre pourvû par le Prevoſt : comme auſſi à
» celles que pourroient faire les Greffiers & Con-
» trôleurs en l'exercice de leurs Charges, avec dé-
» fenſes au Chevalier du Guet & à ſes Lieutenans
» d'en prendre aucune connoiſſance ; nonobſtant
» l'Edit de Réglement de l'an 1559. Leur enjoint
» de faire deux troupes par chaque nuit de gens
» de cheval, pour aller, l'une par la Ville, &
» l'autre par la Cité & Univerſité. Enjoint au Pre-

voſt de Paris de faire obſerver cette Ordonnance «
de point en point, l'enregiſtrer au Chaſtelet, «
& ailleurs où beſoin ſera, & proceder contre les «
contrevenans, ainſi qu'il verra eſtre à faire, nonobſtant toutes Ordonnances & Lettres contraires.

Acte de reception du vingt-deux Avril 1568. « **Regiſt. de la**
du ſieur Teſtu, en l'eſtat & Office de Chevalier «**Chambre Cri-**
du Guet, par noble Homme & ſage Maiſtre Tho- «**min. f. 110.**
mas de Bragelongne, Conſeiller du Roy, Lieu-
tenant Criminel de Paris, en la preſence de «
Maiſtres Martin de Bragelongne Lieutenant Par- «
ticulier, Guillaume Belle, Philippe Jabin, «
Chriſtophle Hector de Marle, Jean Pouſſepin, «
Nicolas Vallemont, Jean Brulart, & Martin «
Chanterel Conſeillers du Roy au Chaſtelet, le- «
quel ſieur Teſtu a fait le ſerment en tel cas ac- «
couſtumé.

Arreſt du Conſeil du vingt-ſeptiéme Fevrier «
1595. qui ordonne que le Chevalier du Guet, «
& ceux qui rempliront à l'avenir cet Office, «
joüiront de la ſomme de deux cens écus par aug- «
mentation de gages, pour leur tenir lieu de ré- «
compenſe de la maiſon qui eſtoit l'ancienne de- «
meure des Chevaliers du Guet, & qui en a donné «
le nom à la Place où elle eſt ſituée. Ces Lettres «
regiſtrées en la Chambre des Comptes le 19. «
May 1598.

Lettres Patentes du quatorziéme May 1626. «
par leſquelles le Roy accorde au ſieur Louis «
Teſtu Chevalier du Guet, voix deliberative aux «
procez criminels qui ſeront inſtruits ſur ſes cap- «
tures, ſans neanmoins que cela tire à conſequence «
pour ſes ſucceſſeurs.

Edit du mois de May 1631. par lequel le Roy «
voulant eſtablir le repos & la tranquillité publi- «
que dans ſes Eſtats, donne & attribuë aux Pre- «
voſts Generaux, Provinciaux & Particuliers, «
Vice-Baillis, Vice-Senéchaux, & Lieutenans «
Criminels de Robe-courte, la qualité de Che- «
valier du Guet, & à leurs Lieutenans, Exempts «
& Archers, celle de Lieutenans, Exempts & «
Archers du Guet, pour en joüir conjointement «
ou ſeparément de leurs Offices à leur choix & «
option ; avec pouvoir de faire le Guet & la pa- «
troüille, bonne & ſeure garde de jour & de nuit, «
ſi beſoin eſt en cas de neceſſité, & quand bon «
leur ſemblera, dans les Villes & Fauxbourgs de «
leur eſtabliſſement, & du reſſort de leurs Maré- «
chauſſées, pour y entretenir le repos & la tran- «
quillité publique, principalement aux jours «
de ceremonies, de foires, marchez, & autres «
aſſemblées publiques, pour y faire garder & ob- «
ſerver l'ordre & la Police neceſſaire ; fors & ex- «
cepté aux Villes de Paris, d'Orleans & de Lyon, «
où il y a d'ancienneté des Chevaliers du Guet. «

Edit du mois de May 1633. portant création « **Confer. des**
de deux cens Chevaliers, deux cens Lieutenans, «**Ord. l. 1 tit. 3.**
cent cinquante Exempts ; & trois cens Archers «**§. 82.**
du Guet, pour eſtre diſtribuez dans les Villes où «
il n'y en avoit point.

Arreſt du Parlement du 11. Fevrier 1634. en «
forme de Réglement general pour la Police de «
Paris. Il porte entr'autres diſpoſitions, que l'on «
commencera à voir le rapport du Guet au Châ- «
telet dés le matin, avant toutes autres affaires, «
& que les captures ſeront jugées les lendemain, «
ſommairement & ſans frais.

Lettres Patentes du vingt-ſeptiéme Novembre «
1643. portant attribution & voix deliberative au «
ſieur Charles Teſtu Chevalier du Guet, dans «
le jugement des procez criminels de ſes cap- «
tures.

Declaration du Roy, pour la ſeureté publi- «
que,

» que , du 18. Decembre 1660. Par laquelle en-
» tr'autres Réglemens, il est porté , qu'afin que la
» défense du port d'armes ne donne point occasion
» aux méchans & Voleurs de nuit , de rien entre-
» prendre contre la seureté publique, Sa Majesté
» veut que le Chevalier du Guet , créé & establi
» pour la garde de Paris , aille & vienne la nuit
» par les ruës , & pose exactement dés qu'il sera
» nuit, le nombre de gardes qui est destiné pour
» le Guet assis & dormant de chaque nuit , aux
» heures à luy ordonnées , & aux lieux ordinaires
» & accoustumez qui seront jugez necessaires ; &
» fasse faire par le surplus des Officiers , Gardes &
» Archers du Guet , les patroüilles ordinaires &
» accoustumées , pour tenir tout en seureté. Et
» afin que ce Réglement soit ponctuellement exe-
» cuté , enjoint Sa Majesté aux Lieutenans du Pre-
» vost de Paris , de se transporter au moins deux
» fois la Semaine, aux jours qu'ils aviseront , au
» lieu où on appelle le Guet, pour voir si le nom-
» bre de ceux qui doivent monter la garde , est
» complet, & la qualité de ceux qui y sont em-
» ployez, pour en cas de contravention y estre
» pourvû , ainsi qu'il appartiendra.
» Arrest du Parlement du neuviéme Juillet 1668.
» donné sur la remonstrance de Monsieur le Pro-
» cureur General , que le Lieutenant General de
» Police ayant ordonné à quelques Officiers de la
» Compagnie du Chevalier du Guet, de se trouver
» quelques jours auparavant, pour conduire avec
» les précautions necessaires , en un lieu destiné à
» la quarantaine , quelques personnes soupçonnées
» d'avoir eu communication avec un homme mort
» du mal contagieux à Paris , ils n'y auroient pas
» obéï , quoiqu'ils soient obligez de prester main-
» forte pour l'execution des Ordonnances, en
» toute sorte de tems ; mais particulierement en
» celuy-là , où la prompte execution des ordres
» de Police estoit necessaire , pour empescher la
» suite du mal que l'on avoit sujet d'apprehender,
» & où n'ayant pas des Officiers particulierement
» destinez à ces sortes d'emplois, il estoit absolu-
» ment necessaire d'y employer toutes sortes de
» personnes qui pourroient estre utiles au Public.
» Par cet Arrest il est enjoint aux Officiers , Ar-
» chers du Guet , & tous autres de la Ville de Pa-
» ris , de prester main-forte , & d'executer sans
» délay les jugemens & ordres du Lieutenant Ge-
» neral de Police ; à peine d'interdiction , & sous
» plus grande peine, selon l'exigence des cas.
» Arrest du Conseil d'Estat du vingt-cinquiéme
» Aoust 1668. Portant que le Roy ayant esté in-
» formé du desordre qui se trouvoit dans les Com-
» pagnies establies pour la seureté de Paris , & que
» quelques-uns des Payeurs de ces Compagnies,
» pour s'appliquer la plus grande partie du fond
» employé dans les Estats de Sa Majesté, avoient
» trouvé moyen d'acquerir plusieurs Charges qu'ils
» faisoient exercer par commission par des gens

mal samez , ou de mauvaise vie , ausquels ils «
donnoient ce que bon leur sembloit , & qui d'or- «
dinaire sous prétexte de ces commissions, & sous «
le titre d'Avoüez , commettoient des abus & «
violences extraordinaires ; à quoy estant ne- «
cessaire de pourvoir , & afin qu'il n'y eust doré- «
navant dans ces Compagnies que des Titulaires, «
d'une experience & d'une probité connuë , & «
capables de servir selon leurs institutions. Sa «
Majesté ordonne , que dans quinzaine , du jour «
de la publication du present Arrest , tous les «
Officiers subalternes , & Archers des Compa- «
gnies , tant du Lieutenant Criminel de Robe- «
courte , que celles du Chevalier du Guet , & du «
Prevost de l'Isle , seront tenus de representer «
leurs provisions & actes de reception pardevant «
les sieurs Colbert & de la Reynie, Commissaires «
à ce deputez par Sa Majesté ; pour estre par eux «
fait des rôles separez , tant des Titulaires , que «
de ceux qui exerçoient par commission , & «
dressé procés verbal , sur lequel sera pourvû par «
le Conseil ainsi que de raison. Cependant veut «
& ordonne Sa Majesté , que la solde & gages «
attribuez & employez dans ses Estats aux Char- «
ges de ces Compagnies, ausquelles il n'aura pas «
esté bien pourvû , ou qui auront esté exercées «
par commission depuis plus de six mois , soient «
saisis & arrestez de l'Ordonnance des sieurs Com- «
missaires , & qu'ils demeurent és mains des Re- «
ceveurs & Payeurs des Compagnies , jusques à «
ce que par Sa Majesté en ait esté autrement or- «
donné. «

Edit du Roy du mois d'Aoust 1669. portant
suppression des Offices de Chevaliers du Guet ,
leurs Lieutenans , Exempts & Archers créez és
années 1631. & 1633. reservant ceux créez & establis avant ce temps. Ordonne qu'il sera pourvû
au rembursement de ces Offices supprimez par
cet Edit , par le Garde du Thresor Royal , suivant la liquidation qui en sera faite par les Commissaires qui seront à ce deputez , sans que les
Particuliers à qui les remboursemens seront ordonnez , soient tenus de rapporter aucun acquit-
patent, ny quittance de finance.

Provisions de l'Office de Chevalier & Capitaine du Guet de Paris , en faveur de Monsieur
Chopin, du 5. Aoust 1683. L'acte de sa reception
au Chastelet du 31. du même mois. Brevet du
7. Novembre 1684. par lequel le Roy luy accorde deux mille livres de pension. Et Lettres Patentes du 8. Janvier 1685. qui luy donnent le
droit de voix deliberative dans le jugement des
captures qui seront faites par sa Compagnie.

Cette portion de la Police est si importante, que
pour la perfectionner toujours de plus en plus ,
le Parlement rendit un Arrest le 19. Fevrier 1691.
qui sera rapporté icy dans son entier , parce que
tous les termes en sont essentiels , pour connoître
l'estat present de l'ordre public à cet égard.

19. Février 1691. Arrest de Réglement pour le Guet & la sureté de Paris pendant la nuit. SUR ce qui a esté remontré à la Cour par le Procureur General du Roy, qu'il a reçû des plaintes de ce que les Ordonnances du Roy & les Arrests de Réglemens de la Cour concernant la
sûreté de cette Ville , & le guet qu'on y doit faire durant la nuit , ne sont pas executez : & comme cette inexecution prive les Habitans de Paris des avantages qu'ils doivent attendre des soins
que le Roy a bien voulu prendre pour establir la sûreté dans la Ville Capitale de son Royaume ,
il est necessaire d'y pourvoir. Requeroit ledit Procureur General du Roy, qu'il plût à la
Cour de le faire sur les Conclusions par luy prises par écrit. VEU lesdites Conclusions , & aprés
que le Lieutenant Criminel, le Substitut du Procureur General du Roy au Chastelet , & le Chevalier du Guet ont esté oüis sur ce sujet par Mr le premier President, qui en a fait rapport à la
Cour ; la matiere mise en déliberation.

LADITE COUR ordonne que les Edits, Arrests & Réglemens de la Cour concernant la sûreté de cette Ville , & le Guet que l'on y doit faire durant la nuit , seront gardez ; ce fai-

sant,

fant, que les Officiers & Archers du Guet arresteront ceux qui auront commis quelque crime, où qui feront quelque desordre durant la nuit ; Qu'ils les conduiront dans les Prisons du grand Chastelet, sans les pouvoir mener en aucune maison particuliere, si ce n'est dans le cas marqué cy-dessous. Et si l'heure ou l'éloignement du lieu où ils auront esté arrestez les oblige de les conduire dans quelqu'autre prison, ils seront tenus de les amener en celles du Chastelet avant huit heures du matin, sans qu'ils puissent les relâcher sous quelque pretexte que ce puisse estre. Seront tenus lesdits Officiers & Archers du Guet, faire & signer les rapports desdites captures dans l'instant qu'elles auront esté faites, ou au moins tous les matins avant huit heures, & d'y marquer les crimes & desordres dont ils auront eu connoissance durant la nuit ; & à cette fin le Registre du Guet demeurera pendant la nuit dans les Prisons, & dans le Greffe du Chastelet durant le jour. Enjoint aux Officiers & Archers du Guet, lorsqu'ils arresteront durant la nuit des personnes chargées de meurtres, vols, & autres crimes graves, de faire avertir dans l'instant le Commissaire, dans le quartier duquel lesdits crimes auront esté commis ; même de conduire, sur le champ, si l'on peut le faire avec sûreté, dans la maison dudit Commissaire, les accusez afin qu'il les interroge s'il le trouve à propos, & les témoins qui pourront déposer desdits crimes, afin qu'il les entende, & qu'il puisse faire les autres procedures qu'il jugera necessaires pour asseurer les preuves. Enjoint aussdits Officiers & Archers du Guet de faire pareillement avertir lesdits Commissaires lorsqu'ils verront quelque incendie, & d'y demeurer en nombre suffisant pour empescher les vols & les desordres qui arrivent ordinairement dans ces occasions, & de donner aussdits Commissaires l'aide & le secours dont ils auront besoin pour faire executer ce qu'ils estimeront à propos d'y ordonner, tant pour l'extinction du feu, que pour toutes les autres choses qu'ils jugeront necessaires. Ordonne aussdits Officiers & Archers du Guet de se rendre ponctuellement aux assignations qui leur seront données en la maniere ordinaire, à la requeste du Substitut du Procureur General du Roy, pour déposer même pardevant les Commissaires du Chastelet, lors qu'ils sont témoins necessaires & que le bien de la Justice le desire. Comme aussi que le Lieutenant Criminel, si des occupations plus pressantes ne l'en empêchent, & les Officiers du Chastelet qui sont de service au Criminel, s'assembleront tous les matins à huit heures dans la Chambre Criminelle ; & que ceux qui s'y trouveront au nombre de cinq à ladite heure, examineront par préference à toutes autres affaires le rapport du Guet, en presence du Substitut du Procureur General du Roy, s'il y est present, ou de l'un des Avocats du Roy, en son absence ; & seront les prisonniers qui auront esté arrestez pour causes legeres, élargis sur le champ par le contre-huis, & sans frais ; & ceux qui se trouveront prevenus de crimes qui meriteront punition, seront écroüez dans les prisons, pour estre procedé à l'instruction de leurs procés en la maniere accoustumée. Et sera le present Arrest lû & publié au Chastelet, l'Audiance tenant, & registré au Greffe dudit Siege : Enjoint au Substitut du Procureur General du Roy d'y tenir la main, & d'en certifier la Cour dans huitaine. A Paris en Parlement le 19. Février 1691. Signé, DU TILLET

CHAPITRE III.

Des Prevosts des Mareschaux ; & des Vice-Baillis, & Vice-Seneschaux.

CE n'estoit pas assez que d'avoir pourvû à la tranquillité publique des Villes, tant de jour que de nuit ; il estoit encore important au Commerce & à la Societé civile d'en assurer les dehors & les avenues. Ces soins ont dû même s'estendre jusqu'aux campagnes les plus reculées. Ceux qui les cultivent meritent par leurs travaux continuels pour le bien commun, cette protection ; & les Villes mêmes y trouvent leur avantage, puisqu'elles en tirent toute leur subsistance.

Les Romains estoient bien persuadez de cette verité, & que leur Estat ne pouvoit estre veritablement heureux sans le secours de ces sages précautions. L'Histoire & leurs Loix nous apprennent quelle fut à cet égard leur exactitude & leur severité. Les temps de la Republique & ceux de l'Empire nous en fournissent également des exemples.

Sous le Consulat de Posthume des Bergers libertins abandonnant leurs troupeaux se liguerent ensemble jusqu'au nombre de sept mille, & infesterent par leurs vols les grands chemins & les campagnes. Ils furent poursuivis ; plusieurs furent arrestez & condamnez ; & les autres épouvantez par le supplice de leurs compagnons se disperserent. *Posthumius de Pastorum conjuratione, qui vias latrociniis pascuaque publica infesta habuerant, quæstionem severè exercuit, & ad*

septem millia hominum condemnavit ; multi inde fugerunt ; de multis sumptum est supplicium.

Les guerres civiles appaisées par Auguste, l'Italie se trouva aussi-tost remplie de voleurs de grands chemins. Les libertins qui avoient vêcu sans discipline pendant les troubles, & peut-estre plusieurs soldats licentiez prirent le party de subsister dans l'oisiveté plustost que d'embrasser l'employ laborieux d'un travail honneste. Ce Prince voulant encore lever cet obstacle au repos de ses Peuples, fit battre la campagne par des Compagnies de Milice, & en posta de lieuë en lieuë, pour arrester ces malfaiteurs & les livrer aux Juges. Tibere son Successeur en augmenta le nombre, & leur donna un Prevost pour les commander. *Pacis tuenda causà à grassaturis & latrociniis Sabinum à Cæsare præfectum constitutum fuisse ad turbas & latrocinia in Urbe atque Italia comprimenda.* Et ailleurs ; *tuenda pacis in grassaturis ac latrociniis seditionumque licentiâ curam habuit, stationes militum per Italiam solito frequentiores disposuit.* Cet employ, qui ne fut d'abord qu'une commission, fut ensuite rendu ordinaire par les Loix ; & ceux qui l'exerçoient furent qualifiez *Latrunculatores* ; parce qu'ils estoient principalement establis pour purger de voleurs les Provinces : *Quia ad conquirendos & persequendos latrones à Principe mittebantur ; Latrunculatores vocabantur.* Dans l'Orient ils furent nommez Εἰρηνάρχαι, *Pacificateurs.*

Tit. Liv. lib. 39.

Sueton. in Augusto. cap. 32. & in Tiberio. cap. 36. & 37. Apian. de Bello Civili. lib. 5.

L. 1. Irenarchæ C. de Irenarchis.

Pacificateurs, pour faire entendre que c'eſtoit par leurs ſoins aſſidus & par leur vigilance que les Peuples jouïſſoient de la paix. *Irenarchæ qui ad Provinciarum tutelam quietis ac pacis per ſingula territoria faciunt ſtare concordiam nominantur.* Ils n'avoient néanmoins d'autres fonctions que la ca_pture & l'interrogatoire des accuſez, qu'ils renvoyoient enſuite au Preſident ou premier Magiſtrat de la Province, pour en connoiſtre.

L. 6. Divus ff. de cuſtodia & exhibitione reorum.

Irenarchæ cùm adprehenderint latrones, interrogent eos de ſociis & receptatoribus ; & interrogationes litteris incluſas atque obſignatas ad cognitionem Magiſtratus mittant. Ainſi c'eſtoit au premier Magiſtrat que le principal ſoin de maintenir la tranquillité dans ſa Province, & de la purger de malfaiteurs eſtoit confié. Cette obligation luy eſtoit impoſée tres-étroitement par les Loix ; & c'eſtoit à luy de faire agir tous les autres Officiers qui devoient y concourir. *Congruit bono & gravi Præſidi curare ut pacata atque quieta Provincia ſit quam regit ; quod non difficilè obtinebit, ſi ſollicitè agat ut malis hominibus Provincia careat, eoſque conquirat : nam & ſacrilegos, latrones, plagiarios, fures conquirere debet, & prout quiſque deliquerit, in eum animadvertere, receptoreſque eorum coercere, ſine quibus latro diutiùs latere non poteſt.*

L. 11. Congruit ff. de Off. Præſidis.

Tant que les Gaules ont eſté ſous la domination des Romains, & ont fait partie des Provinces de l'Empire, cette Police y a eſté obſervée.

Nos Roys après leurs conqueſtes n'apporterent aucun changement à l'ordre public à cet égard. Les Comtes qui furent eſtablis Gouverneurs & Juges des Provinces, eſtoient chargez de toutes les obligations de ces Magiſtrats Romains, en même-temps qu'ils entrerent dans tous leurs droits & dans toutes leurs prérogatives. Mais rien ne leur fut enjoint plus étroitement par nos Roys, que ce ſoin qu'ils devoient prendre de purger leurs Provinces de malfaiteurs. Il leur eſtoit permis pour cela de faire prendre les armes à tous les Habitans ; & ceux qui refuſoient de leur obéïr ne leur preſter main-forte, eſtoient punis ou d'une amende, ou de ſoixante coups de verges, ſelon la qualité. *Ut Comites maximam curam adhibeant quatenus in illorum Comitatibus populus juſtitiam & pacem habeat ; & de latronibus exturbandis maximum certamen habeant. Et ſi talis malefactor emerſerit ut per ſe illum comprehendere Comes in ſuo Comitatu non poſſit, accipiat homines, tam noſtros, quàm Epiſcoporum vel Abbatum in ſuo Comitatu commanentes, & ſic illum perſequatur donec comprehendat. Et qui ad talem malefactorem accipiendum vocatus fuerit, & ſe indè retraxerit ut ad adjutorium non præſtet ; ſi liber homo fuerit, bannum dominicum componat ; & ſi colonus fuerit, ſexaginta ictus accipiat.* Et ailleurs, *Comites quoque per ſuos Comitatus de raptoribus & malis hominibus prævideant qualiter pax fiat.* C'eſt ainſi, & en autres termes ſemblables & qui tendent à même fin, que s'expliquent les Ordonnances de nos premiers Roys. Celles-cy ſont données pour exemples. Les autres qui ſont citées en marge, & peuvent eſtre vûës dans les recuëils des Capitulaires, ſeroient trop longües à rapporter.

Ciotar. 11. an. 615. Dagobert. an. 630. Carol. Magn. an. 789. 802. 811. & 813. Ludov. Pii. an. 813. & 818. Carol. Calv. an. 857. 873. & 877.

Les Baillis & les Seneſchaux qui ont ſuccedé aux Comtes dans le Gouvernement & dans la Magiſtrature des Provinces, leur ſuccederent auſſi dans cet employ en la purger de malfaiteurs, & de les maintenir en paix. Le Prevoſt de Paris, qui tient le premier rang en tr'eux, avoit pour cela ſous vingt Sergens à cheval qui venoient tous les jours à l'ordre, & une Compagnie de cent Maiſtres qui bat-

toit continuellement la campagne, & à la tête de laquelle il ſe trouvoit luy-même en perſonne dans les occaſions importantes. C'eſtoit à luy (comme il ſera prouvé dans la ſuite) que les ordres du Roy & les Arreſts du Parlement eſtoient adreſſez lorſque la tranquillité publique recevoit quelque atteinte ou courroit quelque riſque dans la campagne. Il en eſtoit de même à proportion des Baillis & Seneſchaux dans les Provinces.

Il n'y avoit alors, & juſqu'à François I. que deux Mareſchaux de France. Ce Prince les augmenta juſqu'à quatre. Ils commanderent les armées avec le Conneſtable, comme ſes Lieutenans Generaux, & en Chef lorſque ce General eſtoit abſent. La juriſdiction militaire, qui eſt toujours attachée à ce commandement, eſtoit exercée ſous leur autorité par un ſeul Prevoſt. Delà vient que chacun des Prevoſts en particulier ſe qualifie encore aujourd'huy Prevoſt des Mareſchaux. Pour remplir cette Charge deux conditions eſtoient neceſſaires, L'une, d'eſtre Gentilhomme, & l'autre, d'avoir commandé.

Thréſor des Chartres de France, Regiſtre 35. Du Tillet, des Roys de France, de leur Couronne & Maiſon. chap. des Conneſtab. & Mareſch. pag. 274. Boutill. Somme Rurale liv. 3. chap. 44. p. 725.

Il eſtoit continuellement luy ou ſes Lieutenans à la ſuite des Camps & Armées ; & en temps de paix il n'avoit point de fonction. Cela fut ainſi reglé entre luy & les Officiers de la Conneſtablie à la Table de Marbre, par Lettres Patentes de Charles V. du 13. Decembre 1374. Il combattoit à la teſte de l'Armée dans un jour de bataille, comme les autres Chefs. Le Prevoſt des Mareſchaux ſe trouve nommé entre les Gentilshommes qui furent tuez à la Bataille d'Azincourt contre les Anglois, l'an 1415. ſous Charles VI. Triſtan Lhermite Prevoſt des Mareſchaux fut fait Chevalier par Charles VII. l'an cent quarante-cinq pour s'eſtre diſtingué au ſiege de Fronſac.

Charles VI. fut le premier qui fixa le Prevoſt des Mareſchaux à la ſuite de la Cour : l'occaſion s'en preſenta d'elle-même, la Cour ayant preſque toujours eſté inſeparable de l'armée ſous le Regne de ce Prince. La tranquillité ayant eſté reſtablie ſous les Regnes ſuivans, cet eſtabliſſement d'un Prevoſt à la ſuite de la Cour, ne laiſſa pas de paroiſtre utile ; non ſeulement il fut conſervé : mais nos Roys, par les prérogatives qu'ils y ont depuis attachées, en ont fait l'une des Charges de la Couronne, ſous le titre de Grand-Prevoſt de France.

Monſtrelet, Hiſt. de France. Alain Chartier, Hiſt. de Charles VII. Miraumont, Traité du Prevoſt de l'Hoſtel p. 72. 101. & 103.

Il eſtoit impoſſible que cet Officier unique attaché à la Cour étendiſt ſes ſoins ſur la diſcipline des Troupes, ſoit en garniſon, ſoit à l'armée. Il y envoyoit ſes Lieutenans, comme il paroiſt par un compte rendu en la Chambre, par Me Pierre Jobert Receveur General des Finances l'an 1494. Il y employe en dépenſe trente-une livres pour un voyage fait au Pays de Caux par Me Nicolas Deſtampes Lieutenant du Prevoſt des Mareſchaux, pour informer ſur les plaintes que faiſoient les Habitans du pays, des excés que commettoient les gens de guerre. Mais comme de ſemblables plaintes arrivoient frequemment des autres Provinces, Loüis XI. cette même année permit au Prevoſt des Mareſchaux de commettre en chaque Province un Gentilhomme, pour le repreſenter, avec pouvoir d'aſſembler, ſelon les occaſions, les autres Nobles, & les autres gens du pays, pour s'oppoſer aux gens de guerre, avanturiers & vagabons débandez des armées, qui couroient les champs, volant, & oppriment le peuple ; les prendre & ſaiſir au corps, & les rendre aux Baillis & Seneſchaux pour en faire Juſtice.

Par

Par succession de temps ces Commissions furent changées en titre d'Office en faveur de plusieurs Provinces, par autant de Lettres Patentes particulieres : en sorte que sur la fin du Regne de Loüis XII. il ne resta presque aucune Province qui n'eust son Prevost des Marefchaux. Chacun de ces Officiers eut aussi la liberté de se choisir ses Lieutenans, & un certain nombre d'Archers pour servir sous ses ordres dans ces grandes Provinces ou grands Gouvernemens, comme de Guienne, Normandie, Picardie &c. Ils prirent le titre de Prevosts Generaux avec le nom de la Province; & les autres des Provinces subalternes furent simplement qualifiez Prevosts Particuliers, ou Provinciaux d'un tel lieu.

Sous ces nouveaux titres ils n'eurent encore d'autre pouvoir ou Jurisdiction que sur les gens de guerre. L'Edit de François I. du mois de Janvier 1514. pour la discipline militaire le porte en termes exprés. Ils estoient pour cela obligez, suivant ce même Edit, à tenir continuellement la campagne, suivre les Compagnies qui estoient en marche, & visiter les Garnisons de lieux en lieux pour contenir les soldats, punir & corriger leurs fautes. Tous les autres malfaiteurs; ceux mêmes qui se trouvoient meslez avec les Troupes, estoient livrez aux Juges des lieux.

Ils n'ont eu la Jurisdiction sur les voleurs, les vagabons, & tous les autres cas qui ont depuis esté nommez *Prevostaux*, que dans la suite, & par gradation. François I. leur en attribua la connoissance dans tout le Royaume, par Lettres Patentes du 25. Janvier 1536. mais ce ne fut qu'une simple commission à temps, & qui ne fut registrée en aucun lieu.

Une pareille commission fut donnée en 1537. par le même Prince à Claude Genton Ecuyer Seigneur des Brosses, qu'il establit Prevost des Marefchaux en particulier pour la Ville, Prevosté, Vicomté de Paris, & les Elections de Senlis, Beauvais, Clermont en Beauvaisis, Mante, Montfort-l'Amaury & Etampes. Mais cela ne subsista que six ans. Le Roy en 1543. retira le Sieur des Brosses de cet employ, & l'attacha à la suite de la Cour, en qualité de Prevost de l'Hostel.

Les Baillis & Seneschaux qui avoient esté privez quelques années auparavant de la voix déliberative dans l'administration de la Jurisdiction contentieuse, comme il a esté prouvé en son lieu, négligerent ce qui concernoit la force. Cela remplit en peu de temps de voleurs & de vagabons la plus grande partie du Royaume. Les Soldats qui furent licentiez aprés la paix faite avec l'Empereur au mois de Septembre 1544. & ceux qui se débandoient des Troupes qui avoient esté conservées, se mêlerent avec les autres libertins, & commirent plusieurs violences, plusieurs vols & d'autres maux. Ce fut ces motifs qui déterminerent enfin François I. d'augmenter par un Edit solemnel du 3. Octobre 1544. la competence des Prevost des Marefchaux.

Fontanon. liv. 2. tit. 10. nombre 4. tom. 1. Off. de France, livre 3. tit. 12. nomb. 4.

Il leur attribua pour la premiere fois, par concurrence & prévention avec les Baillis & Seneschaux la Justice, correction & punition des gens de guerre qui désemparoient le service, ou les garnisons, & de tous les vagabons & autres malfaiteurs qui tiennent les champs & y commettent des vols, des violences, ou autres semblables crimes.

Il restablit en particulier par d'autres Lettres Patentes du 23. Mars 1546. l'Office de Prevost des Marefchaux pour la Ville, Prevosté,

Vicomté & Election de Paris, & les Elections de Senlis, Beauvais, Clermont en Beauvaisis, Montfort-l'Amaury & Etampes. Il en pourvut Me Claude Genton Licentié és Loix, fils du Seigneur des Brosses Prevost de l'Hostel : c'est ainsi qu'il est qualifié dans ses Lettres. Il luy créa en même-temps deux Lieutenans, l'un de Robe-longue, & l'autre de Robe-courte, deux Greffiers, trente Archers & un Trompette. La montre de cette Compagnie se devoit faire tous les ans deux fois, en Janvier & en Juillet par le Prevost de Paris ou son Lieutenant Civil. Ces montres se faisoient de même dans les Provinces par les Baillis, Seneschaux ou leurs Lieutenans, ainsi qu'il est prouvé par la Déclaration de Henry II. du 27. Juillet 1548.

Off. de France, liv. 1. tit. 11. nomb. 6.

Cette augmentation de pouvoir, & cette nouvelle competence attacha les Prevosts des Marefchaux dans leurs Provinces. Il leur estoit même enjoint tres-étroitement par les Edits d'y faire résidence & de continuelles visites ou chevauchées. Cela donna lieu à l'establissement d'autres Prevosts des Marefchaux pour la suite des Troupes. On les nomme aujourd'huy Prevosts de l'Armée, pour les distinguer des Prevosts Provinciaux.

Le Prevost General de Guienne négligea ses fonctions; le Public en souffrit par les vols & par les violences qui s'y multiplierent de tous costez. Il s'excusa sur l'impossibilité de suffire seul à toute l'estenduë de sa Province. Cela n'empêcha pas qu'il ne fust supprimé par Edit du mois d'Octobre 1563. Le Roy par ce même Edit, à la place de cet Officier, establit trois Gentilshommes pour en exercer les fonctions, qu'il créa en titre d'Office; un pour les Seneschaussées de Guienne, Xaintonge, Perigord & Bazas; l'autre, pour les Seneschaussées de Limosin, Quercy & Roüergue; & le troisiéme, pour les Seneschaussées d'Agenois, Condomois, les Lannes, Armagnac & Comminges; avec chacun un Lieutenant, un Greffier & vingt Archers. Il voulut leur donner un nouveau titre; & il ne s'en trouva point de plus propre que celuy de Vice-Seneschaux, *quasi vices Seneschallorum gerentes*. Il leur convenoit en effet plus qu'aucun autre, puisqu'ils estoient préposez pour representer les Magistrats dans l'une de leurs principales fonctions. Il y eut de semblables establissemens en quelques autres Seneschaussées, sous ce même titre de Vice-Seneschaux, & dans quelques Baillages, sous celuy de Vice-Baillis. Voila l'origine de ces Officiers. En voicy quelques-unes des principales preuves.

Off. de France, liv. 2. tit. 11. nomb. 19. Chenu tom. 1. 2. part. tit. 31. p. 71.

Cinq Lettres Patentes de Charles VII. & de Loüis XI. des 22. Decemb. 1438. 5. Octob. & 27. Févr. 1443. 21. Juil. 1444. & 2. Novemb. 1475. adressées au Prevost de Paris, pour faire arrester les gens de guerre, qui desertent ou se débandent des Troupes, tiennent les champs, pillent, volent, ou font quelques violences; instruire leur procés, & les punir selon la rigueur des Ordonnances.

Liv. vert vieux 2. fol. 36. 70. 79. & 85. & 1. Volum. des Bannieres. fol. 153.

Lettres Patentes de Loüis XI. du 28. Novembre 1481. adressantes au Prevost de Paris. Par ces Lettres le Roy mande à ce Magistrat de faire publier, que les Prevosts des Marefchaux n'en- « treprennent de connoistre d'autres matieres que « de celles qui concernent les gens de guerre, » & ceux qui se débandoient des Troupes pour « courir les champs; & que si ces Officiers de « la Marefchaussée faisoient le contraire, il les « en punisse. «

Bannieres, vol. 1. fol. 107.

Lettres Patentes de François I. du 20. Janvier 1514.

Chenu tom 1. 2. part. tit. 3. pag.

Fontan. to. 3.
mr. 11, 11, 2.
p. 81.

1514. portant Réglement pour la difcipline militaire.

» L'Article 28. enjoint aux Capitaines de faire
» porter leurs livrées à leurs foldats, tant à la
» Ville, qu'aux Champs; & que ceux qui feront
» trouvez fans avoir cet habit, feront arreftez
» comme vagabons, & punis par les Juges des
» lieux.

Conference
des Ordon. l.
1. tit. 27. §. 1.

Par l'Article 34. le Roy ordonne, que dore-
» navant les Prevofts des Marefchaux feroient
» leurs chevauchées avec leurs Lieutenans par
» le pays, de garnifon en garnifon, pour main-
» tenir l'ordre & la Police entre les gens de guer-
» re, les corriger des fautes, oppreffions & pil-
» leries qu'ils faifoient fur le Peuple, & qu'ils
» ne fe trouveroient point en Cour, fi le Roy
» ou M' le Conneftable ne les mandoit.

Liv. rouge
neuf. fol. 116.

Lettres Patentes du 11. Mars 1524. par lefquelles la Regente Mere du Roy pendant l'abfence de ce Prince mande au Prevoft de Paris,
» de faire arrefter & punir les gens de guerre à
» pied ou à cheval, qui feront trouvez dans l'ef-
» tenduë de fa Jurifdiction courant les champs,
» pillant le Peuple, ou commettant d'autres
» maux. Et en cas qu'ils foient trouvez affem-
» blez, & qu'ils faffent refiftance, de faire cour-
» re deffus, les rompre & défaire comme en-
» nemis de l'Eftat.

Arreft du Parlement du 19. Octobre 1525.
pour la fûreté de la campagne contre les gens
de guerre, coureurs & vagabons. En voicy les
termes; ils font tous remarquables, pour faire
connoiftre ce qui s'obfervoit alors en fembla-
» bles occafions. Ce jour M' Girard le Coq Con-
» feiller du Roy, Maiftre des Requeftes ordi-
» naire de fon Hoftel, a dit à la Cour, toutes
» les Chambres affemblées, qu'il y a alentour
» de Brie-Comte-Robert, de Meaux & fur les
» limites de Champagne & Brie environ fix mil-
» le Italiens gens de guerre, qui font des maux
» infinis, pillent & mangent tout le pays, &
» viennent fe jetter dans la France & alentour
» de cette Ville, fi la Cour n'y pourvoit. Sur
» quoy a efté le Sieur d'Alegre Prevoft de Pa-
» ris mandé; auquel la Cour a enjoint d'aller in-
» continent devers lefdits Italiens, les faire re-
» tirer en autre pays ou en leurs garnifons, fi
» aucunes en ont; & qu'il mene avec luy fa
» Compagnie: & où ils ne le voudront faire, qu'il
» en avertiffe incontinent la Cour, pour le fai-
» re fçavoir à Madame Mere du Roy Regente
» en France, ou autrement y pourvoir ainfi
» que de raifon. Ce que ledit Prevoft de Paris
» a promis faire, & a dit qu'il y a environ
» huit jours qu'ils s'affemblerent treize cens
» chevaux du refte des Compagnies des feus S'
» de la Trimoüille, Marefchal de Chabanes &
» Amiral; & d'autres gens vagabons & avantu-
» riers mêlez avec eux, vinrent pour prendre
» & piller Montlhery; qu'incontinent qu'il en
» fut averti, il alla audevant d'eux, & les fit
» retirer; & que les Gendarmes de fa Compa-
» gnie qui ont efté mis en garnifon alentour de
» cette Ville pour la garde d'icelle, ne laiffent
» entrer aucunes gens de guerre efdits pays;
» tellement que les Villes où ils font ne vou-
» droient pas pour deux mille écus qu'ils n'y
» euffent efté mis; & n'en a la Cour eu aucunes
» plaintes. Et quant à la Prevofté & Vicomté
» de Paris, il la garde de forte qu'on n'y a pas
» pris un poulet : & il efpere que luy & fa Com-
» pagnie feront telles diligences, que la Cour
» s'en contentera. C'eft s'eft le Prevoft de Paris
» retiré.

Tome I.

Lettres Patentes de François I. du 6. Avril
1543. adreffées au Prevoft de Paris. Elles ordonnent à ce Magiftrat de courre fus aux gens «
de guerre qui tenoient la campagne fans com- «
miffion; y employer le Prevoft des Maref- «
chaux, & même faire affembler l'Arriereban «
& les Communes par le fon du Tocfin. «

Liv. de la
Chambre Cri-
minelle, fol.
20.

Lettres Patentes du 3. Octobre 1544. par lefquelles le Roy ordonne, que les Baillis & «
Senefchaux, & les Prevofts des Marefchaux «
ou leurs Lieutenans, par concurrence & pré- «
vention connoiffent de tous crimes & délits qui «
fe commettront par les gens de guerre qui ont «
defemparé le fervice; des vagabons & autres «
gens tenans les champs en forme d'hoftilité «
ou autrement foulant & opprimant le Peuple, «
commettant force violences, pilleries, larcins, «
& autres crimes & délits; & qu'ils les jugent «
en dernier reffort, en appellant à leurs Juge- «
mens quatre notables perfonages Officiers du «
Roy, ou autres Gens de Confeil. «

Fontan. liv. 1.
tit. 10. n. 41

Lettres Patentes du 20. Janvier 1546. par lefquelles il eft expofé, que dés l'an 1537. le Roy
ayant efté informé du grand nombre de vagabons
& gens fans aveu qu'il y avoit en la Ville de
Paris & aux environs, où ils commettoient plufieurs crimes & délits; connoiffant que ce feroit un gand bien, tant pour Paris, que pour
quarante ou cinquante lieuës à la ronde de remedier à ce defordre : Pour cette caufe fa Majefté auroit deflors eftabli Prevoft des Maref- «
chaux en la Ville, Prevofté & Vicomté de Pa- «
ris, Elections de Senlis, Beauvais, Clermont «
en Beauvaifis, Mante, Montfort-l'Amaury, & «
Etampes, Claude Genton Ecuyer, Seigneur «
des Broffes; qu'il s'eftoit fi bien acquitté de «
cette Charge, qu'en 1543. le Roy l'auroit ap- «
pellé auprès de fa Perfonne, & pourvû de la «
Charge de Prevoft de fon Hoftel. Que depuis «
ce temps Paris & les environs fe trouvoient «
de nouveau remplis de voleurs & d'autres mal- «
faiteurs, tellement que quelque grande puni- «
tion qui en euft efté faite par les Juges ordi- «
naires; & quelques diligences qu'ils euffent ap- «
portées, l'on n'en purgeroit pas le pays, fi au «
lieu du Seigneur des Broffes (c'eft ainfi qu'il «
eft qualifié) il n'eftoit encore d'un perfonage «
fuffifant pour remplir cette place. A ces caufes, «
le Roy fe confiant en la perfonne de M' Clau- «
de Genton Licentié ès Loix, fils dudit Sieur «
des Broffes, Sa Majefté le prépofe, ordonne & «
eftablit Prevoft des Marefchaux de la Ville, «
Cité, Prevofté, Vicomté & Election de Paris, «
& Elections de Senlis, Beauvais, Clermont en «
Beauvaifis, Montfort-l'Amaury & Etampes : «
luy donne deux Lieutenans, l'un de Robe- «
longue, l'autre de Robe-courte; deux Gref- «
fiers, trente Archers & un Trompette : avec «
tel pouvoir, préeminences & autoritez que les «
autres Prevofts des Marefchaux des Provinces; «
pour la capture, punition & correction des «
voleurs & vagabons, encore que les délinquans «
euffent domicile, & qu'ils s'y fuffent retirez, «
ou qu'ils foient trouvez par la Ville ou errans «
dans les champs: & où lefdits domiciliez ayant «
commis ces crimes de fa competence, fe trou- «
veroient chargez d'autres crimes, il en aura la «
connoiffance & jurifdiction. Que fes Juge- «
mens foit interlocutoires, de tortures, ou dif- «
finitifs, s'executeront en dernier reffort, en «
appellant aux fentences de tortures ou defini- «
tifs quatre notables perfonages, gens de fça- «
voir & de confeil, Officiers du Roy, ou au- «
tres des lieux plus prochains de la capture, «

I i   » ou

» ou qui feront trouvez plus commodes. Sa Ma-
» jefté en interdifant la connnoiffance à fa Cour
» de Parlement & autres Juges tels qu'ils foient.
» Veut & entend Sa Majefté, que lors que le
» Sieur Genton apprendra ou découvrira quel-
» ques-uns de ces vagabons, ou autres dont la
» connoiffance luy eft attribuée, non feulement
» és Ville, Prevofté & Vicomté de Paris, & Ele-
» ctions de fon détroit, mais auffi en toutes les
» Elections circonvoifines, il puiffe les y aller
» prendre, & en tous les autres lieux, Villes,
» Provinces & endroits du Royaume, foit en y
» allant exprés, ou en y paffant; pour en faire
» par luy la jufte punition & correction, telles
» qu'au cas appartiendra : fe retirant enfuite luy
» & fes Lieutenans en la Ville de Paris, où le
» Roy eftablit leur domicile & principale refi-
» dence. Que les gages des deux Lieutenans,
» deux Greffiers, trente Archers & du Trompe-
» te fixez par ces Lettres, leur feront payez par
» le Receveur general des Finances, de quartier
» en quartier, fur les Rôles des montres qui en
» feront faites deux fois l'année, au mois de
» Janvier & de Juillet, par le Prevoft de Paris
» ou fon Lieutenant Civil. Au bas de ces Let-
» tres eft l'acte de reception du Sieur Genton
» au Siege de la Conneftablie & Marefchauffée
» à la Table de Marbre au Palais à Paris le 23.
» Mars de la même année 1546.

Off. de France
liv. 3. tit. 12.
n. 7. p. 1146.
Lettres Patentes du 5. Février 1549. qui con-
» tiennent un Réglement general des fonctions qui
» doivent eftre exercées par les Prevofts des Ma-
» refchaux, Elles portent que les Prevofts des
» Marefchaux connoiftront des vols qui feront
» faits fur les chemins publics ou dans les mai-
» fons; de tous les crimes qui feront commis
» par ceux qui auront tenu ou qui tiendront les
» champs, foit gens de guerre ou autres de quel-
» ques qualitez ou conditions qu'ils foient; les
» guetteurs de chemins, foit aux Villes ou aux
» champs; les facrileges avec effractions; aggref-
» fions avec port d'armes aux Villes ou aux
» champs; & generalement de tous les autres
» crimes & délits dont la connoiffance leur ap-
» partient indirectement, foit que les délin-
» quans foient domiciliez ou vagabons. Que les
» Jugemens qu'ils rendront feront executoires
» en dernier reffort, en appellant aux fentences
» de tortures ou definitives, jufqu'au nombre
» de fept bons & notables perfonages, gens de
» fçavoir & confeil, des Officiers du Roy, ou
» autres des lieux plus prochains ou plus com-
» modes; aufquels Sa Majefté enjoint de s'y
» trouver lors qu'ils y feront appellez, à peine
» d'interdiction & d'amende.
» Que les Baillis, Senefchaux, Juges Préfi-
» diaux ou leurs Lieutenans pourront auffi con-
» noiftre & juger fans appel de tous les crimes &
» délits de la competence des Prevofts des Ma-
» refchaux, par prévention & concurrence, en
» appellant à leurs Jugemens jufqu'au nombre
» de fept Confeillers de leurs Sieges.
» Que fi quelqu'un des condamnez 'vouloit
» fe pourvoir contre fes Jugemens, préten-
» dant que les condamnez ne fuffent de la qua-
» lité de ceux qui doivent y eftre fujets, ils fe
» retireront pardevers le Roy ou fon Chancel-
» lier, pour y eftre pourvû; Sa Majefté en in-
» terdifant la connoiffance à fa Cour de Par-
» lement.
» Connoiftront auffi les Prevofts des Maref-
» chaux du fait des Chaffes; & par concurren-
» ce & prévention avec les Juges Préfidiaux, du
» crime de fauffe monnoye.

Les Prevofts des Marefchaux feront leurs «
chevauchées avec leurs Lieutenans & Archers «
dans toute l'eftenduë des Provinces où ils font «
eftablis, fans féjourner aux Villes plus de deux «
jours, fi ce n'eft pour affaires importantes, «
dont ils feront apparoir aux Juges des lieux «
de leur féjour. «
Que de trois mois en trois mois ils feront «
apparoir aux Conneftable & Marefchaux de «
France par leurs procés verbaux, des diligen- «
ces qu'ils auront faites, certifiez par les Juges «
ordinaires. «
Il eft enjoint aux Baillis & Senefchaux par- « Fontan. liv. 1;
tit. 10. n. 5.
vant lefquels les Prevofts Provinciaux ont ac- «
couftumé de faire leurs montres; qu'à l'inftant «
des montres faites, ils faffent payer à part les «
Archers par les Receveurs Generaux des Fi «
nances. Leur défend de faire mettre leur paye «
entre les mains des Prevofts pour les payer «
eux-mêmes, ainfi qu'il s'eftoit fait par le paf- «
fé, & dont les Prevofts avoient abufé. «
Edit du mois de Novembre 1554. portant « Fontan. liv. 1;
tit. 11. n. 1.
fuppreffion des Prevofts Provinciaux, à l'excep-
ption de ceux des Provinces de Picardie, Champagne, Ifle de France, Lyonnois, Forefts, Beau-
jolois, Auvergne, Bourbonnois, Bourgogne,
Dauphiné, Languedoc, Guienne, Normandie
& Bretagne. Ce même Edit porte création des
Lieutenans Criminels de Robe-courte, & a efté
rapporté plus au long fous ce titre.
Edit du mois de Septembre 1555, portant « O.F. de France
liv. 3. tit. 12.
nomb. 10.
reftabliffement d'un Prevoft des Marefchaux
dans la Province de Berry, nonobftant l'Edit
de fuppreffion du mois de Novembre precedent.
Ce même reftabliffement a efté fait depuis dans
toutes les autres Provinces.
Arreft du Parlement du 15. Decembre 1557. « Bibliot. du
Droit Fran-
çois, tom. 1,
pag. 1006.
par lequel il fut jugé que les Prevofts des Ma- «
refchaux ayant condamné l'accufé à mort, «
leurs fonctions font finies; & que c'eft aux «
Juges des lieux de connoiftre de la vente des «
biens en Juftice, pour les réparations, & «
dommages & interefts des Parties intereffées. «
Ordonnance de Charles IX. à Orleans du mois
de Janvier 1560. que les Prevofts des Marefchaux ne pourront tenir qu'un feul Office, à «
l'exercice duquel ils vaqueront continuelle- «
ment. «
Qu'ils fuivront les Compagnies de gens de «
guerre, tant Cavalerie, qu'Infanterie; & que «
le femblable fera fait par le Prevoft eftably en «
la Province où ils pafferont, pour y avoir «
l'œil conjointement & garder les Sujets du «
Roy, & furtout les pauvres Laboureurs d'op- «
preffion, & faire vivre les gens de guerre fe- «
lon les Ordonnances. «
Allant par les champs, ils ne féjourneront «
dans un lieu plus d'un jour, finon pour caufe «
neceffaire. Feront procés verbaux de leurs che- «
vauchées; qu'ils envoyeront de trois mois en «
trois mois au Confeil du Roy. «
Quant aux Prevofts Provinciaux qui ont «
efté eftablis pour abair à purger les Provin- «
ces de gens mal vivans, il leur eft enjoint de «
vaquer foigneufement au fait de leurs Char- «
ges, d'avertir & informer les Baillis & Senef- «
chaux, ou leurs Lieutenans & Juges ordi- «
naires des lieux, leur communiquer inconti- «
nent les informations & procedures par eux «
faites, pour eftre procédé à l'inftruction en- «
tiere, & au Jugement des malfaiteurs. «
Enjoint à tous les Prevofts, tant ceux des Con- «
neftable & Marefchaux de France (c'eft-à-dire, «
Prevofts des Années) que Provinciaux, de «
» renvoyer

» renvoyer aux Sieges ordinaires les domici-
» liez, & ceux qui ne font pas leurs jufticiables par
» les Edits; à peine de répondre en leur nom des
» dommages & interefts des Prifonniers.
» Seront tenus de monter à cheval fi-toft qu'ils
» feront avertis de quelque vol, meurtre, ou au-
» tre delit commis en la Province où ils font
» eftablis, foit qu'il y ait partie civile ou non.
» Feront toutes diligences d'informer & d'arrefter
» les delinquans, fans délay ou diffimulation, &
» fans falaires, à peine de privation de leurs
» eftats, & de plus grande peine felon l'exigence
» des cas.

Fontan. l. 2. tit. 10. n. 13.

» Pourront neanmoins les Juges ordinaires pren-
» dre connoiffance par prevention de tous les mê-
» mes cas attribuez aux Prevofts des Maréchaux,
» & les juger en la forme prefcrite par les Or-
» donnances.

Réglement fait par le Roy féant en fon Confeil le quatorze Octobre 1563. il contient plufieurs difpofitions conformes aux Edits precedens, qui ne feront point repetées : il y
ajoufte:

» Que les Prevofts des Marefchaux connoiftront
» de tous les cas à eux attribuez, par prévention
» des Juges ordinaires Royaux; au cas toutefois à
» l'égard des domiciliez, qu'ils foient par eux pris
» pour crimes commis hors les Villes clofes.
» Que dans les cas de leur competence, ils
» feront tenus d'appeller avec eux pour l'inftruc-
» tion du procés, interrogatoires, recolemens,
» & confrontations, un des Officiers Royaux du
» Siege plus prochain; ou l'un des Confeillers du
» Siege Prefidial ; & pour le jugement, qu'ils y
» appelleront jufqu'au nombre de dix Juges,
» Officiers du Prefidial, ou à leur defaut, des
» plus fameux & anciens Avocats, pardevant
» lefquels le Prifonnier fera reprefenté pour
» eftre ouï.
» Que les Prevofts des Marefchaux ne pour-
» ront en aucuns cas commis dans les Villes clo-
» fes, par les domiciliez, entreprendre d'en con-
» noiftre. Pourront neanmoins en informer, de-
» creter & faire les captures en tous lieux, con-
» tre toutes perfonnes, & pour tous delits ; à la
» charge dans les cas, ou contre les perfonnes qui
» ne font de leur competence, de rendre les Pri-
» fonniers aux Juges Royaux ordinaires qui en
» doivent connoiftre.
» Ils feront tenus, fur peine de privation de
» leurs eftats, de faire inventaire des biens qui
» feront par eux pris & faifis, & de les mettre
» aux Greffe des Juftices ordinaires, pour les
» remettre au Receveur du Domaine, à l'effet
» d'en faire par luy la recherche & pourfuite, aux
» dépens de qui il appartiendra.

Fontan. l. 2. tit. 10. n. 15.

» Que le Parlement ne recevra aucun appel des
» Prevofts des Marefchaux dans les cas à eux attri-
» buez : mais en cas d'appel, les parties fe pour-
» voiront pardevers le Roy, ou Monfieur le Chan-
» celier, quoique l'appel fût comme de Juge in-
» competent. Et neanmoins dans le cas d'appel d'in-
» competence, ils ne pafferont outre à la Sentence
» de torture, ou definitive, jufqu'à ce que par le
» Roy y ait efté pourvû.

Ibid.

» Edit du mois d'Octobre 1563. portant fup-
» preffion de l'Office de Prevoft General, du
» Conneftable & Marefchaux de France en la Pro-
» vince de Guyenne, & création en fon lieu de
» trois Vice-Senefchaux Gentilshommes; l'un
» pour les Senefchauffées de Guyenne, Xaintonge,
» Perigord & Bazas, l'autre pour les Senefchauf-
» fées de Limofin, Quercy & Roüergue; & le troi-
» fiéme pour les Provinces d'Agenois, Condomois,

Tome I.

les Lannes, Armagnac, & Comminges ; avec
un Lieutenant, un Greffier, & vingt Archers chacun, & attribution du même pouvoir que les
Prevofts des Marefchaux.

Depuis ce temps, & par differens Edits il y
a eu de femblables eftabliffemens de Vice-Senefchaux, au lieu des Prevofts des Marefchaux,
dans les Provinces de Poitou, Angoumois, la
Rochelle, Bourbonnois, Fontenay, Niort,
Chaftellerault, Civray, la Marche, Haute Auvergne ; & de Vice-Baillis à Chartres, Gien,
Roüen, Gifors, Evreux, Alençon, Caën, &
Coutances.

Chenu t. t. part.2. tit 3. c. 17. & Off. de France, l. 3. tit. 12. n. 10. & 61.

Edit de Charles IX. du mois d'Aouft 1564. X
C'eft un Réglement general touchant les Prevofts des Marefchaux, Vice-Baillis, & Vice-
Senefchaux. Dans le préambule il eft fait mention, que ce n'eft qu'un même Office fous differens noms, felon les Provinces : ce Réglement porte ;

Qu'il ne fera pourvû à ces Charges que des «
Gentilshommes notables demeurans dans la Pro- «
vince. Qu'ils prefenteront leurs Lettres de pro- «
vifion au Lieutenant General de la Connefta- «
ble & Marefchauffée à la Table de Marbre à «
Paris. «

Qu'il ne fera pourvû aux Offices de leurs «
Lieutenans de Robe-longue que par commiffion, «
de perfonnes de fçavoir & de probité connuë, «
après information de vie & mœurs, & qu'ils «
auront efté examinez par deux Maiftres des Re- «
queftes ; ou deux Confeillers de Cour Souverai- «
ne, qui feront commis par Monfieur le Chance- «
lier. Qu'ils feront enfuite reçus au Siege de la «
Table de Marbre. «

Le refte de ce Réglement eft conforme aux
Edits precedens, à l'exception des articles qui
fuivent.

Que l'incompetence pretenduë par un Pri- «
fonnier, fera jugée au nombre de fept Confeil- «
lers, ou fameux Avocats du Siege Prefidial, ou «
autre Siege Royal plus prochain, nonobftant le «
Réglement du 14. Octobre 1563. auquel eft dé- «
rogé à cet égard. «

Leur eft enjoint tres-eftroitement, à peine de «
privation de leurs Offices, & des dommages «
& interefts des Parties, en cas qu'ils foient «
jugez incompetens, de renvoyer incontinent «
les Prifonniers aux Juges qui en doivent con- «
noiftre. «

Il leur eft défendu de fejourner dans les «
Villes, Bourgades, ou Villages de leurs Pro- «
vinces, plus de huit jours, fans caufe legitime «
& occafion neceffaire. Ne pourront s'abfenter de «
la Province, fans permiffion du Roy, ou de «
Meffieurs les Conneftable & Marefchaux de «
France. «

Feront faire le procès à leurs Prifonniers «
dans deux mois au plus tard. Ne pourront pro- «
ceder à aucune execution, que la Sentence n'ait «
efté fignée de tous les Juges qui auront affifté à «
ce jugement. «

A l'inftant des capturés, ils feront procés «
verbal, ou inventaire, en la prefence de té- «
moins, parens, ou proches voifins, des «
biens meubles appartenans aux accufez, & «
le remettront entre les mains du Receveur «
du Domaine, qui s'en chargera pour en rendre «
compte. «

Sera permis aux parens de l'executé, de fe «
pourvoir par devers le Roy, par plaintes «
contre les jugemens donnez par les Prevofts «
des Marefchaux, Vice-baillis, & Vice-Senef- «
chaux. «

Off. de Fr. l. 3. tit. 12. n. 11.

I i ij   Arreft

Off. de Fr.
l. 3. tit. 11.
n. 92.

Arreſt du Parlement du trente Octobre 1565. ſur la plainte du Lieutenant Criminel au Châtelet de Paris, la Cour y ſéant : par lequel il eſt enjoint aux Prevoſts des Mareſchaux, faiſant leur reſidence en la Prevoſté de Paris, & au Lieutenant de Robe-courte, d'interroger les Priſonniers dans 24. heures aprés qu'ils les auront pris, & s'ils connoiſſent qu'ils ne ſoient de leur competence, de les renvoyer dés le même jour, avec leurs interrogatoires & Sentence de renvoy au Prevoſt de Paris, ou ſon Lieutenant Criminel, dans les priſons du Châtelet ; à peine pour la premiere fois d'amende arbitraire ; la ſeconde, de ſuſpenſion ; & la troiſiéme, de privation de leurs Offices, de tous dépens, dommages & intereſts, & de ſoixante ſols pariſis par jour, tant qu'ils retiendront les Priſonniers, dont ſera délivré executoire.

Ordonnance de Charles IX. à Moulins du mois de Fevrier 1566. Elle contient les mêmes diſpoſitions que les autres Edits, ſinon que la competence des Prevoſts des Mareſchaux, Vice-Baillis, ou Vice-Seneſchaux, ne pourra eſtre jugée qu'au Preſidial plus prochain par les principaux Officiers du Siege, juſqu'au nombre de ſept.

Que les procés de leur competence ſeront jugez en cette même forme, au rapport de l'un des Lieutenans ou Conſeillers du Siege.

Seront tenus d'envoyer aux Greffes des Preſidiaux, les inventaires qu'ils feront des meubles des Priſonniers, pour eſtre vendus, ou appliquez, ainſi que par Juſtice ſera ordonné.

Fontan. l. 2.
tit. 10. n. 18.

Qu'ils ne pourront, ny leurs Lieutenans ou Archers, prendre ny exiger aucuns deniers pour leurs dépens, frais, ſalaires ou vacations, ſoit pour les inſtructions ou captures, & encore qu'il y euſt partie civile.

Declaration du dix Juillet 1566. en interpretation de l'Edit de Moulins : elle porte que par les attributions faites aux Prevoſts des Mareſchaux, le Roy n'a point entendu déroger aux privileges dont les gens d'Egliſe ont accouſtumé de jouir.

Off. de Fr.
l. 3. tit. 11.
n. 29. & 30.

Il leur eſt enjoint à peine de privation de leurs Offices, de preſter main-forte aux Juges ordinaires, pour les captures, & l'execution de leurs Jugemens.

Reg. de la
Cha. Crim.
f. 114.

Arreſt du Parlement du vingt-ſept Avril 1568. ſur la remontrance du Procureur General ; par lequel il eſt enjoint aux Prevoſts des Mareſchaux, Vice-Baillis & Vice-Seneſchaux, qui eſtoient alors à Paris, d'en ſortir dans trois jours, & de faire leurs chevauchées par les champs, ſans ſejourner aux Villes, à peine de priſon, & de privation de leurs eſtats ; & enjoint au Prevoſt de Paris ou ſes Lieutenans, d'informer des contraventions ; & que l'Arreſt ſera publié & affiché.

Ordonnances de Henry III. aux Eſtats de Blois du mois de Fevrier 1579. elles ajouſtent aux diſpoſitions des Ordonnances d'Orleans & de Moulins, à l'égard des Prevoſts des Mareſchaux, Vice-Baillis, Vice-Seneſchaux, & Lieutenans Criminels de Robe-courte ; qu'ils ſeront tenus à peine de privation de leurs eſtat, & de plus grande peine, ſelon l'exigence des cas, d'executer promptement, ſans remiſe, excuſe ou diſſimulation, les Arreſts ou Mandemens de Juſtice qui leur ſeront délivrez par les Juges, ou Procureurs du Roy.

Qu'ils ſeront tenus en faiſant l'inventaire des biens de ceux qu'ils arreſteront Priſonniers, d'y appeller un notable Bourgeois ou Habitant du lieu, & de dépoſer les biens ſaiſis & inventoriez entre les mains d'un voiſin ſolvable, qui s'en chargera.

Qu'ils communiqueront les procés verbaux de leurs chevauchées, aux Juges & Procureurs du Roy, & en tireront un certificat, qu'ils repreſenteront aux Payeurs de leurs Compagnies, pour eſtre payez de leurs gages ; défenſes aux Payeurs de leur donner aucuns deniers, qu'ils n'ayent vû ce certificat.

Off. de Fr.
l. 3. tit. 11. n.
40.

Il leur eſt défendu, à peine de la vie, de vendre les eſtats de leurs Archers, d'en prendre aucun qui ne ſoit domicilié : qu'ils ſeront tenus avant que de les recevoir, de les preſenter aux Baillis & Seneſchaux, ou leurs Lieutenans, pour eſtre informé d'Office, à la Requeſte du Procureur du Roy, de la qualité, vie & mœurs de ceux qu'ils voudront recevoir ; & s'il y a aucuns deniers débourſez, pour y parvenir, dont ceux qui ſeront preſentez, ſeront tenus de ſe purger par ſerment avant que d'eſtre reçus.

Off. de Fr.
l. 3. tit. 11.
n. 105.

Arreſt du Conſeil d'Eſtat du cinquiéme Decembre 1579. Par lequel il eſt ordonné que les Prevoſts Provinciaux feront leurs montres par-devant les Baillis & Seneſchaux, ou leurs Lieutenans en la preſence des Gens du Roy ; à l'exception des Prevoſts des Mareſchaux, qui doivent leur reſidence en la Ville de Paris, qui feront leurs montres pardevant les Officiers de la Mareſchauſſée.

Office de Fr.
l. 3. titre 11.
n. 45.

Edit du mois de May 1581. portant création d'un Office de Procureur du Roy en chaque Juriſdiction des Prevoſts des Mareſchaux, Vice-baillis, Vice-Seneſchaux, & Lieutenans Criminels de Robe-courte.

Office de Fr.
l. 3. tit. 11.
n. 46.

Edit du mois d'Aouſt 1581. Par lequel le Roy ſupprime les Charges de Procureurs du Roy, creez par l'Edit précedent dans les Juriſdictions des Prevoſts des Mareſchaux, Vice-Baillis, Vice-Seneſchaux, & Lieutenans Criminels de Robe-courte, & les unit & incorpore aux Offices du Procureur du Roy des Sieges Preſidiaux, avec pouvoir de ſubſtituer à leur place une perſonne de probité & qualité requiſe pour aſſiſter aux chevauchées.

Office de Fr.
livre 3. tit. 11.
n. 95.

Arreſt du Parlement du quatriéme Avril 1584. Par lequel il a eſté jugé que les Prevoſts des Mareſchaux ne peuvent taxer dépens, liquider dommages & intereſts, ny connoiſtre des ſaiſies d'heritages, ny même de la diſcuſſion des meubles des condamnez par leurs Sentences ; & que le tout doit eſtre renvoyé au Juge ordinaire.

Office de Fr.
l. 3. titre 11.
n. 51.

Edit du mois de Mars 1586. portant création d'un Receveur & Payeur en chacune Juriſdiction des Prevoſts des Mareſchaux, Vice-Baillis, Vice-Seneſchaux & Lieutenans Criminels de Robe-courte ; leſquels recevront des Receveurs des Tailles les deniers deſtinez au payement des gages des Officiers & de leurs Compagnies, & leur en feront le payement chaque quartier.

Office de Fr.
l. 3. titre 11.
n. 52.

Edit du mois de Mars 1587. portant création de trente Commiſſaires, & pareil nombre de Contrôleurs, pour faire les montres des Compagnies des Prevoſts des Mareſchaux, Vice-Baillis & Vice-Seneſchaux.

Office de Fr.
l. 3. titre 11.
n. 54.

Edit du mois de Decembre 1594. portant création d'un Conſeiller-Aſſeſſeur en chaque Juriſdiction des Prevoſts des Mareſchaux, Vice-Seneſchaux

» Senéchaux & Lieutenans Criminels de Robe-
» courte, pour l'inſtruction des procés ; qui ſe-
» ront tenus de faire les chevauchées, & qui au-
» ront ſéance & voix deliberative avec les Con-
» ſeillers des Preſidiaux, ou avec les Juges des
» lieux de leur reſidence.

Office de Fr. livre 3. tit. 12. n. 99.

Arreſt du Parlement du ſeptiéme Fevrier
» 1598. Par lequel il a eſté jugé, qu'un accuſé
» de deux crimes, l'un Prevoſtal, & l'autre
» non, le non Prevoſtal attire le Prevoſtal,
» & en attribuë la connoiſſance aux Juges or-
» dinaires, & fait défenſes à tous les Juges de
» proceder nonobſtant l'appel en pareille concur-
» rence de crimes.

Chenu t. 1. part. 1. ch. 16.

Declaration du Roy du dix-huitiéme Juin
» 1598. portant qu'il ne ſera point reçû de Pre-
» voſt des Maréchaux, Vice-Baillis, & Vice-
» Senéchaux, qui n'ayent fait bonne preuve de
» Nobleſſe, qu'ils n'ayent au moins cinq cens
» livres de rente en fonds de terre ; qui n'ayent
» commandé dans les Armées l'eſpace de qua-
» tre ans, & qui ne ſoient de bonnes vie &
» mœurs. Que pour les autoriſer davantage,
» & les rendre plus reſpectez en leurs Char-
» ges, le Roy leur attribuë, & à leurs Lieu-
» tenans, le titre & qualité de Conſeillers.
» Qu'ils auront dorénavant voix deliberative
» au jugement des procés de leur reſſort, &
» auront rang & ſéance en tous les Preſidiaux
» & Sieges Royaux, & en tous lieux & aſſem-
» blées publiques aprés les Lieutenans Gene-
» raux Civils & Criminels des Baillis & Séné-
» chaux.

Deux Arreſts, l'un du Parlement, & l'autre
du Grand Conſeil des ſeiziéme May 1609. &
vingtiéme Decembre 1610. portant Réglement
entre le Lieutenant Criminel de Robe-courte
au Chaſtelet de Paris, & le Prevoſt de l'Iſle
de France. Ils ont eſté rapportez ſous le titre
du Lieutenant Criminel de Robe-courte, où ils
peuvent eſtre vûs. Ce dernier ſe trouve dans les

Addit. au l. 3. des Off. de Fr. p. 1874.

Additions au livre troiſiéme des Offices de
France.

Edit du mois de Fevrier 1612. portant création d'un Exemt en chaque Compagnie des
Prevoſts des Maréchaux, Vice-Baillis, Vice-
Senéchaux, & Lieutenans Criminels de Robe-
courte.

Ibid. 1875.

Arreſt du Grand Conſeil du 31. Mars 1622. portant Réglement entre le Lieutenant Criminel de
Robe-courte au Chaſtelet, & le Prevoſt de l'Iſle.
Il eſt rapporté ſous le titre du Lieutenant Criminel de Robe-courte.

Edit du premier Decembre 1631. portant
» création de cinquante Offices d'Exemts, &
» de trois cens Archers des Prevoſts des Ma-
» réchaux, & Chevaliers du Guet ; qui ſeront
» diſtribuez dans les principales Villes du
» Royaume, ſuivant le rôle qui en ſera ar-
» reſté au Conſeil, aux gages de deux cens
» livres chaque Exemt ; avec pouvoir de por-
» ter le baſton, & de commander aux Archers,
» & cent livres de gages pour chaque Archer,
» & la faculté d'exploiter par tout le Royau-
» me, comme les Huiſſiers à cheval du Châ-
» telet.

Edit du mois d'Aouſt 1647. par lequel, le
» Roy attribuë aux Prevoſts Generaux, leurs
» Lieutenans, & aux Lieutenans Criminels de
» Robe-courte, Exemts & Archers de tou-
» tes les Maréchauſſées du Royaume, le mê-
» me pouvoir & juriſdiction attribuée aux Lieu-
» tenans Criminels de Robe-longue des Bail-
» liages & Senéchauſſées ; pour connoiſtre con-

curremment entre eux de tous cas, crimes, «
delits, injures, & offenſes commiſes fortuite- «
ment, ou à deſſein par quelque perſonne «
que ce ſoit, & generalement de tous cas «
tant Royaux que Prevoſtaux, dans le reſſort «
de leur eſtabliſſement ; à l'exception nean- «
moins des cas qui arriveront dans l'enclos «
des villes où il y a Preſidial, Bailliage, ou «
Senéchauſſée Royale. «

Que les Prevoſts Generaux & Provinciaux, «
auront rang, ſéance, & voix deliberative, tant «
aux Audiances qu'en la Chambre du Conſeil «
des Preſidiaux de leurs Provinces immediate- «
ment aprés le Preſident, & leurs Lieutenans «
aprés le dernier Conſeiller, ſans que la pre- «
ſence du Prevoſt les en puiſſe exclure ; ſauf «
l'appel des Sentences par eux renduës tou- «
chant les cas Royaux, qui reſſortira au Par- «
lement. «

Que Sa Majeſté n'entend neanmoins com- «
prendre dans cet Edit le Prevoſt General de «
la Conneſtablie, le Prevoſt General du Gou- «
vernement de l'Iſle de France, le Lieutenant «
de Robe-courte de Paris, les Prevoſts des «
Monnoyes, ceux de la Marine, de la Gen- «
darmerie & Cavalerie Legere, les Prevoſts «
des Bandes, & le Chevalier du Guet ; qui «
ne jouïront de cette augmentation & attri- «
bution de Juriſdiction, dont ils ſont ex- «
ceptez. «

Arreſt du Parlement du neuviéme Juillet «
1668. par lequel, ſur le refus fait par des «
Officiers du Guet, d'executer les ordres du «
Magiſtrat de Police, pour la conduite de gens «
ſuſpects de mal contagieux, à un lieu deſtiné «
pour y faire la quarantaine ; il eſt ordonné «
& enjoint aux Officiers & Archers du Guet «
& à tous ceux de cette Iſle de Paris, «
d'executer ſans delay, les jugemens & or- «
dres du Lieutenant de Police ; à peine d'in- «
terdiction, & de plus grande peine, ſelon «
l'exigence des cas. «

Declaration du Roy du vingt-troiſiéme Sep- «
tembre 1678. ſur la competence des Prevoſts «
des Maréchaux. Elle porte entr'autres choſes, «
qu'attendu que dans les Jugemens de com- «
petence, & dans les procedures & inſtruc- «
tions faites en conſequence par les Prevoſts, «
ou Juges Preſidiaux, il pourroit y avoir des «
contraventions aux Ordonnances ; Sa Majeſté, «
pour donner à ſes Sujets un moyen de ſe «
pourvoir contre de tels jugemens ou proce- «
dures, declare qu'il veut & entend que «
ſon Grand Conſeil, puiſſe recevoir les Reque- «
ſtes en caſſation des jugemens de competence, «
& des procedures faites depuis par les Pre- «
voſts des Maréchaux & Juges Preſidiaux, ac- «
corder des commiſſions aux accuſez ; à la «
charge qu'en preſentant leurs Requeſtes, ils «
rapporteront les copies qui leur auront eſté «
ſignifiées des jugemens de competence, & «
qu'ils ſeront actuellement priſonniers dans «
les priſons des Prevoſts, ou autres Sieges où «
le procés ſera pendant, dont ils rapporteront «
l'écroüé, certifié par le Juge du lieu, & «
ſans retardation de l'inſtruction juſques à Sen- «
tence definitive excluſivement. Que pour «
donner moyen aux accuſez de rapporter les «
Sentences de competence, Sa Majeſté veut «
& entend que ces Sentences ſoient pronon- «
cées & ſignifiées ſur le champ aux accuſez, «
& qu'il leur en ſoit laiſſé copie à la diligence «
de ſes Procureurs, dont elle les charge ex- «
preſſément ; à peine de répondre en leur «

Ii iij   nom,

» nom , des dommages & interests que souffri-
» roient les accusez , & d'interdiction de leurs
» Charges. N'entend neanmoins , Sa Majesté ,
» que son Grand Conseil puisse en aucun cas ,
» & sous quelque prétexte que ce soit , même
» d'avoir par les Prevosts des Maréchaux instru-
» menté hors de leur détroit , ou retenu les
» prisonniers en chartres privées, accorder des
» commissions en cassation des procedures fai-
» tes par les Prevosts des Maréchaux ou Presi-
» diaux , avant le jugement de la competence,
» ny connoistre aussi des jugemens définitifs ,
» qui seront donnez par les Prevosts des Maré-
» chaux ou Presidiaux , luy en défendant toute
» cour & connoissance , à peine de nullité ; si

ce n'est qu'elle luy fust renvoyée par le Roy «
en son Conseil. «

Arrest du Conseil du vingt-neuf Septembre
1693. portant , que les Prevosts des Maré- «
chaux , Vice-Baillis , & Vice-Senéchaux , & «
Lieutenans Criminels de Robe-courte , en- «
core qu'ils ne soient graduez , auront voix «
deliberative dant le jugement des procez «
de leur competence , instruits par eux , «
leurs Lieutenans ou Assesseurs. Fait défenses «
aux Officiers des Presidiaux , & autres Sieges , «
de les y troubler ; à peine de mille livres d'a- «
mende , & de tous dépens , dommages & in- «
terests. «

TITRE

TITRE XIV.

De l'Obéïßance düe aux Magiftrats.

LA haute dignité de la Magiftrature fe fait affez fentir par elle-même ; & il fuffit de la montrer telle qu'elle eft, pour luy attirer tous nos refpects, & toutes nos foumiffions. Ainfi on a cru remplir fuffifamment l'objet de ce Titre, en y rapportant fimplement & dans les mêmes termes ce que les Anciens & les Modernes ont également penfé fur ce fujet. Voicy comment ils s'en expliquent.

La Principauté & la Magiftrature ayant efté long-temps jointes enfemble, les Langues anciennes n'avoient point de mot propre & univoque, pour fignifier féparément l'une ou l'autre de ces deux puiffances. Ainfi les Hebreux & les Grecs employoient les mêmes mots *Sar*, & A'ρχή, pour fignifier également le Prince & le Magiftrat. [a]

Les Romains font les premiers qui ont fait cette diftinction dans leur langue, & de qui nous tenons le nom de Magiftrat. Ils l'ont dérivé du mot primitif *Magifter*, Maiftre, qui avoit chez eux, & qui a eu parmy nous pendant un tres-long temps une fignification beaucoup plus noble & beaucoup plus étenduë qu'il n'a aujourd'huy. Ils prétendoient par-là, faire entendre que le Magiftrat eftoit celuy principalement qui avoit droit de commander, *Magiftratus à magiftrando* ; celuy qui a veritablement une puiffance legitime dans le Public, & qui eft chargé fous l'autorité du Prince, des principaux foins de la Cité. *Magiftratus, qui magis poteft & cui præcipua cura incumbit.* [b]

Le Magiftrat, felon les Philofophes & les Jurifconfultes, eft celuy qui a droit de déliberer, de juger & de commander ; mais principalement de commander, qui eft la difference fpecifique qui le diftingue de ceux qui n'ont que le droit de déliberer & de juger. [c]

Les Romains nommoient cette puiffance du Magiftrat, *habere Legis actionem* ; c'eft-à-dire, avoir le même Office & le même pouvoir que la Loy ; ou en termes plus intelligibles, avoir l'execution de la Loy. Ainfi le Magiftrat, felon eux, eft entre la Loy, qui eft au deffus de luy, & le Peuple auquel il préfide, la Loy eft le Magiftrat muet, qui a befoin d'une voix pour fe faire entendre & obéïr ; & le Magiftrat, la Loy animée & parlante, qui réduit en acte ce que la Loy écrite ne contient qu'en puiffance: *qui habet Legis actionem.* Mais ce pouvoir n'appartient qu'aux Magiftrats ou Juges ordinaires qui ont une pleine & entiere Jurifdiction. [d]

Cette puiffance du Magiftrat d'animer la Loy (pour ainfi dire) & de la mettre en action, confifte principalement en trois points : Donner commiffion pour affigner, *jubere vocari* ; pour emprifonner, *jubere prehendi* ; pour juger, *jubere judicare.* Il y a des Magiftrats qui ont cette plenitude d'autorité ; & ceux-là peuvent ufer de main-mife fur les biens & fur les perfonnes, & ordonner enfuite les main-levées ou la liberté. Il y en a d'autres qui n'ont que le droit de faire affigner, *jus vocationis*, & de faire em-

prifonner, *jus prehenfionis*, *qui jubere poffunt in carcerem duci.* Ceux-cy ne peuvent prononcer fur la main-levée ou la liberté des biens & des perfonnes qu'ils ont fait arrefter. Tels eftoient les onze Magiftrats, les Aftunomes, les Agoranomes, & quelques autres Magiftrats de Police d'Athenes; les Tribuns à Rome; & tels font encore aujourd'huy à Venife les Avogadours, & en France les Gens du Roy & les Commiffaires-Examinateurs. C'eft pourquoy ils ont tous des Huiffiers de fervice auprès d'eux pour l'execution de leurs ordres. [e]

Il faut totalement rejetter de la Magiftrature les mauvais Sujets, parce qu'ils en font indignes, & qu'il feroit dangereux de les y admettre. Les bons y doivent eftre invitez par le profit ou par les honneurs. Mais les excellens qui n'y afpirent jamais pour en tirer récompenfe, parce qu'ils ne font ny mercenaires ny avares ; non plus que pour en recevoir des honneurs, parce qu'ils ne font point d'ambition, il faut les y exciter par l'intereft du bien public, qui eft le feul qui les touche, & même quelquefois leur faire violence pour les obliger d'y entrer. [f]

Il feroit plus dangereux de commettre la Magiftrature à un méchant homme, que de mettre le glaive entre les mains d'un furieux. [g]

La Loy, fans le Magiftrat, eft un corps fans ame, & qui ne fert de rien au gouvernement ; & le Magiftrat homme de bien, fans Loix écrites, eftant luy-même une Loy vivante, ne laifferoit pas de gouverner & de rendre la Cité heureufe. C'eft pourquoy dans une excellente République, l'on s'applique davantage à former de bons Magiftrats, qu'à faire des Loix. [h]

Mais lors qu'il y a des Loix eftablies, les Magiftrats doivent s'y conformer, & prendre garde qu'elles ne foient violées. La République eft bien proche de fa fin, lors que ce n'eft pas les Loix qui commandent aux Magiftrats, mais les Magiftrats aux Loix. [i]

Comme la puiffance fouveraine du Prince eft un rayon & un éclat de la Toute-Puiffance de Dieu; auffi la puiffance des Magiftrats eft une émanation de la puiffance abfoluë du Prince. Delà vient que quiconque entreprend de faire acte de Magiftrat, ou d'exercer en quelque façon que ce foit la puiffance abfoluë, entreprend fur la Souveraineté, & fe rend coupable du crime de Leze-Majefté. [k]

Ce que le Tuteur eft au Pupille, le Medecin au Malade, le Pilote au Vaiffeau, le Magiftrat l'eft aux Citoyens. [l]

L'Art de gouverner la Cité tient le premier lieu entre tous les Arts. [m]

¶ L'on peut raifonnablement dire du Magiftrat ce que Seneque dit du Prince: Il défend par fes foins les maifons de tous fes Citoyens; il tranquilife par fes veilles leur repos: fon travail fait leur felicité; & fes occupations affûrent à chacun d'eux les bornes legitimes de leurs emplois; ou, felon S. Jean Chryfoftome & Ammian Marcellin, c'eft un effaim de veilles de follicitudes pour le falut d'autruy. [n]

Les

[a] Sanct. Pagnin. Lexicon. Ariftot. Ethic. & Polit. lib. 3. cap. 1. Thucidid. l. 1. Robert. Steph. in verb. A'ρχή. Bodin de Rep. lib. 3. cap. 3.

[b] L. 57. de verb. fignific. Varro de Lingua Latin. Feftus.

[c] Ariftot. Polit. lib. 4. cap. 15. Bodin. de Rep. l. 3. c. 3. & 5.

[d] L. 4. Magiftratum, ff. de adoption. L. 1. adoptare, ff. de Officio Juridici. Gloff. in leg. 3. de Off. Proconful. Cicero de Legibus, lib. 3. Bodin. de Rep. lib. 3. cap. 3.

[e] Aul. Gel. lib. 13. cap. 12. Budæ. in Pandectas ex leg. ultim. de Senatorib. Bodin de Rep. lib. 3. cap 2. 3. & 5.

[f] Plato de Rep. chap. 1.

[g] Pytagor. apud Stobæ.

[h] Pla. de Rep. lib. 31. ch. 6. Sigon. de Rep. Hebræor. lib. 6. cap. 3. Bodin. de Rep. lib. 3. cap. 3.

[i] Plato de Legib. Ariftot. Polit. lib. 4. cap. 1.

[k] L. 3. ff. ad Leg. Jul. Majeftat. Plutarc. in Valer.

[l] Plat. de Rep. lib. dialog. 6.

[m] Arift. Ethic. lib. 1.
Boutill. Som-Rural. tit. 1.

[n] S. Chryfoft. de Providence. Le Bret liv. 1. chap. 1. p. 1.

a Exod. cap.
23. v. 3.
L. Respicien-
dam, ff. de
pœnis.
Cicer. de Off.
lib. 1.
Salust. in Ca-
tilinar.
Bodin. de Rep.
lib. 3. cap. 5.
b Cicero de
Legibus lib. 3.
Cassiod. Va-
riar. lib. 1.
Panormitan.
de rebus &
gestis Alphon
Can. Mira-
mur 5. distinct.
61. Decret. 1.
part.

c Ecclesiast.
cap. 38.
Plat. de Rep
lib. 1. 3. & 31.
Arist. Polit. l.
2. cap. 9. lib. 3.
c. 7. l. 4. c.
15. l. 5. c. 3. 6.
& 9.
Diog. Laert.
in Solon.
Cicer. de Off.
lib. 1.
L. Observand.
de Off. Præfid.
L. 6. C. de
dignit.
Bodin de Rep.
lib. 3. cap. 5.
& l. 5. c. 4.
De la Roque.
Traité de la
Noblesse ch.
158.
d Arist. Po-
lit. l. 3. c. 3.
& l. 6. c. 7.
e Isai. cap. 3.
Arist. Polit. l.
2. cap. 9.
Cicer. de Off.
lib. 1.
f Exod. cap.
20. v. 13. cap.
21. v. 6. cap.
22. v. 9. & 28.
S. Joan. cap.
10. v. 35.
S. August. de
Civit. Dei lib.
1. cap. 14.
g Psalm. 81.
v. 1. & 4.
Capitul. Ca-
rol. Mag. an.
801. & passim
in cap. Reg.
Franc.
Concil. Part-
sienf. 6. lib. 1.
cap. 1.
h Proverb. 1.
17.
i Deuteron.
1. 17.
k Ecclesiast.
5. 6.

Les Magistrats doivent estre semblables aux Loix, qui punissent sans haine, sans colere, & sans autre passion. Ils ne doivent pas même estre touchez de compassion du pauvre, lorsqu'ils examinent la justice de sa cause, mais uniquement conduits par l'équité. [a]

Le Magistrat doit estre autant au dessus du Peuple par ses bonnes mœurs, qu'il y est élevé par sa dignité : Car comment pourroit-il réformer les autres, si luy-même estoit sujet aux mêmes vices qu'il auroit à reprendre, & qu'il ne fust pas un exemple vivant de toutes les vertus qu'il en doit exiger ? [b]

Cinq choses sont principalement necessaires à un bon Magistrat pour s'acquiter dignement de son devoir. La Probité, la Doctrine, l'Experience, l'amour de la Patrie & du Gouvernement present, & qu'il soit luy-même content de son estat. Il doit aussi maintenir avec un fort grand soin l'honneur de sa Charge : premierement par la vertu, qui est l'unique source de la veritable gloire; & ensuite par une gravité honorable, mais temperée de douceur dans ses paroles & dans ses actions, & une décence proportionnée à son estat, dans ses habits, & dans toutes ses démarches. Il doit sur tout éviter la colere, l'avarice & l'intemperance, rien n'étant plus capable de le rendre odieux, & de luy faire perdre l'estime & la confiance du public, qui luy est si necessaire pour estre respecté & obeï, qu'un seul de ces vices, & beaucoup plus, si plusieurs se trouvent joints ensemble. Delà l'on conclud, que comme la naissance, les richesses & l'estude disposent ordinairement à ces grandes qualitez, l'on doit préferer, attant qu'il est possible, dans le choix des Magistrats, les Nobles, les Riches ou les Philosophes; mais toujours en rejetter ceux qui sont reputez vils, soit par leur naissance, soit par leur conduite passée. [c] Celuy des Atheniens qui avoit soupé une seule fois dans une Taverne n'estoit jamais admis au nombre des Areopagites : & Solon dans ses Loix punissoit de mort le Magistrat qui s'oublioit jusqu'au point de paroistre yvre en public.

Il y avoit une Loy chez les Thebains, qui défendoit de recevoir dans les Charges publiques aucun Marchand, s'il n'avoit dix ans auparavant abandonné le Commerce. [d]

Il est impossible que le Magistrat ou l'Officier indigent s'acquite de son devoir avec toute l'intelligence & toute l'exactitude necessaire. La pauvreté obscurcit l'esprit, abbat le cœur, diminuë l'autorité, & tente la probité. [e]

Les Magistrats sont nommez dans l'Ecriture, Elohim; c'est-à-dire, des Dieux, à cause de cette haute dignité qui les rend les images de celuy qui estant le Dieu Souverain, communique au Prince cette partie de sa puissance; & par le Prince, aux Magistrats. [f]

Il est principalement ordonné aux Magistrats de rendre Justice aux pauvres, aux veuves & aux orphelins, & de soustenir l'innocence de l'indigent & de l'affligé. [g]

Le Magistrat qui justifie l'injuste, & celuy qui condamne le juste, sont tous deux abominables devant Dieu. [h]

L'Ecriture sainte instruisant les Juges de leur devoir, [i] leur défend d'avoir aucune acception de personnes, d'establir entr'elles aucune difference, soit de rang, soit de qualitez, soit de richesse. Elle leur ordonne d'entendre le pauvre comme les plus puissans, parce que c'est le Jugement de Dieu même qu'ils exercent. [k]

Ne recherchez point, ajouste-t-elle, de devenir Juges, si vous n'avez assez de force pour rompre tous les efforts de l'iniquité, de peur que vous ne soyez intimidez par la consideration des hommes puissans, & que vous ne mettiez vostre integrité au hazard de se corrompre.

Ne faites rien contre l'équité; n'ayez point d'égard en jugement à la personne du pauvre; & ne respectez point celle de l'homme puissant. Jugez vostre prochain selon la Justice; ne vous détournez ny d'un costé ny d'autre. Ne recevez point de presens, parce que les dons & les presens aveuglent les yeux des Juges, & corrompent les sentimens des justes. Ils produisent cet effet à l'égard des Juges, non seulement sur leurs yeux, qu'ils ferment, & leurs esprits qu'ils corrompent; mais ils sont encore un mors dans leur bouche qui les rend muets, & les empêche de s'expliquer pour le chastiment des fautes. [l]

Les Grecs ne défendoient pas absolument à leurs Juges de recevoir des presens, pourvû que ce ne fust pas indifferemment de toutes sortes de choses, de toutes personnes indistinctement, ny en tout temps. Ils renfermoient cette maxime par une espece de proverbe en ces trois mots : Οὔτε πάντα, οὔτε πάντοτε, οὔτε παρὰ πάντων : Nec omnia, nec passim, nec ab omnibus. Car, disoient-ils, ce seroit estre bien sauvage & ennemi de la société, de ne recevoir de personne; tres-vilain de recevoir toujours; & tres-avare de recevoir tout ce qui seroit offert. Voila jusqu'où alloit leur morale. Celle que l'Ecriture sainte nous prescrit est plus étroite; elle n'admet aucune distinction.

Les Peres du sixiéme Concile de Paris tenu l'an 829. sous Loüis le Debonnaire, pour déliberer sur ce qui pouvoit estre avantageux au gouvernement de l'Eglise & de l'Estat, representerent, entr'autres choses à ce Prince, qu'il estoit de son propre interest, & de l'utilité commune de tout le peuple, de l'honneur & de la sûreté du Royaume, d'apporter une tres-grande attention & une tres-sage prévoyance dans le choix des Magistrats, qui devoient en son nom & à sa place conduire & juger le peuple. Descendant ensuite dans le détail de ce qui devoit estre fait à cet égard; ils décident par plusieurs passages de l'Ecriture sainte, que dans tous les Estats bien disciplinez, les Magistrats doivent toujours estre choisis par le Prince, entre ceux de ses Sujets qui ont la crainte de Dieu, & qui sont hommes fermes & courageux, sages & habiles; d'une vie exemplaire & d'une probité reconnuë; & sur tout, qui aiment la Justice, & qui sont ennemis du mensonge & de l'avarice. [m]

Tout Officier doit tâcher de se rendre meilleur que ceux sur lesquels il est préposé. La raison veut, que tout ce qui commande soit plus excellent que ce qui obeït : plus l'Officier est élevé en dignité, plus il est tenu de craindre Dieu, qui luy a fait plus de grace, & auquel il a plus de compte à rendre. Plus obligé de servir son Prince; qui l'a de plus prés approché de luy, & luy a fait plus de part de sa puissance. Plus tenu d'affectionner le peuple, duquel il reçoit plus d'honneur. Ainsi chaque Magistrat doit se persuader qu'il n'est pas estably sur le peuple pour le devorer; & que le profit qu'il tire de sa Charge, n'est pas un droit ou un tribut ordinaire, une retribution purement fortuite & casuelle, qui provient du malheur d'autruy, & consequemment qui ne peut jamais estre desirée, & encore

moins

l Levit. 19.
15.
Deuter. 16. 19.
Eccl. 20. 31.

m Exod. 18.
v. 13. & seq.
Deuteron. 1.
v. 9. & seq.
Concil. Pari-
sienf. 6. lib 3.
c. 23. & seqq.

a L. 3. ad Leg. Jul. Re. petundar.

moins procurée. ᵃ *Neque enim alienum jurgium reputare debet suam prædam.*

Les Magiſtrats doivent conſerver avec beaucoup de ſoin la paix, l'union & la concorde entr'eux, pour agir de concert dans les ſoins du ſervice du Prince & du bien public, qui leur ſont confiez. Leur ambition mutuelle & leur diviſion, qui en eſt une ſuite inévitable, ſont toujours pernicieuſes à l'Eſtat, & ſouvent en cauſent la ruine. ᵇ

b Conc. Pariſienſ. 6 cap. 31. & ſeqq. Bodin.deRep. lib. 4. cap. 5.

Les Magiſtrats ſont toujours ſacrez & inviolables ; & c'eſt une des eſpeces de crimes de Leze-Majeſté que de leur faire injure ou violence, quand même ils ne ſeroient pas actuellement dans l'exercice de leur Charge, pourvû qu'ils ne ſoient point déguiſez ou trouvez en des lieux indignes de la Magiſtrature. ᶜ

c L. 3. C.ad Leg. Jul. Majeſtat. Valer. Max. lib. 8. Aul. Gel. l.4. Tit. Liv. lib. 1. & 3. Dion. Halic. lib. 5. & 6. Cicer. pro Seſtio. Bodin.deRep. lib. 3. cap. 4.

Il faut obéïr aux Magiſtrats, & les reſpecter, quand même ils auroient quelques defauts. Quiconque les mépriſe ou leur reſiſte, ſoit de fait, ſoit de parole, ou qui en médit en ſecret, s'attaque à Dieu même, qui les a eſtablis, & dont ils exercent la Puiſſance : auſſi les Loix ont-elles permis aux Magiſtrats de venger eux-mêmes par amende ou par priſon, quelquefois même par des peines corporelles, les injures qui leur ſont faites. ᵈ

d Exod. 22. v. 28. Regum lib. 1. cap. 8. S. Petri Epiſt. 1. c. 2. v. 13.

Le mépris du Magiſtrat ouvre le chemin à tous les autres deſordres, & au renverſement des plus floriſſantes Republiques. C'eſt pourquoy toutes les Loix divines & humaines ; celles de toutes les Nations ; les Hebreux, les Grecs, les Romains, les François, & tous les autres Peuples diſciplinez ſe ſont accordez en ce point, d'ordonner aux Sujets de rendre obéïſſance au Magiſtrat ; d'avoir pour luy une ſoumiſſion & une crainte reſpectueuſe, ſans luy contredire, murmurer, ny médire de ce qu'il fait ou de ce qu'il ordonne. ᵉ

C'eſt une grande preuve de la vertu du Magiſtrat, lorſque les Peuples le ſuivent volontairement, & qu'ils demeurent unis auprés de luy dans le peril. ᶠ

L'eſtabliſſement & l'exercice de la Magiſtrature ſont ſi conformes à la droite raiſon, que les Magiſtrats de tous les Eſtats bien diſciplinez, anciens & nouveaux qui ont paru juſqu'à aujourd'huy, ſont preſque tous ſemblables en effet, quoique differens en noms. ᵍ

Les Magiſtrats doivent beaucoup s'appliquer à l'étude de l'Antiquité. C'eſt un précieux thréſor où ils pourront puiſer une infinité d'exemples qui ſerviront en ſemblables cas à régler leur conduite & à former leurs jugemens. ʰ

Ce que les yeux ſont aux mains, la tête aux pieds, la raiſon aux ſens, l'ame au corps, la fin aux moyens, le repos au mouvement, l'éternité au temps, telle eſt la vie contemplative à la vie active. Ainſi le Magiſtrat, qui doit beaucoup penſer & beaucoup agir, ne doit négliger ny l'une ny l'autre : en ſorte neanmoins qu'il ſoit toujours preſt de paſſer de la contemplation à l'action toutes les fois que le bien public le demandera. ⁱ

S. Paul. ad Rom. cap. 13. v. 1 ad Titum. cap. 3. v. 1. Plat. de Leg. Cicer. de Leg. lib. 3. Plut. in Grac. & in Fab Valer. Max. lib. 2. Bud. in Pandectas ex L.1. de Judiciis. Bodin.deRep. lib. 3 cap. 6.
e Paul Fagnez. c.1. Charondas réponſes du Droit François, liv. 4. chap. 77.
f Xenophon.
g Bodin. de Rep. l.3. c.6.
h Dion. Halicarn. lib. 5. Réponſes du Droit François par Charondas ch.47.

i Plat. deRepubl. vel de juſto dialog. 1.

TITRE XV.

De l'Observation des Loix.

CHAPITRE PREMIER.

Des Loix en general.

AVant que d'entrer dans le détail des Ordonnances de Police sur les matieres particulieres qui composent le reste de ce Traité, il y a certaines Loix & Maximes generales, dont la connoissance est necessaire pour bien entendre toutes les autres, entrer dans leur esprit, & connoistre toute la force de leurs dispositions. En voicy quelques-unes des principales, tirées des livres de Droit, des Ordonnances de nos Rois, & des plus celebres Autheurs qui ont écrit sur cette matiere.

La Loy est un precepte estabii par le conseil de gens sages, pour le bien commun des Citoyens. C'est la regle de ce qui est juste ou injuste, permis ou défendu, & sur laquelle chacun doit former sa conduite. C'est elle enfin qui protege les gens de bien, qui contient les méchans, & qui assure le repos public, en establissant des peines pour la correction des fautes qui le pourroient troubler. [a]

Les Grecs nommoient cet establissement, Νόμος, parce que c'est la regle de nos mœurs, & celle qui doit estre suivie pour rendre à chacun ce qui luy appartient. Les Latins ont retenu de ce mot la derniere sillabe μος, pour signifier les mœurs & les coustumes. Ils l'ont encore exprimé par le mot *Lex*, qui leur est propre, à *legendo : ce qui doit estre choisi; & ce qui doit estre lû*, pour faire entendre que l'on ne peut apporter trop de soin dans le choix de ces establissemens, qui doivent faire le repos & la felicité des peuples, & qu'ils n'ont de force qu'aprés qu'ils ont esté lûs publiquement; afin que chacun soit instruit de ses obligations. [b]

Le bon ordre de la Cité, & la conservation des Estats dépendent de l'exacte observation des Loix, & sur tout, de s'en servir utilement, pour s'opposer au plus petit mal dés sa naissance; la corruption ne s'introduisant ordinairement que peu à peu, par un progrés presque insensible. [c]

Les Loix tirent leur principe de Dieu. Elles ont la droite raison pour cause efficiente, le bonheur des Peuples, le bien & le repos des Estats pour fin. [d]

Toute la force des Loix consiste en ces quatre points, de commander, de défendre, de permettre, & de punir. [e]

Ce n'est pas pour faire souffrir un coupable que la Loy le punit, mais afin que la peine qu'on impose à un seul, en contienne plusieurs autres dans leur devoir, par la crainte d'un pareil traitement. *Exempla sint omnium, tormenta paucorum.* Delà vient que les Latins appelloient celuy qui estoit supplicié, *exemplum.* [f]

Les Loix ont esté establies pour contenir par la crainte ceux qui sont naturellement portez à mal faire; en sorte que l'innocence soit en sûreté au milieu même des méchans; & que si quelqu'un de ceux-cy s'écarte de son devoir, on luy oste par la severité du supplice, jusqu'à la puissance de nuire aux autres. [g]

C'est par la Loy que les vices sont corrigez, & que les vertus sont renduës recommandables. [h]

Les dispositions des Loix doivent estre justes, possibles, necessaires, convenables à la nature, aux mœurs, aux lieux & aux temps, exprimées en termes qui en fassent sentir la dignité, & qui ne contiennent rien d'obscur ny de captieux, rien de privé; mais se rapportant totalement à l'utilité commune des Citoyens. [i]

Les Loix n'ont pas seulement pour objet de punir les vices, mais encore d'exciter à la pratique de toutes les vertus. [k]

La Loy est la souveraine raison imprimée dans la nature, qui commande les choses qui doivent estre faites, & défend les contraires. C'est cette même raison que l'on nomme Prudence en chaque homme, & qui est sa Loy particuliere; par laquelle il distingue le bien qu'il doit faire, & le mal dont il doit s'éloigner. [l]

Le salut de quelque Estat que ce soit dépend de l'observation de ses Loix. Plus elles sont religieusement gardées, plus les personnes & les biens des Citoyens sont en sûreté. C'est le lien le plus ferme de la societé civile, le gage le plus certain de son bonheur & de sa durée. Les Loix tiennent dans le Corps politique le même lieu que l'ame dans le corps naturel. [m]

La meilleure & la plus utile de toutes les Loix est celle qui défend de s'informer si les Loix sont justes ou non, & qui commande de leur porter le même respect, & de leur rendre la même obéïssance que si elles avoient esté establies de Dieu même. [n]

L'amitié & l'union des Citoyens est le plus grand bien; & leur division le plus grand mal qui puisse arriver à la Cité. C'est pourquoy les Loix qui sont faites pour maintenir l'ordre, la paix & la concorde publique, sont les meres & les tutrices de toutes les autres Loix. [o]

Il n'appartient qu'au Souverain de faire des Loix; & luy seul a l'autorité de les interpreter. [p]

Les Juges peuvent neanmoins par forme de suplément étendre les cas exprimez par la Loy aux autres cas semblables, pourvû que la parité de raison & d'utilité paroisse évidente. [q]

Il est impossible que les Loix descendent dans le détail de toutes les especes singulieres, & qui n'arrivent que rarement. C'est pourquoy elles sont toujours conçûës en termes generaux, & n'expriment que les cas les plus fréquens; sauf aux Juges d'en tirer ensuite les consequences,

---

a L. 1. & seqq. de Leg. Canon. factæ sunt 1. & seq. de Jure Divin. & human. distinct. 4. de causa & qualit. Legis. Cicer. de Leg. lib. 1.

b Plat. de Leg. Arist. de Rep. lib. 7. & Rhetoric. lib. 1.

c Aristot. Polit. lib. 5. cap. 8. & lib. 7. cap. 4. Cassiod. Variar. lib. 6. Epist. 21. Ayrault, de l'Ordre Judiciaire des Anciens liv. 1.

d Plato de Legib. lib. 1. Cicer. de Leg. lib. 1. & 2. Philon. Plutarque, des contredits des Philosophes.

e L. 7. Legis virtus, ff. de Legib. Can. Omnis autem 4. distinctu. 3. de constitutionib. Bodin de Rep. lib. 3. cap. 5.

f Gloss. in L. 1. Lex est, ff. de Legib. Ayrault, de l'Ordre Judiciaire des Anciens liv. 1.

g Can. factæ sunt 1. distinct. 4.

h Cicero de Legib. lib. 1.

i Can. Erit autem 2. distinct. 4. De causa & qualit. Legis. L. 9. non ambigitur, ff. de Legib.

k Cicero de Legib. lib. 1.

l Arist. Polit. l. 5. c. 8.

m Joan Kool, Oratio de artibus quibus Augustus callidé Rempublicam Romanam invasit.

n Plato de Legib. lib. 2. L. 21. Et ideò. ff. de Legib.

o Plato de Repub. lib. 5. Aristot. de Repub. lib. 2. cap. 1. & 2. Cicer. de Legib. lib. 2. Tit. Liv. lib. 2. cap. 1. Bodin de Rep. lib. 5. cap. 5.

p Plato de Regno. Aristot. Ethic. L. 1. & 9. C. de Legib. Eod. titul. ff.

q L. 11. & seq. C. de Leg.

a Leg.10 & 12 ff. de Leg.
b L. 22. ff. de Leg & ibi gl.
L. 3. omnia C. Th.de conftit.
L. 7. & 9. C de Legib.
L. final. C. de fuis & legit.
L 11. C de jur. & fact. ignor.
c L. 10. C de Legib.
d Ifoc. in Nic. Le Bret ouverture du Parlement p. 656.
e L. non poffunt C. De Legib.
f L. 6. C de pactis.
L. 5. non dubiumC. de leg.
g L. 29. contra legem ff. de Leg. & ibi gl. Accur. L.non dubium C. eod. tit.
h L. 1. inter æquitatem C. de Leg.

ces, & d … iquer aux autres cas femblables …

… it point d'effet retroactif au pa … e, ny même aux affaires commencées qui font encore indécifes ; à moins qu'une difpofi-tion expreffe ne leur donne cette autorité ; mais du jour qu'elles ont efté publiées, il n'eft plus permis à perfonne de les ignorer, ou de les diffimuler. b

Tous ceux qui font fujets d'un Prince, foit les naturels du Pays, ou les Eftrangers qui s'y font eftablis, font obligez d'obferver les Loix reçûës dans fes Eftats. c

La plus utile de toutes les Loix eft celle qui contient en foy moins de femence de procés, ou qui fournit les moyens de les affoupir dés leur naiffance. d

Pour bien connoiftre la Loy, & y conformer fes jugemens, il ne fuffit pas d'en examiner quelques-unes des parties, il la faut voir dans toute fon eftenduë. e

Les promeffes & les conventions qui font faites contre les difpofitions, ou contre l'efprit des Loix, ou qui bleffent les bonnes mœurs, n'obligent à rien. f

Il ne fuffit pas pour accomplir la Loy, d'en fuivre la lettre ; il faut encore entrer dans fon efprit. L'on appelle agir contre la Loy, quand on n'en fuit pas les difpofitions litterales ; & agir en fraude de la Loy, lorfqu'en feignant de la fuivre à la lettre, l'on agit neanmoins par quelque fubtilité, contre fon efprit. L'une & l'autre de ces contraventions, eft également reprehenfible. g

Il n'eft pas même permis d'agir contre les Loix par un principe d'équité : il faut en ce cas avoir recours au Prince, auquel feul il appartient d'y pourvoir. h

Les Loix anciennes, & les Loix nouvelles font interpretées les unes par les autres, lors qu'elles ne font pas contraires. i

L'on fous-entend toujours dans les Loix penales cette claufe, fi le mal a efté commis par dol, ou par malice. k

Les Loix penales font de droit étroit ; & ne fouffrent jamais d'extenfion. l

La Loy punit également celuy qui commande un mal, & celuy qui le commet. m

Le fecours de la Loy doit eftre denié à celuy qui l'a violée par quelque faute contre fes difpofitions. n

La raifon & la Loy font au deffus de la coutume ; & neanmoins lorfque l'autorité des Loix manque, une ancienne couftume confirmée par un long ufage, pourvû qu'elle ne foit pas erronée, a la force de Loy, & fouvent même celle d'interpreter les Loix dans les cas obfcurs où douteux. o

Les Privileges font des Loix particulieres, fuivant leur definition, quæ fi privatæ Leges ; qui ne s'accordent qu'à des perfonnes privées, ou à des Compagnies, ou Corps particuliers, à la diftinction des Loix, qui font toujours generales. p

Les privileges qui font accordez contre le droit commun, & les Loix generales ne fouffrent jamais d'extenfion. q

Les Statuts & les Ordonnances des Arts & Meftiers, font de veritables Loix, que tous ceux du Corps font obligez de fuivre. r

Les Loix peuvent eftre abrogées, non feulement par des Loix contraires, mais encore par un confentement tacite, lorfque l'ufage de les obferver fe perd, per non ufum. s

Il n'eft pas permis de faire des diftinctions, ou d'apporter des exceptions aux Loix qui n'en contiennent point. t

L 16. & feq; ff. de Leg.
i Gloff. 1. in Leg. final. ff. quod quifque jur & ibi add. margin.
k Glof Aureoli in l. fin. ff de in jus vocando.
m Si quis ff. de jurifd. om-nium Judic.
n L. 22. fcia-mus C. de juré delib §. fi verò & ib.gloff. fin.
o L. 33. & feq de Leg. & ibi gl Bartol. Jur. Can. de jur. div. & hu-man diftin.11 confuet. leg: cedit can.1. 4. & 7.
p Can.privil. 5. diftinct.5. de Confiit.
Cic.de leg.1.38 C. de Legib.
r Piat.de Le-ge.
s L. 32. de quibus ff. de Legib.
t L. 16. Præ-tor ff. de novii operisnunciat:
Gl fin. in l. 3. de off Præfid.
Gl fin in l. 2. de off. Affeff.
Gloff. 2. in L. quamvis ff de in jus vocan.
Gl fimpliciter in L 1. C. de aleæ lufu & aleatorib.

CHAPITRE II.

Des Publications & Affiches des Loix, pour en faire connoiftre les difpofitions, & rendre inexcufables ceux qui ne les obferveroient pas.

C'Eft une maxime fondée fur la droite raifon, & autorifée par l'ufage de tous les tems, & de toutes les nations, que les Loix ne lient & n'engagent les Peuples qu'après qu'elles ont efté publiées.

Auffi-toft que Moyfe fuft defcendu de la montagne où Dieu luy avoit donné des Loix pour les faire obferver à fon Peuple, il les publia devant tout Ifraël, fuivant l'ordre qu'il en avoit reçû. Ce fage depofitaire des volontez du Seigneur, ne crût pas même qu'une feule publication duft fuffire, il la réitera plufieurs fois de tems en tems ; & ce fut la derniere de fes actions la veille de fa mort. Il ajoufta même cette précaution, d'en dépofer l'original entre les mains des Preftres & des Levites, & d'ordonner que tous les fept ans elles feroient de nouveau publiées le jour de la Fefte folemnelle des Tabernacles, en la préfence de tout le Peuple.

Les Grecs obfervoient religieufement ces mêmes formalitez. Athènes la plus fameufe de leurs Republiques nous en fournit l'exemple : il y avoit exprés des Magiftrats nommez Θεσμοθέται, dont la fonction confiftoit, felon l'étimologie de leur nom, à faire publier les Loix, les conferver, &

Exod. c. 7. paffim cap. 21.
art 1 c 24.art.
3. c. 31.art.1.
Deuter. 17. art.5.c. 11.art.
1 c. 17 art. 3.
& 8. c. 11. art. 9, & feq.
Plutarque vie de Solon.

tenir la main qu'elles fuffent exécutées. C'eft ce qui fut obfervé à l'égard de celles de Solon. Plutarque nous apprend qu'elles furent publiées dans le Senat, & dans la grande Place, proche de la pierre où fe faifoient les proclamations publiques, à la diligence des Thefmothetes, Gardiens & Confervateurs des Loix.

Les Romains eftoient tellement perfuadez de la juftice de ce procedé, qu'ils s'en eftoient impofé l'obligation par une Loy expreffe, qui a fubfifté auffi long-tems que leur Empire.

Les Ordonnances de nos Roys autorifent cet ufage dés la naiffance de la Monarchie : il y en a de difpofitions expreffes dans leurs Capitulaires : on les trouve renouvelées de regne en regne. C'eft par-là que Louis le Grand a commencé cet Edit celebre du mois d'Avril 1667. pour la reformation de la Juftice. Mais c'eft trop s'arrefter à prouver ce qui eft déja affez clair de foy-même : il eft plus à propos de paffer à la pratique de ce qui s'eft obfervé, & de ce qui s'obferve encore à cet égard en France.

Trois chofes, felon noftre ufage, concourent ordinairement à rendre les Loix publiques, & les conferver à la pofterité ; l'enregiftrement, les publications, & les affiches.

Il s'est passé plusieurs siecles qu'il n'y avoit point en France de regiſtres publics, pour y tranſcrire les Loix, ny d'autre lieu pour les conſerver en originaux, que les Archives du Palais de nos Roys. Ce précieux thréſor n'eſtoit confié qu'à leur Chancelier; & c'eſtoit par ſes mains que les Magiſtrats en recevoient des expeditions, pour les faire publier dans leurs Tribunaux, & dans les Places publiques de leurs Villes. De-là vient qu'entre les éloges de ce premier Officier de la Couronne, que nous liſons dans Caſſiodore, il eſt nommé la Voix & le Gardien des Loix & de la Juſtice, le Threſor du Droit, l'Image du Prince, celuy qui a part au Conſeil du Roy, qui eſt l'Arbitre des graces qu'on luy demande, & le Juriſconſulte de l'Etat. *Vox & Cuſtos Legum, atque Juſtitiæ, Armarium Legum, & Principis Imago, Conſilii Regalis particeps, precum Arbiter, Legum Conditor, & Majorum Gentium Juriſconſultus.* Ainſi, lors qu'il avoit plû à nos Roys de faire de nouvelles Loix, elles eſtoient addreſſées par le Chancelier aux Comtes, ou premiers Magiſtrats des Provinces, qui en envoyoient enſuite des copies aux Comtes des autres Villes de leur dépendance; & chacun d'eux les faiſoit publier à ſes Audiances, & dans les Places publiques. C'eſt ainſi qu'un Edit de Charlemagne de l'an 803. fut addreſſé à Eſtienne Comte de Paris, & que ce Magiſtrat le fit publier à ſon Audiance, en la preſence des Conſeillers de ſon Siege, nommez en ce tems *Scabini. Anno tertio Clementiſſimi Domini noſtri Karoli Auguſti, ſub ipſo anno, hæc facta Capitula ſunt, & conſignata Stephano Comiti, ut hæc manifeſta faceret in Civitate Pariſius mallo publico, & ille legere faceret coram Scabineis, quod ita & fecit, & omnes in uno conſerunt quod ipſi voluiſſent omni tempore obſervare uſque in poſterum.* Ce ſont les termes du procés verbal de la publication qui eſt enſuite cet Edit.

Capit. Reg. Franc. tom.1. col. 391.

Lorſque ces Ordonnances ſe trouvent mêlées de quelques matieres Eccleſiaſtiques, comme il arrivoit ſouvent, elles eſtoient auſſi addreſſées aux Archevêques, qui en envoyoient des copies aux Evêques leurs Suffragans, aux Abbez, pour tenir la main de leur part, & en ce qui les concernoit, qu'elles fuſſent executées. Tous ces uſages nous ſont parfaitement bien repreſentez dans l'un des Capitulaires de Louis le Debonnaire, de l'an 823. Voicy ce qu'il contient.

Ibid.tom.1. col. 640.

Volumus etiam ut Capitula quæ nunc & alio tempore conſultu noſtrorum fidelium à nobis conſtituta ſunt à Cancellario noſtro, Archiepiſcopi & Comites eorum de propriis Civitatibus modo aut per ſe, aut per ſuos miſſos accipiant, & unuſquiſque per ſuam Diæceſim cæteris Epiſcopis, Abbatibus, Comitibus, & aliis fidelibus noſtris ea tranſcribi faciant, & in ſuis Comitibus coram omnibus relegant, ut cunctis noſtra ordinatio & voluntas nota fieri poſſit. Cancellarius tamen noſter nomina Epiſcoporum & Comitum qui ea accipere curaverint notet, & ea ad noſtram notitiam perferat, ut nullus hoc prætermittere præſumat.

Charles le Chauve y ajouſta par une Ordonnance de l'an 853. que les Capitulaires de ſon ayeul & de ſon pere, ſeroient derechef publiez, & que ceux des Comtes qui n'en auroient pas, ſeroient tenus, ſelon l'uſage de leurs Predeceſſeurs, d'envoyer leur Commiſſaire & un Greffier, avec du parchemin au Palais Royal, pour en prendre des copies ſur les originaux, qui ſeroient pour cela tirez de ſon threſor. *Mandamus prætereà, ut ſi Capitula Domini Avi, & Genitoris noſtri ſcripta*

Ibid. tom. 2. col. 67.

non habetis, mittatis ad Palatium noſtrum, de more Prædeceſſorum veſtrorum, Miſſum veſtrum, & Scriptorem cum pergamena, & ibi de noſtro armario ipſa Capitula accipiat atque conſcribat. Et vos deindè ſecundùm ipſa Capitula Dei juſtitiam, populique à Deo vobis commiſſi neceſſarias proclamationes legaliter, ſolerti vigilantiâ procuretis.

Ce qui s'eſtoit fait à cet égard ſous la premiere & la ſeconde Branche de nos Roys, fut obſervé ſous la troiſiéme pendant plus de trois ſiecles. Il n'y eut point encore d'autre lieu deſtiné pour la garde & la conſervation des Loix, que les Archives Royales du Palais. Saint Louïs n'eſtimant rien de plus précieux, aprés la Religion, que ce dépoſt, il le fit transferer proche de la ſainte Chapelle qu'il avoit fait baſtir. Et c'eſt le même que nous connoiſſons encore aujourd'huy ſous le titre de Threſor des Chartes de France.

Tous les Edits & toutes les Ordonnances eſtoient envoyez de-là aux Baillis & aux Seneſchaux, qui avoient ſuccedé aux Comtes, pour les faire publier à leurs Audiances & dans leurs Juriſdictions. Les Lettres Patentes de ſaint Louïs en faveur des Rochelois, de l'an douze cens vingt-ſept, & l'Edit de ce même Prince, contre les Albigeois, de l'an 1228. en font foy. L'ancien manuſcrit de ſa vie, conſervé dans la Bibliotheque du Roy le confirme. En voicy les termes. Le Roy eſtant de retour à Paris, l'an 1258. aſſembla en cette Ville pluſieurs Prelats, Barons, & notables Clercs de tous Eſtats, « & des Gens de ſon Conſeil, pour aviſer ſur « le fait de la Juſtice. Il fit faire pluſieurs Or- « donnances qu'il approuva & confirma, & les « fit enregiſtrer & publier en ſa Cour & Audi- « toire du Chaſtelet de Paris, & aux autres Audi- « toires des Bailliages & Seneſchauſſées de ſon « Royaume. L'Edit de Philippes le Bel du mois de Mars 1302. pour la reforme generale du Royaume, n'a point d'autre addreſſe qu'à ces mêmes Magiſtrats des Provinces, pour le faire publier dans leurs Aſſiſes, (qui eſtoient leurs Audiances les plus ſolemnelles.) *Publicabantur autem per ordinationes per quemlibet Balliivum, aut Seneſcallum in prima Aſſiſia quam tenebant.* C'eſt ainſi qu'il s'en explique.

Reg.10.theſaur. cattar. Regis. f. 41, Fontan. to. 1, p. 941. Livre blanc du Chaſtelet de Paris, f. 33, Off. de l'Intendit. au 3. l. pag. 1305. & 1315.

Le mot d'*enregiſtrer*, qui ſe trouve dans cet Auteur de la vie de ſaint Louïs eſt remarquable. C'eſt la premiere fois qu'il en eſt fait mention dans nos Archives ou ailleurs, & il eſtoit alors tres-nouveau.

Avant le regne de ce Prince l'on écrivoit les Actes ſur des peaux entieres, & ſouvent même ſur pluſieurs de ces peaux couſues les unes avec les autres. On les rouloit enſuite, comme on avoit fait les livres autrefois, & comme l'on fait encore aujourd'huy les cartes de Geographie. C'eſt de-là que vient à l'égard des livres le nom de volume; *Volumen, à volvendo.* Quant aux Actes, l'on nommoit par une ſemblable raiſon, les peaux qui les contenoient, *rotula*, rouleaux. Ainſi au lieu de dire les Regiſtres du Parlement, l'on diſoit, *Rotula Parlamenti*, & l'on ſe ſervoit de ce même terme dans les autres Tribunaux. Auſſi dans ce temps, lorſque pour rendre un Acte authentique, on eſtoit obligé de l'apporter & de le faire inſinuer dans le dépoſt public de la Juriſdiction, comme cela arrivoit tres-ſouvent, l'on ne ſe ſervoit point du mot d'*enregiſtrement*, qui n'eſtoit pas encore en uſage, mais ſimplement, qu'il avoit eſté mis au nombre des Actes publics, *depoſitus apud Acta.*

Eſtienne Boileau pourvû de l'Office de Prevoſt

vost de Paris par saint Louis, fut le premier qui fit écrire en cahiers les actes de sa Jurisdiction. Il commença par une compilation de tous les anciens Réglemens de Police, qu'il ramassa avec beaucoup de soin & d'exactitude. C'est un volume in folio, qui est divisé en trois parties. La premiere contient toutes les Ordonnances pour la Police de Paris, & les anciens Statuts de tous les Corps de Mestiers distribuez par ordre alphabetique. La seconde est composée de tous les Réglemens & des Tarifs de tous les droits qui se levoient en ce tems-là pour le Roy à Paris, sur toutes les denrées & les marchandises. Et la troisiéme, est un Recueil des titres concernant les Justices subalternes qui s'exerçoient alors à Paris. Ce Livre a depuis esté porté en la Chambre des Comptes, où il est encore conservé : on le nommoit originairement le Livre blanc; mais comme les Statuts des Mestiers en occupent la plus grande partie, on l'a depuis nommé, le premier volume des Mestiers.

Aussi-tost que le Parlement fut fait sedentaire, Jean de Montluc Greffier de la Cour, ramassa plusieurs des principaux Arrests contenus dans les rouleaux, *in rotulis*, qu'il avoit écrits luy-même, & en composa aussi des Recueils en cahiers reliez ensemble, sur lesquels il continua d'écrire les Arrests de son tems. *Gaudefridus* son Successeur, continua cet usage qu'il trouva estabîi : il fit même une nouvelle recherche dans les anciens rouleaux, & en tira encore plusieurs des plus notables Arrests, qu'il ajousta à la compilation commencée par son predecesseur. Il prit soin luy-même de conserver à la posterité la memoire de cette entreprise. Voicy comment il s'en explique à l'endroit de ces cahiers, où il reprit le travail de Montluc. *Inferius continentur & scribuntur quædam Judicia & Arresta, inventa in quibusdam rotulis, scripta de manu Magistri Joannis de Montelucio, antequam inciperet Arresta ponere in quaternis originalibus inter rotulos Parlamentorum, de tempore ipsius Magistri Joannis reservatis.* Comme ces Recueils, soit du Chastelet, soit du Parlement, ne furent d'abord que des compilations de pieces copiées & tirées d'ailleurs, ils donnerent commencement au nom de Registre, du latin *Regestum, quasi iterum gestum*. On les nomma aussi *Olim*, pour faire entendre que c'estoient des Recueils de ce qui s'estoit passé autrefois.

Olim Reg l. f. o.

Environ dans le même tems, De saint Just Maistre des Comptes, fit aussi la recherche dans les rouleaux de la Chambre, & en tira les plus importantes pieces: il en fit un Registre, que l'on nomme encore aujourd'huy du nom de son Auteur, Registre de saint Just.

Cet establissement de Registres dans toutes les Jurisdictions, a donné commencement aux enregistremens des Ordonnances & des Lettres Patentes de nos Roys. Chacun sçait qu'il y en a de deux sortes; les unes generales pour tout le Royaume; les autres particulieres, qui ne concernent que quelques Jurisdictions, le devoir ou les fonctions de leurs Officiers. Ces premieres ont toujours esté addressées au Parlement, ou autres Cours superieures, selon les matieres. Les autres ont quelquefois esté addressées au Prevost de Paris; & pour les Provinces, aux Baillis & Seneschaux : nos Registres & nos Livres sont remplis de ces exemples. Cet enregistrement dans les Justices ordinaires, a toujours esté jugé necessaire à la notorieté des volontez du Prince. Celles mêmes qui sont addressées & registrées au Parlement, sont ensuite envoyées par ce premier Tribunal du Royaume, au Prevost de Paris, & aux Baillis & Seneschaux, pour les faire aussi lire, publier & registrer en leurs Jurisdictions.

Le Parlement eut d'abord ses Registres particuliers pour ces enregistremens, que l'on nomme Registres des Ordonnances, dont le plus ancien aprés les *Olim*, commence l'an 1337.

Les autres Jurisdictions n'eurent point d'autres Registres destinez à cet usage, que ceux du plumitif de leurs Audiances. Le Procureur du Roy au Chastelet, qui est obligé par sa Charge de tenir la main à l'execution des Ordonnances, & d'en relever & poursuivre les prévarications, s'en est fait dans tous les tems une estude tres-assiduë. Il a tenu pour cela pendant plus de trois siecles, des Registres en son particulier, de toutes celles qui estoient publiées en cette Jurisdiction pour les avoir toujours presentes; sans avoir recours aux Registres des Audiances, où elles se trouvoient meslées avec les Sentences & les autres actes de la Justice contentieuse. Ce sont ces Registres que l'on nomme encore aujourd'huy, suivant l'usage & la simplicité de ces anciens tems, par la couleur de leurs couvertures; le livre blanc, le livre noir, le livre rouge, le livre vert, le livre jaune; en y ajoustant de nouveau, les termes de grand ou de petit, de premier, de second, & ainsi des autres nombres, pour multiplier ceux d'une même couleur. On les trouve aussi quelquefois nommez, Registres de la Chambre du Procureur du Roy, par les raisons qui viennent d'estre touchées, & parce que c'estoit le lieu de leur dépost. Plusieurs de ces Registres, par un fort grand abus, & par trop de facilité à les prester, se trouvent dissipez dans plusieurs bibliotheques publiques ou particulieres. Il ne s'en trouve plus que dix-huit volumes au Greffe de Police du Chastelet.

Robert d'Estouteville Prevost de Paris, commença en 1461. à tenir aussi des Registres separez de celuy de ses Audiances, pour l'enregistrement de toutes les Ordonnances & Lettres Patentes addressées au Chastelet, & pour tous les autres Actes dont la memoire doit estre conservée à la posterité. Ces Registres, que l'on a toujours continuez ont esté nommez Bannieres, du verbe *Bannire*, c'est-à-dire, Registres des publications. Nous en sommes aujourd'huy au treiziéme volume; & c'est l'une des attributions du Greffier des insinuations qui a esté créé depuis ce tems, d'en estre le dépositaire, & d'en délivrer les expeditions.

Les Affiches sont aussi anciennes, & l'on peut certainement ajouster, autant & plus necessaires que les Publications, pour instruire le Public des Loix qu'il doit observer. C'est ce qui nous est marqué bien precisément dans l'Ecriture sainte, par les ordres que Dieu donna à son peuple, d'écrire ses Loix & ses preceptes sur le seüil & sur les poteaux de ses portes, pour les avoir continuellement devant les yeux.

Deuteron. 11. v. 9.

Tous les peuples qui ont acquis le plus de reputation par la sagesse de leur gouvernement, ont suivi cette methode des Affiches, pour rendre leurs Loix publiques. Les Grecs les écrivoient sur des rouleaux de bois, qui se tournoient dans des tableaux plus longs que larges, & les exposoient dans les places publiques, pour estre lûës & connuës de tous les Citoyens. Ils nommoient ces rouleaux, selon Aristote, *Cyrbes*. D'autres disent que ce nom n'estoit donné qu'aux Tables qui contenoient les Loix des sacrifices, & qu'ils nommoient *Axones*, les autres Tables. C'est ainsi que celles de Solon furent écrites & exposées dans la place publique d'Athenes en treize

Plut. in Solon. Sigon. l. 1. Joach. Steph. de Jurisd. Græ. l. 2. c. 4. Colm. de Rep. Athen. l. 2. c. 9. n 14. & ib. Comment. Kerkem.

treize Cyrbes, Axones, ou Tables.

Lorſque les Romains du tems de la Repu-blique vouloient eſtablir quelques nouvelles Loix, elles eſtoient propoſées par les Magiſtrats au Peuple ; & aprés qu'elles avoient eſté reçuës dans les Comices ou dans les Centuries, ſelon l'importance de la matiere, elles eſtoient gravées ſur des Tables ou des Colomnes d'airain, & expoſées pendant quelque tems au Public, avant que de les depoſer dans le threſor public de l'Etat, pour y eſtre gardées. *Lex quæ ſcita & accepta ab omnibus jurejurando confirmabatur, & in æneas Tabulas aut columnas incidebatur. Quæ Tabulæ aliquandiu in publico proponebantur, deindè ad ærarium delatæ & ibi condita aſſervabantur.* Cet uſage fut tellement autoriſé, & jugé neceſſaire dans la ſuite, que par une Loy expreſſe, il fut defendu de corrompre ou de gaſter en quelque maniere que ce fuſt, les Ordonnances que le premier Magiſtrat de la Ville faiſoit afficher tous les ans dans un tableau de couleur blanche, qu'ils nommoient par cette raiſon, *Album, vel Edictum Prætoris.* Il y avoit par cette Loy une peine de cinquante écus d'or, contre ceux qui frauduleuſement, & par malice, y auroient contrevenu, ou qui auroient donné ordre à d'autres d'y commettre venir.

Quand la faute eſtoit commiſe par un Eſclave abandonné de ſon Maiſtre à la rigueur de la Juſtice, ou par des perſonnes libres qui n'avoient pas le moyen de payer l'amende portée par la Loy, ils eſtoient condamnez à une peine corporelle proportionnée à la qualité & aux circonſtances du delit.

La fraude ou la malice de l'action ſe tiroit des circonſtances du fait. Ainſi on ne la préſumoit pas en celuy qui pouvoit eſtre excuſé d'avoir agi par erreur, par ignorance, par ruſticité, ou par quelque autre cauſe qui pouvoit eſtre reçuë pour une excuſe legitime.

Les Empereurs autoriſerent toutes ces diſpoſitions : C'eſt de-là que nous trouvons dans les Inſtituts de Juſtinien au nombre des Loix penales, celle qui defendoit de gaſter ou de corrompre les Edits ou Ordonnances des Magiſtrats, qui eſtoient affichez.

Cet uſage paſſa dans les Gaules, avec les autres Loix & la domination des Romains. Il fut conſervé par nos premiers Roys aprés leurs conqueſtes. François I. le confirma par ſon Edit du mois de Novembre 1539. l'un des articles porte » que ſes Ordonnances ſeroient attachées à un » tableau, écrites ſur du parchemin en groſſes » lettres, dans les ſeize Quartiers de la Ville de » Paris, & dans les Fauxbourgs, aux lieux les » plus éminens ; afin que chacun les connuſt & » entendiſt. Fait defenſes à toute perſonne à peine de » punition corporelle ; & ordonne aux Commiſ-» ſaires des Quartiers de les prendre ſous leur » gardé, & d'y veiller.

Au ſurplus le droit de faire publier & de faire afficher, n'appartient en chaque Ville qu'au Juge qui a la juriſdiction ordinaire & territoriale. Cela eſt ſi vray, que dans les anciens le mot *Bannum*, eſt quelquefois pris pour publication, *pro Statuti vel Edicti proclamatione*, & quelquefois pour territoire ou Juriſdiction, *pro diſtrictu & juriſdictione* : ce qui fait connoiſtre que les deux droits de territoire & de faire publier ſont inſeparables. C'eſt encore de-là que l'on nomme dans chaque Ville, Banlieuë, l'eſtenduë dans laquelle le Juge ordinaire a droit de faire faire les publications, & afficher ſes Ordonnances.

Lors même que dans une Ville il y a pluſieurs

De origin. & progreſſ. Juris Rom. cum notis Ann. Vennii l. t. tit. 1. §. 1. num. 6.

Inſtit. l. 4. de action. tit. 6. art. 11. pœnal. & ibi gloſſ. L. ſi familia ff. de juriſd. omn. Judic. Gloſſ. x. in leg. ſi quis cod. tit. Gloſſ. tribus in Auth. qui ſemel C. quomodo & quando Judex.

Fonſan 1 ſ. tit. 8. tom. 1. p. 876.

Juges ordinaires ; ce droit de faire publier & afficher n'appartient qu'au premier & principal Magiſtrat de la Ville, comme une ſuite & dépendance de la Police. Le Prevoſt de Paris en eſt en poſſeſſion de tems immemorial. Delà vient que l'Officier unique pour les publications & les deux Trompettes qui doivent l'accompagner, ſont Officiers de ſa Juriſdiction & ſoumis à ſa diſcipline. L'inſtitution de ces Officiers eſt ſi ancienne, que l'on n'en peut découvrir l'origine. Il eſt ſeulement certain qu'ils eſtoient en exercice dés auparavant l'an 1396. Les proclamations s'appelloient ſimplement en ce tems du nom de *Cris* : d'où vient le nom de Juré Crieur que porte cet Officier.

C'eſt encore par cette raiſon que la ſeule Juriſdiction du Chaſtelet de Paris a des Regiſtres que l'on nomme Bannieres ; c'eſt-à-dire, comme il vient d'eſtre prouvé, Regiſtres des publications ; & un Greffier créé exprés pour les garder & pour en délivrer des expeditions.

C'eſt dans ces Regiſtres que l'on trouve les procés verbaux des Publications de guerre & de paix, les Edits & Ordonnances de nos Roys, les Arreſts du Parlement ſur les matieres generales, & qui doivent ſervir de réglemens ; les convocations des Eſtats, les publications pour les adjudications des Fermes ou Domaines du Roy, & generalement tout ce qui eſt ſujet à eſtre public ou affiché.

Autant de fois que l'on a entrepris de troubler le Prevoſt de Paris dans cette poſſeſſion, il y a eſté maintenu. L'on en rapportera les extraits de quelques-uns des principaux actes, avec leſquels on finira ce Chapitre.

Lettres Patentes de Charles VI. du 6. Avril 1407. adreſſées au Prevoſt de Paris, pour faire « le Procés à ceux qui avoient affiché des pla-« cards excitant le Peuple à ſedition & à ſe ſou-« lever contre l'autorité du Roy. «

Ordonnance du Prevoſt de Paris du 9. De-cembre 1417. ſur la requeſte des Prevoſt des Mar-« chands & Echevins. Elle porte, qu'il ſera publié « par les Carrefours, que les Sceaux de la Pre-« voſté, des Marchands avoient eſté volez dans « le Bureau de la Ville le jour précedent, & « que les Prevoſts des Marchands & Echevins « eſtoient venus au Chaſtelet les revoquer, à « ce qu'aucun n'en prétendiſt cauſe d'ignorance, « & ne puſt abuſer de ceux qui avoient eſté » pris. «

Ordonnance du Prevoſt de Paris du 15. Avril 1472. portant injonction de luy dénoncer les « gens qui avoient affiché des libelles contre « le Roy, les Princes & les principaux Officiers « de la Couronne, à peine contre ceux qui ſe-« roient trouvez en avoir eu connoiſſance, d'eſ-« tre traitez comme complices. «

Arreſt du Parlement du 1. Mars 1475. entre le Prevoſt de Paris, & les Generaux Maiſtres des Monnoyes. Le Prevoſt de Paris s'eſtoit plaint que les Generaux des Monnoyes avoient entrepris de faire faire un Cry dans Paris de par le Roy & de par eux. Que c'eſtoit une entrepriſe ſur ſa Charge, & qu'il ne ſe devoit faire aucun Cry en cette Ville, ſinon de par le Roy & le Prevoſt de Paris. Surquoy la Cour, aprés que les Parties eurent eſté oüyes au Parquet, ordonna, qu'en tous Cris & Proclamations qu'il conviendroit faire en vertu des Sentences de la Chambre des Monnoyes, aprés que le Trompette auroit ſonné ; le Crieur diroit : Or oyez « de par le Roy noſtre Sire & de par M. le Pre-« voſt de Paris ; & diroit enſuite : On vous fait «

Livre rouge ancien, f. 151.

Livre vert vieux. f. 111.

Liv. noir f. 2]

Liv. vert neuf fol. 106.

3

Bannieres du Chastelet de Paris, vol. 3. fi. 104.

» à sçavoir de par le Roy nostre Sire, & de par
» M^{rs} les Generaux Maistres des Monnoyes, que
» presentement, &c.

Lettre des Gens tenant la Chambre des Comtes de Dijon au Prevost de Paris du 20. Novembre 1540. Elle commence par ces mots : Tres-» cher Seigneur, nous vous prions de faire » crier dans tous les lieux de vostre Jurisdiction, C'estoit la publication des encheres pour l'adjudication du Grenier à Sel de Bourgogne. La suscription de la Lettre ; A nostre tres-» cher Seigneur le Prevost de Paris ou son Lieutenant. Au bas de l'enchere qui est jointe à cette Lettre, il est fait mention qu'elle fut publiée le 14. Decembre de la même année 1540. Et la publication commence par ces mots : De » par le Roy nostre Sire & Monseigneur le Prevost de Paris.

Le Bailly de saint Marcel avoit condamné un homme à mort, & avoit entrepris de le faire executer. Et comme il se fait une espece de Cry ou Publication pour assembler le Peuple avant que de lire la sentence ; le Procureur General du Roy s'opposa à cette entreprise ; & remontra que cela n'appartenoit qu'au seul Prevost de Paris dans cette Ville & Fauxbourgs. Sur quoy intervint Arrest le 25. Octobre 1548. par lequel » il fut defendu au Bailly de passer outre ; & » l'execution renvoyée pour estre faite sous l'au-» torité du Prevost de Paris.

Arrest du Parlement du 7. Juin 1649. par lequel, sur les conclusions du Procureur Gene-» ral du Roy, il est defendu à toutes personnes » d'afficher aucuns Arrests de la Cour ordon-» nez estre lûs, publiez & affichez, qu'au prea-

lable la lecture & publication n'en ait esté fai-« te par le Juré Crieur & les Jurez Trompettes « de la Prevosté de Paris. «

Arrest du Parlement du 5. Février 1652. portant qu'il sera informé contre les auteurs & af-« ficheurs d'un placard tendant à sédition ; & « cependant ordonne aux Officiers du Chastelet « tenant la Police, de condamner au foüet & au « carcan ceux qui seront trouvez imprimant, af-« fichant, criant, publiant ou debitant placards « contre l'autorité du Roy, libelles scanda-« leux ou tendant à sédition ; & de faire execu-« ter leurs Sentences comme Jugemens de Po-« lice, nonobstant & sans préjudice de l'appel. «

Arrest du Parlement du 17. Février 1652. par « lequel les Juré Crieur & Trompettes de la Pre-« vosté de Paris sont maintenus dans le droit & « possession, à l'exclusion de tous autres, de pu-« blier à son de trompe & cry public dans la « Ville & Fauxbourgs, Prevosté & Vicomté de « Paris, les Arrests, Ordonnances & Réglemens « de Police, dont la publication sera ordonnée. «

Arrest du Parlement du 22. Janvier 1653. sur « la remontrance du Procureur General du Roy ; « par lequel il est fait défenses à tous Imprimeurs « d'imprimer placards & memoires pour afficher, « sans permission : & à toutes personnes de les « afficher, à peine de la vie, & d'estre procédé « contr'eux, comme perturbateurs du repos pu-« blic. Enjoint aux Officiers du Chastelet d'y te-« nir la main. «

Cela fut suivi d'un Arrest du Conseil d'Estat du 4. May 1669. qui s'explique encore en termes plus forts. Voicy ce qu'il contient.

---

4. May 1669. Arrest qui défend d'aposer aucunes affiches sans permission du Magistrat de Police.

LE Roy s'estant fait representer une feüille imprimée, contenant une prétenduë Ordonnance & Réglement sur le fait des Chasses, imprimée & debitée à Paris sans ordre, autorité ny permission : & voulant pour le bien de son service, & pour l'interest du Public empêcher les consequences que pourroit avoir l'exemple d'une telle entreprise, s'il n'y estoit pourvû. SA MAJESTE' ESTANT EN SON CONSEIL, A ORDONNE' ET ORDONNE, que par le Sieur de la Reynie, Lieutenant de Police de Paris, il sera informé tant contre l'Imprimeur qui a imprimé ladite prétenduë Ordonnance, que contre ceux qui l'ont distribuée & debitée, & procédé contr'eux suivant & au desir des Ordonnances. Fait Sa Majesté défenses à tous Libraires, Imprimeurs, Colporteurs, d'imprimer à l'avenir, vendre, colporter ou afficher aucunes Feüilles & Placards sans la permission dudit Lieutenant de Police, à peine contre les Imprimeurs d'interdiction & privation de la Maistrise, & de punition corporelle contre ceux qui auront appliqué ou affiché dans les Carrefours & lieux publics aucuns placards imprimez ou manuscrits sans permission. Et afin que personne n'en prétende cause d'ignorance, Sa Majesté ordonne que le present Arrest sera lû, publié & registré en la Communauté des Libraires & Imprimeurs, à la diligence des Syndic & Adjoints de ladite Communauté. Fait au Conseil d'Estat du Roy, tenu à S. Germain en Laye, Sa Majesté y estant, le 4. May 1669. Signé, COLBERT.

LOUIS, par la grace de Dieu, Roy de France & de Navarre : A nostre amé & féal Conseiller en nos Conseils, Maistre des Requestes ordinaire de nostre Hostel, le Sieur de la Reynie, Lieutenant General de la Police de Paris, Salut. Suivant l'Arrest dont l'extrait est cy-attaché sous le contre-scel de nostre Chancellerie, ce jourd'huy donné en nostre Conseil d'Estat, Nous y estant, Nous vous mandons & ordonnons par ces presentes, signées de nostre main, d'informer tant contre l'Imprimeur qui a imprimé une prétenduë Ordonnance sur le fait des Chasses, que contre ceux qui l'ont distribuée & debitée ; & proceder contr'eux suivant & au desir de nos Ordonnances, conformément audit Arrest Commandons au premier des Huissiers de nos Conseils, ou autre nostre Huissier ou Sergent sur ce requis, de signifier ledit Arrest à tous qu'il appartiendra, à ce qu'ils n'en prétendent cause d'ignorance ; & faire pour son entiere execution toutes autres significations, commandemens, sommations, actes & exploits à ce requis & necessaires, sans autre permission. Voulons que ledit Arrest soit publié & registré en la Communauté des Libraires & Imprimeurs, à la diligence des Syndic & Adjoints de ladite Communauté, à ce qu'aucun n'en ignore ; & qu'aux copies d'iceluy & des presentes collationnées par l'un de nos amez & féaux Conseillers & Secretaires, foy soit ajoustée comme aux originaux : CAR tel est nostre plaisir. Donné à S. Germain en Laye le 4. May l'an de grace 1669. & de nostre Regne le vingt-sixiéme. Signé, LOUIS. Et plus bas, par le Roy, COLBERT : Et scellé.

Arrest du Conseil d'Estat du 23. Septembre 1670. sur la requeste presentée au Roy par Char-

les Canto Juré Crieur ; contre les Huissiers des Cours, & d'autres Huissiers & Sergens, qui avoient

» avoient entrepris de faire des cris & publica-
» tions. Par cet Arreft il eft fait iteratives défen-
» fes à tous Huiffiers & Sergens generalement
» quelconques, de faire aucunes publications,
» cris ou proclamations, en execution d'aucuns

Arrefts, Sentences, ny autres Mandemens de «
Juftice, en la Ville, Prevoflé & Vicomté de «
Paris, à peine de mille livres d'amende. «
En execution de ces Réglemens, le Magiftrat
de Police ●●●●●t l'Ordonnance qui fuit.

---

17. May 1680. Ordonnance de Police pour la confervation des Affiches, qui fait défenfes d'en appofer fans permiffion.

DEFENSEs font faites, ce requerant le Procureur du Roy, conformément aux Réglemens, à tous Colporteurs & à tous autres d'afficher aucuns Placards, Feüilles volantes, ny Billets, de quelque qualité que ce foit, fans noftre permiffion.. Comme auffi faifons défenfes de couvrir ou arracher les Affiches des Arrefts, Réglemens & Ordonnances; & en cas de contravention, permis d'emprifonner. Mandons aux Commiffaires du Chaftelet de tenir la main à l'execution de la prefente Ordonnance, laquelle fera lûë, publiée & affichée par tout où befoin fera ; & exécutée nonobftant oppofitions ou appellations quelconques, & fans préjudice d'icelles. Ce fut fait & donné par Meffire GABRIEL NICOLAS DE LA REYNIE, Confeiller du Roy en fes Confeils d'Eftat & Privé, Maiftre des Requeftes ordinaire de fon Hoftel, & Lieutenant General de Police de la Ville, Prevoflé & Vicomté de Paris, le dix-feptiéme jour de May mil fix cens quatre-vingt. Signé, DE LA REYNIE.

» Arreft du Confeil du 19. Aouft 1684. par le-
» quel il eft ordonné au Fermier general des Do-
» maines du Roy, de payer au Juré Crieur & aux
» Jurez Trompettes de la Ville de Paris la fom-
» me de deux mille livres contenuë aux Ordon-
» nances de Mr de la Reynie Confeiller d'Eftat
» & Lieutenant General de Police pour deux
» années des publications par eux faites, en luy
» fourniffant par eux les Eftats des publica-
» tions, certifiez & arreftez par le Procureur
» de Sa Majefté, & les Ordonnances de ce Ma-
» giftrat feulement avec leurs quittances. En
» vertu defquelles pieces & du prefent Arreft
» cette fomme feroit paffée & allouée fans dif-
» ficulté dans fes eftats & comptes, nonobftant
» le Réglement du 10. May 1679. fans que les
» fupplians foient obligez pour ces deux années
» ny à l'avenir de rapporter les mandemens des
» Thréforiers de France, dont Sa Majefté les dé-
» charge par cet Arreft. Et ordonne qu'à cet
» effet toutes Lettres à ce requifes & neceffai-
» res leur feront expediées.

Lettres Patentes du 19. Aouft de la même année 1684. regiftrées en la Chambre des Comptes

le fix Septembre de cette même année ; par lef- «
quelles, en conformité de l'Arreft precedent, «
le Roy ordonne que le Juré Crieur & les «
Trompettes feront payez par Fauconnet Fer- «
mier General de fes Domaines de la fomme «
de deux mille livres pour les cris & publica- «
tions des années 1682. & 1683. Et que ces fom- «
mes, & celles qui leur feront laiffées à l'ave- «
nir dans les Eftats du Domaine, leur feront «
allouées purement & fimplement en la dépen- «
fe des comptes du Fermier ou Thréforier des «
Domaines du Roy, en rapportant feulement «
les eftats des cris & publications qui auront «
efté faites chaque année, arreftez & certifiez «
par le Procureur de Sa Majefté au Chaftelet, «
avec l'Ordonnance du Lieutenant General de «
Police, & les quittances du Juré Crieur & des «
Trompettes, fans qu'ils foient tenus de rap- «
porter aucuns mandemens des Thréforiers de «
France, dont Sa Majefté les décharge, tant pour «
les années paffées, que pour l'avenir ; nonob- «
ftant le Réglement du Confeil du 6. May 1679. «
auquel Sa Majefté déroge expreffément à cet «
égard. «

CHAPITRE III.

De l'ordre qui s'obferve pour l'execution des Loix, aprés qu'elles font connuës par les Publications & par les Affiches.

QUelque faintes & quelque juftes que foient les Loix, le penchant naturel du cœur de l'homme pour la liberté & l'indépendance les rendroit bien-toft inutiles, fi une puiffante autorité n'eftoit continuellement attentive à les faire obferver : c'eft pourquoy elles font toutes adreffées aux Magiftrats, que les Souverains chargent de ce facré dépoft, pour ne le perdre jamais de vûë, & pour le faire refpecter par tous leurs fujets. Ce foin attaché à la Couronne de ces Princes leur a toujours paru fi important, qu'il n'y a prefque aucun de leurs Edits generaux qui ne commencent par cette obligation d'obéïr aux Loix, & qui ne prefcrivent ce qui doit eftre fait pour empêcher qu'elles ne tombent dans l'oubly ou l'inobfervance. Ce font ces difpofitions que l'on peut nommer à jufte titre, les gardiennes & les protectrices des autres Loix, qu'il eft encore neceffaire de connoiftre avant que d'entrer dans un plus grand détail de la Police : quelques-unes des princi-

pales choifies entre plufieurs autres fuffiront pour remplir ce deffein ; voicy ce qu'elles contiennent.

Ordonnance de Clotaire I. de l'an 560. portant, que l'ancien Droit & les anciens ufages feront obfervez en toutes chofes. Et qui enjoint aux Juges d'y tenir la main.   *Cap. Reg. Franc. tom.4. col. 7. & 10.*

Ordonnance de Clotaire II. donnée à Paris le 15. Octobre l'an 615. par laquelle ce Prince déclare, que le bonheur du Royaume dépen- « dant, après Dieu, de l'exacte obfervation des « Loix, il veut & entend que les anciennes Or- « donnances foient inviolablement obfervées ; « que tout ce qui en a efté obmis ou negligé par « le paffé foit exactement reftabli, & que tous « les abus qui s'eftoient introduits contre leurs « difpofitions foient reformez.   *Cap. Reg. Fr. t. 1. col. 106.*

Ordonnance de Dagobert de l'an 630. Elle por- « te que le Magiftrat tenant fes Audiences, aura « avec luy le livre de la Loy, pour s'y confor- « mer dans fes Jugemens, & condamnera les « contrevenans aux peines qu'elle a preferit. « *Cap. Reg. Fr. t. 1. col. 106.*

Ordonnance

Cap. Reg. Fr. tom. 1. col. 396. 400. & 518.

Ordonnance de Charlemagne des années 803. & 814. par lesquelles il est enjoint aux Magistrats & aux Juges, de sçavoir à fond les Loix & les Ordonnances, pour estre plus en estat de les faire exactement observer dans l'estenduë de leurs Jurisdictions.

Ordonnance de Loüis le Debonnaire de l'an 828. portant, que pour faire cesser un grand nombre de crimes qui se commettoient dans le Royaume, & qui avoient attiré sur les peuples la guerre, la famine & les autres fleaux du Ciel, le Roy ordonne aux Juges de faire arrester les coupables, & de les condamner aux peines portées par les Loix.

Deux Ordonnances de Loüis XII. des mois de Mars 1498. & Nov. 1507. Et une Ordonnance de François I. du mois d'Octobre 1538. portant qu'en chacune Chambre des Cours de Parlement, & aux Auditoires des Baillis, Seneschaux, & autres Juges il y aura un livre des

Ordonnances, pour y avoir promptement recours en cas de difficulté.

Cette sage & prudente précaution d'engager les Juges d'avoir continuellement devant les yeux les livres de nos Loix, n'estoit presque d'aucune utilité lors qu'il s'agissoit de la Police. La plus grande Partie des Ordonnances & des Réglemens qui la concernent n'ont jamais esté donnez au Public qu'en feüilles volantes ; & ce peu qu'il a plû à nos compilateurs d'en rassembler, se trouve répandu dans un si grand nombre de volumes & avec si peu d'ordre & de suite, que l'estude en est presque impraticable. Ce défaut avoit fait oublier plusieurs de ces Loix de nostre Droit public pendant les guerres qui agiterent la France sous le Regne de François I. la Police de Paris en souffrit une notable diminution ; & ce fut ce qui donna lieu à Henry II. d'y pourvoir par des Lettres Patentes du mois de May 1555. Voicy ce qu'elles contiennent.

May 1555. Lettres Patentes regis- trées en Par- lement, le 14. Juin de la même an- née, qui or- donnent qu'il sera fait un recueil des Ordonnances & des Regle- mens de Po- lice.

HENRY, par la grace de Dieu, Roy de France ; A tous ceux qui ces presentes Lettres verront : Salut. Comme nos Predecesseurs Roys de France ayant fait plusieurs belles constitutions & Ordonnances sur le fait, Police & décoration de nostre bonne Ville & Cité de Paris ; & specialement sur la recherche, caption & punition des vagabons & mal vivans, distribution des vivres & marchandises qui y arrivent pour la necessité des Habitans de ladite Ville, & pour la tenir nette, aisée, & non offusquée de bastimens en saillie, ne autres choses qui puissent empêcher les voyes & places publiques, avec défenses de ne bastir és Fauxbourgs : lesquelles Ordonnances ou la plufpart d'icelles, felon qu'il Nous auroit femblé estre besoin, Nous avons puis nostre avenement à la Couronne renouvellées, & en ce faisant voulu & mandé, tant à nos Officiers, qu'autres fait sur ce ont le regard, & qui ont esté instituez & reçoivent gages & bienfaits pour cet effet, tenir la main & faire devoir chacun felon sa Charge & regard, à l'entretenement & execution d'icelles Ordonnances, sur les peines y contenuës : Toutefois Nous sommes bien & dûement informez, & l'avons vû & connu à l'œil, que par la faute, tolerance, connivence ou negligence desdits Officiers & autres personnes sur ce commis & deputez, lesdites Ordonnances n'ont esté & ne sont en la plufpart & principaux points du contenu en icelles suivies, executées ne gardées ; ains corrompuës enfraintes, contemnées & négligées : tellement que pour cejourd'huy se retirent, logent & habitent en plusieurs lieux de nostredite Ville & Fauxbourgs grand nombre de gens vagabons & oyseux, faisant larcins, meurtres & voleries, qui bien souvent demeurent impunis. Sont journellement basties maisons & édifices esdits Fauxbourgs, les quays & autres voyes & places publiques occupées d'immondices & autres choses qui empêchent le passage & aisance du peuple, & qui atterissent & infectent l'eau de la riviere ; dont adviennent plusieurs inconveniens à la distribution du bois de chauffage & autres marchandises arrivant journellement en icelle Ville. Se commettent plusieurs larcins & abus, le tout à nostre tres-grand regret & déplaisir, à l'interest & dommage de nos Sujets, & contre le bien & décoration de nostredite Ville : Sçavoir faisons, que ne voulans plus permettre ne aucunement tolerer telles dissimulations, contemnemens & imperities, Nous avons, par l'avis & deliberation des Princes de nostre Sang & Gens de nostre privé Conseil, dit, déclaré, voulu & ordonné ; disons, déclarons, voulons, ordonnons & Nous plaist par ces presentes, que toutes Lettres, Ordonnances, Déclarations & Edits par Nous & nosdits Predecesseurs, faits pour raison dudit fait de Police de nostredite Ville de Paris, tant concernant ce que dessus, qu'autres choses qui en dépendent ; de quelque qualité, condition & nature que ce soit, soient dorénavant observées & inviolablement entretenuës, gardées & executées de point en point, selon leur forme & teneur, par nos Officiers & autres personnes qui sur ce ont & doivent avoir toute charge & regard ; & qui pour l'entretenement d'icelle ont esté créez, pourvûs, commis & destinez, de quelque qualité, estat & condition qu'ils soient, sur peine de privation de leursdits Offices, Charges & Commissions, & de répondre en leurs propres & privez noms de toutes & chacunes les fautes, qui à l'occasion de leursdites tolerances, negligence ou intelligence pourroient encourir, tant au bien de la chose publique de nostredite Ville, qu'aux particuliers d'icelle qui se trouveront grevez & offensez ; & lesquelles peines Nous avons dés à present comme pour lors indictées & déclarées : & afin que chacun de nosdits Officiers, Commissaires & autres personnes créés & destinés pour ledit effet, puissent chacun en son endroit & regard sçavoir & connoître quelle est sa Charge, icelle bien & dûement executer, & ne la puissent aucunement ignorer, ny par cy-après eux pouvoir excuser : Voulons aussi qu'à la poursuite & diligence de nostre Procureur General en nostre Cour de Parlement, lesdites Ordonnances, Déclarations, Edits & Arrests faits sur ledit fait de Police & ce qui en dépend soient apportez & mis pardevers nos amez & féaux Conseillers Mes Jean Meigret & Christophe de Thou Presidens en nostredite Cour, & Thierry Dumont Maistre ordinaire des Requestes de nostre Hostel, lesquels Nous avons commis & deputez sur cesdites presentes, pour iceux voir, & sur ce en la meilleure diligence que faire se pourra ; faire un extrait de ce que chacun desdits Officiers & Commis est tenu & doit faire pour le devoir & execution de sadite Charge & Office, selon la teneur desdits Edits & Déclarations, lequel extrait Nous voulons estre enregistré au Greffe de nostredite Cour de Parlement, Chastelet de Paris & Hostel commun de nostredite Ville ; & que dorénavant en recevant iceux Officiers & Commissaires au serment de leursdites Charges & Offices, il leur soit fait entendre le contenu audit extrait concernant leursdites Charges. SI DONNONS EN MANDEMENT à nos amez & féaux les Gens de nostredite Cour de Parlement, Prevost de Paris, & Prevost des Marchands & Echevins de nostredite Ville & à leurs Lieutenans, que ces presentes ils facent lire, publier & enregistrer; & le contenu en icelles entretenir, faire executer, observer & garder de point en point selon leur forme & teneur : Et à nostredit Procureur General, de faire poursuite contre les défaillans & négligens, selon la peine cy-dessus contenuë, sans aucun déport : Et afin que ce soit chose ferme & stable à toujours ; Nous avons à cesdites presentes fait mettre nostre Scel : Donné à Fontaine-Bleau au mois de May, l'an de grace mil cinq cens cinquante-cinq, & de nostre Regne le neuvieme Ainsi signé sur le reply, Par le Roy en son Conseil, BOURDIN.

L'Edit de Charles IX. que l'on nomme de Roussillon du mois de Janvier mil cinq cens soixante-toris, enjoint tres-expressement à tous Juges, tant des Cours, que des Justices inferieures, de garder » & d'observer les Ordonnances ancien nes & » nouvelles qui n'ont point esté abrogées.

Ce même Prince par son Edit donné à Moulins au mois de Février mil cinq cens soixante-» six, ordonne que les Cours de Parlement » procederont à rigoureuse punition des Juges » & Officiers de leur ressort, qu'elles trouve-» roient avoir contrevenu aux Ordonnances.

Le Réglement general arresté au Conseil du Roy le quatriéme Février 1567. authorisé par Lettres Patentes du 25. Mars de la même année, pour la Police generale du Royaume, porte, entr'autres choses, que pour contenir par la crainte le menu peuple, les petits Officiers, les Regratiers, les Monopoleurs, & les » autres qui troublent la direction de la Police ; » Sa Majesté ordonne qu'en chacun Marché ou » Places publiques des Villes, il y aura un po-» teau, où sera attaché un tableau contenant les » principaux articles des Ordonnances de Po-» lice ; & au même lieu un pilory, une poten-» ce, ou une estrapade, pour punir ceux qui » auront fait quelque faute notable.

Un autre Réglement du Conseil du 21. Novembre 1577. autorisé par Lettres Patentes de Henry III. du même jour, pour la Police generale du Royaume, contient les mêmes dispositions.

L'Ordonnance de Henry III. à Blois du mois de May 1579. porte qu'attendu que plusieurs Ordon-» nances demeuroient sans execution, faute d'es-» tre connuës, certaines personnes seront com-» mises pour recueillir les Ordonnances, & les » réduire par ordre en un Volume. Que cepen-» dant toutes celles qui ont esté publiées aux » Cours de Parlement, & qui n'ont esté revo-» quées, seront inviolablement gardées & ob-» servées ; avec injonction aux Magistrats, aux » Juges, & aux autres Officiers du Roy, même » aux Juges des Seigneurs, de les garder & faire

garder exactement, sans y contrevenir ny, en « moderer les peines, pour quelque occasion & « sous quelque pretexte que ce soit, d'équité « ou autrement, à peine de nullité des Senten- « ces, Jugemens ou Arrests. «

Loüis XIII. parvenu à la Couronne trouva beaucoup de déreglemens que les guerres avoient introduits dans l'Estat, & qui avoient besoin d'estre réformez. Ce grand Prince voulant commencer son Regne par cette action éclatante de bonté & de justice, fit assembler à Paris en 1614. plusieurs notables des trois Estats qui composent tous les Ordres du Royaume, pour prendre leurs avis sur les moyens de remedier à ces desordres. Deux autres semblables Assemblées furent encore tenuës sur le même sujet ; l'une à Roüen en 1617. & l'autre à Paris en 1626. Leurs avis & leurs Memoires furent ensuite examinez au Conseil du Roy & furent suivis de cet Edit celebre du mois de Janvier 1629. registré au Parlement le 15. du même mois. Il contient 461. Articles sur toutes les matieres de Police, de Gouvernement, de Justice & de Finance : rien n'y fut oublié de ce qui pouvoit contribuer au bien public & au restablissement du bon ordre & de la discipline dans l'Estat : mais le premier de ces Articles commence à l'ordinaire par l'obligation aux Magistrats de tenir la main que toutes les Ordonnances fussent exactement executées sans aucun retard ny dissimulation, pour quelque cause & sous quelque pretexte que ce pust estre. Les 53. & 54. reïterent la même injonction, & déclarent nuls tous les Jugemens qui seroient rendus contre les dispositions des Ordonnances.

C'est enfin par cette obligation d'executer les Ordonnances, & aux Juges d'y tenir la main, que commencent encore celles du mois d'Avril 1667. & qui sont à la teste de ce Recueil que l'on nomme par excellence le Code Loüis, l'on se dispense d'en rapporter icy les termes : elles sont données au Public en tant de differens Volumes pour sa commodité, qu'il y a peu de personnes qui les ignorent.

Fin du premier Livre.

Ant. Dieu in.   Ber. Picart Sculp. 1704.

TRAITÉ
DE
LA POLICE.

LIVRE SECOND.
De la Religion.

TITRE PREMIER.

Que la Religion est le premier & le principal objet de la Police, & que dans tous les temps les soins en ont esté confiez aux deux Puissances, la spirituelle, & la temporelle.

CHAPITRE PREMIER.

Premieres preuves tirées de l'Ecriture sainte, des Conciles, des Peres, & du Droit Canon.

A PRE'S avoir expliqué dans le Livre précedent, tout ce qui concerne la Police en general; aprés avoir découvert son origine, & fait connoistre son progrés, l'ordre, & l'excellence de ses Loix, la competence & les prérogatives de ses Officiers; il est de l'ordre naturel d'entrer dans le détail des matieres, qui sont l'objet de ses soins.

La Religion est sans doute la premiere & la principale, l'on pourroit même ajouster l'unique, si nous estions assez sages pour remplir parfaitement tous les devoirs qu'elle nous prescrit. Alors sans autres soins il n'y auroit plus de corruption dans les mœurs; la temperance éloigneroit les maladies; l'assiduité au travail, la frugalité, & une sage prévoyance procureroient toujours les choses necessaires à la vie; la charité bannissant les vices, la tranquillité publique seroit asseurée; l'humilité & la simplicité retrancheroient tout ce qu'il y a de vain, & de dangereux dans les sciences humaines; la bonne foy regneroit dans le commerce & dans les arts, la patience, & la douceur des Maistres rendroit

Tome I.   LI ij

rendroit la fervitude agreable , & la fidelité des domeftiques feroit l'affeurance & le bonheur des familles : les pauvres enfin feroient fecourus volontairement , & la mendicité bannie : il eft donc vray de dire , que la Religion feule eftant bien obfervée , toutes les autres parties de la Police feroient accomplies ; qu'elle feule au contraire,

Lipfi ex Plut.
Idem ex lib. de
vera Relig.

felon la penfée d'un fçavant politique, foit troublée , la Police en reffent auffi-toft les contrecoups. *Religio turbata , Politiam turbat.*

Ainfi c'eft avec beaucoup de fageffe que tous les Legiflateurs ont eftabli le bonheur auffi-bien que la durée des Eftats fur la Religion , & que toutes leurs Loix commencent par cette importante matiere. Dieu même nous en a laiffé le plus parfait de tous les modelles dans celles qu'il donna à fon Peuple , lorfqu'il voulut en former un Eftat feparé. Elles commencent par l'obligation de luy rendre le culte qui luy eft dû ; elles continuent par le reglement des mœurs ; elles defcendent enfuite dans tout le détail du Tabernacle , & des facrifices, l'ordre & la difcipline des Preftres & des Levites ; ainfi tous les devoirs de la Religion s'y trouvent parfaitement eftablis, avant que de paffer aux Loix politiques du Gouvernement.

Les plus fages d'entre les Payens conduits par les feules lumieres de la raifon , ou qui avoient puifé , felon quelques-uns , ces grandes veritez

Plutarq. dans
les vies de ces
trois Legifla-
teurs.

dans les Livres faints , en ont auffi fait l'une de leurs principales maximes.

Dracon, Licurgue & Solon, en formant les premieres & les plus confiderables Republiques de la Grece , donnerent leurs principaux foins aux

Ex tabula in
Capitol. fixâ &
fervatâ à Mar-
tiano editâ.
Tit. Liv. l. 1. n.
6. & 44.
Flor. l. 1. cap. 1.
Dion. Halic.
l. 2.
Plutarq vie de
Romulus.
Joann. Ulrici
catal. leg ant.
Plat. de Rep. l
4. & de leg. l. 1.
Arift. Ethi. l 1.
& Polit. l 1. c.
1. & l. 7 c. 8.
Polyb. lib. de
militar. ac do-
meft. Roman.
difciplin.

affaires de la Religion. Romulus en fit autant lors qu'il donna des Loix à fon Eftat naiffant. Platon & Ariftote quelque oppofez qu'ils foient d'ailleurs , font d'accord en ce point , que la Cité n'eft excellente & heureufe , qu'autant qu'elle fe propofe pour objet le fouverain bien ; & ils ajoutent qu'elle ne peut jamais y parvenir, que par la Religion. Polybe après eux , convient que la Religion eft la bafe la plus affeurée des Eftats , le fondement le plus folide de l'execution des Loix , & c'eft le facré feul dans la focieté, que c'eft elle qui éclaire les Puiffances fur leurs obligations , qui affermit l'obéiffance des Sujets au Prince , leur fournit avec leurs Magiftrats , la paix & l'union entre eux : d'où il conclut , que dans tous les Eftats , fous quelque forme qu'ils foient eftablis, la Religion doit eftre le premier & le principal objet des Legiflateurs.

Mais tous les foins de ces fages Fondateurs des Republiques auroient efté inutiles , & leurs Loix fur une matiere fi delicate & fi importante feroient demeurées auffi-bien que toutes les autres fans execution , s'il n'y avoit eu en même tems des Puiffances pour les maintenir.

Le Souverain Pontife, les Preftres & les Levites furent eftablis de Dieu chez les Juifs , pour eftre les depofitaires & les interpretes de la doctrine , & pour avoir l'intendance fur tout ce qu'il y avoit de facré & de myftique dans la Religion. Il n'eftoit permis à aucun laïque, dans quelque

Reg. l. 1. c. 3.
v. 1. 8. & feq.
Jofeph. l. 6. c. 7

élevation qu'il fuft , de s'en mefler : Saül ayant ofé entreprendre d'offrir luy-même un facrifice, après la défaite des Philiftins , Dieu luy apprit par une punition exemplaire , qu'il avoit furpaffé fon pouvoir. Ofa fils d'Aminadab n'eut pas

Reg. l. 1. c. 6.

Ibid. l. 4. c. 14.
Paral. 1. c. 24.

fi-toft mis la main à l'Arche pour la fouftenir ; qu'il en fut à l'inftant puni de mort. Lors qu'Ozias Roy de Juda entreprit malgré les remontrances du Grand Preftre, de bruller l'encens fur l'Autel des parfums, Dieu le frappa incontinent

---

d'une lepre , qui dura jufqu'à fa mort.

Mais comme la Religion a des dehors, pour ainfi dire , & une difcipline exterieure qu'il eft important de défendre , & qui ont une liaifon intime avec les autres parties du gouvernement ; que d'ailleurs les peines qui font en la difpofition des Miniftres du Seigneur , ne font pas toujours capables de vaincre l'indocilité du cœur de l'homme , & de le rendre foumis. Dieu a mis auffi la Religion fous la protection des Puiffances temporelles , pour fortifier par la feverité des Loix , le miniftere de la parole ; c'eft de cette maniere que les Peres s'en expliquent. Auffi lors qu'il plût à Dieu de donner un Roy à fon Peuple , il ordonna qu'il feroit

Reg. l. 1. c. 18;
v. 1.

facré d'une onction fainte , comme l'eftoit le Grand Preftre. L'Ecriture ajoufte que ce Prince

Reg. l. 1. c. 6.
v. 14.
Paral. 1. c. 15;
v. 27.

fuft , auffi-toft rempli de l'Efprit de Dieu , qu'il prophetifa , & qu'il fut changé en un autre homme. L'Ephod que portoit le Grand Preftre lors qu'il eftoit veftu pontificalement , faifoit auffi partie des habits Royaux : l'étofe feule en faifoit la difference ; & Dieu enfin ordonna que le Roy auroit un fecond exemplaire des Loix facrées, dont l'original eftoit gardé dans le Temple par les Preftres.

Deut. 17. v. 18

L'ufage fut conforme à ces prérogatives: les Roys d'Ifraël & de Juda qui demeurerent attachez au culte du vray Dieu, eurent toujours une fort grande part dans tout ce qui concernoit la Religion: ils en furent auffi les plus puiffans Protecteurs, tant que l'ancienne Loy fubfifta : & voicy les preuves que l'Hiftoire fainte nous en fournit.

David ordonna le transport de l'Arche de la maifon d'Aminadab à Jerufalem , il y convoqua les Preftres & les Peuples : ce fut luy qui fit preparer le Tabernacle où elle fut mife , & il regla enfuite l'ordre & le miniftere des Levites, qui devoient fervir à l'Arche.

l. Reg. 2. c. 6 v.
11. & feq.
Paral. 1. c. 15;
Jofeph. l. 1. c. 8

Salomon fon fils dépofa Abiathar de la Sacrificature , pour avoir fuivi le parti d'Adonias contre luy ; il ordonna que Sadoc fuft feul Sacrificateur. Il fit baftir le Temple, indiqua le jour de fa Dedicace , convoqua l'affemblée , & regla le miniftere des Preftres , fuivant les ordres que Dieu luy avoit prefcrits.

Reg. 3. c. 1;
v. 17.

Aza détruifit les Autels facrileges que Jeroboam avoit élevez dans le Royaume de Juda , après qu'il euft efté feparé de celuy d'Ifraël : il y reftablit le culte de Dieu ; il convoqua des affemblées pour faire des prieres publiques ; & il fit prefter le ferment à fes Peuples , d'obferver à l'avenir la Loy de Dieu avec plus de fidelité.

Paral. 3. c. 17.
v. 2.

Jofaphat fon fils envoya dans toutes les Provinces de fes principaux Officiers , avec des Preftres & des Levites , pour reftablir la Loy de Dieu , & en inftruire les Peuples. Il eftablit dans Jerufalem des Preftres & des Levites pour connoiftre des caufes Ecclefiaftiques , & leur prefcrivit l'eftenduë de leur Jurifdiction. Ce pieux Prince ayant à combattre fes ennemis, ordonna un jeûne general , & fit une priere publique , pour attirer la benediction de Dieu fur luy & fur fon Peuple.

Paral. 3. c. 17.
v. 7.

Ibid. c. 14. v. 8.
Ibid. c. 20. v. 3.

Jehu fufcité de Dieu pour détrôner la pofterité de l'impie Achab Roy d'Ifraël , renverfa toutes les idoles qu'il avoit élevées, & reftablit le culte de Dieu.

Reg. 4. c. 10;
v. 18.

Joas Roy de Juda ordonna aux Preftres d'employer tout l'argent des offrandes aux reparations du Temple. Les Preftres ayant negligé l'execution de cet ordre , il manda le Souverain Pontife avec eux , & leur dit: Pourquoy ne faites-vous pas les reparations du Temple ? Je n'entends

Ibid. c. 11. v. 4.

» tends pas que vous preniez à l'avenir l'argent » qui est destiné à cet usage, mais que vous en » rendiez compte, afin qu'il soit employé. De-» puis ce tems l'ouverture des troncs se fit en la presence d'un Secretaire du Roy, & d'une personne choisie par le Grand Prestre. Ils avoient soin d'en tirer tous les jours l'argent que le Roy & le Grand Prestre distribuoient aux Intendans des bastimens du Temple, pour acheter les materiaux, & payer les ouvriers.

Paral. 2. c. 29. v. 3. Ezechias brisa l'idole du serpent d'airain, que les Peuples de Juda avoient élevé : il fit ouvrir le Temple que l'impieté de ses Peres avoit fermé : il assembla les Prestres & les Levites, & leur commanda de purifier le Sanctuaire, qui avoit esté prophané, leur fit renouveller le serment de leur Religion, & restablit enfin le culte divin. Il écrivit aux Tribus d'Ephraim & de Manassé; il les fit assembler pour la celebration de la Pâque, & le jour en fut deliberé avec la participation de son Conseil dans une assemblée generale.

Paral. 2. c. 34. Josias ayant détruit les idoles que Manassés & Ammon avoient relevées, fit faire une levée d'argent pour les reparations du Temple ; on employa par son ordre les deniers que les Portiers & les Levites avoient reçû de la devotion des Peuples : il ordonna au Grand Prestre de faire fondre en lingots ce qui en restoit, pour en faire des vases sacrez. Comme le Sacrificateur tiroit cet argent des tresors du Temple pour l'employer à cet usage, il mit par hazard la main sur les livres de Moyse; il les envoya au Roy.

Ce Prince s'en estant fait faire la lecture, déchira ses vestemens de douleur, de voir que ses Ancestres en avoient si mal observé les preceptes : il convoqua les Sacrificateurs & les Levites, & dans une assemblée generale du Peuple à Jerusalem, estant assis sur son trône, il fit publier derechef les Loix sacrées, & leur fit faire serment de les observer.

Reg. 4. c. 11. Le Temple estant purgé de tous les vases qui avoient servi aux idoles, il fit mourir tous leurs Prestres, & restablit ainsi le culte du vray Dieu parmy ses Peuples, & la discipline Ecclesiastique entre les Prestres.

Les Roys donc sous l'ancienne Loy avoient tout pouvoir sur la discipline exterieure de la Religion, & ils estoient les Protecteurs du culte saint.

L'Eglise qui a succedé à la Synagogue, a esté privée pendant plus de trois siecles de cet appuy des Princes temporels. Ils estoient au contraire eux-mêmes du nombre de ses ennemis, & souvent ses plus cruels persecuteurs. Ce fut, selon saint Chrysostome, un ordre ménagé par la Providence, qui voulut que l'Evangile se répandit d'abord par tout le monde, sans aucun secours des Puissances temporelles, & malgré même leur resistance ; afin que ce miracle en appuyast davantage la verité. Elle fut cependant attaquée dés sa naissance par trois puissans ennemis ; les Payens, les Juifs, les Heretiques : & deux sortes de personnes du nombre de ses propres enfans, les impies & les libertins, entreprirent souvent dans la suite de troubler sa discipline.

Contre les uns & contre les autres, elle n'employa pendant tout ce tems que ses propres armes, sa patience, ses prieres, la voix de sang de ses Martyrs, l'autorité de ses miracles, les exhortations de ses Ministres, les écrits de ses Docteurs, les Canons de ses Conciles ; & enfin contre ses enfans rebelles, ses anathemes.

Elle se forma neanmoins avec ces secours tout

divins au milieu des persecutions : Dieu qui en avoit ordonné l'establissement de toute éternité, en soustint le progrés, & malgré toutes les puissances de la terre & de l'enfer, le nombre des fideles se multiplia de tous costez.

La verité se lit enfin jour jusques aux trônes *In proœm. & l. 7. t. 11.* des Empereurs & des Roys, & s'en fit autant de Protecteurs. Alors, dit Socrate Historien, qui « écrivoit au commencement du cinquiéme siecle, « ces Princes éclairez des lumieres de la Foy, fi- « rent des Loix pour sa défense : les Conciles, « continuë cet Auteur, furent assemblez sous leur « protection, & ils joignirent leur autorité à celle « de l'Eglise, pour en appuyer les décisions. Le « Paganisme fut aboli par leurs soins, & ils em- « ployerent toute leur puissance pour l'extirpa- « tion des heresies, pour maintenir l'exactitude de la « discipline, & la pureté des mœurs. Ils comble- « rent enfin les personnes & les biens Ecclesiastiques « de privileges & de prerogatives.

Ainsi recommença dans l'Eglise cet ancien concours des deux Puissances, la spirituelle & la temporelle, establies de Dieu même dans l'ancienne Loy ; & chacune depuis ce tems, a contribué de sa part à maintenir inviolable le culte pur & saint de la veritable Religion.

Un restablissement si avantageux qui redonnoit la paix à l'Eglise, fut reçû sans doute des gens de bien avec applaudissemens, & toutes les actions de graces que l'on peut s'imaginer : les « méchans, au contraire qui sentoient sur leur « teste le joug de la discipline, dont ils furent « toujours les ennemis declarez & en murmurerent « beaucoup, & s'en plaignirent hautement. Les « *Supl. S. Aug. c. 5. 11. 19.* Apostres, disoient-ils, n'ont rien demandé « de semblable aux Princes de leur tems; les Puis- « sances temporelles ne se mesloient point des af- « faires de la Religion. C'est ainsi qu'ils s'en ex- « pliquerent, par la bouche des Donatistes les « plus emportez d'entr'eux : mais voicy comment « saint Augustin les confondit, en expliquant quels « estoient dessors les sentimens de l'Eglise sur cette « matiere. Il est vray, leur dit-il, ce que vous « dites, mais les tems sont bien differens : les « Princes qui attaquoient alors le Seigneur, le « servent maintenant ; ils agissent pour ses inte- « rests & pour sa gloire, non seulement comme « hommes, mais encore comme Roys, en faisant « pour luy ce que ne peuvent faire que des « Roys. Ne faudroit-il pas avoir perdu le sens « pour leur dire : ne vous mettez pas en peine, « si l'on attaque, ou si l'on revere dans vostre « Royaume l'Eglise de vostre Maistre, la Reli- « gion ny les sacrileges ne vous regardent pas, « tandis que l'on n'ose pas leur dire, que la pu- « nition de l'impudicité, & des autres fautes qui « se commettent contre les bonnes mœurs, ne me- « ritent pas leurs soins ? «

Ce même Pere écrivant contre Petilien, qui se plaignoit comme les autres Donatistes, des *S. August. in* Loix Pénales qui avoient esté faites contre eux, *Dialog. id est,* luy imposa encore silence par les mêmes raisons; *l. 1. contra litt.* l'Eglise, luy dit-il, peut certainement avoir re- *Petiliani c. 58.* cours aux Loix des Princes temporels, pour se *Can. 7. Si in* défendre contre ses ennemis : S. Paul luy en *adjutor. dist-* a laissé l'exemple, lors qu'accusé par les *tinct. 10.* Juifs, il se servit des Loix Imperiales, pour éviter la peine infamante que le Tribun du Peuple luy vouloit imposer.

Ce fut dans ce même esprit, que les Peres du *S. August.* Concile de Carthage, tenu l'an 404. deputerent *Epist. 33 ad* deux Prelats d'entre eux à l'Empereur Honorius, *Vincent. n 17.* pour luy demander des Loix touchant plusieurs *S. Aug. epist.* chefs de la discipline Ecclesiastique, qui avoient *185. ad Bonif. c. 7.*

L I iij   besoin

Con. Carth. 3.
& ſ diſtinct. 5.
in Cod. Can.
Eccleſ. Afric.
apud Juſtel. p.
358.

Epiſt. 29. S.
Leonis ad
Pulcheriam
Auguſtam.
Can. 21. Res
autem diſtinct.
5.

Can. 11. quis
autem leges
diſtinct. 10
Can. 12. Cer-
tum eſt diſ-
tinct. 10.

S. Greg. l. 2.
Indict. 11. ep.
*62.
L. 3. ep. 7. 23.
32 & 35.
Lib 4. ep. 5 50.
54 & 115.
Lib. 5. ep. 63.
Lib. 7. Indict.
2. ep. 116. 116.
& 127.
Lib. 9. ep. 53.
54. 57. & 64.
Epiſt. ad Clo-
dov. in Conc.
Galli. tom. 1.
ad ann. 497.
Can. 1. legem
diſtinct. 53.

Can. 20. Prin-
cipes ſæculi ,
quæſt. 5.

Tom. 3. Conc.
p. 540.

beſoin de ſon autorité.

Leon I. s'addreſſant à l'Imperatrice Pulcherie, qui partageoit toute l'autorité du gouvernement avec Marcien ſon Epoux , luy repreſenta qu'il » eſtoit impoſſible que l'Eſtat temporel fuſt heu- » reux & tranquile, ſi l'autorité Royale & la Sa- » cerdotale ne s'uniſſoient , pour y maintenir » la pureté de la Foy. Inſtruction dont cette Princeſſe ſçeut ſi bien profiter , qu'elle en me- rita de l'Egliſe univerſelle aſſemblée au Concile general de Chalcedoine l'année ſuivante, les ma- gnifiques éloges de Gardienne de la Foy , & de nouvelle Helene.

Deux Decretales de Gelaſe I. que nous liſons dans le Droit Canon, fortifient toûjours de plus en plus ce concours des deux Puiſſances, la ſpi- rituelle & la temporelle, dans le gouvernement de l'Egliſe. Par la premiere addreſſée à deux » Evêques , il les avertit que les Loix des Prin- » ces meritent la même eſtime que les regles & les » ſentimens des Peres : & par la ſeconde , il » repreſente à Theodoric , que s'il faiſoit exe- » cuter avec tant d'exactitude les Loix des Em- » pereurs Romains touchant les affaires tempo- » relles ; à plus forte raiſon devoit-il faire ob- » ſerver celles qui concernoient la Religion.

Dans les remontrances chreſtiennes de ſaint Gregoire aux Princes , il leur fait entendre » qu'ils ſont principalement obligez à donner » leur protection à l'Egliſe , & à y maintenir la » pureté de la Foy. Il loüe Recarede Roy d'Eſ- » pagne , de ce qu'il a ramené par ſon exemple , » & par ſes Loix , ſes Sujets Ariens à l'Egliſe. Il » luy repreſente la recompenſe qu'il en doit atten- » dre , ayant tant d'ames à preſenter à Dieu : il le » felicite auſſi, de ce qu'il n'a point voulu revo- » quer l'Ordonnance qu'il avoit faite contre les » Juifs. Il écrit à Pantaleon Gouverneur d'Afrique, » & l'exhorte d'arreſter le cours du ſchiſme des Do- » natiſtes. Il prie Childebert de faire des Loix » contre la ſimonie : il exhorte enfin la Reine Bru- » nehault, & les Roys Thierry & Theodebert, de » convoquer un Concile , & de s'appliquer forte- » ment à maintenir la diſcipline Eccleſiaſtique.

Saint Iſidore Evêque de Seville , que le hui- tiéme Concile de Tolede met au nombre des plus excellens Docteurs , eſtablit pour maxime fondamentale de la paix de l'Egliſe , l'union & le concours des deux puiſſances, la ſpirituelle & la temporelle. Ce n'eſt que l'opinion d'un Doc- teur particulier ; mais l'Egliſe ſe l'eſt appro- priée , en la retenant au nombre de ſes Loix.

Le ſixiéme Concile de Paris , tenu l'an 829. s'en explique encore plus nettement. Voicy ſes propres termes.

» La ſainte Egliſe, ſelon la doctrine des Peres, » n'eſt qu'un ſeul Corps , qui eſt neanmoins di- » viſé entre deux perſonnes principales & choi- » ſies ; la Sacerdotale & la Royale.

» Les Princes du ſiecle tiennent quelquefois » au dedans de l'Egliſe le plus haut rang de la » puiſſance qui leur eſt acquiſe , afin de fortifier » par cette même puiſſance la diſcipline Eccle- » ſiaſtique : Au reſte les Puiſſances temporelles » n'euſſent point eſté neceſſaires au dedans de » l'Egliſe, ſi ce n'eſtoit pour y ſuppléer par la ter- » reur de la diſcipline, ce que le Preſtre ne peut » faire par la doctrine de la parole. Ainſi le » Royaume celeſte tire ſouvent cet avantage du » Royaume terreſtre ; que ſi ceux qui ſont dans » l'Egliſe agiſſent contre la Foy ou contre la diſ- » cipline de l'Egliſe, ils en ſont punis par la » ſeverité des Loix, & que la puiſſance des Princes » impoſe ſur la teſte des ſuperbes le joug de cette

Epiſt. 175

diſcipline,que l'humilité de l'Egliſe ne luy per- « met pas d'exercer. Il s'enſuit encore que cette « même Puiſſance communique à l'Egliſe ſa « force & ſa vertu , pour luy attirer la veneration « qui luy eſt dûë. Que les Princes du ſiecle ſça- « chent donc , ajouſte ce même Concile , qu'ils « doivent rendre compte à Dieu de l'Egliſe qu'ils « reçoivent en leur garde & protection : car , ſoit « que la paix & la diſcipline de l'Egliſe ſe trouve « augmentée par les ſoins des Princes fideles , « ſoit que par leur negligence elle ſe relâche , « celuy qui l'a confiée à leur Puiſſance, leur en « demandera compte. «

Innocent III. écrivant à l'Empereur Othon, ſur l'importance du concours des deux Puiſ- ſances , la Sacerdotale & la Royale, luy repre- ſente, que ce ſont deux glaives, qui ſe doivent « preſter des ſecours reciproques , & que de leur « union dépend le bien & le repos de l'Eſtat , auſſi- « bien que celuy de l'Egliſe. «

On ne finiroit jamais ſi l'on vouloit rapporter toutes les autoritez & tous les exemples que l'Hiſtoire Eccleſiaſtique, les Conciles, & les écrits des Peres nous fourniſſent ſur cette matiere.

Mais il y en a un dernier qui vient trop natu- rellement à noſtre ſujet pour eſtre obmis. C'eſt un Bref de N. S. P. Clement XI. au Roy , du 13. Février 1703, à l'occaſion d'un écrit qui avoit paru ſur la fin de l'année precedente , & qui renouvelloit les principales Queſtions , qui ont eſté condamnées dans ces derniers tems. Ce Souverain Pontife y felicite le Roy au nom de toute l'Egliſe , d'avoir travaillé avec au- tant de pieté que de gloire, à extirper toutes les erreurs & toutes les nouveautez contraires à la Foy Catholique , & à ſa diſcipline. *Novit profectò , cha- riſſime Fili noſter , novit & gratulatur Eccleſia omnis , quanto pietatis ſtudio , quantâ Regii nominis laude , eli- minandis Catholicæ Fidei ac diſciplinæ adverſis errori- bus & novitatibus.* Il invite enſuite Sa Majeſté , à perſiſter dans un ſi grand & ſi pieux deſſein , afin que chacun connoiſſe , qu'il y a une telle union par la grace de Dieu entre le Sacerdoce & l'Em- pire , que les eſprits ſeditieux qui ne mettent point de fin à leurs ſubtilitez , ne puiſſent jamais impunément enfraindre les Loix Eccleſiaſtiques, non plus que les Royales. *Vt palàm fiat omnibus eam hodiè inter Sacerdotium & Imperium , miſerante Domino , vigere concordiam , ut impunè non liceat tur- bulentis ingeniis , ac nunquam cavillandi finem facien- tibus , Eccleſiaſticas ſimul, ac Regias leges infringere.* Ne ſouffrez donc point , noſtre cher Fils , ajoû- te-t-il , que tant de ſoins & tant de pei- « nes que vous avez apporté pour exterminer « de voſtre floriſſant Royaume , la contagion d'u- « ne pernicieuſe hereſie , deviennent inutiles , & « qu'elle perſiſte par la malice d'un petit nombre « de gens; ordonnez au contraire, qu'on impoſe « ſilence aux inquiets, qu'on reprime les inſolens , « qu'on ſurmonte les obſtinez, & que la Puiſſance « Royale détruiſe & abbate , ceux que la modera- « tion de l'Egliſe ne ramene point; afin que Dieu « donne à voſtre Royaume , & y conſerve à jamais « la paix que vous avez renduë à ſon Egliſe. *Ne* « *patiaris igitur , chariſſime Fili , ut tot labores ac ſtudia, quæ exterminandæ ex florentiſſimo Regno peſſimæ hæreſis contagioni adhibuiſti, paucorum hominum veſaniâ fruſtrà evacuantur: ſileant inquieti homines , coerceantur pro- tervi, pareant contumaces , & quos Eccleſia manſuetudo non flectit, poteſtas Regalis compeſcat & conterat; ut ita quam Eccleſiæ Dei dederis, Deus ipſe donet Regnis tuis , ac perpetuò ſervet tranquillitatem.* Ce ſont les propres termes de ce Bref, avec leſquels nous finiſſons ces premieres preuves.

CHAPITRE

CHAPITRE II.

Secondes preuves tirées des Loix Imperiales & des Ordonnances de nos Roys.

DE ces Maximes que nous venons de parcourir dans le Chapitre precedent , tirent aussi leur origine toutes ces Loix si sages, qui composent l'une des principales & des plus importantes parties du Droit Civil, & que Theodose & Justinien ont eu soin de recueillir dans leurs Codes. Elles ont toutes pour objet, ou la pureté & la propagation de la Foy, ou la discipline & la paix de l'Eglise, ou la sainteté des mœurs, ou les privileges & les prerogatives des lieux saints, des biens & des personnes Ecclesiastiques. Leur nombre est trop grand pour les rapporter toutes icy. Plusieurs même n'entrent point dans le dessein de ce Traité, & le choix que l'on pourroit faire de quelques-unes ne rempliroit jamais toute l'idée que forme leur union. Ainsi l'on a pris le parti d'en rapporter seulement les titres ; cela suffira pour en connoître l'importance. Les voicy dans le même ordre que ces Loix nous ont esté données.

Cod. Theod. lib. 16. titul. 1.1. & seqq. usq. ad. 11. inclus.
Cod. Justin. lib 1 titul. 1. usq. ad 13. inclus.

De summa Trinitate & Fide Catholica , & ut nemo de ea publicè contendere audeat. 1. *De sacrosanctis Ecclesiis , & de rebus & de privilegiis earum.* 11. *De Episcopis & Clericis , & privilegiis eorum.* 111. *De Episcopali audientia , & diversis capitulis quæ ad jus curamque & reverentiam pertinent Pontificalem.* 1v. *De Hæreticis, Manichæis & Samaritanis.* v. *Ne sanctum Baptisma iteretur.* v1. *De Apostatis.* v11. *Nemini licere signum Salvatoris Christi humi, vel in silice , vel in marmore , aut insculpere , aut pingere.* v111. *De Judæis , æolicolis , & Samaritanis.* 1x. *Ne Christianum mancipium Hæreticus , vel Judæus , vel Paganus habeat , vel possideat, vel circumcidat.* x. *De Paganis , Sacrificiis & Templis.* x1. *De his qui ad Ecclesiam confugiunt vel ibi exclamant, & ne quis ab Ecclesia extrahatur.* x11. *De his qui in Ecclesiis manu mittuntur.*

Leges Novellæ , Cod. Theod.

De Judæis , Samaritanis , & Hæreticis. Nov. 3. *Neque domum divinam , neque Ecclesiam , aut aliquam personam quolibet publico munere excusandam.* Nov. 12. *De Episcoporum ordinatione.* Nov. 24.

Leges Novellæ Valentiniani.

De Manichæis. Nov. 4. *De Sepulchris.* Nov. 5. *De Episcopali judicio & de diversis negotiis , & ne quis Clericus invitus ordinetur.* Nov. 12.

Leges Novellæ Martiani.

De Testamentis Clericorum. Nov. 5.

Leges Novellæ Justiniani.

Ut determinatus sit numerus Clericorum sanctissimæ majoris Ecclesiæ, & cæterarum sanctissimarum Ecclesiarum fœlicissima Civitatis. Nov. 3. *De Monachis.* Nov. 5. *Quomodo oporteat Episcopos & cæteros Clericos ad Ordinationes perduci, & de expensis Ecclesiarum.* Nov. 6. *De non alienandis aut permutandis rebus Ecclesiasticis immobilibus ; aut in specialem hypotecam dandis creditoribus , sed sufficere generales hypotecas.* Nov. 7. *Ut Ecclesia Romana centum annorum gaudeat præscriptione.* Nov. 9. *De Ecclesiasticarum rerum immobilium alienatione & solutione.* Nov. 46. *Ut in privatis domibus sacra Mysteria non fiant.* Nov. 58. *De sanctissimis Episcopis, & Deo amabilibus , reverendissimis Clericis & Monachis.* Nov. 123 *De Samaritanis.* Nov. 124. & 144. *De Ecclesiasticis titulis & privilegiis, aliisque capitulis.* Nov. 131. *De Interdictis Collegiis Hæreticorum.* Nov. 132. *Quomodo oporteat Monachos vivere.* Nov. 133. *De Ordinatione Episcoporum & Clericorum.* Nov. 137. *Ut liceat Hebræis secundùm trāditam Legem sacras Scripturas Latinè ; Græcè, vel alia lingua legere , & ut de locis suis expellantur non credentes Judicium vel resurrectionem , aut dicentes Angelos subsistere creaturam Dei.* Nov. 146. *De debita impensa in exequiis Defunctorum.* Nov. 59. *Nulli licitum est Ecclesiam , vel Monasterium , vel Oratorium ædificare , sine Episcopi voluntate.* Nov. 67. *De his qui ingrediuntur Monasterium , & de substantiis eorum, & ex quo tempore oporteat eum valere.* Nov. 68. *Apud quos oporteat causas dicere Monachos & Ascetas.* Nov. 79. *Ut Clerici apud proprios Episcopos primùm conveniantur, & post hos apud civiles judices.* Nov. 83. *De privilegiis dotis hæreticis mulieribus non præstandis.* Nov. 109. *Hæretici non possint ad aliquam dignitatem vocari, & qui sint Hæretici hac lege notantur : item mulier Hæretica in sua dote nullum habet privilegium prælationis , vel aliud, nisi ad Orthodoxam Fidem pervenerit. Catholico non succedunt filii nec propinqui Hæretici , sed Ecclesia ei succedit si Clericus sit , Laico fiscus.* Nov. 115. *De alienatione & emphyteusi & locatione , & hypotecis & aliis diversis contractibus in universis locis rerum sacrarum.* Nov. 120.

Ensuite de ces Loix Romaines viennent immédiatement les Capitulaires ou Ordonnances de nos premiers Roys ; leur zele pour la pureté de la Foy & la discipline de l'Eglise y regne encore de tous costez. C'estoit tellement leur objet favory & leur principale attention , que dans ce qui nous reste de ces anciennes Loix de leur temps, la Religion s'y trouve toujours la partie dominante. Ils s'attachoient sur tout à fortifier cet ancien & heureux concours des deux Puissances, la spirituelle & la temporelle, si necessaire pour y réussir. Voicy quelques-unes de ces Ordonnances choisies entre plusieurs autres, qui persuaderont davantage que tout ce que l'on en pourroit dire.

Nous avons toujours crû , dit un de nos Princes de la premiere Branche dans l'un de ses Capitulaires , qu'il est important à nostre propre salut & à celuy du Peuple Chrestien , qu'avec le secours de Dieu le culte des Idoles soit entierement aboli , que Dieu seul soit servi , & que la parole nous luy avons promise, & dont le Peuple a esté instruit ne reçoive aucune atteinte. Et d'autant que les instructions du Prestre à cet égard ne sont pas observées par le Peuple , il est necessaire d'y joindre nostre autorité pour luy imposer des peines. C'est pourquoy Nous ordonnons par cette Loy , qui sera publiée & observée dans toute l'étendue de nost. e Royaume ; que chacun abbate & détruise dans ses heritages, en quelques lieux qu'ils soient situez , tous les Simulacres , ou les Idoles dediées au Démon. Faisons tres-expresses défenses de

Childeb. anno 554 cap. Reg. Franc. tom. I. col. 6.

« « « « « « « « « « « « « « » » « « «

n s'oppose

s'oppofer aux démolitions qui en feront faites, finon en donnant caution par le oppofans de fe prefenter devant Nous pour eftre oüis dans leurs excufes. Il eft auffi de noftre devoir de Nous appliquer férieufement à vanger tous les facrileges & toutes les injures faites à Dieu ; & de faire obferver exactement tout ce que noftre Religion nous enfeigne, & qui nous eft annoncé de l'Autel par le Preftre, dans les Evangiles, les Prophetes, & les Apoftres, autant qu'il plaift à Dieu de Nous en donner l'intelligence. Et dautant qu'il eft venu à noftre connoiffance, que Dieu eft offenfé par plufieurs facrileges, & que le Peuple par fes pechez s'expofe à la damnation ; que les nuits entieres des Feftes & Dimanches même celles du faint temps de Pafques & de Noël fe paffent en débauches, en chanfons & en boufonneries, & ces faints jours en danfes publiques dans les ruës des Villes. Voulant faire ceffer tous ces defordres où Dieu eft offenfé: Nous ordonnons que quiconque après la publication de cette Loy & l'avertiffement du Preftre, aura la préfomption de commettre quelqu'un de ces facrileges ; fi c'eft une perfonne de condition fervile, elle foit condamnée à cent coups de foüet ; & que s'il arrivoit que ce fuft une perfonne libre ou d'une condition plus honorable.... Ce fragment d'Ordonnance manque en cet endroit, le refte feroit à defirer.

Nos Roys de la feconde Branche ne furent pas moins attentifs à maintenir la pureté de la Foy & la difcipline de l'Eglife, que les Princes qui les avoient precedez. Un Edit de Charlemagne de l'an 789. nous en donne déja une haute idée, fans tous les autres qui l'ont fuivy. Voicy comme il s'en explique.

Du Regne perpetuel de N. S. J. C. Charles, par fa grace & la mifericorde de Dieu, Roy & Gouverneur du Royaume des François, Défenfeur & Protecteur de la fainte Eglife de Dieu : A tous les Ordres de la pieté Ecclefiaftique, & à toutes les Dignitez de la Puiffance Seculiere : Salut, & defir d'une paix & d'une beatitude perpetuelle en J. C. Noftre Seigneur Dieu Eternel. Comme Nous remarquons par un examen tranquille & dans un efprit de pieté, avec les Evêques nos Confeillers, la clemence infinie de N. S. fur Nous & noftre Peuple, Nous reconnoiffons auffi combien il eft neceffaire de luy en rendre de continuelles actions de graces, devoir fi indifpenfable envers Dieu ne Nous engage pas feulement à le faire de cœur & de bouche, mais encore à publier fes loüanges par un exercice non interrompu de bonnes œuvres. C'eft par là que celuy qui a procuré de fi grands honneurs à noftre Regne, Nous daignera conferver toujours Nous & nos Peuples par une protection toute finguliere. O Pafteurs des Eglifes & du Troupeau de J. C. tres-brillantes lumieres du Monde ! Nous avons jugé à propos d'appeller voftre profonde capacité à noftre fecours. Nous connoiffons combien il eft neceffaire que par des foins vigilans & de frequentes exhortations vous vous attachiez à mener le Peuple de Dieu dans fes pâturages de la vie éternelle ; & que vous vous efforciez autant par vos bons exemples, que par vos difcours, de rapporter fur vos épaules les brebis errantes dans l'enceinte inébranlable de l'Eglife; autrement il feroit à craindre, ce qu'à Dieu ne plaife, que le loup trompeur qui dreffe continuellement des embûches, ne trouvaft dans voftre troupeau quelque tranfgreffeur des Commandemens Divins, des Traditions Apoftoliques, & des Conciles univerfels, & ne le devoraft. Il eft donc neceffaire de les inftruire avec tout le zele poffible, de les avertir, & même de les forcer à fe tenir fermes dans la Foy, & à perfeverer fans relâche à fuivre les décifions des Peres. Que voftre fainteté fçache auffi & s'affure, que dans l'application à cette œuvre noftre vigilance ne manquera pas de cooperer avec la voftre, ainfi qu'il eft de noftre devoir. C'eft pourquoy Nous vous envoyons de nos Commiffaires, qui par l'autorité de noftre nom réformeront avec vous ce qu'il fera neceffaire de corriger ; Nous avons auffi choifi pour cela quelques Articles des Conftitutions Canoniques, qui vous avoient paru les plus neceffaires. Qu'on ne penfe pas au refte que dans ces avis de pieté ce foit la préfomption qui nous engage à corriger les crimes, à retrancher ce qui eft inutile, ou à abreger ce qui eft de meilleur ; mais plutoft qu'on reçoive avec un efprit de charité ce que Nous avons jugé à propos de faire. Ne lifons-nous pas dans le Livre des Roys comment le faint Roy Jofias en parcourant fon Royaume ramena au culte du vray Dieu les Peuples que le Ciel luy avoit confiez, par les punitions qu'il ordonna & par les remontrances charitables qu'il y fit ? Je ne rappelle pas cecy pour m'égaler à la fainteté de ce Prince, mais pour montrer que ce font les exemples des Saints que nous nous propofons de fuivre. Ainfi nous croyons qu'en les imitant il eft de noftre devoir d'unir dans un même efprit tous ceux que nous pouvons, & de les preffer dans l'exercice d'une bonne vie à la loüange & à la gloire de N. S. J. C. Nous vous envoyons donc, comme nous l'avons déja dit, quelques Articles que nous avons fait dreffer, afin que vous ayez à les publier, avec ce que vous jugerez à propos d'y joindre, & que vous apportiez un zele égal à y répondre les uns & les autres. Prenez donc foin dans la pieufe application de vos inftructions, de ne rien omettre de tout ce que voftre fainteté jugera devoir eftre utile au Peuple de Dieu, en forte que voftre autorité paftorale & l'obéïffance des Peuples puiffent en obtenir de Dieu Tout-Puiffant une felicité éternelle.

Enfuite de cette Préface font les Articles dont elle fait mention, & que le Roy avoit fait dreffer au nombre de quatre-vingt, pour eftre publiez dans tous fes Eftats. Ils font tirez de l'Ecriture Sainte, des Canons des Apoftres, des Decretales des Souverains Pontifes, ou des Conciles de Nicée, de Chalcedoine, d'Antioche, de Sardique, de Laodicée, de Carthage, de Gangres, d'Ancyre, & de Néocefurée: il feroit trop long d'en rapporter les difpofitions. Chacun des Articles a fon titre feparé, fuivant l'ufage de ce temps-là. Ce titre contient fommairement toute la matiere renfermée dans l'Article : ainfi en rapportant quelques-uns des principaux titres de cet Edit, l'on entendra affez quelles font fes principales difpofitions. Tous les autres font de même nature, & cela fuffit en cet endroit pour fatisfaire à nos preuves; les voicy dans leurs propres termes Latins, ils ont plus de force que dans une autre Langue. I. *De Fide Catholica & primo Præcepto Legis.* II. *De Fide fanctæ Trinitatis prædicandâ.* III. *De honore Ecclefiæ Dei.* IV. *De die Dominica, qualiter fervanda eft.* V. *De operibus fervilibus quæ diebus Dominicis non funt agenda.* VI. *De Epifcopis ordinandis, vel quibuflibet ex Clero.* VII. *De cura Epifcoporum.* VIII. *De ftabilitate Epifcoporum vel Clericorum.* IX. *De Presbyteris,*

Presbyteris, Diaconis, vel his qui in Clero funt. x.
De Clericis fugitivis & peregrinis. xi. *De his qui à
Synodo , vel à fuo Epifcopo damnati funt.* xii. *De fidé
Presbyterorum ab Epifcopis difcutiendâ.* xiii. *De
prædicatione Epifcoporum ac Presbyterorum.* xiv. *De
Monachis.* xv. *De Virginibus Deo dicatis.* xvi. *De
Virginibus velandis.* xvii. *De Vidais, ne velentur.*
xviii. *De Monafteriis Deo dicatis.* xix. *De Libris
canonicis.* xx. *De Canonum inftitutis à Presbyteris
non ignorandis.* xxi. *De Sacerdotibus contra Decreta-
lia agentibus.* xxii. *De Mulieribus ne ad Altare ac-
cedant.* xxiii. *De his qui fe convertunt ad Deum.*
xxiv. *De his qui non funt bonæ converfationis.* xxv.
De honore parentum. xxvi. *De pace & concordiâ fer-
vandâ.* xxvii. *De homicidiis.* xxviii. *De furtis &
injuftis connubiis & falfis teftimoniis.* xxix. *De odio
vel invidia , & de avaritia vel concupifcentia.* xxx.
De pfeudographis & dubiis narrationibus: Ainſi de
tous les autres Articles où rien de ce qui eſtoit
alors de plus important à la pureté de la Foy ,
à la diſcipline Eccleſiaſtique , & aux bonnes
mœurs n'eſt oublié. Ils eſtoient adreſſez pour
les faire publier & pour l'execution aux Puiſſances ſpirituelles & temporelles comme il vient
d'eſtre prouvé. Les Eveſques & les Comtes ou
premiers Magiſtrats des Provinces partageoient
entr'eux cette autorité. Cela demandoit beaucoup de concorde & d'union pour remplir par
chacune de ces Puiſſances un miniſtere ſi important. Ce fut auſſi l'un des principaux ſoins du
même Prince & des Roys ſes ſucceſſeurs , d'entretenir cet heureux concert d'où dépendoit la
paix de l'Egliſe & la tranquillité publique. Voicy quelques-unes des Ordonnances qu'ils firent
à cette occaſion.

CHARLEMAGNE, l'an 801.

*Capitul. Reg.
Franc. Baluzii
tom. 1. col.
314.*

» Nous voulons que les Eveſques & les Com-
» tes vivent enſemble avec amitié & concorde ,
» afin que dans les affaires de Dieu & de la
» ſainte Egliſe qu'ils auront à conduire & à trai-
» ter , l'Eveſque avertiſſe le Comte , & vienne à
» ſon ſecours quand il ſera neceſſaire : & que le
» Comte au reciproque ſoit toujours preſt d'ac-
» corder à l'Eveſque les ſecours dont il aura beſoin
» pour accomplir dans ſon Dioceſe ſon Miniſte-
» re Canonique.

CHARLEMAGNE, l'an 802.

Idem. col. 366.

» Nous ordonnons à nos Commiſſaires viſi-
» tans leurs Provinces, de s'appliquer à main-
» tenir la paix, l'amitié ; & la concorde entre
» les Eveſques, les Abbez & les Comtes, afin
» qu'ils s'uniſſent enſemble pour rendre la Juſ-
» tice ſelon les Loix, & que leur conduite ſoit
» conforme à la volonté de Dieu ; que les pau-
» vres , les veuves, les orphelins , & les pele-
» rins trouvent de la conſolation & de la pro-
» tection auprés d'eux, & que Nous-mêmes par
» ce bon ordre Nous meritions la vie eternelle.

LOUIS LE DEBONNAIRE, l'an 823. à tous les Ordres.

Id. col. 640.

» Nous ne doutons point qu'il ne vous ſoit
» connu à tous, ou pour l'avoir vû, ou pour
» l'avoir oüy dire, qu'apres que le Roy noſtre
» pere , & les Roys nos Ayeux ont eſté choiſis
» de Dieu, ils ſe ſont principalement eſtudiez
» à maintenir l'honneur de la ſainte Egliſe &
» la tranquillité du Royaume ; vous n'ignorez
» pas encore , que ſuivant autant qu'il Nous a
» eſté poſſible ces grands exemples , Nous avons
» ſouvent pris ſoin de vous avertir de vos obli-
» gations à cet égard. Auſſi voyons-nous, par

Tome I.

la miſericorde de Dieu , que beaucoup de cho- «
ſes ont déja eſté réformées & d'autres corri- «
gées, dont Nous devons rendre de tres juſtes «
loüanges à Dieu , & en toutes occaſions vous «
témoigner combien Nous ſommes ſatisfaits de «
vos bonnes intentions. «

Nous ſommes auſſi perſuadez que c'eſt pour »
maintenir ce bon ordre dans la ſainte Egliſe , »
& dans l'Eſtat qu'il a plu à la divine Providence «
de Nous choiſir ; c'eſt pourquoy Nous , les «
Princes nos Enfans , & noſtre Famille Royale ; «
avons toujours deſiré de Nous attacher princi- «
palement avec les ſecours de Dieu, à obſerver «
Nous-mêmes dans l'adminiſtration de l'Eſtat ; «
& à vous faire obſerver à tous; que la défenſe, «
l'exaltation , & l'honneur de la ſainte Egli- «
ſe de Dieu ſoit maintenu , que les perſonnes «
Eccleſiaſtiques ſoient protegées, & que tous «
nos Sujets vivent en paix & avec juſtice. Ce «
ſera toujours-là noſtre principale étude ; & «
Nous prendrons ſoin, ſuivant noſtre devoir, «
& avec l'aide de Dieu , de vous avertir dans «
toutes les Audiances que Nous vous donne- «
rons , de vous y appliquer auſſi de tout voſtre «
pouvoir. «

A l'égard de vous , Comtes ; en particu- «
lier , Nous vous avertiſſons que voſtre princi- «
pale fonction conſiſte à faire rendre à la ſainte «
Egliſe de Dieu le reſpect & l'honneur qui luy «
eſt dû ; que vous devez vivre en amitié & en «
concorde avec vos Eveſques , & leur donner «
les ſecours dont ils ont beſoin pour remplir «
leur miniſtere ; afin que vous-mêmes, dans «
l'adminiſtration de la Juſtice, & les ſoins de «
la tranquillité publique, vous rempliſſiez tous «
vos devoirs. «

Nous ordonnons aux Eveſques, aux Abbez «
à tous nos Vaſſaux , & à tous nos Sujets Laï- «
ques, de concourir avec les Comtes dans l'ad- «
miniſtration de la Juſtice. Nous ordonnons auſſi «
aux mêmes Eveſques & aux Comtes de vivre «
enſemble avec amitié & concorde, & qu'ils s'ac- «
cordent les ſecours mutuels dont ils ont reci- «
proquement beſoin pour s'acquitter de leurs «
miniſteres. «

Nous voulons enfin que nos preſentes Ordon- «
nances & celles que Nous ferons à l'avenir «
ſoient reçûës de noſtre Chancellier & par les Ar- «
cheveſques & par les Comtes des Villes Metro- «
politaines ou par leurs Envoyez ; que chacun «
d'eux les faſſe tranſcrire, & les envoye dans ſa «
Province aux autres Eveſques , aux Abbez & «
aux autres Comtes : qu'aprés les avoir reçûës «
chacun des Comtes dans ſa Juriſdiction la «
faſſe lire & publier en la preſence de tout le «
peuple , afin que noſtre volonté eſtant connuë «
de tous, elle puiſſe eſtre executée. «

CHARLES LE CHAUVE, l'an 853.

*idem tôm. 2.
col 56.*

Nous entendons que les Commiſſaires en- «
voyez par Nous dans les Provinces faſſent aver- «
tir tous les Comtes & nos autres Officiers, que «
chacun d'eux ſoit dans ſa Juriſdiction , lors «
que l'Eveſque les aura fait avertir qu'il doit fai- «
re la viſite de ſon Dioceſe ; afin que ceux que «
l'Eveſque n'aura pû réduire à leur devoir par «
l'excommunication , les Officiers du Roy par «
la puiſſance & l'autorité Royale, les en puniſſent «
& les contraignent de ſatisfaire à leurs obliga- «
tions. «

CHARLES LE CHAUVE, l'an 869.

Ibid. col. 209.

Nous voulons que tout ce qui a eſté ordonné «
par les Roys nos Ayeuls & Pere , & par Nous «

M m » depuis

» depuis nostre avenement à la Couronne tou-
» chant l'honneur & le culte de Dieu & de la
» sainte Eglise soit executé. Que les Eglises
» jouïssent à l'avenir dans toute l'estendue de
» nostre Royaume des dons qui leur ont esté
» donnez par Nous, & des exemptions que
» Nous leur avons accordées, sauf la raison d'é-
» quité. Voulons aussi que les Archevêques,
» les Evêques, les autres Ecclesiastiques, les
» Religieux & les Religieuses, chacun selon
» son Ordre & dignité, jouïssent des honneurs
» & privileges qui leur ont esté accordez par
» les Loix sacrées & par les Canons.
» Et dautant qu'il est de nostre autorité Royale
» avec le secours du Ciel, de maintenir ces cho-
» ses, & du devoir de nos Officiers de s'y em-
» ployer de tout leur pouvoir : Nous voulons,
» ainsi qu'il a esté ordonné par les Empereurs, les
» Roys nos Predecesseurs & par Nous, que nos
» Officiers soient toujours prests de donner se-
» cours aux Evêques, aux Prestres, aux Re-
» ligieux & aux Religieuses, afin qu'ils puissent
» remplir leur ministere: Enjoignons à nos mêmes
» Officiers de faire rendre aux Eglises, aux Pres-
» tres, aux Religieux & aux Religieuses l'hon-
» neur qui leur est dû, & de les faire jouïr des
» privileges qui leur ont esté accordez, tant par
» le Droit Civil & les Loix Ecclesiastiques, que
» par les Ordonnances du Roy nostre Pere, que
» les nostres : en sorte qu'ils puissent en repos
» prier le Seigneur pour la conservation de nostre
» Royaume, pour nostre salut, & pour celuy
» de nostre Famille Royale.

Il ne nous resteroit plus pour finir ce Chapitre que de parcourir encore les Ordonnances de
nos Roys de la troisiéme Branche sur cette matiere. L'on verroit toujours cette solide pieté
hereditaire dans la Maison Royale de France,
soustenir avec un même zele le culte pur & saint
de la veritable Religion, maintenir la discipline & proteger l'Eglise. Mais comme elles sont
en trop grand nombre pour estre renfermées
dans les bornes de ce Traité, & que l'on ne
peut les abreger sans les affoiblir ; la seule Pragmatique Sanction de saint Loüis de l'an 1268. tra-
duite en nostre Langue sera rapportée pour
exemple, comme l'une des plus anciennes & des
plus importantes. Toutes les autres sont dans le
même esprit & à peu prés dans les mêmes termes, elles peuvent estre vûës dans les lieux marquez en marge.

Fontan. tom.
4. tit. 30. n. 2.
» LOUIS, par la grace de Dieu, Roy de
» France, pour conserver à la posterité la me-
» moire de nos intentions touchant les préroga-
» tives & la paix de l'Eglise de nostre Royaume,
» l'augmentation du culte Divin & le salut des

Fideles de J. C. Comme aussi pour reconnois- «
tre les graces & les secours que Nous recevons «
de Dieu Tout-Puissant, sous l'empire & la «
protection duquel nostre Royaume a toujours «
esté soumis, comme Nous voulons qu'il le «
soit encore à present : Nous avons statué & «
ordonné par cet Edit perpetuel, aprés une mûre «
déliberation de Conseil, les choses qui ensui- «
vent, que Nous voulons estre exactement ob- «
servées à l'avenir.

Aprés cette Préface il y a quelques Articles
concernant la discipline qui ne sont plus en usage, & que Nous passons pour venir à ceux qui
ont le plus de rapport à nostre objet ; voicy comment ils s'expliquent.

Nous voulons & ordonnons que le perni- «
cieux crime de simonie qui corrompt l'Egli- «
se soit entierement banni de nostre Royaume. «

Voulons & ordonnons pareillement que les «
promotions, les collations, les provisions, & «
les ordinations des Prelatures, des dignitez «
& de tous les autres Benefices & Offices Eccle- «
siastiques de nostre Royaume, soient faits se- «
lon la disposition, l'Ordonnance & la décision «
du Droit commun des sacrez Conciles de l'E- «
glise & des anciennes coustumes des SS. PP. «

Nous renouvellons, loüons, approuvons & «
confirmons aussi par ces presentes les libertez, «
franchises, immunitez, prérogatives, droits & «
privileges qui ont esté accordez par les Roys «
de France nos Predecesseurs d'heureuse me- «
moire, & depuis par Nous aux Eglises, Mo- «
nasteres & autres lieux pieux & religieux, & «
aux personnes Ecclesiastiques. Mandons & com- «
mandons tres-étroitement à tous nos Justiciers, «
Officiers, Sujets & à leurs Lieutenans presens «
& à venir, & à chacun d'eux en ce qui le con- «
cerne, que toutes ces choses & chacune d'elles «
en particulier ils observent, suivent & gardent «
diligemment, & les fassent observer, suivre & «
garder inviolablement, sans y contrevenir ou «
permettre qu'il y soit contrevenu en quelque «
sorte & maniere que ce soit; qu'ils punissent les «
transgresseurs & contrevenans de telles peines «
qu'il appartiendra, selon l'exigence des cas ; se «
en sorte qu'à l'avenir ils servent d'exemple aux «
autres. En témoignage de quoy Nous avons «
fait apposer nostre Sceau à ces presentes. Donné «
à Paris au mois de Mars l'an de N. S. 1268. «

Ce n'est pas assez que d'avoir fait voir comme
la Puissance temporelle a esté appellée dans tous
les temps au secours de l'Eglise, pour en soustenir & faire respecter & observer les Loix : il est
encore de nostre objet de faire connoistre comment elle s'en est acquitée ; & c'est la matiere
des Chapitres suivans.

TITRE II.

Des Payens.

CHAPITRE PREMIER.

Naiſſance de l'Egliſe dans la Paleſtine : l'Empereur Tibere en eſt informé, & y eſt favorable. Commencement du nom de Chreſtien. Progrés de l'Evangile. Perſecutions ſous les Empereurs Payens. Paix de l'Egliſe, & abolition du Paganiſme dans l'Empire Romain.

IL eſt de Foy que l'Egliſe prit naiſſance ſur le Calvaire, au moment de la Mort du Sauveur du Monde. La ſainte Vierge, les Apoſtres, & quelques-uns des plus fideles Diſciples en furent les prémices les plus précieuſes : Pluſieurs même de ſes ennemis, ou de ceux qu'une ſimple curioſité avoit attirez à ce grand ſpectacle, s'en retournerent frappant leur poitrine, & confeſſant la Divinité de celuy qu'ils venoient de voir expirer. La Reſurrection du Fils de Dieu en confirma un grand nombre, dont la Foy avoit eſté ébranlée par les humiliations de ſa Paſſion : Ils ſe trouverent juſques à cinq cens à l'une de ſes Apparitions : & enfin dés la premiere Prédication des Apoſtres, trois mille ſe convertirent. Ainſi l'Evangile faiſant toujours progrés, le nombre des Fideles qui formerent l'Egliſe, ſe trouva conſiderablement augmenté.

La Paleſtine eſtoit alors reduite en Province, & de la dépendance de l'Empire Romain.

C'eſt un uſage de tous les Eſtats bien diſciplinez, que les Magiſtrats ou les Gouverneurs rendent compte au Prince de tout ce qui arrive de conſiderable dans l'eſtenduë de leur Juriſdiction, ou de leur gouvernement, & cela s'obſervoit exactement à Rome. Pilate, ſelon pluſieurs graves Auteurs, pour ſatisfaire à cette obligation, écrivit à Tibere tout ce qui s'eſtoit paſſé à l'égard de JESUS-CHRIST, & luy envoya les actes de ſon Procés. L'Empereur perſuadé de la Divinité de celuy dont la Vie & la Mort avoient eſté accompagnées d'évenemens ſi admirables, propoſa au Senat de le mettre au nombre des Dieux. Le Senat le refuſa par des raiſons de Politique, ou plutoſt, diſent les Peres, parce que Dieu ne permit pas que ſon Fils fuſt ainſi confondu avec les idoles des Gentils. Tibere demeura neanmoins toujours dans ſon opinion, & menaça de mort ceux qui accuſeroient les Diſciples de J. C. ou qui exerceroient contr'eux quelque violence. Peu de tems aprés, l'Egliſe qui avoit cependant pris naiſſance dans la Judée, comme il vient d'eſtre obſervé, s'eſtendit dans la Galilée & dans la Samarie, & y eſtoit en paix : cela donna lieu aux Apoſtres & à leurs Diſciples, de porter l'Evangile dans les lieux les plus éloignez. Leurs Actes ; leurs Epiſtres, & l'Hiſtoire Eccleſiaſtique, nous apprennent leurs voyages en Grece, en Aſie, & ailleurs, & quel en fut le progrés.

Saint Pierre fonda l'Egliſe d'Antioche l'an 38.

Tome I.

& ce fut en cette Ville l'an 41. que les Fideles prirent la premiere fois, du Nom de leur divin Maiſtre, celuy de Chreſtiens. Le même Apoſtre, ſelon l'opinion commune, vint à Rome l'an 43. & y eſtablit ſon Siege Epiſcopal ; il en fut chaſſé avec ceux de ſa Nation l'an 48. & il y revint l'année ſuivante. Saint Paul l'y vint trouver l'an 53. pour conſoler & pour fortifier les Fideles, qui eſtoient alors perſecutez par Neron : l'un & l'autre de ces ſaints Apoſtres y reçûrent la couronne du Martyre, le 29. Juin l'an 67. de noſtre Salut.

Dieu permit que ſon Egliſe fuſt encore éprouvée dans la ſuite par pluſieurs autres perſecutions : mais, contre l'attente des Tyrans, le ſang des Martyrs fut une ſemence feconde, qui augmenta de tous coſtez le nombre des Fideles. *Tertul. Apol. in fine.*

Galere Maximin fut l'un des plus violens de ces Perſecuteurs, & preſque le dernier : une maladie mortelle qui luy ſurvint, ne fut pas capable d'arreſter ſes emportemens contre les Chreſtiens : il invoqua inutilement ſes faux Dieux : il fit mourir pluſieurs Medecins, pour les punir du malheur qu'ils avoient, de ne le pas guerir. Le dernier qu'il appela à ſon ſecours, alarmé de l'exemple de ſes Confreres, au lieu de remedes, luy repreſenta avec une liberté reſpectueuſe, que ſa maladie n'eſtoit point naturelle ; qu'il avoit attiré ſur luy la colere du Dieu tout-puiſſant des Chreſtiens, & qu'il en portoit la peine. Ce Prince écouta cet avis ; il donna même un Edit en faveur des Chreſtiens l'an 311. mais la meſure de ſes iniquitez eſtoit au comble ; il mourut dans ſon impieté peu de tems aprés. *Euſeb. hiſt. l. 8. c 16. & 17. & l. 9. c. 1.*

Maximin ſon Succeſſeur, & qui avoit eſté ſon Collegue, ne fuſt pas ſi-toſt monté ſur le trône, qu'il recommença la perſecution : celle-cy fut la derniere que l'Egliſe eut à ſouffrir de la part des Idolatres.

Conſtantin eſtant parvenu à l'Empire l'an 312. & converti par la voye miraculeuſe que chacun ſçait, revoqua tous les Edits de ſes Predeceſſeurs contre les Chreſtiens, & redonna la paix à l'Egliſe. *Euſeb. in vit. Conſt. l. 1. c. 8. 17. 28. 33. & ſeq. Idem hiſt. l. 8. c. 2. Prud. in Symm. lib. 1.*

Ce n'eſtoit pas aſſez pour un Prince Chreſtien ; il faloit détruire l'idolatrie dans ſes Eſtats ; l'entrepriſe eſtoit difficile & délicate au commencement d'un Regne, & ſur un thrône auſſi chancelant que l'eſtoit celuy de l'Empire ; une partie du Peuple, & preſque tous les Senateurs & les Magiſtrats adoroient encore les faux Dieux ; & les mouvemens qu'une fauſſe Religion inſpire,

Tertul. Apol. c 5, v. 21. Euſeb. Chron. ſub ann. 37 S. Chryſ. hom. 17. in 2, ad Cor.

Mm ij font

font toujours à craindre : ainſi ce Prince fut obligé de ſe conduire dans ce grand ouvrage, avec beaucoup de ſageſſe & de circonſpection.

Sa Victoire ſur Maxence, & celle que Licinius ſon Beaufrere & ſon Collegue à l'Empire remporta ſur Maximin , les mit en eſtat de s'appliquer aux affaires de la Religion. Ils commencerent par eſtablir la liberté de conſcience dans tous leurs Eſtats ; & c'eſt le parti que les plus ſages d'entre les Princes ont toujours pris en ſemblables occaſions : l'Edit en fut publié le 13 Juin l'an 313. il eſt addreſſé à tous les Magiſtrats de l'Empire : les termes en ſont trop beaux pour en rien retrancher : Voicy ce qu'il contient.

Euſeb. hiſt. l. 10. c. 5. Lactan. n. 45.

» Nous eſtant heureuſement aſſemblez à Milan, » moy Conſtantin Auguſte , & moy Licinius Auguſte , & traitant de tout ce qui regarde la ſureté & l'utilité publique ; Nous avons crû , » qu'un de nos premiers ſoins devoit eſtre ; de » regler ce qui regarde le culte de la Divinité, » & de donner aux Chreſtiens , & à tous les au- » tres , la liberté de ſuivre telle Religion que » chacun voudroit , afin d'attirer la faveur du » Ciel ſur Nous & ſur nos Sujets. Nous avons » donc reſolu par un conſeil ſalutaire, de ne » dénier à qui que ce ſoit , la liberté d'attacher » ſon cœur à l'obſervance des Chreſtiens , ou à » telle Religion qu'il croiroit luy eſtre la plus » convenable ; afin que la ſouveraine Divinité , » dont nous ſuivons la Religion d'un cœur libre, » puiſſe nous favoriſer en tout de ſes graces or- » dinaires. C'eſt pourquoy vous devez ſçavoir , » que nonobſtant toutes les clauſes des Lettres » qui vous ont eſté addreſſées touchant les Chré- » tiens , il nous a plû maintenant d'ordonner » ſans aucune reſtriction , que chacun de ceux » qui voudront obſerver la Religion Chreſtienne, » ils le puiſſent faire , ſans en eſtre inquietez en » façon quelconque ; ce que Nous avons crû de- » voir vous déclarer nettement , afin que vous » ſçachiez , que nous avons donné aux Chré- » tiens la faculté libre & abſoluë, d'obſerver » leur Religion : bien entendu que les autres au- » ront la même liberté, pour maintenir la tran- » quillité de noſtre Regne.

» Nous avons de plus ordonné à l'égard des » Chreſtiens , que ſi les lieux où ils s'aſſem- » bloient cy-devant , & touchant leſquels vous » aviez reçû certains ordres par des lettres à » vous addreſſées , ont eſté achetez par quel- » qu'un , ſoit de noſtre Fiſc , ſoit de quelque » perſonne que ce ſoit , ils ſoient reſtituez aux » Chreſtiens ſans argent ſans aucune repetition » de prix, & ſans aucun délay ny difficulté. Que » ceux qui les auront reçûs en don , les ren- » dent pareillement au plutoſt ; & que tant les » acheteurs que les donataires , s'ils croyent » avoir quelque choſe à eſperer de noſtre bonté, » ils s'addreſſent au Gouverneur de la Province, » afin qu'il leur ſoit par Nous pourvû. Tous » ces lieux ſeront incontinent délivrez à la » Communauté des Chreſtiens , par vos ſoins : » & parce qu'il eſt notoire qu'outre les lieux où » ils s'aſſembloient , ils avoient encore d'autres » biens appartenans à leur Communauté , c'eſt- » à-dire , aux Egliſes, & non aux particuliers, » vous ferez rendre à leurs Corps & Commu- » nautez toutes ces choſes, aux conditions cy- » deſſus exprimées, ſans aucune difficulté ny » conteſtation ; à la charge que ceux qui les » auront reſtituées ſans rembourſement, pour- » ront eſperer de noſtre grace leur indemnité. » En tout cecy vous employerez tres-efficace- » ment voſtre miniſtere pour la Communauté

des Chreſtiens , afin d'executer nos ordres au « plutoſt, & de procurer la tranquillité publi- « que. Ainſi la faveur divine , que nous avons « déja éprouvée en de ſi grands évenemens , « continuera toujours à nous aſſeurer d'heureux « ſuccés , avec le bonheur des Peuples : & afin « que cette Ordonnance puiſſe venir à la con- « noiſſance de tous, vous la ferez afficher par « tout avec voſtre attache, en ſorte qu'elle ne « puiſſe eſtre ignorée de perſonne. «

L. 3. C. de ſa.

Conſtantin continuant de proteger les Chré- « tiens , ordonna par une Loy du 6. Mars 321. « que tous les Juges & les Peuples des Villes « obſerveroient le jour du Soleil , par la ceſſa- « tion de toutes les œuvres ſerviles ; (c'eſtoit le « Dimanche des Chreſtiens.) Le premier Juil- « let de la même année , il permit par une Loy « expreſſe à tous ſes Sujets , de laiſſer en mourant « ce qu'ils voudroient de leurs biens aux Egli- « ſes. Il abolit les anciennes Loix , qui impo- « ſoient des peines à ceux qui gardoient le céli- « bat. Il abolit encore dans tout l'Empire le ſup- « plice de la croix. Il autoriſa tous ſes Sujets , à ſe rapporter de leurs differends aux Evéques par voye d'arbitrage. Il rappella tous ceux qui avoient eſté bannis pour la Foy. Il déchargea des charges publiques & onereuſes , les Chreſtiens que l'on y avoit rendu ſujets en haine de la Religion. Il rendit la liberté aux Chreſtiens qui avoient eſté releguez dans les Iſles , ou condamnez aux mines & autres ouvrages publics : il la rendit entre autres à ceux qui avoient eſté engagez comme eſclaves du Fiſc, aux Manufactures de toiles & d'étofes. Il donna le choix à ceux qui avoient eſté degradez de la Milice , comme Chreſtiens , de rentrer dans le Service , ou de ſe retirer avec un congé honorable. Voilà pour les perſonnes. Quant aux biens, il rendit aux parens les ſucceſſions des Martyrs. Il reſtablit les Confeſſeurs & les bannis pour la Foy, ou leurs parens, dans leurs biens ; au défaut de parens , il donna ces biens aux Egliſes des lieux , & confirma les donations qui leur avoient eſté faites par les Martyrs , les Confeſſeurs , & les autres Fideles. Il condamna tous les poſſeſſeurs des heritages à les rendre, mais ſans reſtitution de fruits, pourvû qu'ils les rendiſſent volontairement. Il voulut que le Fiſc fiſt la même reſtitution. Que l'on rendiſt aux Egliſes tous leurs immeubles , & particulierement les lieux honorez par les Corps des Martyrs que l'on y avoit inhumez. Il promit de dédommager ceux qui auroient reçû du Fiſc quelqu'un de ces heritages à titre d'achat , de donation , ou autrement. Ce Prince enfin remplit de Sujets Chreſtiens preſque toutes les hautes Magiſtratures & toutes les grandes Charges, ſoit de la Cour, ſoit des Provinces.

L. 1. de ſacr. ſanct. Eccleſ.

L unic. C. Th. de infr. pœn. cœlib.

Sozom. hiſt. l. 1. c. 9.

Euſeb. in vit. Conſt. c. 30 & paſſim.

Sous ces heureux auſpices que Dieu avoit fait naîſtre , & qu'il ſouſtenoit de ſa protection , l'Evangile prêché avec plus de liberté, fit progrés de tous coſtez. Ce fut alors que Conſtantin inſtruit par ſa Religion, que la Loy de Dieu défend abſolument l'idolatrie, crut eſtre aſſez puiſſant pour la pouvoir totalement abolir. Dans cette vûë, il fit publier deux nouveaux Edits en faveur de la Religion Chreſtienne : Par le premier, il défendit de ſacrifier à l'avenir aux idoles , ny « dans les Villes, ny à la Campagne ; d'élever « leurs ſimulacres en quelque lieu que ce ſoit , « ny d'exercer les divinations, ou autres ſuper- « ſtitions. Et par le ſecond , il ordonna d'aug- « menter le nombre des Egliſes, & de rebaſtir les « anciennes plus grandes qu'elles n'eſtoient. «

Sozom. l. 1. c. 8.

Ces

Ces Edits firent du bruit, & cauſerent quelques émotions dans l'Empire : les Chreſtiens zélez vouloient demolir les Temples, devenus inutiles par l'interdiction du culte des faux Dieux. Les Payens qui eſtoient encore en aſſez grand nombre, menacerent d'employer ſa force pour s'y oppoſer : l'Empereur crut devoir encore temporiſer : il calma les eſprits par un troiſiéme Edit, qui eſt une eſpece de modification du pre-
» mier. Il porte à la verité une exhortation à
» tous ſes Sujets d'embraſſer la vraye Religion ;
» mais en même temps il declare qu'il ne veut
» contraindre perſonne ; qu'il laiſſe une entiere
» liberté de conſcience ; défend aux Particuliers
» de s'inquieter les uns les autres pour la diver-
» ſité de leurs ſentimens, & qu'il n'approuvoit
» pas ceux qui diſoient déja qu'il faloit abbatre
» les Temples : il n'eſtoit pas encore tems d'aller
» plus loin. Ce fut tout ce que l'Empereur Conſtantin puſt faire de ſon vivant ; l'honneur de l'abolition totale du Paganiſme, eſtoit reſervé aux Princes ſes fils.

Conſtance qui eut en partage l'Empire d'O-
» rient, fit une Loy l'an 341. par laquelle, il
» abolit la ſuperſtition, & la folie des ſacrifices
» qui eſtoient offerts aux idoles ; & ordonna,
» que celuy qui oſeroit y contrevenir, ſeroit
» puni ſelon ſa faute.

Conſtant pour l'Occident ordonna l'an 342.
» que les Temples qui eſtoient hors des Villes,
» demeureroient en leur entier, à cauſe des jeux
» & des ſpectacles qui en avoient tiré leur ori-
» gine, & dont il ne vouloit pas priver le Peu-
» ple ; mais qu'au ſurplus il vouloit que toute
» ſuperſtition fuſt abolie.

Conſtance demeuré ſeul Empereur, ſe declara encore plus ouvertement contre le Paganiſme, par un Edit ſolemnel de l'an 353. Il porte un
» ordre exprés de fermer tous les Temples,
» en quelques lieux qu'ils ſoient ſituez ; défend
» les ſacrifices, ſous peine de la vie, & de con-
» fiſcation des biens ; menace les Gouverneurs
» des Provinces de pareilles peines, s'ils negli-
» gent de punir ces crimes.

L'an 406. Radagaiſe Payen, Scythe de nation, entra en Italie, & approcha de Rome avec une armée de plus de vingt mille Goths. Cet évenement imprévû releva le courage des Payens : ils s'aſſembloient, & diſoient hautement, que cet ennemi avoit les Dieux pour luy, & que la Ville alloit périr, parce qu'elle les avoit abandonnez : ils faiſoient de grandes plaintes, & demandoient inſolemment le reſtabliſſement des ſacrifices. L'armée de Radagaiſe fut défaite ; luy-même fut pris & tué, & le calme reſtabli.

Mais pour contenir les Payens dans leur devoir, & leur oſter toute eſperance de reſtabliſſement, les Empereurs Arcadius & Honorius firent une Loy le 15. Novembre 407. encore plus
forte que toutes les precedentes. Elle porte, que
« les revenus des Temples ſeront employez aux
« dépenſes de la guerre ; que les autels & les
« ſimulacres des faux Dieux ſeront abbatus ; que
« les Temples baſtis dedans ou dehors les Vil-
« les, ſerviront dorénavant aux uſages pu-
« blics, auſquels ils ſeront trouvez plus propres ;
« défend les feſtins & toutes les feſtes du Paga-
« niſme, & permet aux Evêques des lieux d'y
« tenir la main.

Le même Honorius l'an 415. enjoignit aux Preſtres des Payens, de ſe retirer dans leurs Villes natales, confiſqua tous les lieux deſtinez pour le ſervice des idoles, & leurs revenus ; à l'exception neantmoins de ceux dont le don auroit eſté accordé par les Empereurs precedens, ou par luy à des perſonnes particulieres, ou aux Egliſes.

Pendant que l'autorité des Loix ſe faiſoit ainſi ſentir aux Payens, l'Egliſe de ſon coſté mit tout en uſage pour les gagner à J.C. les inſtructions de ſes Paſteurs, la ferveur de ſes Miſſionaires, la ſainteté & la pureté des mœurs de ſes enfans, ſes prieres, ſes jeûnes & ſes ſacrifices, continuellement appliquez à cet objet. Tous ces moyens, diſons-nous, joints enſemble, attirerent une infinité de converſions de tous coſtez : l'exemple des Princes eſt toujours d'un ſi grand poids, que ce fut encore l'un des principaux moyens dont la miſericorde de Dieu ſe ſervit pour ce grand ouvrage : leurs Cours les imiterent ; les Grands de l'Eſtat & les Gens de Lettres les ſuivirent de prés. Ainſi comme il n'y reſtoit preſque plus d'idolatres, que des gens de la Campagne, ou de la lie du Peuple, ils ſe retirerent dans les Villes où ils eſtoient dans un fort grand mépris. Ce fut de-là qu'ils furent nommez pour la premiere fois dans une Loy d'Arcadius & Honorius de l'an 395. Pagani, c'eſt-à-dire, Payſans, ou gens de Village, dont nous avons fait un nom François.

Theodoſe le Jeune donna enfin le dernier coup au Paganiſme dans l'Empire, par une Loy de l'année 426. Elle porte, que les Temples qui «
reſtoient encore ſeroient demolis, & que les lieux «
où ils eſtoient baſtis, ſeroient convertis en Egliſes «
pour le culte du vray Dieu, en y plantant le ſi- «
gne venerable de la Religion Chreſtienne. Et il «
ordonne la peine de mort contre les Juges qui «
eluderoient l'execution de cette Ordonnance. «

CHAPITRE II.

Abolition des reſtes du Paganiſme en France.

A Peine les Edits des Empereurs pour l'abolition totale du Paganiſme, avoient-ils penetré juſques dans les Gaules pour y eſtre executez, que les François en firent la conqueſte.

La Foy y avoit eſté apportée dés le milieu du troiſiéme ſiecle, & y avoit fait beaucoup de progrés ; mais il y reſtoit toujours quelques Payens, & le Peuple même converti, avoit encore de la peine à quitter ſes anciennes ſuperſtitions. Les François ne furent d'abord aucunement capables d'y apporter du remede ; ils eſtoient eux-mêmes idolatres : ainſi le Paganiſme s'y trouva de nouveau favoriſé.

Les choſes eſtoient en cet eſtat l'an 496. lors que Clovis le cinquiéme de nos Roys embraſſa le Chriſtianiſme ; trois mille de ſes Sujets furent baptiſez avec luy ; & ce grand exemple fut bientôt ſuivi du reſte de la Nation.

Le regne de ce Prince depuis ſa converſion, ne fut ny aſſez long, ny aſſez tranquille, pour achever ce grand ouvrage de l'abolition totale du Paganiſme en France : ce fut l'un des premiers ſoins des Roys ſes Succeſſeurs. Voicy les Loix qu'ils firent à cette occaſion.

Childebert ſon fils ordonna l'an 554. que tous les reſtes du Paganiſme ſeroient abolis dans tous ſes

Mm iij

» ses Eſtats. Il enjoignit à tous ceux qui avoient
» encore en leurs terres quelques idoles , ou au-
» tres choſes conſacrées au culte des fauſſes divi-
» nitez , de les repreſenter & abandonner , pour
» eſtre abbatuës & détruites : & il fit défenſes de
» paſſer en débauches , en bouffonneries , ou en
» chanſons profanes , les nuits des Vigiles de
» Pâques , de Noël , & des autres Feſtes ; à peine
» contre les contrevenans de condition ſervile ,
» de cent coups de verge.

Idem. col. 147   Carloman Duc & Prince des François , &
Regent du Royaume , pendant quelques années
d'interregne entre Thierry & Childeric III. rendit une Ordonnance le 20. Avril 742. portant ,
» que chaque Evêque dans ſon Dioceſe , & le
» Juge des lieux défenſeur de ſon Egliſe , au-
» roient ſoin que le Peuple ne retombaſt dans
» aucune des erreurs du Paganiſme ; & pour cela
» défendit tres-eſtroitement tous ſacrifices pro-
» fanes , ſortileges , augures , divinations , ca-
» racteres , enchantemens , immolations d'hoſties
» proche les Egliſes , feux ſacrileges , & genera-
» lement toutes autres couſtumes & obſervations
» ſuperſtitieuſes des Payens.

Idem col. 252.   Charlemagne ordonna l'an 769. que chaque
» Evêque en ſon Dioceſe , avec le ſecours du
» Juge des lieux , tinſt ſa main à ce que le Peu-
» ple s'abſtînt de toutes les œuvres des Payens ,
» & qu'il rejettaſt avec mépris tous les ſacrifices

profanes , les ſortileges , les divinations , les «
caracteres , les augures , les enchantemens , les «
hoſties que certains hommes inſenſez immo- «
loient proche des Egliſes , avec des ceremonies «
Payennes , & generalement toutes les ordures «
& ſaletez du Paganiſme.

Ce même Prince ne fit aucune conqueſte ,
qu'il n'y fiſt porter en même tems par des Miſſionaires Apoſtoliques les lumieres de la Foy. Il
ſe ſoumit les Saxons l'an 772. & par ſes ſoins , ils
embraſſèrent le Chriſtianiſme l'an 777. Quelques-
uns dans la ſuite retomberent dans leurs erreurs,
par la frequentation des Nations voiſines qui
eſtoient encore idolatres. Ce Prince qui en fut
informé , & qui en apprehendoit le progrés , y *Idem. col. 252.*
remedia promptement l'an 789. par une Ordon-
nance ſevere en faveur de la Religion : elle porte,
que tous ceux qui exerceroient encore à l'ave- «
nir quelques œuvres du Paganiſme , refuſe- «
roient le Baptême , & entretiendroient quel- «
ques intelligences avec les Payens contre la «
Religion Chreſtienne , & contre le ſervice du «
Roy , ſeroient punis de mort : que ſi nean- «
moins celuy qui auroit commis l'un de ces «
crimes en ſecret , venoit enſuite volontaire- «
ment à l'Egliſe ſe reconcilier par les Sacre- «
mens , ſa grace luy ſeroit accordée ſur le té- «
moignage du Preſtre.

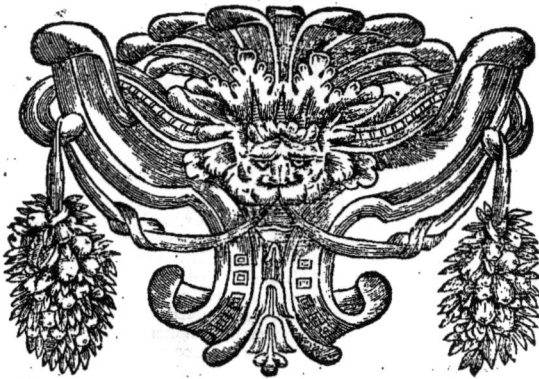

TITRE III.

Des Juifs.

CHAPITRE PREMIER.

Dispersion des Juifs dans l'Empire Romain. Et la discipline qui leur fut imposée par les Loix.

APrés le Deïcide commis par les Juifs, Dieu par sa misericorde les attendit encore à penitence pendant trente-sept ans. Ils n'en profiterent pas, & sa Justice les abandonna enfin à toutes les desolations dont ils avoient esté menacez par les Oracles Divins.

Leur ruine fut precedée de tous les présages dont Dieu les avoit avertis ; mais leur aveuglement ne leur permit pas de s'en appercevoir. Les Chrestiens seuls obeïssant à la voix de leur divin Maistre sortirent de Jerusalem. Ils abandonnerent cette malheureuse Ville à la vengeance que Dieu vouloit tirer de tant de crimes qu'elle avoit commis contre JESUS-CHRIST & ses Apostres. Ils se retirerent au delà du Jourdain dans les Estats du Roy Aprippa, où ils furent en sûreté, parce que ce Prince estoit amy des Romains.

Une revolte des Juifs contre leurs Gouverneurs attira la guerre contre eux. Vespasien & Tite y vinrent avec de puissantes Armées. Jerusalem fut assiegée dans le temps que les Peuples de la Ville & des Provinces y estoient venus pour solemniser la Feste de Pâques. Elle fut prise, le Temple fut brûlé, & tous les autres édifices ou brûlez ou démolis. Onze cent mille de la Nation y perirent, & quatre-vingt-dix-sept mille furent faits captifs.

Les Juifs qui avoient esté sans Roy & sans Prince depuis Archelaüs, se trouverent encore par cette derniere desolation, sans Temple, sans Autel, sans Prestres & sans Sacrifices. Et tout cela leur avoit esté prédit par les Prophetes.

L. 1. C. Th. de Jud.

Les Empereurs après les avoir ainsi vaincus & humiliez, leur furent neanmoins encore quelque-temps assez favorables. Ils leur permirent d'avoir un Ethnarque ou Chef de leur Nation, qui avoit tout pouvoir sur eux, leur rendoit la Justice, & leur imposoit des decimes. Ils le nommoient aussi Patriarche, & luy donnoient un certain nombre d'Assesseurs, sous le titre d'Apostres.

Epist. Dion. Traj. p. 354. f. Idem in Hadrian. p. 162. D. & 163. C. Euseb. 4. cap. 2. 6. Spart. in Adr. p. 7. B. Hier. in Zachar. XI. 5. lib. 3. Ibid. 4. hist. 6.

Ils abuserent de ce reste de pouvoir, & se revolterent en plusieurs provinces, où ils furent encore défaits. Et enfin sous Adrien un tres-grand nombre ayant esté pris en differens combats, ce qui en resta fut vendu & dispersé dans presque toutes les Nations de la Terre.

Pendant ce temps l'Evangile fut porté dans toutes les parties du Monde, & le nombre des Fideles se multiplia de tous costez. Ce fut en vain que les Tyrans s'y opposerent, la patience des Martyrs triompha toujours des plus cruels tourmens, & convertissoit jusqu'à leurs Bourreaux.

La paix fut enfin donnée à l'Eglise par Constantin l'an 312. de nostre Salut. Et alors il n'y eut aucun des Princes Chrestiens qui ne desirast passionnément la conversion des Juifs qui estoient dans ses Estats.

Toutes les voyes de douceur furent mises en usage pour les gagner à J. C. L'on commerça avec eux. On tolera leurs Synagogues & ce qui restoit des Ceremonies de leur Religion. Les Papes, les Empereurs & les Roys les prirent sous leur protection. Il fut défendu par les Loix de les forcer à changer de Religion, de les maltraiter, d'exiger d'eux ny service ny argent qu'ils ne dussent point ; d'usurper leurs Cimetieres ou leurs Synagogues, & de les troubler dans leurs Festes ou leurs Ceremonies. Ainsi, comme ils avoient esté autrefois le Peuple de Dieu, qu'ils l'adoroient encore, & qu'ils sont toujours les dépositaires des Livres saints, d'où la veritable Religion tire ses preuves, l'on eut pour eux tous ces égards que l'on n'avoit point pour les Payens.

Plusieurs en profiterent & demanderent le Baptême : mais le plus grand nombre demeura opiniastre ; & ceux-cy par leurs rebellions, leurs usures, leurs violences & une infinité d'autres mauvaises actions, attirerent contr'eux des Loix tres-severes. En voicy quelques-unes des principales.

Lors qu'ils rencontroient ceux d'entre eux qui s'estoient convertis, ils les insultoient ; & souvent même les poursuivoient à coups de pierres pour les assassiner. L'Empereur Constantin qui en fut informé, fit une Loy l'an 315. par laquelle il déclare à tous les Juifs & à leurs Patriarches ou Chefs, que si à l'avenir quelqu'un d'eux tombe dans cette faute, luy & ses complices en seront punis par la peine du feu.

L. 1. Judæis Cod. Th. Judæis.

Il y ajousta par une seconde Loy de l'an 336. des défenses aux Juifs, de proferer même aucunes injures contre ceux de leurs Sectes, qui embrasseroient le Christianisme, ny de les maltraiter ou inquieter en quelque maniere que ce pust estre, à peine d'en estre punis à proportion de la faute.

L. 5. eum, C. Th. de Jud.

Ce même Prince par deux autres Loix de la même année 336. fit défenses aux Juifs d'avoir à leur service aucuns Chrestiens, ny d'autres domestiques que de leur Nation & de leur Secte, à peine d'amende & de privation de leurs privileges. Il y ajousta la peine de mort contre ceux qui auroient circoncì quelqu'un de leurs esclaves ou domestiques de quelque Secte qu'il fust.

L. 1. si quis Judæor. & L. 2. si aliquis Judæ. Cod. Th. in Christianum municip. Judæus habeat.

Il s'estoit introduit une mauvaise coustume, que les Juifs épousoient des femmes Chrestiennes, & que les enfans qui provenoient de ces alliances estoient élevez dans la Religion du pere. L'Empereur Constance fit cesser ce desordre

L. 6. quòd ad mulieres. C. Th. de Jud.

par

par une Loy de l'an 339. Elle casse & déclare
» nuls tous les mariages qui avoient esté ainsi
» contractez entre des Juifs & des femmes Chres-
» tiennes, & défend ces sortes d'alliances à l'a-
» venir, à peine de la vie.

L. 18. Judæos.
Cod. Th. de
Judæis.

Honorius & Theodose par une Loy de 408.
» firent défenses aux Juifs de rien mêler dans
» leurs festes & dans leurs divertissemens qui fust
» injurieux à la Religion Chrestienne. Il leur
» défendit sur tout de brûler une Croix à leur
» Feste de Mardochée, à peine d'estre privez
» de tous les privileges qui leur avoient esté
» accordez.

L. 18. si Judæi
Cod. Th. de
Judæis.

Lors que les enfans des Juifs se convertissoient
les peres & les meres se donnoient la liberté de
les desheriter. Cela leur fut défendu par une
Loy expresse de Theodose & de Valentinien de
l'an 426.

L. 29. Judæor.
Cod. Th. de
Judæis.

Theodose le Jeune, par une Loy de l'an 429.
osta enfin aux Juifs le droit de s'appliquer les
decimes qu'ils levoient sur eux. Il ordonna que
» l'argent qui proviendroit de ces levées seroit
» à l'avenir porté à son épargne. Et par une au-
» tre Loy de l'an 439. il les priva d'exercer au-
» cune charge publique, & leur défendit de
» bastir de nouvelles Synagogues.

Can. 31. con-
stitut. quæst. 4
Can. 10 Ju-
dæi quæst. 1.
Can. 93. Ju-
dæi diffinit. 3.
Capitulo 1.
præsenti extr.
de Judæis.
Capit. 2. mul-
torum extr. de
Judæis.
Capitul. 3. Ju-
dæi, idem.
Capit. 4. quia
super, ibidem.
Capit. 5. Ju-
dæi, ibidem.

Depuis ce temps les Juifs n'eurent plus de Patriarches ny d'autres Chefs. Leur dispersion dans
toutes les Nations fut beaucoup plus grande:
ils y furent universellement méprisez, le rebut
de tous les autres Peuples, dans une fort dure
servitude, & chargez d'imposts par les Souverains.

L'Eglise de son costé prit aussi des précautions
pour prevenir les maux que leur mélange avec
les autres pourroit causer. Les Canons des Conciles, & les Decretales des Souverains Pontifes

nous en fournissent les preuves. Il leur estoit
défendu par ces Loix Ecclesiastiques d'acheter &
de tenir à leur service aucun Esclave Chrestien.
Elles portent, que ceux qui s'y trouveroient «
seroient mis en liberté; elles défendent même «
aux Sages-femmes & aux Nourrices Chrestien- «
nes de leur rendre aucun service proche de «
leur femmes ou de leurs enfans. Elles les pri- «
vent de toutes charges publiques, parce que «
ceux que l'on y avoit soufferts avoient abusé «
de leur autorité contre les Chrestiens. Elles or- «
donnent, que les Juifs qui avoient épousé des «
femmes Chrestiennes seroient admonestez par «
les Evêques des lieux de se convertir, sinon «
que leurs femmes seroient separées d'avec eux. «
Que les enfans qui seroient nez de semblables «
mariages suivroient la Religion de la mere. Qu'il «
en seroit usé de même à l'égard des enfans «
d'un pere Chrestien & d'une mere Juive. Elles «
défendent aux Juifs de paroistre en public, ny «
d'ouvrir les portes ou les fenestres de leurs mai- «
sons le jour du Vendredy Saint, & dans le «
temps de Pâques, parce qu'ils avoient coustu- «
me en ces jours d'insulter à la pieté des Chre- «
stiens. Elles leur ordonnent de cesser leurs tra- «
vaux le Dimanche, & leur défendent de man- «
ger de la viande les jours d'abstinence. Par ces «
mêmes Loix l'Eglise exhorte les Princes Chre- «
stiens de contraindre les Juifs de cesser leurs «
usures, & à rendre celles qu'ils avoient exi- «
gées des Chrestiens. «

Le Concile de Latran tenu l'an 1215. ordonne «
enfin, que pour une plus parfaite separation de «
tout commerce, les Juifs porteroient un habit «
particulier, qui les distingueroit d'avec les «
Chrestiens. «

Capit. 7. Ju-
dæi veteres ib.
Capit. 8. ad
hæc. ibidem.
Capit. 9. sicut
Judæi. ibid.
Capit. 13. etsi
Judæos. ibid.
Capit. 16. cùm
sit nimis ibid.
Capit. 18. et
speciali. ibid.
Capit 19 nulli
Judæus. ibid.
Capit. 22. post
miserabil. ex-
tra de usuris.
Cap. 18. quan-
tò amplius ib.
Conc. Agath.
an. 506.
Conc. Meld.
can. 10.
Conc. Metens.
can. 7.
Conc. Rotho-
mag. an. 1074.
can. 14.
Conc. Aven.
an. 1109. can.
4.
Conc. Arelat.
an 1234. can.
16.
Conc. Monti-
spessulani an.
1258. can. 5.
Conc. Arelat.
an. 1260. can 5.
Conc. Latr.
can. 67. 68. &
69.
Jur. Can. ca-
pitul. 15. etsi
Judæos. extra
de Judæis,
Concil. Basil.
Sess. 17.

CHAPITRE II.

Ce qui s'est passé en France touchant les Juifs.

DAns la dispersion generale des Juifs, plusieurs d'entr'eux penetrerent jusques dans
les Gaules & s'y establirent.

Le Concile d'Agde tenu l'an 506. fit défenses
aux Chrestiens d'avoir aucun commerce, & sur-
tout de manger avec ces Infideles. Et le Concile d'Orleans tenu l'an 533. excommunia tous ceux
qui feroient quelque alliance avec eux.

Nos premiers Roys en trouverent un assez
grand nombre qui s'estoient mariez à Paris. Ils
y occupoient toute une ruë au milieu de la
Ville, qui en a retenu le nom de Juiverie, &
& ils s'estendoient en deux autres ruës qui abou-
tissent de celle-cy au Palais.

La plus grande partie du Commerce estoit
entre leurs mains, & ils exerçoient l'usure ouvertement. Ce gain injuste les avoit enrichis,
& en même-temps rendus insolens. Ils affectoient,
pour insulter aux Chrestiens, de paroistre la
Semaine sainte magnifiquement vestus qu'à
l'ordinaire, & de la passer en réjouïssances; &
ils paroissoient au contraire tristes & en deuil
dans le temps de Pàques.

Greg. Turon.
lib. 6.

Childebert fils du grand Clovis premier Roy
Chrestien fit cesser ce scandale par un Edit de
» l'an 533. qui défendit aux Juifs de paroistre
» en public pendant le saint temps de la Passion
» & à Pàques. Il leur défendit aussi d'avoir au-
» cun Esclave ou Domestique Chrestien; n'estant

pas juste, dit cette Loy, que celuy qui a esté «
racheté par le precieux Sang de J. C. soit «
soumis à servir un Infidele qui blasphême son «
saint Nom. Sous Chilperic plusieurs des Juifs «
se convertirent, & ce Prince fit l'honneur aux
principaux de la Nation d'estre leur Parrain.

Dagobert fit un Edit l'an 633. par lequel il
enjoignit expressément à tous ceux qui ne con-
fesseroient pas la Foy de J. C. de sortir de ses
Estats dans un certain temps. Plusieurs Juifs se
firent baptiser, & tous les autres en plus grand
nombre se retirerent.

Fredegari
Aimon. Mo-
nach.

On ne trouve point combien cet exil dura.
Il est seulement certain que les Juifs estoient
restablis en France sous le Regne de Charles
le Chauve. Il en est fait mention dans le Concile de Meaux de l'an 845. & dans celuy de
Paris de l'an 850. & toutes les Loix precedentes y sont renouvellées contr'eux.

Ce même Prince dans l'un de ses Edits de l'an
877. en reglant les droits qu'il imposa sur les denrées & marchandises, ordonna que les Mar- «
chands Chrestiens payeroient l'onziéme de- «
nier, & les Juifs le dixiéme. «

Philippe I. les chassa de ses Estats l'an 1096.
Tous les autres Princes de l'Europe en firent
autant chacun dans ses Estats; & plusieurs Juifs
perirent en cette occasion.

Leur restablissement se fit en France quelques
années

années aprés. On leur accorda à la verité en ce temps des conditions qui parurent favorables à leur sûreté ; mais qui augmentoient de beaucoup le poids de leur servitude. Ils se rendirent Tributaires, & le Roy les partagea avec les Princes & les autres grands Seigneurs de sa Cour. Sous cette protection ils continuerent veritablement leur commerce ; & en payant la somme convenuë le reste de leur bien leur appartenoit : Mais ils estoient tellement attachez à leur Seigneur, qu'il les consideroit comme faisant partie de son Domaine. Leur domicile devoit demeurer fixe au lieu où il les avoit placez, & ils ne pouvoient en déloger sans sa permission. Ils entroient eux-mêmes dans le Commerce comme un heritage ; on les vendoit, on les revendiquoit ; on les hypotequoit à ses creanciers, & il y avoit action de complainte contre les gens qui en troubloient la possession.

Ceux de Paris ne furent plus logez au milieu de la Ville. On les relegua hors des Portes dans le lieu nommé Champeaux. De petites maisons hautes & mal faites y furent basties exprés, & composerent un certain nombre de ruës étroites, tortuës & obscures qui furent fermées de portes de tous costez. Ce sont aujourd'huy les ruës de la Poterie, de la Friperie, de la Chaussererie, de Jean de Beausse & de la Cordonnerie. Et c'estoit ainsi que toutes les Juiveries de l'Europe furent basties. Ceux qui ont vû celles de Rome, d'Avignon & de Mets conviendront sans doute de cette comparaison.

Il y eut encore ce changement que le Roy nomma des Juges pour connoistre des causes des Juifs, & des differens qui naissoient entr'eux & les Chrestiens. Le Prevost de Paris estoit toujours de ce nombre ; & on les nomma Commissaires Conservateurs des Juifs.

Les choses demeurerent en cet estat sous les Regnes de Loüis le Gros & Loüis le Jeune. C'en fut assez pour enrichir de nouveau les Juifs. Les usures excessives qu'ils exerçoient avoient mis dans leur dépendance les biens & les fortunes de la plus grande partie des Chrestiens.

Philippe Auguste parvenu à la Couronne, l'on accusa les Juifs devant luy d'avoir ruiné le peuple par leurs usures ; de s'estre rendus par cette voye injuste les maistres d'une infinité de terres considerables & de presque la moitié des maisons de Paris ; d'avoir reçû pour gages les vases sacrez & les thrésors des Eglises, & de les avoir profané. L'on y ajousta qu'ils avoient reduit plusieurs pauvres Chrestiens à devenir esclaves ; & qu'enfin ils en crucifioient un tous les ans le jour du Vendredy Saint.

Rigord. in vit.
Philip. Aug. Ce Prince persuadé enfin de la malignité des Juifs, les chassa de ses Estats l'an 1182. confisqua tous leurs biens, à l'exception de leurs meubles qu'il leur permit d'emporter ou de les vendre dans un certain temps. Il restablit ses Sujets dans la possession des heritages qu'ils leur avoient alienez, & les déchargea de toutes les sommes qu'ils leur devoient, en luy en payant seulement un cinquiéme.

De ces biens qui avoient esté confisquez sur les Juifs, Philippe Auguste en donna quarante-deux maisons aux Drapiers & aux Pelletiers, moyennant 173. liv. de cens. L'acte de cette donation, qui est conservé au Thrésor des Chartes & dans un ancien Registre de l'Hostel de Ville, ne fait aucune mention de la situation de ces maisons. Il y a beaucoup d'apparence qu'elles faisoient partie de deux des ruës de l'ancienne Juiverie de la Cité ; & que c'est dela que

Tome I.

ces ruës ont pris le nom qu'elles portent encore aujourd'huy, de la vieille Draperie & de la Pelleterie.

Ce même Prince ordonna que toutes les Synagogues seroient converties en Eglises ou en Chapelles. Il en donna une à Maurice de Sully Evêque de Paris. Le petit Pastoral de l'Eglise de Paris en fait mention, sans dire en quel lieu elle estoit située.

Les Juifs solliciterent leur restablissement, Genebrard, Paul. Æmil. offrirent de grandes sommes pour l'obtenir. Les besoins de l'Estat pour soustenir les guerres contre les Anglois & les Flamands, furent une occasion favorable. Leurs offres furent acceptées, & ils furent restablis l'an 1198.

Il fut même permis aux plus riches de se loger où bon leur sembleroit, pourvû que ce ne fust pas dans le milieu de la Ville. Les accroissemens de Paris qui avoient commencé sous le Regne de ce Prince leur facilita les moyens de trouver des logemens commodes. Il y en eut qui se logerent derriere le lieu où est aujourd'huy le petit S. Antoine, d'autres à la Montagne Ste Geneviéve, & quelques-uns dans un cul de sac de la ruë de la Tisseranderie. Delà viennent les noms de ruës des Juifs, & de ruë Judas. Le cul-de-sac que l'on nomme aujourd'huy de saint Pharon, se trouve aussi dans les anciens titres, par la même raison, sous le nom de cul de sac des Juifs. Plusieurs se logerent aussi ruë des Lombards, ruë Quinquempoix, & ruë des Jardins, qui est aujourd'huy la ruë des Billettes. La ruë de la Harpe & la ruë saint Bon en furent encore tellement remplies, que dans le grand Pastoral de l'Eglise de Paris l'on y trouve ces deux ruës sous le titre de Juiveries. Ainsi il n'y eut plus que les Artisans & les plus pauvres d'entre les Juifs qui furent loger dans la Juiverie de Champeaux.

Ils avoient aussi en ce temps deux Synagogues & deux Cimetieres. L'une de leurs Synagogues estoit ruë de la Tacherie. L'autre dans une Tour de l'ancienne enceinte de Paris, qui fait aujourd'huy partie du cloistre de saint Jean en Greve. Cette Tour est en effet marquée dans les anciens titres la Synagogue. Le Peuple luy a depuis donné & à la ruë voisine le nom burlesque de ruë & de Tour du Pet au Diable. C'est le nom seul sous lequel elles sont à present connuës. Peut-estre que la haine ou le mépris que l'on avoit pour les Juifs y a servi de fondement. L'un de leurs Cimetieres estoit ruë Garlande ou Galande. Ils en payoient 4. liv. parisis de cens & rentes aux Seigneurs de Garlande proprietaires du Fief de ce nom, qui le donné à la ruë, & qui appartient aujourd'huy aux Chanoines de saint Aignan en l'Eglise de Paris. L'autre Cimetiere estoit situé ruë de la Harpe.

Les mêmes Juifs avoient sur la riviere de Seine un moulin qui ne servoit que pour eux. Il estoit attaché à la ruë de la Tannerie, & à d'autres moulins que l'on nommoit les chambres ou les moulins de Maistre Hugue. Ce moulin des Juifs devoit 5. s. parisis de cens & rentes aux Religieux de saint Magloire. Il en est fait mention dans leurs anciens titres.

Quatorze ans aprés ce restablissement des Juifs en France, Innocent III. écrivit à leur occasion cette excellente Lettre de l'an 1212. qui a merité d'estre mise au nombre des Loix que nous lisons dans le Droit-Canon. Elle estoit adressée à l'Archevêque de Sens & à l'Evêque de Paris. Cap. 13. Et si Judæos extr. de Judæis. Ce Souverain Pontife la commence par une reflexion sur l'ingratitude des Juifs. Que cette

N n   Nation,

» Nation, qui avoit merité par sa propre faute
» d'estre soumise à une perpetuelle servitude, &
» que la pieté Chrestienne avoit neanmoins sup-
» portée avec bonté, ne rendoit pour reconnois-
» sance à ses bienfaiteurs que des crimes & des
» injures. Il continuë, qu'il estoit informé que
» l'on souffroit en France que les Juifs fissent
» nourrir leurs enfans par des femmes Chrestien-
» nes, & que ces malheureux en prenoient oc-
» casion de commettre un crime énorme contre
» nostre sainte Religion. Que toutes les fois que
» ces femmes recevoient le Corps de N. S. J. C.
» à Pâques, ils les obligeoient durant les trois
» jours qui suivoient la Feste, à tirer leur lait
» dans les latrines avant que de donner à teter
» à leurs enfans. Qu'ils commettoient plusieurs
» autres abominations qu'il estoit important de
faire cesser. Il conclud enfin sa Lettre par des
défenses tres-expresses aux femmes Chrestiennes,
de servir les Juifs, soit comme Nourrices de
leurs enfans ou autrement, à peine d'excommunication.

Par un autre Bref de ce même Pape de l'an
1213. il exhorta toutes les Puissances temporelles de contraindre les Juifs de remettre aux
Chrestiens les usures dont ils les avoient chargez,
sinon leur interdire tout commerce.

Il écrivit en particulier à Philippe Auguste
sur le même sujet, & le pressa d'employer son
autorité Royale pour faire cesser ces desordres
des Juifs.

Il y a beaucoup d'apparence que ce Prince
ne put pas y apporter tout le remede qu'il auroit souhaité. L'Ordonnance qu'il fit sur ce sujet l'an 1222. bien loin de défendre l'usure, l'au-
torise sous certaines conditions, qui devoient
seulement la rendre moins odieuse.

» Il défendit aux Juifs de prendre pour ga-
» ges les Vases sacrez ou les Ornemens d'Eglise,
» non plus que les lits, charuës, ou les autres
» meubles ou ustensiles des païsans, dont ils
» ne pourroient se passer pour gagner leur vie.
» De prester aucunes sommes à des Chanoines
» ou à des Religieux, sans le consentement
» du Chapitre, ou de l'Abbé.
» Il ordonna qu'ils ne prendroient d'usure qu'à
» raison de deux deniers pour livre par mois,
» & que cet interest ne commenceroit à courir
» qu'un an après que la somme principale au-
» roit esté prestée.
» Que les Chrestiens ne pourroient estre con-
» traints par corps pour les sommes qu'ils de-
» vroient aux Juifs.
» Qu'aucun Chrestien ne seroit contraint de
» vendre son heritage ou ses rentes pour acqui-
» tér des sommes dûës à des Juifs : mais que les
» deux tiers des revenus seulement seroient as-
» signez aux Juifs pour leur payement ; l'autre
» tiers demeurant libre au debiteur. Et qu'enfin
» du jour de cette assignation les usures cesse-
» roient.

Voila quel fut l'estat des Juifs jusqu'à la fin
du Regne de Philippe Auguste ; & Loüis son fils
n'y apporta aucun changement.

Saint Loüis parvenu à la Couronne fut solli-
cité avec empressement par ses Peuples de chasser les Juifs : mais ce pieux Monarque s'attacha
beaucoup plus à leur conversion qu'à les éloigner de ses Estats. L'usure, le blasphême & la
magie estoient les crimes dont on les accusoit.
Il y pourvut par une Ordonnance de 1254.
» Elle défend aux Juifs de prester aucun argent
» à usure. Leur enjoint de pourvoir à leur sub-
» sistance du seul travail de leurs mains, ou du

juste profit qu'apporte un commerce legitime. «
Leur défend de blasphemer & de se servir de «
caracteres ou autres sortileges. Ordonne que «
leur Talmud & tous leurs autres livres où se «
trouveront des blasphêmes seront brûlez, & «
que les Juifs qui refuseront d'obéir à cette «
Ordonnance seront forcez de le faire, ou pu- «
nis selon la rigueur des Loix. «

Cette Ordonnance fut executée à la rigueur.
Le Talmud & les autres mauvais livres des Juifs
furent recherchez & brûlez. Cela leur fit beaucoup de peine, & les auteurs de ce temps rapportent que les Juifs se plaignoient de n'avoir
jamais souffert une telle persecution sous tous
les Regnes precedens. Mais d'un autre costé le
Roy n'epargna rien pour leur conversion. Sa
pieté & ses liberalitez en gagnerent en effet
plusieurs, & des familles entieres se convertirent. Il faisoit baptiser, & nourrissoit tous leurs
enfans qui demeuroient orphelins. Il tenoit luy-
même sur les Fonts ceux des adultes qui demandoient le Baptême. Il assignoit ensuite aux
uns & aux autres des rentes sur son Domaine,
d'un, de deux, ou de trois deniers par jour,
selon l'âge, la qualité & les besoins. C'estoit en
ce temps une somme considerable. Il y avoit des
deniers d'or & des deniers d'argent. Les deniers d'or valoient douze sous six deniers de
nostre monnoye. Quant aux deniers d'argent
il n'y en avoit que 220. au marc, ce qui vaudroit aujourd'huy trois sous chaque denier. Ainsi
c'estoit trois, six ou neuf sous que le Roy donnoit par jour aux Juifs nouveaux convertis. Ils
pouvoient disposer de ces rentes ou pensions
pendant leur vie & celle de leurs veuves. Leurs
enfans ou leurs heritiers en joüissoient après leur
mort. Les anciens comptes du Domaine font
mention de cette dépense. Elle y est divisée
sous ces deux titres. Baptisati, pour les enfans
qui avoient reçû le Baptême avant l'âge de raison. Et Conversi, pour les autres.

Les Peres du Concile de Latran tenu l'an 1215.
avoient ordonné que les Juifs porteroient un
habit particulier qui les distingueroit des «
Chrestiens. Le Concile d'Arles de l'an 1234. ordonna qu'ils porteroient seulement une mar- «
que sur leurs habits en lieu apparent, pour «
les faire connoistre. «

Les Canons de ces Conciles à cet égard n'a-
voient point encore eu de lieu en France. Saint
Loüis en ordonna l'execution l'an 1269. Le Réglement qu'il fit à cette occasion porte, que «
les Juifs feroient coudre sur leur robe de dessus «
devant & derriere une piece de feutre ou de «
drap jaune d'un palme de diametre & de «
quatre palmes de circonference. Cette marque «
fut nommée Roüelle, & en Latin Rotella, par
la ressemblance qu'elle avoit à une petite roüe.
Ceux qui estoient trouvez sans cette marque,
leur robe estoit confisquée, & ils estoient condamnez en dix livres d'amende.

Philippe le Hardy, fils & successeur de saint
Loüis, réitera le même Réglement par une Ordonnance de l'an 1271. Il y ajousta, que pour
distinguer encore davantage les Juifs, ils por- «
teroient une corne attachée sur leur bonnet. «
Et cette derniere marque qui les rendoit ridicules, les mortifia beaucoup plus que la premiere.

Ce Prince fit au surplus executer à la rigueur
les Ordonnances du feu Roy son pere contre les
Juifs. Il leur défendit aussi de porter des habits «
de couleur, de se baigner dans les rivieres où «
se baignoient les Chrestiens, de leur préparer «
» des

» des medecines, de toucher aux vivres dans les
» Marchez, à moins que de les acheter, & les obli-
» gea d'observer le Carême, & tous les autres
» tems d'abstinence, quant à l'usage de la viande:
» il leur défendit aussi d'avoir plus d'une Syna-
» gogue, & un Cimetiere en chaque Diocese.

Olim 2. Par-
lam. f. 50.
Sous ce même Regne il y eut un Arrest du
Parlement de la Pentecoste, de l'an 1280. qui
» fit défenses à toutes personnes de la Religion
» Chrestienne, de servir dans les maisons des
» Juifs, & aux Juifs de les retenir à leur service.

Plusieurs Juifs d'Angleterre & de Gascogne
passerent en France ; & Philippe le Bel qui regnoit alors, ne jugeant pas à propos de souffrir
une si forte recruë de ces Infideles, fit rendre
Olim 2. f. 88. en sa presence un Arrest du Parlement de la
» Chandeleur 1290. portant que ces nouveaux
» venus seroient chassez de ses Estats, & seroient
» tenus d'en sortir avant la my-Carême.

Tous les autres Juifs y furent soufferts encore
pendant quelque tems, mais toujours sous les
conditions de servitude qui leur avoient esté
imposées par Philippe Auguste : le Roy & chacun des Grands Seigneurs avoit les siens, & en
disposoit à sa volonté.

Les anciens Registres de la Chambre des
Comptes nous apprennent, que Marguerite de
Provence, veuve de saint Louis, avoit son douai-
re alligné sur les Juifs, qui luy payoient deux
cens dix-neuf livres sept sols six deniers, par
quartier.

Philippe le Bel en 1296. donna à Charles de
France son Frere, Comte de Valois, un Juif de
Pontoise, & il paya trois cens livres à Pierre de
Chambly Chevalier, pour un Juif qu'il avoit
acheté de luy, nommé Samuel de Guitry.

Le même Prince Charles de France en 1299.
vendit au Roy son Frere Samuel Viol, Juif de
Roüen, & tous les autres Juifs de son Comté de
Valois, & de ses autres Seigneuries.

A l'abry de cette puissante protection les Juifs
multiplierent leurs usures, & furent encore une
fois accusez de plusieurs autres crimes : le Roy
en fut informé ; les cris de son Peuple opprimé
par les Juifs, le toucherent : il les chassa tous
de son Royaume l'an 1306. & confisqua tous leurs
Reg. Judæ biens. Le Registre de la Chambre des Comptes,
Cam Compu. » qui a pour titre *Judæi*, porte, qu'ils mirent
sub tit. Judæi. » en dépost chez les Chrestiens de leurs amis,
Bouchet Ann. » beaucoup d'or & d'argent, & ce qu'ils avoient
d'Aquitain. 4. » de plus précieux ; & qu'ainsi ils sauverent une
part. ch. 2.
Genebrard. » partie considerable de leurs principaux effets.

Depuis la reduction faite par Philippe le
Hardy, à une seule Synagogue & à un seul Cimetiere en chaque Diocese ; les Juifs de Paris
n'avoient plus que la Synagogue de la ruë de
la Tacherie, & le Cimetiere de la ruë de
la Harpe. Philippe le Bel aprés cet exil des
Juifs, donna la Synagogue à Jean Pruvin son
Cocher, l'an 1307. & en l'an 1311. il vendit
le Cimetiere mille livres de petits tournois, aux Religieuses de Poissy, qu'il avoit
fondées.

Ce Cimetiere, qui estoit une place assez grande, se trouvant situé joignant le jardin de Jean
Comte de Forest ; ce Prince l'acquit des Religieuses de Poissy, l'an 1321. il leur donna en
contrechange la terre de Picardie en Brie, situé
dans la Paroisse de S. Fiacre proche de Meaux,
& fit enclorre le Cimetiere des Juifs dans sa
maison.

Louis II. du nom Duc de Bourbon, épousa
Anne fille unique du Comte de Forest, & vendit cette maison de la ruë de la Harpe à Charles

Tome I.

VI. l'an 1384. Ce Prince en fit don la même année à
Jean Duc de Bretagne, Comte de Monfort, qui
s'en défit en 1395. en faveur d'Alain de Malestroit ;
& enfin cet Hostel a passé entre les mains de plusieurs particuliers, qui l'ont fait abbattre, & y.
ont fait bastir les maisons, qui sont aujourd'huy
partie de la ruë de la Harpe vis à vis la ruë du
Foin. Aprés cela il ne faut pas s'estonner si en
fouillant dans ce Quartier, on a si souvent trouvé
des ossemens, des tombes & des épitaphes He-
braïques. Genebrard rapporte avoir vû deux de
ces épitaphes ; & il y en a encore quelques-
unes que les Proprietaires de ces maisons conservent & montrent aux curieux.

Pour revenir aux Juifs, leur éxil dura tout le
reste du Regne de Philippe le Bel : ce Prince
resista constamment à toutes les sollicitations
qui luy furent faites en leur faveur pour les
restablir.

Il leur permit neanmoins sur la fin de pour- *Joan. Galli*
suivre le recouvrement de leurs biens qui n'a- *quæst. varia ;*
voient pas esté compris dans la confiscation: il leur *quæst. 328.*
donna même des Commissaires pour en connoi-
tre. A cette occasion sept d'entre eux, nommez
Samuël le Ny, Belle vigne de l'Estoile, Abraham de Sannis, Moreau de Laon, Anguin du
Boure, Raphaël Abraham, & Joseph du Pont
de Vaulx se trouverent à Paris en 1314. ils avoient
un procés contre Denys de Machault, qui avoit
esté de leur Secte, & qui s'estoit converti : ils
eurent plusieurs conferences avec luy sur leurs
affaires, le fonderent sur la Religion, & enfin
le pervertirent : ils luy donnerent de l'argent
pour sortir de Paris, se retirer dans un Pais où
il ne seroit pas connu, & retourner au Judaïsme.
Cette action fut découverte ; ils furent emprisonnez ; le Prevost de Paris instruisit leur procés, & les condamna à estre bruslez : ils se porterent pour appellans au Parlement : la Sentence parut trop rigoureuse : le Prevost de Paris
fut mandé pour rendre raison de ces motifs : il
en rapporta quatre principaux, qui avoient tous
pour fondement quelqu'une des Loix. Le pre- «
mier se tiroit de la Loy qui ordonnoit la peine «
du feu, contre ceux d'entre ses Juifs qui au- «
roient poursuivi à coups de pierre, ou en quel- «
qu'autre maniere, maltraité l'un d'entr'eux «
nouveau converti : ce Magistrat en tiroit cet «
argument ; que si une violence faite au corps «
d'un nouveau Chrestien devoit estre punie par «
le feu, celle qui estoit exercée sur son esprit, «
pour le pervertir, meritoit du moins la même «
peine. Le second motif pour fondement «
la Loy, par laquelle celuy qui avoit volé la nuit «
dans une Eglise, avec effraction, devoit estre «
livré aux bestes comme sacrilege ; & que si ce «
cruel supplice estoit imposé pour avoir violé un «
Temple materiel du Seigneur, que ne meri- «
toient point ceux qui attentoient sur l'ame d'un «
frere qui en estoit le Temple vivant. Le trois- «
siéme estoit fondé sur cette Loy du Code, qui «
punit de mort ceux qui forment seulement le «
dessein d'une conspiration contre le Prince, «
ou même contre quelqu'un de ses Conseillers «
ou de ses Ministres : d'où les Juges avoient «
tiré cette consequence ; que si les crimes «
commis, ou simplement proposez contre les «
Princes de la terre, ou leurs principaux «
Sujets, estoient punis de mort, à plus forte «
raison, ceux qui attaquoient la Majesté de «
Dieu, ou immediatement, ou en corrompant «
la fidelité de ceux qui luy appartenoient. Le «
quatriéme motif enfin se tiroit de cette Loy qui .
porte expressément, que tous ceux qui cor- «

N n ij rompoient

» rompoient un Chreſtien, ſoit par violence,
» ſoit par ſeduction, pour le faire paſſer dans
» une Secte reprouvée, ſeroient punis de mort.
Ces motifs expliquez, le Parlement fit aſſembler
pluſieur Docteurs en Theologie;& aprés les avoir
conſultez, rendit ſon Arreſt le 6. Avril 1314.
» par lequel la Cour infirma la Sentence du
» Prevoſt de Paris, condamna les ſept Juifs
» accuſez à faire revenir Denys de Machault:
» que juſques à ſon retour ils tiendroient priſon:
» qu'à faute de le repreſenter, la Cour aviſeroit
» ce qu'elle feroit de leurs corps ; & cependant
» les condamna d'eſtre battus par trois jours de
» Samedy, en trois differens lieux ; ſçavoir ſur
» l'échafaut des Hales, ſur un échafaut qui ſeroit
» dreſſé en la Place de Greve, & ſur un autre
» échafaut en la Place Maubert ; les condamna
» ſolidairement, & par corps, en dix mille
» livres pariſis d'amende. Ordonna que de cette
» ſomme, il en ſeroit aumôné cinq cens livres
» à l'Hoſtel-Dieu de Paris : que le reſte mon-
» tant à neuf mille cinq cens livres, ſeroit em-
» ployé à faire baſtir un Pont de pierre depuis
» la Tour ou Porte de Petit-Pont, juſques à la
» porte de derriere de l'Hoſtel-Dieu: qu'au bout
» de ce Pont, ſeroit poſée une Croix de pierre,
» ſur laquelle ſeroit écrit, qu'il avoit eſté baſti
» des deniers provenans de cette amende des
» Juifs : & enfin la Cour les bannit du Royau-
» me, & confiſqua tous leurs autres biens.
Louis Hutin parvenu à la Couronne l'an 1315.
permit aux Juifs dés la premiere année de ſon
Regne, de ſe reſtablir en France : le tems d'y
demeurer fut neanmoins limité à treize années.
Ils financerent dans les coffres du Roy pour obtenir cette permiſſion, cent vingt-deux mille
cinq cens livres, & cederent au Roy les deux
tiers de ce qui leur eſtoit dû en France, lors
que le Roy ſon pere les avoit exilez. Le traité
en fut arrêté au mois de Juin : il porte que,
» tous les Livres de leur Loy leur ſeroient
» rendus, à l'exception du Talmud ; qu'ils
» rentreroient dans leurs Synagogues & leurs
» Cimetieres qui ſeroient encore en nature ;
» qu'il leur ſeroit permis de contraindre ceux
» qui les avoient achetez, à leur en abandon-
» ner la poſſeſſion, pour le même prix qu'ils
» leur auroient coulé ; qu'il leur en ſeroit
» donné d'autres à bon marché, au lieu de ceux
» qu'on ne pourroit recouvrer, ou qui ſeroient
» couverts de trop de baſtimens ; qu'ils retire-
» roient le tiers de ce qu'on leur devoit avant
» leur dernier banniſſement ; qu'il leur ſeroit
» permis d'exiger douze deniers pour livre, par
» Semaine, des ſommes qu'ils preſteroient : que
» des treize années de ſejour qu'on leur accor-
» doit, ils employeroient la derniere à retirer
» à leur aiſe, & en toute ſeureté, des mains de
» leurs debiteurs, tout ce qui leur ſeroit dû :
» qu'ils ne diſputeroient point de la Religion ;
» qu'ils ne preſteroient point ſur les ornemens
» d'Egliſe, ny ſur des gages ſanglans ou moüil-
» lez. (Ces précautions regardoient la ſeureté
» publique.) Qu'ils porteroient à leur robe de
» deſſus une marque de ſoye groſſierement faite,
» de la largeur d'un tournois d'argent, & qui
» ſeroit d'autre couleur que l'habit.
Ce Prince ne regna que dix-neuf mois. Philippe le Long confirma aux Juifs tout ce qui
leur avoit eſté accordé par ſon Predeceſſeur.
Il leur permit l'an 1317. de voyager, ſans porter ſur leur bonnet, cette marque ignominieuſe
d'une corne. Pluſieurs des plus riches furent
même diſpenſez par argent, de la porter en

aucun lieu, ny même la roüelle ſur leurs
habits.
Sous le Regne de ce Prince l'an 1321. les Juifs
furent accuſez d'avoir entrepris d'empoiſonner
tous les puits, & toutes les citernes & les fontaines du Royaume ; qu'ils avoient pour cela intelligence avec les autres Infideles ennemis des
Chreſtiens, qui leur fourniſſoient de l'argent &
des poiſons ; & que les Lepreux de France
eſtoient de concert avec eux. Cela fut découvert par deux lettres Arabes qui furent inter-
ceptées, & que l'on conſerve avec la traduction
dans le Threſor des Chartes ; l'une du Roy de
Tunis, & l'autre du Roy de Grenade. Sur cette
accuſation pluſieurs Juifs furent arreſtez ; les
plus coupables furent bruſlez ; le reſte de la Nation fut chaſſée de France, à l'exception des plus
riches, qui eſtoient moins coupables, qui furent
ſeulement condamnez à une amende de cent cinquante mille livres.
Philippe de Valois les obligea de ſe convertir, ou de ſortir du Royaume l'an 1346.
Pluſieurs furent baptiſez, tous les autres ſe retirerent.
Le Roy Jean ſon fils, dés la premiere année
de ſon Regne l'an 1350. leur permit de revenir.
Le même Prince les bannit de ſes Eſtats l'an
1377. il leur permit trois ans aprés de revenir
& de demeurer encore en France pendant
vingt ans ; à la charge de luy payer pour droit
d'entrée de chaque Chef de famille, douze
florins d'or, & chaque année ſix florins par
teſte : ils furent en paix tout le reſte de ſon
regne.
Ceux qui avoient obtenu des diſpenſes ſous
les regnes precedens, de porter la marque
qui les diſtinguoit d'avec les Chreſtiens,
prétendirent en joüir : ils avoient auſſi eſperé, que le Roy leur donneroit des Commiſſaires, comme ils en avoient eu autrefois,
pour connoiſtre de leurs differens ; mais ils
ne furent pas long-tems ſans vexer les Chrétiens par leurs uſures. Le Roy en fut infor-
mé, & par Lettres Patentes du vingt-ſixiéme « Livre rouge
Octobre mil trois cens ſoixante-trois, il or- « ancien du Châ-
donna à tous les Juifs de quelque condi- « telet de Paris,
tion qu'ils fuſſent, de porter ſur leurs ha- « fol. 18.
bits, à l'endroit le plus expoſé à la vûë, «
la roüelle, mi-partie de rouge & de blanc, «
de la grandeur du grand Sceau de France ; «
revoqua tous privileges au contraire : declara «
les Juifs juſticiables des Juges ordinaires, & «
défendit aux Chreſtiens de s'obliger par corps «
envers eux. «
Charles cinquiéme parvenu à la Couronne
l'an 1364. confirma les Juifs dans la permiſſion que le Roy Jean ſon pere leur avoit
donnée, de demeurer en France pendant
vingt ans, & prorogea ce terme de ſix ans aux
mêmes conditions. Le même Prince l'an 1374.
leur accorda une ſeconde prorogation de dix
années : ils luy proposerent pour l'obtenir,
une ſomme conſiderable, qui fut employée
aux frais de la guerre avec l'Angleterre.
C'eſtoit l'uſage en France, que lors qu'un
Juif ſe faiſoit baptiſer, tous ſes biens, comme
mal acquis, eſtoient confiſquez au Roy, qui luy
en faiſoit enſuite telle part qu'il le jugeoit à
propos.
Charles VI. ne fut pas ſi-toſt monté ſur le — Ibid. fol. 118.
Trône qu'il caſſa cette couſtume ; les Lettres
Patentes qu'il en fit expedier, ſont du quatriéme Avril 1381. la premiere année de ſon
regne.

En

En 1394. les Juifs de Paris furent accufez d'avoir fait mourir un enfant Chreſtien en Croix la nuit du Vendredy Saint : Pluſieurs furent emprifonnez ; il y en eut de pendus, d'autres fuſtigez ; & ils furent ſolidairement condamnez en une amende de dix-huit mille écus, qui furent employez pour achever de re-baſtir le Petit Chaſtelet, & le Petit Pont.

Les vingt années que le Roy Jean leur avoit permis de demeurer en France l'an 1360. & les ſeize années de prorogation que Charles V. leur avoit accordées, ne devoient expirer que l'an 1396. mais les crimes & les abominations qu'ils commettoient tous les jours, obligerent Charles VI. d'anticiper ce terme. Il le fit par Lettres Patentes du dix-ſept Septembre 1394. qui banniſſent les Juifs de ſes Eſtats à perpetuité, & leur font défenfes d'y demeurer, à peine de la vie.

Ibid. f. 54.

Ils ſe retirerent dans les Païs voifins ; & principalement en Allemagne. Pluſieurs famil-les s'eſtablirent dans la Ville de Metz : cette Ville avoit eſté autrefois à la France, & Capi-tale du Royaume d'Auſtrafie. Les Empereurs l'avoient depuis uſurpée, & renduë libre com-me les autres Villes Imperiales : cela y faci-lita aux Juifs leur eſtabliſſement. Henry II. la reprit en 1552. & par le traité de Munſter de l'an 1648. elle fut réunie incommutablement à la Couronne de France. Nos Roys y ont toleré les Juifs qu'ils y trouverent eſtablis ; & c'eſt la ſeule Juiverie qui ſoit à preſent dans leurs Eſtats.

Quelques Juifs de Portugal & d'Hollande, eſtant venus s'eſtablir en France, ſous prétexte de commerce, au commencement du dernier ſiecle ; le Roy en fut informé, & cela donna lieu à une Declaration du vingt-trois Avril 1615. par laquelle Sa Majeſté bannit de ſon Royaume tous les Juifs, & leur fit défenfes d'y demeurer ſous les peines portées par les Or-donnances des Roys ſes Predeceſſeurs. Ceux de Metz furent neanmoins exceptez de ce banniſ-ſement.

Confer. des Ordonn. lib. 1. titre 7.

TITRE IV.

Des Heretiques.

CHAPITRE PREMIER.

Origine des Heresies. Et par quelles Loix elles ont esté combatuës dans l'Empire Romain.

CE n'a pas seulement esté contre les Payens & les Juifs, que l'Eglise a eu à se défendre pendant plusieurs siecles ; d'autres ennemis, à la verité moins violens, mais plus artificieux, & consequemment plus à craindre, s'éleverent contre elle dés sa naissance. Ce furent de faux Prophetes, tels qu'ils avoient esté prédits par le Sauveur du monde, qui s'efforcerent de répandre une doctrine contraire à celle de l'Evangile. Les uns totalement separez du Corps des Fideles, debiterent leurs propres imaginations, qu'ils voulurent faire passer pour des veritez Evangeliques. D'autres dans le sein même de l'Eglise, & affectant la qualité de ses enfans, corrompirent l'Evangile par des interpretations captieuses, Il y en eut qui en retrancherent ce qui estoit au dessus de leur intelligence, ou ce qui incommodoit la dépravation de leur cœur. D'autres firent leurs efforts d'y ajouter leurs propres pensées, & ce qui flatoit davantage leurs passions. Tous enfin aveugles ou corrompus, mirent leurs opinions particulieres à la place de la verité.

Ceux-cy furent nommez Heretiques, du Grec *αἵρεσις*, opinion ou choix, pour faire entendre que chacune de ces sectes se faisoit une Religion arbitraire, & selon ses inclinations. *αἵρεσις, dicitur ab electione, quoniam unusquisque elegit sibi disciplinam quam putat esse meliorem :* c'est ainsi qu'un Pere s'en explique. Ce fut aussi l'un des reproches que Tertullien leur fit dans son livre des Prescriptions : l'Heretique, dit-il, est celuy qui par son choix, invente ou embrasse » une doctrine. Pour nous, en parlant des Fideles, » il ne nous est point permis de rien introduire » de nouveau dans la Religion, ny de choisir » par nous-mêmes ce qu'un autre aura inventé : » nous avons pour fondateurs les Apostres du » Seigneur, qui n'ont point esté eux-mêmes » les auteurs de ce qu'ils nous ont laissé : mais » ils ont annoncé seulement aux Nations ce » qu'ils avoient appris de J. C. leur divin » Maistre.

Ces premiers Heretiques furent aisément dissipez, d'autres parurent aussi-tost, & selon les Prophetes il y en aura jusqu'à la fin des siecles. C'est cette zizanie que l'ennemi seme avec le bon grain, qui ne sera arrachée qu'au jour de la moisson. Ce n'est pas qu'il y ait jamais eu entre eux aucune intelligence, ou succession parfaite, la verité seule est simple & unique : dés que l'on s'en écarte, l'on se divise : l'esprit d'erreur ne peut jamais estre d'accord avec luy-même. De-là viennent toutes ces differentes sectes

S. Hieron. in epist. ad Galat.

Tertul. de præscr. c. 12.

qui se sont élevées depuis la naissance de l'Eglise. A Simon le Magicien leur Chef, succederent Ebion & Cerinthe ; & à ceux-cy les Nicolaïtes, les Saturniens, les Basilidiens, les Carpocrates, les Valentiniens, les Gnostiques, & tant d'autres.

Dés le premier siecle de l'Eglise, les Apostres & les Evêques s'assemblerent plusieurs fois en la Ville de Jerusalem, pour combattre ses erreurs naissantes ; il y eut plusieurs autres Conciles particuliers dans le second & le troisiéme siecle en differentes parties du Monde Chrestien. Les décisions de ces saintes Assemblées, les écrits des Peres, les larmes & les prieres de l'Eglise, le bon exemple des Fideles, & la constance des Martyrs, avec le secours de la grace, dissiperent beaucoup de ces tenebres & ramenerent dans le sein de leur Mere, un fort grand nombre de ces enfans égarez.

Il y avoit toujours eu neanmoins ce grand obstacle à surmonter, que les Princes & toutes les Puissances temporelles estant encore engagées dans le Paganisme, l'Eglise sous cette dure domination de ses ennemis, n'avoit ny la liberté, ny les commoditez necessaires pour former de nombreuses & de solemnelles Assemblées : aussi pendant tout ce tems n'y eut-il aucun Concile General. Tout ce que les Prelats & les Peres de l'Eglise pûrent faire, ce fut de se communiquer par Lettres de Province en Province, où ils s'assembloient en particulier, leurs difficultez ou leurs décisions. Il y avoit encore cet inconvenient, que l'Eglise n'ayant que des peines spirituelles à imposer à ses enfans rebeles ; ses Loix si formidables à ceux qui ont de la Religion, mais si douces selon l'esprit des mondains, demeuroient souvent sans execution.

Constantin estant converti, les persecutions cesserent : l'Eglise sous la protection de ce Prince & de ses Successeurs, ne trouva plus de difficulté de s'assembler en tel lieu, & en tel nombre qu'elle le jugea à propos ; & ses décisions soustenuës des Loix Imperiales, se firent sentir dans toute leur force, à ses ennemis les plus declarez.

Le Concile General de Nicée, tenu l'an 325, & où l'Eglise universelle se trouva assemblée pour la premiere fois, fut aussi le premier fruit de cette heureuse tranquillité. L'heresie des Arriens y fut condamnée : la grande question de la Pâque y fut décidée en faveur des Eglises de la plus grande partie du monde, qui la celebroient le Dimanche, contre celles de Syrie,

S. Iren. l. 1. 20. & 26. S. Just. 1. apol. Orig. in Cels. l. 5. & 6. Philostr. vit. Apollon. lib. 1. c. 3. & 4. Idem de Hæret. 2. 2. S. Epiph. de hæres. 19. 19. & 30. Tert. de præs. c. 48.

Euseb. in vit. Const. l. 3. c. 6. Ruf. Histor. l. 1. c 1. Sozom. 1. c. 17.

&

& de Mesopotamie qui en faisoient encore la solemnité le 14. de la Lune de Mars, suivant l'usage des Juifs. Le schisme des Meletiens y fut terminé. Il y eut plusieurs autres Canons contre les Novatiens & les Paulianistes, & pour remettre en vigueur l'ancienne discipline de l'Eglise.

Ap. Euseb. 3. vit. cap. 17. Theod. l. c. 10 Socr. it. c. 9. Id. c. 18. 14. 10.

Cette sainte Assemblée finit ses Sessions & se sépara le 25. Aoust 325. L'Empereur écrivit en même-temps deux Lettres pour faire publier dans ses Estats les Ordonnances du Concile. Et ce fut la premiere fois que le concours de ces deux Puissances parut dans l'Eglise.

La premiere de ces Lettres est adressée aux Eglises en general. Elle explique fort au long ce qui s'estoit passé dans le Concile; ce qui se re- » duit en abregé à dire que la question de la Foy » y avoit esté examinée, & si bien éclaircie, qu'il » n'y estoit resté aucune difficulté. Qu'il avoit esté » resolu tout d'une voix, que la Pâque seroit par » tout celebrée le même jour, & que l'on n'au- » roit sur ce point rien de commun avec les » Juifs. Il exhorte tout le monde d'executer l'Ordonnance du Concile, comme estant la vo- lonté de Dieu ; & il envoya des copies de cette Lettre dans toutes les Provinces.

La seconde est adressée en particulier à l'Egli- se d'Alexandrie, où l'Heresie d'Arius avoit com- mencé. Ce Prince y parle d'abord avec beaucoup de force de l'union dans la Foy. Et voicy com- ment il continuë. C'est pour y parvenir, dit- » il, que par la volonté de Dieu j'ay assemblé » à Nicée la plufpart des Evêques, avec les- » quels moy-même, comme un d'entre vous » (car je me fais un souverain plaisir de servir » le même Maistre :) Je me suis appliqué à » l'examen de la verité. On a donc discuté tres- » exactement tout ce qui sembloit donner pre- » texte à la division. Que Dieu veüille nous se » pardonner ; quels horribles blasphêmes a- » t-on osé avancer touchant Nostre Sauveur, » nostre esperance & nostre vie, professant une » créance contraire aux Ecritures divines & à » nostre sainte Foy. Plus de trois cens Evêques » tres-vertueux & tres-éclairez sont convenus de » la même Foy, qui est en effet celle de la Loy » divine. Arius seul a esté convaincu d'avoir par » l'operation du Démon femé cette doctrine im- » pie ; premierement parmi vous, & ensuite » ailleurs. Recevons donc la Foy que Dieu » Tout-Puissant nous a enseignée. Retournons » à nos freres dont un ministre impudent du Dé- » mon nous avoit séparez : car ce que trois cens » Evêques ont ordonné, n'est autre chose que » la Sentence du Fils unique de Dieu. Le Saint » Esprit a déclaré la volonté de Dieu par ces » grands hommes qu'il inspiroit. Donc que per- » sonne ne doute, que personne ne differe ; mais » revenez tous de bon cœur dans le chemin de » la verité.

S. Athan. 4. in Arian. pag. 468.

L'Empereur fit ensuite publier une Loy pour l'execution des décisions du Concile, en ces » termes. Constantin Vainqueur, Grand, Au- » guste. Aux Evêques & aux Peuples. Puis qu'- » Arius a imité les méchans, il merite d'estre » noté d'infamie comme eux. Porphyre ayant » composé des écrits impies contre la Reli- » gion, est devenu l'opprobre de la Posterité, » & ses écrits ont esté supprimez : de même je » veux qu'Arius & Sectateurs soient nom- » mez Porphyriens, afin qu'ils portent le » nom de ceux qu'ils ont imitez : Que s'il se » trouve quelque écrit composé par Arius, » il soit jetté au feu, afin qu'il n'en reste au-

cun monument. Je déclare en outre, que qui- « conque sera convaincu d'avoir caché quelque « écrit d'Arius, au lieu de le representer & de « le brûler, celuy-là sera puni de mort aussi- « tost qu'il aura esté arresté. Je prie Dieu qu'il « vous conserve.

Il seroit facile de rapporter icy l'histoire de toutes les autres Heresies, & des Conciles, tant particuliers, que generaux, qui les ont con- damnées. Mais comme ce seroit un travail im- mense, & qui a esté donné plus d'une fois au public, nous nous renfermerons, suivant nostre objet, aux seules Loix des Princes ou Magistrats politiques qui sont venus au secours de l'Eglise, pour en autoriser & faire exécu- ter les décisions. Et même, pour abreger, l'on n'en rapportera que quelques-unes des princi- pales.

Constantin ordonna par une Loy du 31. Aoust 326. que les privileges accordez en faveur de « la Religion n'auroient lieu qu'à l'égard des « Catholiques. Que les Heretiques & les Schif- « matiques en seroient privez, & qu'au contrai- « re ils seroient tenus de contribuer plus que les « autres aux charges publiques. Les Docteurs « en rendent cette raison, que ceux qui pechent « contre les Loix sont indignes de joüir du be- « nefice de leurs dispositions. *Qui in Legem com- mittit , privilegium Legis amittit.*

L. 1. privile- gia Cod. Th. de Hæreticis.

Une autre Loy de l'an 330. contre les Nova- tiens, les Valentiniens, & les Marcionites, les Paulianistes, les Cataphrygiens ou Montani- stes, leur défend de s'assembler pour l'exer- cice de leur Religion, ny dans les lieux pu- blics dont ils estoient en possession, ny mê- me dans leurs maisons particulieres. Elle or- « donne que les lieux d'assemblée leur seront « ostez & donnez à l'Eglise Catholique, ou con- « vertis en d'autres usages publics. Elle ordon- « ne aussi la recherche & la suppression de leurs « livres : Et l'Histoire Ecclesiastique nous ap- « prend, que par là on découvrit que plusieurs « de ces Heretiques sous pretexte de Religion, « s'appliquoient à des malefices. «

Euseb. 3. cap. 64. 65. & 66.

Valentinien I. par une Loy du mois de Mars 372. défendit aux Manichéens leurs assem- « blées & leurs écoles, à peine de confiscation « des lieux où ils seroient trouvez exerçant, ou « enseignant leur Religion. «

L. 3. ubicum- que C. Th. de Hæreticis.

Une Loy de Gratien du mois d'Aoust 379. défend l'exercice des Heresies qui auroient « déja esté défenduës, tant par les Loix de l'Egli- « se, que par les Loix Imperiales, & à toutes « personnes de debiter aucunes opinions vicieu- « ses ou erronées contre la Foy : Declare infa- « mes tous les ministres de ces nouvelles Sectes, « & veut même que le nom de Chrestiens leur « soit dénié. «

L. 5. Omnes C. Th. idem.

Les Macedoniens qui nioient la Divinité du Saint Esprit, donnerent lieu à cette Loy celebre, *Cunctos populos,* du 27. Fevrier 380. Les termes en sont trop beaux & trop énergiques pour en rien retrancher. Voicy ce qu'elle contient. Les Empereurs Gratien, Valentinien, & Theodofe Augustes. Au Peuple de la Ville de Constan- tinople. Nous voulons que tous les Peuples « de nostre obéïssance suivent la Religion que « l'Apostre saint Pierre a enseignée aux Ro- « mains, & que s'y conserve encore à present ; « celle que l'on y voit suivre au Pontife Dama- « se & à Pierre Evêque d'Alexandrie, homme « d'une sainteté Apostolique, de sorte que se- « lon l'institution des Apostres & la doctri- « ne de l'Evangile, nous croyons une seule Di- « » vi- ité

L. 1. Cunctos C. Th. ibid.

» vinité du Pere, du Fils, & du Saint Esprit » sous une pareille Majesté & une sainte Trinité. Nous voulons que ceux qui suivent cette » Loy prennent le nom de Chrestiens Catholi- » ques ; & que les autres , que nous jugeons in- » sensez , portent le nom infame d'Heretiques ; » leur défendons de donner le nom d'Eglises à » leurs Assemblées, reservant leur punition, » premierement à la vengeance divine , & en- » suite au mouvement qui nous sera inspiré du » Ciel. Donné à Thessalonique le troisième des » Calendes de Mars sous le cinquiéme Consulat » de Gratien , & le premier de Theodose.

L. 7. Si quis C. Th. ibid. Le même Theodose le Grand par une Loy du mois de May 381. fit défenses aux Manichéens » de disposer de leurs biens par donation entre » vifs, testament ou autrement , à peine de nulli- » té. Les déclare incapables d'heriter de leurs » parens ou autres personnes. Ordonne que s'ils » n'ont aucuns enfans ou parens Catholiques » pour recueillir leurs successions, leurs biens » seront confisquez. Leur défend de s'assembler » sous quelque pretexte que ce soit.

L. 8. Nullum C. Th. ibid. Une autre Loy du 19. Juillet de la même an- » née 381. défendit aux Eunomiens, aux Ariens, » & aux Aëtiens d'avoir aucuns Temples dans » les Villes ny à la campagne , à peine de con- » fiscation des lieux qui auroient servi à un usa- » ge si sacrilege , & à recevoir les Ministres » de ces pernicieuses doctrines.

L. 9. Quisquis C. Th. ibid. Ce même Prince par une Loy du 31. Mars 382. » confirme la Loy precedente qui défend aux » Manichéens de disposer de leurs biens, les con- » serve à leurs parens Catholiques , ou au fisc » à leur défaut. Ordonne la peine de mort à » ceux qui prennent les noms d'Encratites , de » Saccoteres ou d'Hydroparastates. Ordonne à » Florus Prefet du Pretoire d'Orient d'establir » des Inquisitions pour les rechercher. Fait dé- » fenses à toutes personnes de les recevoir , ou » d'en souffrir les assemblées , soit dans les Vil- » les , soit à la campagne , à peine d'en estre » recherchez & punis eux-mêmes. Et que tous » ceux qui ne s'acquitteront pas des devoirs » de Religion à la Feste de Pâques, seroient re- » putez sujets aux peines portées par cette Loy.

L. 11. Omnes & L. 1. Vi- torum C. Th. ibid. Deux autres Loix des 25. Juillet & 3. Septem- » bre 383. défendent à tous les Heretiques, & » en particulier aux Apollinaristes, aux Ariens, » & aux Macedoniens de tenir des assemblées , » quand ce seroit même dans leurs maisons par- » ticulieres, à la Ville ou à la campagne, à » peine de confiscation des maisons: Permettent » à tous Catholiques d'y veiller. Leur défendent » de faire des Ordinations d'Evêques. Ordon- » nent que leurs Docteurs & leurs Ministres se- » ront chassez, & renvoyez aux lieux de leur » naissance. Et enfin menaçent les Officiers pu- » blics d'en répondre en cas de négligence de » leur part.

Apolli- C Th. Valentinien le Jeune au mois de Mars 388. » ordonna que les Apollinaristes, & tous les » autres Heretiques de quelques Sectes qu'ils » fussent , seroient chassez de l'enceinte des Vil- » les , & de la compagnie des gens d'honneur. » Il leur défend d'instituer des Clercs , & de » s'assembler dans les Eglises ou dans les autres » lieux publics ou particuliers. Ordonna que » les Evêques qui seroient de leur communion » seroient destituez. Leur interdit la liberté » d'en ordonner d'autres à leur place. Leur en- » joignit aussi à tous de se retirer dans des lieux qui » les separassent entierement du commerce des » autres hommes. Et leur défendit de chercher

aucun accés auprés de sa personne. «

L. 15. Omnes C. Th. ibid. Par une Constitution du même Prince du 14. Juin 388. il réitere les défenses aux Heretiques, « de s'assembler publiquement ou secrettement, « d'élever des Autels , & de contrefaire dans « leur culte impie les Mysteres de la veritable « Religion. Ordonne aux Magistrats d'establir « des gens fideles pour veiller sur eux, les ar- « rester en cas de contravention, & de les mener « devant les Juges pour estre condamnez à des « peines tres-rigoureuses. «

L. 17. Euno- miani C. Th. ibid. Une autre Loy du mois de May 389. prive « encore les Heretiques du pouvoir de tester, « d'instituer aucun Heritier , ou de recevoir des « autres aucun legs soit directement , soit par « fidei commis , ou de quelque maniere que ce « puisse estre. Casse & annule toutes semblables « dispositions par eux faites , & confisque au « profit du fisc les choses qui se trouveroient a- « voir esté par eux leguées. «

L. 18 Quicum- que Cod. Th. ibid. Les même Valentinien & Theodose le Grand « par une Loy du 17. Juin 389. ordonnent que « les Manichéens seront chassez de la Ville de « Rome & de tout l'Empire. Cassent & décla- « rent nuls leurs testamens faits & à faire: Et dé- « fendent à ces Heretiques tout commerce avec « le reste du monde. «

L. 21. de Hæ- reticis C. Th. Le 15. Juin 392. Theodose fit une Loy , par « laquelle il condamne en dix livres d'or par « tête les Heretiques qui auroient ordonné des « Clercs , ou qui auroient reçû l'Ordination. « Que le lieu où elle aura esté faite sera confis- « qué , si le proprietaire en a eu la connoissance. « Que si cela s'est fait à son insçû , le locataire « de condition libre payera aussi la même peine « de dix livres d'or. Et s'il est de condition ser- « vile, il sera frappé à coups de bastons, & banni. «

L. 29. Subli- mitatem Cod. Th. ibid. Une Loy d'Arcadius du 24. Novembre 395. « ordonne qu'il sera fait une recherche exacte « de tous les Heretiques qui sont Officiers de sa « Maison Imperiale, ou qui servent dans ses « Troupes, & qu'ils en seront chassez. «

L. 34. Euno- miani C. Th. ibid. Le même Prince par une Loy du 4. Mars « 398. outre les peines portées par les autres Loix « contre les Heretiques, & particulierement con- « tre les Eunomiens , & les Montanistes , or- « donne qu'ils seront chassez des Villes. Leur « défend de s'assembler, même à la campagne , « sous peine de confiscation de la maison , & du « dernier supplice contre le Concierge. Qu'il « sera fait une exacte perquisition des livres con- « tenant leur pernicieuse doctrine. Que les Ju- « ges les feront brûler ; & que si quelqu'un par « fraude , malice , ou autrement en retient quel- « que volume sans l'avoir déclaré, il sera puni « de mort. «

L. 36. Euno- mian. C. Th. ibid. Celle du mois de Juillet de l'an 399. défend « aux Eunomiens de s'assembler, & à toutes « personnes de les recevoir chez eux pour y fai- « re aucun exercice de leur Religion , à peine « du dernier supplice, & de confiscation des « lieux , où ils le proprietaire en ait eu « connoissance sans s'y opposer. Ordonne que si « leurs Ministres, qu'ils nomment faussement « Evêques , sont trouvez dans les assemblées , « ils seront condamnez au bannissement, & « leurs biens confisquez. «

L. 38. Nemo C. Th. ibid. Honorius par une Loy de l'an 405. défend « aux Manichéens & aux Donatistes de s'assem- « bler , à peine de la vie. «

L. 40. Quid. C. Th. ibid. Le même Prince par une Loy du 22. Février « 407. défend aux Donatistes , Manichéens & « Priscillianites tout commerce avec les autres « hommes. Déclare leur Heresie un crime public, «

» que

» que chacun a droit de pourſuivre, par la rai-
» ſon, dit cette Loy, que tout ce que l'on com-
» met contre la ſainte Religion, eſt préjudicia-
» ble à toute la Société civile. Cette même Loy
» ordonne que tous leurs biens leur ſeront oſtez;
» & donnez à leurs plus proches parens Catho-
« liques, en obſervant l'ordre des ſucceſſions
» établi par les Loix. Les rend incapables de
» toutes donations actives & paſſives, & de con-
» tracter en quelque ſorte & maniere que ce
» ſoit : & enfin elle eſtend la recherche de leur
» crime aprés leur mort.

La ſeverité de ces Loix produiſit une partie
de l'effet que l'on en avoit eſperé. Pluſieurs Heretiques ſe convertirent. Et voicy comment ſaint

S. Aug. Epiſt. 185. al. 50.

Auguſtin s'en explique dans une Lettre qu'il
écrivit au Comte Boniface, où il traite à fond
la queſtion ſi l'on doit employer contre les Heretiques des peines temporelles. Quand les Em-
» pereurs, dit ce Pere, font ces Loix pour la
» défenſe de la verité contre l'erreur, elles épou-
» vantent les plus emportez, & corrigent les
» ſages. Il fait enſuite une énumeration de toutes les ſeditions & de toutes les violences qui
avoient eſté commiſes dans l'Empire par les
Heretiques, l'obligation dans laquelle on avoit
eſté d'armer contr'eux toute la ſeverité des
Loix penales. Il marque l'effet que ces Loix
avoient produit, & le grand nombre de converſions qui s'en eſtoient ſuivies. Puis il ajoûte.
» Si vous pouviez voir la joye de ceux qui ſont
» revenus à l'Unité, leur ferveur & leur aſſidui-
» té à l'Egliſe pour y chanter les loüanges de
» Dieu, & y entendre ſa parole, avec quelle
» douleur pluſieurs ſe reſſouviennent de leur
» égarement paſſé ; combien ils ſe trouvent
» heureux de reconnoître la verité, combien
» ils ont d'horreur des impoſtures de leurs Doc-
» teurs. Si vous pouviez d'un coup d'œil voir les
» aſſemblées de ces peuples convertis en plu-
» ſieurs Provinces de l'Afrique, vous diriez
» ſans doute que ç'auroit eſté une grande cruau-
» té de les laiſſer tomber dans les flammes éter-
» nelles, de peur que leurs déſeſperez dont
» le nombre ne leur eſt aucunement compara-
» ble ne ſe jettaſſent dans le feu. L'Egliſe voit
» perir à regret ceux qu'elle ne peut conſerver.
» Elle deſire ardemment que tous vivent; mais
» elle craint encore plus que tous ne periſſent.
» Il inſiſte enfin beaucoup ſur cette parole de
» J. C. Allez le long des hayes & des grands
» chemins, & contraignez d'entrer tous ceux
» que vous trouverez.

L. 41. Licet C. Th. de Hæreticis.

En même-temps que ce grand progrés parut,
il fut neceſſaire de pourvoir à la ſeureté & au
rétabliſſement de ces nouveaux Catholiques
dans leurs droits, leur honneur & leurs biens.
L'Empereur Honorius en fit une Loy expreſſe
» le 15. Novembre 407. Elle porte, que tous
» les Heretiques nouveaux convertis ou qui ſe
» convertiront, & rentreront de bonne foy dans le
» ſein de l'Egliſe, ſeront à couvert de toutes les
» peines des Loix qui avoient eſté publiées con-
» tr'eux, quoique par leur conduite paſſée
» ils les euſſent encouruës.

Les Hereſies ne furent pas totalement éteintes
par ces converſions. Il en parut même dans la
ſuite de nouvelles. L'Egliſe continua de les combatre par les écrits de ſes Docteurs, & les déciſions de ſes Conciles. Et les Princes y ajoûterent
toujours leur autorité par de nouvelles Loix.
En voicy encore quelques-unes des principales.

L. 42. Eos qui C. Th. ibid.

Une Loy d'Honorius du 14. Novembre 408.
» confirme toutes les Loix precedentes contre les

Tome I.

Donatiſtes & les autres Heretiques, en ordon- «
ne l'execution, & leur défend de ſervir dans «
ſon Palais, ny dans ſes Armées. «

Par une autre Loy du 25. Aouſt 410. il leur
défend de s'aſſembler, à peine de la vie.

L. 51. Oraculû C. Th. ibid.

Théodoſe le Jeune par une Loy du mois
d'Aouſt 435. défend aux Sectateurs de l'Hereſie de Neſtorius de ſe dire Chreſtiens. Ordonne qu'ils ſeront nommez Simoniens du nom de
Simon le Magicien, dont ils ſuivoient les er- «
reurs. Défend à toutes perſonnes d'avoir en «
leurs maiſons, de lire ou d'expliquer leurs li- «
vres. Ordonne qu'il ſera fait une recherche «
exacte de ces livres, & qu'ils ſeront brûlez «
publiquement, pour éteindre même s'il ſe peut «
juſqu'au nom de ces Heretiques, & qu'il n'en «
ſoit fait aucune mention à la poſterité. Leur «
fait défenſes de s'aſſembler en aucun lieu ſoit «
public ou particulier, & à toutes perſonnes de «
les recevoir, à peine de confiſcation de leurs «
biens. «

L. 66. Dam-nato, C. Th. de Hæreticis.

Entre les Loix de l'Empereur Juſtinien qui a
a regné depuis l'an 527. juſqu'en 565. il y en a
encore pluſieurs autres contre les Heretiques.
En voicy ſix des principales.

La premiere ordonne, que les Heretiques »
qui n'ont aucune cauſe legitime de ſe plaindre «
de leurs enfans Catholiques, ſeront contraints «
de leur fournir les alimens, & toutes les cho- «
ſes neceſſaires ſelon leurs faculté. Qu'ils ſe- «
ront tenus de les marier à des partis Ortho- «
doxes ; & de leur doter & avantager ainſi qu'il «
ſera arbitré par les Magiſtrats & les Evêques. «
Que les enfans Orthodoxes qui n'auront com- «
mis aucunes fautes contre leurs peres & meres, «
joüiront de toutes leurs portions hereditai- «
res ſans aucune diminution. Que les teſtamens «
qui ſe trouveront avoir eſté faits au contrai- «
re ſeront caſſez. Que ſi les enfans ont commis «
quelques fautes contre leurs peres & meres, «
ils en ſeront accuſez & punis. Mais quoique «
coupables, la quatriéme partie de leur por- «
tion hereditaire leur ſera toujours conſervée, «
nonobſtant le teſtament. «

L. 13. Hære-tici. C. de Hæreticis.

La ſeconde défend aux Heretiques de faire «
aucune levée de deniers, de tenir des ſynodes «
ou aſſemblées, de faire des Ordinations ou «
Baptêmes, d'établir entr'eux aucuns Chefs ou «
Superieurs, d'avoir des Villes, & d'y établir «
des Juges ou Gouverneurs, ſoit par eux-mê- «
mes, ou par perſonnes interpoſées, ou de con- «
trevenir en aucune autre maniere aux défenſes «
qui leur ſont faites par les Loix; le tout à pei- «
ne d'eſtre punis du dernier ſupplice. «

L. 14. Hære-tici C. idem.

La troiſiéme porte, que les ſeuls parens Or- «
thodoxes heriteront de leurs parens Hereti- «
ques, ſoit qu'il y ait teſtament ou non. Que «
les Heretiques ſeront rejettez de toutes char- «
ges, de toutes milices, & de toutes autres «
dignitez. Elle leur défend d'enſeigner les ſcien- «
ces, leur interdit les fonctions d'Avocat. Or- «
donne que ſi quelqu'un d'eux, pour obtenir «
ces degrez ou ces honneurs diſſimule d'eſtre «
Catholique, ce qui ſera connu s'il a une fem- «
me & des enfans, & qu'il ne leur faſſe pas em- «
braſſer la veritable Religion, il ſera rejetté de «
ces emplois. Que ſi la diſſimulation n'eſt dé- «
couverte qu'à la fin de ſes jours, & qu'il diſ- «
poſe de ſa ſucceſſion en faveur d'un Hereti- «
que, la diſpoſition ſera déclarée nulle, & la «
ſucceſſion adjugée au fiſc. Qu'enfin tous ceux «
qui ſont dans les charges, dignitez ou em- «
plois publics, ou qui reçoivent de l'Eſtat des «
penſions ou bienfaits, ou ceux même qui ſont «

L. 18. Quai C. ibid.

O o » en

» en reputation de perfonnes d'honneur, ne » pourront avoir d'heritiers que les feuls Ortho- » doxes, & tout ce qu'ils laifferont à des Here- » tiques en quelque maniere que ce foit, fera » confifqué au profit du fifc. Elle ajoufte enco- » re, que fi l'un des conjoints par mariage eft » Orthodoxe, & l'autre Heretique, tous les » enfans qui en proviendront feront élevez dans » la Religion Orthodoxe. Que s'il arrive au con- » traire que quelques-uns des enfans foient Or- » thodoxes & les autres Heretiques, les feuls » Orthodoxes heriteront de biens tant pater- » nels que maternels. Que fi tous font Hereti- » ques, leurs plus proches parens collateraux » Catholiques en heriteront, ou à leur defaut » le fifc.

L. 19. cogno-
vimus C. de
Hæreticis.

» Par la quatriéme, il eft ordonné, que fi les » enfans qui eftoient Heretiques fe convertiffent, » leurs portions hereditaires dont ils avoient » efté privez, leur feront renduës, mais fans » aucune reftitution de fruits & revenus.

Authent. de
ftatu & con-

» La cinquiéme ordonne, que tous les He- » retiques de l'un & de l'autre fexe fous quel-

que nom qu'ils foient connus, feront notez « d'une perpetuelle infamie, & condamnez au « banniffement. Que tous leurs biens feront con- « fifquez, en forte qu'ils ne puiffent jamais leur « retourner, & que leurs enfans feront privez de « leur fucceffion. Elle veut auffi que ceux qui « feront feulement foupçonnez notablement, « foient cenfez avoir encouru la même infa- « mie, à moins qu'eftant mandez ils ne juftifient « fuffifamment leur innocence. Que s'ils perfif- » tent pendant un an fans fe juftifier, ils feront « condamnez comme Heretiques.

fuet. §. Gaza-
ros.

La fixiéme enfin repete les difpofitions des precedentes. Que les Heretiques ne pourront « parvenir à aucunes dignitez. Qu'ils ne feront « reçûs dans aucunes charges ou milice. Elle « ajoute que leurs veuves feront privées de tous « les privileges accordez par les Loix pour la « repetition ou payement de leurs dotes & de « leurs autres conventions matrimoniales ; à « moins qu'elles ne fe convertiffent & n'embraf- « fent la veritable & fainte Religion ; auquel « cas elles feront reftablies dans tous leurs droits. «

Novell. unam
nobis 109.

CHAPITRE II.

*Que la France a confervé la pureté de la Foy plus long-temps qu'au-
cune autre partie du Monde. Et des vains efforts que les Ariens
& les Iconoclaftes ont fait pour s'y introduire.*

DE tous les Royaumes Chreftiens il n'y en a point qui ait efté plus long-temps exemt de l'Herefie, que la France. Pendant que tou-tes les autres parties du Monde eftoient infec-tées de l'Arianifme dans le quatriéme fiecle, l'Eglife Gallicane feule, felon le témoignage de S. Jerôme, & de S. Sulpice Severe, confervoit encore la Foy dans la même pureté qu'elle l'avoit reçûë des Hommes Apofto-liques fes fondateurs. Saturnin Evéque d'Arles fut le premier qui s'en écarta l'an 356. par l'u-nion étroite qu'il avoit euë avec quelques-uns des principaux Ariens. Mais c'eftoit un homme corrompu dans l'efprit & dans les mœurs, em-porté & factieux ; autant de difpofitions pro-chaines à l'Herefie. Il eut auffi le credit dans un Concile qui fut tenu à Beziers cette mê-me année, d'attirer dans fon party quelques au-tres Evéques, Saint Hilaire leur refifta formément & offrit de les convaincre d'Herefie. L'Empe-reur Conftance, qui favorifoit les Ariens, en ayant efté averti, exila ce faint Prélat. Son re-tour fut prompt, & il perfifta avec tous les au-tres Evéques des Gaules à fouftenir la verita-ble Religion.

S. Hilar. de
Synod.p. 348
Edit. Pari
fienf. 1605.
Idem in Conft.
p 286.
Sever. Sulp. l.
2. p. 412. 416.
435. Edit. Va-
rior.

Il eft vray qu'au Concile de Rimini tenu l'an trois cens cinquante-neuf, ils furent forcez, comme les autres Orthodoxes, par les Gardes dont l'Empereur fit environner le lieu où ils eftoient affemblez, defigner une profeffion de Foy captieufe, que les Ariens interpreterent à leur avantage. Et ce fut cette furprife qui donna lieu dans la fuite à l'eftonnement, où tout le monde fut de fe voir prefque Arien. *Totus penè Orbis Arianum fe effe miratus, tunc verè ingemuit.*

Sever. Sulp. l.
2. p. 427.
Apud. S. Hi-
lar. fragm. p.
453.
Sozom. 4. cap.
19.

Mais auffi-toft que les Evéques furent de re-tour & en liberté ; ceux des Gaules s'affemble-rent en Concile pour la premiere fois à Paris,

Concil. Pa-
rif. ap. S Hi-
lar. fragm.

l'an 362. Ils y reconnurent la faute qu'ils avoient efté forcez de faire à Rimini, firent de nouveau profeffion de tenir inviolablement la Foy du Concile de Nicée, & y condamnerent Saturnin & les autres Ariens, dont le party alarmé & affoibli fut auffi-toft diffipé.

Ruf. 1. hift o
21.

La France toujours conftamment attaché à la pureté de la Foy, rejetta les Iconoclaftes avec le même mépris qu'elle avoit fait les Ariens. Ceux-cy commencerent à dogmatifer en Orient l'an 725. Leur Herefie fut authorifée d'un Edit de l'Empereur Leon Ifaurien l'an 730. Le Pape fit auffi-toft affembler un Concile à Rome, où elle fut condamnée.

Zonar. hift.
Conftant Ma-
naff. Synopfis
hiftoric.

L'Empereur, qui en fut averti, & qui eftoit encore le maiftre en Italie, menaça d'envoyer une Armée dans cette partie de l'Empire, pour la punir de s'oppofer à fes fentimens, & à fes ordres. Le Souverain Pontife Gregoire II. im-plora le fecours de la France pour appuyer la verité Orthodoxe, & proteger l'Eglife. Ce fecours luy fut accordé, & fauva l'Italie.

Cedren.
Zon. in Leon

Zonar.
Append. ad
Greg. Turon.

Conftantin Copronyme, qui fucceda à l'im-pieté auffi-bien qu'au Thrône de fon pere l'an 741. fit un Edit la même année encore plus ample, & plus cruel que celuy de fon Prede-ceffeur en faveur des Iconoclaftes. Ce Prince n'en demeura pas là. Les décifions du Concile de Rome, qui affermiffoient la croyance des Orthodoxes, l'incommodoient. Il voulut auffi de fon cofté joindre la puiffance fpirituelle à la fienne, & faire paroiftre que toute l'Eglife d'Orient eftoit de fon party. Des Evéques qu'il avoit gagnez, s'affemblerent à Conftantinople l'an 754. Ils y condamnerent l'ufage des Ima-ges, & autoriferent tout ce que l'Empereur & fon pere avoient fait en faveur des Iconocla-ftes contre les Catholiques.

Cedren.

Theoph.
Cedren.

Le Pape Eftienne indigné de cette entreprife,
&

Ep. 17. & 22.
Paul. tom. 6.
Conc. edit. Pa-
rif. & in Cod.
Cat. & Gretf.
Ann. Fr. Bert.
ad ann. 767.
Eginh. in Chr.
Ado Vienn.
Rhegin.
Aimon. lib. 4.
c. 37.

& pour en éviter les suites qui menaçoient l'Italie, eut encore recours à la France, toujours fidele, toujours orthodoxe. Pepin y passa en personne avec une puissante armée : Constantin en fut alarmé, & luy envoya des Ambassadeurs, luy fit des propositions de paix & d'alliance ; & qu'à l'égard de la Religion, il vouloit que tous les François dans un Concile jugeassent eux-mêmes de la pureté de sa Foy.

Cette proposition d'un Concile de l'Eglise Gallicane fut acceptée : le Pape y donna les mains ; l'Assemblée fut indiquée à Paris environ dans le tems de Pâques l'an 767. & fut tenuë dans le Palais Royal de Gentilly prés de cette Ville : elle se trouva composée de six Legats du Pape, & de la plus grande partie des Evêques des Gaules & d'Allemagne ; six Patrices Ambassadeurs de Constantin s'y trouverent aussi, avec leurs Evêques & leurs Docteurs pour s'y défendre. Le Roy même, pour donner plus d'éclat à une Assemblée si auguste, voulut s'y trouver, accompagné des plus grands de son Royaume. Les deux points qui divisoient alors l'Eglise Grecque de la Latine, la Procession du saint Esprit, & les Images y furent examinez. On entendit tout ce qu'il plust aux Grecs d'alleguer en faveur de leurs dogmes. On produisit d'autre costé tout ce qu'on avoit à leur opposer; & après un long examen, leur doctrine sur l'un & sur l'autre des articles y fut condamnée. Pepin, conformément à cette décision, donna charge aux Ambassadeurs de Constantin, d'exhorter de sa part leur Maistre à renoncer à ses erreurs, & à suivre la croyance des Orthodoxes: mais ce fut en vain, il y persista, & continua de persecuter l'Eglise.

Presque en même tems, ce Prince eut encore le chagrin que les Patriarches d'Alexandrie, d'Antioche & de Jerusalem, les trois plus anciens de l'Orient, assemblerent un Concile à Jerusalem, où l'heresie des Iconoclastes fut aussi condamnée, & qu'ils en écrivirent une Lettre synodale au Pape, dans laquelle ils rendent raison de leur Foy touchant les Images, conforme à celle de l'Eglise Occidentale.

Epist. Had. ad
Carol. M. c 18.
Anast. in Step.
Conc. Rom. t.
6. Conc. edit.
Parif.

De si heureuses dispositions, & quelques autres besoins de l'Eglise touchant la discipline des élections, engagerent le Pape d'assembler un Concile à Rome l'an 769. il députa ses Legats à Pepin, pour luy demander quelques-uns des principaux Prelats de son Royaume, qui avoient si bien défendu la foy orthodoxe dans le Concile de Gentilly. Ils n'arriverent en France qu'après le décés de ce Prince : Charlemagne son Fils, heritier de sa pieté aussi-bien que de sa Couronne, y en envoya douze des plus sçavans, & ils y parurent les plus zelez défenseurs de la verité. On y fit lire l'Epître Synodale des trois Patriarches de l'Orient. Toutes les preuves y furent examinées, & après une ample discussion, l'heresie des Iconoclastes y fut encore une fois anathematisée.

Constantin mourut l'an 775. Leon IV. monta sur le Thrône, avec les mêmes sentimens de son Pere, & fut encore plus emporté que luy contre les Images : les Catholiques en souffrirent ; mais Dieu en eut compassion, & abrega leurs peines ; ce Prince ne regna que cinq ans.

Il avoit fait couronner de son vivant Constantin son Fils encore enfant. Irene sa Mere Princesse Catholique, & fort adroite, sçût si bien ménager les esprits des Grands, qu'elle fut associée à l'Empire avec son Fils. Elle prit ensuite son tems pour parvenir à ses fins touchant la

Tome I.

Religion; & quand elle eut disposé toutes choses pour éteindre l'heresie, sans causer de grands mouvemens dans l'Estat, elle cassa par deux Edits des années 782. & 784. ce qui avoit esté fait en faveur des Iconoclastes, & rendit la paix à l'Eglise.

Theoph.
Miscell. l. 22.
Cedren.
Zonar.

Elle fit ensuite assembler un Concile à Constantinople, qui fut depuis transferé à Nicée l'an 787. L'heresie des Iconoclastes y fut enfin condamnée par toute l'Eglise Grecque. Les Actes de ce Concile furent écrits en Grec : la traduction Latine qui fut envoyée en France fut quelque difficulté : l'article des Images leur déferoit la même adoration que l'on rend à la tres-sainte Trinité. L'Eglise Gallicane qui avoit si fortement condamné, & qui condamnoit encore les Iconoclastes, ne put souffrir cette autre extremité d'un culte excessif ; elle s'en expliqua dans ses écrits, & dans un Concile tenu à Francfort l'an 794. les Prelats de France & d'Allemagne anathematiserent également les Iconoclastes, & ceux qui deferoient aux Images le culte de Latrie.

Theoph.
Anastaf. Bibl.
Præf. ad Sept.
Synod.

Epist. Had. ad
Carol. M. de
Imag. sub fin.
Adm. Sim. ad
Car. 2. Conc.
Francof.
Petav. l. 15. de
Ico. c. 12. & 16.
Ep Car. Anast.
præ. in 7. Syn.
Sur. in Conc.
Car. M.

Les Actes de ce Concile furent envoyez au Pape, qui les reçut & les autorisa, comme estant conformes à la doctrine de l'Eglise.

Eginh. in vit.
Franc.
Car. M.

Nicephore parvenu à l'Empire l'an 802. rendit aux Iconoclastes la liberté de dogmatiser. Michel Curopalates son Successeur, se déclara en leur faveur. Leon Armenien le rétablit par un Edit solemnel, & autorisa de nouveau cette doctrine impie. Michel le Begue & Theophile, qui regnerent l'un après l'autre, continuerent de persecuter l'Eglise.

Ep. Hadr. ad
Carol. M. de
Im. l. 7 cp. 2.
& 5. & l. 9. ep. 9.

Michel II. estant parvenu à la Couronne en bas âge, Theodore sa Mere, Princesse qui avoit toujours esté en secret tres-Catholique, fut couronnée avec luy l'an 841.

Theoph.
Cedren.
Zonar.

Cette sage & vertueuse Princesse, assistée de la grace, eut tant d'empire sur l'esprit de ses principaux Sujets, qu'elle les disposa tous à se réunir à la verité orthodoxe. Il ne s'agissoit que d'éclairer ceux qui estoient encore dans l'erreur: elle fit assembler pour cela un Concile à Constantinople, dés la premiere année de son regne. L'heresie des Iconoclastes y fut derechef condamnée ; & ceux même qui avoient esté ses plus zelez défenseurs, furent les premiers à crier contre, *anathême*, & à demander d'estre réunis à la Communion de l'Eglise Catholique.

Curopal.
Cedren.
Zonar.
Const. Manaf.

Les Actes du Concile de Nicée, ayant aussi esté examinez en original la même année, par les Prelats François & Allemans, ils reconnurent que la traduction latine qu'ils avoient anathematisée à Francfort, n'avoit pas esté fidele, & que dans l'original Grec, l'article des Images estoit conçû en ces termes. J'embrasse avec « honneur les saintes & venerables Images : je « defere l'adoration de Latrie, à la seule super- « substantielle & vivifiante Trinité, & j'excom- « munie ceux qui ont un autre sentiment. Et « comme ces termes qui avoient esté tronquez ou omis par negligence, ou par malice dans le Latin, furent trouvez tres-Catholiques dans le Grec, ils furent reçûs en France, & par toute l'Eglise universelle. Ainsi fut éteinte l'heresie des Iconoclastes, après avoir excité dans tout l'Orient une si cruelle & si longue persecution environ six vingts ans, mais qui non plus que les autres, n'avoit jamais pû penetrer en France.

Zonar.
Curopal.
Const Manaf.
Sirm tom. 2.
Conc Gall.
Petav. l. 15. de
Icon. c. 22 n 5.

Mais quoiqu'il fust vray que ce Royaume eust toujours esté exempt de souffrir dans ses

Provinces

Provinces ces malheureufes Sectes entieres s'établir ; il n'avoit pas laiffé de voir quelquefois & de tems en tems, quelques-uns de fes Habitans s'écarter de la faine doctrine, mais toujours fans aucun progrés.

Con. Sueffion. Can. 7. Adalbert l'un de fes Evêques, s'efforça dans le huitiéme fiecle d'y introduire l'Arianifme, & quelques autres erreurs qui luy eftoient particulieres. Pepin qui eftoit alors Maire du Palais, fit affembler à Soiffons l'an 754. vingt-trois Evêques, quelques Preftres du fecond Ordre, & les Grands du Royaume. L'affaire fut examinée dans ce Confeil fouverain, où il prefida, & qui a efté mis au nombre des Conciles ; Adalbert y fut condamné : l'on y reconnut la Foy du Concile de Nicée, & l'autorité des autres Conciles ; & il fut ordonné, qu'ils feroient de nouveau publiez en France.

Hinc. ep. ad Eccl. Lugd. Amol. Arch. Lugd. ad Godefc. Hinc. de prædeft. Conc. 1. Cadurc. Godefcalque Moïne du Monaftere d'Orbaï au Diocefe de Soiffons, au milieu du neuviéme fiecle, debita quelques opinions erronées touchant la Predeftination & la Grace. Il fut combatu par Raban Archevêque de Mayence, par Hincmar Archevêque de Rheims, & par Loup

Abbé de Ferrieres. La queftion fut agitée à fond l'an 848. dans le Concile de Quiercy, qui eft un lieu du Diocefe de Rheims, où il y avoit un Palais de nos Roys. Godefcalque y fut degradé de l'Ordre de Prê-trife, condamné au foüet, & à une prifon perpétuelle. En execution de cette Sentence, on le fit foüetter en prefence de l'Empereur Charles le Chauve, & des Evêques, jufques à ce qu'il euft jetté de fa main dans le feu, un Livre qu'il avoit compofé pour foutenir fes erreurs. Il fut en même tems renfermé dans le Monaftere de Haut-Villiers, du même Diocefe de Rheims.

D'autres parurent dans la fuite, mais toujours comme particuliers, & toujours confondus, convertis ou diffipez prefque auffi-toft, par les foins ou les anathêmes de l'Eglife. Les Puiffances temporelles ne s'en meflerent point : ainfi nous les pafferons, pour venir à ceux qui ont fait une efpece de Corps pour foutenir fes erreurs dans l'Etat, ou qui en ont approché de plus prés, & qui ont excité la Religion & l'autorité de nos Roys, pour les convertir, ou pour les chaffer.

⁕

CHAPITRE III.

Des Albigeois & des Vaudois ; qu'ils ne purent encore penetrer dans aucune des Provinces, qui compofoient en ce temps-là la Monarchie Françoife.

LEs premiers de ces Heretiques eurent pour Chef Arnaud de Breffe Italien, qui paffa en France au commencement du douziéme fiecle. Il y debita fes erreurs contre les Sacremens, les Evêques & les Preftres : eftant de retour enfuite dans fon Païs, il y fut accufé d'herefie, condamné & bruflé vif à Rome.

Conc. Thol. Can. 3. Ses Sectateurs qui eftoient reftez en France, fe répandirent dans le Languedoc & la Gafcogne. Ils y furent bien-toft decouverts ; & un Concile affemblé à Touloufe l'an 1119. les condamna, & invita les Puiffances temporelles, d'armer contre eux toute la feverité des Loix pour les diffi-Conc. 2. Later. Can. 23. per. Le Concile fecond de Latran tenu l'an 1139. lança auffi fur leurs teftes les mêmes anathêmes, & les livra de même au bras feculier pour eftre Conc. Turon. Can. 14. punis. Deux autres Conciles, l'un tenu à Tours l'an 1163. & l'autre à Lombez l'an 1176. aprés une femblable condamnation de ces mêmes Heretiques, y ajoufterent une exhortation aux Princes de confifquer leurs biens, & d'empêcher leurs affemblées.

Les Magiftrats les chafferent de Touloufe, & des environs l'an 1178. ils fe retirerent dans les Eftats de Roger Comte d'Albi, qui les favorifoit : & ce fut de-là qu'ils commencerent d'eftre Con. 3. Later. Can. 27. connus fous le nom d'Albigeois : ils furent encore condamnez fous ce nouveau nom au Concile general de Latran, l'an 1179.

Genebrard. Rainier Sach. hiftoire des Vaudois. Pilicdorf. hift. Valdon. Math. Par. fub ann. 1215. Chron. Guill. dePodioLaur. Jean PaulPer- Pendant que les chofes fe paffoient ainfi en Languedoc, Pierre Valdo riche Marchand de Lion, épouvanté de la mort fubite d'un de fes amis, arrivée en fa prefence l'an 1160. abandonna tous fes biens, & fe dévoüa à la penitence. Quelques-uns fe joignirent à luy, & embrafferent fon exemple, la vie penible d'une pauvreté volontaire. Cette aufterité de gens foibles, & fans lettres, toute bonne qu'elle

eftoit dans fon principe, dégenera bientoft aprés rin hift. des Vaudois. en fuperftitions, & les conduifit infenfiblement au fanatifme, & à l'erreur. Ils dogmatiferent publiquement, & fe meflerent de prêcher & d'expliquer l'Ecriture fainte. Les Evêques des lieux s'y oppoferent : comme ils refuferent d'obéïr, de-là prit naiffance l'herefie des Pauvres de Lion, ou des Vaudois, du nom de Valdo leur Chef.

Ceux-cy fe joignitent aux Albigeois, & ne faifant plus qu'une même Secte, ils fe répandirent dans les Vallées de Piedmont, dans le Languedoc, la Provence, le Dauphiné, & jufqu'en Arragon. Raymond Comte de Touloufe les prit fous fa protection.

Innocent III. l'an 1198. envoya deux Legats & plufieurs Miffionnaires, pour convertir par leurs exhortations ces Heretiques, ou pour les faire punir par l'autorité des Puiffances temporelles. Le Comte de Touloufe traverfa ouvertement l'effet de cette miffion. Le Pape indigné de ce procedé, lança fes foudres contre luy, & exhorta Philippe Augufte, & les autres Princes, de faire une Croifade pour les combattre. Le Comte, pour détourner l'orage qui alloit fondre fur fes Eftats, envoya affeurer le Pape, qu'il feroit tout ce que l'on fouhaiteroit de luy, & qu'il travailleroit de concert avec les autres Princes à détruire l'herefie. Il fe foumit en effet, donna fept Villes pour oftages, fe prefenta en eftat de Penitent à la porte de l'Eglife, & reçut l'abfolution du Legat du Pape.

Les Albigeois ayant perdu cet appuy, fe retirerent dans les Villes qui tenoient encore pour eux. L'armée des Croifez commandée par Simon Comte de Montfort, les y pourfuivit : Beziers & Carcaffonne furent prifes, & beaucoup de ces Heretiques perirent en ces deux occasions. L'on parla ensuite de paix , mais inutilement. Le Comte de Toulouse reprit le parti des Albigeois : le Roy d'Arragon & le Comte de Foix se declarerent pour luy : le Comte de Montfort de son costé , tenoit une puissante armée pour le parti Catholique. Ainsi la guerre qui recommença entre eux l'an 1218. fut tres-sanglante. Ce qui se passa pendant qu'elle dura , regarde l'Histoire , & n'est point de nostre objet : mais voicy quel en fut l'évenement.

Raymond Comte de Toulouse , fut enfin obligé l'an 1228. de se soumettre au Pape , & au Roy saint Louis , & de faire un traité avec eux aux conditions qu'ils voulurent. Par ce » Traité le Comte promit , qu'il seroit à l'a- » venir fidele à l'Eglise & au Roy de France ; » qu'il extermineroit de ses Etats les Heretiques » & leurs fauteurs ; qu'il y établiroit l'Inquisi- » tion ; qu'il payeroit une certaine somme à » ceux qui découvriroient un Heretique ; qu'il » soustiendroit les personnes Ecclesiastiques , » leurs libertez & leurs immunitez ; qu'il feroit » executer les Sentences d'excommunication ; » qu'il éviteroit les excommuniez , & les obli- » geroit à rentrer dans le sein de l'Eglise ; qu'il » establiroit des Juges non suspects d'heresie ; » qu'il restitueroit aux Eglises & aux Ecclesiasti- » ques tous les biens qui leur appartenoient , » avant la Croisade ; qu'il feroit payer les dîmes » aux Eglises ; qu'il donneroit dix-huit mille » marcs d'argent pour le dédommagement du tort » qui leur avoit esté fait , dont dix mille se- » roient distribuez par les ordres du Legat ; » sçavoir , quatre mille aux Abbayes de Ci- » teaux , de Clairvaux , de Grand-Selve & de » Caudeil , & six mille pour fortifier le Châ- » teau de Narbonne , & les autres Places qui » seroient mises en mains du Roy , qua- » tre mille pour fonder une Université à Tou- » louse. Qu'après avoir reçû l'absolution , il » prendroit la Croix de la main du Legat , & » partiroit dans deux ans , pour aller faire la » guerre aux Sarrasins pendant cinq années. » Qu'il donneroit sa fille en Mariage au Frere » du Roy ; à condition qu'après la mort du » Comte , la Ville de Toulouse & le Diocese » qu'on luy laissoit , appartiendroit à ce Prince ; » & qu'en cas qu'il mourust sans enfans , ce Païs » seroit uni à la Couronne , sans que les autres » enfans ou heritiers du Comte Raymond y pus- » sent rien prétendre. Qu'on luy laisseroit en- » core les Dioceses d'Agen & de Cahors , une » partie de celuy d'Alby ; mais que le Roy » retiendroit la Ville d'Alby ; & ce qui est au- » delà de la Riviere de Tarn vers Carcassonne. » Qu'il feroit hommage lige au Roy des Terres » qu'on luy laissoit , & qu'il abandonneroit tous » les droits qu'il pourroit avoir sur le Païs de » deçà le Rhosne. Qu'il maintiendroit ce qui » avoit esté fait par le Comte de Montfort. Qu'il » feroit la guerre au Comte de Foix , & aux au- » tres ennemis de l'Eglise. Qu'il feroit démolir » les fortifications de la Ville de Toulouse , & » tous les autres Chasteaux. Que pour seureté » de ce Traité , il mettroit entre les mains du » Roy le Chasteau de Narbonne , & quelques » autres Places que le Roy retiendroit pen- » dant dix ans , & la garderoit aux dépens du » Comte. Ce Traité fut conclu à Paris le 28. d'A- vril, l'an 1228.

Aussi-tost que ce Traité fut signé, saint Louis qui n'estoit alors âgé que de treize ans , & dans la seconde année de son Regne , fit un Edit ; par le conseil de la Reine sa Mere , & des Grands du Royaume , pour bannir totalement l'heresie du Diocese de Narbonne , qui luy avoit esté cedé par le Comte : & comme il n'est pas long , & que c'est la premiere Ordonnance de nos Roys en cette matiere ; nous en rapporterons les propres termes traduits en nostre Langue.

Louis par la grace de Dieu , Roy de Fran- « ce ; aux Citoyens de la Ville de Narbonne , & « & aux autres Fideles de son Diocese : Salut & « dilection. Nous desirons passionément dés « nostre jeunesse , & au commencement de no- « tre Regne , de servir Dieu , de luy faire « rendre de tout nostre pouvoir les honneurs « qui luy sont dûs , & de reconnoistre que c'est « de sa divine bonté que Nous tenons cette « haute dignité où il Nous a élevé , & tout ce « que nous sommes : ainsi nous avons appris « avec douleur , que dans vostre Province la « sainte Eglise est affligée , & souffre depuis « long-tems plusieurs persecutions : c'est ce que « Nous voulons faire cesser ; & qu'à present que « ce païs est sous nostre obéïssance , elle soit « honorée & gouvernée en paix. A CES CAUSES , « de l'avis des Grands de nostre Royaume , & « des Sages de nostre Conseil : Nous ordonnons « que l'Eglise & les personnes Ecclesiastiques « de vostre Province , joüïssent des mêmes li- « bertez & privileges dont l'Eglise Gallicane est « en possession. Et dautant que depuis plusieurs « années les Heretiques y répandent leur venin , « & en fassent la sainte Eglise nostre Mere , « Nous ordonnons, pour parvenir à leur extir- « pation , que tous ceux qui seront trouvez s'é- « carter de la Foy Catholique , sous quelque « nom qu'ils soient connus , après qu'ils auront « esté jugez Heretiques par l'Evêque du Lieu , « ou par quelque autre Puissance Ecclesiastique « en ayant le pouvoir , ils soient aussi-tost , & « sans aucun retardement punis d'un chastiment « exemplaire , & proportionné à leur faute. « Défendons tres - étroitement à toutes person- « nes de recevoir , défendre , favoriser , ou pro- « teger en quelque maniere que ce soit les He- « retiques. Que si quelqu'un ose agir contre cette « prohibition , Nous voulons que son témoigna- « ge ne soit plus de foy en justice ; qu'il ne soit « admis dans aucune Charge ou Dignité. Qu'il « ne puisse faire de testament , ny recueillir au- « cune succession. Nous déclarons tous ses biens « mobiliaires & immobiliaires confisquez ipso « facto , sans qu'ils puissent jamais retourner à « luy ny à ses heritiers. Mandons aux Barons « du Païs, à nos Baillis , & à nos autres Sujets « presens & à venir , qu'ils soient soigneux de « purger le Païs de l'impureté & de l'infection « des heresies. Qu'ils soient attentifs , fideles & « diligens , à rechercher & à découvrir les Here- « tiques. Que lors qu'ils les auront trouvez, qu'ils « les livrent incessamment aux Puissances Eccle- « siastiques ; afin qu'après qu'ils auront esté con- « vaincus d'heresies & fausses opinions , toute « haine , priere , recompense , crainte , faveur « ou amour à part, ils en fassent promptement ce « qu'il conviendra. Et dautant que ceux qui « s'exercent à découvrir & à prendre les Hereti- « ques , sont dignes d'honneur & de récompense. « Pour les y engager davantage , Nous voulons « que nos Baillis dans les Baillages desquels les « Heretiques auront esté arrestez , & ce pendant « deux ans, fassent payer à ceux qui auront fait « la capture deux marcs d'argent pour chaque « Heretique qui aura esté arresté, convaincu & «

Oo iij   condamné.

Thresor des Chartes de France Reg 10. f. 118. Liv. blanc du Chastelet de Paris, fol. 33 & 41.

" condamné. Et pour les captures qui feront fai-
" tes après les deux ans, fera payé un marc
" feulement. Ordonnons que tous vagabons qui
" ont couftume de courir le pays, y faire des
" dégats, des violences & troubler l'Eglife, en
" foient bannis pour toujours. Que la paix y foit
" à l'avenir perpetuellement obfervée. Promet-
" tons de noftre part d'y apporter tous les foins
" neceffaires. Ayant auffi efté informez qu'en
" voftre pays les clefs de l'Eglife y font méprifées,
" Nous ordonnons, felon les faints Canons des
" Conciles, que toutes perfonnes évitent de
" communiquer avec les excommuniez. Que fi
" quelques-uns de ceux qui auront encouru les
" cenfures demeurent contumaces pendant un
" an, qu'ils foient contraints par nos Juges
" de retourner à l'Unité de l'Eglife ; afin que
" ceux que la crainte de Dieu n'a pas pû retirer
" du mal, y foient du moins contraints par la
" crainte des peines temporelles. Et partant Nous
" ordonnons qu'après l'année expirée, nos Bail-
" lis faififfent tous leurs biens mobiliaires & im-
" mobiliaires, & qu'ils ne leur foient rendus en
" aucune maniere, jufqu'à ce qu'ils fe foient
" fait abfoudre, qu'ils ayent fatisfait à l'Eglife,
" & qu'ils ayent de plus obtenu noftre fpecial
" Mandement. Voulons auffi que les dixmes
" dont l'Eglife a joui pendant un long temps,
" & dont elle a efté fraudée par la malice des
" Habitans, luy foient reftituées, & qu'à l'ave-
" nir les Laïcs en laiffent jouïr l'Eglife libre-
" ment. Voulons que les Barons, les Vaffaux &
" les Habitans des bonnes Villes jurent d'obfer-
" ver inviolablement ces prefentes. Mandons à
" nos Baillis aufquels elles font adreffées pour y
" tenir la main, qu'un mois après qu'elles au-
" ront efté publiées dans leurs Baillages à haute
" voix en lieu public & Jour folemnel, ils ju-
" rent eux-mêmes qu'ils les obferveront de bon-
" ne foy, & les feront obferver par tous les autres,
" en avertiffant que ceux qui ne le feront pas
" y feront contraints par punition corporelle
" & confifcation de leurs biens. Vous fçaurez
" auffi que Nous voulons que ces prefentes con-
" tinuent d'eftre obfervées après que noftre Fre-
" re aura efté mis en poffeffion de ce pays. Qu'il
" jurera luy-même de les obferver & de les

faire obferver à fes Sujets. Et afin qu'elles de- "
meurent fermes & ftables, Nous y avons fait "
appofer noftre Sceau. Donné à Paris au mois "
d'Avril 1228.

Cet Edit ne fut adreffé qu'à la Province de
Narbonne que le Comte de Touloufe, comme
Souverain du Languedoc, venoit de ceder à faint
Loüis. Une pareille Loy auroit efté en effet inutile dans les Provinces demeurées attachées à la
Couronne & qui compofoient alors le Royaume de France, où ces Heretiques, non plus que
les precedens, n'avoient eu aucun entrée. Auffi
voyons-nous que les Armées que nos Roys le-
verent pour les combatre, furent qualifiées
Croifades, pour faire entendre que ce n'eftoit
pas feulement contre des Infideles, mais encore contre des Etrangers qu'elles agiffoient.

Le Vendredy Sàint de cette même année 1228.
fut choifi pour reconcilier à l'Eglife le Comte
de Touloufe & ceux de fon parti qui avoient
efté excommuniez. Ils fe rendirent en eftat de
penitens dans l'Eglife de Noftre-Dame, où le
Legat du Pape leur donna publiquement l'abfolution. Le Comte demeura prifonnier à Paris
jufqu'à ce que les conditions du Traité euffent
efté executées. Le Roy le renvoya en fon pays
vers la Fefte de la Pentecofte. Le Legat l'y ac-
compagna, & y tint un Concile à Touloufe l'an
1229. Il y eftablit l'Inquifition, & fit plufieurs
Réglemens pour l'entiere extirpation de l'herefie. Le Comte Raymond agit d'abord avec
beaucoup de lenteur contre les Albigeois. Le
Legat du Pape luy en fit reproche dans une affemblée tenuë à Melun l'an 1232. Il y fut refolu que
ce Comte feroit des Loix contr'eux, fuivant l'a-
vis de l'Archevêque de Touloufe, & d'un Seigneur qui feroit nommé par le Roy. L'Archevêque dreffa les Articles, fuivant lefquels le
Comte fit une Déclaration tres-ample contre les
Heretiques l'an 1233. qu'il fit publier à Touloufe le 14. Février. Ce nouveau zele du Prince
ranima celuy des Magiftrats. L'Inquifition de
fon cofté fit fon devoir. Ce concours des deux
Puiffances acheva d'exterminer ces Heretiques,
à l'exception de quelques reftes de miferables,
qui s'allerent eftablir dans quelques vallées des
Alpes vers le Dauphiné.

CHAPITRE IV.

Origine du Calvinifme. Introduction & progrés de cette Herefie en Fran-
ce ; les maux qu'elle y a caufez ; & les efforts qui ont efté faits
pendant plus d'un fiecle pour l'en chaffer.

Jufqu'icy nous n'avons vû que de vains efforts des Heretiques pour s'introduire en
France. Les Ariens & les Iconoclaftes tente-
rent plufieurs fois inutilement. Les Albigeois
& les Vaudois enfemble penetrerent à la verité dans quelques Provinces des extremitez du
Royaume ; mais il y avoit alors plus de trois
fiecles qu'elles avoient efté feparées de la Couronne, & qu'elles reconnoiffoient d'autres Souverains. La pureté de la Foy demeura toujours
inviolable dans toutes celles qui eftoient demeurées foumifes à nos Roys, & qui compofoient
en ce temps-là le Corps de l'Eftat.

L'Eglife de France jouïffoit encore de cette
profonde paix au commencement du feizième
fiecle fous le Regne de François I. Ce Prince,

dans les grandes vûës qu'il eut de rendre fon
Regne éclatant & heureux, forma le deffein de
faire refleurir dans fon Royaume les Belles-Lettres, dont il fut appellé le pere & le reftaurateur.
Il ne pouvoit rien entreprendre de plus glorieux, rien de plus capable de rendre fon Regne immortel : mais par une fatalité qu'il n'eftoit pas facile de prévoir, cela même donna occafion à l'herefie de s'introduire enfin, & pour
la premiere fois, dans fes Eftats.

Ce fut dans le même temps environ l'an 1517.
que Luther commença à répandre le venin de
fon Herefie dans l'Alemagne. Il y avoit trois ans
qu'il dogmatifoit, lorfque Zuingle du même
pays & fon difciple forma une nouvelle Secte
d'herefie differente de celle de fon maiftre. L'un
&

J. Micrælii,
vit. Luth.
Cochlæ. vit.
Luth.
Sur. in comm.
Chytr. Saxon.
lib. 7.

Spond. ad
hunc an. n. 2.
& 1.
Palavic. lib. 1.
c. 4.
Act. Vvormat.
Convent. ex
cod. Vatican.

& l'autre de ces Heresiarques conçut le dessein d'attirer François I. dans son party, pour le fortifier. Mais tous leurs artifices furent inutiles, ils ne purent jamais y parvenir ; & ce Prince fut toujours en garde contr'eux. Ce coup leur ayant manqué, ils eurent recours à une derniere tentative pour introduire du moins leur heresie en France, & sur tout à Paris. Ils sçavoient qu'il aimoit les gens de Lettres, & qu'il en attiroit dans ses Estats de toutes les autres parties du Monde. Chacun d'eux choisit dans son party les plus habiles, sur tout dans la Philosophie, & dans la connoissance des Langues & des belles Lettres. Le rendez-vous de tous ces prétendus sçavans de l'une & de l'autre heresie fut marqué à Strasbourg, auprés de Martin Bucer, qui balançoit entre Luther & Zuingle, tenant quelque chose de chacun d'eux. Cela fit que ses hostes, pour s'accorder quand ils seroient en France, & ne se pas ruiner les uns les autres par la diversité de sentimens, se firent par l'avis de Bucer Luthero-zuingliens. Ils arriverent à Paris l'an 1522. & se cachant sous la fausse apparence & sous le nom de Catholiques, ils commencerent à y répandre leur pernicieuse doctrine. La presence réelle de J. C. au saint Sacrement, le saint Sacrifice de la Messe, le Purgatoire, l'invocation des Saints, la priere pour les Défunts, le Celibat & l'ordre Hierarchique des Ministres de l'Eglise, furent les principaux dogmes qu'ils entreprirent de combattre. Ils y furent découverts dés l'année suivante. Le Parlement qui en fut averti, ordonna qu'il seroit informé de ce crime de Leze-Majesté Divine, tant contre ceux qui en estoient les auteurs, que contre leurs complices. Ce coup de foudre épouvanta ces premiers Ministres de l'heresie ; ils prirent la fuite, & s'en retournerent en Allemagne.

Papyr. Mass.
Vit Calvin.
Spond. ad an.
1535.
Jacques Des
may, vie de
Calvin
Le Vasseur
Annales de
l'Eglise de
Noyon.

Cette zizanie qu'ils estoient venus jetter dans le champ de l'Eglise Gallicane ne laissa pas que d'y prendre quelque accroissement. Ils eurent des disciples, & ceux-cy continuerent de dogmatiser en secret. Jean Calvin natif de Noyon fut l'un des plus zelez. Il avoit pris les premieres teintures de l'heresie à Paris sous Robert Olivetan son allié & son intime ami. Melchior Volmar acheva de luy gaster l'esprit à Bourges, où il fut estudier en droit. Il revint à Paris l'an 1533. & s'y tenant caché, il commençoit d'y jetter les premiers fondemens de son heresie ; qui tient un peu de chacune des autres, & qui ne s'accorde en tout avec pas une.

Flor. de Riem.
Hist. de Na-
varre, liv. 13.
Spond. t. 1.
Le Laboureur
Memoires de
Castelnau.
Papyr. Mass.
Sainte Marth.
hist. des Egli-
ses réformées
liv. 9.
De la Poplin.
Thuan.
Du Pleix.
Mezeray.
Montluc com.
l. 5.
D'Aubigné
Davila.

L'Histoire nous apprend assez tous les maux que cette malheureuse Secte a causez pendant plus d'un siecle à l'Eglise & à l'Estat. Nous les passons sous silence ; de plus habiles plumes en ont conservé la memoire plus d'une fois à la posterité. Il ne s'agit icy, selon nostre objet, que des Loix qui ont esté faites pour y remedier. Et ces notions generales nous suffisent pour en donner l'intelligence.

De ces Loix il y en a qui ont esté faites tant que cette heresie a subsisté en France sous tant de nos Roys ; les unes, pour l'esteindre & la punir ; les autres dans des temps foibles & difficiles, pour la tolerer. Il y en a d'autres qui ont esté faites sous le Regne heureux de Louis le Grand ; les unes, pour l'extirpation de cette heresie dans ses Estats ; les autres, pour preserver ses Sujets de retomber à l'avenir dans un semblable malheur.

Les premieres de ces Loix ne sont plus d'usage depuis que l'Eglise de France, par la misericorde de Dieu, la pieté & la sagesse du Roy,

est délivrée du fléau de cette heresie qui leur avoit donné lieu. Ainsi pour ne point grossir inutilement ce Traité, l'on ne rapportera icy que le sommaire de leurs principales dispositions. Elles suffiront du moins pour faire connoistre, que tout ce que Louis le Grand a si heureusement achevé pour l'extirpation de cette heresie, avoit esté tenté par les Roys ses predecesseurs dés que ce monstre parut en France. Qu'ils en ont repris le dessein autant de fois qu'ils ont crû y pouvoir réussir. Que s'ils l'ont quelquefois toleré, les Edits en ont esté, pour ainsi dire, arrachez de leur Throne les armes à la main dans des temps de minorité, de troubles ou de guerres civiles, & par des Sujets également heretiques, rebelles & seditieux. L'on y verra enfin combien la conduite que ces Princes ont tenu à cet égard est conforme à celle des premiers Empereurs Chrestiens contre les Heretiques de leur temps.

Fontan. tom.
4. tit. 7.

Dés la naissance de cette heresie François I. y opposa toute la severité des Loix. par trois Edits des 29. Janvier 1534. 1. Juin 1540. & 30. Aoust 1542.

Ces Edits portent, que les Sectateurs de Luther, & tous les autres Heretiques seront punis comme criminels de leze-Majesté divine & humaine, seditieux & perturbateurs de l'Estat & du repos public.

Que tous ceux qui les favoriseront, leur donneront retraite, ou faciliteront leur évasion, seront punis de la même peine. Et que ceux qui les dénonceront à la Justice, auront pour récompense le quart des amendes & des confiscations.

Henry II. animé du même zele que le Roy son pere, défendit par un Edit du mois de Decembre 1549. d'imprimer ny vendre aucuns livres, qu'ils n'eussent esté vûs & approuvez par la Faculté de Theologie de Paris, à peine de punition corporelle, & de confiscation de biens. Et que tous les livres contenus au catalogue que la même Faculté avoit fait, seroient supprimez, avec défenses à toutes personnes d'en avoir aucun en leur possession.

Ce même Prince par cinq autres Edits des 19. Novembre & 11. Février de la même année 1549. 27. Juin 1551. 24. Juillet 1557. & 4. Septembre 1559. renouvella toutes les dispositions des Edits de son pere. Défendit à toutes personnes d'apporter en France aucuns livres venant de Geneve, ou d'autres lieux notoirement separez de l'union de l'Eglise, à peine de confiscation de biens, & de punition corporelle.

Qu'il ne seroit reçû aucun Officier dans aucune Cour ou Jurisdiction, qu'il ne rapportast la preuve qu'il avoit toujours professé la Religion Catholique.

Qu'il en seroit usé de même à l'égard des Professeurs des Universitez, des Maistres d'école, & des Serviteurs Domestiques.

Il défendit à toutes personnes non lettrées, de quelque estat & condition qu'elles fussent, & à tous Etrangers pendant qu'ils seroient en France, de disputer sur les points de Religion, les constitutions & les ceremonies de l'Eglise, à peine d'estre punis comme infracteurs des Ordonnances.

Fit défenses à tous ses Sujets d'écrire, d'envoyer de l'argent, ny autrement favoriser ceux qui s'en estoient allez du Royaume pour resider à Geneve, ou dans les autres pays notoirement separez de l'Eglise Catholique, à peine d'estre déclarez fauteurs des Heretiques, & com-

ss me

" me tels punis exemplairement. Permit à toutes
" personnes de les dénoncer, & que le dénoncia-
" teur auroit le tiers des amendes, & des confif-
" cations.

" Que tous porteurs de lettres venant de Ge-
" neve seroient arreftez & punis, si les lettres dont
" ils se seroient chargez tendoient à divertir les
" Sujets du Roy de la Religion Catholique , &
" qu'il seroit procedé contr'eux comme vrais He-
" retiques & perturbateurs de la tranquillité pu-
" blique.

" Que tous les biens tant meubles qu'immeu-
" bles de ceux qui se seroient retirez à Geneve
" pour y demeurer, seroient confifquez. Que si
" avant de partir ils les avoient vendus en fraude
" & dans le deffein de sortir du Royaume ; ceux
" qui les auroient achetez seroient condamnez d'en
" vuider leurs mains , & à telle peine qu'il se-
" roit arbitré par les Juges , ayant égard à la qua-
" lité des personnes, au vil prix qu'ils auroient
" acheté , & à la proximité du temps de la re-
" traite des vendeurs.

" Que tous ceux qui seroient trouvez Hereti-
" ques obftinez ou relaps, qui auroient dogma-
" tifé tant publiquement qu'en secret, qui auroient
" fait injure au saint Sacrement, aux images de
" Noftre Seigneur, de la sainte Vierge ou des Saints,
" qui auroient fait seditions & assemblées popu-
" laires ; ceux qui auroient contrevenu aux défen-
" ses d'aller à Geneve, d'apporter , vendre ou
" semer parmy le Peuple des livres défendus, se-
" roient punis de mort, sans que les Juges pussent
" remettre ou moderer cette peine en façon quel-
" conque.

" Déclare enfin qu'il n'entendoit s'appliquer
" aucunes confifcations ou amendes procedant
" des Jugemens ou condamnations pour crime
" d'herefie : Voulant qu'elles fuffent appliquées
" en œuvres de pieté ou publiques. Que si par
" importunité ou autrement il en avoit fait quel-
" ques dons, il les révoquoit.

" Si la feverité de ces Edits n'éteignit pas entierement l'herefie, elle en fufpendit au moins
le progrès. Ses Sectateurs n'ofoient encore se
déclarer en public. Que s'ils s'affembloient, c'eftoit toujours en secret, & le plus souvent la
nuit.

François II, eftant parvenu à la Couronne voulut remedier dès le commencement de son regne
à ces affemblées clandeftines & nocturnes, Il fit
entendre sur cela ses intentions par quatre Edits;
l'un du mois de Septembre, deux du mois d'Octobre , & un du mois de Février 1559. presque
auffi-toft qu'il fut sur le Thrône. Ces Edits ajoûtent à ceux des Roys ses Predeceffeurs , que
tous ceux qui feront des affemblées ou conven-
" ticules illicites , soit pour le fait de la Reli-
" gion, ou pour quelque cause ou occafion que ce
" puft eftre, soit de jour, soit de nuit; & tous
" ceux qui s'y trouveroient , seroient punis du
" fupplice de mort, sans aucune esperance de gra-
" ce ou de moderation.

" Que les maisons où ces affemblées auroient
" efté faites , soit qu'elles fuffent occupées par
" les proprietaires ou par des locataires, seroient
" rafées & abbatuës, pour perpetuelle memoire,
" sans qu'elles puffent eftre rebafties à l'avenir.
" Que tous ceux qui auroient connoiffance de ces
" affemblées seroient tenus de les reveler à la Juf-
" tice , à peine d'eftre punis comme complices des
" mêmes peines que ceux qui s'y seroient trouvez.
" Que celuy qui viendroit à revelation de telles
" affemblées, quoiqu'il en fuft luy-même cou-
" pable ou complice , sa faute luy seroit pardon-
"

née , & luy seroit donné cent écus de récompense. Enjoint aux Juges de le maintenir , & défendre de toutes injures & oppreffions qui pourroient luy eftre faites à cette occafion : Le Roy
déclarant qu'il le prend sous sa protection &
sauvegarde.

Que les Seigneurs Hauts-Jufticiers des lieux
où femblables affemblées auroient efté faites,
qui n'auroient fait leur devoir pour les empêcher, & punir les coupables , seroient privez
de leurs Juftices , & que la réunion en seroit faite aux Juftices Royales.

Que si ces conventicules eftoient faits dans des
lieux dont la Juftice appartînt à un des Officiers du Roy , ces Officiers feroient tenus d'en
faire les pourfuites ; & en cas de négligence,
diffimulation ou connivence , feroient privez
de leurs Offices & déclarez incapables de tenir
jamais aucuns Offices Royaux.

Mais ce fut icy le dernier coup de rigueur
qui parut contre les Heretiques : & l'on vit naiftre en France presque en même-temps tous les
maux qu'ils ont depuis fait souffrir à l'Eglife
& à l'Eftat. La jeuneffe du Roy, ses infirmitez
continuelles, la division des Grands furent autant de caufes prochaines des troubles civils
qui defolerent l'Eftat.

Les Huguenots (c'eft ainfi que l'on commença de nommer ces Heretiques) fçurent bien
profiter de cette conjoncture. Ils offrirent des
hommes à l'une des factions, cela fut accepté;
ils affemblerent des Troupes de tous coftez.
Et ce fut ainfi que commencerent en France les
guerres de la Religion.

Un parti des Heretiques rebelles penfa fur-
prendre le Roy au Chafteau d'Amboife , où eftoit alors la Cour. Cette confpiration fut découverte quelques jours avant qu'elle duft eftre executée. Les Chefs furent pris & pendus , & les
autres diffipez.

La Cour furprife de cet attentat, & encore
plus d'apprendre que les Princes & plufieurs
Grands de l'Eftat y avoient part , fut obligée,
pour calmer les efprits, de relafcher de sa feverité.

Le Roy, par deux Edits du mois de Mars 1559.
accorda une amniftie generale de tous les crimes qui avoient efté commis par le paffé touchant la Religion ; impofa filence à tous ses
Juges, leur défendit d'en faire aucune recherche, à condition neanmoins que ses Sujets feroient tenus de vivre à l'avenir en bons Catholiques.

François II, mourut au milieu des troubles
de l'Eftat, le 5. Decembre 1560. Charles IX. son
frere luy fucceda n'ayant alors que dix ans. Ce
Prince affifté des confeils de la Reine Regente
sa mere commença son Regne par un Edit du
mois de Juillet 1561. qui fembloit donner un
peu à l'une & à l'autre Religion, & qui n'en
contenta aucune. Il enjoint par cet Edit à tous
ses Sujets de vivre en paix, leur défend de se
troubler ou de s'injurier les uns les autres pour
la Religion, ou fous quelqu'autre pretexte que
ce foit, fous peine de la hart.

Il défend fous peine de la vie tous conventicules & affemblées publiques avec armes, ou
sans armes , & les affemblées privées où se feroient Prêches & adminiftration des Sacremens,
en autres formes que felon l'ufage reçû & obfervé en l'Eglife Catholique.

Il pardonne & remet toutes les fautes paffées
procedant du fait de la Religion, à la charge
neanmoins de vivre à l'avenir en bons Catholiques. " Ordonne

" Ordonne aux Miniſtres, que toutes les fois
' que ſes Officiers voudront aller aux aſſemblées,
" & aſſiſter aux prêches pour entendre quelle do-
" ctrine y ſera annoncée, ils les reçoivent, &
" reſpectent ſelon la dignité de leurs Charges ; &
" ſi c'eſtoit pour y faire arreſter quelque malfai-
" teur, ils leur obéïſſent, & leur donnent le ſe-
" cours dont ils auront beſoin.

" Il renvoye aux Juges d'Egliſe à connoiſtre du
" crime d'hereſie, en interdit la connoiſſance à
" tous ſes Juges, s'il n'eſt compliqué de ſe-
" ditions, ou autres crimes ; auquel cas il l'attri-
" buë en dernier reſſort aux Préſidiaux.

" Par un autre Edit du mois d'Octobre de la mê-
" me année, pour toujours adoucir de plus en
" plus les eſprits, il fut derechef défendu à tous
" les Sujets du Roy de ſe diviſer ou injurier ſous
" pretexte de Religion. Que ces mots de Papiſtes
" & de Huguenots qui tendoient à ſedition, de-
" meureroient totalement abolis, & que toutes
" forces, violences & voyes de fait ceſſeroient
" à l'avenir. Enjoint aux Magiſtrats d'y tenir la
" main ; & qu'à cet effet les Baillis & Seneſchaux,
" ſuivant les anciennes Ordonnances, reſideroient
" dans leurs Juriſdictions.

Il ne reſta de ces Edits que la ſuppreſſion du
nom de Huguenots. On les nomma dans la ſuite
gens de la nouvelle Religion, ou de la Religion P. R. Tout le reſte demeura ſans execution. Le mal eſtoit venu trop avant, le nombre
de ces Heretiques trop conſiderable, & le Gouvernement trop foible ſous une minorité pour y
remedier. Ainſi le Roy, de l'avis de la Reine
Regente ſa Mere, des Grands du Royaume & de
ſon Conſeil, fut obligé, pour éviter un plus
grand mal de révoquer l'Edit du mois de Juillet. Cela ſe fit par un autre Edit du mois de
Janvier de la même année 1561. Il porte entr'au-
" tres choſes, que le Roy permet par proviſion,
" & juſqu'à ce qu'il en euſt eſté décidé par le Con-
" cile general qui ſe tenoit à Trente, ou juſqu'à
" ce qu'il en euſt eſté autrement ordonné, les aſ-
" ſemblées des gens de la nouvelle Religion, pour-
" roient faire leurs prêches & autres exercices, en
" tous lieux, pourvû que ce fuſt hors des Villes.

" Ordonne qu'ils ſeront tenus de reſtituer les
" Egliſes, les Reliquaires, les Ornemens & les
" biens Eccleſiaſtiques dont ils s'eſtoient emparez.

" Veut & ordonne, que toutes les fois que ſes
" Officiers voudront aller aux aſſemblées des gens
" de la R. P. R. pour aſſiſter à leurs prêches & en-
" tendre quelle doctrine y ſera annoncée, leurs
" Miniſtres ſeront tenus de les y recevoir & reſ-
" pecter ſelon la dignité de leurs Charges & Offi-
" ces. Et ſi c'eſtoit pour y faire arreſter quelque
" malfaiteur, qu'ils leur obéïſſent, & leur don-
" nent le ſecours dont ils auront beſoin.

" Il leur défend de tenir aucuns Synodes ou
" Conſiſtoires, qu'avec la permiſſion du Roy &
" en la preſence de l'un de ſes Officiers.

" Qu'ils ſeront tenus de garder les Loix poli-
" tiques, même celles de l'Egliſe pour l'obſerva-
" tion des Feſtes, & les degrez de conſanguinité
" & d'affinité dans les mariages.

" Que les Miniſtres ſeront tenus de ſe retirer
" devant les Officiers des lieux pour jurer l'obſer-
" vation de ces Ordonnances, qu'ils promettront
" par leur conſcience & ſerment de ne prêcher
" aucune doctrine contraire à la pure parole de
" Dieu, ſelon les livres du vieux & du nouveau
" Teſtament, & ainſi qu'elle eſt contenuë dans le
" Symbole du Concile de Nicée.

" Il leur eſt enfin défendu de meſler dans leurs
" prêches aucunes injures contre la ſainte Meſſe

& les ceremonies de l'Egliſe.

Le Parlement apporta beaucoup de reſiſtance à l'enregiſtrement de cet Edit. Il ne s'y rendit qu'après deux Lettres de Juſſion, & il voulut même que la poſterité fuſt informée qu'il
ne l'avoit fait qu'à cauſe de l'urgente neceſſité du
temps, pour obéïr à la volonté du Roy, ſans
approbation de cette nouvelle Religion, par
maniere de proviſion, & *juſqu'à ce qu'autrement
par le Roy en euſt eſté ordonné.* Ce ſont les termes
de l'Arreſt qu'il rendit à cette occaſion le 6. Mars
1561.

Cet Edit eſt le premier qui a permis à ceux
de la R. P. R. d'en faire publiquement l'exercice : mais tout favorable qu'il eſtoit, ils n'en furent
pas contens. Ils ne pouvoient ſouffrir, diſoient-ils
d'eſtre reduits à ne prêcher que dans des Villages.
Ainſi ſous ce pretexte abuſant de la jeuneſſe &
des bontez du Roy, ils demeurerent toujours
armez, & toujours rebelles. La diviſion des
Princes & des Grands du Royaume, dont quelques-uns avoient embraſſé les opinions auſſi
bien que le party des P. R. Les troubles civils
& les guerres etrangeres qui agiterent la France
pendant près de quarante ans, furent encore
autant d'occaſions qu'ils ne manquerent pas
d'embraſſer pour jetter auſſi de leur part la deſo-
lation dans l'Eſtat, & dans l'Egliſe. Ainſi ſous
le reſte du Regne de Charles IX. le Regne entier de Henry III. & au commencement du
Regne de Henry IV. l'Hereſie prenant tous les
jours de nouveaux accroiſſemens, on ne vit en
France que conſpirations, que troupes de rebelles aſſemblées, que Villes ſurpriſes, que
blaſphemes, que profanations des lieux ſaints,
des intelligences entretenuës avec les ennemis
de la Religion & de l'Eſtat, leurs armes attirées juſqu'au cœur du Royaume, les Catholiques & ſur tout les Preſtres & les Religieux maſ-
ſacrez ou enterrez tout vivans, les Autels renverſez, les vaſes ſacrez enlevez & employez aux
uſages les plus prophanes, les tombeaux des
Saints & ceux de nos Roys violez, & leurs
cendres répanduës & foulées aux pieds, le Royaume enfin inondé de tous coſtez des maux les plus
affreux. L'Hiſtoire nous les apprend, le détail
en ſeroit trop long & n'eſt pas de noſtre ſujet.

Il ne faut donc pas s'eſtonner ſi dans de ſemblables conjonctures, & avec de telles diſpoſitions, nos Roys furent obligez de faire encore
ſept fois en moins de quarante ans des traitez
de paix avec leurs propres Sujets. Ce ſont ces
traitez que l'on a depuis nommer par adouciſ-
ſement, & pour en quelque façon ſauver l'honneur du Thrône, *Edits de pacification.* Outre ce
premier du mois de Janvier 1561. il y en eut
encore quatre de Charles IX. des 19. Mars 1562.
23. Mars 1568. du mois d'Aouſt 1570. & du
mois de Juillet 1573. deux de Henry III. des
mois de May 1576. & Septembre 1577. & enfin
l'Edit de Henry IV. donné à Nantes au mois
d'Avril 1598.

Quelqu'avantageux que ſoient ces Edits aux
P. R. ils n'en ſeront pas moins des monumens
éternels de leurs frequentes rebellions. Il ſera
du moins toujours tres-certain qu'ils avoient
commis en France tous les maux qui leur furent
pardonnez par ces Traitez de paix ; autrement
les Articles qui en font mention & qui les rendront à jamais odieux, auroient eſté inutiles ;
& puiſſans comme ils eſtoient, ils n'auroient eu
garde de les y ſouffrir. La poſterité lira donc
avec étonnement, & non pas ſans indignation,
qu'ils avoient levé des Armées contre leur Sou- "

,, verain, impofé des Tributs fur fes Sujets, pris
,, & enlevé les deniers Royaux, les deniers com-
,, muns des Villes, & les biens des particuliers;
,, pillé les Eglifes & les Ecclefiaftiques, abatu &
,, vendu les bois de haute futaye des Domaines
,, du Roy & des autres, battu monnoye, changé
,, la valeur de celle qui avoit cours, fait fondre
,, de l'artillerie, fortifié des Villes, qu'ils en avoient
,, démantelé ou démoli d'autres, brûlé des Egli-
,, fes, fait rendre la Juftice en leurs noms, entre-
,, tenu intelligence, fait des negociations, & des
,, traitez avec les Eftats & les Princes Etrangers, les
,, avoient introduits dans le Royaume, leur avoient
,, livré les Villes, eftably des Confeils dans les
,, Provinces, & y avoient deliberé & rendu des
,, Ordonnances comme Souverains, érigé de nou-
,, velles Juftices, de nouvelles traites & de nou-
,, veaux péages, deftitué les Receveurs, les Fer-
,, miers & les Officiers du Roy, & mis d'autres
,, en leur place; ce n'eft qu'une partie des fautes
,, qui leur furent pardonnées par le feul Edit de
Nantes du mois d'Avril 1598. art. 76. & 77. Cependant quelque furprenantes qu'elles foient
dans une Monarchie, il y en avoit encore d'autres plus énormes qui furent exceptées par l'Article 86. Entre celles-cy il eft fait mention de
,, ravifemens & viols de femmes & de filles, d'in-
,, cendies, de meurtres de guet à pens, & autres femblables crimes execrables. C'eft ainfi que
l'Edit s'en explique: mais l'Hiftoire & leurs papiers qui font aujourd'huy dans la Bibliotheque
du Roy nous en apprennent bien d'autres.

Les prerogatives dont ils furent comblez par
ces mêmes Edits & par des Brevets particuliers,
qu'ils exigerent, pour ainfi dire, des Roys les
armes à la main, ne font pas moins exorbitantes que les fautes qui leur furent pardonnées.

Ainfi, il y avoit tout lieu d'efperer que du
moins après le dernier de ces Edits le plus ample de tous, ils demeureroient en repos. Mais
l'évenement fit bien connoître que l'efprit d'indépendance & de rebellion les dominoit toujours.

Loüis XIII. eftant parvenu à la Couronne à
l'âge de neuf ans, confirma l'Edit de Nantes par
une Déclaration du mois de Juin 1610. prefque
auffi-toft qu'il fut monté fur le Thrône.

Le Confeil de ce jeune Prince fe fouvenoit de
tous les maux que les P. R. avoient caufé en
France fous la minorité de François II. & celle
de Charles IX. Il prit cette fage précaution pour
les contenter & les retenir: mais ils fçurent bien
la rendre inutile. Ils confervoient toujours cet
efprit d'indépendance qui caracterife tous les
Heretiques. L'occafion d'y réuffir leur parut trop
belle pour la manquer. Leur premier deffein
avoit efté d'eftablir entr'eux une efpece de Republique, & de former, difoient-ils, un Eftat
au milieu de l'Eftat. C'eft ainfi qu'ils s'en eftoient
fouvent expliquez. Les mefures qu'ils avoient
prifes autrefois pour l'execution de ce deffein ne
pouvoient eftre mieux concertées. Plufieurs des
plus fortes places du Royaume en leur poffeffion; le pouvoir d'y mettre des Gouverneurs,
d'y eftablir des Officiers, & d'en changer les garnifons à leur volonté; de nombreufes Armées
fur pied, des Chefs puiffans pour les commander; des Traitez & des confederations avec les
Eftats & les Princes voifins, des Confeils politiques eftablis dans les Provinces où ils trai-
toient de leurs affaires, & une Affemblée generale où tout fe rapportoit, eftoient autant de
moyens qu'ils avoient mis en ufage, & autant
d'orages qui avoient menacé plufieurs fois la

France d'une totale ruine, fi les benedictions du
Ciel, & la prudence de nos Roys ne l'avoient
fauvée.

Il eft vray qu'ils n'avoient plus d'Armées fur
pied, que plufieurs de leurs principaux Protecteurs éclairez des lumieres de la Foy, avoient
abandonné leur parti en abjurant leurs erreurs;
& que par l'Edit de Nantes leurs Affemblées
politiques eftoient défenduës: mais il leur reftoit
toujours les mêmes places, où ils avoient des
Gouverneurs à leur devotion, & de fortes garnifons. Ils ne manquoient pas non plus de Chefs,
& la continuation de leurs intelligences avec les
Etrangers ne parurent que trop dans la fuite.

Avec ces fecours & la minorité du Prince,
ils crûrent eftre encore affez forts pour faire une
nouvelle tentative d'indépendance. Ce fut dans
ce deffein qu'ils reftablirent leurs Confeils provinciaux, & convoquerent une Affemblée ge-
neraie. Le Roy leur ordonna de fe féparer, &
ils refuferent d'obéir. Le Confeil jugea à propos, pour calmer les efprits, de leur accorder
un pardon de cet attentat, & de l'accompagner
de nouvelles graces. Il en fut expedié une Déclaration le 13. Avril 1612. mais ces rebelles en
firent fi peu de cas, qu'agiffant déja en Souverains, ils firent une Déclaration contraire dans
leur Confeil le 1. Juin de la même année, par
laquelle ils defavoüerent celle du Roy, renon-
cerent à l'abolition qui leur avoit efté accordée;
déclarerent qu'ils n'en avoient pas befoin, qu'ils
avoient pû tenir des affemblées, & qu'elles eftoient legitimes.

La double alliance qui fut propofée dans ce
même temps entre les Couronnes de France &
d'Efpagne, alarma les P. R. Ils s'affemblerent
fur cela à Grenoble le 21. Septembre 1613. & ils
y prirent la refolution de traverfer de tout leur
pouvoir le Mariage du Roy avec l'Infante. Toutes chofes furent mifes en ufage de leur part,
pour executer ce projet. Ils prirent les armes,
occuperent les paffages, & obligerent le Roy
à changer fa route, & à s'embarquer pour fe
rendre fur les frontieres où l'échange des Princeffes fe devoit faire.

Ce coup manqué, les P. R. fe crûrent perdus, & ils le meritoient bien en effet. Cependant la clemence l'emporta encore fur la jufte
indignation du Roy. Il leur pardonna, & leur
en fit expedier des Lettres Patentes du fixiéme
May 1616.

Pendant que les P. R. eftoient traitez fi favorablement dans les Provinces où leur nombre n'auroit pas pû prévaloir, ils en ufoient
tout autrement dans celle de Bearn, où ils fe
trouvoient les plus forts. Les Catholiques y
fouffrirent de leur part la plus cruelle des perfecutions. Ils s'emparerent de toutes les Eglifes, & de tous les biens des Ecclefiaftiques;
ils y abolirent entierement l'exercice de la Religion Catholique; ils y forçoient les Catholiques
fous des peines rigoureufes d'affifter à leurs prêches, & participer à leur Cene. En un mot ils
n'executerent aucun des Articles de l'Edit de
Nantes en ce qui concernoit la liberté de confcience.

Le Clergé de France fe plaignit de cette contravention aux Edits, & fit affigner les P. R.
de Bearn au Confeil pour y eftre pourvû. Le
Roy fit rapporter l'affaire en fa prefence: Et
par Arreft du 25. Juin 1617. il fut ordonné que «
l'exercice de la Religion Catholique feroit ré- «
tabli dans toutes les Villes, Bourgs & Villages «
de Bearn, avec pleine & entiere main-levée «

à

»à tous Ecclefiaftiques tant feculiers que reguliers de tous leurs biens. Le Roy eut encore la bonté en même-temps, pour ofter aux P. R. du pays tout fujet de fe plaindre, de fe charger par Lettres Patentes du mois de Decembre, de leur payer annuellement les mêmes revenus qu'ils avoient accouftumé de recevoir des biens Ecclefiaftiques, à prendre fur fes Domaines de la Province, & des pays circonvoifins.

Les P. R. qui eftoient les plus forts en Bearn refuferent d'obéïr à cet Arreft, & continuerent leur perfecution. Le Roy touché de la defolation de l'Eglife en ce pays, refolut d'y pourvoir. Il y fut en perfonne l'an 1618. fit publier & enregiftrer au Parlement de Pau fes Lettres patentes, & y reftablit l'exercice de la Religion Catholique.

Quoy qu'il n'y euft rien en cela que l'execution de l'Edit de Nantes, les P. R. des autres Provinces trouverent mauvais que le Roy euft rendu cette Juftice à fes Sujets Catholiques de Bearn. Ils reprirent de tous coftez les armes, & renouvellerent tous les maux que leurs peres avoient autrefois commis contre l'Eftat & contre l'Eglife. Le Roy fut obligé d'armer auffi contr'eux; & après plufieurs fieges & plufieurs batailles, il eut encore la bonté de leur accorder la paix, & une amniftie generale, par un dixiéme Edit de pacification du 18. Octobre 1622.

Tant de rebellions firent prendre quelques mefures pour affurer cette derniere paix. Le Languedoc & la Rochelle avoient efté le théatre de la plus grande partie des dernieres guerres. Le Roy, pour tenir ces Provinces dans le refpect, fit baftir le Fort-Loüis proche de la Rochelle, & une Citadelle à Montpellier. Les P. R. s'en formaliferent, reprirent les armes, pour l'empêcher, appellerent les Anglois à leur fecours, negocierent en Efpagne pour en obte-

nir des Troupes, obligerent encore le Roy de les combattre; & après avoir efté plufieurs fois défaits & humiliez, ils furprirent de ce Prince par de feintes foumiffions un nouveau pardon de leurs fautes, dont les Lettres Patentes leur furent expediées le 5. Février 1626.

Il ne reftoit plus ce femble aucun pretexte aux P. R. de troubler l'Eftat : mais ils n'eftoient pas accouftumez à l'obéïffance. Leur premier deffein de fe cantonner & de fe faire un Eftat à part, fur le modele des Holandois, leur tenoit toujours au cœur. Les places fortes qu'ils tenoient en Languedoc, en Guyenne & dans le pays d'Aunis eftoient autant de gages prefque affurez d'y réuffir. Ils renouvellerent fecretement leurs pratiques en Angleterre & en Efpagne. Et après s'eftre affurez de tous coftez par des Traitez, ils reconnurent un Chef general de leurs Eglifes, reprirent les armes; & avec le fecours d'une Armée navale d'Angleterre, ils attaquerent l'Eftat en 1627. & par mer & par terre.

Le Roy leur oppofa fes forces; & Dieu beniffant la juftice de fes armes contre fes fujets rebelles, également ennemis de l'Eglife & de l'Eftat, il les réduifit encore après deux ans de guerre à luy demander la paix. Elle leur fut accordée par un douzième & dernier Edit de Pacification du mois de Juillet 1629.

Mais pour tarir la fource de tant de rechutes & de rebellions, le Roy ne leur accorda cette derniere paix, qu'après avoir repris toutes les places qu'ils occupoient. Il en fit rafer les fortifications. Ainfi les P. R. privez de ce fecours furent contraints de vivre en paix le refte de fon Regne. Voila quelle fut l'origine de cette herefie en France, & fon progrés. Nous verrons dans le Chapitre fuivant fa décadence & fon extirpation.

CHAPITRE V.

L'exercice du Calvinifme ou de la R. P. R. aboly en France. Et les précautions qui ont efté prifes pour y maintenir la pureté de la Foy & l'unité de l'Eglife Catholique.

CEtte Religion qui s'eftoit introduite en France par artifice fous François I. & Henry II. qui s'y eftoit maintenüe par la force & la violence fous cinq autres de nos Roys, & que Loüis XIII. d'immortelle memoire avoit commencé d'abatre en puniffant fes dernieres rebellions, a efté enfin bannie de ce Royaume, par la mifericorde de Dieu, & par la pieté & la profonde fageffe de Loüis le Grand.

Tout ce qui a efté fait par cet augufte Prince dans la conduite de ce grand deffein, n'eftant plus d'ufage à prefent qu'il eft accompli; il fe-

roit inutile d'en charger ce Traité. Ainfi l'on n'y comprendra que l'Edit d'extirpation; ce qui a efté fait pour l'executer, & les principales difpofitions des Réglemens qui l'ont fuivy, pour éloigner à l'avenir de l'Eglife & de l'Eftat un femblable fleau. Comme ces dernieres Loix fi fages & fi favorables à la veritable Religion font celles fous lefquelles nous devons vivre à prefent, & qui pafferont à noftre pofterité, il ne nous eft pas permis de les ignorer; & rien n'eft davantage de l'objet de ce Traité : ainfi nous les rapporterons dans toute leur eftendüe.

Octob. 1685.
Edit du Roy,
portant dé-
fenfes de
faire aucun
exercice pu-
blic de la
R. P. R. dans
fon Royaume.

LOUIS par la grace de Dieu Roy de France & de Navarre; à tous prefens & à venir, SALUT. Le Roy Henry le Grand noftre Ayeul de glorieufe memoire, voulant empêcher que la Paix qu'il avoit procurée à fes Sujets, après les grandes pertes qu'ils avoient fouffertes par la durée des Guerres Civiles & Eftrangeres, ne fuft troublée à l'occafion de la Religion Pretendüe Reformée, comme il eftoit arrivé fous les Regnes des Roys fes Predeceffeurs; auroit par fon Edit donné à Nantes au mois d'Avril mil cinq cens quatre-vingt-dix-huit, reglé la conduite qui feroit à tenir à l'égard de ceux de ladite Religion, les lieux dans lefquels ils en pourroient faire l'exercice, eftably des Juges extraordinaires pour leur adminiftrer la Juftice, & enfin pourvû même par des articles particuliers à tout ce qu'il auroit jugé neceffaire pour maintenir la tranquillité dans fon Royaume, & pour diminuer l'averfion qui eftoit entre ceux

 de

de l'une & l'autre Religion, afin d'eftre plus en eftat de travailler, comme il avoit refolu de faire, pour réünir à l'Eglife ceux qui s'en eftoient fi facilement éloignez. Et comme l'intention du Roy noftredit Ayeul, ne put eftre effectuée à caufe de fa mort precipitée, & que l'execution dudit Edit fut même interrompuë pendant la Minorité du feu Roy noftre tres-honoré Seigneur & Pere de glorieufe memoire, par de nouvelles entreprifes defdits de la R. P. R. elles donnerent occafion à les priver de divers avantages qui leur avoient efté accordez par ledit Edit. Neanmoins le Roy noftredit feu Seigneur & Pere, ufant de fa Clemence ordinaire, leur accorda encore un nouvel Edit à Nifmes au mois de Juillet mil fix cens vingt-neuf, au moyen duquel la tranquillité ayant de nouveau efté reftablie, ledit feu Roy animé du même efprit & du même zele pour la Religion que le Roy noftredit Ayeul, avoit refolu de profiter de ce repos, pour eſſayer de mettre fon pieux deffein à execution; mais les guerres avec les Eftrangers eftant furvenuës peu d'années après, en forte que depuis 1635. jufqu'à la Tréve concluë l'année 1684. avec les Princes de l'Europe; le Royaume ayant efté peu de temps fans agitation, il n'a pas efté poffible de faire autre chofe pour l'avantage de la Religion, que de diminuer le nombre des Exercices de la R. P. R. par l'interdiction de ceux qui fe font trouvez eftablis au préjudice de la difpofition des Edits, & par la fuppreffion des Chambres my-parties, dont l'érection n'avoit efté faite que par provifion. Dieu ayant enfin permis que nos Peuples jouïffant d'un parfait repos, & que nous-mêmes n'eftant pas occupez des foins de les proteger contre nos ennemis, ayons pû profiter de cette Tréve que nous avons facilité à l'effet de donner noftre entiere application à rechercher les moyens de parvenir au fuccés du deffein des Rois nofdits Ayeul & Pere, dans lequel nous fommes entrez dés noftre avenement à la Couronne : Nous voyons prefentement avec la jufte reconnoiffance que nous devons à Dieu, que nos foins ont eu la fin que nous nous fommes propofée, puifque la meilleure & la plus grande partie de nos Sujets de ladite R. P. R. ont embraffé la Catholique. Et dautant qu'au moyen de ce l'execution de l'Edit de Nantes, & de tout ce qui a efté ordonné en faveur de ladite R. P. R. demeure inutile, nous avons jugé que nous ne pouvions rien faire de mieux pour effacer entierement la memoire des troubles, de la confufion & des maux que le progrés de cette fauffe Religion a caufez dans noftre Royaume, & qui ont donné lieu audit Edit, & à tant d'autres Edits & Declarations qui l'ont precedé, ou ont efté faits en confequence, que de revoquer entierement ledit Edit de Nantes, & les Articles particuliers qui ont efté accordez enfuite d'iceluy, & tout ce qui a efté fait depuis en faveur de ladite Religion.

I. Sçavoir faifons, que Nous pour ces caufes & autres à ce nous mouvant, & de noftre certaine fcience, pleine puiffance, & autorité Royale, Avons par cet Edit perpetuel & irrevocable, fupprimé & revoqué, fupprimons & revoquons l'Edit du Roy noftredit Ayeul, donné à Nantes au mois d'Avril mil cinq cens quatre-vingt-dix-huit, en toute fon eftenduë; enfemble les Articles particuliers arreftez le deuxième May enfuivant, & les Lettres Patentes expediées fur iceux, & l'Edit donné à Nifmes au mois de Juillet mil fix cens vingt-neuf, les déclarons nuls, & comme non advenus; enfemble toutes les conceffions faites, tant par iceux, que par d'autres Edits, Declarations, & Arrefts, aux gens de ladite R. P. R. de quelque nature qu'elles puiffent eftre, lefquelles demeureront pareillement comme non advenuës : & en confequence voulons & nous plaift, que tous les Temples de ceux de ladite R. P. R. fituez dans noftre Royaume, Païs, Terres & Seigneuries de noftre obeïffance foient inceffamment démolis.

II. Défendons à nofdits Sujets de la R. P. R. de plus s'affembler pour faire l'Exercice de Religion, en aucun lieu ou maifon particuliere, fous quelque prétexte que ce puiffe eftre, même d'Exercices réels ou de Bailliages, quand bien lefdits Exercices auroient efté maintenus par des Arrefts de noftre Confeil.

III. Défendons pareillement à tous Seigneurs de quelque condition qu'ils foient, de faire l'Exercice dans leurs Maifons & Fiefs, de quelque qualité que foient lefdits Fiefs; le tout à peine contre tous nofdits Sujets qui feroient ledit Exercice, de confifcation de corps & de biens.

IV. Enjoignons à tous Miniftres de ladite R. P. R. qui ne voudront pas fe convertir & embraffer la Religion Catholique, Apoftolique & Romaine, de fortir de noftre Royaume & Terres de noftre obeïffance, quinze jours après la publication de noftre prefent Edit, fans y pouvoir féjourner au-delà, ny pendant ledit temps de quinzaine faire aucun Prefche, Exhortation, ny autre fonction, à peine des Galeres.

V. Voulons que ceux defdits Miniftres qui fe convertiront, continuent à jouïr leur vie durant, & leurs veuves après leur decés, tandis qu'elles feront en viduité, des mêmes exemptions de Taille & logement de Gens de Guerre, dont ils ont joüy pendant qu'ils faifoient la fonction de Miniftres; & en outre, nous ferons payer aufdits Miniftres auffi leur vie durant, une penfion qui fera d'un tiers plus forte que les appointemens qu'ils touchoient en qualité de Miniftres, de la moitié de laquelle penfion leurs femmes joüiront auffi après leur mort, tant qu'elles demeureront en viduité.

VI. Que fi aucuns defdits Miniftres defirent fe faire Avocats, ou prendre les degrez de Docteurs és Loix, Nous voulons & entendons qu'ils foient difpenfez des trois années d'eftude prefcrites par nos Déclarations; & qu'après avoir fubi les examens ordinaires, & par iceux efté jugez capables, ils foient reçus Docteurs, en payant feulement la moitié des droits que l'on a accouftumé de percevoir pour cette fin en chaque Univerfité.

VII. Défendons les Ecoles particulieres pour l'inftruction des enfans de ladite R. P. R. & toutes les chofes generalement quelconques, qui peuvent marquer une conceffion, telle qu'elle puiffe eftre, en faveur de ladite Religion.

VIII. A l'égard des enfans qui naiftront de ceux de ladite R. P. R. Voulons qu'ils foient dorénavant baptifez par les Curez des Paroiffes. Enjoignons aux peres & meres de les envoyer aux Eglifes à cet effet-là, à peine de cinq cens livres d'amende, & de plus grande s'il y échet; & feront enfuite les enfans élevez en la Religion Catholique, Apoftolique & Romaine, à quoy nous enjoignons

gnons, bien expreſſément aux Juges des lieux de tenir la main.

IX. Et pour uſer de noſtre Clemence envers ceux de nos Sujets de ladite R. P. R. qui ſe ſeront retirez de noſtre Royaume, Païs & Terres de noſtre obeïſſance, avant la publication de noſtre preſent Edit, Nous voulons & entendons, qu'en cas qu'ils y reviennent dans le tems de quatre mois, du jour de ladite publication, ils puiſſent, & leur ſoit loiſible de rentrer dans la poſſeſſion de leurs biens, & en jouïr tout ainſi & comme ils auroient pû faire, s'ils y eſtoient toujours demeurez ; au contraire que les biens de ceux qui dans ce tems-là de quatre mois ne reviendront pas dans noſtre Royaume, ou Païs & Terres de noſtre obeïſſance, qu'ils auroient abandonnez, demeurent & ſoient confiſquez en conſequence de noſtre Declaration du 20. du mois d'Aouſt dernier.

X. Faiſons tres-expreſſes & iteratives défenſes à tous nos Sujets de ladite R. P. R. de ſortir, eux, leurs femmes & enfans de noſtredit Royaume, Païs & Terres de noſtre obeïſſance, ny d'y tranſporter leurs biens & effets, ſous peine pour les hommes des Galeres, & de confiſcation de corps & de biens pour les femmes.

XI. Voulons & entendons que les Declarations renduës contre les Relaps, ſoient executées ſelon leur forme & teneur.

XII. Pourront au ſurplus leſdits de la R. P. R. en attendant qu'il plaiſe à Dieu les éclairer comme les autres, demeurer dans les Villes & lieux de noſtre Royaume, Païs & Terres de noſtre obeïſſance, & y continuer leur commerce, & jouïr de leurs biens, ſans pouvoir eſtre troublez, ny empêchez, ſous prétexte de ladite R. P. R. à condition, comme dit eſt, de ne point faire d'Exercice, ny de s'aſſembler ſous prétexte de Prieres, ou de culte de ladite Religion de quelque nature qu'il ſoit, ſous les peines cy-deſſus, de confiſcation de corps & de biens. Si DONNONS EN MANDEMENT à nos amez & feaux Conſeillers les Gens tenans nos Cours de Parlement, Chambre de nos Comptes, & Cour des Aydes à Paris, Baillifs, Senechaux, Prevoſts, & autres nos Juſticiers & Officiers qu'il appartiendra, & à leurs Lieutenans, qu'ils faſſent lire, publier & enregiſtrer noſtre preſent Edit en leurs Cours & Juriſdictions, même en Vacations, & iceluy entretenir & faire entretenir, garder & obſerver de point en point, ſans y contrevenir, ny permettre qu'il y ſoit contrevenu en aucune maniere ; CAR tel eſt noſtre plaiſir. Et afin que ce ſoit choſe ferme & ſtable à toujours, Nous avons fait mettre noſtre Scel à ceſdites Preſentes. DONNE' à Fontainebleau au mois d'Octobre, l'an de grace mil ſix cens quatre-vingt-cinq, & de noſtre Regne le quarante-troiſiéme. Signé, LOUIS, Viſa, LE TELLIER ; Et plus bas, Par le Roy, COLBERT. Et ſcellées du grand Sceau de cire verte, ſur lacs de ſoye rouge & verte.

Cet Edit fut enregiſtré au Parlement, & publié au Chaſtelet de Paris, le 22. Octobre 1685.

Voicy quelqu'autres Réglemens qui furent faits enſuite, pour l'execution & en conſequence de ce premier Edit.

25. Octobre & 5 Novembre 1685.
Ordonnances qui interdiſent l'exercice de la R. P. R. ſur les Vaiſſeaux de ſa Majeſté.

SA MAJESTE' ayant par ſon Edit du preſent mois interdit l'exercice de la Religion Prétenduë Réformée dans tout le Royaume ; & voulant qu'il ſoit executé pareillement ſur ſes Vaiſſaux de Guerre & ſur ceux des Marchands : Sa Majeſté fait tres-expreſſes défenſes à tous Capitaines commandans leſdits Vaiſſeaux de Guerre ou Marchands, ſoit qu'ils faſſent profeſſion de la Religion Catholique, Apoſtolique & Romaine, ou de la Prétenduë Réformée, de laiſſer faire ſur leur Bord l'exercice de la Religion Prétenduë Réformée, ni de permettre à ceux qui en ſont de s'aſſembler pour prier en commun, à peine de caſſation contre les Capitaines de ſes Vaiſſeaux de Guerre, & des Galeres contre ceux des Vaiſſeaux Marchands. MANDE Sa Majeſté à Monſieur le Comte de Toulouſe Amiral de France, aux Vice-Amiraux, Lieutenans Generaux, Intendans, Chefs d'Eſcadre, Commiſſaires Generaux, Capitaines & autres Officiers de Marine & de l'Amirauté qu'il appartiendra, de tenir la main à l'execution de la preſente Ordonnance, qu'Elle veut eſtre publiée & affichée par tout où beſoin ſera, à ce que perſonne n'en ignore. FAIT à Fontainebleau le vingt-cinquiéme Octobre mil ſix cent quatre-vingts-cinq. Signé LOUIS. Et plus bas, COLBERT.

SA MAJESTE' ayant eſté informée qu'au préjudice des défenſes qu'Elle a faites par ſa Déclaration du 18. May 1682. & les Ordonnances renduës en conſequence à tous ſes Sujets de la Religion Prétenduë Réformée de ſortir de ſon Royaume, pour s'aller établir dans les Païs étrangers, & à toutes perſonnes de contribuer à leur ſortie, ſous les peines portées par ladite Déclaration, pluſieurs Marchands, Capitaines de leurs Navires, Maiſtres de Barques, Pilotes-Lamaneurs, & autres ne laiſſent pas de faciliter les ſorties autant qu'ils peuvent ; & de faire trouver auſdits Religionnaires les moyens de s'évader. A quoy eſtant neceſſaire de pourvoir : SA MAJESTE' fait iteratives inhibitions & défenſes à tous Marchands, Capitaines de leurs Vaiſſeaux, Maiſtres des Barques, Pilotes-Lamaneurs, & tous autres qu'il appartiendra, de contribuer directement ny indirectement à l'évaſion deſdits Religionnaires, à peine de trois mille livres d'amende, de plus grande s'il y échet, & de punition corporelle en cas de récidive. MANDE & ordonne Sa Majeſté aux Officiers de l'Amirauté de tenir la main à l'execution de la preſente Ordonnance, & de la faire publier & afficher par tout où beſoin ſera, afin que perſonne n'en ignore. FAIT à Fontainebleau le cinquiéme Novembre mil ſix cens quatre-vingts-cinq. Signé, LOUIS. Et plus bas COLBERT.

12. Novembre 1685.
Déclaration du Roy qui ordonne que ceux de la R. P. R. qui reviendront dans le Royaume déclareront leur retour aux Juges.

LOUIS par la grace de Dieu, Roy de France & de Navarre ; A tous ceux qui ces preſentes Lettres verront, SALUT. Par noſtre Edit du mois d'Octobre dernier, portant révocation de celuy de Nantes, & interdiction de l'exercice de la Religion Prétenduë Réformée dans noſtre Royaume ; Nous avons entr'autres choſes ordonné que ceux de nos Sujets de ladite Religion qui ſe ſeroient retirez dans les Païs Etrangers, avant la publication dudit Edit, rentreroient dans leurs biens confiſquez, en cas qu'ils reviſſent dans quatre mois ; du jour de la publication dudit Edit, ainſi que s'ils y eſtoient toujours demeurez, & d'autant qu'il pourroit ſurvenir quelques conteſtations entre ceux de qui les biens ſeroient confiſquez, & ceux qui en prétendroient la confiſcation, au ſujet du tems de leur retour dans noſtre Royaume & terres de noſtre obeïſſance, & qu'il eſt neceſſaire de prévenir toutes difficultez à cet égard. A CES CAUSES, Nous avons dit & déclaré, diſons & déclarons par ces Preſentes ſignées de noſtre main, voulons & nous plaiſt, que ceux de nos Sujets de la R. P. R. qui ſe ſont retirez de noſtre Royaume, Païs & terres de noſtre obeïſſance, avant la publication dudit Edit du mois d'Octobre dernier ; leſquels en conſequence d'iceluy, y reviendront

P p iij
dront

Regiſtrée en Parlement le 28. du meſme mois.

dront dans le tems de quatre mois, ſoient tenus de déclarer à leur retour devant nos Baillifs ou leurs Lieutenans aux Bailliages & Seneſchauſſées, dans le reſſort deſquels ſeront ſituées leurs maiſons & demeures ordinaires, & en l'abſence deſdits Baillifs ou leurs Lieutenans devant les Officiers qui ſont aprés eux, ſuivant l'ordre du tableau, qu'ils ſont de retour, pour ſatisfaire à noſtredit Edit, dont leur ſera donné acte ſans aucuns frais par leſdits Officiers. Si DONNONS EN MANDEMENT, &c. CAR tel eſt noſtre plaiſir, &c. DONNE' à Fontainebleau le douziéme jour de Novembre, l'an de grace mil ſix cens quatre-vingts-cinq, & de noſtre Regne le quarante-troiſiéme. Signé, LOUIS; *Et ſur le reply*, Par le Roy, COLBERT, & ſcellées du grand Sceau de cire jaune.

11. Decembre 1685.
Déclaration du Roy pour établir la preuve du jour du décés de ceux de la R. P. R. regiſtrée en Parlement le 17. du même mois.

LOUIS par la grace de Dieu Roy de France & de Navarre; A tous ceux qui ces preſentes Lettres verront, SALUT. Nous aurions par noſtre Edit du mois d'Octobre dernier interdit à toujours l'exercice de la Religion Prétenduë Réformée dans noſtre Royaume; en conſequence duquel les Temples qui reſtoient à ceux de cette Religion ayant eſté démolis, & les Conſiſtoires où ſe tenoient les Regiſtres de leurs decés ſupprimez, le défaut deſdits Regiſtres rend incertain le jour de leur mort, & nos Sujets Catholiques qui y ont intereſt, demeurent privez de la preuve établie par nos Ordonnances, & réduits à la preuve par témoins, qui ne ſe peut faire que par une longue procedure & beaucoup de frais; à quoy il eſt neceſſaire de pourvoir. A CES CAUSES, Nous avons dit & déclaré, diſons & déclarons par ces preſentes ſignées de noſtre main, voulons & nous plaiſt, qu'à l'avenir dans les lieux où ceux de la R. P. R. viendront à déceder, les deux plus proches parens de la perſonne décédée; & à défaut de parens, les deux plus proches voiſins ſeront tenus d'en faire leur déclaration à nos Juges Royaux, s'il y en a dans leſdits lieux, ou aux Juges de Seigneurs, & de ſigner ſur le Regiſtre qui en ſera tenu à cet effet par leſdits Juges, à peine contre leſdits parens ou voiſins, d'amende arbitraire, & des dommages & intereſts des parties intereſſées. Et à l'égard de ceux qui ſont décedez depuis la publication de noſtredit Edit du mois d'Octobre dernier, Voulons qu'incontinent aprés la publication des Preſentes, les parens ou voiſins ſoient tenus ſous les meſmes peines, de faire leur déclaration auſdits Juges en la forme cy-deſſus expliquée. Si DONNONS EN MANDEMENT, &ç. CAR tel eſt noſtre plaiſir, &c. DONNE' à Verſailles le onziéme jour du mois de Decembre, l'an de grace mil ſix cens quatre-vingt-cinq, & de noſtre Regne le quarante-troiſiéme. Signé, LOUIS; *Et ſur le reply*, Par le Roy, COLBERT, & ſcellées du grand Sceau de cire jaune.

5. Janvier 1686.
Edit du Roy concernant les femmes & les veuves de la R. P. R. regiſtré en Parlement le 25. du meſme mois.

LOUIS par la grace de Dieu, Roy de France & de Navarre; A tous preſens & à venir, SALUT. Nous voyons avec déplaiſir que quelques-unes des Femmes, dont les Maris ſont rentrez dans le ſein de l'Egliſe Catholique, Apoſtolique & Romaine, ne ſuivent pas leur exemple, & qu'elles s'obſtinent à demeurer dans les erreurs de la R. P. R. & comme cette opiniaſtreté diviſe les familles, & empeſche ou retarde la converſion de leurs enfans, Nous avons eſtimé qu'il eſtoit neceſſaire d'y pourvoir, meſme à l'égard des Veuves qui ne ſont pas encore rentrées dans l'Egliſe. A CES CAUSES, Nous avons dit & déclaré, diſons & déclarons par ces Preſentes ſignées de noſtre main, voulons & nous plaiſt, que les Femmes des nouveaux Catholiques qui refuſeront de ſuivre l'exemple de leur Maris; enſemble les Veuves qui perſiſteront dans ladite R. P. R. un mois aprés la publication & enregiſtrement des Preſentes, ſoient & demeurent décheuës du pouvoir de diſpoſer de leurs biens, ſoit par teſtament, donation entrevifs, alienation ou autrement: Et à l'égard de l'uſufruit des biens qui pourront leur avenir, ou leur eſtre écheus par les donations à elles faites par leurs Maris, ſoit par contrat de mariage ou entrevifs, des doüaires, droits de ſucceder en Normandie, augmens de dot, habitations, droit de partager la communauté, préciputs, & generalement tous autres avantages qui leur auront eſté faits par leurs Maris, Voulons qu'ils appartienne à leurs enfans Catholiques ſuivant la diſpoſition des Coûtumes, & à leur défaut aux Hôpitaux des Villes les plus prochaines de leur habitation ordinaire, ſans que cette peine puiſſe eſtre déclarée comminatoire; & ſans préjudice de la proprieté qui appartiendra aux heritiers Catholiques deſdites Femmes ou Veuves, lors que leurs ſucceſſions ſeront ouvertes; & en cas que leſdites femmes ou Veuves n'ayent d'ailleurs aucun bien pour leur ſubſiſtance, Voulons qu'il leur ſoit pourvû d'alimens par nos Juges ſuivant l'exigence des cas: Entendons que leſdites Femmes ou Veuves rentrent dans tous les droits qui leur ſont oſtez par le preſent Edit, du jour qu'elles auront fait enregiſtrer l'acte de leur abjuration au Greffe de la plus prochaine Juſtice Royale. Si DONNONS, &c. CAR tel eſt noſtre plaiſir, &c. DONNE' à Verſailles au mois de Janvier, l'an de grace mil ſix cens quatre-vingt-ſix, & de noſtre Regne le quarante-troiſiéme. Signé, LOUIS; *Et ſur le reply*, Par le Roy, COLBERT, *Viſa*, BOUCHERAT, & ſcellées du grand Sceau de cire verte, en lacs de ſoye rouge & verte.

Il y a encore eu pluſieurs autres Edits, Déclarations, Ordonnances & Arreſts ſur cette matiere que nous abregeons, les extraits qui ſuivent eſtans ſuffiſans pour inſtruire de leurs diſpoſitions.

Il fut auſſi queſtion de pourvoir à l'éducation des enfans nez avant l'Edit, & dont les parens ſe trouvoient encore malheureuſement engagez dans l'hereſie. Cela fut fait par un Edit du mois » de Janvier 1686. il porte, que dans huit jours » de ſa publication, tous les enfans de ceux de » la R. P. R. depuis l'âge de cinq ans juſqu'à ce-» luy de ſeize, ſeront mis entre les mains de » leurs ayeux ou ayeules, oncles, ou autres pa-» rens Catholiques, s'ils en ont, qui veuillent » bien s'en charger, pour eſtre élevez auprés

d'eux dans la Religion Catholique, & inſtruits « dans les exercices convenables à leur condi- « tion & à leur ſexe. Veut auſſi Sa Majeſté, qu'en « cas que ces enfans n'ayent point d'ayeux, ou « autres parens Catholiques, & que leurs peres « & meres ſoient encore engagez dans l'hereſie, « ou que par d'autres raiſons legitimes, on ne « puiſſe pas leur confier l'éducation de leurs en- « fans, ils ſoient mis entre les mains de telles « perſonnes Catholiques qui ſeront nommées « par les Juges des lieux. Ordonne que les peres « & meres payeront à leurs enfans, telle penſion « qu'il ſera reglé par les mêmes Juges, eu égard « à leurs biens, & au nombre de leurs enfans. « Veut que les enfans de l'âge marqué cy deſſus, « dont les peres & meres ne ſont pas en eſtat de « payer

» payer la penſion, ſoient mis dans les Hôpitaux
» generaux les plus proches des lieux où ils font
» leurs demeures, & qu'ils ſoient inſtruits par les
» ſoins des Adminiſtrateurs en des meſtiers con-
» venables à leur eſtat.

Pluſieurs femmes, dont les maris eſtoient convertis, ne ſuivirent pas d'abord leur exemple.
Cela diviſoit les familles & retardoit la converſion de leurs enfans. Le Roy qui en fut infor-
» mé y pourvut par un Edit du mois de Janvier
» 1686. Il porte, que les femmes qui demeureront
» dans la R. P. R. dont les maris ont embraſſé la
» Religion Catholique, enſemble les veuves qui
» perſevereront dans leurs erreurs un mois aprés
» la publication de l'Edit, demeureront déchuës
» du pouvoir de diſpoſer de leurs biens, ſoit par
» teſtament, donation entre-vifs, alienation ou
» autrement. Qu'à l'égard de l'uſufruit des biens
» qui pourront leur arriver, ou leur eſtre échus
» par donations, doüaires, droits de ſucceder en
» Normandie, augmens de dot, habitations, droits
» de Communautez, préciputs & tous autres avan-
» tages qui leur auront eſté faits par leurs maris,
» ſuivant la diſpoſition des Couſtumes: Veut Sa
» Majeſté, qu'ils appartiennent à leurs enfans Ca-
» tholiques,& à leur defaut aux Hôpitaux des Vil-
» les les plus proches de leur demeure ordinaire;
» ſans prejudice de la propriété, qui appartiendra
» aux heritiers Catholiques de ces femmes ou veu-
» ves, lorſque leurs ſucceſſions ſeront ouvertes.
» Entend neanmoins qu'en cas qu'elles n'ayent
» d'ailleurs aucun bien pour leur ſubſiſtance, il
» leur ſoit pourvû d'alimens par les Juges, ſe-
» lon l'exigence des cas, & qu'elles rentrent dans
» tous les droits qui leur oſtez par le preſent
» Edit, du jour qu'elles auront fait enregiſtrer
» l'acte de leur abjuration au Greffe de la plus
» prochaine Juſtice Royale.

Pluſieurs P. R. méditant leur retraite dans les
pays étrangers, avoient vendu ou affermé leurs
biens à vil prix, pour en tirer un ſecours preſent : ceux à qui Dieu faiſoit enſuite la grace
de ſe convertir, ſouffroient un notable préjudice de ces alienations précipitées. Le Roy toujours attentif à ſoulager ceux de ſes Sujets qui
rentroient dans le ſein de l'Egliſe, leur accorda
une Déclaration le 10. Janvier 1686. par laquel-
» le Sa Majeſté permit à ſes Sujets de la R. P. R.
» qui s'eſtoient convertis à la Foy, de rentrer,
» ſi bon leur ſembloit, dans la proprieté des
» biens qu'ils avoient vendus ou affermez depuis
» ſix mois, en rembourſant le prix des acquiſi-
» tions, ou ce qu'ils auroient reçû ſur le prix des
» baux, autres frais, loyaux couſts, impenſes &
» ameliorations, qui ſeroient reglez par les Juges
» des lieux.

» Déclaration du Roy du 11. Janvier 1686. por-
» tant défenſes à ceux de la R. P. R. de ſe ſervir
» de domeſtiques autres que Catholiques, à peine
» de mille livres d'amende pour chaque contra-
» vention. Veut Sa Majeſté, que ceux des domeſti-
» ques qui y auront contrevenu ſoient condam-
» nez, ſçavoir les hommes aux galeres, & les fem-
» mes fuſtigées de verge & flétries d'une fleur
» de lys.

Le Roy fut en même-temps informé qu'entre le grand nombre de ſes Sujets de la R. P. R.
qui s'eſtoient réunis à l'Egliſe Catholique, il
y en avoit quelques-uns qui avoient agi
avec ſi peu de ſincerité que depuis leur feinte
converſion ils s'eſtoient retirez dans les pays
étrangers, pour y trouver la malheureuſe liberté de continuer de vivre dans les mêmes erreurs qu'ils ſembloient avoir quittées. Qu'ils

commettoient en cela le crime de relaps, & celuy de deſobéïſſance aux precedens Edits, qui
défendoient de ſortir du Royaume ſans permiſſion. Cela donna lieu à une Déclaration du 7.
May 1686.

Elle porte, que les nouveaux Catholiques qui «
ſeront arreſtez ſortant du Royaume ſans per- «
miſſion du Roy, ſeront condamnez ; ſçavoir les «
hommes, aux galeres à perpetuité ; & les fem- «
mes, à eſtre razées & recluſes pour le reſte de «
leurs jours dans les lieux qui ſeront ordonnez «
par les Juges, leurs biens confiſquez ; & que «
ceux qui auront contribué directement ou in- «
directement à leur évaſion, ſoit qu'ils ſoient en- «
core de la R. P. R. ou nouveaux Convertis, ſe- «
ront punis de la même peine. «

Quelques Etrangers qui eſtoient dans le Royaume pour leur commerce ou pour leurs affaires,
craignirent, mal à propos, d'eſtre compris dans
ces défenſes de ſortir du Royaume ſans paſſeport
ou permiſſion. Le Roy les raſſura par Arreſt du
Conſeil d'Eſtat du 28. Juin 1686. qui permet à tous
Etrangers de quelque qualité, condition & Re- «
ligion qu'ils ſoient, de venir dans le Royaume «
& en ſortir comme par le paſſé, ſans qu'ils ſoient «
tenus de prendre aucuns paſſeports de Sa Majeſté, «
mais ſeulement de faire leur déclaration devant «
les Juges des lieux où leurs affaires ou bien leur «
commerce les appelleront, dont leur ſera déli- «
vré un acte, ſans frais. «

Les converſions faiſant toujours progrés ; le
Roy continuellement appliqué à ce grand ouvrage du ſalut de ſes Sujets, voulut éloigner
tout ce qui pouvoit y faire encore quelque ob-
ſtacle. Ce fut le motif d'une

Declaration du 1. Juillet 1686. par laquelle «
S. M. fait défenſes aux Miniſtres de la R. P. R. «
tant François qu'Etrangers, de rentrer dans le «
Royaume ſans ſa permiſſion par écrit ; & qu'en «
cas qu'il s'y en trouve, ſoit qu'ils y ſoient ren- «
trez ou qu'ils y ſoient reſtez, veut qu'ils ſoient «
punis de mort. Défend à toutes perſonnes de «
leur donner retraite, ſecours ny aſſiſtance, à pei- «
ne contre les hommes, de galeres à perpetuité ; «
& contre les femmes, d'eſtre raſées & enfermées «
pour le reſte de leurs jours, & de confiſcation des «
biens des uns & des autres. Ordonne 5500. liv. «
pour celuy qui donnera lieu à la capture d'un «
Miniſtre. Entend neanmoins que les Miniſtres «
non Sujets du Roy, qui ſeront au ſervice des «
Ambaſſadeurs ou Envoyez des Princes Etran- «
gers, qui eſtoient & qui ſeroient à l'avenir prés «
du Roy, y puiſſent demeurer ſans aucun trou- «
ble ny empêchement, tant qu'ils ne feront au- «
cune fonction ny exhortation hors l'enceinte «
des logemens des Ambaſſadeurs ou Envoyez. «
Veut Sa Majeſté, que tous ceux de ſes Sujets «
qui ſeront ſurpris faiſant dans le Royaume «
quelque exercice de Religion autre que la Ca- «
tholique, ſoient punis de mort. Déclare Sa Ma- «
jeſté qu'elle ne diſpoſera point des biens de ſes «
Sujets ſortis du Royaume, & confiſquez à ſon «
profit avant le 1. Mars 1687. Voulant que ceux «
qui reviendront dans ce temps, & ſeront abju- «
ration de leur fauſſe Religion, rentrent en la «
poſſeſſion de leurs biens, nonobſtant les dons «
qui en auroient eſté faits, à condition de faire «
leur déclaration pardevant le Juge Royal plus «
prochain du lieu par où ils ſeront entrez, du «
deſſein qu'ils ont de ſe réunir à l'Egliſe Catho- «
lique, des lieux où ils voudront faire leur ab- «
juration, & de la route qu'ils voudront pren- «
dre pour s'y rendre. Laquelle déclaration ils «
ſeront tenus faire huit jours aprés leur arrivée «
» dans

» dans le lieu par eux marqué, & rapportant le
» certificat d'abjuration legalifé. Veut qu'il ne puif-
» fe eftre fait contr'eux aucune pourfuite pour eftre
» fortis du Royaume, & qu'ils reprennent la po-
» ffeffion de leurs biens.

Plufieurs des P. R. paffez dans les pays étrangers, profiterent de cette grace que le Roy leur
avoit accordée par la Déclaration precedente.
Ils revinrent dans le Royaume faire abjuration
de leurs erreurs, & furent reftablis dans leurs
biens. Mais il y en avoit d'autres qui demeuroient
dans leur opiniatreté. Le Roy fe trouva obligé
de pourvoir aux biens qu'ils avoient abandonnez, non qu'il prétendift en augmenter fes revenus, ny en profiter en quelque façon que ce
fuft, mais pour les employer à des ufages pieux,
& qui puffent contribuer à l'accroiffement de
la veritable Religion, qui a toujours efté fon
principal objet. Ce fut dans cette vûë que Sa
Majefté par un Edit du mois de Janvier 1688.
ordonna.

» Que les biens immeubles qui ont apparte-
» nu aux Confiftoires, aux Miniftres de la R. P. R.
» & à ceux de fes Sujets de cette Religion, qui
» eftoient fortis & qui fortiroient du Royaume,
» demeureroient réunis à fon Domaine.

» Que les biens immeubles feroient regis en la
» même forme & maniere que les autres Domai-
» nes de Sa Majefté, tant pour les baux, que pour
» la recette.

» Que les revenus en feroient employez fuivant
» & ainfi qu'il feroit par Sa Majefté ordonné, tant
» à fonder & entretenir des Maiftres & Maiftref-
» fes d'écoles, pour enfeigner gratuitement tous
» les enfans des lieux où l'eftabliffement en feroit
» jugé neceffaire, ès Villages les Sieurs
» fur les avis qui en feroient donnez par les Sieurs
» Intendans, après en avoir conferé avec les Ar-
» chevêques & Evêques des Diocéfes de leurs dé-
» partemens; qu'au reftabliffement des Eglifes,
» fondations des Hofpitaux, & à toutes autres
» deftinations utiles & neceffaires pour l'avanta-
» ge des Nouveaux-Convertis & le bien de la Re-
» ligion, ainfi qu'il feroit ordonné par Sa Ma-
» jefté.

» Ordonne Sa Majefté, que les particuliers qui
» prétendroient quelques droits fur ces mêmes
» biens par partages, fubftitutions, dettes, hypo-
» theques ou en quelqu'autre maniere que ce puft
» eftre, feroient tenus d'en reprefenter les titres
» dans un an du jour de la publication de cet
» Edit, pardevant les Sieurs Commiffaires dépar-
» tis dans les Provinces, dont ils drefferoient des
» procés verbaux qu'ils envoieroient au Confeil
» pour y eftre pourvû; finon & à faute de ce fai-
» re & le temps d'un an paffé, ils demeureroient
» déchus de leurs prétentions, fans que pour rai-
» fon d'abfence ou autres empêchemens ils puif-
» fent s'en relever.

» Veut Sa Majefté, que tous ceux qui produi-
» roient des titres faux, ou qui feroient convaincus
» d'avoir prefté leurs noms aux Miniftres & à fes
» Sujets fugitifs pour mettre à couvert une partie
» de leurs biens, foient contraints au payement
» du double de la valeur entiere de ces biens, &
» qu'ils tiennent prifon jufqu'à l'actuel & entier
» payement.

» Qu'à l'égard des meubles & des autres effets
» mobiliaires, veut Sa Majefté qu'il en foit fait
» inceffamment recherche, à la diligence des Re-
» ceveurs generaux & des Fermiers de fes Domai-
» nes, dont il feroit auffi dreffé des eftats par les
» Sieurs Intendans, qui feroient envoyez au Con-
» feil, pour en eftre difpofé ainfi que des im-
» meubles.

» Ordonne, que ceux qui découvriroient dans «
» fix mois, du jour & date de cet Edit, des biens «
» des Confiftoires, de ceux des Miniftres ou de «
» fes Sujets fugitifs, cachez ou recelez, il leur «
» feroit donné la moitié des meubles, & qu'ils «
» jouiffent pendant dix années de la moitié du re- «
» venu. Se referve Sa Majefté de pourvoir aux en- «
» fans dont les peres & meres feront fortis du «
» Royaume. «

» Ordonne enfin que tous les Brevets & Lettres «
» Patentes qu'il auroit fait expedier en confequen- «
» ce de fes Edits precedens, portant don des biens «
» des Confiftoires, de ceux des Miniftres & de fes «
» Sujets fugitifs, aux Hofpitaux ou à quelque per- «
» fonne que ce foit, feroient inceffamment en- «
» voyez aux Secretaires d'Eftat qui les avoient «
» expediez, pour en rendre compte à Sa Majefté «
» & recevoir fes ordres. «

Pour faciliter l'execution de cet Edit, le Roy
par Arreft du Confeil d'Eftat du 31. Mars 1688.
ordonna, que les Intendans des Provinces dreffe- «
roient inceffamment des eftats & memoires des «
biens des Confiftoires, Miniftres & Sujets de «
Sa Majefté de la R. P. R. fortis du Royaume, «
avec ordre de luy donner avis, après en avoir «
conferé avec les Archevêques & Evêques des «
lieux, de l'ufage que l'on en pourroit faire dans «
chaque Diocefe pour le bien de la veritable Re- «
ligion. «

Quelques nouveaux Catholiques des Provinces de Dauphiné & de Vivarez s'affemblerent,
& firent quelques mouvemens qui tendoient à
fedition. Mais ce commencement de revolte fut
calmé par une Ordonnance du Roy du 12. Mars
1689. Elle fait defenfes aux nouveaux Conver- «
tis de ces Provinces & des autres lieux du Royau- «
me de faire aucune affemblée. Ordonne que ceux «
qui feront pris en flagrant délit foient punis de «
mort; & ceux qui n'auront pu prins par le «
champ, & que l'on fçaura neanmoins avoir affi- «
fté à ces affemblées, foient envoyez aux galeres «
par les ordres des Gouverneurs, Lieutenans Ge- «
neraux ou Commandans des Provinces, ou en «
leur abfence, par les Intendans, pour y fervir «
comme Forçats pendant toute leur vie. «

Le Roy fut depuis informé des difficultez qui
fe rencontroient dans l'execution de cet Edit
du mois de Janvier 1688. à caufe des differentes prétentions que plufieurs de fes Sujets avoient
fur ces biens abandonnez. Sa Majefté ayant d'ailleurs égard aux fupplications qui luy avoient
efté faites de conferver les mêmes biens aux heritiers legitimes de ceux qui par leur retraite les
avoient delaiffez: Confiderant auffi qu'il pouvoit par d'autres moyens pourvoir à l'eftabliffement de ce qui feroit jugé neceffaire pour l'a-
vantage de la Religion, fans mettre tous ces
biens en main-morte, & les ofter du commerce
de ceux qui aident à fupporter les charges de
l'Eftat, expliqua fur cela fes intentions par un
Edit du mois de Decembre 1689. Il porte,

Que fuivant l'Edit du mois de Janvier 1688. «
les biens des Confiftoires, & ceux qui eftoient «
deftinez pour l'entretien des Miniftres, feront «
employez à des œuvres pieufes, ou donnez aux «
Hofpitaux ou Communautez regulieres ou fe- «
culieres qui feront choifis par le Roy, proche «
des lieux où ils font fituez, pour en avoir l'ad- «
miniftration, & en employer une partie des «
revenus ainfi qu'il fera ordonné par Sa Majefté «
pour le bien de la Religion, fur les avis qui «
en feront donnez dans trois mois par les Ar- «
chevêques, les Evêques & les Intendans des «
Provinces; à la charge d'en payer les droits d'in- «

» demnité,

» demnité, si aucuns sont dûs, les charges réel-
» les, & toutes les dettes legitimes dont ces biens
» peuvent estre tenus, & jusqu'à la concurrence
» du fonds & des revenus seulement, sans que les
» autres biens des Communautez en puissent estre
» tenus. Veut Sa Majesté, que tous les dons par
» elle faits des biens de cette qualité, jusqu'à ce
» jour pour estre employez en œuvres pieuses,
» soient executez ; & les confirme de nouveau.
» Veut aussi que les biens délaissez par ses Su-
» jets qui sont sortis & qui pourront sortir cy-
» aprés du Royaume au préjudice des défenses
» portées par les Edits, appartiennent à ceux de
» leurs parens, ausquels, suivant les dispositions
» des Loix ou des Coustumes, ils eussent appar-
» tenu par la mort naturelle de ceux qui se se-
» ront ainsi retirez, & qu'ils les partagent &
» possedent en la même maniere que s'ils les a-
» voient recueillis par succession, & aux mêmes
» charges, dettes, douaires, pensions viageres &
» autres conditions, soit de substitution, garen-
» ties ou autrement, dont ces biens se trouveront
» chargez. Revoquant à cet effet tous dons faits
» par Brevets, Arrests ou Lettres Patentes, sans
» neanmoins que les donataires soient tenus de
» restituer les jouïssances par eux perçûës ; sur
» lesquelles ils seront seulement tenus de payer
» les charges réelles à proportion du temps de
» leur jouïssance.
» Ordonne Sa Majesté que lesdits heritiers se-
» ront mis en possession desdits biens, en vertu
» des Ordonnances qui seront décernées par les
» Lieutenans des Bailliages & Seneschaussées, ou
» autres Juges Royaux dans le ressort desquels
» ces biens se trouveront situez, sur des requestes
» contenant le degré de leur parenté, lesquelles
» seront communiquées aux Procureurs du Roy.
» En consequence desquelles Ordonnances, veut
» Sa Majesté qu'ils entrent en jouïssance de ces
» biens au premier jour du mois de Janvier lors
» prochain ; déclarant à cet effet nuls & resolus
» pour ce jour tous les baux generaux & parti-
» culiers qui en avoient esté faits par les ordres
» du Roy. Ordonne que tous ceux qui en ont
» joüi à titre de ferme ou autrement, seront te-
» nus dans le premier Mars lors prochain d'en
» rendre compte pardevant les Intendans des Pro-
» vinces, pour leurs procés verbaux & leurs
» avis estre envoyez à Mr le Chancellier, & en
» estre ordonné par le Roy ce qu'il appartien-
» dra.
» Que les Juges Royaux connoistront des pro-
» cés & differens mûs & à mouvoir pour raison
» desdits biens, en la même forme & maniere
» qu'ils auroient pû faire avant les dons que Sa
» Majesté avoit fait de quelques-uns.
» Permet à ses Sujets de se pourvoir pardevant
» ses Juges dans le ressort desquels lesdits biens
» sont situez, pour faire dresser des procés ver-
» baux de l'estat auquel ils se trouveront avant
» que de s'en mettre en possession. Et en cas qu'il
» se trouvast des dégradations faites pendant la
» regie, ils se pourvoiront pardevant les mêmes
» Juges contre ceux qui les auront faites, même
» contre les donataires, s'ils se trouvent en avoir
» fait aucunes.
» Veut Sa Majesté, que ceux qui se trouveront
» créanciers de ses Sujets sortis du Royaume,
» puissent poursuivre le payement de leurs det-
» tes contre ceux qui seront. déclarez les plus
» proches parens & legitimes heritiers ; même fai-
» re saisir réellement & décreter lesdits biens par-
» devant les Juges à qui la connoissance en ap-
» partient. Et à l'égard des biens dont les heri-

tiers jouïront paisiblement, ordonne qu'ils ne «
pourront vendre ny hipotequer qu'aprés «
cinq années de jouïssance ; à compter du pre- «
mier jour de Janvier prochain, sans préjudi- «
ce toutesfois pendant ledit temps de cinq an- «
nées du payement qu'ils seront tenus de faire «
des dettes, & charges, qui seront jugées legiti- «
mes par les Juges. «
Ordonne que les biens de ses Sujets de la «
Rel. Pr. Ref. sortis du Royaume avec sa per- «
mission, soient régis & administrez par leurs «
enfans majeurs, s'ils en ont laissé dans le Royau- «
me, ou par les Tuteurs ou Curateurs des mi- «
neurs. Et en cas qu'ils n'ayent point d'enfans «
dans le Royaume, par des personnes qui seront «
commises par Sa Majesté. Pourront les crean- «
ciers faire saisir & decreter les mêmes biens, «
en faisant les procedures necessaires & ordinai- «
res avec lesdits enfans majeurs, Tuteurs ou Cu- «
rateurs des mineurs, ou avec ceux qui seront «
commis pour avoir la regie en cas qu'il n'y «
ait point d'enfans. «
Veut enfin Sa Majesté, que les revenus des- «
dits biens soient distribuez durant la vie de les- «
dits Sujets, ainsi qu'il sera par elle ordonné, «
& que la proprieté & usufruit appartienne aprés «
leur mort aux heritiers legitimes qu'ils pourront «
avoir dans le Royaume, suivant la disposition «
de l'Article second du present Edit. «

Comme tous les soins du Roy n'avoient eu
pour objet que la gloire de Dieu & le soûtien
de son Eglise, ils furent suivis de toute la benediction & de tout le succés que Sa Majesté en
pouvoit souhaiter. Un grand nombre de ceux-
mêmes dont la conversion avoit paru la plus
suspede, reconnurent enfin & embrasserent avec
sincerité la veritable Religion. Mais comme
il en restoit quelques-uns dont la Foy estoit encore chancelante, & qui auroient pû retomber dans leurs erreurs, si la Principauté
d'Orange enclavée dans les Estats du Roy, pouvoit leur servir de retraite pour s'y establir &
pour y faire l'exercice de la R. P. R. que le Prince de ce petit Estat y entretenoit ; Sa Majesté
pourvut à cet inconvenient par une Déclaration du treiziéme Novembre 1697. portant «
défenses à tous ses Sujets de s'establir dans la «
Principauté d'Orange, d'y faire aucun exerci- «
ce de la R. P. R. d'y contracter mariage, d'y «
envoyer leurs enfans pour estre baptisez par les «
Ministres, & instruits dans les exercices de «
cette Religion, ou autres études, & generale- «
ment d'y faire ny souffrir y estre fait par leurs «
enfans aucuns exercices que ceux qui sont per- «
mis & usitez dans le Royaume. Enjoint à tous «
ceux qui s'y estoient establis de revenir en Fran- «
ce dans l'année, à peine de mort contre «
tre les contrevenans. N'entend neanmoins Sa «
Majesté défendre à ses Sujets d'aller au pays d'O- «
range, & y séjourner autant que le besoin de leurs «
affaires ou de leur commerce le requerera. «

Cette Déclaration fut ensuite expliquée par
d'autres Lettres Patentes du 13. Janvier 1698.
par lesquelles Sa Majesté conformément aux
premieres, permet à ses Sujets de faire commerce dans la Principauté d'Orange ; à condition «
neanmoins que les nouveaux Convertis, avant «
que de partir pour y aller ; en demanderont per- «
mission aux Gouverneurs, Commandans ou «
Intendans des Provinces dans lesquelles ils font «
leur demeure, ausquels ils seront tenus de dé- «
clarer l'estat & la nature de leur commerce ; «
moyennant quoy elle leur sera accordée sans «
difficulté : & lors qu'ils seront arrivez dans la «

» Province la plus voisine, ils y representeront
» cette permission au Gouverneur, Commandant
» ou Intendant, pour obtenir d'eux une sem-
» blable permission; à peine contre les contre-
» venans à l'égard des hommes, des galeres à
» perpetuité; & à l'égard des femmes, de cinq
» ans de prison & de trois mille livres d'amende.

» Un grand nombre de P. R. qui avoient eu le
» malheur de passer dans les pays étrangers, desi-
» rerent de revenir dans leur patrie, & d'y abjurer
» leurs erreurs. Le Roy eût la bonté de leur par-
» donner leur évasion contre ses ordres, & de
» leur accorder des passeports. Mais comme le nom-
» bre augmentoit tous les jours, Sa Majesté, pour
» leur faciliter ce retour, voulut bien leur en ac-
» corder une permission generale. Il leur en fit
» expedier une

» Déclaration le 10. Février 1698. Elle porte
» permission à tous ses Sujets sortis du Royaume
» d'y revenir dans le temps de six mois, à la
» charge d'y faire profession & exercice de la Reli-
» gion Catholique. Veut Sa Majesté qu'ils en fas-
» sent leur déclaration au Gouverneur ou Com-
» mandant de la premiere place de son obéïssance,
» par laquelle ils passeront en rentrant dans le
» Royaume, dont ils prendront acte. Ordonne de
» réiterer dans trois jours après leur arrivée la mê-
» me déclaration pardevant le principal Officier
» du Baillage Royal où ils prétendront demeu-
» rer, & de faire dans les huit jours suivans leur
» abjuration pardevant l'Archevêque ou Evêque,
» le Curé ou autre Ecclesiastique ayant pouvoir

« de la recevoir, ou de leur en representer l'acte,
« s'ils l'ont faite ailleurs depuis leur retour dans
« le Royaume, pour l'approuver, s'il y a lieu de
« le faire. En consequence Sa Majesté les déchar-
« ge des peines corporelles portées par l'Edit du
« mois d'Octobre 1685. & par la Déclaration du
« mois de May 1686.

Ainsi l'augmentation des soins & des travaux
que le Roy avoit eus à supporter pendant la
guerre que l'Angleterre, la Holande & leurs Alliez luy avoient déclarée, n'avoient rien diminué de l'attention de Sa Majesté au salut de ses
Sujets. Les Edits & les Déclarations qui viennent
d'estre parcourues, ne laissent aucun lieu d'en
douter.

Cependant des Ministres qui estoient sortis
de France, & quelques autres gens mal intentionnez entretenoient les P. R. dans l'esperance que cette guerre leur seroit favorable, & qu'à
la paix l'exercice de leur Religion seroit restably en France.

Cette chimere détruite par la conclusion de
la Paix à Riswik les 20. 21. Septembre & 30.
Octobre 1697. sans aucune mention de ce prétendu restablissement; le Roy, pour détrom-
per ses Sujets des illusions dont on avoit tâché
de les abuser, & employer des moyens encore
plus efficaces pour les faire rentrer dans le sein
de l'Eglise, expliqua de nouveau ses intentions
par une Déclaration du 13. Decembre de la même année 1698. Voicy ce qu'elle contient.

Déclaration
du Roy du 13.
Decembre
1698. regis-
trée au ar-
lement le 20.
du même
mois, qui or-
donne l'exe-
cution de l'E-
dit de revo-
cation de ce-
luy de Nan-
tes. Pourvoit
à l'instruction
de ceux qui
sont rentrez
dans le sein
de l'Eglise
Catholique,
& de leurs
enfans, &
les maintient
dans leurs
biens, en sa-
tisfaisant
aux devoirs
de la Reli-
gion.

L O U I S, par la grace de Dieu, Roy de France & de Navarre : A tous ceux qui ces presentes
Lettres verront, Salut. Le desir que Nous avons eu de voir tous nos Sujets réunis dans la Religion Catholique, Apostolique & Romaine, establie & observée si religieusement depuis tant de
siecles dans nostre Royaume, Nous ayant obligé de revoquer par nostre Edit du mois d'Octobre
1685. ceux par lesquels les Roys nos Predecesseurs, & nommément le Roy Henry IV. de glorieuse memoire, avoient esté obligez par les desordres arrivez sous leurs Regnes, de tolerer la R.P.R.
Nous avons vû avec une grande satisfaction, la plus grande partie de nos Sujets qui y estoient engagez, rentrer dans le sein de l'Eglise dont leurs Peres s'estoient separez dans le dernier siecle. Mais
quoique l'augmentation des soins & des travaux que Nous avons esté obligez de supporter durant
la derniere Guerre, n'ait pas diminué l'attention que Nous donnons continuellement à la perfection de ce grand ouvrage; Neanmoins comme ceux dont Nous sommes obligez de Nous servir
pour l'execution de nos ordres dans les Provinces de nostre Royaume, distraits à tant de choses
differentes dont Nous avons esté obligez de les charger depuis quelques années, n'ont pû avoir la
même vigilance sur ce sujet, Nous apprenons avec beaucoup de déplaisir que des Ministres qui
estoient cy-devant dans le Royaume, & même quelques-uns de nosdits Sujets plus endurcis dans
leurs erreurs, abusans dans cette conjoncture de la foiblesse & de la legereté des autres, les avoient
flattez de vaines esperances qui en avoient fait relâcher quelques-uns des bonnes disposition où ils
estoient auparavant : & comme Nous ne souhaitons rien avec plus d'ardeur que de voir dans son
entiere perfection un dessein que Nous avons entrepris pour la gloire de Dieu, & pour le salut
d'un si grand nombre de nos Sujets, Nous avons crû que Nous devions y donner encore de nouveaux soins dans ces temps de la Paix, qu'il a plû à Dieu d'accorder à l'Europe, pour détrom-
per nosdits Sujets des illusions dont on a tâché de les abuser, & employer les moyens les plus
efficaces pour les ramener solidement & veritablement dans le sein de l'Eglise Catholique, hors
laquelle ils ne peuvent esperer de salut. A CES CAUSES, Nous avons dit & déclaré, disons &
déclarons par ces presentes signées de nostre main, voulons & Nous plaist que nostre Edit du mois
d'Octobre 1685. portant revocation de celuy de Nantes, & autres faits en consequence soient executez. Faisons iteratives défenses à tous nos Sujets de faire aucun exercice de la R. P. R. dans toute l'estenduë de nostre Royaume; de s'assembler pour cet effet en aucun lieu, en quelque nombre
& sous quelque pretexte que ce puisse estre; de recevoir aucuns Ministres, & avoir directement
ou indirectement aucun commerce avec eux; ce que Nous leur défendons encore tres-expressement sur les peines portées par les Edits & Déclarations que Nous avons faits sur ce sujet, lesquels
Nous voulons estre executez selon leur forme & teneur. Enjoignons à nos Procureurs Generaux,
à leurs Substituts, & à tous autres nos Officiers d'y tenir la main, & de Nous informer soigneusement des diligences qu'ils feront pour cet effet dans toutes les occasions qui s'en pourront presenter. I I.

» Admonestons, & neanmoins enjoignons à tous les Archevêques & Evêques de nostre Royaume
» de continuer à résider dans leurs Diocéses suivant les dispositions des saints Canons, & de nos
» Ordonnances; d'y travailler avec tout le zele & l'attention possible à l'instruction & au salut de
» nos Sujets, qu'il a plû à Dieu de confier à leur autorité spirituelle; & d'apporter encore des soins
» plus particuliers pour l'instruction de ceux de nos Sujets qui se sont réunis à la Religion Catholique,

lique, Apostolique & Romaine, qui peuvent se rencontrer dans leurs Dioceses.

III.

Admonestons pareillement, & neanmoins enjoignons à tous les Archevêques & Evêques, d'employer toute l'autorité qu'il a plû à Dieu d'attacher à leur caractere, pour inspirer les mêmes sentimens aux Ecclesiastiques, & particulierement aux Curez, qui ont sous leur autorité le soin principal des ames de nos Sujets dans leurs Paroisses; d'avoir une attention particuliere, à ce qu'ils les instruisent des Mysteres de nostre sainte Religion, & des regles de la Morale Chrestienne; qu'ils fassent à cet effet au moins les Dimanches & les Festes, des Instructions & des Catechismes à certaines heures, & en la maniere que lesdits Archevêques & Evêques leur prescriront, & de prendre soin que les Predicateurs instruisent nosdits Sujets des mêmes veritez dans leurs Predications.

IV.

Admonestons, & neanmoins enjoignons ausdits Archevêques & Evêques, de commettre des Ecclesiastiques tels qu'ils trouveront à propos, pour faire lesdites instructions, & pendant le tems qu'ils l'estimeront necessaire, lorsqu'ils ne trouveront pas les Curez de certains lieux, où il y a plusieurs personnes qui se sont nouvellement réünies à la Religion Catholique, capables de les faire avec succés, voulant bien pourvoir du fonds de nos Finances à la subsistance desdits Ecclesiastiques, sur le compte que lesdits Prelats Nous rendront de la necessité qu'ils trouveront de le faire.

V.

Exhortons tous nos Sujets, & notamment ceux qui ont la Haute Justice, & autres personnes les plus considerables, ensemble ceux qui se sont nouvellement réünis à l'Eglise, d'assister le plus exactement qu'il leur sera possible au Service Divin, afin d'attirer les graces que Dieu donne à ceux qui joignent leurs prieres particulieres à celles de son Eglise; leur enjoignons à tous de s'y tenir toujours avec reverence; & principalement encore dans le tems de la celebration de la sainte Messe, & d'y adorer à genoux le tres-saint Sacrement de l'Autel: Comme aussi d'observer les Commandemens de l'Eglise pour les jeûnes, l'abstinence de viande, & la cessation de toute sorte de travail, & d'avoir soin que leurs enfans & domestiques s'acquittent exactement des mêmes devoirs.

VI.

Enjoignons pareillement à tous nosdits Sujets de rendre l'honneur & le respect qu'ils doivent à tout ce qui regarde la Religion dedans & dehors les Eglises par leurs actions & par leurs paroles, d'honorer les personnes Ecclesiastiques, & particulierement encore les Archevêques & Evêques, & les Curez de leurs Paroisses; de recevoir avec déference les avis qu'ils leur donneront touchant la Religion & leur conduite spirituelle: Le tout à peine de punition exemplaire contre les contrevenans.

VII.

Enjoignons à nosdits Sujets réünis à l'Eglise, d'observer dans les Mariages qu'ils voudront contracter, les solemnitez prescrites par les saints Canons, & notamment par ceux du dernier Concile & par nos Ordonnances, Nous reservant de pourvoir sur les contestations qui pourroient estre intentées à l'égard des effets civils de ceux qui auront esté contractez par eux depuis le n Novembre de l'an 1685. lorsque Nous serons plus exactement informez de la qualité & des circonstances des faits particuliers.

VIII.

Enjoignons à tous nos Sujets, & notamment à ceux qui sont nouvellement réünis à l'Eglise, de faire baptiser leurs enfans dans les Eglises des Paroisses où ils demeurent, dans 24. heures aprés leur naissance; si ce n'est qu'ils ayent obtenu permission des Archevêques ou Evêques Diocesains, de differer les ceremonies des Baptêmes pour des raisons considerables. Enjoignons aux Sages-Femmes & autres personnes qui assistent les femmes dans leurs accouchemens, d'avertir les Curez des lieux de la naissance des enfans; & à nos Officiers & à ceux des Sieurs qui ont la Haute Justice, d'y tenir la main, & de punir les contrevenans par des condamnations d'amende, même par de plus grandes peines suivant l'exigence des cas.

IX.

Voulons que l'on establisse autant qu'il sera possible, des Maistres & des Maistresses dans toutes les Paroisses où il n'y en a point pour instruire tous les enfans, & nommément ceux dont les peres & les meres ont fait profession de la R.P.R. du Catechisme & des prieres qui sont necessaires; pour les conduire à la Messe tous les jours ouvriers, leur donner l'instruction dont ils ont besoin sur ce sujet, & pour avoir soin pendant le tems qu'ils iront ausdites Ecoles; qu'ils assistent à tous les Services Divins les Dimanches & les Festes; comme aussi pour apprendre à lire & même à écrire à ceux qui pourront en avoir besoin, le tout en la maniere prescrite par l'Article XXV. de nostre Edit du mois d'Avril 1695. concernant la Jurisdiction Ecclesiastique, & ainsi qu'il sera ordonné par les Archevêques & Evêques; & que dans les lieux où il n'y aura point d'autre fonds, il puisse estre imposé sur tous les Habitans, la somme qui manquera pour leur subsistance; jusques à celle de cent cinquante livres par an pour les Maistres, & cent livres pour les Maistresses; & que les Lettres necessaires en seront expediées sans frais, sur les avis des Archevêques & Evêques Diocesains, & les Commissaires départis dans nos Provinces pour l'execution de nos Ordres, nous en donnerons.

X.

Enjoignons à tous les peres, meres, tuteurs, & autres personnes qui sont chargées de l'éducation des enfans, & nommément de ceux dont les peres & meres ont fait profession de ladite R.P.R. de les envoyer ausdites Ecoles & aux Catechismes, jusqu'à l'âge de quatorze ans, si ce n'est que ce soient des personnes de telle condition, qu'elles puissent & qu'elles doivent les faire instruire chez eux par des Precepteurs bien instruits de la Religion, & de bonnes mœurs, ou les envoyer aux Colleges. Enjoignons aux Curez de veiller avec une attention particuliere sur l'instruction desdits enfans dans leurs Paroisses, même à l'égard de ceux qui n'iront pas ausdites Ecoles. Admonestons, & neanmoins enjoignons aux Archevêques & Evêques de s'en informer soigneusement;

Ordonnons aux peres & autres qui en ont l'éducation, & particulierement aux perſonnes les plus conſiderables par leur naiſſance & par leurs emplois, de leur repreſenter les enfans qu'ils ont chez eux, lors qu'ils l'ordonneront dans le cours de leurs viſites, pour leur rendre compte de l'inſtruction qu'ils auront reçû touchant la Religion; & à nos Juges, Procureurs, & à ceux des Sieurs qui ont la Haute-Juſtice, de faire toutes les diligences, requiſitions, & ordonnances neceſſaires, pour l'execution de noſtre volonté à cet égard, & de punir ceux qui ſeroient negligens d'y ſatiſ-faire, ou qui auroient la temerité d'y contrevenir de quelque maniere que ce puiſſe eſtre, par des condamnations d'amende, ou plus grandes peines, ſuivant l'exigence des cas.

X I.

Enjoignons aux parens lors qu'ils nomment des Tuteurs, ou des perſonnes pour avoir ſoin de l'éducation des enfans Mineurs, de les choiſir de bonnes vie & mœurs, & qu'ils rempliſſent exacte-ment tous les devoirs de la Religion Catholique.

X I I.

Enjoignons aux Medecins, & à leur defaut aux Apotiquaires & Chirurgiens qui ſeront appellez pour viſiter les Malades, d'en donner avis aux Curez des Paroiſſes dans leſquelles ils demeurent, auſſi-toſt qu'ils jugeront que la maladie pourroit eſtre dangereuſe, s'ils ne voyent qu'ils y ayent eſté appellez d'ailleurs, afin que les Malades, & nommément noſdits Sujets nouvellement réü-nis à l'Egliſe, puiſſent en recevoir les avis & les conſolations ſpirituelles dont ils auront beſoin, & le ſecours des Sacremens, lorſqu'ils les trouveront en eſtat de les recevoir. Enjoignons aux Parens, Serviteurs & autres perſonnes qui ſont auprés deſdits Malades, de les faire entrer auprés d'eux, & de les recevoir avec la bien-ſeance convenable à leur caractere ; & voulons que ceux deſdits Medecins, Apotiquaires, & Chirurgiens qui negligeront de ſatisfaire aux Ordres que nous leur donnons à cet égard, ſoient condamnez en des amendes, & même interdits en cas de récidive, ſuivant l'exigence des cas.

X I I I.

Ordonnons que ſuivant les anciennes Ordonnances des Roys nos Predeceſſeurs, & l'uſage ob-ſervé, perſonne ne ſera reçû en aucune Charge de Judicature dans toutes noſdites Cours & Juſtices, dans celles des Sieurs Hauts-Juſticiers, même en celles des Hoſtels de Ville qui ont eſté érigées en titre d'Office, enſemble dans celles de Greffiers, Procureurs, Notaires & Huiſſiers, ſans avoir une atteſtation du Curé de la Paroiſſe dans laquelle il demeure, ou de leurs Vicaires en forme de dépoſition de leurs bonnes vie & mœurs, enſemble de l'exercice qu'ils font de la Religion Ca-tholique, Apoſtolique & Romaine.

X I V.

Ordonnons que les Licences ne pourront eſtre accordées cy-aprés dans les Univerſitez de noſtre Royaume, à ceux qui auront eſtudié en Droit ou en Medecine, que ſur des atteſtations ſembla-bles que les Curez donneront, & qui ſeront repreſentées à ceux qui leur doivent donner leſdits Degrez.

X V.

Voulons au ſurplus que noſdits Sujets joüiſſent paiſiblement de leurs biens, & exercent leurs Commerces ainſi que les autres, à la charge par eux de ſe faire inſtruire & confirmer en la Religion Catholique, Apoſtolique & Romaine, d'y laiſſer & même d'y faire inſtruire leurs enfans, d'obſer-ver exactement nos Edits & Declarations, & de ſe comporter en tout comme nos bons & fideles Sujets le doivent faire. SI DONNONS EN MANDEMENT à nos amez & feaux Conſeillers, les Gens tenans noſtre Cour de Parlement à Paris, que ces Preſentes ils ayent à faire lire, publier, & re-giſtrer ; & le contenu en icelles garder & obſerver ſelon ſa forme & teneur : CAR tel eſt noſtre plai-ſir ; en témoin dequoy Nous avons mis noſtre Scel à ceſdites Preſentes. DONNE' à Verſailles le treiziéme jour de Decembre l'an de grace mil ſix cens quatre-vingt-dix-huit, & de noſtre Regne le cinquante-ſixiéme. Signé, LOUIS, *Et plus bas*, Par le Roy, PHELYPEAUX. Et ſcellées du grand Sceau de cire jaune.

Le Roy ayant eſté informé, que nonobſtant tous ces ſoins, quelques-uns de ſes Sujets nouveaux Catholiques paſſoient encore dans les Païs Etran-gers, ou y faiſoient paſſer leurs enfans ſous differ-rens prétextes, de commerce, de voyage, ou d'é-tude des langues, y pourvût par une Déclaration du 11. Février 1699.

» Sa Majeſté y réitere à ſes Sujets nouveaux Ca-
» tholiques, les défenſes portées par ſes Déclara-
» tions precedentes, ſous les peines qu'elles con-
» tiennent des Galeres perpetuelles pour les hom-
» mes ; & à l'égard des femmes d'eſtre raſées,
» avec confiſcation des biens des uns & des au-
» tres.

» Que ceux qui contribueront directement ou
» indirectement à leur ſortie, ſoient condamnez
» aux mêmes peines.

» Défend auſſi à ces mêmes Sujets de quitter
» les domiciles qu'ils ont dans le Royaume, mê-
» me ſous prétexte d'aller s'établir dans une au-
» tre Province, ſans une permiſſion expreſſe &
» par écrit de l'Intendant de la Generalité où ils
» demeurent. Laquelle permiſſion marquera pré-
» ciſément le lieu où ils doivent aller, & la route

qu'ils ſeront obligez de ſuivre. Enjoint aux pe- «
res & aux meres, qui ſont profeſſion de la R.P.R. «
aux Tuteurs & autres perſonnes qui ont l'édu- «
cation de leurs enfans mineurs, de veiller ſoi- «
gneuſement ſur leur conduite, de les élever «
dans le Royaume, & de les empêcher d'en ſor- «
tir ; à peine d'en répondre en leurs propres & «
privez noms, juſqu'à ce qu'ils ayent l'âge de «
18. ans accomplis, & d'eſtre pourſuivis pour les «
repreſenter à la Requeſte des Procureurs Gene- «
raux de S. M. & de leurs Subſtituts, ou punis «
faute de le faire, ainſi qu'il appartiendra. En- «
joint S.M. à ſes Cours & Juges d'y tenir la main «
ſoigneuſement, & à tous ceux qui commandent «
dans les Places & Paſſages des Frontieres, d'ar- «
reſter, ou faire arreſter tous ceux qui voudroient «
en ſortir ſans permiſſion & Paſſeports. «

Que pour oſter le prétexte que ceux qui font «
profeſſion du cõmerce prennent ordinairement, «
pour envoyer leurs enfans hors du Royaume : «
Ordonne S. M. que l'on eſtablira des Maiſtres «
de Langues Etrangeres, dans les Villes où ſes «
Sujets ont un plus grand commerce avec les «
Etrangers, & particulierement dans celles qui «
ſont

» font fituées fur des Ports de Mer, fuivant les
» Ordres qu'elle donnera pour cet effet.
» Le tout fans préjudice des voyages qu'aucuns
» de fes Sujets de certaines Provinces ont accoû-
» tumé de faire en Efpagne & ailleurs, pour y
» travailler à la moiffon & à d'autres ouvrages, &
» pour y negocier pendant quelque tems, qu'ils
» pourront continuer en toute liberté en la ma-
» niere accoûtumée.

La fortie du Royaume & la retraite dans les
Païs Proteftans, avoit toujours paru au Roy l'un
des plus grands obftacles à la converfion de fes
Sujets qu'il avoit tant à cœur : plufieurs d'entre
eux prémeditant cette évafion, vendoient ou alie-
noient leurs biens, & emportoient avec eux ce
qu'ils en avoient pû tirer ; le Roy voulant empêcher ce préjudice qu'ils fe faifoient à eux-
mêmes, leur avoit défendu par fa Déclaration du
» 14. Juillet 1682. de fortir de fes Eftats fans fa
» permiffion, & declaré nulles toutes les difpofi-
» tions qu'ils auroient faites de leurs biens un an
» avant leur retraite dans les Païs eftrangers.
Mais comme la benediction qu'il avoit plû à Dieu
de donner à fes foins depuis ce tems, en avoit
fait revenir plufieurs de bonne foy à la Religion
Catholique, & que la connoiffance du peu de
fuccés qu'avoient eu dans les Païs eftrangers ceux
qui s'y eftoient retirez, avoit fait perdre à la plûpart des autres le defir de fuivre un fi malheureux
exemple : ces confiderations ont fait eftimer fi
jufte de lever les difficultez qui poûvoient empêcher de traiter avec eux, dans la crainte des
peines portées par cette Declaration, & de leur
donner un moyen de paffer feurement avec les
autres Sujets du Roy les contracts qu'ils jugeroient convenables à leurs interefts, en laiffant
encore neanmoins quelques précautions durant
quelque tems pour leur propre intereft.

Ce fut le motif d'une Declaration du Roy du 5.
» May 1699. portant défenfes à ceux de fes Sujets
» qui ont fait profeffion de la R. P. R. de vendre
» durant trois années leurs biens immeubles, ou
» l'univerfalité de leurs meubles, fans permiffion
» expediée par un Secretaire d'Eftat, pour la fom-
» me de trois mille livres & au-deffus, & par les
» Commiffaires départis dans les Provinces pour
» les fommes au-deffous : comme auffi de difpo-
» fer de leurs biens par donations entre-vifs du-
» rant trois années ; fi ce n'eft en faveur, & par
» les contrats de Mariage de leurs enfans, ou de
» leurs heritiers préfomptifs demeurans dans le
» Royaume. Veut S. M. que ceux qui n'ont pas
» touché en tout ou en partie le prix des chofes
» par eux venduës, avant la prefente Declaration,
» ne puiffent durant ces trois années recevoir ce

qui leur en eft dû ; ny les debiteurs le leur «
payer que par la permiffion de S. M. ou des «
Commiffaires départis dans les Provinces : De- «
clare nulles toutes difpofitions contraires pen- «
dant ce tems; comme auffi les contrats d'échange «
qui pourroient avoir efté faits pendant le même «
tems par ceux de fes Sujets qui auront fait cy- «
devant profeffion de la R. P. R. en cas qu'ils «
fortiffent du Royaume, & qu'il fe trouvaft que «
les chofes qu'ils auroient reçûës en échange va- «
luffent un tiers moins que celles qu'ils auroient «
données. N'entend neanmoins S. M. empêcher «
les ventes forcées de leurs biens, en juftifiant & «
affirmant par les creanciers, que les dettes font «
ferieufes.

Il fe prefenta quelques difficultez fur l'execu- «
tion des Edits & Declarations qui avoient dé- «
fendu la fortie du Royaume fans la permiffion «
du Roy. Cela donna lieu à une nouvelle Decla- «
ration de S. M. du 13. Septembre 1699. qui con- «
firme & interprete les Edits & Déclarations prece- «
dentes. Elle porte que, le procés fera fait & «
parfait par les Baillis & Senéchaux, ou leurs «
Lieutenans Criminels, ou Juges «
Juges Royaux ordinaires aux autres Sujets du «
Roy, encore engagez dans la R. P. R. ou réünis «
à l'Eglife, qui fortiront du Royaume fans la «
permiffion de S. M. fignée d'un Secretaire d'E- «
tat. Que le procés fera fait auffi à ceux qui «
feront arreftez fur les frontieres en eftat de for- «
tir : fçavoir à ceux qui feront fortis, s'ils peu- «
vent eftre arreftez ; finon par contumace par les «
Baillis & Senéchaux, ou leurs Lieutenans Cri- «
minels, ou par les Juges Royaux des lieux où «
ils avoient leur dernier domicile avant leur for- «
tie ; & à ceux qui feront arreftez en frontiere, «
leur procés fera fait par les Baillis ou les Juges «
Royaux des Sieges dans l'eftenduë defquels ils «
auroient efté pris. Ordonne S. M. que les uns & «
les autres foient condamnez, les hommes aux «
Galeres à perpetuité, & les femmes à eftre re- «
clufes dans les lieux qui feront ordonnez par «
les Juges, avec confifcation de tous leurs biens, «
tant des hommes que des femmes, à qui il ap- «
partiendra. Et en cas que leurs biens foient fi- «
tuez dans les Païs où la confifcation n'a lieu, «
ou dans les Juftices des Seigneurs particuliers ; «
Veut S. M. que les coupables foient condamnez «
en une amende envers Elle, qui ne pourra eftre «
moindre que de la moitié de la valeur des biens. «
Veut auffi que les mêmes peines & confifcations «
foient prononcées contre ceux qui auront con- «
tribué directement ou indirectement à cette éva- «
fion de fes Sujets, aidé ou favorifé en quelque «
maniere l'execution de leur deffein. «

TITRE V.

Des Apoſtats & des Relaps.

S. Ambr. ep.
ad Theod.
Alex. ſecunda
ſecundæ tract.
de apoſtaſia.
Joan. de Jan.

LE nom d'Apoſtat vient du Grec Ἀπoστασις, prévarication, rebellion, revolte, abandonnement. Les Anciens en ont diſtingué trois eſpeces, qui ont chacune leur degré particulier de malice. La premiere, *A ſupererogatione*, ſe commet par le Clerc ou le Religieux qui abandonne ſa Profeſſion pour retourner à l'eſtat Laïc. La ſeconde, *à mandatis Dei*, par celuy de quelque eſtat qu'il ſoit, qui abandonne generalement l'obſervation des Commandemens de Dieu, quoiqu'il conſerve encore la Foy. La troiſiéme, *à Fide*, par celuy enfin qui abandonne non ſeulement les bonnes œuvres, mais encor totalement la Foy.

Il y a cette difference entre l'Heretique, l'Apoſtat & le Relaps, que l'Heretique n'abandonne qu'une partie de la Foy, que l'Apoſtat n'en conſerve plus rien, & que le Relaps eſt celuy des Apoſtats, ou des Heretiques, lequel aprés s'eſtre converti, abandonne la veritable Religion, & retombe dans ſes premieres erreurs. Relaps, à *Relapſo*, retombé.

Il y a eu des Heretiques dans tous les tems; mais il y a eu peu d'Apoſtats, du moins de la derniere eſpece, ſinon dans le tems des perſecutions. La nature qui ne s'accommode que tres-difficilement des ſouffrances, faiſoit toujours ſuccomber quelques-uns de ceux qui s'y trouvoient expoſez. Le traité *de lapſis*, de ſaint Cyprien, en eſt la preuve. Pluſieurs Chreſtiens vaincus par les tourmens ſous l'Empire de Trajan, avoient offert de l'encens aux idoles. La perſecution ceſſa, ils revenoient en foule à l'Egliſe pour s'y reconcilier: il y eut à cette occaſion une eſpece de ſchiſme: les Novatiens prétendoient que l'on ne devoit plus les recevoir au nombre des Fideles; qu'ils s'en eſtoient rendus indignes par leur deſertion. D'autres plus moderez furent d'avis contraire: mais entr'eux il y eut encore pluſieurs conteſtations, ſur les differens degrez de penitence qu'on devoit leur impoſer: & ce fut à cette occaſion que ſaint Cyprien fit ſa Traité l'an 251. pour condamner l'erreur des premiers, & concilier les differentes opinions des autres. Il y eut enſuite des Canons Penitentiaux eſtablis dans le Concile d'Ancyre l'an 314. & dans celuy de Nicée l'an 325. pour la reconciliation des Apoſtats qui ſe convertiſſoient.

Les Princes temporels ne s'en eſtoient point encore meſlez; ils avoient eſté eux-mêmes pendant plus de trois ſiecles engagez dans le Paganiſme, & il n'y avoit pas aſſez long-temps que Conſtantin eſtoit converti, pour eſtre en eſtat de remedier à tous les maux qui troubloient l'Egliſe. La paix qu'il luy donna par ſa converſion, fut déja un grand remede contre l'Apoſtaſie; & l'on vit peu de ces chutes ſcandaleuſes ſous ſon Regne, ny ſous Conſtant & Conſtance ſes fils. Il n'en fut pas de même ſous leur Succeſſeur Julien: le nom odieux d'Apoſtat que la poſterité luy a donné, & ſous lequel il eſt encore connu, nous marque aſſez quelle fut ſa chûte. Il ne regna qu'un an huit mois & vingt-trois

jours; ſon exemple pernicieux n'avoit pas laiſſé dans ce peu de temps, que de corrompre pluſieurs Chreſtiens de ſes Sujets; ils adorerent, comme luy les idoles.

La mort funeſte de ce malheureux Prince, qui fut en ce monde la peine de ſon crime, redonna auſſi-toſt la paix à l'Egliſe. Les Empereurs qui luy ſuccederent, abolirent de nouveau le Paganiſme, & firent pour la premiere fois des Loix contre les Apoſtats. Ils ſont declarez infames par ces Loix, privez de toutes dignitez, ſoit qu'elles viennent de leur naiſſance, ou d'ailleurs, de tout commerce avec les autres hommes, & indignes d'eſtre même comptez parmi le petit Peuple. [Leg.1.&ſeq. C. de apoſtat. Leg. 1. & ſeq. C. Th. cod. tit. L. 11. C. Th. de fid. Teſtam.]

Ils ſont privez de la faculté de diſpoſer de leurs biens, ſoit par teſtament, donations entre-vifs, par ventes, alienations, ou autrement, & ſont declarez incapables d'accepter les legs ou donations qui leur pourroient eſtre faites par d'autres.

Leur témoignage doit eſtre rejetté; & ces Loix leur oſtent toute eſperance d'eſtre jamais reſtablis dans leur premier eſtat, quelque repentir qu'ils ayent de leur faute.

Elles mettent l'apoſtaſie au nombre des crimes publics, & permettent à toutes perſonnes d'en pourſuivre la vengeance contre les coupables, même aprés leur mort.

Ceux enfin qui pervertiſſent un Chreſtien, ſoit libre, ou eſclave, & qui le font tomber dans l'apoſtaſie, doivent eſtre punis de mort.

Les Bulgares, Peuples Payens de la Sarmatie Aſiatique, qui ne reconnoiſſoient point l'Empire Romain, n'eurent point de part à la converſion que les Empereurs Chreſtiens procurerent à leurs Sujets. Ils paſſerent le Danube vers la fin du cinquiéme ſiecle, & s'eſtablirent entre ce Fleuve, la Mer Noire, la Romanie & la Servie. Des Miſſionnaires Apoſtoliques leur porterent la Foy; & ils ſe convertirent tous à l'exemple de leur Roy Bogoris, qui reçut le Baptême & le nom de Michel l'an 845. Il leur arriva dans la ſuite ce qui eſtoit arrivé à Rome au commencement de ſa converſion, pluſieurs Apoſtats. Leur Roy envoya des Ambaſſadeurs au Pape Nicolas I. l'an 866. pour le conſulter ſur la conduite qu'il devoit tenir en cette occaſion. Le Pape luy fit réponſe, que ceux qui ayant eſté baptizez quitteroient le Chriſtianiſme, devoient eſtre avertis d'abord par ceux qui les avoient tenus ſur les fonts de Baptême; que s'ils ne changeoient, ils ſeroient deferez à l'Egliſe, & que s'ils n'obéiſſoient à l'Egliſe, ils devoient eſtre punis par l'autorité des Princes. [Epiſt. Nicol. 1. ad Bulgar.]

Quant aux Relaps, il y en a eu peu, ou peut-eſtre point du tout dans les premiers ſiecles de l'Egliſe. L'épreuve de pluſieurs années de penitence, que ceux qui eſtoient tombez devoient ſubir avant que d'eſtre reconciliez, affermiſſoit tellement leur converſion, que la rechûte eſtoit peu à craindre, & que ſouvent au contraire ils devenoient les plus zelez des fideles: auſſi ne trouve-
t-on

aucunes Loix contr'eux dans le Droit Civil ; & s'il n'en est parlé pour la première fois dans le Droit-Canon, qu'au commencement du treizième siecle.

Ce crime parut même alors si nouveau, que les Inquisiteurs de la Foy se trouverent embarrassez sur la peine que meritoient ceux qui l'avoient commis. Ils consulterent sur cela les Prélats assemblez au Concile de Narbonne l'an 1235. Et voicy quelle fut leur décision. L'on » ne donnera aucune audience à ceux qui après » avoir abjuré leurs erreurs , sont repris, pour » estre retombez dans l'heresie : mais à l'instant » ils seront renvoyez au Juge seculier pour estre » punis d'une peine convenable à leur faute. Il » suffit à l'Eglise d'avoir esté une fois trompée » par leur fausse conversion.

Can. 4. super eo quod tit. 2. de hæreticis in 6.
Can. 8. accusatus, tit. 2. de Hæreticis in 6.

En 1258. les mêmes Inquisiteurs douterent si les Relaps ayant esté condamnez par le Juge seculier, donnoient des marques d'un veritable repentir, les Sacremens de Penitence & d'Eucharistie leur seroient administrez. Ils douterent encore si ceux des Relaps qui avoient esté reconciliez à l'Eglise, continuoient de frequenter & de favoriser les Heretiques, meritoient d'en estre punis, & quelles peines leur devoient estre imposées. Ils consulterent sur l'une & sur l'autre de ces questions Alexandre IV. qui remplissoit alors la Chaire de saint Pierre. Ce Souverain Pontife leur répondit par un Bref qui a depuis esté inseré dans le Droit-Canon, & qui fait une partie de ses Decretales. Sur la premie- » re des deux questions , qu'encore que l'Egli- » se soit toujours preste de recevoir dans son sein » ceux qui se presentent pour y rentrer , elle » abandonne neanmoins les Relaps à la Justice » seculiere pour estre punis. Que si toutesfois ils » témoignent d'une veritable repentance, » & qu'ils en donnent des marques manifestes, » les Sacremens de Penitence & d'Eucharistie » leur doivent estre accordez. » Sur la seconde, que ceux qui ont abjuré » l'heresie , & qui sont encore trouvez commu- » niquant avec les Heretiques, qui les reçoi- » vent, les conduisent, les visitent, font societé » avec eux , leur font & leur envoyent des dons, » & des presens, ou en quelqu'autre maniere » les favorisent, doivent estre traitez & punis » comme Relaps.

Comme la France avoit esté exempte d'heresie jusqu'au Regne de François I. l'on ne commença que sous celuy de Henry II. d'y découvrir des Relaps. Ce Prince employa toutes les voyes de douceur possibles , & fit expedier plusieurs Edits pour retirer ses Sujets de cet abime d'erreurs où ils estoient tombez. Mais comme plusieurs y persistoient , que quelques-uns même y retomboient après s'en estre retirez ; il ordonna enfin la peine de mort tant contre les Heretiques que contre les Relaps , par une Declaration du 24. Juillet 1557.

Les troubles civils & tous les autres maux que produisit la tolerance de l'heresie sur la fin du seizième siecle , imposerent en même-temps silence aux Loix à cet égard. L'Eglise souffroit encore cette playe dans le siecle passé, lors que la Divine Providence luy a suscité la puissante protection de Loüis le Grand pour l'en delivrer. Ainsi ce n'est que sous le Regne de ce Prince que l'on commence à retrouver des Loix contre les Apostats & contre les Relaps.

» Un Edit du mois d'Avril 1663. porte, que » nuls de ses Sujets de la R. P. R. qui auront une » fois fait abjuration pour professer la Religion

Catholique , ne pourront jamais plus y renon- « cer , pour retourner dans celle qu'ils auront « quittée , pour quelque cause ou pretexte que « ce soit. Que même ceux qui sont engagez dans « les Ordres sacrez , ou liez par des vœux à des « Maisons Religieuses , ne pourront quitter la « R. C. pour prendre la P. R. soit pour se ma- « rier , soit autrement ; ce qui leur est defendu « très expressément , à peine d'estre procedé con- « tre les coupables , suivant la rigueur des Or- « donnances. Ordonne Sa Majesté, qu'il sera in- « formé à la diligence des Procureurs Generaux « aux Parlemens , & de leurs Substituts aux Bail- « liages & Sieges Presidiaux contre les contre- « venans , & que leur procès sera fait & « parfait ainsi qu'il appartiendra. «

Comme la peine portée par cet Edit estoit va- « gue & generale , le Roy considerant que cela « pourroit n'estre pas suffisant pour détourner de « ce crime ceux qui auroient dessein de le com- « mettre. Que d'ailleurs il y avoit diversité d'Or- « donnances ; d'où il arriveroit que les Juges en « suivant les maximes establies dans leurs Tribu- « naux , pourroient tomber dans cet inconvenient « de prononcer differentes peines pour le même « crime : Sa Majesté voulant que les Jugemens qui « seroient rendus en cette occasion fussent unifor- « mes , estima à propos de fixer quelle seroit cette « peine par une Declaration du 20. Juin 1665. Elle « porte , que si aucuns de ses Sujets de la R. P. R. « qui auront une fois fait abjuration pour pro- « fesser la R. C. retournent à la R. P. R. ou que « ceux qui sont engagez dans les Ordres sacrez , « ou liez par des vœux ou des Maisons Reli- « gieuses , quittent la R. C. pour la P. R. ils se- « ront bannis à perpetuité du Royaume, sans « que cette peine puisse estre censée commina- « toire. Enjoint à ses Juges & Officiers d'y pro- « ceder avec toute l'exactitude , & toute la seve- « rité possible. «

Les frontieres de France & principalement le « Languedoc & la Provence , sont si proches de « Geneve , des Suisses , d'Orange & d'Avignon, « où les bannis se retiroient , & d'où ils pouvoient « communiquer facilement avec leurs parens, que « plusieurs Habitans de ces Provinces ne faisoient « aucun compte de cette peine. D'ailleurs , le « Roy , de l'avis de son Conseil , ne la jugeant pas « assez forte , cela donna lieu à une Declaration « du 13. Mars 1679. generale pour tout le Royau- « me , par laquelle Sa Majesté ordonne , que « les coupables de ces crimes d'apostasie & de « relaps seront condamnez à faire amende hono- « rable , bannis à perpetuité, & tous leurs biens « confisquez. «

La difficulté de découvrir ces crimes estoit « grande : ceux qui les commettoient le faisoient « si secrettement , qu'à peine pouvoit-on en avoir « connoissance. Le Roy , qui en fut averti , donna « une Declaration le 10. Octobre de la même an- « née 1679. par laquelle il ordonna , que dore- « navant les actes d'abjuration qui se feroient , « seroient mis en bonne forme par les ordres des « Archevêques ou des Evêques, entre les mains « du Procureur de Sa Majesté , dans le ressort « duquel est situé l'Archevêché ou Evêché , où « l'abjuration aura esté faite. Que ces actes se- « roient ensuite signifiez aux Ministres & aux « Consistoires des lieux où ceux qui auront fait « l'abjuration feront leur residence. Et en con- « sequence fait Sa Majesté tres-expresses defen- « ses , tant aux Ministres , qu'aux Consistoires « de les y recevoir , sur peine de desobeïssance , « de suppression des Consistoires & d'interdiction « des Ministres. » Par

Par un autre Edit du mois de Juin 1680. il » est tres-expreſſément défendu à tous les Sujets » du Roy faiſant profeſſion de la R. C. de la » quitter pour paſſer en la R.P.R. à peine d'eſtre » condamnez à faire amende honorable, au ban- » niſſement perpetuel, & que tous leurs biens » ſoient confiſquez. Fait Sa Majeſté défenſes » aux Miniſtres de recevoir cy-aprés aucun Ca- » tholique à faire profeſſion de la R. P. R. & tant » à eux qu'aux Anciens des Conſiſtoires de les » ſouffrir dans leurs Temples ou Aſſemblées, à » peine contre les Miniſtres d'eſtre privez pour » toujours de leurs fonctions, & d'interdiction » auſſi pour toujours de l'exercice de leur Reli- » gion dans le lieu où un Catholique aura eſté » reçû.

Le Roy ayant eſté informé que cette peine contre les Miniſtres eſtant trop douce, ne les contenoit pas aſſez dans leur devoir, reſolut de leur en impoſer une plus ſevere. Cela don-

na lieu à un autre Edit du mois de Mars 1685. Il porte que les Miniſtres qui recevront à l'a- « venir aucun Catholique à faire profeſſion de la « R. P. R. ou qui ſouffriront dans leurs Temples « des Catholiques ou quelques-uns de ceux de « la R. P. R. qui auront fait abjuration ; dans « l'un ou dans l'autre cas ils ſeront condamnez « à faire amende honorable, & au banniſſement « perpetuel, avec confiſcation de tous leurs « biens. «

Enfin le temps marqué par la Divine Provi- dence pour l'entiere extirpation de cette here- ſie arriva. Le Roy en fit expedier l'Edit le 20. Octobre 1685. Il eſt rapporté dans l'un des Chapi- tres precedens. L'on ne ſera icy mention que de l'Article 11. qui concerne les Relaps ; il ne porte autre choſe ſinon, que les Déclarations ren- « duës contr'eux ſeront executées ſelon leur « forme & teneur. «

TITRE VI.

Pacification des troubles causez, dans l'Eglise, touchant les questions de la Grace & de la Predestination, au sujet du Livre de Janfenius Evêque d'Ypre.

IL y a peu de matieres touchant la Religion qui ayent fait plus de bruit, & donné lieu à un plus grand nombre de difputes & d'écrits que le Livre de Janfenius Evêque d'Ypre, qui a pour titre *Auguftinus.*

Nous n'entrerons point icy dans ce qui concerne le fond de cette affaire ; cela eft du reffort des Theologiens ; mais fuivant notre objet nous nous renfermerons dans les feules circonftances qui ont rapport à la Police. Ainfi nous parcourerons feulement ce qui a été fait pour affeurer l'execution des décifions du SaintSiege, & maintenir dans l'Eglife & dans l'Etat cette tranquilité fi importante & fi neceffaire.

Le Livre de Janfenius parut en 1640. deux ans aprés la mort de fon Auteur. On en tira quelques années aprés cinq Propofitions que le Pape Innocent X. condamna par une Bulle du 31. May 1653. Alexandre VII. par deux autres Bulles des 16. Octobre 1656. & 15. Fevrier 1665. confirma celle de fon Prédeceffeur, & y ajoûta un formulaire pour eftre figné par les Prelats, les Ecclefiaftiques Seculiers & Reguliers, les Religieufes, les Principaux & Regens des Colleges, & par tous ceux qui prendront des Degrez dans les Univerfitez.

Enfin le Pape qui remplit aujourd'hui la Chaire de S. Pierre, imitant le zele de fes Predeceffeurs, vient de donner fur ce mefme fujet une nouvelle Bulle dattée du 15. Juillet 1705. que les Prelats qui compofoient l'Affemblée du Clergé de France ont folemnellement accepté.

Le Roy a toûjours appuyé de fon autorité Royale, par fes Lettres patentes, toutes ces Conftitutions des fouverains Pontifes ; & comme l'execution de ce qui dépend à cet égard du fort exterieur eft confiée au Magiftrat de Police, & qu'un de fes principaux foins doit eftre de prévenir, ou de diffiper les caballes, dont les plus dangereufes & les plus capables de troubler l'Etat, font celles qui ont pour objet, ou pour prétextes les Matieres de Religion ; nous rapporterons icy les difpofitions de ces Bules, & de ces Ordonnances, qui ont efté faites fur ce fujet important. *

* Ce Titre étoit fous la Preffe, lorfque les dernieres Bulles ont été receuës en France ; c'eft pourquoi l'on a renvoyé à les imprimer avec quelques autres pieces fur le mefme fujet dans une addition à la fin de ce Volume, aprés la Table des Matieres.

Lettres patentes qui ordonnent l'enregiftrement des Bulles de nos SS. PP. les Papes Innocent X. & Alexandre VII. touchant les cinq Propofitions du Livre de Janfenius, regiftrées au Parlement le 29. du mois d'Avril 1664.

LOUIS, par la grace de Dieu, Roy de France & de Navarre : A tous prefens & à venir, Salut. La qualité de Roy Tres-Chreftien, & de Fils Aifné de l'Eglife, & les graces particulieres que Nous avons reçuës de la bonté Divine depuis noftre avenement à la Couronne, Nous engagent d'employer nos foins & noftre autorité pour arrefter le cours de toutes fortes d'opinions nouvelles capables de troubler le repos des confciences, la paix de l'Eglife, & la tranquillité de l'Eftat. Et comme nous avons reconnu que la doctrine enfeignée dans le Livre de Janfenius Evêque d'Ypres, s'eftant répanduë dans noftre Royaume, avoit partagé les efprits ; qu'elle avoit excité beaucoup de troubles & mû diverfes contentions, non feulement dans l'Ecole & parmi les Theologiens, mais même entre les perfonnes de toute forte de condition & de fexe : Nous avons dés les premieres années de noftre Regne tenté toutes fortes de moyens afin d'affoupir ces differens dans leur naiffance, & d'en empêcher le progrés : & comme la chaleur de ces difputes croiffant de jour en jour faifoit connoiftre à tout le monde la neceffité de les terminer, un grand nombre d'Evêques de noftre Royaume ayant prié & invité le Pape d'en prendre connoiffance, & de les décider, & leurs prieres ayant efté appuyées par les offices & les inftances de noftre Ambaffadeur, le Pape Innocent X. aprés avoir entendu refpectivement les parties, condamna par fon Decret en forme de Conftitution cinq propofitions extraites du Livre de Janfenius, comme eftant le précis de fa Doctrine, & les principes qu'il a voulu eftablir dans toute la fuite de fon Ouvrage, & dont il femble avoir entrepris la démonftration. Cette Conftitution ayant efté reçuë avec refpect par tous les Evêques de noftre Royaume, qui la firent publier chacun dans l'étenduë de fon Diocéfe en conformité des ordres que Nous fîmes expedier fur ce fujet ; les Sectateurs de la doctrine de Janfenius, au lieu de fe foûmettre au jugement prononcé par le Chef de l'Eglife, & accepté par les Evêques, rechercherent toutes fortes d'artifices, foit pour en diminuer l'authorité, ou pour en éluder l'execution. Dans ce deffein ils firent diftribuer un écrit, dans lequel expliquant les cinq Propofitions en trois fens differens, ils fouftenoient hardiment que le Pape ne les avoit pas condamnées dans le fens qui leur eft naturel, & felon lequel ils prétendoient les avoir défenduës : mais cette premiere tentative ne leur ayant pas réuffi, tant parce que les plus groffiers en apperçûrent auffi-toft l'illufion, qu'à caufe que le Pape déclara ouvertement qu'il avoit condamné ces Propofitions dans le fens auquel Janfenius les avoit avancées & fouftenuës. Les Autheurs de ces nouveautez ont depuis paffé dans une autre extremité, & ils fe font efforcez par divers écrits de perfuader que les Propofitions condamnées n'ont point efté enfeignées par Janfenius, & qu'elles ne fe trouvent point dans fon Livre ; & quoy que d'abord ils les ayent défenduës avec

chaleur,

chaleur qu'ils ayent entrepris de les faire pasſer pour des veritez orthodoxes, & pour les maximes les plus conſtantes de la doctrine de ſaint Auguſtin ; ils les ont neanmoins depuis déſavoüées
comme des propoſitions fabriquées à plaiſir, & comme des chimeres que l'on auroit ſuppoſées pour
les combatre avec avantage. Par ce procedé ſi peu ſincere, & ſi contraire à la verité, ils ont fait
aſſez voir quel eſt l'eſprit & le caractere de ceux qui pour ſe rendre Chefs de party, & par des
motifs de caballe & de jalouſie ont réſolu de ſe ſignaler en debitant des opinions nouvelles. Et
bien que le Pape Alexandre VII. par une ſeconde Conſtitution confirmative de la premiere, ait
nettement déclaré que les cinq Propoſitions condamnées par ſon Predeceſſeur, eſtoient tirées du
Livre de Janſenius, & condamnées dans le ſens dans lequel cet Autheur les avoit enſeignées ; Que
la Faculté de Theologie ait rendu un Jugement doctrinal conforme à cette definition ; Que les
Evêques de noſtre Royaume aſſemblez par noſtre permiſſion, ayent accepté & approuvé par diverſes déliberations le contenu dans ces deux Conſtitutions ; Que chaque Evêque en particulier en
ait fait faire la publication dans ſon Diocéſe ; & que même pour en faciliter l'execution, & afin
qu'il ne manquaſt rien de tout ce qui peut partir d'une autorité legitime, Nous ayons permis &
ordonné la publication de ces deux Bulles, par nos Lettres Patentes verifiées en noſtre preſence
en noſtre Cour de Parlement de Paris, & depuis enregiſtrées dans nos autres Parlemens : ce concours de Puiſſances Eccleſiaſtique & Seculiere n'a pas eſté ſuffiſant pour réduire les diſciples de
Janſenius à retracter de bonne foy des erreurs que l'Egliſe a réprouvées par un conſentement unanime ; & bien-loin de déferer au Jugement de leurs Superieurs, il a aſſez paru que les déclarations qu'ils ont faites d'accepter les Conſtitutions & de s'y ſoûmettre, n'ont rien eu de ſincere,
& qu'elles ont eſté en effet déſavoüées, & par leurs diſcours & par les écrits qu'ils ont inceſſamment publiez, dans leſquels écrits ils ſe ſont efforcez de perſuader, tantoſt que leur doctrine eſtoit
celle de ſaint Auguſtin, tantoſt que leurs ſentimens eſtoient entierement conformes à ceux de ſaint
Thomas ; & cette opiniaſtreté a paſſé ſi avant, que ſuivant les traces des Hereſiarques des ſiecles
paſſez, ils ont continué d'inſinuer & d'enſeigner en ſecret leur doctrine ; & ils ont qualifié de violence & de perſecution les procedures legitimes & regulieres qui ont eſté tenuës pour, s'il euſt eſté
poſſible, les réduire dans le devoir. Etcomme les moindres étincelles excitées par le ſoufle de
l'ambition & des intereſts particuliers, & cachez du voile de la pieté, & des apparences de ſeverité & de réformation, cauſent ſouvent de grands embraſemens ſi l'on ne les étouffe dans leur
naiſſance ; parce qu'en matiere de Religion il n'y a jamais de contentions ny de partialitez legeres, & dont les ſuites ne puiſſent eſtre funeſtes ; l'experience Nous ayant de plus fait connoiſtre, que tant s'en faut que la voye de douceur & la diſſimulation dont on a uſé juſqu'à preſent,
ait pû ramener les eſprits & produire l'obéïſſance & la retenuë, qu'au contraire ceux qui ſont
attachez à ces opinions ont tiré avantage de ce que la ſouſcription d'un Formulaire arreſté par les
déliberations des Archevêques & Evêques de noſtre Royaume en l'année 1656. n'auroit pas eſté
executée dans tous les Diocéſes, & que ceux qui l'avoient voulu mettre en pratique en avoient
eſté empêchez par des appellations comme d'abus, ſous pretexte que par noſtre Déclaration enregiſtrée au Parlement de Paris, il n'eſtoit fait mention de la ſouſcription d'aucun Formulaire :
Et comme la tolerance d'une Doctrine ſi generalement condamnée pourroit attirer de mauvaiſes ſuites, il eſt d'autant plus neceſſaire de les prévenir, que l'on ne peut douter que ceux qui cherchent de differens prétextes pour ne point ſigner ledit Formulaire, ne contribuent encore à fomenter les diviſions de l'Egliſe, qui pourroient en peu de temps en produire dans l'Eſtat, & qu'ils ne ſoient
du moins fauteurs d'hereſie, en ce qu'ils appuyent par leur reſiſtance une doctrine condamnée par
les Conſtitutions de deux Papes, par les ſuffrages des Evêques, & par l'avis de la Faculté de
Theologie de Paris : outre que le refus de ſigner un Formulaire publié par les Evêques dans leurs
Diocéſes, cette deſobéïſſance ſi formelle & ſi opiniaſtre aux ordres des Puiſſances legitimes, telle
qu'elle paroiſt par les écrits qui ſe débitent tous les jours, eſt une hardieſſe inſupportable, &
une rebellion manifeſte, qui doit eſtre punie ſuivant les Canons dans le For exterieur avec toute la ſeverité que les Loix civiles & canoniques prononcent contre les fauteurs d'heretiques, & contre les perturbateurs du repos public. Sçavoir faiſons, que Nous pour ces cauſes, & autres grandes & importantes conſiderations à ce nous mouvans ; de l'avis de noſtre Conſeil, où eſtoient noſtre tres-honorée Dame & Mere, noſtre tres-cher & tres-amé Frere unique le Duc d'Orleans, noſtre
tres-cher & tres-amé Couſin le Prince de Condé, pluſieurs Princes, Ducs, Pairs, & autres notables perſonnages de noſtredit Conſeil : Et de noſtre certaine ſcience, pleine puiſſance & autorité Royale, avons par ces preſentes ſignées de noſtre main, dit, ſtatué & ordonné, diſons,
ſtatüons & ordonnons, voulons & Nous plaiſt, que les Bulles de nos ſaints Peres les Papes Innocent X. & Alexandre VII. regiſtrées en noſtre Cour de Parlement de Paris, ſoient publiées en
tout noſtre Royaume, Pays, Terres & Seigneuries de noſtre obéïſſance, pour eſtre executées,
gardées & obſervées inviolablement, ſelon leur forme & teneur : Faiſant tres-expreſſes inhibitions
& défenſes à toutes perſonnes de quelque rang, qualité & condition qu'elles ſoient, de contrevenir auſdites Bulles, à peine d'eſtre traitez comme rebelles, deſobéïſſans à nos commandemens, ſeditieux & perturbateurs du repos public. Enjoignons à tous nos Juges reſſortiſſans ſans
moyen en nos Cours de Parlement, de proceder contr'eux, & de les punir des peines portées en
tel cas par nos Ordonnances.

  Et afin de terminer toutes les conteſtations, & faire ceſſer les diviſions qui partagent nos Sujets ſur ces matieres ; & pour concourir par noſtre autorité à établir une entiere uniformité dans
leurs ſentimens à cet égard : Nous avons par ceſdites preſentes, & de la même autorité que deſſus, enjoint & ordonné, enjoignons & ordonnons à tous Eccleſiaſtiques, Seculiers & Reguliers,
de ſigner le Formulaire cy-attaché ſous le contre-ſcel de noſtre Chancellerie, qui leur ſera preſenté par les Archevêques & Evêques, dans les Diocéſes deſquels ils ont fait leur demeure pendant les trois dernieres années, ou dans les Diocéſes deſquels les Benefices dont ils ſont pourvûs
ſe trouveront ſituez : Et ce nonobſtant toutes Exemptions, Privileges, Loix dioceſaines, droits
de Juriſdictions Epiſcopales, ou quaſi Epiſcopales, qui pourroient eſtre prétendus par aucuns
Chapitres, Abbayes, Communautez ſeculieres ou regulieres, ou par aucuns particuliers : Auſquels

Privileges

Privileges & Exemptions , droits de Jurifdictions & de Loix Diocefaines , Nous avons , entant que befoin eſt, ou feroit , dérogé par ces Prefentes , pour ce, regard , comme eſtant ce qui concerne la pureté de la Foy , & la détermination des queſtions doctrinales , particulierement reſervé à la perſonne & au caractere des Evêques , & ne pouvant leur eſtre oſté par aucuns Privileges; & en cas de refus par aucuns Ecclefiaſtiques , Seculiers ou Reguliers, de foufcrire ledit Formulaire; Voulons qu'il foit procedé contre eux par les Evêques , ou par leurs Officiers , fuivant les Conſtitutions Canoniques & les Loix de noſtre Royaume ; nonobſtant tous Privileges , comme auſſi nonobſtant toutes appellations fimples ou comme d'abus , & fans préjudice d'icelles , pour leſquelles ne voulons eſtre differé , comme s'agiſſant de police & de difcipline, dans laquelle les appellations comme d'abus ne doivent avoir aucun effet fufpenſif , aux termes de nos Ordonnances.

Voulons en outre , qu'à fauté d'avoir par leſdits Ecclefiaſtiques , Seculiers ou Reguliers , pourvûs de Benefices , foufcrit ledit Formulaire un mois après la publication qui en aura eſté faite par l'Ordonnance de l'Evêque , ou de fes grands Vicaires , les Benefices , Dignitez , Perſonnats , Offices Seculiers ou Reguliers , même les Clauſtraux & amovibles , & generalement toute forte de Benefices dont ils feront pourvûs , & aufquels ils prétendront droit , demeurent vacans & impetrables de plein droit , fans qu'il foit befoin d'aucune Sentence ny Déclaration judiciaires , & fans qu'ils puiſſent eſtre reſtablis dans leurfdits Offices & Benefices , encore qu'ils vouluſſent poſterieurement figner ledit Formulaire. Et pour cette fin ordonnons , que ceux qui auront eſté pourvûs en leur lieu & place deſdits Benefices , foit par le Collateur ordinaire , foit en Cour de Rome , y foient maintenus. Enjoignons aux Collateurs ordinaires d'y pourvoir incontinent après ledit mois ; & juſqu'à ce qu'il y ait eſté pourvû , voulons que les fruits deſdits Benefices foient faifis à la Requeſte de nos Procureurs Generaux , ou de leurs Subſtituts , & employez au profit des Hôpitaux des lieux.

Et afin qu'à l'avenir nul n'ait rang ou autorité dans l'Eglife , qui puiſſe renouveller ces diviſions , ou troubler l'Eſtat , en adherant à ces nouvelles doctrines : Nous voulons pour la police & la paix de noſtre Royaume , qu'aucune perſonne ne puiſſe eſtre cy-après pourvûë de quelque Benefice que ce foit , Seculier ou Regulier , qu'il n'ait auparavant foufcrit ledit Formulaire en perſonne , entre les mains du Lieutenant General , ou en fon abſence , du plus ancien Officier du Bailliage ou Senéchauffée plus proche du lieu de fa demeure ; de laquelle foufcription acte luy-fera expedié en bonne forme par le Greffier d'iceluy , dont la minute demeurera au Greffe.

Ce que nous voulons eſtre pareillement obſervé par ceux qui feront dorénavant promûs à l'Ordre de Soûdiaconat , un mois après avoir reçû ledit Ordre ; à faute de quoy nous les declarons incapables de tenir ou poſſeder aucuns Benefices , tant feculiers que reguliers , de quelque nature & condition qu'ils foient : Declarans nulles & de nul effet toutes Bulles , proviſions ou nominations qu'ils pourroient obtenir , quand bien même ils foufcriront ledit Formulaire après ledit tems expiré ; ce que nous entendons avoir lieu feulement à l'égard de ceux qui n'auront pas foufcrit ledit Formulaire , par l'ordre de leur Evêque ; ou de fes Grands Vicaires.

Voulons & entendons que le même foit obſervé tant pour les Evêchez , Abbayes , & autres Benefices eſtant à noſtre nomination , que pour ceux qui font à la collation des Evêques , ou en Patronage Laïque ou Ecclefiaſtique , foit que leſdits Benefices foient vacans , & conferez par mort, reſignation , permutation , ou en quelque autre maniere que ce foit : Ce faiſant , déclarons dés à prefent nulles & de nul effet les proviſions , Bulles & nominations qui pourroient eſtre fubrepticement obtenuës ou des Collateurs ordinaires , ou en Cour de Rome , par ceux qui n'auront pas foufcrit ledit Formulaire.

Ordonnons auſſi que ceux qui prendront à l'avenir les Degrez dans les Univerſitez de noſtre Royaume , ou qui feront élûs aux Charges , Principalitez , & Regences deſdites Univerſitez, ou des Colleges en dépendans , figneront ledit Formulaire entre les mains du Greffier de chaque Univerſité , ou de la Faculté en laquelle il prendra fes Degrez auparavant que de prendre aucun deſdits Degrez ; à peine de nullité deſdits Degrez , nominations , & autres graces qui pourroient eſtre accordées en conſequence , & de privation deſdites Charges & Regences , & que tous ceux qui font prefentement dans leſdits Degrez ou dans leſdites Charges deſdites Univerſitez & Colleges , foufcriront ledit Formulaire entre les mains dudit Greffier , un mois après la publication des prefentes fous les mêmes peines.

Voulons de plus & ordonnons que tous ceux generalement qui feront reçûs à faire profeſſion à l'avenir dans les Monafteres de noſtre Royaume , ayent à foufcrire ledit Formulaire , & que ladite foufcription foit inferée dans l'acte de leur profeſſion , à peine aux Superieurs d'en répondre en leurs propres & privez noms , & de defobéïſſance.

Voulons pareillement que ceux qui feront cy-après élûs ou nommez pour exercer aucunes Charges ou Offices dans les Monafteres , faſſent ladite foufcription , à peine de nullité de toutes Elections & nominations qui pourroient eſtre faites de leurs perſonnes , en quelque maniere que puiſſe eſtre.

Et dautant que le Livre de Janfenius , intitulé *Auguſtinus* , a donné lieu aux derniers troubles & conteſtations des Catholiques , & aux nouvelles diviſions de l'Eglife , aufquelles nous avons refolu d'apporter le remede qui dépend de noſtre autorité ; Nous avons fait & faifons tres-expreſſes inhibitions & défenſes à tous nos Sujets , de quelque qualité & condition qu'ils foient , de vendre ou debiter ledit Livre , ny même de le garder , fans la permiſſion de l'Evêque , ou de fes Grands Vicaires ; enjoignant à tous Imprimeurs & Libraires , qui en ont prefentement , de les porter ou faire porter dans quinzaine après la publication des Prefentes , au Greffe de l'Archevêché de Paris , ou és Greffes des Bailliages & Senéchauffées , dans le reſſort defquels ils font leur demeure; à peine de punition.

Mais parce que cette diviſion qui avoit commencé à l'occaſion dudit Livre de Janfenius , a beaucoup augmenté par la liberté effrenée que pluſieurs fe font donnée d'écrire , compofer , publier ,

& debiter divers libelles contre les Bulles des Papes Innocent X. & Alexandre VII. contre les Déliberations des Evêques & les Censures de la Faculté de Theologie, & principalement contre le Formulaire dreſſé pour eſtablir la paix dans l'Egliſe, & l'uniformité dans les ſentimens ; afin d'empêcher ce deſordre, Nous avons fait & faiſons par ceſdites Preſentes, tres-expreſſes inhibitions & défenſes à tous nos Sujets, de quelque qualité & condition qu'ils ſoient, d'écrire ou compoſer, imprimer, vendre ou debiter, directement ou indirectement, ſous quelque nom ou titre que ce puiſſe eſtre, aucun Ouvrage, Lettres, ou Ecrits, tendans à favoriſer, ſouſtenir, ou renouveller en quelque maniere que ce ſoit, la doctrine condamnée de Janſenius, ou à contredire ledit Formulaire, ſous peine d'eſtre traitez comme fauteurs d'hereſie, & comme perturbateurs du repos public : Voulons que ceux qui ont écrit, enſeigné, ou prêché aucune choſe contraire auſdites Bulles & Formulaire, ſoient tenus en ſignant ledit Formulaire, de ſe retracter, dont ſera fait mention dans l'acte qui ſera expedié de leur ſouſcription. N'entendans au ſurplus par ces Preſentes, déroger à ce qui a eſté fait par la Faculté de Theologie de Paris, contre ceux qui ont refuſé de ſigner la Cenſure de ſadite Faculté du 1. jour de Fevrier 1656. ny aux Arreſts rendus en noſtre Conſeil, contre aucuns des Chanoines du Chapitre de Beauvais les 21. Juillet & 2. Octobre 1659. que nous voulons eſtre executez ſelon leur forme & teneur.

Si donnons en mandement à nos amez & feaux les Gens tenans noſtre Cour de Parlement de Paris, que ces Preſentes ils ayent à faire lire, publier & enregiſtrer avec ledit Formulaire, & le contenu en icelles faire garder & obſerver en ce qui dépendra de l'autorité de noſtredite Cour en toute l'étenduë de ſon reſſort, ſans ſouffrir qu'il y ſoit contrevenu en aucune maniere : Car tel eſt noſtre plaiſir. Et afin que ce ſoit choſe ferme & ſtable à toujours, Nous avons fait mettre noſtre ſcel à ceſdites Preſentes, ſauf en autres choſes noſtre droit, & l'autruy en toutes. Donne' à Paris au mois d'Avril l'an de grace 1664. & de noſtre Regne le vingt-deuxiéme. Signé, LOUIS ; Et plus bas, par le Roy, De Guenegaud.

Formulaire deliberé & dreſſé par l'Aſſemblée generale du Clergé de France le 17. Mars 1657. eſtant ſous le contreſcel du preſent Edit.

Je me ſoumets ſincerement à la Conſtitution du Pape Innocent X. du 31. May 1653. ſelon ſon veritable ſens, qui a eſté determiné par la Conſtitution de noſtre ſaint Pere le Pape Alexandre VII. du 16. Octobre 1656. Je reconnois que je ſuis obligé en conſcience d'obéir à ces Conſtitutions, & je condamne de cœur & de bouche la Doctrine des cinq Propoſitions de Cornelius Janſenius, contenuës dans ſon Livre intitulé Auguſtinus, que ces deux Papes & les Evêques ont condamnées ; laquelle Doctrine n'eſt point celle de ſaint Auguſtin, que Janſenius a mal expliqué contre le vray ſens de ce ſaint Docteur.

Le Formulaire fut ſigné par la plus grande partie du Clergé, le calme fut enſuite rendu à l'Egliſe, & pour l'y maintenir, le Roy y joignit

ſon autorité par un Arreſt du 23. Octobre 1668. Voicy ce qu'il contient.

23. Octobre 1668. Arreſt pour la pacification des troubles cauſez dans l'Egliſe, au ſujet du Livre de Janſenius.

LE Roy ayant eſté informé par le Bref que Noſtre Saint Pere le Pape a écrit à Sa Majeſté, du vingt-huitiéme du mois de Septembre dernier, & par la vive voix du ſieur Archevêque de Thebes, ſon Nonce Ordinaire auprés d'Elle ; Que Sa Sainteté eſt demeurée pleinement ſatisfaite de l'obéïſſance que les ſieurs Evêques d'Alet, de Pamiers, d'Angers & de Beauvais ont renduë aux Conſtitutions des Papes Innocent X. & Alexandre VII. du 31. du mois de May 1653. & 16. Octobre 1656. tant par la ſignature ſincere qu'eux-mêmes ont fait, & qu'ils ont ordonné dans la convocation de leurs Synodes à tous les Eccleſiaſtiques de leurs Dioceſes, du Formulaire de Foy inſeré dans la Conſtitution du même Pape Alexandre VII. du quinziéme Fevrier 1665. que par les Lettres que leſdits Sieurs Evêques ont écrites, au même mois de Septembre dernier, à Sa Sainteté, pour l'aſſeurer de leur ſoumiſſion auſdites Conſtitutions, & qui ont porté Sa Sainteté à vouloir bien oublier tout ce qui s'eſt paſſé juſques icy pendant les dernieres conteſtations : Comme auſſi ledit Sieur Nonce ayant témoigné à Sa Majeſté que noſtredit Saint Pere deſiroit inſtamment de ſa pieté & de ſon zele accouſtumé pour le bien de la Religion, la Paix de l'Egliſe, & le maintien de l'union entre tous les Fideles, que Sadite Majeſté euſt agreable d'employer fortement ſon autorité Royale, pour empêcher que ces mêmes conteſtations qui ont agité l'Egliſe de France, depuis quelques années, à l'occaſion de la condamnation du Livre de Janſenius, intitulé *Auguſtinus*, ne puiſſent ſe renouveller en quelque maniere que ce ſoit. Sa Majeſté voulant y pourvoir, & ſeconder les ſaintes & pieuſes intentions de Noſtre Saint Pere, & donner moyen à l'Egliſe de profiter avantageuſement de la Paix que Sa Sainteté a eu la bonté d'y reſtablir : LE ROY ESTANT EN SON CONSEIL a ordonné & ordonne, que leſdites Bulles & Conſtitutions cy-deſſus énoncées, continueront d'eſtre inviolablement obſervées & executées dans toute l'eſtenduë de ſon Royaume, Païs, Terres & Seigneuries de ſon obeïſſance : Exhorte, & neanmoins enjoint à tous les Archevêques & Evêques de ſondit Royaume d'y veiller, & tenir ſoigneuſement la main. Ordonne que les contraventions & inexecutions faites auſdites Conſtitutions, & à la Déclaration de Sa Majeſté du mois d'Avril 1665. demeureront comme non advenuës, ſans qu'elles puiſſent eſtre jamais renouvellées par qui que ce ſoit, & ſous quelque pretexte que ce puiſſe eſtre. A fait & fait inhibitions & défenſes à tous ſes Sujets, de s'attaquer ny provoquer les uns les autres, ſous couleur de ce qui s'eſt paſſé, uſant des termes d'*Heretiques*, *Janſeniſtes*, & *Semipelagiens*, ou de quelqu'autre nom de party ; ny même d'écrire & publier des Libelles ſur leſdites matieres conteſtées, ny de bleſſer par des termes injurieux la reputation d'aucun de ceux qui auront ſouſcrit ledit Formulaire de Foy par les ordres de leurs Archevêques & Evêques ; à peine de punition exemplaire. Et ſera le preſent Arreſt executé, nonobſtant oppoſitions ou appellations quelconques, dont ſi aucunes interviennent, Sa Majeſté s'eſt reſervé la connoiſſance, & à ſon Conſeil, & icelle interdite

dite à toutes ses Cours & Juges. Fait au Conseil d'Estat du Roy, Sa Majesté y estant, tenu à S. Germain en Laye, le 23. Octobre 1668. Signé, DE LYONNE.

Cette affaire fut enfin consommée par un Bref que le Pape addressa à quelques Evêques de France, daté du dix-neuviéme Janvier 1669. où il leur témoigne la satisfaction que luy avoit donné leur souscription au Formulaire, & le soin qu'ils avoient pris de restablir la paix de l'Eglise.

Au mois de Decembre 1702. il parut encore quelques écrits, qui tendoient à renouveller les mêmes questions : le grand Prelat qui remplit à present le premier Siege du Royaume, en prévint les suites par une Ordonnance du 22. Fevrier 1703. & le Roy par la sage & judicieuse disposition de son Arrest du cinquiéme Mars de la même année, y ajousta ce qui dépend de son autorité Royale. L'une & l'autre de ces pieces sont trop importantes pour n'en donner que des extraits ; les voicy dans leur entier.

22. Fevrier 1703. Ordonnance de son Eminence Monseigneur le Cardinal de Noailles, Archevêque de Paris : Portant condamnation d'un Imprimé intitulé, Cas de conscience proposé par un Confesseur de Province, touchât un Ecclesiastique, qui est sous sa conduite, & resolu par plusieurs Docteurs de la Faculté de Theologie de Paris.

LOUIS ANTOINE DE NOAILLES, par la permission divine, Cardinal Prestre de la sainte Eglise Romaine, du titre de sainte Marie sur la Minerve, Archevêque de Paris, Duc de saint Cloud, Pair de France, Commandeur de l'Ordre du saint Esprit : A tous les Fideles de nostre Diocese, SALUT ET BENEDICTION. Nous n'avons rien en plus à cœur, depuis que Nous avons esté appelez au Ministere redoutable dont Nous sommes chargez, que de conserver la paix & l'édification parmy les Fideles soumis à nostre conduite ; persuadez que l'avis du saint Apostre, que c'est un de nos plus importans devoirs. *Qua ergo pacis sunt sectemur, & qua ædificationis in invicem custodiamus.* Appliquons-nous donc à rechercher ce qui peut entretenir la paix parmy nous, & nous édifier les uns les autres. Nous avons employé tous nos soins pour éloigner les contestations capables d'alterer la paix. Les Ordonnances & les Instructions que Nous avons faites pour soutenir la saine doctrine, n'ont respiré que la charité & la paix. Cependant malgré nostre attention & toutes nos précautions, Nous l'avons vûë avec une sensible douleur, troublée par la résolution d'un Cas de conscience, signée par quarante Docteurs de la Faculté de Paris, qui paroissoit renouveller les fâcheuses disputes, qui ont affligé l'Eglise si long-tems. **Rom.14. 10.**

Mais autant que Nous avons eu de douleur de ce nouvel orage dont Nous estions menacez, autant avons-Nous presenté de consolation par la soumission de ces Docteurs à nostre décision. Ils nous ont donné des actes authentiques par des requestes en forme, dans lesquelles ils soumettent leur avis particulier à nostre jugement. Quelques-uns même nous ont expliqué leur sentiment d'une maniere, qui ne nous laisse aucun doute de la pureté de leur doctrine, & de leur parfaite soumission aux décisions de l'Eglise.

Pour satisfaire donc à ce qu'exige de Nous en cette occasion nostre ministere, aussi-bien que la soumission des Docteurs, après une meure deliberation, LE SAINT NOM DE DIEU INVOQUE, Nous condamnons la resolution dudit cas de conscience & son exposé, comme estant dans son premier article (où le consultant, *après avoir signé le Formulaire purement & sans restriction, dit qu'il croit qu'il luy suffit d'avoir une soumission de respect & de silence, pour ce que l'Eglise a décidé en faveur de Jansenius*) contraire aux Constitutions d'Innocent XI & d'Alexandre VII. aux Brefs d'Innocent XII. reçûs par l'Assemblée generale du Clergé de France en 1700. qui sont le dernier estat de l'affaire, & à nostre Ordonnance du vingt d'Aoust 1696. comme tendant à renouveller les questions décidées, favorisant la pratique des équivoques, des restrictions mentales, & même des parjures ; dérogeant à l'autorité de l'Eglise, & affoiblissant la soumission qui luy est dûë : Et à l'égard de quelques autres articles exprimez en termes captieux, Nous les condamnons comme contenant des contradictions, plusieurs expressions reprehensibles, & quelques-unes même injurieuses au Saint Siege. Et en consequence, Nous défendons sous les peines de droit, la lecture dudit cas.

Le moyen de décider seurement les cas de conscience, sera toujours de s'attacher fortement aux décisions de l'Eglise, & de luy rendre une obéïssance parfaite : C'est à quoy nous exhortons tous les Docteurs, & tous les Fideles de nostre Diocese. On ne peut s'égarer avec un tel guide, & on doit tout craindre sous une autre conduite. Pourquoy donc tant disputer avec l'Eglise, tant contester sur la soumission qui luy est dûë, & luy demander toujours une revelation, ou une évidence certaine pour garant de la justice de ses décisions ? Pourquoy mettre des bornes si estroites à un devoir si juste, & si heureux pour ceux qui le pratiquent ? Quelque lumiere que l'on ait, il est certain que celles de l'Eglise sont toujours au dessus de celles des particuliers, & qu'il n'y a que cette science qui enfle, qui puisse faire croire qu'on voit mieux qu'elle. Que les sçavans s'y soumettent donc aussi-bien que les ignorans, & qu'ils employent leur doctrine à faire respecter son autorité, & obéïr à ses Loix.

Ils sçavent que ce n'est pas seulement dans ces derniers siecles, qu'elle a obligé de souscrire à la condamnation des Auteurs & de leurs écrits, comme à celle de leurs erreurs. Cette obligation est tellement reconnuë dans le Concile de Chalcedoine, qu'on y voit les Evêques, même ceux des premiers Sieges, souscrire à ce qui avoit esté décidé sur la condamnation d'un Patriarche auquel ils estoient liez, & le faire dans des termes, qui marquent qu'ils se croyoient obligez, non pas à un simple silence ; mais à une obéïssance veritable, & à une soumission interieure de leur jugement à celuy du Concile. *Obtemperans sententiæ Sanctissimorum Episcoporum consentiens subscripsi. . . . Cognoscens discussionem sanctorum Patrum, & cùm sequi debeam eorum judicium subscripsi.* Paroles qui expriment toutes, consentement & approbation. **Act. 3. Conc. tom. 2. p. 458. & 459.**

Nous conjurons tous les Docteurs de nostre Diocese, nous leur recommandons, & nous leur ordonnons même, de nous renvoyer à l'avenir les cas extraordinaires & importans, qui pourront interesser, comme celuy-cy, la paix de l'Eglise. Les Evêques sont par office & par caractere les premiers Casuistes de leur Diocese. C'est à leur décision qu'on doit avoir recours sur les cas extraordinaires de doctrine, encore plus que sur ceux de discipline, sur lesquels les Canons & tous les Rituels anciens & nouveaux veulent qu'on les consulte, &

R r iij qu'on

qu'on reçoive leur décision. C'est une grande consolation pour eux d'avoir des Prestres sçavans, qui puissent les aider par leurs lumieres à décider selon les regles de la justice & de la verité; & conduire sous leur autorité les ames dont ils sont les premiers Pasteurs.

Nous avons cet avantage autant, & peut-estre plus qu'aucun Evêque du monde; puisque nous avons dans nostre Clergé cette celebre Faculté de Theologie, si connuë & si estimée depuis tant de siecles dans l'Eglise, & tant d'autres Prestres seculiers & reguliers d'une science & d'une vertu consommée. Nous goustons cet avantage avec une joye & une reconnoissance sensible.

Mais quelque confiance que nous ayons aux lumieres de tant d'habiles gens, nous ne pouvons leur abandonner la décision des affaires importantes & difficiles, que nous devons regarder comme une fonction essentielle de l'Episcopat. Nous meriterions le reproche que faisoit autrefois un saint & grand Pape à des Evêques de France, qui laissoient enseigner & décider des Prestres sur des matieres délicates & importantes. *Que faites-vous dans l'Eglise*, leur disoit-il, *si vous leur laissez la principale part aux décisions?*

Cœlest. ad Gall. Episcop.

Pour remplir toute justice & défendre la charité aussi-bien que la verité, Nous devons témoigner nostre juste indignation contre les Libelles pleins d'aigreur & d'amertume, qui ont esté répandus dans le monde contre ceux qui ont signé ce Cas. Ce n'est pas sans doute un fruit de cette sagesse qui vient d'en haut; qui est selon le portrait que nous en fait saint Jacques, *amie de la paix*, *& moderée; équitable, docile, unie avec les bons, pleine de misericorde, & des fruits de bonnes œuvres, point défiante ny dissimulée.* C'est plutost l'ouvrage d'une *sagesse terrestre, &c.* selon les termes du même Apôtre. On n'y voit pas cette haine parfaite dont le Prophete dit qu'il haïssoit les pecheurs, c'est-à-dire, cette haine qui n'exclut point la charité, qui n'en veut qu'aux erreurs & point aux errans, qui ménage les personnes sans épargner leur mauvaise doctrine. Ainsi nous condamnons encore ces libelles comme injurieux, scandaleux, calomnieux, & détruisans entierement la charité, & nous en défendons expressément la lecture.

Jac. ep. 3. 15. 17.

Au surplus, nous exhortons tous les Theologiens de nostre Diocese à la paix, & les conjurons par les entrailles de JESUS-CHRIST, d'éviter toutes les contentions & les disputes qui pourroient la détruire. Une guerre spirituelle jointe à la guerre temporelle, dont il plaist à Dieu de nous affliger en punition de nos pechez, seroit le comble des malheurs.

Nous loüons autant que nous devons le zele contre les doctrines dangereuses: Mais s'il n'est selon la science & la charité, nous dirons comme saint Paul, quoy qu'indignes d'emprunter les paroles de ce grand Apostre, *Que vous diray-je sur cela? vous loüeray-je? Non je ne vous loüe point.* Quelque loüable que soit ce zele en luy-même, il déplaist à Dieu, & devient à charge à l'Eglise, quand il n'est pas conduit avec la prudence & la charité necessaires, puisqu'il faut, selon les termes du même Apostre, *pratiquer la vertu par la charité.*

1. Cor. 11. 21.

Eph. 4. 15.

S'il est vray, selon la maxime de Tertullien, que dans les combats qu'il faut livrer à l'esprit de mensonge pour défendre la verité, *tout homme soit soldat: omnis homo miles*; il n'est pas vray que tout homme soit Chef. L'Eglise de JESUS-CHRIST est *une armée rangée en bataille*, elle a ses Generaux & ses Officiers subalternes; & c'est par l'ordre & la subordination qu'il a establie luy-même entr'eux, qu'elle est *terrible à ses ennemis.* Ce seroit l'affoiblir que de donner atteinte à cette subordination.

Tertull. Apologet. c. 2.

Cant. 6. 3.

Qu'on vienne donc à nous quand elle sera attaquée par quelque erreur, qu'on nous en avertisse, qu'on nous la dénonce, avant que d'en instruire le Public. Nous connoissons nostre devoir, nous en sentons l'importance, & nous nous confions au Seigneur, qu'il nous donnera la force necessaire pour nous opposer à toutes les erreurs. Ceux qui n'auront que la verité & le bien de l'Eglise en vûë garderont sans peine cet ordre, qu'elle a fait observer dans tous les tems. Nous recommandons qu'on le suive exactement, nous l'ordonnons sous peine de desobéïssance, à toutes les personnes soumises à nostre autorité.

Et en confirmant dans tous ses points nostre Ordonnance renduë dés la premiere année que nous avons esté chargez du gouvernement de ce Diocese: Nous déclarons de nouveau que nous nous opposerons aussi fortement que nous le devons à tous ceux qui auront la temerité de renouveller la doctrine des cinq propositions, de parler ou d'écrire directement ou indirectement contre les Constitutions des Papes, & d'y donner la moindre atteinte.

Nous renouvellons aussi les défenses de se servir de cette accusation vague & odieuse de Jansénisme, pour décrier personne, s'il n'est constant par voye legitime, qu'il soit suspect d'avoir enseigné de vive voix, ou par écrit des propositions condamnées, ainsi qu'il est ordonné par le premier Bref d'Innocent XII. aux Evêques de Flandre du 6. Fevrier 1694. & par la Censure & Déclaration de l'Assemblée Generale du Clergé de France en 1700. SI MANDONS aux Officiers de nostre Cour d'Eglise, de tenir la main à l'execution de nostre presente Ordonnance, de la faire afficher aux portes des Eglises de cette Ville & Faux-bourgs, & par-tout ailleurs où besoin sera. DONNE' à Paris en nostre Palais Archiepiscopal le vingt-deuxième jour de Fevrier mil sept cens trois.

† *Signé,* LOUIS ANTOINE CARDINAL DE NOAILLES, ARCHEVESQUE DE PARIS. *Et plus bas,*

Par son Eminence,
CHEVALIER.

LE ROY

5. Mars
1703. Arreſt
pour rétablir
la paix dans
l'Egliſe, qui
avoit eſté
troublée par
de nouveaux
écrits tou-
chant les
Queſtions ſur
la Grace, ti-
rées du Livre
de Janſenius.

LE Roy s'eſtant fait repreſenter les Bulles des Papes Innocent X. & Alexandre VII. des 31. May 1653. 16. Octobre 1656. & 15. Février 1665. portant condamnation des cinq Propoſitions tirées du Livre de Cornelius Janſenius, intitulé *Auguſtinus*. La deliberation de l'Aſſemblée generale du Clergé du 1. Février 1661. & l'Arreſt du Conſeil d'Eſtat du 3. Avril de la même année, rendu en conſequence: Les Lettres Patentes en forme d'Edit du mois d'Avril 1664. par leſquelles Sa Majeſté auroit encore ordonné que les ſuſdites Bulles d'Innocent X. & Alexandre VII. ſeroient publiées dans tout le Royaume, pour eſtre executées, gardées & obſervées ſelon leur forme & teneur, ſous les peines y contenues : Autre Déclaration de Sa Majeſté du mois d'Aouſt 1665. qui confirme les diſpoſitions precedentes. Le Bref de Clement IX. du 22. Septembre 1668. par lequel ce Pape conjure Sa Majeſté, s'il reſtoit quelque choſe à achever ſur cette affaire, d'employer ſon autorité Royale, pour mettre la derniere main à un ſi grand ouvrage : L'Arreſt du Conſeil d'Eſtat du 23. Octobre de la même année 1668. par lequel Sa Majeſté deſirant ſeconder les ſaintes & pieuſes intentions du S. Pere, or-donne que les Bulles & Conſtitutions ſus énoncées continueroient d'eſtre inviolablement execu-tées en toute l'eſtenduë de ſon Royaume : Et Sa Majeſté ayant eſté informée, que depuis & au préjudice de cet Arreſt, & des déclarations & des diſpoſitions qui l'ont précedé, quelques eſprits inquiets, broüillons & ennemis de la paix, avoient compoſé & diſtribué divers ouvrages, ſans nom d'Auteur ny de Libraire ; & qu'encore actuellement il ſe répandoit dans le Diſceſe de Paris, & dans pluſieurs autres du Royaume un imprimé qui a pour titre, *Cas de Conſcience propoſé par un Confeſſeur de Province*, reſolu par pluſieurs Docteurs de la Faculté de Theologie de Paris, à la teſte duquel eſt une Lettre anonyme, & à la fin le nom de quarante Docteurs que l'on prétend l'avoir ſigné ; ce qui auroit donné lieu à pluſieurs autres libelles, tant imprimez que non impri-mez ; les uns, pour combattre & détruire la ſignature de ce cas ; les autres, pour la défendre & la ſouftenir, capables de renouveller les conteſtations fâcheuſes, dont l'Egliſe a eſté ſi ſouvent agitée, & qui ont eſté ſi ſagement & ſi heureuſement terminées par les Bulles, Conſtitutions, Edits, Déclarations & Arreſts cy-deſſus mentionnez, & notamment par l'Arreſt de 1668. Sa Ma-jeſté s'eſt auſſi fait repreſenter l'Ordonnance du Sieur Cardinal de Noailles Archevêque de Paris du 22. Février dernier, par lequel il condamne ledit Cas de Conſcience & les Libelles qui l'ont ſuivy, & en défend la lecture : & Sa Majeſté croyant neceſſaire de pourvoir à ces déreglemens, & d'y apporter un remede promt & efficace, afin d'empêcher les fâcheuſes ſuites que pourroient avoir de pareilles diſſentions, toujours dangereuſes & contraires au bon ordre, auſſi-bien qu'au repos des conſciences & à la tranquillité publique : SA MAJESTE ESTANT EN SON CONSEIL, conformément auſdites Bulles & Brefs des Papes Innocent X. Alexandre VII. & Clement IX. aux Edits, Déclarations & Arreſts rendus en conſequence, notamment à celuy du 23. Octobre 1668. a ordonné & ordonne que tous les Livres, Ecrits & Libelles generalement quelconques qui auront eſté publiez de part & d'autre, pour renouveller les conteſtations cy-devant aſſoupies, ſeront ſup-primez. Fait Sa Majeſté iteratives inhibitions & défenſes à tous ſes Sujets de quelque eſtat, qua-lité & condition qu'ils ſoient, d'écrire & compoſer, imprimer, vendre ou debiter directement ny indirectement, ſous quelque nom ou titre que ce ſoit, aucun deſdits Ouvrages ſur les matieres contentieuſes dont il s'agit, au ſujet du Livre de Janſenius, ou qui pourront y avoir quelque rapport, ny de s'attaquer ou provoquer les uns les autres par des termes injurieux, de Novateurs, Heretiques, Janſeniſtes, Semi-Pelagiens, ou autres noms de party, à peine contre les contreve-nans d'eſtre traitez comme rebelles, deſobéïſſans aux ordres de Sa Majeſté, ſeditieux & perturba-teurs du repos public : Exhorte & neanmoins enjoint Sa Majeſté à tous les Archevêques & Evê-ques de veiller chacun dans leur Dioceſe, à ce que la paix cy-devant procurée par leſdites Bulles, Déclarations & Arreſts, ſoit charitablement & inviolablement maintenuë & conſervée, & que les troubles heureuſement aſſoupis ne puiſſent plus eſtre renouvellez. Enjoint Sa Majeſté à tous les Juges (chacun en droit ſoy) de tenir la main à l'execution du contenu au preſent Arreſt, & de punir les contrevenans de quelque qualité & condition qu'ils ſoient, ſuivant la rigueur des Or-donnances : Comme auſſi au Lieutenant General de Police de Paris, & à tous ceux des autres Sie-ges, de faire une exacte recherche deſdits Imprimez pour les faire ſupprimer, & de rendre compte à Monſieur le Chancellier des diligences que chacun d'eux aura faites en conſequence du preſent Arreſt, lequel ſera executé nonobſtant oppoſitions ou autres empêchemens quelconques ; dont ſi aucunes interviennent, Sa Majeſté s'en eſt reſervé la connoiſſance & à ſon Conſeil, & icelle in-terdite à toutes ſes Cours & Juges. Fait au Conſeil d'Eſtat du Roy, Sa Majeſté y eſtant, tenu à Verſailles le cinquiéme jour de Mars mil ſept cens trois. Signé, PHELYPEAUX.

TITRE VII.

Du respect dû aux Eglises.

CE que nous avons vû jusques-icy touchant la Religion regarde la Foy en tout ou en partie. Et c'est delà que tire son origine le nom d'Infideles que l'on a donné aux Prévaricateurs. Ce qui nous reste à parcourir a pour objet le culte Divin, la discipline & les mœurs ; trois choses qui demandent de la pieté, de la regularité & de la droiture. D'où vient que ceux qui s'en écartent sont nommez impies ou libertins.

Le culte exterieur que nous rendons à Dieu, & qui est le seul dont il s'agit, selon nostre objet, consiste principalement dans l'observation des lieux, des temps & des ceremonies.

Quoique tout le monde soit au Seigneur, qu'il remplisse le Ciel & la terre, que sa Sagesse s'estende avec force & avec douceur d'un bout de l'Univers à l'autre ; qu'il n'y ait point d'endroit où sa Providence ne veille, où sa Puissance n'agisse, où ses graces ne puissent descendre, d'où nos prieres ne puissent monter, & qu'il soit juste consequemment que nostre ame le benisse par tout : il est neanmoins certain, que pour s'accommoder à nostre foiblesse, & à nos besoins, il s'est choisi des lieux consacrez à son Nom, où il habite d'une maniere plus particuliere, pour y manifester la grandeur de la Majesté, y répandre ses graces, & y recevoir nos vœux, nos adorations & nos sacrifices.

Deuteron. 12. v. 13. 14. » Gardez-vous, disoit la Loy, d'offrir par » tout indifferemment vos holocaustes, mais » seulement dans le lieu que le Seigneur vostre » Dieu a destiné, où il met son nom, où il a » establi sa demeure.

Ce ne furent d'abord que des Autels qui luy furent élevez en pleine campagne, par les anciens Patriarches, dans les lieux où sa Gloire leur avoit apparu, ou pour actions de graces de quelqu'un de ces grands évenemens qu'ils tenoient de sa divine protection, & qui distinguoient si fort leur Nation de toutes les autres.

Exod. 25. v. 8. cap. 29 & 30. passim. Moyse fut le premier qui dressa un Tabernacle au Seigneur, pour luy offrir des sacrifices. Dieu même luy en donna l'ordre, & luy en dressa le plan & le dessein. L'Ecriture nous en apprend la regularité & la magnificence, la dignité de ses Ministres, l'ordre & la sainteté de *S. Aug. de civit. Dei, lib. 15. cap. 20.* les Ceremonies. Ce n'estoit encore neanmoins qu'un Temple portatif ; l'estat de voyageurs où estoient alors les Israëlites, ne leur permettoit pas d'en avoir un autre.

Reg. 1. 2. c. 7. Lors qu'ils furent passez dans la Terre promise, & qu'ils l'eurent partagée entr'eux, l'Arche du Seigneur demeura encore prés de quatre cens ans sous des tentes, ou dans des maisons particulieres. David s'en fit enfin un scrupule. Il eut quelque sorte de pudeur d'estre logé dans un Palais magnifique de cedre, pendant que ce depost le plus saint & le plus précieux de la Religion n'avoit pour couverture que des peaux de bestes. C'est ainsi qu'il s'en expliqua au Prophete Nathan, & du dessein qu'il avoit de faire bastir un Temple au Seigneur. Le Prophete approuva d'abord cette sainte resolution ; mais la

nuit suivante Dieu luy fit entendre que cet honneur estoit reservé au fils qui naistroit de David, & dont le Regne seroit affermi par la paix. Le Prophete en avertit ce Prince, suivant l'ordre que Dieu luy en avoit donné. Ainsi le premier Temple élevé au Seigneur fut basti par *Reg. 3. t. 6. 7. & 8.* Salomon l'an du monde 3000. selon le calcul des Hebreux, ou 4915. selon les Septante, la quatriéme année de son Regne, quatre cens ans aprés le partage de la Terre-Sainte, & mil quatre cens ans avant la naissance du Sauveur du Monde.

Il n'y avoit que ce seul Temple du veritable Dieu dans toute la Terre ; & il estoit expressément défendu aux Juifs d'offrir des sacrifices au Seigneur en aucun autre lieu. Cette unité leur marquoit d'une part celle du Dieu qu'ils adoroient ; & de l'autre, l'intime union qui devoit estre entre ses veritables adorateurs.

Tous ces sacrifices cesserent d'estre agréables à Dieu, & le culte de la veritable Religion au moment de la mort du Sauveur du Monde. Les premiers Chrestiens, dont la societé se forma le jour de la Pentecoste, commencerent à l'adorer en esprit & en verité. Les persecutions qu'ils eurent à supporter pendant prés de trois siecles, ne leur permirent pas d'avoir des Temples, excepté en quelques endroits, mais bien rares. Ils s'assembloient dans des lieux éloignez du tumulte & du commerce du monde, pour offrir à Dieu leurs prieres, pour celebrer les saints Mysteres, & pour se consoler mutuellement. Ils se servoient quelquefois pour cela de leurs maisons ; & souvent, pour éviter la persecution, ils s'assembloient dans des caves, dans des cavernes, ou d'autres semblables lieux.

Ils nommerent leur societé, Eglise, du Grec Εκκλησία, Assemblée ou Congregation. Ce fut *Amalaric. lib. 3. de Eccl. Off.* sous ce nom que tous les Chrestiens furent compris, comme ne faisant tous ensemble qu'un me-*cap. 1.* *Cyril. Alex. Epist. ad Syn. Carthagin.* me corps dont JESUS-CHRIST est le Chef. Ainsi comme le Temple de Jerusalem estoit unique, l'Eglise, dont il n'avoit esté que la figure, selon les Peres, fut aussi, & sera toujours universelle, ou selon l'expression Grecque, Καθολίκη, Catholique.

Ce nom de la Societé des Chrestiens passa bientost par *Metonymie* aux lieux où se tenoient leurs assemblées. Ainsi le nom d'Eglise devint équivo-*S. Aug. Epist.* que, signifiant également la congregation des *157. & in Le-* Fideles & les lieux où ils s'assembloient. Peut-*vit. l. 3 quæst.* estre en userent-ils de la sorte pour se distinguer *17.* *Gerard Epist.* des Payens, qui avoient aussi donné le nom de *Cameraç. in* Temple aux lieux où ils rendoient leur culte à *Syn. Attebat.* leurs fausses Divinitez. *can. 3.*

Les choses estoient en cet estat lorsque Constantin converti donna la paix aux Chrestiens. *Nicol. VII. Epist. ad Mi-* Alors on commença de bastir sans crainte des Egli-*chaël. Imper.* ses en tous lieux. Ce Prince en donna luy-même l'exemple le premier, par le magnifique bastiment qu'il fit faire de l'Eglise de saint Sauveur dans la Ville de Rome. Les maisons qui avoient servi d'assemblées aux Fideles, les Temples mêmes

mes des Payens, après avoir esté purifiez, furent convertis en Eglises, en vertu des Loix des Empereurs. Ainsi en peu de temps le saint Nom du Seigneur fut invoqué publiquement par toute la Terre dans ces lieux destinez à son culte divin.

Il faudroit bien manquer de Foy pour former le moindre doute, ou pour entrer dans quelque dispute sur l'estenduë & la profondeur du respect qu'on doit à des lieux si saints. Rien n'est plus fortement marqué dans l'un & dans l'autre Testament, que cette obligation.

*Genes. 28. 11.
& seqq.*

Le Patriarche Jacob fatigué du chemin qu'il avoit fait, se reposa & s'endormit en pleine campagne. Il vit pendant son sommeil une échelle, dont l'un des bouts estoit posé à terre, & l'autre touchoit au Ciel, & par laquelle des Anges montoient & descendoient. Dieu luy parut en même-temps, & l'assura de sa protection & des benedictions qu'il répandroit sur sa posterité. Cependant quelque consolante que fust cette vision mysterieuse, que tous les Peres ont regardée comme la premiere figure de l'Eglise, elle ne laissa pas que d'imprimer une sainte & respectueuse crainte dans l'ame de Jacob. Où suis-je? dit-il en luy-même du moment qu'il fut éveillé, le Seigneur est certainement en ce lieu, & je n'en sçavois rien. O que ce lieu-cy est terrible, c'est veritablement la Maison de Dieu & la porte du Ciel! Au même instant il dressa un Autel d'une pierre, qu'il consacra en répandant de l'huile dessus, pour monument perpetuel de ce qui luy estoit arrivé. L'Eglise se sert encore des mêmes paroles de ce saint Patriarche, & employe à son imitation l'Onction de l'huile sainte pour consacrer ses Temples & ses Autels, & pour imprimer dans nostre cœur le respect sincere & la profonde veneration qui luy est duë. Mais on ne voit aujourd'huy que trop souvent ce qu'on ne devroit voir qu'avec larmes, dit S. Bernard, que des anciens Saints ont plus honoré sans comparaison la seule figure & la seule attente de nos Mysteres, que nous n'honorons les Mysteres mêmes; & qu'au lieu que Jacob estant dans un champ, se considera comme dans le lieu le plus saint & le plus terrible; on est souvent au contraire à l'Eglise dans la même irreverence & avec les mêmes égaremens d'esprit que si on estoit dans un champ.

*S. Bernard. in
Cant. serm. 2.
num. 1.*

Exod. 25. 8.

Dieu donnant l'ordre à Moyse de dresser un Tabernacle, luy dit que ce seroit un sanctuaire dans lequel il habiteroit au milieu des Enfans d'Israël.

Exod. 29.

Le respect pour ce lieu estoit si grand, que rien n'y devoit servir qui ne fust consacré par des prieres, des sacrifices, des onctions d'huile sainte, & des parfums précieux ou des aspersions. Autels, Vases, Ministres, Habits Sacerdotaux, tout devoit estre purifié & separé des choses profanes par ces saintes ceremonies.

*Exod.30.v.10.
18. & 19. & c.
40. v. 12. 19.
& 10.
Levit.16.v.14.*

Les seuls Prestres & les Levites estoient dans l'interieur de ce Temple portatif; & il n'y avoit que le Souverain Prestre qui entrast dans le Sanctuaire où le Saint des Saints, encore ce n'estoit qu'une seule fois l'année. Et ces entrées ne luy estoient permises ny aux autres qu'après plusieurs purifications dans les eaux qui estoient mises pour cela à l'entrée du Tabernacle. Il estoit défendu aux Levites mêmes, à peine de la vie, d'approcher des Vases sacrez du Sanctuaire, ny de l'Autel; & ils n'entroient dans le Temple que pour executer les ordres des Prestres. Le Peuple demeuroit dans le Parvis;

Tome I.

& c'estoit delà qu'il voyoit les sacrifices & qu'il offroit ses vœux & ses prieres au Seigneur.

Les Prestres ne buvoient point de vin, ny de rien qui pust enyvrer le jour qu'ils devoient entrer dans le Tabernacle. Celuy d'entr'eux qui avoit quelque taché, quelque defaut corporel, qui estoit impur ou lepreux, n'entroit point dans le Sanctuaire, & n'approchoit point de l'Autel.

Levit 10. v. 9.

Quand il falloit changer de lieu le Tabernacle, les seuls Levites avoient le droit de le détendre, d'en transporter toutes les entrées, & de le retendre ailleurs; & si quelqu'autre se mesloit avec eux, il estoit puni de mort.

*Num. 1. v. 50;
& seqq.*

Tous ces mêmes usages, ces saintes ceremonies, & ces profonds respects furent conservez au Temple que Salomon fit bastir à Jerusalem. Ce sont encore les Livres saints qui nous apprennent cette verité. Il y eut dans la suite des Prévaricateurs: Et pour connoistre l'énormité des fautes qui se commettent à cet égard, il ne faut qu'entendre comment Dieu luy-même s'en est expliqué par ses Prophetes.

*Reg. 3. c. 8.
v. 11. & seqq.*

Ezechiel pendant la captivité de Babylone fut un jour transporté en esprit proche le Temple de Jerusalem; il en perça le mur, suivant l'ordre que Dieu luy en donna, & il vit toutes les irreverences & toutes les abominations qui se commettoient dans ce lieu saint par l'un & par l'autre sexe. Alors Dieu luy dit, que ce qu'il venoit de voir estoit la plus grande de « toutes les iniquitez, celle qui irritoit davan- « tage son indignation contre les Enfans d'Israël, « & pour laquelle il avoit resolu de les traiter dans « sa fureur; & que lors qu'ils crieroient vers luy « à haute voix, il ne les écouteroit point, & n'en « seroit point touché de compassion. «

*Ezech. 8.v.17;
& 18.*

Le Seigneur fit avertir les mêmes Israëlites par un autre Prophete, qu'il avoit enfin resolu leur perte. Ecoutez, leur dit-il par ce Prophete, de- « meurez dans le silence, c'est-à-dire, selon les « Prophetes, tremblez, le jour du Seigneur est « proche, le Seigneur a préparé sa victime. En ce « jour je visiterai dans ma colere les Princes, les « enfans du Roy, & tous ceux qui s'habillent de « de vestemens étrangers; je punirai tous ceux « qui entrent insolemment dans le Temple, & « qui remplissent d'iniquité & de tromperie la « Maison de leur Seigneur & de leur Dieu. Ces « menaces furent en effet suivies après de la ruine de Jerusalem par Nabuchodonosor.

*Sophon. c. 1.
v. 7. 8. & 9.*

Enfin de toutes les grandes & saintes instructions qu'il a plû à J. C. de nous donner dans l'Evangile ny qu'il est venu annoncer sur la Terre, il y a peu qui soient plus clairement & plus fortement marquées que celle du respect qui est dû au Temple du Seigneur. Peu de jours après son premier Miracle, il vint à Jerusalem dans le temps de Pâques, pour commencer sa mission. Il y trouva dans le Temple des gens qui vendoient des bœufs, des moutons & des colombes, & des Changeurs qui estoient assis à leurs bureaux. Il fit un fouët avec des cordes; & les chassa tous du Temple avec les moutons & les bœufs. Il jetta par terre l'argent des Changeurs & renversa leurs bureaux; & il dit à ceux qui vendoient des colombes: Ostez tout cela « d'icy, & ne faites pas de la maison de mon « Pere une maison de trafic. Alors ses Disciples « se souvinrent qu'il est écrit: Le zele de vostre « Maison me devore. «

*S. Math. 21.
v 11. & 13.
S. Marc. 11.
v.15. 16. &17.
S. Luc c 19.
v. 45. 46.*

Jesus-Christ peu de jours avant sa Mort vint encore à Jerusalem pour la Feste de Pâques. Il y trouva dans le Temple le même commerce, & il

*S. Joan. 2. v.
13. & seqq.*

en

en chassa également les vendeurs, les acheteurs
» & les Banquiers, leur disant : Il est écrit que
» la maison de mon Pere est une maison de prie-
» res, & vous en faites une caverne de voleurs.
L'un des Evangelistes ajouste qu'il ne permettoit pas même que personne transportast aucune

S. Chrysost. in Joan. Hom. 12.

ustencile par le Temple. Ainsi il paroist que le
Sauveur du Monde voulut commencer & consommer son Ministere par cette marque de son
zele tout divin pour la sainteté de la maison de
son Pere, comme il l'appelle.

S. August. in Joan. tract. 10.

» Mais quel estoit ce Temple, dit saint Au-
» gustin? ce n'estoit encore qu'une figure. Et
» cependant le Seigneur en chasse tous ceux
» qui s'y appliquoient à leurs propres interests.
» Mais encore dans quelle partie du Temple ce
» commerce se faisoit-il, & qu'est-ce que l'on y
» vendoit? C'estoit dans le parvis tout-à-fait
» exterieur, où les Payens mêmes avoient la li-
» berté de venir faire leurs prieres; & tout ce
» qui s'y vendoit estoit destiné à quelque usage
» les sacrifices de ce temps-là. Ce n'estoit donc
» pas, ce semble, continuë ce Pere, un grand
» peché de ne vendre dans le parvis du Tem-
» ple que ce que l'on achetoit pour l'offrir dans
» le Temple même. Cependant J. C. en chasse
» tous ceux qui vendoient ces choses. Que si
» le Seigneur y avoit trouvé des gens yvres;
» des gens plongez en divers excés : qu'auroit-
» fait? Tremblons, ajouste-t-il, considerant d'u-
» ne part la severité dont il a usé envers ces
» Juifs; & d'autre part, la maniere criminelle
» dont nous profanons tous les jours nous-mê-
» mes un Temple dont celuy de Jerusalem n'es-
» toit qu'une image. Soyons touchez d'un saint
» zele de la maison du Seigneur; que chaque
» Chrestien soit devoré du zele de cette sainte
» maison, dont il fait partie, & de ce saint Corps,
» dont il a la gloire d'estre l'un des membres;
» qu'il épouvante les uns; qu'il gagne les autres
» par la tendresse de sa charité; si c'est son ami,
» qu'il l'avertisse avec douceur; si c'est sa fem-
» me, qu'il s'y oppose avec force & severité;
» si c'est quelque domestique, qu'il use même
» de chastiment à son égard. Que chacun fasse
» ce qu'il peut, selon le rang où Dieu l'a mis;
» & il sera vray de dire alors de luy, que le
» zele de la maison de Dieu le devore.
Les premiers Chrestiens n'avoient eu aucun besoin d'estre excitez par des remontrances ou intimidez par des Loix, pour les engager au respect qui est dû à nos Eglises. Tout se passoit
dans leurs saintes assemblées avec décence &
modestie. Les persecutions & le martyre auquel
ils estoient tous les jours exposez entretenoit la
ferveur de leur zele; & ils s'édifioient continuellement les uns les autres par l'union intime &
la parfaite charité qui regnoit entr'eux. Les
Actes des Apostres, leurs Epistres, & l'Histoire
Ecclesiastique nous rendent ce témoignage avec
évidence, Le relâchement ne commença de s'y
introduire que sur la fin du quatriéme siecle.
Ce fut en ce temps que saint Augustin écrivit
ce que nous venons de lire. Et ce n'est aussi
que depuis ce temps que les Princes ont fait des
Loix sur cette matiere, & que l'Eglise s'en est
expliquée dans ses Conciles.

L. 31 Si quis C Theod de Episc. & Cler.

La plus ancienne des Loix est celle d'Arcadius
& d'Honorius de l'an 390. La fureur des Donatistes & des Circoncellions y donna lieu. Ils affectoient d'entrer dans les Eglises des Catholiques pendant le service divin, & d'y commettre plusieurs violences. Ces Princes qui en furent
» informez ordonnerent par cette Loy : Que si

quelques personnes tomboient dans ce sacri- «
lege d'entrer avec violence dans l'Eglise; ou «
d'y commettre quelque action qui fist injure «
aux Ecclesiastiques, aux saints lieux, ou au «
service divin, que non seulement il seroit per- «
mis à chacun, mais que ce seroit une chose «
loüable de les dénoncer, & de les poursuivre «
comme un crime public. Qu'à l'instant que «
les Commissaires des lieux en auroient esté «
avertis par les Huissiers ou par quelques autres «
personnes, ils en donneroient aussi-tost avis au «
premier Magistrat, luy envoyeroient les noms «
de ceux des coupables que l'on auroit pu con- «
noistre, & par la confession desquels l'on pour- «
roit découvrir leurs complices. Qu'après le «
procés instruit par le Magistrat, ils seroient «
condamnez à une peine capitale, sans atten- «
dre que l'Evêque s'en plaignist; la gloire du «
pardon des injures estant beaucoup plus con- «
venable à la sainteté de son ministere, que «
d'en poursuivre la reparation. Et si dans l'exe- «
cution de la sentence les forces ordinaires de «
la Justice ne suffisoient pas, le Gouverneur de «
la Province en seroit averti. Et il luy est en- «
joint d'y prêter main-forte. «
Les Loix qui ont esté faites depuis, tant par
l'Eglise, que par nos Roys, sont assez claires
par elles-mêmes. Nous en rapporterons seulement les extraits sans autre commentaire.
Ordonnance de Charlemagne du 22. Mars 789.
Ce Prince y exhorte les Pasteurs d'avoir soin «

Capit. Reg. Pii Balusii. tom. 1. col. 237.

que dans toutes les Paroisses, l'Eglise de Dieu «
& les Autels soient en veneration, ainsi qu'il «

Capit. 69. de honore Ecclesiae Dei.

convient. Que l'entrée en soit fermée aux chiens; «
qu'on ait pour les vases sacrez beaucoup de «
reverence. Fait défenses de traiter d'affaires «
seculieres dans les Eglises, & d'y faire des dis- «
cours inutiles, parce que la maison de Dieu «
doit estre une maison d'oraison, & non une «
retraite de voleurs. Que chacun vienne donc «
à la Messe, qu'il ait pendant ce temps l'esprit «
attaché à Dieu, qu'on se garde bien de sor- «
tir avant que d'avoir reçu la benediction du «
Prestre. «
Ordonnance de Loüis le Debonnaire de l'an
819. portant, que l'honneur dû à l'Eglise luy «

Idem, col. 615; cap. 5. de honore Ecclesiae.

sera rendu en toutes choses, suivant les Ordon- «
nances faites sur ce sujet, & publiées par les «
Commissaires du Roy, chacun dans leurs dé- «
partemens. «
Ordonnance de Loüis le Debonnaire non datée. Elle porte, que les Prestres auront soin «

Idem, lib. 4 col. 956. capit 195. & 196.

d'avertir le Peuple de ne rien faire de deshon- «
neste dans les Eglises; mais que lors qu'il y «
assistera soit les Dimanches ou les Festes,il s'ap- «
plique uniquement au service divin, à peine «
d'estre puni selon la rigueur des Ordonnances. «
Ordonnance de Loüis le Debonaire non datée, portant défenses à toutes personnes d'en- «

Idem, lib. 7. col. 1087. cap. 278.

trer à l'Eglise avec des armes pendant le servi- «
ce divin, tant du matin, que du soir. Et si «
quelqu'un contrevient à cette Ordonnance, «
qu'il soit au pouvoir du Prestre de le chastier «
ainsi qu'il le jugera à propos. «
Ordonnance de Charles le Chauve donnée à «

Id. t. 2. col. 55. cap. 7.

Soissons au mois d'Avril 853. Elle fait défenses «
à tous Juges de tenir leurs Audiances sous les «
porches des Eglises, ou dans les Presbyteres. «
Dans le Concile Oecumenique de Lyon tenu «

Capitul. De cet domum extra titul. 23. de immunitat. Eccl. in 6.

sous le Pontificat de Gregoire X. & le Regne de «
Philippe le Hardy l'an 1273. l'on y traita la ques- «
tion du respect dû aux Eglises. Et voicy com- «
me il s'en explique. «
Il est bien juste que la sainteté soit l'orne- «
» ment

" ment de la Maison du Saint des Saints ; & que
" comme il a choisi ce lieu pour y faire paroistre
" ses grandeurs dans une paix profonde, on l'y
" adore avec tranquillité. C'est pourquoi nous
" ordonnons que les Chrestiens entrent dans les
" Eglises avec humilité & devotion ; qu'ils s'y
" comportent d'une façon qui soit agreable à
" Dieu & aux hommes, & capable d'édifier aussi-
" bien que d'instruire ceux qui les considerent :
" qu'ils ne s'abandonnent jamais dans ces lieux
" saints, à des conversations vaines, inutiles,
" ridicules, & beaucoup moins à des entretiens
" infames, & à des cajolleries impertinentes. En
" un mot, qu'ils bannissent des Eglises tout ce
" qui peut déplaire à la divine Majesté, & trou-
" bler le Service divin, de crainte d'irriter Dieu
" par leurs crimes, & d'attirer ses plus terribles
" & plus soudaines vengeances dans les lieux où
" ils doivent fléchir sa colere. Que les Evêques
" apportent toute la diligence necessaire pour
" faire observer ce Decret. Qu'ils exhortent leurs
" Diocesains à y obéir ponctuellement ; qu'ils
" employent l'autorité de ce Canon pour arrester
" les desobéissans, & même qu'ils choisissent en-
" tre ceux qui frequentent souvent les Eglises,
" des personnes capables ausquelles ils commet-
" tent l'execution de cette Ordonnance. Que s'il
" s'en rencontroit d'assez insolens pour mépriser
" ces défenses ; outre les punitions qu'ils rece-
" vront des Evêques & leurs Deputez, ils
" doivent apprehender les rigueurs de la Justice
" de Dieu, aussi-bien que de la nostre; jusqu'à ce
" qu'ayant confessé leur crime, ils fassent un pro-
" pos veritable & sincere de s'amender. Cette
" décision a toujours paru si sainte & si juste, que
" les Compilateurs du Droit Canon l'ont mise au
" nombre des Loix dont il est composé.

Fontan. tô. 4. Ordonnance de Charles VII. à Bourges du
lit. 16. n. 3. " septiéme Juillet 1438. nommée Pragmatique
" Sanction : elle porte entre autres choses, que
" en chaque Eglise les loüanges de Dieu seront
" chantées avec reverence, posément, & sans
" précipitation, particulierement à la media-
" tion de chaque Verset des Pseaumes, obser-
" vant de la difference les jours solem-
" nels, & les jours de Ferie. Fait défenses aux
" Ecclesiastiques de se promener dans les Eglises,
" à peine de perdre leurs retributions.

Luci lib. 1. Arrest du Parlement du vingt-un Janvier 1550.
tiul. 1. C. 2. " portant défenses de se promener, & de traiter
" d'affaires dans les Eglises ; à peine contre les
" contrevenans de cent livres d'amende pour
" la premiere fois, de prison pour la secon-
" de, & de punition exemplaire pour le troi-
" siéme.

Confer. des Ordonnance de Henry II. du 17. Juin 1551. qui
Ord. 1. tit. 1. " enjoint à toutes personnes de quelque qualité
art. 40. " qu'elles soient, de frequenter le plus souvent
" qu'elles pourront le service divin, & particu-
" lierement aux jours solemnels, avec toute la
" reverence convenable aux veritables Chrestiens,
" adorant à deux genoux le Saint Sacrement de
" l'Autel. Fait défenses de se promener dans les
" Eglises durant le Service divin, mais ordonne
" de s'y tenir prosternez ; l'Eglise estant la Maison
" de Dieu & d'oraison.
" Arrest du Parlement du neuviéme Juin 1552.
" portant défenses de se promener, & de s'en-
" tenir d'affaires ou d'autres choses dans les E-
" glises ; à peine de prison contre ceux qui y
" contreviendront, aprés avoir esté avertis de leur
" devoir.
" Decret du Concile de Trente de l'an 1563. sur
ce qui est à observer & à éviter en la celebration

Tome I.

de la Messe, & dans les Eglises : En voicy les propres termes.
Que les Evêques ne souffrent pas que les se- "
culiers ny aucun regulier offrent le saint Sacri- "
fice de la Messe dans des Maisons particulieres, "
en un mot, hors de l'Eglise, ou autres Ora- "
toires consacrez specialement au culte divin, "
qui seront désignez & visitez par les Evêques. "
Qu'ils donnent aussi ordre que la Messe ne soit "
point celebrée, qu'auparavant ceux qui y as- "
sistent, n'ayent témoigné par leur modestie "
exterieure, qu'ils n'y sont pas moins presens "
d'esprit que de corps. Qu'ils bannissent des E- "
glises ces musiques, où l'on mesle quelques "
airs lascifs & impurs, soit qu'ils soient tou- "
chez sur l'orgue, soit qu'ils soient chantez. "
Qu'ils ne permettent pas qu'on traite d'aucu- "
nes affaires seculieres dans ces lieux sacrez. "
Qu'ils en bannissent tous les discours inutiles, "
qui ne peuvent estre que profanes, les prome- "
nades, les bruits, les cris, les tumultes : afin "
que la Maison du Seigneur soit veritablement, "
& puisse estre appellée Maison d'Oraison. "
Constitution de Pie V. sur le respect dû aux
Eglises. Nous ordonnons & commandons qu'on "
entre dans les Eglises avec respect & humilité, "
qu'on y demeure en silence, qu'on y presente "
à Dieu des prieres ferventes ; que tous les Fi- "
deles adorent le tres-saint Sacrement de l'Autel "
les deux genoux en terre, & qu'ils témoignent "
le respect qu'ils portent au Nom adorable de "
JESUS, par une inclination de teste, lors "
qu'ils l'entendront prononcer. Que l'on n'ex- "
cite aucun tumulte dans les Eglises ; qu'on n'y "
entende aucuns cris ; qu'on n'y commette au- "
cune violence ; que les entretiens inutiles, "
sales & profanes, les ris desordonnez, & toutes "
sortes de bruits ; en un mot, que tout ce qui "
peut en façon quelconque troubler le Service "
Divin, en soit banni. Qu'il n'y ait personne "
assez hardy pour se promener dans les Eglises "
durant la sainte Messe, ou les autres Offices di- "
vins. Que s'il se rencontre quelqu'un assez te- "
meraire pour mépriser nostre Ordonnance, "
outre la severité de la Justice Divine qu'il ne "
sçauroit éviter, il doit attendre encore tels "
chastimens que nous jugerons à propos pour le "
punir : & nous croyons que les Ordinaires ne "
manqueront pas de tenir la main à l'execution "
de toutes ces choses.
Ordonnance de Henry III. aux Estats de Blois Confer. des
du mois de May 1579. art. 36. qui défend à toutes Ordonn. liv. 1.
personnes de se promener dans les Eglises du- " tit. 1. art. 40.
rant la celebration du Service divin. Enjoint " §. 3.
aux Huissiers & Sergens ; à peine de priva- "
tion de leurs Offices, d'emprisonner les con- "
trevenans.
Le Concile de Bordeaux & celuy de Bourges
des années 1582. & 1584. s'expliquent encore
tres-fortement contre les profanateurs de nos E-
glises. Ils défendent aux Mendians de s'y pro- "
mener, d'y faire du bruit, des cris ou des mur- "
mures, principalement dans le tems du Ser- "
vice divin, de l'administration des Sacremens, "
& du Sermon ; à toutes personnes sous peine "
d'excommunication, d'en faire des lieux de "
promenade, d'y demeurer en postures indé- "
centes, d'y causer ou faire du bruit pendant "
le Service divin ; en sorte qu'ils semblent y "
venir plutost pour insulter à nos sacrez mys- "
teres que pour y assister. Ces mêmes Conciles "
reconnoissant que le peu de foy de ces pré- "
varicateurs les rendroit insensibles aux Loix "
de l'Eglise, ordonnent qu'en ce cas l'on aura "

S s ij   recour-

Fontan. to. 4.
tit. 6. n. 15.

» recours à l'autorité royale du bras seculier.

Arrest du Parlement du quinziéme Octobre » 1588. portant défenses à toutes personnes de » se promener dans les Eglises durant la » celebration du Service divin. Enjoint à tous » Huissiers & Sergens , sur peine de pri- » vation de leurs Offices , de constituer prison- » niers les contrevenans. Exhorte tous les Pre- » lats , Chapitres & Gens d'Eglise , de faire ob- » server de point en point ce qui est contenu en » la Pragmatique Sanction ; & qu'à leur defaut il » y sera pourvû.

Ordonnance du Prevost de Paris du 1. Avril » 1594. portant entr'autres choses défenses à tou- » tes personnes de se promener dans les Eglises , » principalement pendant le Service divin & la » prédication.

Arrest du Parlement du vingt-un Juin 1600. » qui condamne le nommé Jean Renault à faire » amende honorable , & estre pendu & étran- » glé , pour estre entré déguisé en habit de » fou dans l'Eglise Paroissiale de Bocé en Anjou » un jour de Dimanche , lors de la celebration » de la Messe , & d'y avoir proferé les blasphê- » mes & paroles deshonnestes , & commis les in- » solences, impietez & dérisions mentionnées au » procés. Ordonne que Me Jean Roger Curé de » Bocé,& René Caillier seront pris au corps : & » fait défenses à toutes personnes de quelque estat » ou condition qu'elles soient , de faire à l'avenir » aucunes Confrairies ny assemblées illicites,sous » les peines portées par les Ordonnances, ny de » faire aucuns jeux ny actes profanes és Eglises » & lieux saints, sur peine de la vie.

Ces Loix si sages , ces condamnations si se- veres estoient tombées dans l'oubli : à peine Louis le Grand fut-il monté sur le Thrône, qu'il employa son autorité pour les remettre en vigueur, par une Ordonnance du 13. May 1650. digne de sa justice & de sa pieté. Voicy ce qu'elle contient.

» Sa Majesté ayant esté particulierement in- » formée, que dans les principales Villes de » son Royaume , il s'y rencontre des personnes » de l'un & de l'autre sexe, dépravées & desor- » données de telle façon , que sous apparence » de pieté , elles entrent & demeurent ordinai- » rement dans les Eglises desdites Villes , sans » respect & sans reverence ; faisant quant à eux, » de la Maison de Dieu , qui est une Maison d'O- » raison , un lieu de profanation & d'abomina- » tion : & au mépris de l'autorité des saints Con- » ciles de l'Eglise , & des Ordonnances des Rois » ses Predecesseurs, les uns s'y assemblent pour » se promener, les autres pour caqueter, rire & » folastrer aux pieds des Autels , jusqu'à don- » ner distraction aux Prestres qui offrent le » tres-saint Sacrifice : & sont tels attentats com- » mis par les coupables contre la divine Ma- » jesté ; d'autant qu'ils trouvent l'impunité dans » lesdites Villes , par l'avantage de leur naissan- » ce : A quoy estant necessaire de pourvoir, Sa » Majesté a pensé que sa puissance ne peut estre » plus dignement employée, que pour faire ren-

dre à Dieu par tous ses Sujets, les respects & « les honneurs qui luy sont dûs dans les Eglises , « devant les Tabernacles où il est corporellement « present : De l'avis de la Reine Regente sa « Mere , & de plusieurs Prelats , Princes , Ducs, « Pairs & Officiers de sa Couronne , conformé- « ment aux Decrets desdits Conciles , & Articles « des Ordonnances des Roys ses Predecesseurs « cy-devant énoncez : Fait tres-expresses inhi- « bitions & défenses par la presente Ordonnance , « qu'elle a voulu signer de sa propre main , à « toutes personnes de quelque qualité , estat , « sexe & condition qu'elles soient , de se com- « porter dorénavant irreveremment dans les » Eglises des Villes ou de la Campagne , par pa- « roles , gestes , ou autres actions indecentes , « ny occuper le Sanctuaire des Autels ; sur peine « de desobéïssance : Mandant sadite Majesté à « tous Juges tant des Jurisdictions Royales que « Subalternes & Seigneuriales , chacun en droit « soy , qu'ils ayent dorénavant à garder & faire « garder exactement les articles desdites Ordon- « nances , & la presente par tous les endroits de « leurs Jurisdictions ; & de proceder à cette « fin , si besoin est , contre les coupables , par « informations , Decrets , condamnations , amen- « des & autres voyes de Justice requis pour en fa- « ciliter l'execution. «

L'Article XXV. d'une Declaration du Roy du mois de Fevrier 1657. prévient jusqu'aux moin- dres circonstances qui pouvoient troubler ce bon ordre. Voicy comment il s'en explique. Et afin que la décence soit gardée aux Eglises , « Nous défendons à toutes personnes de quelque « qualité & condition qu'elles soient, d'occuper « les places destinées aux Ecclesiastiques, même « les hautes chaires du Chœur affectées aux Cha- « noines & aux autres Ecclesiastiques qui font « le Service , si ce n'est lorsque nos Cours de « Parlement , ou autres nos Cours Souveraines , « qui en font en possession, iront en Corps; au- « quel cas les Dignitez & Chanoines se reduiront « aux six chaires les plus honorables de chaque « costé , & laisseront les autres Chaires pour les « Officiers desdites Cours. «

Une Ordonnance de l'Archevêque de Paris du vingt-six Fevrier 1686. enjoint aux Supe- « rieurs des Eglises de commettre des person- « nes Ecclesiastiques , pour avertir ceux qui « parleront ensemble , ou seront en posture in- « decente , de se tenir dans le silence & dans « la modestie convenable à la sainteté du « lieu. «

Par un Edit du mois d'Avril 1695. il est ordonné que les publications pour affaires « profanes , ne seront plus faites aux Prônes , « mais à l'issuë du Service divin aux portes « des Eglises , par les Officiers qui en seront « chargez. «

Une matiere si importante ne pouvoit pas échapper aux lumieres & au zele du grand Prelat , qui remplit si dignement aujourd'huy le Siege de Paris. Voicy comment il s'en expli- que dans l'une de ses Ordonnances Pastorales.

20.Decemb.
1696.Ordon-
nance & Ins-
truction Pas-
torale de
Monseigneur
l'Archevê-
que de Paris,

LOUIS ANTOINE par la permission divine , & par la grace du saint Siege Apostolique Archevêque de Paris , Duc de saint Cloud , Pair de France : Aux Archiprestres de sainte Marie Magdeleine , & de saint Severin , aux Doyens Ruraux , & à tous les Fideles de nostre Diocese , SALUT ET BENEDICTION. Tout Pontife estant establi par les hommes en ce qui re- garde le culte de Dieu , un de nos principaux soins doit estre d'inspirer aux Fideles une pro- fonde veneration pour nos Eglises , qui sont specialement consacrées au culte divin. L'Eglise est le Sanctuaire où JESUS-CHRIST reside , où il écoute nos vœux , & répand ses gra- ces. Nous ne devons donc jamais en approcher qu'avec une sainte frayeur , & avec tous

Heb. 1.

Levit. 16.t.2.

les

touchant la veneration dûe aux Eglises, & l'usage des Chapelles domestiques.
Pl. 108. 7.

les sentimens de pieté qu'exige la Majesté de Dieu que nous y adorons, & sa bonté souveraine que nous implorons. Il faut entrer dans nos Eglises avec humilité, dit le second Concile general de Lion, s'y tenir avec recueillement, y attirer les divines misericordes par de serventes prieres, y édifier les Fideles par la modestie, & par le silence. Loin des lieux sacrez toute parole, toute action inutile, encore plus tout discours, toute action profane & criminelle : qu'il ne s'y passe jamais rien qui puisse troubler le Service divin, ou offenser les yeux de la souveraine Majesté. Qu'il n'arrive point que la Priere qui doit effacer les pechez, *se change en peché elle-même* ; & que du Propitiatoire, où les plus coupables trouvent grace quand ils s'humilient, parte l'Arrest de condamnation contre les ames irreligieuses qui s'y presentent sans respect.

Conc. Trid. Sess. 22. & Conc. Lugd. sup.
Jerem. 48. 10. juxta Sept.
S. Chrysost. in illud Isa. Vidi Dominum.

Mais le tems où nous devons marquer plus de religion dans l'Eglise, c'est pendant qu'on celebre les saints Mysteres. Si celuy *qui fait negligemment l'œuvre de Dieu est maudit*, que peuvent attendre ceux qui traitent indignement l'auguste Sacrifice de nos Autels ? Apportons donc toute la preparation dont nous sommes capables à ce mystere sacré, où JESUS-CHRIST s'immole pour nous à son Pere. Que les Anges prosternez autour de l'Autel, voyent dans nos cœurs ces sentimens d'adoration dont ils sont eux-mêmes penetrez. Que les hommes voyent dans nostre exterieur, une modestie qui les éleve à Dieu. L'amour extrême que le Sauveur nous témoigne s'offrant pour nous sur l'Autel, aprés s'estre offert pour tous les hommes sur le Calvaire ; la justice redoutable de son Pere qu'il appaise par son Sacrifice ; les graces sans nombre que ce Prêtre souverain nous obtient & nous communique ; tout doit exciter en nous l'admiration, l'amour, le respect, la reconnoissance.

Pl. 25. 8.

Nous remarquons avec joye ces sentimens de pieté dans un grand nombre de Fideles de nostre Diocese. Le recueillement qu'ils font paroistre dans nos Temples, l'assiduité aux Paroisses, le concours aux ceremonies de devotion, marquent qu'on *aime la sainteté de la Maison du Seigneur*.

Ezechiel c. 8.

Mais d'un autre costé nous apprenons avec douleur le peu de religion qu'on voit en quelques personnes, jusques dans la celebration des saints Mysteres. Sans entrer icy dans le detail des profanations secretes, que nous devrions pleurer avec des larmes de sang, nous ne pouvons dissimuler des profanations qui ne sont que trop publiques. On regarde immodestement de toutes parts pendant le Service divin ; on tourne le dos à l'Autel, ainsi qu'Ezechiel le reprochoit de son tems aux Juifs impies. A la place du Dieu saint qu'on y devroit adorer, on y adore souvent les idoles que la passion s'est forgée. Des personnes même à qui la naissance, leur rang, la politesse du monde devroient faire garder les bienséances, quand elles n'auroient aucun sentiment de pieté, paroissent à l'Eglise avec une dissipation scandaleuse. Ce qu'elles n'oseroient faire dans les Palais des Princes de la terre, elles le font dans le Temple, à la vûe du Roy du Ciel. Dans la Maison de Dieu, dans la Maison de Priere, où non seulement toutes les choses profanes sont

An. 813. c. 38.
Joan. 2. 17.

interdites, selon l'expression d'un Concile de Tours, mais où l'on devroit reprimer jusqu'aux pensés inutiles ; on s'abandonne à de folles imaginations, on tient des discours licentieux, *on fait de la Maison du Pere Celeste, une maison de trafic*, on y traite d'affaires profanes, on y lie les parties les plus criminelles.

Cap. 2.

Qui l'auroit crû, que des Chrestiens pussent profaner si indignement le Sanctuaire de JESUS-CHRIST ? lorsque le Sauveur du monde voulut estre immolé sur la Croix, aux mains de ses ennemis, il voulut aussi souffrir mille opprobres de la part des Payens & des Juifs qui ne le connoissoient pas. Mais qui croiroit que renouvellant tous les jours son immolation sur l'Autel, par un excés d'amour, il y dust estre outragé de ceux qui font profession d'estre ses disciples, & de l'adorer ? Qu'on aille dans les Pays infideles ; nous y pouvons bien renvoyer ces Chrestiens irreligieux, comme Jeremie y renvoyoit les Juifs : Qu'on entre dans les Mosquées & dans les Pagodes ; & l'on rougira des irreverences qui se commettent dans nos Eglises. Helas ! il n'est que trop vray, que le sacrifice de JESUS-CHRIST qui est un spectacle si saint, un Mystere si venerable, quand on le regarde avec des yeux de pieté ; est devenu par

Tract. 117. in Joan.

l'impieté des mauvais Chrestiens, selon les paroles de saint Augustin, un sujet de scandale & comme un spectacle de derision.

Sess. 22.

Qu'on ne s'estonne point de la force des expressions que la douleur nous arrache ; le Concile de Trente traite d'impieté ces irreverences que nous font gemir : en effet quel nom peut-on donner à ce mépris scandaleux de ce que nous avons de plus saint dans la Religion ? Nous ne pouvons plus dissimuler des desordres crians, qu'on ne prend pas même le soin de cacher. Nostre Predecesseur fit sur ce sujet une Ordonnance tres-forte ; & comme il jugea que l'autorité Ecclesiastique n'arresteroit pas ceux qui méprisoient si ouvertement la sainteté de nos Eglises, il menaça d'implorer l'Autorité Royale. On peut tout esperer d'un Prince qui sçait que Dieu ne le

Ordonnan. de Blois art. 39.

fait regner sur ses Peuples, qu'afin qu'il y fasse regner Dieu. Nos Roys ont ordonné qu'on punist de la prison ceux qui commettroient des irreverences dans les Eglises. Nous esperons qu'il ne sera jamais necessaire d'en venir à ces dures extremitez. L'exemple du Roy qui ne paroist jamais dans nos Temples qu'avec une pieté édifiante, sera peut-estre plus efficace que ne l'ont esté les Ordonnances les plus rigoureuses.

Nous souhaitons même de tout nostre cœur, de n'avoir jamais à mettre en usage les peines Ecclesiastiques : ce n'est qu'avec repugnance qu'un pere use de rigueur envers ses enfans. Plusieurs de nos Predecesseurs frappez des profanations que l'on commet dans les lieux saints, les

Henr. Gond. Jacob. Chastel Steph. Ponch. in Syn. Parif.

ont défenduës sous de grièves peines : Ils ont enjoint aux Superieurs Ecclesiastiques, de les empêcher de tout leur pouvoir, & de dénoncer pour excommuniez ceux qui ne se corrigeroient pas aprés avoir esté avertis. Nous nous confions en JESUS-CHRIST, que sans en venir à ces terribles menaces, les Fideles seront dociles à la voix de leur Pasteur ; & qu'ayant fait plus de reflexion à la sainteté des lieux où Dieu reside si particulierement, ils seront saisis

Gen. 28. v. 16.

d'une religieuse frayeur, ainsi que Jacob quand il eut reconnu la sainteté de Betel où Dieu luy estoit apparu.

Pour

Pour exciter & foustenir autant qu'il est en nous les sentimens de Religion qui doivent animer les Fideles, Nous exhortons, & entant que besoin est, ordonnons qu'il n'y ait rien à l'avenir, ny dans les lieux destinez au culte divin, ny dans le tems du Service, ny dans les personnes, qui ne soit digne de Dieu: Que les Eglises & les Chapelles soient ornées avec décence, les heures du Service convenables, & que les personnes qui y assistent, s'y comportent avec modestie & avec pieté.

Cap. Æqui gr. c. 69.

Et parce que nous avons esté avertis que le nombre excessif des Chapelles domestiques estoit une occasion d'irreverences pour les saints Mysteres; Nous ordonnons que dans un mois, pour la Ville & Fauxbourgs de Paris, & dans deux mois pour le reste du Diocese, on ait à Nous representer les Titres ou Permissions en vertu de quoy on a des Chapelles domestiques. Et ce terme expiré, celles que nous n'avons pas accordées nous-mêmes jusques à present, ou que nous ne jugerons pas à propos de permettre après l'examen & la visite qui en sera faite, demeureront interdites sans autre déclaration. Défendons à tous Prestres seculiers ou reguliers d'y celebrer la Messe, à peine de suspense. Pour les Chapelles que Nous jugerons devoir estre conservées, Nous en ferons expedier la Permission par écrit, avec les restrictions Canoniques que le bon ordre demande.

Comme Nous devons reprimer la temerité de ceux qui traitent les lieux saints sans respect, Nous n'avons garde aussi de nous opposer à une devotion bien reglée. Les Conciles & [a] les Capitulaires de nos Roys ont défendu de celebrer en quelque lieu que ce fust les saints Mysteres, sans l'approbation de l'Evêque: Mais on a jugé [b] en même tems, que l'Evêque pouvoir accorder des Chapelles domestiques à certaines personnes, que la necessité, la dignité, & sur-tout la pieté rendoient dignes de cette grace; mais jamais à ceux à qui la vanité ou la molesse les feroit demander. Il est [c] neanmoins des regles que ceux-mêmes à qui l'on accorde ces Privileges viennent à l'Eglise les jours des Festes. Il ne faut pas que l'indevotion ou la paresse abuse d'un privilege accordé à la necessité ou à la devotion. Les Eglises sont en si grand nombre à Paris, qu'on ne sçauroit estre excusable d'entendre la Messe les jours de Festes dans des Oratoires particuliers. Les Fideles doivent même, selon l'esprit de l'Eglise, assister les Dimanches & les Festes solemnelles à leur Paroisse, quand ils le peuvent sans incommodité. C'est en propres termes le Réglement du dernier Concile general [d], d'un grand nombre d'autres Conciles qui l'ont precedé & suivi, [e] des Capitulaires de nos Roys, & des Assemblées du Clergé de France.

a Conc. Trid. Sess. 22. Conc. Agat. c. 21. Capit. Caroli Magni c. 14. l. 5. c. 55. & 178. Steph. Ponch. tit. de Sacr. Altaris.

b Sext. Syn. gener. Can 31. Conc. Agat. c. 21. Aurel. 1. c. 25. Aurel 4 c. 7 Syn. Regia Ticin. an. 850. Can. 18.

S. Chrysost. in Act. Apostol. Hom. 18.

e Conc Agat. & Aur. ut sup.

d Sess. 24. de Reform. c 4.

e Capit. l. 7. c. 147.

f Step. Ponch. sup. Con. Aur. 1. sup. &c.

C'est dans les Paroisses que l'Instruction est jointe à la Priere & au Sacrifice, selon ce qui s'est pratiqué depuis les temps Apostoliques. C'est-là que le troupeau réüni avec le Pasteur, priant & disant *Amen* tout d'une voix, ainsi que parle saint Athanase, on est plus en estat d'obtenir les graces dont on a besoin.

Nous exhortons donc les Fideles de ne pas se contenter de venir au temps de Pâques à la Paroisse, pour la Communion qu'ils sont obligez d'y recevoir; mais d'y venir aussi souvent que l'Eglise l'ordonne, au moins de trois Dimanches [f] l'un, s'ils n'ont point de sujet legitime de s'en dispenser.

Et afin de retrancher autant qu'il nous sera possible une occasion de dissipation & de scandale, dont nous sommes informez, Nous défendons conformément à l'Ordonnance [g] d'un de nos Predecesseurs, de commencer les Messes après midy, tant dans les Eglises Seculieres que Regulieres, de l'un & de l'autre sexe. Permettons seulement de le faire encore un mois, afin que tout le monde soit averti. On voit à la honte du Christianisme, que la plûpart des personnes qui attendent ces Messes qu'on dit si tard, n'y assistent qu'avec des dispositions profanes, & comme ils assisteroient à des assemblées toutes mondaines.

g M. de Perefixe, In Synodo Parisi. Conc. Trid. Sess. 22. in Decreto.

3. Reg. c. 8. & 1.2. Paral. c 6.

Ezech. 8. 17. 18.

Actor. part. 3. pag. 354.

3. Reg. c. 8. & 2. lib. Paral. c. 6.

Nous recommandons instamment à tous Fideles de l'un & de l'autre sexe; Nous les conjurons par la veneration & la reconnoissance qu'ils doivent à J. C. de ne paroistre jamais dans l'Eglise qu'avec le respect qui est dû à la *Maison du Seigneur*. Qu'ils se souviennent que les *yeux de Dieu sont particulierement attentifs* sur le lieu Saint qu'il a choisi: Que comme il y exauce les prieres de ceux qui l'invoquent avec pieté, il vange severement les profanations qui s'y commettent. Ce sont ces profanations, selon l'avis de S. Charles à son Peuple, qui attirent en partie les fleaux publics sous lesquels les Chrestiens sont accablez. Un des plus puissans moyens de desarmer la colere de Dieu, c'est de recourir à son Temple, selon l'Ecriture, comme à l'azile des pecheurs & des malheureux. Si quelqu'un gemit sous le poids du peché ou des afflictions, disoit Salomon après la dédicace du Temple de Jerusalem; si le peuple entier est accablé des fleaux de la guerre, de la peste ou de la famine; qu'on recoure à la Maison du Seigneur avec des sentimens de penitence; qu'on invoque son saint Nom avec respect, & le Seigneur pardonnera les pechez, & fera finir les miseres. Nous esperons que les Fideles ne viendront plus à l'Eglise qu'avec ces sentimens de pieté; & que la Majesté de Dieu, sa bonté souveraine, & leur interest propre, réprimeront tous les manquemens de respect que nous avons tant de sujet de déplorer.

Sess. 22.

Prov. 15. v. 5.

Que si quelqu'un par legereté, ou ce qu'à Dieu ne plaise, par irreligion, se comportoit d'orénavant à l'Eglise d'une maniere indécente, & sur tout pendant le service Divin; Nous enjoignons aux Superieurs des lieux Seculiers ou Reguliers d'avertir ou faire avertir les personnes avec honnesteté & charité; & nous conformant au Decret du saint Concile de Trente, Nous défendons de commencer la Messe à moins que les Assistans ne soient dans la modestie & dans le respect convenables. *L'homme sage profite de la correction*, selon l'Ecriture, & *il n'y a que l'insensé qui la méprise*. Mais s'il se trouvoit quelqu'un, ce que nous ne voulons pas croire, qui eust assez peu d'éducation ou assez peu de religion pour mépriser les remontrances qu'on luy auroit faites, les Superieurs auront soin de nous en donner avis: Et nous tâcherons de remedier à ces desordres avec toute la prudence & la charité; mais en même-temps avec tout le zele qu'exige nostre ministere, la gloire de Dieu & l'interest dont nous font confiées. Mandons & ordonnons à tous Curez, Vicaires & Prédicateurs de publier dans leurs Prônes & Prédications nostre presente Ordonnance, & qu'elle soit envoyée à toutes les Communautez seculieres & regulieres.

S 1

§ I MANDONS aux Officiers de noſtre Cour d'Egliſe, de la faire afficher aux portes des Egliſes de cette Ville & Fauxbourgs, & par tout ailleurs où beſoin ſera. Donné à Paris en noſtre Palais Archiepiſcopal, le vingtiéme jour de Decembre mil ſix cens quatre-vingt ſeize. *Signé,* LOUIS ANTOINE, Archevêque de Paris. *Et plus bas,* Par Monſeigneur, *CHEVALIER.*

Par une Déclaration du Roy du 13. Decemb. 1698. qui pourvoit à l'inſtruction des nouveaux Catholiques, & qui eſt rapportée dans ſon entier ſous le titre qui les concerne : Il eſt entr'autres » choſes porté, que Sa Majeſté exhorte tous » ſes Sujets, & notamment ceux qui ont la haute » Juſtice, & les plus conſiderables, enſemble » ceux qui ſe ſont nouvellement réünis à l'Egliſe, » d'aſſiſter le plus exactement qu'il leur ſera » poſſible au Service divin, afin d'attirer les » graces que Dieu · donne à ceux qui joignent » leurs prieres à celles de ſon Egliſe. Leur en- » joint à tous de s'y tenir toujours avec reve- » rence, & principalement dans le temps de la » ſainte Meſſe, & d'y adorer à genoux le tres- » Saint Sacrement de l'Autel, à peine de puni- » tion exemplaire contre les contrevenans.

Une Ordonnance du Roy du 16. Decembre 1698. réitere les déſenſes portées par l'Edit du mois d'Avril 1695. de faire aucunes publica- « tions pour affaires profanes aux Prônes des « Egliſes, & y ajouſte que ces déſenſes auront « même lieu pour les propres affaires de Sa Ma- « jeſté. «

Le Roy s'en eſt enfin expliqué par ſon Or- donnance du dixiéme Mars mil ſept cens, & Sa Majeſté a donné ſur cela des ordres ſi précis, & qui ont eſté executez avec tant de vigilance, de fermeté & d'exactitude, que cette derniere de ſes Loix ſur cette matiere a eu tout l'effet que ſa pieté en pouvoit deſirer. Voicy cette Ordonnance avec la publication qui en fut faite la premiere fois à Paris, le 13. de Mars, & qui ſe réitere de temps en temps pour en perpe- tuer la memoire, & afin que ceux-mêmes qui rarivent de nouveau en cette Ville, n'en puiſſent ignorer.

10. Mars 1700. Ordonnance du Roy concernant le reſpect qui eſt dû aux Egliſes.

SA MAJESTE' eſtant informée que ſes Ordonnances & celles des Roys ſes Predeceſſeurs, touchant le reſpect dû aux Egliſes, ne ſont pas executées ; que l'indecence & le ſcandale augmentent tous les jours ; & que la pluſpart des perſonnes de l'un & de l'autre ſexe & de tou- tes conditions paroiſſent avoir oublié un devoir ſi important. Sa Majeſté a ordonné & ordonne que les Edits, Ordonnances, Arreſts & Réglemens rendus ſur ce ſujet ſeront executez de point en point, à peine de deſobéïſſance, & ſous les autres peines y contenuës : Enjoint au Sieur d'Argenſon Conſeiller du Roy en ſes Conſeils, Maiſtre des Requeſtes ordinaire de ſon Hoſtel, Lieutenant General de Police de ſa bonne Ville, Prevoſté & Vicomté de Paris, de tenir la main à l'execution de la preſente Ordonnance, même d'informer Sa Majeſté des contraven- tions. Fait à Verſailles le dixiéme jour de Mars mil ſept cens. Signé, LOUIS. *Et plus bas,* PHELYPEAUX.

IL eſt enjoint à Marc-Antoine Paſquier Juré Crieur du Roy, de publier & afficher à ſon de Trompe & Cry public l'Ordonnance cy-deſſus, aux portes des Egliſes & autres endroits de cette Ville, ordinaires & accouſtumez, à ce qu'aucun n'en ignore. Ce fut fait & donné par Meſſire MARC-RENE' DE VOYER DE PAULMY D'ARGENSON, Chevalier Conſeiller du Roy en ſes Conſeils, Maiſtre des Requeſtes ordinaire de ſon Hoſtel, Lieutenant General de Police de la Ville, Prevoſté & Vicomté de Paris, le douziéme jour de Mars mil ſept cens. Signé, DE VOYER D'ARGENSON.

L'Ordonnance cy-deſſus a eſté lûë & publiée à haute & intelligible voix, à ſon de Trompe & Cry public, en tous les lieux ordinaires & accouſtumez, par moy Marc-Antoine Paſquier, Juré Crieur ordinaire du Roy, en la Ville, Prevoſté & Vicomté de Paris, y demeurant rue du milieu de l'Hoſtel des Urſins, accompagné de Claude Matelin : Loüis Ambezar & Nicolas Ambezar, Jurez Trompettes, le 13. jour de Mars 1700. à ce que perſonne n'en prétende cauſe d'ignorance : Et affichée ledit jour eſdits lieux. Signé, PASQUIER.

TITRE VIII.

De l'observation du Dimanche & des Festes en general.

CHAPITRE PREMIER.

De l'exactitude avec laquelle le Sabbat estoit observé dans l'ancienne Loy; & que les Apôtres, conduits par l'Esprit de Dieu, ont transferé cette Solemnité au Dimanche.

LEs mêmes Loix par lesquelles Dieu ordonna aux Israëlites de consacrer un lieu particulier à son culte divin, leur enjoignirent aussi de luy sanctifier un des jours de la semaine, & de l'employer totalement à son service. Souvenez-» vous, leur dit le Seigneur, de sanctifier le jour » du Sabbat; vous travaillerez durant six jours; » mais le septiéme jour est le jour du repos con» sacré au Seigneur vostre Dieu. Vous ne ferez » en ce jour aucun ouvrage, ny vous, ny vostre » fils, ny vostre fille, ny vostre serviteur, ny » vostre servante, ny vos bestes de service, ny » l'étranger qui sera dans l'enceinte de vos Vil» les: car le Seigneur a fait en six jours le Ciel » la Terre & la Mer, & tout ce qui y est enfer» mé, & il s'est reposé le septiéme jour. C'est » pourquoy le Seigneur a beny le jour du Sab» bat, & il l'a sanctifié. Celuy qui fera quelque » travail en ce jour-là, sera puni de mort.

Gen. 2. v. 3. Exod. c. 20. v. 8. & 11. c. 31. v. 13. Levit. 23. v. 3. Deuteron. 5. v. 12. & seqq.

Ainsi Dieu voulut dans la sanctification de ce jour engager les Israëlites à honorer par leur reconnoissance & par leur repos le bienfait de la création, & le repos divin & ineffable dans lequel Dieu estoit entré le septiéme jour, aprés les grands ouvrages qui avoient, selon l'expression de l'Ecriture, tiré du néant le Ciel & la Terre.

Genes. 2. v. 2. & 3.

Il voulut encore, ainsi qu'il s'en explique luy-même, que ce jour du Sabbat leur servist pour renouveller sans cesse le souvenir de cette grace si prodigieuse qu'il leur avoit faite, en les retirant de l'esclavage des Egyptiens. Souvenez-» vous, leur dit-il, que vous avez esté esclaves » en Egypte, que Dieu vous en a tirez avec une » main forte & un bras étendu, & que c'est pour » cela qu'il vous a commandé d'observer le jour » du Sabbat.

Deuteron. 5. v. 15.

Enfin Dieu leur ordonnant de luy sanctifier ce jour, c'est-à-dire, de le passer saintement, voulut leur faire entendre que ce seroit un témoignage perpetuel de la sanctification qu'ils avoient eux-mêmes à esperer de sa protection toute puissante. Parlez aux Enfans d'Israel, dit » le Seigneur à Moyse, & dites-leur: Ayez » grand soin d'observer mon Sabbat; parce que » c'est la marque que j'ay establie entre moy & » vous, & qui doit passer aprés vous à vos en» fans; afin que vous sçachiez que c'est moy qui » suis le Seigneur qui vous sanctifie, c'est-à-dire, » selon que l'explique saint Augustin, c'est moy » qui vous donne le pouvoir de vous abstenir » des œuvres vraiment serviles, qui sont les » pechez.

Exod. 31. v. & seqq.

De Genes. ad lit. 4. c. 13. In psal. 16. & psal. 32.

Le nom de *Sabbat* qui fut donné à ce jour, est un mot Hebreu qui signifie repos, & qui renfermoit consequemment la force du commandement qui leur estoit fait de le passer dans une parfaite tranquillité, par la cessation de toutes œuvres serviles. Il ne leur estoit pas même permis dans ce jour d'allumer du feu dans leurs maisons, & d'y préparer à manger. Dela vient qu'ils nommerent le jour precedent *Parasceve*, c'est-à-dire, jour de la préparation; parce qu'en ce jour ils préparoient en effet toutes les choses qui leur estoient necessaires pour le lendemain. Tous les autres jours de la semaine n'avoient aucuns noms, & ne se distinguoient que par rapport au Sabbat. Ainsi l'on nommoit le jour qui le suivoit immediatement, le premier jour du Sabbat, c'est-à-dire, d'aprés le Sabbat, & ainsi des autres.

Ce cercle ou cette periode de sept jours que les Grecs ont nommé ἑϐδομὰς, & la basse Latinité, *Septimana*, dont nous avons fait nostre mot de Semaine, a commencé chez les Juifs. Dieu même les en avoit instruits en leur découvrant le Mystere de la Création en six jours, & le repos du Seigneur le septiéme. Cela passa ensuite aux Gentils avec la connoissance qu'ils eurent des Livres saints. Il y eut seulement cette difference, qu'ils donnerent à chacun des jours de la semaine le nom de l'une des sept Planetes. Ainsi comme le Soleil est le premier & le plus noble des Astres, ils nommerent le premier jour, *dies Solis*, & les autres, *dies Lunæ*, *Martis*, *Mercurii*, *Jovis*, *Veneris*, *Saturni*.

L'Eglise naissante qui fut d'abord composée des Juifs convertis, conserva encore long-temps le repos & la sanctification du Sabbat; & cet usage fut imité par les Gentils, dont les conversions augmenterent dans la suite le nombre des Fideles.

Le premier jour de la Semaine leur fut néanmoins d'abord dans une tres-profonde veneration. La Resurrection du Sauveur du Monde, & la Mission du S. Esprit qui forma son Eglise en ce jour, leur fit prendre la resolution de le sanctifier aussi. Ils y transfererent leurs saintes assemblées, pour y entendre la parole de Dieu, y offrir leurs vœux & leurs prieres, & y celebrer les sacrez Mysteres de la Loy nouvelle.

Il y a beaucoup d'apparence que ce saint usage commença dés la naissance de l'Egise. & que ce furent les Apostres qui en firent l'establissement. Saint Paul passant par Troade en Phrygie pour aller en Jerusalem, les Fideles du lieu s'assemblerent le premier jour de la Semaine pour rompre le pain, c'est-à-dire, selon le langage des saintes Lettres, pour assister & participer au saint Sacrifice de l'Eucharistie. Saint Paul y prêcha, & y ressuscita un mort. Ainsi voila du moins une époque certaine de cet usage l'an 58. de l'Ere commune, vingt-cinq ans aprés la Resurrection du Sauveur du Monde.

Act. Ap. cap. 20. v. 7.

Ce jour se trouve néanmoins exprimé en ce temps par l'ancien terme de premier jour du Sabbat,

Sabbat, *una Sabbati*. Ainsi les Chrestiens ne luy avoient point encore donné de nom particulier : Mais peu de temps après ils le distinguerent de tous les autres, par celuy de jour du Seigneur, ou jour Dominical, en Grec χυριακὴ, en Latin *Dies Dominica*. C'est ainsi qu'il est nommé par S. Jean dans son Apocalypse. Et c'est de ce nom que nous avons fait par abreviation celuy de Dimanche. Les Grecs le nommoient encore ἀναϛάσιμος Βασιλεύ, jour de la Resurrection du Seigneur; parce qu'en effet c'est le Mystere de nostre Redemption que l'on y celebre le jour de Pàques, & que l'on renouvelle tous les Dimanches de l'année comme une Octave continuelle de ce grand jour.

Ainsi les Chrestiens dans les premiers siecles de l'Eglise sanctifioient deux jours de la Semaine, le Sabbat ou Samedy, & le Dimanche. Dans l'un, disent les Peres, ils honoroient Dieu Createur, suivant l'intention de l'ancienne Loy; & dans l'autre ils rendoient leur culte à Dieu Redempteur, suivant les dispositions de la nouvelle. Ils solemnisoient dans celuy-cy leur délivrance du peché & de l'esclavage du Démon par la Mort & la Resurrection du Sauveur du Monde; de même que les Juifs avoient celebré dans celuy-là leur délivrance de la tyrannie des Egyptiens, qui n'avoit esté que la figure de cette autre captivité.

Cette pratique de l'Eglise fut l'un des principaux articles que S. Justin Martyr toucha dans cette celebre apologie qu'il fit aux Chrestiens devant l'Empereur Antonin l'an 150. Au jour du » Dimanche, dit-il, que l'on appelle le jour du » Soleil, tous les Chrestiens qui demeurent » dans les Villes ou à la campagne s'assemblent » en un même lieu; on y lit les écrits des Apô- » tres, ou les Livres des Prophetes, autant que » le temps le permet. La lecture estant finie » on se leve pour prier; & après la priere on » offre le pain avec le vin & l'eau, que l'on » distribuë aux Fideles après la consecration & » les actions de graces. Avant que de se separer, » ceux qui ont de quoy contribuent selon leur » volonté pour assister les pauvres & pour déli- » vrer les prisonniers. Nous avons choisi le Di- » manche pour nous assembler, parce que c'est » le premier jour de la Création du monde, & » celuy de la Resurrection de JESUS-CHRIST » Nostre Seigneur. Saint Denys de Corinthe, S. Clement d'Alexandrie, Tertullien, S. Cyprien & plusieurs autres Peres des premiers siecles de l'Eglise rendent le même témoignage. Ainsi nous n'avons rien de plus certain en matiere de discipline que cette tradition Apostolique de l'establissement du Dimanche.

A l'égard de la solemnité du Samedy, elle s'est enfin abolie insensiblement, & a esté totalement transferée au Dimanche. Ce fut l'une des remontrances que S. Ignace d'Antioche disciple des Apostres fit aux Chrestiens dés le commencement du second siecle de l'Eglise. Nous ne devons pas, leur dit-il, observer le Sabbat à » la Juïve, comme si on en faisoit une feste d'oi- » siveté; celuy qui ne veut point travailler le » Samedy, doit aussi passer ce jour sans man- » ger. Le vray jour du Sabbat des Chrestiens » est celuy de la Resurrection du Seigneur, & » nous devons transporter le repos & la joye de » la Feste du Samedy au Dimanche. Tous les Peres ont esté de ce même sentiment, & le Concile de Laodicée tenu l'an 365. en fit enfin une Loy expresse dans son Canon 29. Il porte, » que les Chrestiens ne doivent point Judaïser

en chommant le Samedy, mais travailler ce « jour-là, & luy preferer le Dimanche. «

Il fut difficile aux Chrestiens tant que le Paganisme fut dominant, d'observer cette discipline de leur Religion avec toute l'exactitude qu'elle demande. Ce devoir à la verité leur estoit prescrit par les Ordonnances de l'Eglise, & c'estoit une Loy inviolable pour eux : mais pour y satisfaire il falloit en ce saint jour consacré au service du Seigneur, imposer silence aux Tribunaux, faire cesser le Commerce & les Arts, distinguer même les Saisons, pour permettre ou défendre les travaux de la Campagne. Et comme toutes ces choses dépendent de la puissance temporelle du Magistrat politique, il n'estoit pas au pouvoir des Chrestiens de s'en dispenser.

Ce fut aussi l'un des premiers soins de l'Empereur Constantin, après avoir rendu la paix à l'Eglise par sa Conversion. Il en fit une Loy expresse le 6. Mars 321. Elle porte, Que tous les Juges, tous les Habitans & tous « les Arts se reposent le jour du Soleil, à l'exce- « ption seulement des gens de la campagne, qui « pourront travailler en cas de necessité pendant « le temps de la moisson & des vendanges; n'é- « tant pas juste de laisser perir les biens que la « Providence Divine nous donne. Il se servit en- « core de l'ancien nom de jour du Soleil, parce « qu'il voulut rendre cette Loy generale, & « qu'elle fut même observée par les Payens aus- « quels ce terme estoit connu.

Par une autre Loy de Gratien, de Valentinien & de Theodose de l'an 386. il est permis « de donner des jeux & des spectacles au peuple, « soit du théatre ou du cirque les jours de la « naissance du Prince, ou qu'il a monté sur le « Throne, & neanmoins défendu d'en donner « aucun si ces jours arrivent le Dimanche, pour « ne pas confondre le culte divin avec cette so- « lemnité profane. «

Aussi-tost que les Chrestiens eurent la liberté d'observer ce precepte de l'Eglise dans toute son étenduë, leur ferveur les porta si loin, que l'Eglise même fut obligée de la temperer par un Decret du Concile d'Orleans tenu l'an 538. Voicy comment il s'en explique.

Le Peuple s'est persuadé qu'il n'est pas per- « mis le Dimanche de voyager avec des che- « vaux, des bœufs ou des voitures. Qu'il n'est « pas non plus permis de preparer à manger, « ny de rien faire qui regarde la propreté des « maisons ou des personnes. Et d'autant que cette « conduite sent plus l'observation Judaïque, « que le Christianisme, nous ordonnons que ce « qui a esté cy-devant permis le Dimanche le « soit encore. Nous voulons toutesfois que l'on « s'abstienne de travailler aux champs, c'est-à- « dire, de labourer, de façonner la vigne, de « faucher les foins, de moissonner ou de battre « le bled, d'essarter, de faire des hayes; afin « que degagé de ces travaux l'on puisse vaquer « plus librement aux prieres de l'Eglise. «

Le Concile de Mâcon de l'an 585. se plaignit au contraire que l'observation du Dimanche es- « toit beaucoup negligée. Il défendit de plaider « en ce jour, à peine contre celuy qui provo- « queroit, de perdre sa cause, & contre son « Avocat d'estre chassé du Barreau. Il fit défen- « ses aussi d'atteler des bœufs sans necessité, sous « peine aux paysans & aux esclaves de coups « de baston; & aux Clercs & aux Moines, de « six mois d'excommunication. «

Le Commerce de mer attiroit plusieurs Negocians étrangers dans la Provence, le Langue-

Tome I. T t doc

Apoc. 1. v. 10.

Innoc. Pap. Ep. ad Decent. a. 4.

Justin. apol. 1. ad Anton. p. 98.

S. Ignat. Ep. ad Magn.

L. 3. Omnes C. de feriis.

L. 2. Nullus Cod. Th. de spectacul.

doc & les Provinces voisines. Ce mélange des Nations de differentes Religions apporta quelque trouble à l'observation du Dimanche. Le Concile de Narbonne tenu l'an 589. y pourvut par » le quatrième de ses Canons. Il porte, que » tout homme libre ou esclave, Goth, Romain, » Syrien, Grec, ou Juif, s'abstiendra de tout » travail le Dimanche; sous peine à l'homme » libre, de six sous d'or; & à l'esclave, de cent » coups de foüet. Le sol pesoit 85. grains un tiers, & il vaudroit aujourd'huy de nostre monnoye courante huit livres cinq sous. Ainsi cette amende estoit de 49. liv. 10. sous, somme tres-considerable en ce temps-là.

Cette discipline a toujours esté maintenüe depuis ce temps avec beaucoup d'exactitude. L'Eglise en a prevenu ou puni le relâchement par ses Canons; & nos Roys en ont appuyé les décisions par la severité de leurs Loix.

Capit. Reg. Franc. Baluſii t. 1. col. 67. cap. 38. & col. 112. cap. 2.

Dagobert I. s'en expliqua en des termes les plus forts par un Edit de l'an 630. qui sera un monument éternel de la pieté de ce Prince.

» Cet Edit enjoint à toutes personnes d'ob- » server le saint jour du Dimanche consacré au » Seigneur. Fait défenses de voiturer aucune » chose en ce jour, tant par terre que par eau; » à peine contre une personne libre, de douze » sous d'amende; & à l'égard des voitures par » terre, de la confiscation de son bœuf attelé » du costé droit. Ordonne, sous les mêmes pei- » nes, que si l'on se trouve en chemin, l'on s'y » reposera jusqu'au Lundy sur. Fait aussi dé- » fenses de travailler en ce jour à planter des » hayes pour clorre son champ, à faucher les » foins, à couper ou à ramasser ses moissons, » ou à quelque autre œuvre servile. Il veut que » celuy qui sera trouvé coupable de l'une de » ces contraventions; si c'est une personne li- » bre, qu'il en soit reprimendé une ou deux » fois. Qu'en cas qu'il ne s'en corrige, il soit » puni la troisième fois de cinquante sous » sur le dos. Que s'il y retourne une quatrième » fois, on luy confisque le tiers de son bien. » Et que s'il a la hardiesse de recidiver, qu'il » soit privé pour toujours de la liberté, estant » juste, ajoute cette Loy, que celuy qui n'a » pas voulu servir volontairement le Seigneur » un seul jour de la semaine qui luy est parti- » culierement consacré, souffre malgré luy la ser- » vitude pendant tous les jours de sa vie. Qu'à » l'égard de l'esclave, qu'il soit fustigé pour la » première fois qu'il commettra ce crime; & » s'il ne se corrige après ce chastiment, que la » main droite luy soit coupée.

Les peines portées par ces Loix estoient conformes aux mœurs de ce temps, & proportionnées à des peuples qui sortoient nouvellement du paganisme. Mais en moins d'un siecle la ferveur des Chrestiens devint si grande, que plusieurs retomberent dans cette autre extremité qui avoit déja esté condamnée par l'Eglise. Ils se mirent dans l'esprit cette fausse opinion, qu'il n'estoit pas même permis le jour du Dimanche de s'appliquer aux œuvres absolument necessaires. Comme cela tendoit, ce semble, à une plus haute perfection, le Roy Pepin qui regnoit alors, n'en voulut pas décider seul. Il fit assembler un Concile de Prélats en son Palais; & par leur avis fit une Ordonnance l'an 755. Elle porte, que » les Peuples s'estant imaginez qu'il n'est pas » permis, même en cas de necessité, de voya- » ger à cheval ou autrement les jours de Di- ‑« manche, ny de préparer les choses necessai-

Capitul. Reg. Franc. Balul. t. 1. col. 173. cap. 14.

res à la vie, ou pour la propreté de la maison « ou de la personne. Que cette coustume estant « plus conforme à la superstition des Juifs qu'à « la discipline des Chrestiens, il entend que l'on « continuë de pratiquer ce qui estoit autrefois « permis le jour du Dimanche. Défend nean- « moins à l'égard de la campagne, de labou- « rer les terres, de travailler aux vignes, de « couper les hayes, ou de s'appliquer à quel- « ques autres travaux qui empêchent d'assister « au service de l'Eglise.

Conc. Laod. Can. 14. & alibi.

L'observation du Dimanche par la cessation de toutes œuvres serviles, devoit commencer, se- lon l'intention de l'Eglise, dés le Samedy aux premieres Vêpres. Plusieurs Conciles l'avoient ainsi ordonné, & tous les Peres de l'Eglise estoient de ce sentiment. Il y avoit en quelque relâchement dans cette discipline; ce qui don- na lieu à Charlemagne de la renouveller par un Edit du 22. Mars 789.

Capitul. Reg. Franc. Balul. col. 219. cap. 15.

Par un autre Edit du même jour il est ordon- né, que, suivant la Loy de Dieu, toutes œu- « vres serviles cesseront le jour du Dimanche. « Et afin que l'honneur & le repos de ce jour du « Seigneur soit exactement observé par toutes « sortes de personnes, il est défendu aux hom- « mes, conformément à l'Ordonnance du feu « Roy, de travailler à la culture des vignes, « labourer la terre, faucher les prez, « faucher les moissons, faucher « les prez, planter des hayes, abatre des arbres, « arracher du bois, tirer des pierres des carrie- « res, bastir, travailler au jardin, plaider, ny « aller à la chasse. Comme aussi il leur est défen- « du de faire aucunes voitures qu'en ces trois « cas; pour l'armée, pour les provisions des vi- « vres necessaires aux Villes, ou pour conduire « un corps à la sepulture. Qu'à l'égard des fem- « mes, il leur est défendu de faire aucun ouvra- « ge de tissu, de tailler des habits, de coudre, « de broder, de carder de la laine, de battre « du lin, de laver la lessive, & de tondre les « brebis.

Ibid. col. 219. cap. 79.

Le même Prince, par un Edit de l'an 813. fit défenses de tenir aucuns marchez, de rendre au- « cune Ordonnance ny aucun Jugement le jour « de Dimanche; fit aussi défenses de punir de « mort ou d'autres peines: Et ordonna que cha- « cun seroit averti des œuvres dont il doit s'ab- « stenir en ce saint jour.

Ibid. col. 304. cap. 15.

Un Edit de Louis le Debonnaire rapporté dans le sixième livre des Capitulaires, & dont l'année est incertaine; ordonne à tous les Fide- les de celebrer avec un profond respect le Di- manche, qui est le jour auquel Nostre Sei- gneur est ressuscité. Défend de s'entretenir en « ce jour-là de nouvelles ou d'autres discours « inutiles, de chanter des chansons profanes, de « danser & de s'arrester dans les ruës & dans les « places publiques, ainsi que l'on avoit de cou- « tume. Veut que l'on assiste aux prédications, « que l'on ne s'entretienne que de choses spiri- « tuelles, & que l'on vaque le reste du jour à la « priere. Que les Prestres montrent l'exemple à « ceux dont ils ont la conduite, & que tous « fassent connoistre qu'ils sont veritablement « Chrestiens.

Ibid. lib. 6. col. 958. cap. 205.

Toutes ces Loix ne concernent uniquement que le Dimanche, & ont esté faites exprés pour ce seul jour. Il y en a plusieurs autres qui sont communes à l'observation du Dimanche, & à celle des Festes; l'on a crû, pour éviter la confusion, devoir distinguer celles-cy, & en faire un Chapitre séparé.

CHAPITRE

CHAPITRE II.

De l'establissement & de l'observation des Festes.

LE Sabbat ne fut pas le seul jour de repos que les Juifs furent obligez d'observer : Dieu leur ordonna encore d'autres Festes qu'ils devoient solemniser en son honneur dans le cours de l'année. Eux-mêmes, sur le modele de ces premieres, y ajoûterent de nouvelles dans la suite, ou pour memoire de quelques grands évenemens, ou pour actions de graces de la protection, & des bienfaits qu'ils recevoient continuellement de sa divine Providence.

Exod.13. v. 6. & seq. Idem cap. 23. 34.& seq.

Lorsque le Sauveur du monde forma son Eglise sur le débris de la Synagogue, il ne luy prescrivit aucunes de ces saintes solemnitez. Aussi n'estoit-il pas necessaire, selon la remarque de saint Augustin, qu'il le fist immediatement, & par luy-même; puisque suivant sa promesse, il luy envoya son saint Esprit, pour luy enseigner toute verité, & regler sa discipline en cela, comme en toutes autres choses.

Ainsi conduite par cet Esprit divin, Elle a establi des Festes, ou pour y celebrer les Mysteres de nostre Redemption, ou pour honorer la sainte Vierge, & implorer son secours, ou pour rendre gloire à Dieu des graces qu'il a répanduës sur ses Saints, & nous les rendre favorables auprés de luy.

C'est donc à l'observation exacte de ces Festes aussi bien que de celle du Dimanche, que nos Loix & nos Ordonnances de Police doivent estre principalement appliquées, pour appuyer par leur juste severité, la douceur de celles de l'Eglise.

Mais comme il y en a de differentes classes; que les unes demandent de plus grandes solemnitez que les autres; que d'ailleurs pour donner le tems d'administrer la justice, d'exercer le Commerce & les Arts, de s'appliquer à l'Agriculture, & aux autres œuvres attachées necessairement à la condition humaine, l'Eglise entrant dans tous les besoins de ses enfans, ne leur a marqué qu'une partie de ces Festes choisies entre les principales, pour estre solemnisées, ou selon le terme commun, chommées par le Peuple : La premiere connoissance necessaire aux Officiers de Police à cet égard; c'est cette distinction dans chaque Diocese, les usages estant, presque dans tous, differens en quelque chose. Il est bon encore qu'ils sçachent la Chronologie de ces Festes, pour estre en estat de rendre raison d'où vient que dans les anciennes Ordonnances il n'est fait aucune mention de plusieurs de celles qui sont aujourd'huy universellement reçuës, & du nombre des plus solemnelles.

Mais comme il seroit difficile d'entrer dans le détail de tous les Dioceses du Royaume pour faire cet examen, l'on s'arrestera à celuy de Paris, où l'on trouve dans ses anciens usages, & avant la reforme qui en a esté faite, un plus grand nombre de Festes que dans pas un des autres. L'on prend d'autant plus volontiers ce parti, que cela contient generalement toutes les Festes des Mysteres, toutes celles de la sainte Vierge, celles des Apostres, des premiers Martyrs, & des Saints reconnus par toute la France pour les

Tome I.

Protecteurs du Royaume. Ainsi à l'exception de quelques Saints Patrons particuliers des lieux où ils ont vécu, & où leur Feste est solemnisée, l'on aura dans ce seul Diocese l'exemple le plus estendu de tout ce qui doit estre observé ailleurs.

§. I. Des Festes de Pâques & de la Pentecoste.

De toutes les Festes qui avoient esté establies dans l'ancienne Loy, les Apostres n'en conserverent que deux ; celles de Pâques, & de la Pentecoste : la premiere en memoire de la Passion & de la Resurrection du Sauveur du monde ; la seconde, pour celebrer la descente du saint Esprit sur son Eglise naissante.

Deux motifs, selon les Peres, determinerent les Apostres à faire ce choix ; & l'application de ces deux Festes aux deux principaux Mysteres de nostre Redemption. Le premier, qu'en effet la Passion & la Resurrection du Sauveur arriverent les mêmes jours que les Juifs celebroient leur Feste de Pâques, & que la descente du saint Esprit arriva aussi le jour de leur Feste de la moisson ou des semences, qu'ils celebroient cinquante jours aprés celle de Pâques ; d'où elle a pris le nom de Pentecoste, qui signifie en Grec *Cinquantaine*. Ainsi en fixant les Festes de ces deux Mysteres de nostre sainte Religion à ces jours, les Apostres ne suivirent que l'ordre naturel, & l'usage ordinaire de celebrer les Festes les jours que les actions ou les mysteres qu'elle nous represente sont arrivez : Ils tirerent leur second motif de l'analogie qui se rencontre entre l'objet de l'une & de l'autre de ces Festes dans l'ancienne Loy, & les deux Mysteres de la nouvelle. L'Agneau sans tache que les Juifs immoloient en faisant leur Pâque ; le sang de ce même agneau marqué en forme de croix à leurs portes, & qui sauva la vie à leurs enfans en Egypte, lorsque l'Ange Exterminateur passa, & fit mourir tous les premiers nez des Egyptiens ; leur sortie de captivité, & leur passage de la Mer rouge le lendemain de cette immolation, pour s'avancer vers la Terre promise, furent considerées par ces Fondateurs de nostre sainte Religion, comme autant de symboles de la Passion & de la Resurrection de JESUS-CHRIST.

Il en est de même de la Pentecoste. Cette Feste estoit destinée pour offrir au Seigneur par les Juifs les prémices des fruits de la terre, dont la récolte commence en cette saison dans ces Païs chauds. Les Peres de l'Eglise ont aussi remarqué que ce fut en ce jour que la Loy fut donnée à Moyse sur le Mont de Sinaï au milieu d'une nuée accompagnée d'éclairs, & au bruit du tonnerre & des trompetes. Ces circonstances parurent aux Apostres comme autant de similitudes de la descente du saint Esprit sur eux, en langues de feu, & au bruit d'un vent impetueux, comme parle l'Ecriture, pour les remplir de ses dons, & les animer à la publication de la Loy nouvelle. Ils y découvrirent encore la figure des offres qu'ils firent au Seigneur dans ce même jour, des prémices de l'Eglise naissante, comme autant de premiers fruits de leur moisson apostolique.

§. II. *Des contestations qui ont partagé autrefois l'Eglise, touchant le jour que la Feste de Pâque devoit estre celebrée.*

Cet establissement fut universellement reçû de tous les Fideles ; mais l'observation n'en fut pas neanmoins uniforme. Tout l'Occident solemnisa la Mort & Passion de J. C. le quatrième Vendredy de la pleine Lune d'après l'Equinoxe du Printems, & celle de la Feste de la Resurrection le Dimanche suivant ; & tout l'Orient se réglant sur l'usage des Juifs dans la solemnité de leur Pâque, celebroient la premiere de ces Festes, le quatorziéme de cette même Lune, quelque jour de la semaine qu'il arrivast, & la seconde deux jours après. Les uns se fondoient sur ce que la Mort du Sauveur arriva le Vendredy, & sa Resurrection le Dimanche dans cette quadrature de la Lune d'aprés l'Equinoxe : & les autres, qu'en cette année le Vendredy se rencontra le quatorziéme jour de cette Lune, & consequemment le Dimanche le seiziéme, & qu'ainsi l'on devoit suivre les dates & non pas les jours. Quelques Provinces particulieres reglerent cette Feste suivant le cours du Soleil, & n'estant pas bien d'accord entr'elles dans leur calcul, elles avoient encore sur cela des usages différens ; les uns la celebroient le vingt-cinq de Mars, d'autres le vingt-sept du même mois, & quelques-unes la reculoient jusques au septième Avril, se fondant sur ce qu'elles prétendoient chacune suivant son calcul, que le quatorziéme de la Lune de Mars arriva l'un ou l'autre de ces jours solaires dans l'année que ce grand Mystere de nostre Redemption fut consommé.

Les trois premiers siecles de l'Eglise se passerent dans cette division : les persecutions qu'elle eut à supporter ny le tems de penser à ce point important de sa discipline, ny l'autorité necessaire pour y apporter un remede efficace.

Euseb. Vit. Const. l. 3. c. 1. §. 19. Sozom. l. 1. c. 16. 17.

Ce fut l'un des premiers fruits de la paix que la conversion de Constantin luy procura. Ce defaut d'uniformité dans la celebration de l'un de nos principaux Mysteres déplut à ce Prince : il chargea les Peres du Concile de Nicée tenu l'an 325. d'y pourvoir ; & ils déciderent en faveur de l'Eglise Latine, qui l'avoit toujours celebré le premier Vendredy & le Dimanche d'après la pleine Lune de l'Equinoxe du Printems.

Epiph. hæref. 50. Theod. hær. fab. l. 3. c. 4.

Andius de Mesopotamie fut le seul qui refusa de se soumettre à cette décision du Concile. Il continua de celebrer la Feste de Pâques le quatorziéme de la Lune de Mars : quelques autres se joignirent à luy ; & de cette singularité les nomma *Quartodecimans*. Le Concile d'Antioche tenu l'an 334. les condamna, & confirma ce qui avoit esté ordonné par le Concile de Nicée.

Conc. t. 1. col. 561. Can. 2.

Les Novatiens qui renouvellerent cette erreur l'an 370. furent encore condamnez par l'Eglise, & la Foy orthodoxe du Concile fut maintenuë.

Mais il y eut dans la suite d'autres difficultez entre les Catholiques mêmes touchant la Feste de Pâques. Ils estoient bien à la verité universellement attachez à la décision du Concile de Nicée, qu'elle devoit estre celebrée le Dimanche de la pleine Lune d'après l'Equinoxe du Printems ; mais les variations qui arrivent dans le cours du Soleil & de la Lune, qui doit former chaque année ce point equinoxial, les embarasserent. La difference qu'il y a entre l'année Julienne ou Civile dont nous servons, & l'année celeste, pour ainsi dire, formée par le cours complet du Soleil, faisoit toute la difficulté. La premiere est de trois cens soixante-cinq jours six heures, selon le calcul qu'en avoit fait Jules Cesar, dont elle porte le nom, & l'autre n'est que de trois cens soixante-cinq jours cinq heures quarante-neuf minutes. Comme ces six heures de l'année Julienne font vingt-quatre heures en quatre ans, Cesar avoit fait ajouster à son année, de quatre ans en quatre ans, un jour de surcroist. Il luy plut de le placer au vingt-quatriéme de Fevrier, sous le nom de Bissexte, c'est-à-dire, que dans cette année l'on comptoit deux fois le sixiéme des Calendes de Mars. *Bissexto Calendas Martias*, d'où ce jour prit son nom. Ce remede fut suffisant quant à ces jours surnumeraires ; mais il restoit toujours cette petite difference d'onze minutes, entre l'année Civile & l'année Solaire. Quoyque le progrès en soit peu sensible, il ne laisse pas de former un jour à peu prés en cent trente-un an. Ainsi depuis Jules Cesar jusqu'au Concile de Nicée, qui est une espace de trois cens soixante-dix années, l'Equinoxe que ce Prince avoit fixé au vingt-cinquiéme de Mars, estoit retrogradé à la fin du 22. ou au commencement du 21. du même mois. Ce dérangement fut parfaitement connu aux Peres du Concile ; & ce fut ce qui les determina à fixer l'Equinoxe au 21. de Mars. Mais se contentant d'avoir remedié au passé par cette premiere reforme du Canon Pascal, ils ne pourvûrent point à l'avenir ; de sorte que les Equinoxes & les Solstices, c'est-à-dire, les points Cardinaux des quatre Saisons continuerent comme auparavant, à retrograder d'environ onze minutes par an.

Il y avoit encore un autre desordre dans le Cycle Lunaire de dix-neuf ans, au bout desquels on croyoit communément que le Soleil & la Lune se rejoignoient. Ce calcul ne se trouva pas tellement juste, qu'il n'y manquast prés d'une heure & demie pour le reduire à l'exactitude des Tables Astronomiques. Ainsi les nouvelles Lunes se trouveront avancées de prés d'un jour dans l'espace de trois cens ans.

Ces petites differences dans le calcul des revolutions du Soleil & de la Lune ayant esté ignorées ou negligées, augmenterent de telle sorte dans la suite des siecles, que l'on vit les Festes s'éloigner de plus en plus du tems auquel elles estoient marquées dans le Calendrier : ainsi la Feste de Pâques au lieu de se rencontrer entre la pleine Lune, & le dernier quartier du premier mois Lunaire, passoit quelquefois au second mois ; & il est sans doute qu'elle se seroit trouvée dans la suite des tems au Solstice d'Esté, d'où elle auroit passé à l'Automne, & puis à l'Hyver.

Ce desordre commença à se faire sentir dés l'an 330. cinq ans après le Concile de Nicée, quoy qu'alors peu sensible : le progrès s'en fit craindre ; & chacune des Eglises d'Orient & d'Occident, y chercha un remede. Il y eut plusieurs calculs de faits, plusieurs Cycles dressez de part & d'autre, pour fixer l'Equinoxe dans sa veritable saison. Mais soit que la chose fust difficile en elle-même, ou que l'on s'y prist mal, aucun ne se trouva juste, & tous estoient differens les uns des autres. Cependant l'Eglise Greque, celle d'Alexandrie, & la Latine en choisirent

rent chacun un séparément : & par cette variété, la Feste de Pâque s'y trouva celebrée en differens jours, & quelquefois à un mois de distance les unes des autres. Les Eglises particulieres de chacune de ces parties du monde Chrestien, ne furent pas même toujours d'accord entr'elles. Saint Gregoire de Tours nous apprend, que l'an 590. il y eut dés Provinces en France, qui celebrerent la Feste de Pâques le vingt-six Mars, & d'autres le deuxième Avril, parce qu'elles s'estoient attachées à differens cycles ou calculs.

S. Greg. Tur. hist.l.10,c.23.

Ces variations dans un point si important de discipline, subsisterent jusques au huitième siecle, que le Cycle de Denys le Petit l'un des plus sçavans hommes de son siecle, & qu'il avoit dressé dés l'an 526. fut enfin universellement reçû par toutes les Eglises.

Buch. p. 33. 191.193. Tolet. Conc. 4.Can.5.

Quoyque ce calcul fust le plus parfait de tous ceux qui avoient esté dressez jusques alors, il n'avoit pas neanmoins suffisamment pourvû à la difference des onze minutes, qui se rencontrent entre l'année civile & l'année solaire. Quelque petite que soit cette difference, elle sit progrés ; & dans la suite des siecles l'on reconnut sensiblement, que les Equinoxes & les Solstices estoient encore retrogradez de quelques jours : cela fit penser fort serieusement à une nouvelle reforme du Calendrier. L'on en traitta la question aux Conciles de Constance & de Basle; mais ce fut en vain, & elle y demeura indécise : plusieurs Papes y firent travailler, & y employer les plus celebres Mathematiciens de leurs siecles, mais toujours sans fruit.

Thuan. Hist. 1.477.578. & 172.

Gregoire XIII. qui monta sur la Chaire de saint Pierre l'an 1572. entreprit enfin cette reformation desirée depuis tant de siecles, & tant de fois tentée inutilement : il consulta sur cette matiere les plus habiles gens de l'Europe ; & aprés avoir concilié tous leurs avis, il s'arresta à celuy de Louis Lilius Medecin de la Ville de Rome, qu'il jugea le meilleur. Cet avis de Lilius fut mis entre les mains de Christophle Clavius Jesuite Allemand, qui professoit les Mathematiques dans Rome ; & ce fut celuy-cy qui forma le sisteme de la reformation du Calendrier. Par le calcul l'on fut fait pour y parvenir, l'on reconnut que l'Equinoxe du Printems estoit alors retrogradé jusqu'au onzième de Mars : ainsi pour le restablir au 21. qui est le point auquel il avoit esté fixé par le Concile de Nicée, l'on retrancha dix jours de l'année : le Cycle Solaire fut interrompu d'un pareil espace ; les Lettres Dominicales furent changées ; & l'on dressa un Cycle des Epades dans une methode plus exacte & plus commode que les precedens. Pour remedier ensuite à la retrogradation de l'Equinoxe, & le retenir à perpetuité au 21. de Mars, l'on considera que les onze minutes qui le font avancer tous les ans, forment un jour & une minute en cent trente-un an : ainsi l'on arresta que dans le cours de quatre siecles, l'on en retrancheroit le dernier jour bissextile de trois, & qu'il n'y auroit que la derniere année du quatrième siecle, qui auroit son bissexte ordinaire.

Il est vray qu'il y a encore quelque petit defaut dans ce calcul, quand il n'y auroit que celuy de la minute qui excede un jour en 31.an; mais comme il se passera bien des milliers d'années avant que ces defauts se rendent perceptibles, & qu'ils puissent composer un jour de retrogradation, on ne s'y arresta pas.

Thuan.supr. Voss. Scient. Math. Scalig. Elench.Vietæi

Gregoire XIII. autorisa ce nouveau Cycle,

par une Bulle du 24. Fevrier 1581. il fit faire le retranchement de dix jours du mois d'Octobre suivant, qu'il choisit plutost qu'un autre, parce que c'estoit celuy de sa naissance : ainsi du quatrième jour on passa au quinziéme ; & ce qui avoit esté l'onzième de chaque mois, devint le vingt-un.

Cette reformation fut reçûë en France, par Edit du troisième Novembre de la même année 1581. & un mois aprés, pour faire le retranchement de dix jours, l'on passa du neuvième Decembre immediatement au vingt ; ainsi l'Equinoxe de l'année suivante fut restabli au 21. Mars ; & depuis ce tems, ce point n'ayant plus varié, toutes les difficultez pour la celebration de la Feste de Pâques ont cessé.

§. III. *La solemnité de la Feste de Pâques pendant deux semaines réduite à trois jours.*

Pendant que les choses se passoient ainsi touchant la fixation du jour de cette Feste, il y eut encore quelques petits changemens à l'égard de sa solemnité. Les quinze jours du tems Paschal, estoient autrefois autant de Festes d'obligation : les Fideles les observoient en secret pendant les persecutions ; & aussi-tost que Constantin eut affermi la paix de l'Eglise, il ordonna par une Loy expresse, que ces deux semaines, tous les Tribunaux de la Justice seroient fermez de même qu'aux jours de Dimanches.

L. 1. §h die Dominico. C. de Feriis.

Valentinien, Theodose & Arcadius renouvellerent cette même disposition par une autre Loy de l'an 389.

L. 2.Omnes dies C. Th. de Feriis.

L'on se relâcha insensiblement dés le cinquième siecle à l'égard de la premiere semaine : elle ne fut plus que de devotion en plusieurs lieux ; & en d'autres, l'on se contenta de l'assistance au Service des quatre derniers jours.

Quant à celle qui suit le Dimanche de Pâques, l'observation en a subsisté plus long-tems : elle fut confirmée comme estant d'un ancien usage, par le Concile de Mascon, tenu l'an 585. Le second de ses Canons défend toutes œuvres serviles pendant les six jours entiers de cette semaine. Le Concile de Constantinople assemblé l'an 692. contient la même disposition : l'Empereur Charlemagne l'ordonna par un Edit de 813. & cela fut d'abondant confirmé au Concile de Mayence la même année, & au Concile de Meaux de l'an 845.

L'on fit enfin attention aux besoins que le Peuple souffroit pendant cette longue suspension de son commerce & de ses travaux ; cela porta le Concile de Mayence tenu l'an 1085. à reduire la solemnité de la Feste aux trois jours qui suivent le Dimanche : le Mercredy en fut encore retranché dans plusieurs Dioceses vers le treiziéme siecle ; & ce retranchement du Mercredy dans le Diocese de Paris, ne fut fait que l'an 1514. par Estienne Poncher, qui en estoit alors Evêque : en quelques autres endroits ce jour de Mercredy est demeuré Feste de devotion ; & en d'autres jusques aprés la Messe. Quelques-uns en ont usé de même à l'égard du Mardy ; & c'est cette discipline qui s'observe encore aujourd'huy dans chacun de ces lieux, selon ces differens usages.

De ces quinze jours du tems Paschal, il y en a toujours eu deux plus solemnels que les autres; le Vendredy que JESUS-CHRIST est mort, & le Dimanche qu'il est ressuscité. La primitive Eglise en faisoit même deux Festes separées, avec égale solemnité ; elle en nommoit l'une,

Tt iij Pâques

Pâques de la Paffion, & l'autre Pâques de la Refurrection. Saint Auguftin rendant raifon de cet ufage, qui fubfiftoit encore de fon tems, dit qu'en effet le nom de Pâque, qui fignifie paffage, convient également à l'un & à l'autre de ces jours; le premier, parce qu'en ce jour J. C. paffa de la vie naturelle à la mort, qu'il voulut bien fouffrir pour noftre Redemption: & au fecond, parce qu'en ce jour il paffa de la mort, à la vie glorieufe & triomphante de l'immortalité; mais depuis le neuviéme fiecle, le Vendredy n'eft plus fefté; & fi l'on affifte à l'Office, ce n'eft que par devotion: ainfi la grande folemnité de Pâque eft toute renfermée au Dimanche de la Refurrection, & aux deux jours qui le fuivent.

Il y a encore eu cela de fingulier en France, que la Fefte de Pâques a long-tems fervi d'époque, pour le commencement de l'année civile: les François commençoient anciennement leur année au premier jour de Mars; il eft nommé le premier mois dans le Concile de Vernon tenu l'an 755. *Menfe primo quod eft Calendis Martiis*: l'on compta enfuite les années du jour de l'Incarnation, ou du jour de la Paffion de Noftre Seigneur, *ab Incarnatione*, ou bien, *à Paffione Domini*; mais il faut remarquer que par l'Incarnation ils entendoient le jour de Noël; parce que c'eft alors que J. C. a paru reveftu de noftre chair. Cette couftume changea fous nos Roys de la troifiéme branche, que l'on commença de compter du 25. Mars jour de l'Incarnation, pris dans un veritable fens: dans la fuite du tems l'on compta les années depuis la Fefte de Pâques; de forte que dans l'intervalle qui eft entre le 22. Mars & le 25. Avril que la Fefte de pâques eft mobile, on ajouftoit à la date ces mots, *avant Pâques*, ou bien, *après Pâques*, pour marquer la fin & le commencement de l'année. Mais enfin par un Edit du mois de Janvier 1584. " Charles IX. ordonna qu'à l'avenir l'on commenceroit l'année au premier de Janvier: cela fut executé dés l'année fuivante à la Cour, & dans les Expeditions de la Chancellerie; mais le Parlement ne s'y conforma, & ne commença de dater l'année du premier Janvier qu'en 1587.

§. IV. *La folemnité de la Fefte de la Pentecofte pendant une femaine entiere, reduite à trois jours.*

Il en fut d'abord de la femaine de la Pentecofte comme de celle de Pâques: les fix jours qui fuivent le Dimanche furent autant de Feftes d'obligation: cela fut confirmé par le Concile de Mayence, & par l'Edit de Charlemagne de l'an 813. dont il vient d'eftre parlé fur les Feftes de Pâques. L'Ordonnance de Charles le Chauve, qui reduifit les Feftes de Pâques aux trois jours qui fuivent le Dimanche, ne fait aucune mention de celles de la Pentecofte: l'on conjecture de-là qu'elles avoient déja efté reduites par l'ufage avant cette Ordonnance; en tout cas il y fut pourvu par le fixiéme Canon du Concile " d'Ingelheim, tenu l'an 948. il porte, que de " la femaine de la Pentecofte, les trois jours " feulement qui fuivent le Dimanche, feront " feftes d'obligation. Le Mercredy en fut retranché à Rome par Gregoire IX. l'an 1232. & à Paris par les Statuts Synodaux de ce Diocefe de l'an 1514. Hardoüin de Perefixe Archevêque de Paris, en retrancha le Mardy l'an 1666. mais le Peuple accouftumé à cette devotion, en témoigna tant de chagrin, que fon Succeffeur François de Harlay la reftablit par les Statuts Synodaux qu'il fit publier dans fon Diocefe l'an 1673.

§. V. *De la Fefte de l'Afcenfion, de la Nativité de N. S. & de l'Epiphanie.*

C'eft une Tradition qui eftoit univerfellement reçuë dés le tems de S. Auguftin, que la Fefte de l'Afcenfion fut auffi eftablie par les Apoftres: luy-même eftoit de cette opinion, qu'il fondoit fur ce que les Feftes de la Paffion, de la Refurrection, de l'Afcenfion & de la Pentecofte, eftoient generalement celebrées partout où la foy de J. C. eftoit reçuë. Il en tiroit cette confequence, qu'elles devoient avoir efté eftablies par les Apoftres mêmes, ou par un Concile general: or aucun Concile n'en fait mention comme d'un nouvel eftabliffement: donc il s'enfuit qu'elles font d'inftitution Apoftolique.

Les Latins nommoient autrefois cette fefte *Quadragefima*, & les Grecs *Teffaracofte*, ou *Tetracofte*, la quarantaine, ou le quarantiéme jour; parce que c'eft en effet dans cette periode d'après Pâques qu'elle eft folemnifée; de même que l'on dit la Pentecofte, à caufe que cette fefte arrive auffi le cinquantiéme jour d'après celle de Pâques.

Il n'eft pas fi certain que la fefte de Noël foit d'inftitution Apoftolique. Nous venons de voir que S. Auguftin parlant des feftes eftablies par les Apoftres, & qui s'obfervoient confequemment par toute l'Eglife, n'en nomme que quatre, la Paffion, la Refurrection, l'Afcenfion & la Pentecofte. Il femble en effet, difent quelques autres Auteurs, que les Apoftres n'eftablirent que les feftes des Myfteres, dont ils avoient efté les témoins: mais il eft toujours indubitable que cette fefte eft tres-ancienne; que dés le tems de S. Auguftin il ne reftoit aucune memoire de fon inftitution: ce qui fait que chacun a toujours efté perfuadé, que du moins elle fut eftablie immediatement après ces quatre premieres, & qu'elle a toujours efté la plus folemnelle après celles de Pâques & de la Pentecofte.

Les differentes opinions qu'il y a eu autrefois touchant le veritable jour de la naiffance du Sauveur, ont fait varier les ufages de la folemnité de cette fefte: elle fut d'abord eftablie le 6. de Janv. fous le nom d'*Epiphanie*, ou celuy de *Theophanie*, dont on fe fervoit indifferemment; l'un & l'autre fignifiant *manifeftation* d'en haut, ou prefence de Dieu parmy les hommes. L'adoration des Mages & la memoire du Baptême de N. S. n'eftoient pas encore feparées de la Naiffance, & la fefte s'en faifoit le même jour.

L'Eglife Latine fut la premiere à fixer cette fefte de la Naiffance du Seigneur, fous le nom de Noel, *Natalis Domini*, au 25. Decembre. Le tems auquel fut fait ce changement n'eft pas certain; mais S. Chryfoftome nous apprend, que dés le quatriéme fiecle cet ufage eftoit déja fort ancien dans tout l'Occident: les Grecs & les Orientaux fe conformerent aux Latins, & transfererent comme eux la fefte de Noël au 25. Decembre l'an 377. Ils prirent ce parti d'autant plus volontiers, qu'ils eftoient perfuadez que l'Eglife Romaine avoit pû connoiftre ce veritable jour, par la fameufe Capitation qu'Augufte fit faire en Judée, & dans toutes les autres Provinces de fon Empire, au tems des couchés de la Vierge, dont les Actes fe conservoient à Rome avec beaucoup de foin.

Tous les jours qui font entre les feftes de Noël & de l'Epiphanie, eftoient autrefois autant de feftes d'obligation.

d'obligation. Les Grecs nommoient ce temps de Festes & de réjouïssances *Dodecameron*, les douze jours, parce qu'en effet c'est la periode de cet intervalle. C'estoit encore l'usage du 6ᵉ siecle, & il fut confirmé au second Concile de Tours l'an 567. On ne trouve point quand le retranchement en fut fait. Il est seulement certain que sous le Regne de Charles le Chauve au milieu du neuviéme siecle, on ne festoit plus que le principal jour & les trois suivans. C'est la disposition de l'Ordonnance de ce Prince, dont il a déja esté parlé sur les Festes de Pasques & celles de la Pentecoste.

La Feste de l'Epiphanie est aussi ancienne que celle de Noël, & conséquemment de temps immemorial, comme il vient d'estre observé.

Aprés que la Feste de Noël eut esté transferée au 25. de Decembre, celle-cy demeura toujours fixée au sixiéme de Janvier. Elle renferme dans sa Solemnité trois grands Mysteres, l'Adoration des Mages, le Baptême, le premier miracle du Sauveur du Monde. C'est l'une des cinq premieres Festes de l'Eglise, Pasques, l'Ascension, la Pentecoste, Noël & l'Epiphanie. Elles sont aussi quelquefois nommées Festes Cardinales, parce que c'est sur elles que roule presque toute l'œconomie de l'Office divin dans le cours de l'année.

§. VI. *Des autres Festes de l'année, selon l'ordre chronologique de leur establissement.*

Serm 130.n.2.
Serm. 292. c.
18,
La haute estime que la sainteté, la pénitence & les autres vertus de saint Jean Baptiste luy avoient acquise s'estoit toujours conservée dans la Judée. Plusieurs des Juifs que les Apostres convertirent pouvoient estre du nombre de ceux qui avoient oüy ses Prédications, reçû son Baptême, & qui avoient eu des dispositions à le reconnoistre pour Helie ou pour le Messie même. Ainsi, il ne faut pas s'estonner si, selon saint Augustin, il fut le premier auquel l'Eglise naissante rendit un culte religieux.

Les Martyrs ont ensuite esté les premiers qui ont attiré la veneration & les vœux des Fideles.

Act. Apost. 7.
v. 56,
Tillem.p.504.
Ce fut saint Estienne qui ouvrit cette grande & glorieuse carriere du martyre, environ neuf mois aprés la Mort du Sauveur du Monde.

Act. Apost. 12.
v. 2.
Saint Jacques le Majeur fut le second qui répandit son sang pour la Foy; ce qui arriva, selon l'opinion commune, neuf ans aprés la Mort & Passion de J. C.

Euseb. lib. 3.
cap. 1.
S. Hieron. de
script. c 1.
Prudent. Peri-
steph. c. 12.
S. Chrysost.
hom. 66.
Till. p. 189.
Les Apostres S. Pierre & S. Paul reçûrent aussi la couronne du Martyre le 29. Juin l'an 55. de nostre Salut 22. ans aprés la Passion de leur divin Maistre.

Un tres-grand nombre de Fideles de l'un & de l'autre sexe de tout âge, de toutes conditions & de tout Pays, souffrirent tout ce que la fureur des hommes put inventer de plus cruel, & offrirent à Dieu leurs tourmens & leur vie en sacrifice pour la défense du nom Chrestien.

Mais tant que les persecutions durerent, il en fut de leur culte & de leurs Festes ce que nous avons déja dit du Dimanche; le tout se passoit en secret. Les Fideles prenoient soin d'enlever leurs corps ou leurs cendres, de leur donner une sepulture la plus honorable qu'il leur estoit possible. L'on se rendoit ensuite de temps en temps auprés de leurs Tombeaux; l'on y chantoit les loüanges du Seigneur & des Hymnes saints. L'on y entendoit les Homelies des Pasteurs, qui estoient autant d'Oraisons Funebres où les vertus & la constance des Martyrs estoient

proposées pour exemple. On y celebroit les saints Mysteres, & on leur offroit enfin des vœux & des prieres pour implorer leur intercession auprés du Seigneur. Il n'y avoit au surplus aucun jour certain de feste, & il n'estoit pas en la liberté des Chrestiens en ce temps que le Paganisme dominoit, de faire cesser les affaires, le commerce & les autres œuvres serviles pour honorer leurs Saints.

L. 3. Omnes
C. de feriis.
Ainsi les Festes en la forme qu'elles sont observées aujourd'huy, n'ont commencé qu'au quatriéme siecle, aprés la conversion de Constantin. Aussi l'Edit de ce Prince de l'an 321. pour la cessation des œuvres serviles ne fait-il mention que du Dimanche. Les Festes des Mysteres y estoient sans doute éminemment sous-entenduës, & celles des Saints n'estoient pas encore establies.

Ce fut donc depuis ce temps que l'on commença à fester par un culte public la Nativité de saint Jean Baptiste le vingt-quatre de Juin.

Epist. 179.
Serm. 190.
n. 2.291. t. 1.
L'Eglise, selon la remarque de S. Augustin, & de S. Bernard, celebre la mort des autres Saints, parce que c'est en ce jour qui termine leur sainte vie, qu'ils sont veritablement confirmez en grace, & qu'ils naissent à l'immortalité bien-heureuse; d'où vient que l'Eglise le nomme en effet leur naissance: mais, continuent ces Peres, elle solemnise la Naissance temporelle de saint Jean Baptiste; parce qu'il estoit saint & confirmé en grace avant même que de naistre. Il en fut de même des autres Festes. Elles furent toutes solemnisées à des jours fixes & certains.

Thomass. de
Fest. l. 1. c. 4.
p. 49. 52.
Till. p. 292.
Celle de S. Pierre & de S. Paul fut fixée au 29. du mois de Juin, qui est le jour qu'ils avoient souffert le martyre.

Thomass. l. 1.
cap. 4. & lib.
2. c. 23.
Ce même jour l'Eglise faisoit aussi la Feste de tous les autres Apostres en commun. Elle crut que c'estoit entrer dans l'esprit de leur divin Maistre son Epoux, de ne pas séparer ce sacré College qu'il avoit luy-même formé. Il n'auroit pas esté facile d'ailleurs de leur assigner des Festes separées, puisque leur dispersion les avoit conduits par la prédication de l'Evangile en des pays si éloignez, que l'on ignoroit le temps & le jour de la mort de plusieurs d'entr'eux.

L. 7. Omnes
dies C. de fer.
Cette Feste des Apostres fut la plus celebre aprés celles des Mysteres. Les œuvres serviles estoient bien à la verité défenduës les jours que l'on celebroit les Festes des autres Saints; mais l'administration de la Justice n'en estoit pas interrompuë.

La Feste des Apostres fut exceptée de cette regle generale par une Loy expresse de Valentinien, Theodose & Arcadius, de l'an 389. Elle porte, que toutes les affaires des Tribunaux «cesseront les Festes des Mysteres de nostre Redemption, le Dimanche & le jour que l'on «feste la Passion des Apostres, qu'elle qualifie «les Maistres de tout le Monde Chrestien.

S. Greg. Nyss.
t. 3.
After. Amas.
S. Aug. serm.
314.
Greg. Tur. l.
1. Mirac.c.33.
S. Greg. Dial.
lib. 4. c. 31.
La Feste de saint Estienne a toujours esté solemnisée le lendemain de la Naissance de N. S. & consequemment elle fut d'abord le 7. Janvier; & depuis l'an 377. le 26. Decembre.

Saint Laurent qui souffrit le martyre le 10. Aoust l'an 258. est encore l'une des Festes qui commença d'estre solemnisée dans le quatriéme siecle.

Florent. pag.
145. 574.
Thomass Fest.
p. 461.
Statut. Eccl.
Paris. p. 444.
Saint Thomas fut le premier des Apostres, aprés S. Pierre & S. Paul, qui eut une Feste en particulier; elle fut fixée dés le quatriéme siecle au 21. Decembre. Elle est du nombre de celles qui furent retranchées dans le Diocése de Paris l'an 1666. mais elle a esté restablie par les Statuts

tuts Synodaux de l'an 1673.

L'Empereur Valentinien par une Loy de
» l'an 425. défendit tous les jeux du théâtre &
» du cirque, & aux peuples d'y assister les jours
» de Dimanche, les Festes des Mysteres, & cel-
» les des Apostres, qu'il qualifie encore les Mai-
» stres du Monde Chrestien. Il ordonne de s'abste-
» nir de toute autre volupté en ces saints jours,
» & de ne s'y appliquer qu'au service de Dieu.[a]

La Feste de S. André fut aussi separée de la Feste
commune des Apostres, & fixée au 30. Novembre vers le commencement du cinquiéme siecle.[b]

Saint Martin Evêque de Tours avoit vécu
dans une si haute reputation de sainteté, & il
se fit tant de miracles à son Tombeau, que peu
de temps aprés sa mort arrivée le 11. Novembre
397. il fut reconnu pour Saint, & sa Feste solemnisée. C'est le premier des Saints, aprés les
Martyrs, auquel l'Eglise Latine a rendu un culte
religieux. La Grece en avoit fait autant pour S.
Philogone quelques années auparavant, sous le
titre de Confesseurs, pour les distinguer de ceux
d'entre les Saints qui avoient répandu leur sang
pour la Foy de J. C. [c]

La Feste de Saint Jean l'Evangeliste. a varié
pendant deux siecles de trois differens jours.
à celle de saint Jean Baptiste le 24. Juin. On la
transfera ensuite au 25. de May; & enfin elle
fut fixée vers la fin du cinquiéme ou le commencement du sixiéme siecle au 27. Decembre.[d]

Saint Jacques le Majeur eut aussi une Feste
separée à la fin du cinquiéme siecle. Elle fut
d'abord solemnisée le 27. Decembre aprés celle
de saint Estienne, comme second Martyr. On
la depuis transferée au 25. Juillet environ le
septiéme siecle. [e]

Dés la naissance de l'Eglise, la sainte Vierge
fut honorée par tous les Fideles d'un culte religieux, superieur à celuy qu'ils rendoient aux
les autres Saints. On en faisoit memoire dans
toutes les Festes des Mysteres, parce qu'il n'y
en a aucun où elle n'ait eu quelque part. Dés
que l'Eglise fut en paix, on éleva des Temples
en son nom à Ephése, où elle avoit vécu, à
Constantinople, & bien-tost aprés dans toutes
les parties du Monde Chrestien: mais elle n'a-
voit encore aucune Feste en particulier. [f] La
pieté des Fideles n'estant pas contente de cette
dévotion generale, ils se porterent d'eux-mêmes
dés le quatriéme siecle à respecter d'un culte
religieux l'Annonciation de la sainte Vierge, &
la Conception de J. C. son Fils, comme le principe de tous les autres Mysteres de nostre Redemption. Ils en marquerent le jour au 25. de
Mars, par la même raison que la Feste de la
Naissance de J. C. fut fixée en ce temps au 25.
de Decembre; & l'Eglise, pour seconder les
vœux de ses Enfans, en ordonna la solemnité
sur la fin du cinquiéme siecle.

Saint Barnabé commença aussi d'estre festé
le 11. de Juin séparément des autres Apostres
l'an 488. Cette Feste a esté retranchée en 1666.
dans le Diocése de Paris.[g]

Saint Matthieu, dont la Feste se solemnise le
21. de Septembre, est la derniere de celles que
nous trouvons avoir esté establies dans le cinquiéme siecle.

L'Assomption de la sainte Vierge, qui avoit
esté festée à Ephese dans les premiers siecles de
l'Eglise, & dont il est fait mention dans le Concile tenu en cette Ville l'an 431. fut enfin reçûë & solemnisée dans tout le Monde Chrestien
au commencement du sixiéme siecle. On la festa
en France du temps de nos premiers Roys le
18. de Janvier. L'usage s'en perdit insensiblement dans le temps des troubles de l'Estat. [h]

Quelques Eglises neanmoins la conserverent,
mais seulement comme Feste de dévotion, qu'elles transfererent au 15. Aoust, qui est le jour
qu'elle se festoit à Rome. L'Empereur Charlemagne réformant le Calendrier l'an 813. ordonna qu'à l'égard de cette Feste il en seroit déliberé. [i] Le Concile de Mayence assemblé cette
même année la restablit, & la mit au nombre
des Festes Solemnelles; ce qui fut à l'instant reçû
& confirmé par le même Prince. L'Eglise de Paris depuis la réforme de son Breviaire de l'an
1680. la reconnoît pour l'une des quatre grandes Festes & de la premiere classe, que l'on nomme Annuelles; Pâque, la Pentecoste, Noël &
l'Assomption. [k]

Saint Marcel Evêque de Paris fut aussi mis
par l'Eglise au nombre des Saints peu de temps
aprés sa mort arrivée l'an 436. Le temps que sa
Feste fut establie est incertain; mais ce que rapporte Gregoire de Tours du grand nombre
de miracles qui se faisoient à son Tombeau,
donne lieu de croire qu'elle l'estoit de son temps,
c'est-à-dire, vers le milieu du sixiéme siecle. [l]

Sainte Geneviéve nâquit à Nanterre l'an 422.
les Romains estant encore les maistres des Gaules, & mourut le 3. Janvier l'an 512. sous le Regne du grand Clovis. Il se fit un si grand nombre de miracles à son Tombeau, que l'Eglise
commença peu d'années aprés à solemniser sa
Feste. [m]

Saint Denys Apostre de la France souffrit
le martyre avec S. Rustique & S. Eleuthere ses
Compagnons, sous les Empereurs Payens. Le
temps n'en est pas certain. Leurs corps furent inhumez par les Fideles dans un Village nommé
Catheuil proche de Paris. Ils y demeurerent cachez jusqu'au Regne de Clovis, que Dieu les
découvrit à sainte Geneviéve. Ils y furent levez
au commencement du sixiéme siecle, & exposez à la veneration des Fideles. On leur bastit
des Eglises en differens lieux; & ce ne fut apparemment qu'en ce temps-là que l'on commença aussi à solemniser leur Feste. [n]

La Purification de la sainte Vierge commença d'estre celebrée dans l'Eglise l'an 542. sous
l'Empire de Justinien. Elle fut fixée au deuxiéme jour de Février le quarantiéme d'aprés Noël,
qui estoit le temps fixé par la Loy pour la purification des meres qui avoient mis au monde
un fils. [o]

Saint Nicolas Evêque de Myre en Lycie,
a eu sa Feste dés le sixiéme siecle dans l'Eglise
d'Orient: mais elle n'a esté observée en Occident & par l'Eglise Latine, que dans le neuviéme siecle. [p]

La Feste & les Processions des Rogations furent establies par saint Mamert Evêque de Vienne en Dauphiné l'an 469. pour implorer le secours du Ciel dans les calamitez publiques dont
son Diocése estoit affligé. Le temps en fut marqué aux trois jours qui précedent immédiatement la Feste de l'Ascension. Ce pieux establissement parut si bon, qu'il fut reçû peu de temps
aprés & mis au nombre des Festes d'obligation
dans toutes les autres Provinces des Gaules. Il en
est fait mention au Concile d'Agde tenu l'an
506. & dans le premier d'Orleans de l'an 511.
L'establissement s'en fit à Rome l'an 795. & fut
ainsi general dans toute l'Eglise. Charlemagne
les mit au nombre des Festes qui devoient estre
chommées, l'an 831. Et le Concile de Mayence
tenu

Notes marginales (colonne gauche):

[a] L. 5. Domin. Cod. Th. de spectaculis.

[b] S. Greg. sacr. P. 145. Thomass. Fest. P. 51. 55. 77. & seqq. Mabil. anal. t. 3.

[c] Conc. Tur. 1. ad an. 461. S Greg. Tur. l. 10. cap. 31. n. 4. Id Mir. mart. lib. 1. Bona. litur. l. 1. c. 15. Front. Kal. Hist. Franc. Duch t. 1.

[d] Conc Ephes. conc. tom. 3. col. 1022. Front. Kal. p. 96. Thomass. P. 78. 86. Idem sacr. p. 172. Mab. Mus. Ita. t. 1. part. 2. p. 293. Id. Anal. t. 3. p. 419. [e] Baron. an. 44. n. 1. Beleth. & Durand. de Off. divin. Sacr. Gall. ap. Thomass. sacr. p. 172. & seq Mab. analect. t. 5. p. 175. Thomass. de Fest. p 52. 53. 61. 78. 83. 84. & 86.

[f] Conc. Constant. in Trullo. Can. 53. Front. Kal. Rom. p. 30. Thom. p. 199. Id l. 2. c. 11. Til. t. 1. p 449. Hensch. pag. 538. n. 15. & 17.

[g] Thomass. Fest. Spicil. t. 10.

[h] Greg. Tur. glor. M. l. 1. c. 4. & 9. Conc. Coll. t. 5. p. 84. Til. p. 502. Florent. p. 261. 164. 267. 654.

Notes marginales (colonne droite):

Thom. codice sacr. p. 161. 290. Idem. Fest. p. 415. Mabill. litur. t. 1. 2. pag. 118. 119. Id. Mus. Ital. [i] Capit. Reg. lib. 1. cap. 158. col. 732. [k] Conc. Moguntiac. Can. 36. Regin. lib. t. c. 377. 378. Capitul. Reg. Franc. lib. 1. c. 35 col 748. [l] S Greg. Franc. Baldi Tur. gl Conf. c. 89.

[m] Bod. Mart. Bolland. 137. 155. & 600. Lallemant. Dumoulinet, sur la trad. du P. Lallemant. Mabil. lit. Gal. lib. 1. p. 114. [n] Greg. Tur Hist. Franc. l. 1. c. 30. 31. l. Id. de gloria Confess. c. 30. & 71. Act. S. Dion. apud Bosquet. Fredeg. c. 54. Spicil. t. 5. p. 106. Till. t. 4. p. 449.

[o] Bar. Mart. Rom. ad diem 1. Febr. Theoph. chr. p. 188. Edit. Lupar. Niceph. l. 17. c. 1. Thomass. Fest. p. 291. 291 296. [p] Proc. ædif. l. 1. c. 6. Chron. Pasc. in Hetacl. Dachery Spic. t. 10. Allat. Kal. Till. t. 6. p. 232. [q] S. Avit. hom. de Rogmil. de Rogat. Sirm. S. Cæsar. serm. 37. S. Greg. Tur. Hist. l. 2. c. 34. Sidon. Ep. 4. l. 5. & Ep. 14. l. 7. Conc. Aurel. t. Can. 27. Conc. Tur. 2. Can. 17.

Conc. Germ. c. 1 & 3.
Conc. Mogun. an. 8.3 c. 33.
Conc. Aquifg. 1.an.836.c.10.
Capitul. Reg. Franc. lib.1.c. 158. col. 732.

tenu la même année l'ordonna de même par l'un de fes Canons. Cela fut depuis confirmé par l'un des Capitulaires de Charles le Chauve : mais peu de temps après fon Regne l'obligation de la Fefte fut reftrainte aux Proceffions & au Service. Et enfin la pratique s'eft infenfiblement réduite aux Proceffions feulement, qui par la fuite font devenuës de fimple dévotion libre & arbitraire pour les Laïques.

a Conc. col. 3. Can 10.
Conc. Turon. 3. Can. 17.
Gavant. t. 1. part. 4. tit. 3. §. 12.
Front. Kal.p. 6.
Thomaff. cod. fect. p. 18.
Florent. l. 17. Durand.lib. 7. c. 42.
Thomaff. Feft. p. 277. Mabill. litt. Gall. p. 200.

La Solemnité du premier jour de Janvier eft fort ancienne dans l'Eglife. Les Fidelles oppofoient ce jour aux débauches & aux fuperftitions que les payens y exerçoient. Elle ne fut neanmoins d'abord que de fimple dévotion. Il s'en forma enfuite dans le fixiéme fiecle une Fefte reglée, mais qui demeura toûjours libre. Elle n'eut point d'autre titre que celuy d'Octave de Noël, ou d'Octave du Seigneur. On la qualifia auffi en quelques lieux, Fefte de la fainte Vierge ; parce qu'en effet cette Octave eftoit totalement dévoüée à fon culte, pour celebrer par une Fefte particuliere, la part que cette bienheureufe Mere avoit eüe à la Naiffance du Sauveur du Monde fon Fils. Ce ne fut que vers la fin du fixiéme fiecle que l'on commença de folemnifer en ce jour la Fefte de la Circoncifion. Il en eft fait mention fous ce titre dans le Concile de Tours tenu l'an 566. Mais cet ufage ne fut bien confirmé en France & en Efpagne qu'au Concile de Tolede l'an 636. Charlemagne ayant fait quitter à l'Eglife de France l'ufage de fa Liturgie, pour fuivre celle de l'Eglife Romaine, elle reprit fon ancien nom d'Octave de Noël. Elle n'en eut point d'autre jufqu'au Concile de Bafle tenu l'an 1435. que celle de la Circoncifion fut enfin reftablie & ordonnée d'obligation ; ce qui a depuis efté obfervé dans toute l'Eglife. a

b La Broffe p. 103.
Thomaff. de Feft.l.p. 78. & 83. 90. 89. Florent. 156. 117. 193. Spicil t. 3. p. 33.

La Fefte de S. Barthelemy fut féparée de celle des autres Apoftres dans le fixiéme fiecle. Il en eft fait mention dans le Sacramentaire de faint Gregoire le 24. Aouft; mais elle ne fut chommée en France que dans le neuviéme fiecle. b

c Bellan. t.2. p. 419. Baron. ann. 613. n. 2. Thomaff. de Feft. p. 479. Stat.Eccl. Par. Euftach. du Bellay Epifc. an. 1157.

L'Exaltation de la fainte Croix commença d'eftre folemnifée dans l'Eglife le 14. Septembre dés le fixiéme fiecle. Elle ne fut ordonnée d'obligation dans le Diocéfe de Paris que l'an 1557. Et c'eft l'une de celles qui ont efté retranchées par l'Ordonnance de 1666. c

d Front. Kal. p. 139. Thomaff. cod. fecr. p. 171. Florent.p.816. Mabill. Litr. Gall. p. 104. Thomaff. de Feft. p. 409. & feqq.

La Nativité de la fainte Vierge fut établie vers le milieu du feptiéme fiecle. Elle eft marquée dans quelques anciens Calendriers le 16. Aouft ; en d'autres le 9. Septembre. Elle fut fixée au 8. de ce mois dans le huitiéme fiecle. Ce fut une quatriéme Fefte ajoutée à celles de l'Annonciation, de l'Affomption & de la Purification. d

e Smith.p.417. Bolland. t. 3. Feb, 718. Florent.p.452. Thomaff. de Feft.p.89 458.

Saint Jacques & faint Philippe avoient eu leurs Feftes conjointement avec les autres Apôtres le 29. de Juin. Ils en furent féparez dans le feptiéme fiecle, & l'Eglife leur en affigna une particuliere le premier de May. e

Saint Marc l'Evangelifte commença auffi d'eftre fefté vers la fin du feptiéme fiecle le 25. d'Avril. f

f Front. Kal. p. 71. Florent.p.854. Spicil t. o. g Front Kal. Allat. Florentin. &c. Thomaff. de Feft.p. 99.191. h S. Hilar. in Pfal 119.117. & in Math. c. 11.

Sainte Madelaine fe trouve folemnifée le 22. Juillet dans les Martyrologes du huitiéme fiecle. Ceux qui font plus anciens n'en font point de mention ; ce qui fait croire que ce fut en ce temps-là que fa Fefte fut eftablie dans l'Eglife.

Dés la naiffance de l'Eglife les Chreftiens ont eu beaucoup de veneration pour les faints Anges & leur ont rendu un culte religieux, les regardant comme leurs protecteurs auprès de

Tome I.

Dieu. Il n'y avoit point neanmoins d'autres Feftes particulieres en leur nom que celle de la Dedicace des Eglifes qui furent bafties fous leur invocation. Saint Michel Archange s'eftant manifefté & rendu vifible aux hommes en differentes apparitions, l'Eglife s'eft enfin déterminée de folemnifer la Fefte de quelques-unes des principales, & d'y joindre celle de tous les Anges le 29. Septembre. Cette Fefte eftoit fort ancienne en Grece & à Rome : mais elle ne fut rendüe generale & ordonnée d'obligationen deça des Monts qu'au Concile de Mayence tenu l'an 813. C'eft l'une de celles qui furent retranchées dans le Diocéfe de Paris l'an 1666. mais elle fut reftablie l'an 1673.

S. Amb Epift. 21. col. 161. n 11 edit nov. Sozom. hift.l. 2 cap. 3. Sigeb. chron. an 488. Bar. an. 493. n 43. & not. 196. 414 415. Thom. Feft.p. 79. Stat. Eccl Pa des rif. an. 1673. p. 442.

La Fefte des faints Innocens fut auffi eftablie dans l'Eglife au commencement du neuviéme fiecle. Elle fut retranchée dans le Diocéfe de Paris l'an 1666. & reftablie l'an 1673. i

i Baron. not. Mart. p. 541. Thomaff. de Feft. lib. 2. c. 6. n. 14. Thiers. p 34. Front. Kal.p.

Par un Edit de Charlemagne de l'an 812. ce Prince fixa les Feftes qui devoient eftre obfervées d'obligation dans fes Eftats, à celles-cy. La Nativité de N. S. Saint Eftienne, S. Jean l'Evangelifte, les Innocens, l'Octave du Seigneur, c'eft-à-dire, le 1. Janvier, la Purification de la fainte Vierge, Pâques pendant huit jours, la grande Litanie ou les Rogations, l'Afcenfion, la Pentecofte, faint Jean Baptifte, faint Pierre & faint Paul, faint Martin, faint André. Et à l'égard de l'Affomption de la fainte Vierge, qu'il y feroit furfis jufqu'à ce qu'il en fût informé. h

k Capit. Reg. Franc l. 1. c. 158. col. 732.

Le Concile de Mayence tenu l'an 813. & auquel l'Empereur s'eftoit rapporté pour cette reforme du Calendrier, ordonna l'obfervation de toutes ces mêmes Feftes, jugea que celle de l'Affomption de la fainte Vierge devoit eftre obfervée, & y en ajoufta quelques-aut:es. l

l Conc. Mogunt Can.36. Regin. l. 1.c. 377.

Charlemagne rendit une Ordonnance la même année 813. pour autorifer le Décret du Concile. Elle contient toutes les Feftes dont l'obfervation avoit efté approuvée : fçavoir le jour de Pâques, & la femaine entiere qui le fuit. L'Afcenfion, la Pentecofte & la femaine fuivante comme à Pâques. La Fefte de S. Pierre & S. Paul. La Nativité de S. Jean Baptifte. L'Affomption de la fainte Vierge. La Dédicace de S. Michel. Les Feftes de S. Remy, S. Martin, S. André. La Naiffance de N. S. pendant quatre jours, l'Octave de N. S. L'Epiphanie, la Purification de la fainte Vierge. Comme auffi ordonne, qu'outre ces Feftes qui doivent eftre obfervées generalement, toutes celles des Martyrs & des Confeffeurs foient gardées en chacune des Paroiffes où leurs faints corps repofent. m

m Capit Reg. Franc l. 1. c. 35. col. 748.

Par ce Concile & par cette Ordonnance, la Fefte de S. Remy fut mife au nombre de celles qui doivent eftre chommées : mais avant que le même fiecle fuft paffé, cette Fefte fut laiffée à la devotion des peuples dans la plus grande partie des Diocéfes.

La Fefte de la Touffaints, qui avoit efté eftablie à Rome par Gregoire III. dans la Chapelle particuliere de fon Palais l'an 732. devint bientoft l'objet de la devotion du peuple. L'eftabliffement s'en fit à Rome peu de temps après dans l'Eglife du Pantheon ou de fainte Marie des Martyrs. n

n Vit Greg. III. Allat. Kal. p. 1490. Front. Kal. p. 143. 144. & 145. Ufuard. Mart. Spicil. t. 10. Thomaff. de Feft p. 82. o Ufuard.Martyrol. Mabill. dipl p. 137. Spicil. t. 10. Ado. martyr.

o Louïs le Debonnaire excité par Gregoire IV. & du confentement des Evêques de France, publia un Edit l'an 835. par lequel il ordonna que dorénavant la Fefte de tous les Saints feroit celebrée le premier de Novembre dans fes Eftats. Le Pape appuyé de cette autorité, en prefcrivit la même année l'obfervation aux Fi-

actes dans toute l'Eglife.

Saint Simon & S. Jude.eftoient feftez le 29. Juin avec les autres Apoftres. Ils en furent féparez au neuviéme fiecle, & leur Fefte fut fixée enfemble au 28. Octobre.

Ce fut auffi dans le neuviéme fiecle que l'on commença de fefter féparément S. Luc. Sa Fefte fut fixée au 28. Octobre. Elle eft du nombre de celles qui ont efté retranchées dans le Diocéfe de Paris l'an 1666.

Tous les vœux & toutes les prieres de l'Eglife en quelque jour que ce foit ayant toujours pour terme la tres-fainte Trinité ; & toutes les Feftes l'année eftant confacrées à fon culte divin, il s'eft paffé plufieurs fiecles fans qu'il foit tombé dans l'efprit de choifir un jour particulier pour eftre folemnifé fous fet augufte nom.

Eftienne Evêque de Liege en fit dreffer un Office l'an 920. & le laiffa à la devotion des particuliers. Il mourut la même année.

Riquier fon fucceffeur donna un Mandement l'année fuivante pour faire reciter cet Office, & inftitua une Fefte de la tres-fainte Trinité, pour eftre folemnifée tous les ans le premier Dimanche d'après la Pentecofte. Quelques Eglifes voifines fe conformerent à celle de Liege. Mais pendant plus d'un fiecle cet ufage ne fit pas grand progrès, parce que l'Eglife de Rome y eftoit contraire. Il palla neanmoins en France au commencement du douziéme fiecle, & s'y fortifia. S'eftant ainfi répandu, Rome le reçut enfin au commencement du quatorziéme fiecle. Et Jean XXII. l'ayant approuvé, le rendit general dans toute l'Eglife.

La Commémoration des Trépaffez le lendemain de la Fefte de tous les Saints, fut eftablie dans l'Ordre de Cluny l'an 998. par S. Odilon qui en eftoit Abbé. L'Eglife reçut favorablement cette inftitution ; & de particuliere qu'elle eftoit à l'Ordre de Cluny, elle la rendit generale dans tout le Monde Chreftien. Elle fut réduite à une demi-fefte par le Concile de Trente tenu l'an 1549. Euftache du Bellay Evêque de Paris l'avoit ordonnée l'an 1557. comme celles de la premiere obligation Elle fut retranchée en 1666. & enfin reftablie pour eftre feftée jufqu'à midy par les Statuts Synodaux du Diocéfe, de l'an 1673.

Sainte Catherine dont le culte avoit efté eftabli en Orient dés le huitiéme fiecle, ne fut connuë en Occident que dans le 11e. On luy deftina en même-temps une Fefte le 25. Novembre le même jour qu'elle eft folemnifée par les Grecs. Eftienne Poncher Evêque de Paris au commencement du feiziéme fiecle l'ordonna d'obligation Cela fut confirmé par les Statuts Synodaux de l'an 1557. mais elle fut retranchée par l'Ordonnance de 1666. & n'eft plus que de dévotion.

La Fefte du S. Sacrement eft auffi ancienne que celle de Pâques. L'on en fait la folemnité tous les ans le jour du Jeudy Saint, qui eft le jour de la Cene du Seigneur, & qu'il nous laiffa ce gage divin de fon amour. Mais comme ce temps deftiné à la pénitence, & où l'Eglife eft toute occupée à pleurer la Mort & Paffion du Sauveur du monde, eft peu propre à folemnifer une Fefte qui doit eftre toute remplie de triomphe, de joye & d'actions de graces, les Fideles ont longtemps defiré un jour de confecration particuliere pour celebrer un Myftere fi augufte, & y répandre leurs cœurs dans toute l'effufion de la joye qu'il infpire.

Robert Evêque de Liege en fit l'eftabliffe-ment dans fon Diocefe l'an 1246. Urbain IV. l'inftitua par toute l'Eglife l'an 1264. & la fixa au Jeudy d'après l'Octave de la Pentecofte, parce que c'eft le premier Jeudy qui fe trouve libre des Offices du temps Pafcal. Il y eut neanmoins peu d'Eglifes hors ceDiocéfe où cette nouvelle Fefte fuft celebrée pendant l'efpace de plus de 40. ans. Le Concile de Vienne en Dauphiné tenu l'an 1311. & où le Pape Clement V. préfida, confirma la Bulle d'Urbain IV. Elle fut acceptée de tous les Prélats du Concile qui reprefentoient l'Eglife univerfelle. Jean XXII. fit publier de nouveau cette Bulle d'inftitution & le Decret du Concile l'an 1316. & l'on commença en France à celebrer cette Fefte l'an 1318.

De toutes les Feftes de l'année c'eft celle dont le dernier jour de l'Octave eft feflé par le peuple avec autant de folemnité que la Fefte même. L'ufage s'eftoit introduit par la feule devotion du peuple, & fans aucun Decret ou Ordonnance de l'Eglife, de la fefter le jour entier. Elle a efté réduite en plufieurs Eglifes de France au rang des demi-feftes où le travail n'eft défendu que jufqu'à midy. Cela ainfi ordonné pour le Diocéfe de Paris par l'Ordonnance de 1666. mais le peuple accouftumé à cette devotion, a toujours continué d'en faire la Fefte entiere.

La Conception de la fainte Vierge commença d'eftre feftée en Grece dans le douziéme fiecle ; l'Eglife de Lyon, & quelques-autres Eglifes particulieres de France dans le même-temps; mais dans ces commencemens elle ne fut que de devotion. Les Reli-ieux de S. François en firent une Fefte d'obligation dans leur Ordre l'an 1263. Le Concile de Bafle l'an 1439. Prononça pour eftre obfervée dans toute l'Eglife. Sixte IV. approuva ce Decret du Concile par deux Bulles des années 1476. & 1483. Il s'eftoit élevé pendant ce temps plufieurs difputes entre les Docteurs fur cette devotion. L'Univerfité de Paris fe déclara pour la maintenir. Elle fit même un Decret l'an 1496. en fa faveur. Il porte, qu'aucun ne feroit reçu dorénavant dans la Faculté de Theologie, qu'en foufcrivant à l'opinion de l'immaculée Conception de la fainte Vierge. Elle fut retranchée du nombre des Feftes qui devoient eftre chommées, par une Bulle d'Urbain VIII. du 13. Septembre 1642. Mais la devotion des peuples prévalut, & cette Bulle demeura fans effet. Alexandre VII. fe déclara ouvertement pour cette Fefte. Il confirma par une Bulle du 8. Decembre 1661. tout ce qui avoit efté fait pour en eftablir la folemnité. Le Jour en fut d'abord marqué par les Grecs le 9. Decembre. Et depuis elle a efté fixée au 8. du même mois.

S. Mathias a efté long-temps fefté avec les autres Apoftres le 29. de Juin. Sa Fefte n'en fut feparée que dans le douziéme fiecle ; & on la fixa au 24. de Février, ou le 25. dans les années Bilfextiles. Elle fut retranchée dans le Diocéfe de Paris en 1666. & reftablie en 1673.

Saint Loüis Roy de France mourut à Thunis le 25. d'Aouft 1270. Il fut canonifé 27. ans après par une Bulle de Boniface VIII. du 11. Aouft 1297. & fa Fefte fut en même-temps eftablie en France pour eftre folemnifée le 25.d'Aouft jour de fa mort.

La Fefte de S. Jofeph ne commença d'eftre celebrée dans l'Eglife Latine que fur la fin du quinziéme fiecle. Elle fut fixée au 19. de Mars. Gregoire XV. ordonna l'an 1621. qu'elle feroit chommée par le peuple, avec ceffation des plaidoiries & des œuvres ferviles. Elle fut fixée

au

Notes marginales :

Florent. pag. 631. & feqq. 657. & 935. — Thomaff. de Feft. p 55.78. 83.99 — Flor. p. 848. — Bol.t 1.m.rt. p. 374. col. 2 Thomaff. de Feft. p. 85. 89. 458. — Microlog. c. 60. Rupert. l. 11. integ. Off.div Trithem. chr. Conc. Arclat. an 1260 Durand. l. 6. c. 1.4. Gerfon. part. 2. p 6 7. Front. Kal. p 89 Thom Feft. l. 21. c. 18. n. 9. — Petr.Damian. vit. Odil.apud Bol.c.10 p.74. Sigeb. chron ad an. 998. Baron. in not. M. p. 464. Stat. Parif.an. 1557. P. 363. 441. — Papeb. Eph. P. 53 54. Boll. p. 798. Thomaff de Feft.l 1. p 10 101. Thiers. Feft. imm. p. 106. 390. — Chapeauvil t. 2. hift. Leod, p. 641. Idem, c. 6, 10. 11. 11. 15. Henfch. t. 1. Onuph.ad vit. Urban. IV. Ord. Rein ad an 1264.n.16. Bul. t. 1. Conc Collect. t. 11. Clement. 1. 3. t. 16. de reliq Papyr. Maff. de urb. Epif. in Urban. IV.

Gavant. part. 2. fect. 3. c. 8. n. 2. & 14. — Baron. not.M. Concil. Lond. an. 1328. c. 1. P. Natal. l. 1. c. 42. Conftit. Manuel. Comen. apud Balfam. Menol. & Ephem. Grec. Baion. Parif. an. 1138.hift. Aug. Bellarm. col. SS. l. 3 c. 16. Bochel. decr. Eccl. Gall l.4, c 13. p. 98. Bafil. Conc. ann.1439 feff. 36. Extray. cum praexcelfa, t. 12. cap. 1. de Reliq & re- Sanctor, Richer, Conc, gener. p. 112. Recueil,hift.de Bulles, & c.p. 198. — Florent. hier. Mart p. 542. Spicil. t. 10. Thiers. de Feftis c. 55. p. 382. Gavant. part. 8. p 144. Joiny p.129. Lach. p. 688. t. 1. Choif. p. 156. Spicil. t. 11. p. 198. Thiers. Feft. imm. p. 140. 154. 161.388. Thom. Feft. p. 449. Gavant. part. 2. p. 145.

Baron. not.
matt.
Thiers. fest.
imm. pag 140.
141. 391.
Thomaff. de
fest. p. 448.
449.

Gavant. part.
1. pag. 160.
Statut. Parif.
pag. 448.

au dix-neuviéme Mars. Cela fut confirmé par Urbain VIII. l'an 1642. elle est du nombre de celles qui ont esté retranchées dans le Diocese de Paris l'an 1666.

Sainte Anne a esté festée par les Grecs, & en Orient dés le sixiéme siecle : elle ne commença d'estre observée en Occident que depuis le seiziéme siecle ; on la fixa au vingt-six Juillet. Quelques Eglises particulieres la reçurent comme feste de devotion : celle de Paris l'ordonna d'obligation par ses Statuts Synodaux de l'an 1557. & cela fut observé jusqu'en 1666. qu'elle fut retranchée.

Saint Roch commença d'estre festé à Rome l'an 1575. la Feste fut fixée au 16. Aoust , qui est le jour de sa mort. Cette Feste a depuis esté autorisée par deux Decrets de la sacrée Congregation des Rits Ecclesiastiques des 4. Juillet , & 26. Novembre 1629. L'observation de cette Feste s'est insensiblement introduite en plusieurs Eglises par la devotion du Peuple , sans aucun precepte , ny Statuts Synodaux. Elle fut retranchée dans le Diocese de Paris l'an 1666. mais la pieté du Peuple a toujours prévalu contre ce

Statut, & il en continüe la solemnité à l'ordinaire , sans qu'il y ait d'obligation.

Entre les Lettres du Cardinal Dossat dans le temps qu'il estoit à Rome , il y en a une du 18. Janvier 1599. par laquelle il paroit que Henry IV. s'estoit plaint au Pape du grand nombre « de Festes qui estoient chommées par le Peuple « en France. Il representoit à Sa Sainteté que « les guerres estrangeres & civiles avoient telle- « ment diminué le nombre des Habitans , que « les terres demeuroient sans culture , & que « cela ne pouvoit estre reparé , qu'en multipliant « les jours de travail. Le Cardinal qui rend «, compte au Roy de sa negotiation touchant cette « affaire , luy mande , que le Pape n'en avoit « point voulu connoistre , & qu'il avoit ren- « voyé l'affaire aux Evêques , chacun en son « Diocese. «

Ce retranchement des Festes projeté & jugé necessaire dés l'an 1599. a depuis esté executé en plusieurs Dioceses. Voicy ce qui s'est passé à cet égard dans celuy de Paris par un concours de l'une & de l'autre des Puissances , la spirituelle & la temporelle.

20. Octobre
1666. Ordon-
nance de
l'Archevê-
que de Paris,
touchant les
Festes qui
doivent estre
observées
dans son Dio-
cese.

HARDOUIN DE PEREFIXE par la grace de Dieu , & du saint Siege Apostolique , Archevêque de Paris ; A tous les Fideles de nostre Diocese , SALUT en Nostre Seigneur. L'observation des Festes estant une des plus saintes pratiques des Chrestiens , l'Eglise a pris un soin tout particulier dés le temps des Apostres , d'instituer celles qu'elle a jugé à propos , pour conserver dans leur memoire les principaux Mysteres de la Religion , & pour entretenir la ferveur de leur zele. Et la pieté des Fideles venant à s'augmenter , les Prelats de l'Eglise en ont ajousté en diverses occasions , pour leur donner moyen de s'appliquer plus particulierement & plus sainte- ment au culte des Saints , qui meritoient une singuliere veneration : De sorte que jusqu'à nostre temps les mêmes Prelats , pour satisfaire au zele des personnes devotes , en ont beaucoup aug- menté le nombre , en ordonnant qu'on les observeroit sur les mêmes obligations que celles d'auparavant.

L'on ne peut se plaindre que ces Ordonnances des Pasteurs de l'Eglise n'ayent esté fort uti- les : il n'y a toujours eu des Ames pieuses , qui ont obeï exactement à leurs ordres , & qui observant les jours de commandement , & assistant soigneusement aux Offices divins , ont profité des graces que Dieu distribuë plus abondamment en ces saintes journées. Neanmoins le nombre de ceux qui ont satisfait à leurs devoirs , n'a pas toujours esté le plus grand , & aujourd'huy nous entendons avec regret , non seulement que la devotion de plusieurs est tres- relâchée par le peu d'attention qu'ils apportent aux Services les plus saints , qui se celebrent dans l'Eglise ; mais aussi qu'ils méprisent d'y assister , & s'employent aux œuvres , qui detrui- sent entierement la Sanctification des Festes. Car on voit par experience qu'ils les passent , comme si elles n'estoient ordonnées que pour satisfaire à leur oisiveté , & que tout au plus ils observent les temps , sans se soucier du sujet pour lequel ces saints Jours ont esté instituez , contre la pratique des bons Chrestiens , dont parle saint Augustin , Non tempora observamus , sed quæ illis significantur. Et ce qui est de plus fâcheux , c'est que les uns ne font point de difficulté de continuer leurs œuvres serviles , & ne prennent aucun soin d'entendre la sainte Messe , ainsi qu'il leur est commandé ; les autres passent les Festes entieres & les jours suivans dans les jeux & dans les débauches , au prejudice notable de leur conscience , & même à la ruine totale de leurs familles , qu'ils font gemir dans la necessité & dans le besoin de toutes choses , par leur oisiveté & leur dereglement.

Comme nous avons tout le desir du monde de remedier à ces desordres , & que nous avons remarqué le grand nombre des Festes dont ces personnes abusent , leur sert d'occasion pour se perdre & dissiper leurs biens ; outre qu'on nous a remonstré que plusieurs familles in- commodées ont de la peine à subsister , quand les Festes se multiplient en un même temps , & qu'il faut qu'elles fournisse de travail leur. Nous avons pensé qu'il estoit tout-à-fait necessaire de décharger les Peuples de nostre Diocese , de quelque nom- bre de Festes , tant pour leur donner plus de liberté de vaquer à leur employ journalier , & de pro- fiter de leur travail , que pour empêcher qu'ils ne tombent dans l'oisiveté , qui est la source de tous les maux qu'ils commettent.

A CES CAUSES , après avoir meurement examiné la chose , & l'avoir amiablement com- muniqué à nos Tres-chers & Venerables Freres les Doyen & Chapitre de nostre Eglise , Nous croyons devoir déclarer , comme de fait nous déclarons , Que dans nostre Diocese il n'y aura desor- mais obligation de chommer sous peine de peché , que les Festes qui seront marquées au dessous de nostre presente Ordonnance ; dispensant à cet effet tous les Fideles qui nous sont soumis , de l'o- bligation d'entendre la Messe , & leur permettant toute œuvre servile aux jours des autres Festes , qu'ils estoient obligez cy-devant de garder ; sans toutefois que les Curez & Vicaires soient dispen- sez lesdits jours , de celebrer la sainte Messe dans leurs Eglises , à la maniere accoustumée , & d'y faire autant qu'ils pourront le reste de l'Office Divin , afin de satisfaire la pieté de ceux qui vou- dront y assister.

Mais comme la condefcendance que nous avons pour les foibles, nous fait relâcher quelque chofe de l'obligation qu'avoit tout le Peuple de ce Diocefe ; Nous entendons qu'un chacun s'employe deformais avec d'autant plus de zele & de fidelité à obferver les Feftes, que le nombre en fera moins grand: Qu'on prenne foin d'affifter entierement à la fainte Meffe, comme on y eft obligé, fous peine de peché mortel: Qu'on fe rende affidu aux Eglifes Paroiffiales, pour y entendre la grande Meffe avec le Prône, & les autres Offices divins: Qu'on s'abftienne de toute œuvre fervile, de tout commerce, & debit de marchandife, de tous charrois ; & de frequenter les Cabarets durant le divin Office, les Sermons & le Catechifme.

Que s'il arrivoit que quelques-unes de ces Feftes tombaffent dans un temps où il y auroit grande neceffité de travailler ; en ce cas là, nous permettons de le faire, après qu'on aura entendu la Meffe, & demandé permiffion au Curé ou au Vicaire de la Paroiffe.

Au refte, ce n'eft pas noftre intention, en retranchant quelques Feftes, d'empêcher les devotions des particuliers : au contraire, Nous exhortons tous ceux qui ont de la pieté pour les Saints, de continuer toujours de plus en plus dans le culte qu'ils leur rendoient : car nous n'avons point d'autre deffein, que de remedier par noftre prefente Ordonnance, aux maux que font les uns pendant les jours de Feftes, fans préjudicier à la pieté des autres, que rien ne peut ny ne doit empêcher d'honorer toujours les Saints qu'ils ont en veneration, de la même forte qu'ils ont fait par le paffé; nonobftant que leurs Feftes ne foient pas de commandement pour tous les Fideles de ce Diocefe.

Et afin que perfonne ne puiffe prétendre caufe d'ignorance de ce qui eft porté par noftre prefent Mandement, Nous enjoignons aux Archipreftres de fainte Marie Magdeleine, & de faint Severin, aux Doyens Ruraux de ce Diocefe, au premier Preftre, ou Appariteur fur ce requis, de le faire fignifier à tous les Curez ou Vicaires de ce Diocefe, aufquels Nous ordonnons de le publier aux Prônes de leurs Meffes Paroiffiales, par trois Dimanches confecutifs, auffi-toft qu'ils l'auront reçû, & de bien faire entendre à leurs Paroiffiens, quelle a efté noftre intention, ainfi que Nous l'avons expliquée dans noftre prefente Ordonnance, afin qu'il n'en puiffe réüffir que l a plus grande gloire de Dieu. D O N N E' à Paris le 20. Octobre 1666. Signé, H A R D O U I N Archevêque de Paris. Et plus bas, par mondit Seigneur, PETIT.

Les Feftes qui font de Commandement dans le Diocefe de Paris.

Au mois de Janvier. La Circoncifion. Sainte Geneviéve. L'Epiphanie.

Au mois de Fevrier. La Purification.

Au mois de Mars. L'Annonciation.

Au mois de May. Saint Jacques & faint Philippe.

Au mois de Juin. Saint Jean-Baptifte. Saint Pierre & faint Paul.

Au mois de Juillet. Saint Jacques.

Au mois d'Aouft. Saint Laurent. L'Affomption. Saint Louis.

Au mois de Septembre. La Nativité de la fainte Vierge. Saint Matthieu.

Au mois d'Octobre. Saint Denys. Saint Simon & faint Jude.

Au mois de Novembre. La Tous-Saints. La Commemoration des Morts jufqu'à la fin de l'Office du matin. Saint Marcel. Saint Martin. Saint André.

Au mois de Decembre. La Conception de la fainte Vierge. La Nativité de Noftre-Seigneur. Saint Eftienne. Saint Jean l'Evangelifte.

Outre toutes ces Feftes, on chommera encore tous les Dimanches de l'Année, dans lefquels font compris les Feftes de Pâques, de la Pentecofte, & de la Trinité.

On chommera auffi le Lundy & le Mardy qui fuivent la fefte de Pâques ; & le Lundy qui fuit la fefte de la Pentecofte.

L'Afcenfion.

La fefte du faint Sacrement.

Le jour de l'Octave feulement jufqu'à la fin de l'Office du matin.

Nous n'entendons point retrancher aux Paroiffes la principale fefte de leur principal Patron ; mais nous retranchons toutes les autres.

Nous ordonnons que toutes les Feftes de Dedicace de ce Diocefe, feront transferées au Dimanche d'après l'Octave de faint Denys.

27. Novemb. 1666. Lettre de Cachet du Roy au Parlement, touchant l'obfervation des Feftes, regiftrée en Parlement le 1. NOs amez & feaux, ayant vû le Mandement du fieur Archevêque de Paris du vingtiéme jour du mois d'Octobre dernier, par lequel il a reglé les Feftes qui doivent eftre dorénavant chommées dans l'eftenduë de fon Diocefe, & a permis de vacquer à toute œuvre fervile pendant les jours des autres Feftes qu'on eftoit cy-devant obligé de garder : & ayant confideré les avantages que le Public & les gens de travail pourront recevoir d'une fi prudente & judicieufe reformation, Nous avons eftimé à propos d'employer noftre autorité pour appuyer l'entiere execution de ce Mandement : & pour cette fin nous vous faifons cette Lettre, par laquelle nous vous mandons & ordonnons tres-expreffément, que vous ayez à tenir la main, à ce que ceux de nos Sujets de l'éftenduë de voftre reffort, qui font dudit Diocefe de Paris, obfervent & folemnifent les Feftes ordonnées par ledit Mandement dudit fieur Archevêque de Paris, conformément & aux termes de nos
Ordonnances,

Decembre de cette même année. Ordonnances, & que les jours des autres Festes qui ont esté gardées cy-devant, vous entriez au Palais pour y faire les fonctions de vos Charges, que vous fassiez qu'il en soit usé de même par nos Officiers des Justices Subalternes de l'estenduë dudit Diocese ; & qu'en outre vous ordonniez aux Officiers de Police de s'employer, à ce que ces jours-là les Boutiques soient ouvertes ; & que les Artisans & Ouvriers vacquent à leur travail journalier : & Nous asseurant que vous satisferez à ce qui est en cela de nostre volonté, Nous ne vous ferons la presente plus longue & plus expresse ; n'y faites donc faute, CAR tel est nostre plaisir. DONNE' à saint Germain en Laye le vingt-septiéme jour de Novembre mil six cens soixante-six. Signé, LOUIS.
Et plus bas, LE TELLIER.

1.Decembre 1666. Arrest du Parlement touchant l'observation des Festes dans le Diocese de Paris. CE jour la Cour, après avoir vû le Mandement de l'Archevêque de Paris du vingtiéme Octobre dernier, par lequel il auroit reglé les Festes qui doivent estre dorénavant chommées dans l'estenduë de son Diocese, & auroit permis de vacquer à toute œuvre servile. pendant les jours des autres Festes qu'on estoit cy-devant obligé de garder. La Lettre du Roy du vingt-septiéme Novembre ensuivant, addressante à ladite Cour ; par laquelle ledit Seigneur Roy mande & ordonne tres-expressément à ladite Cour, qu'elle ait à tenir la main, à ce que ceux de ses Sujets de l'estenduë du ressort de ladite Cour, qui sont du Diocese de Paris, observent & solemnisent les Festes ordonnées par ledit Mandement dudit sieur Archevêque, conformément & aux termes des Ordonnances dudit Seigneur Roy ; & que les jours des autres Festes qui ont esté gardées cydevant, ladite Cour entre au Palais pour y faire les fonctions de ses Charges, & qu'elle fasse qu'il en soit usé de même par les Officiers des Justices Subalternes, de l'estenduë du Diocese : & qu'en outre ladite Cour ordonne aux Officiers de la Police, de s'employer à ce que ces jours-là les Boutiques soient ouvertes, & que les Artisans & Ouvriers vacquent à leur travail journalier. Conclusions dudit Procureur General du Roy, la matiere mise en deliberation : LADITE COUR ORDONNE, Que lesdits Mandement & Lettre du Roy, seront registrez au Greffe d'icelle, pour estre executez selon leur forme & teneur : & que copies collationnées en seront envoyées dans les Bailliages, Prevostez, & autres lieux de ce ressort dans l'estenduë de l'Archevêché, pour y estre lûës, publiées, registrées & executées. Fait en Parlement le 1. Decembre 1666. Signé DU TILLET.

11.Novemb. 1667. Ordonnance du Magistrat de Police, pour l'observation des Festes, publiée le 16. du même mois. SUR ce qui nous a esté representé par le Procureur du Roy, qu'encore bien que les jours de Festes qui doivent estre chommées dans l'estenduë du Diocese de Paris, aussi-bien que ceux ausquels il est permis de vacquer à toutes œuvres serviles, ayent esté marquez par le Mandement de Monsieur l'Archevêque de Paris, du vingtiéme Octobre mil six cens soixante-six ; que Sa Majesté ait bien voulu employer son autorité pour appuyer l'execution de ce Mandement, & qu'elle ait esté en consequence ordonnée par Arrest de la Cour du premier Decembre ensuivant ; Neanmoins plusieurs Marchands & Artisans de cette Ville & Fauxbourgs de Paris, feignans d'ignorer ce qui auroit esté ordonné sur ce sujet, ouvrent en partie leurs Boutiques les jours de Festes de Commandement, & les tiennent fermées les autres jours de Festes qui ne doivent estre chommées, ce qui cause un desordre considerable dans la Ville ; auquel il requeroit que par nous il fust pourvû. Nous faisant droit sur ledit requisitoire, faisons tres-expresses défenses, sous les peines portées par les Ordonnances, à tous Marchands & Artisans de cette Ville, Prevosté & Vicomté de Paris, d'ouvrir leurs Boutiques & Magasins, & de faire aucun Commerce & debit de Marchandises, les Dimanches & autres jours de Feste de Commandement ; comme aussi d'interrompre leur travail & trafic ordinaire, ny de tenir leurs Boutiques fermées pendant aucun autre jour, que ceux des Dimanches & autres Festes de Commandement, exceptées & marquées par ledit Mandement dudit jour vingtiéme Octobre ; à peine de cent livres d'amende contre les contrevenans : Mandons aux Commissaires du Chastelet de tenir soigneusement la main à l'execution de la presente Ordonnance dans l'estenduë de leurs Quartiers, & de nous faire rapport à la Police des contraventions à la presente Ordonnance, laquelle sera executée, nonobstant oppositions ou appellations quelconques, & sans prejudice d'icelles, lûë publiée & affichée en tous les Carrefours, Marchez & autres lieux publics & accoustumez de cette Ville & Fauxbourgs. Ce fut fait & donné par Messire GABRIEL NICOLAS DE LA REYNIE, Conseiller du Roy en ses Conseils d'Estat & Privé, Maistre des Requestes Ordinaire de son Hostel, & Lieutenant de Police de la Ville, Prevosté & Vicomté de Paris, le douziéme jour de Novembre 1667. Signé, DE LA REYNIE. DE RIANTZ. COUDRAY, Greffier.

6. Juillet 1673. Articl. 20. des Statuts Synodaux du Diocese de Paris, concernant l'observation des Festes. AFIN que tout le monde sçache quelles sont les Festes d'obligation & de commandement dans ce Diocese, & qu'elles soient gardées avec le respect & la pieté requise ; Nous déclarons, qu'outre tous les Dimanches de l'année, dans lesquels sont comprises les Festes de Pâques, de la Pentecoste, & de la sainte Trinité, l'on festera celles qui suivent : la Circoncision, sainte Geneviéve, l'Epiphanie, la Purification de la sainte Vierge, saint Mathias, l'Annonciation, saint Philippes & saint Jacques, saint Jean-Baptiste, saint Pierre & saint Paul, saint Jacques le Majeur, saint Laurent, l'Assomption, saint Barthelemy, saint Louis, la Nativité de la sainte Vierge, saint Matthieu, saint Michel, saint Denys, saint Simon & saint Jude, la Toussaints, la Commemoration des Morts jusqu'à midy, saint Marcel, saint Martin, saint André, la Conception, saint Thomas, Noël, saint Estienne, saint Jean l'Evangeliste, & les saints Innocens ; & pour les Festes mobiles les Lundy & Mardy des semaines de Pâques & de la Pentecoste, l'Ascension, la Feste de Dieu, & son Octave jusques après l'Office du matin seulement ; la Dedicace, & la principale Feste du Patron.

5. Decembre
1684.Ordon-
nance du Ma-
giftrat de Po-
lice, pour la
tranflation
des Marchez
lorfqu'ils ar-
rivent le jour
de l'Epipha-
nie, publiée
le 6. du mê-
me mois.

12. Janvier
1704. Ordon-
nance du Ma-
giftrat de Po-
lice, pour la
tranflation
des Marchez
lorfqu'ils ar-
rivent le jour
de l'une des
Feftes de la
fainte Vier-
ge, publiée le
17. du même
mois.

IL eft ordonné, ce requerant le Procureur du Roy, Que les Marchez ordinaires qui doivent eftre tenus en cette Ville & Fauxbourgs de Paris, le Samedy 6. Janvier de l'année prochaine, feront tenus dés le Vendredy cinquiéme dudit mois, & qu'il en fera ufé ainfi à l'avenir, lorfque la Fefte de l'Epiphanie fe trouvera échoir à l'un des jours ordinaires de Marché : & afin qu'il n'en foit prétendu caufe d'ignorance, la prefente Ordonnance fera lûë, publiée & affichée dans tous les Marchez, Places publiques, & autres lieux ordinaires & accouftumez. Ce fut fait & donné par Meffire GABRIEL NICOLAS DE LA REYNIE, Confeiller d'Eftat Ordinaire, Lieute- nant General de Police de la Ville, Prevofté & Vicomté de Paris, le Mardy cinquiéme jour de Decembre mil fix cens quatre-vingt-quatre. Signé, DE LA REYNIE. ROBERT. SAGOT, Greffier.

IL eft ordonné, ce requerant le Procureur du Roy, Que la publication de l'Ordonnance de Police cy-devant renduë le cinquiéme Decembre 1684. fera réïterée ; & en confequence, que les Marchez ordinaires qui doivent eftre tenus en cette Ville & Fauxbourgs de Paris le Samedy deuxiéme Fevrier prochain, feront tenus dés le Vendredy premier dudit mois ; & qu'il en fera ufé ainfi à l'avenir, lorfque la Fefte de la Purification fe trouvera échoir à l'un des jours ordinaires de Marché. Et afin qu'il n'en foit prétendu caufe d'ignorance, la prefente Ordonnance fera lûë, publiée & affichée dans tous les Marchez, Places publiques, & autres lieux or- dinaires & accouftumez. Ce fut fait & donné par Meffire MARC-RENE' DE VOYER DE PAULMY D'ARGENSON, Chevalier Confeiller du Roy en fes Confeils, Maiftre des Requeftes ordinaire de fon Hoftel, Lieutenant General de Police de la Ville, Prevofté & Vi- comté de Paris, le Samedy douziéme jour de Janvier mil fept cens quatre. Signé, DE VOYER D'ARGENSON. ROBERT. GAUDION, Greffier.

CHAPITRE III.

Des Loix & des Ordonnances qui font communes à l'obfervation du Dimanche, & à celle des Feftes.

QUoique par les Loix de l'Eglife, & par celles des Puiffances temporelles, les Fê- tes foient d'égale obfervation à celle du Di- manche, il y en a eu neanmoins quelquefois de particulieres pour les uns & pour les autres de ces faints jours : & c'eft par cette confideration que l'on a crû les devoir diftinguer dans les deux Chapitres précedens. Mais comme il y en a auffi beaucoup qui font communes aux Di- manches & aux Feftes, & que la connoiffance n'en eft pas moins neceffaire, on les rapporte de fuite fous ce Chapitre : & voicy fans autre Com- mentaire ce qu'elles contiennent.

L. 1.Sicut C.
Th. de feriis.
L'Empereur Conftantin ordonna l'an 321. » qu'encore qu'il euft défendu de plaider le jour » de Dimanche, il feroit neanmoins permis en » ce jour, & aux jours des Feftes, de faire » tous les actes neceffaires pour affranchir les » efclaves.

L. 2. Omnes,
C.T.de feriis.
L. 7. Omnes
dies, C. Juftin.
cod. titulo.
Conftitution des Empereurs Valentinien, Theo- dofe & Arcadius, de l'an 389. elle ordonne » que l'on rendra tous les jours la Juftice dans » les Tribunaux, à l'exception d'un mois pen- » dant les chaleurs de l'Efté pour la moiffon, » d'un autre mois pour recueillir les fruits de la » terre dans l'Automne, des jours de Diman- » ches & des Feftes, fçavoir le premier jour de » Janvier, le jour de Pâques, la femaine en- » tiere qui le précede & celle qui le fuit, le jour » de Noël, celuy de l'Epiphanie, & le jour que » l'on fefte la paffion des Saints Apoftres. Fait » auffi défenfes de donner aucun fpectacle au » Peuple dans les jours de Dimanches & de » Feftes.

L. 18. Dies
Feftos, C. de
feriis.
Une Loy des Empereurs Leon & Anthemius » de l'an 467. ordonne que les jours du Diman- » che & des Feftes feront obfervez avec exacti- » tude : défend en ces faints jours tous les jeux

& les fpectacles du Theatre & du Cirque, les «« combats d'animaux, & generalement toutes «« autres volupté profanes. Défend auffi de faire «« aucunes pourfuites pour dettes, foit publiques «« ou privées, de donner aucunes affignations «« Veut que toutes les affaires, & toutes les inf- «« tructions du procés ceffent, que les Officiers de «« Juftice demeurent en repos & dans le filence, «« & que les parties joüiffent de la paix dans ce «« petit intervalle, puiffent fe rencontrer enfem- «« ble, fans crainte, & y parler d'accord & de «« tranfactions, fans neanmoins fe relâcher rien «« rien de l'obfervation de la Fefte. Ces Prin- «« ces ordonnent encore, qu'en cas que le «« jour de leur naiffance, qui eftoit celebré «« par des jeux & des fpectacles, arrivaft un jour «« de Fefte ou de Dimanche, il feroit remis à «« un autre jour. Et declarent enfin, que fi quel- «« qu'un eftoit trouvé l'un de ces faints jours, «« aux jeux ou fpectacles, ou fi quelque Huif- «« fier faifoit aucun Exploit ou contrainte, foit «« pour offenfe publique, ou procés, ils en fe- «« roient punis par la confifcation de leurs biens; «« & en cas qu'ils fuffent dans la Milice, ils en «« feroient chaffez. ««

Ordonnance de Childebert de l'an 354. Elle fait défenfes de paffer en débauches, en boufonne- «« ries,ou en chanfons profanes les nuicts des Vigiles «« de Pâques, de Noël & des autres Feftes, & de «« faire aucunes danfes dans les Places publiques, «« les jours de Dimanche. Ordonne qu'après que «« les Preftres auront averti les particuliers d'obéïr «« à cette Ordonnance,ceux qui oferont commet- «« mettre ces facrileges, feront punis ; fçavoir, «« les perfonnes de condition fervile, de cent «« coups de foüet : & à l'égard des perfonnes «« libres, ou d'un rang plus confiderable ... «« Le refte manque.

Capit. Reg.
Franc.t.om. I,
col. 5.

Ordonnance

Ordonnance de Gontran du douzième Novem-
» bre 585. à Mâcon ; elle porte que toutes œu-
» vres serviles ou corporelles cesseront les Di-
» manches & les Festes, excepté celles qui font
» necessaires pour la preparation des vivres.
» Défend en ces jours toutes les poursuites des
» procés & differends : exhorte les Evêques de
» porter les Peuples par leurs prédications, à
» s'acquitter de ces devoirs, & de les y engager
» par leurs corrections pastorales, suivant les
» Canons : Enjoint aux Juges des lieux d'y tenir
» la main de leur part, en prononçant contre les
» coupables les peines establies par les Loix.

Ordonnance de Clotaire II. du dernier Fevrier
» 595. à Paris : Elle porte, que les personnes
» libres qui n'observeront pas les Dimanches
» & les Festes, en s'abstenant de toute œuvre
» servile, excepté la preparation des vivres, se-
» ront condamnez à l'amende ; un François en
» quinze sous ; un Romain en sept sous six de-
» niers, & un Esclave à trois sols ; & s'ils ne
» peuvent payer, feront battus sur le dos.
Le sou d'or évalué au prix de nostre monnoye
d'aujourd'huy, valoit huit livres cinq sous. Il ne
nous reste aucun Mémoire de la valeur du sou d'argent.

Ordonnance de Pepin année incertaine, que
l'on croit neanmoins estre 744. Elle porte que,
» si quelqu'un est trouvé conduisant une voiture
» le jour du Dimanche ou des Festes, il perdra
» son bœuf du côté droit ; & s'il fait quelque au-
» tre œuvre servile & défenduë ; il en payera
» l'amende aux Prestres, à la manière que les
» amendes font ordinairement reglées par les
» Juges pour d'autres fautes ; & outre cela, il
» sera mis en penitence : Ordonne qu'on aura
» le même respect pour les jours de Festes que
» pour les Dimanches.

Ordonnance de Charlemagne de l'an 789. Elle
» fait défenses de tenir des assemblées, & de pu-
» blier les Ordonnances les jours de Dimanche,
» si ce n'est en cas d'une grande necessité, ou
» d'hostilité. Ordonne, que tous les Sujets du
» Roy viennent à l'Eglise pour y entendre la
» parole de Dieu, & qu'ils s'addonnent à la
» prière, & à faire de bonnes œuvres ; ce qui
» aura lieu aussi pour les Festes solemnelles.

Ordonnance de la même année 789. Elle porte,
» que tous les Fideles s'assembleront en l'Eglise
» les jours de Dimanche & de Festes. Fait dé-
» fenses de faire venir les Prestres pour celebrer
» la Messe dans les maisons particulieres.

Ordonnance de Charlemagne de l'an 808. Elle
» défend de tenir des marchez les jours de Festes
» ou de Dimanche, mais seulement les jours
» ouvrables.

Ordonnance de Loüis le Debonnaire, sans
» date. Elle enjoint de celebrer le jour du Di-
» manche avec beaucoup de veneration depuis
» les premieres jusqu'aux secondes Vêpres ; de
» s'abstenir en ce jour de travailler à la terre
» & à tout autre œuvre servile. Défend tou-
» tes sortes de querelles & de differens, afin
» que l'on soit uniquement appliqué au service
» de Dieu. Ordonne que les principales Festes
» de l'année seront celebrées de même que le
» jour du Dimanche ; sçavoir la Nativité de N.
» S. le 25. Decembre pendant quatre jours ; la
» Circoncision le premier Janvier, l'Epiphanie
» le 6. Janvier, la Purification de la sainte
» Vierge le 2. Février, le jour de Pâques & les
» trois premiers jours de l'Octave, l'Ascen-
» sion de N. S. la Feste de la Pentecoste avec
» la même celebrité que celle de Pâques, la

Nativité de saint Jean Baptiste le 24. Juin,
la Feste de saint Pierre & de saint Paul le 29.
Juin, l'Assomption de la sainte Vierge le 15.
Aoust, la Feste de saint Martin le 11. Novembre, & celle de saint André le 30. Novembre. Ordonne que ces Festes seront annon-
cées par les Prestres au peuple ; qui sera aussi
averti le Samedy de Pâques sera solem-
nisé comme le jour de la Feste ; que le soir
l'on celebrera la Messe, & l'on baptisera les enfans, & que la même chose sera observée le
Samedy de la Pentecoste.

Lettre Patente du Roy François I. du 7. Janvier 1520. Elle porte défenses de faire les danses publiques les jours de Dimanche, des Festes
de Nostre-Dame, des Apostres & des autres Festes
commandées par l'Eglise. L'adresse de ces Lettres est au Prevôt de Paris ; & aux Baillis de
Meaux, de Senlis & de Valois, avec injonction de tenir la main à ce qu'elles soient executées.

Ordonnance de Charles IX. du mois de Janvier 1560. aux Estats d'Orleans, qui défend
à tous Juges de permettre de tenir des
marchez & des foires les jours du Dimanche
& des Festes annuelles & solemnelles, ny de
souffrir des danses publiques dans ces jours, &
leur enjoint de punir les contrevenans.

Arrest du Parlement du 20. Decembre 1572.
portant défenses à toutes personnes de voiturer
ny mesurer des bleds ; & à tous crocheteurs
ou portefaix de faire aucun ouvrage, ny porter
aucun fardeau les jours des Festes, Dimanches & autres jours & heures défendues par l'E-
glise, à peine de confiscation des chevaux & du
harnois, & de ce qu'ils conduiront ; & la
confiscation de ce que les Crocheteurs porteront.

Ordonnance de Henry III. du mois de May
1579. aux Estats de Blois. Elle porte injonction à tous Juges de faire garder & observer
étroitement les défenses portées par les Ordonnances faites à Orleans l'an 1560. au sujet
de la celebration des Dimanches & des Festes,
tant à l'égard de la tenuë des foires & marchez
& des danses publiques, que contre les joüeurs
de farce, Bateleurs, Cabaretiers, Maistres de
jeux de paume & d'escrime, sur les peines y
contenuës.

Arrest du Parlement du 15. Octobre 1588. portant défenses aux Juges de permettre qu'il soit
tenu aucunes foires ou marchez, ny de souffrir aucunes danses publiques les jours de Dimanche & de Festes. Leur enjoint de punir
les contrevenans. Fait défenses à toutes personnes de voiturer ou de faire voiturer, ny
de mesurer des bleds. Et à tous Mesureurs,
Crocheteurs & Portefaix de faire aucun ouvrage, ny de porter aucuns fardeaux aux jours & de
ces heures défendues par l'Eglise, à peine de
punition corporelle. Enjoint à toutes personnes d'observer les saints jours ; fait défenses d'y
travailler, vendre ny étaler à boutiques ouvertes.

Ordonnance de Police du 12. Novembre 1638.
portant défenses à tous Marchands, Artisans,
Charretiers, Plastriers, Voituriers par eau &
par terre, de vendre, débiter, travailler &
voiturer les jours de Dimanche & de Festes
commandées, à peine de 24. liv. parisis d'amende, confiscation des marchandises, outils, meubles, chevaux & harnois, & de prison. Mande aux Commissaires du Chastelet d'y tenir la
main.

Ordonnance

Ordonnance de Police du 12. Decembre 1641.
» portant tres-expreſſes & iteratives défenſes à
» tous Marchands, Artiſans, Maçons, Charpen-
» tiers, Couvreurs, Serruriers, Menuiſiers, Char-
» retiers, Plaſtriers, voituriers par eau & par ter-
» re de vendre, debiter, travailler, ny faire les
» jours du Dimanche & des Feſtes commandées
» par l'Egliſe aucunes voitures ny chariage, à
» peine de 200. liv. pariſis d'an ende & de pri-
» ſon. Mande aux Commiſſaires des quartiers de
» faire obſerver les Réglemens, tant en leurs
» quartiers, qu'en tous les autres lieux où leurs
» viſites & Police pourront s'eſtendre, les jours
» de Dimanche & des Feſtes ; faire ſaiſir & ar-
» reſter les marchandiſes & ouvrages qui ſe trou-
» veront expoſez publiquement en vente dans les
» boutiques ; arreſter & faire mettre en ſûre
» garde les chevaux, charettes, tombereaux,
» & haquets, les charretiers & conducteurs, mê-
» me les bateaux, voitures & outils des ou-
» vriers ; & de tout faire rapport à la Police.
» Et que les Commiſſaires ſe feront aſſiſter par
» les Bourgeois, ſi beſoin eſt.

Arreſt du Conſeil d'Eſtat du 10. Février 1661.
» qui fait défenſes à tous Huiſſiers, Sergens,
» Archers & autres porteurs de contrainte pour
» deniers Royaux, de les mettre à execution
» les jours du Dimanche & des Feſtes, à pei-
» ne de 3000. liv. d'amende.

Arreſt du Parlement du 3. Septembre 1667.
» qui ordonne, que conformément aux Ordon-
» nances, les danſes publiques appellées Feſtes
» Baladoires & autres ſemblables demeureront
» ſupprimées. Fait défenſes d'en faire aucunes,
» & à tous Hauts-Juſticiers, tant Eccleſiaſti-
» ques, que Seculiers, & à leurs Officiers de
» les permettre. Leur fait auſſi défenſes de ſouf-
» frir que les foires & marchez ſoient tenus
» aux Feſtes de Pâques, Pentecoſte, Tous les

Saints, Noël, Saint Sacrement, de la Vierge, «
de l'Aſcenſion, Circonciſion, Epiphanie, «
Dimanches & Feſtes de Patron, à peine de «
cent livres d'amende contre chacun des con- «
trevenans, même contre les Seigneurs qui les «
auront ſoufferts, & les Officiers qui ne les «
auront pas empêchez. Et s'il ſe rencontre que «
les foires & marchez arrivent dans ces jours, «
ils ſeront remis aux jours ſuivans. «

Ordonnance de Police du 10. Septembre 1670.
renduë ſur la remontrance du Procureur du Roy, «
que pluſieurs Habitans, Artiſans & gens de jour- «
née de la Grenoüillere & des environs de l'Hoſ- «
tel des Mouſquetaires du Roy, travailloient les «
jours de Dimanche & des Feſtes comme les jours «
ouvrables, notamment les Lavandieres ; & que «
les Cabaretiers y donnoient à boire & à manger «
pendant le ſervice divin. Par laquelle Ordon- «
nance il eſt fait défenſes à tous artiſans, gens «
de journée, Lavandieres & tous autres, de «
travailler leurs vacations les jours de Di- «
manche & des Feſtes de commandement, à «
peine de 50. liv. d'amende contre chacun des «
contrevenans. «

Arreſt du Parlement du 28. Avril 1673. qui
ordonne que, ſuivant les Articles 24. & 25. de «
l'Ordonnance d'Orleans, les foires & marchez «
qui ſe rencontrent dans le Dioceſe de Paris «
les Dimanches & jours de Feſtes ſolemnelles, «
ſeront remis au lendemain. «

Sentence de Police du 17. Novembre 1679.
portant défenſes à toutes perſonnes d'étaler & «
d'expoſer en vente leurs marchandiſes ſur le «
Pont-neuf, ou le long des quais de la Megiſſe- «
rie & du Port de l'Ecole les jours de Diman- «
che & des Feſtes. Condamne en quarante ſous «
d'amende chacun des particuliers qui avoient «
eſté trouvez en contravention ; & leur dé- «
fend de recidiver, ſous plus grande peine. «

---

11. Janvier
1696. Or-
donnance de
Police pour
l'obſervation
du Dimanche
& des Feſtes,
publiée &
affichée le
14. du même
mois ;

SUR ce qui Nous a eſté repreſenté par le Procureur du Roy, qu'encore bien qu'il ſoit expreſſément défendu par les Ordonnances, par les Arreſts & par les Réglemens de Police, à tous
Marchands, Artiſans, Crocheteurs & Portefais, Charretiers, Plaſtriers, Voituriers, Lavandieres
& autres gens de journée, de vendre, debiter, voiturer, laver, blanchir le linge & travailler les
jours de Dimanche & des Feſtes de commandement, à peine de punition corporelle, d'amende &
de priſon, ſuivant l'exigence des cas ; neanmoins pluſieurs perſonnes de differentes conditions,
ne laiſſent pas de contrevenir aux défenſes portées par ces Réglemens. A quoy eſtant neceſſaire de
remedier, & de faire ceſſer le ſcandale que cauſent de telles contraventions, requeroit que ſur ce
il fuſt par Nous pourvû.

NOUS faiſant droit ſur ledit requiſitoire, avons conformément aux Ordonnances, Arreſts
& Réglemens de Police, fait iteratives & tres-expreſſes défenſes à tous Marchands, Artiſans, Crocheteurs & Portefais, Voituriers, Charetiers, Plaſtriers, Lavandiers & Lavandieres, & autres
gens de journée, de vendre, debiter, voiturer & travailler les jours de Dimanche & des Feſtes
de commandement, ſous les peines portées par leſdites Ordonnances, & de confiſcation des marchandiſes, outils, meubles, chevaux & harnois. Mandons aux Commiſſaires du Chaſtelet de tenir
la main à l'execution de la preſente Ordonnance, qui ſera executée nonobſtant & ſans préjudice
de l'appel, publiée & affichée dans les Places, Carrefours & autres lieux accouſtumez de cette
Ville & Fauxbourgs de Paris, afin qu'il n'en ſoit prétendu cauſe d'ignorance. Ce fut fait & donné
par Meſſire GABRIEL NICOLAS DE LA REYNIE, Conſeiller d'Eſtat ordi-
naire, Lieutenant General de Police de la Ville, Prevoſté & Vicomté de Paris, le onzième jour
de Janvier mil ſix cens quatre-vingt-ſeize. Signé, DE LA REYNIE, ROBERT.

GAUDION, Greffier.

LOUIS,

16. Decemb.
1698. Décla-
ration du Roy
pour l'obser-
vation du Di-
manche &
des Festes,
registrée au
Parlement le
31. du même
mois.

LOUIS, par la grace de Dieu, Roy de France & de Navarre ; à tous ceux qui ces presentes Lettres verront, Salut. L'obligation dans laquelle Nous sommes de procurer autant qu'il Nous est possible, que le Service divin soit celebré avec toute la décence & la dignité convenable, & que nos Sujets y assistent aussi affidûment qu'ils le doivent, Nous a engagé à défendre par l'Article 32. de nostre Edit du mois d'Avril 1695. que l'on y publiast aucune chose profane qui pust l'interrompre ; & comme Nous avons esté informez que cette disposition n'estoit pas executée pour ce qui regarde nos affaires, & que les Articles des Ordonnances d'Orleans & de Blois que les Roys Charles IX. & Henry III. nos Prédecesseurs ont fait pour empescher que nos Sujets ne fussent détournez d'assister au Service divin, ne sont pas observez aussi ponctuellement qu'il seroit à desirer. A CES CAUSES, & autres considerations à ce Nous mouvans, Nous avons dit & déclaré, disons & déclarons par ces presentes signées de nostre main ; Voulons & Nous plaist que l'article 32. de nostre Edit du mois d'Avril 1695. soit executé suivant sa forme & teneur, même à l'égard de ce qui regarde nos propres affaires, que les publications en soient faites seulement à l'issue des Messes de Paroisses par les Officiers qui en seront chargez ; que les publications qui seront faites de cette sorte, soient de même effet & vertu que si elles estoient faites aux Prônes desdites Messes, nonobstant tous Edits, Déclarations & Coustumes à ce contraires, ausquelles Nous avons dérogé & dérogeons à cet égard : Ordonnons pareillement que les Articles 22. 24. & 25. de l'Ordonnance d'Orleans, & le 38. de celle de Blois, portant défenses de tenir des foires & marchez & des danses publiques les Dimanches & les Festes, d'ouvrir les jeux de Paume & cabarets ; & aux Bâteleurs & autres gens de cette sorte, de faire aucune representation pendant les heures du Service divin, tant les matins, que les après-disnées, soient executées : Enjoignons à tous nos Juges & autres ressortissans nuëment en nos Cours de Parlement, de les faire lire & publier de nouveau dans leurs ressorts avec nostre presente déclaration, & d'en certifier nosdites Cours en la maniere accoustumée ; & à eux & à tous autres Juges de punir les contrevenans par condamnations d'amendes, & autres peines plus graves, s'il y échet, suivant l'exigence des cas. SI DONNONS EN MANDEMENT à nos amez & féaux Conseillers les Gens tenans nostre Cour de Parlement de Paris, que ces presentes ils ayent à faire lire, publier & registrer, & icelles executer selon leur forme & teneur ; car tel est nostre plaisir : en témoin de quoy Nous avons fait mettre nostre Scel à cesdites presentes. Donné à Versailles le seizieme jour de Decembre l'an de grace mil six cens nonante-huit, & de nostre Regne le cinquante-sixieme. Signé, LOUIS, Et sur le reply, par le Roy, PHELYPEAUX. Et scellé du grand sceau de cire jaune.

CHAPITRE IV.

Distinction des œuvres qui sont défenduës les jours du Dimanche & des Festes ; & de celles qui sont permises.

Exod. 20. v. 8.
& seqq.
Idem 31. v. 14.
& 15.
Id. 35. v. 2.
Levit. 23. v. 3.
Num. 15. v.
31. & seqq.

LA principale obligation establie par les Loix touchant l'observation du Dimanche & des Festes consiste dans le repos & la cessation de toutes œuvres serviles, pour ne s'appliquer uniquement qu'aux exercices de Religion & de pieté. La Loy de Dieu qui a servi de fondement à toutes les autres le porte si expressément, qu'il estoit même défendu, à peine de mort, d'allumer du feu dans sa maison, & de se préparer les choses necessaires à la vie le jour du Sabbat. Un Israëlite, pour avoir ramassé du bois en ce saint jour, fut lapidé. Cette Loy, à la verité, a esté abolie, quant aux Ceremonies Judaïques qui devoient s'observer dans ce jour : mais elle subsiste toujours quant au precepte moral ; & en ce sens elle nous doit encore servir de regle pour l'observation du Dimanche & des Festes.

Il est donc important de la bien entendre pour y conformer nostre Police. Or il est certain que dés le temps des Juifs, cette regle de la cessation de toutes œuvres serviles n'estoit pas si generale, qu'elle n'eust beaucoup d'exceptions. J.C. luy-même s'en est expliqué, & les saints Evangelistes ont eu soin de nous conserver les instructions toutes divines qu'il nous en a données.

Num. 28. 9.
S. Matth. 12.
v. 1. & seqq.
S. Marc. 2.
23. & 3. v. 1.
S. Luc. 6. v.
1. & 6.

Les Prestres (dit ce divin Sauveur aux Juifs) » travaillent dans le Temple le jour du Sabbat, » & neanmoins ne sont pas coupables : vous au- » tres-mêmes exercez en ce jour la Circoncision. » Qui est-ce d'entre vous (dit-il ailleurs aux » Docteurs de la Loy) qui verra son bœuf ou

ses brebis tombez dans une fosse un jour de « Sabbat, & qui ne les en retire : N'avez-vous » pas soin encore tous les jours, celuy du Sabbat « comme les autres, de tirer vos bestiaux de l'es- « table, & de les mener à l'abreuvoir. Dans « une autre occasion les Apostres & les Disci- ples pressez de la faim, passant un jour de Sabbat le long des bleds en rompirent des épis, les froisserent dans leurs mains, & en mangerent le grain. Leur divin Maistre justifie encore cette action, sur la necessité, contre les Pharisiens qui s'en estoient scandalisez. Le Sauveur même guerit le Paralytique qui avoit la main desse-chée, & l'Hydropique, la Femme possedée du malin esprit, & fit plusieurs autres miracles en faveur des pauvres malades aux jours de Sabbat. Ainsi J. C. establit dés lors, que les œuvres qui ont pour objet le service divin, le culte de la Religion, le soin des malades, ou l'extrême necessité estoient exceptez de la regle generale du repos qui devoit estre observé le jour du Sabbat.

L'Eglise conduite par le S. Esprit, & en suivant l'esprit de douceur de la Loy nouvelle que son celeste Epoux luy a laissé, a depuis developé de mesme en un plus grand jour ces exceptions.

Les François dans la ferveur de leur nouvelle conversion au Christianisme, s'estoient persuadez que la Loy du Sabbat devoit estre observée à la rigueur le jour du Dimanche.

Le troisiéme Concile d'Orleans tenu l'an 538.

Idem. 13. v.
12. & seqq.
Id. 14. v. 3. &
seqq.
S. Joan. 5. v.
9. & 7. v. 21.

leva

leva ce fcrupule ; & voicy comment il s'en ex-
» pliqua. Le Peuple s'eft mis dans l'efprit (cë
» font les propres termes du xxviii. Canon de ce
» Concile) qu'il n'eft pas permis de voyager le
« jour du Dimanche avec des chevaux , des
» bœufs , ou d'autres voitures. Qu'il n'eft pas
» non plus permis en ce faint jour , de fe pre-
» parer à manger , ou de faire les chofes qui re-
» gardent la propreté des perfonnes , ou celle
» des maifons. Et dautant que cette conduite
» fent plus l'obfervation Judaïque du Sabbat,
» que celle du Chriftianifme ; Nous ordonnons
» que ce qui a efté cy-devant permis le jour du
» Dimanche , le foit encore : Voulons nean-
» moins que l'on s'abftienne de travailler aux
» champs , c'eft-à-dire , à labourer la terre ,
» façonner les vignes , faucher les foins , moif-
» fonner ou battre le bled , effacler ou faire des
» hayes. Tous ces gros ouvrages font défendus ,
afin que le Peuple puiffe plus aifément vacquer
au Service & aux Prieres de l'Eglife.

Cette décifion n'empêcha pas que dans la fuite , il n'y euft encore des perfonnes en France,
qui crurent eftre obligées d'obferver litterale-
ment le precepte du Decalogue. Dans cette vûë
elles s'abftenoient de fe préparer à manger, de
nettoyer leurs maifons , & même de changer de
linge & d'habits pour fe tenir propres le jour
du Dimanche & des Feftes. Pepin , comme nous
l'avons déja dit , fit affembler fur cela un Synode d'Evêques dans fon Pal.is à Paris , au mois
Cap. Reg. Fr. de Juillet 755. Ils y condamnerent d'abondant
to. 1. col. 173. cette erreur, la traitterent de fuperftition Judaïque ; & leur decret fut confirmé par une Ordon-
nance de ce Prince le même jour.

Il y eut enfin une derniere difficulté, fçavoir
dans quel cas il eftoit permis les Dimanches
Ibid. col. 67. & les Feftes de voiturer. Ce doute eftoit fondé
fur l'Ordonnance de Dagobert de l'an 630. qui
» défendoit toutes fortes de voitures en ces jours,
» quand même l'on fe trouveroit en chemin , &
» fur le préjudice & les notables incommoditez
» que cela caufoit au Peuple en plufieurs occafions. Charlemagne confulta encore fur cela plufieurs Evêques de fes Eftats ; & par leur confeil
Ibid. col. 239. il fit publier un Edit l'an 789. qui décida la
cap. 79. » queftion. Il porte que , fuivant la Loy de Dieu
» & les Ordonnances des Roys fes Predeceffeurs,
» toutes œuvres ferviles cefferont les Dimanches
» & les Feftes ; declare neanmoins qu'en cas de
» neceffité , trois fortes de voitures feront exce-
» ptées de cette regle generale. La premiere ,
» pour conduire les chofes neceffaires aux Ar-
» mées. La feconde , pour amener des vivres
» dans les lieux où l'on en a befoin. Et la troi-
» fiéme , pour conduire un corps à la fepulture.
C'eft à l'égard de cette derniere , qu'alors , &
long-temps aprés les cimetieres eftoient hors
des Villes , & quelquefois en des lieux affez
éloignez.

Capitul. 3. Alexandre I I I. confulté par un Archevêque
Licet tam ve- d'Allemagne l'an 1160. s'il eftoit permis de pefte 15. extra, de cher dans les fleuves un jour du Dimanche &
Feriis. du Dimanche & des Feftes , luy répondit par
une Decretale , que l'Eglife a canonifée & mife
au nombre de fes Loix : voicy ce qu'elle con-
» tient. Quoique par l'un & par l'autre Teftament
» le 7ᵉ jour ait eflé deftiné au repos de tout ce
» qu'il y a d'humain ; qu'il en foit de même
» de tous les autres jours deftinez au culte de
» la tres-haute Majefté de Dieu , ou à folemni-
» fer les Feftes des faints Martyrs ; qu'en tous
» ces jours l'Eglife ait défendu toutes œuvres
» ferviles , Nous permettons neanmoins d'y tra-

vailler , à l'exception des grandes folemnitez , «
à tout ce qui concerne les vivres , & même à «
pefcher , quand il y a du peril à differer; à la «
charge toutefois à l'égard de la pefche , d'en «
faire part aux pauvres. «

Par une autre Decretale de Gregoire I X. de Capitul. 5
l'an 1232. qui fait auffi partie du Droit Canon ; Conqueftus
il eft défendu de rendre aucune Sentence, ny « extra,de ferii
de faire aucun acte de Juftice, quand même «
les parties le confentiroient , les jours de «
Dimanche & des Feftes , à moins qu'une ne- «
ceffité preffante , ou la pieté n'y engage. «

Le quatriéme Canon du Concile de Valladolid
tenu l'an 1322. porte , que l'on s'abftiendra «
d'œuvres ferviles les Dimanches & les Feftes , «
& qu'en ces jours perfonne ne labourera la terre, «
& ne travaillera des mains : fi ce n'eft en cas «
d'urgente neceffité , ou pour une caufe pieufe , «
& avec la permiffion du Preftre. «

La Faculté de Theologie de Paris eftant con-
fultée au mois d'Octobre 1426. fur l'obligation &
fur la maniere de celebrer les Dimanches & les
Feftes : Voicy ce qu'elle répondit.

1º , Que l'homme eft obligé de donner un «
tems pour l'employer uniquement & particulie- «
rement à adorer Dieu. 2º. Que dans l'ancienne «
Loy ce tems , eftoit le jour du Sabbat. 3º. Que «
l'obligation de celebrer le Sabbat n'eftoit pas «
une Loy purement pofitive & ceremoniale, «
mais auffi morale & naturelle. 4º , Que l'ob- «
fervation du Dimanche a fuccedé dans la nou- «
velle Loy à celle du Sabbat : Voilà le precepte. «

Voicy les obligations.

1º, Que l'on doit vaquer au Service de Dieu «
les Dimanches & les Feftes. 2º , Que l'on doit «
s'abftenir en ces jours des œuvres ferviles,&qu'il «
y en a de trois fortes ; le peché , le fervice que «
l'on rend à un autre homme ; & tout em- «
ploy & action qui empêche que l'on s'ap- «
plique au Service de Dieu. 3º , Qu'il eft plus «
criminel de pecher un Dimanche qu'un autre «
jour. 4º , Que les œuvres ferviles qui ont »
pour fin le gain temporel font défenduës. «
5º , Qu'il n'eft pas permis de tenir des Mar- «
chez pour des chofes qui ne font pas neceffai- «
res à la vie, principalement pendant le Service «
divin. Viennent enfuite les exceptions à cette
regle generale.

1º , Que l'on peut exercer le Dimanche & «
les Feftes les œuvres liberales fpirituelles ou «
corporelles , qui regardent le Service de Dieu , «
ou la charité envers le prochain. 2º , Que l'on «
n'eft point obligé de s'abftenir des œuvres «
ferviles neceffaires pour la confervation du «
corps , comme de preparer des alimens , de fe «
défendre quand on eft attaqué & en danger de «
fa vie. 3º , Que l'on peut en ces jours vendre «
& acheter les chofes neceffaires à la vie. 4º , Que «
quand il y a quelque neceffité , on peut même «
accorder difpenfe fur l'exercice aux autres «
œuvres ferviles. 5º , Que cette neceffité ne «
peut pas eftre marquée par une regle generale, «
mais qu'il faut dans ces cas avoir recours au «
jugement d'un homme fage & de probité. «
6º , Que ceux qui par devotion voudront «
s'abftenir en ces jours d'acheter , de vendre & «
de faire des chofes même neceffaires à la vie,ne «
doivent point en eftre détournez. 7º , Qu'enfin «
la tranfgreffion de ce precepte eft tres-crimi- «
nelle. «

Il y a donc deux chofes à confiderer dans
l'obfervation des Dimanches & des Feftes.

La premiere , le precepte ou la regle generale
qui oblige à s'abftenir de toutes œuvres ferviles,

les, non seulement laborieuses & mécaniques, mais encore de toutes celles qui ont pour fin le gain temporel, de celles qui appliquent trop, où l'esprit ou le corps, ou qui entretiennent l'oisiveté ou la sensualité. De-là vient que tous les Arts & Métiers, le Commerce, les voitures & transports de marchandises d'un lieu à l'autre, les Audiances pour l'administration de la Justice, les Foires, & les Marchez, les Cabarets, les Jeux de Paume, les danses publiques, sont toutes œuvres que les Loix ont comprises dans cette prohibition. Les Comedies & autres spectacles ne sont que tolerez ; & il estoit même autrefois défendu de demeurer dans les ruës & les places publiques à se promener, & à s'entretenir de nouvelles, & de discours oisifs pendant ces saints jours. Toutes les prohibitions commençoient dés le Samedy ou la veille des Festes aux premieres Vêpres. Voilà jusques à quel point les Loix & les Ordonnances ont porté la sanctification des Dimanches & des Festes.

La seconde observation tombe sur les exceptions que les mêmes Loix ont apportées à cette regle generale. Elles peuvent estre toutes rangées sous l'une ou l'autre de ces categories. Le Service divin : la conservation de sa propre vie : la charité envers le prochain : la necessité publique.

Ainsi l'on y comprend tout ce qui se fait dedans ou dehors nos Temples, pour y preparer les choses necessaires au service du Seigneur, & aux exercices de la Religion. La vente, l'achat, & la preparation des alimens necessaires pour le soustien de la vie. Le travail continuel & tres-penible, mais tres-innocent des Religieux, des Religieuses, & des autres personnes employées dans les Hôpitaux des pauvres malades, qui n'est pas même interrompu les jours des plus grandes solemnitez de l'année. Celuy des Medecins & des autres personnes qui ont soin des malades dans les maisons particulieres : les secours que l'on se donne mutuellement dans tous

Voyez les Loix & les Ordonnances rapportées dés les 3. chapitre-cedens, qui côtiennent toutes ces prohibitions.

les accidens imprévus : le travail necessaire pour abbattre, ou faire cesser le peril d'une maison preste à tomber ; éteindre un incendie, ou pourvoir à quelques autres devoirs pressans, dont le retardement du secours nuiroit considerablement au public : les voitures des armes, des munitions ou des vivres aux Armées ; & les voitures des vivres pour les besoins des Villes. On peut mettre encore certainement au nombre de ces exceptions, les soins que les Magistrats & les Officiers de Police se donnent continuellement pour maintenir le repos public ; les visites frequentes qu'ils font de tous les quartiers de la Ville, pendant les heures même du Service divin ; leurs applications en tout temps ; à découvrir les fautes & les crimes ; leurs soins pour les prévenir, ou en empêcher le progrés, faire arrester les coupables, & par une prompte instruction en asseurer les preuves : car bien loin que ces œuvres puissent estre mises au nombre de celles qui sont opposées à la sanctification du Dimanche & des Festes ; c'est au contraire ce qui empêche les méchans & les libertins de violer ce precepte ; c'est ce qui empêche leurs débauches & leurs crimes, qui sont les principales œuvres serviles défendues en ces saints jours, selon les Peres & les Docteurs de l'Eglise : & c'est enfin ce qui donne la facilité aux gens de bien & aux Fideles, d'y remplir leurs devoirs avec plus d'exactitude & de perfection ; puisque par ce moyen, ils le peuvent faire avec plus de paix & de tranquillité.

Rien n'est plus facile cependant à l'égard des Arts & métiers, que d'abuser de ces exceptions, & qu'une mauvaise interpretation ; l'amour propre & l'interest, ne les fasse étendre au-delà de leurs veritables bornes. Certaines professions sont beaucoup plus exposées que les autres : il y a eu, pour les contenir, des Réglemens qui leur sont particuliers : & pour éviter la confusion, on les a rangez sous autant de differens Chapitres.

S. August. de vera & falsâ pœnit cap 14. Can. 10. dist. 5. S. Tho. Secun. qu. 122. art. 4. S Ant part 2. tit. 9. cap. 7. §. 2. & 3. Scot. in 3. sent. dist. 17. & 37. Alex. Halens part. 3. qu. 32. n 5. art. 2. Alph. Tostat. in c. 20. Exod. Catech. Conc. Trid part. 3. de 3. Decalog. p. accepto, §. 4.

CHAPITRE V.

De l'observation du Dimanche & des Festes par les Boulangers.

COmme le pain est la nourriture la plus commune & la plus necessaire, les Boulangers n'ont pas manqué de prétendre qu'ils estoient compris dans l'exception, par laquelle il est permis de faire cuire, préparer, & de vendre les choses necessaires à la vie les jours du Dimanche & des Festes : mais en même temps on leur a opposé deux réponses qui ne souffrent aucune difficulté.

La premiere, que cette exception ne s'entend que des choses qui doivent estre preparées tous les jours, & que l'on ne peut garder d'un jour à l'autre, sans qu'elles diminuent considerablement de bonté. Que le pain n'est point dans ce cas ; au contraire, selon toutes les regles de la Medecine, il est meilleur pour la santé un jour ou deux aprés sa cuisson, que de le manger le jour même.

La seconde réponse qu'on leur oppose, & qui seule doit décider nettement la question contre eux, se tire des propres Statuts qui furent donnez par S. Louis aux Boulangers de Paris. Voicy

ce qu'ils portent à l'égard de l'observation du Dimanche & des Festes.

Nul Talmelier (c'est leur ancien nom, qu'ils tirent du tamis dont ils se servent pour bluter,) ne doit cuire au Dimanche, ny au jour de « Noël, le lendemain, ny le troisiéme jour : « mais peuvent cuire le quatriéme. Ne peuvent « non plus cuire le jour de l'Epiphanie, le len-« demain de Pâques, le jour de l'Ascension, le « lendemain de la Pentecoste, les Festes de la Pu-« rification, de l'Annonciation, de l'Assomption « & de la Nativité de la sainte Vierge. Aucune « des Festes d'Apostres, la veille desquelles il y « a jeûne d'obligation ; les Festes de sainte Croix « en May & en Septembre, de la Nativité de « saint Jean-Baptiste, les jours de saint Barthe-« lemy, de saint Jacques saint Philippe, de saint « Jacques de saint Christophle, de sainte Gene-« viéve, de saint Laurent, de la Magdelaine, « de saint Denys, de saint Martin d'hyver, de « saint Nicolas d'hyver, de la Toussaints & de la « Feste des Morts, si ce n'est en ce jour-là des « échaudez

Livre blanc, ou premier des Mestiers, qui est en la Châbre des Comptes, fol 91. Livre vert ancien du Châst. de Paris, f 8.

» échaudez à donner pour Dieu : ne cuiront non
» plus au jour de la Fefte de la S. Pierre Angoule-
Aouft ; (c'eft la Fefte de S. Pierre aux Liens ,)
qui arrive le 1. d'Aouft , d'où vient cette épithete que la fimplicité des temps luy donnoit
d'Angoule-Aouft. Nos anciens avoient beaucoup
de femblables quolibets , qu'ils employoient
même dans les dates des Actes ; comme ceux de
la Martefche & de la Septembrefche , dont ils
fe fervoient autrefois pour exprimer les jours
de l'Annonciation & de la Nativité de la fainte
Vierge ; parce que ces Feftes arrivent en Mars
& en Septembre. Cette fefte de faint Pierre aux
Liens eftoit particuliere aux Boulangers , peut-
eftre parce qu'elle arrive le premier jour du mois
de la principale recolte des bleds, d'où ils tirent
la matiere de leur commerce.

Ainfi tous les Dimanches de l'année eftoient
compris dans cette prohibition aux Boulangers
de cuire leur pain : à l'égard des Feftes il n'y en
avoit d'exceptées que le Mardy de Pâques , le
Mardy de la Pentecofte , le jour de faint Marcel , & celuy des faints Innocens. Deux confiderations avoient donné lieu à cette exception:
la première , que chacun de ces quatre jours eft
precedé de deux ou trois autres feftes : ainfi
l'on préfumoit naturellement que le pain cuit
la veille de la première fefte pouvoit eftre confommé , & confequemment la derniere des
feftes retomboit dans le cas de la neceffité de
cuire pour fe preparer de nouveau pain ; dans
lequel cas de neceffité , la regle generale fouffre toujours cette exception, comme il a efté
obfervé dans le Chapitre precedent. La feconde
confideration, c'eft que le lendemain de ces dernieres feftes de Pâques & de la Pentecofte eft
précifément un jour ordinaire de Marché ,
& qu'il eft rare que cela n'arrive auffi des
dernieres feftes de la Toussaints & de Noël ;
puifque les Marchez fe tiennent de trois
jours en trois jours : or la veille de ces jours
de Marchez les Boulangers font obligez
neceffairement de cuire , pour garnir leurs
Places le lendemain , & fournir de pain le Public : mais cela même fait qu'il y a quelque fcrupule on a mefuré ce qui leur eftoit défendu ou
licite fur l'obfervation des Feftes , & dans quelle
précifion on eft defcendu , pour ne leur donner
de licence à cet égard , qu'autant qu'une extrême
neceffité le requiert.

Cette exactitude eftoit portée jufques au point,
que pour leur ofter toute occafion d'anticiper
une feule heure fur la folemnité du jour , ou
d'en retrancher la moindre portion ; il leur eftoit
défendu par les mêmes Statuts , de cuire les Samedis ou veilles de feftes , à moins que leur
pain ne fuft mis au four un jour tard , aux chandeles allumantes , & de recommencer à cuire le
Lundy ou le lendemain des feftes , que les Matines ne fuffent fonnées à N. Dame , & pourvû
que ce jour ne fuft point celuy d'une autre fefte.

Il eft vray que dans l'énumeration des feftes
ces Statuts ne font aucune mention de celles de
la Circoncifion de Noftre-Seigneur, du faint Sacrement & de la Conception de la fainte Vierge :
mais nous en avons vû la raifon dans le Chapitre
precedent ; c'eft qu'elles n'eftoient pas encore
établies en France. Celle de faint Louis n'avoit
garde de s'y rencontrer ; ce Prince eftoit encore
vivant , & ces Statuts font de luy-même ; & la
fefte de faint Michel , qui ne s'y trouve pas non
plus , n'eftoit alors que de devotion dans le Diocefe de Paris : elle n'a commencé d'eftre d'obligation que l'an 1469. lorfque Louis XI. établit

un Ordre Militaire fous le nom de ce bienheureux Archange. Ainfi toutes les Feftes qui
eftoient alors chommées , y font certainement
comprifes. Et comme celles qui ont efté depuis
établies font du même ordre , on ne peut douter
que leur folemnité n'impofe implicitement la
même Loy.

La contravention à ce Réglement eftoit punie
par une amende de fix deniers , & la confifcation de deux foudées de pain pour chaque four-
née. Ces deniers eftoient d'argent , & il y en
avoit deux cens vingt au marc : ainfi chaque
denier vaudroit aujourd'huy trois fous de noftre
monnoye. A l'égard des deux foudées de pain
qui devoient eftre confifquées , c'eftoit autant
de pain qu'il s'en donnoit alors pour deux fous :
ces fous eftoient auffi d'argent, il n'y en avoit que
58. au marc ; & fur ce pied chacun vaudroit aujourd'huy onze fols quatre deniers , quelque peu
davantage.

Jufques icy cette feverité des Loix ne concerne que la cuiffon du pain ; la vente doit eftre
beaucoup plus libre : on peut fort bien fe paffer
de l'avoir tendre , & confequemment d'en cuire
tous les jours : mais le defaut d'en diftribuer à
ceux qui en ont befoin , ne fut-il que d'un
feul jour , pourroit eftre d'une tres-dangereufe
confequence. Ainfi les Ordonnances à cet égard ,
favorifent beaucoup plus le commerce des Boulangers.

Il n'y en a aucune qui leur défende de vendre du pain les Dimanches & les Feftes. Tout
ce que l'on a pû faire de mieux , a efté d'en reftraindre le commerce dans les Marchez publics à
certains jours de la femaine.

Les Statuts de faint Louis dont il vient d'eftre
parlé , avoient reduit cette faculté , à l'égard
des Boulangers forains , au feul jour du Samedy:
ce qui fuffifoit alors,vû la petite étenduë de Paris:
tous les autres jours de la femaine les Boulangers
de la Ville & Banlieuë en vendoient dans leurs
maifons : à parce que leurs boutiques devoient
eftre fermées le Dimanche , on leur permettoit
en ce jour, d'en expofer en vente dans la Place
qui eft vers le Parvis de N. Dame & l'Eglife de
faint Chriftophle.

Il eftoit auffi permis aux forains de vendre en
cette même Place le jour du Dimanche , leur
pain de rebut , comme pain raté , que les rats
ou les fouris avoient entamé , pain trop dur ,
pain ars & échaudé , pain métourné, c'eft-à-dire,
trop petit , (ce font les propres termes des Statuts.) Comme tout ce pain eftoit défectueux ,
le même Réglement porte qu'en ce jour ils
n'eftoient fujets à aucune vifite. De-là l'on juge
bien que ce marché du Dimanche n'eftoit établi
qu'en faveur des pauvres , qui font réduits par
le petit gain qu'ils font , à ne pouvoir pas acheter leurs provifions d'un jour à l'autre , &
qui vivent , pour ainfi dire , au jour la journée.

Cette faculté d'apporter du pain à Paris par les
Boulangers forains les jours du Dimanche, degenera dans la fuite en abus; les Boulangers de Paris
s'en plaignirent ; le Roy les renvoya au Prevoft
de Paris , par Lettres Patentes du douzième
Mars 1366. Ce Magiftrat par un Réglement du
quatorzième Avril de la même année , réduifit
le commerce des Boulangers de la Campagne à
Paris , au feul jour de Marché.

Les Boulangers de Paris continuerent de vendre leur pain le jour du Dimanche pour les
pauvres , dans cette même Place entre le Parvis
de Noftre-Dame & de faint Chriftophle. L'accroiffement

Livr. vert-neuf du Chastelet, fol. 141.

croissement de la Ville obligea de transferer ce Marché du Dimanche en la Place Maubert, par Ordonnance du Prevost de Paris du cinquiéme Aoust 1488. Il s'y tenoit encore dans le siecle suivant, comme il paroist par une autre Ordonnance de Police du Chastelet, du 23. Novembre 1546. En ces temps toutes les Boutiques des Boulangers demeuroient exactement fermées pendant tout le jour du Dimanche, & le debit du pain ne se faisoit qu'en ce seul Marché, établi pour la necessité. Mais enfin l'excessive grandeur où la Ville & les Fauxbourgs estoient parvenus, fit changer cet usage : l'on établit deux Marchez la semaine, l'un le Mercredy, & l'autre le Samedy, & l'on supprima celuy du Dimanche.

Depuis ce temps ; dont on ne trouve pas bien précisément l'époque, les Marchez du Mercredy & du Samedy ont esté reglez sans autre Ordonnance de Police, sur le pied prescrit par celles de l'Eglise. L'on a vû dans le Chapitre precedent la Decretale d'Alexandre III. de l'an 1160. inserée dans le Droit Canon, qui permet le commerce & le travail les jours de Festes pour

les vivres ; & qui n'en excepte que les grandes solemnitez. Suivant cette regle le Marché au pain tient à Paris le Mercredy & le Samedy, quelques jours qu'ils arrivent : on excepte seulement les festes de l'Epiphanie, de Noël, de la Toussaints, & toutes celles de la sainte Vierge, que l'on a interpreté estre de celles que l'Eglise qualifie de grandes solemnitez, & les seules de cette classe qui peuvent arriver le Mercredy ou le Samedy ; lors qu'elles arrivent l'un de ces jours l'on prévient, & l'on tient le Marché par anticipation le Mardy ou le Vendredy precedent.

A l'égard du commerce qui se fait dans les Boutiques, il est trop necessaire pour l'interdire aucun des jours de l'année : les Ordonnances du Magistrat, & les soins des Officiers de Police, obligent seulement les Boulangers les jours du Dimanche & des Festes, de tenir les ais de leurs boutiques fermez, & de n'en laisser que la porte ouverte : cela suffit pour les indiquer à ceux que la necessité engage d'avoir recours à eux tous les jours pour avoir du pain.

CHAPITRE VI.

De l'observation du Dimanche & des Festes par les Bouchers.

APrés le pain, il n'y a point d'aliment plus commun, & d'un usage plus universel que la viande, ainsi les Bouchers qui en font le debit, sont encore à juste titre compris entre les personnes ausquelles il est permis de travailler & de faire leur commerce les Dimanches & les Festes. Toute la difficulté consiste à leur égard, comme à l'égard des Boulangers, à donner de justes & legitimes bornes à cette exception de la regle generale. Il y a neanmoins cette difference entre ces deux Professions, que le pain est bon, & peut estre vendu le même jour qu'il a esté cuit, & qu'il peut aussi estre gardé deux ou trois jours, sans diminuer notablement de bonté ; il n'en est pas de même de la viande ; elle est dangereuse à la santé, difficile à manger & sans goust, les jours mêmes que les bestiaux ont esté tuez ; d'où vient que les Réglemens de Police défendent de la vendre en ce jour ; & que si au contraire on la garde trop long-temps, principalement dans les temps de chaleur, elle se corrompt, & n'est plus d'aucun usage : Ainsi la Police des Bouchers à cet égard, demande beaucoup plus de circonspection que celle des Boulangers.

C'est aussi ce qui a esté fait lorsque l'on a reglé leur discipline : Alexandre III. avoit déja décidé dés l'an 1160. qu'il est permis de travailler pour les vivres les jours de Festes, à l'exception des grandes solemnitez. Lorsque Philippe Auguste donna la premierefois des Statuts aux Bouchers de Paris, l'an 1182. ce Prince se conformant aux décisions du Souverain Pontife, » leur enjoignit par ce Réglement d'observer » tous les Dimanches de l'année ; & à l'égard des » Feste, leur permit d'y travailler ; & d'y » exercer leur commerce ; à l'exception seu- » lement de celles de Pâques, l'Ascension, la » Pentecoste, Noël, l'Epiphanie, la Purifica- » tion, l'Annonciation, l'Assomption, la Nati- » vité de la sainte Vierge, & la Toussaints. On y

Liv. blanc petit du Chastelet de Paris. fol. 175.

a depuis ajouté la feste de la Circoncision, celles du S. Sacrement, & la Conception de la sainte Vierge, qui n'estoient pas encore établies dans l'Eglise lors de ce Réglement.

L'experience ayant fait ensuite connoistre, que pendant les chaleurs de l'Esté, la viande que l'on achetoit le Samedy, ou la veille d'une Feste, estoit souvent corrompuë le lendemain ; l'on y pourvût, en distinguant dans le commerce des Bouchers deux differens temps ; les saisons froides ou temperées, & celle des chaleurs. L'Ordonnance qui fut faite à cette occasion par le Roy Jean, est du mois d'Aoust 1363. Elle porte, « que depuis Pâques jusques à la saint Remy, les « Bouchers attendroient au Samedy à tuer leurs « bestiaux, & leur permet de tenir leurs Bouti- « ques ouvertes les Dimanches Il en fut de même « des Festes qui arrivoient dans cet intervalle.

Mais comme les chaleurs qui peuvent corrompre la viande, ne commencent jamais dans le temps de Pâques, & finissent toujours avant la saint Remy, ce temps fut abregé par deux Ordonnances de Police des 2. Juillet & 19. Aoust 1598. Elles portent, que cette dispense d'ob- « server les Dimanches & les Festes par les Bou- « chers, ne commencera qu'au premier Diman- « che du mois de Juillet, & finira au premier Di- « manche du mois d'Aoust.

Ce terme a depuis esté étendu de quelques jours, & il est aujourd'huy de l'usage, autorisé par les Réglemens de Police, que les Bouchers commencent d'ouvrir leurs Boutiques le premier Dimanche d'après la Feste de la sainte Trinité, & qu'ils continuent leur commerce les Dimanches & les Festes, jusqu'au premier Dimanche du mois de Septembre inclusivement.

Tous les ans le Magistrat de Police fait publier une Ordonnance pour autoriser les Bouchers dans cette exception de la regle generale, & leur fait entendre, & au Public, que ce n'est qu'une dispense fondée sur la necessité. Voicy ce qu'elle contient.

Livre rouge vieux du Chastelet de Paris, fol. 17.

Registre du Juré-Crieur du Chastelet de Paris, f. 231. & 291.

X x iij　　　　　Défenses

5. Juin 1694. Ordonnance de Police qui permet aux Bouchers d'ouvrir leurs Etaux le Dimanche pendant les chaleurs, publiée & affichée le 9. du même mois.

DEfenses font faites, ce réquerant le Procureur du Roy, à tous Marchands Bouchers de cette Ville & Fauxbourgs de Paris, d'ouvrir leurs Etaux pour vendre chairs de Boucherie les Samedis, à commencer depuis le premier Dimanche d'après la sainte Trinité : Leur permettons de les ouvrir dorénavant les jours de Dimanche, jusqu'au premier Samedy d'après la Nostre-Dame de Septembre prochain, à cause des grandes chaleurs, à peine contre les contrevenans de confiscation de leurs Marchandises, & de trois cens livres d'amende chacun. Et à ce qu'aucun n'en prétende cause d'ignorance, sera la presente Ordonnance lûë & publiée à son de Trompe & Cry public, par les Carrefours & Boucheries de cette Ville & Fauxbourgs de Paris ; icelle imprimée & affichée esdits lieux. Ce fut fait & donné par Messire GABRIEL NICOLAS DE LA REYNIE, Conseiller d'Estat ordinaire, & Lieutenant General de Police de la Ville, Prevosté & Vicomté de Paris, le cinquiéme jour de Juin mil six cens quatre-vingt quatorze. Signé, DE LA REYNIE. ROBERT. GAUDION, Greffier.

Les Bouchers ne manqueroient jamais d'abuser de cette exception si le Magistrat ne prenoit le soin de leur marquer précisément le temps qu'elle doit cesser, & qu'ils sont obligez de rentrer dans la regle de l'observation du Dimanche. C'est ce qui donne lieu à une autre Ordonnance qu'il renouvelle aussi tous les ans, conforme à celle qui suit.

3. Septemb. 1694. Ordonnance de Police pour obliger les Bouchers de tenir leurs Etaux fermez le Dimanche après que la saison des chaleurs est passée, publiée & affichée le 4. du même mois.

DEfenses font faites, ce requerant le Procureur du Roy, à tous Marchands Bouchers de cette Ville & Fauxbourgs de Paris, d'ouvrir leurs Etaux pour vendre Chairs de Boucherie les Dimanches : Leur permettons de les ouvrir dorénavant les jours de Samedy, à commencer Samedy prochain onziéme Septembre, jusqu'au premier Dimanche d'après la sainte Trinité aussi prochain, à peine contre les contrevenans de confiscation de leurs Marchandises, & de trois cens lives d'amende chacun : A ce qu'aucun n'en prétende cause d'ignorance, sera la presente Ordonnance lûë & publiée à son de Trompe & Cry public, par les Carrefours & Boucheries de la Ville & Fauxbourgs de Paris ; icelle imprimée & affichée esdits lieux. Ce fut fait & donné par Messire GABRIEL NICOLAS DE LA REYNIE, Conseiller d'Estat ordinaire, & Lieutenant General de Police de la Ville, Prevosté & Vicomté de Paris, le troisiéme jour de Septembre mil six cens quatre-vingt-quatorze. Signé, DE LA REYNIE. ROBERT. GAUDION, Greffier.

Les Bouchers s'estoient dispensez d'eux-mêmes d'ouvrir leurs étaux ou boutiques le jour de l'Ascension. Cela leur fut défendu par une Ordonnance du Magistrat de Police du 3. Mars 1693. que nous rapporterons encore dans son entier.

3. Mars 1693. Ordonnance de Police pour faire observer la Feste de l'Ascension par les Bouchers & les Rotisseurs, publiée le 4. du même mois.

DEfenses font faites, ce requerant le Procureur du Roy, à tous Marchands Bouchers, & à tous Maistres Marchands Rotisseurs de la Ville & Fauxbourgs de Paris, d'ouvrir leurs Etaux & Boutiques, de les garnir, & d'y exposer & vendre aucunes viandes de quelque qualité qu'elles soient le jour & Feste de l'Ascension de chaque année, à peine de confiscation des viandes qui s'y trouveroient, & de trois cens lives d'amende en cas de contravention. Enjoint ausdits Bouchers & Rotisseurs de tenir la veille de ladite Feste les Boucheries, leurs Etaux & Boutiques ouvertes, de les garnir de viandes de Boucheries & Rotisseries en la maniere ordinaire : Et sera la presente Ordonnance signifiée aux Jurez de la Communauté des Bouchers, & aux Jurez de la Communauté des Rotisseurs, afin qu'il n'en soit prétendu cause d'ignorance. Ce fut fait & donné par Messire GABRIEL NICOLAS DE LA REYNIE, Conseiller d'Estat ordinaire, Lieutenant General de Police de la Ville, Prevosté & Vicomté de Paris, le troisiéme jour de Mars mil six cens quatre-vingt-treize. Signé, DE LA REYNIE. ROBERT. GAUDION, Greffier.

CHAPITRE VII.

De l'observation du Dimanche & des Festes par les Patissiers

APrés ce qui vient d'estre remarqué touchant l'observation du Dimanche & des Festes, quant aux Boulangers & aux Bouchers, qui préparent & qui debitent les alimens les plus necessaires, l'on pourroit raisonnablement s'attendre à une discipline beaucoup plus austere à l'égard des Patissiers, dont le principal commerce n'a pour objet que la volupté & la délicatesse. Le contraire neanmoins se rencontre & dans les réglemens & dans l'usage.

Les premiers Statuts qui leur furent donnez par saint Loüis au mois de May 1270. les confirment dans l'ancien usage dont ils estoient en possession, de travailler tous les jours de Festes sans aucune distinction.

Il n'y est fait aucune mention du Dimanche. Ainsi cette dispense, qui ne tomboit que sur les Festes devoit avoir quelque fondement fort ancien qui eust rapport à ces solemnitez.

Pour remonter jusques à la source, l'Histoire nous apprend que les Payens avoient leurs Festes qu'ils solemnisoient en l'honneur de leurs faux Dieux, ou en memoire de la naissance de leurs Princes, des Fondateurs de leurs Villes, ou de quelques autres grands évenemens. La principale solemnité de ces jours consistoit à les passer en festins, tant publics, que particuliers ; d'où ils estoient nommez par les Romains, *Dies epulata*. Quelques Auteurs même prétendent que le mot *Feria*, qu'ils employoient pour

Aul. Gel. lib. 1. cap. 28. & l. 10. cap. 14. Macrob. Saturn. l 1. c.16. Ovid. Fast. l. 1. & 5. Plutar. vies de Cesar & de Coriolan. Plin. l. 37. c. ultim. Varro, de Lingua Latin. l. 5.

pour signifier les jours de Festes, estoit pris de cette principale circonstance de leur solemnité: *Feria* à *ferendis epulis.*

Les premiers Chrestiens, qui sortoient du Paganisme, abandonnerent bien à la verité le culte des faux Dieux, & tout l'essentiel de l'Idolatrie : mais ils conserverent toujours certaines coustumes dans lesquelles ils avoient esté élevez, & qu'ils croyoient sans doute indifferentes. Celle de se réjouïr & de faire des festins en public & en particulier les jours des Festes instituées par l'Eglise fut de ce nombre; & passant des peres aux enfans, l'usage s'en est conservé pendant plusieurs siecles. Toute affoiblie qu'est cette coustume, nous en voyons encore quelques restes dans les débauches de la S. Martin, de la veille & du jour de l'Epiphanie, & dans les assemblées qui se font encore en plusieurs Bourgs & Villages les jours des Patrons, avec danses & festins.

Les Peres de l'Eglise & les Conciles se sont souvent élevez contre ces abus ; & dés la naissance du Christianisme en France, Childebert fils du grand Clovis premier Roy Chrestien les condamna, & les défendit expressément par son Ordonnance de l'an 554. L'on fut neanmoins obligé de les tolerer encore long-temps, pour ne pas s'opposer sans fruit au torrent d'un peuple prevenu en faveur de ses anciennes coustumes: mais dans l'esperance toujours de les abolir insensiblement, en les retranchant peu à peu, ainsi que l'on a fait dans la suite avec assez de progrès.

Supposant cette coustume de solemniser les Festes par des festins & d'autres réjouïssances seculieres & profanes, l'on n'aura pas de peine à croire que les gens destinez à la préparation des repas devoient estre beaucoup occupez pendant ces jours, & qu'en tolerant le premier abus l'on ne pouvoit se dispenser de souffrir l'autre.

Mais de toutes les professions il n'y en avoit aucune dont l'employ fust plus necessaire en ces jours, que celuy des Patissiers, par deux raisons tirées de ce que nous apprennent leurs propres Statuts qui nous en fournissent en partie la preuve.

La premiere, que de tout temps ces regals & ces réjouïssances des jours de Festes ont consisté principalement dans un fort grand debit de tartes, de gâteaux & de toute autre sorte de patisserie & de friandise. On les exposoit en vente non seulement pour l'usage des repas, mais encore pour en faire des largesses & des presens. Les amis s'en envoyoient les uns aux autres par une espece de religion, & pour entretenir entr'eux l'union & la concorde. On ne peut douter que ce ne fust la coustume des Payens, après le témoignage de Macrobe l'un des plus celebres auteurs sur cette matiere. Les Juifs mêmes, selon le Prophete Jeremie & ses Interpretes, pendant leur captivité en Egypte s'accommodant en cela aux mœurs du Pays, y avoient contracté cette superstition des Gentils. Les premiers Chrestiens, qui avoient esté élevez dés leur enfance dans cette mauvaise habitude, comme il vient d'estre observé, en conserverent l'usage.

La seconde raison ou le second pretexte qui avoit pû donner lieu à la dispense accordée aux Patissiers d'observer les Festes ; c'est qu'en ce tems ils estoient également Patissiers, Cabaretiers, Rotisseurs & Cuisiniers. C'estoit eux qui entreprenoient les nôces & les banquets. Les anciennes Ordonnances de Police font défenses à toutes personnes de les y troubler. Ce n'est pas qu'il n'y eust à Paris une Communauté de Rotisseurs

aussi ancienne que celle des Patissiers : mais il n'estoit permis à ceux de cette Communauté, que de faire rostir seulement de la viande de boucherie & des oyes. Ce fut de là qu'ils furent nommez Oyers & non pas Rotisseurs. Delà vient aussi que la ruë où il y en avoit un plus grand nombre fut nommée la ruë aux Oyers ; qui est celle que l'on nomme aujourd'huy par corruption la ruë aux Ours. Tout le gibier, toute la volaille & l'autre commune viande estoit preparée & venduë par des Patissiers. Cet usage qui n'est plus à Paris, s'est conservé dans la plus grande partie des autres Villes du Royaume. Ainsi cet employ estant plus necessaire au public que celuy de simple Patissier, il auroit pû autoriser cette dispense qui leur fut alors accordée.

Voicy à present les preuves de tous ces usages tirez de leurs propres Statuts.

Ils n'avoient ordinairement qu'un Compagnon pour travailler avec eux dans leur boutique; & les jours de Feste ils en multiplioient le nombre à proportion que leur employ s'y trouvoit augmenté. Saint Loüis ne pouvant abolir totalement ces anciens abus, voulut du moins en diminuer l'excés. Il fit pour cela défenses aux Patissiers par un Article exprés des Statuts qu'il leur donna l'an 1270. d'employer les jours de Festes d'autres Ouvriers, que l'Ouvrier ou Compagnon ordinaire dont ils se servoient les autres jours de la semaine.

Toutes les Ordonnances qui sont intervenuës depuis ont toujours tendu à restraindre de plus en plus cette licence des Patissiers contre l'exacte observation du Dimanche & des Festes.

L'an 1444. le Prevost de Paris fit publier une Ordonnance par laquelle il leur défendit d'ou- «
vrir leurs boutiques les jours de Pâques, «
de la Pentecoste, de la Toussaints & de Noël, «
& leur enjoignit d'observer ces quatre princi- «
pales Festes de l'année. «

Il leur enjoignit depuis par une Ordonnance du 6. Juin 1479. d'observer la Feste du saint «
Sacrement, & celle de l'Assomption de la «
sainte Vierge, comme celle de Pâques, la «
Pentecoste, la Toussaints & Noël. Par une autre «
Ordonnance du 16. Septembre 1485. il y ajouta la Feste de saint Michel, que les Patissiers avoient pris pour Patron de leur Communauté.

L'abus de solemniser les Festes des Patrons & les jours de grand concours, par un commerce extraordinaire de patisserie ne fut pas encore aboly par ces Ordonnances. Il fut au contraire porté à un tel excés, que comme il y a de la patisserie qui n'est bonne à manger que chaude ou nouvellement faite, les Patissiers alloient la faire cuire jusqu'aux portes & le long des murs des Eglises. Charles IX. ne croyant pas pouvoir abolir tout d'un coup un scandale si inveteré, entreprit du moins de le diminuer. Il prit pour cela l'occasion de renouveller les Statuts des Patissiers par Lettres Patentes du mois de May 1566. Elles confirment ce qui avoit esté ordonné par le Prevost de Paris touchant les principales Festes de l'année, Pâques, la Pentecoste, la Toussaints, Noël, la Feste du saint Sacrement, celle de l'Assomption, & la Feste de saint Michel Patron de leur Communauté. Il y ajouta la Purification de la sainte Vierge. A l'égard des Festes de Patron, & d'autres Festes que l'on nommoit jours de Pardons, il ne leur défendit pas de s'y trouver à leur ordinaire : mais il en retrancha le nombre. Les Articles de ces Lettres qui contiennent ces dispositions, seront mieux entendre

entendre quel fut alors l'efprit de ce Prince. Voicy ce qu'ils contiennent.

» Item, ne pourront dorénavant les Maîftres
» Patiffiers faire ouvrage de patifferie aux Feftes
» Solemnelles commandées par l'Eglife, comme
» Pâques, Pentecofte, la Fefte Dieu, Noftre-
» Dame de la Mi-Aouft, le jour de S. Michel,
» la Touffaints, Noël, & Noftre-Dame de la
» Chandeleur ; & ce fur peine d'amende.

» Item, que les Maîftres qui s'entremettent
» d'aller faire goffres aux Pardons des Eglifes,
» ne pourront icelles faire qu'ils ne foient dif-
» tants l'un de l'autre de deux toifes & plus,
» pour éviter aux perils & inconveniens qui en
» pourroient avenir, à peine de confifcation &
» d'amende arbitraire.

Les Patiffiers fe trouverent gênez dans l'obfervation de la Chandeleur, parce que cette
Fefte arrive toujours au commencement du Carnaval, & dans le temps des plus fréquens regals
où la patifferie eft neceffaire. Sur ce beau pretexte ils furprirent des Lettres Patentes au mois
d'Octobre 1612. pendant la minorité de Loüis
XIII. Elles portent permiffion aux Patiffiers de
travailler le jour de la Chandeleur ; & par une
compenfation qu'ils offrirent eux-mêmes, il
leur eft enjoint au lieu de cette Fefte d'obferver celle de la Nativité de la fainte Vierge.

Leurs Statuts furent enfin renouvellez par Lettres Patentes du mois de May 1653. Ces derniers Statuts confirment tout ce qui avoit efté
ordonné par ceux du mois de Juillet 1566. La
Fefte de la Chandeleur fut confequemment reftablie. Ces nouvelles Lettres ajouftent encore aux
Feftes de Pâques, de la Pentecofte, du faint
Sacrement, de l'Affomption, de la Touffaints,
de Noël, de la Chandeleur & de faint Michel,
celle de l'Afcenfion de Noftre Seigneur, de l'Annonciation & de la Conception de la fainte
Vierge. Et il eft enjoint aux Patiffiers, de ceffer
leur travail & de tenir leurs boutiques fermées
tous ces jours de Feftes qu'ils font obligez d'obferver.

Il ne refte plus pour finir qu'une feule obfervation à faire fur l'exemption des Patiffiers,
qui eft que le Dimanche ne s'y trouve en aucune maniere compris. Il eft bien vray que les

Statuts de faint Loüis de l'an 1270. les difpen-
fent de l'obfervation de toutes les Feftes de l'année. Nous en avons vû la raifon ; c'eft qu'une
partie de la folemnité exterieure de ces jours
confiftoit en feftins & en diftributions de pati-
fferies : mais il n'y eft fait aucune mention du
Dimanche, parce que fans doute l'employ des
Patiffiers eftoit moins neceffaire en ce jour qu'en
celuy des Feftes.

Les Ordonnances qui font venuës depuis,
foit de nos Roys, foit du Magiftrat de Police,
n'ont rien ajoufté à cette ancienne difpenfe ;
au contraire en reftabliffant l'obligation aux Patiffiers d'obferver toutes les principales Feftes,
il paroift qu'elles ont eu continuellement pour
objet de la reftraindre, à proportion que l'abus
qui luy avoit donné lieu a diminué.

Or il eft de nos maximes ; que toute exception eft de droit étroit, & n'eft confequemment fufceptible d'aucune extenfion. Que fi cette
regle eft infaillible, comme perfonne n'en doute, on peut dire qu'elle reçoit encore en quelque façon un nouveau degré de certitude, lors
que le cas exprimé dans la difpenfe eft d'un
ordre inferieur à celuy qui ne s'y trouve point.
C'eft précifément ce qui fe rencontre en cette
occafion. Le Dimanche eft de tradition divine & apoftolique ; les Feftes font d'inftitution Ecclefiaftique : Donc la difpenfe de
quelques-unes des Feftes accordées aux Patiffiers, ne peut jamais eftre étenduë à celle
du Dimanche, qui eft d'un ordre fuperieur,
& qui n'y eft point exprimé. On ne préfumera
jamais non plus qu'un Prince auffi pieux que
faint Loüis, ny aucuns de nos Roys fes Succeffeurs ayent entendu comprendre dans ces difpenfes, qu'ils ont accordé aux Patiffiers les heures du fervice divin. Ainfi pour revenir à l'u-
fage & à la pratique de toutes ces regles : lors
que les Patiffiers travaillent à quelque heure que
ce foit le Dimanche ou les jours des Feftes Solemnelles refervez par leurs Statuts, ou pendant les heures du fervice divin, les jours des
autres Feftes dont ils font difpenfez ; il eft bien
certain que dans l'un ou l'autre de ces cas ils
violent le precepte, & qu'ils en doivent eftre
punis.

CHAPITRE VIII.

De l'obfervation du Dimanche & des Feftes par les Cabaretiers & les Paumiers.

CEs deux profeffions font jointes icy enfemble, parce que tous les Réglemens qui les
concernent touchant l'obfervation du Dimanche & des Feftes leur font communs.

Le vin faifant partie des alimens, & quelquefois même des remedes, il eft auffi du nombre
des chofes dont le debit eft permis les jours de
Dimanche. Mais comme l'excés en eft dangereux,
& que les affemblées qui fe font dans les lieux
où il fe debite ont ordinairement pour objet
la débauche ; il eft toujours fcandaleux de les
y voir dans ces faints jours, & l'on empêche
du moins de les y recevoir pendant les heures
du fervice divin.

La Paume eft un jeu licite, qui donne de l'a-
gilité au corps, & qui contribuë à la fanté :
mais il a tant d'attrait pour la jeuneffe, qu'elle

le prefereroit fouvent au fervice divin les jours
du Dimanche & des Feftes. C'eftoit encore une
occafion aux vagabons & aux libertins d'y aller
paffer ces heures que les cabarets font fermez,
au lieu de fe rendre à l'Eglife pour y fatisfaire
aux devoirs de la Religion.

Ce font ces motifs qui ont fait joindre en ce
cas ces deux profeffions enfemble, les Cabar-
tiers & les Paumiers. Voicy ce que contiennent
les Réglemens à leur égard touchant l'obfervation du Dimanche & des Feftes.

Arreft du Parlement du 10. Avril 1543. Il eft
fait defenfes aux Cabaretiers & aux Maîftres de «
jeux de Paume de recevoir chez eux aucune «
perfonne pendant le fervice divin les jours de «
Fefte. Ce même Arreft porte, qu'en cas de «
contravention, les Cabaretiers ferónt condam- «

» nez

» néz en dix marcs d'argent d'amende, & pu-
» nis corporellement. A l'égard des jeux de
» Paume, ce Réglement distingue les Paumiers
» proprietaires d'avec ceux qui ne sont que loca-
» taires. Il porte, que les premiers seront punis
» par la confiscation de la proprieté ; & les se-
» conds, par une amende de pareille somme à
» celle qu'ils en rendent de loyer aux proprie-
» taires par chacune année, & de prison. En-
» joint aux Commissaires du Chastelet de visiter
» durant les Festes les Cabarets & les jeux de
» Paume, & de faire emprisonner sur le champ
» les Cabaretiers, les Maistres des jeux de Pau-
» me, leurs domestiques, & tous ceux qu'ils
» trouveront dans ces lieux pendant le service
» divin.

Les Ordonnances de Charles IX. aux Estats
d'Orleans du mois de Janvier 1560. font défen-
» ses à tous Cabaretiers & Maistres de jeux de
» Paume de recevoir en leurs maisons aucunes
» personnes de quelque qualité qu'elles soient les
» jours du Dimanche & des Festes pendant les
» heures du service divin, à peine d'amende

arbitraire pour la premiere fois, & de prison «
pour la seconde. «

Ordonnance du Prevost de Paris du 6. Avril
1574. portant défenses aux Cabaretiers & «
aux Maistres des jeux de Paume de recevoir «
personne chez eux les trois derniers jours de «
la Semaine Sainte, & les Dimanches & Festes «
pendant le service divin, à peine de prison «
& de punition corporelle. «

Arrest du Parlement du 15. Octobre 1588. por- « _{Fontan. t. 4.}
tant défenses aux Cabaretiers de tenir leurs « _{tit. 6. n. 151}
Cabarets ouverts aux jours du Dimanche & des « _{p. 242.}
Festes solemnelles ou de devotion, & d'y rece- «
voir aucune personne aux heures du service «
divin. Leur fait pareilles défenses pendant «
les heures du Sermon, soit au matin ou après «
midy, à peine d'amende arbitraire pour la «
premiere contravention, & de prison pour la «
seconde. Fait aussi défenses aux Maistres des «
jeux de Paume de recevoir chez eux quel- «
ques personne ce soit les jours de Di- «
manche & de Festes à ces mêmes heures du «
service divin. «

CHAPITRE IX.

De l'observation du Dimanche & des Festes par les Barbiers.

_{Conc. 3. Au-
rel. Can. 28.}

_{Capitul. Reg.
Fr. t.1. p.173.}

_{Capit. 5. Licet
tit. deFeriis.}

I L est permis les jours du Dimanche & des
Festes de s'occuper un espace de temps raisonnable, & aux heures qu'il convient, à s'habiller, à y prendre même plus de soin, & y
ajouster plus de propreté qu'aux autres jours,
pour marquer par cette décence exterieure le
respect que l'on a pour ces saintes solemnitez.
C'est ainsi que le Concile d'Orleans de l'an 538.
le Synode de Paris tenu l'an 755. & la Decretale d'Alexandre III. de l'an 1160. en ont décidé.

Les Barbiers ont prétendu que ces décisions
les regardoient, & que se raser la barbe faisant
partie de la propreté de l'homme, il leur estoit
permis de s'y occuper les jours du Dimanche
& des Festes.

Ils se trompent neanmoins dans cette interprétation ; car toutes ces Loix favorables à la
propreté ne s'entendent que des occupations necessaires chaque jour, & qui ne peuvent estre
anticipées ou reculées d'un jour à l'autre. Or il est
certain qu'il n'est point necessaire pour la propreté, même la plus exacte, d'attendre le jour du
Dimanche à se faire raser. On le peut faire dés
la veille, ou le differer au lendemain ; & c'est
ainsi qu'en usent les personnes qui ont de la Religion.

Encore pourroit-on excuser ceux qui se ra-
seroient eux-mêmes, ou qui se feroient raser par
un domestique ; cela pouroit passer pour faire
partie de l'habillement du jour du Dimanche ou
de la Feste ; & du moins l'objet du gain mercenaire qui caracterise l'œuvre servile, & le scandale, qui sont une partie notable de la faute, en
seroient retranchez. C'est en effet sur ces fondemens que ce travail des Barbiers les jours de Dimanche & des Festes a toujours esté condamné
par les Ordonnances & Réglemens de Police.

Il y avoit autrefois à Paris des Chirurgiens
de Robe-longue, & des Chirurgiens Barbiers,
qui formoient deux Communautez differentes.
Les uns avoient le droit d'exercer universellement toutes les operations de la Chirurgie, &
n'avoient pas la faculté de raser. Les autres es-

_{Tome I.}

toient restraints à la saignée, à penser les tu-
meurs & les playes où l'operation de la main
n'estoit point necessaire ; & eux seuls avoient
le droit de raser. Ceux-là avoient pour Enseigne
saint Cosme & saint Damien, sans bassins ; &
ceux-cy des bassins seulement. Ces deux Communautez furent enfin incorporées par Lettres
Patentes du 1. Octobre 1655.

Pendant que cette distinction subsistoit, Char- _{Livre noir du}
les VI. renouvella pour la premiere fois les Sta- _{Chastelet de}
tuts des Barbiers par Lettres Patentes du mois _{Paris, fol. 184.}
de May 1383. Elles portent entr'autres disposi-
tions des défenses tres-expresses de travailler
les jours de Pâques, de la Pentecoste, de la
Toussaints, de Noël, & les cinq Festes de la
sainte Vierge, sinon pour saigner & panser les
playes.

Henry III. leur accordant de nouveaux Statuts au mois de May 1575. leur défendit de travailler à autres choses qu'au pansement des malades les Dimanches, les jours de Pasques, de la
Pentecoste, de Noël, de la Toussaints, de la
Circoncision, de l'Epiphanie, de l'Ascension,
des Festes du saint Sacrement, de saint Jean Baptiste, de toutes celles des Apostres, & de saint
Cosme & S. Damien leurs Patrons : & leur fait
défenses de mettre en ces jours-là hors de leurs
boutiques leurs enseignes de bassins.

Henry IV. par Lettres Patentes du mois d'Oc- _{Off. de Franc.}
tobre 1592. renouvella ce même Réglement, & _{addit. au 2.}
y ajousta des défenses de mettre hors de leurs _{liv. tom. 1.}
boutiques leurs bassins, aucunes des mêmes Festes _{p. 316.}
commandées par l'Eglise. Ainsi par ce dernier
Réglement, le petit nombre de Festes qui ne
sont point comprises dans la prohibition ; s'il
leur est toleré d'y travailler, ce doit estre du
moins en secret & sans aucune des marques exterieures de leur profession.

On ne peut douter que ces Réglemens ne subsistent encore à l'égard des Barbiers Chirurgiens ;
puisque c'est toujours la même Communauté,
pour laquelle ils ont esté faits, & qu'il n'y en
a aucuns de ceux qui sont venus depuis qui les
ayent révoquez. X y Les

Les Barbiers-Perruquiers, qui ont esté créez au mois de Decembre 1637. & qui forment aujourd'huy une Communauté séparée des Barbiers-Chirurgiens, pourroient peut-estre prétendre que ces anciens Réglemens qui n'ont point esté faits pour eux, ne les regardent pas. Ils ont des Statuts séparez que le Roy leur a donnez par Lettres Patentes du 14. Mars 1674. & ces Statuts, qui leur permettent de travailler de leur profession, n'exceptant aucuns jours, ils pourroient en tirer avantage : mais voicy ce qui peut leur estre répondu.

Il est vray que leurs Statuts n'exceptent aucun jour de travail : mais cette exception est écrite dans le Décalogue & dans les Loix generales de l'Eglise & de l'Estat. Il faudroit pour les en dispenser une exemption expresse ; & on ne la trouve point non plus dans leurs Statuts, ny ailleurs : ainsi ils sont laissez comme tous les autres Fideles dans le droit commun.

Il n'en est pas de même des Barbiers-Chirurgiens ; leur profession comprend deux exercices, celuy de panser les malades, qu'il seroit souvent dangereux de differer d'un moment ; & celuy de Barbiers pour raser, qui n'est pas d'une pareille necessité. Delà il s'ensuit qu'il falloit necessairement distinguer dans leurs Statuts ce qui leur seroit permis ou défendu les jours de Dimanches & des Festes, de crainte que par scrupule ils n'abandonnassent le soin des malades, ou que par irreligion ils ne travail-

lassent à raser. Ainsi les Barbiers-Perruquiers, dont la profession n'est mêlée d'aucun employ absolument necessaire, ne peuvent pas se prévaloir que cet Article ne se trouve point dans leurs Réglemens. Il n'y estoit pas necessaire, & ils sont implicitement compris dans cette ancienne Loy, puisqu'ils sont à l'égard de la barbe dans le même cas que les Chirurgiens pour lesquels elle a esté faite, & qu'ils n'ont rien qui les rende plus favorables.

On leur répondroit enfin que leur séparation d'avec les Barbiers-Chirurgiens n'a pas tellement rompu tous les liens de leur ancienne union, qu'ils soient totalement dispensez d'executer les Réglemens qui leur ont esté autrefois donnez en commun. Il paroist au contraire par les Lettres Patentes du 14. Mars 1674. qui ont érigé leur nouvelle Communauté, qu'ils sont toujours demeurez soumis au même Chef que les Chirurgiens, le premier Barbier-Chirurgien du Roy ; & il paroist encore qu'ils sont tellement soumis à la même discipline en ce qui concerné la barbe, que pour la maintenir égale dans l'une & dans l'autre Communauté, ils ont droit de visite mutuelle & réciproque les uns chez les autres, par leurs Prevosts & leurs Syndics. Ainsi ces nouveaux statuts n'ont rien changé à cet égard aux anciens ; & s'il y a un seul point de discipline qui leur soit commun, on peut dire que c'est celuy de l'observation du Dimanche & des Festes, puisque c'est le plus favorable.

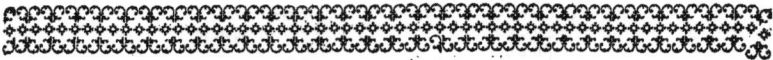

TITRE IX.

De l'observation des temps de Penitence.

CHAPITRE PREMIER.

Du Carême.

SI le concours des deux Puissances, la spirituelle & la temporelle est necessaire pour maintenir les preceptes de nostre sainte Religion, c'est principalement dans l'observation du Carême. Les premiers Chrestiens, selon les Peres, l'ont reçû de tradition Apostolique. [a] L'Eglise dans ses Conciles, en a depuis reglé les jours & interpreté les obligations. [b] Comme c'est un temps tout dévoüé à la penitence, & pour nous preparer à la grande feste de Pâques, cette sainte Mere a principalement prescrit trois choses à ses enfans ; l'abstinence de certains alimens, la cessation des differens, & la privation de tous les plaisirs profanes. C'est dans cet esprit qu'elle défend les nôces pendant ce temps, & qu'elle exhorte même les personnes mariées de le passer en continence ; [c] c'est encore sur ce même fondement que les bains, [d] la chasse, [e] les jeux, les spectacles, les querelles & les procez estoient aussi défendus par les mêmes Canons, & selon le sentiment des Peres. [f] Mais de si saintes Loix on encore eu besoin de l'autorité des Princes temporels, pour les faire executer. L'interdiction du commerce des choses dont l'usage est défendu, les vacances des Tribunaux, & la cessation des jeux & des spectacles ; ce sont toutes choses qui dépendent du Magistrat Politique : & voicy comment les Loix & les Réglemens qui sont émanez de cette Puissance y ont pourvû.

Les Empereurs Gratien, Valentinien & Theodose, ordonnerent par une Loy de l'an 380. que par respect pour la Religion, toutes les actions & les procez cesseroient d'estre poursuivis pendant les quarante jours qui précedent la feste de Pâques. [g]

Par une autre Loy des mêmes Princes de l'an 389. ils réduisirent ces vacances des Tribunaux, à la semaine qui précede, & à celle qui suit le jour de Pâques. [h]

Mais la même année ils ordonnerent, que » pendant tous les jours de la sainte Quarantaine, l'on ne feroit souffrir aucun supplice » ny aucune torture aux accusez de crimes : » cette Loy est fondée sur ce motif de Religion, » qu'il est juste de donner ce relâche des peines corporelles, à ceux dont les ames attendent dans ce temps la rémission de leurs pechez. [i]

Quelque sainte que fust cette Loy, elle produisit de mauvais effets. Ce petit relâchement dans la poursuite & la punition des crimes, en augmenta le nombre : les voleurs en abusoient, courant la campagne dans ce saint temps, & y commettoient leurs brigandages. Cela obligea Honorius & Theodose d'y pourvoir par une Loy de l'an 408. Elle porte, que tous les jours de « Carême, & même le saint jour de Pâques, les « voleurs seront poursuivis, leurs procez instruits, « & qu'ils pourront estre mis à la torture, pour « découvrir la verité de leurs crimes, & leurs « complices. Cette Loy est addressée aux Ma- « gistrats des Provinces, pour y tenir la main, « les assurant qu'ils feront en cela un service « agreable à Dieu, en procurant ainsi le salut & « la sureté publique. «

L. 7. Provinciarum, C. Th. de quæst.

Les Peuples du Nord eurent beaucoup plus de peine dans la naissance du Christianisme, à s'accommoder de l'abstinence de la chair, & du jeûne, que les autres Nations. Le froid de leurs climats, concentrant la chaleur, précipite la coction, & demande une plus grande quantité d'alimens solides : de-là vient que les Loix qui ont esté faites pour les soumettre à suivre exactement ce précepte de l'Eglise, sont plus severes que les autres.

Les Saxons vaincus par Charlemagne l'an 785. Albion & Wittikind, les deux plus braves de leurs Chefs, suivirent ce Prince en France, où ils furent baptisez dans son Palais d'Attigny. Cet exemple porta bientost toute la Nation à recevoir les instructions des Missionnaires Apostoliques que Charlemagne y envoya, & à se convertir du Paganisme à la Religion Chrestienne. Le Carême fut une des obligations qu'ils eurent plus de peine à supporter : cela donna lieu à ce Prince de faire une Loy fort severe l'an 789. contre ceux qui violeroient ce precepte. Elle porte, que quiconque par mépris de la Reli- « gion Chrestienne negligeroit d'observer le saint « Jeûne & l'abstinence de chair dans le Carê- « me, seroit puni de mort. Ordonne neanmoins « qu'en cas de necessité ; on pourra se retirer vers « le Prestre, c'est-à-dire, le Curé ou autre Supe- « rieur, pour en obtenir la permission.

Cap. Reg. Fr. t. 1. col. 251.

Les Polonois embrasserent le Christianisme environ l'an 965. & le Carême fut aussi le precepte qu'ils observerent le plus mal. Ditmar Evêque de Mersbourg dans sa Chronique, nous apprend qu'il y eut contr'eux une Loy tres-severe à cette occasion : Elle portoit, que celuy qui mange- « roit de la viande en Carême, à l'instant qu'il « en seroit convaincu, auroit toutes les dents « arrachées, en punition de son intempe- « rance. «

Ditmari Episc. Mersepergensis, Chron l. 8. in principio.

Les François n'avoient jamais eu besoin de semblables Loix, pour les engager à remplir ce devoir de l'abstinence & du jeûne, pendant le saint temps de Carême. La licence de violer ce precepte, ne commença de s'introduire

[a] Tertul. de jejun cap. 2. S. Leo ser. 43. c. 2. t. 1. p. 222. S. Epip. in hæres. 33. 75. & 80. S. Hier. ep. 54. & in S. Math. c. 9.

[b] Const. Ap. l. 5. c. 12. to. 1. Conc. Conc. Nic. can. 5. Conc. Laod. Can. 49 & 50. Socr. & Sozo. histor.

[c] S. Hier. adv. Jov. S. Aug. serm. 105. & aliis passim. Conc. Trid. sess. 24. can. 10 de matrim.

[d] S. Aug. ep. ad Januar. c. 7. n. 9. nov. edit. Nomocanon.

[e] Nicol. prim. resp. ad Bulg. c. 44. S. Carol. Act. Mediol. Eccl. pag. 214.

[f] S. Basil. or. 1. de jejun. S. Aug. serm. 205. n. 3. p. 921 nov. edit. Conc. Tibur. p. 35. Conc. Meld. ann. 845. Can. 76.

[g] L. 4. Quadraginta. C. Th. de qu.

[h] L. 2 Omnes, C. Th. de feriis

[i] L. 5. Sacratis, C. Th. de quæstionib.

duire chez eux qu'avec l'heresie de Calvin : c'est pourquoy toutes les Ordonnances qui concernent son observation, commencent à cette époque.

Conf. des Ord. l. 12 t. 16. art. 37. §. 97. to. 3. p. 770.

Henry II. par un Edit du cinquième Janvier » 1549. fit défenses aux Bouchers, aux Rotif- » feurs, aux Poulailliers, aux Revendeurs, & » à tous autres d'exposer en vente en public au » temps de Carême aucune viande de Boucherie, » de volaille, ou de gibier, à peine pour la » première contravention de cinquante livres » d'amende, & pour la seconde, de cent li- » vres & de punition corporelle : permet nean- » moins aux malades & aux personnes affoiblies » d'en user en ce temps, en fai- » sant apparoir de leur indisposition, par certi- » ficat du Medecin ou autrement.

Les Calvinistes prétendirent qu'estant séparez & faisant Secte à part, cette prohibition ne les regardoit pas : cela obligea Charles IX. de s'en » expliquer par une Déclaration du quatorziéme Decembre 1563. sur l'Edit de pacification qui » leur avoit esté accordé : Elle fait défenses aux » Bouchers d'ouvrir leurs boutiques les jours » que l'usage de la chair est défendu par l'Eglise » Catholique.

Conf. des Or- don. l. 1. tit 2. part. 2 art. 13. tom. 1. p. 9.

Une Ordonnance du même Prince du trois » Février 1565. défend à toutes personnes de » quelque qualité qu'elles soient, de vendre au- » cune viande durant le Carême, si non aux » Hostels-Dieu, & pour les Malades ; sur peine » contre les contrevenans d'une amende de cent » écus d'or, s'ils ont de quoy ; sinon d'estre fustigez » par les Carrefours des lieux de leurs demeures, » sans que les Officiers & Magistrats puissent en » diminuer la peine.

§. I. *Des estats qui dispensent du jeûne ou de l'absti-* *nence pendant le Carême.*

Cette juste & raisonnable exception portée par les Ordonnances de nos Roys, en faveur des malades, trouve aussi son fondement dans les Loix de l'Eglise, & dans celles des premiers Empereurs Chrestiens.

Can. 19.

Le Concile de Gangres tenu l'an 324. dit, » que les infirmes estoient exempts du jeûne, » que la Loy naturelle même les en dispensoit, » à proportion de leur impuissance. Saint Chrysostome est du même sentiment, pourvû que ces infirmes récompensent le defaut de leur jeûne par d'autres exercices de pieté. Le quatriéme Concile de Tolede, tenu l'an 633. confirme cette dispense pour toutes sortes d'infirmitez : & le huitiéme, qui fut tenu l'an 853. établit sur ce sujet la discipline que nous observons encore aujourd'huy, qui est que dans ces dis- penses, soit du jeûne, soit de l'abstinence de la viande, on ne fasse rien qu'avec la permission des Pasteurs, & après les avoir suffisamment in- formez de la nature de l'infirmité.

S. Chrysost. hom. 10. in Gen. Conc. t. 5. p. 172. Can. 7. Can. 9.

Ainsi toute la difficulté consiste à bien distin- guer les veritables infirmitez, où l'on peut ve- ritablement appliquer cette indulgence de l'E- glise : & comme ce discernement est du ressort des Medecins, c'est à eux ordinairement que l'on s'en rapporte, pour ne s'y point tromper. Ceux d'entre les plus habiles de cette profession, qui ont traitté ce point de discipline le plus judicieusement, en exceptent non seulement les insomnies, les foiblesses du corps, les chaleurs d'entrailles, qui sont presque toujours des suites necessaires du jeûne : mais encore les maux de teste qui ne sont point accompagnez d'autres

symptomes ; le mal de dents, les maux des yeux, les maux de cœur ou d'estomac, les maux de rate, les fluxions, la goutte, & les maux exte- rieurs qui se répandent sur la peau : c'est ainsi qu'ils s'en expliquent.

Mais ils ont mis, & avec beaucoup de raison, au nombre des veritables infirmes qui meritent la dispense, les femmes enceintes, & les nour- rices ; & l'Eglise s'est conformée à leur senti- ment.

Polsach. quz. Med. Leg. l. 5, tit. 1. quæst. 5.

Zach. n. 36. sup. qu 1. & n. 11. quæst. 3. Con Lup. t. p. 172.

Il y a beaucoup plus de difficulté sur la dis- pense du jeûne pour les enfans & les vieillards : le Concile de Gangres n'affranchit ce semble que les enfans au dessous de l'âge de raison, & jus- ques au douziéme siecle, on n'en dispensoit pas encore ceux qui estoient parvenus à l'âge de dix ans. Saint Thomas est le premier des Docteurs de l'Eglise, qui a cru ne devoir obliger les jeu- nes gens au jeûne, qu'aprés vingt-un an, ou selon ses termes, après le troisiéme septenaire de leur âge ; ajoustant neanmoins qu'il est bon & convenable qu'ils s'exercent à jeûner quelquefois plus ou moins par degrez d'abstinence, selon leurs forces. Les Medecins ont trouvé depuis que ce sentiment est conforme à l'ordre de la nature ; & il y a peu de jeunes gens qui s'en fasse de scrupule aujourd'huy. A l'égard de la vieillesse, lors qu'elle est seule, & sans aucune infirmité, il n'y a jamais eu d'âge déterminé pour la dis- pense du jeûne ; ainsi elle n'est accordée qu'à la caducité d'un âge décrepité, qui est bien en effet, la plus incurable de toutes les infir- mitez.

S. Hier. in Jonam, c. 3. S. Greg. Max. dial. l. 3. c. 33.

S Thom. 1. 2. qu. 147. art. 4.

Zach. n. 10.

Toutes ces dispenses que l'Eglise a jugé à propos d'accorder, ont aussi porté le Magistrat Politique, à permettre le debit de la viande, pendant le Carême, aux personnes qui ont ob- tenu la permission d'en user. L'on choisit pour cela en chaque Ville un ou plusieurs Bouchers, selon son étenduë, à qui l'on permet de faire un commerce de necessité ; sous les conditions qui leur sont prescrites. Cela se pratiquoit ainsi à Paris comme ailleurs autrefois ; mais la diffi- culté d'avoir l'inspection sur les Bouchers d'une aussi grande Ville, pour les empêcher d'abuser de cette permission, fit prendre le parti d'en fixer le debit dans un seul lieu pour toute la Ville. L'Hostel-Dieu, qui ne besoin de la viande en Carême doit estre plus grand qu'en aucun lieu, fut choisi pour cela ; & cet établissement fut fait par un Arrest du Parlement du 2. Mars 1575. il fait défenses à tous Bouchers, Rotisseurs, Vivandiers, « Hosteliers, Cabaretiers, & à toutes autres per- « sonnes, de vendre, debiter, & donner à man- « ger pendant le Carême, aucune viande de « boucherie, volaille, ny gibier ; à peine, pour « chacune contravention de cent livres parisis « d'amende, bannissement & punition corpo- « relle. Défend sous les mêmes peines aux Ha- « bitans des Villes & Villages des environs de « Paris, d'y envoyer, ou d'y en apporter : « Permet neanmoins aux personnes qui se trou- « veront malades pendant le Carême, aprés « qu'elles en auront obtenu permission, d'en- « voyer querir de la viande à la Boucherie de « l'Hostel-Dieu, laquelle se tiendra au Parvis de « Nostre-Dame, & non ailleurs. Enjoint au « Boucher de l'Hostel-Dieu de la tenir garnie de « bonne viande de toutes sortes pour le secours « des malades, la vendre à prix raisonnable à ceux « qui auront permission d'en manger, faire registre « de la quantité & du prix de la chair qu'il vendra « aux malades, ensemble de leurs noms & demeu- « res, sur peine d'amende arbitraire. «

Un

» Un autre Arrest du Parlement du cinquiéme
» Fevrier 1595. porte que les personnes malades
» pourront, après en avoir eu permission de l'E-
» vêque de Paris, envoyer querir la chair ne-
» cessaire, en la Boucherie de l'Hostel-Dieu, &
» non ailleurs : il contient au reste les mêmes
dispositions que l'Arrest precedent.

Ordonnance de Police du premier Mars 1659,
sur ce qui avoit esté remontré par le Procureur
du Roy, que les défenses de vendre de la viande
pendant le Carême, ne s'étendant pas jusques au Bourg de Charenton, les libertins &
les débauchez y alloient manger de la viande :
par cette Ordonnance, il est fait tres-expresses
» défenses à tous Bouchers, Rotisseurs, Patis-
» siers, Cuisiniers, Hosteliers, Cabaretiers, &
» tous autres, de quelque qualité, & sous quel-
» que prétexte que ce soit, de préparer, vendre
» & debiter aucunes chairs, volaille & gibier à
» Charenton ; à peine de trois cens livres d'a-
» mende, de punition corporelle, & de con-
» fiscation des viandes & des loyers d'une année
» des maisons où elles se vendent, ou auront

esté venduës & consommées.

Par l'usage qui s'observe depuis l'année 1667.
le Parlement rend un Arrest quelques jours avant
le Carême, qui regle la police & discipline
qui doit s'observer dans les Boucheries de l'Hôtel-Dieu, & renvoye aux Juges de Police pour
l'execution. Le Roy y ajouste son Autorité,
par un ordre que Sa Majesté fait expedier
tous les ans à un Officier de Robe-courte, qui
luy donne entrée avec ses Archers dans tous
les lieux de la Ville & Fauxbourgs de Paris,
Cet Officier, en execution de cet ordre, fait
tous les jours ses visites, saisit la viande qu'il
trouve exposée en vente, & selon la qualité des
personnes, il emprisonne les contrevenans.

Le Magistrat de Police fait ensuite publier son
Ordonnance, qui fixe le prix que la viande doit
estre venduë, & réitere les défenses portées par
l'Arrest.

Comme c'est cet usage qui s'observe aujourd'huy, & la Loy sous laquelle nous vivons, toutes ces pieces seront rapportées en
leur entier.

---

2. Janvier
1704. Arrest
portant dé-
fenses de ven-
dre de la
viande ail-
leurs qu'aux
Boucheries
de l'Hostel-
Dieu, pen-
dant le Carê-
me, publié le
2. Fevrier
1704.

LA COUR, ce requerant le Procureur General du Roy, a ordonné & ordonne, que les
Arrests intervenus touchant la Boucherie pendant le Carême, dont le droit appartient à
l'Hostel-Dieu, seront executez pour la presente année 1704. selon leur forme & teneur. Fait
défenses à toutes personnes d'y contrevenir, à peine de punition corporelle, & de cinq cens
livres d'amende, applicable aux Pauvres dudit Hostel-Dieu : Que toutes sortes de viandes
de Boucheries, Volailles & Gibiers, ne pourront estre vendues ny debitées ailleurs qu'aux
Boucheries,

DE L'HOSTEL-DIEU, PROCHE NOSTRE-DAME.

DU FAUXBOURG SAINT GERMAIN, PRÈS L'ABBAYE.

DE LA VIEILLE PORTE SAINT HONORE'.

DU MARAIS DU TEMPLE.

ET DE CELLE DE BEAUVAIS.

Ausquelles Boucheries seront venduës & debitées les Viandes, Volailles & Gibiers par ceux
qui seront préposez par les Administrateurs de l'Hostel-Dieu, suivant le prix qui sera arresté
par le Lieutenant General de Police, pour les Malades & Personnes infirmes, en apportant
Certificat des Medecins, & Permission du Penitencier de l'Eglise de Paris, ou du Curé de la
Paroisse dans laquelle ils sont demeurans : Ordonne que les Proprietaires ou Locataires
desdites Boucheries, seront tenus d'en donner les clefs ausdits Administrateurs, ou à l'un
d'iceux, dans le premier jour de Carême, du matin, sans retardation, sans qu'ils en puissent
prétendre aucun loyer ; en rendant les lieux en tel estat qu'ils auront esté baillez ; pour quoy
sera dressé procès verbal en entrant, pour les rendre en même estat à la fin du Carême, &
qu'il n'y sera vendu aucune viande par lesdits Proprietaires ou Locataires desdites Boucheries ny autres pour eux, depuis le premier jour de Carême jusques à la veille de Pâques,
à peine de confiscation & d'amende arbitraire : Défenses à toutes personnes de quelque qualité
& condition qu'elles soient, d'envoyer, amener, porter & conduire aucuns Bestiaux ny viandes vives ou mortes, Volailles ny Gibiers, soit par terre ou par eau, en faire vente ny exploitation en cette Ville & Fauxbourgs de Paris, Villes, Bourgs & Villages circonvoisins,
sans le consentement desdits Administrateurs, daté de la presente année 1704. & en cas de
contravention, seront les personnes emprisonnées, les chevaux, charettes, harnois, panniers,
coches, batteaux, & autres choses où il se trouvera d'icelles viandes, confisquez au profit
dudit Hostel-Dieu en vertu du present Arrest, & toutes les viandes portées en icelluy, pour y
estre employées à la nourriture des Pauvres Malades, sans aucun remboursement, & sans que les
peines cy-dessus puissent estre moderées, ny les contrevenans élargis de Prison qu'après la Quasi-
modo. Défenses à toutes personnes de quelque qualité & condition qu'elles puissent estre, de
leur donner retraite, protection ny secours, à peine de cinq cens livres d'amende, pour
le payement de laquelle les contrevenans seront contraints en vertu du present Arrest, par
saisie, execution, transport, & vente des meubles qui seront trouvez és maisons particulieres, &
seront les Locataires desdites maisons contraints par corps au payement desdites amendes ; les
deux tiers applicables audit Hostel-Dieu, & l'autre tiers aux Dénonciateurs, sans qu'il soit
besoin d'autre Jugement : Et enjoint à tous les Officiers, Commis des Portes & autres, d'arrester les viandes vives ou mortes, & ceux qui s'en trouveront saisis sans avoir la permission
par écrit desdits Administrateurs de l'Hostel-Dieu, datée de la presente année 1704. & seront
les saisies & arrests faits en vertu du present Arrest, sans qu'il soit besoin d'autre Permission :
Comme aussi enjoint expressément ladite Cour aux Rotisseurs & Bouchers de cette Ville & Faux-

bourgs de Paris, & à toutes autres perſonnes de quelque qualité qu'elles ſoient, de porter à l'Hoſtel-Dieu dés le jour des Cendres, les Viandes, Volailles, ou Gibiers, vives ou mortes qu'ils pourront avoir de reſte, deſquelles il leur ſera payé le juſte prix & valeur, ſi leſdites Viandes ſe trouvent propres pour leſdits Malades, non gaſtées ny corrompuës, ſuivant & conformément aux Arreſts contre les Jurez des Communautez des Bouchers & Rotiſſeurs de Paris, du huitiéme Mars 1666. & où leſdites Viandes ſe trouveront gaſtées, mauvaiſes & corrompuës, il ne leur ſera payé aucune choſe, mais ſeront leſdites Viandes, Volailles & Gibiers, jettées en la Riviere, en la preſence de ceux qui les apporteront, ſans rien prétendre, ny que perſonne en puiſſe vendre dans le premier jour de Careſme, tant dans la Ville & Fauxbourgs, que dans les Villes & Villages des lieux circonvoiſins ; à peine de priſon, punition corporelle, cinq cens livres d'amende, applicable audit Hoſtel-Dieu ; Qu'il ſera informé de toutes les contraventions, même decreté ſi beſoin eſt, ſur les procés verbaux qui auront eſté faits. Enjoint au Lieutenant General de Police du Chaſtelet, & à tous Officiers de Juſtice, de tenir la main à l'execution du preſent Arreſt ; à peine par leſdits Officiers d'en répondre en leurs propres & privez noms ; & ce qui ſera fait & ordonné par ledit Lieutenant General de Police du Chaſtelet, ſera executé nonobſtant toutes oppoſitions ou appellations quelconques, faites ou à faire, & pour leſquelles il ne ſera differé. Et ſera le preſent Arreſt lû & publié à ſon de Trompe & Cry public, même affiché par les Carrefours de la Ville & Fauxbourgs, à ce qu'aucuns n'en prétendent cauſe d'ignorance, & executé en vertu de l'extrait ſur les copies collationnées d'iceluy. FAIT en Parlement le deuxiéme Janvier mil ſept cens quatre. Signé par Collation, DU TILLET.

9. Janvier 1704. Ordonnance du Roy, pour la recherche & confiſcation de toutes ſortes de Viandes, Volailles & Gibiers, au profit de l'Hoſtel-Dieu, dans tous les Hôtels, Maiſons des Particuliers, & Auberges de Paris, & lieux circonvoiſins pendant le Careſme.

SA MAJESTE' voulant que les défenſes qu'Elle a faites les années précedentes, de porter, vendre & debiter des Viandes en la Ville & Fauxbourgs de Paris, & aux lieux circonvoiſins pendant le Careſme, ſoient exactement obſervées, & qu'un deſordre ſi contraire aux Loix de l'Egliſe, & aux Réglemens de la Police, ſoit ſeverement réprimé : SA MAJESTE' a ordonné & ordonne à Pierre Savery, Exempt de la Compagnie du Prevoſt de l'Iſle de France, de ſe tranſporter depuis le premier jour de Careſme juſques à la veille de Pâques, dans tous les Hoſtels des Princes, & des Seigneurs de ſa Cour, & autres de quelque qualité & condition qu'ils ſoient, & dans les Hoſtelleries, Auberges, Cabarets & Maiſons des Particuliers, tant de la Ville de Paris que Fauxbourgs d'icelle ; & encore aux Bourgs de Charenton, Charentonneau, la Piſſotte, Ville de Saint Denys, Bourg de Saint Cloud & autres lieux circonvoiſins : Faire par-tout une exacte perquiſition & recherche des Viandes de Boucheries, Volailles & Gibiers expoſez en vente, & qui ſeront préparez pour y eſtre vendus pendant le Careſme, ou pour eſtre apportez en la Ville de Paris, s'en ſaiſir : Comme auſſi de toutes celles qui ſeront trouvées ſur chevaux, charrettes, harnois, coches & bateaux, & faire tranſporter le tout à l'Hoſtel-Dieu de Paris, pour eſtre leſdites Viandes délivrées aux Adminiſtrateurs, & par eux employées à la nourriture des Pauvres Malades, & le ſurplus confiſqué au profit dudit Hoſtel-Dieu, en vertu de la Preſente ; ſans que pour ce regard il ſoit beſoin d'aucuns Arreſts ny Jugemens, ny que les Adminiſtrateurs puiſſent conſentir à la reſtitution des choſes ſaiſies, pour quelque cauſe & occaſion que ce ſoit. Veut en outre Sa Majeſté, que tous ceux & celles qui ſans avoir leur permiſſion datée en la preſente année 1704. ſeront trouvez ſaiſis de Viandes, Gibiers & Volailles, les portans, conduiſans & voiturans, tant par terre que par eau, ſoient pris & arreſtez, & conduits ſur bonne & ſûre garde dans les Priſons du Chaſtelet, que leur Procés leur ſoit fait & parfait par le Lieutenant General de Police audit Chaſtelet, ſur les Procés verbaux faits par ledit Savery, & que les Sentences qui ſeront ſur ce données par ledit Lieutenant de Police, ſoient executées comme pour fait de Police, nonobſtant oppoſitions ou appellations quelconques, conformément aux Ordonnances. Mande & ordonne Sa Majeſté à tous ſes Officiers, même à ceux des Regimens de ſes Gardes Françoiſes & Suiſſes, & autres ſes Sujets qu'il appartiendra, de donner main-forte audit Savery, pour l'execution de la Preſente, toutes les fois qu'ils en ſeront par luy requis ; à peine de répondre en leurs propres & privez noms de l'impunité de ceux qui ſe trouveront y avoir contrevenu. FAIT à Marly le neuviéme jour de Janvier mil ſept cens quatre. Signé, LOUIS.

Et plus bas, PHELYPEAUX.

10. Janvier 1704. Ordonnance de Police, qui regle le prix de la Viande qui ſera venduë à l'Hôtel-Dieu pendant le Careſme, publiée le 1. Feurier 1704.

SUR ce qui Nous a eſté remontré par le Procureur du Roy, que les Adminiſtrateurs de l'Hoſtel-Dieu de cette Ville de Paris, pour mieux faire executer les Réglemens de Police durant le Careſme, entretiennent depuis pluſieurs années la Boucherie du Careſme aux frais & dépens des Pauvres de l'Hoſtel-Dieu ; & bien qu'ils ayent ſoin de faire vendre la Viande au plus juſte prix qu'il eſt poſſible, il eſtoit neanmoins neceſſaire qu'il en fuſt fait taxe raiſonnable & réglée, & qu'il y fuſt par Nous pourvû, ce qu'il requeroit eſtre fait. Nous ayant égard audit Requiſitoire, Ordonnons que toutes ſortes de Viandes, tant Bœuf, Veau, que Mouton, peſées enſemble également par tiers, ne pourront eſtre venduës à plus haut prix, que ſept ſols la livre ; & pour éviter les abus qui s'y pourroient commettre ; Faiſons défenſes à toutes perſonnes de quelque qualité & condition qu'elles ſoient, autres que celles qui ſeront prépoſées par leſdits Adminiſtrateurs, d'en vendre, ou faire vendre ſur les peines portées par l'Arreſt de la Cour du deuxiéme Janvier mil ſept cens quatre. Enjoint à cet effet aux Commiſſaires du Chaſtelet, chacun dans leur Quartier, de tenir la main à l'execution de la preſente Ordonnance, laquelle afin que perſonne n'en ignore, ſera affichée à la Boucherie de l'Hoſtel-Dieu, en celles de Saint Honoré, de Beauvais, du Marais du Temple, Saint Germain des Prez, & autres lieux que beſoin ſera. Fait & ordonné par Meſſire MARC-RENE' DE VOYER DE PAULMY D'ARGENSON, Chevalier, Conſeiller du Roy en ſes Conſeils, Maiſtre des Requeſtes Ordinaire de ſon Hoſtel, & Lieutenant General de Police de la Ville, Prevoſté & Vicomté de Paris, le dixiéme jour de Janvier mil ſept cens quatre. Signé, DE VOYER D'ARGENSON. ROBERT.
GAUDION, Greffier.

L'uſage

L'ufage des œufs eft défendu aufli-bien que celuy de la Viande dans le Diocéfe de Paris. Le Magiftrat de Police ayant efté informé qu'il s'en debitoit à Paris par les Fruitiers, rendit le 13. Février 1698. l'Ordonnance qu'il renouvelle tous les ans. Voicy celle de cette année.

SUr ce qui Nous a efté remontré par le Procureur du Roy, qu'au préjudice des défenfes d'ex-pofer en vente, tant dans les Halles, que Marchez, & ailleurs qu'en l'Hoftel-Dieu de cette Ville des œufs pendant le Carefme, les Marchands Fruitiers & Regratiers ne laiffent pas d'en vendre & debiter comme dans le temps où l'ufage en eft entierement libre ; ce qui peut donner lieu à plufieurs perfonnes d'en acheter, même d'en ufer fans neceffité pendant le Carefme, au pré-judice des Ordonnances, & contre le refpect dû à l'Eglife : A quoy le Procureur du Roy requiert eftre pourvû. NOUS, faifant droit fur ledit requifitoire, Faifons tres-expreffes défenfes à tous Marchands Fruitiers, Regratiers & autres d'étaler, vendre & debiter pendant le Carefme, des œufs, tant dans leurs Boutiques & Magafins, que dans les Halles, Marchez & Places publiques, à peine de confifcation & de cinq cens livres d'amende, même de punition corporelle en cas de recidi-ve. Faifons pareilles défenfes aux Marchands Forains d'expofer des œufs en vente dans les Halles, Marchez & ailleurs ; & leur enjoignons de les porter à l'Hoftel-Dieu de cette Ville, pour y eftre vendus en la maniere accouftumée, à peine de confifcation de leurs marchandifes, chevaux & charrettes, & de deux cens livres d'amende pour la premiere fois, & de plus grande peine en cas de recidive. Enjoignons à cet effet aux Commiffaires du Chaftelet, chacun dans leur Quar-tier, de tenir la main à l'execution de la prefente Ordonnance ; laquelle, afin que perfonne n'en ignore, fera affichée par tout où befoin fera. Fait & ordonné par Meffire MARC-RENE' DE VOYER DE PAULMY D'ARGENSON, Chevalier, Confeiller du Roy en fes Confeils, Maiftre des Requeftes ordinaire de fon Hoftel, & Lieutenant General de Police de la Ville, Prevofté & Vicomté de Paris, le dixième jour de Janvier mil fept cens quatre. Signé, DE VOYER D'ARGENSON. ROBERT. GAUDION. Greffier.

Les Cabaretiers s'eftant émancipez de donner de la viande à manger chez eux, il y en eut de furpris en faute ; ce qui donna lieu de renou-veller les Réglemens generaux, & de leur en faire l'application en particulier par cette Or-donnance.

SUr le rapport à Nous fait en l'Audiance de Police de relevée, par Maiftre Martin Bourfin Confeiller du Roy, Commiffaire au Chaftelet de Paris, prépofé pour la Police au Quartier de faint Martin ; Que le nommé Vitry Cabaretier demeurant rüe aux Oües, en une maifon qui a pour enfeigne l'Annonciation, avoit le jour d'hier, quatre du prefent mois, don-né à manger de la viande chez luy à plufieurs particuliers qui y foupoient ; Dequoy ledit Com-miffaire ayant eu avis, il s'y feroit tranfporté fur les dix heures du foir ; & eftant monté à une Chambre du fecond étage qui a vûe fur la court, il y auroit trouvé fix jeunes gens qui mangeoient de la viande, en avoient fur leurs affiettes, & eftoient fervis par un des garçons du Cabaret, dont le Maiftre qui furvint dans cet inftant fut obligé de demeurer d'accord ; déclara néanmoins qu'il n'avoit point fourny la viande, & qu'on l'avoit fait cuire dans cette Chambre particuliere, parce qu'il n'avoit pas voulu permettre qu'elle fuft cuite dans fa cuifine ; ajouftant que ces fix jeunes gens qu'il n'a voulu nommer (eftant des perfonnes de confideration) n'avoit pas ofé luy en refifter. Et dautant que l'impunité d'une contravention auffi fcandaleufe aux Ordonnances & Ré-glemens dans les premiers jours de Carefme, pourroit donner lieu aux Cabaretiers d'en commet-tre de femblables ; il a crû qu'il eftoit de fon devoir de faire affigner ledit Vitry en cette Au-diance pour y eftre pourvû. Nous, après avoir oüy ledit Commiffaire en fon rapport, ledit Vi-try & fes défenfes, & les Gens du Roy en leurs Conclufions : Difons que les Ordonnances, Arrefts & Réglemens feront executez ; & conformément à iceux ; Faifons tres-expreffes & itera-tives défenfes à tous Cabaretiers de donner à manger en viande à aucunes perfonnes pendant le Carefme, ny de fouffrir qu'il en foit mangé chez eux, à peine de mille livres d'amende pour la premiere fois, même fous plus grande peine en cas de recidive ; Et pour la contravention com-mife par ledit Vitry, l'avons condamné en deux cens livres d'amende, & en cent livres d'aumône au profit de l'Hofpital General : Ordonnons que la prefente Sentence fera executée, nonobftant & fans préjudice de l'appel, lûë, publiée & affichée à la porte du Cabaret dudit Vitry, & par tout ailleurs où befoin fera, à ce qu'aucun n'en prétende caufe d'ignorance. Ce fut fait & donné par Meffire MARC-RENE' DE VOYER DE PAULMY D'ARGENSON, Chevalier, Confeiller du Roy en fes Confeils, Maiftre des Requeftes ordinaire de fon Hoftel, Lieutenant General de Police de la Ville, Prevofté & Vicomté de Paris, le cinquième Mars mil fept cens. Signé, DE VOYER D'ARGENSON. TAUXIER l'aifné, Greffier.

§. II. Difpenfes qui s'accordent quelquefois en Carefme à tout un Diocéfe.

Outre les difpenfes particulieres qui viennent d'eftre expliquées, il y en a quelquefois une ge-nerale que l'Eglife accorde à tout un Diocéfe ou à toute une Province. C'eft lors qu'il y a une fi grande difette de viandes de Carefme, qu'il feroit impoffible au peuple de le paffer fans une notable incommodité. L'Hiftoire nous fournit un exemple fameux de cet ancien ufage, & en même-temps de la fermeté avec laquelle les Chreftiens refuferent cette difpenfe la premiere fois qu'elle leur fut offerte. Voicy comment la chofe fe paffa.

Le vin, le bled & l'huile manquerent à Con-ftantinople l'an 546. & l'on s'y trouva reduit à de grandes extremitez par la famine. L'Empe-reur Juftinien fe conformant à l'efprit de l'E-glife, fit ouvrir les Boucheries dés la premiere femaine de Carefme, & ordonna d'y faire tuer de la viande, & de l'expofer en vente dans tous les Marchez : cela fut executé ; il ne prétendoit point toucher à l'integrité du jeûne, mais fup-pléer feulement à la difette des viandes de Ca-refme. Cependant le peuple aima mieux fouffrir toutes les incommoditez & toutes les rigueurs de la faim, que de profiter de cette indulgen-ce : perfonne ne voulut acheter de la viande,
perfonne

perfonne n'en mangea. Le fiecle fuivant ne fut pas fi fcrupuleux ; le peuple ne s'accordoit que trop fouvent luy-même cette difpenfe ; ce fut ce qui donna lieu au huitiéme Concile de Tolede tenu l'an 633. de réiterer l'injonction d'obferver l'abftinence & le jeûne du Carefme, & d'impofer des peines canoniques à ceux qui s'en difpenferoient ; mais toûjours avec cette exception, d'une neceffité évidente & inévitable. Cette neceffité eft quelquefois arrivée dans

Conc. Tolet.
8. c. 9.
Gall. de Jejun.
l. 2. c. 15.

le Diocéfe de Paris. Alors le Parlement, fur la remontrance des Officiers de Police, invite l'Archevêque de Paris de permettre l'ufage de la viande ou celuy des œufs, felon que la difette eft plus ou moins preffante ; cette difpenfe eftant accordée, le Parlement rend un Arreft qui en ordonne l'execution. Nous rapporterons feulement pour exemple celuy-cy, qui fut rendu en une femblable occafion le 21. Février 1670.

21. Février
1670. Arreft
du Parlement
qui permet de
vendre des
œufs pendant
le Carefme.

CE jour, après que le Lieutenant de Police, pour ce mandé, a efté oüy en prefence des Gens du Roy, fur le fujet de l'Ordonnance décernée par l'Archevêque de Paris, par laquelle il permet l'ufage des œufs en cette Ville de Paris & dans le refte du Diocéfe, pendant ce Carefme, jufqu'au Dimanche de la Paffion exclufivement. Oüy les Gens du Roy en leurs Conclufions ; eux retirez : la matiere mife en déliberation. LA COUR a arrefté & ordonné que l'Ordonnance de l'Archevêque de Paris fera executée ; & conformément à icelle, qu'il fera permis d'expofer & de vendre des œufs dans les Marchez & places de cette Ville & Fauxbourg de Paris, & d'y en faire apporter des Provinces. Et à cette fin fera le prefent Arreft publié à fon de Trompe dans cette Ville de Paris, & envoyé dans les Provinces à la Requefte du Procureur General du Roy, pour y eftre pareillement publié, afin qu'il puiffe eftre connu aux Marchands. Enjoint à fes Subftituts d'y tenir la main. Fait en Parlement le 21. Février 1670. Signé, ROBERT.

CHAPITRE II.

Du Jubilé.

L'Eglife eftant toute occupée dans les temps de Jubilé à implorer la mifericorde de Dieu, il eft jufte que fes enfans, dans cet efprit de penitence, fe privent de tous les plaifirs profanes. Ce retranchement eft fi naturel, qu'ordinairement chacun s'y porte de foy-même. Lors neanmoins que cette fainte folemnité arrive dans une conjonéture qui excite d'elle-même à la licence, le Magiftrat de Police y pourvoit par une Ordonnance qu'il fait publier. En voicy une qui fut faite en pareille occafion lors du Jubilé de l'an 1696. qui arriva dans le temps du Carnaval.

3. Mars
1696. Ordonnance de Police, qui défend les mafques, les bals & les fpectacles publics pendant le temps du Jubilé.

SUr ce qui Nous a efté reprefenté par le Procureur du Roy, que l'ouverture du Jubilé ayant efté indicte & ordonnée par Mandement de Monfieur l'Archevêque, publié au Prône des Paroiffes de cette Ville, pour eftre faite Lundy cinquiéme du prefent mois de Mars ; & le fecond Dimanche de Carefme 18. de Mars eftant marqué le dernier jour du Jubilé ; il paroift convenable & même neceffaire de défendre pendant cette quinzaine, toute forte de Mafcarades, d'Affemblées à porte ouverte, fous pretexte de Bals & de Danfes, auffi-bien que les Spectacles publics, afin qu'il y ait, autant qu'il eft poffible, un jufte rapport de tout ce que l'ordre public peut permettre ou fouffrir, avec ce que la pieté a prefcrit pendant ce temps-là ; & pour cet effet eftant neceffaire que chacun foit informé en quoy & comment il doit concourir en cette occafion à la décence publique, requeroit qu'il fuft fur ce pourvû. NOUS, ayant égard à la remontrance & requifitoire du Procureur du Roy, avons fait tres-expreffes défenfes à toute forte de perfonnes de quelque condition qu'elles puiffent eftre, pendant la quinzaine du Jubilé, d'aller mafquées ou travefties en quelque maniere que ce foit, dans les rües de cette Ville & Fauxbourgs de Paris, foit de jour ou de nuit, & de recevoir dans leurs maifons à porte ouverte, fous pretexte de Bals ou de Danfe, ceux qui s'y pourroient prefenter : Comme auffi défendons pendant ledit temps, generalement, toute forte de Reprefentations & de Spectacles publics ; & nommément à tous Danfeurs de Corde & autres femblables, qui font eftablis aux environs du lieu où fe tient la Foire faint Germain, aufquels Nous enjoignons pareillement de ceffer leurs Jeux & de tenir leurs maifons fermées ; le tout fous telles peines qu'il appartiendra en cas de contravention ; à compter ladite quinzaine du Lundy cinquiéme du prefent mois de Mars, jufqu'au Dimanche dix-huitiéme du même mois inclufivement. Enjoint aux Commiffaires du Chaftelet de tenir la main à l'execution de la prefente Ordonnance, qui fera executée nonobftant oppofitions ou appellations quelconques ; & fans préjudice d'icelles, lûë, publiée & affichée en toutes les places publiques, Carrefours & autres lieux ordinaires & accouftumez que befoin fera, afin qu'il n'en foit prétendu caufe d'ignorance. Ce fut fait & donné par Meffire GABRIEL NICOLAS DE LA REYNIE, Confeiller d'Eftat ordinaire, Lieutenant General de Police de la Ville, Prevofté & Vicomté de Paris, le Samedy troifiéme jour de Mars mil fix cens quatre-vingt-feize. Signé, DE LA REYNIE.

ROBERT.
GAUDION Greffier.

TITRE X.

Des Proceßions.

CHAPITRE PREMIER.

De la Proceßion du S. Sacrement.

LEs Proceßions font d'un usage fort ancien dans l'Eglise. Il en est fait mention dés le temps de saint Jean Chrysostome vers la fin du quatriéme siecle. L'on croit qu'elles tirent leur institution des voyages fréquens que les Fideles faisoient en concours aux Tombeaux des Martyrs dés la naissance du Christianisme. D'autres considerant qu'elles sortent de l'Eglise, & qu'elles marchent continuellement jusqu'à ce qu'elles y soient rentrées, leur donnent ce sens mystique, qu'elles representent aux Fideles leur estat de voyageurs sur terre, & que tout leur objet doit estre de s'avancer par la pratique de leurs vertus vers leur celeste patrie representée par l'Eglise. Le nom qui leur a esté donné nous marque assez en effet cette marche ou ce progrés continuel, soit qu'il soit pris dans le sens propre ou dans le figuré. *Proceßio* ou *Proceßus*, à *procedendo*, du verbe *procedere*, aller en avant, s'avancer. Elles sont aussi & le plus souvent nommées en Latin *Supplicationes*, Prieres, parce que la plus grande partie ont esté establies pour implorer le secours du Ciel dans les calamitez publiques, comme celles de saint Marc & des Rogations.

De ces Proceßions publiques, les trois plus solemnelles qui se font à Paris, sont celles du saint Sacrement, de l'Assomption de la sainte Vierge, & de la Châsse de sainte Geneviéve. Les deux premieres sont annuelles comme dans tous les autres Dioceses du Royaume, & la derniere ne se fait que dans les besoins ou les afflictions publiques, pour implorer le secours de cette sainte Patrone de la Ville.

La Proceßion du saint Sacrement est presque aussi ancienne que l'institution de la Feste. Il en est fait mention dans le Concile de Sens tenu l'an 1320. Il n'y avoit alors que douze ans qu'on avoit commencé en France d'en solemniser la Feste. Cette Proceßion a pour objet particulier de réparer en ce jour toutes les irreverences qui ont pû estre commises pendant le cours de l'année contre cet auguste Mystere, soit par les heretiques, ou par les impies & les libertins. C'est pourquoy elle se fait avec une pompe tres-magnifique, mais toute religieuse.

Le Magistrat de Police y apporte tous les soins qui dépendent de son autorité, soit pour la propreté des lieux où elle doit passer, soit pour en assurer la tranquillité. Voicy l'Ordonnance qu'il fait publier tous les ans à cette occasion quelques jours avant la Feste.

Conc. Senon. c. 1.
Chapeauvil. hist. Leod t. 2. c. 16.
Thiers. expos. l. 2. c. 1.

---

10. Juin 1702. Ordonnance de Police pour la Proceßion de la Feste du saint Sacrement. DEfenses tres-expresses sont faites, ce requerant le Procureur du Roy, & conformément aux Ordonnances cy-devant renduës, à tous particuliers, de quelque qualité & condition qu'ils soient, de tirer aucuns Petards ou Fusées, Boëtes, Pommeaux d'épées, ou Saucissons, Pistolets, Mousquetons, ou autres Armes à feu, dans les Ruës, dans les Courts ou Jardins, & par les fenestres de leurs Maisons, les jours de la Feste-Dieu, ou autres Festes, pendant que les Proceßions passeront dans les ruës, avant qu'elles passent, ny même après qu'elles auront passé; à peine de quatre cens livres d'amende pour la premiere fois contre les contrevenans, dont les Peres & Meres seront civilement tenus & responsables pour leurs Enfans; & les Maistres & Chefs des Maisons, pour leurs Serviteurs & Domestiques. Enjoignons à tous Bourgeois de tendre ou faire tendre le devant de leurs Maisons dans toutes les ruës par lesquelles les Proceßions du tres-Saint Sacrement doivent passer; leur défendons de commencer à détendre ou faire détendre, sinon une demie heure après que les Proceßions seront entierement passées, en sorte qu'il n'y arrive aucun accident, soit par la chûte des échelles, ou en toute autre maniere; & seront les contrevenans condamnez en cent livres d'amende, dont les Peres, les Maistres & les Chefs des maisons & familles seront civilement tenus pour leurs Enfans, Serviteurs & Domestiques; même pour les Tapissiers & autres Ouvriers qu'ils auront employez. Mandons aux Commissaires du Chastelet de tenir la main à l'execution de la presente Ordonnance, laquelle sera luë, publiée à son de Trompe & Cry public, & affichée par tous les Carrefours & lieux publics de cette Ville & Fauxbourgs de Paris, afin que personne n'en prétende cause d'ignorance. Ce fut fait & donné par Messire MARC-RENE' DE VOYER DE PAULMY D'ARGENSON, Chevalier, Conseiller du Roy en ses Conseils, Maistre des Requestes ordinaire de son Hostel, & Lieutenant General de Police de la Ville, Prevosté & Vicomté de Paris, le dixiéme jour de Juin mil sept cens deux. Signé, DE VOYER D'ARGENSON. ROBERT. GAUDION. Greffier.

Lors qu'il arrive quelque incident ou quelques contestations, soit pour la marche ou quelques autres circonstances de la ceremonie (ce qui est fort rare) c'est encore au Magistrat de Police d'en connoistre, & d'y donner les ordres necessaires. Cela fut ainsi jugé par un Arrest de Réglement du 8. Juin 1675. Voicy ce qu'il contient; & ce seul exemple suffira.

8. Juin 1675.
Arrest du
Parlement,
portant ré-
glement en-
tre les Reli-
gieux de sain-
te Genevieve
& la Paroi-
ße de saint
Estienne,
pour la Pro-
ceßion du S.
Sacrement.

VEu par la Cour la Requeste à elle presentée par les Chanoines Reguliers, Abbé, Prieur & Chapitre de sainte Genevieve du Mont de Paris ; à ce que pour les causes y contenuës, & attendu qu'il s'agit d'un fait de Police qui requiert celerité, de l'execution des Arrests contradic-toires de ladite Cour, rendus entre les Supplians, les Marguilliers de l'Oeuvre, & Fabrique S. Es-tienne du Mont, & le Curé de la Paroiße dudit saint Estienne les 8. Avril & 2. Aoust 1653. & pour prévenir une violence & une émotion tres-dangereuse au public & tres-scandaleuse pour la Religion, il fust ordonné que par provision & sans préjudice des droits des Parties au principal, lesdits Arrests des 8. Avril & 2. Aoust 1653. seroient executez selon leur forme & teneur ; ce fai-sant, que conformément à iceux, le S. Sacrement consacré en l'Eglise de sainte Genevieve seroit porté en la Proceßion du jour de la Feste-Dieu en la maniere accoustumée par les Diacre & Sou-diacre de l'Eglise de saint Estienne, sous le Daix & dans le Ciboire & Soleil d'icelle ; lequel Ci-boire ou Soleil seroit porté la veille dudit jour en ladite Abbaye par le Clerc de l'Oeuvre de la-dite Paroiße ; & qu'au retour de ladite Proceßion le S. Sacrement seroit porté & remis sur l'Autel de ladite Abbaye de sainte Genevieve ; & aprés la Benediction donnée par l'Abbé, remis entre les mains du Curé ou des Diacre & Soudiacre de ladite Paroiße, pour estre rapporté sur l'Autel. Que les Prestres & Chapelains de saint Estienne se rendroient en ladite Eglise sainte Genevieve pour y commencer la Proceßion & y accompagner le saint Sacrement pendant icelle, jusqu'à ce qu'il soit rapporté & remis sur le Maistre-Autel de ladite Eglise de sainte Genevieve au retour de la Pro-ceßion. Fait défenses ausdits Clerc de l'Oeuvre, Prestres, Chapelains & Marguilliers & tous au-tres de contrevenir ausdits Arrests, ny d'apporter aucun trouble ny changement à l'execution d'iceux, à peine d'en répondre en leurs propres & privez noms : Enjoindre au Lieutenant General de Police & autres Officiers du Chastelet de tenir la main à l'execution desdits Arrests. Et ce qui seroit par eux fait & ordonné contre les contrevenans, executé par provision nonobstant oppositions ou appellations quelconques, & sans préjudice d'icelles. Vû aussi lesdits Arrests contradictoires de la Cour des 8. Avril & 2. Aoust 1653. Procés Verbaux des 23. & 24. May 1674. de l'Huissier Huby, du Commissaire Picard & du Lieutenant Particulier au nouveau Chastelet de Paris ; Requeste pre-sentée par les Supplians au Lieutenant Civil dudit Chastelet le 26. dudit mois de May ; Sentence de retention de ladite demande aux Requestes du Palais du 12. Decembre audit an ; relief d'ap-pel du 15. desdits mois & an ; Requeste presentée à la Cour par lesdits Marguilliers le 11. Février 1675. & autres pieces attachées à celle des Supplians, & signée, le Mire Procureur. Conclusions du Procureur General du Roy : Oüy le rapport de Me Claude de Sallo Conseiller. Tout conside-ré, LA COUR ayant égard à la Requeste, ordonne que lesdits Arrests des 8. Avril & 2. May 1653. seront executez selon leur forme & teneur ; ce faisant, suivant iceux, par provision, & sans préjudice des droits des Parties au principal, ordonne que le saint Sacrement consacré en l'Eglise de sainte Genevieve sera porté en la Proceßion du jour de la Feste-Dieu en la maniere accoustumée par les Diacre & Soudiacre de l'Eglise de saint Estienne, sous le Daix & dans le Ciboire ou Soleil de ladite Eglise ; lequel Ciboire ou Soleil sera porté la veille de la-dite Feste en ladite Abbaye, par le Clerc de l'Oeuvre de ladite Paroiße de saint Estienne ; & qu'au retour de ladite Proceßion le saint Sacrement sera porté & remis sur l'Autel de ladite Abbaye de sainte Genevieve ; & aprés la Benediction donnée par l'Abbé, remis entre les mains du Curé & les Diacre & Soudiacre de ladite Paroiße pour estre rapporté sur l'Autel ; que les Prestres & Chapelains de saint Estienne se rendront en ladite Eglise de sainte Genevieve, pour y commen-cer la Proceßion & y accompagner le saint Sacrement jusqu'à ce qu'il soit rapporté & remis sur le Maistre-Autel de sainte Genevieve au retour de la Proceßion. Fait défenses aux Clercs de l'Oeu-vre, Prestres, Chapelains & tous autres de contrevenir ausdits Arrests ny d'apporter aucun trou-ble. Enjoint au Lieutenant General de Police, au Substitut du Procureur General du Roy & au-tres Officiers du Chastelet de tenir la main à l'execution desdits Arrests ; & ce qui sera par eux fait & ordonné contre les contrevenans, executé par provision, nonobstant oppositions ou appellations quelconques, & sans préjudice dicelles. Fait en Parlement le huitiéme Juin mil six cens soixante-quinze. Signé, JACQUES.

CHAPITRE II.

De la Proceßion qui se fait le jour de l'Assomption de la sainte Vierge.

CEtte Proceßion est particuliere au Royau-me de France, qui reconnoist singuliere-ment la sainte Vierge pour sa Protectrice.

Ce fut ce qui porta le Roy Loüis XIII. à instituer cette sainte ceremonie. On ne sçauroit mieux exprimer quels furent en cette occa-sion les sentimens de cet auguste & pieux Mo-narque ; qu'en rapportant les propres termes dont il se servit dans sa Déclaration. Voicy ce qu'elle contient.

10. Février
1638. Décla-
ration du
Roy, par la-
quelle sa Ma-
jesté déclare
qu'elle a pris
au gouvernement
de cette Couronne,
la Tres-sainte
Vierge pour

LOUIS, par la grace de Dieu, Roy de France & de Navarre ; A tous ceux qui ces presen-tes Lettres verront, Salut. Dieu qui éleve les Roys au Throsne de leur grandeur, non con-tent de nous avoir donné l'esprit qu'il depart à tous les Princes de la Terre pour la conduite de leurs Peuples, a voulu prendre un soin si special de nostre Personne & de nostre Estat, que Nous ne pouvons considerer le bonheur du cours de nostre Regne, sans y voir autant d'effets merveilleux de sa bonté, que d'accidens qui Nous menaçoient. Lors que Nous sommes entrez au gouvernement de cette Couronne, la foiblesse de nostre âge donna sujet à quelques mau-vais esprits d'en troubler la tranquillité ; mais cette main divine soustint avec tant de force la justice de nostre cause, que l'on vit en même-temps la naissance & la fin de ces pernicieux desseins.

En

Protectrice
speciale de
son Royaume,
& ordonne
une Proces-
sion generale
le jour de
l'Assomptiõ.

En divers autres tems l'artifice des hommes & la malice du demon, ayant suscité & fomenté des divisions, non moins dangereuses pour nostre Couronne, que préjudiciables à nostre Maison, il luy a plû en détourner le mal avec autant de douceur que de justice; la rebellion de l'heresie ayant aussi formé un parti dans l'Estat, qui n'avoit autre but que de partager nostre autorité, il s'est servi de nous pour en abbattre l'orgueil, & a permis que nous ayons relevé ses saints Autels, en tous les lieux où la violence de cet injuste Parti en avoit osté les marques. Si nous avons entrepris la protection de nos Alliez, il a donné des succés si heureux à nos armes, qu'à la vûe de toute l'Europe, contre l'esperance de tout le monde; nous les avons restablis en la possession de leurs Estats dont ils avoient esté dépoüillez. Si les plus grandes forces des Ennemis de cette Couronne se sont ralliées pour conspirer sa ruine, il a confondu leurs ambitieux desseins, pour faire voir à toutes les Nations, que comme sa Providence a fondé cet Estat, sa bonté le conserve, & sa puissance le défend. Tant de graces si évidentes, font que pour n'en differer pas la reconnoissance, sans attendre la paix qui nous viendra sans doute de la même main, dont nous les avons reçûes, & que nous desirons avec ardeur, pour en faire sentir les fruits aux Peuples qui nous sont commis, Nous avons crû estre obligez, nous prosternans aux pieds de la Majesté divine que nous adorons en trois personnes, à ceux de la sainte Vierge, & de la sacrée Croix, où nous reverons l'accomplissement des mysteres de nostre Redemption, par la vie & la mort du Fils de Dieu, nous consacrer à sa grandeur par son Fils rabbaissé jusques à nous, & à ce Fils par sa Mere élevée jusqu'à luy; en la protection de laquelle nous mettons particulierement nostre Personne, nostre Estat, nostre Couronne, & tous nos Sujets, pour obtenir par ce moyen celle de la sainte Trinité par son intercession, & de toute la Cour celeste par son autorité & son exemple. Nos mains n'estant pas assez pures pour presenter nos offrandes à la pureté même, nous croyons que celles qui ont esté dignes de la porter, les rendront hosties agreables; & c'est chose bien raisonnable, qu'ayant esté Mediatrice de ses bienfaits, elle le soit de nos actions de graces. A ces causes, Nous avons déclaré & déclarons, que prenant la tres-sainte & tres-glorieuse Vierge, pour Protectrice speciale de nostre Royaume, Nous luy consacrons particulierement nostre Personne, nostre Estat, nostre Couronne, & nos Sujets, la suppliant de nous vouloir inspirer une sainte conduite, & défendre avec tant de soin ce Royaume contre l'effort de tous ses Ennemis; que soit qu'il souffre le fleau de la guerre, ou joüisse de la douceur de la paix, que nous demandons à Dieu de tout nostre cœur, il ne sorte point des voyes de la grace qui conduisent à celles de la gloire. Et afin que la posterité ne puisse manquer à suivre nos volontez en ce sujet, pour monument & marque immortelle de la consecration presente que nous faisons, nous ferons construire de nouveau le grand Autel de l'Eglise Cathedrale de Paris, avec une Image de la Vierge, qui tienne entre les bras celle de son précieux Fils descendu de la Croix; nous serons representé aux pieds & du Fils & de la Mere; comme leur offrant nostre Couronne & nostre Sceptre: Nous adressons le sieur Archevêque de Paris, & neanmoins luy enjoignons, que tous les ans, le jour & feste de l'Assomption il fasse faire commemoration de nostre presente Declaration à la grande Messe, qui se dira en son Eglise Cathedrale, & qu'après les Vêpres dudit jour, il soit fait une Procession en ladite Eglise; à laquelle assisteront toutes les Compagnies Souveraines, & le Corps de Ville, avec pareille ceremonie que celle qui s'observe aux Processions generales plus solemnelles. Ce que nous voulons aussi estre fait en toutes les Eglises tant parochiales, que celles des Monasteres de ladite Ville & Fauxbourgs; & en toutes les Villes, Bourgs & Villages dudit Diocese de Paris. Exhortons pareillement tous les Archevêques & Evêques de nostre Royaume, & neanmoins leur enjoignons de faire celebrer la même solemnité en leurs Eglises Episcopales, & autres Eglises de leurs Dioceses; entendant qu'à ladite ceremonie les Cours de Parlement, & autres Compagnies Souveraines, & les principaux Officiers des Villes y soient presens. Et dautant qu'il y a plusieurs Eglises Episcopales qui ne sont point dediées à la Vierge; Nous exhortons lesdits Archevêques & Evêques en ce cas, de luy dédier la principale Chapelle desdites Eglises, pour y estre faite ladite ceremonie; & d'y élever un Autel avec un ornement convenable à une action si celebre; & d'admonester tous nos Peuples, d'avoir une devotion toute particuliere à la Vierge, d'implorer en ce jour sa protection, afin que sous une si puissante Patrone, nostre Royaume soit à couvert de toutes les entreprises de ses Ennemis; qu'il joüisse longuement d'une bonne paix; que Dieu y soit servi & reveré si saintement, que Nous & nos Sujets puissions arriver heureusement à la derniere fin pour laquelle nous avons tous esté créez: Car tel est nostre plaisir. Donné à saint Germain en Laye le dixième jour de Fevrier, l'an de grace mil six cens trente-huit: & de nostre regne le vingt-huit. Signé, LOUIS. Et sur le reply, par le Roy, SUBLET, & scellé sur double queüe de cire jaune.

Pour rendre cette Procession plus pompeuse, fait publier tous les ans quelques jours avant la & en faciliter la marche, le Magistrat de Police Feste l'Ordonnance qui suit.

13. Aoust
1703. Or-
donnance qui
est publiée
tous les ans,
pour la Pro-
cession gene-
rale de l'As-
somption de
Nostre-Da-
me.

IL est enjoint, ce requerant le Procureur du Roy, aux Bourgeois & Habitans des ruës Neuve Nostre-Dame, Marché-Neuf, la Barillerie, de la Vieille Draperie & des Marmouzets, de tendre ou faire tendre devant leurs Maisons le jour de l'Assomption Nostre-Dame, depuis deux heures après midy, jusqu'à ce que la Procession dudit jour soit faite; à peine de dix livres d'amende, au payement de laquelle les contrevenans, Proprietaires, ou Principaux Locataires seront solidairement contraints. Il est enjoint aussi aux Commissaires desdits Quartiers, de tenir la main à ce que lesdites ruës soient renduës nettes, & de distribuer des Sergens aux avenues desdites ruës, pour empêcher les ------ d'y entrer. Et afin que nul n'en pretende cause d'ignorance, sera la presente Ordonnance luë, publiée à son de Trompe & Cry public, affichée esdits lieux, & executée nonobstant oppositions ou appellations quelconques, & sans préjudice d'icelles. Ce fut fait & donné par Messire MARC-RENE' DE VOYER DE PAULMY D'ARGENSON, Chevalier Conseiller du Roy en ses Conseils, Maistre des Requestes ordinaire de fon Hoftel, Lieutenant General de Police de la Ville, Prevofté & Vicomté de Paris, le Lundy treiziéme jour d'Aouft mil fept cens trois. Signé, DE VOYER D'ARGENSON. ROBERT. GAUDION, Greffier.

CHAPITRE III.

Proceßion de la Châße de fainte Geneviéve.

Anon. vit. S. Genov. ap. Bolland.
P. a l'emant.
P. Du Mouli-net.
P. Doublet.
P. Chiflet.
P. Charpentier,

C'Eſt un uſage preſque auſſi ancien que la Monarchie, d'avoir recours à ſainte Geneviéve Patrone de Paris, dans toutes les calamitez publiques. Son éminente ſainteté luy avoit acquis tant de crédit auprés de Dieu dés ſon vivant, qu'elle a ſauvé miraculeuſement cette Ville d'une infinité de maux dont elle eſtoit menacée. Attila Roy des Huns, qui ſe faiſoit nommer le fleau de Dieu, à la teſte d'une armée de trois à quatre cens mille hommes, ſe diſpoſoit d'y mettre le ſiege l'an 451. Ses Habitans alarmez vouloient ſe retirer ailleurs; ſainte Geneviéve les raſſura; elle ſe mit en prieres avec eux; & l'on apprit peu de jours aprés qu'une terreur imprévûë s'eſtoit jettée dans l'armée de ces Barbares, & qu'ils avoient précipitamment changé leur marche. La famine avoit réduit les Pariſiens à l'extrémité l'an 476. leur ſainte Protectrice par ſes ſoins & ſes prieres y pourvût, & rétablit chez eux l'abondance. Elle rendoit la ſanté aux malades, ſecouroit les pauvres dans leurs beſoins, & protegeoit les innocens opprimez. Elle mourut enfin au milieu des ſaintes pratiques l'an 512. âgée de 89. ans. Son corps fut inhumé avec beaucoup de pompe dans l'Egliſe des Apoſtres ſaint Pierre & ſaint Paul, que Clovis premier Roy Chreſtien avoit fait baſtir.

Son tombeau devint auſſi-toſt le refuge le plus aſſuré des François, dans tous leurs beſoins les plus preſſans: ils y accouroient en affluence de tous coſtez; & les Eſtrangers ſe joignoient ſouvent à eux. Le crédit que ſes merites luy avoient acquis auprés de Dieu pendant ſon vivant, parut encore plus grand aprés ſa mort. Une infinité de miracles confirmerent cette prérogative; la veneration & la confiance des Peuples en augmentoient à proportion; & l'Egliſe même des ſaints Apoſtres, en prit le nom de noſtre ſainte Patrone.

Son Corps fut levé de terre, & mis dans une Châße d'argent, que ſaint Eloy luy fit l'an 630. Ce précieux dépoſt fut enſuite élevé dans un lieu encore plus éminent derriere le grand Autel l'an 855. Saint Louis pour ſatisfaire à ſa pieté & à celle des Peuples, fit faire une autre Châße à noſtre Sainte, beaucoup plus riche que la premiere: on y employa l'or, l'argent, & les pierres précieuſes que l'on avoit amaſſées à ce deſſein pendant prés de douze ans; & ces ſaintes Reliques y furent transferées de l'ancienne Châße l'an 1242.

Abbon. de obfid. urb.
Anon.ap.Boll. p.151.
P. Charpentier,

Dés le tems de la premiere Châße l'on établit cette ceremonie de la porter en Proceſſion, de ſon Egliſe en celle de Noſtre-Dame, dans toutes les calamitez publiques. La premiere de ces Proceſſions que l'on trouve dans l'Hiſtoire, fut faite en 887. pour obtenir de Dieu la levée du Siege que les Normans avoient mis devant Paris.

La ſeconde, dont la memoire s'eſt conſervée juſques à nous, ſe fit l'an 1129. ſous le regne de Louis le Gros, contre la maladie appellée des Ardans. C'eſtoit un mal qui n'avoit point encore eu d'exemple; d'autant plus terrible, qu'il paroiſſoit un fleau du Ciel, au deſſus de tous les remedes humains: les Malades eſtoient impitoyablement dévorez par un feu ſecret qui leur conſumoit les entrailles, & les conduiſoit en peu de jours à la mort. L'Evêque Eſtienne homme de ſainte vie, avoit imploré inutilement le ſecours du Ciel; par des jeûnes & des Prieres publiques. On eut enfin recours aux Reliques de noſtre ſainte Patrone: ſa Châße fut deſcenduë, & portée en Proceſſion à l'Egliſe Noſtre-Dame: ce cruel mal avoit déja mis au tombeau quatorze mille perſonnes dans la Ville: une multitude de ſes Citoyens qui en eſtoient encore attaquez, furent aſſemblez depuis le bas de la Montagne juſques au Parvis de Noſtre-Dame. Tous furent gueris à l'inſtant que les ſaintes Reliques paſſerent, à l'exception de trois, que leur incredulité rendit indignes de cette grace. Le Pape Innocent II. vint en France l'année ſuivante, & aprés s'eſtre exactement informé des circonſtances d'un ſi grand miracle, il ordonna qu'on en celebreroit tous les ans la memoire, en action de graces à Dieu. La Feſte en fut aſſignée au 26. de Novembre, premierement ſous le titre d'Excellence de la Bien-heureuſe Vierge Geneviéve; & depuis ſous celuy de Miracle des Ardens. Il y avoit dans la Cité ſur la route de la Proceſſion, & proche le lieu où il s'eſtoit trouvé un plus grand nombre de malades, une petite Egliſe fort ancienne, ſous le titre du Prieuré de Noſtre-Dame la Petite. On luy changea ſon ancien titre, en celuy de ſainte Geneviéve du Miracle des Ardens; & quelques années aprés, pour la rendre encore plus celebre, elle fut érigée en Paroiſſe.

Dans toutes les calamitez publiques qui ont affligé la France depuis ce tems, l'on a eu recours à cette puiſſante protection, & toujours avec des effets également prompts, ſenſibles & miraculeux. C'eſt ce que l'on a principalement éprouvé dans les tems de guerre, de famine, de ſterilité, d'inondations, de maladies populaires ou contagieuſes. Les exemples en ſont encore recens; & il en eſt arrivé de nos jours, que la poſterité n'oubliera jamais.

Ainſi cette ſainte ceremonie ayant toujours pour objet l'un de ces grands beſoins de la Ville en particulier, ou de l'Eſtat en general, c'eſt au Parlement à juger quand il eſt neceſſaire d'y avoir recours. L'Archevêque de Paris donne enſuite ſes ordres pour tout ce qui regarde le ſpirituel; & le Magiſtrat de Police y ajouſte auſſi-toſt ſes ſoins, pour contribuer de ſa part que tout s'y paſſe au dehors & en public, avec toute la décence, & toute la tranquillité convenable à une ſi grande action. Mais les Actes qui ſe font en cette occaſion par chacune de ces Puiſſances; nous

nous en inftruiront davantage; voicy ce qu'ils con-   les autres font femblables.
tiennent : un feul exemple de chacun fuffira; tous

---

21. May
1694. Arreſt
de la Cour
de Parlemēt,
pour la deſ-
cente & Pro-
ceſſion de la
Châſſe de
ſainte Gene-
viève.

CE jour les Grand'Chambre & Tournelle affemblées en prefence des Gens du Roy , Monfieur le Premier Prefident a dit , Que le dixiéme de ce mois, le Prevoſt des Marchands & les Eche-vins de cette Ville de Paris , eſtoient venus apporter à la Cour les vœux de tout le Peuple , qui demandoit que dans la crainte où l'on eſtoit , que la fechereffe ne caufaſt la perte des fruits de la terre , l'on euſt recours à des Prieres publiques , & à l'interceffion de la Patrone de Paris , par la découverte de ſa Châffe , & même qu'elle fuſt portée en Proceffion folemnelle. Que la Cour leur ayant accordé bien volontiers ce qu'ils defiroient avec tant de raifon, Monfieur l'Archevêque de Paris de ſa part avoit ordonné des Prieres publiques & des Proceffions, & avoit eſté luy - même pour en donner l'exemple, celebrer la Meffe Pontificalement dans l'Eglife de fainte Geneviéve , en prefence des Prevoſt des Marchands & Echevins. Qu'ayant eſté mandé par le Roy depuis quelques jours pour recevoir les Commandemens de Sa Majeſté au fujet de quelques affaires , le Roy luy avoit fait l'honneur de luy dire : Qu'il eſtoit informé que le Peuple de Paris , dans une juſte ap-prehenfion, que la recolte de la prefente année ne fuſt pas meilleure que celle de l'année derniere, demandoit que l'on euſt recours à l'interceffion de la Patrone de Paris & du Royaume, dont il avoit reçû de fi vifibles fecours en tant d'occafions. Que Sa Majeſté pleine de bonté pour fon Peuple , & qui avoit encore une affection finguliere pour les Habitans de cette Ville , vouloit que la Pro-ceffion folemnelle de la Châffe de fainte Geneviéve fuſt faite, & que tout le monde uniſt fes vœux & fes prieres , pour demander à Dieu par l'interceffion de cette Sainte, une recolte heureufe , & toutes les graces dont on avoit befoin ; & luy ayant commandé de voir Monfieur l'Archevêque de Paris, afin de prendre les mefures necefſaires pour cette Ceremonie, il l'avoit trouvé tout difpofé à concourir de fa part à l'execution des Ordres du Roy, en tout ce qui dépendoit de fon Miniſtere & de fon Autorité.

Ainfi il croyoit qu'il n'y avoit en obéïffant à la volonté du Roy , qu'à feconder le defir du Peuple , & convenir du jour que la Proceffion feroit faite, pour demander à Dieu la confervation de la Perfonne du Roy , fi précieufe & fi neceffaire à fon Eſtat; une recolte abondante , & une paix fi neceffaire à toute l'Europe , & que nous pouvions eſtre bien affurez que le Roy defiroit avec beaucoup d'ardeur, & que Sa Majeſté auroit la bonté de nous donner avec bien de la joye, dés que fes Ennemis voudroient en écouter des conditions fûres & équitables.

Les Gens du Roy oüis, qui ont dit par la bouche de Maiſtre Chreſtien-François de Lamoignon, que les befoins eſtoient fi preffans & fi vifibles , qu'il eſtoit neceffaire de recourir aux Prieres & à l'interceffion de la Patrone de Paris , dont le Royaume avoit reçû de fi grands fecours en tant d'occafions , & ont requis qu'il pluſt à la Cour d'ordonner la defcente & la Proceffion folemnelle de la Châffe de fainte Geneviéve avec les ceremonies ordinaires ; & s'eſtant retirez, la matiere mife en déliberation.

La Cour obéïffant au Commandement du Roy, Ordonne que la Châffe de fainte Geneviéve fera defcendue, & qu'elle fera portée en Proceffion folemnelle , où elle affiſtera en Robbes rouges. Que le Procureur General du Roy en donnera avis à l'Archevêque de Paris, pour eſtre enfuite pris jour pour ladite Proceffion, le plutoſt qu'il fe pourra, & qu'il en avertira pareillement les autres Compagnies, & l'Abbé de fainte Geneviéve en la maniere accouſtumée ; & que le Lieutenant Civil & les autres Officiers du Chaſtelet feront mandez, pour leur enjoindre de veiller à la garde de la Châffe, pour s'en charger en la forme ordinaire. Fait en Parlement le 21. May 1694. Signé, DONGOIS.

---

21. Mai 1694
Mandement
de Monſei-
gneur l'Ar-
chevêque de
Paris, portát
injonction de
faire des
Prieres &
des Procef-
ſions pour
implorer le
ſecours du
Ciel ſur les
neceſſitez pu-
bliques, &
de faire la
Proceſſion
generale, où
les Châſſes de
ſaint Marcel
& de ſainte
Geneviéve
ſeront por-
tées.

FRANÇOIS par la grace de Dieu , & du faint Siege Apoſtolique , Archevêque de Paris , Duc & Pair de France, Commandeur des Ordres du Roy , Provifeur de la Maifon de Sorbon-ne , & Superieur de celle de Navarre ; Aux Archipreſtres de fainte Marie Magdeleine & de faint Severin, SALUT ET BENEDICTION. Nous avons par nos Mandemens des quatre & neuvième jours du prefent mois , ordonné des Prieres pour la confervation des biens de la terre , & pour implorer l'affiſtance du Ciel fur toutes les neceffitez publiques , nous refervant d'en eſtablir de nouvelles fuivant les occafions : & comme les motifs qui nous avions ne font pas ceffez , & que nous ne defirons rien avec plus d'ardeur , que d'attirer fur noſtre Diocefe, l'abondance & la fe-licité , Nous avons crû devoir ordonner une Proceffion folemnelle des Châffes de faint Marcel & de fainte Geneviéve, s'il plaiſt à la Majeſté divine , conduire les fruits de la terre à leur parfaite maturité , & nous accorder par fa bonté les fecours neceffaires & proportionnez à tous nos befoins , Nous nous y fommes trouvez d'autant plus engagez , que le Roy toujours rempli de pieté , & animé de charité pour fon Peuple , nous a déclaré luy-même fes intentions , & que Monfieur le Prevoſt des Marchands nous a fait connoiſtre fur ce fujet les defirs des Magiſ-trats , & les vœux des Habitans de cette Ville. A CES CAUSES, après en avoir conferé avec nos Venerables Freres , les Doyen, Chanoines & Chapitre de noſtre Eglife , Nous ordonnons que le Jeudy vingt-feptième du prefent mois , tous les Chapitres & Convents de cette Ville, qui de droit ou de couſtume font mandez aux Proceffions generales , fe rendront à fix heures précifes du matin dans noſtre Eglife , où ils apporteront proceffionnellement avec refpect & avec pieté , les Châffes & les Reliques qui font confervées dans leurs Eglifes, pour faire enfuite conjointe-ment avec Nous, la Proceffion à l'Eglife de fainte Geneviéve du Mont, & de-là revenir à la noſtre , où les Châffes de faint Marcel & de fainte Geneviéve feront portées avec les folemnitez ordinaires. Et afin que cette grande & auguſte devotion de la Ville de Paris pour fes faints Pa-trons , obtienne plus efficacement les mifericordes de Dieu , Nous ordonnons qu'on fe preparera à cette fainte action par un jeûne general , qui fera gardé en cette Ville & dans fes Fauxbourgs, le Mercredy vingt-fixiéme du même mois, & par des Proceffions particulieres , qui fe feront premierement par le Clergé de noſtre Metro-

Zz iij   pole

pole le Lundy matin, ensuite par toutes les Abbayes, Chapitres, Paroisses & Convents de la Ville & Fauxbourgs qui viendront en nostre Eglise, pour y implorer le secours de la sainte Vierge, de saint Denys, & de saint Marcel, Patrons & Protecteurs de ce Diocese, d'où ils iront en l'Eglise de sainte Geneviéve du Mont, au jour & à l'heure, & suivant l'ordre que nous avons prescrit, accordant quarante jours d'Indulgences aux personnes qui assisteront à cette Ceremonie. Au surplus, Nous vous mandons de faire signifier ces Presentes à tous Doyens, Abbez, Prieurs, Curez, Superieurs & Superieures des Communautez Seculieres & Regulieres de la Ville & de ses Fauxbourgs, afin qu'ils n'en prétendent cause d'ignorance, & qu'ils les observent, & les fassent observer par les personnes qui leur sont soûmises. Donne' à Paris en nostre Palais Archiepiscopal, le 21. May 1694. Signé, FRANÇOIS, Archevêque de Paris : *Et plus bas*, Par Monseigneur, WILBAULT.

25. May 1694. Ordonnance du Magistrat de Police, pour la Procession generale, de sainte Geneviéve. IL est enjoint, ce requerant le Procureur du Roy, en consequence de l'Arrest de la Cour, du 21. de ce mois, aux Bourgeois & Habitans des ruës Nostre-Dame, le Petit-Pont, ruë Galande, Place Maubert, Montagne & Parvis sainte Geneviéve, ruë saint Estienne des Grais, & ruë saint Jacques, de tendre de Tapisseries le devant de leurs Maisons, Jeudy 27. du present mois, dés six heures du matin ; & défenses à tous Marchands & Artisans tant de la Ville que des Fauxbourgs, d'ouvrir leurs Boutiques pendant ledit jour de Jeudy, & à tous Voituriers de conduire & mener dans les ruës aucunes voitures ny charettes : Comme aussi défenses sont faites d'élever aucuns échafauts ou balcons au devant des maisons, & à toutes personnes de s'arrester dans les ruës & Carrefours avant & pendant la Procession. Défenses tres-expresses sont aussi faites, de tirer aucunes boëtes, ny armes à feu, soit dans lesdites ruës, cours, jardins, ou par les fenestres des maisons ; & enjoint aux Sergens à verge du Chastelet, d'avoir leurs Barrieres ouvertes dans les quartiers pendant ledit jour, de s'y tenir en nombre suffisant, & de se rendre auprés des Commissaires desdits Quartiers, suivant le département qui en a esté fait : ausquels Commissaires du Chastelet il est ordonné de tenir soigneusement la main à l'execution de la presente Ordonnance, qui sera lûë & publiée à son de Trompe & cry public, & affichée par tous les Carrefours & lieux ordinaires de cette Ville & Fauxbourgs de Paris, afin qu'aucun n'en prétende cause d'ignorance. Ce fut fait & donné par Messire GABRIEL NICOLAS DE LA REYNIE, Conseiller d'Estat Ordinaire, & Lieutenant General de Police de la Ville, Prevosté & Vicomté de Paris, le vingt-cinquiéme May mil six cens quatre-vingt-quatorze. Signé, DE LA REYNIE. ROBERT.

GAUDION, Greffier.

Le Magistrat de Police est tout occupé le jour de la ceremonie, à maintenir l'ordre & la tranquillité publique dans la Ville. Son attention y est d'autant plus necessaire, que presque tous les Quartiers de cette grande Ville se trouvent deserts, par l'affluence des Citoyens qui se rendent à la Procession ou sur sa route. Cependant les autres Magistrats, & quelques-uns des principaux Officiers du Chastelet, se rendent la veille à minuit, en l'Abbaye de sainte Geneviéve, se chargent de la Châsse, & s'obligent de ne la point quitter de vûë, qu'elle ne soit remise en sa place ordinaire. Voicy la formule de l'acte qu'ils en donnent.

» Nous N. Conseiller du Roy en ses Conseils, » Lieutenant Civil, N. Conseiller du Roy en ses » Conseils, Lieutenant Criminel. N. aussi Conseiller du Roy en ses Conseils, Procureur de « Sa Majesté. N. Conseiller & Avocat du Roy. « N. Conseiller du Roy Lieutenant Criminel de « Robe-courte. N. Conseiller du Roy, Chevalier « & Capitaine du Guet. N. N. N. N. N. N. Con-« seillers du Roy, Commissaires au Chastelet, « Ville, Prevosté & Vicomté de Paris ; Jurons & « promettons aux Venerables Abbé, Prieur, Reli-« gieux & Convent de sainte Geneviéve, de gar-« der selon nostre devoir & Office la Châsse de « sainte Geneviéve, & ne la point perdre de vûë « tant qu'elle sera descenduë, & jusques à ce « qu'elle soit remise en sa place ordinaire. En foy « de quoy Nous avons signé ces Presentes, & les « avons fait contresigner par nostre Greffier en « l'Abbaye de sainte Geneviéve, ce jour « de l'an

TITRE XI.

Des Pelerinages.

LEs Pelerinages, comme les Proceſſions, tirent leur origine des viſites frequentes qui eſtoient rendues par les premiers Fideles aux lieux qui ont eſté honorez de quelques-uns des Myſteres de nôtre Religion, ou aux Tombeaux des Martyrs. Ainſi cette action en elle-même & dans ſon principe eſt tres-ſainte & tres-loüable. Auſſi les Loix l'ont-elles toûjours approuvée, & mis les Pelerins au nombre des perſonnes les plus favorables.

la authent. De fuu & conſend. §. Omnes Peregrini.

Les Empereurs Chreſtiens les prirent ſous leur protection. Ils leur permirent de ſe loger dans leurs Eſtats avec toute liberté & où bon leur ſembleroit. S'ils tomboient malades, ils avoient la faculté, quoy qu'étrangers, de faire leur teſtament ſelon les Loix de leur Pays. Qùe s'ils mouroient *ab inteſtat*, l'Evêque du lieu eſtoit chargé de prendre le ſoin de leurs effets, & de les faire tenir à leurs heritiers, s'il pouvoit, ſinon les employer en œuvres pieuſes pour le ſalut de leurs ames. Et il eſtoit défendu à leurs hoſtes de s'en approprier aucune portion, à peine d'en reſtituer trois fois autant.

Capitul. Reg. Franc tom. 1. col. 110. c. 14.

Nos Roys dés la naiſſance de la Monarchie ſe ſont encore expliquez plus fortement en faveur des Pelerins, & ils ont toûjours continué de leur donner des marques d'une ſinguliere protection. Dagobert I. dans l'un de ſes Edits de l'an 630. pour la Police du Royaume, pourvut à leur ſûreté par des diſpoſitions fort amples & fort préciſes. Il fit défenſes de leur nuire en leurs perſonnes ou en leurs biens ; d'attenter à leur vie ou à leur liberté, à peine de cent ſous ſous d'amende ; & de réparer au double envers le Pelerin la perte ou l'injure qu'il auroit ſouſferte. Que s'il eſtoit mort des violences qui luy auroient eſté faites, les coupables ſeroient condamnez à payer cent ſous d'or à ſes parens, s'il y en avoit qui fuſſent connus, ſinon au fiſc, qui les diſtribueroit aux pauvres pour le ſalut de l'ame du défunt. Le ſou d'or vaudroit aujourd'huy huit livres cinq ſous de noſtre monnoye ; ainſi cette peine de cent ſous d'or monteroit à 825. liv. Le ſou d'argent dont il eſt fait mention dans la premiere partie de cet Article, vaudroit de noſtre monnoye 55. ſ. & conſequemment les cent ſoixante monteroient à 440. liv. Ces ſommes eſtoient conſiderables en ce temps que l'or & l'argent eſtoient beaucoup plus rares en France.

Le Blanc, Traité des monnoyes.

Pepin par une Ordonnance de l'an 755. les exempta de tous péages, de tous paſſages de ponts ou de riviere, tant pour eux, que pour leur bagage. Il fit défenſes à tous proprietaires ou Fermiers de ces droits d'en rien exiger, d'arreſter les Pelerins, ou leur faire aucune peine à cette occaſion, à peine de 60. ſ. d'amende, moi-

Capitul. Reg. Franc. tom. 1. col. 176. c. 21.

tié au fiſc, & l'autre moitié au Pelerin.

Idem col. 370; cap. 27.

Charlemagne fit de tres-expreſſes défenſes à tous ſes Sujets pauvres ou riches par un Edit de 802. de refuſer l'hoſpitalité au x Pelerins; c'eſt à ſçavoir le logement, le feu & l'eau. Il les exhorte en même-temps d'étendre encore plus loin leurs charitez, & les avertit que Dieu luy-même, ſelon ſa parole, ſera leur récompenſe.

Le Concile de Touloſe tenu l'an 1229. réitera toutes ces diſpoſitions portées par les anciennes Ordonnances de nos Roys en faveur des Pelerins.

Mais comme les meilleures choſes peuvent dégenerer en abus, & que plus elles ſont excellentes, plus la corruption en eſt mauvaiſe, l'on s'eſt toûjours précautionné contre un trop grand penchant des peuples à s'éloigner de leur patrie pour entreprendre des pelerinages. Saint Gregoire de Nyſſe dés le quatriéme ſiecle écrivit une excellente Lettre Paſtorale à cette occaſion. Il détourne tous les Fideles d'entreprendre legerement le voyage de Jeruſalem ou d'autres pelerinages ; leur repreſente les inconveniens, & ſur tout que c'eſtoit une occaſion prochaine à la débauche & au libertinage. Saint Jérôme dans ſon Epiſtre à Paulin Evêque de Nole, au ſujet des pelerinages, s'explique à peu prés dans les mêmes termes. Saint Auguſtin y ajouſte, que le dégouſt ou la haine pour ſa patrie eſt ſouvent le motif du Pelerin ; & que celuy qui trouve de l'agrément dans le lieu de ſa naiſſance auroit de la peine à s'en éloigner : *Cui peregrinatio dulcis eſt, non amat patriam ; ſi dulcis eſt patria, amara eſt peregrinatio.* Boniface Archevêque de Mayence écrivant à Chutbert Evêque de Cantorbery l'an 723. l'exhorte par tous ces motifs d'arreſter le grand concours d'Anglois de l'un & de l'autre ſexe qui alloient à Rome en pelerinage. Le Concile de Bude enfin tenu l'an 1229. défendit aux Clercs d'entreprendre aucun pelerinage ſans la permiſſion de leurs Evêques.

Les Princes temporels ont pris les mêmes précautions à l'égard de leurs Sujets. Charlemagne par un Edit de l'an 803. ordonna aux Magiſtrats des Provinces d'avoir une grande attention aux Pelerins qui paſſeroient par leurs Juriſdictions, & de les obliger tous de déclarer leurs noms, leurs qualitez, & les lieux d'où ils viennent, pour connoiſtre ſi ce n'eſtoit point des fugitifs ou des vagabons.

Cap. Reg. Fr. to. 1. col. 393; c. 6.

L'on pourroit encore ajouſter icy pluſieurs autres exemples des ſiecles paſſez : mais comme tout ce qui a eſté fait ſur cette matiere auſſi-bien que ſur toutes les autres parties de la police, ſe trouve éminemment perfectionné ſous le Regne de Loüis le Grand, l'on ſe renfermera aux déciſions des nouvelles Loix qu'il nous a données. Voicy ce qu'elles contiennent.

25. Juillet 1665. Ordonnance du Roy, de ce qui doit eſtre obſervé

SA Majeſté ayant reçû diverſes plaintes de la part des Bourgeois & Habitans de pluſieurs Villes ou Bourgs de ce Royaume, de ce que leurs enfans ſous pretexte d'aller en pelerinage à ſaint Jacques en Galice, ou ailleurs hors de ce Royaume, ſe débauchent, quittent leurs maiſons, & s'accoſtent ſouvent de méchantes compagnies pour faire ces pelerinages ; Que pluſieurs deſdits enfans periſſent de faim & de miſere en chemin ; ou que faute de moyens pour pouvoir revenir dans le Royaume, ils demeurent dans les pays étrangers : Et dautant qu'outre la diminution que

ce

avant que
d'entrepren-
dre un pele-
rinage.

ce lib... ..e caufe des Sujets de Sa Majefté, il eft important au repos des familles d'en arrefter
la continuation. SA MAJESTE' a défendu & défend tres-expreffément à toutes perfonnes de
quelque qualité & condition qu'elles foient d'aller en pelerinage hors du Royaume, fans paffe-
port exprés de Sa Majefté, lequel ne fera expedié à ceux qui voudront faire ces pelerinages, que
fur le confentement que leurs pere & mere (ou en cas de deceds) deux de leurs plus proches
parens, auront prefté pardevant le Juge Royal du lieu de leur demeure, ou du plus prochain, &
dont ils rapporteront acte authentique, à peine à ceux qui feront rencontrez faifant de pareils
voyages fans paffe-port de Sa Majefté, foit en y allant ou en revenant, d'eftre punis comme vagabons & gens fans aveu, fuivant la rigueur des Ordonnances. Enjoint pour cette fin Sa Majefté
aux Prevofts des Marefchaux, Vice-Baillis, Vice-Senefchaux & autres Officiers de Robe-courte,
de battre la campagne, & de faifir & arrefter tous & chacuns les Pelerins qu'ils rencontreront allant
ou revenant de pelerinage hors du Royaume fans paffe-port de Sa Majefté. Ordonne auffi Sa Majefté aux Gouverneurs de fes Villes & Places Frontieres de faire garder les paffages de l'eftenduë
de leurs Gouvernemens, pour empêcher qu'aucune perfonne ne puiffe fortir du Royaume fous
pretexte de pelerinage, fans avoir pareillement un paffe-port de Sa Majefté : Et en cas qu'il s'y en
prefente aucuns, les faire arrefter & conftituer prifonniers pour eftre punis comme dit eft. Veut
Sa Majefté que la prefente foit publiée & affichée, tant en cette Ville & Fauxbourgs de Paris,
qu'en toutes les autres Villes & lieux du Royaume que befoin fera, à ce qu'aucun n'en prétende caufe d'ignorance. Fait à faint Germain en Laye le 25. Juillet 1665. Signé, LOUIS. Et
plus bas. DE GUENEGAUD, Collationné.

Aouft 1671.
Edit pour
empêcher les
abus qui fe
commettent
dans les pe-
lerinages.
Regiftré en
Parlement le
27. du même
mois.

LOUIS, par la grace de Dieu, Roy de France & de Navarre, à tous prefens & à venir, Salut.
Le defir que Nous avons de procurer en tout ce qui dépend de nos foins & de noftre authorité la gloire de Dieu, le bien & la confervation de nos Sujets, Nous a obligé de chercher les
remedes convenables pour corriger les defordres qui fe font introduits dans noftre Royaume,
fous un pretexte fpecieux de devotion & de pelerinage, dont Nous apprenons que l'abus eft tel,
que plufieurs-foy difans Pelerins, quittent leurs parens & leur famille contre leur gré, laiffent
leurs femmes & leurs enfans fans aucun fecours, volent leurs maiftres, abandonnent leur aprentiffa-
ge, & fuivant l'efprit de libertinage qui les a infpirez, paffent le cours de leur pelerinage en
une débauche continuelle : Il arrive même que la plufpart des gens vagabons & fans aveu, pre-
nans la qualité de Pelerins, pour entretenir leur oifiveté, paffent en cet équipage de Province
en Province, & font une profeffion publique de mendicité ; & d'autres encore plus puniffables
s'établiffent dans des Pays étrangers, où ils trompent des femmes qu'ils époufent au préjudice
des femmes legitimes qu'ils ont laiffées en France. Nous avons crû qu'il eftoit de l'intereft public,
& de la Police generale de noftre Royaume de réprimer la corruption d'une chofe fi fainte,
fans neanmoins empêcher les bonnes intentions de ceux qui par des fentimens finceres de pieté &
de mortification voudront entreprendre des pelerinages, dont Nous n'approuvons pas moins la
pratique legitime, que Nous voulons retrancher ce qu'il peut y avoir d'abufif. A CES CAUSES : de
l'avis de noftre Confeil, & de noftre certaine fcience, pleine puiffance & autorité Royale, Nous
avons déclaré & ordonné, déclarons & ordonnons, voulons & Nous plaift, que tous ceux qui
voudront aller en pelerinage à faint Jacques en Galice, à Noftre-Dame de Lorette, & autres lieux
Saints hors de noftre Royaume, feront tenus de fe prefenter devant leur Evêque Diocéfain, pour
eftre par luy examinez fur les motifs de leur voyage, & prendre de luy atteftation par écrit,
outre laquelle ils feront encore tenus de retirer des Maires, Jurats, Echevins, Confuls, Capitouls,
ou Syndics des lieux de leur demeure un certificat contenant leur nom, furnom, âge, qualité,
vacation, s'ils font mariez ou non, & la déclaration du lieu où ils veulent aller en pelerinage :
comme auffi retireront pareille atteftation du Lieutenant General & Subftituts de noftre Procureur General en la Senefchauffée ou Bailliage d'où ils dépendent ; lefquels certificats & atteftations lefdits Maires, Echevins, Jurats, Confuls, Syndics, Lieutenans Generaux & autres Officiers feront tenus de leur faire expedier gratuitement & fans frais, en leur portant par lefdits Pelerins l'atteftation des Evêques Diocéfains, & d'en retenir autant dans leur Greffe pour y avoir
recours fi befoin eft : Faifant en outre inhibitions & défenfes aufdits Lieutenans Generaux, Subftituts de noftre Procureur General, Maires, Confuls, Jurats, Echevins, Capitouls ou Syndics
d'expedier lefdites atteftations & certificats aux mineurs, enfans de famille, aprentis & femmes
mariées, qu'il ne leur foit apparu au préalable du confentement de leurs peres, tuteurs, curateurs, ou plus proches parens, maiftres de meftier, & de leurs maris : Et feront tenus lefdits
Pelerins en allant de reprefenter lefdites atteftations & certificats aux Magiftrats & Juges de Police des Villes & Bourgs qui fe trouveront fur leur route, defquels ils prendront certificat de
leur arrivée, & de la reprefentation defdites atteftations & Certificats, lefquels feront enregiftrez aux Greffes defdites Villes & Bourgs de leur paffage, moyennant quoy pourront librement
aller dans toutes les Terres & lieux de noftre obeïffance, fans qu'il leur foit fait aucun empêchement, & feront reçus és Hofpitaux pour ce eftablis fuivant les conditions de leurs fondations : & où lefdits Pelerins ne fe trouveront pas munis defdites atteftations & certificats, enjoignons à tous Juges, Magiftrats, Prevofts des Marefchaux, Vice-fenefchaux, leurs Lieutenans,
Exempts, & autres Officiers, Maires, Confuls, Echevins, Jurats, Capitouls & Syndics des Villes & Bourgs dans lefquels fe trouveront lefdits Pelerins, de les arrefter & de les conduire dans les
prifons de ladite Ville ; ou s'ils font arreftez à la campagne, dans celles de la Ville plus prochaine, où Nous voulons que par les Juges de Police ils foient punis du carcan pour la premiere fois, nonobftant oppofitions ou appellations quelconques, & fans aucune forme ny figure de
procés ; aprés quoy leur fera donné fauf-conduit par lefdits Juges pour leur retour en leur pays :
Et en cas de recidive, ou que lefdits Pelerins continuent leur prétendu pelerinage, feront
punis du fouët par maniere de caftigation, en prefence & par Ordonnances des mêmes Juges,
par les valets des Concierges des Maifons de Ville, les Geoliers des prifons ou autres perfonnes à ce prépofées : & en cas de contravention pour la troifiéme fois, leur fera le procés fait &
parfait

parfait comme à gens vagabons & fans aveu par les Juges des lieux où ils auront efté pris en premiere inftance, & par appel en nos Cours de Parlemens; & ne pourra la peine eftre moindre pour les hommes, que des Galeres, Nous remettant aufdites Cours d'en moderer le temps, fuivant l'exigence des cas & qualité des perfonnes. Enjoignons aufdits Juges de Police d'envoyer au Subftitut de noftre Procureur General dans la Senefchauffée dont ils dépendent, les procés verbaux de punition du carcan ou du fouet par maniere de caftigation, fur ceux qui l'auront fouferte, dans le mois après ladite execution; & aufdits Subftituts d'en envoyer tous les fix mois les extraits à noftre Procureur General. SI DONNONS EN MANDEMENT à nos amez & féaux Confeillers les Gens tenans noftre Cour de Parlement à Paris, que ces prefentes ils ayent à regiftrer, & le contenu en icelles faire garder & obferver felon leur forme & teneur, nonobftant toutes oppofitions ou empêchemens contraires, car tel eft noftre plaifir. Et afin que ce foit chofe ferme & ftable à toujours, Nous avons fait mettre noftre Scel à cefdites prefentes. Données à Fontainebleau au mois d'Aouft mil fix cens foixante-onze, & de noftre Regne le vingt-neuviéme. Signé, LOUIS, & fur le reply, Par le Roy, COLBERT. Et fcellées du grand Sceau de cire verte, en lacs de foye rouge & verte. Et à cofté, Vifa, SEGUIER, pour fervir aux Lettres portant Réglement pour les pelerinages.

<table>
<tr><td>7. Janvier 1686. Déclaration du Roy qui défend les pelerinages fans permiffion de Sa M. & des Evêques.</td><td>

LOUIS, par la grace de Dieu, Roy de France & de Navarre; à tous ceux qui ces prefentes Lettres verront, Salut. Les abus qui s'eftoient gliffez dans noftre Royaume fous un pretexte fpecieux de devotion & de pelerinage, eftant venus à un tel excés, que plufieurs de nos Sujets avoient quitté leurs parens contre leur gré, laiffé leurs femmes & leurs enfans fans aucun fecours, volé leurs maiftres, & abandonné leurs apprentiffages pour paffer leur vie dans une continuelle débauche, même que quelques-uns fe feroient eftablis dans des Pays étrangers, où ils fe feroient mariez bien qu'ils euffent laiffé leurs femmes legitimes en France, Nous aurions crû pouvoir arrefter le cours de ces defordres, en ordonnant par noftre Déclaration du mois d'Aouft 1671.</td></tr>
</table>

que tous ceux qui voudroient aller en pelerinage à faint Jacques en Galice, Noftre-Dame de Lorette, & autres lieux Saints hors de noftre Royaume, feroient tenus de fe prefenter devant leur Evêque Diocefain, pour eftre par luy examinez fur les motifs de leur voyage, & de prendre de luy une atteftation par écrit, outre laquelle ils retireroient du Lieutenant General ou Subftitut du Procureur General du Bailliage ou Senefchauffée, dans lefquels ils feroient leur demeure; enfemble des Maires & Echevins, Jurats, Confuls & Syndics des Communautez, des certificats contenant leur nom, âge, qualité, vacation, & s'ils eftoient mariez ou non; lefquels certificats ne feroient point donnez aux mineurs, enfans de familles, femmes mariées & apprentis, fans le confentement de leurs peres, tuteurs, curateurs, maris & maiftres de meftiers; & qu'à faute par lefdits Pelerins de pouvoir prefenter lefdites atteftations & certificats aux Magiftrats & Juges de Police des lieux où ils pafferont, & d'en prendre d'eux en arrivant, ils feroient arreftez & punis pour la premiere fois du carcan, pour la feconde du fouet, par maniere de caftigation, & pour la troifiéme condamnez aux galeres, comme gens vagabons & fans aveu. Et dautant que Nous avons efté informez que plufieurs enfans de famille, artifans & autres perfonnes, par un efprit de libertinage ne laiffoient pas d'entreprendre de faire des pelerinages hors de noftre Royaume, fans avoir obfervé ce qui eft porté par noftredite Déclaration, les uns évitant de paffer dans les Villes où ils fçavent qu'on leur demandera exactement des certificats, les autres fe fervant de fauffes atteftations, dans la confiance qu'ils ont que les perfonnes prépofées pour les examiner ne pourront pas s'en appercevoir, ne connoiffant pas les fignatures des Evêques & Juges des lieux où lefdits Pelerins font leur demeure; & la plufpart fe flattant que s'ils eftoient arreftez en quelques endroits faute de reprefenter des certificats, on ne leur feroit fubir que la peine portée pour la premiere contravention, par l'impoffibilité où fe trouveroient les Juges de les convaincre d'avoir déja efté repris de Juftice pour le même fujet; à quoy eftant neceffaire de pourvoir pour l'intereft public & la Police generale. A CES CAUSES, & autres à ce Nous mouvant, Nous avons déclaré & ordonné par ces prefentes fignées de noftre main, déclarons, & ordonnons, voulons & Nous plaift, qu'aucuns de nos Sujets ne puiffent aller en pelerinage à faint Jacques en Galice, Noftre-Dame de Lorette & autres lieux hors de noftre Royaume, fans une permiffion expreffe de Nous fignée par l'un des Secretaires d'Eftat & de nos Commandemens, fur l'approbation de l'Evêque Diocefain, à peine des Galeres à perpetuité contre les hommes, & contre les femmes de telles peines afflictives que les Juges eftimeront convenables. Enjoignons pour cet effet à tous Juges, Magiftrats, Prevofts des Marefchaux, Vice-Senefchaux, leurs Lieutenans, Exempts, & autres Officiers, Maires, Confuls, Echevins, Jurats, Capitouls & Syndics des Villes & Bourgs de nos Frontieres, dans lefquelles pafferoient lefdits Pelerins un mois après la publication de ces prefentes, de les arrefter & conduire dans les prifons defdites Villes & Bourgs; ou s'ils font arreftez à la campagne, dans celles de la Ville la plus prochaine, pour leur eftre le procés fait & parfait, comme à gens vagabons & fans aveu par les Juges des lieux où ils auront efté pris en premiere inftance, & par appel en nos Cours de Parlement. SI DONNONS EN MANDEMENT à nos amez & féaux Confeillers les Gens tenans noftre Cour de Parlement de Paris, que ces prefentes ils ayent à enregiftrer, & le contenu en icelles faire garder & obferver felon leur forme & teneur; car tel eft noftre plaifir: en témoin de quoy Nous avons fait mettre noftre Scel à cefdites prefentes. Donné à Verfailles le feptiéme jour du mois de Janvier, l'an de grace mil fix cens quatre-vingt-fix, & de noftre Regne le quarante-troifiéme. Signé, LOUIS, Et fur le reply, par le Roy, COLBERT. Et fcellées du grand Sceau de cire jaune.

TITRE XII.

Des Confrairies.

CHAPITRE PREMIER.

Des Confrairies en general.

L'Homme eſt tellement né pour la ſocieté, qu'il en fait en ce monde ſon objet favory & ſa principale ſatisfaction. Delà vient que dans l'ordre de la nature, non content de ce premier lien qui ne fit de tout le genre humain qu'une grande ſocieté, il a recherché avec empreſſement des unions plus étroites, d'où ſe ſont formé dans la ſuite les familles, les Villes, & les plus grands Eſtats; & dans chacun de ces Eſtats, des ſocietez encore plus intimes, par les emplois & les profeſſions particulieres.

Il en eſt de même dans l'ordre ſurnaturel. La Religion originairement eſtant un don de Dieu, eſt la même auſſi-bien que la nature dans tous les hommes. Ainſi dans l'eſtat d'innocence ce lien tout ſpirituel les auroit tous unis enſemble, & n'en auroit fait qu'une ſeule ſocieté. Le peché a troublé ſainte œconomie; les tenebres qu'il a répanduës dans l'eſprit de l'homme l'ont conduit à l'erreur, & les paſſions qui ſe ſont emparées de ſon cœur l'ont corrompu. Delà ont pris naiſſance toutes ces fauſſes Religions qui ſe ſont ſéparées de la veritable, & qui forment dans le monde autant de differentes ſocietez.

Ces liaiſons de ſentimens & de culte, qui eſtabliſſent chacune de ces Religions ont paru aux hommes trop generales. Ils ont voulu en contracter de plus étroites. Ainſi ont commencé les ſocietez ou Congregations particulieres, les Ordres religieux & militaires, les Confrairies.

De celles-cy dont il s'agit uniquement dans ce Chapitre, il y en a eu dans toutes les Religions, dans les fauſſes comme dans la veritable.

Les Rechabites, les Phariſiens, les Eſſeniens & les Sadducéens eſtoient autant de Confrairies differentes chez les Juifs.

Les Egyptiens eſtablirent une Confrairie de Flagellans en l'honneur de leur Dieu Serapis. Licurgue diſtribua tous les Lacedemoniens en pluſieurs Confrairies, qu'il nomma φιλíτια, de l'union & de l'amitié qu'il avoient entr'eux, & ordonna à chacune de ces ſocietez de manger enſemble, au moins une fois tous les quinze jours. Les Perſes ont eu leurs Mages; les Indiens leurs Gymnoſophiſtes, les Gaulois leurs Druides, qui eſtoient autant de Confrairies.

Romulus inſtitua la Confrairie des douze Arvales & celle des Lupercales. Numa rangea toutes les Profeſſions de Rome ſous autant de differentes Confrairies, & leur donna à chacune un Patron pris entre les faux Dieux. Les Romains en ajoûterent dans la ſuite à ces anciennes autant de nouvelles qu'ils firent d'apotheoſes de leurs Princes; d'où vint celles des Auguſtales,

des Flaviales, des Aurelianes, des Antonianes, & tant d'autres.

Les premiers Chreſtiens qui avoient eſté tirez d'entre les Juifs & les Payens, eſtablirent auſſi entr'eux des Confrairies ou Societez particulieres, ſelon le témoignage de Tertullien. Ils rejetterent avec beaucoup d'indignation & de mépris tout ce qu'il y avoit d'idolatre & de mauvais dans ces anciennes, & en conſerverent tout le bon.

L'Aſſiduité au ſervice divin & à la priere, l'union & la concorde entr'eux, la charité envers le prochain furent les principales matieres de leurs conſtitutions. Ils avoient même retenu cet ancien uſage des repas reglez, où ils mangeoient en commun, les pauvres avec les riches, & qu'ils nommoient ἀγάπας, repas de charité. Ils s'obligeoient de s'avertir mutuellement de leurs fautes. Cette correction ſe faiſoit avec douceur & charité, & celuy qui eſtoit tombé la recevoit avec ſoumiſſion. Lors qu'il arrivoit entr'eux quelques differens, ils s'accordoient à l'amiable, ou ils s'en rapportoient à l'aſſemblée qui les regloit; & ils prenoient toûjours cette voye plutoſt que d'aller plaider devant des Juges qui eſtoient encore Idolatres. Ils faiſoient une collecte entr'eux, pour délivrer les Chreſtiens empriſonnez pour dettes, ſoulager ceux qui l'eſtoient pour la Foy, ſecourir les veuves & les orphelins, doter de pauvres filles, & faire l'aumône aux pauvres. Ils avoient ſoin d'enſevelir les Martyrs & les pauvres qui n'avoient laiſſé aucuns biens pour ſe faire inhumer. Ils aſſiſtoient à leurs funerailles. Ils avoient des jours reglez pour le jeûne, & quelques-uns d'eux pour la diſcipline. Ils aſſiſtoient certains jours en commun au ſervice, où ils prioient pour l'accroiſſement de la Foy, pour les Princes & pour les autres Superieurs ſpirituels & temporels, pour la paix, pour les biens de la terre, & pour tous les autres beſoins publics. C'eſt ainſi que s'en expliquent les Peres, & les Chartes de ces anciennes ſocietez.

Les Corps des Arts & Meſtiers dans les principales Villes furent auſſi érigez en autant de differentes Confrairies. Et c'eſt ainſi que leurs Communautez ont commencé à s'eſtablir.

Chacune, depuis le Chriſtianiſme, ſe choiſit ſon Patron & une Egliſe pour y aſſiſter en commun au ſervice divin. Il leur fut auſſi permis de faire quelque collecte entr'eux pour l'entretien de ce même ſervice, & pour ſoulager les pauvres de leur Communauté; & tout leur objet enfin dans ces eſtabliſſemens n'eſtoit que d'attirer ſur leurs perſonnes & ſur leur commerce, par leurs bonnes œuvres, leurs prieres &

leurs

Jerem. 35. 2.
S. Luc. 18. 10.
S. Matth. 22. 23.
Acta Apoſt. 4. v. 8. & 23. 8.
Joſeph, hiſt.
Jud. l. 13. c. 9.
Herodot. hiſt.

Plutar. vie de Licurgue.

Plin.
Tacit.
Tranquil.
Jul. Capitol.
Plutar. vie de Numa.
Idem, vie de Ceſar.
Sueton. in Julio c. 42. & in

Auguſt. c. 32.
Lamprid. in Alex.

Tertul. l. 1. ad uxorem.
Id. & paſſim.
Rhenan. ad Tertul. lib. de veland. Virgin. & lib. ad Martyr.

S. Juſtin. 2. apolog.
Tertul. apol.

Lamprid. in Alex.

L. 1. Mandati ff. colleg. & corpor & ibid. gloſſ.
Liv. blanc, ou prem. liv. des Métiers de Paris, du temps de S. Loüis; paſſ.

leurs charitez les benedictions du Ciel.

Mais comme les meilleures chofes peuvent degenerer en abus, & que plus êlles font excellentes, plus la corruption en eſt mauvaiſe & dangereuſe ; il n'y a pas un de ces Etats que nous venons de parcourir, où les Confrairies, ou Societez particulieres n'ayent cauſé beaucoup de deſordres, & ſouvent même de grands ſcandules.

L'Ecriture ſainte nous apprend quelles furent les erreurs, les fauſſes doctrines, & les ſuperſtitions que les Phariſiens, les Sadducéens, & les Eſſéniens avoient mêlées, ou ajoûtées à la Loy de Dieu, & combien ces premiers contribuerent au Déicide, que leur Nation commit en la Perſonne du Sauveur du Monde.

Cic. in Piſon.

Ciceron dans l'une de ſes harangues au Senat, pour la ſureté publique, luy repreſente, que » les ſeditions eſtoient le plus ſouvent arrivées » par certains factieux qui s'aſſembloient ſous le » titre ſpecieux de Colleges ou Confraternitez, » nouvellement établies à Rome ; que leur pré- » texte eſtoit le ſervice des Dieux, mais qu'à la » verité rien n'eſtoit plus oppoſé à la veritable » Religion que leur conduite. Qu'ils mêloient » au culte établi par les Loix, une infinité de » ſuperſtitions, dans la ſeule vûë de couvrir par » ces affectations, leurs mauvais deſſeins. Sur cette remontrance le Senat, où preſidoient L. Cæcilius, & Q. Martius Conſuls, rendit un Arreſt, qui abolit toutes les Confrairies établies contre le bien public, & ne conſerva que celles qui avoient eſté approuvées par les Loix, & dont l'experience avoit fait connoître l'utilité.

Tacit. l. 14.

Dion. l. 58. Suet. in Aug. c. 3. & 32.

Auguſte dans cette grande reforme qu'il fit de la Police de Rome au commencement de ſon regne, pouſſa encore plus loin celle des Confrairies : il les abolit preſque toutes, comme autant de ſocietez dangereuſes à la ſocieté publique, & il n'en reſerva que quelques-unes des plus anciennes : il fit même défenſes aux Magiſtrats Provinciaux d'en ſouffrir l'établiſſement d'aucune dans leurs Provinces, ny dans ſes armées.

Lamprid. in Alexand.

Alexandre Severe rétablit la plus grande partie de ces Confrairies qui avoient eſté ſupprimées; il y ajoûta même toutes celles des Arts & Mêtiers : ainſi finirent les reformes que le Senat & Auguſte en avoient fait, & les deſordres recommencerent.

Les premiers ſiecles de l'Egliſe furent exemts de ces grands abus ; tout ſe paſſoit dans les Societez Chreſtiennes avec pieté & décence : Tertullien & les autres apologiſtes de noſtre ſainte Religion, oppoſoient le bon ordre & cette ſage conduite des Chreſtiens dans leurs aſſemblées, aux diſſolutions, aux tumultes & aux débauches de celles des Payens.

Mais ces heureuſes diſpoſitions reçurent bientôt quelques atteintes ; & les repas qui ſe faiſoient dans les Societez Chreſtiennes commencerent d'y donner lieu : la charité les avoit établies, l'intemperance les corrompit. Saint Cyprien s'en plaignit dès le troiſiéme ſiecle ; cet abus fit toûjours progrés, & il s'y en joignit pluſieurs autres.

S. Cypr. ep. 6. 61. ad Magn. Idem l. 1. de dupl. martyr.

Les Loix de l'Egliſe & celles des Puiſſances temporelles y ont depuis pourvû : toutes leurs diſpoſitions à cet égard tendent à retrancher le nombre des Confrairies, à diſcipliner celles qui ſont jugées utiles, & à prendre de juſtes & de ſages précautions contre ces établiſſemens à l'avenir.

L'égliſe qui voyoit de plus prés ce qui ſe paſſoit dans ces aſſemblées, & les abus qui s'y commettoient ſous le voile de la Religion, fut auſſi la premiere à y pourvoir dans ſes Conciles. Celuy de Gangres tenu l'an 324. porte, que ſi quelqu'un de ceux qui eſtoient conviez à ces re- « pas de charité des aſſemblées Chreſtiennes, « refuſoit par mépris de s'y trouver; ou ſi y eſtant « il en troubloit l'ordre, en refuſant de commu- « niquer avec les pauvres, il ſeroit anatheme. «

Les Edits des Magiſtrats Romains, les répon- « ſes des Juriſconſultes, les Conſtitutions des Empereurs, & les autres parties du Droit Romain, que Juſtinien fit recueillir avec tant de ſoin, & qui avoient eſté en vigueur long-tems avant luy, s'expliquent encore en termes plus forts.

Ces Loix permettent aux Negotians, & à ceux « qui exercent les Arts les plus neceſſaires, d'é- « tablir des Confrairies entr'eux : défendent ex- « preſſément d'établir aucunes autres Societez ou « Confrairies ſans la permiſſion du Prince ou du « Senat. Ordonne que s'il s'en trouve quelques « autres, elles ſeront declarées illicites, & for- « mées contre le Roy & l'Eſtat. Que cette entre- « priſe ſera miſe au nombre des crimes de leze- « Majeſté. Que les perſonnes qui la compoſe- « ront ſeront punies de la même peine capitale « impoſée à ceux qui entrent en armes & par « force dans un lieu public. Que les Confrairies « permiſes n'auront point d'autre objet que la « Religion, ou le ſoulagement des pauvres. « Qu'aucune perſonne ne pourra eſtre que d'une « ſeule Confrairie. Que les Confreres ne s'aſſem- « bleront qu'une fois le mois. Que les Eſclaves « n'y ſeront reçus ſans le conſentement de leurs « Maiſtres ; à peine de cent pieces d'or d'amende. « Et qu'enfin les Magiſtrats des Provinces tien- « dront la main à ce que cela ſoient executées, « de même que dans la Ville Capitale. «

Le Canon 18. du Concile de Chalcedoine, tenu l'an 451. porte, que les Loix des Princes « ayant défendu les Confrairies ou Aſſemblées « illicites, où il ſe forme ordinairement des « conjurations & des conſpirations, l'Egliſe à « plus forte raiſon devoit entrer dans ces mêmes « ſentimens : c'eſt pourquoy les Peres de ce « Concile arreſterent ; que ſi quelques Clercs, « ou quelques Religieux eſtoient trouvez du nom- « bre de ceux qui compoſeroient ces Aſſemblées, « ils ſeroient à l'inſtant dégradez de leur Ordre « par leurs Evêques, & conſequemment aban- « donnez au bras ſeculier. Le Concile de To- « lede tenu la même année, & celuy d'Orleans de l'an 538. renouvellerent cette même diſpoſition ; & c'eſt encore aujourd'huy l'eſprit de l'Egliſe, auſſi-bien que celuy des Puiſſances temporelles. Le Chapitre ſuivant nous en fournit les preuves.

Conc. Chale. can 18.
Conc. Tolet. can. 18.
Conc Vormaſenſ can. 74.
3. can. 21.
Conc. Nannetenſ. can. 15.
Conc. Monſpeſſ. can 45.
Conc Tholoſan. can 38.
Conc. Campinal can. 31.
Conc. Aveni. can 8. & 37.
Conc. Triden. ſeſſ. 21. c. 8.

L. 1 mandatis ff. Dig. de colleg. & corp. & ibi gloſſ.
L. 1. Neque ſocietas ff. quod cujuſque univerſitatis nomine, vel contra eam agatur.
L 2. ſub prætextu ff de extraordinariis criminibus.
L 4. Sodales ff. de colleg & corpor. & ibi gloſſ.
L. 1 ad Leg. Julian. majeſt.
L fin. C. de jurild. omn. Judj

CHAPITRE II.

Des Confrairies établies en France.

NOus avons eu en France neuf differentes efpeces de Confrairies, qu'il eft important de bien diftinguer, pour ne pas confondre celles qui font licites avec les autres.

I. Il y en a de devotion : & comme elles n'ont pour objet que le falut des ames, & l'édification de l'Eglife, elles fubfiftent encore.

Du Breuil
Antiq. de Pa-
ris, l 1. p. 57.
in fol.
Biblioth. Ca-
non.t.1.p 347.

Telle eft celle qui fut établie à Paris, fous le Regne de Louis le Jeune, l'an 1168. fous le titre de Confrairie de Noftre. Dame. Elle fut d'abord compofée de trente-fix Preftres, & de pareil nombre de Laïques notables Bourgeois, en memoire des foixante - douze Difciples de Noftre-Seigneur ; & ce nombre fut enfuite augmenté jufqu'à cent. Il n'y eut d'abord dans cette pieufe focieté aucunes femmes ; elles n'y furent admifes que l'an 1224. au nombre de cinquante. La Reine & plufieurs Dames de pieté, & du premier rang defirerent d'y eftre reçuës. Ainfi la Compagnie eft à prefent tripartite ; & chacun des trois Ordres eft toujours compofé des perfonnes les plus qualifiées de la Ville. Tous les exercices reglez dans les Statuts de cette inftitution, confiftent en la celebration du Service Divin tous les jours, une Proceffion generale en certains tems, des aumônes & des prieres que les Confreres doivent faire les uns pour les autres, pour attirer fur eux les benedictions du Ciel pendant leur vie, & l'éternité bien-heureufe après leur mort. La Compagnie a fix Officiers principaux ; l'Abbé, le Prevoft, le Doyen, le Greffier, le Receveur, & le Clerc, & un Bureau commun, ruë de la Licorne, proche de l'Eglife de fainte Magdeleine, où les Confreres s'affemblent pour traiter de leurs affaires.

Telles font encore les Confrairies du faint Sacrement, du faint Nom de JESUS, de la fainte Vierge, & autres femblables, dont ceux qui les compofent, n'ont pour objet que leur propre fanctification.

II. On peut ranger fous la feconde efpece des Confrairies, celles qui ont efté établies pour exercer la charité, & les autres œuvres de mifericorde envers le prochain. Il y en a de celles-cy dans la plus grande partie des Paroiffes de France, & fur-tout à Paris, & dans les autres principales Villes. Les unes pour fecourir les pauvres honteux, les autres pour affifter les pauvres malades ; & quelques-unes fous le titre de Confreres de la mort, pour enfevelir les défunts, & affifter à leurs obfeques.

III. Il y en a de Pénitens fous differens titres : les Confreres qui les compofent exercent plufieurs aufterité en efprit de penitence. On les a quelquefois nommez Flagellans, à caufe des difciplines publiques qu'ils fe donnoient dans leurs Proceffions generales : ils y paroiffent vêtus d'une tunique de toile blanche, rouge ou bleuë, avec un capuchon qui leur couvre le vifage. De-là ils ont efté nommez Pénitens, de l'une ou de l'autre de ces couleurs. Il n'y en a en France que dans les Provinces voifines de l'Italie, d'où ces Confrairies tirent leur origine.

IV. La quatriéme efpece de Confrairies, font celles qui ont efté érigées à l'occafion des Pelerinages. Telles font à Paris celles du faint Sepulchre aux Cordeliers, de faint Jacques en fon Eglife ruë faint Denys, & de faint Michel en fa Chapelle dans la Cour du Palais, pour ceux qui ont fait les Pelerinages de Jerufalem, de Compoftelle, ou du Mont faint Michel. Toutes les perfonnes de pieté qui veulent s'y enrôler, & participer aux merites & aux prieres des Pelerins, y font auffi reçuës.

V. Viennent enfuite celles qui ont efté établies par les Negocians, pour attirer les benedictions de Dieu fur leur commerce. Telle fut celle qu'une Compagnie des plus riches Bourgeois de Paris établit l'an 1170. fous le titre de Confrairie des Marchands de l'eau : Voicy quelle en fut l'occafion. Tant que Paris fut renfermé dans fes bornes étroites, fes Habitans tiroient de fon propre territoire, & des Provinces voifines, tous les fecours dont ils avoient befoin ; & alors il ne s'y faifoit par la riviere d'autre commerce, que pour leurs provifions de fel & de falines. L'accroiffement des Bourgs qui environnoient la Ville, & qui furent depuis renfermez dans fon enceinte, augmenta fes befoins. Cela fit penfer aux plus riches Citoyens, à former cette Compagnie : ils acheterent des Abbeffe & Religieufes de Haute-Bruyere, une Place hors de la Ville, pour faire un Port ; & ils fonderent leur Confrairie dans l'Eglife de ce Monaftere. Par le contrat de fondation ils donnerent une demie-mine de fel, & un cent de harangs de chaque bateau qu'ils feroient venir, chargez de l'une ou de l'autre de ces Marchandifes ; & les Religieufes de Haute-Bruyere joüiffent encore aujourd'huy de ce droit. Cette Place avoit efté originairement à Jean Popin Bourgeois de Paris : Odeline fa veuve, & leur fille heritiere de fon pere, l'avoient donnée au Convent de Haute-Bruyere : ce nouveau Port en retint le nom de Port Popin. C'eft aujourd'huy un abbreuvoir qui porte encore ce même nom. Le Roy Louis le Jeune confirma cette acquifition, & approuva cet établiffement par Lettres Patentes de la même année 1170. Ceux de cette Compagnie qui furent choifis pour Officiers, fe trouvent nommez dans un Arreft de la Chandeleur de l'an 1268. *Præpofiti Mercatorum aqua.* Dans un autre Arreft du Parlement de la Pentecofte 1273. ils font nommez *Scabini*, & leur Chef, *Magifter Scabinorum.* Ils fe trouvent encore dans l'ancien Recüeil manufcrit des Ordonnances de Police de Paris, qui fut fait du temps de faint Louis, fous tous ces differens titres. Li Prevoft de la « Confrairie des Marchands, & li Echevins. Li « Prevoft & li Jurez de la Marchandife. Li Pre- « voft des Marchands, & li Echevins de la Mar- « chandife. Li Prevoft, & li Jurez de la Con- « frairie des Marchands. C'eft tout ce que nous « avons de cette ancienne Confrairie. Auffi-toft « qu'elle fut établie, celle de Noftre-Dame, qui « eftoit plus ancienne de deux ans, & beaucoup « plus confiderable, tant par la qualité que par le « nombre des perfonnes qui la compofent, prit le nom de grande Confrairie, pour fe diftinguer de

Livre noir du
du Chaftelet,
f. 54.

Olim.t. f. 55.

Liv. blanc, ou
t. livre des
Meftiers de
Paris, f. 7. 9.
& 124.

de l'autre : & c'eſt le titre qu'elle porte encore aujourd'huy.

On peut encore comprendre dans cette même claſſe, les Confrairies des ſix Corps des Marchands de Paris, les Drapiers, les Epiciers, les Merciers, les Fourreurs, les Bonnetiers, & les Orfévres, & toutes celles des Negocians établis dans les autres Villes du Royaume.

VI. Les Confrairies des Officiers de Juſtice ſont auſſi diſtinguées de toutes les autres, & ſont une claſſe à part. Il y a à Paris celles des Notaires, établie en la Chapelle du Chaſtelet, au mois d'Octobre 1300. de la Compagnie du Lieutenant Criminel de Robe-courte, en l'Egliſe de ſaint Denys de la Chartre ; de la Compagnie du Guet, en l'Egliſe de ſaint Michel ; des Huiſſiers à Cheval, & des Sergens à Verge, en l'Egliſe de Sainte-Croix de la Bretonnerie.

Bannieres du Chaſtelet vol. 1 fol. 76. & v. fol. 107.

VII. Une Confrairie fort extraordinaire, & d'une eſpece toute particuliere, s'établit à Paris ſous le titre de la Paſſion de Noſtre-Seigneur l'an 1402. Elle avoit pour objet de repreſenter en public ſur le theatre, le Myſtere de noſtre Redemption, les actes des Martyrs, & d'autres actions de pieté.

VIII. Celles des Artiſans ſont en auſſi grand nombre qu'il y a d'Arts & Meſtiers : chaque Communauté a ſon Patron & ſa Confrairie : elles eſtoient en uſage dés le tems des Romains, comme il a eſté obſervé dans le Chapitre precedent, chacune avoit autrefois la liberté de ſe faire des Statuts. Cela commença d'eſtre reformé ſous le regne de ſaint Louis, par Eſtienne Boileau Prevoſt de Paris : ils furent depuis obligez d'avoir recours au Magiſtrat, pour en obtenir, ou du moins pour homologuer les articles qu'ils avoient arreſtez. Ce ſont ces premiers Statuts qui compoſent preſque tout l'ancien Livre blanc du Chaſtelet, que l'on nomme par cette raiſon, premier Volume des Meſtiers : & depuis trois ſiecles, il leur a eſté défendu d'en établir aucune, ſans Lettres Patentes du Roy.

IX. Il y a eu enfin des Confrairies de factions, qui ont paru en certains tems, & qui ſe couvroient du voile ſpecieux de la Religion pour troubler l'Eſtat. Telles furent celles dont il eſt fait mention dans le Concile de Montpellier, tenu l'an 1214. & dans les Conciles de Toulouſe, d'Orleans, de Cognac, de Bordeaux, & de Valence, tenus en 1214. 1234. 1238. 1248. & 1255. & celuy d'Avignon de l'an 1326. L'Egliſe s'expliquant ſur cette matiere dans ces ſaintes Aſſemblées, déclare que depuis quelque tems certaines Societez s'eſtoient formées ſous le titre de Confrairies ; que la Nobleſſe en faiſoit la principale partie, & que les gens de toutes les autres conditions y eſtoient admis ; qu'ils ſe lioient tous enſemble par ſerment & confederation dans leur Aſſemblée, éliſoient un Chef entr'eux, auquel ils juroient l'obéïſſance : qu'ils portoient des habits, ou des marques particulieres pour ſe reconnoître, & dans le beſoin ſe donner conſeil ou ſecours les uns aux autres. Qu'enfin ſous le voile ſpecieux de Religion, ils avoient ſouvent entrepris dans les Villes & dans les Provinces, de troubler l'Eſtat par factions, conſpirations, & autres entrepriſes défenduës par les Loix Canoniques & Civiles. Que de-là il s'en eſtoit enſuivi pluſieurs violences, pluſieurs injuſtices, la perte de la vie & des biens des meilleurs Sujets, & l'oppreſſion des pauvres & des innocens : c'eſt pourquoy elle caſſe &

annulle toutes ces Societez ou Confrairies ; défend expreſſément à tous les Chreſtiens d'y demeurer, ou d'en établir de ſemblables, à peine d'excommunication.

Telle fut encore cette Confrairie de factieux, établie à Paris l'an 1357. ſous le titre de Noſtre-Dame ; Eſtienne Marcel Prevoſt des Marchands en fut le Chef, & tout ce qu'il y eut de gens mal-intentionnez s'y enrôlerent. Leur objet eſtoit de traverſer le Dauphin Duc de Normandie, Regent du Royaume, pendant la priſon du Roy Jean ſon pere. L'hiſtoire nous apprend tous les troubles, tous les deſordres, & tous les meurtres que cette faction cauſa. Ce Prince parvenu à la Couronne ſous le nom de Charles V. aprés la mort du Roy ſon pere, accorda une amniſtie à ces rebelles, & en même tems caſſa leur Confrairie par Lettres Patentes du dixiéme Auſt 1358.

Belloy Conti-nuateur de Monſtrelet hiſt. de Fran.

Telle fut enfin celle établie à Bourges ſous le titre de ſaint Jerôme, ou de Pénitens bleus, du tems de la Ligue, qui troubla l'Eſtat ſous le regne de Henry III. & qui ne fut compoſée que de ſeditieux ſoulevez contre l'autorité du Roy. Auſſi-toſt que la paix fut rétablie dans l'Eſtat, le Parlement ſe fit repreſenter les Statuts de cette inique Societé. Les termes impies & pleins de conſpirations dont ils eſtoient remplis, firent horreur aux gens de bien : ils contenoient entr'autres une proteſtation de continuelle deſobéïſſance au Roy, & de ne reconnoiſtre jamais celuy qui ſe trouvoit alors l'heritier préſomptif de la Couronne, pere, mere, ny parens, qui ne voudroient ſe joindre avec eux, & faire un pareil ſerment. Cela donna lieu à un Arreſt ſolemnel du ſeptiéme Juin 1601. Il caſſe & annulle cette Congregation ou Confrairie ; fait défenſes aux Sujets du Roy de la continuer, à peine d'eſtre atteints & convaincus du crime de Leze-Majeſté ; que la Maiſon qui avoit eſté achetée pour tenir cette Confrairie, ſeroit convertie en Hôpital ; & que l'Arreſt ſeroit lû & publié dans tous les Bailliages & Sénéchauſſées du reſſort du Royaume.

Plaidoyez de M. Servin l. 1. n.3. p. 45.

Ces pernicieuſes Societez ſont rares, graces au Ciel ; & il y a long-tems qu'il n'en a paru : mais les Confrairies des Artiſans, qui ſubſiſtent toujours, ne ſont pas ſans défauts : l'intemperance de leurs repas communs, & les monopoles qu'ils font entr'eux dans leurs Aſſemblées, au préjudice du commerce, ou de la tranquillité publique, ont ſouvent ſervi de matiere aux Réglemens de Police. L'Empereur Clodius dés le tems des Romains, défendit aux Cabaretiers, de leur vendre du vin, ny aucune chair boüillie ou rôtie.

Dion. in Clod.

Cette diſcipline a eſté ſouſtenuë avec encore plus d'exactitude & de ſeverité en France.

Le Parlement par un Arreſt de la Chandeleur 1498. ordonna aux Lieutenans Civil & Criminel Magiſtrats de Police, d'empêcher à Paris toutes aſſemblées & banquets, ſous prétexte de Confrairies, de faire empriſonner ceux qui s'y trouveroient, & d'en confiſquer les viandes au profit des Pauvres.

Bibl. Candri. t. 1. p. 348.

Un autre Arreſt du Parlement du vingt-huit Juillet 1500. fit défenſes au Prevoſt de Paris, ou à ſes Lieutenans chacun à leur égard, de ſouffrir qu'il ſoit établi aucune nouvelle Confrairie, ſous ombre de Maiſtriſe de Meſtiers, ou Marchandiſes, ny aucune autre aſſemblée au préjudice du bien public ; ſur peine d'une rigoureuſe punition. Ordonne qu'il ſera in-formé

Aaa iij

» formé par les seize Examinateurs du Chaste-
» let, sur ce que plusieurs des Mestiers ont érigé
» des Confrairies, & de quelle autorité ils
» s'assemblent, conspirent & monopolent sous
» prétexte de leurs Confrairies ; & que les in-
» formations soient apportées au Greffe de la
» Cour dans le seizième d'Aoust suivant, pour
» estre par elle ordonné sur le tout, ce qu'il ap-
» partiendra.

Le Concile de Sens tenu l'an 1524. déplore
l'état de ces sortes de Confrairies, qui ne sem-
» blent, dit-il, estre établies, que pour favo-
» riser les monopoles & les crapules de la dé-
» bauche ; qu'au lieu par les Confreres d'em-
» ployer les Festes des Patrons qu'ils ont choisis,
» à l'assistance du Service divin, ils les passent
» dans l'excés de leurs repas, & employent à cet
» usage profane & criminel, les deniers destinez
» aux œuvres de pieté. Sur ces considerations,
» le Concile fait de tres-expresses défenses,
» d'établir aucunes nouvelles Confrairies sans
» la permission de l'Evêque, & à toutes celles
» qui se trouveroient legitimement établies, de
» faire aucuns repas ou festins, principalement les
» jours de Festes, & d'y employer leurs deniers ; à
» peine d'excommunication.

Le Parlement par un autre Arrest du vingt-
» cinquième May 1535. fit encore défenses aux
» Maistres des Mestiers, Jurez & non Jurez, &
» aux Marchands qui ne sont pas des Mestiers
» Jurez, d'avoir des Confrairies dans la Ville
» de Paris, ou dans les autres Villes du ressort
» de la Cour, & d'y faire des assemblées & mo-
» nopoles : Fait défenses aux Maistres, aux Com-
» pagnons & Serviteurs des gens de Mestier & Ne-
» gocians, d'y contrevenir ; sur peine de prison,
» & d'amende arbitraire.

Fontan. l. 5.
titr. 29. t. 1.
p. 1085.

François I. par un Edit du mois d'Aoust 1539.
» article 185. 186. & 187. en conformité de ces
» Arrests du Parlement, abolit toutes les Con-
» frairies des gens de Mestiers & Artisans par-
» tout le Royaume : défendit aux gens de Mé-
» tiers de s'en mesler, sur peine de punition
» corporelle ; ordonna qu'ils seroient tenus deux
» mois après la publication de cet Edit dans
» chacune des Villes du Royaume, d'apporter
» toutes les choses servant ou destinées à leurs
» Confrairies, pardevant les Juges des lieux ;
» pour en estre par eux ordonné, ainsi qu'ils
» verroient estre à faire ; à peine contre les
» Maistres des Mestiers d'estre constituez prison-
» niers, & condamnez en de grosses amendes en-
» vers le Roy.

Cet Edit fut executé avec exactitude à Paris.
Les Marchands Drapiers se pourvûrent par devers le Roy, pour le rétablissement de leur
Confrairie. Ce Prince leur accorda des Lettres
Patentes le dix-neuvième Avril 1541. Elles sont
addressées au Lieutenant Criminel, qui exerçoit alors la Police conjointement avec le Lieutenant Civil. Les remontrances des Drapiers
» portent, qu'il y avoit plus de trois cens ans
» qu'ils avoient une Chapelle & Confrairie fon-
» dée en l'Eglise des Saints Innocens ; que
» cette Chapelle estoit desservie par un Chape-
» lain, entretenu à la présentation alternative
» des Drapiers, & des Chevecier & Chanoines
» de sainte Opportune. Que le Service divin y
» estoit celebré, & fondé par des rentes suffi-
» santes pour l'entretenir ; qu'ils avoient obte-
» nu, en differens tems plusieurs Chartes, Let-
» tres Patentes, Déclarations, amortissemens de
» rentes, Arrests du Parlement qui confirment
» tous leurs Privileges ; & qu'ainsi ils espe-

roient que le Roy voudroit bien les excepter «
de l'abolition des Confrairies. Sur cette re- «
montrance, il est ordonné au Lieutenant Cri- «
minel, qu'après qu'il luy aura apparu que «
l'exposé des Drapiers est veritable, il leur «
fasse rendre tous les ornemens qui avoient esté «
ostez à leur Chapelle : le Roy déclarant «
qu'en ce cas, il veut que le Service y soit «
continué comme auparavant, nonobstant «
l'Ordonnance qui abolit les Confrairies. «

Plusieurs autres Corps de Mestiers prirent la
même route que les Drapiers avoient tenuë ;
& leurs Confrairies, en connoissance de cause,
furent rétablies. Mais pour les discipliner,
Charles IX. par un Edit de 1560. ordonna,
que les deniers & revenus de toutes ces Con- Idem p. 1086.
frairies des gens de Mestiers, dans toute l'é- «
tenduë du Royaume, seront employez au «
Service divin ; & que si la recette excede «
cette dépense, le surplus sera employé à «
entretenir les Ecoles, & faire des aumônes «
dans les plus prochaines Villes, Bourgs & «
Villages, où ces Confrairies auront esté insti- «
tuées, sans que les deniers en puissent estre di- «
vertis à d'autres usages, pour quelque cause «
que ce soit. Enjoint à tous Officiers d'y te- «
nir la main ; à peine d'en répondre en leurs «
noms. «

Cette facilité du rétablissement des Confrairies, fit bientost renaistre tous les premiers desordres que l'on avoit voulu abolir. Il suffit,
pour entendre jusqu'à quels excez ils furent
portez en quelques-unes des principales Villes
du Royaume, de lire les Lettres Patentes de
Charles IX. du cinquième Fevrier 1561. qui
furent expediées pour en reformer une partie. Idem.
Elles portent, que dans plusieurs Villes du «
Royaume, & particulierement à Lyon, les «
Confrairies avoient esté rétablies ; que sous «
ce prétexte les gens de Mestiers faisoient des «
Royautez certains jours de Dimanches & de «
Festes ; & en ces jours ils faisoient porter par «
des personnes habillées en masque, ou d'u- «
ne autre maniere extravagante, des pains «
benits ornez de petites bannieres diversement «
peintes ; qu'ils les faisoient conduire avec des «
tambours & des fifres, suivis d'un grand nom- «
bre d'Artisans souvent armez, depuis la mai- «
son de celuy qu'ils appelloient Courier de «
leur Confrairie, jusques aux Eglises où le «
Service se devoit faire ; & après le Service, «
ils retournoient dans le même équipage dans «
les maisons des Couriers, ou aux Cabarets «
où ils avoient fait préparer le festin. Par ces «
Lettres le Roy déclare, que pour faire cesser «
tous ces abus, il abolit d'abondant tous les «
Confrairies ; fait défenses à toutes personnes, «
de quelque qualité qu'elles soient, de por- «
ter, ou faire porter dorénavant des pains «
benits dans ces sortes d'Assemblées ; à peine «
de punition corporelle. Ordonne que les re- «
venus des Confrairies seront employez pour «
l'instruction de la jeunesse, ou pour les pauvres «
de l'aumône generale. «

Cette Ordonnance ne fut pas executée à la
rigueur : Plusieurs Confrairies qui s'estoient
comportées plus sagement que les autres subsisterent. Mais Charles IX. par l'Edit general Idem p. 1088.
pour la Police dans l'étenduë du Royau- «
me du mois de Janvier 1563. leur défendit de «
faire aucuns banquets ou festins ; à peine de «
500. livres d'amende contre chacun de ceux qui «
seroient trouvez y avoir assisté ; dont les deux «
tiers seroient appliquez au dénonciateur. «

Il y

Idem p. 1089.

Il y eut de nouvelles plaintes contre les Confrairies aux Eſtats de Moulins. Cela donna lieu à l'Article 74. de l'Ordonnance de Charles IX. » du 11. Decembre 1566. Elle porte, que les » Ordonnances precedentes qui ont aboli toutes » les Confrairies, aſſemblées & feſtins pour Bâ- » tons, ſeront executées, & que les revenus en » ſeront employez ſuivant la deſtination portée » par ces mêmes Ordonnances.

Id. p. 819.

A l'imitation des Maiſtres des Meſtiers, les Compagnons s'émanciperent auſſi d'eſtablir des Confrairies entr'eux. Cela leur fut défendu par Ordonnance de Charles IX. du 4. Février 1567. à peine de cent livres pariſis d'amende contre chacun des contrevenans, & de ſuspenſion des Offices contre les Juges qui les ſouffriront.

Henry III. confirma cette même diſpoſition par ſon Ordonnance du 21. Novembre 1577.

Ibid. p. 836.

Ce même Prince aux Eſtats de Blois du mois de May 1579. confirma les Ordonnances concernant les Confrairies ; ordonna que le revenu en ſeroit employé à la celebration du ſervice divin, ſelon l'Ordonnance qui en ſeroit faite par le Prelat Dioceſain ; & le ſurplus à la nourriture des pauvres du Meſtier, ou en autres œuvres de pieté.

Idem p. 1089.

Par Arreſt du Parlement du 13. Decembre 1660. il eſt fait défenſes à toutes perſonnes de quelque qualité qu'elles ſoient de faire aucunes aſſemblées, Congregations, Confrairies, ny Communautez, ſans l'expreſſe permiſſion du Roy, & Lettres Patentes regiſtrées en la Cour.

En conformité de tous ces Réglemens le Magiſtrat de Police rendit une Ordonnance le 4. Novembre 1670. concernant les Meſtiers de Paris, avec laquelle Nous finirons cet Article.

4. Novemb. 1670. Ordonnance du Magiſtrat de Police, qui défend les Aſſemblées & les Confrairies des gens de Meſtiers.

DEfenſes ſont faites aux Jurez & Maiſtres des Communautez des Arts & Meſtiers de Paris, de faire aucunes Aſſemblées ailleurs que pardevant Nous, & en preſence du Procureur du Roy, ſous pretexte de levées de deniers, Confrairies, & autres affaires quelconques, & qu'en vertu de noſtre Ordonnance & permiſſion par écrit, à peine de cent livres d'amende contre chacún des Jurez, de deſtitution de la Jurande, & de 20. liv. contre chacun des Maiſtres particuliers qui y auront aſſiſté ; à l'exception toutefois des Aſſemblées pour les élections des Jurez, leſquelles ſeront continuées à l'avenir aux jours & lieux accouſtumez, & en la maniere ordinaire. Ce fut fait & donné par Meſſire GABRIEL NICOLAS DE LA REYNIE, Conſeiller d'Eſtat ordinaire, Lieutenant General de Police de la Ville, Prevoſté & Vicomté de Paris, le quatriéme jour de Novembre mil ſix cens ſoixante-dix. Signé, DE LA REYNIE. DE RYANTZ. SAGOT, Greffier.

TITRE XIII.

Des Nouveaux establissemens de Communautez Seculieres ou Regulieres.

IL en est de tous les establissemens de Communautez de même que des Confrairies. Ils ne se peuvent faire sans l'autorité du Prince. Les mêmes Loix ont également défendu les unes & les autres, jusqu'à ce qu'elles soient autorisées des Puissances qui ont droit d'en permettre l'establissement. Cette regle a esté religieusement observée dans tous les temps. Mais pour le faire voir dans sa plus haute perfection, aussi-bien que toutes les autres parties de la Police, il nous suffit de rapporter ce qui s'est fait sous le Regne de Loüis le Grand. Un Edit de Sa Majesté du mois de Decembre 1666. a servi de fondement au restablissement de cette discipline. Voicy ce qu'il contient.

Decembre 1666. Edit qui defend les nouveaux establissemens de Maisons Religieuses ou d'autres Communautez, sans Lettres Patentes du Roy, registré au Parlement le 31. Mars 1667.

LOUIS, par la grace de Dieu, Roy de France & de Navarre, à tous presens & à venir, Salut. Les Rois nos Predecesseurs ayant jugé combien il estoit important à l'Estat & au bien de leur service, qu'il ne se fist dans le Royaume aucun establissement de Maisons Regulieres & Communautez, sans leur autorité & permission, portées par leurs Lettres Patentes scellées de leur grand Sceau ; ils ont de temps en temps, pour maintenir un Réglement si juste, si necessaire & si utile, fait défenses par diverses Ordonnances de faire aucun establissement de cette nature sans Lettres Patentes, enregistrées en nos Cours de Parlement, ce qui a esté durant quelque temps tres-religieusement observé ; en sorte que ne s'y estant commis aucun abus, le nombre des Communautez de nostre Royaume se seroit trouvé peu considerable, & nos Sujets n'en auroient point reçû d'incommodité. Mais il est arrivé que pendant la longueur des dernieres guerres & durant nostre minorité plusieurs Maisons Regulieres & Communautez se sont formées sans Lettres Patentes, par la connivence ou negligence des Officiers non apportée à faire garder lesdites Ordonnances ; ce qui a fait que le nombre s'en est augmenté, de maniere qu'en beaucoup de lieux les Communautez tiennent & possedent la meilleure partie des terres & des revenus, qu'en d'autres elles subsistent avec peine, pour n'avoir esté suffisamment dotées, & qu'aucunes se sont vûes réduites à la necessité d'abandonner leurs Maisons à la poursuite de leurs creanciers, au grand scandale de l'Eglise, & au préjudice des personnes qui estoient entrées dans lesdites Communautez, & de leurs familles qui s'en sont trouvées surchargées : Et ayant resolu d'empescher qu'à l'avenir il ne s'en establisse aucune, & de faire garder pour cette fin plus de précautions qu'il n'en a esté apporté le passé : Sçavoir faisons, que pour ces causes, & autres à ce Nous mouvans ; de l'avis de nostre Conseil, où estoit nostre tres-cher & tres-amé Frere unique le Duc d'Orleans, & plusieurs autres Princes, Grands & Notables personnages de nostre Conseil, & de nostre certaine science, pleine puissance & autorité Royale, Nous avons dit, déclaré & ordonné, disons, déclarons & ordonnons, voulons & Nous plaist, qu'à l'avenir il ne pourra estre fait aucun establissement de Colleges, Monasteres, Communautez Religieuses ou Seculieres, même sous pretexte d'hospice en aucunes Villes ou lieux de nostre Royaume, Pays, Terres & Seigneuries de nostre obeïssance, sans permission expresse de Nous, par Lettres Patentes bien & dûement enregistrées en nos Cours de Parlement, & sans que nosdites Lettres, ensemble lesdits Arrests d'enregistrement d'icelles ayent esté enregistrées dans les Baillages, Seneschaussées ou Sieges Royaux, dans le ressort desquels ils seront situez, & ce par Ordonnances des Lieutenans Generaux esdits Sieges, renduës sur les conclusions des Substituts de nos Procureurs Generaux en iceux : & encas que lesdits Monasteres, Colleges ou Communautez soient establis dans l'enceinte, Fauxbourgs, ou proche d'aucunes de nos Villes, Voulons que nosdites Lettres, Arrests de nos Cours, & Ordonnances desdits Lieutenans Generaux renduës en consequence, soient enregistrées dans les Hostels communs desdites Villes, de l'Ordonnance des Magistrats d'icelles.

Que si neanmoins il estoit formé quelque opposition à l'execution desdites Lettres Patentes enregistrées en la forme cy-dessus, Nous ordonnons ausdits Lieutenans Generaux & Substituts de nos Procureurs Generaux, & aux Maires & Echevins, Jurats & Capitouls desdites Villes, d'en donner incontinent avis à nos Procureurs Generaux, pour Nous en estre par eux rendu compte, & cependant leur défendons de souffrir qu'il soit passé outre ausdits establissemens, jusqu'à ce que les oppositions ayent esté levées.

Et afin que nosdites Lettres Patentes portant permission de faire ledit establissement, soient accordées avec connoissance de cause, Nous voulons & entendons que l'approbation de l'Archevêque ou Evêque Diocésain ou des Vicaires Generaux ; ensemble le procés verbal du Juge du lieu où devra estre fait ledit establissement, contenant les avis des Maires, Echevins, Consuls, Jurats, Capitous, Curez des Paroisses & Superieurs des Maisons Religieuses esdits lieux, assemblez séparément en presence du Substitut de nostre Procureur General, soient attachez sous le contre-scel de nosdites Lettres, sans neanmoins que lesdits Maires & Echevins, Consuls, Capitous, Jurats, Curez ou Superieurs desdites Maisons Religieuses puissent s'assembler pour donner leurs avis, qu'il ne leur soit auparavant apparu de nos ordres, soit par Lettres signées de Nous, ou contre-signées par l'un de nos Secretaires d'Estat & de nos Commandemens, ou par Arrest de nostre Conseil donné Nous y estant, par lequel la Requeste à Nous presentée pour avoir nos Lettres Patentes tendantes à establissement de Communauté dans leur Ville, leur soit envoyé pour Nous donner avis sur iceluy.

Et

Et en cas que cy-après il s'y fasse aucun establissement de Communauté Reguliere ou Seculiere sans avoir esté satisfait à toutes les conditions cy-dessus énoncées sans exception d'aucune ; Nous déclarons dés à present comme pour lors l'assemblée qui se fera sous ce pretexte estre illicite, faite sans pouvoir, & au préjudice de nostre authorité & des Loix du Royaume.

Déclarons lesdites prétenduës Communautez incapables d'ester en Jugement, de recevoir aucuns dons & legs de meubles & immeubles, & de tous autres effets civils ; comme aussi toutes dispositions tacites ou expresses faites en leur faveur, nulles & de nul effet, & les choses par elles acquises ou données, confisquées aux Hôpitaux Generaux des lieux.

Défendons à tous les Archevêques & Evêques, & autres soy-disans avoir Jurisdiction ordinaire dans l'estenduë de nostre Royaume, de planter la Croix sur la porte desdits Monasteres ou Communautez, de benir leur Oratoire ou Chapelle, de donner l'Habit de Novice ou de recevoir à Profession aucuns Religieux ou Religieuses, qu'il ne leur ait apparu de nosdites Lettres Patentes dûement enregistrées : ensemble de l'Ordonnance du Lieutenant General, & de l'acte de leur enregistrement fait en l'Hôtel commun de la Ville.

Défendons à tous Generaux d'Ordres, Vicaires-Generaux & Provinciaux, Superieurs des Maisons Religieuses, & aux Abbesses & Superieures des Moniales, de donner obedience aux Religieux & Religieuses qui sont sous leurs charges, pour faire un nouvel establissement, s'il ne leur est préalablement apparu de nos Lettres Patentes portant permission de le faire, de l'Arrest d'enregistrement d'icelles en nosdites Cours de Parlement, & de la Sentence dudit Lieutenant General, en la forme cy-dessus énoncée, & que le tout n'ait esté mis dans les Registres de l'Hôtel commun desdites Villes & lieux, où lesdits establissemens devront estre faits, & qu'il n'en soit fait mention dans leurs Lettres d'obedience, à peine d'estre procedé extraordinairement, tant contre les Superieurs, que contre ceux qui auront esté envoyez pour faire ledit establissement, à la diligence des Substituts de nos Procureurs Generaux, ausquels Nous ordonnons de ce faire nonobstant tous privileges & exemptions, ausquels Nous défendons à nos Juges d'avoir égard, à peine d'en répondre en leur propre & privé nom. Voulons que les Communautez & Monasteres establis contre nostre presente Déclaration soient incessamment séparez, & que les Religieux ou Religieuses qui y auront esté introduits soient renvoyez dans des Monasteres du même Ordre ; que la pension de ceux ou celles qui auront esté reçus à Profession soit payée par les Evêques ou leurs Grands-Vicaires qui les y auront admis, ou par leurs Heritiers, & que lesdits Evêques ou leurs Grands-Vicaires soient pareillement tenus des dettes contractées par lesdites nouvelles Communautez, ausquelles pensions & dettes, les biens meubles & immeubles desdits Evêques & Grands-Vicaires, demeureront affectez specialement.

Voulons en outre que les Baillis, Seneschaux, ou les Lieutenans Generaux, & les Substituts de nos Procureurs Generaux, les Maires, Echevins, Capitous, Jurats & Consuls des Villes & lieux qui auront souffert lesdits establissemens, sans que toutes lesdites formalitez ayent esté observées, soient, sçavoir lesdits Lieutenans Generaux & Substituts, privez de leurs Charges, & déclarez comme Nous les déclarons incapables de posseder ny exercer jamais aucun Office Royal; & lesdits Maires, Echevins, Jurats, Capitous & Consuls, durant l'exercice desquels lesdits establissemens auront esté faits, déchûs des prérogatives & privileges qu'ils pourroient avoir acquis par l'exercice desdites Charges. Voulons aussi que lesdits Lieutenans Generaux, Substituts; Maires, Echevins, Jurats, Capitous & Consuls, soient tenus au payement des pensions des Religieux & Religieuses qui se trouveront Profez lors que les Communautez establies contre nos défenses seront séparées, & des dettes contractées par lesdites Communautez depuis leurs prétendus establissemens, & ce solidairement avec les Evêques, ou leurs Vicaires Generaux, qui les auront reçus à Profession, ou contribué audit establissement, en quelque maniere que ce soit. Et dautant que certaines Congregations, Monasteres & Communautez ont cy-devant obtenu de Nous des permissions generales, d'establir des Maisons ou hospices dans toutes les Villes de nostre Royaume, où ils seront appelez du consentement de l'Evêque & des Habitans ; sans avoir besoin de nouvelles Lettres ; comme aussi l'amortissement de tous les biens qu'ils pourroient acquerir pour la dotation desdits Monasteres : Nous avons par ces presentes revoqué & revoquons lesdites permissions, pour quelque cause & en quelques termes qu'elles ayent esté accordées, les déclarant nulles & de nul effet.

Nous avons pareillement revoqué toutes Lettres d'Amortissement, accordées à quelques Communautez que ce soit pour les biens qu'elles doivent cy-après acquerir, nonobstant les Arrests de Verification desdites Lettres, ausquels Nous défendons à nos Juges, Officiers & Justiciers d'avoir aucun égard.

Afin que l'esperance d'obtenir nos Lettres d'establissement ou de confirmation, ne serve plus de pretexte de commencer l'érection d'aucun Monastere ou Communauté sans nostre authorité : Nous avons par ces presentes déclaré & déclarons les Monasteres & Communautez qui seront establis sans nos Lettres Patentes, bien & dûement enregistrées où besoin sera, indignes & incapables d'en obtenir cy-après. Et si par surprise aucunes estoient obtenuës, Nous les déclarons nulles, & défendons à nos Cours de Parlement d'y avoir égard.

Voulons qu'indistinctement toutes les Communautez de nostre Royaume, establies depuis 30. ans, soient tenuës de representer nos Lettres, en vertu desquelles elles ont esté establies, aux Juges des lieux, en presence des Substituts de nos Procureurs Generaux, lesquels en dresseront leurs procés verbaux, avec un estat des Monasteres & Communautez qui auront esté establies sans avoir obtenu nosdites Lettres & Arrests d'enregistrement, ensemble du nombre des Religieux ou Religieuses, Profez & Novices, de leurs qualitez, de leurs maisons, domaines & revenus; pour lesdits procés verbaux vûs, estre pourvû par confirmation de leur establissement, suppression, ou par translation desdits Religieux ou Religieuses en d'autres Monasteres desdits Ordres, ainsi que Nous le jugerons le plus convenable pour le bien de l'Eglise & de nostre Royaume. Et à cette fin voulons que lesdits procés verbaux soient mis dans trois mois, au plus tard, du jour de la publication des presentes, és mains de nostre tres-cher & féal le Sieur Seguier Chevalier & Chancellier de France. Et jufqu'à ce qu'il y ait efté pourvû, défendons de donner l'Habit, ny recevoir aucune perfonne à Profeffion dans lefdits Monafteres eftablis depuis trente années, & qui n'ont obtenu de Nous Lettres d'eftabliffement ou de confirmation, fous les mêmes peines cy-deffus exprimées, lefquelles Nous défendons à nos Officiers & Jufticiers de remettre ou moderer, fous quelque pretexte ou occafion que ce foit.

N'entendons comprendre en la prefente Déclaration les eftabliffemens de Seminaires des Dio-céfes, lefquels Nous admoneftons, & neanmoins enjoignons aux Archevêques & Evêques de dre-ffer & inftituer en leurs Diocéfes, & avifer de la forme qui leur femblera la plus propre & con-venable felon la neceffité & condition des lieux, & pourvoir à la fondation & dotation d'iceux, par union de Benefices, affignations de penfions ou autrement, ainfi qu'ils verront eftre à faire. Si DONNONS EN MANDEMENT à nos amez & féaux les Gens-tenans noftre Cour de Parle-ment de Paris, que ces prefentes ils ayent à faire enregiftrer, & tout le contenu en icelles gar-der & faire garder & obferver inviolablement dans l'eftenduë du reffort de noftredite Cour, fans permettre qu'il y foit contrevenu en aucune maniere; car tel eft noftre plaifir. Et afin que ce foit chofe ferme & ftable à toujours, Nous avons fait mettre noftre fcel à cefdites prefentes, don-nées à faint Germain en Laye, au mois de Decembre, l'an de grace mil fix cens foixante-fix, & de noftre Regne le vingt-quatriéme. Signé, LOUIS, *Et plus bas*; Par le Roy, DE GUENEGAUD, Et fcellées en lacs de foye du grand fceau de cire verte: Et à cofté, *Vifa*, SEGUIER. *Et plus bas*, pour fervir aux Lettres de Déclaration, portant défenfe d'établir aucune Maifon Religieufe fans permiffion expreffe du Roy.

Ces Lettres Patentes ayant efté enregiftrées au Parlement, voicy ce qui s'eft paffé en execu-tion. Elles furent envoyées au Prevoft de Paris, & dans les Provinces aux Baillis & Senefchaux, pour y tenir la main. Il y eut des perquifitions faites dans toutes les Communautez. Plufieurs reprefenterent les titres de leurs eftabliffemens; d'autres s'excuferent ou demanderent du temps. Cela donna lieu à l'Arreft du Parlement du 7. » Septembre 1667. Il porte, que fur la remon- » trance du Procureur General qui avoit en avis » que plufieurs Monafteres eftablis depuis trente » ans ayant efté affignez pardevant les Officiers » Royaux du reffort, pour, en execution de la » Déclaration du Roy du 31. Mars 1667. repre- » fenter les Lettres Patentes de leur eftabliffe- » ment, ils avoient allegué qu'elles eftoient au » Parlement où ils en pourfuivoient l'enregiftre- » ment. La Cour ordonne que dans quinzaine » aprés que la fignification en feroit faite, tous » les Monafteres eftablis depuis trente ans fe- » roient tenus de reprefenter pardevant les Juges » Royaux les Lettres confirmatives de leur efta- » bliffement; à faute de quoy leur eft fait dé- » fenfes de donner l'Habit, ny recevoir aucu- » nes perfonnes à profeffion dans ces Monafteres.

Il y eut depuis deux autres Arrefts fur cette même matiere. Le premier du 30. Decembre » 1667. Il porte, que toutes les Communau-

tez Regulieres eftablies depuis trente ans, fe- « roient tenus de reprefenter les Lettres Paten- « tes confirmatives de leurs eftabliffemens par- « où elles font fituées, en prefence des Subfti- « tuts du Procureur General, fuivant la Décla- « ration du Roy du mois de Decembre 1666. « à faute de quoy ils y feroient contraints par « faifie de leur revenu temporel. Et le fecond du « 6. Septembre 1668. par lequel il eft ordonné, « que dans tous les Arrefts de verification & en- « regiftrement des Lettres Patentes pour la con- « firmation des eftabliffemens de Monafteres ou « Communautez, tous les contrats de fondation, « donations, conftitutions de rentes, acquifi- « tions d'heritages, & generalement tous contrats « faits à leur profit, & qu'ils rapporteront, feront « inferez. «

La difcipline des mœurs, & le foin des pau-vres, foit dans les Hôpitaux ou ailleurs, font encore autant d'objets de la Religion; & ce fe-roit icy le lieu d'en parler : mais comme l'une & l'autre de ces matieres eft trop eftenduë, & qu'elle fe trouve neceffairement mêlée avec plu-fieurs autres parties de la Police, il a efté jugé à propos de les traiter féparément. Ainfi le Li-vre fuivant contient tout ce qui regarde les mœurs. Et le quatriéme, ce qui concerne les pauvres & les Hôpitaux.

Fin du fecond Livre.

A. Dieu inv.   B. Audran Sculp.

TRAITÉ
DE
LA POLICE.

LIVRE TROISIÉME.

Des Mœurs.

TITRE PREMIER.

Du Luxe dans les Habits, les Meubles, les Equipages,
& les Bastimens.

CHAPITRE PREMIER.

Du Luxe en general.

DE toutes les passions, il y en a peu de plus communes & de plus à craindre, que l'amour desordonné du luxe. La Religion & l'Estat s'y trouvent également interessez ; & ce vice est si opposé à l'ordre naturel, & à la droite raison, que toutes les Nations, quelque partagées qu'elles soient à l'égard de tous les autres déréglemens, se sont, pour ainsi dire, réünies & concertées pour combattre celuy-cy.

Les Hebreux employoient le même mot, *Serach*, pour signifier le peché de luxure, & l'attachement au luxe, comme deux vices qu'ils estimoient inseparables ; & qui meritoient également leur indignation.

Les Latins en userent de même ; & dans leur langue les noms *luxuria, luxuries,* & *luxus,* sont autant de synonymes dont ils se servent, pour exprimer l'un & l'autre de ces vices. Le luxe, en effet, selon saint Thomas, n'est autrechose, qu'un penchant violent qui nous porte à joüir contre l'ordre, & avec profusion, de tout ce qui plaist à nos sens.

S Thom. 2. 2. quæst.153. & in quæst. de malo quæst. 15.

Tome I.   Bbb ij   Un

Un fage Payen , plufieurs fiecles avant ce Pere, l'avoit défini à peu prés dans les mêmes termes , un defir immoderé de quelque chofe d'agreable , contraire à la raifon, & dont on ufe avec excés aprés l'avoir obtenu.

Mais dans un fens plus limité, & felon tous les Anciens , il confifte principalement dans les dépenfes exceffives & defordonnées qui fe font en habits , en meubles, en équipages , en baftimens & en feftins. Le luxe en ce fens eft le fruit de plufieurs vices, & l'auteur ou la fource de plufieurs autres ; l'orgüeil, la pareffe, & la molle oifiveté , luy donnent ordinairement naiffance : les rapines , les ufures , les concuf-fions , les fales voluptez, les haines , les jalou-fies, l'oubly de Dieu , &enfin le defefpoir , font fouvent fes funeftes productions.

Ainfi on ne doit pas s'eftonner de ce grand nombre de paffages que l'on trouve dans l'Ecri-ture fainte , & dans les Peres , contre ce déré-glement , & de tout ce que les plus fages des Payens éclairez des feules lumieres de la raifon, en ont écrit pour le décrier.

Ce fut l'un des preceptes que Dieu donna aux Hebreux , dans ces fages & faintes Loix , qui

» formerent leur Republique. Vous n'employe-» rez dans vos veftemens , leur dit Moyfe , ni la » part du Seigneur , aucun tiffu de laine & de lin. C'eftoit alors une étoffe diftinguée, qu'il n'é-toit permis qu'aux feuls Sacrificateurs de porter. On peut juger de-là, combien celles dont les particuliers pouvoient fe fervir, eftoient fimples & modeftes.

Le fexe feminin ne s'accommoda pas long-tems de ces bornes étroites des parures ; fa fu-perbe éclata en public, & Dieu eut encore la bonté de le faire avertir de s'en corriger ; voicy

comment s'en explique l'un de fes Prophetes. » Les filles de Sion , dit-il , fe font élevées ; » elles ont marché la tefte haute , en faifant des » figures , des fignes des yeux , & des geftes » des mains ; elles ont mefuré tous leurs pas , » & étudié toutes leurs démarches : le Seigneur » pour les en punir, rendra chauves leurs teftes, » leur oftera leurs chauffures magnifiques, leurs » croiffans d'or, leurs coliers, leurs filets de » perles , leurs braffelets , leurs coëffes , leurs » rubans de cheveux , leurs jarretieres, leurs » chaînes d'or, leurs boëtes de parfums , leurs » pendans d'oreilles , leurs bagues , leurs pier-» reries qui leur pendent fur le front , leurs ro-» bes magnifiques, leurs écharpes, leurs beaux » linges , leurs poinçons de diamans , leurs » miroirs , leurs chemifes de grand prix , leurs » bandeaux & leurs habillemens legers qu'elles » portent en Efté : leur parfum fera changé » en puanteur, leur ceinture d'or en une corde, » leurs cheveux frifez en une tefte nuë, & leurs » riches corps de jupes en un cilice. L'ancien Teftament eft rempli d'une infinité d'autres paf-fages contre ce defordre ; le nombre en eft trop grand pour les rapporter tous ; ceux-cy ne font donnez que pour exemple; les autres ne font pas moins énergiques.

Dans la Loy nouvelle , nous avons d'abord l'Hiftoire , ou la Parabole du mauvais Riche, damné pour fon attachement au luxe des habits

» & de la table. Ce Riche, dit le Sauveur du » monde , eftoit veftu de pourpre & de lin , & il » fe traittoit magnifiquement tous les jours ; il mourut , & il eut l'Enfer pour fepulture.

Les Apoftres inftruits dans l'Ecole de leur divin Maiftre, n'ont point oublié ce principal point de morale dans leurs Prédications ou dans

leurs Epiftres. S. Paul en fit l'une des principales inftructions qu'il donna à fon Difciple Timothée, fur les devoirs de l'Epifcopat. Que les femmes, « luy dit-il , prient eftant veftuës comme l'hon-« nefteté le demande ; qu'elles fe parent de mo-« deftie & de charité, & non avec des cheveux « frifez , ny des ornemens d'or , ny des perles, « ny des habits fomptueux , mais avec de bonnes « œuvres , comme le doivent des femmes qui « font profeffion de pieté. «

Ne mettez pas , dit faint Pierre, voftre or-« nement à vous parer au dehors par la frifure « des cheveux, par les enrichiffemens d'or , & « par la beauté des habits ; mais à parer l'hom-« me invifible, caché dans le cœur, par la pureté « incorruptible d'un efprit plein de douceur & « de paix : c'eft un magnifique ornement aux « yeux de Dieu.

S. Jean enfin dans fes Vifions myfterieufes de l'Apocalypfe rapporte, que Dieu luy fit voir en « efprit, tous les defordres & toutes les abomi-« nations de la terre , fous la figure fymbolique « d'une femme veftuë de pourpre & d'écarlate , « parée d'or & de pierres precieufes, & de perles, « & tenant en fa main un vafe d'or ; qu'il oüit « enfuite un Ange crier à haute voix. Elle eft « tombée la grande Babylone , elle eft tombée , « & elle eft devenuë la demeure des demons , & « la retraite de tout efprit immonde , parce « qu'elle a fait boire à toutes les Nations du « vin de fa proftitution , & que les Marchands « fe font enrichis de l'excés de fon luxe: ils vien-« dront , ajoufta-t-il , les Marchands , pleurer « & gémir fur elle , & ils diront , Helas ! toy « qui eftois veftuë de fin lin , de pourpre , & « d'écarlate , & couverte d'or , de pierreries , « & de perles ; comment tant de richeffes fe font-« elles évanoüies en un moment ? C'eft ainfi que Dieu a voulu nous faire entendre par ce myf-tere , que de tous les maux qui arrivent fur la terre, l'attachement au luxe & à la vanité en eft la fource & la femence.

Tertullien a fait un volume entier contre les ornemens des femmes , & un autre pour porter les filles à ne point paroiftre en public qu'en habits modeftes , & la tefte voilée. Saint Cle-ment d'Alexandrie, faint Cyprien, faint Bafile de Cefarée, faint Gregoire de Nazianze, faint Ambroife, faint Jean Chryfoftome, faint Jerô-me , faint Paulin , faint Auguftin & faint Ber-nard ont épuifé cette matiere du luxe & de la vanité , leurs Sermons & leurs écrits en font remplis : l'entreprife feroit immenfe de rap-porter tout ce qu'ils en ont dit ; ils peuvent eftre confultez, chacun les a entre les mains , on les trouve dans les Bibliotheques , c'eft affez de les avoir indiquez.

Si le luxe eft fi dangereux à la Religion , comme il n'eft pas permis d'en douter, il ne l'eft pas moins au gouvernement Civil & Politi-que de l'Eftat.

C'eft par ce vice que les plus grands Empires ont efté renverfez ; l'Hiftoire nous en fournit les fameux exemples des Affyriens, des Medes, des Perfes & des Romains, qui n'ont fuccombé, pour ainfi dire , que fous le poids charmant & trom-peur des voluptez.

Chaffez des Villes le luxe & les delices, dit « un Ancien, vous y verrez auffi-toft ceffer les « violences , les malheurs , les pertes, & les « difgraces. b «

Ce vice , ajoufte l'un des plus fçavans poli-« tiques de l'antiquité, c attire prefque toujours « aprés foy le menfonge , l'injuftice, les medi-« fances

» fances, les haines, les maladies, les pertes de
» biens, les chagrins cuisans, qui conduisent
» enfin à la mort: mais ce n'eſt pas tout, ajoûte-
» t-il, la contagion eſt ſi grande, que ceux qui
» s'y abandonnent, enveloppent ſouvent avec eux
» leurs enfans, leurs parens, leurs amis, &
» quelquefois même la Republique entiere.

Ce fut dans ces mêmes ſentimens que Seneque
Seneq. ep. 97. s'expliquant à l'un de ſes amis ſur cette matiere,
» luy dit, que le luxe dans les habits & dans les
» feſtins, ſont des marques infaillibles, que
» la Cité eſt malade, & ſur le point d'ex-
» pirer.

Carol. Paſch. Ainſi conclud l'un des plus habiles Politi-
in axiom. pol. » ques du ſeiziéme ſiecle: lorſque le Prince, ou
» le ſouverain Magiſtrat s'apperçoit que le luxe
» commence à s'accroiſtre, & que l'argent eſt
» prodigué à des choſes vaines ou inutiles, il
» doit s'oppoſer à ce déréglement, par les re-
» medes les plus durs & les plus rudes; *durius,*
» *& acrioribus remediis,* pour le faire ceſſer, &
» pour rappeller les Citoyens par un heureux re-
» tour, à une mediocrité raiſonnable.

En combattant ce vice, il faut neanmoins
prendre garde de tomber dans une autre extremité qui luy eſt oppoſée, & qui n'eſt pas moins à
craindre: elle conſiſte dans une épargne honteuſe
& ſordide, à ſe procurer les choſes les plus neceſſaires à la vie. Vous ſerez avertis, dit ſaint
S. Aug. de ſer. Auguſtin, parlant dans l'un de ſes
Dom. » Sermons, que ce n'eſt pas ſeulement dans la
» propreté & dans la pompe des habits que con-
» ſiſte la vanité; que ſouvent elle ſe cache avec
» encore plus de danger, ſous les habits ſales &
» negligez.

S Hier. ep. ad C'eſtoit auſſi le ſentiment de ſaint Jerôme,
Nepot. dans l'inſtruction qu'il donne à Nepotien ſon
» ami. Il faut également éviter, luy dit ce Pere,
» les habits trop magnifiques, & les habits ſales
» & ſordides; car ſi les uns portent à la moleſſe
» & aux delices, les autres ne ſont pas exempts
» de vaine gloire & d'oſtentation.

S. Ambr. de » Que voſtre habit, dit un autre Pere, ne ſoit
Off. 1. » point affecté, mais ſimple & naturel, qu'il n'y
» ait rien de trop precieux, ny de trop écla-
» tant, mais auſſi qu'il ne ſoit point trop negli-
» gé, & que rien ne manque à ſa propreté, non
» plus qu'à ſa neceſſité.

Plato. de Rep. C'eſtoit dans cette vûë que les deux plus ha-
lib. 4. biles Philoſophes du Paganiſme Platon & Ari-
Ariſt. de polit. ſtote, blâmoient également les deux excez op-
l.5. c. 11. poſez des richeſſes & de la pauvreté: Il faut,
» diſoient-ils, éloigner de la Republique avec
» le même ſoin les richeſſes exceſſives, & l'extrê-
» me pauvreté, les unes y introduiſent le luxe,
» & par une ſuite neceſſaire la moleſſe, l'oiſiveté

& tous les autres vices qui en ſont inſepara- «
bles; & l'autre abbat & énerve les eſprits, les «
porte à une vie ſordide, malicieuſe, toujours «
ennemie du gouvernement, & amatrice des «
revolutions & des nouveautez. Entre ces deux «
extremitez vicieuſes, le luxe & la craſſe d'une
vie ſordide qu'il faut éviter, il y a deux vertus
qui tiennent le milieu; la magnificence & la
modeſtie; l'une qui convient qu'aux Princes
& aux Grands de la terre, & l'autre qui eſt celle
des Particuliers.

La magnificence differe du luxe, en ce que
jamais elle ne s'écarte de la droite raiſon, &
des régles de la bienſeance: ſi les Princes & les
Grands paroiſſent avec pompe, s'ils font des
dépenſes ſplendides, cela eſt toujours proportionné à leur élévation & à leurs revenus; cet
éclat eſt même neceſſaire pour ſouſtenir le rang
de leur naiſſance, imprimer le reſpect aux Peuples, & maintenir le Negoce & les Arts, en y
faiſant couler abondamment les ſommes immenſes, qui demeureroient inutiles dans leurs tré-
ſors; donc c'eſt une vertu. Le luxe au contraire
n'a d'autres bornes que celles de l'ambition; *Diog. Laёr. l.6*
& de la vanité: celuy qui s'y abandonne, dit «
un ſçavant Philoſophe, tourne le dos à ſon «
but, il tend à la volupté, & tombe preſque «
toujours par ſes folles dépenſes, dans la ſou- «
veraine miſere, & y attire les autres avec luy; «
ainſi c'eſt un vice & une folie. «

La modeſtie eſt auſſi fort differente de l'épar-
gne baſſe & ſordide; c'eſt la ſcience, ſelon « *Cic. de Off. l.1.*
l'Orateur Romain, de placer chaque choſe « *S Bernde conſ.*
en ſon lieu. C'eſt une vertu, dit ſaint Ber- « *l. 3.*
nard, qui conſiſte à ne ſe point abbaiſſer au- «
deſſous, & ne ſe point élever au deſſus de ſa «
condition, à ne s'en écarter ny trop loin, ny « *Dion. Haliс.*
trop au large, mais tenir toujours le milieu, « *lib. 6.*
comme le plus ſûr. La pudeur & la « *S. Th. 2. 2. qui*
juſtice l'accompagnent en tous lieux; & ſa « *157. art. 3.*
douceur la rend agreable à tout le monde. «
Elle a pour régle de conſulter avec ſoin dans «
l'uſage des ornemens, la couſtume, les Loix « *Joannes Lau-*
du Prince, la condition ou l'état, l'âge & les « *rent. in opuſc.*
facultez des perſonnes; & en permet toujours « *philoſophiа.*
dans ces circonſtances, autant qu'il eſt neceſſaire pour la décence, l'honneur, & la réputation.

Mais il faut avoüer qu'il n'eſt pas toujours
facile de bien démêler les veritables bornes de
ces deux vertus, la magnificence & la modeſtie;
les Souverains ont ſouvent fait des Loix pour leur
en preſcrire: c'eſt-là où nous devons puiſer les régles de noſtre conduite: les Chapitres ſuivans
nous en inſtruiront.

CHAPITRE II.

De la Police des Grecs, touchant le luxe.

Juſtin. lib. 1. CHacun convient que la moleſſe du luxe a
Tit. Liv. l. 9. commencé dans l'Aſie, & qu'elle s'eſt en-
Staniſlai Ko- ſuite répanduë dans toutes les autres parties du
bierzichi de monde, à proportion qu'elles ont eu commerce
luxu Rom. l.1. avec les Habitans de ces heureux climats. C'eſt
c. 1. de-là, en effet, que l'or, l'argent, la ſoye,
Polyd. Virg. & le lin, les perles, les pierres precieuſes, la
l.3. c.6. pourpre, l'écarlate, & les parfums les plus exquis tirent leur origine, & où on a commencé à
les mettre en œuvre, & à s'en ſervir.

Ainſi les Grecs leurs plus proches voiſins, ſe
trouverent les plus expoſez à cette dangereuſe
& funeſte imitation; ce fut auſſi ce qui détermina leurs Legiſlateurs, à prendre contre ce
vice toutes les précautions de la prudence la plus
exacte, ſelon les mœurs de ce tems-là.

Licurgue en donnant des Loix à Lacedemone, *Plut. vie de*
crut ne pouvoir mieux faire pour en éloigner *Licurgue.*
le luxe & les voluptez, que d'en bannir les ri- *Xenoph.*
cheſſes. Ce fut dans cette vûë qu'il fit remettre *Herac. & Cic.*

en commun tous les heritages, & les fit partager également entre les Citoyens, n'estimant pas, » disoit-il, qu'il dust y avoir d'autre difference » entre les Habitans d'une même Ville, que celle » que la vertu ou le vice y mettoient. Continuant toujours son même dessein, il décria l'or & l'argent, & en interdit totalement l'usage : au lieu de ces métaux précieux, il ordonna qu'on se serviroit de monnoye de fer, & la mit à si bas prix, pour la rendre méprisable, qu'à peine un grand cellier en pouvoit tenir la valeur de cent écus de nostre monnoye, & qu'il faloit un chariot attelé de deux bœufs pour l'y traîner. Il ne voulut pas même, que ce fer pust passer aux Etrangers, de crainte que ses Concitoyens ne fussent tentez de le convertir par le negoce, en or ou en argent, ou en quelqu'autre matiere, qui pust faire rentrer chez eux le luxe & les volupté. Pour leur en oster les moyens, il ordonna qu'au sortir de la forge, on donneroit à ce fer monnoyé une trempe, où il entroit du vinaigre ; ce qui le rendoit si aigre & si cassant, qu'il n'estoit plus d'aucun autre usage. Il bannit aussi de la Republique les Orfévres, les Joüailliers, & tous les autres Arts & Mestiers qui ne servoient qu'au plaisir ou à la vanité ; ainsi s'estant mis en garde contre les dehors par cette espece d'interdiction de commerce avec toutes les autres Nations, & précautionné au dedans, par cet éloignement de tous les Arts inutiles, on n'entendit plus parler dans cette Republique, ny de luxe, ny de volupté : il fut neanmoins permis dans la suite aux femmes de mauvaise vie, de porter de l'or & de l'argent sur leurs habits ; mais ce ne fut que pour rendre le luxe encore plus odieux : les femmes d'honneur ne portoient qu'un anneau de fer au doigt ; tous autres ornemens leur estoient défendus. Il y eut enfin des Officiers établis, pour avoir l'inspection sur le luxe, & sur toutes les autres parties des mœurs, ils estoient nommez ἁρμόσυνοι Curatores, vel emendatores morum.

Les Atheniens ne firent aucunes Loix contre le luxe ; mais estimant que la modestie estoit de droit naturel, ils la faisoient observer exacte-

ment : c'est pour cela qu'ils établirent dans leur Ville Capitale vingt Officiers nommez γυναικονόμοι Curatores decentiæ & modestiæ mulierum : il estoit de leurs soins de veiller sur les habits & sur les ornemens des femmes ; la décence estoit leur régle, & l'application s'en devoit toujours faire par rapport à l'âge, à la condition, & aux facultez : celles qui contrevenoient estoient condamnées à une amende proportionnée à leur faute, & la Sentence qui estoit renduë contre elles, estoit affichée dans la Place publique, pour interesser leur pudeur par cette petite confusion, à se contenir dans leur devoir. La modestie leur estoit si recommandable, que l'un des principaux Citoyens nommé Philippe, proposa même une Loy contre celles qui ne l'observeroient pas jusques dans leur marche ; mais cette contrainte parut trop grande, & la Loy en fut rejettée.

Zaleuque Legislateur des Locriens, Peuples de la grande Grece, faisant attention que dans les Etats voisins les femmes ne se corrigeoient point de leur luxe par les condamnations d'amendes, s'avisa d'un moyen tout ingenieux pour y interesser leur pudeur ; ce secret consistoit à leur permettre de s'accorder cette satisfaction, mais sous des conditions & dans des circonstances honteuses. Il leur défendit donc par une Loy expresse de porter des ornemens d'or, ou des « habits brodez tissus, ou embelis avec trop d'art ; « à moins que ce ne fust pour plaire à leurs « amans lors qu'elles iroient aux mauvais lieux. « Il ordonna par cette même Loy, qu'une femme libre ne pourroit se faire accompagner que « d'une seule suivante ; luy permit neanmoins « d'en prendre un aussi grand nombre qu'elle le « jugeroit à propos lors qu'elle auroit trop bû « de vin, & qu'elle en auroit besoin pour la « soustenir, sans crainte qu'elle se relever si elle tomboit. « Cette Loy eut tout l'effet qu'on en avoit esperé ; la honte de paroistre impudique, ou intemperante, eut plus de force, que toutes les peines qui avoient esté jusques alors mises en usage.

CHAPITRE III.

Des Loix Romaines contre le luxe.

LA vie austere & frugale des premiers Romains, les guerres continuelles qui les occupoient, & le peu de commerce qu'ils eurent avec les autres Nations, furent autant de causes qui éloignerent d'eux le luxe & les voluptez de leurs premiers Roys : ils ne penserent tout au plus sur cette matiere des habits, qu'à avoir régles de la pudeur & de la bienséance : la richesse des étoffes ne leur estoit pas encore connuë. Ce fut dans cet esprit que Romulus ordonna que les hommes baisseroient leurs robes jusques aux talons ; lors qu'ils sortiroient en Ville ; en sorte que toutes les parties du corps en fussent couvertes ; & que Numa Pompeius imposa les mêmes obligations aux femmes.

Tarquin l'ancien fut le premier qui parut dans Rome, vestu d'une veste de pourpre brodée d'or, & d'une robe à fond de pourpre en broderie, de figures de riches couleurs : son trône estoit d'yvoire, sa couronne & son sceptre d'or, &

tous les meubles de son Palais répondoient à cette magnificence : il ordonna que les Sena- « teurs auroient aussi des chaises d'yvoire pour « s'asseoir, que les Chevaliers auroient des an- « neaux d'or, & que les enfans de familles illus- « tres, seroient distinguez par de longues robes « bordées de pourpre. Il voulut enfin que ceux « qui auroient vaincu les ennemis, triom- « phassent sur un char doré, tiré par quatre che- « vaux richement harnachez. Ce Prince natif « d'Athenes, la passion pour le luxe avoit déja passé de l'Asie dans sa patrie, il l'apporta à Rome.

Ces commencemens à la verité n'avoient rien de vicieux, cette magnificence à l'égard du Prince, & l'éclat qui en rejaillissoit sur les premieres personnes de l'Estat, qui avoient l'honneur de l'approcher, estoit convenable à leur naissance & à leur dignité.

Mais les choses ne demeurerent pas long-temps

Valer. Max. lib. de gratitud. §. 1.

temps dans cette juste proportion. Les Dames Romaines qui avoient esté ce semble oubliées, s'en plaignirent, & l'on permit aux femmes des Senateurs de porter la pourpre & quelques ornemens d'or sur leurs habits; il n'y eut encore rien dans cet usage que de tres-raisonnable: l'épouse doit entrer en participation de tous les honneurs de son époux; mais voicy l'abus. Les plus riches entre les Citoyens, toujours jaloux & zelez imitateurs des Grands, prétendirent aussi avoir part aux parures; & sans en attendre la permission, s'en accorderent l'usage: l'émulation s'en mesla, aussi-tost chacun s'efforça de surmonter ses concurrents; les Dames voulurent de temps en temps se distinguer par quelques nouveaux ornemens, elles estoient à l'instant imitées, & le luxe ainsi monta par degrez jusqu'à l'excés.

L'an du Monde 3537. de la Fondation de Rome 536. depuis l'establissement de la Republique 291. avant J. C. 217.

Le changement qui arriva peu de temps aprés dans le Gouvernement, ne fut pas une conjoncture favorable pour remedier à un si grand mal. Cette liberté dont le Peuple s'est toujours flatté & toujours jaloux dans les Republiques naissantes, n'auroit pas esté blessée dans ce point délicat sans l'irriter, & ses mouvemens estoient à craindre: ainsi les amateurs du luxe n'ayant plus pour frein l'autorité Royale, ne garderent plus aucunes mesures; ils menerent sur tout pousserent cette passion si loin, que les necessitez les plus pressantes de l'Estat ne furent pas capables de les en corriger.

Tit. Liv. l 7. Jean, Ulrici Zasii catal. Leg. antiq.

La seconde Guerre Punique avoit achevé d'épuiser les tresors de la Republique, & la misere se faisoit sentir de tous costez, qu'elles n'avoient pû encore se resoudre à rien retrancher de leurs parures. Caius Oppius Tribun du Peuple touché des besoins publics, sollicita Quintus Fabius Maximus & Sempronius Graccus Consuls, d'arrester ce desordre. La voix de ce Magistrat fut écoutée, & il donna lieu à la premiere des Loix Somptuaires; elle porte le nom de son Auteur, *Lex Oppia*, & contient deux dispositions fort importantes pour le restablissement de l'ancienne modestie. Par la premie-
» re, il est défendu à toutes les femmes sans dis-
» tinction de conditions de porter des habits d'é-
» toffes de differentes couleurs, & des ornemens
» d'or qui excedent le poids d'une demie once:
» & par la seconde, il leur est fait défenses d'aller
» en carrosses, à moins que ce ne soit pour assis-
» ter à une Ceremonie publique, ou pour un
» voyage éloigné au moins d'une demi-lieuë de
» la Ville, ou du Bourg de leur demeure.

Ibid Tit. Liv. & catalog.

La paix ayant restably le calme & l'abondance, les femmes murmurerent hautement de la contrainte qui leur estoit imposée par cette Loy; il fut question de les satisfaire, & la chose ne parut pas si peu importante qu'elle ne meritast d'estre examinée par le peuple même dans ses Comices ou assemblées generales. Les Tribuns dans l'une de ces assemblées demanderent que la liberté fust restablie. M. Portius Cato Consul fut d'avis contraire & parla fortement en faveur de la Loy; mais l'avis des Tribuns prévalut, ou plutost la puissante sollicitation des femmes auprés de leurs maris l'emporta, & la Loy Oppia fut revoquée vingt ans aprés son establissement.

Cicer. in Catilin Salust. & alii.

Les Romains aprés cette paix porterent la guerre pour la premiere fois dans la Grece, & ensuite dans l'Asie. Les succés en furent heureux, l'Histoire nous le apprend, ils ne sont pas de nostre sujet; mais le retour de leurs Armées victorieuses remplit Rome d'un si grand nombre de modes & d'usages de ces Peuples voluptueux, que plusieurs Auteurs ne marquent le com-

mencement du luxe Romain qu'à cette Epoque.

Sueton c. 43. Just. Lipf. in elect. lib. 1.

Jule Cesar parvenu à l'Empire fut touché du souvenir des mœurs anciennes, disent les Auteurs, & du relâchement que le luxe y avoit apporté. Dans cette vûë il fit un Edit par lequel il défendit l'usage des habits de pourpre & des perles, à l'exception des personnes d'une certaine qualité, qui en pourroient porter les jours de ceremonies seulement. Il fit aussi défendre par ce même Edit de se faire porter en litiere, qui estoit l'un des usages que les Romains avoient apporté d'Asie.

Suéton. c. 40.

Auguste voulut restablir l'ancien usage des habits modestes, & en retrancher totalement le luxe; mais il trouva tant de resistance, qu'il fut obligé de se réduire aux seules défenses de paroistre au Barreau ou au cirque en manteau & sans robe-longue.

Tacit. in Tib. Dio. Cass. lib. 17.

Tibere ne fut pas plutost monté sur le Trône, qu'il défendit aux hommes par un Edit fort severe de se vestir de soye; & y ajousta ce motif, que c'estoit pour leur épargner la honte de deshonorer ainsi leur sexe par des habits lascifs que la mode avoit introduits.

Suet. in Neron.

Neron tout abandonné qu'il estoit à la volupté, fit un Edit contre le luxe, par lequel il défendit à toutes personnes sans distinction l'usage de la pourpre.

Lamprid. in Alexand.

Alexandre Severe eut dessein de distinguer toutes les differentes conditions par la diversité de leurs habits; deux motifs le porterent à establir cet usage: le premier, que ceux qui commettroient quelques mauvaises actions ou qui exciteroient quelques seditions seroient plus facilement connus, & que cette crainte d'estre découverts en contiendroit plusieurs; le second, que cela empecheroit les Esclaves de se mêler avec les personnes libres. Il en fit la proposition à Ulpien & à Paul, deux de ses Conseillers d'Estat, & leur demanda leur avis. Ils luy representerent qu'une pareille distinction seroit dangereuse dans un Estat; que quelque precaution qu'il pust y apporter, il seroit beaucoup de mécontens; que ce seroit une semence de jalousie & de division entre ses Sujets; qu'il estoit important que certaines conditions naturellement seditieuses, & sur tout les Esclaves, ne connussent ny leur nombre ny leurs forces; que les habits uniformes seroient un signal pour se concerter & s'assembler, & que cela les rendroit plus entreprenans contre le bien public ou les uns contre les autres. Ces raisons prévalurent, & l'Empereur ordonna seulement la distinction d'entre les Senateurs & les Chevaliers, par les nœuds de pourpre brodez sur leurs Robes, plus larges ou plus étroits.

Vopiscus in Probo & in Aurel. Pollio in vit. Claud. Hesychius & ibi Salmaf. Casaubon. in Jonath. pataphr. Gotfred. in l. 2 Nemo C. Th. de vestib. olosericis.

Les guerres que Valerien eut à soustenir en Orient rapporterent encore à Rome de ces pays voluptueux de nouvelles matieres au luxe & à la vanité; ce fut précisément dans ce temps que l'on commença d'y voir paroistre certains habits dont la magnificence n'avoit point encore eu d'exemple, & qui armerent dans la suite toute la severité des Loix pour en corriger l'abus. Jusques-là l'on s'estoit contenté de la richesse de l'étoffe, ou tout au plus de quelque broderie, ou de quelques franges sur les extremitez pour en relever l'éclat; mais par cette nouvelle mode venuë de Syrie, ou selon quelques autres des Parthes ou des Perses, sur le fond de l'habit quelque beau qu'il fust, on y ajoustoit encore d'autre étoffe de differentes couleurs, ou plus riches, coupée par bandes, gaudronnée & appliquée en forme de cercles de distance en

distance;

diftance; & comme cette mode venoit des Etrangers, on luy conferva le nom qu'elle portoit dans leur pays, *paragaudæ*. Les plus modeftes ne mettoient fur leurs habits que l'une de ces bandes; d'autres, deux, trois, quatre, & jufqu'à fept, d'où ces habits prenoient tous ces differens noms tirez toujours des langues Orientales, felon leur origine : *Molores dilores, trilores, tetralores, pentalores, exlores, eptalores*, pour exprimer le nombre des bandes dont ils eftoient ornez. On ne peut enfin donner une plus jufte idée de cette mode, qu'en la comparant à celle que nous avons vû naiftre de nos jours fur la fin du dernier fiecle & au commencement de celuy-cy, fous les noms bizares de Falbala & de Pretintailles. La foye dont l'ufage avoit paffé de l'Afie en Europe environ l'an 220. eftoit encore fi rare fous le Regne de ce Prince, qu'elle fe vendoit au poids de l'or; des habits où il entroit cette profufion d'étoffe, eftoient d'un prix exceffif.

Vopifc. in Aurel. Polyd Virgil. c. 3. lib. 6.

Le luxe enfin monta à un tel excés fous le Regne de Conftantin, que prefque tous les habits foit des hommes, foit des femmes, eftoient eptalores, c'eft-à-dire à fept bandes ou cercles, comme nous dirions aujourd'huy à fept Falbala ou Pretintailles. Cela ne fe pouvoit faire fans une exceffive confommation d'étoffes; & ce fut delà fans doute que fous le Regne de ce Prince le Commerce de foye fe trouva au plus haut point qu'il euft encore efté, & que les Arts de la mettre en œuvre furent portez à leur perfection.

L. 1. Auratas, C. Th. de veftib. oloveris & auratis, & ibi Gothofr. eod. titul. C. Juftin.

Mais foit que cette abondance de foye l'euft renduë trop commune, ou que l'ambition fuft augmentée, il y en eut que les étoffes de cette qualité, ny même les fimples étoffes d'or ne fatisfaifoient plus; ils y ajoufloient une broderie encore plus riche: cela donna lieu environ l'an 367. aux Empereurs Valentinien & Valens de faire une Loy expreffe pour réprimer ce luxe. Elle fait défenfes à toutes perfonnes, tant hommes, que femmes, de broder ou faire broder aucuns veftemens, *paragaudas*, d'or, ou de foye meflée d'or pour des perfonnes privées; permet feulement ces fortes d'ouvrages pour l'ufage des Princes.

Le luxe neanmoins avec toutes ces précautions fit toujours progrés; l'ambition des particuliers ne put eftre fatisfaite que par la pourpre, qui avoit efté jufqu'alors refervée aux feuls Souverains. Le prix exceffif de cette rare & précieufe teinture ne les rebuta point, & l'ufage en devint prefque commun. L'on trouva même l'art de la contrefaire par des falfifications fi bien eftudiées, qu'à peine pouvoit-on diftinguer la veritable d'avec la fauffe.

De fi grands abus reveillerent, pour ainfi dire, l'attention des Princes & celle des Magiftrats fur le fait du luxe, & armerent les Loix de nouvelles feveritez pour les faire davantage refpecter.

L. 11. Si quis C. Th. de Murilegulis.

Les Empereurs fe referverent à eux feuls le droit d'envoyer des navires à la pefche du Murex ou Conchilium, qui eftoit le poiffon d'où l'on tiroit la teinture de pourpre; & ces baftimens avoient un fignal particulier, & n'eftoient deftinez qu'à cet ufage.

L. 14. & feqq. C. Th. eod. titul.

Ces mêmes Princes choifirent un certain nombre de Teinturiers pour la pourpre; ils en formerent une efpece de milice de condition particuliere qu'ils ne pouvoient quitter, & qui paffoit neceffairement des peres aux enfans. Ils deftinerent enfin un lieu dans leur propre Palais pour y loger & pour y faire travailler ces Ouvriers.

Valentinien & Theodofe par une Loy de l'an 380. défendirent à toutes perfonnes privées de teindre, contrefaire, vendre ou debiter la pourpre, foit en foye ou en laine, à peine de la vie & de confifcation de tous leurs biens.

Il avoit efté défendu par la Loy de l'an 367. de broder les étoffes à fond d'or ou de foye meflée d'or; Gratien, Valentinien & Theodofe par une autre Loy de l'an 382. interdirent totalement l'ufage des étoffes d'or à tous les hommes qui n'auroient pas obtenu de l'Empereur un Brevet la permiffion d'en porter.

Cette modeftie que l'on impofoit aux hommes, fi convenable à la gravité de leur fexe, ne laiffa pas de leur déplaire. Ils fe jetterent dans une autre extremité qui confondoit toutes les conditions. Les Senateurs mêmes fe dépouillant des marques de leur dignité, affecterent de paroiftre en public avec l'habit militaire; & il en fut ainfi de tous les autres eftats. Les mêmes Princes Gratien, Valentinien & Theodofe connoiffant l'importance de ce déréglement, firent de concert une Loy l'an 382. pour y remedier.

Elle porte, qu'aucun Senateur ne paroiftra «
dans la Ville en quelque-temps que ce foit, du «
matin ou de l'après-difnee, avec la cafaque mi- «
litaire; elle leur enjoint de quitter cet habit «
de terreur, & de fe veftir de la vefte & du man- «
teau de paix. Elle ordonne que lors qu'ils «
s'affembleront au Senat ou ailleurs pour l'ad- «
miniftration de la Juftice, ils feront veftus «
de leurs Robes-longues; que les Greffiers qui «
reçoivent les actes des Juges, & les Huiffiers «
qui les executent, porteront un manteau & «
une Robe de deffous ferrée étroitement par «
une ceinture; qu'ils tiendront neanmoins leur «
manteau ouvert pardevant, en forte que la pe- «
tite cafaque de differentes couleurs qu'ils doi- «
vent porter par deffous leurs Robes & qui leur «
couvre la poitrine, paroiffe pour les diftin- «
guer les uns des autres, & faire connoiftre au «
Peuple leur condition; que les Efclaves ne «
porteront d'autres habits que les chauffes & la «
cape. Elle porte enfin que fi quelqu'un des Se- «
nateurs neglige cette Loy, il fera dépouïllé «
de fa dignité, que l'entrée du Senat luy fe- «
ra interdite pour toujours; qu'à l'égard des «
Officiers & des Efclaves qui n'ont point de «
dignité à perdre, & par la privation de laquel- «
le on les puiffe punir, ils feront condamnez «
au banniffement. Elle enjoint aux Officiers «
de Police qui font les gardes de la décence pu- «
blique, d'y tenir la main; & veut que s'ils «
découvrent quelque contravention, & qu'ils «
la fouffrent, ou que corrompus par argent ils «
la diffimulent, ils foient eux-mêmes condam- «
nez pour leur prévarication en vingt livres d'or «
d'amende. «

Les irruptions frequentes qui fe firent de tous coftez dans l'Empire Romain fur la fin du quatrieme fiecle & au commencement du cinquiéme, y introduifirent plufieurs modes des autres Nations; il eftoit d'une fage politique de l'empêcher, du moins dans la Ville Capitale & au centre de l'Empire, pour ne pas confondre par les mêmes habits le Citoyen avec l'Etranger; ce fut ce qui donna lieu à trois Loix des années 397. 399. & 416. Elles défendent de porter dans les Villes de Rome & de Conftantinople, & dans la Province voifine des cheveux longs, des hauts de chauffes & des botines de cuir, à peine contre les perfonnes libres d'eftre bannis, & de confifcation de tous leurs biens; & à l'égard des Efclaves, d'être condamnez aux ouvrages publics.

L. 1. Fucande C. que res vendi non poffunt, & qui vendere vel mercari vetan-tur.

L. 2. Nemo vir, C. de veftib. oloveris & auratis.

L. 1. Sincerem, ceptione, Cod. Th. de habitu quo uti opor-tet.

L. 1. Ufum, intra Urbem & 4. majores crimes, C. Th. de habitu quo uti oportet & ibi Gothofred.

Par

L.1. Tempe-
rent. C. Th.
de veſtib. olo-
ꝛetis.

Par une autre Loy de l'an 424. l'Empereur Theodoſe défendit à toutes perſonnes de quelque ſexe, eſtat, condition, dignité & qualité » que ce fuſt, de porter des Robes & des man- » teaux de ſoye & de toutes ſortes d'autres éto- » ffes teintes en pourpre, ou de quelqu'autre » teinture meſlée de pourpre ou contrefaite de » cette couleur, dont l'uſage eſtoit reſervé par les » Loix au Prince & à ſa Cour; il défendit d'en » faire ou d'en broder de cette qualité; Enjoi- » gnit à tous ceux qui en avoient alors en leur » poſſeſſion, de les porter au Treſor Imperial ſans » eſperance d'aucun rembourſement du prix, dé- » clara que c'eſtoit leur faire aſſez de grace de » ne les pas punir pour cette fois du mépris » qu'ils avoient fait des Loix; & que ſi quel- » ques-uns eſtoient aſſez oſez d'en retenir chez » eux, ou d'en cacher ou ſupprimer, ils en » ſeroient punis comme criminels de léze-Ma- » jeſté.

L.1. C. Juſtin.
quæ res venire.

Le même Prince & Honorius par une Loy de » l'an 425. firent défenſe de teindre la ſoye ou » la laine d'une fauſſe teinture de pourpre, ti- » rée du poiſſon *Rhodinus*, ou de la déguiſer en » quelques-autres manieres que ce puſt eſtre, » à peine d'eſtre punis capitalement comme » criminels de léze-Majeſté.

L. unic. Nulli
proculſus C nul-
li licere in fre-
nis &c & de
annículibus pa-
latinis.

Enfin l'Empereur Leon par une Loy de l'an 460. qui eſt la derniere des Loix Somptuaires, fit un nouveau Réglement touchant les orne- mens d'or & de pierreries, qui nous fait con- noiſtre juſqu'à quel point ſes Sujets avoient por- té le luxe. Cette Loy contient deux parties; » par la premiere, il eſt défendu à toutes per-

ſonnes de quelque qualité qu'elles ſoient, d'en- « richir de perles, d'émeraudes ou d'hyacintes « leurs baudriers, le frain des brides ou les ſel- « les de leurs chevaux; il leur eſt ſeulement per- « mis d'y employer toutes autres ſortes de pier- « reries; mais elle leur défend d'en faire met- « tre aucune de quelque qualité qu'elle ſoit aux « mords des brides; elle permet aux hommes « d'avoir des agraffes d'or à leur caſaque, & d'y « employer tout l'art que l'on jugera à propos « pour en perfectionner l'ouvrage; mais elle dé- « fend d'y ajouter aucuns autres ornemens plus « précieux; & ordonne que ceux qui contre- « viendront à cette Loy ſeront condamnez en « cinquante livres d'or d'amende.

La ſeconde partie de cette Loy défend à « toutes autres perſonnes que ceux qui ſont em- « ployez par le Prince, de faire aucuns ouvra- « ges d'or ou de pierres précieuſes, à l'exce- « ption ſeulement des ornemens qui eſtoient per- « mis aux Dames, & des anneaux que les hom- « mes & les femmes avoient droit de porter; « elle veut que tous ceux qui ſeront trouvez « en contravention, quand même les ouvra- « ges ſeroient deſtinez pour faire un preſent à « l'Empereur, ſoient condamnez au dernier « ſupplice, & en cent livres d'or d'amende; elle « ajouſte pour motif, que cette liberté, ſi elle eſ- « toit ſoufferte, ſeroit une occaſion prochaine à « éluder les Loix, & que tous ces ouvrages deſ- « tinez aux ornemens des Empereurs doivent « eſtre fabriquez dans leurs Palais, & par les « Ouvriers qu'ils y employent. «

CHAPITRE IV.

De la Police de France touchant le luxe, depuis la naiſſance de la Monarchie, juſqu'à la fin du Regne de Charles IX.

Tacit. de mo-
rib. Germ.
Cæſar. de bel.
Gallic. l. 6.

DE tous les Peuples de l'Europe, il n'y en a jamais eu de plus éloignez du luxe, que les François avant leurs conqueſtes des Gaules. Cette Nation belliqueuſe faiſoit toutes ſes dé- lices de la chaſſe ou de la guerre, & n'avoit d'au- tre ambition que celle de dompter ſes ennemis; leurs maiſons n'eſtoient que de bois ſans eſtre dolé, ils les enduiſoient quelquefois d'argile par dedans, & les couvroient de paille: les hom- mes n'avoient ordinairement pour tous habits qu'une ſaye de gros drap, ou de peaux, le poil en dehors, attachée avec une ſeule agraffe, & une chauſſure de peau de Taiſſon ou de Blereau. Les Nobles pour toute diſtinction portoient leurs ſayes d'une étoffe plus fine, & ils les doubloient de peaux mouchetées & diverſifiées par diffe- rentes pieces de riches peaux qu'on leur ap- portoit des Pays Septentrionaux: outre la ſaye, les riches avoient auſſi une eſpece de pantalon de diverſes couleurs & fort étroit, qui leur ſer- voit de haut de chauſſes & de pourpoint. Les habits des femmes eſtoient fort peu differens de celuy des hommes; elles portoient des chemi- ſes qu'elles brochoient de fil de couleur de pourpre, & une robe de laine par deſſus; mais ſans manches non plus que la chemiſe, les fem- mes auſſi-bien que les hommes ayant le haut de la gorge & les bras preſque tout découverts; s'ils ſe paroient quelquefois de colliers ou de chaînes d'or, ce qui eſtoit fort rare; ils les

avoient reçus en preſent de quelques Etrangers.

Il y avoit cinq cens ans que les Gaules eſtoient ſous la domination des Romains, lors que les François en firent la conqueſte. Cette nouvelle Colonie, ſelon le témoignage d'un Auteur con- temporain s'accommoda aux Mœurs, aux Loix & aux Couſtumes des anciens Habitans de ces Provinces conquiſes; elle conſerva toûjours neu- moins ſon ancienne modeſtie dans la maniere de s'habiller, & ſur tout l'uſage des fourrures com- mun à toutes les autres Nations du Nord. Là mode en devint même univerſelle, & ſe ré- pandit bien-toſt de la Cour des Princes Fran- çois à tous leurs Sujets de l'une & de l'autre Nation; ainſi les Loix Somptuaires ne leur fu- rent pas d'abord d'une grande utilité; comme ils avoient eſté élevez dans la ſimplicité que nous venons de voir, & tout occupez à jetter les fon- demens de leur nouvelle Monarchie, ou à re- pouſſer les ennemis qui s'y oppoſoient, ils pen- ſerent peu aux amuſemens des parures ſuper- flues.

Ce ne fut que ſous le Regne de Charlema- gne & avec ſes Armées victorieuſes, au retour des conqueſtes qu'il fit en Italie, que le luxe repaſſa les Alpes, & les François rapporterent de ces Provinces voluptueuſes toutes les inclina- tion qui s'y contractent ordinairement, & la pompe des habits en fut l'une des principales. Il n'y eut que le Prince qui demeura conſtam-

Agath. hiſt.

Æginard.
Quidam Mo-
nach. Sangal-
repaſſa len.

ment l'ennemi déclaré du faste & des modes nouvelles ou étrangeres ; & hors les Ceremonies publiques & les occasions où la Majesté de l'Estat
doit paroistre dans la magnificence de son Souverain, il s'habilloit toujours si modestement,
qu'en cela il ne differoit presque en rien du commun du peuple ; c'est ainsi que les Auteurs s'en
expriment. Cependant le prix des étoffes augmenta à proportion que ses Sujets s'abandonnerent au luxe, & le progrés en estoit à craindre ;
il y pourvut par une Ordonnance de l'an 808.

Cap. Reg. Fr.
t. 1. col. 464.

» tiere, Elle fait défenses à toutes personnes de
» vendre ou d'acheter le meilleur sayon double
» plus cher que 20. s. le simple 10. s. & les autres
» à proportion : le meilleur Rochet fourré de
» Martre ou de Loutre, plus cher que 30. s. &
» fourré de peau de Chat, 10. s. elle veut enfin
» que si quelqu'un est trouvé avoir vendu ou
» acheté l'un de ces vestemens plus cher que
» cette fixation, il soit condamné en quarante
» sous d'amende envers le Roy, & vingt sous
» pour le dénonciateur. Le sayon estoit la robe de

Le Blanc,
Traité des
Monnoyes.

dessous, & le rochet fourré celle de dessus; quant
au prix, le sou de ce temps évalué à nostre monnoye en valoit quarante-six, ainsi ce prix estoit
alors considerable.

Il ne se trouve point d'autres Loix Somptuaires de Charlemagne, de Loüis le Debonnaire,
de Charles le Chauve, ny de Loüis le Begue ;
il n'y en a aucune sur quelque matiere que ce
soit des huit derniers Roys de cette Branche,
non plus que des six premiers de la troisiéme.
Les troubles civils & les guerres étrangeres dont
l'Estat fut agité pendant plus de trois siecles, attirerent toute l'attention du costé des armes, le
reste fut negligé. Philippe Auguste, Loüis le
Gros, Loüis le Jeune, saint Loüis & Philippe
III. firent quelques Loix pour restablir l'ordre
public ; il n'y en eut point contre le luxe, leurs
Regnes ne furent pas encore assez tranquiles
pour parvenir jusqu'à cette réforme.

Pendant ce long silence des Loix sur cette matiere, les abus s'estoient multipliez, & dans toutes
les conditions la pompe des habits & les autres
dépenses superflues estoient portées jusqu'à l'excés. Philippe le Bel crut qu'il estoit important à
l'Estat d'arrester le progrés de ce desordre ; il y
pourvut par une Ordonnance de l'an 1294. Voicy ce qu'elle contient.

In quodam
parvo lib. Ca
meræ Compu-
torum, in quo
sunt ordina-
tiones sancti
Ludovic. pro
tranquillo sta-
tu Regni, fol.
47.
Liv. noir du
Chastelet, fol.
97.

» Nulle Bourgeoise n'aura de char.
» Nul Bourgeois ou Bourgeoise ne portera
» vair, ny gris, ny hermine; & ils se déferont
» des sourrures qu'ils ont de cette qualité du
» jour de Pâques en un an ; il leur est aussi dé-
» fendu de porter de l'or, des pierres précieu-
» ses, ny des couronnes d'or ou d'argent.
» Nul Clerc, s'il n'est Prélat ou establi en person-
» nat ou en dignité, ne pourra porter de vair, ny
» gris ou hermines, sinon à son chaperon seule-
» ment.
» Les Ducs, les Comtes, les Barons de 6000.
» liv. de rente, pourront avoir quatre robes,
» & non plus par an, & leurs femmes autant.
» Nul Chevalier ne donnera à aucun de ses
» Compagnons que deux paires de robes par an.
» Les Prélats auront seulement deux paires de
» robes, & n'en pourront donner à chacun de
» leurs Compagnons qu'une paire, & deux chap-
» pes par an.
» Les Chevaliers qui auront 3000. liv. de rente,
» & les Bannerets, pourront avoir trois paires
» de robes par an, y compris une robe pour l'Esté.
» Tous autres Chevaliers n'auront chacun que

deux paires de robes par an, soit par don, par «
achapt, ou en quelqu'autre maniere que ce «
soit, & ils en pourront donner pareil nombre «
à leurs Compagnons. «
Nul Ecuyer n'aura que deux paires de robes «
par an, soit par don, par achapt ou autrement. «
Les Garçons n'auront qu'une paire de robe «
par an. «
Nulle Damoiselle, si elle n'est Chastelaine «
ou Dame de 2000. liv. de terre, n'aura qu'u- «
ne paire de robe par an. «
Nul Bourgeois ou Bourgeoise, nul Ecuyer «
ou Clerc, s'il n'est Prélat, en personnat, ou en «
plus grand estat, n'aura torche de cire. «
A l'égard des étoffes pour les robes, le prix «
en est reglé pour les Prélats & les Barons, dans «
quelque dignité qu'ils soient, 25. sous tour- «
nois l'aune de Paris. «
Les femmes des Barons à proportion. «
Les Compagnons des Comtes ou des Barons, «
18. s. l'aune. «
Les Bannerets & les Chastelains, 18. s. l'au- «
ne, leurs femmes à proportion, & leurs Com- «
pagnons, 15. s. l'aune. «
Les Ecuyers, fils de Barons, de Bannerets «
ou de Chastelains, 15. s. l'aune. «
Les Ecuyers des Prélats, des Comtes, des «
Barons, des Bannerets ou des Chastelains, 6. «
ou 7. s. l'aune. «
Les autres Ecuyers qui sont à eux & s'habil- «
lent à leurs dépens, 10. s. l'aune. «
Les Clercs qui sont en dignité ou en person- «
nat, 16. s. l'aune, & pour leurs Compagnons «
12. s. l'aune. «
Les Clercs qui ne sont en dignité ny per- «
sonnat, mais qui sont fils de Comtes, Barons, «
Bannerets ou Chastelains, 16. s. l'aune ; & «
pour leurs Compagnons ou pour leurs Mais- «
tres, 10. ou 12. s. l'aune. «
Les autres Clercs qui sont à eux & qui s'ha- «
billent à leurs dépens, 12. s. 6. d. l'aune. «
Les Chanoines d'Eglise Cathedrale 15. s. «
l'aune. «
Les Bourgeois qui auront la valeur de 2000. «
liv. & au dessus, 12. s. 6. d. l'aune, & leurs «
femmes, 16. s. au plus. «
Les Bourgeois moins riches, 10. s. & leurs «
femmes, 12. s. l'aune. «
Enjoint à tous les Sujets du Roy d'obser- «
ver cette Ordonnance, à peine contre les Ducs, «
les Comtes, les Barons & les Prélats de 100. «
tournois d'amende ; les Bannerets, 50. l. le «
Chevalier ou le Vavasseur, 25. l. les Doyens, «
les Archidiacres, les Prieurs & les autres Clercs «
qui ont dignité ou personnat, 25. l. les autres «
laïques de quelque qualité qu'ils soient, qui «
auront vaillant 1000. l. parisis, 25. l. & s'ils «
ont moins vaillant, 100. s. les autres Clercs qui «
n'ont dignité ny personnat, soit seculiers ou «
reguliers, 100. s. Ces amendes appliquables «
les deux tiers aux Seigneurs des lieux à l'é- «
gard des laïques, & aux Prélats ou Superieurs «
à l'égard des Ecclesiastiques; & l'autre tiers au «
dénonciateur : & que neanmoins ceux qui se «
voudront purger par serment qu'ils sont inno- «
cens, ils seront quittes de la peine. Le sou de ce «
temps évalué à nostre monnoye d'aujourd'huy «
valoit 11. s. 4. d. obole, & la livre, onze ou dou- «
ze liv. des nostres : ainsi l'on peut juger par là «
du prix de ces étoffes & de la force des amendes. «
Sous le Regne de ce même Prince il s'establit «
une mode de chaussure la plus bizarre que l'on «
puisse imaginer ; c'estoit une espece de souliers «
que l'on nommoit souliers à la Poulaine, peut- «
estre

Conc. Paris.
an. 1212.
Conc. Andeg.
an. 1365. Can.
13.

Martin. de Bosco Galteri, in vita Mariæ de Maliaco, num. 36.
Continuator Nangil, ann. 1365.
Guill. Paradin, Hist. de Lyon chap. 5.

estre du nom de celuy qui les avoit inventez : ils finissoient en pointe, dont le becq estoit plus ou moins long, selon la dignité de la personne ; les gens du commun les portoient ordinairement d'un demi-pied, les plus riches d'un pied : les grands Seigneurs & les Princes de deux pieds : quelquefois ce bec estoit terminé par deux cornes, d'autres fois par des griffes, ou des figures d'ongles : enfin les plus ridicules estoient les plus beaux. L'Eglise s'estoit beaucoup de fois récrié contre cet usage, comme estant contraire à l'ordre de la nature, & défigurant l'homme dans cette partie de son corps ; elle l'avoit condamné dans le Concile de Paris l'an 1212. & dans celuy d'Angers l'an 1365. cette mode extravagante fut enfin abolie par Lettres Patentes de Charles V. du neuviéme Octobre
» 1368. Elles font défenses à toutes personnes
» de quelque qualité & condition qu'elles soient,
» à peine de dix florins d'amende, de porter à
» l'avenir de ces souliers à la Poulaine, cette
» superfluité estant contre les bonnes mœurs, en
» dérision de Dieu & de l'Eglise, par vanité
» mondaine & folle présomption. Ce sont les termes de cette Ordonnance. Le florin valoit dix sous Parisis, & le sou revenoit à six sous dix deniers de nostre monnoye ; ainsi cent sou seroit aujourd'huy de trente-quatre livres deux sous huit deniers ; c'estoit en ce tems-là une somme assez considerable.

Livre vert ancien du Châtelet de Paris, fol. 148.

Les gros ouvrages d'orfévrerie n'estoient autrefois destinez qu'aux Eglises, ou tout au plus aux tables des Princes & des grands Seigneurs : l'usage commença d'en estre plus commun sous le regne de Louis XI. chacun voulant en avoir selon ses facultez. Ce n'est pas que les matieres d'or & d'argent fussent alors plus abondantes, tout le mal venoit du costé de l'ambition, qui faisoit toujours progrès. Le prix de ces métaux précieux augmenta à proportion, le marc d'or fut porté en moins de trente ans de cent livres à cent trente, & celuy d'argent de huit livres quinze sous à onze livres. Louis XII. ne fut pas plutost parvenu à la Couronne, qu'il connut le préjudice que causoit ce déréglement, & il le reforma, l'Ordonnance qu'il fit à cette occasion du vingt-deux
» Novembre 1506. porte, que tous les Orfévres
» ne pourroient dorénavant faire aucune vaisselle
» de cuisine d'argent, ny aucuns bassins, pots
» à vin, flacons & autre grosse vaisselle, sans
» son congé & permission par Lettres Patentes,
» leur permet seulement de faire des tasses & pots
» d'argent du poids de trois marcs & au dessous,
» des sallieres, des cuillieres, d'autres menus ou-
» vrages de moindre poids, & tous ouvrages
» pour ceintures & pour reliquaires d'Eglise.

Registre du Parlem. du 17. Decem. 1506. Registre de la Cour des Monoyes du 11. Decem. Registre du Chastel. séant au Louvre du même jour.

Le luxe estoit parvenu à un tel excès, que les Sujets du Roy faisoient venir des Pays étrangers, la vaisselle qui excedoit le poids de cette Ordonnance. Les Orfévres s'en plaignirent
» & representerent que pour ces ouvrages qui
» estoient tirez des Pays étrangers, il sortoit de
» la France beaucoup d'argent en espece, tant
» pour la matiere que pour les façons : ils ajou-
» terent que les Etrangers qui avoient accoutu-
» mé de faire fabriquer leur vaisselle en France,
» ne le pouvant plus depuis cette Ordonnance,
» s'estoient retirez ailleurs ; ce qui portoit un no-
» table préjudice au commerce ; ainsi la faveur
» du commerce au secours du luxe, & cette Ordonnance fut revoquée par une Déclaration du même Prince du 24. Juin 1510.

Registre du Grand Conseil du 7. Février 1511.

Charles VIII. parvenu à la Couronne, trouva la France beaucoup épuisée, par les calamitez

Tome II.

qu'elle avoit eu à supporter sous Charles VI. Charles VII. & Louis XI. il fit assembler les Estats Generaux à Tours, dés la premiere année de son regne, pour y pourvoir. L'un des principaux resultats, fut de retrancher le luxe & les dépenses superflues : l'Edit en fut expedié à Melun le dix-septiéme Decembre 1485. Voicy quelles font ses dispositions : il fait défenses à tous les Sujets du Roy de porter aucuns draps «
d'or, d'argent ou de soye, soit en robes ou «
en doublures ; à peine de confiscation des «
habits, & d'amende arbitraire. Il excepte «
neanmoins quant à la soye, les Nobles de «
bonne & ancienne famille, & vivant no- «
blement ; il leur permet de se vestir, sçavoir «
les Chevaliers, ayant deux mille livres de «
rente, de toutes sortes d'étoffes de soye indif- «
tinctement, & les Ecuyers ayant un pareil re- «
venu de deux mille livres, d'étoffe de damas, «
ou de satin figuré. Leur défend sous les mêmes «
peines, le velours & toutes autres étoffes de «
cette qualité. «

Livre vert neuf du Châtelet f. 81. Fontan. l. 5. tit. 14. n. 1. tom. 1. p. 980.

• La richesse & la beauté des fourrures avoient long-tems distingué en France celle des habits, les Ordonnances de Charlemagne & de Philippes le Bel nous en fournissent la preuve : ce n'est pas qu'il n'y eût des étoffes de soye longtems avant l'établissement de la Monarchie. L'origine en vient des Indes, & est fort ancienne : l'usage n'en a passé en Europe que fort tard.

Polid. Virg. l. 3. c. 6. Plin. lib. 11.

L'Empereur Heliogabale, qui commença de régner l'an 220. est le premier qui en a porté des habits. Elle se vendoit encore au poids de l'or l'an 272. sous le regne de l'Empereur Aurelien, ce qui blessa tellement la modestie de ce Prince, qu'il refusa de s'en vestir.

Lamprid sub Anton. Heliogabal.
Vopisc. in Aureliano. Polidor. Virg. lib. 3 c. 6.

Il ne faut pas s'étonner de ce prix excessif, elle se tiroit encore en ce tems-là, des lieux où elle avoit pris naissance, ce ne fut que l'an 555. que deux Religieux apporterent des Indes à l'Empereur Justinien des œufs ou semences de vers à soye, l'instruction de les faire éclorre, de les élever, d'en tirer la soye, & de la mettre en œuvre. Cela fit progrès en peu de tems, & le Prince en établit des Manufactures en differentes Villes de la Grece. Roger Roy de Sicile au retour d'une expedition qu'il avoit faite dans la Terre Sainte environ l'an 1130. amena d'Athenes, de Corinthe & de Thebes, tous les ouvriers en soye qu'il y put trouver, & les établit à Palerme. Ils apprirent aux Siciliens à nourrir les vers à soye, à la filer, & à la mettre en œuvre. Cet art fut ensuite porté en Italie en Espagne : des Marchands Lombards & Toscans l'apporterent peu d. tems après en France; ils s'établirent d'abord dand les Provinces les plus chaudes : nos Roys leur assignerent des Villes de Nismes, Montpelier, Carcassone & Beaucaire : plusieurs étendirent leur commerce jusqu'à Paris : le Quartier où ils se logerent, en a retenu jusques aujourd'huy le nom de ruë des Lombards.

Procop. de Edib. Justin. Polidor. Virg. l. 3. c. 6.

Fazel. hist. Baron. in Ann. Mezeray.

Du Cang. gl. in verb. Longobard. tom. 2 pag. 214.

A l'égard de l'or & de l'argent, l'usage de le brocher ou mêler dans les étoffes, vient d'Atalus Roy de Pergame en Asie, qui commença de régner l'an du monde 3812. & avant JESUS-CHRIST 242. l'usage en passa de l'Asie en Grece, de Grece en Italie, & nous a esté apporté de ce pays-là aussi-bien que la soye : mais quoy qu'il en soit, on se servoit peu de ces matieres précieuses de soye, d'or ou d'argent pour se vestir. Cette Ordonnance de Charles VIII. est la premiere qui en fait mention : les riches parures furent substituées aux riches fourrures,

Plin. l. 8. & 33.

xures,

rures, dont l'usage qui estoit encore en vigueur sous Philippes le Bel, s'abolit insensiblement.

Mezeray abregé chronol. tom.6. p.288.

Depuis ce tems le luxe s'augmenta considerablement, les besoins de l'Estat les plus pressans n'estoient pas capables d'en arrester le cours; au contraire, suivant la remarque d'un Auteur du dernier siecle, jamais le desordre de la pompe des habits, & des autres dépenses superfluës ne se déborda si fort, que durant les calamitez publiques: il semble, dit-il pour toute raison, que ce soit un fleau de Dieu, qui se met de pair avec les guerres civiles ou étrangeres. Cela produisit sous le regne de François I. deux grands inconveniens; le premier, que les familles se ruinoient en dépenses excessives par emulation & jalousie: le second, que comme ces riches étoffes ne se fabriquoient pas encore en France, l'argent sortoit du Royaume pour en avoir, & palloit aux Etrangers, souvent même aux Ennemis de l'Etat: ce furent les deux motifs qui servirent de fondement à une Declaration de ce Prince du huitième Decembre 1543.

Fontan. to. 1.l.5.tit.14. n.2. p. 980.

» Elle porte de tres-expresses défenses à tous » Princes, Seigneurs, Gentils-hommes, & » à tous autres Sujets du Roy, de quelque état » & qualité qu'ils soient, à l'exception seule- » ment des deux Princes Enfans de France, » le Dauphin, & le Duc d'Orleans, de se vestir » d'aucun drap ou toile d'or ou d'argent: » défend aussi toutes porfilures, broderies, » passemens d'or ou d'argent, velours, ou » autres étoffes de soye barrez d'or ou d'ar- » gent, soit en robes, sayes, pourpoints, chauf- » ses, bordures d'habillemens, ou autrement, » en quelque sorte & maniere que ce soit, sinon » sur les harnois; à peine de mille écus d'or sol » d'amende, de confiscation, & d'estre punis » comme infracteurs des Ordonnances. Et afin » que ceux qui avoient plusieurs de ces habille- » mens eussent le tems de les user, le Roy leur »donna un délay de trois mois pour les porter, »ou en disposer ainsi que bon leur sembleroit.

L'écu d'or sol valoit quarante-cinq sols de la monnoye de ce tems-là, il y en avoit 71. un sixième au marc; ainsi il vaudroit aujourd'huy un peu plus de sept livres; & consequemment cette amende montoit à sept mille livres & plus.

Ibid.n.3.p.981

Henry II. renouvella ces défenses du luxe, sous les mêmes peines, par une Déclaration du dix-neuviéme May 1547. la premiere année de son regne; il les étendit aux femmes qui n'avoient point esté comprises dans celles de François I. & n'en excepta que les Princesses, & les Dames & Damoiselles qui estoient à la suite de la Reine, & de Madame Sœur du Roy.

Il estoit important pour le bien de l'Estat, que ce Prince en usât ainsi, en montant sur le Trône: l'alliance qu'il avoit contractée dés l'an 1533. n'estant alors que Duc d'Orleans, & second Fils de France, avec Catherine de Medicis, Princesse Italienne, remplit sa Cour aussi-tost qu'il fut parvenu à la Couronne, d'un grand nombre de personnes distinguées, & y introduisit toutes les modes du Pays de la Reine; les riches étoffes d'Italie, & les manieres délicates de les mettre en œuvre se naturaliserent en France, & jamais la pompe des habits n'avoit esté portée à un tel excés. Le Couronnement de la Reine en 1549. son Entrée à Paris, les Tournois & les festes qui la suivirent, furent encore autant d'occasions de luxe & de magnificence; toutes les conditions s'y trouverent enfin confonduës, l'on n'y distinguoit plus le Bourgeois du Courtisan, & à peine l'Ecclesiastique d'avec le Cavalier. Les étoffes estoient portées à un prix excessif, les vivres & toutes choses avoient esté augmentées à proportion; chacun dans son état, depuis le plus petit jusques au plus grand, ayant besoin d'augmenter son revenu pour entretenir le faste des parures, ce desordre demandoit un puissant remede pour rétablir la discipline publique, & empêcher la ruine des familles: ce furent les motifs d'une autre Déclaration du même Prince du douzième Juillet de cette même année 1549. plus ample que la premiere; elle porte des défenses à toutes «

Bannieres du Chastelet de Paris,v.5.l.13 Fontan.t.1.l.5. tit.14. n. 4. p. 983.

personnes hommes & femmes, de quelque « état & condition qu'elles soient, de porter sur « leurs habits ou autres ornemens, aucuns draps « ou toiles d'or ou d'argent, porfilures, bro- « deries, passemens, emboutissemens, orfévre- « ries, cordons, canetilles, velours, satins ou « taffetas barrez, mélez, couverts ou traffez « d'or ou d'argent, ny autres semblables super- « fluitez. «

Elle excepte neanmoins quant à l'orfévrerie « les boutons ou fers seulement sur les décou- « pures des manches, & des robes, sur les sayes, « au devant du corps, aux fentes & aux man- « ches des mêmes sayes, qui seront découpez, « & non ailleurs; & quant aux broderies, « passemens & emboutissemens, ils se pourront « porter de soye, & non d'autres étoffes ou ma- « tieres aux bords & bordures des habits seule- « ment de la largeur de quatre doigts, sans qu'on « en puisse mettre sur les plis, ny aux corps, soit « des robes ou des sayes. «

Que comme il est raisonnable que les Princes « & les Princesses soient distinguées des autres « par leurs habits, le Roy leur permet de porter « en robes tous draps de soye rouge cramoisy, « & défend à tous autres hommes ou femmes, « d'estre si hardis d'en porter de cette couleur, « sinon les Gentils-hommes, en leurs pourpoints « & hauts de chausses, & les Dames & Damoi- « selles en cottes & en manches: ordonne que « pour faire aussi quelque difference des Filles « élevées proche de la Reine, ou proche dés « Princesses Filles ou Sœurs du Roy d'avec les « autres, elles pourront porter en robe du ve- « lours de toutes autres couleurs que du cramoi- « sy: fait défenses à toutes celles qui sont au « service des autres Princesses ou Dames, de « porter en robe autre velours, que noir ou tanné, « leur laissant la liberté de porter toutes autres « étoffes de soye de couleurs non défenduës. «

Quant aux femmes des gens de Justice & « des autres habitans des Villes, il leur est ex- « pressément défendu de porter aucunes robes de « velours, ny d'autres draps de soye de couleur, « leur permet seulement de les porter en cottes, « ou manchons. «

Fait défenses aux gens d'Eglise de porter des « robes de velours, s'ils ne sont Princes. «

Défend aussi à tous les Sujets du Roy qui « ne sont point Gentils-hommes, ou qui ne ser- « vent dans ses Armées, de porter soye sur soye, « c'est-à-dire, que s'ils ont une saye de velours « ou d'autre drap de soye, ils ne pourront avoir « la robe d'étoffe de soye, & ainsi de leurs au- « tres habillemens, leur est défendu de porter « des bonnets, des souliers, ou des fourreaux à « leurs épées de velours: excepté neanmoins de « cette régle tous les Officiers ordinaires servant « auprès de la Personne de Sa Majesté, ou dans « son Conseil Privé, qui continueront de s'ha- « biller ainsi qu'ils ont accoustumé. «

Qu'en

Qu'en expliquant & modifiant les dernieres Ordonnances, qui permettoient de porter sur les harnois toutes sortes d'ornemens : déclare par » celle-cy que sur les harnois des gens de guerre, » & les caparaçons des chevaux, ne sera porté » aucun drap ou toile d'or ou d'argent, teint » ou tissu, si ce n'est pour une fois, & dans une » action notable, comme dans une bataille ou » journée assignée ; mais bien se pourra porter » en tout tems des broderies ou tailleures d'or, » d'argent, ou de soye, en bord de quatre doigts, » & en ornemens de Croix.

» Ne seront les Pages, soit des Princes, Sei- » gneurs, Gentilshommes ou autres, habillez » que de drap seulement, avec un jet ou bande » de broderie de soye ou velours, si bon semble » à leurs Maistres.

» Fait défenses à tous Artisans mécaniques, » Paysans, gens de labour & valets, s'ils ne sont » aux Princes, de porter pourpoints de soye, » ny chausses bandées, ny boussées de soye. Et » d'autant qu'une partie de ces dépenses excessives » & superfluës en habits de soye, provient du » grand nombre de Bourgeoises, qui prennent » la qualité de Damoiselles, il leur est défendu » à l'avenir de changer d'état, & de prendre » ce titre, si leurs maris ne sont Gentilshom- » mes.

Le Parlement ayant esté averti, que sous pré- texte de la huitaine, qui avoit esté accordée pour quitter les habits d'étoffes défenduës, plu- sieurs Bourgeoises dans ce tems de huitaine, fai- soient tailler & préparer des habits de Damoi- selles, pour estre en état d'éluder dans la suite l'execution de l'Edit ; sur cet avis, il ren- dit un Arrest le dix-septiéme Aoust 1549. par le- quel il est ordonné au Prevost de Paris, ou son » Lieutenant, de faire publier promptement les » défenses faites aux Bourgeoises, & autres fem- » mes non Damoiselles, d'en prendre le titre, » ou d'en porter l'état & les habits, sur les pei- » nes portées par l'Edit, & d'amende arbitraire, » & au surplus, de s'informer diligemment des » autres contraventions, & de punir ceux qui s'en » trouveront coupables.

Pour executer cette reforme dans la plus exacte précision, le Parlement proposa au Roy plusieurs doutes sur les articles qui demandoient quelque explication : le Roy les sit examiner en son Conseil, & les renvoya avec ses réponses au Parlement le 27. Octobre 1550. nous les rap- porterons dans leurs propres termes.

Doutes proposez au Roy par le Parlement, en in- terpretation de l'Edit contre le luxe, & les réponses du Roy à chaque article.

» 1. Si les bordures d'orfévrerie que les femmes » portent sur la teste, & les chaînes d'or qu'el- » les portent en ceintures ou en bordures, sont » comprises & défenduës sous le mot d'orfévre- » rie. Le Roy déclare qu'elles n'y sont pas com- » prises, non plus que les patenôtres, & autres » especes de bagues.

» 2. Si sous le mot de passement, les bandes de » velours qui sont sur les habits, & ailleurs qu'aux » bords, sont compris dans ces défenses.

» Déclare qu'il entend qu'il n'y ait aucunes » bandes, sinon aux fentes & bords des robes.

» 3. Si les petits enfans de dix ans & au dessous » sont compris dans l'Edit pour les robes & » coëffures.

» Déclare qu'ils y sont compris.

» 4. Si le tanné en soye est compris sous les robes

de couleurs. Déclare que le tanné n'est point « défendu. «

5. S'il sera permis aux gens d'Eglise qui ne sont « Gentilshommes, de porte soye sur soye. «

Declare que les Evêques, les Abbez, & les « premieres Dignitez des Eglises Cathedrales & « Collegiales pourront porter soye sur soye. «

6. Si sous ce mot de Gentilshommes, les « gens de Justice, de Robe-longue, sont « Gentilshommes, y sont compris ; comme aussi « si les Offices de Conseillers de la Cour, Secre- ter taires du Roy, & autres annoblissent les per- « sonnes quant à l'observance de cet Edit, en- « core que d'ailleurs ils ne soient nobles. «

Declare que les Gens de Robe qui sont Gen- « tilshommes, pourront porter soye sur soye, « & en user ainsi que les autres Gentilshommes, « & que les Secretaires du Roy en pourront por- « ter comme Nobles. «

7. Si sous ces mots bonnets de velours, les « chapeaux & les calottes y sont compris. «

Declare que les chapeaux de velours sont « compris en l'Edit. «

8. Si les Domestiques de la Maison du Roy « estant hors de Quartier, sont compris en l'exe- « cution de l'Edit. «

Declare qu'ils joüiront de l'exemption en « service & autrement. «

9. Si sous ce mot de mécaniques sont com- « pris les Marchands vendans en détail, & les « principaux Mestiers à Paris, comme Orfévres « Apotiquaires & autres ; & si les femmes des « mécaniques porteront de la soye en bordures « & ailleurs. «

Déclare Sa Majesté, que tous Marchands « vendant en détail & gens de Mestiers, sont « compris en l'Edit : mais bien pourront leurs « femmes porter de la soye en doublures, bords « & manchons. «

Ces réponses reçuës avec une Lettre de cachet du dix-septiéme Octobre 1549. le Parlement rendit un Arrest le vingt-quatriéme May de l'année suivante 1550. par lequel il est ordonné Bannieres du au Prevôt de Paris, ou ses Lieutenans, de « Chasteler,v.5. faire publier de nouveau l'Edit contre le luxe, « fol. 86. avec ses interpretations, & de le faire execu- « Fontan. Ibid. ter inviolablement, sous les peines y conte- « nuës. «

Le Régne de ce Prince ne fut pas assez cal- me, pour soustenir cette reforme, la licence du luxe reprit bien-tost le dessus : les troubles de la Religion qui agiterent la France pendant tout le régne de François II. ne permirent pas de penser à d'autres soins.

Charles IX. qui commença de régner l'an 1560. ne fut pas plutôt monté sur le Trône, qu'il assembla les Estats Generaux à Orleans, pour remedier aux abus qui s'estoient introduits sous les régnes précedens. Lange Avocat au Parle- ment de Bordeaux, qui parla pour le tiers Estat, se plaignit beaucoup de la dissolution du Clergé, & de la superfluité & somptuosité de leurs ha- bits ; il en dit autant des Gens de Justice, & beaucoup plus des Partisans & Financiers, qui surpassoient, disoit-il, toutes les effeminations des Asiatiques ; & des anciens Sybarites. Jac- ques de Silly, Seigneur de Rochefort, & Da- moiseau de Commerci, parlant pour la Noblesse, se plaignit, que l'une de ses prérogatives au- Belfort. hist. trefois estoit d'aller à cheval, & se vestir « de Franc. l. 6. plus richement que les autres ; ce qui estoit « c.91.tom 2.p. alors usurpé par les gens de toutes conditions. « 1619. Sur ces remontrances l'article 145. des Ordon- nances qui furent arrestées en cette Assemblée,

Ccc iij fait

Jœm;

Fontan. t. 1.
l. 5. tit. 14. n. 7
pag. 984.
Conf. des Or-
don. l. 11. tit. 10

» fait défenses à tous les Habitans des Villes du
» Royaume, d'avoir des dorures fur du plomb
» du fer ou du bois, & de fe fervir de parfums,
» apportez des Pays étrangers ; à peine d'amen-
» de arbitraire, & confifcation de la marchandife. Cette difpofition fort abregée, fut enfuite étenduë avec plus de loifir à tous les autres cas du luxe, par des Lettres Patentes du
22. Avril 1561. Elles portent,

» 1. Que tous Gens d'Eglife fe veftiront d'ha-
» bits modeftes, & convenables à leur Profef-
» fion, fans qu'ils puiffent porter aucun drap de
» foye, foit en robes, fayes, pourpoints, ou
» chauffes, ny les chaulffes aucunement décou-
» pées, & qu'ils porteront toujours l'habit
» long.

» 2. Les Cardinaux porteront toutes foyes avec
» difcretion, fans neanmoins aucune fuperfluité
» ny enrichiffement.

» 3. Les Archevêques & Evêques feront en
» robes de taffetas ou damas pour le plus, & en
» velours & fatin plein pour les pourpoints &
» les foutanes.

» 4. Défend à tous fes Sujets, à l'exception
» de fes Freres, de fa Sœur & de fes Tantes,
» du Roy de Navarre, des Princes & des Prin-
» ceffes, & de ceux qui portent titre de Ducs,
» de porter dorénavant des habits de drap ou de
» toile d'or & d'argent, ny aucunes porfilures,
» broderies, paffemens, franges tortillées, ca-
» netilles, recamurs, velours ou foyes mêlées
» d'or ou d'argent, en quelque forte ou maniere
» que ce foit ; à peine de mille écus d'amende.

» 5. Défend à toutes perfonnes de porter fur
» leurs habits, foit qu'ils foient de foye ou non,
» aucune bande de broderie, piqueures ou em-
» boutiffemens de foye, paffemens, franges
» tortillées, ou canetilles, bords ou bandes de
» quelque foye que ce foit, finon un bord de
» velours ou de foye de la largeur d'un doigt, ou
» pour le plus deux bords, chainettes ou ar-
» riere-points aux bords de leurs habits ; à
» peine de deux cens livres Parifis d'amende ;
» pour chacune fois, applicable moitié aux
» Pauvres, & l'autre au Dénonciateur fans ré-
» miffion.

» 6. Permet aux Dames & Damoifelles de Mai-
» fon, qui demeurent à la Campagne, de s'ha-
» biller de draps de foye de toutes couleurs,
» felon leur qualité, fans neanmoins aucuns en-
» richiffemens.

» 7. Et quant à celles qui font à la fuite
» de Madame Sœur de Sa Majefté, & des Prin-
» ceffes & Dames, qu'elles pourront porter les
» habits tels qu'elles les ont, pendant un an,
» à compter du premier Juillet alors prochain,
» & feulement lorfqu'elles feront à la fuite de la
» Cour, & non ailleurs, & qu'il leur foit
» permis de faire faire de nouveaux habits, que
» femblables à ceux des autres Dames & Damoi-
» felles de la Campagne, fur les peines portées
» cy-deffus.

» 8. Défend aux veuves l'ufage de toute foye,
» finon de ferge ou de camelot de foye, de taffe-
» tas, de damas de velours plein. Quant à
» celles de Maifon demeurant à la Campagne,
» fans aucun enrichiffement, ny autre foit
» que celuy qui fera mis pour arrefter la coû-
» ture.

» 9. Défend à tous Seigneurs Gentilshommes
» & tous autres, de faire porter à leurs Pages
» aucuns draps de foye, broderies, bandes de
» velours, ny enrichiffemens de foye fur leurs
» habits, même aux Pages de Sa Majefté, & à

ceux des Enfans de France fes Freres & Sœur, «
des Princes & Princeffes & des Ducs.   «

10. Quant aux Prefidens, Maiftres des Re- «
queftes & Confeillers des Cours Souveraines, «
& du Grand Confeil, Gens des Comptes, & «
autres Officiers de Juftice, & generalement «
tous autres Officiers Royaux, Sujets & Habi- «
tans des Villes du Royaume, qu'ils ne pour- «
ront porter de la foye en bonnets, fouliers, «
fourreaux d'épée, ny aucun autre habit de «
foye, fi ce n'eft pour les hommes des pour- «
points & fayes, & les femmes & les filles des «
devant de cottes, manches & doublures de «
manches de leurs robes, fans aucun en- «
richiffement : les Maiftres des Requeftes «
eftant à la fuite du Roy, font exceptez de cette «
difpofition.   «

11. Les femmes ne pourront porter aucune «
dorure à la tefte, finon la premiere année «
qu'elles feront mariées ; & les chaînes, colliers «
& bracelets qu'elles porteront, feront fans au- «
cun émail ; à peine de deux cens livres d'a- «
mende, applicable aux Pauvres, & au Dé- «
nonciateur.   «

12. Pareilles défenfes fur pareilles peines, «
aux Treforiers de France, Generaux des Finan- «
ces, & Secretaires du Roy, Officiers compta- «
bles, & autres Officiers, à l'exception des Secre- «
taires de Sa Majefté eftant à fa fuite.   «

13. Fait défenfes aux Artifans, Serviteurs & «
Laquais, de porter de la foye fur leurs habits, «
même aux doublures de leurs chauffes; à peine «
contre les Artifans & gens de Meftiers de cin- «
quante livres d'amende, applicable aux Pau- «
vres, & contre les Serviteurs & Laquais, de «
prifon & de confifcation des habits, défenfes «
aux Maiftres de permettre que leurs Serviteurs «
ou Laquais contreviennent à cette Ordonnance; «
fur peine d'en répondre civilement.   «

14. Fait auffi défenfes à tous Tailleurs, Bro- «
deurs & Chauffetiers de la fuite de la Cour, «
& à tous autres de même Profeffion, de tra- «
vailler aux ouvrages défendus par cette Or- «
donnance, à peine de deux cens livres Parifis «
d'amende, applicable comme deffus pour la «
premiere fois, & pour la feconde d'une amende «
double de la premiere, & du foüet.   «

15. Permet pendant trois mois d'ufer les «
habits enrichis de foye, & non ceux d'or & «
d'argent.   «

16. Enjoint à tous Juges de dénier toutes «
actions pour raifon de ce aux Marchands, qui «
auront vendu des étoffes de foye à crédit à «
quelque perfonne que ce foit, du jour de la «
publication de la prefente Ordonnance.   «

17. Seront exceptez les jours que le Roy «
fera fon entrée en la Ville de Rheims, de fon «
Sacre & de fon Entrée à Paris, pendant lef- «
quels jours, l'ufage de toutes fortes d'habits «
fera permis, fans qu'on en puiffe faire faire «
de nouveaux de la qualité cy-deffus défenduë ; «
fur peine de confifcation, & aux Tailleurs «
qui les feront, de la peine portée par l'Ordon- «
nance.   «

Cette Ordonnance n'eut aucune execution ; les
troubles de l'Eftat augmenterent, & le luxe fit le
même progrès ; ainfi au lieu de diminuer la fuperfluité à la dépenfe exceffive des habits, deux modes nouvelles encherirent fur tout ce qui s'eftoit
vû par le paffé. Les hommes inventerent des habits
dont les hauts de chauffes eftoient rembourrez de
crin, de bourre, de cotton ou de laine, & les plus
enflez eftoient les plus beaux ; les femmes prirent
d'Efpagne la mode des vertugadins, qui élevoient

voient leurs robes en cercles autour d'elles, de huit ou dix pieds de circonference ; ainsi l'un & l'autre sexe fit consister sa parure à groſſir ſa taille : cette mode bizarre, pour ne rien dire de plus conſommoit beaucoup plus d'étoffe, & couſtoit des ſommes conſiderables en façons. Un Edit de Pacification accordé aux gens de la R. P. R. au mois de Mars 1563. reſtabliſt pour un peu de temps le calme dans l'Eſtat. Le Roy avoit alors pour Chef de ſon Conſeil, le Chancelier de Lhoſpital, dont le ſeul nom ſera toujours un éloge parfait ; ce fut par l'avis de ce grand homme que le bon ordre fut reſtably dans la Police du Royaume. Le retranchement du luxe luy parut l'une des matieres les plus importantes. Le Roy y pourvut par une Déclaration du 17. Janvier de cette même année 1563. Cette Déclaration confirme & rappelle toutes les diſpoſitions des Lettres Patentes du 22. Avril 1561. & pour faire ceſſer les abus qui s'eſtoient introduits de nouveau, elle y en ajouſte huit nouvelles.

Fontan. liv. 5. tit. 14. t. 1. p. 986. Conf. des Ordon. l.11. t.10.

» 1º Que comme la façon des habits excedoit beaucoup le prix des étoffes, Sa Majeſté ordonne » qu'à l'avenir il ne ſoit payé pour la façon d'un » habit, tant pour hommes que pour femmes, » que 60. ſ. ſur peine contre les contrevenans de » cent livres pariſis d'amende pour chaque con » travention, applicable moitié aux pauvres, » & l'autre au denonciateur ſans remiſſion.

» 2º Fait defenſes aux femmes de porter des ver » tugales de plus d'une aune, ou une aune & » demie de tour.

» 3º Il excepte ſes Pages, ceux de la Reine ſa » Mere, des Enfans de France, ſes Freres & Sœur, » des Princes, Princeſſes & Ducs, des défenſes » portées contr'eux par l'Ordonnance precedente.

» 4º Qu'à l'égard des Preſidens n'eſtant du » Conſeil Privé, Maiſtres des Requeſtes & au » tres portez par l'Article 10. de l'Ordonnance » precedente ; il y ajouſte que les femmes & » filles Damoiſelles pourront porter du tafetas & » ſamy de ſoye ſeulement en robes, ſans pouvoir » y employer aucune autre ſorte de ſoye ; qu'el » les pourront neanmoins en devant de cottes, » manchons, doublures de manches de leurs ro » bes porter toutes ſortes de ſoye, excepté le Cra » moiſy, ſans aucun enrichiſſement ; leur dé » fend de faire doubler entierement leurs robes » de velours, ſatin, ou autre drap de ſoye ; ny » les hommes leurs robes, capes ou manteaux, » ſi ce n'eſt d'un Ieou demi Ie par le devant des » robes & capes, & de trois doigts au tour, ſi » bon leur ſemble.

» 5º Il défend aux Damoiſelles de porter au » cunes dorures à la tête, ſi ce n'eſt la premie » re année de leurs nôces ; leur permet ſeulement » de porter des chaînes, des carcans & brace » lets, pourvû que ce ſoit ſans émail, à peine » de 200. liv. d'amende.

» 6º Les femmes de Marchands & autres de » moyenne condition, ne pourront porter des » perles ny dorures qu'en patenoſtres & brace » lets, ſous les mêmes peines.

» 7º Défend d'employer plus de 20. ſ. pour » la façon des habits des ſerviteurs & laquais.

» 8º Il fait auſſi défenſes aux Tailleurs & » Chauſſetiers de faire dorénavant, & à tous » ſes Sujets de porter des hauts de chauſſes rem » bourrées, ny enflées de crin de cheval, de » cotton, de bourre ou de laine, & d'y mettre » dedans autre choſe que la doublure, le tafe » tas, le ſatin & le velours ſimplement, ſans » eſtre aucunement relevé ; comme auſſi de fai » re des poches aux chauſſes, qui n'auront doré-

navant que deux tiers de tour pour le plus, ſur « peine contre ceux qui les porteront autre- « ment de 200. liv. d'amende pour chaque con- « travention, & de confiſcation. «

Cette Ordonnance ne faiſoit aucune mention « des boutons, des plaques, des éguillettes & de « quelques autres pieces d'orfévrerie dont les ha- « bits les plus propres eſtoient ordinairement en- « richis ; cette omiſſion qui eſtoit importante fut « réparée par une Déclaration du 28. du même « mois de Janvier 1563. «

Fontan. liv. 5. tit. 14. tom. 1. p. 988.

Elle fait défenſes à toutes perſonnes auſquel- « les l'uſage des draps d'or, d'argent & de ſoye eſt « défendu, hommes, femmes & enfans, d'enri- « chir leurs habits d'aucuns boutons, plaques, « grands fers, ou aiguillettes, petites chaînes « d'or ny autre eſpece d'orfévrerie, avec emails, « ou ſans email, ſinon pour les hommes, en « boutons pour fermer leurs ſayes, & les fentes « des capes & en garnitures de bonnets ; & à « l'égard des Damoiſelles, en chaîne, col- « liers & bracelets ; & pour les femmes de Vil- « le, en patenoſtres & bracelets, ſur les peines « portées par les dernieres Ordonnances. «

L'Ordonnance du 17. Janvier qui permettoit « aux femmes & filles des Preſidens & autres Of- « ficiers de Robe, qui ſont Damoiſelles, de por- « ter du tafeta & ſamy de ſoye, ſembloit en ex- « clure les peres & maris ce qui n'auroit pas eſté « raiſonnable, & fit naiſtre quelque difficulté. Le « Roy y pourvut par une Déclaration du 10. Fé- « vrier 1563. Elle porte qu'en interpretation de « celle du 17. Janvier precedent, il eſt permis « aux Preſidens, Maiſtres des Requeſtes, Con- « ſeillers des Cours ſouveraines, Preſidens & « Maiſtres des Comptes, Preſidens & Generaux « des Aydes, Tréſoriers de France & Generaux « des Finances, Secretaires du Roy, Tréſoriers « de l'Epargne, de l'ordinaire & extraordinaire « des Guerres & de la Maiſon du Roy, parce « qu'ils ſont ordinairement à la ſuite de la Cour, « de porter le tafetas & ſamy de ſoye en robes, « & non autre ſorte de ſoye quelle qu'elle ſoit ; « poutvû, quant aux Officiers des Cours Sou- « veraines, que ce ſoit dans les Cours de Parle- « ment. «

Fontan. liv. 5. tit. 14. tom. 1. p. 988.

Un Brevet du Roy du 26. Juillet 1563. fait « connoiſtre avec combien d'exactitude cette ré- « forme eſtoit obſervée ; par ce Brevet, Sa Majeſté « permet à Maiſtre Paris Heſſelin Maiſtre des « Comptes & Maiſtre des Requeſtes de la Reine, « de porter toutes ſortes d'habits de ſoye ſur ſoye, « tant à la ſuite de la Cour, qu'en la Ville de Pa- « ris, comme il auroit pû faire avant l'Or- « donnance pour la réformation des habits, y « dérogeant pour ſon regard ſeulement ; & pour « jouïr de cette permiſſion, elle fut apportée « & regiſtrée au Chaſtelet. «

Ban. du Chaſtelet de Paris, vol. 6. fol. 166.

Le Roy eſtant à Toulouſe, accorda aux Da- « mes une Déclaration le 20. Février 1565. par la- « quelle il ordonne l'execution des Ordonnan- « ces precedentes, à l'exception des vertuga- « dins, aux femmes & aux filles d'en por- « ter à leur commodité, & neanmoins avec tou- « te modeſtie ; permet auſſi à celles qui ſont Da- « moiſelles, de porter en robes, ſuivant leur fa- « culté, du ſandal & toutes ſortes de tafetas, d'au- « tres couleurs que le blanc, le cramoiſy, le rou- « ge & le violet. «

Conf. des Ordon. liv. 11 tit. 10. art. 19.

Cette petite atteinte qui eſtoit donnée aux « Edits, fit auſſi-toſt inventer des modes nouvel- « les par les Ouvriers, & il ſe fit des tafetas figu- « rez & de differentes couleurs, qui ſe vendoient « preſque auſſi cher que les étoffes mélées d'or ou « d'argent ;

Ibidem.

d'argent ; cela donna lieu à une Ordonnance du 25. Mars 1567. par laquelle le Roy expliquant » ses intentions, déclare que dans la permiſſion » qu'il avoit accordée de porter des tafetas, il » n'avoit point entendu y comprendre de velou- » tez ou de chenillez,mais ſeulement de plein & » ſans aucun déguiſement ; que pour éviter aux » fraudes, il défend aux femmes de quelque » qualité qu'elles ſoient, de porter en habits de » deſſous & couverts d'autres étoffes que celles » qui leur ſont permiſes, ſinon qu'elles les pour- » ront porter de toutes couleurs, ſans enrichiſ- » ſemens, & pourvû que la façon n'excede pas » 60. ſ. Il défend auſſi tres-expreſſément à tous » Ouvriers ſuivans la Cour, de tenir en bouti- » ques ouvertes des chapeaux de ſoye garnis de » cordons d'or, d'argent ou de cannetille preſts » à vendre, ny des épées & éperons dorez, ou » autres choſes défendues, ſauf à eux d'en pou- » voir vendre en particulier à ceux auſquels » l'uſage en eſt permis : que les Tail- » leurs des Villes faire ſur les habits aucuns en- » richiſſemens, dont la façon excede 60. ſ. & ne » pourront livrer aucunes choſes & fournitures, » que le ſimple fil & le fil de ſoye : veut & or- » donne Sa Majeſté, que les habits & autres cho- » ſes prohibées par les Ordonnances,ſoient con- » fiſquées à ſon profit, tant ſur ceux qui les au- » roient dans leurs maiſons & boutiques pour » les faire, leslivrer ou les vendre, que ſur ceux » qui les porteront ; que chacun d'eux ſoit con- » damné à ſoixante liv. pariſis d'amende, qui » ſera appliquée par tiers au Roy, aux pauvres, » au dénonciateur & à l'Officier qui aura fait la » ſaiſie ou la capture ; que les Officiers & Mi- » niſtres de Juſtice puiſſent prendre & ſaiſir les » choſes ſujettes à contravention qu'ils trouve- » ront dans les maiſons ou boutiques des Arti- » ſans : à l'effet de quoy ils pourront y entrer » quand bon leur ſemblera, pour faire les ſai- » ſies & enſuite leur rapport en Juſtice. Pourront » auſſi arreſter les mêmes Artiſans & les repre- » ſenter en Juſtice, pour eſtre condamnez & em- » priſonnez pour les amendes ; pourront pareil-

lement prendre, ſaiſir & arreſter ceux qui ſe- « ront trouvez porter par la Ville les choſes « prohibées par les Ordonnances en quelque « lieu que ce ſoit, les amener en Juſtice pour « leur eſtre les choſes oſtées, & les condamner « à l'amende qu'ils ſeront tenus de conſigner, « & juſqu'à ce tenir priſon. «

Par un Arreſt du Parlement de Touloſe du Conf.des Ord. liv. 11. tit. 10. 8. May 1573. il eſt fait défenſes à tous Eccle- « ſiaſtiques de quelque qualité qu'ils ſoient, « Biblioth. du Droit. Franc. t. 2. p. 143. aux Magiſtrats, aux Juges, aux Officiers & « Miniſtres de Juſtice de robe-longue, & aux « Etudians en l'Univerſité de porter dorénavant « des robes, ſayons, manteaux & chauſſes de « couleur rouge, jaune, verte ou bleuë. & de « porter des chapeaux, particulierement dans les « Egliſes, au Palais ny ailleurs, dans la Ville « & autres Villes du reſſort du Parlement, ſinon « en cas de neceſſité pour l'injure du temps ou « indiſpoſition de leurs perſonnes. Leur enjoint « de porter dorénavant robes longues, ſayons, « pourpoints, chauſſes & bonnets convenables « à leur eſtat, à peine contre les Eccleſiaſtiques « de cent livres d'amende envers le Roy, & de « privation de leur privilege Clerical, & au- « tres peines portées par les Conſtitutions Ca- « noniques ; & contre les Magiſtrats, Officiers, « Graduez & autres Miniſtres de Juſtice de robe-« longue, de confiſcation des habits & de cent « livres d'amende pour chaque contravention ; « & contre les Etudians, ſur ſemblables peines « de confiſcation & de privation du privilege « de ſcholarité. «

Des Ordonnances & des Réglemens ſi ſages Fontan. t. 1. liv. 5.tit.14.n; 11. & 11. furent beaucoup traverſez par les guerres civiles de la Religion qui troublerent l'Eſtat pendant tout ce Regne ; le Roy en renouvella toutes les diſpoſitions par une Déclaration du 15. Février 1573. & par d'autres Lettres Patentes du 2. Jan- vier 1574. il ordonna qu'elles ſeroient de nou- veau publiées, ce qui fut executé par le Juré Crieur à Paris le 21. du même mois, mais tou- jours à l'amende auſſi peu d'effet.

CHAPITRE V.

De la Police de France touchant le luxe, depuis le commencement du Regne de Henry III. juſqu'à la fin du Regne de Loüis XIII.

Fontan. t. 1. l. 5. tit.14. n.13. p. 992. Conf.des Ord. liv. 11. tit. 10. t. 3. p. 267.

HEnry III. eſtant parvenu à la Couronne au mois de May 1574. employa les deux pre- mieres années de ſon Regne à pacifier les trou- bles du Royaume ; il crut y avoir réuſſi en ac- cordant la liberté de conſcience & des lieux d'exercice aux Prétendus Réformez : l'Edit de pacification en fut expedié le 5. May 1576. Le Roy tourna auſſi-toſt tous ſes principaux ſoins du coſté de la Police, & entreprit d'en refor- mer les abus ; le luxe luy parut d'abord un des principaux, & celuy qui demandoit une plus prompte attention. Le mal eſtoit venu à un tel excés, que tous les Eſtats ſe trouvoient con- fondus, que la grande conſommation qui ſe fai- ſoit des étoffes les avoit portées à un prix ex- ceſſif,& que les vivres & toutes les autres den- rées eſtoient encheries à proportion. Ce ſont les motifs exprimez dans l'Edit que le Roy fit expedier pour y pourvoir au mois de Juillet de cette même année 1576. Il porte que Sa Ma-

jeſté veut & entend que toutes les Ordonnan- « ces renduës par les Roys ſes predeceſſeurs ſur « le fait du luxe, des habits & ornemens des « hommes & des femmes, ſoient executées, à « peine de mille écus d'amende ; ordonne qu'el- « les ſeront derechef publiées ; fait défenſes à tou- « tes perſonnes d'y contrevenir directement ou « indirectement ſur les peines y contenuës, « qu'il déclare encouruës contre ceux qui y « contreviendront, ſans qu'il ſoit beſoin d'autre « Déclaration, & ſans qu'aucun Juge les puiſſe « moderer ; au ſurplus défend tres-expreſſé- « ment à tous Roturiers qui n'auront eſté an- « noblis d'uſurper le titre ou les habillemens des « Nobles, & à leurs femmes de porter l'habit ou « les ornemens de Damoiſelles, ny aucuns ha- « bits de velours ; fait auſſi défenſes à toutes per- « ſonnes de prendre le titre d'Officiers de ſa Mai- « ſon, s'ils ne le ſont en effet. «

Ce même Prince par une Déclaration du 7. Septembre

Septembre 1577. défendit tres-expreſſément à » toutes perſonnes de dorer ou argenter ſur du » bois, du plaſtre, du cuir, du plomb, du cui- » vre, du fer ou de l'acier, ſi ce n'eſt pour les » Princes, ſur peine contre les Ouvriers d'amen- » de arbitraire. Enjoint à tous Juges Royaux d'y » veiller, même à la Cour des Monnoyes ; n'en- » tend neanmoins comprendre dans ces défenſes » les dorures & enrichiſſemens que l'on a accou- » ſtumé de faire de tout temps dans les Egliſes ; » à l'égard des livres, il permet d'en dorer la » tranche à l'ordinaire, & de mettre un filet d'or » ſeulement ſur la couverture, avec une marque » au milieu de la grandeur d'un franc au plus.

Conf. des Ord. l. 11. tit. 10.

Le calme que l'Edit de Pacification de 1576. avoit rendu à l'Eſtat, & qui ne fut interrom- pu pendant ſept à huit ans que par une guerre de quelques mois en 1580. donna tout le temps neceſſaire au reſtabliſſement de l'ordre public. Les Edits concernant le luxe avoient ſouffert beaucoup d'atteintes pendant les guerres, il n'y en avoit point de memoire d'homme qui euſt ja- mais eſté porté à un tel excés. Toutes les con- ditions furent de nouveau confonduës par l'éga- le ſomptuoſité des habits ; & les Negocians fai- ſoient paſſer dans les Pays étrangers des ſommes immenſes pour en tirer les plus riches étofes;c'eſt ainſi que le Roy s'en expliqua, & ce furent les motifs d'une Déclaration qu'il rendit le 24. Mars 1583. pour y pourvoir. Elle défend à tous ſes Su- » jets, hommes, femmes & enfans de quelque » qualité qu'ils ſoient, de porter aucuns habits » de draps d'or ou d'argent, de porſilures, brode- » ries, paſſemens, cordons, canetilles, velours » ou autres étoffes mêlées ou traſſées d'or ou d'ar- » gent, ſi ce n'eſt en crêpes ſervant aux coiffu- » res & chaperons de velours des Dames & Da- » moiſelles, comme il eſt accouſtumé, & en » bourſes à mettre or ou argent ; à l'exception » auſſi des demi ceints d'argent pour les fem- » mes.

Fontan. t. 1. lit.5. tit. 14. n. 14. p. 993. Conf. des Ord. liv. 11. tit. 10.

» Ordonne que les plus riches habits ſeront » de velours, ſatin, damas, tafetas & autres » étoffes de ſoye ſans aucun enrichiſſement, » ſinon des doubluäs, qui ſe pourront faire des » étoffes de ſoye pleines ou veloutées, ouvrées » ou figurées comme elles ſe font ſur le meſ- » tier ; qu'il y aura ſeulement autour des ha- » bits un bord de ces mêmes étoffes de ſoye, » aux fentes des boutonnieres & aux bandes des » chauſſes ; que l'on pourra auſſi mettre un paſ- » ſement à chacune bande, & doubler les chauſ- » ſes des mêmes étoffes de ſoye. Défend de por- » ter aucunes bandes de broderie, piquûres, » paſſemens, franges, houppes, tortilles ou ca- » netilles, ou autres ornemens dont leurs ha- » bits puiſſent eſtre couverts ou enrichis autre- » ment que ce qui eſt permis par cette Déclara- » tion; qu'à l'égard des habits qui ne ſeront » d'étoffe de ſoye, ils pourront eſtre chamarrez » ou bandez de paſſemens, cordons, ou étof- » fes de ſoye, ſans toutefois mettre bord ſur » bord, ou bande ſur bande, mais un ſimple » arriere-point pour les coudre, le tout ſur pei- » ne de30. écus d'amende pour la premiere fois, » 100. écus pour la ſeconde, & 200. pour la troi- » ſiéme, applicable moitié aux pauvres, avec » confiſcation des habits, moitié au dénonciateur, » & l'autre moitié aux Sergens ; auſquels Ser- » gens il eſt néanmoins défendu d'uſer d'aucu- » ne inſolence dans l'execution de cet Article. » Permet aux Princes, Princeſſes, Ducs & Du- » cheſſes, & aux femmes des Officiers de la » Couronne & des Chefs des Maiſons, qui

portent des hermines mouchetées, de ſe parer « de perles & de pierreries ;. «

4. Il leur permet même de porter des perles « & des pierreries à leurs bonnets, chapeaux, « en chaines & boutonnieres de devant & des « manches, ſur les capuchons des capes & hauts « de manches de leurs capots, robes ou robons, « & ſur les ailerons des pourpoints, colets, « ſayes, jupes & caſaques. «

5. Il permet aux Chevaliers, Seigneurs, Gen- « tilshommes, & perſonnes de qualité de por- « ters des chaînes d'or au col, des boutons & « fers d'or devant & ſur les capuchons des capes, « ſur les ailerons des pourpoints, les colets & les « ſayes, les jupes, caſaques, capots, robes & « robons, le tout ſans aucun émail; comme auſſi « de porter une enſeigne de pierrerie, ou d'or- « févrerie émaillée ou non émaillée au bonnet « ou chapeau, & des pierreries ou anneaux aux « doigts. «

6. Il permet aux Princes, Seigneurs, Cheva- « liers, Gentilshommes, Capitaines & autres per- « ſonnes de qualité de porter des gardes & poi- « gnées d'épées, ou dagues, des fers, ceintures « & éperons dorez ou argentez, comme auſſi de « faire dorer ou argenter les corſelets, cuiraſſes « & autres armes. «

7. Il ordonne que les Commandeurs, Cheva- « liers & Officiers de ſes Ordres portent conti- « nuellement à leur col leur croix d'or émaillée, « & leurs croix brodées d'orſévrerie ſur leurs « habits, & pareillement leurs colliers & man- « teaux des Ordres aux Chapitres, ceremonies « & aſſemblées. «

8. Il permet aux Dames & filles Damoiſelles « de la Reine ſon épouſe, de la Reine Mere, « de Madame ſœur de Sa Majeſté, de la Reine de « Navarre, & aux Dames & Damoiſelles de mai- « ſons, comme auſſi aux femmes de ceux de ſon « Conſeil & aux filles de toutes ces Dames & « Damoiſelles pendant qu'elles ſeront filles, de « porter des perles & pierreries en or émaillé « ou non émaillé à la teſte, pendans d'oreil- « les, colliers, poinçons, bagues, chaines, « bracelets & ceintures, patenoſtres & chape- « lets, fers & boutons devant leurs robes & man- « teaux, & aux ailerons & fentes de leurs man- « ches une rangée ſeulement, & ſans aucune « chamarrure. «

9. Et à l'égard des femmes qui demeurent « dans les Villes, Bourgs & autres lieux, veut « que les Damoiſelles qui ſont femmes de Preſi- « dens, Maiſtres des Requeſtes, Conſeillers de « Cours ſouveraines, Grand-Conſeil, Preſidens « & Officiers des Chambres des Comptes, Cours « des Aydes, Avocats & Procureurs Generaux, « Baillis, Seneſchaux, Secretaires du Roy, Tré- « ſoriers de l'Epargne, Tréſoriers Generaux de « France, Preſidens des Preſidiaux, Lieutenans « principaux des Baillis & Seneſchaux des Pro- « vinces,& des Officiers domeſtiques du Roy, « des Reines, du Duc d'Anjou & de la Reine « de Navarre & leurs filles, pendant qu'elles « ſeront filles eſtant Damoiſelles, puiſſent por- « ter ſur leurs chaperons & coiffures des bro- « deries, un ſerre-teſte, & un collier de pierre- « ries ou de perles, une bague & des anneaux « auſſi de pierreries en or émaillé ou non émail- « lé, des chaînes, bracelets & ceintures, pa- « tenoſtres, chapelets, fers & boutons d'or de- « vant leurs robes & manteaux, & aux ailerons « des manches une rangée ſeulement ſans aucu- « ne chamarrure, ſans émail, perles ny pierre- « ries, ſi ce n'eſt à leurs heures à pendre de- «

» vant elles qu'elles pourront porter à couver-
» ture d'or émaillé ou non émaillé, y ayant feu-
» lement cinq pieces de pierrerie.
» 10. Et quant aux autres Damoiselles, elles
» pourront porter broderies d'or fur leurs chape-
» rons & coiffures, une chaîne à leur col & des
» bracelets d'or, des marques d'or à leurs pate-
» noftres & chapelets, le tout fans aucun émail :
» leur permet auffi de porter devant elles des
» heures à couverture d'or émaillé ou non émail-
» lé, y ayant pour le plus quatre pieces de
» pierreries aux quatre coins de chacun cofté
» fur la couverture, ou une bague & pomme
» d'or émaillé, & de porter à leurs doigts des
» anneaux & pierreries en or émaillé ou non
» émaillé.
» 11. A l'égard des femmes à chaperon de drap,
» elles ne pourront porter qu'une chaîne d'or
» au col, des patenoftres ou chapelets marquez
» de marques d'or non émaillé, & une pomme
» ou livre garni de pierreries, jufqu'au nom-
» bre de quatre pieces feulement, & des anneaux
» de pierreries en or émaillé ou non émaillé.
» Fait défenfes pour les peines portées cy-def-
» fus de porter du gez, de l'émail ou du verre
» en broderies ou en bandes fur les habits ;
» permet neanmoins aux femmes & filles d'en
» mettre à leurs coiffures, & auffi du criftal
» en chaînes, ceintures, pendans d'oreilles, col-
» liers, boutons, fers d'aiguillettes, nœuds fur le
» haut des manches, des robes & manchons fe
» veftir, pieces de devant ou pourpoints qui fe
» portent avec manteaux ou robes, & aux manches
» qui feront fenduës & ouvertes, des boutons, fers
» d'aiguillettes ou nœuds une rangée feulement.
» Défend l'ufage des longues houlles de velours
» fur les chevaux pour hommes, fi ce n'eft aux
» Princes & Ducs, Officiers de la Couronne,
» & aux Chefs des Maifons qui portent les her-
» mines mouchetées.
» Défend que les Pages des Princes, Seigneurs,
» Gentilshommes & autres Sujets du Roy foient
» habillez d'autre étoffe que de drap ou eftamet,
» avec un bord de velours ou d'autre foye feu-
» lement, ny auffi les Laquais, excepté ceux du
» Roy, des Reines, du Duc d'Anjou, du Roy
» & de la Reine de Navarre, & des Princeffes
» de Navarre & de Lorraine, qui pourront eftre
» habillez de velours, ou autres draps de foye,
» fans aucun autre ornement qu'un fimple bord.

De Montluc.
Duplex.
Mézeray.

Le commerce des étoffes de foye qui avoit
efté apporté de l'Italie en France dés le douziéme fiecle, y avoit fait peu de progrés. François
I. en avoit eftably quelques Manufactures en
Touraine, mais fans beaucoup de fruit ; elle
eftoit encore fi rare fous le Regne de Henry II.
que l'on fut furpris de luy voir des bas de foye
à la nôce de la Ducheffe de Savoye fa fœur, &
que cela fut exageré comme une magnificence
extraordinaire qui n'avoit point encore eu d'e-
xemple.
Ce ne fut que fous le Regne de Henry IV.
que les Arts & les Manufactures commencerent à florir en France; il favorifa & amplifia de beaucoup celles de foye qui eftoient déja
eftablies à Lyon & à Tours. Le velours & les
plus riches étoffes n'y avoient point encore efté
fabriquées, elles fe tiroient toujours d'Italie :
des ouvriers propoferent au Roy d'en eftablir
des Manufactures à Paris ou aux environs : Sa
Majefté les écouta, & leur donna des lieux aux
Thuilleries, au Chafteau de Madrit & à Fontainebleau pour nourrir des vers à foye, dont on
alloit querir les œufs tous les ans en Efpagne

ou en Italie. Cela ne réuffit pas, ce terrain n'eftant
pas propre à élever des meuriers blancs qui fervent de nourriture à ces précieufes chenilles :
mais l'on trouva ce fecours en Provence, en Languedoc & dans les autres Provinces meridionales de la France, où l'on avoit déja commencé
le commerce de foye, que l'on eut feulement
foin d'augmenter. Le Roy en eftablit enfuite une
Manufacture dans fon ancien Chafteau des Tournelles à Paris. Les quatre ouvriers qui l'entreprirent la poufferent à un fi haut point de perfection, & y firent des gains fi confiderables,
qu'ils acheterent du Roy les débris & l'empla-
cement de ce Chafteau, & y firent baftir la Place Royale telle que nous la voyons aujourd'huy.
Cette riche Manufacture jointe à celles de Lyon
& de Tours, acheva de fournir abondamment
la France d'étoffes de foye. La Cour commença
de l'employer à toutes fortes d'ufages, & fut
bien-toft fuivie par la Ville. Pour faciliter ce
commerce dans le Royaume, le Roy par un
Edit de 1599. défendit toutes les Manufactures
étrangeres tant de foye que d'or ou d'argent,
pures ou mêlées. Mais comme toute chofe perd
de fon eftime à proportion qu'elle devient abondante & commune, les habits de pure foye ne
fatisfaifoient plus les amateurs du luxe, on y
mêla bientoft l'or, l'argent, les perles & les pierreries ; ainfi les Edits fomptuaires ne firent plus
mention à l'avenir que de ces matieres précieufes, & la foye ne fut interdite encore pendant
quelque temps qu'aux feuls gens de livrée. Un
luxe fi exceffif ruïnoit les familles, confondoit
les conditions, & avoit tellement diminué les
matieres d'or & d'argent, que l'on s'en apper-
çut aux Hoftels des Monnoyes, où elles manquoient pour la fabrication des efpeces. Ce furent ces confiderations qui porterent le Roy à y
remedier par un Edit du mois de Juillet 1601.
Il défend à toutes perfonnes de quelque qualité
qu'elles foient de porter en habits aucuns
draps ny toiles d'or & d'argent, de clincan ny
aucune autre étoffe, broderie, paffemens,
boutons, cordons ou autres ornemens mêlez
d'or ou d'argent. Il défend à tous Marchands
Paffementiers & autres Artifans d'en faire pour
cet ufage, & à tous Chauffetiers, Pourpoin-
tiers, Tailleurs d'habits d'hommes & de femmes, & Cordonniers d'en employer, fur peine
à ceux qui feront trouvez en contravention,
huitaine après la publication de cette Ordonnance, de confifcation des habits & autres ornemens que l'on trouvera fur eux, & de cinq
cens écus d'amende, applicable un tiers au
Roy, un tiers aux Hofpitaux & aux pauvres
des lieux, l'autre au dénonciateur, & de tenir prifon jufqu'à l'entier payement, fans que
ces peines puiffent eftre moderées par les Juges pour quelque caufe que ce foit.

Fontan. t. 1. li
5. tom. 14. n.
15. p 994.
Conf. des Or-
don. liv. 11.
t. 10. p. 268.

Cette Ordonnance eut le fort des precedentes, elle fut executée d'abord avec beaucoup
d'exactitude, & enfuite negligée : le Roy qui
ne vouloit rien relâcher de cette difcipline en
renouvella toutes les difpofitions par un autre
Edit du mois de Novembre 1606. qui les remit
en vigueur.

Fontan. ibid.
num. 16.

Jamais la Cour n'avoit efté fi magnifique
qu'elle le fut fous la minorité de Loüis XIII.
Le grand nombre de Seigneurs qui la compofoient, & la tranquillité dont l'Eftat jouïffoit
alors, furent autant d'occafions d'y reftablir le
luxe. Ce fut en ce temps que l'on commença
d'employer l'or fur les carroffes & de le prodi-
guer dans les baftimens. Ce jeune Prince par les
confeils

Ban. du Cha-
ftelet, vol. 10.
fol. 151.

conseils de la Reine Regente sa Mere, arresta le progrés de ce desordre par un Edit du mois de Mars 1613. en voicy les dispositions.

» Il enjoint à tous gens d'Eglise de continuer » à l'avenir à se vestir d'habits modestes & con-» venables à leur profession ; & à tous autres de » s'abstenir de toutes les superfluitez ausquelles » ils se sont laissé emporter par le passé, sur les » peines portées par les Ordonnances des Roys.

» Il fait défense à toutes personnes de quelque » sexe & qualité qu'elles soient, de porter des » habits sur lesquels il y ait aucun or ou argent » fin ou faux, de quelque maniere que ce soit, » à peine de quinze cens livres d'amende, ap-» plicable le tiers au Roy, le tiers aux Pauvres » enfermez de Paris, & le tiers au dénoncia-» teur.

» Il défend tous ouvrages de broderie d'or, » d'argent ou de soye, sur quelque sorte d'ha-» bits que ce soit ; comme aussi l'usage de tous » passemens de Milan, ou façon de Milan, à » peine de mille livres d'amende : n'entend » neanmoins comprendre l'usage de l'or, de » l'argent, & des broderies aux ceintures, pen-» dans d'épées, cordons de chapeaux, jarre-» tieres, nœuds, fers & porte-fraises, colets de » femmes, filles, & Damoiselles, ny les dorures » de gardes d'épées & du fer qui est au bout du » fourreau, aux armes, éperons, mords de che-» vaux & étriers.

» Fait défenses à tous Ouvriers de dorer à l'a-» venir ou faire dorer aucuns carrosses ; à peine » de mille livres d'amende, applicable comme » dessus.

» Défend de faire à l'avenir aucunes dorures » dans les maisons, soit en plomb, fer, bois, » pierre, plastre, ou sur quelque chose que ce » soit ; à peine de pareille amende.

» Fait défenses à tous Seigneurs, Gentilshom-» mes & autres, de quelque qualité qu'ils soient, » de faire porter à l'avenir aucun habit de soye » à leurs Pages ou Laquais : Veut Sa Majesté » qu'ils ne soient que d'estoffe de laine, avec un » bord de passement sur les coustures, bords & » extremitez seulement.

» Il fait aussi défenses à tous Ouvriers de la » suite de la Cour & autres, de faire, ou faire » faire aucuns habits & autres choses défenduës » par le present Edit ; à peine de trois cens li-» vres d'amende pour la premiere fois, pour la » seconde de six livres, & pour la troisiéme » de punition corporelle.

» Ordonne que ce Réglement soit observé, à » commencer du jour de Pâque alors prochain ; » qu'enfin pour mieux pourvoir aux contraven-» tions, il veut & ordonne que tous Juges » Royaux par prévention, Commissaires & tous » autres Officiers en puissent prendre connoissan-» ce, & que les amendes soient jugées tant à » l'encontre des proprietaires des choses défen-» duës, que contre leurs aides ou receleurs.

Dans tous les tems que l'on avoit porté des habits d'estoffes fort riches, & beaucoup de per-les & de pierreries, la modestie s'estoit pour ainsi dire retranchée dans l'usage du linge ; on en faisoit fort peu paroistre, & ce peu estoit sans ornement. La reforme des étoffes & des pierres précieuses, fit naistre la mode des points coupez, des broderies & des dentelles de fil. Cette dépense n'estoit pas moins excessive ny moins superfluë que la premiere ; elle devint même beaucoup plus à charge & plus ruineuse à l'Estat. Ces nouvelles modes nous venoient encore d'Italie, c'estoit à Venise & à Gennes

Tome I.

que ces points furent inventez, & que les Ma-nufactures en furent établies ; ainsi pour les faire venir, l'argent de France passoit necessairement dans les Païs étrangers. Cet inconvenient connu, donna lieu à un Edit du mois de Janvier 1629. Cet Edit défend toute broderie de toile & fil, & imitation de broderie, rebordemens & filets en toile, découpures de rabats, colets & man-chettes sur quintins & autres linges ; points coupez, dentelles, passemens, & autres ou-vrages de fil aux fuseaux, pour hommes ou pour femmes ; défend tout autre ornement sur les colets, manchettes & autre linge, que des passemens, points coupez & dentelles ma-nufacturées dans le Royaume, de la valeur de trois livres l'aulne seulement ; à peine de con-fiscation des colets & des chaînes, colliers, chapeaux & manteaux qui se trouveront sur les personnes contrevenantes, ensemble des carosses & chevaux sur lesquels ils se trouve-ront, & de mille livres d'amende, dont moi-tié appartiendra à ceux qui feront les saisies, & l'autre moitié aux Pauvres de l'Hôpital. Fait défenses aux Marchands & à tous autres d'avoir du point coupé manufacturé hors du Royaume, & d'en faire venir de dehors ; à peine de confiscation de ces sortes d'ouvrages & des Marchandises estant aux Boutiques & Ma-gasins, balles, sommes, chariots, charrettes & chevaux, & de 500. livres d'amende applicable comme dessus.

L'ambition de quelques particuliers avoit esté portée jusqu'au point, que de faire imiter dans les habits de leurs domestiques les livrées du Roy : cela donna lieu à une Ordonnance du vingt-cinquiéme Septembre 1629. Elle fait de ce tres-expresses défenses à toutes personnes de quelque qualité qu'elles soient, de faire porter dorénavant à leurs Pages, Laquais, & autres gens de livrée, des habits d'incarnat blanc & bleu, dont sont vestus les Pages, Valets de pied & autres Officiers du Roy, à commencer du premier Janvier alors prochain ; & à tous Tailleurs d'habits, Fripiers & autres, de tenir dans leurs Boutiques, & exposer en vente au-cuns habits de cette qualité ; ordonne de les mettre en pieces s'ils en avoient acheté quel-ques-uns ; à peine de confiscation, de punition corporelle & de 300. liv. d'amende.

Les troubles de la Religion & les guerres ci-viles qui commencerent en France l'an 1615. don-nerent encore lieu au luxe de se rétablir ; il reprit même ce semble de nouvelles forces ; ce ne fut plus de simples dentelles de fil, ni de points coupez qui furent employez aux orne-mens de linge, on y ajousta des broderies, & des dentelles d'or ou d'argent ; on ne faisoit plus venir un si grand nombre de marchandises étrangeres ; mais les Ouvriers François toujours ingenieux à imiter ou à perfectionner ce qui est inventé chez les autres Nations, contrefirent si bien les points de Venise & de Gennes, que les plus habiles connoisseurs y estoient trompez : ainsi cela ne sit qu'augmenter la facilité d'en avoir, & en rendit l'usage plus frequent sans en diminuer le prix, quoique fabriquées dans le Royaume. Ces dépenses superfluës où chacun s'engageoit par émulation, ruinoient les famil-les : le Roy y pourvût par une Déclaration du dix-huitiéme Novembre 1633. Elle fait défense à toutes personnes, à commencer huit jours après l'Ordonnance publiée, de porter en leurs chemises, colets, manchettes, coëffes & autre linge, aucune découpure, broderie

Conf. des Ord. l. 11. tit. 10.

Registré du Parlem. du 12. Decem. 1633.

Ddd ij

» de fil d'or ou d'argent, paſſemens, dentelles,
» points coupez manufacturez tant dedans que
» dehors le Royaume, excepté les paſſemens
» qui ſeront faits dedans le Royaume juſqu'à
» la valeur de neuf livres l'aulne ; à peine de
» confiſcation & de 1500. livres d'amende, appli-
» cable le tiers aux dénonciateurs, & les deux
» autres tiers au principal Hôpital de la Ville où
» les Sentences & Jugemens ſeront rendus. Fait
» défenſe aux Marchands Lingers & autres, de
» faire commerce de ces marchandiſes défenduës,
» tant dedans que dehors le Royaume, & de
» les expoſer en vente après le tems cy-deſſus
» porté, à peine de confiſcation, de trois mille
» livres d'amende, & d'eſtre declarez incapables
» faire aucun autre commerce. Ordonne que
» dans quinzaine ils ſe transporteront aux Greffes
» des Juſtices ordinaires des lieux où ils ont leur
» domicile, pour affirmer & declarer la quan-
» té qu'ils ont de ces ſortes de marchandi-
» ſes, dont ils laiſſeront un inventaire ſigné
» d'eux, ſur leſquelles les Juges ou autres par
» eux commis, pourront faire la viſite chez
» eux, en preſence des Maiſtres & Gardes de
» la Marchandiſe, ſans qu'ils puiſſent pour
» raiſon de ce, prendre ny exiger aucun ſalaire.
» Ordonne que les Sentences & Jugemens de
» confiſcation & de condamnation d'amende
» contre les contrevenans, ſoient executez non-
» obſtant toutes oppoſitions ou appellations quel-
» conques.

Tous ces Réglemens n'empeſcherent point la
continuation du luxe : il fut porté à un ſi
grand excés, que les plus riches même s'en
trouvoient incommodez dans leurs affaires, &
qu'ils eſtoient quelquefois contraints d'avoir
recours à de mauvais moyens, pour entretenir
une ſi grande & ſi vaine dépenſe. L'imitation
de ſemblables deſordres eſt toujours un mal ſi
contagieux, qu'en peu de tems la couſtume
autoriſe des ſuperfluitez que chacun a blâmé
dans leur naiſſance. La mode s'en établit, &
force les plus ſages de ſuivre avec regret, un
abus introduit par l'eſprit déreglé de quelques
particuliers, & qui eſt devenu public par la
trop grande facilité avec laquelle on ſe laiſſe
aller à leur mauvais exemple : ainſi l'autorité
abſoluë du Souverain, eſt ſeule capable d'y
apporter un remede, en réprimant par la crainte
des Loix, un mal que l'uſage rend comme
neceſſaire à ceux même qui l'improuvent. Ce
fut auſſi ſur ces motifs que Louis XIII. rendit
une Déclaration le ſeiziéme Avril 1634. Elle
» fait défenſe à toutes perſonnes de porter en ha-
» bits ou autres ornemens, comme baudriers,
» ceintures, pendans d'épée, cordons de cha-
» peaux, aiguillettes, jarretieres, écharpes,
» nœuds & rubans, aucuns draps, ny toiles d'or
» ou d'argent fin ou faux, porſilures, broderies
» de perles, ou pierreries, boutons d'or ou d'ar-
» gent d'orfévrerie, ny des paſſemens, franges,
» emboutiſſemens, cordons, canetilles, boutons,
» velours, ſatin, tafetas, ou autres étofes de
» ſoye, crêpe, gaze, toiles & linges barrez
» mélez, couverts ou paſſez d'or ou d'argent
» fin ou faux, ou choſes équivalentes, à peine
» de confiſcation & de quinze cens livres d'amen-
» de, les deux tiers à l'Hôpital, & l'autre tiers
» moitié au dénonciateur, & l'autre moitié
» aux Sergens & Archers qui les auront arreſtez.
» Veut que les plus riches habits ſoient de
» velours, ſatin, tafetas, & autres étofes de
» ſoye ſeulement, ſans aucun enrichiſſement que
» de deux bandes de broderie de ſoye, ou de

deux paſſemens de la largeur d'un doigt ſeu-«
lement, & qui ne pourront eſtre appliquez «
ſur les habits des hommes qu'à l'entour du «
colet, & du bas de leurs manteaux, ſur le «
long & canon de leurs chauſſes, coutures des «
manches, haut de manches, au milieu du «
dos, & le long des boutons & boutonnieres, «
& aux extremitez des baſques des pourpoints. «

Qu'à l'égard des femmes, filles & enfans, «
les galons, paſſemens, ou bandes de broderie «
ſeront ſeulement appliquées à l'entour du bas, «
& au devant des robes & des jupes, & ſur le «
milieu des manches, au tour des baſques & des «
corps de robes & jupes. «

Défend tous autres ornemens, comme «
paſſemens de Milan, ou autres, de ſatin bro- «
dez ; enſemble toutes broderies, piqueures, «
emboutiſſemens, chamarrures de paſſemens, «
boutons, houpes, tortis, canetilles, chaî- «
nettes, arriere-points, cordons, nœuds, & au- «
tres choſes ſemblables ; à peine de confiſ- «
cation, & de quinze cens livres d'amende, «
applicable comme deſſus. «

Défend de faire porter aux Pages & gens «
de livrée d'autres habits que de la laine, ſans «
aucune bande de velours, ny broderie, mais «
avec deux galons ſur les couſtures & extremitez «
de leurs habits ſeulement. «

Fait défenſe aux Tailleurs, Brodeurs & «
autres Ouvriers, de faire, ou faire faire aucuns «
habits & choſes cy-deſſus défenduës, ſur peine «
d'eſtre declarez infames, privez de l'exercice «
de leur meſtier, ſans eſperance d'y pouvoir «
rentrer, & de trois cens livres d'amende ap- «
plicable comme deſſus. «

Ne ſeront compris dans les défenſes les «
gardes d'épées, le bout des fourreaux, les «
boucles des ceintures, pendans d'épées, bau- «
driers & cordons de chapeaux, toutes leſquelles «
choſes pourront eſtre d'or ou d'argent. «

Il fait auſſi défenſe à tous Carroſſiers de «
faire, de vendre ny debiter, du jour de la «
publication de cette Ordonnance aucuns car- «
roſſes, ou litieres, brodez d'or, d'argent ou de «
ſoye, ny chamarrez de paſſemens d'or ou d'ar- «
gent, paſſemens de Milan, ſatins brodez, ou «
paſſemens veloutez, ny de faire doubler d'au- «
cune étofe de ſoye les botes, mantelets, cuſto- «
des, bouts & goutieres des carroſſes : leur dé- «
fend pareillement de faire dorer les bois des «
carroſſes & litieres, à peine contre les Carroſ- «
ſiers & autres Ouvriers contrevenans de cinq «
cens livres d'amende, de confiſcation, d'eſtre «
declarez infames & bannis pour cinq ans du «
reſſort du Parlement, ſans pouvoir jamais «
exercer aucun meſtier, les cinq cens livres «
d'amende & choſes confiſquées applicables «
comme deſſus. «

Par une autre Déclaration du troiſieme Avril «
1636. & ſur les mêmes motifs, il eſt fait défenſe «
de porter aucuns points coupez, ſoit qu'ils «
ſoient faits dedans ou dehors le Royaume, «
& aucun paſſant fait dans les Pays étran- «
gers. Permet de porter des paſſemens faits «
dans le Royaume, de la valeur de neuf li- «
vres l'aulne au plus, de la hauteur d'un pouce «
de Roy ſeulement, & ſans qu'on puiſſe mettre «
plus d'un paſſement à aucun ouvrage de toile, «
quand même il n'auroit pas la hauteur d'un «
pouce de Roy, & qu'il couſteroit moins de neuf «
livres ; à peine de confiſcation, & de quinze «
cens livres d'amende, applicable moitié à «
l'Hoſtel-Dieu de Paris, & l'autre à ceux qui «
feront les captures : qu'à l'égard des Mar- «
chands

Regift. de la
Cour des
Monn. du 8,
Janvier 1637.

» chands qui font la principale caufe du defor-
» dre , il leur eft fait défenfe , & à tous autres,
» de faire aucun commerce de paffemens étran-
» gers , & des points coupez , points de Genes,
» & points marin faits dedans ou dehors le
» Royaume ; leur permet feulement d'acheter
» & de vendre des paffemens faits dans le Royau-
» me , de la hauteur d'un pouce de Roy feule-
» ment , & de la valeur de neuf livres l'aulne au
» plus ; à peine de banniffement pour cinq ans,
» confifcation de toutes leurs marchandifes, &
» de fix mille livres d'amende , & d'eftre eux
» & leurs enfans privez pour jamais d'exercer
» la Marchandife, ny aucune Charge : Enjoint
» aux Maiftres & Gardes d'y tenir la main , &
» de faire incontinent rapport à la Police des
» contraventions ; à peine d'eftre privez pour
» leur negligence, d'exercer jamais la Marchan-
» dife.

Ordonnance du Lieutenant Civil au Chaftelet
de Paris tenant la Police le neuviéme Juin 1636.
» portant qu'au préjudice des Edits & Ordon-
» nances du Roy pour la défenfe des paffe-
» mens , points coupez & dentelles , plufieurs
» perfonnes ne laiffent pas d'y contrevenir , en
» les cachant & détournant de leurs maifons ,
» pour n'eftre point furpris lorfque les Com-
» miffaires y vont en vifite ; à quoy ce Magiftrat
» voulant pourvoir , il fait défenfe à toutes per-
» fonnes d'acheter, ny de porter aucunes den-
» telles & paffemens défendus , fur les peines
» portées par les Ordonnances : Fait défenfe aux
» Marchands d'en faire aucun commerce, ny
» d'en cacher & détourner en aucune maifon
» particuliere ; à peine de confifcation, & de
» deux mille livres Parifis d'amende, tant con-
» tre eux que contre ceux qui les retireront,
» applicable un tiers au Roy , un tiers aux ne-
» ceffitez de la contagion , & un tiers au Dé-
» nonciateur : & pour éviter les contraventions,
» & fçavoir à l'avenir les marchandifes détour-
» nées , & celles qui feront avouées par les Mar-
» chands , ils feront tenus deux huitaine d'ap-
» porter leurs inventaires fignez d'eux , des mar-
» chandifes qu'ils prétendent leur appartenir ,
» & continuer de mois en mois , l'un au Bureau
» des Gardes de la Marchandife , & l'autre au
» Greffe de la Chambre Civile du Chaftelet ; à
» peine de mille livres Parifis d'amende contre
» les contrevenans, & de plus grande s'il y échet.
» Ordonne aux Commiffaires du Chaftelet affiftez
» de leurs Huiffiers , d'aller par la Ville, & aux
» maifons & boutiques des Marchands , pour
» connoître les contraventions , & en faire rap-
» port à la Police.

Les conqueftes du Mexique & du Perou qui
furent achevées l'an 1543. & la découverte de
leurs mines rendit l'or & l'argent beaucoup plus
commun dans l'Europe , au commencement
du dix-feptiéme fiecle, qu'il n'y avoit efté auparavant. Le luxe en augmenta auffi à proportion; en forte qu'au lieu que cette abondance
devoit diminuer le prix de ces métaux , il s'en
fit une telle confommation en differens ouvrages , & il en refta encore une fi grande quantité
pour la fabrique des monnoyes , que le marc
d'or fut porté de cent quarante-fept livres à trois
cent vingt, & celuy d'argent de dix-neuf livres à
vingt-cinq.

Cette profufion en fuperfluitez , qui ruinoit
l'Eftat, fut arreftée à l'égard des habits & des équipages , par les Ordonnances de Louis XIII. qui
viennent d'eftre rapportées ; il reftoit encore à
reformer les gros ouvrages d'orfévrerie , & ce

Prince y pourvût par fes Lettres Patentes du
vingtiéme Decembre 1636. Elles portent que
pour arrefter le luxe & la trop grande fuper- «
fluité des ouvrages d'or & d'argent qui eftoient «
alors en fon Royaume , il fait tres-expreffes «
inhibitions & défenfes à tous les Orfévres tant «
de Paris que des autres Villes , de faire doré- «
navant aucuns ouvrages cizelez & moulez pour «
quelque perfonne que ce foit : Veut qu'il foit «
fait inventaire de tous ceux qui fe trouveront «
dans leurs Boutiques , & qu'il foit porté au «
Greffe de la Cour des Monnoyes , pour y avoir «
recours quand befoin fera , afin qu'il n'en «
foit abufé ; leur défend auffi de faire pendant «
un an , & jufqu'à ce qu'autrement par Sa Ma- «
jefté en ait efté ordonné , aucune vaiffelle ou «
ouvrage d'or excedant le poids de quatre on- «
ces , ny aucunes pieces de vaiffelle d'argent «
excedant quatre marcs pour qui que ce foit , «
fans une permiffion expreffe par Lettres Paten- «
tes du grand Sceau enregiftrées en la Cour des «
Monnoyes ; à peine de confifcation des ouvra- «
ges , cinq cens livres d'amende , fermeture de «
la Boutique des Orfévres pour la premiere fois, «
& de punition corporelle en cas de recidive. «

L'année prefcrite par cette Ordonnance fe paffa,
les Orfévres donnerent auffi-toft leurs Requeftes
pour avoir la liberté de travailler à des ouvrages
de tout poids : cette Requefte rapportée au Confeil , le Roy ordonna par un Arreft du fixiéme
Mars 1638. qu'il en feroit deliberé au premier «
jour , pour eftre fur le tout fait tel réglement «
pour la commodité publique qu'il appartien- «
droit : cependant Sa Majefté permit aux «
Orfévres de faire des baffins , des éguieres cou- «
vertes, de grands plats potagers d'argent , dont «
les particuliers pourroient avoir befoin , non- «
obftant qu'ils excedaffent le poids de quatre «
marcs porté par la Déclaration du 20. Decem. «
1636. & fans défenfes de les y troubler. «

La permiffion qui avoit efté accordée par les
Edits précedens de porter de l'or & de l'argent
aux baudriers, cordons de chapeaux , aiguillettes , & jarretieres , & des dentelles & paffemens
de fil d'une certaine hauteur , & jufqu'à un certain prix, avoit une occafion de rétablir infenfiblement tous les autres ornemens quoique défendus. Le luxe fut de nouveau porté à un tel
excés, que le Roy prit la refolution d'y pourvoir par une Loy generale & plus étendüe : ce
fut la matiere d'une Déclaration du vingt-quatre Novembre 1639.

1. Elle fait défenfe à tous les Sujets de Sa «
Majefté , de porter fur leurs habits , baudriers, «
cordons , ceintures , porte-épées, aiguillettes, «
écharpes , jarretieres , nœuds , rubans , tillus , «
& tous autres ornemens , aucune étoffe d'or «
& d'argent , ou barrée & meflée d'or & d'argent «
fin ou faux. «

2. Comme auffi de mettre fur les habits ou «
autres ornemens aucune broderie , piqueure, «
emboutiffement , chamarrures de paffemens , «
boutons , houpes , chainettes, porfilures, ca- «
netilles , pailletes , nœuds de foye, ou d'or, «
ou d'argent fin ou faux, trait , ou filé , oû de «
gez, ou chofes femblables. «

3. De faire appliquer fur les habits ou au- «
tres ornemens aucunes pierreries, perles , bou- «
tons d'or ou d'argent , fimple ou doré , cuivre «
ou laton doré & émaillé , & toute forte d'orfé- «
vrerie. «

4. Veut que les plus riches habits foient de «
velours, fatin, tafetas , & autres étoffes de foye, «
fans enrichiffement que de deux paffemens ou «

Ddd iij   dentel-

» dentelles de foye de hauteur de deux doigts au
» plus ; lefquelles dentelles feront appliquées
» fur les étoffes des habits fans aucune étoffe en-
» tre deux ; fçavoir fur les habits d'hommes
» deux à l'entour du colet & du bas de leurs man-
» teaux , fur le long du Canon de leurs chauf-
» fes , ouvertures des manches , haut de man-
» ches , au milieu du dos , le long des . bou-
» tons & boutonnieres , & aux extremitez des
» bafques , pourpoints ou jupons.

» 5. Au lieu de paffemens , permet de mettre
» fur les habits quatre rangs au plus de boutons
» ordinaires de foye , & un rang de boutons à
» queuë aux endroits des habits cy-deffus fpe-
» cifiez.

» 6. A l'égard des habits des femmes , filles
» & enfans portans robes , les paffemens y fe-
» ront appliquez ainfi qu'à ceux des hommes ,
» & de la même largeur à l'entour du bas, & au
» devant des robes & jupes, fur le milieu des
» manches , au tour des bafques & corps de ro-
» bes & jupes.

» 7. Défend de faire porter aux gens de livrée
» autres habits que de laine fans autre enrichiffe-
» ment que de deux galons fur les couftures &
» extremitez des habits feulement.

» 8. Le tout à peine de quinze cens livres
» d'amende contre les contrevenans , les deux
» tiers à l'Hôpital principal , & l'autre tiers au
» Dénonciateur.

» 9. Défend aux Tailleurs de contrevenir à
» cette Ordonnance à peine de confifcation des
» étoffes & habits , & de trois cens livres d'a-
» mende pour la premiere fois , applicable
» comme deffus , & pour la feconde , outre la
» confifcation & amende , d'eftre privez de
» l'exercice de leur meftier , & de punition cor.
» porelle.

» 10. Défend à toutes perfonnes de porter fur
» aucun linge quelque paffement & dentelle de
» fil que ce foit , d'y faire appliquer aucune
» broderie de foye, d'or, d'argent ou de fil, de
» mettre fous les colets & manchettes autre chofe
» que de la toile fimple , fans aucune façon ; à
» peine de quinze livres d'amende, appli-
» cable les deux tiers à l'Hôpital , & l'autre tiers
» avec les ouvrages confifcquez, la moitié au
» dénonciateur, & l'autre moitié aux Archers &
» Sergens qui les auront pris.

» 11. N'entend comprendre dans les défenfes
» les ouvrages qui fe feront pour fervir dans les
» Eglifes ; permettant aux Ecclefiaftiques l'u-
» fage de toute forte de paffemens & ouvrages
» de fil pour leurs rochets, furplis, aubes & au-
» tres chofes neceffaires pour le fervice de l'E-
» glife. *

» 12. Fait défenfe aux Marchands de faire au-
» cun commerce de paffemens & dentelles, points
» coupez, & autres ouvrages de fil, excepté des
» paffemens de hauteur d'un pouce, qui pourront
» eftre faits dans le Royaume , & achetez par les
» Marchands , pour fervir feulement aux ouvra-
» ges d'Eglife.

» 13. En cas de contravention par les Marchands
» ou autres , veut que les marchandifes par eux
» achetées foient bruflées , & outre ce les contre-

venans condamnez à 1500. livres d'amende, «
applicable comme deffus. Ordonne de plus , «
que toute la marchandife des Marchands qui «
fe trouveront avoir trafiqué des ouvrages dé- «
fendus, tant dedans que dehors le Royaume, «
foit brulée , & les Marchands condamnez à «
6000. livr. d'amende, applicable comme deffus, «
& privez pour jamais de faire aucun exercice «
de marchandife, ny d'exercer aucune Charge. «

14. Ordonne que dans quinzaine les Mar- «
chands declareront & affirmeront aux Greffes «
des Jurifdictions ordinaires des lieux où ils de- «
meurent , la quantité qu'ils ont de ces mar- «
chandifes, dont ils laifferont un inventaire figné «
d'eux. Enjoint aux Juges de faire fur cet inven- «
taire , vifite des marchandifes en prefence des «
Maiftres & Gardes , fans pour ce exiger aucun «
falaire. «

15. Enjoint aux Maiftres & Gardes d'y tenir «
la main , & de faire incontinent le rapport à la «
Police des contraventions qui feront faites , à «
peine d'eftre privez pour leur negligence , d'e- «
xercer jamais la marchandife. «

16. Veut que les Sentences & Jugemens des «
confifcations & amendes qui feront rendus «
foient executez nonobftant oppofitions ou ap- «
pellations , & fans y préjudicier. «

L'Arreft du Parlement du cinquiéme Decembre 1639. qui ordonne l'enregiftrement de cette
Déclaration , y ajoufte d'iteratives défenfes à
toutes perfonnes de porter fraifes ou colets, où «
il y ait tant deffus que deffous aucune décou- «
pure de toile , papier , ou velin & peintures , «
ny de mettre ou faire mettre aux linceuls & «
draps du lit , aucun paffement , dentelles , ou «
points coupez , fur les peines portées par la «
Déclaration.

Le Lieutenant Civil du Chaftelet de Paris ,
Magiftrat de Police , rendit une Ordonnance
le 10. Decembre 1639. Elle porte que la Déclaration du Roy fera luë & publiée ; fait dé- «
fenfes d'y contrevenir fur les peines y portées, «
&, en conformité, enjoint aux Marchands Lin- «
gers d'apporter dans quinzaine au Greffe de la «
Police , l'inventaire figné d'eux, de toutes les «
marchandifes de dentelles,& points coupez qui «
leur appartenoient, à peine de mille livres Pa- «
rifis d'amende contre chacun des contrevenans. «

Une autre Ordonnance de ce même Magiftrat,
du 18. Juin 1640. renduë fur le rapport des Commiffaires du Chaftelet, fait mention que nonob- «
ftant tous les foins que ces Officiers avoient pris «
de faire obferver la Déclaration du Roy du 24. «
Novembre 1639.ils ne pouvoient plus répondre «
des contraventions qui s'eftoient faites depuis «
le départ de la Cour ; que grand nombre de «
perfonnes faifoient vanité de porter non feu- «
lement des dentelles , mais encore des paffe- «
mens d'or & d'argent , en allant au Cours ou «
autres lieux d'affemblées : fur quoy les défen- «
fes precedentes furent réiterées ; & il fut or- «
donné aux Commiffaires d'y tenir la main , de «
fe transporter au Cours & aux autres lieux «
d'affemblées , pour découvrir les contraven- «
tions , & en faire rapport de jour en jour à la «
Police. «

CHAPITRE

CHAPITRE VI.

Ordonnances de Loüis le Grand contre le luxe.

UNe longue experience a fait connoiſtre que de toutes nos Loix il n'y en a point qui tombent ſi facilement dans l'oubly, que les Somptuaires : A peine un Edit qui corrige le luxe eſt-il publié, que le genie de la Nation porté naturellement à la magnificence, & l'induſtrie de ſes Negocians & de ſes Ouvriers invente de nouveaux moyens d'en éluder les diſpoſitions. La mode s'en introduit inſenſiblement, & ſon empire tout bizarre qu'il eſt, devient plus fort que celuy des plus ſages Loix. Delà vient cette multiplicité d'Ordonnances qui compoſent ce Chapitre, & qu'il a toujours eſté neceſſaire pour le bien de l'Eſtat de renouveller de temps en temps.

La minorité du Roy, & les guerres qui agitoient alors la France, parurent aux amateurs du luxe en temps propre pour s'y abandonner : mais la ſage prévoyance de Sa Majeſté ſecondée des Conſeils de la Reine Regente ſa Mere, en arreſta le progrés & en prévint tous les inconveniens. Cela ſe fit par deux Déclarations des 30. May & 12. Decembre 1644. elles ont eſté ſuivies de pluſieurs autres qui ont eſté renduës ſelon les occurrences; & comme ce ſont les Loix ſous leſquelles nous vivons, & le dernier eſtat de noſtre Droit François, nous les rapporterons dans leur entier. Les motifs feront aſſez connoiſtre les occaſions qui leur ont donné lieu, & les Ordonnances des Magiſtrats que nous y avons jointes, feront juger de l'exactitude avec laquelle toutes les diſpoſitions ont eſté executées, & feront ſuffiſamment connoiſtre ce qui doit eſtre encore fait en de ſemblables occaſions.

31. May 1644. Déclaration du Roy pour le retranchement du luxe des habits, regiſtrée en Parlement le 19. Aouſt de la même année.

LOUIS, par la grace de Dieu, Roy de France & de Navarre, à tous ceux qui ces preſentes Lettres verront, Salut. Comme il n'y a point de cauſe certaine de la ruine d'un Eſtat, que l'excés d'un luxe déreglé, qui par la ſubverſion des familles particulieres, attire neceſſairement celle du Public : auſſi ne voulons-Nous rien obmettre de tout ce qui peut témoigner le deſir que Nous avons de prévenir ce mal, & d'en préſerver noſtre Royaume par de bonnes & ſeveres Loix. En quoy Nous nous ſommes d'autant plus confirmez, que ce ſeroit en vain que Nous travaillerions à ſoutenir par les armes la gloire & la grandeur de cet Eſtat, ſi cependant Nous ſouffrions qu'il fuſt affoibly par le déreglement de ceux qui ne gardent aucune meſure en leurs vaines & exceſſives dépenſes. Outre que c'eſt choſe digne de noſtre ſoin de ne permettre point qu'au milieu des neceſſitez publiques, & pendant que la pluſpart de nos Sujets ſont incommodez par les impoſts & les ſubſides extraordinaires, ſion aillent faſſent montre de leurs richeſſes, & ſe employent avec profuſion en des ſuperfluitez & des vanitez inutiles; au lieu qu'ils les pourroient plus utilement faire ſervir au public & les reſerver pour le ſecours de leur Patrie. Pour arreſter donc le cours de ce deſordre, & apporter des remedes à ce mal avant qu'il ſe ſoit fortifié par la licence & par le temps; Nous avons conſideré que les dépenſes où le Public eſt plus intereſſé, ſe font aux habits, où l'on employe les étoffes & les paſſemens d'or & d'argent, & aux ouvrages de fil qui viennent des Pays étrangers; de ſorte qu'outre le tranſport de nos monnoyes employées à l'achapt de telles étoffes, il ſe conſume encore dans noſtre Royaume une grande quantité d'or & d'argent que l'on convertit en de ſemblables ouvrages, dont il n'en revient au Public aucune utilité, mais au contraire un tres-notable préjudice, qui eſt encore augmenté par l'abus de quelques Marchands, qui fondent les monnoyes pour les faire entrer dans les Manufactures. C'eſt pourquoy avant que le mal ſoit plus fort que les remedes, & pour conſerver les richeſſes dans noſtre Royaume, en empeſchant la diſſipation des biens de nos Sujets, Nous ne deſirons pas ſeulement de renouveller les Edits qui ont eſté cy-devant faits contre le luxe, mais encore par la rigueur que Nous y apportons, Nous en voulons procurer l'exacte obſervation. A CES CAUSES, ſçavoir faiſons, qu'aprés avoir mis cette affaire en déliberation en noſtre Conſeil; de l'avis de la Reine Regente noſtre tres-honorée Dame & Mere, & de noſtre certaine ſcience, pleine puiſſance & autorité Royale, Nous avons ſtatué & ordonné, ſtatuons & ordonnons par ces preſentes ce qui enſuit.

PREMIEREMENT.

Faiſons tres-expreſſes inhibitions & défenſes à tous nos Sujets de quelque qualité & condition qu'ils ſoient, de porter és habits ou ornemens, comme cordons, baudriers, ceintures, porte-épées, aiguillettes, écharpes, jarretieres, nœuds, rubans, tiſſus, ou tels autres ornemens qui puiſſent eſtre, aucunes étoffes d'or & d'argent, ou barrées, ou mêlées d'or ou d'argent fin ou faux, à peine de confiſcation deſdites étoffes, habits & ornemens, & de quinze cens livres d'amende, applicable le tiers à l'Hoſpital des lieux, l'autre tiers aux Filles de la Magdeleine eſtablies à Paris, & l'autre tiers aux Officiers qui auront fait les captures.

I I.

Comme pareillement défendons de mettre ſur leſdits habits, ou autres ornemens, aucunes piqueures, emboutiſſemens, chamarrures de paſſemens, boutons, houppes, chaînettes, porfilures, canetilles, paillettes, nœuds de ſoye, ou d'or ou d'argent fin ou faux, trait ou filé, ou de gez, ou autre choſe ſemblable, qui pourront eſtre couſuës & appliquées en forme de broderie, & dont les habits & autres ornemens puiſſent eſtre couverts & enrichis.

I I I.

Défendons auſſi de faire appliquer ſur leſdits habits ou autres ornemens aucunes pierreries, perles, boutons d'or ou d'argent ſimple ou doré, cuivre ou laton doré ou émaillé, & telle autre façon d'orfévrerie, telle qu'elle puiſſe eſtre.

I V.

I V.

Voulons que les plus riches & fomptueux habillemens foient de velours, fatin, taffetas, & autres étoffes de foye, fans autre enrichiffement que deux paffemens ou dentelle de foye de deux doigts au plus, ou d'une bande de broderie de largeur d'un pouce ; lefquelles dentelles ou bandes de broderie feront appliquées fur les étoffes des habits ; fans aucune étoffe entre deux ; fçavoir, fur les habits des hommes, deux à l'entour de leur collet & au bas de leurs manteaux, & fur le long & canons de leurs chauffes, ouvertures des manches, haut des manches, au milieu du dos & le long des boutons & boutonnieres, & aux extremitez des bafques des pourpoints ou juppes.

V.

Et quant aux habits des femmes, filles & enfans portans robes, lefdits paffemens ou broderie d'un pouce de largeur y feront appliquez, fans pouvoir mettre aucune étoffe entre deux, ainfi que deffus : fçavoir deux paffemens & dentelles de la fufdite largeur à l'entour du bas & au devant des robes & juppes, fur le milieu des manches, autour des bafques & corps des robes & juppes.

V I.

Défendons en outre à tous nos Sujets de quelque qualité & condition qu'ils foient, de faire porter à leurs Pages, Laquais & Cochers aucuns habits de foye, ou bandes de velours, fatin ou autre étoffe de foye : Voulons qu'ils foient veftus d'étoffe de laine avec deux gallons fur les coutures & extremitez des habits feulement.

V I I.

Faifons pareillement tres-expreffes inhibitions & défenfes à tous Marchands, de trafiquer és Pays étrangers d'aucunes étoffes, paffemens d'or ny d'argent vray ou faux, ny de faire ou faire faire lefdites étoffes, paffemens, franges d'or ny d'argent vray ou faux en noftre Royaume, à peine de confifcation defdits ouvrages, trois mille livres d'amende applicable comme deffus, & d'eftre déclarez indignes d'exercer cy-aprés la Marchandife, ny autres Charges.

V I I I.

Défendons à tous Tailleurs, Brodeurs, Carroffiers, Selliers, de faire aucuns ouvrages de leur meftier où il y ait aucune broderie, paffemens, frange d'or ny d'argent, & generalement aucun or ny argent vray ou faux, à peine de confifcation defdits ouvrages, quinze cens livres d'amende, & d'eftre privez cy-aprés de l'exercice de leur meftier ; lefdites amendes & marchandifes confifquées & applicables comme deffus.

I X.

Defirant pareillement empêcher les dépenfes exceffives qui fe font en paffemens, dentelles & autres ouvrages de fil qui viennent des Pays étrangers ; Nous faifons tres-expreffes inhibitions & défenfes à tous nos Sujets, de quelque qualité & condition qu'ils foient, de porter huit jours aprés la publication de la prefente Déclaration, en leurs linges, collets, manchettes, bas à botter, & generalement en tous autres linges, aucuns paffemens, dentelles, entretoiles, points de Gennes, pontignacs, points coupez, ou autres ouvrages de fil quelconques faits és pays étrangers, à peine contre les contrevenans de confifcation des ouvrages qu'ils porteront, & de quinze cens livres d'amende, applicable comme deffus.

X.

Et d'autant que les Marchands Lingers font la principale caufe du luxe & des dépenfes exceffives qui fe font faites par nos Sujets, Nous leur faifons tres-expreffes inhibitions & défenfes & à tous nos autres Sujets de quelque qualité & condition qu'ils foient, d'acheter ny faire trafic d'aucuns ouvrages de fil faits hors noftre Royaume, & à tous ouvriers en linge, d'en employer en leurs ouvrages.

X I.

Et en cas de contravention à nofdites défenfes par lefdits Marchands, voulons que toute la marchandife dont ils fe trouveront avoir trafiqué hors de noftre Royaume, foit bruflée, & lefdits Marchands condamnez en fix mille livres d'amende, applicable comme deffus, & privez pour jamais de faire aucun exercice de marchandife, ny d'aucune autre charge.

X I I.

Et afin que lefdits Marchands ne prennent occafion de continuer ledit trafic, fuppofant que ce font marchandifes qu'ils avoient avant noftre prefent Edit ; Voulons & ordonnons que quinzaine aprés la publication d'iceluy, ils fe tranfportent és Greffes des Jurifdictions ordinaires des lieux où ils feront demeurans & domiciliez ; pour là affirmer & déclarer la quantité qu'ils ont par devers eux defdites marchandifes étrangeres, dont ils laifferont un inventaire figné d'eux ; fur lequel inventaire enjoignons aufdits Juges ordinaires de faire la vifite defdites marchandifes en prefence des Maiftres & Gardes de la marchandife, fans que pour ce ils puiffent prendre ny exiger aucun falaire.

X I I I.

Enjoignons pareillement aux Maiftres & Gardes defdites marchandifes, de veiller & tenir la main à ce qu'il ne s'achette & debite aucunes des marchandifes & ouvrages défendus, dans les boutiques des Marchands, & faire incontinent le rapport à la Police des contraventions qui feront faites, à peine d'eftre privez pour leur negligence, de pouvoir jamais exercer la Marchandife.

X I V.

Voulons & entendons que les Sentences & Jugemens des confifcations & amendes, qui feront rendus à l'encontre des contrevenans à nos prefentes défenfes, foient executez nonobftant oppofitions ou appellations quelconques, & fans préjudice d'icelles. Si DONNONS EN MANDEMENT à nos amez & féaux Confeillers les Gens tenans nos Cours de Parlemens, Baillis, Senefchaux, Juges ou leurs Lieutenans, & à tous nos autres Jufticiers & Officiers qu'il appartiendra, que ces prefentes ils faffent lire, publier, regiftrer, garder & obferver inviolablement, felon leur forme & teneur. Enjoignons à nos Procureurs Generaux, leurs Subftituts, y tenir la main, & faire toutes les diligences requifes & neceffaires pour ladite execution ; car tel eft noftre plaifir.

plaisir. En témoin de quoy Nous avons fait mettre nostre scel à cesdites presentes. Donné à Paris le dernier jour de May, l'an de grace mil six cens quarante-quatre , & de nostre Regne le deuxiéme. Signé, L O U I S , *Et plus bas* ; Par le Roy, la Reine Regenté sa Mere presente , D E G U E N E G A U D , & scellées sur double queüe du grand Sceau de cire jaune.

11. Decemb. 1644. Déclaration du Roy pour le retranchemêt du luxe des habits & des équipages, registrée au Parlement le 2. Janvier 1645.

L O U I S , par la grace de Dieu, Roy de France & de Navarre, à tous ceux qui ces presentes Lettres verront, Salut. Considerant combien il importe au bien de nostre Estat, que les Réglemens cy-devant faits par nostre Edit sur le fait des passemens & autres étoffes d'or & d'argent , soient exactement observez ; & que les inexecutions causoient un si grand dommage & un préjudice tel , que le desordre continuant, nostre Royaume se trouveroit en peu d'années épuisé de monnoye d'or & d'argent : Estant bien averé par les avis que l'on a eus de divers endroits, que le desir de gagner avoit donné sujet à quelques Villes du Royaume de porter les especes d'or & d'argent avec un tel excés , que quelques défenses qui ayent esté faites, l'on a consommé en la Ville de Lyon seulement jusqu'à la valeur de cent mille livres par semaine, pour employer aux Manufactures d'or & d'argent ; en sorte que le commerce d'argent en reçoit une si notable diminution , qu'il ne peut plus continuer. Et dautant qu'il n'est pas juste que la passion des uns de s'enrichir , & des autres de faire telles inutiles dépenses , soit cause de la ruine de nostre Estat, laquelle ne se pourroit éviter s'il n'y estoit apporté un promt remede : Nous avons jugé à propos de pourvoir à ce desordre par un bon Réglement , pour oster à nos Sujets l'usage de l'or & de l'argent, tant en étoffes , qu'aux autres choses qui ne servent qu'au luxe. Et comme ce n'est pas assez pour conserver l'or & l'argent dans l'Estat, d'en empêcher l'usage en choses inutiles ; mais qu'il est encore necessaire de tenir la main qu'il ne soit transporté hors le Royaume pour fournir aux achapts des marchandises qui n'apportent aucune commodité, & qui ne servent qu'à contenter la passion de quelques esprits déreglez : Nous avons aussi estimé necessaire de faire des défenses de porter aucun passement & ouvrages de fil quels qu'ils puissent estre ; manufacturez tant dedans que dehors le Royaume ; afin qu'en ostant entierement l'usage des passemens de fil, l'on ostast le moyen d'en faire venir des Pays étrangers , qui ne se peuvent que difficilement connoistre d'avec ceux qui se font dans le Royaume. Or comme l'experience a fait connoistre jusqu'icy que tous les Réglemens qui ont esté faits par les Roys nos Predecesseurs & Nous , ont esté inutiles & sans execution , & n'ont servi qu'à faire voir le mépris de leur autorité , la foiblesse des Magistrats & la corruption des mœurs du siecle, qui a toujours prévalu sur la justice de la Loy. Nous nous sommes resolus, pour donner plus de force aux Loix , & en faire ressentir l'utilité au Public, que Nous nous proposons d'y ajouster nostre exemple, en executant Nous-mêmes ce que Nous commandons ; afin que la même puissance qui le fait connoistre necessaire à la raison , le rende desirable à la volonté, & que nos Sujets ayent honte de mépriser une Loy que Nous observerons Nous-mêmes. A C E S C A U S E S , & de l'avis de la Reine Regente nostre tres-honorée Dame & Mere, de nostre tres-cher & tres-amé Oncle le Duc d'Orleans, de nostre tres-cher & tres-amé Cousin le Prince de Condé , de nostre tres-cher & tres-amé Cousin le Cardinal Mazarin : Avons fait & faisons tres-expresses inhibitions & défenses à tous nos Sujets de quelque qualité & condition qu'ils soient, de porter aucunes étoffes d'or ny d'argent specifiées en nostre Edit du mois de May dernier, verifié en nostre Cour de Parlement, que Nous voulons estre exactement observé sous les peines portées par iceluy. Et afin d'oster à nos Sujets tout moyen de contrevenir à nos Réglemens, voulons que dans huitaine pour toutes prefixions & delais du jour de la publication des presentes, les Marchands de nostre bonne Ville de Paris portent au Prevost de Paris ou son Lieutenant Civil, un Estat par le menu de toutes les étoffes, passemens & autres ouvrages d'or & d'argent qu'ils ont en leurs boutiques & autres lieux ; lequel estat sera certifié d'eux , à peine de confiscation de la marchandise comprise en iceluy , en cas que ledit estat ne soit trouvé veritable : avec défense à l'avenir de vendre ; troquer ny debiter aucunes desdites marchandises, tant aux Etrangers qu'à nos Sujets , sans nostre permission expresse ; & à tous Ouvriers de les employer en leurs ouvrages sans ladite permission. Faisons pareillement défenses à toutes personnes de quelque qualité & condition qu'elles soient, sans aucuns en excepter , de faire dorer leurs carrosses , chaises ou caleches , ny de faire mettre en iceux aucunes franges , broderies, passemens d'or & d'argent faux ou vray. Et seront tenus nosdits Sujets dans quinzaine aprés la publication desdites presentes, de faire oster de leurs carrosses , chaires ou caleches tous les passemens , franges & broderies d'or & d'argent, & en faire effacer les dorures, à peine de confiscation des carrosses, chaises, caleches & chevaux, & de quinze cens livres d'amende contre les contrevenans. Et quant aux passemens & autres ouvrages de fil ; enjoignons pareillement à tous Marchands de porter audit Prevost de Paris ou son Lieutenant Civil , huitaine aprés la publication des presentes, un estat de tous esdits ouvrages , certifié par eux , à peine de confiscation, en cas d'omission, de toutes les marchandises contenües audit estat ; avec défenses à tous nosdits Sujets de quelque qualité & condition qu'ils soient, quinzaine aprés la publication des presentes, de porter aucuns passemens , points-coupez , pontignacs, ou autres ouvrages de fil manufacturez tant dedans que dehors le Royaume ; & à tous Ouvriers de les employer en aucune sorte & maniere que ce soit ; & aux Marchands de vendre & troquer lesdits ouvrages de fil, tant aux Etrangers, qu'à nos Sujets , sans nostre permission expresse , à peine de confiscation desdits ouvrages , & autres plus grandes peines s'il y échet. S I D O N N O N S E N M A N D E M E N T à nos amez & féaux Conseillers les Gens tenans nostre Cour de Parlement de Paris , que ces presentes ils ayent à faire lire ; publier & enregistrer selon leur forme & teneur, & le contenu en icelles faire garder & observer inviolablement, sans qu'il y soit contrevenu en aucune sorte & maniere que ce soit. Mandons à nostre Procureur General de tenir soigneusement la main à ladite execution ; car tel est nostre plaisir : en témoin de quoy Nous avons fait mettre nostre Scel à cesdites presentes. Donné à Paris le douziéme jour de Decembre, l'an de grace 1644. & de nostre Regne le deuxiéme. Signé, L O U I S. *Et sur le reply*, Par le Roy, la Reine Regente sa Mere presente. D E G U E N E G A U D , & scellées sur double queüe du grand Sceau de cire jaune.

Ces Réglemens furent exactement obfervez pendant quatre ou cinq ans ; les troubles civils y donnerent enfuite quelque atteinte, & le luxe commençoit à reprendre le deffus. Le Commerce du Canada qui commençoit en ce temps à s'eftablir, nous en fit venir des peaux de Caftor, & fit naiftre l'ufage des chapeaux de poil, qui fe vendoient un prix exceffif; l'or & l'argent devint commun fur les habits & fur les carroffes, & ainfi de tout le refte : Mais auffi-toft que le calme fut reftably, le Roy arrefta cet abus par une Déclaration ; voicy ce qu'elle contient.

26. Octobre 1656. Déclaration du Roy contre le luxe des habits & des équipages, publiée & affichée le 30. du même mois.

L OU I S, par la grace de Dieu, Roy de France & de Navarre, à tous ceux qui ces prefentes Lettres verront, Salut. La confideration des dommages qu'apporte dans noftre Eftat le luxe, qui en confume les meilleures familles, en produifant tous les jours des curiofitez vaines & fuperfluës en la parure des habits, Nous auroit fait réfoudre dés l'entrée de noftre Regne à chercher les remedes que Nous aurions crû neceffaires pour le reprimer. Par nos Déclarations des dernier May & douziéme Decembre 1644. Nous aurions reglé tout ce que Nous permettions à nos Sujets pour l'ornement de leurs habits. Mais lors que le Public commençoit à reffentir les commoditez de ce Réglement, l'obfervation en fut traverfée par le malheur des troubles inteftins, qui pendant les dernieres années de noftre minorité, ont violé en plufieurs manieres l'autorité des Loix. Comme il a plû à Dieu de Nous donner la force d'éteindre les dangereufes factions que nos ennemis avoient fufcitées dans le cœur de noftre Royaume ; que Nous defirons que la memoire de ces malheurs foit pour jamais abolie, & que les confufions & les defordres qu'ils ont caufez foient entierement reparez : il eft principalement neceffaire de remettre en vigueur les fufdits Réglemens, & de faire obferver nos premieres intentions pour la reformation du luxe & des dépenfes infupportables qui fe font dans l'étoffe & la parure des veftemens, tant au préjudice de l'Eftat, dont la richeffe diminuë notablement par la confomption de l'or & de l'argent qui fe perdent entierement en ces ouvrages, qu'à la ruine de nos fujets, qui fe dépoüillent imprudemment de leurs biens par ces dépenfes exceffives ; & particulierement de noftre Nobleffe, qui par le mauvais exemple, & par une fauffe émulation fe laiffe engager à des profufions qui détruifent les Maifons, & qui font que plufieurs deviennent à charge à l'Eftat, perdant les moyens de fouftenir le luftre de leur naiffance, & de Nous rendre le fervice qu'ils Nous doivent. A CES CAUSES, & après avoir mis cette affaire en déliberation en noftre Confeil, où eftoient la Reine noftre tres-honorée Dame & Mere, noftre tres-cher & tres-amé Frere unique le Duc d'Anjou, plufieurs Princes & autres grands & notables perfonnages ; de leur avis, & de noftre certaine fcience, pleine puiffance & autorité Royale, avons dit, ftatué & ordonné, difons, ftatuons & ordonnons par ces prefentes fignées de noftre main, ce qui enfuit.

PREMIEREMENT.

Faifons tres-expreffes inhibitions & défenfes à tous nos Sujets de quelque qualité & condition qu'ils foient, de porter en leurs habits ou ornemens, comme cordons, baudriers, ceintures, porte-épées, gands, aiguillettes, écharpes, jarretieres, boutons, nœuds, rubans, tiffus ou autres ornemens tels qu'ils puiffent eftre, aucun or ou argent, ou foye meflée d'or ou d'argent fin ou faux ; à la referve des boutons d'orfévrerie aux endroits où lefdits boutons font neceffaires, & des cordons de chapeau d'or ou d'argent trait, à peine de confifcation defdites étoffes, habits & ornemens, & de quinze cens livres d'amende, applicable le tiers à l'Hoftel-Dieu de Paris, l'autre tiers à l'Hofpital General des pauvres de ladite Ville, & l'autre tiers aux Officiers qui auront fait les captures.

II.

Comme pareillement défendons de mettre fur lefdits habits ou autres ornemens tant d'hommes que de femmes, aucunes broderies, piqueures, emboutiffemens, chamarrures de paffemens, boutons, houppes, chaînettes, porfilures, canetilles, paillettes, nœuds de foye ou autres chofes femblables, à la referve d'un feul paffement, ou d'un rang de boutons qui pourront eftre mis aux endroits des coutures & bordures defdits habits.

III.

Défendons, fous les mêmes peines, de mettre fur les habits, tant d'hommes que de femmes, aucuns rubans, aiguillettes, cordons, nœuds & autres garnitures de quelque maniere que ce foit ; excepté aux endroits où tels rubans, aiguillettes ou cordons fervent pour attacher ou noüer.

IV.

Et à l'égard des paffemens & autres ouvrages de fil fur le linge, où l'excés a efté jufqu'à prefent tres-grand, Nous faifons tres-expreffes inhibitions & défenfes à tous nos Sujets de quelque qualité & condition qu'ils puiffent eftre, de porter en tous leurs linges aucuns paffemens, dentelles, entretoiles, points de Gennes, pátignacs, points-coupez, points de Venife, & autres de quelque nom qu'ils puiffent eftre appellez, ny generalement aucuns ouvrages de fil, à l'exception d'un feul paffement ou dentelle de fil, qui pourra eftre appliqué autour des colets & manchettes des hommes, & colets, mouchoirs & manchettes des femmes.

V.

Et pour moderer la dépenfe en chapeaux de Caftor, laquelle depuis quelques années eft augmentée à l'excés ; Nous défendons à tous nos Sujets de porter aucuns chapeaux de quelque poil ou matiere qu'ils puiffent eftre faits, dont le prix excede la fomme de quarante livres, ou au plus de cinquante livres ; & à tous Chapeliers d'en faire dorénavant de plus haut prix, à peine de confifcation & d'amende arbitraire.

VI.

Faifons pareillement défenfes à toutes perfonnes de quelque qualité & condition qu'elles foient, fix mois après la publication des prefentes, de fe fervir de carroffes, chaifes ou caleches dorées, ny d'y faire mettre aucune frange, broderie, paffement d'or ou d'argent, fin ou faux, fous les mêmes peines.

Voulons & entendons au furplus que le prefent Réglement ait lieu, & que l'obfervation en foit

foit commencée huit jours après que la publication en aura esté faite, & que les Sentences & Jugemens des confiscations & amendes, qui seront renduës à l'encontre des contrevenans à nos presentes défenses, soient executées nonobstant oppositions ou appellations quelconques, & sans prejudice d'icelles. Si Donnons en Mandement à nos amez & feaux Conseillers, les Gens tenans nos Cours de Parlement, Bailliffs, Seneschaux, Juges ou leurs Lieütenans, & à tous nos autres Justiciers & Officiers qu'il appartiendra, que ces Presentes ils fassent lire, publier, regiftrer, executer, garder & observer inviolablement selon leur forme & teneur. Enjoignons à nos Procureurs Generaux & leurs Substituts d'y tenir la main, & de faire toutes diligences requises & necessaires pour ladite execution. Et dautant qu'il importe de réprimer incessamment ce luxe, & d'empescher que nos Sujets au retour de la Campagne ne s'engagent à de nouvelles dépenses, & particulierement en nostre bonne ville de Paris, où la verification des Presentes ne peut à present estre faite, à cause que nostre Cour de Parlement est encore en vacations : Nous voulons neanmoins, & en attendant qu'elles y soient enregiftrées, qu'elles soient executées selon leur forme & teneur. Mandons pour cet effet au Prevost de Paris, ou son Lieutenant Civil, d'y tenir la main, & de les faire publier & afficher aux lieux accouftumez, afin que nul n'en prétende cause d'ignorance ; Voulant que les Ordonnances & Sentences qui seront par luy renduës à cette occasion, soient executées nonobstant oppositions ou appellations quelconques ; Car tel est nostre plaisir : En témoin de quoy Nous avons fait mettre nostre sceel à cesdites Presentes. Donne' à Vincennes le vingt-sixiéme jour d'Octobre, l'an de grace mil six cens cinquante-six, & de nostre regne le quatorziéme. Signé, LOUIS. Et plus bas, Par le Roy, De Guenegaud, & scellé du grand sceau de cire jaune sur double queuë.

Il est enjoint au Crieur de publier le present Edit, & iceluy afficher aux Carrefours & Places publiques de la Ville & Fauxbourgs de Paris. Fait ce 29. Octobre 1656. Signé, D'Aubray.

La licence se rétablit de nouveau pendant les guerres étrangeres, que la France eut encore à soustenir : ce fut en ce tems que l'on inventa l'usage des guipures, & des autres ornemens de soye, qui se mettoient sur les habits des femmes, & qui leur coustoient presque autant que l'or & l'argent : l'on joignit à cette nouvelle mode tous les autres excés du luxe qui avoient esté défendus par les Réglemens precedens. Le Roy y pourvût par une Déclaration du 27. Novembre 1660. & ce fut l'un des premiers fruits de la Paix : en voicy les propres termes.

27. Novemb. 1660. Déclaration du Roy, portant reglement pour le retranchement du luxe des habits & des équipages, registrée au Parlement le 13. Decembre 1660. publiée & affichée pour la seconde sois le 20. Avril 1661.

LOUIS par la grace de Dieu, Roy de France & de Navarre : A tous ceux qui ces presentes Lettres verront, Salut. Les soins de la guerre ne nous ayant pas permis, tant qu'elle a duré, de nous appliquer autant que nous l'aurions souhaité, à reformer le dedans de nostre Royaume, nous n'avions pas laissé neanmoins de défendre par divers Edits les dépenses superfiuës & le luxe des habits, qui sont des abus inévitables dans les Estats florissans, & qu'on a toujours tasché de réprimer dans ceux qui ont esté les mieux policez : Mais nos désenses quoique souvent renouvellées, n'ont pas produit tout l'effet que nous en attendions, soit par la licence de nos armées, où il estoit plus difficile de les faire observer, soit par l'artifice de ceux qui profitent de ces vaines dépenses, lesquels au lieu de l'or & de l'argent que nous défendons, inventoient sans cesse d'autres ornemens également ruineux à nos Sujets : A quoy nous reservant de pourvoir en un tems plus tranquile, nous nous sommes relaschez quelquefois de l'exacte observation de nosdits Edits. Mais aujourd'huy qu'il a plû à Dieu de nous redonner la Paix, & avec elle les moyens de veiller plus soigneusement que jamais au bien de nos Peuples, pendant que nous nous appliquons incessamment à chercher & pratiquer toutes les autres voyes possibles de leur soulagement ; Nous avons résolu de couper s'il se peut, ce mal jusqu'en sa racine, par des défenses plus exactes, & qui soient mieux observées, nous y croyant d'autant plus obligez, qu'il interesse principalement ceux de nos Sujets, ausquels il semble que nous devons une affection plus particuliere, comme estant les personnes les plus qualifiées de l'Estat, & toute nostre Noblesse que ces sortes de dépenses incommodent notablement, après celles qu'elle vient de faire dans nos armées, & qu'elle est obligée de continuer à la suite de nostre Cour : A ces causes, après avoir fait mettre le tout en déliberation, Nous avons statué & ordonné, statuons & ordonnons par ces Presentes signées de nostre main, ce qui ensuit.

I.

Faisons tres-expresses inhibitions & défenses à toutes personnes tant hommes que femmes, de quelque qualité & condition que ce soit, de porter à l'avenir, à commencer du premier jour de Janvier prochain, en leurs habits, manteaux, casaques, juste-au-corps, robes, jupes, & autres habits generalement quelconques, même en leurs cordons, baudriers, ceintures, porteépées, aiguillettes, écharpes, jarretieres, gands, nœuds, rubans, tissus, ou tels autres ornemens, aucunes étoffes d'or ou d'argent fin ou faux, à la reserve des boutons d'orfévrerie sans queuë, boutonnieres d'or & d'argent, ny autres agrémens quelconques, & ce aux endroits seulement où lesdits boutons sont necessaires ; à peine de confiscation desdites étoffes, habits & ornemens, & de quinze cens livres d'amende, applicable le tiers à l'Hôpital des lieux, l'autre tiers à l'Hôpital General, & l'autre tiers au dénonciateur, & aux Officiers qui auront fait les captures : N'entendons neanmoins en ce comprendre les casaques des Gens-d'Armes, & Chevaux-Legers de nostre Garde.

II.

Comme aussi pareillement nous défendons de mettre sur lesdits habits tant d'hommes que de femmes, ou autres ornemens, aucune broderie, piquure, chamarrure, guipure, passemens, boutons, houpes, chaînettes, passepoils, porfilures, cannetille, paillette, nœuds & autres choses semblables, qui pourroient estre cousuës & appliquées, & dont les habits & autres ornemens pourroient eftre couverts & enrichis ; Voulant que les plus riches habillemens foient de drap ; de velours, de tafietas, fatin, & autres étoffes de foye unies ou façonnées, non rebrodées, & fans autres garnitures que de rubans feulement de taffetas, ou de fatin uni.

III.

Ne pourront en oûtre nos Sujets, de quelque qualité & condition qu'ils foient, à commencer du premier Avril prochain, faire porter à leurs Pages, Laquais, Cochers, & autres Valets veftus de livrées, aucuns habits de foye, ou bande de velours, fatin, ou autres étoffes de foye. Voulons qu'ils foient veftus d'étoffe de laine avec deux gallons ou paffemens de la grandeur d'un pouce au plus, fur les couftures & extremitez des habits feulement.

IV.

Défendons pareillement à toutes perfonnes de quelque qualité & condition qu'elles foient, de fe fervir de carroffes, littieres, caleches, chaifes, houffes, felles de chevaux, & fourreaux de piftolets, où il y ait aucune dorure, broderie d'or ny de foye, frange d'or ou d'argent fin ou faux, à commencer dudit jour premier Janvier prochain, fur les mêmes peines que deffus.

V.

Defirant pareillement empêcher les dépenfes exceffives qui fe font en paffemens, dentelles, & autres ouvrages de fil, dont la plûpart viennent des Païs étrangers ; Nous faifons expreffes inhibitions & défenfes à tous Marchands, & autres perfonnes, à commencer du jour de la publication des Prefentes, de vendre ny debiter aucuns paffemens, dentelles, entre-toiles, points de Gennes, points-coupez, broderies de fil, découpures, & autres ouvrages de fil quelconques faits aux Païs étrangers, ny autres paffemens ou dentelles de France, que de la hauteur d'un pouce au plus ; à peine de confifcation, & de quinze cens livres d'amende applicable comme deffus. Et pour l'execution des Prefentes ; Voulons qu'il foit fait exacte perquifition & recherche dans les maifons & boutiques des Marchands. Et comme depuis quelque tems l'ufage des canons en bas de toile a efté introduit dans ce Royaume avec un excès de dépenfe infupportable, par la quantité de paffemens, points de Venife, Gennes, & autres ornemens, dont ils ont efté chargez l'ufage, fi ce n'eft qu'ils foient de toile fimple, ou de la même étoffe qui eft permife pour les habits, fans dentelle ny ornemens quelconques ; & ce à commencer du premier Janvier. Permettons neanmoins à nos Sujets de fe fervir de colets & manchettes feulement garnis de paffemens qu'ils auront lors de la publication des Prefentes, & les ufer pendant un an ; fans pouvoir acheter ny porter ledit tems paffé, autre paffement à leurs colets & manchettes, finon une feule dentelle de la hauteur d'un pouce au plus, fabriquée dans le Royaume ; & pourront les Marchands envoyer & tranfporter librement hors du Royaume, fans payer aucun droit de fortie, les paffemens qu'ils auront, d'autre qualité que celle cy-deffus. SI DONNONS EN MANDEMENT à nos amez & feaux Confeillers, les Gens tenans noftre Cour de Parlement à Paris, Baillifs, Senefchaux, Juges ou leurs Lieutenans, & à tous nos autres Jufticiers & Officiers qu'il appartiendra ; que ces Prefentes ils faffent lire, publier & enregiftrer, garder & obferver inviolablement, felon leur forme & teneur : Enjoignons à noftre Procureur General & à fes Subftituts d'y tenir la main, & de faire toutes les diligences & les requifitions neceffaires pour l'execution de ce qu'elles contiennent ; CAR tel eft noftre plaifir : En témoin de quoy Nous avons fait mettre noftre fcel à ces Prefentes. DONNE' à Paris le vingt-feptiéme jour du mois de Novembre, l'an de grace 1660. & de noftre regne le dix-huit. Signé, LOUIS. *Et plus bas*, Par le Roy DE GUENEGAUD. Et fcellées du grand Sceau de cire jaune.

Enfuite de cette Déclaration eft l'enregiftrement au Parlement du troifiéme Decembre 1660. & plus bas cette Ordonnance.

Il eft enjoint au Juré-Crieur, ce requerant le Procureur du Roy, de lire, publier & faire afficher par-tout où befoin fera, pour la feconde fois, la Déclaration du Roy cy-deffus, & Nous en certifier dans le premier jour. Fait ce dix-neuviéme Avril 1661. Signé, D'AUBRAY. DE RIANTZ.

Ce retranchement total de tous paffemens ou autres ornemens de foye fur les habits, fans diftinction des Manufactures de France ou étrangeres, avoit jetté dans une extrême neceffité les Paffementiers : le Roy en ayant efté informé, eut compaffion de ces pauvres Artifans, & accorda en leur faveur la Déclaration qui fuit.

27. Mai 1661 Declaration du Roy, qui interprete celle du 27. Novembre 1660. & permet deporter certains paffemens & dentelles de fil & de foye, regiftrée en Parlem. le 30 Juin 1661.

LOUIS par la grace de Dieu, Roy de France & de Navarre : A tous ceux qui ces prefentes Lettres verront, Salut. La licence que donne la guerre, ayant favorifé le luxe dans noftre Royaume, nos défenfes, quoique de tems en tems renouvellées, n'ont pas efté affez puiffantes pour en arrefter le cours ; mais ayant plû à Dieu de donner la Paix à noftre Royaume, Nous avons auffi-toft employé tous nos foins à regler la Police de noftre Eftat, & à reformer les abus que les defordres de la guerre avoient augmentez, ou fait naiftre : Et comme les dépenfes fuperfluës qui fe font en habits, font montées à un tel excès, que pour ce dérèglement les maifons les plus puiffantes fe trouvent incommodées ; Nous avons pour en prévenir les fuites, confirmé par noftre Déclaration du vingt-feptiéme Novembre 1660. les Réglemens intervenus fur ce fujet, & amplement pourvû au retranchement de femblables fuperfluitez. Mais quelque fatisfaction que nous ayons reçuë, de voir l'obéiffance avec laquelle nos Sujets fe font foumis à l'execution de nos volontez ; neanmoins nous avons efté touchez de compaffion, d'apprendre qu'un grand nombre de pauvres Artifans, qui tiroient la fubfiftance de leurs familles, de la fabrique & manufacture des paffemens de foye, eftoient reduits faute d'ouvrages en de grandes neceffitez : A CES

CAUSES,

CAUSES, fçavoir faifons, qu'en interpretant noftre Déclaration du vingt-feptiéme Novembre 1660. Nous avons dit & déclaré par ces Prefentes fignées de noftre main : Difons, déclarons, voulons & nous plaift, que nos Sujets puiffent porter toute forte de paffemens & dentelles, & autres ouvrages de fil, pourvû qu'ils foient faits & manufacturez dans noftre Royaume ; faifant neanmoins tres-expreffes inhibitions & défenfes à toutes perfonnes de quelque qualité & condition qu'elles puiffent eftre, de porter aucun paffement, point de Gennes, de Venife, & autres ouvrages de fil, fabriquez dans les Païs étrangers, fous les peines portées par noftre Déclaration. Permettons en outre à nos Sujets pour les confiderations cy-deffus, de porter des dentelles & autres paffemens de foye qui fe fabriquent & manufacturent dans noftre Royaume, de la hauteur de deux doigts feulement, & qui ne pourront exceder au plus le prix de 40. fous l'aune ; & feront lefdites dentelles ou paffemens appliquez fur les étoffes des habits, fans aucune étoffe entre deux ; fçavoir fur les habits d'hommes un paffement ou dentelle à l'entour du colet & au bas de leurs manteaux, & fur le long & canon des chauffes, ouverture des manches, haut de manches, au milieu du dos, & le long des boutons & boutonnieres, & aux extremitez des bafques des pourpoints. Et quant aux habits des femmes, filles & enfans portant robes, lefdits paffemens y feront appliquez, fans pouvoir mettre aucune étoffe entre deux ; fçavoir un paffement ou dentelle de la fufdite largeur, à l'entour du bas, & au devant des robes & jupes, & fur le milieu des manches, autour des bafques & corps des robes & jupes. Faifant en outre tres-expreffes inhibitions & défenfes à tous Marchands de faire venir & vendre aucuns ouvrages de fil ou dentelles ; & paffemens de foye fabriquez hors de noftre Royaume, à peine de confifcation non feulement defdites marchandifes étrangeres, mais de toutes celles qu'ils auroient en leurs boutiques, qui feront données par moitié à l'Hoftel-Dieu, & à l'Hôpital General des Villes où feront demeurans lefdits Marchands, & de quinze cens livres d'amende pour la premiere fois ; & en cas de récidive, Nous voulons que lefdits Marchands foient déclarez infames, & indignes de faire à l'avenir aucun trafic, ny exercer aucune Charge. Voulons que du jour de la publication des Prefentes, lefdits Marchands ayent à déclarer au vray lefdits ouvrages qu'ils ont de fil, fabriquez és Païs étrangers, & bailler un eftat figné d'eux, au premier Magiftrat des Villes où ils font demeurans, & que lefdits ouvrages foient mis & dépofez en un lieu qui fera avifé par les Maiftres & Gardes de la Marchandife, qui feront les foumiffions pardevant le Magiftrat, de ne permettre qu'ils foient vendus à aucun de nos Sujets ; fans qu'ils en puiffent faire venir de nouveaux des Pays étrangers. Enjoignons aux cinq groffes Fermes & leurs Commis, de veiller exactement qu'il ne foit apporté dans noftre Royaume, des marchandifes de fil & de foye cy-deffus défenduës : & en cas que quelques Particuliers foient fi ofez d'en apporter ou faire venir des Païs étrangers, Nous voulons qu'ils foient confifquez, & les contrevenans condamnez en trois mille livres d'amende, applicable au dénonciateur. SI DONNONS EN MANDEMENT à nos amez & feaux les Gens tenant noftre Cour de Parlement à Paris, Baillis, Senefchaux, Juges, ou leurs Lieutenans, & à tous autres Jufticiers & Officiers qu'il appartiendra, que ces Prefentes ils faffent lire, publier, regiftrer, & executer, garder & obferver inviolablement felon leur forme & teneur. Enjoignons à noftre Procureur General & fes Subftituts, d'y tenir la main, & faire toutes les diligences requifes & néceffaires en cette occafion : CAR tel eft noftre plaifir : En témoin de quoy Nous avons fait mettre noftre fcel à ces Prefentes. DONNÉ à Paris le vingt-feptiéme jour de May l'an de grace 1661. & de noftre Régne le dix-neuviéme. Signé, LOUIS. Et fur le reply, Par le Roy, DE GUENEGAUD : & fcellé fur double queuë du grand fceau du cire jaune.

L'ufage des dentelles de France eftant reftabli, il fit auffi-toft naiftre de nouvelles modes, les habits en furent chamarrez ; on y ajoufta d'autres ornemens de foye, & infenfiblement ils fe trouverent encore meffez d'or & d'argent : cela donna lieu à ces deux Ordonnances, par lefquelles Sa Majefté fait entendre fur cela fes intentions, & renouvella les difpofitions des Réglemens.

18 Juin 1663
Ordonnance
du Roy, fai-
fant défenfes
de porter au-
cuns paffe-
mens d'or &
d'argent, foit
vrai ou faux,
publiée par le
Juré-Crieur
le 20. du mê-
me mois.

SA MAJESTE' ne pouvant plus fouffrir, pendant que la Paix luy donne le moyen de réparer les abus que la Guerre avoit introduits dans fon Royaume, & de s'appliquer à tout ce qu'elle croit pouvoir fervir au foulagement de fes Sujets, que les abus qualifiez d'entr'eux s'incommodent par la dépenfe exceffive où le luxe les engage, & qu'au préjudice de fa Déclaration du vingt-feptiéme Novembre 1661. qu'elle avoit fait pour réprimer ce defordre, il foit contrevenu impunément à fon intention, & aux défenfes y contenuës : Sa Majefté voulant qu'elle foit déformais exactement obfervée, fait de nouveau tres-expreffes inhibitions & défenfes à toutes perfonnes tant hommes que femmes, de quelque qualité & condition qu'elles foient, de porter aucun ornement d'or ny d'argent trait & vraj vray ou faux, fur leurs habits, manteaux, cafaques, jufte-au-corps, robes, jupes & autres habits generalement quelconques, ny même en leurs cordons de chapeaux, baudriers, ceintures, porte-épées, aiguillettes, écharpes, jarretieres, gands, nœuds & rubans ; à la referve des boutons & boutonnieres d'orfévrerie d'or & d'argent, dont elle permet l'ufage aux endroits feulement où ils feront neceffaires ; à peine de confifcation de tout ce qui fe trouvera fur eux contraire à la Prefente & à la fufdite Déclaration, & des autres peines y contenuës. Mande & ordonne Sa Majefté au Prevoft de Paris ou fon Lieutenant Civil, & à tous autres Jufticiers & Officiers qu'il appartiendra, de tenir foigneufement la main à l'obfervation de la prefente Ordonnance, & de la faire publier à fon de trompe & cry public, & afficher par tous les Carrefours de la Ville & Fauxbourgs de Paris, à ce que nul n'en puiffe ignorer. FAIT à Paris le dix-huitiéme Juin 1663. Signé, LOUIS. Et plus bas, DE GUENEGAUD.

29. Decemb.
1664. Or-
donnance du
Roy, portant
Reglement
pour les paf-
femens, dan-
telles, & au-
tres Ouvra-
ges de foye,
d'or & d'ar-
gent, fabri-
quées hors le
Royaume,
publiée parle
Juré-Crieur
le 30. du
même mois.

SA MAJESTE' par fes Lettres de Déclaration du vingt-feptiéme jour du mois de Novembre mil fix cens foixante, regiftrées en fa Cour de Parlement de Paris le treiziéme Decembre enfuivant ; Et par autres fes Lettres de Déclaration du vingt-feptiéme May 1661. données en
interpretation des precedentes, auffi enregiftrées en ladite Cour le trentiéme Juin de ladite
année 1661. auroit fait des Réglemens pour reformer le luxe qui s'eftoit gliffé au fait des habillemens, & les abus qui y avoient efté introduits par la licence de la guerre, au grand préjudice
du bon ordre & police qui doit eftre gardé dans un Eftat, & à la ruine des Sujets de Sa Majefté : Mais Sa Majefté voyant avec déplaifir que la vanité qui régne dans la plûpart des efprits, & l'avarice des Marchands & des Ouvriers, ont rendu prefque inutiles les foins que l'on
a apportez jufques icy pour l'obfervation defdites Déclarations, plufieurs perfonnes de l'un &
de l'autre fexe y contrevenans journellement, & particulierement au premier article de ladite
Déclaration du mois de Novembre 1660. en ce que non feulement l'on met fur les habillemens au pied, & entre les paffemens & dentelles dont ils les font chamarrer, des agrémens veloutez, houpes, ferluches à rozette, à cartizanne, paffe-poils, chaînettes, porfilures, broderies, & d'autres fortes, même y meflant de l'or & de l'argent ; mais auffi portent des paffemens & dentelles de foye beaucoup plus hautes & de plus grand prix qu'il n'eft permis par ladite Déclaration du vingt-feptiéme May 1661. Qu'en outre les femmes font chamarrer leurs robes & jupes par lez, demi-lez, & quarts de lez, ce qui va jufqu'à l'excés, & caufe des dépenfes fuperfluës : Sa Majefté voulant arrefter le cours de tels abus & contraventions fi manifeftes
& fi publiques à fes Réglemens, & en empêcher la continuation ; Sa Majefté a ordonné & ordonne, que fefdites Déclarations des vingt-feptiéme Novembre 1660. & vingt-feptiéme May 1661.
feront executées felon leur forme & teneur, & ce faifant a défendu & défend tres-expreffément
à toutes perfonnes tant hommes que femmes de quelque qualité & condition qu'elles foient, de
porter à l'avenir fur leurs habits, manteaux, cafaques, jufte-au-corps, robes, jupes & autres habillemens generalement quelconques, même en leurs cordons, baudriers, ceintures,
porte-épées, aiguillettes, écharpes, jarretieres, gands, nœuds, rubans tiffus, ou tels
autres ornemens, aucunes étoffes d'or ou d'argent foit fin ou faux, ny aucunes boutonnieres ou agrémens foit veloutez, houppez, freluches à rozette & cartifanne, paffe-poils,
chaïnettes, porfilures, broderies, & tous autres generalement quelconques, à peine de
confifcation defdites étoffes, habits, & ornemens, & de quinze cens livres d'amende, applicable le tiers à l'Hoftel-Dieu, l'autre tiers à l'Hôpital General, & l'autre tiers au dénonciateur,
& aux Officiers qui auront fait les captures : N'entend neanmoins Sa Majefté en ce comprendre
les boutons d'orfévrerie, lefquels pourront eftre mis fans queuë, boutonniere ny agrément quelconque, aux endroits feulement des habillemens où ils feront neceffaires : N'entend non plus
comprendre Sa Majefté dans les fufdites défenfes, les cafaques des Gens-d'Armes, & Chevaux-
Legers de la Garde de Sa.Majefté, ny les jufte-au-corps des Officiers des Troupes fervans prés
de fa Perfonne, & des Seigneurs & Gentilhommes de fa Cour & fuite, aufquels Sa Majefté
aura permis par ordre ou brevet figné d'Elle, & contre-figné de l'un de fes Secretaires d'Eftat,
& de fes Commandemens, de pouvoir porter de l'or & de l'argent, foit gallon, dentelle ou
broderie fur lefdits jufte-au-corps. Défend auffi tres-expreffément Sa Majefté à toutes perfonnes,
fans nul excepter, de porter fur leurs habits aucun paffement, dentelle, & autres ouvrages de
foye qui auront efté fabriquez hors le Royaume, ny qui foient plus hauts que de deux doigts,
& de plus grand prix que de quarante fous l'aune, ny d'en faire appliquer fur les étoffes des
habits aux lez, demy-lez, & quarts de lez, mais feulement aux endroits fpecifiez par ladite
Déclaration du vingt-feptiéme May 1661. laquelle ainfi que celle dudit jour feptiéme Novembre 1660. Sa Majefté veut eftre gardée & obfervée exactement par toutes perfonnes de quelque
qualité & condition qu'elles foient, fur les peines y contenuës. Mande & ordonne Sa Majefté
au Prevoft de Paris, ou fon Lieutenant Civil, de tenir la main à l'exacte obfervation de la prefente, & de la faire publier & afficher és Carrefours & lieux publics de ladite Ville & Fauxbourgs
d'icelle, à ce qu'aucun n'en prétende caufe d'ignorance. F A I T à Paris le 29. Decembre 1664.
Signé, LOUIS. Et plus bas, DE GUENEGAUD.

Il eft enjoint à Canto Juré-Crieur du Roy, de publier l'Ordonnance cy-deffus, & icelle
afficher aux lieux ordinaires de cette Ville & Fauxbourgs de Paris. Fait ce trentiéme Decembre 1664.
Signé, d'AUBRAY.

Là guerre recommença contre l'Efpagne,
pour maintenir les droits de la Reine fur les
Pays-Bas au mois de May 1667. les grandes occupations que cela donna au Roy à la tefte de
fes Armées ou dans fes Confeils, n'empêcherent pas que Sa Majefté ne s'appliquaft aux
autres foins du bien public ; le luxe recommençoit de paroiftre, & il en ordonna la reforme
par une Déclaration du 17. Novembre 1667.
Voicy ce qu'elle contient.

17. Novemb.
1667.Décla-
ration du Roy
portant défen-
fes de porter
des étoffes &
paffemens d'-
or & d'ar-
gent, ny mê-
me des den-

LOUIS, par la grace de Dieu, Roy de France & de Navarre, à tous ceux qui ces prefentes
Lettres verront, Salut. Les dépenfes exceffives qui fe font en paffemens & autres ornemens
d'habits ayant toujours efté fort préjudiciables aux familles particulieres & au Public, Nous
avons, à l'exemple des Roys nos Predeceffeurs, fait publier des Réglemens pour en moderer le
luxe : mais quoique par nos Déclarations des 27. Novembre 1660. & 27. May 1661. & par noftre
Ordonnance du 29.Decembre 1664. en confirmant les precedens Réglemens, Nous y ayons apporté
tous les accommodemens convenables pour en faciliter l'execution ; neanmoins la licence que
caufe la guerre, favorifant le cours de ces fuperfluitez ; & les grandes occupations de noftre derniere Campagne de Flandres Nous ayant empêché de donner nos foins pour l'obfervation de cette
Police, ces defordres ont paffé à de tres-grands excés : Et comme ils intereffent les principales
familles de noftre Eftat, & particulierement noftre Nobleffe, dont Nous ayons notable intereft

telles de fil des Pays étrangers, registrée en Parlement le 23. Novemb. de la même année.

rest de conserver la splendeur & le bien, & d'empêcher qu'après les dépenses qu'elle vient de faire dans nos Armées, elle ne devienne incommodée par ces superfluitez, dont le mauvais exemple ne se communique que trop, & se trouve enfin hors d'estat de Nous continuer le service que Nous en recevons continuellement, & que Nous avons sujet de Nous en promettre: A quoy estant necessaire de pourvoir par le renouvellement de nos défenses, & une plus exacte observation d'icelles. A CES CAUSES, & autres considerations à ce Nous mouvans, après avoir fait voir en nostre Conseil les Déclarations des 27. Novembre 1660. & 27. May 1661. ensemble nostre Ordonnance du 19. Decembre 1664. De l'avis d'iceluy, & de nostre certaine science, pleine puissance & autorité Royale, Nous avons dit, statué & ordonné, & par ces presentes signées de nostre main, disons, statuons & ordonnons ce qui ensuit. C'est à sçavoir, Que conformément à nos precedents Réglemens, Nous avons fait & faisons tres-expresses inhibitions & défenses à toutes-personnes, tant hommes que femmes, de quelque qualité & condition que ce soit, de porter cy après, à commencer du premier Decembre prochain, en leurs habits, manteaux, casaques, juste-au-corps, vestes, robes & autres vestemens generalement quelconques, même en leurs cordons, baudriers, ceintures, porte-épées, écharpes, aiguillettes, gands, nœuds, rubans, tissus & autres ornemens de leurs personnes, aucunes étoffes d'or ou d'argent, soit fin ou faux, à l'exception des boutons d'orfévrerie, sans queuë, boutonnieres d'or ou d'argent ny autres agrémens quelconques, & ce aux endroits seulement où les boutons seront necessaires, à peine de confiscation des étoffes, de quinze cens livres d'amende, applicable le tiers à l'Hospital des lieux, l'autre tiers à l'Hospital General, & l'autre tiers aux denonciateurs & Officiers qui auront fait la capture; n'entendons neanmoins ce comprendre les casaques de nostre Corps, Gens-d'armes; & Chevaux-Legers de nostre garde, ny les juste-au-corps des Officiers des Troupes servans prés de nostre personne, & des Seigneurs & Gentilshommes de nostre Cour, ausquels Nous avons permis d'en porter par ordre ou par brevet. Défendons en outre tres-expressément à toutes personnes, tant hommes que femmes, de porter aucuns passemens, dentelles, ny autres ouvrages de fil facturez à Venise, Gennes, & autres pays étrangers, sous semblables peines de confiscation & d'amende, applicable comme dessus; & à tous Marchands & autres personnes d'en faire venir dans nostre Royaume, en vendre ou debiter, soit par eux ou par personnes interposées, au payement de laquelle les contrevenans seront contraints par emprisonnement de leurs personnes, applicable comme dessus. Et pour découvrir avec plus de facilité les contraventions qui pourroient estre apportées à l'execution des presentes, Voulons & Nous plaist que le Lieutenant de Police puisse se transporter ou faire transporter les Commissaires au Chastelet, dans les boutiques & magasins des Marchands, pour y faire les visites & perquisitions qu'ils jugeront necessaires, & y estre pourvû par le Lieutenant de Police, même par closture des boutiques des Marchands qui auroient contrevenu, ainsi & pour tel temps qu'il avisera, ou autres peines portées par nos precedens Réglemens. Et voulons que les Jugemens qui seront rendus pour raison de ce par ledit Lieutenant de Police soient executez nonobstant toutes oppositions ou appellations, & sans qu'en les recevant, l'execution en puisse estre surcise par aucune défense. N'entendons neanmoins comprendre aux défenses portées par ces presentes, les ouvrages de soye ou de fil facturez dans nostre Royaume, dont nos Sujets pourront continuer l'usage, & les Marchands les vendre & debiter en toute liberté comme par le passé. SI DONNONS EN MANDEMENT à nos amez & féaux Conseillers les Gens tenans nostre Cour de Parlement à Paris, à nostre Prevost de Paris, ou son Lieutenant de Police audit lieu, Baillifs, Seneschaux, Juges, ou leurs Lieutenans, & à tous nos autres Justiciers & Officiers qu'il appartiendra, que ces presentes ils fassent lire, publier & enregistrer, garder & observer selon leur forme & teneur. Enjoignons à nostre Procureur General, son Substitut au Chastelet de Paris, & à tous autres d'y tenir la main, & de faire toutes les diligences & requisitions necessaires pour l'execution des presentes; car tel est nostre plaisir: en témoin de quoy Nous avons fait mettre nostre Scel à cesdites presentes. Donné à Paris le dix-septiéme jour de Novembre, l'an de grace mil six cens soixante-sept & de nostre Regne le vingt-cinquiéme. Signé, LOUIS, Et plus bas, par le Roy, DE GUENEGAUD. Et scellées du grand Sceau de cire jaune.

Le Lieutenant General de Police prit ensuite un fort grand soin de faire executer ces Reglemens; voicy quelques-unes des Ordonnances qu'il rendit à cette occasion.

15. Avril 1669. Ordonnance pour l'execution des Edits concernans le luxe, publiée & affichée le 15. du même mois.

SUR ce qui Nous a esté representé par le Procureur du Roy, que Sa Majesté ayant par plusieurs Edits, Déclarations & Réglemens défendu à toute sorte de personnes, tant hommes que femmes, de porter sur leurs habits aucuns passemens, étoffes ou autres ornemens d'or ou d'argent fin ou faux, trait ou filé, à l'exception des boutons & boutonnieres d'orfévrerie aux endroits où ils peuvent estre necessaires, & ce sous des peines rigoureuses: Ces défenses ayant esté pendant quelque-temps assez exactement observées, jusqu'à present, qu'il est averti que plusieurs personnes en cette Ville portent publiquement sur leurs vêtemens des passemens, dentelles & autres ornemens d'or & d'argent, au préjudice des défenses & contre l'intention de Sa Majesté, qui a voulu par ses Réglemens, non-seulement reprimer l'excés du luxe & des dépenses superflues, mais encore empêcher la consomption de l'or & de l'argent qui se perdent à cette sorte d'ouvrages. Et d'autant que, par les mêmes considerations, il a plû à Sa Majesté de défendre l'usage des dorures aux carrosses, chaires ou caleches; & que par un abus & avec une licence insupportable, plusieurs personnes osent publiquement y contrevenir; Requeroit, pour arrester le cours d'un tel desordre, que les mêmes défenses portées par lesdites Déclarations, Edits & Ordonnances fussent de nouveau publiées & réiterées, & autrement par Nous pourvû ainsi que de raison. Nous ayant égard audit requisitoire, ordonnons que les Edits, Déclarations, Ordonnances, Arrests & Réglemens des 26. Octob. 1656. 27. Novemb. 1660. 27. May 1661. 18. Juin 1663. 29. Decemb. 1664. 17. Nov. 1667. seront executez selon leur forme & teneur. Et en consequence faisons iteratives & tres-expresses défenses à toute sorte de personnes, tant hommes que femmes, de quelque

que qualité & condition qu'elles puissent estre, autres que les personnes exceptées par lesdites Déclarations & Réglemens, de porter en leurs habits & sur leurs manteaux, casaques, vestes & juste-au-corps, robes, juppes & autres habillemens generalement quelconques; même en leurs cordons, baudriers, ceintures, porte-épées, aiguillettes, écharpes, jarretieres, gands, nœuds, rubans, tissus & dentelles, ou tels autres ornemens, aucunes étoffes d'or ou d'argent fin ou faux, trait ou filé, à l'exception des boutons & boutonnieres d'orfévrerie aux endroits où ils sont necessaires, à peine de confiscation, & de quinze cens livres d'amende, applicable un tiers à l'Hotel-Dieu, un tiers à l'Hospital General, & l'autre tiers au dénonciateur. Comme aussi, & sous les mêmes peines, faisons défenses à toute sorte de personnes de quelque qualité & condition qu'elles soient, de se servir trois mois après la publication des presentes, de carrosses, litieres, chaises ou caleches dorées, en tout ou en partie. Et afin que les Réglemens faits par Sa Majesté soient d'autant plus exactement observez, faisons tres-expresses inhibitions & défenses à tous Maistres Tailleurs d'habits & Brodeurs, d'appliquer aucunes dentelles & passemens, broderies ou galon d'or ny d'argent, fin ou faux, sur aucunes étoffes ou habits, à peine de confiscation, & de cinq cens livres d'amende contre lesdits Maistres Tailleurs d'habits & Brodeurs qui seront surpris en contravention. Comme aussi faisons pareilles défenses à tous Maistres Selliers, Carrossiers, Peintres, Doreurs & tous autres d'appliquer aucunes dorures sur les corps ou train des carrosses, litieres, chaises ou caleches, sous semblable peine de confiscation, & de cinq cens livres d'amende tant contre ceux qui auront fait lesdites dorures, que contre ceux qui auront donné ordre de les appliquer. Et sera la presente Ordonnance signifiée à la diligence & requeste du Procureur du Roy, aux Jurez des Maistres Tailleurs d'habits, Brodeurs, Selliers, Carrossiers, Peintres & Doreurs, & affichée dans leurs Chambres de Communauté, afin qu'aucun n'en prétende cause d'ignorance. Mandons aux Commissaires du Chastelet de tenir la main à ce qu'elle soit executée, & en consequence qu'ils ayent à faire saisir les habits, vestemens & autres choses qu'ils trouveront contraires aux Edits & Déclarations du Roy, & à nous faire leurs rapports des contrevenans à la presente Ordonnance, laquelle sera aussi lûë, publiée & affichée par les cantons, carrefours, & places publiques de cette Ville & Fauxbourgs en la maniere accoustumée, & executée nonobstant oppositions ou appellations quelconques, & sans préjudice d'icelles, attendu ce dont il s'agit. Ce fut fait & donné par Messire GABRIEL NICOLAS DE LA REYNIE Conseiller du Roy en ses Conseils d'Estat & Privé, Maistre des Requestes ordinaire de son Hostel, & Lieutenant de Police de la Ville, Prevo sté & Vicomté de Paris, le treiziéme jour d'Avril mil six cens soixante-neuf. Signé, DE LA REYNIE. DE RYANTZ. SAGOT Greffier.

---

9. Juillet 1669. Ordonnance de Police, portant défenses à toutes sortes de personnes de se servir d'aucuns carrosses, litieres, chaises ou caleches dorées en tout ou en partie, d'or sin ou faux, publiée & affichée le 15. du même mois.

SUr ce qui Nous a esté representé par le Procureur du Roy, que Sa Majesté ayant défendu par ses Déclarations l'usage des dorures aux carrosses, chaises & caleches; & en consequence défenses ayant esté aussi faites par nostre Ordonnance du 13. Avril dernier, à toutes personnes de quelque qualité & condition qu'elles pussent estre, de se servir trois mois après la publication de ladite Ordonnance, de carrosses, litieres, chaises ou caleches dorées en tout ou en partie; plusieurs particuliers qui n'ont encore satisfait à ladite Ordonnance, seroient à la veille de se voir exposez à la rigueur des peines establies contre les contrevenans, si pour leur donner plus de moyen de satisfaire, & faire oster lesdites dorures des carrosses, litieres, chaises ou caleches dont ils se servent journellement, le delay de trois mois n'estoit encore prorogé. Et se trouvant d'ailleurs necessaire de réiterer lesdites défenses, requeroit que sur ce il fust par Nous pourvû. Nous ayant égard audit requisitoire, faisons défenses à toute sorte de personnes de quelque qualité & condition qu'elles soient, de se servir, après le dernier jour du present mois de Juillet, d'aucuns carrosses, litieres, chaises ou caleches dorées, en tout ou en partie, d'or fin ou faux, à peine de confiscation & de quinze cens livres d'amende. Comme aussi faisons tres-expresses & iteratives défenses à tous Maistres Selliers, Carrossiers, Peintres, Doreurs & tous autres d'appliquer aucunes dorures fines ou fausses, bronzées & faites avec cuivre ou autre métail sur les corps ou trains des carrosses, litieres, chaises ou caleches, sous semblables peines, d'amende & de confiscation pour la premiere fois, & de privation de la Maistrise en cas de recidive. Et sera la presente Ordonnance lûë, publiée & affichée par les Cantons, Carrefours & Places publiques de cette Ville & Fauxbourgs, en la maniere accoustumée, & executée nonobstant oppositions ou appellations quelconques, & sans préjudice d'icelles, attendu ce dont il s'agit; même signifiée à la diligence & requeste du Procureur du Roy, aux Jurez des Communautez des Maistres Selliers, Carrossiers, Peintres & Doreurs, afin qu'aucun n'en prétende cause d'ignorance. Ce fut fait & donné par Messire GABRIEL NICOLAS DE LA REYNIE, Conseiller du Roy en ses Conseils d'Estat & Privé, Maistre des Requestes ordinaire de son Hostel, & Lieutenant de Police en la Ville, Prevosté & Vicomté de Paris, le neuviéme jour de Juillet mil six cens soixante-neuf. Signé, DE LA REYNIE. DE RIANTZ. COUDRAY, Greffier.

---

14. Février 1670. Ordonnance de Police pour l'execution des Edits & Déclarations concernant le luxe, publiée & affichée le 21. du même mois.

SUr ce qui Nous a esté representé par le Procureur du Roy, que sur diverses considerations importantes, Sa Majesté ayant par ses Edits, Déclarations & Réglemens défendu à toutes sortes de personnes, tant hommes que femmes, de porter sur leurs habits aucuns passemens, étoffes ou autres ornemens d'or ou d'argent, fin ou faux, trait ou filé, à l'exception des boutons & boutonnieres d'orfévrerie aux endroits où ils peuvent estre necessaires, & de sous diverses peines; & Sa Majesté ayant esté informée de plusieurs contraventions ausdits Edits, & voulant qu'ils fussent étroitement observez à l'avenir, il luy auroit plû de nous ordonner d'y tenir la main; & en consequence Nous aurions dès le mois d'Avril de l'année derniere, conformément à la volonté de Sa Majesté, réiteré les mêmes défenses: mais comme elles n'ont pû empêcher qu'il n'y ait eu encore depuis diverses contraventions, & qu'il importe d'en arrester le cours, même par les voyes les plus rigoureuses, afin, suivant l'intention de Sa Majesté, d'empêcher l'excés du luxe, & que la richesse de l'Estat ne diminuë par la grande consomption qui se fait de l'or & de l'argent qu'on employe sur les habits en ornemens superflus: Requeroit qu'il fust sur ce par

Nous

pus pourvû. Nous, faifant droit fur le Réquifitoire du Procureur du Roy, & conformémént aux Edits, Déclarations, Arrefts & Réglemens des 26. Octobre 1656. 17. Novembre 1660. 27. May 1661. 18. Juin 1663. 20. Decembre 1664. 17. Novembre 1667. 28. Juin 1668. & à noftre Ordonnance du 13. Avril 1669. Faifons iteratives & tres-exprefles défenfes à toutes fortes de perfonnes, tant hommes que femmes, de quelque qualité & condition qu'elles foient, autres que celles exceptées par lefdits Réglemens, de porter en leurs habits & fur leurs manteaux & cafaques, veftes & jufte-au-corps, robes, juppes & autres habillemens generalement quelconques, même en leurs baudriers, écharpes, ceintures, porte-épées, aiguillettes, jarretieres, gands, nœuds, rubans, tiffus, dentelles, franges, cordons, bordures de chapeaux, ou autres ornemens, huitaine après la publication de la prefente Ordonnance, aucunes étoffes & ouvrages d'or ou d'argent, fin ou faux, trait ou filé, à l'exception des boutons & boutonnieres d'orfévrerie, aux endroits feulement où ils font neceffaires, à peine de confifcation & de quinze cens livres d'amende. Comme auffi & fous les mêmes peines, faifons défenfes à tous Marchands Merciers, Chapelliers, Maiftres Frangers, Boutonniers & tous autres faifant commerce defdites étoffes & ouvrages d'or ou d'argent, d'en expofer à l'avenir aucunes en vente dans leurs boutiques ou magafins; & à tous Maiftres Tailleurs & Brodeurs de les attacher ou appliquer fur aucuns habits, foit pour homme ou pour femme, à peine contre lefdits Tailleurs ou Brodeurs de cinq cens livres d'amende pour la premiere fois, & de privation de la Maiftrife en cas de recidive. Mandons aux Commiffaires du Chaftelet de faifir lefdites étoffes & marchandifes d'or ou d'argent qui feront cy-après expofées en vente, & de Nous faire leurs rapports des contraventions à la prefente Ordonnance, laquelle fera executée nonobftant oppofitions ou appellations quelconques, & fans préjudice d'icelles, & à la diligence du Procureur du Roy, fignifiée aux Maiftres & Gardes des Marchands Merciers, & aux Jurez des autres Communautez, lûë & affichée en leurs Bureaux & Chambres defdites Communautez, & publiée aux lieux accouftumez de cette Ville & Fauxbourgs, afin que perfonne n'en prétende caufe d'ignorance. Ce fut fait & donné par Meffire GABRIEL NICOLAS DE LA REYNIE, Confeiller du Roy en fes Confeils d'Eftat & Privé, Maiftre des Requeftes ordinaire de fon Hoftel, & Lieutenant de Police de la Ville, Prevofté & Vicomté de Paris, le quatorzième jour de Février mil fix cens foixante-dix. Signé, DE LA REYNIE. DE RYANTZ. SAGOT, Greffier.

Aprés tant de Réglemens pour reformer le luxe des habits & des équipages, il reftoit encore à pourvoir aux fuperfluitez des gros ouvrages d'orfévrerie, dont l'Eftat & les fortunes des particuliers fouffroient un préjudice beaucoup plus confiderable. Loüis XII. les avoit défendus l'an 1506. & Loüis XIII. avoit renouvellé ces défenfes l'an 1636. Les Orfévres par l'intereft de leur Commerce avoient autant de fois obtenu la revocation des Edits qui en avoient retranché l'excès: chacun de ces differens Réglemens a efté rapporté en fon lieu & fous fon époque, où il peut eftre vû. Ainfi la liberté ayant efté laiffée aux Orfévres de travailler à tels ouvrages & de tels poids que bon leur fembloit, les amateurs du luxe en avoient abufé; l'argent avoit efté prodigué à un tel point, que ce n'eftoient plus des baffins, des plats & d'autres vaiffelles neceffaires, mais des tables, des gueridons, des chenets, des grilles de feu, des cabinets & d'autres meubles qui en eftoient fabriquez. L'or à proportion n'eftoit pas mieux ménagé, il n'y avoit fur cela d'autres bornes que celles de la Fortune; les conditions n'eftoient plus diftinguées: un auffi grand déreglement demandoit un puiffant remede, & le Roy y pourvut par la Déclaration qui fuit.

26. Avril 1672. Declaration du Roy, portant reglement pour les Ouvrages d'Orfévrerie, regiftrée en la Cour des Monnoyes, le 5. May de la même année.

LOUIS, par la grace de Dieu, Roy de France & de Navarre, à tous ceux qui ces prefentes Lettres verront, Salut. Comme l'abondance de l'Or & de l'Argent dans le Commerce eft une des marques plus affûrées du bon ordre & de la profperité d'un Eftat; auffi le mauvais ufage qui s'en fait en fuperfluitez dans les familles particulieres en eft une de leur déreglement, & de la ruine qui en eft prefque infeparable. C'eft ce que les Loix Somptuaires ont voulu empêcher dans les Eftats les mieux policez, & ce qui a donné lieu à diverfes Ordonnances faites par les Roys nos Predeceffeurs, dans tous les temps, par lefquelles ils ont reglé le poids de la vaiffelle & uftancile d'or & d'argent, défendu d'en employer en dorures, peintures, broderies, étoffes & emmeublemens, & dont même aucuns en ont interdit l'ufage à tous autres qu'aux Princes, & pour le fervice divin. Mais le luxe a tellement gagné par tout dans la licence des derniers temps; que ces profufions abforbent aujourd'huy la meilleure partie du patrimoine des familles, qui fe confomment par l'abus qu'elles font de leur propre bien, qui pourroit apporter au Royaume & à eux-mefmes des avantages confiderables, fi fuivant fa plus naturelle deftination ce fonds eftoit porté dans le Commerce. A quoy eftant neceffaire de pourvoir, à l'exemple du Reglement que Nous venons de faire pour les tables des Officiers de nos Armées. A CES CAUSES, de l'avis de noftre Confeil, qui a vû les Ordonnances des Roys nos Predeceffeurs, concernant la reformation du luxe; & de noftre certaine fcience, pleine puiffance & autorité Royale, Nous avons fait, & par ces prefentes fignées de noftre main, faifons tres-exprefles inhibitions & défenfes à tous Orfévres & Ouvriers de fabriquer & expofer, ny vendre aucune vaiffelle d'or fervant à l'ufage de la table, de quelque poids que ce puiffe eftre; & pareillement de fabriquer, expofer, ny vendre aucuns baffins d'argent excedans le poids de douze marcs, ny des plats excedans le poids de huit marcs, ny toutes autres vaiffelles & pieces d'argenterie pour l'ufage des tables, excedans ledit poids de huit marcs. Leur faifons pareillement défenfes de fabriquer, expofer ny vendre des buires, feaux, cuvettes & autres vafes d'argent fervans d'ornement de buffet, ny chenets, feux d'argent, braziers, chandeliers à branches, girandoles, plaques à miroirs, miroirs, cabinets, tables, gueridons, panniers, corbeilles, vafes, urnes, & tous autres uftanciles d'argent maffif, ou appliqué fur bois, cuirs & autres matieres, à peine de confifcation & de quinze cens livres d'amende pour la premiere fois, applicable, fçavoir le tiers à Nous, un tiers à l'Hofpital General, & l'autre tiers au dénonciateur; & outre, de punition corporelle en cas de recidive; à l'exception toutefois des ornemens d'argenterie des Eglifes, qui feront fabriquez en la maniere accouftumée, & fans limitation mittation de poids. Enjoignons à toutes perfonnes qui ont de la vaiffelle, pieces d'argenterie, meubles & uftanciles d'or & d'argent de la qualité & poids cy-deffus défendus, de les porter, pendant fix mois, du jour de la publication des prefentes, en nos Monnoyes, pour y eftre converties en efpeces, & leur en eftre délivré la valeur, fans qu'ils foient tenus de Nous payer aucun droit de Seigneuriage, que Nous leur avons remis de grace, pendant ledit temps feulement ; & à faute de s'en défaire dans ledit temps de fix mois, & iceluy paffé, il y fera par Nous pourvû. SI DONNONS EN MANDEMENT à nos amez & feaux Confeillers les Gens tenans noftre Cour des Monnoyes, que ces prefentes ils ayent à regiftrer, & le contenù en icelles faire garder & obferver, ceffant, & faifant ceffer tous troubles & empêchemens qui pourroient eftre mis ou donnez, nonobftant tous Edits, Ordonnances, Arrefts & Réglemens, aufquels Nous avons dérogé & dérogeons ; car tel eft noftre plaifir. En témoin de quoy Nous avons fait mettre noftre Scel à cefdites prefentes. Donné à faint Germain en Laye le vingt-fixième jour d'Avril, l'an de grace mil fix cens foixante-douze, & de noftre Regne le vingt-neuvième. Signé, LOUIS, Et plus bas, Par le Roy, COLBERT. Et fcellé du grand Sceau de cire jaune.

Sur la fin de cette même année 1672. & pendant fix à fept ans que la France fut en guerre contre l'Empire, l'Efpagne & la Hollande, le luxe fit à fon ordinaire de nouveaux efforts pour fe reftablir ; il y eut de temps en temps des modes inventées qui furpaffoient en dépenfes fuperflues tout ce qui avoit efté défendu par les Edits. Le Roy toujours attentif au bien de fon Eftat, donna fes ordres au Magiftrat de Police, d'arrefter le progrés de cette licence ; & voicy quelques-unes des Ordonnances que ce Magiftrat fit publier en femblables occafions.

7. Janvier 1673. Ordonnance contre le luxe publiée & affichée le même jour.

SUr ce qui Nous a efté reprefenté par le Procureur du Roy, qu'aprés les défenfes fi fouvent réïterées par plufieurs Edits & Déclarations, de porter des ornemens d'or ou d'argent fur les habits, il y avoit tout fujet d'efperer que l'ufage en feroit entierement aboly, & le luxe à cet égard confiderablement diminué : mais le defir du gain ayant fourny des inventions nouvelles prefque au même temps de la reformation ; & la vanité de ceux qui devoient le plus reffentir les bons effets de ces fages Réglemens, leur ayant auffi fait recevoir les nouveaux moyens qui leur ont efté donnez de s'engager en des dépenfes exceffives & fuperflues ; toutes les défenfes qui ont efté faites jufqu'à prefent, aprés avoir efté quelque-temps obfervées, n'ont fait ce femble qu'augmenter dans la fuite la licence & la profufion. Et parce que cet abus pourroit enfin caufer, avec la ruine de plufieurs familles, la diminution d'une des principales forces de l'Eftat, par la diffipation prodigieufe qui fe fait tous les jours des matieres d'or & d'argent en ornemens inutiles : Il a plû à Sa Majefté de nous ordonner non feulement d'en renouveller les défenfes, mais encore d'employer de nouveaux moyens pour les faire obferver également à toutes fortes de perfonnes fans aucune diftinction. Et après des ordres fi précis, eftant bien raifonnable de préfumer que les perfonnes de la premiere qualité s'emprefferont à donner l'exemple de l'obéïffance qui eft dûë à la volonté de Sa Majefté dés qu'elle leur fera connuë, & que les gens d'une autre condition devront croire après cela qu'il pourroit y avoir quelque efpece de honte pour eux à fe fervir des étoffes & des ornemens dont l'ufage autrefois n'eftoit permis qu'aux Princes : Le Procureur du Roy Nous a requis de vouloir par les voyes ordinaires informer le Public de la volonté expreffe de Sa Majefté, afin que chacun foit dûëment averti des diligences & des rêcherches qu'elle entend qui foient faites pour empêcher l'ufage & le debit des étoffes d'or & d'argent ; & qu'au cas qu'il fe trouve cy-aprés quelques perfonnes, de quelque qualité ou condition qu'elles puiffent eftre, qui ofent contrevenir aux défenfes qui feront faites, foit en portant des étoffes ou ornemens d'or ou d'argent, foit en continuant d'en faire commerce ; Sa Majefté a donné tous les ordres qui font neceffaires pour les reduire à l'execution précife de fes Réglemens. Nous, faifant droit fur ladite remontrance, en confequence des ordres exprés de Sa Majefté, de fes Edits & Déclarations, Arrefts & Ordonnances ; faifons tres-expreffes défenfes à toutes fortes de perfonnes de quelque qualité & condition qu'elles foient, autres que celles qui font exceptées par la Déclaration du 17. Novembre 1672. de porter, aprés la publication de la prefente Ordonnance, fur leurs habits, manteaux & cafaques, veftes & jufte-au-corps, robes, juppes & autres habillemens generalement quelconques, même en leurs baudriers, écharpes, ceintures, porte-épées, aiguillettes, jarretieres, gands, manchons, nœuds, rubans, tiffus, dentelles, franges, cordons, ou autres ornemens, aucunes étoffes & ouvrages d'or ou d'argent, fin ou faux, trait ou filé, à l'exception des boutons fans queuë & boutonnieres d'orfévrerie aux endroits où ils font neceffaires feulement, à peine de confifcation & de quinze cens livres d'amende : Comme auffi & fous les mêmes peines, faifons défenfes à tous Marchands Merciers, Maiftres Frangers, Boutonniers & tous autres, de faire aucun commerce defdites étoffes & marchandifes d'or ou d'argent, d'en tenir aucunes dans leurs magafins ou boutiques, ny de les expofer en vente ; & à tous Maiftres Tailleurs & Brodeurs, & autres, de les attacher ou appliquer fur aucuns habits, foit pour homme ou pour femme, à peine auffi de confifcation defdits habits, & de cinq cens livres d'amende contre lefdits Tailleurs & Brodeurs, pour la premiere fois, & de privation de la Maiftrife en cas de recidive. Et afin qu'il ne puiffe eftre à l'avenir vendu, debité ou employé en fecret aucune des fufdites étoffes, ornemens ou marchandifes ; Nous ordonnons qu'il fera fait vifite dans les Magafins, Boutiques & tous autres lieux de cette Ville & Fauxbourgs qu'il appartiendra par les Officiers qui feront par Nous commis & prépofez. Ordonnons aux Commiffaires du Chaftelet de faifir cependant les étoffes & marchandifes d'or ou d'argent qu'ils trouveront expofées en vente ; ou d'affigner verbalement pardevant Nous toutes les perfonnes qui feront par eux trouvées en contravention, & dont la qualité, ou bien la confideration des lieux où ils les trouveront pourroient faire quelque forte d'obftacle & de difficulté à proceder par voye de faifie ; au lieu de laquelle fera pourvû felon la qualité de la contravention, fur le rapport defdits Commiffaires ; aufquels, & à chacun d'eux Nous enjoignons de tenir foigneufement la main à ce qu'il ne foit contrevenu à la prefente Ordonnance, qui fera executée nonobftant oppofitions ou appellations quelconques, & fans préjudice d'icelles ;

celles ; & à la diligence du Procureur du Roy, fignifiée aux Maiftres & Gardes des Marchands Merciers, & aux Jurez des autres Communautez, lûë & affichée en leur Bureau & Chambre de Communauté, & publiée aux lieux accouftumez de cette Ville & Fauxbourgs, afin que perfonne n'en prétende caufe d'ignorance. Ce fut fait & donné par Meffire GABRIEL NICOLAS DE LA REYNIE, Confeiller du Roy en fes Confeils d'Eftat & Privé, Maiftre des Requeftes Ordinaire de fon Hoftel, & Lieutenant de Police de la Ville, Prevofté & Vicomté de Paris, le feptiéme jour de Janvier 1673. Signé, DE LA REYNIE. DE RIANTZ.

SAGOT, Greffier.

<table>
<tr><td>

29.Novemb.
1673. Ordõ-
nance de Po-
lice; publiée
& affichée le
1. Decembre
1673.

</td><td>

SUR ce qui Nous a efté repréfenté par le Procureur du Roy, Que les défenfes de porter des ornemens d'or & d'argent fur les habits, ayant efté conformément aux Edits & Déclarations, & aux ordres exprés de Sa Majefté plufieurs fois reïterées ; il y avoit fujet de croire que cette forte de luxe fi dangereux & fi préjudiciable à l'Eftat en feroit entierement retranché, & qu'à l'exemple des perfonnes de qualité, chacun s'abftiendroit de porter de ces ornemens défendus. Cependant comme le defir du gain a fait rechercher à plufieurs Marchands & Ouvriers des modes & des inventions nouvelles pour employer & diffiper les matieres d'or & d'argent, plufieurs perfonnes auffi attirées par ces nouveautez ont repris depuis quelques jours l'ufage des étoffes, dentelles, & autres agrémens d'or & d'argent. Et dautant que ceux d'entre les Marchands & Ouvriers qui font travailler aufdites étoffes & ornemens, nonobftant les défenfes, & qui continuent d'en vendre ou les employer, font les premieres, & prefque les feules caufes de ce defordre & de l'inexecution des Réglemens : requeroit le Procureur du Roy que fur ce il fuft pourvû. Nous faifant droit fur ladite Remontrance, & conformément aux Edits, Déclarations, & aux Ordres de Sa Majefté ; Faifons iteratives & tres-expreffes défenfes à toutes fortes de perfonnes de quelque qualité & condition qu'elles foient, autres que celles qui font exceptées par la Déclaration du dix-feptiéme jour de Novembre 1667. de porter aprés la publication de la prefente Ordonnance fur leurs habits, manteaux, cafaques, veftes, jufte-au-corps, robes, jupes, & autres habillemens generalement quelconques, même en leurs baudriers, écharpes, ceintures, porte-épées, aiguillettes, jarretieres, gands, manchons, nœuds, rubans, tiffus, dentelles, franges, cordons, ou autres ornemens, aucunes étoffes & ouvrages d'or & d'argent fin ou faux, trait ou filé, à l'exception des boutons fans queuë, & boutonnieres d'orfévrerie aux endroits où ils font neceffaires feulement, à peine de confifcation, & de quinze cens livres d'amende. Comme auffi & fous les mêmes peines faifons défenfe à tous Marchands Merciers, Maiftres Frangers, Boutonniers, & tous autres ; de tenir dans leurs magafins ou boutiques aucunes étoffes d'or ou d'argent, de les expofer en vente, de faire travailler aufdits ornemens & ouvrages d'or ou d'argent : Et à tous Maiftres Tailleurs, Brodeurs & autres, de les attacher ou appliquer fur aucuns habits, foit pour homme ou pour femme, à peine auffi de confifcation defdits habits, & de cinq cens livres d'amende contre lefdits Tailleurs & Brodeurs pour la premiere fois, & de privation de la Maiftrife en cas de recidive. Et afin qu'il ne puiffe eftre à l'avenir vendu, debité, ou employé en fecret ou autrement aucune des fufdites étoffes, ornemens ou Marchandifes fervant aufdits ufages : Nous ordonnons que dans huitaine du jour de la prefente, ceux defdits Marchands & Ouvriers qui fe trouveront avoir des étoffes & autres ouvrages d'or ou d'argent, feront tenus d'en faire un eftat ou memoire figné d'eux, & de le mettre, fçavoir les Marchands entre les mains des Maiftres & Gardes du Corps dont ils feront, & les Ouvriers en celles des Jurez de leur Communauté, pour ce fait ou à faute de ce faire, y eftre pourvû ainfi que de raifon : Et cependant mandons aux Commiffaires du Chaftelet, de tenir la main à l'execution de la prefente Ordonnance, & de faifir les étoffes & marchandifes d'or ou d'argent qu'ils trouveront expofées en vente ; ou d'affigner verbalement & pardevant Nous toutes les perfonnes qui feront par eux trouvées en contravention, & dont la qualité, ou bien la confideration des lieux où ils les trouveront pourroient faire quelque forte d'obftacle & de difficulté à proceder par voye de faifie ; au lieu de laquelle il fera par Nous pourvû, felon la qualité de la contravention fur le rapport defdits Commiffaires. Et fera la prefente Ordonnance executée nonobftant oppofitions ou appellations quelconques, & fans préjudice d'icelles ; & à la diligence du Procureur du Roy, fignifiée aux Maiftres & Gardes des Marchands Merciers, & aux Jurez des autres Communautez, lûë & affichée en leur Bureau & Chambre ; publiée & affichée aux lieux accouftumez de cette Ville & Fauxbourgs, afin que perfonne n'en prétende caufe d'ignorance. Ce fut fait & donné par Meffire GABRIEL NICOLAS DE LA REYNIE, Confeiller du Roy en fes Confeils d'Eftat & Privé, Maiftre des Requeftes Ordinaire de fon Hoftel, & Lieutenant de Police de la Ville, Prevofté & Vicomté de Paris, le dix-neuvieme jour de Novembre 1673. Signé, DE LA REYNIE. DE RIANTZ. SAGOT, Greffier.

</td></tr>
<tr><td>

7.May 1675.
Ordonnance
de Police
contre le lu-
xe ; publiée
& affichée le
8. du même
mois.

</td><td>

SUR ce qui Nous a efté repréfenté par le Procureur du Roy, que l'abondance des matieres d'or & d'argent faifant une des principales forces de l'Eftat, il auroit plû à Sa Majefté pour en empêcher la diminution, de défendre par plufieurs Edits, Déclarations & Ordonnances, l'ufage des étoffes & ornemens d'or & d'argent en toutes fortes d'habits & de veftemens : Mais encore bien que ces défenfes ne foient ny levées ny modifiées, le luxe ayant encore depuis peu fait inventer des modes, & trouver le moyen d'employer à des ufages nouveaux cette forte d'étoffe & d'ornemens, plufieurs perfonnes fe font laiffé emporter à des excez fi confiderables, que Sa Majefté aprés avoir efté informée de la continuation d'un tel abus, Nous auroit encore expreffément ordonné de tenir la main à l'execution defdites Déclarations & Ordonnances des 27. May 1661. 18. Juin 1663. 29. Decembre 1664. & 28. Juin 1668. & de les faire exactement obferver. Et comme il eft neceffaire pour cet effet que le Public foit de nouveau informé de l'intention & des Ordres exprés de Sa Majefté, requeroit le Procureur du Roy, que fur ce il fuft par nous pourvû. Nous, faifant droit fur ladite remontrance, & conformément aux Edits & Déclarations, & aux Ordres exprés de Sa Majefté ; Faifons iteratives & tres-expreffes défenfes à toute forte de perfonnes

</td></tr>
</table>

de quelque qualité & condition qu'elles soient , de porter après la publication de la presente Ordonnance , sur leurs habits & vestemens , aucunes étoffes , ouvrages & ornemens d'or ou d'argent fin ou faux, trait ou filé ; à l'exception des boutons d'orfévrerie sans queuë, & aux endroits seulement où ils sont necessaires ; à peine de quinze cens livres d'amende , & de confiscation. Comme aussi & sous les mêmes peines , faisons défenses à tous Marchands Merciers, Maistres Frangers, Boutonniers & tous autres , de les exposer en vente ; & à tous Maistres Tailleurs , Brodeurs , Cousturieres & tous autres , d'employer lesdites étoffes & ornemens d'or ou d'argent , de les attacher ny appliquer sur aucuns habits , soit pour hommes ou pour femmes , à peine aussi de confiscation desdits habits , de cinq cens livres d'amende pour la premiere fois , & de privation de la Maistrise en cas de recidive. Mandons aux Commissaires du Chastelet de tenir la main à l'execution de la presente Ordonnance , de saisir les étoffes & ornemens d'or ou d'argent qu'ils trouveront exposez en vente , ou d'assigner verbalement & pardevant Nous ; tous ceux qui seront par eux trouvez en contravention , & dont la qualité des personnes , ou la consideration des lieux où ils les rencontreront , pourroient faire quelque sorte d'obstacle ou de difficulté à proceder par voye de saisie , au lieu de laquelle il sera par Nous pourvû selon la qualité de la contravention , & sur le rapport desdits Commissaires. Et sera la presente Ordonnance executée nonobstant oppositions ou appellations quelconques , & sans préjudice d'icelles : & à la diligence du Procureur du Roy signifiée aux Maistres & Gardes des Marchands Merciers, & aux Jurez des autres Communautez , publiée & affichée aux lieux accoustumez de cette Ville & Fauxbourgs , afin que personne n'en prétende cause d'ignorance. Ce fut fait & donné par Messire GABRIEL NICOLAS DE LA REYNIE, Conseiller du Roy en ses Conseils du Privé, & Lieutenant General de Police de la Ville, Prevosté & Vicomté de Paris, le sept May mil six cens soixante-quinze. Signé, DE LA REYNIE. DE RIANTZ. SAGOT , Greffier.

<table>
<tbody>
<tr><td>5. Juin 1677. Ordonnance de Police , contre le luxe ; publiée & affichée le même jour.</td><td>SUR ce qui Nous a esté representé par le Procureur du Roy , Que l'usage des étoffes d'or & d'argent ayant esté cy-devant défendu par plusieurs Edits & Déclarations , & depuis y ayant eu pour de bonnes & justes considerations quelque sorte d'interruption à l'étroite & rigoureuse observation de ces défenses pendant un certain temps , le luxe des habits se trouve porté aujourd'huy à un tel excés , par ce relâchement & par la facilité des Marchands, qu'on voit tous les jours plusieurs personnes , même d'une assez mediocre condition , qui employent en étoffes précieuses pour leurs vestemens , plus que la valeur de leurs revenus , & quelquefois au-delà du capital de leur fortune. A quoy Sa Majesté voulant remedier , & oster à ses Sujets ce moyen facile de se ruiner , comme ils font imprudemment par des dépenses excessives & inutiles , & voulant aussi en même tems empêcher la dissipation des matieres d'or & d'argent dans son Royaume , en remettant de nouveau en vigueur les défenses portées par ses Edits & Déclarations , il luy a plû encore de Nous ordonner pour cet effet de les faire observer exactement à l'avenir. Et parce qu'il est necessaire que le Public soit informé de la volonté de Sa Majesté à cet égard , & que chacun sçache l'ordre exprés que Nous en avons reçû : Requeroit le Procureur du Roy, qu'il fust fait ce pourvû. Nous , faisant droit sur ladite remontrance , & conformément aux Edits , Declarations , & aux Ordres exprés de Sa Majesté ; Faisons iterative & tres-expresse défense , à toute sorte de personne de quelque qualité & condition qu'elles soient , de porter après la publication de la presente Ordonnance sur leurs habits & vestemens aucunes étoffes , ouvrages ou ornemens d'or ou d'argent , fin ou faux , trait ou filé , à l'exception des boutons d'orfévrerie sans queuë , & aux endroits seulement où ils sont necessaires ; à peine de quinze cens livres d'amende & de confiscation. Comme aussi & sous les mêmes peines , faisons défense à tous Marchands Merciers , Maistres Frangers , Boutonniers & tous autres , de les exposer en vente ; & à tous Maistres Tailleurs , Brodeurs , Cousturiers & tous autres , d'employer lesdites étoffes & ornemens d'or ou d'argent , de les attacher ny appliquer sur aucuns habits soit pour hommes ou pour femmes ; à peine aussi de confiscation desdits habits ; de cinq cens livres d'amende pour la premiere fois , & de privation de la Maistrise en cas de recidive. Mandons aux Commissaires du Chastelet de tenir la main à l'execution de la presente Ordonnance ; de saisir lesdites étoffes & ornemens d'or ou d'argent qu'ils trouveront exposez en vente ; ou d'assigner verbalement & pardevant Nous , tous ceux qui seront par eux trouvez en contravention , & dont la qualité des personnes , ou la consideration des lieux où ils les rencontreront pourroient faire quelque sorte d'obstacle , ou de difficulté à proceder par voye de saisie , au lieu de laquelle il sera par Nous pourvû selon la qualité de la contravention , & sur le rapport desdits Commissaires. Et sera la presente Ordonnance executée , nonobstant opposition ou appellation quelconque , & sans préjudice d'icelles : Et à la diligence du Procureur du Roy signifiée aux Maistres & Gardes des Marchands Merciers , & aux Jurez des autres Communautez , publiée & affichée aux lieux accoustumez de cette Ville & Fauxbourgs , afin que personne n'en prétende cause d'ignorance. Ce fut fait & donné par Messire GABRIEL NICOLAS DE LA REYNIE , Conseiller du Roy en ses Conseils d'Estat & Privé , Maistre des Requestes Ordinaire de son Hostel , & Lieutenant General de Police de la Ville , Prevosté & Vicomté de Paris , le cinquiéme jour de Juin mil six cens soixante dix-sept. Signé , DE LA REYNIE. ROBERT. SAGOT , Greffier.</td></tr>
<tr><td>10. Mars 1679. Ordonnance de Police , contre le luxe ; publiée & affichée le 11. du même mois.</td><td>IL est fait tres-expresse défense , ce requerant le Procureur du Roy , en consequence des Ordres exprés de Sa Majesté , à toute sorte de personnes de quelque qualité & condition qu'elles soient, de faire dorer aucun meuble de bois en tout ny en partie , comme Tables , chaises , bois de lit , ou autre meuble semblable ; & à tous Doreurs sur bois & autres d'y appliquer aucune dorure ; à peine de confiscation desdits meubles , & de cinq cens livres d'amende , dont les Proprietaires & Ouvriers demeureront solidairement responsables. Et sera la presente Ordonnance executée nonobstant opposition ou appellation quelconque , lûë , publiée & affichée par tout où besoin sera. Ce fut fait & donné par Messire GABRIEL NICOLAS DE LA REYNIE , Conseiller du</td></tr>
</tbody>
</table>

Roy

Roy en ses Conseils d'Estat & Privé, Maistre des Requestes Ordinaire de son Hostel, & Lieutenant General de Police de la Ville, Prevosté & Vicomté de Paris, le dixiéme jour de Mars 1679. Signé, DE LA REYNIE. DERIANTZ. SAGOT, Greffier.

Les guerres avoient en quelque sorte suspendu l'effet de la Déclaration du vingt-sixiéme Avril 1672. concernant les gros ouvrages d'orfevrerie ; le Roy voulant la remettre en vigueur ; cela donna lieu à la Déclaration qui suit, & à tout ce qui fut fait en execution.

10. Fev. 1687 Declaration du Roy, portant Réglement pour la fabrique des pieces d'orfevrerie, registrée au Parlement le 21. du même mois.

LOUIS, par la grace de Dieu Roy de France & de Navarre : A tous ceux qui ces presentes Lettres verront, Salut. Considerant qu'il n'y a rien de si important pour le bien de nos Sujets & de nostre Estat, que de conserver l'abondance de l'or & de l'argent dans le commerce, & d'empescher la consomption excessive qui s'en fait en ouvrages d'argenterie superflus ; Nous aurions par nostre Déclaration du vingt-sixiéme Avril 1672. registrée en nostre Cour de Parlement de Paris, le sixiéme jour de May audit an, défendu entr'autres choses à tous Ouvriers & Orfévres de fabriquer, exposer & vendre des buires, seaux, cuvettes & autres vases d'argent, braziers, chandeliers à branches, girandoles, plaques à miroirs, miroirs, tables, cabinets, gueridons, panniers, corbeilles, vases, urnes, & tous autres ustensiles d'argent massif ou appliqué sur bois, cuivre & autre matiere; à peine de confiscation, 1500. livres d'amende pour la premiere fois, & de punition corporelle en cas de recidive : Et voulant que nostredite Déclaration soit executée à cet égard, & redoubler nostre application à empêcher la dissipation d'or & d'argent, qui se fait en ouvrages inutiles. A CES CAUSES, de l'avis de nostre Conseil, qui a vû nostredite Déclaration du 26. Avril 1672. ensemble les Ordonnances des Roys nos Predecesseurs ; concernant la reformation du luxe, & de nostre certaine science, pleine puissance & autorité Royale, Nous avons fait, & par ces presentes signées de nostre main, faisons tres-expresses inhibitions & défenses à tous Orfévres & Ouvriers de fabriquer, exposer & vendre des buires, seaux, cuvettes & autres vases d'argent servant d'ornement de buffet, chenets, feux d'argent, braziers, chandeliers à branches, girandoles, plaques à miroirs, miroirs, cabinets, tables, gueridons, panniers, corbeilles, vases, urnes, & tous autres ustensiles d'argent massif ; à peine de confiscation, & de trois mille livres d'amende contre les Orfévres & Ouvriers, applicable un tiers à Nous, un tiers à l'Hôpital General, & l'autre tiers au denonciateur. Défendons à toutes personnes de quelque qualité & condition qu'elles soient, de faire, ny laisser travailler dans leurs Hostels & Maisons, aucuns Ouvriers ny Orfévres ausdits ouvrages, aux peines portées par les anciennes Ordonnances & Réglemens. Enjoignons au Lieutenant General de Police de nostre bonne Ville de Paris, de se transporter aussi-tost après la publication des Presentes, dans les boutiques & maisons des Orfévres de ladite Ville, & des Ouvriers y travaillant en orfévrerie, & aux Lieutenans Generaux des Bailliages & Juges Royaux de se transporter pareillement dans les boutiques des Orfévres & Ouvriers des Provinces, pour se faire representer tous les ouvrages défendus par cesdites Presentes, qui se trouveront en la possession desdits Orfévres & Ouvriers, même de faire cesser le travail de ceux qui auront esté commencez, qui ne seront entierement achevez, & dresser leur procés verbal de l'estat, poids & qualité desdits ouvrages, sur lesquels ils feront apposer une marque d'un poinçon particulier, qui sera aussi-tost difformé, & addresseront leurdit procés verbal au Controlleur General de nos Finances, pour y estre ensuite par Nous pourvû, ainsi qu'il appartiendra. Défendons sous les mêmes peines que dessus, aux Ouvriers travaillant en cuivre & fer, de dorer & argenter aucuns chenets, feux & autres ouvrages de fer ou de cuivre, de la qualité de ceux d'orfévrerie défendus par cesdites Presentes : N'entendons neanmoins aux défenses portées par ces Presentes, ayent lieu pour l'argenterie & dorures destinées pour l'ornement des Eglises, à l'égard desquelles il en sera usé comme par le passé. SI DONNONS EN MANDEMENT à nos amez & feaux Conseillers, les Gens tenans nostre Cour de Parlement à Paris, que ces Presentes ils ayent à registrer, & le contenu en icelles faire garder & observer, cessant & faisant cesser tous troubles & empêchemens qui pourroient estre donnez, nonobstant tous Edits, Ordonnances, Arrests & Réglemens au contraire; ausquels Nous avons dérogé & dérogeons par ces Presentes : CAR tel est nostre plaisir. En temoin de quoy, Nous avons fait mettre nostre scel à cesdites Presentes. DONNE' à Versailles le dixiéme jour de Fevrier, l'an de grace mil six cens quatre-vingt-sept, & de nostre regne le quarante-quatriéme. Signé, LOUIS. Et sur le reply, par le Roy, COLBERT. Et scellé du grand sceau de cire jaune. Et encore plus bas : Veu au Conseil, LE PELLETIER.

1 Mars 1687 Sentence du Magistrat de Police, qui nomme un Commissaire pour l'execution de la Declaration du Roy du 10. Fevr. 1687.

A Tous ceux qui ces Presentes Lettres verront, Charles Denys De Bullion, Chevalier Marquis de Gallardon, Seigneur de Bonnelles, Bullion & autres lieux, Conseiller du Roy en ses Conseils, Prevost de la Ville, Prevosté & Vicomté de Paris, Salut. Sçavoir faisons, que sur ce qui Nous a esté remontré par le Procureur du Roy, que Sa Majesté par sa Déclaration du dixiéme Fevrier dernier, enregistrée au Parlement le vingt-uniéme du même mois, & publiée cejourd'huy au Parc Civil du Chastelet, l'Audiance tenant ; ayant fait tres-expresses défenses à tous Orfévres & Ouvriers de fabriquer & exposer en vente des buires, seaux, cuvettes, & autres vases d'argent, servans d'ornemens de buffets, chenets, feux d'argent, braziers, chandeliers à branches, girandoles, plaques à miroirs, miroirs, cabinets, tables, gueridons, panniers, corbeilles, vases, urnes, & tous autres ustensiles d'argent, sous les peines y contenuës ; & nous ayant enjoint de nous transporter aussi-tost la publication de ladite Déclaration du Roy, dans les boutiques & maisons des Orfévres & des Ouvriers travaillans en orfévrerie, pour nous faire representer tous les ouvrages défendus par icelle, faire cesser le travail de ceux qui auront esté commencez, & ne seront pas entierement achevez, dresser procés verbal de l'estat, poids & qualitez desdits ouvrages, & y faire apposer la marque d'un poinçon particulier : il est necessaire pour prévoir les fraudes, de proceder incessamment à l'execution de ladite Déclaration, à quoy ledit Procureur du Roy nous a requis de pourvoir. Nous ayant égard audit requisitoire,

FFf iij   avons

nvons ordonné que le Commiſſaire DELAMARE que nous avons commis à cet eſſet, ſe tranſportera avec les Gardes de l'Orſévrerie, dans les boutiques & maiſons des Orſévres de cette Ville
& Fauxbourgs de Paris, & des Ouvriers travaillans [en orſévrerie : leſquels ſeront tenus luy
repreſenter tous les ouvrages de la qualité de ceux contenus en ladite Déclaration du Roy, & autres
uſtanſiles d'argent maſſif, ou appliqué ſur bois & autres matieres, tant ceux entierement achevez,
que ceux qui ſont ſeulement commencez, & ne ſont entierement achevez, pour eſtre en ſa preſence tous leſdits ouvrages marquez d'un poinçon particulier par nous à luy délivré à cet eſſet ;
& ſera par luy dreſſé procés verbal de l'eſtat, poids & qualité deſdits ouvrages, pour iceluy rapporté & communiqué audit Procureur du Roy, eſtre ordonné ce que de raiſon : cependant conformément à ladite Declaration du Roy, & ſous les peines y contenuës, faiſons déſenſes à
tous leſdits Orſévres & Ouvriers travaillans en orſévrerie, de travailler ny faire travailler, pour
achever les ouvrages commencez, ny même de vendre ceux qui ſont eſté cy-devant entierement
achevez. Et ſera la preſente Ordonnance executée, nonobſtant oppoſitions ou appellations quelconques, & ſans préjudice d'icelles. En témoin de quoy nous avons fait ſceller ces preſentes,
qui ſurent faites & données par Meſſire GABRIEL NICOLAS DE LA REYNIE, Conſeiller d'Eſtat Ordinaire, Lieutenant General de Police de la Ville, Prevoſté & Vicomté de Paris,
le premier jour de Mars mil ſix cens quatre-vingt-ſept. SAGOT, Greffier.

Du Mardy 4. Mars 1687.

Procés ver-
bal du Com-
miſſaire en
execution de
la Declara-
tion du Roy
du 10. Fe-
vrier 1687.

NOus NICOLAS DELAMARE, Conſeiller du Roy, Commiſſaire au Chaſtelet de Paris,
en execution de la Declaration du Roy du dixiéme Fevrier 1687. regiſtrée au Parlement le
vingt-uniéme dudit mois, & publiée au Chaſtelet le premier du preſent mois ; & en conſequence
de l'Ordonnance de Monſieur le Lieutenant General de Police dudit jour premier de ce mois,
ſommes tranſportez avec les Gardes de l'Orſévrerie, dans les maiſons des Marchands Orſévres, &
des Ouvriers travaillant en orſévrerie dans cette Ville & Fauxbourgs de Paris, pour y faire perquiſition des ouvrages défendus par ladite Declaration, & faire marquer en noſtre preſence ceux de
cette qualité qui s'y trouveront, avec un poinçon gravé d'une fleur-de-lys, & du milleſime de la
preſente année, qui nous a eſté mis és mains par mondit ſieur le Lieutenant General, ainſi qu'il
enſuit.

En la maiſon du ſieur Nicolas de Laulnay Marchand Orſévre ordinaire du Roy, & l'un des
Gardes à preſent en Charge, demeurant dans les Galeries du Louvre ; lequel ſieur de Laulnay informé du ſujet de noſtre tranſport, nous a repreſenté les ouvrages d'argent qui enſuivent.

Premierement, un brazier d'un pied & demy de haut, ſur deux pieds trois pouces de diametre,
peſant cent trois marcs quatre gros.

Item, Deux girandoles, &c.

Tous leſquels ouvrages nous avons fait marquer dudit poinçon ; & aprés avoir fait perquiſition
dans tous les lieux de ladite maiſon, & qu'il ne s'y eſt trouvé aucuns autres ouvrages défendus, que
ceux cy-deſſus mentionnez, nous les avons laiſſez en la garde & poſſeſſion dudit ſieur de Laulnay
qui s'en eſt chargé, pour les repreſenter quand beſoin ſera ; & luy avons derechef fait entendre,
& reiteré les déſenſes portées par la Declaration de Sa Majeſté, & a ſigné.

Cet article eſt ſeulement rapporté pour exemple des viſites qui ſurent continuées chez tous
les autres, & qui ſont toutes conçuës en ces mêmes termes, à l'égard du ſtyle, les ſeuls ouvrages
en faiſant la difference.

6.May 1687
Arreſt du
Conſeil ſur le
procés ver-
bal du Com-
miſſaire, por-
tant que les
ouvrages qui
avoient eſté
marquez, ſe-
roient rom-
pus, & que
les façons ſe-
roiët rébour-
ſées ſuivant
l'eſtimation
qui en ſeroit
faite par des
Experts.

LE ROY s'eſtant fait repreſenter en ſon Conſeil ſa Declaration du dixiéme Fevrier dernier,
par laquelle Sa Majeſté auroit fait déſenſes aux Orſévres & Ouvriers travaillans en orſévrerie,
de fabriquer des pieces d'orſévrerie mentionnées en ladite Declaration, & entr'autres choſes auroit enjoint au ſieur Lieutenant General de Police de la Ville de Paris, de ſe tranſporter dans les
boutiques & maiſons des Orſévres & Ouvriers de ladite Ville, & aux Lieutenans Generaux des
Baillages & Juges Royaux, de ſe tranſporter pareillement dans les boutiques des Orſévres & Ouvriers des Provinces, pour ſe faire repreſenter les ouvrages défendus par ladite Declaration, eſtant
en la poſſeſſion deſdits Orſévres & Ouvriers ; dreſſer leur procez verbaux de l'eſtat, poids & qualité
deſdits ouvrages, & de les envoyer au ſieur Controlleur General des Finances, pour y eſtre pourvû
par Sa Majeſté ainſi qu'il appartiendroit ; deux procés verbaux de viſites faites en execution de
ladite Declaration, & des Ordonnances du ſieur DE LA REYNIE, Lieutenant General de Police, chez les Orſévres de la Ville & Fauxbourgs de Paris, par le Commiſſaire DELAMARE, des 5. &
29. Mars dernier, & autres jours dudit mois, & de celuy d'Avril enſuivant ; par leſquels il paroiſt
qu'il s'eſt trouvé chez leſdits Orſévres, trois mille deux cens ſoixante-ſix marcs peſant d'ouvrages défendus, tant achevez qu'imparfaits, & preſts à achever ; & Sa Majeſté voulant que tous
leſdits ouvrages ſoient rompus & briſez, & en même temps pourvoir au dédommagement des
Orſévres auſquels ils appartiennent : Oüy le Rapport du Sieur LE PELLETIER, Conſeiller
Ordinaire au Conſeil Royal, Controlleur General des Finances : SA MAJESTE' EN SON
CONSEIL, a ordonné & ordonne, que les ouvrages mentionnez dans les procez verbaux du
dit Commiſſaire DELAMARE des 5. & 29. Mars dernier, & autres jours dudit mois, & de celuy d'A-
vril enſuivant, ſeront briſez, rompus & defigurez, en preſence du ſieur DE LA REYNIE, ou des
Officiers de Police qui ſeront par luy commis à cet eſſet ; enſorte que leſdits ouvrages ne puiſſent
eſtre reparez ny vendus ; que ſur les certificats qui ſeront délivrez par ledit ſieur DE LA
REYNIE, du poids & de la qualité des ouvrages qui ont eſté rompus & briſez chez chacun deſdits
Orſévres, les droits par eux payez pour la marque deſdits ouvrages leur ſeront rendus & reſtituez
par le Fermier dudit droit, à raiſon de quarante ſous du marc, lequel à ce ſujet ſera contraint
en vertu du preſent Arreſt ; comme auſſi que ſur le procés verbal qui ſera dreſſé par ledit ſieur
DE LA REYNIE, ſur le Rapport des Experts qui ſeront par luy nommez d'Office, de l'eſtimation
des

des façons defdits ouvrages, il fera pourvû par Sa Majefté au rembourfement defdits Orfévres, ainfi qu'il appartiendra ; leur fait défenfes de reftablir, reparer ou vendre aucun defdits ouvrages rompus & brifez, fur les peines portées par la Declaration du dixiéme Février dernier, Fait au Confeil d'Eftat du Roy, tenu à Verfailles le fixiéme jour de May mil fix cens quatre-vingt-fept. Collationné, COQUILLE.

Du Lundy 14. Juillet 1687.

Procés verbal du Commiffaire en execution de l'Arreft du Confeil du 29. Mars 1687.

NOus NICOLAS DE LA MARE Confeiller du Roy, Commiffaire au Chaftelet; eftant en l'Hoftel de Monfieur de la Reynie Confeiller d'Eftat ordinaire, & Lieutenant General de Police de la Ville, Prevofté & Vicomté de Paris. Mondit Sieur de la Reynie nous a mis entre les mains un Arreft du Confeil d'Eftat du 6. May dernier, par lequel Sa Majefté ordonne que les ouvrages d'orfévrerie mentionnez dans nos Procés verbaux des 5. & 29. Mars dernier & autres jours dudit mois, & de celuy d'Avril, feront brifez, &c. Pour l'execution duquel Arreft ; mondit Sieur de la Reynie a ordonné que nous nous transporterons dans les Maifons & boutiques des Orfévres, pour en noftre prefence faire brifer, rompre & défigurer les ouvrages d'orfévrerie mentionnez en nos Procés verbaux ; aprés neanmoins que les façons de chacune des pieces auront efté prifées & eftimées par Jean Crochet l'aifné, & Pierre Loir, anciens Marchands Maiftres Orfévres à Paris, qui fe font retirez du Commerce, lefquels feront le ferment pardevant nous ; & qu'à cette vifite le Fermier du droit de Controlle fera appellé pour y eftre prefent, fi bon luy femble.

Pour à quoy parvenir ; nous Confeiller & Commiffaire fufdit, avons délivré noftre Ordonnance à Pierre de Bury Huiffier à verge au Chaftelet, pour affigner lefdits Loir & Crochet à comparoir Jeudy prochain une heure de relevée pardevant nous en noftre Hoftel pour faire ferment de bien & fidellement en leur confcience, prifer & eftimer les façons defdits ouvrages ; & enfuite fe transporter avec nous où befoin fera pour faire ladite prifée ; comme auffi avons délivré noftre Ordonnance audit de Bury, pour affigner le Fermier du Droit de marque & contrôlle des ouvrages d'argent, à comparoir Jeudy prochain, deux heures de relevée, en la maifon du Sieur de Laulnay Marchand Orfévre ordinaire du Roy aux Galleries du Louvre, pour reconnoiftre les ouvrages marquez pendant le cours de fon Bail, & enfuite lefdits ouvrages eftre rompus, brifez & defigurez en fa prefence, fuivant ledit Arreft.

Le Jeudy 17. dudit mois de Juillet audit an, une heure de relevée, pardevant nous Confeiller & Commiffaire fufdit, en noftre Hoftel, font comparus lefdits Jean Crochet & Pierre Loir Experts nommez d'office pour prifer les façons defdits ouvrages qui doivent eftre rompus ; lefquels aprés ferment par eux fait ont promis de proceder fidellement & en leur confcience à ladite prifée, & ont figné.

Sommes enfuite tranfportez avec lefdits Crochet & Loir en la maifon de Nicolas de Laulnay Marchand Orfévre ordinaire du Roy, aux Galleries du Louvre ; où eftant, eft comparu pardevant nous ledit Sieur de Laulnay, auquel ayant fait entendre le fujet de noftre tranfport, il nous a dit qu'il eft preft & offre de nous reprefenter tous les ouvrages défendus par la Declaration de Sa Majefté, marquez en noftre prefence, & dont il eft chargé par nos precedens Procés verbaux, & a figné.

Sont auffi comparus Jean Coffart & Jean Denifet Commis du Droit de marque des ouvrages d'or, & d'argent, qui nous ont dit qu'ils comparent à l'affignation qui leur a efté donnée de noftre Ordonnance, requierent communication de l'Arreft y mentionné, & ont figné.

Sur quoy nous donnons acte aufdites Parties de leurs comparutions, offres & requifitoires ; & aprés avoir donné communication aufdits Coffart & Denifet dudit Arreft, & qu'ils en ont pris lecture : Ordonnons qu'il fera prefentement procedé en noftre prefence à la rupture & difformation defdits ouvrages d'orfévrerie que les façons en auront efté prifées & eftimées par lefdits Experts, & qu'ils auront efté vûs & vifitez par lefdits Coffart & Denifet, pour connoiftre ceux qui ont efté marquez pendant le bail dudit Riderot, & dont les droits de marque ont efté par luy reçûs, & qu'il doit rendre aux Orfévres conformément audit Arreft.

Et à l'inftant ledit Sieur de Laulnay nous a reprefenté tous les ouvrages mentionnez en nos precedens Procés verbaux ; lefquels ouvrages ont efté en noftre prefence vûs & vifitez, tant par lefdits Coffart & Denifet, qui ont reconnu ceux qui ont efté contrôllez & marquez pendant le bail dudit Riderot, & ceux des baux precedens dont ils nous ont dit connoiftre auffi les marques, que par lefdits Sieur Crochet & Loir, qui en ont prifé & eftimé les façons ainfi qu'il enfuit.

Premierement un Brazier pefant cent trois marcs quatre gros, lequel s'eft trouvé marqué du poinçon de Luçot precedent Fermier ; les façons duquel Brazier ont efté eftimées par lefdits Experts, à raifon de cent fous le marc ; ce qui monte en tout à cinq cens quinze livres fix fous.

Item, trois Chandeliers à cinq branches, &c. Tous lefquels ouvrages ; aprés recollement fait fur nos Procés verbaux precedens, & que le tout s'y eft trouvé conforme, ont efté en noftre prefence, fuivant ledit Arreft rompus, brifez & défigurez ; en forte qu'ils ne puiffent eftre reparez, & les morceaux d'iceux ont efté laiffez en la poffeffion dudit de Laulnay, & ont figné.

Ce Procés verbal fut continué pendant plufieurs jours chez tous les autres Orfévres dans cette même forme, & au bas de la derniere vacation eft l'Ordonnance qui fuit.

Veu par Nous GABRIEL NICOLAS DE LA REYNIE Confeiller d'Eftat ordinaire, & Lieutenant General de Police de la Ville, Prevofté & Vicomté de Paris, le Procés verbal cy-deffus : ordonnons qu'il en fera delivré par le Commiffaire de la Mare un extrait du poids & de la qualité des pieces d'orfévrerie qui ont efté rompuës, pour fervir de certificat aux Orfévres, & fur lequel ils feront rembourfez du droit de marque defdites pieces d'orfévrerie,

rie, par les Fermiers dudit droit, suivant l'Arrest du Conseil du 6. May 1687. Ce fut fait & donné en nostre Hostel le Jeudy 26. Février 1688. Signé, DE LA REYNIE.

La Déclaration du 10. Février 1687. n'avoit condamné que les ouvrages de pur ornement, & qui seroient seulement trouvez chez les Orfévres ; elle n'avoit point touché à la vaisselle d'argent, & aux autres ouvrages que l'utilité peut excuser, ny même aux ouvrages d'ornemens & superflus qui estoient chez les particuliers. Il parut dans la suite que ces deux Articles estoient encore importans, l'on estima que la vaisselle & les ustanciles necessaires pouvoient estre réduits à un poids raisonnable, & qu'il estoit juste de faire porter à la Monnoye tout ce qui seroit trouvé exceder ce poids, & tout ce qui estoit superflu & de pur ornement chez les particuliers. Ce fut la matiere de la Déclaration qui suit.

14. Decemb. 1689. Déclaration du Roy portant Réglement sur les ouvrages & vaisselles d'or & d'argent, registrée en Parlement le 16. du même mois.

LOUIS, par la grace de Dieu, Roy de France & de Navarre, à tous ceux qui ces presentes Lettres verront, Salut. Les Roys nos Predecesseurs reconnoissant combien il importe à l'Estat, de reprimer le luxe & d'empêcher la dissipation des matieres d'or & d'argent qui doivent estre employées à faire fleurir le Commerce, ont expressement défendu par leurs Ordonnances qu'il ne fust fait aucun ouvrage d'or, au dessus de 4. onces, ny de vaisselle d'argent au dessus de 3. ou 4. marcs : L'abondance de ces précieuses matieres, que nos soins & nostre application pour le bien de nos Sujets, ont introduit dans le Royaume, a tellement autorisé le luxe, que tous les particuliers, sans avoir égard à la bien-séance & à leur condition, se sont donné la licence, non seulement d'avoir en abondance toute sorte de vaisselle d'argent d'un poids excessif, & même embarrassant pour le service ordinaire des tables ; mais encore de faire toute sorte de meubles & d'ustanciles d'argent inutiles, ce qui a causé une si prodigieuse consommation d'or & d'argent en ornemens superflus, que nos Monnoyes se trouvent quasi sans aliment, & que le Commerce souffre par la disette des especes. Ces considerations Nous obligerent à reprimer par nos Ordonnances des années 1672. & 1687. un abus si préjudiciable à nos Sujets & à nostre Estat, & à défendre l'usage & la fabrication des ouvrages d'argenterie, de pur ornement, & de la vaisselle d'argent d'un poids excessif : Mais le luxe ayant prévalu à nostre prévoyance, Nous nous voyons forcez de recourir à des remedes plus severes, pour empêcher le tort que les particuliers se font à eux-mêmes par des profusions qui épuisent leurs patrimoines, & le préjudice que le Public souffre par la dissipation des especes necessaires pour le maintien du Commerce. A CES CAUSES, de l'avis de nostre Conseil, & de nostre certaine science, pleine puissance & authorité Royale, Nous avons par ces presentes signées de nostre main, dit, declaré & ordonné, disons, declarons & ordonnons, voulons & Nous plaist, que nos Declarations des 6. May 1672. & 20. Février 1687. soient executées ; & en consequence faisons défenses à tous Orfévres & autres Ouvriers travaillans, tant en or qu'en argent, dans nostre bonne Ville de Paris & autres Villes & lieux de nostre Royaume, de fabriquer, exposer ou vendre aucune vaisselle, ou aucun autre ouvrage d'or excedant le poids d'une once, à la reserve des croix des Archevêques, Evêques, Abbez & Abbesses, des Chevaliers de nos Ordres, & de deux de saint Jean de Jerusalem & de saint Lazare, que Nous leur permettons de faire & debiter à l'ordinaire. Leur défendons pareillement de fabriquer, vendre ou exposer en vente aucuns balustres, bois de chaise, cabinets, tables, bureaux, gueridons, miroirs, braziers, chenets, grilles, garnitures de feu ou de cheminées, chandeliers à branches, torcheres, girandoles, bras, plaques, cassolettes, corbeilles, paniers, caisses d'orangers, pots à fleurs, urnes, vases, quarrez de toilettes, pelottes, buires, seaux, cuvettes, carafons, marmites, tourtieres, casseroles, de quelque poids que ce puisse estre, flaccons ou bouteilles excedant le poids de huit marcs chacun, flambeaux excedant celuy de quatre marcs, & tous autres ouvrages de pareille qualité, d'argent, ou ausquels il y aura de l'argent appliqué, à peine de confiscation & de six mille livres d'amende pour la premiere fois, applicable, un quart à Nous, un quart à l'Hospital Général, & la moitié au denonciateur, & de peine corporelle en cas de recidive.

Défendons aux Maistres & Gardes des Orfévres, & à nostre Fermier de la marque de l'or & de l'argent, d'apposer ausdits ouvrages aucuns de leurs poinçons, sous les mêmes peines, à l'exception toutefois de l'argenterie absolument necessaire pour les Eglises, qui sera fabriquée en la maniere accoustumée, suivant les permissions particulieres qui en seront par Nous données par écrit.

Ordonnons à toutes personnes de quelque qualité & condition qu'elles soient, qui ont chez eux des ouvrages cy-dessus défendus, de les porter aux Hostels de nos Monnoyes, à commencer du premier Janvier prochain, & pendant tout le cours dudit mois, sous pareille peine de confiscation & de six mille livres d'amende, applicable comme dessus, pour estre convertis en especes, & leur en estre payé la valeur, à raison de vingt-neuf livres dix sous pour chaque marc de vaisselle plate, & de vingt-neuf livres pour chaque marc de vaisselle montée, marquée du poinçon de Paris : & à l'égard de celle qui ne sera point marquée dudit poinçon, Nous ordonnons qu'elle sera fondüe, pour en estre le prix payé, suivant l'essay, à proportion du prix cy-dessus marqué.

Dispensons neanmoins les personnes qui auront des boëtes, étuys, & autres petits ouvrages d'or, de les porter à la Monnoye ; & leur permettons de les garder si bon leur semble.

Défendons à toutes personnes de quelque qualité & condition qu'elles soient, de faire ny laisser travailler dans leurs Hostels & Maisons aucuns Ouvriers ny Orfévres aux ouvrages cy-dessus défendus, sous les peines portées cy-dessus.

Enjoignons au Lieutenant General de Police de nostre bonne Ville de Paris, & dans les Provinces de nostre Royaume aux Juges à qui la Police appartient, de se transporter aussi-tost après la publication des presentes dans les boutiques & maisons des Orfévres, Joüailliers & Merciers, & des Ouvriers travaillans en orfévrerie, pour se faire representer tous les ouvrages défendus par ces presentes qui se trouveront en leur possession, soit qu'ils soient achevez ou seulement commencez, dresser Procés verbal de leur estat, poids & qualité, les faire difformer & rompre en leur presence, & envoyer ensuite leur Procés verbal au Controlleur General de nos Finances, pour Nous en estre par luy rendu compte.

Leur

Leur enjoignons auffi, même aux Commiffaires du Chaftelet, en vertu des Ordonnances par écrit du Lieutenant General de Police, de fe tranfporter aprés le dernier jour du mois de Janvier prochain, chez tous les particuliers, de quelque qualité & condition qu'ils foient, qu'ils apprendront par les dénonciations qui leur feront faites, avoir chez eux des ouvrages défendus; d'y prendre, enlever & confifquer lefdits ouvrages, d'en dreffer leurs procés verbaux, & de les envoyer au Contrôleur General de nos Finances, pour y eftre enfuite par Nous pourvû.

Enjoignons pareillement aux Juges, Commiffaires, Notaires & à tous autres Officiers de Juftice, qui trouveront fous les fcellez ou ailleurs aucuns des ouvrages cy-deffus défendus, d'en donner avis à nos Procureurs, à peine d'interdiction, & de répondre en leurs noms de la valeur defdits ouvrages, & feront tenus nos Procureurs de les faire faifir, & d'en demander la confifcation à noftre profit, fous pareilles peines.

Défendons fous les mêmes peines de confifcation & de fix mille livres d'amende, à tous Orfévres, Joüailliers & autres Ouvriers travaillans en or & en argent de façonner, expofer, vendre & debiter aucun ouvrage d'argent doré ou de vermeil doré, fi ce n'eft pour les Ciboires, Calices & Soleils fervans à l'Eglife, & generalement à tous Ouvriers, de dorer ou argenter aucuns ouvrages de bronze, de cuivre, de fer, de bois ou d'autres matieres de la qualité de ceux d'orfévrerie défendus par ces prefentes, fi ce n'eft pour l'ufage des Eglifes.

Défendons pareillement à tous Orfévres & autres Ouvriers de fabriquer aucuns baffins d'argent excedans le poids de douze marcs, des plats excedans le poids de huit marcs, des affiettes excedans vingt-quatre marcs la douzaine, des foûcoupes excedans le poids de cinq marcs chacune, des éguieres au deffus de fept marcs, des flambeaux au deffus de quatre marcs, des fucriers au deffus de trois marcs, des flaccons ou bouteilles excedans le poids de huit marcs chacun; des falieres, poivriers, & autres menuës vaiffelles pour l'ufage des tables excedans le poids de deux marcs; & aux Maiftres & Gardes des Orfévres, & à noftre Fermier, d'y appofer leurs poinçons fous pareille peine de confifcation, & de fix mille livres d'amende; & à cet effet voulons qu'il foit tenu Regiftre du poids des baffins, plats, affiettes, éguieres, flambeaux & autres vaiffelles de cette qualité, lorfque le poinçon commun y fera appofé, pour eftre ledit Regiftre communiqué tous les huit jours à nos Procureurs, qui fur la reprefentation qui leur en fera faite pourront faire les requifitions qu'ils jugeront neceffaires pour l'obfervation des prefentes.

Voulons en cas de vente de meubles faite par authorité de Juftice, que toute argenterie & vaiffelle d'argent de quelqu'ufage & qualité qu'elle foit, qui fera trouvée dans les meubles du decedé, du faifi ou d'autres fur qui la vente fera faite, foient pareillement portées aux Hoftels de nos Monnoyes, pour y eftre auffi converties en efpeces & en eftre la valeur de l'argent payée fur le pied des Tarifs arreftez en noftre Cour des Monnoyes; & à cet effet voulons que la même Ordonnance qui ordonnera la vente des meubles du decedé ou autres, ordonne auffi que ladite argenterie & vaiffelle fera portée en l'Hoftel de la Monnoye, & à la diligence de qui; & que les deniers qui en proviendront foient mis entre les mains de celuy qui recevra le prix du furplus des meubles, qui fera tenu de retirer un certificat du Directeur General des Monnoyes ou de fes Commis, portant que ladite vaiffelle luy aura efté remife entre les mains, & le prix qu'il en aura payé; lequel certificat il attachera à fon Procés verbal & en fera mention dans la minute & dans l'expedition, à peine d'en répondre en fon nom; & en cas de vente faite en confequence d'une faifie & execution, fera tenu l'Huiffier ou autre qui fera la vente, de faire auffi porter la vaiffelle faifie, en l'Hoftel de la Monnoye, & d'obferver les formalitez cy-deffus prefcrites; le tout à peine contre les Heritiers, ceux qui pourfuivent la vente, ou autres qui auront détourné ladite vaiffelle d'argent, d'en payer la valeur, & de fix mille livres d'amende, applicable comme deffus, & encore d'interdiction contre les Huiffiers, Sergens, Notaires & autres Officiers qui auront contribué par leur negligence ou autrement.

N'entendons toutefois préjudicier aux Veuves & autres qui ont droit de prendre des meubles en nature pour la prifée ou autrement, qui pourront exercer leur droit ainfi qu'ils euffent pû faire avant la prefente Declaration.

Défendons à tous Orfévres & autres Ouvriers qui employent de l'argent, de fondre ou difformer aucune efpece de monnoye pour employer à leurs ouvrages, à peine des Galeres à perpetuité.

Voulons que l'Article 18. du Réglement du 10. Decembre 1679. foit executé, & en confequence que les Orfévres foient tenus d'avoir leurs forges & fourneaux fcellez en plaftre dans leurs boutiques, fur ruë & à la vûë du public; leur défendons de fondre & travailler ailleurs qu'en leurs boutiques, fous quelque pretexte que ce foit, & qu'aux heures portées par les Ordonnances.

Ordonnons qu'à l'avenir les Affineurs ne pourront mettre à l'affinage d'autres lingots, barres ou barretons, que ceux venans des Pays étrangers & qui en auront la marque. Enjoignons aux Juges Gardes de nos Monnoyes d'y tenir la main & de faire porter aux Hoftels des Monnoyes tous autres lingots qui leur feront prefentez par les affineurs.

Et dautant que Nous fommes informez que plufieurs Marchands & Negocians qui ne font point de Commerce aux Pays étrangers, vendent & debitent aux Affineurs & Orfévres des lingots qui ne peuvent provenir que de vieille vaiffelle & d'autre matiere qu'ils achettent au préjudice de nos Monnoyes, ou même d'efpeces par eux fonduës. Leur faifons pareillement défenfes conformément aux anciennes Ordonnances, d'achetter de vieille vaiffelle d'argent, ny de ramaffer d'autres matieres dans noftre Royaume, ny de vendre aux Affineurs & Orfévres d'autres lingots, barres ou barretons, que ceux venans des Pays étrangers & qui en auront la marque; leur enjoignons de les porter aux Hoftels de nos Monnoyes, à peine de confifcation defdits lingots & de fix mille livres d'amende, applicable comme deffus.

Défendons à tous Banquiers, Orfévres, Marchands, & à tous autres faifant Commerce de lingots, barres & ouvrages d'argenterie, de vendre ny achetter l'argent à plus haut prix que celuy porté par les Tarifs de nos Cours des Monnoyes, à peine de confifcation & de fix mille livres d'amende, de punition corporelle, & de privation de leur eftat en cas de recidive. Voulons qu'ils foient tenus d'avoir dans leurs Boutiques, Magafins & Bureaux, un Tableau contenant le prix du marc avec fes diminutions, & de donner des borderéaux écrits & fignez de leur main à ceux qui acheteront d'eux, contenant le prix tant de la matière que de la façon, fuivant & conformément aux Ordonnances & Réglemens concernans l'orfévrerie, le tout à peine de mille livres d'amende.

Défendons aux Orfévres d'acheter aucun or, foit en lingot, en barre, en ouvrage ou autrement en quelque maniere que ce foit, pour l'employer à autre ufage qu'aux ouvrages cy-deffus permis. SI DONNONS EN MANDEMENT à nos amez & féaux Confeillers les Gens tenans noftre Cour de Parlement, & Cour des Monnoyes à Paris, que ces prefentes ils ayent à faire lire, publier, & regiftrer, & le contenu en icelles garder & obferver felon leur forme & teneur, fans fouffrir qu'il y foit contrevenu, nonobftant tous Edits, Déclarations, Réglemens, Arrefts, & autres chofes à ce contraires, aufquels Nous avons dérogé & dérogeons par cefdites prefentes. Voulons qu'aux copies d'icelles dûement collationnées par l'un de nos amez & feaux Confeillers & Secretaires, foy foit ajoûtée comme à l'original ; car tel eft noftre plaifir. En témoin de quoy Nous avons fait mettre noftre Scel à cefdites prefentes. Donné à Verfailles le quatorziéme jour de Decembre, l'an de grace mil fix cens quatre-vingt-neuf, & de noftre Regne le quarante-feptiéme. Signé, LOUIS. Et plus bas, Par le Roy, COLBERT, & fcellé du grand Sceau de cire jaune.

Du Samedy dix-fept Decembre mil fix cens quatre-vingt-neuf, fept heures du matin, & autres jours fuivans.

Procés verbal du Commiffaire en execution de la Declaration du 14. Decemb. 1689. NOUS NICOLAS DE LA MARE, Confeiller du Roy, Commiffaire au Chaftelet de Paris : En execution de la Déclaration du Roy du 14. du prefent mois de Decembre 1689. regiftrée au Parlement le 16. dudit mois, qui nous a efté mife és mains par Monfieur de la Reynie Confeiller d'Eftat ordinaire, & Lieutenant General de Police de la Ville, Prevofté & Vicomté de Paris, fommes tranfportez dans les maifons & boutiques des Marchands Orfévres, & des Ouvriers travaillans en orfévrerie, & en celles des Marchands Joüailliers & Miroittiers de cette Ville & Fauxbourgs de Paris, pour nous faire reprefenter tous les ouvrages d'or, d'argent & vermeil doré, qu'il eft défendu de fabriquer, vendre & debiter, tant par ladite Déclaration du 14. de ce mois, que par celles des 6. May 1672. & 20. May 1687. & dreffer Procés verbal de l'eftat, poids & qualité defdits ouvrages ; à chacun defquels Marchands Orfévres, Ouvriers en orfévrerie, Marchands Joüailliers & Miroittiers, ayant fait entendre, eftant chez eux, le fujet de noftre tranfport, & fait perquifition en leurs maifons & boutiques, ils nous ont reprefenté les ouvrages défendus qui enfuivent.

SUR LE QUAY DES ORFE'VRES.

Alexis Loir Marchand Orfévre, huit Pots à mettre des fleurs, pefant enfemble quinze marcs une once, cy 15. m. 1. once.

Deux Plaques pefant enfemble fix marcs une once, cy 6. m. 1. once. Lefquels ouvrages ont efté laiffez audit Loir qui s'en eft chargé pour les reprefenter quand befoin fera, & a figné.

Thomas Aubry Marchand Orfévre, deux petites Cuvettes de toilette pefant enfemble cinq marcs, cy 5. m.

Trois Gobelets de vermeil doré pefant enfemble un marc trois onces, cy 1. m. 3. onces ; Lefquels ouvrages ont efté laiffez audit Aubry, qui s'en eft chargé pour les reprefenter quand befoin fera, & a figné en noftre minute.

Ces vifites furent continuées pendant plufieurs jours par le même Commiffaire chez tous les autres Orfévres & Joüailliers, qui avoient leurs demeures ou boutiques dans les Cours, Salles & Galleries du Palais, ou autres lieux de la Ville & des Fauxbourgs de Paris. Ces deux-cy font feulement donnez pour exemple de ce qui fe paffa chez les autres.

Aprés avoir eftably cette difcipline dans l'Orfévrerie, le luxe qui trouve toujours à s'indem-nifer eut recours aux ouvrages de cuivre doré ou argenté, ce qui donna lieu à l'Arreft qui fuit.

22. May 1691. Arreft du Confeil portant défenfes de dorer fur bois ou fur bronze ou fer, publiée le 28. du même mois. LE Roy s'eftant fait reprefenter en fon Confeil la Declaration de Sa Majefté du 14. Decembre 1689. par laquelle, pour les caufes y contenuës, Sadite Majefté auroit fait défenfes à tous Ouvriers de dorer & argenter aucuns ouvrages de bronze, de cuivre, de fer, de bois, ou d'autre matiere de la qualité de ceux prohibez & défendus par ladite Declaration. Et Sa Majefté eftant informée qu'au prejudice defdites défenfes, les particuliers de toutes fortes de conditions fe font donné la liberté de faire faire des chandeliers à branches, des girandoles, des bras, chenets, grilles, braziers, bordures de miroirs, & autres ouvrages de cette nature, de cuivre ou de fer doré ou argenté, & des baluftres, bois de chaifes, cabinets, tables, bureaux, gueridons, bordures de miroirs, & autres ouvrages de bois doré ou argenté, ou garnis d'ornemens de cuivre doré ; ce qui confomme une quantité confiderable d'or & d'argent en chofes fuperfluës & défenduës, & eft d'autant plus préjudiciable à l'Eftat & au public, que l'or & l'argent qui s'employent à dorer ou argenter le cuivre, le bronze, le fer ou le bois, tombent en pure perte ; & que la dorure de ces fortes d'ouvrages en rencherit tellement la façon, que la dépenfe n'en eft guere moindre que celle qui fe faifoit auparavant pour les mêmes ouvrages d'orfévrerie qui ont efté défendus par ladite Declaration. A quoy eftant neceffaire de pourvoir, oüi le rapport du Sieur Phelypeaux de Pontchartrain Confeiller ordinaire au Confeil Royal, Contrôlleur General des Finances. SA MAJESTE' EN SON CONSEIL, a ordonné & ordonne que la Declaration du 14. Decembre 1689. fera executée felon fa forme & teneur. En confequence a fait & fait tres-expreffes inhibitions & défenfes à tous ouvriers de dorer ou argenter des chandeliers à branches, girandoles, bras, chenets, grilles, braziers, bordures de miroirs, baluftres, bois de chaifes, tables,

tables, bureaux, gueridons, & autres semblables ouvrages de cuivre, de bronze, de fer, de bois, ou de quelque autre matiere que ce puisse estre, de la qualité de ceux d'orfévrerie qui ont esté prohibez & défendus par ladite Declaration. Fait aussi défenses à tous Marchands & Ouvriers de vendre aucun desdits ouvrages dorez ou argentez, & à toute personne de quelque qualité & condition qu'elles soient, d'en faire faire ou d'en acheter ; à peine contre les particuliers qui les feront faire ou les acheteront, de trois mille livres d'amende, applicable moitié au denonciateur, & l'autre moitié aux Hôpitaux des lieux, & contre les Ouvriers ou Marchands qui les feront ou debiteront, de mille livres d'amende applicable comme dessus, & de punition corporelle en cas de récidive. Enjoint Sa Majesté au Lieutenant General de Police de la Ville de Paris, & à tous les Juges de Police des autres Villes du Royaume, de faire la visite chez tous les Marchands & Ouvriers, & de faire rompre lesdits ouvrages défendus ; & aux Intendans & Commissaires départis dans les Provinces, de tenir la main à l'execution du present Arrest, qui sera executé nonobstant oppositions ou appellations quelconques. FAIT au Conseil d'Estat du Roy, tenu à Versailles le vingt-deuxiéme jour de May mil six cens quatre-vingt-onze. Collationné, signé, DE LAISTRE.

LOUIS, par la grace de Dieu, Roy de France & de Navarre, Dauphin de Viennois, Comte de Valentinois & de Diois, Provence, Forcalquier, & Térres adjacentes : A nostre amé & feal Conseiller ordinaire en nostre Conseil d'Estat, le sieur de la Reynie, Lieutenant General de Police de nostre bonne Ville de Paris, à tous les Juges de Police des autres Villes de nostre Royaume, & aux Sieurs Intendans & Commissaires départis pour l'execution de nos Ordres dans les Provinces & Generalitez de nostredit Royaume, SALUT. Nous mandons & enjoignons de tenir la main, & proceder chacun à vostre égard à l'execution de l'Arrest dont l'extrait est cy-attaché sous le contre-scel de nostre Chancellerie, cejourd'huy donné en nostre Conseil d'Estat, par lequel nous avons entre autres choses fait tres-expresses inhibitions & défenses à tous Ouvriers, de dorer & argenter les ouvrages de cuivre, bronze, fer, bois, ou autre matiere de la qualité de ceux prohibez par nostre Declaration du quatorziéme Decembre 1689. y mentionnée, conformément & ainsi qu'il vous est ordonné par ledit Arrest : lequel nous commandons au premier nostre Huissier ou Sergent sur ce requis, de signifier à tous qu'il appartiendra, à ce qu'ils n'en ignorent ; & de faire en consequence, ensemble pour l'execution de nostredite Declaration, lesdites défenses & contenuës, sur les peines & portées, & tous autres Actes & Exploits necessaires, sans autre permission, nonobstant Clameur de Haro, Chartre Normande, & Lettres à ce contraires. Voulons qu'aux copies de nostredit Arrest, & des Presentes collationnées par l'un de nos amez & feaux Conseillers & Secretaires, foy soit ajoutée comme aux Originaux : CAR tel est nostre plaisir. DONNE' à Versailles le vingt-deuxiéme jour de May, l'an de grace mil six cens quatre-vingt-onze, & de nostre regne le quarante-neuviéme. Par le Roy Dauphin, Comte de Provence, en son Conseil. Signé, DE LAISTRE. Et scellé du grand sceau de cire rouge.

En execution de cet Arrest les Commissaires du Chastelet nommez par le Magistrat de Police, visiterent à Paris tous les Ouvriers qui fabriquoient ces sortes d'ouvrages, & firent saisir tout ce qui s'y trouva en contravention.

Enfin le Roy par un dernier Edit du mois de Mars 1700. a donné à cette Police qui concerne le luxe, la derniere forme qu'elle doit avoir, & a reglé avec la derniere & la plus exacte précision tout ce qui doit y estre observé. Voicy ce qu'il contient, & ce qui s'est fait en consequence.

Mars 1700. Edit du Roy, pour le retranchement du luxe des meubles, habits, vaisselle équipages & bastimens, registré au Parlement le 20. du même mois.

LOUIS par la grace de Dieu, Roy de France & de Navarre : A tous presens & à venir, Salut. Le desir que Nous avons eu de procurer l'abondance dans nostre Royaume, d'y maintenir l'ordre public, & de conserver autant qu'il est possible les fortunes de nos Sujets, Nous a obligé de faire differentes Ordonnances pour empêcher les dépenses excessives ausquelles ils s'engageoient, & la consommation en choses inutiles des matieres precieuses d'or & d'argent que l'on tire avec tant de peine & de dépense des Païs les plus éloignez : Et quoique Nous eussions eu lieu d'esperer que l'autorité de l'exemple que Nous voulûmes bien leur donner au mois de Decembre 1689. les engageroit d'observer plus ponctuellement l'Edit que nous fismes pour cet effet ; cependant Nous avons vû avec beaucoup de deplaisir ces desordres augmenter, à mesure que la necessité de la Guerre que Nous avons esté obligé de soustenir depuis tant de temps presque contre toute l'Europe, diminuoit inévitablement la commodité de leurs fortunes particulieres. Mais comme le zele qu'ils ont tous également témoigné pour nostre service dans cette conjoncture, & les efforts qu'ils ont faits pour nous aider à soustenir des dépenses aussi excessives, Nous engagent encore de plus en plus à leur témoigner le gré que Nous leur en sçavons, & de restablir autant qu'il nous est possible, l'estat de nos finances & leurs biens particuliers, Nous avons resolu de profiter de la Paix qu'il a plû à Dieu de donner à l'Europe, & que nous avons preferée par ces considerations, aux avantages que nous avions tant de sujet d'esperer de la continuation de la guerre, pour donner une nouvelle vigueur à des Reglemens si necessaires, & de commencer à arrester l'excés des dépenses ausquelles quelques-uns de nos Sujets s'engagent d'une maniere si peu convenable à leur condition & à leurs biens, & donner aux autres une excuse honneste dans l'obéissance qu'ils rendront à nos Ordres, pour ne pas suivre des modes & des exemples qu'ils condamnent eux-mêmes avec tant de raison.

A CES CAUSES, & dans l'esperance qu'ils previendront eux-mêmes par leurs reflexions tout ce que l'on pourroit desirer d'eux dans la suite pour leur propre interest, Nous voulons que nos Declarations des six May 1672. 20. Fevrier 1687. & nostre Edit du mois de Decembre 1689. soient executez ; & en consequence, faisons défenses à tous Orfévres & autres Ouvriers travaillans tant en or qu'en argent, dans nostre bonne Ville de Paris, & autres Villes & lieux de nostre Royaume, de fabriquer, exposer ou vendre, à compter du jour de la publication du present Edit, aucun ouvrage d'or excedant le poids d'une once, à la reserve des Croix des Archevêques, Evêques, Abbez, Abbesses & Religieuses, des Chevaliers de nos Ordres, & de ceux de S. Jean de

Jerusalem & de S. Lazare, & des chaînes d'or ou d'argent pour les montres, que nous leur permettons de faire & debiter à l'ordinaire.

Leur défendons pareillement de fabriquer, vendre ou exposer en vente aucuns baluſtres, bois de chaiſes, cabinets, tables, bureaux, gueridons, miroirs, braziers, chenets, grilles, garnitures de feu & de cheminée, chandeliers à branches, torcheres, girandoles, bras, plaques, caſſolettes, corbeilles, panniers, caiſſes d'orangers, pots à fleurs, urnes, vaſes, quarrez de toilettes, pelottes, buires, ſceaux, cuvettes, caraffons, marmites, tourtieres, caſſeroles, flacons ou bouteilles, ſurtous pour mettre dans le milieu des tables, pots à œillets, corbeilles & plats par eſtages, inventez pour ſervir le fruit, de quelque poids que ce puiſſe eſtre, & tous autres ouvrages de pareille qualité d'argent, ou auſquels il y aura de l'argent appliqué, ſans prejudice neanmoins des calices, ciboires, vaſes ſacrez, ſoleils, croix, chandeliers & ornemens d'Egliſe, que l'on pourra continuer de faire à l'ordinaire, en vertu des permiſſions que nous en donnerons.

Défendons pareillement auſdits Orfévres & Ouvriers, de fabriquer, expoſer & vendre aucuns baſſins d'argent excedans le poids de douze marcs, des plats excedans le poids de huit marcs, des aſſiettes excedans trente marcs la douzaine, des ſoucoupes excedans le poids de cinq marcs chacune, des aiguieres au deſſus de ſept marcs, des ſucriers au deſſus de trois marcs, des ſalieres, poivriers, & autre menuë vaiſſelle, pour l'uſage des tables excedant le poids de deux marcs ; le tout à peine de confiſcation des ouvrages énoncez cy-deſſus, & de trois mille livres d'amende, applicable moitié au denonciateur, l'autre à l'Hôpital General de Paris, & aux Hôpitaux des autres lieux s'il y en a, ſinon aux plus prochains deſdits lieux, payable ſolidairement par les Orfévres & ceux qui acheteront la vaiſſelle : & en outre à l'égard des Maiſtres Orfévres, d'eſtre declarez déchûs de la Maiſtriſe, ſans y pouvoir eſtre reſtablis ſous quelque pretexte & occaſion que ce puiſſe eſtre ; & à l'égard des Compagnons & Apprentiſs qui auront travaillé en la fabrique deſdites pieces, de ne pouvoir parvenir à la Maiſtriſe.

Défendons pareillement aux Maiſtres & Gardes des Orfévres, Eſſayeurs, & à noſtre Fermier de la Marque de l'or & de l'argent, d'appoſer auſdits ouvrages aucuns de leurs poinçons ; à peine d'eſtre condamnez ſolidairement en ladite amende de trois mille livres : & en outre à l'égard deſdits Orfévres, d'eſtre déchûs de la Maiſtriſe.

Défendons à toute ſorte de perſonnes de quelque qualité & condition qu'elles puiſſent eſtre, de faire ny de laiſſer travailler auſdits ouvrages dans leurs Hoſtels & Maiſons ; à peine de confiſcation & de trois mille livres d'amende ſolidaire avec les Maiſtres & Ouvriers, & de perte de la Maiſtriſe contre leſdits Maiſtres ; & contre les Compagnons & Apprentiſs, de ne pouvoir eſtre admis à la Maiſtriſe.

Permettons aux perſonnes qui ont des boëtes, eſtuis & autres petits ouvrages d'or & d'argent, de les garder ſi bon leur ſemble.

Ordonnons à toutes perſonnes de quelque qualité & condition qu'elles ſoient, qui ont des pieces de vaiſſelle d'argent défenduës cy-deſſus, d'en faire declaration dans un mois, à compter du jour de la publication du preſent Edit, pardevant ceux qui ſeront prepoſez par les Lieutenans Generaux de Police, pour les recevoir ſans frais ; à peine de confiſcation deſdites pieces, & de trois mille livres d'amende applicable comme deſſus.

Enjoignons aux Greffiers d'en délivrer des décharges, pour leſquelles il leur ſera payé dix ſols pour trois droits, y compris le papier timbré.

Enjoignons au Lieutenant de Police de noſtre bonne Ville de Paris, de commettre des Commiſſaires du Chaſtelet, pour ſe tranſporter auſſi-toſt aprés la publication de noſtre preſent Edit, dans les boutiques & maiſons des Orfévres, Joüailliers, Merciers & Ouvriers travaillans en orfévrerie, pour ſe faire repreſenter tous les ouvrages d'argent défendus qui ſe trouveront en leur poſſeſſion, ſoit qu'ils ſoient achevez, ou ſeulement commencez, dreſſer procés verbal de leur eſtat, poids & qualité, & de les faire difformer & rompre en leur preſence ; & aux Lieutenans Generaux de Police, & aux Officiers à qui elle appartient, de faire la même choſe dans les Provinces, d'en dreſſer leurs procés verbaux, & de les envoyer au Controlleur General de nos Finances, pour nous en eſtre par luy rendu compte, le tout ſans qu'ils puiſſent & eſtre troublez par les Officiers de nos Cours des Monnoyes & autres, leſquels ne pourront ſous quelque pretexte que ce puiſſe eſtre en prendre connoiſſance, ſi ce n'eſt ſeulement en cas d'alteration au titre.

Voulons que les Orfévres donnent inceſſamment auſdits Lieutenans de Police, des eſtats de ce qu'ils ont de vaiſſelle d'argent chez eux, & qu'ils tiennent des Regiſtres à l'avenir, qui ſeront cottez & paraphez ſans frais par les Lieutenans de Police, dans leſquels ils écriront la quantité & poids de vaiſſelle qu'ils ont, de celles qu'ils feront ou feront faire dans la ſuite, les noms de ceux à qui ils la vendront ; & en cas qu'il s'en trouve chez eux qui ne ſoit pas employée ſur leurs Regiſtres, elle ſera confiſquée, & l'Orfévre condamné en trois mille livres d'amende.

Enjoignons auſdits Lieutenans Generaux de Police, même aux Commiſſaires du Chaſtelet, en vertu des Ordonnances que celuy de noſtre bonne Ville de Paris leur en donnera, de ſe tranſporter aprés le mois chez tous les particuliers de quelque qualité & condition qu'ils ſoient, qu'ils apprendront par les denonciations qui leur en ſeront faites, avoir chez eux des ouvrages défendus, & qu'ils n'auront point déclaré, de les ſaiſir, d'en dreſſer leurs procez verbaux, & de les envoyer au Controlleur General de nos Finances, pour y eſtre enſuite par Nous pourvû.

Voulons en cas d'inventaire ou de vente de meubles faits par autorité de Juſtice, que les pieces d'or & d'argent défenduës par le preſent Reglement, ſoit pour la qualité, ſoit pour le poids, & dont on n'auroit point fait de declaration, demeurent confiſquées & portées és Hoſtels de nos Monnoyes.

Enjoignons à cet effet à tous Juges, Commiſſaires, Notaires, Huiſſiers & autres Officiers qui aſſiſteront auſdits inventaires & ventes, de les faire ſaiſir, avec défenſes aux heritiers ſaiſiſſans, creanciers & tous autres, de les détourner ; à peine d'en payer la valeur, & de trois mille livres d'amende applicable comme deſſus, & d'interdiction contre les Officiers qui y auront contribué par leur negligence ou autrement.

Défendons

Défendons à tous Orfévres & autres Ouvriers de fondre ou difformer aucune espece de monnoye ayant cours dans nostre Royaume, pour employer à leurs ouvrages ; à peine des Galeres à perpetuité.

Voulons que l'Article dix-huit du Reglement du dix Decembre 1679. soit executé, & en consequence que les Orfévres soient tenus d'avoir leurs forges & fourneaux scellez en plastre dans leurs boutiques sur ruë, & à la vûë du Public, & en lieux non fermez. Leur défendons de fondre & travailler ailleurs qu'en leurs boutiques, sous quelque prétexte que ce soit, & qu'aux heures portées par les Ordonnances.

Ordonnons qu'à l'avenir les Affineurs ne pourront mettre à l'affinage aucunes especes d'or & d'argent ayant cours dans le Royaume, ny d'autres lingots, barres, barretons, que ceux venans des Pays estrangers, & qui en auront la marque ; à peine de punition corporelle, & de trois mille livres d'amende. Enjoignons aux Officiers de la Cour des Monnoyes, & aux Juges-Gardes d'y tenir la main, & de faire porter aux Hostels des Monnoyes, tous autres lingots qui leur seront presentez par les Affineurs.

Et dautant que Nous sommes informez que plusieurs Marchands & Negocians qui ne font point de commerce aux Pays estrangers, vendent & debitent aux Affineurs & Orfévres des lingots qui ne peuvent provenir que de vieilles vaisselles & autres matieres qu'ils achetent au préjudice de nos Monnoyes, ou même d'especes par eux fonduës, & qui ont cours dans le Royaume ; leur faisons pareillement défense, conformément aux anciennes Ordonnances, d'acheter de vieilles vaisselles d'argent, de ramasser d'autres matieres dans nostre Royaume, ny de vendre aux Affineurs d'autres lingots, barres, ou barretons, que ceux venans des Pays estrangers, & qui en auront la marque. Leur enjoignons de les porter aux Hostels de nos Monnoyes ; à peine de confiscation desdits lingots, & de trois mille livres d'amende applicable comme dessus.

Défendons à tous Banquiers, Orfévres, Marchands, & à tous autres faisant commerce de lingots, barres & ouvrages d'argenterie, de vendre ny acheter l'argent à plus haut prix, que celuy porté par les tarifs de nos Cours des Monnoyes ; à peine de confiscation & de six mille livres d'amende, de punition corporelle, & de privation de leur estat en cas de recidive. Voulons qu'ils soient tenus d'avoir dans leurs boutiques, magasins & bureaux, un tableau contenant le prix du marc avec ses diminutions, & de donner des bordereaux écrits & signez de leur main, à ceux qui acheteront d'eux, contenant le prix tant de la matiere que de la façon, suivant & conformément aux Ordonnances & Reglemens concernant l'orfévrerie ; le tout à peine de mille livres d'amende.

Défendons aux Orfévres d'acheter aucun or, soit en lingot, ou barre, en ouvrage ou autrement, en quelque maniere que ce soit, pour l'employer à autre usage qu'aux ouvrages cy-dessus permis : Et aux Officiers & Commis des Monnoyes, de garder pour eux, ou de vendre à qui que ce puisse estre les ouvrages d'or & d'argent contraires aux dispositions de nostre present Edit que l'on y pourroit porter ; leur enjoignons de les faire convertir en monnoyes ; à peine de trois mille livres d'amende, & de destitution de leurs Charges & employ.

Défendons à tous Negocians, Marchands, & autres personnes telles qu'elles puissent estre, de faire fabriquer à l'avenir, & de vendre à nos Sujets aucunes estoffes à fonds & sur laine d'or & d'argent, ny avec de l'or & de l'argent frisé, au-dessus de soixante-dix livres l'aune. Permettons à ceux qui en ont presentement, de les debiter jusqu'au premier Janvier de l'année prochaine 1701. & à nos Sujets de les acheter & de s'en servir pendant ledit temps seulement, à peine après ledit temps passé, de trois mille livres d'amende ; & en outre contre les Marchands & Fabriquans, de perte de la Maistrise. Ordonnons que les Marchands qui ont des estoffes desdites qualitez, seront tenus dans le dernier Avril prochain, d'en donner des estats certifiez par eux veritables aux Lieutenans Generaux de Police, lesquels pourront encore se transporter dans leurs Magasins, ou y envoyer des Commissaires ensemble dans les lieux où l'on fabrique lesdites estoffes, pour dresser sans aucuns frais des Procés verbaux de ce qu'ils y trouveront, le tout sous peine de confiscation des étoffes dont on n'aura point fait de declaration, ou que l'on n'aura pas representé lors desdites visites, de trois mille livres d'amende, & contre lesdits Marchands de décheance de la Maistrise. Permettons aussi aux Marchands de faire fabriquer desdites étoffes à fonds & sur des laines d'or & d'argent, avec de l'or & de l'argent frisé & autrement, de quelque maniere que ce puisse estre, pour les envoyer dans les Pays estrangers ; à la charge de declarer auparavant aux Lieutenans Generaux de Police, ou autres Juges ausquels la Police appartient, la fabrique & la quantité qu'ils en font faire, d'en tenir un Registre particulier, lequel sera cotté & parafé sans frais par lesdits Juges, & lequel contiendra la fabrique & quantité desdites étoffes ; ensemble les noms de ceux ausquels ils les envoyeront. Leur enjoignons de le communiquer à nos Procureurs pour la Police, & de le representer ausdits Juges toutes les fois qu'ils l'ordonneront.

Défendons aux hommes de quelque qualité qu'ils puissent estre, de porter des habits pleins & couverts entierement de broderie, gallon ou dentelle dor & d'argent.

Défendons aux femmes, à peine de trois mille livres d'amende, de porter aucunes broderies, dentelles, boutonnieres, ny autres ornemens sur des étoffes d'or & d'argent : leur permettons de mettre sur des manteaux, robes & jupes de velours, & autres étoffes des broderies, dentelles ou gallons d'un demy pied de hauteur seulement. Leur défendons sous pareille peine, de porter aucun or ny argent sur les écharpes, tabliers, fichus ou palatines, sans préjudice de celles qui en ont presentement, & les porter pendant trois mois.

Défendons à toute sorte de personnes, à peine de ladite amende de trois mille livres, de mettre aucune broderie, dentelle ny gallon sur les toilettes d'étoffes d'or ou d'argent, mais seulement des glands ou houpes aux quatre coins. Leur permettons si elles sont de velours ou d'étoffes, d'y mettre des points d'Espagne, gallon ou broderie de six pouces de hauteur : permettons à ceux qui en ont de s'en servir si bon leur semble. Voulons qu'outre l'amende solidaire de trois mille livres, les Maistres Tailleurs & Maistresses Couturieres qui travailleront à des habits, jupes, écharpes, toilettes & autres ouvrages cy-dessus défendus, soient déchûs pour toujours de la Maistrise ; & les Compagnons & Apprentifs declarez incapables d'y parvenir.   Défendons

G g g iij

Défendons fous pareilles peines aux femmes qui ont des quarreaux ou des placets pour porter à l'Eglife, d'y faire mettre à l'avenir des gallons plus hauts que quatre pouces, & qui foient rebrodez : Permettons neanmoins à celles qui en ont de plus riches prefentement, de s'en fervir pendant le refte de cette prefente année.

Défendons de faire & de faire faire à l'avenir aucuns chandeliers, chenets, grilles, plaques, ny autres dorures fur bois, plaftre, plomb, bronze, cuivre, acier & métail, & de s'en fervir dans les chambres & appartemens, & d'en appliquer aucuns ornemens fur des cheminées ny autres endroits, en quelque maniere & façon que ce puiffe eftre : Comme auffi de faire dorer les bois d'aucuns lits, chaifes, tables, gueridons, & generalement de tous meubles quels qu'ils puiffent eftre, autres que les bordures des tableaux & des miroirs, & à la referve des Croix, chandeliers, & autres chofes qui font neceffaires pour le Service Divin, ou qui fervent à l'ornement des Eglifes, & particulierement à celuy des Autels; des boutons à mettre fur les habits, des bobeches & branches pour des chandeliers & bras de criftal, bronze ou cuivre, des cloux, des pommes, des fiches, loquets, & des boucles de foupentes pour les carroffes, des boucles pour les harnois des chevaux de felle & de carroffes, & des bollettes pour leurs mords ; le tout à peine de trois mille livres d'amende folidaire contre les Maiftres & ceux qui s'en serviront ; & en outre de décheance de la Maiftrife contre les Maiftres Doreurs ; à l'égard des Compagnons & Apprentifs, d'eftre declarez incapables de l'acquerir.

Défendons pareillement de mettre à l'avenir aucunes crefpines, franges, gallons & mollets d'or & d'argent dans les carroffes, chaifes roulantes & à porteurs, fur les fieges des Cochers & fur les houffes des chevaux qui les traînent : comme auffi de les dorer & argenter, & d'y peindre en dehors autres chofes que les armes, avec les fupports, couronnes & chiffres de ceux à qui ils appartiennent ; le tout à peine de confifcation, & de trois mille livres d'amende, tant contre ceux qui les feront faire, que contre les Selliers & Ouvriers qui y travailleront; & de décheance de la Maincapacité de la Maiftrife comme cy-deffus à l'égard des Maiftres & Ouvriers. Enjoignons à ceux qui ont des carroffes dorez, argentez ou peints au dehors, d'en faire effacer l'or, l'argent & les peintures dans le dernier Avril prochain, & de faire dans pareil temps ofter les gallons, paffemens & franges d'or & d'argent qui font fur les fieges des cochers & fur les houffes des chevaux, même fur les houffes de l'imperiale des carroffes, à l'exception de celles qui font clouées, fous les peines cy-deffus de confifcation & d'amende ; leur laiffant au furplus la liberté de laiffer l'or & l'argent qui peut eftre dans lefdits carroffes & chaifes, fans le pouvoir renouveller dans la fuite.

Défendons de faire & de faire faire à l'avenir aucuns lits, tapifferies, chaifes ny autres meubles d'étoffes à fonds, ny même à fleur d'or ny d'argent, de les doubler defdites étoffes, ny de les chamarrer à plein de broderie d'or & d'argent, ny fur les lez & demi-lez avec lefdites broderies, ny avec des gallons ou paffemens, & d'y mettre autre chofe qu'un feul gallon & frange ou crefpine au tour des pentes & autres pieces qui font neceffaires pour les lits & les fieges feulement ; le tout à peine de confifcation & de trois mille livres d'amende, tant contre ceux qui les feront faire, que contre ceux qui y travailleront, & de décheance ou d'incapacité de la Maiftrife. Voulons que tous ceux qui ont prefentement des meubles de cette forte, foient tenus, à peine de confifcation, d'en faire dans un mois des declarations aux Lieutenans Generaux de Police. N'entendons empêcher que l'on ne faffe des meubles avec des découpures d'étoffes d'or & d'argent qui auront fervi pour des habits d'hommes & de femmes, pourvû que l'on n'y mette aucunes franges, mollets, broderies, gallons d'or & d'argent; mais feulement un petit gallon d'or ou d'argent, appellé ordinairement un bordé tout au-tour. Permettons à ceux qui ont des meubles tels que ceux que Nous avons défendus cy-deffus, de s'en fervir ; & à toutes perfonnes, même aux Tapiffiers de les vendre, & aux Particuliers de les acheter; pourvû que l'on en faffe declaration dans le temps porté par l'Article precedent, & à la charge par l'acheteur d'en faire une pareille declaration.

Défendons à toutes fortes de perfonnes d'acheter à l'avenir des tables, bureaux, armoires & boëtes de pendules & horloges, & des confoles pour les porter avec des figures & ornemens de bronze doré quels qu'ils puiffent eftre, & à tous Ouvriers d'en faire de cette maniere ; mais feulement d'y mettre fi bon leur femble des filets & compartimens de cuivre ou d'eftain ; le tout à peine de confifcation defdits meubles, de trois mille livres d'amende folidaire, & en outre de décheance & d'incapacité de la Maiftrife à l'égard des Maiftres & des Compagnons qui y travailleront. Permettons neanmoins à ceux qui en ont de les vendre, & à toutes perfonnes de les acheter pendant le refte de la prefente année, en faifant declaration comme deffus.

Défendons à toute forte de perfonnes de faire mettre à l'avenir de l'or & de l'argent de quelque maniere que ce puiffe eftre fur les habits de livrées, à l'exception des jufte-au-corps des Trompettes & Timballiers. Défendons pareillement à ceux qui donnent à leurs Cochers, Laquais & autres, des jufte-au-corps d'étoffes unies fans livrée, d'y mettre aucun gallon d'or ny d'argent ; & aux uns & aux autres de faire doubler les revers des manches de velours ; ce que nous permettons pour les Pages feulement ; le tout à peine de confifcation des habits, d'amende de trois mille livres contre les Maiftres, fi l'on en trouve deux mois après la publication de noftre prefent Edit, & de privation de la Maiftrife contre les Maiftres Tailleurs, & d'incapacité contre les Garcons qui travailleroient à faire lefdits habits après la publication de noftre prefent Edit.

Défendons aux femmes & aux filles non encore mariées des Greffiers, autres que celles des Greffiers en Chef de nos Cours, à celles des Notaires, Procureurs, Commiffaires Huiffiers, & à celles des Marchands & Artifans, de porter & avoir à l'avenir aucunes pierreries de quelque nature que ce puiffe eftre, à la referve de quelques bagues; aucunes étoffes, gallons, franges, ny broderie d'or & d'argent. Leur permettons neanmoins de fe fervir pendant trois mois de celles qu'elles ont. Défendons pareillement aufdits Greffiers, Notaires, Procureurs, Commiffaires Huiffiers, Marchands & Artifans & à leurs femmes, d'avoir aucuns meubles, lits, chaifes, tapifferies & autres, avec de l'or & de l'argent; le tout à peine de confifcation & de 3000. liv. d'amende

contre

contre leurs maris, peres ou meres; & de décheance & d'incapacité pour la Maiftrife à l'égard des Tapiffiers & autres Ouvriers qui travailleroient aufdits meubles, avec connoiffance qu'ils foient pour des perfonnes à qui Nous avons défendu d'en avoir. Voulons que les Réglemens contenus en noftre prefent Edit foient executez ponctuellement par tous nos Sujets, fans préjudice aux Ambaffadeurs, Refidens & autres Miniftres des Princes Etrangers qui font auprés de Nous, & même aux Princes, Seigneurs, & autres Etrangers qui font ou pafferont dans le Royaume, d'en ufer pour leurs habits, carroffes & livrées ainfi qu'ils aviferont bon eftre, à la charge de donner des reconnoiffances par écrit aux Marchands qui leur vendront des étoffes & autres chofes dont l'ufage eft défendu à nos Sujets,& des ordres auffi par écrit aux Tailleurs, Selliers & autres Ouvriers qui travailleront aux habits,carroffes & livrées, contre les défenfes portées par noftre prefent Edit à l'égard de nos Sujets, dont ils donneront connoiffance à nos Lieutenans de Police. S i DONNONS EN MANDEMENT à nos amez & feaux Confeillers les Gens tenans noftre Cour de Parlement à Paris, que noftre prefent Edit ils ayent à faire lire, publier & enregiftrer, & le contenu en iceluy faire garder, obferver & executer felon fa forme teneur; car tel eft noftre plaifir. Et afin que ce foit chofe ferme & ftable à toujours, Nous y avons fait mettre noftre Scel. Donné à Verfailles au mois de Mars, l'an de grace 1700. & de noftre Regne. le 57. Signé, L O U I S, *Et plus bas*, par le Roy, P H E L Y P E A U X. Et fcellé du grand Sceau de cire verte.

29. Mars 1700.Ordonnance de Police,qui nomme fix Commiffaires pour l'execution de l'Edit précedent.

S U R ce qui Nous a efté remontré par le Procureur du Roy, que Sa Majefté par fon Edit du prefent mois, regiftré au Parlement le vingtiéme dudit mois, a fait tres-expreffes défenfes à tous Orfévres & Ouvriers de fabriquer, expofer ou vendre aucun ouvrage d'or excedant le poids d'une once, à la referve des Croix des Archevêques & Evêques, Abbez, Abbeffes & Religieufes, des Chevaliers des Ordres du Roy, & de ceux de faint Jean de Jerufalem & de faint Lazare, & des chaines pour les montres. Qu'il leur eft pareillement défendu de fabriquer, vendre ou expofer en vente aucuns baluftres, bois de chaifes, cabinets, tables, bureaux, gueridons, miroirs, braziers, chenets, grilles, garnitures de feu & de cheminées,chandeliers à branches, torcheres, girandoles, bras, plaques, caffolettes, corbeilles, panniers, caiffes d'orangers, pots à fleurs, urnes, vafes, quarrez de toilettes, pelottes, buires, fceaux, cuvettes, caraffons, marmittes, tourtieres, cafferoles, flaccons ou bouteilles, furtous pour mettre dans le milieu des tables, pots à œillets, corbeilles & plats par étages inventez pour fervir le fruit de quelque poids que ce puiffe eftre, & tous autres ouvrages de pareille qualité d'argent, ou aufquels il y aura de l'argent appliqué; fans préjudice neanmoins des Calices, Ciboires, vafes facrez, Soleils, Croix, chandeliers, & Ornemens d'Eglife,que l'on pourra continuer de faire à l'ordinaire, en vertu des permiffions qui en feront données par Sa Majefté. Qu'il eft pareillement défendu aufdits Orfévres & Ouvriers de fabriquer, expofer & vendre aucuns baffins d'argent excedans le poids de douze marcs, des plats excedans le poids de huit marcs, des affiettes excedans trente marcs la douzaine, des foucoupes excedans le poids de cinq marcs chacune, des éguieres au deffus de fept marcs, des fucriers au deffus de trois marcs, des fallieres, poivriers & autres menuës vaiffelles pour l'ufage des tables excedans le poids de deux marcs. Et ordonné à toutes perfonnes de quelque qualité & condition qu'elles foient; qui ont des pieces de vaiffelle d'argent défenduës cy-deffus, d'en faire declaration dans un mois du jour de la publication dudit Edit, pardevant ceux qui feront par Nous prépofez pour les recevoir fans frais, le tout fous les peines y portées; & qu'il fera par Nous commis des Commiffaires de cette Cour pour fe tranfporter dans les boutiques & maifons des Orfévres, Joüailliers, Merciers, & Ouvriers travaillans en orfévrerie, pour fe faire reprefenter tous les ouvrages d'argent défendus fe trouveront en leur poffeffion, foit qu'ils foient achevez ou feulement commencez, dreffer Procés verbal de leur eftat, poids & qualité, & de les faire difformer & rompre en leur prefence. Que par ce même Edit, il eft défendu de faire, & de faire faire à l'avenir aucuns lits, tapifferies, chaifes, ny autres meubles d'étoffes à fond ny même à fleurs d'or ny d'argent, de les doubler defdites étoffes, ny de les chamarrer à plein de broderie d'or ny d'argent, ny fur les lez ny demi-lez avec lefdites broderies, ny avec des galons ny paffemens, & d'y mettre autre chofe qu'un feul galon & frange ou crefpine autour des pantes, rideaux & autres pieces qui font neceffaires pour les lits & les fieges feulement, le tout fous les peines portées par ledit Edit ;portant auffi que tous ceux qui ont prefentement des meubles de cette forte, feront tenus à peine de confifcation de Nous en faire leurs declarations dans un mois. Qu'il eft auffi défendu à toutes perfonnes d'acheter à l'avenir des tables, bureaux, armoires, & boëtes de Pendules, horloges & des confoles pour les porter, avec des figures & ornemens de bronze doré, & à tous Ouvriers d'en faire de cette maniere; & neanmoins permis à ceux qui en ont de les vendre, & à toutes perfonnes de les acheter pendant le refte de la prefente année, en faifant declaration comme deffus. Pour faire lefquelles vifites & recevoir lefdites declarations, il eft neceffaire de commettre par Nous ceux des Commiffaires de cette Cour que Nous jugerons à propos, à l'effet d'y proceder inceffamment en execution dudit Edit; à quoy ledit Procureur du Roy nous a requis de pourvoir. Nous ayant égard audit requifitoire, avons ordonné que les Commiffaires Regnault, le Maiftre, Delamare, Labbé, Regnard & Dupleffis, que Nous avons commis à cet effet, fe tranfporteront inceffamment, fuivant le département qu'ils feront entr'eux, dans les boutiques & maifons des Orfévres, des Marchands Merciers, Joüailliers, & des Ouvriers travaillans en orfévrerie de cette Ville & Fauxbourgs de Paris, lefquels feront tenus de reprefenter aufdits Commiffaires tous leurs ouvrages, pour eftre en leur prefence, ceux qui fe trouveront défendus par ledit Edit, rompus & difformez, & dreffer Procés verbal de l'eftat, poids & qualité defdits ouvrages; & à l'égard des declarations qui font à faire par les particuliers des pieces de vaiffelle d'argent ou meubles défendus : ordonnons que lefdites declarations feront reçuës par les Commiffaires des quartiers où les Parties font leurs demeures, qui en feront deux Regiftres feparez; l'un qui contiendra les declarations de la vaiffelle d'argent & des ouvrages d'orfévrerie; & l'autre celles des meubles qui font dans le cas dudit Edit, pour eftre lefdits Procés verbaux & declarations mifes au Greffe, & en délivrer aux Parties par nos Greffiers telles décharges qu'il appartiendra,

appartiendra, conformément à l'Edit. Ce fut fait & donné par Messire MARC-RENE' DE VOYER DE PAULMY D'ARGENSON, Chevalier Conseiller du Roy en ses Conseils, Maistre des Requestes ordinaire de son Hostel, Lieutenant General de Police de la Ville, Prevosté & Vicomté de Paris, le vingt-neuf Mars mil sept cens. Signé, DE VOYER D'ARGENSON. ROBERT. TAUXIER l'aisné, Greffier.

Du Jeudy premier Avril mil sept cens.

Procès ver- *bal de l'un* *des Commif-* *faires nom-* *mez pour l'e-* *xecution de* *l'Edit du* *mois de* *Mars 1700.*

NOUS NICOLAS DE LA MARE, Conseiller du Roy Commissaire au Chastelet de Paris; en execution de l'Edit du mois de Mars dernier, registré au Parlement le vingt du même mois, & de l'Ordonnance de Monsieur d'Argenson Conseiller du Roy en ses Conseils, Maistre des Requestes ordinaire de son Hostel, & Lieutenant General de Police de la Ville, Prevosté & Vicomté de Paris, du vingt-neuf du mois de Mars dernier, sommes transportez dans les maisons & boutiques des Marchands Orfévres, Merciers, Joüailliers, & Ouvriers travaillans aux ouvrages d'or ou d'argent dans l'estenduë de nostre quartier, pour y faire visite & perquisition des ouvrages d'orfévrerie défendus par ledit Edit, dresser Procès verbal de leur estat, poids & qualité, & les faire rompre & difformer en nostre presence, ainsi qu'il ensuit.

En la maison de Philippes de Larbre marchand Orfévre sur le Quay des Orfévres; auquel ayant, fait entendre le sujet de nostre transport, il nous a fait ouverture de tous les lieux de sa maison, dans lesquels ayant fait perquisition, il ne s'y est trouvé aucun des ouvrages défendus par les Edits; & sur l'interpellation par nous faite audit de Larbre de nous representer ceux de cette qualité qu'il pourroit avoir ailleurs: & luy ayant fait entendre les peines portées par les Réglemens contre ceux qui s'en trouveroient saisis après la presente visite, il nous a declaré n'avoir aucuns desdits ouvrages, soit en sa maison ou ailleurs, & qu'il se soumet aux peines portées par les Edits & les Réglemens en cas qu'il le contraire se trouve, & a signé.

En la boutique de Charles de la Frenaye Marchand Joüaillier en la Salle Royale du Palais, auquel ayant fait entendre le sujet de nostre transport & fait de pareilles interpellations, il nous a fait ouverture de tous les lieux de sa boutique, dans lesquels ayant fait perquisition il ne s'y est trouvé aucun des ouvrages défendus; a déclaré n'en avoir aucun ailleurs, & a signé.

En la boutique de Pierre Loizon Marchand Joüaillier dans la Gallerie des Prisonniers; auquel ayant fait entendre le sujet de nostre transport, & fait pareilles interpellations, il nous a ouvert tous les lieux de sa boutique; dans lesquels ayant fait perquisition, il ne s'y est trouvé aucun des ouvrages défendus; a déclaré n'en avoir ailleurs, & a signé.

En la boutique de Jean Baptiste Favier Marchand Joüaillier en la grande Salle du Palais; auquel ayant fait entendre le sujet de nostre transport, & fait de pareilles interpellations, il nous a fait ouverture de tous les lieux de sa boutique; dans lesquels ayant fait perquisition, il ne s'y est trouvé aucun des ouvrages défendus, a déclaré n'en avoir aucun ailleurs, & a signé.

Ces visites & perquisitions furent continuées par le même Commissaire pendant plusieurs jours chez tous les Orfévres & les Joüailliers, tant sur le Quay des Orfévres, dans le Palais, que dans tous les autres lieux de son quartier, qui est celuy de Paris où il y a un plus grand nombre, & qui semble estre plus particulierement destiné à ce commerce. Les Edits precedens avoient esté si exactement observez par ceux de ces Professions, que dans cette visite, ny dans celles des autres Commissaires, il ne s'y trouva aucun ouvrage défendu.

Il n'en fut pas de même des visites qui furent faites chez les Doreurs sur bois & sur métaux, & chez les Horlogeurs, les Tapissiers, les Brodeurs, les Tailleurs & les Coûturieres; plusieurs furent trouvez en contravention, ils en porterent les peines, qui leur furent imposées à proportion de leur faute, par autant de Sentences du Magistrat de Police, sur le rapport des Commissaires. Ainsi fut restablie l'exacte discipline dans cette partie importante du bien public.

Il est permis par l'Edit aux particuliers qui avoient des meubles de la qualité de ceux dont la fabrique est défenduë, de les garder & de s'en servir, même aux Tapissiers de les vendre, & aux particuliers de les acheter, pourvû qu'ils en fassent les declarations aux Lieutenans Generaux de Police. Les Marchands & les Ouvriers abuserent de cette disposition; & toutes les fois que les Commissaires trouvoient chez eux des ou-vrages défendus, ils ne manquoient jamais de dire que ces ouvrages appartenoient à des particuliers qui les leur avoient donnez à raccommoder. Comme cet artifice tendoit à éluder l'execution de l'Edit, les Commissaires en firent rapport à l'Audiance, & cela donna lieu au Magistrat de Police d'y pourvoir par l'Ordonnance qui suit.

22. Février *1701. Ordon-* *nance de Po-* *lice pour l'e-* *xecution de* *l'Edit du* *mois de Mars* *1700.*

SUr le rapport à Nous fait à l'Audiance de Police par Maistres Jacques Baudelot, Nicolas Parisot, Jean Prioult, Jean Regnault, Loüis Regnard, Martin Marier, Estienne Duchesne, François Dubois, Pierre de Leine, André Duchesne, & Loüis Regnard de Barentin, Conseillers du Roy, Commissaires en cette Cour; Que, quoiqu'il ait plû au Roy par son Edit du mois de Mars mil sept cens, de défendre aux Ouvriers la fabrique & le debit de certains ouvrages d'orfévrerie, & même de quelques autres dorez & argentez, en permettant neanmoins aux particuliers qui en avoient alors, de s'en servir, pourvû qu'ils en fissent leurs declarations. Plusieurs Orfévres, Horlogeurs, Tapissiers, Doreurs & autres Marchands & Artisans, ne laissent pas d'en exposer en vente & d'en avoir dans leurs boutiques, alleguant pour excuse qu'ils ne leur appartiennent pas, mais à des particuliers qui les leur ont donné pour raccommoder, esperant éluder par ce moyen la disposition d'un Réglement si juste & si necessaire; à quoy estant important de pourvoir. Nous, après avoir oüi lesdits Commissaires en leurs rapports, & les Gens du Roy en leurs conclusions, avons ordonné que l'Edit du mois de Mars mil sept cens sera executé; & en consequence faisons défenses à tous Orfévres, Horlogeurs, Tapissiers, Doreurs & autres Mar-

chands.

chands, Ouvriers & Artifans, d'avoir dans leurs magafins, boutiques & chambres aucuns ouvrages défendus, même d'en recevoir aucuns des particuliers qui les envoyent pour raccommoder, à moins que ceux à qui ils appartiennent ne leur donnent en même-temps des certificats de propriété fignez d'eux ; enfemble l'extrait de la declaration qu'ils en auront faite pardevant le Commiffaire de leur quartier ; lefquels certificats & extraits demeureront attachez à chacun defdits ouvrages pour eftre reprefentez toutes fois & quantes ; faute de quoy feront les ouvrages prohibez qui fe trouveront dans les magafins, boutiques & chambres defdits Marchands, Artifans & Ouvriers, confifquez, eux cenfez & reputez proprietaires defdits ouvrages, & comme tels condamnez aux peines portées par l'Edit ; & fera noftre prefente Sentence inferée dans les Regiftres des Corps & Communautez de cette Ville, fignifiée aux Gardes & Jurez, affichée dans leurs Bureaux & par tout où befoin fera, à ce qu'aucun n'en puiffe prétendre caufe d'ignorance. Mandons aux Commiffaires du Chaftelet d'y tenir la main. Ce fut fait & donné par Meffire MARC-RENE' DE VOYER D'ARGENSON, Chevalier, Confeiller du Roy en fes Confeils, Maiftre des Requeftes ordinaire de fon Hoftel, & Lieutenant General de Police de la Ville, Prevofté & Vicomté de Paris, le Mardy vingt-deuxiéme jour de Février mil fept cens un. Signé, DE VOYER D'ARGENSON. CAILLET, Greffier.

Il y a toujours eu un ordre dans la Maifon du Roy, qui regle ceux de fes Officiers qui ont droit de porter les livrées de Sa Majefté, ou de les faire porter à leurs domeftiques. Il s'y eftoit infenfiblement gliffé cet abus, que plufieurs Officiers qui n'avoient jamais eu ce droit, s'en eftoient mis en poffeffion de leur autorité, & que plufieurs particuliers fans qualité avoient fuivi ce mauvais exemple. Le Roy en ayant efté informé y pourvut par ces deux Ordonnances, avec lefquelles nous finirons cette matiere du luxe.

12. Decemb. 1703. Ordonnance du Roy, qui fait défenfes à tous fes Sujets de faire vêtir de couleur bleuë leurs gens de Livrée, publiée & affichée le 20. du même mois.

SA MAJESTE' eftant informée qu'au préjudice des défenfes cy-devant faites à toutes perfonnes de faire porter par leurs Domeftiques la même livrée que celle dont les Pages, Valets de pied & autres gens de Livrée de Sa Majefté font habillez ; plufieurs particuliers fe donnent la liberté de les faire habiller de couleur bleuë, ce qui eft toujours une contravention formelle à fes défenfes, encore qu'ils ne faffent pas appliquer le même galon que celuy de la Livrée de Sa Majefté : Elle veut ofter dorénavant tout pretexte de contravention à fes défenfes. Et pour cet effet Sa Majefté a défendu & défend tres-expreffément à tous fes Sujets, de quelque qualité & condition qu'ils foient, de faire porter par leurs domeftiques une Livrée de couleur bleuë, encore que le galon fuft different de celuy de la Livrée de Sa Majefté, à peine de defobéiffance, & de confifcation des habits : faifant défenfe aux Tailleurs, Frippiers & autres d'en faire ny vendre aucun de couleur bleuë pour les gens de Livrée de qui que ce foit, à peine de cinq cens livres d'amende applicable à l'Hofpital General ; à l'exception neanmoins des Etrangers venans dans le Royaume, lefquels Sa Majefté n'entend affujettir à l'execution de la prefente Ordonnance ; leur laiffant la liberté de faire habiller leurs Gens de Livrée ainfi qu'ils avieront, & qu'ils ont accouftumé de faire. Enjoint Sa Majefté au Sieur d'Argenson Confeiller en fes Confeils, Maiftre des Requeftes ordinaire de fon Hoftel, Lieutenant General de Police de fa bonne Ville de Paris, de tenir la main à l'execution de la prefente Ordonnance, laquelle fera luë, publiée & affichée par tout où befoin fera, & fignifiée aux Syndics des Tailleurs & Frippiers à Paris, afin qu'aucun n'en ignore. Fait à Verfailles le douziéme jour de Decembre mil fept cens trois. Signé, LOUIS, Et plus bas, PHELYPEAUX.

IL eft enjoint à Marc-Antoine Pafquier Juré Crieur, de lire, publier & afficher à fon de Trompe & Cry public l'Ordonnance du Roy cy-deffus, dans la Ville, Fauxbourgs & autres lieux ordinaires & accouftumez de la prefente Ville, à ce que nul n'en prétende caufe d'ignorance. Comme auffi avons permis au premier Huiffier de Police du Chaftelet de Paris, de la fignifier aux Jurez des Communautez des Maiftres Tailleurs & Marchands Frippiers de cette Ville, à ce qu'ils n'en prétendent auffi caufe d'ignorance, & ayent à y obéir. Ce fut fait & donné par Meffire MARC-RENE' DE VOYER DE PAULMY, Chevalier, Marquis D'ARGENSON, Confeiller du Roy en fes Confeils, Maiftre des Requeftes ordinaire de fon Hoftel, Lieutenant General de Police de la Ville, Prevofté & Vicomté de Paris, le dix-feptiéme jour de Decembre mil fept cens trois. Signé, DE VOYER D'ARGENSON.

10. Février 1704. Ordonnance du Roy portant défenfes à toutes perfonnes de faire porter à leurs domeftiques la livrée de Sa Majefté, publiée & affichée le 18. du même mois.

SA MAJESTE' ayant efté informée par Monfieur le Comte d'Armagnac Grand Ecuyer de France, qu'encore qu'il ait efté diverfes fois fait défenfes à toutes perfonnes de faire porter par leurs Domeftiques la Livrée de Sa Majefté ; & même que par l'Ordonnance du douziéme Decembre dernier il foit défendu de faire porter une Livrée de couleur bleuë, quoique le galon fuft different de celuy qui fert à la Livrée de Sa Majefté ; ce qui marque l'intention qu'elle a toujours euë qu'il n'y ait que les Pages, Valets de pied & autres de fa Maifon qui foient habillez de fa Livrée ; neanmoins plufieurs particuliers, fous pretexte de Charges qu'ils ont dans fa Maifon, continuent à faire porter la même Livrée à leurs domeftiques ; ce qui eft un manque de refpect aux ordres de Sa Majefté. A quoy voulant pourvoir, elle a fait défenfes à toutes perfonnes de faire porter fa Livrée par leurs Domeftiques, à moins qu'ils n'en ayent par conceffion particuliere ; auquel cas ils continueront de la leur faire porter en la maniere accouftumée : faifant Sa Majefté pareilles défenfes à tous fes Officiers de la faire porter, à moins qu'ils n'en ayent droit par leurs Charges ; à l'effet de quoy ils feront tenus d'en prendre la permiffion par écrit dudit Sieur Grand Ecuyer, faifant défenfes aux Tailleurs, Frippiers & autres de faire aucuns habits de ladite Livrée, que

Hhh pour

pour ceux qui en ont le droit par conceſſion, ou pour les Officiers qui ſeront munis de la permiſſion dudit Sieur Grand Ecuyer, à peine contre leſdits Tailleurs & Frippiers de cinq cens livres d'amende applicable à l'Hoſpital General. Enjoint Sa Majeſté au Sieur d'Argenſon Lieutenant General de Police de la Ville, Prevoſté & Vicomté de Paris, de tenir la main à l'execution de la preſente Ordonnance, laquelle ſera lûë, publiée & affichée par tout, où beſoin ſera, à ce qu'aucun n'en ignore. Fait à Verſailles le dixiéme jour de Février mil ſept cens quatre. Signé, LOUIS, *Et plus bas*, PHELYPEAUX.

IL eſt enjoint à Marc - Antoine Paſquier Juré Crieur, de lire, publier & afficher à ſon de Trompe & Cry public l'Ordonnance cy-deſſus dans cette Ville, Fauxbourgs & autres lieux ordinaires & accouſtumez, à ce que nul n'en prétende cauſe d'ignorance. Comme auſſi au premier Huiſſier de Police du Chaſtelet de Paris de la ſignifier aux Jurez des Communautez des Maiſtres Tailleurs, Frippiers & Boutonniers de cette Ville, à ce qu'ils n'en prétendent auſſi cauſe d'ignorance, & ayent à y obéir. Ce fut fait & donné par Meſſire MARC-RENE' DE VOYER DE PAULMY, Chevalier, Marquis d'ARGENSON, Conſeiller du Roy en ſes Conſeils, Maiſtre des Requeſtes ordinaire de ſon Hoſtel, & Lieutenant General de Police de la Ville, Prevoſté & Vicomté de Paris, le douziéme jour de Février 1704. Signé, DE VOYER D'ARGENSON.

TITRE II.

Des Festins.

CHAPITRE PREMIER.

Des repas en commun establis par les Anciens ; de leur utilité, & de leur discipline.

Plut. en la vie de Licurgue.
des propos de table l. 1. & banquet des 7. Sages.
Xenoph. de la Rep des Laced
Plato de conviviis.
Arist.polit.l.2. c.t.&l.7.c.10.
Phil. de la vie contemplat.
Cic.de Senect. Quintil. declamat. 321.

LA Religion & la Politique quelque opposées qu'elles soient d'ailleurs, ont esté long-tems d'accord sur ce point, que les repas en commun sont du nombre des plus excellens moyens, qui peuvent estre mis en usage pour maintenir une parfaite concorde, & une sincere amitié entre les hommes : C'est dans ces occasions, disent les Philosophes, que tous les conviez qu'une même table rassemble, réveillent dans leurs ames, ces sentimens d'union & de societé qui s'y trouvent si parfaitement gravez au moment de leur naissance : c'est-là, ajoûtent-ils, que la joye & les douceurs de la conversation ouvrent les cœurs, dissipent ces noirs chagrins, que les passions ou les differens interests y avoient fait naistre, & qui sont presque toujours les seules causes de leurs divisions. Ainsi dans ces heureuses dispositions les anciennes amitiez sont cimentées, il s'en contracte de nouvelles, & il est fort rare que les inimitiez n'y soient ensevelies dans l'oubly.

Vulteius in insti.§. pœna autem n. 8.de injur.

Aussi est-ce de-là que les Jurisconsultes ont tiré cette maxime, que les injures pour lesquelles il n'y a pas encore d'action formée en Justice, sont presumées pardonnées, lorsque l'on peut prouver que les parties ont mangé ensemble.

Il ne faut donc pas s'étonner si toutes les Loix divines & humaines ont esté de concert, pour ainsi dire, à favoriser un establissement dont la societé reçoit si grands avantages. Les livres saints nous en fournissent les premiers exemples dans ces Loix sacrées, que Dieu donna aux Israëlites, pour leur prescrire le culte religieux

Deuter. 12. v. 16. & 27.

» qu'ils devoient rendre : Vous presenterez » en oblation, (ce sont les propres termes de » la Loy,) la chair & le sang sur l'Autel du Sei- » gneur vostre Dieu, vous repandrez le sang de » l'hostie au-tour de l'Autel, & pour vous, vous

Idem 27. 7.

» en mangerez la chair. Vous immolerez en » lieu des hosties pacifiques, dont vous mange-

Exod.18.12. & 31. 6.
1. Reg. 9. 22.
3. Reg. 1.34.
Paral.29.c.22. & 22.

» rez devant le Seigneur vostre Dieu. Il paroist d'ailleurs que ces repas qui suivoient les sacrifices, se faisoient toujours dans une assemblée de parens, de voisins, ou d'amis, avec action de graces envers le Seigneur, & beaucoup de charité & de dilection entr'eux. Il leur estoit encore ordonné de manger ensemble, & en pu-

1. Reg. 30.
Nehem. 12. v.
2. Esdr. c. 8.
v. 10. & 12.
Philon de la vie contempl.

blic avec une sainte & modeste joye, tous les jours de leurs Festes solemnelles, & les jours qu'ils celebroient leurs nôces. Ainsi dans cette sainte Republique, dont Dieu même avoit bien voulu estre le Legislateur, & qui avoit merité par

Joan. 1. v. 1.

cette consideration le glorieux titre de Theocratie,

Tome I.

les Citoyens mangeoient ensemble à certains jours marquez, pour entretenir l'union entr'eux.

S.Paul.ad Corinth. 11. 10.
S.Chrysshom. 27.
Tert. apol. c. 39. Minurius Fœlix in Oct.
Clem. Alex. pedag.12.
conf. l. 1. c. 1.
S.Greg.ep.71. ad Mel.
Baron.sub an. 57.377.&384.

Les premiers Chrestiens n'ayant plus de sacrifices sanglans à offrir, dont les chairs pussent servir à l'entretien de leurs societez, conserverent neanmoins l'usage de manger ensemble : ces repas se faisoient dans l'Eglise après la sainte Communion ; les tables y estoient dressées avec beaucoup d'ordre & de modestie ; les riches y apportoient abondamment ; les pauvres & ceux qui estoient dans une telle indigence qu'ils n'avoient rien à apporter, ne laissoient pas que d'y venir, & d'y estre également bien reçus : on nommoit ces assemblées Agapes, du mot grec ἀγαπάω, aimer, pour faire entendre qu'elles estoient autant de festins de charité & de dilection.

Plat. de conv.
Arist.polit.l.2. c.8.& l.7.c.10.

Les Legislateurs Payens conduits par les seules raisons d'Estat & de politique, eurent aussi les mêmes vûës touchant les repas en commun. Minos en donnant des Loix aux habitans de l'Isle de Crete, ordonna qu'il se leveroit tous les « ans sur eux un tribut, dont la moitié seroit « employée au service des Dieux, & aux charges « publiques ; & l'autre moitié à leur nourriture ; « que tous leurs repas se feroient en commun, « entre un certain nombre de familles, & il leur « défendit de manger en leur particulier. «

Xenoph. de rep. Laced.
Plut. vit. Licurg. dits. notab.des Laced. & des propos de table l. 1.

Licurgue fit ce même establissement à Lacedemone, avec cette seule difference, que ce n'estoit point le public qui en fournissoit le fonds, mais que chacun y apportoit sa part des provisions necessaires. Il y avoit des sales communes de quinze personnes, qui formoient chacune de ces petites societez, & où elles estoient obligées de s'assembler aux heures des repas. Chaque personne envoyoit à l'Intendant de la salle au commencement du mois un minot de farine, huit brocs de vin, cinq livres de fromage, deux livres & demie de figues, & une tres-petite somme pour contribuer aux autres provisions : il ne leur estoit pas permis de manger en leurs maisons particulieres, qu'en deux cas, l'un quand ils y avoient offert quelque sacrifice aux Dieux, & l'autre quand ils avoient esté à la chasse, & qu'ils en estoient revenus trop tard ; encore estoient-ils obligez en l'une & en l'autre de ces occasions, d'envoyer en leur salle commune, une portion de la victime, ou quelque piece du gibier de leur chasse. Le Roy, les Grands de l'Estat, les femmes, les enfans, tous estoient soumis à cette Loy : lorsqu'il y avoit une place vacante, on la remplissoit d'un

Hhh ij   nouveau

nouveau sujet par élection, qui devoit estre d'une commune voix; un seul qui auroit esté d'avis contraire, pouvant donner l'exclusion. Celuy qui avoit esté élû y estoit ensuite introduit, & l'ancien de la salle luy faisoit faire une espece de serment d'en garder le secret, en luy montrant la porte, & l'avertissant que jamais aucune parole n'en devoit sortir. Ces assemblées se nommoient φιδίτια, de φιδώ, épargne ou sobrieté, & quelquefois φιλίτια, amour & concorde.

Diogen. Laer. & Plut. dans la vie de Solon.

Solon dans sa Republique ne donna pas tant d'estendue à cet usage des repas en commun : l'establissement en avoit esté facile à Lacedemone, parce que le terroir estoit gras & fertile, & fournissoit aux Habitans sans beaucoup de travail, l'abondance de toutes les choses necessaires à la vie. Celuy d'Athenes au contraire sec & aride, engageoit ses Citoyens à s'appliquer beaucoup au Commerce & aux Arts : ainsi estant

dissipez par ces occupations laborieuses, il leur auroit esté impossible de se réunir dans ces lieux communs regulierement, & plusieurs fois par jour pour y prendre leur repas. Ce sage Legislateur leur ordonna seulement de s'assembler & de manger ensemble un certain nombre, les uns après les autres, au Prytanée qui estoit leur Hostel de Ville, aux dépens du Public : chacun y estoit invité à son tour, & estoit obligé de s'y rendre au jour marqué, sinon les Magistrats le condamnoient à l'amende.

Romulus en donnant des Loix aux Romains, ordonna qu'en certains jours de Festes, tous les Habitans d'une même Curie, nous dirions aujourd'huy d'une même paroisse, s'assembleroient, & mangeroient ensemble en signe de paix & de societé : il voulut même pour les y engager davantage, que ces repas fissent partie de leur culte religieux; d'où ils furent nommez *convivia sacrata*, festins sacrez.

Ex tab. in Capitol. fixâ & servatâ, à Martiano edita, Tit. Liv. l. 1. n. 6. & 44.
Ann. Flor. l. 1.
Denys d'Alicarnasse des antiq. Rom. l. 2.
Plutar. vie de Romul.
Joan. Ulric. catal. leg. antiq.

CHAPITRE II.

Des Loix somptuaires des Grecs & des Romains, concernant les repas.

Quelque bons que fussent ces establissemens, soit dans la Religion, soit dans l'Estat, ils ont esté souvent traversez, & enfin presque totalement abolis.

Quatre grands inconveniens troublerent dans la suite des tems toute l'œconomie, & toute la discipline : le premier qui parut fut l'excés du nombre des conviez, & la confusion qui en est presque toujours inseparable. Celuy-cy fut bien-tost suivy de la vanité dans la distinction des rangs ; du luxe dans la profusion & le choix des viandes, & de l'intemperance dans leur consommation : chacun de ces inconveniens donna ensuite lieu à autant de differentes Loix pour y remedier.

Xenoph. de la Rep. de Laced.
Plut. vie de Licurgue.
Dits nota. des Laced. l. 1 des prop. de table.

Les Lacedemoniens pour éviter la confusion dans ces repas, avoient fixé le nombre des personnes qui devoient s'y trouver, à quinze ; en chacune de leurs salles d'assemblées. Pour y maintenir l'ordre, & régler sur le champ tous les petits incidens qui auroient pû le troubler, ils élisoient par sort entr'eux un Roy, ou Maistre du repas, auquel ils donnoient le pouvoir.

Ath. l. 1. & 6.

Les assemblées des Atheniens estant moins frequentes, estoient ordinairement plus nombreuses. Athenée fait mention d'un repas chez Platon, où ils se trouverent vingt-huit à table ; ce n'estoit que chez un particulier, les conviez aux repas publics étoient en plus grand nombre ; aussi prit-on beaucoup plus de précaution pour les discipliner. C'estoit l'un des soins des γυναικονόμοι, Officiers de Police, qui avoient l'inspection sur tous les festins, & en estoient les moderateurs : ils y entretenoient sur-tout la modestie, la moderation & la temperance; d'où ils furent aussi nommez οἰνόνομοι, pour exprimer en particulier cette fonction de leur Charge.

Ulrici Zazli catal. leg. ant. in leg. Julian. sumptuar.

Les Romains n'eurent d'abord aucun besoin de Loix somptuaires ; leur pauvreté estoit une assez bonne École de parcimonie & de temperance, sans que l'autorité publique s'en mélast. *In Romana Republica parcimoniam & frugalitatem primò non leges nec pœna continuerunt, sed erat cuique*

ad retinendos eos magistra paupertas. C'est ainsi que les Autheurs s'en expliquent.

Ce ne fut qu'après la seconde guerre Punique & au retour des conquestes de la Grece & de l'Asie, que l'opulence fit qu'ils s'abandonnerent aux voluptez de la bouche, aussi-bien qu'au luxe des habits, comme nous l'avons vû en son lieu. Les reprimendes des Censeurs furent capables pendant un temps, de contenir sur cela le Peuple dans quelque sorte de moderation : mais comme ces Magistrats ne pouvoient tout au plus que faire rougir, comme dit un sçavant Romain, & qu'il n'estoit pas en leur pouvoir d'imposer des peines à ceux que la pudeur n'estoit pas capable de contenir, il falut avoir recours aux Loix : ce fut C. Orchius Tribun du Peuple qui provoqua la premiere ; elle ne fixa que le nombre des conviez, sans toucher au reste de la discipline qui devoit estre observée dans les repas. Ce nombre suivant la Loy ne devoit pas exceder celuy des Muses, ny estre au dessous de celuy des Graces ; c'est-à-dire trois au moins, ou neuf au plus ; on estima même dans la suite que sept suffisoient, & par un jeu de mots qui n'auroit pas la même grace en nostre langue, l'on disoit communément, que quand dans un repas les conviez passoient le nombre de sept, *non erat convivium, sed convicium* ; ce n'estoit plus un festin, mais une cohuë ou une confusion.

Ann. 570. urb. cond. ant. J. C. 183.
Macr. l. 3. Saturnaliorum.
Festus in verb. obsonit. voc.
Anton. Aug. de leg. & Senat. consult. in verbo orchia.
Ulric. Zazii catal. leg. ant.
Lucian. Macr. l. 2. c. 13.
Gell. l. 13. c. 11. de num. conv.
Varr. ap. Gell.

Ce commencement de discipline n'apporta encore aucun remede à la prodigalité, & ne servit qu'à augmenter l'intemperance ; la Loy retrancha bien à la verité le nombre des conviez en chaque repas, mais le luxe aussi-tost s'indemnisa de cette contrainte, en multipliant les jours & les lieux d'assemblées, & en prodiguant à ce petit nombre permis par la Loy, ce qui auroit pû suffire au plus grand avant la reforme. L'excés des plaisirs de la bouche fut enfin porté jusqu'à ce point, disent les Auteurs, que plusieurs enfans de famille faisoient commerce de leur pudeur & de leur liberté, pour avoir

Sammonicus Serenus.
Macr. Saturn. lib. 3. c. 17.
Gell. l. 2. c. 14.

avoir de quoy y satisfaire ; les repas , & les comices qui se tenoient ensuite , n'estoient plus que des assemblées d'yvrognes , qui deliberoient neanmoins en cet estat des affaires les plus importantes de la Republique. Un aussi grand mal demandoit un puissant remede , autrement tout estoit à craindre de son progrés. Les Consuls & les Senateurs prirent l'occasion des repas mutuels qui se faisoient entre les principaux Citoyens aux jeux Megalesiens , pour commencer par eux-mêmes cette reforme , ils en donnerent l'exemple au Peuple. L'Arrest en fut expedié au Senat , & en même temps rendu public par les proclamations ordinaires : il porte, » que tous les Magistrats , & les premiers des » Citoyens , *Principes Civitatis* , qui devoient » manger ensemble en ces jours de réjouïssance, » seroient tenus de comparoistre devant les Con- » suls , & de s'obliger par serment , en termes » exprés , de ne depenser en chaque repas plus » de cent vingt sols , *centenos vicenos æris* , non » compris le pain , le vin , les herbes & les legu- » mes , & de n'y servir aucun autre vin que de » celuy du Pays.

_{Gell.l.2. c.14.
Macr.l 3.c.17.
Ant. Aug. de
leg. in verbo
Fannia.
Ann.ur.c.548.
ante Chr.105.} Comme cet Arrest estoit limité au temps des jeux , & aux personnes qui en devoient faire la ceremonie, C. Fannius l'un des Consuls proposa d'en faire une Loy generale ; tous les Ordres y consentirent , & par cette Loy qui porte le nom de son Auteur, *Lex Fannia* , le nombre des conviez fut fixe , & la dépense des festins reglée. » Elle défend de s'assembler plus de trois , outre » les personnes de la famille les jours ordinaires, » & plus de cinq les jours des Nones , ou des Foires. Ces jours arrivoient trois fois le mois à Rome , & y attiroient un plus grand concours de Peuple des lieux circonvoisins , & consequemment un plus grand nombre d'amis à y recevoir ; ce que la Loy voulut bien faciliter en faveur de l'hospitalité. A l'égard de la dépense, elle fut reglée à cent sous chaque repas les jours des jeux & des Festes publiques, trente sous les jours des Nones , ou des Foires , & dix sous aux autres jours ; les legumes & les herbes n'y estoient point comprises : & pour maintenir cette frugalité, la même Loy défendit de servir dans un repas d'autre volaille qu'une poule non engraissée.

_{Plin, natural.
hist.l.10, c.50.} C'estoit en ce temps un art d'engraisser les volailles avec une espece de mangeaille paistrie & arrosée de lait , les tenant enfermées dans un lieu fort clos & fait exprés pour cet usage : elles coustoient beaucoup plus que les autres ; & c'est cette dépense extraordinaire & de pure volupté que la Loy défendit.

_{Macr.l, 2.c.14} Le relâchement ayant paru dix-huit jours aprés , l'on fut obligé d'y pourvoir. Didius Tribun du Peuple proposa une Loy pour renouveller toutes les dispositions des precedentes : elle fut approuvée , & prit le nom de son Auteur, *Lex Didia :* celle-cy ajousta aux autres, que non » seulement ceux qui inviteroient , mais encore » tous ceux qui se trouveroient à un repas con- » traire aux Loix, seroient punis comme preva- » ricateurs.

_{Ann.ur.c.656.
ant. Chr. 97.} La Loy *Licinia* qui fut faite sous le Consulat & à la diligence de Licinius Crassus , ordonna _{Macr.l.3.c.17.
Aul. Gel. l. 2.
c. 24.} » que les jours des jeux publics & des festes po- » pulaires , il seroit permis de dépenser dans » un festin cent sols ; aux jours des Calendes & » des Nones trente sols ; aux jours des Nôces » vingt sols , & aux autres jours trois livres de » viandes seches, une livre de viande salée, & des » herbes, des legumes , & des fruits de la terre à _{Cic.l.7.ep.26.
ad Fab. Gall.} » discretion. Ciceron remarque sur cette Loy, que les voluptueux trouverent le moyen de la fraude, sans neanmoins contrevenir à ses dispositions litterales : il estoit permis de servir à discretion dans les repas , tout ce que la terre produisoit : ils inventerent des ragousts de champignons , d'herbes & de legumes si bons & si agreables, qu'il avoüe y avoir esté trompé luymême , & d'avoir preferé des beteraves ainsi preparées , à des huitres & à des lamproyes qu'il aimoit passionnément.

_{An. ur.c. 670.
ant.Ch. 83.} La guerre d'Italie , & les guerres civiles excitées par Marius , ayant attiré toute l'attention des Chefs de la Republique du costé des armes , les Loix furent beaucoup negligées ; le luxe reprit tellement le dessus dans ces temps de desordres , que plusieurs engloutirent & devorerent en debauches & en voluptez de grandes richesses , & d'amples patrimoines ; c'est ainsi que les Auteurs en ont parlé. Cornelius Sylla ayant pris en main le Gouvernement sous le titre de Dictateur , fit une Loy qui porte son nom , *Lex Cornelia ;* elle renouvelle toutes les dispositions des anciennes Loix somptuaires touchant les repas ; & comme la grande consommation qui s'estoit faite pendant les guerres , avoit beaucoup augmenté le prix des vivres , Sylla par cette même Loy, en regla le prix , & fit défenses de les vendre plus chers que sa fixation.

_{Sueton. lib. i.} Jules Cesar fit aussi une Loy somptuaire , dont Suetone fait mention , sans nous en apprendre les dispositions ; il rapporte seulement que ce Prince établit des Gardes dans les Marchez , qui enlevoient tout ce qui s'y trouvoit exposé , contre les défenses portées par les Loix , & des Huissiers qui avoient ordre de saisir jusques sur les tables , tout ce qui auroit pû échapper à la diligence, ou à la fidelité des Gardes.

_{Bulengerus de
conviv. p. 50.} Auguste ayant remarqué que toutes ces Loix somptuaires si souvent réïterées n'avoient jamais eu qu'une execution fort imparfaite , crut qu'en les adoucissant il les rendroit plus efficaces ; il en fit une Loy expresse , par laquelle aprés avoir beaucoup recommandé la « temperance , il permit de s'assembler jusques « au nombre de douze , en l'honneur des douze « principales Divinitez du Paganisme , & d'em- « ployer aux repas des jours ouvriers deux cens « sous, aux jours des Calendes , des Ides , des No- « nes , & des autres Festes trois cens, & aux jours « des Nôces & du lendemain jusques à mille « sesterces.

Tibere enfin dans cette même vûë augmenta encore cette fixation , depuis trois cens sesterces jusqu'à deux mille , selon les differentes solemnitez des jours.

L'As des Romains que nous traduisons par le mot de sol , estoit une piece de cuivre du poids d'une livre de douze onces , jusques à la seconde guerre Punique : les besoins de l'Estat obligerent alors de baisser la monnoye , & l'as fut reduit depuis six onces jusques à deux ; elle fut encore dans la suite diminuée & reduite à une once, & enfin à une demie once.

Le sesterce estoit une petite monnoye , qui dans les derniers temps valoit quatre as.

Ainsi, suivant ces fixations la plus haute dépense du plus magnifique des festins du temps de la Republique , estoit fort modique : mais le luxe reprit insensiblement le dessus , & fit encore beaucoup plus de progrés sous les Regnes licencieux de Caligula, de Claude & de Neron. & comme les Loix sur cette matiere avoient toujours esté d'une difficile execution , l'on cessa d'en faire. Hhh iiij CHAP.

CHAPITRE III.

Des Loix Somptuaires qui ont esté observées en France touchant les repas.

Toute la Police des Romains passa dans les Gaules, & s'y establit avec leur domination, aprés qu'ils en eurent fait la conqueste ; les preuves en ont esté rapportées ailleurs, nous ne les repeterons point icy. La discipline de leurs repas y fut donc observée de même qu'elle l'estoit à Rome, puique les usages de cette Capitale devoient estre suivis par toutes les autres Villes de l'Empire. *Omnes Civitates debent sequi consuetudinem Urbis Romæ, cùm sit Caput Orbis Terrarum* ; ce sont les termes de la Loy qui fut faite exprés pour leur imposer cette necessité. On ne peut du moins en douter à l'égard des précautions contre les desordres que cause ordinairement le nombre excessif des convives. Ausone celebre Gaulois qui écrivoit environ l'an 367. nous insinuë agréablement cette verité dans ses vers, où il nous décrit les repas qui se faisoient de son temps. Les conviez, dit-il, ne devoient estre qu'au nombre de sept, y compris le Roy ou le Maistre du festin; tout ce qui excedoit ce nombre degeneroit en cohuë, où regne le desordre & la confusion.

Sex enim convivium
Cum Rege justum; si super, convicium est.

Voila l'usage des Romains parfaitement bien marqué par un Auteur contemporain.

Leges-Salic. tit. 45.art. 1. Capitul. Reg. Franc. Baluz. tom.1, col. 311.

Cela fut sans doute suivi par les François aprés leur conqueste ; & en adoptant la Police des Romains, comme il a esté prouvé en son lieu, ils n'eurent garde d'en negliger une partie si importante à la Religion & à la tranquilité publique. A peine en effet l'Estat fut-il formé, que l'on reconnut les desordres que pouvoit causer le défaut de cette discipline, & que l'on prit des mesures pour les éviter. Ce fut l'un des motifs, & l'une des plus expresses dispositions de cette Loy fondamentale de la Monarchie que quelques-uns attribuent à Pharamond ou à Merovée, d'autres à Clovis, & qui a esté certainement renouvellée par Charlemagne l'an 798. elle » porte que si dans une compagnie de quatre, de » cinq ou de sept personnes qui » mangent ensemble il se commet un homicide, » tous ceux qui la composeront seront tenus de » representer le coupable, sinon qu'ils seront tous » également punis pour luy ; mais que si cette » compagnie excede le nombre de sept, le seul » coupable sera recherché & puni du crime qui » s'y commettra ; & qu'aucun des autres n'en sera responsable. Ainsi dans la premiere partie de cette Loy, chacun de ses conviez estoit sous la garde & la protection des autres, & tous ensemble avoient un interest commun de conserver entr'eux la paix & l'union : dans la seconde au contraire chacun y estoit pour soy & ne voit seul se tenir sur ses gardes. C'est ainsi que nos ancestres faisoient entendre, que suivant l'usage qu'ils trouverent étably par les Romains, ils desaprouvoient toutes ces compagnies trop nombreuses, & tâchoient d'éloigner chacun de s'y trouver par la crainte d'y estre maltraitté im-

punément.

Ils ne prirent pas moins de précautions dans la suite contre l'intemperance dans les repas, qu'ils en avoient pris contre le desordre & la confusion d'un trop grand nombre de conviez. L'ebrieté s'y trouve condamnée de tout temps par un fort grand nombre d'Ordonnances, & l'excés de la dépense y est corrigé par une raisonnable parcimonie, dans les temps que les besoins de l'Estat & les fortunes des particuliers ont demandé cette épargne.

Le premier exemple qui se presente est un Edit de Charlemagne de l'an 802. Il fait défenses à « toutes personnes de s'enyvrer ,de ravir le bien « d'autruy , de voler , de blasphemer, & d'a- « voir des querelles & des differens , soit dans « les repas ou ailleurs , & il exhorte tous ses su- « jets à vivre ensemble dans une paix & une cha- « rité parfaite. Ainsi ce Prince met l'ebrieté à la teste de tous ces grands crimes, parce qu'elle en est souvent la source ; & il l'oppose à cet esprit de paix & de charité sans lequel un Estat ne peut jamais estre veritablement heureux.

Capit.Reg.Fr t. 1. col. 373,

Par cinq autres Ordonnances des années 802. 803. 810. 812. & 813. ce même Prince déclara les « yvrognes d'habitude indignes d'estre ouïs en « Justice dans leur propre cause, & incapables « d'y rendre aucun témoignage pour leur pro- « chain ; il enjoignit aux anciens d'estre circons- « pects à ne se pas laisser surprendre par l'excés « du vin, & les exhorta d'enseigner par leur « exemple aux jeunes gens à garder la sobrieté; « il défendit de s'exciter les uns les autres à « boire avec excés jusqu'à s'enyvrer,à peine d'es- « tre condamné à ne boire que de l'eau, & « d'estre separez de toute societé pendant un cer- « tain temps; il défendit enfin de s'abandonner « à l'yvrognerie,à peine de punition corporelle; « & aprés avoir exageré tous ces desordres qu'el- « le cause au corps & à l'esprit, & fait observer « qu'elle est la source fatale de tous les autres « vices, il déclara que comme la courte folie « dans laquelle elle fait tomber est purement « volontaire, elle ne peut servir d'excuse aux « crimes qu'elle fait commettre, & que les cou- « pables en doivent estre punis selon toute la « severité des Loix. «

Capit.Reg.Fr. Baluz. tom.1, col. 373. 393; 473. 491. 811, 1084. & 1115.

Les troubles qui arriverent en France sur la fin de la seconde & au commencement de la troisiéme Branche de nos Roys , ayant imposé silence aux Loix pendant prés de deux siecles. Ce ne fut que sous saint Loüis que l'on commença de les remettre en vigueur, & d'en faire de nouvelles. Dés la premiere qui parut de ce Prince l'an 1254 il y prit des précautions tres-exactes contre l'ebrieté. Elle défend de rece- « voir aucune personne dans les Cabarets pour y » boire, sinon les passans, les voyageurs ou ceux « qui n'ont aucune demeure dans le lieu même « où est situé le Cabaret. «

Fontan. Conf. des Ordon t.3. l. 11. tit. 16. art. 1. p. 737.

Philippe le Bel par un Edit de l'an 1294. ajoûtant à l'Ordonnance du saint Roy son ayeul de nouvelles dispositions en faveur de la sobrieté , » défendit

Liv. noir du Chastelet de Paris, fol. 97.

» défendit de donner dans un grand repas plus
» de deux mets & un potage au lard, & dans
» un repas ordinaire un mets & un entre-mets.
» Il permit par ce même Edit, les jours de jeû-
» ne feulement, de fervir deux potages aux ha-
» rangs & deux mets, ou un feul potage & trois
» mets. Il défendit de fervir dans un plat plus
» d'une piece de viande, ou d'une feule forte de
» poiffon; & enfin il déclara qu'il entendoit que
» toute groffe viande fuft comptée pour un
» mets, & que le fromage ne paffaft point
» pour un mets s'il n'eftoit en pafte ou cuit dans
» l'eau.

Conf. des Or-
don. t. 2. l. 9.
tit. 7. c. 5. p.
212.

François I. ayant efté informé des defordres
que l'yvrognerie caufoit dans fa Province de
Bretagne, y pourvut par un Edit general du
mois d'Aouft 1536. pour tout le Royaume; il
» porte, que pour faire ceffer les oifivetez, les
» blafphêmes, les homicides & les autres incon-
» veniens qui arrivent de l'ebriété, le Roy or-
» donne, que quiconque fera trouvé yvre foit in-
» continent conftitué & retenu prifonnier au
» pain & à l'eau, pour la premiere fois; que la
» feconde, outre cette peine, il foit battu de
» verges ou de foüets dans la prifon: que s'il
» recidive une troifiéme fois, il foit fuftigé pu-
» bliquement; que s'il eft incorrigible, il foit
» puni d'amputation d'oreilles, d'infamie & de
» banniffement, avec injonction tres-expreffe
» aux Juges, chacun en fon territoire, d'y veil-
» ler diligemment; & qu'enfin s'il arrive que
» par ebriété ou chaleur de vin les yvrognes
» commettent quelque faute ou quelque crime,
» l'yvreffe ne pourra leur fervir d'excufe, qu'au
» contraire ils feront punis de la peine dûe au
» délit qu'ils auront commis, & encore punis
» par une autre peine, à l'arbitrage du Juge,
» pour s'eftre enyvrez.

Conf. des Or-
don. l. 12. l. 16.
Fontan. tom.
2. l. 5. tit. 10.

Les Guerres Civiles qui agiterent la France
fous le Regne de Charles IX. y traverferent beaucoup le commerce & l'agriculture; l'abondance
des chofes neceffaires à la vie diminuant à proportion, la difette ne fit pas long-temps fans fe faire craindre; ce Prince y pourvut par un Edit du
20. Janvier 1563. qui mit un taux aux vivres,
& retrancha la fuperfluité dans les repas. Il porte à l'égard de cette derniere partie qui eft la
» feule dont il s'agit icy; qu'en quelques nôces,
» feftins ou tables particulieres que puft eftre
» il n'y auroit dorénavant que trois fervices au
» plus; fçavoir les entrées de table, la viande
» ou le poiffon, & le deffert: qu'en toute forte
» d'entrée, foit en potage, fricaffée ou patille-
» rie, il n'y auroit au plus que fix plats; & au-
» tant pour la viande ou le poiffon, & dans cha-
» que plat une feule forte de viande; que ces
» viandes ne pourroient eftre mifes doubles; que
» l'on ne pourroit, par exemple, fervir deux
» chapons, deux lapins, deux perdrix pour un
» plat, mais feulement un de chaque efpece;
» qu'à l'égard des poulets des pigeonneaux,
» on en pourroit fervir jufqu'à trois; des grives,
» beccaffines & autres oifeaux de cette nature, juf-
» qu'à quatre; & des alloüettes, & autres d'ef-
» peces femblables, une douzaine en chaque
» plat: qu'au deffert, fruits, patifferie, fro-
» mage ou autres chofes quelconques, il ne pour-
» roit non plus eftre fervi que fix plats; le tout
» fur peine de deux cens livres d'amende pour la
» premiere fois, & quatre cens livres pour la fe-
» conde, applicable moitié au Roy, & moitié
» au denonciateur.
» Il ordonne que ceux qui auront efté en feftin
» ou compagnie particuliere où l'on aura con-

trevenu à la prefente Ordonnance feront tenus «
de le dénoncer le jour fuivant au Juge fur pei- «
ne de quarante livres d'amende. «
Enjoint aux Juges & Officiers de Juftice «
qui fe trouveront à de pareils feftins, de fe «
retirer auffi-toft qu'ils fe feront apperçûs de «
la contravention, & de proceder prompte- «
ment à la condamnation des contrevenans, fur «
peine de deux cens livres d'amende, & de tous «
dépens envers celuy qui aura fait la pourfuite, «
dont le Roy fe referve la connoiffance & à fon «
Confeil. «
Que les Cuifiniers qui auront fervi à ces «
repas feront pour la premiere fois condamnez «
en dix livres d'amende, & à tenir prifon quin- «
ze jours au pain & à l'eau; pour la feconde, «
au double de l'amende & du temps de la pri- «
fon; & pour la troifiéme au quadruple de l'a- «
mende, au foüet & banniffement du lieu, «
comme eftant pernicieux à la chofe publique. «
Fait défenfes de fervir chair & poiffon en «
un même repas, fur peine de deux cens livres «
d'amende applicable comme deffus. «
Ordonne aux Baillis, Senefchaux, Prevofts «
ou leurs Lieutenans, de faire chacun dans la «
principale Ville de fon reffort affembler les «
Echevins & Gouverneurs avec bon nombre de «
notables bourgeois, leur déclarer fommaire- «
ment le contenu en la prefente Ordonnance, «
& les exhorter à l'obferver, & à donner leur «
avis fur ce qu'ils croiroient eftre à faire de plus «
pour remedier au luxe, dont les Juges dreffe- «
ront Procés verbal qu'ils envoyeront à M' le «
Chancelier pour leur eftre pourvû. «
Les troubles continuerent, la difette augmenta, & ce même Prince Charles IX. réitera, toutes les difpofitions de cet Edit par une Ordonnance du 20. Février 1565. par l'Edit de Moulins
du mois de Février 1566. & par une Déclaration du 25. Mars 1567. La famine jointe à la guerre ajoûta encore un nouveau poids à la calamité publique. La difette du bled fut fi grande,
qu'à peine le peuple pouvoit-il avoir du pain.
Il n'auroit pas efté jufte que les riches pendant ce
temps euffent employé au luxe & en fuperfluitez ce qu'ils devoient deftiner au foulagement
des pauvres. Ce fut le motif d'une Déclaration
du 20. Octobre 1573. par laquelle, après plufieurs
Réglemens concernant les bleds, le Roy mande aux Gens tenans la Police generale à Paris;
que pour faire ceffer les grandes & exceffives
dépenfes qui fe faifoient en habits & en
feftins, ils fiffent de nouveau publier & garder inviolablement toutes les Ordonnances
Somptuaires; & afin que l'on puft eftre averti
des fautes & contraventions qui fe commettroient à cet égard, que les Commiffaires du
Chaftelet de Paris pourroient aller & affifter
aux banquets qui fe feroient. La difette ayant
continué, toutes les difpofitions furent réiterées par une Déclaration du 18. Novembre de
la même année 1573. avec injonction aux Commiffaires du Chaftelet à l'égard de Paris, & aux
Juges ordinaires des lieux chacun endroit foy,
de faire les recherches & perquifitions neceffaires pour la découverte des contraventions.
Le funefte accident qui termina les jours de
Henry III. fut fuivi de plufieurs troubles excitez par les differentes factions qui partageoient
alors la France. La Ville de Paris en reçut les
plus vives atteintes; elle fut bloquée plufieurs
fois, & une fois affiegée dans les formes: pendant l'un de ces blocus, la difette y eftant fort
grande, les Magiftrats dans une affemblée generale

rale de Police rendirent une Ordonnance le 30. Janvier 1591. tant pour la seureté publique, que pour menager les vivres; elle contient deux dispositions: par la premiere, ils défendoient » à toutes personnes de faire aucuns festins ou » banquets en salles publiques, soit pour nôces » ou autres occasions telles qu'elles pussent es- » tre: ils enjoignirent aux maîstres de ces salles » de les tenir fermées; & leur firent défenses »d'y recevoir aucunes personnes jusqu'à ce qu'au- » trement par Justice en eust esté ordonné: Et » par la seconde ils défendirent de faire aucuns » festins ou banquets en maisons particulieres » dont l'assemblée excedast le nombre de douze » personnes.

La France épuisée par les longues guerres qu'elle avoit eu à supporter, une partie de ses terres estoient demeurées incultes; le prix du bled en augmenta considerablement, & l'ordre public en reçut aussi-tost les atteintes qui sont ordinaires en semblables occasions. Loüis XIII. d'immortelle memoire y pourvut par un Edit fort ample du mois de Janvier 1629. Il contient 361. Articles sur differentes matieres, & rien ne fut obmis de tout ce qui concerne la Police. Le 134. Article fait défenses à toutes personnes » de quelque qualité qu'elles soient, d'user au » service de leurs tables, pour quelque pretex» te & occasion que ce soit, même aux festins » de nôces & fiançailles de plus de trois servi» ces en tout, & d'un simple rang de plats, sans » qu'ils puissent estre mis l'un sur l'autre; qu'il » ne pourra y avoir plus de six pieces au plat, » soit de boüilly ou de rôty, de quelque sorte » de menuë volaille ou gibier que ce puisse » estre, soit en leurs maisons, ou aux maisons » & salles publiques où on a accoustumé de trai» ter, le tout à peine de confiscation des ta» bles, vaisselles, soit que l'on en soit proprie» taire, ou qu'elles ayent esté empruntées ou » loüées, & des tapisseries des salles ou cham» bres, où se feront les festins. Défend aussi tous » repas, festins sous pretexte d'entrées, bien» venuës, receptions maistrises, Bâtons de » Confrairie, redditions de comptes de commu»nautez, élections, prestations de serment pour

quelque Charge que ce soit, à peine de 300. l. « d'amende, payable sans deport contre ceux « qui feront les festins, Jurez des Commu- « nautez, Maîstres des Confrairies, & autres que « besoin sera. «

Le 135. fait défenses d'employer plus de 40. « ou 50. liv. au plus pour les festins & colla- « tions de ceux qui sont assembler leurs amis, « pour disputer & se préparer à l'examen de leur « reception aux Offices dont ils ont traité, à « peine d'estre renvoyez de l'examen, & de « 500. liv. d'amende. «

Le 136. défend à ceux qui font profession « d'entreprendre des festins de nôces, de fian- « çailles, ou des repas pour autres sujets, de « prendre plus d'un écu par tête; & à propor- « tion, si c'est à prix fait, à peine de 1500. liv. « d'amende, & repetition contr'eux par les pe- « res ou tuteurs de ceux qui auront fait des fes- « tins, ou par les Administrateurs de l'Hospital, « des sommes qu'ils auront reçuës, & de confis- « cation de toute la vaisselle & meubles qui au- « ront servi à ces festins, & aux salles & cham- « bres où ils se seront faits; leur fait défenses, « à peine de prison & de 3000. liv. d'amende, « de recevoir en leurs maisons, & d'entrepren- « dre des festins pour les Officiers du Roy & les « enfans de famille, si ce n'est pour des nôces « & fiançailles, & pour un écu par tête. «

Cette Ordonnance est la derniere de nos Loix touchant les repas. L'usage depuis ce temps a changé. La France produit si abondamment toutes les choses necessaires à la vie, qu'il a esté jugé plus avantageux à ses Habitans, & au bien de l'Estat de leur en laisser la libre disposition. C'est ce Commerce qui entretient dans les grandes Villes un nombre considerable d'Artisans, & qui fait subsister la plus grande partie des Provinces. Ainsi les soins des Officiers de Police ne consistent plus à cet égard qu'à maintenir cette abondance, la bonté & le juste prix des vivres; & à veiller sur la mauvaise foy, les monopoles & tous les autres abus qui se peuvent commettre par ceux qui les debitent, & qui sont expliquez dans le cinquiéme Livre de ce Traité.

TITRE III.

Des Spectacles.

CHAPITRE PREMIER.

Des Spectacles anciens, leur origine, leur division, leurs déréglemens, & les Loix qui ont esté faites pour les réformer.

Onuphr. Pan
vi. de ludis
fecul.
Julius Cæfar
Scaliger in 1.
l.b. poëticis.
Hier. Mercu-
rial. in art.
gymnaftica, &
variis lectio.
Cicer. lib. 2.
de Leg
Polid Virgil.
l.1. c.10. & 11.
Rofin.Roman.
antiq. l. 5. de
ludis.

Ante Chrift.
3308.

Ant. Ch. 524.

Tous les spectacles des Anciens estoient divisez en jeux de théatre, θεατρικοι, & en jeux gymnastiques, γυμνασικα ; ou selon les Latins en jeux qui se representent sur la scene, ou qui s'exercent dans le cirque, *scenici, & circenses*, ce qui revient à la même signification du Grec. Ils subdivisoient ensuite les jeux de théatre en Tragedie, Comedie, Mimes & Pantomimes ; & les jeux du Cirque en combats de differentes especes, luttes, courses à pied, à cheval ou dans des chars, & en autres exercices du corps, soit par des personnes libres, ou par des Gladiateurs, & quelquefois par ceux-cy contre les bêtes feroces.

La Tragedie fut inventée par Icace qui regnoit dans l'Attique vers l'an du Monde 2700. Ce n'estoit originairement qu'un poëme que l'on chantoit en dansant en l'honneur de Bacchus, & après luy avoir immolé un bouc. Les Grecs choisirent cet animal pour victime, parce qu'il fait un fort grand dégast des vignes, qui estoient selon eux sous la protection de Bacchus. Ce poëme & ce sacrifice furent nommez Tragodie, & depuis par adoucissement Tragedie, de ces deux mots, τράγος, bouc, & ᾠδὴ chanson. Les Atheniens y ajoûterent des chœurs de musique & des danses reglées. Thespis y introduisit un Acteur vers l'an du Monde 3530. & quelques-autres depuis les augmenterent jusqu'à trois. Ceux-cy mélerent au chant & aux danses les recits d'actions heroïques, tirez de l'Histoire ou de la Fable : tout cela se fit d'abord sans beaucoup d'appareil & sans qu'aucun lieu y fust singulierement destiné. Les Atheniens furent les premiers qui inventerent la commodité du theatre & la pompe des décorations, qui rendirent l'action beaucoup plus commode & plus magnifique. La Tragedie se perfectionna toujours de plus en plus ; on luy donna des regles, & la principale fut de n'y admettre que des personnages distinguez par leur rang, leur vertu, & par la triste & funeste fin de leur aventure, ou de leur vie.

La Comedie nous vient aussi des Grecs : Jules Cesar Scaliger, & quelques-autres l'estiment plus ancienne que la Tragedie, & d'autres au contraire, qu'elle est plus nouvelle. C'est une piece de théatre où l'on represente les actions du peuple & les évenemens ordinaires de la vie commune. Elle eut encore de plus foibles commencemens que la Tragedie ; ce ne furent d'abord que des chansons pleines de railleries & de médisances, qui se chantoient dans les places publiques des Bourgs & des Villages. Le nom

de Comedie qui luy fut donné, & qu'elle porte encore aujourd'huy, nous marque assez cette origine. Il fut composé de ces deux mots, κώμη chanson. L'on y ajoûta bien-tost des Acteurs, & alors la Comedie eut ses personnages, & ses sujets determinez ainsi que la Tragedie.

Les Grecs ont varié trois fois dans leurs representations comiques ; ce qui a distingué leurs Comedies en vieille, moyenne & nouvelle.

Dans les vieilles Comedies, en reprenant les vices, ils apostrophoient les personnes & les appelloient par leur nom, sans aucun déguisement. Eupolis, Cratinus & Aristophane s'estoient rendus formidables par cette méthode. Ils reprenoient avec une entiere liberté, dit Horace, tous ceux qui meritoient d'estre nottez pour leurs malices, leurs rapines, leurs débauches, & leurs autres crimes. Cette maniere de dire ses veritez estoit assez du goust du peuple, & n'estoit pas desagreable à la plus grande partie des personnes de qualité. On s'en lassa néanmoins par le scandale & les animositez que cela causoit. Alcibiade fit publier dans Athenes une Ordonnance vers l'an du Monde 3647. avant J. C. 407. qui défendit à tous Poëtes de nommer les personnes dans leurs pieces comiques.

Cette Loy donna naissance à l'autre espece de Comedie que l'on a nommée moyenne ; elle consistoit à representer des actions veritables sans nommer les personnes. Ce fut le même Aristophane qui l'inventa : Philemon, Platon le Comique, & plusieurs autres à son imitation prirent cet honneste milieu entre la severité de nommer les coupables, & la complaisance de dissimuler les vices ; il y avoit encore beaucoup à redire à cette méthode : tous ceux qui avoient eu part à l'action veritable qui estoit representée, ne laissoient pas de s'en offenser quoiqu'ils ne fussent point nommez. Il arrivoit même souvent que la malignité qui accompagne toujours la satyre, les indiquoit par des portraits si vifs & si naturels, qu'il estoit presque impossible de les méconnoître. Cela donna lieu à une seconde réforme de la Comedie, qui consistoit à n'y representer que des sujets feints & sous des noms inventez. Menandre en fut l'Auteur, ou du moins celuy qui la mit en credit par son habileté à y réussir. Ce fut celle-cy qu'ils nommerent Comedie nouvelle, & dont ils conserverent l'usage.

Les Mimes estoient certains Boufons qui divertissoient le peuple dans les maisons particulieres, ou en public, par des postures ridicules. Plut. Sympof.
l. 7.
Athen. l. 1. &
1.

Lucian. de Pantomim.

Les plus habiles d'entr'eux avoient aussi l'adresse d'exprimer par des gesticulations ingenieuses du corps, des doigts & des yeux, les principales actions d'une Comedie. Ceux qui excelloient dans cette Profession furent nommez Pantomimes, de ces deux mots μιμη, tout, μίμος, imitateur. Ils paroissoient quelquefois sur le theatre dans les intermedes, pour divertir & amuser le peuple, pendant que les Acteurs se reposoient; & ils joüoient une espece de Comedie muette, representant par leurs gestes ce qui se devoit joüer dans l'Acte suivant.

Buleng. dans son theatre. Spon. recherches curieuses d'antiq.

Ils avoient aussi des Danseurs de corde qu'ils nommoient Schœnobates, de χοινος, corde, & βαίνω, qui dans la composition signifie celuy qui marche. Ceux-cy exerçoient leur art de quatre differentes manieres. Les premiers voltigeoient au tour d'une corde, comme une roüe au tour de son essieu, & s'y suspendoient par les pieds ou par le cou: les seconds y voloient de haut en bas, appuyez sur l'estomac, ayant les bras & les jambes étenduës. Les troisiémes couroient sur la corde tenduë en droite ligne, ou de haut en bas; les derniers enfin non seulement marchoient sur une corde, mais ils y faisoient aussi des sauts perilleux, & plusieurs autres tours de subtilité du corps.

Tous ces jeux passerent de la Grece en Italie, mais en differens temps. Les Gymnastiques y furent apportez par Enée, lors qu'il s'y establit avec sa Colonie de Troyens fugitifs. Romulus les augmenta, & Tarquin l'ancien fit construire le grand Cirque pour les representer plus commodément, & avec plus de magnificence. Les jeux de theatre moins conformes à l'humeur austere & martiale des Romains n'y furent admis que l'an 389. de la fondation de Rome. Une peste qui ravageoit alors l'Italie en fournit l'occasion. Ces Peuples idolâtres & superstitieux jusqu'à l'excés, crurent qu'en representant ces jeux en l'honneur de leurs fausses Divinitez, cela les appaiseroit, & feroit cesser le fleau.

Les uns & les autres firent des progrés à proportion que l'Estat devint plus florissant; ils en instituerent en l'honneur de Jupiter, d'Apollon, de Neptune, de Mars, de Cerés, de Cybele, de Flore & de leurs autres principales Divinitez. Les Magistrats en faisoient representer avant que d'entreprendre une guerre, ou en action de graces d'une bataille gagnée, ou de quelqu'autre évenement favorable. Ils en celebroient la derniere année de chacun des siecles. Les Grands & les riches en donnoient aux pompes funebres de leurs parens, dans cette pensée, que le sang de leurs Esclaves gladiateurs qu'ils y faisoient répandre, & la vie que ces malheureux y perdoient, estoient autant de sacrifices agréables aux Manes des deffunts. Il y en eut enfin qui n'avoient d'autre objet que l'exercice du corps & le pur divertissement.

Ainsi aprés avoir divisé leurs spectacles selon leur matiere, en jeux de theatre & jeux du cirque: ils les diviserent ensuite par rapport à leur fin, en jeux sacrez, jeux votifs, jeux funebres & jeux de plaisir. *Inter ludos sacros, votivos, funebres & ludicros.*

Plut. des quest. Romain. Suet. in Domit. c. 7. Plin. Panegyr. Isid de Sévill. l. 38. des orig. c. 48.

Ils conserverent aussi l'usage des Mimes & des Pantomimes sous ces mêmes noms Grecs, & celuy des Danseurs de corde qu'ils nommerent, *Funambuli*, de *funis* corde, & *ambulo* je marche; & ils ajoûterent enfin à tous ceux-cy les Histrions, qui joignoient des recits de vive voix aux postures & aux gesticulations des Mimes: ce nom fut donné à ces derniers, selon quelques-

uns, parce qu'ils estoient venus de l'Histrie, ou selon d'autres, dont Plutarque est du nombre, parce que celuy qui inventa cette sorte de jeux se nommoit Hista, & qu'il fit passer son nom à tous ceux de sa profession.

Quoique par une superstition affreuse ces Anciens engagez dans l'erreur du Paganisme, fissent entrer la Religion dans tous ces spectacles profanes, ils ne s'y comportoient pas neanmoins avec plus de sagesse, d'humanité & de modestie; les nuditez, les paroles & les postures impudiques, l'effusion du sang des Acteurs, la perte de leur vie, les cruels combats contre les bestes feroces en faisoient souvent les principales circonstances, & selon eux les plus grands agrémens.

Plut. de glor. Athen. Id. in Peric. Idem de insid. Lacon. Arist. Polit l. 7 c. 17. Cicer. pro Quinc. Idem de Rep. l. 4. Tit. Liv. l. 44. c. 14. Herodian. in Heliogabal. Tertul. de spectacul. S. Chrysost. homil. passim. S. Isidor. Damier. Ep. 3 & 5. de discip. Eccles.

Aussi les plus sages des Payens condamnoient-ils ces déréglemens outrez, & par leur exemple aussi-bien que par leurs paroles, ils portoient leurs Concitoyens à s'éloigner de ces cruels & de ces funestes divertissemens. Les Lacedemoniens par ces considerations en abolirent même totalement l'usage dans leur Republique.

Depuis la naissance du Christianisme, ces spectacles & ces jeux se trouverent encore beaucoup moins compatibles avec la sainteté de nostre Religion & la pureté de nos mœurs. Une abolition totale auroit esté neanmoins difficile & peut-estre dangereuse. Les Payens qui composoient encore le très grand nombre du Peuple, auroient eu peine à la souffrir, & cette condescendance que l'on avoit pour eux, pouvoit estre d'ailleurs un attrait pour leur conversion. C'estoit encore, disoit-on, un amusement qui les empêchoit de commettre de plus grands crimes, & qui les détournoit des caballes & des conspirations. Ainsi l'Eglise se contenta d'abord d'en blâmer l'exercice, & d'en découvrir aux Chrestiens tous les écueils pour les en détourner. Et les Empereurs ne purent faire autre chose de leur part, que d'en diminuer le nombre & d'en reformer les abus les plus grossiers.

Ce fut dans cet esprit de reduction que Valentinien, Valens, & Gratien par une Loy de l'an 372. ordonnerent que les jeux seroient seulement representez dans les Villes où ils avoient esté establis d'antiquité, & défendirent « de les transferer en d'autres lieux.

L. 1. Magist. C. Theod. de Spectac.

La presence des Magistrats authorisoit ordinairement la licence & les autres desordres du theatre & du cirque. Les jeux estoient attachez à certains jours des mois, & ces jours tomboient quelquefois au Dimanche; la representation commençoit dés le grand matin jusqu'à midy, recommençoit aprés dîné jusqu'à l'entrée de la nuit; & la licence estoit toujours beaucoup plus grande à la fin qu'au commencement: les dépenses enfin y estoient excessives, & c'estoit à qui en donneroit de plus extraordinaires & de plus magnifiques.

Theodose, Gratien & Valentinien firent cesser tous ces inconveniens par une Loy du 19. May de l'an 386. Elle fait défenses à tous Juges « de se trouver aux jeux publics, soit du thea- « tre, soit du cirque, sinon lors qu'ils seront don- « nez pour celebrer le jour de la naissance des « Empereurs, ou celuy de leur avenement à l'Em- « pire. Elle leur défend même en ces jours d'y « assister la prés-dîné. Elle ordonne que la dé- « pense en sera reglée par les Consuls, & fait « défenses à tous autres Juges d'en connoistre. « Elle défend enfin d'en representer aucuns le « jour du Dimanche, pour ne pas confondre, « dit cette Loy, une solemnité toute divine avec «

L. 2. Nullus C. Theod. de spectacul.

» ces spectacles profanes.

L.1. Clement.
C.Th de Ma-
juma , & ibi
Gothofred.

Entre les spectacles il y en avoit un qu'ils nommoient Majuma , qui estoit rempli d'obscenitez. L'Empereur Constance le défendit par une Loy dont Libanius & S. Chrysostome font mention, & que nous n'avons point. Julien l'Apostat & Valentinien son successeur, pour satisfaire le Peuple, en tolererent le rétablissement. Theodose le souffrit pendant quelque temps, & sur la fin de son regne le défendit. Honorius &. Arcadius importunez par le Peuple en ordonnerent le rétablissement, par une Loy du vingt-quatre Avril 396. mais à » condition de n'y rien representer qui pust bles- » ser la pudeur , ou qui fust en quelque autre ma- » niere contre les bonnes mœurs.

L.1.Ludius C.
Th. de Maju-
ma , & ibi
Gothofred.

Le purger ainsi de ce qu'il avoit de mauvais, c'estoit veritablement l'interdire ; car tout ce qu'il y avoit de plus sale & de plus honteux, en faisoit l'essentiel : il parut neanmoins en vertu de cette Loy , mais toujours accompagné de ces mêmes ordures ; ce qui le fit enfin totalement abolir par une Loy des mêmes Princes, du mois d'Octobre 399.

Par cette même Loy , pour ne pas jetter le Peuple dans la tristesse , par une trop grande austerité sur cette matiere des spectacles, *ne ex nimia harum restrictione tristitia generetur* ; ils permirent la representation des autres jeux , à condition d'en retrancher toutes sortes de licences

contraires à l'honnesteté , & aux bonnes mœurs.

La Loy qui interdisoit les spectacles le jour du Dimanche , ne faisoit aucune mention des Festes , on les y avoit sans doute sous-entendües; quelques-uns prétendirent qu'elles n'y estoient pas comprises ; les Juifs & les Payens souste-noient , que du moins à leur égard ces Loix qui avoient pour fondement le Christianisme ; ne les regardoient point , & s'émancipoient d'y contrevenir ; cela donna lieu à une Loy de Theodose le Jeune , & de Valentinien de l'an 425. Elle porte de nouvelles défenses , de « representer aucuns jeux , soit du theatre , « soit du cirque le jour du Dimanche , & y « ajouste les jours de Noël , de l'Epiphanie , de « Pâques , les cinquante jours d'entre Pâques « & la Pentecoste , & les Festes des Apostres , « afin , dit cette Loy, qu'en ces saints jours , le « Peuple n'estant point distrait par des plaisirs « profanes , pust appliquer tout son esprit au « service de Dieu. Et elle ordonne , que les « Juifs & les Payens seront soumis à ces dis- « positions.

L.5.Dominie.
C.Th. de spe-
ctaculis.

Enfin Theodoric Roy des Gots s'estant rendu le Maistre de l'Italie l'an 493. y abolit les combats cruels, & sanglans du cirque, tous les autres Princes Chrestiens en ont fait autant dans leurs Estats;& de ces spectacles des Anciens;il n'est plus resté que ceux du Theatre.

Rosin. Rom-
ant.l.5.c.24

CHAPITRE II.

De l'origine des Histrions, des Troubadours, des Jongleurs, & des autres petits Spectacles qui ont precedé en France l'établissement des grandes pieces de Theatre, & des Reglemens qui les ont disciplinez.

Aix, Nismes,
Bourges , &
quelques au-
tres.

LEs Cirques & les Amphitheatres , dont on montre encore aujourd'huy les debris dans les principales Villes de France , qui ont esté les premieres sous la domination des Romains , ne laissent aucun lieu de douter, qu'aprés leurs conquestes des Gaules , ils y establirent tous les jeux , & tous les spectacles qui estoient en usage à Rome.

La décadence de l'Empire , au commencement du cinquième siecle , attira celle de ces mêmes jeux , & les ensevelit , pour ainsi dire , sous les ruines des lieux où ils avoient esté autrefois representez. Les armes victorieuses des François , des Bourguignons, & des autres Conquerans , qui en partagerent les Provinces en-tr'eux , donnerent bien d'autres spectacles à l'Europe.

Nos premiers Roys tout occupez à conserver, ou à estendre leurs conquestes , & à s'affermir sur leur nouveau Trône , plus souvent à la teste de leurs Armées que dans leurs Palais , negligerent long-temps les jeux & les plaisirs , qui ne sont ordinairement que les fruits d'une heureuse & parfaite tranquillité.

De-là vient que dans leurs Ordonnances , il n'est fait mention que des seuls Histrions ou Farceurs , les plus méprisables de tous les spectacles anciens. Ceux-cy qui n'estoient attachez à aucun lieu permanent , continuerent à courir le monde , & à representer leurs boufonneries dans les Places publiques , ou dans les mai-

Tome I.

sons des particuliers qui les y appelloient pour s'y donner ce plaisir. Ils ne furent pas long-temps sans abuser de cette liberté ; les obsceni-tez & les insolences qu'ils mesleroient dans leurs recits & dans leurs postures , les rendirent enfin odieux , & attirerent également contr'eux l'indignation de l'une & de l'autre des deux Puissances, la spirituelle & la temporelle.

Charlemagne par une Ordonnance de l'an 789. les mit au nombre des personnes infames , & aussi quelles il n'estoit pas permis de former aucune accusation en Justice.

Cap. Reg. Fr.
tom. 1.col.229
art. 44.

Les Conciles de Mayence , de Tours, de Rheims , & de Châlon sur Saone qui furent tenus l'an 813. défendirent aux Evêques, aux Prestres & aux autres Ecclesiastiques , d'assister à aucuns de ces spectacles ; à peine de suspension , & d'estre mis en penitence.

Charlemagne autorisa cette disposition par une Ordonnance de la même année ; elle est fondée sur ce motif , que pour se conserver l'ame pure de tous vices,il faloit éviter de voir ou d'entendre les insolences de ces jeux sales & honteux des His-trions. *Histrionum turpium & obscœnorum insolentias jocorum :* c'est ainsi que ce Prince les qualifie.

Ibid. add. 3.
col. 1163. &
1170.

Ils furent enfin tellement décriez , que l'usage en estoit aboli , lorsque Hugues Capet parvint à la Couronne ; du moins nous ne trouvons plus que depuis ce temps il en soit fait aucune mention.

A ces Farceurs fuccederent les Trouveres ou Troubadours ; les Conteours & les Jugleours; ces noms nous en découvrent affez l'origine, quand l'hiftoire feroit demeurée fur cela dans le filence : ils font Provençaux, & tous ceux de ces profeffions venoient en effet de cette Province, & fe répandirent dans toutes les autres parties de la France.

Les Trouveres ou Trouveours, compofoient en vers des fujets tirez de l'hiftoire des Grands Hommes, qu'ils nommoient leurs Geftes, du Latin, *Gefta*; ils y mêloient quelquefois la Satyre contre les vices, ou les éloges de la vertu. D'autrefois ils les compofoient de contes fabuleux, ou de Dialogues entre des Amans; ce qu'ils nommoient Tenfons, fyruentes Fabliaux, ou difputes d'amours : ils recitoient eux-mêmes les vers de leur compofition, ou les faifoient chanter par les Chanteours ou Chantres.

Noftradamus hift. de Prov. Specul. hiftorial. Vincent. Fauchet, de la langue & poëf. Franç.l. 1. c 8. Pafquier l. 7. c. 4.

Les Conteours ou Conteurs inventoient des Hiftoriettes en profe qui ont efté imitées par Boccace, & comme font aujourd'huy nos contes des Fées ; & les Jongleours ou Jongleurs joüoient des inftrumens. Ainfi pour fe rendre plus agreables, ils fe joignoient fouvent enfemble, & fe trouvoient aux grandes affemblées, pour divertir ceux qui vouloient les employer. Les Princes & les Grands Seigneurs fe donnoient fouvent ce plaifir, & leur faifoient de riches prefens.

Fauchet ibid. Pafquier ibid.

Les plus habiles d'entre les Trouveours, qui eftoient les Poëtes de ce temps, & les chefs de cette troupe moururent ; d'autres leur fuccederent, mais fort incapables. Dans ce débris tous ceux de cette profeffion fe feparerent en deux differentes efpeces d'Acteurs : les uns fous l'ancien nom de Jongleurs, joignirent aux inftrumens le chant, ou le recit des vers. Les autres prirent fimplement le nom de Joüeurs, *Joculatores*, c'eft ainfi qu'ils font nommez dans les anciennes Ordonnances. Tous les jeux de ceux-cy confiftoient en gefticulations, tours de paffe-paffe, par eux, ou par des finges qu'ils portoient, ou en quelques mauvais récits du plus bas burlefque. Les uns & les autres tombèrent enfin dans un tel mépris, & les folies qu'ils debitoient dans le Public parurent fi fcandaleufes, que par un commun Proverbe, lors qu'on vouloit parler d'une chofe mauvaife, folle, vaine ou fauffe, on la nommoit jonglerie ; & que Philippes Augufte dés la première année de fon regne, les chaffa de fa Cour, & les bannit de fes Eftats.

Rigor. de geft. Philip. Aug.

Quelques-uns neanmoins qui fe reformerent s'y reftablirent, & y furent foufferts dans la fuite du regne de ce Prince, & des Roys fes Succeffeurs : nous en avons la preuve dans un tarif qui fut fait par faint Louis, pour regler les droits de peage, qui fe payoient à l'entrée de Paris fous le Petit Chaftelet ; l'un des » articles porte, que le Marchand qui apporte- » roit un Singe pour le vendre, payeroit qua-

Livr. blanc du Chaft de Paris ou 1. vol. des meftiers, 2. part. fol. 125. & fuiv.

tre deniers ; que fi le finge appartenoit à un « homme qui l'euft acheté pour fon plaifir, il ne « donneroit rien : que s'il eftoit à un joüeur, il « en joüeroit devant le Peager, & que par ce « jeu, il feroit quitte du peage, tant du finge, « que de tout ce qu'il auroit acheté pour fon « ufage. C'eft de-là vraifemblablement que vient « cet ancien Proverbe populaire, payer en mon- « noye de finge, en gambades. Un autre article « porte qu'à l'égard des Jongleurs, ils feroient « auffi quittes de tous peages, en faifant le recit « d'un couplet de chanfon devant le Peager. «

Tous prirent dans la fuite ce nom de Jongleurs comme le plus ancien, & les femmes qui s'en mêloient celuy de Jonglereffes : ils fe retirerent à Paris dans une feule ruë qui en avoit pris le nom de ruë des Jongleurs, & qui eft aujourd'huy celle de faint Julien des Meneftriers ; on y alloit loüer ceux que l'on jugeoit à propos pour s'en fervir dans les feftes ou affemblées de plaifir. Il y a une ancienne Ordonnance de Guillaume de Germont Prevoft de Paris, du jour de fainte Croix en Septembre 1341. qui défend à ceux ou à celles des Jongleurs ou Jon- « glereffes, qui auroient efté loüées pour venir « joüer dans une affemblée, d'en envoyer d'au- « tres en leurs places, ou d'en amener avec eux « un plus grand nombre que celuy dont on feroit « convenu.

Ibid. 1. part. fol. 115.

Par une autre Ordonnance du Prevoft de Paris, du quatorziéme Septembre 1395. il leur fût dé- « fendu, de ne rien dire, repréfenter, ou chan- « ter dans les Places publiques ou ailleurs, qui « pûft caufer quelque fcandale, à peine d'amende « arbitraire, & de deux mois de prifon au pain & « à l'eau. Depuis ce temps il n'en eft plus fait au- « cune mention.

Livre rouge ancien, f. 113.

Ce n'eft pas que l'ufage de ces fpectacles fe perdift ; mais les principaux d'entre les Acteurs s'eftant addonnez à faire plufieurs tours furprenans & perilleux, avec des épées, & d'autres armes, on commença de les nommer *Batalores*, & en François Bateleurs : ce nom a depuis paffé à tous les autres Hiftrions ou Jongleurs, & ils s'en font point d'autre aujourd'huy.

Salmaf. in Hift. Auguft.

Il y a encore eu des Réglemens contre eux fous ce dernier titre, pour les foutenir dans leur devoir. Tous font renfermez dans celuy du mois de Janvier 1560. aux Etats d'Orleans ; il fait défenfes à tous Joüeurs de farces, Bate- « leurs, & autres femblables gens, de joüer les « jours de Dimanches & de Feftes, aux heures « du Service divin ; de fe veftir d'habits Eccle- « fiaftiques, & de joüer des chofes diffoluës, ou « de mauvais exemple ; à peine de prifon, & de « punition corporelle : il fait auffi défenfes à « tous Juges de leur donner permiffion de joüer « que fous ces conditions. Ces mêmes défenfes « furent réïterées par Arreft du Parlement du 15. Octobre 1588. & cette difcipline n'a reçu depuis aucun changement.

CHAPITRE

CHAPITRE III.

Du Theatre François, son origine, & qu'il n'a esté occupé pendant plus d'un siecle, qu'à la representation de pieces spirituelles, sous le titre de Moralitez.

LE Poëme dramatique destiné aux pieces de theatre, du mot grec *δϱάω*, qui signifie action, & qui avoit esté dans une si haute estime chez les Grecs & les Romains, ne parut que fort tard en France ; la fin du regne de Charles V. en vit pour ainsi dire naistre les foibles commencemens sous le nom de Chant Royal. Ce ne fut d'abord qu'un long recit en vers heroïques, d'un grand sujet qui estoit souvent tiré de quelqu'un des Mysteres de nostre Religion, avec une apostrophe à la fin au Prince, ou au Seigneur auquel il estoit dedié. Les sçavans dans ce genre de litterature commencerent par une espece de combat d'émulation, à qui d'entr'eux réüssiroit le mieux. Il se forma sur cela certaines Societez ou Academies, où l'on jugeoit de la réüssite ; & celuy auquel on adjugeoit le prix, demeuroit le Chef des autres, sous le titre de Roy ; d'où vient, selon quelques-uns, que ces pieces prirent le nom de Chant Royal.

L'une de ces Societez commença à mesler dans ces pieces differens évenemens, ou Episodes, qu'ils distribuerent en Actes, Scenes, & en autant de differens personnages, qu'il estoit necessaire pour la representation.

Pasquier l. 7. des recherches de la Fran. c 5.

Leur premier essay se fit au Bourg de saint Maur ; ils prirent pour sujet la Passion de Nôtre-Seigneur ; cela parut nouveau : le Prevost de Paris en fut averti, & il y pourvût par une Ordonnance du troisiéme Juin 1398. Elle fait défense à tous les Habitans de saint Maur & des autres Villes de sa Jurisdiction, de representer aucuns jeux de personnages, soit de vies de Saints, ou autrement, sans le congé du Roy, à peine d'encourir son indignation, & de forfaire envers luy.

Ils se pourvûrent à la Cour, & pour s'y rendre plus favorables, ils érigerent leur Société en Confrairie, sous le titre de la Passion de Nôtre-Seigneur. Le Roy voulut voir leurs spectacles ; ils en representerent quelques pieces devant luy ; elles luy furent agreables, & cela leur procura des Lettres du quatriéme Decembre 1402. pour leur établissement à Paris. Comme ces Lettres ne se trouvent imprimées en aucun lieu, & que c'est une piece unique qui sert à éclaircir ce point d'histoire & de litterature ; nous les rapporterons icy dans leur entier ; voicy ce qu'elles contiennent.

Livre rouge vieux du Châtelet, fol. 167.

Ban. du Chast. vol. 1. fol. 77.

4. Decembre 1402. Lettres Patentes portant permission à une Compagnie établie à Paris, sous le titre de Confreres de la Passion de N. S. d'entreprésenter les mysteres, & les vies des SS. en recits & personnages ; registrées au Châtelet, vol. 2 des Banieres, fol. 77.

CHARLES par la grace de Dieu Roy de France, sçavoir faisons, à tous presens & avenir : Nous avons reçû l'humble supplication de nos bien-amez, les Maistres, Gouverneurs & Confreres de la Confrairie de la Passion & Resurrection de Nostre-Seigneur, fondée en l'Eglise de la Trinité à Paris : contenant que comme pour le fait d'aucuns Mysteres de Saints, de Saintes, & mêmement du Mystere de la Passion, qu'ils ont commencé dernierement, & sont prests de faire encore devant Nous, comme autrefois avoient fait, & lesquels ils n'ont pû bonnement continuer, parce que Nous n'y avons pas pû estre lors presens, ou quel fait & Mystere ladite Confrairie a moult frayé & dépensé du sien, & aussi ont fait les Confreres chacun d'eux proportionnablement ; disans en outre que s'ils joüoient publiquement & en commun, que ce seroit le profuit de ladite Confrairie ; ce que faire ils ne pouvoient bonnement sans nostre congié & licence ; requerans sur ce nostre gracieuse Provision : Nous qui voulons & desirons le bien, proufit & utilité de ladite Confrairie, & les droits & revenus d'icelle estre par Nous accrus & augmentez de grace & privileges, afin qu'un chacun par devotion y puisse adjoindre & mettre en leur Compagnie ; à iceux Maistres, Gouverneurs & Confreres d'icelle Confrairie de la Passion de Nostredit Seigneur, avons donné & octroyé de grace speciale, pleine puissance & autorité Royale, cette fois pour toutes, & à toujours perpetuellement, par la teneur de ces presentes Lettres, autorité, congié & licence, de faire joüer quelque Mystere que ce soit, soit de la Passion & Resurrection, ou autre quelconque, tant de Saints comme de Saintes qu'ils voudront élire, & mettre sus toutes & quantes fois qu'il leur plaira, soit devant Nous, nostre Commun ou ailleurs, tant en recors qu'autrement, & d'eux convoquer, communiquer, & assembler en quelconque lieu & place licite à ce faire, qu'ils pourront trouver en nostre Ville & Vicomté & Banlieuë d'icelle, presens à ce trois, deux ou un de nos Officiers qu'ils voudront élire, sans pour ce commettre offense aucune envers Nous & Justice ; & lesquels Maistres, Gouverneurs, & Confreres dessus dits, & un chacun d'eux, durant les jours esquels ledit Mystere qu'ils joüeront se fera, soit devant Nous, ou ailleurs, tant en recors qu'autrement, ainsi & par la maniere que dit est, puissent aller & venir, passer & repasser paisiblement, vestus, habillez & ordonnez un chacun d'eux, en tel estat ainsi que le cas le desirera, & comme il appartiendra, selon l'ordonnance dudit Mystere, sans détourber ou empêcher : & en pleine confirmation & seureté, Nous iceux Confreres, Gouverneurs & Maistres, de nostre plus abondante grace, avons mis en nostre protection & sauve-garde, durant le recors d'iceux jeux, & tant comme ils joüeront seulement, sans pour ce leur méfaire, ou à aucuns d'eux à cette occasion, ne autrement. SI DONNONS EN MANDEMENT au Prevost de Paris, & à tous nos autres Justiciers & Officiers presens & avenir, ou à leurs Lieutenans, & à chacun d'eux, à venir à luy appartiendra, que lesdits Maistres, Gouverneurs & Confreres, & à chacun d'eux faillent, souffrent & laissent joüir pleinement & paisiblement de nostre presente grace, congié, licence, don & octroy dessus dits,

sans

fans les moleſter, ne ſouffrir & empêcher, ores & pour le temps à venir ; & pour que ce ſoit choſe ferme & ſtable à toujours, Nous avons fait mettre noſtre ſcel à ces Lettres ; ſauf en autres choſes noſtre droit & l'autruy en toutes. Ce fut fait & donné à Paris en noſtre Hoſtel lés ſaint Pol, ou mois de Decembre, l'an de grace mil quatre cens deux,& de noſtre reigne le vingt-troiſiéme, Par le Roy, Meſſeigneurs Maiſtres Jacques de Bourbon, l'Amiral, Devieulaines, & pluſieurs autres preſens, ſigné, Poupom. Viſa, & ſcellé en lacs de ſoye de cire verte ; au dos deſquelles Lettres eſtoit écrit: Le Lundy douziéme jour de Mars, l'an quatre cens deux ; Jean Aubery, Jean Dupin, & Doiſemont, Maiſtres de la Confrairie nommée au blanc, preſenterent ces Lettres à Maiſtre Robert de Thuillieres, Lieutenant de Monſieur le Prevoſt, lequel lûës icelles Lettres, octroya que leſdits Maiſtres, leurs Confreres & autres, ſe puſſent aſſembler pour le fait de la Confrairie, & le fait des jeux, ſelon ce que le Roy noſtre Sire le veut par icelles Lettres; & pour eſtre preſens avec eux en cette preſente année commit Jean Lepilleur Sergent de la douzaine, & Jean de Saveneil, Sergent à Verge, l'un d'eux, ou le premier autre Sergent de la douzaine, ou à Verge dudit Chaſtelet.

Aprés avoir obtenu ces Lettres, il ne fut plus queſtion que de trouver un lieu commode pour leurs repreſentations. Il y avoit alors deux cens ans, que deux Gentilshommes Allemands freres uterins, nommez Guillaume Eſcuacol & Jean de la Paſtée, avoient acheté deux arpens de terre hors la Porte de Paris, du coſté de S.Denys, & y avoient fait baſtir une grande maiſon pour y recevoir les Pelerins & les pauvres Voyageurs qui arrivoient trop tard pour entrer dans la Ville, dont les portes ſe fermoient en ce temps. Entre autres édifices il y avoit dans cette maiſon une grande ſalle de vingt-une toiſe & demie de long, ſur ſix toiſes de large, élevée du rez de chauſſée de trois à quatre pieds, ſouſtenuë par des arcades, pour la rendre plus ſaine & plus commode aux Pauvres que l'on y recevoit. Les mêmes Fondateurs en 1210. avec la permiſſion de l'Evêque, firent auſſi baſtir au même lieu une Chapelle ſous l'invocation de la tres-ſainte Trinité, & y fonderent l'Office de tous les jours, par trois Religieux qu'ils y firent venir de l'Abbaye d'Hermiere en Brie, de l'Ordre de Premontré.

Du Breüil antiq. col. 3. p. 561. de l'édition infolio.

Aprés pluſieurs années les Fondateurs & tous leurs parens eſtant decedez, cette bonne œuvre fut totalement abandonnée ; & les Religieux, dont le nombre fut augmenté par leur Abbé, appliquerent tout le profit à l'utilité particuliere de l'Ordre. Les Confreres de la Paſſion, qui avoient déja fondé dans cette Egliſe le ſervice de leur Confrairie, loüerent cette grande ſalle qui ſe trouvoit vacante, & y firent conſtruire un theatre, & y repreſenterent leurs jeux ou ſpectacles ; ils ne les nommerent encore ny Tragedie, ny Comedie, mais ſimplement Moralitez.

Bannieres du Chaſtelet vol. 1. fol. 76.

Ce premier theatre François a ſubſiſté en ce lieu, à n'y repreſenter que des pieces de pieté ou de morale, ſous ce titre commun de Moralitez, pendant prés d'un ſiecle & demi. François I. en confirma tous les privileges par Lettres Patentes du mois de Janvier 1518. qui furent publiées & enregiſtrées au Chaſtelet le 1. Mars de la même année.

L'on commença à s'ennuyer de ces repreſentations ſerieuſes, les Joüeurs y mêlerent quelques farces tirées de ſujets profanes & burleſques : cela fit beaucoup de plaiſir au Peuple qui aime ces ſortes de divertiſſemens, où il entre plus d'imagination que d'eſprit ; ils les nommerent par un quolibet vulgaire, *les jeux des pois pilez :* ce fut ſelon toutes les apparences, quelque ſcene ridicule qui eut rapport à ce nom, qui leur en fournit la matiere.

Ce mélange de morale & de bouſſonnerie déplut dans la ſuite aux gens ſages ; la Religion ne put ſouffrir plus long-temps cette idée de devotion, qu'une pieuſe ſimplicité des temps plus éloignez avoit attachée au theatre, & encore moins cette profanation de nos principaux Myſteres, qui en faiſoient le plus ſouvent la matiere. La maiſon de la Trinité fut de nouveau deſtinée à un Hôpital, ſuivant l'eſprit de ſa fondation ; le Parlement par un Arreſt du 30. Juillet 1547. ordonna que les pauvres enfans qui auroient pere & mere, y ſeroient charitablement reçûs, nourris & inſtruits dans la Religion & dans les Arts ; de même que les orphelins l'eſtoient en l'Hôpital du ſaint Eſprit : ainſi les Confreres de la Paſſion furent obligez d'abbattre leur theatre, & d'abbandonner leur ſalle.

Ils y avoient fait des gains conſiderables, & ils ſe trouverent alors aſſez riches, pour acheter l'ancien Hoſtel des Ducs de Bourgogne, qui n'eſtoit plus qu'une maſure. Ils y firent baſtir une nouvelle ſalle, un theatre, avec les autres édifices qu'on y voit encore aujourd'huy. Le Parlement par Arreſt du dix-neuviéme Novembre 1548. leur permit de s'y établir, à condition de n'y joüer que des ſujets profanes, licites « & honneſtes, d'y repreſenter aucun Myſtere de la « Paſſion, ny autres Myſteres ſacrez ; il les con- « firma au ſurplus dans tous leurs privileges, « & fit défenſes à tous autres qu'aux Confreres « de la Paſſion, de joüer ny repreſenter aucuns « jeux, tant dans la Ville, Fauxbourgs, que « Banlieüe de Paris, ſinon ſous le nom & au « profit de la Confrairie. Ce ſont les termes de « l'Arreſt.

Ce nouveau privilege excluſif avec toutes Ibid. v. 6.fol. 108, leurs autres anciennes prérogatives, leur furent depuis confirmées par Lettres Patentes de Henry II. du mois de Mars 1559. & de Charles IX. du mois de Novembre 1563. & ils demeurerent ainſi en poſſeſſion de leur theatre dans l'Hoſtel de Bourgogne, leur nouvelle acquiſition.

CHAPITRE IV.

De la Comedie Françoise ; son origine, son progrés , & les Reglemens qui ont esté faits pour en permettre, corriger & discipliner les representations , ou pour en asûrer la tranquillité.

Hedelin. prat. du Theat.

L'Usage a estably, que sous le nom de Comedie, nous comprenions aujourd'huy, quant à la representation, toutes les Pieces de theatre, soit Tragedie, Comedie ou Tragicomedie. Aussi n'avons-nous qu'une même Troupe pour nous donner également tous ces spectacles, à la difference des Anciens qui avoient leurs Tragediens & leurs Comediens distinguez.

Ibid.

Les définitions de la Tragedie & de la Comedie sont suffisamment expliquées dans le Chapitre precedent. Quant à la Tragicomedie c'estoit , selon les Anciens, une Piece dont le sujet estoit comique, & où l'on introduisoit neanmoins des personnes illustres, qui rendoient par leurs boufonneries leur grandeur ridicule ; nous en avons un exemple dans l'Amphitrion de Plaute. Mercure en fait l'ouverture par un prologue, où il dit que de cette Comedie il en fera une Tragicomedie, parce que des Dieux & des Roys y agiront, & qu'il y mêlera la dignité des personnes avec la bassesse des discours comiques : ce n'est point en ce sens que nous avons pris ce nom. La Tragicomedie, selon nous, est une Piece tres-serieuse & toute heroïque. Elle a cela de commun avec la Tragedie, que les personnes sont des Roys ou des Heros, & que tout y est grand & merveilleux ; & avec la Comedie, que la fin en est toujours heureuse.

Ce sont toutes ces Pieces qui ont succedé aux moralitez qui avoient occupé le theatre François pendant prés de cent cinquante ans. L'Arrest du 19. Decembre 1548. qui interdit cet ancien usage donna naissance à celuy-cy. Ce n'est que depuis ce temps que nos Poëtes se sont appliquez à la composition de Poëmes Dramatiques sur des sujets profanes ; & que ces Pieces ont esté données au public sur le theatre , suivant la permission qui en avoit esté accordée par l'Arrest.

Les Confreres de la Passion qui avoient seuls ce privilege cesserent de monter eux-mêmes sur le theatre. Les Pieces qui devoient y estre representées, ne convenoient plus au titre religieux qui caracterisoit leur Compagnie. Une Troupe de Comediens se forma pour la premiere fois, & prit à loüer le Privilege & l'Hostel de Bourgogne. Les Confreres s'y reserverent seulement deux Loges pour eux & pour leurs amis ; elles estoient les plus proches du theatre , distinguées par des barreaux , & on les nommoit les Loges des Maistres.

Ce theatre pendant plus de vingt ans eut le sort de tous les nouveaux establissemens ; la seule farce de Patelin y fut joüée avec quelque applaudissement sous Henry II. C'estoit une satyre contre un homme de ce nom, dont les fourberies estoient si publiques, que l'on ne fit aucune difficulté d'en souffrir la representation sur le theatre , sans aucun déguisement. Pasquier qui rapporte l'avoir vû joüer, dit que cette Piece estoit excellente ; il y compare l'Auteur aux plus celebres Poëtes comiques des Grecs & des Romains : & la réussite, ajoûte-t-il , en fut si

Pasquier , recher. de la Franc. l. 7. c. 7.

grande, qu'elle a donné lieu depuis ce temps aux proverbes de *Patelineurs* & de *patelinage* , pour exprimer dans les actions communes un semblable caractere que celuy que l'on y representoit.

Estienne Jodelle qui vivoit sous Charles IX. & sous Henry III. fut le premier qui s'appliqua au Poëme Dramatique sur des sujets serieux tirez de l'Histoire profane ; il fit deux Tragedies , Cleopatre & Dion , & deux Comedies, la Rencontre & l'Eugene. Ces Pieces furent joüées avec beaucoup d'applaudissement devant Henry III. & toute la Cour au College de Rheims , & ensuite au College de Boncour.

L'émulation fit bien-tost paroistre sur la scene trois autres Poëtes qui fournirent des Pieces : Jean de Baïf fit la Comedie de Taillebras ; la Peruse , une Tragedie sous le nom de Medée ; & Robert Garnier donna peu de temps aprés au Public, Porcie, Cornelie, Marc-Antoine , Hypolite, la Troade, Antigone , les Juïves & Bradamante, huit Tragedies qui remporterent le prix sur tout ce qui avoit paru jusqu'alors en ce genre d'écrire.

Pasq. ibid. Ronsard , sur la Cornelie de Garnier.

Toutes ces Pieces furent données aux Comediens, dont la Troupe estoit alors unique ; cela leur acquit de sa reputation, & la renommée du gain qu'ils y faisoient s'en répandit bien-tost dans les Provinces : il s'y forma aussi des Troupes de Comediens ; & aprés avoir fait quelques essais de leurs representations dans les principales Villes du Royaume , ils crurent estre assez forts pour venir à Paris partager la gloire du Theatre avec l'Hostel de Bourgogne. Une Troupe y vint joüer l'Hostel de Cluny en la ruë des Mathurins, qui est cet ancien Palais de Julien l'Apostat ; ils y firent dresser un theatre de leur authorité, & ils y joüerent quelques Pieces.

Le Parlement averti de cette entreprise rendit un Arrest sur la remontrance du Procureur General le 6. Octobre 1584. pour en arrester le progrés. Il fait défenses à ces Comediens de « joüer leurs Comedies , ny de faire aucunes as- « semblées, en quelque lieu de la Ville ou des « Fauxbourgs que ce soit ; & au Concierge de « l'Hostel de Cluny de les y recevoir , à peine « de mille écus d'amende. Cet Arrest leur fut à « l'instant signifié, & ils se retirerent.

Deux autres Troupes parurent en cette Ville quatre ans aprés , & firent de nouvelles tentatives de s'y establir ; l'une estoit de François & l'autre d'Italiens : ceux-cy introduisirent des Pantomimes dans leurs Pieces ; en sorte qu'à l'imitation des anciens Histrions, c'estoit un mélange de recits & de gesticulations, ou de tours de souplesses : cela leur attira d'abord un fort grand concours ; mais l'ordre public ne put pas le souffrir long-temps. Le Parlement rendit un Arrest le 10. Decembre 1588. par lequel il fit défenses à tous Comediens, tant Italiens que « François, de joüer des Comedies , ou de faire « des tours & subtilitez , soit aux jours de Festes «

» ou

» ou aux jours ouvrables, à peine d'amende ar-
» bitraire & de punition corporelle.

Les Foires ont une prérogative de franchise
que nos Roys leur ont accordée en faveur du
Commerce, & qui fait cesser pour un temps &
en certains lieux, tous les privileges des Corps
ou Communautez. Sur ce fondement quelques
Comediens de Province éleverent un theatre à
Paris dans les lieux & dans les temps de la Foire saint Germain. Les proprietaires de l'Hostel
de Bourgogne s'en plaignirent au Lieutenant
Civil, & firent assigner devant luy, les Provinciaux ; ils cesserent aussi-tost leurs representations, en attendant que ce Magistrat eust levé
cet obstacle. Mais pendant l'instance, le Peuple
toujours impatient & amateur de nouveautez,
entreprit de s'en venger sur l'Hostel de Bourgogne, & il s'y fit des attroupemens & des insolences aux jours ordinaires de Comedie. L'affaire discutée en peu de jours fut enfin jugée par
Sentence du 5. Février 1596. Le Magistrat n'estima pas que le privilege exclusif accordé au
Maistre de l'Hostel de Bourgogne, fust plus fort
que les Statuts des six Corps des Marchands &
des Arts & Mestiers de Paris, dont l'effet est
suspendu en faveur des Forains pendant la Foire. Ainsi appliquant ce motif au sujet qui se
presentoit ; & voulant aussi calmer le Peuple &
maintenir la tranquillité des spectacles, il per-
» mit par Sentence à ces Comediens Forains de
» joüer pendant la Foire saint Germain seule-
» ment, & sans tirer à consequence ; à la char-
» ge de ne representer que des sujets licites &
» honnestes, qui n'offençassent personne : com-
» me aussi à condition de payer par chacune
» année qu'ils joüeroient deux écus aux Admi-

nistrateurs de la Confrairie de la Passion, Mais- «
tres de l'Hostel de Bourgogne : Et par la même
Sentence faisant droit sur les Conclusions du
Procureur du Roy, il fit défenses à toutes per- «
sonnes de quelque condition qu'elles fussent, «
de faire aucune insolence en l'Hostel de Bour- «
gogne lors que l'on y representeroit quelques «
jeux, d'y jetter des pierres, de la poudre, «
ou autres choses qui pussent émouvoir le Peu- «
ple à sedition, à peine de punition corpo- «
relle ; & que cette Sentence seroit publiée à «
son de Trompe devant l'Hostel de Bourgo- «
gne, un jour de Comedie, & aux lieux que «
besoin seroit ; ce qui fut executé.

Les accroissemens de la Ville de Paris obligerent les Comediens, pour la commodité publique, de se séparer en deux Troupes. Les uns
continuerent leurs representations en l'Hostel
de Bourgogne ; & les autres, du consentement
de ceux-cy éleverent un nouveau theatre dans
une maison nommée l'Hostel d'Argent au quartier du Marais du Temple.

Il arriva quelques desordres aux portes de
l'un & de l'autre de ces Hostels, parce que les
Comediens exigeoient trop d'argent pour y entrer, & qu'ils commençoient leurs representations trop tard pendant l'Hyver. Ils s'émanciperent aussi de mêler dans les farces qui suivoient les grandes Pieces quelques scenes indé-
centes, ou contre les bonnes mœurs. Cela donna lieu au Lieutenant Civil de faire un Réglement à l'Audiance de Police, sur la remontrance
du Procureur du Roy le 12. Novembre 1609.
Il ne contient rien que l'on puisse abreger sans
en affoiblir les dispositions ; le voicy dans ses
propres termes.

---

12. Novemb.
1609. Ordon-
nance de Po-
lice touchant
la discipline
qui doit estre
observée par
les Come-
diens.

SUr la plainte faite par le Procureur du Roy, que les Comediens de l'Hostel de Bourgogne
& de l'Hostel d'Argent finissent leurs Comedies à heures indües & incommodes pour la saison
de l'Hyver, & que sans permission ils exigent du Peuple sommes excessives ; estant necessaire d'y
pourvoir & leur faire taxe moderée. Nous avons fait & faisons tres-expresses inhibitions & défenses ausdits Comediens, depuis le jour de saint Martin jusqu'au quinzième Février, de joüer passé
quatre heures & demies au plus tard ; ausquels pour cet effet enjoignons de commencer précisément avec telles personnes qu'il y aura à deux heures aprés midy, & finir à ladite heure ; que
la porte soit ouverte à une heure précise, pour éviter la confusion qui se fait dedans ce temps,
au dommage de tous les Habitans voisins.

Faisons défenses aux Comediens de prendre plus grande somme des habitans & autres personnes, que de cinq sous au Parterre, & dix sous aux Loges & Galleries ; & en cas qu'ils y ayent
quelques Actes à representer où il conviendra plus de frais, il y sera par Nous pourvû sur leur
Requeste préalablement communiquée au Procureur du Roy.

Leur défendons de representer aucunes Comedies ou Farces, qu'ils ne les ayent communiquées
au Procureur du Roy, & que leur Rôle ou Registre ne soit de Nous signé.

Seront tenus lesdits Comediens avoir de la lumiere en lanterne ou autrement, tant au parterre, montée & galleries, que dessous les portes à la sortie, le tout à peine de cent livres d'amende & de punition exemplaire. Mandons au Commissaire du Quartier d'y tenir la main, & de
Nous faire rapport des contraventions à la Police ; & sera le present Réglement lû & publié
devant lesdits Hostels, le Peuple assemblé, & affiché contre les principales sorties. Fait & donné au Chastelet de Paris le douzième jour de Novembre mil six cens dix-neuf : Signé, LE JAY,
& CHARLES LEROY.

Les Pieces de theatres de nos premiers Poëtes commencerent à vieillir ; & leurs representations froides & languissantes n'ayant plus cet
air de nouveauté qui ne charme qu'autant qu'il
surprend, ne donnoient plus aucun plaisir. Les
Comediens voulurent supléer à ce défaut par
de mauvaises Farces, le plus souvent insipides,
ou remplies d'obscenitez. Mais il n'y eut que
le bas peuple, ou tout au plus quelques libertins qui s'accommoderent de ces spectacles ridi-

cules, si indignes du theatre François. Cette licence estoit parvenue à un tel point, que le
Magistrat de Police fut obligé d'y mettre la
main pour en arrester le progrés. Ce fut un des
objets du Reglement qu'il fit à cette occasion,
& qui vient d'estre rapporté. Ainsi la Comedie tomba dans un fort grand mépris.

Les choses estoient dans cet estat, & le theatre presque abandonné, lors que Corneille fit
paroistre sur la Scene sa Melite. Cette Piece fut
representée

repreſentée avec un ſuccés prodigieux, que dés ce coup d'eſſay, l'on reconnut l'excellent genie de ce nouvel Auteur, & l'on jugea qu'il alloit remettre la Comedie en credit. Le concours y fut en effet ſi grand, que les Comediens qui avoient eſté réduits encore une fois, faute de ſpectateurs, au ſeul Hoſtel de Bourgogne, ſe ſéparerent de nouveau, & reſtablirent la Troupe du Marais du Temple. Corneille cependant animé par la réuſſite de ce premier ouvrage, continua de travailler, & donna ſept ou huit Pieces de theatre en moins de ſix ans : l'on fut toûjours de plus en plus charmé de la beauté de ſes ouvrages ; mais ſa Tragedie du Cid qu'il fit repreſenter en l'année 1637. mit pour ainſi dire le comble à ſa reputation. Elle eut des applaudiſſemens ſi univerſels, qu'en pluſieurs endroits de la France il paſſa en proverbe de dire, *cela eſt beau comme le Cid*, lors que l'on vouloit donner un grand éloge à quelque production d'eſprit. Cette excellente Piéce fut bien-toſt ſuivie de deux Tragedies, Horace & Cinna, qui parurent comme autant de nouveaux chef-d'œuvres, & qui reçûrent encore la même approbation du Public.

Pendant que le Theatre François ſe reſtabliſſoit, que l'on y réparoit ainſi tous les défauts qui l'avoient fait tomber autrefois dans le mépris ; que les nouvelles Pieces de Corneille, celles de Racine, de Quinault & de Moliere, y ajoûtoient tous les jours quelques agrémens & quelques nouveaux degrez d'eſtime & d'honneur, les Venitiens inventerent chez eux les Opera. Chacun ſçait à preſent que ce ſont des Pieces de theatre en muſique, accompagnées de danſes & de machines. L'Abbé Perrin qui avoit eſté autrefois Introducteur des Ambaſſadeur auprés de feu Monſieur, Duc d'Orleans, Oncle du Roy, le premier qui forma le deſſein d'en introduire l'uſage à Paris ; il en obtint le privilege du Roy en l'année 1669. L'entrepriſe eſtoit trop forte pour la ſoûtenir luy ſeul. Cela l'obligea d'aſſocier à ſon privilege une perſonne de qualité d'un genie tres-ſingulier pour les machines de theatre, & le Sieur Champeron qui eſtoit fort riche. Ils raſſemblerent les plus fameux Muſiciens & les meilleures voix qu'ils purent trouver, tant à Paris, que dans les Provinces les plus éloignées. Leur premier theatre fut dreſſé dans le jeu de paume de la ruë Mazarin vis-à-vis la ruë de Guenegaud. On y repreſenta au mois de Mars 1672. Pomone,

dont la compoſition eſtoit de l'Abbé Perrin, & la muſique de Lambert Organiſte de S. Honoré. Ces repreſentations furent continuées avec un fort grand ſuccés ſous le titre d'Opera ou Academie de muſique. L'union de ces Aſſociez ne ſubſiſta qu'un an, le divorce ſe mit entr'eux & les déconcerta. L'Abbé Perrin qui s'eſtoit toûjours conſervé le maiſtre de la ſociété, la rompit & ceda ſon privilege au Sieur Lully Surintendant de la Muſique de la Chambre du Roy, moyennant la ſomme qui fut convenuë entr'eux. Lully fit conſtruire un autre theatre proche du Palais d'Orleans par les ſoins de Vigarany Machiniſte du Roy, qu'il aſſocia avec luy. Il y avoit déja quelques années, qu'une Troupe de Comediens italiens eſtoit venuë s'eſtablir à Paris, & qu'elle y repreſentoit ſes Pieces avec aſſez de réuſſite. Ainſi l'on vit alors en cette grande Villé trois differens theatres pour les divertiſſemens publics. L'Opera au Fauxbourg ſaint-Germain, la Troupe du celebre Moliere dans l'une des Salles du Palais Royal ; & l'Hoſtel de Bourgogue, où les Comediens du Marais & les Italiens repreſentoient leurs Pieces alternativement en differens jours de la ſemaine, cette place leur ayant eſté cedée par l'ancienne Troupe. La mort de Moliere qui arriva le 17. Février 1673. apporta quelque changement à ces ſpectacles. La Salle du Palais Royal fut donnée à Lully pour l'Opera. Le Roy réunit les deux Troupes de Comediens François, qui prirent le theatre que l'Opera avoit occupé au Fauxbourg ſaint Germain ; & les Italiens demeurerent ſeuls à l'Hoſtel de Bourgogne. Les François ont depuis fait baſtir un magnifique theatre dans une maiſon qu'ils ont acquiſe ruë des Foſſez, où ils ſont à preſent. Les Italiens au contraire par leur imprudence & les obſcenitez qu'ils avoient commencé de mêler dans leurs Scenes, ont eſté chaſſez & leur theatre détruit ; en ſorte qu'il ne reſte plus preſentement à Paris que l'Opera & la ſeule Troupe des Comediens François. Cette reduction a augmenté le concours des ſpectateurs, & a fait prendre à proportion de plus fortes meſures pour y maintenir la tranquillité neceſſaire aux divertiſſemens publics. Ces deux theatres ont eu auſſi quelques petits démêlez entr'eux, qui ont ceſſé à l'inſtant qu'il a plû au Roy de leur faire entendre ſes intentions. Il y a eu ſur cela pluſieurs Ordonnances qui nous en inſtruiſent encore davantage ; voicy ce qu'elles contiennent.

11. Decemb. 1672. Ordonnance de Police pour maintenir la tranquillité publique à l'Opera, publiée & affichée le 14. du même mois.

SUr ce qui Nous a eſté repreſenté par le Procureur du Roy, que Sa Majeſté voulant non ſeulement maintenir en tous les lieux de cette Ville l'ordre & la ſûreté qui s'y trouve à preſent, mais encore faire reſſentir à tous ſes Habitans de nouveaux effets de la tranquillité dont ils jouiſſent ; il luy a plû d'eſtablir depuis peu à Paris une Academie & des Ecoles de Muſique, & de pourvoir auſſi en même-temps par l'expedition de ſes ordres exprés à la ſûreté particuliere du lieu où cette Academie eſt eſtablie. Et dautant qu'il importe que chacun ſoit informé de la volonté de Sa Majeſté, & qu'elle entend qu'il ſoit procedé extraordinairement contre ceux qui au dedans ou au dehors & proche de l'Academie exciteront quelque tumulte, & qui troubleront les ſpectacles & divertiſſemens publics : Requeroit le Procureur du Roy que ſur ce il fuſt pourvû, afin que par le reſpect qui eſt dû aux volontez de Sa Majeſté, plûſque par la crainte du chaſtiment ; & qu'auſſi par la connoiſſance de la protection particuliere qu'il luy plaiſt de donner en faveur des Arts & du Public à l'Academie de Muſique, ceux qui ſe trouveront à ces repreſentations n'y fuſſent aucun deſordre, & qu'aucun de ceux à qui l'entrée en eſt défenduë n'ait la temerité de s'y preſenter. Nous, conformément aux ordres de Sa Majeſté, avons fait & faiſons tres-expreſſes défenſes à tous vagabons & gens ſans condition, même à tous Soldats, de ſe trouver aux environs du lieu où l'Academie de Muſique eſt eſtablie, les jours des repreſentations qui y ſeront données au Public, à peine de priſon ; & à tous Pages & Laquais, d'y faire ny exciter aucun bruit ny deſordre, à peine de punition exemplaire, & de deux cens livres au profit de l'Hoſpital General, dont les Maiſtres demeureront reſponſables, & civilement tenus des violences & deſordres qui auront eſté faits par leſdits Pages & Laquais. Faiſons pareillement défenſes, & ſous les mêmes peines, à toute ſorte

Tome I. K k k de

de perfonnes de quelque qualité & condition qu'elles foient, de faire effort pour entrer dans le lieu de l'Academie ; de porter aucunes armes à feu dans celuy des reprefentations , d'y tirer l'épée, & d'y faire aucune infulte ou querelle, à peine de la vie. Mandons aux Commiffaires du quartier, en cas de contravention, d'en informer, de fe tranfporter fur le lieu toutes fois & quand il fera neceffaire ; & au premier avis qui leur en fera donné, même de faire arrefter ceux qui auront fait ou excité quelque violence ou defordre , & contrevenu à la prefente Ordonnance ; laquelle fera exeçutée felon fa forme & teneur, nonobftant oppofitions ou appellations quelconques, & fans préjudice d'icelles, lûe , publiée & affichée par tout où befoin fera, afin que perfonne n'en puiffe prétende caufe d'ignorance. Ce fut fait & donné par Meffire GABRIEL NICOLAS DE LA REYNIE, Confeiller du Roy en fes Confeils d'Eftat & Privé, Maiftre des Requeftes ordinaire de fon Hoftel , & Lieutenant de Police de la Ville, Prevofté & Vicomté de Paris, l'onziéme December mil fix cens foixante-douze, Signé, DE LA REYNIE. DE RIANTZ.

9 Janvier 1673. Ordonnance de Police pour maintenir la tranquillité publique dans les lieux où fe reprefentent les Comedies, publiée & affichée le 10. du même mois.

SUR ce qui Nous a efté reprefenté par le Procureur du Roy , que certains perfonnages fans employ , portans l'épée, qui ont en diverfes occafions excité des defordres confiderables en cette Ville ayant depuis peu de jours, avec la derniere temerité & un grand fcandale , entrepris de forcer les portes de l'Hoftel de Bourgogne , fe feroient attroupez pour l'execution de ce deffein avec plufieurs vagabons ; lefquels affemblez en tres-grand nombre , eftant armez de moufquetons , piftolets & épées , feroient à force ouverte entrez dans ledit Hoftel de Bourgogne pendant la reprefentation de la Comedie qu'ils auroient fait ceffer ; & ils y auroient commis de telles violences contre toutes fortes de perfonnes, que chacun auroit cherché par divers moyens de fe fauver de ce lieu , où lefdits perfonnages fe difpofoient de mettre le feu ; & dans lequel, avec une brutalité fans exemple , ils maltraittoient indifferemment toutes fortes de gens. De quoy Sa Majefté ayant efté auffi informée , même de ce que depuis on n'avoit ofé ouvrir les portes de l'Hoftel de Bourgogne ; & ne voulant fouffrir qu'un tel excés demeure impuni , il luy auroit plû de Nous envoyer fes ordres exprés & particuliers , tant contre ceux qui font connus pour eftre les chefs & les principaux auteurs de cette violence publique , que contre ceux qui fe trouveront les avoir affiftez. Mais comme Sa Majefté Nous a pareillement ordonné d'empêcher à l'avenir qu'il n'arrive de femblables defordres , & d'eftablir dans les lieux deftinez aux divertiffemens publics , la même fûreté qui fe trouve eftablie par les foins & par la bonté de Sa Majefté dans tous les autres endroits de Paris : Le Procureur du Roy Nous a requis qu'il fuft fur ce par Nous pourvû , afin que ceux qui voudront prendre part à cette forte de divertiffement , d'où prefentement tout ce qui pourroit bleffer l'honnefteté publique doit eftre heureufement retranché , ayent la liberté de s'y trouver fans craindre aucuns des accidens aufquels ils ont efté fi fouvent expofez. Nous , conformément aux ordres de Sa Majefté , avons fait tres-expreffes défenfes à toutes fortes de perfonnes de quelque qualité, condition & profeffion qu'elles foient, de s'attrouper & de s'affembler au devant & aux environs des lieux où les Comedies font recitées & reprefentées ; d'y porter aucunes armes à feu , de faire effort pour y entrer, d'y tirer l'épée, & de commettre aucune autre violence, ou d'exciter aucun tumulte , foit au dedans ou au dehors, à peine de la vie, & d'eftre procédé contr'eux comme perturbateurs de la fûreté & de la tranquillité publique. Comme auffi faifons tres-expreffes défenfes à tous Pages & Laquais de s'y attrouper, d'y faire aucun bruit ny defordre , à peine de punition exemplaire & de deux cens livres d'amende au profit de l'Hofpital General, dont les Maiftres demeureront refponfables , & civilement tenus de tous les defordres qui auront efté faits ou caufez par lefdits Pages & Laquais. Et en cas de contravention , mandons aux Commiffaires du quartier de fe tranfporter fur les lieux , & aux Bourgeois de leur prefter main-forte , même de Nous informer fur le champ defdits defordres, afin qu'il y foit auffi dés l'inftant pourvû , & que ceux qui s'en trouveront eftre les auteurs ou complices, de quelque condition qu'ils foient , puiffent eftre faifis & arreftez , & leur procés fait & parfait felon la rigueur des Ordonnances. Et fera la prefente lûe, publiée à fon de trompe & cry public , & affichée en tous les lieux de cette Ville & Fauxbourgs que befoin fera, afin que perfonne n'en prétende caufe d'ignorance, & executée nonobftant oppofitions ou appellations quelconques , & fans préjudice d'icelles. Ce fut fait & donné par Meffire GABRIEL NICOLAS DE LA REYNIE , Confeiller du Roy en fes Confeils d'Eftat & Privé, Maiftre des Requeftes Ordinaire de fon Hoftel , & Lieutenant de Police de la Ville, Prevofté & Vicomté de Paris, le neuviéme jour de Janvier mil fix cens foixante-treize. Signé, DE LA REYNIE. DE RIANTZ. SAGOT, Greffier.

30. Avril 1673. Ordonnance du Roy qui regle le nombre de Muficiens & de Joüeurs d'inftrumens que les Comediens peuvent avoir, fignifiée aux deux Troupes le 9. May de la même année.

SA MAJESTE' ayant efté informée que la permiffion qu'elle avoit donnée aux Comediens de fe fervir dans leurs reprefentations de Muficiens jufqu'au nombre de fix , & de Violons ou Joüeurs d'inftrumens jufqu'au nombre de douze , pouvoit apporter un préjudice confiderable à l'execution des ouvrages de Mufique pour le theatre du Sieur Baptifte Lully Surintendant de la Mufique de la Chambre de Sa Majefté, dont le Public a déja reçû beaucoup de fatisfaction. Et voulant qu'elle ait toute la perfection qu'elle en doit efperer, Sa Majefté a revoqué la permiffion qu'elle avoit donnée aufdits Comediens, de fe fervir fur leur theatre de fix Muficiens & de douze Violons ou Joüeurs d'inftrumens ; & leur permet feulement d'avoir deux voix & fix Violons ou Joüeurs d'inftrumens. Fait Sa Majefté tres-expreffes défenfes à toutes les Troupes de Comediens François & Etrangers établis ou qui s'établiront cy-après dans la même Ville de Paris , de fe fervir d'aucuns Muficiens externes & de plus grand nombre de Violons pour les Entr'actes , même d'avoir aucun Orqueftre, ny pareillement de fe fervir d'aucuns Danfeurs ; le tout à peine de defobéiffance. Veut Sa Majefté que la prefente Ordonnance foit fignifiée aux Chefs defdites Troupes, à la diligence dudit Lully , à ce qu'ils n'en ignorent ; luy enjoignant Sa Majefté de l'informer des contraventions à la prefente Ordonnance. Fait à faint Germain en Laye le trentiéme jour d'Avril mil fix cens foixante-treize. Signé, LOUIS, Et plus bas, COLBERT. Et fcellé.

22. Jan. 1674
Ordonnance
de Police, ré-
duë de l'Or-
dre du Roy,
pour mainte-
nir la tran-
quillité pu-
blique de
l'Opera, pu-
bliée & af-
fichée le len-
demain.

SUR ce qui Nous a esté representé par le Procureur du Roy, Que Sa Majesté n'ayant pas voulu favoriser seulement l'Academie de Musique, & luy donner les moyens d'augmenter par de nouveaux progrés la satisfaction que le Public en a reçû depuis son establissement; mais ayant encore voulu en l'establissant dans une de ses Maisons Royales, pourvoir en même temps à la commodité de ses representations, & à la seureté de ceux qui pourroient s'y trouver, il estoit important que le Public en fust informé, & des ordres précis qu'il a plû à Sa Majesté de Nous donner pour cet effet; quoy qu'aprés les défenses generales qui ont esté faites de troubler les spectacles & les divertissemens publics, sous des peines rigoureuses, il semble que personne ne puisse douter de la plus forte raison de la severité des chastimens où s'exposeroient ceux qui seroient capables de manquer de respect, ou qui pourroient commettre quelque violence dans le lieu où il a plû au Roy de faire établir cette Academie. Nous, conformément aux ordres exprés de Sa Majesté; avons fait & faisons tres-expresses défenses à tous vagabonds & gens sans condition, même à tous Soldats, de se trouver aux environs du lieu où l'Academie de Musique est établie, les jours des representations qui y seront données au Public, à peine de prison; & à eux & à tous Pages & Laquais d'y faire ny exciter aucun bruit ny desordre; & generalement à tous gens de livrée, sous quelque prétexte que ce soit, de se presenter à la porte de l'Academie pour y entrer, même en payant, à peine de punition exemplaire. Faisons pareillement défenses à toutes sortes de personnes, de quelque qualité & condition qu'elles soient, de porter aucunes armes à feu dans le lieu des representations, d'y tirer l'épée, & d'y faire aucune insulte ou querelle, à peine de la vie. Mandons aux Commissaires du quartier de se transporter sur le lieu, toutefois & quand il sera necessaire, & au premier avis qui leur en sera donné; même de faire arrester en quelque lieu que ce soit ceux qui leur seront indiquez, & qui auront fait ou excité quelque violence ou desordre, & contrevenu à la presente Ordonnance; laquelle sera executée selon sa forme & teneur, nonobstant oppositions ou appellations quelconques, & sans préjudice d'icelles, lûë, publiée & affichée par tout où besoin sera, afin que personne n'en puisse prétendre cause d'ignorance. Ce fut fait & donné par Messire GABRIEL NICOLAS DE LA REYNIE, Conseiller du Roy en ses Conseils d'Estat & Privé, Maistre des Requestes Ordinaire de son Hostel, & Lieutenant General de Police de la Ville, Prevosté & Vicomté de Paris, le 22. jour de Janvier 1674. Signé, DE LA REYNIE. DERIANTZ. SAGOT, Greffier.

21. Mars
1675. Ordon.
en faveur de
l'Opera,
signifiée aux
Comediens le
27. du même
mois.

SA MAJESTE' ayant esté informée qu'au préjudice de son Ordonnance du trentiéme jour d'Avril mil six cens soixante-treize, qui fait défenses à tous Comediens de se servir de Musiciens externes; quelques-uns ne laissent pas de faire chanter sur leur theatre des Musiciens, qu'ils prétendent n'estre pas externes, sous prétexte qu'ils sont à leurs gages, & empêchent par ce moyen que les ouvrages de Musique pour le theatre du sieur Lully, Surintendant de la Musique de la Chambre de Sa Majesté, ne puisse avoir tout le succés qu'on en doit attendre; à quoy voulant pourvoir, Sa Majesté a ordonné & ordonne, veut & entend que ladite Ordonnance du trentiéme jour d'Avril mil six cens soixante-treize, soit executée selon sa forme & teneur; ce faisant permet ausdits Comediens de se servir de leur Comediens de leur troupe seulement pour chanter sur le theatre, & leur fait tres-expresses défenses de se servir d'aucuns Musiciens externes, ou qui soient à leurs gages, à peine de desobeïssance. Enjoint Sadite Majesté au Lieutenant de Police, de tenir la main à l'execution de la presente Ordonnance. Fait à S. Germain en Laye le 21. Mars 1675. Signé, LOUIS, & plus bas, COLBERT.

21. Octobre
1680. Ordon.
du Roy, pour
l'union des
deux Trou-
pes de Come-
diens Fran-
çois.

SA MAJESTE' ayant estimé à propos de réünir les deux Trouppes des Comediens établis à l'Hostel de Bourgogne & dans la ruë de Guenegault à Paris, pour n'en faire à l'avenir qu'une seule, afin de rendre à l'avenir les representations des Comedies plus parfaites, par le moyen des Acteurs & Actrices ausquels elle a donné place dans ladite Trouppe: Sa Majesté a ordonné & ordonne, qu'à l'avenir lesdites deux Trouppes de Comediens François seront réünies pour ne faire qu'une seule & même Troupe, & sera composée des Acteurs & Actrices dont la liste sera arrestée par Sadite Majesté; & pour leur donner moyen de se perfectionner de plus en plus, Sadite Majesté veut que ladite seule Troupe puisse representer les Comedies dans Paris; faisant défenses à tous autres Comediens François de s'établir dans ladite Ville & Fauxbourgs, sans ordre exprés de Sa Majesté. Enjoint Sa Majesté au sieur DE LA REYNIE, Lieutenant General de Police, de tenir la main à l'execution de la presente Ordonnance. Fait à Versailles le 21. Octobre 1680. Signé, LOUIS. Et plus bas, COLBERT. Et scellé.

27. Juillet
1682. Ordon.
qui regle le
nombre des
Musiciens &
des Joueurs
d'instrumens
que les Co-
mediens peu-
vent avoir.

SA MAJESTE' estant informée qu'au préjudice des défenses qui ont esté cy-devant, faites aux Troupes de ses Comediens François & Italiens, d'avoir dans la representation de toutes sortes de pieces de theatre, plus de deux voix qui doivent estre de leur Troupe, & six Violons sans aucuns Danseurs; lesdits Comediens ne laissent pas de contrevenir aux Ordonnances qui ont esté rendües à cet effet, en se servant de voix externes, en mettant un plus grand nombre de Violons, & même faisant faire des entrées de Ballets, & autres Danses: A quoy Sa Majesté voulant pourvoir, Sa Majesté en confirmant ses Ordonnances des trente Avril mil six cens soixante-treize, & vingt-un Mars mil six cens soixante-quinze, a fait tres-expresses inhibitions & défenses ausdits Comediens François & Italiens, de se servir d'aucunes voix externes, pour chanter dans leurs representations, ny de plus de deux voix d'entr'eux; comme aussi d'avoir un plus grand nombre de Violons que six, ny de se servir d'aucuns Danseurs dans lesdites representations, sous quelque prétexte que ce soit; à peine de cinq cens livres d'amende pour chaque contravention, au profit de l'Hôpital General de sadite Ville de Paris; Enjoignant Sa Majesté au sieur DE LA REYNIE, Lieutenant General de Police, de tenir la main à l'execution de la presente Ordonnance, qui sera à cet effet publiée & affichée par-tout où besoin sera. Fait à Versailles le vingt-septiéme jour du mois de Juillet mil six cens quatre-vingt-deux. Signé, LOUIS. Et plus bas, COLBERT.

12.Jan.1685.
Ordon.duRoy
qui défend à
toutes persô-
nes, de com-
mettre aucûs
desordres à
la Comedie.

SA MAJESTE' estant informée que les défenses qu'elle a cy-devant faites à toutes personnes d'entrer aux Comedies, tant Françoises qu'Italiennes, sans payer, ne sont pas exactement observées; & même que beaucoup de gens y estant entrez, interrompent par leur bruit le divertissement public : Sa Majesté a de nouveau fait tres-expresses inhibitions & défenses à toutes personnes, de quelque qualité & condition qu'elles soient, même aux Officiers de Sa Maison, ses Gardes, Gendarmes, Chevaux-Legers, Mousquetaires, & tous autres, d'entrer ausdites Comedies sans payer ; comme aussi à tous ceux qui y seront entrez, d'y faire aucun desordre, ny interrompre les Comediens en quelque sorte & maniere que ce soit. Enjoint au Lieutenant General de Police de sa bonne Ville de Paris, de tenir la main à l'execution de la presente Ordonnance. Fait à Versailles le douziéme jour du mois de Janvier 1685. Signé, LOUIS. Et plus bas, COLBERT. Et scellé du sceau de Sa Majesté.

1.Mars 1688.
Arrest par
lequel le Roy
permet aux
Comediens
d'acquerir le
Jeu de Pau-
me de l'Etoi-
le.

LE Roy ayant cy-devant permis à la Troupe de ses Comediens François de s'établir dans la rüe des Petits-Champs, ils auroient acquis l'Hostel de Lussan, & une maison contiguë audit Hostel, appartenant aux Religieuses Carmelites de la rüe du Bouilloir, l'un & l'autre situez dans ladite rüe des Petits-Champs : Sçavoir, ledit Hostel par adjudication à eux faite en l'Assemblée des Creanciers du sieur Menardeau de Beaumont, & de sa Dame son Espouse, le vingt-sixiéme jour de Janvier dernier, sous le nom de Maistre Denys Bechet, Notaire au Chastelet de Paris, pour la somme de cent mille livres, & ladite Maison par Contrat volontaire du cinquiéme Decembre dernier, pour la somme de seize mille livres, sous le nom du sieur du Boisguerin, lesquels Bechet & Dubois auroient leurs déclarations au profit desdits Comediens, ledit jour cinquiéme Decembre, & le trentiéme jour de Janvier dernier ; sur le prix de laquelle maison acquise desdites Religieuses, lesdits Comediens auroient payé la somme de six mille livres ; & en outre les droits de lods & ventes : & Sa Majesté ayant depuis trouvé plus à propos de permettre ausdits Comediens, de faire leur établissement dans le Jeu de Paume de l'Etoile, rüe des Fossez saint Germain des Prez, Sa Majesté estant en son Conseil, a cassé & declaré nuls & de nul effet lesdites adjudications & contract de vente desdits jours cinquiéme Decembre, & vingt-sixiéme Janvier derniers, sans que les Creanciers desdits Sieur & Dame de Menardeau, lesdites Religieuses, & tous autres, puissent pour raison de ce prétendre aucuns dépens, dommages & interests à l'encontre desdits Comediens, ny dudit du Boisguerin : Voulant Sa Majesté que les sommes qui ont esté payées à compte du prix desdites acquisitions, ensemble les droits de lods & ventes, soient renduës & restituées à ceux qui en auront fait le payement sans difficulté. Permet Sa Majesté ausdits Comediens de faire l'acquisition dudit Jeu de Paume, & d'y faire incessamment leur établissement ; à quoy Elle enjoint au sieur DE LA REYNIE, Lieutenant General de sa bonne Ville de Paris, de tenir la main. Fait au Conseil d'Estat du Roy, Sa Majesté y estant, tenu à Versailles le premier jour de Mars 1688. Signé, COLBERT.

LOUIS par la grace de Dieu, Roy de France & de Navarre, A nostre amé & feal Conseiller Ordinaire en nostre Conseil d'Estat, le sieur DE LA REYNIE, Lieutenant General de Police de nostre bonne Ville de Paris, Salut. Suivant l'Arrest dont l'Extrait est cy-attaché sous le contre-scel de nostre Chancellerie, cejourd'huy donné en nostre Conseil d'Estat, Nous y estant : Nous vous mandons & ordonnons par ces Presentes signées de nostre main, de tenir la main à ce que nos Comediens François fassent incessamment leur établissement au lieu designé par ledit Arrest. Commandons au surplus au premier des Huissiers de nostre Conseil, ou autre sur ce requis, de faire pour l'entiere execution d'iceluy, tous Actes & Exploits necessaires, sans pour ce demander autre permission : CAR tel est nostre plaisir. DONNE' à Versailles le premier jour de Mars 1688. Et de nostre regne le quarante-cinquiéme. Signé, LOUIS. Et plus bas, par le Roy, COLBERT.

16.Novemb.
1691. Ordon.
pour mainte-
nir la tran-
quillité pu-
blique aux
Comedies,
publiée &
affichée le 24
du même
mois.

SA MAJESTE' estant informée que les défenses qu'Elle a cy-devant faites à toutes personnes d'entrer aux Comedies, tant Françoises qu'Italiennes, sans payer, ne sont pas exactement observées, & même que beaucoup de gens y estant entrez, interrompent par leur bruit le divertissement du Public : SA MAJESTE' a de nouveau fait tres-expresses inhibitions & défenses à toutes personnes, de quelque qualité & condition qu'elles soient, même aux Officiers de sa Maison, Gendarmes, Chevaux-Legers, Mousquetaires & autres, d'entrer ausdites Comedies sans payer : comme aussi à tous ceux qui y seront entrez, d'y faire aucun desordre, ny interrompre les Comediens en quelque sorte & maniere que ce soit : Enjoint au Lieutenant General de Police de sa bonne Ville de Paris, de tenir la main à l'execution de la presente Ordonnance. Fait à Versailles le 16. Novembre 1691. Signé, LOUIS. Et plus bas, PHELYPEAUX. Et scellé du cachet de Sa Majesté.

Il de ordonné à Pasquier Juré-Crieur du Roy, de publier & faire afficher la presente Ordonnance en tous les Carrefours & Places publiques de cette Ville. Fait ce 24. Novembre 1691. Signé, DE LA REYNIE.

19.Jan.1701.
Ordonn. qui
réitere enco-
re les défenses
de troubler
les represen-
tations de
l'Opera &

SA MAJESTE' estant informée qu'au préjudice des défenses cy-devant faites d'entrer aux Comedies & Opera sans payer, & d'interrompre le divertissement du Public, quelques gens y ont depuis contrevenu : Sa Majesté a de nouveau fait tres-expresses inhibitions & défenses à toutes personnes, de quelque qualité & condition qu'elles soient, même aux Officiers de sa Maison, ses Gardes, Gendarmes, Chevaux-Legers, Mousquetaires & autres, d'entrer aux Comedies & Opera sans payer, & à tous ceux qui y seront entrez, d'interrompre les Comediens en quelque sorte & maniere que ce soit, ny d'y faire aucun desordre, soit pendant les Representations, ou Entre-Actes, soit devant ou après l'entrée ausdites Comedies & Opera ; à peine de desobéissance: Enjoignant

desComedies, publiée & affichée le 18. du même mois ; ce qui se fait tous les ans.

Enjoignant au Sieur d'Argenson, Conseiller du Roy en ses Conseils, Maistre des Requestes Ordinaire de son Hostel, Lieutenant General de Police de sa bonne Ville de Paris, de tenir la main à l'execution de la presente Ordonnance, qui sera affichée par tout où besoin sera. Fait à Versailles le dix-neuviéme Janvier mil sept cens un. Signé, L O U I S, *Et plus bas*, P H E L Y P E A U X.

I L est ordonné à Marc-Antoine Pasquier Juré Crieur ordinaire du Roy en la Ville, Prevosté & Vicomté de Paris, de publier & afficher dans tous les Carrefours, Places publiques, & lieux ordinaires & accoustumez de cette Ville & Fauxbourgs de Paris, l'Ordonnance de Sa Majesté cydessus, à ce que personne n'en prétende cause d'ignorance. Ce fut fait & donné par Messire M A R C-R E N E' D E V O Y E R D E P A U L M Y, Chevalier, Marquis d'A R G E N S O N, Conseiller du Roy en ses Conseils, Maistre des Requestes ordinaire de son Hostel, & Lieutenant General de Police de la Ville, Prevosté & Vicomté de Paris, le onziéme jour d'Avril 1703. Signé, D E V O Y E R D'A R G E N S O N.

30. Aoust 1701. Ordon. du Roy, qui attribuë aux Pauvres de l'Hôpital General, un sixiéme de toutes les sommes qui seront reçûës à l'Opera qu'à la Comedie, publiée & affichée le 3. du même mois.

S A M A J E S T E' s'estant fait representer son Ordonnance du vingt-cinquiéme Fevrier 1699. par laquelle Sa Majesté avoit ordonné qu'il seroit levé au profit de l'Hôpital General, un sixiéme en sus des sommes qu'on payoit alors pour l'entrée aux Opera & Comedies, pour estre ledit sixiéme employé à la subsistance des Pauvres ; & voulant Sa Majesté prevenir toutes difficultez à cause des prix differens, qui pourroient estre mis dorénavant aux places desdits Opera & Comedies, & conserver audit Hôpital le bien que Sa Majesté a entendu luy procurer ; Sa Majesté a ordonné & ordonne, que dorénavant il sera payé au Receveur dudit Hôpital le sixiéme de toutes les sommes qui seront reçûës, tant par ceux qui ont le privilege de l'Opera, que par les Comediens de Sa Majesté ; lequel sixiéme sera pris sur le produit des places desdits Opera & Comedies, sans aucune diminution ny retranchement, sous prétexte de frais ou autrement : Enjoint Sa Majesté au Lieutenant General de Police de sa bonne Ville de Paris, de tenir la main à l'execution de la presente Ordonnance, qui sera publiée & affichée par tout où besoin sera. Fait à Versailles le 30. Aoust 1701. signé, L O U I S : Et plus bas, P H E L Y P E A U X.

I L est enjoint à Marc-Antoine Pasquier Juré-Crieur ordinaire du Roy, de publier & afficher à son de Trompe & Cry public, aux portes de l'Opera & de la Comedie, même dans les autres places & lieux publics & accoustumez de cette Ville de Paris, l'Ordonnance cydessus, à ce que nul n'en prétende cause d'ignorance. Ce fut fait & donné par Messire M A R C-R E N E' D E V O Y E R D E P A U L M Y, Chevalier, Marquis D'A R G E N S O N, Conseiller du Roy en ses Conseils, Maistre des Requestes ordinaire de son Hostel, Lieutenant General de Police de la Ville, Prevosté & Vicomté de Paris, le premier jour de Septembre mil sept cens un. Signé, D E V O Y E R D'A R G E N S O N.

TITRE IV.

Des Jeux.

CHAPITRE PREMIER.

De l'origine des Jeux ; des motifs, & de l'utilité de leurs establißemens.

L'HOMME dans l'état d'innocence, auroit joüi d'une tranquillité parfaite, & d'une joye que rien n'auroit pû troubler; si les forces de son corps avoient reçû quelque diminution, elles auroient esté à l'instant reparées par l'usage du fruit de vie, sans avoir besoin d'autre secours : un temperament heureux & le calme de ses passions auroient produit le même effet sur son esprit ; ainsi agissant toujours sans peine & sans contention, la lassitude, l'abbatement ou le dégoust luy auroient esté inconnus.

Il n'en a pas esté de même depuis sa chute ; il doit travailler, c'est la peine qui luy a esté imposée ; & il ne trouve plus la même force ny dans son corps, ny dans son esprit pour y satisfaire : l'un a ses infirmitez & ses foiblesses à reparer, & l'autre ses erreurs, & la revolte des passions à combattre : soit donc que l'homme agisse, soit qu'il étudie, il est exposé à une infinité de fatigues, qui épuisent ses esprits, qui dissipent ses forces, & qui le conduiroient en peu de temps au tombeau, s'il ne luy estoit encore resté quelques moyens pour les reparer.

Le repos est un de ces remedes que l'homme oppose au travail : c'est ainsi que le corps cessant d'agir, donne le temps aux alimens qu'il a pris de se convertir en sa substance, de former de nouveaux esprits, au lieu de ceux qu'il a dissipez dans l'action, & de reparer ses forces.

L'ame ressent bien aussi quelque soulagement de ce repos, par la liaison intime qu'elle a avec le corps ; mais cela seul ne luy suffiroit pas. Elle a aussi ses dégousts, ses inquietudes, ses chagrins, ses tristesses, comme autant de lassitudes, pour ainsi dire, qui luy sont propres, & ausquelles il faloit encore remedier : le corps même y prend une part considerable ; cette étroite union qu'il a avec l'ame, luy fait ressentir les contre-coups de tout ce qu'elle fait, ou de tout ce qu'elle souffre : comme elle agit dépendamment de ses organes, elle en resserre ou dilate les ressorts, en maintient ou dérange les humeurs, en fortifie ou épuise les esprits, en soustient ou trouble toute l'œconomie, selon les passions ou les affections dont elle est agitée. Luy donner le même repos que l'on donne au corps, cela n'est pas possible ; la nature des substances spirituelles consistant dans l'action, elles cesseroient aussi-tost d'estre, que d'agir ; l'une est également impossible ; l'ame nous le fait assez sentir par tous les mouvemens qu'elle se donne, pendant que le corps est dans le repos le plus tranquile, le sommeil le plus profond. Il a donc esté necessaire d'avoir

recours à d'autres moyens qui luy soient proportionnez pour la délasser. L'on a pour cela consideré que la vûë trop attentive sur des objets tristes, ou une trop longue application à des sujets graves & serieux, sont ordinairement les deux causes qui abbatent l'esprit, & qui le jettent dans la langueur. Ainsi pour y remedier sans qu'il cesse d'agir, on luy change seulement d'objets & d'applications; & au lieu de ceux-cy qui l'affligent ou le fatiguent, on y en substituë d'autres qui le réjoüissent, ou qui l'amusent agreablement. De-là vient que l'on donne à ce qui se passe alors dans l'homme, le nom de divertissement, *quasi animum ab una materia ad aliam divertere.* Pendant ce repos que l'on procure ainsi à l'ame, le corps n'en recevant que de douces & d'agreables impressions, reprend vigueur ; il s'y forme de nouveaux esprits, au lieu de ceux qui avoient esté dissipez par une trop forte attention : c'est de-là encore que l'on a aussi nommé cette suspension de travail, recreation, *quasi animorum recreationem,* une nouvelle création de forces ou d'esprits.

Ces recreations, selon les Auteurs qui en ont écrit, ont commencé d'abord, par celles qui se presentent d'Elles - mêmes à l'esprit, qui peuvent contribuer davantage à la santé, & où l'art a moins de part. La promenade, la conversation, la course, les sauts, la lutte, les bains, la chasse, l'exercice à qui jetteroit plus loin une pierre, ou à qui lanceroit avec plus de force & d'adresse un javelot, en faisoient alors tous les agrémens. [a] La danse & la musique y furent ensuite ajoûtées, & les Livres saints même en font mention. [b]

Ces exercices dont l'usage peut estre innocent, faisoient tous les plaisirs de nos Peres ; & il en faudroit encore moins, si l'on sçavoit comme eux se borner au simple necessaire. L'homme sage, dit saint Augustin, se plaist « dans sa maison, dans sa famille, avec sa « femme & ses enfans ; il se réjoüit dans la me- « diocrité de son bien, dans la culture d'un pe- « tit jardin, dans une vigne qu'il aura plan- « tée, la visite d'une terre qu'il aura ensemencée, « d'un petit bastiment qu'il aura fait élever. [c] Mais dans la suite des temps les maux s'estant toujours multipliez de plus en plus sur la terre, tous ces plaisirs tranquiles estoient devenus comme insipides à la pluspart des hommes ; ils n'y trouvoient plus assez de forces pour attirer toute l'attention de leur esprit, & le détourner de la vûë de ses miseres, ou le délasser des applications affligeantes ou ennuyeuses qu'elles y attirent.

[a] Homer, Il.
L. & Odiss. 1.
Xenop. in œc.
Idem l. 1. me-
morabilium.
Plat. in Phæd.
Idem de leg. l.
1. passim & l.
34. c. 8.
Id. in Gorgia.
Arist. probl. 1.
12. 14. & 18.
Idem de ani-
ma ingress.
Cic. 5. Tuscul.
Idem de Orat.
Senec. l. 2 ep.
16. 95. & 109.
Hyp. l. 1. de
diæta.
Plin.l.3.c.7.&
l. 34. c. 8.
Suet. in Aug.
Horat. l. 1.
carm. Oda. 8.
Plut. in l. cum
princ.philoso-
phandum.
Quint.l.2 c.14
Lampr.in Sev.
Diod.Sicul.l.1.
Galen.in epid.
l.6. & 7.
Id.de tuend.va-
letud. l. 1.
Id. de medec.
in compositio.
Id.l.1.& Gla-
rionem c. 7.
method.
Mercurial.l.1.
5.c. 11 & 12.
Vegetius de re
milit. l. 1. 5.
& 10.
Plat.de inst.
Regis,l.3.tit.3
S.Chrys.in ep.
ad Hebræos.
hom. 19.
S. Basil. in t.
Psalm.
[b] 1.Reg.c.18.
v. 7.
1.Reg.c 6 v 5.
1. Paral. c. 13.
v. 8. 15. & 29.
[c] S. Aug. in
Psal. 40. n. 5.
Eccl c.31.v. 7
Jer. c.31. v. 4
Plat. de rep. l.
7. & de legib.
l. 3. & 7.

Arift. Polit. l.
8. c 3. 5. & 7.
Plut.de Music.
& in Apoph.
Lacon.
Patric.deReg.
inftit. l. 1. tit.
15. & de Rep.
l. 1. tit. 1.

attirent. Ils eurent recours à l'art pour y fup-
pléer , par la découverte de nouveaux remedes
capables de les occuper davantage ; & c'eft delà
que tous les jeux tirent leur origine. Auffi eft-il
remarquable, que prefque tous ont pris naiffance dans des temps d'afflictions & de calamitez
publiques.

Les Echecs, le plus ancien de ces jeux, & celuy des Dez, doivent leur origine , felon l'o-
pinion commune, au long & ennuyeux Siege
de la Ville de Troye. Palamede l'un des Generaux de l'Armée des Grecs, l'inventa pour délaffer les Officiers rebuttez de la vigoureufe refiftance des Affiegez, & pour amufer les Soldats , & leur faire oublier la faim & les fatigues que la difette des vivres & les travaux militaires leur caufoient.

Palamede autrefois chaffa, pour ainfi dire
La devorante faim, fecondé par un Dieu.
Ce Heros le premier inventa dans un jeu
L'art de paffer le temps fagement, & de rire.
L'ufage ingenieux des Dez & des Echecs
Fut l'utile fecret qu'il fçut apprendre aux Grecs
Campez aux bords fleuris d'une onde qui
    murmure.
Mais fi ce jeu des fiens modera les defirs,
Il eft encor chez nous depuis cette avanture
Le remede innocent aux ennuyeux loifirs.

a Sophocl. in
Palamed.
b Philoft in
Heroïcis.
Paufan.in Cor.
& in Phoc
Lactant. Pla-
ciad.Stat Poë-
te Scholaft.
l. 1.
Euftat. ad Ho-
mer.
Sidon. Apol.
carm.23.num.
46.
Caffiod. var.l.
3. Ep. 31.
Suid in ΤάβλΑ
R. Volat.l.29.
Cœl.Calcag.de
lud tal. & teff.
Dan. Souter.
Palamed. de
Aleat c. 12.
c Herodot.l. 1.
Euft. in Hom.
Cœlius Calca-
guin. in præf.
de lud.
Polid Virgil.
de rerum in-
ventorib. l. 1.
c. 13.
Alex. ab Alex.
l. 3. c. 21.
S. Cypr. de
Spectacul.

C'eft ainfi que l'un des plus anciens Poëtes de
la Grece s'en explique ; a & ce fentiment a efté
fuivi & interpreté, tant du jeu des échecs, que
de celuy des Dez, par les plus graves Auteurs
Grecs & Latins qui ont écrit depuis. b

Les Cartes, la Paume & tous les autres jeux furent inventez par les Lydiens peuples de l'Afie
Mineure, fous le Regne d'Atys fils de Manes,
dans une extreme difette qui affligea ce pays pendant vingt-deux ans. Preffez qu'ils eftoient de la
famine, & n'ayant pas fuffifamment de vivres
pour leur fubfiftance, ils jouoient pendant tout
un jour pour charmer la faim, & travailloient
l'autre alternativement, ne prenant des alimens
que ce jour qu'ils s'occupoient à leurs ouvrages. Une Colonie de ces Peuples vint s'eftablir
en Tofcane, & y apporta l'ufage des jeux, qui
fe répandit bien-toft dans les autres Provinces
de l'Italie, & paffa enfuite avec la domination
des Romains dans toutes les autres parties de
l'Europe. c C'eft delà, difent les Auteurs, que
les Romains nommerent ces exercices, Ludi, Lydiens, pour exprimer par leur nom le lieu de
leur origine.

Cette conduite des Lydiens à la verité eftoit
fort extraordinaire, de fe fafciner ainfi les yeux
de l'efprit fur leur mifere, pour ainfi dire, par
les amufemens du jeu, au lieu de penfer ferieufement, & de s'appliquer avec foin par un travail affidu aux remedes qui pourroient la faire
ceffer. Auffi les mêmes Auteurs qui nous rapportent ce point d'Hiftoire, ont-ils pris foin de
marquer que c'eftoit une Nation fi effeminée,
que pour exprimer en temps une action baffe,
negligée ou exceffivement voluptueufe, on difoit par un commun proverbe, Lydio more : ainfi
on ne doit pas s'eftonner fi la famine dura chez
eux vingt-deux ans, & s'ils furent réduits à la
neceffité de décharger leur Pays d'une partie de
fes Habitans, & les envoyer chercher leur fubfiftance chez des Peuples plus laborieux.

Mais quoy qu'il en foit, il eft toujours vray
de dire que les jeux n'ont efté inventez que comme autant de remedes pour reftablir les forces

de l'efprit fatigué ou abbatu d'un trop long travail , ou de quelques autres peines qu'il aura
eües à fupporter. Ainfi n'eftant pris que dans
cette vûë , d'eux-mêmes ils n'ont rien de vicieux ; c'eft le fentiment des plus graves Auteurs.
Je veux, dit faint Auguftin, que vous ayez «
quelque indulgence pour vous, car il eft d'un «
homme fage de ceffer de temps en temps les «
exercices aufquels il s'eft appliqué. d Sapien- «
tem decet interdum remittere aciem rebus agendis in- «
tentam.

d Lib. 1. Mu-
fic. cap. ult.

Il eft quelquefois à propos, ajoûte e S. Gregoire, d'interrompre même par quelques re- «
creations honneftes les actions de vertu, parce «
que cette loüable habitude de l'ame fe perd «
quand on la veut conferver avec trop d'aufte- «
rité ; comme au contraire elle fe fortifie de plus «
en plus quand on luy donne quelque relâche. «
Plerumque virtus cùm indifcretè tenetur, amittitur ;
cùmque difcretè intermittitur, plus tenetur.

e L. 18. Mo-
ral. c. 6.

Saint Thomas, fur la queftion des jeux, eft
de ce fentiment, & voicy comment il s'explique. f Comme les forces de l'homme font «
bornées , elles doivent auffi eftre propor- «
tionnées aux travaux qu'il entreprend, & il «
les épuiferoit bien-toft s'il les tenoit dans «
une continuelle application. «

f 1æ 2æ quæft.
168. art. 2.

C'eft auffi dans cette vûë fi jufte, & fi raifonnable que faint François de Sales inftruifant fa
Philotée, luy dit qu'un divertiffement hon- «
nefte qui donne quelque relâche à l'efprit & «
quelque foulagement au corps, eft d'une ne- «
ceffité univerfellement reconnue ; & que cette «
feverité d'un efprit auftere & fauvage qui ne «
veut prendre pour foy aucune recreation, ny «
en permettre aux autres, eft un vice qu'il faut «
éviter. «

Introduc. à la
Vie devote.

Les Solitaires mêmes, felon Caffien, ont leurs
plaifirs innocens ; & bien éloigné que la ferveur «
de leur eftat en fouffre quelque diminution, «
que cela fert fouvent à la ranimer davantage. Il «
en rapporte les raifons, & il les appuye de l'au- «
thorité du Difciple bien-aimé. g On dit que le Bienheureux Evan- «
gelifte faint Jean tenant une perdrix & la «
careffant avec la main par recreation, fut ap- «
perçu en cet eftat par un Chaffeur. Cet hom- «
me s'eftonnant qu'une perfonne fi confiderable «
& qui avoit remply la Terre de fa reputation, «
s'amufaft à des divertiffemens fi bas : Eftes-vous, «
luy dit-il, cet Apoftre Jean dont on parle par «
tout le Monde, & dont la reputation m'a «
fait naiftre l'envie de vous voir ? comment «
donc pouvez-vous vous divertir à ces amufe- «
mens fi difproportionnez à la gloire de voftre «
nom ? Mon amy, luy répondit l'Apoftre, que «
tenez-vous en voftre main ? un arc, luy dit «
ce Chaffeur, d'où vient donc qu'il n'eft pas «
bandé, & que vous ne le tenez pas toujours «
preft ? Il ne le faut pas, luy repartit le Chaf- «
feur, parce qu'il eftoit toujours tendu ; quand «
je voudrois enfuite m'en fervir, il n'auroit «
plus de force pour lancer avec violence une «
flêche fur le gibier. Ne foyez donc pas furpris, «
répliqua le grand Apoftre, que noftre efprit «
fe relâche auffi quelquefois, parce que fi nous «
le tenions toujours attaché, il s'affoibliroit par «
cette contrainte, & nous ne pourrions plus «
nous en fervir dans le befoin. «

g Caffien. col-
lat. 24. cap.
10. & 21.

Les Philofophes les plus éclairez d'entre les
Payens ont tous fait ce même jugement des jeux.
Comme les terres les plus fertiles ont befoin de
repos pour produire des fruits , difent ces Sçavans de l'antiquité ; il faut de même à l'hom-
    me

h Senec. de
tranquil.anim.
cap. ult.

Plat. de Rep.
l. 8. cap. 3. &
Eth. l. 4. c. 8.
Arift. Polit. l.
8. c. 3.
Anacharfis.
Symmach. l. 5.
Ep. 64.
Cicer. 2. Phil.
Plut. in moral.
Murfius, de lu-
dis Græc. l. 3.
c. 1. & 2.
Buling. de lu-
dis privat Ve-
ter. in procem.
Arift. lib. 2.
moral. ad Ni
co. c. 7 & l.
1. mag. mor.

S. Thom. 1. 2.
quæft. 60. art.
5.
Joan. Salisber.
Ep. Carnot. 2.
nu. cur. c. 5 de
ufu & abufu
ludo.

me de l'intermiffion dans fes exercices, fans cela fon efprit s'émouffe & devient languiffant : *Nafcitur ex affiduitate laborum, animorum hebetudo quædam & languor.* Au lieu qu'après eftre un peu recreé il retourne à fon travail avec plus de force & de vigueur qu'auparavant. *Meliores acrio-refque requiri furgunt vires paulùm refoluti & re-miffi.* L'arc toujours bandé fe romp à la fin, ajouftent-ils ; la corde du luth toujours tenduë fe relâche & ne rend plus d'harmonie. Tous les corps ont befoin de repos pour reparer leurs forces affoiblies par l'action ; & le plaifir eft à l'efprit ce que le repos eft au corps, donc il en a befoin. Voilà comment ils s'en expliquent, & tous nos Modernes les ont fuivis.

Les jeux font donc des remedes que la foibleffe de l'homme depuis fa chûte a rendus neceffaires : ainfi l'exercice en general n'en eft point défendu, il ne s'agit que d'en regler les circonftances. Il y a une vertu, difent les Scholaftiques après le Prince des Philofophes, qui doit préfider dans tous les jeux, pour en purger les vices ; & cette vertu, ajouftent-ils, fe nomme Ευτραπελια, c'est-à-dire une habitude qui porte l'homme à joindre toujours l'honnefte au delectable.

La Religion & l'Eftat ont tant d'intereft dans cette difcipline des jeux, que les Docteurs de l'Eglife & les plus habiles Politiques fe font attachez comme de concert à nous prefcrire les regles & les maximes que nous y devons fui-

vre, pour en écarter tout ce qu'ils ont de vicieux. Les Princes y ont enfuite ajoufté l'autorité de leurs Loix, & c'eft principalement à ce dernier point, en fuivant toujours noftre objet, que nous devons nous arrefter.

Les jeux ont pû commencer avec de bonnes intentions. Les Grecs, ny les Lydiens en les inventant, fi l'on en croit les Autheurs, ne chercherent qu'à divertir leurs efprits des triftes objets de leurs miferes. Aucun d'eux, felon toutes les apparences, n'eut la penfée d'y tromper fon prochain ; mais que cela foit ou non, ils ont eu dans la fuite le fort de la plus grande partie des eftabliffemens humains. Les commencemens en paroiffent toujours bons & utiles ; ce n'eft que par l'ufage & par les évenemens que l'on découvre ce qu'il y a de mauvais ou de vicieux. Ainfi c'eft à ce difcernement du bien ou du mal qui fe rencontre dans les jeux, que toute la morale & toute la jurifprudence qui concernent cette matiere doivent eftre appliquées.

Les regles qui nous ont efté prefcrites par l'une & par l'autre de ces deux voyes, fe renferment toutes dans le choix du jeu, & dans ces quatre autres circonftances, des lieux, des temps, de la fin que l'on fe propofe en joüant, & des perfonnes avec lefquelles on joüe. Chacune de ces circonftances qui renferment toute la police des jeux demande fa confideration particuliere ; nous commencerons par celle du choix comme la plus importante.

S. Ifidor. de
fum. bon. l. 1.
Petr. Mart. in
jud. 14.

CHAPITRE II.

Des Jeux qui font permis, & des Jeux qui font défendus.

LE choix des jeux pour s'en fervir ou les rejetter, eft la premiere & la plus importante circonftance que demandent de nous fur cette matiere la Morale & les Loix, parce que celle-cy influë fur toutes les autres.

A confiderer les jeux en general, ils fe divifent d'abord en ces deux grandes claffes ; en jeux publics qui comprennent les fpectacles du Theatre ou du Cirque, & en jeux privez ou domeftiques qui s'exercent dans les maifons ou lieux particuliers.

Il ne s'agit point icy des premiers, ils ont fervi de matiere au Titre precedent, & tout ce qui les concerne s'y trouve expliqué.

Les jeux privez fe fubdivifent en jeu de paroles, comme les railleries fpirituelles & tout ce qui fe dit dans les converfations, pour délaffer l'efprit & le divertir ; & en jeux d'actions, ce que les Romains diftinguoient par ces deux mots, *jocus & ludus.*

La Morale feule regle les jeux de paroles pour les contenir dans les juftes bornes de cette vertu que les Grecs nommoient Ευτραπελια, & les Latins, *urbanitas,* qui eft oppofée à la rufticité, à l'indifcretion, aux boufonneries, à l'impudence aux autres vices qui s'y peuvent gliffer. Ainfi ces jeux ne font point l'objet de la Police. Que fi quelquefois elle y pourvoit, c'eft lors qu'ils s'attaquent à la Religion, au Gouvernement, ou à l'honneur des perfonnes ; mais alors ils changent de nom ; c'eft impieté, trouble public, ou injure ; ce n'eft plus jeu.

Il ne refte donc dans noftre fyfteme que les jeux d'actions, & ceux-cy fe fubdivifent encore en trois differentes efpeces, qui ont donné lieu dans la Police à autant de differentes Loix. Les uns font totalement compofez d'exercices du corps ou de l'efprit, & ne demandent que de l'intelligence, de l'adreffe ou de l'agilité pour y réüffir ; d'autres ne dépendent que du hazard tout pur. Il y en a enfin de mixtes où le hazard & l'adreffe fe trouvent mêlez enfemble, & n'y peuvent réüffir l'un fans l'autre. Les premiers font permis, les feconds font défendus, & les troifiémes font tolerez.

La Paume, le Mail & tous les autres femblables jeux qui exercent le corps, le fortifient, & le confervent en fanté : les jeux de l'Arc, de l'Arbalefte, de l'Arquebufe, du Billard, les Jouftes, les Tournois, les Carroufels, qui ne demandent que de l'adreffe, les Echecs enfin, & tous les autres jeux où il n'entre que de l'efprit & de l'érudition, font tous de cette premiere efpece.

La feconde comprend tous les jeux que les Romains nommoient *alea,* & que nous appelons jeux de hazard. Ce nom *alea* ne fut donné d'abord qu'au feul jeu de Dez : mais comme c'eft le premier de cette efpece, il paffa bien-toft à tous les autres. Il vient, felon quelques-uns, du verbe Grec αλιομαι, *je m'enfuis,* parce que les Dez femblent s'enfuir de la main ou du cornet de la perfonne qui les jette. D'autres prétendent que c'eft un mot purement Grec que les Latins fe font approprié, parce qu'en effet, αλεα plus eft: dans cette Langue fignifie en Latin *calor, æftus,* en François, chaleur, & par metaphore en l'une & en l'autre des trois Langues, inquietude

Dan. Souter:
Palamed 1've
de Aleatorib.
c. 18.
Bulinger. de
Judis privatis
Veter. c. 59.

inquietude d'esprit, ardeur, trouble, agitation, impetuosité, colere, passion violente, fureur, qui sont assez les apanages de ces sortes de jeux : d'autres enfin veulent que ce fut un Soldat de l'Armée des Grecs nommé Ἀλέα, qui inventa le jeu des Dez au Siege de Troye, & qui luy donna son nom. Mais cette derniere opinion est la moins probable, si l'on en croit les Auteurs les plus anciens, qui attribuent tous l'invention de ce jeu, non à un Soldat des Grecs, mais à Palamede l'un de leurs Generaux. Quoy qu'il en soit ce nom est demeuré à tous les jeux où la Fortune a le plus d'empire : L'on s'en est même servi dans la suite figurément pour exprimer tous les cas fortuits ; ainsi l'on disoit fort elegamment chez les Romains, *jacta est alea*, pour dire le sort en est jetté, qu'il en arrive ce qu'il pourra. *Aleam omnem jacere*, s'abandonner à la Fortune.

Cicer. de Divinat. Plutarq. in Apopht. Senec. l. 3. de Benef. S. Ambr. Ep. 24. l. 5.

Les Langues Italienne, Espagnole & Françoise ayant esté formées de la Latine par le mélange des idiomes étrangers qui s'y introduisirent lors du débris de l'Empire, le mot *alea* eut le même sort que tous les autres. Les Italiens, selon l'Auteur qui a écrit de l'origine de leur Langue, en firent d'abord *d'alea*, & ensuite successivement *d'area*, *zarea*, *azara*, *azarda*, & se sont arrestez à ce dernier. C'est encore le nom qu'ils donnent aujourd'huy au jeu des Dez ; & ils s'en servent aussi comme les Anciens faisoient du mot, *alea*, pour exprimer tout ce qui dépend du destin. Les Espagnols & les François se reglant sur cette Nation la plus proche de Rome, d'où ce nom tire son origine, en ont fait les uns le mot *zara*, & les autres celuy de *hazard* ; ainsi c'est sous ce nom de jeux de hazard que tous ceux qui estoient nommez autrefois *alea*, ont esté connus & le sont encore en France. Ce sont ces mêmes jeux qui ont esté condamnez dans tous les temps selon le témoignage des plus celebres Auteurs. Platon les met au nombre des actions les plus pernicieuses & les plus capables de corrompre les mœurs.

Ferrar origin. de la Langue Ital. Vocabular. degli Academ. della Crusca. Preuves de l'Hist. du different d'entre Bonif. VIII. & Philipp. le Bel, p. 540.

Diog. Laër. l. 3. de vit. Philosoph. in Plat.

Aristote prétend que tout le gain qui s'y fait est un commerce honteux, & un veritable larcin. Il n'y a d'autre difference, dit ce Philosophe, entre ceux qui s'appliquent à ces jeux, & les voleurs, sinon que ceux-cy s'exposent à de grands dangers & à des supplices affreux, pour enlever le bien des gens qu'ils ne connoissent point ; & que ceux-là volent impunément & sans aucun peril les meilleurs de leurs amis.

L. 4. Ethicor. cap. 1.

Horace décrivant ces mêmes jeux, dit qu'ils sont défendus par les Loix, comme autant de sources pernicieuses d'où naissent les emportemens furieux, les inimitiez cruelles, & les funestes guerres, & qui précipitent enfin les joüeurs dans la pauvreté & la misere.

L. 3. carm. Od. 24.

Les Peres de l'Eglise animez d'un zele incomparablement plus pur & plus éclairé que celuy des Payens, ont aussi parlé contre les jeux de hazard avec beaucoup plus de force.

Saint Cyprien en a fait un Traité entier, qui seul est capable d'en donner une veritable horreur à tous ceux qui ont encore quelque soin de leur salut. Les jeux de hazard, dit ce Pere, « sont de l'invention du démon, ils sont autant de sources fecondes des parjures, des faux témoignages, de la fureur, des entretiens diaboliques, des calomnies, des inimitiez, des meurtres, de la ruine des familles, de l'ingratitude des enfans envers leurs peres, de la cruauté, de l'infamie, de l'impureté, des incestes, des sacrileges & de l'idolatrie. Ceux qui joüent à ces jeux, ajouste-il, sacrifient au Démon ils renoncent à la qualité de Chrestiens, ils font amitié avec les ennemis de Jesus-Christ, & ils se damnent miserablement avec eux. Enfin il conclud en ces termes : Ne joüez point à ces jeux pernicieux où Dieu est offensé mortellement, où l'on ne voit que des emportemens sans raison, où la verité n'a point de lieu, & où le mensonge triomphe. Retirez promptement vostre main de ces jeux dangereux, détachez-en vostre cœur, ostez-les de devant vos yeux, comme une obscurité que l'ennemi y a répanduë ; faites que vos mains ne sacrifient plus au Démon, éloignez de vous cet esprit de fureur qui vous anime, soyez patient & vraiment Chrestien ; faites-vous justice à vous-mêmes, travaillez à la sûreté de vostre vie, fuyez le Démon qui vous persecute, detestez les jeux qui vous ruinent, occupez-vous à l'estude de la Sagesse, rendez-vous sçavants dans les preceptes de l'Evangile, élevez vos mains pures à J. C. & ayez une extrême aversion pour les jeux de hazard, si vous voulez meriter sa grace. »

S. Cypr. de Alcatorib.

Bien des gens, dit saint Jean Chrysostome, « s'imaginant que ce n'est pas un grand crime de joüer aux jeux de hazard, ne considerent pas que ces jeux causent une infinité de maux dans la vie. Souvent ils produisent les blasphêmes, les pertes de biens, les querelles, les injures, & quantité d'autres crimes beaucoup plus effroyables. »

Hom. 15. ad Pop. Antioch.

Saint Isidore Evêque de Seville estoit dans ces mêmes sentimens ; voicy comme il s'en explique : « Les tromperies, dit-il, les mensonges, les parjures, les haines & les pertes de biens sont inseparables des jeux de hazard, & c'est pour cela qu'ils sont défendus par les Loix. »

L. 18. Orig. c. 68.

Les écrits de saint Clement d'Alexandrie, [a] de S. Ephrem, [b] de S. Basile, [c] de S. Ambroise, [d] de S. Augustin, [e] de Jonas Evêque d'Orleans, [f] de Pierre de Blois, [g] de Jean de Salisbery Evêque de Chartres, [h] de S. Raimond, [i] de S. Bernardin de Sienne, [k] de S. Antonin, [l] & des autres Peres ou Docteurs de l'Eglise, sont remplis de semblables expressions contre les jeux de hazard ; il seroit trop long de les rapporter tous ; ce que nous en avons touché suffit pour faire connoistre quels sont les justes & raisonnables fondemens des Loix que nous aurons à parcourir dans la suite.

a L. 3. Pedag. c. 11.
b Serm. de abrenunt. in Baptism. factâ.
c Hom. 8. in Gen. circa finem.
d L. de Tob. c. 11.
e Serm. 25. de Fer. IV. Ciner. inter serm. S. Ambrof.
f L. 2. de inst. Laïc. c. 23.
g Epist. 74. ad Archidiac.
h L. 1. Polycrat. c. 5.
i In summ. l. 2. t. 8. de illicitè acquisit. § 2.
k Serm. 33. in Dom. v. Quad. 1. part. princip.
l In summ. 2. p. t. 1. c. 23. § 6.

La troisiéme espece de jeux enfin comprend ceux où il entre de l'art & de l'esprit, autant & quelquefois plus que du sort ou du hazard. La plus grande partie des jeux de Cartes, & celuy du Trictrac, sont de ce nombre. Ceux-cy ont esté autrefois condamnez, parce que le hazard y domine toujours ; cependant comme il y entre aussi beaucoup d'esprit & d'adresse, ils sont à present tolerez, & l'usage de plusieurs siecles les a authorisez en faveur des recréations honnestes que des gens sages prennent quelquefois chez eux, dans leurs familles, ou avec leurs amis.

Les Lotteries sont aussi de ces jeux mixtes, mais dans un autre sens ; car c'est une espece de commerce, & non pas l'art & l'esprit qui se trouvent mêlez avec le sort ou le hazard. La Lotterie, dit un sçavant Evêque du seiziéme siecle, « est une espece de contract fréquemment en usage dans l'Europe ; il peut estre pratiqué publiquement ou en particulier. Dans le premier cas le consentement du Prince ou de la Repub. y est necessaire Dans le second il est libre & ne

Sim. Majol. dies Canic p. 2. Colloq. 2.

» ne s'obferve qu'entre un certain nombre d'amis
» & de perfonnes connuës. Un homme, par exem-
» ple, continuë cet Auteur, a un cheval qu'il
» eftime cinquante écus d'or, il le fait voir, & pro-
» pofe de le tirer au fort. Pour y parvenir il par-
» tage cette fomme en plufieurs parties, & fait un
» pareil nombre de numeraux ou de billets qu'il
» debite à ceux qui en veulent prendre, au prix
» qu'il les aura taxez, & qui compofent tous en-
» femble celuy du cheval: ces billets font enfui-
» te mêlez & tirez au fort; le lot du cheval tom-
» be à l'un des contradans, les autres n'ont rien.
» Il en eft de même des bijoux, des livres & des
» autres effets dont on veut fe défaire par cette
» voye du fort. *Eft in ufu frequenti Europæ contractus
quidam quem vulgò vocant Lotteriam. Ille vel privatim vel publicè; privatim pro arbitrio cujufque,
quando aliquis equum, vel quid fimile, ftatuto pretio, verbi gratia pro 50. aureis exponit, fortiendum
cui obtingat; & deinde in hanc fummam plures fym-
bolam quifque conferunt, & aleam jaciunt, quis
equum fit habiturus: vel etiam privatim plures annuli,
libri, fpecula, vel alia fupellex proponitur inter fa-
miliares eodem modo, collatis fymbolis, quæ vocantur lota fortienda. Publicè verò cùm inftituitur,
opus eft Principis, vel Reipublicæ confenfu.* Mais, ajoû-
» te ce même Prélat, foit que ce contract fe pra-
» tique publiquement ou en particulier, il y a
» beaucoup de précaution à prendre pour y con-
» ferver la juftice, & en prevenir les abus;
» cela eft des foins & de l'Office des Magiftrats,
*Suntque in hoc contractu, five publicè, five privatim
fiat, multa confideranda, ut juftitia contractus & per-
fectio illibata permaneat; fed hæc Magiftratûs difcre-
tioni relinquo.* Ce font fes propres termes.

Il n'eft pas toujours neceffaire que le fonds des
Lotteries foit compofé d'efpeces en nature, il
s'en fait auffi beaucoup en argent, & l'ufage des
unes & des autres eft fort ancien. C'eft ainfi que
les Empereurs Romains en ufoient lors qu'ils
vouloient gratifier leurs Sujets ou recompenfer
leurs Soldats. Comme ils ne pouvoient donner
à chacun d'eux de groffes fommes ou des revenus confiderables, fans épuifer leurs Finances
ou intereffer leur Domaine, ils fe fervoient de
l'une ou de l'autre efpece de ces Lotteries, donnant à tous l'efperance d'une haute fortune, &
abandonnant au fort le choix de ceux qui auroient le bonheur d'y parvenir. Ce font les Lotteries qu'ils nommoient, *Congiaria*; la diftribution s'en faifoit en grains, en meubles, en pierreries, en affignations de terres, ou en argent,
par des billets jettez au hazard aux premiers qui
s'en pouvoient faifir, ou tirez au fort: Liberalitez dont il refte plufieurs médailles dans les
cabinets des Curieux, nommées Médailles

Suet. in Neron.
c. 11.

Congiaires. Neron entr'autres pendant les jeux
folemnels fit jetter au Peuple des billets de
Lotterie, qui affignoient à quelques-uns des volailles, du bled, des meubles, des pierreries,
des habits, des perles, des tableaux, des Efclaves, des chevaux, des animaux apprivoifez,
des vaiffeaux, des Ifles, des champs; & d'au-

Sueton. in vita
Domit. c. 4.

tres des fommes d'or ou d'argent. Domitien de
même ayant fait jetter des billets de cette forte,
fut averti qu'il n'y avoit que le peuple qui en
euft profité; que les Senateurs & les Chevaliers n'avoient pas voulu s'expofer au tumulte
d'une populace pour en recueillir. Il fit publier
qu'il y auroit cinquante billets à diftribuer au
fort en chaque rang des places que ces Senateurs
& ces Chevaliers occupoient dans l'amphitheatre.

Ces Lotteries ne font plus en ufage, les Sou-

verains ne font plus de telles largeffes à leur
Peuple au hazard, que le jour de leur Sacre ou
de leur couronnement. Ils diftribuent leurs bienfaits ou leurs recompenfes avec plus de fageffe,
& un plus jufte difcernement que par la voye
du fort. S'ils font quelquefois de ces Lotteries de liberalitez, ce n'eft que pour leur divertiffement dans leurs Cours, & en faveur des
perfonnes qui ont l'honneur de les approcher de
plus prés.

Mais il refte encore quatre autres efpeces de
Lotteries qui ont efté beaucoup pratiquées dans
ces derniers temps. Les premieres peuvent eftre nommées des Lotteries politiques ou d'Eftat; les fecondes, des Lotteries de charité; les
troifiémes, des Lotteries de commerce; & les
quatriémes, des Lotteries de jeu.

Sur le fond des premieres il fe prend une
certaine fomme pour eftre employée à quelques
fecours dont l'Eftat a befoin: dans les fecondes,
cette même deftination eft faite en faveur des
pauvres ou de quelques-autres œuvres de pieté: Les troifiémes, font celles où l'on met dans
les lots des maifons, des terres, des marchandifes, des meubles, des pierreries ou d'autres
effets: & celles de jeu fe font ou par le Prince
pour un divertiffement public en faveur de fes
Sujets, ou entre amis par recreation, & dont les lots
ne font compofez ordinairement que des mets
qui peuvent entrer dans un repas qu'ils fe pro-
pofent de faire enfemble.

Aucune de ces Lotteries, à l'exception des
dernieres, ne peut eftre faite fans l'authorité du
Prince; ainfi ce jeu ou ce commerce à cela de
particulier, qu'il eft quelquefois permis & quelquefois défendu, felon les temps, les befoins,
ou les autres circonftances qui les rendent plus
ou moins neceffaire, ou favorable.

Au furplus ce nom de Lotterie vient de *lot*,
ancien mot Gaulois qui avoit plufieurs fignifications; il eftoit pris quelquefois, felon les anciens Gloffaires, pour une efpece de monnoye
du poids d'une demie-once; d'autres fois pour
toutes fortes de partages ou divifions, par poids,
par nombre, ou par mefure: c'eft en ce fens
qu'il eft employé dans plufieurs de nos Coûtumes, où les mots de lots & de partages, en
parlant des fucceffions, font fynonymes; & c'eft
auffi en ce même fens qu'il fe trouve tant de
fois dans les Ordonnances de Police pour le
lotiffement ou partage qui doit eftre fait des
Marchandifes foraines, entre les Marchands ou
Artifans des Villes où elles arrivent, afin que
chaque Maiftre du meftier en puiffe avoir un
lot; & par là empêcher que les gros Marchands, ou les riches Artifans ne ruinent les
petits, en achetant toute la marchandife qui
viendroit de dehors. Il s'eft enfin pris dans la
fignification la plus naturelle pour tout ce qui
devoit eftre confié au fort; & c'eft en ce dernier
fens qu'il a donné à ce jeu ou à ce commerce, qui
dépend totalement du fort, le nom de Lotterie.

Chacune de ces differentes efpeces de jeux
que nous venons de parcourir, les permifes, les
défenduës & les tolerées, donnent lieu à autant
de differentes Jurifprudences pour le payement
du gain qui s'y fait. Les Loix qui authorifent
les premiers donnent en même-temps l'action à
celuy qui a gagné, pour eftre payé du prix
convenu pour le jeu. Ceux qui joüent aux feconds
fe cachent; & s'ils font découverts, on les punit
d'une amende proportionnée à leur faute, &
quelquefois de la confifcation des deniers trouvez fur le jeu. Quant aux derniers, ils font
foufferts;

Juft. Lipf. Ep.
ad Henric.
Schott. Scynd.
Antuerpiæ.

foufferts , mais il n'y a aucune action pour eftre payé du gain qui s'y fait. A l'égard des Lotteries , comme il ne s'en doit faire aucune qui ne foit permife , la délivrance des

lots fe peut demander en Juftice ; autrement elles tombent dans le cas des jeux défendus , & la peine eft ordinairement de la confifcation des lots , & d'amende arbitraire.

CHAPITRE III.

Des circonftances que les Loix obligent d'obferver dans les jeux , même qui font permis ou tolerez.

LE lieu eft l'une des circonftances qui juftifie les Joüeurs , ou qui les rend condamnables , quoiqu'ils ne joüent qu'à des jeux permis , que l'on prenne cette récréation chez foy , avec fa famille , ou quelques-uns de fes amis , à la bonne heure , il n'y a rien là qui bleffe la pureté des mœurs , ny aucun inconvénient contre l'ordre public : mais que de ce remede , qui n'eft donné à l'homme que pour un délaffement d'efprit dont il a befoin , il en faffe fa principale profeffion ; que fa maifon foit ouverte à tous ceux qui s'y prefentent pour y joüer ; qu'il les y reçoive fans diftinction ; & qui pis eft ; qu'il en retire un lucre fordide : qu'en un mot il tienne ces lieux , que l'on appelle fort improprement , Academies , mais beaucoup mieux du nom infame de Brelans : ce font ces maifons que tout homme d'honneur doit éviter , & que les Loix condamnent.

Ceux même d'entre les Payens qui ont acquis quelque reputation de fageffe , avoient en horreur ces fortes de lieux , où l'on ne s'affemble *que pour joüer : Que l'on joüe , dit Platon , il n'y a rien en cela de blamable ; mais que l'on fe donne bien de garde , de faire du jeu fa profeffion. Il n'y a point d'affemblée , ajoûte l'Orateur Romain écrivant à l'un de fes amis , qui foit plus pernicieufe , & où il fe rencontre un plus grand nombre de méchans , que celle des joüeurs. Le même voulant rendre Marc Antoine odieux , crut le pouvoir mieux réüffir , qu'en luy reprochant en plein Senat , qu'il faifoit de fa maifon une académie de joüeurs.

Chilon Lacedemonien , l'un des fages de la Grece , fi renommez dans l'Hiftoire , eftant allé à Corinthe en ambaffade , pour faire alliance entre fa Ville & ce Peuple s'en revint fans rien conclure : à fon retour rendant compte à fes Concitoyens , il leur dit , qu'il n'avoit pû fe refoudre à deshonnorer fa Patrie , & obfcurir fa gloire , en faifant alliance avec des gens , qui n'avoient point de honte de paffer des jours entiers dans les affemblées de jeu.

Saint Ambroife invectivant contre ces fortes d'affemblées , nous a laiffé un portrait fort élegant & fort naturel de tout ce qui s'y paffe , & qui fuffit feul , pour en infpirer toute l'horreur qu'elles meritent. Les ufuriers , dit ce Pere , obfervent tous les lieux où l'on s'affemble pour joüer ; & en faifant bon pour chacun des joüeurs ils s'enrichiffent de leurs dépoüilles. D'abord le jeu eft incertain ; puis les uns ont le plaifir de gagner , & les autres le chagrin de perdre : enfuite la chance tourne , tout le monde gagne & tout le monde perd tour à tour ; il n'y a que les feuls ufuriers dont le profit eft conftant & certain : les joüeurs gagnent en apparence , mais les ufuriers s'engraiffent effectivement de leur gain , & le profit qu'ils y font eft d'autant plus confiderable , qu'il fe fait non en un an ,

mais en un inftant : eux feuls tirent avantage de la perte de tous les autres : eux feuls gagnent par le moyen de leur injufte commerce : les autres changent d'eftat & de fituation à chaque partie , & fouvent même à chaque coup , tantoft gueux , tantoft riches , tantoft entierement dépoüillez ; leur vie n'a pas plus de confiftance & de folidité que les dez qu'ils remüent ; tout leur fond eft fur le jeu ; ils fe font un divertiffement du danger , & un danger du divertiffement : autant de coups qu'ils joüent , autant de ruines ou de profcriptions , les uns rient & frappent des mains , les autres pleurent d'avoir perdu leur argent , les autres gemiffent de fe voir ruinez : les ufuriers les jugent cependant , & les condamnent tous ; ils agiffent contre eux en cruels tyrans , ils font faifir leurs biens , les mettent à l'encan , & les vendent fans mifericorde. Voilà quelle eft la fin fatale des joüeurs de profeffion.

Tous les Anciens , enfin , pour abreger , ont mis au nombre des infames indignes du fecours des Loix , & dont le témoignage doit eftre rejetté en juftice , tous ceux qui exercent cette pernicieufe profeffion de brelans , ou d'academie de jeu.

Le tems qui peut eftre legitimement employé au jeu , dans les lieux mêmes où il eft permis de joüer , eft la feconde circonftance que l'on y doit obferver pour le rendre innocent : Il n'y a que les infenfez , felon l'expreffion du Sage , qui puiffent dire que la vie ne nous eft donnée que pour joüer. Le tems ajoûtent les Saints Peres, & les Docteurs de l'Eglife , eft précieux , il eft court , il eft irrevocable ; ainfi l'employ en doit eftre beaucoup menagé. Ariftote même tout Payen qu'il eftoit , a judicieufement remarqué , que les hommes qui veulent eftre heureux en cette vie , doivent s'occuper aux actions de vertu , à des occupations ferieufes , & non pas au jeu ; il foûtient qu'il leur eft abfurde de s'imaginer qu'ils ne foient faits que pour fe divertir : ils doivent fçavoir , continue-t-il , que le jeu eft femblable au repos , & qu'ainfi l'on n'en doit ufer que dans le befoin , dans l'épuifement ou contre l'ennuy qui fuit un long travail. C'eft un plaifir , dit faint Thomas , après le même Prince des Philofophes , qui a efté accordé à l'homme pour le foulagement de la vie , mais à condition qu'il n'en ufera , que comme l'on ufe du fel pour l'affaifonnement des viandes , c'eft-à-dire , fobrement , & pour la pure neceffité : il eft à l'efprit ce que le repos eft au corps , felon le fentiment de tous les autres Philofophes ; il doit donc eftre pris avec la même moderation , & avoir de même fon tems & fes heures fort courtes & fort limitées : il faut le prendre , ajoûtent-ils , comme l'on prend les medecines , & confequemment le plus rarement que l'on

Notes marginales :

Diog. Laert. l. 3. de vita Philofoph. in Plat.

Cic. ad Attic. epift. 13. l. 1. Cic. Orat. 2. in Catilin. Idem Phil. 2.

Diog. Laert. in Chilon.

L. de Tobia c. 11.

Sap. c.15.v.12.

S. Bernardin. fent. t.1. Serm. 41. in Dom. Paff.c.2. S.Thom. 2. 2. q. 168.

Arift. l. 1. Ethic ad Nicocl. c. 6.

S. Tom. ibid. art. 3.

Plat. de Rep. l. 8. c. 3.

Anacharfis.
Plat. Ethicor.
lib. 10. c. 6.

» peut : s'il eſt utile & raiſonnable de s'y exercer
» quelquefois pour rétablir ſes forces, c'eſt une
» veritable folie & un renverſement de ſon objet,
» d'en faire ſon occupation ordinaire ; alors ce
n'eſt plus joüer, c'eſt travailler.

Cic. l. 1. Off.

Ce fut auſſi l'un des avis que l'Orateur donna
à ſon fils, dans ce Traitté qu'il compoſa exprés
» pour le former aux bonnes mœurs. La nature,
» luy dit ce pere affectionné, ne nous a pas fait
» naiſtre pour paſſer noſtre vie dans les jeux :
» nous ſommes nez pour des choſes plus grandes,
» pour arreſter noſtre eſprit à des occupations
» plus nobles & plus élevées : ce n'eſt pas que nous
» ne puiſſions quelquefois nous divertir dans les
» jeux ; mais il en faut uſer comme du ſommeil
» & des autres loiſirs de la vie, aprés avoir ſa-
» tisfait aux choſes plus ſerieuſes & plus impor-
» tantes, encore y doit-on garder quelques me-
» ſures : Ludendi eſt quidam modus retinendus ,
» peur qu'ils ne ſoient portez juſqu'à l'excés,
» & que la paſſion du jeu ne nous aveugle, juſ-
» qu'à nous faire tomber dans des extremitez
» indignes de la fin de l'homme. On ſe doit
donc divertir moderément, en des choſes
agreables & honneſtes.

Card. Caiet.
in Summa. v.
Ludus.
S. Baſ hom. 8.
in Hex. circa
fin.
S. Clem. Alex.
l. 3. Peda. c. 11.
Joan. Salisber.
Ep. Carnot. l. 1.
Polycrat. c. 5.

La fin que l'on ſe propoſe dans le jeu, eſt
encore une circonſtance qui ne peut eſtre negligée, ſi l'on veut y remplir tous ſes devoirs :
le jeu eſt un remede & un repos que l'on donne
à ſon eſprit pour le délaſſer, en rétablir les
forces, & en même tems celles du corps : cela
vient d'eſtre prouvé ; donc le gain n'en peut eſtre
le principal objet ; alors ce n'eſt plus jeu, c'eſt
une eſpece de commerce que les Peres de l'Egliſe
& les Theologiens eſtiment eſtre également honteux & criminel. Ludere principaliter propter lu-
crum, ſemper eſt peccatum, quia eſt dare operam turpi
lucro : c'eſt ainſi qu'ils s'en expliquent.

Les Payens même ont reconnu cette verité :
l'Auteur de l'Epigramme contre le jeu, qui eſt ordinairement attribuée à Virgile, remarque fort
judicieuſement, que la fin de ceux qui joüent
par intereſt, eſt toûjours funeſte.

Luſori cupido ſemper gravis exitus inſlat.

L. 7. de legib.

Platon dans ſon Traitté des Loix, ne veut pas
que les joüeurs ſoient tout-à-fait exempts de
crainte, d'eſperance, & de quelques ſoins qui
occupent l'eſprit, & qui le retirent de la langueur où il le jetteroit trop d'indifference ; mais
ajoûte ce Philoſophe, un prix modique propoſé pour celuy qui aura l'avantage de gagner
ſuffit ; alors cela ne change point la nature du
jeu, & n'a rien de vicieux. Les Loix Romaines ſont conformes à ce ſentiment ; & ſelon
leurs diſpoſitions que nous verrons dans la ſuite, elles ont fixé ce prix à quelque repas honneſte, ou tout au plus à une piece d'or pour les
plus riches, & beaucoup audeſſous pour les
autres.

Ce n'eſt pas qu'il n'y eût en ce tems comme
aujourd'huy des prévaricateurs, qui prodi-
guoient leur bien au jeu ſans meſure ny diſcretion ; mais du moins eſtoient-ils odieux. Juvenal invectivant avec indignation contre le dé-
ſordre, en fit la matiere de l'une de ſes élegan-
tes Satyres, qui peignent d'une maniere ſi naturelle les mœurs de ſon tems. Quand eſt-ce, dit-

Juven. Sat. 1.

» il aux Romains, qu'on a vû un plus grand
» débordement de toutes ſortes de vices ? quand
» eſt-ce que l'avarice a regné avec plus d'empire ?
» quand eſt-ce que la fureur du jeu eſt allé juſ-
» qu'au point où elle eſt à preſent ? On ne ſe con-
» tente pas de porter ſimplement ſa bourſe au

jeu, on y porte même ſon coffre fort ; & «
c'eſt ce qui donne lieu à une infinité de que- «
relles & de démeſlez : n'eſt-ce pas une étrange «
fureur qu'un homme de perdre cent ſeſterces, «
& de refuſer un habit à un domeſtique qui eſt «
tout-nud, & qui meurt de froid ? «
«
Au reſte, ſi la fin du jeu ſelon nos preuves, «
doit eſtre le rétabliſſement des forces épuiſées
par un trop long travail, ou par une application
trop ennuyeuſe ; il s'enſuit qu'il faut éviter les
jeux & les divertiſſemens qui fatiguent plutoſt
le corps, & l'eſprit qu'ils ne le délaſſent : ainſi
la paume eſt autre moderée, ſans trop d'agitation, ſans aucune violence ; & on en doit
dire autant de la courſe, de la lutte, des jouſtes,
des tournois, de la chaſſe, & de tous les autres
ſemblables exercices qui ſont permis.

Cette raiſon a même determiné pluſieurs graves Auteurs à mettre le jeu des Echecs au
nombre des jeux défendus ; il eſt, diſent-ils,
trop ſerieux, & jette le corps en langueur par
une trop grande application de l'eſprit. Je le
hay, dit Montagne, parce qu'il n'eſt pas aſſez
jeu : il nous ébat trop ſerieuſement, & j'ay
honte d'y donner l'attention qui ſuffiroit à
quelque bonne choſe. Ce furent peut-eſtre ces
motifs qui porterent ſaint Louis à le défendre,
& Charles V. à défendre la paume & la boule :
nous en avons rapporté les Ordonnances, elles
peuvent eſtre vûes en leur lieu.

C'eſtoit en-
viron 570. liv.
de noſtre mo-
noye.

Joan. Saliſb.
Epiſc. Car. l. 1.
Polycr. c. 5.
Navar. in En-
chyr. c. 19. n. 3.
2. 2. S. Thom.
qu. 118. art. 3.
Pierre Damie.
Montagne l. 1.
des Eſſais, c. 50

Reſte enfin la circonſtance des perſonnes,
qui peuvent changer la nature du jeu, & le rendre permis ou défendu : celle-cy conſiſte en ces
deux points, le pouvoir & la bien-ſéance, & demande encore beaucoup d'attention.

Pour le premier, ſi l'on en croit la Morale &
les Loix, toutes les perſonnes qui ſont en la
puiſſance d'autruy, & toutes celles qui n'ont pas
une libre diſpoſition de leurs biens, ne peuvent
joüer à aucun jeu, dont la perte puiſſe les inte-
reſſer en quelque maniere que ce ſoit, & il n'eſt
pas permis de joüer avec elles : ainſi tous les
Eccleſiaſtiques qui n'ont qu'un droit de revenu que celuy de leurs Benefices. Les Religieux & les Religieuſes, les femmes ſans le conſentement de
leurs maris ; les enfans de famille à l'inſçû de
leurs parens ſont dans ce cas. Nous verrons dans
la ſuite, que tous ceux qui joüent avec ces
perſonnes, & qui gagnent, n'ont point d'action
pour ſe faire payer ; & que s'ils ont reçû, ils
peuvent eſtre contraints à reſtituer, & ſelon les
Caſuiſtes, ils y ſont même obligez en conſcience, principalement ſi la ſomme eſt notable. On
peut encore ranger ſous cette categorie, les debiteurs qui n'ont pas de quoy ſatisfaire leurs
creanciers. Les Ordonnances y ont enfin ajoûté,
toutes les perſonnes qui tiennent les Fermes du
Roy, toutes celles qui ſont comptables, ou
qui ſont engagées dans les affaires de Sa Majeſté,
leurs Cautions & Aſſociez ; & s'ils demeuroient
inſolvables, ceux qui auroient joüé avec eux,
ſeroient garants des ſommes dont ils ſe trouveroient debiteurs. Les Eſclaves y eſtoient auſſi
compris dans l'ancien Droit ; mais aujourd'huy
& ſelon nos mœurs, nos domeſtiques ſont au
nombre des perſonnes libres, & rien ne les
empêche de diſpoſer de leurs biens à leur volonté.

S. Bern. ep. 7;
ad Fulcon.
Reg. S. Bea.
c. 33.
S. Aug. epiſt.
199.
L. 5 ſi præ. C.
de jure dot.
L. 8. & de leg. conub.
n. 89.
S. Thom. 1. 1.
qu. 31. art. 8.
L. 4. quod in
coiviv. digeſt.
de aleatorib.
L. 5. ff cod tit.
Ord. de Mou-
lins Fev. 1366.
art. 59.
Ord. de Louis
XIII. Janvier
1629. art. 140.
S. Raymo. Pe-
gnaſ. in Sum.
L. 2. tit. 8. §. 2.
S Th. 2. 2 qu.
32. art. 7.
Ordonn. de
François I. à
Chaſt. Bri and
du 14. Juin
1534.
Fonta. tom. 1.
L. 2. tit. 20. n. 13
p. 625.
Ord. de Louis
XIII. du 20.
Decemb 1611.
Conf. des Ord.
tom. 1. tit. 10.
art. 59. §. 6.
p. 575.

Quant au ſecond point qui concerne la bien-
ſéance, il regarde principalement les Eccleſiaſtiques ; le Droit Canon, les Conciles de Sens
tenus en 1460. 1485. & 1528. ceux de Touloufe &
de Narbonne tenus en 1590. & en 1609. les Statuts Synodaux de pluſieurs Dioceſes, leur dé-

fendent expreſſément de joüer avec les Laïques à quelque jeu que ce ſoit ; de joüer en public à la paume, au mail, à la boule, au billard, ny à quelque autre jeu qui puiſſe ſcandaliſer les fidéles, ou qui bleſſent la gravité & la modeſtie de l'Eſtat Clerical : il leur eſt même défendu d'entrer dans aucun lieu public pour y voir joüer, & beaucoup plus de juger des coups, & d'eſtre répondans ou cautions des Joüeurs. On en peut dire autant à proportion des Magiſtrats & de toutes les autres perſonnes qui ont intereſt de maintenir leur autorité, par une conduite grave & ſerieuſe en public.

Aprés ces conſiderations generales ſur les jeux, il ne nous reſte plus pour finir cette matiere, qu'à rapporter les Loix qui ont eſté faites pour les permettre, ou les défendre, ou pour regler l'ordre & la diſcipline de ceux qu'elles ont autoriſez.

CHAPITRE IV.

Que dès le temps du Paganiſme, les Aſſemblées ou Academies de jeu, & tous les jeux de hazard ont eſté défendus ; & que depuis la naiſ-ſance de l'Egliſe les Loix Eccleſiaſtiques & les Loix Civiles, ont encore ajoûté de nouvelles ſeveritez à ces défenſes.

DE tous les points de Morale qui ſont de l'objet de la Police, il y en a peu qui ayent donné occaſion à un auſſi grand nombre de Loix que les jeux de hazard. Les plus ſages d'entre les Payens les ont toujours condamnez ; & depuis la naiſſance de l'Egliſe, l'une & l'autre de ces deux Puiſſances, la ſpirituelle & la temporelle, ſe ſont perpetuellement armées de tout ce qu'elles ont de plus ſevere pour les proſcrire.

L. 1. Præt. ait ff. de aleat. & ibi gloſſ. Ulpi.

Les Edits du Preteur qui contenoient toute la Police des Romains, avant le regne d'Auguſte, nous fourniſſent la premiere preuve de » cette verité. Ceux qui donnoient à joüer dans » leurs maiſons aux jeux de hazard, pour en tirer » du profit, eſtoient alors ſi odieux, que s'il ar-» rivoit qu'ils euſſent eſté maltraitez, ou volez, » ou qu'ils euſſent reçu quelqu'autre dommage » dans le temps du jeu, ils n'avoient aucune action » en Juſtice, pour en demander la reparation. » Les mêmes Edits vouloient, que ceux qui » forcent les autres à joüer aux jeux de hazard, » fuſſent condamnez par le Magiſtrat, & qu'il » puniſt celuy qui auroit fait la violence, d'u-» ne amende arbitraire, aux mines, ou car-» rieres, ou à tenir priſon, ſelon l'atrocité de » la faute.

Comme la condition des Joüeurs eſt moins odieuſe que celle du Maiſtre de l'Academie, il eſtoient traittez plus favorablement ; la Loy » leur défendoit de ſe voler ou de ſe maltraiter » les uns les autres ; & celuy qui avoit reçu le » tort, pouvoit en pourſuivre la reparation : ſur quoy Ulpien fait cette obſervation, que cela leur avoit eſté accordé, quoiqu'ils en fuſſent indignes ; & ce fut ſans doute pour ne leur pas donner occaſion de troubler par ces mauvaiſes actions la tranquillité publique.

L. 2. Solent. ff. ibid.

Ce ne fut pas ſeulement ce premier Magiſtrat de Police qui rendit ces Ordonnances contre les Joüeurs ; le Senat y joignit ſon autorité ſuperieure, pour y apporter encore un plus puiſſant remede. Ce ſouverain Tribunal ayant eſté averti, que nonobſtant les Edits du Preteur, pluſieurs Citoyens s'abandonnoient aux jeux de hazard, que lors qu'ils y avoient perdu leur argent, ils forçoient encore les autres à joüer contre eux, ou cherchoient à s'indemniſer de leur perte, en y attirant de nouveaux Joüeurs ; il rendit un Arreſt, qui ſembloit devoir arreſter pour jamais ce deſordre. Comme la cu-pidité du gain en eſt la veritable ſource, le Senat pour arreſter cette fureur du jeu dans ſon principe, défendit par ſon Arreſt, de joüer de « l'argent à quelque jeu que ce fuſt, ſi ce « n'eſtoit à lancer un dard, à des courſes, des « ſauts, des luttes, des combats, ou d'autres « exercices qui tendent à fortifier le corps. Cette « déciſion fut trouvée dans la ſuite ſi ſage & ſi juſte, que les Loix en la confirmant y ajoûte-rent, qu'à l'égard de ces jeux d'exercices, il « ſeroit même permis à d'autres qu'aux Joüeurs « de parier pour celuy ou ceux que l'on juge-« roit à propos : ce qui eſtoit expreſſément défen-du pour tous les autres jeux.

L. 3. in quib. ff. ibid.

Ces mêmes Loix permettent neanmoins de joüer à toutes ſortes de jeux, pourvû que ce ſoit dans ſa famille, ou avec ſes amis, & pour manger enſemble.

Mais comme cette petite exception n'eſtoit qu'en faveur des plaiſirs honneſtes, que les perſonnes qui ont la libre diſpoſition de leurs biens, peuvent prendre de temps en temps, pour ſe délaſſer des fatigues de leurs ſerieuſes applications ; l'on y ajoûta quelques précautions contre ceux qui en auroient pû abuſer. C'eſt dans cette vûë qu'il fut défendu aux fils de fa-« mille & aux eſclaves, de joüer de l'argent ſous « quelque pretexte que ce puiſſe eſtre : s'ils s'é-« mancipoient de joüer, contre ces défenſes, & « qu'ils perdiſſent, il eſtoit permis au pere ou au « maiſtre de repeter la perte de ceux qui les au-« roient gagné : ſi au contraire le fils de famille « ou l'eſclave avoient gagné, il y avoit action « par les Loix contre le pere de famille ou le « maiſtre, pour rendre ce qui auroit eſté touché « du jeu : les Juriſconſultes remarquent ſur cette « Loy, que le pere de famille n'en ſeroit pas « quitte, en mettant hors de ſa puiſſance ſon « fils ou ſon eſclave, par l'émancipation ou l'af-« franchiſſement. Voilà que les plus éclairez « d'entre les Payens, conduits par les ſeules rai-ſons d'Eſtat ou de Politique, ont jugé des jeux de hazard : ils ne pouvoient marquer une plus forte indignation contre ce dérèglement, ny pouſſer leurs précautions plus loin.

L. 4. quod in conviv. ff. ibid. & ibi gloſſ.

La ſainteté de noſtre Religion & la pureté de nos mœurs ont encore demandé de plus grands ſoins, pour éloigner des Eſtats Chreſtiens les deſordres du jeu : auſſi ne trouve-t-on rien de plus précis ny de plus fort dans les Canons de l'Egliſe, les Conſtitutions des Empereurs & les

Ordon-

Ordonnances de nos Roys, que leurs décisions fur cette matiere.

Les Apoftres même, felon quelques-uns, ou du moins felon d'autres, leurs plus proches fuccefteurs, dans les premiers Conciles de l'Eglife, en firent une Loy expreffe, qui devoit eftre » gardée inviolablement : elle porte que l'Ec- » clefiaftique ou le Laïc qui s'addonne aux jeux » de hazard s'en corrigera, ou fera excommunié. Cette Loy fait aujourd'huy partie du Droit Canon.

Can. Apoft. 41. & 43.

Can. 1. Epifc dift 35. decret.

Conc. Elib. Can. 79.

Le Concile d'Elvire qui fut tenu l'an 303. » ordonne que celuy qui joüera aux jeux de » hazard, fera excommunié & privé de l'af- » femblée des fideles, & qu'il ne pourra y eftre » admis qu'un an aprés s'eftre corrigé de cette » faute.

Les Conftitutions des Empereurs Chreftiens vinrent enfuite au fecours des Loix de l'Eglife, pour les faire refpecter par ceux qui n'avoient pas affez de Religion pour s'y foumettre volontairement ; l'Eftat s'y trouvoit d'ailleurs intereffé par la diffipation des biens, la ruine des familles, l'abandon des affaires & des emplois, la perte du temps, l'oifiveté, les paffions violentes, & tous les autres vices qui fe rencontrent dans ces fortes de jeux.

L. 1. victum c. de alcator. & alearum lufu.

Juftinien qui regnoit en 565. fit une Loy expreffe pour arrefter la fureur des jeux de hazard, & prefcrire à fes Sujets les divertiffemens honneftes aufquels ils pouvoient s'exercer. Elle porte » que celuy qui aura gagné aux jeux de hazard, » n'aura point d'action pour fe faire payer ; qu'au » contraire celuy qui aura perdu, pourra repe- » ter ce qu'il aura payé volontairement : que » cette action fera perpetuelle ; qu'elle paffera » de luy à fes heritiers, & contre les heritiers » de celuy qui aura gagné : que la prefcription » de trente années n'y aura point de lieu. Elle » ajoufte, qu'en cas que luy ou fes heritiers ne- » gligent de repeter cet argent perdu au jeu, il » fera permis à toutes perfonnes d'en faire les » pourfuites : que fi perfonne ne veut l'entre- » prendre en leurs places, elles feront faites » d'Office à la diligence du Magiftrat de la » Ville où l'argent aura efté joüé ; qu'en ce » cas cet argent fera employé aux ouvrages pu- » blics. La même Loy déclare nuls les paris, ga- » geures ou cautionnemens pour le jeu ; elle per- » met feulement les jeux des courfes, de la lutte, » les fauts, le jet des dards ou javelots fans fer & » fans pointe, les carroufels ou courfes de chevaux, » & les autres jeux d'exercices.

Mais par une fage précaution cette Loy or- » donne, que les plus riches ne pourront joüer » à ces jeux ou exercices permis, chaque fois » qu'ils s'affembleront, & pendant tout le tems » du jeu, plus haut d'un affe, unum affem, feu nummifma, vel folidum : c'eftoit en ce tems-là une piece de monnoye, de la valeur environ de nos demi Louis. Cette même Loy veut que les per- » fonnes de mediocre condition, ne puiffent » joüer que beaucoup au deffous de cette fom- » me, & que ceux qui joüeroient davantage, » n'auroient point d'action pour s'en faire payer ; » que les perdans au contraire pourroient repe- » ter ce qu'ils auroient payé de plus volontaire- » ment. Elle enjoint enfin aux Magiftrats de con- » damner à l'amende de dix livres, ceux qui » mépriferoient quelques-unes de ces difpofi- » tions, ou qui permettroient qu'elles fuffent » méprifées.

Ce même Prince défendit de joüer au cheval de bois, equi lignei, à peine de confifcation de

la maifon où l'on auroit joüé : il ordonne que ce qui aura efté gagné à ce jeu, foit reftitué ; que fi ceux qui ont perdu & payé ne le veulent repeter, la pourfuite en foit faite par le Magiftrat, & que l'argent qui en proviendra foit appliqué aux ouvrages publics. Il veut auffi que fi celuy auquel la maifon confifquée aura efté donnée, n'en veut point, le Procureur du fifc s'en mette en poffeffion, & qu'il en dif- pofe encore au profit du Public : il enjoint au furplus aux Prefidens des Provinces, de punir les blafphêmes & les parjures qui accompa- gnoient ordinairement le jeu.

L. 1. non lice re Cod. ibid.

Balfamon fur cette Loy en expliquant ces mots, equi lignei, dit que c'eftoit une machine de bois, élevée par differens degrez, chaque échelon ayant plufieurs trous ; que les Joüeurs avoient quatre boules de differentes couleurs ; qu'ils jettoient ces boules dans la partie fupe- rieure de la machine, d'où elles defcendoient de degrez en degrez ; & qu'enfin celuy dont les boules fortoient les premieres du dernier des trous avoit gagné. Ainfi l'on voit combien ce jeu qui a quelque forte de rapport au Hoca de nos jours, eftoit fufceptible de filoute- ries.

Par cette même Loy, il fut défendu de joüer à quelque jeu que ce fuft, hors les jeux d'exer- cice du corps permis par les Loix. Ces défenfes qui n'avoient eu lieu originairement que contre les Academies ou lieux publics, furent éten- düés par cette derniére Loy à tous les autres lieux & maifons particulieres : elle interdit auffi, comme les precedentes Loix, toute action pour le payement de ce qui auroit efté gagné au jeu, & donne la repetition aux per- dans & à leurs heritiers, de ce qui auroit efté payé volontairement. Elle permet même au Magiftrat, ou au Procureur du Prince, d'en faire la pourfuite, & que la prefcription n'au- roit lieu à cet égard qu'aprés cinquante ans. Elle ordonne enfin à l'Evêque du lieu d'y tenir la main de fa part, & de venir au fecours du Magiftrat.

Ibid. §. aleatorum ufus.

L'Empereur dans la Préface de cette Loy fait une remarque fort judicieufe, & qui aura fon application tant qu'il y aura des Joüeurs de pro- feffion. Les jeux de hazard, dit ce Prince, font fort anciens, l'on en découvre l'origine avant ceux qui ont efté inventez pour les exer- cices du corps : mais il eft arrivé à leur égard, que ce qui avoit commencé par les plaifirs, finit par les larmes & les gémiffemens : plu- fieurs milliers de perfonnes de toutes les Na- tions, qui les ont reçûs chez eux & s'y font ruinez : une infinité d'autres fans joüer, ne fçachant pas même le jeu, & fans autre fcien- ce que celle de fçavoir compter, pour s'eftre feulement rencontrez dans les lieux où l'on joüe, & avoir pris part à ces funeftes diver- tiffemens, y ont perdu tout leur or, leur ar- gent, leurs pierreries, & y ont enfin con- fommé tout leur patrimoine : les uns & les autres dans ces defordres de leurs affaires, s'emportent & blafphêment contre le faint Nom de Dieu ; & ce furent ces triftes motifs, qui fervirent de fondement aux décifions de cette Loy.

Une autre Loy confirme toutes les precéden- tes ; & par les confiderations qui viennent d'ê- tre expliquées, elle y ajoûte de tres-expreffes défenfes de fe trouver même dans ces affem- blées de jeu ; quand ce ne feroit que pour y regarder joüer.

L. 15. alearum ufus C. de re- ligiofis & fü- ptibus funeri.

Toutes

L. 1. Interdi-
cimus C. de
Epiſc & Cler.
Novel. 123.
Juſtin. de SS.
Epiſc. c. 10.

Toutes ces défenſes ſont generales, en voicy de particulieres pour les Eccleſiaſtiques, elles ſont du même Empereur. Il défend en confor-
» mité des Canons de l'Egliſe, à tous les Eccle-
» ſiaſtiques de joüer aux jeux de hazard, ou
» d'eſtre en ſocieté avec les joüeurs, ny même
» de les regarder joüer, à peine d'interdiction
» de leur miniſtere, & d'eſtre mis dans un Mo-
» naſtere pendant trois ans. Les Evêques ſont
» exhortez de prendre garde à ces fautes, & de
« les faire punir, de crainte qu'ils n'en répon-
» dent, & que Dieu ne les puniſſe eux-mêmes.

Cette Loy n'ayant pas eu tout ſon effet, le même Prince la réitera, mais ſous de plus grandes peines; voicy comme il parle. Nous ſom-
» mes fortement perſuadez que la pureté des
» Preſtres, l'innocence de leur vie, & la ferveur
» de leurs prieres continuelles auprés de Dieu,
» contribuent beaucoup à attirer ſur nous & ſur
» noſtre Empire les graces du Ciel: Que c'eſt
» par leur moyen que nous voyons ſoûmis à noſ-
» tre obéïſſance les peuples qui ne l'avoient
» point encore eſté; & qu'enfin plus leur ſainte-
» té augmente, & plus auſſi augmente la proſ-
» perité de l'Eſtat. Parce qu'ils menent une vie
» irreprehenſible, le peuple les regarde com-
» me leur modele, & le corrige de beau-
» coup de vices; ſi bien que les hommes de-
» venans meilleurs, nous avons lieu d'eſperer
» auſſi des miſericordes plus abondantes de Dieu
» & de N. S. J. C. mais nous avons eſté ſurpris
» d'apprendre des choſes que l'on auroit peine
» à croire; que des Miniſtres du Seigneur, qu'on
» ne doit regarder qu'avec reſpect, des Diacres,
» des Preſtres; & ſi on pouvoit encore paſſer
» plus avant ſans en avoir quelque confuſion,
» des Evêques mêmes, dont la dignité eſt ſi
» grande devant Dieu; nous avons, dis-je, eſté
» ſurpris d'apprendre que quelques-uns d'en-
» tr'eux n'ont point de honte de joüer aux Dez,
» & d'entrer dans les lieux où l'on y joüe, quoi-
» que nous en ayons ſi ſouvent défendu l'entrée
» même aux plus ſimples du peuple. Ils y re-
» gardent avec plaiſir des choſes ſi indignes d'eux;
» ils y entendent des diſcours emportez & des
» blaſphèmes; enfin ils y ſoüillent leurs mains,

leurs oreilles & leurs yeux par des jeux ſi «
damnables & ſi défendus, &c. Nous les avons «
ſouvent averti de s'en corriger; mais comme «
ils perſiſtent, & que nous en avons des avis «
certains, cela nous a enfin déterminé d'y pour- «
voir d'un remede convenable, tant pour ſatis- «
faire à noſtre devoir envers la Religion, que «
pour leur propre utilité & celle du public. «
C'eſt pourquoy Nous défendons aux Clercs, «
aux Diacres, aux Preſtres, & beaucoup plus «
aux Evêques, quoiqu'il nous ſemble peu croya- «
ble, que ceux dont la conſecration eſt ſi auguſ- «
te, ſe laiſſent emporter à la vanitez, de joüer à «
quelque jeu de hazard que ce ſoit, de ſe trou- «
ver dans les lieux où l'on y joüe, & d'avoir «
aucun commerce avec les Joüeurs, &c. Que «
s'il s'en rencontre quelqu'un qui y ait joüé, ou «
qui ſe ſoit trouvé avec les Joüeurs, qu'il ſoit «
interdit & excommunié, & mis en pénitence. «
S'il fait ſa pénitence d'une maniere qui faſſe «
croire qu'il ſoit converti, on le reſtablira; mais «
ſi après l'excommunication l'on void qu'il ne «
ſe corrige pas, il ſera dépoſé & effacé du cata- «
logue de l'Egliſe. «

L'Empereur Leon fit une Loy à peu prés ſem- Novel. 87.
blable; voicy ce qu'elle contient. Ceux d'en- «
tre les Clercs qui joüent aux jeux de hazard «
ne doivent pas s'imaginer qu'ils faſſent une le- «
gere faute; puiſqu'au lieu de s'appliquer à la «
contemplation des choſes divines, avec toute «
l'attention dont on peut eſtre capable dans un «
corps fragile, ils ſe laiſſent emporter au con- «
traire à des folies de la jeuneſſe, ce qui les «
rend dignes d'eſtre dégradez du Sacerdoce, «
ſelon les conſtitutions Apoſtoliques. C'eſt pour- «
quoy nous ordonnons que ceux qui profanent «
leur ſacré caractere par de tels jeux, ſoient «
renfermez trois ans dans un Monaſtere: & s'ils «
expient leurs crimes par cette Pénitence, nous «
voulons qu'on les reſtabliſſe dans leur premier «
eſtat: mais après s'ils retournent encore à un «
ſi honteux exercice, nous voulons qu'ils ſoient «
entierement dégradez de l'eſtat Eccleſiaſtique, «
comme des gens incorrigibles & dignes d'ana- «
thême. «

CHAPITRE V.

Des Ordonnances de nos Roys, & des Loix Eccleſiaſtiques touchant les jeux, depuis la naiſſance de la Monarchie, juſqu'à la fin du Regne de Loüis XIII.

NOs premiers Roys ayant, pour ainſi dire, adopté le Droit Romain dans leur Eſtat naiſſant, firent obſerver les Loix qui concer-
nent les jeux, avec d'autant plus d'exactitude, qu'ils les trouverent parfaitement conformes aux déciſions de l'Egliſe, dont ils ont toujours eſté les plus zelez défenſeurs.

Conc. Mog.
Can. 14.
Cap. Reg. Fr.
l. 6. cap. 203.
tom. 1. col 918.
Ibid. add. 5.
cap. 46.

Charlemagne enſuite d'un Concile tenu à Mayence l'an 813. & en conformité de ſes déciſions renouvella les défenſes des jeux de hazard, tant à l'égard des Eccleſiaſtiques que des Laïques, à peine d'eſtre privé de la Communion des Fideles; & ce Prince dans ſon Ordonnance met cette faute en paralele avec celle de l'yvrognerie.

Ce long ſilence des Loix qui met un vuide de prés de trois ſiecles entre les Capitulaires de

nos Roys de la ſeconde Branche, & les Ordonnances de ſaint Loüis, n'interrompit en rien cet-
te diſcipline des jeux. Noſtre Droit Coûtumier qui prit naiſſance dans ces temps de tenebres, & qui n'a eſté écrit que long temps après, en contient pluſieurs diſpoſitions, qui en juſtifient la perpetuité.

Le jeu de Dez & les autres jeux de hazard y Coûtum. de la
ſont expreſſément défendus, à peine de ſoixan- Salle, dans le
te ſous d'amende, tant contre chacun des Bailliage de
joüeurs, que contre ceux qui les ſouffrent dans Liſle, art. 11.
leurs maiſons. Il eſt même défendu aux Seigneurs «
Hauts-Juſticiers & à leurs Officiers de permet- «
tre ces ſortes de jeux dans leurs Terres & les «
lieux de leur dépendance. «

Ces mêmes diſpoſitions de nos Loix Munici- Eſtampes, ch.
pales permettent de joüer à la Paume, aux Bar- 13. art. 156.
res

Senlis, art 97.
& 107.
Dourdan, art.
149.

» res & aux autres jeux honnestes, licites & rai-
» sonnables ; mais en même-temps elles défen-
» dent aux Maistres de ces jeux d'y recevoir des
» enfans de famille, des mineurs, des gens mé-
» caniques, des artisans, ou des compagnons de
» boutiques; elles veulent que tout ce qu'ils four-
» nissent aux gens de cette qualité, soit perdu,
» qu'ils n'ayent aucune action pour en poursuivre
» le payement, soit contre les joüeurs, soit à
» l'égard des mineurs contre leurs peres & meres
» ou tuteurs. Elles défendent expressément de re-
» tenir pour gages ou en payement leurs habits ou
» autres meubles ; & veulent enfin qu'aucun de
» ces jeux ne soit exercé en public sans permis-
» sion du Magistrat ; ce qu'elles mettent au nom-
» bre des droits, qui n'appartiennent qu'à la Hau-
» te-Justice.

Cap. Cler. ex-
tra, de vit. &
honest Cle-
num. 11. &
ibid, Panorm.

Le quatriéme Concile general de Latran tenu
» l'an 1216. défend aux Ecclesiastiques de joüer
» aux Dez & aux autres jeux de hazard ; il ne
» veut pas même qu'ils y regardent joüer. Cette
décision du Concile est rapportée dans le Droit-
» Canon ; & la glose en cet endroit ajoûte, que
» celuy qui joüe souvent à ces jeux, ou qui se
» trouve dans les assemblées où l'on joüe, pour
» y regarder joüer, est indigne d'un Benefice,
» & d'estre promû aux Ordres sacrez ; qu'une
» coûtume contraire ne peut avoir changé cette
» Loy, parce que les coûtumes qui donnent en-
» trée au peché ne sont d'aucune consequence.

Fontan. tom.
1. l. 3. tit. 73.
art. 1. p. 672.

Saint Loüis n'eut pas sitôt calmé les troubles
de l'Estat, qu'il s'appliqua à y restablir le bon
ordre & la discipline publique par de nouvelles Loix, pour remettre les anciennes en vigueur. La Police des jeux n'y fut pas oubliée.
Ce Prince par un Edit de l'an 1254. défendit
» tres-expressément à toutes personnes de joüer
» aux Dez ny aux Echecs; fit défenses d'en tenir
» écoles, ce que nous avons depuis nommé Aca-
» demies, à peine d'une tres-severe punition.
» Et pour couper ce mal par la racine, il interdit
» même dans tout son Royaume la fabrique des
» Dez.

Fontan. ibid.
p. 673.

Charles IV. dit le Bel par une Ordonnance
» de l'an 1319. sit défenses de joüer aux Dez,
» aux Tables, ou Trictrac, au Palet, aux Quil-
» les, aux Billes, à la Boule & à d'autres jeux
» semblables qui détournent des exercices mi-
» litaires, sur peine de quarante sous parisis
» d'amende. Il ordonna à ses Sujets de s'em-
» ployer dorénavant dans leurs divertissemens à
» tirer de l'arbaleste & de l'arc, pour se perfec-
» tionner dans les exercices necessaires à la dé-
» fense du Royaume, & qu'il seroit donné un
» prix à ceux qui réüssiroient le mieux dans
» ces jeux militaires.

Les anciens Statuts du Comte de Provence
peuvent estre encore rangez sous cette Epoque,
ils n'ont point de date non plus que la plus
grande partie de nos anciennes Coûtumes ; mais
il y est fait mention de livres couronnez,
& cette monnoye ne commença d'avoir son
cours que sous le Regne de Philippe de Valois,
environ l'an 1340. Robert II. estant alors Comté de Provence.

Coustum. ge-
neral. t. 2. p.
1244.

Voicy l'Article qui concerne les jeux de ha-
» zard. Nous défendons à tous nos Officiers de
» tenir à l'avenir aucuns jeux de hazard qui
» corrompent les bonnes mœurs, & qui sont
» cause que l'on profere des blasphêmes contre
» Dieu, & contre la sainte Vierge & les autres
» Saints. Leur défendons aussi de souffrir qu'on
» en tienne dans leurs maisons ou ailleurs. Nous
» leur enjoignons de les défendre absolument, à

peine d'estre privez pour toujours de leurs «
Offices & des honneurs qui y sont attachez, «
desquels en ce cas nous les déclarons dés à «
present privez. Nous ordonnons en outre, que «
les meubles qui se trouveront dans ces mai- «
sons infames soient confisquez à nostre profit, «
& que les proprietaires qui sçauront que l'on «
joüe en leurs maisons aux jeux de hazard, & «
qui ne feront pas leur possible de l'empê- «
cher, & n'en chasseront pas les joüeurs, soient «
condamnez dés l'heure même & sans remission «
en cent livres couronnes d'amende, applica- «
ble un tiers aux denonciateurs, & les deux «
autres à nostre Domaine. «

Liv. vert. 11.
cien du Chast.
de Paris.

Par une Ordonnance de l'année 1360. le Prevost de Paris fit défenses à tous Cabaretiers & «
à tous autres de souffrir joüer aux Dez dans «
leurs maisons, sur peine de dix livres parisis «
d'amende, dont les Sergens qui denonceroient «
l'endroit où l'on joüe auroient dix sous pa- «
risis. «

Liv. vert. 201
cien, fol. 151.

Charles V. par une Ordonnance du 3. Avril
1369. défendit toutes sortes de jeux de Dez, «
de Tables ou Trictrac, de Quilles, de Paume, «
de Palet, de Boules, de Billes, & tous autres «
jeux qui n'exercent point les hommes pour «
les rendre habiles au fait des armes, à peine «
contre les contrevenans de quarante sous pa- «
risis d'amende; ordonne que ses Sujets, pour «
leurs jeux & divertissemens, s'exerceront aux «
coups de traits, d'arc & d'arbalète. «

Ibid.

Par une Lettre du 23. May de la même année,
1369. ce Prince ordonne tres-expressément au «
Prevost de Paris, de faire publier l'Ordon- «
nance precedente, de tenir la main qu'il n'y «
soit aucunement contrevenu, & de faire payer «
sur le champ aux contrevenans les quarante «
sous d'amende, toutes les fois qu'ils tomberont «
dans la même faute; le quart applicable aux «
Sergens qui les découvriront. «

Liv. rouge an
cien du Chast
fol. 97.

Le Prevost de Paris par une Ordonnance du
20. Juillet 1394. conformément à la volonté du «
Roy qui s'en estoit expliqué de bouche avec «
luy, leve les défenses de joüer à aucun autre «
jeu qu'à tirer de l'arc ou de l'arbalête. «

Ibid. 155

Une autre Ordonnance du même Magistrat
du 22. Janvier 1397. porte, que plusieurs gens de «
mestier & autres du petit peuple, quittent leur «
ouvrage & leurs familles pendant les jours «
ouvrables, pour aller joüer à la Paume, à «
la Boule, aux Dez, aux Cartes, aux Quilles, «
& à d'autres jeux en divers cabarets & autres «
lieux publics : que plusieurs d'entr'eux après «
avoir perdu tout leur bien s'adonnent à voler, «
à tuer, & à mener une tres-mauvaise vie, «
ainsi qu'il a esté reconnu par la confession de «
quelques-uns de ce caractere, qui ont esté «
executez à mort pour leurs crimes. Que pour «
empêcher le cours de semblables desordres, «
il fait défenses aux personnes de cette con- «
dition, de joüer pendant les jours ouvrables, «
à peine de prison & d'amende arbitraire, dont «
les dénonciateurs auront le quart. Il défend «
aux Cabaretiers & à tous autres ces mai- «
sons desquels il y a des jeux de Paume, de «
Cartes, de Billes, de Dez, de Boule, & au- «
tres jeux, de leur donner à joüer, sur peine «
d'amende arbitraire envers le Roy pour cha- «
que contravention, dont les Sergens denon- «
ciateurs auront le quart. «

Le Concile de Langres tenu l'an 1404. défend
à tous Ecclesiastiques, principalement à ceux «
qui sont dans les Ordres sacrez, de joüer «
en aucune maniere aux jeux de Cartes, de «

» Dez,

» Dez, ny autres jeux de hazard.

Charles VIII. par une Ordonnance du mois » d'Octobre 1485. fit défenses aux prisonniers de » joüer aux Dez dans les prisons du Chastelet. » Permet neanmoins aux personnes de naissan-» ce & d'honneur qui y sont detenus pour des » causes legeres, de civiles, de joüer au Trictrac ou » aux Echecs seulement.

Fontan. t. 1. liv. 2. de la Grele, & Geo-liet. p. 183. art. 39.

Des Lettres Patentes de François I. du 9. No-» vembre 1527. portent, que tout ce qui se joüe-» ra au jeu de Paume sera payé à celuy qui » gagnera, comme une dette raisonnable & ac-» quise par son travail ; & pour éviter les pro-» cés qui pourroient naistre pour raison de ce » jeu, Sa Majesté establit un Maistre Gardien » general des gages par toutes les Villes du » Royaume, lequel commettra gens solvables » par tous les jeux de Paume, dont il répon-» dra : ordonne que ces Gardiens seront tenus » de payer deux jours après les parties dont ils » auront répondu ; qu'en cas de contestations, » la preuve se fera par quatre témoins, & qu'ils » auront d'attribution dix-huit deniers pour » livres ; cet establissement n'eut point de lieu.

1. Vol. des Bann. du Chas-telet, fol. 232.

Le Concile de Sens tenu l'an 1528. défend aux » Ecclesiastiques tous jeux de hazard ; il ne » veut pas même qu'ils en soient les spectateurs, » mais il leur permet les autres jeux, pourveu » que ce ne soit point en public.

Une Ordonnance de François I. du 14. Juin » 1532. fait défenses à tous ceux qui manient » les deniers & finances du Roy, de joüer de » ses deniers à quelque jeu ce soit, sur pei-» ne de privation de leurs Offices, d'estre ban-» nis à perpetuité, & leurs biens con-» fisquez. Ordonne que ceux qui joüeront avec » eux rendront le double de l'argent qu'ils leur » auront gagné.

Conf. des Ord. t. 1. p. 574.

L'Arrest du Parlement du 22. Decembre 1541. » porte, que pour oster le moyen aux vaga-» bons d'avoir des lieux de retraite, il est dé-» fendu à toutes personnes de la Ville & Faux-» bourgs de Paris de tenir brelan en sa maison » ou jardin, & d'y souffrir joüer aux Dez, aux » Cartes, aux Quilles, & aux autres jeux dé-» fendus, sur peine de punition corporelle, & » d'amende arbitraire.

Fontan. tom. 1. p. 710. art. 29.

Un autre Arrest du 27. Mars 1547. fait défen-» se à tous les Habitans de Paris & des autres » lieux du ressort, de tenir des brelans publics » de jeux de Quilles, de Dez & de Cartes, » sur peine contre les Maistres du jeu de » punition corporelle, & contre chacun des » joüeurs, de prison & d'amende arbitraire pour » la premiere fois ; & en cas de recidive, de » prison & de punition corporelle.

Ord. des Roys de France, 1. part. fol. 13.

Le Concile d'Ausbourg tenu l'an 1548. ordon-» ne que l'on refuse la sainte Communion à tous » ceux qui se font une habitude de joüer aux » jeux de hazard.

Un Arrest du Parlement du 10. Juin 1551. dé-» fend de bastir de nouveau aucuns jeux de Pau-» me dans la Ville & Fauxbourgs de Paris.

Ban du Chast. vol. 8. fol. 349.

Un autre Arrest du 12. Decembre 1551. porte, » que pour oster aux vagabons & gens de mau-» vaise vie le moyen de continuer leurs desor-» dres ; il est défendu à toutes personnes de la » Ville & Fauxbourgs de Paris, de tenir brelan » en sa maison ou jardins, ny d'y souffrir joüer » aux Dez, Cartes, Quilles & autres jeux dé-» fendus.

L'Ordonnance de Charles IX. aux Estats d'Or-leans, du mois de Janvier 1560. art. 101. défend « tous bordels, brelans, jeux de Quilles & de « Dez, sur peine d'estre punis extraordinaire-« ment, & contre les Juges qui dissimuleront « ou conniveront à ce desordre, de privation « de leurs Offices.

Conf des Ord. t. 1. p. 574.

Le Concile de Trente confirme toutes les « décisions des precedens Conciles contre les « Ecclesiastiques qui joüent aux jeux de hazard. «

Conc. de Trente, sess. 22. c. 1.

Une Ordonnance de Charles IX. aux Estats de Moulins du mois de Février 1566. porte, « que les deniers & biens perdus aux jeux de « hazard par les personnes mineures, pourront « estre repetez par elles, ou par leurs peres, « meres, tuteurs ou curateurs, ou plus proches « parens ; il veut que ces biens leur soient ren-« dus pour estre employez au profit des mineurs, « sans neanmoins approuver ces sortes de jeux « entre majeurs, à l'égard desquels il entend que « les Ordonnances des Roys ses Predecesseurs « soient gardées, & les Juges obligez d'y tenir « la main. «

Fontan. tom. 1. p. 531. & Conf. t. 1. p. 574.

Ce même Prince par une Ordonnance du mois « de Juillet 1566. fit défenses aux Patissiers criant « des Oublies dans les rües, de joüer de l'argent « aux Dez, mais seulement des Oublies. «

Fontan. t. 1. p. 917.

Par une autre Ordonnance du mois de Mars « 1577. il est tres-expressément défendu aux Ca-« bareriers de tenir ou souffrir en leurs maisons « des brelans de jeux de Dez, de Cartes, ou « d'autres débauches de la jeunesse, enfans mi-« neurs, ou d'autres gens debordez. Il leur est « défendu de faire pour cet effet aucun credit, sur « peine de perdre leurs dettes, & sans qu'il leur « soit permis de faire aucunes poursuites con-« tr'eux ; & de même à tous Juges d'avoir au-« cun égard aux promesses & obligations qui « pourroient estre faites à l'avenir pour une sem-« blable occasion, & les déclare dessors nulles « & de nulle valeur. «

Font. t. 1. p. 788. & Conf. des Ord. t. 1. p. 175.

L'Arrest du Parlement du 23. May 1579. fait « défenses à un particulier de faire bastir un « nouveau Jeu de Paume, quoiqu'il en eust ob-« tenu la permission par Lettres Patentes, de l'en-« terinement desquelles il est debouté ; & au « surplus ordonne que l'Arrest du 10. Juin 1551. « contre les nouveaux bastimens de ces Jeux « sera observé. «

Ban. du Chast. vol. 8. fol. 351.

Le Concile de Bordeaux tenu l'an 1582. or-« donne, que les Clercs s'abstiendront totale-« ment, tant en particulier qu'en public, des « jeux de Dez, de Cartes, & d'autres jeux de « hazard qui sont messeans à leur profession. «

Conc. Burdig.

Par deux Arrests du Parlement du 30. Septem-bre 1598. & 6. Février 1599. les mêmes défen-ses de bastir à l'avenir aucuns nouveaux Jeux « de Paume à Paris, furent réiterées, à peine de « démolition & d'amende arbitraire ; & il fut « enjoint au Prevost de Paris, ses Lieutenans « Civil & Criminel, qui exerçoient alors la Po-« lice conjointement, & aux Commissaires du « Chastelet d'y tenir la main. «

Loüis XIII. dés le commencement de son « Regne surpassa tout ce qui avoit esté fait dans « les siecles precedens contre les jeux de hazard. « Il s'en expliqua la premiere fois par une Dé-« claration du 30. May 1611. dont les termes sont « trop énergiques pour en rien retrancher ; voicy « ce qu'elle contient. «

30.May1611.
Déclaration
contre les
Brelans &
Academies
de jeu ; &
l'Arrest d'en-
registrement
du 23. Juin
de la même
année.

LOuis, par la grace de Dieu, Roy de France & de Navarre, à tous ceux qui ces presentes Lettres verront, Salut. Les Roys nos Predecesseurs mûs d'un zele singulier envers leurs Sujets, ont de temps en temps, par bonnes & saintes Loix apporté le remede convenable aux vices & mauvaises coûtumes qui pouvoient détourner leurs susdits Sujets du chemin de la vertu, alterer les conditions honorables de leurs Officiers, & generalement apporter du desavantage aux familles des meilleures Villes du Royaume, où le jeu s'estoit introduit. Pour reprimer la licence duquel, ayant esté faits de beaux Réglemens & Ordonnances, même s'estant ensuivis plusieurs Arrests de nos Cours Souveraines contre les Brelans, & ceux qui en pratiquoient l'usage: Nous l'avons, à nostre grand regret, trouvé si commun à nostre avenement à la Couronne, que Nous avons vû en peu de temps plusieurs de nos Officiers & Sujets de differentes qualitez, aprés avoir esdits Brelans, aux jeux de Cartes & de Dez, dissipé ce que l'industrie de leurs Peres leur avoit avec un long travail honorablement acquis, esté contraints d'emprunter de grandes & notables sommes de deniers, & icelles encore perduës & consommées, faire banqueroute à leurs creanciers, à la ruine de plusieurs bonnes familles. Pour à quoy remedier ; sçavoir faisons, que Nous touchez d'un bon & saint desir, & ne voulant omettre aucune chose qui dépende de nostre authorité, Nous avons, de l'avis & prudent conseil de la Reine Regente nostre tres-honorée Dame & Mere, des Princes de nostre Sang, & autres Princes & Officiers de nostre Couronne, & autres Seigneurs de nostre Conseil, estant prés de Nous, fait & faisons par ces presentes, signées de nostre main, tres-expresses inhibitions & défenses à toutes personnes, de quelque qualité & condition qu'elles soient, de tenir brelans en aucunes Villes & endroits de nostre Royaume, ny s'assembler pour joüer aux Cartes ou aux Dez ; même aux proprietaires, détenteurs de leurs maisons, ou locataires d'icelles, d'y recevoir ceux qui tiendront lesdits brelans, ou joüeront esdits jeux, à peine d'amende arbitraire, d'autre punition s'il y échet, & d'estre en leur propre & privé nom responsables de la perte des deniers qui y sera faite, & tenus à la restitution d'iceux. Enjoignant à cette fin aux Juges ordinaires de chacune des Villes, de se transporter és maisons & lieux où ils seront avertis y avoir brelans & assemblées, se saisir de ceux qui s'y trouveront, ensemble de leur argent, bagues, joyaux & autres choses exposées aux jeux, en faire distribuer les deniers aux pauvres des Hostels-Dieu, ausquels dés à present comme pour lors, Nous les avons affectez & adjugez, affectons & adjugeons ; & en outre, faire & parfaire le procés tant aux joüeurs qu'aux proprietaires & locataires qui les recevront, comme infracteurs de nos Loix & Ordonnances, qui auront encouru la rigueur d'icelles. Si donnons en mandement à nos amez & feaux Conseillers les Gens tenans nostre Cour de Parlement de Paris, Baillis, Seneschaux, & tous autres nos Officiers qu'il appartiendra, que cesdites presentes ils ayent à faire enregistrer, & le contenu en icelles garder & observer selon leur forme & teneur, sans permettre qu'il y soit contrevenu en quelque sorte & maniere que ce soit ; car tel est nostre plaisir : en témoin de quoy Nous avons fait mettre nostre Scel à cesdites presentes. Donné à Paris le trentiéme jour May l'an de grace mil six cens onze, & de nostre Regne le deuxiéme. Signé, LOUIS, Et plus bas DE LOMENIE. Et scellé du grand Sceau de cire jaune.

LUës, publiées & registrées, oüy & ce requerant le Procureur General du Roy, & sur les peines y contenuës : La Cour fait inhibitions & défenses à tous Proprietaires des maisons, Locataires & Sous-Locataires, Tripotiers, Cabaretiers, Hostelliers, Cuisiniers & autres de quelque qualité, condition & sexe qu'ils soient, de tenir & recevoir en leurs maisons assemblées dites de Brelan, ou academies, y permettre les jeux de Cartes & de Dez défendus ; & à tous Orfévres, Lapidaires, Joüailliers, Tapissiers, & autres de s'y trouver, tenir marques & comptes, aider & favoriser lesdits jeux, y porter, envoyer, prester par promesses, en blanc ou autrement, directement ou indirectement, fournir or ou argent monnoyé, ou non monnoyé, bagues, joyaux, pierreries, meubles & marchandises, à peine de confiscation d'icelles, & autres peines contenuës aux Lettres ; déclarant dés à present les promesses en blanc ou autrement, à cause & pour ce qui aura esté baillé pour jeu de Dez & Cartes, nulles, sans que par le contenu en icelles aucunes actions soient receuës, ains seront deniées : à peine même de privation de la propriété, reünion au Domaine du Roy, sans que le present Arrest puisse estre pris pour commination seulement ; & ordonne que copies collationnées seront envoyées aux Baillages & Seneschaussées pour y estre lûës, publiées & registrées, & conformément à ce present Arrest proceder à l'execution, à la diligence des Substituts du Procureur General du Roy ; ausquels à peine d'en répondre en leur nom, la Cour enjoint l'en certifier. A Paris en Parlement le vingt-trois Juin mil six cens onze. Signé, VOISIN.

Conf.desOrd.
liv. 3. tit. 10.
art. 59. §. 6.

Une autre Ordon. du 20. Decembre 1611. porte de tres-expresses défenses de s'assembler pour joüer aux Cartes & aux Dez, aux Proprietaires des maisons de les souffrir, à peine de mille livres d'amende pour la premiere fois, restitution des choses perduës : à tous Orfévres, Lapidaires, Joüailliers, Tapissiers, Courretiers & autres qui prestent de l'argent, d'en fournir pour joüer, à peine de confisca- « tion ; injonctions aux Juges d'y tenir la main, « de faire & parfaire le procés aux contrevenans. « Et à l'égard des Officiers comptables, ordonne « qu'il sera procédé contr'eux extraordinaire- « ment, & leur procés fait & parfait, selon la « rigueur des Ordonnances ; & que ceux qui « auront joüé avec eux seront tenus des sommes « dont

dont les Officiers demeureront redevables.

Par un Arrest du Parlement du 13. Juin 1614. rendu en execution des Edits & Ordonnances precedentes, Pierre Guiton Maistre de Jeu de Paume à Angers, & Marie Riobé sa femme, qui avoient donné à joüer à des jeux défendus, sont condamnez à 240. liv. parisis d'amende, le tiers applicable au denonciateur.

Le même Prince Loüis XIII. réitera les défenses des Brelans & Academies de jeux, par l'Article 137. de son Ordonnance du 15. Janvier 1629. en ces termes. Défendons & interdisons à tous nos Sujets, de recevoir en leurs maisons les assemblées pour le jeu, que l'on appelle Academies ou Brelans, ny prester ou loüer leurs maisons à cet effet; déclarant dés à present tous ceux qui y contreviendront, & qui se prostituëront à un si pernicieux exercice, infames, inteftables, & incapables de tenir jamais Offices Royaux. Enjoignons à tous nos Juges de les bannir pour jamais des Villes où ils seront convaincus d'avoir contrevenu au present Article. Voulons en outre que lesdites maisons soient confisquées sur le proprietaire, s'il est prouvé que ledit exercice ait esté fait six mois durant, sauf leur recours contre lesdits locataires. Déclarons en outre ceux qui se trouveront convaincus d'avoir esté trois fois

ausdites Academies, infames & inteftables comme dessus. Voulons que les oppositions de ce chef soient reçûës contr'eux, lors qu'ils se presenteront pour estre reçûs en quelques Offices que ce soit, nonobstant toutes les Permissions & Brevets qu'aucuns pourroient avoir obtenu de nos Predecesseurs, & de Nous, lesquels Nous avons revoquez & revoquons, & ne voulons que les Juges y ayent aucun égard; ains que nonobstant iceux, ils punissent tous les contrevenans, selon la rigueur de nostre present Edit.

Ces Ordonnances furent executées avec beaucoup d'exactitude & de severité; les Commissaires du Chastelet de Paris ne souffroient aucunes assemblées ou academies de jeu dans leurs quartiers. Le Commissaire Destrechi ayant eu avis que les nommez du Méri & le Mage donnoient à joüer dans une maison où ils logeoient, s'y transporta, & y trouva quatre hommes joüant aux Cartes; il fit assigner de son Ordonnance les deux Maistres du jeu & les quatre joüeurs: l'affaire fut portée à l'Audiance de Police; & par Sentence du 21. Avril 1635. ces six hommes furent condamnez en dix mille livres chacun, applicable un tiers au denonciateur, & les deux autres tiers aux pauvres.

CHAPITRE VI.

De ce qui s'est passé contre les jeux défendus, depuis le commencement du regne de Louis XIV. jusqu'à present.

LEs Officiers de Police continuerent toujours avec le même zele, à tenir la main à l'execution des Réglemens: le Commissaire Belot dans l'une de ses visites de Police, trouva chez le nommé Dhemeri des gens qui joüoient aux cartes, aux dez & au trictrac; ce même homme avoit déja esté repris plusieurs fois de la même faute, & ne s'en estoit point corrigé: le Commissaire donna son Ordonnance, & fit assigner Dhemeri, & le nommé Corré, Proprietaire de la maison où il logeoit; la contravention fut rapportée à l'Audiance de Police, & jugée par Sentence du dix-huitiéme Septembre 1643. Elle porte, qu'aprés que Corré est convenu que Dhemeri donnoit journellement à joüer chez luy aux cartes & trictrac, & que luy Corré n'avoit pû le faire sortir de sa maison; Dhemeri est condamné en quatre cens livres parisis d'amende, applicable un tiers au Roy, un tiers à l'Hôstel-Dieu, & l'autre tiers aux Filles de l'Ave Maria, & de la Magdeleine par moitié, pour le payement de laquelle il tiendra prison. Ce fait, luy enjoint de vuider

la Ville de Paris pendant deux ans, à peine de prison; luy est fait défenses de tenir à l'avenir aucun brelan ou academie de jeu, à peine de punition corporelle: A l'égard de Corré, luy est fait défenses de souffrir chez luy de ces sortes de gens, & condamné en 24. livres parisis d'amende, applicable aux Huissiers & Sergens qui avoient esté employez en cette affaire.

La Reine Mere du Roy Regente du Royaume pendant la minorité de Sa Majesté, voulant bien appuyer de son autorité, une discipline aussi importante à l'Estat, que celle qui défend les academies de jeu; cette grande & pieuse Princesse envoyoit de tems en tems un Exemt de ses Gardes pour accompagner les Officiers de Police dans leurs visites, & pour faire connoistre que c'estoit par l'Ordre exprés du Roy qu'elles se faisoient: les Sentences qui furent renduës en ce tems contre les Prévaricateurs, en font mention: en voicy une qui sera seulement rapportée pour exemple.

AUjourd'huy la Police tenant au Chastelet, le Commissaire Belot a fait rapport à l'encontre de Guillaume Ballichard dit Maréchal, natif de Vernay en Bourbonnois, & François Panouze son serviteur, natif de Marseille, presens à la Police, où ils ont esté conduits de leur prison, & a dit que Maréchal a cy-devant par deux diverses fois esté condamné en des amendes pour avoir tenu academie de jeux de cartes, de dez & de trictrac en plusieurs lieux de cette Ville, attiré & reçû chez luy de la jeunesse, Capitaines, Gens de Guerre qui sont à la solde du Roy, & autres personnes qui y ont dissipé & consommé au jeu leurs biens, y commettant plusieurs insolences & blasphémes; que la Reine en ayant esté informée, Sa Majesté avoit commandé au sieur des Roziers Exempt de ses Gardes, de se transporter en l'academie dudit Maréchal, ce qu'il auroit fait avec luy Commissaire le deuxiéme de ce mois, & auroit emprisonné ledit Panouze; ledit Maréchal s'en estant absenté, lequel Maréchal dés auparavant avoit esté assigné & l'auroit encore

core esté depuis, à comparoir pardevant Nous aux fins que deffus ; ce qu'il n'auroit fait , & au contraire, auroit continué à tenir fon academie, où il auroit esté depuis arresté & conduit prifonnier, & que l'un & l'autre defdits accufez avoient esté interrogez , & avoient reconnu leurs contraventions. Surquoy oüy leditCommiffaire en fon rapport; Veu fon procés verbal, lecture faite d'iceluy , enfemble des interrogatoires des accufez, les écroües de leur emprifonnement; eux oüy par leurs bouches, & ledit Procureur du Roy, auquel le tout a esté montré & communiqué, qui a dit que ceux qui tiennent academies pour joüer aux Cartes, aux Dez & aux autres jeux défendus, au préjudice des Edits, Ordonnances & Déclarations de Sa Majesté , & au mépris des Arrests de la Cour, Sentences & Réglemens de Police, fe portent facilement à cette contravention pour n'avoir esté jufqu'icy mulctez que d'amende pecuniaire ; estime que pour empêcher tels defordres, il est expedient de chastier les contrevenans de peines plus rigoureufe : c'est pourquoy il requiert l'accufé, joint les reprehenfions precedentes, estre fustigé, François Panouze fon Valet condamné à l'assister ; ce fait, ledit accufé banny pour trois ans hors la Ville, Prevosté & Vicomté de Paris , & condamné en 400. liv. parifis d'amende.

Nous difons que ledit Maréchal est déclaré düement atteint & convaincu d'avoir contrevenu aux défenfes portées par les Ordonnances du Roy , Arrests de la Cour, Sentences & Réglemens de Police touchant le fait des academies & jeux de brelans ; ledit Panouze, d'avoir baillé à joüer, fourni des Cartes. & Dez, fous iceluy Maréchal ; pour reparation de quoy les avons condamnez , fçavoir ledit Maréchal, joint fes reprehenfions precedentes, à estre battu & fustigé nud de verges, au carrefour dudit Chastelet , & devant la porte de la Foire faint Germain ; & outre en 400. liv. parifis d'amende, applicable fçavoir le tiers au Roy, l'autre au pain des Prifonniers du Grand-Chastelet, & l'autre tiers à l'Hostel-Dieu & aux Filles de l'*Ave-Maria*, par moitié : Tiendra ledit Maréchal prifon jufqu'en fin de payement de ladite fomme ; & ledit Panouze à assister à ladite execution avec ledit Maréchal ; faifons au furplus tres-expresses inhibitions & défenfes à iceluy Maréchal de plus commettre telle faute, ny s'affocier avec aucuns Academistes, fur peine des Galeres : & ce requerant ledit Procureur du Roy , font aussi faites pareilles défenfes à toutes perfonnes de quelque qualité & condition qu'elles foient, de plus tenir telle academie en cettedite Ville & Fauxbourgs, fur les mêmes peines. Et à ce qu'aucuns n'en prétendent caufe d'ignorance, fera nostredite Sentence lüe & publiée à fon de Trompe , & affichée par les Carrefours de cettedite Ville & Fauxbourgs. Ce fut fait & ordonné par Messire D R E U X D'A U B R A Y, Confeiller du Roy en fes Confeils , Lieutenant Civil de la Ville , Prevosté & Vicomté de Paris , tenant le Siége de la Police ; & prononcé aufdits Maréchal & Panouze, Ce Vendredy vingtiéme jour de Novembre mil fix cens quarante-trois.

Comme la passion du jeu avoit fait inventer dans la fuite de nouveaux jeux, ou de nouveaux moyens de fe ruiner impunément , il a esté neceffaire de remettre fouvent ces mêmes Loix en vigueur ; elles font toutes importantes ; & comme jufqu'à prefent elles ne fe trouvent raffemblées en aucun lieu , on les rapportera icy dans leur entier.

6. Avril. 1655. Ordonnance de Police contre les Academies de jeux de Cartes & de Billard, publiée & affichée le même jour. S U R ce qui nous a esté remontré par le Procureur du Roy, que pendant les mouvemens derniers plufieurs perfonnes fe font licentiées de tenir des Academies publiques en leurs maifons, & de donner à joüer aux cartes, dez , & autres jeux prohibez par les Ordonnances ; lequel defordre s'est porté jufques dans les Jeux de Paumes , en aucuns defquels il fe tient brefan public, & même plufieurs Maistres Paumiers ont établi des billards dans leurs maifons , & fous ce pretexte donnent à joüer indifferemment à tous venans : Et dautant que telle licence emporte avec foy la dépravation des bonnes mœurs, caufe la ruine de plufieurs familles , & qu'aucuns particuliers transportez de colere par la perte de leurs biens , fe portent à des fermens & blafphémes execrables , il requiert qu'il nous plaife & pourvoir : Nous difons, oüy fur ce le Procureur du Roy, que conformément aux Ordonnances & Arrests, défenfes font faites à toutes perfonnes de quelque qualité & condition qu'elles foient , de tenir academies & brefans dans leurs maifons , de donner à joüer aux dez , cartes , billards , & autres jeux prohibez ; à peine de punition corporelle contre ceux qui tiendront lefdites academies & brefans , & de confifcation de leurs meubles : & à l'égard des Proprietaires des maifons où fe tiennent lefdites academies, d'estre privez des loyers defdites maifons pendant un an , & de mille livres d'amende contre chacun des Joüeurs ; le tout applicable moitié au Roy , & l'autre à l'Hostel-Dieu. Enjoignons à tous Maistres Paumiers , Racquetiers , & autres perfonnes qui ont des billards dans leurs maifons, de les oster & démonter dans trois jours, fur les mêmes peines. Mandons aux Commiffaires du Chastelet , chacun dans leurs quartiers, de tenir la main à l'execution des Prefentes , faire les perquifitions neceffaires dans leurs quartiers , & nous en faire rapport. Et afin que nul n'en prétende caufe d'ignorance , fera nostre prefente Ordonnance lüe , publiée & affichée dans tous les Carrefours & lieux ordinaires de cette Ville & Fauxbourgs de Paris. Ce fut fait & donné par Nous D R E U X D A U B R A Y , Seigneur d'Offemont , Villiers & autres lieux , Confeiller du Roy en fes Confeils , & Lieutenant Civil de la Ville , Prevosté & Vicomté de Paris , le fixiéme Avril mil fix cens cinquante-cinq. Signé, D'A U B R A Y. B O N N E A U.

Les Paumiers de Paris fe porterent pour appellans de cette Ordonnance ; leur appel fut reçû , & par Arrest du vingtiéme Aoust 1657. il leur fut permis d'avoir leurs maifons, où ils tiennent les jeux de paume & non ailleurs, des jeux de billard , & d'y donner à joüer , comme ils avoient fait par le passé ; & il leur fut feulement défendu de donner à joüer au trictrac , aux cartes , & aux dez ; à peine de cinq cens livres d'amende , & de punition exemplaire.

Il y avoit quelques années que les Italiens avoient inventé le jeu de *Hocca*, le plus pernicieux des jeux de hazard. Les Souverains Pontifes Urbain VIII. & Innocent X. avertis du defordre que ce jeu caufoit , le défendirent , & chafferent de Rome ceux qui le tenoient : quelques-uns fe refugierent en France, & y apporterent

rent ce dangereux jeu ; quatre Italiens nommez Prompti, Maure, Rabboti, & la Signora Anne, en ouvrirent plusieurs accademies à Paris en differens quartiers de la Ville. L'attrait de la nouveauté & la cupidité du gain, qui est beaucoup flattée en ce jeu, où l'on peut d'un seul coup gagner des sommes considerables, y attirerent bientost nombre de Joüeurs. Mais comme la perte en est encore plus certaine que le gain, par les artifices & les filouteries de ceux qui tiennent le jeu, & qu'ils nomment Banquiers: plusieurs personnes en tres-peu de tems s'y ruinerent. Les banqueroutes frequentes que cela causa, les cris & la desolation des familles affligées, exciterent les Magistrats d'y pourvoir.

Le Parlement rendit un Arrest le quatorziéme Octobre 1658. qui fit défenses à toutes personnes de quelque qualité & condition qu'elles fussent, » de tenir aucun jeu de Hocca, ny d'autres jeux » défendus, à peine de prison, & de mille livres » d'amende ; & ordonna aux Officiers du Châ-

telet d'y tenir la main. Ces mêmes défenses furent réïterées sous les mêmes peines par trois autres Arrests du Parlement des 15. du même mois d'Octobre 1658. 15. Fevrier 1659, & 5. Fevrier 1660.

L'on eut enfin recours à l'autorité du Roy, pour faire cesser ce desordre des jeux de hazard, « & pour rétablir dans Paris la sûreté publique, « qui recevoit tous les jours quelques nouvelles « atteintes. Sa Majesté y pourvût par une Déclaration du dix-huitiéme Decembre 1660. l'Article « neuviéme est conçû en ces termes: Voulons aussi « que les Ordonnances de Police pour l'expul- « sion de ceux qui vendent tabac, tiennent A- « cademies, brelans, jeux de hazard, bordels « & autres lieux défendus soient executées; & « enjoignons au Prevost de Paris & ses Lieute- « nans, Commissaires-Examinateurs, & autres « Officiers qu'il appartiendra, d'y tenir la main. « Voicy les autres Réglemens qui ont suivi.

---

8. Juil. 1661. Arrest du Parlement contre le jeu du Hocca.

CE jour, sur la plainte faite par les Officiers du Chastelet, en presence des Gens du Roy, de ce qu'au préjudice des Arrests & Réglemens de la Cour, qui prohibent & défendent de tenir aucuns lieux pour joüer aux jeux de hazard, notamment au jeu de Hocca ; & de plusieurs Sentences par eux renduës en execution desdits Arrests & réglemens, plusieurs personnes ne delaissent de tenir lesdits lieux sous l'appuy & l'aveu de plusieurs personnes de credit & d'authorité, qui en tiroient des profits illicites. Oüy les Gens du Roy en leurs Conclusions, Ladite Cour a arresté & ordonné que lesdits Arrests seront executez. Fait iteratives défenses d'y contrevenir, & de tenir aucuns lieux pour joüer audit jeu de Hocca, à peine de 2000. liv. d'amende, applicable à l'Hospital General, payable sans déport, & de prison contre les contrevenans. Enjoint au Substitut du Procureur General du Roy au Chastelet, de tenir la main à l'execution du present Arrest, lequel sera lû, publié & affiché par tout où besoin sera. Fait en Parlement le huit Juillet mil six cens soixante-un.

---

12. Aoust 1661. Arrest contre le jeu du Hocca.

CE jour, sur la plainte faite à la Cour. en presence des Gens du Roy, par le Substitut du Procureur General du Roy au Chastelet, de ce qu'au préjudice de l'Arrest du 8. Juillet dernier rendu en consequence d'autres precedens, portant défenses à toutes personnes de tenir aucuns lieux pour joüer au jeux du Hocca, à peine de deux mille livres d'amende, applicable à l'Hospital General de cette Ville, payable sans déport, & par provision affichée à la diligence du Substitut, dans tous Les Carrefours de ladite Ville. Les nommez Loüis Baudon & Franquet Pollion, & autres, n'ont laissé & ne laissent de donner à joüer audit jeu de Hocca, & se retirent dans les Hostels de Nemours, de la Trimouille, & même dans les Ecuries de Monsieur le Duc d'Orleans, & autres lieux, tant dehors que dedans ladite Ville, ainsi qu'il paroist par les Procès verbaux & informations qui en ont esté faites par les Commissaires du Chastelet : Oüy les Gens du Roy en leurs Conclusions, Ladite Cour a ordonné & ordonne que ledit Arrest du 8. Juillet & autres precedens seront executez. Fait iteratives défenses à toutes personnes de quelque qualité & condition qu'elles soient, de tenir aucuns lieux pour donner à joüer au jeu de Hocca, sous les peines y contenuës. Enjoint aux Commissaires du Chastelet de se transporter en tous lieux qui leur seront indiquez par ledit Substitut. Ordonne que les nommez Carpongny, Laperriere, Lonnard, Boissalard, Maur, Ruelle, de Villan, Poullan, Juveau, Loüis du Croq, Franquet Pollion, & autres qui ont contrevenu ausdits Arrests, seront contraints, à la diligence dudit Substitut, au payement de l'amende de 2000. liv. chacun, sans déport & par prison ; de laquelle somme en sera délivré un tiers au Receveur dudit Hospital General, un autre tiers au denonciateur, & l'autre tiers au pain des Prisonniers de la Conciergerie dudit Chastelet de Paris ; leur fait défenses de recidiver, à peine de punition corporelle. Ordonne que le present Arrest sera lû, publié & affiché par tout où besoin sera, à la diligence dudit Substitut ; & luy enjoint de tenir la main à l'execution d'iceluy, nonobstant toutes oppositions ou appellations quelconques, lequel sera executé en vertu de l'Extrait. Fait en Parlement le 12. Aoust 1661.

---

28. Septemb. 1663. Arrest contre les Academies de jeu.

CE jour, Maistre Achilles de Harlay, Substitut du Procureur General du Roy, est entré & a remontré, que contre les prohibitions portées par les Arrests & Réglemens de Police, deux particuliers tiennent maisons où ils donnent à joüer à toutes sortes de personnes ; esquels lieux les gens de mauvaise vie font ordinairement leur retraite, ce qui donne lieu à la perte de la jeunesse & de beaucoup de familles : entre lesquels sont les nommez de saint-Omer, sa famille & autres qui tiennent académie ouverte, dont Me Hierôme le Maistre Conseiller du Roy en ses Conseils, & President en la quatriéme Chambre des Enquestes, & autres voisins ayant porté leurs plaintes au Commissaire Tierce, il s'y seroit transporté plusieurs fois, & dressé Procès verbaux de ce qu'il y a trouvé ; sur lesquels, à la diligence du Substitut du Procureur General du Roy au Chastelet, est intervenu Sentence de Police le 31. Aoust dernier, par laquelle il a esté ordonné que dans huitaine ledit de saint Omer & sa famille viuderoient des lieux où ils sont demeurans, & du quartier, & condamnez en quatre-vingt livres parisis d'amende : Et François le Mercier principal Locataire de ladite maison, pour les avoir soufferts, condamné en pareille somme de quatre-vingt

M m m iij   livres

livres parifis d'amende. Et quoique des condamnations de cette qualité doivent avoir leur execution, néanmoins lefdits de faint-Omer & le Mercier ont prefenté leurs Requeftes à la Cour les
quatre, dix-huit, vingt-quatre & vingt-cinquiéme Septembre prefent mois, afin d'eftre reçûs
Appellans defdites Sentences, & déchargez des amendes mentionnées en icelles ; & par une furprife ont obtenu Arreft le quatre dudit mois de Septembre, par lequel ils ont fait furfeoir l'execution de ladite Sentence : c'eft pourquoy requeroit, fans s'arrefter aux Requeftes defdits faint-
Omer & le Mercier, eftre reçû oppofant à l'execution dudit Arreft ; les défenfes portées par iceluy
levées, & ordonné que ladite Sentence de Police feroit exécutée ; défenfes à toutes perfonnes de
tenir aucuns brelans & mauvais trains ; & à tous proprietaires & principaux Locataires des maifons d'en loüer ny fouffrir, à peine de trois mille livres d'amende & de prifon. Luy retiré, la
matiere mife en délibération ; La Chambre, fans s'arrefter aufdites Requeftes, a reçû & reçoit le
Procureur General oppofant à l'execution dudit Arreft ; faifant droit fur icelle, a levé les défenfes portées par iceluy ; en confequence ordonne que la Sentence de Police, dont eft queftion, fera
executée ; fait défenfes à toutes perfonnes de contrevenir aufdits Arrefts & Réglemens de Police,
qui feront executez ; enjoint au Subftitut du Procureur General du Roy du Chaftelet, & autres Officiers dudit Chaftelet, de tenir la main à l'execution du prefent Arreft. Fait en Vacations ce vingt-
fixiéme jour de Septembre mil fix cens foixante-trois. DU TILLET.

4. Avril
1664. Sen-
tence de Po-
lice contre
des particu-
liers, pour
avoir tenu
academie de
jeux.

SUr le rapport fait par Mes Jean Menyer & Eftienne Defpinay, Commiffaires-Enquefteurs &
Examinateurs en cette Cour, du contenu en leur Procés verbal des Samedy 22. & Lundy 24.
Mars dernier ; contenant entr'autres chofes, comme ils fe feroient tranfportez lefdits jours, & affiftez de nombre d'Archers, en l'Hoftel de la Trimouille, Fauxbourg Saint-Germain des Prez, au
fujet des contraventions qui s'y faifoient & s'y font faites publiquement & journellement aux Réglemens de Police, s'y donnant à joüer tous lefdits jours, ainfi qu'il avoit efté fait auparavant, au
jeu du Hocca & aux Cartes par les nommez Franquet & Collin, au préjudice de plufieurs Arrefts
fur ce intervenus ; notamment au préjudice de ceux des 8. Juillet & 12. Aouft 1661. qui prohibent
& défendent ledit jeu, à peine de 2000. liv. d'amende ; & ordonnent que ledit Franquet & autres,
pour avoir contrevenu aux défenfes qui en avoient déja efté faites par de precedens Arrefts, feroient contraints au payement de ladite amende de 2000. liv chacun, fans déport & par prifon, avec
défenfes de recidiver à peine de punition corporelle ; ce qui a efté lû, publié & affiché. Ledit Procés verbal contient auffi la rebellion premeditée defdits Franquet & Collin, qui avoient plufieurs
armes à feu & autres preparées & deftinées pour fe maintenir impunement dans ledit jeu, à la
faveur du lieu, & pour faire violence aux Officiers de Juftice, qui iroient pour l'execution defdits Arrefts & Réglemens qui défendent toutes fortes de Brelans, & fpecialement ledit jeu ; contenant auffi l'évafion defdits Franquet & Collin, facilitée par leurs armes, & par la refiftance de
plufieurs quidans leurs adherans, ledit jour 24. Mars dernier, & la faifie de quelques-unes des armes, confiftant en un moufqueton, deux piftolets chargez à balle, & en deux épées, & de plufieurs
chofes énoncées au Procés verbal, fervant audit jeu de Hocca, avec un tres-grand nombre de jeux
de Cartes, & de ce qui fe feroit trouvé refter de deniers en la table & fur ledit jeu de Hocca, confiftant en une fomme de 238. l. 15. f. en diverfes efpeces & en jettons d'argent ; lefquelles chofes faifies auroient efté tranfportées. Lors de quoy, le nommé de Villars s'eftant trouvé dans ledit
jeu armé d'épées ; & enfuite entre ceux qui exciterent la rumeur & violence à Juftice au dehors
dudit Hoftel de la Trimouille, pour empêcher le tranfport des chofes faifies ; il auroit efté em-
prifonné à la Requefte du Procureur du Roy, és mains duquel ledit Procés verbal a efté mis.
Vû par nous ledit Procés verbal & l'interrogatoire par nous pris le 25. dudit mois de Mars dernier de Jean Rémond de Villars natif de Gourdon en Quercy, foy-difant Valet-de-Chambre du
Sieur Comte de Vallay, contenant fes réponfes, confeffions & denegations. La Requefte à nous prefentée par ledit de Villars, communiquée de noftre Ordonnance avec ledit interrogatoire au Procureur du Roy le 29 Mars dernier. Vû auffi lefdits Arrefts ; & après que ledit de Vilars, pour ce
atteint de fa prifon, a d'abondant efté par nous oüy en fes défenfes contre le contenu audit Procés
verbal & rapport, a denié eftre interreffé avec ledit Franquet ny autres audit jeu de Hocca, &
eft demeuré d'accord eftre vray que lefdits jours de Samedy & Lundy 22. & 24. Mars dernier, &
d'autres fois auparavant, il avoit joüé dans ledit Hoftel de la Trimouille au jeu de Lanfquenet avec
ledit Franquet & autres, dans le même lieu où iceluy Franquet donne à joüer au Hocca. Que
lors de l'entrée defdits Commiffaires audit Hoftel de la Trimouille, en la Salle où fe tenoit
le Hocca, il avoit ainfi qu'au dehors plûtoft empêché qu'excité la rebellion, quoiqu'il
euft une épée à fon cofté. Tout confideré : Nous, oüy fur ce le Procureur du Roy en fes Conclufions ; faifant droit fur icelles, Difons que défenfes font faites audit de Villars de recidiver, à peine
de punition ; l'avons condamné en 400. liv. parifis d'amende, pour laquelle il tiendra prifon, &
en payant icelle il fera élargi ; applicable le tiers au Roy, l'autre aux prifonniers du Grand-Chafte-
let, & l'autre à l'Hofpital General. Que les 238. l. 15. f. en deniers & jettons d'argent, & les armes
faifies font confifquées moitié au denonciateur, l'autre aux Exempts, Archers & Officiers qui ont
affifté les Commiffaires, les frais les premiers pris ; les uftanciles fervans audit jeu feront rompus :
& à l'égard defdits Franquet, Collin & autres dénoncez audit Procés verbal, fera contr'eux extraordinairement procedé ; & à cette fin l'inftruction commencée fera parachevée à la Requefte du Procureur du Roy : & fera la prefente Sentence executée nonobftant oppofitions ou appellations quelconques ; faites ou à faire, & fans préjudice d'icelles, pour lefquelles ne fera differé ; attendu ce
dont il s'agit. Ce fut fait & donné par Meffire DREUX D'AUBRAY Seigneur d'Offemont
& de Villiers, Confeiller du Roy en fes Confeils, Lieutenant Civil de la Ville, Prevofté & Vicomté de Paris, tenant le Siege. Ce Vendredy quatriéme jour du mois d'Avril mil fix cens
foixante-quatre.

LOUIS

28.Novemb.
1664. Arreſt
du Parlem.
contre les A-
cademies de
jeu, publié &
affiché le 10.
Janv. 1665.

CE jour, la Cour, après avoir, oüy en preſence des Gens du Roy, les Lieutenans Civil & Crimi-nel, le Subſtitut du Procureur General du Roy au Chaſtelet, le Lieutenant Criminel de Ro-be-courte, le Prevoſt de l'Iſle & les autres Officiers de Police dudit Chaſtelet, ſur les moyens les plus convenables pour donner la ſûreté à la Ville, & empêcher les meurtres, vols & brigandages qui s'y commettent : Oüy les Gens du Roy en leurs Concluſions, a ordonné, &c. Seront tenus les Commiſſaires du Chaſtelet ſe transporter dans toutes les Auberges, Cabarets & Hoſtelleries, pour dreſſer Procès verbal de ceux qui y demeurent, ſe faire repreſenter les Regiſtres, & faire per-quiſition des vagabons & gens ſans aveu, faire fermer les Cabarets à ſix heures, chaſſer & faire fermer tous les Tabacs & Academies, & autres Lieux infames : Et pour cet effet ceux qui tien-nent leſdits Tabacs & Academies, ſeront pour la premiere fois condamnez en 400. liv. pariſis d'a-mende ; & pour la ſeconde, punis corporellement, condamnez au foüet & appliquez au carcan. Fait défenſes aux principaux Locataires de leur ſous-loüer, à peine de pareille amende de 400. liv. pa-riſis, & de perte de leurs loyers ; & à tous Proprietaires, à peine de confiſcation des loyers pour la premiere fois, & de pareille amende, & leurs maiſons fermées pendant un an en cas de recidi-ve. Enjoint, tant aux Sergens à verge qu'aux Bourgeois, d'aſſiſter les Commiſſaires allans en Po-lice, & de prendre les armes lors qu'ils en ſeront par eux requis ; en ſorte que la force en demeu-re à Juſtice. Ordonne que le preſent Arreſt ſe ra lû, publié & affiché à la requeſte du Procureur General du Roy, & diligence de ſes Subſtituts, par tout où beſoin ſera. Fait en Parlement le 28. Novembre 1664. *Voir cet Arreſt pour ſes autres diſpoſitions, au Titre*, De la Sûreté publique.

Decembre
1666. Edit
pour la ſure-
té de Paris,
qui défend les
Brelans ou
Academ. de
jeu, regiſtré
au Parlem.
le 11. du mê-
me mois.

LOUIS, par la grace de Dieu, Roy de France & de Navarre, à tous preſens & à venir, Salut. Les plaintes qui nous ont eſté faites du peu d'ordre qui eſtoit dans la Police de noſtre bonne Ville de Paris & Fauxbourgs dicelle, Nous ayant obligé de rechercher les cauſes dont ces défauts pouvoient proceder ; Nous aurions fait examiner en noſtre Conſeil les anciennes Ordonnances & Réglemens de Police, que Nous aurions trouvé ſi prudemment concertées, que Nous aurions eſtimé qu'en apportant l'application & les ſoins neceſſaires pour leur execution, elle pourroit eſ-tre aiſément reſtablie, & les Habitans de noſtre bonne Ville de Paris en recevoir de notables commoditez, &c. Voulons pareillement que les Ordonnances de Police, pour chaſſer ceux chez leſquels ſe prend & conſomme le tabac, qui tiennent academies, brelans, jeux de hazard & au-tres lieux défendus, ſoient executées ; & à cet effet la publication d'icelles renouvellée. *Voir cet Edit en ſon entier au Titre*, De la Sûreté publique.

15.Juillet
1667. Ord.
de Police
contre les A-
cademies de
jeu, publiée
& affichée le
16. du même
mois.

SUR ce qui Nous a eſté repreſenté par le Procureur du Roy, qu'au prejudice des Réglemens de Police, pluſieurs perſonnes ſe ſont licenciées de donner à joüer en leurs maiſons, aux Car-tes, Dez & autres jeux prohibez par les Ordonnances ; & ſous pretexte de ce qu'ils diſent rece-voir leurs amis, tiennent un commerce du jeu, & de leurs maiſons des Brelans & des Academies pu-bliques. Et dautant que telle licence emporte avec ſoy la dépravation des bonnes mœurs, cau-ſe la ruine de pluſieurs familles, & qu'il a avis que dans leſdits lieux où ſe retirent leſdites aſ-ſemblées, il s'y profere pluſieurs juremens & blaſphêmes execrables ; Nous a requis & eſtre pourvû. Nous, faiſant droit ſur les Concluſions dudit Procureur du Roy, diſons que conformé-ment aux Ordonnances & Arreſts, défenſes ſont faites à toutes perſonnes de quelque qualité & condition qu'elles ſoient, de tenir Academies & Brelans en leurs maiſons, d'y donner à joüer aux Cartes, Dez, Trictracs & autres jeux prohibez, à peine de quinze cens livres pariſis d'a-mende, applicable pour la premiere fois un tiers au Roy, un tiers à l'Hoſpital General, & l'au-tre tiers au denonciateur, & de punition corporelle pour la ſeconde ; & demeureront les Pro-prietaires des maiſons où ſe tiendront leſdits Brelans & Academies de jeu, reſponſables de l'amende. Mandons aux Commiſſaires du Chaſtelet de tenir la main à l'execution des preſentes, faire les perquiſitions neceſſaires dans leurs quartiers, & lors qu'il leur ſera denoncé que dans l'un donne à joüer, & Nous faire rapport de ce qui aura eſté par eux fait : Et afin que nul n'en preten-de cauſe d'ignorance, ſera noſtre preſente Ordonnance lûë, publiée & affichée en tous les Carre-fours & lieux ordinaires de cette Ville & Fauxbourgs de Paris. Ce fut fait & donné par Meſſire GABRIEL NICOLAS DE LA REYNIE, Conſeiller du Roy en ſes Conſeils d'Eſtat & Privé, Maiſtre dès Requeſtes Ordinaire de ſon Hoſtel, & Lieutenant de Police de la Ville, Prevoſté & Vicomté de Paris, tenant le Siege les jours & an que deſſus. DE LA REYNIE. DE RIANTZ. SAGOT, Greffier.

4. Juillet
1670. Sen-
tence de Po-
lice contre un
particulier
pour avoir
donné à joüer
aux Cartes
& au Tric-
trac.

A Tous ceux qui ces preſentes Lettres verront, Achilles de Harlay Conſeiller du Roy en ſes Conſeils, ſon Procureur General & Garde de la Prevoſté & Vicomté de Paris, le Siege va-cant, Salut. Sçavoir faiſons, que ſur ce qui Nous a eſté rapporté par le Commiſſaire Piretouy prépoſé pour le fait de Police au Quartier Saint-Antoine, que le 21. du preſent mois, ſuivant l'ordre qui luy a eſté par Nous donné ; s'eſtant ſur les ſix à ſept heures du ſoir tranſporté avec les Commiſſaires Tierce & David dans le Jeu de Paume de la Croix-Noire, ſis audit Quartier ſur le Quay de ſaint Paul, appellé vulgairement Beauſis, ne s'y ſeroit trouvé dans iceluy qui que ce ſoit joüant à la Paume : mais eſtant entrez dans le logis qui eſt ſur le devant occupé par Cocuel Maiſtre dudit Jeu de Paume, ils auroient trouvé dans une ſale baſſe qui regarde ſur le-dit Quay du moins trente perſonnes, dont la plûpart joüoient aux Cartes ſur trois tables qui y eſtoient dreſſées en trois differens endroits ; & dans la cour qui eſt ſur le derriere de ladite ſale, trois autres tables auſſi dreſſées en trois differens endroits, & pluſieurs particuliers qui y joüoient, les uns aux Cartes, & les autres à deux Trictracs ; avoit trouvé ledit Cocuel dans ladite ſale, en preſence duquel, après luy avoir repreſenté ſa contravention aux Ordonnances & Réglemens de Police, il auroit fait ſaiſir & enlever leſdits deux Trictracs par les Huiſſiers qui les aſſiſtoient ; & ledit Cocuel les ayant enſuite conduits aux chambres hautes qui ſe ſeroient trouvé fermées, & perſonne dans icelles, ils ſe ſeroient retirez dudit Jeu de Paume, après avoir enjoint audit Cocuel de
comparoir

comparoir au premier jour en cette Cour, la Police tenant, pour répondre à leur rapport, & voir fur iceluy ordonner ce que de raifon. Nous, aprés que ledit Cocuel a efté appellé & n'eft comparu, avons contre luy donné défaut; & par vertu d'iceluy, oüys les Gens du Roy en leurs Conclufions, Nous avons les deux Trictracs faifis confifquez, & ledit Cocuel condamné en cinq cens livres d'amende, avec défenfes de reciduer, fur plus grandes peines; ce qui fera executé nonobftant oppofitions ou appellations quelconques, & fans préjudice d'icelles; en témoin de quoy Nous avons fait fceller ces prefentes. Ce fut fait & donné au Chaftelet de Paris par Meffire GABRIEL NICOLAS DE LA REYNIE, Confeiller du Roy en fes Confeils, Maiftre des Requeftes ordinaire de fon Hoftel, & Lieutenant de Police de la Ville, Prevofté & Vicomté de Paris, tenant le Siege, le Vendredy quatriéme Juillet mil fix cens foixante-dix.

20. Juin 1671. Ordonnance de Police contre le jeu de Hocca, publiée & affichée le 1. Juillet 1671. SUr ce qui Nous a efté reprefenté par le Procureur du Roy, que le Jeu appellé du Hocca devant eftre reputé non feulement du nombre de ceux qui font défendus par les Ordonnances du Royaume, mais encore un des plus dangereux de tous les Jeux de hazard, foit que l'on y confideraft fa difpofition & fes regles, ou la neceffité de le défendre, dans laquelle s'eftoient trouvez ceux-mêmes qui l'avoient inventé, les moyens extraordinaires dont ils s'eftoient fervis pour le bannir de leur Pays, & la feverité dont ils avoient ufé envers ceux qui avoient ofé contrevenir à leurs défenfes : Néanmoins, & par un malheur dont on ne fçauroit affez fe plaindre, au lieu que les foins & l'exemple des Eftrangers devoient donner une averfion toute particuliere pour cette forte de Jeu, où il peut eftre pratiqué une infinité d'adreffes & de differens moyens de tromper : Quelques perfonnes, dans la vûe d'un gain extraordinaire, en avoient depuis quelques années malheureufement porté l'invention en France, & tenté toutes fortes de voyes pour le mettre en ufage, & pour l'eftablir en cette Ville. Mais y ayant fait, prefque auffi-toft qu'il y avoit paru, de tres-grands defordres, & caufé des pertes immenfes, il fut dés ce temps expreffément defendu : & aprés la recherche exacte de ceux qui tenoient cette forte de jeu dans leurs maifons, l'emprifonnement de plufieurs perfonnes, & les condamnations d'amendes qui ont efté de temps en temps prononcées contre d'autres, il fe trouvoit prefque entierement aboly, lors que certains particuliers, fous pretexte que qu'ils avoient vû ce jeu de Hocca fervir de divertiffement en quelque occafion, fe font de nouveau mis en devoir d'en eftablir des Academies en divers lieux de cette Ville; dans lefquels la même manie qui l'avoit fait recevoir autrefois, ayant caufé depuis peu la ruine de plufieurs perfonnes & de plufieurs familles, il eftoit plus que jamais neceffaire d'y apporter quelque remede, & d'arrefter par de nouveaux foins la fource de ces defordres, & d'une infinité d'autres malheurs : ce qui ne fe pouvant mieux faire qu'en renouvellant les défenfes cydevant faites; qu'en faifant des recherches exactes dans tous les lieux fufpects, & en puniffant feverement ceux qui feroient trouvez en contravention. Requeroit le Procureur du Roy, qu'il fuft fur ce par Nous pourvû. Nous, faifant droit fur ledit requifitoire, & conformément aux Arrefts, Ordonnances & Réglemens, avons fait iteratives & tres-expreffes défenfes à toutes fortes de perfonnes de quelque qualité & condition qu'elles foient, de tenir chez eux ou ailleurs, fous quelque pretexte que ce puiffe eftre, aucun jeu appellé du Hocca, & d'y joüer, ou donner à joüer, à peine de prifon, de confifcation des deniers qui ferviront de fonds à la banque defdits jeux, cinq cens livres d'amende, & de mille livres applicables à l'Hofpital General, & aux denonciateurs par moitié, & d'eftre en cas de recidive punis exemplairement. Défenfes à tous Maiftres Cartiers, Tourneurs ou Tabletiers, & autres, de faire, vendre, ny debiter, pour quelque caufe que ce foit, aucunes Cartes, Billets, ny Boules fervans audit jeu de Hocca, auffi à peine de trois cens livres d'amende pour la premiere fois, & d'eftre déchûs de la Maiftrife en cas de recidive. Mandons aux Commiffaires du Chaftelet de fe transporter inceffamment dans tous les lieux fufpects, & où ils auront avis qu'on donnera à joüer audit jeu de Hocca, tant au dedans des quartiers où ils font diftribuez, que par tout ailleurs en cette Ville & Fauxbourgs; de fe faifir defdits jeux & de ceux qui les tiendront, même des deniers qui y ferviront de fonds, & de Nous en faire rapport. Et afin qu'il n'en puiffe eftre prétendu caufe d'ignorance, Nous ordonnons que la prefente Ordonnance fera lûe & publiée à fon de Trompe & Cry public par les Carrefours de cette Ville & Fauxbourgs, & affichée és lieux accouftumez. Ce fut fait & donné par Meffire GABRIEL NICOLAS DE LA REYNIE, Confeiller du Roy en fes Confeils d'Eftat & Privé, Maiftre des Requeftes ordinaire de fon Hoftel, & Lieutenant de Police de la Ville, Prevofté & Vicomté de Paris, le vingtiéme jour de Juin mil fix cens foixante-onze. Signé, DE LA REYNIE.   DE RIANTZ.   SAGOT, Greffier.

Dern. Juillet 1673. Lettres Patentes portant permiffion d'eftablir le jeu des Lignes, regiftrées au Parlement le 27. Juillet 1674. LOUIS, par la grace de Dieu, Roy de France & de Navarre, à tous ceux qui ces prefentes Lettres verront; Salut : Noftre tres-cher & bien amé Des-Martins Commiffaire ordinaire de nos Guerres, ayant inventé un Jeu de Geometrie, appellé *le Jeu des Lignes*, qui ne fervira pas moins de divertiffement, que d'inftruction à toutes fortes de perfonnes, eftant même comme une entrée à la Geometrie aux Fortifications, d'autant plus profitables que l'inftruction fera infeparablement attachée avec le divertiffement : Confideré d'ailleurs, que ce Jeu qui eft utile & honnefte, pourra détourner la plûpart de nos Sujets du trop grand attachement & de l'application qu'ils donnent à des jeux illicites, Nous avons volontiers reçû la fupplication que ledit Des-Martins Nous a faite, de luy accorder le Privilege de faire conftruire dans tout noftre Royaume lefdits Jeux, pour les donner au Public, à l'exclufion de tous autres, & le recompenfer par ce moyen du long travail & des frais qu'il a efté & fera obligé de faire pour la perfection & l'eftabliffement dudit jeu. Pour ces caufes & autres à ce Nous mouvans, Nous avons par ces prefentes fignées de noftre main, permis & permettons audit Des-Martins, fes fucceffeurs ou autres qui auront droit de luy, de faire conftruire & fabriquer dans toutes les Villes de noftre Royaume, Pays & Terres de noftre obéïffance, telle quantité qu'il defirera defdits jeux de Geometrie, appellé *le Jeu des Lignes*, les vendre & debiter à toutes fortes perfonnes qui en voudront acheter,

&

& ce durant l'efpace de trente années entieres, à commencer du jour & date des prefentes. Faifons à cet effet tres-expreffes inhibitions & défenfes à toutes fortes de perfonnes, de quelque qualité & condition qu'elles foient, de conftruire ou faire conftruire aucuns defdits jeux dans aucune
Ville ou endroits de noftre Royaume durant ledit temps, fans la permiffion expreffe dudit Des-
Martins; ou de ceux qui auront droit de luy, fous pretexte d'augmentation, correction, changement ou autrement, en quelque forte & maniere que ce puiffe eftre, à peine de confifcation
des Exemplaires, & de mille livres d'amende payable fans déport par chacun des contrevenans,
applicable, fçavoir un tiers à Nous, un tiers à l'Hoftel-Dieu de noftre bonne Ville de Paris, &
l'autre tiers audit Des-Martins. SI DONNONS EN MANDEMENT à nos amez & feaux Confeillers les Gens tenans nos Cours de Parlement, Baillis, Senefchaux, leurs Lieutenans & autres nos
Jufticiers & Officiers qu'il appartiendra, que ces prefentes ils faffent lire, publier & enregiftrer,
& du contenu en icelles joüir & ufer par ledit Des-Martins, pleinement & paifiblement, ceffant
& faifant ceffer tous troubles & empefchemens au contraire, car tel eft noftre plaifir. En témoin
de quoy Nous avons fait mettre noftre Scel à cefdites prefentes. Donné à S. Germain en Laye le
dernier Février 1673. & de noftre Regne le trentiéme. Signé LOUIS, & fur le reply, Par le Roy,
LE TELLIER. Et fcellé du grand Sceau de cire jaune.

28. May 1676. Ord. de Police con- tre le jeu de Hocca, pu- bliée le 29. du même mois.

SUR ce qui Nous a efté remontré par le Procureur du Roy, que le jeu appellé de Hocca
ayant efté expreffément défendu comme le plus dangereux de tous les jeux de hazard; &
ceux qui en avoient les premiers apporté l'invention en cette Ville, s'eftant trouvez aprés ces
défenfes hors d'eftat d'y pouvoir eftablir des Academies publiques de ce jeu, fuivant le deffein
qu'ils en avoient fait : même quelques-uns d'entr'eux ayant efté condamnez & contraints au payement de quelques amendes confiderables, il y avoit lieu de croire aprés cela que le jeu de Hocca
feroit entierement oublié. Cependant il en eft tout autrement arrivé, & il n'eft prefque point de
quartier à Paris où il ne fe trouve aujourd'huy plufieurs maifons, dans lefquelles chacun fçait que
nonobftant les défenfes & avec le dernier fcandale on y donne publiquement à joüer : Et comme
il importe au Public d'arrefter, même par des voyes extraordinaires, le cours d'un tel defordre, & de bannir entierement de cette Ville un jeu auffi pernicieux, avec lequel & par les adreffes infinies, ou les tromperies qui s'y pratiquent, il fe fait tous les jours des pertes immenfes &
foudaines, qui caufent la ruine & la defolation de plufieurs familles : Requeroit ledit Procureur
du Roy qu'il fuft fur ce pourvû. Nous, faifant droit fur ledit requifitoire, avons fait iteratives
& tres-expreffes défenfes à toutes perfonnes de quelque qualité & condition qu'elles foient, d'a-
voir & tenir dans leurs maifons, fous quelque pretexte que ce puiffe eftre, aucun jeu appellé de
Hocca, & d'y joüer ou donner à joüer, à peine de trois mille livres d'amende, applicable moitié aux denonciateurs, & de confifcation à leur profit des deniers qui ferviront à la banque dudit
jeu; de laquelle amende, enfemble des deniers qui auront efté perdus, les Maiftres des lieux où
l'on aura joüé, comme auffi ceux qui auront tenu le jeu feront & demeureront folidairement
refponfables. Pourront à cet effet toutes perfonnes qui auront joüé & perdu quelque fomme de
deniers que ce foit audit jeu de Hocca, rendre plainte & faire leur déclaration pardevant le premier Commiffaire du Chaftelet, moyennant quoy & la preuve qui en fera faite, ce qui aura efté
perdu fera reftitué, & à défaut de preuve de la qualité de la perte, ceux qui prétendront l'avoir
faite en feront crûs jufqu'à deux mille livres & au deffous, pourvû toutefois qu'il demeure conftant qu'on ait joüé audit jeu dans le lieu au temps que il aura efté déclaré. Et pour l'execution de
la prefente Ordonnance, Mandons aux Commiffaires de fe tranfporter dans les maifons
où ils auront avis qu'on donnera à joüer audit jeu de Hocca, tant au dedans des quartiers où
ils font diftribuez, que dans tous les autres quartiers de la Ville & Fauxbourgs : comme auffi de fe
faifir defdits jeux, même des deniers qui y ferviront de fonds. Et où il fe trouveroit des maifons & autres lieux de difficile accés, & dont les Maiftres, Proprietaires ou Locataires donneroient à joüer, & prendroient des précautions pour s'empêcher d'eftre furpris en contravention,
Nous ordonnons aufdits Commiffaires d'en faire inceffamment leurs rapports. Et faifons cependant défenfes à tous Maiftres Cartiers, Tourneurs, Tabletiers & autres de faire ny vendre pour
quelque caufe que ce foit, aucunes Cartes, Billets ny Boules fervans audit jeu de Hocca, à peine de trois cens livres d'amende, & de décheance de la Maiftrife en cas de recidive. Et afin
qu'il n'en puiffe eftre prétendu caufe d'ignorance, la prefente Ordonnance fera lûe, & publiée
à fon de Trompe & Cry public par les Carrefours de cette Ville & Fauxbourgs, & affichée aux
lieux accouftumez. Ce fut fait & donné par Meffire GABRIEL NICOLAS DE LA REYNIE,
Confeiller du Roy en fes Confeils d'Eftat & Privé, Maiftre des Requeftes ordinaire de fon Hoftel,
& Lieutenant de Police de la Ville, Prevofté & Vicomté de Paris, le vingt-huitiéme jour de May
mil fix cens foixante-feize, Signé, DE LA REYNIE. ROBERT. SAGOT, Greffier.

16. Septemb. 1680. Arreft contre les jeux de Hoc- ca de la Baffette & les Academ. d'autres jeux publics.

SUR ce qui a efté remontré à la Chambre eftablie durant les Vacations par le Procureur General du Roy : Qu'encore que le Lieutenant de Police & les Subftituts dudit Procureur General, ayent apporté ce qui pouvoit dépendre de leurs foins pour l'execution des Arrefts, par lefquels la Cour auroit renouvellé les Réglemens de Police rendus en differens temps contre les
Brelans & Academies de jeux publics; neanmoins la grandeur de cette Ville de Paris, & les précautions que l'on apporte à cacher ce mauvais commerce, ne pouvant pas permettre que l'on foit
entierement informé de tout ce qui fe paffe, il a eu avis qu'il y a encore quelques particuliers,
lefquels engagez dans ce defordre par les grands profits qu'ils en tirent, ne laiffent pas de contrevenir à ces défenfes. Et comme outre tous ces jeux de hazard cy-devant défendus, on en a introduit un depuis quelque temps appellé la Baffette, où l'on affure que ceux qui le tiennent ont
une certitude entiere de gagner avec le temps; & qu'entre une infinite de mauvais effets que les
fuites de ce jeu ont produit, on voit dans les procedures qui ont efté faites depuis quelque-
temps contre des particuliers accufez de prefter à ufure, que les pertes faites audit jeu par plufieurs enfans de familles, les ont engagez à emprunter de l'argent à tel denier, que lefdits parti-

culiers accufez d'ufure ont voulu exiger d'eux. Ledit Procureur General eftime eftre obligé d'a-voir recours à l'autorité de la Cour, pour faire renouveller les défenfes générales prononcées contre tous les jeux de hazard, & particulierement contre celuy appellé de Hocca; & de la fupplier d'eftablir les mêmes peines, & encore de plus grandes contre ceux qui donneront à joüer chez eux audit jeu de la Baffette, & contre ceux qui y joüeront. Luy retiré; la matiere mife en délibération : La Cour a ordonné & ordonne que les Ordonnances, Arrefts & Réglemens contre les jeux de hazard feront executez. Fait défenfes à toutes fortes de perfonnes de tenir chez eux aucune Academie de jeux publics; & particulierement de donner à joüer aux jeux appellez le Hocca & la Baffette, à peine de trois mille livres d'amende, applicable le tiers au Roy, l'autre tiers à l'Hofpital des Enfans-Trouvez, & le dernier au denonciateur; lefquelles amendes pourront eftre prononcées fur les Procés verbaux des Commiffaires du Chaftelet, ou autres Officiers que le Lieutenant de Police voudra commettre pour cet effet. Ordonne que les maifons dans lefquel-les ceux qui auront efté condamnez une premiere fois pour avoir donné à joüer aufdits jeux, donneront encore à joüer une feconde fois aux mêmes jeux, demeureront fermées durant fix mois, fans prejudice d'autre peine corporelle ou pecuniaire contre lefdits particuliers, ainfi qu'il fera trouvé à propos, felon les circonftances du fait. Fait auffi défenfes à toutes perfonnes de joüer à tous jeux de hazard, particulierement aufdits jeux de Hocca & de la Baffette, à peine de cinq cens livres d'amende; à tous Maiftres Cartiers & tous autres, de vendre & debiter des car-tes pour joüer à la Baffette, fur peine de mille livres d'amende pour la premiere fois, applica-ble comme deffus, & de punition corporelle en cas de recidive. Enjoint au Lieutenant de Po-lice & aux Subftituts du Procureur General de tenir la main à l'execution du prefent Arreft, le-quel fera publié & affiché par tout où befoin fera dans cette Ville de Paris. Fait en Vacations le feiziéme jour de Septembre mil fix cens quatre-vingt. Signé, DONGOIS.

23. Novemb. 1680. Arreft du Parlem. contre les Academies de jeux, & contre le Hocca & la Baffet-te.

SUR ce qui a efté remontré à la Cour par le Procureur General du Roy, qu'il a appris par les plaintes de plufieurs Officiers du reffort de la Cour, que les defordres des Jeux appellez la Baffette & le Hocca, & autres de cette qualité s'eftant répandus de cette Ville dans celles des Pro-vinces éloignées, il eftoit neceffaire qu'il pluft à la Cour employer fon autorité pour y arrefter ce mal, comme elle l'avoit fait depuis quelque temps, avec beaucoup de fuccés, en cette Ville de Paris, dont la grandeur & la multitude des Habitans de toutes fortes de conditions, fembloit rendre l'execution de ce Réglement tres-difficile. Requerant & eftre pourvû, fuivant les Conclu-fions par luy prifes : luy retiré; la matiere mife en délibération: La Cour a ordonné & ordonne, que les Ordonnances, Arrefts & Réglemens contre les jeux de hazard, feront executez dans tou-tes les Villes & lieux de fon reffort. Fait défenfes à toutes fortes de perfonnes de tenir chez eux aucune Academie de Jeux publics, & particulierement de donner à joüer aux jeux appellez le Hocca & la Baffette, à peine de trois mille livres d'amende, applicable le tiers au Roy, l'autre tiers aux Hofpitaux des lieux, & le dernier au denonciateur; lefquelles amendes pourront eftre prononcées fur les Procés verbaux des Officiers de Police. Ordonne que les maifons dans lefquel-les ceux qui auront efté condamnez une premiere fois pour avoir donné à joüer aufdits Jeux, donneront encore à joüer une feconde fois aux mêmes jeux, demeureront fermées durant fix mois, fans prejudice d'autre peine corporelle ou pecuniaire contre lefdits particuliers, ainfi qu'il fera trouvé à propos, felon les circonftances du fait. Fait auffi défenfes à toutes perfonnes de joüer à tous jeux de hazard, particulierement aufdits jeux de Hocca & de la Baffette, à peine de cinq cens livres d'amende; à tous Maiftres Cartiers & tous autres, de vendre & debiter des Cartes pour joüer à la Baffette, fur peine de mille livres d'amende pour la premiere fois, applicable comme deffus, & de punition corporelle en cas de recidive. Enjoint aux Officiers aufquels la Police des lieux appartient, & aux Subftituts du Procureur General de tenir la main à l'execution du prefent Arreft, lequel fera publié & affiché par tout où befoin fera. Fait en Parlement le vingt-troifiéme Novembre mil fix cens quatre-vingt. Signé, DONGOIS.

29. Decemb. 1681. Ordon. de Police con-tre le Hocca, la Baffette & les jeux de hazard, pu-bliée & af-fichée le 31. du même mois.

SUR ce qui Nous a efté remontré par le Procureur du Roy, qu'au préjudice des défenfes qui ont efté faites & réiterées plufieurs fois par les Arrefts de la Cour & Ordonnances de Po-lice, de tenir des Brelans & Academies de Jeux, & particulierement de donner à joüer aux jeux appellez la Baffette & jeu de Hocca, il eft averti qu'en plufieurs Hoftels & maifons on joüe & don-ne à joüer publiquement aufdits jeux & au Lanfquenet : A quoy eftant neceffaire de pourvoir & de faire ceffer ce defordre, ledit Procureur du Roy a requis que fur ce il fuft pourvû, & que les défenfes cy-devant faites fuffent de nouveau réiterées & publiées: Nous ayant egard à ladite re-montrance, avons ordonné & ordonnons que les Arrefts & Réglemens de la Cour, & Ordonnan-ces de Police touchant les jeux appellez de Hocca, la Baffette & autres jeux de hazard, feront executez felon leur forme & teneur; & en confequence faifons iterative défenfes à toutes perfon-nes de quelque qualité & condition qu'elles foient, de joüer ou donner à joüer aufdits jeux en leurs maifons & Hoftels, à peine pour la premiere fois de trois mille livres d'amende, applicable un tiers au Roy, un tiers à l'Hofpital General, & un tiers au denonciateur, & autres plus gran-des peines s'il y échet : Et en cas de recidive enjoignons aux Commiffaires du Chaftelet de fe tranf-porter dans les maifons dans lefquelles ils apprendront que l'on joüe à ces jeux défendus, & d'en faire rapport pardevant Nous à la Police. Faifons défenfes à tous Maiftres Cartiers & tous autres de debiter des Cartes faites pour joüer à la Baffette, à peine de mille livres d'amende pour la pre-miere fois; & en cas de recidive, d'eftre déchûs de la Maiftrife : & fera la prefente Ordonnance lûe, publiée & affichée par tout où befoin fera, & executée nonobftant oppofitions ou appella-tions quelconques, & fans prejudice d'icelles. Ce fut fait & donné par Meffire GABRIEL NICOLAS DE LA REYNIE, Confeiller d'Eftat ordinaire, & Lieutenant General de Police de la Ville, Prevofté & Vicomté de Paris, le vingt-neuviéme jour de Decembre mil fix cens quatre-vingt-un. Signé, DE LA REYNIE. ROBERT. SAGOT, Greffier.

30. Janvier
1685. Arreſt
du Conſeil
portant dé-
fenſes de
joüer à laBa-
ſſette.

LE Roy, eſtant en ſon Conſeil, ayant eſté informé du prejudice que porte à ſes Sujets le jeu appellé de la Baſſette; & que nonobſtant les défenſes qui ont eſté faites d'y joüer, par les Arreſts des Cours & Ordonnances de Police, l'on ne laiſſe pas de continuer à le faire dans le aſſemblées publiques, ou dans des maiſons particulieres, ſoit ſous ledit nom de la Baſſette, ſoit ſous celuy de Pour & Contre, ou autrement. Et Sa Majeſté deſirant pour le bien de ſes Sujets pour-voir à ce que ledit jeu de la Baſſette ne ſoit plus en uſage dans ſon Royaume & Terres de ſon obéiſſance: SA MAJESTE' ESTANT EN SON CONSEIL, a défendu & défend tres-ex-preſſément à tous ſes Sujets, de quelque qualité & condition qu'ils ſoient, de plus continuer à joüer audit jeu de la Baſſette, ſoit és aſſemblées publiques, ſoit dans leurs maiſons en particulier, ſous quelque nom & pretexte que ce ſoit, à peine de trois mille livres d'amende, au payement de laquelle Sa Majeſté veut que les contrevenans ſoient contraints par toutes voyes, même par ſaiſie & execution de leurs biens, meubles, chevaux & carroſſes: ladite amende applicable, ſça-voir un tiers au denonciateur, & les deux autres tiers aux Hoſpitaux des lieux. Enjoint Sa Ma-jeſté aux Lieutenans Generaux & Civils des Baillages, Seneſchauſſées & Sieges Preſidiaux du Royau-me, de tenir la main chacun à ſon égard à l'exacte obſervation & execution du preſent Arreſt, & d'informer inceſſamment Sa Majeſté des contraventions qui pourroient y eſtre faites; Sa Ma-jeſté voulant qu'il ſoit lû, publié & affiché, à la diligence deſdits Lieutenans Generaux, par tout où beſoin ſera, à ce qu'aucun n'en prétende cauſe d'ignorance. Fait au Conſeil d'Eſtat du Roy, Sa Majeſté y eſtant, tenu à Verſailles le trentiéme jour du mois de Janvier mil ſix cens quatre-vingt-cinq. Signé, COLBERT.

18. Juillet
1687. Arreſt
contre les
jeux de Hoc-
ca, de la Baſ-
ſette & du
Lanſquenet.

VEU par la Cour l'Arreſt par elle donné le premier du preſent mois de Juillet; par lequel, aprés avoir mandé les Officiers de Police, & les avoir oüis, il auroit eſté ordonné qu'ils don-neroient leur avis par écrit ſur les moyens les plus convenables pour faire ceſſer les jeux de hazard, & les contraventions aux Ordonnances, Arreſts & Réglemens de la Cour: l'avis donné par les Officiers de Police en execution dudit Arreſt; Concluſions du Procureur General du Roy; la ma-tiere miſe en délibération: La Cour a ordonné & ordonne que les Ordonnances & Arreſts con-cernans les jeux de hazard, ſeront executez; fait défenſes à toutes perſonnes de quelque qualité & condition qu'elles ſoient, de donner à joüer dans leurs maiſons à ceux qui y viendront pour ce ſujet, & particulierement aux jeux appellez le Hocca, la Baſſette & le Lanſquenet, à peine con-tre les contrevenans de trois mille livres d'amende, applicable un tiers au Roy, un tiers à l'Hoſ-pital General, & l'autre tiers aux denonciateurs, ſans prejudice de plus grande peine s'il y échet, & principalement en cas de recidive. Ordonne que les condamnations d'amende pourront eſtre prononcées par le Lieutenant de Police, au défaut d'autres preuves, ſur les ſeuls Procés verbaux de deux Commiſſaires du Chaſtelet, contenant qu'ils auront averti de l'ordre du-dit Juge ceux qui donneront ainſi à joüer, de ceſſer leurs aſſemblées; que les preuves de les avoir continuées, ſeront le concours des Laquais, des Carroſſes & des Chaiſes qui ſe trouveront ordi-nairement arreſtées aux portes de leurs maiſons, jointe la connoiſſance publique & le témoigna-ge des voiſins, s'il s'en trouve qui veulent dépoſer: que les Proprietaires des maiſons dont les Locataires donneront ainſi à joüer, aprés en avoir eſté avertis par les Commiſſaires du Chaſte-let, de l'ordre du Lieutenant de Police, pourront eſtre par luy condamnez par les Procés verbaux de deux Commiſſaires ſolidairement avec les Locataires, au payement des amendes juſqu'à la ſom-me de mille livres, & en outre les maiſons fermées pendant ſix mois, à moins que les Proprie-taires n'ayent donné congé aux Locataires de ſortir de leurs maiſons. Et ſera le preſent Arreſt exe-cuté nonobſtant oppoſitions ou appellations quelconques, & ſans y préjudicier; lû, publié & affiché par tout où beſoin ſera. Enjoint aux Officiers de Police d'y tenir la main, & au Subſtitut du Procureur General du Roy d'en certifier la Cour inceſſamment. Fait en Parlement le dix-hui-tiéme jour de Juillet mil ſix cens quatre-vingt-ſept. Signé, DONGOIS.

23. Octobre
1688. Arreſt
par lequel le
Roy revoque
les permiſ-
ſions que Sa
Majeſté a-
voit données
d'eſtablir les
jeux des For-
tifications &
du Monde;
c'eſt le même
que le jeu des
Lignes.

LE Roy eſtant informé des deſordres qui ſe commettent dans les maiſons où ſe tiennent les jeux appellez du Monde & des Fortifications; & que ſous pretexte deſdits jeux, toutes ſortes de gens libertins s'aſſemblent en grand nombre dans les uns & leſdits jeux ſont eſtablis. A quoy voulant pourvoir, SA MAJESTE' ESTANT EN SON CONSEIL, a ordonné & or-ne que les Brevets & Lettres portant permiſſion d'eſtablir leſdits jeux des Fortification & jeux du Monde, ſeront rapportez: & cependant fait Sa Majeſté défenſes tant à ceux qui les ont obtenus, qu'à tous autres de s'en aider & ſervir, & d'avoir ou tenir aucun deſdits jeux, ny autres ſembla-bles, à peine de trois mille livres d'amende, & de plus grande peine s'il y échet. Ordonne Sa Ma-jeſté que leſdits jeux ſeront oſtez des lieux où ils ſont tenus, avec défenſe de les y reſtablir, ny ailleurs, ſous les mêmes peines, & de confiscation de tout ce qui ſera trouvé ſervant auſdits jeux. Enjoint au Sieur de la Reynie, Conſeiller ordinaire en ſon Conſeil d'Eſtat, Lieutenant General de Police, de tenir la main à l'execution du preſent Arreſt, qui ſera executé nonobſtant oppoſition, lû, publié & affiché dans la Ville & Fauxbourgs de Paris, afin qu'il n'en ſoit prétendu cauſe d'i-gnorance. Fait au Conſeil d'Eſtat du Roy, Sa Majeſté y eſtant, tenu à Fontainebleau le vingt-troi-ſiéme jour d'Octobre mil ſix cens quatre-vingt-huit. Signé, COLBERT.

4. Decemb.
1690. Ordon.
dePolice con-
tre le Hocca,
la Baſſette,

SUR ce qui Nous a eſté remontré par le Procureur du Roy, qu'au prejudice des défenſes faites, & pluſieurs fois réiterées par les Arreſts & Ordonnances de Police, & notamment par l'Arreſt du 18. Juillet 1687. par lequel il a eſté expreſſément défendu à toutes ſortes de perſonnes de quel-que qualité & condition qu'elles ſoient, de donner à joüer dans leurs maiſons aux jeux appellez le Hocca, la Baſſette & le Lanſquenet, à peine de trois mille l. d'amende, applicable un tiers au

le Lanſque-net & autres jeux de ha-zard, publiée le 5. du mê-me mois.

Roy, un tiers à l'Hoſpital General, & un tiers au denonciateur, ſans prejudice de plus grande peine, principalement en cas de recidive; & ordonne que les condamnations d'amendes pourroient eſtre par Nous prononcées, au défaut d'autres preuves, ſur les ſeuls Procés verbaux de deux Commiſſaires du Chaſtelet, contenant qu'ils auront averti ceux qui donneront ainſi à joüer, de finir leurs aſſemblées : que les preuves de les avoir continuées ſeroient le concours des Laquais, des Carroſſes & des Chaiſes qui ſe trouveroient ordinairement arreſtées aux portes de leurs maiſons; joint la connoiſſance publique & le témoignage des voiſins; & que même les Proprietaires pourroient eſtre condamnez ſolidairement avec les Locataires, faute de leur avoir donné congé, aprés en avoir eſté avertis par les Commiſſaires; on continuë de donner à joüer auſdits jeux défendus en pluſieurs maiſons, dans leſquelles il ſe trouve tous les ſoirs, & même pendant la nuit un grand nombre de perſonnes, & il s'y fait des pertes tres-conſiderables, ce qui cauſe la ruine de pluſieurs familles. A quoy ledit Procureur du Roy Nous a requis de pourvoir, en renouvellant la publica-tion des défenſes portées par ledit Arreſt & Ordonnance de Police, afin que perſonne ne puiſſe en prétendre cauſe d'ignorance. Nous, ayant égard audit requiſitoire, conformément audit Arreſt de la Cour, avons fait iteratives défenſes à toutes perſonnes de quelque qualité & condition qu'el-les ſoient, de donner à joüer dans leurs maiſons, auſdits jeux de Hocca, de la Baſſette, du Lanſ-quenet, & autres jeux de hazard, ſous les peines portées par ledit Arreſt. Enjoint aux Commiſ-ſaires du Chaſtelet de tenir la main à l'execution de la preſente Ordonnance, qui ſera lûë, pu-bliée & affichée par tout où beſoin ſera, & executée nonobſtant oppoſitions ou appellations quel-conques, & ſans préjudice d'icelles. Ce fut fait & donné par Meſſire GABRIEL NICOLAS DE LA REYNIE, Conſeiller d'Eſtat ordinaire, Lieutenant General de Police de la Ville Prevoſté & Vicomté de Paris, le Lundy quatriéme jour de Decembre mil ſix cens quatre-vingt-dix. Signé, DE LA REYNIE. ROBERT. GAUDION, Greffier.

15. Janvier 1691. Arreſt qui défend de joüer aux jeux de Hoc-ca ou Pha-raon, Barba-colle & de la Baſſette, ou Pour & Con-tre.

LE Roy eſtant en ſon Conſeil, ayant eſté informé, que nonobſtant les défenſes réiterées qui ont eſté faites depuis pluſieurs années de ſa part, l'on n'a pas laiſſé dans aucunes des Villes de ſon Royaume, même dans ſes Armées & Places Frontieres, de joüer au Hocca & à la Baſſette, que l'on a déguiſez ſous les noms de Pharaon, Barbacolle, & de Pour & Contre, pour éluder les peines ordonnées contre ceux qui joüeroient à ces Jeux. Et Sa Majeſté voulant oſter tout pretexte de déſobéiſſance à cet égard, & en même-temps toute eſperance d'impunité : SA MAJESTE' ESTANT EN SON CONSEIL, a défendu & défend tres-expreſſément tant aux Officiers de ſes Troupes, qu'à toutes autres perſonnes, de quelque ſexe & qualité qu'elles ſoient, de joüer auſdits jeux de Hocca ou Pharaon, Barbacolle, & de la Baſſette, ou Pour & Contre, ſous quelques noms ou formes qu'ils puiſſent eſtre déguiſez, ny d'y donner à joüer chez eux, ou ſouf-frir qu'il y ſoit joüé, ſous quelque pretexte que ce puiſſe eſtre, à peine à ceux qui auront joüé auſdits jeux, de mille livres d'amende; & à ceux qui auront donné à joüer chez eux, ou ſouf-fert qu'on y ait joüé, de ſix mille livres auſſi d'amende pour chacune contravention; leſquelles amendes Sa Majeſté veut eſtre appliquées, ſçavoir un tiers à ſon profit, un tiers aux Pauvres du lieu où la contravention aura eſté commiſe, & l'autre tiers au denonciateur; & les a dés à preſent déclaré & déclare encouruës par leſdits contrevenans, ſans que ſous quelque pretexte que ce ſoit ils en puiſſent eſtre déchargez; voulant qu'ils ſoient contraints au payement d'icelles par toutes voyes, même par corps. Et qu'à l'égard de ceux qui n'auront pas le moyen de payer leſdites amen-des, elles ſoient converties envers eux : ſçavoir ladite amende de mil livres, en la peine de qua-tre mois de priſon; & celle de ſix mille livres, en la peine d'un an auſſi de priſon. Enjoint tres-expreſſément Sa Majeſté aux Intendans & Commiſſaires de ſes Provinces & Generalitez; & en ſes Armées, à tous Juges de Police, Prevoſts de ſes Camps & Armées, & autres Juges qu'il appartiendra, de s'employer chacun en droit ſoy, à l'execution du preſent Arreſt : Voulant que les Jugemens & Sentences qui ſeront par eux rendus contre les contrevenans, ſoient executez nonobſtant toutes oppoſitions, appellations & autres empêchemens quelconques, pour leſquels ne ſera differé. Enjoint en outre Sa Majeſté à tous Gouverneurs & ſes Lieutenans Generaux en ſes Provinces & armées, Gouverneurs Particuliers de ſes Villes & Places Frontieres; comme auſſi Intendans & Com-miſſaires départis; auſdits Juges de Police, Prevoſts de ſes Camps & Armées, & autres ſes Juſti-ciers & Officiers qu'il appartiendra, de faire publier le preſent Arreſt chacun dans l'étenduë du pouvoir de ſa Charge, à ce qu'aucun n'en prétende cauſe d'ignorance, & de veiller & tenir la main, chacun en ce qui le concerne, à ſa ponctuelle execution, de ſorte qu'il n'y puiſſe eſtre contreve-nu impunément. Veut Sa Majeſté, qu'aux copies dudit Arreſt dûement collationnées foy ſoit ajouſtée comme à l'original. Fait au Conſeil d'Eſtat du Roy, Sa Majeſté y eſtant, tenu à Verſail-les le quinziéme Janvier mil ſix cens quatre-vingt-onze, Signé, LE TELLIER.

LOUIS, par la grace de Dieu, Roy de France & de Navarre, Dauphin de Viennois, Comte de Valentinois & Diois, Comte de Provence, Forcalquier & Terres adjacentes : A nos amez & feaux Conſeillers en noſtre Conſeil d'Eſtat, Maîtres des Requeſtes ordinaires de noſtre Hoſtel, Intendans de Juſtice, Police & Finances, en nos Provinces & Armées, & Commiſſaires dépar-tis en noſdites Provinces pour l'execution de nos ordres : à tous Juges de Police, Prevoſts de nos Camps & Armées, & autres nos Juſticiers & Officiers qu'il appartiendra, Salut. Nous vous man-dons & ordonnons par ces preſentes ſignées de noſtre main, que ſuivant l'Arreſt ce jourd'huy donné en noſtre Conſeil d'Eſtat, Nous y eſtant, cy-attaché ſous le Contre-ſcel de noſtre Chancel-lerie, vous ayez chacun en ce qui vous concerne & dependra de vous, à vous employer & tenir la main à ſon execution, ſelon ſa forme & teneur. Commandons à celuy de nos Huiſſiers ou Ser-gens premier ſur ce requis, de faire pour l'execution dudit Arreſt, tous Exploits, Significations & autres Actes requis & neceſſaires, ſans pour ce demander d'autre congé ny permiſſion, nonobſ-tant clameur de Haro, Chartre-Normande, priſe à partie, & autres choſes à ce contraires. Man-dons en outre & ordonnons aux Gouverneurs & nos Lieutenans Generaux en nos Provinces & Armées, & aux Gouverneurs Particuliers de nos Villes & Places Frontieres, ou Commandans en
icelles

icelles, de veiller & tenir la main selon l'autorité de leurs Charges, à l'execution dudit Arrest; de sorte qu'il n'y puisse estre contrevenu impunément : & parce que ledit Arrest on aura besoin en divers lieux, Nous voulons qu'aux copies d'iceluy & des Presentes duëment collationnées, soy soit ajoustée comme aux Originaux : CAR tel est nostre plaisir. Donné à Versailles le quinziéme jour de Janvier, l'an de grace mil six cens quatre-vingt-onze, & de nostre regne le quarante-huitiéme. Signé, LOUIS, Et plus bas, par le Roy, Dauphin, Comte de Provence. Signé, LE TELLIER, & scellé du grand sceau sur simple queuë.

24. Novemb. 1694. Ordonnance de Police côtre les jeux de hazard.

SUR ce qui Nous a esté remontré par le Procureur du Roy, qu'au préjudice des défenses portées par les Ordonnances & par les Arrests de la Cour, & notamment par ceux du seiziéme Septembre 1680. & 18. Juillet 1687. & que nonobstant ces mêmes défenses plusieurs fois réiterées, & les Jugemens rendus en consequence, plusieurs personnes continuent de donner à jouer publiquement dans leurs maisons aux jeux de la Bassette & du Lansquenet, & autres jeux de hazard, d'où il s'ensuivoit tous les jours de tres-fâcheux inconveniens : Et estant necessaire d'y pourvoir, requeroit que les défenses portées par les Ordonnances & par les Arrests rendus à ce sujet, fussent publiées de nouveau. Nous ayant égard audit requisitoire, avons conformément aux Ordonnances & ausdits Arrests concernant les jeux de hazard, fait iteratives & tres-expresses défenses à toutes personnes de quelque qualité & condition qu'elles soient, de donner à jouer dans leurs maisons à aucuns jeux de hazard, & particuliérement aux jeux appellez du Hocca, de la Bassette & du Lansquenet ; à peine contre les contrevenans de trois mille livres d'amende, applicable un tiers au Roy, un tiers à l'Hôpital General, & l'autre tiers au denonciateur, sans préjudice de plus grande peine s'il y échet, en cas de recidive : au payement de laquelle amende les Proprietaires des maisons dont les Locataires donneront à jouer ausdits jeux, & y assembleront & recevront des Joüeurs, après les presentes défenses publiées, & après que lesdits Proprietaires auront esté avertis par les Commissaires du Quartier, conformément ausdits Arrests, ils seront solidairement contraints avec lesdits Locataires, jusques à la somme de mille livres ; & en outre leurs maisons fermées pendant six mois, si lesdits Proprietaires ne justifient en bonne forme, avoir donné congé ausdits Locataires, après qu'ils auront esté duëment avertis. Enjoint aux Commissaires du Chastelet de tenir la main à l'execution de la presente Ordonnance, qui sera lûë, publiée & affichée dans les lieux ordinaires & accoustumez de cette Ville & Fauxbourgs, afin qu'il n'en soit prétendu cause d'ignorance. Ce fut fait & donné par Messire GABRIEL NICOLAS DE LA REYNIE, Conseiller d'Estat ordinaire, & Lieutenant General de Police de la Ville, Prevosté & Vicomté de Paris, le Mercredy vingt-quatriéme jour de Novembre mil six cens quatre-vingt-quatorze. Signé, DE LA REYNIE. ROBERT. GAUDION, Greffier.

16. Fevrier 1698. Ordon. du Roy, contre les jeux du Monde & des Fortifications, publiée & affichée le 19. du même mois.

SA MAJESTE' ayant esté cy-devant informée des desordres qui se commettoient dans les maisons où se tenoient les Jeux appellez du Monde & des Fortifications, en auroit revoqué le Privilege par Arrest de son Conseil du vingt-troisiéme Octobre mil six cens quatre-vingt-huit, avec défenses de tenir lesdits Jeux & autres semblables. Et Sa Majesté ayant eu avis que quelques Particuliers ne laissent pas de tenir lesdits Jeux ainsi défendus ; Elle a de nouveau fait tres-expresses inhibitions & défenses à toutes personnes, d'avoir & tenir en quelques lieux que ce soit les Jeux appellez du Monde, des Fortifications, de Passe-dix, de Gallet & autres semblables ; à peine de trois mille livres d'amende, & de confiscation de tout ce qui sera trouvé servant ausdits Jeux. Enjoignant au Sieur d'Argenson, Lieutenant General de Police de sa bonne Ville de Paris, de tenir la main à l'execution de la presente Ordonnance, laquelle sera à cet effet publiée & affichée par tout où besoin sera. Fait à Versailles le seiziéme jour de Fevrier mil six cens quatre-vingt-dix-huit. signé, LOUIS : Et plus bas, PHELYPEAUX.

IL est ordonné à Marc-Antoine Pasquier Juré Crieur ordinaire du Roy en la Ville, Prevosté & Vicomté de Paris, de publier & afficher dans tous les Carrefours, Places publiques, & lieux ordinaires & accoustumez de cette Ville & Fauxbourgs de Paris, l'Ordonnance de Sa Majesté cy-dessus, à ce que personne n'en prétende cause d'ignorance. Ce fut fait & donné par Messire MARC-RENE' DE VOYER DE PAULMY D'ARGENSON, Chevalier, Marquis d'ARGENSON, Conseiller du Roy en ses Conseils, Maistre des Requestes ordinaire de son Hostel, & Lieutenant General de Police de la Ville, Prevosté & Vicomté de Paris, le 18. jour de Fevrier 1698. Signé, DE VOYER D'ARGENSON.

L'on s'est contenté à l'égard des Loix Ecclesiastiques touchant les Jeux, de rapporter quelques-uns des principaux Conciles qui en ont décidé ; il y en a plusieurs autres qui contiennent les mêmes dispositions, & que l'on a omis exprés, pour éviter une perpetuelle repetition. L'Eglise toujours conduite par le même esprit, n'a point changé de sentimens sur ce point de discipline : les Statuts Synodaux de la plus grande partie des Dioceses de France, ont rappellé à cet égard dans ces derniers temps, toute la rigueur des anciens Canons. Voicy comment s'en explique le Synode de Paris du 26. Septembre 1697. article 10.

» Nous leur interdisons, (en parlant des Ecclesiastiques,) tous jeux de hazard, le jeu de paume, & celuy de boule en lieux publics, & à la

vûë des Seculiers ; la chasse qui se fait avec bruit « & armes à feu, ainsi que le port de toutes sortes « d'armes. Et après plusieurs autres articles qui « concernent encore la discipline & les mœurs, il « finit en ces termes : Et afin que les presens Statuts « soient inviolablement observez, Nous ordon- « nons à tous Curez & Superieurs de les faire affi- « cher dans toutes les Sacristies, à ce que nuls n'en « prétendent cause d'ignorance. Enjoignons à « tous Curez & Superieurs de veiller à l'execu- « tion d'iceux ; de faire une exacte recherche de « ceux qui pourroient y contrevenir, & de nous « en donner avis, ou à nostre Promoteur, auquel « nous mandons d'y tenir la main, & de pour- « suivre les contrevenans par toutes voyes duës « & raisonnables. «

Nnn iij CHAPITRE

CHAPITRE VII.

Des Lotteries.

L'Origine & la nature de ce jeu, sa définition & son étymologie, ont esté suffisamment expliquez dans l'un des Chapitres precedens : il ne s'agit plus icy que des Loix qui l'ont permis ou défendu, selon les occurrences, ou qui en ont reglé l'ordre & la discipline.

L'usage en estoit nouveau en France en 1520. *Nova ista alea ratio planè nostra est, & à nobis Lotteria appellatur :* c'est ainsi que s'en explique un Auteur qui écrivoit environ ce temps-là. Il y fut apporté d'Italie sous le titre de blanque, *di Bianca ;* c'est ainsi que les Italiens le nommoient, en sous-entendant *charta,* à cause des billets blancs qui y sont en plus grand nombre que les noirs ; & encore parce qu'en la tirant, l'usage est en Italie, lorsque c'est un billet blanc, de dire à haute voix, *Bianca ;* ainsi ce mot souvent réiteré, a donné originairement ce nom au jeu. Celuy de Lotterie luy fut ajousté en France ; en sorte que pendant un temps l'on disoit indifferemment blanque ou lotterie.

De Longueville. l.3. cp. 33.

Mesnage diction. Ethim.

Du Bouchel bibl. du Droit Franç. tom. 1. p. 369.

Il ne fut d'abord exercé que comme une espece de commerce par des Marchands ou d'autres Particuliers qui vouloient se défaire de leurs Marchandises ou de leurs effets, & en tirer le prix de ceux qui vouloient bien risquer de les obtenir par cette voye du sort, ou d'y perdre leur argent : l'autorité publique n'y avoit encore eu aucune part.

Les guerres que François I. avoit eu à soustenir ayant épuisé la France, il y eut des Particuliers qui proposerent l'établissement d'une blanque ou lotterie, sur le fond de laquelle le Roy prendroit un certain droit pour les besoins de l'Estat : ce projet fut écouté, & le Roy en fit expedier des Lettres Patentes datées du mois de May 1539. elles furent registrées au Chastelet de Paris ; & comme elles peuvent passer pour le premier établissement des lotteries en France, & qu'elles ne se trouvent en aucun lieu, nous les rapporterons icy en leur entier : Voicy ce qu'elles contiennent.

May 1539. Edit de François I. pour l'établissemët des blanques ou lotteries en France, à l'imitatiõ des Villes d'Italie.

Ban. du Chast. vol. 3 fol. 138.

FRANÇOIS par la grace de Dieu Roy de France, A tous presens & à venir, Salut. Comme de la part de certains bons & notables personnages de nostre Royaume, Nous ait esté dit, remontré & donné à entendre, que plusieurs nos Sujets tant Nobles, Bourgeois, Marchands qu'autres, enclins & desirans jeux & ébatemens, se sont souventefois à faute de jeux honnorables permis ou mis en usage, appliquez cy-devant & s'appliquent encore à plusieurs autres jeux dissolus, en telle sorte & obstination que les aucuns y ont consommé & consomment tout leur temps, délaissans par tels moyens toute œuvre & labeur vertueux & necessaire ; les autres tous leurs biens & substance, & les autres commis & commettent blasphêmes envers Dieu, injures & excez faits envers les personnes, tant à l'occasion des obstinations des Joüeurs, que des contradictions & denegations des uns envers les autres ; & que pour faire cesser lesdits inconveniens, & abolir & éloigner l'usage pernicieux dont ils ont procedé & procedent, ne se trouveroit meilleur moyen que de permettre & mettre en avant quelques autres jeux & ébatemens, esquels Nous, nosdits Sujets & choses publiques ne pussent avoir ne recevoir aucun interest ; Nous proposans entre autres celuy de la blanque, long-temps permis és Villes de Venise, Florence, Gennes, & autres Villes & Citez bien policées, fameuses & de grandes renommées, avec conditions honnestes & loüables Statuts & Ordonnances, & articles utiles & necessaires pour l'entretenement d'icelle, pour obvier à tous abus & calomnies : Nous requerant & suppliant tres-humblement qu'il Nous plust & mettre l'érection, effet & entretenement d'icelle, & de ce faire Edit, Declaration, Statuts & Ordonnances perpetuels & irrevocables; mêmement aucuns Marchands de nostre bonne Ville & Cité de Paris, Ville principale de nostredit Royaume, qu'il fust par Nous permis à l'un des Habitans de ladite Ville de Paris, de faire ladite blanque en la maniere qui s'ensuit. C'est à sçavoir, que dorénavant li luy loise, & à tous autres soit inhibé & défendu, de faire crier & publier toutes les fois que bon luy semblera, & qu'il aura des bagues & joyaux d'or & d'argent non monnoyé, or & argent monnoyé & autres marchandises dont il fera montre publique, qui seront délivrez à toutes personnes ausquelles par sort & bonnes fortunes ils écherront dedans deux mois inclus, à compter du jour de ladite publication, iceux faire priser & estimer par gens à ce connoissans, Jurez & à ce deputez: que toutes personnes foit Mendians & miserables, seront reçûs à bailler leurs Devises, en fournissant au Facteur & Maistre d'icelle pour chacune Devise, un teston valant dix sols six deniers, piece, lesquelles Devises seront enregistrées par deux personnages aussi à ce commis, & d'icelles seront délivrées ausdits personnages billets de chacune Devise cottez par le nombre de leur enrôlement, signez desdits Commis & dudit Maistre Facteur de blanque ; lequel incontinent qu'il aura reçu la valeur desdits joyaux & marchandises, sera extraire dudit Registre autant de billets qu'il aura de Devises enrolées, lesquelles il fera signer par lesdits Commis, & seront mis en un vaisseau pour ce ordonné, & autant de billets en partie desquels seront écrits les lots des joyaux & marchandises nommez benefices signez desdits Commis & dudit Maistre Facteur, & le surplus & le reste seront blancs & sans écritures ; tous lesquels blancs & benefices ensemble seront mis en un autre vaisseau, & au jour qui aura esté publié, la traite desdits benefices en un certain lieu public, & déclaré sur un échafaut élevé de terre de hauteur competente, seront apportez lesdits deux vaisseaux, & en chacun d'eux particulierement mêlez lesdits brevets & billets au vû du Peuple, puis tirez par innocence un brevet d'un vaisseau & un billet de l'autre ensemblement, & à ceux qui auront rencontré benefice sur leur Devise, leur seront iceux benefices délivrez au jour qui aura esté publié pour ce faire en

l'Hostel

l'Hoftel & Boutique dudit Maiftre, en rapportant par eux à iceluy Maiftre & Facteur les Brevets extraits de fon enrôlement, qui leur auront efté baillez, fignez defdits Commis & dudit Maif-tre Facteur; & que ceux qui n'y viendront ledit jour, leurs benefices leur feront perdus jufqu'à un mois aprés, à compter du jour de ladite traite; & les Brevets de devife & billets de benefices tillatez enfemble & regiftrez, feront mis és mains du Contrôleur qui fera par Nous ordonné fur ce fait de ladite Blanque, pour ainfi que ceux à qui ils feront échûs, fe prefenteront garnis des Bre-vets extraits de leur enrôlement auffi à eux baillez, fignez defdits Commis & dudit Maiftre & Facteur, eftre pareillement délivrez;lefquels benefices ledit tems paffé, là où dedans iceluy l'on n'en aura fait pourfuite ny demande, Nous demeureront acquis & échûs comme biens vacans & abandonnez. Pareillement s'il s'offroit quelque Domaine à expofer à ladite Blanque : qu'il feroit publié à cette délivrance & dans deux mois, fi dedans ledit temps eftoit reçû des devifes pour la valeur d'icelles, avec cautions & applegemens de garentie fuffifante, & voudroit ladite délivrance & les actes & extraits de ladite délivrance validez comme titres fuffifans. Neanmoins que toutes oppofitions à icelle délivrance feront reçûes pendant ledit temps, & renvoyées pardevant les Juges aufquels le connoiffance defdites matieres appartiendra, pour dire les caufes de leurs oppofitions : & là où la proprietaire ne les auroit fait vuider dedans ledit temps, & rendu quitte; fera tenu les reprendre, & les deniers de la prifée délivrez à celuy à qui le benefice fera échû, & remontra toutefois aprés ledit temps de deux mois, à compter de la publication d'icelle délivrance: aucunes oppofitions ne feront reçûes contre le benefice, ains feulement contre le Plege dudit benefice; & qu'au Maiftre & Facteur foit permis faire accomplir le contenu cy-deffus en noftredite Ville & Cité de Paris feulement & non ailleurs. Pour fubvenir aux frais de laquelle Blanque, & aux gages & fa-laires des Officiers qui feront par Nous inftituez & ordonnez pour le fait, conduite & entrete-nement d'icelle; & qu'iceluy Maiftre & Facteur puiffe avoir & prendre douze deniers pour liv. qui eft tel & femblable droit qu'ont accouftumé d'avoir & prendre les Maiftres & Facteurs de tou-tes autres Blanques; & iceux deniers levez avec les autres deniers des valeurs defdits benefices fur les devifes, avant la traite & délivrance d'iceux : pour reconnoiffance de laquelle grace & per-miffion, iceluy Maiftre & Facteur feroit tenu Nous payer & mettre és mains de tel perfonnage qui à ce feroit par Nous ordonné dorénavant, par chacun an la fomme de deux mille livres tour-nois, à quatre termes égaux, à compter du jour & date des prefentes, tant & fi longuement que par Nous luy feroit permis, encore qu'il vouluft difcontinuer ou ceffer ladite Blanque : de toutes lefquelles chofes il baillera Plege & Cautions fuffifantes, qu'il pourra renouveller par chacun an; lefquelles remontrances, offres, propofitions & chofes devant dites, Nous avons fait mettre en déliberation en noftre Confeil Privé & Secret. Sçavoir faifons, qu'aprés avoir eu fur ce l'avis & dé-liberation de plufieurs Princes de noftre Sang, & Gens de noftredit Confeil : pour ce avons dit, declaré, ftatué & ordonné; & par la teneur des prefentes, de noftre certaine fcience, grace fpecia-le, pleine puiffance & antorité Royale, difons, declarons, ftatuons & ordonnons par Edit perpe-tuel & irrevocable, voulons & Nous plaift, que dorénavant le fait, érection & entretenement de ladite Blanque, aura cours & lieu : & icelle avons permife & permettons, autorifée & autorifons par toutes & chacunes les Villes & Citez de noftredit Royaume, aux charges & conditions, ordre & forme cy-devant declarées & fpecifiées, fors quant à la fomme que chacun des Maiftres Facteurs qui par cy aprés feront par Nous eftablis & ordonné en chacunes defdites Villes & Citez; nous feront tenus payer par chacun an pour noftre droit, permiffion particuliere que leur en baillerons; laquelle fomme fera en les eftabliffant & conftituant de par Nous, & les preferant en chacunes def-dites Villes, à tous autres convenue & accordée avec eux, eu égard à la grandeur, valeur, fre-quentation de Marchands & marchandifes, & autres commoditez defdites Villes. Et en acceptant l'offre à Nous fur ce fait par aucuns defdits Marchands de noftredite Ville & Cité de Paris, Ca-pitale de noftredit Royaume, Nous avons fait, commis, choifi, élû & eftabli, conftitué & ordon-né; & par ces prefentes faifons, commettons, conftituons, eftabliffons & ordonnons pour Maiftre & Facteur de ladite Blanque en icelle noftredite Ville & Cité de Paris, noftre tres-cher & bien amé Jean Laurent, lequel, fuivant noftre prefent Edit & permiffion, y fera, érigera & conduira dorénavant ladite Blanque, toutes & quantes fois que bon luy femblera, en Nous payant par chacun an, aux termes & ainfi que dit eft cy-deffus, ladite fomme de deux mille livres tournois és mains de celuy qui à ce fera, comme dit eft par Nous commis & depûté, & aux autres char-ges & conditions, tout ainfi & par la forme, ordre & maniere qu'il eft cy-devant dit, fpecifié & declaré : & défendons tres-expreffément à tous nos autres Sujets quels qu'ils foient, fur peine de noftre defobéiffance, & d'eftre punis comme defobéiffans, rebelles & infracteurs de nos comman-demens & Edit, de n'entreprendre de faire, tirer, ne lever ladite Blanque en icelle noftredite Vil-le de Paris, ny en iceluy temps troubler ne empêcher ledit Laurent, en quelque façon ou maniere que ce foit; ny pareillement les autres perfonnages qui feront par Nous ordonnez en chacunes def-dites autres Villes de noftre Royaume. Si donnons en mandement par ces mêmes prefentes à nos amez & feaux les Gens de nos Cours de Parlement, au Prevoft de Paris ou à fon Lieutenant, & à tous autres nos Jufticiers & Officiers, & à leurs Lieutenans, à chacun d'eux endroit foy, comme à luy appartient, que nos prefens Edit, Déclaration, Statuts, Vouloir, autorifation, permiffion, Ordon-nances & tout le contenu en ces prefentes, ils entretiennent, gardent & obfervent, faffent entretenir, garder & obferver, lire, publier & enregiftrer en chacune defdites Cours, détroits & Jurifdifdic-tions : & d'iceux ledit Laurent ainfi commis & eftably pour Maiftre & Facteur de ladite Blanque en noftredite Ville & Cité de Paris, & autres qui feront cy-aprés par Nous ordonnez & conftituez en chacunes defdites Villes de noftredit Royaume, joüir & ufer pleinement & paifiblement tout ainfi que deffus eft dit, ceffant & faifant ceffer tous troubles & empêchemens; car tel eft nof-tre plaifir. Et afin que ce foit chofe ferme & ftable à toujours, Nous avons fait mettre noftre Scel à cefdites prefentes; fauf en autres chofes noftre droit, & l'autruy en toutes. Donné à Chafteaure-gnard, au mois de May l'an de grace 1539. & de noftre Regne le 25. ainfi figné fur le reply : Par le Roy, Meffeigneurs le Cardinal DE TOURNON, & le Seigneur DE MONTMORENCY, Con-neftable & Grand-Maiftre de France, prefens. BRETON. Et icellé en lacs de foye rouge & verte du grand Sceau de cire verte.   Quoique

Quoique le droit Royal qui se devoit lever sur la Lotterie ne fust que d'un teston de dix sous six deniers pour chaque billet, il parut encore trop fort, vû la rareté de l'argent où l'on estoit alors en France : il y avoit prés de deux ans qu'elle estoit ouverte & ne se remplissoit point ; cela donna lieu à une Déclaration du 24. Février 1541. dont voicy les termes.

24. Février 1541. Déclaration sur l'Edit des Blanques ou Lotteries.

Bann. du Chastelet, vol. 3. fol. 151.

FRANÇOIS, par la grace de Dieu, Roy de France ; à tous presens & avenir, Salut. Sçavoir faisons, qu'aprés avoir esté averti par nostre cher & bien amé Jean Laurent, par cy-devant par Nous commis à la conduite de la Blanque ordonnée en nostre Ville de Paris, le jeu de ladite Blanque estre diminué & quasi annullé ; & sur ce sont retardez les deniers qu'avons sur ce ordonné estre pris pour nostre droit sur les mises de ladite Blanque ; au moyen que par nos Lettres Patentes aurions ordonné estre baillé par chacunes mises un teston du prix de 10. s. 6. den. tournois : & que pour la conduite d'icelle Blanque est besoin de changer ledit prix, soit en augmentant ou diminuant ainsi qu'il sera trouvé le plus commode : Laquelle augmentation ou diminution dudit prix de chaque mise, ne pourroit estre faite sans une Permission & Ordonnance. Pourquoy, vû ladite remonstrance en nostre Conseil Privé ; sçavoir faisons qu'aprés avoir eu sur ce l'avis & déliberation des Gens de nostredit Conseil Privé, avons permis & permettons audit Jean Laurent par Nous commis à la conduite de ladite Blanque en nostredite Ville de Paris : Et par la teneur de ces presentes, de nostre certaine science, grace speciale, pleine puissance & autorité Royale, permettons & ordonnons, voulons & Nous plaist, que dorénavant ledit prix d'un teston pour mise, soit changé quelquefois en diminuant & quelquefois en augmentant, de la somme qui sera trouvée plus commode pour chacunes mises dudit jeu de la Blanque ; nonobstant nostre premier Edit & Ordonnance dudit prix d'un teston de la valeur de 10. s. 6. den. tournois ; à laquelle avons derogé & derogeons par ces presentes quant audit prix de ladite mise seulement, & sans préjudice d'iceluy en autres choses. SI DONNONS EN MANDEMENT par ces mêmes presentes à nos amez & feaux les Gens de nostre Cour de Parlement à Paris, au Prevost de Paris, son Lieutenant, & à tous nos autres Justiciers & Officiers ou leurs Lieutenans, & à chacun d'eux en droit soy, & comme à luy appartiendra, que de nostre presente Ordonnance il fasse & souffre jouïr ledit Laurent, & icelle faire, lire, publier & enregistrer en chacunes desdites Cours, cessant & faisant cesser tous troubles & empêchemens au contraire ; car tel est nostre plaisir. Et afin que ce soit chose ferme & stable à toujours, Nous avons fait mettre nostre Scel à cesdites presentes. Donné à Paris le vingt-quatriéme jour de Février 1541. & de nostre Regne le vingt-huitiéme : ainsi signé sur le reply : Par le Roy en son Conseil, BAYARD.

On ne sçait point si cette premiere Lotterie fut remplie & tirée, il n'en est fait aucune mention ny dans l'Histoire ny dans les Registres, ou les Memoires de ce temps-là. En voicy une autre qui fut encore proposée par Tonty Italien en 1656. pour la construction d'un Pont de pierre, entre les Galleries du Chasteau du Louvre, & le Fauxbourg Saint-Germain, au lieu du Pont de bois qui avoit esté en ce même lieu, & qu'une incendie avoit reduit en cendre. L'on verra dans les Lettres Patentes qui furent expediées à cette occasion, tout ce qui devoit estre observé pour rendre cette Lotterie exacte & sidelle.

Decembre 1656. Lettres Patent. pour l'establissement d'une Blanque ou Lotterie à Paris, regist. en Parlem. le 30. du même mois, & au Chastelet le 10. Janvier 1657.

LOUIS, par la grace de Dieu, Roy de France & de Navarre ; à tous ceux qui ces presentes Lettres verront, Salut. Les Roys nos Predecesseurs ayant en divers temps & selon la necessité de leurs Sujets fait construire plusieurs édifices pour la commodité publique, en plusieurs lieux & endroits de ce Royaume, & particulierement en nostre bonne Ville de Paris, comme le lieu de leur demeure ordinaire, qui l'en ont renduë non seulement la Capitale, mais encore fait admirer de toutes les Nations Estrangeres. Et d'autant que Nous n'avons pas moins d'affection que nosdits Predecesseurs, pour ce qui concerne la commodité de nos Sujets & Habitans d'icelle, Nous avons le même desir & la même volonté de faire travailler à la construction de plusieurs édifices & bastimens, autant necessaires pour la commodité de nos Sujets de ladite Ville, que pour en augmenter l'ornement & la beauté. Et parce que la construction d'un Pont entre les Galleries de nostre Chasteau du Louvre & le Fauxbourg saint-Germain, est tellement necessaire pour le Commerce de l'un & de l'autre costé de ladite Ville, qu'on ne sçauroit s'en passer, sans une grande incommodité de nos Sujets ; & que les Ponts de bois qu'on y avoit construits depuis plusieurs années, ont peri par divers accidens, qui ont causé de grandes pertes à ceux qui les avoient fait bastir. Pour éviter à l'avenir plusieurs inconveniens, Nous avons resolu, au lieu d'iceux, d'en faire bastir un de pierre au lieu le plus commode qui aura esté avisé : & comme Nous n'en pouvons faire presentement la dépense, sans avoir recours à des moyens extraordinaires, qui seroient à la foule & oppression de nosdits Sujets : Nous avons fait examiner plusieurs propositions qui Nous ont esté sur ce faites ; entre lesquelles Nous n'en avons trouvé aucune plus innocente, & moins à la foule de nosdits Sujets, que celle du Sieur Laurent Tonty, d'establir, à l'exemple de plusieurs Estats nos voisins, & dans les mêmes occasions, une Blanque de cinquante mille billets de la valeur de deux Loüis-d'or chacun, revenans à deux cens mille livres ; de laquelle somme en sera pris préalablement la somme de cinq cens quarante mille livres, pour la dépense de la construction dudit Pont de pierre, & d'une Pompe & élevation d'eau, au lieu de celle appartenant au Sieur Jolly Ingenieur, qui a esté bruslée au dernier incendie du Pont de bois : soixante mil livres, pour les frais tant de l'establissement, que direction de ladite Blanque ; & cinq cens mille livres, qui seront tirées dans lesdits cinquante mille billets ; desquels il y en aura mille de la valeur de trois cens livres chacun, revenans à trois cens mille livres. Deux cens de cinq cens livres chacun, revenans à 100000. l. Dix de 3000. l. chacun. Quatre de 10000. l. aussi chacun. Et un de 30000. livres ;

livres ; revenant toutes lefdites fommes à celle de cinq cens mille livres. Lefquels billets de la valeur cy-deffus feront marquez differemment, pour eftre tirez avec les quarante-huit mille fept cens quatre-vingt-cinq billets, aufquels il n'y aura aucune marque ; & le contenu d'iceux payé comptant à ceux aufquels ils écherront, au fur & à mefure qu'ils feront tirez, fans qu'il y puiffe avoir aucun empêchement, ny lefdits deniers divertis, pour quelque pretexte & occafion que ce foit, non pas même pour nos propres deniers & affaires. A CES CAUSES, cette affaire ayant efté mife en deliberation en noftre Confeil, où eftoient la Reine noftre tres-honorée Dame & Mere, noftre tres-cher & tres-amé Frere unique le Duc d'Anjou, aucuns Princes & Seigneurs, & autres grands Perfonnages de noftre Confeil ; & de l'avis d'iceluy, & de noftre certaine fcience, pleine puiffance & autorité Royale, Nous avons par ces prefentes fignées de noftre main, dit & déclaré, difons & declarons, voulons & Nous plaift, que dés le premier jour de Janvier prochain ladite Blanque de cinquante mille billets de deux Loüis-d'or chacun, revenans à la fomme de onze cens mille livres, foit ouverte en noftre bonne Ville de Paris, & eftablie par le Lieutenant Civil d'icelle, pour eftre tirée en la Sale du grand Bureau des Pauvres, fize en la Place de Greve, proche l'Hoftel de ladite Ville : & toutes perfonnes generalement reçûës à y entrer, jufqu'à la quantité defdits cinquante mille billets. Pour eftre ladite fomme employée ; fçavoir celle de cinq cens quarante mille livres, à la conftruction dudit Pont de Pierre entre la Gallerie de noftre Chafteau du Louvre & le Fauxbourg Saint-Germain, en tel lieu qui fera trouvé le plus commode pour l'utilité de nofdits Sujets, par les Commiffaires qui feront à cette fin par Nous deputez ; enfemble d'une maifon & engins qui feront fournis au Sieur Jolly noftre Ingenieur, pour y faire la conftruction d'une Pompe & élevation d'eau, au lieu de celle qui luy appartenoit, & qui a efté brûlée au dernier incendie du Pont de bois des Tuilleries ; pour eftre l'eau de ladite Pompe diftribuée tant à ceux aufquels ledit Jolly eftoit obligé d'en fournir, comme il pouvoit faire de ladite Pompe brûlée. Soixante mille livres pour les frais qu'il conviendra faire à l'eftabliffement & direction de ladite Blanque : & les cinq cens mille livres reftans eftre tirez dans lefdits cinquante mille billets, lefquels feront paraphez par le Lieutenant Civil de noftredite Ville, Prevofté & Vicomté de Paris : Et douze cens quinze d'iceux auffi par luy marquez de differentes marques ; fçavoir mille de 3000. l. chacun, revenans à 300000. l. Deux cens de 500. l. auffi chacun, revenant à 100000. l. dix de 3000. l. chacun, quatre de 10000. l. auffi chacun. Et un de la fomme de 30000. l. revenans tous lefdits billets à la fomme de 500000. l. Toutes lefquelles fommes contenuës efdits billets feront payées comptant à ceux ou celles à qui lefdits billets écherront, au fur & à mefure qu'ils feront tirez, fans qu'il y puiffe avoir aucun empêchement, pour quelque caufe, pretexte ou occafion que ce foit, même pour nos propres deniers ou affaires. Et dautant que noftre intention eft, que chacun puiffe joüir du benefice & de l'avantage que fa bonne fortune luy peut donner dans ladite Blanque, Nous voulons & entendons que tous ceux generalement quelconques, tant nos Sujets qu'Etrangers, qui fe prefenteront en perfonne, ou par Procureur, y foient reçûs, en fe faifant inferer fur le Regiftre, qui fera tenu par le Lieutenant Civil. Dans lequel Regiftre chaque particulier déclarera par écrit figné de fa main, fa qualité, le lieu de fon domicile, & la quantité de billets qu'il prétend tirer en ladite Blanque, tant pour luy que pour autruy ; & defquels il promettra payer la valeur au Bureau qui fera eftably en l'Hoftel de noftredite Ville de Paris, entre les mains du Receveur d'iceluy, trois jours après la demande qui luy en fera faite ; qui fera après que la totalité defdits cinquante mille billets aura efté entierement remplie fur ledit Regiftre, pour la quantité defdits billets luy eftre delivrée, fuivant la date du jour qu'il aura figné fur ledit Regiftre ; fur lequel, & fur l'ordre dudit enregiftrement les billets de chaque particulier tirez par un enfant de douze à quatorze ans, qui fera choifi par ledit Lieutenant Civil, tel qu'il avifera. Et afin d'ofter tout foupçon de fraude & de mauvaife foy dans la diftribution defdits cinquante mille billets, Nous voulons & entendons, qu'après qu'ils auront efté paraphez & marquez par ledit Lieutenant Civil, ils foient par luy, en prefence de noftre Coufin le Marefchal de Lhofpital Gouverneur de noftredite Ville de Paris, des Prevoft des Marchands & Echevins, de noftre Procureur de ladite Ville, & de noftre cher & bien-amé le Sieur Comte de Brienne, Confeiller en noftre Confeil d'Eftat & Secretaire de nos Commandemens, Commiffaire à ce par Nous deputé ; & de nos Avocat & Procureur audit Chaftelet, mis en un coffre fermant à quatre clefs, fur l'entrée defquelles fera pofé le Sceau dudit Lieutenant Civil: & lefdites clefs féparément données ; une audit Marefchal de Lhofpital; une autre aufdits Prevoft des Marchands & Echevins; l'autre audit Sieur Comte de Brienne ; & une autre à nofdits Avocat & Procureur du Chaftelet. De fait, ledit coffre laiffé en depoft dans une des chambres dudit Hoftel de Ville, pour eftre reprefenté, & publiquement ouvert, en la prefence des deffufdits, dans ladite Sale du Grand Bureau des Pauvres : Et lefdits cinquante mille billets tirez par ledit Enfant, felon l'ordre du Regiftre, & la date du jour que chacun y aura fait fa déclaration. De forte que pour les premiers qui feront enregiftrez fur ledit Regiftre, les billets feront auffi premierement tirez, & ainfi fucceffivement les uns aux autres, pour éviter confufion. Et les billets vûs & ouverts publiquement, eftre ledit Regiftre déchargé de la quantité qui fera tirée par chaque particulier : & à cofté d'iceluy marqué le nombre defdits billets blancs, ou remplis, que ledit Enfant aura tirez pour ledit particulier: & les fommes qui feront contenuës en iceux, luy eftre payées comptant, & fur le champ par ledit Receveur, fans qu'il y puiffe avoir aucun empêchement, pour quelque caufe, pretexte & occafion que ce foit, non pas même pour nos propres deniers & affaires; & ce jufqu'à la concurrence defdits cinq cens mille livres, qui ne pourront eftre tirez, & ladite Blanque ouverte, que ladite fomme d'onze cens mille livres ne foit remplie fur ledit Regiftre, & reçûë par ledit Receveur, pour eftre trois jours après ladite recette vaqué à l'ouverture du coffre, où feront lefdits billets. Laquelle ouverture fera publiquement annoncée, tant à fon de Trompe & Cry public par les Carrefours & Places de noftredite Ville de Paris, que par Affiches, qui feront à cette fin appofées és lieux & endroits que befoin fera, à ce que perfonne ne le puiffe ignorer. Et pour le furplus defdits onze cens mille liv. montans à fix cens mille livres ; il en fera, comme dit eft, pris ladite fomme de cinq cens quarante mille livres, pour eftre employée à la conftruction dudit Pont de Pierre & Pompe, & laquelle demeurera entre les mains du Receveur de l'Hostel de Ville, pour estre par luy payée aux Entrepreneurs dudit Pont & Pompe, dans les termes qui seront convenus avec les entrepreneurs d'iceluy. Et les soixante mille livres restans, Sa Majesté les a accordées audit Sieur Tonty, tant pour son droit d'avis, que pour les frais qu'il luy conviendra faire pour l'establissement & direction de ladite Blanque, à condition de payer audit Receveur de ladite Ville deux deniers pour livre de ladite somme d'onze cens mille livres, pour le maniement qu'il en aura fait. Laquelle somme de soixante mille livres sera payée audit Sieur Tonty par ledit Receveur, sur sa simple quittance; nonobstant toutes saisies & empêchemens, pour quelque cause & occasion que ce soit. Duquel maniement ledit Receveur sera tenu compter seulement par estat en nostre Conseil, pardevant les Commissaires qui seront par Nous deputez; moyennant quoy il en demeurera bien & valablement déchargé. Si Donnons en Mandement à nostre tres-cher & feal le Sieur Seguier Chevalier Chancellier de France, que ces presentes il fasse lire & publier en nostre grande Chancellerie, le Sceau tenant, & registrer és Registres d'icelle: & le contenu en icelles faire garder & entretenir selon leur forme & teneur. Et à nos amez & feaux les Prevost de Paris ou son Lieutenant Civil, Prevost des Marchands & Echevins de nostre bonne Ville de Paris, que cesdites presentes, chacun à leur égard, ils fassent aussi lire & enregistrer où il appartiendra, & icelles garder & entretenir selon leur forme & teneur, sans permettre qu'il y soit contrevenu; cessant & faisant cesser tous empêchemens à ces presentes contraires; car tel est nostre plaisir. Donné à Paris au mois de Decembre, l'an de grace mil six cens cinquante six, & de nostre Regne le quatorziéme. Signé, LOUIS, Et plus bas, DE GUENEGAUD. Et scellé du Sceau de cire jaune sur simple queuë.

6. Février 1657. Ord. de Police pour l'establissement d'une Lotterie, en execution de l'Edit du mois de Decembre 1656.

SUR ce qui Nous a esté representé par le Procureur du Roy, que Sa Majesté par ses Lettres Patentes du mois de Decembre 1656. a ordonné qu'il seroit establi une Blanque en cette Ville de Paris, pour la construction d'un Pont de pierre, entre les Galleries du Chasteau du Louvre, & le Fauxbourg Saint-Germain; lequel establissement il est necessaire d'accelerer au plutost, pour executer les intentions de Sadite Majesté: requerant à ces fins ledit Procureur du Roy, qu'il Nous plust y pourvoir. Nous ayant égard à ladite Requeste, conformément à l'intention de Sa Majesté, contenuë en ses Lettres Patentes, ordonnons que ladite Blanque sera establie en cette Ville de Paris, à commencer du huitième du present mois; pendant lequel toutes personnes qui voudront entrer en ladite Blanque seront tenus de s'inscrire en personne, ou par procuration sur le Registre qui sera tenu en nostre Hostel par Coudray Greffier de la Police, pour ensuite proceder conformément aux ordres de Sa Majesté: & afin que personne n'en prétende cause d'ignorance, seront les presentes affichées aux lieux publics & Carrefours de la Ville & Fauxbourgs de Paris. Ce fut fait & donné par Messire DREUX D'AUBRAY, Conseiller du Roy en ses Conseils, & Lieutenant Civil de la Ville, Prevosté & Vicomté de Paris, le sixième jour de Février mil six cens cinquante-sept. Signé, D'AUBRAY. BONNEAU. COUDRAY, Greffier.

Cette Lotterie ne fut ny remplie ny tirée, & ce Pont ne fut rebasty que de bois sur d'autres fonds que celuy que l'on avoit esperé tirer de ce secours.

Il y avoit alors plus de dix ans que des particuliers appuyez de quelques personnes de la Cour avoient obtenu du Roy des Lettres Patentes pour l'establissement de l'une de ces Lotteries, de marchandises ou d'effets. Les six Corps des Marchands s'opposerent à l'enregistrement, & representerent le préjudice que cela causeroit au Commerce. Ce dessein avoit esté abandonné, & le Procés estoit demeuré indecis. L'entreprise de Tonty, dont il vient d'estre parlé; & les Lettres Patentes qu'il avoit obtenuës reveillerent l'attention des Parties interessées à cette autre Lotterie; elles reprirent leurs poursuites, donnerent une nouvelle Requeste. Les six Corps des Marchands persisterent dans leur opposition; & sur le tout intervint l'Arrest qui suit.

16. Janvier 1658. Arrest du Parlem. contre l'establissement d'une Lotterie.

ENTRE les Maistres & Gardes des six Corps des Marchands de la Ville de Paris, Appellans d'une Sentence renduë par le Prevost de Paris ou son Lieutenant Civil, le 4. Janvier 1645. Opposans à l'execution des Lettres Patentes de Sa Majesté, octroyées à la Dame Marquise de Ramboüillet, du dernier Decembre 1644. & Demandeurs à l'entherinement d'une Requeste par eux presentée à la Cour, le 13. Decembre 1657. tendante à ce qu'ils soient reçus Opposans à l'establissement de la Lotterie que prétendent faire ladite Dame de Ramboüillet & Charles Peschard; faisant droit sur leur opposition, qu'il soit ordonné que le Défendeur cy-après nommé fermera ses magasins; & que défenses luy soient faites ou à ses Commis de recevoir aucun argent pour la Lotterie, sauf à ceux qui en ont baillé, de le repeter, ainsi qu'ils aviseront bien & deuëment, deuleurs, d'une part: Et Charles Peschard, tant pour luy, que pour la Dame Marquise de Ramboüillet, Défendeur & Demandeur en execution desdites Lettres Patentes, & à l'entherinement d'une Requeste par luy presentée à la Cour, le dix-huitième jour dudit mois de Decembre; tendante, à ce que sans avoir égard à ladite opposition desdits Maistres & Gardes des six Corps des Marchands, de laquelle ils seront deboutez avec dommages, interests & dépens, la Lotterie ouverte par ledit Peschard en execution desdites Lettres Patentes, sera continuée, pour estre tirée au vingtième Janvier prochain; avec défenses à toutes personnes de troubler ledit Peschard en l'execution desdites Lettres, à peine de dix mille livres d'amende, & de tous dépens, dommages & interests, d'autre part, sans que les qualitez puissent nuire ne préjudicier aux Parties. Après que Robert pour lesdits Maistres & Gardes; Petitpied pour ladite Dame Marquise de Ramboüillet & Peschard, ont esté oüys; ensemble Talon pour le Procureur General du Roy. La Cour a reçu & reçoit les Parties de Robert Opposantes, & Appellantes; & y faisant droit a mis & met l'appellation, & ce dont a esté appellé, au néant; émandant, fait défenses d'exercer la Lotterie, sur les peines portées par les Ordonnances. Fait en Parlement le seizième jour de Janvier mil six cens cinquante-huit.

Des

Des Particuliers proposerent une nouvelle Lotterie en 1660. Les réjoüiffances de la Paix, uelles du Mariage du Roy, & de la triomphante entrée de leurs Majeftez dans Paris, leur parut cne occafion favorable pour faire réüffir leur entreprife : les Peuples au milieu de la joye & de ces grands évenemens, applaudirent à ce deffein; le Roy qui en fut informé, eut la bonté d'en accorder la permiffion. Cette Lotterie fe fit ; elle fut remplie en peu de temps, & enfuite tirée en la prefence du Lieutenant Civil, & des autres Officiers de Police, avec beaucoup d'exactitude : c'eft la premiere des Lotteries publiques qui ont efté tirées en France.

Ce jeu a fes attraits & fes prérogatives qui le mirent bien-toft en vogue : c'eft l'unique auquel les derniers du Peuple peuvent joüer avec leur Souverain, fans perdre le refpeét qui luy eft dû; que tous les Citoyens d'une Ville, les Habitans des Provinces, les Nations voifines, les ennemis même peuvent joüer enfemble fans fe connoiftre, ny fe communiquer; c'eft le feul où l'on peut dans un moment & d'un feul coup faire fortune; & fe trouver dans l'abondance, en ne rifquant prefque rien. Ainfi cette premiere Lotterie a efté fuivie de plufieurs autres en differens temps; il s'en eft fait de recreation à la Cour, fous le nom & l'autorité du Roy; il s'en eft fait de charité à Paris & dans les Provinces pour les Pauvres, ou pour d'autres œuvres de pieté : il s'en eft fait une enfin dans ces derniers temps pour les befoins de l'Eftat : mais auffi comme c'eft le jeu où il fe peut mefler plus de fraudes, plus d'abus & de mauvaife foy, toutes ces Lotteries n'ont efté tirées qu'en la prefence des perfonnes de la premiere Dignité, nommez par le Roy, ou en la prefence des premiers Magiftrats, ou des plus notables Citoyens : & par la même raifon toutes les fois que des Particuliers ont voulu en entreprendre quelqu'une, cela leur a efté défendu fous de tres-groffes peines. En voicy les preuves avec lefquelles nous finirons cette matiere des jeux.

11. Mai 1661. Arreft du Parlement, qui défend aux particuliers de faire des Lotteries.

CE jour, fur ce qui a efté remontré par les Gens du Roy, Maiftre Denys Talon Avocat dudit Seigneur, portant la parole; qu'au préjudice des Loix & Ordonnances du Royaume, Arrefts & Réglemens de la Cour, qui défendent toutes fortes de banques & jeux de hazard; le nommé Boulanger & quelques autres affociez, ont établi une efpece de Banque & Lotterie en cette Ville, laquelle ayant efté tolerée dans un temps de réjoüiffance pour la Paix & heureux Mariage du Roy, même en quelque façon appuyée de l'autorité des premiers Officiers de Police, ils prétendent continuer & perpetuer, & à cette fin établiffent des Bureaux, & font afficher en cette Ville l'ouverture de ladite Banque; ce qui eft un abus où il eft neceffaire de pourvoir : Ouy lefdits Gens du Roy en leurs Conclufions; la matiere mife en délibération : LA COUR fait inhibitions & défenfes audit Boulanger & à tous autres, de tenir aucunes Banques ny Lotteries : Ordonne que les Bureaux qu'ils ont établis feront fermez, les deniers par eux reçus rendus & reftituez; à ce faire contraints par toutes voyes düës & raifonnables : Défenfes à toutes perfonnes de mettre à l'avenir aucuns deniers efdites Lotteries, à peine de confifcation d'iceux au profit de l'Hôpital General de cette Ville : Enjoint aux Officiers du Chaftelet de tenir la main à l'execution du prefent Arreft, lequel fera lû & publié à fon de Trompe & cry public, & affiché par tout où befoin fera, afin que nul n'en prétende caufe d'ignorance. FAIT en Parlement le onziéme de May 1661. Signé, DU TILLET.

29. Mars 1670. Ordonnance de Police, contre les Lotteries.

SUR ce qui a efté reprefenté par le Procureur du Roy; Qu'ayant efté fait diverfes Lotteries en cette Ville, & commencées dans un temps de réjoüiffance, auquel cette forte de divertiffement dans des Maifons, & entre des Perfonnes de qualité, fembloit ne devoir faire aucune mauvaife confequence; il eft arrivé neanmoins qu'à leur exemple, plufieurs Marchands & Artifans de Paris, fe font ingerez & entreprennent encore tous les jours de faire des Lotteries publiques, dans lefquelles ils employent leurs Marchandifes à tel prix que bon leur femble, pratiquant divers moyens pour avoir la meilleure partie de l'argent de ceux qui fe confient en leur bonne foy, & abandonnent ou interrompent pour cela leur Meftier & principal Commerce, au lieu duquel, & par les foins qu'ils prennent artificieufement, de publier que certains Particuliers avec peu d'argent, ont fait des gains confiderables en quelques Lotteries, ils engagent infenfiblement toutes fortes de perfonnes. De maniere que dans la vûë que chacun a de faire un grand profit, plufieurs s'incommodent, & d'autres (particulierement les Serviteurs domeftiques) employent toutes fortes de mauvais moyens pour trouver celuy de tenter le hazard des Lotteries : A quoy le Public fe trouvant notablement intereffé, & eftant neceffaire d'arrefter le cours d'un tel abus, attendu même que ces fortes de Lotteries font proprement jeux de blanque & de hazard, qui ont efté perpetuellement défendus en public, à caufe des confequences fâcheufes qui en font à craindre, & des tromperies qui s'y peuvent commettre : Requeroit le Procureur du Roy, qu'il fuft fur ce par Nous pourvû, & défenfes faites à toutes fortes de perfonnes de faire cy-après aucunes Lotteries ny Blanques, fous telles peines que nous aviferons. Nous faifant droit fur le requifitoire du Procureur du Roy, faifons tres-expreffes défenfes à toutes fortes de perfonnes, de tenir, faire ou tirer à l'avenir, en cette Ville & Fauxbourgs de Paris, aucunes Blanques, Lotteries, ny autres Jeux de hazard femblables fous quelques noms que ce foit; à peine de quinze cens livres d'amende, & de confifcation des marchandifes, argenteries, bijoux, argent monnoyé, & autres chofes qui auront efté employées pour fervir de fonds aufdites Lotteries. Et à l'égard de celles qui ne font achevées, ou dont les billets ne font commencez de diftribuer; défendons fous les mêmes peines de les ouvrir ny continuer; & enjoignons tres-expreffément à ceux qui s'en difent les Maiftres, & autres qui auront receu les deniers des Particuliers, de les rendre & reftituer inceffamment à ceux qui leur rapporteront les billets, ou autres marques de Lotterie qu'ils en auront receu. Faifons auffi défenfes à toutes fortes de perfonnes, fous femblables peines de confifcation & d'amende, de donner ny recevoir aucuns deniers pour les Lotteries, tant contre ceux qui y auront mis, que contre ceux qui auront receu lefdits deniers, après la publication de la prefente Ordonnance, laquelle fera executée nonobftant oppofitions ou appellations quelconques, & fans préjudice d'icelles leuë, publiée & affichée par les Cantons, Carrefours & Places publiques de cette Ville & Fauxbourgs,

bourgs, afin que personne n'en prétende caufe d'ignorance. Ce fut fait & donné par Meffire GA-BRIEL NICOLAS DE LA REYNIE, Confeiller du Roy en fes Confeils d'Eftat & Privé, Maiftre des Requeftes Ordinaire de fon Hoftel, & Lieutenant General de Police de la Ville, Prevofté & Vicomté de Paris, le vingt-neuviéme jour de Mars 1670. Signé, DE LA REYNIE. DE RYANTZ. SAGOT, Greffier.

24. Mars 1681. Ordon. de Police, contre les Lotteries, publiée & affichée le même jour.

DEfenfes iteratives font faites, ce requerant le Procureur du Roy, & conformément à noftre Ordonnance du vingt-neuviéme Mars mil fix cens foixante-dix, à toutes fortes de perfonnes de tenir, faire ou tirer à l'avenir en cette Ville & Fauxbourgs de Paris, aucunes Lotteries, Blanques, ou autres jeux de hazard femblables, fous quelques noms que ce foit, à peine de quinze cens livres d'amende, & de confifcation des marchandifes, argenteries, bijoux, argent monnoyé, & autres chofes qui auront efté employées pour fervir de fonds aufdites Lotteries. Enjoignons tres-expreffement à ceux qui s'en difent les Maiftres, & autres qui auront receu les deniers des Particuliers, de les rendre & reftituer inceffamment à ceux qui leur rapporteront les billets ou autres marques de Lotterie qu'ils en auront receu. Faifons auffi défenfes à toutes fortes de perfonnes, fous les mêmes peines de confifcation & d'amende, de donner ny recevoir aucuns deniers pour lefdites Lotteries, après la publication de la prefente Ordonnance, laquelle fera executée nonobftant toutes oppofitions ou appellations quelconques, & fans préjudice d'icelles : leuë, publiée & affichée par les Carrefours & les Places de cette Ville & Fauxbourgs ; afin qu'aucun n'en prétende caufe d'ignorance. Ce fut fait & donné par Meffire GABRIEL NICOLAS DE LA REYNIE, Confeiller d'Eftat Ordinaire, Lieutenant General de Police de Paris, le 24. Mars 1681. Signé, DE LA REYNIE. DE RYANTZ. SAGOT, Greffier.

14. Mars 1687. Ordon. contre les Lotteries, publiée & affichée le 17. du même mois.

SA MAJESTE' eftant informée que plufieurs perfonnes fe font ingerées de faire des Lotteries dans fa bonne Ville de Paris ; ce qui eft contraire à fes intentions & aux Réglemens de Police, Elle a fait tres-expreffes inhibitions & défenfes à toutes perfonnes de quelque qualité & condition qu'elles foient, de faire ny faire faire aucune Lotterie fous quelque prétexte que ce puiffe eftre ; à peine de defobéïffance, & de confifcation des fommes, bijoux, & autres chofes qui feroient deftinées pour lefdites Lotteries. Enjoint Sa Majefté au Sieur de la Reynie, Confeiller Ordinaire en fon Confeil d'Eftat, Lieutenant General de Police de fadite Ville de Paris, de tenir la main à l'execution de la prefente Ordonnance, & de la faire publier & afficher par tout où befoin fera, à ce qu'aucun n'en prétende caufe d'ignorance. FAIT à Verfailles le quatorze Mars mil fix cens quatre-vingt-fept. Signé, LOUIS. Et plus bas, COLBERT.

5. Mars 1700 Sentence de Police contre les Lotteries, publiée & affichée le 13. du même mois.

SUR le Rapport fait pardevant Nous en l'Audiance de Police, par Maiftre François de la Jarrie, Confeiller du Roy, Commiffaire-Enquefteur & Examinateur au Chaftelet de Paris, diftribué pour la Police au Quartier faint Antoine ; qu'ayant eu avis qu'il fe faifoit une Lotterie de Robes de Chambres, d'Habits, de Dentelles, de Toiles de Baptifte & de Mouffeline chez les nommées Naffes Marchandes Lingeres de la ruë faint Antoine, dont chaque billet eftoit de cinq fols : Que même elles en avoient diftribué plufieurs, & reçû une partie du fonds ; il fe feroit tranfporté dans leur maifon, le vingtiéme du mois de Fevrier dernier, affifté de François de Vaffan Huiffier à Cheval & de Police ; où il auroit reconnu par la reprefentation du Regiftre, qu'elles auroient déja reçû la fomme de trois cens livres fols, & mis à part quelques coupons de Dentelles d'Angleterre & du Havre, de toiles de Baptifte & de Mouffeline, dont quelques-uns des lots devoient eftre compofez : & dautant que cette entreprife n'eft pas moins contraire à l'intereft public & au bien general du commerce, qu'à la difpofition formelle des Ordonnances, Arrefts & Réglemens : luy Commiffaire auroit fait faifir par ledit Huiffier de Police, tant ladite fomme de trois cens livres fols, que les Marchandifes cy-deffus exprimées, & affigner lefdites Naffes pour répondre au prefent Rapport : Surquoy après avoir ouï ledit Commiffaire, enfemble lefdites Naffes en leurs défenfes, & les Gens du Roy en leurs Conclufions : Nous avons ordonné que ladite fomme de trois cens livres fols, fera confifquée au profit de la Maifon des Nouveaux Convertis ; & qu'à la délivrance lefdites Gardiens & Dépofitaires feront contraints ; quoy faifant ils en demeureront bien & valablement déchargez envers & contre tous : Condamnons lefdites Naffes en cinquante livres d'amende envers le Roy ; défenfes de récidiver fous plus grande peine : Et neanmoins pour cette fois leur avons fait main-levée des Marchandifes faifies ; à ce faire le Gardien contraint, & moyennant ce bien & valablement déchargé. Faifons tres-expreffes inhibitions & défenfes à toutes perfonnes de quelque qualité & condition qu'elles foient, de faire aucunes Lotteries, à peine de mille livres d'amende, & de confifcation tant de l'argent qui y fera mis, que des hardes, nippes, marchandifes & autres chofes qui en devront compofer les lots, & même fous plus grande peine s'il y échoit ; defquelles confifcation & amende le tiers fera adjugé au Denonciateur, & le tiers à l'Hôpital General : Mandons aux Commiffaires du Chaftelet de tenir la main à l'execution de la prefente Sentence, qui fera executée nonobftant & fans préjudice de l'appel, luë, publiée & affichée dans tous les Carrefours & Places publiques de cette Ville de Paris, à ce que nul n'en prétende caufe d'ignorance. Ce fut fait & donné par Meffire MARC-RENE' DE VOYER DE PAULMY, D'ARGENSON, Chevalier, Confeiller du Roy en fes Confeils, Maiftre des Requeftes ordinaire de fon Hoftel, Lieutenant General de Police de la Ville, Prevofté & Vicomté de Paris, le Vendredy cinquiéme Mars 1700. Signé, DE VOYER D'ARGENSON. TAUXIER l'aîné, Greffier.

26. Mars 1700. Sentence de Police contre les Lotteries, publiée & affichée le 31. du même mois.

SUR le Rapport à Nous fait à l'Audiance de la Chambre de Police par Maiftre Martin Marier, Confeiller du Roy, Commiffaire au Chaftelet de Paris, & l'un des Commiffaires prépofez au Quartier Montmartre ; Que le Lundy vingt-deuxiéme du prefent mois, ayant eu avis que quelques Domeftiques du Sieur Comte du Bourg, qui demeure ruë Neuve Saint Euftache, faifoient une Lotterie au préjudice des défenfes, il fe feroit tranfporté en fa maifon, & apprit que le
nommé

nommé Eude Maſſon, Concierge d'icelle, faiſoit cette Lotterie à l'inſçû de ſon Maiſtre, dequoy ledit Maſſon ſeroit demeuré d'accord, & declaré que ſes billets eſtoient ſeulement de cinq ſols, dont il auroit mis le Regiſtre entre les mains de luy Commiſſaire, avec la ſomme de quatorze cens quatre-vingt-dix-neuf livres, que ledit Maſſon reconnoiſt avoir receuës de differentes perſonnes qui avoient mis à ſa Lotterie, le ſurplus ayant eſté employé aux frais d'icelle, ou luy eſtant dû par quelques Particuliers de ſa connoiſſance, à qui il avoit bien voulu donner à credit de ſes Numeros; & luy Commiſſaire ayant calculé avec ſoin ledit Regiſtre, il auroit verifié que ledit Maſſon avoit délivré huit mille quatre-vingt-ſeize billets, à raiſon de cinq ſols chacun, revenant à la ſomme de deux mille vingt-quatre livres, d'où il reſultoit que ledit Maſſon en avoit détourné ou employé en frais la ſomme de cinq cens trente-quatre livres quatorze ſols; ce qui auroit obligé ledit Commiſſaire de faire aſſigner ledit Maſſon en cette Audiance. Surquoy aprés avoir oüy ledit Commiſſaire en ſon Rapport, ledit Maſſon en ſes défenſes, & les Gens du Roy en leurs Concluſions : Nous avons ordonné que ladite ſomme de quatorze cens quatre-vingt-neuf livres ſera confiſquée : ſçavoir, cent quatre-vingt-neuf livres à la Maiſon du Refuge, cent livres à la Maiſon des Hoſpitalieres de la Raquette : cent livres à la Maiſon du Bon-Paſteur : cent liv. à la Communauté des Filles de ſaint Chaumont : & le ſurplus montant à la ſomme de mille livres au profit de l'Hôpital General; à la déduction neanmoins de celle de cinquante livres, qui demeurera au profit des Huiſſiers ou Sergens de Police, qui ont eſté employez par ledit Commiſſaire; & qu'à la délivrance de ladite ſomme de quatorze cens quatre-vingt-neuf livres, le gardien & depoſitaire ſera contraint; quoy faiſant, il en demeurera bien & valablement déchargé envers & contre tous : Condamnons ledit Maſſon en trois cens livres d'amende envers le Roy : Défenſes de récidiver ſous plus grande peine : Faiſons tres-expreſſes inhibitions & défenſes à toutes perſonnes de quelque qualité & condition qu'elles ſoient, de faire aucunes Lotteries, à peine de mille livres d'amende, & de confiſcation tant de l'argent qui y ſera mis, que des hardes, nippes, marchandiſes, & autres choſes qui en devront compoſer les Lots, & même ſous plus grande peine s'il y écheoit : deſquelles confiſcation & amende le tiers ſera adjugé au denonciateur, & le tiers à l'Hôpital General. Mandons aux Commiſſaires du Chaſtelet de tenir la main à l'execution de la preſente Sentence qui ſera executée, nonobſtant & ſans préjudice de l'appel, lüë, publiée & affichée dans tous les Carrefours & Places publiques de cette Ville & Faux-bourgs de Paris, à ce que perſonne n'en ignore. Ce fut fait & donné par Meſſire MARC-RENE' DE VOYER, DE PAULMY, D'ARGENSON, Chevalier, Conſeiller du Roy en ſes Conſeils, Maiſtre des Requeſtes Ordinaire de ſon Hoſtel, Lieutenant General de Police de la Ville, Prevoſté & Vicomté de Paris, le Vendredy vingt-ſixiéme jour de Mars mil ſept cens. Signé, DE VOYER D'ARGENSON. TAUXIER l'aîné, Greffier.

11. Mai 1700
Arreſt du
Conſeil d'E-
ta du Roy,
pour la Lotterie Royale.

LE Roy eſtant informé de l'empreſſement avec lequel ſes Sujets ſe ſont portez à lever les rentes viageres créées par les Edits de Sa Majeſté des mois d'Aouſt 1693. & Juillet 1698. & celles qui ont eſté nouvellement conſtituées pour recouvrer le fonds neceſſaire pour la reduction au denier vingt de celles qui avoient eſté créées aux deniers quatorze, ſeize ou dix-huit, pour ſurvenir aux dépenſes indiſpenſables de la Guerre; & ayant remarqué l'inclination naturelle de la plûpart deſdits Sujets, à mettre de l'argent aux Lotteries particulieres, à celles que quelques Communautez ont eu la permiſſion de faire pour l'entretien & le ſoulagement des Pauvres, même à celles qui ſe font dans les Païs Eſtrangers : Et deſirant leur procurer un moyen commode & agreable de ſe faire un revenu ſûr & conſiderable pour le reſte de leur vie, même d'enrichir leurs familles, en donnant au hazard des ſommes ſi legeres, qu'elles ne puiſſent leur cauſer aucune incommodité; & pour cet effet faire ouvrir une Lotterie Royale à l'Hoſtel de Ville de Paris, de dix millions de livres de capital, qui produiront cinq cens mille livres de rentes viageres au denier vingt, qui ſeront diſtribuées en pluſieurs lots, dont les plus forts ſeront de vingt mille livres de rente, & les moindres auſſi de trois cens livres de rente : Oüy le Rapport du Sieur Chamillart, Conſeiller ordinaire au Conſeil Royal, Controlleur General des Finances : Sa Majeſté en ſon Conſeil a ordonné & ordonne :

ARTICLE I.

Que le quinziéme du preſent mois il ſera ouvert à l'Hoſtel de Ville de Paris une Lotterie Royale, compoſée de quatre cens mille billets de deux Louis d'or chacun, pour la valeur deſquels il ſera conſtitué cinq cens mille livres de rentes viageres par an, qui ſeront aſſignées ſur les mêmes fonds que les rentes viageres créées par les Edits du mois d'Aouſt 1693. & Juillet 1698. & l'excedant ſera employé au payement des frais de la Lotterie, du premier quartier deſdites rentes que Sa Majeſté accorde à commencer du premier Juillet prochain, des tares d'eſpeces, & autres dépenſes.

II.

Que tous les Particuliers Sujets de Sa Majeſté, de quelque âge, ſexe, qualité & condition qu'ils puiſſent eſtre, même les Eſtrangers, ſoit qu'ils demeurent dans le Royaume ou en d'autres Eſtats, ſeront admis à ladite Lotterie.

III.

Que pour la facilité de ceux qui voudront avoir des billets, il ſera établi un Bureau principal dans l'Hoſtel de Ville; ſix autres dans ſix Quartiers de la Ville, qui ſeront deſignez à cet effet par les Placards qui ſeront affichez, & un à Verſailles; dans leſquels Bureaux ſeront reçûs tous les Louis d'or ayant cours, même ceux qui ſeront legers de quatre grains, ſans déduction de deux ſols pour chaque grain défaillant.

IV.

Que les Commis prépoſez à ladite recette, tiendront des Regiſtres cottez & paraphez par le ſieur Prevoſt des Marchands, dans leſquels ils ſeront tenus d'écrire les Noms, Mots ou Deviſes, ſous leſquels chacun voudra mettre à ladite Lotterie, & les numeros des billets

qu'ils

qu'ils en délivreront, lesquels billets numérotez seront signez & paraphez par chacun des Receveurs.

V.

Qu'on recevra l'argent qu'on apportera dans lesdits Bureaux, jusques au premier Septembre prochain.

VI.

Que les cinq cens mille livres de rentes dont sera composée ladite Lotterie, seront distribuées en quatre cens soixante & quinze lots ; sçavoir, deux premiers de vingt mille livres de rente chacun, dix de dix mille livres de rente aussi chacun, dix autres de six mille livres de rente chacun, vingt de trois mille livres de rente chacun, cent de mille livres de rente chacun, deux cens de cinq cens livres de rente aussi chacun, cent trente-deux de trois cens livres de rente chacun, & un de quatre cens livres de rente ; faisant en tout cinq cens mille livres de rente.

VII.

Qu'elle sera tirée à l'Hostel de Ville le jour qui sera pour ce indiqué, en presence du sieur Premier President du Parlement de Paris, de deux Conseillers d'Estat, deux Maistres des Requestes, quatre Conseillers, du Procureur General dudit Parlement, & des Prevost des Marchands, Eschevins & Officiers du Bureau de l'Hostel de Ville.

VIII.

Qu'il sera fait quatre cens soixante & quinze billets d'une même forme & grandeur, qui contiendront les lots marquez cy-dessus, lesquels seront roulez uniformement, cachetez & mis dans un sac de cuir.

IX.

Qu'il en sera fait aussi quatre cens mille autres d'une même forme & grandeur, lesquels contiendront les Numero, Noms, Mots ou Devises portez par les billets qui auront esté délivrez aux interessez à ladite Lotterie ; lesquels seront roulez pareillement le plus uniformement que faire se pourra, cachetez & mis dans un sac de cuir.

X.

Aprés qu'on aura bien remué le Sac dans lequel seront les billets contenans les quatre cens soixante-quinze lots, & celuy où seront les numeros, noms, mots ou devises, deux enfans qui seront préposez à cet effet, mettront en même-temps la main dans chacun desdits sacs, d'où ils tireront ; l'un, un billet contenant l'un des quatre cens soixante-quinze lots ; l'autre, un billet contenant l'un des quatre cens mille numeros, noms, mots ou devises, qu'ils remettront en même-temps entre les mains du Sieur Premier President, ou de celuy qui présidera à l'Assemblée en son absence, qui en fera l'ouverture sur le champ, & déclarera que l'un desdits billets contient un tel lot ; & l'autre un tel numero, nom, mot ou devise, auquel appartiendra le lot qui aura esté tiré ; ce qui sera à l'instant écrit sur un Registre par le Greffier de l'Hostel de Ville, ou autre qui tiendra la plume ; L'on continuera de même de remuer lesdits sacs contenans les lots & les numeros, faisant tirer en même-temps par les deux enfans un billet des lots, & un des numeros en la forme cy-dessus : & l'on écrira sur le Registre, le lot, le numero, le nom, mot ou devise de celuy à qui il appartiendra, à mesure qu'ils seront tirez, jusqu'à ce que le dernier lot qui sera tiré soit ainsi distribué & écrit sur le Registre, dont il sera donné un extrait à chacun de ceux à qui les lots seront échûs.

XI.

Et en cas que la Lotterie ne puisse estre tirée en une seule séance ; les sacs où seront les billets contenans les lots & les numeros, seront fermez & cachetez des Armes du Sieur Premier President, ou de celuy qui présidera en son absence, & mis dans un coffre sur lequel il y apposera aussi son cachet, & déclarera le jour auquel la séance sera continuée.

XII.

Qu'il sera delivré à ceux à qui les lots seront échûs des quittances du Garde du Thrésor Royal de la somme principale de la rente qui composera le lot, sur lesquelles il leur sera passé des Contrats de constitution sous le nom de telle personne que bon leur semblera, par les Prevost des Marchands & Echevins de Paris ; pardevant tels Notaires au Chastelet que voudront choisir les Proprietaires desdits lots, pour jouir par eux de la rente qui leur appartiendra, à commencer au premier jour de Juillet de la presente année, & continuer d'en jouir leur vie durant, comme de leur propre chose, vray & loyal acquest, pleinement & paisiblement, en vertu de leur Contrat, & en estre payez actuellement & effectivement par demie année à Bureaux ouverts, en deux payemens par chacun an, sans que lesdites rentes puissent estre reduites ny retranchées, sous quelque pretexte que ce puisse estre : lesquels Contrats seront délivrez gratuitement par les Notaires, ausquels il sera pourvû par Sa Majesté de salaire raisonnable.

XIII.

Que les Bureaux pour le payement desdites rentes s'ouvriront à la fin de chaque quartier de six mois, où dès le premier jour du quartier suivant, & demeureront ouverts jusqu'à l'entier payement ; lequel sera fait suivant l'ordre alphabetique des noms propres desdits Rentiers, ainsi qu'il se pratique à l'égard des autres rentes assignées sur l'Hostel de Ville de Paris.

XIV.

Et comme il est d'une extrême importance d'empêcher qu'on ne puisse sous des noms supposez, sur de fausses quittances, ou sur des quittances signées par des Rentiers avant leur décés, recevoir le payement desdites rentes au prejudice de Sa Majesté. Elle veut & entend que les quittances pour le payement des arrerages desdites rentes, soient passées par les Rentiers qui sont domiciliez à Paris, pardevant les mêmes Notaires qui auront expedié les Contrats de constitution, qui attesteront que le Rentier, au nom duquel la quittance sera passée, est actuellement en vie, & s'est presenté pardevant eux lors de la passation de ladite quittance ; de la verité desquelles chacun desdits Notaires demeurera responsable, si mieux n'aiment lesdits Rentiers rapporter des certificats de vie bien & duëment legalisez ; auquel cas ils pourront se servir de tels Notaires

que

que bon leur femblera; A l'égard de ceux qui demeureront dans les Provinces du Royaume, ils pourront faire recevoir les arrerages de leurs rentes fur des procurations en bonne forme, paſſées pardevant Notaires, & legaliſées par le Juge ordinaire du lieu de la reſidence deſdits Notaires, qui certifiera au pied deſdites procurations la vie deſdits Rentiers : Et ceux qui feront demeurans hors du Royaume, feront tenus de rapporter des certificats de vie paſſez pardevant Notaires ou autres perſonnes, en preſence de deux témoins qui atteſteront d'avoir vû dans le jour & parlé audit Rentier, & du Juge du lieu de la reſidence, portant pareille atteſtation; le tout legaliſé par les Ambaſſadeurs & envoyez de Sa Majeſté, Reſidens ou Conſuls de la Nation Françoiſe dans les Cours, Eſtats & Villes étrangeres, où leſdits Rentiers feront demeurans.

X V.

Pour d'autant plus favoriſer leſdits rentiers, Sa Majeſté ordonne que les arrerages deſdites rentes ne pourront eſtre faiſis fous quelque pretexte que ce puiſſe eſtre, même pour les propres affaires ; & que celles qui feront échûës à des Etrangers, feront exemptes de toutes confiſcations, repreſailles, marque & contremarque pour quelque cauſe que ce ſoit, même en cas de guerre avec les Eſtats où leſdits Rentiers feront demeurans.

X V I.

Que les peres & meres qui auront mis deſdites rentes viageres fous le nom d'aucuns de leurs enfans, jouïront des arrerages fans eſtre tenus d'en rendre aucun compte, juſqu'à ce qu'il leur plaiſe de remettre la jouïſſance à celuy fous le nom duquel ils l'auront mis, fans que la remiſe qu'ils en feront puiſſe eſtre reputée avantage dans la fucceſſion, ny imputée fur la legitime.

X V I I.

Que les femmes autoriſées de leurs maris, auſquelles leſdites rentes feront échûës, en jouïront leur vie durant, fans qu'après le decés de leurs maris leurs heritiers puiſſent les inquieter.

X V I I I.

Que ceux des Sujets taillables à qui leſdites rentes feront avenues, ne pourront eſtre impoſez à la Taille à plus grande fomme pour raiſon de ladite acquiſition.

X I X.

Et en cas de conteſtation pour raiſon du payement, validité des quittances & autres choſes concernans leſdites rentes, la connoiſſance en appartiendra aux Prevoſt des Marchands & Echevins de Paris, pour eſtre par eux decidées fommairement & fans frais en premiere inſtance, & par appel au Parlement; & pour l'execution du preſent Arreſt toutes Lettres neceſſaires feront expediées. Fait au Conſeil d'Eſtat du Roy, tenu à Verſailles l'onziéme jour de May 1700. Collationné. Signé, D U J A R D I N. Et ſcellé.

---

18. May 1700. Arreſt portant reglement pour le partage des Lots de la Lotter. Royale.

L E R O Y s'eſtant fait repreſenter en ſon Conſeil l'Arreſt rendu en iceluy le 11. du preſent mois pour l'eſtabliſſement de la Lotterie Royale; & Sa Majeſté eſtant informée que pluſieurs de ſes Sujets qui ſe propoſent de prendre des billets de ladite Lotterie, n'eſtant pas en eſtat de donner beaucoup au hazard, ſouhaiteroient de s'aſſocier avec d'autres qui ſe trouvent dans la même diſpoſition, pour pouvoir enſuite partager entr'eux les lots qui leur pourroient échoir, à proportion de ce que chacun y auroit mis : Et voulant contribuer en cela à leur ſatisfaction, & leur donner toutes les facilitez poſſibles, Oüy le rapport du Sieur Chamillart, Conſeiller ordinaire au Conſeil Royal, Contrôleur General des Finances : S A M A J E S T E' E N S O N C O N S E I L a permis & permet à tous ceux qui voudront mettre à la Lotterie Royale, de s'aſſocier avec qui bon leur femblera, & à qui les lots feront échûs de les partager en autant de portions qu'il leur conviendra, pourvû qu'elles ne ſoient pas moindres de ſoixante-quinze livres de rente, dont il leur ſera delivré des Contrats de conſtitution fous le nom de telle perſonne que bon leur femblera, conformément audit Arreſt du Conſeil du 11. du preſent mois. Fait au Conſeil d'Eſtat du Roy, tenu à Verſailles le dix-huitiéme jour de May 1700. Collationné. Signé, D U J A R D I N.

May 1700. Edit du Roy, portant creation de cinq cens mille l. de rentes viageres pour la Lotterie Royale, regiſtré en Parlement le 9. du même mois.

L O U I S par la grace de Dieu, Roy de France & de Navarre : A tous preſens & à venir, Salut. Conſiderant l'empreſſement avec lequel nos Sujets ſe ſont portez à lever les nouvelles rentes conſtituées fur l'Hoſtel de noſtre bonne Ville de Paris, & l'inclination qu'ils ont témoignée depuis la Paix à mettre de l'argent aux Lotteries que Nous avons permis à quelques Communautez de faire, pour l'entretien & le foulagement des Pauvres, même à celles qui ſe font dans les Pays Eſtrangers : Et deſirant les ſatisfaire, & en même temps leur procurer un moyen commode & agreable de ſe faire un revenu ſûr & conſiderable pour le reſte de leur vie, même d'enrichir leurs familles, en donnant au hazard des ſommes ſi legeres, qu'elles ne puiſſent leur cauſer aucune incommodité; Nous avons fait ouvrir le quinziéme du preſent mois à l'Hoſtel de noſtre bonne Ville de Paris, une Lotterie Royale compoſée de quatre cens mille billets de deux Louis d'or chacun, pour la valeur deſquels Nous avons ordonné qu'il ſera conſtitué cinq cens mille livres de Rentes Viageres par an, aſſignées fur les mêmes fonds que celles créées par nos Edits des mois d'Aouſt 1693. & Juillet 1698. pour eſtre diſtribuées en quatre cens ſoixante-quinze lots de differentes ſommes mentionnées dans l'Arreſt de noſtre Conſeil du onziéme du preſent mois ; à quoy Nous nous ſommes portez d'autant plus volontiers, que le fonds de cette Lotterie devant eſtre employé ſuivant la deſtination que Nous en avons faite, au rembourſement des Augmentations de Gages qui ſont encore dûës, & d'une partie des autres dettes dont noſtre Eſtat ſe trouve chargé, Nous en pouvons tirer un ſecours d'autant plus agreable qu'il ſera moins à charge à nos Sujets, dont le foulagement fait noſtre principale application. A C E S C A U S E S, & autres à ce Nous mouvans, & de noſtre certaine ſcience, pleine puiſſance & autori Royale, Nous avons confirmé & autoriſé, & par ces preſentes ſignées de noſtre main, confirmons & autoriſons la Lotterie Royale établie en execution de l'Arreſt de noſtre Conſeil du onziéme du preſent mois : Et à cet effet Nous avons dit, ſtatué & ordonné ; diſons, ſtatuons & ordonnons, Voulons & Nous plaiſt :

I.

Que par les Commiſſaires qui feront par Nous deputez, il ſoit vendu & aliené à nos chers & bien amez les Prevoſts des Marchands & Echevins de noſtre bonne Ville de Paris, cinq cens mille

livres

livres de rentes viageres actuelles & effectives, à prendre fur tous les deniers provenans de nos Droits d'Aides, Gabelles & Cinq Groffes Fermes, que Nous avons declaré & declarons fpecialement & par privilege, affectez & hypotequez au payement des arrerages defdites rentes par préference à la partie de noftre Threfor Royal.

I I.

Voulons que les Conftitutions particulieres en foient faites par les Prevofts des Marchands & Echevins de noftre bonne Ville de Paris, à ceux de nos Sujets & Eftrangers, non naturalifez, même à ceux qui font demeurans hors de noftre Royaume, Païs, Terres & Seigneuries de noftre obéïffance, qui feront choifis & nommez par ceux aufquels les lots de la Lotterie Royale feront échûs, lefquels lots pourront eftre partagez en plufieurs Contrats de rentes, au profit de toutes fortes de perfonnes, de quelque âge, fexe, qualité & condition qu'elles puiffent eftre, telles que les intereffez aufdits lots voudront les choifir & nommer fuivant la faculté que Nous leur en avons accordée par l'Arreft de noftre Confeil du dix-huitiéme du prefent mois, pourvû que lefdites rentes ne foient point au deffous de foixante-quinze livres de joüiffance par chacun an; en prouvant toutefois l'exiftence des perfonnes fur la tefte defquelles ils defireront joüir defdites rentes, par des Extraits Baptiftaires en bonne forme, bien & dûement legalifez, ou autres Actes équipolens.

I I I.

Ordonnons fuivant l'Arreft de noftre Confeil du 11. du prefent mois, que les Contrats de Conftitution defdites rentes feront paffez pardevant tels Notaires que les Proprietaires d'icelles voudront choifir, aufquels il fera par Nous pourvû de falaire raifonnable.

I V.

Voulons que ceux à qui lefdites rentes appartiendront, en joüiffent comme de leur propre chofe, vray & loyal acqueft, pleinement & paifiblement en vertu des Contrats de Conftitution qui leur en auront efté délivrez, durant la vie des perfonnes fous le nom defquelles la Conftitution en aura efté faite, & que le payement des arrerages leur en foit fait actuellement & effectivement une demie année à Bureau ouvert en deux payemens par chacun an, ainfi qu'il fe pratique à l'égard des autres rentes viageres affignées fur ledit Hoftel de Ville, & qu'il eft porté par l'Arreft de noftre Confeil du onziéme du prefent mois, fans que lefdites rentes puiffent eftre reduites ny retranchées fous quelque prétexte que ce puiffe eftre, ny que les arrerages en puiffent eftre faifis pour quelque caufe que ce foit, même pour nos deniers & affaires.

V.

Voulons pareillement que celles qui auront efté conftituées à des Eftrangers, foit qu'ils demeurent dans noftre Royaume ou hors d'iceluy, foient exemptes de toutes confifcations, reprefailles, marque & contremarque, même en cas de guerre avec les Eftats où lefdits Rentiers feront demeurans, dont Nous les avons relevez & difpenfez par ces Prefentes, renonçant pour cet effet conformément à noftre Edit du mois de Decembre mil fix cens foixante-quatorze, au Droit d'Aubaine, & à tous autres qui pourroient Nous appartenir. SI donnons en mandement à nos amez & feaux Confeillers les Gens tenans noftre Cour de Parlement, Chambre des Comptes, & Cour des Aydes à Paris, que noftre prefent Edit ils ayent à faire lire, publier & regiftrer, & le contenu en iceluy garder & executer felon fa forme & teneur, ceffant & faifant ceffer tous troubles & empêchemens qui pourroient eftre mis ou donnez, nonobftant tous Edits, Declarations, & autres chofes à ce contraires, aufquels Nous avons dérogé & derogeons par ces Prefentes: CAR tel eft noftre plaifir. Et afin que ce foit chofe ferme & ftable à toujours, Nous y avons fait mettre noftre fcel. Donné à Verfailles au mois de May l'an de grace mil fept cens, & de noftre regne le cinquante-huitiéme. Signé, LOUIS. Et plus bas: Par le Roy, PHELYPEAUX, Vifa, PHELYPEAUX. Et fcellé du grand Sceau de cire verte, en lacs de foye rouge & verte.

5. Juin 1700. Arreft pour l'augmentation de Lots en argent de la Lotterie Royale. LE Roy eftant informé que plufieurs de ceux qui veulent mettre à la Lotterie Royale eftablie en vertu de l'Arreft de fon Confeil du onziéme May dernier, prefereroient des lots d'argent comtant à des rentes viageres; voulant contribuer à leur fatisfaction, & augmenter en même-temps le nombre de lots de ladite Lotterie: Oüy le rapport du Sieur Chamillart, Confeiller ordinaire au Confeil Royal, Contrôleur General des Finances: SA MAJESTE' EN SON CONSEIL a ordonné & ordonne que la Lotterie Royale fera augmentée de quarante mille billets de deux Loüis-d'or chacun, faifant un million quarante mille livres, qui feront diftribuez en cinq cens quatre-vingt-cinq lots d'argent comtant: fçavoir un de la fomme de cent mille livres, un de cinquante mille livres, un de quarante mille livres, deux de vingt mille chacun, dix de dix mille chacun, vingt de cinq mille chacun, trente de trois mille livres chacun, cent de deux mille livres chacun, deux cens vingt de mille livres chacun, & deux cens de cinq cens livres chacun; revenant à la premiere fomme d'un million quarante mille livres. En confequence ladite Lotterie fera compofée de quatre cens quarante mille billets, qui fe diviferont; fçavoir, quatre cens foixante & quinze de rentes viageres; & cinq cens quatre-vingt-cinq d'argent comtant: Tous lefquels lots feront tirez en la forme & maniere portée par ledit Arreft du Confeil du 11. May dernier. Et fera le prefent Arreft lû, publié & affiché par tout où il appartiendra. Fait au Confeil d'Eftat du Roy, tenu à Verfailles le cinquiéme jour de Juin mil fept cens. Collationné. Signé, DU JARDIN.

30. Novemb. 1700. Arreft pour la reforme dans la Lotter. Royale. LE ROY s'eftant fait reprefenter en fon Confeil les Arrefts rendus en iceluy les 11. May & 5. Juin derniers; par le premier defquels Sa Majefté auroit ordonné qu'il feroit ouvert à l'Hoftel de Ville de Paris une Lotterie Royale compofée de quatre cens mille billets de deux Loüis-d'or chacun, pour la valeur defquels il feroit conftitué cinq cens mille livres de rentes viageres par an, affignées fur les mêmes fonds que celles creées par les Edits des mois d'Aouft 1693. & Juillet 1698. qui feroient diftribuées en quatre cens foixante-quinze lots, dont les plus forts feroient de vingt mille

mille livres de rente, & le moindre de trois cens livres de rente ; & par le second, que ladite Lotterie seroit augmentée de quarante mille billets, dont la valeur seroit distribuée en cinq cens quatre-vingt-cinq lots d'argent comptant : au moyen de quoy toute la Lotterie seroit composée de quatre cens quarante mille billets, & de mille soixante lots, dont quatre cens soixante-quinze de rentes viageres, & cinq cens quatre-vingt-cinq lots d'argent comptant : tous lesquels lots seroient tirez en la forme & maniere portée par le premier Arrest du 11. May de la presente année ; ensemble l'estat de tout ce qui a esté reçu jusqu'à present dans les Bureaux establis pour la distribution des billets de ladite Lotterie. Et Sa Majesté considerant que cette Lotterie demeurant fixée à quatre cens quarante mille billets, ne sçauroit estre si-tost remplie & tirée que le souhaitent ceux qui y ont mis leur argent ; desirant neanmoins de leur donner cette satisfaction, & d'exciter par de nouveaux avantages ceux qui voudront s'y interesser, en reduisant du denier vingt au denier dix-huit les rentes dont les quatre cens soixante-quinze lots doivent estre composez, & en diminuant le fonds de la Lotterie & le nombre de billets, laissant toutefois le même nombre de lots en les reduisant seulement à proportion du fonds dont la Lotterie sera composée ; en sorte qu'il y aura un plus grand nombre de billets noirs, & moins de billets blancs qu'il n'y en avoit ; & fixant le terme pendant lequel la Lotterie demeurera ouverte, & sera ensuite fermée & tirée en quelque estat qu'elle se trouve. A quoy voulant pourvoir, oüy le rapport du Sieur Chamillart, Conseiller ordinaire au Conseil Royal, Contrôleur General des Finances : SA MAJESTE' EN SON CONSEIL a ordonné & ordonne, que la Lotterie Royale establie par les Arrests dudit Conseil des 11. May & 5. Juin derniers sur le pied de quatre cens quarante mille billets, sera & demeurera reduite à cent soixante-quinze mille billets de deux Loüis-d'or chacun, pour la valeur desquels montant à quatre millions cinq cens cinquante mille livres, il sera constitué deux cens vingt-cinq mille livres de rentes viageres au denier dix-huit, assignées sur les mêmes fonds que celles creées par les Edits des mois d'Aoust 1693. & Juillet 1698. qui seront distribuées en quatre cens soixante-quinze lots : Sçavoir, un de dix mille livres de rente, un autre de huit mille liv. de rente, un autre de six mille liv. de rente, dix de trois mille liv. de rente chacun, dix autres de deux mille livres de rente chacun, cinquante de mille livres de rente chacun, cinquante-deux de cinq cens livres de rente chacun, cinquante de trois cens livres de rente chacun, cent de deux cens cinquante livres de rente chacun, cent autres de deux cens livres de rente chacun, & cent autres de cent cinquante livres de rente chacun, revenant en tout à deux cens vingt-cinq mille liv. faisant de capital quatre millions cinquante mille liv. Et le surplus desdits quatre millions cinq cens cinquante mille livres, montant à cinq cens mille livres, sera distribué en cinq cens quatre-vingt-cinq lots d'argent comptant ; sçavoir, un de cinquante mille liv. un autre de vingt mille livres, deux de douze mille livres chacun, dix de cinq mille liv. chacun, dix autres de trois mille liv. chacun, vingt de deux mille liv. chacun, cent trente-un de mille livres chacun, deux cens dix de cinq cens livres chacun, & deux cens deux cens cinquante livres chacun ; revenant le tout à ladite somme de cinq cens mille livres. Tous lesquels lots tant de rentes viageres que d'argent comptant, seront tirez en la forme portée par l'Arrest du Conseil du onze May de la presente année. Ordonne en outre Sa Majesté que les Bureaux establis pour la distribution des billets demeureront ouverts jusqu'au premier du mois de Février prochain, auquel jour ils seront fermez, pour estre ensuite ladite Lotterie tirée dans la quinzaine suivante. Et sera le present Arrest lû, publié & affiché par tout où il appartiendra. Fait au Conseil d'Estat du Roy, tenu à Versailles le trentiéme jour du mois de Novembre mil sept cens. Collationné. Signé, DE LAISTRE.

23. Avril 1701. Arrest pour la reduction des Lots de la Lotter. Royale. L E ROY s'estant fait representer en son Conseil les estats de la recette faite jusques & compris le quinziéme du present mois, dans les Bureaux establis tant à Paris qu'à Versailles, & dans les Provinces, pour la Lotterie Royale ; par lesquels il paroist que le fonds n'est pas encore rempli, même sur le pied de la redution portée par l'Arrest du Conseil du trentiéme Novembre 1700. de sorte que la tirant presentement il seroit necessaire de reduire les lots tant de rentes que d'argent comptant, à proportion du fonds qui s'y trouve, ce qui pourroit faire peine à ceux qui se sont flatez d'avoir de gros lots : Et Sa Majesté voulant traiter favorablement les personnes qui ont mis à la Lotterie Royale, soit en leur donnant au denier seize les rentes viageres qui ont esté creées pour cette Lotterie sur le pied du denier vingt par l'Edit du mois de May 1700. soit en leur laissant la liberté de retirer leur argent pendant un certain temps, durant lequel elle demeurera ouverte ; Oüy le rapport du Sieur Chamillart, Conseiller ordinaire au Conseil Royal, Contrôleur General des Finances : SA MAJESTE' EN SON CONSEIL a ordonné & ordonne que la Lotterie Royale demeurera ouverte jusqu'au premier Juin prochain, auquel jour seulement elle sera fermée, sans pouvoir estre continuée plus long-temps, pour estre tirée dans l'estat où elle se trouvera. Et en cas qu'audit jour elle ne soit pas remplie sur le pied de la redution portée par l'Arrest du Conseil du 30. Novembre 1700. Sa Majesté veut & entend que les lots tant de rentes que d'argent comtant, soient reduits à proportion du fonds qui s'y trouvera ; & que les rentes viageres qui écherront à ceux qui auront des lots de rentes, leur soient données au denier seize, au lieu du denier vingt porté par l'Edit du mois de May 1700. auquel effet toutes Lettres necessaires seront expediées ; laissant Sa Majesté la liberté à ceux qui ont pris des billets de ladite Lotterie, de les rapporter & de retirer leur argent jusqu'au vingtiéme May prochain. Et sera le present Arrest lû, publié & affiché par tout où il appartiendra. Fait au Conseil d'Estat du Roy, tenu à Versailles le vingt-troisiéme jour d'Avril mil sept cens un. Collationné. Signé, DU JARDIN.

2. Aoust.
1701. Arrest
qui regle le
jour & la
maniere de
tirer la Lot-
terie Royale.

LE ROY ayant par Arrest de son Conseil du 23. Avril dernier, ordonné que la Lotterie Royale establie par celuy du 11. May 1700. demeureroit ouverte jusqu'au premier Juin 1701. pour estre tirée dans l'estat où elle se trouveroit; & en cas qu'audit jour elle ne fust pas remplie sur le pied de la reduction portée par l'Arrest du Conseil du 30. Novembre 1700. que les lots tant de rentes que d'argent comptant, seroient reduits à proportion du fonds qui s'y trouveroit; & que les rentes viageres qui écherront à ceux qui auront des lots de rentes, leur seroient données au denier seize, au lieu du denier vingt porté par l'Edit du mois de May 1700. Et voulant en execution dudit Arrest proceder à la nouvelle distribution qui doit estre faite des lots tant de rentes que d'argent comptant, dont cette Lotterie doit estre composée, suivant le produit des numeros ou billets qui ont esté délivrez jusqu'au 1. Juin dernier, & indiquer le jour que ladite Lotterie sera tirée: Veu les estats de la recette faite en deniers, & des numeros qui ont esté distribuez au Public, suivant lesquels il paroist qu'il a esté délivré jusqu'audit jour 1. Juin 1701. le nombre de 7 2 9 1 0. billets dont le produit qui a esté porté au Thrésor Royal, monte à la somme de 1 8 6 6 0 5 0. l. Oüy le rapport du Sieur Chamillart, Conseiller ordinaire au Conseil Royal, Contrôleur General des Finances: SA MAJESTE EN SON CONSEIL a ordonné & ordonne que la Lotterie Royale establie par les Arrests dudit Conseil des 11. May & 5. Juin 1700. sera tirée à l'Hostel de Ville le 8. du present mois, en presence des Sieurs Prevost des Marchands, Echevins, Procureurs du Roy & Officiers du Bureau de l'Hostel de Ville, ensemble de six Conseillers & de douze anciens Echevins qui seront choisis par lesd.Sts Prevost des Marchands & Echevins; que de la somme de 1 8 6 6 0 5 0. liv. à laquelle monte le produit des 7 2 9 1 0. billets numerotez qui ont esté distribuez au Public, il en sera constitué 1 0 7 2 0 0. liv. de rente viagere au denier seize, faisant de capital 1 7 1 5 2 0 0. liv. lesquelles rentes seront assignées sur les mêmes fonds que celles creées par les Edits des mois d'Aoust 1693. Juillet 1698. & Mars 1701. & seront distribuées en 360. lots, chacun de la somme mentionnée dans l'estat qui sera annexé à la minute du present Arrest, dont les copies seront affichées par tout où besoin sera; & le surplus desd. 1866050. liv. montant à 150850. liv. sera distribué en 350. lots d'argent comptant, suivant qu'il est porté par le même estat, faisant en tout le nombre de 710. lots: qu'à cet effet il sera fait 710. billets d'une même forme & grandeur, qui contiendront les lots tant de rentes que d'argent comptant, mentionnez audit estat; lesquels seront roulez uniformément, cachetez & mis dans un sac de cuir en presence desdits Sieurs Prevost des Marchands, Echevins, Procureur du Roy, & Officiers du Bureau de l'Hostel de Ville; qu'il en sera fait aussi 72910. autres d'une même forme & grandeur, qui contiendront les numeros, noms & devises portez par les billets qui en ont esté délivrez au Public, lesquels seront pareillement roulez le plus uniformément que faire se pourra, cachetez & mis dans un autre sac de cuir, pour estre ensuite lesdits billets tirez par deux enfans qui seront préposez à cet effet, en la forme prescrite par l'article 10. de l'Arrest du Conseil du 11. May 1700. Veut & entend Sa Majesté que ceux à qui les lots de rentes seront échûs, soient payez des arrerages, à commencer du 1. Juillet de la presente année, auquel effet le Bureau pour ledit payement sera incessamment ouvert; & qu'à l'avenir le Bureau pour le payement desdites rentes soit ouvert à la fin de chaque quartier de six mois, ou dés le premier jour du quartier suivant, ainsi qu'il est porté par l'Article 13. dudit Arrest du Conseil du 11. May 1700. lequel au surplus sera executé selon sa forme & teneur en ce qu'il n'y est point contrevenu par le present Arrest, lequel sera lû, publié & affiché par tout où besoin sera. Fait au Conseil d'Estat du Roy tenu à Versailles le deuxiéme jour d'Aoust 1701. Collationné. Signé, RANCHIN.

Lots de Rentes Viageres.

Distribut. des
Lots de la
Lotter. Roya-
le, tant en
Rentes Via-
geres qu'en
Argent comp-
tant

Un de six mille livres de rentes; 6000. l. Deux de quatre mille livres de rente chacun; 8000. l. Trois de trois mille livres de rente chacun; 9000. l. Quatre de douze mille livres de rente chacun; 48000. l. Quatre de quinze cens livres de rente chacun; 6000. l. Dix de mille livres de rente chacun; 10000. l. Vingt de cinq cens livres de rente chacun; 10000. l. Quinze de quatre cens liv. de rente chacun; 6000. l. Trente de trois cens livres de rente chacun; 9000. l. Cinquante-six de deux cens livres de rente chacun; 11200. l. Cinquante de cent cinquante livres de ren-te chacun; 7500. l. Cent soixante-cinq de cent livres de rente chacun; 16500. l.

Lots d'Argent comptant.

Un de vingt mille livres; 20000. l. Un de quinze mille livres; 15000. l. Un de douze mille liv. 12000. l. Deux de six mille livres chacun; 12000. l. Deux de quatre mille livres chacun; 8000. l. Quatre de trois mille livres chacun; 12000. l. Quatre de quinze cens livres chacun; 6000. l. Huit de mille livres chacun; 8000. l. Vingt de cinq cens livres chacun; 10000. l. Trente de trois cens livres chacun; 9000. l. Quarante-un de deux cens cinquante livres chacun; 10250. l. Cinquante de deux cens livres chacun; 10000. l. Cent quatre-vingt-six de cent livres chacun. 18600. l.

TITRE V.

Des Femmes de mauvaise vie, & des lieux de débauche, & de prostitution.

CHAPITRE PREMIER.

Combien la débauche des Femmes a toujours esté odieuse, & de quelles peines ce vice estoit puni par les Loix que Dieu donna aux Hebreux.

L'Inclination des deux sexes l'un pour l'autre n'a rien que de naturel & de loüable, tant qu'elle se laisse conduire par la raison, & qu'elle ne s'écarte point des justes bornes que les Loix divines & humaines luy ont prescrites. C'est ce panchant naturel qui a formé dés le commencement du monde, les doux & chastes liens du Mariage ; cette union intime sur laquelle Dieu répandit ses benedictions, & qu'il a depuis élevé à la dignité de l'un des Sacremens de son Eglise. Mais depuis que l'homme est devenu prévaricateur, les passions ont troublé ce bel ordre, & cette sainte œconomie. Il y a eu des époux & des épouses qui ont violé la foy qui les avoit unis, pour s'abandonner à d'autres ; & c'est le crime d'adultere : *quasi ad alterius torum accessio.*

D'autres conjonctions encore plus criminelles, ont formé dans la suite les incestes, les stupres, le rapt, les viols, les pechez contre nature, & tant d'autres corruptions, qui ont souvent attiré la colere du Ciel sur la terre, & armé toute la severité des Loix pour en chastier les coupables. Il est des soins de la Police d'éloigner de la societé civile tous ces grands crimes, en veillant sur les mœurs des Citoyens, & les contenant dans leur devoir autant qu'il est possible, par de sages & justes précautions : mais lors qu'ils ont esté commis, c'est aux Tribunaux où s'exerce la Jurisdiction criminelle à les punir.

Le concubinage des particuliers, & la débauche des femmes qui se dévoüent publiquement à la lubricité, sont d'autres fautes qui naissent de la même source ; moins criminelles à la verité que les premieres, mais beaucoup plus frequentes ; & lorsque de celles-cy il naist quelque desordre ou quelque scandale, c'est uniquement au Tribunal de Police d'y pourvoir.

Il y a eu de tout temps de ces femmes impudiques, qui tendent des pieges à la pureté des mœurs, & qui s'attachent principalement à corrompre la jeunesse : il en est fait mention dans la Genese, qui est sans contredit le plus ancien Livre du monde ; & dés ce temps-là elles couroient les rües & les carrefours ; elles se faisoient connoistre par leurs vestemens ou par leurs gestes, & elles se servoient de tous les mêmes artifices qu'elles employent encore aujourd'huy pour réüssir dans leur pernicieux commerce. Le Sage nous en a laissé un portrait trop naturel & trop pathetique, pour ne le pas raporter icy dans son entier. Voicy comme il s'en explique.

» Mon fils, dit-il, dites à la Sagesse, vous estes ma sœur, & appellez la prudence vostre amie, « afin qu'elle vous défende de la femme étran- « gere, de l'étrangere qui se sert du langage « doux & flateur ; car estant à la fenestre de ma « maison, & regardant par les barreaux, j'ap- « perçois des insensez, & je considere parmy « eux un jeune homme, qui passe dans une rüe « au coin de la maison de cette femme, & qui « marche dans le chemin qui y conduit, sur le « soir à la fin du jour, lorsque la nuit devenoit « noire & obscure ; & je vois venir au devant de « luy cette femme parée comme une courti'anne « adroite à surprendre des ames, causeuse « & coureuse, inquiete, dont les pieds n'ont « point d'arrest, & qui ne peut demeurer dans « la maison, mais qui tend les pieges au dehors « ou dans les Places publiques, ou dans un « coin de rüe ; elle prend ce jeune homme, le « baise, & le caressant avec un visage effronté, « elle luy dit, je m'estois obligée à offrir des « victimes pour me rendre le Ciel favorable, & « je me suis acquittée aujourd'huy de mes vœux ; « c'est pourquoy je suis venüe au devant de vous, « desirant de vous voir, & je vous ay rencontré ; « j'ay suspendu mon lit, & je l'ay couvert de « courtepointe d'Egypte en broderie, je l'ay « parfumé de myrrhe, d'aloés, & de cinnamome ; « venez, envyrons-nous de delices, & joüissons « de ce que nous avons desiré jusques à ce qu'il « fasse jour ; car mon mary n'est point à la mai- « son, il est allé faire un voyage qui sera tres- « long ; il a emporté avec luy un sac d'argent, & « il ne doit revenir à sa maison qu'à la pleine « Lune. Elle le prend ainsi au filet de longs « discours, & l'entraine par les caresses de ses « paroles : il la suit aussi-tost comme un bœuf « qu'on mene pour servir de victime, & comme « un agneau qui va à la mort en bondissant ; & « il ne comprend pas, insensé qu'il est, qu'on « l'entraine pour le lier, jusques à ce qu'elle luy « ait percé le cœur d'une fleche, comme si un « oiseau couroit à grand haste dans le filet, ne « sçachant pas qu'il y va de la vie pour luy. « Ecoutez-moy donc maintenant, mon fils, con- « tinuë le Sage, rendez-vous attentif aux paroles « de ma bouche ; que vostre esprit ne se laisse « point entraîner dans les voyes de cette fem- « me, & ne vous égarez point dans les sen- « tiers, car elle en a blessé & renversé plu- « sieurs, & elle a fait perdre la vie aux plus « forts : sa maison est le chemin de l'enfer, « qui penetre jusques dans la profondeur de la « mort. «

Can. lex. illa.
caus. 36. qu. 1.

Cap. 38. v. 13.
14. & 15.

Prov. 7. v. 4. &
seq.

Tome I.   Ppp ij   Les

a Prov. c. 1. v.
16. & 17.
Ibid. c. 5. v. 1.
& seq.
Sapient. c. 14.
v. 24. & seq.
Jerem. c. 3. v. 1.
& seq.
Ibid. c. 5. v 7.
Ezech. c. 23. v.
46.
Macab. l. 1. c.
6. v. 4.
S. Math. c. 5. v.
27.
S. Luc. l. 15. v.
30.
S. Paul. ad Tim
c. 1. v. 9. & 10.
b Exod. c. 20.
v. 1 7.
Deut. c. 5. v. 18.
c Sap c. 14. v.
24. & seq.

Les Livres saints sont remplis de semblables instructions, & d'anathemes contre ces femmes prostituées, qui marquent combien ce mal estoit déja commun & dangereux. a

Aussi les Loix y avoient-elles pourvû de la maniere la plus intelligible & la plus forte à se faire craindre & respecter ; si le cœur de l'homme avoit esté moins susceptible de passions & moins corrompu. Celles du Decalogue que Dieu même donna à Moyse sur la Montagne de Sinaï, défend expressément ce peché, & le met au nombre de l'idolatrie, des homicides & des vols ; b » c'est ce qui a fait dire au Sage, que l'idola-» trie est la cause, le principe & la fin de l'adulte-» re, de l'impudicité, & de tous les autres » maux. c Mais comme Dieu n'engageoit à l'observation de ces divins preceptes que par amour & par reconnoissance de ses bienfaits infinis, & qu'un frein si juste & si raisonnable de la conscience, n'empêchoit point plusieurs d'entre les hommes d'abuser de leur liberté, & de suivre les voyes iniques & corrompuës de leur concupiscence ; Moyse par les Ordres de Dieu, y ajoûta les Loix politiques qui formerent l'Etat des Hebreux, & qui imposerent des peines temporelles à tous ceux qui troubleroient par quelque desordre la tranquillité publique.

Levit. c. 20.
v. 10 & seq.
Joseph l. 3. c.
10. n 140.

Le Seigneur parla encore à Moyse, & il luy dit, ce sont les propres termes de la Loy : Vous » direz cecy aux enfans d'Israël, &c. Si quel-» qu'un abuse de la femme d'un autre, & com-» met un adultere avec la femme de son pro-» chain, que l'homme adultere & la femme » adultere meurent tous deux. Tous les articles qui suivent celuy-cy jusques à la fin du Chapitre, concernent les incestes & les autres impudicitez énormes, & leur impose à toutes la peine de mort : c'estoit à la plus grande partie celle de la lapidation ; & à ces execrables dont la nature même a horreur, celle du feu. Voilà pour les crimes. Voicy ce qui concerne les prostitutions publiques des femmes débauchées.

Deut c. 23 v.
17. & 18.

» Il n'y aura point, ajoûte ce divin Legisla-

teur, de femme prostituée d'entre les filles « d'Israël, ny de fornicateur & d'abominable « d'entre les enfans d'Israël ; vous n'offrirez « point dans la maison du Seigneur vostre Dieu « la récompense de la prostituée, ny le prix du « chien, quelque vœu que vous ayez fait, parce « que l'un & l'autre est abominable devant le Sei-« gneur vostre Dieu. «

S Aug. in hûc
loc Deuteron.
Vatab. ibid.
S. Hieron. in
Isay. c. 66. v. 3.

Saint Augustin en expliquant ces deux arti-« cles, dit, que comme Dieu avoit défendu par « le premier, que l'on ne souffrist aucune femme « prostituée d'entre les filles d'Israël ; & pré-« voyant qu'il pourroit venir dans l'esprit de ceux qui aiment à se flater, & à se tromper dans leurs desordres, que ce crime pouvoit s'expier, en offrant à Dieu quelque partie de l'argent venu du crime ; il ajoûta aussi-tost par le second article, qu'une telle offrande seroit abominable devant le Seigneur. Moyse joint à la récompense de la prostitution le prix du chien, c'est-à-dire le prix par lequel on auroit crû pouvoir racheter le premier né de la chienne, comme des autres bestes impures : ce qui estoit défendu par la Loy & par cette comparaison, dit saint Jerôme & d'autres Interpretes que Dieu vouloit faire connoistre que le chien estant la figure de l'impudence, on devoit le donner pour symbole de la femme dans l'impudence de sa prostitution ; & que si le Seigneur ne vouloit pas que le prix de la redemption du chien luy fut offert, c'étoit pour marquer que la recompense de la prostitution d'une femme, qui la rendoit victime commune de la brutalité du Public, ne pouvoit estre qu'une abomination devant luy. Ainsi ce vice à la verité ne fut pas puni de mort, comme ces autres crimes énormes d'impureté dont il est fait mention dans les articles precedens ; mais du moins celles qui le commettoient, estoient notées d'infamie, regardées comme des abominables, leurs offrandes estoient, rejetées du Temple, elles-mêmes chassées de la Nation, & punies de leurs desordres par un bannissement honteux.

CHAPITRE II.

Quels ont esté les sentimens & les Loix des Payens touchant la débauche des femmes.

IL est certain que la continence n'a pas esté la vertu favorite du commun des Payens, & qu'à peine la connoissoient-ils : l'apotheose de leur impudique Venus, les adulteres & les autres déreglemens de leur Jupiter, les abominations de leurs bacchanales, & tant d'autres infamies, qui faisoient partie de leur culte religieux, sont autant de preuves de l'estime qu'ils faisoient des sales voluptez que cette vertu condamne.

On peut dire neanmoins que cette corruption n'estoit pas generale, & que les plus éclairez & les plus sages d'entre eux l'ont toujours condamnée.

Plut. dits not.
des Lacedem.
Eschin. cont.
Thimarch.
Pollux.
Sigonius l. 3.
& 4. de gener.

Il y avoit à la verité dans Athenes des lieux publics, où les malheureuses victimes de l'impudicité avoient la liberté de se prostituer ; mais par les Loix de Solon, elles estoient declarées infames : l'exactitude de ce sage Legislateur avoit encore esté plus loin, car lors

qu'il estoit prouvé que quelqu'un des Citoyens avoit esté vû dans l'un de ces lieux abominables, il estoit aussi-tost declaré incapable d'entrer dans aucune Magistrature ou Sacerdoce ; il ne pouvoit pas même estre reçû à plaider devant le Peuple, ou au Barreau comme Avocat, ny à exercer les fonctions de Herault, d'Ambassadeur, de Juge, ou aucune autre Charge de la Republique.

judiciorum.
Postellus c 31.
Melanct. coll.
actionum forensium, Attic.
& Roman.

Lors qu'une femme estoit surprise en adultere, elle estoit aussi-tost declarée infame, privée des habits & des ornemens qui n'estoient permis qu'aux femmes d'honneur ; l'entrée des Temples luy estoit interdite, & cette ignominie qu'elle avoit à soustenir jusques au tombeau, luy rendoit la vie, dit l'Orateur Eschines, plus dure & plus amere que la mort.

Eschin. orat.
cont. Thimar.

A l'égard des femmes & des filles d'honneur, il leur estoit enjoint de se conduire avec beaucoup de modestie & de décence, à peine d'une amende, de, dont la condamnation eſtoit affichée dans les Places publiques, pour leur en donner plus de confuſion; mais auſſi quand leur ſageſſe eſtoit connuë, ſi quelqu'un entreprenoit de les ſeduire, le *Proxenete* de ce malheureux commerce eſtoit condamné à mort, & le ſeduĉteur, s'il eſtoit parvenu à ſes fins, ſubiſſoit la même peine. Il y avoit enfin des Officiers qui avoient l'inſpeĉtion ſur cette Police, & qui tenoient la main que ces Loix fuſſent executées à la rigueur : ce qui les fit nommer γυναικονόμοι, *Curatores modeſtiæ & decentia mulierum.*

Plutarq. dits nor des Laced. Ibid. vie de Licurg.

Licurgue bannit de Lacedemone tous les Arts & toutes les profeſſions qui pouvoient contribuer à entretenir la moleſſe & la volupté, & en même temps il ne s'y trouva plus aucune femme de mauvaiſe vie, Geradas l'un des premiers Citoyens de Sparte Ville Capitale des Lacedemoniens, interrogé par un Eſtranger quelles peines on y faiſoit ſouffrir à ceux qui eſtoient ſurpris en adultere, luy répondit, Mon ami, il n'y en a point qui commette ce crime; mais s'il y en avoit, luy repliqua l'Eſtranger : il faudroit, luy dit

Plutar. ibid.

Geradas, qu'il payaſt un taureau aſſez grand, qu'il puſt de deſſus la montagne de Taygete, boire dans la riviere d'Eurotas : mais cela ſeroit impoſſible, luy repliqua encore l'Eſtranger, de trouver un taureau de cette taille monſtrueuſe; & Geradas en riant luy repliqua, il ſeroit encore plus impoſſible de trouver à Sparte un adultere.

Plut. de rep. l.5.

Quoique Platon dans ſa Republique euſt établi la communauté de toutes choſes, & même celle des femmes entre les Citoyens, pour les rendre, diſoit-il, plus unis, il blâme neanmoins beaucoup l'incontinence, & veut que tout ſe paſſe dans la décence & l'honneſteté.

Ariſt. Polit. l. 2.c.4.&l.7. c. 16.

Ariſtote vouloit que l'homme ſe contentaſt d'une ſeule femme; & que les adulteres de l'un ou de l'autre ſexe, fuſſent declarez infames & punis ſeverement. La communauté des femmes & des biens, diſoit-il, en critiquant Platon, met les hommes hors d'eſtat d'exercer deux des plus belles vertus; la continence & la liberalité.

Plut. comm. il faut nourrir les enfans.

Plutarque met au nombre des aĉtions infames des jeunes gens, l'yvrognerie, le larcin dans la maiſon de leur pere, les jeux de dez, les bouffonneries, les amours des filles debauchées, & les adulteres.

Dans la Ville de Cumes quand une femme eſtoit ſurpriſe en adultere, on la menoit en la place publique, on la faiſoit monter ſur une pierre éminente, où elle eſtoit expoſée à la vûë & à la raillerie de tous pendant un certain temps: on la montoit enſuite ſur un âne, & on la promenoit dans toutes les ruës, & de là en avant, elle eſtoit nommée ὀνοβάτις, c'eſt-à-dire celle qui a monté l'âne, & c'eſtoit pour elle une note d'infamie.

Plut. des preceptes du mariage.

Le Philoſophe Crates l'un des plus ſages de la Grece, diſoit que ce ne ſont point les riches habits ny les pierres précieuſes qui parent les filles; mais que leurs principaux ornemens, & qui les font le plus eſtimer, ſont les vertus, qui les rendent honneſtes, ſages, humbles & pudiques.

Tit. Liv. l. 1. n. 4. & 44. Ann Flor. l. 1. c 1. Dion. Halic. l. 1. Plutar vie de Romul. Et tab in Capitol. fixa &

Quant aux Romains, Romulus leur Fondateur, ayant affermi ſon regne, & accouſtumé à la diſcipline & à ſes Loix ſa petite colonie d'hommes, il penſa à leur donner des femmes pour leur aſſeurer une poſterité; il en fit demander aux Peuples ſes voiſins : mais la mauvaiſe reputation de ſes Sujets, & l'eſtat flotant de leur fortune, luy attira des refus de tous coſtez : cette

voye de la negociation luy ayant manqué, il eut recours à la ruſe que tout le monde ſçait pour enlever les Sabines.

ſervata à Maẑtiano edita. Joann. Ulrici. Catal.leg.ant.

Ce Prince pour adoucir l'eſprit des nouvelles Epouſes de ſes Sujets, & juſtifier ſon aĉtion envers leurs parens, envoya une Ambaſſade celebre à T. Catius Sabinus Roy des Sabins, il luy repreſenta que ce n'eſtoit ny par brutalité, ny par aucune paſſion violente que les Romains s'eſtoient portez à cette extremité, mais par une neceſſité d'avoir des femmes, après avoir tenté inutilement tous les autres moyens poſſibles. Il ajouſta qu'elles ſeroient traittées ſi honorablement, qu'elles auroient lieu d'eſtre ſatisfaites de leur alliance; & en même temps il fit en même temps quatre Loix en leur faveur.

La premiere, que les femmes ſeroient les «
compagnes de leurs maris, qu'elles entreroient «
en participation de leurs biens de leurs hon- «
neurs, & de toutes leurs autres prérogatives; «
enſorte que comme les maris eſtoient les Sei- «
gneurs & les Maiſtres de leurs familles, elles «
en ſeroient auſſi les Dames & les Maiſtreſſes. «

La ſeconde, que par honneur les hommes «
leur cederoient le pas en public. «

La troiſiéme qui vient le plus à noſtre ſujet, «
fait défenſes de tenir quelques diſcours, ou de «
faire quelques aĉtions en la preſence des fem- «
mes, contre la pudeur, ou les regles de la bien- «
ſéance : elle deſcend même juſques à ce point «
d'exaĉtitude, d'enjoindre aux hommes lors «
qu'ils ſortiroient en Ville, de laiſſer tomber «
leur robe juſques aux talons; de maniere que «
pour la décence tout le corps fuſt couvert, & «
leur défend à peine de la vie, de paroiſtre nuds «
en la preſence d'une femme. «

La quatriéme portoit, qu'ils ne pourroient «
repudier leurs femmes qu'en trois cas, l'adul- «
tere, l'empoiſonnement de leurs enfans, ou «
s'ils les trouvoient ſaiſies de fauſſes clefs. Elle «
ajouſtoit enfin, que ſi les maris en uſoient au- «
trement qu'il ne leur eſtoit permis par ces Loix, «
ils en ſeroient punis par la confiſcation de leurs «
biens, moitié au Temple de Cerés, & l'autre «
moitié à leurs femmes. «

Mais pour contenir auſſi les femmes dans leur devoir, Romulus fit en même temps ces deux autres Loix contre l'impureté & l'intemperance, qui en eſt ordinairement ſource. Une de ces Loix porte que, lors qu'une femme ſeroit ſurpriſe «
en adultere, il ſeroit en la puiſſance de ſon ma- «
ry, avec ſes parens aſſemblez, de luy impoſer «
telle peine qu'ils jugeroient à propos : & par «
l'autre, il eſtoit défendu aux femmes de boire «
du vin, à peine d'eſtre punies comme adulteres. «

Ainſi quelques groſſiers que fuſſent ces premiers Citoyens de Rome, que l'hiſtoire nous repreſente comme gens ramaſſez, la plûpart fugitifs de leur Patrie, & qui ne s'eſtoient rendus en ce lieu que pour y chercher un azyle à leurs crimes ou à leur miſere, le Prince qui les commandoit ſçût les civiliſer; & tout payen qu'il eſtoit, il leur impoſa des Loix contre l'impureté & l'incontinence.

Tit. Liv. li. 1. decad. Aul. Gel. l. 12. c. 12. Plut. vie de Numa.

La vie frugale & laborieuſe de ces premiers Romains, & les guerres continuelles qu'ils eurent à ſouſtenir pour étendre & affermir leur Eſtat naiſſant, furent autant de moyens qui éloignerent de chez eux les vices qui naiſſent ordinairement de l'oiſiveté & de la moleſſe. L'établiſſement des Veſtales par Numa le ſecond de leurs Roys; la Loy qu'il fit, par laquelle il ordonna aux femmes de porter des habits longs & modeſtes; le deſeſpoir de Lucrece, pour ne

pas

pas furvivre à l'attentat commis contre fa pudicité, & la haine implacable que toute la Nation fit paroiftre contre l'auteur de cette entreprife violente, font autant de preuves de l'eftime qu'ils faifoient de la pureté, & de l'horreur qu'ils avoient du vice qui luy eft oppofé.

Ce ne fut qu'au retour des troupes qui avoient porté la guerre en Grece & en Afie, comme nous l'avons prouvé ailleurs, que le luxe & les molles voluptez s'introduifirent à Rome ; les Romains victorieux de ces Nations plongées dans les delices, en furent vaincus eux-mêmes, dans un autre fens par le coup fatal que cette communication apporta à l'aufterité & à l'innocence de leurs mœurs : ce ne fut que depuis ce temps que l'on commença d'entendre parler à Rome de courtifanes, & de lieux publics dévoüez à l'impureté. Les Confuls, les Magiftrats & les Empereurs dans leurs temps, firent en vain ce qu'ils pûrent pour s'y oppofer ; ce mal fit toujours progrès : les Réglemens qu'ils firent à cette occafion nous en apprendront davantage : en voicy quelques-uns des principaux.

Les lieux où ces femmes perduës fe retiroient pour exercer leur infame commerce, furent nommez *Lupanaria*, *à lupis*, louves, pour les rendre plus odieufes par cette comparaifon, qui convenoit fi bien à leur vie brutale : & comme ces lieux eftoient ordinairement voûtez, leur crime fut nommé *fornicatio*, de *fornix* voute.

Tacit. l. 2. circa finem.

On leur impofa la neceffité d'aller chez les Ediles, faire leur declaration, qu'elles choififfoient ce genre de vie : elles eftoient inferites fur les Regiftres de ces Officiers de Police ; & fi quelques-unes de celles qui fe proftituoient, avoient manqué à cette formalité, elles eftoient condamnées à l'amende, & bannies de la Republique.

L'on s'eftoit flatté & avec raifon, que la pudeur fi naturelle au fexe en retiendroit plufieurs, mais l'on s'eftoit trompé ; la corruption devint fi grande, que les Regiftres publics fe trouverent chargez de noms diftinguez, qui deshonnoroient des familles du premier ordre. L'Empereur Tibere ordonna que l'on procedaft par les voyes de la juftice, contre celles de cette qualité, & qu'elles fuffent punies de leur débauche. Le Senat rendit plufieurs Arrefts à cette occafion ; ils portoient des défenfes tres-expreffes à toutes celles dont le grand pere, le pere »ou le mary auroient efté dans l'Ordre des Che-»valiers, de fe proftituer : cela n'empêcha pas que Veftilia qui eftoit fortie d'une famille Pretorienne, ne fût fe faire inferire au nombre des courtifanes fur un des Ediles ; elle en fut punie par un banniffement en l'ifle de Ceripho.

Il fut enjoint à ces femmes débauchées de fe retirer dans ces lieux qui leur eftoient deftinez ; il y avoit quarante-cinq de ces *Lupanaria*, diftribuez en differens quartiers de la Ville. Il leur fut auffi enjoint de porter le même robe que les hommes, nommée *toga*, pour les faire connoiftre & les diftinguer des femmes d'honneur, qui la quitterent par cette raifon ; enforte que *togata*, parlant d'une femme, fignifioit la même chofe que *meretrix*, courtifanne, ou femme publique.

Varro. Afcon. Prædia. in 3. Ver. Hor. Sat. 2. l. 1.

Item apud Labeonem, ff. de injur. §. fi quis virgin.

Ce ne fut pas feulement par les habits que les femmes d'honneur furent diftinguées des courtifannes, elles devoient l'eftre encore beaucoup plus par leur modeftie, principalement lors qu'elles paroiffoient en public : cela s'obfervoit fi religieufement, que fi une fille d'honneur en marchant dans les ruës imitoit les airs d'une courtifanne, elle pouvoit eftre infultée

Gloff. 2. in l. 50. fi ignorans & locati & cod.

impunément, & l'action en reparation d'injure luy eftoit interdite par les Loix.

Ce n'eftoit pas feulement celles qui fe proftituoient dans les lieux publics que l'on mettoit au nombre des courtifannes, ou femmes de mauvaife vie, il y en avoit d'autres dont le commerce eftoit encore plus dangereux, qui fous prétexte de tenir Cabaret, Auberge ou Hoftelerie, fe proftituoient à leurs hoftes. Celles-cy auffi-bien que celles des lieux publics eftoient notées d'infamie ; les unes ny les autres n'effaçoient point cette tache en quittant leur vilain commerce ; car la turpitude, dit la Loy, n'eft point abolie par l'intermiffion : les mêmes Loix notent également les perfonnes riches, qui fe proftituoient pour leur feul plaifir, & celles qui en tiroient récompenfe : elles ne veulent pas non plus que la pauvreté puiffe excufer cette infamie.

L. 43. palam ff. de ritu nup.

Celuy qui avoit des efclaves ou des fervantes libres, & qui les proftituoit, foit qu'il les euft chez luy dans ce deffein, ou qu'il les euft prifes pour d'autres fervices, & ne les proftituaft que par occafion, en l'un & en l'autre cas il eftoit noté d'infamie.

L. 23. Athlet. ff. de his qui notant. infam.

L'ufage des bains eftoit fort frequent à Rome, & originairement toutes chofes s'y paffoient dans une modeftie édifiante ; les bains des femmes eftoient totalement feparez de ceux des hommes, & ç'auroit efté un crime, fi l'un des fexes avoit paffé dans les bains de l'autre. La pudeur y eftoit gardée jufqu'à ce point d'exactitude, que même les enfans puberes ne fe baignoient jamais avec leurs peres, ny les gendres avec leurs beaux peres. Les gens qui fervoient dans chaque bain, eftoient du fexe auquel le bain eftoit deftiné : mais quand le luxe & la vie voluptueufe en eurent banni la modeftie, que la débauche fe fuft gliffée dans toute la Ville, les bains n'en furent pas exempts ; les femmes s'y mêlerent avec les hommes, & il n'y eut plus de diftinction : plufieurs de l'un & de l'autre fexe n'y alloient même que pour fatisfaire leur vûë, ou pour cacher leurs intrigues : ils y menoient de jeunes filles efclaves ou fervantes, pour garder les habits : les maiftres du bain affectoient même d'en avoir de plus belles les-uns que les autres, pour s'y attirer plus grand nombre de chalans.

Valere Max. l. de bain. c. 1.

Tout ce que les Magiftrats purent faire d'abord, ce fut de défendre à toutes perfonnes de fe fervir de femmes ou de filles pour garder les habits, ou pour rendre les autres fervices aux bains, à peine d'eftre notées d'infamie : mais l'Empereur Adrien défendit abfolument ce mélange d'hommes &. de femmes fous de rigoureufes peines. Marc Aurele & Alexandre Severe confirmerent cette même Loy, & fous leurs regnes, les bains des hommes & ceux des femmes furent encore une fois feparez, & la modeftie y fut rétablie.

L. 23. Athlet. ff ait Prætor ff. de his qui notant. infam.

Alex. Neap. l. 4. c. 10.

Cette note d'infamie que les Loix impofoient pour ceux aux femmes qui fe proftituoient, & les entremetteurs de ce mauvais commerce qu'ils nommoient *leno*, & les femmes *lena*, eftoit une totale feparation des gens de bien & de la focieté civile : la joüiffance de leurs biens leur eftoit interdite ; on les privoit de la tutelle de leurs enfans ; ils eftoient incapables de toutes Charges publiques ; ils n'eftoient reçûs à former aucune accufation en Juftice ; leur ferment y eftoit refufé, & l'on n'y ajouftoit aucune foy : c'eftoit enfin une efpece de mort civile.

L. 4. & mul. ff. &c. & ibi gloff.

L. 12. c. bon. ff. de verb. oblig.

L. 4. Is qui ff. de accufat. & infeript.

Toutes ces précautions n'empêcherent pas que dans la fuite le nombre de ces mauvais lieux ne fe multipliaft dans Rome, & ils y furent tolerez : l'on

Dion. Caffius
4. 59.
Lact. l. 6. c. 23.
Gotof. in leg. 1
§ quis.

Lamprid. in
Alex. Severo.

l'on vendoit les pauvres filles publiquement au Marché pour les proftituer ; l'Eftat mê-me en tiroit un tribut, qu'ils nommoient *aurum luftrale*, un'or qui purifie ; c'eft-à-dire, un im-poft qui purgeoit ce qu'il y avoit de vicieux dans ce malheureux commerce. Un revenu fi odieux fut enfin rejetté du ThreforRoyal. Alexan-

dre Severe fit défenfe à fes Threforiers de l'y recevoir ; il ordonna qu'il feroit employé aux reparations du cirque, du theatre, des cloa-ques, & des autres ouvrages publics. C'eft le dernier Réglement qui fe trouve fous le Pa-ganifme, touchant les femmes de mauvaife vie.

CHAPITRE III.

Ce qui a efté fait fous les Empereurs Chreftiens, pour abolir les lieux de proftitution & de debauche dans leurs Eftats.

PEndant que les Puiffances temporelles du Pa-ganifme employoient leur autorité contre les defordres de la débauche des femmes, l'E-glife de fon cofté mit tout en ufage pour les convertir, & arma toute la feverité de fes Loix contre les impenitentes. Le Concile d'Elvire te-nu l'an 305. ordonna même de refufer les Sa-cremens à la mort, aux femmes qui auroient paffé leur vie à proftituer les autres ; & pour éloigner jufques aux moindres occafions, & prévenir les plus legers foupçons, il défendit à toutes les perfonnes du fexe feminin, d'a-voir à leur fervice de grands Laquais, ou des garçons bien faits pour Valets de Chambre.

La converfion de Conftantin réünit les deux Puiffances, la fpirituelle & la temporelle ; & depuis ce temps la pieté du Prince a toujours fecondé le zele de l'Eglife, pour combattre ce vice fi oppofé à la pureté des mœurs. Les lieux publics des proftitutions volontaires, furent neanmoins encore foufferts pendant quelque temps, pour éviter de plus grands maux ; *ad vitandum matronarum follicitationes, ftupra & adul-teria.* Tout ce que put faire ce Prince, ce fut de pourvoir aux crimes qui fe commettoient par la force, ou par la feduction. Il fit à cette oc-cafion une Loy fort fevere, le premier Avril de l'an 320. Elle porte, que celuy qui aura enlevé une fille, foit malgré elle, foit de fon confen-tement, fera grièvement puni ; que la fille qui aura confenti, fubira la même peine que fon raviffeur. Elle ordonne que fi quelque ami de la famille, les nourrices de la fille, ou quelques autres perfonnes affidées ont confeillé, l'enlevement, on leur fonde du plomb dans la bouche, afin que cette partie du corps qui aura confeillé un fi grand crime, foit fermée pour toujours : qu'à l'égard des filles que l'on enleve malgré elles, & qui ne fe feront pas écriées, pour eftre fecoruës par leurs parens, ou par leurs voifins, elles feront privées de la fucceffion de leur pere & mere. Elle fait dé-fenfe d'avoir aucun égard à l'appel que pour-roit interjetter un raviffeur convaincu de fon crime, de la Sentence prononcée contre luy. Elle veut même qu'en cas que le raviffeur s'ac-corde avec les parens de la fille enlevée, & qu'ils demeurent dans le filence, chacun foit reçû à le pourfuivre. Elle promet récompenfe au denonciateur, & ordonne que les parens auquel il appartenoit de pourfuivre la ven-geance d'un tel crime, & qui ne l'auront pas fait, foient bannis & reléguez dans une ifle : quant aux complices du raviffeur, elle veut qu'ils foient punis de la même peine que

luy, & que fi entr'eux il s'en trouve quel-ques-uns de condition fervile, ils foient con-damnez au feu.

Cette Loy apporta un puiffant remede pour la feureté des perfonnes de condition libre ; mais l'abus fubfifta toujours à l'égard des efclaves : de pauvres filles qui avoient le malheur d'eftre dans cette condition fervile eftoient tous les jours venduës pour eftre proftituées, & par la Loy de l'efclavage qui fubfiftoit alors, ce com-merce infame fe faifoit en plein marché : Il fe rencontroit fouvent entre ces pauvres efclaves des filles Chreftiennes, L'Empereur Conftance en fut touché, & il fit une Loy au mois de Juil-let l'an 343. pour remedier à cet abus. Elle porte que fi une femme ou une fille Chreftienne, ou nouvelle convertie eft expofée en vente, elle ne pourra eftre acheté que par des per-fonnes connuës pour Ecclefiaftiques, ou du moins pour Chreftiens : que fi même elle avoit efté acheté par un autre, & qu'elle fe trouvaft expofée dans les lieux de proftitution, il fe-roit permis aux Ecclefiaftiques ou aux Chré-tiens, de la fauver de ce naufrage, en la ra-chetant pour le même prix qu'elle auroit coû-té. Cette Loy fondée fur ce motif verita-blement Chreftien, d'abolir peu à peu ce mau-vais commerce, & tous ces lieux de débauche.

La Conftitution de Conftantin de l'an 320. avoit ordonné indéfiniment, que les raviffeurs de femmes ou filles, feroient grièvement pu-nis : ce qui embarraffoit les Juges. Conftance donc par une Loy du mois de Novembre 349. pour lever cette difficulté, ordonna que les coupables de ce crime feroient décapité, & confirma le furplus de la Loy de l'Empereur fon pere.

Theodofe le Jeune par une Loy du vingt-un Avril 428. diminua encore de beaucoup ce com-merce d'impureté. Cette Loy porte, que les peres ou les maiftres qui voudront forcer leurs filles, ou fervantes, foit qu'elles foient efclaves ou à gages, perdront toute la puiffance qu'ils avoient fur elles : qu'il fera permis à ces pau-vres filles d'avoir recours aux Evêques ou aux Magiftrats, & d'implorer leur autorité pour les fauver d'un fi grand malheur ; que fi les pe-res ou les maiftres perfiftent dans de fi cri-minels fentimens, outre la perte de leur au-torité fur leurs filles ou leurs fervantes, ils fe-ront encore condamnez aux mines, & leurs biens confifquez. Et la Loy ajoufte, que c'eft la moindre peine que l'on impofoit en ce temps à tous ceux qui faifoient le meftier de proftituer les autres.

Can. 12. & 13.

Lact. l. 6. c. 23.
Panor & Hoft.
in can. inter
opera de fpon.

L. 1. Si quis
C. Th. de raptu
virgin. vel vid.

L. 1. Si quis C.
Th. de lenon.

L. 2. Quamvis
C. Th. de raptu
virgin.

L. 2. Lenon. C.
Th. de lenou.

Quand

L. Mimæ de
Epifcopali au-
dient.
Ibid. gloff. Ja-
fon.
Gloff. in l.10.
Juftit.de orig.
Juris, §. Sunt
hæc honeftè.

Quand l'une de ces femmes de mauvaife vie venoit fe loger proche des gens d'honneur, il eftoit permis par les Loix de l'en chaffer, de crainte qu'elle ne corrompift les mœurs des perfonnes fages de l'un ou de l'autre fexe.

La Religion Chreftienne faifant toujours progrés, les vices diminuerent à proportion; dans cette heureufe conjonéture les Empereurs Theodofe & Valentinien crurent eftre en eftat d'abolir totalement dans l'un & dans l'autre Empire tous ces lieux de débauche. La Loy qu'ils firent conjointement à cette occafion l'an 439. porte,

Novel. 18.Th.
& Valent. de
Lenonib.

» que c'eftoit un abus fort déplorable d'avoir efté
» obligé de fouffrir autrefois des gens dévoüez
» au commerce de proftituteurs de femmes &
» de filles : que le Tribut qu'on en tiroit fe
» pouvoit nommer un revenu tres-honteux, *turpiffimo quaftu*. Aprés cette Préface ils défendent
» à toutes perfonnes de faire à l'avenir ce commerce de proftitution, à peine du foüet &
» d'eftre bannis de la Ville. Ils ordonnent que
» fi ce font des Efclaves qui ayent efté achetées
» pour eftre proftituées, elles feront mifes en liberté; & qu'à l'égard des perfonnes libres elles feront retirées de ces miferables lieux de
» débauche. Ils enjoignent enfin aux Magiftrats
» d'y tenir la main, & veulent qu'en cas de négligence ils foient eux-mêmes condamnez en
» vingt livres d'or.

Nov. 14. de
Lenonib.

Juftinien porta les chofes encore beaucoup plus loin que n'avoient fait aucuns de fes Predeceffeurs; & il ne tint pas à luy que ce vice de l'impureté ne fuft entierement aboly dans fes Eftats. La premiere Loy qu'il fit à cette occafion, porte qu'encore que le crime odieux de
» ces gens qui gagnoient leur vie à proftituer
» des femmes & des filles euft efté plufieurs fois
» condamné, tant par les anciennes Loix
» que par les Conftitutions Imperiales; neanmoins plufieurs s'y abandonnoient encore;
» qu'il avoit reçu plufieurs avis des impietez
» qui fe commettoient dans cet infame commerce; que s'en eftant luy-même informé, il avoit
» appris que plufieurs de ces malheureux, pour
» fe procurer, par cette voye odieufe & cruelle,
» un deteftable profit, ne ceffoient de courir de
» Provinces en Provinces, cherchant en tous
» lieux, comme dans une efpece de chaffe, l'occafion de corrompre l'innocence de quelques
» pauvres jeunes filles; que pour réuffir dans
» ce pernicieux deffein, ils leur promettoient d'abord des chauffures & des habits; & fous cet
» appas, ils les faifoient tomber dans leurs pieges,
» & les amenoient dans la Ville Capitale de
» l'Empire, les logeoient en leurs maifons, les
» nourriffoient, leur donnoient des habits, & enfuite les vendoient & proftituoient à tous ceux
» qui fe prefentoient pour en avoir. Qu'ils faifoient ce deteftable & cet impie commerce fi
» ouvertement, qu'ils en tenoient des regiftres,
» & qu'ils recevoient des obligations ou des cautions du prix de ces pauvres victimes de leur
» infatiable cupidité. Ce Prince témoigne qu'il
» avoit refolu depuis long-temps de faire ceffer
» un figrand defordre, & qu'il vouloit enfin y
» pourvoir efficacement. Aprés cette Préface,
» l'Empereur entre dans les difpofitions de la
» Loy qu'il veut eftre obfervée à l'avenir. Elle
contient fept Articles.

» Le premier eft une exhortation à tous fes
» Sujets de vivre chaftement, & d'implorer avec
» beaucoup de confiance le fecours de Dieu, pour obtenir cette vertu.

Le fecond défend à toutes perfonnes d'entreprendre de corrompre ou de proftituer des femmes, ou des filles libres ou efclaves, foit en leurs maifons ou ailleurs; & que s'il y a eu quelques écrits ou quelques obligations données pour ce commerce, il les déclare nulles.

Le troifiéme défend fur tout d'attirer dans cette débauche de pauvres filles, fous pretexte de leur donner des habits, des ornemens, ou même de pourvoir à leur fubfiftance.

Le quatriéme ordonne que tous ceux ou celles qui exerçoient ce mauvais commerce à Conftantinople, en fuffent chaffez & bannis à perpetuité.

Le cinquiéme porte, qu'aprés la publication de cette Loy, s'il fe trouve encore en cette Ville ou aux environs quelques-uns ou quelques-unes de ces malheureux negocians de la pudicité, *Lenones, vel Lenæ*, ils foient punis de mort; voulant que cette difpofition ait également lieu & foit executée avec la même feverité dans tous les autres lieux de l'Empire; ordonne qu'auffi-toft qu'ils feront découverts, on les dénonce au Préteur du Peuple, eftant jufte qu'ils foient livrez à ce Magiftrat qui eft le Juge des larrons, puifqu'ils doivent eftre punis comme voleurs du don précieux de la chafteté.

Le fixiéme, défend à toutes perfonnes de loüer leurs maifons à aucunes femmes ou filles de mauvaife vie, ou de les y retirer, ou y fouffrir, fous quelque pretexte que ce foit, pour y exercer leur mauvais commerce, à peine de confifcation de la maifon & de dix livres d'or d'amende. Il veut même, en cas que les gens de cette qualité ayent efté reçus ou introduits dans ces lieux par erreur ou inadvertance, que cette difpofition ait lieu auffi-toft que leur commerce aura efté découvert, & que les Proprietaires ou Locataires des maifons en auront efté avertis, fans les en avoir auffi-toft chaffez.

Le feptiéme enfin porte, que fi quelqu'un a répondu & s'eft rendu caution envers les Proprietaires ou Locataires des maifons pour y faire recevoir les femmes ou filles de mauvaife vie, les actes du cautionnement foient caffez & demeurent nuls; & que ces cautions foient punis de mort s'ils peuvent eftre arreftez, finon bannis de la Ville.

Ce même Prince s'attacha par plufieurs Loix à reftablir l'ordre & la difcipline des bains publics, par rapport à la pureté des mœurs de l'un & de l'autre fexe. Il ordonna entr'autres que les Loix anciennes qui avoient efté faites à cette occafion, feroient obfervées: qu'il y auroit des bains pour les hommes, & d'autres bains feparez pour les femmes. Il fit défenfes aux deux fexes de fe trouver enfemble dans les mêmes bains; il permit neanmoins aux inftantes prieres des femmes, qu'elles fe pourroient baigner avec leurs maris feulement, & leur fit défenfes de fe baigner avec d'autres hommes ou garçons; qu'en cas que cela arrivaft, il feroit permis aux maris de les repudier: qu'à l'égard des maris, s'ils eftoient trouvez fe baignant avec d'autres femmes, ils en feroient punis par la perte de la dote, des donations, & de tous les autres avantages qu'ils pouvoient efperer de leurs femmes.

L 1. Jubemus,
§ Inter culpas, C. de 1.
pudiis.
Nov. 12. de
nuptiis cap 1.
§. Has itaque

CHAPITRE IV.

De la Police obfervée en France touchant les Femmes de mauvaife vie.

LOrfque les François firent la conquefte des Gaules, elles eftoient gouvernées, felon le Droit du Code Theodofien ; la preuve en a efté rapportée en fon lieu : ainfi les Loix de Conftantin, de Theodofe & de Valentinien, qui défendoient les débauches & proftitutions des femmes, à peine du foüet & du banniffement, que nous avons vûës dans le Chapitre precedent, y devoient eftre obfervées.

Mais comme nous avons vû par les Loix de Juftinien qui fuivirent celles-cy, que ce vice de l'impureté avoit toujours refifté dans l'Empire à des difpofitions fi juftes & fi fages ; les Gaules devenuës Françoifes ne s'en trouverent pas exemptes : & les Guerres qu'elles eurent à fupporter dans ce grand évenement, favoriferent encore la licence de la débauche.

Charlemagne plus puiffant par fes conqueftes, que n'avoit efté aucun de fes Predeceffeurs, s'appliqua davantage à reftablir dans tous fes Eftats, l'ordre & la difcipline publique. Il fit une Ordonnance l'an 800. pour en bannir les femmes de mauvaife vie, & pour détourner fes Sujets de leur donner aucune retraite. Nous rapporterons les propres termes du fragment qui nous refte de cette Ordonnance, pour ne rien diminuer de fa force par une traduction ; voicy ce qu'elle contient.

Capit. Reg. Fr.
Baluz. t. 1.
col. 342.

Ut unuſquiſque Miniſterialis Palatinus diligentiſſimâ inquiſitione diſcutiat, primò homines ſuos, & poſtea pares ſuos, ſi aliquem inter eos vel apud voſ ignotum hominem, vel meretricem latitantem invenire poſſit. Et ſi inventus homo aliquis, aut femina hujuſmodi fuerit, cuſtodiatur, ne fugere poſſit, uſque dùm nobis adnuntietur. Et ſi homo aut talem hominem, vel talem fœminam ſecum habuit ; ſi ſe emendare noluerit ; in Palatio noſtro obſervetur. Similiter volumus ut Miniſtrales dilectæ Conjugis noſtræ, vel Filiorum noſtrorum.

*Ut Ratbertus Actor per ſuum miniſterium, id eſt per domos ſervorum noſtrorum, tam in Aquis, quàm in proximis Villulis noſtris ad Aquis pertinentibus, ſimilem inquiſitionem faciat. Petrus verò & Gonzo per ſervas & alias manſiones ſervo um noſtrorum ſimiliter faciant. Et Ernaldus per manſioneſ omnium negotiatorum, ſive in mercato, ſive alibi negotientur per Chriſtianorum vel Judæorum manſionari * * * noſtrorum eo tempore, quando illi ſeniores in ipſis manſionibus non ſunt.*

Volumus atque jubemus ut nullus de his qui nobis in noſtro Palatio deſerviunt aliquem hominem propter furtum ; aut aliquod homicidium, vel adulterium, vel aliud aliquod crimen in ipſo perpetratum ; & propter hoc ad Palatium noſtrum venientem, atque ibi latitare volentem, recipere præſumat. Et ſi liber homo hanc conſtitutionem tranſgreſſus fuerit, & talem hominem..... fuerit in collo ad mercatum portare debere..... deinde ad cippum in quem idem malefactor mittendus eſt. Si autem ſervus fuerit, qui hanc noſtram juſſionem ſervare contempſerit, ſimiliter illum malum factorem in collo ſuo uſque ad cippum deportet, & ipſe poſtea in mercatum adducatur, & ibi ſecundùm merita ſua flagelletur. Similiter de Gadalibus & Meretricibus volumus ; ut apud quemcumque inventæ fue-

Tome I.

rint, ab eis portentur uſque ad mercatum ubi ipſa flagellandæ ſint ; vel ſi noluerint, volumus ut ſimul cum illa in eodem loco vapulentur.

Ainfi par cette Ordonnance les femmes de mauvaife vie eftoient punies de la peine du foüet, de même que par les Loix Romaines : Mais ce qu'il y a de remarquable, & ce qui fait connoiftre l'indignation que l'on avoit alors pour ce vice, c'eft la peine qui eftoit impofée à ceux qui leur donnoient retraite. Le Maiftre « de la maifon chez lequel l'une de ces femmes « eftoit trouvée, eftoit contraint de la porter « fur fon cou jufqu'en la place du Marché pu- « blic ; que s'il refufoit d'obéir, on l'y condui- « foit luy-même, & il eftoit puni avec elle de « la même peine. «

Les troubles de l'Eftat & les Guerres étrangeres qui impoferent encore une fois filence aux Loix pendant prés de trois fiecles, donnerent le temps à ces infames fuppofts de la débauche de fe reftablir & de continuer leur mauvais commerce. Il y en eut en tous lieux & en tres-grand nombre.

Saint Loüis voulut entreprendre de les chaf- « fer ; c'eft par cette réforme que commence fon « Ordonnance de l'an 1254. Elle porte, que tou- « tes les femmes, & filles qui fe proftituent fe- « ront chaffées, tant des Villes que des Villages ; « qu'après qu'elles auront efté averties, & qu'on « leur aura fait défenfe de continuer leur mau- « vais commerce, leurs biens feront faifis de l'au- « torité du Juge des lieux, & donnez au pre- « mier occupant ; qu'elles feront même dépoüil- « lées de leurs habits. Elle fait en outre défenfes « à toutes perfonnes de leur loüer aucuns lieux, « à peine de confifcation des maifons : & enjoint « enfin aux Juges d'y tenir la main. «

Fontan. t.1.l.3.
t. 73. art. 1. p.
672.
Conf. des Ord.
l. y. t. 7. art. 1.
t. 2. p. 812.

Expellantur autem publicæ Meretrices, tam de campis quàm de Villis, & factis monitionibus & prohibitionibus, earum bona per locorum Judices capiantur, vel eorum autoritate à quolibet occupentur, etiam uſque ad tunicam, vel pelliceam. Qui verò domum publicæ Meretrici ſcienter locaverit, volumus quòd ipſa domus incidat in commiſſum. Ce font les propres termes de cette Ordonnance.

Aufrer. in Styl.
antiq. Parlam.
part 3. ordin.
Regiæ tit. 19.
de vita & honeſtat. Officiorior. & Subditor. t. 29. §. 1.

Quelques-unes de nos Couftumes qui avoient formé pendant ce long filence des Loix, un noüveau droit que l'ufage feul avoit eftably, & qui a efté depuis écrit & authorifé par nos Roys ; contiennent des difpofitions contre ces defordres de la débauche des femmes. Celle de Bayone, porte que les Maquerelles feront fuftigées « par les Carrefours, & bannies à perpetuité ; « & qu'en cas de recidive elles feront condam- « nées à mort. «

Tit. 24. art. 4.
& 5. Grand
Couftumier,
tit. 2. p. 910.

Charles d'Anjou Comte de Provence, Frere de S. Loüis, autorifant & confirmant les Statuts ou Couftumes de cette Province, ordonna que tous ceux qui fe meſloient de corrompre « & proftituer les femmes ou filles, *omnes lenones,* « feroient chaffez de fes Comtez de Provence, « de Forcalquier & des Terres voifines qui dé- « pendoient de fes Eftats ; Que fi dix jours aprés « la publication de cette Ordonnance il fe trou- «

Grand Couftumier, tom. 2.
2. p. 1243.

Qqq   voit

» voit encore quelqu'un affez miferable pour e-
» xercer cet art impie en quelque lieu que ce
» fuſt, eſtant ſous la domination de ce Prince,
» il vouloit qu'il en fuſt informé ; & qu'aprés la
» verité connuë, le coupable fuſt puni ſelon la
» ſeverité des Loix, & que l'on y ajouſtaſt la con-
» fiſcation de tous ſes biens. Il fait aussi défen-
» ſes à tous ſes Officiers de donner retraite en
» leurs maiſons à aucunes femmes proſtituées
» ou de mauvaiſe vie, à peine de privation de
» leurs Offices, & de cent livres-couronne d'a-
» mende, attendu le ſcandale que ce mauvais
» commerce cauſoit.

Une longue & triſte experience fit enfin connoiſtre qu'il eſtoit impoſſible d'abolir totalement
le vice des proſtitutions, ſans tomber dans d'autres deſordres incomparablement plus dangereux à la Religion, aux mœurs & à l'Eſtat. Les
plus ſages Republiques de la Grece, & les Romains l'avoient reconnu dans leurs temps; ils s'y
eſtoient rendus, & avoient pris le parti de la tolerance, pour éviter de plus grands maux. L'E-
gliſe depuis ſon eſtabliſſement en a gemi ; mais
elle a ſouffert avec douleur cette zizanie dans ſon
champ, pour ne pas expoſer ſes Enfans fidelles
à de plus grands dangers : *Ad vitandum Matrona-*
rum ſollicitationes, & ſtupra, & adulteria; & ailleurs: *Aufer meretrices de rebus humanis, turbaveris*
omnia libidinibus. C'eſt ainſi que les plus exacts
de ſes Docteurs & de ſes Ecrivains ſe ſont expliquez ſur cette matiere ; & c'eſt auſſi ſur ce fondement que ſaint Thomas a eſtabli cette maxime, qu'il eſt quelquefois neceſſaire que ceux qui
preſident au gouvernement des Eſtats tolerent
quelque mal pour procurer un bien, ou pour éviter un plus grand mal. *In regimine humano illi*
qui præſunt recte aliqua mala tolerant, ne aliqua bo-
na impediantur, vel etiam ne aliqua mala pejora in-
ſurrantur. Ce ſont les propres termes de ſaint
Docteur.

L'Ordonnance de ſaint Loüis fut executée avec toute l'exactitude & toute la ſeverité
qu'elle preſcrivoit ; elle produiſit d'abord de
ſi bons effets, que pluſieurs de ces femmes débauchées ſe convertirent & ſe retirerent dans
la Maiſon des Filles Penitentes, qui eſtoit alors
où eſt aujourd'huy l'Hoſtel de Soiſſons. S. Loüis
leur fit pluſieurs charitez pour les y faire ſubſiſter ; il en reſtoit encore un nombre beaucoup
plus grand tant à Paris que dans les autres Villes du Royaume : celles-cy ſe cachoient ou ſe
déguiſoient en femmes de probité ; & ſous ce
voile continuoient impunement leur mauvais
commerce. Les libertins ſe méprenoient ſouvent; & ſoit que cette erreur fuſt feinte ou veritable, les femmes & les filles d'honneur ſe trouvoient expoſées à leurs inſultes. Ce fut alors &
& par ce motif que l'on changea pour la premiere fois de conduite dans ce point de diſcipline.
L'on prit donc le party de tolerer ces malheureuſes victimes de l'impureté; mais en même-
temps de les faire connoiſtre au public & de
les montrer pour ainſi dire au doigt. On leur
déſigna des ruës & des lieux pour leur demeure, les habits qu'elles pouvoient porter, & les
heures de leur retraite. Ce fut encore en ce tems
que l'on commença de les qualifier en noſtre
Langue de noms particuliers & odieux qui dé-
ſignoient l'ignominie de leur débauche. L'on eut
ſans doute encore en vüe, qu'en les faiſant ainſi
connoiſtre, la pudeur ſi naturelle à leur ſexe
viendroit au ſecours des Loix, & que les hommes auroient honte eux-mêmes d'eſtre reçûs dans
des lieux & avec des créatures notées de tant d'infamie.

La premiere Ordonnance qui ſuivit cette reforme eſt encore de ſaint Loüis & de cette même année 1254. Elle porte, que toutes les folles femmes de leur corps, & communes, ſi ſont
ſes propres termes, ſoient miſes hors des maiſons privées, qu'elles ſoient ſeparées d'avec les
autres perſonnes; elle fait défenſes de leur loüer
des maiſons ou habitations pour y commettre
& y entretenir leur vice & peché de luxure. La
même Ordonnance défend à tous Baillis, Prevoſts, Maires, Juges & autres Officiers du Roy,
de frequenter les bordeaux. C'eſt le nom qui fut
donné à ces lieux publics de débauches, où ces
malheureuſes créatures furent contraintes de ſe
retirer aprés avoir eſté chaſſées de toutes les maiſons qu'elles occupoient auparavant. Ce nom
qui ſervit dans la ſuite à deſigner ces lieux infames, fut compoſé, ſelon quelques-uns, du
mot *bord*, & de celuy d'*eau*, à cauſe qu'ils eſtoient autrefois ſituez au bord des fleuves ou des
rivieres: mais ſelon d'autres, & plus raiſonnablement, il vient du mot *Saxon*, *Bord*, que les
François avoient conſervé, & qui ſignifioit, *loge*
ou *maiſonnette*, de même que les Romains nommoient ces vilains lieux, *fornices*, petites voutes,
parce qu'en effet c'eſtoit leur veritable forme.
Ils ſe trouvent encore nommez dans quelques-
unes de nos anciennes Ordonnances, *Clapiers*,
par metaphore de ces lieux ſouterrains où ſe cachent les lapins, & où ils font leurs petits, &
qui vient du mot Grec, Χλέπω, ſe dérober, ſe
cacher. L'application de ces lieux de proſtitution
en eſt aſſez naturelle. Il y eut dans la ſuite pluſieurs Reglemens de Police ſur cette matiere ;
voicy quelques-uns des principaux.

Ordonnance du Prevoſt de Paris de l'année
1360. portant défenſes à toutes filles & femmes
de mauvaiſe vie, & faiſant pechez de leur
corps, d'avoir la hardieſſe de porter ſur leurs
robes & chaperons, aucun gez ou broderies,
boutonnieres d'argent, blanches ou dorées, des
perles, ny des manteaux fourrez de gris, ſur
peine de confiſcation. Ordonne que huit
jours aprés la publication de l'Ordonnance,
elles ſeront tenues de quitter ces ornemens ;
aprés lequel temps paſſé, permet à tous Sergens de les amener au Chaſtelet, pour en ce
lieu leur eſtre ces habits & ornemens oſtez &
arrachez : qu'à cette fin ils pourront les arreſter en tous endroits, excepté dans les lieux
conſacrez au Service de Dieu. Adjuge aux Sergens cinq ſous pariſis pour chacune de ces femmes ou filles, trouvées en contravention, &
qu'ils auront dépouillées.

Ordonnance du Prevoſt de Paris du dix-
huitiéme Septembre 1367. qui enjoint à
toutes les femmes de vie diſſolue, d'aller demeurer dans les bordeaux & lieux publics qui
leur ſont deſtinez ; ſçavoir à l'Abreuvoir
Macon, en la Bouclerie, en la rüe du Froid-
mantel prés le Clos Bruneau, en Glatigny,
en la Cour Robert de Paris, en Baillehoë, en
Tyron, en la rüe Chapon, en Champ-fleury.
Fait défenſes à toutes perſonnes de leur loüer
des maiſons en aucun autre endroit, à peine
de perdre le loyer ; & à ces ſortes de femmes
d'achter des maiſons ailleurs, à peine de les
perdre. Ordonne que ſi elles ſont trouvées faiſant leur mauvais commerce en d'autres lieux,
les Sergens ſur la ſimple plainte & requiſition
de deux voiſins, les arreſteront, & les ameneront priſonnieres au Chaſtelet. Qu'enſuite la
verité du fait eſtant connue, elles ſeront chaſſées hors de la Ville, & que ſur leurs biens les
Sergens

Joinv. Hiſt. de
de S. Loüis
p. 112.

Lindenbrog.
gloſſar.

Nicod. Dic-
tionnaire.
Meſnage, éti-
molog. de la
Lang. Franç.

Nicod. Dic-
tionnaire.
Meſn.étim. de
la Lang. Fr.

Liv. vert anc.
du Chaſt. fol.
150.

Liv. vert anc.
f. 147. & 169.
Liv. blanc pet.
fol. 83. & 477.

Lactan. l. 6.
c. 23.
Panor. & Hoſ-
til in Canon.
inter opera de
Sponſalib.
S. Aug. in lib.
de Ordin.

S. Thom. 2122
quæ ſt. 10. ar. 11.

» Sergens seront payez de huit sols parisis pour » leurs salaires.

Ces Ordonnances auroient pû produire leur effet, s'il n'y avoit eu à reduire que ces femmes ou filles qui se prostituoient, ou selon le langage du temps exprimé dans les Reglemens, qui faisoient le peché de leur corps ; mais il y en avoit d'autres qui estoient encore plus criminelles & beaucoup plus dangereuses : ce sont celles qui font profession de corrompre la jeunesse la plus innocente par leurs surprises & leurs artifices, & qui prostituoient celles qui avoient le malheur de tomber dans leurs pieges. Il y a eu de ces miserables proxenetes de l'impureté dans toutes les Nations, on les y a toujours punis avec la derniere severité ; les Grecs les nommoient μαςρωπὸς πορνοβοσκὸς, & les condamnoient à mort.

Eschin. cont. Timarch. Pollux. Sigon. de gen. judici. l. 3. & 4.

Ils furent nommez chez les Romains *lenones* & *lenæ*, car il y en a toujours eu de l'un & de l'autre sexe. L'on vouloit exprimer par ce nom les dangereuses caresses, & les pernicieux attraits qu'ils mettoient en usage pour attirer la jeunesse ; *leno* d'*alliciendo, quòd adolescentulos alliciat.* Nous avons vû dans les Chapitres precedens avec quelle severité ce vice estoit puni par les Loix, & presque toujours du dernier supplice. La France n'a pas esté exempte de ces pestes publiques, on les y a nommez *Maquereaux & Maquerelles* : Il y a des Auteurs qui croyent que ce mot vient de l'Hebreu *machar*, qui signifie vendre, parce que c'est le mestier de ces malheureux, de seduire & de vendre des filles.[a] D'autres le dérivent d'*aquarius* ou d'*aquariolus*, parce que chez les Romains, les porteurs d'eau se mesloient ordinairement de ces intrigues de débauches,[b] & en estoient les messagers moins suspects, par l'entrée qu'ils avoient tous les jours dans les maisons & dans les bains publics.[c] Ainsi ceux qui sont pour cette étymologie prétendent que d'*aquariolus*, en y ajoustant la lettre *m*, nous avons fait *maquariolus*, & que de-là s'est formé le nom de *maquereau*.[d] Il y en a enfin qui le tirent du latin *macalarellus*, parce que dans les anciennes Comedies, ces Proxenetes d'intrigues d'amour, estoient toujours vêtus d'habits de diverses couleurs. Ils ajoustent que ce qui confirme cette opinion, c'est que ce nom n'a esté donné à l'un de nos poissons de mer, que parce qu'il est bigarré de couleurs differentes sur le dos.[e]

[a] Claude Mitalier dãs sa lettre à Jerosme de Chastillon, imprimée à la fin des hyppõnoses de Henry Estienne.
[b] Turneb. l. 14. de adversf. c. 12. Trippault dãs Celt-Hellenis. Savaron sur l'ep. 6. du l. 9. de Sid Apolin.
[c] Festus. Plaut. Juven. Lampr. in Commodo. Casaubon sur l'hist. d'Augu. p. 92.
[d] Ménage étymol. de la langue Franç.
[e] Tert de pall. & de spectac.

Mais sans s'arrester davantage à ces questions grammaticales, il est certain que ce sont ces malheureux corrupteurs qui ont toujours empêché le progrés des Loix & des Ordonnances contre la débauche des femmes ; ce fut dans cette vûë que celle-cy du Prevost de Paris de l'an 1367. fait défenses à toutes personnes de l'un & » de l'autre sexe, de s'entremettre de livrer ou » administrer femmes pour faire peché de leur » corps, à peine d'estre tournées au pilori, & » brulées ; c'est-à-dire, marquées d'un fer chaud, » & ensuite chassées hors la Ville.

Reg. du Chast l. rouge ancien f. 47.

La ruë Chapon estoit une des ruës qui avoient esté marquées par les Ordonnances pour y souffrir ces lieux publics de débauche : elle estoit en ce temps-là hors les murs de la Ville ; elle s'y trouva enfermée par la nouvelle closture que Charles V. fit faire ; & alors plusieurs notables Bourgeois, & quelques personnes même qualifiées, y firent bastir, & y avoient leurs jardins. Le voisinage de ces mauvais lieux leur estoit fort incommode, & même dangereux. Le Magistrat ne pouvoit pas y apporter de remede ; c'estoit l'un des lieux où ce malheureux commerce avoit esté relegué, pour en purger du moins le reste de la Ville. L'Evêque de Châlons qui estoit du Conseil du Roy y avoit son Hostel, les autres Habitans se joignirent à luy, & tous ensemble s'addresserent à Charles V. qui leur accorda ses Lettres Patentes du troisiéme Fevrier 1368. Elles portent de tres-expresses défenses aux femmes & filles de mauvaise vie, de « loüer ou acheter aucunes maisons dans la ruë « Chapon, & à tous proprietaires de maisons « de leur en vendre, ou loüer, ou de les y rece- « voir à quelque titre que ce soit ; à peine con- « tre les contrevenans d'estre punis conformé- « ment à l'Ordonnance de S. Louis de l'année 1254. «

Ces lieux infames de prostitution estoient communs à plusieurs de ces femmes publiques, & leurs demeures en estoient separées. C'estoit un lieu d'assemblée, où elles avoient la liberté de se rendre pour leur mauvais commerce, & qui leur estoit marqué pour les faire davantage connoistre, & en éloigner celles qui estoient encore susceptibles de quelque pudeur. Il leur estoit défendu de commettre le vice par-tout « ailleurs, non pas même dans les lieux de leurs « demeures particulieres, sous les peines por- « tées par les Réglemens. Elles crurent éluder « ces sages précautions, en se rendant si tard dans ces lieux publics, qu'elles n'y seroient point connuës, & que les voisins ne les y verroient point entrer. Cela donna lieu à une Ordonnance du Prevost de Paris du dix-septiéme Mars 1374. Elle porte que toutes femmes qui « s'assemblent és ruës Glatigny, l'Abbreuvoir-Macon, Baillehoé, la Cour Robert de « Paris, & autres Bordeaux, seront tenuës de « s'en retirer, & de sortir de ces ruës incontinent « aprés six heures du soir sonnées, à peine de « vingt sous parisis d'amende pour chaque con- « travention. «

L. vert anc. f. 159.

Sur de semblables plaintes que celle des Habitans de la ruë Chapon, Charles VI. par ses Lettres Patentes du 3. Aoust 1381. mande au Prevost de Paris, de faire défenses aux Proprietaires des maisons « des ruës Beaubourg, Geofroy Langevin, des Jon- « gleurs, de Simon-le-Franc, de la Fontaine Mau- « bué, & des environs de S. Denys de la Chartre, de « loüer leurs maisons à des femmes de vie disso- « luë, sur les peines portées par l'Ordonnance « de 1254.

Reg du Chast l. rouge ancien f. 92.

Toutes les dispositions des Ordonnances de Police du Prevost de Paris, concernant cette discipline, tant pour la fixation des lieux & des heures, que pour le port des habits, furent autorisées d'un Arrest du Parlement du 24. Janvier 1386.

Les heures de retraite furent encore réglées par une autre Ordonnance du même Magistrat, du 30. Juin 1395. Elle fait défenses à toutes filles & « femmes de joye de se trouver dans leurs Bor- « deaux ou Clapiers, aprés couvre-feu sonné ; « à peine de prison, & d'amende arbitraire. Ces « Ordonnances estoient renouvellées tous les ans deux fois, & cette retraitte leur estoit marquée à six heures en Hyver, & à sept heures en Esté, qui est l'heure que l'on sonne le couvre-feu. Voicy les autres Réglemens qui furent encore faits dans la suite.

Ibid. f. 97.

Arrest du Parlement du 26. Juin 1420. portant défenses à toutes filles & femmes de mauvaise « vie, de porter des robes à colets renversez & à « queuës traînantes, ny aucune fourrure de quel- « que valeur que ce soit, des ceintures dorées, des « couvre-

Reg du Chast l. vert. anc. 2. f. 143.

» vre-chefs, ny boutonnieres en leurs chaperons,
» ſur peine de priſon, de confiſcation & d'a-
» mende arbitraire. Ordonne que dans huit
» jours ces ſortes de femmes quitteront ces habits
» & ornemens défendus ; & qu'après ce temps
» paſſé, les Huiſſiers & Sergens arreſteront pri-
» ſonnieres celles qu'ils trouveront en contra-
» vention, pour eſtre chaſtiées, ainſi qu'il ap-
» partiendra.

Ibid. f. 84.
Deux autres Ordonnances du Prevoſt de Paris
des huitiéme Janvier 1415. & ſixiéme Mars 1419.
» défendent à toutes femmes de vie diſſoluë, de
» tenir bordeaux ailleurs que dans les ruës mar-
» quées par l'Ordonnance de ſaint Louis; à pei-
» ne d'eſtre empriſonnées, ſur la ſimple dénon-
» ciation ou plainte de deux voiſins, ou de
» deux honneſtes femmes. Fait défenſes à tou-
» tes perſonnes de leur loüer des maiſons ail-
» leurs, ſur peine d'amende, & de la perte des
» loyers, & à ces femmes de mauvaiſe vie, d'en
» acheter, ſur peine de la perte de leur argent
» & des maiſons. Ces mêmes Réglemens font
» auſſi défenſes à toutes perſonnes, de ſe mêler
» de fournir des filles ou femmes pour faire pe-
» ché de leurs corps, ſur peine d'eſtre tournées
» au pilori, marquées d'un fer chaud, &
» miſes hors la Ville ; & à toutes femmes diſſo-
» luës d'avoir la hardieſſe de porter à Paris ny
» ailleurs, de l'or & de l'argent ſur leurs robes,
» ny chaperons, ny aucunes boutonnieres d'ar-
» gent blanches ou dorées, des perles, des cein-
» tures d'or ny dorées, ny aucuns habits fourrrez
» dé gris, de menu-vair d'écureüils, ny d'autres
» fourrures honneſtes : leur fait auſſi défenſes de
» porter des boucles d'argent à leurs ſouliers, le
» tout ſur peine de confiſcation, & d'amende
» arbitraire. Ordonne que dans huit jours elles
» quitteront ces ſortes d'ornemens ; & après ce
» temps paſſé, enjoint aux Sergens ſur peine
» de privation de leurs Offices, de les arreſter
» en quelque lieu que ce ſoit, excepté dans
» les Egliſes, de les amener en priſon au Chaſte-
» let, pour leur eſtre leurs habits oſtez & arrachez,
» & elles punies ſelon l'exigence du cas.

Reg. du Chaſt.
I. noir, f. 136.
Une Ordonnance de Charles VI. du qua-
» torze Septembre 1420. fait défenſes de loüer
» des maiſons aux femmes diſſoluës, à peine de
» confiſcation des maiſons & des loyers ; & à
» elles de loger ailleurs que dans les ruës de
» l'Abbreuvoir-Macon, de Glatigny, de Ti-
» ron, la Cour Robert de Paris, Baillehoë,
» ruë Chapon, & ruë Pavée, à peine de pri-
» ſon ; leur fait auſſi défenſes de tenir Ca-
» baret.

Ibid. f. 146.
Un Arreſt du Parlement du dix-ſeptiéme
» Avril 1426. fait les mêmes défenſes à toutes
» filles & femmes de mauvaiſe vie, de porter des
» robes traînantes, des colets renverſez, du drap
» d'écarlatte, en robes ; ou en chaperons, des
» fourrures de petit gris, ny d'autres riches four-
» rures, ſoit en colets, poignets, porfils ou au-
» trement, attendu que ce ſont les ornemens que
» portent les Damoiſelles. Il leur eſt auſſi dé-
» fendu par cet Arreſt, de porter aucunes bou-
» tonnieres en leurs chaperons, des ceintures ou
» tiſſus de ſoye, ny des ferrures d'or ou d'ar-
» gent, qui ſont les ornemens des femmes d'hon-
» neur, à peine de confiſcation, de priſon &
» d'amende.

Cette diſtinction des habits fut obſervée avec
beaucoup d'exactitude, & ce fut l'une des plus
grandes mortifications que l'on puſt donner à ces
femmes publiques ; parce que c'eſtoit celle qui
les faiſoit davantage connoiſtre : il y en avoit

toujours quelqu'une qui s'écartoit de ſon devoir
ſur cet article de leur diſcipline ; mais auſſi-toſt
qu'elle eſtoit découverte, elle en eſtoit punie
par la confiſcation de ſes habits, & une amende.
Les comptes rendus en ce temps par le Receveur
du Domaine en eſtoient chargez : En voicy quelques-uns des articles tirez des Regiſtres de la
Chambre des Comptes, qui ſuffiront pour établir
cette verité.

Du Compte du Domaine de Paris de l'an 1428.

De la valeur & venduë d'une houpelande de
drap pers fourrée par le collet de penne de gris,
dont Jehannette, veuve de feu Pierre Michel,
femme amoureuſe, fut trouvée veſtuë, & ceinte
d'une ceinture ſur un tiſſu de ſoye noire à boucle mordant, & huit clous d'argent, peſant en
tout deux onces ouquel eſtat elle fut trouvée
allant à val la Ville, outre & pardeſſus l'Ordonnance & défenſes ſur ce faites, & pour ce
fut empriſonnée, & ladite robe & ceinture declarée appartenir au Roy par confiſcation, en
ſuivant ladite Ordonnance, & délivrée en plein
marché le 10. Juillet 1427. c'eſt à ſçavoir ladite
robe le prix de 7.liv.12.ſ. pariſis, & ladite ceinture,
2.liv. pariſis, qui font 9.liv.12.ſ. pariſis, dont les
Sergens qui l'empriſonnerent eurent le quart, &
partant pour le ſurplus &c.

De la valeur d'une autre ceinture ſur un vieil
tiſſu de ſoye noire, où il y avoit une platine &
8. clous d'argent, boucle & mordant de fer blanc,
trouvée en la poſſeſſion de Jehannette la Neu-
ville, pour ce empriſonnée, &c.

De la valeur d'une autre ceinture ferrée boucle & mordant ſur un tiſſu de ſoye noire à huit
clous d'argent, & d'un collet de penne de
gris, trouvée en la poſſeſſion de Jehannette la
Fleurie, dite la Poiſſonniere, pour ce empriſonnée, &c.

*Du Compte du Domaine de Paris, pour une année
finie à la ſaint Jean-Baptiſte 1446.*
Chapitre Des Forfaitures.

Vente d'une petite ceinture, boucle mordant,
& quatre petits clous d'argent, trouvées en la
poſſeſſion de Guyonne la Frogiere femme amoureuſe, déclarées appartenir au Roy par confiſcation, &c.

Il y a pluſieurs autres ſemblables articles dans
les Comptes de 1454. 1457. 1460. 1461. 1462. &
1464.

Ce n'eſtoit pas ſeulement à Paris que ces femmes publiques eſtoient obligées de ſe retirer en
certains lieux qui leur eſtoient marquez ; & qu'on
leur impoſoit d'autres peines & d'autres ſervitu-
des pour les dégouſter de ce mauvais commerce ;
il eſt fait mention dans les Annales de la Ville
de Toulouze, ſous l'an 1424. du lieu qui leur
eſtoit deſtiné dans cette Ville hors des murs prés
de la porte des Croſſes ; des différentes mutations
de ce lieu, juſqu'en 1566. ſelon les occaſions qui
s'en eſtoient preſentées, & que les Capitouls l'a-
voient jugé à propos pour l'ordre & la diſcipline
publique. Il y eſt auſſi fait mention de la redevance annuelle que chacune de ces femmes
payoit à la Ville, & qui eſtoit employée de
l'Ordonnance des Magiſtrats en œuvres de
pieté.

Mais rien n'approche de l'uſage qui s'obſervoit à Montluçon, pour rendre toujours odieu-
ſes de plus en plus ces femmes ou filles proſtituées, & les femmes qui faiſoient mauvais ménage, & qui battoient leurs maris : la preuve
en eſt trop curieuſe pour n'eſtre pas rapportée
dans

Annales de
Toulouſe, par
la Faille, p. 183

Confer. des Ordonn. l. 3. titre 10. tom. I. p. 574.

dans toute son estenduë ; elle est encore tirée des Registres de la Chambre des Comptes, de l'aveu de la terre du Breüil rendu par Marguerite de Montluçon le vingt-septiéme Septembre 1498. En voïci les propres termes. *Item in & super qualibet uxore maritum suum verberante unum tripodem. Item in & super filia communi, sexus videlicet viriles quoscunque cognoscente de novo in Villa Montisluciï eveniente, quatuor denarios semel aut unum bombum, sive vulgariter un pet, super pontem de Castro Montisluciï solvendum.*

La confusion de se rendre en ces mauvais lieux, & les autres distinctions infamantes que l'on imposoit à ces femmes, en diminua considerablement le nombre : cela se peut voir par le peu de revenu que rapportoient dans les principales Villes, les taxes qui leur estoient imposées comme une espece de peine. En voïci quelques exemples, qui sont encore tirez de la Chambre des Comptes.

Du Compte de la Tresorerie & Recepte ordinaire de Beaucaire & de Nismes, rendu par Antoine Boiseau, pour l'année 1530. fol. 130.

De emolumento duorum hospiciorum in quibus fit Lupanar, affirmato pro tribus annis finiendis ad sanctum Joannem Baptistam 1530. Ludovico Clucheri firmente pretio, pro toto quindecim asses, ascendit pro anno præsenti tertio & ultimo dictorum trium annorum per dictum computum. 15. s.

De alio hospicio in quo similiter fit Lupanar, nichil, quia comprehenditur cum proximo præcedenti.

Il y a deux autres semblables articles dans le compte de l'année 1531.

Papon. l. 22. tit. 9. n. 14.

Le nombre de ces mauvais lieux publics diminua aussi considerablement à Paris ; mais en même temps il y en eut beaucoup de secrets : lorsque les voisins s'en appercevoient, ils en portoient leurs plaintes aux Commissaires des Quartiers qui s'en informoient sommairement, & sur leur rapport à la Police il y estoit pourvû. Cela s'observoit avec tant de severité, qu'une femme de mauvaise vie proprietaire de la maison où elle demeuroit, fut condamnée d'en déloger sur la plainte de l'un de ses Locataires, & l'information qui en fut faite : ce qui fut confirmé par Arrest du Parlement du 11. Septembre 1542.

Idem n. 15.

Par un autre Arrest du dixiéme Fevrier 1544. » il fut jugé, qu'une femme de mauvaise vie ne » seroit point reçuë à se faire adjuger le bail » judiciaire d'une maison saisie ; encore qu'elle » offrist d'en donner plus qu'un autre, & que » quand elle l'auroit obtenuë, & s'y seroit éta- » blie, sa mauvaise vie suffiroit pour l'en faire » sortir & resoudre le bail.

Il fut enfin arresté aux Estats tenus à Orleans, que tous ces mauvais lieux seroient totalement abolis : Edit qui fut dressé ensuite au mois de

Janvier 1560. le porte en termes exprés article cent un. Voïcy ce qu'il contient.

Défendons à toutes personnes de loger & re- « cevoir en leurs maisons plus d'une nuit, gens « sans aveu & inconnus ; leur enjoignons de les « dénoncer à justice, à peine de prison & d'a- « mende arbitraire. Défendons aussi tous bor- « deaux, berlans, jeux de quilles & de dez, que « voulons estre punis extraordinairement sans dis- « simulation ou connivence des Juges ; à peine de « privation de leurs Offices. «

Cette abolition generale fut executée avec autant d'exactitude que de vigilance : tous ces lieux publics de débauches furent fermez dans tout le Royaume : la ruë du Heuleu à Paris en avoit esté tellement infectée, qu'elle avoit pris sa nom des avanies que la populace faisoit à ceux ou à celles qu'elle en voyoit sortir ; ce fut celle aussi qui en fut purgée la derniere ; l'un de ces mauvais lieux y tint bon encore prés de cinq ans ; les interessez eurent la hardiesse de demander d'y estre maintenus, le procés fut jugé contre eux au Chastelet ; ils en appellerent & refuserent encore d'obéïr ; les Habitans de la ruë eurent recours au Roy, qui leur accorda ses Lettres Patentes le douziéme Fevrier 1565. elles sont addressées au Prevost de Paris ou son Lieutenant, & portent que la Sentence du Chastelet sera « executée nonobstant toutes oppositions ou ap- « pellations faites ou à faire, dont le Roy se re- « serve la connoissance à son Conseil Privé, & « enjoint à son Procureur au Chastelet d'en « faire les diligences. Ces Lettres furent publiées & enregistrées au Chastelet le vingt-quatriéme Mars 1565. La même Sentence qui en ordonne l'enregistrement, fait défenses à tous les Habitans de la Ville & des Fauxbourgs de Paris, de « souffrir en leurs maisons aucun bordeau secret « ou public, sur peine pour la premiere contra- « vention de soixante livres parisis d'amende, « pour la seconde de six vingts livres, & pour « la troisiéme de confiscation des maisons. Cette « Sentence fut publiée par le Juré-Crieur aux deux bouts de cette ruë du Heuleu le vingt-sept du même mois de Mars ; & ce mauvais lieu fut à l'instant fermé ; ce qui mit fin dans Paris à cette tolerance, aprés trois siecles de son établissement.

Il n'y eut donc plus de mauvais lieux publics & connus ; mais il y eut toujours beaucoup de particuliers assez corrompus ou interessez pour loüer leurs maisons en tout ou en partie, pour cet infame commerce. Le Magistrat de Police y pourvût, & il continuë d'y pourvoir, en renouvellant de tems en tems la publication des Reglemens, & les remettant en vigueur pour l'execution par de nouvelles Ordonnances. En voïci trois des principales, qui suffiront pour faire connoistre ce qui fut observé dans ces premiers temps, pour maintenir cette nouvelle discipline.

---

19. Juil. 1619 Ordonnan. de Police contre les femmes de mauvaise vie & ceux qui les souffrent loger en leurs maisons.

SUr la plainte à Nous faite par le Procureur du Roy, qu'au préjudice des Ordonnances & Arrests de la Cour sur ce intervenus, plusieurs personnes de mauvaise vie logent & se retirent en cette Ville, font des bordels publics, qui causent plusieurs voleries, meurtres & assassins ; à quoy il est tres-necessaire de pourvoir : Nous en consequence des Ordonnances & Arrests cydevant publiez, portant défenses à toutes personnes de loger ny retirer en leurs maisons aucunes personnes de mauvaise vie : il est fait tres-expresses inhibitions & défenses à toutes personnes de quelque qualité & condition qu'elles soient, de ne loger ny retirer en leurs maisons aucunes personnes de mauvaise vie sur peine de perte des loyers, qui seront aumônez aux pauvres enfermez, même leurs maisons estre loüées à la diligence du Procureur du Roy, pendant le temps de trois années, & les deniers en provenans estre baillez & délivrez ausdits pauvres enfermez : & outre enjoignons à tous vagabonds, filles débauchées de vuider la Ville & Fauxbourgs de Paris dans vingt-quatre heures,

aprés

apres la publication de la presente Ordonnance, sur peine d'estre emprisonnez, & leur procés estre fait & parfait : & sera la presente Ordonnance executée par le premier Huissier ou Sergent du Chastelet & autres Officiers de Justice, nonobstant oppositions ou appellations quelconques faites ou à faire, pour lesquelles ne sera differé. Enjoignons aux Bourgeois & Habitans de cettedite Ville & Fauxbourgs, de prester main-forte ausdits Officiers, même se saisir des contrevenans à la presente, les mener au logis du Commissaire de leur Quartier, pour nous en estre fait rapport ; le tout à peine contre lesdits Bourgeois & Habitans de cent livres parisis d'amende : & à ce qu'aucun n'en prétende cause d'ignorance, sera la Presente luë, publiée à son de Trompe & cry public par tous les Carrefours & endroits de cettedite Ville, & icelle imprimée & affichée. Fait & ordonné par Messire HENRY DE MESMES, Seigneur d'Irval, Conseiller du Roy en ses Conseils d'Estat & Privé, & Lieutenant Civil de la Ville Prevosté & Vicomté de Paris, la Police tenant ce Vendredy 19. Juillet 1619. Signé, DE MESMES. DELESRAT.

ARTICLE I.

Trois articles de l'Ordonn. de Messire Michel Moreau Lientenant Civil de la prevosté de Paris, du 30. Mars 1635.

AVons enjoint suivant les Ordonnances & Arrests de la Cour cy-devant donnez, à tous vagabonds sans conditions & sans aveu, même à tous Garçons Barbiers, Tailleurs & de toutes autres conditions, & aux filles & femmes débauchées de prendre service & condition dans vingt-quatre heures, sinon vuider cette Ville & Fauxbourgs de Paris; à peine contre les hommes d'estre mis à la Chaîne & envoyez aux Galeres; & contre les femmes & filles du fouët, d'estre razées & bannies à perpetuité, sans autre forme de procés.

II.

Sont faites défenses à tous Proprietaires & principaux Locataires des maisons de cette Ville & Fauxbourgs, de les loüer ny soufloüer, qu'à personnes de bonne vie & bien famez, ny souffrir en icelles aucun mauvais train, Jeux ny Brelan; à peine de 60. l.d'amende pour la premiere fois, la perte des loyers pendant trois ans pour la seconde, & de la confiscation de la proprieté pour la troisiéme fois, au profit de l'Hostel-Dieu de cette Ville.

III.

Pareilles défenses sont faites aux Taverniers, Cabaretiers, Loüeurs de Chambres garnies & autres, de loger ny recevoir de jour ny de nuit aucunes personnes des conditions susdites, leurs administrer aucuns vivres ny aliment à peine de punition exemplaire.

17.Sep.1644 Ordonnan.de Police, côtre les femmes de mauvaise vie, & qui réitere les défenses de leur loüer aucunes maisons.

SUR ce que le Procureur du Roy Nous a remontré, qu'aucuns Proprietaires & principaux Locataires de plusieurs maisons de cette Ville & Fauxbourgs de Paris, & specialement du Fauxbourg S.Germain, loüent leurs maisons ou partie d'icelles à gens de mauvaise vie, filles ou femmes débauchées, qui tenant mauvais train, retirent vagabonds, gens sans condition ny aveu, qui font grand desordre & causent grand scandale, au préjudice des Ordonnances, Arrests & Réglemens de Police; à quoy il est tres-necessaire de pourvoir : Nous faisant droit sur ladite remontrance, avons, ce requerant ledit Procureur du Roy, fait & faisons tres-expresses inhibitions & défenses ausdits Proprietaires & tous autres, de loüer à telles manieres de gens leurs maisons, parties ou portions d'icelles; à peine de cent livres parisis d'amende, & de confiscation des loyers desdites maisons pour trois ans, au profit de l'Hostel-Dieu pour la premiere fois, & pour la seconde de pareille amende, & d'estre leursdites maisons murées pour autant de temps. Ordonnons que lesdits proprietaires & principaux locataires desdites maisons & lieux où il y a de present telles gens tenans mauvais train, seront tenusde les faire vuider dans trois jours sous les mêmes peines. Mandons aux Commissaires de tenir la main à l'execution de la presente Ordonnance, qui sera luë & publiée à son de Trompe & Cry public par tous les Carrefours de cette Ville & Fauxbourgs de Paris, & icelle imprimée & affichée esdits lieux, à ce qu'aucun n'en prétende cause d'ignorance. Fait & ordonné par Messire DREUX D'AUBRAY, Conseiller du Roy en ses Conseils d'Estat & Privé, & Lieutenant Civil de la Ville, Prevosté & Vicomté de Paris, le Samedy dix-septiéme jour de Septembre 1644. Signé, D'AUBRAY. BONNEAU. HUBERT.

Depuis ce temps-là il n'y a eu aucun changement dans cette discipline ; ainsi toutes les fois que par quelque desordre ou quelque scandale public, ou par la plainte des voisins des Commissaires, il vient à la connoissance des Commissaires, que dans leur quartier quelqu'un de ces mauvais lieux est venu s'y établir, le Commissaire délivre son Ordonnance à l'un des Huissiers de Police, pour assigner à l'Audiance de Police les femmes ou filles qui occupent ces lieux ; au jour de l'écheance le Commissaire fait rapport de la plainte des voisins, & de ce qui est venu à sa connoissance, & sur ce rapport le Magistrat les condamne à déloger dans vingt-quatre heures, sinon que leurs meubles seront mis sur les carreaux, & en l'amende proportionnée à leur faute. Que si elles ont déja esté chassées de plusieurs autres quartiers, on les condamne à vuider la Ville, à peine de punition corporelle. Il est encore des soins du Commissaire d'examiner s'il y en a eu plusieurs fois de suite dans une même maison ; car alors il doit faire aussi assigner le Proprietaire ou principal Locataire, & en ce cas on les condamne à l'amende, on leur fait défense de loüer, sans le consentement par écrit du Commissaire du quartier, & quelquefois on ordonne que la maison demeurera fermée, & les portes murées pendant six mois ou un an, selon que la faute est plus ou moins grave : il arrive aussi en certaines occasions que le Commissaire se transportant sur les lieux, y trouve un si grand desordre, ou des creatures tellement notées par differentes condamnations, que d'Office il les envoye prisonnieres, & au premier jour de Police les fait conduire à l'Audiance pour y entendre son rapport & leur condamnation.

Comme il s'agit d'un fait de police & de discipline, cette procedure sommaire a toujours esté autorisée : il paroît par toutes les Ordonnances qui composent ce Chapitre, qu'il y a plus de quatre siecles qu'elle est en usage. Quelques-unes de ces femmes, & le principal Locataire qui les avoit introduites dans sa maison, ayant esté condamnez au Chastelet sur le rapport d'une plainte de voisins, renduë à l'un des Commissaires, se porterent pour

appellans,

appellans, & prirent le Commissaire à partie. L'affaire fut portée au Parlement en la Grande Chambre; & voicy l'Arrest qui confirma la Sentence, & qui déchargea le Commissaire.

22.Fev.1669
Arrest qui décharge un Commissaire intimé en son nom, pour a-voir fait dé-loger de son quartier des femmes de mauvaise vie

ENtre Jean Louvart Maistre Teinturier à Paris & sa femme, appellans d'une Sentence renduë par le Prevost de Paris, ou son Lieutenant de Police le dix-septiéme Aoust dernier, par laquelle ledit Louvart & sa femme, la Damoiselle de Villedonne, la veuve Bourdin, les nommez Narbonne & Chevalier, ont esté condamnez à vuider dans quinzaine la maison & lieux en question; autrement que les meubles seroient mis sur les carreaux, & les lieux par eux occupez tenus fermez jusques au jour de saint Remy prochain, sans qu'ils puissent estre occupez par d'autres personnes avant ledit temps; ce qui seroit executé à la diligence du Proprietaire, nonobstant oppositions ou appellations quelconques, & sans préjudice d'icelles, d'une part : Et Maistre Jean Menyer Conseiller du Roy, Commissaire Enquesteur & Examinateur au Chastelet de Paris, intimé & pris à partie en son nom, d'autre part : & encore entre Maistre François Benard Avocat en la Cour, Proprietaire de la maison dont est question, demandeur en Requeste du vingt-huitiéme dudit mois d'Aoust, tendante à ce qu'il plust à la Cour faisant droit sur la demande par luy formée pardevant ledit Prevost de Paris, ou son Lieutenant Civil, par exploit du premier jour dudit mois d'Aoust dernier, contre les défendeurs cy-après nommez; sur laquelle demande par Sentence dudit Prevost de Paris ou son Lieutenant Civil du vingt-troisiéme dudit mois & an, a esté ordonné que les parties se pourvoiroient en la Cour; & en consequence que lesdits Louvart, sa femme, Villedonne, veuve Bourdin, Narbonne & Chevalier, seront tenus de vuider des chambres & lieux qu'ils occupent de la maison en question, au jour de saint Remy, & à faute de ce faire, les meubles mis sur les carreaux, sans s'arrester au prétendu bail judiciaire allegué par Thomas le Roys Louvart & sa femme & Thomas le Roys défendeurs, d'autre; & encore entre Jean Delaistre & consors, locataires de la maison en question, demandeurs en Requeste du premier du present mois; à ce que venant plaider sur l'appel de ladite Sentence du 17. Aoust, & prise à partie, les parties viendront plaider sur la Requeste dud. Louvart d'une autre part, & lesdits Menyer & Benard défendeurs à ladite Requeste encore d'autre; sans que les qualitez puissent préjudicier, après que Durideo pour ledit Louvart, Lemire Procureur du Commissaire, & le Hideux pour l'intimé ont esté ouïs, ensemble Bignon pour le Procureur General du Roy : LA COUR déclare le Commissaire follement intimé; & faisant droit sur l'appel a mis & met l'appellation au neant; ordonne que ce dont est appel sortira effet; condamne les appellans en l'amende de 12. l. & aux dépens. Fait en Parlement le sixiéme Septembre mil six cens soixante-huit. Collationné : & plus bas est écrit. Le vingt-deuxiéme Février mil six cens soixante-neuf signifié à Maistre Amaury Procureur. Signé, CHARDON.

CHAPITRE V.

Des Maisons de Force pour enfermer les Femmes débauchées, incorrigibles, & des lieux de refuge où de retraittes volontaires pour celles qui se convertissent.

TOute la severité des Loix & des Réglemens que nous venons de parcourir, & tout ce que les Magistrats avoient pû apporter de soins & d'exactitude à les faire executer, n'avoit pû déraciner ce vice, principalement dans les grandes Villes; la petulance d'une jeunesse incorrigible & corrompuë dont elles sont ordinairement remplies, l'emportoit souvent sur les soins de l'éducation domestique des peres & meres, & sur la vigilance des Magistrats & des Officiers publics : celles de ces malheureuses prostituées qui entretenoient cette débauche que le scandale faisoit découvrir, en estoient quittes pour un changement de quartier, & une condamnation d'amende qu'elles évitoient presque toujours de payer par leur fuite, & par le grand nombre de differens noms sous lesquels elles se cachoient. Il faloit donc un remede plus puissant pour délivrer le Public de cette corruption; & il ne s'en pust trouver de meilleur, de plus prompt

& de plus sûr, qu'une maison de force pour les enfermer, & les y faire vivre sous une discipline proportionnée à leur sexe, à leur âge, & à leur faute. Le dessein en avoit esté plusieurs fois proposé, l'execution en avoit même esté commencée dés l'an 1656. lors de l'établissement de l'Hôpital General; mais la difficulté de le soustenir en avoit toujours retardé le progrés : que si les choses se trouvent aujourd'huy dans un estat plus parfait, c'est encore l'un des biens dont nous sommes redevables à la pieté du Roy, & au juste discernement de Sa Majesté dans le choix des grands Magistrats, ausquels elle a toujours confié ce précieux depost de l'administration de la Justice, & les soins du bien public de cette grande Ville. Le Réglement qui fut fait à cette occasion, ne laisse plus rien à desirer, il ne s'agit plus que d'en suivre exactement les dispositions : Voicy ce qu'il contient.

REGLEMENT QUE LE ROY VEUT ESTRE EXECUTE' dans l'Hôpital General de Paris, pour la reception des garçons au deſſous de vingt-cinq ans, & des filles qui y ſeront enfermées par correction.

LEs enfans, ſoit garçons au deſſous de vingt-cinq ans, ſoit filles des artiſans & des pauvres Habitans de la Ville & Fauxbourgs de Paris qui y exercent un meſtier, ou qui y ont quelque employ, leſquels maltraiteront leurs peres ou meres, ceux qui ne voudront pas travailler par libertinage ou par pareſſe, & les filles qui auront eſté débauchées, & celles qui ſeront en peril évident de l'eſtre, ſeront enfermez dans les lieux deſtinez à cet effet; ſçavoir les garçons dans la maiſon de Biceſtre, & les filles dans celle de la Salpeſtriere.

Les peres, meres, tuteurs ou curateurs des enfans de famille, leurs oncles, ou autres plus proches parens, en cas que leurs peres & leurs meres ſoient morts, même les Curez des Paroiſſes où ils demeurent, pourront s'addreſſer au Bureau de l'Hôpital General, qui ſe tient pour la reception des Pauvres; où celuy qui ſe trouvera y préſider, commettra un ou deux des Directeurs, pour s'informer de la verité des plaintes; & ſur le rapport qu'ils en feront, au jour auquel on reçoit les Pauvres, on leur délivrera un ordre ſigné de celuy qui préſidera, & de quatre Directeurs, addreſſant aux Officiers deſdites Maiſons, pour y recevoir les enfans lors qu'ils y ſeront amenez.

Ceux qui auront obtenu leſdits ordres pourront ſe pourvoir, s'il eſt neceſſaire, pardevant les Lieutenans du Prevoſt de Paris, afin d'en obtenir la permiſſion en la maniere accouſtumée, pour faire arreſter leſdits enfans, s'il eſt neceſſaire, & les conduire enſuite dans les maiſons dudit Hôpital.

Lorſque les peres ou meres qui ſe plaindront de la conduite de leurs enfans d'un premier lit, ſeront mariez en ſecondes nôces, ou qu'ils auront d'autres enfans d'un ſecond mariage, quoique le pere ou la mere deſdits enfans nez d'un ſecond mariage ſoit mort, leſdits Directeurs commis pour s'informer de la verité des plaintes, entendront les plus proches parens deſdits enfans ou des perſonnes dignes de foy avant de faire leur rapport.

Leſdits enfans demeureront auſſi long-temps dans leſdites Maiſons de correction, que les Directeurs qui ſeront commis pour en avoir ſoin le trouveront à propos; & les ordres pour les faire ſortir, ſeront ſignez au moins par quatre d'entr'eux, & par celuy qui préſidera au Bureau, lors qu'ils en feront leur rapport.

Les garçons & les filles entendront la Meſſe les Dimanches & les Feſtes, prieront Dieu un quart d'heure tous les matins & autant les ſoirs, ſeront inſtruits ſoigneuſement dans le Catechiſme, & entendront la lecture de quelques livres de pieté pendant leur travail.

On les fera travailler le plus long-temps & aux ouvrages les plus rudes que leurs forces & les lieux où ils ſeront le pourront permettre; & en cas qu'ils donnent ſujet par leur conduite de juger qu'ils veulent ſe corriger, on leur fera apprendre autant qu'il ſera poſſible, des meſtiers convenables à leur ſexe & à leur inclination, & propres à gagner leur vie, & ils ſeront traitez avec douceur, à meſure qu'ils donneront des preuves de leur changement.

Leſdits enfans garçons & filles ſeront veſtus de tiretaine, & auront des ſabots comme les autres pauvres dudit Hôpital; ils auront une paillaſſe, des draps, & une couverture pour ſe coucher, & du pain, du potage & de l'eau pour leur nourriture; ſi ce n'eſt qu'ils gagnent par le travail auquel on les appliquera dans la ſuite, de quoy acheter une demie livre de bœuf aux jours où l'on peut manger de la viande, ou quelque fruit, ou autres refraichiſſemens, lorſque les Directeurs qui en auront ſoin, trouveront à propos de le leur permettre.

Leur pareſſe & leurs autres fautes ſeront punies par le retranchement du potage, par l'augmentation du travail, par la priſon & autres peines uſitées dans ledit Hôpital, ainſi que les Directeurs l'eſtimeront raiſonnable.

Si quelque pauvre fille de Paris veut ſe retirer du déreglement où elle auroit eu la foibleſſe de tomber, elle ſera reçüe & traittée charitablement dans ledit lieu, & on luy fera apprendre ce qui luy ſera plus avantageux pour gagner ſa vie, & l'on pourra la garder juſqu'à ce qu'on trouve à la pourvoir. Fait à Verſailles le 20. Avril 1648. Signé, LOUIS. Et plus bas, Par le Roy, COLBERT.

Regiſtré, oüy & ce requerant le Procureur General du Roy, pour eſtre executé ſelon ſa forme & teneur, ſuivant l'Arreſt de ce jour. A Paris en Parlement le vingt-neuvième jour d'Avril mil ſix cens quatre-vingt-quatre- Signé, DONGOIS.

REGLEMENT QUE LE ROY VEUT ESTRE EXECUTE' pour la punition des femmes d'une débauche publique & ſcandaleuſe qui ſe pourront trouver dans ſa bonne Ville de Paris, & pour leur traitement dans la Maiſon de la Salpeſtriere de l'Hôpital General, où elles ſeront renfermées.

LEs femmes d'une débauche & proſtitution publique & ſcandaleuſe, ou qui en proſtituent d'autres, ſeront renfermées dans un lieu particulier deſtiné pour cet effet dans la Maiſon de la Salpeſtriere,

Salpestriere, lors qu'elles y seront conduites par l'ordre de Sa Majesté, ou en vertu des jugemens qui seront rendus pour cet effet au Chastelet par le Lieutenant de Police à l'encontre desdites femmes, sur les procez qui leur seront instruits, pour y demeurer durant le temps qui sera ordonné; Sa Majesté voulant que les Sentences dudit Lieutenant de Police en ce fait particulier, & dont Sa Majesté luy attribuë, entant que besoin est, toute jurisdiction & connoissance, soient executées comme de Juge en dernier ressort.

Si en jugeant un Procés criminel les Juges à qui la connoissance dudit Procés criminel appartiendra trouvent à propos de condamner à la même peine des femmes convaincuës du susdit crime de débauche publique, qui se trouveront comprises dans lesdits Procés, elles pourront estre aussi enfermées dans le même lieu, en vertu des Arrests ou Jugemens qui interviendront pour cet effet.

Lesdites femmes entendront la Messe les Dimanches & les Festes, & seront traittées des maladies qui leur pourront survenir, sans sortir du lieu où elles seront renfermées, qu'en cas d'une necessité indispensable. Elles prieront Dieu toutes ensemble un quart d'heure le matin, autant le soir; & durant la journée on leur fera lecture du Catechisme, & de quelques livres de pieté pendant le travail auquel on trouvera à propos de les employer.

Elles seront habillées de tiretaine avec des sabots; elles auront du pain, du potage & de l'eau pour nourriture, & une paillasse, des draps & une couverture pour se coucher.

On les fera travailler le plus long-temps & aux ouvrages les plus penibles que leurs forces le pourront permettre, en la maniere en laquelle les Directeurs qui en auront le soin particulier, le trouveront à propos.

Lesdits Directeurs pourront, aprés quelque temps, permettre à celles desdites femmes qui paroistront avoir regret de leurs desordres, de travailler à des ouvrages moins rudes, & d'acheter du gain qu'elles pourront faire, jusqu'à demi livre de viande chaque jour que l'on en peut manger, ou des fruits ou autres rafraischissemens, ainsi que lesdits Directeurs le jugeront à propos.

On punira les juremens, la paresse au travail, les emportemens & les autres fautes que lesdites femmes pourront commettre, par le retranchement du potage, en les mettant au carquan, dans les malaises durant certain temps de la journée, ou par les autres voyes semblables & usitées dans ledit Hospital, que les Directeurs estimeront necessaires. Fait à Versailles le vingtiéme Avril 1684. Signé, L O U I S. Et plus bas, Par le Roy, COLBERT.

Registré, oüy & ce requerant le Procureur General du Roy, pour estre executé selon sa forme & teneur, suivant l'Arrest de ce jour. A Paris en Parlement le vingt-neuviéme jour d'Avril mil six cens quatre-vingt-quatre. Signé, DONGOIS.

L O U I S, par la grace de Dieu, Roy de France & de Navarre; à nos amez & feaux les Gens tenans nostre Cour de Parlement à Paris, Salut. Les Directeurs de l'Hospital General de nostre bonne Ville de Paris, Nous ayant representé que la Maison du Refuge, destinée pour enfermer les femmes débauchées, estoit située & bastie de telle sorte, que l'on ne pouvoit sans une tres-grande depense la rendre aussi sûre qu'il estoit necessaire, & retrancher aux femmes qui y estoient, quelque reste de commerce ou ceux qui vouloient aller dans toutes les maisons dont celle-là est environnée. D'ailleurs, que n'y ayant aucun revenu attaché à cette Maison, on n'y pouvoit recevoir que les femmes pour lesquelles on payoit des pensions, & dont la plûpart n'ayant pas esté dans une prostitution publique, & quelques-unes même se trouvant d'une condition honneste, elles ne devoient pas estre meslées avec les miserables qui se prostituent avec tant de scandale & de desordre, ny même avec celles qui en corrompoient d'autres pour les prostituer, que l'ordre & la Police publique desirent principalement que l'on punisse. Qu'ils avoient aussi remarqué qu'il y avoit plusieurs enfans de l'un & l'autre sexe, qui se débauchoient en differentes manieres, & dont il ne seroit pas impossible de corriger au moins une partie, s'il y avoit des lieux où l'on les instruisist des devoirs de la Religion, & où l'on les contraignist de travailler avec une conduite propre à changer leurs mauvaises inclinations; & que dans le desir où ils estoient de rendre ledit Hospital General le plus utile qu'il leur estoit possible, à la gloire de Dieu, à nostre service & au public; ils estimoient pouvoir s'engager à donner des lieux dans les Maisons dudit Hospital, propres pour renfermer tres-sûrement jusqu'à quarante desdites femmes, & pour corriger jusqu'au nombre de deux cens desdits enfans, & les y nourrir; en cas que Nous approuvassions ce dessein, & que Nous eussions agreable de leur prescrire la maniere en laquelle il Nous plairoit qu'il fust executé. Et comme Nous employons avec joye l'autorité qu'il a plû à Dieu de Nous donner pour toutes les choses qui regardent son service & l'avantage de nos Sujets: Nous avons bien voulu donner ausdits Directeurs les sommes necessaires pour bastir & accommoder lesdits lieux, & prescrire en même-temps par des Réglemens les formalitez avec lesquelles lesdites femmes & lesdits enfans de famille seront mis dans ledit Hospital, & la maniere en laquelle ils y seront traitez; & pour cet effet ayant fait dresser lesdits Réglemens, & voulant qu'ils soient ponctuellement executez; A CES CAUSES, Nous vous mandons & ordonnons par ces-presentes signées de nostre main, que lesdits Réglemens cy-attachez sous le contrescel de nostre Chancellerie, vous ayez à enregistrer avec ces presentes, & le contenu en iceux faire entretenir, garder & observer selon leur forme & teneur, sans souffrir qu'il y soit contrevenu en quelque sorte & maniere que ce soit; car tel est nostre plaisir. Donné à Versailles le vingtiéme jour d'Avril mil six cens quatre-vingt-quatre, & de nostre Regne le quarante-uniéme. Signé, L O U I S. Et plus bas, Par le Roy, COLBERT.

Registrées, oüy & ce requerant le Procureur General du Roy, pour estre executées selon leur forme & teneur, suivant l'Arrest de ce jour. A Paris en Parlement le vingt-neuviéme jour d'Avril mil six cens quatre-vingt-quatre. Signé, DONGOIS.

Ce remede tout sage & tout puissant qu'il est ne suffisoit pas encore pour operer tout le bien qui estoit à desirer ; il ne regardoit tout au plus que celles qui persistoient avec opiniâtreté dans leurs desordres, & qui meritoient d'en estre punies. Il y en avoit d'autres qui estoient plus à plaindre qu'à condamner;ç'en estoit un fort grand nombre qui gemissoient sous le poids de l'iniquité, sans pouvoir en sortir faute de secours. Il y en avoit qu'une mauvaise honte de retourner chez leurs parens, après une premiere faute, ou qui en estoient rejettées par dureté ou par indignation, estoient contraintes de demeurer entre les mains de leurs seducteurs, & souvent de s'abandonner à de plus grands desordres. Plusieurs sans famille, sans biens & sans professions, souvent même éloignées de leur Patrie, continuoient avec douleur & par une fatale necessité à suivre ces malheureuses proxenetes de l'impureté, qui avoient abusé de leur jeunesse & de leur innocence, pour les engager dans ce mauvais commerce. Il y en avoit peu enfin de celles mêmes qui estoient attachées d'inclination à leur malheureux estat, qui ne fussent de temps en temps touchées de la Grace & de quelques mouvemens de componction: plusieurs sans doute y auroient correspondu si les secours temporels d'une retraite ne leur avoient manqué.

Il y avoit à la verité le Refuge, les Filles de la Magdeleine, & la Maison-de-Force; mais dans ces deux premieres retraites il n'y avoit de lieux que pour les Pensionnaires que l'on y renfermoit contre leur volonté, & l'on y payoit pension:la Maison de Force n'estoit destinée que pour y punir les incorrigibles; ainsi celles qui estoient sans biens, & qui desiroient embrasser volontairement la penitence, n'avoient aucun lieu à se retirer. Ce secours arriva enfin, & par une voye si peu commune & des moyens si extraordinaires, qu'il est évident ce fut un pur effet de la Providence, ou plûtost de la misericorde de Dieu sur ces pauvres Filles.

Une jeune Veuve Hollandoise nommée Marie Ciz, fille d'un Gentilhomme de Leyde, & connuë sous le nom de Madame de Combé, qui estoit celuy de son défunt Mary; arriva à Paris avec sa sœur & son beau-frere, que la seule curiosité de voir cette grande Ville, & la Cour de France y attiroit. Cette famille qui faisoit profession de la Religion Protestante, fut loger au Fauxbourg Saint-Germain pour estre plus proche des Ambassadeurs, où les Etrangers pouvoient aller au Prêche & aux autres exercices de leur Religion. Quoique Marie Ciz eust esté élevée dans la Religion de ses parens, elle avoit toujours conservé une haute estime pour la Catholique. Elle faisoit elle-même le recit, que dés son bas âge elle avoit esté touchée de voir de jeunes enfans d'un Catholique voisin, marquer plus de respect pour les petits Oratoires qu'ils faisoient dans leurs jeux innocens, que les Protestans n'en avoient dans leurs Temples: qu'elle s'échapoit le plus souvent qu'elle pouvoit de la maison de son Pere pour se mesler avec ses petites compagnes, & qu'elle écoutoit avec plaisir les instructions qu'un bon Prestre leur donnoit. Nous ne dirons point comment ses heureux commencemens furent découverts par ses parens; les mortifications qu'elle en reçut, son mariage, la mort de son mary, ses inquietudes & ses scrupules perpetuels sur le choix de la veritable Religion, ses prieres ardentes pour en obtenir le discernement, les lumieres extraordinaires dont sa foy & sa perseverance furent recompensées,

sa conversion enfin, l'abandon de ses parens, la perte de ses biens, la pauvreté où elle fut reduite, & la vie penitente qu'elle embrassa; tous ces faits sont rapportez avec autant d'elegance que d'exactitude, dans sa vie, qu'une personne de pieté & d'une profonde érudition a donné depuis peu au public. Personne, selon toute la prudence humaine ne paroissoit moins propre à faire un nouvel establissement de pieté dans Paris, que Madame de Combé : Elle estoit Etrangere; à peine parloit-elle François; elle avoit pour tout bien deux cens livres des charitez que le Roy faisoit distribuer aux nouveaux Catholiques. Le party de la retraite qu'elle avoit pris & qu'elle cherissoit la séparoit de tout commerce dans le monde. Ce fut elle cependant que Dieu choisit pour commencer une Maison de retraite gratuite & volontaire à ces pauvres filles, qui desiroient sincerement changer de conduite; & voicy comment la chose se passa.

L'une de ces filles débauchées entra dans l'Eglise de S. Sulpice sur la fin de l'année 1686.dans le temps qu'un celebre Prédicateur prêchoit contre le vice de l'impureté. Elle fut touchée du sermon, demanda la chambre du Prédicateur, se jetta à ses pieds; & fondant en larmes, luy fit confidence de son estat, & de la resolution que Dieu luy inspiroit d'en sortir. Le Prédicateur la mena à Monsieur de la Barmondiere Curé de cette Paroisse, & ce charitable Pasteur la mit à l'instant sous la direction du Confesseur de Madame de Combé. Ce sage Ecclesiastique, qui joint à une solide pieté toute la prudence, & tous les autres talens necessaires à la conduite des ames, mit cette nouvelle Pénitente entre les mains de Madame de Combé qui la reçut avec joye dans sa retraite. Il ne pouvoit en effet mettre en usage une épreuve moins suspecte pour s'assurer de la sincerité d'une conversion si prompte & si extraordinaire. L'habit de bure simple & modeste de Madame de Combé, son abstinence, ses autres mortifications, ses exercices continuels au travail, à la priere ou à la méditation qu'il falloit embrasser pour demeurer avec elle, auroient esté bien capables de rebuter une fille mondaine, & sur tout une Courtisanne, si son cœur n'avoit esté entierement changé. Celle-cy y en attira peu de jours après une seconde qui avoit esté sa compagne : Trois autres s'y joignirent en peu de temps, & toutes ensemble elles formerent une petite Communauté de Pénitentes, sous la conduite de Madame de Combé, & sous la direction de ce bon & ce sage Ecclesiastique, que l'on nommeroit avec plaisir si sa modestie ne s'y opposoit.

La réputation de cette bonne œuvre se répandit bien-tost dans toute la Ville, & y reçut beaucoup d'applaudissemens. Le grand Magistrat qui remplissoit alors avec tant de reputation le Tribunal de Police, avoit chargé l'un des Commissaires, d'une inspection particuliere sur tout ce qui concernoit la Religion, pour y veiller, s'en instruire, & luy en rendre compte. Cet Officier crut qu'il estoit de son devoir d'examiner cet establissement naissant. Il fut un jour du mois de Février 1688. rendre visite à Madame de Combé, qui logeoit dans un petit corps de logis ruë de Vaugirard, ou du Cherche-midy : ce fut elle-même qui vint luy ouvrir la porte; & après les premieres civilitez, quoiqu'il n'eust parlé de son dessein à qui que ce soit, qu'il fust venu en habit court, & sans s'estre fait connoistre : elle luy dit, Monsieur, je sçavois bien que vous « deviez venir icy. Le Roy aura la bonté dans « » peu

» peu de nous donner une maison pour loger un
» plus grand nombre de ces pauvres filles qui
» veulent embraſſer la pénitence ; & Dieu veut
» ſe ſervir de vous pour commencer cette bonne
œuvre. Elle le conduiſit enſuite dans une ſalle
baſſe, où il vit un grand tableau d'un Crucifix
qui eſtoit panché contre le mur, le plancher de
cette ſalle eſtant trop bas pour y dreſſer ce tableau : le Commiſſaire luy demanda ce qu'elle
vouloit faire d'un tableau qui ne pouvoit tenir
dans les lieux qu'elle occupoit, & qu'un plus
petit luy ſeroit plus commode ; elle répondit,
» qu'une perſonne de pieté luy avoit donné
» celuy-là, & qu'elle le gardoit pour mettre dans
» la Chapelle de la maiſon qu'elle auroit dans
» peu. Elle luy parla avec tant de zele du ſalut de
ces pauvres filles qui abandonnoient leurs déſ-
ordres, pour penſer ſerieuſement à leur ſalut,
& du deſſein que Dieu luy avoit mis au cœur
de n'en refuſer aucune, bien perſuadée qu'il ne
les abandonneroit pas, que cet Officier fut charmé de la foy, de la confiance & de la charité de
» cette bonne veuve. C'eſt noſtre Pere, luy dit-
» elle, en parlant de Dieu, qui nous a donné la
» componction, & nous appelle à ſon ſervice ;
» nous refuſeroit-il les petits ſecours temporels
» dont nous avons beſoin pour nous y ſouſtenir ?
» non il ne faut pas eſtre Chreſtien pour en avoir
» le moindre doute. Le Commiſſaire loüa beaucoup ſon deſſein & ſa réſolution, & luy fit quelques objections ſur la difficulté d'y réüſſir, dans
un temps que le Roy avoit reſolu de ne ſouffrir
aucun nouvel établiſſement : Elle luy répondit
» toujours avec la même fermeté, Agiſſez, Mon-
» ſieur, & je vous réponds de l'évenement ; cet
» établiſſement n'eſt point de la nature des au-
» tres, & Dieu mettra ſans doute au cœur du
» Roy de le favoriſer. Il la quitta fort édifié, &
le même jour il rendit compte à ſon Superieur
de tout ce qui s'eſtoit paſſé dans cette viſite. Ce
ſage & prudent Magiſtrat, toujours attentif à
procurer le bien, & toujours preſt d'y employer
ſon autorité & ſon credit, dit au Commiſſaire :
» Si tout ce que vous venez de me dire ſe con-
» firme dans une ſeconde viſite que vous ren-
» drez à cette bonne veuve, je ne trouve rien
» dans ſon objet & dans ſa conduite qui ne ſoit
» tres-bon, & qui ne merite d'eſtre favoriſé. Le
Commiſſaire rendit encore cette viſite peu de
jours après ; il entra un peu plus dans le détail
avec Madame de Combé, ſur le projet de cette

bonne œuvre qu'elle meditoit ; & qu'elle avoit
ſi heureuſement commencé. Il en rendit compte au Magiſtrat ; & en même temps luy propoſa une maiſon dans la même ruë du Cherche-
Midy, fort propre pour cet établiſſement. Elle
appartenoit à un Apotiquaire de la R. P. R. qui
s'eſtoit retiré à Geneve avec ſa famille ; & perſonne ne l'occupoit. Huit ou dix jours après
Madame de Combé reçut un Ordre du Roy,
pour luy faciliter les moyens de perfectionner
ſon pieux deſſein : l'Ordre portoit, que le Roy «
eſtant informé de la ſage conduite de la Dame «
de Combé à l'égard des pauvres filles qui «
cherchoient à ſe retirer du deſordre, Sa Ma- «
jeſté luy accordoit ſa protection, afin qu'elle «
puſt donner une plus grande étenduë à ſa cha- «
rité. Le Magiſtrat qui avoit obtenu cet Ordre, «
en facilita l'execution : Madame de Combé fut
miſe en poſſeſſion de la maiſon abandonnée, &
peu de jours après le Roy luy envoya une ordonnance de quinze cens livres, qui furent employez à mettre cette maiſon en état d'eſtre occupée. La maiſon fut bien-toſt trop petite pour
contenir toutes les Pénitentes qui s'y préſentoient,
& la charité de Madame de Combé n'en pouvoit
refuſer aucune. L'on acheta une ſeconde maiſon
proche de la premiere ; & par un baſtiment qui
fut conſtruit de neuf, on les joignit enſemble ;
en ſorte qu'en moins de deux ans, il y eut dequoy loger plus de ſix vingt Pénitentes, ſans la
Chapelle, le Chœur pour le Service, une Salle
commune pour le travail, & tous les autres
lieux neceſſaires à une Communauté. Les pieuſes liberalitez de Sa Majeſté, & les bienfaits des
perſonnes charitables mirent en état de faire cette
dépenſe ; & Madame de Combé eut la conſolation de ſon vivant de voir cette maiſon achevée
& ſes vœux accomplis. L'excellent Auteur qui
nous a donné la vie de cette bonne Veuve, nous
en apprend pluſieurs autres circonſtances tres-
édifiantes juſqu'au jour de ſon decés, qui arriva
le ſeizième Juin 1692. C'eſt ainſi que la Maiſon
du Bon Paſteur a commencé à Paris. Le Roy a
eu la bonté d'en confirmer l'établiſſement & les
Statuts par des Lettres Patentes du mois de Juin
1698. Ce monument de la pieté de noſtre Monarque, & l'eſprit de pénitence, de ſageſſe & de
ſainteté, répandu avec tant d'onction dans ces
Statuts, ſont des objets trop-édifiants pour en
priver le Public ; nous les rapporterons dans leurs
propres termes.

Juin 1698.
Lettres Paten-
tes de fonda-
tion des Filles
du Bon Paſ-
teur, regiſ-
trées en Par-
lement & en
la Chambre
des Comptes.

LOUIS par la grace de Dieu, Roy de France & de Navarre ; A tous preſens & à venir, Salut.
Pluſieurs perſonnes pieuſes nous ayant repreſenté que depuis quatorze ans Dieu donnoit une
benediction ſinguliere à une Maiſon dite du Bon Paſteur, ſituée ruë du Cherche-Midy, au quartier de ſaint Germain des Prez, en noſtre bonne Ville de Paris, dont Marie de Cyz veuve d'Adrien
de Combé, Hollandoiſe de Nation, autrefois de la Religion Proteſtante, avoit commencé l'établiſſement ; dans laquelle maiſon ſouſtenuë par les ſeuls ſecours de la Providence, elle recevoit
gratuitement les filles que le libertinage ou la neceſſité avoit engagées dans le deſordre, lors
qu'elles venoient dans la réſolution d'y faire pénitence ; préferant toujours celles que la pauvreté
mettoit dans l'impuiſſance d'eſtre reçuës faute de penſion dans les maiſons de Refuge ou de la
Magdelaine ; Nous voulûmes bien pour favoriſer un établiſſement ſi utile au Public, & ſi avantageux pour la converſion de tant d'ames perduës, luy faire diſtribuer nos aumônes : mais depuis
ce temps ayant eſté informé que le nombre de ces pauvres filles eſtoit augmenté juſqu'à quatre-
vingt-quatre, & que des perſonnes de pieté édifiées par la pénitence & la ferveur de ces filles,
avoient trouvé moyen par leur charité d'acquerir deux maiſons, l'une ſous le nom de Pierre du
Guet ſieur de Meridon, & l'autre ſous le nom de Guillaume Bitault Abbé de Solignac, de faire
un baſtiment ſur ces fonds pour loger cent filles dont il n'eſt dû aucune choſe ; en ſorte que cette
Maiſon qui ſe ſouſtient par le ſecours de la Providence & par le travail des filles, ſe trouve
actuellement eſtablie & connuë ſous le titre de Bon Paſteur, pour des filles Pénitentes qui s'y ſont
gratuitement reçuës, & qui s'y retirant volontairement pour ſe retirer de leurs deſordres, y
vivent dans une grande pieté & pénitence, ſous les Régles & Conſtitutions qui ont eſté approuvées par noſtre Couſin l'Archevêque de Paris ; mais comme elles ont beſoin de nos Lettres Patentes,

tés, pour confirmer ce que nous avons déja approuvé par les charitez que nous avons fait à ces pauvres Filles, & par la protection que nous avons bien voulu donner jufqu'à prefent à ce nouvel eftabliffement; elles nous ont tres-humblement fait fupplier de les leur accorder.

A CES CAUSES, aprés avoir efté bien informé par noftre Coufin l'Archevêque de Paris, de la bonne odeur que la vie de ces pauvres Pénitentes répand de tous coftez; defirant de contribuer de tout noftre pouvoir à ce qui peut fervir à l'édification de nos Sujets, aprés avoir fait examiner les Régles & Conftitutions cy-attachées fous le contre-fcel de noftre Chancellerie, qui contiennent les conditions fous lefquelles ce nouvel établiffement a efté fait, enfemble l'approbation de noftre Coufin l'Archevêque de Paris : Nous de noftre grace fpeciale, pleine puiffance & autorité royale, avons par ces Prefentes fignées de noftre main, loüé, approuvé, confirmé & autorifé, loüions, approuvons, confirmons & autorifons l'établiffement de ladite Maifon fituée ruë du Cherche-Midy, au quartier de faint Germain des Prez de noftre bonne Ville de Paris, fous le titre du Bon Pafteur, pour y eftre les Filles de mauvaife conduite, qui s'y retirent volontairement, reçües gratuitement & fans aucune penfion, en obfervant les Régles & Conftitutions fufdites, fans qu'il y foit apporté aucun changement pour quelque caufe que ce foit, fi ce n'eft de l'ordre du fieur Archevêque de Paris, lequel & fes fucceffeurs feront toujours à & perpetuité Superieurs de ladite Maifon, & fous luy tels Preftres non Religieux qui feront par luy commis & nommez; à l'effet de quoy Nous avons de la même grace & autorité que deffus approuvé, agréé, confirmé & autorifé entant que de befoin, lefdits contrats d'acquifition, qui ont efté faits fous les noms du fieur Pierre du Guet Seigneur de Meridon, & dudit fieur Abbé Bitault; leur permettons à cet effet de baftir tant fur lefdits fonds, que fur ceux qu'ils pourront acquerir cy-aprés, une Eglife, Dortoir, Clofture, & autres commoditez qui feront jugées neceffaires pour leur utilité & fûreté; lefquelles de noftre même grace & autorité nous avons amorti & amortiffons à perpetuité comme confacrées à Dieu, pour en joüir par elles & par celles qui leur fuccederont en ladite Maifon, franchement & quittement, fans qu'elles foient tenuës d'en vuider leurs mains, ny de nous payer, ny à nos Succeffeurs Roys aucunes finances, de laquelle à quelque fomme qu'elle fe puiffe monter, Nous leur en avons fait & faifons don & remife par cefdites Prefentes; à la charge de payer les indemnitez dont lefdits heritages peuvent eftre tenus envers autres que Nous : leur permettons auffi d'acquerir, accepter, recevoir, recueillir, tenir & poffeder tous dons, legs, & fondations d'heritages, rentes & poffeffions d'immeubles qui peuvent eftre donnez, leguez & acquis à leur Maifon. SI DONNONS EN MANDEMENT à nos amez & feaux Confeillers, les Gens tenans nos Cours de Parlement & Chambre des Comptes à Paris; que ces Prefentes ils faffent enregiftrer, & le contenu en icelles faire entretenir, garder & obferver, fans permettre qu'il y foit contrevenu en aucune maniere que ce foit : CAR tel eft noftre bon plaifir : & afin que ce foit chofe ferme & ftable à toujours, Nous avons fait mettre noftre fcel à ces Prefentes. Donné à Verfailles ce mois de Juin l'an de grace 1698. & de noftre Regne le 56. Signé, LOUIS. Et plus bas, Par le Roy, PHELYPEAUX. Et fcelées du grand Sceau de cire verte en lacs de foye rouge & verte.

REGLEMENT POUR LA COMMUNAUTE' DES FILLES
DU BON PASTEUR.

Pour la Reception des Filles.

LA Maifon du Bon Pafteur eft compofée de deux fortes de perfonnes; de Filles que l'on nomme Sœurs, dont la conduite a toujours efté reguliere; & de Filles Pénitentes.

Les Sœurs après avoir travaillé à leur propre fanctification dans le monde, fe confacrent gratuitement pour travailler à la converfion & à la fanctification des Filles qui eftoient dans le defordre : & les Filles Pénitentes pour expier leurs pechez, embraffent volontairement une vie de mortification, de travail & de retraite.

Comme c'eft la charité qui doit eftre l'ame de la Maifon, on ouvre la porte à toutes les Filles qu'une fincere converfion retire du monde; mais on préfere celles qui font en plus grand danger. On ne fait diftinction ny de Pays, ny de Paroiffe; on ne demande qu'une bonne volonté. On ne reçoit point de penfion, quelque modique qu'elle foit; on fe contente de demander la premiere robe. Ceux qui pour foulager la Maifon font volontairement quelque aumône, la mettent dans le tronc, ou entre les mains de la Superieure; mais cette aumône ne peut eftre affectée à aucune Fille en particulier. On ne reçoit point les femmes mariées tant que leur engagement fubfifte; ny celles qui font enceintes, ou attachées de quelque mal qui pourroit fe communiquer. Les Filles n'entrent point dans la Maifon qu'elles n'ayent poftulé quelque temps, & donné des marques d'une converfion fincere. Avant que de les recevoir, on leur fait un détail exact de tout ce qui fe pratique dans la Communauté : fi elles perfiftent, on les met en retraite, où elles n'ont aucune communication, fi ce n'eft avec les Sœurs prépofées pour en avoir foin.

Avis generaux aux Filles Penitentes.

Les Filles qui veulent entrer au Bon Pafteur, doivent eftre averties que la vie que l'on y mene eft dure, pauvre, & tres-retirée : On y garde prefque durant tout le jour un profond filence; on y vit dans une obéïffance aveugle pour toute ce qui n'eft pas contraire aux Loix de Dieu, dans une mortification entiere des fens, dans une abnegation continuelle de foy-même.

Les Filles font toujours enfemble durant le jour & durant la nuit, & ne font rien fans permiffion. Elles reçoivent tres-rarement des vifites de leurs parens, & ces vifites ne doivent durer qu'environ un quart d'heure, & cela en préfence d'une Sœur qui écoute.

Elles

Elles ne peuvent rien recevoir en particulier, ny rien garder fans la permiſſion de la Superieure : tout ſe poſſede en commun.

Les amitiez particulieres qui font une ſource de diſſipation & de diviſion ne feront point ſouf-fertes, ſous quelque prétexte que ce puiſſe eſtre. Tout ce qui ſent l'eſprit du monde, curioſitez, nouvelles, entretiens trop humains, tout cela doit eſtre banni de la Maiſon.

Pour prévenir la tentation d'écrire, on ne donne ny encre, ny papier ; il en faut demander à la Superieure, qui lit les lettres qu'on écrit & qu'on reçoit.

On entre au Bon Paſteur pour y vivre dans la ſimplicité & dans l'humilité. Il ne faut pas nean-moins que l'humilité engage les Filles que Dieu auroit préſervées, à ſe mettre au rang de celles pour leſquelles cet azyle eſt établi ; ce ſeroit violer la verité & la juſtice.

On garde toujours celles qui ont bonne volonté dans quelque infirmité qu'elles tombent ; mais on renvoye les incorrigibles.

Celles qui ne ſont ſorties que par le conſeil de la Superieure pour eſtre placées ailleurs, pour-ront rentrer ; mais non pas celles qui ſont ſorties, ou qui ont eſté renvoyées par leur faute.

Lors qu'une Fille entre au Bon Paſteur, on met en écrit ſes meubles & ſes hardes, pour luy eſtre renduës quand elle ſortira. Si elle a un coffre on les mettra dedans ; ſinon on en fera un paquet ſur lequel on mettra une étiquete.

De l'Habit des Filles Penitentes.

Ceux qui ſont dans la Maiſon des Rois, dit Jeſus-Chriſt, font veſtus avec molleſſe ; il n'en eſt pas ainſi des Filles Pénitentes de la Maiſon du Bon Paſteur, dont l'habit, comme celuy de ſaint Jean, doit marquer & inſpirer la pénitence. Leurs robes font de bure ou d'un gros drap brun qu'on nomme de Berry ; elles ſont fort ſerrées & contiennent deux largeurs de drap, le col fermé & atta-ché par une agraffe. Il y a deux plis arreſtez ſur les épaules ; les manches ſont larges d'un bon tiers, & deſcendent juſqu'au bas du poignet. Les Filles ont une ceinture de cuir noir large d'un peu moins d'un pouce, longue d'environ cinq quartiers, & arreſtée par une boucle de fer noirci. Leur coëffe eſt d'étamine aſſez épaiſſe pour ne pas voir au travers, elle eſt d'une aulne demy quart ; au deſſous elles portent une autre coëffe d'étamine en forme de cornette longue de deux tiers, & profonde d'un quart compris le rendouble, dans lequel on met un morceau de bougran noir pour la tenir en état ; le reply de cette coëffe eſt droit & ſans aucune avance, afin de bannir entiere-ment l'eſprit du monde, d'un habit qui ne prêche que la modeſtie & la mortification. Elles ont auſſi une pointe qui avance ſur la moitié du front en forme de bandeau ; & afin que ces Filles n'ayent pas froid à la teſte qui eſt raſée, elles ont un gros bonnet de laine tricoté. Au deſſous de leurs robes elles portent toutes un corſet, & en hyver un jupon que l'on fait ordinairement de vieilles robes, avec une camiſolle blanche ſans apreſt ; elles portent auſſi les jours ouvriers des tabliers de ſerge d'Aumale muſc naturel ſans apreſt, où il y a une poche & une bavette pour conſerver leurs robes. A leur ceinture pend un gros chapelet de bois brun, où il y a une Croix de trois pouces de long, ſur laquelle eſt un Chriſt de cuivre jaune ; elles ſe ſervent de gands dans la rigueur de l'hyver de peur que les mains venant à ſe gerſer ne fuſſent hors d'eſtat de travailler. Elles portent des bas de laine qu'elles font elles-mêmes, & au lieu de ſouliers elles ont des ſandales de bois, couvertes de cuir ou de chapeau.

Reglement de la journée.

C'eſt par l'ordre de Dieu, dit le Prophete David, que le jour eſt reglé, & tout doit eſtre aſſu-jetti à cet ordre ; ainſi il n'y a rien de plus utile pour les Chreſtiens, ny de plus neceſſaire pour une Communauté, que de ſuivre un Réglement ſage qui puiſſe fixer la legereté de l'eſprit, & tenir lieu de pénitence par ſon uniformité.

Les Filles du Bon Paſteur ſe levent tous les jours à cinq heures du matin, & elles deſcendent à la demie de leur dortoir dans le lieu deſtiné pour la Priere, où elles demeurent juſqu'à ſix heures & demie. Enſuite elles travaillent en ſilence juſqu'à huit heures.

A huit heures elles vont à la ſainte Meſſe, & quand on la dit plus tard, on leur fait rendre compte avec ſimplicité des bonnes penſées qu'elles ont euës pendant le ſilence, afin de s'édifier les unes les autres.

A neuf heures pour honorer le myſtere de la deſcente du ſaint Eſprit ſur les Fideles aſſemblez dans le Cenacle, & pour implorer ſon ſecours, elles chantent le *Veni Creator*, &c. apres quoy elles font une lecture d'une demie heure, & elles rendent enſuite compte à une des Sœurs qui eſt en ſemaine, de ce qu'elles ont remarqué dans cette lecture ; & ſi la Sœur le juge à propos, elle leur parle en peu de mots d'une maniere proportionnée à ce qu'elles viennent de luy dire, & à leurs propres beſoins.

A dix heures elles recitent les *Litanies* du ſaint Nom de Jeſus, & puis, *Domine ſalvum fac Regem*, priere qu'elles repetent à pluſieurs heures du jour, pour demander à Dieu la conſervation de la per-ſonne ſacrée du Roy, qui protege particulierement leur Maiſon ; apres quoy elles chantent les Commandemens de Dieu, & divers Cantiques ſpirituels ſur les principaux Myſteres de la Reli-gion, & ſur les maximes du Chriſtianiſme. Mais afin d'oſter de ce chant tout ce qui pourroit con-tenter la curioſité, on a ſoin de leur marquer les Cantiques, & de ſupprimer les airs qui pourroient rappeller les idées du monde.

A dix heures trois quarts elles font une petite lecture, qui ſert à les recueillir juſqu'à onze.

A onze heures elles diſent trois dizaines du Chapelet, & font l'examen particulier, où elles s'accu-ſent des fautes qu'elles ont commiſes pendant la matinée.

A onze heures & demie elles vont au Refectoire en recitant le *Miſerere*, qu'elles recitent auſſi en ſortant.

Apres le dîner, qui dure environ trois quarts d'heures, elles font la conference qu'elles finiſſent au premier ſon de la cloche. A la conference ſuccede une petite lecture, pour les entretenir dans le recueillement juſqu'à deux heures.

A deux heures, elles diſent Vêpres de la ſainte Vierge, les Litanies, l'*Exaudiat*, *Domine non ſe-cundùm peccata noſtra*, &c. *Da pacem*, trois fois, *Jeſu Bone Paſtor*, une fois, *Sancta Maria Mater Boni Paſtoris*.

R r r iij   A

A trois heures on fait à genoux l'adoration de Jesus mourant sur la Croix en ces termes :
Rendons graces à Dieu, mes Sœurs, & souvenons-nous de sa sainte présence, & qu'à trois heures il recommande son ame entre les mains de son Pere, il meurt, le Soleil s'éclipse, la terre tremble, les pierres se fendent, le voile du Temple se rompt, plusieurs frappent leurs poitrines, la douleur & la soumission de la sainte Vierge est incomparable.

O Jesus, par vostre sainte mort, donnez-moy la grace de bien vivre.

ORAISON.

O Jesus mourant à la Croix, c'est dans ce moment d'où dépend le salut de tous les hommes, que m'unissant à la religion & à la pieté de vostre sainte Mere, de saint Jean, de sainte Magdelaine, & de tant d'amateurs de vostre croix, je vous adore avec les sentimens de respect les plus profonds : c'est dans cet estat que vous envisageant tout couvert de playes, rempli de douleurs, & rassasié d'opprobres, je vous reconnois pour le vray Dieu & le Sauveur de tous les hommes, par qui j'espere la rémission de tous mes péchez & la vie éternelle.

O bon Jesus, que l'amour a fait mourir pour moy, quand est-ce que je vous aimeray uniquement, & que je seray penetrée d'un véritable esprit de pénitence, de vous avoir mis par mes péchez dans ce pitoyable estat ? Helas que ma dureté est terrible, d'estre si peu touchée d'avoir commis tant de crimes, que vous avez pleurez avec des ruisseaux de larmes, & avec tout le sang de vos veines ! Que je suis miserable de ne pleurer pas nuit & jour, de vous avoir causé tous les tourmens & tous les opprobres de vostre Passion, & de vous avoir fait mourir sur une Croix !

O maudit peché, pourquoy vous ay-je commis ? pourquoy ay-je esté si ingrate envers un Maistre infiniment aimable ? O que c'est de bon cœur que je déteste souverainement le peché, & que je le veux détester toute l'éternité. Ha ! Seigneur, appliquez-moy, s'il vous plaist les merites de vostre sang précieux en me pardonnant mes fautes, & en augmentant de plus en plus les sentimens de contrition en mon ame.

Faites-moy encore participer aux mérites de vostre mort, en me faisant mourir par vostre grace à mes inclinations & habitudes vicieuses, & rendant ma vie conforme à la vostre. Ne me faites plus vivre que pour vous ; accordez-moy enfin le don de la perseverance finale, & la grace d'imiter à ma mort les dernieres dispositions de vostre sainte vie.

Permettez encore, mon divin Jesus, qu'après vous avoir demandé mes besoins particuliers, je vous conjure par ce dernier moment de vostre vie, de verser l'abondance de vos graces sur vostre Eglise. Conservez, & faites croistre les justes dans la vertu, convertissez les infideles, heretiques, schismatiques, & tous ceux qui sont en peché mortel, & délivrez ceux qui gémissent sur la terre sous la tyrannie de Satan. O Jesus ! ayez compassion de tant de personnes affligées par les peines d'esprit, les tentations, la pauvreté, la captivité & la maladie ; secourez particulierement les agonizans, & conduisez-les au port assuré du salut éternel ; versez encore vostre sang, ô Jesus, divinement charitable sur les ames des fideles trépassez. Enfin, Seigneur, donnez vostre benediction à ma pauvre ame, qui vous considere & adore dans les derniers soupirs de vostre vie, lors qu'après avoir dit ces paroles, *Mon Pere, je recommande mon ame entre vos mains*, vous expirastes.

Icy on baise la terre, & puis on dit cette Oraison de saint Augustin.

Pere eternel, envisagez en vostre Fils les motifs que vous avez de pardonner à vos serviteurs & à vos esclaves. O Dieu convertissez-nous, & appliquez-nous les merites de la sainte Passion de ce Fils adorable, & regardez, s'il vous plaist, des yeux de vostre misericorde, ceux pour lesquels il n'a pas dédaigné d'estre livré entre les mains des méchans, & de souffrir le cruel supplice de la Croix. Puis on dit :

℣. *Christus factus est pro nobis obediens usque ad mortem.*
℞. *Mortem autem Crucis.*

Oremus.

Respice quæsumus Domine, super hanc familiam tuam, pro qua Dominus noster Jesus Christus non dubitavit manibus tradi nocentium, & crucis subire tormentum : Qui vivis & regnas in sæcula sæculorum. Amen.

S'il reste quelque temps jusqu'à trois heures & demie, on l'employe à leur faire rendre compte de ce qu'elles ont pensé pendant le silence.

A trois heures & demie, elles font un point de lecture, & elles gardent le silence jusques à quatre heures.

A quatre heures elles disent Complies de la sainte Vierge, le *Veni Creator*, l'Antienne & l'Oraison de saint Louis pour la Famille Royale. Elles chantent ensuite une demie heure comme le matin ; après quoy elles font un point de lecture, & gardent un quart d'heure de silence.

A cinq heures elles font une demie heure de lecture spirituelle, & elles s'en entretiennent comme le matin jusqu'à six heures.

A six heures elles disent trois dizaines du Chapelet, elles font l'examen, & recitent l'*Angelus*; ensuite on fait l'Oraison jusqu'à sept heures.

A sept heures, elles vont au refectoire en recitant le *Miserere*; elles en font autant en sortant.

Après le souper, l'Esté elles vont au jardin, comme il est marqué ailleurs ; & l'Hyver elles montent à l'ouvroir, où elles se mettent alors en silence chacune à leur travail, jusqu'à ce qu'une Sœur ait donné le signal pour parler.

A huit heures & demie on sonne le silence, on fait une lecture, & ensuite la priere du soir, après laquelle on monte aux dortoirs.

Addition aux Réglemens.

1°. On dit à toutes les heures du jour, Au Nom du Pere, & du Fils, & du saint Esprit : Rendons graces à Dieu, mes Sœurs, & souvenons-nous de sa sainte présence.

2°. On dit aussi le *Gloria Patri*, &c. l'*Ave Maria*, & le *Domine salvum fac Regem*.

Une Fille Pénitente est désignée pour dire une semaine toutes les Prieres, une autre est marquée pour faire la lecture au refectoire, une troisiéme pour la faire au travail pendant les demie-heures : & pour les petites lectures, c'est une des Sœurs qui les fait dans les temps marquez.

Les Dimanches & les Festes estant specialement consacrez à la loüange de Dieu, & le travail manuel

manuel ne partageant point la journée, on recitera le grand Office, selon l'usage des lieux, où les maisons du Bon Pasteur seront establies. Outre qu'il y a une benediction particuliere à se conformer à l'esprit de l'Eglise, cette varieté de Prieres delassera saintement l'esprit qui court risque de prier sans goût & sans attention, quand il ne fait que repeter les mêmes Pseaumes. Pour donner encore plus d'attention & de ferveur, on pourroit faire prevoir aux Filles, & leur faire lire en François les Pseaumes qu'on chantera au Chœur en Latin. Il est à propos de partager les heures de l'Office, afin de se tenir toujours en esprit de priere, & de loüer Dieu sept fois le jour ainsi que faisoit le Prophete Roy, & que l'Eglise desire qu'on le pratique. On pourra reciter Matines & Laudes immediatement après la Priere du matin; Prime après l'Oraison; chanter Tierce avant la Messe; chanter ou reciter Sexte à l'Examen du matin précisément avant le dîner; None après la Conference; Vêpres à quatre heures; Complies avant souper. Jusqu'à ce que les Filles soient stilées à bien lire & bien prononcer, on pourra retrancher Matines & Laudes.

Du Gouvernement de la Maison du Bon Pasteur.

La Maison du Bon Pasteur sera toujours sous la jurisdiction de Monseigneur l'Archevêque; & les establissemens qui se feront dans le Royaume, sous la jurisdiction de Nosseigneurs les Evêques dans le Diocése desquels on s'establira.

Monseigneur l'Archevêque sera supplié de nommer un Superieur qui puisse luy rendre un compte fidele de l'estat de la Communauté. En cas que le Superieur nommé ne fust pas jugé propre, les Sœurs le representeront tres-humblement à Monseigneur l'Archevêque, qui jugera encore mieux qu'elles des qualitez necessaires pour cet employ. Le Superieur doit estre Prestre, d'un âge mûr, jamais au dessous de quarante ans, de mœurs irreprehensibles, ayant un zele mêlé de douceur & de force; & il doit estre doüé sur tout d'une grande prudence.

Il n'y aura qu'un seul Confesseur dans chaque Maison, hors les occasions, où selon l'esprit du Concile de Trente on doit donner aux Communautez des Confesseurs extraordinaires. Le Confesseur sera choisi par le Superieur, & agreé par la Communauté. Il sera âgé au moins de quarante ans, d'une capacité connuë, d'une pieté exemplaire, d'une conduite irreprehensible. Il ne parlera que dans le Confessionnal aux Filles penitentes, joindra dans ses manieres la gravité avec la douceur; & mesurera si bien ses paroles, que sans rebuter ny flater les ames, il les occupe uniquement de Jesus-Christ, qui doit agir & parler en sa personne. Il vivra dans une parfaite intelligence avec le Superieur, la Superieure & la Communauté; évitant de donner le moindre soupçon de sa fidelité dans son ministere, & entretenant avec soin l'union, la subordination, la regularité & la charité.

Comme la Maison est du ressort de la Police, & qu'elle a besoin d'une protection puissante, il est à propos de choisir pour Protecteur Mr le Lieutenant General de Police, auquel on aura recours dans ses besoins, pour soûtenir le bien, & réprimer les efforts des méchants.

On prendra aussi pour Mere temporelle, une Dame distinguée par son rang & par sa vertu. Elle examinera tous les trois mois avec la Superieure ou son assistante, la recette & la dépense, & paraphera le livre de son seing.

Les Sœurs qui gouverneront la Maison formeront un Corps de Communauté: elles choisiront parmy elles une Superieure à la pluralité des voix, avec l'agrément de Monseigneur l'Archevêque, afin de conserver le premier esprit de la Maison. La Superieure aura une ou plusieurs Assistantes, qu'elle consultera dans les choses d'importance, comme quand il faudra recevoir les Filles, les placer ou les congedier; & tous les mois elle assemblera les principales Sœurs de la Communauté, pour concerter avec elles les moyens de prévenir ou d'arrester le relâchement.

La Conduite de la Maison sera douce, & telle qu'elle soit digne du Bon Pasteur, qui supporte & ramene avec tant de bonté les brebis les plus égarées. Bien-loin de marquer de l'éloignement pour les pauvres Filles qui se sentent chargées de crimes, on les recevra avec de plus grandes demonstrations de charité. C'est ainsi que le Sauveur, loin de rebuter la femme pécheresse, la reçut avec tant de douceur, & luy fit part d'une grace si abondante, qu'elle merita d'estre preferée aux Pharisiens qui menoient aux yeux de hommes une vie si pure & si austere. Il ne faut jamais oublier cette parole de Jesus-Christ si capable de consoler les plus grands pecheurs qui veulent faire penitence, & d'effrayer les personnes qu'on croit souvent les plus innocentes: *Je ne suis pas venu appeller les justes, mais les pecheurs.*

De l'usage des Sacremens.

Les Filles Penitentes font une Confession generale en entrant dans la Maison, pour repasser leur vie dans l'amertume de leur ame, & réparer les manquemens de leurs Confessions passées. On les éprouve pendant trois ou quatre mois plus ou moins, selon leurs besoins & leurs dispositions, avant que de les admettre à la participation de la sainte Eucharistie. Si elles sont penetrées d'une contrition veritable, elles n'auront garde de se plaindre de ce delay. Qu'elles considerent que le Pain sacré n'est pas pour les chiens, mais pour les enfans; que l'Eglise a privé autrefois les pécheurs de l'Eucharistie l'espace de cinq & de sept années, & plus long-temps encore, même pour un seul crime; que quoique les penitens ne soient plus assujettis à ces divers degrez de l'ancienne penitence, ils doivent, selon les avis de S. Charles, avoir la même horreur de leur crime, & le même sentiment de leur indignité: mais quelqu'indigne que l'on se connoisse d'approcher de nos redoutables Mysteres, on ne doit rien oublier pour s'en rendre digne. Comme celuy qui entra dans la salle du banquet sans la robe nuptiale, fut jetté dans les tenebres exterieures; aussi ceux qui refuseront d'y venir furent rejettez pour jamais. Un des plus grands sujets de douleur & de crainte pour une ame veritablement convertie, c'est d'estre éloignée du saint Autel. Il faut donc se mettre en estat d'en approcher par une Confession exacte, & par les exercices d'une humble penitence que le Confesseur aura prescrite. Quand les Filles sont suffisamment disposées pour la sainte Communion, on les en fait approcher une fois le mois, ou même tous les Dimanches & les principales Festes de l'année, selon le progrés qu'elles font dans la vie Chrestienne. Qu'elles prennent garde seulement de n'approcher jamais des Mysteres divins, par des motifs humains. Elles doivent apporter à ce Mystere de foy & d'amour les sentimens d'une dévotion pure & ardente.

Et

Et renouvellant, pour ainsi dire leur avidité à mesure qu'elles mangent plus souvent cette Viande sacrée, il faut que cette Manne leur donne toujours un nouveau goust, & leur paroisse toujours nouvelle. C'est au Confesseur & à la Superieure à regler les Communions, selon la connoissance que les Filles leur donnent de leur estat.

L'usage de la Maison est que les Filles Pénitentes aillent à confesse tous les quinze jours, à moins que leur estat ne demande qu'on change cet ordre pour quelqu'une en particulier.

De certains Usages qui s'observent au Bon Pasteur.

Tous les Samedis après Complies on dit un petit Office en l'honneur de la sainte Vierge.

Tous les Mercredis & Vendredis, après la Priere du soir on va à l'Assemblée durant un *Miserere*; celles qui n'y vont pas à cause qu'elles en sont dispensées, recitent pendant ce temps le *Miserere* & le *De profundis* les bras en Croix, pour demander à Dieu l'esprit de pénitence.

Les premiers Mercredis des mois on jeûne, & on garde un plus long silence; on dit l'Office & les Vêpres des Morts sans interruption du travail; & douze Filles psalmodient à l'entour d'une biere qui rappelle dans la pensée la necessité de mourir, & les dispositions où l'on doit estre pour se préparer à la mort.

Tous les Vendredis de l'année, après la sainte Messe, on chante *Vexilla Regis prodeunt*, pour honorer la Passion de Nostre Seigneur Jesus-Christ.

Les Dimanches de Carême, on chante sur les quatre heures après midy la Prose, *Stabat Mater dolorosa*, pour s'unir aux intentions de la Sainte Vierge & de l'Eglise.

Les trois jours des Rogations, & le jour de saint Marc l'Evangeliste, les jours de l'Invention & de l'Exaltation de la sainte Croix, on fait la Procession autour du Jardin, pendant laquelle on chante les Litanies des Saints ou l'Hymne *Vexilla*.

Toutes les Festes & Dimanches on fait après Vêpres de pareilles Processions, pendant lesquelles on chante les Litanies, *Exaudiat & Domine non secundùm, &c.*

Le Mercredy des Cendres avant la sainte Messe, on va dans un sentiment d'humilité & de pénitence recevoir des Cendres de la main du Prestre, & le Chœur recite le *Miserere*, pendant la Ceremonie & les Prieres propres.

Dans les jours Gras, qui sont pour le monde des jours de dissolution & de desordre, les Filles se souvenant que les Chrestiens ne doivent pas se conformer au siecle, feront quelque pénitence extraordinaire, de l'avis de la Superieure; & elles adoreront tour à tour le Tres-Saint Sacrement, pour réparer tant d'outrages que Jesus-Christ reçoit des Chrestiens qui semblent devenir tous Payens dans ces jours profanes.

Le Dimanche des Rameaux on fait la Procession autour du Jardin, pour honorer l'entrée que le Sauveur fit à Jerusalem, dans un estat abjet & majestueux sour lequel & l'on tâche d'entrer dans les dispositions de ce Peuple qui benissoit à haute voix le Fils de David, ce Roy doux & puissant, qui est venu pour nous au Nom du Seigneur.

On dit l'Office de Tenebres au Chœur, & le Vendredy-Saint on fait la Procession, à laquelle la Superieure porte la Croix, pieds nuds. Toutes les Filles suivent ayant aussi les pieds nuds, à l'exception des infirmes, afin de participer par cette legere mortification à l'humiliation & à la peine que le Sauveur souffrit portant la Croix depuis Jerusalem jusqu'au Calvaire.

Le Dimanche de Pâque, la Communauté se levera une heure plus matin qu'à l'ordinaire, pour chercher Jesus ressuscité, à l'exemple des saintes Femmes de l'Evangile.

Les Festes principales de la Maison, sont le second Dimanche d'après Pâques, que l'Eglise semble avoir consacré à honorer Jesus-Christ sous le titre de Bon Pasteur: le troisiéme Dimanche après la Pentecoste: la Presentation de la Sainte Vierge, parce qu'on y renouvelle les Vœux du Baptême: la Conversion de S. Paul, & le jour de sainte Magdeleine.

Tous les Dimanches & Festes on entre au Chœur à six heures & demie, & l'on n'en sort qu'à onze; l'on y rentre l'aprésdîner à deux heures, & on n'en sort que pour manger un morceau de pain après Vêpres, après quoy on y retourne jusqu'à six heures & demie du soir. Ainsi l'on sanctifie les jours que le Seigneur s'est reservez en ne les employant qu'à mediter sa Loy, & à chanter ses loüanges: & les Filles peuvent dire avec David après avoir passé la journée dans ces pieux exercices, que toutes leurs pensées ont esté pour le Seigneur, & qu'elles n'ont rien souffert ny dans leur esprit ny dans leur cœur qui ne fust propre à celebrer sa Feste.

Du Travail.

L'homme est né pour le travail; le Pecheur y est condamné; le Pénitent s'y soumet pour expier une vie passée dans l'oisiveté ou dans le crime. Les Filles du Bon Pasteur doivent donc s'appliquer au travail avec ferveur & par esprit de pénitence: & si l'on s'apperçoit que quelques-unes travaillent à regret, ou avec négligence; la Sœur préposée à l'ouvroir les avertira & les animera en leur representant les devoirs de leur engagement & les suites funestes de l'oisiveté.

Si quelqu'une témoigne plus d'inclination pour un ouvrage que pour un autre, il sera bon de la mortifier, afin de luy apprendre à rompre sa volonté. On en usera de même à l'égard des places dans l'Ouvroir, au Refectoire & au Chœur. La Superieure ou les Sœurs les changeront avec discretion lors qu'elles le jugeront à propos.

Les Filles ostent leurs coëffes en travaillant, & les plient avec propreté; mais si quelques personnes de dehors entroient dans l'Ouvroir, ce qui est marqué par trois coups de cloches, elles reprennent leurs coëffes & les baissent.

Les Filles pénitentes ne doivent ny regarder les personnes qui entrent dans la Maison, ny leur répondre quoiqu'elles en soient interrogées; c'est aux Sœurs à parler. Les Filles ne parleront point non plus entr'elles pendant le travail, pas même sous pretexte de leurs ouvrages, à moins qu'elles n'en ayent permission de la Sœur. Pendant qu'on les rangera elles se tiendront dans le silence & le recueillement, ne murmureront ny de la place ny des compagnes qu'on leur donnera. Il est défendu de sortir de l'Ouvroir sans permission & sans avoir pris la marque qui désigne les absentes.

Tous les jours ouvriers, excepté ceux où l'on jeûne, on porte à huit heures du matin dans
une

une corbeille fur une ferviette bien propre autant de morceaux de pain qu'il en faut pour toutes, pefant chacun cinq ou fix onces. Avant que de les diftribuer, une des Sœurs ayant fait un figne, toutes fe levent pour fortir de leurs places ; puis elle dit : Souvenez-vous, mes Sœurs, que Dieu « eft icy prefent ; & toutes répondent, Nous le croyons, & nous l'adorons de tous nos cœurs. La « Sœur ajoufte, Travaillons) en fa fainte prefence pour l'amour de luy & pour l'expiation de nos « pechez ; & elles répondent, Ainfi foit-il. Aprés quoy elle dit le *Benedicite*, & on répond, *Amen*. Enfuite chacune fe remet fur fon fiege, & la Sœur leur diftribuë à chacune un morceau de pain, & une autre Sœur verfe de l'eau dans fa taffe.

L'aprés midy à trois heures & demie on diftribuë dans le même ordre à celles qui en ont befoin un morceau de pain de trois onces ; fi quelqu'une eftoit trop preffée de la foif durant le jour, il y a dans l'Ouvroir une fontaine où elle peut aller boire aprés avoir fait un figne modefte à la Sœur pour luy en demander permiffion.

La modeftie ne fouffre pas qu'on appelle tout haut les Sœurs quand elles font à leur place, mais on les vient trouver pour leur dire ou demander ce qu'on croit eftre neceffaire.

Les Filles du Bon Pafteur doivent aimer en tout la fainte pauvreté que Jefus-Chrift a preferée aux richeffes. S'il leur manque quelque chofe, qu'elles remercient Dieu de cette petite épreuve; qu'elles fe fouviennent qu'elles ont merité de manquer de tout, & que Jefus-Chrift n'avoit pas une pierre où repofer fa tefte.

Elles ne fe donneront ny prefteront rien l'une à l'autre fans permiffion.

On travaillera l'Hyver à la chandelle ; on en donnera une fix à la livre aux tables de fix à fept ouvrieres, & une de douze à la livre aux meftiers où l'on n'eft que quatre.

Pendant le grand froid on donnera deux ou trois fois le jour du feu en une chaufrette qui fervira pour deux, afin qu'elles puiffent fe chaufer l'une aprés l'autre ; le temps & les perfonnes à qui on les doit donner feront marquez par une des Sœurs.

Comme on ne travaille pas l'Hyver avec tant de diligence que pendant l'Efté, & que cependant les Filles pénitentes font obligées de gagner leur vie de leur travail, on ne quittera qu'à dix heures du foir dans les grands froids : ainfi on fe couchera une heure plus tard qu'en Efté ; & l'on reprendra fur la matinée autant de temps de fommeil.

Du Chœur.

Les Filles ne vont point au Chœur les jours ouvriers, hors pour faire la Priere du matin ; on fait toutes les autres Prieres, & même on entend la fainte Meffe à la Tribune.

Les Dimanches & Feftes on eft prefque toujours au Chœur, excepté les heures du repas & des conferences ; on va quelque temps au jardin pour fe delaffer un peu l'efprit.

Au moment qu'on tintera pour defcendre au Chœur, toutes fortiront habillées des dortoirs pour fe rendre à la Chapelle. En y entrant elles feront une profonde reverence, & fe mettront enfuite en leur place, où elles baiferont la terre dans un efprit d'humilité : elles demeureront durant tout l'Office dans une pofture modefte & recueillie, penetrées d'une fainte frayeur mêlée de confiance, devant la Majefté de Dieu qu'elles ont offenfé & qui les attend à pénitence.

Elles commenceront d'abord par faire Oraifon ; aprés quoy elles chanteront l'Office diftinctement & devotement, obfervant les paufes.

Dans la récitation de l'Office elles s'inclineront toutes au *Gloria Patri* ; elles ne tourneront jamais la tefte, elles fe tiendront toujours dans un profond refpect à la Chapelle, comme les Anges devant le Trône de Dieu. C'eft la Maifon de priere, d'où il faut bannir tout ce qui peut non feulement alterer la pureté du cœur par des defirs illicites, qui font comme une efpece de trafic qu'on fait avec le démon & le monde ; mais encore toutes les penfées inutiles capables de diffiper l'efprit, qui doit eftre toujours recueilly devant la Majefté Souveraine.

Elles ne fortiront point du Chœur avant la fin de l'Office qu'une neceffité abfoluë, fe tenant en garde contre l'ennuy & le dégouft que la legereté ou une mauvaife habitude font naiftre. Qu'elles difent avec David, quand elles fentent ces mauvaifes difpofitions ; *Mon ames'affoupit par l'ennuy qui l'accable ; fortifiez-moy, Seigneur, & animez-moy par vos divines paroles.*

Pour exciter la devotion à l'égard de l'augufte Sacrifice de nos Autels, il n'y a qu'à fe reprefenter quelle eft la fainteté de la Victime qui y eft offerte, avec quel amour elle s'immole, quelles difpofitions elle exige. Jefus aimant fes Difciples jufqu'à la fin, & leur donnant dans la Céne ce Corps facré qui alloit eftre livré à la mort, ce Sang précieux qui alloit eftre répandu pour le falut du Monde : Jefus s'offrant fur la Croix à fon Pere par le Saint Efprit, pour fatisfaire d'une maniere infinie à la fouveraine Juftice ; l'Agneau vû comme immolé dans le Ciel pour eftre à jamais le Sacrifice de loüange & d'action de graces, qui remplit les bienheureux de refpect, d'admiration, de reconnoiffance & d'amour : Voilà les Myfteres qui font renouvellez & operez d'une maniere ineffable fur nos Autels.

A l'élevation de la fainte Hoftie on chantera tous les jours, *O falutaris Hoftia*, ou quelque autre motet du faint Sacrement, fuivant les differens temps de l'année.

Les jours de la Communion, qui font d'ordinaire tous les jours de Feftes, aprés l'Adoration, on chantera, ou le *Pange lingua* dans les temps propres, ou le *Te Deum*.

Chacune des Sœurs & des Filles fera à fon tour amende honorable de toutes les irreverences & profanations qu'elle peut avoir commifes, & qui fe commettent tous les jours contre cet adorable Myftere. Elle fera cette réparation la corde au col ; le cierge à la main, & deux Sœurs proflernées contre terre à fes coftez, recitant à genoux l'Oraifon fuivante.

Oraifon pour adorer le Tres-Saint Sacrement de l'Autel.

Mon Dieu, mon Sauveur Jefus, vray Dieu & vray homme, digne Victime du Tres-Haut, Pain vivant, & fource de la vie éternelle, je vous adore de tout mon cœur dans voftre divin Sacrement, avec deffein de réparer toutes les irreverences, profanations & impietez, qui ont efté commifes contre vous dans ce redoutable Myftere. Je me proflerne devant voftre fainte Majefté, pour vous y adorer prefentement au nom de tous ceux qui ne vous y ont jamais rendu aucuns devoirs, & qui peut-eftre feront fi malheureux que de ne vous y en rendre jamais, comme les Heretiques,

Athées, Blafphémateurs, Magiciens, Juifs, Idolâtres & tous les Infideles. Je fouhaiterois, mon Dieu, vous pouvoir donner autant de gloire, qu'ils vous en donneroient tous enfemble, s'ils vous y rendoient fidelement leurs refpeds & leurs reconnoiffances : & je voudrois pouvoir recueillir dans ma foy, dans mon amour, & dans le facrifice de mon cœur tout ce qu'ils auroient efté capables de vous rendre d'honneur, d'amour & de gloire dans l'e ftendue de tous les fiecles. Je defire même de toute l'ardeur de mon ame de vous donner autant de benedidions & de loüanges, que les damnez vomiront d'injures contre vous dans toute la durée de leurs fupplices. Et pour fandifier cette adoration & vous la rendre plus agréable, je l'unis, ô mon Sauveur, à toutes celles de voftre Eglife univerfelle, du Ciel & de la Terre ; regardez les fentimens de mon cœur plûtoft que les paroles de ma bouche : j'ay deffein de vous dire tout ce que voftre Efprit infpire pour vous honorer, à voftre fainte Mere, à vos Saints, & tout ce que vous dites vous-même à Dieu voftre Pere dans ce glorieux & augufte Sacrement, où vous eftes fon holocaufte perpetuel ; & dans le bienheureux fein où il vous engendre à toute éternité, égal à luy, principe avec luy de l'Efprit faint, par lequel vous formez dans nos cœurs la priere & l'adoration dont vous daignez tirer voftre gloire.

L'on dit aprés cela trois fois : *Loüé & adoré foit le Tres-Saint Sacrement de l'Autel* ; & l'on répond, *Amen, à jamais.*

On dira tous les jours aprés la fainte Meffe, trois fois, *Domine falvum fac Regem, &c. Domine non fecundùm peccata noftra, &c. Da pacem Domine, &c.* Trois fois *Jefu bone Paftor miferere nobis*, & une fois *Sanda Maria Mater boni Paftoris, ora pro nobis* ; on y joindra le *Pater*, & l'*Ave*, le *Miferere*, les bras en Croix, pour la converfion des pecheurs ; le *De profundis*, pour les ames des bienfaiteurs decedez ; avec cette difference, que les Dimanches on chantera, & qu'on pfalmodiera les jours ouvriers.

Aprés toutes ces Prieres on fera l'Examen, on dira l'*Angelus*, & une Priere de faint Bernard à la fainte Vierge.

On ira à onze heures au Refedoire, & aprés dîner au jardin, où l'on fera une heure de recréation, qu'on appelle au Bon Pafteur Conference, à caufe qu'on ne s'y entretient que de bonnes chofes.

La Conference finie, on montera dans la chambre du travail, pour y lire ou fe repofer jufqu'à deux heures & demie qui eft le temps de Vêpres. On chantera avec ferveur, loüant & beniffant Dieu de la mifericorde qu'il fait à de pauvres Pénitentes, de fouffrir qu'elles chantent fes loüanges, aprés l'avoir tant offenfé.

Les jours de Feftes, on dit le grand Office ; mais les jours ouvriers pour vacquer plus long-tems au travail on recite le petit Office de la Vierge.

Quand il y aura Sermon, on y rendra avec cette fainte avidité que le Peuple témoignoit autrefois pour la parole de Jefus-Chrift : on écoutera avec une attention refpedueufe ; & fi quelque Fille fe fent preffée du fommeil, elle fe mettra à genoux pour s'humilier & pour fe réveiller.

S'il n'y a point de Sermon on fera une ledure de pieté d'une demie heure, & une Priere propre felon le temps.

Aprés le Sermon ou la Ledure, on ira au Refedoire manger un morceau de pain, & puis faire un tour de Jardin.

Aprés qu'oy on rentrera au Chœur pour réciter le Chapelet, & faire l'Examen de confcience, & l'Oraifon ; enfuite on chantera Complies, aprés quoy on ira au Refedoire & delà au jardin l'Efté environ trois quarts d'heures ; delà on montera dans l'ouvroir, où l'on fera une ledure, & enfuite la Priere du foir.

De la Conference.

On fe fert de ce terme de Conference plûtoft que de celuy de recréation, parce que, felon la maxime de faint Gregoire, ceux qui ont commis des chofes illicites, doivent renoncer même aux licites : ainfi la recréation ne convient gueres aux ames pénitentes, que le fouvenir de leur crime doit toujours tenir dans une fainte compondion.

Les jours ouvriers la Conference fe fera en travaillant, & les Filles prendront garde de ne pas parler toutes à la fois ; le ton fera toujours modefte, fans affedation & fans conteftation ; on n'y parlera jamais tout bas ny à l'oreille.

Comme il n'y doit point avoir d'amitié particuliere dans cette Maifon, où tout ne doit eftre qu'un cœur & qu'une ame, il ne doit point y avoir de confidence particuliere.

On n'y parlera pas de la conduite de la Maifon, tant de la Superieure que des autres Sœurs Officieres, ny des imperfedions de pas une des Sœurs : l'on ne parlera pas même des fiennes propres, non plus que de fes peines, tentations, difficultez & répugnances.

On aura dans la Conference un vifage ferein & content, fans diffipation neanmoins, pour marquer que fans avoir oublié les pechez qu'on devroit toujours pleurer, on goufte pourtant par la mifericorde de Jefus-Chrift, la joye & la paix de la bonne confcience.

Du Chapitre.

Le Jufte s'accufe luy-même, dit l'Ecriture, & c'eft en confeffant nos fautes que nous obtenons le pardon. La Confeffion Sacramentale ne fe peut faire qu'au Preftre ; & c'eft proprement par le Sacrement de Pénitence que les pechez font remis : mais l'Apoftre faint Jacques ne laiffe pas de recommander aux Fideles de confeffer leurs pechez les uns aux autres, afin de s'attirer la grace par ces ades d'humilité, & de profiter des avis que la charité fait donner.

Le Chapitre eft une affemblée de toute la Communauté, qui fe fait non pour déliberer des affaires de la Maifon, mais pour s'accufer à fon tour des fautes exterieures que l'on a commifes.

La Superieure fait tenir le Chapitre une fois la femaine, & elle commence par le *Veni Creator*, & par la ledure de l'Epiftre & de l'Evangile du Dimanche, que toutes entendent à genoux ; aprés quoy elles fe levent & fe tiennent debout pendant que la premiere s'accufe.

Comme le nombre des Pénitentes eft grand, & que toutes ne peuvent pas s'accufer dans l'efpace d'une heure ; une des Sœurs qui a les noms par écrit, a foin de nommer celles qui le doivent faire à leur rang.

Si quelque Fille a fait quelque faute confiderable, elle viendra la premiere en demander pénitence en s'humiliant profondément devant Dieu qu'elle a offenfé; & devant les Sœurs qu'elle a fcandalifées.

Celles qui s'accuferont, fe mettront à genoux, baiferont la terre, & parleront affez haut pour eftre entenduës de toutes.

On regardera comme une faute confiderable de s'excufer au Chapitre, quand même on feroit injuftement proclamé: il faut fe reprefenter alors, que par d'autres pechez on a merité une confufion éternelle; qu'ainfi on ne fçauroit eftre trop humilié dans le temps, fi l'on veut eftre glorifié dans l'éternité. On impofera une pénitence à celle qui fe fera excufée, & toute la Communauté fe profternera pour réparation de fon offenfe.

On ne s'entretiendra jamais hors du Chapitre de ce qu'on y aura entendu, & le fécret fera à peu prés inviolable comme celuy de la Confeffion, à caufe des fuites fâcheufes que cette imprudence cauferoit.

Quoique le Chapitre fe faffe fouvent, on ne laiffera pas d'eftre exacte à la pieufe & falutaire couftume eftablie en cette Maifon de s'accufer pendant les trois examens qui fe font chaque jour, à la Sœur qui eft en femaine. L'experience a fait connoiftre l'utilité de cette pratique. Ces accufations fe font de cette forte: La Fille fort de fa place aprés avoir mis fa coëffe, elle fe met à genoux devant la Sœur, elle luy déclare humblement la faute qu'elle a commife, quelque legere qu'elle puiffe eftre; & en demande pénitence. On peut dire avec l'Ecriture, qu'à peine ces fortes de fautes font ainfi declarées, qu'elles font expiées: nous ne ferons pas jugez, fi nous avons foin de nous juger nous-mêmes; & il eft écrit que Dieu ne punit pas deux fois la même faute.

Du Refectoire.

En allant au refectoire on fe fouviendra des fuites horribles de l'intemperance de nos premiers parens, & l'on demandera la grace de fe tenir dans les bornes précifes de la neceffité.

Perfonne n'entrera fans permiffion dans le refectoire hors les tems du repas, excepté la Sœur furveillante, qui verra fi tout y eft propre.

On s'y rendra aux heures du repas avec modeftie, & en recitant le *Miferere*.

En y entrant on fera une inclination au Crucifix, aprés quoy on dira en commun le *Benedicite*: on fe mettra enfuite à table, où l'on attendra que la Sœur ait frappé pour déplier fa ferviette & manger fon potage.

On prendra garde en remuant fon couvert de ne point faire de bruit fur la table, & de ne point laiffer tomber fon couteau ou fa ferviette.

On ne mangera ny trop vifte ny trop lentement, mais proprement fans rien répandre fur la table ou à terre; ou gardera en tout une exacte modeftie, ne jettant point les yeux de cofté & d'autre, ne s'appuyant point, & ne faifant aucun gefte qui marque de la diffipation.

On fera fort attaché à la lecture, afin que l'ame fe nourriffe en même tems que le corps, & que l'on foit en eftat de rendre compte de la lecture fi l'on en eft interrogé à la Conference.

Pour faire quelque abftinence particuliere, pour manger les reftes, ou à terre, on demandera permiffion à la Superieure, ou à la Sœur qui tiendra fa place. Celles qui fans excufe legitime mangeront à fe trouver au *Benedicite*, mangeront leur portion à genoux.

Quand toutes auront mangé, on donnera un fignal pour finir, aprés quoy on dira graces.

On ne fervira rien à table qui ne foit tres-commun, & convenable à de pauvres penitentes, qui devroient comme David tremper leur pain dans leurs larmes, & le manger avec la cendre.

On donnera à chacune pour le dîner un potage & trois ou quatre onces de viande, & le foir un peu de viande reftée du dîner. Quand on aura de la falade ou du ris, ou quelques legumes, on aura un peu moins de viande.

Les jours maigres on mangera ordinairement des pois, des féves ou des lentilles.

Les jours de jeûne on donnera avec la portion un morceau de fromage, ou du beurre, ou quelque peu de lait: on ne donnera point de legumes nouvelles, qui font les pois verds & les haricots, à moins que le prix n'en foit tres-mediocre.

Du Dortoir.

Comme le fommeil eft l'image de la mort, le dortoir eft l'image du fepulchre. Il faut donc y entrer dans les mêmes difpofitions où l'on devroit eftre pour bien mourir, & la foy doit faire retentir aux oreilles du cœur ces paroles de l'Ecriture: *Peut-eftre cette nuit on vous redemandera voftre ame, donnez ordre à tout.*

Quoique les dortoirs foient communs, les lits font cependant rangez d'une telle maniere, & fe ferment fi exactement par le moyen des rideaux, que les filles peuvent fe lever & fe coucher fans fe voir.

Les lits font garnis d'une paillaffe épaiffe de neuf pouces qu'on ne remuë pas, & le traverfin eft garni d'une petite paille d'avoine, & ceux des Filles qui ont des maux de tefte, font remplis de plume; les draps font de groffe toile de chanvre, & les couvertures doubles en Hyver & fimples en Efté.

Comme l'on tient les rideaux toujours fermez, on exhorte les Filles de fe donner bien de garde de cracher deffus, attendu que celles qui fe feroient aprés avoir efte averties une fois, feroient obligées de les nettoyer à genoux au milieu du travail.

On changera les Penitentes de lits & de dortoirs, felon qu'on le trouvera à propos, fans qu'on leur en apporte, ou qu'elles en demandent d'autre caufe que le defir de leur perfection: & quoique cet article paroiffe d'abord peu important, l'experience a appris qu'il eftoit fouvent neceffaire.

Chacune des Filles fe mettra fous fon rideau & fe deshabillera modeftement & promptement, pour eftre couchée à la fin du *Miferere*.

Celle qui recitera le *Miferere*, dira tout haut, Penfons, mes Sœurs que nous fommes au lit de la mort; & enfuite une Sœur donnera de l'eau benite à toutes les Filles qui tâcheront de s'endormir en difant, *Mon Dieu je vous recommande mon ame*; ou ces paroles de David: *je m'endormiray dans la paix, & me repoferay en Dieu feul.*

Le matin on fonnera le premier coup à cinq heures, & auffi-toft une des Sœurs allant dans les dortoirs avec une fonnette, dira tout haut : Mes Sœurs, voilà Jefus-Chrift qui vient ; & on répondra, Allons au devant de luy. Un quart d'heure aprés on fonnera le fecond coup, & à cinq heures & demie le troifiéme, qui fera le fignal de la fortie des dortoirs, pour fe rendre toutes dans le lieu où fe fait l'oraifon. S'il y en a quelqu'une qui par négligence ne foit pas entierement habillée, aprés l'avoir reprife une ou deux fois, on la mettra hors du dortoir, & elle aura la confufion de s'habiller fur l'efcalier.

On ne reftera pas au lit fans permiffion, & on ne demeurera pas malade dans les dortoirs plus d'un jour, aprés quoy on mettra les Filles à l'infirmerie, où on leur donnera tous les petits fecours que la charité demande qu'on rende dans ces occafions.

Les Filles prendront garde d'éviter la délicateffe dans une maifon qui eft confacrée à la penitence: elles s'abandonneront au foin des Sœurs, lefquelles remplies & animées de l'Efprit du Bon Pafteur, auront pitié de celles qui font infirmes.

Les Filles qui couchent dans les cellules n'y porteront point de chandelle, parce qu'il y a dans le corridor deux lampes allumées quand on va fe coucher, qui fuffifent pour éclairer les cellules qui font ouvertes.

Quand le *Miferere* fera fini, & qu'on fera couché, la Sœur qui prefide au dortoir éteindra les lampes & fermera les verrouils de toutes les portes, qu'elle ouvrira dés le matin.

Quand on defcendra pour la Priere, la Sœur qui couche dans chaque dortoir en fera le tour, afin de voir s'il ne refte perfonne, & elle fermera la porte à la clef : elle en fera autant le foir en vifitant fi toutes font dans leurs lits, aprés quoy elle éteindra les lampes, & mettra la clef fous fon chevet.

On tient une lampe allumée toute la nuit dans les grands dortoirs, pour les befoins qui pourroient furvenir.

Il y en a auffi dans tous les lieux communs de la Maifon qu'on allume fur le foir, pour ofter tout prétexte aux Filles de porter de la chandelle allumée.

Des Officieres, ou des Sœurs de la Communauté du Bon Pafteur.

Si l'art de conduire les ames a toujours paffé pour difficile, on peut dire que la difficulté de conduire les Filles Pénitentes, ne fe peut gueres comprendre que par ceux qui en ont l'experience. Il faut meffer la feverité avec la douceur, animer & menager toutà la fois leur foibleffe, les humilier fans les décourager, eftre irreprehenfible pour les reprendre utilement. On ne fçauroit donc trop bien choifir les Sœurs qui font prépofées à la conduite de la Maifon.

Il y en aura douze au moins fans compter la Superieure : Elles n'auront d'autres vûes que de glorifier Dieu, en fe fanctifiant & contribuant à fanctifier les autres. Quoiqu'elles puiffent s'affurer qu'on les gardera toute leur vie dans la Maifon, à moins qu'elles ne fe rendent indignes d'y demeurer, elles doivent neanmoins fe dégager de tout intereft temporel, pour eftre capables d'infpirer aux Filles le même dégagement. Il faut un abandon entier à la divine Providence dans une Communauté que la Providence a formée & qu'elle fouftient. Les Sœurs ne fe lient point par des vœux, mais la charité de Jefus-Chrift qui les preffe, les doit attacher à leur eftat par des liens fi doux & fi forts, qu'elles n'ayent point befoin d'autre engagement pour remplir leurs devoirs.

On ne prendra pour Sœurs que des Filles dont la vertu foit connuë, & dont la reputation n'ait jamais reçû d'atteinte.

On ne s'arreftera ny à la naiffance ny au bien, mais au merite. Il faut examiner fi elles ont affez d'efprit & de lumiere pour enfeigner les voyes de Dieu à ces pauvres Filles, qui ont vêcu pour l'ordinaire dans une grande ignorance.

Outre l'efprit & les mœurs on examinera leur humeur : un naturel trop auftere ou trop doux, inquiet ou indolent, haut ou pufillanime, ne feroit nullement propre pour la conduite de tant de Filles dont l'efprit, l'humeur & les difpofitions fi differentes, demandent qu'on allie la compaffion avec la fermeté, la tranquillité avec la vigilance, l'humilité avec le courage.

Il n'y aura nulle diftinction entre les Sœurs & les Filles, ny pour le logement, ny pour la nourriture, ny pour la forme de l'habillement, excepté la coëffe de taffetas que les Sœurs portent felon l'ufage établi par l'inftitution.

Une Sœur ne fera point admife dans la Communauté qu'elle n'ait efté agréée par le Superieur, la Superieure & quatre Difcrettes ; afin que le choix volontaire qu'elles en auront fait, contribuë à maintenir entr'elles l'union & la paix.

Aprés le tems de l'épreuve requis pour les Sœurs, fi la Sœur eft admife en Chapitre à la pluralité des voix, on marquera un jour pour la cérémonie publique de fa réception : la Sœur s'y difpofera par trois jours de retraite, pour demander à Dieu la grace de connoiftre & d'accomplir fa fainte volonté. Le jour deftiné à la cérémonie, elle commencera avant la Meffe de Communauté, le Pfeaume *Miferere*, qui fera continué par le Chœur, la Sœur demeurant profternée pendant qu'on le récitera. Sur le point de recevoir la fainte Euchariftie, elle prononcera ces paroles d'une voix diftincte : *Sufcipe me fecundùm eloquium tuum & vivam, & non confundas me ab expectatione mea* ; aprés que la Sœur aura communié, le Chœur chantera le ℣. *Guftate & videte quoniam fuavis eft Dominus : Beatus vir qui fperat in eo.* La Meffe eftant finie, la Sœur embraffera toutes les Filles, en difant ; la grace & la paix foit avec nous pour toujours ; & les Filles répondront, Ainfi foit-il. Elle fervira enfuite à dîner, elle baifera les pieds à toutes les Filles, pour marquer l'engagement qu'elle a pris d'eftre leur fervante.

Avis generaux aux Sœurs de la Maifon du Bon Pafteur.

Les Sœurs doivent eftre remplies de l'Efprit du Bon Pafteur, fi elles veulent remplir dignement leur vocation. Le zele de Jefus-Chrift qui cherche jufqu'à fe fatiguer la brebis égarée ; la bonté avec laquelle il la porte fur fes épaules ; la joye de l'avoir retrouvée & conduite dans fon bercail ; ce font là les difpofitions qui doivent animer les Sœurs, & les fouftenir dans les peines de leur employ. Elles ne peuvent trop fe reprefenter qu'à l'exemple de Jefus-Chrift, elles font venuës non pour dominer ou pour eftre fervies, mais pour s'humilier & pour fervir : elles ne

doivent

doivent eftre diftinguées des Filles Pénitentes que par une vie plus parfaite. Il faut que ces pauvres Filles qui n'ont eu que de mauvais exemples dans le monde, n'en trouvent que d'édifians dans la Maifon, & que la conduite des Sœurs foit pour elles une Régle vivante, qui leur marque leurs devoirs, & qui les redreffe. C'eft par l'exacte regularité des Sœurs, que les Filles ont fi bien pris jufques icy l'efprit de pénitence ; & quand elles ont vû qu'on ne leur demandoit rien que l'on ne pratiquaft foy-même, une fainte émulation leur a fait embraffer avec ardeur, ce qu'elles pouvoient trouver de plus pénible dans un genre de vie fi oppofé à leur vie paffée.

La mortification & la charité font les deux vertus dont les Sœurs ont plus de befoin. Leur mortification fera pour les Filles une inftruction & un exemple continuel de pénitence : la charité leur rendra au deffus le joug de Jefus-Chrift doux & leger ; leur charité doit eftre pure, compatiffante, univerfelle : il n'y aura point de liaifon particuliere, parce que Dieu feul doit eftre le principe & la fin de leur amitié. Les Sœurs n'aimeront point les Filles pour les qualitez naturelles, ny pour la conformité de leur humeur, mais uniquement en vûë de Jefus-Chrift, ce Pafteur aimable qui femble avoir préféré les brebis les plus abandonnées. Comme le prix & le bien des ames eft commun, l'amour qu'on leur doit porter doit eftre égal : s'il y a quelque préférence à marquer, c'eft pour les Filles qui ont le plus de befoin d'eftre fouftenues, & pour lefquelles les Sœurs fe fentent moins d'inclination.

Pour agir par des motifs fi purs, il faut fouvent recourir à Dieu, & luy demander fon efprit, s'élever au deffus des fentimens humains, confulter à tous momens les lumieres de la foy, regardant Jefus-Chrift converfant avec les pecheurs, & n'agiffant jamais que pour la gloire de fon Pere : c'eft l'unique moyen avec la grace divine, de purifier noftre cœur, de ne point faire par inclination naturelle, ou de n'omettre jamais par dégouft, les chofes à quoy l'ordre de Dieu & noftre eftat nous engagent.

La charité qui animera les Sœurs, fe répandra parmy les Filles ; elles apprendront à n'avoir que Dieu en vûë, à fe conduire en enfans, & non point en efclaves, à faire le bien par l'amour de la juftice, & non par la feule crainte du chaftiment. Ainfi pénétrées de reconnoiffance pour les mifericordes de Jefus-Chrift & pour les bontez de leurs Sœurs, rien ne leur couftera ; foit qu'il faille agir ou fouffrir, leur cœur fera toujours preft, & l'on fera plus occupé à retenir leur ferveur, qu'à exciter leur négligence.

Pour tenir les Filles Pénitentes dans l'efprit de leur Eftat, les Sœurs prendront garde de ne rien relâcher du Réglement, & de n'y rien ajoûter. Il faut les faire marcher dans la voye étroite ; mais il ne faut pas tellement rétreffir la voye qu'on n'y puiffe paffer.

Quand il fe fera paffé quelque chofe parmy les Filles qui merite d'eftre corrigé, les Sœurs prendront le tems & le lieu le plus propre pour faire la correction avec fruit. Elles s'addefferont d'abord à Dieu, pour le prier de mettre dans leur bouche & dans leur cœur les paroles & les fentimens convenables ; elles s'humilieront elles-mêmes, en fe reprefentant leurs propres fautes, de peur qu'elles ne foient tentées d'orgueil ou de colere en reprenant celles des autres.

Quand elles fe fentiront trop émûës, elles tâcheront de fe calmer avant de reprendre ou de continuer la réprehenfion ; évitant de faire par humeur ou par un zele amer, ce qui doit eftre fait par le pur mouvement de la charité. Qu'elles n'oublient jamais cet avis de S. Paul ; que s'il faut réprimer avec force les efprits turbulens & orgueilleux, il faut ménager les foibles & les pufillanimes, & avoir à l'égard de tous une patience à toute épreuve. Si les fautes font legeres, les Sœurs fe contenteront d'avertir doucement les Filles en deux ou trois mots, ou par un figne de tefte ; fi elles font confiderables, il faut mêler un peu de feverité avec la douceur ; fi elles font publiques, la correction doit eftre publique. Mais comme on cherche à profiter & à édifier, & non pas fimplement à punir, il faut difpofer avec prudence la Fille qui aura manqué, à fubir volontairement la confufion & la pénitence qu'elle aura meritée.

Les Sœurs qui n'auront pas affez de pouvoir fur les efprits pour les perfuader, les pourront addreffer à la Superieure ou au Directeur, & elles informeront elles-mêmes avec l'agrément de la Fille qui aura manqué, s'il fe peut, de la qualité de la faute, & du remede qu'il y faudroit apporter.

Pour les Sœurs qui pourroient tomber dans quelques manquemens, on ne les reprendra jamais devant les Filles, qui perdroient par là l'eftime & la foumiffion qu'elles doivent à celles qui les conduifent.

La Superieure évitera avec grand foin de prendre le parti des Filles contre les Sœurs en leur préfence, quelque fondées que foient les plaintes des Filles ; mais portant les Filles Pénitentes à la foumiffion & au filence, elle donnera aux Sœurs en particulier les avis dont elles ont befoin. Les Sœurs fe traiteront avec beaucoup d'honnefteté & d'eftime, & infpireront aux Filles ces manieres civiles, & cette humble & mutuelle déférence que les Apoftres ont tant recommandée aux Fideles. On aura pour la Superieure un refpect, une obéïffance, & une confiance convenable au rang où Dieu l'a placée, afin d'adoucir le fardeau de la Superiorité ; & la Superieure aura pour les Sœurs & pour les Filles une charité tendre & compatiffante, pour adoucir la peine de la dépendance.

La Superieure aura toutes les clefs de la Maifon ; les Sœurs ne garderont rien à fon infçû, ne recevront ny n'écriront aucune lettre fans fa permiffion, elles verront rarement leurs parens ; & ne les verront qu'avec une Compagne que la Superieure nommera.

Celles qui ont des emplois fatiguans, pourront prendre une demie heure par jour de concert avec la Superieure, pour fe repofer, lire ou prier ; & l'on choifira le tems où l'on fe pourra paffer d'elles aux exercices qui fe feront à la Communauté.

Les Sœurs pourront communier les Dimanches & les Feftes, & même les Jeudis, fi leur ferveur le merite, & que la Superieure le trouve à propos. Chaque Sœur ne pourra communier plus fouvent que la Communauté, fans la permiffion de la Superieure, qui tâchera de ne l'accorder qu'avec connoiffance de caufe, & de l'avis du Confeffeur.

L'utilité

L'utilité de cet établissement a paru si grande, qu'en moins de dix ans l'on a vû s'élever à Paris trois autres Maisons sur le modele de celle-cy, sainte Theodore, sainte Valere, & le Sauveur ; & que les Villes d'Orleans, d'Angers, de Troyes, de Toulouze, d'Amiens, de Roüen, de Châlons, de Corbie, & plusieurs autres ont suivi ce même exemple, & ont demandé à la Maison du Bon Pasteur des Sœurs & des Filles Pénitentes, pour former de semblables établissemens.

Nous avons donc presentement à Paris des lieux de retraites toujours prests pour les filles ou femmes débauchées dans quelques dispositions qu'elles se trouvent. Celles qui sont d'honnestes familles, ou qui ne sont pas tombées dans ces grands desordres de prostitution publique, sont enfermées dans les Maisons du Refuge, ou de la Magdelaine. Celles qui menent publiquement une vie scandaleuse, ont pour leur retraite la Maison de Force, où elles sont conduites, enfermées, & corrigées.

Celles enfin qui veulent sincerement se retirer du vice & faire pénitence, sont reçûës gratuitement dans la Maison du Bon Pasteur, & dans celles de sainte Theodore, de sainte Valere, & du Sauveur. Ainsi d'un costé la crainte du chastiment, & de l'autre la correspondance à la grace, & la facilité d'une retraite, ont presque totalement délivré la Ville de Paris de ce fleau de la débauche, de tous les scandales, & de toutes les autres suites funestes qui en sont inseparables ; & il en est de même à proportion dans les autres Villes, où ces établissemens de discipline & de charité ont esté faits.

TITRE VI.

Des Blasphémes & des Juremens.

CHAPITRE PREMIER.

Explication de ces mots blasphémes & juremens, & à quelles peines les coupables de ces crimes ont esté condamnez par les anciennes Loix divines & humaines.

IL y a trois sortes de vices dans lesquels les hommes tombent ordinairement faute d'éducation, ou par mauvaise habitude ; le blasphême, le jurement, & l'imprécation.

Le nom de blasphême nous vient des Grecs, & il est composé de ces deux mots βλάπτων φημὴ, par lesquels ils exprimoient tout ce qui estoit proferé contre l'honneur ou la reputation de quelqu'un ; mais depuis la naissance de l'Eglise, l'usage l'a uniquement déterminé aux injures qui sont faites à Dieu ; soit immediatement, soit par relation en la personne de la sainte Vierge, ou en celles des Saints : l'on commet ce crime détestable en l'une ou en l'autre de ces trois differentes manieres ; ou en attribuant à Dieu ce qui ne luy convient point, comme des défauts, le vice ou le peché ; ou en luy déniant quelqu'un de ses divins attributs ; ou enfin en proferant contre luy, contre la sainte Vierge, ou contre les Saints quelques injures, ou quelques paroles de mépris. *Blasphemia est quando aliquis attribuit Deo, quod ei non convenit, vel de eo negatur, vel detrahitur quod ei convenit. Et* ailleurs, *Blasphemia est convicium in injuriam, aut verbum in contumeliam Dei prolatum.*

S. Aug.
S. Thom. 2. 2.
qu. 13. art. 4.

Le jurement, *juramentum* ou *jusjurandum*, dans son institution, n'a rien que de bon & d'innocent : c'est un supplément à la confiance que les hommes auroient eu les uns pour les autres sur leur simple parole, s'ils estoient demeurez dans l'estat d'innocence ; une assertion ou une negation de ce qu'ils veulent persuader ou dissuader, en ajoustant pour confirmer leur parole l'attestation de quelque chose de sacré. *Juramentum seu jusjurandum est assertio, vel negatio de aliquo licito, possibili & honesto sacræ rei attestatione firmata.* C'est pourquoy comme il n'y a rien de plus saint, & qui soit dans une plus haute veneration que le Nom de Dieu, c'est par luy seul que l'on doit jurer. *Jurare est Deum in testem vocare, est autem actus latriæ :* c'est ainsi que les Peres & les Docteurs de l'Eglise s'en sont expliquez ; & Dieu même avoit défendu au Peuple qu'il s'estoit choisi, de jurer par un autre nom.

S. Hier. sup.
S. Math.
S. Thom. 2. 2.
qu. 89. art. 4.

Exod. 23. 13.
Deuter. 6. 13.
& 10 10.
S. Math. 5. 36.
Can. Si quis per capillum 22.

Les Nations engagées dans les tenebres du Paganisme, n'avoient pas moins de veneration pour le jurement ; & peut-estre estoit-ce une suite de la connoissance que les plus sages d'entr'eux avoient eu des livres saints, comme nous l'avons dit ailleurs ; ainsi les Grecs dans cette vûë ne juroient que la main posée sur les autels de leurs Dieux : d'où est venu ce Proverbe si fameux tiré

de la réponse que Pericles fit à l'un de ses amis, qui le pressoit de jurer faux dans une cause : *Ami jusques aux Autels.* Les Latins exprimoient même cette condition du jurement par le nom qu'ils luy donnerent ; *jurare, quasi jovem orare, testari,* prendre Jupiter à témoin : & la definition qu'ils luy donnoient, est toujours dans ce même esprit, & presque la même que celle des Peres de l'Eglise. *Affirmatio est religiosa, testimonium fidele, conscientiæ sigillum.* Les Jurisconsultes qui sont venus depuis la naissance du Christianisme, n'ont point changé sur cela de sentiment : Voicy quelle est leur definition : *juramentum est affirmatio vel negatio cujusquam assertione rei sacræ, vel attestatione firmata.* Et pour exprimer encore davantage l'estime qu'ils avoient de cette action, il la nommerent dans la suite *Sacramentum ;* d'où vient le nom de serment que nous luy donnons.

Plutarq. en la vie de Pericl.

Enn. apud Cic.
Apul. de Deo Socrat.

Cic. de Off. l. 3

Gloss. 1. in ad marg. in rub. inst. de jurej.

Mais il faut bien prendre garde de confondre ces juremens ou ces sermens religieux, venerables & permis, avec ceux qui sont abominables & défendus. Trois conditions sont necessaires pour rendre un serment innocent ; la verité, le jugement, & la justice : c'est ainsi que Dieu même s'en est expliqué par l'un de ses Prophetes : *jurabis, dicit Dominus, in veritate, in judicio, & in justitia.* Ce sont, dit saint Jerôme sur ce Passage, trois compagnes, qui doivent estre inseparables du serment : *Animadvertendum est quod jusjurandum hos habet comites, scilicet veritatem, judicium & justitiam :* & c'est le sentiment de tous les Theologiens.

Jerem. 4. 2. &
ibi S. Hieron.

S. Thom. 2. 2.
qu. 49. art. 3.

Il faut que la verité l'accompagne, parce que ce seroit abuser du saint Nom de Dieu, & le traiter avec le dernier des mépris, que de le prendre à témoin d'une chose que l'on sçauroit, ou même que l'on douteroit estre fausse.

Il faut aussi qu'il soit accompagné de jugement, c'est-à-dire, de discernement & de discretion, pour ne pas employer un si saint Nom à confirmer ce que nous disons quoique vray, à moins qu'une grande necessité ne nous y engage ; c'est Dieu même qui nous a donné ce precepte, lors qu'il nous défend dans les Loix du Decalogue, de prendre son Nom en vain ; & c'est sur ce fondement que J.C. nous a aussi défendu si expressément d'employer dans nos discours quelque sorte de jurement que ce soit ; mais d'assurer seulement par *ouy*, ou par *non*, que la chose est ou n'est pas.

C'est encore agir contre cette sage discretion qui doit accompagner les sermens, que de jurer

par

par habitude, ou par colere, ou d'y employer d'autres termes que ceux qui font prescrits par les Loix, ou autorisez par les usages reçûs dans l'Eglise, ou dans les Tribunaux de la Justice : ainsi tous ces juremens qui se prononcent en colere ou de sang froid, par quelqu'un des sacrez Membres du Sauveur du Monde, par sa Mort, par son Sang précieux, par le reniement du saint Nom de Dieu, & tant d'autres que l'impieté invente tous les jours, font autant de crimes abominables que les Loix punissent. Les Theologiens nomment ces sortes de juremens execratoires ; les Jurisconsultes les mettent au nombre des blasphêmes qui doivent *Auth.Nov.77* estre punis du dernier supplice : *jurans per aliquod membrum Dei, aut per capillos Dei, blasphemans Deum ultimo damnatur supplicio* : & ils se trouvent sous le titre de vilain serment dans les Ordonnances de nos Roys contre les blasphemateurs.

Le serment enfin pour estre permis, doit estre accompagné de Justice, c'est-à-dire, qu'il faut bien se donner de garde de s'engager par serment, & en interposant le Nom de Dieu, de faire une chose injuste ou criminelle, comme de tuer son ennemi, de nuire à son prochain.

L'imprecation est encore une espece de serment par lequel celuy qui jure se souhaite du mal, ou des maledictions, comme la mort, la damnation, se donne au diable, veut en estre possedé ou emporté, &c. Si la chose qu'il dit n'est vraye, ou s'il n'accomplit celle qu'il promet ; c'est encore un fort grand vice ; mais celuy-cy ne se punit qu'au for interieur.

Ces notions generales & ces distinctions conduisent insensiblement à l'examen des Loix, qui ont condamné ces blasphêmes & ces juremens execrables, & en facilitent l'intelligence : nous les parcourrons selon l'ordre des temps ; Voicy ce qu'elles contiennent.

Les Israëlites estant encore dans le desert ; il arriva que le fils d'une femme d'Israël qu'elle avoit eu d'un Egyptien, eut une dispute dans le Camp avec un Israëlite, & qu'il profera des blasphêmes ; il fut à l'instant mis en prison ; mais comme ce crime estoit nouveau, Moyse consulta Dieu, sur la peine qu'il devoit imposer au coupable : & voicy ce que le Seigneur luy répondit. *Levit. 24. 11.* » Faites sortir hors du Camp ce blasphêmateur ; *& seq.* » que tous ceux qui en ont entendu les blasphê- » mes, mettent leurs mains sur sa teste, & qu'il » soit lapidé par tout le Peuple. Vous direz aussi » aux Enfans d'Israël ; celuy qui aura maudit » son Dieu, portera la peine de son peché : que » celuy qui aura blasphemé le Nom du Seigneur, » soit puni de mort, tout le Peuple le lapidera, » soit qu'il soit Citoyen ou Estranger. Ce fut ainsi que Dieu décida le cas particulier de l'Egyptien, & qu'il en fit une Loy generale pour l'avenir : & cette Loy a esté observée pendant tout le tems que l'Estat des Hebreux a subsisté.

Dan.3.96. Nabuchodonosor estant frappé d'étonnement & d'admiration du miracle qui avoit conservé les trois enfans Hebreux Sidrach, Misach & Abdenago, au milieu des flâmes où ils avoient esté jettez par son ordre, fit un Edit par lequel il » ordonna, que tout homme de quelque Peu- » ple, de quelque Tribu, & de quelque Langue » qu'il pust estre, qui auroit proferé quelque » blasphême contre le Dieu de ces trois Enfans, » perist, & que sa maison fust détruite, parce » qu'il n'y avoit point d'autre Dieu que celuy » qu'ils adoroient.

Saint Augustin en citant ce passage fait cette réflexion, que si un Roy Payen a condamné à « *S. Aug. sup.* mort les blasphémateurs du Nom de Dieu, « *S. Joan. trad.* pour avoir vû que par un miracle de sa toute- « *11.ad c. 3.* puissance, trois Enfans avoient esté délivrez « des flâmes, à combien plus forte raison les « Chrestiens doivent-ils punir les blasphêmes, « *Can. 30. qui* estant persuadez comme ils le font, que le « *do vult Deus,* même Dieu par la Mort de Jesus-Christ son « *cauf.23.qu.4.* Fils, a sauvé le monde entier des flâmes éter- « nelles ? La pensée de ce Pere a paru si belle à « l'Eglise, qu'elle l'a mise au nombre de ses Ca- « nons.

Les Princes Chrestiens pénetrez de ces senti- mens, ont toujours donné des marques de leur zele pour extirper ce vice de leurs Estats, & ils en ont souvent fait la matiere de leurs Loix les plus severes.

Justinien par l'une de ses Constitutions ad- *Nov.77.* dressée au Prefet de la Ville de Constantinople, défend à tous ses Sujets de proferer aucuns blas- « phêmes, ny aucuns juremens du Nom de « Dieu ; il leur represente que ces crimes attirent « souvent sur les Estats, la famine, les tremble- « mens de terre, la peste, ou quelques autres « fleaux. Il les exhorte d'avoir continuellement « la crainte de Dieu dans leur cœur, & de suivre « l'exemple de ceux d'entre eux qui sont gens « de bien : il veut que si après cette Ordonnance « publiée, quelqu'un est assez malheureux pour « tomber dans cette faute, il soit puni du der- « nier supplice : que ceux qui les recelleront, « soient punis de semblables peines : Et qu'enfin « si le Magistrat en est averti, & qu'il ne punisse « pas les coupables selon les Loix, il en sera res- « ponsable au Jugement de Dieu, & encourra « l'indignation du Prince. «

Louis le Debonnaire remit cette même Loy « *Capit.Reg.Fr.* en vigueur par l'une de ses Ordonnances sans « *Baluz. add.3.* date, qui se trouve au nombre de ses Capi- « *col. 1171.* tulaires : Elle porte, que les blasphémateurs « du saint Nom de Dieu, seront condamnez au « dernier supplice par le premier Magistrat de la « Ville. Elle ordonne que celuy qui connoissant « le blasphémateur, & qui sçaura son crime, ne « l'aura pas dénoncé, soit pareillement puni : « que s'il arrive que le Magistrat manque dans « cette occasion à son devoir, & qu'il neglige « de faire justice, il encourra l'indignation du « Prince, aussi bien que le Jugement de Dieu, « qui ne le laissera pas impuni. «

L'Eglise conduite par l'esprit de douceur de *Can. 10. si* la Loy de grace, que son divin Maistre est ve- *quis per capit.* nu établir sur terre, a beaucoup temperé cette *quæst.11.* peine par ses Canons : il semble même qu'elle ait desiré que les Princes temporels s'y confor- massent : Elle ordonna l'an 538. que s'il arri- « voit qu'un juroit par la teste, ou proferoit quelqu'- « autre blasphême du saint Nom de Dieu, s'il « estoit Ecclesiastique qu'il fust dégradé ; si Laï- « que, qu'il fust excommunié : que celuy qui « auroit oüi jurer, & ne le dénonceroit pas, « encourroit sans doute la punition de Dieu, « & que l'Evêque qui negligeroit de punir cette « faute, en seroit severement corrigé. «

Selon cet esprit de l'Eglise, Louis le Debon- *Capit.Reg.Fr.* naire par un Edit de l'an 826. ordonna que qui- *t. 1. col. 940.* conque profereroit des blasphêmes contre Dieu, « seroit emprisonné de l'ordre de l'Evêque, ou « du principal Magistrat du lieu : qu'il tiendroit « prison jusqu'à ce qu'il eust expié ce crime par « une penitence publique qui luy seroit imposée « par l'Evêque, & qu'il fust reconcilié à l'Eglise, « suivant les saints Canons.

Les peines canoniques de l'Eglise contre les blasphémateurs, blafphémateurs, n'eftoient encore conçuës qu'en termes generaux de dégradation, d'excommunication & de pénitence. Gregoire IX. par une Decretale de l'an 1236. les expliqua : Voicy ce » qu'elle contient : Nous ordonnons que fi quel-» qu'un eft fi hardi que de proferer publique-» ment un blafphême contre Dieu, ou contre » quelqu'un de fes Saints, principalement de la » fainte Vierge, il en foit puni par les peines » fuivantes : fçavoir, que fept jours de Diman-» ches pendant la Meffe de Paroiffe, il demeu-» rera de bout hors la porte de l'Eglife publi-» quement : que le dernier des fept Dimanches, » il fera fans manteau, nuds pieds, & une cour-» roye liée autour de fon col ; que les fept der-

niers jours de la femaine précedente, il aura « jeûné au pain & à l'eau ; que pendant tout ce « tems, il nourrira un, deux, ou trois pauvres« felon fes moyens, finon cela luy fera converti « en une autre peine : que s'il refufe d'accomplir « cette penitence, l'entrée de l'Eglife luy fera « interdite pendant fa vie, & la fepulture eccle-« fiaftique aprés fa mort. Enfin cette Decretale « porte, que l'Evêque du Diocefe outre ces pei-« nes canoniques, luy impofera auffi pour peine« temporelle, quarante, trente ou vingt fols d'a-« mende, felon fes facultez, & que s'il eft pauvre, « il le condamnera au moins en cinq fous de mon-« noye courante. «

CHAPITRE II.

Des peines qui ont efté impofées aux blafphémateurs & aux jureurs,
depuis S. Louis jufqu'à la fin du regne de Louis XIII.

SAINT Louis fut le premier de nos Roys qui rompit ce filence, que les troubles civils & les guerres étrangeres avoient impofé aux Loix pendant près de trois fiecles : ce Prince eftoit trop pieux, pour oublier dans cette grande re-forme qu'il fit de l'Eftat, les interefts de la Religion : il y penfa en effet, & l'horreur qu'il avoit fur-tout pour les blafphêmes & les juremens, parut en plufieurs occafions. Le fieur de Joinville rapporte qu'en ce tems-là ce crime eftoit devenu fort commun en France, & que faint Louis dans fon voyage d'outre-Mer de la Terre Sainte à Cefaire, fit échaler nud en chemife & avec beaucoup de honte, un Orfévre pour avoir juré. L'échelle eftoit alors une marque de haute Juftice ; on y faifoit monter un criminel pour l'expofer à tout le Peuple, & luy faire fouffrir la confufion fon crime meritoit. Plu-fieurs de nos Couftumes en parlent, & on en voit encore un exemple dans l'Echelle du Tem-ple à Paris : c'eftoit affez l'ordinaire autrefois de punir les blafphémateurs de ce fupplice : les Affifes de Champagne qui fe confervent en la Chambre des Comptes, nous en fourniffent la preuve dans un Jugement rendu en faveur des Maires & Echevins de Provins, par lequel le droit d'avoir une échelle dans l'une de leurs Places publiques pour punir les jureurs leur eft confervé. *Vifa aprefia facta fuper hoc quod Major & Scabini de Pruvino dicebant fe effe & fuiffe in bona faifina faciendi & habendi fcalam à tempore Dominorum Campaniæ Prædeceffororum D. Regis apud Pruvinum in medio Vici, ante Domum Dei Pruvi-nenfem, ad ponendum ibidem malefactores jurantes inhonefta ju amenta, & juftitiandi eofdem in fcala, five puniendi fecundùm loci confuetudinem, & fecun-dùm delictorum quantitatem, inventum fuit, & pro-batum dictos Majorem & Juratos intentionem fuam fufficienter probaffe : quare pronunciatum fuit per Cu-riæ confilium, quod ibidem prout effe confueverat, falvo jure D. Regis fcala fiet & remanebit.*

Saint Louis ne fut pas plutoft de retour de fon voyage d'outre-Mer, qu'il fit une Ordonnance

contre les blafphémateurs. Elle porte, que tous « ceux qui profereroient quelque blafphéme, « feroient marquez d'un fer chaud au front ; & « en cas de récidive, qu'ils auroient la langue « & la lévre auffi percée d'un fer chaud. Un « Bourgeois de Paris eftant tombé en cette faute, « donna lieu d'en faire un exemple, & il fubit la peine établie par cette Ordonnance.

Clement IV. Ioüa fort faint Louis de fon zele, par un Bref du douziéme Juillet 1264. mais il n'approuva pas fa feverité ; il luy confeilla d'im-pofer feulement aux blafphémateurs des peines temporelles, fans mutilation ou flétriffures de membres. Le Pape écrivit un autre Bref au Roy de Navarre Comte de Champagne, pour le prier de faire ceffer les defordres qui fe com-mettoient journellement dans fes Eftats par les blafphêmes. Il ne luy confeille pas neanmoins d'imiter le Roy de France dans la rigueur des peines qu'il avoit ordonnées : *Sed fatemur, ce font fes propres termes, quòd in pænis ejuf-modi tàm acerbis, eorumdem veftigiis chariffimum in Chrifto Filium noftrum Regem Francorum illuftrem non deceat inhærere, fed aliæ poterunt reperiri citra membri mutilationem, & mortem quæ à dictis blafphe-miis temerarios homines poterunt cohibere. Quocirca Serenitatem tuam monendam duximus & hortandam, quatenùs tuam reputans tui Redemptoris injuriam, prædicto Regi Francorum confulas & fuadeas quòd ad Regnum fuum ab hâc labe purgandum falubriter fta-tuat de fuorum confilio Procerum, quod ad Dei hono-rem & gloriam viderit ftatuendum. Dat. Viterbii II. id. Auguft. Pontif. noftri ann. 4°.*

Ces remontrances du Souverain Pontife firent en effet changer les peines corporelles d'amputa-tion, ou de flétriffures de membres, en peines pecuniaires & en celles de l'échelle, ou du foüet. S. Louis en fit une Loy expreffe par une Ordon-nance du mois de Décembre de cette même an-née 1264. nous la rapporterons dans fes propres termes.

ILL fera crié par les Villes, par les Foires & par les Marchiez chafcun mois une fois au moins, que nuls ne foit fi hardi que il jure par aucuns des membres de Dieu, ne de Noftre-Dame, ne des Saints, ne que il faffe chofe, ne que il dife vilaine parole, ne par maniere de jurer, ne en autre maniere qui torne à dépit de Dieu, ne de Noftre-Dame, ne des Saints ; & fe il eft fait ou dit,

Joinville hift. de S. Louis, p. 110.

Threfor des Chartres de France, laicette contre les blaf-phemateurs, tit. I. & 2.

Cartulaire de Champagne de la biblioth. du Roy, f. 64.

Joinville vie de S. Louis de l'édit de 1668. fol. 110.

Couftumes d'Auxerre art. I. de Sens art. I. & 2. de Ni-vernois tit. I. art. 5. & de Bourbonnois, art. 2.

Affifes de Champagne, fol. 78.

Ordonn. de S. Louis côtre les blafphêma-teurs & côtre

l'en en prendra vangeance telle comme il eſt établi; & cil qui l'orra ou ſçaura, eſt tenu le faire
ſçavoir à la Juſtice, ou il en ſera en la mercy au Seigneur, qui en pourra lever l'amende, telef
comme il verra que bien ſera.

Se aucune perſonne de l'âge de quatorze ans, ou de plus, fait choſes ou die parole en jurant
ou autrement, qui torne en dépit de Dieu, ou de Noſtre-Dame, ou de ſes Saints, & qui fut ſi
horrible qu'elle fut vilaine à réciter, il payera quarante livres ou moins, mès que ce ne ſoit mie
moins de vingt livres, ſelon l'état ou la condition de l'homme ou de la perſonne; & ſe il eſtoit ſi
pouvre qu'il ne puſt payer la peine cy-deſſus dite, ne euſt autre qui pour luy la vouſiſt payer, il
ſera mis en l'échiele l'erreure d'une lieuë en leu de noſtre Juſtice, où les gens ont accouſtumé à aſſembler plus communément, & puis ſera mis en la priſon par ſix jours ou par huit au pain & à
l'eau.

S'il advenoit qu'aucun d'iceluy aage feſt ou diſt choſe qui tornaſt à dépit, ou de Noſtre-Dame
ou des Saints, qui fuſt moult horrible, toutes voyes ne fuſt-elle pas ſi horrible comme elle eſtdite
par deſſus, il payera dix livres ou moins, mès que ce ne ſoit moins que vingt ſols, ſelon la maniere du vilain fait, ou de la vilaine parole, & l'état & la condition de la perſonne, & à ce ſera
contraint ſe meſtier eſt; & ſe il eſtoit ſi pouvre qu'il ne puſt payer la peine deſſus dite, ne n'euſt
autre qui pour luy la vouſiſt payer, il ſera mis en l'échiele l'erreure d'une lieuë en leu de noſtre
Juſtice, où les gens ont accouſtumé aſſembler en la maniere qu'il eſt deſſus dit, & puis ſera mis en
la priſon trois jours au pain & à l'eau.

Et ſe aucun faiſoit choſe ou diſoit parole, ne fut-elle pas encore ſi laide ou ſi vilaine,
mès toutes voyes tornaſt à dépit de Dieu, ou de Noſtre-Dame, ou des Saints, il payera onze
ſols ou moins, mès que ce ne ſoit mie moins de cinq ſols, ſelon la maniere du fait, ou de la vilaine
parole, & l'état & la condition de la perſonne; & ſe il eſtoit ſi pouvre qu'il ne ſçeuſt payer la peine
des deniers deſſus dits, ne n'euſt autre qui pour luy la vouſiſt payer, il ſera mis en la priſon un
jour & une nuit au pain & à l'eau.

Et ſe celle perſonne qui aura ainſi meffet ou meſdit, ſoit de l'aage de dix ans ou de plus juſqu'à
quatorze ans, il ſera battu par la Juſtice du lieu tout nud à verges en appert, ou plus ou moins
ſelon la grieté du fet ou de la parole: c'eſt à ſçavoir li hommes par hommes, & la femme par
ſeules femmes ſans preſence d'hommes : ſe ainſi n'eſtoit qu'aucun rachetaſt maintenant, en payant
convenable ſomme de deniers ſelon la forme deſſus dite.

Et quand il ſera denoncié à la Juſtice d'aucun ſur qui l'en mette tel fet, il ſera contraint tantoſt
de ce, & ſe il nioit le meffait & preuves ſont preſtes tantoſt, ſoient oyes, & jurent en la preſence de
celuy contre qui l'en mettra le fait, ſoit ou ne ſoit le denonceur preſent, & ſelon ce qui ſera
prouvé, ſoit ſans delay juſticié cil qui ſera atteint du meffet, ſelon ce qu'il eſt dit cy-
deſſus.

Les témoins qui ſeront nommez à ce prouver & ne ſeront preſens, ſoient contraints, ſe meſtier eſt,
par priſe de corps & de leurs biens à venir, & à porter témoignage par leurs ſermens de ces choſes;
& ſe ils ſont de diverſes Juſtices, l'une Juſtice orra les preuves à la requeſte de l'autre, & renvoira
ſcelé & clos, ce qui ſera prouvé au Juge à qui la juſtice appartiendra d'iceluy qui ſera denoncé ou
accuſé du meffet ou du meſdit.

Et de la peine d'argent qui ſera levée pour tel meffet, li denonceur auront la quarte partie; cil
qui commanderont, ou feront la Juſtice, l'autre quarte; li Sires de la terre, l'autre quarte partie
à faire ſa voulonté: l'autre quarte partie ſera gardée pour guerdonner partie ſe meſtier eſt, à l'égard
de la juſtice, ceux qui feront à ſçavoir les meffets & les meſdits deſſus nommez, de ceux qui ſeront ſi
pouvres qu'ils ne pourront rien payer.

Et que les choſes ſoient mieux gardées, li Prevoſts, li Baillifs, li Maires des Villes & les autres
Juſtices deſſous les Seigneurs jurront que ils travailleront loyaument à tel pechié abbatre, ſelon la
forme qui eſt deſſus dite : & cil qui ſera trouvé en défaut, il en payera la peine d'argent, autre tel
comme s'il euſt eſté convaincu du meffet ou du meſdit ; & pour ce ne ſera pas quitte du meffet ou
meſdit, & cil qui ſera à ſçavoir le deffaut de celuy qui devra faire Juſtice, prendra la moitié en la
peine d'argent qui ſera pour ce levée.

Et ces choſes commande li Roys étroitement à garder en ſa terre par les Baillifs, & par les autres
Juſtices & és Villes de communes par les Juſtices des leux, & veut que il ſoit publié en toutes ſes Aſſiſes ; ainſi faſſent chacun Sire garder en ſa terre, & crier cil qui ont ban. Et ſe il
avenoit que aucun Seigneur ne puſt juſticier ſi comme il eſt dit cy-deſſus aucune perſonne
dont la juſtice li appartinſt, il doit requerre le prochain Seigneur par deſſus, & ſe il leur fail-
loit l'autre par deſſus, ſe nus en i a juſqu'à noſtre Juſtice : & nous commandons que nos Baillifs
& nos autres Juſticiers leur doignent force & ayde quand il les en requerront, par quoy ils puiſſent
faire la Juſtice.

Et eſt aſſavoir que li Sergens du Souverain Seigneur ne pourront accuſer ne demourer és
Terres as autres Seigneurs qui auront Juſtice, & qui ſeront ſubgiez au Souverain, ne li Sergens
des ſubgiez és Terres des Souverains.

LUDOVICUS *Dei gratiâ Francorum Rex tali Baillivo : Cùm nos in hoc Parlamento Aſſumptionis*
B. M. Pariſ. de aſſenſu Baronum noſtrorum quandam ordinationem fecerimus de amovendis blaſphemiis, &
enormibus juramentis, ac etiam puniendis : quam quidem ordinationem vobis mittimus per latorem præſentium
ſub contraſigillo noſtro incluſam, mandamus vobis quatenùs ordinationem iſtam per Villas, Nundinas, &
Mercata præconizari, & in veſtris Aſſiſiis publicari faciatis, eamque in veſtra Baillivia quandiù nobis pla-
cuerit teneri firmiter & ſervari : & ſi fortè contigerit aliquem de veſtra Baillivia aliquid dicere, ſeu facere
contra Deum, aut Beatiſſimam Virginem Mariam Matrem ejus, adeò horribile quod de pœnis in prædictâ
ordinatione poſitis ad illud non ſufficiat vindicandum : volumus quòd inflictâ eidem propter hoc graviori pœnâ in
eadem ordinatione contentâ, res deferatur ad nos, & ipſe in priſione noſtra nihilominus teneatur, quouſque
noſtram ſuper hoc reſcripſerimus voluntatem. Partem autem nos contingentem de emendis quæ provenient in
veſtra

veſtra Baillivia de blaſphemiis & juramentis hujuſmodi , ponetis ad partem ad noſtrum beneplacitum indè fa-
ciendum ſummam partis ipſius in Parlamento omnium Sanctorum nobis reddituri in ſcriptis ac etiam relaturi
quid de blaſphemiis interim erit actum , &c.

On ne fut pas long-tems ſans reconnoître que ces peines pecuniaires ne donnoient pas aſſez de terreur aux méchans , & qu'il y avoit toujours des blaſphémateurs ; cela donna lieu à Philippes le Hardy au Parlement de l'Aſcenſion de l'an 1272. d'ajouſter aux Ordonnances du Roy ſon pere cet article.

» *Item,* Il eſt ordonné que l'on mande à tous
» Baillifs qu'ils faſſent garder en leurs Baillages
» & en leurs Terres, & aux Terres des Barons
» qui ſont en leurs Baillages, ladite Ordonnan-
» ce , de défendre les vilains ſermens , les bor-
» deaux communs , les jeux de dez , & leur en-
» voira-t-on l'Ordonnance; mais la peine d'argent
» pourra bien eſtre muée en peine de corps , ſe-
» lon la qualité de la perſonne , & la quantité
» du méfait.

Il y a eu depuis ce tems pluſieurs Ordonnan-ces & pluſieurs Réglemens qui ont établi des peines plus ou moins fortes , ſelon l'énormité des blaſphêmes, ou la circonſtance des tems.

Livre vert ancien, f. 152.

Philippes de Valois par des Lettres Patentes du vingt-deuxiéme Février 1347. addreſſées au
» Prevoſt de Paris , ordonna que celuy ou celle
» qui profereroit le vilain ſerment , ou qui di-
» roit des paroles injurieuſes contre Dieu & la
» ſainte Vierge, ſeroit mis pour la premiere fois

Livre rouge ancien, f. 75.

» au Pilory depuis Prime juſqu'à None , avec
» permiſſion aux aſſiſtans de luy jetter aux yeux
» des ordures , qui neanmoins ne puſſent pas le
» bleſſer ; qu'enſuite il jeûneroit un mois au
» pain & à l'eau ; que pour la ſeconde fois il
» ſeroit remis au Pilory un jour de Marché où

Fontan. tom. 4. tit. 6. n. 1.

» la lévre de deſſus luy ſeroit fenduë d'un fer
» chaud : la troiſiéme celle de deſſous : la qua-
» triéme que les deux lévres luy ſeroient cou-
» pées : & en cas d'une cinquiéme récidive , la
» langue entiere luy ſeroit coupée , afin que
» dorénavant il ne puſt dire du mal de Dieu ,
» ny d'aucun autre. Ordonne que celuy qui
» entendroit proferer des blaſphêmes, ſans venir
» ſur le champ le déclarer en Juſtice, ſeroit con-
» damné en l'amende de ſix livres ; & en cas
» qu'il ne ſe trouvaſt pas en état de payer cette
» ſomme, qu'il tiendroit priſon en jeûnant au
» pain & à l'eau , juſqu'à ce qu'il euſt ſatisfait
» par cette pénitence à la faute qu'il avoit commiſe
» au lieu de l'amende qu'il auroit dû payer, s'il
» euſt eſté en eſtat de le faire. Il mande au Prevoſt
» de Paris de faire publier cette Ordonnance, &
» de la faire ſçavoir à tous les Hauts Juſticiers
» de ſa Prevoſté , afin qu'ils euſſent à y tenir
» auſſi la main de leur part.

Livre rouge vieux fol. 108.

Les diſpoſitions des Loix s'oubliant aiſément par le Peuple, ſi elles ne ſont renouvellées de tems en tems ; le Prevoſt de Paris rendit une Ordonnance le ſeiziéme Février 1392. pour faire publier de nouveau celles qui avoient eſté faites par Philippes de Valois , contre les blaſphémateurs : ce qui fut exécuté le même jour par le Juré-Crieur.

Liv. vert anc. f. 129. & livre rouge vieux, f. 139.

Charles VI. par des Lettres Patentes du ſeptié-me May 1397. aprés avoir réiteré toutes les diſ-poſitions des Ordonnances précedentes , il y
» ajouſta , que ceux qui feroient des ſermens
» indus, autres neanmoins que le vilain ſerment
» & les blaſphêmes contre Dieu , la ſainte Vier-
» ge, & les Saints & Saintes , ſeroient conſtituez
» Priſonniers, autant de tems que les Juges trou-
» veroient eſtre convenable , eu égard à la faute

Tome I.

& à la qualité des perſonnes.

Cela fut encore confirmé par Lettres Patentes de Charles VII. du 1. Decembre 1437.

Liv. vert vieux ſecond, fol. 18.

Ce même Prince par un Edit du quatorze Octobre 1460. apporta quelque changement aux anciennes Ordonnances. Cet Edit porte que ceux

Font t. 3. p 236

qui proféreront des blaſphêmes contre Dieu & « la ſainte Vierge , ſeront punis pour la premie- « re fois de priſon pendant un mois au pain & « à l'eau , & condamnez à l'amende de vingt ſols, « applicable moitié au luminaire de l'Egliſe « du lieu , & moitié au Seigneur ; qu'ils ſoient « mis en cas de récidive , au jour de marché, ou « autre jour ſolemnel , au Pilory , & la lévre « de deſſus fenduë d'un fer chaud ; pour la troi- « ſiéme fois la même peine du Pilory & la lévre « de deſſous fenduë d'un fer chaud : & pour la « quatriéme la langue coupée. Ceux qui les en- « tendront prononcer ces blaſphêmes ſans les « dénoncer à la Juſtice, condamnez à vingt ſous « d'amende , applicable comme deſſus ; ſinon & « faute d'avoir moyen de la payer , punis de « priſon au pain & à l'eau pendant un tems con- « venable. Quant à ceux qui renient Dieu , la « Vierge & les Saints ; ordonne que pour la pre- « miere fois ils ſoient condamnez à une amende « arbitraire , proportionnée à , la qualité & aux « biens du coupable : pour la ſeconde fois au « double de la premiere amende , applicable « comme deſſus : pour la troiſiéme fois au Pilory « à un jour de Feſte ou de Marché : pour la qua- « triéme la langue percée d'un fer chaud ; & « s'ils retombent dans le même crime , qu'ils « ſoient punis comme blaſphémateurs. A l'égard « de ceux qui feront des ſermens ou juremens « illicites de Dieu , de la ſainte Vierge, ou des « Saints & Saintes , comme en jurant la Mort , « le Sang, le Ventre , la Teſte , les Playes , & « autres ſemblables ; ordonne qu'ils ſoient con- « damnez pour la premiere fois à l'amende de « douze deniers ; la ſeconde de deux ſols ; la « troiſiéme de quatre ſols ; la quatriéme de huit « ſols ; & pour la cinquiéme fois qu'ils ſoient mis « en priſon au pain & à l'eau ; pour le tems que les « Juges l'eſtimeront à propos ; & s'ils retombent « dans la même faute, qu'ils ſoient mis au Pilory. «

Deux Ordonnances de Charles VIII. des 28. Aouſt 1486. & 3. Decembre 1487. portent , que toutes perſonnes de quelque qualité qu'el-les ſoient , qui blaſphémeront ou renieront le « ſaint Nom de Dieu , & proféreront d'autres « blaſphêmes & déteſtables juremens contre la « ſainte Vierge & les Saints , ſeront condamnez « pour la premiere fois à l'amende arbitraire , « qui ſera employée en cire pour la Paroiſſe du « lieu où le crime aura eſté commis ; pour la « ſeconde fois au double de la premiere amende « pour la troiſiéme ſeront mis au Pilory ; pour « la quatriéme ils auront la langue percée d'un « fer chaud ; & pour la cinquiéme plus rigoureu- « ſement punis comme blaſphémateurs publics : « elles ordonnent que ceux qui entendront pro- « ferer ces blaſphêmes , ſeront tenus de les dé- « noncer dans vingt-quatre heures ; & les Juges « qui négligeront d'ordonner la punition contre « ces crimes , ſeront jugez & punis par les « Juges Superieurs à qui la connoiſſance en ap- « partiendra.

Reg du Chaſt, liv. vert neuf, f. 96. & 121.

L'Ordonnance du Prevoſt de Paris du ſeptiéme Septembre 1502. qui défend de jurer & blaſphé-mer,

Ib. l. gris f 11.

Ttt ij

mer, fur les peines portées par les Ordonnances: » ordonne à tous ceux qui entendront proferer » des blafphêmes, de les dénoncer incontinent à » la Juftice, fur peine d'eftre punis comme les » blafphémateurs.

Reg. du Chaft. liv. gris f. 95. Font.t.4.p.237 Louis XII. renouvella toutes les difpofitions des anciennes Ordonnances contre les blafphémateurs, & y en ajoufta de nouvelles par un Edit du neuviéme Mars 1510. Il porte, que » ceux qui renieront & blafphémeront le faint » Nom de Dieu, ou qui feront d'autres vilains » fermens contre Dieu, la fainte Vierge, & les » Saints & Saintes, s'ils font laïcs, feront pour la » premiere fois condamnez à l'amende arbitrai-» re, applicable le tiers au Roy, le tiers à la » Fabrique Paroiffiale du lieu où le crime aura » efté commis, & l'autre tiers au denonciateur; » que la feconde, la troifiéme & la quatriéme » fois, ils feront condamnez en des amendes pecu-» niaires, deux, trois & quatre fois plus forte que » la premiere, à la difcretion des Juges, au paye-» ment defquelles amendes feront les coupables » contraints comme pour les propres deniers & » affaires du Roy. En feize fois parifis d'amende » pour la cinquiéme fois ils foient mis au car-» can à jour de Fefte ou de Marché, depuis huit » heures du matin, jufqu'à une heure aprés mi-» dy ; & en outre condamnez à une amende ar-» bitraire ; & faute de payement, à tenir prifon » au pain & à l'eau. Le refte des difpofitions de cette Ordonnance eft conforme à celles des Ordonnances les plus rigoureufes. Elle condamne en foixante fols parifis d'amende ceux, » qui aprés avoir entendu proferer des blafphêmes » ne viendront pas le deferer à la Juftice, ou en » une autre amende arbitraire, felon l'âge, qualité » & difcretion des perfonnes. A l'égard des Ecclefiaftiques feculiers ou reguliers, elle ordonne, » qu'ils foient arreftez par les Juges Royaux, & » rendus à leurs Evêques ; & qu'ils foient tenus » fur le requifitoire des Procureurs & Officiers » du Roy, d'en faire juftice exemplaire. Elle » veut encore que cette Ordonnance foit publiée » de trois en trois mois pour n'eftre ignorée de » perfonne ; & que les Juges qui differeront de » prononcer contre les coupables les peines qu'» elle contient, foient pour la premiere fois » condamnez par les Juges fuperieurs à une » amende arbitraire, pour la feconde fois inter-» dits de leurs Offices pendant un tems, & pour » la troifiéme privez de leurs Offices.

Ibid. t. 3. p. 237 François Premier confirma ces mêmes difpofitions par un Edit du trentiéme de Mars 1514.

Reg. du Chaft. liv. rouge neuf fol. 102. Par un Arreft du Parlement du huitiéme Aouft 1523. un Hermite Clerc accufé de plufieurs » blafphêmes execrables, eft debouté de l'Appel » qu'il avoit demandé pardevant le Juge Eccle-» fiaftique, & condamné à eftre mené devant » l'Eglife Noftre-Dame dans un tombereau où » l'on porte les immondices de la Ville, y faire » amende honnorable, ce fait eftre conduit au » Marché aux Pourceaux, & y eftre brûlé vif aprés » avoir eu la langue coupée.

Conf. des Ord. t. 2. p. 810. François I. par une autre Ordonnance du vingt-quatriéme Juillet 1534. pour la difcipline des nouvelles Troupes qu'il avoit fait lever fous le titre de Legionaires, fit défenfes aux Soldats » & à tous autres gens de ces Troupes, de blaf-» phémer le Nom de Dieu & de la fainte Vierge, » à peine d'eftre mis au carcan pendant fix heu-» res pour la premiere fois ; & s'ils retomboient » jufqu'à trois fois dans ce crime, ordonne de » leur percer la langue d'un fer chaud, & de les

chaffer des Legions.

Ce même Prince par deux Edits des mois d'Octobre 1535. & trente-uniéme Mars 1544. renouvella toutes les difpofitions des Ordonnances des Roys fes Predeceffeurs, & cela fut depuis confirmé par une Declaration de Henry II. du 5. Avril 1546. Font. tom.4. p. 240. Conf. des Ord. t. 2. p. 810.

Un Commiffaire du Chaftelet de Paris, ayant eu avis qu'un Crocheteur de fon Quartier nommé Maurice Pleiffart eftoit un blafphémateur d'habitude, en informa ; l'information fut renvoyée à l'Audiance de Police, & le deuxiéme Février 1558. fur le Rapport du Commiffaire en la Chambre Civile, la Police tenant, fur les Conclufions du Procureur du Roy, & aprés avoir ouÿ l'accufé, qui demeura d'accord d'avoir juré par colere ; il fut condamné à tenir prifon pendant deux jours au pain & à l'eau, & à vuider la Ville dans huit jours.

Par une autre Sentence renduë à l'Audiance de Police le vingt-feptiéme Juillet 1559. fur le Rapport d'un Commiffaire, le Maiftre du Cabaret où eftoit pour Enfeigne la Cloche, fut condamné en feize fols parifis d'amende, pour avoir juré & blafphemé, & luy eft fait défenfes de récidiver, à peine de punition corporelle.

Les Ordonnances de Charles IX. du mois de Janvier 1560. aux Eftats d'Orleans article 23. portent injonction à tous Juges de faire obfer-« ver contre les blafphémateurs du Nom de Dieu « & autres qui profereront des blafphêmes exe-« crables, les Ordonnances de S. Louis, & des « Roys fes Succeffeurs. « Font tom. 4. p. 240.

Celles du même Prince données à Moulins au « mois de Février 1566. article 86. font défenfes à « toutes perfonnes de blafphémer, à peine d'a-« mende, & d'eftre punis corporellement. « Conf. des Ord. p. 811.

Ces difpofitions generales furent étenduës par « une Declaration donnée à Paris le vingt-qua-« triéme Octobre 1572. elle porte, que toutes « perfonnes de quelque qualité qu'elles foient, « qui blafphémeront le faint Nom de Dieu, de « la Vierge & des Saints, feront condamnées pour « la premiere fois en de groffes amendes, felon « leur pouvoir & l'énormité du blafphême, ap-« plicable les deux tiers aux Pauvres, & l'autre « tiers au denonciateur : que fi le blafphémateur « n'a pas le moyen de payer les amendes, il fera « puni corporellement : qu'en cas de récidive, « l'amende fera doublée, avec huit jours de « prifon fur le coupable ; & pour la troifiéme « fois, la langue luy fera percée fans aucune grace « ny remiffion. « Ibid.

Par un Arreft du Parlement du 20. Decembre 1572. il eft fait défenfes à toutes perfonnes de « blafphémer ou detefter le Nom de Dieu, de la « Vierge & des Saints, à peine pour la premiere « fois d'amende arbitraire ; pour la feconde fois « attaché au carcan l'efpace de fix heures : & pour « la troifiéme d'avoir la langue ou les lévres « percées. « Fontan. t. 4. p. 24.

Un autre Arreft du Parlement du douziéme Janvier 1575. fait defenfes de jurer & de blaf-« phémer, fur la peine de punition corporelle : « Enjoint à tous Sergens & autres Miniftres de « Juftice, de prendre & conftituer fur le champ « prifonniers toutes les perfonnes qu'ils trouve-« ront blafphemant, pour en eftre fait punition « exemplaire. « Ibid. p. 240.

Les Ordonnances de Henry III. à Blois du « mois de May 1579. article 35. portent injonction « à tous Juges, à peine de privation de leurs « Offices, de punir les blafphémateurs felon la « rigueur des Ordonnances, fans que les peines « puiffent Ibid. p. 241. Conf. des Ord. p. 811.

Fontan. t. 4.
p. 141.
Conf. des Ord.
p. 821.

» puiffent eftre moderées. Enjoint aux Procureurs
» Generaux & à leurs Subftituts, d'avertir le Roy
» des diligences qui auront efté faites à cet
» égard.

Par une Déclaration du même Prince du qua-
» triéme Decembre 1581. il eft ordonné que les
» blafphémateurs foient condamnez en cin-
» quante livres d'amende pour la premiere fois,
» cent livres pour la feconde & huit jours de
» prifon ; pour la troifiéme deux cens livres
» d'amende, & un mois de prifon au pain & à
» l'eau ; le tiers de l'amende au Roy, un autre
» tiers à la Fabrique du lieu, & le troifiéme au
» denonciateur : & en cas de récidive feront
» punis felon la volonté du Roy, de peine plus
» rigoureufe, eu égard à la gravité & à l'énor-
» mité des paroles qu'ils auront proferées.

Conf. des Ord.
t. 2. p. 822.

Henry IV. par une Déclaration du fixiéme
» Avril 1594. fit défenfes de jurer & blafphémer
» le Nom de Dieu, ny de proferer aucun autre
» jurement ny blafphême, fur peine de dix écus
» d'amende pour la premiere fois, de vingt
» écus pour la feconde, applicable aux pau-
» vres, & pour la troifiéme de punition cor-
» porelle.

Font. t. 4. p.
144.

Par un Arreft du Parlement du vingt-feptiéme
Janvier 1599. le nommé Nicolas le Meffe eft con-
» damné à faire amende honorable, avoir la

langue percée d'un fer chaud, les deux lévres «
fenduës, & au banniffement du Royaume à «
perpetuité, pour avoir proferé des blafphêmes «
execrables contre le faint Nom de Dieu & de la «
fainte Vierge Marie. «

Conf des Or-
donn. p. 822.

Louis XIII. par une Ordonnance du dixiéme «
Novembre 1617. défendit à tous fes Sujets & à «
tous autres qui eftoient dans fes Eftats, de «
jurer & blafphémer le faint Nom de Dieu, de «
la fainte Vierge & des Saints ; à peine pour la «
premiere fois de cinquante livres d'amende, «
pour la feconde huit jours de prifon & cent «
livres d'amende, pour la troifiéme de deux «
cens livres d'amende, & un mois de prifon «
au pain & à l'eau : & en cas de recidive, «
ordonne qu'ils feront punis corporellement, «
fuivant l'énormité des paroles qu'ils auront «
proferées : veut que le tiers des amendes foit «
adjugé au denonciateur, un tiers à la Fabrique «
de la Paroiffe du Roy, & l'autre tiers au «
Roy. «

Ibid.

Une Ordonnance de ce même Prince du 7. «
Aouft 1631. porte la même peine contre les blaf- «
phémateurs ; elle y ajoufte que les condamnez «
tiendront prifon jufques à l'entier payement «
des amendes, & que s'ils n'ont pas le moyen «
de les payer, ils feront punis corporelle- «
ment. «

CHAPITRE III.

Des Ordonnances de Louis-le-Grand, contre les blafphémateurs.

L'On peut juger par ce grand nombre de Loix
& d'Ordonnances, & par la feverité de leurs
difpofitions, combien ce crime des juremens &
des blafphêmes eftoit frequent dans toutes les
Nations, & combien il eftoit difficile d'en arrefter le cours ; ceux d'entre Nous qui ont vû
la fin du regne precedent, peuvent encore fe
fouvenir jufqu'à quel point cette abominable
habitude de jurer, & celle de fe battre en duel,
qui ont prefque toujours efté de pas égal, eftoient
en ufage en France. Le feu Roy y apporta tous
les foins qui dépendoient de fon autorité : fes
Ordonnances contre les duels des 1. Juillet 16 1.
premiere année de fon regne, 18. Janvier 1613.
1. Octobre 1614. 26. Juin 1624. Février 1626. &
3. Avril 1636. & celles contre les jureurs & les
blafphémateurs du 10. Novembre 1617. & 7.
Aouft 1631. feront toujours des monumens précieux de fa pieté & de la ferveur de fon zele
pour la gloire de Dieu, & pour le repos public.
Mais les troubles que l'herefie caufoit alors dans
l'Eftat, ne permirent pas de profiter de ces bonnes intentions de fon Prince. Ainfi Louis XIV.
montant fur le Thrône, trouva ces trois monftres à combattre dans fes Eftats, les blafphêmes,
les duels, & l'herefie ; tous les trois eftoient en
poffeffion des cœurs d'un grand nombre de fes
Sujets : les habitudes en eftoient trop anciennes pour eftre facilement déracinées ; les Loix
& les Ordonnances des Regnes precedens, l'exactitude des Magiftrats, la feverité des exemples
fur de fameux coupables, n'avoient pû y parvenir : un auffi grand bien eftoit refervé à l'heureux Regne fous lequel nous vivons : la gran-

deur d'ame, la fermeté, la profonde fageffe &
l'application infatigable du Roy en ont furmonté
toutes les difficultez ; & nous avons vû de nos
jours, avec l'étonnement de toute l'Europe ces
trois monftres abbatus. Les duels qui faifoient
perir une partie de la plus floriffante Nobleffe
du Royaume, ne font plus mis au nombre des
points d'honneur ; les blafphêmes & les juremens ne font plus l'ornement du difcours, ny
le fymbole de la valeur. L'herefie totalement
extirpée n'ofe plus fe montrer : ce fut l'un des
premiers fruits de la Majorité du Roy. Ce grand
Prince prenant les rênes de fon Eftat en main,
voulut que les prémices du faint Nom de Dieu,
fuffent les foins du falut de fon Peuple, en le
portant à rendre au faint Nom de Dieu, tout
l'honneur qui luy eft dû. La Declaration en fut
expediée le 7. Septembre 1651. elle renouvelle
toutes les difpofitions des Loix & des Ordonnances precedentes contre les juremens & les
blafphêmes, & y en ajoûte de nouvelles. Cette
malheureufe habitude de jurer s'eftoit encore
confervée dans plufieurs Provinces éloignées de
la Cour, par la négligence des Juges à punir les
coupables. Le Roy en fut informé, & y pourvût
enfin efficacement par une Déclaration du 30.
Juillet 1666. qui abolit totalement ce vice dans
tout le Royaume : nous rapporterons icy l'une
& l'autre de ces Declarations, comme nous
avons rapporté ailleurs, & chacune en fon lieu,
celles qui regardent les duels, l'herefie, & ce
grand nombre d'autres reformes, qui ont enfin
porté la Police de France en l'état de perfection où
nous la voyons de nos jours.

7. Septembre 1651. Declaration du Roy contre les blasphema-teurs, regis-trée au Par-lement le Roy y séant le mê-me jour.

LOUIS par la grace de Dieu, Roy de France & de Navarre : A tous ceux qui ces Presentes Lettres verront, Salut. Depuis qu'il a plû à Dieu de Nous appeller à la Couronne, Nous avons reçû tant de singuliers & visibles effets de sa bonté & de sa providence sur nous & sur nostre Royaume, qu'il a si puissamment maintenu pour sa gloire contre les efforts de ses ennemis, que Nous serions coupables d'une extrème ingratitude envers sa divine Majesté, si nous ne luy rendions des loüanges & des graces immortelles, faisant regner sur nos Sujets ses saints Com-mandemens, & imprimant dans leurs esprits, la même reverence de son tres-saint Nom qu'il nous a gravé dans le cœur : & parce que Nous sçavons qu'il n'y a rien qui déroge davantage à sa bonté, ny qui s'oppose à son honneur avec plus de temerité que le blasphême, qui par ses marques d'infide-lité excite & provoque souvent la rigueur de sa Justice, en laquelle il visite les Royaumes ; Nous avons crû que nous ne pouvions choisir un meilleur moyen pour détourner les menaces de cette vengeance, & pour nous concilier ses graces plus abondantes, que d'imiter dés l'entrée de nostre Majorité le zele & la devotion des Roys nos Predecesseurs, qui ont laissé des Or-donnances dignes de leurs titres de Tres-Chrestiens, pour reprimer ceux qui méconnoissans leur Createur, blasphément contre son saint Nom ; & dont, à nostre grand regret, Nous voyons le nombre s'accroistre avec l'impieté, au préjudice de l'honneur de Dieu & de ce Royaume même, qui a toujours esté la lumiere & l'exemplaire de la pieté : A CES CAUSES, en confirmant & au-thorisant les Ordonnances des Roys nos Predecesseurs, Nous avons tres-étroitement défendu & dé-fendons à tous nos Sujets de quelque qualité & condition qu'ils soient, de blasphémer, jurer & detester le saint Nom de Dieu, ny proferer aucune parole contre l'honneur de la tres-Sacrée Vierge sa Mere, ou des Saints : Voulons & Nous plaist, que tous ceux qui se trouveront convaincus d'a-voir juré & blasphémé le Nom de Dieu, de sa tres-Sainte Mere & des Saints, soient condamnez pour la premiere fois en une amende pecuniaire, selon leurs biens, la grandeur & énormité du serment & blasphême ; les deux tiers de l'amende applicable aux Hospitaux des lieux ; & où il n'y en aura, à l'Eglise, & l'autre tiers au dénonciateur. Et si ceux qui auront esté ainsi punis re-tombent à faire lesdits sermens, seront pour la seconde, tierce & quatriéme fois condamnez és amendes doubles, triples, & quadruples : Et pour la cinquiéme fois seront mis au Carquan aux jours de Dimanche, Festes ou autres, & y demeureront depuis huit heures du matin jusqu'à une heure aprés midy, sujets à toutes injures & opprobres ; & en outre condamnez en une grosse amen-de, & pour la sixiéme fois seront menez & mis au Pilory, & là auront la lévre de dessus coupée d'un fer chaud ; & la septiéme fois seront menez & mis audit Pilory, & la lévre de dessous coupée. Et si par obstination & mauvaise coûtume inveterée, ils continuent aprés toutes ces peines à pro-ferer lesdits juremens & blasphêmes, Voulons & ordonnons qu'ils ayent la langue coupée tout juste, afin qu'à l'avenir ils ne les puissent plus proferer. Et en cas que ceux qui se trouveront con-vaincus n'ayent dequoy payer lesdites amendes, ils tiendront prison au pain & à l'eau pendant un mois, ou plus long-temps, ainsi que les Juges le verront estre à propos, selon la qualité & énor-mité desdits blasphêmes. Et afin que l'on puisse avoir connoissance de ceux qui retomberont aus-dits blasphêmes, sera fait registre particulier de ceux qui auront esté pris & condamnez. Voulons que tous ceux qui auront oüy proferer lesdits blasphêmes, qu'ils ayent à le reveler aux Juges des lieux dans vingt-quatre heures ensuivant, à peine de soixante sols parisis d'amende, ou plus gran-de s'il y échet : Déclarons neanmoins que Nous n'entendons comprendre les énormes blasphêmes, qui selon la Theologie appartiennent au genre d'infidelité, & dérogent à la bonté & grandeur de Dieu & de ses autres attributs. Voulons que lesdits crimes soient punis de plus grandes peines que celles que dessus, à l'arbitrage des Juges, selon leur énormité. SI DONNONS EN MANDEMENT à nos amez & feaux les Gens tenans nostre Cour de Parlement, & à tous nos Baillis & Seneschaux, Prevosts, & autres nos Justiciers, que nostre presente Ordonnance ils facent lire, publier & re-gistrer par tous les lieux & endroits de leurs ressorts & Jurisdictions ; & icelle faire garder & ob-server ; & à nos Procureurs Generaux & leurs Substituts, de tenir la main à l'execution, & faire pour ce toutes les poursuites & requisitions necessaires, en sorte qu'il n'y soit contrevenu ; car tel est nostre plaisir. En témoin de quoy Nous avons fait mettre nostre Scel à ces presentes. Donné à Paris le septiéme jour de Septembre l'an de grace mil six cens cinquante-un & de nostre Regne le neuviéme. Signé, LOUIS : Et sur le reply, Par le Roy, DE GUENEGAUD.

30. Juillet 1666. Decla-rat. du Roy contre ceux qui conti-nuoient de jurer & blas-phémer, re-gistrée au Parlement le 6. Septembre de la même année.

LOUIS, par la grace de Dieu, Roy de France & de Navarre, à tous ceux qui ces presentes Lettres verront, Salut. Considerant qu'il n'y a rien qui puisse davantage attirer la benediction du Ciel sur nostre Personne & sur nostre Estat, que de garder & de faire garder par tous nos Su-jets inviolablement ses saints Commandemens, & faire punir avec severité ceux qui s'emportent à cet excés de mépris, que de blasphémer, jurer & detester son saint Nom : Nous aurions lors de l'entrée en nostre Majorité, & à l'imitation des Rois nos Predecesseurs, fait expedier une Dé-claration le 7. Septembre 1651. enregistrée en nos Cours de Parlement, portant défenses sous de severes peines de blasphémer, jurer, & detester la Divine Majesté, & de proferer aucune parole contre l'honneur de la Tres-Sacrée Vierge sa Mere, & des Saints. Mais ayant appris avec déplaisir qu'au mépris de nosdites défenses, au scandale de l'Eglise, & à la ruine d'aucuns de nos Sujets, ce crime regne presque par tous les endroits des Provinces de nostre Royaume, ce qui procede par-ticulierement de l'impunité de ceux qui le commettent : Nous nous estimerions indignes du titre que Nous portons de Roy Tres-Chrestien, si nous n'apportions tous les soins possibles pour repri-mer un crime si detestable, qui offense & attaque directement & au premier chef la Divine Ma-jesté. A CES CAUSES, Sçavoir faisons qu'aprés avoir fait mettre cette affaire en déliberation en nostre Conseil ; de l'avis d'iceluy, & de nostre pleine puissance & autorité Royale, Nous avons, en confirmant, & authorisant les Ordonnances des Rois nos Predecesseurs, même nostredite Dé-claration dudit jour 7. Septembre 1651. défendu & défendons tres-expressément à tous nos Sujets de quelque qualité & condition qu'ils soient, de blasphémer, jurer & detester le saint Nom de

Dieu

Dieu, ny proferer aucune parole contre l'honneur de la Sacrée Vierge ſa Mere, & des Saints. Vou-lons & nous plaiſt que tous ceux qui ſe trouveront convaincus d'avoir juré & blaſphémé le ſaint Nom de Dieu, & de ſa tres-ſainte Mere, & des Saints, ſoient condamnez pour la première fois à une amende pecuniaire ſelon leurs biens, la grandeur & énormité du ſerment & blaſphême, les deux tiers de l'amende applicables aux Hoſpitaux des lieux, & où il n'y en aura, à l'Egliſe, & l'autre tiers au denonciateur : Et ſi ceux qui auront eſté ainſi punis retombent à faire ledit ſerment, ſeront pour la ſeconde, & tierce & quatriéme fois condamnez en amendes doubles, triples & qua-druples ; & pour la cinquiéme fois, ſeront mis au Carcan aux jours de Feſtes, de Dimanches, ou autres, & y demeureront depuis huit heures du matin juſqu'à une heure aprés midy, ſujets à toutes injures & opprobres, & en outre condamnez à une groſſe amende : Et pour la ſixiéme fois, ſeront menez & conduits au Pilory, & là auront la lévre de deſſus coupée d'un fer chaud : Et la ſeptiéme fois, ſeront menez & mis audit Pilory, & la lévre de deſſous coupée : Et ſi par obſtina-tion & mauvaiſe coûtume inveterée ils continuoient aprés toutes ces peines à proferer leſdits ju-remens & blaſphêmes, voulons & ordonnons qu'ils ayent la langue coupée tout juſte, afin qu'à l'avenir ils ne les puiſſent plus proferer. Et en cas que ceux qui ſe trouveront convaincus n'ayent de quoy payer leſdites amendes, ils tiendront priſon au pain & à l'eau pendant un mois, ou plus long-temps, ainſi que les Juges le verront plus à propos, ſelon la qualité & énormité deſdits blaſphêmes. Et afin que l'on puiſſe avoir connoiſſance de ceux qui retomberont auſdits blaſphêmes, ſera fait regiſtre particulier de ceux qui auront eſté pris & condamnez. Voulons que tous ceux qui auront oüy leſdits blaſphêmes ayent à les reveler aux Juges des lieux dans vingt-quatre heures enſuivant, à peine de ſoixante ſols pariſis d'amende, ou plus grande peine, s'il y échet. Décla-rons neanmoins que nous n'entendons comprendre ſous les énormes blaſphêmes qui, ſelon la Theolo-gie, appartiennent au genre d'infidelité, & dérogent à la bonté & grandeur de Dieu, & de ſes autres attributs. Voulons que leſdits crimes ſoient punis de plus grandes peines que celles cy-deſſus, à l'arbitrage des Juges, ſelon leur énormité. SI DONNONS EN MANDEMENT à nos amez & feaux, les Gens tenans noſtre Cour de Parlement de Paris, & à tous Baillis, Seneſchaux, Pre-voſts, & autres nos Officiers qu'il appartiendra, que noſtre preſente Déclaration ils faſſent lire, publier, & regiſtrer par tous les Lieux & endroits de leur reſſort & Juriſdiction, & icelle faire gar-der & obſerver ; Et à noſtre Procureur General en noſtredite Cour, & ſes Subſtituts, de tenir la main à l'execution, & de faire pour ce toutes les requiſitions & diligences neceſſaires, en ſorte qu'il n'y ſoit point contrevenu ; car tel eſt noſtre plaiſir. En témoin de quoy nous avons fait mettre noſtre Scel à ceſdites preſentes. Donné à Fontainebleau le trentiéme jour de Juillet, l'an de grace mil ſix cens ſoixante-ſix. Et de noſtre Regne le vingt-quatriéme. Signé, LOUIS. Et plus bas, Par le Roy, DE GUENEGAUD.

3. Mars 1667. Ord. de l'Arche-veſque de Pa-ris pour faire publier au prône la Dé-clarat. du Roy contre les ju-reurs & les blaſphéma-teurs.

HARDOUIN DE PEREFIXE, par la grace de Dieu & du S. Siege Apoſtolique Archeveſ-que de Paris ; à tous Curez de cette Ville, Fauxbourgs, & Diocéſe, Salut en noſtre Seigneur. Le Roy par un digne zele du Fils aîſné de l'Egliſe, & à l'exemple du grand ſaint Loüis, ayant par ſa Déclaration du 25. Juillet de l'année 1666. verifiée en ſes Cours de Parlement, fait défenſes tres-expreſſes à tous ſes Sujets de quelque qualité & condition qu'ils ſoient, de blaſphémer, ju-rer & deteſter le Saint Nom de Dieu, ny proferer aucune parole contre l'honneur de la Sacrée Vier-ge ſa Mere, & de ſes Saints, ſous les peines portées par ladite Déclaration ; il eſt bien juſte que nous faſſions tout noſtre poſſible pour ſeconder les pieuſes intentions de ſa Majeſté Tres-Chreſtienne. A CES CAUSES, Nous vous mandons de lire ou faire lire ladite Déclaration aux Prônes de vos Meſſes Paroiſſiales, de repreſenter fortement à vos Peuples le crime horrible que commettent ceux qui blaſphément le Saint Nom de Dieu, & de leur bien faire entendre qu'il n'y a rien qui atti-re davantage ſa colere ſur les hommes, que ce crime épouvantable, qui attaque Dieu même, & l'honneur de ſon Saint Nom ; afin qu'eſtant bien perſuadez de ces veritez, leur bouche ne ſoit ja-mais ouverte que pour le glorifier, publier ſes loüanges & le remercier avec une reconnoiſſance tres-profonde de tous les biens & de tous les avantages qu'ils reçoivent inceſſamment de ſa divine Majeſté. Donné à Paris, ſous le Sceau de nos Armes, l'an mil ſix cens ſoixante-ſept, le troiſiéme Mars. Signé, HARDOUIN, Archevêque de Paris ; Et plus bas, Par mondit Seigneur, PETIT.

TITRE VII.

Des Magiciens, des Sorciers, des Devineurs & des Pronostiqueurs.

CHAPITRE PREMIER.

Origine de la Magie & de l'Astrologie judiciaire, & la division de ces Arts en leurs differentes especes.

C'Est icy le comble de l'iniquité, & la derniere ressource de la corruption du cœur. L'homme amoli ou ruiné par les excés du luxe, les emportemens du jeu, de la débauche, ou des autres voluptez, & endurci par les blasphêmes exprés ou tacites, qui accompagnent ordinairement cet estat, se jette quelquefois dans cette autre extremité, d'avoir recours aux arts diaboliques, croyant y trouver de quoy satisfaire ses passions, ou reparer ses pertes. D'autres miserables sans naissance, sans étude, & sans biens, mais nez d'un temperament porté au mal, abandonnez à leur sort faute d'éducation, ou corrompus par une mole oisiveté, ou par les mauvaises compagnies, donnent dans toutes les illusions infernales, & de concert avec les demons, ne cherchent qu'à contenter leur brutalité, ou leur avarice, & à sacrifier à ces passions tout le reste du genre humain. Il y en a enfin quelques-uns qui se sont autrefois portez à ce mal pour satisfaire leur ambition, ou par une pure, mais tres-vaine & tres-pernicieuse curiosité.

Aprés la perte de l'innocence de nos premiers Peres, & la punition que le Ciel en prit; l'esperance que Dieu leur avoit donné d'un Redempteur, les consoloit dans leur exil; ils y adoroient leur Createur, & luy offroient des sacrifices pour reconnoistre son estre souverain, le remercier de ses bienfaits, & attirer ses graces & ses benedictions. Le Demon toujours ennemi de l'homme, n'ayant pû abolir ce culte religieux, qui devoit rétablir sa felicité, entreprit de contrefaire du moins les œuvres de Dieu, pour s'attirer les mêmes honneurs, d'engager l'homme à les luy rendre, & par cette apostasie le perdre encore une fois: mais comme il n'a de pouvoir que sur ceux qui ont abandonné Dieu, il luy faloit encore un fameux coupable pour se second attentat. L'avarice de Caïn, sa jalousie contre son frere Abel, son fratricide & son endurcissement qui en furent les suites funestes, luy en presenterent l'occasion; la posterité du premier herita de luy le penchant au crime, & la facilité par ce moyen de recevoir toutes les impressions des Demons.

Les descendans de Seth, troisiéme fils d'Adam, qui avoient conservé le culte de Dieu, furent justes, & marcherent dans les voyes du Seigneur; ainsi l'on commença de voir sur la terre comme deux Peuples differens, ou comme parle saint Augustin, deux Citez, l'une qui avoit Dieu pour Chef, & l'autre le Demon.

Par la chute du premier homme, il n'avoit rien perdu de ces lumieres que Dieu luy avoit

infusées au moment de sa création: comme il donna à chaque chose un nom qui luy convenoit, il en connut d'abord parfaitement la nature & toutes les proprietez: il sçavoit le nombre, la situation & le cours des Astres, leurs mouvemens & leurs influences luy estoient connuës; il n'est point d'animal, de simples, de pierres ny de mineraux dont la vertu luy fust cachée. Cette science passa de luy & par ses instructions, aux descendans de Seth, qui estoient demeurez dans leur devoir; & il est sans doute qu'avec ces connoissances purement naturelles, & qui estoient encore prés de leur source; ils pouvoient faire alors plusieurs choses qui ne nous paroistroient aujourd'huy surprenantes & des prodiges, que parce que nous n'en connoissons pas la cause.

Les descendans de Caïn qui habitoient une Region toute separée des enfans de Seth, dit l'Ecriture, bastirent des Villes, dresserent des tentes, éleverent des troupeaux, inventerent l'art de forger l'airain & le fer, & tout au plus quelques instrumens de musique, parce qu'ils estoient avares & voluptueux; mais pour ces sciences sublimes, ils n'en avoient apparemment aucune connoissance, peut-estre n'estoit-elle restée que dans la race des justes.

Le Demon profita de ces dispositions pour s'attirer des adorateurs; Dieu parloit alors aux hommes, soit par un Ange qui le representoit, soit par une voix sensible qu'il leur faisoit entendre, ou par une impression qu'il formoit dans leur esprit. Le Demon entreprit d'en faire autant dans la race de Caïn, où il exerçoit son empire: il leur persuada qu'il estoit l'auteur de toutes ces merveilles qui surpassoient leurs connoissances, & qu'en se donnant à luy, il leur communiqueroit ce pouvoir supreme. Plusieurs le crurent, il les remplit de prestiges & d'illusions, & leur fit croire que par certains charmes attachez à des paroles, à des simples ou à des mineraux, ils pourroient changer tout le cours de la nature. En effet, soit par ses connoissances beaucoup superieures à celles de l'homme, soit par ses enchantemens, il les rendit d'habiles imposteurs, & s'en attira pour reconnoissance les adorations. Ceux-cy par les choses surprenantes qu'ils commencerent d'operer, attirerent bien-tost tous les autres dans leur parti. Ce fut ainsi selon plusieurs graves Auteurs, que commença dans le monde cette distinction entre ces deux sciences, qui ont esté nommées dans la suite magie; l'une blanche ou naturelle, & l'autre noire ou diabolique.

Les hommes s'estant beaucoup multipliez sur la terre pendant quinze cens ans, les descendans

de

Tert. de presc. cap. 40.

Genes. 4. 12.

Ibid. v. 15, & 16. & ibid. de Saci.

S. Aug. de Civ. Dei, lib 1.

Cassian. col. 8.

Genes. 4. v. 17. 20. 21. & 22.

Genes. 4. v. 6. & ibid. de Saci.

S. August. de Civit. Dei. lib. 12. c. 4.

de Seth & ceux de Caïn, ou comme parle l'Ecriture, les enfans de Dieu & les filles des hommes s'allierent ensemble : la contagion de societez si pernicieuses ne manqua pas à s'étendre ; le nombre des criminels s'augmenta ; toute chair corrompit sa voye, la malice des hommes fut portée à l'extrémité ; toutes les pensées de leur cœur s'appliquerent au mal ; & Dieu qui se repentit d'avoir fait l'homme, dit la Genese, extermina de dessus la terre tout le genre humain, par un déluge universel, à la reserve de la seule famille de Noé : c'est ainsi que l'Ecriture s'en explique. Il y a beaucoup d'apparence qu'une complication de differens crimes, avoit attiré à l'homme cette juste & severe punition : mais un S. Pape ne fait point de difficulté de dire, que la magie dont le Demon avoit infecté tous les esprits, en fut la principale cause.

Le monde purgé par les eaux vangeresses du deluge, fut repeuplé de nouveau par la posterité du Patriarche Noé. Deux de ses fils Sem & & Japhet imiterent la vertu de leur pere, & furent justes comme luy. Cham au contraire aprés s'estre attiré la malediction de son pere par son imprudence & son impieté, se porta au mal, & donna entrée au Demon dans son cœur ; sous un tel maistre ; il remit au jour cet Art diabolique de la magie, il en composa les regles en trois mille, ou selon d'autres, en deux cens mille vers, & en instruisit Misraim son fils.

Cent trente-un an aprés le deluge, les enfans de Noé diviserent la terre entr'eux, leur pere estant encore vivant. Cham eut en partage la Syrie, l'Arabie & l'Afrique ; & il choisit d'abord la Chaldée, & ensuite l'Egypte pour son sejour. Sa posterité formoit déja un Peuple fort nombreux, & aussi méchant que luy ; lors qu'il quitta ce Païs & passa en Perse, les descendans de Sem qui peuploient cette partie du monde, avoient des Sages ou Philosophes qu'ils nommoient en leurs Langues Mages, & qui estoient dans une fort haute consideration. La science qu'ils professoient, n'estoit autre chose que cette Philosophie naturelle, qui avoit esté infuse au premier des hommes, que Sem avoit apprise de son pere, & qui s'estoit perpetuée dans sa posterité. Cham trouva le moyen de la corrompre, & il fit tant de prodiges par ses charmes & ses enchantemens, que les Bactriens le choisirent pour Roy : ils luy donnerent le nom de Zoroastre, qui signifie en leur langue astre vivant, & transporterent à ceux de sa secte le nom honorable de Mages, que les veritables Philosophes abandonnerent ensuite par indignation de le voir ainsi profaner : c'est de-là que nous est venu le nom de Magie. a

L'Astrologie judiciaire tire encore son origine de cette même source. b Dieu avoit créé les corps de lumieres, & il avoit placez dans le firmament, afin d'éclairer la terre, qu'ils separassent le jour & la nuit, & qu'ils servissent de signes pour marquer les tems & les saisons, les jours & les années. c Les Livres saints qui nous rapportent ce grand évenement n'en disent pas davantage : ainsi que l'homme se soit appliqué à connoistre le nombre & le mouvement des spheres celestes & des astres qui y sont attachez, qu'il en mesure la grandeur, en observe le cours, les distances, les conjonctions, les aspects, les approches ou les éloignemens, qu'il distingue par leur clarté, qu'il en prévoye les éclypses, les absences & les retours, qu'il explique enfin les cometes, & tous les autres phenomenes du Ciel ou de l'air ; c'est cette science certaine & sublime que l'on

nomme Astronomie : qu'il descende ensuite par des consequences naturelles & necessaires jusqu'à prévoir toutes les mutations des tems & des saisons, qu'il juge même des alterations & des changemens qu'ils peuvent causer à tous les corps sublunaires dans les humeurs & le temperament, c'est encore une science tres-permise, que les Anciens ont nommé Astrologie.

Mais comme le Demon avoit corrompu ou contrefait par la magie, cette science ou Philosophie naturelle, qui se tire des plus excellentes productions de la terre, il entreprit d'en faire autant dans cette partie, qui a pour objet les corps celestes : Zoroastre, selon l'opinion commune, fut encore l'instrument dont il se servit. Ce Prince fit des Planetes autant de Divinitez, & persuada aux hommes que tout leur destin dependoit de leurs bonnes ou mauvaises influences : ainsi l'on commença à leur rendre un culte religieux, qui donna naissance à l'idolatrie ; on les consulta ensuite non seulement sur la durée de la vie, & sur la bonne ou mauvaise fortune des particuliers, sur le gain des batailles & la réussite des entreprises, mais encore sur la naissance, la durée, le destin & la décadence des Republiques & des Empires. La folie fut poussée jusques au point, de faire l'horoscope des Religions ; c'est cet art vain & superstitieux que l'on nomme astrologie judiciaire. La Chaldée Province de l'Asie, qui estoit alors sous la domination des Perses & la Patrie de Zoroastre, fut le premier theatre de ces égaremens de l'esprit humain : ils y furent portez à cet excés, qu'en ce tems Chaldéen, Magicien & Astrologue, estoient trois noms synonimes, qui se prenoient réciproquement l'un pour l'autre.

Ces deux Arts impies & superstitieux, la Magie & l'Astrologie judiciaire, ont donné lieu dans la suite à toutes les differentes sortes de divinations, comme autant d'arts ou d'inventions subalternes, dont leurs sectateurs ont depuis abusé le Public : ils donnerent à leurs operations ce beau nom, & prirent eux-mêmes celuy de Devins, pour persuader qu'ils tiroient toute leur connoissance de quelque Divinité qui les animoit, ou qui répondoit à leurs consultations. Chacun d'eux, selon qu'il estoit poussé par le Demon, prit son parti, & sa differente maniere de deviner, ou de rendre ses pretendus oracles ; ce qui les fit aussi connoistre sous differens noms. Les Ariolistes affecterent de ne prédire qu'aprés avoir consulté les Démons proche de leurs Autels, & leur avoir offert des sacrifices, Arioli ab ara. Les Aruspices cherchoient dans les entrailles des victimes immolées, les Arrests du destin : Haruspices, quasi haruga aspicientes. Les Auspices & les Augures observoient pour la même fin, le vol ou le chant des oiseaux : Auspices, quasi avium aspicientes : Augures, quasi avium garria observatores. Les Pytonistes prenoient pour leur Divinité Apollon Pythien, & n'invoquoient que luy dans leurs divinations : Pythones, à Pytho Apollineo. Il y en a encore aujourd'huy qui se servent de figures tracées sur la terre, de fumigations dans le feu, d'apparitions ou de prestiges dans l'air, dans un bassin, ou dans une phiole remplie d'eau ; ce qui les fait nommer par rapport à l'élement qu'ils employent, Geomanciens, Pyromanciens, Hydromanciens, Necromanciens, & d'un nom general Enchanteurs.

De ce nombre sont encore ceux qui prétendent par leur art diabolique expliquer les songes, ou faire trouver les trésors cachez, ou les

Gen.c.7.&6.

S. Clem.l.4.de cognit.

*§.Clem.ibid.
S.Aug.l.1.de
Civ.Dei.c.19.
Lactan.l.1.de
falsa relig.c.2.
Euseb.l.1.de
præpar.evang.*

a Phlecon.in
l.Zoroastr.
Diog.l.4.de
vita philosop.
Lactan.l.1.de
falsa religione.
S.Clem.l.4.de
cognit.
S.Aug.de Civ.
Dei,l.1.c.19.
Euse.de præp.
Evang.l.3.
Herodot.l.3.
& 5.
Plin.l.30.c.1.
Philo de specialib. legib.
Theodor. de
curat græcar.
affection.
Hist Scholast.
cap.39.
Steuch.l.6 de
pereni philos.
Sixt.Senen.l.2
S Cyril Alex.
l.3 in Julian.
S.Clem. Alex.
à Stromat.

b Peucer. l.5.
c. 8.

c Genes.1.14.

*Origen.
S.Joan. Dam.
in theolo sent.
S Thom. in l.
de sortib. & in
l.de jud. astronom.*

S.Basil.Exam.
S Chrys.hom.
de provid.
Euse. de præp.
Evangel.
S. Jer. hom. 5.
ad c. 5.Josue.
Can. Sedet illud.9.quæst.1.

Varro de ling.
latin.
Isid. ethym. l.
8.c. 9
S.Aug. in l. de
natur.dæm in-
Val de divina.
Can igitur ge-
nus 1.q.3. c.4.

choses perduës. Il y en a qui attachent leurs charmes à des billets, ou à quelques simples qu'ils pendent au col, ou bien aux bras, ou en quelqu'autre partie du corps par lesquels ils prétendent preserver de quelques dangers ou maladies; ce qu'ils nomment characteres, ou phylacteres: d'autres enfin se vantent d'avoir le secret de donner de l'amour par certains breuvages qu'ils nomment philtres, du Grec φιλω, aimer; tous ceux-là jusques icy sont autant de Magiciens sous differens noms: Voicy les autres imposteurs que l'Astrologie judiciaire a produit.

Les tireurs d'horoscopes, Genethliaci, vel horoscopi, observent le jour & le moment de la naissance, font une figure du systême où chaque Astre estoit alors placé dans le Ciel, & selon les bonnes ou mauvaises influences qu'ils supposent en leurs situations, ou leurs aspects, leurs oppositions, ou leurs conjonctions, ils jugent des destinées de celuy qui les consulte; ces superstitions eurent autrefois tant de credit, que l'on nomma ceux-cy par excellence Mathematiciens, leur transportant ce nom honorable, parce que l'Astronomie & l'Astrologie naturelle & veritable en fait l'une des principales parties; ainsi quand nous trouvons dans les Loix les Mathematiciens confondus avec les Magiciens, & condamnez comme estant d'une même societé, comme dit Tertulien, cela doit s'entendre des Professeurs de cette Astrologie judiciaire, qui vont jusqu'à vouloir prédire les actions particulieres, & decider du bon ou du mauvais sort des hommes.

Les Chiromanciens infatuez de ces mêmes principes, prétendent que les Astres qui dominent à la naissance d'un enfant, impriment dans ses mains certains traits ou caracteres, & que selon leurs situations & configurations dans les parties de la main, qu'ils distribuent à chacune des sept Planetes, l'on peut connoistre tous les évenemens de la vie de cet enfant, soit par rapport à la nature, soit par rapport aux mœurs ou à la fortune.

Il y a aussi des Geomanciens Astrologues: ceux-cy prétendent que par le moyen d'un certain nombre de points qu'ils arragent avec art, & qu'ils approprient aux Planetes, & aux douze signes du Zodiaque, ils trouvent certainement le thême du Ciel au moment de la naissance de celuy qui les consulte, & ils luy prédisent hardiment sa bonne ou mauvaise fortune, ou luy rendent réponse des choses douteuses sur lesquelles il les interroge.

Les faiseurs de Talismans d'un certain genre, c'est-à-dire, de ces characteres dont les pretendus effets passent les bornes de la nature, sont encore de ces imposteurs par le vain employ de l'Astrologie judiciaire. Quelques Auteurs ont voulu mettre les Talismans en general, au nombre des operations défenduës; mais selon d'autres qui ont mieux étudié la matiere, il n'y en a que d'une certaine espece qui meritent d'estre proscrits. Ceux ausquels par un abus de l'Astrologie joint à quelque pratique superstitieuse & criminelle, on attribue des vertus prodigieuses, comme de devenir riche, conquerant, invulnerable, favori des Princes, de se transporter loin en un moment, & ainsi des autres: Ceux-là, disons-nous, n'ont jamais esté reconnus par les gens habiles, pour de veritables Talismans, mais pour des characteres que des imposteurs ou des gens seduits d'une autre maniere par le Demon fabriquent. C'est pour cela, que pour s'exprimer selon les notions vulgaires sur cet article, on en distingue de plusieurs sortes, dont les seuls que l'on grave

de noms d'Anges inconnus, de lettres disposées dans un certain ordre, ou de signes bizarres, avec des ceremonies superstitieuses, entrent dans l'objet de ce traitté. C'est assez les designer pour les faire connoistre, sans penetrer davantage dans cette matiere, que l'une des plus sçavantes & des plus delicates plumes de ce tems a traittée à fonds. Il faut pourtant ajouster que l'on fabrique de ces sortes de Phylacteres, ou avec des métaux, ou avec des pierres, ou avec des plantes, & que le nom de Talisman, selon l'opinion, commune vient de l'Hebreu Tselem, image: Les Grecs les nommoient τελεσμαλα, & ceux qui les faisoient se nommoient Consecratores: ainsi un Talisman est une image ou figure preparée avec ceremonie; ce qui ne convient point aux agens purement naturels.

La Sorcellerie enfin ne fut d'abord qu'une espece de divination, qui paroissoit toute distincte & separée des autres. Elle se faisoit par le sort ou la rencontre fortuite de quelque passage à l'ouverture d'un livre. Les Oeuvres d'Homere & de Virgile furent les premieres qui servirent à cet usage, d'où cet art prit le nom de sorts Homeriens ou Virgiliens; selon l'un ou l'autre des deux que ceux qui s'en mêloient avoient consultez; ils se servoient aussi fort souvent de certains points comme nos dez à joüer, qu'ils jettoient au hazard, & par la combinaison de leurs nombres, ils tiroient leurs prédictions. Comme le sort paroissoit toujours présider à cet art, ceux qui s'en mesloient furent nommez sortiarii, ou sortilegi, d'où nous avons fait le nom de sorciers: au fonds ils ne differoient en rien des Magiciens; ces vers, ces passages, ou ces points consultez en apparence, ne servoient que de couverture au pacte effectif qu'ils avoient avec le Demon, & duquel ils recevoient les réponses: aussi ne furent-ils pas long-tems sans se confondre avec les autres; ils parurent même dans la suite les plus méchans & les plus dangereux: toute leur application n'eut pour objet que de faire du mal aux biens de la terre, aux bestiaux, & aux hommes mêmes; ensorte que de leur nom de Sorciers tous les malefices ont pris dans la suite celuy de sorts: ils se mêlerent comme les Magiciens de donner des philtres ou breuvages d'amour; & sous ce prétexte, ils en donnerent pour empoisonner. Cela fut tellement connu, qu'en Grec φαρμακεία, & en latin veneficium, signifient également sorcellerie, magie & poison. Il est vray que graces au Ciel il y a beaucoup moins de ces monstres abominables, qu'il n'y en avoit autrefois; surtout il est fort rare d'en découvrir en France; & s'il y en paroist de tems en tems, l'on trouve d'ordinaire par la discussion, que ce sont tous des fourbes, ou des ignorans. Ces imposteurs se servent de ce voile pour tromper les simples, pour commettre impunément des vols, des assassins, des empoisonnemens, ou d'autres crimes plus énormes, & y engager ceux qui sont assez malheureux de s'addresser à eux, & de les croire.

Il ne faut pas neanmoins que la découverte de ces scelerats nous conduise à l'erreur de ceux qui en ont pris occasion de nier qu'il y eust en effet des Sorciers ou des Magiciens, dans le sens que nous l'entendons: ces gens, disent-ils, à qui l'on donne des noms odieux, sont à la verité des choses prodigieuses & incroyables; mais ils n'y employent qu'une science purement naturelle, dont ils ont les secrets; ces évenemens ne nous surprennent pas, parce que nous ignorons la cause qui les produit. Tout ce qu'on leur impute d'ailleurs d'assemblées nocturnes, d'é-

vocations

Marginal notes:

Tert. l. de idol.

Eumolpus Helenus Sicilien.

M. Baudelot de l'utilité des voyages, t. 2.

Mesnage add. au Diction. éthym. p. 738.

Salmas. histor. Augusti.

S Clem. Alex. ad nation. p. 8. Agric. de spiri. subterraneis. Silvest. Priet. in tract. de sti gib. l. 1. c. 9. mult & l.2. c.1. Paul Grillan. l. de sortil sect. 7. num. 4. Olaus magn. l. 1. c. 11. Isid. Ethymol. l 8. c. 9.

Philon de spe. cialib. legib. Plato de legib. l. 11. Tit Codic de malef. & Mathem. L. Corn. ff. de Sicariis. S. Hier. in 27. Jerem.

Simplicius in verbo de anima. Averroes de resurrectione. Trismegiste. Vier de lamiis Naudé, Apologie de tous les grands Personnages qui ont esté soupçonnez de magie.

vocations d'Esprits, de pactes avec le Diable, d'impietez, d'enchantemens, ou d'autres malefices, sont toutes illusions d'esprits foibles ou melancoliques, qui realisent, pour ainsi dire, leur propres réveries, & qui se persuadent avoir vû ce qui ne s'est passé que dans leur imagination en dormant; ou bien, ajoustent-ils, ce sont des addresses concertées par des fourbes, qui profitent de cette opinion populaire, pour tirer de l'argent de ceux qui donnent dans leurs pieges.

Pour détruire cette incredulité, une foule de preuves se presentent d'abord à l'esprit ; mais le détail en seroit trop long, & nous les réduirons à ces six principales, dont nous indiquerons seulement les lieux, pour ne pas trop s'écarter de nostre sujet. *La premiere,* que dans l'Ecriture sainte il est fait mention des Magiciens, & que si leur science avoit esté purement naturelle, Dieu sans doute n'auroit pas fait une Loy expresse, pour ordonner de les punir du dernier supplice. [a] *La seconde,* que les plus anciens des Auteurs Juifs & Payens ont parlé de cet art, & que les plus sages d'entr'eux l'ont eu en horreur, & ont jugé

a Exod. 7. v. 11. & 12. & c. 22. 18.
Levit. 20. 6. & 27.
Deuteron. 18.
v. 11. & 12.
2. Reg. 28. 7.
4. Reg. 23. 24.
Isaye 44. 25.

ceux qui l'exerçoient dignes de mort. [b] *La troisieme,* que dés la naissance du Christianisme, les Peres, les Docteurs & les Ecrivains Ecclesiastiques se sont écriez contre ces abominations, & ont excité les Princes temporels d'en faire justice. [c] *La quatrieme,* que l'Eglise dans ses Conciles & ses Canons a continuellement prononcé anatheme, & ordonné à ses Pasteurs de le reiterer tous les Dimanches en leurs Prônes, contre tous ceux qui professent cet art diabolique. [d] *La cinquieme,* que tous les Princes de la terre ont fait des Loix contre ce crime. *La sixieme* enfin, que les Regîtres des premiers Tribunaux du Royaume sont remplis d'Arrests, qui ont condamné à la peine du feu, ceux qui ont esté convaincus de l'avoir commis. [e] On ne présumera jamais que ce grand nombre de Loix divines & humaines, ces invectives des plus grands hommes de l'antiquité, ces Decrets & ces anathemes de l'Eglise, ces décisions des Peres, des Docteurs, & celles des premiers & des plus sages Tribunaux du monde, n'ayent eu pour objet que de combattre une chimere.

b Philo de special. leg. l. 11. Plato de legib. l. 11. Demost. orat. Hippocrate de morbo sacro. Herodot. hist. l 2. & 3. Pausanias in Achaicis & in Eliacis l. 5. Plut. in Rom. in Cim. Plin. hist. l. 1. c. 1. l. 8. c. 22. l. 13. c. 13. & l. 30. c. 1. Plin. 2. epist. l. 1. Tit. Liv. l. 1. Decad. 1. Tacit. in Tiber. l. 29. c. 3. Valer. Max. 1. Sueton in Caligula. Solin. lib. 38. c 44.

Plautin. in lib. de anima. Jamblic. demist. lib. 3. c. 32. Pompon. Mela l. 3. Spartian. in Caracal. Ammian. Marcel. lib. 19. & 16.
c Orig. adversf. Celsum. Tertul. Lactant. Cassian. SS. August. Bonavent. Ambrof. Iræneus passim. SS. Euseb. Clem. Joan. Damasc.
Basil. Chrysost. Thom. Aquin. ut sup. loc. cit.
d Sozomen. histor. l. 6. c. 35. S. Aug. l. 3. de Trin. S. Bonav. in tert. senten. dist. 19. quæst. 3. S. Clement. in itinerario. Fulgen l. 8. c. 116.
Niceph. histor. Ecclesiast. lib. 2. c. 27. Egesip. lib. 3. de excid. Jerosolym. c. 2. S. Thom. in 4. distinct. 34. art. 3. & in tit. de Mirac.
Alph. de Castro adversf. hæret. l. 1. c. 15. Decret. 2. part. Caus. 26. qu. 1. 2. 3. 4. & 5.
e Spranger. in malleo malef. Paulus Grillandus. Papon. l. 22. tit. 3. Daneau dialogue des Sorciers.

CHAPITRE II.

Que ces Arts ont esté condamnez par la Loy de Dieu ; que les Payens mêmes les ont eu en horreur, & les ont punis du dernier supplice.

a Adv. Cels.
b De Civit. Dei l. 8. c. 11. 15. 15. & 18. passim.
c De oracul. defectu.

Exod. 22. 18.

Levit. 19. 31.

Idem. 20. v. 6. & 27.

Deuter. c. 18. v. 9. 10. 11. 12. 13. & 14.

C'Est une remarque bien considerable d'Origene, [a] de saint Augustin, [b] & de Plutarque, [c] que toutes les differentes Sectes, soit de Religion, soit de Philosophie qui ont jamais esté, ont decerné des peines contre les Magiciens & les Sorciers ; à l'exception des seuls Epicuriens, parce qu'ils ne croyoient pas l'existence des esprits.

Ce fut l'une des Loix que Dieu donna aux Israëlites, & qu'il leur recommanda le plus étroitement d'observer : Vous ne souffrirez point, leur dit-il, ceux qui usent de sortileges & d'enchantemens ; vous leur osterez la vie. Ne vous détournez point de vostre Dieu pour aller chercher des Magiciens, & ne consultez point les Devins, de peur de vous soüiller en vous addressant à eux. Si quelqu'un se détourne de moy pour aller chercher les Magiciens & les Devins, & s'abandonne à eux par une espece de fornication ; il attirera sur luy l'œil de ma colere, & je l'extermineray du milieu de son Peuple. Si un homme ou une femme a un esprit de Python, ou un esprit de divination, qu'ils soient punis de mort ; ils seront lapidez, & leur sang retombera sur leurs testes. Dieu enfin pour leur donner toute l'horreur que meritent ces crimes, les fit avertir par Moyse, qu'il n'extermineroit les Cananéens, les Amorréens, & les autres Nations idolatres, que pour s'y estre abandonnez. Prenez bien garde, leur dit ce premier des Prophetes, & ce sage Legislateur, lorsque vous

Tome I.

serez entrez dans le Païs que le Seigneur vostre « Dieu vous donnera, de ne pas imiter les abo- « minations des Peuples ; qu'il ne se trouve « personne parmy vous qui prétende purifier son « fils ou sa fille, en les faisant passer par le feu, « ou qui consulte les seuls Devins, ou qui observe les « songes & les augures, ou qui use de malefice, « ou de sortileges & d'enchantemens, ou qui con- « sulte ceux qui ont l'esprit de Python, & qui « se meslent de deviner, ou qui interrogent les « Morts, pour apprendre d'eux la verité ; car le « Seigneur a en abomination toutes ces choses, « & il exterminera tous ces Peuples à vostre en- « trée, à cause de ces sortes de crimes qu'ils ont « commis : vous serez parfaits & sans tache « avec le Seigneur vostre Dieu ; ces Nations « dont vous allez posseder le Païs, écoutent les « Augures & les Devins ; mais pour vous, vous « avez esté instruits autrement par le Seigneur « vostre Dieu. «

Philon écrivant sur ces mêmes Loix, dit, que la peine de mort qu'elles imposent aux « Sorciers, aux Magiciens, aux Enchanteurs & « aux Devins, ne doit pas estre differée d'aucun « moment, aprés qu'ils ont esté découverts, sans « attendre même qu'ils ayent commis aucun mal. « Aussi-tost, ajouste-t-il qu'on apperçoit des « serpens, des scorpions, ou d'autres bestes ve- « nimeuses, on les tue avant même qu'el- « les ayent fait aucun mouvement pour mor- « dre, ou pour répandre leur venin. Il en faut « user de même envers ces abominables, qui « changent

b Philo de legib. specialib.

Vuu ij

» changent leur nature raisonnable, douce & » sociable de l'humanité, en celle de bestes fe- » roces & sauvages, & qui ne s'estudient qu'à » nuire aux autres. Ce Philosophe Juif n'en veut pas estre cru sur sa parole ; il prétend que dans la langue originale du Chapitre de l'Exode qui contient cette Loy, ces deux mots, *Lothe chaieh* signifient que la Sorciere soit mise à mort le même jour qu'elle est découverte.

Les Grecs avoient une Loy expresse contre les Sorciers & les Magiciens : elle porte que » tous ceux qui par charmes, paroles, ligatures, » images de cire, ou autre malefice, enchantent » ou charment quelqu'un, ou qui s'en servent » pour faire mourir les hommes ou le bestail, » soient punis du dernier supplice. Platon qui rapporte cette Loy, avertit les gens qui se ma- » rient, de prendre garde à ces charmes ou li- » gatures qui troubleroient leur union. Demos- thene observe qu'en execution de cette même Loy, sur la delation d'une servante, Lemnia Sorciere d'Athenes fut executée à mort ; & Pausanias ajoûte que cette Republique la plus sage de la Grece, établit une Chambre de Justice exprés pour punir ce crime, & toutes les autres superstitions qui seroient commises contre la Religion.

Les Loix des douze Tables que les Romains avoient tirées d'Athenes, défendent aussi à peine de la vie, de nuire par des vers enchanteurs, ou par d'autres charmes, soit aux personnes, soit aux biens de la terre soit aux bestiaux ; elles veulent que celuy qui commettra ce crime soit abominable, *sacer esto*, qui estoit chez eux la marque de la plus haute indignation.

Numa Pompilius a toujours esté soupçonné d'avoir eu commerce avec les Demons, & que la Nymphe Egerie, avec laquelle il se vantoit d'avoir tant de liaison, n'estoit autre que l'un de ces esprits infernaux qui luy estoit familier, & qu'il consultoit dans toutes ses entreprises : ce qu'il y a de certain, c'est qu'il estoit habile dans l'art magique ; & il le pouvoit bien estre, s'il est vray qu'il l'eust estudié sous de si habiles maistres : il en avoit laissé à la posterité toutes les regles en sept livres Latins & Grecs ; il fut selon les maximes de cet art, qu'il établit les Augures, les Saliens & les autres Ministres qui en devoient exercer les superstitions. Ces livres furent trouvez dans une pierre auprès du tombeau de ce Prince, sous le Consulat de Cornelius & de Bebius ; on les remit à l'instant entre les mains du Preteur premier Magistrat de la Ville, qui les porta au Senat ; & par Arrest, il fut ordonné qu'ils seroient publiquement brûlez ; & que les Magistrats feroient une exacte perquisition de tous les autres livres de magie, & les feroient aussi brusler ; ce qui fut executé. Le même Senat condamna au bannissement une femme nommée Marthe, pour s'estre seulement vantée, que par son art elle prédiroit tout ce qui arriveroit dans la guerre que les Romains avoient alors contre les Cymbres.

Les Empereurs ne diminuerent rien de la severité des anciennes Loix sur cette matiere : ce fut l'un des principaux soins d'Auguste, d'abolir totalement cet art infernal : les Magistrats par ses ordres en rechercherent exactement tous les livres ; il s'en trouva dans Rome deux mille volumes, qui furent à l'instant condamnez au feu.

Tibere s'y laissa d'abord engager, il l'étudia

Plato de legib. l. 11.

Pausan. in Elia. l. 5.

Leg. duodec. Tabul. art. 55. 68. 69 apud Ulric. Zasium, in catalog. leg. antiqua.

Plin. l. 28. c. 1.

Ann. mundi 3873. uib. con. 572. ant. Chr. 181.

Plut. in Num. Lactan. l. 1. de falsa relig. c. 1.

Tit. Liv. l. 3.

Plut. in Mario an. mundi uib. cond. 653. ant. Chr. 100.

Suet. in Augu. Dion. l. 54.

sous un certain Thrasibule, l'un des plus grands Magiciens de son tems ; mais ce Prince en eut dans la suite tant d'horreur, qu'il fit mourir ce même Thrasibule son Maistre ; & par un Edit exprés, il ordonna que le procés seroit fait selon la rigueur des Loix, à tous ceux qui exerçoient la Magie. Un Chevalier Romain fut accusé devant Claudius, de porter dans sa poche un œuf de coq ou de serpent, pour se rendre ses Juges favorables dans un procés qu'il avoit ; l'Empereur jugeant que cette superstition ne pouvoit estre fondée que sur l'art magique, fit condamner à mort le Chevalier, & confisqua son bien.

Tacit. l. 1. Dio. l. 57.

Tacit. l. 19. c. 9.

Neron tout méchant qu'il estoit, imita du moins ses Predecesseurs dans les ordres qu'il donna contre la Magie ; il poussa même les choses plus loin qu'aucun d'eux ; car aprés avoir fait punir quelques Magiciens, il ordonna par un Edit exprés, que tous les Philosophes seroient bannis de Rome & de l'Italie, parce que cette science favorisoit l'Art magique. *De expellendis Vrbe & Italia Philosophis, quòd Philosophia divinandi & ariolandi sententiam adumbraret.*

La Magie a cela de commun avec l'idolatrie & l'heresie, que c'est un crime de l'esprit autant que du cœur ; ainsi ceux qui en sont coupables, sont pour ainsi dire, criminels par estat ou profession, & il n'est point necessaire qu'ils passent de la volonté jusqu'à l'acte, comme dans les autres crimes, pour estre punissables. *In maleficiis voluntas spectatur, non exitus* : ce sont les termes d'une Loy de l'Empereur Hadrien, qui est la premiere du Corps du Droit sur cette matiere.

L. 14. dini Hadrian. ff. ad L. Cora. de sicar. & venef.

Ces enchanteurs donnoient des billets, ou de ces autres charmes qu'ils nommoient *Phylacteres*, pour preserver, disoient-ils, par effet de maladie ; cette superstition eut beaucoup de cours sous l'Empereur Caracalle : Ce Prince voulant en abolir totalement l'usage ordonna, que non seulement le Magicien, mais encore celuy qui porteroit pendu au col ou ailleurs ces sortes de prétendus remedes ou préservatifs, seroient chastiez.

Spart. in Cara.

Les Astrologiens judiciaires qui se déguisoient en ce tems sous le nom honorable de Mathematiciens, furent aussi tellement décriez, que les Empereurs Diocletien & Maximien, interdirent totalement l'étude des Mathematiques à l'exception de la seule Geometrie. *Artem Geometriæ discere atque exercere publicè interest ; ars autem Mathematica damnabilis est & interdicta omninò.* Ce sont les termes de la Loy qu'ils firent à cette occasion : il estoit sur toutes choses défendu, de consul- « ter aucuns Devins ou Astrologues touchant la « vie ou la destinée du Prince ou de la Republique « à peine du dernier supplice, tant contre le con- « sultant, que contre celuy qui répondroit. *Qui de salute Principis, vel summa Reipublicæ Mathematicos, Ariolos, Aruspices, vaticinatores consulet, cum eo qui responderit, capite punitur.*

L. 2. artem C. de malefic. & Mathem.

Paulus 5. sent. tit. 21. §. 3.

Ceux qui donnoient des breuvages pour faire avorter, ou des philtres pour se faire aimer, supposé même que leur dessein n'eust pas esté de faire du mal ; neanmoins comme cette conduite est toujours dangereuse, si c'estoient des gens de vile condition, ils estoient condamnez aux mines, & s'ils estoient de condition honneste, au bannissement, & à la confiscation de leurs biens : mais si la mort de quelqu'un s'en estoit ensuivie, les uns & les autres de ces donneurs de breuvages, estoient condamnez au dernier supplice.

L. 38. Si quis aliquid ff. de pœnis.

CHAPITRE

CHAPITRE III.

Des Loix de l'Eglise & des Princes temporels, contre la Magie & l'Astrologie judiciaire depuis la Naissance du Christianisme.

Philostrat. de vita Apollon.

LA ferveur des premiers Chrestiens leur donnoit tant d'éloignement pour ces sciences infernales que c'estoit ordinairement la premiere chose à laquelle on faisoit renoncer ceux qui embrassoient nostre sainte Religion. La Ville d'Ephese, par exemple, estoit remplie de Magiciens; l'impie Apollonius fameux dans cet art, s'estoit attiré un fort grand nombre de sectateurs. Saint Paul y fut prêcher l'Evangile; plusieurs du nombre de ceux qui furent convertis avoient exercé les arts curieux; c'est ainsi que saint Luc s'en explique; ils apporterent aussi-tost, conti-

Act. Apost. c. 19. v. 19.

nue-t-il, tous leurs livres, & les bruslerent devant tout le monde; on en supputa le prix, & l'on trouva qu'il montoit à cinquante mille pieces d'argent, ce qui revient à 19000. liv. ou environ de nostre monnoye; ainsi ce vice fut totalement aboli dans l'Eglise naissante, & il n'en est fait aucune mention pendant les trois premiers sie-

Can. qui divination. 1. qu. 5.
Can. Episcopi 11. quæst. 5.

cles du Christianisme. Des femmes d'esprit foible, perverties par la frequentation des Payens, donnerent de nouveau dans ces illusions, & quelques hommes corrompus suivirent bientost ce même train. L'Eglise s'en expliqua pour la premiere fois dans le Concile d'Ancyre, tenu l'an 314. Elle prononça anathême contre ceux & celles qui se mesleroient de ces arts diaboliques de magie, ou de sorcellerie, & ordonna qu'ils seroient mis pendant cinq ans en pénitence; & que ceux qui les auroient consultez, ou qui les auroient introduits chez eux pour découvrir ou pour faire faire quelques malefices subiroient la même peine. Elle ordonna enfin aux Evêques & à ses autres Ministres, d'apporter tous leurs soins pour en purger l'Eglise, & de les chasser honteusement de l'assemblée des fideles, s'ils ne se convertissoient.

Les Augures & les Aruspices n'avoient point esté compris par les Payens au nombre des Magiciens & des Sorciers; ils regardoient au contraire l'exercice de ces arts superstitieux, comme autant de ceremonies sacrées, par lesquelles les oracles de leurs Dieux se faisoient entendre: c'est pourquoy leurs Loix contre l'art Magique ne font aucune mention de ceux-cy. Il y avoit sept ans que Constantin estoit converti, qu'il n'avoit pas osé toucher à cet article; il apprehendoit d'exciter quelque émotion dans l'Empire, qui estoit encore rempli de Payens: ce ne fut qu'après avoir rempli de Sujets Chrestiens les premiers postes, & la plus grande partie des hautes dignitez de la Robe & de l'Epée, de la Cour & des Provinces, qu'il se crût assez fort

L. 1. nullus. C. Th. de maleficis & mathematicis.
L. 3. Nullus C. Justin. eod. titulo.

pour s'en expliquer ouvertement, comme il le fit par une Loy de l'an 319. Elle porte de » tres-expresses défenses à tous Aruspices & à » tous autres qui avoient coustume de servir à » leurs ceremonies, d'entrer dans aucune mai- » son particuliere, sous quelque prétexte que » ce fust, quand ce seroit même sous celuy d'u- » ne ancienne amitié, à peine d'estre brûlez. » Elle veut aussi que celuy qui auroit appellé en » sa maison un Aruspice, en soit puni par un » bannissement, & la confiscation de tout son

bien: & enfin elle declare, que ceux qui dé- « couvriront ce crime, ne passeront point pour « denonciateurs odieux, mais qu'au contraire ils « meriteront une tres-grande récompense. «

Les Payens qui estoient encore en assez grand nombre, furent allarmez de cette Loy; ils s'en plaignirent, & ce Prince pour calmer leur mur-

L. 1. Haruspic. C Th. de Malef. & Mathem.

mure & maintenir la paix, fut obligé de leur accorder une autre Loy de la même année: elle « porte, qu'encore qu'il eust défendu aux A- « ruspices, à leurs Prestres, & à tous ceux qui « servoient à ces anciennes ceremonies, d'en- « trer dans les maisons des Particuliers, il n'a- « voit point entendu leur interdire l'entrée de « leurs Temples, & les approches de leurs Au- « tels publics, pour y observer leurs solemnitez, « pourvû que cela se fist de jour. La premiere de « ces deux Loix avoit esté adressée à Maxime, « Prefet ou premier Magistrat de la Ville de Rome, « & celle-cy fut adressée au Peuple, parce qu'il « s'agissoit de l'appaiser.

Constantin eut encore cette condescendance pour son Peuple idolâtre & superstitieux, de luy accorder en 321. une Loy favorable aux en-

L 3. eorum, C Th. & l. 4. C. Justin. cod. tit.

chanteurs: elle porte, que c'est avec justice « que les Loix se sont armé de toute leur severité « pour punir les Magiciens, qui cherchent leur « art pour nuire aux hommes, ou pour exciter « les personnes chastes à l'impudicité; mais que « ceux qui donnent certains remedes profitables « au corps humain, ou qui empêchent par des « charmes les vents, les pluyes, les gresles, ou « quelques autres intemperies de l'air, de nuire « aux fruits de la terre, n'en doivent point estre « recherchez, parce qu'en cela leur art ne porte « aucun préjudice, qu'au contraire il produit « un grand bien, en conservant aux hommes les « fruits de leurs travaux. Cette Loy a esté censu- « rée de toute la posterité, & nous verrons dans la « suite qu'elle fut revoquée par l'un des Successeurs « de ce Prince.

La Foy s'affermissant toujours de plus en plus, les Loix favorables à la Religion & aux mœurs firent le même progrès. Constance en fit publier une fort celebre l'an 357. Voicy ce qu'elle con-

L. 4. Nemo, C. Th. & 5. C. Justin. cod. tit.

tient. Qu'aucun ne consulte les Augures ou les « Mathematiciens; silence perpetuel aux Chal- « déens, aux Magiciens, & à tous ceux que le « Vulgaire nomme Malfaicteurs, *Maleficos*, par « les maux étranges qu'ils commettent; que cha- « cun d'eux se donne de garde d'exercer « à l'avenir ces arts pernicieux; que la curiosité « des Devins soit éternellement muette; que ce- « luy qui refusera d'obéir à nostre presente « Loy, en soit à l'instant puni par la perte de la « teste, & que l'épée vange ses crimes. «

L'Art Magique renferme dans sa malignité deux differens crimes, qui le rendent égale- ment odieux & condamnable: le premier, de vouloir entrer dans les secrets de Dieu, pour prédire l'avenir; & le second, de faire du mal soit pour tourmenter les gens de bien, soit pour se vanger de ses ennemis. L'Empereur Constance avoit arresté le cours du premier de ces maux

Vuu iij   par

par la Loy precedente; il pourvut au ſecond par une Loy de la même année 357. Elle porte que » pluſieurs avoient l'audace d'employer l'art ma- » gique pour évoquer les ames des défunts, trou- » bler les élemens, faire mourir leurs ennemis, » ou porter prejudice aux gens de bien; que ces » ſortes de gens ennemis de la nature devoient perir, *feralis peſtis abſumat*, ce ſont les termes de la Loy; & ce genre de ſupplice qu'elle impo-ſe ne s'entend pas facilement. Les Auteurs l'ont

interpreté de deux differentes manieres; les uns prétendent que c'eſtoit la peine du feu, ſoit que l'on priſt ce mot, *feralis*, dans l'une ou l'autre des ſignifications que les anciens luy donnoient, ou pour un ſacrifice fait aux morts, ou pour des funerailles ordinaires; que dans le premier ſens cette Loy pouvoit s'entendre, que les Magiciens devoient eſtre brûlez, comme une eſpece de ſa-tisfaction que l'on faiſoit aux Manes dont ils avoient troublé le repos: & dans l'autre ſens, que comme *in feralibus ſeu funeribus*, les corps des défunts eſtoient brûlez; la Loy s'eſtoit expri-mée dans ce même terme, pour faire entendre que les Magiciens devoient auſſi eſtre brûlez vifs.

Ils citent pour exemple la premiere Loy de ce même titre, qui impoſe cette peine du feu aux Aruſpices moins coupables que les Magiciens, & le témoignage du Juriſconſulte Paul qui vi-voit plus de deux cens ans avant Conſtance, & qui rapporte que dés ce temps-là les Magiciens eſtoient brûlez vifs. Ils ajoutent enfin que le mot,

peſtis détermine certainement ce ſupplice à la perte de la vie; & que Ciceron & Virgile l'ont ſouvent employé pour une mort cauſée par le feu. Les autres prétendent que ces mots, *feralis peſtis*, ſignifioient l'expoſition aux beſtes; & qu'en cet endroit, *feralis* devoit eſtre pris pour *feris*; mais quoi qu'il en ſoit ils conviennent tous que c'eſtoit la peine de mort. Au reſte le Chriſtianiſme dont Conſtance faiſoit profeſſion auroit eu peu de rapport à cette premiere explication des termes de la Loy, à moins qu'il ne s'en fuſt ſervi non pas pour entrer dans les ſentimens des Payens, mais ſeulement pour ſe rendre intelligible à ſon peuple auquel cette Loy eſtoit adreſſée, & qui eſtoit accouſtumé d'entendre par ces mots un certain genre de ſupplice, ſans y attacher aucune de ces circonſtances ſuperſtitieuſes du Paganiſ-me. Peut-eſtre auſſi pourroit-il y avoir eu faute dans l'impreſſion de cette Loy en l'un & en l'au-tre Code: & qu'au lieu de *feralis peſtis* l'on y doit lire, *feralis pœna abſumat*; auquel cas il ſeroit ſans difficulté que cette peine auroit eſté l'expo-ſition aux beſtes, comme Juſtinien appelle ail-

leurs un pareil ſupplice, *ferales anguſtias*.

La ſeverité de ces Loix & les bonnes inten-tions de l'Empereur n'empêcherent pas que ſa Cour ne fuſt auſſi-toſt remplie de Magiciens, d'Aſtrologues & d'Aruſpices. Julien ſon parent qu'il avoit déclaré Céſar eſtoit luy-même fort avant dans toutes ces ſuperſtitions, & il y atti-roit les autres, & les y protegoit fortement; ce furent les prémices du crime qu'il conſomma eſ-tant Empereur, & qui luy a merité le nom o-dieux d'Apoſtat, ſous lequel il eſt connu. Conſ-tance eſtant averti des pernicieux engagemens de ce jeune Prince, fit une Loy l'an 358. qu'il adreſ-

ſa au Préfet du Prétoire. Elle porte, que ſi dans » toutes les parties de la Terre les Magiciens ſont » regardez comme ennemis du genre humain, » il eſt bien important que les perſonnes qui » compoſent la Cour du Prince, & qui appro-» chent de plus prés ſa Majeſté, ſoient exempts » de crime; c'eſt pourquoy il ordonne, que

s'il ſe trouvoit en ſa Cour ou en celle de Cé- « ſar, aucun Magicien, Aruſpice, Devin, Ma- « thématicien, Augure, Obſervateur de ſonges, « ou infecté de quelqu'un de ces arts que le vul- « guaire nomme Maleſice, il ſoit arreſté; & ſi « eſtant convaincu il oſe dénier ſon crime, il « ſoit expoſé à la queſtion, & que les coſtez luy « ſoient déchirez avec des ongles de fer, ſans que « ſon rang l'en puiſſe exempter, nonobſtant les « privileges accordez aux perſonnes conſtituées « en dignité, qui les exemptent de ces ſortes « de tourmens. «

L'Empereur Conſtance ne ſurvécut que deux ans & quelques mois à cette Loy, & ſa mort en arreſta tout le ſuccés. L'apoſtaſie de Ju-lien ſon Succeſſeur remit en credit les Magiciens, les Devins, les Aruſpices, & toutes les autres ſu-perſtitions du Paganiſme. Cet impie ne regna que dix-neuf mois; auſſi-toſt qu'il fut mort, Jo-vien qui luy ſucceda fit fermer les Temples des Idoles, défendit les Sacrifices & rapella tous les Prélats exilez; mais ſon Regne qui ne dura que ſept mois vingt-deux jours, ne fut ny aſſez long, ny aſſez tranquille pour remedier à tous les abus que ſon Predeceſſeur avoit introduits dans la Religion. Les Magiciens à la verité n'oſoient plus commettre leurs abominations en plein jour; mais ils les couvroient des tenebres de la nuit, & c'eſtoit encore un fort grand mal à faire ceſſer. Ce fut ce qui donna lieu à Valentinien & à Va-lens, l'an 364. le premier de leur Regne, de faire une Loy contre ces reſtes d'idolatrie: elle porte, que quiconque ſacrifiera aux démons, les in- « voquera, ou ſera quelques enchantemens pen- « dant la nuit, s'il eſt découvert & convaincu, « ſera puni de mort. «

Ceux qui faiſoient profeſſion de l'Aſtrologie judiciaire prétendoient que cette Loy ne les re-gardoit point; ils continuerent de répandre en tous lieux leurs obſervations, & les enſeignoient publiquement ſous le titre de Mathématiciens: l'un des plus habiles d'entr'eux oſa même en met-tre au jour un Traité fort ample, dont pluſieurs auteurs parlent comme d'une entrepriſe qui fit alors beaucoup de bruit. Il y a beaucoup d'appa-rence que ce fut ce livre qui donna occaſion à une Loy de Valentinien, de l'an 370. Elle fait défenſes de mettre au jour aucun Traité des Ma-thématiques, ny de les enſeigner ſoit publi- « quement ou en particulier, de jour ou de nuit, « & ordonne que celuy qui ſera trouvé en con- « travention, & ſes écoliers, ſoient également « punis du dernier ſupplice, d'autant que la fau- « te de l'étudiant eſt auſſi grande que celle du « maiſtre qui enſeigne un art défendu. «

Comme les Magiciens avoient eſté déclarez par les Loix ennemis du genre humain, chacun ſe crut en droit de les tuer auſſi-toſt qu'ils eſtoient découverts; le peuple ſe fondoit ſur cette maxi-me authoriſée par les Loix, mais mal entenduë, que tout homme doit s'oppoſer aux ennemis « du Prince, ou du public: *In reos Majeſtatis & « publicos hoſtes omnis homo miles eſt.* Delà il s'enſui-voit l'un ou l'autre de ces deux abus également préjudiciables à la ſûreté publique. L'un, que ſouvent l'on faiſoit mourir le coupable de crain-te qu'à la queſtion il ne découvrit ſes compli-ces, & pour en oſter la connoiſſance à la Juſtice: L'autre, que ſous ce pretexte ſpecieux, l'on ſe défaiſoit quelquefois de ſon propre ennemy par cette voye cruelle. Ce furent ces motifs qui dé-terminerent les Empereurs Valentinien, Theo-doſe & Arcade d'y pourvoir par une Loy expreſ-ſe l'an 371. Elle enjoint à toutes perſonnes qui « « découvriront

» découvriront quelque Magicien, de le condui-
» re devant les Juges, à l'inſtant qu'ils l'auront
» arreſté. Elle leur fait tres-expreſſes défenſes à
» peine de la vie, de faire mourir en ſecret au-
» cune perſonne quoique notoirement connuë
» pour eſtre coupable de ce crime, ou ſous tel
» autre pretexte que ce puſt eſtre.

Alaric Roy des Goths ayant aſſiegé la Ville de
Rome ſur la fin de l'an 408. & s'en eſtant rendu
le Maiſtre au commencement de l'an 409. des
Aſtrologues judiciaires Toſcans s'eſtoient vantez
pendant le ſiege, que par leur art, il eſtoit en
leur pouvoir d'exciter des Tonnerres &, des
Tempeſtes qui ſorceroient ce Prince à ſe retirer. Quelques-uns des principaux de la Ville
eurent la foibleſſe d'écouter ces impoſteurs, &
de leur permettre de faire leurs ſacrifices impies
dans l'une des places publiques. Le peuple &
les gens de bien en furent indignez ; & après que
l'ennemi ſe fut retiré, le Pape Innocent III. &
les Magiſtrats en écrivirent aux Empereurs Honorius & Theodoſe qui eſtoient à Ravenne. Ce
fut à cette occaſion qu'ils firent publier une Loy,
» par laquelle ils ordonnerent de chaſſer non ſeu-
» lement de la Ville de Rome, mais encore de
» tous les autres lieux de l'Empire tous les Ma-

thematiciens ; de faire une perquiſition exac- «
te de tous leurs livres, & de les brûler ; & que «
s'il s'en découvroit à l'avenir quelqu'un qui en- «
ſeignaſt ſecrettement les erreurs de cette profeſ- «
ſion, il ſeroit à l'inſtant banni dans les Iſles à «
perpetuité. «

L'erreur que la Loy de Conſtantin avoit fait
naiſtre l'an 321. en permettant du moins d'avoir
recours à la magie, pour remedier aux maladies, ou pour conſerver les fruits de la terre, ſubſiſtoit encore dans quelques eſprits, & cela les
jettoit dans beaucoup de ſuperſtitions. Les Loix
en condamnant les Magiciens au dernier ſupplice, en les chaſſant de l'Empire, & faiſant brûler
leurs livres, avoient aſſez fait entendre que cet
abus ne ſubſiſtoit plus : cependant pour lever
juſqu'au moindre doute, l'Empereur Leon fit
une Loy qui ne laiſſe rien à deſirer ſur cette
matiere ; voicy ce qu'elle contient. Si quel- « Nov. Leon. 65
qu'un eſt trouvé ſe ſervir de charmes ou d'en- «
chantemens, ſoit pour recouvrer ou conſerver «
la ſanté, ſoit pour détourner les calamitez qui «
feroient perir les fruits de la terre, qu'on le «
traitte en Apoſtat, & qu'il ſoit puni du der- «
nier ſupplice. «

CHAPITRE IV.

Ordonnances de nos Rois contre la Magie, l'Aſtrologie judiciaire,
& leurs dépendances, depuis l'eſtabliſſement de la Monarchie,
juſques à preſent.

LA Magie eſtant l'ouvrage des Démons, elle
a penetré dans tous les Eſtats du monde,
où ces malins eſprits ont eu des adorateurs ; ils
n'ont pû cependant avec toute leur adreſſe ſi bien
cacher ſa malignité, qu'entre ceux mêmes qui
leur ont offert de l'encens, le plus grand nombre, & les plus éclairez n'ayent perpetuellement condamné ce malheureux art. Les Loix
que nous venons de parcourir dans le Chapitre
precedent, ne laiſſent aucun lieu d'en douter à
l'égard des Grecs & des Romains idolâtres. Les
Nations du Nort n'en ont pas eu d'autres ſentimens, avant même qu'elles euſſent quitté les
autres erreurs du Paganiſme. Ce fut l'une des
diſpoſitions de cette Loy fameuſe, par laquelle le premier de nos Rois, en ſortant d'A-
lemagne, commença ſon Regne en deça du Rhin
» l'an 424., ſelon Sigebert. Si donc quel-
» conque en appellera un autre Sorcier, ou l'ac-
» cuſera d'avoir porté la chaudiere au lieu où les
» Sorciers s'aſſemblent, & qui ne le pourra prou-
» ver, il ſera condamné en deux mille cinq cens
» deniers, qui ſont ſoixante-deux ſous & demy :
» que celuy qui aura appellé Sorciere ou femme
» de mauvaiſe vie, une femme libre, & ne le
» pourra prouver, ſera condamné en ſept mille
» cinq cens deniers, qui ſont cent quatre-vingt
» ſept ſous & demi : & qu'enfin ſi une Sorciere
» devore un homme, ce qui peut s'entendre d'un
» corps mort, comme les Hiſtoires rapportent
» qu'elles faiſoient en ce temps-là, elle ſera con-
» damnée en huit mille deniers qui ſont deux
» cens ſous. Ce ſol eſtoit d'or, il peſoit 85. grains
» & un tiers de grain, & vaudroit aujourd'huy
8 l. 5. ſ. de noſtre monnoye. Le denier eſtoit
d'argent, & il en faloit quarante pour faire un ſol.

Ainſi la premiere de ces amendes montoit à cinq
cens quinze livres quatorze ſous. La ſeconde, à
quinze cens quarante-ſix livres dix-ſept ſous ſix
deniers : & la troiſiéme, à ſeize cens cinquante
livres. Nous avons déja remarqué en d'autres occaſions, que cette Loy ne condamnoit à mort
que les criminels de léze-Majeſté, les autres peines n'eſtoient que pecuniaires ; c'eſtoit un Eſtat
naiſſant, & l'on y ménageoit la vie des hommes :
mais entre ces peines il y en avoit peu de plus
forte que celle-cy contre les Sorciers.

Le Chriſtianiſme que les François embraſſe- Capit. Reg. Fr.
rent à l'imitation du grand Clovis, & par les t. 1 coll. 147.
ſoins & les inſtructions des ſaints Prélats qui
rempliſſoient alors l'Egliſe des Gaules, leur
donna encore plus d'horreur pour toutes ces ſuperſtitions. Childeric III. dans l'un de ſes Edits
de l'an 742. ordonna, que ſelon les ſaints Canons, chaque Evêque, avec le ſecours du «
Magiſtrat, prendroit un grand ſoin d'abolir «
dans ſon Diocéſe les ſacrifices profanes, les «
ſortileges, les divinations, les charmes, les «
enchantemens & toutes les autres ordures reſ- «
tées du Paganiſme, qui attiroient la colere de «
Dieu ſur ſon peuple. «

Charlemagne réitera pluſieurs fois ces mêmes Car. Magn. an.
ordres, de chaſſer de ſes Eſtats les Magiciens, les 743. 769. 789.
Devins, les Aſtrologues, les Augures ; mais & 814.
comme ce mal demandoit un remede plus puiſ- Capit. Reg. Fr.
ſant que des exhortations, il fit enfin publier t. 1. col. 191.
pluſieurs Edits contr'eux, & qui eſtabliſſent les 110. 235. 518.
peines dont ils devoient eſtre punis ; nous les 26. 72. 215.
réunirons tous pour éviter les repetitions. 374. & 397.
Ibid. l. 7. c. 181.
Ils défendent toutes ſortes de ſorcelleries, de ma- 111. & 370.
gies & divinations, d'invocations des Démons, de Ibid. addit. 2.
characteres, de maleſices, de breuvages pour faire cap. 11.
aimer,

aimer, d'enchantemens pour troubler l'air, ou exciter des grêles ou des tempestes, faire perir les fruits de la terre, ou le lait des bestiaux, les oster aux uns pour les donner aux autres, les charmer par ligatures, & generalement tout ce qui s'opere par art magique; les Mathematiques, c'est-à-dire l'Astrologie judiciaire, qui se paroit encore en ce tems-là ce beau nom, les augures, les prédictions de l'avenir & l'explication des songes; ces Réglemens veulent que tous ceux qui exercent ces arts diaboliques, soient reputez execrables, & qu'ils soient traittez de même que les homicides, les empoisonneurs & les voleurs; ils ordonnent que ceux qui les consulteront touchant la vie & la fortune du Prince, ou le salut de l'Estat, soient punis de mort, de même que celuy qui aura esté consulté, & qui aura répondu. Ils portent enfin, que tous ceux qui se vanteront seulement de pouvoir prédire l'avenir, soient fustigez & chassez des Villes; & ajoustent pour motif de ces dispositions, qu'il est bien juste de punir d'autant plus severement ceux qui se trouvent coupables de semblables fautes, qu'ils ont osé par une entreprise aussi détestable que temeraire, rendre au Demon le culte qui n'appartient qu'à Dieu.

Tous ces crimes n'estant pour ainsi dire, qu'autant de branches ou de productions de l'idolatrie, le nombre des coupables a diminué à proportion que le Paganisme a esté aboli; c'est pourquoy depuis ce tems, ces Loix ont esté beaucoup moins necessaires, & consequemment moins frequentes. La France entre tous les autres Estats en a esté beaucoup délivrée; s'il y en a paru quelques-uns de tems en tems, ils y estoient venus d'autres Païs, ou se font trouvez de pauvres malheureux Fanatiques, sans naissance, sans éducation, sans estude, & sans biens.

Des gens de cette qualité s'introduisirent à la Cour de Charles VIII. l'attrait de la curiosité & la passion violente de penetrer dans l'avenir, leur y donna entrée chez quelques-uns des Grands, & ils y trouverent de la protection: les funestes effets qui suivent ordinairement cet art abominable, les firent découvrir, & les rendirent odieux. Le Roy en fut informé, sa Religion en fut alarmée, & y pourvut à l'instant par une Ordonnance de l'an 1490. Elle porte,

Fontan. t. 4. tit. 6. art. 3 p. 237.

» que Sa Majesté veut & entend, que tous les » Enchanteurs, les Devins, les Invocateurs des » malins esprits, les Negromanciens soient in- » cessamment arrestez & punis selon la rigueur » des Loix, parce que ces crimes attaquent » directement Dieu & la Foy Catholique. Elle » enjoint à tous ses Officiers, & à ceux des Sei- » gneurs ses Sujets & Vassaux, de tenir la main en » toute diligence, que cette Ordonnance soit exe- » cutée, à peine contre les negligens d'une amende » arbitraire, dont le denonciateur aura le quart, » & de la perte de leur Office, qu'Elle declare » dés lors impetrable, & sans esperance d'y » pouvoir estre rétabli, nonobstant toutes Let- » tres ou nouvelles Provisions qu'ils en auroient » pû obtenir. Elle veut que tous les Juges ordi- » naires connoissent de ce crime par prévention, » & leur ordonne qu'à l'instant qu'ils en auront » des preuves, soit par information, soit par » notorieté ou présomption violente, ils fassent » emprisonner les coupables, saisir leurs biens, » qu'ils instruisent leurs procez & les jugent, » toutes autres affaires cessantes; qu'à l'égard des » Clercs, ils les fassent arrester, & les remet- » tent à leur Evêque Diocesain, pour y estre » aussi punis ainsi que les Loix & la raison le

demandent. Elle ordonne enfin que toutes les « personnes de quelque estat ou condition qu'el- « les soient sans aucune exception, qui deman- « deront conseil ou secours à ces Enchanteurs, « Devineurs, Invocateurs des malins esprits, « Negromanciens, ou autres qui usent de ces « arts pernicieux, défendus par l'Eglise, ou qui « frequenteront & participeront avec ces detesta- « bles, les connoissans pour tels, & qui ne les « reveleront pas à Justice, seront punis de la « même peine que les principaux auteurs & mal- « faiteurs.

Le Prevost de Paris en conformité de cette Ordonnance, en rendit une le vingtiéme Juillet 1493. qui rappelle toutes les dispositions de celle-cy, & enjoint à ses Justiciables de les executer sous les peines y contenuës. Ce Magistrat y joignit les Réglemens contre les blasphemateurs; parce que les coupables de ce crime s'attaquent à Dieu aussi bien que les Sorciers & les Magiciens. Cette Ordonnance fut jugée si considerable, que la publication en fut faite le même jour par le Juré-Crieur dans tous les Carrefours de Paris, en la presence de Maistres Jean de la Porte Lieutenant Criminel, Pierre Quatre-livres Procureur du Roy, Pierre Regnier, Pierre Paulmier, Jean de Saint-Yon, Jean Guillebon, Robert Bonneau, Philippes Dufour, Nicolle Poissonnier, Jean Neveu, Guillaume Duval de Mercy, & Pierre Assailly Examinateurs de par le Roy nostre Sire au Chastelet, & qui ne s'est jamais observé avec tant de ceremonie, que dans les affaires les plus importantes, & qui regardent le bien general de l'Estat.

Liv. bleu du Chastelet, fol. 39.

Papon rapporte un Arrest du Parlement du deuxiéme Mars 1572. par lequel un Aveugle des Quinze-Vingts fut condamné à estre bruslé vif, pour malefices & sortileges execrables.

Liv. 22. tit. 3.

Par un autre Arrest du vingt-sixiéme Février 1587. Dominique Mirot Italien, & Marguerite sa belle-mere, appellans d'une Sentence du Bailly de Mante, furent condamnez pour magie, idolatrie & impietez, à faire amende honorable devant l'Eglise de Paris, crier mercy « à Dieu, au Roy & à la Justice, de l'idolatrie, « des magies & impietez par eux commises, ce « fait estre pendus & estranglez à une potence « croisée, qui pour ce fait seroit plantée au « Parvis de Nostre-Dame; leurs corps morts, « ars, bruslez & reduits en cendre; leurs biens « acquis & confisquez à qui il appartiendroit, « sur iceux préalablement pris 600. écus applica- « bles à plusieurs Eglises.

Bacquet, des droits de Justice, c. 12. p. 44.

Depuis ce temps cette vermine de Magiciens, de Sorciers & d'Enchanteurs a toujours diminué, & à peine en est-il fait mention: mais les Genethliaques, Pronostiqueurs ou faiseurs d'horoscopes, connus & condamnez sous le nom generique de Mathematiciens, & qui se parent encore aujourd'huy de celuy d'Astrologues, ont prétendu n'estre point compris dans ces Ordonnances contre les devins & les autres arts magiques; ainsi au lieu de suivre de si justes Loix, ils ont toujours continué d'infatuer le monde de leurs prédictions; il n'y a pas jusques aux Almanachs qui n'en soient remplis. Chacun sçait que ces Ephemerides annuelles nous viennent des Arabes, dont la langue n'est qu'un idiome de celle des Hebreux; ils les ont nommez Almanach, de l'Hebreu Manahes, qui signifie calcul ou supputation; leur dessein estoit sans doute, de faire entendre, que ce ne doit estre autre chose qu'une supputation des tems, des lunes
& des

& des faisons , un calcul exact de tous les degrez que les Astres parcourent, & une observation des Phenomenes que leurs aspects peuvent causer dans le Ciel , ou dans l'air , & tout au plus des changemens ou alterations que leurs impressions, leurs approches ou leurs éloignemens peuvent apporter dans le temperament & les humeurs des corps sublunaires ; mais contre les plus expresses dispositions des Loix , nos Astrologues les remplissent de prédictions qui regardent la Personne des Princes , leurs desseins , leur fortune , leur vie , leurs Estats , la disposition de leurs Peuples à leur égard , la perte ou le gain des Batailles , les Sieges des Villes , la Guerre & la Paix ; en un mot , tout ce qui est possible ; & tout ce qui peut arriver dans la Religion ou dans la Politique.

Les inconveniens de cette conduite par rapport à la Religion , à l'Estat & au repos des Peuples, ont esté connus dans tous les tems, & nos Roys y ont pourvû par differentes Ordonnances : Voicy ce qu'elles contiennent.

Ordonnance de Charles IX. aux Estats d'Orleans en 1560. art. 26. PArce que ceux qui se meslent de prognostiquer les choses à venir , publient leurs Almanachs & prognostications, passant les termes d'Astrologie contre l'exprés Commandement de Dieu ; chose qui ne doit estre tolerée par Princes Chrestiens : Nous défendons à tous Imprimeurs & Libraires , à peine de prison & d'amende arbitraire, d'imprimer , ou exposer en vente aucuns Almanachs & prognostications, que premierement ils n'ayent esté visitez par l'Archevêque, ou Evêque , ou ceux qu'il commettra ; & contre celuy qui aura fait & composé lesdits Almanachs, sera procedé par nos Juges extraordinairement, & par punition corporelle.

Ordonnance d'Henry III. à Blois en 1579. art. 36. TOus Devins & faiseurs de Prognostications & Almanachs , excedans les termes d'Astrologie licite , seront punis extraordinairement & corporellement ; défendons à tous Imprimeurs & Libraires , sous les mêmes peines , d'imprimer ou exposer en vente aucuns Almanachs ou Prognostications, qu'ils n'ayent esté vûs par l'Archevêque , Evêque , ou ceux qu'ils auront deputez expressément à cet effet , & approuvez par leurs certificats signez de leurs mains , & qu'il n'y ait aussi permission de Nous , ou de nos Juges ordinaires.

20. Janvier 1628. Lettres Patentes portant Réglement pour la composition, l'impression des Almanachs , publiées au Chastelet le 4. Févr. de la même année, & registrées le lendemain dans les Bannieres, v. 11. LOUIS par la grace de Dieu , Roy de France & de Navarre , A tous ceux qui ces presentes Lettres verront, Salut. Ayant consideré que ceux qui se meslent de composer des Almanachs & Prédictions , au lieu de demeurer dans les bornes du devoir , y employent plusieurs choses inutiles & sans fondement certain, qui ne peuvent servir qu'à embarrasser les esprits foibles qui y ont quelque croyance ; Nous avons resolu de faire cesser ces abus à l'avenir : Nous pour ces causes & autres à ce Nous mouvans , suivant le xxxvi. Article de l'Ordonnance de Blois, avons fait & faisons défenses à toutes personnes de faire ny composer aucuns Almanachs & Prédictions , hors les termes de l'Astrologie licite . même d'y comprendre les prédictions concernant les Estats & Personnes , les affaires publiques & particulieres, soit en termes exprés ou couverts & generaux, ny autres quelconques, & d'y employer & mettre autres choses que les lunaisons, éclipses, & diverses dispositions & temperamens de l'air , & déréglement d'iceluy , & en la maniere portée par ledit article, à peine de confiscation , & de punition corporelle , & de cinq cens livres d'amende ; défendant aussi tres-expressément & sur les mêmes peines, à toutes personnes de les imprimer & publier; Mandons à nostre Prevost de Paris ou son Lieutenant Civil, que ces Presentes ils fassent publier par-tout où il appartiendra, afin qu'aucun n'en prétende cause d'ignorance, & le contenu d'icelles garder & observer soigneusement , sans permettre qu'il y soit contrevenu ; enjoignant à nostre Procureur en la Prevosté & Vicomté de Paris d'y tenir la main : CAR tel est nostre plaisir ; en témoin de quoy Nous avons fait mettre nostre Scel à cesdites Presentes. DONNE' au Camp devant la Rochelle le 20. Janvier 1628. & de nostre regne le 18. Signé, LOUIS : Et sur le reply , par le Roy, POTIER. Et scelé du grand sceau de cire jaune.

Une femme nommée Voisin se rendit fameuse à Paris , dans l'art de deviner qu'elle se vantoit d'avoir : le concours des personnes de toutes conditions qui donnent dans ces foiblesses & ces vaines curiositez estoit fort grand chez elle , & beaucoup plus de femmes que d'hommes. Quelques desordres qui arriverent à cette occasion , & quelques suites funestes de ses conseils & de son art, la firent connoître ; elle fut arrestée de l'ordre du Roy , & conduite à la Bastille.

L'on découvrit en même tems d'autres imposteurs de l'un & de l'autre sexe , qui abusoient de la credulité ou des mauvaises dispositions des personnes qui s'addressoient à eux : les uns sous le titre d'Astrologues disoient la bonne aventure, ou tiroient l'horoscope ; ce qui remplissoit les esprits de craintes ou d'esperances chimeriques, & souvent les familles de troubles & de divisions. D'autres se vantoient d'avoir commerce avec les Esprits infernaux , & promettoient de découvrir les secrets, de penetrer dans l'avenir le plus profond , de faire trouver les choses perdues ou les thrésors cachez ; il y en avoit qui donnoient des amuletes ou phylacteres pour guerir ou pour preserver des maladies & de tous dangers ; d'autres enfin faisoient commerce de philtres ou breuvages pour se faire aimer , pour se rendre invulnerable , ou pour gagner au jeu : il n'y eut enfin aucunes des superstitions que nous avons vû condamnées par les Loix , que ces malheureux n'eussent renouvellées & mises à prix ; point de sacrileges, de profanations, d'empoisonnemens, & d'autres abominations que plusieurs d'entre eux n'eussent mis en usage. Un mal si pernicieux à l'Estat ne pouvoit estre long-tems caché aux Lumieres & à la sage & vigilante attention du grand Magistrat qui remplissoit alors le Tribunal de Police. Les coupables furent arrestez ; le Roy commit ensuite ce Magistrat pour instruire leurs Procés , & une Chambre de Justice pour les juger avec luy. La Voisin se trouva la plus coupable ; elle fut brullée vive dans la Place de Greve , & tous les autres furent condamnez aux peines proportionnées à leurs fautes ; ainsi cette faction de scelerats fut découverte & détruite presqu'à sa naissance ; & le Roy qui eut la bonté pour ses Sujets de vouloir bien estre informé de tout ce qui se passoit, pourvût à leur seureté pour l'avenir par l'Edit qui suit.

Juillet 1682.
Edit pour la
punition des
malefices ,
empoifonne-
mens & au-
tres crimes ,
regiftrée au
Parlement le
31. Aouft
de la même
année.

LOUIS par la grace de Dieu Roy de France & de Navarre , A tous prefens & à venir , Salut. L'execution des Ordonnances des Roys nos Prédeceffeurs , contre ceux qui fe difent Devins, Magiciens & Enchanteurs , ayant efté negligée depuis long-tems ; & ce relâchement ayant attiré des Païs eftrangers dans noftre Royaume plufieurs de ces impofteurs, il feroit arrivé que fous prétexte d'horofcope & de divination , & par le moyen des preftiges des operations de préten-duës magies & autres illufions femblables dont cette forte de gens ont accouftumé de fe fervir, ils auroient furpris diverfes perfonnes ignorantes ou credules qui s'eftoient infenfiblement enga-gées avec eux , en paffant des vaines curiofitez aux fuperftitions , & des fuperftitions aux impie-tez & aux facrileges ; & par une funefte fuite d'engagemens, ceux qui fe font le plus abandonnez à la conduite de ces feducteurs , fe feroient portez à cette extrémité criminelle, d'ajoufter le male-fice & le poifon aux impietez & aux facrileges , pour obtenir l'effet des promeffes defdits Seduc-teurs , & pour l'accompliffement de leurs méchantes prédictions. Ces pratiques eftant venuës à noftre connoiffance , Nous aurions employé tous les foins poffibles pour faire ceffer & pour arrefter par des moyens convenables les progrès de ces deteftables abominations : & bien qu'aprés la punition qui a efté faite des principaux auteurs & complices de ces crimes , nous duffions efperer que ces fortes de gens feroient pour toujours bannis de nos Eftats , & nos Sujets garantis de leur furprife ; neanmoins comme l'experience du paffé nous a fait connoiftre combien il eft dangereux de fouffrir les moindres abus qui portent aux crimes de cette qualité , & combien il eft difficile de les déraciner , lorfque par la diffimulation ou par le nombre des coupables ils font devenus crimes publics ; ne voulant d'ailleurs rien omettre de ce qui peut eftre de la plus grande gloire de Dieu , & de la feureté de nos Sujets , Nous avons jugé neceffaire de renouveller les anciennes Ordonnances , & de prendre encore, en y ajoustant, de nouvelles précautions , tant à l'égard de tous ceux qui ufent de malefices & de poifons , que de ceux qui fous la vaine profef-fion de Devins , Magiciens , Sorciers , ou autres noms femblables , condamnez par les Loix di-vines & humaines , infectent & corrompent l'efprit des peuples par leurs difcours & pratiques , & par la profanation de ce que la Religion a de plus faint. Sçavoir faifons, que Nous pour ces caufes & autres à ce Nous mouvans , & de noftre propre mouvement , certaine fcience , pleine puiffance & autorité Royale, avons dit, declaré & ordonné , difons , declarons & ordonnons par ces Prefen-tes fignées de noftre main , ce qui enfuit.

I.

Que toutes perfonnes fe meflant de deviner , & fe difant Devins ou Dev인涉eres, vuideront inceffamment le Royaume après la publication de noftre prefente Déclaration , à peine de puni-tion corporelle.

II.

Défendons toutes pratiques fuperftitieufes , de fait , par écrit ou par parole , foit en abufant des termes de l'Ecriture fainte , ou des Prieres de l'Eglife , foit en difant ou en faifant des chofes qui n'ont aucun rapport aux caufes naturelles; voulons que ceux qui fe trouveront les avoir enfeignées, enfemble ceux qui s'en auront mifes en ufage, & qui s'en font fervis pour quelque fin que ce puiffe eftre, foient punis exemplairement , & fuivant l'exigence des cas.

III.

Et s'il fe trouvoit à l'avenir des perfonnes affez méchantes pour ajoufter & joindre à la fu-perftition l'impieté & le facrilege , fous prétexte d'operations de pretenduës magies , ou autre prétexte de pareille qualité , Nous voulons que celles qui s'en trouveront convaincuës , foient punies de mort.

IV.

Seront punis de femblables peines tous ceux qui feront convaincus de s'eftre fervis de venefices & de poifon, foit que la mort s'en foit enfuivie ou non , comme auffi ceux qui feront convaincus d'avoir compofé ou diftribué du poifon pour empoifonner. Et parce que les crimes qui fe commet-tent par le poifon , font non feulement les plus deteftables & les plus dangereux de tous , mais encore les plus difficiles à découvrir : Nous voulons que ceux qui , fans exception , qui auront connoiffance qu'il aura efté travaillé à faire du poifon, qu'il en aura efté demandé ou donné, foient tenus de dénoncer inceffamment ce qu'ils en fçauront à nos Procureurs Generaux ou à leurs Subfti-tuts , & en cas d'abfence , au premier Officier public des lieux , à peine d'eftre extraordinaire-ment procedé contre eux , & punis felon les circonftances & l'exigence des cas , comme fauteurs & complices defdits crimes , & fans que les denonciateurs foient fujets à aucune peine , ny même aux interefts civils , lors qu'il auront declaré & articulé des faits, ou des indices confiderables qui feront trouvez veritables & conformes à leur denonciation , quoique dans la fuite les perfonnes comprifes dans lefdites denonciations , foient déchargées des accufations ; dérogeant à cet effet à l'article 73. de l'Ordonnance d'Orleans , pour l'effet du venefice & du poifon feulement , fauf à punir les calomniateurs felon la rigueur de ladite Ordonnance.

V.

Ceux qui feront convaincus d'avoir attenté à la vie de quelqu'un par venefice & poifon, en forte qu'il n'ait pas tenu à eux que ce crime n'ait efté confommé , feront punis de mort.

VI.

Seront reputez au nombre des poifons non feulement ceux qui peuvent caufer une mort prompte & violente, mais auffi ceux qui en alterant peu à peu la fanté caufent des maladies , foit que lef-dits poifons foient fimples , naturels ou compofez , & faits de main d'artifte ; & en confequence défendons à toutes fortes de perfonnes à peine de la vie , même aux Medecins , Apotiquaires & Chirurgiens , à peine de punition corporelle , d'avoir & garder de tels poifons fimples ou preparez qui retenant toujours leur qualité de venin , & n'entrant en aucune compofition ordinaire, ne peu-vent fervir qu'à nuire, & font de leur nature pernicieux & mortels.

VII.

A l'égard de l'arfenic , du reagale , de l'orpiment & de fublimé , quoiqu'ils foient poifons dangereux

gereux de toute leur substance, comme ils entrent & sont employez en plusieurs compositions necessaires, Nous voulons, afin d'empêcher à l'avenir la trop grande facilité qu'il y a eu jusques icy d'en abuser, qu'il ne soit permis qu'aux Marchands qui demeurent dans les Villes d'en vendre, & d'en livrer eux-mêmes seulement aux Medecins, Apotiquaires, Chirurgiens, Orfévres, Teinturiers, Maréchaux, & autres personnes publiques, qui par leurs professions sont obligez d'en employer, lesquelles neanmoins écriront en les prenant sur un Registre particulier tenu pour cet effet par lesdits Marchands leurs noms, qualitez & demeures, ensemble la quantité qu'ils auront pris desdits mineraux, & si au nombre desdits Artisans qui s'en servent, il s'en trouve qui ne sçache écrire, lesdits Marchands écriront pour eux : quant aux personnes inconnuës ausdits Marchands, comme peuvent estre les Chirurgiens & Maréchaux des Bourgs & Villages, ils apporteront des Certificats en bonne forme, contenant leurs noms, demeures & professions, signez du Juge des lieux, ou d'un Notaire & de deux témoins, ou du Curé & de deux principaux habitans ; lesquels certificats & attestations demeureront chez lesdits Marchands pour leur décharge. Seront aussi les Epiciers, Merciers & autres Marchands demeurans dans lesdits Bourgs & Villages, tenus de remettre incessamment ce qu'ils auront desdits mineraux entre les mains des Syndics, Gardes ou anciens Marchands Epiciers ou Apotiquaires des Villes plus prochaines des lieux où ils demeureront, lesquels leur en rendront le prix ; le tout à peine de trois mille livres d'amende en cas de contravention, même de punition corporelle s'il y échet.

V I I I.

Enjoignons à tous ceux qui ont droit par leurs professions & mestiers de vendre ou d'acheter des susdits mineraux, de les tenir en des lieux seurs, dont ils garderont eux-mêmes la clef. Comme aussi leur enjoignons d'écrire sur un registre particulier, la qualité des remedes où ils auront employé desdits mineraux, les noms de ceux pour qui ils auront esté faits, & la quantité qu'ils y auront employé, & d'arrester à la fin de chaque année sur les susdits registres, ce qui leur en restera ; le tout à peine de mille livres d'amende pour la premiere fois, & de plus grande s'il y échet.

I X.

Défendons aux Medecins, Chirurgiens, Apoticaires, Epiciers Droguistes, Orfévres, Teinturiers, Maréchaux & tous autres, de distribuer desdits mineraux en substance à quelque personne que ce puisse estre, & sous quelque prétexte que ce soit, sur peine d'estre punis corporellement & seront tenus de composer eux-mêmes ou de faire composer en leur présence par leurs garçons, les remedes où il y devra entrer necessairement desdits mineraux, qu'ils donneront après cela à ceux qui leur en demanderont pour s'en servir aux usages ordinaires.

X.

Défenses sont aussi faites à toutes personnes autres qu'aux Medecins & Apoticaires d'employer aucuns insectes veneneux, comme serpens, crapaux, viperes & autres semblables, sous prétexte de s'en servir à des medicamens, ou à faire des experiences, & sous quelqu'autre prétexte que ce puisse estre, s'ils n'en ont la permission expresse & par écrit.

X I.

Faisons tres-expresses défenses à toutes personnes de quelque profession & condition qu'elles soient, excepté aux Medecins approuvez, & dans le lieu de leur residence, aux Professeurs en Chymie, & aux Maistres Apotiquaires d'avoir aucuns laboratoires, & d'y travailler à aucunes preparations de drogues ou distillations, sous prétexte de remedes chymiques, experiences, secrets particuliers, recherche de la pierre philosophale, conversion, multiplication ou rafinement des metaux, confection de cristaux ou pierres de couleur, & autres semblables prétextes, sans avoir auparavant obtenu de Nous par Lettres du grand Sceau ; la permission d'avoir lesdits laboratoires, presenté lesdites Lettres, & fait déclaration en consequence à nos Juges & Officiers de Police des lieux. Défendons pareillement à tous Distillateurs, Vendeurs d'eau de vie, de faire autre distillation que celle de l'eau de vie, & de l'esprit de vin, sauf à estre choisi d'entre eux le nombre qui sera jugé necessaire pour la confection des eaux fortes, dont l'usage est permis ; lesquels ne pourront neanmoins y travailler qu'en vertu de nosdites Lettres, & après en avoir fait leurs declarations ; à peine de punition exemplaire. S I donnons en mandement à nos amez & feaux les Gens tenans nostre Cour de Parlement de Paris, que ces Presentes ils ayent à faire lire, publier & enregistrer, & icelles executer selon leur forme & teneur, sans souffrir qu'il y soit contrevenu en quelque sorte & maniere que ce soit. Car tel est nostre plaisir : &afin que ce soit chose ferme & stable à toujours, Nous avons fait mettre nostre Scel à cesdites Presentes. Donné à Versailles au mois de Juillet l'an de grace 1682. & de nostre Regne le quarantiéme. Signé, LOUIS. Et plus bas, par le Roy, COLBERT. Visa, LE TELLIER.

Il restoit encore dans la Brie aux environs de Paris une malheureuse caballe de Bergers, que l'oisiveté de leur estat jointe aux mauvaises dispositions de leurs esprits, jettoit dans toutes sortes de vices ; ils faisoient mourir les bestiaux, attentoient à la vie des hommes, à la pudicité des femmes & des filles, commettoient plusieurs autres crimes, & s'estoient rendus formidables à la Province : il y en eut enfin d'arrestez, le Juge de Paci instruisit leur procés, & par les preuves il parut évidemment que tous ces maux estoient commis par malefices & sortileges. Les sorts dont ces malheureux se servoient pour faire mourir les bestiaux, consistoient dans une composition qu'ils avoüerent au procés, & qui est rapportée

dans les Factums, mais si remplis de sacrileges, d'impietez & de profanations, qu'il vaut beaucoup mieux l'ensevelir dans l'oubli, que de rappeller les idées, le seul recit en feroit horreur. Ils mettoient cette composition dans un pot de terre & l'enterroient ou sous le seuil de la porte des estables aux bestiaux, ou dans le chemin par où ils passoient plus frequemment ; &tant que ce sort demeuroit en ce lieu, ou que celuy qui l'avoit posé estoit en vie, la mortalité des bestiaux ne cessoit point ; c'est ainsi qu'ils s'en expliquerent dans leurs interrogatoires ; & une circonstance fort singuliere & fort surprenante de leur procés, prouve bien qu'il y avoit un veritable pacte entr'eux & les malins esprits,

Tome I.   X x x ij   esprits, efprits pour commettre tous ces malefices ; voicy comment la chofe fe paffa ; elle eft trop curieufe pour en priver le Public. Ils avoüerent bien, comme il vient d'eftre obfervé, d'avoir jetté ces forts fur les beftiaux du Fermier de la Terre de Paci proche de Brie-Comte-Robert, pour vanger l'un d'entr'eux que ce Fermier avoit chaffé & mis hors de fon fervice. Ils firent le recit exact de la compofition ; mais jamais aucun d'eux ne voulut découvrir les lieux où ils avoient enterré le fort ; & on ne fçavoit aprés de femblables aveûs, d'où pouvoit venir cette reticence fur ce dernier fait : le Juge les preffa de s'en expliquer ; & ils dirent que s'ils découvroient ce lieu & qu'on levaft le fort, celuy qui l'avoit pofé mourroit à l'inftant. Enfin l'un de leurs Complices nommé Eftienne Hocque, moins coupable que les autres, & qui n'avoit efté condamné qu'aux Galeres, eftoit à la chaîne dans les Prifons de la Tournelle ; l'on gagna un autre Forçat nommé Beatrix, qui eftoit attaché proche de luy ; Beatrix à qui le Seigneur de Paci avoit fait tenir de l'argent, fit un jour tant boire Hocque qu'il l'enyvra, & en cet eftat le mit fur le chapitre du fort de Paci ; il tira de luy le fecret qu'il n'y avoit qu'un nommé Bras-de-fer autre Berger, qui demeuroit proche de Sens, qui puft lever ce fort par les conjurations qu'il fçavoit pour découvrir tous les forts : Beatrix profitant de ce commencement de confidence, engagea Hocque d'écrire une Lettre à Nicolas Hocque fon fils, par laquelle il luy mandoit d'aller trouver Bras-de-fer, pour le prier de lever ce fort ; & fur tout défendît à fon fils de dire à Bras-de-fer qu'il fuft condamné & en prifon, ny que c'eftoit luy Hocque qui avoit pofé ce fort : cette Lettre écrite Hocque s'endormit ; & à fon réveil les fumées du vin eftant diffipées, & faifant reflexion fur ce qu'il avoit fait, il fit des cris & des hurlemens épouvantables, fe plaignant que Beatrix l'avoit trompé, & qu'il feroit caufe de fa mort ; il fe jetta fur Beatrix qu'il vouloit étrangler ; ce qui excita même les autres Forçats contre luy, par la pitié qu'ils avoient du defefpoir de Hocque ; en forte qu'il falut que le Commandant de la Tour-

nelle vint avec fes Gardes les armes à la main, pour appaifer ce defordre, & qu'il tiraft Beatrix de leurs mains.

Cependant la lettre que Beatrix avoit fait tenir au Seigneur de Paci, fut envoyée à fon adreffe : Bras-de-fer vint à Paci, entra dans les écuries ; & aprés avoir fait plufieurs figures & des impietez execrables, il trouva effectivement le fort qui avoit efté jetté fur les chevaux & fur les vaches ; il le leva, & le jetta au feu en la prefence du Fermier & de fes Domeftiques ; mais à l'inftant Bras-de-fer parut chagrin, témoigna du regret de ce qu'il venoit de faire, & dit que l'Efprit luy avoit reveléque c'eftoit Hocque fon ami qui avoit pofé ce fort en cet endroit, & qu'il eftoit mort à fix lieuës de Paci, au moment que ce fort venoit d'eftre levé : en effet par les informations qui furent faites au Chafteau de la Tournelle par le fieur le Marié Commiffaire au Chaftelet, & à Paci par le Juge des lieux, il y a preuve qu'au même jour & à la même heure que Bras-de-fer avoit commencé à lever le fort, Hocque qui eftoit un homme des plus forts & des plus robuftes, eftoit mort en un inftant dans des convulfions eftranges, & fe tourmentant comme un poffedé, fans vouloir entendre parler de Dieu ny de Confeffion.

Bras-de-fer avoit efté preffé par le Fermier de lever auffi le fort qui avoit efté jetté fur les moutons, mais il dit qu'il n'en feroit rien, parce qu'il venoit d'apprendre que ce fort avoit efté pofé par les enfans de Hocque, & qu'il ne vouloit pas les faire mourir comme leur pere. Sur ce refus le Fermier eut recours aux Juges des lieux ; Bras-de-fer, les deux fils & la fille de Hocque furent arreftez avec deux autres Bergers leurs complices nommez Jardin & le petit Pierre ; leur procés inftruit, Bras-de-fer, Jardin & le petit Pierre furent condamnez d'eftre pendus & brûlez & les trois enfans de Hocque bannis pour 9. ans.

Deux autres de ces fcelerats nommez Biaule & Lavaux furent condamnez par le même Juge à eftre pendus & bruflez ; la Sentence fut confirmée par Arreft du 18. Decembre 1691. ils furent executez ; & par ce dernier exemple la Province a efté delivrée de ces abominations.

A. Dieu inv.   I. Audran Sculp.

TRAITÉ
DE
LA POLICE.

LIVRE QUATRIÉME
De la Santé.

TITRE PREMIER.

De la Santé en general.

'HOMME estant composé d'ame & de corps, chacune de ces parties a sa vie & sa santé à conserver. La vie de l'ame consiste dans son union avec Dieu par la grace; sa santé dans le calme de ses passions, par l'exercice des vertus. La Religion & la Morale conduisent l'homme dans les voyes qu'il doit tenir pour conserver cette vie & cette santé spirituelle, & l'Eglise luy fournit la nourriture, les remedes, & tous les autres secours necessaires pour s'y soustenir. Il n'en eust pas fallu davantage à cet égard, si l'homme eut toujours consulté sa raison & rempli ses devoirs; il ne s'en écarte que trop souvent, & nous avons vû dans les Livres precedens, ce que les Loix & les soins de la Police contribuent pour l'y faire rentrer.

La vie du corps consiste aussi dans son union avec l'ame, sa santé dans l'integrité & la parfaite conformation de ses membres, l'accord & la juste temperature des quatre premieres qualitez qui forment son temperament; le chaud, le froid, le sec & l'humide. C'est cet heureux état de la santé, qui donne le prix à tous les autres biens perissables de ce monde; sans elle les richesses & les honneurs sont insipides, les plaisirs languissent & ne sont d'aucun usage; elle contribue même à l'exercice des plus nobles habitudes de l'ame, soit dans la politique, soit dans la morale, soit dans les autres sciences ou dans les arts: ce qui a fait dire à un sage Payen, interrogé sur le nombre des vertus, qu'il n'en connoissoit qu'une seule, qui est la santé; & que si on luy donne plusieurs noms, ce n'est que pour exprimer ses diverses modifications dans l'ame, par rapport à ses differens objets & à ses differentes operations. Les Romains luy avoient élevé un Temple dans leur Ville Capitale; elle y estoit representée sous le symbole d'une femme d'un air grave & tranquile, assise sur un thrône, tenant d'une main une coupe qu'elle mettoit sur

Plutarq. des opin.des Philos. chap. 30.

Ariston.apud Plutar.Æthic. virtut.

Tit.Liv. l.9 &. 43.& l. 10 6.1.

Xxxiij   un

un Autel entouré d'un ferpent, & ombragé d'un arbriffeau : fa coupe marquoit le prefervatif ou le remede falutaire contre les maladies ; l'arbriffeau, les fimples dont les meilleurs remedes font tirez ; & le ferpent, la prudence avec laquelle on en doit ufer. Elle fe trouve auffi quelquefois reprefentée fur des anciennes medailles, debout près de l'autel entouré du ferpent ; & au lieu d'un vafe tenant une patere à fa main, & de l'autre un Bafton, & dans cette pofture quelquesuns prétendent, que c'eft une libation qu'elle fait à Efculape fon pere, fymbolifé par le ferpent.

Un bien fi précieux que la fanté, eft en même tems fi fragile, qu'à tout moment l'homme eft en danger de le perdre ; cela peut luy arriver, foit exterieurement par des bleffures en fon corps, foit interieurement par le trouble ou dérangement de fes humeurs ; & c'eft encore l'un des principaux foins de la Police, de le preferver de ces dangers.

Les précautions contre les accidens ou contre les violences, & les peines impofées à ceux qui caufent les uns ou qui commettent les autres, font autant de prefervatifs établis par les Loix, pour conferver à l'homme cette fanté exterieure ; & ce n'eft point de celle-là dont il s'agit icy, tout ce qui la concerne peut eftre vû dans le feptiéme Livre de ce Traité, qui a pour titre la fûreté publique.

Cette autre partie de la fanté, qui dépend de la jufte temperature des humeurs, & que nous examinons en cet endroit, eftant toute interieure, demande auffi d'autres foins qui luy foient proportionnés ; or tout ce qui peut eftre fait à cet égard par rapport à la Police, confifte en ces trois points : prévenir les maladies avant leur naiffance ; procurer la guerifon de celles qui paroiffent ; & fi elles font contagieufes, prendre toutes les mefures poffibles pour en arrefter le progrés.

La falubrité de l'air qui nous environne, & que nous refpirons, la pureté de l'eau & la bonté des autres alimens qui nous fervent de nourriture, font les trois principaux fouftiens de la fanté ; ainfi pour conferver au Public un fi grand bien, & prévenir les maladies qui le pourroient troubler, il eft du foin des Officiers de Police, de remedier autant qu'il eft poffible, que l'air ne foit infecté, que l'eau & les autres vivres ne foient corrompus.

L'excellence & le choix des remedes, la probité & la capacité des Medecins qui en ordonnent l'ufage, des Apotiquaires qui les preparent, & des Chirurgiens qui font pour la fanté tout ce qui dépend des operations de la main, font les feuls moyens humains qui font mis en ufage, pour la guerifon des maladies ; & c'eft à la Police d'y pourvoir.

L'interdiction de tout commerce entre les lieux fains & ceux qui font infectez de maladies contagieufes ; les Lazarets ou Maifons de Santé, où l'on arrefte pendant quarante jours, ceux qui viennent des Païs fufpects, les évents des marchandifes qui arrivent de ces mêmes Païs, font les précautions les plus generales contre le progrés de ces maladies ; & celles-cy auffi-bien que toutes les autres que les Reglemens nous apprendront, font encore du reffort de la Police, & comme chacune de ces parties a fes regles & fes maximes qui luy font particulieres, elles feront divifées en autant de differens Titres, pour éviter la confufion.

TITRE II.

Que la salubrité de l'air contribue à la santé.

CHAPITRE PREMIER.

Comment l'air entretient la santé & la vie ; & des moyens generaux de le maintenir dans sa bonté.

Tout le monde convient, & nostre propre experience nous le persuade tous les jours, que nostre vie dépend de l'aspiration & de la respiration de l'air qui nous environne;& qu'aussi-tost que ces deux actions cessent, l'ame se sépare du corps. C'est cet élement qui donne le mouvement aux poulmons, qui entretient celuy du cœur, qui rafraîchit le sang, le purifie, & facilite sa fluidité & sa circulation ; c'est enfin par son moyen que les esprits donnent la faculté motrice à tout le corps.

De ces principes il s'ensuit necessairement que l'air influë beaucoup sur la santé, & qu'il peut estre souvent la cause des maladies ; sa subtilité à s'insinuer dans toutes les parties du corps, la delicatesse des vaisseaux qu'il rencontre sur sa route, & des visceres sur lesquels il agit continuellement est si grande, que s'il n'est extrêmement pur & temperé, il ne manque jamais d'y causer quelque alteration. L'experience de tous les temps ne rend que trop certain cet inconvenient ; mais les moyens d'y remedier ne sont pas toujours en nostre puissance. Les changemens qui arrivent dans l'air & qui peuvent nous nuire sont ordinairement si cachez, si subtils, ou si universels, qu'ils sont au dessus de nos connoissances ou de nos forces.

L'air, selon tous les Medecins, peut estre consideré, ou par rapport à sa substance, *respectu substantiæ*, ou par rapport à ses qualitez, *respectu qualitatum*. Dans cette premiere vûë, pour estre bon à la santé il doit estre pur, subtil & net; & dans la seconde il doit estre temperé & tranquile. Ainsi, ajoutent-ils, considerant l'air dans sa substance, toutes les vapeurs & toutes les exhalaisons qui s'élevent des cadavres, des excremens, des boües & des autres immondices le rendent infect, pesant, grossier & mal sain ; que si on le considere dans ses qualitez, trop de chaleur ou trop de froid, les vents qui l'agitent, les pluïes ou les broüillards qui le chargent ou qui le troublent, sont encore autant d'obstacles à la santé.

Les remedes à ces derniers inconveniens qui dépendent de la varieté des saisons, des aspects des astres, ou de la situation des lieux, ne sont pas du ressort de la Police ; c'est aux particuliers à se les procurer chacun selon ses besoins, ou selon son pouvoir.

Il est neanmoins quelquefois arrivé que dans des temps d'une excessive chaleur, le Magistrat a ordonné à chacun des Citoyens de jetter devant sa porte plusieurs seaux d'eau à la même heure, pour temperer l'air: nous en avons trois anciennes Ordonnances du Prevost de Paris des 11. Juillet 1371. 19. Juillet 1392. & 27. Juin 1397.

Elles portent que ceux qui ne satisferoient pas exactement à cet ordre payeroient 60. s. d'amende ; & enjoignent aux Huissiers de les y contraindre au moment qu'ils les trouveroient en contravention.

Il a esté aussi défendu de brûler de la paille dans les temps des chaleurs, ou d'y brûler en quelque saison que ce soit des fumiers, des ordures, des herbes, ou autres choses qui peuvent infecter l'air ; ce sont les dispositions de trois Ordon. du Prevost de Paris des 11. Juil. 1371. 27. Juil. 1394. 9. Aoust 1395. d'un Arrest du Parlement du 13. Septembre 1533. & d'une Ordonnance de François I. du mois de Novembre 1539.

A l'égard des autres changemens qui peuvent arriver dans l'air *respectu substantiæ*, qui l'infectent & le corrompent, ils sont plus facilement surmontez ; & comme la santé y est interessée, c'est l'un des principaux soins de la Police d'y pourvoir.

La netteté interieure des maisons & celle des ruës & des places publiques est le premier, le plus grand & le plus efficace remede que l'on y puisse apporter : c'est la putrefaction des ordures qui s'y amassent, quand le nettoyement en est negligé, qui envoye dans l'air les exhalaisons & les vapeurs les plus malignes, & qui causent la plus dangereuse de toutes les corruptions.

Pour commencer par le nettoyement des dehors, comme le plus general & celuy qui demande de plus grands soins, il ne faut qu'entendre sur cela, pour estre convaincu de son utilité, ce que le Medecin & Historiographe de Philippes Auguste nous rapporte de l'estat où estoit la Ville de Paris avant que ce Prince en eust ordonné le pavé & le nettoyement. La puanteur intolerable, dit-il, qui s'élevoit des boües & des immondices de la Ville, estoit si grande, qu'elle penetroit jusques dans l'interieur du Palais de nos Rois, & le rendoit presque inhabitable. *Factum est autem post aliquot dies quod Philippus Rex Parisiis moram faciens, dum sollicitus pro negotiis Regni agendis in Aulam Regiam deambularet, veniens ad Palatii fenestras, unde fluvium Sequana pro recreatione animi,quandoque inspicere consueverat ; Rheda, equis trahentibus, per Civitatem transeuntes fœtores intolerabiles lutum revolvendo procreaverant ; quos Rex in Aula deambulans, ferre non sustinens.* C'est ainsi qu'il s'en explique. Le Roy, ajoute ce même Autheur, prit resolution de remedier à un si dangereux mal ; & ce grand Prince, sans s'étonner de la difficulté de l'entreprise, ny de la prodigieuse dépense qu'elle demandoit, & qui avoit rebuté tous ses Predecesseurs, donna ses ordres au Prevost de Paris l'an 1148. de faire

paver

Liv. vert anc. f. 148. & 167. Liv. roug.anc. fol. 97.

Liv. roug.anc. f. 97. & 114. Liv. vert anc. fol. 153. Regist. de la Chamb. Crim. du Chast. f. 55. Fontan. tom. 1. l. 5. t. 8. n. 71. p. 879.

Hippocrat. de sir. & de flat.

Greg. Horst. de tuenda sanitat. c. 5.

Rigord. vita Philipp. Aug.

paver toutes les ruës & les places publiques de la Ville, pour en faciliter le nettoyement; cela fut exécuté, & cet heureux estat où elle se trouva alors en rendant la Ville plus saine & plus commode, fit en même-temps changer son ancien nom de Lutece qui venoit, selon l'opinion commune, de son terrain boüeux, *Lutetia à luto*, en celuy de Paris qu'elle porte aujourd'huy. *Arduum opus, sed valdè necessarium excogitavit*,continüé ce même Autheur, *quod omnes prædecessores sui, ex nimia gravitate, & operis impensa aggredi non præsumpserunt: convocatis autem Burgensibus cum Præposito ipsius Civitatis, Regiâ authoritate præcepit, quòd omnes vici & viæ totius Civitatis Parisii duris & fortis lapidibus sternerentur. Ad hoc enim Christianissimus Rex conabatur, quod nomen antiquum Civitati auferret: Lutetia enim à luti fœtore priùs dicta fuerat, sed Gentiles quidam hujusmodi nomen propter fœtorem abhorrentes Parisius vocaverunt anno* 1148. Quelque favorable que fust cet establissement, on ne peut dissimuler qu'il a souvent esté negligé, & qu'il a même esté quelquefois totalement abandonné. Les maladies contagieuses qui ont presque toujours suivi immediatement cette negligence, ont autant de fois reveillé l'attention sur cette partie du bien public, & en ont fait connoistre l'utilité. Les Edits de nos Rois, les Arrests du Parlement, les Ordonnances des Magistrats nous en fournissent la preuve; ils peuvent estre vûs dans le sixiéme livre de ce Traité où cette matiere est approfondie; nous ajoûterons seulement en cet endroit que c'est aux bontez & à la profonde sagesse du Roy que nous sommes redevables de l'estat de perfection où a esté portée de nos jours, aussi-bien que toutes les autres parties de la Police. Ceux d'entre-nous qui ont vû le commencement du Regne de Sa Majesté, se souviennent encore que les ruës de Paris estoient si remplies de fanges, que la necessité avoit introduit l'usage de ne sortir qu'en bottes; & quant à l'infection que cela causoit dans l'air, le Sieur Courtois Medecin qui demeuroit alors ruë des Marmousets, a fait cette petite experience, par laquelle on jugera du reste. Il avoit dans sa salle sur la ruë, de gros chesnets à pomme de cuivre, & il a dit plusieurs fois aux Magistrats & à ses amis, que tous les matins il les trouvoit couverts d'une teinture assez épaisse de vert de gris qu'il faisoit nettoyer pour faire l'experience du jour suivant; & que depuis l'année mil six cens soixante-trois que la Police du nettoyement des ruës a esté restablie, ces taches n'avoient plus paru. Il en tiroit cette consequence, que l'air corrompu que nous respirons continuellement faisoit d'autant plus d'impressions malignes sur les poulmons & sur les autres visceres, que ces parties sont incomparablement plus délicates que le cuivre, & que c'estoit la cause immediate de plusieurs maladies; aussi est-il certain que depuis ce restablissement il n'a plus paru à Paris de contagion, & beaucoup moins de ces maladies populaires dont la Ville estoit si souvent affligée dans les temps que le nettoyement des ruës a esté negligé.

La propreté interieure des maisons n'est pas moins importante à la santé que celle des ruës; il suffit pour en estre persuadé de l'experience, qu'une seule famille infectée a souvent corrompu l'air & porté la contagion dans toute une Ville.

Cette netteté des maisons dans les Villes consiste principalement en ces quatre points que nous tirons encore des Reglemens. 1° Y avoir des latrines ou fosses, & privez. 2° De n'y garder aucunes ordures ny aucune eau croupie. 3° De

n'y élever aucuns bestiaux qui causent quelques putrefactions. 4° De n'y infecter l'air par aucune exhalaison maligne.

L'usage des latrines est fort ancien, il y en Victor. Pan cirol. descript. Urb. Rom. avoit 144. de publiques dans la Ville de Rome distribuées en differens quartiers, où chacun pouvoit entrer en toute liberté; ce qui contribuoit beaucoup à la propreté de la Ville & à la salubrité de l'air. Il n'y en a point de semblables en France, elles sont toutes particulieres, ce qui a pû leur donner le nom de privé. L'obligation d'en avoir en chaque maison est bien expressément marquée par l'article 193. de la Coûtume de Paris; il est court, en voicy les propres termes. Tous proprietaires de maisons de « la Ville & Fauxbourgs de Paris sont tenus avoir « latrines & privez suffisans en leurs maisons. Les « Coûtumes de Mante, art. 107. Estampes, art. « 87. Nivernois, chap. 10. art. 15. Bourbonnois, art. « 515. Calais, art. 179. Tournay, titre 17. art. 5. contiennent la même disposition; & celle de Melun, art 209. y ajoûte, qu'à ce faire les proprie- « taires des maisons seront contraints par prises & « exploitation de leurs biens, saisie & arrest des « loyers des maisons,& à peine de vingt livres pa- « risis d'amende,pourvû neanmoins que les latri- « nes se puissent faire sans incommoder les mai- « sons. L'Art. 218. de la même Coûtume de Paris fait défense de mettre dans la Ville les vuidan- « ges de ces fosses, ou privez; & les Reglemens « pour le nettoyement, que nous verrons en leur « lieu, portent, que ces vuidanges seront trans- « portées pendant la nuit dans les fossez destinez « à cet usage hors la Ville. Voilà ce que contient à cet égard nostre Droit coustumier. Voicy les autres Reglemens qui l'ont suivi.

Un Arrest du Parlement du 13. Septembre 1533. Fontan. l. 5. tit. 8. n. 61 t. 1. p. 873. enjoint à tous proprietaires de maisons où il « n'y avoit point de fosses à retraits, d'y en fai- « re faire en toute diligence & sans aucun retar- « dement, à peine de saisie des loyers des mai- « sons, pour en estre les deniers employez à fai- « re les fosses. Il est aussi fait défenses à tous Cu- « reurs de retraits de les curer & nettoyer doré- « navant sans permission de Justice, sur peine de « prison & d'amende arbitraire. «

Un autre Arrest du 14. Juin 1538. ordonne « aux Examinateurs du Chastelet de Paris, de « s'informer s'il y a des maisons où il n'y ait « point de fosses ou retraits, & d'enjoindre aux « proprietaires d'en faire faire dans le temps qu'il « leur sera prescrit. Il porte, qu'en cas de deso- « béissance,ces Officiers en feront rapport au Lieu- « tenant Criminel pour punir exemplairement « ceux qui seront en demeure. Il ordonne aux « Sergens à verge d'obéir aux Examinateurs, & « d'executer les ordres qu'il leur donneront. Il « fait défenses de curer les retraits durant le temps « de l'Esté, & aux proprietaires, ou principaux « locataires de le souffrir dans cette saison, à « moins d'y estre forcé; il leur enjoint en ce « cas d'avoir recours au Commissaire du quar- « tier qui s'y transportera avec un Maistre des « œuvres, pour juger de la necessité d'y travail- « ler; & que s'il est jugé necessaire, ces lieux « seront curez depuis minuit jusqu'à trois heu- « res après minuit seulement, sur peine de dix « marcs d'argent. «

François I. par un Edit du mois de Novemb. Ibid. n. 65. 1539. ordonna à tous proprietaires des mai- « sons à Paris où il n'y avoit point de fosses à « retraits, d'en faire faire incessàmment. Enjoi- « gnit au Prevost de Paris ou à son Lieutenant « Criminel de faire executer cette Ordonnance « » dans

» dans le terme de six mois, du jour de sa pu-
» blication, à peine en cas de negligence d'in-
» terdiction de leurs Offices, & d'estre declarez
» incapables de posseder aucune autre Charge.
» Ordonna aux Quartiniers, Dixainiers & Cin-
» quanteniers, chacun à leur égard, d'apporter
» par devers le Prevost de Paris ou son Lieute-
» nant Criminel dans quinze jours un estat des
» maisons où il n'y avoit aucune fosse ou retraits,
» & d'avertir huit jours après les proprietaires,
» les Concierges ou Locataires des maisons, d'en
» faire faire dans trois mois du jour de cette in-
» jonction, dont seroit fait registre sur peine de
» confiscation des maisons; & si elles appar-
» tenoient aux Eglises ou autres personnes de main-
» morte, sur peine de privation des loyers & re-
» venus pendant dix ans. Il veut enfin que sur
» les premiers deniers qui proviendroient des
» loyers des maisons, il seroit pris ce qui seroit
» necessaire pour y faire faire en toute diligen-
» ce ces sortes de lieux; & il défend aux cureurs
» de retraits, de les curer sans permission de
» Justice, sur peine de prison & d'amende arbi-
» traire.

Un Arrest du Parlement du 12. Juillet 1553.
porte entr'autres choses, que tous proprietai- «
res de maisons où il n'y a point de privez, «
seront tenus d'y en faire faire, sur peine d'a- «
mende arbitraire, de prisons contre les contre- «
venans, & de saisie des loyers. «

Plusieurs Habitans de Paris s'estoient dispensez de cette obligation; ce qui donna lieu au
Parlement de renouveller cette disposition de la
Coûtume par son Arrest de Réglement general
pour le nettoyement de la Ville du 30. Avril 1663.
L'Article 23. de ce Réglement enjoint à tous
proprietaires qui n'ont fosses ou retraits en «
leurs maisons, d'y en faire faire incessamment «
& sans délay. «

Il y avoit encore plusieurs maisons aux extremitez de Paris, la plus grande partie occupées
par de pauvres gens, où cette propreté & cette
précaution contre l'infection de l'air avoit esté
negligée; le Magistrat de Police qui en fut averti y pourvut par les deux Ordonnances que nous
rapporterons en cet endroit; voicy ce qu'elles
contiennent.

---

8. Mars 1697. Sent. de Police qui enjoint à tous proprietaires de faire faire des latrines en leurs maisons, & qui contient quelques autres dispositions pour maintenir la salubrité de l'air, publiée & affichée le 16. du même mois.

A Tous ceux qui ces presentes Lettres verront, CHARLES DENYS DE BULLION, Chevalier Marquis de Gallardon, Seigneur de Bonnelles & autres lieux; Conseiller du Roy en ses Conseils, Garde de la Prevosté & Vicomté de Paris; Salut. Sçavoir faisons, que sur le rapport à Nous fait à l'Audience de Police de relevée par Maistre Anne le Maistre Commissaire ancien du quartier saint Denys; de ce que depuis certain temps quelques Habitans de la Villeneuve, dépendant dudit quartier, se sont accoûtumez à jetter tant de jour que de nuit, dans les rües par les fenestres de leurs maisons toutes leurs eaux, ordures, saletez, urines & matieres; ce qui est une contravention aux Arrests, Ordonnances & Réglemens de Police: Et que quelques soins qu'il ait pris pour empêcher ce desordre, il n'a pû encore y réussir par la difficulté qu'il y a de reconnoître ceux qui font ces fautes, parce que dans chaque chambre des maisons dudit quartier, il y a des ménages separez, dont il y en a qui sont reguliers à observer les Ordonnances de Police, & d'autres qui y contreviennent; lesquels souvent accusent les autres de la faute qu'ils ont commise eux-mêmes; joint que ledit desordre arrive ordinairement pendant la nuit dans un temps où on ne peut pas facilement reconnoître l'endroit d'où vient la contravention. Quelques-uns s'excusent sur ce que dans leurs maisons il n'y a point de latrines; & d'autres, sur ce que les fosses des latrines sont pleines, & que les maisons estant de peu de rapport, les proprietaires ne veulent pas faire la dépense pour mettre lesdites maisons en estat. C'est pourquoy il est important d'empêcher ce desordre qui provient en partie de ce que les proprietaires & principaux locataires ne veillent pas assez à distinguer les gens qu'ils introduisent dans leurs maisons pour sous-locataires, & à les obliger à observer les Réglemens de Police. Nous, après avoir oüy les Gens du Roy en leurs Conclusions, ordonnons que les Ordonnances & Réglemens de Police seront executez selon leur forme & teneur sur les peines y contenuës. Faisons défenses aux Habitans de la Villeneuve & à tous autres, de jetter tant de jour que de nuit par les Fenestres de leurs maisons aucunes eaux ordures, matieres, ny immondices; ny de porter & mettre dans les rües aucunes matieres, à peine de dix livres d'amende pour la premiere fois, & de plus grande, s'il y échet, en cas de recidive. Enjoignons aux proprietaires & principaux locataires d'y veiller, à peine en cas de recidive de demeurer garands en leurs noms des amendes qui seront prononcées pour les contraventions qui seront faites par les locataires de leurs maisons. Enjoignons à tous proprietaires, conformément à la Coûtume & aux Réglemens de Police, de faire faire des latrines suffisantes dans leurs maisons, & de faire mettre en estat celles qui y sont; & ce dans un mois pour tout délay, à peine d'amende contre les contrevenans, & d'estre leurs maisons fermées jusqu'à ce qu'elles soient en bon estat. Et sera la presente Ordonnance executée nonobstant oppositions ou appellations quelconques, luë, publiée & affichée audit quartier de la Villeneuve, & par tout où besoin sera: En témoin de ce Nous avons fait seeller ces presentes. Ce fut fait & donné par Messire MARC-RENE' DE VOYER DE PAULMY, Chevalier Marquis D'ARGENSON, Conseiller du Roy en ses Conseils, Maistre des Requestes ordinaire de son Hostel & Lieutenant General de Police, tenant le Siege, le Vendredy de relevée huitiéme Mars mil six cens quatre-vingt-dix-sept. Signé, DE VOYER D'ARGENSON. GAUDION, Greffier.

---

1. Octobre 1700. Ordon. de Pol. concernant les maisons des Fauxbourgs, pub. & affichée le 6. du même mois.

SUR ce qui Nous a esté remontré par le Procureur du Roy, que quoique par la disposition de la Coûtume de Paris il soit porté que tous proprietaires de maisons en la Ville & Faux-bourgs de Paris, sont tenus avoir latrines & privez suffisans en leurs maisons, & que nul ne peut mettre vuidanges de fosses de privez dans la Ville; cependant il a eu avis que dans plusieurs maisons des Fauxbourgs il n'y a point de latrines, mais que divers particuliers qui ont des jardins dans leurs maisons ont fait creuser de grandes fosses dans leursdits jardins, où les matieres provenantes des fosses d'aisances sont transportées lors qu'il est necessaire de les vuider, quoique les Ordonnances & Réglemens de Police portent expressément qu'elles seront voiturées; comme aussi Nous a le Procureur du Roy representé que les proprietaires des jardins qui dépendent des maiſons des Fauxbourgs S. Denys & S. Martin, & aboutiſſent ſur l'egouſt, y ont fait conſtruire des cabinets d'aiſances dont la conduite a communication avec l'egouſt, ce qui cauſe une grande infeᶜtion, & pourroit empêcher l'écoulement des eaux : Pourquoy requeroit qu'il y fuſt pourvû. Nous, faiſant droit ſur le requiſitoire du Procureur du Roy, avons enjoint à tous proprietaires des maiſons de cette Ville & Fauxbourgs de Paris, d'avoir en leurs maiſons des latrines ſuffiſantes & convenables qu'ils feront vuider de temps en temps, en ſorte que le Public n'en puiſſe recevoir aucune incommodité. Leur enjoignons pareillement de faire voiturer les vuidanges hors la Ville & dans les foſſes à ce deſtinées. Leur faiſons tres-expreſſes inhibitions & défenſes de faire mettre ny de ſouffrir qu'on mette leſdites vuidanges de privez dans leurs jardins ny en d'autres endroits, à peine de trois cens livres d'amende. Ordonnons que les proprietaires des Fauxbourgs S. Denys & S. Martin, qui ont fait conſtruire des cabinets d'aiſances, dont les conduits ont communication avec les égouts publics, les feront abattre dans trois jours, & en feront remplir & combler les ouvertures dans pareil délay, à peine de pareille amende; & faute par eux d'y ſatisfaire, y ſera mis des ouvriers à la diligence des Commiſſaires des quartiers, aux frais & dépens de qui il appartiendra : Et ſera noſtre preſente Sentence lûë, publiée & affichée dans les lieux ordinaires & accoûtumez. Mandons aux Commiſſaires du Chaſtelet de tenir la main à ſon execution. Ce fut fait & donné par Meſſire MARC-RENE' DE VOYER DE PAULMY D'ARGENSON, Chevalier, Conſeiller du Roy en ſes Conſeils, Maiſtre des Requeſtes Ordinaire de ſon Hoſtel, & Lieutenant General de Police de la Ville, Prevoſté & Vicomté de Paris, le premier jour d'Oᶜtobre mil ſept cens. Signé, DE VOYER D'ARGENSON. ROBERT. CHAILLOU, Greffier.

CHAPITRE II.

De quelques autres moyens qui contribuent à maintenir la ſalubrité de l'air.

LES Bouchers, les Rotiſſeurs, les Chaircuitiers, les Tripieres, les Harangeres & les Tanneurs ſont des Profeſſions beaucoup plus ſujettes que les autres à remplir d'ordures & d'infeᶜtions leurs ouvroirs, ou maiſons, & qui ont donné lieu à beaucoup de Réglemens pour prevenir les maux que le Public en auroit pû ſouffrir. Ces Réglemens portent, que les tueries ou abbatis des Bouchers ſeront hors des Villes; d'autres leur preſcrivent ce qu'ils doivent faire pour le nettoyement de leurs échaudoirs, & des autres lieux de leurs maiſons & boucheries. Il en eſt de même des Chaircuitiers, & de toutes ces autres profeſſions incommodes. Ce ſeroit icy le lieu d'en parler ; mais comme tous ces Réglemens ſont rapportez ſous les Titres qui leur conviennent en particulier, ou ſous le Titre general du nettoyement des rües, où ils peuvent eſtre vûs ; ç'auroit eſté une repetition inutile que l'on a cru devoir éviter.

A l'égard des autres moyens que l'on employe pour maintenir la pureté de l'air, le Réglement general du Parlement du 30. Avril 1663. qui rappelle toutes les diſpoſitions des anciens, fait défenſes à toutes perſonnes de garder en leurs « maiſons aucunes eaux croupies, gâtées & corrompuës ; leur enjoint de les vuider ſur le pavé des rües, & d'y jetter à l'inſtant au même endroit un ou deux ſceaux d'eau claire; il eſt « enjoint par les mêmes Réglemens à tous Chefs « d'Hoſtels, proprietaires ou locataires de garder en leurs maiſons leurs ordures dans des pan- « niers ou manequins, & de les vuider dans les « tombereaux lors qu'ils paſſeront par les rües « pour les recevoir. «

Les Villes qui ſont ſituées proche des rivieres ſont ſujettes à eſtre incommodées lors que les eaux parviennent à une certaine hauteur, ou qu'elles ſortent de leur lit par les débordemens; cet inconvenient arrive quelquefois à Paris, & lors que les eaux ſe retirent, il en reſte toûjours quelque quantité dans les caves qui s'y corromproit ſi on l'y laiſſoit croupir. Dans ces occaſions le Magiſtrat de Police rend ſon Ordonnance pour les faire vuider; nous rapporterons ces deux-cy pour exemple.

15. Avril 1671. Ordonnance de Police pour faire vuider les eaux des caves, publiée & affichée le 17. du même mois.

SUR ce qui Nous a eſté repreſenté par le Procureur du Roy, que les pluyes de l'Hyver dernier ayant groſſi & fait ſortir la riviere hors de ſon canal & de ſon lit ordinaire, pendant prés de trois mois ; & les caves des maiſons en quelques quartiers de cette Ville en ayant eſté remplies, il y avoit lieu de craindre que les eaux qui y eſtoient entrées ne corrompiſſent les fondemens des maiſons, ou qu'elles cauſaſſent quelque putrefaᶜtion & mauvais air, ſi elles y croupiſſoient plus long-temps. Mais parce que ſi toutes les caves ainſi remplies dans un même quartier n'eſtoient vuidées auſſi en même-temps, il arriveroit infailliblement que l'eau qui ſeroit reſtée chez ceux qui auroient negligé de la faire vuider, penetreroit dans les lieux qui auroient eſté déja vuidez : C'eſt pourquoy ledit Procureur du Roy requeroit qu'il fuſt ſur ce par Nous pourvû, & deſigné un temps précis auquel chacun fuſt tenu de ſatisfaire à l'Ordonnance qui ſeroit par Nous renduë. Nous faiſant droit ſur ladite Requeſte & Concluſions du Procureur du Roy, ordonnons à tous proprietaires ou principaux locataires des maiſons de cette Ville & Fauxbourgs, où il eſt reſté de l'eau dans les caves, d'en faire la vuidange, & à cet effet d'y mettre des ouvriers pour y travailler ſans diſcontinuer dés le vingtiéme du preſent mois, à peine de quatre cens livres d'amende, & de tous dépens, dommages & intereſts de leurs voiſins ; auſquels en outre, & aux deux plus proches, ou à l'un d'entr'eux, il eſt permis de faire vuider les eaux des caves de ceux qui auront negligé de le faire, aux frais & dépens des negligens. Mandons aux Commiſſaires du Chaſtelet de tenir la main à l'execution des preſentes, & de ſe tranſporter à cette fin aux lieux où il ſera neceſſaire dans l'eſtenduë de leurs quartiers, même de Nous faire rapport de ceux qui auront contrevenu à la preſente Ordonnance ; laquelle ſera lûë, publiée & affichée par tous les Carrefours & lieux ordinaires

naires de la Ville & Fauxbourgs de Paris, afin que personne n'en prétende cause d'ignorance. Ce fut fait & donné par Messire GABRIEL NICOLAS DE LA REYNIE, Conseiller du Roy en ses Conseils d'Estat & Privé, Maistre des Requestes Ordinaire de son Hostel, & Lieutenant General de Police de la Ville, Prevosté & Vicomté de Paris, le quinziéme jour d'Avril 1671. Signé, DE LA REYNIE. DE RIANTZ. SAGOT, Greffier.

14. May 1701. Ordon. de Police, pour faire vuider les eaux des caves, publiée & affichée le 18. du même mois.

SUR ce qui Nous a esté remontré par le Procureur du Roy : Que l'humidité extraordinaire de l'Hyver dernier, ayant enflé & grossi la Riviere, les caves d'un grand nombre de maisons de cette Ville se trouvent encore remplies d'eau ; non seulement le long des Quais, mais aux environs des Remparts ; ce qui fait craindre que ces eaux ainsi renfermées, venant à se corrompre, ne causent des vapeurs puantes & malignes tres-préjudiciables à la salubrité de l'air, & capables de causer des maladies dangereuses pendant les chaleurs de l'Esté, s'il n'y est promptement pourvû. Et comme les Bourgeois dont les maisons sont situées dans les endroits les plus bas, travailleroient inutilement à vuider leurs caves, si leurs voisins ne faisoient en mêmetems vuider les leurs ; il Nous auroit requis d'y pourvoir : Nous, faisant droit sur ladite Requeste & Conclusions du Procureur du Roy ; Ordonnons à tous Proprietaires & Locataires des maisons de cette Ville & Fauxbourgs, qui ont de l'eau dans leurs caves, de les faire incessamment vuider ; ensemble les puits desdites maisons dont les eaux sont grossies & enflées par celles-là ; & à cet effet leur enjoignons d'y mettre des Ouvriers dans trois jours après la publication de la presente Ordonnance, pour y travailler sans discontinuation ; en sorte que ce travail puisse estre entierement fini le vingt-trois du present mois ; à peine de cinq cens livres d'amende, & de tous dépens, dommages & interests qui pourront estre pretendus par les voisins ; ausquels les deux plus proches, ou à l'un d'entr'eux, il est permis de faire vuider les eaux des caves de ceux qui auront negligé de le faire, aux frais des negligens ; & les Locataires qui au defaut des Proprietaires employeront & payeront les Ouvriers de leurs salaires justes & raisonnables, les pourront retenir sur les loyers par preference à toutes saisies faites ou à faire. Mandons aux Commissaires du Chastelet de se transporter dans les lieux où il conviendra de faire travailler, pour tenir la main à l'avancement du travail, & nous faire rapport, tant des difficultez qui pourront survenir, que des contraventions qui se commettront à la presente Ordonnance, laquelle sera lüe, publiée & affichée dans les Carrefours & lieux ordinaires de la Ville & Fauxbourgs, afin que personne n'en prétende cause d'ignorance. Ce fut fait & donné par Messire MARC-RENE' DE VOYER DE PAULMY, D'ARGENSON, Chevalier, Conseiller du Roy en ses Conseils, Maistre des Requestes ordinaire de son Hostel, & Lieutenant General de Police de la Ville, Prevosté & Vicomté de Paris, le quatorziéme jour de May mil sept cens un. Signé, DE VOYER D'ARGENSON. ROBERT GAUDION, Greffier.

CHAPITRE III.

Qu'il ne faut élever dans les Villes aucuns des bestiaux qui causent de l'infection.

DE tous les animaux domestiques il n'y en a point dont l'infection des excremens soit plus capable de corrompre l'air que les porcs, les pigeons, les lapins, les oyes & les canes. La Coustume d'Estampes article 185. y comprend
» les bestes à laine : elle porte, qu'il n'est loisible à personne faisant sa demeure en cette
» Ville, d'y tenir bestes à laine, porcs, oyes
» ou canes ; à peine de confiscation & d'amende arbitraire. Et l'article 192. défend d'y nourrir des pigeons privez, à peine de cent sols parisis d'amende. La Coustume de Nivernois
» Chapitre dix, article dix-huit, fait défenses
» de nourrir dans la Ville de Nevers aucuns
» pourceaux, truyes, boucs, chévres, cochons,
» chevreaux, & autres bestes semblables, & ordonne que ces défenses auront pareillement
» lieu dans les autres Villes de la Province.
Saint Louis par une Ordonnance du Vendredy
» d'aprés la Toussaints 1261. défendit de nourrir aucuns porcs au dedans des murs de la
» Ville de Paris.
Reg. du Chastelet liv.blanc, ou 1. vol. des Mestiers,f.139

Le Prevost de Paris par une Ordonnance du
Samedy d'aprés la Chandeleur 1348. & une autre
Ordonnance du trente Janvier 1350. fit défendre de nourrir dans la Ville aucuns pourceaux,
» à peine de soixante sous d'amende: enjoignit
» aux Sergens de les tuer où ils les trouveroient,
» ordonna qu'ils en auroient la teste pour leur
» salaire, & que le reste du Corps seroit porté
Liv.rouge ancien, fol.51.

à l'Hostel-Dieu, à la charge d'en payer le port. «
Charles V. par des Lettres Patentes du vingt-neuviéme Aoust 1368 défendit expressément à toutes personnes de nourrir des pigeons dans « la Ville, Faux-bourgs & Banlieue de Paris. «
Liv. vert au fol. 151.

Une Ordonnance du Prevost de Paris du 4. Avril 1502. sur le Requisitoire des Avocats & Procureur du Roy, fait défenses à toutes personnes de nourrir des pigeons, des oisons, des lapins, « ny des oyes dans la Ville & Fauxbourgs de Paris, à peine de confiscation & d'amende arbi- « traire, dont le denonciateur aura le tiers. «
Liv.gris, f.384

Les oyes estoient en ce tems d'un si grand usage à Paris, que les Rotisseurs ne faisoient presque point alors d'autre debit ; c'est de-là qu'ils se trouvent nommez dans les anciennes Ordonnances Oyers, & non pas Rotisleurs, & que le quartier où ils demeuroient en plus grand nombre, prit le nom de rue aux Oyers, que l'on nomme aujourd'huy par corruption rue aux Ours. Plusieurs pauvres gens des Fauxbourgs ou aux extremitez de la Ville élevoient de ces volailles, & en faisoient commerce sous le titre de Poulaillers. Ils donnerent leur Requeste au Prevost de Paris, pour avoir la liberté de continuer leur commerce dans ces lieux exposez au grand air : ce Magistrat commit un Commissaire pour y faire une descente en la presence du Procureur du Roy, & sur le rapport de cet Officier, il rendit la Sentence que voicy.

18.Juin 1523.
Sête ce de Po-
lice, qui per-
met de nour-
rir des vo-
lailles aux
extrémitez
de la Ville
de Paris, a-
près que def-
cente a efté
faite fur les
lieux par un
Commiffaire
Examinateur
en la prefen-
ce du Procu-
reur du Roy.
Livre rouge
neuf, f. 100.

A Tous ceux qui ces prefentes Lettres verront, Gabriel Baron & Seigneur d'Allegre, Saint-Juft, Meillau, Torzet, Saint-Dyer & de Puffol, Confeiller, Chambellan du Roy noftre Sire, & Garde de la Prevofté de Paris, Salut, fçavoir faifons ; que vû la Requefte à Nous faite & pre-fentée par les Maiftres Poulaillers de la Ville de Paris, par laquelle ils auroient requis leur eftre permis de pouvoir faire nourrir des oyfons és ruës du Verboys en cettedite Ville de Paris, ruë des Fontaines, & autres lieux de ladite Ville les plus convenables, ainfi que d'ancienneté, & même-ment depuis neuf ans auroient eu congé & pouvoir de ce faire. Sur laquelle euffions ordonné dés le trentième jour de May dernier paffé, que les lieux feroient vifitez par le premier Examinateur de par le Roy noftredit Seigneur audit Chaftelet de Paris, qui en feroit fon Procès verbal, pour ce fait en eftre ordonné comme de raifon : vû aufli le Procès verbal fait en vertu de ladite Re-quefte par noftre amé Maiftre Eftienne Migot Examinateur audit Chaftelet ; par lequel Nous eft apparu ledit Examinateur, en la prefence du Procureur du Roy noftredit Seigneur audit Chafte-let, avoir vifité, & foy eftre tranfporté en ladite ruë du Verboys, outre les Eglifes du Temple & de faint Martin des Champs à Paris, & trouvé icelle ruë eftre détournée de gens, & à l'écart, à laquelle n'habite que menuës & fimples gens, comme Poulaillers, Vignerons & non gens d'eftat ; ne maifons d'apparence, où il y a grands jardins & lieux vagues, & qui aboutit fur les murs & anciens égoux de cettedite Ville de Paris, & comme lieu champeftre. Vû aufli certain congié donné de Nous ce Mercredy fecond jour de May mil cinq cens & quinze, aufdits Poulail-lers, de faire les nourritures dont eft queftion : Nous pour confideration de ce que dit eft aufdits Maiftres Poulaillers, avons permis & permettons, oy fur ce ledit Procureur du Roy audit Châ-telet, de pouvoir nourrir telle quantité d'oyfons que bon leur femblera ; pourvû que fous om-bre de ce, ne foit fait chofe préjudiciable, & de pouvoir revoquer cette prefente permiffion, où il feroit trouvé cy-après eftre au préjudice d'aucuns & de la chofe publique. En témoin de ce Nous avons fait mettre à ces Prefentes le Scel de ladite Prevofté de Paris. Ce fut fait le Jeudy dix-huitiéme jour de Juin l'an mil cinq cens vingt-trois. Ainfi figné, A. LORMIER.

Ceux qui avoient obtenu cette permiffion en abuferent, d'autres fe joignirent à eux, la Ville fe trouva remplie de volaille ; leur infection jointe à celle des immondices dont le nettoye-ment avoit efté beaucoup negligé, cauferent plufieurs maladies. François I. y pourvût par un Edit du mois de Novembre 1539. Voici ce qu'il contient à cet égard.

Fontan.t.r.l.s.
tit.8 n.69.art.
2ᵉ. & 29.

» Défendons aufli à tous Bouchers, Chaircui-» tiers, Rotiffeurs, Boulangers, Regratiers, » Revendeurs de volailles, Poulaillers, Taver-» niors, Laboureurs, gens de Meffier, & à tou-» tes autres perfonnes de quelque eftat ou condi-» tion qu'ils foient, de tenir, faire tenir, ou » nourrir en quelque lieu que ce foit, en ladite » Ville & Fauxbourgs de Paris, aucuns pour-» ceaux, truyes, cochons, oyfons, pigeons, » conils, foit pour vendre, pour leur vivre & » entretenement de leurs maifons, ne pour quel-» que caufe, occafion, ou couleur que ce foit. » Enjoignons à tous les deffus dits qui tiennent » & nourriffent és lieux devant dits iceux pour-» ceaux, truyes, cochons, oyfons, conils ou » pigeons, que toutes excufations ceffantes, ils » menent, portent, ou faffent mener & porter » lefdits pourceaux, truyes, cochons, oyfons, » pigeons & conils, nourrir hors ladite Ville & » Fauxbourgs fur peine de confifcation des cho-

fes deffus dites, & de punition corpo- « relle : & fi enjoignons à tous de reveler & « annoncer à Juftice ce que deffus, le plus di- « ligemment que faire fe pourra, dont ils auront « la tierce partie du profit en le faifant, & où ils « ne le feroient pas, ils feront punis d'amende « arbitraire. «

Voicy ce que porte aufli l'article 22. du Réglement general fait par le Parlement, pour le nettoyement de la Ville de Paris le 30. Avril 1663. & attendu l'infection & mauvais « air que caufe la nourriture des porcs, pigeons « & lapins en cette Ville & Fauxbourgs de Paris, « & les inconveniens qui en peuvent arriver ; ce « ladite Cour a fait & fait tres-expreffes inhi- « bitions & défenfes à toutes perfonnes de quel- « que qualité & condition qu'elles foient, d'a- « voir en leurs maifons efdites Ville & Faux- « bourgs, aucuns porcs, pigeons & lapins, à « peine de trente livres d'amende, & de con- « fifcation. «

Le Magiftrat de Police pour maintenir dans leur vigueur ces Réglemens qui luy font adref-fez, en renouvelle de tems en tems les difpofi-tions par fes Ordonnances qu'il fait publier, & afficher ; l'on en rapportera feulement quelques-unes icy pour exemple.

4.Juin 1667.
Ordonnan.de
Police, qui
fait défenfes
de nourrir des
lapins, pou-
les, pigeons
ou porcs à
Paris, publ.
& affichée le
8. du même
mois.

SUr ce qui Nous a efté reprefenté par le Procureur du Roy, que la Ville de Paris ayant efté policée par plufieurs Ordonnances & Réglemens des Roys, ils auroient eu en finguliere recom-mandation d'y maintenir la pureté de l'air, qui contribuë à la fanté des corps plus qu'aucune autre chofe, & pour cet effet fait défenfes aux Bouchers & Chaircuitiers de laiffer courir par les ruës le fang de leurs abbatis, aux Rotiffeurs de nourrir en leurs maifons aucuns lievres, lapins, poules, poulets, poulets-d'Indes, & autre forte de volatilles, aux Meufniers & Boulangers d'y tenir des porcs, & autres perfonnes d'avoir des pigeons, tant dans ladite Ville que Fauxbourgs ; & d'autant que ces ordres publics n'ont efté fi exactement obfervez ; Nous a requis ledit Procureur du Roy d'y pourvoir : Nous ayant égard à ladite remontrance : Oüy le Procureur du Roy en fes Conclufions : Ordonnons aux Maiftres Bouchers & Chaircuitiers de la Ville & Fauxbourgs, d'enlever foigneu-fement le fang de leurs abbatis, & iceux conduire dans les voiries ; leur faifant tres-expreffes in-hibitions & défenfes de laiffer couler aucun fang & eau rouffe par les ruës, & aux Rotiffeurs, Boulangers, Meufniers & autres perfonnes, de nourrir aucuns lapins, lievres, poulets-d'inde, poules & poulets, pigeons & porcs dans leurs maifons, tant dans la Ville & Fauxbourgs qu'és lieux d'iceux ; à peine de confifcation, de deux cens livres d'amende pour la premiere fois, & de punition corporelle pour la récidive. Mandons aux Commiffaires des Quartiers de fe tranfporter tous les huit jours dans les maifons des Bouchers, Chaircuitiers, Rotiffeurs, Boulangers, Meuf-niers

niers & autres perſonnes, & de nous faire rapport des contraventions à la preſente Ordonnance, qui ſera lûë, publiée à ſon de Trompe & Cry public par tous les Carrefours de la Ville & Fauxbourgs de Paris, & affichée aux lieux accouſtumez. Ce fut fait & donné par Meſſire G A B R I E L NICOLAS DE LA REYNIE, Conſeiller du Roy en ſes Conſeils d'Eſtat & Privé, Maiſtre des Requeſtes Ordinaire de ſon Hoſtel, & Lieutenant General de Police de la Ville, Prevoſté & Vicomté de Paris, le 4. Juin 1667. Signé, D E L A R E Y N I E. D E R I A N T Z. C O U D R A Y, Greffier.

22. Avril
1668. Ordon.
de Police
pour mainte-
nir la pureté
de l'air à Pa-
ris, publ. &
affichée le
24. du même
mois.

S U R ce qui Nous a eſté repreſenté par le Procureur du Roy : Que par pluſieurs Ordonnances & Reglemens, il a eſté non ſeulement pourvû au nettoyement des ruës de cette Ville, mais encore à ce que les maiſons des Bourgeois fuſſent nettes, & ſur tout celles de quelques Artiſans, dont les meſtiers ſans cette ſorte de précaution, auroient pû cauſer de grands inconveniens, ayant toujours eſté jugé extrêmement important pour la ſanté des Habitans de la Ville, & pour la main-tenir parmy un ſi grand Peuple, d'y entretenir l'air en ſa pureté ; & par ces conſiderations défenſes auroient eſté faites aux Bouchers & Chaircuitiers de laiſſer couler par les ruës le ſang de leurs abbatis, aux Rotiſſeurs de nourrir en leurs maiſons aucuns lievres, lapins, poules, poulets-d'Inde & autre ſorte de volailles, aux Meuſniers & Boulangers d'y tenir des porcs, & à tous autres d'avoir des pigeons tant dans ladite Ville que Fauxbourgs ; & parce qu'on a ſouvent negligé l'execution de ces Ordonnances & de ces Réglemens, & qu'il eſt neceſſaire de les renouveller, & de les faire exactement obſerver, pour éviter les accidens qui ſeroient autrement à craindre, & particulierement en cette ſaiſon ; Nous a ledit Procureur du Roy requis d'y pourvoir. Nous ayant égard à ladite remontrance ; Ordonnons aux Maiſtres Bouchers & Chaircuitiers de la Ville & Fauxbourgs, d'enlever ſoigneuſement le ſang de leurs abbatis, & iceux conduire dans les voiries; leur faiſant tres-expreſſes inhibitions & défenſes de laiſſer couler aucun ſang & eau rouſſe par les ruës, & aux Rotiſſeurs, Boulangers, Meuſniers & autres perſonnes de nourrir aucuns lapins, lié-vres, poulets-d'Inde, poules & poulets, pigeons & porcs dans leurs maiſons dans la Ville & Faux-bourgs ; à peine de confiſcation, de cinq cens livres d'amende pour la premiere fois, & de plus grande en cas de recidive. Mandons aux Commiſſaires des quartiers de ſe tranſporter au moins une fois la ſemaine dans les maiſons deſdits Bouchers, Chaircuitiers, Rotiſſeurs, Bou-langers, Meuſniers, & autres perſonnes, & nous faire rapport des contraventions à la preſente Ordonnance, qui ſera lûë, publiée à ſon de Trompe & Cry public par les Carrefours de la Ville & Fauxbourgs de Paris, & affichée aux lieux accouſtumez. Ce fut fait & donné par Meſſire G A-BRIEL NICOLAS DE LA REYNIE, Conſeiller du Roy en ſes Conſeils d'Eſtat & Privé, Maiſtre des Requeſtes ordinaire de ſon Hoſtel, & Lieutenant General de Police de la Ville, Pre-voſté & Vicomté de Paris, le vingt-deuxiéme jour d'Avril mil ſix cens ſoixante-huit. Signé, D E L A R E Y N I E. D E R I A N T Z. C O U D R A Y, Greffier.

C H A P I T R E   I V.

Eloigner du milieu des Villes les Profeſſions qui peuvent infecter l'air.

I L y a de certaines Profeſſions qui ne peuvent eſtre exercées que dans le grand air ſans beau-coup de peril pour la ſanté ; tels ſont les Potiers de terre ; l'argile & la litarge de plomb qu'ils mettent en œuvre, ne ſe peuvent cuire qu'il ne s'en éleve quantité de vapeurs groſſieres & ma-lignes qui corrompent l'air dans les lieux trop ſerrez. Des gens de cette profeſſion s'eſtoient venus établir au milieu de Paris ; & auſſi-toſt cet

inconvenient parut : les voiſins & le Procureur du Roy à l'Hoſtel de Ville en porterent leurs plaintes au Prevoſt de Paris, le Procureur du Roy prit leur fait & cauſe pour l'intereſt Public: cela donna lieu à une Sentence & à un Arreſt en deux differentes Cauſes ; ils ſont l'un & l'autre trop conſiderables pour en rien retrancher : Voi-cy ce qu'ils contiennent.

4. Novemb.
1486. Senten-
ce du Chaſte-
let de Paris,
pour éloigner
du milieu de
la Ville, les
fourneaux de
Potiers de
terre.
Liv. vert neuf
fol. 97.

A Tous ceux qui ces preſentes Lettres verront, Jacques d'Eſtouteville, Chevalier Seigneur de Beyne, Baron d'Yvry & de Saint Andry en la Marche, Conſeiller - Chambellan du Roy noſtre Sire, & Garde de la Prevoſté de Paris, Salut, ſçavoir faiſons : Comme procés feuſt meu & pen-dant en Jugement pardevant Nous ou Chaſtelet de Paris, entre le Procureur du Roy noſtredit Sei-gneur oudit Chaſtelet, pour & ou nom dudit Seigneur, & le Procureur de la Ville de Paris, Maiſtre Martin Berthelot, Oudin Bonnart, Hemon Bourdin, Jehan Langlois, Guillaume Nourry, Robert Lebret & Hugues Duguet Adjoints avec les deſſuſdits Demandeurs, & requerans l'enteri-nement de certain Rapport des Medecins & Chirurgiens d'une part, & Colin Goſſelin Potier de terre, Défendeur d'autre part ; ſur ce que leſdits Demandeurs diſoient & maintenoient que cette Ville de Paris eſtoit la Ville Capitale de ce Royaume, en laquelle le Roy noſtredit Seigneur & ſes Prede-ceſſeurs Roys de France auroient toujours fait tenir leurs Eſtats pour le Gouvernement de leur Royau-me, comme la Cour Souveraine ; c'eſt aſſavoir le Parlement & ſes Chambres des Comptes, du Threſor des Generaux, des Monnoyes, & autres ; où à cette cauſe toute maniere de gens d'autorité d'Egliſe, & autres eſtoient tenus venir, venoient & arrivoient en cette Ville, tant pour le fait du Royaume, comme pour les faits particuliers, & y en avoit toujours en grand nombre de divers Païs & diverſes Contrées, leſquels y eſtoient receus de quelque part qu'ils fuſſent deſcendus & venus ; & dautant qu'il y avoit plus grand nombre de Peuple, eſtoit ſujete ladite Ville, & dangereuſe à recevoir infec-tion, tant pour les communications des Eſtrangers comme autrement, dont en cette occaſion en eſtoient advenus par cy-devant grands inconveniens, & y pourroient encore advenir par chacun jour, & pour obvier à ce qui eſt pour la conſervation de la choſe publique eſtoit beſoin & neceſſité de garder au mieux qu'il ſeroit & eſt poſſible de tenir ou faire tenir que en ladite Ville il n'y euſt aucunes infections, ne que en icelle ne feuſt exercée choſe dont infections peuſſent venir ne proceder, & pour ce faire pourroient eſtre contraints les Habitans d'icelle Ville, & tous autres; & tout comme dit eſt, pour obvier aux grands inconveniens qui pourroient advenir par faute de ce à tous les Habitans de ladite Ville, & pour ce monſtrer, diſoient iceux demandeurs, que pour faire pots de terre convenoit que la terre feuſt argillée, & avant qu'elle feuſt miſe en œuvre, falloit qu'elle feuſt toute pourrie & détrempée par longue eſpace de temps en caves corrompuës ; & à cette cauſe quand ladite terre eſtoit miſe en eſtat & diſpoſition de mettre en œuvre, & qu'elle y eſtoit miſe, feuſt en façon de pots & autres ouvrages, & y falloit cuire deſdits ouvrages, mis ou fourneau pour cuire, & ce feu eſtoit dedans leſdits fourneaux, failoit & iſſoit grandes fumées & vapeurs puantes & infectées, à l'occaſion des matieres qui eſtoient corrompuës, & auſſi du plomb ſouffré & limaille, verre & autres matereaux que l'on mettoit dedans leſdits ouvrages, & ſans leſquelles matieres, on ne pouvoit faire leſdits ouvrages : & pour obvier aux grands inconveniens qui pourroient advenir, eſtoit beſoin & neceſſité de défendre que les ouvrages ne fuſſent faits en cettedite Ville de Paris, qui eſtoit, comme dit eſt, la Ville Capitale du Royaume, & en laquelle venoient & habitoient toutes gens d'autorité d'Egliſe & autres, à l'occaſion deſdites fumées & infections leſquelles eſtoient contraires au corps humain, & par icelles pourroient eſtre engendrées grandes maladies ; & pour ce que ledit défendeur, lequel eſtoit & eſt Potier de terre, s'eſtoit & eſt habitué en un Hoſtel aſſis en la rüe de la Savonnerie, pour faire fondit meſtier, & faiſoit cuire, comme encore fait ſes pots & autres ouvrages de poterie, dont il iſſoit grande fumée puante & infecte, tellement que les voiſins tant de ladite rüe, comme autres ayant maiſons contiguës de la maiſon où il demeuroit, pour la grande puanteur & infection, bonnement ne pouvoient faire reſidence en leurs maiſons, ou ceux qui y faiſoient reſidence, ſe y eſtoient tenus parce qu'ils n'avoient autre habitation, ou autre juſte excuſation, iceux voiſins s'eſtoient retirez par devers Nous, & avoient fait ou baillé leur Requeſte, afin de pourvoir au cas, ainſi qu'il appartiendroit par raiſon, & leur avoit eſté permis de faire voir & viſiter ladite maiſon, pour ſçavoir s'il pourroit venir inconveniens ainſi deſdites fumées & infections, & leſquels leſdits voiſins en enſuivant icelle permiſſion, par honnorables hommes & ſages Maiſtres Jacques de Bruges, & Guillaume Miret Docteurs en Medecine, & Philippes Rogue Chirurgien Juré du Roy noſtredit Seigneur oudit Chaſtelet, avoient fait voir & viſiter ladite maiſon, leſquels avoient rapporté que ladite fumée eſtoit préjudiciable à la ſanté des corps humains, & que de ce leur pouvoit ſurvenir pluſieurs mauvaiſes maladies & accidens; & après laquelle viſitation faite, cuidant leſdits voiſins que ledit défendeur gracieuſement & ſans figures de procez ſe vouliſt deſlogier de ladite maiſon, & à tout le moins ceſſer de cuire de ſes pots & autres ouvrages de ſon meſtier, mais neanmoins il n'en avoit rien voulu faire, & avoit toujours perſiſté à cuire ainſi qu'il avoit accouſtumé de faire; & à cette cauſe ledit Procureur du Roy, & auſſi leſdits voiſins avoient fait appeller pardevant Nous ledit défendeur ; & après ce que le Procureur de la Ville ſe ſeroit adjoint avec eux, auroient iceux demandeurs allencontre dudit défendeur allegué les choſes deſſus dites, avec pluſieurs autres faits & raiſons ſervant à leur propos & intention, tendant & concluant par leſdits demandeurs allencontre dudit défendeur, afin que par Nous noſtre Sentence, Jugement, & à droit, en enſuivant ladite Requeſte par eux, ou l'un d'eux à Nous baillée, ledit défendeur fuſt condamné & contraint à vuider hors dudit Hoſtel, ouquel eſtoit & eſt demeurant rüe de la Savonnerie, où pendoit pour enſeigne les Rats, à tout le moins que défenſes luy fuſſent faites de non cuire pots de terre dorénavant oudit Hoſtel, ne autre choſe concernant fait de pots de terre, ſur certaines & groſſes peines, à appliquer au Roy noſtredit Seigneur ; & outre feuſſent les foſſes & fourneaux où ledit défendeur cuiſoit & cuit ſes pots & faiſoit ſa poterie, caſſez & rompus, nonobſtant choſe par iceluy Goſſelin propoſée ou maintenuë au contraire, dont il feuſt debouté & condamné ès dépens deſdits demandeurs, & des raiſons & défenſes faites & propoſées au contraire par ledit défendeur, à plein déclarées oudit procés : Oyes leſquelles parties en tout ce qu'elles euſſent voulu dire & propoſer, maintenir & alleguer l'une allencontre de l'autre, Nous les euſſions appointées a eſtre de Nous deliberé de ce leur faire droit, ou autrement les appointer comme de raiſon ſeroit, le Plaids fait entre elles, qu'elles bailleroient par écrit à Cour par maniere d'avertiſſement, ſelon la teneur de l'appointement ſur ce fait, duquel la teneur eſt telle : jour eſt aſſigné aux premieres Sentences qui par Nous ſeront données & prononcées ou Chaſtelet de Paris au Procureur du Roy noſtre Sire audit Chaſtelet, pour & au nom dudit Seigneur, à Pierre Bezon Procureur de la Ville de Paris, Simon Baſannier Procureur, Maiſtre Martin Berthelot, Oudin Bonnart, Aymond Bourdin, Jehan Langlois, Guillaume Nourry, Robert Lebret & Hugues Duguet, adjoints avec les deſſus dits, & Guillaume Dupré Procureur, Colin Goſſelin, à eſtre de Nous deliberé de faire droit auſdites Parties, ou autrement les appointer comme de raiſon ; ſera ſur ce Plaid fait entre elles qu'elles bailleront par advertiſſement ſans préfixion dedans d'huy en huit jours, en demandant deſdits Procureurs du Roy de la Ville, à Baſannier deſdits noms, & requerant l'enterinement du rapport des Jurez, fait à la requeſte dudit Procureur du Roy, & en défendant dudit Dupré oudit nom, & aller avant. Ce fait l'an 1486. le Lundy 4. Septembre, ainſi ſigné, J. Vie : En enſuivant lequel appointement leſdites Parties euſſent mis & baillé par écrit à Cour leurdit Plaidoyé par maniere d'avertiſſement : enſemble tout ce dont elles s'eſtoient voulu aider l'une contre l'autre ; ce fait leſdites Parties ou leurs Procureurs pour elles Nous euſſent requis droit par Nous leur eſtre fait ſur ledit Procés ; ſçavoir faiſons, que vû de Nous iceluy Procés, le Plaidoyé deſdites Parties, les lettres, Rapport de Medecins & Chirurgien, Lettres Royaux & autres Exploits, & enſeignemens deſdits demandeurs, avec ledit appointement à eſtre deliberé deſſus tranſcrit : & tout vû & conſideré, ce qui faiſoit à voir & conſiderer, & ſur ce conſeil à ſages, Nous diſons que défenſes ſeront faites audit Goſſelin, de ne cuire dorénavant pots de terre, ſur peine de vingt livres

parifis

parisis d'amende; & se iceluy Gosselin veut cuire sesdits pots & autres choses en cette Ville de Paris en autres lieux détourner, faire le pourra jusqu'à ce que par Justice autrement en soit ordonné, & sans dépens de cette presente poursuitte, d'une part & d'autre, & pour cause par nostre Sentence, Jugement & par droit; en témoin de ce Nous avons fait mettre à ces presentes le Scel de ladite Prevosté de Paris. Ce fut fait & prononcé en Jugement audit Chastelet en la presence des Procureurs desdites Parties, dont & de laquelle Sentence ledit Gosselin en personne appella en Parlement, le Samedy quatriéme jour de Novembre, l'an mil quatre cens quatre-vingt & six : ainsi signé.
J. TOSTÉE.

<table>
<tr><td>

7. Septemb. 1497. Arrest du Parlement pour éloigner du milieu de la Ville de Paris les Fourneaux des Potiers de terre.

Liv. bleu, fol. 107.

</td><td>

Cum à quadam sententia per præpositum nostrum Parisiensem, seu ejus locum tenentem, ad utilitatem Procuratoris nostri in Castello Parisiensis præpositi Mercatorum & Scabinorum dictæ Villæ nostræ Parisiensis, Magistri Renati Manceau, in nostra Parlamenti Curia Advocati, Anthonii Amiart, deffuncti Magistri Joannis Badonvilliers relicta & Joannis Bureau Seutiferi, Thomæ Duru, Ægidii Porcher, Martini le Camus, ac aliorum eorum consortium defensorum, contra Guielmum Laurens Magistrum Figullum in dicta nostra Villa Parisiensi commorantem, actorem ac sibi dictum furnum ad potos terros alia vasa ac cætera hujusce ministerii opera coquendum, in domo in qua moratur in antiquo beati Joannis cimeterio situata, vico de Chartion retrò correspondenti, ac Domini prædictæ relictæ Amiart contigua, facere seu fieri facere, & in dicto furno facere coquere, & hoc per modum provisionis principali Partium processu pendente, quò usque aliter ordinatum extitisset, cautionem de demoliri, si opus fieret, offerendo permitti petentem, & requirentem, lata, per quam quod nulla eidem actori provisio fieret expensibus in diffinitiva reservatis, dixerat, & declaraverat, fuisset pro parte, dicti actoris ad Parlamenti Curiam appellatum. Auditis in dicta Curia nostra partibus ante dictis in causa appellationis prædicta; processumque an benè vel malè appellatum fuerit ad judicandum, recepto, eo viso & diligenter examinato. Per judicium præfatæ Curiæ nostræ dictum fuit suprà dictum verò appellantem malè appellasse, & emandebit idem appellans ipsum in expensis hujus causæ appellationis, condemnendo, expensarum taxatione præfatæ Curiæ reservata, remistique atque remittit eadem Curia nostra partes præfatas coram jam dicto Præposito nostro; ad diem XXI. hujus mensis ulterius super principali prout fuerit rationis processuras & facturas : Pronuntiatum septimâ die Septembris anno Domini millesimo CCCCº nonagesimo-septimo. Collatio facta est.

</td></tr>
</table>

Une autre infection a paru dans ces derniers temps, qui n'estoit pas moins dangereuse; l'Ordonnance qui suit apprendra ce qui la causoit, & en même-temps les ordres qui ont esté donnez par le Magistrat de Police pour la faire cesser.

<table>
<tr><td>

10. Juin 1701. Ordon. de Pol. contre les Chiffonniers qui infectent l'air par les immondices de leur profession, publiée & affichée le 23. du même mois.

</td><td>

SUR le rapport fait à l'Audiance de Police au Chastelet, par Maistre Pierre Dumesnil, Conseiller du Roy, Commissaire au Chastelet de Paris, Ancien préposé pour le fait de la Police au quartier saint Martin; qu'il a reçû plusieurs plaintes, tant des bourgeois & proprietaires, que des locataires de la ruë-Neuve saint Martin; de ce que plusieurs particuliers Chiffonniers & autres demeurans en ladite ruë, Cul-de-sac d'icelle & és environs, se meslent de trafiquer de chiens, pour la nourriture desquels ils font provision de chair de Chevaux qui infectent le quartier; lesquels chiens au nombre de plus de deux cens ils laschent la nuit & le jour dans la ruë, en sorte que des passans en ont esté mordus; & lorsque ces chiens sont renfermez, ils troublent par leurs hurlemens le repos des Habitans pendant la nuit; comme aussi de ce que luy Commissaire a eu avis qu'au préjudice des Ordonnances & Réglemens de Police, qui font défenses aux Chiffonniers de vaguer & aller dans les ruës de cette Ville & Fauxbourgs qu'à la pointe du jour; aucuns d'eux se sont mis en usage depuis quelque année, & nonobstant les défenses qui leur furent par Nous réiterées l'année derniere, de sortir de leurs maisons à minuit, & de marcher dans les ruës sous pretexte d'amasser des chiffons; ce qui peut donner lieu à la plus grande partie des vols qui se font tant des auvents, que des grilles & des enseignes, même causer ou favoriser les ouvertures des boutiques, salles & cuisines qui vont au rez de chaussée, estant facile ausdits Chiffonniers d'en tirer avec les crocs dont ils se servent, les linges & la plûpart des choses qu'on a coûtume d'y laisser; à quoy estant necessaire de pourvoir : Nous, aprés avoir ouï ledit Commissaire en son rapport & les Gens du Roy en leurs Conclusions; ordonnons que les Arrests, Statuts & Réglemens de Police seront executez selon leur forme & teneur; & en consequence avons fait défenses à tous Chiffonniers, Chiffonnieres & autres, de vaguer par les ruës, ny d'amasser des chiffons avant la pointe du jour, à peine de trois cens livres d'amende & de punition corporelle. Mandons aux Officiers du guet d'emprisonner les contrevenans. Leur défendons pareillement d'avoir dans leurs maisons plus d'un chien qu'ils seront tenus d'enfermer pendant la nuit, en sorte que les voisins ny les passans n'en puissent recevoir aucune incommodité. Faisons défenses ausdits Chiffonniers & Ecorcheurs de chiens & autres animaux, & à toutes autres personnes telles qu'elles puissent estre de fondre ny faire fondre en leurs maisons aucunes graisses de chevaux, chiens, chats & autres animaux pour quelque cause & occasion que ce soit. Leur enjoignons de faire ladite fonte dans les lieux écartez hors de la Ville, & à telle distance que la mauvaise odeur n'en puisse incommoder les Citoyens; le tout à peine de trois cens livres d'amende : Permettons d'emprisonner les contrevenans, en vertu de la presente Ordonnance, qui sera executée nonobstant oppositions ou appellations quelconques; luë & publiée à son de Trompe & Cry public dans ladite ruë-Neuve S. Martin, & affichée par tout où besoin sera. Mandons aux Commissaires du Chastelet & à tous autres Officiers de Police de tenir la main à son execution. Ce fut fait & donné par Messire MARC-RENE' DE VOYER DE PAULMY D'ARGENSON, Chevalier, Conseiller du Roy en ses Conseils, Maistre des Requestes ordinaire de son Hostel, & Lieutenant General de Police de la Ville, Prevosté & Vicomté de Paris, le Vendredy dixiéme Juin mil sept cens un. Signé, DE VOYER D'ARGENSON. CHAILLOU, Greffier.

</td></tr>
</table>

TITRE III.

De la Police de l'Eau par rapport à la santé.

CHAPITRE PREMIER.

Eloge de l'Eau; & combien elle contribuë à la santé.

DEs quatre Elemens qui composent l'Univers, selon l'opinion commune, il n'y en a point qui ait esté plus universellement estimé que l'Eau. Les Theologiens en font l'éloge & l'élevent au dessus des autres, parce qu'elle entre dans les principaux Mysteres de nostre Religion, & qu'elle est le symbole de la Grace, le plus grand bien que nous puissions esperer dans ce monde.

Les Philosophes en parlent comme du plus excellent & du plus universel de tous les estres inanimez. Elle est, disent-ils, la source & le principe de toutes les productions & de toutes les generations; c'est elle qui entretient la vie des plantes, aussi-bien que celle des animaux: Le vin même, si on en croit Empedocle, n'est en effet qu'une eau digerée & rectifiée dans la sein, dit un sçavant Cardinal du quinziéme siecle, une vertu universelle susceptible de toutes les formes, & capable d'estre convertie en autant de differentes substances qu'il y a de differens corps, mineraux, vegetaux ou sensitifs; en sorte, ajoûte-t-il, que l'on peut dire qu'elle est la forme de toutes les puissances, ou la puissance de toutes les formes qui constituent les autres estres materiels. Au surplus tous ces grands hommes ne vantent pas moins l'utilité de l'eau dans la morale, que ses effets admirables dans la physique. Ceux qui s'en contentent pour leur boisson, disent-ils, ou du moins qui n'y font suffisamment entrer, sont ordinairement plus sages, ont les passions plus tranquilles, & une conduite plus uniforme; ils la nomment par cette raison, l'Element des Philosophes, & la Nourrice de la Sagesse: Ce fut, selon eux, ce qui obligea Licurgue à faire arracher toutes les vignes de Lacedemone, pour réduire son Peuple à ne boire que de l'eau. Platon moins severe dans ses Loix permit l'usage du vin, mais à condition d'y mêler beaucoup d'eau; alors, dit-il, c'est temperer la fureur & les emportemens de Bacchus par la sagesse & la moderation des Nymphes, & avec leur secours nous rendre utile ce Dieu qui estant seul & dans sa fougue n'est capable que de nous nuire.

Les Medecins enfin parlant de l'eau, l'ont mise au nombre des alimens les plus utiles, des remedes les plus excellens. De même, disent-ils, que des elemens le feu est le seul qui a besoin de nourriture pour estre entretenu, & qui consume tout ce qui l'environne: La chaleur naturelle qui symbolise chez nous à cet élement, est aussi la premiere qui a besoin d'alimens, sinon elle détruit les autres parties de nostre corps & se consume elle-même.

Or selon eux & nostre propre experience; il n'y en a point de plus propre que l'eau pour humecter la siccité de ce feu, moderer sa chaleur, & l'entretenir dans une juste temperature. Delà vient qu'aprés un long jeûne, la nature qui sent mieux ses besoins que nous ne les pouvons exprimer, appete beaucoup plus de boire que de manger. L'eau, ajoûtent-ils est non seulement utile par elle-même, mais elle entre encore dans tous les autres alimens, & dans la plus grande partie des plus excellens remedes, soit pour leur preparation, soit pour leur composition; elle sert de plus de vehicule aux alimens & aux remedes pour les porter dans les visceres, en faciliter la distribution dans toutes les parties du corps, & les rendre par ce moyen utiles, soit à la nourriture, soit à la santé.

Tous ces grands avantages que nous tirons de l'Air, expliquez dans le Chapitre precedent, & de l'Eau que nous examinons dans celuy-cy, estoient tellement connus à Hippocrate, qu'encore qu'il n'ait touché qu'en passant plusieurs des plus importantes matieres de la Medecine, il a fait un Traité exprés & complet de ces deux élemens, & des lieux où on en peut joüir dans une salubrité & dans une pureté plus parfaite.

L'eau pour estre bonne, dit ce Prince de la Medecine, & aprés luy Pline & Gallien, doit estre claire, sans goût ou saveur, & sans odeur. La plus legere, ajoûtent-ils, de celles qui ont ces qualitez est la meilleure, parce que les parties estant plus deliées, elle s'insinuë avec plus de facilité dans les visceres, pour les humecter & les rafraichir; & dans les autres alimens, ou dans les remedes, pour en faciliter la coction & nous les rendre utiles.

Comme les Elemens sont des substances tres-simples, l'eau a toutes ces bonnes qualitez quand on en peut trouver de pure; ce n'est que le mélange des corps étrangers qui la corrompt & la rend mauvaise.

L'eau des Fontaines, selon les mêmes Autheurs, estant ordinairement la plus pure, est aussi la meilleure. Ils mettent au second rang l'eau de pluye reçuë & purifiée dans les cisternes. Celle des puits, disent-ils, est la troisiéme en bonté; mais tous conviennent qu'il y a des rivieres qui meriteroient la préference sur les fontaines mêmes; s'il estoit possible de séparer de leurs eaux toutes les impuretez qui s'y mêlent & qu'elles charient avec elles dans leurs cours. Ils rapportent l'exemple des Fleuves Entée, Coaspe & du Gange, dont les eaux sont si legeres & si excellentes, qu'autrefois les Rois de Perse, ceux des Parthes & le Grand-Mogol n'en beuvoient jamais
d'autres,

Diog. Laërt. in Thalete.
Plat. ad Euth. l. 18.
Arist. l. r. Philicor. c. 2.
Cicer. l. 2. Academ. quæst.
Plutar. Ethic. passim.
De Cusa, l. 9. excit. c. Quodcumque dixerit vobis.

Plat. l. 2. Tim. vel de natur.
Plin. hist. natur l. 31. c. 2. 3.
Senec. de Ben. l. 4. c. 5.

Macrob. Satur nalior. l. 7. c. 13.

Hippocrat. de aëre, aquis & locis.

Plin. Hist. natur. l. 31. c. 7.
Galen. l. 1. de Sanit. tuenda.

Herodot. hist.

d'autres, en ayant toujours une provision suffisante à leur suite, en quelque lieu qu'ils fussent. Nos Medecins mettent enfin dans ce même degré de bonté l'eau de la Seine, quand elle est puisée dans son courant & au dessus des Villes, ou que l'on trouve moyen en la filtrant de la rendre pure & claire.

L'usage de l'eau estant aussi commun & aussi necessaire à la vie, & sa bonté aussi utile à l'entretien de la santé, il ne faut pas s'étonner si la Police en fait encore l'un de ses principaux objets. Les sources de celle qui vient des pluyes

n'estant pas en la puissance des hommes, il n'y a point de Réglemens publics qui la concernent ; c'est aux particuliers qui en ont besoin dans les pays où il est difficile d'avoir d'autres eaux, de faire faire des cisternes propres à la recevoir & à la conserver. Vitruve les instruira suffisamment de ce qu'ils doivent faire pour y réussir. Reste donc aux soins de la Police, les Fontaines, les Puits & les Rivieres ; chacun de ces Articles a donné lieu à autant de differens Réglemens ; nous les avons rangez dans ce même ordre pour en examiner les dispositions.

margin note: Lib. 8. c. 7.

CHAPITRE II.

Du soin que les Atheniens & les Romains ont pris que leurs Villes fussent fournies de bonne eau avec abondance.

LA conduite de ces eaux depuis leurs sources jusques dans les Villes ; la construction des lieux où elles doivent estre reservées, le soin de les y conserver dans leur pureté, & la distribution qui en doit estre faite aux Citoyens soit en public ou en particulier, sont les seuls objets qui peuvent attirer l'attention des Legislateurs, ou celle des Magistrats à cet égard.

margin note: Tolosanus in Syntag. Juris, l. 1. c. 4. Sigon. de Rep. Athen. lib. 4.

Les Atheniens établirent dans leur Ville quatre Officiers considerables qui n'estoient chargez d'autres soins que de cette Police des eaux ; ils faisoient tant d'estime de cet employ, qu'ils ne le confioient qu'à des Citoyens d'un merite distingué, & qui pouvoient aspirer aux plus hautes dignitez. Les autres Villes de la Grece suivirent cet exemple : & Platon prescrivoit dans ces Loix le devoir de ces Officiers, dit que tous leurs soins consistoient en ces deux points : Procurer qu'il y eust abondance d'eau dans les Fontaines, & qu'elle y fust conservée dans sa pureté, en sorte qu'elle servist en même-temps d'ornement & de commodité à la Ville. Il égale ce soin des Fontaines publiques à celuy que l'on devoit prendre des Temples ; & il vouloit que » quiconque y apporteroit quelque empeschement » ou quelque préjudice, si c'estoit un étranger ou » un esclave, il fust emprisonné & fustigé ; & si » pareille chose arrivoit à un Citoyen, on le con- » damnoit en cent dragmes d'amende. Il ajoute enfin, qu'à l'égard des Fontaines particulieres que chacun pouvoit avoir pour l'usage de sa maison, ou pour arroser ses heritages ; si quelqu'un volontairement les troubloit ou cor- » rompoit soit dans leurs sources, dans leurs » cours ou dans leurs reservoirs, ils seroient con- » damnez à les nettoyer & purger de toutes or- » dures, & aux dommages & interests, suivant la liquidation qui en seroit faite par les Juges.

margin note: Plat. de Leg. L. 6.

margin note: Ibid. lib. 8.

Les Romains se contenterent d'abord des eaux du Tibre ; leur Ville estoit alors si petite, que tous ses Quartiers estant assez proche des bords de ce Fleuve, ils pouvoient avec facilité y avoir recours, ou à quelques Puits ou Fontaines de son territoire pour tous les usages. Les Autheurs ne sont pas d'accord sur le temps que les eaux des sources éloignées y furent conduites par des canaux souterrains, ou par ces magnifiques aqueducs qui ont esté admirez de toutes les autres Nations. Pline rapporte que ce fut le Roy Ancus Marcus qui commença le premier des aqueducs pour faire conduire du Pays de Tibur à Rome les eaux de la Fontaine Piconia

margin note: L. 31. c 3. An. Mundi 3414. Urb. cond. 113. ant. J. C. 640.

qui en estoit éloignée de trente-trois mille pas. D'autres donnent tout l'honneur de cette entreprise au Censeur Appius Claudius ; ils prétendent que ce fut luy qui fit conduire à Rome les premieres eaux de Fontaine, & qu'on les nomma de son nom, Appia. Quoiqu'il en soit, ces ouvrages merveilleux qui perçoient les montagnes par des voutes d'une structure admirable, & qui soûtenoient l'eau dans les vallées sur des arcades d'une prodigieuse hauteur, se multiplierent beaucoup dans la suite. Frontin qui estoit Grand-Maistre des Eaux sous l'Empire de Nerva, dit que de son temps il y avoit à Rome neuf de ces principaux aqueducs.

margin note: Front. de Aquaduct. l. 1. Lips. de magnit. Rom. l. 3. Marlien. top. l. 4. c. 21. Rutil. itin. l. 2. Strabo, lib. 5.

Le premier, selon luy, estoit celuy d'Appius Claudius qui venoit du costé de Frescati, & qui avoit depuis sa source jusqu'à la Porte Tergemina, à present de S. Paul 11190. pas. Elle se partageoit à Rome en vingt bassins ou chasteaux d'eaux, *Castella aquarum* ; & de ces bassins par plusieurs tuyaux & robinets en plusieurs differens lieux pour l'usage de 5. 8. 9. 12. 13. & 14. Regions ou Quartiers de la Ville.

margin note: Plin. l. 3. c. 15. Cassiod. l. 7. Ep. 6.

Le second estoit celuy du vieux Tevéron appellé, *Anio vetus*, commencé par Marcus Curius Dentatus Censeur l'an 481. & achevé par Fulvius Flaccus Grand-Maistre des Eaux. Le canal commençoit à vingt mille de Rome au dessus de Tivoly ; une partie de l'eau se distribuoit pour la commodité du lieu ; l'autre venoit à Rome, mais elle n'estoit pas bonne à boire, on ne s'en servoit que pour arroser les jardins, laver la lessive, abreuver les chevaux, & à d'autres semblables usages ; son cours estoit de 42287. pas sous terre & environ 702. pas sur des plate-formes.

Le troisième estoit celuy de l'Eau Martia, qui fut commencé, selon Pline par Ancus Martius, ainsi qu'il vient d'estre observé, & qui ne fut entrepris ni achevé, selon d'autres que par le Préteur *Q. Martius Rex*, de l'Ordonnance du Senat, l'an 609. après les deux aqueducs precedens ; sa source estoit, selon Vigenere, dans les dernieres montagnes des Pelignois à 33000. pas de Rome en droite ligne ; mais il falut luy en donner 61710. & demi à cause des détours ; sçavoir 54261. & demi sous terre 188. sur des plate-formes ou rigoles à fleur de terre & 6470. sur des arcades qui égaloient en hauteur le Mont Viminal. Cette eau estoit la plus claire & la plus excellente à boire ; elle entroit proche la Porte Esquiline, & s'y déchargeoit

margin note: Vigen. in Tit. Liv.

en cinquante-un baffins ou châteaux-d'eaux, d'où il en eftoit diftribué pour les quartiers des deux Monts Viminal & Quirinal.

Le quatriéme aqueduc fervoit pour la conduite de l'eau Repula; il fut conftruit par les Cenfeurs Cneius Servilius Scipio, & Caius Caffius Longinus l'an 628. Cette eau fe tiroit du terroir de Frefcati : elle n'avoit point de fource bien marquée, mais feulement plufieurs petites veines ou rameaux qui s'affembloient dans un canal commun, il avoit 15426. pas de longueur, & fe terminoit au Capitole. Partie de cette eau eftoit divifée & diftribuée à la campagne, partie venoit en la Ville. Elle s'y déchargeoit en quatorze baffins pour la commodité des 4. 5. 6. & 8. Regions ou Quartiers.

Le cinquiéme eftoit celuy de l'eau Julia Agrippa qui fut fait du temps d'Augufte. Elle s'amaffoit de plufieurs fources en un grand refervoir à fix mille de Rome. Son cours eftoit de 15000. pas & demi, une partie fervoit aux champs ; ce qui eftoit deftiné pour la Ville entroit proche la Porte Efquiline par les Trophées de Marius, fe déchargeoit en 17. baffins pour la commodité des 2. 3. 5. 6. 8. 10. & 12. Regions.

Front. de A-queduc.l. 1.

Le fixiéme fut encore conftruit par Agrippa, treize ans aprés avoir achevé le precedent; celuy-cy fervoit pour la conduite de l'Eau Vierge, *Aqua Virgo*, c'eft le nom qui fut donné à cette eau, parce que ce fut une fille qui en découvrit les veines à des foldats qui cherchoient à fe defalterer. Son canal commençoit à huit mille de Rome proche Tufculum; il avoit de cours 14105. pas. Elle fervoit en partie pour la campagne; ce qui en arrivoit à Rome y entroit proche la Porte Pinciane, & delà paffoit au Champ de Mars : elle fe déchargeoit enfuite dans les baffins pour les 7. 8. & 14. Regions ; on l'appelle encore aujourd'huy l'Eau Vierge, & c'eft le feul des anciens aqueducs dont l'ufage s'eft confervé. Le Pape Nicolas V. le fit reparer : cette eau vient à prefent d'auprés du pont Salaro par un canal fouterrain, & fe partage en plufieurs tuyaux au Champ de Mars, pour la commodité du quartier.

Le feptiéme commençoit au Lac Alfieta éloigné de 14. mille de Rome, fix mille pas à main droite du grand chemin d'Appius. Ce fut un ouvrage d'Augufte qui l'entreprit feulement pour avoir de l'eau à fa Naumachie, car celle de ce Lac n'eftoit ny faine ny bonne à boire, ainfi elle ne pouvoit fervir qu'à épargner la bonne qui auroit efté employée à remplir ce canal qui fervoit aux jeux Naumachiques ou Combats navals, ou pour arrofer les jardins de Céfar. Cette eau fut appellée du nom de fon Autheur, *Augufta*, & quelquefois du nom du Lac d'où elle eftoit tirée, *Alfietina*. Elle avoit 22072. pas, & il n'y en avoit que 358. fur des arcades.

Aû. Salut. 48.

Le huitiéme aqueduc fut commencé par C. Caligula l'an 799. & achevé par Claudius fon Succeffeur l'an 800. Il fervit pour conduire du Pays des Latins à Rome, les eaux des deux Fontaines Ceruleus & Curtius par l'efpace de 46000. pas de cours : cette eau eftoit excellente à boire, & la meilleure de toutes aprés l'eau Martia.

Le neuviéme fut encore commencé par Caligula, & achevé par Claudius en même-temps que le precedent. Celuy-cy commençoit à foixante deux mille pas de la Ville pour porter l'eau de la riviere du Teveron, en Latin, *Anio*. Cette riviere en cet endroit eftoit fort bourbeufe, parce qu'elle eftoit dans un fonds, & que fes rives eftant prefque de niveau aux terres de fon lit,

plufieurs torrens d'eaux pluviales s'y rendoient. Ce défaut obligea Claudius de faire faire à quatre mil de Rome une pifcine ou étang pour y affembler les eaux & y laiffer raffeoir le limon dont elles eftoient chargées, ce qui la fit nommer *pifcinam limariam*. Le cours de cette eau depuis cette pifcine jufqu'à Rome, eftoit de 58700. pas, il y en avoit fous terre 49300. le refte eftoit porté fur des arcades prodigieufement élevées ; elles avoient en certains endroits jufqu'à 109. pieds ; par cette élévation l'on conduifoit de l'eau jufqu'au fommet des plus hauts lieux habitez de la Ville ; & comme il y avoit déja un aqueduc qui tiroit de l'eau de cette même riviere, celuy-cy fut nommé *Anionovus*.

Les eaux de ces deux derniers aqueducs entroient enfemble dans Rome par la Porte Nævia, aujourd'huy, *Porta Magiore* ; la Porte même fervoit d'arc à l'aqueduc en cet endroit. Elles paffoient fur les hauteurs du Mont Celion jufqu'à l'Avantin ; fe partageoient en 92. baffins, & delà dans tous les quatorze Quartiers de la Ville. Tous les Autheurs n'ont parlé de ces deux ouvrages qu'avec étonnement & admiration, pour leur beauté & leur magnificence ; ils avoient coûté, felon la fupputation qu'en a fait Vigenere, une fomme qui revient à quinze milions huit cens foixante mille écus de noftre monnoye.

Plin. l. 16. c 15.
Vigen. in Plin.
cod. loc. & in
Tit. Liv.
Caffiod. Va-
riot. Ep. 7.

Les tuyaux dont ils fe fervoient pour la conduite de ces eaux eftoient de briques ou terre cuite, de pierre, de plomb ou de bois ; mais la meilleure & la plus faine eftoit celle qui paffoit par de tuyaux de pierre ou de brique, parce que le plomb luy communiquoit de fa pefanteur & la rendoit fade, & que le bois eft fujet à fe corrompre, & alors il empuntit l'eau.

Plin.l.31.c.6.

Ce n'eftoit pas feulement pour la commodité de la Ville qu'ils avoient recours à ces fources éloignées, ils s'en fervoient encore pour celles des Habitans de ces vaftes campagnes par où leurs eaux paffoient. On en diftribuoit d'efpace en efpace aux Villages qui en avoient befoin, foit pour l'ufage des maifons, foit pour la fertilité des terres par des tuyaux de décharges d'un pouce, plus ou moins, felon qu'il eftoit jugé à propos.

Il en arrivoit de nette à la Ville, felon le calcul de Vigenere, cinq cens mille muids en vingt-quatre heures par dix mille trois cens cinquante tuyaux d'un pouce de circonference intérieure chacun. Ces eaux eftoient reçues dans de grands baffins clos & couverts de baftimens magnifiques & qui fervoient autant d'ornement que d'utilité ; ils nommoient ces baffins ou baftimens *Dividicula*, parce que c'eftoit delà qu'on diftribuoit l'eau dans les ruës, ou *Caftella aquarum*, parce qu'ils eftoient faits en forme de petits Chafteaux. Agrippa en fit faire luy-feul pendant fon Edilité 130. ornez de ftatues & de colonnes de marbre, & du refte tres-fuperbes & tres-magnifiques.

Vigen. in Tit.
Liv. lib. 1.

L'eau de ces baffins eftoit départie en divers canaux ou tuyaux qui alloient deffous terre fe rendre en differens lieux de la Ville ; fi c'eftoit de l'eau bonne à boire elle eftoit conduite & fe déchargeoit en d'autres baffins plus petits pour la commodité & l'ufage de certaines ruës ; & ce font ceux-cy qu'ils nommoient proprement *Fontes*, & qui ont rapport à nos Fontaines publiques de Paris ; elles avoient comme les noftres des robinets qu'ils appelloient *Siphones, fifunculi, falientes*, & lefquels l'on refermoit quand on y avoit pris ce qu'on vouloit.

Front. de A-queduct.

II

Martian. in Strabon, l. 4. c.ii.

Il y eut une Loy dans les commencemens qui faisoit de tres-étroites défenses à toutes personnes de détourner ou divertir aucune partie de cette eau ; mais depuis Auguste que le nombre des aqueducs fut augmenté, & que l'on n'apprehenda plus que l'eau manquast à la Ville, il y eut peu de notables Citoyens qui n'eussent en leurs maisons ou dans leurs jardins des bassins de cette eau pour leur usage particulier. On leur en accordoit une certaine quantité de pouces, d'onces, de dragmes, ou d'autres mesures selon leurs besoins, & à proportion des tributs qu'ils en payoient ; mais il estoit tres-expressément défendu de s'en approprier, d'en détourner ou divertir aucune portion, sans un concession expresse du Prince ; à peine de punition, & de confiscation des heritages où elle seroit conduite. Il estoit aussi défendu sous les mêmes peines, de prendre celle qui estoit accordée ailleurs que dans les Chasteaux d'eaux où elle estoit jaugée, afin qu'il n'en fut distribué à chacun qu'autant qu'il en devoit avoir.

L. 4. Si quis & seq. C. Th. de aqueduct.

L. 3. Summas C. Th. de a-queduct.

Le nombre de ces concessions particulieres se multiplia tellement, que les Empereurs Gratien, Valentinien & Theodose pour y mettre quelque ordre, ordonnerent qu'il n'en seroit plus accordé aux plus grandes maisons ayant des bains, que deux ou trois onces tout au plus, en consideration de l'éminente qualité des personnes ; aux maisons mediocres ayant des bains, une once & demie, & aux maisons qui n'avoient point de bains une demie once.

Quant à l'eau qui n'estoit pas bonne à boire, telle qu'estoit celle du Teveron, on la distribuoit de ces bassins ou chasteaux, par des tuyaux sous-terrains, qui alloient se décharger en des reservoirs appellez *lacus*, qui estoient clos de toutes parts, comme des estangs ou viviers. Toutes les eaux pluviales & toutes celles qui dégorgeoient des fontaines de bonne eau, ou qui se perdoient par les robinets, & qu'ils appelloient *aquam caducam*, se rendoit aussi dans ces mêmes lacs ou viviers. Cette eau des lacs servoit pour abbreuver les chevaux, laver la lessive, savonner, & pour éteindre les incendies. De ces lacs partoient encore d'autres tuyaux, qui alloient décharger leurs eaux dans les bains & estuves, dans les maisons des foulons des Tanneurs, des Corroyeurs, & des autres Artisans qui ont besoin d'eau pour leurs ouvrages, & dans les jardins pour les arroser ; & aprés avoir servi à plusieurs usages, toutes ces eaux se ramassoient dans les cloaques pour les netoyer, & de-là se déchargeoient dans le Tibre.

Front. de a-queduct.

Le revenu qui se tiroit de la distribution de ces eaux pour des usages particuliers estoit tres-considerable. Frontin en ayant la Surintendance fit cette supputation, & il trouva qu'il se montoit à deux cens cinquante mille sesterce par an, ce qui revient de nostre monnoye, le sesterce estant pris au neutre, comme il est en cet endroit, à six millions deux cens cinquante mille écus.

L. 11. ad portus & aqued. C. T. de oper. public.

L.19. nuper & l. ... quinq. C.Th.de Præt.

Ce revenu estoit employé à la construction de nouveaux aqueducs, ou au restablissement & aux reparations des anciens ; lors qu'il ne suffisoit pas à soustenir cette dépense, chacun des Citoyens & des Habitans des lieux, de quelque rang ou qualité qu'ils fussent, & nonobstant tous privileges ou exemptions, estoient obligez de les Loix d'y contribuer. Les Empereurs Honorius & Arcadius, voulant soulager leurs Sujets d'une partie de cette dépense, ordonnerent par deux Loix de l'an 390. que les deniers publics

Tome I.

---

qui avoient esté destinez pour les Jeux profanes du Paganisme, seroient dorénavant employez à construire ou à reparer les aqueducs, & ordonnerent aux Magistrats d'y tenir la main.

L. 1. aquar. C. Th. de aqued.

Les Habitans de la Campagne par les terres desquels les aqueducs passoient, estoient obligez d'en nettoyer toutes les ordures & tous les immondices, ensorte que l'eau arrivast dans les bassins pure & nette. Pour les encourager à ce service, & leur donner le loisir de s'y appliquer, ils estoient exempts de toutes autres charges, redevances ou impositions publiques ; mais aussi ceux qui les negligeoient en estoient punis par la confiscation de leurs heritages qui estoient adjugez au Fisc, & donnez à d'autres plus soigneux de leur devoir. Il leur estoit aussi enjoint de planter des arbres chacun dans leurs heritages à droite & à gauche le long des aqueducs, parceque les Naturalistes tiennent que l'eau qui coule dans des lieux frais & à l'ombre des arbres en est plus saine ; mais il leur estoit défendu de les planter plus prés que de quinze pieds de costé & d'autre de l'aqueduc ; & ordonné d'arracher les arbres qui viendroient de bouture dans cette distance, de crainte que les racines n'endommageassent la massonnerie de ces ouvrages.

De si hautes & de si difficiles entreprises ne pouvoient estre conduites à leur perfection, & le Public en recevoir tous les secours qu'il en devoit attendre qu'avec de tres-grands soins ; & il auroit encore esté difficile d'y réüssir sans beaucoup d'autorité ; aussi les Consuls en certains temps ne mépriserent-ils pas d'y donner eux-mêmes leurs applications, & de joindre aux sollicitudes attachées au supréme degré du gouvernement, celles de la conduite & de la distribution des eaux. Les Censeurs en eurent l'intendance lors de leur creation, & ce fut l'un des soins dont ils se déchargerent ensuite sur les Ediles Curules.

Rosin. l. 1. c. 14. Front. in Marl. l. 4. c. 11.

Auguste dans cette grande reforme qu'il fit à Rome au commencement de son regne, retira des Censeurs & des Ediles cette portion de la Police generale, & pour en prendre le soin, créa un certain nombre d'Officiers, sous le titre de Commissaires des eaux, *Curatores aquarum* : ce Prince établit audessus d'eux tous un Surintendam ou Grand Maistre, *Consularis aquarum*, & donna cette Charge à Marcus Agrippa son Gendre & son Favori pour en joüir à perpetuité. Agrippa meritoit bien en effet ce choix ; il avoit augmenté les eaux de Rome pendant son Edilité, de sept cens six reservoirs, de cent trente chasteaux, de cent cinq pompes, & avoit orné tous ces ouvrages de trois cens statuës de bronze ou de marbre : aussi-tost qu'il fut Grand Maistre des eaux, il forma une Compagnie d'Officiers au nombre de deux cens quarante, qui estoient tous de sa maison & à ses gages pour les avoir plus soumis à sa volonté : en mourant il les recommanda à Cesar, qui les entretint sur le revenu des eaux, sous le titre de famille publique, *familia publica*. L'Empereur Claudius y ajoûta une autre Compagnie de 460. entretenuë du Fisc, & appelée *familia Cæsaris*. Ces six cens hommes des deux Compagnies estoient distribuez en differens Offices distinguez par leurs noms & leurs emplois : les uns nommez *Villici* estoient placez dans les Villages qui avoient par concession des reservoirs d'eau, pour veiller qu'il n'en fut abusé. Ceux qui prenoient le soin dans la Ville de départir les eaux des Chasteaux ou re-

L. 3. 4. 5. 8. & 9 C. Th. de a-queduct. Pancir. in not. Imp. Rom. c. 7.

servoirs

fervoirs dans les fontaines publiques, eſtoient nommez *Caſtellarii*, ou *Cuſtodes aquarum*. Il y en avoit d'autres qui eſtoient chargez de la diſtribution des eaux par pouces, par drachmes, ou autres meſures, aux particuliers qui en avoient des conceſſions, & on les nomma *Siliquarii*, de *ſiliqua*, petite meſure dont ils ſe ſervoient, qui ne tenoit que la ſixiéme partie d'un ſcrupule, & la dixiéme partie d'une dragme. Les Fontainiers qui avoient ſoin d'entretenir les tuyaux & les conduites, eſtoient nommez *Aquileges*, & ceux qui entretenoient les baſtimens *Aquiteſtores*. Les

inſpecteurs *Curatores aquarum*, avoient toute l'autorité ſur les autres pour les faire agir ; ils en rendoient compte au Surintendant des eaux, *Conſularis vel Comes aquarum*, & celuy-cy eſtoit luy-même ſubordonné au premier Magiſtrat de la Ville, *ſub diſpoſitione Præfecti Vrbis*, pour tout ce qui eſtoit de juriſdiction & connoiſſance de cauſe. C'eſt ainſi que cette Police ſi importante à la ſanté & aux commoditez de la vie, fuſt ſouſtenuë à Rome tant que cet Empire a ſubſiſté.

CHAPITRE III.

De la Police de France touchant les eaux de Fontaine & les eaux de Puits.

LES Romains apporterent certainement dans les Gaules l'uſage des acqueducs, en y eſtabliſſant leur domination : celuy d'Arcueil que l'Empereur Julien fit baſtir, pour conduire de l'eau de Fontaine à ſon Palais des Thermes ou des Bains proche de Paris, & le Pont du Gas en Languedoc, ſont encore des monumens de cette antiquité, dont chacun convient aujourd'huy. Il ne paroiſt pas neanmoins que ces ouvrages y fuſſent fort abondans, ny que le Public en tira beaucoup d'utilité. Le grand nombre de fleuves & de rivieres dont ſes Provinces ſont arroſées, la multiplicité des ſources qui ſe rencontrent en tous lieux, & qui rempliſſent leurs fontaines & leurs puits ; & la bonté de toutes ces eaux ont diſpenſé leurs Habitans d'en faire venir de ſi loin. Ainſi les Ordonnances de nos Roys qui ont ſuccédé aux Loix Romaines, ne font aucune mention d'aqueducs, mais ſe rencontrant en tous lieux avec facilité dans leurs Eſtats, ils ont ſeulement pris ſoin qu'elle y fut conſervée dans ſa pureté : c'eſt dans cet eſprit que Dagobert I. par un Edit de l'an 360. ordonna que ſi » quelqu'un ſaliſſoit ou corrompoit par des im- » mondices les eaux d'une fontaine, il ſeroit » condamné de la nettoyer, & en ſix ſols d'a- » mende : le ſou de ce temps eſtoit une piece d'or du poids de quatre-vingt-cinq grains, un tiers de grain, ce qui reviendroit aujourd'huy à huit livres cinq ſols de noſtre monnoye ; ainſi cette amende montoit à quarante-neuf livres dix ſols, qui eſtoit alors une ſomme tres-conſiderable, & qui prouve combien l'on eſtimoit que la faute de ſalir ou de corrompre les eaux d'une fontaine eſtoit grande & puniſſable.

De tous les Peuples des Gaules il n'y en avoit point qui fuſſent plus à portée que les Pariſiens d'avoir de l'eau commodément, & ſans avoir recours à des ſources éloignées. Le fleuve de la Seine qui embraſſoit alors cette deux bras toute l'eſtenduë de leur Ville, leur en fourniſſoit abondamment ; ſes eaux ſont ſi bonnes, & tous eſtoient ſi proches de ſes bords pour en puiſer, qu'ils n'avoient garde de penſer à d'autres ſecours. Le premier accroiſſement de cette petite Ville, n'ayant eſté porté au plus loin que juſqu'au lieu où eſt aujourd'huy le Cloiſtre ſaint Mederic, comme il ſe voit ſur le ſecond plan joint à ce Traité ; ſes Habitans ſe trouverent encore aſſez proches de la Seine pour y avoir recours dans tous leurs beſoins. Les Habitans des dix petits Bourgs qui ſe formerent aux environs de cette

Ville, de l'un & de l'autre coſté de la Seine, & qui nous ſont repreſentez dans le troiſiéme plan, creuſerent des puits chacun dans leurs propres fonds, & y trouverent des ſources ſuffiſantes pour ſuppléer aux eaux du fleuve, dont à la verité ils ſe trouvoient trop éloignez : nous voyons encore aujourd'huy de ces anciens puits juſques aux lieux les plus élevez, & dont les eaux ſont excellentes.

Philippes Auguſte fit renfermer dans une même enceinte qui nous eſt figurée dans le quatriéme plan tous ces Bourgs, & l'on commença ſous ſon regne de remplir d'édifices tous les champs & les vaſtes campagnes qui les ſeparoient, pour ne plus faire de toutes ces pieces détachées leurs Habitans d'une ſeule Ville. Ce fut alors que ce grand nombre de nouveaux Habitans ſe trouvant trop éloignez des bord de la Seine, & les puits ne pouvant plus leur ſuffire, le terrain ne ſe trouvant pas même propre en tous lieux pour y avoir de bonne eaux, principalement du coſté du Nord, que les pierres à plaſtres dont il eſt rempli, rend les eaux peſantes & douceroeuſes ; l'on fut enfin obligé d'avoir recours aux ſources éloignées.

Il ne fut pas difficile d'en trouver, les montagnes ou petites éminences qui environnent la Ville ſont remplies, & de la meilleure eau qui ſe puiſſe boire : les ſources du Village de Belleville en fournirent d'abord ſuffiſamment ; elle furent conduites à Paris de trois quarts de lieuës loin, par un aqueduc conſtruit ſous terre partie en rigolles ou éviers, partie en tuyaux de plomb : on les diſtribua enſuite en trois fontaines publiques, l'une aux Halles, l'autre ruë ſaint Denis, proche l'Egliſe des Saints Innocens, & la troiſiéme ruë ſaint Martin, au coin de la ruë Maubué.

Il ne ſe trouve rien dans les Regiſtres publics du temps que ces ouvrages furent faits, mais il y a beaucoup d'apparence que ce fut dés le regne de Philippes Auguſte, ou au plus tard, ſous celuy de ſaint Louis ſon petit-fils, lorſque cette nouvelle enceinte de Paris ſe trouva preſque remplie d'Habitans. Ce qu'il y a de bien certain, c'eſt que le ſiecle ſuivant ces trois fontaines eſtoient en eſtat, & que le Public s'en ſervoit. La preuve s'en tire des Réglemens de Police qui furent faits pour la diſtribution de leurs eaux l'an 1369. & d'une ancienne inſcription en lettres gottiques taillée ſous la voute de l'aqueduc proche le Village de Belleville,

qui

Capit. Reg.
Fr.t 1.col.1.2.

Le Blanc traité des monn. c. 1. p 2.

qui fait mention qu'en 1457. cet ouvrage estoit si vieux & si caduc, que l'on fut obligé de travailler à le rétablir.

Ces sources de Belleville ne fournissent à Paris que huit pouces d'eau, & cette petite quantité a long-temps suffi pour supplément des eaux de la Seine. Les aggrandissemens de la Ville marquez sur les quatre, cinq, six, sept & huitiéme plans, ont obligé dans la suite & à proportion de leur progrés, de multiplier le nombre des fontaines ; l'on a eu recours pour le costé du Nord aux sources du Prez saint Gervais ; & pour le costé du Midy aux sources du Village de Rungis & des environs ; leurs eaux sont conduites à Paris par autant de differens aqueducs accompagnez de leurs rigolles, tuyaux, bassins, regards, reservoirs, chasteaux d'eaux, & de tous les autres ouvrages & secours necessaires pour les conserver toutes dans leur bonté, & pour en faire une juste distribution.

Le pré saint Gervais fournit vingt pouces d'eau, & Rungis quatre-vingt-trois pouces ; ainsi toutes ces eaux qui arrivent à Paris par ces trois aqueducs, montent ensemble à cent onze pouces ; il y en a soixante pouces destinez pour les Maisons Royales, les cinquante-un pouces qui restent sont distribuez en vingt-six fontaines, qui ont esté construites en differens quartiers de la Ville, pour la commodité publique. Quoique cette quantité d'eau fut déja considerable, il arrivoit neanmoins quelquefois dans les temps de grandes secheresses, que la Ville en manquoit dans les lieux éloignez de la riviere ; d'ailleurs ce petit nombre de vingt-six fontaines, n'estoit plus suffisant à la grandeur où la Ville a esté portée depuis le regne du Roy, & des quartiers entiers dont elle a esté augmentée à ses extremitez estoient privez d'eau. Cela fit prendre la resolution de multiplier le nombre des fontaines publiques ; le Roy en approuva le dessein, & en ordonna l'execution. La Ville fit la dépense en 1670. de deux pompes sur la Seine joignant le Pont Nostre-Dame ; le sieur Joly Ingenieur du Roy eut la conduite de l'une de ces machines hydroliques, & le sieur de Mance entreprit l'autre. Deux Moulins qui estoient en cet endroit & que la Ville acheta, fournirent une partie des ouvrages qu'il eut fallu construire, & avancerent beaucoup l'execution de ce grand dessein. Ces deux pompes achevées élevent l'eau de la riviere à soixante pieds, celle du sieur Joly en fournit trente pouces, & l'autre cinquante ; ces quatre-vingts pouces d'eau sont conduits par deux tuyaux de six pouces de diametre, depuis les cuvettes qui les reçoivent sur les terrasses de ces moulins, jusques dans la premiere chambre de l'une des maisons du Pont Nostre-Dame qui leur sert de reservoir ; de-là ils sont distribuez en seize nouvelles fontaines, qui furent construites dans les lieux où le secours manquoit : l'on a même pris des mesures pour en envoyer dans quelques-unes des autres fontaines, quand les secheresses font diminuer celles des sources, & au reciproque, pour en faire passer de celles

des sources dans les seize nouvelles fontaines, quand la riviere est trop basse, qu'elle est gelée, ou que par quelque autre raison on le juge à propos. Ce cours mutuel des deux eaux de sources & de riviere dans les mêmes tuyaux pour estre conduites tantost l'une & tantost l'autre aux mêmes endroits, se fait par le moyen des soupapes qui sont aux reservoirs, où s'en fait la distribution, & que l'on ouvre ou que l'on ferme selon l'eau que l'on veut introduire dans le tuyau. Ainsi par cette sage prévoyance & cette prudente œconomie, il y a de l'eau bonne à boire en tout temps dans tous les quartiers de la Ville de Paris. Il s'y en est même trouvé assez de surabondante pour en distraire quelques parties en faveur des Communautez & de plusieurs personnes de qualité, ou notables Citoyens qui en ont obtenu des concessions pour leur usage particulier.

Il nous reste à considerer quelles sont les personnes à qui tous ces grands desseins sont confiez pour les conduire à leur perfection, & pour les rendre utils au Public ; deux choses se presentent d'abord à l'esprit, qui sont le partage de toute cette entreprise ; l'on y remarque d'un costé la construction des ouvrages, & le soin de les entretenir, pour la conduite & la reparation des eaux dans les fontaines, & d'un autre costé la Police & la discipline qui doit estre observée pour l'usage & la distribution de cette eau au Peuple ; ce qui renferme ces trois objets, l'utilité, la santé, & la tranquillité publique.

L'on distingue à l'égard de la conduite des eaux, celles qui sont reservées pour les Maisons Royalles, d'avec celles qui sont destinées pour les fontaines publiques : comme la dépense de celle-là est prise sur le Domaine du Roy, c'est le grand Fontainier de France qui en prend le soin, & par la même raison la dépense de cellescy estant prise sur les deniers communs de la Ville dont le Prevost des Marchands & les Echevins sont les dispensateurs, c'est aussi à ces sages & prudens Magistrats que l'on en confie tous les soins & toute l'œconomie, & c'est à eux que le Public est redevable de l'estat de perfection, où ces ouvrages ont esté portez de nos jours.

Quant à la Police de ces mêmes eaux, elle a toujours fait partie de la Jurisdiction du Prevost de Paris : c'est à ce Magistrat & aux Officiers de Police qui luy sont subordonnez, à veiller que ces eaux soient distribuées au Public dans leur pureté, sans desordre & sans confusion ; que les fontaines & leurs environs soient entretenus propres & nets de toutes ordures, ou immondices ; qu'il n'y soit fait aucun vol, violence, ou autre crime qui puisse corrompre les eaux, retarder la distribution qui en doit estre faite au public, ou troubler la discipline établie entre les Bourgeois, leurs Domestiques & les Porteurs d'eau : les Réglemens qui ont esté faits à cette occasion nous en apprendront davantage ; en voicy quelques-uns des anciens & des modernes qui seront seulement rapportez pour exemple.

premierement

Ordonn. qui doit eftre obfervée à la Fontain.faint Innocent, faite au Chaftelet de Paris, l'an 1369.

Liv. vert anc. fol. 150.

PRemierement, que nul Porteur d'eau vendant eau ne puiffe puifer à la Fontaine faint-Innocent, fi elle n'eft fi garnie d'eau qu'elle vienne à pleins tuyaux tout environ ladite Fontaine.

Item. Si ladite Fontaine eft toute pleine, fi ne pourra mie Porteur d'eau prendre eau de ladite fontaine, hors feulement entre Soleil Levant & Soleil Couchant.

Item. Que nulle autre perfonne ne puiffe puifer ny prendre eau en icelle Fontaine depuis l'heure de couvre-feu fonné, ce n'eft jufqu'à lendemain jour, fe ce n'eft en cas de neceffité de feu.

Item. Que nul Porteur d'eau ne pourra ne devra fervir nuls Servoifiers, Teinturiers & Marchands de chevaux, fe ce n'eft feulement pour le vivre & manger de leur Hoftel.

Item. Que nuls d'iceux Teinturiers, Cervoifiers & Marchands de chevaux ne puiffent par luy ne par Sergens venir querir eau en ladite Fontaine, fe ce n'eft pour fon boire & manger.

Item. Suppofé que la Fontaine vienne à pleins tuyaux, que nul Porteur d'eau ne puiffe mettre fa cruche ou fes féaux fur les carreaux, mais les tienne fur fes épaules jufqu'à ce que fon tour vienne.

Item. Que nul Porteur d'eau ne pourra ne devra avoir tour ou préjudice ne au devant des Bourgeois ou Habitans de la Ville de Paris, ou leurs gens.

Item. Que nulle perfonne quelconque ne pourra laver, ne faire laver drappeaux, trippes ou ordures en ladite Fontaine.

Item. Que nul ne puiffe abreuver chevaux ou autres beftes en ladite Fontaine, ne faire environ icelle ordure ne villenie; & quiconque méprendra és chofes deffufdites, il payera 5. f. d'amende au Roy, & feront les vaiffeaux acquis au Roy, qui y feront apportez & trouvez outre les heures deffus déclairées: Ainfi figné, J. Lebegue.

Ordonn. qui doit eftre obfervée à la Fontaine des Halles, faite au Chaftelet de Paris, l'an 1369.

Idem, f. 152.

PRemierement, que nul Porteur ou Portereffe d'eau, vendant eau ne puiffe puifer à ladite Fontaine pour revendre à quelque perfonne que ce foit.

Item. Que nulle autre perfonne ne puiffe puifer ne prendre eau à ladite Fontaine depuis l'heure de couvre-feu fonné, jufqu'à lendemain jour, ce ce n'eft en cas de neceffité de feu.

Item. Que nul Porteur d'eau ne autre, n'y pourra ne devra prendre eau pour fervir Cervoifiers, Teinturiers, ne Marchands de chevaux; & ne iceux Cervoifiers, Teinturiers & Marchands de chevaux n'y en pourront prendre, ne faire prendre eau, fors pour leur vivre feulement.

Item. Que nul ne nulle prenant eau à ladite Fontaine, ne pourra mettre fur les carreaux fes fceaux ou cruches, mais les tienne fur fes Epaules jufqu'à ce que fon tour vienne.

Item. Que nul ne nulle ne pourra laver drappeaux, trippes ou ordures en ladite Fontaine.

Item. Que nul ne puiffe abreuver chevaux ou autres beftes à ladite Fontaine, ne faire environ icelle ordure ne villenie; & quiconque méprendra és chofes deffufdites, ne en aucunes d'icelles, il payera 5. f. d'amende au Roy, & feront lefdits vaiffeaux acquis au Roy, qui y feront apportez & trouvez, outre l'Ordonnance deffufdite.

Liv. rouge vieux, f. 115.

SOit crié par le Roy noftre Sire, & de par Monfeigneur le Prevoft de Paris, que nuls Porteurs d'eau ne foient fi hardis de venir querir eau en la Fontaine faint-Innocent, ne des Halles pardevant les Bourgeois & Habitans de ladite Ville de Paris, & que les Fontaines viennent en pleins tuyaux, fur peine de perdre leurs fceaux, & de 5. f. parifis d'amende; & que nuls Marchands de chevaux & Cervoifiers ne foient fi hardis de puifer eau efdites Fontaines, fe ce n'eft en tuyaux d'amont, fur peine d'amende arbitraire, & auffi és autres Fontaines de ladite Ville: Que lefdits Porteurs d'eau ne prennent point d'eau pardevant les voifins, fur ladite peine & amende; & au dos dudit Cry eftoit écrit ce qui s'enfuit. Publié fuffifamment és lieux accoûtumez à faire Cris à Paris, par Jacquet Prevoft Crieur du Roy noftre Sire, & fut fait le Vendredy 16. jour de May 1394.

L'on peut voir en cet endroit l'Arreft du Parlement du 14. Decembre 1618. rapporté dans ce même Traité, liv. 1. tit. 9. chap. 6. nomb. 3. par lequel des Prevoft des Marchands & Echevins qui avoient commencé de connoiftre d'un vol fait de plufieurs robinets des fontaines publiques, furent déclarez incompetens, & les accufez renvoyez au Prevoft de Paris.

Les Regiftres du Chaftelet de Paris font remplis d'Ordonnances & de Réglemens fur cette matiere de la Police des eaux de Fontaine; le recit en feroit ennuyeux, l'on ne rapportera que ces deux-cy qui ont efté rendus dans ces derniers temps.

4. Juillet 1698. Ord. pour la Pol. des Fontaines de Paris, & des Porteurs d'eau, publiée & affichée le 18. Aouft de la même année.

SUR les rapports qui Nous ont efté faits à l'Audience de Police de relevée, par Maiftres Loüis Regnard & Charles Bizoton, Confeillers du Roy, Commiffaires au Chaftelet de Paris, qu'au préjudice des anciens Réglemens, les Porteurs d'eau qui puifent ordinairement aux Fontaines de S. Severin, S. Benoift, & des Carmelites, au Quartier de la Place-Maubert, & à celle de la Charité, Quartier S. Germain, fe font rendus les maiftres de ces Fontaines, & en ufent de telle maniere avec les Bourgeois, qu'ils ont peine à s'en approcher, les Porteurs d'eau les en chaffant avec violence, & ne voulant pas leur en permettre l'accés, dans la vûë de les obliger à fe fervir d'eux; Que même ils portent & raffemblent dans leurs maifons & dans celles de leurs voifins un grand nombre de féaux qu'ils rempliffent pendant le jour & la nuit, jufqu'à épuifer les refervoirs des Fontaines, dont ils occupent perpetuellement les environs: en forte que ny les Bourgeois du voifinage ny leurs fervantes ne peuvent y trouver place dans leurs befoins. D'où il arriveroit encore d'autres inconveniens; l'un, que la diftribution des eaux, dont l'ufage doit eftre libre & commun, fe trouveroit réduit & affujetti à une efpece de commerce; l'autre, que les Porteurs d'eau fe referveroient quelquefois pendant plufieurs jours une partie de celle qu'ils auroient prife, & la vendroient corrompuë: Toutes lefquelles confiderations auroient obligé lefdits Commiffaires de Nous faire leur rapport de cet abus, & de faire affigner en cette Audience le nommé

Moreau

Moreau & fa fille, & les nommez Lamontagne, Belle-brune, Leschevin & Dordon qui leur ont paru les plus en faute. Nous, aprés avoir oüy lesdits Commissaires & les Gens du Roy en leurs Conclusions, avons lesdits Lamontagne, Belle-brune, Leschevin Dordon & Moreau pour la faute par eux commise, condamné chacun en 10. liv. d'amende envers le Roy. Leur faisons tres-expresses inhibitions & défenses, & à tous autres Porteurs & Porteuses d'eau de s'attrouper aux environs des Fontaines de cette Ville & Fauxbourgs, d'y exciter des querelles qui puissent troubler le repos & la tranquillité publique, d'y puiser avant les Bourgeois, leurs enfans ou domestiques, & de les injurier ou maltraiter lors qu'ils se presentent pour y prendre de l'eau. Leur faisons pareillement défenses d'avoir aux environs desdites Fontaines ny dans les maisons voisines ou ailleurs plus grand nombre de séaux, que les deux dont ils se servent pour porter de l'eau par la Ville ; lesquels séaux ils seront tenus de porter chez les Bourgeois à l'instant qu'ils seront remplis, sans permettre à aucune personne d'y puiser ou boire en passant : Leur faisons défenses de faire aucun amas ou reservoir d'eau, soit de jour ou de nuit, d'avoir ou de tenir dans leurs maisons ou ailleurs aucuns tonneaux ou autres vaisseaux pour cet usage ; le tout à peine de confiscation de leurs séaux, & de cent livres d'amende, même d'estre mis au Carcan, ou d'autre punition corporelle en cas de recidive. Mandons aux Commissaires du Chastelet de tenir la main à l'execution de la presente Ordonnance, qui sera executée nonobstant & sans prejudice de l'appel, lûë, publiée & affichée partout où besoin sera, à ce qu'aucun n'en ignore. Ce fut fait & donné par Messire MARC-RENE' DE VOYER DE PAULMY, D'ARGENSON, Chevalier, Conseiller du Roy en ses Conseils, Maistre des Requestes ordinaire de son Hostel, & Lieutenant General de Police de la Ville, Prevosté & Vicomté de Paris, le quatriéme Juillet mil six cens quatre-vingt-dix-huit. Signé. DE VOYER D'ARGENSON. TAUXIER, Greffier.

25. May 1703. Ord. de Pol. pour la discipline des Porteurs d'eau qui puisent aux Fontaines, publ. & affichée le 2. Juin de la même année.

SUR le rapport fait en l'Audience de la Chambre de Police par Maistre Pierre Chevalier, Conseiller du Roy, Commissaire-Enquesteur & Examinteur au Chastelet de Paris, Ancien préposé à la Police du Quartier de Luxembourg ; qu'il a remarqué qu'à l'egoust des eaux des Fontaines d'un jardin fis rüe Garanciere, vis-à-vis l'une des portes de l'Eglise de S. Sulpice, il y a presque tous les jours des Porteurs d'eau qui y puisent avec des sebites, & emplissent leurs séaux, qu'ils portent chez les Bourgeois pour les provisions de leurs maisons ; l'usage desquelles eaux ne peut estre que nuisible à la santé, selon le plus ou le moins de temps qu'elles ont esté retenues dans le reservoir & le bassin dudit jardin ; d'autant plus qu'estant, ainsi que dit est, puisées sur le pavé de ladite rüe, elles peuvent estre confondues avec les eaux sales qui proviennent des maisons voisines. A pareillement remarqué ledit Commissaire, qu'à la chute dudit egoust plusieurs femmes & filles savonnent & lavandent sur le pavé, embarrassent par ce moyen la voye publique, & s'exposent à estre blessées par les voitures ; outre qu'il s'arreste auprés desdites blanchisseuses un grand nombre de gens de Livrées, qui leur tiennent des discours contraires à la pudeur & au respect dû à l'Eglise, de l'entrée de laquelle ils peuvent même estre entendus, au grand scandale des Ecclesiastiques & des Paroissiens, qui en ont fait plusieurs plaintes audit Commissaire ; deux desquels Porteurs d'eau & Blanchisseules, dont il n'a pû sçavoir les noms, il a fait assigner pour répondre à son rapport. Oüy ledit Commissaire, ensemble les Gens du Roy en leurs Conclusions, Nous avons donné défaut contre lesdits Porteurs d'eau & les Blanchisseuses assignez ; & pour le profit les avons condamné chacun en trente livres d'amende : leur faisons défenses de récidiver, à peine de punition exemplaire. Défendons pareillement à tous Porteurs d'eau d'en puiser dans ledit lieu ; & à toutes Blanchisseuses d'y laver ny savonner, à peine de cent livres d'amende, & sous telle autre peine qu'il appartiendra par raison, suivant l'exigence des cas. Permettons de faire emprisonner les contrevenans ; & ordonnons que la presente Sentence sera lûë, publiée & affichée aux entrées & carrefours de ladite rüe, & par tout ailleurs où besoin sera. Mandons audit Commissaire, & à tous Officiers de Police d'y tenir la main. Ce fut fait & donné par Messire MARC-RENE' DE VOYER DE PAULMY D'ARGENSON, Chevalier, Conseiller du Roy en ses Conseils, Maistre des Requestes ordinaire de son Hostel, & Lieutenant General de Police de la Ville, Prevosté & Vicomté de Paris, le Vendredy vingt-cinquiéme jour de May mil sept cens trois. Signé, DE VOYER D'ARGENSON. CAILLET, Greffier.

Rien enfin n'establit plus parfaitement cette distinction qui doit estre observée entre le Chastelet & l'Hostel de Ville, que les Ordonnances qu'il a plû au Roy de faire sur cette matiere des Fontaines ; le Chapitre 32. de celles du mois de Mars 1669. qui servent de Réglement general à la Jurisdiction de l'Hostel de Ville, contient en six Articles toute sa competence sur le fait des Fontaines publiques; en voicy les propres termes.

ARTICLE I.

Des Fontaines publiq.

AFin que les eaux des Fontaines puissent venir sans intermission aux regards, & lieux de distribution en ladite Ville, seront les aqueducs, pierrées, conduites & réservoirs nettoyez & rétablis soigneusement, tant en la campagne, qu'en ladite Ville & Fauxbourgs, & à cet effet sera tenu le Maistre des œuvres de ladite Ville faire la visite desdits aqueducs, pierrées & réservoirs, & faire son rapport au Bureau de la Ville de leur estat, & des réparations ou accommodemens qui seront à y faire ; & de tenir la main à ce que les Plombiers & Ouvriers qui seront préposez par lesdits Prevosts des Marchands & Eschevins travaillent fidellement & executent ponctuellement les devis & marchez qui auront esté faits pour lesdits ouvrages.

II.

Afin que la voye publique soit moins de temps embarrassée par les tranchées qui seront faites pour le restablissement des tuyaux des Fontaines publiques ou particuliere, seront mis Ouvriers en nombre suffisant pour le restablissement des tranchées, le même jour qu'elles auront esté ouvertes.

I I I.

Pour tenir un ordre exact en la distribution des eaux & Fontaines publiques, & faire en forte que le public & les particuliers en reçoivent à proportion de la quantité qui sera conduite à chacun regard ; seront les bassinets des particuliers ouverts par des cuivreaux qui ne contiendront que la jauge de la concession ; & pour empêcher toutes innovations, sera mis en chacun regard une plaque de cuivre qui marquera la quantité des eaux tant du public que des particuliers.

I V.

Et afin qu'il soit continuellement pourvû à l'entretien des Fontaines, sera fait assemblée par les Prevosts des Marchands & Eschevins en l'Hostel de Ville, par chacun mois, si besoin est, en laquelle en presence des Conseillers de Ville, Commissaires deputez pour les Eaux, & de quelques personnes notables & intelligens qui seront appellez, les devis & marchez des ouvrages qui auront esté resolus par les Prevost des Marchands & Echevins, seront rapportez, ensemble les parties des Ouvriers qui auront travaillé ausdites Fontaines pendant le mois precedent ; & faute d'avoir par lesdits Ouvriers fait arrester leurs parties, au moins dans un mois après que les ouvrages auront esté parachevez, demeureront déchûs du payement, dont sera mis clause expresse dans les devis & marchez.

V.

Les Prevost des Marchands & Eschevins & Commissaires des eaux se transporteront avec le Procureur du Roy, au moins une fois l'année au Pré saint-Gervais, Belleville & Rungis pour y faire visiter en leurs presences les conduits & regards des eaux publiques ; & sera pareillement fait visite des regards de la Ville & Fauxbourgs, & du tout dressé Procés verbal.

V I.

Pour remedier à ce que le temps ne puisse faire perdre la connoissance des aqueducs, pierrées, conduites & regards qui ont esté faits à la campagne, tant pour les eaux de Belleville que pour celles du Pré saint-Gervais dans les heritages de plusieurs particuliers, & les conduites de plomb qui sont dans cette Ville & Fauxbourgs : seront faits des plans exacts de toutes lesdites pierrées, aqueducs, puisarts, regards & conduites des eaux, source & autres, sur lesquelles seront marquées les bornes & autres désignations estant sur les lieux, qui en peuvent asseurer la connoissance pour l'avenir ; lesquels plans seront déposez au Greffe de la Ville, pour y avoir recours quand besoin sera.

Ainsi toutes les dispositions de ces Articles ne regardent que les ouvrages necessaires pour la conduite & la distribution des eaux, soit pour les Fontaines publiques, soit pour les maisons des particuliers qui en ont obtenu des concessions. Mais en même temps elles font connoistre avec quelle sagesse, quels soins & quelle circonspection tous ces grands ouvrages sont conduits ; & combien les Magistrats qui en sont chargez y apportent d'attention. C'est ainsi qu'en usoit à Rome le Comte ou Grand-Maistre des Eaux, *Comes formarum, qui formis præerat & custos erat fontium* ; la Police de ces mêmes eaux estant reservée au premier Magistrat de la Ville, *sub dispositione Præfecti Urbis*, tout cela s'observe de même à Paris, & il a plû au Roy de le confirmer encore par l'un des Articles de son Edit du mois de Juin 1700. avec lequel nous finirons ce Chapitre des Fontaines ; voicy ce qu'il contient.

« Que les Prevosts des Marchands connoissent
» de tout ce qui regarde les conduites des eaux
» & entretien des Fontaines publiques, & que
» le Lieutenant General de Police connoisse de
» l'ordre qui doit estre observé entre les Porteurs
» d'eau, pour l'y puiser & pour la distribuer à
» ceux qui en ont besoin ; ensemble de toutes
» les contraventions qu'ils pourroient faire aux
» Réglemens de Police.
A l'égard des puits il n'y a point eu d'autres

Réglemens par rapport à la santé, que les dispositions de nos Coûtumes qui establissent les précautions que l'on doit prendre lors que contre un mur l'on fait un puits d'un costé, & de l'autre costé une aisance ou latrine ; il est aisé d'entendre qu'une infection si proche de l'eau ne manqueroit jamais de la corrompre s'il n'y avoit un corps solide assez épais entre les deux pour empêcher que l'une ne se communiquast à l'autre. L'Article 101. de la Coûtume de Paris porte, qu'en ce cas d'un puits d'un costé & d'une aisance de l'autre, il sera fait une massonnerie « de quatre pieds d'épaisseur entre les deux, y « compris l'épaisseur des murs de part & d'au- « tre. «

D'autres Coûtumes poussent encore cette précaution plus loin, & veulent qu'outre le mur intermediaire qui doit estre à chaux & à sable jusqu'aux premieres pierres d'assises des fondemens, il y ait de plus une grande distance entre la fosse à privez & le puits : cette distance est reglée par la Coûtume d'Orleans, art. 246. à 9. pieds ; par celle de Melun, art. 207. d'Estampes ; art. 88. de Châlons sur Marne, art. 142. & du Perche, art. 220. à 10. pieds ; par la Coûtume de Laon, à 17. pieds : & ces dispositions de nostre Droit coûtumier sont si conformes à l'équité naturelle, à la raison & à l'utilité publique qu'elles, sont sans doute sous-entenduës dans toutes les autres Coûtumes qui n'en font point mention.

CHAPITRE

CHAPITRE IV.

De la Police sur les Rivieres par rapport à la Santé.

L'Eau des rivieres n'est pas seulement propre à boire, à préparer les autres alimens, à faire l'ornement de nos jardins, ou à quelques autres usages particuliers, comme celle des Fontaines ; son utilité est beaucoup plus étenduë : elle sert pour la navigation, au Commerce & à procurer l'abondance dans les plus grandes Villes, elle arrose en certains lieux nos plaines & nos campagnes, & les rend fertiles. Plusieurs Artisans ne sçauroient perfectionner leurs ouvrages sans son secours, & pour les moulins d'un fort petit usage que les ruisseaux des Fontaines font tourner ; il y en a une infinité d'autres & beaucoup plus considerables sur les rivieres. C'est pourquoy les Loix qui concernent les eaux des fleuves & des rivieres, sont en bien plus grand nombre & beaucoup plus diversifiées que celles qui n'ont pour objet que les Fontaines : mais comme il ne s'agit icy que de la santé, l'eau de la riviere n'y est considerée non plus que celle des fontaines, qu'entant qu'elle sert de boisson, ou qu'elle entre dans les autres alimens ou dans les remedes ; ainsi ce n'est qu'aux moyens qui ont esté establis pour la conserver dans sa pureté que nous devons nous arrester.

L'eau de la riviere ne devient impure que par le mélange des corps étrangers qu'elle entraîne dans son cours, que l'on y jette exprés, ou qui s'y écoulent, ou y tombent d'eux-mêmes, soit par accident ou par leur propre poids : Ainsi comme les Villes sont beaucoup plus frequentées & beaucoup plus remplies d'immondices que les campagnes, l'on y doit prendre aussi de plus grandes précautions. La facilité que chacun des Citoyens trouve à se décharger dans la riviere des ordures qui l'incommodent, & certaines professions qui ne peuvent s'exercer qu'en séparant de leurs ouvrages ou marchandises beaucoup d'impuretez, ou en y mêlant plusieurs drogues ou ingrediens sales, ou contraires à la santé, sont les deux principaux écueils de la salubrité de l'eau de riviere, dans les grandes Villes, & ceux ausquels les Réglemens ont pourvû : nous les examinerons séparément.

§. I. *Réglemens pour empêcher que le nettoyement des ordures de la Ville ne soit jetté ou ne s'écoule dans la riviere.*

Par une Ordonnance du Prevost de Paris, du Samedy d'aprés la Chandeleur 1348. & un Edit du Roy Jean du 30. Janvier 1356. il est fait défenses à toutes personnes de balayer les ruës pendant la pluye, & aprés qu'elle est passée, jusqu'à ce que les eaux claires du ruisseau soient écoulées, & leur est enjoint de faire ensuite nettoyer & transporter les ordures hors la Ville aux Voiries accoûtumez, à peine de 60. s. d'amende.

Une Ordonnance du Prevost de Paris du 20. Février 1388. contient les mêmes dispositions que la precedente, & y ajoûte, que nul ne fust si hardi de porter ou de jetter dans la riviere de Seine, ny en aucuns de ses bras aucunes boües, fumiers, gravois, ou autres ordures, sur la même peine de 60. s. d'amende.

Des Lettres patentes de Charles VI. du mois de Janvier 1404. portent qu'il estoit venu à sa connoissance, que plusieurs personnes jettoient ou apportoient en la riviere de Seine à Paris, tant de boües de fumiers & d'autres ordures immondices & putrefaction ; que ses eaux en estoient corrompuës, ce qui portoit un notable préjudice à la santé, & que c'estoit un miracle comment ceux qui usoient tous les jours de cette eau pour leur boisson, ou pour cuire leurs viandes n'en mourroient point. A quoy voulant pourvoir, il ordonne que la riviere sera incessamment curée & nettoyée ; qu'il sera informé contre ceux qui apportent ou sont apporter les ordures dans son lit ; & que ceux qui s'en trouveront chargez, de quelque estat, qualité ou dignité qu'ils soient, seront condamnez de contribuer aux frais de ce curage & nettoyement ; les Ecclesiastiques par saisie de leur temporel, & les autres par saisie & execution de leurs biens. Ces mêmes Lettres portent de tres-expresses défenses, qu'aucun de quelque estat ou condition qu'il soit, ne porte ou fasse porter à l'avenir aucunes ordures, fumiers, gravois ou autres immondices en la riviere, de jour ny de nuit, à peine pour chaque contravention de soixante sous parisis d'amende, & du quadruple de ce qu'il coûtera à nettoyer & enlever les ordures qu'ils auront apporté ou fait apporter ; de laquelle peine les Maîstres seront responsables pour leurs domestiques, sans préjudice de celle qui sera imposée aux domestiques pour les punir de leur faute. Elles enjoignent enfin à tous Sergens & à tous Habitans des environs de la riviere, d'arrester tous ceux qu'ils trouveront y apporter ou jetter des ordures, & de les conduire prisonniers dans les prisons du Chastelet ou de la Conciergerie du Palais ; ordonne à toutes personnes de prester main-forte aux Sergens, à ce qu'une telle faute ne demeure impunie.

Le même Prince par un autre Edit du mois de Février 1415. fit défenses à toutes personnes de quelque estat ou condition qu'elles fussent, de porter ou jetter par eux-mêmes ou par d'autres dedans la riviere de Seine aucunes ordures ou immondices, à peine d'amende arbitraire, & de les faire oster à leurs propres dépens ; & à l'égard de ceux qui les porteroient ou jetteroient, estre emprisonnez ; & d'autant que plusieurs se couvroient des tenebres de la nuit pour commettre cette faute, ce même Edit ordonne à tous ceux qui les trouveront, de les arrester & de les conduire prisonniers ; & que ceux qui auront fait les captures auront pour leurs peines le tiers des amendes.

Le Réglement du Conseil du 3. Decembre 1638. & celuy du Parlement du 30. Avril 1663. pour le nettoyement de la Ville de Paris, réiterent les défenses portées par les anciens réglemens à toutes personnes, de balayer les ruës, & de pousser aucunes ordures dans le ruisseau aprés la pluye ; ils leur défendent aussi de pousser à val, ou faire pousser par leurs gens aucunes des ordures qui pourroient estre dans les ruisseaux ou ailleurs, à peine de 24. liv. parisis

Tome I. Aaaa

» parifis d'amende ; & en cas de contravention, » qu'il fera permis d'emprifonner les domefti- » ques contrevenans. Ces Réglemens ne font rap- portez icy que pour faire connoiftre que cette précaution de ne pouffer aucunes ordures ou immondices vers la riviere, de crainte d'en cor- rompre les eaux, fubfifte toujours. On les peut voir dans leur entier fous le Titre du nettoye- ment.

§. II. *Que les Meftiers qui caufent des in- fections doivent eftre éloignez du milieu des Villes.*

Il y a des Meftiers qui ont tant befoin d'eau pour préparer leurs ouvrages ou leurs marchan- difes, qu'il eft difficile de les exercer ailleurs que proche des rivieres. Il y en a d'autres auf- quels l'eau de riviere eft abfolument neceffaire; & à l'égard de ceux-là il n'y a pas à délibérer, on ne peut placer ailleurs ceux qui en font profeffion. Tels font du nombre des premiers les Bouchers, les Trippieres & les Harangeres; & du nombre des derniers, les Megiciers, les Tanneurs & Teinturiers. Ces meftiers d'ailleurs attirent à leur fuite tant d'infection, ou fe fer- vent d'ingrediens fi nuifibles au corps humain, qu'il y a beaucoup de mefures à prendre dans le choix des lieux où ils peuvent eftre foufferts, pour ne point alterer la fanté. C'eft pourquoy on les place ordinairement fur quelques petits bras de rivieres qui ne fervent qu'à cet ufage ; ou fi cette commodité manque, on leur marque des lieux au deffous des Villes, afin que l'eau fupé- rieure demeure pure pour l'ufage des Habitans, ou que les immondices de ces meftiers eftant em- portez par le grand cours de la riviere, foient jettez fur fes bords par fon mouvement, qu'ils tom- bent au fonds par leur propre poids, qu'ils foient attirez par le *Soleil* en exhalaifon, ou que ce qui en refte fe trouve meflé dans un fi grand vo- lume d'eau, qu'il foit diffipé ou fans force avant que d'arriver aux lieux qui font plus bas.

Ce fut l'une des difpofitions de ce grand Ré- glement qui fut fait au Confeil du Roy le 4. Fé- vrier 1567. adreffé au Prevoft de Paris ou fon Lieutenant, par Lettres Patentes du 25. Mars fui- vant, & qui fut renouvellé par un autre fem- blable Réglement du 21. Novembre 1577. re- giftré au Parlement le 2. Decembre de la même année. Voicy ce que contient l'Article.

» Lefdits Officiers de Police donneront ordre » de mettre les tueries & écorcheries des beftes » hors des Villes, & prés de l'eau, & pareille- » ment les tanneries, les megifferies, les teintu- » res & le couroy, pour éviter aux inconveniens » qui en peuvent avenir ; & cependant donne- » ront ordre pour celles qui font aux Villes, de » faire clore de murs les lieux où fe font les trem- » pis, tueries & écorcheries, & de contraindre » les deffufdits de tenir de jour le fang, peaux, » trempis & vuidanges dans des tines & autres » vaiffeaux couverts, & les vuider de nuit feu- » lement depuis fept heures du foir jufqu'à deux » heures aprés minuit par canaux dedans la ri- » viere, à ce que les Habitans circonvoifins n'en » foient infectez, ny l'ufage de la riviere incom- » modé le long du jour, ou donner telle autre » provifion & Réglement pour le bien & com-

modité de la Ville & Habitans, que par affem- « blée d'Officiers de la Police & notables Bour- « geois, fera avifé ce qui fera executé contre les « contrevenans par peine de privation de leurs « maifons, expulfion des Villes, & groffes amen- « des arbitraires, dont les plaintifs ou denoncia- « teurs auront le quart. «

Plufieurs Villes ont fuivi ce Réglement dans toutes fes difpofitions, & s'en trouvent parfaite- ment bien. Il auroit efté à fouhaiter que l'on euft pû en faire autant à Paris ; mais la grande éten- duë de la Ville ne l'a pas pû permettre : l'on a fouvent tenté les moyens d'éloigner de fon cen- tre les tueries des beftiaux, & de les tranfporter aux extremitez. Plufieurs Arrefts tant du Con- feil que du Parlement l'ont ainfi ordonné en differens temps, ils font rapportez dans ce Trai- té fous le Titre des Boucheries, avec les raifons & les obftacles qui en ont autant de fois em- pêché l'execution ; on peut les y voir.

Mais au défaut de cet eftabliffement il y a eu à cette occafion d'autres Réglemens exprés pour cette grande Ville, qui produifent le même ef- fet de conferver l'eau de la riviere dans fa pu- reté : par ces Reglemens les Bouchers font obli- gez d'avoir dans leurs abbatis où ils tuent leurs « beftiaux un puifart dans lequel tout le fang « s'écoule, & tous les jours de faire tranfporter « ce fang dans des vaiffeaux couverts, enfemble « tous les excremens des beftiaux, ordures & « autres immondices de leurs abbatis, aux voi- « ries & décharges qui leur font deftinez hors de « la Ville ; ils doivent enfuite laver leurs ab- « batis, & de crainte qu'il n'en forte aucune or- « dure qui puft infecter les ruës, ou s'écouler « dans la riviere, mais feulement de l'eau rouffe « qui eft une legere teinture que l'on ne peut « éviter dans une eau où il y a eu du fang, & « qui ne peut caufer aucune infection : Ils font « obligez d'avoir aux éviez de leurs abbatis des « grilles de fer, par lefquelle l'eau feule puiffe « paffer ; il leur eft défendu de laiffer couler du « fang ou autres immondices dans les ruës, à « peine de trois cens livres d'amende pour la « premiere fois, de prifon pour la feconde, & « de punition corporelle en cas de récidive. Tous « ces Réglemens peuvent eftre vûs fous le « Titre du nettoyement des ruës, où ils font rap- portez dans leur entier.

Il en a efté long-temps de même des Tanneurs, on les fouffroit dans la Ville fous une pareille condition de garder leurs eaux falles dans des tines ou vaiffeaux couverts, & de les vuider pendant la nuit depuis fept heures du foir juf- qu'à deux heures aprés minuit. «

Le deffein que le Roy forma en 1672. pour l'em- belliffement de Paris d'ouvrir un Quay depuis le Pont Noftre-Dame jufqu'à la Greve, & dont l'execution fut ordonnée par Arreft du 17. Mars 1673. fut une occafion d'éloigner de cet endroit les Tanneurs & les Teinturiers qui en occupoient une partie ; il fut en même-temps arrefté de les transferer aux termes des anciens Réglemens, au deffous de la Ville, ou fur quelque'autre ri- viere que la Seine ; & celle de Bievre ou des Gobelins au Fauxbourg faint-Marcel, parut fort propre pour ce deffein ; voicy les Arrefts & les Lettres Patentes qui ordonnerent cet efta- bliffement.

28. Octobre
1672. Arrest
du Conseil,
pour éloi-
gner les Tan-
neurs & les
Teinturiers
du mili ù de
la Ville de
Paris.

LE Roy s'estant fait representer en son Conseil l'Arrest de la Cour de Parlement du sixiéme May 1623. par lequel ladite Cour auroit ordonné pour le bien & salubrité de la Ville de Paris, que les Prevost des Marchands & Eschevins feroient toute diligence necessaire pour executer l'Edit du onze Decembre 1577. & Arrest de ladite Cour du douziéme Mars 1567. & ce faisant trouver lieux commodes, propres & convenables aux environs de la Ville, pour loger & retirer les Tanneurs & Teinturiers estant de present en la rüe de la Tannerie; & pour en prendre avis, assembler tel nombre de Bourgeois que lesdits Prevost des Marchands & Eschevins verroient estre à faire; la Commission expediée sur ledit Arrest du vingt-sixiéme May 1623. addressante ausdits Prevost des Marchands & Eschevins, par laquelle il leur est enjoint de proceder incessamment à l'execution dudit Edit & Arrests, & de trouver des lieux commodes és environs de ladite Ville, sur la Riviere de Seine ou autre Fleuve pour loger & recevoir lesdits Tanneurs & Teinturiers: Sa Majesté estant en son Conseil a ordonné & ordonne que les Edits & Arrests seront executez selon leur forme & teneur, & qu'à cet effet assemblée sera faite en l'Hostel de ladite Ville, des Conseillers, Quarteniers, & de tel nombre de notables Bourgeois qu'ils jugeront à propos mander, pour aviser aux moyens de pourvoir à la salubrité de ladite Ville, & du lieu le plus proche és environs d'icelle, où l'on pourroit placer lesdits Tanneurs, Teinturiers & Megiciers, pour ledit procés verbal vû & rapporté, estre par Sa Majesté ordonné ce qu'il appartiendra. Fait au Conseil d'Estat du Roy tenu à saint Germain en Laye le 28. Octobre 1672. Signé, COLBERT.

24. Février
1673. Arrest
du Conseil,
pour l'execu-
tion du pre-
cedent.

LE Roy s'estant fait representer en son Conseil l'Arrest rendu en iceluy le vingt-huit Octobre dernier, par lequel Sa Majesté auroit ordonné l'execution de l'Edit du 2. Decembre 1577. & de l'Arrest de la Cour de Parlement du sixiéme May 1623. rendu en consequence pour la translation des Tanneurs & Teinturiers de la rüe de la Tannerie où ils sont à present établis, en un autre lieu commode és environs de ladite Ville, & qu'à cet effet assemblée seroit faite en l'Hostel de ladite Ville, des Conseillers, Quarteniers, & de tel nombre de notables Bourgeois que lesdits Prevost des Marchands & Echevins jugeroient à propos mander, pour aviser aux moyens de pourvoir à la salubrité de ladite Ville, & du lieu le plus proche és environs d'icelle où l'on pourroit placer les Tanneurs, Teinturiers & Megissiers, pour le procés verbal rapporté, estre par Sa Majesté ordonné ce qu'il appartiendroit; & vû le procés verbal de l'Assemblée du septiéme Fevrier 1673. en laquelle lesdits Tanneurs & Teinturiers ont esté ouïs, Sa Majesté a ordonné & ordonne que tous les Tanneurs & Teinturiers qui sont logez dans la rüe de la Tannerie, & ceux qui sont dans les autres quartiers de Paris sur le bord de la riviere, seront tenus de se retirer dans un an du jour du present Arrest, dans le Fauxbourg saint Marcel, Chaillot, aux maisons estant sur le bord de la riviere, ou autres lieux qui seront par eux indiquez, qui ne se trouveront point incommodes au Public; nonobstant laquelle translation lesdits Tanneurs & Teinturiers qui se retireront de ladite rüe de la Tannerie, & autres du dedans de Paris, conserveront tous leurs privileges & exemptions de leurs Mestiers, en qualité de Bourgeois de Paris, dont ils jouïssent; à l'effet dequoy leur seront tous Arrests & Lettres expediées; enjoignant Sa Majesté à tous ses Officiers de les maintenir & garder en la jouïssance desdits privileges, & de favoriser en toutes choses ladite translation; & ausdits Prevost des Marchands & Eschevins de tenir la main à l'execution du present Arrest qui sera executé nonobstant oppositions ou appellations quelconques, & sans préjudice d'icelles, dont si aucunes interviennent, Sa Majesté s'est reservée la connoissance, & icelle interdite à toutes autres Cours & Juges. Fait au Conseil du Roy Sa Majesté y estant, tenu à saint Germain en Laye le vingt-quatriéme Fevrier mil six cens soixante & treize. Signé, COLBERT.

Octob. 1673.
Lettres Pa-
tentes pour
la translatió
des Tanneurs
& des Tein-
turiers du mi-
lieu de la
Ville de Pa-
ris, en lieux
plus éloi-
gnez, regist.
en Parlem.
le 28. Nov.
de la même
année.

LOUIS, par la grace de Dieu Roy de France & de Navarre, à tous presens & à venir, Salut. L'affection singuliere que nous portons aux Bourgeois & Habitans de nostre bonne Ville de Paris, Nous ayant fait rechercher les moyens de pourvoir non seulement à l'ornement, decoration & embellissement de ladite Ville, mais principalement à la salubrité; Nous nous serions fait representer l'Edit du mois de Decembre 1577. Arrest rendu en consequence en nostre Cour de Parlement le sixiéme May 1623. pour la translation des Tanneurs & Teinturiers de la rüe de la Tannerie où ils sont à present établis, en un autre lieu commode és environs de ladite Ville, & ordonné l'execution dudit Edit par Arrest de nostre Conseil du vingt-huitiéme Octobre dernier, en execution duquel & ayant eu Assemblée en l'Hostel de Ville, en laquelle lesdits Tanneurs & Teinturiers auroient esté ouïs sur le Procés verbal de ladite Assemblée, Nous aurions par autre Arrest de nostre Conseil du vingt-quatriéme Fevrier dernier, ordonné que lesdits Tanneurs & Teinturiers logez dans ladite rüe de la Tannerie, & dans les autres quartiers de Paris sur le bord de la riviere, se retireroient dans un an du jour dudit Arrest, dans le Fauxbourg saint Marcel, Chaillot, & autres lieux qui seroient par eux indiquez, nonobstant laquelle translation ils conserveroient tous les privileges & exemptions de leur Mestier, & en qualité de Bourgeois de Paris dont ils jouïssoient, & que tous Arrests & Lettres à ce necessaires leur seroient expediées; & desirant favorablement traitter lesdits Tanneurs & Teinturiers, de nostre certaine science, pleine Puissance & Autorité Royale, Avons dit & déclaré, disons & declarons, voulons & nous plaist, que lesdits Tanneurs & Teinturiers qui se retireront de ladite rüe de la Tannerie, en faisant leurs declarations du lieu où ils entendent transferer leur domicille, tant au Greffe de la Police du Chastelet, qu'en celuy de l'Hostel de Ville, soient maintenus & gardez; comme Nous les maintenons & gardons en tous les privileges dont ils avoient droit de jouïr en qualité de Bourgeois de Paris, & en ceux accordez aux Corps & Mestiers des Tanneurs & Teinturiers de ladite Ville, sans qu'il soit rien innové en la Jurande desdits Mestiers, Statuts & Réglemens, qui demeureront en leur force & vertu, & sans que les Communautez desdits Mestiers établies aux lieux où ils se retireront, puissent ny les obliger d'entrer dans leurs Corps & Communautez, ny prétendre partager avec eux les privileges particuliers qui leur appartiennent, comme Maiſtres de Paris, en laquelle qualité les Jurez deſdits Tanneurs & Teinturiers, nonobſtant ladite tranſlation, continueront de faire leurs viſites ; tant dans la Halle que dans les maiſons des autres Tanneurs & Teinturiers de ladite Ville en la maniere accouſtumée. Voulons que leſdits Maiſtres Tanneurs de Paris joüiſſent ſeuls des deux muids de ſel à eux attribuez par l'Arreſt de noſtre Conſeil du vingt-un Juin 1640. pour la fabrique des cuirs de Hongrie, & que pour l'effet deſdits Meſtiers & affaires deſdites Communautez de Tanneurs & Teinturiers, tant en matiere civile que criminelle, ils ayent pour Juge noſtre Prevoſt de Paris, ſes Lieutenans Civil, de Police & Criminel du Chaſtelet, & noſtre Cour de Parlement en cas d'appel : & pour l'uſage de la Riviere & le placement des bateaux dont ils ont beſoin pour leurſdits Meſtiers, s'il arrive conteſtation, le Prevoſt des Marchands & Eſchevins de noſtre bonne Ville de Paris en prendront connoiſſance, & par appel en noſtre Cour de Parlement ; défendons à tous nos autres Juges d'en connoiſtre, à peine de nullité de leurs Jugemens. Si DONNONS EN MANDEMENT à nos amez & feaux les Gens tenans noſtre Cour de Parlement à Paris, Prevoſt des Marchands & Echevins de noſtredite Ville, & autres nos Juſticiers & Officiers qu'il appartiendra, que ces Preſentes ils faſſent regiſtrer, & de leur contenu joüir & uſer leſdits Tanneurs & Teinturiers expoſans, pleinement &,paiſiblement, ceſſant & faiſant ceſſer tous troubles & empêchemens à ce contraires : Car tel eſt noſtre plaiſir ; en témoin de quoy Nous avons fait mettre noſtre Scel à ceſdites Preſentes. Donné à Verſailles au mois d'Octobre l'an de grace 1673. & de noſtre regne le trente-unieſme. Signé, LOUIS : Et ſur le reply, Par le Roy, COLBERT. Et ſcellé du grand Sceau de cire verte, en lacs de ſoye rouge & verte, & ſur le reply à coſté Viſa, D'ALIGRE. Pour continuation des Privileges des Tanneurs de la Ville de Paris, Signé, COLBERT.

Ces Lettres qui ſembloient donner quelque Juriſdiction aux Prevoſt des Marchands & Echevins ſur quelques-uns des Arts & Meſtiers, au préjudice de la Juriſdiction ordinaire de Police, fit naiſtre quelque conteſtation entre ces deux Tribunaux. Il y eut des Sentences & des Ordonnances renduës de part & d'autre ; & ce conflit auroit eſté porté plus loin, ſi le Roy n'euſt eu la bonté d'en prendre connoiſſance. Sa Majeſté s'en fit rendre compte, & en arreſta les ſuites par ſa Juſtice & ſa ſageſſe ordinaire : Les Lettres Patentes en furent expediées au mois de Juin 1700. & regiſtrées au Parlement le douziéme du même mois ; elles diſtinguent parfaitement tout ce qui concerne l'uſage des bateaux & de la navigation d'avec la diſcipline des Arts & Meſtiers; elles conſervent l'un au Bureau de la Ville, & l'autre à la Juriſdiction du Chaſtelet : Voicy ce que contient l'article qui établit cette diſtinc-tion : ces propres termes la feront mieux comprendre.

Les Teinturiers, Dégraiſſeurs & autres Ou- « vriers qui ſont obligez de ſe ſervir de l'eau de « la riviere pour leurs ouvrages, ſe pourvoiront « pardevers les Prevoſt des Marchands & Eche- « vins, afin de leur accorder la permiſſion d'a- « voir des bateaux s'ils en ont beſoin, & de mar- « quer des lieux où ils pourront les placer, ſans « incommodité de ladite Ville, & ſans empêcher « le cours de la navigation ; & lors qu'ils n'au- « ront pas beſoin d'avoir des bateaux, ils ſe « pourvoiront ſeulement pardevers le Lieutenant « General de Police. «

Le Magiſtrat de Police a depuis rendu une Or-donnance, pour contenir les Tanneurs & les Me-giciers du Fauxbourg S.Marcel, qui rempliſſoient d'infection la riviere de Seine : Voicy ce qu'elle contient.

20 Octobre 1702. Ordon. de Police cô-tre les Tan-neurs & les Megiciers du Fauxbourg S.Marcel qui infectoient la riviere de Seine, publ. & affic. le 7. Novem.de la même année.

SUR le Rapport à Nous fait à l'Audiance par Maiſtre Jean Prioult, Commiſſaire Examinateur au Chaſtelet de Paris, & ancien Commiſſaire du Quartier de la Place Maubert ; contenant que les treize & quatorziéme jours du preſent mois, il auroit reçû plaintes de pluſieurs Bourgeois, Artiſans & Porteurs d'eau, de ce que la Riviere de Seine du coſté des Quays ſaint Bernard & de la Tournelle, juſques & au deſſous du Pont de l'Hoſtel-Dieu, eſtoit extrêmement graſſe & bourbeuſe, même d'un gouſt puant & infecté, ce qui empêchoit d'y puiſer comme à l'ordinaire, & pourroit cauſer.des maladies conſiderables à ceux qui boiroient de cette eau ; laquelle infection provient de ce que les Tanneurs & Megiciers demeurans dans le Fauxbourg ſaint Marcel & aux environs, lavent dans la Riviere de Seine & dans celle des Gobelins leurs bourres & leurs cuirs pleins de chaux, y jettent leurs eſcharnures, plains & morplains, & toutes les immondices de leür Meſtier, ſans obſerver les juſtes précautions qui ſont preſcrites, tant par leurs Statuts, que par les Ordon-nances, Arreſts & Réglemens : Surquoy luy Commiſſaire s'eſtant tranſporté au bord de la Riviere, depuis ledit Pont de l'Hoſtel-Dieu juſques à vis-à-vis l'Hôpital de la Salpetriere, il y auroit vû leſdites eaux ainſi corrompuës, & appris qu'au bruit que le Peuple avoit fait pour empêcher que les Ouvriers qui travaillent pour les Tanneurs & Megiciers ne continuaſſent à décharger leurs im-mondices dans cet endroit, ils s'eſtoient retirez avec précipitation, & avoient emporté & fait emporter leurs marchandiſes & uſtanciles: dequoy ayant eſté informé par luy Commiſſaire, & conſiderant combien il importe à la ſanté des Citoyens, que les eaux de la Riviere ſoient pures & nettes ; aurions ordonné que les Jurez deſdites deux Communautez, ſeroient aſſignez en cette Au-diance pour répondre au preſent Rapport ; ce qui auroit eſté executé par Gabrillon Sergent de Police, & leſdites aſſignations données aux nommez Boudon & Rozier, Jurez en Charge : Sur-quoy Nous, aprés avoir oüi ledit Commiſſaire Prioult en ſon Rapport, leſdits Boudon le Jeune & Roziers Jurez en leurs défenſes, & les Gens du Roy en leurs Concluſions : avons ordonné que des faits mentionnez audit Rapport, il ſera informé à la requeſte du Procureur du Roy pardevant le Commiſſaire Prioult ; & cependant ordonnons que leſdites Ordonnances & Reglemens ſeront executez ſelon leur forme & teneur : ce faiſant défendons tres-expreſſément aux Tanneurs & Me-giciers de porter ſur la Riviere de Seine leurs bourres pour y eſtre lavées, ny leurs cuirs avant qu'ils ayent eſté eſcharnez : Comme auſſi de bouler les morplains, ny les jetter dans la Riviere : Leur enjoignons de laiſſer repoſer les eaux qui ſont dans les plains, afin que les morplains reſtent dans les fonds pour eſtre vuidez & expoſez ſur les berges, s'y égouſter, & enſuite eſtre portez dans les tombereaux hors la Ville & au loin, en ſorte que le Public n'en puiſſe recevoir

aucune

aucune incommodité : Leur défendons pareillement de jetter dans la Riviere les efcharnures, cornichons, ny autres immondices, & ne pourront faire la vuidange de leurs plains dans la Riviere qu'à fix heures du foir, depuis le premier Octobre jufques au dernier Mars, & à huit heures du foir depuis le premier Avril jufques au dernier Septembre ; le tout à peine de trois cens liv. d'amende, dont les Peres & les Maiftres feront civilement refponfables pour leurs Enfans, Ouvriers & Domeftiques, même d'interdiction de la Maiftrife en cas de récidive, & fous telle autre peine qu'il appartiendra par raifon : & fera la prefente Sentence executée nonobftant & fans préjudice de l'appel, lûë, publiée & affichée par tout où befoin fera, à ce que nul en prétende caufe d'ignorance. Ce fut fait & donné par Meffire MARC-RENE' DE VOYER DE PAULMY D'ARGENSON, Chevalier, Confeiller du Roy en fes Confeils, Maiftre des Requeftes ordinaire de fon Hoftel, & Lieutenant General de Police de la Ville, Prevofté & Vicomté de Paris, le vingt jour d'Octobre mil fept cens deux. Signé, DE VOYER D'ARGENSON.
CHAILLOU, Greffier.

CHAPITRE V.

Des Porteurs d'eau.

DANS toutes les grandes Villes il y a des gens de l'un & de l'autre fexe, qui n'ont point d'autres emplois que celuy d'aller puifer de l'eau aux fontaines ou aux rivieres, & de la vendre & diftribuer au Public : l'on a vû dans le Chapitre des fontaines, l'ordre & la difcipline qu'ils y doivent obferver à Paris ; ce qui peut fervir de regles aux autres Villes. Quant aux rivieres, le foin de la Police confifte à les obliger de puifer dans le grand cours de l'eau, & où elle eft pure & nette : les Ordonnances qui fuivent & qui fe réiterent, fe publient & s'affichent tous les ans à Paris, plus ou moins tard dans la faifon, felon que l'année fe comporte en chaleur & fecherefle, apprendront les précautions qui font prifes à cet égard dans cette grande Ville, & qu'il eft bon de prendre dans tous les autres lieux, fi l'on veut y conferver la fanté.

19. Juin 1666 Ordonan. de Police, touthât les lieux où l'eau pour boire doit eftre puifée, publ. & affichée le même jour.

SUR ce qui Nous a efté remonftré par le Procureur du Roy ; qu'au préjudice des Ordonnances de Police, prohibitives à toutes perfonnes de puifer de l'eau dans le canal de la riviere qui coule le long de la Place Maubert, ruë de la Bucherie, des Ponts de l'Hoftel-Dieu, Petit-Pont, Pont Saint Michel, & Pont-Neuf, & ce depuis Pâques jufques à la faint Martin, à caufe de l'infection & impureté des eaux qui y croupiffent, capables de caufer de grandes maladies ; neanmoins les Porteurs d'eau ne laiffent pas de debiter au Public les eaux qu'ils enlevent dudit canal, & les Lavandieres de laver leurs linges, requerant qu'il nous plûft y pourvoir : Nous ayant égard à ladite Requefte, oüy fur ce le Procureur du Roy en fes Conclufions ; Faifons tres-expreffes inhibitions & défenfes aux Porteurs d'eau & Lavandieres, de puifer de l'eau, ny laver aucun linge dans ce canal de ladite riviere le long de la Place Maubert, Pont de l'Hoftel-Dieu, ruë de la Bucherie, le Petit-Pont, Pont faint Michel & Pont-Neuf, depuis les Octaves de la Fefte de Pâques jufques au jour faint Martin inclufivement, à peine du foüet contre les Porteurs d'eau & Lavandieres ; comme auffi de puifer de l'eau & laver leurs linges le long des autres canaux de la Riviere, mais feulement dans le courant d'icelle, où les eaux font plus plures & falutaires : & afin que perfonne n'en ignore, fera la prefente Ordonnance lûë & publiée à fon de Trompe & Cry public par les Carrefours de la Ville & Fauxbourgs de Paris, & affichée aux lieux accouftumez. Ce fut fait & donné par Meffire DREUX D'AUBRAY Chevalier, Comte d'Offemont, Confeiller du Roy en fes Confeils, & Lieutenant Civil en la Prevofté & Vicomté de Paris, ce dix-neuviéme jour de Juin mil fix cens foixante-fix, Signé, D'AUBRAY. DE RIANTZ.
SAGOT, Greffier.

8. Juin 1667. Ordon. pour la Police de la riviere, par raport à la fanté, publ. & affich. le même jour.

SUR ce qui Nous a efté remonté par le Procureur du Roy, qu'au préjudice des Ordonnances de Police prohibitives à toutes perfonnes de puifer de l'eau dans le canal de la Riviere qui coule le long de la Place Maubert, ruë de la Bucherie, des Ponts de l'Hoftel-Dieu, Petit-Pont, Pont S. Michel & Pont-Neuf, & ce depuis Pâques jufqu'à la faint Martin, à caufe de l'infection & impureté des eaux qui y croupiffent, capables de caufer de grandes maladies ; neanmoins les Porteurs d'eaux ne laiffent pas de debiter au Public les eaux qu'ils puifent dans ledit canal, & les Lavandieres d'y laver leurs linges ; requerant lefdit Procureur du Roy qu'il nous plûft y pourvoir. Nous ayant égard à ladite Requefte, oüy fur ce le Procureur du Roy en fes Conclufions : Faifons tres-expreffes inhibitions & défenfes aux Porteurs d'eau & Lavandieres, de puifer de l'eau, ny laver aucun linge dans le canal de ladite riviere, le long de la Place Maubert, Pont de l'Hoftel-Dieu, ruë de la Bucherie, le Petit-Pont, Pont faint Michel & Pont-Neuf, depuis le jour de la publication de la prefente Ordonnance jufqu'au jour faint Martin inclufivement, à peine du foüet contre lefdits Porteurs d'eau & Lavandieres : & afin que perfonne n'en ignore, fera la prefente Ordonnance lûë, publiée à fon de Trompe & cry public par les Carrefours de la Ville & Fauxbourgs de Paris, affichée aux lieux accouftumez. Fait & ordonné par Meffire GABRIEL NICOLAS DE LA REYNIE, Confeiller du Roy en fes Confeils, Maiftre des Requeftes ordinaire de fon Hoftel, & Lieutenant General de Police de la Ville, Prevofté & Vicomté de Paris, le huitiéme Juillet mil fix cens foixante-fept. Signé, DE LA REYNIE. DE RIANTZ. COUDRAY, Greffier.

15. Avr. 1669
Ordonn. pour
la Police
de la riviere
par rapport
à la santé,
pub. & affic.
le 16. du mê-
me mois.

SUR ce qui Nous a esté representé par le Procureur du Roy, qu'il est averti que les Porteurs d'eau, au lieu de puiser dans le courant de la riviere l'eau qu'ils distribuent par la Ville, ils la prennent auprés des bateaux des Blanchisseuses & Lavandieres, sous les égousts, aux abbrevuoirs & autres endroits où l'eau est sale & croupissante, nommément aux deux Guichets où se déchargent les ruës Frementeau & des Fossez saint Germain : & d'autant que l'usage de telles eaux infectes & corrompuës seroit capable de causer des maladies dangereuses, & d'alterer notablement la santé des Habitans, requeroit qu'il fut sur ce par Nous pourvû. Nous, ayant égard audit Requisitoire, faisons tres-expresses défenses à tous Porteurs & Porteuses d'eau, de puiser & prendre l'eau qu'ils vendent & distribuent par la Ville, au dessous des bateaux des Lavandieres, des égousts des ruës & autres lieux où elles croupissent, ny ailleurs qu'au courant & plus fort de la riviere, notamment depuis la Vallée de Misere jusques au dessous du dernier Guichet du Louvre ; & ce à peine du foüet : Et afin que personne n'en prétende cause d'ignorance, sera la presente Ordonnance lûë, publiée à son de Trompe & Cry public, & affichée sur les Quays & autres lieux accoûtumez. Ce fut fait & donné par Messire GABRIEL NICOLAS DE LA REYNIE, Conseiller du Roy en ses Conseils d'Estat & Privé, Maistre des Requestes ordinaire de son Hostel, & Lieutenant General de Police de la Ville, Prevosté & Vicomté de Paris, le quinziéme jour d'Avril mil six cens soixante-neuf. Signé, DE LA REYNIE. DE RIANTZ. SAGOT, Greffier.

28. Aoust
1677. Ordon.
pour la Poli-
ce de la rivie-
re par rap-
port à la sa-
té, publ. &
affichée le
même jour.

SUR ce qui Nous a esté representé par le Procureur du Roy, qu'au préjudice de plusieurs Ordonnances de Police, & les défenses par Nous diverses fois reiterées à toutes personnes de puiser de l'eau dans le canal de la riviere, le long de la Place Maubert ; ruë de la Bucherie, des Pont de l'Hostel-Dieu, Petit-Pont, Pont saint Michel, & Pont-Neuf du costé des Augustins, & aux Lavandieres d'y laver aucuns linges pendant l'Esté jusques à la saint Martin, à cause de l'infection & impureté des eaux qui y croupissent, & qui sont capables de causer de grandes maladies : Neanmoins les Porteurs d'eau continuent de puiser dans lesdits lieux, & les Lavandieres d'y laver leurs linges : A quoy estant necessaire de pourvoir ; requeroit que par Nous il fust sur ce pourvû. Nous ayant égard audit Requisitoire : Faisons tres-expresses défenses aux Porteurs d'eau & Lavandieres de puiser de l'eau, ny laver aucun linge dans le canal de ladite riviere le long de la Place Maubert, Pont de l'Hostel-Dieu, ruë de la Bucherie, le Petit-Pont, Pont saint Michel & Pont-Neuf, du costé des Augustins, & aux Porteurs d'eau de puiser de l'eau auprés des bateaux des Blanchisseuses & Lavandieres, sous les égousts, aux abbrevoirs, & autres endroits où l'eau est sale & croupissante, nommément aux deux Guichets où se déchargent les ruës Frementeau, & des Fossez saint Germain, depuis le jour de la publication de la presente Ordonnance, jusques au jour de la saint Martin inclusivement ; à peine du foüet contre lesdits Porteurs d'eau & Lavandieres : Mandons aux Commissaires du Chastelet, notamment à ceux des Quartiers de la Place Maubert, & de la Harpe, chacun en droit soy, d'y tenir la main, & de faire emprisonner sur le champ les contrevenans en vertu de nostre Ordonnance, laquelle sera lûë, publiée & affichée aux lieux accoustumez, afin que personne n'en prétende cause d'ignorance. Ce fut fait & donné par Messire GABRIEL NICOLAS DE LA REYNIE, Conseiller du Roy en ses Conseils d'Estat & Privé, Maistre des Requestes ordinaire de son Hostel, & Lieutenant General de Police de la Ville, Prevosté & Vicomté de Paris, le vingt-quatriéme jour d'Aoust mil six cens soixante-dix-sept. Signé, DE LA REYNIE. ROBERT. SAGOT, Greffier.

22. Juin 1697
Ordonn. pour
la Police de
la riviere par
rapport à la
santé, publ.
& affich. le
27. du même
mois.

SUR ce qui Nous a esté remontré par le Procureur du Roy, qu'au préjudice de plusieurs Ordonnances de Police, & des défenses par Nous diverses fois reiterées, à tous Porteurs d'eau & autres personnes de puiser de l'eau pendant l'Esté dans le canal de la riviere du costé de la Place-Maubert, du Pont saint-Michel, jusqu'au Pont-Neuf, à cause de l'impureté & de l'infection des eaux qui y croupissent, & qui estant corrompues par les égousts, sur tout és environs & au dessous de l'Hostel-Dieu, pourroient causer de grandes maladies aux Habitans de ces mêmes Quartiers ; à quoy il Nous auroit requis de pourvoir : Nous ayant égard audit requisitoire, conformément aux Ordonnances de Police par cy-devant renduës : Faisons tres-expresses défenses aux Porteurs d'eau & à toutes autres personnes de puiser de l'eau dans le canal de la riviere, le long de la Place-Maubert, ruë de la Bucherie, Petit-Pont, Marché-Neuf, Pont saint-Michel, Quay des Augustins & des Orfévres, jusqu'au Pont-Neuf, depuis le premier May, jusques à la saint Martin inclusivement, à peine du foüet contre lesdits Porteurs d'eau. Mandons aux Commissaires du Chastelet, notamment à ceux des Quartiers de la Place-Maubert, ruë de la Harpe & de la Cité, chacun en droit soy, d'y tenir la main, & de faire emprisonner sur le champ les contrevenans en vertu de nostre Ordonnance, qui sera executée nonobstant oppositions ou appellations quelconques, & sans préjudice d'icelles ; à cette fin lûë, publiée & affichée aux lieux accoûtumez, afin que personne ne s'en prétende cause d'ignorance. Fait & donné par Messire MARC-RENE' DE VOYER DE PAULMY D'ARGENSON, Chevalier, Conseiller du Roy en ses Conseils, Maistre des Requestes ordinaire de son Hostel, Lieutenant General de Police de la Ville, Prevosté & Vicomté de Paris, le 22. Juin mil six cens quatre-vingt-dix-sept. Signé, DE VOYER D'ARGENSON. ROBERT. GAUDION, Greffier.

22. Aoust
1703. Ordon.
pour la Po-

SUR ce qui Nous a esté remontré par le Procureur du Roy, qu'au préjudice de plusieurs Ordonnances & Réglemens de Police plusieurs fois reiterez, qui font défenses à toutes personnes de puiser de l'eau pendant l'Esté dans le canal de la riviere du costé de la Place-Maubert, ruë de

lice de la ri-
viere, par
rapport à la
santé, publ.
& affichée le
même jour.

la Bucherie, Pont saint-Michel, & jusqu'au Pont-Neuf, à cause de l'impureté & de l'infection des eaux, qui estant corrompuës par les égousts, sur tout és environs & au dessous de l'Hostel-Dieu, pouroient causer de grandes maladies aux Habitans de ces mêmes quartiers. Comme aussi, qu'il a eu avis que plusieurs Enfans & Domestiques de Bourgeois, & plusieurs Apprentifs & Compagnons de mestiers, attirez par d'autres jeunes gens vagabons & sans aveu, se baignoient journellement dans ce même canal, ce qui en augmente encore la corruption, est une occasion de libertinage &, peut nuire considerablement à la santé; à quoy il Nous auroit requis de pourvoir. Nous, ayant égard audit requisitoire, faisons tres-expresses inhibitions & défenses aux Porteurs d'eau, & à toutes autres personnes, de puiser de l'eau dans le canal de la riviere, le long de la Place-Maubert, ruë de la Bucherie, Petit-Pont, Marché-Neuf, Pont saint-Michel, Quais des Auguslins & des Orfévres, jusqu'au Pont-Neuf, depuis le jour de la publication des presentes, jusqu'à la S. Martin inclusivement, à peine de punition corporelle contre lesdits Porteurs d'eau. Faisons aussi défenses à toutes personnes de se baigner dans ce même canal, & dans cette même étenduë de la riviere, à peine de prison, & de quatre cens livres d'amende, dont les peres & meres, maistres & maistresses seront responsables pour leurs enfans, apprentifs, serviteurs & domestiques; & à l'égard des gens sans aveu, à peine de foüet. Mandons aux Commissaires du Chastelet d'y tenir la main, & de faire emprisonner les contrevenans. Et sera nostre presente Ordonnance executée nonobstant oppositions ou appellations quelconques; & sans préjudice d'icelles, luë, publiée & affichée aux lieux accoûtumez; à ce qu'aucun n'en ignore Fait & donné par Messire MARC-RENE' DE VOYER DE PAULMY D'ARGENSON, Chevalier, Conseiller du Roy en ses Conseils, Maître des Requestes ordinaire de son Hostel, & Lieutenant General de Police de la Ville, Prevosté & Vicomté de Paris, le vingt-deuxiéme jour d'Aoust mil sept cens trois. Signé, DE VOYER D'ARGENSON. ROBERT. GAUDION, Greffier.

TITRE IV.

De la Police du Pain par rapport à la Santé.

DE tous les alimens le pain est le plus commun & le plus universel ; personne ne s'en passe, il entre dans tous nos repas, & souvent il est le seul soûtien de la vie du pauvre. Ainsi c'est avec beaucoup de raison que l'on s'interesse si fort à sa bonté aussi-bien qu'à son abondance. Le grand nombre d'ordonnances & de Réglemens qui ont prescrit dans tous les temps à ceux qui le façonnent & qui le debitent, l'ordre & la discipline qu'ils y doivent observer, & la severité des condamnations qui ont esté prononcées contre les prévaricateurs, font assez connoistre combien cette Police a toujours esté jugée importante au bien public ; mais ce n'est pas icy l'endroit de les rapporter, elles peuvent estre vûës dans le cinquiéme Livre de ce Traité au Chapitre des boulangers, où cette matiere est approfondie.

Il n'est donc question à present que de considerer le pain par rapport aux qualitez qu'il doit avoir pour estre utile à la santé ; il y en a trois principales & qui renferment toutes les autres. La premiere, que la farine soit de bon bled, qu'elle ne soit point aigre, échauffée & empuantie ou gâtée. La seconde, que la paste ait esté bien levée. Et la troisiéme qu'il soit cuit bien à propos.

Il est facile à chaque particulier de se précautionner contre le pain fait de mauvais bled, ou de mauvaise farine, ou qui seroit mal cuit ; le goust & la vûë découvrent assez l'un & l'autre de ces défauts ; il n'en est pas de même de la fermentation qui fait lever la paste, qui la subtilise & la rend plus legere ; car la plus mauvaise est quelquefois celle qui donne plus d'apparence de bonté au pain.

Autrefois il n'entroit dans la composition du pain que de l'eau, de la farine & du levain ; c'est-à-dire un peu de paste fermentée, qui communique sa qualité à l'autre, & la fait lever. Les Boulangers au commencement du dix-septiéme siecle inventerent une nouvelle façon de pain où il entre du lait & du sel, & qui est d'un goust plus délicieux que l'autre. La Reine Marie de Medicis s'en faisoit ordinairement servir à sa table, & cela le fit nommer Pain à la Reine ; ce mélange de lait & de sel rendant la paste plus pesante, le levain ordinaire n'avoit plus assez de force pour la faire lever, ils y ajoûterent de la levûre de bierre, ce qui rend le pain beaucoup plus leger & plus délicat.

Il y avoit plus de soixante ans que les Boulangers estoient dans cet usage lors qu'il plût au Roy en 1666. d'ordonner cette grande reforme, qui a depuis porté la Police de Paris à un si haut point de perfection. Le Magistrat, que Sa Majesté, par sa prudence & son juste discernement choisit dans ses Conseils l'année suivante, pour le charger de ce grand ouvrage, qui avoit pour objet le restablissement de l'ordre & du bien public dans la Capitale de ses Estats, crut qu'il estoit de son devoir de ne pas negliger cette partie si importante qui regarde la nourriture & la santé des Citoyens de toutes conditions. Il fit assembler chez luy plusieurs Medecins, & les consulta sur ce mélange de la levûre de biere dans le pain, & s'il ne pouvoit préjudicier à la santé. Ils délibererent en sa presence, & leurs avis furent partagez. Le Magistrat leur ordonna de traiter cette question à fonds dans leur Ecole ; ils y assemblerent tous les Docteurs de la Faculté, le 24. Mars 1668. & la levûre de biere dans la composition du pain y fut beaucoup agité ; il y en eut trente qui approuverent cet usage, & quarante-cinq qui furent d'avis contraire ; ainsi à la pluralité des voix l'usage de la levûre de biere dans le pain fut condamné comme préjudiciable à la santé.

Il y avoit en ce temps un Procés pendant au Parlement entre les Boulangers de petit pain, & les Cabaretiers : ceux-là prétendoient que ceux-cy ne pouvoient se servir de gros pain dans leurs cabarets pour le distribuer par morceaux aux buveurs, & se fondoient sur plusieurs anciens Réglemens qui l'ont ainsi ordonné. Les Cabaretiers soûtenoient au contraire que cela leur estoit libre. Les Boulangers de Gonesse & les autres Boulangers qui font le commerce de gros pain se trouvant interessez dans cette affaire, y donnerent leur Requeste d'intervention. Les uns & les autres ayant appris ce qui s'estoit passé dans la Faculté de Medecine contre la levûre que les Boulangers de petit pain employent, en firent l'un des moyens de leur cause, & prétendirent que le public estoit interessé à rejetter l'usage du petit pain qui nuit à la santé, & à favoriser le commerce du gros où il n'entre jamais de levûre ; cela donna lieu à un Arrest interlocutoire du 31. Aoust 1668. il porte, qu'avant faire droit, six Medecins & six anciens & notables Bourgeois qui furent nommez par « l'Arrest, seroient oüis par le Conseiller Rap- « porteur, & donneroient leur avis sur la com- « position du petit pain, & si la levûre que l'on « y fait entrer est nuisible au corps humain. Ces avis furent donnez pardevant Mr Dulaurent Conseiller de la Grand-Chambre le 31. Janvier 1669. voicy l'extrait de son Procés verbal qui les contient tous ; cela vient trop à nostre sujet, & il est trop curieux pour en priver le Public.

31. *Janvier*
1669. *Extr.*
du Procés
verbal de M.
Dulaurens ,
Confeiller au
Parlement ,
contenant les
avis des six
Medecins de
la Faculté ,
six Bourgeois
de Paris, tou-
chant la le-
vûre de bie-
re.

NOUS fouffignez Docteurs Regens de la Faculté de Medecine de Paris interpellez de déclarer quel eft noftre entiment touchant la levûre ou écume de biere que les Boulangers de Paris mettent dans leur pain depuis le commencement du fiecle courant ; eftimons que non feulement elle n'eft ny utile ny neceffaire pour faire du pain ; mais même que fi on la confidere tant en
foy que par fes effets, elle bleffe la fanté & eft préjudiciable au corps humain.

Pour faire du pain tres-bon & tres-fain, fi l'on en croit Hippocrate & Galien, & tous les
bons Medecins anciens & modernes, il ne faut que de la farine de bon blé, bien moulu & féparée de fon fon, fuffifante quantité de levain, & d'eau pure & nette, & fi l'on veut quelques grains
de fel dont on forme une pafte, laquelle doit eftre bien peftrie & broyée, affez levée, & enfin
mife au four chaud, & à tel degré, que toute la mie du pain foit bien & également cuitte, fans
que la croûte foit brûlée. Tous les Peuples qui habitent les cantons de l'Afie & de l'Europe où il
y a du vin, & où on ne boit point de biere ; & tous les Parifiens qui vivent de pain de Gonelle,
font trop convaincus de cette verité. Cela n'a pas toutefois empêché que les Boulangers de Paris defireux de gagner beaucoup pour chatoüiller le gouft des friands, ne fe foient avifez de
mettre du lait dans leur pain ; mais parce qu'il rendoit leur pafte pefante, trop tardive à lever, &
qu'ils eftoient trop long-temps à la peftrir, pour s'épargner cette peine, la faire lever & bouffir
promptement, faire plufieurs pains d'un petit morceau de cette pafte, & plufieurs cuittes de
pain en une nuit. Ils y ont meflé la levûre ou écume de biere, qui par fa chaleur & acreté née
de la pourriture de l'eau & de l'orge ou autres pires grains dont on fait la biere, rend à la verité
le pain tres-leger & poreux, mais ruine & déprave ce qu'il a de fuc doux bon & propre à nourir,
le rend de defriable qu'il devroit eftre, vifqueux & pâteux, & luy imprime tant d'aigreur & d'a-
mertume, qu'il communique aux boüillons dans lefquels on le met, qu'il devient infupportable
aux gouft quand il y a deux jours qu'il eft cuit, & qu'il fait corrompre le lait des malades ou
convalefcens à qui les Medecins le confeillent pour toute nourriture, & de manger dans chaque jour une ou deux fois un morceau de pain par deffus, & immediatement après leur lait. Car la
biere, dit *Cornelius Tacitus*, *de moribus Germanorum*, cette trifte boiffon faite de houblon, d'orge
ou de froment corrompu & d'eau gâtée, fouvent même tirée des mares, n'a pas efté plutoft inventée, qu'elle a efté condamnée par Diofcoride, Galien & les autres Medecins, & par les hommes les plus éclairez. Tous l'accufent de nuire à la tefte, aux nerfs, & aux parties membraneufes,
d'engendrer un tres-mauvais fuc, de caufer une yvreffe plus longue & plus fâcheufe que celle du
vin ; & tantoft la difficulté, tantoft la fuppreffion d'urine, quelquefois auffi la ladrerie. Quel bien
peut-on efperer, ou plutoft quel mal ne doit-on pas craindre de la part de fon écume mêlée avec
le pain ?

Dire, comme font ceux qui la défendent, qu'on n'a encore vû aucune perfonne qui foit
morte ou tombée fur le champ malade, pour avoir mangé de ce pain, n'eft pas un bon moyen
pour l'affranchir des blâmes dont on la charge. Il en eft comme de la pâtifferie, du bœuf ou genif-
ave avec la chaux & l'alun, des viandes dures falées, poivrées & épicées, & du vin où l'on jette de
la chaux, de la colle de poiffon, ou d'autres chofes de foy-même mauvaifes que les hommes qui
ont quelque foin de leur fanté évitent, quoique aucune de ces chofes ne faffe perdre ny la vie,
ny la fanté le jour même qu'on la prend.

On veut bien auffi avoüer à ceux qui aujourd'huy tâchent de donner quelque credit à l'écume
de biere, qu'on en a fait quelque ufage dans le fiecle de Pline. *Plinius* cap. 7. lib. 18. *Marina aqua*
fubigi , quod plerique maritimis in locis faciunt occafione lucrandi, falis inutiliffimum non alia de caufa oppor-
tuniora morbis corpora exiftunt. Gallia & Hifpaniæ frumento in potum refoluto quibus diximus generibus fpu-
ma ita concreta pro fermento utuntur. Et dans le fuivant où l'on bûvoit de la biere, parce qu'il n'y
avoit pas encore de vignes en France, pourvû qu'ils avoüent que nos François plus polis & mieux
inftruits ont avec raifon preferé le vin à la biere, & le pain fans levûre & écume à celuy dans lequel on en mettoit autrefois ; & quoy n'eft pas fans fujet que ci-devant la Faculté de Medecine
de Paris fur ce affemblée, en a fait le même jugement que nous. Signé, GUY. PATIN. N. BRAYER.
BLONDEL, & L. COURTOIS.

Nous fouffignez Docteurs Regens en la Faculté de Medecine de Paris affemblez en vertu de l'Arreft du 31. d'Aouft 1668. pour dire nos avis touchant la levûre de biere qui entre dans la confection du pain, fçavoir fi c'eft une chofe nuifible au corps humain, pardevant vous, Monfieur, Confeiller & Commiffaire en cette partie, après ferment par nous fait en tel cas requis & accoûtumé, & en prefence des notables Bourgeois nommez par ledit Arreft, que nous avons entendus
fur cette matiere : avons en équité de confcience, & après avoir mûrement examiné la chofe,
fuivant les regles de la Medecine, dit nos avis de la maniere qui fuit.

La levûre dont il s'agit eft l'écume qui monte fur la biere ; & cette écume n'eft rien autre chofe
qu'un mélange de l'eau avec la partie la plus fubtile du blé & de l'orge que l'on y fait boüillir,
qui eft une maniere de tirer du grain la farine la plus fubtile & plus déliée. Le levain commun que
l'on appelle franc n'eft point auffi compofé d'autre chofe que d'eau & de farine ; mais c'eft une farine beaucoup plus groffiere, ce qui fait qu'il eft moins prompt à fermenter la pâte dans laquelle il eft meflé : de forte que le levain franc & la levûre de biere ne different qu'en ce que la levûre eft plus fubtile & plus pénétrante ; c'eft-à-dire qu'elle a les qualitez qui font requifes au levain
en un degré plus éminent & plus parfait. Car la nature & l'effence du levain confifte dans la vertu
qu'il a par la tenuité de fes parties, d'incifer & de fubtilifer celles de la farine & de la pâte, qui
font trop groffieres afin de donner à la nourriture que nos corps tirent du pain les difpofitions qui
font neceffaires pour faire que chaque particulier qui fe nourit, puiffe choifir ce qui luy eft propre, & cela fe fait avec beaucoup plus de facilité lors que les parties de la nourriture font attenuées & incifées fi fubtilement. qu'il s'en fait dans l'eftomach une diffolution, & dans les vaiffeaux les plus étroits une diftribution, & enfin aux parties qui fe nourriffent une application plus
parfaite. Cette idée de la nature & de la fermentation en general de fon ufage dans la nourriture,

& la difference qu'il y a entre la levûre & le levain, qui ne confiste que dans la plus grande ou la moindre force de leur faculté fermentative, est conforme à l'opinion que tout le monde a sur ce sujet : on est seulement en different en ce que les uns loüent, les autres blâment la puissante acti-vité & la grande subtilité de la levûre ; & c'est-là le défaut le plus considerable que l'on luy ob-jecte, qui est la même chose que si l'on disoit que le sel, le vinaigre & le feu sont des choses nui-sibles & préjudiciables au corps humain lors qu'on les applique à la préparation des viandes, parce que ces choses ont la force de brûler & dessecher, de ronger & de détruire les corps les plus durs & les plus solides ; & en effet cela seroit vray si on ne faisoit pas distinction de ce qui est simplement viande & nourriture, & ce dont on ne se sert que pour préparer la nourriture, & en corriger par l'assaisonnement les vices, & les perfectionner. Car de même qu'il y a des choses dont toute la substance, ainsi que nous parlons, est contraire à nostre nature, & qui sont toujours nuisibles en quelque petite quantité qu'elles puissent estre prises ; tels que sont les septiques, comme l'arsenic, les chenilles de pin, & l'aconit ; il y en a aussi d'autres qui ne peuvent estre suspectes que par l'excés d'une quantité, qui de soy est innocente, & qu'il est aisé de réduire à une loüable mediocrité par le mélange de son contraire y apporte : car bien qu'il se puisse rencontrer quelques estomacs tellement affectez par la maladie ou par une dispo-sition particuliere, qu'ils ne puissent supporter la force de cette levûre quand elle est un peu en trop grande quantité, en sorte qu'elle leur cause une aigreur qui est capable de faire corrompre le lait qu'ils ont reçû. Ce mauvais effet en quelques particuliers ne doit point faire balancer en ge-neral une chose qui d'ailleurs a tant d'utilité, non plus que l'aigreur du jus de citron dont nous nous servons avec un si grand succés contre la pourriture des humeurs, n'a jamais esté condamnée comme une chose contraire au corps humain, sous pretexte qu'elle nuit à ceux dont on doit craindre de blesser la poîtrine par les secousses d'une violente toux que le picottement d'une aci-dité trop forte, pourroit exciter. Que s'il falloit retrancher de l'usage ordinaire tout ce qui peut estre nuisible, selon quelques circonstances particulieres, la gros, siereté & la pesanteur de la plû-part du pain de franc levain ; & l'aigreur qu'il a quelquefois assez forte & tout-à-fait malfaisante devroit pour cette même raison faire condamner le franc levain comme nuisible au corps humain.

La comparaison aussi que l'on fait du pain de levûre, avec le vin frelaté & sophistiqué par des ingrediens qui sont absolument contraires à nos corps, comme est la chaux, & dont on se sert pour déguiser & cacher les défauts du vin qui est gasté, n'est pas juste, puisqu'il est vray que la levûre de biere ne s'employe qu'au pain qui est fait de la pure fleur de la farine du meilleur blé ; & que d'ailleurs elle ne peut pas même estre soupçonnée d'avoir rien dans toute sa substance qui soit pernicieux comme la chaux ; mais on dit que sa grande subtilité luy fait faire la fermentation si promptement, qu'elle n'a pas le loisir de dissoudre la farine, & que cela rend le pain visqueux, en sorte qu'il fait une masse capable de charger l'estomac. On avoüe que ce pain a quelque espe-ce de viscosité ; mais on ne demeure pas d'accord que ce soit celle qui est capable de charger l'es-tomac, par la difficulté qu'il trouve à la dissoudre, & qui consiste, ainsi que parle Aristote, dans un enchainement presque indissoluble des parties qui composent le corps visqueux ; lesquel-les estant pesantes & froides ne se séparent pas aisément les unes des autres. Car il y a une autre espece de viscosité qui provient de la subtilité & de la tenuité des parties, qui les rend capables de se joindre facilement l'une à l'autre, lors que le mouvement qui les avoit separez vient à cesser, mais qui les dispose à se séparer avec la même facilité quand elles sont agitées par un pareil mouvement : tel est la viscosité du pain de levûre, dans lequel la puissante fermentation de l'esto-mac excite facilement un mouvement capable de dissoudre cette masse qui paroist gluante & te-nant sous les doigts, mais qu'il peut aisément diviser encore en renouvellant le mouvement que la fermentation de la levûre avoit déja commencé dans la pâte, & dont la diminution avoit oc-casionné la jonction des parties attenuées, qui avoit produit cette espece de viscosité ; de sorte qu'il n'y a point d'apparence de dire qu'une telle viscosité puisse causer de la pesanteur à l'estomac, puisqu'elle ne resiste point à la dissolution qui s'y doit faire.

Il y a cent choses, comme le sang, le lait, la semence, le vin, l'huile &c. dans lesquelles cette viscosité est l'une de leur coction & de leur perfection, parce qu'elle signifie qu'elles sont parve-nuës à cette terminaison d'humidité qu'Aristote y requiert, qui se fait par le melange des parties liquides avec les solides, qui ne se peut faire que celles-cy ne soient réduites à une par-faite dissolution, ce qui est évident dans la paste qui acquiert plus de viscosité plus elle est paistrie ; c'est-à-dire plus ses parties ont esté renduës subtiles par la division & le frottement & l'agitation produisent ; & quoique cette paste soit une masse qui paroist plus pesante, & qui semble estre quel-que chose de plus grossier que la farine dont elle est faite, il est pourtant vray qu'elle est compo-sée de parties plus attenuées & plus subtiles que ne sont celles de la farine ; ce qui doit faire com-prendre que la grossiereté qui fait de la peine à l'estomac, & qui le charge, n'est point celle qui se voit avec les yeux, & qui paroist au toucher.

On ne peut donc pas dire que cette viscosité dont il s'agit doive faire croire que la fermenta-tion soit faite à la haste, puisqu'elle doit estre considerée comme l'effet de la plus parfaite fermen-tation, & de la plus excellente préparation que le levain puisse donner à la paste pour faire de bon pain. Car il n'y a point de tems present que la fermentation en general, non plus que pour la coction, ny pour la maturation, qui sont des actions qui se font differemment, selon la nature de chaque chose, & qui ne doivent pas toujours estre estimées moins accomplies pour estre plus prom-ptes. On sçait que le meilleur vin n'est pas celuy qui est long-tems à se faire & à boüillir dedans la cuve ; que les legumes qui sont le plutost cuites, le sont parfaitement ; que les laituës, qui de tous les herbages sont ceux qui donnent la meilleure nourriture, sont aussi ceux qui le-vent, qui croissent & qui sont plutost en leur perfection : que les poissons qui sont des animaux qui vivent fort long-tems & avec beaucoup de santé, cuisent la nourriture dans leur estomac avec une telle promptitude & si puissamment, qu'on leur voit dissoudre presque en un moment jus-qu'aux écailles & aux arrestes des autres poissons qu'ils mangent. La levûre de biere est de cette nature, & elle pénètre en fort peu de temps & separe toutes les parties de la farine, n'estant que

comme

comme une essence subtile & spiritueuse ; au contraire du franc levain, qui parce qu'il contient quantité de parties grossieres, il fermente non seulement avec beaucoup de lenteur, mais foible-ment & imparfaitement, & tous ceux qui ont la moindre pratique de la cuisson, ainsi que l'on appelle, sçavent que le meilleur pain qui se fasse avec le franc levain, est celuy qui a esté levé plus promptement.

Mais la marque même la plus certaine, selon nostre avis, que la fermentation imparfaite du levain franc, est ce defaut de viscosité dans le pain qui en est fait qui le rend friable, aisé à semier, & prompt à secher ; car cela luy arrive, parce que les parties mal fermentées ne pouvant se joindre à raison de leur grossiereté, que par le moyen de l'eau qui s'évapore aisément, ce lien ne les tient pas long-temps jointes ensemble ; au lieu que par la parfaite fermentation de la le-veure, ayant rendu les parties de pain fort subtiles, & capables de se joindre par elles-mêmes sans aucun moyen estranger, elles se maintiennent plus long-temps en cet estat ; ce qui fait que le pain de leveure gardé & rassis, ne perd point cette onctuosité qu'il a, & qui est proprement la graisse du froment, & comme une humidité radicale qui a une grande ressemblance avec celle des corps vivans, qui n'est pas sujette à se dessecher aisément.

Ces raisons, qui à la verité pourroient paroistre un peu bien subtiles, pour ne pas dire lege-res, à ceux qui ne voudroient pas se donner la peine de les examiner, ou qui n'ont pas accoustu-mé d'exercer leurs esprits dans ces speculations abstraites, sont neanmoins à ce qui nous semble, celles que la Cour requiert de nous : Car il n'est pas difficile de resoudre les autres difficultez que l'on peut proposer, comme de dire que la leveure est l'écume, & par consequent la saleté de la biere, qui est un breuvage mal sain, qu'elle est sujete à corruption, parce qu'il s'y engendre des vers, qu'elle donne quelquefois au pain une grande amertume, que l'on y mesle des drogues pernicieuses, comme l'arsenic, ou du moins qui sont soubçonnées d'estre mauvaises, comme le houblon, & qu'elle est une invention nouvelle introduite par l'avarice des Boulangers.

Tout le monde sçait que l'écume n'est pas toujours la saleté des choses qui en jettent, & que les liqueurs les plus épurées, comme le vin & le lait, quand elles ont quelque viscosité, ne peuvent estre agitées que les parties qui ont esté renduës subtiles par le mouvement, n'enflent & ne fassent élever celles qui la viscosité enferme & retient, qui est produit l'écume ; & en effet, celle dont la leveure est faite, ne se prend que de la biere qui est épurée.

Personne n'ignore aussi que ce qui rend le breuvage de la biere moins sain, est ou la trop grande chaleur, ou la grossiereté qu'elle a, selon qu'elle est differemment preparée ; car si elle est beau-coup fermentée, elle acquiert une tenuité de parties qui échauffe tout le corps, & qui blesse les nerfs & le cerveau, de même que les vins qui sont piquans & violens, que l'on appelle corrosifs, & si elle n'est assez fermentée, elle a une pesanteur & des parties grossieres qui causent des obstructions, & enyvrent plus long-temps que le vin : mais il est évident que les vices de la biere ne peuvent estre nuisibles dans sa leveure, dont l'usage est tel que sa tenuité ne peut interesser aucunement la santé, comme il a esté dit, & sa grossiereté encore moins, puisque la leveure ne peut estre accusée que d'estre trop subtile.

Pour ce qui est des vers qui s'y engendrent, on sçait assez qu'ils ne signifient pas la même cor-ruption dans la biere, que dans les autres choses qui d'ordinaire ne produisent point de vers, que toute leur masse ne soit également disposée à la corruption, au lieu que la leveure, ainsi que la plûpart des choses acides, a cela de particulier, que s'il s'y engendre des vers de quelques parties qui se gastent, le reste demeure exempt de corruption, comme il se voit aux grenades aigres & aux citrons, dont l'écorce se pourrit, sans que le jus soit en aucune façon alteré, ce qui n'arrive pas aux fruits qui n'ont point d'acidité.

L'amertume que le pain de leveure a quelquefois, ne sçauroit aussi témoigner autre chose, sinon que la leveure que l'on y a employée, est mal conditionnée, telle qu'est celle qui a esté long-temps gardée, parce que le temps qui luy fait perdre sa vertu fermentative, ne diminue rien de l'amertume que le houblon luy a donnée, d'autant que cette vertu fermentative qui consiste dans la subtilité de la leveure, s'envole & se dissipe bien-tost, & que l'amertume qui est fondée sur ce qu'elle a de terrestre, est une chose fixe & nullement volente ; de sorte qu'il est évident, que cette amertume vient de ce que les Boulangers estans obligez de mettre beaucoup de cette leveure éventée, à cause qu'elle a perdu presque toute sa force fermentative, ils ne sçauroient empêcher qu'il n'y ait beaucoup d'amertume, parce que celle que le houblon avoit donnée à cette grande quantité de leveure, y demeure toute, & n'a point esté dissipée : mais quand même cette amertu-me proviendroit d'une corruption qui arriveroit d'une leveure éventée, cela ne devroit point ren-dre suspect en general non plus que toutes les autres choses excellentes, qui en se corrompant, sont sujettes à acquerir de l'amertume, & d'autres mauvaises qualitez dont il n'est pas mal aisé de se donner de garde.

Le bruit que la biere a d'estre faite avec de l'arsenic, n'est fondé que sur un équivoque de la Langue Flamande, dans laquelle *Ratten Bruick* signifie toute ensemble la nourriture & le poison des rats ; c'est-à-dire, le grain dont on fait la biere, que les rats aiment, & l'arsenic qui les tue. Le houblon aussi n'est point une plante mal faisante, au contraire tous les Medecins le loüent de la vertu qu'il a de purifier le sang, & d'oster les obstructions ; c'est pourquoy il a esté ajousté dans la biere pour corriger les vices dont on accusoit celle des Anciens, qui estoit differente de la nostre, parce qu'elle estoit sans houblon.

Enfin il ne nous appartient point d'examiner si c'est l'avarice qui a porté les Boulangers à em-ployer cette leveure comme un moyen de faire leur pain plus promptement, & par consequent diminuer la dépense qu'ils font à entretenir des serviteurs, & à chauffer leurs fours, que la longue fermentation de l'autre levain laisse refroidir, ny à raisonner sur les autres interests du Public, à qui il n'importe, pour avoir les choses à meilleur marché, qu'elles reviennent à moins à ceux qui les vendent.

Nous considerons seulement cette invention de rendre le pain si agreable & si leger, de quelque part qu'il vienne, comme un des plus beaux secrets & des plus utiles à la vie, à l'exemple d'Hypo-

Tome I.   B b b b ij   crate

crate qui loüe extrémement ceux qui les premiers ont fait quitter aux hommes les vivres que la nature seule leur avoit preparez comme aux bestes, & qui à l'aide de l'art, ont adouci cette premiere maniere de vivre qu'il appelle brutale.

La legereté, la delicatesse & la douceur du pain de leveure, peut à la verité l'avoir rendu d'abord recommandable, mais il est impossible qu'il soit si generalement en usage, qu'il n'ait une bonté solide, veritable, & autre que celle des ragousts, qui a toujours esté suspecte avec raison, & que toute l'Angleterre, les Pays-Bas, & generalement dans tout le Septentrion, où on ne se sert point d'autre levain, on n'ait pas examiné une chose de cette importance ; que toutes les Communautez de Paris qui ne mangent point d'autre pain, ny les Princes à qui on en sert tous les jours, n'ayent point esté avertis de la malignité que l'on pretend estre cachée dans cette sorte de nourriture, & que les Medecins du Roy qui ont apporté tant de preéaution pour le choix du vin de la bouche de Sa Majesté, n'en n'ayent point eu pour son pain, s'il est vray qu'il ait quelque chose qui le doive rendre suspect.

Car de dire que c'est une invention nouvelle, & que l'on n'a pas eu le temps de l'examiner depuis seize cens ans, il n'y a point d'apparence. Pline témoigne que de son temps elle n'estoit pas nouvelle, quand il dit au septiéme Chapitre de son dix-huitiéme Livre, que la decoction du bled estoit en usage en Espagne & dans les Gaules ; & il ajouste, *spuma ita concreta pro fermento utuntur, ea de causa savior illis quàm cæteris panis*, & il n'est pas croyable qu'une chose dont on fait l'experience aussi souvent que tous les jours, & sur des sujets en aussi grand nombre qu'est celuy des Peuples, de plus de la moitié de ce qu'il y a au monde de gens capables de profiter des experiences, pust estre contraire à la santé, sans que l'on s'en fust apperçu pendant tant de siecles, que l'estomach des malades & des convalescens qui en mangent tous les jours en eust esté offensé ; & enfin qu'aprés tant d'experience, on ne luy pust raisonnablement reprocher autre chose sinon qu'il est trop leger, & qu'il ne soustient pas les forces des personnes de travail, comme fait le pain grossier & plus materiel, que quand il est gardé, il perd aisément sa bonté ; de même que le vin s'évente & perd plutost sa force plus il est délicat.

Car il ne faut point alleguer qu'il est croyable que l'experience a fait connoistre quelque chose de nuisible dans cette leveure, puisque la Faculté de Medecine de Paris l'a condamnée par son Decret du vingt-quatriéme Mars de la presente année, dautant qu'en la confection de ce Decret, le nombre des Docteurs qui ont témoigné que la leveure leur estoit suspecte, n'a surpassé le nombre de ceux qui estoient de contraire avis, que de tres-peu de voix ; & ce Decret s'est fait en une assemblée qui avoit esté convoquée pour d'autres affaires ; ce qui fait qu'il ne sçauroit passer pour authentique, y ayant beaucoup de Docteurs qui estoient absens, qui sont d'avis contraire au Decret, & même quelques-uns de ceux qui y ont assisté ont changé d'avis, aprés avoir esté plus pleinement informez.

Pour ce qui est de nous, nous declarons qu'aprés avoir apporté toute la diligence que nous avons crû estre necessaire pour tout ce qui appartient à la leveure qu'on met dans le petit pain qui se fait à Paris ; nous perseverons dans nostre premier avis, qui est que cette leveure n'a rien qui puisse estre nuisible au corps humain, estant bien conditionnée, meslée avec d'autre levain & en aussi petite quantité qu'on a accoustumé de l'y mettre, qui ne va pas à la pesanteur de quatre grains pour chaque pain, à condition que l'usage de ce pain de même que celuy qui se fait de levain franc, soit reglé selon les Loix de la Medecine, sans lesquelles il n'y a rien qui ne soit nuisible. Signé, PERAULT & RAINSANT.

ROBERT BALLARD Bourgeois de Paris, &c. Aprés avoir entendu les Medecins à qui seul il semble appartient la décision de cette affaire, dit qu'il croit que si les Boulangers pouvoient ou vouloient faire du pain sans leveure, il seroit bien meilleur & plus sain ; la leveure venant d'un mauvais principe qui est la biere, & qui ne se peut faire qu'avec orge ou bled germé & corrompu, mais comme ils ne s'en veulent pas donner la peine, ainsi qu'il se pratique en Provence, Anjou, Touraine & Poitou, & qu'ils trouvent une facilité à faire du pain leger, à cause de la leveure qu'ils y mettent où il entre fort peu de paste, & ne laissent d'en tirer un bon prix ; ils ne s'en dispensent que par l'ordre du Juge de Police, qui leur enjoint d'avoir en leur Boutique du pain de Chapitre, où il entre le double de paste, & ne le vendent pas davantage, dont ils font fort peu pour la vente, n'y trouvant pas leur compte comme au pain avec leveure. Neanmoins la plus grande partie de ceux qui mangent du pain avec leveure ne s'en trouvent point incommodez, & l'aimant mieux à cause qu'il ne charge pas l'estomach, & qu'ils en ont journellement de tendre, ce qu'ils ne peuvent à l'égard du pain de Gonesse, qui ne vient que deux fois la semaine, & qui seroit souhaité de plusieurs personnes qui n'en voudroient point d'autre. Il semble qu'il vaut mieux en laisser l'usage & la liberté d'en mettre és petits pains, pourvû qu'il en usent bien, & n'en mettent que fort peu, la quantité le rendant amer. Signé, BALLARD.

JEAN ROUSSEAU Bourgeois de Paris, &c. A dit qu'il s'est informé de quelques Boulangers de petits pains, de combien de sorte de paste ils employent en la composition de leur pain, lesquels luy ont dit qu'ils n'en font que de trois sortes ; sçavoir, celle pour le pain bis blanc, celle pour le pain de Chapitre, qui ne sont l'une & l'autre levées que de franc levain, & celle pour le pain mollet, dont ils forment le pain de la Reine, de Montoron & de Sigovie, qui ne different l'un de l'autre que de nom, de forme, & de grandeur, laquelle paste est pestrie avec lait & sel, & levée de franc levain & leveure de biere ensemble ; que la raison pour laquelle ils joignent la leveure de biere au franc levain en la composition de cette paste, est que le lait & le sel estant naturellement pesans, la paste qui en est composée ne leveroit assez tost, s'ils ne joignoient la leveure au franc levain ; & sur ce que les Hosteliers & Cabaretiers luy ont fait entendre que les Brasseurs de cette Ville ne brassoient leur biere que deux fois l'année, en Mars & en Septembre, & que la vieille leveure se corrompoit facilement, & rendoit le pain où elle entroit mal sain ; s'estre enquis de plusieurs Brasseurs combien de fois l'année, & en quels temps ils brassoient leur biere ; lesquels luy ont assuré, affeuré qu'ils braffoient tout le long de l'année, une ou deux fois la femaine felon le debit qu'ils en avoient ; & enfuite ayant efté invité de fe trouver au logis du fieur Brayer Docteur en Medecine l'un des fix nommez par ledit Arreft, qui s'y affemblerent pour conferer enfemble aux fins dudit Arreft, où ledit Rouffeau fe rendit d'autant plus volontiers, qu'il s'agiffoit de la fanté de tous les Habitans de la Ville de Paris ; que les fieurs Medecins qui devoient compofer cette Affemblée, eftant fans doute des plus illuftres & plus confommez de toute la Faculté en cette fcience, il auroit moyen par leurs raifonnemens, de former un avis qui feroit utile au Public. En effet, lefdits fieurs rapporterent plufieurs exemples pour & contre l'ufage de la leveure de biere, & la compofition du pain, & formerent entr'eux trois differens avis, les uns fouftenans qu'elle eftoit nuifible, & qu'il en falloit fupprimer l'ufage, les autres au contraire qu'elle pouvoit eftre permife fans aucun prejudice de la fanté à ceux qui mangeroient du pain de cette compofition ; & quelques autres, qu'on le pouvoit feulement défendre aux malades. Cette diverfité d'opinions luy donna la penfée que cette queftion pouvoit eftre problematique, puifque les plus celebres Medecins de Paris ne convenoient point entr'eux fur cette matiere, & qu'il pouvoit d'autant plus librement en dire fes fentimens, felon l'experience qu'il en a par le long-temps qu'il y a, qu'il n'ufe pour fa nourriture, que de pain mollet petri & compofé de lait, de fel, de levain, & leveure de biere ; & pour ce que quelques-uns defdits fieurs pour prouver que la leveure du pain mollet eftoit nuifible au corps humain, rapporta l'exemple de quelques malades, aufquels ayant ordonné le lait, furent obligez de le quitter quelque temps aprés, à caufe qu'ils mangeoient ordinairement de cette forte de pain mollet, qui faifoit en peu de jour aigrir le lait fur leur eftomach. Quelques-uns des fix Bourgeois qui fe trouverent en cette conference, proposerent d'en faire quelque épreuve chacun en particulier, en mettant du lait & du pain mollet enfemble en un plat fur un réchaut, avec du feu deffous, par l'efpace d'une bonne demie heure, pour donner temps au pain de s'im-biber, & au lait de penetrer le pain, & le faire participer du gouft & qualité d'iceluy, renouvel-lant à cet effet le feu de temps à autre pour échauffer le lait autant qu'il fe pourroit fans boüillir ; ce que ledit Rouffeau auroit fait chez luy particulierement ; & aprés en ayant goufté & fait goufter de ce lait tout chaud, dans lequel le pain eftoit quafi reduit en boulie, à fix perfonnes diffe-rentes ; il fe feroit trouvé au gouft de tous auffi bon que quand on le tire du pis de la vache, fans fe reffentir aucunement du pain mollet qui eftoit dedans, ce qui luy fait conjecturer que cette aigreur de lait fur l'eftomach du malade, pouvoit auffi-toft eftre arrivée de fa mauvaife conftitu-tion, que de l'effet de la leveure. Ledit Rouffeau eftime pourtant que le pain qui n'eft compofé que de franc levain, pourroit eftre plus fain, pourvû que le levain fut nouveau fait, & que le pain foit mieux façonné & mieux manié, que celuy de Chapitre, dans lequel fe trouve fouvent des grumeaux de farine toute cruë, faute de manier la pafte fuffifamment ; mais eftime auffi que celuy en la compofition duquel il entre de la leveure de biere, ne peut eftre fi nuifible que l'on en doive défendre l'ufage ; puifque l'experience fait connoître que ceux qui n'ufent point d'autre pain, ne s'en trouvent point incommodez, & qu'il eft certain que dans les Païs-Bas, l'Angleterre l'Ecoffe, & autres Païs Septentrionaux, il s'en mange fort peu, ou point du tout, qui ne foit compofé de leveure, fans que ces Nations en reffentent de l'incommodité, & que dans Paris il y a plufieurs perfonnes âgées qui ne peuvent digerer aifément le pain de Chapitre & de Goneffe, qu'ils trouvent trop pefans, principalement celuy de Chapitre, & qui ufent plus volontiers du pain mollet qu'ils fentent plus leger & plus benin à leur eftomach. C'eft pourquoy à fon avis, il peut eftre permis aux Boulangers de petit pain de cette Ville & Fauxbourgs de Paris, d'employer de la leveure de biere & franc levain conjointement en la compofition de leur pain mollet qu'ils petrif-fent avec lait & fel, & non en d'autres ; fauf à la Cour d'en ordonner autrement, ainfi qu'elle le ju-gera pour le mieux. Signé, ROUSSEAU.

ANDRE' LE VIEUX Directeur de l'Hoftel-Dieu, & de l'Hôpital General dit, qu'il n'efti-me pas que la leveure puiffe donner aucune alteration à la fanté de ceux qui en peuvent manger, & ce feroit priver le Public d'une douceur, pour le gouft de laquelle il y a long-temps qu'il joüit par la leveure mife dans le pain, l'experience nous ayant fait connoître jufqu'à aujourd'huy, que la leveure ne peut eftre nuifible, puifque tous les Medecins en mangent, & que la plûpart des gens de condition en ufent auffi, fans qu'on aye oüi dire qu'aucun en ait efté malade ; les effets de la biere eftant de rafraichir & d'engraiffer, je n'eftime pas que cette leveure puiffe avoir aucun vice; il eft bien vray que fi ce qui a efté avancé par les Hofteliers & Cabaretiers eftoit veritable, fçavoir que les Braffeurs de cette Ville ne braffent leur biere que deux fois l'année ; il eft conftant que la leveure eftant vieille elle fe corromproit facilement, & rendroit le pain mal fain, & en ce cas il ne s'en faudroit pas fervir ; mais ayant fçû des Braffeurs mêmes qu'ils braffoient toutes les femaines deux ou trois fois, cela me fortifie d'autant plus dans mon premier fentiment, que l'on en peut ufer fans aucun danger, & que nous voyons dans tous les Païs-Bas & l'Angleterre que les Peuples fe trouvent fort bien de l'ufage de la leveure, me foumettant neanmoins à ce qui a efté dit par ceux qui font plus éclairez que moy. Signé, LE VIEUX.

CHARLES LE BRUN Marchand, Bourgeois de Paris. Son avis eft que l'on interdife l'u-fage de la leveure, pourtant avec la foumiffion qu'il fait à la Cour d'en ufer avec fa prudence or-dinaire, laquelle remarquera que le differend d'entre les Parties ne provient que de ce que les Boulangers ont voulu empêcher aux Hofteliers, Cabaretiers, Taverniers de vendre du pain de Goneffe à leur ordinaire, quoique de tout temps ils en ayent vendu, les Hofteliers, Cabaretiers & Taverniers ont crû n'avoir point de meilleur défenfe, que de dire que la compofition du petit pain fait avec leveure de biere, eftoit nuifible au corps humain. Signé, LE BRUN.

ANTOINE VITRE', Imprimeur Ordinaire du Roy, & du Clergé de France, Ancien Conful âgé de quatre-vingt-un an, aprés ferment par luy fait, a dit, que les Medecins ayant efté affemblez chez Monfieur Brayer, luy depofant, leur auroit oüi dire une infinité de belles chofes fur le fujet de cette leveure, alleguans beaucoup de paffages des plus celebres Auteurs de la Medecine Grecs & Latins, & d'autres Auteurs encore tres-anciens, que ces Meffieurs ont dit en avoir parlé, ou de chofes approchantes ; qu'enfin quatre d'entr'eux furent d'avis qu'il falloit abfolument défendre aux Boulangers de fe fervir de cette leveure : que les deux autres aprés avoir dit auffi une infinité de chofes tres-belles & tres-curieufes, & cité de même beaucoup d'Auteurs Grecs & Latins, ont conclu qu'on n'en devoit point défendre l'ufage. Le Depofant a dit qu'il ne fçauroit diffimuler qu'il fût furpris d'entendre des avis fi oppofez de perfonnes d'auffi grand fçavoir, & capables que le font ces Meffieurs, que la Cour a choifi tous Docteurs de la plus celebre Faculté du monde, & en une affaire de la derniere importance, puifqu'il s'agit de la fanté des Habitans de la Ville de Paris. Qu'il a confideré que la Faculté de Medecine toute entiere, ayant déja n'agueres deliberé fur cette queftion, fuivant l'ordre de Monfieur le Lieutenant de Police ; il y fût arrefté qu'on défendroit aux Boulangers de ne fe plus fervir de leveure, mais qu'il a fçû de bonne part que la chofe n'y paffa pas tout d'une voix, comme elle y eût fans doute dû paffer, fi elle eût efté auffi préjudiciable à la fanté, que ceux qui furent contre la leveure l'avoient dit en opinant : au contraire que le nombre de ceux qui furent d'avis que les Boulangers s'en pouvoient fervir fût prefque égal aux autres, puifqu'il y en eut trente contre quarante-cinq : il ajoûte qu'il ne fçauroit fe perfuader, que fi Meffieurs de la Faculté de Medecine euffent reconnu que cette façon de faire lever la pafte eût efté fi préjudiciable à la fanté, ils n'euffent pas attendu que le Magiftrat de Police leur eût ordonné d'en parler, & n'euffent fans doute pas permis fans doute que tant de perfonnes de grande qualité, qui dépofent leur fanté entre leurs mains, & de qui même ils ont des appointemens pour cela, euffent fi long-temps mangé de ce pain, le voyant tous les jours fervir fur leurs tables, autrement ç'eût efté une condefcendance criminelle ; ce qui ne tombera jamais dans l'efprit d'une perfonne raifonnable, fi l'on confidere outre cela que leur intereft s'y trouve meflé ; qu'ayant vû & oüi tout ce qui s'eft pû dire pour & contre cette leveure ; il a crû que la chofe tout au plus ne pouvoit eftre que problematique, & qu'il pouvoit bien au moins dire librement ce qu'il en penfoit, fans craindre qu'on le pût accufer de temerité, puifqu'il ne prétendoit pas en parler comme Docteur, mais feulement comme un fimple Bourgeois, felon que fon honneur & fa confcience le luy pouvoient dicter. Il a donc dit qu'il a toûjours vû & fçu la jeuneffe du pain mollet chez tous les Boulangers de petit pain ; que depuis que la Reine Mere Marie de Medecis vint en France, ils y commencerent de cuire de cette maniere une forte de petit pain, qu'on appelle encore aujourd'huy du pain à la Reyne, qui ne fe fait qu'avec la leveure, dans toutes les grandes tables, il ne fe mange que de ce pain leger qui ne s'eft jamais fait qu'avec la leveure ; que les plus confiderables communautez de Paris n'en mangent point d'autre ; que les Peres Jefuites de faint Louis, ceux du College de Clermont, & ceux du Noviciat fe fervent de leveure ; que les Peres de l'Oratoire de la rüe faint Honoré, & ceux de faint Magloire en ufent, ceux de Cluny de même ; qu'il eft vray qu'à l'Inftitut depuis la mort de Monfieur le Conte qui eftoit leur Medecin, en ayant pris un autre qui eftoit veritablement du nombre de ceux qui la condamnent, il leur a perfuadé de ne s'en plus fervir, mais que ce n'eft qu'environ depuis un an ; les Peres de la Doctrine-Chreftienne s'en font toûjours fervi, jufques il y a peu de temps qu'ils fe font avifez de faire du pain Bourgeois, c'eft-à-dire, qu'ils mettent tout dans le pain, excepté le gros fon, comme font les ménages qui cuifent eux-mêmes leur pain. Il a ajoûté qu'il y a des Villes entieres en France, où tout le pain qui s'y mange eft fait avec la leveure ; qu'à faint Malo entre autres on en porte vendre par la Ville dans des boëtes, comme on vend icy la mouftarde, qu'on l'y expofe dans les Marchez ; & neanmoins ceux qui y ont efté, fçavent que les Habitans y vivent auffi long-temps pour le moins qu'en pas une autre Ville du Royaume. Qu'enfin aprés avoir confideré le grand nombre de fçavans Medecins de la Faculté, qui font d'avis qu'on fe peut fervir de cette leveure : Que l'autre plus grand nombre l'a foufferte à fon vû & à fon fçu, fans avoir jamais défendu à ceux qui leur ont remis les foins de leur fanté d'en manger, & qu'il les a vû fouvent en manger eux-mêmes à leur table : Que luy qui dépofe à quatre-vingt-un, n'en ayant guere mangé d'autre ; il eft d'avis que fous le bon plaifir de la Cour, les Boulangers puiffent à leur ordinaire fe fervir de franc levain & de leveure de biere enfemble pour faire du pain ; à la charge de ne fe pas fervir de leveure qu'on apporte icy de Flandres & de Picardie, parce qu'il eft difficile, & on peut même dire qu'il eft impoffible de garder cette écume fi long-temps, fans qu'elle fe chanfiffe & qu'elle s'aigriffe, & c'eft tres-fouvent ce qui caufe l'amertume qu'on fent en mangeant de ces chanteaux qu'on appelle coufins. Qu'il eftime que la Cour pourroit mander les Jurez Boulangers & les Jurez Patiffiers, pour leur défendre fur de grandes peines d'employer de cette vieille leveure qu'on apporte icy de Picardie & de Flandre, mais feulement de fe fervir de celle qui fort de la biere qui fe braffe toute l'année, avec laquelle ils continueront de mettre du franc levain. Le Dépofant a encore ajoûté, que fi le levain que les Boulangers font de leur pafte à leur ordinaire n'eft frais, & qu'ils le laiffent vieillir plus qu'il ne faut fans le rafraîchir, il fe corrompt de telle forte, qu'il eft impoffible d'en fouffrir la fenteur, qui eft beaucoup plus aigre & plus puante, que n'eft celle de biere quelque corrompuë qu'elle foit, & que c'eft peut-eftre pour cette raifon-là que S. Paul écrivant aux Corinthiens s'eft fervi de la comparaifon du levain, quand il leur dit, qu'un peu de levain corrompt toute une groffe maffe de pate, & qu'il les exhorte fur-tout qu'il leur plaira. Signé, ANTOINE VITRE'.

GUY POCQUELIN, Marchand Drapier, Bourgeois de Paris, dit que la queftion fur la leveure eft d'autant plus importante, qu'il s'agit de la fanté d'une infinite d'Habitans de la plus grande Ville du monde ; qu'il a fçû les convocations cy-devant faites fur ce fujet par Monfieur le Lieutenant de Police, où fe font trouvez les plus fameux Medecins, & autres perfonnes fort éclairées dans l'ufage du monde, par lefquelles cette queftion a efté décidée. Que fans doute tant de fi celebres Medecins fe croiroient d'autant plus coupables de condefcendance criminelle, s'ils

avoient

avoient jufqu'à prefent fouffert cet ufage. Qu'il n'eft auffi à croire que tant de perfonnes de qualité qui confient leur fanté entre leurs mains, euffent jufqu'à prefent voulu fouffrir leur eftre fervi de ces pains, s'ils avoient jugé quils euffent efté préjudiciables à leur fanté. Cela ne peut tomber en l'efprit du moindre fens commun: il ajoufte à cela, que dans la plufpart des Communautez de Paris, Religieux & Religieufes, il entre de la levûre dans le pain qu'ils mangent, lequel eft beaucoup plus leger & charge bien moins l'eftomac que le pain avec du levain feul, qui eft plus nourriffant & plus convenable pour des perfonnes qui travaillent beaucoup du corps. Dit deplus, qu'ayant voyagé en plufieurs Pays étrangers, il a reconnu que les Boulangers fe fervent de levûre avec levain, pourvû que l'un & l'autre foit frais & non gardé; c'eft pourquoy il eft d'avis, fous le bon plaifir de la Cour, que les Boulangers puiffent à leur ordinaire fe fervir de franc-levain frais, & de la leveure de biere enfemble, pour faire leurs pains, à la charge par eux d'en u er avec moderation; & qu'ils ne fe ferviront d'aucun levain, & levûre étrangere, ainfi qu'il s'en apporte de Picardie, mais de celle de Paris feulement. Dit en outre qu'il trouveroit à propos que Monfieur le Lieutenant de Police fift affembler chez luy les Boulangers & Patiffiers, & qu'ils fiffent ferment de n'ufer plus deformais d'autres levains ou leveures, que de celles de Paris & des Fauxbourgs; & que les Boulangers y réfoudront la quantité de levain & de leveure qu'ils employeront, le tout fous les peines qu'il plaira à la Cour ordonner; ce qu'il certifie avoir écrit & figné. *Signé*, POCQUELIN. *Et plus bas*, R. DU LAURENT.

26. Juillet.
Avis du Lieutenant General de Police & du Proc. du Roy.

VEU par Nous Gabriel Nicolas de la Reynie, Confeiller du Roy en fes Confeils d'Eftat & Privé, Maiftre des Requeftes ordinaire de fon Hoftel, & Lieutenant de Police de la Ville, Prevofté & Vicomté de Paris, & Jean Armand de Riants, auffi Confeiller du Roy en fes Confeils, & fon Procureur au Chaftelet de Paris, l'Arreft de la Cour de Parlement donné entre François Thuilleant, Henry Darras, Jean Guichard & Confors, Hoftelliers, Cabaretiers & Taverniers de cette Ville & Fauxbourgs de Paris, & les Jurez des Communautez des Maiftres Chaircuitiers de ladite Ville de Paris: Et encore entre Gilles Pellé & Jacques Barbier Syndics des Boulangers de Goneffe; Hoftelliers, Taverniers & Cabaretiers de ladite Ville, le trentiéme Aouft mil fix cens foixante-huit; par lequel la Cour avant que faire droit fur les demandes & conteftations des Parties, auroit ordonné que Maiftres François Blondel, Guy Patin, Nicolas Brayer, Paul Courtois, Claude Perault &   Rainffant Medecins; & Antoine Vitray, André le Vieux, Robert Ballard, Claude Prevoft & Jean Rouffeau Bourgeois de Paris, feroient oüis pardevant le Confeiller rapporteur dudit Arreft, & donneroient leur avis fur la compofition du petit pain, & fi la levûre qui y entre eftoit nuifible au corps humain; lequel avis, enfemble les conteftations des Parties Nous feroient communiquez pour donner pareillement nos avis fur le tout. Autre Arreft de ladite Cour du vingt-cinquiéme Janvier 1669. par lequel elle auroit nommé d'office, au lieu dudit Prevoft qui feroit decedé, la perfonne de Guy Pocquelin, pour conjointement avec les autres Bourgeois nomméz d'Office par lefdits Arrefts, donner avis au defir d'iceluy. Le Procés verbal de Monfieur du Laurens Confeiller en ladite Cour, du trente-uniéme dudit mois & jours fuivans, contenant les rapports & avis rendus par lefdits Medecins & Bourgeois, les conteftations des Parties, fur lefquelles eft intervenu ledit Arreft du 31. Aouft 1668. La Requefte prefentée au Parlement par les Hoftelliers, Taverniers & Cabaretiers de cette Ville & Fauxbourgs de Paris, à ce qu'il pluft à la Cour, en procedant au jugement de l'Inftance, & entherinant l'avis defdits Medecins & notables Bourgeois, ordonner, que fuivant le Réglement du Roy Charles IX. & l'Arreft de 1623. lefdits Hoftelliers, Taverniers & Cabaretiers auroient pleine & entiere liberté d'acheter du pain des Boulangers Forains, c'eft-à-dire des Boulangers de Goneffe & Villages circonvoifins, & de debiter à leurs Hoftes, felon leur volonté; & parce que les Boulangers de Paris ne pourroient fe contenir dans leur devoir lors qu'ils iroient à la vifite: afin d'éviter de nouveaux Procés, que par tel Commiffaire ou autres perfonnes qu'il plairoit à la Cour de nommer, ladite vifite feroit faite pour fçavoir fi ledit pain de Goneffe eftoit du prix de l'Ordonnance; à peine par les Boulangers de Paris, en cas de contravention, de mil livres d'amende, & de tous dépens, dommages & interefts: & la Requefte à Nous prefentée par lefdits Hoftelliers, Taverniers & Cabaretiers, à ce qu'il Nous pluft donner noftre avis favorable en execution dudit Arreft du trente-un Aouft 1668.

Nous eftimons, fous le bon plaifir de la Cour, luy devoir reprefenter, qu'encore bien qu'une conteftation particuliere ait fait naiftre la difficulté de fçavoir fi l'ufage de la levûre de biere dans le pain doit eftre permis ou défendu; l'intereft public, neanmoins, dont il s'agit, en cela principalement, en rend à noftre avis la décifion tellement importante, que Nous croyons eftre obligez de luy rendre compte, de ce qu'avant le Procés entre les Boulangers & Cabaretiers, fur les plaintes de plufieurs perfonnes qui croyoient avoir reconnu quelques mauvais effets de l'ufage du pain fait avec la levûre ou écume de biere; Nous avions crû eftre neceffaire pour en connoiftre la verité avec une entiere certitude, de demander le fentiment de la Faculté de Medecine de Paris. Que la Faculté ayant deputé quatre celebres Docteurs pour examiner dans les Brafferies la qualité de la levûre de biere, & chez les Boulangers la maniere dont elle eftoit employée dans le pain; Et après avoir recherché & confideré pendant prés de deux mois tout ce qui pouvoit meriter quelque confideration fur ce fujet-là, auroit conclû dans une affemblée de quatre-vingt Docteurs, & à la pluralité des fuffrages, que l'ufage de la levûre de biere dans le pain eftoit mauvais & mal-fain. Que cet ufage n'avoit efté inventé par les Boulangers, que pour fe foulager de quelque travail, & pour ménager par ce moyen quelque dépenfe. Il eft vray que ce fut l'opinion commune de 47. Docteurs, & que les trente-trois autres furent d'un fentiment contraire. Mais depuis cette Affemblée la Cour qui eft feule capable de pénetrer par fes lumieres une telle difficulté, ayant voulu auffi avoir fur ce même fujet le fentiment de fix celebres medecins, & celuy de plufieurs notables Bourgeois de cette Ville; & ayant auffi ordonné par fon Arreft que le tout Nous feroit communiqué, pour donner enfuite noftre avis. Vû par Nous le Procés verbal fait par Monfieur du Laurens, & après avoir confideré les divers raifonnemens des Medecins, les autoritez qu'ils

ont

ont rapporté de part & d'autre, pour foûtenir deux opinions abfolument contraires & oppofées : Nous croyons que ce qu'ils ont dit fur une matiere en laquelle il s'agiffoit de fçavoir ce qui eft ou non nuifible au corps humain, qui fembloit ne pouvoir eftre éclaircie que par eux feuls, & fur quelques principes certains : Que ce qu'ils en ont dit neanmoins, ne peut fervir qu'à la rendre plus difficile & plus obfcure ; de maniere qu'il faut en quelque façon chercher ailleurs des raifons pour fouffrir ou pour interdire l'ufage de la levûre de biere. Celles qui paroiffent les plus confiderables pour le faire approuver, fe réduifent, à ce qu'on prétend, que la levûre rend le pain où elle entre beaucoup plus délicat au gouft, & la pafte dont il eft fait beaucoup plus aifée à travailler & à paiftrir : mais elles Nous femblent de peu de confequence en comparaifon de celles qui peuvent eftre rapportées au contraire ; car fans toucher aux raifons des Medecins qui l'ont jugé mauvais, & fans faire une décifion certaine du decret de la Faculté, bien qu'elle ait condamné nettement l'ufage de la levûre ; & que des fix Medecins entendus devant Monfieur du Laurens, quatre ayent fuivy le même party ; Nous croyons à caufe qu'il y en a plufieurs autres qui ont eu un fentiment contraire qu'ils ont appuyé de raifons & d'authoritez, pouvoir dire dans cette diverfité d'opinions, & fans en fuivre précifément aucune ; qu'il eft au moins incertain & douteux, fi la levûre de biere dans le pain eft bonne ou mauvaife ; ce que Nous penfons eftre d'une grande confideration fur une telle matiere en laquelle un feul doute fur un tel ufage, eft fuffifant pour le faire condamner, principalement quand cet ufage peut eftre changé & fupplée, comme celuy-cy par d'autres moyens, & fans aucun inconvenient confiderable.

On ne peut douter qu'il ne puiffe eftre fait de tres-bon pain fans la levûre de biere, puifqu'en plufieurs Pays étrangers, & en plufieurs Provinces & Villes du Royaume, où la biere eft inconnuë, il fe fait de tres-bon pain, & plus délicat même que celuy de Paris. Le pain de Goneffe eft eftimé bon, & neanmoins il eft fait fans levûre ; & quoy que ceux qui jugent la levûre indifferente dans le pain, ayent rapporté qu'elle eftoit en ufage dans les Gaules du temps de Pline, cet ufage a efté changé dans d'autres fiecles ; à mefure que les Gaulois ont adouci leurs mœurs, & qu'ils ont ceffé d'eftre barbares. En tout cas cet ufage n'a efté repris par les Boulangers de Paris que depuis environ cinquante années, pour leur profit & leur intereft particulier, puifque même, felon leur propre aveu, ils évitent par le moyen de la levûre quelque defpenfe, en ce que la pafte dont eft fait le pain où elle entre doit eftre beaucoup moins paiftrie & travaillée. Ce profit neanmoins où cette diminution de defpenfe auroit efté, ce femble, de trop petite confideration aux Boulangers pour les avoir obligez à quiter, comme ils ont fait, l'ufage du franc-levain, & de fouftenir, comme ils font aujourd'huy, celuy de la levûre de biere, s'ils n'y avoient encore trouvé cet autre avantage ; que fous ce pretexte de cette forte de pain, qu'ils difent eftre plus délicat, qu'ils appellent molet & de plufieurs autres noms, ils éludent les Réglemens de Police ; en faifant de cette façon nouvelle de pain inconnuë à l'Ordonnance, qu'ils travaillent fans mefure & fans regle, il eft refté en leur liberté de faire le petit pain de tel poids qu'ils veulent, de le vendre ce qu'il leur plaift, & de tromper par confequent le Public, fi bon leur femble : en telle forte que la Police qui fe peut faire à prefent à cet égard eft prefque inutile, & n'eft que l'image feulement de l'ancienne Police ; puifque les Boulangers de petit pain qui n'en devoient vendre que des façons dont le poids eftoit reglé felon fa qualité & le prix du blé, n'en font à prefent d'aucune forte felon l'Ordonnance, que du feul Pain de chapitre, dont peu de gens mangent, & dont auffi les Boulangers fe contentent d'en faire, & les Cabaretiers d'en prendre quelques-uns feulement, pour montrer qu'ils ont & qu'ils vendent du pain de l'Ordonnance ; il eft aifé de voir qu'avec ce pain molet fait avec la levûre, & quelques autres fortes de pain, dans lequel ils ajouftent du lait qui eft encore un ufage à rejetter, avec ce pain qui eft beau en apparence & enflé à proportion de la levûre qu'on y a mis, & qui participe de la nature de cette écume où il y eft entré peu de matiere, & qui eft peu folide, ils ont infenfiblement ofté les autres fortes de bon pain de l'Ordonnance, & introduit un abus confiderable, & d'un notable prejudice au Public ; mais qui peut eftre, fi la Cour le trouve à propos, facilement corrigé.

Les Boulangers de petit pain faifoient autrefois, & fans levure, du pain de Chaly qui eftoit de tres-bon pain ; ils font encore à prefent du pain façon de Goneffe, & il n'y a perfonne qui ne convienne, que fi ceux à qui il faut du pain délicat en avoient tous les jours de la femaine de celuy de Goneffe, où il n'y a point de levûre, de même qu'ils en ont le Mercredy & le Samedy, ils ne le préferaffent à tout autre. Les Boulangers de Paris en peuvent faire de cette forte comme ils en font quelquefois ; ils peuvent faire du pain de Chaly & d'autres façons ; c'eft-à-dire de la plus fine-fleur de farine faite du meilleur blé, & avec le franc-levain & la pafte bien travaillée ; & s'ils y font réduits, il eft vray-femblable que chacun d'eux, ainfi qu'on voit faire aux autres Artifans, s'eftudiera à l'avenir non feulement à chercher le beau blé & la meilleure farine, mais tout ce que l'art, l'induftrie, le travail & la fidelité y pourront ajoufter pour fe mettre en credit, & pour rendre leurs boutiques achalandées par le bon pain qu'on y fera ; en quoy & en ce qu'il n'y aura point de petit pain qui n'ait un prix certain & un poids reglé ; le public en profitera en toutes manieres.

Par ces raifons, & puifque l'ufage de la levûre dans le pain eft douteux, & que le plus grand nombre des Medecins l'a jugé mauvais & préjudiciable au corps humain, qu'aucun n'a prétendu que la fanté de celuy qui mangeroit du pain que celuy qui feroit fait avec la levûre, en puft eftre intereffée ; que tous conviennent que la levûre corrompuë peut produire de tres-mauvais effets ; & que celle qui eft apportée de Flandres & de Picardie ne peut eftre d'autre qualité, qu'eftant difficile d'en faire des recherches affez exactes, l'ufage en eftant auffi nouvellement introduit par les Boulangers de petit pain, par la feule confideration de leur intereft particulier, & pour fe fouftraire aux Réglemens & Ordonnances de Police ; & qu'il fe fait en effet même à Paris de bon pain & tres-delicat fans levûre de biere ; que le bon fens femble, l'eau & la bonne farine, l'induftrie du Boulanger, le franc-levain & la bonne cuiffon fuffifent en tout temps & en tout lieu, pour faire de bon pain, & fur tout que ce qui touche la nourriture, la fanté & la fubfiftance neceffaire & journaliere des Habitans doit eftre en toutes manieres exactement reglé. Nous eftimons que l'ufa-

ge

ge de la levûre de biere dans le pain doit estre entierement défendu, aussi-bien que le lait & tout autre mélange de cette qualité, & qu'il peut estre ordonné aux Boulangers de Paris de faire leur pain avec de franc-levain qui sera rafraichy & tenu sans peine & sans dépense, ainsi qu'il le doit estre; & qu'au lieu de pain molet fait avec la levûre, pain appellé à la Reine, de Sigovie, à la Montoron, & autres, il sera fait du pain appellé Pain de Chaly, par l'Ordonnance, ou de tel autre nom qu'il sera avisé, de la plus fine fleur de farine, bien paistry, bien cuit & conditionné, & toujours du poids porté par les Ordonnances, & à proportion du prix du blé, & ce suivant les essais qui en ont esté cy-devant faits, avec défenses de faire & vendre d'autre sorte de pain, d'y ajouster aucun autre mélange, sous telles peines qu'il plaira à la Cour d'establir. Quant à la contestation particuliere d'entre les Boulangers & les Cabaretiers; si la Cour trouve à propos d'interdire la levûre de biere, Nous estimons en ce cas, afin que les Boulangers de Paris puissent subsister dans leur mestier avec un gain honneste sur la quantité de petit pain qu'ils feront; qu'eux seuls en pourront vendre, & que les Cabaretiers n'en pourront acheter ny tenir d'autre dans leurs Cabarets: mais si au contraire la Cour trouvoit bon de souffrir l'usage de la levûre de biere dans le petit pain, Nous croyons qu'il peut estre laissé en la liberté des Cabaretiers de prendre & de donner dans leurs Cabarets du pain de Gonesse; n'estant pas, ce semble, raisonnable d'empescher que ceux qui sont obligez d'y manger, n'y puissent trouver du pain que chacun sçait estre bon, & de les forcer de prendre & manger celuy appellé de Chapitre, peu agreable, ou d'autre fait avec la levûre, dont la qualité est douteuse. Et à l'égard de la demande des Boulangers de Gonesse, nostre avis est, sous le bon plaisir de la Cour, en cas de défense, d'employer la levûre de biere dans le pain; que le plus petit pain que les Boulangers de Gonesse pourront amener aux jours de marché, & exposer en vente, ne puisse estre à proportion du poids du petit pain au dessous de trois sols; comme au contraire, & au cas que la levûre soit soufferte & approuvée, les Boulangers de Gonesse auront la liberté de faire & de vendre du petit pain d'un sol & de deux sols les jours de marché, la proportion du poids estant toujours gardée. Fait le vingt-sixiéme jour de Juillet mil six cens soixante-neuf. Signé, DE LA REYNIE. DERIANTZ. & SAGOT, Greffier.

Sur ces avis il y eut un Arrest le 21. Mars 1670. qui décida la question; il fait défenses aux Bou- » langers d'employer d'autre leveure de biere » dans le petit pain, que de celle qui se fait » dans la Ville, Fauxbourgs, Banlieuë, Prevos- » té & Vicomté de Paris, fraische & non corrom- » puë, à peine de cinq cens livres d'amende. Cet Arrest contient plusieurs autres dispositions; &, comme elles concernent le commerce du pain entre les Boulangers & les Cabaretiers, il est rapporté dans son entier dans le livre Cinq, sous le Chapitre des Boulangers, où il peut estre veu.

Les Laboureurs des environs de Paris, pour rendre leurs terres plus fertiles, les voudroient

bien fumer des matieres fécales que les Vuidangeurs déchargent dans les voiries qui leur sont destinez hors de la Ville; mais une telle corruption ne pourroit produire que de mauvais grain ou de mauvaises legumes, dont l'usage seroit tres-nuisible à la santé; c'est pourquoy tous les Réglemens qui sont rapportez sous le Titre de nettoyement de la Ville, contiennent plusieurs dispositions contre cet abus; nous n'en rapporterons en cet endroit qu'un seul de ces derniers temps, qui renferme tout ce qui est ordonné par les précedens, & qui suffit pour faire connoistre en quoy consiste cette Police par rapport à la santé.

13. Decemb. 1697. Ordon. qui défend aux Laboureurs de se servir de matieres fécales pour fumer leurs terres, avant qu'elles soient reposées & consommées suffisamment & qu'ils ayent obtenu le permission.

SUR le rapport à Nous fait à l'Audience de la grande Police, par Maistre Anne le Maistre Commissaire Ancien du Quartier S. Denys, de ce que plusieurs Habitans de Belleville, Pré saint Gervais, Pantin, saint Oüen, la Villette, la Chapelle & autres Villages circonvoisins de cette Ville, viennent journellement enlever des matieres fecales dans les fosses destinées à la décharge desdites matieres, lesquelles ils transportent dans leurs heritages, & en fument non seulement les terres labourables, mais aussi celles qui sont plantées en legumes; ce qui ne peut produire qu'un mauvais effet & donner une mauvaise qualité aux grains & legumes qui doivent servir d'aliment au corps humain; pour raison de quoy il a esté rendu plusieurs Ordonnances portant défenses ausdits Habitans de fumer leurs terres avec lesdites matieres non suffisamment reposées: & sur l'avis qui Nous a esté donné de la continuation d'un abus si préjudiciable à la santé des Sujets du Roy, les Jurez Jardiniers se sont de nostre Ordonnance transportez le dix Novembre dernier sur les terroirs de plusieurs desdits Villages, & ont dressé leur rapport des terres sur lesquelles ils ont trouvé desdites matieres mal conditionnées; & les particuliers dénommez audit rapport ont esté assignez à la Requeste du Procureur du Roy, par Exploit de Gohin Sergent à Verge, du jour d'hier, à comparoir à ce jour pardevant Nous, pour répondre aux fins & conclusions dudit Procureur du Roy; & aprés que Loüis Collemant, Pierre Rouveau, Blaise Seigneur, Habitans du Pré saint Gervais; Jean le Meusnier de Pantin; Jean Bouret, Jean Lazier, Hubert Bouret, & la Veuve Boucault, Habitans de la Villette, sont comparus & ont esté oüis en leurs défenses; & que le fils de Mathieu Malissant Habitant de Belleville, Charles Collemant Habitant du Pré S. Gervais, Elizabeth Chartier de Pantin ne sont venus ny comparus. Nous, aprés avoir oüi les Gens du Roy en leurs Conclusions, avons ledit fils de Mathieu Malissant condamné en douze livres d'amende, Loüis Collemant, en trois livres d'amende, Charles Collemant, en dix livres d'amende, Pierre Rouveau, en trois livres d'amende, Jean le Meusnier, en quatre livres d'amende, Jean Bouret, en dix livres d'amende, Hubert Bouret, en six livres d'amende, pour avoir par eux porté sur leurs terres de la matiere fecale, & icelles fumé avec ladite matiere fraîche & non suffisamment reposée en conformité des Réglemens de Police: Ordonnons que leurs terres seront retournées à leurs frais & dépens, à la diligence des Jurez Jardiniers: & aprés que Blaise Seigneur, Habitant du Pré S. Gervais, Jean Lazier & la Veuve Boucault Habitans de la Villette, ont soustenu & mis en fait qu'il n'y a point de matiere fecale sur leurs terres, afin qu'elles n'en sont point fumées: Ordonnons qu'à la diligence des Jurez Jardiniers, leurs terres seront vûes & visitées par Claude Lescuyer Arpenteur Juré, demeurant ruë saint Denys, & Estienne Blancheret Laboureur, demeurant à Aubervilliers, que Nous avons nommé d'office: Et faisant droit sur les Conclusions des Gens du Roy, avons fait tres-expresses inhibitions & défenses aux Habitans des Villages circonvoisins de cette Ville, & à tous autres, d'enlever dans les fosses publiques ou autres endroits, aucunes matieres fecales, d'en fumer leurs terres, soit labourables, soit plantées en legumes, arbrisseaux ou autrement, même de transporter lesdites matieres sur leurs heritages, à peine de trois cens livres d'amende, saisie & confiscation des chevaux, tombereaux & harnois qui serviront à les voiturer; sauf quand les matieres auront reposé un temps considerable dans une des fosses publiques, & que la mauvaise qualité sera consumée, à y estre pourvû, ainsi qu'il appartiendra, après que lesdits Habitans auront obtenu nostre permission; & ne pourront transporter aucunes desdites matieres que pendant l'Hyver, pour estre mises par fumerons sur les terres, dans lesquelles ils ne pourront semer que de l'Escourgeon & Avoine, sans qu'ils puissent s'en servir pour fumer leurs legumes, sous les mêmes peines que dessus; & sera la presente Ordonnance lûë aux Prônes desdites Paroisses, publiée & affichée dans les Villages qui en dépendent, même dans les Fauxbourgs de cette Ville, & executée nonobstant oppositions ou appellations quelconques faites ou à faire, & sans préjudice d'icelles. Fait & donné par Messire MARC-RENE' DE VOYER DE PAULMY D'ARGENSON, Chevalier, Conseiller du Roy en ses Conseils, Maistre des Requestes Ordinaire de son Hostel, Lieutenant General de Police de la Ville, Prevosté & Vicomté de Paris; le Vendredy treizième jour de Decembre mil six cens quatre-vingt-dix-sept. Signé, DE VOYER D'ARGENSON. TAUXIER, Greffier.

Il est quelquefois arrivé dans des temps de disette que les Boulangers pour avoir meilleur marché, ont acheté de mauvais grains ou de la farine gastée & corrompuë qu'ils meslent avec d'autres, & en composent des pains de mauvais goust & nuisible à la santé. Quand cela est découvert ils sont severement punis de cette faute. Nous en rapporterons un seul exemple qui se passa en 1699. dans un temps que la sterilité de l'année precedente rendoit le bled encore cher, & qui suffit pour faire connoistre ce qui s'observe en semblables occasions.

21. Aoust 1699. Ordonnance de Pol. contre les Boulangers qui employent de mauvaise farine à faire du pain, publiée & affichée le 2. Septemb. de la même année.

SUR le rapport fait en l'Audience de la Chambre de Police par Maistre Martin Marier Conseiller du Roy, Commissaire en cette Cour; qu'ayant appris que le nommé Pasquier convertissoit en pain de la farine aigre & défectueuse, il se seroit transporté dans sa maison le 18. de ce mois, & y auroit trouvé quelques sacs de Farine faite de blé de Barbarie, qui n'avoit aucun mauvais goust, & d'autre farine provenant de blé de France, de tres-mauvaise qualité; ce qui l'auroit obligé de faire saisir ladite farine, & de prendre des essais de l'une & de l'autre pour les representer en cette Audience: Ce que luy Commissaire auroit crû d'autant plus important, qu'il est informé que plusieurs Boulangers de concert avec d'autres personnes mal intentionnées, ou pour y profiter davantage, meslent avec de la farine de blé d'Italie & de Barbarie des farines infectées & corrompuës qui proviennent des blez de France achetez sans choix ou à bon marché: Que même lesdits Boulangers, lors qu'on se plaint de la mauvaise qualité de leur pain, publient saussement que ce sont lesdits blez d'Italie & de Barbarie qui le rendent tel; quoique le défaut vienne des blez de France mal choisis qu'ils y meslent, soit par insuffisance ou par le desir du gain, soit par une affectation encore plus criminelle, & pour augmenter le prix des blez ordinaires, en décreditant ces blez extraordinaires & étrangers qui pourroient obliger les Laboureurs & les Marchands à baisser le leur: Et d'autant que les bruits saussement répandus dans le Public, non seulement sur ce sujet, mais par rapport aux blez nouveaux dont quelques personnes ont osé dire malicieusement que la vente estoit interdite ou suspenduë; quoy qu'il en soit arrivé journellement dans les Marchez publics: Luy Commissaire a crû qu'il estoit de son devoir de faire assigner ledit Pasquier en cette Audience, pour répondre au present rapport. Surquoy, après avoir ouï ledit Commissaire, ensemble ledit Pasquier en ses défenses, & les Gens du Roy en leurs Conclusions; comme aussi après avoir fait visiter en nostre presence, & en celle dudit Pasquier les essais de farines de blé de Barbarie & de France, qui Nous ont esté representez par ledit Commissaire; laquelle farine de blé de Barbarie est trouvée bonne, pure & loyale, ainsi que ledit Pasquier l'a soustenu; & celle de France aigre & défectueuse, de l'aveu même dudit Boulanger qui a déclaré n'avoir pas en sa possession le surplus de ladite farine sur luy saisie, l'ayant employée, au préjudice des défenses qui luy ont esté faites: Nous l'avons condamné en cinq cens livres d'amende; ordonnons que son Four sera démoli, & que sa boutique demeurera fermée pendant six mois: En ce qui concerne le surplus des faits contenus audit rapport; disons qu'il en sera informé pardevant ledit Commissaire à la Requeste dudit Procureur du Roy, pour sur l'information faite & à Nous rapportée, estre ordonné ce qu'il appartiendra: Enjoignons aux Commissaires du Chastelet de faire une visite exacte chez tous les Boulangers & dans les Marchez de cette Ville, pour connoistre s'il ne s'y trouvera aucuns pains, blez ou farines de mauvaise qualité, & capables de préjudicier à la santé, des personnes qui en pourroient acheter par mégarde ou sur la bonne foy des vendeurs; auquel cas les feront saisir, & Nous en feront incessamment leur rapport pour y statuer. Défendons à tous Boulangers d'employer aucune farine défectueuse, ny de vendre aucun pain qui soit aigre, corrompu & de mauvaise qualité, à peine d'interdiction & de cinq cens livres d'amende pour la premiere fois, même de punition corporelle en cas de recidive: Ordonnons que la presente Sentence sera executé nonobstant & sans préjudice de l'appel, lûë, publiée & affichée à la porte dudit Pasquier, dans les Halles, Marchez & lieux ordinaires de cette Ville, & par tout ailleurs où besoin sera. Ce fut fait & donné par Messire MARC-RENE' DE VOYER DE PAULMY D'ARGENSON, Chevalier, Conseiller du Roy en ses Conseils, Maistre des Requestes ordinaire de son Hostel, & Lieutenant General de Police de la Ville, Prevosté & Vicomté de Paris, le vingt-uniéme jour d'Aoust mil six cens quatre-vingt-dix-neuf. Signé, DE VOYER D'ARGENSON. TAUXIER le jeune, Greffier.

TITRE

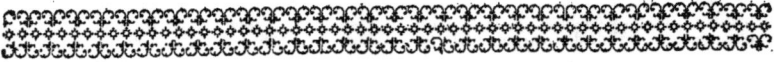

TITRE V.

De la Viande.

CHAPITRE PREMIER.

Des Bouchers.

LA viande de Boucherie est la nourriture la plus ordinaire après le pain, & consequemment celle qui peut davantage & le plus souvent interesser la santé. Toutes les précautions que l'on peut prendre à cet égard, consistent en ces quatre points ; que les bestiaux soient sains ; qu'ils soient tuez, & non pas morts d'eux-mêmes de maladie, ou étouffez ; que l'apprest des chairs s'en fasse proprement ; qu'elles soient debitées dans les temps convenables, ny trop tost parce qu'elles nuisent à la santé lors qu'elles sont nouvellement tuez, ny corrompuës pour avoir esté trop gardées.

Autrefois les seuls Bouchers vendoient toute la grosse chair cruë, celle de porc aussi bien que celles de tous les autres bestiaux qui composent encore aujourd'huy leur commerce : Les Rotisseurs & les Chaircuitiers, selon l'étymologie de leurs noms, n'en vendoient que de cuites ; ceux-là celle de bœuf, de veau & de mouton, & ceux-cy celle de porc.

Toutes nos Loix ont prescrit aux uns & aux autres la conduite qu'ils doivent tenir dans leur commerce, pour n'y rien faire qui puisse nuire à la santé du corps humain.

Pour commencer par les Bouchers, nostre Droit Coûtumier, les Edits de nos Roys, les Arrests du Parlement, & les Ordonnances des Magistrats de Police y ont pourvû suffisamment & en differens temps.

La Coustume de Chartres porte, que nuls « Bouchers ne vendront chair qui ne soit bonne « & loyale, à peine de sept sols six deniers « blans d'amende. Celle de saint Severe descend « dans un plus grand détail ; elle veut que tout « Boucher qui vend chair malade pour saine, « celle de femelle pour celle de masle, quant « aux bestiaux où cette difference est à observer, « soit condamné en trois livres sept sols six den. « tournois d'amende, les deux tiers au Seigneur, « & l'autre tiers à la Ville, & que la chair qui « n'est pas saine soit jettée, & l'autre donnée pour « Dieu par aumône.

Chap. 52.

Une Ordonnance du Prevost de Paris du 17. Aoust 1399. fera connoistre de quelle adresse les Bouchers de Paris se servoient autrefois, pour cacher les défauts des viandes qu'ils exposoient en vente dans leurs Boucheries, & le remede que le Magistrat y apporta : le fait est si singulier que nous la rapporterons icy dans son entier : voicy ce qu'elle contient.

Tit. 10. art. 15

---

17. Aoust
1399. Ordõn.
de Police,
portât regle-
ment pour le
debit de la
viande, &
Commission à
l'un des Com-
missaires du
Chastelet d'y
tenir la main
Liv. rouge
vieux f. 119.

A Tous ceux qui ces presentes Lettres verront, Jean Seigneur de Folleville, Chevalier Chambellan, Conseiller du Roy nostre Sire, & Garde de la Prevosté de Paris, Commissaire & General Reformateur sur le fait de la Police & Gouvernement de la Ville de Paris : Salut. Sçavoir faisons que l'an de grace mil trois cens quatre-vingt & dix-neuf, le Mardy dix-septiéme jour d'Aoust, mandâmes & fismes venir en Jugement pardevant Nous au Chastelet de Paris le Maistre des Bouchers de la grande Boucherie de la Ville de Paris, & au nom de luy, & de tous les autres Bouchers d'icelle Boucherie, auquel par l'avis & déliberations des Conseillers & Assistans avec Nous sur les carreaux dudit Chastelet, pour raison des plaintes à Nous faites, de ce que plusieurs fraudes & déceptions estoient commises en icelle Boucherie, au préjudice du Peuple ; & en ce que presque tout au long du jour, ils avoient & tenoient grandes foisons de chandelles allumées en chacun leurs estaux ; par quoy souventesfois leurs chairs qui estoient moins loyalles & marchandes, jaunes, corrompuës & flestries, sembloient aux acheteurs estre tres-blanches & fraisches sous la lueur d'icelles chandelles : Nous défendîmes de par le Roy, que dorénavant il ny iceux Bouchers de ladite Boucherie, leurs gens & Valets, n'eussent ny ne tinssent aucunes chandelles allumées en & sur leursdits estaux, mêmement en vendant leurs chairs ; c'est à sçavoir depuis Pâques jusqu'à la saint Remy depuis l'heure de sept heures du matin sonnées à l'horloge du Palais, & depuis la saint Remy jusqu'à Carême prenant, depuis l'heure de huit heures sonnées à ladite horloge ; sur peine de soixante sols d'amende au Roy sur chacun desdits Bouchers, & par tant de fois que ils ou aucun d'eux soient trouvez avoir fait le contraire. Et pour tenir la main à l'execution de ladite défense, & la faire signifier, avons commis nostre amé Maistre Denis Nicolas Examinateur de par le Roy nostre Sire audit Chastelet. En témoin de ce Nous avons fait mettre à ces Lettres le scel de la Prevosté de Paris. Ce fut fait l'an & jour dessus dits.

Fontan. l. 5.
tit. 8. n. 10. art.
7. tom. 2. p.
860.

Le Roy Jean dans cette grande reforme qu'il fit de la Police de Paris, par son Edit du 30. Janvier 1350. ordonna aux Bouchers de ne vendre que des chairs bonnes & loyalles, leur défendit de les garder après estre tuées plus de deux jours en Hyver, & un jour & demy en Esté, & d'en vendre aucune sursemée ; à peine de vingt sols d'amende.

Il a toujours esté reconnu qu'il seroit dangereux pour la santé, de souffrir qu'une même personne fut Boucher & Tavernier, ou que les Taverniers eussent la liberté de faire tuer des bestiaux chez eux pour en vendre les chairs, parce que ne les debitant que cuites, il y a beaucoup de défauts que l'on ne pourroit reconnoistre : ce fut la matiere de l'un des articles d'une Ordonnance du Prevost de Paris du 24. Septembre 1517. Voicy ce qu'il contient.

Liv.roug.neuf fol. 28.

» *Item*, Que nul de quelque estat qu'il soit, » Marchand Tavernier, Hostelier ne fasse bou- » cherie, ne tue ou ne fasse tuer aucunes bestes » telles qu'elles soient pour vendre, ou faire ven- » dre ; comme aussi qu'ils ne détaillent, ne fas- » sent détailler aucunes chairs en leurs Taver- » nes ou Hostelleries, s'ils ne l'ont prise & ache- » tée des Bouchers, pour éviter aux inconve- » niens qui s'en pourroient ensuivre, sur peine » de confiscation des chairs, & de cent sols pa- » risis d'amende.

Bibl.duDroit Franç. tom. 1. p. 389.

Un Arrest du Parlement de Thoulouse du 26. Mars 1525. rendu sur la remontrance du Procureur General, pour servir de Réglement aux Bouchers, leur fait entre autres choses de tres- » expresses défenses de vendre des chairs mor- » veuses & infectées, sur les peines contenuës » aux Statuts de la Ville ; & enjoint aux Capi- » touls de faire visiter les chairs des Boucheries, » avant qu'elles soient exposées en vente.

Les Bouchers de Paris s'estoient beaucoup écartez de l'ancienne discipline de leur commerce ; le Parlement en fut averti, & y pourvût par un Arrest tres-solemnel du 29. Mars 1551. après avoir vû l'avis & deliberation d'une Assemblée faite de son Ordonnance, en la Chambre Civile du Chastelet des Officiers de Police, & d'un certain nombre de notables Bourgeois ; & sur les Conclusions du Procureur General du Roy. Cet Arrest contient plusieurs dispositions concernant le debit des viandes de Boucherie; celle qui con- » cerne la santé porte, que les Bouchers seront » tenus fournir leurs Boucheries chacun jour, de » chairs saines, nettes, & non corrompuës, duë- » ment visitées selon les Arrest de la Cour ; sur » peine de punition corporelle contre les con- » trevenans.

Un autre Arrest du Parlement du 12. Decemb. » de la même année 1551. porte, qu'au préjudice » des Ordonnances & des Réglemens, les Bou- » chers de Paris commettoient tous les jours plu- » sieurs fautes, qu'ils exposoient en vente des » chairs de vache & de brebis, au lieu de bœuf » & de mouton, qu'ils en exposoient même de » bestes infectées de ladrerie, ou malades, ce qui » portoit un notable préjudice à la santé. Il or- » donne que les Lieutenans Civil & Criminel du » Chastelet de Paris, & les autres Officiers qui » ont accoustumé d'assister à la Police, seroient » appeller au premier par devant eux, de » notables Bourgeois intelligens au fait de la Po- » lice ; qu'ils manderoient même quelques Bou- » chers des Villes proche de Paris, si besoin estoit, » pour deliberer sur les fraudes ordinaires que » commettoient les Bouchers de Paris ; & l'avis » de cette Assemblée vû & rapporté, y être pour- » veu par la Cour ; & cependant ce même Ar- » rest ordonne, que par provision il sera créé en » chacune Boucherie de Paris, des écorcheurs

Jurez, pour visiter les chairs concurramment «
avec les Jurez Bouchers, & rapporter les abus «
qui s'y commettent à chaque jour de Police, «
pour y estre procedé contre ceux qui auront «
contrevenu, par punition exemplaire. Enjoint «
au Prevost de Paris & ses Lieutenans d'y tenir la «
main.

Par une Sentence du Chastelet du 20. Juillet 1559. renduë à la Police, sur le rapport du Commissaire Bailly, que les nommez Gilbert, Ladehors, Hubert, & quelques autres Bouchers, vendoient les chairs toutes chaudes ; ce qui estoit contraire à la santé : & après avoir oüi les Jurez Bouchers, qui dirent, qu'il n'estoit pas bon «
de vendre de la chair le même jour qu'elle est «
tuée, mais le lendemain ; Il est fait défense aux «
Bouchers d'exposer en vente les chairs chau- «
des, à peine de confiscation & d'amende ; elle «
leur défend aussi d'ouvrir leurs étaux pendant «
les grandes chaleurs les jours de Samedy : & «
enjoint aux Jurez de veiller sur les autres Mai- «
tres du Mestier, & de leur faire observer l'Or- «
donnance.

Henry III. donna des Statuts aux Bouchers de Paris par Lettres Patentes du mois de Fevrier 1587. Elles contiennent tout ce qui doit estre observé dans leur commerce : Voicy les Articles qui concernent la santé.

Qu'il ne sera loisible à aucun Boucher esdites «
Boucheries, tuer, ou faire tuer porcs qui ayent «
esté nourris és maisons d'Huilliers, Barbiers, «
ou Maladeries ; à peine de dix écus ; auquel cas «
sera ladite chair jettée au Champs, ou en «
riviere à la diligence des Jurez dudit Estat. «

Registrez au Parlement le 28 Mars 1585

Ne sera semblablement permis ausdits Bou- «
chers tuer, ny vendre aucune aucune chair «
qui ait le fy, sur pareille peine de dix écus «
d'amende. «

Que lesdits Jurez Bouchers seront tenus de «
bien & deuëment visiter les bestes qui seront «
amenées pour estre tuées & exposées en vente «
esdites Boucheries ; & surtout ne permettre «
qu'aucunes bestes mortes ou malades, soient «
vendues ou debitées au Peuple, pareillement «
les chairs trop gardées, indignes d'entrer au «
corps humain, à peine de pareille amende, «
que payera le Maistre Boucher qui sera trouvé «
y avoir contrevenu. «

S'il demeure aucunes chairs esdites Bouche- «
ries du Jeudy au Samedy, depuis Pâques jus- «
qu'à la saint Remy, que lesdits Bouchers ne «
pourront les exposer en vente, qu'elles n'ayent «
esté premierement vuës & visitées par les Jurez «
Bouchers, sur les peines que dessus. «

Le fy dont il est parlé dans l'un de ces articles, est aux bœufs ce que la ladrerie est aux porcs; ainsi la précaution que l'on prend de faire jetter les viandes qui en sont infectées est tres-necessaire à la conservation de la santé.

Une Ordonnance du Prevost de Paris du 2. Juillet 1598. fait défenses à tous les Bouchers, de tuer ny habiller les chairs de leurs Bouche- «
ries plutost que le Samedy durant le temps des «
chaleurs ; sur peine de confiscation & d'amende «
arbitraire, & leur permet pendant ce temps «
d'ouvrir leurs Boucheries les jours du Diman- «
che. Cette Ordonnance est renouvellée toutes les années, ainsi qu'il est rapporté sous le Titre de l'observation du Dimanche & des Festes.

CHAPITRE

CHAPITRE II.

Des Chaircuitiers.

DE tous les animaux qui servent d'alimens à l'homme, il n'y en a point de plus sale que le porc ; il se nourrit de toutes les ordures qu'il rencontre, & choisit toujours pour se coucher le lieu le plus infect & la fange la plus puante : de-là vient sans doute que de tous les animaux, c'est celuy qui est le plus sujet à la ladrerie, la plus vilaine de toutes les maladies, & celle dont la contagion est le plus à craindre ; aussi a-t-on toujours pris plus de précaution par rapport à la santé, pour le commerce de cette viande, que pour aucun des autres alimens.

Les Bouchers en faisoient autrefois le débit, comme nous l'avons déja dit, mais l'on ne se fioit point à eux, ny aux visites de leurs Jurez, comme l'on fait à l'égard de toutes les autres viandes, pour connoistre si elles sont saines, & si l'on en peut user sans nuire à sa santé : l'on a établi en titre d'Office trois sortes d'inspecteurs pour cet examen ; les uns sous le titre de Langayeurs, pour visiter les porcs à la langue dans les Marchez, & avant qu'ils soient achetez, parce que l'on prétend que lorsqu'ils sont ladres, il paroist à cette partie des pustulles ou marques blanches, & quelquefois même des ulceres qui indiquent cette maladie ; mais parce que ces marques ne paroissent pas toujours, & qu'elles sont quelquefois équivoques, les autres que l'on nom-

me tueurs, furent chargez de tuer & d'habiller les porcs chez les Bouchers, afin de mieux reconnoistre dans les parties internes du corps de ces animaux, s'ils estoient sains ou non. Il restoit encore l'apprehension que cette maladie qui se cache souvent au milieu des chairs ou des graisses de ces animaux, ne pust se découvrir que lorsqu'ils sont coupez par morceaux & prest à debiter au Public ; cela donna lieu de créer ces troisiémes Inspecteurs, sous le titre de Courtiers ou Visiteur des chairs, lards & graisses des porcs, pour faire cette visite & cet examen, avant que le débit s'en fasse au Public. Les Chaircuitiers ont depuis esté dispensez d'acheter les porcs chez les Bouchers, ils ont eu la permission d'en debiter eux-mêmes la chair cruë, mais toujours sous les mêmes conditions de passer par l'examen de ces trois differens Officiers ; & quoiqu'ils l'évitent autant qu'ils peuvent, il n'y a eu rien de changé dans la Loy qui leur impose cette obligation. Ces remarques generales suffiront icy pour faire entendre ce qui doit estre observé dans ce commerce par rapport à la santé. Les Réglemens qui établissent pour objet & cette discipline ont trop de liaison avec tous les autres qui concernent les vivres pour les en separer, ils peuvent estre veus dans le Livre suivant, où il est traité à fonds de cette portion de la Police.

CHAPITRE III.

Des Poulailliers & des Rotisseurs.

Liv. vert. anc. fol. 160.

LES Statuts des Maistres Poulailliers de Paris de l'an 1380. portent, que les Jurez du Métier visiteront trois ou quatre fois la semaine les » maisons & boutiques des Poulailliers, les lapins, » les lievres, les perdrix & autre gibier mort, afin » de connoistre les viandes corrompuës, qu'ils se- » ront tenus de faire brusler en partie devant la » maison, & jetter l'autre en la riviere, ou la » faire porter à la voirie, à peine d'estre parju- » rez, & condamnez en une amende arbitraire.

Ban. du Chast. vol. 1. fol. 421. & vol. 6. f. 77. Liv. gris f. 81.

Par les Statuts des Rotisseurs de Paris du 18. Janvier 1498. & qui ont esté depuis confirmées par plusieurs Patentes de nos Roys ; il est entre » autre chose fait défense à ceux de cette pro- » fession, de garder plus d'un jour de la viande » cuite pour vendre, à peine de confiscation & » de dix sols parisis d'amende. Il leur est aussi

défendu sur la même peine, de faire cuire de la « chair de bœuf, de mouton, d'agneau, ny de « porc, si elle n'est bonne, loyalle, & de bonne « moëlle ; il est ordonné par ces mêmes Statuts, « que toutes les viandes qu'ils vendront soient « cuites & apprestées à propos, sur peine contre « celuy dont la viande sera trouvée défectueuse, « d'estre bruslée, & d'amende arbitraire. «

Livre rouge neuf f. 34.

Une Ordonnance du Prevost de Paris du 17. Janvier 1511. fait défenses à tous Poulailliers « d'exposer en vente aucunes volailles étouffées « ou mortes d'elles-mêmes, à peine de confisca- « tion & de soixante sols parisis d'amende. Elle « enjoint à tous Sergens & à tous autres de dé- « noncer les transgresseurs, & qu'ils auront la « moitié des amendes & des confiscations. «

TITRE VI.

Du Poisson de Mer & d'Eau douce.

LE Poisson de mer, comme aliment, se debite par ceux qui en font le commerce, de trois differentes fortes, dont chacune a sa discipline & ses reglemens particuliers; il y en a de frais comme il fort de l'eau, d'autre qui est fec ou foré, & enfin il y en a de falé. Toutes les précautions que l'on peut prendre par rapport à la fanté, confistent en ces trois points : qu'il ne foit point corrompu quand on le vend frais, qu'il ne l'ait point esté avant de le fecher, de le forer, ou de le faler; & qu'enfin on ne fe ferve point de trempis falfifiez pour blanchir celuy-cy, ou luy donner quelqu'autre agrément en le deffalant : les Réglemens ont pourveu à tous ces inconveniens.

» Une Ordonnance du Prevost de Paris de l'an » 1270. réitérée en 1320. porte que tout le pois-» fon de mer frais qui fera apporté à Paris de-» puis Pâques jufqu'à la S. Remy, fera vendu foit » en gros ou en détail le jour même qu'il arrive-» ra, à peine de confifcation, & de dix fols » parifis d'amende; & depuis Pâques jufqu'à la » faint Remy, le fecond jour au plus tard; » avec défenfes de le garder plus long-temps, » fous la même peine de confifcation, & de » 20. fols parifis d'amende.

» Cette derniere Ordonnance fait auffi défenfes » à tous ceux & celles qui vendent du poiffon » de mer frais, d'en acheter plus grande quan-» tité que ce qu'ils en peuvent vendre le jour » même; elle ordonne que ceux à qui il en » demeurera après fept heures fonnées, foit » pour en avoir trop acheté, ou pour l'avoir » voulu vendre trop cher, feront tenus de porter » ce refte au lieu des halles où l'on a accouftu-» mé de garder les poiffons, ou s'ils le veulent » porter en leurs maifons jufqu'au lendemain, ils » feront tenus de le montrer à quelques-uns des » Jurez, en le portant & rapportant, pour con-» noiftre s'il eft encore bon, à peine de dix fols » d'amende pour chaque contravention; ce qui

s'entend pour les faifons qu'ils ont deux jours « de vente, car dans les autres temps il feroit « confifqué dés le premier jour. Elle fait en-« core défenfe de faire fecher des harangs, « que l'on nomme harangs fors, s'ils ne font « frais avant de les faire fecher, & qu'ils n'ayent « efté veus auparavant par deux Jurez du mé-« tier, pour connoiftre s'ils font bons, à peine « de foixante fols parifis d'amende, dont le de-« nonciateur aura un tiers.

L'Edit du Roy Jean du 30. Janvier 1350. pour le Réglement general de la Police de Paris, con-tient les mêmes difpofitions que ces deux Or-donnances, tant pour le poiffon frais, que pour le fec ou foré.

_{Fon t.i.l.5. tit. 3 n.5. art.2. & 37.}

Une Ordonnance du Prevoft de Paris du qua-trième Juin 1496. & un Arreft du Parlement du vingt-quatrième Juillet 1507. réiterent en-core les mêmes défenfes de garder le poiffon de mer frais plus d'un jour depuis Pâques jufqu'à la faint Remy, & plus de deux jours depuis la faint Remy jufqu'à Pâques : l'Ordonnance porte la peine de confifcation & de dix fols d'a-mende, & l'Arreft augmente l'amende juf-ques à dix livres parifis, un tiers au denon-ciateur.

_{Liv. bleu f.73. Liv. gris f. 66.}

Mais rien n'eft capable d'infecter & de cor-rompre d'avantage l'air, que les eaux des trem-pis qui ont fervi à deffaler le poiffon qui a be-foin de cet appreft ; fi peu qu'elles foient gar-dées, c'eft une puanteur infupportable. Les Bourgeois des environs de la Halle s'en eftant plaints au Prevoft de Paris, ou fon Lieutenant Civil, ce Magiftrat rendit fa Sentence, qui fut con-mée par deux Arrefts du 19. Juillet & 11. Decem-bre 1603. contre les Marchands & Marchan-des de falines en détail, & le Procureur General, fur le fait de la marchandife de poiffon de mer intervenant : voicy ce qu'ils contiennent.

_{19. Juillet 1599}

_{19. Juillet 1603. Arreft portant ré-glement pour les trempis, falines.}

COmme de certaine Sentence donnée par noftre Prevoft de Paris ou fon Lieutenant le dix-neuviéme Juillet 1599. au profit des Habitans & domiciliez des rües de Verdelay, grande Truanderie, Mauconfeil, Comteffe d'Artois, Montorgueil, faint François & de Montmartre, Demandeurs à l'encontre de Fiacre Chefnard & fa femme, la veuve Jean Raguedeau, Robert Maugares, Noel de France, Jean Befnard, & Maiftre Pierre Cordier, au nom & comme Pro-cureur fur le fait de la marchandife de poiffon de mer, défendeurs, par laquelle noftredit Pre-voft ou fondit Lieutenant auroit fait défenfes tant audit Chefnard, fa femme & conforts, & tous autres Habitans, Proprietaires & Locataires des maifons fufdites rües Verdelay & Truan-derie, de faire & fouffrir efdites maifons aucuns trempis, les combleroient & convertiroient à autres ufages, & fe pourvoiroient pardevant les Prevoft des Marchands & Efchevins de noftre-dite Ville de Paris, pour loüer d'eux au Marché-Neuf, ou autre lieu commode pour établir lefdits trempis, avec défenfes aufdits Habitans d'y contrevenir : Enjoint au Commiffaire du Quartier faire commandement aufdits Habitans d'ofter lefdits trempis quinze jours après la figni-fication de ladite Sentence, & adjourner les contrevenans pour fe voir condamner à telle amende que de raifon, & fans dépens, euft efté de la part defdits défendeurs appellé en noftre Cour de Parlement, en laquelle parties oüies en leur Caufe d'appel, & le procés par appel conclû & reçû contre ladite Buhot autorifée par Juftice au refus de François Fiacre Chefnard fon mari, & les Détaillereffes de poiffon de mer falé és Halles, faifant leurs trempis efdites rües de Verdelay, grande Truanderie, Mauconfeil, Comteffe d'Artois, rüe neuve faint François, Montorgueil & Montmartre,

Montmartre, au Quartier de Nicolas Bourlon Appellant, d'une part ; & lesdits Habitans & domi-ciliez desdites ruës Intimez, d'autre. Si bien ou mal auroit esté appellé ; joint les griefs hors le Pro-cés ; prétendus moyens de nullité, & production nouvelle desdits Appellans, qu'ils pourront bail-ler dans le temps de l'Ordonnance ; ausquels griefs prétendus moyens de nullité lesdits Intimez pourroient répondre, & contre ladite production nouvelle bailler contredits aux dépens desdits Appellans : joint l'Appellation verbale par lesdits Appellans, interjettée d'autre Sentence & Ju-gement donné par nostredit Prevost ou sondit Lieutenant le 7. jour d'Avril 1595. sur laquelle les Parties auroient esté appointées au Conseil ; écriroient par mêmes griefs & réponses ; produiroient aux fins de ladite Appellation tant-seulement tout ce que bon leur sembleroit, dans trois jours, pour leur estre fait droit conjointement ou séparément, ainsi que de raison. Iceluy procés, griefs & réponces, forclusions de produire de nouvel par lesdits Appellans ; production desdites Parties sur ladite appellation verbale. Arrest du 7. Septembre dernier passé, par lequel nostredite Cour avant que proceder au Jugement dudit Procés, auroit ordonné qu'il seroit communiqué ausdits Prevost des Marchands & Echevins, pour aviser sur la commodité ou incommodité desdits trampis, & du lieu proche & commode à faire iceux trampis ; en sorte que le Public n'en reçust aucune incom-modité ; & du tout seroit fait Procés verbal, pour le tout vû & rapporté estre fait droit ausdites Parties. Procés verbal du douziéme jour du mois d'Avril aussi dernier contenant l'avis desdits Pre-vost des Marchands & Echevins. Conclusions de nostre Procureur General, auquel le tout auroit esté communiqué, de l'Ordonnance de nostredite Cour, veu & diligemment examiné. NOSTRE-DITE COUR par son Jugement & Arrest, faisant droit tant ausdits Procés par écrit qu'appella-tions verbales ; a mis & met lesdites Appellations & Sentences desquelles a esté appellé, au néant sans amende, en émendant & corrigeant lesdites Sentences ; a condamné & condamne lesdits Ap-pellans tenir de jour les eaux procedans desdits trampis dedans tines & autres vaisseaux couverts ; de les faire vuider de nuit aux égouts hors nostredite Ville ; sçavoir depuis le mois d'Avril, jus-qu'au mois d'Octobre, depuis dix heures du soir, jusqu'à deux heures aprés minuit ; & depuis ledit mois d'Octobre à sept heures du soir, jusqu'à deux heures du matin ; leur a fait, & fait inhibitions & défenses de jetter ny faire couler par les ruës aucunes eaux desdits trampis, à peine contre les contrevenans proprietaires, de privation de leurs maisons, & demolitions desdits tram-pis ; & aux locataires, d'expulsion hors de nostredite Ville, & d'amende arbitraire, suivant nos Ordonnances. A enjoint, & enjoint au Commissaire dudit Quartier tenir la main à l'execution du present Arrest, tous dépens tant de la cause principale, que d'appel, compensez. Prononcée le 19. Juillet 1603. Et plus bas. Extrait des Registres de Parlement. Signé, VOISIN.

II. Decemb. 1603. Arrest qui confirme le preced. ent.

ENtre Maistre Pierre Maynard Procureur General de la Marée, Demandeur en opposition & Requeste civile contre l'Arrest du 19. Juillet 1603. d'une part, & les Habitans & domiciliez des ruës de Verdelay, Grande Truanderie, Mauconseil, Comtesse d'Artois, & S. François, Défen-deurs, d'autre, sans que les qualitez puissent préjudicier. Doujat pour le Demandeur, dit que pour detremper la marée chacun jour, faut plus de 24. muids d'eau qui ne se pourroient serrer en des tines & vuider la nuit comme l'on prétend, & qu'il est porté par l'Ordonnance, laquelle n'est que pour les Megissiers & Artisans semblables ; neanmoins l'on veut reduire les Poissonnieres de la ruë de Verdelay, à cette impossibilité, ou se retirer en autre lieu, par le moyen d'un Arrest du 19. Juillet, à l'execution duquel est opposant, & entant que besoin, est obtenu Requeste civile fon-dée sur ce qu'il estoit partie pardevant le premier Juge, & n'a esté oüy en l'appel d'ailleurs, au préjudice de sa Requeste à fin d'intervention à conclu à l'enterinement d'icelle & en son opposi-tion, Oüy Choüard pour les Défendeurs en leurs fins de non-recevoir & défenses, que l'Arrest est conforme à l'Ordonnance de Police, & offre de faire bastir les trampis en la ruë du Bout-du-Monde, pour en avoir les loyers raisonnables, & offre tout interest. Servin pour le Procureur General du Roy, dit que le Demandeur n'estant Appellant de la Sentence, l'appel a pû estre jugé sans luy, nonobstant sa Requeste, puisqu'il ne l'avoit fait intimer ; & l'Arrest de Police fort utile à la santé publique, toutefois, pour ce qu'il y auroit de l'incommodité, s'il y plaist à la Cour de suivre les offres, & les Défendeurs feront faire les trampis en la ruë plus éloignée, qu'ils loüeront à prix raisonnable. La Cour appointe les Parties au Conseil ; cependant sera l'Arrest executé. Fait en Par-lement l'onziéme Decembre, mil six cens trois. Signé, VOISIN. Cet appointement a esté aban-donné, & ce dernier Arrest provisoire est demeuré disinitif.

Depuis ce temps il a esté ordonné par Arrest du Parlement du 23. Fevrier 1660. que les hui-» tres à l'écaille seroient aussi visitées, avant que » d'estre exposées en vente, pour connoistre si » elles sont defectueuses ou non.

Un autre Arrest du 18. Fevrier 1662. défend à » tous ceux où celles qui vendent du poisson de » mer en détail, de salciter avec de la chaux ou » autrement le poisson salé ou detrempé, à pei- » ne de confiscation & de privation de leurs pla- » ces, aux Halles ou Marchez.

§. I. Du Poisson d'eau douce.

Les Statuts des Marchands de Poisson d'eau douce, qui leur furent donnez par S. Loüis l'an 1254. & depuis confirmées par Charles VIII. le « 29. May 1484. leur font défenses d'exposer « leur poisson en vente, qu'il n'ait esté visité par « les Jurez ; & ordonne que le poisson qui sera « trouvé mauvais ou defectueux sera coupé & « jetté en la riviere. «

Il est ordonné par les mêmes Statuts, que « les quatre Jurez feront serment devant le Pre- « vost de Paris de faire observer les Réglemens, « & de faire jetter dans la riviere tout le pois- « son qu'ils trouveront defectueux ; que tous les « quatre Jurez ou l'un d'eux au moins feront leur « visite le Mercredy, le Vendredy & le Same- « dy de chacune semaine, dans le temps de char- « nage & tous les jours pendant le Carême, en « tous les lieux où l'on vend le poisson. «

TITRE VII.

Du Beurre, & du Lait.

Liv. vert anc.
fol. 166.

UNE Ordonnance du Prevoſt de Paris du 25.
Novembre 1396. fait défenſes à toutes per-
» ſonnes qui font le commerce de beurre frais
» ou ſalé, de mixtionner les beurres pour leur
» donner une couleur plus jaune, ſoit en y meſ-
» lant des fleurs de Soucy, d'autres fleurs, her-
» bes, ou drogues; leur fait auſſi défenſes de
» meſler le vieux beurre avec le nouveau, &
» leur enjoint de les vendre ſéparément, à pei-
» ne de confiſcation & d'amende arbitraire.

Les anciens Statuts des Marchands Beurriers-
Fruittiers confirmez l'an 1412. réiterent ces mê-
» mes défenſes, de farder & mixtionner le
» beurre, ſur peine de confiſcation & d'amende
» arbitraire: Ils défendent auſſi de vendre du
» beurre & du poiſſon dans une même bouti-
» que, ou ſur un même étal; la propreté ne
» permettant pas d'exercer ces deux meſtiers
» enſemble.

» Les mêmes Statuts font défenſes aux Chande-
» liers, aux Epiciers, aux Apotiquaires, & à
» toutes autres perſonnes qui manient des Mar-
» chandiſes de mauvaiſe odeur, de vendre du
» beurre en détail.

» Que tous Regrattieres, Patroüilleurs & Dé-
» guiſeurs de beurre, ſeront exclus & interdits
» du Commerce; enjoint aux Jurez en faire
» leurs rapports, à peine d'en répondre en leur

propre & privé nom.

Par une Ordonnance du Prevoſt de Paris du «
8. Juillet 1519. Il eſt défendu à tous Marchands «
& Marchandes d'achetter du Beurre en la «
Halle ny ailleurs, pour le façonner, le rema- «
nier & le revendre enſuite. Ces mêmes défen- «
ſes de repetrir, patroüiller, ou mixtionner «
les beurres, ſoit frais ou ſalé, furent réiterées «
par une Ordonnance Mr Moreau Lieutenant Ci- «
vil, du 30. Mars 1635. & cette Loy ſi neceſſai- «
re à la ſanté a toujours eſté obſervée avec beaucoup d'exactitude.

§. I. Du Lait.

Le Lait eſt un aliment d'un fort grand uſage;
noſtre propre experience nous le perſuade tous
les jours, c'eſt la ſeule nouriture des enfans dans
leur âge le plus tendre; les Adultes s'en ſervent
frequemment dans leurs repas; & il leur eſt ſouvent ordonné pour remede dans les maladies
les plus aigues & les plus deſeſperées: ainſi on
ne peut prendre trop de ſoin de l'avoir bon, &
trop de precautions contre tout ce qui peut en
corrompre ou alterer la qualité. L'Ordonnance
qui ſuit apprendra ce qui a eſté fait dans ces
derniers temps par rapport à cette portion importante de la Police & de l'ordre public.

---

4. Novemb.
1701. Ordon.
de Police qui
défend de
donner aux
vaches lai-
tieres, de la
dréſche cor-
rompuë, ny
du marc d'a-
midon, publ.
& affichée le
18. du même
mois.

SUR le rapport qui Nous a eſté fait à l'Audience de Police ce jourd'huy, par Maiſtre Jean Jacques Camuſet, Conſeiller du Roy, Commiſſaire au Chaſtelet de Paris, que dans les Fauxbourgs
de cette Ville pluſieurs Particuliers nourriſſent des vaches avec du marc d'orge moulu, vulgairement appellé de la Dreſche, qu'ils enlevent des lieux où l'on braſſe la biere, & que le lait tiré
des vaches peut eſtre préjudiciable à la ſanté, non ſeulement des enfans à la mammelle, mais encore des perſonnes adultes; que même il y avoit en certains endroits de cette Ville des hommes
& des femmes qui faiſoient commerce de ce marc, l'enlevant de chez les Braſſeurs pour le vendre
aux Particuliers qui nourriſſent des vaches laitieres, s'en ſervent à cet uſage non ſeulement lors
que ce marc eſt encore frais & d'une agreable odeur, mais auſſi lorſque le temps la fait aigrir,
& que dans cet eſtat de corruption il communique neceſſairement au lait des vaches une aigreur
préjudiciable à la ſanté des perſonnes qui s'en nourriſſent: Nous a auſſi ledit Commiſſaire fait
rapport que les Amidonniers vendent pour le même uſage le marc ou fece d'amidon, quoique
cette matiere corrompuë & aigre par un long croupiſſement dans les tonneaux où elle eſt gardée
par leſdits Amidonniers, ne puiſſe jamais eſtre un aliment convenable aux vaches laitieres, dont
luy & pluſieurs de ſes Confreres ayant receu de frequentes plaintes, il a crû qu'il eſtoit d'autant
plus important de Nous en informer, que la pluſpart des particuliers qui nourriſſent des vaches
ne leur donnent en certain temps aucune autre nourriture que celle-là: Qu'entre les Braſſeurs &
Amidonniers qui vendent leſdites dreſche & feces, luy Commiſſaire auroit ſceu que les nommez
Arnaul & Montreüil Braſſeurs, & les nommez Boucher & Adam Amidonniers en font le plus de
commerce: & qu'entre ceux qui en nourriſſent leurs vaches, le nommé Rioux & la Veuve de la
Croix ſont principalement dans cet uſage; ce qui l'auroit obligé de les faire aſſigner pardevant
Nous à la Requeſte du Procureur du Roy, par Exploit de le Febvre Sergent à Verge audit Chaſtelet, du jour d'hier: Surquoy Nous, après avoir oüy ledit Commiſſaire Camuſet en ſon rapport,
leſdits particuliers en leurs défenſes, & les Gens du Roy en leurs Concluſions; avant faire droit
ſur le tout, avons ordonné que le rapport dudit Commiſſaire ſera communiqué aux Doyen & deux
Profeſſeurs en Pharmacie de la Faculté de Medecine, pour donner leur avis; ſçavoir ſi leſdites
dreſche ou marc de biere, & feces d'amidon peuvent cauſer quelque mauvaiſe qualité au lait des
vaches qui en auroient mangé; pour leur avis à Nous rapporté & communiqué au Procureur du
du Roy, y eſtre pourvû ſur ſes Concluſions, ainſi que de raiſon. Ce fut fait & donné par Meſſire
MARC-RENE' DE VOYER DE PAULMY, D'ARGENSON, Chevalier, Con-
ſeiller du Roy en ſes Conſeils, Maiſtre des Requeſtes ordinaire de ſon Hoſtel, & Lieutenant
General de Police de la Ville, Prevoſté & Vicomté de Paris, le Vendredy deuxiéme Septembre
mil ſept cens un. Signé, DE VOYER D'ARGENSON.

Veu

Veu par Nous la Sentence dont copie eſt cy-deſſus, & l'avis des Sieur Doyen, & deux Profeſ-ſeurs en Pharmacie de la Faculté de Medecine, aprés avoir oüy le Procureur du Roy, auquel le tout a eſté communiqué, avons permis aux Braſſeurs de cette Ville & Fauxbourgs de Paris, de vendre aux particuliers qui nourriſſent des vaches laitieres le marc de l'orge moulu, vulgaire-ment appellé Dreſche, ainſi que leſdits Braſſeurs ont coûtume de faire ; & auſdits particuliers d'en nourrir leurs Vaches, ſoit que ladite dreſche ait eſté enlevée chez leſdits Braſſeurs immediatement aprés le braſſin fait, ſoit qu'on ait eu ſoin de la tenir fraiſche & de la conſerver exempte d'aigreur & de corruption en la renfermant dans des futailles dont la ſurface eſt couverte d'un lit de ſalpeſ-tre pulveriſé : Faiſons tres-expreſſes inhibitions & défenſes à toutes perſonnes d'acheter des dreſ-ches corrompuës pour la nourriture des vaches ; aux Braſſeurs d'en ſouffrir l'enlevement, & aux Regrattieres de vendre celles qui ſe feront aigries ; le tout à peine de deux cens livres d'amende. Faiſons pareillement défenſes aux Amidonniers de vendre aux perſonnes qui nourriſſent des vaches laitieres le marc ou feces de leur amidon, à peine de pareille amende, & de punition corporelle contre les vendeurs & acheteurs, même d'eſtre tenus & reſponſables civilement de tous les in-conveniens qui en pourroient arriver ; & ſera noſtre preſente Ordonnance lûë, publiée & affichée aux entrées de cette Ville & dans les ruës, Marchez & Places publiques, à ce qu'aucun n'en prétende cauſe d'ignorance. Ce fut fait & donné par Meſſire MARC-RENE' DE .VOYER DE PAULMY D'ARGENSON, Chevalier, Conſeiller du Roy en ſes Conſeils, Maiſtre des Requeſtes ordinaire de ſon Hoſtel, & Lieutenant General de Police de la Ville, Prevoſté & Vicomté de Paris, le Vendredy quatriéme jour de Novembre mil ſept cens un. Signé, DE VOYER D'ARGENSON. CAILLET, Greffier.

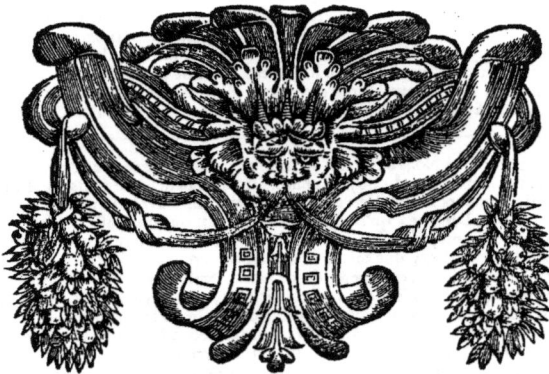

TITRE VIII.

Des Fruits & des Legumes.

LEs anciens Statuts des Jardiniers de Paris confirméz par Lettres Patentes du mois de Novembre 1599. enjoignent aux Jurez de vifi-
» ter tous les jours & en tout temps les Fruits
» & Legumes qui arrivent & font expofez en
» vente dans les Marchez & les Places publi-
» ques. Il leur eft ordonné en faifant ces vifites,
» de faifir toutes les marchandifes qu'ils trouve-
» ront gâtées & indignes d'entrer dans le corps
» humain, d'en faire rapport en la Chambre du
» Procureur du Roy, & d'en pourfuivre la con-
» fifcation & l'amende de 20. f. contre ceux qui
» auront commis la contravention.
» Il eft défendu aux Revendeurs & aux Re-
» vendereffes d'acheter aucune chofe dépendan-
» te du jardinage, qu'en la Halle ou Marchez
» publics, afin que les Jurez en ayent connoif-
» fance, & les puiffent examiner. Il leur eft auffi
» défendu de garder en leurs maifons ou ailleurs
» pendant la nuit des fruits ou herbes, de crainte
» qu'ils ne s'y corrompent, ou pourriffent ; &
» enjoint aux Jurez d'y faire leurs recherches
» & vifites, & de faire rapport des fautes & abus
» qu'ils y trouveront, pour y eftre pourvû,
» Les mêmes Statuts défendent à toutes perfon-
» nes de fumer aucune terre de fumier pour de pour-
» ceaux, pour y planter ou femer aucunes chofes
» dependantes du jardinage ; & en cas de con-
» travention, que les chofes qui auront efté fe-
» mées feront labourées & renverfées ; & celuy

qui aura fait la faute, condamné en deux écus «
d'amende. «
Les Ordonnances de Police qui font reiterées de temps en temps, contiennent de pareilles défenfes, & fous les mêmes peines, de fumer les «
terres deftinées aux legumes & jardinages, des «
matieres fecales qui font dechargées dans les «
foffes des voiries, jufqu'à ce qu'elles y ayent «
efté un temps fuffifant pour y eftre confom- «
mées ; ce qui eft fixé à trois ans par les mêmes
Ordonnances. Elles font rapportées fous le Titre du Nettoyement des ruës de Paris, où elles
peuvent eftre vûës.
L'experience a fait connoiftre que l'ufage des
Melons eft mauvais fur la fin de l'Automne ; que
la crudité de ce fruit caufe en cette faifon des
flux de ventre, des diffenteries, & quelquefois
des fiévres ou d'autres maladies encore plus dangereufes. L'on a auffi reconnu qu'en certaines
années froides, que les raifins ne font pas venus
à une parfaite maturité : l'ufage de ce fruit par
fon acidité caufe de femblables maladies, &
quelquefois même de plus dangereufes. Le Magiftrat de Police y pourvoit dans les temps convenables, par une Ordonnance qu'il fait publier
tous les ans à l'égard des melons quand les frai-
cheurs commencent à fe faire fentir, & pour les
raifins, lorfque la difpofition du temps demande cette precaution ; en voicy quelques-unes qui
feront feulement rapportées icy pour exemple.

§. I. Des Melons.

6. Octobre
1670. Ordon-
nance de Po-
lice qui inter-
dit la vente
des Melons
dans la faifon
qu'ils nuifent
à la fanté,
publ. & affi-
chée le 8. du
même mois.

SUr ce qui Nous a efté remontré par le Procureur du Roy, qu'il eft averti qu'il y a prefentement en cette Ville un grand nombre de malades de flux de ventre & de diffenteries ; & que
les fruits de mauvaife qualité qu'on y apporte, & entr'autres les melons, peuvent non feulement
entretenir, mais encore augmenter cette maladie parmy le Peuple : à quoy eftant tres-important
de remedier, requeroit que fur ce il fuft par Nous pourvû. Nous, faifant droit fur la remontrance du Procureur du Roy, avons fait tres-expreffes inhibitions & défenfes à toutes perfonnes d'apporter, vendre ny debiter pendant le refte de l'année aucuns melons en cette Ville & Fauxbourgs,
dans les ruës ou maifons, dans les marchez ou places publiques, à peine de confifcation, & de
cinquante livres d'amende contre les contrevenans : Mandons aux Commiffaires du Chaftelet de
tenir la main à l'execution de la prefente ; & à cet effet de fe transporter dans les Places publiques,
Marchez & autres lieux où befoin fera ; & fera noftre prefente Ordonnance lûë & publiée à fon
de Trompe & Cry public, & affichée aux Carrefours & lieux accouftumez de cette Ville & Fauxbourgs de Paris, à ce qu'aucun n'en pretende caufe d'ignorance. Ce fut fait & donné par Meffire
GABRIEL NICOLAS DE LA REYNIE, Confeiller du Roy en fes Confeils d'Eftat &
Privé, Maiftre des Requeftes ordinaire de fon Hoftel, & Lieutenant General de Police de la Ville,
Prevofté & Vicomté de Paris, le fixiéme jour d'Octobre 1670. Signé, DE LA REYNIE.
DE RIANTZ. SAGOT, Greffier.

10. Octobre
Ord. de Pol.
contre le de-
bit & l'ufage
des Melons,
dans la faifon
qu'ils nuifent
à la fanté, pu-
bliée & aff.
le 15. du mê-
me mois.

SUr ce qui Nous a efté remontré par le Procureur du Roy, que la mauvaife qualité d'une partie des fruits de cette ann e, & particulierement des melons que les dernieres pluyes empêchent
de pouvoir parvenir à une maturité convenable, pourroit caufer des maladies dangereufes fi le debit en eftoit continué plus long-temps ; il eftime qu'il feroit neceffaire d'en défendre la vente ; & à
cette fin a requis qu'il fuft fur ce pourvû : Nous, faifant droit fur la remontrance du Procureur
du Roy, avons fait tres-expreffes inhibitions & défenfes à toutes perfonnes d'apporter, vendre ny
debiter, pendant le refte de l'année, aucuns melons en cette Ville & Fauxbourgs, foit dans les
ruës ou maifons, foit dans les Marchez ou Places publiques, à peine de confifcation & de cinquante livres d'amende contre les contrevenans : Mandons aux Commiffaires du Chaftelet d'y tenir
la main ; & à cet effet, de fe transporter dans les Places publiques, Marchez & autres lieux où befoin fera pour l'execution de noftre prefente Ordonnance, qui fera lûë, publiée à fon de Trompe & Cry public, & affichée aux Carrefours & lieux accouftumez de cette Ville & Fauxbourgs de
Paris,

Paris, à ce qu'aucun n'en prétende cause d'ignorance. Ce fut fait & donné par Messire MARC-RENE' DE VOYER DE PAULMY, D'ARGENSON, Chevalier, Conseiller du Roy en ses Conseils, Maistre des Requestes ordinaire de son Hostel & Lieutenant Général de Police, de la la Ville, Prevosté & Vicomté de Paris, le 19. Octobre 1701. signé, DE VOYER D'ARGENSON. ROBERT. GAUDION, Greffier.

<table>
<tr><td>

15. Oct. 1703. Ordon. de Police contre le debit & l'usage des melons, dans le temps qu'ils naissent à la santé, pub. & affic. le 18. du même mois.

</td><td>

SUR ce qui Nous a esté remontré par le Procureur du Roy, Que la saison estant déja avancée, les melons ne peuvent parvenir à une maturité convenable, & que si l'on en continuë le debit plus long-temps, il est à craindre que leur mauvaise qualité ne cause des maladies dangereuses ; pour quoy il requiert y estre pourvû : Nous, faisant droit sur la remontrance du Procureur du Roy, avons fait tres-expresses inhibitions & défenses à toutes personnes d'apporter, vendre ny debiter pendant le reste de l'année aucuns melons en cette Ville & Fauxbourgs, soit dans les Marchez ou Places publiques, à peine de confiscation, & de cinquante livres d'amende contre les contrevenans. Mandons aux Commissaires du Chastelet d'y tenir la main ; & à cet effet de se transporter dans les Places publiques, Marchez & autres lieux où besoin sera, pour l'execution de nostre presente Ordonnance, qui sera luë & publiée à son de Trompe & Cry public, & affichée aux Carrefours & lieux accoustumez de cette Ville & Fauxbourgs de Paris, à ce qu'aucun n'en prétende cause d'ignorance. Ce fut fait & donné par Messire MARC-RENE' DE VOYER DE PAULMY, Marquis D'ARGENSON, Chevalier, Conseiller du Roy en ses Conseils, Maistre des Requestes ordinaire de son Hostel, & Lieutenant General de Police de la Ville, Prevosté & Vicomté de Paris, le 15. Octobre 1703. Signé, DE VOYER D'ARGENSON. ROBERT. GAUDION, Greffier.

</td></tr>
</table>

§. 2. Des Raisins.

<table>
<tr><td>

11. Septemb. 1665. Ordon. de olice, qui interdit la vête des raisins, lorsque l'usage en est dangereux à la santé, pub. & affichée le 12. du même mois.

</td><td>

SUR ce qui Nous a esté remontré par le Procureur du Roy ; Qu'au préjudice des Ordonnances & des Réglemens de Police, plusieurs personnes exposent & vendent des Raisins dans les Places & Marchez publics de cette Ville & Fauxbourgs de Paris ; ce qui pourroit causer en cette saison des dissenteries & autres maladies : A quoy estant necessaire de pourvoir, Nous avons fait tres-expresses inhibitions & défenses à toutes personnes d'apporter aucuns raisins en cette Ville & Fauxbourgs, ny de les exposer en vente, à peine de confiscation d'iceux, & de trente livres d'amende. Mandons aux Commissaires du Chastelet de tenir la main à l'execution de la presente Ordonnance, & de nous faire rapport des contraventions ; & à ce qu'aucun n'en prétende cause d'ignorance, ordonnons qu'elle sera luë & publiée à son de Trompe & Cry public, & affichée aux Carrefours & lieux accoustumez de cette Ville & Fauxbourgs de Paris. Fait & ordonné par Messire GABRIEL NICOLAS DE LA REYNIE, Conseiller du Roy en ses Conseils d'Estat & Privé, Maistre des Requestes Ordinaire de son Hostel, & Lieutenant General de Police de la Ville, Prevosté & Vicomté de Paris, le 11. Septembre 1665. Signé, DE LA REYNIE. DE RIANTZ. COUDRAY, Greffier.

</td></tr>
</table>

TITRE IX.

Du Vin.

I L y a tant d'autorité dans les Auteurs les plus celebres pour & contre le vin, que l'on pourroit (ce semble) raisonnablement douter, si cette liqueur merite plus d'éloge que de blâme, si elle est plus utile que dangereuse à l'homme.

Le vin, dit le Sage, est une source d'intemperance, l'ennemi de la sagesse ; il jette l'homme dans l'opprobre : l'yvrognerie est pleine de desordre ; quiconque y met son plaisir ne deviendra point sage ; à qui dira-t-on malheur ? au pere de qui dira-t-on malheur ? pour qui seront les querelles ? pour qui les précipices ? pour qui les blessures sans sujet ? pour qui la rougeur & l'obscurcissement des yeux ? sinon pour ceux qui passent le temps à boire du vin : ne regardez point le vin lors qu'il paroît clair, lorsque sa couleur brille dans le verre, il entre agreablement, mais il mord à la fin comme un serpent, & il répand son venin comme un basilic ; vos yeux regarderont les étrangeres, & vostre cœur dira des paroles dereglées ; vous serez comme un homme endormi au milieu de la mer, comme un Pilote assoupi qui a perdu le gouvernail, & vous direz, ils m'ont battu, mais je ne l'ay point senti ; ils m'ont entraîné, & je ne m'en suis point apperçû ; quand me reveilleray-je, & quand trouveray-je encore du vin pour boire ? le vin fait tomber les sages mêmes, & jettent dans l'opprobre les plus sensez. N'excitez point à boire ceux qui aiment le vin, car le vin en a perdu plusieurs. Comme le feu éprouve la dureté du fer, le vin bû avec excés, fait reconnoistre les cœurs superbes ; il porte à la colere & l'emportement, il inspire l'audace, il oste la force, il attire de grandes haînes ; c'est l'on le pere de tous les vices, un demon volontaire, un ennemi de la vertu ; le premier trait que les demons lancent contre l'homme dans sa jeunesse pour le perdre.

Le vin, selon le sentiment des Philosophes, est l'instrument de toutes les dissolutions, il est le sang de la terre, & c'est un venin aussi dangereux que celuy de la cigüe ; il n'y a chose au monde plus fâcheuse, & qui cause plus d'ennuy, que le vin pris immoderement ; il transporte l'homme hors de luy-même, il luy oste la raison, & luy cause mille malheurs. Tous ceux qui sont addonnez au vin, sont paresseux ; il est impossible qu'ils puissent se lever le matin avec le Soleil, ils n'ont point de santé, les uns sont pâles, d'autres ont les yeux rouges, chassieux, égarez, & quelquefois ulcerez ; il y en a d'autres qui tremblent si fort, qu'ils ne sçauroient tenir un verre plein ; ils ne dorment jamais d'un sommeil tranquile, au contraire toujours agitez ils ont la nuit des songes affreux, qui leur font sentir par anticipation les peines d'enfer ; ils ne se souviennent non plus le lendemain de ce qu'ils ont fait le jour precedent, que s'ils avoient perdu le bon sens & la memoire ; enfin pour comble de disgrace, il y en a peu qui parvien-

nent jusqu'à la vieillesse, ou ils perissent par l'épée, ou ils meurent des maladies que cause l'intemperance.

L'yvresse loge toujours avec elle, la folie & la fureur, ou pour mieux dire, c'est elle-même une courte fureur, d'autant plus mauvaise que l'autre, qu'elle est volontaire ; le vin pur envoye ses vapeurs à la teste ; il relâche tout le corps, & en attaquant l'origine des nerfs & des sens, il travaille beaucoup l'homme : ceux qui en boivent immoderement sont presque toujours pâles ; ils deviennent pesans, les esprits vitaux en estant violemment ébranlez, tous leurs membres se debilitent & tremblent ; la langue leur begaye, les nerfs en leurs extremitez se roidissent, & quelquefois ils tombent en paralisie. Voilà ce qui se trouve de plus fort contre cette liqueur : voicy son apologie.

Le vin pris avec temperance est une seconde vie, il a esté creé dés le commencement pour estre la joye de l'homme, la joye & la santé de l'ame & du cœur.

Les Anciens mettoient toujours Minerve prés de Bacchus dans leurs Temples, parce que le vin fortifiant la chaleur naturelle, inspire dans le sang une certaine vigueur qui va jusqu'à l'entendement : c'est une flâme à l'esprit, & une amorce à la vertu ; il augmente la vivacité de l'ame, il enseigne les sciences, & rend l'homme éloquent, il augmente les forces, & lors qu'il est pris moderément, il n'y a rien qui soit plus profitable à l'homme ; il engendre le sang, il entretient la couleur vive, il recrée & rétablit l'estomach, il rend l'appetit à ceux qui sont dégoustez, il donne de la joye, il fait oublier la tristesse & les soucis ; il est un remede infaillible contre le cordiaque ou battement de cœur, & contre tous les poisons froids : il fait dormir agreablement, il réjoüit l'esprit, luy fait oublier tous ses maux, & le remplit d'esperance, il rend le corps sain, plus fort & plus allegre ; il adoucit la vie rude & penible, il inspire la douceur & la joye, & il entretient l'union & la societé des familles & des Villes entieres : Enfin, ajoûtent ces mêmes Auteurs, c'est le plus utile de tous les breuvages, la plus agreable des medecines, & celuy de tous les alimens dont on se lasse le moins.

Des sentimens qui semblent si opposez, sont neanmoins tres-faciles à concilier, sans avoir recours ailleurs qu'à leurs propres termes : rien certainement n'est plus dangereux à l'homme que le vin pris avec intemperance, & la ruine infaillible du corps & de l'ame, & souvent la perte de l'un & de l'autre. Rien au contraire de meilleur & de plus utile que le vin pris moderément ; il produit au corps & à l'esprit tous les bons effets qui viennent d'estre expliquez.

Ainsi tout consiste à se bien conduire dans l'usage de cet aliment pour se le rendre favorable, & ce regime est borné à ces trois points ;

en

en regler la quantité, le tremper d'eau, & le choilir tel que la nature le produit.

A l'égard de la quantité il eſt difficile de la fixer; cela dépend de l'âge, du temperament, & de la ſaiſon; les vieillards, les phlegmatiques & les melancoliques en peuvent boire un peu davantage que les jeunes gens, les ſanguins & les bilieux, & tous un peu plus en Hyver qu'en Eſté, mais en quelque âge & en quelque temps que ce ſoit, ce doit eſtre toujours avec beaucoup de retenuë, de temperance & de moderation. Un peu de vin, dit le Sage, n'eſt-il pas plus que ſuffiſant à un homme reglé : vous n'aurez point ainſi d'inquietude pendant le ſommeil, & vous ne ſentirez point de douleur; l'inſomnie, la colique, les tranchées ſont le partage de l'homme intemperant; il vaudroit mieux n'en jamais boire que d'en boire trop; c'eſt la regle qu'Ariſtote preſcrivoit dans ces morales en parlant du vin, *ἢ μικρὸν ἢ ὀλίγον*, un peu ou point du tout; & c'eſt ainſi que s'en expliquent tous les paſſages que nous venons de parcourir; l'on y voit par tout la temperance recommandée comme une condition, ſans laquelle le vin devient toujours pernicieux.

Eccl.c.31.v 22. 23. 24.

Plat.de leg.l 2 Ariſt Æthic. Plutarq. de la ſanté.

L'uſage de tremper d'eau le vin que l'on boit eſt fort ancien, & l'utilité nous en eſt connuë; Pline qui vivoit dans le 1. ſiecle, en parle comme eſtant dés lors d'une profonde antiquité; & il en attribue l'invention à Staphil fils de Sithen. Diodore de Sicile rapporte que de ſon temps l'on ſervoit le vin pur au commencement du repas, avec cette précaution que les conviez invoquoient le Dieu qui preſerve des dangers, *Deum ſoſpitem*, & qu'à la fin du repas ils y mêloient de l'eau, en l'honneur de Jupiter Sauveur, *Jovem ſervatorem*, il ajouſte par raiſon de cette conduite, qu'ils connoiſſoient qu'en buvant du vin pur, ils s'expoſoient au danger de perdre la raiſon, & que l'eau qu'ils y meſloient enſuite, eſtoit un remede contre la folie; qu'elle conſervoit l'uſage du bon ſens, & qu'ils en gouſtoient mieux la volupté & la joye; ce qui les engageoit d'en rendre grace au ſouverain des Dieux. Licurgue qui ne ſçavoit peut-eſtre pas encore ce ſecret de tremper le vin par l'eau, voyant les deſordres que l'yvreſſe cauſoit, fit arracher toutes les vignes de Lacedemone; il en eſt repris par Plutarque; il euſt mieux fait, dit ce Philoſophe, d'approcher Bacchus des Nymphes; par là il eut retenu un Dieu fou & furieux par un autre Divinité ſage & ſobre; & s'expliquant enſuite ſans figure, il ajouſte que par les Nymphes, il entend l'eau des fontaines, parceque dit-il, le mélange de l'eau dans le vin luy oſte la force de nuire, & luy laiſſe toute celle qui eſt neceſſaire pour profiter.

Plin.l.7.c.56.

Diod. Sic.l.5.

Plut. commét il faut lire les Poëtes.

Il reſtoit de ſçavoir quelle doit eſtre la doſe de chacune de ces liqueurs dans ce mélange, pour le rendre utile; Plutarque y ſatisfait encore avec ſon érudition & ſon exactitude ordinaire. De même, dit-il, que dans la muſique il y a trois accords, que l'on nomme Seſquialtere ou Quinte, Diapaſon ou Octave, & Seſquitierce ou Quarte, qui la rend plus agreable, plus forte, ou plus languiſſante; il y a de même trois proportions à obſerver dans le mélange du vin & de l'eau, qui ont rapport à ces trois differens ſons & à leurs effets. L'un qu'il compare à la Quinte, ſe fait de trois meſures d'eau ſur deux meſures de vin. L'autre qui a rapport à l'Octave, ſe fait d'une meſure d'eau ſur deux de vin; & le troiſiéme qui imite la Quarte, ſe fait de trois meſures d'Eau ſur une de vin. Il dit enſuite que la ſeconde proportion d'une meſure d'eau ſur deux de vin, qui a rapport aux ſons les plus forts de la muſique, laiſſe auſſi trop de force dans le vin, & qu'elle eſt une intemperance qui conduit à l'yvreſſe; que celle de trois meſures d'eau ſur une de vin, qui eſt comparée aux ſons les plus languiſſans, affoiblit trop le vin, & qu'elle eſt, pour ainſi dire, un excés de ſobrieté; & qu'enfin la proportion de trois meſures d'eau ſur deux de vin, qui a rapport aux accords les plus agreables, eſt auſſi la plus utile, & celle que tout homme qui a ſoin de ſa ſanté, doit obſerver. Mais tout cecy ne regarde que la raiſon toute ſeule, ou tout au plus la Religion, la Morale, ou la Medecine; la Police y a peu de part; l'article qui ſuit eſt beaucoup plus de ſon reſſort.

Plutar.l.3. des propoſ. de table, queſt.10.

Il ne ſuffit pas pour conſerver ſa ſanté de n'uſer de vin qu'avec moderation, & de le tremper d'eau ſuffiſamment; il eſt encore plus important d'eſtre bien aſſeuré qu'on le boit naturel, & tel que la vigne le produit. En boire trop, ou le boire ſans eau, peut enyvrer, les ſuites en ſont fâcheuſes, on n'en peut diſconvenir, mais le boire falſifié, empoiſonne, & il y va de la vie.

Plin. l.23. c.1.

Ce n'eſt pas d'aujourd'huy que l'on falſifie le vin pour le rendre plus agreable à la vûë ou au gouſt; les grands Seigneurs & les Princes mêmes, diſoit Pline en ſon temps, ont peine à trouver pour leurs tables, du vin qui ſoit naturel, & qui ne ſoit point meſlé, ou ſophiſtiqué; ainſi c'eſt un mal fort ancien & dont on s'eſt toujours plaint.

Il y a eu de tout temps trois ſortes de preparations au vin, qui le tire de ſon eſtat naturel, la clarification, le mélange, la ſophiſtication.

Les Anciens clarifioient le vin en le tirant de deſſus la lie, & le coulant dans un autre tonneau par une chauſſe d'étamine qui en oſtoit toute la craſſe, & ce qu'il y avoit de plus groſſier. Plutarque traite la queſtion de ſçavoir s'il eſtoit utile ou non à la ſanté d'en uſer ainſi; il ſuppoſe deux de ſes amis qui ſont ſur cela de ſentimens oppoſez, & qui en font l'objet de leur converſation. Niger ſouſtient d'abord que cette épuration oſte la force naturelle au vin, qu'elle l'affoiblit, le rend paſſe & l'évente, que cela ſe connoiſt par la facilité avec laquelle il ſe corrompt, & ſe tourne preſque auſſi-toſt, comme ayant eſté coupé de deſſus ſa mere lie : que les anciens eſtoient tellement oppoſez à cette ſeparation, que par le mot *triga* lie, ils entendoient tout le vin, de même que par ceux d'ame ou de teſte, on entend ordinairement l'homme, deſignant ainſi le tout par ſa principalle partie. Ariſton ſoutient au contraire, que la clarification ou épuration de vin, ne le rend point pâle ou décoloré, mais doux & gracieux à la vûë, au lieu de doux, & de gros & d'obſcur qu'il eſtoit; que cela luy fait pour ainſi dire vomir ſa colere, le décharge de ce qu'il a de peſant, qui enyvre, & qui cauſe des maladies, le rend plus gay, plus legere, & plus facile à paſſer & à digerer; qu'à la verité il eſt plus fort avant ſon épuration, mais que l'homme a auſſi plus de force dans ſa frenefie que dans ſon bon ſens; que l'épuration oſte au vin ce qu'il a de furieux, & le met dans un eſtat paiſible & ſain; qu'il y a la même difference entre cet eſtat de pureté où l'on met le vin, & celuy de falſication que l'on blâme; qu'il y a entre l'affeterie & la propreté. Que les femmes qui ſe fardent, qui ſe parfument d'huiles de ſenteurs, d'ornemens ſuperflus d'or

Plut. des prop. de table.

& de robes de pourpres, font à bon droit tenuës pour fuperbes & mondaines ; mais que celles qui fe baignent, qui fe lavent, qui fe coëffent & ajuftent leurs cheveux modeftement, font eftimées pour leur propreté ; qu'il en eft de même du vin ; le fophiftiqué ou fardé doit eftre méprifé & rejetté, le clarifié ou purifié eft eftimable & bon : voilà comme finit cette difpute ; la décifion en eft laiffée au Lecteur.

On ne peut difconvenir que cette feparation du vin d'avec fa lie, & ce changement d'un vaiffeau dans l'autre ne l'épure & ne le rende plus leger & plus délicat, mais il eft vray auffi, comme le foûtient Niger, que cela l'expofe à l'évent, & le diminue beaucoup de force & de qualité, la raifon en eft fort naturelle ; le nouveau vaiffeau où il eft mis n'eftant point cimenté pour ainfi dire par le tartre de la lie, qui s'eftoit attaché à l'ancien dans le temps de fa fermentation, les pores en font ouverts, & l'air s'y infinue de tous coftez, ce qui caufe la diffipation des efprits du vin, l'affoiblit & l'évente. Le remede que l'on apporte aujourd'uy à cet inconvenient, de faire brûler dans le nouveau vaiffeau un bout de mefche fouffrée & aromatifée, qui le remplit d'une vapeur ou fumée onctueufe, & qui en bouche les pores, n'a pas efté ce femble, inconnu aux Anciens. Pline rapporte que quand le vin auroit un gouft d'évent, de moify, ou quelqu'autre défaut, ils le rétabliffoient dans fa bonté par la fumée, foit en l'infinuant dans la fubftance du vin même, ou feulement dans le bois des futailles où il devoit eftre mis ; & il femble même infinuer en un autre endroit, que cette fumée eftoit faite comme celle d'aujourd'uy avec des aromates ou parfums.

La feconde preparation que l'on fait au vin, & qui le tire de fon eftat naturel, eft celle du mélange : l'on fuit ordinairement, dit Pline, la reputation des caves & des celiers quand on veut acheter du vin pour fa provifion ; mais on ne prend pas affez de foin de s'informer fi dans les vendanges l'on n'a point rejetté de vieux vins dans la cuve, ou fi l'on n'en a point broüillé dans le tonneau avec le nouveau, car même dans les meilleures maifons, l'on a pris à prefent cet ufage, de renouveler ainfi les vins qui font trop vieux, ou qui ont quelque mauvais gouft, ou quelqu'autre defaut : il faut bien prendre garde auffi, ajoûte-t-il, de boire de plufieurs vins meflés enfemble, cela eft toujours fort mauvais & fort dangereux à la fanté, de quelque maniere que ce meflange ait efté fait.

Plutarque eft de ce même fentiment ; il n'y a rien qui enyvre plus promptement, ce font les propres termes de ce Philofophe, que le vin meflé de plufieurs vins differens, parce que l'yvreffe n'eft autre chofe qu'une indigeftion de vin qu'on ne peut cuire, & que l'aliment le plus fimple, & qui eft dans fon eftat naturel, eft toujours celuy que le cuit & fe digere plus facilement : c'eft pourquoy, ajoûte-t-il, ceux qui font profeffion de bien boire, fuïent le plus qu'ils peuvent le vin meflangé, & que tous ceux qui le broüillent & le meflangent ainfi, le font en cachete, & le plus fecretement qu'il leur eft poffible, comme des gens qui tendent des embûches.

La fophiftication ou falfification, eft enfin la derniere preparation par laquelle on change l'eftat naturel du vin ; elle eftoit auffi connuë aux Anciens, & ils la mettoient en ufage, on

n'en peut pas douter, eux-mêmes ont pris foin de nous l'apprendre. Pline rapporte que les vins de Languedoc, & principalement d'Albi eftoient beaucoup aimez à Rome, mais que l'on avoit peine à s'y fier, parce que le plus fouvent pour leur donner du goût & de la couleur, ils eftoient fophiftiquez avec des parfums de l'aloës ou d'autres drogues qui nuifoient à la fanté. Les vins qui font trop verts, ajoûte ce même Autheur en parlant de tous les autres Païs, font adoucis & rendus plus meurs par de la fumée & des parfums, c'eft une preparation qui n'eft point bonne au corps humain ; mais lorfque l'on mefle dans le vin des chapelures de marbre, du plaftre, ou de la chaux vive, l'ufage en eft beaucoup plus à craindre ; il eft tres pernicieux aux temperamens même les plus robuftes : l'on y mefle auffi quelquefois, continue-t-il de l'eau de mer, & alors les vins contraires à l'eftomach, aux nerfs, & à la veffie ; les vins qui font meflez de poixrefine font bons à ceux qui ont l'eftomach froid, mais font contraire aux eftomachs foibles qui vomiffent aifément ; & lorfque ce meflange eft reçent, il ne vaut rien à perfonne, il enyvre & caufe des douleurs de tefte & des vertiges ; ce qui a donné lieu aux Anciens de nommer également *crapula*, cette efpece de falfification, & les maux de tefte qu'elle caufe.

Pourquoy, dit Plutarque, verfe-t-on de l'eau de mer dans les tonneaux de vin, & que ceux qui font loin de la marine, au lieu d'eau de mer, y mettent du plaftre cuit au fourneau ? ce ne peut eftre fe répond-t-il à luy-même, que pour l'une ou l'autre de ces quatre fins : ou pour aider & entretenir la chaleur du vin contre le froid qui l'environne, ou au contraire pour l'affoiblir, en luy éteignant de fon feu, & luy oftant de fa force ; peut-eftre auffi parce que le vin eft fujet à fe pouffer ou à s'éventer ; l'on y mefle ces matieres terreftres & abftringentes qui le refferent & le retient, & que la falure de l'eau de mer venant à confumer ce qu'il y a d'étranger dans le vin, empêche qu'il ne s'y introduife aucune pourriture ou mauvaife qualité qui le gafte, ou enfin cela peut eftre fait dans la vûë, que tout ce qu'il y a de groffier & de terreftre dedans le vin, s'attachant à ces matieres pefantes que l'on y infinue, & qui vont au fonds, y foit attiré avec elles, & laiffent le refte du vin plus clair & plus net.

Au refte, de toutes les falfications des alimens, il n'y en a point qui foit plus à craindre que celle du vin, & dont les pernicieux effets foient plus prompts ; c'eft un vehicule fi vif, fi délié & fi fubtil, qu'il porte droit au cœur, & qu'il infinue dans tous les autres vifceres ; auffi que c'eft le premier des cordiaux, l'aliment qui rétablit plus promptement les forces abbatuës, le prefervatif le plus affeuré contre les poifons froids.

Il ne faut pas s'étonner aprés cela fi l'on a a toujours pris un fort grand foin d'empêcher les meflanges & les falfications de cette liqueur ; une ancienne Ordonnance du Prevoft de Paris, comme Magiftrat de Police du vingtiéme Septembre 1371. porte que pour empê- «
cher les mixtions & les autres abus que les Ta- «
verniers commettoient dans le debit de leurs «
vins, & par lefquels ils trompoient le Public, «

Side notes left column:
Plin. hift. natur. l. 13. c. 1.

Ibid. l. 14. c. 6.

Liv. 23. c. 1.

Plut. des prop. de table. liv. 4. queft. 1.

Plin. hift. natural. l. 14. c. 6.

Side notes right column:
Ibid. cap 1.

Plut desquest. naturelles, l. 3. queft. 1.

Plut. du difcernement de l'ami d'avec le flateur.

Idem des propos de table.

Liv. vert anc. fol. 148.

ij

» il seroit permis à toutes personnes qui pren-
» droient du vin chez eux, soit pour le boire
» sur le lieu, soit pour emporter, de descendre
» à la cave, & d'aller jusqu'au tonneau pour le
» voir tirer en leur presence. Et fait défenses aux
» Taverniers de l'empêcher, à peine de quatre
» livres parisis pour chaque contra-
» vention, dont le denonciateur aura le quart.
Une autre Ordonnance du même Magistrat du
» 2. Decembre de la même année 1371. défend
» aux Taverniers de faire aucun mélange de
» vins diferens pour estre debité dans leurs Ta-
» vernes, à peine de confiscation & d'amende
» arbitraire.
Par les Statuts des Marchands de vin, il leur
» est défendu de vendre ny debiter en détail dans
» leurs maisons, boutiques, caves ou celliers au-
» cune biere, cidre, poiré, eau de vie, ou autres
» liqueurs ou breuvages qui sont incompatibles
» avec le vin, ou qui puissent servir à le mélan-
» ger, sofistiquer ou falsifier, à peine de con-
» fiscation & d'amende arbitraire ; il leur est
» aussi défendu, sous les mêmes peines d'avoir
» en leurs maisons aucune lie puante, aucuns
» vins ou rapez puants ou poussez. Les Gardes
» de leur Communauté qui doivent tenir la
» main à cette discipline, sont obligez par les
» mêmes Statuts de faire tous les ans plusieurs
» visites dans les caves & dans les cabarets, &
» sur les rapports qui en sont faits à la Police
» par l'un des Commissaires. Les contrevenans

sont condamnez aux peines proportionnées à ce
leurs fautes. Ces Statuts sont rapportez dans le
Livre Cinq qui concerne les Vivres, sous le Titre de cette marchandise de vin, où ils peuvent
estre vûs.
La mauvaise disposition des saisons de l'année
1696. n'ayant pas donné aux fruits de la vigne
toute la maturité necessaire pour en faire du vin
d'aussi bonne qualité qu'à l'ordinaire ; quelques
particuliers Habitans de la campagne entreprirent d'en corriger les défauts par differentes fal-
sifications ; il y en eut entr'autre au Bourg d'Argenteüil proche de Paris, qui mêlerent dans
leurs vins de la litarge, pour leur donner une
couleur plus vive, plus de feu, & en diminuer
la verdeur. La litarge est un plomb empreint
de toutes les impuretez du cuivre, & reduit en
forme d'écume metallique par la calcination. Cette matiere se fait quand on pntisie le cuivre avec
le plomb au sortir de la mine. Ainsi les effets
de ce mélange ne pouvoient estre que tres-dan-
gereux. En effet plusieurs personnes qui bûrent
de ce vins s'en trouverent fort mal ; il y en eut qui
se servirent de bois d'Inde ou de raisins de bois,
pour donner seulement plus de couleur à leurs
vins ; d'autres n'employerent que la colle de
poisson pour les clarifier ; & comme tous ces ingrediens nuisent à la santé, autant de fois que
le Magistrat de Police a esté informé de cet abus,
il y a pourvû ; voicy deux de ses Ordonnances
qu'il a renduës en semblables occasions.

---

27. Septemb.
1697. Sen-
tence de Po-
lice qui con-
damne à l'a-
mende pour
avoir falsifié
des vins, pub.
& affichée le
le 2. Octob.
de la même
année.

SUR le Rapport qui Nous a esté fait en l'Audience de Police par Maistre Nicolas Paley, Conseiller du Roy Commissaire Enquesteur & Examinateur au Chastelet de Paris, Ancien Prepo-
sé pour la Police au quartier des Halles, que Loüis Dennequin Maistre Tapissier, ayant acheté
du vin de Jean Nicolle Vigneron demeurant à Argenteüil ; il s'y est trouvé de la Litarge, ce qui
a causé des coliques tres-vives & tres-douloureuses, tant audit Dennequin, sa Femme, qu'à leurs
Enfans, Garçons & Domestiques, qui en ont esté tous malades jusqu'à l'extremité : Que
le Sieur Billeux Marchand de Fer, ayant aussi acheté du vin d'Etienne Dono, dit Lhermite Vigneron, demeurant à saint Leu Taverny, on a reconnu qu'il estoit falsifié par un semblable mélange de litarge & d'autres drogues, dont sa Femme & ses deux Enfans ont esté dangereusement
malades ; dequoy luy Commissaire Nous ayant informé, Nous aurions prié le Sieur Boudin Doyen, Docteur & Regent de la Faculté de Medecine de Paris, feroit l'épreuve de l'un & de
l'autre vin, ce qui a esté executé ; en sorte qu'il paroist par son Certificat du premier de ce mois,
qu'il y avoit en effet dans ces vins un mélange de cette drogue appellée Litarge, tres-préjudiciable à la santé, capable de donner & provoquer des coliques tres - dangereuses ; pourquoy luy
Commissaire a fait assigner pardevant Nous à ce jourd'huy lesdits Nicolle & Dono, dit Lhermite, pour répondre à son Rapport, suivant l'Exploit de Gabriel le Doux Huissier à Cheval &
de Police en cette Cour, en date du sept des present mois & an : Oüy ledit Commissaire
en son Rapport, lesdits Nicolle & Dono, dit Lhermite en leurs défenses, & les Gens du Roy
en leurs Conclusions ; vû le Certificat dudit Sieur Boudin : Nous ordonnons que les Réglemens de Police seront executez selon leur forme & teneur ; & pour la contravention commise
par l.dit Nicolle, en meslant de la litarge dans le vin par luy vendu audit Dennequin, Nous l'a-
vons condamné en trente livres d'amende envers le Roy ; luy faisons tres-expresses inhibitions &
défenses, de recidiver, sous plus grande peine ; & à tous Marchands de vins, Vignerons & autres
personnes vendant vins en gros & en détail, ou en faisant pour leurs provisions dans l'étenduë de
la Ville Prevosté, & Vicomté de Paris, de mettre dans leurs vins de la litarge, bois des Indes,
raisins de bois, colle de poisson & autres drogues & mixtions capable de nuire à la santé de ceux
qui en pourroient boire ; le tout à peine de cinq cens livres d'amende, & de punition corporelle : A l'égard dudit Dono, dit Lhermite, après qu'il a soustenu & mis en fait que le vin qu'il a
vendu audit Billeux n'est point de son creu, qu'il l'a pris dans le sellier d'un autre Habitant du
même lieu de saint Leu Taverny ; ordonnons qu'à sa diligence il sera tenu de le mettre en cause,
& de le faire comparoir à la huitaine à nostre Audience du matin, sinon sera fait droit : Et afin que
personne n'en pretende cause d'ignorance, sera la presente Sentence lûë, publiée & affichée, tant
en cette Ville, dans lesdites Paroisses d'Argenteuil & saint Leu Taverny, que dans les autres Bourgs
& Villages de ladite Ville, Prevosté & Vicomté où il y a des vignobles, enjoint aux Curez &
Vicaires de lire & publier aux Prosnes de leurs Grandes Messes, par trois differens jours, nostre presente Sentence, qui sera executée nonobstant & sans préjudice de l'appel. Ce fut fait & donné
par Messire MARC-RENE' DE VOYER DE PAULMY D'ARGENSON,
Chevalier,

Chevalier, Conseiller du Roy en ses Conseils, Maistre des Requestes ordinaire de son Hostel, Lieutenant General de Police de la Ville, Prevosté & Vicomté de Paris, le Vendredy vingt-septiéme Septembre mil six cens quatre-vingt-dix-sept.

Signé, DE VOYER D'ARGENSON.

CAILLET, Greffier.

4. Février 1701. Sent. de Police qui impose une amende à des particuliers qui avoient faisi[?] leur vin pour en avoir le debit, publiée & affich. le 12. du même mois.

SUR le Rapport à Nous fait en l'Audience de la grande Police, par Maistre Anne le Maistre, Commissaire Ancien du Quartier de saint Denys ; que quoique par nostre Sentence du vingt-septiéme Septembre mil six cens quatre-vingt-dix-sept, il soit fait tres-expresses inhibitions & défenses à tous Marchands de vins, Vignerons & autres personnes vendant vins en gros & en détail, ou en recueillent pour leurs provisions dans l'estenduë de la Ville, Prevosté & Vicomté de Paris, d'y mettre de la litarge, du bois des Indes, des raisins de bois, & de la colle de poisson, ny d'autres drogues & mixtions capables de nuire à la santé de ceux qui en pourroient boire, le tout à peine de cinq cens livres d'amende & de punition corporelle ; laquelle Ordonnance a esté luë & publiée aux Prosnes des Paroisses d'Argenteuil, de saint Leu Taverny, & des autres Bourgs & Villages où il y a des vignobles ; neanmoins plusieurs particuliers Habitans des Villages circonvoisins de cette Ville, ne laissent pas d'y apporter du vin de raisin de bois, dont l'usage, aussi-bien que le mélange avec d'autres vins, est tres-prejudiciable à la santé, & peut causer des maladies dangereuses : c'est pourquoy le Sieur de la Besnardiere, Premier Exempt de la Compagnie du Sieur Prevost General de l'Isle de France, Commandant la Brigade de saint Denys, ayant eu avis le vingtiéme jour de Janvier dernier, que Denys Porcher & sa femme, Habitans de saint Leu Taverny, faisoient conduire en cette Ville quelques barils remplis de vin de raisin de bois, il se seroit transporté sur le grand-chemin avec sa Brigade, & auroit trouvé ledit Porcher & sa femme qui conduisoient deux chevaux chargez de paniers, dans lesquels il y avoit quatre barils remplis de vins de raisins de bois ; ce qui l'auroit obligé d'arrester ledit Porcher, de le constituer prisonnier dans les prisons du Chastelet, & de mettre en la garde d'un Habitant de saint Denys lesdits quatre barils ; & dautant qu'il est de la derniere importance d'empêcher l'usage de ces vins & le mélange des drogues qui pourroient nuire à la santé des Citoyens : Luy Commissaire a crû qu'il estoit de son devoir de Nous faire le present rapport pour y estre pourvû : Sur quoy, Nous après avoir oüy les Gens du Roy en leurs Conclusions, & ledit Porcher en ses défenses, avons ordonné que les Réglemens de Police & nostredite Sentence du vingt-septiéme jour de Septembre mil six cens quatre-vingt-dix-sept seront executées selon leur forme & teneur ; & conformémene à iceux faisons tres-expresses & iteratives défenses à tous Marchands de vins, Vignerons & autres personnes vendans vins en gros & en détail, ou qui en recueillent pour leurs provisions dans l'étenduë de la Prevosté & Vicomté de Paris, de mettre dans leurs vins de la litarge, du bois des Indes, des raisins de bois, de la colle de poisson, ny aucunes drogues & mixtions capables de nuire à la santé de ceux qui en pourroient boire : Défendons pareillement à tous les Habitans des Villages circonvoisins, & à toutes sortes de personnes, d'apporter ny faire apporter en cette Ville aucuns vins de raisins de bois, si ce n'est pour l'usage des Epiciers ou teinturiers ; & en consequence d'ordres signez d'eux, dont les Habitans, Charretiers & Voituriers seront porteurs ; le tout à peine de cinq cens livres d'amende, & de punition corporelle : Et pour la contravention commise par ledit Denys Porcher, l'avons condamné en trente livres d'amende : Ordonnons que lesdits quatre barils de vin de raisins sur luy saisis, seront défoncez, & le vin répandu sur le pavé en presence du Sieur de la Besnardiere ; & à la representation seront les Gardiens contraints par corps, & moyennant la délivrance en demeureront bien & valablement dé-chargez ; & sera nostre presente Sentence luë, publiée & affichée, tant en cette Ville, que dans les Paroisses de saint Leu Taverny, saint Brice, & autres Bourgs & Villages de la Ville, Prevosté & Vicomté de Paris, où il y a des Vignobles. Ce fut fait & donné par Messire MARC-RENE DE VOYER DE PAULMY D'ARGENSON, Chevalier, Conseiller du Roy en ses Conseils, Maistre des Requestes ordinaire de son Hostel, & Lieutenant General de Police de la Ville, Prevosté & Vicomté de Paris, le Vendredy quatriéme Février 1701.

Signé, DE VOYER D'ARGENSON.

CHAILLOU, Greffier.

§. I De la Biere.

Plin. L. 14. c. 22 & L. 22. c. 5. Matthiol. in Dioscorid.

La Biere ou Cervoise est un breuvage fort ancien. Pline & Matthiole en font mention : les Egyptiens, selon eux, en avoient l'usage & la nommoient, Zythum. Elle a esté aussi connuë de fort bonne heure en Espagne, en France, en Allemagne & dans les Pays du Nord. Il faut que la biere soit bien cuitte, bien epurée, & qu'elle ne soit point recente ou nouvelle lors qu'on la boit ; autrement elle fermente dans l'estomac, & elle excite des boüillonnemens dans le corps, qui nuisent à la santé. Elle ne doit pas aussi estre trop vieille car alors, si on en croit Dioscoride, elle est si mauvaise & cause tant de corruption,

qu'elle engendre la lepre. Pour estre bonne elle doit estre faite d'orge, de blé ou d'avoine ; on la sophistique en y meslant de la chaux pour luy donner plus de force, ou de la suye au lieu de houblon, qui luy donne une petite pointe d'amertume ; on y mesle encore plusieurs autres ingrediens, sous pretexte de la rendre plus agreable, mais toujours au prejudice de la santé.

Les Réglemens de Police ont pourvû de tout temps à ces inconveniens. Les anciens Statuts des Brasseurs de Paris de l'an 1292. portent, que nul ne peut faire cervoise, sinon d'eau & de «« grain ; c'est à sçavoir d'orge, de méteil ou de «« dragée c'est-à-dire de seigle & d'avoine mes-«« lez ensemble. Que quiconque y mettra autres «« »» choses,

choses, comme baye, pyment, ou poixrefine, il fera condamné à 20. f. d'amende , & fes brafins confifquez;car Liprudhomme du meftier, ient , (ce font les propres termes de ces Statuts) Que tels chofes ne font mies bonnes ne loyaux , à mettre en cervoife , car elles font mauvaifes au chief & au corps, aux malades & aux fains. Il eft auffi défendu par les mêmes Statuts de vendre de la biere ou cervoife aigre ou tournée, à peine de 20. f. parifis d'amendes.

Les nouveaux Statuts du 16. Mars 1630. conennent d'autres difpofitions qui ont toujours ce même objet, de prevenir les maux que ce breuage pourroit caufer à la fanté s'il eftoit fophiftiqué: elles portent que les Braffeurs feront tenus de faire la biere & cervoife de bons grains, tenus nettement, bien germez & brafinez, fans y mettre yvroye, farafin , ny autres mauvaifes matieres, fur peine de quarante livres parifis d'amende. Que les Jurez vifiteront les houblons auparavant qu'ils foient employez, pour voir s'ils font moüillez , é-

chauffez , moifis & gaftez ; afin que s'ils font trouvez defectueux, les Jurez en faffent rapport à la Juftice, pour faire ordonner qu'ils feront jettez en la riviere, fi faire fe doit.

Il leur eft auffi défendu de nourrir, ou de tenir en leurs maifons, où font leurs Brafferies, aucuns bœufs, vaches , porcs , oifons , ny cannes, à caufe de l'infection, ordure & puanteur que cauferoient ces animaux dans les Brafferies qui ne peuvent eftre tenuës trop nettes, le tout à peine de confifcation & d'amende.

Les mêmes Statuts portent encore, qu'aucuns Revendeurs de biere & cervoife en détail n'en pourront vendre fi elles ne font bonnes, loyales, marchandes & dignes d'entrer au corps humain, fur les mêmes peines de confifcation & d'amende ; & enjoignent aux Jurez de vifiter de temps en temps les maifons de ces Revendeurs, attendu que les bieres peuvent eftre gâtées & alterées depuis qu'ils les ont achetées dans les Brafferies.

TITRE X.

Des Remedes.

QUe l'on jouïſſe toujours, s'il eſt poſſible, de l'air le plus ſain, de l'eau la plus pure, & de tout ce qu'il y a de meilleur entre les autres alimens, la conſtitution du corps en ſeroit ſans doute plus forte; mais elle ne ſeroit pas pour cela inalterable. Il reſteroit toujours ce combat perpetuel entre les quatre premieres qualitez qui le compoſent; le chaud, le froid, le ſec & l'humide, qui en troubleroient quelquefois les humeurs & en derangeroient le temperament. Il y reſteroit encore à craindre ces maladies de plenitude, qui arrivent le plus ſouvent par l'uſage des meilleures choſes; ou celles que cauſe cet eſtat, où ſe trouvent les plus forts temperamens que les Medecins nomment ſanté atletique, c'eſt-à-dire qui eſt à ſon plus haut periode, & qui doit neceſſairement tomber par la regle des revolutions : c'eſt pourquoy dans la diviſion qu'on en fait, & que nous ſuivons, ils ont mis les remedes au quatriéme rang des choſes qui contribuent à la ſanté.

De ces remedes, il y en a de deux ſortes; les uns, que l'on employe pour prevenir & empêcher le mal futur; & les autres, que l'on met en uſage pour guerir ou ſoulager le mal preſent.

Plin. liv. 16. c. 1. & 3. Fab Colomna in præfat. hiſt. Plant. Scholiaſt Homer. à Senec. citat.

Il s'eſt paſſé un tres-long temps qu'on les tiroit tous des herbes ou des autres plantes; Hippocrate, au rapport de Pline, ne s'en ſervoit point d'autre. L'on a depuis ajouſté à ces ſimples ou vegetaux les drogues tirées des animaux & des mineraux, ce qui a rendu la Medecine beaucoup plus compoſée qu'elle n'eſtoit originairement.

Le danger de ſe tromper dans le choix, la compoſition & l'uſage des remedes eſt ſans doute tres-grand; les experiences n'en ont que trop convaincu : c'eſt pourquoy les premiers Medecins qui les ordonnoient aux malades, les compoſoient & leur diſtribuoient ou appliquoient eux-mêmes. Cet Art ſi important à la vie a depuis eſté partagé par les Grecs en ces trois parties.

Marcel. Paling in Leon. Polid. Virgil. lib. 1. c. 1c.

La Medecine Dogmatique, ou qui enſeigne & qui ordonne, διωπικίν ; la Pharmacie qui compoſe & debite les remedes, φαρμακουτικίω ; la Chirurgie qui opere de la main, χειργικίω. Et c'eſt l'eſtat où elle ſe trouve encore aujourd'huy.

Les precautions que l'on a priſes depuis ce temps conſiſtent à ne confier cette Pharmacie, ou partie de la Medecine qui compoſe les remedes, qu'à des gens de la capacité & de la probité deſquels l'on s'aſſûre, par des examens, des experiences, des chefs-d'œuvres, des viſites, & par tous les autres moyens que la prudence la plus éclairée peut mettre en uſage.

Les Statuts de ceux qui exercent cette Profeſſion à Paris, &qui peuvent ſervir de regle pour tous les autres lieux, contiennent neuf diſpoſitions qui font connoiſtre combien cette diſcipline y eſt exactement obſervée.

» La premiere porte, que les Aſpirans Apoti-
» quaires auparavant qu'ils puiſſent eſtre obli-

gez chez aucun Maiſtre de cet Art, pour Ap- «
prentis, le Maiſtre ſera tenu de l'amener & pre- «
ſenter au Bureau pardevant les Gardes, pour «
connoiſtre s'il a eſtudié en Grammaire, & s'il «
eſt capable d'apprendre la Pharmacie : qu'aprés «
qu'il aura achevé ſes 4. ans d'apprentiſſage, & «
ſervi les Maiſtres pendant ſix ans, il en rap- «
portera le Brevet & les Certificats; qu'il ſera pre- «
ſenté au Bureau par un Conducteur, & deman- «
dera aux Gardes un jour pour ſubir l'examen. «
Qu'à cet examen aſſiſteront tous les Maiſtres, «
deux Docteurs en Medecine de la Faculté de «
Paris, Lecteurs en Pharmacie; qu'en la preſen- «
ce de la Compagnie, l'Aſpirant ſera interrogé «
durant l'eſpace de trois heures par les Gardes, «
& par neuf autres Maiſtres que les Gardes «
auront choiſis & nommez. «

La ſeconde diſpoſition porte, qu'aprés ce «
premier examen, ſi l'Aſpirant eſt trouvé capa- «
ble à la pluralité des voix, il luy ſera donné «
jour par les Gardes pour ſubir le ſecond exa- «
men appellé l'Acte des Herbes, qui ſera encore «
fait en la preſence des Maiſtres & des Docteurs «
qui auront aſſiſté au precedent. «

La troiſiéme, que ſi par ces examens l'Aſpi- «
rant eſt trouvé capable, les Gardes luy don- «
neront un chef-d'œuvre de cinq compoſitions; «
que l'Aſpirant aprés avoir diſpoſé ce chef- «
d'œuvre, ſera la demonſtration de toutes les «
drogues qui doivent entrer dans ces compo- «
ſitions; que s'il y en a de défectueuſes ou de «
mal choiſies, elles ſeront changées; & il en «
fera enſuite les preparations & les mélanges en «
la preſence des Maiſtres, pour connoiſtre par «
eux ſi toutes choſes y ſeront bien obſervées. «

La quatriéme, que les Veuves des Maiſtres «
pourront tenir boutique pendant leur vidui- «
té, à la charge toutes fois qu'elles ſeront te- «
nuës pour la conduite de leur boutique,& con- «
fection, ventes & debit de leurs marchandiſes, «
de prendre un bon ſerviteur expert & connoiſ- «
ſant, qui ſera examiné & approuvé par les «
Gardes,& que les veuves & leurs ſerviteurs ſe- «
ront tenus de faire ſerment pardevant le Ma- «
giſtrat de Police, de bien & fidelement s'em- «
ployer à la confection, vente, & debit de «
leurs marchandiſes. «

Le Commerce des Epiciers n'eſt pas moins delicat ny moins important à la ſanté, que celuy des Apotiquaires : ſi ceux-cy compoſent les remedes, ce ſont ceux-là qui fourniſſent la plus grande partie des drogues & des ingrediens qui entrent dans ces compoſitions. Ce ſont eux qui les tirent des pays les plus éloignez, & qui en font le debit : il y a peu d'Apotiquaires qui faſſent,& même qui puiſſent faire ce commerce éloigné, & ces voyages de long cours. L'eſtude de la Pharmacie, à laquelle ils doivent s'appliquer, ne leur permet pas cette diſtraction. Ainſi les precautions que l'on prend avec les Apotiquaires pour n'avoir que d'excellens remedes pour la ſanté,n'auroient pas
eſté

esté completes si l'on n'avoit encore étendu, ces soins jusques aux Epiciers. C'est dans cette vûë qu'à Paris, & dans plusieurs autres Villes, l'on a incorporé ces deux professions, & que les Statuts dont nous parlons leur sont communs.

» La cinquième disposition porte, qu'attendu » que de leur Art & Marchandises dépendent les » confections, compositions, ventes & debit des » syrops, huiles, conserves, miels, sucres, cires, » baumes, emplastres, onguens, parfums, & » autres drogues & épiceries, la connoissance » des simples, des métaux, des mineraux & au-» tres sortes de remedes, qui entrent & s'appli-» quent au corps humain, & servent à l'entre-» tenement & conservation de la santé des » Sujets du Roy ; ce qui requiert une longue » experience, que l'on ne peut estre trop cir-» conspect dans cette profession, parce que bien » souvent la premiere faute qui s'y commet n'est » pas reparable ; il est ordonné qu'il ne sera reçû » aucun Maistre par Lettres, quelque favorables » ou privilegiées qu'elles soient, c'est-à-dire, » sans avoir fait apprentissage, & avoir passé par » tous les examens qui viennent d'estre expli-» quez.

» La cinquiéme porte, que toutes Mar-» chandises d'épiceries & drogueries entrant au » corps humain, qui seront amenées à Paris, se-» ront descenduës au Bureau de la Communauté, » pour y estre vûës & visitées par les Gardes de » l'Apotiquairerie & Epicerie, auparavant que » d'estre transportées ailleurs, quand même elles » appartiendroient à d'autres Marchands, ou » Bourgeois qui les auroient fait venir pour » eux.

» La sixième, que parce qu'il est tres-necessaire » que ceux qui traitent la vie des hommes, & » qui servent à maintenir ou à recouvrer la santé, » soient experimentez dans cette profession, & » qu'il seroit perilleux dans s'en mélas-» sent ; il est défendu à toutes sortes de person-» nes de quelque qualité & estat qu'elles soient, » d'entreprendre de composer, vendre & distri-» buer, soit publiquement ou en particulier, au-» cunes medecines, drogues, épiceries, ny au-» cunes autres choses entrant au corps humain, » simples ou composées, ou pour entrer en quel-» que composition que ce soit de l'Art d'Apoti-» quairerie & Pharmacie, ou de la marchandise

d'épicerie, s'il n'a esté reçû Maistre, & fait le ser- « ment pardevant le Magistrat de Police, à peine « de confiscation, & de cinquante livres parisis « d'amende. «

La septiéme, que les Apotiquaires & Epiciers « ne pourront employer en la confection de leurs « medecines, drogues, confitures, conserves, huiles, « sirops, aucunes drogues sophistiquées, éventées « ou corrompuës, à peine de confiscation, de « cinquante livres d'amende, d'estre les drogues « & marchandises ainsi défectueuses brûlées de-« vant le logis de celuy qui s'en trouvera saisi, « & de punition exemplaire, si le cas y écheoit. «

La huitiéme, que les Gardes seront au nom-« bre de six, choisis gens de probité & d'expe-« rience ; qu'il en sera élû deux chacun an, « pour estre trois ans en exercice ; & qu'aprés « leur élection, ils feront serment pardevant le « Magistrat de Police, de bien & fidelement « exercer leur Charge, & de proceder exacte-« ment & en leurs consciences, aux visites tant « generales que particulieres. «

La neuvième enfin porte, que les Gardes se-« ront tenus de proceder aux visites generales, « trois fois du moins par chacun an chez tous les « Marchands Apotiquaires & Epiciers, pour exa-« miner s'il ne s'y passe rien contre les Statuts, « Ordonnances & Reglemens. «

Il y a plusieurs autres dispositions dans ces Statuts ; mais comme elles concernent la disci-pline de l'Art de Pharmacie, & du commerce d'Epicerie en general, elles sont étrangeres à ce Chapitre, qui n'a rapport qu'au choix des reme-des pour la santé : on le peut voir à l'égard des Apotiquaires dans nostre huitième Livre, qui traite des Sciences & des Arts liberaux, & pour les Epiciers dans le neuvième, qui concerne le commerce.

Mais outre ces Statuts, il y a eu dans la suite plusieurs autres Réglemens touchant les Exa-mens, les visites & toutes les autres précautions qui ont esté prises pour éloigner de cet Art & de ce commerce si important à la vie, tous les abus qui s'y pouvoient commettre soit par ignorance, soit par malice, ou par surprise ; ce sont autant de Loix qui entrent encore naturellement dans l'objet particulier de ce Chapitre ; ainsi on ne peut se dispenser de les y comprendre : voicy ce qu'ils contiennent.

3. Aoust 1536 Arrest qui é-tablit les pré-cautions qui doivent estre observées dás la compositió & le debit des remedes, pour n'en a-voir que de bons & utiles à la santé.

Entre les Religieux, Abbé & Convent de sainte Geneviéve au Mont de Paris, appellans une fois ou plusieurs, en adherant à leur premier appel du Prevost de Paris, ou son Lieutenant Ci-vil tenant la Police d'une part ; & les Maistres Jurez Epiciers & Apotiquaires de la Ville de Paris, & le Procureur General du Roy, prenant la cause pour son Substitut au Chastelet de Paris, joint avec eux, intimez d'autre.

Le Tirant pour les Religieux, Abbé & Convent de sainte Geneviéve appellans, dit pour ses causes d'appel, que l'Abbaye de sainte Geneviéve est de fondation Royale, a esté fondée & instituée par le premier Roy Chrestien des François Clovis, en l'an cinq cens dix, doüée & pri-vilegiée de plusieurs beaux Privileges & Droits, mêmement de toute Justice haute, moyenne & basse, consequemment du droit de visitation sur les Maistres Bouchers, demeurans en & dedans leur Détroit & Jurisdiction ; de tous les gens de mestiers, tant Epiciers, Apotiquaires, qu'autres estant en leurdite Jurisdiction & Terre du Détroit, lesquels appellans ont joüi *incommissé ab omni aevo*, & en ont plusieurs Jugemens & Sentences, même dés l'an mil trois cens soixante & trois, signam-ment entre les Maistres de la grande Boucherie de Paris, & le Procureur du Roy au Chastelet, joint avec eux, demandeurs pour le droit de visitation sur les Boucheries demeurans en la Terre & Jurisdiction desdits appellans d'une part, & iceux appellans d'autre, se meut procés, auquel fut tant procédé, qu'aprés grosses Enquestes, *hinc & inde*, faites ; finalement s'ensuivit Sentence, par laquelle lesdits appellans furent maintenus & gardez en possession & saisine du droit de visitation seuls & privatifs contre ledit Procureur du Roy, & lesdits Maistres Bouchers de ladite grande Bou-cherie de Paris : & l'an mil trois cens quatre-vingt & un, leurdit Privilege fut confirmé par le Roy Charles lors regnant, pour & au profit desdits appellans, seuls & pour le tout ; & si fut dit que le rapport des malversations & fautes que les Officiers desdits appellans trouveroient sur les Bouchers, Apotiquaires, Epiciers & autres mestiers de leurdite Terre & Jurisdiction se feroient pardevant leur

Bailly, pour en faire la punition telle qu'il appartiendroit, & que les amendes & condamnations des fautes & malverfations appartiendroient aufdits appellans; & l'an mil quatre cens fix fe meut procés derechef d'entre les Maiftres Bouchers de la grande Boucherie de Paris, le Procureur du Roy au Chaftelet, joint avec eux d'une part, encore prétendant le droit de vifitation fur les Bouchers demeurans au detroit & Jurifdiction defdits appellans, & iceux appellans d'autre ; auquel procés lefdits appellans ont pareillement obtenu à leur profit, à l'encontre defdits Maiftres Bouchers de la grande Boucherie & ledit Procureur du Roy. Auffi l'an quatre cens douze fe meut procés entre les Maiftres Barbiers Jurez de cette Ville de Paris & le Procureur du Roy, joint avec eux dudit Chaftelet, demandans droit de vifitation fur les Barbiers demeurans en la Jurifdiction defdits appellans, auquel procés y eut groffe procedure ; & finalement intervint Sentence, par laquelle lefdits appellans furent mis hors des Conclufions defdits Maiftres Barbiers & Procureur du Roy, dont il y eut appel ceans, & tant fut procedé, que par Arreft a efté dit, bien jugé par ledit Prevoft de Paris ou fon Lieutenant, & mal appellé par lefdits Maiftres Barbiers, qui furent condamnez en l'amende & és dépens envers lefdits appellans. A encore des Jugemens donnez contre les Maiftres Cordonniers & Drapiers de la Ville de Paris, qui ont voulu prétendre le droit de vifitation fur les Cordonniers & Drapiers demeurans au détroit de la Jurifdiction defdits appellans. *Noviffimè*, en ont eu un contre ceux qui prétendent avoir droit de mettre les étalons aux Mefures. Or pour ce cas particulier, en Aouft dernier y a prefent un an, les Epiciers de cette Ville s'aviferent d'aller vifiter les Epiciers & Apotiquaires demeurans en la Terre & Juftice des appellans, & s'y tranfporterent pour ce vouloir faire. Les appellans leur font remontrer leurs Droits & Privileges, leurs Sentences, Jugemens & Arrefts, & qu'il ne loyfoit faire ladite vifitation, & offrent la faire faire par leurs Officiers, comme peu auparavant ils avoient fait faire fur les Epiciers & Apotiquaires, appellez gens experts, même les Docteurs en Medecine. Nonobftant ces remontrances lefdits Apotiquaires & Epiciers Jurez de cette Ville font adjourner les appellans pardevant le Prevoft de Paris ou fon Lieutenant à la Police, & demandent que défenfes leur foient faites de ne les empêcher à faire la vifitation, & qu'il leur foit permis la faire toutes & quantes fois qu'il leur plaira. Remontrent les appellans, comme deffus il a dit, leurs Privileges, Droits, Sentences & Jugemens, & en font apparoir *in promptu*. Neanmoins ledit Prevoft de Paris ou fon Lieutenant à la Police, appointe que lefdits appellans mettront pardevers luy leurfdits Privileges, Sentences & Jugemens, & appointe les Parties à écrire par avertiffement dedans huitaine pour tous délays : Et combien que *in mora tam modici temporis non infit præjudicium*, & que l'une ny l'autre des parties n'euft demandé la vifitation, neanmoins il ordonne que cependant par provifion la vifitation fera faite par lefdits Maitres Apotiquaires de cette Ville, dont lefdits appellans ont appellé. Nonobftant cet appel, combien qu'il ne fuft queftion de cas concernant le Domaine, il dit que ladite Provifion fera executée nonobftant l'appel, dont *iterùm* ont appellé, que c'eftoit les priver du droit qu'ils euffent eu ; fçavoir des amendes s'il y euft eu des fautes & malverfations ; & en tout evenement devoit dire, que tant lefdits Maiftres Apotiquaires & Epiciers Jurez, que ceux qui feroient deputez par lefdits appellans, cependant vifiteroient fans préjudice des droits des parties ; fi conclud à ce qu'il foit dit mal ordonné & appointé, & bien appellé par lefdits appellans, & demande dépens, dommages & interefts.

De Chappes pour les intimez, dit que par les Ordonnances & Statuts faits fur le fait des Meftiers & Eftats d'Apotiquaires & Epiciers, a efté entre-autres chofes ordonné, que de deux ans en deux ans quatre des Maiftres du Meftier d'Apotiquaire qui foient éleus par la Communauté des Apotiquaires, que l'on appelleroit les Maiftres Jurez & Gardes en meftier d'Apotiquairerie, qui feront tenus aller pardevant le Prevoft de Paris, ou fon Lieutenant à jour de Police, faire le ferment de bien & loyaument, & en leur confcience vifiter lefdits Apotiquaires & Epiciers, fe tranfporteroient, tant en la Ville que Fauxbourgs, pour vifiter les drogues & épiceries defdits Apotiquaires & Epiciers, pour fçavoir s'il y en avoit point de corrompues, fauffes, fophiftiquées & pernicieufes à l'ufage, & que de la vifitation qu'ils feroient, en viendroient faire rapport au Subftitut du Procureur General du Roy au Chaftelet, & fuivant ce Statut & Ordonnance, l'élection faite defdits quatre Maiftres Jurez, & ferment prefté entre les mains dudit Prevoft ou fefdits Lieutenans, leur eftre baillé la Commiffion pour aller vifiter, tant en ladite Ville que Fauxbourgs. Or les intimez qui font Maiftres Jurez & Gardes élus de l'état & meftier d'Apotiquairerie, & ont la Commiffion dudit Prevoft de Paris, pour aller vifiter tant en la Ville que Fauxbourgs, veulent en vertu d'icelle, appellez avec eux un Examinateur & un Sergent du Chaftelet de Paris, aller vifiter les Apoticaires & Epiciers de faint Marcel, parce qu'ils avoient efté avertis que les aucuns vendoient de fauffes drogues & poudres fophiftiquées. Et combien que Juré feur, ils euffent pû y aller fans demander pareatis aufdits appellans ; neanmoins voulans proceder par humilité, & fe mettre plus qu'en devoir, s'en vont remontrer aufdits appellans qu'ils avoient efté avertis que lefdits Apotiquaires & Epiciers de faint Marcel vendoient de fauffes drogues & poudres fophiftiquées, & qu'ils les vouloient aller vifiter, & avoient déliberé ce faire; & que fi bon leur fembloit ils y affiftaffent, ou envoyaffent pour y affifter quelqu'un : ils répondent qu'en leur ville faint Marcel, & ainfi nomment lefdits Fauxbourgs, ils ont toute Juftice & Jurifdiction, & qu'il n'appartient qu'à eux à faire la vifitation, & ne montrent point toutes ces Sentences & Jugemens, ne Privileges que leur Avocat a declarez par le menu. Au regard des intimez, ils ne veulent débatre fi lefdits appellans avoient droit de Jurifdiction ou non ; mais fe pourvoyent pardevant le Prevoft de Paris ou fon Lieutenant, duquel ils avoient Commiffion, pour vifiter & bailler Requefte pour faire venir lefdits appellans dire les moyens qu'ils avoient, pour empêcher que lefdits intimez ne vifitaffent lefdits Fauxbourgs S. Marcel; ils font appellez, comparent & difent qu'ils ont toute la Jurifdiction efdits Fauxbourgs, & confequemment que la Police defdits Fauxbourgs leur appartenoit, & que le Prevoft de Paris ny lefdits intimez n'en pouvoient avoir la connoiffance. Le Procureur du Roy remontre qu'en toute la Ville & Fauxbourgs de Paris, quelque haut Jufticier qu'il y ait, appartient au Roy & à fon Prevoft la connoiffance de toute la Police ; alleguent les appellans quelques prétendus Privileges au contraire, & des Sentences & Jugemens, pour montrer qu'ils avoient droit de la vifitation fur les

Meftiers

Meſtiers demeurans en leur Juſtice ; alleguent au contraire les intimez, la longue poſſeſſion en laquelle eux & leurs predeceſſeurs avoient & ont eſté d'aller viſiter par tous les Fauxbourgs & en la Ville de Paris ; même qu'il y avoit l'Arreſt *in individuò*, donné au profit des Maiſtres Bouchers de la grande Boucherie de Paris, par lequel la viſitation leur avoit eſté adjugée contre les Sujets hauts Juſticiers de cette Ville & Fauxbourgs. & conſequemment qu'il leur devoit eſtre permis de viſiter contre leſdits appellans ; & parce que leſdits appellans ſe vantoient d'Arreſt, Sentence & Jugement avec Privileges ; au contraire, demandant qu'ils en fuſſent apparoir : les Prevoſt de Paris ou ſon Lieutenant à la Police, ordonne que leſdits appellans mettroient pardevers luy les Arreſts, Sentence & Jugement avec leurs Privileges dont ils ſe vantoient, & que les Parties *hinc indè* écriroient par avertiſſement : & parce que *intererat reipublicæ utilitatis*, que cependant l'on viſitaſt leſdites fauſſes drogues & poudres ſophiſtiquées ; & auſſi que par Arreſt *conſtabat* individuellement que la viſitation avoit eſté adjugée aux Bouchers de la grande Boucherie de Paris contre les hauts Juſticiers ; ledit Prevoſt ou ſon Lieutenant ordonne que par proviſion leſdits intimez viſiteroient, dont leſdits appellans ont appellé : & parce que comme dit eſt *intererat valdè utilitatis reipublicæ* que la viſitation ſe fiſt, car leſdits Apotiquaires & Epiciers de ſaint Marcel euſſent pû pendant la diſcution de la cauſe d'appel, bailler de ces fauſſes drogues & poudres ſophiſtiquées à quelque malade ou ſain qui en euſt uſé, & tombé en danger de ſa perſonne ; demandent que nonobſtant l'appel ladite Sentence de proviſion ſoit executée ; joint qu'il eſtoit queſtion de Sentence proviſionale, & que ledit Prevoſt ou ſondit Lieutenant avoit ordonné, dont derechef en adherant, leſdits appellans ont appellé, dit qu'il a eſté en tout & par tout bien jugé & ſans grief appellé, & ne leur a-t-on fait tort, ſi aprés qu'ils ſe ſont vantez de Jugement & Sentences & de Privileges, on a ordonné qu'ils les mettroient pardevers les Juges pour les voir ; & cependant veu que le cas touchoit la choſe publique, que la viſitation ſoit faite par l'Ordonnance du Juge Royal, & de ce qu'ils ſe plaignent qu'on leur a oſté leur Privilege & l'émolument qu'ils euſſent eu s'ils euſſent fait la viſitation, c'eſt fruſtratoirement : car on ne leur a rien oſté ; car quand la viſitation euſt eſté faite, ils euſſent pû aſſiſter à voir faire le rapport d'icelle, & s'il y euſt eu des amendes, les demander ſuivant leurs prétendus Privileges à cauſe de la haute Juſtice ; quant à la ſeconde appellation il n'y a propos, veu qu'il eſt queſtion de faveur de la choſe publique : ſi concluld comme deſſus.

Remon pour le Procureur General du Roy, dit que le fait & eſtat d'Apotiquairerie eſt de plus grande conſequence que tous les autres Eſtats qu'ils ſoient : & parce que la plus grande part dudit Eſtat conſiſte en poudres, drogues, confitures, ſucres & autres compoſitions qui ſe debitent & diſtribuent pour les corps humains, & pour le recouvrement de la ſanté des malades ; c'eſt choſe merveilleuſement privilegiée, & à laquelle on doit bien avoir l'œil & plus qu'en nul autre eſtat ou meſtier, & eſt tres-neceſſaire, voire tres-neceſſaire, que ceux qui s'entremettent dudit eſtat, ſoient perſonnages ſages, ſçavans, fideles, experimentez de long-temps, & connoiſſans bien-avant la marchandiſe dont ils font leſdites compoſitions, & qu'ils ayent eſté eſſayez & approuvez en icelles, avant qu'ils ſe meſlent d'en faire pour diſtribuer ; car autrefois par la faute de ceux qui en faiſoient, qui ne connoiſſoient bien les drogues & leurs vertus, & n'avoient eſté experimentez & approuvez, ſont advenus en cette Ville de Paris, qui eſt la Ville Capitale du Royaume, pluſieurs abus, dangers, inconveniens irreparables, tournans au deshonneur & vitupere de ladite Ville, & au détriment & peril des Habitans d'icelle & Sujets du Roy ; qui fut cauſe que le Roy Charles VIII. de ce nom, de ce averty, ordonna que dorénavant l'eſtat d'Apotiquairerie & Epicerie, ſeroient Meſtiers Jurez, & furent deſlors Ordonnances faites ſur iceux, leſquelles trouve, qu'avant qu'aucun puſt parvenir à la Maiſtriſe de l'eſtat d'Apotiquaire ou Epicier, falloit qu'il euſt eſté & demeuré chez un Maiſtre de l'eſtat quatre ans continuels, à toujours pratiquer l'Art ; & aprés ces quatre ans il eſtoit examiné par les Maiſtres Jurez, & finalement fit chef-d'œuvre ; aprés ce fait, s'il eſtoit trouvé ſuffiſant & reſceant, il eſtoit reçeu en la Maiſtriſe, & luy eſtoit permis exercer l'eſtat, & juſqu'à ce qu'il n'euſt oſé le faire ; comme ſemblablement, que ſi aucune Veuve d'un Maiſtre vouloit aprés le deceds de ſon mary tenir ſa boutique & exercer ledit eſtat, luy convenoit qu'elle euſt un ſerviteur qui fuſt bien experimenté au fait du Meſtier ; y a auſſi pluſieurs autres Articles bons & loüables, mais qu'ils fuſſent bien entretenus ce ſeroit bien fait : l'un qu'au commencement du Careſme, les Maiſtres Jurez s'aſſembleroient & feroient quelques recettes ſur leſquelles les autres de l'eſtat feroient les compoſitions & poudres ; pour une fois ou deux l'an, viſitation ſera faite par leſdits Maiſtres Jurez, appellé le Doyen de la Faculté, és maiſons des Apotiquaires & Epiciers, & autres Marchands vendant drogues & autres choſes ſervant à faire compoſitions ; que défenſes eſtoient faites à tous autres Marchands forains de ne vendre, & à tous Apotiquaires & Epiciers de n'achetter aucunes drogues, qu'elles n'euſſent eſté premierement vûës par leſdits Maiſtres Jurez, appellé ledit Doyen. Or ces Ordonnances, les trouve ſi bonnes, qu'il croit bien que ſi elles euſſent toujours eſté bien gardées, beaucoup d'inconveniens & plaintes, qui depuis ſont ſurvenus, n'euſſent pas eſté, & s'il y euſt eu de la faute aux Medecins, on l'euſt pû juger : Mais ils s'excuſent ſouventefois qu'aprés qu'ils ont fait ce qui eſt de leur art & office envers les malades, ils apperçoivent que les malades qu'ils ont viſitez ſont peris par la faute des Apotiquaires & des drogues qu'ils ont baillées ; de ſorte qu'on ne peut imputer le mal advenu à leur imperitie, pour proceder contr'eux par punition & correction : A cette cauſe ſemble bon eſtre remettre ſus ces Ordonnances, & ſi encore elles n'eſtoient vûës aſſez amples & ſuffiſantes pour obvier à l'avenir aux perils humains, eſtoit de neceſſité que la Cour à tout le moins par proviſion, & juſqu'à ce qu'autrement par le Roy en fuſt ordonné, y pourvuſt, car cela feroit ceſſer toute excuſe, tant des Medecins qu'Apotiquaires & Epiciers : Et quand ledit Procureur General du Roy fut averti de l'appellation preſentement plaidée, il vint remontrer à la Cour partie de ce qu'il a dit, & aviſa la Cour qu'il ſeroit bon qu'il communiquaſt avec les Medecins & aucuns Apotiquaires & Epiciers pour regarder ſi on ne pourroit point trouver quelque bon moyen pour ordre, que dorénavant les choſes n'allaſient plus ſi mal, & pour ſçavoir d'où elles auroient eſté ſi mal conduites ; ce que ledit Procureur General du Roy a fait, & aprés avoir eu longue conference avec eux, ils delibererent chacun en leur regard bailler par écrit des articles pour informer la Cour de ce qu'il eſtoit bon de faire ; leſquels Articles ils ont depuis mis pardevers ledit Procureur General du Roy : par iceux il trouve expedient & tres-neceſſaire que les Apprentifs en l'art d'Apotiquairerie, dorénavant, outre ce qu'ils auront demeuré l'eſpace de quatre ans avec un Maiſtre de l'eſtat, ſoient ſuffiſans Latins pour entendre les livres ſervans à l'Art, & qu'ils ayent eſtudié par quelque eſpace de temps en l'Art, & oüy quelque Docteur en Medecine : Qu'avant qu'eſtre promû à la Maiſtriſe, tout ainſi que ſont les Chirurgiens & Barbiers qui n'ont eſtat de ſi perilleuſe conſequence que les Apotiquaires ; ces Apprentifs aprés avoir eſtudié par quelque eſpace de temps, ſoient examinez par le Docteur qu'ils auront oüy, pour ſçavoir s'ils auront profité, & ſeront en point pour ſçavoir connoiſtre les drogues & faire les compoſitions, & entendre ce qui leur ſera ordonné faire par le Medecin à la viſitation des malades ; ne veut entendre qu'ils ſoient ſi lettrez que les Medecins, & qu'ils eſtudient pour en ſçavoir autant ; mais faut qu'ils ayent l'intelligence de la Langue Latine à ſuffiſance pour entendre les livres qui traittent de leur Art ; & eſt le premier Article de l'avis qui a eſté baillé audit Procureur General. Le ſecond eſt, que combien que le temps paſſé on ait accouſtumé faire l'examen de l'Apprenty pretendant à la Maiſtriſe, ſinon en la preſence des Maiſtres Jurez de l'eſtat & par eux ſeulement ; toutefois ſeroit bon que dorénavant deux Docteurs de la Faculté de Medecine y fuſſent appellez, & auſſi à voir faire le chef-d'œuvre ; il ſemble que cet Article ſemble dur aux Apotiquaires, & diſent que par Ordonnance du Roy Charles VIII. l'examen & la connoiſſance de chef-d'œuvre leur eſt commis & non à autres ; mais à ce ne ſe faut pas arreſter, puis qu'il eſt queſtion du bien public : Quant au tiers Article qui touche les Veuves d'Apotiquaires, auſquelles l'Ordonnance enjoint avoir ſerviteurs experimentez, même ceux qui eſtoient du vivant de leurs maris, & leur défend prendre Apprentifs nouveaux, aucuns ſont d'avis qu'il ſeroit expedient d'ajoûter que dorénavant leſdits ſerviteurs qui conduiront la boutique deſdites Veuves, avant que ce faire, ſoient tenus faire un chef-d'œuvre, car il faut qu'ils fuſſent ſommez les compoſitions & Medecines qui ſont ordonnées par le Medecin, & ſont acte de Maiſtre, combien qu'ils n'ayent eſté approuvez. Quant à la viſitation des drogues & compoſition des Apotiquaires & Epiciers, l'Ordonnance y a pourvû, car elle porte qu'elle ſe fera par les Maiſtres Jurez & le Doyen de la Faculté de Medecine ; mais ſemble qu'il ſeroit bon qu'il y euſt deux Docteurs de ladite Faculté, & qu'elle ſe fiſt par eux en la preſence des Maiſtres Jurez Apotiquaires, & qu'ils fuſſent renouvellez d'an en an, & qu'ils procedaſſent à la viſitation, ſans attendre qu'ils fuſſent ſommez par leſdits Maiſtres Jurez, ains qu'ils ſommaſſent & interpellaſſent leſdits Maiſtres Jurez à aſſiſter avec eux quand bon leur ſembleroit, ſans donner jour certain : car quand les Apotiquaires & Epiciers ſentent que l'on veut faire viſitation en leurs maiſons, s'ils ont de mauvaiſes drogues & compoſitions, ils les tranſportent & latitent, & en empruntent de bonnes de leurs compagnons, qu'ils mettent en leurs boutiques, comme les Viſiteurs trouvent, quand ils vont faire la viſitation : & aprés que leſdits Viſiteurs ſe ſont retirez, ils reprennent leurs mauvaiſes drogues & les mettent en la boutique, & en font leurs compoſitions comme au precedent, dont adviennent pluſieurs maux & inconveniens : A cette cauſe ſera bon d'ordonner que quand la viſitation ſe fera, les Apotiquaires & Epiciers qui ſeront viſitez ſeront tenus faire ſerment qu'ils n'ont reçû, latité, ny tranſporté des drogues qu'ils avoient au precedent la viſitation, & que les drogues qu'ils avoient lors de la viſitation en leurs boutiques & maiſons, qui ſeront bonnes, leur appartiennent ; & que l'on défendra à tous Apotiquaires & Epiciers de ne preſter les uns aux autres aucunes drogues lors que l'on ſera la viſitation, ſur peine d'amende arbitraire pour la premiere fois, & de punition corporelle pour la ſeconde fois. Auſſi ſoit enjoint aux Viſiteurs qui auront viſité, aller faire leur rapport d'icelle viſitation pardevant le Prevoſt de Paris ou ſon Lieutenant, à jour de Police, & prendre & porter les drogues qu'ils auront trouvées mauvaiſes, corrompuës & dangereuſes, pardevant ledit Lieutenant audit jour de rapport, pour proceder par amendes pecuniaires & autrement, ſelon l'exigence des cas, à l'encontre de ceux és maiſons deſquels auront eſté trouvées leſdites mauvaiſes drogues. Item, que défenſes ſoient faites à tous Marchands forains qui amenent des drogues en cette Ville pour vendre & expoſer en vente, de n'en vendre & expoſer que premierement elles n'ayent eſté viſitées par leſdits Viſiteurs, & que ladite viſitation ſoit faite, non ſeulement és maiſons des Marchands vendans en gros ; & que ſi faiſant par leſdits Viſiteurs la viſitation tant des drogues qu'ameneront leſdits Marchands forains, que de celles qui ſont és maiſons deſdits Marchands vendeurs en gros, ſoient aucunes trouvées fauſſes, mauvaiſes & corrompuës, leſdits Viſiteurs les portent pardevers ledit Lieutenant à la Police ; & parce que l'Ordonnance porte que leſdits Viſiteurs ſeront tenus faire les viſitations des drogues, qui ſeront amenées par leſdits Marchands forains, dedans les vingt-quatre heures qu'elles ſont arrivées, leur ſoit enjoint icelles viſitations faire diligemment ; & en tant que touche les compoſitions des recettes & autres confitures qui ſont meſlées, trouve qu'il eſt requis & neceſſaire, qu'avant que les faire, les drogues ſimples fuſſent communiquées aux Medecins ; mais les Apotiquaires diſent qu'avant que faire leurs compoſitions, ils ont accouſtumé mettre leurs drogues qu'ils veulent employer ſur une table, & appeller leurs Compagnons Apotiquaires, & leur font viſiter ſi leſdites drogues ſont bonnes ou non, & aprés qu'elles ſont certifiées bonnes, les employent ; mais au contraire, les Medecins diſent que les Apotiquaires peuvent faire les uns pour les autres. Davantage, qu'il y aura un Apotiquaire qui aura emprunté de ſon voiſin quelques bonnes drogues, & les montrera à deux qu'il appellera ; & neanmoins il employera les drogues qu'il aura latitées & détournées ; quoy que ce ſoit, il ſeroit beſoin qu'à la compoſition il y euſt un Medecin preſent ; car il connoiſtra mieux que l'Apotiquaire ſi les drogues ſont bonnes ou non, & ſi elles ne ſont point nuiſibles en qualité ou en quantité. Trouve outre qu'il eſt bon faire défenſes à tous Apotiquaires de ne bailler aucunes recettes ſi elles n'ont eſté ordonnées par les Medecins ; car attendu qu'aucuns Apotiquaires ſe meſlent d'en bailler ſans Ordonnance du Medecin, & bien ſouvent en advient de l'inconvenient ; encore n'en baillent par l'Ordonnance des Medecins, s'ils ne ſont Docteurs en l'Univerſité de Paris, ou Medecins du Roy ou de quelques Grands-Seigneurs & Princes. Item, qu'ils ne baillent des tablettes dangereuſes,

comme

comme de Cotignac de Lyon, fans ce qu'il ait efté montré au Medecin. Item, de ne bailler aucunes medecines ou potions fur les recettes des Empiriques, fi lefdits Empiriques ne font reçûs & approuvez par la Faculté de Medecine de cette Ville de Paris ; & parce qu'il y a plufieurs Marchands de cette Ville qui vont en Flandres, à Lyon & autres contrées, tant de ce Royaume que d'ailleurs, achetter des drogues compofées & autres épiceries, & puis les viennent vendre en gros ou en detail en cette Ville, femble qu'il fera neceffaire de défendre aufdits Marchands de n'en expofer en vente qu'elles n'euffent efté vûës par les Medecins ; & auffi a efté avifé de remontrer à la Cour, qu'il feroit bien bon, que quand un Medecin a ordonné une recette il fut prefent à la voir faire. Auffi les Apoiquaires demandent aux Medecins une chofe qui femble raifonnable ; c'eft à fçavoir que parce que le'dits Medecins ordonnent fouvent des difpenfaires, & les font de diverfes fortes, & neanmoins les nomment du même nom ; & toutefois ils ont effet contraire, en quoy les Apotiquaires fe trouvent étonnez ; à cette caufe lefdits Medecins foient tenus eux affembler une ou deux fois l'an, & enfemble avifer de la forme de faire lefdits difpenfaires, & en avertiffent lefdits Apotiquaires à ce qu'ils ne puiffent faillir ; & lefr offrent lefdits Apotiquaires leur falaire competant. Or voit la Cour de quelle confequence eft l'eftat d'Apotiquairerie & Epicerie, & que c'eft une chofe dont tous les jours le genre humain a affaire, & n'y git que la vie ou la mort de la perfonne, fe debattant les parties privées à qui appartient faire la vifitation pour garder leurs privileges pretendus feulement, & non pour bonne confideration qu'ils ayent pour la confervation du genre humain ; & quelques privileges encore qu'alleguent les appellans, fi ne montrent-ils point qu'ils ayent ce droit de vifitation privative aux Maiftres Jurez Apotiquaires de cette Ville de Paris. Il eft vray qu'ils veulent faire un fondement & un argument fur un Arreft de la Cour, donné pour le regard de quelques Barbiers & Chirurgiens ; mais ne montrent point qu'ils en ayent exprés touchant les Apotiquaires & les Epiciers : toutefois parce qu'ils ont grande eftenduë de Jurifdiction, & auffi que l'eftat d'Apotiquairerie & Epicerie eft de fi grande & dangereufe confequence, faut qu'ils fe reglent felon la regle des Officiers du Roy. A cette caufe ne veut ledit Procureur General empefcher qu'avec les Maiftres Jurez & ceux qui feront commis par les Officiers du Roy au Chaftelet, lefdits appellans ne commettent quelqu'un qui affiftera à la vifitation qui fe fera par les Vifiteurs qui feront deputez par lefdits Officiers du Chaftelet ou par la Cour, s'il luy plaift en prendre la connoiffance ; & que s'il y a forfaicture ou malverfation trouvée des Apotiquaires & Epiciers eftant du détroit defdits Appellans, ils n'en ayent l'amende ; & au furplus que la Cour autorife les articles qu'il a reçûs, fi elle trouve que bon foit, finon y pourvoye ainfi qu'elle verra eftre à faire par raifon.

Le Tirant a dit qu'il accordoit la vifitation eftre faite commutative, & que les malverfations des Apotiquaires & Epiciers du détroit des appellans foient rapportées pardevant leurs Officiers ; & où les malverfans feroient condamnez fuffent appliquées aufdits appellans.

A dit Remond, que ce n'eftoit raifon que les rapports de vifitations fuffent faits pardevant les Officiers defdits Appellans, mais bien des amendes, eftoit d'accord qu'ils en euffent part.

De Chappes dit que les intimez accordoient que la Cour ordonnaft ce qu'elle verroit eftre bon & utile pour le Statut & Ordonnance, & entretenement d'iceux ; mais à ce que les Gens du Roy difent qu'il feroit bon que les Valets que les Veuves ont pour la conduite de leurs Boutiques fiffent chef-d'œuvre feroit un peu dur, car s'ils avoient fait chef-d'œuvre, nihil diftarent à Magiftris, & ne voudroient rien faire pour lefdites Veuves. Bien font d'accord les Intimez que l'on les examine à toute riguer ; quant eft que les Apprentis foient Latins, & foient tenus aller ouïr la Leçon d'un Docteur, en font bien d'accord les Intimez, pourvû que ce foit après l'apprentiffage fait ; car durant leur apprentiffage ils ne pourroient fervir à leurs Maiftres, parce que fous ombre d'aller à la Leçon, ils pourroient aller joüer tout le jour, & ne reviendroient qu'à leur plaifir ; & cependant leurs Maiftres & les malades dont ils ont charge faire vifitation chaque jour, pourroient endurer davantage. Si pendant leur apprentiffage ils eftudioient, pourroit avenir qu'aucuns aufquels Noftre Seigneur fait plus de grace qu'aux autres, pourroient tellement comprendre qu'ils feroient inftruits en l'Art fi avant, qu'ils ne penferoient plus eftre tenus aller fervir leurs Maiftres, & fe voudroient faire recevoir fans achever le temps de leur apprentiffage, qui eft indiqué par l'Ordonnance du Roy. A ce que les Gens du Roy difent qu'il feroit bon qu'à l'examen de ceux qui pretendent à la Maiftrife affiftaffent des Medecins, répond que lefdits Intimez en font contens, combien que l'Ordonnance foit pour eux pour l'empefcher, mais qu'ils affiftent au chef-d'œuvre l'empefchent, parce qu'il ne depend de la Theorique des Medecins. Davantage, que plufieurs Medecins qui voudroient y affifter, pour apprendre à faire les Compofitions & connoiftre les drogues qu'ils ne fçavent & ne connoiffent ; & quand les connoiftroient & fçauroient, voudroient eux-mefmes après faire lefdites Compofitions, en forte qu'ils feroient faire parler leurs ferviteurs, au prejudice des Apotiquaires, l'acte de Medecin ou d'Apotiquaire ; & neanmoins jamais ne feroient vifitez ; & en tout évenement quand il plaira à la Cour ordonner que lefdits Medecins affiftent audit chef-d'œuvre, elle doit par même moyen ordonner qu'ils n'auront aucun falaire. Quant aux vifitations des drogues que les Marchands forains amenent pour vendre en cette Ville, dit que l'Ord. y eft que les Maiftres Jurez feront contrains aller faire la vifitation dedans les 24 heures de l'arrivée, & les 24. heures paffées, s'ils n'y font allez, eft permis aux Marchands forains vendre, & aux Apotiquaires achetter, fi les Medecins & veulent aller, s'en rapportent lefdits Apotiquaires à eux, mais s'ils y viennent ne doivent avoir aucun falaire, car cela tourneroit aux frais defdits Apotiquaires. En tant que touche la vifitation qui fe doit és maifons des Apotiquaires, l'Ordonnance y pourvoit ; mais encore fi la Cour y veut ajoûter, ne l'empefchent les Apotiquaires, car ils ne veulent rien faire qui ne foit bon ; mais quoy qu'il en foit, que pour la vifitation, ne autrement, on ne peut exiger rien d'eux. Quant aux défenfes requifes par le Procureur du Roy aux Apotiquaires de ne rien bailler finon par l'Ordonnance du Medecin, répond qu'il y a danger à cet article ; car pourra avenir qu'à minuit ou autre heure tarde, & autre que chacun fera en fon lit, une maladie prendra à un quidam ; pour le fecourir, on fera plûtoft venu à la maifon de l'A-

potiquaire

potiquaire que d'aller voir le Medecin, & pourra l'Apotiquaire porter la recepte, pendant qu'il pourroit avenir inconvenient au malade. A cette cause, n'y à grand propos à cet Article, toutefois s'il plaist à la Cour ordonner, s'en rapporte à elle. Quant à tous les autres articles recitez par ledit Procureur General, supplient lesdits Apotiquaires la Cour y vouloir aviser; & seront bien aises lesdits Apotiquaires d'estre bien reglez; mais aussi qu'elle voye les articles qu'ils ont baillez audit Procureur General du Roy.

La Cour dit quant aux deux appellations interjettées par les Abbé & Convent de sainte Gene-viéve au Mont de Paris, des deux Appointemens & Jugemens donnez par le Prevost de Paris ou son Lieutenant à jour de Police, qu'elle a mis & met icelles appellations, ensemble lesdits Appointemens & Jugemens au neant, sans amende & sans dépens des causes d'appel, & pour cau-se; & en emendant le jugé, aprés la déclaration du Procureur General du Roy, & des Avocats & Procureurs desdits Appellans, ladite Cour a ordonné & ordonne que la visitation des Apotiquai-res & Epiciers demeurans és Fauxbourgs saint Marcel, & dedans les fins & limites du détroit & Jurisdiction desdits Abbé & Convent de sainte Geneviéve, sera dorénavant faite par les quatre Maistres Jurez & Apotiquaires de cettedite Ville, qui seront deputez au fait de la visitation des Apotiquaires par la Communauté des Apotiquaires Jurez de cettedite Ville de Paris, & des Doc-teurs Medecins de cettedite Ville, qui seront deputez par la Faculté de Medecine de cettedite Ville, pour assister à la visitation, & par un Maistre Apotiquaire Juré estant du détroit & Juris-diction desdits Abbé & Convent, qui sera specialement pour eux député aussi pour assister à icelle visitation, à laquelle pourra pareillement assister l'un des Officiers desdits Abbé & Convent, qui à ce sera par eux commis & deputé, & par maniere de provision, & jusqu'à ce qu'autrement par ladite Cour en soit ordonné, la visitation qui ainsi sera faite par lesdits quatre Maistres Jurez Apotiquai-res, qui seront deputez par la Communauté d'iceux Apotiquaires, & par les deux Medecins qui seront deputez par ladite Faculté de Medecine, & par l'Apotiquaire desdits Abbé & Convent, qui par eux sera deputé, rapportée pardevant les Prevost de Paris ou son Lieutenant Civil & Criminel tenant la Police, & autres Officiers dudit Chastelet assistans à ladite Police, aussi assis-tant l'Officier qui sera commis par lesdits Abbé & Convent pour assister à ladite visitation, & seront tenus lesdits Visiteurs rapporter les fautes qu'ils auront trouvées aux drogues simples & compo-sées desdits Apotiquaires demeurans dans le détroit & Jurisdiction desdits Abbé & Convent de sainte Geneviéve, pour puis aprés l'amende estre imposée sur iceux Apotiquaires sur lesquels au-ront esté trouvées les fautes par ledit Prevost de Paris ou son Lieutenant tenant la Police, ainsi qu'ils verront estre à faire par raison, dont les deux tiers seront appliquez ausdits Abbé & Con-vent, & l'autre tiers aux quatre Maistres Jurez Apotiquaires, qui seront élus Visiteurs qui auront fait la visitation selon & ensuivant l'ancienne Ordonnance. Et quant aux autres articles presente-ment requis par le Procureur General du Roy, pour le bien & reformation de l'Art & Mestier d'Apotiquairerie; ladite Cour a ordonné & ordonne avant qu'y faire droit diffinitivement, elle verra les articles qui ont esté baillez pour le fait de ladite reformation, stabiliment & perpetua-tion d'icelle, par les Docteurs en Medecine de ladite Univ. & ceux semblablement baillez de la part des Apotiquaires, Maistres Jurez d'icelle Ville avec ce present Plaidoyé, sur lesquels Art. & le con-tenu audit Plaidoyé sera plus amplement enquis, *super commodo vel incommodo*, par deux des Conseil. de lad. Cour, qu'à ce faire elle commettra & deputera avec eux, appelle six des plus anciens Doct. Me-decins de cettedite Ville, qui par icelle Cour seront nommez; pour ce fait & oüy le rapport desd. Con-seil. & vû l'avis desd. six Medecins est procédé au Jugement & Ordonnance de la reformation sus-dite, ainsi qu'il appartiendra par raison; & cependant par maniere de provision, & jusqu'à ce qu'au-trement par ladite Cour en soit ordonné, parce que la matiere requiert celerité, afin que l'on sçache de quelle qualité & suffisance devront estre ceux qui seront promûs dorénavant à la Maistri-se en l'Art d'Apotiquairerie, a ordonné & ordonne ladite Cour, qu'avant que ceux qui tendront à ladite Maistrise puissent parvenir à icelle, seront tenus avoir appris suffisamment la Langue Lati-ne pour entendre les Livres qui ont on a accoustumé user pour apprendre l'Art d'Apoti-quairerie, comme Mesué & autres semblables, que s'ils oyront un an durant, & non compris en iceluy an le temps de vacations deux lectures chacune semaine audit Art & Science d'Apotiquai-rerie, qui leur seront faites par un bon & notable Docteur de ladite Faculté de Medecine, qui à ce par elle sera deputé, & sur ce seront examinez & interrogez quand leur examen se fera; & pour iceluy examen dorénavant faire, a ordonné & ordonne ladite Cour par maniere de provi-sion, & jusqu'à ce qu'autrement par elle en soit ordonné, que la Communauté des Apotiquaires sera tenue s'assembler une fois l'an, & en icelle assemblée élire & deputer quatre des plus notables d'entr'eux, sçavans & experimentez en l'art d'Apotiquairerie, pour vacquer & entendre à l'exa-men de ceux qui voudront estre reçus à la Maistrise de l'estat. Pareillement ordonne ladite Cour que ladite Faculté de Medecine de Paris une fois l'an, sera tenue soy assembler; & elle assemblée, deputer deux bons & notables, suffisans & experimentez Medecins Docteurs pour assister audit examen faire avec lesdits quatre Apotiquaires; & seront deputez par ladite Communauté des Apotiquaires Jurez, & en la presence d'iceux deux Docteurs Medecins sera fait par lesdits qua-tre Apotiquaires élûs l'examen, non seulement sur les drogues simples & composées, & les manie-res de les composer; mais aussi sur le chef-d'œuvre comme devroient estre ceux qui sont exami-nez pour parvenir à ladite Maistrise; & par tous lesdits quatre Apotiquaires élûs & les deux Me-decins deputez ensemblement, sera fait rapport à jour de Police pardevant ledit Prevost de Pa-ris ou sesdits Lieutenans Civil & Criminel tenans la Police, de la suffisance ou insuffisance de celuy qui aura esté examiné & fait son chef-d'œuvre, pour oüy ledit rapport proceder par ledit Prevost ou sesdits Lieutenans à ladite Police, à la rejection de celuy qui sera rapporté non suf-fisant, ainsi qu'il appartiendra par raison; & à ladite Cour enjoint, & enjoint ausdits quatre Apotiquaires qui seront élus par ladite Communauté, & ausdits Docteurs Medecins qui seront deputez par ladite Faculté de Medecine, de bien loyalement & fidellement, & en leurs conscien-ces faire rapport audit Prevost de Paris ou sesdits Lieutenans. si ceux qui pretendront à ladite Maistrise, seront suffisans & capables, & experimentez comme l'estat le requiert: aussi a ordonné

&

& ordonne lad.Cour,que par lefd.4.Apotiquaires qui feront élûs par lad.Communauté & par lefd. 2.
DocteursMedecins feront examinez les valets & ferviteurs desApotiquaires qui feront pris & appellez
par les Veuves des Apotiquaires, pour exercer l'eftat & art d'Apotiquairerie durant leurs viduitez,
tant fur les fimples drogues que compofées,& la maniere de la compofition d'icelles,& dreffement
des recettes qui feront ordonnées par les Medecins, & autres chofes requifes ; & fi feront lefd. valets & ferviteurs examinez par lefdits deux Docteurs en Medecine, & quatre Apotiquaires élûs,
fur les experiences manuelles des compofitions des drogues, non fi exactement comme fi lefdits
valets & ferviteurs vouloient faire chef-d'œuvre, mais pour fçavoir s'ils fçavent & entendent comme fe doivent faire lefdites compofitions, & s'ils les pourront & fçauront faire ; & ce fait en fera
fait rapport, bon, loyal & fidelle par lefdits deux Docteurs Medecins & lefdits quatre Apotiquaires élûs à jour de Police, pardevant ledit Prevoft de Paris ou fefdits Lieutenans icelle tenans,
pour ledit rapport fait & oüy, bailler par ledit Prevoft ou fefdits Lieutenans la provifion au valet
qui fera rapporté fuffifant de l'exercice de l'Art d'Apotiquairerie bien & loyaument, aprés que
ledit Prevoft ou fefdits Lieutenans auront de luy reçu le ferment de ce faire. A pareillement ladite Cour ordonné & ordonne par maniere de provifion, & jufqu'à ce que par elle autrement en
foit ordonné : Que ladite Faculté de Medecine fera tenuë de s'affembler une fois l'an, & aprés
ferment fait par les Docteurs Medecins en la maniere accouftumée, éliront deux bons & notables,
& les plus anciens & experimentez en l'Art & fcience de Medecine : & auffi ladite Communauté des Apotiquaires fera tenuë s'affembler une fois l'an; & iceux Apotiquaires en leurs confciences & par ferment éliront quatre d'entr'eux des plus anciens,notables, fçavans & experimentez en
l'Art d'Apotiquairerie, pour enfemblement par eux faire la vifitation qui aprés enfuit ; & preala-
blement fe tranfporteront à jour de Police pardevant ledit Prevoft de Paris ou fefdits Lieutenans,
icelle Police tenant, & illec feront ferment de bien & loyaument, fidellement, felon Dieu & leurs
confciences faire vifitation des drogues, tant fimples que compofées, qu'autres chofes dont eft befoin s'enquerir, qui feront és maifons & boutiques des Apotiquaires & Epiciers ; & icelle vifitation faite à jour de Police pardevant ledit Prevoft de Paris ou fefdits Lieutenans, icelle tenans, feront rapport bon & loyal fans acceptation de perfonnes, & fans diffimulation, des drogues bonnes ou mauvaifes, fimples ou compofées, & autres chofes qu'ils auront trouvées és maifons &
boutiques defdits Apotiquaires & Epiciers ; & pour faire cette vifitation deux fois l'an, c'eft à fçavoir le lendemain de la mi-Carême, & le lendemain de la mi-Aouft, eux fix enfemblement, feront tenus eux tranfporter és boutiques & maifons des Apotiquaires & Epiciers ; & en premier
lieu feront faire aufdits Apotiquaires & Epiciers bon & loyal ferment d'exhiber & mettre en évidence toutes les drogues, tant fimples que compofées qu'ils auront, fans les cacher ny emprunter, & qu'ils n'ont caché ny fait cacher directement ou indirectement aucunes drogues fimples ou
compofées : & fait ladite Cour injonction aufdits Apotiquaires & Epiciers, fur peine de cent marcs
d'argent, de prifon & punition corporelle, fi leur mestier eft, d'exhiber & mettre en évidence aufdits
Vifiteurs toutes & chacunes les drogues, foit fimples ou compofées, qu'ils auront en leurs boutiques & maifons, & faire ouverture s'il eft befoin aufdits Vifiteurs, s'ils en font requis par eux,
de leurs caves & celliers, chambres & autres lieux, pour voir s'il n'y a point aucunes drogues ca-
chées ; & fur femblables peines fait inhibitions & défenfes à iceux Apotiquaires & Epiciers de
ne cacher aucune chofe des drogues qu'ils auront, ne au lieu des mauvaifes emprunter des bonnes
de leurs compagnons, ou des Marchands durant l'acte de vifitation, ou pour le fait d'icelle; toutefois n'entend la Cour que fi aucuns des Apotiquaires n'avoient toutes les drogues dont il leur
convient ufer és compofitions requifes en leur Art, ils n'en puiffent emprunter de leurfdits compagnons pour employer efdites compofitions qu'ils voudront faire, pourvû qu'elles foient bonnes
& loyales : & la vifitation faite le Jeudy plus prochain d'icelle fera rapportée par lefdits Vifiteurs
pardevant lefdits Prevoft de Paris, ou fefdits Lieutenans tenans la Police ; & les drogues fimples
& compofées qui feront trouvées n'eftre d'effet & vertu pour employer à la compofition des medecines, feront mifes en facs, & portées pardevant ledit Prevoft de Paris ou fefdits Lieutenans à
jour de Police, & icelle tenant, pour oüy le rapport defdits Vifiteurs ordonner par iceluy Prevoft
ou fefdits Lieutenans, icelles drogues eftant de nul effet & vertu, & non employables en compofitions, eftre brûlées publiquement, s'ils voyent que faire fe doive. Et fi a fait & fait ladite Cour
inhibition & défenfes à tous les Apotiquaires & aux Maiftres Valets, fur les peines que deffus,
c'eft à fçavoir, de cent marcs d'argent d'amende, de prifon & de punition corporelle, d'employer
aucunement aux recettes & medecines, que lefdits Medecins leur ordonnent faire, aucunes drogues,finon qu'elles foient bonnes & loyales,& qu'elles ayent été vûës & declarées bonnes & loyales
par lefdits Vifiteurs. Auffi leur fait ladite Cour défenfes fur femblables peines d'employer és Ordonnances defdits Medecins, finon les drogues que lefdits Medecins leur ordonneront employer
fans en rien exclure de ce qu'iceux Medecins auront ordonné en qualité ou quantité. Semblablement ladite Cour a ordonné & ordonne que ladite Faculté de Medecine s'affemblera une fois l'an,
& icelle affemblée fera tenuë avifer le temps plus propre & opportun, pour faire les drogues
compofées, éfquelles entrent plufieurs efpeces fimples ; & au temps qu'ils aviferont eftre le plus
propice & opportun, pour faire lefdites compofitions, les Apotiquaires qui en voudront faire,
feront tenus mettre chacun en fa maifon fur une table, & tenir un jour tel qu'il fera ordonné par
lefdits Medecins & Apotiquaires Jurez, commis & deputez au fait de ladite vifitation, depuis
fix heures du matin jufqu'à fix heures du foir, toutes & chacunes les drogues fimples, dont ils
voudront faire lefdites drogues compofées, & en auront par regiftre & en écrit les noms, & feront vifitées par lefdits Vifiteurs qui feront deputez & élûs comme deffus eft dit ; & les drogues
fimples requifes pour lefdites compofitions, qui feront trouvées par lefdits Vifiteurs eftre corrompuës ou fauffes, & n'eftre de vertu & effet pour eftre employées en compofition, feront mifes en facs, & portées pardevers ledit Prevoft de Paris ou fefdits Lieutenans à jour de Police, &
icelle tenant, pour oüy le rapport d'iceux Vifiteurs, lefdites drogues eftre par l'Ordonnance d'iceluy Prevoft ou fefdits Lieutenans, brûlées. Et fait ladite Cour inhibitions & défenfes à tous Apotiquaires, fur peine de cent marcs d'argent applicables au Roy, de prifon & de punition corporelle,

relle , même de la hart , de ne mettre dedans lesdites compositions qu'ils feront , aucunes drogues , sinon de celles qui seront approuvées & declarées bonnes & loyales , & d'effet & vertu en operation de medecine par lesdits Visiteurs ; pardevant lesquels Visiteurs lesdits Apotiquaires seront serment de mettre & employer esdites compositions qu'ils feront, lesdites drogues en quantité & qualité , selon que lesdits Visiteurs leur ordonneront , & qu'ils n'y mettront & employeront aucunes autres drogues passées & corrompuës , mais semblables à celles qui auront esté visitées, approuvées & declarées bonnes & loyales par lesdits Visiteurs. Et pour ce qu'en l'Art de Medecine les Medecins usent d'un qui pro quo , a ordonné & ordonne ladite Cour, que pour le bien de la chose publique , & conservation & reparation de la santé des corps humains, ladite Faculté de Medecine s'assemblera , en icelle assemblée élira six des plus notables, suffisans , scavans & experimentez d'entre les Docteurs d'icelle , qui redigeront par écrit les dispensaires desdits qui pro quo ausdits Apotiquaires , & quand ils feront & devront estre baillés aux malades : & ce qui sera par ces six Medecins ordonné pour lesdits dispensaires ausdits Apotiquaires ; enjoint la Cour ausdits Apotiquaires le garder sur le dessus , c'est à scavoir de cent marcs d'argent d'amende, de prison , punition corporelle & de la hart ; & leur fait défenses d'user d'aucun qui pro quo , sinon de ceux qui leur feront ordonnez par lesdits six Docteurs Medecins aux Dispensaires susdits. Leur fait pareillement ladite Cour inhibition & défense de faire aucune composition de Medecine pour bailler aux malades , si ladite composition & medecine ne leur est ordonnée par les Docteurs Medecins reçûs en la Faculté de Medecine de l'Université de Paris , ou des Medecins du Roy & de ceux du Sang Royal. Semblablement leur fait inhibitions & défenses de ne faire aucunes compositions de Medecine sur les ordonnances des Empiriques en Art de Medecine , sur peine de cent marcs d'argent, de prison & punition corporelle , n'estoit que lesdits Empiriques fussent reçûs & compris par ladite Faculté de Medecine de ladite Université de Paris : Et outre a ordonné & ordonne ladite Cour, que ladite Faculté de Medecine s'assemblera & deputera chacun an deux des Docteurs Medecins d'icelle , des plus suffisans & experimentez , & la Communauté des Apotiquaires , quatre Maistres Jurez Apotiquaires , notables , scavans & experimentez ; pour ensemblement visiter dedans les vingt-quatre heures , suivant l'Ordonnance , les marchandises d'Apotiquairerie & Epicerie , qui sont amenées en cette Ville de Paris , pour aprés la visitation faite , si elles sont trouvées bonnes , suffisantes & valables , estre venduës en la maniere accoustumée ; & enjoint ladite Cour aussi aux six Deputez, faire icelle visitation dedans ledit temps de vingt-quatre heures , aprés que lesdites marchandises seront arrivées , & que l'on leur aura signifié l'arrivée , sur peine d'amende arbitraire , à la discretion de ladite Cour : & en enthérinant la Requeste faite par ledit Procureur General du Roy , concernant le fait & compositions des Cotignacs & autres semblables compositions que les Apotiquaires ont accoustumé faire sans ordonnance du Medecin , a ordonné & ordonne ladite Cour, que dedans quinzaine ladite Faculté de Medecine s'assemblera & élira deux des Docteurs dicelle des plus scavans & experimentez, lesquels verront & mettront par écrit les drogues que lesdits Apotiquaires doivent employer pour faire les susdites compositions, & ordonneront lesdits Docteurs Medecins en quelle quantité & qualité lesdits Apotiquaires employeront lesdites drogues à faire icelles compositions , & dés-à-present comme pour lors , aprés l'Ordonnance qui sera faite par lesdits Medecins , défend ausdits Apotiquaires sur les peines que dessus, de n'employer esdites compositions & autres drogues que celles qu'ils trouveront écrites par lesdits Medecins , & en la quantité & qualité qui leur auront esté baillées par iceux Medecins , & de ne bailler lesdites compositions ny autres semblables par eux faites sans ordonnance du Medecin ausdits malades ; & pareillement a ordonné & ordonne ladite Cour qu'aux visitations & examens faire, assisteront lesdits Visiteurs & Examinateurs sans prendre aucun salaire, sinon celuy qui leur est permis prendre par l'ancienne Ordonnance qui est de vingt sols à chacun , & fait défenses à tous Apotiquaires , & à tous autres ne faire aucunes visites si elles ne sont ordonnées comme dessus est dit : Et à ce que les Bacheliers en Medecine apprennent & connoissent les drogues, pour mieux comprendre leurs operations en l'Art de Medecine , a ordonné & ordonne ladite Cour , qu'à la visitation , qui sera faite par lesdits Medecins & Apotiquaires d'icelles drogues, lesdits Medecins meneront avec eux leurs Bacheliers : & ce sans prejudice du procés pendant en icelle Cour entre les Apotiquaires & Epiciers ; & enjoint la Cour audit Prevost de Paris & ses Lieutenans Civil & Criminel de faire garder & entretenir les Ordonnances susdites , & faire enquerir diligemment par les Examinateurs du Chastelet de Paris contre les transgresseurs d'icelles Ordonnances , pour ce fait, proceder à l'encontre d'eux , pour en faire la punition exemplaire, ainsi qu'il appartiendra par raison ; & si enjoint ausdits Examinateurs obeir en ce que dessus, ou qui leur sera ordonné par ledit Prevost de Paris ou ses Lieutenans ; & au Substitut dudit Procureur General du Roy audit Chastelet en faire la poursuite telle qu'il est requis. Fait en Parlement le trois Aoust mil cinq cens trente-six. Signé, DU TILLET.

30. Aoust 1566. Sentence de Police, pour la visite des remedes par les Medecins chez les Apotiquaires. A Tous ceux qui ces presentes Lettres verront, Antoine Duprat , Chevalier , Seigneur de Mantoilles , Precy & de Royens , Baron de Threot & de Thovry , Conseiller du Roy nostre Sire, Gentilhomme ordinaire de sa Chambre , & Garde de la Prevosté de Paris , Salut. Scavoir faisons , qu'aujourd'huy date de ces Presentes M. Nicolas Jacquart , Procureur des Doyen & Docteurs de la Faculté de Medecine en l'Université de Paris , a fait appeler en jugement devant Nous en la Chambre Civile en la Police du Chastelet de Paris , Maistre Jacques Cantien , Procureur des Jurez Apotiquaires de cette ville de Paris, & remonstré que par Ordonnance & Arrest de la Cour de Parlement , donné sur le Réglement des Apotiquaires, a esté ordonné que une fois l'an lesdits demandeurs s'assembleront & éliront deux bons & notables experimentez en l'Art de Medecine. Aussi que lesdits Apotiquaires feront le semblable, & éliront quatre d'entr'eux les plus notables , scavans & experimentez en l'art d'Apotiquairerie , pour ensemblement deux fois l'année , le serment préalablement fait pardevant Nous, faire la visitation des drogues , tant simples que composées , & autres choses dont est besoin s'enquerir , qui seront és maisons & boutiques des Apotiquaires & Epiciers, tant de cette Ville que Fauxbourgs de Paris ; & ladite visitation faite rapporteront

teront pardevant Nous à jour de Police icelle tenant, fans acception de personne, ne diffimulation ; pour contre les contrevenans, & ceux qui se trouveront en faute, y estre procedé selon les
peines portees par ledit Arrest. Ce neanmoins lesdits Apoticaires ne tiennent compte d'obéïr &
satisfaire audit Arrest, faire lesdites assemblées & visitations au grand préjudice & dommage du public ;
à cette cause lesdits de la Faculté de Medecine auroient fait donner assignation ausdits Jurez Apotiquaires, à ce qu'il leur fust enjoint, suivant ledit Arrest, faire lesdites visitations & assemblées
dorénavant par chacun an, sur telles peines qu'il Nous plaira ordonner : requerant à cette fin
ladite jonction du Procureur du Roy nostre Sire en la Cour de ceans. Et neanmoins parce que les
jours sont destinez pour l'Arrest, au moyen dequoy lesdits Apotiquaires & Epiciers se doutans desdites visitations pourvoient & se donnent de garde & avertissent l'un l'autre, requeroit qu'il fust
par Nous ordonné suivant ledit Arrest, qu'il fust enjoint ausdits Jurez Apotiquaires, d'eux trouver és assemblées avec les Deputez de ladite Faculté, au lieu qui leur sera nommé, en leur signifiant un jour devant, le tout sur peine d'amende arbitraire, & demandoit dépens, dommages
& interests d'une part : Et ledit Cantien Procureur desdits Jurez Apotiquaires défendeurs, qui a
dit de leur part n'avoir jamais esté refusant satisfaire au contenu dudit Arrest, & accordoient eux
trouver aux assemblées & visitations en leur faisant à sçavoir par lesdits de la Faculté d'autre part.
Surquoy Nous parties oüies & le Procureur du Roy en la Cour de ceans, & qu'il Nous est apparu
dudit Arrest de la Cour ; avons suivant iceluy enjoint & enjoignons ausdits Jurez Apotiquaires de
faire par chacun an les assemblées portées par ledit Arrest, & eux trouver par chacun an deux
fois és jours qui leur seront donnez & assignez par lesdits de la Faculté de Medecine, pour faire
les visitations aussi avons suivant ledit Arrest, en leur faisant signifier un jour devant par lesdits Doyen
& Docteurs de ladite Faculté ; & lesdites visitations faites les rapporter pardevers Nous, le tout
sur peine d'amende arbitraire : En témoin de ce Nous avons fait mettre & ces presentes le scel
de ladite Prevosté de Paris. Ce fut fait par noble Homme & Sage, Maistre Nicolas Luillier, Conseiller du Roy nostre Sire, Lieutenant Civil de lad. Prevosté de Paris, le Jeudy 30. Aoust l'an 1566.
Signé, BARBEDOR. Collationné.

20. Jav. 1571.
Arrest pour
la visite des
drogues qui
arrivét chez
les Marchãds
Merciers.

VEuës par la Cour les Lettres Patentes du Roy données à Paris le neuviéme jour d'Octobre
1570. dernier passé, signées sur le reply par le Roy en son Conseil Dolu, par lesquelles, pour
les causes y contenuës, ledit Seigneur dit, declare, veut & ordonne, que dorénavant les Maistres
Marchands Merciers, Grossiers, & Joüailliers de cette Ville de Paris, fussent & conduisent le train
& fait de marchandise bien & vrayement, soit en gros ou en détail, sans que pour ce la marchandise de Mercerie, Grosserie & Joüaillerie, qui seroit en leur possession, en leurs maisons, magasins & boutiques, ou en chemin pour y estre conduite, soit aucunement visitée, prise, saisie ou
arrestée par aucuns Maistres des Mestiers de cette Ville, en quelque maniere que ce soit, encore
que la marchandise fust de leur estat, manufacture ou autrement ; enjoignant tres-expressément
aux Maistres & Gardes de ladite marchandise de Mercerie & Joüaillerie, d'en faire la visitation &
rapport comme il appartient & ont accoustumé ; n'entendant toutefois par ce déroger ny préjudicier aux visitations qu'ont accoustumé, & seront tenus faire les Maistres des autres estats &
Mestiers, qui seroient Jurez, sur leurs Maistres des Mestiers, sans aucune faute ny abus, à ce que
tout ce qui seroit vendu & debité, fust loyal & marchand. Et si pour ce regard y avoit procez mûs
& à mouvoir, Veut ledit Seigneur, que la presente Déclaration, & tout le contenu desdites Lettres, soit entierement gardé & observé, suivant les Jugemens & Arrests y mentionnez, & les differens jugez & terminez par appel du Prevost de Paris, si aucun y avoit, en la Grande Chambre du
Plaidoyé de ladite Cour, attendu qu'il estoit question du fait de Police, ou autrement renvoyé en
telle Chambre qu'ils aviseroient bon estre ; comme plus au long le contiennent lesdites Lettres,
de l'Ordonnance de ladite Cour, communiquées au Procureur General du Roy ; ses Conclusions
sur la Requeste presentée par les Maistres & Gardes de ladite Marchandise de Mercerie, Grosserie
& Joüaillerie, tendant à la publication desdites Lettres ; par lesquelles ledit Procureur General
auroit declaré n'empêcher lesdites Lettres estre enregistrées, pour en joüir par les impetrans aux
charges des Arrests, donnez en la presente année, entre lesdits supplians & les Maistres Jurez Apotiquaires, & Epiciers de cette Ville, le vingt-sixiéme jour de Novembre audit an 1570. dernier, tendant à ce que pour les
causes y contenuës, l'Arrest d'icelle Cour du dix-neuviéme jour de Juillet dernier, donné à l'Audiance entr'eux & les Apotiquaires & Epiciers d'autre, leur fust délivré ainsi qu'il avoit esté prononcé & écrit, nonobstant la requeste presentée par lesdits Apotiquaires & Epiciers au contraire ;
ou en tout évenement, pour éviter à procez, monopoles & abus qui se pourroient commettre à
l'avenir, que la visitation mentionnée audit Arrest, se feroit des drogues qui entroient au corps humain, par l'un des Docteurs en Medecine qui seroit élû par chacun an par le Doyen de la Faculté,
appellez avec luy deux des Maistres Grossiers & Merciers, qui seroient nommez par les Maistres
& Gardes de la marchandise de Grosserie & Mercerie, & deux des Maistres Jurez Apotiquaires
& Epiciers. Autre Requeste aussi presentée par lesdits Maistres & Gardes de ladite Marchandise
de Mercerie, Grosserie & Joüaillerie, par laquelle afin que les Apotiquaires & Epiciers eussent
occasion de se contenter, ils auroient declaré qu'ils ne vouloient & n'entendoient de leur part,
visiter lesdits Apotiquaires & Epiciers, & accordoient veut que la marchandise & droguerie entrant au
corps humain, qui se trouveroit en la possession des Maistres Merciers & Grossiers, fust vüe & visitée par le Docteur en Medecine, élû par la Faculté, suivant ledit Arrest, appellez avec eux deux
des Maistres Merciers & Grossiers, nommez par lesdits supplians, & des Maistres Apotiquaires &
Epiciers ; & au surplus requis la visitation & enterinement desdites Lettres, suivant le consentement dudit Procureur General : Autres conclusions & consentement d'iceluy Procureur. Et tout
consideré : LADITE COUR a ordonné & ordonne, que lesdites Lettres Patentes seront registrées és registres d'icelle, oüy sur ce le Procureur General du Roy, pour joüir par les impetrans
de l'effet & contenu en icelles, aux charges que les marchandises & drogues entrans au corps humain,

feront vûës & vifitées, affiftant le Doyen de la Faculté de Medecine, qui pour lors fera, & deux des Docteurs de ladite Faculté, qui à ce feront commis par chacun an, fuivant ledit Arreft; & outre qu'à ladite vifitation affifteront deux Maiftres Merciers & Groffiers, & deux Maiftres Jurez Apotiquaires de cette Ville. Fait en Parlement le vingtiéme jour de Janvier l'an mil cinq cens foixante-onze, Signé, Du Tillet.

De l'Ordon.
deHenry III.
à Blois du
mois deMay
1579.art.87.

NUL ne pourra pratiquer en Medecine qu'il ne foit Docteur en ladite Faculté : il ne fera paffé aucun Maiftre Chirurgien ou Apotiquaire és Villes où il y aura Univerfité, que les Docteurs Regens en Medecine ne l'ayent approuvé : auffi en leur prefence feront vifitées deux fois l'an les Boutiques des Apoticaires, le tout fans préjudice des Statuts & Réglemens particuliers qui fe trouveront eftre faits fur ce par les Roys nos Predeceffeurs, & Arrefts de nos Cours.

17.Oct.1597.
Arreft qui
ordonne que
les drogues
des Apoti-
quaires ferôt
vifitées par
des Medecins
à la diligëce
duProcureur
du Roy du
Chaftelet.

SUR la remontrance faite à la Chambre des Vacations par le Procureur General du Roy, qu'il a efté averti que la plûpart des Apotiquaires de cette Ville & Fauxbourgs d'icelle, font mal fournis de drogues pour la confection des Medecines à la guerifon des maladies, qui furviennent ordinairement aux Habitans d'icelle : il y en a d'autres qui font tellement vitiées, corrompuës & licentiées, qu'au lieu de profiter, elles nuifent au corps humain : requeroit y eftre pourvû. Ladite Chambre a ordonné & ordonne, que par les deux Medecins nommez par la Faculté de Medecine, pour les Lectures & Maiftrifes des Apotiquaires, & deux autres Medecins que ladite Faculté nommera par chacun an, du moins par deux des quatre en l'abfence des autres, fera deux fois l'année faite vifitation des drogues & compofitions, qui fe trouveront és boutiques des Apotiquaires, Epiciers & Droguiftes, tant de la Ville que Fauxbourgs, en quelque Juftice qu'ils foient demeurans ; a enjoint & enjoint aux Gardes & Jurez defdits Apotiquaires, affifter lefdits Medecins en chacune defdites vifitations, aux jours, heures & boutiques, qui leur feront affignées par lefdits quatre Medecins, ou deux d'iceux, le tout fans aucuns frais ; & au Subftitut dudit Procureur General au Chaftelet de Paris, de tenir la main à l'execution du prefent Arreft. Fait en ladite Chambre le 17. Octobre l'an 1597. Signé, Voisin.

13.Nov.1597
Arreft qui
ordonne l'e-
xecution du
precedent,&
un ajourne-
ment perfon-
nel contre les
Gardes Apo-
tiquaires,
pour n'y a-
voir fatisfait

SUR la plainte faite à la Cour par le Procureur General du Roy, de la difficulté & longueur apportée par Mozac, Defchamps & Lardieres, Maiftres & Gardes de l'Apoticairerie de cette Ville, à l'execution de l'Arreft du dix-feptiéme Octobre dernier, pour la vifitation des boutiques defdits Apoticaires, & que ce moyen ledit Arreft grandement utile au Public non executé, fuppliant la Cour d'y pourvoir & proceder contre lefdits defobéïffans, par deftitution de leurs Charges ou autrement, ainfi qu'il y échet, & à ce que par Monopole, l'abus ne foit caché, la premiere vifitation foit faite fans lefdits Maiftres & Gardes. Vû l'Arreft, acte devant Notaire, la matiere mife en deliberation ; ladite Cour a ordonné & ordonne que le precedent Arreft fera executé, & fuivant iceluy, la vifitation ordonnée fera faite par quatre Docteurs en Medecine, toutefois & quantes que befoin fera, fans qu'à la premiere vifitation & fans tirer à confequence, foient tenus appeller lefdits Gardes de l'Apoticairerie ; aufquels Gardes & autres Apoticaires, enjoint d'obéïr aufdits Arrefts, fur les peines de l'Ordonnance : outre ordonne la Cour, que lefdits Lardieres, Defchamps & Mozac, comparoiftront au premier jour, pour eftre oüis & répondre aux Conclufions du Procureur General du Roy. Fait en Parlement le treiziéme jour de Novembre, l'an mil cinq cens quatre-vingt-dix-fept. Ainfi figné, Du Tillet.

15. Novemb.
1597.Arreft
par lequel les
Gardes Apo-
tiquaires ont
efté blâmez,
& condam-
nez à une au-
mône, pour
avoir differé
d'executer les
Arrefts con-
cernans les
vifites de
leursdrogues

CE jour après avoir par la Cour oüi & interrogé Girard Mozac, Dominique Lardieres & Nicolas Defchamps, Jurez & Gardes des Apotiquaires de cette Ville & Paris, ajournez à comparoiftre en perfonnes, fuivant l'Arreft du treiziéme de ce mois : Oüi le Procureur General du Roy en fes Conclufions, & la matiere mife en deliberation. LADITE COUR après que de l'Ordonnance d'icelle, iceux Mozac, Lardieres & Defchamps, ont efté blâmez d'avoir differé l'execution de l'Arreft du vingtiéme Octobre dernier, & n'avoir fait pendant cette année les vifitations ordonnées par les Arrefts, les a condamnez & condamne chacun d'eux, aumôner la fomme de deux écus aux pauvres malades de l'Hoftel-Dieu de cette Ville de Paris ; a ordonné & ordonne que lefdits Arrefts des dix-feptiéme Octobre & treiziéme de prefent mois, feront executez felon leur forme & teneur, a enjoint & enjoint, tant audit Mozac, Lardieres, Defchamps que tous autres Jurez & Gardes de l'Apotiquairerie d'y obéïr, & affifter aux vifitations aux heures & jours affignez par les Docteurs nommez par la Faculté de Medecine, à peine de cent écus d'amende applicable aufdits pauvres, & autre plus grande s'il y échet. Ordonne ladite Cour que dedans trois jours pour tous délais, affemblée fera faite par les fufdits Gardes de tous les Apotiquaires, & le prefent Arreft lû en leur prefence ; & outre és Affemblées qui feront faites à l'avenir pour l'élection defdits Jurez & Gardes, ce qui fera executé à la diligence de ceux qui fortiront de leurs Charges, aufquels ladite Cour enjoint la faire, fi befoin eft, fignifier à ceux qui font nouvellement élûs fur les mêmes peines. Fait en Parlement le quinziéme jour de Novembre, l'an mil cinq cens quatre-vingt-dix-fept : ainfi figné, Du Tillet.

17.Juil.1610.
Sentence de
Police, pour
la vifite des
drogues par

A Tous ceux qui ces prefentes Lettres verront, Louis Seguier, Chevalier, Baron de faint Briffon, fieur des Ruaux & de faint Firmin, Confeiller du Roy, Gentilhomme ordinaire de fa Chambre, & Garde de la Prevofté de Paris, Salut. Sçavoir faifons, qu'aujourd'huy date des prefentes, Nous avons fait extraire des Regiftres des Minutes du Greffe du Chaftelet de Paris ce qui enfuit. Vû la Requefte prefentée par le Procureur du Roy, tendant à ce qu'il fuft pourvû

au

les Medecins chez les Apotiquaires. au mépris que les Medecins & Apotiquaires font de visiter les drogues simples & compositions des Apotiquaires, Epiciers & Droguistes, suivant les Réglemens portez par les Arrests de la Cour, notamment du troisiéme jour d'Aoust l'an mil cinq cens trente-six, & du dixiéme jour d'Octobre mil cinq cens quatre-vingt-dix-sept, qui pareillement ont esté vûs. Nous disons, faisant droit sur ladite Requeste, & icelle enterinant, il est enjoint aux deux Docteurs en Medecine députez pour l'examen des Apotiquaires & visitations desdites drogues, de prendre deux autres Docteurs de ladite Faculté ; lesquels quatre Docteurs ou deux d'iceux en l'absence des autres, commenceront dedans ce mois, & continueront à visiter exactement les simples & composez, estant en toutes les boutiques des Apotiquaires, Epiciers & Droguistes de cettedite Ville & Fauxbourgs, en quelque Justice qu'ils soient demeurans, appellez avec eux les quatre Gardes & Jurez desdits Apotiquaires, ausquels il sera enjoint d'assister lesdits quatre Medecins ou deux d'iceux en l'absence des autres, aux jours, heures & boutiques qui leur seront assignez par lesdits quatre Medecins ou deux d'iceux ; ausquels il sera pareillement enjoint de mener avec eux ausdites visitations quelques-uns de leurs Bacheliers par tour, les uns après les autres, pour leur apprendre la connoissance desdits simples & composez ; qu'il est aussi enjoint ausdits Medecins de faire dorénavant par chacune année en la forme susdite deux visitations desdites drogues en toutes lesdites boutiques, dont la premiere sera commencée le lendemain de la my-Carême, & la deuxiéme le lendemain de la my-Aoust, desquelles visitations sera par lesdits Medecins & Jurez, y assistans, fait un bon procés verbal, qui sera mis pardevers Nous, pour iceluy vû & communiqué au Procureur du Roy, estre ordonné par Nous ce que de raison ; qu'il sera aussi enjoint ausdits quatre Gardes & Jurez des Apotiquaires, de faire sçavoir ausdits deux Medecins députez, incontinent que les drogues d'Apotiquairerie & Epicerie seront arrivées en cette Ville, pour estre dans les vingt-quatre heures par lesdits Medecins & quatre Jurez visitées, venduës & debitées, si elles sont jugées bonnes & valables ; & si elles sont trouvées mauvaises, y estre par Nous pourvû, comme trouverions bon estre à faire par raison du tout suivant les Arrests de la Cour ; sera la presente Sentence signifiée ausdits deux Medecins députez, & aux quatre Jurez Apotiquaires, à la diligence du Doyen de ladite Faculté, auquel & à cette fin elle sera délivrée, & ce par le premier Sergent sur ce requis. Ce fut fait & donné par Monsieur le Lieutenant Civil le Samedy dix-septiéme jour de Juillet 1610. En témoin de ce, Nous avons fait mettre aux presentes le Scel de ladite Prevosté & Vicomté de Paris. Ce fut fait extrait & délivré pour seconde fois le Lundy 11. Mars 1624. Signé, RAINCE.

TITRE XI.

Des Medecins.

QUelques excellens que foient les remedes, ils deviendroient fans doute pernicieux, fi l'ufage n'en eftoit reglé avec beaucoup de fageffe, de prudence & de difcernement ; c'eft pourquoy les Anciens que nous avons fuivi jufques icy, finiffoient leur divifion des chofes neceffaires à la fanté, par le choix des Medecins d'une capacité & d'une probité connuë. Cette régle qui eftoit inviolable chez eux, eft fi conforme à la droite raifon, qu'elle eft encore la même aujourd'huy, & que felon toutes les apparences, elle fubfiftera jufques à la fin des fiecles.

Ce n'eft pas icy l'endroit de traitter à fonds ce qui regarde cette Profeffion importante ; comme elle fait partie de l'Univerfité, & qu'elle en eft l'une des trois hautes Facultez, on ne l'en peut feparer : ainfi tout ce qui la concerne, fe trouve compris dans noftre Septiéme Livre, où il eft traité des Sciences & des Arts Liberaux. C'eft-là où l'on peut voir dans les Statuts de cette Faculté, & dans les Réglemens qui les ont fuivis, tous les Examens, tous les Actes publics à foutenir, & toutes les autres précautions qui font prifes, pour n'admettre dans ce celebre Corps, que des fujets d'un merite diftingué en fcience

& en probité. Nous réduirons donc ce qui peut eftre compris fous ce titre, & ce qui luy eft particulier, à l'Article 59. des Statuts de la Faculté de Medecine de Paris, & aux Réglemens par lefquels le Prince, & fous fes ordres les Magiftrats ont défendu l'exercice de la Medecine dans la Ville de Paris, à tous autres qu'aux Docteurs de cette Faculté, ou à ceux qui ont leur approbation, ou qui font Medecins des Maifons Royales ; ce qui peut fervir de régle aux autres Villes : les voicy felon leur ordre chronologique.

Article 59. des Statuts de la Faculté de Medecine.

Nullus Lutetiæ medicinam faciat, nifi in hâc Medicorum Schola, Licentiatum aut Doctoratum affecutus, aut in eorum Collegium, more folito cooptatus, aut in Domefticorum Regiorum album inter Medicos regios relatus fit, Regiæ Chriftianiffimo reipfâ inferviat : ita ut ne Baccalaureis quidem hujus Facultatis liceat in Urbe, aut Suburbiis fine Doctore Medicinam exercere : cæteri illicitè Medicinam facientes, reprobantur.

---

20. Aouft 1390. Lettres Patentes touchant la capacité des Medecins & des Chirurg. & les preuves qu'ils en doivent donner avant leurs receptions.
Livre rouge vieux, fol. 91.

CHARLES par la grace de Dieu, Roy de France ; au Prevoft de Paris, & à tous nos autres Jufticiers, ou à leurs Lieutenans : Salut. Il eft venu à noftre connoiffance que plufieurs Praticiens, tant en Medecine que Chirurgie, s'expofent indûment à vifiter malades, & abufent defdites fciences en eux promettant & acertenant les garir & curer de leurs maladies, & de eux faire chofe laquelle ils ne fçauroient, ne pourroient faire en contre les termes de la verité defdites fciences, dont plufieurs perils & inconveniens fe font & pourroient plus grands enfuive, fe pourvû n'y eftoit ; pourquoy Nous qui ne voudrions icelles chofes diffimuler ne fouffrir, vous mandons en commettant fe meftier eft, & à chacun de vous, fi comme à luy appartiendra, que fur ce vous informiez diligemment, & à ceux que vous trouverez non experts & infuffifans à pratiquer efdites fciences, défendez fur telles peines qu'il vous femblera à faire de raifon, que en aucune maniere ils ne exercent la pratique defdites fciences, & ou cas que aucun non Maiftre és fciences deffus dites, voudroit dire & maintenir foy eftre fuffifant pour ladite fcience exercer ; Nous ne voulons que aucunement il y foit reçû, jufques à ce qu'il vous appare qu'il foit examiné & trouvé fuffifant par ceux à qui il appartient. Donné à S. Germain en Laye le troifiéme jour d'Aouft, l'an de grace mil trois cens quatre-vingt-dix, & troifiéme de noftre regne ; Ainfi figné, Par le Roy en fon Confeil, L. BLANCHET. Et eftoit écrit au dos d'icelles ce qui s'enfuit : Publiées en jugement ou Chaftelet de Paris, le Lieutenant tenant le Siege le Mercredy 17. Aouft l'an 1390. DE FONTENAY. Publié fuffifamment és lieux accouftumez à ce faire, par Jean le Maire, Crieur du Roy noftre Sire, le Samedy 20. Aouft l'an 1390. LE MAIRE.

---

12 Septemb. 1598. Arreft côtre les Empiriques, & autres Medecins non approuvez.

SUR ce qui Nous a efté remontré en la Chambre des Vacations par le Procureur General du Roy, qu'il a reçû plufieurs plaintes du defordre & confufion, qui s'eft gliffé en l'exercice de Medecine en cette Ville contre les Réglemens cy-devant faits, même par Arreft de l'an 536. aufli peu executé qu'il eft utile au public ; & par la faute des particuliers, la plûpart defquels fe laiffent facilement decevoir fous la qualité de Medecins indifferemment prife, fans eftre approuvé par le College de la Faculté de Medecine, fuppliant la Chambre d'y pourvoir : Ledit Arreft de Réglement vû, la matiere mife en deliberation ; ladite Chambre a ordonné & ordonne que l'Arreft du mois d'Aouft 536. fera gardé, obfervé & entretenu felon fa forme & teneur ; & fuivant iceluy a fait & fait inhibition & défenfes à tous Empiriques, & autres non approuvez de la Faculté de Medecine en l'Univerfité de Paris, de pratiquer ny exercer l'Art de Medecine en cette Ville & Fauxbourgs, à peine d'amende arbitraire, & de plus grande punition, s'il y échet. Fait auffi défenfes fur même peine à tous Apotiquaires & Epiciers de donner aucunes medecines aux malades, fur autres recettes & ordonnances que des Docteurs en ladite Faculté, ou qui foront approuvez d'icelle, des Medecins ordinaires du Roy, & de ceux du Sang Royal, les fervant actuellement ; lefquelles Ordonnances feront datées & fignées ; & chacun an le Doyen par l'avis de ladite Faculté,

culté, fera un rôle des noms & furnoms des Medecins qui pourront pratiquer en ladite Ville & fauxbourgs; lequel Rôlle fera par luy délivré aux Gardes & Jurez Apotiquaires, dont ledit Doyen prendra une décharge. Fait défenses en outre aufdits Medecins de confulter avec lefdits Empiriques, ny bailler atteftation de la capacité d'aucun Etudiant en Medecine pour pratiquer, & aux Juges d'y avoir égard: A enjoint & enjoint aux douze Medecins nommez par l'Arreft du 12. Octobre dernier, ou à fix d'entr'eux, en l'abfence des autres, rediger par écrit le difpenfaire; enjoint au Prevoft de Paris de tenir la main à l'execution du prefent Arreft : enfemble de l'Arreft donné en l'an 536., & informer des contraventions. Fait en la Chambre des Vacations le 12. Septembre 1598. Ainfi figné, V O I S I N.

10. Novemb. 1598. Sentence contre un Medecin Empirique, pour avoir contrevenu aux Arrefts qui défendent d'exercer la Medecine à tous autres que ceux de l'univerfité de Paris, ou des Maifons Royales.

A Tous ceux qui ces prefentes Lettres verront, Jacques d'Aumont, Chevalier, Baron de Chappes, Sieur de Dun le Palteau & de Cors, Confeiller du Roy noftre Sire, Gentilhomme ordinaire de fa Chambre, & Garde de la Prevofté de Paris, Salut. Sçavoir faifons qu'aujourd'huy date de ces prefentes, fur la Requefte faite en jugement devant Nous en la Chambre Civile du Chaftelet de Paris par Me Nicolas Gobin, Procureur des Doyen & Docteurs Regens en la Faculté de Medecine de l'Univerfité de Paris, Demandeurs à l'encontre de Me Blaife Defaignes, Procureur de Pompée Ganan, Défendeur, à ce que le Procès encommencé à la Requefte defdits Demandeurs à l'encontre dudit Défendeur, luy fuft fait & parfait; & cependant fuivant les Arrefts par eux obtenus, en l'abfence des autres, rediger par provifion défenfes fuffent faites & foient faites audit Défendeur, de s'entremettre en l'exercice de la Medecine: & oüy ledit Defaignes qui a dit que ledit Défendeur eft Medecin de Monfeigneur le Comte de Soiffons, & a efté Medecin de feu Monfieur Frere du Roy; partant a pû & dû exercer la Medecine, requerant au furplus qu'à faute de faire par lefdits Demandeurs recoller & confronter leurs témoins, le Procès eftre jugé en l'eftat qu'il eft. Souftenu au contraire par ledit Gobin, & que ledit Défendeur ne fut onques Medecin de feu Monfieur, ny dudit Sieur Comte de Soiffons. Parties oüies, enfemble le Procureur du Roy, & lecture faite des Arrefts de la Cour, enfemble des Certificats des Intendans de la Maifon de Monfieur le Comte de Soiffons, & de feu Monfieur Frere du Roy. Avons ouï défendeur fait & faifons défenfes & inhibitions de s'entremettre à l'avenir en l'exercice de Medecine fur les peines portées par les Arrefts, etiam inter volentes; & pour avoir contrevenu aux Sentences & Arrefts, ordonnons que fon Procès luy fera fait & parfait, & feront lefdits Demandeurs recoller & confronter leurs témoins dans Jeudy; & auront iceux Demandeurs communication de l'interrogatoire dudit Défendeur; en témoin de ce nous avons fait mettre à ces prefentes le Scel de ladite Prevofté de Paris. Ce fut fait & donné par Me François Miron Sieur du Tramblay & de Lignieres, Confeiller du Roy en fon Confeil d'Eftat, & Lieutenant Civil de ladite Prevofté de Paris, tenant le Siege le Mardy 10. Novembre 1598. Ainfi figné, O U D E T & D R O U A R T.

23. Mars 1599. Arrest qui confirme la Sentence du Chaftelet du 10. Nov. 1598. contre un Empirique: & ordonne que les Réglemens feront executez.

E Ntre Pompée de Ganan appellant d'une Sentence donnée par le Prevoft de Paris ou fon Lieutenant le 10. Novembre dernier, d'une part, & les Doyen, Docteurs Regens & Faculté de Medecine en l'Univerfité de Paris, Intimez, d'autre, fans que les qualitez puiffent prejudicier: après que le Jay pour l'Appellant, qui a conclu en fon appellation du decret & défenfes de pratiquer la Medecine, qu'il a dit exercer depuis 25. ans, & fervi les Princes, comme il fait encore; & Allain pour les Intimez, ont efté oüys, tant fur les appellations, que principal; & Servin pour le Procureur General du Roy, qui a fait recit de l'Arreft de l'an 1536. des procès en execution & informations contre l'Appellant, d'avoir maltraitté, & jufqu'à danger, diverfes perfonnes de fon interrogatoire, & reconnoiffance de turpitude, & dit qu'il n'a la qualité pour exercer la Medecine, n'eftant approuvé ny par la Faculté ny au fervice du Roy ou des Princes du Sang; confequemment aux termes des Arrefts, pour la contravention, s'il plaift à la Cour, en confirmant ce qui a efté ordonné, les faire garder par luy aux autres femblables, & Apotiquaires, pour le bien & utilité publique, & que les Arrefts foient publiez. La Cour a mis les appellations au néant; ordonne que ce dont eft appellé fortira effet; condamne l'Appellant és dépens de caufe d'appel; a evoqué le principal: y faifant droit, & fur les Conclufions du Procureur General du Roy, ordonne que les precedens Arrefts fur le Réglement de Medecine, feront gardez & diligemment obfervez; fait défenfes à l'Appellant d'y contrevenir & d'exercer la Medecine en quelque façon que ce foit, à peine d'amende arbitraire & punition corporelle, s'il y échet; & à ce que lefdits Arrefts aucun n'en pretende caufe d'ignorance, ordonne qu'ils feront publiez. Enjoint au Prevoft de Paris les faire entretenir & informer des contraventions. Fait en Parlement le 23. Mars 1599. Ainfi figné, V O I S I N.

5. Aoust. 1670. Arr. par lequel le Roy décharge les Docteurs de Medecine de l'Affignation à eux donnée au Grad-Confeil, à la Requefte d'un Empirique, & la revoye pardevant le Prevoft de Paris.

S U R la Requefte prefentée au Roy en fon Confeil par les Doyen & Docteurs Regens de la Faculté de Paris, contenant que par tous les anciens & nouveaux Réglemens, & notamment par l'Arreft du Parlement de Paris du 23. Decembre 1536. l'Article 5. des Statuts de la Faculté de Medecine de Paris, addition à iceux des années 1598. & 1600. il eft expreffément prohibé à toutes perfonnes de faire & pratiquer la Medecine dans Paris, qu'il ne fuft Docteur en la Faculté, ou aggregé à icelle, ou Medecin de Sa Majefté ou de la Famille Royale, couché & employé fur l'Eftat, ce qui a efté renouvellé par un Arreft contradictoire, entre les Suppliants & le Recteur de l'Univerfité de Paris, joints contre Maiftre Theophrafte Renaudot & les Docteurs en Medecine de l'Univerfité de Montpellier intervenans, rendu en la Grande Chambre du Parlement de Paris, le 1. May 1644. après une plaidoyerie celebre de plufieurs Audiances; le défunt Sieur Talon Avocat General y ayant porté la parole; & fur un appel d'une Sentence de Police renduë par le Prevoft de Paris le 9. Decembre 1643. lequel avoit efté porté au Confeil & renvoyé audit Parlement; par lequel Arreft, ladite Sentence portant défenfes audit Renaudot & fes Adherans, non eftant Medecins de la Faculté de Medecine de Paris, de faire la Medecine dans Paris, auroit efté confirmé; au préjudice defquels Réglemens, il s'eft gliffé dans Paris un abus plus grand, qu'il n'a point encore efté, plufieurs Etrangers & inconnus s'eftant ingerez de faire la Medecine

&

& même de former un corps particulier de Medecine. L'Auteur de cette Faction, Charles de Saint-Germain, lequel a ofé s'eriger en titre, & fe qualifier Procureur Syndic des Docteurs de Medecine des autres Univerfitez, & compofé un Catalogue des prétendus Medecins eftant fous fon Syndicat, & fait l'injure au Sieur Vallot Confeiller du Roy en fes Confeils & premier Medecin de Sa Majefté dé l'y comprendre; ce qu'eftant venu à la connoiffance du Procureur de Sa Majefté au Chaftelet, il auroit rendu fa plainte au Lieutenant de la Police, lequel par fon Jugement du 11. Avril 1669. en auroit ordonné la fuppreffion & défenfes de l'imprimer; au mépris defquels Réglemens & Ordonnances ledit Sieur Germain en ladite qualité de fuppofé Syndic, auroit fait affigner les Suppofans au Grand-Confeil, en vertu d'Ordonnances au bas de Requefte & Commiffion par luy fuppofée, par des Exploits en date des 15. May 1668. 28. Juin & 2. Juillet de la prefente année 1670. & quoique telles matieres ne foient de la competence du Grand-Confeil, mais du Prevoft de Paris, en premiere inftance, & par appel au Parlement & grande Chambre d'iceluy, où les Suppofans comme membres & fuppofts de l'Univerfité de Paris ont l'honneur d'avoir leurs caufes commifes; & que fi cette entreprife eftoit foufferte, ce feroit élever autel contre autel, & pervertir tout l'ordre de la Police & Gouvernement de cette Ville de Paris, ce qui oblige les Supplians d'avoir recours à Sa Majefté. A CES CAUSES, requeroient qu'il pluft à Sa Majefté, fans s'arrefter aux Ordonnances & Arrefts du Grand-Confeil des 15. May 1668. & 8. Juin 1670. décharger les Supplians des Affignations à eux données audit Grand-Confeil; ordonner que les Statuts de ladite Faculté de Medecine de Paris, les Arrefts & Réglemens du Parlement, & entr'autres celuy du 1. May, & du 11. Avril 1669. feront executez felon leur forme & teneur; & pour connoiftre des contraventions, renvoyer les Parties pardevant ledit Sieur Lieutenant de la Police, & par appel au Parlement de Paris, défenfes à tous autres Juges d'en prendre connoiffance; & audit Charles de Saint-Germain, dé fe plus qualifier Syndic des Medecins des autres Facultez, à peine de defobéïffance : Veu ladite Requefte fignée de Garbe Doyen de la Faculté de Paris, & de leur Avocat & Confeil, & les Pieces attachées à ladite Requefte, juftificatives d'icelle : Oüy le rapport du Sieur Dherbigny Commiffaire à ce deputé, & tout confideré : LE ROY EN SON CONSEIL, a déchargé & décharge les Supplians des Affignations à eux données au Grand-Confeil, à la Requefte dudit de Saint-Germain, fauf audit de Saint-Germain à fe pourvoir pardevant le Prevoft de Paris ou fon Lieutenant, & en cas d'appel au Parlement de Paris. Fait au Confeil Privé du Roy, tenu à Saint Germain en Laye le 5. Aouft 1670. Signé, LA GUILLAUMIE.

---

17. Janvier 1673. Sentence de Police du Chaftelet de Paris comtre un Empirique qui le condamne en 300. liv. d'amende, & à vuider la Ville dans 24. heures.

A Tous ceux qui ces prefentes Lettres verront, Achilles de Harlay, Chevalier, Confeiller du Roy en tous fes Confeils, fon Procureur General, & Garde de la Prevofté & Vicomté de Paris, le Siege vacant; Salut. Sçavoir faifons, que fur la Requefte faite en Jugement devant Nous en la Chambre de Police du Chaftelet de Paris, par Maiftre Edme Michel Rigault Procureur des Doyen & Docteurs Regens de la Faculté de Medecine en l'Univerfité de Paris, Demandeurs aux fins de l'Exploit fait par Caillanet Sergent, le 13. Janvier 1673. contrôlé à Paris le 14. enfuivant contre Gabriel Thevenet foy-difant Chirurgien à Poitiers, Défendeur & défaillant : & par vertu du défaut de Nous donné contre ledit Thevenet non comparant, ny Procureur pour luy düement appellé; lecture faite de la Requefte des Demandeurs du 9. dudit mois, expofitive, que Maiftre Jean Baptifte Moreau Confeiller Medecin, Lecteur & Profeffeur ordinaire du Roy, Docteur & Doyen de ladite Faculté de Medecine, a efté mandé ledit jour, trois heures de relevée, par Me Eftienne Gueret Procureur en Parlement, pour voir le nommé François Bonaventure de Brienne fon Clerc, lequel il a trouvé agonifant, & lequel eft mort enfuite en fa prefence; & s'eftant informé du temps de fa maladie, il a appris qu'il avoit feulement de la galle, n'avoit point eu de fiévre, fe portoit affez bien le matin, & qu'apparemment cette mort fi prompte luy avoit efté caufée par une pilule ou opiate qu'il avoit prife, & qui luy avoit efté donnée le matin par ledit Thevenet : duquel fait ledit Moreau audit nom auroit à l'inftant rendu plainte au Commiffaire Meufnier; & parce qu'il eft défendu par les Arrefts & Réglemens à toutes perfonnes de profeffer la Medecine à Paris, s'ils ne font Docteurs de ladite Faculté, ou approuvez d'icelle, il auroit demandé la Permiffion d'informer dudit fait; & que cependant le corps mort dudit de Brienne fût ouvert pour mieux connoiftre la caufe d'une mort fi precipitée, & qui avoit ofté au malade la liberté de fe confeffer ny communier; au bas de laquelle Requefte Nous aurions mis noftre Ordonnance qui permet d'informer, de faire faire ouverture & vifite du corps dudit de Brienne par Claude Morel Maiftre Chirurgien à Paris, en prefence de Maiftre François le Vignon & Jean Garbe Medecins de Paris, & des Medecins & Chirurgiens du Chaftelet : du procés verbal de vifite & ouverture du corps dudit de Brienne fait par les Medecins & Chirurgiens fufnommez en la prefence du Commiffaire Meufnier le 8. dud. mois, par lequel eft rapporté que les vomiffemens, convulfions, & autres accidens qui ont precedé la mort dudit de Brienne, luy font arrivez par un remede cauftique & mal preparé, qui luy a efté donné, & qui a mis une tres-grande intemperie & une difpofition inflammatoire avec tumeur dans le fond de fon eftomac, & jufqu'à l'orifice fuperieur : l'interrogatoire fubi par ledit Thevenet devant ledit Commiffaire ledit jour, par lequel il demeure d'accord que c'eft luy qui a donné audit de Brienne la pilule ou opiate, qu'il a prife le jour de fa mort : du Procés verbal de defcription fait par ledit Commiffaire de ce qui s'eft trouvé en la chambre dudit Thevenet, contenant qu'il s'y eft trouvé dans une fiole de l'eau rouffe, compofée de fublimé, & dans du papier, de l'arfenic. De noftre Ordonnance au bas dudit interrogatoire & procés verbal, qui renvoye les Parties à l'Audience : des Arrefts & Réglemens de la Cour des 2. Mars 1535. 12. Septembre 1598. 23. Mars 1598. 22. Septembre 1607. 23. Janvier 1620. 1. Mars & 29. Avril 1644. qui font défenfes à toutes perfonnes de quelque qualité & condition qu'ils foient de profefer la Medecine, donner aucun remede dans cette Ville & Fauxbourgs, fans l'ordonnance des Docteurs de ladite Faculté ou de perfonnes approuvées par icelle, à peine de 500. liv. d'amende applicable moitié au Roy, & l'autre moitié aux reparations des Ecoles de la Faculté de Medecine : de l'Exploit & demandé fufdatés, & autres pieces des Parties. Oüy Maiftre Pierre Brigaillier premier Avocat du

Roy

Roy en ſes Concluſions : Nous diſons que les Arreſts & Réglemens rendus ſur le fait de Mede-cine, ſeront executez. Faiſons défenſes audit Thevenet & à tous autres particuliers non approu-vez par ladite Faculté de profeſſer & exercer la Medecine dans cette Ville & Fauxbourgs, & don-ner aucun remede ſans l'Ordonnance des Docteurs de ladite Faculté, ou approuvez par icelle ; & pour avoir par ledit Thevenet contrevenu auſdits Arreſts & Réglemens, le condamnons & par corps en trois cens livres d'amende, applicable moitié au Roy ; & l'autre moitié aux reparations des Ecoles de ladite Faculté : ſera tenu ledit Thevenet de vuider la Ville & Fauxbourgs dans 24. heures, ſinon ſera pris au corps pour luy eſtre fon procés fait & parfait ; & condamnons ledit Thevenet aux dépens à taxer : ce qui ſera executé nonobſtant oppoſitions ou appellations quel-conques, & ſans prejudice d'icelles, & ſoit ſignifié. En témoin de ce Nous avons fait ſceller ces preſentes. Ce fut fait & donné par Meſſire GABRIEL NICOLAS DE LA REYNIE, Conſeiller du Roy en ſes Conſeils, Maiſtre des Requeſtes ordinaire de ſon Hoſtel, Lieutenant de Police de la Ville, Prevoſté & Vicomté de Paris, tenant le Siege, le Mardy 17. Janvier 1673. Signé, COUDRAY.

Par trois Déclarations du Roy des 3. May 1694. 29. Mars, & 19. Juillet 1696. il eſt fait défenſes » à toutes perſonnes de quelque qualité & con-» dition qu'elles ſoient, de profeſſer la Medecine » dans la Ville & Fauxbourgs de Paris, s'ils ne » ſont Docteurs ou Licentiez en la Faculté de » Medecine de l'Univerſité de cette Ville, Me-» decins d'autres Facultez approuvez par celle » de Paris, ou Medecins exerçans leur Profeſſion

près la perſonne du Roy, ou de la Famille & és Maiſons Royales. Mais comme ces mêmes Let-tres contiennent d'autres Réglemens pour la diſ-cipline de la Faculté de Medecine, elles ſont rapportées en leur entier dans le Huitiéme Li-vre qui concerne les Sciences & les Arts libe-raux, ſous le Titre des Medecins : voicy ce qui a eſté fait depuis ſur cette matiere de la ſanté, & qui peut eſtre compris ſous ce Titre.

6. Septemb. 1697. Sent. de Police qui condamne un Empirique en 500. liv. d'amende.

A Tous ceux qui ces preſentes Lettres verront ; Charles Denys de Buillon, Chevalier, Con-ſeiller du Roy en ſes Conſeils, Prevoſt de Paris, Salut. Sçavoir faiſons, que ſur la Requeſte faite en Jugement devant Nous en la Chambre de Police du Chaſtelet de Paris, par Maiſtre Edme Michel Rigault Procureur des Sieurs Doyen, Docteurs Regens de la Faculté de Medecine en l'U-niverſité de Paris, Demandeurs aux fins de l'Exploit fait par Pichard Sergent, le 19. Juillet der-nier, controllé à Paris le 20. par Hugon, tendante à ce que défenſes ſoient faites aux Défendeurs de profeſſer la Medecine en cette Ville & Fauxbourgs de Paris, & pour l'avoir fait ils ſoient condamnez en l'amende de cinq cens livres portée par les Arreſts & Réglemens ; & en cas de re-cidive, qu'ils ſoient tenus de vuider la Ville, à peine de Priſon, avec dépens ; aſſiſtez de Maiſ-tre Mareſchaux leur Avocat, contre Maiſtre Penet Procureur de Henry Gaudin Sieur de Bienaiſe, ſe diſant Medecin, Défendeur. Et par vertu du défaut de Nous donné contre ledit Pe-net non comparant, ny autre pour luy düement appellé. Vû les Arreſts & Réglemens & preſen-tation faite au Greffe. Nous avons fait défenſes à la Partie de Penet & autres qui ne ſeront point Docteurs de la Faculté de Medecine en l'Univerſité de Paris, & approuvez d'icelle, de profeſſer la Medecine en cette Ville de Paris ; & pour l'avoir fait & avoir contrevenu aux Arreſts de Ré-glement, condamnons la Partie de Penet en cinq cens livres d'amende, & en tous les dépens ; & ſera la preſente Sentence affichée où beſoin ſera, ce qui ſera executé ſans prejudice de l'appel. En témoin de ce Nous avons fait ſceller ces preſentes. Fait & donné par Meſſire MARC-RENE' DE VOYER DE PAULMY D'ARGENSON, Chevalier, Conſeiller du Roy en ſes Conſeils, Maiſtre des Requeſtes ordinaire de ſon Hoſtel, Lieutenant General de Police, tenant le Siege, le Ven-dredy 6. Septembre 1697. Collationné. Signé, LE GALLOIS.

28. Juin 1698. Arreſt qui confirme la Sentence precedente.

ENtre Henry Gaudin de Bienaiſe, appellant de la Sentence renduë au Chaſtelet de Paris le 6. Septembre dernier, d'une part, & les Sieurs Doyen, Docteurs Regens de la Faculté de Medecine en l'Univerſité de Paris, intimez, d'autre : Aprés que Regnault Avocat de l'Appellant, & Mareſchaux Avocat des Intimez ont eſté oüys ; enſemble Joly pour le Procureur General du Roy : La Cour a mis & met l'appellation au neant, ordonne que ce dont a eſté appellé ſortira effet, condamne l'Appellant en l'amende & aux dépens. Fait en Parlement le 28. Juin 1698. Collationné. Signé, BERTHELOT.

2. Mars 1703. Sent. de Pol. con-tre un Empi-rique, qu'elle condamne en 500. livre d'amende, publiée & affichée le 9. du même mois.

SUR le Rapport fait pardevant Nous à l'Audience de Police de relevée, par Maiſtre Jean Re-gnault, Conſeiller du Roy, Commiſſaire en cette Cour, Ancien Prépoſé pour la Police du Quartier S. Honoré, Que ſur l'avis à luy donné qu'un particulier nommé Baudot ſe meſloit de la Chimie, diſtribuoit des drogues & des remedes non approuvez, quoi qu'il n'ait ny titre ny pri-vilege, ny qualité ; il ſe ſeroit tranſporté ce jourd'huy en l'appartement dudit Baudot, qui cou-che en une chambre au troiſiéme étage d'une maiſon ruë Jean-ſaint-Denys, s'eſtant fait aſſiſter de Denys Aumont, Exempt de la Compagnie de Monſieur le Lieutenant Criminel de Robe-courte, & de Pierre Aubry Sergent à Verge au Chaſtelet, où eſtant il auroit trouvé pluſieurs poudres & drogues, cruches, pots de grais & bouteilles de verre remplis en partie d'huile ou d'autres liqueurs differentes : Que même ſur les interpellations que luy Commiſſaire auroit faites audit Baudot, il auroit reconnu n'avoir aucun droit de debiter leſdites drogues ; mais que ſçachant quelques remedes pour traiter les Maladies ſecretes, il auroit crû qu'il luy eſtoit permis d'en diſtribuer, & à ſigné ſa declaration. Mais dautant que rien n'eſt plus contraire aux Ordonnances ny plus préjudiciable à la ſanté des Citoyens, que la diſtribution de ces remedes inconnus de la part de gens ſans aveu & ſans qualité : luy Commiſſaire a crû qu'il eſtoit de ſon devoir de faire aſſigner ledit Baudot en cette Audience, pour répondre au preſent rapport. Sur quoy Nous, aprés avoir oüy ledit Commiſſaire & les Gens du Roy en leurs Concluſions, ledit Baudot n'eſtant comparu ſuivant l'Aſſignation à luy donnée par ledit Aumont Exempt & Huiſſier à cheval du Chaſtelet, avons contre luy donné défaut, & pour le profit faiſons défenſes audit Baudot & à tous autres, n'ayant comme luy ny privilege, ny qualité, ny permiffion d'exercer la Chimie, de vendre, compofer, ny diftribuer aucuns remedes, même de diftiller aucunes liqueurs, à peine de cinq cens livres d'amende, & de punition corporelle s'il y échet. Ordonnons que lefdites drogues, liqueurs & remedes feront vûs & vifitez par les Docteurs Profeffeurs en Pharmacie, pour, leur rapport vû & communiqué aux Gens du Roy, eftre ordonné ce qu'il appartiendra : & dés à prefent pour avoir par ledit Baudot contrevenu aux Ordonnances & Réglemens, fpecialement à l'Edit du Roy du mois de Juillet 1682. l'avons condamné en cinq cens livres d'amende, fur laquelle fomme fera pris celle de 25. liv. pour lefdits Aumont & Aubry : Faifons défenfes audit Baudot de récidiver, fur plus grandes peines : & fera la prefente Sentence lûë, publiée & affichée à la porte de la maifon dudit Baudot, & dans les lieux ordinaires & accouftumez, à ce que nul n'en prétende caufe d'ignorance. Mandons aux Commiffaires du Chaftelet de tenir la main à fon execution, chacun à leur égard, & de Nous indiquer inceffamment les Particuliers fans qualité, qu'ils apprendront fe mefler d'un femblable commerce, afin qu'il y foit par Nous pourvû, fuivant l'exigence des cas. Ce fut fait & donné par Meffire MARC-RENE' DE VOYER DE PAULMY D'ARGENSON, Chevalier, Confeiller du Roy en fes Confeils, Maiftre des Requeftes Ordinaire de fon Hoftel, Lieutenant General de Police de la Ville, Prevofté & Vicomté de Paris, le deuxiéme jour de Mars mil fept cens trois. Signé, DE VOYER D'ARGENSON. TAUXIER l'aifné, Greffier.

§. I. Des Chirurgiens.

Il en eft à proportion des Chirurgiens, comme des Medecins ; ces deux Profeffions originairement n'eftoient point féparées ; l'une & l'autre font importantes à la fanté. Il eft fait mention de celle-cy auffi-bien que des Medecins dans le Septiême Livre de ce Traité, qui concerne les Sciences & les Arts liberaux : toutes les precautions que l'on prend pour n'admettre dans cet employ que des gens d'une experience, d'une capacité & d'une probité tres-approuvée y font rapportées fort au long : & comme elles font toutes comprifes en fubftance dans les derniers Statuts qui leur ont efté donnez, on fe contentera d'en rapporter icy quelques-uns des principaux Articles qui ont le plus de rapport à ce Titre ; voicy ce qu'ils contiennent.

» Aucunes perfonnes de quelque qualité » & condition qu'elles foient, ne pourront » exercer la Chirurgie dans la Ville & Faux- » bourgs de Paris, foit en boutiques, en cham- » bres, ou autres lieux particuliers, privile- » giez, ou pretendus privilegiez, pour quel- » que caufe & occafion que ce foit, s'ils ne » font membres de la Communauté des Maiftres » Chirurgiens de Paris, & reçûs ou aggregez » en icelle par le grand chef-d'œuvre, ou par » l'une des manieres cy-aprés ordonnées ; dé- » fend à tous autres d'exercer conjointement, » ou féparément quelqu'une des parties de la » Chirurgie, fous telles peines qu'il appartien- » dra : pareilles défenfes font faites à tous Eccle-

fiaftiques, feculiers ou reguliers, Religieux & « autres de faire aucunes incifions, operations, « ny penfemens dans la Ville & Fauxbourgs de « Paris ; & ne pourront les perfonnes non re- « çûës, aggregez ny approuvez, avoir aucune « action pour leurs falaires, penfemens, ou me- « dicamens, arreftez ou non arreftez, ny leurs « rapports, faire aucune foy en Juftice, non- « obftant tous Arrefts, Brevets, Lettres Paten- « tes ; Privileges, ou autres Titres à ce contrai- « res, qui font à cet effet revoquez, & défendu « à tous Juges d'y avoir égard. «

Les Articles fuivans de ces mêmes Statuts contiennent l'obligation de faire deux années d'Apprentiffage, & de fervir les Maiftres pendant fix autres années ; que ceux qui defireront parvenir à la Maiftrife, n'y feront admis qu'aprés avoir fait le grand chef-d'œuvre ; que ce chef-d'œuvre fera compofé d'un acte pour l'immatricule, d'une tentative, d'un premier examen, de quatre autres examens : le premier d'Ofteologie, le fecond d'Anatomie, le troifiéme des Saignées, & le quatriéme des Medicamens ; & enfin d'un dernier examen, & de la preftation de ferment. Le Doyen de la Faculté de Medecine & deux Medecins affiftent à la tentative, au premier & dernier examen, & à la preftation de ferment. Ainfi perfonne n'eft admis dans ce Corps, dont la capacité ne foit parfaitement connuë. Ceux qui defireront voir ces Statuts dans leur entier, les trouveront rapportez dans le Livre Huitiéme de ce Traité, fous le Titre des Chirurgiens.

TITRE XII.

De la Lepre.

CHAPITRE PREMIER.

Des maladies contagieuses en general. Que la lepre est une des plus dangereuses. Sa description ; les soins qui ont toûjours esté pris pour l'éviter ; & ce qui a esté observé par les Anciens, & en France, pour separer de toutes societez ceux qui en sont frappez.

IL suffit aux maladies ordinaires, des soins qui viennent d'estre expliquez dans les Chapitres precedens, soit pour les prévenir, soit pour y remedier ; il y en a d'autres qui demandent des secours & des remedes incomparablement plus puissans, dans l'ordre de la Medecine, & des précautions beaucoup plus grandes, & plus attentives de la part des Magistrats. Ce sont celles dont la contagion est si grande, que les corpuscules qui sortent des malades qui en sont attaquez, infectent & corrompent tout l'air qui les environne, tout ce qu'ils touchent, & tout ce qui les approche ; en sorte qu'un seul estant negligé, peut communiquer son mal à toute une Ville, & quelquefois à une Province entiere.

La lepre est de ce nombre, & la plus ancienne qui nous soit connuë. Les Juifs en ont esté beaucoup affligez : l'Ecriture sainte ne laisse aucun lieu d'en douter ; & cette maladie estoit fort frequente dans tout l'Orient. La description que les Anciens nous en ont laissé est affreuse, & on ne la peut lire qu'avec une espece d'horreur. Cette maladie, disent-ils, rend la voix enroüée, comme celle d'un chien qui a long-tems abboyé, & cette voix semble plutost sortir par le nez que par la bouche ; le visage du malade ressemble à un charbon demi-éteint, il est onctueux, luisant & enflé ; il est semé de boutons fort durs, dont la base est verte & la pointe blanche, & en general son aspect donne de l'horreur ; ses poils sont courts, herissez & déliez, & on ne les peut arracher qu'avec un peu de la chair pourrie qui les a nourris ; son front forme divers plis, qui s'étendent d'une tempe à l'autre : ses yeux sont rouges & enflammez, & ils éclairent comme ceux d'un chat : ils s'avancent en dehors, mais ils ne peuvent se mouvoir à droite ny à gauche ; ses oreilles sont enflées & rouges, mangées d'ulceres vers la base, & environnées de petites glandes ; son nez s'enfonce, à cause que le cartilage se pourrit ; ses narines sont ouvertes,& les conduits serrez avec quelques ulceres au fond : sa langue est seiche & noire, enflée, ulcerée & racourcie, coupée de sillons, & semée de grains blancs ; toute sa peau est couverte ou d'ulceres qui s'amortissent & reverdissent les uns sur les autres, ou de taches blanches, ou d'écailles à peu prés semblables à celles du poisson ; elle est inégale, rude & insensible, soit qu'on la pince, soit qu'on la coupe ; & au lieu de sang, elle ne rend qu'une liqueur sanieuse, & souvent on l'arrose d'eau sans la pouvoir moüiller : il vient à ce degré d'insensibilité, qu'on luy perce avec une aiguille le poignet & les pieds, sans qu'il souffre aucune douleur. Enfin le nez, les doigts des mains & des pieds & même ses membres se détachent tout entiers ; & par une mort qui est particuliere à chacun d'eux, ils préviennent celle du malade. C'est ainsi que s'en expliquent Galien, Pontanus, Arnaud de Ville-Neufve, Gordon, Aretæus, Zachias, Paul Eginete, Varanda, Cardan, Ambroise Paré, & les autres Auteurs qui ont écrit de cette maladie.

Aprés cela, il ne faut pas s'étonner, si par l'ordre de Dieu même ceux qui estoient frappez de cette affreuse maladie, estoient à l'instant déclarez impurs, chassez par une espece d'anathême hors du camp, des Villes, & separez de toute societé, jusqu'à leur parfaite guerison : que les maisons qui s'en trouvoient infectées, estoient démolies, & les matereaux jettez hors les Villes, dans les voiries ou lieux impurs : que les hardes ou les meubles combustibles estoient bruslez, & quant aux autres ustanciles, ils demeuroient hors de tout usage, jusqu'à ce qu'ils eussent esté parfaitement purifiez.

Ce fleau du Ciel s'est aussi fait sentir autrefois en Europe, & la France aussi bien que les autres Etats de cette partie du monde, en a esté affligée pendant un assez long-temps. La Religion & la Police qui agissent toujours de concert, apporterent tous les soins possibles pour remedier à un aussi grand mal, & pour en empêcher le progrés : de-là viennent ces Ordonnances si sages de nos Roys, & ces Réglemens des Magistrats conformes aux Loix anciennes, qui separoient de toute societé ceux qui estoient atteints de cette maladie, & ce grand nombre d'Hôpitaux que la pieté de nos Peres fit élever en même temps sous le titre de Maladreries, pour les y recevoir.

La plus ancienne de nos Ordonnances sur cette matiere, est un Edit de Pepin, donné à Compiegne l'an 757. Il porte, que si un homme « lepreux a une femme saine, elle pourra, du « consentement neanmoins de son mary, se se- «

» parer d'avec luy , & en époufer un autre : &
» que cette même Loy fera reciproque en fa-
» veur du mary fain , dont la femme fera le-
» preufe.

Charlemagne par une Ordonnance de l'an 789.
fit défenfes aux lepreux de fe mefler avec le
Peuple.

Noftre Droit Couftumier qui a fuivi immediatement les Capitulaires de nos premiers Roys,
contient des difpofitions beaucoup plus précifes,
& qui font connoître combien l'on apprehendoit
le progrès d'un mal fi contagieux.

Chap. 109. des Lepreux.» La Couftume de Haynault porte, que fi une
» perfonne eft foupçonnée d'eftre malade de la
» lepre, les Echevins qui font en ce Pays les
» Juges de Police, feront tenus de la faire con-
» duire aux épreuves aux dépens des Paroif-
» fiens.

» Que fi cette perfonne eft trouvée & jugée
» veritablement atteinte de cette maladie,qu'elle
» foit pauvre, & ne foit du lieu, on luy don-
» nera un chapeau, un manteau gris, une cli-
» quette & une beface fur les deniers de l'au-
» mône, ou aux dépens des Paroiffiens ; & les
» Echevins la feront conduire à l'extrémité de
» leur Jurifdiction, vers le lieu de fa Patrie ,
» luy enjoindront de s'y retirer à peine du ban;
» que fi après ce jugement elle revenoit, elle
» feroit bannie à peine de fa vie. Mais auffi il eft
» enjoint par le même article à ceux de la Pa-
» trie de ce malade, de le recevoir, & de pour-
» voir à fes befoins, finon qu'ils pourront y eftre
» contraints.

» A l'égard de celuy du lieu qui fera trouvé
» atteint de la lepre, après les épreuves ,& le
» jugement, la Ville fera tenuë de luy faire une
» maifon fur quatre étayes ; que s'il la veut
» meilleure, il la fera faire à fes dépens ; & il
» eft ordonné qu'après fa mort, cette maifon, le
» lit & les habits qui luy auront fervi, feront
» brûlez.

» La même Coûtume ordonne , que fi un le-
» preux meurt en une Ville, faute de l'en avoir
» fait fortir en temps & lieu, les Echevins, s'ils
» ont efté avertis de fa maladie, feront punis &
» corrigez arbitrairement de leur negligence.

Chap. des La-dres, Act. 1.La Couftume de l'Ifle contient à peu près les
» mêmes difpofitions : Elle porte, que les Ha-
» bitans d'une Paroiffe où un lepreux eft né & a
» efté baptifé, font tenus de luy délivrer dans
» leur Paroiffe une maifon pour fa demeure, du
» bois de lit, un lit, un manteau, une efclave
» ou efclavine, c'eft-à-dire, une efpece d'habit
» long de groffe étoffe, à la maniere des Sclavons;
» une table, un plateau, & autres menuës uftan-
» ciles de bois & de terre.

Tit. 7. art. 25.Par la Couftume du Boullenois il eft ordonné,
» que fi aucun meurt ladre, qu'il foit jugé tel
» par une vifite de gens à le connoiffans, & que
» les Habitans de la Paroiffe où il demeuroit au
» jour de fa mort, ayent negligé d'avertir la
» Juftice du lieu, ou la Juftice Souveraine, afin
» de le faire vifiter de fon vivant , pour le juger
» & le fequeftrer de la focieté des fains , tout le
» beftial à pied fourché de ces Habitans, appar-
» tiendra & fera confifqué au Seigneur du lieu,
» pour les punir de leur negligence, pourveu
» toutefois qu'il foit prouvé que pendant fa vie,
» il ait eu quelque figne ou apparence exterieu-
» re de cette maladie.

Art. 214.» Enfin la Couftume de Normandie repute la
» lepre une efpece de mort civile, elle porte, que
» celuy qui eft jugé & feparé pour cette maladie,
» ne peut fucceder, & que neanmoins il retient

l'heritage qu'il avoit lors de fa feparation, pour «
en joüir par ufufruit pendant fa vie, fans le pou- «
voir aliener. «

Lir. vert anc. fol. 151.Il y avoit à Paris deux Maladeries pour les
lepreux de la Ville & Banlieuë, faint Lazare,
& celle de faint Germain où font les Petites
Maifons ; & dans l'étenduë de la Prevofté & Vicomté plufieurs autres femblables retraites pour
ces pauvres malades : les guerres que la France
avoit eu à fupporter fous le regne du Roy Jean,
attirerent à Paris plufieurs Habitans des Provinces qui fe refugioient dans cette Capitale, pour
y chercher leur fubfiftance : on reconnut qu'il y
en avoit de l'un & de l'autre fexe, qui eftoient
malades de la lepre. Les Habitans qui fe virent
expofez à ce danger, en porterent leurs plaintes
à Charles V. qui leur accorda des Lettres Patentes le premier Fevrier 1371. Elles font addreffées
au Prevoft de Paris, ou fon Lieutenant, & portent que ce Magiftrat fera publier inceffamment «
que fans aucun délay, & fous de tres-groffes «
peines corporelles & pecuniaires, telles que «
bon luy fembleroit, tous les hommes, femmes «
ou enfans atteints de la maladie de lepre, qui «
font à Paris, & qui ne font de la qualité d'eftre «
reçûs dans les Maladeries de cette Ville, fe- «
ront tenus d'en fortir dans le jour des Brandons «
prochain, c'eft-à-dire, le premier Dimanche de «
Carême, & de fe retirer dans les lieux de leurs «
naiffances, ou ailleurs dans les Maladeries où «
ils peuvent eftre reçûs , & que s'il s'en trouve «
en cette Ville après ce délay paffé , ils feront «
contraints d'en fortir par les peines qui leur fe- «
ront impofées. «

Reg. du Chaft. liv. rouge anc. fol. 88.Le Prevoft de Paris rendit une Ordonnance le
20. Fevrier 1388. fur cette même matiere. Elle
fait défenfes aux lepreux d'entrer dorénavant «
dans Paris fans permiffion expreffe fignée de «
luy : leur enjoint de fe tenir hors des portes «
pour demander l'aumône : fait auffi défenfes à «
tout homme ou femme de quefter, & de porter «
pour ces malades aucune cliquete ou barillet «
dans Paris ny ailleurs, dans toute l'étenduë «
de la Prevofté & Vicomté, fans une pareille «
permiffion, fur peine de prifon & d'amende «
arbitraire. «

Ibid. fol. 93.Les Boulangers à caufe du feu auquel ils font
continuellement expofez , eftoient beaucoup
plus fujets à cette maladie , que ceux des autres
profeffions : cela les intereffoit davantage à
foûtenir les fondations des Maladeries ; ils
donnerent en effet des marques de leur zele
pour cette bonne œuvre pendant une famine ,
qu'ils aumônerent beaucoup de pain à la Maifon de faint Lazare , & s'obligerent même de
luy en fournir dans la fuite & à perpetuité chacun un petit pain par femaine ; ce qui fut depuis
commué en argent. La Maifon au reciproque
s'obligea d'y recevoir tous les Boulangers qui
feroient atteints de cette maladie ; & il y avoit
un appartement pour les femmes. Quelques
difficultez qui arriverent pour la reception d'u-
ne Boulangere lepreufe, donna lieu à une Sentence du Prevoft de Paris du 15. Mars 1390. par
cette Sentence le Prieur de faint Lazare eft condamné à recevoir en fon Prieuré , & de fournir
la fubfiftance à cette Boulangere , fur ce fondement exprimé dans la Sentence, que ce Prieuré
ayant efté fondé par un Roy de France, en l'honneur de ce faint Evêque de Marfeille, & les revenus dont il joüit, donné par les Bourgeois de
Paris , ce Monaftere eft obligé de recevoir tous
ceux qui font affligez de cette maladie, nés à
Paris, & particulierement les Boulangers, leurs
femmes

femmes & enfans ; puifqu'en leur particulier, & dans un temps de neceffité, ils avoient affifté de leurs biens cette Maifon.

Ibid. fol. 88. & 97.

Deux Ordonnances du Prevoft de Paris des 27. Juillet 1394. & 31. Mars 1402. font défenfes » à tous lepreux d'entrer & de s'arrefter dedans » la Ville de Paris, foit pour quefter, ou autre- » ment, fur peine d'eftre pris par l'Executeur » ou fes Valets à ce commis, & detenus pri- » fonniers pendant un mois au pain & à l'eau, » & enfuite bannis du Royaume, avec défenfes » aux Gardes des Portes de la Ville de Paris, » leurs gens & domeftiques, de laiffer entrer dans » la Ville aucun lepreux ou lepreufe.

Ibid. fol. 217.

Une Ordonnance du même Magiftrat du 22. Mars 1403. contient de pareilles défenfes fur les » mêmes peines, & y ajoûte celle de confifcation » de leurs chevaux, houffes, cliquettes, & baril- » lets, & de punition corporelle, avec injonction » aux lepreux qui n'eftoient pas de la Prevofté » & Vicomté de Paris, d'en fortir dedans la quin- » zaine de Pâques lors prochaines, & de retour- » ner dans leurs Maladeries, Paroiffes & Dioce- » fes où ils ont pris naiffance ; & à ceux de la » Prevofté & Vicomté de Paris, de s'en retourner » auffi aux Maladeries où ils doivent faire leur » refidence, fans pouvoir aller ailleurs, fur la » même peine.

Ibid. fol. 219.

Le foin d'entretenir les Maladeries avoit efté negligé ; les lepreux fe plaignirent qu'ils n'y eftoient pas à couvert ; ils prenoient ce prétexte pour fe donner la liberté de vaguer dans la campagne, & d'entrer même jufques dans les Villes : cela donna lieu à des Lettres Patentes de Charles VI. addreffantes au Prevoft de Paris, du 3. Juin 1404. Elles ordonnent à ce Magiftrat de faire vifiter & reparer les Maladeries de fon reffort, afin que les lepreux qui s'eftoient répandus à Paris en tres-grand nombre, puffent fe

retirer dans les Maladeries qui leur font deftinées.

Papon rapporte un Arreft du onziéme Juillet 1453. par lequel le Parlement fait défenfes à « une femme de converfer avec fon mary le- « preux, fur peine d'eftre mife au Pilori, & « enfuite bannie ; luy défend auffi de continuer « à vendre des fruits, par le danger que la con- « tagion de fa maladie ne fe communiquât à ceux « qui l'approchoient.

Liv. 7. tit. 7. art. 18.

Par une Ordonnance du Prevofté de Paris du 15. Avril 1488. il eft enjoint à toutes perfonnes atta- « quées du mal abominable, tres-perilleux & con- « tagieux de la lepre, de fortir de Paris avant la « Fefte de Pâques, & de fe retirer dans leurs Ma- « laderies, auffi-toft après la publication de cette « Ordonnance, fur peine de prifon pendant un « mois au pain & à l'eau, de perdre leurs che- « vaux, houffes, cliquettes & barillets, & de puni- « tion corporelle arbitraire : leur permet nean- « moins d'envoyer quefter pour eux leurs fervi- « teurs & fervantes eftant en fanté. Enjoint fur « les mêmes peines aux autres lepreux & lepreu- « fes, qui ne font de la Prevofté de Paris, de fe « retirer dans les Maladeries des Diocefes où ils « font nés.

Reg. du Chaft. liv. vert neuf, fol. 146.

Fait auffi défenfes à toutes perfonnes de ven- « dre du lard furfemé avec les autres lards au « Parvis Noftre-Dame le jour du Jeudy Abfolu ; « leur enjoint de le vendre fur des tables à part, « & qu'il y ait une marque qui les faffe aifément « reconnoître, fur peine d'amende arbitraire, & « de prifon.

Une autre Ordonnance du Prevoft de Paris du 7. Septembre 1502. ordonne à tous lepreux « & lepreufes qui n'eftoient pas de la Prevofté & « Vicomté de Paris, de fe retirer auffi-toft après « la publication de cette Ordonnance, dans les « Maladeries où ils ont leur établiffement, à « peine d'eftre fuftigez par les Carrefours.

Reg. du Chaft. liv. gr. s. f. 11.

CHAPITRE II.

Diminution du nombre des Lepreux en France ; de faux Lepreux va-gabonds voulurent prendre leurs places ; defordres des Maladeries, & les remedes que l'on y apporta.

LE bon ordre qui avoit efté obfervé en France, pour empêcher le progrès de cette maladie ; le grand nombre de Maladeries où ceux qui en eftoient atteints pouvoient fe retirer, & où ils eftoient reçûs, penfez & nourris avec beaucoup de foin & de charité, diminua confiderablement celuy des malades : il s'en trouva fi peu dans la fuite, qu'environ le milieu du feiziéme fiecle, plufieurs de ces Hôpitaux eftoient deferts & tomboient en ruine : des perfonnes puiffantes, ou dans la faveur, s'eftoient emparez de leurs biens ; & le peu qui reftoit de lepreux, eftoit errant & vagabond : Cela donna lieu à François I. d'y pourvoir par une Déclaration du 19. Decembre 1543. Elle porte, » que pour remedier au grand defordre qui eftoit » alors dans les maladeries ou leproferies, fon- » dées d'ancienneté par les Roys fes Predecef- » feurs, les Ducs, les Comtes, les Barons, & les » autres Seigneurs, ou perfonnes confiderables, » les Villes, les Chapitres ou Communautez, » & dont les Titres & les Chartes ont efté per- » dus ou derobez, les biens alienez, & toute

Conf. des Ordon. t. 1. p. 21.

la difcipline de ces Hôpitaux & l'ordre ren- « verfé, il avoit efté dreffé des articles, pour « l'execution defquels il eftoit préalable de con- « noître au vray toutes les maladeries, leurs « revenus, & le nombre des lepreux de chaque « maladerie ; qu'il feroit enfuite ordonné par « le Cardinal de Meudon, Grand Aumônier de « France, quel nombre de malades chaque ma- « laderie pourroit nourrir & entretenir, pour « les y diftribuer par fes Lettres ou Commiffions ; « preferant neanmoins les lepreux du lieu à « ceux qui n'en feront pas. Ces mêmes Lettres « font défenfes à tous lepreux, après qu'ils au- « roient efté ainfi diftribuez, de plus aller ny « venir quefter, mendier, ny cliqueter par les « Villes & Villages. Elles ordonnent à tous « Juges, Baillis, Sénéchaux, Prevofts, Chafte- « lains, ou autres plus prochains Juges des lieux « du reffort du Parlement de Paris ; qu'ils « ayent fans aucune remife, & toutes autres af- « faires ceffantes, à s'informer avec beaucoup « de foin, tant par titres, fondations, comptes, « & autres papiers, que par témoins, de la va- « leur

Gggg iij

» leur & revenu annuel des maladeries, de ce
» qui aura esté distrait, aliené ou perdu, qui en
» sont les Administrateurs, depuis quel temps,
» de quelle qualité, s'ils resident sur les lieux,
» & generalement tout ce qui concerne le bien
» & l'avantage de ces Hôpitaux; & du tout faire
» procez verbaux signez d'eux & de leur Gref-
» fier, qu'ils envoyeroient dans six semaines au
» Procureur General, pour ces procez verbaux
» & comptes par luy reçus & veus, estre envoyez
» avec son avis au Grand Aumônier, pour y estre
» par luy pourvû ainsi que de raison.

Ces Lettres eurent peu d'execution, les biens
des maladeries furent toujours usurpez ou dissipez: Henry IV. par un Edit du mois de Juin
» 1606. ordonna qu'il seroit procedé par son
» Grand Aumônier, ses Vicaires & Commissaires,
» à la reformation generale de ces abus, à l'au-
» dition & révision des comptes des Administra-
» teurs ou Fermiers des maladeries, & affecta
» les deniers qui reviendroient de cette recher-
» che, à l'entretenement des pauvres Gentils-
» hommes & soldats estropiez.

Le nombre des veritables lepreux, par une
benediction singuliere du Ciel, & par le soin que
l'on avoit pris de les faire penser, diminuant
toujours de plus en plus, il y eut plusieurs mendians vagabonds, qui s'armoient de cliquettes,
qui estoient la marque des lepreux, & sous
cette apparence d'une maladie qu'ils n'avoient
point, se faisoient admettre les maladeries, pour y entretenir leur oisiveté, & quelques-uns même pour éviter les mains de la
Justice, & la punition des crimes qu'ils avoient
commis. Ainsi les biens que la pieté de nos
Princes & celle de nos Peres avoient destinez à
ces œuvres de pieté, se restoient entre les
mains des usurpateurs, ou en celles des scelerats, plus dignes de chastiment que de charité. Ces abus donnerent lieu à une Declaration
de Louis XIII. du 24. Octobre 1612. elle porte
» que de la recherche qui avoit esté faite en vertu
» de l'Edit d'Henry IV. du mois de Juin 1606.
» il en estoit revenu peu de fruit aux Officiers
» & aux Soldats estropiez; ce qui avoit obligé
» de revoquer cet Edit par une Declaration du
» mois de Septembre 1611. que les abus & les
» desordres subsistoient toujours dans l'adminis-
» tration des maladeries & des autres Hôpitaux,
» & que le Roy voulant y pourvoir, il ordonne
» que par son Grand Aumônier il sera procedé
» à l'entiere reformation & correction des abus
» & desordres des Hôpitaux. Les Articles qui
suivent ce premier contiennent plusieurs dispositions, concernant l'administration des biens,
& les comptes qui en doivent estre rendus: Il
» est ensuite ordonné que pour secourir les pau-
» vres lepreux en leurs necessité, leur oster
» tout sujet de vaguer par les Villes ou Bourgs;
» & garentir le Peuple de cette confusion, il
» leur sera à chacun d'eux pourvû par le Grand
» Aumônier, de pensions suffisantes & necessai-
» res dans les maladeries plus prochaines des
» lieux de leur naissance, ou demeure ordi-
» naire; que neanmoins pour éviter les surpri-
» ses, il n'y en sera admis aucun, qu'aprés
» avoir esté visitez, & reçûs avec les cerémonies
» anciennes & accoustumées de l'Eglise.
» Il est fait défenses à tous lepreux de se ma-
» rier avec gens qui n'ont point cette mala-
» die, & leur enjoint de demeurer reclus
» dans leurs maladeries, à peine d'estre dé-
» chûs de leurs pensions, & de punition exem-
» plaire. Il est défendu aux Curez, Vicaires &

Prestres des lieux de les marier, à peine d'a- «
mende arbitraire; & il est ordonné aux Pro- «
cureurs du Roy d'y tenir la main, de dénon- «
cer les contrevenans au Grand Aumônier, «
pour y estre par luy pourvû, & défendu «
aux Administrateurs de les payer, à peine de «
payer deux fois. «

La même Déclaration veut & ordonne, que «
les solliciteurs & servantes des lepreux, soient «
reduits & reglez à certain nombre, tel qu'il sera «
jugé necessaire par le Grand Aumônier, ses Vi- «
caires, ou Commissaires, & leur pension par luy «
moderée à certaine somme. «

Qu'aprés la dépense necessaire des malades, «
le surplus des deniers seront employez à la «
réedification d'une ou de deux Maladeries & «
Hôpitaux en chacun Bailliage ou Diocese, se- «
lon la necessité publique, pour y retirer les «
pauvres lepreux, & y recevoir les pauvres «
malades; s'il reste des deniers, ils seront af- «
fectez à la nourriture des pauvres des lieux, «
à l'entretenement d'enfans aux études, écoles «
& métiers, à marier les pauvres filles orfeli- «
nes, & autres œuvres charitables. «

Elle établit enfin une Chambre composée de «
quatre Maistres des Requestes, & quatre Con- «
seillers du Grand Conseil, pour avec le Cardi- «
nal du Perron Grand Aumônier de France, va- «
quer exactement à cette reformation des Hô- «
pitaux & Maladeries à la révision des com- «
ptes, punition & correction des usurpations, «
alienations, abus & malversations, & genera- «
lement juger & décider tous les procez & dif- «
ferens qui en dépendent, le Roy leur en attri- «
buant toute Cour & Jurisdiction en premiere «
instance, & par appel au Grand Conseil. «

Cette Chambre de la reformation des Hôpi- «
taux, rendit ensuite plusieurs Ordonnances, «
qui servirent de régles pour l'administration «
des maladeries; il y en a une du vingt-sept «
Janvier 1614. qui contient aussi quelques dispo- «
sitions concernant la discipline des lepreux. «
Elle porte que les lepreux seront tenus d'en- «
voyer de six mois en six mois aux Administra- «
teurs de leurs maladeries, un certificat de «
l'état de leur santé, qui leur sera expedié gra- «
tuitement par le Curé, ou les Officiers des «
lieux; & à faute de ce faire, que défenses «
seront faites aux Administrateurs & Fermiers «
de leur continuer le payement de leurs pen- «
sions, lesquels certificats ils seront tenus «
de rapporter lors de la reddition de leurs «
comptes, à peine de radiation. Cet article estoit «
fondé sur l'experience que l'on avoit faite, qu'il «
y avoit une espece de lepre qui se pouvoit gue- «
rir, & que par le soin que l'on prenoit de tenir «
proprement, & de faire penser ces malades, il en «
restoit peu dont le mal fût incurable; ce qui en «
diminuoit considerablement le nombre. «

Un autre Article fait défenses aux Adminis- «
trateurs des Maladeries des Villes & Commu- «
nautez dont les Habitans sont Fondateurs, de «
payer aucune pension aux Lepreux qu'en vertu «
des bulletins du Grand-Aumônier; & que pour «
les obtenir ils seront tenus de luy envoyer les «
procés verbaux des lepreux qu'ils auront fait «
reclure & enfermer.

L'un des plus grands abus que l'on découvrit
par cette reforme, ce fut celuy d'un grand nombre de vagabons qui s'estoient fait recevoir par
differens artifices, à titre de lepreux dans les
Maladeries, pour entretenir leur oisiveté.
Ils avoient des secrets, en se frottant de certaines herbes ou drogues, de se donner une apparence

rence de lepre, & trompoïent ainfi les Adminiftrateurs : cela donna lieu à une Commiffion que le Roy fit expedier le 30. May 1626. à David & Juft Laigneau Medecins, pour vifiter, avec un Chirurgien qui feroit nommé par la Chambre, les lepreux dans toutes les Provinces du Royaume, & qu'il n'en feroit reçu aucun dans les Maladeries, que fur leur rapport.

Ces vifites furent exactement faites, & fur le rapport des Medecins & Chirurgiens, l'on jugea, comme dit l'Ecriture, entre la lepre & la lepre : l'on diftingua la vraie d'avec la fauffe, celle qui pouvoit fe guerir, d'avec l'incurable ; & par ces diftinctions, les charitables foins que l'on prit des veritables malades, l'ordre & la difcipline que l'on rétablit pour les retenir enfermez, cette affreufe maladie difparut prefque entierement du Royaume.

CHAPITRE III.

Reforme des Maladeries, leurs biens unis & incorporez aux Ordres de faint Lazare & du Mont-Carmel, & depuis defunis & emploïez au foulagement des Pauvres, & autres œuvres de pieté ; un Hofpital unique refervé pour les Lepreux.

APRE's cette heureufe délivrance de la lepre on ne fut pas long-temps fans découvrir d'autres abus qui demandoient encore d'eftre reformez. Comme il n'y avoit prefque plus de lepreux, la plus grande partie des Maladeries eftoient demeurées defertes & tomberent en ruine, les biens en furent diffipez, les Seigneurs des lieux, ou les Communes des Villes ou Villages s'en eftoient mis en poffeffion ; d'autres s'en faifoient pourvoir comme une efpece de benefice, fans en acquiter aucunes charges ; & à l'exception de celles qui avoient efté unies par Lettres Patentes, & avec les formalitez neceffaires, à d'autres Hôpitaux, à des Cures, à des Seminaires, à des Colleges, ou à quelques autres Communautez, & Ecclefiaftiques feculiers ou reguliers, ou qui avoient efté infeodées avec les mêmes formalitez, elles eftoient toutes entre les mains de quelque ufurpateur.

Il eftoit impoffible qu'un auffi grand defordre dans une matiere fi importante puft long-temps échaper aux vives & penetrantes lumieres du Roy dans tout ce qui regarde le bien & le foulagement de fes Sujets, & principalement fur tout ce qui a rapport à la Religion. Sa Majefté n'en fut pas plûtoft informée, qu'elle refolut d'y pourvoir, & fa pieté ne put fouffrir d'en differer un moment l'execution.

L'Ordre militaire de faint Lazare qui eftoit connu dans la Paleftine dés le quatriéme fiecle, avoit eu pour objet dans fon eftabliffement l'hofpitalité envers les Pelerins de la Terre-Sainte, & le foin de retirer & de loger les lepreux. Les Chevaliers de cet Ordre rendirent de grands fervices aux Chreftiens dans le temps des Croifades, & fous les Regnes de Godefroy de Boüillon, & de fes Succeffeurs Rois de Jerufalem. Les Sarrafins dans la fuite s'eftant rendus maiftres de la Terre-Sainte, & en ayant chaffé les Chreftiens, les Chevaliers de l'Ordre de S. Lazare fe retirerent en France l'an 1137. fous la protection de Loüis VII. qui leur donna fa Maifon de Boigny prés d'Orleans, & la Maifon de faint Lazare prés de Paris. Le Roy faint Loüis leur confirma en 1265. les donations que ce Prince fon Bifayeul leur avoit fait, & leur accorda plufieurs autres graces & privileges. L'Ordre militaire de Noftre-Dame du Mont-Carmel fut inftitué par Henry IV. en l'année 1607. & la même année il fut uni & incorporé à celuy de faint Lazare.

Les Chevaliers de ces deux Ordres unis avoient efté beaucoup traverfez dans la poffeffion de leurs biens, & en avoient fouvent porté leurs plaintes au Thrône de nos Rois, ou aux Tribunaux de la Juftice.

Le Roy connoiffant l'utilité que l'Eftat pourroit recevoir de ces deux Ordres, fi après avoir efté reftablis & remis dans leur fplendeur, Sa Majefté en deftinoit les places aux Gentilshommes & aux Officiers de fes troupes, pour recompenfes de leurs fervices, y joignit & incorpora entr'autres chofes tous les biens, droits & privileges des Maladeries & Leproferies du Royaume par Edit du mois de Decembre 1672. & par une Ordonnance du 30. Septembre 1678. Sa Majefté les chargea de faire conduire, retirer, loger & nourrir en l'Hôpital ou Maladerie de faint Mefmin prés d'Orleans tous les lepreux qui fe rencontreroient dans toute l'étenduë du Royaume.

Cet eftabliffement portoit tous les caracteres de fageffe & de prudence qui paroiffent dans tous ceux qui ont efté faits fous le Regne du Roy. Il y avoit peu de temps que Sa Majefté avoit fondé l'Hoftel Royal de Mars pour y nourrir & entretenir les Soldats invalides, ou par leurs bleffures, ou par leur veterance ; & en eftabliffant ces deux Ordres unis, de S. Lazare & du Mont-Carmel, elle trouvoit des fonds pour recompenfer les Gentilshommes & les Officiers de fes Armées, que la naiffance ou les emplois diftinguoient du commun des gens de guerre : cela neanmoins s'executoit fans porter aucun prejudice aux fondations des Maladeries ; il fembloit même que c'eftoit les réunir à leur principe, puifque ç'avoit efté le premier objet de l'Ordre de faint Lazare lors de fon inftitution. Les pauvres malades n'en fouffroient rien ; au contraire le Roy leur deftinant l'Hôpital de S. Mefnin, donna de nouveaux ordres pour les y faire recevoir, nourrir & entretenir avec beaucoup plus de foin qu'ils ne l'eftoient dans les Maladeries particulieres, prefque defertes : & enfin Sa Majefté eftablit une Chambre Souveraine pour la recherche des biens de ces lieux de pieté, & pour juger & diftinguer ceux qui eftoient legitimement poffedez, d'avec les autres ; de forte que tout le poids de cette recherche ne tomboit que fur les feuls ufurpateurs.

Cependant la pieté de Sa Majefté ne fut pas encore fatisfaite, elle crut que des biens qui
avoient

avoient esté totalement destinez au soulagement d'une maladie qui ne paroissoit presque plus dans ses Estats, devoient estre employez à secourir d'autres pauvres dans leurs maladies ou dans leurs necessitez ; & que pour satisfaire aux pieuses intentions des Rois ses Predecesseurs, & des autres Fondateurs de ces Hôpitaux, l'employ de leurs revenus, se devoit faire, suivant leur destination sur les lieux où ils estoient scituez. Sur ces religieux & puissants motifs le Roy destina d'autres fonds aux ordres de S. Lazare & du Mont-Carmel : & par un Edit du mois de Mars 1693. elle desunit de ces Ordres les biens & revenus des Maladeries, & les destina ensuite par d'autres Edits & d'autres Reglemens en faveur des pauvres : & comme c'est l'Estat present de cette Police des lepreux, nous rapporterons icy ces monumens de la pieté, & de la justice de Sa Majesté dans toute leur estenduë.

Mars 1693.
Edit du Roy
portant des-
unió des Ma-
laderies &
des autres
biens & re-
venus qui a-
voient esté
unis à l'Or-
dre de Nostre-
Dame de
Mont - Car-
mel & de S.
Lazare, re-
gistré au Par-
lement le 15.
Févr. 1696.

LOUIS, par la grace de Dieu, Roy de France & de Navarre, à tous presens & à venir, Salut. Nous aurions par nostre Edit du mois de Decembre 1672. & par nos Lettres de Declaration des 24. Mars 1674. Avril 1675. & Septembre 1682. pour les causes y contenues, confirmé à l'Ordre de Nostre-Dame du Mont-Carmel & de saint Lazare de Jerusalem, tous & chacuns les biens, droits, privileges, Maladeries, Leproseries, Commanderies, Prieurez, Hôpitaux & autres lieux & Benefices qui leur appartiennent, avec toutes les facultez, exemptions, prerogatives & preeminences à eux accordées ; & Nous aurions en outre concedé audit Ordre l'administration & jouïssance perpetuelle des maisons, droits, biens & revenus cy-devant possedez par d'autres Ordres Hospitaliers, Militaires, Seculiers ou Reguliers ; ensemble de toutes les Maladeries, Leproseries, Hôpitaux, Maisons-Dieu, Aumôneries, Confreries, Chapelles Hospitalieres, & autres lieux pieux de nostre Royaume où l'hospitalité n'estoit pas gardée, même ceux fondez pour les Pelerins & Pauvres passans, aux clauses, charges, conditions & exceptions y mentionnées ; desquels lieux, biens, droits réunis audit Ordre par nosdits Edits & Declarations, & par les jugemens de nostre Chambre Royale de l'Arsenal rendus en consequence, il auroit esté composé de grands Prieurez & Commanderies, dont plusieurs Officiers servans dans nos Troupes de Terre & de Mer auroient esté pourvûs. Mais aprés avoir fait examiner en nostre presence nosdits Edits & Declarations des mois de Decembre 1672. Mars & Avril 1674. Avril 1675. & Septembre 1682. & tout ce qui s'est fait en execution : Nous avons reconnu que l'union portée par nostre Edit du mois de Decembre 1672. de plusieurs Ordres Hospitaliers & Militaires, n'apportoit presque aucune utilité aux Officiers de nos Troupes, qui en jouïssent à titre de Commanderies, & les engageoit à des procés inévitables ; que l'union des Maladeries, Leproseries & Hôpitaux leur estoit fort à charge, tant par le grand nombre de petites pieces éparses en divers endroits fort éloignez les uns des autres, dont les grands Prieurez & Commanderies sont composez, que par l'obligation d'y faire faire les reparations, & d'en soustenir les droits souvent contestez par les redevables, & par les possesseurs des heritages voisins & contigus ; choses ausquelles les Officiers de nos Troupes actuellement occupez au service qu'ils Nous rendent dans nos Armées, ne peuvent pas vaquer, & dont neanmoins l'abandonnement causeroit dans la suite la ruine desdits biens ; qu'enfin il estoit beaucoup plus convenable de leur donner d'autres biens & revenus d'une facile perception, qui ne les engageassent à aucuns soins, diligences, ny embarras : D'un autre costé, Nous aurions aussi consideré que les Ordres Hospitaliers & Militaires dont Nous avons uny les biens audit Ordre de Mont-Carmel & de saint Lazare, ne pouvant estre regardez comme entierement éteints ; il seroit juste de leur rendre lesdits biens & revenus, sauf à estre pourvû à la reformation des abus qui s'y sont glissez, & que Nous ne pouvons rien faire de plus digne de la justice & de la charité dont Nous tâchons de remplir les devoirs, que de laisser les revenus des Hôpitaux, même ceux par la negligence des Administrateurs & autres qui en estoient chargez, l'hospitalité n'estoit point gardée, pour estre employez à la subsistance des Pauvres des lieux, suivant l'esprit & l'intention des Fondateurs, en y établissant une bonne administration pour l'avenir ; & à l'égard des Maladeries & Leproseries, que la maladie de la lepre, au soulagement de laquelle elles ont esté destinées, estant presque entierement cessée dans nostre Royaume, il estoit de nostre devoir, non seulement comme Roy, mais encore comme Fondateur de la plus grande partie de ces établissemens, d'en faire & procurer l'application & conversion à quelqu'autre usage également utile pour nostre Estat & pour le Public, & conforme autant qu'il se pourra à l'esprit de leur fondation ; sans neanmoins que par le changement de destination que Nous avons resolu de faire des biens desdits Ordres, & de ceux des Hôpitaux, Maladeries & Leproseries, Nous entendions priver les Officiers de nos Troupes pourvûs des grands Prieurez & Commanderies dudit Ordre de Nostre-Dame du Mont-Carmel & de Saint Lazare, de l'effet des graces que Nous leur avons faites, desirant bien intention est non seulement de ne les dédommager, mais encore de leur faire paroistre de plus en plus & aux autres Officiers de nos Troupes de terre & de mer par de nouvelles recompenses, la satisfaction que Nous avons de leur fidelité & de leur zele pour nostre service, sur quoy Nous nous reservons de declarer incessamment nostre volonté. A CES CAUSES, de l'avis de nostre Conseil, & de nostre certaine science pleine puissance & autorité Royale, Nous avons par le present Edit perpetuel & irrevocable, defuny & desunissons par ces presentes audit Ordre de Nostre-Dame du Mont-Carmel & de saint Lazare, les maisons, droits, biens & revenus qui estoient possedez avant nostre Edit du mois de Decembre 1672. par les Ordres du S. Esprit, de Montpellier, de S. Jacques de l'Epée & de Lucques, du saint Sepulchre, de sainte Christine de Somport, de Nostre-Dame dite Theutonique, de saint Loüis de Boucheaumont & autres Ordres Hospitaliers, Militaires, Seculiers ou Reguliers : Avons pareillement defuny dudit Ordre de Nostre-Dame de Mont-Carmel & de saint Lazare, les Maladreries & Leproseries, Hôpitaux, Hostels-Dieu, Maisons-Dieu, Aumôneries, Confreries, Chapelles Hospitalieres & autres lieux pieux de nostre Royaume, même ceux destinez pour les Pelerins ou Pauvres passans unis audit Ordre de S. Lazare par nostre Edit du mois de Decemb. 1672. & Declaration intervenuës en consequence, soit que lesdits Hospitaux ou lieux pieux fussent possedez

en

en titre de Benefices, ou de simples adminiſtrations, & encore que l'hoſpitalité n'y euſt eſté gardée ; deſquels biens & revenus deſdits Ordres, Maladeries, Leproſeries, Hôpitaux & autres lieux pieux & droits en dépendans, les pourvûs des grands Prieurez & Commanderies auſquels ils ont eſté attachez, ſeront tenus de quitter & de laiſſer la poſſeſſion & jouïſſance en l'eſtat où ils ſont, & d'en remettre les baux & titres qu'ils ont pardevers eux au premier jour de Juillet prochain, à ceux qui ſeront à ce commis & prépoſez par les Intendans & Commiſſaires départis dans les Provinces de noſtre Royaume pour l'execution de nos Ordres, ſans que leſdits Commis & Prépoſez puiſſent dépoſſeder les Fermiers, & ſans que les pourvûs deſdits grands Prieurez & Commanderies puiſſent cependant deteriorer les lieux, couper les bois, ny emporter ou enlever aucunes choſes que les meubles ſervans à leurs uſages, à peine d'en répondre, & d'eſtre privez du dédommagement que Nous avons reſolu de leur accorder, ainſi qu'il ſera dit cy-aprés. Voulons que les biens & revenus poſſedez avant noſtredit Edit du mois de Decembre 1672. par leſdits Ordres du ſaint Eſprit & autres cy-deſſus nommez, leur ſoient rendus & reſtituez, auquel effet leſdits Ordres ſe pourvoiront pardevant les Commiſſaires qui ſeront par Nous deputez pour l'execution de noſtre preſent Edit ; & en vertu des Jugemens qu'ils en obtiendront, ils ſeront rétablis & réintegrez en la poſſeſſion & jouïſſance deſdits biens, leſquels en conſequence leur ſeront remis par leſdits Commis & Prépoſez, ſauf à eſtre pourvû dans la ſuite à la reformation deſdits Ordres, ainſi qu'il appartiendra ; & à l'égard des biens & revenus deſdits Hôpitaux & autres lieux de la même qualité, Nous voulons qu'ils ſoient employez à ſecourir les pauvres malades des lieux, ainſi qu'il ſera par Nous ordonné ſur les avis qui Nous ſeront ſur ce envoyez par les Sᵗˢ Archevêques & Evêques de noſtre Royaume, & par les Sᵗˢ Intendans & Commiſſaires départis ; & quant auſdites Maladeries & Leproſeries, Nous nous reſervons d'en faire & procurer l'union à quelqu'autre établiſſement, ou d'y pourvoir autrement, ainſi que Nous le jugerons à propos, aprés avoir examiné l'employ qui en pourra eſtre fait. N'entendons neanmoins comprendre au preſent Edit les biens, droits, Commanderies, Prieurez, Hôpitaux & autres lieux & Benefices dont ledit Ordre de Noſtre-Dame de Mont-Carmel & de ſaint Lazare de Jeruſalem, eſtoit en poſſeſſion avant noſtredit Edit du mois de Decembre 1672. dans leſquels Nous voulons qu'il ſoit maintenu & conſervé, enſemble dans tous les privileges, facultez, exemptions, prerogatives & préeminences accordez audit Ordre, tant par nos Lettres & Déclarations, & celles des Rois nos Predeceſſeurs, que par les Bulles de nos SS. Peres les Papes, en ce qu'elles ne ſont point contraires aux ſaints Decrets & Conſtitutions Canoniques, à nos Ordonnances, aux libertez de l'Egliſe Gallicane, & aux Arreſts & Réglemens de nos Cours, Nous reſervant de pourvoir au dédommagement des Officiers de nos Troupes, pourvûs de grands Prieurez & Commanderies dudit Ordre de Noſtre-Dame de Mont-Carmel & de ſaint Lazare, & de remplacer par d'autres biens & revenus dont ils jouïront, à commencer du premier Juillet prochain, ceux que Nous avons deſunis par noſtre preſent Edit, derogeant en tant que beſoin ſeroit à tous Edits & Déclarations contraires, & notamment à noſtredit Edit du mois de Decemb. 1672. & autres Edits & Déclarations donnez en conſequence ; enſemble à tous Arreſts de réunion, tranſactions, traitez, concordats, & autres actes intervenus depuis ou en vertu de noſtredit Edit du mois de Decembre 1672. leſquels Nous avons revoqué & révoquons par ces preſentes. SI DONNONS EN MANDEMENT à nos amez & feaux Conſeillers les Gens tenans noſtre Cour de Parlement à Paris, que noſtre preſent Edit ils ayent à faire lire, publier & regiſtrer, & le contenu en iceluy garder & obſerver ſelon ſa forme & teneur, ſans ſouffrir qu'il y ſoit contrevenu en quelque ſorte & maniere que ce ſoit : Car tel eſt noſtre plaiſir. Et afin que ce ſoit choſe ferme & ſtable à toujours, Nous avons à ceſdites preſentes fait mettre noſtre ſcel. Donné à Verſailles au mois de Mars, l'an de grace mil ſix cens quatre-vingt-treize, & de noſtre Regne le cinquantiéme. Signé, LOUIS, Et plus bas, Par le Roy, PHELYPEAUX. Viſa, BOUCHERAT. Et ſcellé du grand Sceau de cire verte en lacs de ſoye rouge & verte.

15. Avril 1693. Declaratió du Roy, en explication de l'Edit du mois de Mars 1693. concernant les biens & revenus des Maladeries & Leproſeries, regiſtrée au Parlement le 15. Fevr. 1696.

LOUIS, par la grace de Dieu, Roy de France & de Navarre: A tous ceux ces preſentes verront, Salut. Ayant par noſtre Edit du mois de Mars dernier pour les cauſes y contenuës deſuny entr'autres choſes de l'Ordre de Noſtre-Dame de Mont-Carmel & de ſaint Lazare, les Maladeries & Leproſeries qui y avoient eſté unies par noſtre Edit du mois de Decembre 1672. Nous avons reſervé d'en faire & procurer l'employ & l'application, à tel autre uſage que Nous jugerions le plus à propos ; & quoique par cette reſerve nous n'ayons point entendu priver les Fondateurs deſdites Maladeries ny autres de leurs droits, Nous avons crû non ſeulement devoir expliquer noſtre intention ſur ce ſujet, mais encore rendre juſtice tant auſdits Fondateurs Eccleſiaſtiques ou Laïques, qu'aux Communautez & Titulaires particuliers qui jouïſſoient deſdites Maladeries & Leproſeries avant noſtredit Edit de 1672. ſoit par union ou autrement, en vertu de titres valables & Lettres Patentes regiſtrées en nos Cours, afin qu'aprés avoir rendu à chacun d'eux celles qui leur appartiennent legitimement au moyen de ladite deſunion, Nous puiſſions diſpoſer de celles qui reſteront à noſtredit Edit du mois de Mars dernier, & en faire l'employ le plus conforme à leur premiere & originaire deſtination, dont l'objet ne ſubſiſte plus par la ceſſation preſque entiere & univerſelle de la maladie de la lepre dans noſtre Royaume. A CES CAUSES, de noſtre grace ſpeciale, pleine puiſſance & autorité Royale, Nous avons par ces preſentes ſignées de noſtre main declaré & declarons, que Nous n'avons entendu par noſtredit Edit du mois de Mars dernier, prejudicier aux droits des Fondateurs, ny aux unions deſdites Maladeries & Leproſeries, infeodations, baux à rente & autres actes faits legitimement & ſans fraude, & avec les formalitez requiſes ; & en conſequence ordonnons que leſdits Fondateurs & ceux qui eſtoient en poſſeſſion deſdites Maladeries & Leproſeries, ou de quelques droits ſur icelles & biens en dépendans avant noſtredit Edit de 1672. ſeront tenus d'en repreſenter les titres dans deux mois pardevant les Commiſſaires qui ſeront par Nous nommez pour l'execution tant de noſtredit Edit du mois de Mars dernier, que de noſtre preſente Declaration entre leſdits Fondateurs & poſſeſſeurs qui juſtifieront ſuffiſamment de leurs droits réunis & reintegrez en poſſeſſion & jouïſſance d'iceux, ſuivant les Arreſts de noſtre Conſeil d'Eſtat, qui ſeront rendus ſur l'avis deſdits

Sieurs Commiſſaires, ſinon & à faute par leſdits Fondateurs & pretendans droit ſur leſdites Maladeries & Leproſeries, de ſe pourvoir pardevant leſdits Commiſſaires dans ledit delay de deux
mois, ils en demeureront déchus, & ſera par Nous pourvû à l'employ & application des biens
& revenus deſdites Maladeries & Leproſeries, pour raiſon deſquelles il n'aura point eſté formé
de demande, ny repreſenté de titres dans ledit temps, ou pour leſquelles les titres repreſentez
n'auront eſté jugez ſuffiſans en faveur des Pauvres & Malades des lieux, ainſi qu'il appartiendra,
ſur l'avis des Sieurs Archevêques & Evêques de noſtre Royaume ; comme auſſi il ſera par Nous
pourvû ſur l'avis deſdits Sieurs Commiſſaires à l'entretien des Lepreux qui ont eſté mis à l'Hôpital ſaint Meſmin, ſuivant noſtre Ordonnance du 30. Septembre 1678. & des autres qui peuvent
eſtre infectez de cette maladie, ſi aucuns y a, aprés la viſite qui en aura eſté faite. SI DONNONS
EN MANDEMENT, à nos amez & feaux Conſeillers, les Gens tenans noſtre Cour de Parlement
à Paris, que noſtre preſente Declaration ils ayent à faire lire, publier & regiſtrer, & le contenu en icelle garder & obſerver ſelon ſa forme & teneur, ſans ſouffrir qu'il y ſoit contrevenu en
quelque ſorte & maniere que ce ſoit : Car tel eſt noſtre plaiſir ; en témoin dequoy nous y avons
fait mettre noſtre Scel. Donné à Verſailles le quinziéme jour d'Avril, l'an de grace mil ſix cens
quatre-vingt-treize, & de noſtre Regne le cinquantiéme. Signé, LOUIS ; Et plus bas, Par le
Roy, PHELYPEAUX. Et ſcellée du grand Sceau de cire jaune.

24. Aouſt
1693. Decla-
ratiō du Roy,
qui ordonne
l'employ des
biens & re-
venus des
Maladeries
& Leproſe-
ries, regiſ-
trée au Par-
lement le 15.
Févr. 1696.

LOUIS, par la grace de Dieu, Roy de France & de Navarre ; à tous ceux qui ces preſentes
verront, Salut. Nous aurions par noſtre Edit du mois de Mars dernier, ordonné que les
biens & revenus des Hôpitaux, Hoſtels-Dieu, Maiſons-Dieu, Aumôneries, Chapelles Hoſpitalieres & autres lieux pieux de noſtre Royaume, même ceux deſtinez pour les Pelerins ou pauvres paſſans deſunis de l'Ordre de Noſtre-Dame de Mont-Carmel & ſaint Lazare, ſeroient employez à ſecourir les pauvres malades des lieux, ſuivant les avis qui Nous ſeroient envoyez par
les Sieurs Archevêques & Evêques, & par les Sieurs Intendans & Commiſſaires départis dans
nos Provinces, Nous reſervant à l'égard des Maladeries & Leproſeries auſſi deſunies dudit Ordre, d'y pourvoir, aprés avoir examiné l'employ le plus utile qui pourroit en eſtre fait ; & depuis
ayant jugé que Nous n'en pouvions faire un meilleur ny plus conforme à l'intention de ceux qui
ont fondé ces établiſſemens, qu'en faveur des mêmes pauvres & malades des lieux, Nous nous
ſerions determinez à leur en faire auſſi l'application, aprés neanmoins qu'il auroit eſté prononcé ſur
les droits des Fondateurs, & de ceux qui eſtoient en poſſeſſion des Maladeries & Leproſeries
avant noſtre Edit du mois de Decembre 1672. auquel effet Nous aurions par noſtre Declaration
du 15. Avril dernier, ordonné qu'ils repreſenteroient leurs titres pardevant les Commiſſaires qui
ſeroient par Nous nommez : à quoy pluſieurs ayant ſatisfait, Nous avons reconnu par le compte
qui Nous en a eſté rendu, que les biens conſacrez à la ſubſiſtance des pauvres & des malades,
avoient eſté ou mal adminiſtrez ou uſurpez ou divertis à d'autres uſages, ſous des pretextes ſpecieux, & ſouvent même en vertu de titres colorez & reveſtus des formalitez exterieures : mais
aprés avoir balancé la qualité & les ſortes de titres avec l'intention des Fondateurs, la fin
& l'objet de ces ſortes d'eſtabliſſemens, avec leur neceſſité, leur faveur & leurs privileges, par
rapport, ſoit aux devoirs de charité & de religion, ſoit à la Police exterieure de noſtre Royaume, avec la diſpoſition des ſaints Decrets, avec celle des Ordonnances des Rois nos Predeceſſeurs,
& particulierement celle de l'Edit du mois d'Avril 1561. & de l'Article LXV. de l'Ordonnance
de Blois, avec l'obligation que Dieu Nous a impoſée de veiller à la protection & à la conſervation du bien des pauvres, Nous n'avons pas douté que non ne duſſions employer l'autorité
qu'il a miſe en nos mains, & dont Nous ne pouvons faire un plus ſaint uſage, à remettre ces
mêmes biens dans l'ordre de leur premiere & originaire deſtination ; & quoique Nous euſſions
pû pour ces raiſons revoquer toutes ſortes d'applications de ces lieux pieux à d'autres uſages, Nous
avons voulu neanmoins y apporter tous les temperamens que Nous avons jugé n'eſtre pas entierement incompatibles avec la cauſe des pauvres, & avec la Juſtice qui leur eſt dûë. C'eſt dans cet
eſprit que Nous avons reſolu d'eſtablir des regles, ſoit ſur la preuve des droits de fondation & de patronage, ſoit ſur l'execution des ſaints Decrets & Conſtitutions Canoniques contre
les changemens d'Hôpitaux en titres de Benefices, ſoit ſur la validité ou invalidité des unions,
entre leſquelles Nous avons diſtingué celles qui ont eſté faites à titres onereux, ou dans leſquelles le public a eſté dédommagé par d'autres avantages de la privation qu'il a ſoufferte d'un fonds
deſtiné pour l'entretien des pauvres, d'avec les unions faites ſans cauſe, contre l'intention des Fondateurs, & contre l'eſprit des Ordonnances des Rois nos Predeceſſeurs. Enfin, pour ne pas tomber à l'avenir dans le même défaut d'execution que ces Ordonnances ont eu par le paſſé : Nous nous ſommes
propoſez d'en aſſeurer l'effet par le rétabliſſement actuel de l'hoſpitalité en la maniere que Nous
avons jugé la plus convenable. A CES CAUSES, aprés avoir fait examiner en noſtre Conſeil les
Edits, Declarations & Lettres Patentes des mois de Mars & quinze Avril de la preſente année ;
& autres Ordonnances & Réglemens intervenus ſur cette matiere, de noſtre certaine ſcience, pleine puiſſance & autorité Royale.

PREMIEREMENT.

Nous avons ordonné & ordonnons, voulons & Nous plaiſt, qu'aprés que les Maladeries, Leproſeries & autres établiſſemens deſtinez pour la ſubſiſtance & entretien des pauvres & malades
de quelque qualité qu'ils ſoient, deſunis de l'Ordre de Nôtre-Dame de Mont-Carmel & de ſaint
Lazare, par noſtre Edit du mois de Mars dernier, auront eſté rendus à ceux qui en jouiſſoient
avant noſtre Edit du mois de Decembre 1672. à titre legitime, ſuivant les diſpoſitions contenues
en noſtre preſente Declaration, l'hoſpitalité ſera établie ès autres lieux de pareille qualité reſtant,
dont les revenus ſeront ſuffiſans à cet effet.

II.

Voulons que ceux dont les revenus ne ſeront pas ſuffiſans pour y eſtablir l'hoſpitalité, ſoient
unis à d'autres Hôpitaux où elle eſt, ou ſera exercée en vertu de noſtre preſente Declaration, à
la charge d'y recevoir les pauvres & malades des lieux où les Hôpitaux unis ſont ſituez, au nombre
qui

qui fera reglé par rapport aux revenus unis, & de fatisfaire aux Prieres & Services de fondations, fi aucuns y a.

III.

Les Seigneurs particuliers & autres qui pretendront eftre Fondateurs & Patrons des Hôpitaux, Maladeries, Leproferies & autres lieux femblables, ne pourront eftre maintenus & réintegrez en la poffeffion & joüiffance des droits & facultez attribuez à cette qualité, s'il ne juftifient qu'elle leur appartient par les titres de fondation ou dotation en bonne forme, ou par des Arrefts rendus en nos Cours, avec nos Procureurs Generaux, ou par les nominations, provifions ou prefentations faites par eux ou leurs auteurs qui ayent eu effet & autres actes de poffeffion pendant cent ans au moins, avant noftre Edit du mois de Decembre 1672.

IV.

Les Seigneurs particuliers & autres qui auront efté maintenus au droit de fondation & patronage des Hôpitaux, Maladeries & autres lieux pieux où l'hofpitalité fera établie, pourront nommer un des Adminiftrateurs Laïques des mêmes Hôpitaux, fans neanmoins qu'ils puiffent en nommer d'autres que de la qualité portée par nos Ordonnances, & le furplus fera nommé ainfi qu'il fera plus particulierement reglé pour chacun des Hôpitaux.

V.

Et pour tenir lieu du droit de nomination des Adminiftrateurs dont les Seigneurs particuliers & autres feront privez par l'union des Hôpitaux, Maladeries & autres lieux pieux, au patronage defquels ils auront efté maintenus à d'autres Hôpitaux, efquels l'hofpitalité eft ou fera établie : Ordonnons que des pauvres & malades des lieux de la fituation des Hôpitaux unis qui devront eftre reçûs dans ceux où il y aura hofpitalité, ils pourront en nommer tel nombre qui fera jugé à propos pour y eftre reçû par preference aux autres Pauvres des mêmes lieux, en juftifiant par des Extraits des Regiftres de Baptêmes ou Certificats des Curez & Habitans, qu'ils en font originaires, & y font domiciliez.

VI.

Ordonnons que par les fieurs Archevêques & Evêques de noftre Royaume chacun dans fon Dioceſe, & par les fieurs Intendans & Commiffaires départis dans les Provinces chacun dans fon département, il nous fera donné avis aprés qu'ils auront oüi ou düement appellé les Seigneurs particuliers, & autres maintenus au droit de fondation & patronage ; enfemble les Habitans des Villes & lieux où les Hôpitaux & Maladeries font fituez, fur l'établiffement de l'hofpitalité, ou fur leur union à d'autres Hôpitaux, fur la qualité des pauvres qui y devront eftre reçûs, fur le nombre de ceux des lieux de la fituation des Hôpitaux & Maladeries unies, que les Hôpitaux où il y aura hofpitalité feront tenus de recevoir, fur le nombre des Adminiftrateurs, fur la forme particuliere de l'adminiftration, & fur tous les Réglemens qu'ils eftimeront neceffaires, pour y eftre par nous pourvû ainfi qu'il appartiendra.

VII.

Défendons aux Commiffaires par Nous nommez pour l'execution de noftredit Edit du mois de Mars dernier, d'avoir aucun égard aux provifions en titres de Benefices, qui pourroient avoir efté cy-devant ou eftre cy-aprés obtenuës des Hôpitaux, Maladeries, & autres lieux pieux de la même qualité, nonobftant la multiplicité des Collations fucceffives durant un temps immemorial, & toute prefcription, même centenaire, fi les pourvûs ne juftifient que le titre de Benefice y a efté établi lors & au temps des fondations.

VIII.

Et lors qu'il fe trouvera un titre de Benefice bien établi, & un Hôpital ou Maladerie indépendant l'un de l'autre, & feparez dans leur origine, mais dont les revenus auront dans la fuite efté confondus : Nous ordonnons qu'ils feront feparez ; & ce faifant le pourvû du Benefice fera tenu de juftifier par actes des revenus qui appartiennent au Benefice, dont (en ce cas) il luy fera fait diftraction, & ceux dont il ne rapportera pas la preuve, feront cenfez appartenir à l'Hôpital.

IX.

N'entendons préjudicier aux unions qui pourroient avoir efté faites des Hôpitaux & autres lieux femblables à des Communautez Ecclefiaftiques, Seculieres ou Regulieres, ny aux autres deftinations des mêmes lieux à des ufages pieux, pourvû que les unions & deftinations ayent efté autorifées par nos Lettres Patentes enregiftrées en nos Cours avant l'Edit du mois d'Avril 1561. confirmé par le LXV. Article de l'Ordonnance de Blois.

X.

Déclarons toutes Lettres Patentes qui pourroient avoir efté obtenuës par le changement d'ufage des Hôpitaux, Maladeries & autres lieux de pareille qualité, depuis l'Edit de 1561. & l'Ordonnance de Blois obreptices & fubreptices. Voulons que fans y avoir égard, les revenus en foient employez à la fubfiftance & à l'entretien des pauvres & des malades, ainfi qu'il fera par Nous ordonné fur les avis des fieurs Archevêques & Evêques, Intendans & Commiffaires départis dans nos Provinces.

XI.

Ne feront neanmoins comprifes en la difpofition du precedent article, les unions des Maladeries & Leproferies à des Hôpitaux, ny celles faites depuis 1561. à des Seminaires & Colleges pour leur fondation & premier établiffement, ou pour augmentations de Charges.

XII.

Et à l'égard des unions des Maladeries & Leproferies faites à des Cures depuis 1561. Nous nous refervons d'y pourvoir dans les cas particuliers, par des Arrefts de noftre Confeil fur les avis des Commiffaires par Nous nommez pour l'execution de noftre Edit du mois de Mars dernier, aprés que les Titres & Procés verbaux d'union leur auront efté reprefentez, & par eux examinez.

XIII.

Voulons que les unions des Maladeries & Leproferies faites en vertu de nos Lettres Patentes enregiftrées en nos Cours & des Communautez Ecclefiaftiques Seculieres ou Regulieres lors de leur fondation, & pour fervir à leur premier établiffement, foient executées quoique pofterieures à l'Edit de 1561. & à l'Ordonnance de Blois, à la charge neanmoins que ces Communautez feront tenuës de fournir tous les ans une certaine fomme, ou quantité de grains, ou autres efpeces, ainfi qu'il fera par nous reglé fur les avis des Commiffaires par nous nommez pour l'execution de noftre Edit du mois de Mars dernier, aux Hôpitaux aufquels l'application en fera par nous faite, qui moyennant ce demeureront déchargez de la fubfiftance & entretien des pauvres Lepreux & autres, au foulagement defquels les biens unis eftoient originairement deftinez, fi ce n'eft que les Communautez euffent efté par les mêmes actes de fondation & premier établiffement déchargées expreffément de cette obligation du confentement des Fondateurs & des Habitans des Villes & lieux.

XIV.

Et fi par les autres unions faites avant 1561. à quelques Communautez que ce foit, & depuis 1561. à des Seminaires & Colleges, ces Corps ont efté chargez expreffément de l'entretien des Lepreux, ou autres pauvres & malades; en ce cas, & non autrement, cette obligation fera pareillement, & l'application des fommes ou efpeces, faite aux Hôpitaux avec la même condition.

XV.

Les Ordres Hofpitaliers, les Communautez Ecclefiaftiques Seculieres ou Regulieres, qui ont efté établies par les fondations dans les Hôpitaux, & celles aufquelles les Hôpitaux & Maladeries ont efté unies à la charge d'entretenir l'hofpitalité, feront tenus d'y fatisfaire fuivant les regles de leur Inftitut, les Titres de leur établiffement ou union, & nos Ordonnances & Reglemens.

XVI.

Ordonnons que les Superieurs des Maifons, Commandeurs & autres foy difans pourvûs des Prieurez & Commanderies dépendans des Ordres Hofpitaliers, les Adminiftrateurs particuliers & les Communautez Seculieres ou Regulieres, ayant la conduite des Hôpitaux où l'hofpitalité eft prefentement gardée, feront tenus dans quinzaine après le commandement qui leur en fera fait, & la quinzaine paffée, contraints; fçavoir les Adminiftrateurs laïques par toutes voyes, même par corps, & les autres par faifie de leur temporel, de reprefenter pardevant les Sieurs Intendans & Commiffaires départis dans les Provinces, leurs Conftitutions, leurs Titres d'établiffement, fondation ou union, & les comptes des revenus, tant en recette qu'en dépenfe des cinq années precedentes, noftredit Edit du mois de Decembre 1672. dont ils drefferont leurs Proces verbaux; Enfemble de l'état des lieux hofpitaliers, du nombre & de la qualité des pauvres qui y font reçûs, & de la maniere dont l'hofpitalité y eft maintenuë. Lefquels Procés verbaux & comptes ils envoyeront à noftre amé & feal Chevalier Chancelier & Garde des Seaux de France, avec leurs avis, pour iceux vûs eftre ordonné ce que de raifon. Si DONNONS EN MANDEMENT à nos amez & feaux Confeillers les Gens tenans noftre Cour de Parlement à Paris, que noftre prefente Declaration ils ayent à enregiftrer, & le contenu en icelles garder & obferver felon fa forme & teneur, fans y contrevenir, ny fouffrir qu'il y foit contrevenu en quelque forte & maniere que ce foit: CAR tel eft noftre plaifir; En témoin de quoy Nous y avons fait mettre noftre Scel. DONNE' à Verfailles le vingt-quatriéme jour d'Aouft, l'an de grace mil fix cens quatre-vingt-treize; & de noftre Regne le cinquante-uniéme. Signé, LOUIS, & plus bas, PHELYPEAUX. Et fcellée du grand Sceau de cire jaune.

5.Févr.1696.
Lettres de
furannation,
pour l'enre-
giftremēt des
Edits & De-
claratiōs cō-
cernant les
Maladeries,
regiftrées en
Parlement le
15.Fév.1696.

LOUIS par la grace de Dieu Roy de France & de Navarre: A nos amez & feaux Confeillers les Gens tenans noftre Cour de Parlement à Paris, Salut. Nous avons par noftre Edit du mois de Mars 1693. entr'autres chofes ordonné que tous les biens & revenus qui avoient efté unis à l'Ordre de Noftre-Dame de Mont-Carmel & de Saint-Lazare, en execution de noftre Edit du mois de Decembre 1672. en feroient defunis, & par noftre Declaration du 15. Avril audit an, rendu en explication dudit Edit, que noftre intention n'avoit point efté de préjudicier aux droits des Fondateurs, ny aux unions des Maladeries & Leproferies; & par noftre autre Declaration du 24. Aouft audit an 1693. ordonné l'employ des biens & revenus defdites Maladeries: mais comme lefdits Edit & Declarations ne vous ont point efté portées pour les regiftrer, & que vous pourriez prefentement en faire quelque difficulté, à caufe qu'elles font furannées; A CES CAUSES, Nous vous mandons & enjoignons par ces Prefentes fignées de noftre main, que vous ayez à proceder à l'enregiftrement tant dudit Edit du mois de Mars 1693. que de nofdites Declarations des 15. Avril & 24. Aouft audit an, & le contenu en icelles garder & obferver felon leur forme & teneur, fans fouffrir qu'il y foit contrevenu en quelque forte & maniere que ce foit, nonobftant la furannation d'icelles: CAR tel eft noftre plaifir: en témoin de quoy Nous avons fait mettre noftre Scel à cefdites Prefentes. DONNE' à Verfailles le cinquiéme jour de Février, l'an de grace mil fix cens quatre-vingt-feize; & de noftre regne le cinquante-troifiéme. Signé, LOUIS. Et plus bas, par le Roy, PHELYPEAUX. Et fcellé du grand Sceau de cire jaune.

MEMOIRE

MEMOIRE

POUR MESSIEURS LES ARCHEVESQUES
& Evêques, Intendans & Commiſſaires départis dans les Provin-
ces, chacun dans l'étenduë de leurs Dioceſes & de leurs Generalitez,
concernant l'execution de l'Edit du mois de Mars 1693. & des De-
clarations du 15. Avril & 24. Aouſt ſuivant, données en conſequence
pour la deſunion & l'employ des biens cy-devant réunis à l'Ordre de
Noſtre-Dame de Mont-Carmel & de Saint-Lazare, en vertu de
l'Edit du mois de Decembre 1672.

LE Roy par des conſiderations auſſi avantageuſes à ſon Eſtat, que conformes aux ſaints Decrets, aux Conſtitutions Canoniques, & aux anciennes Ordonnances, ayant reſolu d'employer au ſoulagement des Pauvres les biens qui y avoient eſté originairement deſtinez, & qui
depuis neanmoins avoient eſté réunis à l'Ordre de Noſtre-Dame de Mont-Carmel & de Saint-
Lazare en vertu de l'Edit du mois de Decembre 1672. dont la plupart avoient eſté érigez en
Commanderies dépendantes de cinq grands Prieurez, & dont les autres eſtoient poſſedez ſur de
certains Reſultats du Conſeil de l'Ordre par les Chevaliers ou Agens qui en avoient fait le recouvrement; Sa Majeſté a donné un Edit au mois de Mars de l'année 1693. par lequel elle a declaré qu'elle revoquoit celuy du mois de Decembre 1672. & tout ce qui avoit eſté fait en execution.

En conſequence elle a deſuni dudit Ordre les maiſons, droits, biens & revenus poſſedez avant
ledit Edit par les Ordres Hoſpitaliers, Militaires, Seculiers & Reguliers, ſur qui la réunion en
avoit eſté faite.

Elle a deſuni pareillement les Maladeries & Leproſeries, Hôpitaux, Hoſtels-Dieu, Maiſons-
Dieu, Aumôneries, Confrairies, Chapelles Hoſpitalieres, & autres lieux pieux du Royaume,
même ceux deſtinez pour les Pelerins ou autres Paſſans unis audit Ordre en vertu du même
Edit du mois de Decembre 1672. & des Declarations intervenuës en conſequence, ſoit que ces
Hôpitaux ou lieux pieux fuſſent poſſedez en titre de Benefices ou de ſimples Adminiſtrations,
& encore que l'hoſpitalité n'y euſt eſté gardée, ſans neanmoins comprendre dans cette deſunion
les biens, droits, Commanderies, Prieurez, Hôpitaux, & autres lieux & Benefices dont ledit
Ordre de Noſtre-Dame de Mont-Carmel & de Saint-Lazare de Jeruſalem eſtoit en poſſeſſion avant
ledit Edit de mil ſix cent ſoixante-douze, dans leſquels Sa Majeſté a marqué qu'elle entendoit qu'il fuſt conſervé, enſemble dans tous les privileges, facultez, exemptions, prerogatives,
prééminences accordées audit Ordre par des titres valables, & non contraires aux ſaints Decrets, aux Ordonnances, aux Libertez de l'Egliſe Gallicane, aux Arreſts & Reglemens des Cours
Superieures.

En conſequence Sa Majeſté a enjoint aux pourvûs deſdits biens réunis, d'en quitter & délaiſſer
la poſſeſſion & joüiſſance en l'état où ils eſtoient alors, & d'en remettre les Baux & Titres qu'ils
avoient pardevers eux, dans le premier jour du mois de Juillet ſuivant, à ceux qui ſeroient à
ce commis & prépoſez par les ſieurs Intendans & Commiſſaires départis dans les Provinces, ſans
que les Commis & Prépoſez puſſent dépoſſeder les Fermiers, & ſans que les pourvûs des grands
Prieurez & Commanderies puſſent cependant déteriorer les lieux, couper les bois, ny emporter ou
enlever aucune choſe que les meubles ſervans à leur uſage, & en répondre, & d'eſtre privez
du dédommagement que Sa Majeſté avoit deſlors reſolu de leur accorder.

Elle a auſſi ordonné que les biens & revenus poſſedez avant l'Edit du mois de Decembre 1672.
par les Ordres du Saint-Eſprit, de Montpellier & autres, leur ſeroient rendus & reſtituez, &
qu'ils y ſeroient remis en poſſeſſion par les Commis & Prépoſez, aux termes des Arreſts qu'ils
obtiendroient, ſauf à eſtre pourvû dans la ſuite à la reformation deſdits Ordres, ainſi qu'il appartiendroit.

Depuis Sa Majeſté par la Declaration du mois d'Avril a ordonné que les Fondateurs & Poſſeſſeurs des Maladeries & autres biens de cette nature, qui juſtifieroient ſuffiſamment de leurs droits,
y ſeroient remis & réintegrez en poſſeſſion & en joüiſſance, & elle leur a accordé encore deux mois de
délay pour la repreſentation de leurs titres devant les ſieurs Commiſſaires qu'elle a nommez à cet
effet, & ſur l'avis deſquels elle s'eſt reſervée de rendre des Arreſts, ſoit pour rétablir dans leſdits
biens ceux qui juſtifieroient ſuffiſamment de leurs droits, ſoit pour ordonner l'application des
biens & revenus de la même nature, pour raiſon deſquels il n'auroit point eſté formé de demande,
ny repreſenté de titres dans le même délay, ou pour leſquels les titres repreſentez ne ſeroient pas
jugez ſuffiſans.

Et depuis par deux Arreſts differens rendus à l'expiration de chaque délay, Sa Majeſté a progé
pour le même temps le délay qu'elle avoit accordé aux prétendans droit auſdits biens déſu-
nis, pour repreſenter leurs titres pardevant leſdits ſieurs Commiſſaires nommez pour l'execution
dudit Edit & de ladite Declaration.

Et comme dans l'execution de l'Edit & de la premiere Déclaration, il eſt ſurvenu quelques diffi-

Hhhh iij

cultez, Sa Majesté par une seconde Déclaration du 24. Aoust 1693. a prescrit des maximes certaines pour prévenir celles qui pourroient naistre par les suites.

En execution de cet Edit & de ces Declarations, Sa Majesté a statué sur la plupart des Requestes qui ont esté presentées par ceux qui ont prétendu avoir droit sur lesdits biens; & comme la fin de non-recevoir sera incessamment acquise à l'égard des autres, Messieurs les Archevêques & Evêques, chacun dans leurs Diocefes, & Messieurs les Intendans & Commissaires départis chacun dans leurs Generalitez & Départemens, sont en état aux termes de l'Edit & des Declarations d'examiner l'employ le plus convenable qui peut estre fait au profit des Pauvres, de ces biens desunis dont les pretendans droit sont déchûs, ou qui n'ont point esté reclamez, & d'en envoyer leurs avis aux termes de l'Edit & des Declarations.

Pour faciliter aux uns & aux autres l'execution des intentions de Sa Majesté, le present memoire a esté dressé, afin que Messieurs les Archevêques & Evêques, Intendans & Commissaires départis, connoissent plus précifément les éclaircissemens que l'on attend de leur application & de leur zele pour l'accomplissement d'un si pieux ouvrage.

Messieurs les Intendans & Commissaires départis communiqueront à Messieurs les Archevêques & Evêques de leur département, les états des biens desunis de l'Ordre de Saint-Lazare, qui s'y rencontrent, dont ils ont la connoissance, afin que de concert ils puissent informer Sa Majesté de l'application la plus convenable qu'ils croiront devoir en estre faite au profit des pauvres, & des précautions qu'il faudra apporter pour prévenir les abus & les inconveniens qui pourroient survenir par les suites.

Il sera joint au present memoire un état des biens qui ont esté reclamez & rendus aux prétendans droit dans chaque Département & Diocese où il s'en rencontrera quelques-uns, sur lesquels par consequent il n'y aura point d'avis à donner, la réunion ayant esté jugée juste & utile pour le soulagement des Pauvres des lieux ausquels on les avoit ostez; il n'y aura qu'à empêcher qu'on n'en abuse, dont Messieurs les Archevêques & Evêques voudront bien s'en informer aussi-bien que Messieurs les Intendans & Commissaires départis, & y pourvoir & en donner avis pour en rendre compte à Sa Majesté.

Messieurs les Intendans & Commissaires départis s'informeront exactement si tous les titres & les baux des biens possedez par les Commandeurs & Chevaliers de l'Ordre de Saint-Lazare ont esté remis entre les mains de ceux qu'ils ont préposez pour les recevoir; ils useront de toutes les voyes qu'ils estimeront necessaires, pour obliger ceux qui n'y ont pas encore satisfait de les remettre au plutost.

Ils s'informeront si depuis le mois d'Avril il n'y a point eu de deterioration faite dans lesdits lieux, si les bois n'ont point esté coupez, & s'il n'a point esté emporté ou enlevé par les pourvûs desdits biens cy-devant unis à l'Ordre, aucune autre chose que les meubles servans à leur usage; & s'ils remarquent qu'en cela il ait esté contrevenu aux dispositions de l'Edit de Sa Majesté directement ou indirectement, ils en donneront incessamment avis, & cependant ils feront toutes les diligences necessaires pour en assurer le recouvrement.

Ils donneront les ordres necessaires pour empêcher que ceux qu'ils ont commis & préposez pour recevoir les Baux & Titres desdits biens, ne forment d'obstacle à la réintegrande & au rétablissement de possession de ceux qui auront obtenu des Arrests par lesquels elle aura esté ordonnée.

Messieurs les Archevêques & Evêques, & Messieurs les Intendans & Commissaires départis s'informeront exactement du revenu des Hôpitaux, Maladeries, Leproseries, Aumôneries & autres lieux hospitaliers desunis de l'Ordre de Saint-Lazare au profit des Pauvres, ils les examineront dans le détail, & verront si par leur situation il est plus convenable d'y rétablir l'hospitalité, sans qu'il soit necessaire d'y faire de nouveaux bastimens, dont la dépense absorberoit tout le revenu, ou s'il ne sera pas plus à propos d'en joindre un certain nombre ensemble pour en composer un chef-lieu, où les Pauvres des environs puissent se retirer dans leurs maladies pour y estre secourus, ou si enfin il ne conviendra pas mieux de les unir à quelque Hôpital déja fondé dans une Ville voisine où l'hospitalité est actuellement exercée, mais où neanmoins le secours n'est pas aussi considerable qu'il seroit necessaire par le peu de valeur des biens dont il jouit.

Ils examineront dans les Villes & Bourgs où il y a un Hôpital pour enfermer les Pauvres qui sont en santé, & un Hostel-Dieu pour recevoir les pauvres malades, lequel de ces deux Hôpitaux est le plus necessaire & a se plus de besoin d'augmentation de revenu, afin que l'application desdits biens desunis puisse produire un plus grand soulagement dans les Villes & Bourgs dans les Provinces.

Au cas qu'ils estiment qu'il soit plus à propos de rétablir l'hospitalité dans une Maladerie & autre lieu de cette nature qui ait des bastimens suffisans pour cet usage, ils envoyeront l'état de la dépense qu'il faudra faire pour l'établissement des lits & ustenciles necessaires; & s'ils voyent que les Habitans ou les Seigneurs des lieux se portent à contribuer à cet établissement, ils envoyeront l'Etat du fonds auquel ce secours pourra monter, & marqueront s'ils croyent que cet établissement se puisse faire sans diminuer notablement par des emprunts les revenus desdits lieux hospitaliers.

Ils envoyeront un projet de l'établissement, de la forme particuliere de l'administration & des reglemens qu'ils estimeront necessaires.

Si au contraire il leur paroist que les revenus trop peu considerables ne permettent pas que l'on fasse un pareil établissement dans le lieu même de la Maladerie, & s'ils estiment qu'à cause de l'éloignement des grandes Villes où il y a des Hôpitaux fondez & entretenus, il soit plus convenable d'unir plusieurs Maladeries ou Leproseries, ou autres biens de cette nature, pour en composer un chef-lieu destiné au soulagement d'un certain nombre de Villages, en ce cas ils marqueront le lieu où ils croiront que cet établissement doit estre fait, combien de pauvres ou malades des lieux de la situation des Hôpitaux & Maladeries unies devront y estre reçûs par preference

rence aux autres ; ce qu'il conviendra de donner d'appointemens au Chapelain qui y fera établi pour le fecours fpirituel des pauvres qui y feront reçûs (fans que pour fes appointemens la joüiffance d'un fonds puiffe jamais luy eftre deleguée) le nombre des lits qu'il faudra eftablir, le fonds qu'il faudra faire pour les acheter & pour l'acquifition des autres uftancibles, la forme particuliere de l'adminiftration, & les reglemens qu'ils eftimeront neceffaires.

En ce cas ils exhorteront les Seigneurs, les Juges & les Habitans du lieu où fe fera cet eftabliffement, d'y contribuer autant qu'il le pourront, en leur faifant comprendre l'avantage qu'ils en doivent retirer, non feulement par la proximité du fecours, mais encore par le debit des denrées, qui deviendra plus confiderable par la confommation qui s'en fera dans l'Hofpital.

Si au contraire dans certains Cantons il leur paroift qu'il ne convient point ny d'eftablir l'Hofpitalité dans le lieu même d'une Maladerie, ny d'en joindre plufieurs pour compofer un nouvel Hofpital, mais qu'il eft plus à propos d'en faire l'union à un Hofpital déja eftabli ; en ce cas ils envoyeront un eftat du nombre des pauvres des lieux de la fituation de chaque Maladerie ou Leproferie unie, qu'ils croiront devoir y eftre reçûs par preference aux autres, en vûë de cette augmentation de revenu ; & ils marqueront pareillement fi à cette occafion il n'y aura rien à changer dans la forme d'adminiftration, & dans les Réglemens de cet Hofpital, auquel l'union fera faite.

Dans les uns & dans les autres cas, ceux qui par Arreft auront efté maintenus aux droits de Fondateurs & de Patrons defdites Maladeries & Leproferies, ou autres lieux pieux de même qualité, dont il fera joint un eftat au prefent Memoire, dans les Diocéfes & les départemens où il s'en rencontrera, feront entendus, ou dûëment appellez par eux ou par leurs Officiers, afin qu'ils puiffent eftre confervez dans leurs droits marquez par la Declaration du 24. Aouft ; fçavoir de pouvoir nommer un des Adminiftrateurs Laïques, de la qualité requife par les Ordonnances, lorfque l'Hofpitalité fera reftablie dans les lieux dont ils font reconnus Fondateurs & Patrons, ou de pouvoir faire recevoir preferablement aux autres un certain nombre de pauvres qu'ils nommeront lorfque lefdits lieux pieux dont ils ont le Patronage, feront unis à des Hofpitaux.

Le nombre des Adminiftrateurs dans la premiere efpece ; le nombre des pauvres dans la feconde fera arbitré par les avis qui feront envoyez, eu égard au plus ou moins de valeur des biens dont il fera fait mention.

Les Seigneurs particuliers, & les Habitans des Villes, Bourgs & Villages où les Hofpitaux & Maladeries font fituez, feront pareillement entendus au fujet de la commodité ou incommodité de l'eftabliffement des Hofpitaux, ou de l'union des Maladeries.

Dans le cas où il eft porté par la Declaration du mois d'Aouft, que les Communautez Eccleffiaftiques, Seculieres ou Regulieres, Seminaires & Colleges, aufquelles les Maladeries & Leproferies ont efté unies lors de leur fondation ; & pour fervir à leur premier eftabliffement, y feront confervées, à la charge de fournir une certaine fomme, ou une certaine quantité de grains qui a efté arbitrée au quart du total du revenu par les Arrefts rendus en leur faveur, ils examineront quelle application la plus convenable il convient d'en faire, & à quels Hofpitaux : combien de pauvres des lieux où les biens chargez de cette diftraction font fituez, devront eftre reçûs preferablement aux autres, dans les Hofpitaux aufquels l'application en fera faite.

Il fera joint au prefent Memoire un eftat des biens chargez de cette diftraction dans les Diocéfes, & dans les départemens où il s'en rencontre.

L'intention de Sa Majefté eft, qu'en aucun cas les revenus defdits biens ne puiffent eftre deftinez pour en faire des aumônes manuelles, mais qu'ils foient employez pour un eftabliffement folide où l'hofpitalité foit exercée.

Meffieurs les Intendans & Commiffaires départis dans les Provinces, fe feront reprefenter les Conftitutions, les Titres d'eftabliffement, Fondation ou union des Maifons, Prieurez & Commanderies dépendans des Ordres hofpitaliers, des Communautez Seculieres ou Regulieres, ayant la conduite des Hofpitaux où l'hofpitalité eft prefentement gardée, même les comptes de leurs revenus depuis le dernier Decembre 1667. jufqu'au dernier Decembre 1672. ils en drefferont leurs Procès verbaux : enfemble de l'eftat des lieux hofpitaliers, du nombre & de la qualité des pauvres qui y font reçûs, & de la maniere dont l'hofpitalité y eft maintenuë ; & ils envoyeront ces Procès verbaux & ces comptes, conformément à l'Article 16. de la Declaration du 24. Aouft de l'an 1693.

Meffieurs les Archevêques & Evêques, & Meffieurs les Intendans & Commiffaires departis, feront mention chacun en ce qui le concerne dans leurs Procès verbaux, de toutes les obfervations contenuës au prefent Memoire, comme eftant abfolument neceffaires pour decider de l'employ de ces fortes de biens ; & même s'ils trouvent qu'on y ait omis quelque chofe pour un plus grand éclairciffement, ils le pourront fupléer dans leurs avis, en la maniere qu'ils jugeront la plus convenable, après une difcuffion exacte & raifonnée, telle qu'il ne refte aucun doute qui ne foit éclairci.

Et comme ils ne pourront pas eux-mêmes fe tranfporter dans tous les lieux où il y a des Maladeries ou Leproferies, & autres biens de cette nature, ils s'appliqueront aux plus confiderables, & ne fubdelegueront que pour ce qui fera moins important ; ils prendront garde que les fubdeleguez n'ayent aucun intereft particulier relatif à la fonction qui leur fera commife ; & ils les obligeront de fuivre exactement ce Memoire dans le compte qu'ils leur rendront de l'execution de leurs commiffions.

Meffieurs les Archevêques & Evêques, & Meffieurs les Intendans & Commiffaires departis, s'informeront s'il n'y a point dans leurs Diocéfes & dans leurs départemens, les pauvres malades attaquez de la lepre ; ils feront vifiter par des Medecins & des Chirurgiens les plus gens de bien qu'ils pourront choifir, ceux qui fe diront atteints de ce mal ; & en cas qu'il s'en rencontre, ils les feront mettre à part dans les Hofpitaux les plus proches de leur demeure, & ordonneront qu'on en aye foin.

TITRE XIII.

De l'Epidemie, Contagion, ou Peſte.

CHAPITRE PREMIER.

Definition de cette Maladie ; combien elle eſt à craindre, & ce que les Anciens ont dit de ſes cauſes & de ſes remedes.

DE toutes les maladies qui arrivent aux hommes, il n'y en a point de plus dangereuſe que celle-cy ; elle a ſouvent deſolé & ravagé en peu de mois les Provinces entieres, & les a renduës deſertes ; c'eſt l'un des derniers fleaux dont Dieu a menacé ſon Peuple, lors qu'il s'écarteroit de ſon devoir, & qu'il abandonneroit le culte ſaint du Seigneur & des preceptes de ſa Loy. Elle eſt appellée par Galien, une beſte ſauvage, l'ennemi mortel de la nature, & qui n'épargne ny les hommes, ny les beſtiaux, ny même quelquefois les arbres & les plantes. C'eſt un venin répandu en l'air, ſelon les Medecins, qui s'attaque aux eſprits, au ſang, au ſuc nerveux, aux parties ſolides, qui remplit tout de corruption, & dont les atteintes ſont preſque toujours mortelles.

Pour exprimer tous ſes pernicieux effets, on n'a point trouvé de nom aſſez énergique, & qui puſt luy eſtre propre en particulier ; car Epidemie, Contagion, Peſte, ſont des noms generiques qui peuvent s'appliquer à toutes les differentes eſpeces de maladies populaires & dangereuſes. Le premier de ces noms en effet eſt compoſé de ces deux mots Grecs, ἐν, ineſt, ou adeſt, & δῆμος populus, ce qui arrive, ce qui eſt preſent à tout un peuple. Le ſecond eſt le même que le Latin, contagio, qui vient de contaſtus attouchement, pour faire entendre la facilité avec laquelle ces ſortes de maladies ſe communiquent. Le troiſiéme enfin ſe trouve employé dans les Auteurs Latins pour une mort certaine, peſtis, pro interitu, exitio certiſſimo. Ainſi lors que l'on a donné ces trois noms à cette maladie, Epidemie, Contagion, ou Peſte, c'eſt par cette regle de Dialectique, que la premiere & principale eſpece porte ordinairement le même nom du genre ſous lequel elle eſt compriſe.

Il eſt aiſé de comprendre qu'une telle maladie demande de la part de la Medecine, de puiſſants remedes, & de celle des Magiſtrats, de grandes precautions pour en arreſter le progrés. Tous ceux qui en ont écrit conviennent que dans cette triſte conjonēture il n'y a point de remede plus efficace que celuy d'une prompte fuite dans un lieu éloigné & pour long-tems ; peſtis tempore, fuge citò, procul, tardè revertaris ; ce ſont leurs propres termes.

Acron Medecin d'Agrigente en Sicile, qui vivoit avant Hippocrate, fit ceſſer la peſte dont la Ville d'Athenes eſtoit affligée, en ordonnant que l'on fiſt bon feu auprés des malades, parce que le feu purifie l'air.

Empedocles de la même Ville d'Agrigente connut par pluſieurs experiences & par les lumieres de la Philoſophie, que la peſte à laquelle ſon païs eſtoit ſort ſujet, arrivoit ordinairement quand un vent de Midy ſoufloit par une ouverture de montagne qui en eſtoit proche. Il fit boucher cette ouverture, & par cette precaution ſa Ville fut deſormais preſervée de ce fleau.

Ce n'eſt pas toujours la malignité de l'air ou la corruption des alimens qui cauſent cette dangereuſe maladie ; une affliētion ſubite & violente, une triſteſſe habituelle, une profonde melancholie, peuvent quelquefois, diſent les Medecins, tellement renverſer le temperament & troubler les humeurs, qu'elles cauſent ce mauvais effet. Les Grecs en eſtoient tellement perſuadez, qu'ils mettoient au nombre des preſervatifs la muſique ; & ſelon Plutarque, ce fut le ſeul remede que Thales mit en uſage pour en garantir les Lacedemoniens.

Nos Medecins ont pluſieurs preſervatifs qui ſont compoſez des plantes ou des gommes aromatiques, & de quelques mineraux ; & lors que le mal eſt declaré, ils y employent ordinairement les cordiaux, les electuaires ou antidotes, qui peuvent garantir le cœur & chaſſer le venin, & les remedes topiques contre les charbons, les puſtules, ou les bubons qui paroiſſent au dehors.

Les ſoins de la Police dans cette calamité publique, conſiſtent en general à procurer aux malades tous les ſecours ſpirituels & temporels conformes à leur eſtat ; & à ceux qui ſont en ſanté, toutes les précautions qui leur ſont neceſſaires pour éloigner d'eux la maladie. Il faut neceſſairement pour y réuſſir deſcendre dans un fort grand détail, & mettre en aētion & en mouvement tous ceux qui doivent contribuer à ce bien ; & comme ce ſont toutes fonētions differentes, quoique l'objet ſoit unique, nous en ferons autant de Chapitres ſeparez pour eviter la confuſion.

Levit. 26. 25, Deuter. 28. 21.

Cicer. paſſim. Nonius, c. 1. num. 1. Claudian. de excidio, Ruſin. eminente, l. 2. v. 138. Idem Claud. in giganto nomachia.

Ficin Epidem. antidot. c. 1.

Plut. d'Iſis, & Oſiris.

Plut. contre l'Epicurien Colotes. Id. de la curioſité.

Plut. de la Muſique.

CHAPITRE II.

Combien il est important que le Magistrat de Police soit promptement averti de la maladie contagieuse dés qu'elle commence à paroistre; des ordres qu'il donne en cette occasion; de l'establissement des Hôpitaux, ou Maisons de Santé pour y recevoir les malades qui doivent y estre portez; & des precautions que l'on doit prendre à l'égard de ceux qui peuvent se faire traiter en leurs maisons.

LA crainte d'estre enlevé du milieu de sa famille, éloigné de ses proches, privé de la consolation de ses amis, en un mot, separé de la société dont les douceurs ont tant de charmes pour tous les hommes, qui semblent naturellement n'estre nez que pour en jouïr, sont autant de motifs qui engagent tous ceux qui sont attaquez de la contagion, à cacher leur maladie. Les parens & les domestiques qui les environnent, ne consultant que leur tendresse naturelle ou leur attachement d'interest ou d'affection, entrent presque toujours dans ces mêmes sentimens & aux dépens de leur vie, gardent sur cela aux malades une fidelité & un secret inviolable. Les Communautez cachent encore avec plus de soin & plus de facilité leurs malades; ceux ou celles qui les composent en leurs maisons des commoditez suffisantes pour les séparer des autres, & assez de charité pour leur donner tous les secours spirituels & temporels dont ils ont besoin; mais ils ne veulent point que par un bruit qui se répandroit au dehors, leurs maisons soient desertées, ny que l'on évite leur frequentation. Dans les Hôpitaux même, il est de la sagesse & de la discretion de ceux qui en ont le gouvernement, lors qu'il y a paroist quelque malade attaqué de cette maladie ou de quelqu'un de ses symptomes, de les faire panser en secret dans quelque lieu de la maison separé des autres malades : ce n'est souvent qu'un accident qui se termine au seul sujet qui en est attaqué, & le bruit que l'on en répandroit au dehors trop précipitamment, allarmeroit toute une Ville, en troubleroit la tranquillité & le commerce, & pourroit causer d'autres accidens encore plus fâcheux par rapport même à la santé; mais ce menagement doit avoir ses bornes, car si peu que la maladie fasse progrés, il seroit dangereux de la dissimuler.

Ainsi le premier soin des Magistrats dans cette matiere importante du bien public, consiste à estre avertis ponctuellement & dans les temps convenables de ce qui se passe à cet égard, soit dans les maisons particulieres, soit dans les Communautez, ou dans les Hôpitaux, pour y apporter de leur part tous les secours & tous les remedes necessaires. Il est ensuite de leur prudence de distinguer ceux des malades que l'on peut, sans aucun risque pour le public, laisser dans leurs maisons, pour y estre pansez, d'avec ceux qui doivent estre transportez dans les Hôpitaux; que les maisons des uns & des autres soient marquées de certains signes qui soient evidens pour faire connoistre qu'elles sont infectées, & que les personnes qui sont en santé les évitent.

Liv. gris, fcl. 23.

C'est dans cet esprit, que par une Ordonnance du Prevost de Paris du 16. Novembre 1510. il est enjoint à tous ceux qui occupent

des maisons infectées de peste, de mettre à l'u- « ne des fenestres ou autre lieu plus apparent « une botte de paille, & de l'y laisser encore « pendant deux mois aprés que la maladie sera « cessée, à peine d'amende arbitraire. «

Un Arrest du Parlement du 13. Septembre 1533. qui contient un Réglement general pour estre observé dans ce temps que la Ville de Paris estoit affligée de la contagion : aprés avoir oüy les Lieutenans Civil & Criminel, les Prevost des Marchands & Eschevins pour ce man- « dez, ordonne à tous Proprietaires ou Locatai- « res des maisons dans lesquelles il y aura eu de- « puis deux mois des malades de peste, & tou- « tes celles où il y en aura à l'avenir, de met- « tre aux fenestres ou autres lieux plus apparens « une croix de bois, & au milieu de la prin- « cipale porte une autre croix de bois, à ce que « chacun en puisse avoir connoissance & s'abste- « nir d'y entrer; & leur défend d'oster ces croix « que deux mois aprés qu'elles auront esté mi- « ses; le tout, à peine d'amende arbitraire. «

Le même Arrest enjoint à tous ceux qui « sçauront quelqu'un estre attaqué de la peste, « ou qui en sera seulement soupçonné, d'en a- « vertir incessamment les Dixainiers, Cinquan- « teniers, ou Quarteniers, sans aucune excuse « ou exception, soit de mari, femme, servi- « teurs, maistres ou maistresses; & ordonne à « ces mêmes Officiers, à peine de privation de « leurs Offices & d'amende arbitraire, d'en don- « ner aussi-tost avis au Commissaire du quartier « pour y estre pourvû selon l'Ordonnance. «

Un autre Arrest du Parlement du 30. Mars 1544. ordonne, aprés avoir oüy les Lieutenans « Civil & Criminel & les Commissaires au Chas- « telet, que l'Arrest precedent du 13. Septemb. « 1533. sera executé & par ce même Arrest la « Cour enjoint aux Lieutenans & Commissaires, « & aux Sergens par eux commis pour le fait de « la Police des Pestiferez, de constituer prison- « niers les contrevenans, au pilory des Halles « & autres lieux separez qu'ils jugeront à propos; « & parce que cy-devant le Pilory estoit desti- « né pour la prison & garde des lepreux qui « contrevenoient aux Ordonnances, il est ordon- « né que les Prieur de S. Martin des Champs, « les Abbez de saint Magloire, de sainte Gene- « viéve & autres Seigneurs Hauts-Justiciers se- « ront tenus de recevoir en leurs prisons les le- « preux qui y seront conduits. «

Par un Arrest du Parlement du 12. Juillet 1553. il est défendu à tous Hostelliers ou Ta- « verniers, & autres personnes qui logent, & « chez lesquels il y a eu ou y auroit cy-aprés « des malades de peste, d'y recevoir ou loger « personne pendant le temps prescrit par les Ré- « glemens. Ce même Arrest leur enjoint & à tous «

Tome I. Iiii autres

» autres chez lesquels il y aura eu, ou y auroit
» cy-aprés cette maladie, de marquer leurs
» maisons d'une croix blanche, à ce que chacun
» en soit averti, & s'abstienne d'y entrer : il fait
» défenses à toutes personnes, à peine de pu-
» nition corporelle, d'ôter ou faire ôter ces
» marques pendant tout le temps qu'elles y doi-
» vent demeurer : enjoint au Prevost de Paris
» ou à ses Lieutenans & Commissaires-Exami-
» nateurs de faire executer ce Réglement.

Liv. du Juré Crieur, f. 137.

Le Prevost de Paris ou son Lieutenant Civil tenant la Police, rendit une Ordonnance le 30. Juillet 1596. dans un temps que la Ville de Paris estoit encore affligée de la maladie contagieu-se : cette Ordonnance contient plusieurs Arti-cles ; il y en a un qui porte que les malades de
» la contagion qui auront le moyen de se faire
» traitter chez eux, seront tenus de faire mar-
» quer leur maison d'une grande croix blanche;
» & fait défenses aux domestiques d'en sortir
» qu'avec une verge blanche à la main, sur pei-
» ne de punition corporelle.
» La même Ordonnance enjoint aux Barbiers
» & Chirurgiens, qu'à l'instant qu'ils auront vû
» ou découvert quelqu'un qui soit frappé de la
» peste, de le dénoncer au Commissaire du
» quartier, à peine d'amende arbitraire & d'es-
» tre chassé de la Ville.

Ibid. fol. 139.

Le troisiéme Aoust de cette même année qua-tre jours aprés l'Ordonnance precedente, il y eut une assemblée generale de Police en la Cham-bre de S. Loüis au Palais, & le Réglement qu'on y arrêta porte entr'autres choses des défenses à
» toutes personnes d'ôter ou d'effacer les croix
» qui seront mises aux maisons où il y aura de
» la contagion, sur peine d'avoir le poing cou-
» pé. Il est enjoint aux voisins d'y prendre gar-
» de & de dénoncer à Justice ceux qui entrepren-
» droient de commettre cette action, sur peine
» d'en répondre en leurs propres & privez noms.

Ibid. fol. 140.

Dans une autre assemblée generale de Police qui fut tenuë en la même Chambre de S. Loüis, le septiéme du même mois d'Aoust, les défen-ses d'ôter les marques des maisons, furent réi-terées, à peine d'avoir le poing coupé ; il fut
» ordonné que les maisons qui avoient esté dé-
» marquées seroient remarquées, & enjoint aux
» deux voisins les plus proches de prendre garde
» qu'elles ne fussent demarquées, & de dénon-
» cer au Commissaire du quartier les contra-
» ventions, à peine de deux écus d'amende : el-
» le ajoute enfin qu'en cas que les marques fus-
» sent ôtées une seconde fois, les maisons se-
» roient fermées & cadenassées.

Il n'y avoit autrefois à Paris pour les pauvres malades que la seule Maison de l'Hôtel-Dieu ; les pestiferez y estoient reçus comme les autres & traittez avec la même charité ; tout ce qu'on pouvoit faire de mieux alors pour empêcher que l'infection de cette maladie ne se communiquast, c'estoit de les mettre tous dans une même salle, séparez des autres malades. Messire Antoine Duprat Chancellier, & depuis Cardinal & Le-gat en France, en fit bastir une fort grande l'an 1535. entre les anciens bastimens de l'Hostel-Dieu & le Petit Pont, qui a retenu de luy le nom de Salle du Legat : ce fut celle-cy dont on se servit dans la suite pour y mettre les pau-vres malades de la contagion.

Ce concours de malades au centre & au plus bas de la Ville, dans un lieu aussi serré que ce-luy de l'Hostel-Dieu, exposoit la santé des Ci-toyens à un peril évident ; aussi ne se passoit-il pas en ce temps-là dix années au plus, que Paris

ne fust affligé de la maladie contagieuse. Les accroissemens de la Ville en multipliant ses Habitans, augmenterent encore le danger ; & la grandeur où elle commença d'estre portée sous le Regne d'Henry IV. fit penser avec plus d'at-tention au remede que l'on y pouvoit apporter. Jamais l'occasion n'avoit paru plus favorable pour y réüssir ; la France joüissoit au dedans & au dehors d'une parfaite tranquillité. Le Roy avoit souvent fait connoistre par les ouvrages pu-blics, l'entreprise sous son Regne, l'inclination qu'il avoit d'accroistre & d'embellir la Ville de Paris. Les interests des pauvres aussi-bien que ceux de la Justice & du bien public, estoient alors entre les mains d'un Magistrat qui en fai-soit ses plus cheres delices : jamais le Parlement, cette auguste Cour, n'avoit eu un Chef qui réü-nist en sa personne un plus grand nombre de ra-res talens & de vertus plus éminentes.

Le Bureau de l'Hostel-Dieu profitant de ces bonnes dispositions exposa le besoin où estoit la Ville de Paris d'avoir des Maisons de Santé pour y recevoir les Pestiferez ; & sous la puis-sante protection de Monsieur le Premier Presi-dent de Harlay son illustre Chef, il fut écouté favorablement.

Il y avoit au Fauxbourg S. Marcel un Hôpi-tal sous le titre de la Charité Chrestienne, qui avoit esté fondé par la Reine Marguerite de Provence, Veuve de S. Loüis. Henry IV. par un Edit du mois de Juillet 1604. avoit destiné cette Maison aux pauvres Officiers & Soldats in-valides qui avoient servi dans ses Armées, pour y estre reçus, logez & nourris. Cet establisse-ment n'avoit pû se faire faute d'un fonds suffi-sant pour le soustenir ; l'on jugea que le lieu seroit propre pour une Maison de Santé : l'on en examina l'etenduë, & l'on ne crut pas qu'elle fust suffisante pour une aussi grande Ville ; l'on considera en même-temps que cette Maison étant à l'extremité d'un Fauxbourg du costé du Midy, l'on seroit obligé de traverser toute la Ville pour y transporter les malades qui se trouvoient lo-gez à l'autre extremité, & qu'il seroit dange-reux que ce long trajet n'étendist davantage l'in-fection, & la maladie. Ainsi l'on resolut par ces considerations de faire bastir encore une autre Maison de Santé, & le lieu fut choisi du costé du Nort entre les Fauxbourgs saint Denys & saint Martin.

Pour l'execution de l'un & l'autre de ces des-seins, le Roy par un Edit du mois de May 1607. attribua à l'Hostel-Dieu dix sols sur chaque mi-not de sel qui se vendroit dans tous les Gre- «
niers de la Generalité de Paris pendant quinze «
années, & cinq sols à perpetuité aprés les «
quinze années expirées ; à la charge de faire «
bastir un Hospital de Santé hors la Ville, entre «
la Porte du Temple & celle de saint Martin, «
de payer les gages de tous les Officiers, & de «
fournir tous les meubles & tous les ustanciles «
necessaires tant à cet Hospital, que s'il seroit «
construit, qu'à celuy de saint Marcel, que Sa «
Majesté donna & incorpora à l'Hostel-Dieu «
pour le même usage d'une Maison de Santé. «

Le Bureau de l'Hostel-Dieu par une delibe-ration du 20. Juin 1607. fit bail au Rabais pour la construction de ce nouvel Hospital, suivant les plans & les devis qui luy avoient esté presen-tez. Les Ouvriers commencerent par la Chapel-le, & la premiere pierre y fut posée le 13. Juil-let de la même année ; il fut quatre ans & de-mi à bastir, & la dépense employée tant pour sa construction, que pour mettre celuy du
Fauxbourg

Fauxbourg saint Marcel en état, & les meubler l'un & l'autre, se trouva monter, suivant les comptes de l'Hostel-Dieu pour l'année 1607. & les suivantes jusqu'à la fin de l'année 1612. à sept cens quatre-vingt-quinze mille livres : aprés qu'il fut achevé on le nomma l'Hôpital de saint Louis ; & celuy du Fauxbourg saint Marcel, fut nommé de sainte Anne.

Ces deux Hôpitaux furent ouverts & d'un grand secours en 1619 que la Ville de Paris fut encore affligée de la maladie contagieuse. Avant cet établissement tous ceux qui estoient attaquez de cette maladie, & qui avoient le moyen de se faire traiter dans leurs maisons y pouvoient demeurer ; c'estoit l'une des dispositions des anciens Réglemens ; ainsi lors qu'il y avoit plusieurs Locataires, un seul tombant malade infectoit souvent tous les autres, ce qui causoit la desolation dans toute la Ville. Il n'y avoit point de remede à ce desordre, l'Hostel-Dieu n'estoit pas assez grand pour les y recevoir tous ; les seuls pauvres y estoient portez de même que pour les autres maladies ; mais au moyen de ces deux nouveaux Hôpitaux ou Maisons de Santé, le Parlement rendit un Arrest le vingt-septiéme Septembre 1619. qui établit une nouvelle discipline à cet égard : il porte que toutes les personnes frappées de la contagion logées en chambres locantes, seront promptement enlevées pour estre conduites aux Hôpitaux destinez à les recevoir : qu'à l'instant leurs maisons & boutiques seront fermées avec des cadenats, barres de fer, ou ais de menuiserie, ainsi qu'il sera jugé à propos par les Commissaires des Quartiers : qu'il sera pourvû à la nourriture de ceux ou celles qui resteront dans ces maisons : il fait défense d'empêcher cette fermeture & l'enlevement des malades, & ordonne au Prevôt de Paris ou ses Lieutenans, de faire arrester les contrevenans, & d'instruire leur procés. Il enjoint enfin aux Lieutenant de

Robe Courte, Prevôt de l'Isle, Chevalier du Guet & leurs Lieutenans, de prester main forte, & au Procureur du Roy au Chastelet, de faire les diligences necessaires, & d'en certifier la Cour, à peine d'en répondre en son nom.

Une Ordonnance renduë par Monsieur Moreau Lieutenant Civil, tenant la Police le neuviéme Septembre 1631. fait défenses à toutes personnes qui seront atteintes de la maladie contagieuse, de se faire panser dans leurs maisons, à moins qu'ils ne tiennent seuls toute la maison. Il parut encore en ce temps un autre inconvenient qui n'estoit pas moins à craindre ; plusieurs malades se faisoient porter en la maison de saint Louis ou de saint Marcel, parce qu'en effet ils y estoient traittez avec de tres-grands soins, qu'il y avoit des pavillons ou bâtimens separez, où ceux qui paroissoient de quelque distinction estoient mis en leur particulier, & que le grand air contribuoit à leur convalescence ; mais il y en avoit & en assez grand nombre ; qui tenoient à une espece d'injure, d'avoir esté frappez de ce mal & d'estre à l'Hôpital, d'autres apprehendoient de faire deserter leurs boutiques & de nuire à leur commerce : dans l'une ou l'autre de ces vûës ils dissimuloient leurs noms & leurs demeures, ce qui pouvoir avoir des suites tres-fâcheuses, tant pour l'état de leurs familles s'ils decedoient, que pour le danger qu'il y avoit de laisser leurs maisons ouvertes avant le temps prescrit par les Ordonnances : cela donna lieu au Magistrat de Police de faire défenses par cette même Ordonnance à tous malades qui se rendroient à l'un ou à l'autre de ces Hôpitaux de saint Louis & de saint Marcel, de déguiser leurs noms & leurs demeures, & de s'y faire porter par d'autres que par les Archers du Prevôt de la santé, la nuit & non pas le jour, à peine d'estre punis aprés leur convalescence.

CHAPITRE III.

Des Prevosts, Baillis, ou Capitaines de la Santé, & de leurs Archers.

A Proportion que le nombre des malades augmente, le Magistrat doit multiplier ses soins pour arrester le progrés du mal. L'un des principaux, comme il vient d'estre observé, consiste à estre promptement averti des maisons infectées, de les faire connoistre, & de separer promptement les malades d'avec les sains ; l'on choisit & l'on nomme exprés pour ces fonctions perilleuses un certain nombre d'Officiers que l'on nomme en quelques lieux Capitaines, & en d'autres Baillis, ou Prevôts de la Santé, & on leur donne à chacun un certain nombre d'Aides ou Archers, selon l'étenduë de la Ville, ou que les besoins sont pressans. Nous apprendrons encore des Réglemens qui ont esté faits pour la Ville de Paris en ces temps de calamitez, quelles sont les fonctions de ces Officiers.

Cet usage avoit commencé en plusieurs autres Villes, avant que d'estre observé à Paris ; un Arrest du Parlement de Toulouse rapporté par Bouchel dans sa Bibliotheque du Droit François, porte que le Capitaine de la peste ne

pourra mener pendant le jour les pestiferez hors la Ville, & luy enjoint de separer les malades d'avec les sains.

Un Arrest du Parlement de Paris du treiziéme Septembre 1533. fait connoistre ce qui s'observoit à Paris en pareilles occasions. Il porte que pour enlever les corps des pestiferez, les inhumer, remuer & déplacer les meubles, les transporter au lieu qui seroit ordonné, nettoyer les lieux, tenir les fenestres ouvertes, fermer les portes, y attacher les Croix ; le Commissaire du quartier, appellé avec luy deux Marguilliers, nommera deux hommes en chaque Paroisse, qui auront chacun dix livres parisis par mois pour leurs peines,

Que le même Commissaire assisté des Marguilliers, nommeroit aussi en chaque quartier quatre Sergens à verge, pour avoir l'inspection sur les hommes des Paroisses, & les contraindre à s'acquitter de leur devoir ; & il ordonne que ces Sergens pour cette fonction, seront payez de leurs salaires suivant la taxe

» du Prevoſt de Paris, ou ſon Lieutenant.

Voilà quel eſtoit l'ancien uſage ; mais la maladie qui affligea la Ville de Paris en 1596. fut ſi violente, & un ſi grand nombre d'habitans s'en trouverent attaquez, que cela donna lieu à une aſſemblée generale de Police, qui fut tenuë au Chaſtelet à cette occaſion le vingt-neuviéme Juillet, d'avoir recours à d'autres moyens plus prompts & plus efficaces : ce fut la matiere de l'Ordonnance que l'on y rendit : voicy ce qu'elle porte touchant ce point de diſcipline.

» Que pour remedier à la maladie contagieuſe
» dont la Ville eſtoit alors affligée, l'on établira
» trois Prevoſts de la Santé, & que chacun d'eux
» aura trois aides pour vacquer inceſſamment à
» l'execution des Ordonnances de Police concer-
» nant la contagion. Que l'un de ces Prevoſts
» aura ſa demeure ou retraite ordinaire au Ci-
» metiere des Saints Innocens, le ſecond au Ci-
» metiere de ſaint Gervais, & le dernier au Ci-
» metiere de ſaint Severin, afin que toûtes qui
» auront affaire d'eux, puiſſent y avoir re-
» cours.
» Que les Prevoſts de la Santé ſeront tenus
» d'aller au matin & au ſoir chez les Commiſ-
» ſaires, pour ſçavoir s'ils n'ont point appris
» qu'il y ait quelqu'un dans leur quartier qui
» ſoit frappé de la maladie contagieuſe, & qu'ils
» s'informeront de la même choſe les Quar-
» teniers, les Dixainiers, les Medecins, les Chi-
» rurgiens, les Barbiers & les Apotiquaires de
» chacun quartier.
» Si dans cette perquiſition, ou par quelque
» autre voye ils apprennent qu'il y ait quelqu'un
» qui ſoit frappé de cette maladie, en quelque
. » quartier de la Ville ou des Fauxbourgs, ils ſe-
» ront tenus en toute diligence d'y conduire l'un
» des Barbiers ou Chirurgiens qui auront eſté
» nommez par le Magiſtrat de Police, & de les
» faire panſer & medicamenter ſelon le beſoin
» qu'ils en auront.
» Que s'il ſe trouve les malades ſoient pau-
» vres ou neceſſiteux, les Prevoſts de la Santé
» ſeront tenus de les faire tranſporter nuitamment
» à l'Hoſtel-Dieu, par les hommes qui ſont deſtinez
» à ce ſervice.
» Qu'en l'un & en l'autre cas, ſoit que les ma-
» lades demeurent chez eux, ou qu'ils ſoient tranſ-
» portez à l'Hoſtel-Dieu, leurs maiſons ſeront
» marquées par les Prevoſts de la ſanté, ou par
» leurs Aides, d'une grande Croix blanche, & ils
» avertiront les domeſtiques de ne ſortir qu'avec
» une verge blanche à la main, à peine de pu-
» nition corporelle.
» Les maiſons de ceux qui ſeront decedez de
» maladie contagieuſe, ſeront auſſi marquées de
» même que les Prevoſts de la ſanté ou par leurs
» Aides ; il eſtoit défendu par les Ordonnances
» qui ont eſté rapportées dans le Chapitre pre-
» cedent, à toutes perſonnes d'oſter ou changer
» ces marques qui avoient eſté poſées par les
» Prevoſts de la ſanté, ou par leurs Aides, ſous
» peine d'avoir le poing coupé, & il eſtoit enjoint
» aux voiſins d'y veiller, & de denoncer les con-
» trevenans aux Commiſſaires des quartiers, à
» peine de deux écus d'amende.
» Les Aides des Prevoſts de la ſanté allant & ve-
» nant par la Ville, ſeront tenus de porter leurs
» caſaques d'étoffe noire avec une croix blanche.
» S'il ſe trouve quelqu'un qui ſoit refuſant
» d'obéïr aux Réglemens qui concernent cette
» Police, il eſt ordonné aux Commiſſaires du
» Chaſtelet de les faire empriſonner par les Pre-

voſts de la Santé ou leurs Aides en l'une des deux «
priſons deſtinées à cet effet, l'une ſur la Porte «
Montmartre, & l'autre ruë des Vignes au Faux- «
bourg S. Marcel, pour eſtre rigoureuſement «
punis comme perturbateurs du repos & de la «
ſanté de la Ville.

Une Ordonnance du même Magiſtrat du dix- «
neuviéme Aouſt 1596. enjoint à tous ceux qui «
recevront ou retireront chez eux des malades «
de contagion, d'en donner à l'inſtant les noms «
& la ſituation des maiſons aux Prevoſts de la «
Santé.

. Le nombre des malades fut ſi grand dans cette calamité de l'année 1596. que l'Hoſtel-Dieu ne pouvant plus les contenir, l'on fut obligé de loüer une Maiſon au Fauxbourg ſaint Marcel ruë des Vignes, pour y en loger une partie, & ce fut cette neceſſité qui détermina neuf ou dix ans après, à demander d'autres hôpitaux ou maiſons de ſanté.

La même Ordonnance du dix-neuviéme Aouſt porte, que les Commiſſaires feront ſaiſir par «
les Prevoſts de la Santé, les hardes ou meubles «
qu'ils apprendront avoir eſté tirez des maiſons «
infectées de la maladie contagieuſe, & les fe- «
ront porter en cette maiſon du Fauxbourg ſaint «
Marcel, deſtinée à recevoir les pauvres mala- «
des de contagion.

Aprés la conſtruction des Hôpitaux ou Maiſons de ſanté de ſaint Louis & de ſainte Anne, cette liberté aux malades de contagion de ſe faire panſer chez eux, fut réduite à ceux qui occupent ſeuls une maiſon entiere ; ainſi les Prevoſts de la Santé ont eu depuis ce temps beaucoup plus d'employ : car tous ceux qui ſe trouvent attaquez de cette maladie dans une maiſon où il y a pluſieurs locataires, en doivent eſtre enlevez & tranſportez en l'un ou l'autre de ces Hôpitaux, ſelon la ſituation des maiſons, & c'eſt dans cet eſprit que l'on doit entendre les Réglemens qui ſuivent.

Par un Arreſt du Parlement du 27. Septembre 1619. il fut ordonné que les perſonnes frappées «
de la contagion, logées en chambres locantes, «
en ſeroient promptement enlevées par les Pre- «
voſts de la Santé, leurs Aides ou Archers, pour «
eſtre conduites aux Hôpitaux de ſaint Louis «
ou de ſainte Anne ; qu'à l'inſtant leurs maiſons «
ou boutiques ſeroient fermées avec des cade- «
nats, barres de fer, ou ais de menuiſerie, ainſi «
qu'il ſeroit jugé plus à propos par les Commiſ- «
ſaires des quartiers : qu'il ſeroit pourvû à la «
nourriture de ceux & celles qui reſteroient en «
ces maiſons. Ce même Arreſt fait défenſes à tou- «
tes perſonnes d'empêcher ces fermetures, mé- «
faire ny médire aux Prevoſts & Archers de la «
ſanté, & d'empêcher l'enlevement des malades. «
Il ordonne en cas de contravention au Prevoſt «
de Paris ou ſes Lieutenans, de faire arreſter «
les coupables, & leur faire leur procés, ſi be- «
ſoin eſtoit.

Le cinquiéme Novembre 1627. ſur la remontrance des Commiſſaires du Chaſtelet à l'Audiance de Police, que le Prevoſt de la Santé negligeoit d'aller en leur maiſon recevoir leurs Ordonnances, pour faire fermer les maiſons affligées de contagion ; & aprés avoir oüi Quentin Tourtouin Prevoſt de la Santé, qui repreſenta l'impoſſibilité où il eſtoit de ſe trouver en même temps dans tous les quartiers de Paris, il fut ordonné que cet Officier ſe trouveroit tous les jours dix heures du matin en la Chambre des Commiſſaires au Chaſtelet pour recevoir leurs ordres, qui luy ſeroient donnez par leur Syndic.

Ces

Ces Prevofts de la fanté & leurs Archers font établis par le Magiftrat de Police, qui leur délivre leurs commiffions, & leurs gages reglez par ces mêmes commiffions, leur font payez à Paris par le Receveur de l'Hoftel-Dieu, fur les deniers qui luy font mis entre les mains pour cette dépenfe : Nous rapporterons icy quelques-unes de ces commiffions, qui fuffiront pour en faire connoiftre la formule.

---

1. May 1631.
Etabliffemët & reception d'un Prevoft de la fanté à Paris, en têts de côtagion.

SUR la remonftrance qui Nous a efté faite par le Procureur du Roy, que Quentin Tourtouin Prevoft de la fanté eftant depuis peu decedé de la maladie ordinaire, il eftoit befoin d'établir une autre perfonne en fon lieu, pour exercer ladite Charge ; & fur ce que Pierre Huault Maitre Serrurier à Paris, demeurant ruë faint Denys prés le Ponceau, s'eft prefenté & offert accepter icelle aux gages, charges & conditions accordées audit Tourtouin, avons du confentement dudit Procureur du Roy ledit Pierre Huault reçû, & iceluy recevons Prevoft de la Santé en cette Ville & Fauxbourgs de Paris, auquel avons fait faire le ferment de bien fidellement & diligemment exercer ladite Charge, vacquer inceffamment à la recherche & perquifition des maifons qui feront infeétées de la maladie contagieufe, en avertir par chacun jour les Commiffaires des quartiers, & faire tranfporter en l'Hôpital de faint Louis ceux qui fe trouveront infeétez de ladite maladie, fuivant les ordonnances & commandemens qui luy feront faits par lefdits Commiffaires auquel Huault fera payé par chacun mois par avance la fomme de foixante livres tournois, par le Receveur de l'Hoftel-Dieu, à commencer aujourd'huy pendant qu'il exercera ladite Charge ; & lors qu'il fera par Nous congedié ; luy fera outre fefdits gages ordinaires payé un mois de récompenfe : luy faifons défenfes de hanter ny frequenter avec perfonnes infeétées de ladite maladie, à peine de la vie ; auquel permettons de porter armes offenfives & défenfives pour la fureté de fa perfonne. Fait par Monfieur le Lieutenant Civil le 1. jour de May 1631. Signé, MUSNIER.

15.Sept.1631
Etabliffemët d'un Prevoft de la Santé à Paris.

SUR ce qui Nous a efté remontré par le Procureur du Roy, que la maladie contagieufe augmente de jour à autre en cette Ville & Fauxbourgs, & particulierement aux Fauxbourgs de faint Germain, faint Jacques, faint Viétor, & qu'on avoit été contraint faire ouvrir la fanté dudit Fauxbourg faint Marcel, à caufe de la quantité de malades qu'on apportoit defdits Fauxbourgs à l'Hôpital faint Louis, qui gaftoient & infeétoient plufieurs perfonnes paffans par cettedite Ville ; au moyen de quoy il eftoit befoin établir un Prevoft de la Santé, tant pour le quartier de l'Univerfité que defdits Fauxbourgs : Et aprés que Zacharie le Blond, Faéteur des Marchands de Bois de cettedite Ville, ruë des Bernardins s'eft offert accepter ladite Charge pour ledit quartier de l'Univerfité & Fauxbourgs aux charges, gages & conditions accoûtumées. Avons du confentement dudit Procureur du Roy, ledit Zacharie le Blond reçû, & iceluy recevons Prevoft de la fanté de cettedite Ville de Paris, pour l'Univerfité, Fauxbourgs faint Germain, faint Jacques, faint Marcel & faint Viétor, auquel avons fait faire le ferment de bien fidellement & diligemment exercer ladite Charge, vacquer inceffamment à la recherche & perquifition des maifons qui feront infeétées de ladite maladie contagieufe, en avertir par chacun jour les Commiffaires,, & faire tranfporter audit Hôpital de faint Marcel, ceux qui fe trouveront eftre infeétez de ladite maladie, fuivant les Mandemens & Ordonnances qui luy feront donnez par lefdits Commiffaires ; auquel le Blond fera payé par chacun mois par avance la fomme de foixante livres tournois, par le Receveur de l'Hoftel-Dieu, à commencer aujourd'huy pendant qu'il exercera ladite Charge, & lors qu'il fera par Nous congedié, luy fera outre fefdits gages ordinaires payé un mois de récompenfe, luy faifant défenfes de frequenter avec perfonnes infeétées de ladite maladie, à peine de la vie ; & luy permettons de porter armes offenfives & défenfives pour la feureté de fa perfonne. Fait par Monfieur le Lieutenant Civil le 15. de Septembre 1631. Signé, MUSNIER,

---

5.Oét. 1631.
Reception d'Archers du Prevoft de la Sâté à Paris.

SUR ce que le Procureur du Roy nous a remontré que Pierre Huaut Prevoft de la fanté, établi pour le quartier de la Ville du cofté de faint Louis, n'avoit aucuns Archers pour porter lefdits malades audit Hôpital qui eftoient en grand nombre, & que ledit Huaut nous a prefenté François Ritou, &c. pour fervir d'Archers. Avons du confentement dudit Procureur du Roy les deffufdits reçûs, & iceux recevons pour Archers tant dudit Huaut que de Zacharie le Blond Prevoft de la Santé, pour fervir par lefdits Ritou, &c. fous ledit Huaut, & lefdits Nicolas Mie, & Jean Sire &c. fous ledit le Blond, aufquels fera payé par avance par le Receveur de l'Hoftel-Dieu, la fomme de trois livres à chacun par mois, jufques à ce qu'ils foient par nous congediez ; & aprés leur fera donné à chacun un mois de récompenfe : leur enjoignons d'obéïr aufdits Prevofts, & de bien & fidelement fe comporter à rendre le fervice qu'ils doivent, & fait défenfes de hanter ny frequenter aucunes perfonnes infeétées, à peine de la vie. Fait par Monfieur le Lieutenant Civil le cinquiéme jour d'Oétobre mil fix cent trente-un. Signé, MUSNIER.

CHAPITRE IV.

Des secours spirituels & temporels que l'on doit procurer aux malades de contagion.

AUssi-tost que le Magistrat de Police est averti soit par les Commissaires, ou autrement, que dans la Ville de Paris il y a plusieurs maisons infectées de la maladie contagieuse, il en donne avis à Monsieur le Premier President, luy rend compte de l'état de la Ville, & selon les besoins il luy demande ses ordres pour l'ouverture des Hôpitaux ou Maisons de santé. Monsieur le Premier President sur cet avis, convoque ordinairement une assemblée de Police chez luy, où se trouve le Bureau de l'Hostel-Dieu entier, ou par deputation; & après que le fait est bien éclairci, ce grand Magistrat ordonne que l'Hôpital de saint Louis sera ouvert, & donne tous les autres ordres qu'il juge à propos.

Cet ordre estant donné, s'il y a un Prevost de la Santé, on le mande, & on luy ordonne de faire sa Charge; que s'il n'y en a point, Monsieur le Lieutenant General de Police en nomme un avec deux ou quatre Archers, selon que le besoin est pressant; il les reçoit, & leur donne des Commissions; il nomme aussi des Chirurgiens, & donne tous les autres ordres necessaires.

Cependant Messieurs les Administrateurs de l'Hostel-Dieu conferent avec la Mere Prieure, & ils arrestent ensemble qu'elle envoyera à saint Loüis des Religieuses, & autres personnes pour garnir les lits, les ranger & preparer toutes les autres choses necessaires pour y recevoir les malades. L'on y envoyoit autrefois les Novices ou nouvelles Professes, mais l'experience a fait connoistre qu'il y en mouroit plusieurs de la peste, & que des anciennes qui sont accoustumées de longue main au mauvais air, il n'en estoit morte aucune.

La Mere Prieure donne ensuite un memoire au Bureau des linges, utensiles, & de toutes les autres choses qu'elle juge necessaires, tant pour les malades, que pour les Religieuses, les Ecclesiastiques, & les Officiers de la maison.

Si la contagion augmente à tel point, que les malades arrivent en grand nombre des quartiers de l'Université à saint Louis, & qu'il y ait lieu de craindre qu'en traversant toute la Ville, ils y causent de l'infection, & y communiquent leur mal, alors le Magistrat de Police ordonne que l'Hôpital de sainte Anne au Fauxbourg de saint Marcel sera ouvert pour y recevoir les malades de ce costé, & en même temps commet un Prevost & des Archers pour cet Hôpital.

Aussi-tost que cette Ordonnance est connuë au Bureau de l'Hostel-Dieu, il donne avec la Mere Prieure, le même ordre pour cet Hôpital que pour celuy de saint Louis, & qu'il soit pourvû de toutes les choses necessaires aux malades, tant pour le spirituel, que pour le temporel.

Quand il n'y a que peu de malades à saint Louis, il suffit d'un seul Ecclesiastique tant pour estre au banc & y recevoir les malades, que pour administrer les Sacremens; mais quand les malades sont en trop grand nombre, l'on augmente celuy des Ecclesiastiques à proportion: ils sont tous pris dans la Maison de l'Hostel-Dieu, & ont les mêmes gages que s'ils y estoient actuellement.

L'Ecclesiastique du banc a soin de faire tous les jours un memoire des noms, surnoms, qualitez & demeures des malades arrivez le jour precedent, avec une instruction que l'on tache de tirer des malades, depuis quand le mal leur est arrivé; de qui & comment ils l'ont pris, s'il n'y a point d'autres malades dans le logis d'où ils ont esté tirez, ou en d'autres lieux de leur connoissance; s'ils ne sçavent point quelques maisons qui en soient ou qui en ayent esté infectées, & en general toutes les autres circonstances qui peuvent servir d'instructions pour se précautionner contre cette maladie dans la Ville. Ce memoire est apporté tous les matins par le Prestre du banc en un certain lieu où il le laisse; & le Prevost de la Santé qui en est convenu avec luy, vient l'y prendre, afin que l'on puisse profiter au dehors de ces avis, qui viennent du dedans de l'Hôpital.

Il y a de bons Religieux fort zelez qui vont par charité aux Hôpitaux de la Santé, pour confesser & consoler les malades; à l'Hôpital de saint Louis ce sont les Religieux Recolets, que la proximité des lieux porte à s'employer à cette bonne œuvre; & à l'Hôpital de sainte Anne, par la même raison de proximité, ce sont les Capucins: c'est aussi par cette consideration & par reconnoissance, que tous les ans le Bureau de l'Hostel-Dieu accorde charitablement aux Religieux de ces deux Maisons, toute la viande qui leur est necessaire pendant le Carême pour leurs malades.

A l'égard des malades qui sont restez dans leurs maisons, & qui ont eu la permission de s'y faire traitter, un Arrest du Parlement du 2. Juillet 1561. porte, que les Curez, Vicaires « & autres Superieurs ayant charge d'ames en la « Ville & Fauxbourgs de Paris, commettront à « leurs dépens un Prestre & un Clerc pour porter « le saint Sacrement aux malades de la contagion; « que ceux qui seront choisis pour ce ministere, « ne converseront aucunement avec les personnes « saines: ce même Arrest leur permet de recevoir les testamens des pestiferez jusqu'à la somme de cinq sols parisis; & il porte que s'ils en reçoivent qui contiennent des legs plus considerables, les Juges pourront encore y avoir tels égards qu'ils jugeront à propos. Ce saint Viatique ne se porte que la nuit sans sonnette & sans éclat, pour ne pas trop effrayer; ce qui pourroit seul quelquefois, selon les Medecins, causer cette dangereuse maladie.

CHAPITRE V.

Du devoir des Medecins en temps de contagion.

PAr le Réglement general qui fut fait au Parlement le 13. Septembre 1533. au sujet de la contagion dont la Ville de Paris estoit alors affligée, il est ordonné à la Faculté de Medecine » de nommer quatre Medecins Docteurs-Regens » & habiles tant en theorie que pratique, pour » visiter & medicamenter les malades de peste » dans la Ville & Fauxbourgs, que chacun de ces » Medecins aura trois cens livres parisis pour » ses honoraires, dont leur sera avancé un quar- » tier : & il leur est défendu pendant le tems de » la contagion, quarante jours aprés qu'elle se- » ra finie, & jusqu'à ce que par la Cour en ait » esté ordonné, de visiter d'autres malades, ou » de frequenter d'autres personnes.

Un autre Arrest du 2. Juillet 1561. porte que » la Cour estant avertie du danger de peste qui » commençoit de paroistre en cette Ville de Pa- » ris, elle ordonne qu'il y aura huit Medecins » qui seront distribuez dans les quartiers de la

Ville par le Prevost de Paris ou son Lieute- « nant, pour visiter ceux qui seront attaquez de « cette maladie ; & que pendant ce temps il leur « sera défendu de rendre aucunes visites à d'au- « tres malades ; que pour faire ce choix les Doc- « teurs de cette Faculté s'assembleront incessam- « ment pardevant le Prevost de Paris ou son Lieu- « tenant ; & que le salaire des huit qui seront « choisis leur sera payé par les Prevost des Mar- « chands & Echevins. «

Par deux Arrests du Parlement des 13. Octo- « bre 1631. & 7. Juillet 1668. il est enjoint aux « Medecins de déclarer aux Commissaires des « quartiers ceux qu'ils sçauront ou soupçonne- « ront estre atteints de la maladie contagieuse, « ou qu'ils jugeront par quelques symptomes « que cet accident leur peut arriver dans la suite « de leurs maladies, à peine, en cas de negli- « gence ou dissimulation, d'estre déchûs de leur « Profession. «

CHAPITRE VI.

Des Chirurgiens, & de leurs devoirs en temps de contagion.

L'Arrest du Parlement du 13. Septembre 1533. dont il vient d'estre parlé dans le Chapitre » precedent, en ordonnant qu'il y aura quatre » Medecins pour panser les malades de conta- » gion, ordonne aussi que le College des Chi- » rurgiens élira deux Maistres Chirurgiens Jurez » pour visiter, panser, & medicamenter ceux » qui seront attaquez de cette maladie, aux ga- » ges de six-vingt livres parisis chacun pour cet- » te année. Le même Arrest ordonne à la Com- » munauté des Barbiers d'élire six d'entr'eux » Maistres Jurez Barbiers, pour visiter, panser » & medicamenter ces malades de la peste, » & que chacun auroit quatre-vingt livres de gages pour cette année. Ces deux Communau- tez des Chirurgiens-Jurez & des Chirurgiens-Bar- biers estoient separées en ce temps-là ; l'on peut voir la distinction qui estoit alors entr'eux dans le Huitiéme Livre de ce Traité qui contient tout ce qui concerne les Sciences & les Arts liberaux. Il estoit ordonné aux uns & aux autres » aussi-bien qu'aux Medecins, pendant le temps » de la contagion, 40. jours aprés qu'elle est » passée, & jusqu'à ce que par la Cour en eust esté » ordonné, de s'abstenir de voir, visiter & me- » dicamenter d'autres personnes non pestiferées; » & il leur estoit ordonné de tenir leurs bouti- » ques fermées pendant tout ce temps, à peine » de punition corporelle, privation de leurs » estats & d'amende arbitraire.

» Il est aussi défendu par cet Arrest à tous les » autres Chirurgiens & Barbiers de jetter ou » de faire jetter le sang des personnes malades » de quelque maladie que ce soit en la riviere de » Seine, ou en quelque endroit que ce soit de » la Ville de Paris ; & il leur est enjoint de le » porter ou de l'envoyer hors de la Ville, à pei- » ne de prison & d'amende arbitraire.

Il leur est aussi défendu à peine de la hart ; « lors qu'ils auront saigné quelque personne atta- « quée de maladie de peste, d'exercer aucune « partie de leur Profession sur le corps des per- « sonnes saines, jusqu'à ce que par Justice il leur « soit permis de retourner à leur travail ordinai- « re, eu égard au temps qu'ils auront fait ces sor- « tes de saignées. «

Un Arrest du Parlement du 2. Juillet 1561. ordonne, qu'à chacune des Portes de la Ville « il y aura un Barbier pour subvenir aux mala- « des de la contagion ; que si ces Barbiers qui « seront commis par le Prevost de Paris ou son « Lieutenant, ne sont pas Maistres, il leur sera « donné des Lettres de Maistrise comme aux au- « tres Maistres de la Ville, sans qu'ils soient obli- « gez à aucun chef-d'œuvre, ny autre dépense, « après neanmoins qu'ils auront rendu ce servi- « ce pendant un temps suffisant, à la discre- « tion de la Cour. «

Dans une assemblée de Police qui fut tenuë au Chastelet le 30. Juillet 1596. au sujet de la con- tagion dont la Ville estoit affligée, il fut ordon- né qu'il y auroit trois Barbiers pour panser « les malades de la contagion ; l'un nommé de la « Forest demeurant sur le rempart entre la Porte « saint Denys & la Porte saint Martin ; l'autre « nommé Boisart prés l'Eglise de saint Paul, & « le troisiéme nommé le Vieux, ruë Neuve Nô- « tre-Dame prés de sainte Geneviéve des Ardens. «

Cette même Ordonnance enjoint à tous Bar- « biers & Chirurgiens de la Ville & des Faux- « bourgs de Paris, de déclarer au Commissaire « du quartier ceux qu'ils auront reconnu estre « frappez de la maladie contagieuse dans le mo- « ment qu'ils s'en seront apperçûs, à peine d'a- « mende arbitraire, & d'estre chassez de la Ville. «

Depuis l'establissement des Hôpitaux de saint
Loüis

Loüis & de sainte Anne, le Magistrat nomme seulement un Chirurgien de Police pour chacune de ces deux Maisons : c'est ce Chirurgien qui va visiter les malades de son département dans les maisons pestiferées ou qui sont soupçonnées de l'estre ; que s'il connoist que le mal soit contagieux, il en donne avis au Prevost de la Santé, pour y faire sa charge.

A l'égard de l'interieur des deux Maisons, ce sont des Chirurgiens de l'Hostel-Dieu que l'on y envoye pour y panser les malades de la contagion ; & s'ils ne suffisent, l'on y ajoûte un certain nombre choisis entre les anciens & les plus habiles Compagnons des Maistres de la Ville. Ceux-cy gagnent leurs Maistrises après avoir servi dans l'une ou l'autre de ces deux Maisons pendant six années, soit consecutives, soit à plusieurs reprises, en faisant une legere experience & sans aucuns frais, de même que ceux de l'Hôtel-Dieu ; ils ont même cet avantage, que s'ils ont persisté jusqu'à la fin de la maladie, quoiqu'ils n'ayent pas achevé leur temps, on ne laisse pas pour les recompenser de leur zele & d'avoir exposé leur vie, de leur donner des Lettres de Maistrise à condition de parfaire ce qui reste de leurs six années de service, en cas que la Ville se trouvast encore une fois affligée de ce fleau.

Ainsi lors que l'on se trouve dans cette triste conjoncture il y a trois sortes de Chirurgiens choisis pour la Police, & entre lesquels pour fait se le choix l'on suit cette gradation.

Les premiers sont ceux lesquels après avoir servi quelques années aux Hospitaux ou Maisons de Santé, ont esté reçûs Maistres, à condition d'achever leur temps de six années lors que cette maladie recommenceroit ; & ceux-cy sont absolument obligez de servir les premiers, sinon ils perdent leur Maistrise.

Les seconds, au defaut des premiers, sont ceux qui ont accompli leur temps de six années, & qui ont esté reçûs Maistres en consideration de ce service.

Les troisiémes enfin, lors qu'il ne s'en trouve plus de ces deux premieres qualitez, sont choisis entre les Maistres de la Ville, & l'élection en est faite selon la forme prescrite par les Réglemens qui viennent d'estre rapportez.

Le plus ancien Compagnon de l'interieur des Maisons de Santé, visite & reçoit les malades à la porte ; s'il trouve qu'ils ne soient pas frappez de la peste, il les renvoye ; s'il les juge douteux, il ne laisse pas de les recevoir, mais ils sont mis à part & le plus éloigné que faire se peut de ceux qui ont certainement ce mal.

Une Ordonnance de Police du Chastelet de Paris du 11. Octobre 1627. fait défenses à tous
» Maistres Chirurgiens & Barbiers de la Ville
» & Fauxbourgs, hors les Chirurgiens de Police
» qui avoient esté choisis par le Magistrat, de
» visiter ou panser aucuns malades de la conta-
» gion, à peine de 400. liv. parisis d'amende,
» d'estre leurs boutiques fermées pendant six
» mois, & d'autres punitions si le cas y écheoit.
» Il leur est enjoint sous les mêmes peines,
» qu'aussi-tost qu'ils auront reconnu aux mala-
» des quelque marque de la maladie contagieu-
» se, ils en donnent avis au Commissaire de leur
» quartier, pour y estre pourvû.

Par un Arrest du Parlement du 26. Mars 1630.
» il est ordonné que deux Compagnons Chirur-
» giens qui avoient servi aux Hospitaux dans
» les dernieres contagions, seront reçûs Maistres
» en faisant par eux une legere experience &
» sans frais, à condition neanmoins qu'à l'ave-

nir & pendant leur vie en temps de contagion, «
il seront tenus lors qu'ils seront nommez, d'as- «
sister avec soin & diligence ceux qui seront «
attaquez de cette maladie, à peine d'être déchûs «
de leur maistrise, leurs boutiques fermées & «
leurs enseignes ostées pour toûjours. «

Le même Arrest ordonne qu'à l'avenir lors «
qu'il sera question de nommer des Compagnons «
Chirurgiens pour servir les malades de la con- «
tagion dans les Hospitaux, ils seront nommez «
& presentez par les Jurez Chirurgiens aux «
Gouverneurs de l'Hostel-Dieu ; qu'il n'en sera «
nommé aucun qui n'ait l'âge competent, qui «
ne soit de bonnes mœurs, & qui n'ait servi «
les Maistres Chirurgiens & Barbiers au moins le «
temps de quatre ans depuis l'expiration de «
leur apprentissage ; qu'après estre nommez ils «
seront examinez devant l'un des Conseillers de «
la Cour, l'un des Substituts du Procureur Ge- «
neral, deux Docteurs de la Faculté de Mede- «
cine, deux Chirurgiens de l'Ecole de S. Cos- «
me, & deux des Chirurgiens-Barbiers. Que «
ceux qui seront trouvez les plus capables se- «
ront reçûs, & panseront les malades des Hos- «
pitaux pendant six ans gratuitement, & sans «
gages ; que ce temps passé en recompense de leurs «
services, & en faisant une legere experience «
comme les Chirurgiens qui servent à l'Hostel- «
Dieu, ils seront reçûs sans aucuns frais, & «
immatriculez en la Communauté des Maistres «
Chirurgiens, en representant le Certificat des «
Administrateurs de leurs fideles services. «

Il ordonne aussi qu'en toutes les années que «
Paris sera affligé de la maladie contagieuse, ceux «
qui tiendront la Police presenteront à la Cour «
deux, trois ou davantage de Chirurgiens, du «
nombre de ceux qui auront esté reçûs Mais- «
tres pour avoir servi les pestiferez aux Hos- «
pitaux : que ceux-cy avec un certain nombre «
de Compagnons seront preposez pour panser «
de ce mal ceux qui auront eu permission «
de se faire panser en leurs maisons ; & que «
pendant ce temps les Maistres ny les Compa- «
gnons ne verront & ne frequenteront d'autres «
malades, & auront leurs boutiques fermées, «
sous les peines portées par les Réglemens «
precedens. «

Un Arrest rendu au Parlement le 2. Octobre «
1631. après avoir oüy le Lieutenant Civil, les «
Commissaires du Chastelet, l'un des Gouver- «
neurs de l'Hostel-Dieu pour ce mandez, & le «
Procureur General en ses Conclusions, ordon- «
ne que les Jurez Chirurgiens seroient assem- «
blez au premier jour pardevant le Lieutenant «
Civil, pour donner leur avis sur le nombre «
des Chirurgiens necessaires pour panser la quan- «
tité de malades qui estoient alors aux Hospi- «
taux de saint Loüis & de saint Marcel ; qu'a- «
prés cet avis les Maistres Chirurgiens qui a- «
voient esté reçûs à condition de servir les pes- «
tiferez, seroient contraints de se rendre dans «
ces Hospitaux pour y exercer leur Profession, «
à peine d'estre privez de la Maistrise, suivant «
l'Arrest du 26. Mars 1630. Que deux Maistres «
Chirurgiens seroient aussi commis pour «
panser les malades de contagion qui vou- «
droient se faire traitter dans leurs maisons ; que «
l'un des deux seroit logé vers la porte du Tem- «
ple, & l'autre vers la Porte saint Victor ou la «
Porte saint Marcel, selon qu'il seroit jugé à «
propos par le Lieutenant Civil ; qu'aux uns «
& aux autres de ces Chirurgiens il seroit pour- «
vû, sçavoir à ceux qui serviront à saint Loüis, «
& à saint Marcel, de nourriture & de loge- «
» ment

Traité de la Police, Livre IV. Titre XIII. 625

» ment dans les mêmes Hospitaux, & aux deux » qui serviront dans la Ville, de gages suffisans, » suivant la taxe qui en seroit faite par le Lieu- » tenant Civil, en la presence de deux Admi- » nistrateurs de l'Hostel-Dieu, ou dûement ap- » pellez; au payement desquels gages le Rece- » veur de l'Hostel-Dieu seroit contraint même » par corps en vertu des Ordonnances du mê- » me Magistrat. Il est enfin ordonné que les bou- » tiques de tous ces Chirurgiens seroient fermées » pendant le temps qu'ils seroient au service des » malades de la contagion.

» Par une Ordonnance de Police du 13. Octo- » bre 1631. il est enjoint à tous les Medecins, » Apotiquaires, Chirurgiens & Barbiers de don- » ner avis aux Commissaires des personnes qu'ils » auront reconnuës attaquées de la maladie con- » tagieuse en leurs quartiers, & que cette Or- » donnance seroit publiée aux Ecoles de Mede- » cine, & aux Chambres des Chirurgiens & » Barbiers, leur assemblée y estant.

Une Ordonnance de Police du 21. Octobre » 1631. porte qu'il y aura un Chirurgien-Barbier » establi pour servir en la Ville de Paris du cô- » té de l'Université aux gages de 100. livres par » mois, payables par avance tant que la conta- » gion durera, par le Receveur de l'Hostel-Dieu: » qu'il sera donné un logement à ce Chirurgien » proche la Porte saint Victor, ou la Porte saint

Marcel, par le Commissaire du quartier; que « pendant le temps qu il servira sa boutique sera « fermée. Il est aussi ordonné que trois autres « Chirurgiens seront envoyez pour servir à l'Hos- « pital de S. Loüis; qu'ils y seront logez & nour- « ris, & que pendant ce tems leurs boutiques se- « ront pareillement fermées. Elle porte enfin « que ces quatre Chirurgiens seront choisis du « nombre de ceux qui auront gagné leurs Mais- « trises pour avoir servi aux contagions prece- « dentes. «

Par une Sentence de Police du Chastelet de « Paris du 21. Novembre 1631. le nommé Par- « mentier Chirurgien fut condamné en 300. liv. « d'amende pour avoir pansé deux particuliers « de la maladie contagieuse, sans en avoir don- « né avis au Commissaire du quartier, & cette « amende fut payée le jour même de la con- « damnation. «

Un Arrest du Parlement du 7. Juillet 1668. « enjoint aux Medecins, Apotiquaires & Chi- « rurgiens de déclarer aux Commissaires de « leurs quartiers ceux qu'ils sçauront ou soup- « çonneront d'estre atteints de la maladie con- « tagieuse, ou qu'ils croiront avoir de la dispo- « sition à cet accident dans la suite de leurs ma- « ladies, à peine en cas de negligence ou dissi- « mulation d'estre déchûs de leurs Maistrises. «

CHAPITRE VII.

Des moyens generaux que l'on doit employer en temps de contagion pour arrester le cours de cette maladie.

APrés que l'on a pourvû à tous les besoins des malades en particulier, soit qu'ils se fassent panser en leurs maisons, ou qu'ils soient dans les Hospitaux, l'on s'applique par tous les moyens possibles à remedier aux causes genera- les qui pourroient entretenir cette maladie si el- les estoient negligées. Il est évident, de l'aveu de toute l'Antiquité, que rien n'y contribuë davantage que la corruption de l'air: ainsi tout ce qui peut la prevenir ou la corriger doit estre l'objet de nos premiers soins.

§. I. De la propreté interieure des maisons.

C'est dans cet esprit que l'on renouvelle alors tous les Réglemens qui concernent la propreté interieure des maisons, & le nettoyement des ruës. L'Arrest qui fut rendu au Parlement le 13. Septembre 1533. dans un temps où la Ville de Paris estoit affligée de cette maladie, le porte en termes exprés.

» Il enjoint à tous les proprietaires qui n'a- » voient point de latrines en leurs maisons, d'y » en faire faire incessamment, sinon qu'ils se- » roient contraints, par saisie des loyers, & que » les deniers qui en proviendroient seroient em- » ployez pour y faire travailler. Il fait défenses » à tous vuidangeurs, pendant ce temps de ma- » ladie, de vuider & curer les retraits sans per- » mission de Justice, à peine de prison & d'a- » mende arbitraire. » Il défend de garder dans les maisons des eaux » croupies, ou d'autres infections, leur enjoint » de les vuider dans les ruisseaux, & de jetter à » l'instant à la même place un seau d'eau nette.

Ce même Arrest réitere les défenses de tenir & nourrir en quelque lieu que ce soit de la Vil- « le & Fauxbourgs, aucuns pourceaux, lapins, « oisons ou pigeons, soit pour leur vivre, ou « pour vendre, ou pour quelqu'autre cause, « occasion ou couleur que ce soit. Il enjoint à « tous ceux qui en avoient de les envoyer dans « le jour hors la Ville & les Fauxbourgs, à peine « de confiscation, de prison, & d'estre grieve- « ment punis, à la discretion de Justice. Toutes « ces mêmes défenses furent réiterées par les Ar- « rests des 12. Juillet 1553. & 2. Juillet 1561. & l'ont esté autant de fois que la Ville a esté affligée de cette maladie.

§. II. Du nettoyement des ruës.

L'on a toujours esté bien persuadé que le net- toyement des ruës & le transport des immon- dices hors des Villes, est l'une des causes gene- rales qui contribuë le plus à la salubrité de l'air, & consequemment à la santé. Cependant l'on ne peut voir qu'avec beaucoup d'étonnement com- bien cette portion importante de la Police estoit autrefois negligée: il semble que l'on n'y pen- soit serieusement que lors qu'une contagion af- freuse reveilloit sur cela l'attention des Citoyens; aussi dans ces temps ne voyoit-on qu'une suc- cession perpetuelle d'amas d'immondices cor- rompuës, jusqu'à un certain degré, & de mala- die contagieuse, qui en estoit une suite pres- que infaillible. Ce qui faisoit alors la difficulté, c'est que chaque particulier estoit obligé d'en- tretenir le pavé devant sa maison, de faire le nettoyement de cette même étenduë, & d'en faire enlever & transporter les immondices hors

Tome I. KKKK de

de la Ville. Il n'y avoit en ce temps ny tombereaux ny entrepreneurs publics; & il estoit impossible de rendre exact & uniforme un ouvrage qui dépendoit du concours d'un aussi grand nombre de personnes. Ainsi lors que la Ville se trouvoit dans cette affliction de maladie contagieuse, l'on ne manquoit jamais de ranimer cette Police du nettoyement par de nouveaux Réglemens. Nous ne les rapporterons point icy, parce que la nouvelle forme que l'on a donné à cette portion du bien public dans ces derniers temps est beaucoup plus parfaite, qu'elle est toujours également soutenuë & que les Réglemens qui ont assuré par là ce précieux trésor de la santé, peuvent estre vûs dans le sixiéme Livre de ce Traité sous le Titre de nettoyement des ruës.

§. III. *Du soin d'entretenir pure, l'eau de la riviere, & d'éloigner de la Ville les Mestiers qui la peuvent corrompre.*

L'Arrest de Réglement du 13. Septembre 1533. dans un temps de contagion, fait défenses à
» tous Chirurgiens de jetter dans la riviere, ny
» en aucuns autres lieux de la Ville & Faux-
» bourgs le sang des personnes malades, de quel-
» que maladie que ce soit, qu'ils auront sai-
» gnées, ou qui auront esté saignées par d'au-
» tres : il leur enjoint de l'envoyer jetter dans
» la riviere au dessous de la Ville, & dans un
» lieu éloigné, à peine de prison & d'amende
» arbitraire.
Le même Arrest défend à tous Corroyeurs
» & Tanneurs pendant le temps de cette ma-
» ladie de travailler de leurs mestiers dans
» la Ville & Fauxbourgs de Paris ; & leur
» enjoint de se retirer sur la riviere de
» Seine au dessous de Paris du costé de S. Ger-
» main des Prez vers les Minimes de Chaillot,
» éloignez de la Ville & Fauxbourgs de deux
» traits d'arc & plus, à peine de confiscation &
» de bannissement hors du Royaume ; leur per-
» met neanmoins, aprés que leurs ouvrages sont
» achevez & hors de leurs infections, de les ap-
» porter vendre en la Ville, si bon leur semble.
» Il est pareillement défendu pendant ce mê-
» me temps à tous Pelletiers, Megissiers & Tein-
» turiers d'exercer leurs mestiers dans leurs mai-
» sons de la Ville & des Fauxbourgs ; leur en-
» joint de porter ou faire porter, pour les laver,
» leurs laines dans la riviere de Seine au dessous
» des Tuilleries ; leur défend de vuider leurs
» megies, leurs teintures ou autres semblables in-
» fections dans la riviere ; leur permet seulement
» de se retirer pour leurs ouvrages, si bon leur
» semble, au dessous de Paris vers Chaillot éloi-
» gné des Fauxbourgs de 2. traits d'arcs au moins,
» à peine de confiscation de leurs biens & mar-
» chandises & de bannissement du Royaume.
» Il est aussi défendu aux Tripieres de faire au-
» cun lavement de tripes, & aux Vendeurs & Dé-
» tailleurs de poisson aucun trempis de moruë au
» dedans de la Ville & des Fauxbourgs, sous
» les mêmes peines de confiscation & de ban-
» nissement.
» Le même Arrest défend enfin à toutes per-
» sonnes de jetter ou faire jetter ny dans le riviere
» sur les quais ou bords, aucunes ordures ou
» immondices, à peine pour la premiere fois
» d'amende arbitraire & de bannissement ; &
» pour la seconde fois, de confiscation de corps
» & de biens : & il enjoint au Prevost de Paris
» ou son Lieutenant d'y tenir la main

Une Ordonnance du Prevost de Paris du 9. Septembre 1631. réitere les défenses à toutes «
personnes de faire aucun trempis de moruës «
& salines dans la Ville, & leur enjoint de se «
retirer au Fauxbourg Montmartre.   «

§. IV. *Des précautions qui concernent les Maréchaux en particulier.*

Il leur est expressément enjoint & com- «
mandé par l'Arrest du 13. Septembre 1533. de «
faire les saignées des chevaux en un vaisseau, «
& d'en porter le sang dans les voiries hors la «
Ville & les Fauxbourgs : il leur est aussi dé- «
fendu pendant ce temps de maladie d'user de «
charbon de pierre ou de terre, à peine de pri- «
son & d'amende arbitraire.   «

§. V. *Eloigner l'infection qui pourroit provenir du transport, ou de la vente volontaire ou par Justice des meubles ou habits.*

L'Arrest de Réglement general en temps de
contagion du 13. Septembre 1533. défend à tou- «
tes personnes, à peine de confiscation de corps «
& de biens, d'apporter ou faire apporter en la «
Ville ou Fauxbourgs de Paris, des autres Vil- «
les ou lieux circonvoisins : & à tous Habitans «
de cette même Ville ou Fauxbourgs, de trans- «
porter ou faire transporter d'une maison ou «
chambres où quelqu'un seroit mort, ou auroit «
esté malade de contagion, en autre maison, «
chambres ou greniers, aucuns lits, couvertu- «
res, loudiers, courtes-pointes, drap de laines, «
serges, custodes ny autres choses susceptibles «
de mauvais air, soit que ces biens leur appar- «
tiennent par succession ou autrement : leur est «
enjoint les laisser aux mêmes lieux où la ma- «
ladie aura esté, jusqu'à ce qu'il leur ait esté «
permis par le Prevost de Paris ou son Lieute- «
nant, de les transporter ailleurs.   «
Il fait défenses sous les mêmes peines, à tous «
Frippiers, Priseurs de biens-meubles, Cou- «
turiers, Colporteurs, revendeurs, ou reven- «
deuses d'habits, & à tous autres de quelque «
estat ou condition qu'ils soient ; comme aussi «
à tous Sergens & Huissiers tant des Justices «
Royales que de celles des Seigneurs, de ven- «
dre ou d'exposer en vente en la Ville & Faux- «
bourgs de Paris, sous pretexte de vente de «
biens par justice, ou autrement, aucuns lits, «
couvertures, courtes-pointes, custodes, habits «
ou linge, & generalement, tous autres biens- «
meubles où le mauvais air se peut conserver. «
Le même Arrest défend à toutes personnes de «
mettre ou de faire mettre aucuns draps, har- «
des sur perches aux fenestres, ou à quelques «
autres endroits de leurs maisons, à peine d'a- «
mende arbitraire ; & ces mêmes défenses fu- «
rent réiterées par deux autres Arrests des 12. Juil- «
let 1553. & 2. Juillet 1561.
Il y eut des contraventions par des personnes Liv. noir neuf,
qui se passoient d'Huissiers pour faire les ventes fol. 107.
de biens, & qui les faisoient eux-mêmes ; ce
qui donna encore lieu à un Arrest du 7. Aoust
1585. par lequel il est défendu à toutes per- «
sonnes de quelque qualité & condition qu'el- «
les soient, de vendre dans les maisons à portes «
ouvertes aucuns meubles, à peine de deux «
cens écus d'amende & de punition corporelle; «
il enjoint au Procureur du Roy au Chastelet «
& aux Commissaires des quartiers d'y tenir la «
main.   «
Une Ordonnance du Prevost de Paris ou son Liv. du Juré
Lieutenant.   Crieur, f. 135.

Lieutenan Civil du treiziéme Juillet 1596. fait » défenses à tous Revendeurs d'habits, Colpor- » teurs & autres, d'expofer en vente, ou de » colporter par la Ville aucuns habits, linges, » ou autres hardes, à peine du foüet ; & or- » donne aux Commiffaires de les faire faifir par » les Prevolts de la Santé, & les faire mettre en » lieu détourné, qu'ils ne puiffent infecter les voifins.

Ibid. fol. 139. Par une Ordonnance de la Police generale te- nuë en la fale de faint Louis au Palais le troifié- » me Aoult 1596. il eft porté que pour prévenir » les inconveniens qui pourroient arriver par les » abus qui fe commettent à la vente des meubles, . » il fera furfis à toutes ventes de meubles jufqu'au » jour de faint Remy prochain, à l'exception » des bagues, joyaux, or, argent, eftain, fer, » cuivre, airain, & les meubles qui feront » executez faute de payement de la taxe des » Pauvres.

Cette même Ordonnance défend à tous Fri- » piers d'étaler ny de mettre aucuns habits pen- » dus à leurs auvents, en leurs boutiques, ny fur » ruës, à peine de la vie.

Ibid fol. 140. Une Ordonnance de la même affemblée tenuë en la fale de faint Louis le feptiéme Aoult 1596. » fait défenfes à toutes perfonnes de jetter par » les feneftres aucunes eaux, urines, emplaftres. » Elle défend auffi de fecoüer par les feneftres, » ou d'y expofer à l'air aucunes couvertures, » draps, ny habits, à peine de deux écus d'a- » mende.

Une Ordonnance de Police du Chaftelet de Paris du dix-neuviéme du même mois d'Aoult » 1596. fait défenfes à peine de la hart, à tous » ceux qui reçoivent & retirent en leurs maifons » des malades de quelque maladie que ce foit, » de vendre les meubles ou hardes qui leur au- » ront efté portées avec les malades, ny de » les tranfporter hors de leurs maifons, que par » Juftice il n'en foit ordonné. Elle fait auffi dé- » fenfe fous pareille peine, à toutes perfonnes » foit Fripiers ou autres de les-acheter ; & or- » donne que pour connoiftre les contraventions, » il en fera informé & publié monitoire ; & que » ceux qui recevront des malades en leurs mai- » fons, feront tenus d'en donner les noms & fur- » noms, & les lieux où ils les auront pris, au » Prevoft de la Santé. Elle ordonne enfin aux » Commiffaires, de faire faifir par les Prevolts » de la Santé & leurs Aides, les hardes & meu- » bles qu'ils fçauront avoir efté tirez des maifons » infectées de la maladie contagieufe, & de les » faire porter en la maifon du Fauxbourg S. Mar- » cel, établie pour recevoir les pauvres malades.

Ces mêmes défenfes furent reiterées par une **Ibid. fol. 148.** Ordonnance de Police du 30.Octobre 1596.à tou- » tes perfonnes en particulier aux Revendeurs » & Revendereffes, de vendre ny porter par la » Ville aucunes hardes, linges, habits, ny autres » meubles, fous peine de la hart, & à toutes per- » fonnes, même aux Fripiers d'en acheter fur » peine de cent écus d'amende & de punition » corporelle. Elle enjoint aux Prevofts de la » Santé, de fe trouver aux Halles & autres Places » publiques, aux jours & heures de marché, de » faifir les hardes, habits & linges qu'ils y trou- » veroient expofez en vente, & de conftituer » prifonniers ceux ou celles qu'ils trouveront en » contravention. Elle fait enfin défenfe fous la » même peine de la hart, à toutes perfonnes » de s'oppofer ny de faire aucun empêchement » aux Prevofts de la Santé & aux autres Officiers » qui executeront cette Ordonnance.

Par un Arreft du Parlement du ving-troifiéme Janvier 1597. fur la remontrance du Procureur General les Chambres affemblées, que la vente « de plufieurs meubles qui avoient efté apportez « des Villages circonvoifins, & d'autres meu- « bles de cette Ville, pouvoit caufer beau- « coup d'inconveniens dans ce temps de maladie: « La Cour fait défenfes à tous Sergens-Prifeurs, « Vendeurs, Revendeurs & Revendereffes, & à « toutes autres perfonnes de quelque qualité & « condition qu'elles foient, d'expofer en vente « publique ou autrement, en quelque forte que « ce foit aucunes hardes, ny autres meubles, & « aux gens de Village & à tous autres d'en appor- « ter en cette Ville, à peine de punition corpo- « relle. Il fait auffi défenfe au Prevoft de Paris ou « fon Lieutenant, de donner permiffion d'en fai- « re aucune vente en cette Ville, Fauxbourgs, « ou Villages voifins. «

Une Ordonnance de Monfieur Moreau Lieu- tenant Civil tenant la Police, du neuviéme Se- ptembre 1631. la Ville eftant encore affligée de la maladie contagieufe, fait défenfes à toutes « Revendereffes de vendre ny tranfporter aucuns « vieux habits ny hardes fur les ruës ny en la « Friperie, à peine de pri on & de punition cor- « porelle: elle ordonne aux Commiffaires du « Chaftelet, de fe tranfporter les Mercredis & les « Samedis en la Friperie, & d'y faire allumer « trois feux, pour y brufler toutes les hardes « qui s'y trouveront expofées en vente par les « Revendereffes. Elle fait auffi défenfe à tous « Sergens, à peine de confifcation & de cent livr. « d'amende, de faire aucune vente de meubles « fans la permiffion de ce Magiftrat, laquelle « permiffion il n'accordera que fur les certificats « des Commiffaires des quartiers. «

Par une autre Ordonnance de Monfieur de Laffemas Lieutenant Civil du dixiéme Septem- bre 1638. en femblable occafion de maladie ; il eft fait défenfes à toutes perfonnes de ven- « dre & colporter par la Ville, Places-publi- « ques, ny dans la Friperie aucuns vieux habits, « hardes, linges ny haillons, à peine du foüet : « elle ordonne aux Commiffaires de fe faire « affifter de nombre fuffifant de Sergens, & de fe « tranfporter les jours de Marché à la Friperie, « pour y faire brufler toutes les vieilles hardes & « linges qu'ils y trouveront expofez en vente par « les Revendereffes.

§. VI. Précautions contre les tentures de deüil aux Eglifes.

L'Arreft du Parlement du treiziéme Septem- bre 1533. fait défenfes pendant le temps de « la contagion, & jufques à ce que le danger « de cette maladie foit ceffé, à tous Jurez-Crieurs « & à toutes autres perfonnes de quelque état ou « condition qu'elles foient, de tendre ou faire « tendre aux Eglifes, ny aux portes des maifons « aucuns draps noirs, ou autres, foit aux enter- « remens ou aux Services funebres, à peine de « privation de leurs Charges, confifcation des « draps, & de leurs autres biens ; ces mêmes dé- « fenfes furent renouvellées par un Arreft du 2. « Juillet 1561.

§. VII. D'éloigner l'infection qui peut eftre caufée par les pauvres Mendians.

L'infection que fait ordinairement le grand concours de pauvres Mendians, a efté regardée de tout temps comme l'une des caufes les plus certaines des maladies contagieufes ; c'eft pourquoy l'on a toujours pris grand foin, lorfque cette calamité arrive, de faire ceffer autant qu'il a efté poffible la mendicité ; cela eft trop évident pour avoir befoin d'eftre beaucoup approfondi ; un feul exemple ou deux nous fuffit.

Les guerres civiles qui troublerent la France fous le Regne d'Henry III. ayant beaucoup épuifé les Provinces, la Ville de Paris fe trouva remplie de pauvres habitans de la Campagne, qui eftoient venus s'y refugier, & qui n'avoient point d'autres talens pour vivre que celuy de la mendicité : le nombre en fut fi grand, qu'ils y cauferent enfin par l'infection qu'ils y apporterent, la plus violente contagion qui s'y fût fentie depuis plufieurs fiecles. Le Procureur General du Roy fit fur cela fes remontrances au Parlement, & dit qu'il ne faloit point chercher d'autres caufes de cette dangereufe maladie, que ce grand concours de Mendians qui eftoient venus de la Campagne, & qui s'avoient apportée à Paris : cela donna lieu à deux Arrefts pour y pourvoir, l'un du 29. Aouft & l'autre du vingt-quatriéme Octobre 1596. Ils portent après avoir oüi les Officiers du Chaftelet, une injonction tres-expreffe à tous vagabons, gens fans » Maiftres & fans aveu, & à tous pauvres vali- » des qui n'eftoient de Paris, d'en fortir dans » 24. heures, & de fe retirer chacun aux lieux » de leur naiffance, à peine d'eftre pendus & » étranglez fans forme ny figure de procés : il » ordonne qu'afin qu'ils foient reconnus ils fe- » ront rafez ; que pour empêcher qu'ils n'y re- » viennent, ou qu'il n'y en arrive d'autres, il » fera commis à chacune des portes de la Ville, » deux Archers de Ville qui feront tenus de » demeurer aux entrées & avenuës des portes » avec leurs cafaques depuis le matin jufqu'au » foir, fans qu'ils puiffent eftre troublez ou em- » pêchez par ceux qui commandoient aux por- » tes ; il leur eft enjoint au contraire de leur prê- » ter main-forte.

Un Arreft du Parlement de Normandie du feiziéme Novembre 1622. toutes les Chambres affemblées, contient le même motif, & à peu prés les mêmes difpofitions que celuy de Paris ; » il porte que le nombre exceffif des pauvres » mendians qui venoient de tous cotez à Roüen, » eftoit la principale caufe du mal contagieux » dont cette Ville eftoit affligée : qu'eftant ne- » ceffaire d'y remedier, il ordonne que les ha- » bitans de chacune Paroiffe des Villes, Bourgs » & Villages de la Province, nourriront leurs » pauvres ; il fait défenfes à tous pauvres vali- » des & invalides, de vaguer & de mendier par » la Ville, dans les Eglifes, les ruës & places » publiques, ou les maifons particulieres, à » peine de punition corporelle, il leur enjoint » de fortir de la Ville dans vingt-quatre heures, » & de fe retirer au lieu de leur naiffance ou » de leurs demeures ; à peine pour la premiere » fois d'eftre rafez, & s'ils y reviennent, que les » hommes feront envoyez aux Galeres, & les » femmes punies corporellement ; il ordonne » enfin que pour leur empêcher l'entrée de la » Ville, il fera par les Echevins nommé & pré- » pofé deux Bourgeois de mois en mois, pour » garder les portes.

§. VIII. *Des moyens que l'on employe pour rafraichir & pour purifier l'air en temps de contagion.*

En éloignant par toutes les voyes qui vien-

nent d'eftre expliquées, les caufes qui peuvent infecter & corrompre l'air, l'on cherche auffi en même temps les moyens de le rendre plus falubre ; les deux plus generaux & prefque les feuls qui font en noftre pouvoir, confiftent à le rarefier par les feux, & le rafraichir par l'eau.

L'ufage de faire des feux pour fe garantir ou fe guerir du mal contagieux eft fort ancien, nous l'avons déja dit ; Acron Medecin plus ancien qu'Hippocrate, n'employa point d'autre remede, pour faire ceffer la pefte qui affligeoit la Ville d'Athenes, que de tenir toujours un bon feu allumé dans les chambres des malades. Plutar. d'Ifis, & Ofiris.

Ce remede a efté auffi connu à nos Anciens, & ils n'ont point negligé de s'en fervir ; ils ont auffi quelquefois dans les chaleurs exceffives employé le remede contraire, c'eft-à-dire, rafraichi l'air avec de l'eau.

Un Arreft du Parlement de Toulouze du 7. Septembre 1529. la Ville eftant affligée de contagion, fit un grand Reglement de tout ce qui devoit eftre obfervé pour remedier à cette calamité : il ordonne entre autres chofes tres-expreffément, qu'il fera fait des feux le foir & le matin dans toutes les ruës de la Ville. Biblioth. du Droit Franç. tom. 2. p. 236.

Une Ordonnance de Police du Chaftelet de Paris du dix-huitiéme Juillet 1596. enjoint à tous Bourgeois, Chefs d'Hoftel, de fournir du « bois deux fois la femaine, fçavoir le Diman- « che & le Jeudy chacun en leur dizaine, pour « faire des feux dans les ruës, purifier l'air, & « en chaffer la corruption. «

Par une Ordonnance de l'Affemblée generale de Police tenuë en la Chambre de faint Louis au Palais le troifiéme Aouft 1596.il eft enjoint à tou- tes perfonnes de jetter de l'eau devant fa porte « dans le ruiffeau, & de faire des feux dans les « ruës aux jours qui eftoient ordonnez, à peine « de dix écus d'amende. «

Une autre Ordonnance de Police du Chaftelet du neuviéme Septembre 1631. la Ville de Paris eftant encore affligée de pefte, enjoint à tous « les Bourgeois & habitans de jetter de l'eau « deux fois le jour devant leurs maifons à fix « heures du matin, & à pareille heure du foir. «

§. IX. *Interdire l'ufage des eftuves publiques en temps de contagion.*

Rien ne feroit plus dangereux à la fanté que d'aller refpirer l'air infect des eftuves, où des gens attaquez de maladie contagieufe, ou qui auroient même quelques-autres indifpofitions malignes dans les humeurs, viendroient de fuer : c'eft pourquoy une Ordonnance du Prevoft de Paris du feiziéme Novembre 1510. dans un tems de contagion, défend à tous les habitans « d'aller aux eftuves, & aux Eftuviftes de chau- « fer leurs eftuves qu'après la Fefte de Noël lors « prochaine ; à peine d'amende arbitraire. Ces « mêmes défenfes font réiterées par l'Arreft du « Parlement le treiziéme Septembre 1533. à pei- ne contre les Eftuviftes de punition corpo- « relle. Et un autre Arreft du deuxiéme Juillet 1561. étend fes défenfes fous les mêmes peines, jufqu'à ce que le danger de la pefte foit entiere- ment ceffé. r.

CHAPITRE VIII.

De la Quarantaine, & de la difcipline qui doit eftre obfervée par les Convalefcens de la maladie contagieufe, & par les gens de leurs Maifons, pour ne point infecter les autres.

Liv. gris, f.83. UNE Ordonnance de Police du Prevoft de Paris du feizième Novembre 1510. enjoint
» à toutes perfonnes qui ont efté malades de
» contagion, & à toutes celles de leurs familles,
» de porter à leur main en allant par la Ville,
» une verge ou bafton blanc, à peine d'amende
» arbitraire ; & l'Arreft du Parlement du 13.
Septembre 1533.qui regle tout ce qui doit eftre obfervé dans cette calamité publique, contient la même difpofition.

Par un Arreft du Parlement du 2.Juillet 1561. il eft défendu aux Gouverneurs de l'Hoftel-Dieu de laiffer fortir les malades pour aller en Ville, qu'ils ne foient entierement gueris.

Les défenfes aux Convalefcens & à leurs domeftiques ou gens de leurs maifons d'aller par la Ville, fans avoir à leur main une baguette blanche, furent réiterées par une Ordonnance du Chaftelet de Paris du vingt-neuvième Juillet 1596. & cette Ordonnance y ajoufta, qu'ils feroient tenus de porter cette marque pendant quarante jours.

L'on reconnut dans la fuite que cette précaution d'un fignal pour diftinguer d'avec les autres les Convalefcens de cette maladie, n'eftoit pas fuffifante, & qu'il y avoit toujours beaucoup de rifque à leur donner cette liberté de fortir; cela donna lieu à une Ordonnance du Prevoft de Paris, du cinquième Octobre 1596. Elle fait
» défenfes à toutes perfonnes qui auront efté ma-
» lades de pefte en quelque lieu que ce foit,
» d'aller ny fe trouver par la Ville, foit avec une
» verge blanche ou autrement, qu'il n'y ait qua-
» rante jours expirez depuis leur guerifon. Elle
» défend auffi à ceux qui auront eu cette mala-
» die en leurs maifons, d'en fortir & d'aller par
» la Ville, qu'ils n'ayent auparavant apporté au
» Magiftrat de Police un certificat du Commif-
» faire de leur quartier, & de fix de leurs plus
» proches voifins, qu'il y a quarante jours qu'ils
» font gueris : qu'à l'égard de ceux qui auront
» efté malades tant à l'Hoftel-Dieu qu'à la Mai-
» fon de la rue des Vignes au Fauxbourg faint
» Marcel ou autres lieux, il leur eft pareillement
» défendu d'en fortir & de vaguer par la Ville,

qu'aprés quarante jours de leur guerifon, dont «
ils feront tenus d'apporter un certificat. «

Cette même Ordonnance défend à tous ceux «
qui ont eu, ou ont encore cette maladie, de fe «
tenir fur les grands chemins & fur les avenuës «
de cette Ville de Paris, foit pour y demander «
l'aumône, ou fous quelqu'autre prétexte que «
ce foit, à peine d'eftre fuftigez par les Carre- «
fours : elle enjoint aux Prevofts de la Santé & «
à leurs Aides d'y tenir la main, & d'emprifon- «
ner les contrevenans pour eftre rigoureufement «
punis & chaftiez. «

Elle enjoint au Portier de l'Hoftel-Dieu de «
contenir les malades, & luy défend de les «
laiffer fortir qu'ils ne foient entierement gueris, «
de laquelle guerifon celuy qui tient le regiftre «
des malades, fera tenu de donner certificat, à «
peine d'amende arbitraire. «

Il y eut des mendians vagabonds qui affecte-
rent quoique fains, & qu'ils n'euffent eu aucune maladie contagieufe, de fe tenir fur les chemins & aux avenuës de Paris, tenant à leur main des baguettes blanches ou des mouchoirs, pour attirer davantage la compaffion, & des aumônes plus abondantes ; cela leur fut défendu à peine d'eftre emprifonnez par les Archers du Prevoft de la Santé, & punis corporellement.

La maladie contagieufe commençant à fe faire fentir en quelques Provinces, il fe répandit un bruit à Paris au mois de Juillet 1668. qu'un homme arrivé depuis peu de jours d'un Pays fufpect, eftoit decedé dans une maifon rue de la Parcheminerie avec beaucoup de foupçon, que ce ne fuft de cette dangereufe maladie : il n'y avoit, graces au Ciel, aucun autre femblable foupçon dans la Ville ; cependant comme en cette matiere il n'y a rien à negliger, & qu'il eft de la prudence de s'oppofer aux plus foibles commencemens, le Magiftrat aprés s'eftre rendu certain du fait, fit fermer la maifon où eftoient les perfonnes qui avoient eu communication avec ce malade, & pourvût à leur fubfiftance, & le Parlement rendit à cette occafion l'Arreft qui fuit.

7.Juill.1668.
Arreft du
Parlement qui
établit une
Maifon de
Santé pour
faire quaran-
taine par les
gens foupço-
nez de mal
contagieux
publié le 9.
du même
mois.
SUR ce qui a efté remontré à la Cour par le Procureur General du Roy, qu'y ayant eu quelques perfonnes attaquées de la maladie contagieufe en cette Ville, il eftoit neceffaire de faire
mettre inceffamment dans un lieu feparé ceux qui avoient eu quelque communication avec eux, &
que comme il n'y avoit point de lieu deftiné pour cet effet, on avoit vifité une maifon appartenante à
Monfieur Mufnier Prefident, confiftant en quelques corps de logis & jardin de cinquante écus
par chacun an, fife au haut de la Courtille, avec un enclos de trois arpens, laquelle auroit efté
trouvée fort propre pour ce deffein, tant à caufe de la fituation airiée, que de la proximité de
l'Hôpital de faint Louis, à quoy il eftoit neceffaire de pourvoir ; la matiere mife en deliberation : LA COUR a ordonné & ordonne, que les perfonnes qui ont eu communication avec
lefdits malades, feront inceffamment conduites en ladite maifon pour y faire leur quarantaine,
leur fait défenfes d'en fortir & de communiquer avec aucunes perfonnes de dehors, à toutes
perfonnes de les aller vifiter pendant ledit temps, à peine de la vie ; Ordonne en outre que les
Proprietaires & Locataires de ladite maifon fe retireront pardevant le Prevoft des Marchands &
Echevins de cette Ville, pour leur eftre pourvû fur leur indemnité. Fait en Parlement le 7.Juillet
1668. Signé, ROBERT.

Les Officiers du Guet que le Magiſtrat de Police commanda pour l'execution de cet Arreſt, apprehendant de s'expoſer au danger de la maladie, voulurent s'en excuſer ſur ce que cette fonction eſt ordinairement commiſe aux Prevoſts de la Santé & à leurs Archers ; le Magiſtrat donna avis de cette difficulté au Parlement, & la Cour la décida par cet Arreſt.

9. Juill. 1668. Arreſt du Parlement, qui enjoint aux Officiers du Guet, & à tous autres d'executer les Ordres du Lieutenant de Police.

SUR ce qui a eſté remontré à la Cour par le Procureur du Roy, que le Lieutenant de Police ayant ordonné à quelques Officiers de la Compagnie du Chevalier du Guet, de ſe trouver Samedy au ſoir, pour conduire avec les précautions neceſſaires en un lieu deſtiné à la Quarantaine, quelques perſonnes ſuſpectes d'avoir eu communication avec un homme mort du mal contagieux en cette Ville, ils n'y auroient pas obéi, quoy qu'ils ſoient obligez par leur devoir de preſter main-forte pour l'execution de ſes Ordonnances en toute ſorte de temps, mais principalement en celuy-cy, où la prompte execution des ordres de Police eſt neceſſaire pour empêcher la ſuite du mal que l'on a ſujet d'apprehender, & où n'ayant pas les Officiers particulierement deſtinez à ces ſortes d'emplois, il eſtoit abſolument neceſſaire d'y employer toutes ſortes de perſonnes qui pouvoient eſtre utiles au public. La matiere miſe en deliberation ; LA COUR a ordonné & enjoint aux Officiers, Archers du Guet & tous autres de cette Ville de Paris de preſter main-forte, & d'executer ſans délay les Jugemens & ordres du Lieutenant de Police ; à peine d'interdiction, & ſous plus grande peine, ſelon l'exigence des cas. Fait en Parlement le neuviéme Juillet 1668. Signé, ROBERT.

CHAPITRE IX.

De l'inhumation des corps morts de contagion, & des moyens que l'on employe pour purifier les maiſons qui ont eſté infectées de cette maladie, ſoit aprés la convaleſcence, ſoit aprés la mort des malades.

Biblioth. du Droit Franç. tom. 1. p. 936.

UN Arreſt du Parlement de Touloùze du ſeptiéme Septembre 1529, porte que les » corps morts de peſte ſeront promptement en- » ſevelis, qu'ils ſeront mis dans une biere ou » autrement, en ſorte qu'ils ne cauſent point d'in- » fection ; qu'ils ſeront enterrez de nuit, & qu'on » portera devant ces corps une torche allumée, » afin que les perſonnes ſaines appercevant cette » lumiere, s'en puiſſent détourner.

L'Arreſt de Réglement general du Parlement de Paris du treiziéme Septembre 1533. ordonne » que pour enlever les corps des perſonnes qui » feront decedées de la contagion, les inhumer, » remuer & déplacer leurs meubles, les tranſ- » porter où il ſera ordonné, nettoyer les lieux, » tenir les feneſtres des maiſons ouvertes, fermer » les portes, & y attacher des Croix, il ſera » député des gens de chaque Paroiſſe par le Com- » miſſaire du quartier, appellé avec luy deux » Marguilliers, & que ceux qui ſeront ainſi » deputez, auront chacun dix livres pariſis » par mois.

» Le même Arreſt ordonne qu'en chaque quartier » ſera pris par le Commiſſaire quatre Sergens à » verge, pour avoir l'inſpection ſur ceux qui » auront eſté choiſis pour toutes ces fonctions, » & les obliger de s'en acquitter exactement ; » auſquels Sergens ſera payé pour leurs ſalaires, » ce qui ſera taxé par le Prevoſt de Paris, ou » ſon Lieutenant ; c'eſt qu'en ce temps il n'y » avoit point encore à Paris de Prevoſts de la » Santé ; l'uſage en avoit établi dans les Provin- » ces Meridionales les plus expoſées au mal » contagieux, & l'on ne commença de s'en ſer- » vir à Paris qu'en l'année 1596. avant ce temps » l'on avoit recours à des gens deputez par les » Commiſſaires en chaque Paroiſſe, & aux » Sergens à verge, comme il eſt porté par cet » Arreſt.

Un Arreſt de la Cour du deuxiéme Juillet » 1561. ordonne aux Marguilliers des Paroiſſes » de Paris, de nommer un Folloyeur pour inhu- » mer les corps decedez de la contagion aux dé- pens de la Fabrique, & il eſt défendu à ces « Folloyeurs d'inhumer d'autres corps, ny de « converſer aucunement avec les perſonnes « ſaines.

Par l'Ordonnance d'une Aſſemblée generale de Police tenuë au Chaſtelet de Paris le trentié- me Juillet 1596. au ſujet de la maladie conta- gieuſe dont la Ville eſtoit alors affligée : Il eſt « ordonné que les malades eſtant venus à conva-« leſcence, ſeront tenus de faire des feux tant « dans la cour, que dans toutes les chambres « de leurs maiſons, pendant l'eſpace de quarante « jours pour purger le mauvais air, & qu'ils « feront auſſi tenus d'en éventer les hardes & les « meubles. «

Que ſi les gens de la maiſon ſont decedez, « & qu'elle ſoit abandonnée, les Prevoſts de la « Santé, ſeront tenus d'y mettre des gens pour y « faire des feux, éventer & nettoyer la maiſon aux « dépens des Proprietaires. «

Qu'à l'égard des corps de ceux qui ſeront « decedez de cette maladie, les Prevoſts de la « Santé ſeront tenus de les faire enlever de nuit, « ſeulement par les gens qui avoient eſté depu-« tez pour ce ſervice, pour eſtre ces corps por-« tez & enterrez au Cimetiere de la Trinité, ou « autres Cimetieres, ainſi que plus commo-« dément & avec moins de danger faire ſe « pourra. «

Cette même Ordonnance défend à toutes « perſonnes de quelque qualité & condition « qu'elles ſoient, de porter en terre de jour, les « corps de ceux qui ſeront decedez de la mala-« die contagieuſe : elle défend même & ſpecia-« lement aux Preſtres de l'Hoſtel-Dieu, de con-« duire de jour aux Cimetieres les corps des de-« cedez, de quelque maladie & de quelque lieu « que ce ſoit.

Une Ordonnance de Police du Chaſtelet du 11. Octobre 1627. dans un pareil temps, con-tient une remontrance du Procureur du Roy, ſur laquelle elle fut renduë, qui fait connoiſtre combien cette facilité d'inhumer des corps la
nuit

nuit devenoit dangereuse à la sûreté publique; & combien de meurtres & d'autres crimes se cachoient sous cette couverture : cette remon-
» trance porte que plusieurs personnes incon-
» nuës portoient de nuit en differens Cimetie-
» res des corps qu'ils disoient estre morts de ma-
» ladie contagieuse ; que sous ce pretexte les
» Fossoyeurs les enterroient sans autre examen :
» que cependant l'on avoit eu avis que quel-
» ques-unes de ces personnes avoient esté tuées,
» étouffées ou étranglées ; & que ces enterremens
» nocturnes empêchoient que l'on ne sçût qui
» estoient ceux dont on enterroit les corps, ny

ceux qui les avoient fait montrir : Sur cette remontrance le Magistrat de Police fit défenses «
d'enterrer aucuns corps la nuit qu'en la pre- «
sence du Prevost de la Santé, à peine de la vie. «
Par une autre Ordonnance du même Magistrat du 8. Octobre 1631. il est défendu à tous «
Fossoyeurs de la Ville, & des Fauxbourgs de «
Paris de recevoir aucuns corps pour enterrer «
nuitamment, sans y appeller le Prevost de la «
Santé, & en sa presence, à peine de punition «
corporelle, & de quatre-vingt livres parisis «
d'amende. «

CHAPITRE X.

Des Taxes & Aumônes des Habitans & Bourgeois, pour estre em-ployées aux dépenses qui sont necessaires en temps de contagion.

LE Réglement general du Parlement du 13.
» Septembre 1533. ordonne, que pour le paye-
» ment des quatre Sergens nommez par les Com-
» missaires des quartiers , pour faire attacher les
» Croix aux maisons infectées de la contagion,
» faire enlever les corps, faire nettoyer & ae-
» rier les maisons, il seroit mis deux cens livres
» parisis entre les mains de telle personne qui
» seroit ordonnée par le Prevost de Paris ou
» son Lieutenant, pour acquitter ce qui seroit
» le plus pressé de cette dépense, & que le Pre-
» vost des Marchands & Eschevins seroient te-
» nus d'en avancer le premier quartier.
Un Arrest de la même Cour du 2. Juillet 1561.
» ordonne que les gages des huit Medecins de-
» putez pour traitter les malades de la conta-
» gion, seroient payez par le Prevost des Mar-
» chands & Eschevins.
Sur la remontrance faite au Parlement le 2.
Juillet 1561. par le Procureur General, que le
jour precedent il avoit esté resolu en l'Assemblée generale de Police tenuë en la Salle de S.
Loüis, de se servir de plusieurs moyens pour
remedier au danger de la maladie contagieuse ; que cela ne se pouvoit faire sans une
grosse dépense, tant pour l'achapt des maisons
pour la retraite & l'habitation des malades, que
pour les remedes, les Medecins, les Chirurgiens
» & les autres frais : La Cour ordonna que les
» Habitans de Paris de quelque qualité qu'ils
» fussent, payeroient trois années des sommes
» ausquelles ils sont cottisez par le Bureau pour
» l'aumône ordinaire des pauvres ; qu'il seroit
» declaré executoire contre ceux qui refuseroient
» à payer, sans neanmoins aucun retardement de
» ce qu'ils devoient de reste, tant de l'aumône
» ordinaire, que de la levée extraordinaire qui
» avoit esté ordonnée l'année precedente.
Un Arrest du Parlement de Normandie du 16.
» Novembre 1622. ordonne, que pour subvenir
» à la nourriture, loges, bastimens & autres ne-
» cessitez des pauvres malades de la contagion,
» en attendant qu'il y ait esté pourvû par la li-
» beralité du Roy, & autres moyens; il sera pris
» & levé sur les gages de chacun President de
» cette Cour, 108. liv. Conseillers & Gens du
» Roy 60. liv. Conseillers Honoraires 60. liv.
» Grefliers Civil & Criminel, Receveur des amen-
» des, Payeurs des gages, moitié moins : les

Avocats, Procureurs, telle somme qui sera «
arbitrée par les Syndics de leur Compagnie, «
appellez avec eux quatre des Anciens , & que «
les autres Compagnies superieures, comme aus- «
si l'Archevêque & Chapitre de Roüen, les Ab- «
bé de S. Oüen, Prieurs de saint Lo, Grand- «
mont & autres Colleges & Communautez, «
Thresoriers Generaux, Officiers de Finances, «
Secretaires du Roy, Officiers de la Chancel- «
lerie, Table de marbre, Presidial & Vicomté, «
Avocats & Procureurs en ces Sieges, les Con- «
seillers, Eschevins & 24. du Conseil de la Vil- «
le de Roüen en leurs noms privez ; les Prieur «
& Consuls des Marchands, Officiers en l'Elec- «
tion & Magasin à sel, seront conviez & exhor- «
tez à cette contribution, selon ses taxes qu'ils «
seront chacun en leur Corps & Compagnie, «
pour estre tous les deniers procedans de ces «
taxes mis és mains des Administrateurs de l'Hô- «
tel-Dieu & Maison de Santé, & employés «
aux necessitez publiques. Sera le Roy tres-hum- «
blement supplié de vouloir accorder Lettres «
d'Authorisation de ces taxes, & ordonner que «
ceux qui ne voudront pas y contribuer volon- «
tairement seront taxez & cottisez par la Cour, «
& les taxes executées nonobstant oppositions «
ou appellations quelconques, & sans y préju- «
dicier. «
Arrest du Parlement du 12. Aoust 1623. qui «
ordonne, que tous les deniers de l'aumône vo- «
lontaire faite par les Corps & Communautez «
de Paris, pour le soulagement des pauvres «
malades de la contagion, seront mis par les «
personnes qui les auront reçûs és mains de Me «
Pierre Parfait alors Receveur general de l'Hô- «
tel-Dieu, pour estre ces deniers par luy dis- «
tribuez, ainsi qu'il sera avisé en l'Assemblée «
generale de Police. «
Arrest du Parlement du 12. Septembre 1631. «
qui ordonne, que par les Commissaires du Chas- «
telet & les Commissaires des pauvres il sera «
fait une nouvelle levée pour cette année-là , «
semblable à celle cy-devant levée, à laquelle «
les contribuables seront contraints par toutes «
voyes düés & raisonnables, & les deniers en «
provenans mis és mains du Receveur de l'Hô- «
tel-Dieu, pour estre employez aux necessitez «
des pauvres malades de la contagion de la Mai- «
son de saint Marcel. «

Arresté

Arresté de la Chambre des Comptes du 11.
» Octobre 1631. que par Messieurs les Presidens
» de Merly & de Versigny, il sera mis au lieu
» de leurs festins, chacun 1200. liv. sçavoir moi-
» tié entre les mains du Receveur de l'Hôtel-
» Dieu, & l'autre moitié entre les mains du Re-
» ceveur general des pauvres ; lesquels deniers
» seront employez aux frais concernans les ma-
» lades de la contagion, par les Ordonnances du
» Sieur Lieutenant Civil.

A l'égard de Paris, depuis l'establissement des
Hôpitaux de S. Loüis & de S. Marcel, ou de
sainte Anne, & l'attribution à perpetuité de
cinq sols sur chaque minot de sel, par les Lettres Patentes du mois de May 1607. C'est cette
Maison qui a esté chargée de toute la dépense
qui concerne l'interieur de ces deux Hôpitaux,
& qui doit y entretenir & faire panser tous les
malades que l'on y envoye, ou qui s'y retirent. C'est elle aussi pour le dehors qui paye les
gages des Chirurgiens, des Prevosts de la Santé
& de leurs Archers ; mais il y a beaucoup d'autres dépenses qui se doivent consommer dans la
Ville hors les Hôpitaux, ausquelles il est necessaire de pourvoir, soit par des impositions, soit
par des charitez. Un Memoire qui fut fait à
l'occasion de la maladie contagieuse dont cette
Ville fut affligée en 1631. fait connoistre le détail de ces dépenses ; & comme il donne aussi
quelques lumieres sur la discipline qui s'observe en ces tristes conjonctures, nous le rapporterons icy en son entier.

*Charges à quoy la Maison de l'Hostel-Dieu de Paris
est tenue pour les necessitez de la maladie contagieuse, outre la dépense qui se fait dans les Hospitaux
de saint Loüis & de saint Marcel.*

Premierement.

Pour les gages d'un ou de deux Chirurgiens
qui sont establis dans la Ville par Monsieur le
Lieutenant Civil pour panser les malades qui
sont dans cette Ville & Fauxbourgs, à chacun
cent livres par mois.

Aux deux Prevosts de la Santé, à chacun soixante livres par mois.

A huit Archers qui servent sous les Prevosts, à chacun trente livres par mois.

*Charges & frais necessaires à quoy l'Hostel-Dieu
n'est tenu.*

Pour les gages de deux Serruriers qu'il est
necessaire d'avoir, l'un pour la Ville, & l'autre
pour la Cité & Université, afin de fermer les
maisons infectées de la maladie, à chacun
trente livres par mois, qui est par an, sept cens
vingt livres ; cy   720. l.

Pour les fermetures, cadenas & bandes de fer,
qui seront fournies par les deux Serruriers,
par chacun an la somme de   1200. l.

Pour le loyer de quatre maisons servans à loger deux Chirurgiens, & les deux Serruriers ;
ensemble les huit Archers des Prevosts ; deux
desquelles maisons servent de prison pour mettre ceux qui font rebellion & ne veulent permettre que l'on ferme leurs portes ; huit cens
livres, cy   800. l.

Pour le loyer de deux autres maisons pour
loger des Prevosts de la Santé qui ne
communiquent que de loin avec les Archers,
300. liv.

Pour achetter quatre chevaux aux deux Chirurgiens & aux deux Prevosts, afin de faire plus
de diligence,   400. l.

Pour les gages de deux personnes, pour nettoyer & airer les maisons infectées de contagion,
assistez de leurs gens ; à chacun trente livres par
mois, qui est par an sept cens vingt livres ;
cy   720. l.

Pour le loyer de deux maisons pour loger
les nettoyeurs & aireurs, trois cens liv. cy, 300. l.

Pour achetter deux couches de bois, paillas-
ses, matelats, draps, couvertures & autres ustanciles necessaires pour les Chirurgiens, Archers, Serruriers & aireurs, même pour avoir
des casaques pour les Archers, douze cens
livres ; cy   1200 l.

Somme par année, 5640. liv.

Plus pour aider à subvenir à nourrir & retirer grande quantité de pauvres gens & enfans,
desquels les peres & meres sont portez aux Hospitaux, & par ce moyen ne peuvent gagner ny
chercher leur vie, telle somme qui sera avisée,
pour estre mise entre les mains d'un notable
Bourgeois de cette Ville, & estre par luy delivrée sur les Ordonnances des Commissaires du
Chastelet, ainsi qu'il a esté cy-devant fait.

*Sommes dûës aux cy-après nommez à cause de la
contagion.*

Premierement.

A Me Charles Gallyot Procureur au Chastelet de Paris, la somme de dix-huit cens livres
pour les loyers d'une maison sise proche la Porte du Temple où estoit logé le Chirurgien de
la Santé ; cy,   1800. l.

A la Veuve le Secq pour les loyers d'une autre maison proche la même Porte du Temple qui
sert de prison, & où l'on loge les Serruriers de
la Santé ; cy,   600. l.

A Pierre Fusquet Serrurier qui a fermé à la
contagion, deux cens livres ; cy,   200. l.

A la Veuve d'Adrien Vaduret aussi Serrurier,
huit cens livres ; cy,   800. l.

A Olivier Huart à present Serrurier, 900. l.

Pour les loyers de la maison du Prevost de
la Santé depuis quatre ans,   400. l.

A le Mercier Sergent à Verge au Chastelet
de Paris, la somme de   400. l.

Somme, 5100. liv.

CHAPITRE XI.

Des Preservatifs contre la peste ; & des Parfums pour purifier & airer les maisons qui en ont esté infectées.

Quoique cette matiere soit plus du ressort de la Medecine que de la Police, il n'est pas neanmoins, ce semble, permis aux Magistrats de l'ignorer. Ils peuvent dans une infinité d'occasions qui interessent la santé publique, avoir besoin de cette connoissance pour n'estre point trompez, soit par ceux qui fournissent les drogues, soit par ceux qui les employent : on ne peut du moins disconvenir que c'est à eux à procurer que tous les lieux de leur Jurisdiction, où ce secours est necessaire, en soient suffisamment pourvûs. En vain auroient-ils ordonné toutes ces précautions portées par les Réglemens qui viennent d'estre parcourus dans les Chapitres precedens, si par negligence les moyens de les mettre en usage venoient à manquer.

§. I. Des Preservatifs.

Entre les Preservatifs en voicy quelques-uns de ceux que l'on prétend avoir esté les plus experimentez.

Porter pour l'odorat un citron piqué de clous de girofle, une racine d'angelique, de la rüe, quelqu'autre herbe forte, ou une éponge imbibée d'un vinaigre composé ; ne porter que l'un de ces preservatifs à la fois, & en changer d'une semaine à l'autre, parce que la nature estant accoutumée à un même remede, il ne produit plus d'effet.

Ne point porter sur soy de musc ny de senteurs douces ; ne sortir jamais à jeun & sans avoir pris un demi verre de vin, prendre aussi quelquefois de la theriaque ; mais comme elle échauffe, le meilleur est de ne la prendre que lors qu'on se croira en danger.

Il faut, autant qu'on le peut, s'habiller de soye, de camelot ou de toile, & non pas d'étoffe couverte de laine, où le mauvais air s'attache plûtost.

Pour composer le vinaigre preservatif, il faut prendre des racines de tormentille, dictame, calamen aromatique, de la gentiane, de l'écorce de citron, de l'aristoloche longue, de chacune demie once ; racines de zedoaria & d'angelique, de chacune une once ; des feüilles de rüe seche, une demie once ; des sommitez d'absinte commune ou vulgaire, des roses rouges, de chacune deux dragmes ; macis, cloux de girofles, de chacun trois dragmes & demies ; racine de enula campana, bayes de laurier, des graines de genievre, de chacune trois dragmes ; il faut faire infuser le tout dans neuf pintes de vinaigre, & le garder pour s'en servir.

Autre Preservatif.

Fleurs de soufre, une once ; trochisques de viperes, six dragmes ; poudre diachodon, une dragme ; poudre diamargaritum frigidum, une dragme; confection d'hyacinte, une dragme ; confection d'alkermes, une dragme. L'on en formera des tablettes avec une livre de sucre fin cuit avec l'eau de scorsonnere ou de chardon

Tome I.

benit, & on les couvrira de feüilles d'or. L'on en prendra trois fois la semaine une dragme le matin : que si l'on a frequenté des infectez, il en faut prendre deux dragmes le soir, se mettre au lit pour bien suer, & une heure aprés prendre un boüillon.

Autre preservatif que l'on peut prendre estant obligé de demeurer avec les pestiferez.

Fleurs de soufre, sept dragmes ; camphre, un scrupule ; poudre diachodon, une dragme ; il en faut former aussi des tablettes avec quatorze onces de sucre fin que l'on cuira en eau de scabieuse, & on couvrira les tablettes de feüilles d'or. Chaque prise sera d'une dragme, la tenir dans sa bouche & l'y laisser fondre.

Autre preservatif en forme d'opiat fort specifique & experimenté.

Racine d'angelique, deux onces ; racine d'imperatoire, de valeriane, de bistorte, de tormentille, de dictame blanc, de gentiane, de calamus aromaticus, & carline, de chameleon blanc, d'aristoloche longue, de consolida major, de scordium, une once de chacune ; semence de chardon benit, une once. Mettre toutes ces racines & cette semence en poudre, y ajouter de la theriaque, de la confection d'alkermes, & de la confection d'hyacinte, une once de chacune ; on mettra la theriaque & ces confections dans une bassine, on les délayera avec du syrop de limons, & le miel dépuré, & puis on y jettera les poudres, on remuera le tout & on luy donnera la consistance d'electuaire ou comme la theriaque. Cet opiat est propre dans le commencement de toutes maladies pour la contagion, indigestion d'estomac, fièvres malignes, coliques : c'est un preservatif contre toutes sortes de venins ; la prise est de la grosseur d'un gros poix à jeun.

Preservatifs generaux, la plus grande partie tirez des Réglemens de Police.

Beaucoup prier Dieu qu'il nous envoye de ses trésors des vents salutaires contre l'air corrompu & pourrissant.

Bien nettoyer les rües, y faire tous les soirs des feux, & y employer, s'il se peut, le bois de genévre. Jetter de l'eau le matin dans les ruisseaux, & les laver, de crainte que les ordures n'y croupissent.

Porter les ordures puantes dans les voiries les plus éloignées de la Ville que faire se pourra.

Faire cesser dans la Ville & aux environs tous les ouvrages où l'on ouvre & remüe beaucoup les terres.

Empêcher la vuidange des retraits sans une grande necessité.

Eloigner de la Ville les porcs, les lapins, les pigeons ; tuer les chiens qui vaguent par les rües.

Faire bien laver & tenir toujours bien nettes les tueries & échaudoirs des Bouchers & les trempis des salines.

Faire cesser les grandes assemblées & les foules non necessaires du Palais, de l'Université, des spectacles, des mendians ; renvoyer les Escoliers chez leurs parens, les Estudians des Religions chacun en son Convent ; mettre au large les pauvres des Hospitaux.

Tenir l'interieur des maisons fort net, les parfumer soir & matin de vinaigre, qui seroit encore meilleur si l'on y avoit mis tremper de la sauge & du genévre. Il y a des cassolettes d'eau & de vinaigre avec quelques clous de girofle, des pelures de citrons & d'oranges, qui sont aussi fort bonnes pour cet usage.

Admonester le Peuple de ne point demeurer oisif par les rues ny aux portes des maisons après le Soleil couché.

Conseiller de moderer le travail du corps, celuy de l'esprit, de ne se point échauffer, lasser, ny passionner ; n'endurer ny faim ny soif, & de garder la continence. Ne point manger de fruits cruds, de salades crües, ny de lait en aucune façon, peu de persil, de raves, d'oignons, ny de patisseries, bien tremper son vin.

§. II. *Des Parfums pour airier les personnes, les habits, les maisons & les meubles ; & comment ils doivent estre employez.*

Il y a deux sortes de Parfums que l'on employe à l'occasion de la maladie contagieuse ; les uns preservatifs, & les autres qu'on peut appeller purificatifs ; ceux-là pour prévoir, & ceux-cy pour chasser l'infection.

Un celebre Medecin traitant, *ex professo*, de cette matiere, dit que l'un des premiers devoirs des Magistrats, ou de ceux qui commandent dans les Villes en temps de contagion, est d'avoir d'excellens parfums preservatifs, & il en enseigne une composition qu'il dit estre infaillible. Il y fait entrer le genévre, le mirthe, la therebintine & l'encens, & dit qu'il en faut faire brûler le soir & le matin devant toutes les portes & tous les édifices, & qu'à l'instant la peste en est chassée : *Pestis tempore, Civitatum Gubernatores suffimigationes ex junipero, mirtho, therebintina & ture, manè & serò ante posticas quarumque domorum & ædium faciant, statim omnis ex eo loco pestis expelletur.* Ce sont ses propres termes. Voicy quelques-uns des autres parfums de l'une & de l'autre espece.

(marge : Ficin. epid. antidot.)

§. III. *Parfum preservatif.*

Une once de benjoin, une once de storax, deux livres de graines de genévre ou de lierre, une livre de graine de laurier, des clous de girofles, racines de cyprés, calamus aromatique & gingembre, de chacun une demie once, trois onces & demie de salpestre, le tout pulverisé & mêlé ensemble.

Autre Parfum preservatif.

Une livre de poix resine, six livres de souffre, six livres d'alun, six livres de salpêtre, douze onces d'antimoine, quatre onces d'orpiment, huit livres de graine de genévre ou de lierre, quatre onces de cinabre, une livre de benjoin, deux livres de storax ; bien piler, pulveriser, & mêler le tout ensemble, l'imbiber de six pintes d'eau de vie, mesure de Paris, en faire comme une paste, & en composer de petites boules de deux onces chacune, que l'on fait secher pour les rendre portatives comme des savonnet-

tes. Il en faut toujours porter sur soy quand on va aux champs ; on peut en faire brûler dans la chambre où l'on couche & en parfumer ses habits & linges en les suspendant au dessus de la fumée.

Pour les pauvres ils peuvent brûler du genévre, du souffre ou de la poudre à canon pour parfums preservatifs de leurs maisons.

Autre Parfum preservatif plus doux pour les personnes de Condition, & qui ne peut estre nuisible ny aux femmes enceintes, ny aux enfans.

De l'encens, quatre livres, benjoin deux livres, storax cinq livres, myrrhe quatre livres, canelle quatre livres, muscade deux livres, anis six livres, iris de Florence six livres, ladanum deux livres, girofle une livre, son, soixante-quatre livres ; pulveriser toutes ces drogues & les mêler bien ensemble avec le son. On peut demeurer dans ce parfum une bonne demie heure ; mais dans tous les autres il n'y faut pas demeurer plus long-temps que la longueur d'un *Pater noster.*

§. IV. *Parfums pour airier & parfumer les personnes, les habits, les maisons & les meubles qui ont esté infectez de la maladie contagieuse.*

Deux livres de souffre, deux livres d'alun, deux livres d'encens, quatre livres de poix resine, deux livres de poudre à canon, douze onces d'antimoine, quatre onces de sublimé, douze onces d'arsenic, quatre onces d'orpiment, quatre onces de cinabre, deux livres de graine de genévre, de lierre ou de laurier : il faut mettre le tout en poudre, le mêler & le passer par le tamis, à la reserve de la poudre à canon, qui est mise comme elle est, & la graine de genévre qui est malaisée à calciner ; s'il n'y a point d'encens, il faudra doubler la poix resine, & augmenter & doubler aussi l'antimoine.

Autre Parfum.

Cinquante livres de poix resine, quarante livres de souffre, six livres d'antimoine, une livre & demie de camphre ; & pour plus grande seureté, une livre & demie d'arsenic, mettre le tout en poudre & le mêler ensemble.

Autre Parfum.

Souffre & poix resine six livres de chacun, antimoine, orpiment, quatre livres de chacun, cinabre trois livres, litarge quatre livres, assa fœtida trois livres ; cumin, euphorbe, zingembre, quatre livres de chacun, son, cinquante-sept livres ; pulveriser toutes ces drogues chacune à part, en faire le mélange en jettant sur le plancher la moitié du son, jetter dessus une partie des drogues, y ajoûtant le reste du son & ensuite le reste des drogues, remuer & mélanger le tout avec une pelle, & puis le mettre dans un sac ou une caisse pour s'en servir dans le besoin.

§. V. *Comment il faut se servir des parfums pour airier & parfumer les personnes, les hardes, les maisons & les meubles.*

De toutes les maladies il n'y en a point dont l'infection demeure plus long-temps & soit plus à craindre que celle de la peste. Les Medecins après plusieurs experiences, prétendent que les personnes perfonnes n'en font délivrées qu'après deux mois, les maifons & les meubles, fuffent-ils de fer, qu'après un an ; & les habits qu'après trois ans & plus, à moins que le tout n'ait efté exactement parfumé, éventé & lavé. *Peflis venenum permanet in perfonis per bimeflre, parietes, ferramenta per annum, veftes per tres annos & ultrà nifi fumigentur, & laventur, ad folem ponantur & ventum.* C'eft ainfi que l'un d'eux qui a traité cette matiere à fonds s'en explique.

Il eft donc bien important d'avoir recours à ces parfums, & pour s'y conduire avec exactitude, voicy ce que l'on y doit obferver.

Les parfumeurs eftant entrez dans la maifon, commencent par la bien balayer, ils en oftent toutes les araignées, & en brûlent toutes les ordures avec les pailles des lits fous les cheminées, ou devant la porte.

L'on tend enfuite des cordes dans la chambre, où ont efté les malades, ou bien l'on y pofe des perches élevées, fur lefquelles l'on fufpend toutes les hardes, les lits, les couvertures, les draps, & les autres linges qui leur ont fervi pendant leur maladie.

Si les matelats ont efté gaftez par les malades, l'on fait tremper la futaine ou autre étoffe dont ils font couverts, & la laine de cet endroit dans des chaudieres d'eau boüillante, finon il fuffit d'ouvrir les matelats aux coftez & au milieu avant que de les étendre comme les autres meubles fur les cordes ou perches.

S'il y a des coffres ou cabinets dans cette chambre, on en tire les hardes ou linges qui font dedans, que l'on étend auffi.

Dans les autres chambres & tous les autres lieux de la maifon depuis la cave jufqu'au grenier, après qu'ils ont efté nettoyez on laiffe chaque chofe à fa place, & s'il y a des coffres, armoires ou cabinets, on les tient feulement ouverts fans rien tirer de ce qui eft dedans.

Quant aux meubles précieux, comme tableaux, or, argent, miroirs que les parfums pourroient gafter, on les couvre de linge ou de quelqu'autre chofe qui puiffe les conferver.

Les Parfumeurs mettent enfuite en chaque chambre ou autres lieux de la maifon au milieu du plancher, cinq à fix livres de foin fec plus ou moins felon la grandeur du lieu; ils l'étendent de la rondeur d'un pied & demi de diametre, ils l'abaiffent & l'arangent avec les mains, ils l'imbibent d'une pinte de vinaigre mefure de Paris; quelques-uns y ajoûtent pour donner plus d'activité aux parfums, une pareille mefure d'eau de vie, ils mettent deffus deux livres & demie de parfum pour une chambre de vingt pieds en quarré, & dans les autres lieux plus petits à proportion, obfervant neanmoins d'en mettre une double, quelquefois une triple dofe dans la chambre du malade, felon le nombre des hardes ou du linge; l'on couvre ce parfum d'une poignée de foin, & on l'arrofe encore d'une partie du vinaigre que l'on aura gardé, & de l'eau de vie fi l'on s'en eft fervi; que fi les lieux font parquetez ou que les planchers foient de planches, l'on prend de la terre à Potier, ou d'autres terres dont on fait un rond au milieu de la chambre, affez grand pour contenir le parfum; & affez épais pour conferver le plancher.

L'on bouche exactement toutes les cheminées de la maifon avec des draps, couvertures, tapifferies, ou autres chofes que l'on cloüe devant leurs ouvertures, l'on ferme toutes les feneftres, & l'on bouche toutes les fentes par où la fumée pourroit fortir.

Quand tout cela eft preparé, l'un des Parfumeurs prend un flambeau allumé, & commençant par le Grenier ou plus haut étage, il met le feu au parfum, & auffi-toft qu'il le voit allumé, ce qui fe fait en un moment, il fort du lieu & en ferme la porte; il en fait autant dans chacun des autres lieux de la maifon en defcendant toujours de haut en bas jufqu'à la cave.

Ils fe retirent & après avoir attendu pendant deux heures que le parfum aye fait fon effet, ils rentrent dans l'une des chambres à leur choix, avec les gens de la maifon, s'il y en a quelques-uns qui foient fufpects d'infection pour fe parfumer eux-mêmes. Lors qu'ils y font entrez ils fe des habillent, prennent chacun une chemife & un caleçon blanc, ils fufpendent toutes leurs hardes & leurs linges dans cette chambre, & allument encore deffous quelques parfums, & comme ils ne peuvent pas fupporter long-temps la fumée du parfum, ils fortent & rentrent en chemife & caleçon blanc trois ou quatre fois, & après que la fumée eft entierement paffée, ils reprennent leurs habits, s'habillent, fortent de la maifon, & mettent à la porte la marque qui leur eft donnée, pour faire connoître que c'eft une maifon qui a efté airiée, & que deux jours après on y peut entrer & l'habiter en toute feureté.

A l'égard des Parfumeurs leur fonction finie en chaque maifon, ils doivent demeurer neuf jours retirez dans un lieu qui leur eft deftiné; que fi pendant ce temps la maladie ne leur prend point, ils ont la liberté de frequenter qui bon leur femble.

Ficin. in Epidem. antid. c. 14.

TITRE XIV.

De la discipline qui doit estre observée lorsque la contagion est dans une Ville, Bourg ou Village, pour empêcher qu'elle ne se communique aux autres lieux, soit de la même Province, ou autres plus éloignées.

L'ON a rapporté sous le titre precedent tout ce qui doit estre observé dans les Villes ou les autres lieux qui sont affligez de la maladie contagieuse, il s'agit à present d'examiner quelles précautions l'on doit prendre dans les lieux où ce fleau ne s'est pas encore fait sentir, pour empêcher avec le secours du Ciel qu'il n'en approche.

Il est de l'ordre qu'aussi-tost que ce mal paroist en quelque lieu, le principal Magistrat en donne avis à Monsieur le Procureur General du Parlement, pour y estre pourvû par cette autorité superieure à laquelle toutes les Provinces qui sont dans l'étenduë de son ressort doivent obéir.

L'Arrest qui intervient porte ordinairement,
» qu'il sera établi un Conseil de Santé en cha-
» que Ville ou autre lieu de la Province, pour
» regler & ordonner tout ce qui sera jugé ne-
» cessaire, soit dans les lieux infectez pour en
» chasser la maladie, soit dans les lieux sains, pour
» empêcher qu'elle n'en approche.
» Ces Conseils de Santé doivent ensuite de con-
» cert établir une espece de blocus par des Gar-
» des sur les avenuës & grands chemins aux ex-
» trémitez des lieux infectez, pour empêcher
» que personne n'en puisse sortir, & passer dans
» les lieux sains, avant que de s'estre fait par-
» fumer, & d'avoir fait quarantaine; & pour
» maintenir cette discipline, il sera fait défen-
» ses à toutes personnes d'y contrevenir à peine
» de la vie.
» Il y aura des lieux en grand air aux extrémi-
» tez du terroir le plus proche des lieux in-
» fectez, pour faire passer par ces parfums, &
» pour y faire faire quarantaine: le Conseil de
» Santé du lieu sain le plus proche, ordonne-
» ra une garde ou sentinelle à cent pas des hut-
» tes où se feront les quarantaines, aux dépens
» de ceux qui voudront la faire. Cette Garde
» observera que ceux qui feront la quarantaine,
» n'ayent aucune communication avec d'autres
» personnes suspectes, & qu'il ne leur soit ap-
» porté aucuns meubles ou vivres de la Ville
» infectée, le tout leur devant estre fourni des
» lieux non suspects.
» Les personnes qui feront quarantaine seront
» parfumez avant que de la commencer, & leur
» loge aussi; ils seront tenus de se faire voir tous
» les jours à leur garde, & à celuy qui aura
» charge du Conseil de Santé; que s'il leur sur-
» vient quelque maladie, ils seront visitez par
» les Medecins & Chirurgiens du Conseil de
» Santé, & s'il ne leur arrive aucun accident
» de mal contagieux, la liberté leur sera don-
» née après la quarantaine, d'aller où bon leur
» semblera.
L'on empêche aussi qu'il ne sorte aucune mar-

chandise de la Ville infectée, soit par eau soit par terre; & pour maintenir cet ordre, le Parlement interdit tout commerce avec cette Ville, ou quelquefois, selon que le danger est plus ou moins grand, il regle & borne ce commerce à certaines especes de marchandises moins susceptibles de mauvais air, & après qu'elles auront passé par l'évent & les parfums en la presence d'un Officier commis par la Cour pour y tenir la main; la tenuë des Foires par cette même raison est aussi interdite ou sur-cise, jusqu'à ce que l'on connoisse que le danger est cessé.

Dans tous les lieux voisins de la Ville infectée à dix lieuës à la ronde, il est necessaire d'établir cet ordre, que tous ceux qui tomberont malades soient visitez par les Medecins & Chirurgiens, pour connoître quelle est leur maladie, & s'il y paroist quelque soupçon de mal contagieux, ils en doivent avertir le premier Magistrat, qui est toujours le chef du Conseil de Santé, pour y estre promptement pourvû; & il sera fait défenses à toutes personnes sous de tres-grosses peines, même de la vie, de receler aucun malade.

Le Magistrat ou le Conseil de Santé des lieux sains éloignez de dix ou douze lieuës du lieu pestiferé, ou plus loin, selon la grandeur du mal, donnera des billets de Santé à ceux qui en partiront pour aller ailleurs.

Personne ne pourra passer que par les grands chemins, & par les portes & grandes avenuës des Villes ou Villages; l'on fera boucher & fermer tous les petits sentiers & les petites avenuës, l'on ne laissera d'entrée que le moins que l'on pourra, & on les fera garder par les gens du lieu; si quelqu'un est surpris allant par des sentiers & à travers champ, il sera puni rigoureusement.

Les Gardes ne donneront aucune liberté de passer qu'à ceux qui auront un billet ou certificat du Magistrat ou Conseil de Santé du lieu d'où ils seront partis, contenant le nom la qualité & demeure de celuy qui prendra le billet, la date du jour de son départ, & l'état de la santé de la Ville, Bourg ou Village.

Celuy qui aura un billet de santé prendra un certificat au bas, de tous les lieux où il aura dîné, ou couché, & la même chose sera observée à son retour.

L'on marque des routes nouvelles aux postes & aux Messagers, pour les détourner des lieux pestiferez, & les en éloigner le plus qu'il est possible.

Que si la Ville ou autre lieu pestiferé manque de vivres, on pourra luy en envoyer, & on l'exposera à trois cent pas de la Ville, sans autre communication; que si l'on en reçoit de l'argent, il sera jetté dans du vinaigre ou de l'eau boüillante.

Il est quelquefois necessaire de recevoir des nouvelles de la Ville pestiferée, auquel cas les lettres sont apportées à cent pas de la Ville en un lieu dont on est convenu ; le Messager ou Postillon prend avec un crochet de fer qui est au bout d'une longue perche les lettres qui sont dans un paquet lié d'une ficelle, & les apporte à un évent où l'on les fait passer par la fumée de poudre à canon, dont le Messager prend certificat de l'Officier commis pour cet évent ; & lorsque le Messager ou Postillon est arrivé au lieu où les lettres doivent estre renduës, il s'arreste à une distance de la Ville, où il attend que l'Officier qui est chargé de ce soin, vienne examiner son

certificat, & quand il est trouvé en bonne forme, il a la liberté de distribuer ces lettres à leurs addresses.

La plus grande partie de ces sages précautions furent prises pour la santé de la Ville de Paris pendant les années 1664. 1665. 1666. 1668. & 1669. que quelques Provinces ou Villes particulieres, tant dedans que dehors le Royaume furent affligées en differens temps de la maladie contagieuse ; & comme rien ne persuade davantage que ces exemples, principalement quand ils sont tirez de la Police & de l'ordre public de la Capitale : Nous rapporterons icy tout ce qui se fit en chacune de ces occasions.

---

24. May 1664
Arrest du
Parlement,
qui interdit
le commerce
avec les Vil-
les d'Hollan-
de affligées
de la maladie
contagieuse.

CE jour le Procureur General du Roy est entré, qui a dit que tous les avis & Lettres reçuës de Hollande, portent que la maladie contagieuse a repris dans la Ville d'Amsterdam dés le commencement du mois d'Avril dernier, & qu'elle s'est toûjours augmentée depuis, en sorte qu'il y meurt grand nombre de personnes toutes les semaines ; que l'on apprend que tout ce qui vient de Hollande en Italie & en Espagne, n'y est reçû qu'aprés avoir fait quarantaine ; que la même maladie contagieuse a même commencée dans la ville de Harlem & dans celle de Leyden, qui est un lieu où il se fait & d'où il vient grande quantité d'étoffes ; à quoy il est necessaire de pour-voir, de crainte que le mal ne passe en France, la matiere mise en deliberation : LA COUR aprés avoir mandé & oüi les principaux Negotians qui trafiquent en Hollande, a ordonné & or-donne, que les vaisseaux venans de la ville d'Amsterdam, ou chargez de marchandises de ladite Ville, & de celles de Harlem & de Leyden, & qui en seront partis depuis le premier jour d'A-vril dernier, auparavant que d'estre reçûs dans les Ports & Villes de ce ressort, seront tenus de demeurer quarante jours à la rade és lieux qui seront choisis par les Juges & Maires des Villes ausquels la Police appartient, ausquels pour cet effet les Maistres des Navires & Conducteurs se-ront tenus de communiquer leurs Connoissemens & Chartes-parties, sur lesquels sera par eux pourvû, sur la permission ou défenses de décharger leurs marchandises, & mettre leurs hommes à terre. A tous lesquels Juges il est ordonné d'empêcher la décharge & distribution des mar-chandises venantes de ladite ville d'Amsterdam & de celles de Harlem & de Leyden, qui se-ront parties depuis ledit jour premier Avril, jusques à ce qu'elles ayent esté éventées, même d'empêcher les hommes de l'équipage de sortir de leurs Vaisseaux, & autres personnes d'avoir communication avec eux, & preposeront lesdits Juges telles personnes qu'ils jugeront à propos pour leur fournir leurs necessitez : Et pour le regard des vaisseaux qui viendront des autres Vil-les de Hollande, le même réglement sera observé, s'il n'apparoist par les Connoissemens & Char-tes-parties que lesdits vaisseaux soient partis desdites Villes de Hollande avant ledit jour pre-mier du mois d'Avril dernier : Et pour l'évent des marchandises, il sera pourvû par les Juges de Police desdites Villes du lieu & forme : Le temps neanmoins dudit évent pour l'étain, cui-vre, laton, & autres métaux, poisson salé & planches sera de huitaine ; du poivre & autres épiceries de pareil temps de huitaine : Seront les bleds & autres grains remuez, & jettez de vaisseaux en autres pendant ledit temps de huitaine ; pour les marchandises de coton, laines & peaux, le temps de l'évent sera de trois mois ; celuy des rubans, soye, fil & laine, étoffes & draps de six semaines, laissant pourtant à la liberté des Juges de Police des lieux, de prendre un plus long-temps, selon qu'ils jugeront à propos : Et s'il est besoin de quelques couverts pour faire ledit évent, seront aux frais de ceux à qui appartiendront lesdites marchandises, Ordonne ausdits Juges de commettre pour ledit évent telles personnes qu'ils jugeront à propos, ausquels sera fait défense à peine de la vie pendant ledit temps, & huitaine aprés, de hanter ny frequenter aucunes personnes esdits Ports & Villes. A fait ladite Cour tres-expresses inhibitions & défenses à toutes personnes de contrevenir audit Arrest, à peine de confiscation desdites marchandises, même de punition corporelle : Et avant pourvoir aux inconveniens qui pour-roient arriver des marchandises arrivantes desdites Villes par terre, seront les Officiers du Châ-telet, Prevost des Marchands & Echevins de la ville de Paris oüis pour donner leur avis, ensem-ble vingt-quatre des plus notables Bourgeois & Negotians de ladite ville de Paris, pour donner pareillement leur avis, pour ce fait rapporté & communiqué au Procureur General du Roy, estre pourvû ainsi que de raison. Et afin que le present Arrest soit connu, ordonne qu'il sera pu-blié & affiché, & copie collationnée envoyée aux Ports, Havres & Rades du Ressort, pour y estre pareillement publié & affiché à la diligence des Substituts dudit Procureur General, ausquels est enjoint de tenir la main à l'execution, & d'avertir incessamment la Cour des diligences qu'ils au-ront faites. Fait en Parlement le 28. May 1664. Signé, ROBERT.

Lû, publié à son de trompe & cry public, & affiché par tous les Carrefours de cette Ville & Fauxbourgs de Paris par moy Charles Canto, Crieur Juré du Roy en ladite Ville, Prevosté & Vicomté de Paris, sous-signé, accompagné de Hierôme Tronsson, Juré Trompette du Roy, de Pierre du Bos, Commis de Jean du Bos, & de Jean de Beauvais Commis d'Estienne Chappé, aussi Jurez Trompettes, ce Mercredy 28. May 1664. Signé, CANTO.

Un autre Arrest du Parlement du 10. Janvier 1665. rétablit le commerce avec la Hollande, à l'exception de quelques marchandises qui se-roient mises à l'évent.

21. May 1666.
Arrest qui in-
terdit le cô-
merce avec la
Ville de Dun-
kerque & au-
tres lieux in-
fectez de la
maladie con-
tagieuse.

CE jour le Procureur General du Roy est entré ; Qui a dit, que le Village Daudeauville du Boulonois proche le Mont-Heulin avoit esté attaqué de maladie contagieuse, & que la Ville de Dunkerque n'estoit point hors de soupçon , y estant mort des personnes subitement : à quoy il estoit necessaire de pourvoir : la matiere mise en déliberation : LA COUR a fait défenses à tous les habitans dudit Village Daudeauville d'en sortir , à peine de la vie , ny d'en faire sortir aucunes marchandises , à peine de confiscation d'icelles , & de punition corporelle contre ceux à qui elles appartiendroient ; comme aussi à toutes personnes demeurant dans les lieux sains , d'avoir aucun commerce dans ledit Village Daudeauville , ny avec aucuns habitans d'iceluy , & ce sur les peines susdites , à moins qu'ils ne fussent envoyez pour quelques necessitez par le Conseil de Santé , qui sera incessamment établi à Boulogne , suivant l'Arrest rendu cejourd'huy en la Cour ; ce qui se fera avec les précautions accoustumées dans les Conferences que l'on est obligé d'avoir avec les lieux infectez de contagion : Ordonne qu'il sera posé des Gardes dans les avenuës dudit Village , pour empêcher que personne n'en puisse sortir ; & que pour ce faire & pourvoir au surplus des choses necessaires pour arrester le mal dans ledit lieu , & en empêcher le progrés dans les autres voisins , ledit Conseil de Santé y donnera les ordres qu'il jugera necessaires , & ce qui sera par ledit Conseil ordonné , sera executé nonobstant oppositions ou appellations quelconques ; & entant que touche la Ville de Dunkerque a interdit tout commerce avec icelle jusques à ce qu'autrement en ait esté ordonné : Enjoint au Conseil de Santé qui y sera établi suivant l'Arrest de ce jour , de pourvoir à toutes les choses qui seront necessaires pour garantir ladite Ville de mal : Et sera le present Arrest lû , publié , affiché & executé par tout où besoin sera. Enjoint aux Substituts du Procureur General , Maire & Echevins des lieux d'y tenir la main. Fait en Parlement le vingt-uniéme May mil six cens soixante-six. Signé , ROBERT.

9. Juin 1666.
Arrest qui in-
terdit le com-
merce avec la
Ville de Co-
logne.

CE jour le Procureur General du Roy est entré ; Qui a dit que par tous les avis reçus , tant d'Allemagne que des Pays-Bas la maladie contagieuse est depuis quelque temps dans la Ville de Cologne , & au lieu d'y diminuer qu'elle augmente considerablement , en sorte qu'il y meurt journellement grand nombre de personnes , qu'il y a beaucoup de Marchands des Villes de Champagne qui y trafiquent & en apportent des marchandises ; à quoy il est besoin de pourvoir. La matiere mise en déliberation : LA COUR a défendu & interdit tout commerce avec la Ville de Cologne , fait tres-expresses inhibitions & défenses aux Marchands de ce ressort d'y aller trafiquer ; comme aussi d'en faire venir & recevoir aucunes marchandises , qu'elles n'ayent esté auparavant mises à l'évent pendant quarante jours , à la reserve des laines , étoupes , cottons , fourrures & étoffes de laine de quelque nature qu'elles soient , qui ne seront reçus à l'évent , mais demeureront absolument interdites ; & où au préjudice des presentes défenses aucun Marchand en feroit venir : Ordonne ladite Cour que lesdites laines , étoupes , cottons & fourrures seront bruslées ; & à l'égard des étoffes de laines qu'elles seront confisquées au profit des Hôpitaux des lieux ; & pour les hommes venans de ladite Ville , ne seront reçus qu'ils n'ayent fait auparavant és lieux à ce destinez , la quarantaine , & au surplus ordonne que l'Arrest de ladite Cour du vingt-uniéme May dernier sera executé selon sa forme & teneur ; & suivant iceluy les Conseils de Santé seront établis dans toutes les Villes de Picardie & Champagne de ce ressort , & qu'aucunes personnes n'y seront reçuës qu'en rapportant les billets de Santé en la forme & ainsi qu'il est porté par ledit Arrest : & pour rendre le present Arrest public , & que personne n'en puisse prétendre cause d'ignorance : Ordonne ladite Cour qu'il sera lû , publié & affiché par tous les lieux de cette Ville & Fauxbourgs à ce accoustumez ; & qu'il sera pareillement registré és Greffes des Bailliages & Sénéchaussées des Villes de Picardie & Champagne de ce ressort , & lû , publié & affiché és lieux accoustumez desdites Villes : Enjoint aux Substituts du Procureur General du Roy , Juges des lieux , Maire & Echevins de tenir la main à l'execution , & aux Substituts du Procureur General du Roy d'en certifier la Cour au mois. Fait en Parlement le 9, Juin 1666. Signé , ROBERT.

11. Aoust
1666. Arrest
qui établit les
quarantaines
& les autres
précautions
contre la ma-
ladie conta-
gieuse.

CE jour le Procureur General du Roy est entré , qui a dit que la maladie contagieuse estant de beaucoup augmentée dans la ville de Dunkerque , tous ceux qui s'en sont pû retirer pour aller ailleurs l'ont fait & le font encore journellement , d'où il est arrivé plusieurs accidens , aucuns en estant morts en chemin dans les Hostelleries , d'autres dans les lieux de leur demeure ordinaire , d'autres de leurs amis & parens , où ils ont apporté le mal contagieux : A quoy il est necessaire de pourvoir : la matiere mise en déliberation : LA COUR a ordonné & ordonne que les Arrests portans défenses de recevoir dans les Villes , Bourgs & Villages aucunes personnes , sans avoir vû les billets de Santé bien visez & attestez de lieux non suspects , tant du département que du passage , seront executez selon leur forme & teneur , a réitéré & réitere les défenses de recevoir aucunes marchandises desdits lieux infects , ny personnes qu'elles n'ayent auparavant fait leur quarantaine. Fait ladite Cour iteratives défenses aux personnes qui sont en lieux infects de communiquer avec les autres , à peine de punition corporelle , & aux personnes qui sont en lieux sains d'aller en lieux infects sur les mêmes peines. Ordonne ladite Cour que le present Arrest sera lû , publié & affiché és lieux accoustumez tant de la Ville que des Fauxbourgs de cette Ville , & que copies collationnées en seront envoyées aux Bailliages , Sénéchaussées , Villes , Bourgs , Ports , Havres & Villages pour y estre pareillement lû , publié , affiché & executé. Enjoint ladite Cour au Lieutenant General d'Amiens & à celuy d'Abbeville , & Officiers d'autres lieux qui president aux Conseils de santé , & aux Substituts du Procureur General du Roy , de tenir la main à l'execution du present Arrest. Fait en Parlement le onziéme Aoust 1666. Signé , DU TILLET.

Ce

18. Avril 1668. Arrest du Parlem. portât interdiction de Commerce avec la Ville de Soiſſons, auſſi ſujet de la maladie contagieuſe.

CE jour le Procureur General du Roy eſt entré dans la Chambre, qui a dit avoir eu des avis aſſeurez qu'il y a de la maladie contagieuſe dans la Ville de Soiſſons, & qu'il eſt neceſſaire d'y pourvoir, en ſorte que le mal ne ſe communique par le commerce des hommes & des marchandiſes qui en pourroient venir : luy retiré ; la matiere miſe en déliberation. La Cour a défendu & interdit tout Commerce avec ladite Ville de Soiſſons : fait tres-expreſſes inhibitions & défenſes à toutes perſonnes d'y aller, à peine d'eſtre procedé contr'eux extraordinairement ; comme auſſi d'en faire venir & recevoir aucunes marchandiſes, qu'elles n'ayent auparavant eſté miſes à l'évent pendant quarante jours, dans les lieux qui ſeront deſtinez à cet effet, hors les Villes, par les Officiers de Ville, à la reſerve des laines, eſtoupes, cotons, fourrures & étoffes de laines, de quelque nature qu'elles ſoient, dont le Commerce demeurera entierement interdit : & où au prejudice des preſentes défenſes publiées aucunes perſonnes en feroient venir : Ordonne ladite Cour que leſdites laines, eſtoupes, cotons & fourrures ſeront bruſlées, & les Marchands qui les auront reçuës ou fait venir, condamnez en deux mille livres d'amende ; & pour les hommes venans de ladite Ville, ne ſeront reçus qu'ils n'ayent fait auparavant la quarantaine és lieux qui ſeront à ce deſtinez par les Officiers auſquels la Police appartient : défenſes de recevoir aucunes perſonnes qu'en rapportant des billets de Santé des lieux deſquels ils ſeront partis, en cas qu'ils ſoient ſains ; ce qui ſera atteſté par les Officiers des Conſeils de Santé, leſquels y ſeront inceſſamment eſtablis, & que l'on ſera tenu faire viſer dans tous les lieux par leſquels l'on paſſera : comme auſſi toutes les lettres venant de ladite Ville de Soiſſons ſeront paſſées par le feu avant que d'eſtre diſtribuées. Ordonne en outre que par leſdits Conſeillers de Santé il ſera pourvû à toutes les choſes neceſſaires pour empêcher le progrés de ladite maladie, & ce qui ſera par eux ordonné pour raiſon de ce, ſera executé nonobſtant oppoſitions ou appellations quelconques & ſans prejudice d'icelles. Et pour rendre le preſent Arreſt public, & que perſonne n'en puiſſe pretendre cauſe d'ignorance, il ſera lû, publié & affiché dans les lieux où beſoin ſera, regiſtré és Greffes des Bailliages & Seneſchauſſées des Villes de Picardie, Champagne & leurs reſſorts ; Enjoint aux Officiers des lieux, Maires & Eſchevins deſdites Villes de tenir la main à l'execution, & aux Subſtituts du Procureur General du Roy d'en certifier la Cour au mois. Fait en Parlement le 18. Avril 1668. Signé, ROBERT.

19 Avril 1668. Arreſt de Réglement pour le Commerce de lettres avec les lieux infectez de contagion.

SUR ce qui a eſté remontré à la Cour par le Procureur General du Roy, que bien que le Commerce avec la Ville de Soiſſons euſt eſté interdit, neanmoins il eſtoit neceſſaire d'en recevoir des nouvelles afin de pouvoir y donner les ordres neceſſaires pour empêcher le progrés du mal dont elle ſe trouve attaquée ; en ſorte neanmoins que les lettres ne puſſent apporter aucun mauvais air en cette Ville ; La matiere miſe en déliberation, La Cour a ordonné & ordonne que les Maire & Eſchevins de la Ville de Soiſſons commettront un homme, lequel accompagné de deux Gardes leſquels ils luy donneront, apportera certain jour de chacune ſemaine les lettres qui ſeront écrites en ladite Ville, à deux lieuës d'icelle ; leſquels ſeront tenus les mettre à terre en pleine campagne, & enſuite avertir au ſon d'une trompette ou d'un tambour ceux qui ſeront prépoſez pour recevoir leſdites lettres ; & lorſqu'ils les verront approcher du lieu où ils ſeront, ſeront tenus ſe retirer inceſſamment ſans pouvoir leur parler ny en approcher, à peine de la vie ; & que pour recevoir leſdites Lettres, il ſera commis pareillement par les Maire & Eſchevins de la Ville de Compiegne, un homme lequel ira les prendre au jour, lieu & heure qui ſeront convenus avec ceux de Soiſſons, & lequel ſera accompagné d'un Officier & de quatre Archers de la Mareſchauſſée de Compiegne pour empêcher qu'il n'ait aucune communication avec ceux qui viendront de ladite Ville : ordonne auſſi ladite Cour qu'il ſera tenu de prendre leſdites Lettres, leſquelles ſeront liées d'une corde à cet effet, avec un morceau de bois tres-long emmanché d'un croc de fer, ſans y pouvoir toucher qu'auparavant il n'ait fait brûler de la poudre à canon deſſous, & ne les ait fait paſſer par la flamme du feu qu'il allumera à cet effet dans la campagne où il les recevra. Ordonne en outre ladite Cour que le Lieutenant de Police de cette Ville de Paris commettra tel des Commiſſaires du Chaſtelet qu'il aviſera bon eſtre, pour ſe trouver dans la derniere maiſon de la Villette au jour & heure que le Courrier apportera leſdites Lettres venans de Soiſſons, pour là eſtre éventées en ſa preſence & en eſtre dreſſé Procés verbal. Fait en Parlement ce 19. Avril 1668. Signé, DU TILLET.

26. Avril 1668. Arreſt pour changer la route des Coches & Meſſagers de Laon.

SUR ce qui a eſté remontré à la Cour par le Procureur General du Roy, que les Meſſagers & Cochers de la Ville de Laon & autres lieux voiſins de celle de Soiſſons, ne laiſſent pas de paſſer prés de ladite Ville depuis que le Commerce en a eſté interdit, & viennent enſuite à Paris, où il eſt à craindre qu'ils n'apportent du mauvais air qu'ils pourroient prendre lors de leur paſſage, à quoy il eſtoit neceſſaire de pourvoir : la matiere miſe en déliberation, la Cour a ordonné & ordonne que leſdits Meſſagers, Maiſtres des Carroſſes, Coches venans de ladite Ville de Laon & lieux voiſins, ſeront tenus ſe détourner de ladite Ville de Soiſſons, & paſſer par Coucy & Compiégne, pour continuer enſuite leur route juſqu'en cette Ville ; & ſeront tenus de prendre des Certificats de leur paſſage des Officiers Royaux deſdits lieux de Coucy & Compiégne, leſquels ils repreſenteront à un Commiſſaire du Chaſtelet qui ſera commis à cet effet par le Lieutenant de Police, auquel leſdits Meſſagers, Maiſtres des Coches & Carroſſes ſeront tenus indiquer les jours & heures de leur arrivée, & lieux juſqu'à ce qu'ils ayent repreſenté leſdits Certificats audit Commiſſaire, le tout à peine de deux mille livres d'amende payable en vertu du preſent Arreſt, & ſans qu'il en ſoit beſoin d'autre ; & outre d'eſtre procedé contr'eux extraordinairement. Fait en Parlement le 26. Avril 1668. Signé, ROBERT.

18. May 1668. Arreſt portant interdiction de Commerce avec la Ville d'Amiens au ſujet de la maladie contagieuſe. CE jour le Procureur General du Roy eſt entré dans la Chambre, qui a dit avoir eu des avis aſſurez qu'il y a de la maladie contagieuſe dans la Ville d'Amiens, & qu'il eſt neceſſaire d'y pourvoir, en ſorte que le mal ne ſe communique par le commerce des hommes & des marchandiſes qui en pourroient venir ; luy retiré, la matiere miſe en deliberation : La Cour a défendu & interdit tout Commerce avec ladite Ville d'Amiens : Fait tres-expreſſes inhibitions & défenſes à toutes perſonnes d'y aller, à peine d'eſtre procedé contr'eux extraordinairement ; comme auſſi d'en faire venir & recevoir aucunes marchandiſes qu'elles n'ayent auparavant eſté miſes à l'évent pendant quarante jours, dans les lieux qui ſeront deſtinez à cet effet hors les Villes par les Officiers des Conſeils de Santé, leſquels ſeront inceſſamment eſtablis dans les Villes eſquelles il n'y en a point encore ; & ce à la reſerve des laines & eſtoupes, cotons, fourrures & étoffes de laines, de quelque nature qu'elles ſoient, dont le Commerce demeurera entierement interdit : Et où au prejudice des preſentes défenſes publiées aucunes perſonnes en feroient venir ; ordonne ladite Cour que leſdites laines, eſtouppes, cotons & fourrures ſeront bruſlées, & les Marchands qui les auront reçûs ou fait venir, condamnez en deux mille livres ; & pour les hommes venans de ladite Ville, ne ſeront reçûs qu'ils n'ayent fait auparavant la quarantaine és lieux qui ſeront à ce deſtinez. Défenſes de recevoir aucunes perſonnes qu'en rapportant des billets de Santé des lieux deſquels ils ſeront partis, en cas qu'ils ſoient ſains ; leſquels ſeront intitulez des Officiers des Conſeils de Santé, ſignez de leurs Greffiers & ſans frais, & que l'on ſera tenu faire viſer dans tous les lieux par leſquels l'on paſſera : Comme auſſi que toutes les lettres venans de ladite Ville d'Amiens ſeront paſſées par le feu avant que d'eſtre diſtribuées. Ordonne en outre que par leſdits Conſeils de Santé il ſera pourvû à toutes les choſes neceſſaires pour empêcher le progrès de ladite maladie ; & ce qui ſera par eux ordonné pour raiſon de ce, ſera executé nonobſtant oppoſitions ou appellations quelconques, & ſans prejudice d'icelles. Et pour rendre le preſent Arreſt public, & que perſonne n'en puiſſe pretendre cauſe d'ignorance, il ſera lû, publié & affiché par tous les lieux où beſoin ſera, regiſtré és Greffes des Bailliages & Seneſchauſſées des Villes de Picardie, Champagne & leurs reſſorts ; Enjoint aux Officiers des lieux, Maires & Eſchevins deſdites Villes de tenir la main à l'execution, & aux Subſtituts du Procureur General du Roy d'en certifier la Cour au mois. Fait en Parlement le dix-huit May 1668. Signé, ROBERT.

8. Juin 1668. Arreſt portant défenſes de tenir la Foire du Landy cette année, à cauſe de la maladie contagieuſe. CE jour ſur ce que 'es Gens du Roy, Me Denys Tallon Avocat dudit Seigneur Roy, portant la parole, ont dit à la Cour ; Que ſur les divers où qu'ils avoient reçûs, que la peſte augmentoit és Villes de Soiſſons & autres de Flandres nouvellement conquiſes par le Roy, & lieux circonvoiſins ; & que dans la crainte que l'on n'apporte pluſieurs marchandiſes de draps & de laines deſdits lieux, en la Foire vulgairement appellée le Landy, ce qui pourroit cauſer la peſte dans la Ville Capitale du Royaume, ils eſtimoient qu'il eſtoit à propos d'interdire pour la preſente année la tenuë de ladite Foire, & de faire commandement aux Marchands qui eſtoient en chemin, de remener leurs marchandiſes, & de renvoyer celles qui eſtoient apportées, ſans les déballer ny viſiter ; & pour cet effet commettre deux Huiſſiers de la Cour : Eux retirez, la matiere miſe en déliberation ; ladite Cour a arreſté que pour la preſente année on ne tiendra point la Foire du Landy : Fait défenſes à toutes perſonnes d'y apporter ou envoyer aucunes Marchandiſes ; enjoint aux Marchands de faire remener les Marchandiſes qui ſont en chemin, & de prendre & faire renvoyer celles qui ont eſté apportées, ſans les déballer & les faire viſiter, à peine de confiſcation d'icelles : Ordonne que le preſent Arreſt ſera lû, publié & affiché en tous lieux neceſſaires, & pour l'execution d'iceluy a commis Huby & Talvas, Huiſſiers de ladite Cour, leſquels ſe tranſporteront en la Ville de ſaint Denys, & par tout où beſoin ſera. Fait en Parlement le 8. Juin 1668. Signé, ROBERT.

6. Juillet 1668. Arreſt qui interdit le Commerce avec la Ville d'Amiens au ſujet de la maladie contagieuſe. CE jour le Procureur General du Roy eſt entré dans la Chambre, qui a dit avoir eu des avis aſſeurez qu'il y a de la maladie contagieuſe dans la Ville d'Amiens, & qu'il eſt neceſſaire d'y pourvoir, en ſorte que le mal ne ſe communique par le commerce des hommes & des marchandiſes qui en pourroient venir : Luy retiré ; la matiere miſe en déliberation. La Cour a défendu & interdit tout Commerce avec ladite Ville d'Amiens pendant un mois : Fait tres-expreſſes inhibitions & défenſes à toutes perſonnes d'y aller pendant ledit temps, à peine d'eſtre procedé contr'eux extraordinairement, comme auſſi d'en faire venir & recevoir aucunes marchandiſes, qu'elles n'ayent auparavant eſté miſes à l'évent, pendant quarante jours, dans les lieux qui ſeront deſtinez à cet effet hors les Villes par les Officiers des Conſeils de Santé, leſquels ſeront inceſſamment eſtablis dans les Villes eſquelles il n'y en a point encore ; & ce à la reſerve des laines, eſtoupes, fourrures & étoffes de laines, de quelque nature qu'elles ſoient, dont le Commerce demeurera entierement interdit : & où au prejudice des preſentes défenſes publiées, aucunes perſonnes en feroient venir ; ordonne ladite Cour que leſdites laines, étoupes, cotons & fourrures ſeront brûlées, & les Marchands qui les auront reçûs ou fait venir, condamnez en deux mille livres d'amende ; & pour les hommes venans de ladite Ville, ne ſeront reçûs qu'ils n'ayent fait auparavant la quarantaine és lieux qui ſeront à ce deſtinez : Défenſes de recevoir aucunes perſonnes qu'en rapportant des billets de Santé des lieux deſquels ils ſeront partis, en cas qu'ils ſoient ſains ; leſquels ſeront intitulez des Officiers des Conſeils de Santé, ſignez de leurs Greffiers & ſans frais, & que l'on ſera tenu faire viſer dans tous les lieux par leſquels l'on paſſera : comme auſſi que toutes les lettres venans de ladite Ville d'Amiens ſeront paſſées par le feu avant que d'eſtre diſtribuées. Ordonne en outre que par leſdits Conſeils de Santé il ſera pourvû à toutes les choſes neceſſaires pour empêcher le progrès de ladite maladie, & ce qui ſera par eux ordonné pour raiſon de ce, ſera executé nonobſtant oppoſitions ou appellations quelconques, & ſans prejudice d'icelles. Et pour rendre le preſent Arreſt public, & que perſonne n'en puiſſe pretendre cauſe d'ignorance, il ſera lû, publié & affiché par tous les lieux où beſoin ſera, regiſtré és Greffes des Bailliages & Seneſchauſſées des Villes de Picardie, Champagne & leurs reſſorts ;

Enjoint

Enjoint aux Officiers des lieux, Maires & Eschevins desdites Villes de tenir la main à l'execution, & aux Subftituts du Procureur General du Roy d'en certifier la Cour au mois. Fait en Parlement le 6. Juillet 1668. Signé, R O B E R T.

3. Aouſt 1668. Arreſt de ſurſeance de la Foire S. Laurent. CE jour, ſur ce qui a eſté repreſenté à la Cour par le Procureur General du Roy, que ſur les avis qu'il avoit reçû de l'augmentation de la maladie contagieuſe en pluſieurs Villes de ce Royaume, il auroit eſtimé que pour preſerver cette Ville de Paris du danger dont elle eſtoit menacée, il y avoit lieu d'empeſcher la tenuë de la Foire de ſaint Laurent, comme on avoit fait celle du Landy, ou pour le moins la ſurſeoir & remettre en un autre temps : Luy retiré, la matiere miſe en délibération ; Ladite Cour a arreſté de ſurſeoir la tenuë de ladite Foire de ſaint Laurent, & de la remettre au premier jour d'Octobre prochain. Fait défenſes à tous Marchands d'y apporter ou envoyer aucunes marchandiſes juſqu'audit jour : ordonne que le preſent Arreſt ſera lû, publié & affiché par tout où beſoin ſera. Fait en Parlement le troiſiéme Aouſt mil ſix cens ſoixante-huit. Signé, R O B E R T.

27. Aouſt 1668. Arreſt d'interdiction de Commerce avec la Ville de Roüen. CE jour le Procureur General du Roy eſt entré dans la Chambre, qui a dit que le mal contagieux, dont la Ville de Roüen ſe trouve attaquée, eſt tellement augmenté, que l'on avoit grand ſujet d'en apprehender la communication ; que les ſix Corps des Marchands de cette Ville convenoient preſque tous unanimement de la neceſſité d'en interdire le Commerce ; ce qu'il eſtimoit auſſi tres-à propos de faire, pourvû que l'on conſervaſt la liberté d'en faire venir les marchandiſes qui eſtoient abſolument neceſſaires à cette Ville de Paris : ce que l'on pouvoit avec ſeureté, pourvû que l'on priſt les precautions accouſtumées en ſemblables occaſions : Luy retiré, la matiere miſe en délibération. La Cour a défendu & interdit tout commerce avec ladite Ville de Roüen ; fait tres-expreſſes inhibitions & défenſes à toutes perſonnes d'y aller, & de faire venir & amener par terre aucunes marchandiſes de ladite Ville de Roüen en celle de Paris ou autres lieux du reſſort, à peine d'eſtre procédé contr'eux extraordinairement, de deux mille livres d'amende, & d'eſtre leſdites marchandiſes brûlées en vertu du preſent Arreſt. Ordonne que toutes les marchandiſes qui ſeront apportées en cette Ville de celle de Roüen, ſeront conduites par la riviere de Seine juſqu'au deſſus de la Ville de Mante, auquel lieu elles ſeront déchargées ; pour celles qui ſeroient ſuſceptibles du mauvais air, y eſtre aëriées & y demeurer, après qu'elles auront eſté aëriées, au moins pendant une quarantaine ; & les autres dont on ne pourroit apprehender le Commerce, eſtre conduites en cette Ville de Paris, en d'autres batteaux & par d'autres perſonnes que celles qui ſeroient venuës de la Ville de Roüen : Et pour choiſir ledit lieu & y faire conſtruire les lieux couverts neceſſaires pour l'aëriement deſdites Marchandiſes ; ordonne Ladite Cour que Maiſtre Jacques Belin, Conſeiller au Chaſtelet, & Eſchevin de la Ville de Paris, ſe tranſportera en la Ville de Mante, & ce qui ſera par luy ordonné, pour raiſon de ce ſera executé nonobſtant toutes oppoſitions & appellations quelconques. Et pour les hommes venans de ladite Ville, ne ſeront reçûs qu'ils n'ayent fait auparavant la quarantaine és lieux qui ſeront à ce deſtinez par les Conſeils de Santé, qui ſeront inceſſamment établis dans toutes les Villes & lieux du reſſort ſur les chemins de Roüen à Paris, eſquels il n'y en a point encore : Fait défenſes de recevoir aucunes perſonnes, qu'en rapportant des billets de Santé des lieux d'où ils ſeront partis, en cas qu'ils ſoient ſains, qui ſeront intitulez des Officiers des Conſeils de Santé, ſignez de leurs Greffiers, & délivrez ſans frais ; & que l'on ſera tenu faire viſiter dans tous les lieux où l'on paſſera : Comme auſſi que toutes les lettres venans de ladite Ville de Roüen ſeront paſſées par le feu avant que d'eſtre diſtribuées. Ordonne en outre, que par leſdits Conſeils de Santé il ſera pourvû à toutes les choſes neceſſaires pour empeſcher la communication de ladite maladie, & ce qui ſera par eux ordonné pour raiſon de ce, ſera executé nonobſtant oppoſitions ou appellations quelconques, & ſans prejudice d'icelles. Et pour rendre le preſent Arreſt public, & que perſonne n'en puiſſe pretendre cauſe d'ignorance, il ſera lû, publié & affiché par tous les lieux où beſoin ſera, & regiſtré és Greffes des Baillages & Seneſchauſſées des Villes du reſſort où beſoin ſera : Enjoint aux Officiers des lieux, Maires & Eſchevins deſdites Villes de tenir la main à l'execution, & aux Subftituts du Procureur General du Roy d'en certifier la Cour au mois. Fait en Parlement le 27. jour d'Aouſt 1668. Signé, R O B E R T.

5. Septembre 1668. Arreſt portant défenſes à tous Juges d'interdire le Cómerce, ſous pretexte de contagion. SUR ce qui a eſté remontré à la Cour par le Procureur General du Roy, que pluſieurs Officiers du reſſort avoient, de leur autorité particuliere, interdit le Commerce de quelques Villes conſiderables ſur les premiers avis qu'ils avoient reçûs qu'elles eſtoient attaquées du mal contagieux : A quoy il eſtoit à propos de pourvoir, à cauſe du grand prejudice qu'elles en ſouffroient ; Que la jalouſie du Commerce, ſans une neceſſité preſſante qui ſe rencontroit preſque entre toutes les Villes voiſines, eſtant ſouvent un des principaux motifs de ces interdictions, leſquelles eſtoient inutiles, parce qu'elles n'eſtoient obſervées que dans le reſſort des Officiers qui les avoient prononcées, & ne s'eſtendoient pas dans ceux des Sieges voiſins, dont les Juges ne défendoient pas toûjours la communication avec les meſmes Villes ; ce qui produiſoit une diverſité & une confuſion, laquelle il eſtoit neceſſaire d'empeſcher : Luy retiré, la matiere miſe en délibération. La Cour a fait & fait inhibitions & défenſes à tous Baillis, Seneſchaux, leurs Lieutenans, Juges, Prevoſts, Maires & Eſchevins des Villes du reſſort & autres à qui la Police peut appartenir, d'interdire le Commerce d'aucunes Villes, ſous pretexte de contagion : Leur enjoint de donner avis de l'eſtat d'icelles au Procureur General du Roy, pour en informer la Cour, & y eſtre par elle pourvû ainſi qu'il appartiendra ; & que le preſent Arreſt ſera lû, publié & affiché par tous les lieux accouſtumez, & regiſtré aux Greffes des Baillages & Seneſchauſſées des Villes du reſſort où beſoin ſera. Enjoint aux Subftituts du Procureur General du Roy de tenir la main à l'execution. Fait en Parlement le 5. Septembre 1668. Signé, R O B E R T.

17. Septemb. 1668. Arreſt du Conſeil pour la remiſe de pluſieurs Foires, au ſujet de la contagion.

SUR ce qui a eſté repreſenté au Roy, qu'entre pluſieurs Foires qui ont eſté remiſes ou défenduës cette année à cauſe de la maladie contagieuſe, & de crainte d'expoſer non ſeulement les lieux où ces Foires avoient accouſtumé d'eſtre tenuës, mais encore les Marchands negotians qui les frequentoient, il n'a eſté fait juſqu'à preſent aucune mention de celles du mois d'Octobre prochain; Et étant neanmoins également neceſſaire d'y pourvoir pour la conſervation des Sujets du Roy, & pour le bien du Commerce: SA MAJESTE' EN SON CONSEIL, a ordonné & ordonne que la Foire de ſaint Laurent cy-devant remiſe à Paris au premier jour d'Octobre prochain, ſera differée juſqu'au dernier jour de Decembre; celles qui devoient eſtre tenuës tant en la Ville de ſaint Denys, qu'en celle de Rheims ledit jour premier d'Octobre, juſqu'au premier de Janvier, celle de Châlons en Champagne qui ſe devoit tenir le Vendredy d'aprés la Feſte de ſaint Denys juſqu'au douziéme auſſi de Janvier, & celle de Roüen qui devoit eſtre tenuë le 10. d'Octobre juſqu'au 1. de Février; auſquels jours Sa Majeſté veut & entend que leſdites Foires ainſi remiſes, ſoient tenuës pendant le même eſpace de temps, & avec les mêmes exemptions, franchiſes & libertez dont les Villes & lieux où leſdites Foires ont eſté accordées, enſemble les Marchands qui y trafiquent, & qui y envoyent ou qui en rapportent des marchandiſes, ont accouſtumé de joüir. Enjoint à cet effet Sadite Majeſté, aux Officiers des lieux à qui la connoiſſance deſdites Foires appartient chacun endroit ſoy d'y tenir la main, & de faire publier & afficher le preſent Arreſt par tout où beſoin ſera, & iceluy executer nonobſtant oppoſitions ou appellations quelconques, auſquelles Sa Majeſté n'entend qu'il ſoit differé. Donné à ſaint Germain en Laye le dix-ſeptiéme Septembre mil ſix cens ſoixante-huit. Signé, BERRYER.

5. Octobre 1668. Ord. du Magiſtrat de Pol. pour l'execution des Arreſts qui interdiſent le Commerce au ſujet de la contagion.

SUR ce qui Nous a eſté repreſenté par le Procureur du Roy, qu'encore bien que par pluſieurs Arreſts de la Cour, tout Commerce ait eſté interdit avec les Villes de Roüen, Compiegne, Roye & Amiens, & que défenſes ayent eſté faites d'en faire apporter aucunes laines, eſtoupes, cottons, fourrures ou étoffes de laines; comme auſſi d'en faire venir & recevoir aucunes autres marchandiſes, qu'elles n'ayent eſté auparavant miſes à l'évent pendant quarante jours dans les lieux deſtinez à cet effet; neanmoins il eſt averti qu'au prejudice deſdites défenſes pluſieurs perſonnes font venir journellement à Paris des marchandiſes qu'ils ſuppoſent venir des lieux non ſuſpects, & les vendent enſuite ſans aucune precaution, dont il a eſté depuis peu ſaiſi pluſieurs balles: & attendu le danger où la Ville ſe trouveroit expoſée ſi cet abus eſtoit plus long-temps ſouffert, requerroit que ſur ce il fuſt par Nous pourvû. Nous faiſant droit ſur ledit requiſitoire, avons conformément auſdits Arreſts fait tres-expreſſes défenſes à tous Marchands & autres perſonnes de quelque qualité & condition qu'elles ſoient, de faire apporter & entrer ny recevoir en cette Ville & Fauxbourgs de Paris, aucunes laines, cottons, eſtoupes, fourrures ou étoffes de laine venant des Villes de Roüen, Compiegne, Roye & Amiens: comme auſſi de recevoir aucunes autres marchandiſes venant deſdites Villes, qu'elles n'ayent auparavant eſté miſes à l'évent pendant quarante jours dans les lieux deſtinez à cet effet; à peine de deux mille livres d'amende, outre laquelle en cas de contravention, les laines, cottons, eſtoupes, fourrures ou étoffes de laine venant deſdits lieux ſuſpects ſeront bruſlées ſur le champ, & les autres marchandiſes demeureront confiſquées au profit de l'Hoſtel-Dieu de cette Ville; icelles préalablement airées & éventées aux dépens, tant de ceux qui les auront envoyées, que de ceux qui les auront apportées ou reçuës; & ſera la preſente Ordonnance lûë, publiée & affichée partout où beſoin ſera, & executée ſelon ſa forme & teneur, nonobſtant oppoſitions ou appellations quelconques, & ſans prejudice d'icelles, pour leſquelles ne ſera differé. Ce fut fait & donné par Meſſire GABRIEL NICOLAS DE LA REYNIE, Conſeiller du Roy en ſes Conſeils d'Eſtat & Privé, Maiſtre des Requeſtes Ordinaire de ſon Hoſtel, & Lieutenant de Police de la Ville, Prevoſté & Vicomté de Paris, le 5. Octobre 1668. Signé, DE LA REYNIE.

25. Octobre 1668. Arreſt qui regle les marchandiſes qui ne ſont ſujettes à l'évent.

SUR ce qui a eſté repreſenté en la Chambre des Vacations par Maiſtre Jacques Jannart Subſtitut pour le Procureur General du Roy, qu'en conſequence de l'interdiction du Commerce avec la Ville de Roüen, y ayant eu quelques batteaux venans de ladite Ville en celle de Paris par la riviere de Seine arreſtez, qui eſtoient chargez de differentes ſortes de marchandiſes, aucunes non ſuſceptibles du mauvais air, & d'autres ſuſpectes: la Cour, ſur les requiſitions des Marchands intereſſez aux batteaux, auroit fait diſtinction des unes & des autres; & par ſon Arreſt du 6. Septembre permis de faire venir en cette Ville celles qui y pouvoient eſtre amenées ſans peril, ſans les obliger à la quarantaine: Mais que cet Arreſt eſtant particulier, & y ayant encore pluſieurs autres ſortes de Marchandiſes de même qualité que celles contenuës audit Arreſt, incapables de communiquer aucun mal contagieux, qui n'y ſont point expreſſées, dont il a eſté fait memoire, pour le bien public & la facilité du Commerce, d'en laiſſer pareillement le tranſport libre, & diſpenſé de la quarantaine & évent; deſquelles il a eſté fait memoire, & requis la Chambre d'y pourvoir: Luy retiré; lecture faite dudit Arreſt du 6. Septembre & dudit Memoire; la matiere miſe en deliberation, & tout conſideré. La Chambre des Vacations a ordonné & ordonne qu'outre les marchandiſes non ſuſpectes du mauvais air mentionnées en l'Arreſt du 6. Septembre, celles compriſes audit Memoire, ſeront pareillement diſpenſées de la quarantaine & de tout évent; à condition neanmoins de les changer de batteaux & de Voituriers, ainſi qu'il eſt porté par ledit Arreſt du 6. Septembre, & à cette fin leſdites marchandiſes inſerées au preſent Arreſt; Sçavoir,

Les beurres & fromages, jambons, chairs & poiſſons ſalez, frais & ſecs, & toutes autres ſalines.

Les olives, capres, oranges, citrons, grenades, amandes, avelines, prunes de brugnolles, & autres pruneaux, figues, marons, chaſtaignes, noix, poires, pommes & autres fruits eſtant en barils & caiſſes & hors d'emballage.

Les huiles en cruches & vaſes de terre, ou tonnes & autres futailles, hors les peaux de bouc.

Les ſucres candits & autres, blancs & gris, & caſſonnades venans de Portugal & autres lieux.

Les vins, & autres liqueurs entonnées en futailles.

Les

Les poivres, cloux de girofle, gingembre, muscades & autres épiceries.

Les parfums & drogues aromatiques, purgatives & preservatives.

Poix raisines & poix blanches & noires, gouldron, encens, bray, alums, gommes, glus, cires de toutes fortes, vitriol, petums, tabacs, coloquintes, couperôses, couleurs & peintures.

Crayes blanches & d'Espagne, ocre rouge & jaune, chaux à bastir, briques, tuiles, ardoises, & toutes fortes de pierres, soit marbres ou pierres communes, ouvrées ou non ouvrées.

Les plombs, estains, fer, cuivre, acier, argent, & autres métaux ouvrez ou non ouvrez, argent vif, fil de fer ou laton, poudre de mine & d'Orfévre, & tous autres ouvrages & marchandises de Quincaillerie, Ferronnerie & Armurerie.

Les sels terrestres, soulfres, salpestres, poudres à canon.

Les bois de campefche, d'ébeine, & autres de senteur ou à teindre, & generalement de toutes autres natures, soit pour bastir, brusler ou ouvrer, soit qu'ils soient ouvrez ou non.

Les charbons de terre, de pierre ou de bois.

Tous ouvrages de terre cuite ou cruë, pots, & autres vases de fayance ou de porcelaine; tous cristaux, glaces de miroir, verres à ouvrer & autres de toute nature; émaux, corail blanc & rouge, ambres, & toutes autres matieres metalliques ou minerales.

Les cendres & souldes barillées & natrons, les savons d'Alican, & autres noirs & gris venans de Marseille, Gennes & autres lieux, & generalement toutes autres drogues, épiceries & marchandises de cette qualité, solides & non spongieuses; ensemble les Livres venans directement d'Angleterre & Hollande, sans avoir esté déballez à Roüen.

Enjoint ladite Cour à Maistre Guillaume Coulon, Commissaire à ce deputé, d'y tenir la main, & ce qui sera par luy fait & ordonné pour raison de ce, executé nonobstant oppositions ou appellations quelconques, & sans préjudice d'icelles, pour lesquelles ne sera differé. Fait en la Chambre des Vacations le 25. Octobre 1668. Signé, DU BOIS.

3. Oct. 1668. *Arrest du Conseil qui interdit tout commerce avec la ville de Dieppe au sujet de la contagion.* LE Roy estant en son Conseil, ayant eu avis que la Ville de Dieppe est affligée de la maladie contagieuse: Et voulant empescher que ce mal ne se communique en sa bonne Ville de Paris, tant par la frequentation de ceux qui y apportent de la Marée de ladite ville de Dieppe qu'autrement: Sa Majesté estant en son Conseil, a interdit & interdit tout commerce de la ville de Dieppe avec celle de Paris; & ce faisant a défendu & défend tres-expressément aux Chasses-Marée & autres de ladite ville de Dieppe, de porter de la Marée en ladite ville de Paris, sur peine de punition exemplaire: A quoy Sa Majesté veut & entend que les Vendeurs de Marée de ladite ville de Paris tiennent soigneusement la main, à peine de quinze-cens livres d'amende, & de punition s'il y échet. Ordonne Sa Majesté que le present Arrest sera lû & publié à son de trompe & cry public, tant dans ladite Ville & Fauxbourgs de Paris qu'en celle de Dieppe; & mande & ordonne au Prevost de Paris ou son Lieutenant de Police, & aux Officiers de Justice de Dieppe, de faire executer ledit Arrest en ce qui les concerne, sans souffrir qu'il y soit contrevenu en quelque maniere que ce soit. Fait au Conseil d'Estat du Roy Sa Majesté y estant, tenu à saint Germain en Laye le trente-unième jour d'Octobre mil six cens soixante & huit. Signé, PHELYPEAUX.

13. Nov. 1668 *Arrest du Parlement, portant aussi interdiction de commerce avec la ville de Dieppe.* CE jour le Procureur General du Roy est entré dans la Chambre, qui a dit avoir eu des avis asseurez qu'il y a de la maladie contagieuse dans la ville de Dieppe, & qu'il est necessaire d'y pourvoir, en sorte que le mal ne se communique par le commerce des hommes & des marchandises qui en pourroient venir: Luy retiré; la matiere mise en deliberation: LA COUR a défendu & interdit tout commerce avec ladite ville de Dieppe: Fait tres-expresses inhibitions & défenses à toutes Personnes d'y aller, à peine d'estre procedé contr'eux extraordinairement, comme aussi d'en faire venir & recevoir aucunes marchandises autres que celles contenuës dans les Arrests des septiéme September & vingt-cinquiéme Octobre, qu'elles n'ayent auparavant esté mises à l'évent pendant quarante jours dans les lieux qui seront destinez à cet effet hors les Villes par les Officiers des Conseils de Santé establis dans les Villes; & ce à la reserve des laines, étoupes, cottons, fourrures & étoffes de laines, de quelque nature qu'elles soient, dont le commerce demeurera entierement interdit: & où au préjudice des presentes défenses publiées aucunes personnes en feroient venir, ordonne ladite Cour que lesdites laines, étoupes, cottons & fourrures seront bruslées, & les Marchands qui les auront reçûës ou fait venir, condamnez en deux mille livres d'amende; & pour les hommes venans de ladite Ville, ne seront reçûs qu'ils n'ayent auparavant fait la quarantaine és lieux qui seront à ce destinez; défenses de recevoir aucunes personnes qu'en rapportant des billets de Santé, des lieux desquels ils seront partis, en cas qu'ils soient sains, lesquels seront intitulez des Officiers des Conseils de Santé, signez de leurs Greffiers & sans frais, & que l'on sera tenu de faire viser dans tous les lieux par lesquels l'on passera. Ordonne en outre que par lesdits Conseils de Santé il sera pourvû à toutes les choses necessaires pour empescher le progrés de ladite maladie; & ce qui sera par eux ordonné pour raison de ce sera executé nonobstant oppositions ou appellations quelconques, & sans préjudice d'icelles. Et pour rendre le present Arrest public & que personne n'en puisse prétendre cause d'ignorance, il sera lû, publié & affiché en tous les lieux où besoin sera. Fait en Parlement le 13. Novembre 1668. Signé, ROBERT.

Estat des Marchandises mentionnées és Arrests des 7. Septembre & 25. Octobre 1668.

LEs beurres & fromages, jambons, chairs & poissons, salez, frais & secs, & toutes autres salines.

Les olives, capres, oranges, citrons, grenades, amendes, avelines, prunes de brugnolles & autres pruneaux, figues, marrons, chastaignes, noix, poires, pommes & autres fruits estant en barils & caisses && hors d'emballage.

Les huiles en cruches & vases de terre, ou tonnes & autres futailles hors les peaux de bouc.

Les sucres candits & autres blancs & gris, & cassonades venans de Portugal & autres lieux.

Les vins, & autres liqueurs entonnées en futailles.

Les poivres, cloux de girofle, gingembre, muscades & autres épiceries.

Les parfums & drogues aromatiques, purgatives & preservatives.

Poix raisines & poix blanches & noires, gouldron, encens, bray, alums, gommes, glus, cires de toutes sortes, vitriol, petums, tabacs, coloquintes, couperoses, couleurs & peintures.

Crayes blanches & d'Espagne, ocre rouge & jaune, chaux à bastir, briques, tuiles, ardoises, & toutes sortes de pierres, soit marbres ou pierres communes, ouvrées ou non ouvrées.

Les plombs, étains, fer, cuivre, acier, argent, & autres métaux ouvrez ou non ouvrez, argent vif, fil de fer ou laton, poudres de mines ou d'Orfévre, & tous autres ouvrages & Marchandises de Quincaillerie, Ferronerie & Armurerie.

Les sels terrestres, soulfres, salpestres, poudres à canon.

Les bois de campesche, d'ébeine, & autres de senteur ou à teindre, & generalement de toutes autres natures, soit pour bâtir, brûler ou ouvrer, soit qu'ils soient ouvrez ou non.

Les charbons de terre, de pierre ou de bois.

Tous ouvrages de terre cuite ou crüe, pots & autres vases de fayance ou de porcelaine, tous cristaux, glaces de miroir, verres à ouvrer & autres de toute nature, émaux, corail blanc & rouge, ambres, & toutes autres matieres metalliques ou minerales.

Les cendres & souldres barillées, natrons, les savons d'Alican, & autres noirs & gris venans de Marseille, Gennes & autres lieux, & generalement toutes autres drogues, épiceries & marchandises de cette qualité, solides & non spongieuses; ensemble les Livres venans directement d'Angleterre & Hollande sans avoir esté déballez à Dieppe.

29.Novemb. 1668. Arrest concernant le commerce de vin sur la riviere en temps de contagion. VEU par la Cour la Requeste presentée par Gilles Jajolet, contenant qu'ayant des Vaisseaux, il auroit esté obligé de les envoyer à Bordeaux & à Tursan vers Bayonne pour charger des vins pour la fourniture de Paris, qu'il ne sçauroit faire venir par la riviere de Seine, & est obligé de décharger ses vins à Dieppe dans des bateaux, pour passer de bout sans s'arrester à Roüen; & ayant esté averti qu'estant à Mantes on luy feroit décharger son vin pour le charger en d'autres bateaux, ce qui luy causeroit une ruine infaillible, attendu que le vin qui a souffert la Mer, ne peut estre déchargé tant de fois sans une perte considerable, ce qui empescheroit le suppliant de continuer ledit negoce; requerant sur ce luy estre pourvû; ladite Requeste signée Chastillon Procureur: Conclusions du Procureur General du Roy: Oüy le Rapport de Monsieur Pithou, Conseiller; tout consideré: ladite Cour a ordonné & ordonne, que ladite Requeste sera communiquée au Prevost de Paris, ou son Substitut du Procureur General du Roy au Chastelet, & aux Prevost des Marchands & Echevins de cettedite Ville, pour sur icelle bailler leurs avis, & ce fait rapporté & communiqué au Procureur General du Roy y estre pourvû ainsi qu'il appartiendra. Fait en Parlement le vingt-neuviéme jour de Novembre 1668. Collationné.

4.Dec.1668 Ordre du Roi à un Cômiss. du Chastel.de Paris au sujet de la contagion. IL est ordonné à Maistre Laurent Camin Commissaire au Chastelet de Paris, de se transporter incessamment au lieu de l'évent, établi prés la ville de Roüen, pour estre present à ceux qui doivent estre faits des marchandises de la Ville, qui seront voiturées en celles de Paris tant par eau que par terre, & tenir la main à ce qu'ils soient si bien & düement faits avant le départ desdites marchandises, qu'il n'en puisse arriver aucun accident du mal contagieux: de ce faire Sa Majesté a donné & donne pouvoir & commission audit sieur Camin. Enjoint au sieur de la Galissonniere, Commissaire départi en la Generalité de Roüen, de luy donner toute l'assistance necessaire pour s'acquitter de son devoir. Fait à Paris le 4. Decembre 1668. Signé, LOUIS. Et plus bas, PHELYPEAUX.

11.Dec.1668. Arrest pour le commerce de vin par la riviere en temps de contagion. VEU par la Cour la Requeste à elle presentée par Gilles Jajolet, contenant qu'ayant des Vaisseaux il les auroit envoyez à Bordeaux & à Tursan prés Bayonne pour charger des vins pour la fourniture de Paris, qu'il est obligé de faire décharger à Dieppedal dans des bateaux, pour passer de bout sans s'arrester à Roüen, & qu'ayant eu avis qu'on les feroit encore décharger à Mante pour les charger en d'autres bateaux, & changer d'équipage, ce qui luy causeroit une perte notable; l'Arrest d'icelle sur ladite Requeste, & Conclusions du Procureur General du Roy par lequel il auroit esté ordonné que ladite Requeste seroit communiquée au Prevost de Paris, ou son Lieutenant de Police, au Substitut du Procureur General du Roy, & aux Prevost des Marchands & Echevins de cette Ville, pour sur icelle bailler leurs avis, & ce fait rapporté & communiqué au Procureur General du Roy, y estre pourvû ainsi qu'il appartiendroit; ledit Arrest du vingt-neuviéme Novembre dernier, l'avis du Lieutenant de Police, & du Substitut du Procureur General du Roy au Chastelet, du cinquiéme Decembre dernier; Qu'attendu que la maladie contagieuse est notablement diminuée en la ville de Roüen, & les grands frais qu'il auroit à faire changer ledit équipage, il n'y aura aucun danger de laisser passer ledit vin de bout & sans s'arrester en la ville de Roüen, pourvû que les bateaux qui voitureront ledit vin dudit lieu de Dieppedal en cette ville de Roüen, ne soient chargez d'aucune marchandise, & qu'il n'y ait aussi d'autres hommes que ceux qui en auront pris la conduite; que pour cet effet lesdits bateaux seront vûs & visitez, & les pailles bruslées, & certificat rapporté de tout ce que dessus; l'avis
des

des Prevoſt & Marchands de cette Ville de Paris du 3. Decembre dernier, qu'attendu que par les Arreſts de la Cour, il eſt ordonné que les Marchands qui font venir des marchandiſes de Roüen à Paris, feront tenus de changer d'équipage, quoiqu'elles ne ſoient pas fuſceptibles de mauvais air, parce qu'il y a toujours dans les bateaux des meubles & hardes d'auſſi dangereuſe conſequence, qu'ils croyent qu'il y a lieu d'obliger de faire remuer à l'iſle de flot, les vins qu'il y ſera arriver dans d'autres bateaux, & ainſi de changer d'équipage; Conclusions du Procureur General du Roy : LA COUR a permis & permet audit Jajolet de faire amener en cette ville de Paris par la riviere de Seine, telle quantité de vin que bon luy ſemblera, ſans eſtre obligé de faire décharger à Mante ou ailleurs, ny changer de bateaux & d'équipage, à la charge que les bateaux qui voitureront ledit vin depuis Dieppedal, ne s'arreſteront point à Roüen, & qu'il n'y aura d'autres hommes que ceux qui en auront pris la conduite audit Dieppedal, du nombre & qualité deſquels ledit Jajolet ſera tenu de faire dreſſer procés verbal par le Juge ordinaire dudit lieu, enſemble du jour & heure du départ deſdits bateaux, lequel il ſera tenu repreſenter à Maiſtre Laurent Camin Commiſſaire au Chaſtelet, commis par le Roy pour aſſiſter au lieu d'évent établi prés le Pont de l'Arche, lequel viſitera leſdits bateaux, pour voir s'il n'y a d'autres marchandiſes que ledit vin, & d'autres hommes que ceux qui ſeront partis de Dieppedal, & en ce cas de livrer leurs Paſſeports, contenans le jour & heure qu'ils ſeront arrivez. Fait en Parlement le 11. Decembre 1668. Signé, ROBERT. Collationné.

13. Dec. 1668. Arreſt concernant l'évent des marchandiſes en preſence d'un Commiſſaire au Chaſtelet de Paris. SUR ce qui a eſté remontré à la Cour par le Procureur General du Roy, Que ledit Seigneur Roy voulant faciliter le commerce de la ville de Roüen par l'établiſſement d'un lieu prés le Pont de l'Arche, pour éventer toutes les marchandiſes ſuſceptibles de mauvais air, avoit donné ordre à Maiſtre Laurent Camin Commiſſaire au Chaſtelet, de ſe rendre audit lieu, pour prendre garde que cet évent fuſt fait de telle maniere que l'on n'en puſt apprehender aucune ſuite fâcheuſe : Que ce nouvel ordre faiſant preſentement ceſſer la neceſſité de l'évent, que la Cour avoit établi prés la ville de Mantes, par Arreſt du vingt-ſeptiéme Aouſt dernier, il eſtimoit ſeulement à propos de pourvoir à ce que l'on n'apportaſt aucunes marchandiſes de la ville de Roüen en cette ville de Paris, ny és lieux du reſſort, qui n'euſſent eſté éventées audit lieu d'évent, établi prés le Pont de l'Arche : Luy retiré, la matiere miſe en deliberation : LA COUR a fait inhibitions & défenſes à tous Marchands de faire venir aucunes marchandiſes de la ville de Roüen, que celles qui auront eſté éventées audit lieu d'évent, établi par ordre du Roy prés le Pont-de-l'Arche, à peine de deux mille livres d'amende, & de punition exemplaire, & d'eſtre les marchandiſes bruſlées, & à tous Voituriers de les conduire tant par eau que par terre, à peine d'eſtre procedé contre eux extraordinairement. Ordonne que tous Marchands, Facteurs, Voituriers, & generalement toutes perſonnes, ne pourront enlever aucunes marchandiſes dudit lieu, ſans prendre un Certificat ſigné & ſcellé par Maiſtre Laurent Camin, Commiſſaire au Châtelet, contenant la qualité & quantité des marchandiſes dont ils ſeront chargez, le nombre & la forme des ballots, & le jour qu'ils ſeront partis : leſquels certificats ſeront tenus repreſenter aux Officiers auſquels la Police des Villes appartient, auparavant que les ballots, tonneaux ou autres envelopes deſdites marchandiſes puiſſent eſtre ouvertes, à peine d'eſtre procedé extraordinairement contre les contrevenans. Et pour rendre le preſent Arreſt public, ordonne qu'il ſera lû, publié & enregiſtré par tout où beſoin ſera. Fait en Parlement le 13. Decembre 1668. Signé, ROBERT.

11. Jan. 1669. Arreſt du Conſeil côcernât l'évent des marchâdiſes, en preſence d'un Commiſſ. au Chaſt. de Paris, & le rétabliſſemêt du commerce avec la ville de Roüen ſous certaines conditions. SUR ce qui a eſté remontré au Roy eſtant en ſon Conſeil par les Marchands de la ville de Roüen ; Que comme la maladie contagieuſe dont elle eſt affligée depuis quelques mois, eſt ſur ſon déclin ; Le Parlement pour faciliter le débit de leurs marchandiſes, auroit donné Arreſt le treiziéme du mois dernier, portant entr'autres choſes permiſſion à toutes perſonnes de tranſporter de ladite Ville toutes ſortes de marchandiſes aux lieux nommez Dieppedal & le Madrillet, & aux Hoſtelleries du Cheſne & de la Malmaiſon, & Parroiſſe du grand Couronne, pour deſdits lieux eſtre tranſportées par tout où beſoin ſera, tant par eau que par terre, par autres perſonnes que celles dudit Roüen, aux conditions portées par ledit Arreſt ; au bas duquel eſt l'eſtat des marchandiſes non ſujettes à l'évent : & parce qu'il ne peut avoir lieu que dans le reſſort dudit Parlement, & qu'il eſt neceſſaire pour le bien des Peuples que les marchandiſes de ladite Ville puiſſent eſtre receuës par tout le Royaume : V E U les avis du ſieur Marquis de Beuvron, Lieutenant General de Sa Majeſté en la Province de Normandie, & autres donnez ſur ce ſujet ; & conſideré les inſtances par luy faites à cette occaſion : LE ROY ESTANT EN SON CONSEIL, voulant favorablement traiter ladite Ville de Roüen, & luy donner moyen d'entretenir ſes Manufactures, & faire ſubſiſter ceux qui y ſont employez, & neanmoins pourvoir en même temps à la ſeureté publique & à la conſervation de ſes autres Sujets ; a ordonné & ordonne, que toutes les marchandiſes ſortans de ladite Ville de Roüen, tant celles qui ſont ſujettes à l'évent, que celles qui ne le ſont pas, ſoit qu'elles y ayent eſté fabriquées ou apportées des Païs étrangers ou d'ailleurs, ſeront amenées aux lieux deſtinez pour faire ledit évent, afin que par le ſieur Camin, Commiſſaire au Chaſtelet de Paris, que Sa Majeſté a commis pour y eſtre preſent, il ſoit donné des Certificats pour faire paſſer ſans retardement, ſoit pour Paris ou autres endroits, celles qui n'eſtant pas ſuſceptibles du mauvair air, ont eſté exemptées de l'évent par les Arreſts rendus au Parlement de Paris le 7. Septembre & 26. Octobre dernier, & faſſe arreſter les autres au lieu de Tourville pour y eſtre éventées : aprés lequel évent, & y avoir reſté huit jours, ainſi qu'il eſt porté par l'Arreſt du Parlement de Roüen, elles ſeront receuës, en vertu du preſent, tant en ladite Ville de Paris, que dans tous les autres de ce Royaume. Et à cette fin ſeront les ballots deſdites marchandiſes contreplombez & contremarquez par ledit ſieur Camin, qui ſignera les certificats & lettres de voiture, contenant le nombre, quantité & qualité deſdites marchandiſes,

Mmmm iij   le

le jour qu'elles auront esté mises hors de l'évent, celuy qu'elles auront esté emballées & chargées dans le batteau ou charettes de Rouliers, & le lieu où elles devront estre voiturées, le nom du Marchand, Facteur ou Commissionnaire qui les envoyera, ou de celuy pour le compte duquel elles seront, & auquel s'en fera l'adresse & la délivrance. Et à l'égard des Marchands de ladite ville de Roüen, qui desireront suivre leurs marchandises, soit en celles de Paris & autres de ce Royaume, ils feront pendant le temps de dix jours seulement hors ladite Ville de Roüen, au lieu qui leur sera designé, & d'où ils ne pourront retourner en icelle, & ledit temps passé, au cas qu'ils soient en bonne santé, il leur en sera donné par ledit sieur Camin certificat, en vertu duquel ils pourront estre reçus dans lesdits endroits où ils iront : & en cas de fraude & de contravention au present Arrest, Sa Majesté declare dès à present, comme pour lors, les marchandises dont le transport se fera, sans les précautions cy-dessus, confisquées ; sçavoir les deux tiers au profit des Pauvres des lieux où les saisies seront faites, & l'autre tiers au Denonciateur, sur iceluy préalablement pris les frais desdites saisies & arrests. Et sera le present Arrest publié sur des copies dûement collationnées dans toutes les Villes de ce Royaume que besoin fera, à ce que nul n'en prétende cause d'ignorance. Fait au Conseil d'Estat du Roy, Sa Majesté y estant, tenu à Paris le onziéme jour de Janvier mil six cens soixante-neuf.
Signé, PHELYPEAUX.

LOUIS par la grace de Dieu Roy de France & de Navarre : A tous nos Officiers & Justiciers qu'il appartiendra, Salut. Nous vous mandons & ordonnons par ces Presentes signées de nostre main, que l'Arrest de nostre Conseil d'Estat, dont l'Extrait est cy-attaché sous le contre-scel de nostre Chancellerie, vous ayez à faire lire & publier par tout où besoin sera, à ce que personne n'en prétende cause d'ignorance. Et en outre tenir la main à l'execution d'iceluy, afin que les marchandises venant de nostre ville de Roüen, soient reçûës en toutes celles de nostre Royaume, sans aucune difficulté, ainsi qu'il est de nostre intention : CAR tel est nostre plaisir. Donné à Paris le onziéme jour de Janvier mil six cens soixante-neuf, & de nostre regne le vingt-sixiéme. Signé, LOUIS. Et plus bas, Par le Roy, PHELYPEAUX. Et scellé sur simple queuë du grand Sceau de cire jaune, avec un contrescel.

LEuës & publiées en Jugement devant Nous Marc-Antoine de Brevedent, Conseiller du Roy en ses Conseils, Lieutenant General au Bailliage de Roüen, & President au Siege Presidial dudit Lieu, le Mardy quinziéme jour de Janvier mil six cens soixante-neuf. Et ordonné ce requerant le Procureur du Roy audit Bailliage, que ledit Arrest & Commission sur iceluy seront registrez és Registres du Greffe de ce lieu, lûs, publiez & affichez par tous les Carrefours de cette Ville, & les Vidimus d'iceluy envoyez aux Vicomtez de ce Ressort pour y estre pareillement lûs, publiez & registrez, même distribuez aux Sergens des Sergenteries Royales de cette Vicomté, pour en faire lecture aux Bourgs & Marchez de leurs Sergenteries, & les délivrer aux Curez des Paroisses d'icelles, pour en faire lecture aux Prônes de leurs grandes Messes Paroissiales, à ce qu'aucunes personnes n'en prétendent cause d'ignorance ; & rapporter dans la quinzaine leurs procez verbaux au Greffe de ce Siege, des diligences qu'ils en auront faites. Donné comme dessus.
Signé, DE BREVEDENT, DUBUSC, & LESAUVAGE.

6. Fev. 1669.
Arrest du Conseil qui rétablit le commerce avec la ville d'Amiens, à côdition d'un évent des marchandises en presence d'un Cômiss. du Chastel. de Paris nommé par le Roy.

SUR ce qui a esté representé au Roy en son Conseil, que la Maladie contagieuse dont la ville d'Amiens a esté affligée, estant presque entierement cessée, il est juste de commencer à rétablir le Commerce qui avoit esté interdit, & d'y apporter les précautions necessaires pour la sureté des autres Villes & lieux du Royaume, & oüi sur ce le Rapport du sieur Colbert, Conseiller du Roy en son Conseil Royal, Controleur General des Finances, & tout consideré : LE ROY EN SON CONSEIL, a ordonné & ordonne, Que dans le lieu de Harly seront construits des bastimens propres pour faire l'évent des marchandises qui sortiront de ladite ville d'Amiens, dont la dépense sera fournie par les Marchands de ladite Ville ; & pour voir faire ledit évent, a Sa Majesté commis Me Noël Joigneau Commissaire au Chastelet, & en consequence ordonne Sa Majesté, que toutes les marchandises qui sont sujettes à l'évent, que celles qui ne le sont pas, soit qu'elles y ayent esté fabriquées ou non, seront amenées aux lieux destinez pour faire ledit évent, pour estre sur les Certificats dudit Commissaire, les marchandises non sujettes à l'évent, marquées & designées par les Arrests rendus au Parlement de Paris les 7. Septembre & 26. Octobre dernier, transportées dans toutes les Villes & lieux du Royaume ; & à l'égard des marchandises sujettes à l'évent, les retenir dans lesdits lieux, pour estre airées & parfumées, & y rester ensuite huit jours, après quoy lesdites marchandises en pourront estre conduites dans les Villes & lieux du Royaume, à la charge que les balots qui en seront faits, seront contreplombez & contremarquez par ledit Commissaire, qui donnera les Certificats aux Conducteurs d'icelles, contenant le nombre, quantité & qualité desdites marchandises, le jour qu'elles auront esté mises hors l'évent, celuy qu'elles auront esté emballées & chargées, & le lieu où elles devront estre voiturées, le nom du Marchand, Facteur, ou Commissionaire qui les envoyera, & de celuy pour le compte duquel elles seront, & auquel s'en fera l'adresse & délivrance. Fait Sa Majesté inhibitions & défenses aux Marchands de la ville d'Amiens à qui appartiendront lesdites marchandises, leurs Facteurs & autres habitans de ladite Ville, de les accompagner & de contrevenir au present Arrest ; à peine d'estre les marchandises sujettes à l'évent brûlées, & les autres non sujettes à l'évent confisquées, les deux tiers au profit des pauvres des lieux où les saisies seront faites, & l'autre tiers au Denonciateur, & de deux mille livres d'amende contre les Proprietaires ; & sera le present Arrest lû, publié & affiché dans tous les lieux où besoin sera, & iceluy executé nonobstant oppositions ou appellations quelconques, & sans préjudice d'icelles. Enjoint Sa Majesté aux Baillifs, Prevosts, Juges ordinaires & autres Officiers ausquels la Police des lieux appartient, de tenir la main à l'execution du present Arrest. Fait au Conseil d'Estat du Roy, tenu à Paris le 6. Fevrier 1669. Signé, BECHAMEL.

SUR

19. Février 1669. Arreſt concernant le Commerce avec la Ville d'Amiens, à condition d'un évent en la preſence d'un Commiſſaire au Chaſtelet nommé par le Roy.

SUR ce qui a eſté remontré à la Cour par le Procureur General du Roy, que ledit Seigneur Roy voulant faciliter le Commerce de la Ville d'Amiens par l'eſtabliſſement d'un lieu pour éventer toutes les marchandiſes ſuſceptibles de mauvais air qui en pourroient ſortir, avoit donné ordre à Me Noël Joigneau, Commiſſaire au Chaſtelet, de s'y rendre, pour prendre garde que cet évent fuſt fait de telle maniere que l'on n'en puſt apprehender aucune ſuite fâcheuſe ; de ſorte qu'il ne reſtoit qu'à pourvoir à ce que l'on n'apportaſt aucunes marchandiſes de ladite Ville d'Amiens en cette Ville de Paris, ny és lieux du reſſort, qui n'euſſent eſté éventées audit lieu d'évent eſtably prés ladite Ville d'Amiens : Luy retiré ; la matiere miſe en déliberation. La Cour a fait inhibitions & défenſes à tous Marchands de faire venir aucunes marchandiſes de la Ville d'Amiens, que celles qui auront eſté éventées audit lieu d'évent eſtably par l'ordre du Roy prés ladite Ville, à peine de deux mille livres d'amende, & de punition exemplaire, & d'eſtre marchandiſes brûlées, & à tous Voituriers de les conduire tant par eau que par terre, à peine d'eſtre procedé contr'eux extraordinairement. Ordonne que tous Marchands, Facteurs, Voituriers, & generalement toutes perſonnes ne pourront enlever aucunes marchandiſes dudit lieu, ſans prendre un Certificat ſigné & ſcellé par Me Noël Joigneau, Commiſſaire au Chaſtelet, contenant la qualité & quantité des marchandiſes dont ils ſeront chargez, le nombre & la forme des ballots, & le jour qu'ils ſeront partis ; leſquels Certificats ils ſeront tenus repreſenter aux Officiers auſquels la Police des lieux appartient, auparavant que les ballots, tonneaux, ou autres enveloppes deſdites marchandiſes puiſſent eſtre ouvertes, à peine d'eſtre procedé contre les contrevenans extraordinairement : Et pour rendre le preſent Arreſt public, ordonne qu'il ſera lu, publié & regiſtré partout où beſoin ſera. Fait en Parlement le dix-neuf Février mil ſix cens ſoixante-neuf. Signé, ROBERT.

6. Juin 1669. Arreſt pour la remiſe de la Foire du Landy.

SUR ce qui a eſté remontré à la Cour par le Procureur General du Roy, que le temps auquel la Foire de ſaint Denys, appellée ordinairement le Landy, a accouſtumé de ſe tenir, approchant, & l'eſtat de la Ville d'Amiens n'eſtant pas aſſez aſſeuré pour en laiſſer venir tous les Marchands, il eſtimoit que comme ils en ſont le principal commerce, il eſtoit à propos d'en remettre la tenuë juſqu'au mois de Juillet, afin que l'on puſt leur donner dans ce temps une liberté toute entiere, ſi le mal contagieux, lequel eſtoit ceſſé depuis pluſieurs jours à Amiens, ne recommençoit pas, comme il y avoit lieu de l'eſperer : Luy retiré ; la matiere miſe en déliberation. La Cour a remis & remet la tenuë de la Foire ſaint Denys au premier jour du mois de Juillet prochain. Fait en Parlement le 6. Juin mil ſix cens ſoixante-neuf. Signé, ROBERT.

7. Juin 1669. Ordre du Roy à un Commiſſaire au Chaſtelet de Paris pour l'eſtabliſſement d'un évent.

ILeſt ordonné à Me Laurent Camyn, Commiſſaire au Chaſtelet de Paris, de ſe tranſporter inceſſamment au lieu de l'évent eſtably prés la ville d'Amiens, pour eſtre preſent à ceux qui doivent eſtre faits des marchandiſes de la Ville, qui ſeront voiturées en celle de Paris, tant par eau, que par terre ; & tenir la main à ce qu'ils ſoient ſi bien & dûëment faits avant le départ deſdites marchandiſes, qu'il n'en puiſſe arriver aucun accident du mal contagieux. De ce faire Sa Majeſté a donné & donne pouvoir & commiſſion audit Sr Camyn ; enjoint au Sr de Barillon Conſeiller de Sa Majeſté en ſes Conſeils, Maiſtre des Requeſtes ordinaire de ſon Hoſtel, & Intendant de Juſtice en Picardie, de luy donner toute l'aſſiſtance neceſſaire pour s'acquitter de ſon devoir. Fait à ſaint Germain en Laye le ſept Juin mil ſix cens ſoixante-neuf. Signé, LOUIS ; Et plus bas, PHELYPEAUX.

22. Juin 1669. Arreſt de renvoy au Lieutenant General de Police, concernant le Commerce en temps de contagion.

VEU par la Cour la Requeſte à elle preſentée par Robert Aviſſe Marchand à Roüen ; à ce que pour les cauſes y contenuës, & attendu que les marchandiſes dudit ſupliant, qui eſtoient dans trois muids de mercerie, avoient paſſé par Beauvais où l'évent avoit eſté fait ſans neceſſité, puiſqu'il y avoit ſix mois qu'elles eſtoient ſorties de Roüen ; il pluſt à la Cour ordonner que leſdits trois muids de Mercerie de fil qui eſtoient retenus par les Receveurs des droits de la Doüane, ſous pretexte qu'elles n'eſtoient pas marquées à la marque de l'évent de Tourville proche Roüen, ſeroient renduës & reſtituées au Supliant, pour eſtre venduës & debitées ; à la repreſentation les gardiens & depoſitaires contraints, ce faiſant déchargez : Vû auſſi les pieces attachées à ladite Requeſte, Signé D. Martin, Procureur : Concluſions du Procureur General du Roy ; Oüy le rapport de M. Pierre Pithou Conſeiller : tout conſidéré, La Cour a renvoyé & renvoye ladite Requeſte au Lieutenant de Police du Chaſtelet de Paris, pour y eſtre pourvû ainſi qu'il appartiendra. Fait en Parlement le vingt-deuxiéme jour de Juin mil ſix cens ſoixante-neuf. Signé, DU TILLET.

26. Juin 1669. Arreſt qui rétablit le Commerce avec la Ville d'Amiens.

VEU par la Cour le Procés verbal fait par Me Iſaac de Malinguehen, Conſeiller du Roy, Lieutenant General Civil & Criminel au Baillage & Siege Preſidial de Beauvais, en execution de l'Arreſt de la Cour du dix-neuf du preſent mois de Juin, contenant le tranſport dudit de Malinguehen, aſſiſté de Jean Chaſtain Greffier commis en la Ville d'Amiens, le vingt-un Juin dernier, pour entendre les Officiers de Police, les Medecins & Chirurgiens de ladite Ville ſur le fait du mal contagieux ; leſquels auroient donné leurs rapports énoncez audit Procés verbal : Oüy le Procureur General en ſes Concluſions. La Cour a permis & permet aux Habitans de la Ville d'Amiens d'avoir commerce & d'aller en toutes les Villes & lieux du reſſort, & à tous les Habitans du reſſort d'aller dans la Ville d'Amiens, tout ainſi qu'ils euſſent pû faire avant l'Arreſt de la Cour du ſixiéme Juillet 1668. à la charge que l'on continuëra d'éventer les marchandiſes ſujettes à l'évent, que l'on voudra tranſporter hors la Ville d'Amiens, juſqu'à ce qu'autrement par la Cour en ait eſté ordonné. Fait en Parlement le 26. Juin mil ſix cens ſoixante-neuf. Signé, ROBERT.

L'on auroit pû ajoûter à ces Titres plusieurs autres Arrests qui furent rendus dans ces tristes occasions ; il y en eut entr'autres neuf, des 28. Juillet, 28. Aoust, 6. & 7. Septembre 1668. 9. Mars, 26. Avril, 1. & 16. Novembre 1669. & 4. Juin 1670. aussi celebres que les precedens. Mais comme ce sont toujours les mêmes dispositions, l'on se contente de les indiquer pour éviter les repetitions ; l'on peut en cas de besoin y avoir recours, ils sont dans les Registres du Parlement.

Ainsi par ces sages précautions & le secours du Ciel, la Ville Capitale dans tous ces temps n'eut aucune atteinte de cette dangereuse maladie, dont ses voisins ou ceux avec lesquels elle a un Commerce ouvert & ordinaire se trouvoient affligez. L'on void dans ces exemples tout ce que l'on peut desirer sur cette matiere : Les bontez du Roy dans les ordres que Sa Majesté donne pour la conservation de son Peuple ; l'attention continuelle du premier & du plus auguste Tribunal du Royaume, à tout ce qui peut contribuer au bien public ; l'exacte vigilance des Magistrats, les soins assidus des Officiers qui leur sont subordonnez, & enfin le bon ordre qui resulte de cet admirable concert. Dieu nous preserve & toute la Terre d'un semblable fleau ; mais si cette affliction nous arrivoit ou à nos voisins, l'on trouveroit icy tous les moyens humains qui peuvent estre mis en usage pour s'en garentir, ou pour s'en délivrer.

Fin du Quatriéme Livre.

ADDITION AU TITRE VI.
DU SECOND LIVRE.

LETTRES PATENTES DU MOIS D'AVRIL
1665. sur la Bulle d'Alexandre VII. du 15. Février de la même
année, registrées au Parlement le 29. du même mois.

Cette piece
doit suivre
le Formulaire du 17 Mars
1657. page
316.

LOUIS par la grace de Dieu, Roy de France & de Navarre : A tous presens & à venir, SALUT. Le dessein que nous avons de voir tous nos sujets réünis dans une mesme créance sur les matieres de la Foy & de la Religion, nous obligeant de veiller incessamment pour empescher le progrés de toutes les nouveautez qui pourroient troubler le repos des consciences, & la paix de l'Eglise & de l'Estat; il n'y a point de soin que nous n'ayons apporté pour faire cesser toutes les contentions, & pour arrester le cours des erreurs qui pouvoient alterer la pureté de la Foy, que nous avons receuë de nos Ancestres. Dans ce dessein nous avons appuyé de nostre autorité les Décisions qui ont esté faites par les Papes, & acceptées par l'Eglise, pour détruire la nouvelle secte qui s'est élevée à l'occasion de la doctrine de Jansenius Evêque d'Ipre, contenuë en son livre intitulé *Augustinus*. Et depuis la naissance de cette secte, jusques à nostre Declaration du mois d'Avril de l'année derniere 1664. Nous avons employé tous les moyens possibles pour en arrester le cours; & mesme les Prelats de nostre Royaume ayant jugé à propos aprés diverses Déliberations, de dresser un Formulaire de Profession de Foy, & imploré le secours de nostre autorité, pour obliger tous les Ecclesiastiques de nostre Royaume à le souscrire: Nous avons par nosdites Lettres de Declaration, registrées en nostre presence en nostre Cour de Parlement de Paris, autorisé ledit Formulaire, & ordonné que tous ceux qui refuseroient de le signer, lorsqu'il leur seroit prescrit par les Mandemens de leurs Evêques, demeureroient privez de leurs Benefices, & declarez indignes d'en posseder à l'avenir, & qu'il seroit procédé extraordinairement contre eux selon la rigueur des Constitutions Canoniques. Mais quoique Dieu ait beni nos soins par un heureux succés; & que nous ayons tellement arresté le cours de cette heresie naissante, qu'il n'y ait plus presentement qu'un bien petit nombre de gens, qui par un aveuglement affecté, & par des subtilitez étudiées, resistent aux définitions receuës par le consentement unanime de l'Eglise; neanmoins comme les principaux chefs de cette caballe continuent les efforts qu'ils ont toûjours faits pour éluder la condamnation de leurs erreurs, & méprisant les décisions du S. Siege, le jugement des Evêques, & l'avis de la Faculté de Theologie de Paris, refusent de signer le Formulaire dressé par les Prelats de nostre Royaume: Nous avons resolu de mettre la derniere main pour achever un ouvrage si utile & si avantageux au bien de la Religion & de l'Estat. Et quoique chacun connoisse assez la fausseté des pretextes les plus specieux, dont les Sectaires se sont servis pour colorer le refus qu'ils ont fait jusques icy de signer le Formulaire; que la distinction du fait & du droit, dont ils ont fait leur principale defense soit assez détruite par le Bref des Papes Innocent X. & Alexandre VII. par lesquels ils ont nettement declaré, que le dessein du S. Siege a esté de condamner les cinq Propositions extraites du livre de Jansenius, au sens de cet Auteur; & que l'autorité des Assemblées generales du Clergé de France, jointe au consentement presque unanime des Archevêques & Evêques de nostre Royaume, dût estre d'un assez grand poids pour les engager à recevoir ledit Formulaire. Veu mesme que le Pape l'avoit suffisamment approuvé, soit en loüant sa conduite des Evêques par lesdits Brefs que Sa Sainteté leur a adressez, lorsqu'ils lui ont donné connoissance de la resolution par eux prise d'en ordonner la signature, soit en blâmant ceux qui ont refusé d'y souscrire, ou qui vouloient en alterer le sens par des distinctions captieuses: Et neanmoins connoissant que toutes ces considerations n'ont pas esté assez puissantes pour vaincre l'opiniâtreté de ceux qui veulent se signaler dans ces sortes de contestations, & qui dans ce dessein fomentent la division de l'Eglise; Nous avons cru que le meilleur moyen de détruire toutes les fausses subtilitez dont ils se servent, & d'ôter tout pretexte mesme aux Evêques qui ont fait refus jusques à present de signer & faire signer dans leurs Dioceses, estoit de consulter encore une fois le Chef de l'Eglise; afin que joignant son autorité à celle des Archevêques & Evêques de nostre Royaume, ce concours de Puissances les obligeât à se soûmettre & à souscrire ce qui avoit esté si solemnellement décidé. Pour cette fin nous avons fait demander à Sa Sainteté, par nostre Ambassadeur Extraordinaire en Cour de Rome, qu'il luy plût ordonner la signature d'un Formulaire: & Sa Sainteté ayant répondu favorablement aux instances qui luy ont esté faites de nostre part, & ayant fait expedier sa Constitution en date du 15. du mois de Février dernier; par laquelle elle auroit ordonné la signature d'un Formulaire inseré dans ladite Constitution, NOUS, pour concourir par nostre autorité à faire cesser toutes les divisions qui jusques à present ont partagé nos sujets sur ces matieres, & à établir une entiere uniformité dans leurs sentimens, à cet égard ayant resolu d'appuyer ladite Constitution; SÇAVOIR faisons, que pour ces causes & autres à ce nous mouvans, aprés avoir fait examiner en nostre Conseil la Constitution de N. S. P. le Pape Alexandre VII. dudit jour 15. Février de la presente année

à 1665.

1665. Enfemble le Formulaire inferé en ladite Conftitution, & reconnu qu'en icelle il n'y a rien de contraire aux libertez de l'Eglife Gallicane ny aux droits de noftre Couronne, ny mefme au Formulaire dreffé par les Evêques de noftre Royaume : N o u s , de l'avis de noftredit Confeil, & de noftre certaine fcience, pleine puiffance & autorité Royale, avons par ces prefentes fignées de noftre main, dit, ftatué & ordonné, difons, ftatuons & ordonnons, voulons & nous plaift, que ladite Conftitution de noftredit S. P. le Pape dudit jour 15. Février 1665. cy attachée fous le contre-Scel de noftre Chancellerie, foit receuë & publiée en tout noftre Royaume, pays, terres & feigneuries de noftre obeïffance, pour y eftre gardée & obfervée inviolablement felon fa forme & teneur.

Exhortons à cette fin, & neanmoins enjoignons aux Archevêques & Evêques de noftre Royaume & terres de noftre obeïffance, de figner, & faire figner inceffamment par tous les Ecclefiaftiques de leurs Diocefes, tant feculiers que reguliers, ledit Formulaire, purement & fimplement, aux termes aufquels il eft conceu dans ladite Conftitution, fans ufer d'aucune diftinction, interprétation, ou reftriction, qui deroge directement ou indirectement aufdites Conftitutions des Papes Innocent X. & Alexandre V I I. par lefquelles les cinq Propofitions extraites du livre de Janfenius ont efté condamnées d'herefie au fens de l'Auteur ; comme auffi de nous certifier par écrit par lefdits Archevêques & Evêques, qu'il aura efté fatisfait à la fignature dudit Formulaire dans les trois mois portez par ladite Conftitution, à compter du jour de la publication qui fera faite des prefentes dans le Bailliage, Sénéchauffée, ou Siege Royal, au reffort duquel eft fituée chaque Eglife Metropolitaine ou Cathedrale.

Déclarant que ceux qui fe ferviront dans leurs fignatures des diftinctions, interpretations, ou reftrictions fufdites, auront encouru les peines portées par ladite Conftitution, & par ces prefentes.

Et afin que les Ordonnances que lefdits Archevêques & Evêques, ou leurs grands Vicaires feront publier pour ladite fignature, foient executées fans difficulté ; Nous ordonnons à tous Ecclefiaftiques feculiers & reguliers, mefme aux Moniales, de figner ledit Formulaire dans ledit temps de trois mois, nonobftant toutes exemptions, Privileges, Loix diocefaines, droits de Jurifdictions Epifcopales ou quafi Epifcopales, qui pourroient eftre prétendus par aucuns Chapitres, Abbayes, Communautez, Seculiers ou Reguliers, ou par aucuns particuliers : Aufquels Privileges, exemptions, droits de Jurifdiction & Loix diocefaines, Nous avons, en tant que befoin eft ou feroit, dérogé par ces prefentes pour ce regard, comme eftant ce qui concerne la pureté de la Foy, & de la détermination des queftions doctrinales, particulierement refervé à la perfonne & au caractère de l'Evêque, & ne pouvant leur eftre ôté par aucun Privilege.

Et en cas de refus par aucuns Ecclefiaftiques feculiers ou reguliers, de foufcrire ledit Formulaire : Voulons qu'il foit procédé contre eux par les Evêques ou par leurs Officiaux, fuivant les Conftitutions Canoniques & les Loix de noftre Royaume, & nonobftant tous Privileges & toutes appellations fimples ou comme d'abus, & fans préjudice d'icelles, pour lefquelles ne voulons eftre différé, comme s'agiffant de police & difcipline, dans laquelle les appellations comme d'abus ne doivent avoir aucun effet fufpenfif aux termes des Ordonnances.

Voulons en outre, que faute d'avoir par les Ecclefiaftiques feculiers ou reguliers, foufcrit ledit Formulaire dans ledit temps de trois mois, les Benefices, Dignitez, Perfonnats, Offices, feculiers ou reguliers, mefme les Clauftraux & Amovibles, & generalement toute forte de Benefices dont ils feront pourvus & aufquels ils prétendront droit, demeurent vacans & impetrables de plein droit, fans qu'il foit befoin d'aucune Sentence ny Declaration judiciaire, & fans qu'ils puiffent eftre reftablis dans leurfdits Offices & Benefices, encore qu'ils vouluffent pofterieurement figner ledit Formulaire ; & pour cette fin ordonnons que ceux qui auront efté pourvus en leurs lieux & places defdits Benefices, foit par le Collateur ordinaire, foit en Cour de Rome, y foient maintenus : Enjoignons aux Collateurs ordinaires d'y pourvoir incontinent aprés ledit temps de trois mois, & jufques à ce qu'il y ait efté pourvu, Voulons que les fruits defdits Benefices foient faifis à la Requefte de nos Procureurs Generaux ou de leurs Subftituts, & employez au profit des Hôpitaux des lieux.

Et au cas qu'aucun Archevêque ou Evêque refufe de figner ledit Formulaire, & n'en ordonne pas la fignature dans ledit temps de trois mois purement & fimplement, comme il eft cy-deffus expliqué, Nous voulons & entendons qu'il y foit contraint par faifie du revenu temporel de fon Archevêché ou Evêché, & qu'il foit procédé à l'encontre de luy par les voyes canoniques fuivant ce qui eft porté par ladite Conftitution ; Et en outre que les autres Benefices de quelque qualité qu'ils puiffent eftre, dont il fe trouvera pourvu, demeurent vacans & impetrables de plein droit, fans qu'il foit befoin d'aucune Sentence ny Déclaration judiciaire ; & que ceux qui auront efté pourvus en fa place y foient maintenus, ainfi qu'il eft dit & expliqué cy-deffus.

Et afin qu'à l'avenir nul n'ait rang ny autorité dans l'Eglife qui puiffe renouveller ces divifions, ou troubler l'Eftat, en adherant à ces nouvelles Doctrines, Nous voulons pour la police & la paix de noftre Royaume, que conformément à la Declaration publiée en noftre prefence en noftre Cour de Parlement de Paris le 29. Avril 1664. aucune perfonne ne puiffe eftre cy-aprés pourvu de quelque Benefice que ce foit, feculier ou regulier, qu'il n'ait auparavant foufcrit ledit Formulaire en prefence de l'Evêque, mais de fon Evêque, ou à fon refus, en celles de l'Archevêque Metropolitain ; & en cas de refus de l'un & de l'autre, en celles du plus ancien Evêque de la Province eftant fur les lieux, qui aura figné & fait figner ledit Formulaire.

N o u s voulons pareillement que ceux qui feront dorefnavant promeus à l'Ordre de Sous-Diaconat, ou qui prendront à l'avenir les degrez dans les Univerfitez de noftre Royaume, ou feront élûs aux Charges, Principautez & Regences defdites Univerfitez ou des Colleges en dépendans, ou qui feront receus à faire profeffion à l'avenir dans les Monafteres de noftre Royaume, ou nommez pour exercer aucunes Charges ou Offices dans iceux, fignent ledit Formulaire

cy-deffus

cy-deſſus en la maniere & dans le tems porté par noſdites Lettres du mois d'Avril 1664. & ſur les peines y contenuës, ſi ce n'eſt qu'ils y euſſent ſatisfait auparavant. VOULONS auſſi que nul ne puiſſe eſtre admis dans les Seminaires pour y enſeigner, qu'il n'ait ſigné ledit Formulaire en la forme cy-deſſus exprimée.

VOULONS, de plus, que nulle perſonne pourveuë de Benefice Seculier ou Regulier par Nous, par les Collateurs ordinaires, en Cour de Rome, ou en quelque ſorte & maniere que ce ſoit, ne puiſſe prendre ny ſe mettre en poſſeſſion dudit Benefice ſans en avoir la permiſſion du Lieutenant General, & en ſon abſence, du premier & plus ancien Officier du Bailliage ou Senechauſſée dans le reſſort de laquelle ledit Benefice ſera ſitué, leſquels ne pourront donner ladite permiſſion qu'à ceux qui feront bien & deuëment apparoir pardevant eux avoir ſouſcrit ledit Formulaire, en la forme preſcrite cy-deſſus, & ſeront leſdites permiſſions délivrées gratuitement & ſans frais par les Greffiers deſdits Sieges qui en garderont les minutes pour y avoir recours quand beſoin ſera : Enjoignons pour cette fin auſdits Lieutenans Generaux & aux Subſtituts de nos Procureurs Generaux auſdits Sieges, d'empeſcher qu'aucun pourveu de Benefice n'en prenne poſſeſſion, ſans au préalable avoir obtenu ladite permiſſion.

Et parce que ledit Livre de Janſenius intitulé *Auguſtinus*, a donné lieu aux derniers troubles & conteſtations des Catholiques, & aux nouvelles diviſions de l'Egliſe ; Nous avons fait & faiſons tres-expreſſes & iteratives inhibitions & défenſes à tous nos Sujets de quelque qualité & condition qu'ils ſoient, de vendre ou debiter ledit Livre, ny même le garder ſans la permiſſion de l'Evêque ou de ſes Grands Vicaires ; enjoignant à tous Imprimeurs & Libraires qui en ont preſentement, de les porter ou faire porter dans quinzaine après la publication des preſentes au Greffe de l'Archevêché ou Evêché dont ils ſont, ou en ceux des Bailliages ou Sénéchauſſées dans le reſſort deſquelles ils ſont leur demeure, à peine de punition.

Que d'ailleurs comme cette diviſion qui avoit commencé à l'occaſion dudit Livre de Janſenius a beaucoup augmenté par la liberté que pluſieurs perſonnes ont priſes d'écrire, compoſer, publier, ou debiter pluſieurs libelles contre les Bulles des Papes Innocent X. & Alexandre VII. contre les déliberations des Evêques & les Cenſures de la Faculté de Theologie, & principalement contre le Formulaire dreſſé pour établir la paix dans l'Egliſe, & l'uniformité dans ſes ſentimens : Nous afin d'empêcher ce deſordre, avons auſſi par ceſdites preſentes fait & faiſons tres-expreſſes inhibitions & défenſes à tous nos Sujets de quelque qualité & condition qu'ils ſoient, d'écrire ou compoſer, imprimer, vendre ou debiter directement ou indirectement ſous quelque nom ou titre que ce puiſſe eſtre, aucun Ouvrage, Lettres ou Ecrits tendans à favoriſer, ſouˆtenir ou renouveler en quelque maniere que ce ſoit la Doctrine condamnée par leſdites Bulles, ou contredire ledit Formulaire, ſous peine d'eſtre traitez comme Fauteurs d'Heretiques, & comme Perturbateurs du repos public : VOULONS que ceux qui ont écrit, enſeigné, ou prêché aucune choſe contraire auſdites Bulles, ſoient tenus en ſignant ledit Formulaire, de ſe retracter, dont ſera fait mention dans l'acte qui ſera expedié de leur ſouſcription.

N'ENTENDONS au ſurplus par ces preſentes déroger au droit des particuliers qui ont eſté pourveus en Cour de Rome, ou nommez par Nous aux Benefices de ceux qui n'ont pas ſigné le Formulaire dreſſé par les Evêques de noſtre Royaume en conſequence de noſtredite Déclaration : ny à ce qui a eſté fait par la Faculté de Theologie de Paris, contre ceux qui ont refuſé de ſigner la Cenſure de ladite Faculté du premier jour de Février 1656. ny auſſi aux Arreſts rendus en noſtre Conſeil contre aucuns des Chanoines du Chapitre de Beauvais les vingt-un Juillet & deuxiéme Octobre 1659. que Nous voulons eſtre executez ſelon leur forme & teneur, juſques à ce que leſdits Chanoines ayent ſouſcrit le Formulaire inſeré dans ladite Conſtitution de noſtre S. Pere le Pape en la forme cy-devant exprimée. SI DONNONS EN MANDEMENT, à nos Amez & Feaux les Gens tenans noſtre Cour de Parlement de Paris, que ces preſentes ils ayent à faire lire, publier, & enregiſtrer ; enſemble ladite Conſtitution, & le contenu en icelles faire garder & obſerver en ce qui dépend de l'autorité de noſtredite Cour, en toute l'étenduë de ſon reſſort, ſans ſouffrir qu'il y ſoit contrevenu en aucune maniere ; CAR tel eſt noſtre plaiſir : Et afin que ce ſoit choſe ferme & ſtable à toûjours, Nous avons fait mettre noſtre Scel à ceſdites preſentes, ſauf en autres choſes noſtre droit, & l'autruy en toutes, DONNE' à Paris au mois d'Avril l'an de grace mil ſix cens ſoixante cinq, & de noſtre Regne le vingt-deuxiéme ; Signé LOUIS, & plus bas, Par le Roy, DE GUENEGAUD.

Et à côté eſt écrit. *Viſa*, SEGUIER, pour ſervir aux Lettres Patentes ordonné eſtre expediées ſur la Bulle d'Alexandre VII. touchant l'Hereſie de Janſenius. Scellé du grand Sceau de cire verte.

Leuës, publiées, & regiſtrées, oüy & ce requerant le Procureur General du Roy, pour eſtre executées ſelon leur forme & teneur. A Paris en Parlement, le Roy y ſeant en ſon Lit de Juſtice, le 29. Avril 1665.

Signé, DU TILLET.

CONSTITUTION DE NOTRE S. AINT PERE, EN FORME
de Bulle du 15. Iuillet 1705. qui contient aussi & qui confirme & explique les Constitutions des Papes Innocent X. & Alexandre VII. des 31. May 1653. 16. Octobre 1656. & 15. Février 1665. sur le Jansenisme.

CLEMENS · EPISCOPVS,	**CLEMENT EVESQUE,**
SERVVS SERVORVM DEI,	SERVITEUR DES SERVITEURS DE DIEU,
Universis Christi fidelibus, Salutem & Apostolicam benedictionem.	A tous fideles Chrétiens, Salut & benediction Apostolique.

Ces pieces jusques à la fin, doivent suivre l'Arrest du Conseil, du 5. Mars 1703. page 319. VINEAM Domini Sabaoth, quæ est Catholica Ecclesia, pro commisso Nobis divinitùs Apostolicæ servitutis munere custodire, atque excolere omni studio, atque industria, jugiter satagentes, ea, quæ à Romanis Pontificibus Prædecessoribus Nostris ad succrescentes in illa perniciosarum novitatum vepres radicitùs evellendos, prudenti, salubrique consilio constituta esse noscuntur, ut quibuscunque Inimici Hominis molitionibus dejectis, firmiùs semper, atque exactiùs observentur, Apostolici muniminis nostri præsidio libenter roboramus, atque aliàs desuper solicitudinis, & providentiæ nostræ partes interponimus, sicut omnibus maturæ considerationis trutinâ perpensis, ad fidelem, ac tutam orthodoxæ veritatis custodiam, necnon Animarum pretioso Unigeniti Dei Filij Domini Nostri Jesu Christi Sanguine redemptarum salutem expedire in Domino arbitramur.

Sanè postquam fel. rec. Innocentius Papa X. prædecessor Noster per quamdam suam desuper editam Constitutionem quinque famosas Propositiones ex Libro Cornelii Jansenii Episcopi Iprensis, cui titulus *Augustinus*, excerptas Apostolici censurâ judicii ritè confixerat, rec. me. Alexander Papa VII. etiam prædecessor noster ad ejusmodi jam damnatos errores è Christi fidelium mentibus prorsùs abolendos, publicæque tranquillitatis perturbatorum subtili tectas calliditate machinationes penitùs evertendas, prædictam Innocentii prædecessoris Constitutionem, toto illius inserto tenore, confirmavit, novarumque declarationum accessione constabilivit, sua in id pariter editâ Constitutione, tenoris qui sequitur, videlicet:

ALEXANDER Episcopus, Servus Servorum Dei, Universis Christi fidelibus, salutem & ApostolicamBenedictionem. Ad Sacram Beati Petri Sedem, & Universalis Ecclesiæ regimen, inscrutabili Divinæ providentiæ dispositione, nullis nostris suffragantibus meritis, evecti, nihil nobis antiquius ex muneris nostri debito esse duximus, quàm, ut sanctæ Fidei nostræ, ac Sacrorum Dogmatum integritati tradita nobis à Deo potestate opportunè consuleremus.

Ac licet ea, quæ Apostolicis Constitutionibus abundè fuerunt definita, novæ decisionis, sivè declarationis accessione nequaquam indigeant; quia tamen aliqui publicæ tranquillitatis perturbatores illa in dubium revocare, vel subdolis interpretationibus labefactare non verentur; ne morbus iste latiùs divagetur, promptum Apostolicæ authoritatis remedium censuimus non esse differe-

NOUS attachant continuellement avec toute l'application possible & de toutes nos forces, comme nous le devons par le ministere Apostolique que Dieu nous a confié, à garder & à cultiver la Vigne du Seigneur des Armées, c'est-à-dire l'Eglise Catholique, Nous joignons volontiers nostre autorité Apostolique à celle des Pontifes Romains nos Predecesseurs, & confirmons ce qu'ils ont fait si sagement & si utilement pour arracher jusques à la racine les épines des nouveautez pernicieuses; afin que leurs Ordonnances soient plus exactement observées, & que Nous fassions échouer les entreprises de l'Homme Ennemy: & après avoir mûrement pesé toutes choses, Nous employons nos soins & nostre sollicitude comme Nous le jugeons convenable selon l'esprit de Dieu pour la conservation sûre & inviolable de la verité orthodoxe, & pour le salut des Ames rachetées par le précieux Sang de Nostre Seigneur JESUS-CHRIST Fils unique de Dieu.

Après qu'Innocent X. d'heureuse memoire nostre prédecesseur eut censuré dans toutes les formes par un Jugement Apostolique les cinq fameuses Propositions extraites du Livre de Cornelius Jansenius Evêque d'Ypres, intitulé Augustinus, Alexandre VII. aussi nostre prédecesseur, pour effacer de l'esprit des Fideles ces erreurs déja condamnées, & renverser entierement les projets artificieux des perturbateurs du repos public confirma cette Constitution d'Innocent X. son predecesseur, l'inserant toute entiere dans la sienne, & y ajoûtant, pour un plus grand affermissement, de nouvelles Déclarations par une Constitution qu'il fit pareillement sur cette matiere, dont voicy la teneur.

ALEXANDRE Evêque, Serviteur des Serviteurs de Dieu. A tous Fideles Chrétiens : Salut & benediction Apostolique. La Providence divine nous ayant par un ordre secret, & sans aucun merite de nostre part, élevé au Trône sacré de S. Pierre, & au gouvernement de toute l'Eglise : Nous avons estimé qu'il estoit du devoir de nostre Charge Pastorale de n'avoir rien tant à cœur que de pourvoir soigneusement dans les rencontres à l'integrité de nostre sainte Foy & de ses sacrez Dogmes, en vertu de la puissance & de l'autorité que Dieu nous a donnée.

Et quoyque les Dogmes, qui cy devant ont été tres-suffisamment définis par les Constitutions Apostoliques, n'ayent pas besoin d'une nouvelle Décision ou Déclaration ; à cause toutefois que quelques perturbateurs du repos public ne craignent pas de les revoquer en doute, ni même de les affoiblir & les enerver par des interpretations captieuses; pour empêcher que cette contagion dangereuse ne se répande, & ne gagne plus avant, Nous

avons

rendum. Emanavit siquidem aliàs à sel. rec. Innocentio Papa X. prædecessore nostro Constitutio, Declaratio, & Definitio tenoris, qui sequitur, videlicet :

INNOCENTIUS Episcopus, Servus Servorum Dei, Universis Christi fidelibus, salutem & Apostolicam Benedictionem. Cùm occasione impressionis Libri, cui titulus *Augustinus* Cornelii Jansenii Episcopi Iprensis, inter alias ejus opiniones, orta fuerit, præsertim in Galliis, controversia super quinque ex illis, complures Galliarum Episcopi apud nos institerunt, ut easdem Propositiones nobis oblatas expenderemus, ac de unaquaque earum certam & perspicuam ferremus sententiam.

Tenor verò præfatarum propositionum est prout sequitur.

Prima. Aliqua Dei præcepta hominibus justis volentibus, & conantibus secundum præsentes, quas habent vires, sunt impossibilia; deest quoque illis Gratia, qua possibilia fiant.

Secunda. Interiori Gratiæ in statu naturæ lapsæ nunquam resistitur.

Tertia. Ad merendum, & demerendum in statu naturæ lapsæ non requiritur in homine libertas à necessitate, sed sufficit libertas à coactione.

Quarta. Semipelagiani admittebant prævenientis Gratiæ interioris necessitatem ad singulos actus, etiam ad initium Fidei, & in hoc erant hæretici, quod vellent, eam Gratiam talem esse, cui posset humana voluntas resistere, vel obtemperare.

Quinta. Semipelagianum est dicere CHRISTUM pro omnibus omninò hominibus mortuum esse, aut sanguinem fudisse.

NOS, quibus inter multiplices curas quæ animum nostrum assiduè pulsant, illa in primis cordi est, ut Ecclesia Dei nobis ex alto commissa, purgatis pravarum opinionum erroribus, tutò militare, & tanquam navis in tranquillo mari, sedatis omnium tempestatum fluctibus, ac procellis, securè navigare, & ad optatum salutis portum pervenire possit.

Pro rei gravitate coram aliquibus Sanctæ Romanæ Ecclesiæ Cardinalibus, ad id specialiter sæpius congregatis, ac pluribus in Sacra Theologia Magistris, easdem quinque Propositiones, ut suprà, nobis oblatas fecimus sigillatim diligenter examinari, eorumque suffragia, tum voce tum scripto relata maturè consideravimus, eosdemque Magistros, variis coram nobis actis Congregationibus, prolixè super eisdem, ac super earum qualibet differentes, audivimus.

Cùm autem ab initio hujuscemodi discussionis, ad Divinum implorandum auxilium multorum Christi fidelium preces, tum privatim, tum publicè indixissemus; postmodum iteratis eisdem ferventiùs, ac per nos solicitè imploratâ Sancti Spiritus assistentiâ, tandem Divino Numine favente ad infrascriptam devenimus declarationem, & definitionem.

Primam prædictarum propositionum : Aliqua Dei præcepta hominibus justis volentibus, & conantibus, secundùm præsentes, quas habent, vires, sunt impossibilia, deest quoque illis Gratia, qua possibilia fiant. *Temerariam, impiam, blasphemam,*

avons crû qu'il ne faloit pas differer plus long-temps d'y appliquer le remede de l'autorité *Apostolique* : car nostre predecesseur Innocent X. d'heureuse memoire, a donné depuis quelques années une Constitution, Déclaration & définition, en la même forme & teneur qui s'ensuit.

INNOCENT Evêque, Serviteur des Serviteurs de Dieu. A tous fideles Chrétiens, Salut & benediction Apostolique. Comme ainsi soit qu'à l'occasion de l'impression d'un Livre qui porte pour titre, Augustinus Cornelii Jansenii Episc. Iprensis, entr'autres opinions de cet Auteur, eût été muë contestation, principalement en France, sur cinq d'icelles; plusieurs Evêques du même Royaume ont fait instance auprès de nous à ce qu'il nous plût examiner ces mêmes Propositions à nous presentées, & prononcer un Jugement certain & évident sur chacune en particulier.

La teneur des susdites Propositions est telle qu'il s'ensuit.

La première : *Quelques Commandemens de Dieu sont impossibles aux hommes justes, lors même qu'ils veulent & s'efforcent de les accomplir, selon les forces qu'ils ont presentes; & la Grace leur manque par laquelle ils soient rendus possibles.*

La seconde : *Dans l'état de la nature corrompuë on ne résiste jamais à la Grace interieure.*

La troisiéme : *Pour meriter & démeriter dans l'état de la nature corrompuë, la liberté qui exclud la necessité, n'est pas requise en l'homme, mais suffit la liberté qui exclud la contrainte.*

La quatriéme : *Les Semipelagiens admettoient la necessité de la Grace interieure prévenante pour chaque Acte en particulier, même pour le commencement de la Foy; & ils étoient heretiques, en ce qu'ils vouloient que cette Grace fût telle, que la volonté humaine pût luy resister, ou luy obéïr.*

La cinquiéme : *C'est Semipelagianisme de dire, que* JESUS-CHRIST *est mort, ou qu'il a répandu son Sang generalement pour tous les hommes.*

NOUS, qui dans la multitude differente des soins qui continuellement occupent nostre esprit, sommes particulierement touchez de celuy de faire en sorte que l'Eglise de Dieu, qui nous a été commise d'en haut, étant purgée des opinions perverses, puisse combattre avec sureté, & comme un vaisseau sur une mer tranquile, faire voile avec assurance, les orages & les flots de toutes les tempêtes étant appaisez, & enfin arriver au port désiré du salut.

Consideré l'importance de cette affaire, nous avons fait que les cinq Propositions qui nous ont été presentées dans les termes cy-dessus exprimez, fussent examinées diligemment l'une après l'autre par plusieurs Docteurs en la Sacrée Theologie, en présence de quelques Cardinaux de la Sainte Eglise Romaine, souventefois assemblez specialement pour ce sujet. Nous avons consideré à loisir & avec maturité leurs suffrages, rapportez tant de vive-voix que par écrit; & avons oüi ces mêmes Docteurs, discourant fort au long sur ces mêmes Propositions, & sur chacune d'icelles en particulier, en differentes Congregations tenuës en nostre presence.

Or comme nous avions déja dès le commencement de cette discussion ordonné des prieres tant en particulier qu'en public, pour exhorter les fidelles d'implorer le secours de Dieu, nous les avons encore ensuite fait reïterer avec plus de ferveur, & nous-mêmes après avoir imploré avec sollicitude l'assistance du Saint Esprit : Enfin secours de la faveur de cet Esprit divin, Nous avons fait la declaration & definition suivante.

La premiere des propositions susdites : *Quelques Commandemens de Dieu sont impossibles aux hommes justes, lors même qu'ils veulent & s'efforcent de les accomplir selon les forces qu'ils ont presentes; & la Grace leur manque, par laquelle ils sont rendus possibles*

à iij   bles

anathemate damnatam, & hæreticam declaramus, & uti talem damnamus.

Secundam : Interiori Gratiæ in statu naturæ lapsæ nunquam resistitur. Hæreticam declaramus, & uti talem damnamus.

Tertiam. Ad merendum, & demerendum in statu naturæ lapsæ non requiritur in homine libertas à necessitate, sed sufficit libertas à coactione. Hæreticam declaramus, & uttalem damnamus.

Quartam. Semipelagiani admittebant prævenientis Gratiæ interioris necessitatem ad singulos actus, etiam ad initium Fidei, & in hoc erant hæretici, quod vellent, eam gratiam talem esse cui posset humana voluntas resistere, vel obtemperare. Falsam & hæreticam declaramus, & uti talem damnamus.

Quintam. Semipelagianum est dicere CHRISTUM pro omnibus omninò hominibus mortuum esse, aut Sanguinem fudisse. Falsam, temerariam, scandalosam, & intellectam eo sensu, ut CHRISTUS pro salute dumtaxat prædestinatorum mortuus sit: Impiam, blasphemam, contumeliosam, Divinæ pietati derogantem & hæreticam declaramus, & uti talem damnamus.

Mandamus igitur omnibus Christi fidelibus utriusque sexus, ne de dictis propositionibus sentire, docere, prædicare aliter præsumant, quàm in hac præsenti nostra declaratione, & definitione continetur, sub censuris, & pœnis contra hæreticos, & eorum fautores in jure expressis.

Præcipimus pariter omnibus Patriarchis, Archiepiscopis, Episcopis, aliisque locorum Ordinariis, necnon hæreticæ pravitatis Inquisitoribus, ut contradictores & rebelles quoscunque per censuras, & pœnas prædictas, cæteraque juris, & facti remedia opportuna, invocato etiam ad hoc, si opus fuerit, auxilio brachii secularis, omninò coerceant, & compescant.

Non intendentes tamen per hanc declarationem, & definitionem super prædictis quinque propositionibus factam, approbare ullatenus alias opiniones, quæ continentur in prædicto libro Cornelii Jansenii. DATUM Romæ apud Sanctam Mariam Majorem, anno incarnationis Dominicæ millesimo sexcentesimo quinquagesimo tertio, pridie Kal. Junii, Pontificatus nostri anno nono.

Cum autem, sicut accepimus, nonnulli iniquitatis Filii prædictas quinque propositiones, vel in libro prædicto ejusdem Cornelii Jansenii non reperiri, sed fictè, & pro arbitrio compositas esse, vel in sensu ab eodem intento damnatas fuisse asserere magno cum Christi fidelium scandalo, non reformident. Nos, qui omnia, quæ hac in re gesta sunt, sufficienter, & attentè perspeximus, ut potè qui ejusdem Innocentii prædecessoris jussu, dum adhuc in minoribus constituti, Cardinalis munere fungeremur, omnibus illis Congressibus interfuimus, in quibus Apostolica authoritate, eadem causa discussa est, eâ profectò diligentiâ, quâ major desiderari non posset, quamcunque dubitationem super præmissis in posterum auferre volentes, ut omnes Christi fideles in ejusdem Fidei unitate sese contineant, ex debito nostri Pastoralis officii ac matura deliberatione, præinsertam Innocentii Prædecessoris nostri Constitutionem, Declarationem & Definitionem harum serie confirmamus, approbamus & innovamus, & quinque illas propositiones ex libro præmemorati Cornelii Jansenii Episco-

bles. Nous la déclarons téméraire, impie, blasphematoire, condamnée d'anathême, & heretique, & comme telle nous la condamnons.

La seconde : Dans l'estat de la nature corrompuë on ne resiste jamais à la Grace interieure. Nous la déclarons heretique, & comme telle nous la condamnons.

La troisiéme : Pour meriter & démeriter dans l'estat de la nature corrompuë, la liberté qui exclud la necessité n'est pas requise en l'homme, mais suffit la liberté qui exclud la contrainte. Nous la déclarons heretique, & comme telle nous la condamnons.

La quatriéme : Les Semipelagiens admettoient la necessité de la Grace interieure prevenante pour chaque acte en particulier, même pour le commencement de la Foy, & ils estoient heretiques, en ce qu'ils vouloient que cette Grace fût telle, que la volonté pût luy resister ou obeïr. Nous la déclarons fausse & heretique, & comme telle nous la condamnons.

La cinquiéme : C'est Semipelagianisme de dire que JESUS-CHRIST est mort, ou qu'il a répandu son Sang generalement pour tous les hommes. Nous la déclarons fausse, temeraire, scandaleuse : Et estant entenduë en ce sens, que JESUS-CHRIST soit mort pour le salut seulement des predestinez ; Nous la déclarons impie, blasphematoire, contumelieuse, dérogeante à la bonté de Dieu & heretique, & comme telle nous la condamnons.

Partant nous défendons à tous fideles Chrétiens de l'un & l'autre sexe, de croire, d'enseigner ou prêcher touchant lesdites propositions, autrement qu'il est contenu en nostre presente Declaration & Définition, sous les censures & autres peines de droit ordonnées contre les heretiques & leurs fauteurs.

Nous enjoignons pareillement à tous Patriarches, Archevêques, Evêques & autres Ordinaires des lieux, comme aux Inquisiteurs de l'heresie, qu'ils répriment entierement & contiennent en leur devoir par les censures & peines susdites, & par toutes autres voyes tant de fait que de droit qu'ils jugeront convenables, tous contredisans & rebelles, implorant même contre eux, s'il est de besoin, le secours du bras seculier.

Nous n'entendons pas toutesfois par cette déclaration & définition faites touchant les cinq propositions susdites, approuver en façon quelconque les autres opinions qui sont contenuës dans le Livre cy-dessus nommé de Cornelius Jansenius. DONNÉ à Rome à sainte Marie Majeure, l'an de nostre Seigneur mil six cens cinquante-trois, le dernier jour du mois de May, & de nostre Pontificat le neuviéme.

Mais d'autant que quelques enfans d'iniquité (ainsi que nous l'avons appris) ont l'asseurance de soûtenir au grand scandale de tous les fideles Chrétiens, que ces cinq Propositions ne se trouvent point dans le Livre cy-dessus allegué du même Cornelius Jansenius, mais qu'elles ont esté feintes & forgées à plaisir ; ou qu'elles n'ont pas esté condamnées au sens auquel cet Auteur les soûtient : Nous, qui avons suffisamment & serieusement consideré tout ce qui s'est passé dans cette affaire (comme ayant par le commandement du même Pape Innocent X. nostre Predecesseur, lorsque nous n'étions encore que dans la dignité du Cardinal, assisté à toutes les Conferences, dans lesquelles par autorité Apostolique, la même cause a esté en verité examinée avec une telle exactitude & diligence, qu'on ne peut pas en souhaiter une plus grande) ayant resolu de lever & de retrancher tous les doutes qui pourroient naistre à l'avenir, au sujet des Propositions cy-dessus alleguées, afin que tous les fideles Chrétiens se maintiennent & se conservent dans l'unité d'une même Foy : Nous, dis-je, par le devoir de nostre charge pastorale, & après une mûre deliberation, confirmons, approuvons, & renouvellons, par ces presentes, la Constitution

pl Iprenſis, cui titulus eſt *Auguſtinus*, excerptas, ac in ſenſu ab eodem Cornelio Janſenio intentó damnatas fuiſſe declaramus, & definimus, ac uti tales, inuſtâ, ſcilicet eâdem ſingulis notâ, quæ in prædictâ declaratione, & definitione unicuique illarum ſigillatim inuritur, iterum damnamus.

Ac eumdem librum ſæpedicti Cornelii Janſenii, cui titulus *Auguſtinus*, omneſque alios, tam manuſcriptos, quàm typis editos, & ſi quos forſan in poſterum edi contigerit, in quibus prædicta ejuſdem Cornelii Janſenii Doctrina, ut ſuprà, damnata defenditur, vel aſtruitur, aut defendetur, vel aſtruetur, damnamus itidem atque prohibemus. Mandantes omnibus Chriſti fidelibus, ne prædictam Doctrinam teneant, prædicent, doceant, verbo vel ſcripto exponant, vel interpretentur, publicè, vel privatim, palam, vel occultè imprimant, ſub pœnis, & cenſuris contra Hereticos in jure expreſſis ipſo facto abſque alia declaratione incurrendis.

Præcipimus igitur omnibus Venerabilibus Fratribus noſtris Patriarchis, Primatibus, Metropolitanis, Archiepiſcopis, Epiſcopis, cæteriſque locorum Ordinariis, ac hæreticæ pravitatis Inquiſitoribus, ac Judicibus Eccleſiaſticis, ad quos pertinet, ut præinſertam ejuſdem Innocentii prædecessoris noſtri Conſtitutionem, Declarationem, ac Definitionem, juxta præſentem noſtram determinationem, ab omnibus obſervari faciant, ac inobedientes & rebelles prædictis pœnis, aliiſque juris, & facti remediis, invocato etiam, ſi opus fuerit, brachii ſecularis auxilio, omninò coerceant. DATUM Romæ apud Sanctam Mariam Majorem, anno Incarnationis Dominicæ milleſimo ſexcenteſimo quinquageſimo ſexto, Decimo ſeptimo Kal. Novembris, Pontificatus noſtri anno ſecundo.

Subinde verò quò omnis Apoſtolicarum definitionum eludendarum aditus intercluderetur, memoratus Alexander prædecessor, priſcum Eccleſiæ morem ſequutus, certam edidit Formulam ab omnibus Eccleſiaſtici Ordinis, tam Secularibus quàm Regularibus perſonis ſubſcribendam per aliam ſuam hac in re promulgatam Conſtitutionem tenoris ſequentis, videlicet.

ALEXANDER Epiſcopus Servus Servorum Dei ad perpetuam rei memoriam. Regiminis Apoſtolici divina providentia Nobis, quamvis immeritis, commiſſi ratio poſtulat, ut ad ea potiſſimùm, quæ Catholicæ Religionis integritati, & propagationi, animarumque ſaluti, & Fidelium tranquillitati conſulere apta & idonea eſſe judicantur, animum & curam omnem, quantum licet in Domino, applicemus. Quamobrem Cornelii Janſenii hæreſim, in Galliis præſertim, ſerpentem, ab Innocentio X. fel. record. prædeceſſore noſtro ferè oppreſſam, ad inſtar colubri tortuoſi, cujus caput attritum eſt, in varios gyros, & cavillationum deflexus euntem, ſingulari Conſtitutione ad hunc finem edita altero Aſſumptionis noſtræ anno extinguere conati fuimus. Sed ut multiplices Hoſtis hominum generis artes adhibet, nondum plenè conſequi potuimus, ut omnes errantes in viam ſalutis redirent, qui tamen unicus erat votorum, & curarum noſtrarum ſcopus, quibus operam, & induſtriam ſuam egregio ſanè ſtudio Venerabiles Fratres noſtri Archiepiſcopi, & Epiſcopi Regni Galliæ, earumdem Conſtitutionum

thion, Declaration, & Definition du Pape Innocent noſtre Predeceſſeur, cy-deſſus rapportée, déclarons & définiſſons que ces cinq Propoſitions ont eſté tirées du *Livre du même Cornelius Janſenius Evêque d'Ypre*, intitulé Auguſtinus, & qu'elles ont eſté condamnées dans le ſens auquel cet Auteur les a expliquées, & comme telles nous les condamnons derechef, leur appliquant la même cenſure, dont chacune d'elles en particulier a eſté notée ou frappée dans cette même Déclaration & Définition.

Nous condamnons, défendons, & prohibons auſſi le même *Livre de Cornelius Janſenius* repeté tant de fois, intitulé Auguſtinus, avec tous les Livres, tant manuſcrits qu'imprimez, & tous ceux qu'on pourroit peut-être faire imprimer à l'avenir, où cette doctrine du même *Cornelius Janſenius*, cy-deſſus condamnée, eſt ou ſeroit établie ou ſoûtenuë: Défendant à tous Fideles, ſous les peines & les cenſures exprimées par le droit, contre les heretiques, & dés à preſent comme dés-lors encouruës par le ſeul fait, ſans qu'il ſoit beſoin d'autre Declaration, de tenir cette doctrine, de la prêcher, de l'enſeigner, de l'expoſer de vive voix ou par écrit, de l'interpreter en public ou en particulier, ou de la faire imprimer publiquement ou en cachette.

C'eſt pourquoy nous enjoignons à tous nos venerables Freres Patriarches, Primats, Metropolitains, Archevêques, Evêques, & aux autres Ordinaires des lieux, aux Inquiſiteurs de l'hereſie, & Juges Eccleſiaſtiques, auſquels il appartiendra, de faire obſerver la ſuſdite Conſtitution, Declaration, & Definition du Pape Innocent noſtre Predeceſſeur, ſelon noſtre preſente determination, & de châtier & reprimer entierement & ſans reſerve les deſobeïſſans & les rebelles par les mêmes peines, & autres remedes de droit & de fait, implorant même, s'il eſt beſoin, le ſecours du bras ſeculier. DONNÉ à Sainte Marie Majeure, l'an de l'Incarnation de Noſtre Seigneur, mil ſix cens cinquante-ſix, le ſeizième Octobre, & de noſtre Pontificat le deuxième.

Depuis, pour rendre inutiles tous les detours de ceux qui auroient voulu éluder cette déciſion, le même Alexandre VII. noſtre Prédeceſſeur, ſuivant en cela l'ancienne coûtume de l'Egliſe, dreſſa un Formulaire dont il ordonna la ſouſcription à tous les Eccleſiaſtiques, tant Seculiers que Reguliers par une autre Conſtitution qu'il publia ſur ce ſujet, de la teneur qui ſuit.

ALEXANDRE Evêque, Serviteur des Serviteurs de Dieu, pour perpetuelle memoire. Le devoir du gouvernement Apoſtolique, qu'il a plû à la divine Providence de nous confier par ſa pure grace, & ſans aucun merite de noſtre part, nous oblige de veiller avec tout le ſoin & toute l'application poſſible à tout ce qu'on juge pouvoir contribuer à la conſervation & à l'augmentation de la Religion Catholique, au ſalut des ames, & au repos des Fideles. C'eſt dans cette vûë que nous tâchâmes dés la ſeconde année de noſtre Pontificat, d'achever de détruire par une Conſtitution expreſſe que nous publiâmes à ce deſſein, l'hereſie de Cornelius Janſenius, qui ſe gliſſoit principalement en France, & qui aprés avoir eſté preſque opprimée par Innocent X. noſtre Predeceſſeur d'heureuſe memoire, ne laiſſoit pas comme un ſerpent dont on a écraſé la tête, de faire encore de nouveaux efforts & de paroiſtre ſe vouloir ſauver par ſes detours ordinaires. Mais comme l'ennemy du genre humain a une infinité d'artifices pour empêcher le ſuccez des bons deſſeins; les noſtres, dont l'unique but eſtoit d'obliger tous ceux qui s'eſtoient égarez, à rentrer dans le chemin du ſalut, n'ont pû encore reüſſir comme nous le deſirions: quoy qu'en cela nos ſouhaits & nos
ſoins

Apostolicarum exequutiont, præcipuè intentè contulerunt, & Charissimus in Christo Filius noster Rex Christianissimus singulari pietatè auxiliarem dexteram strenuo, ac constantissimo animo porrexit. Cùm autem præfatus Rex Christianissimus eodem Religionis zelo ductus per suum in Urbe Oratorem Nobis significari exponique curaverit, nullum aliud opportunius remedium pestiferæ hujus contagionis reliquiis extirpandis adhiberi posse, quàm si omnes certam Formulam subscriberent nostra authoritate firmatam, in qua quinque propositiones ex Cornelii Jansenii libro, cui titulus Augustinus, excerptas sincerè damnarent, ac proindè illam à Nobis quantocyùs expediri, ad quælibet effugia præcludenda, omnesque removendos obtentus, flagitaverit. Nos tam piis dicti Regis Christianissimi votis benignè annuendum esse ducentes, Formulam infrascriptam ab omnibus Ecclesiasticis, etiam Venerabilibus Fratribus nostris Archiepiscopis, & Episcopis, necnon aliis quibuscunque Ecclesiastici Ordinis, tam Regularibus, quàm Secularibus, etiam Monialibus, Doctoribus, & Licentiatis, aliisque Collegiorum Rectoribus atque Magistris subscribi districtè mandamus, idque intra tres menses à die publicationis, seu notificationis præsentium; aliàs contra eos, qui intra terminum prædictum non paruêrint, irremissibiliter procedi volumus juxta Canonicas Constitutiones, & Conciliorum Decreta.

Formula à supradictis subscribenda.

Ego N. Constitutioni Apostolicæ Innocentii X. datæ die 31. Maii 1653. & Constitutioni Alexandri VII. datæ die 16. Octobris 1656. Summorum Pontificum me subjicio, & quinque propositiones ex Cornelii Jansenii libro; cui nomen Augustinus excerptas, & in sensu ab eodem authore intento, prout illas per dictas Constitutiones Sedes Apostolica damnavit, sincero animo rejicio, ac damno, & ita juro : Sic me Deus adjuvet, & hæc sancta Dei Evangelia.

Decernentes insuper præsentes literas semper, & perpetuo validas, & efficaces existere, & fore, suosque plenos, & integros effectus sortiri, & obtinere. Sicque per quoscunque judices Ordinarios & Delegatos ubique judicari, & definiri debere, sublata eis, & eorum cuilibet quavis aliter judicandi, & interpretandi facultate, & authoritate, ac irritum, & inane, si secus super his à quocunque quavis authoritate scienter, vel ignoranter contigerit attentari. Quocirca Venerabilibus Fratribus Archiepiscopis, & Episcopis, aliisque locorum Ordinariis committimus, & mandamus, ut singuli in suis Diœcesibus, ac locis suæ jurisdictioni subjectis præsentes literas, & in eis contenta quæcunque exequantur; & exequutioni mandari, ac observari ab omnibus curent; & inobedientes quoscunque per sententias, censuras, & pœnas, aliaque juris, & facti remedia, appellatione postposita, invocato etiam ad hoc, si opus fuerit, brachii secularis auxilio, omninò compellant. Volumus autem, ut præsentium transumptis, etiam impressis, manu Notarii publici subscriptis, & sigillo alicujus personæ in dignitate Ecclesiastica constitutæ munitis eadem fides prorsus adhibeatur, quæ ipsis originalibus literis adhiberetur, si forent exhibitæ, vel ostensæ. Nulli

spoins ayent esté tres-bien secondez par la peine & l'industrie avec laquelle nos venerables Freres les Archevêques & Evêques du Royaume de France se sont appliquez de tout leur pouvoir à faire executer ces mêmes Constitutions Apostoliques, & par la pieté singuliere de nostre tres-cher Fils en nostre Seigneur le Roy Tres-Chrestien, qui nous a prêté pour celà le secours de sa main avec une vigueur & une constance extraordinaire : Or le même Roy Tres-Chrestien, ayant esté porté par le zele qu'il a pour la Religion à nous faire remontrer par son Ambassadeur auprès de Nous, que le meilleur remede qu'on pût employer pour extirper les restes de cette maladie contagieuse, estoit de faire signer à tout le monde un même Formulaire appuyé de notre autorité dans lequel un chacun condamnât sincerement les cinq Propositions tirées du livre de Cornelius Jansenius, intitulé Augustinus, & nous ayant fait faire instance d'expedier au plûtôt ce Formulaire, pour oster tous les subterfuges, & les pretextes de desobeïssance : Nous avons jugé devoir tout accorder à des prieres si pleines de pieté. C'est pourquoy nous enjoignons expressément à nos Freres les Archevêques & Evêques, comme aussi à tous autres Ecclesiastiques, tant Reguliers que Seculiers, même aux Religieuses, aux Docteurs & Licenciez, & à tous autres Principaux de Colleges, Maîtres & Regens, de souscrire la Formule que nous avons jointe icy, voulant qu'ils le fassent tous dans l'espace de trois mois après la publication & signification des Presentes. A faute de quoy Nous voulons qu'on procede irremissiblement suivant les Constitutions Canoniques, & les Decrets des Conciles, contre ceux qui n'auront pas obey.

Formulaire que tous doivent souscrire.

Je soussigné, me soûmets à la Constitution Apostolique d'Innocent X. Souverain Pontife, donnée le 31. jour de May de l'an 1653. & à celle d'Alexandre VII. son Successeur, donnée le 16. d'Octobre 1656. & rejette & condamne sincerement les cinq Propositions extraites du Livre de Cornelius Jansenius, intitulé Augustinus, dans le propre sens du même Auteur, comme le Siege Apostolique les a condamnées par les mêmes Constitutions; je le jure ainsi. Ainsi Dieu me soit en aide, & ses saints Evangiles.

Ordonnons en outre, que les Presentes soient valides, & ayent leur plein & entier effet à perpetuité; & qu'en tous lieux tous les Juges ordinaires & deleguez jugent & ordonnent conformément à cela; leur ôtant tout pouvoir de juger & d'interpreter d'une autre maniere; & declarant nul & invalide tout ce qui pourroit estre attenté au contraire, avec dessein, ou par ignorance, par qui que ce soit, & avec quelque autorité que ce pût estre. C'est pourquoi nous mandons & ordonnons à nos venerables Freres les Archevêques & Evêques, & aux autres Ordinaires des lieux, d'executer & de faire executer par tout le monde, chacun dans son Diocese, & dans les lieux soûmis à sa Jurisdiction, les Presentes Lettres, & tout ce qui y est contenu; & de contraindre ceux qui refuseront d'obeïr, par Sentences, Censures, punitions, & par tous les autres remedes de droit & de fait, sans avoir égard à aucun apel; & se servant aussi pour cela, s'il en est besoin, du secours du bras seculier. Voulons aussi qu'on ait la même foy aux copies des Presentes, même imprimées, signées de la main d'un Notaire public, & seellées du Sceau de quelque personne constituée en dignité Ecclesiastique, qu'on auroit à l'original, s'il estoit montré, & signifié à un chacun. Que personne donc n'entreprenne d'enfreindre cette Constitution & Ordonnance, ou de s'y opposer par une hardiesse temeraire. Si quelqu'un estoit assez impie pour attenter cela, qu'il sçache qu'il encourroit l'indignation du Dieu Tout-

puissant ,

ergo omnino hominum liceat hanc noſtram Conſtitutionem & ordinationem infringere, vel ei auſu temerario contraire. Si quis autem hoc attentare præſumpſerit, indignationem Omnipotentis Dei, ac beatorum Petri, & Pauli Apoſtolorum ejus ſe noverit incurſurum. D a- t u m Romæ apud Sanctam Mariam Majorem, anno Incarnationis Dominicæ milleſimo ſexcenteſimo ſexageſimo quarto, quinto decimo Kalendas Martii, Pontificatûs noſtri anno decimo.

Sic equidem cauſa finita eſt, non tamen ſic, ut par erat, finitus eſt error Apoſtolico toties mucrone percuſſus : Neque enim defuere, nec adhuc deſunt, homines veritati non acquieſcentes, & nunquam Eccleſiæ contradicendi finem facientes, qui variis diſtinctionibus, ſeu potius effugiis ad circumventionem erroris excogitatis, Eccleſiam ipſam turbare, eamque interminatis quæſtionibus, quantum in ipſis eſt, involvere, & implicare conantur ; quodque deteriùs eſt, ipſamet Apoſtolicæ Sedis decreta redarguendis eorum pravis ſenſibus condita, ac præſertim quaſdam piæ memoriæ Clementis Papæ IX. die 19. Januarii 1669. ad quatuor Galliæ Epiſcopos, necnon binas ſimilis memoriæ Innocentii Papæ XII. etiam prædeceſſorum noſtrorum die 6. Februarii 1694. & die 24. Novembris 1696. ad Epiſcopos Belgii in forma Brevis reſpectivè datas literas, in erroris ſui patrocinium advocare, temerario planè auſu, non erubeſcunt : perinde ac ſi memoratus Clemens prædeceſſor, qui eiſdem ſuis literis, ſe Innocentii X. & Alexandri VII. prædeceſſorum Conſtitutionibus ſupradictis firmiſſimè inhærere, ac à dictis quatuor Epiſcopis veram, & totalem obedientiam, adeoque Formulæ à præfato Alexandro prædeceſſore, ſicut præmittitur, editæ ſincerè per eos ſubſcribi voluiſſe declaravit, aliquam in tam gravi negocio exceptionem, ſeu reſtrictionem, quam nullam prorſus ſe unquam admiſſurum fuiſſe proteſtatus fuit, re ipſa admiſiſſet ; dictus verò Innocentius X I I. prædeceſſor, dum ſapienter, ac providè prædictas quinque propoſitiones, ex memorato libro Janſenii excerptas in ſenſu obvio, quem ipſamet propoſitionum verba exhibent ; ac præ ſe ferunt, damnatas eſſe pronunciavit, non ab ipſomet obvio ſenſu, quem in Janſenii libro habent, quive ab eodem Janſenio intentus, ac à præfatis Innocentio X. & Alexandro V I I. prædeceſſoribus damnatus fuit, ſed de alio quopiam diverſo ſenſu cogitaſſet, dictaſque Innocentii X. & Alexandri VII. prædeceſſorum Conſtitutiones temperare, reſtringere, aut alio quovis modo immutare voluiſſet iiſdem ipſis literis, quibus eas in ſuo robore fuiſſe, & eſſe, ſeque illis firmiter inhærere verbis apertiſſimis aſſerebat.

Prætereà iidem inquieti homines ſparſis undequaque ſcriptionibus, ac libellis, exquiſitâ ad fallendum arte compoſitis, non ſine gravi Apoſtolicæ Sedis injuriâ, maximoque totius Eccleſiæ ſcandalo docere non ſunt veriti : Ad obedientiam præfatis Apoſtolicis Conſtitutionibus debitam non requiri, ut quis prædicti Janſeniani libri ſenſum in antedictis quinque propoſitionibus, ſicut præmittitur, damnatum, interius, ut hæreticum, damnet ; ſed ſatis eſſe, ſi ea de re obſequioſum (ut ipſi vocant) ſilentium teneatur : Quæ quidem aſſertio, quam abſurda ſit, & animabus Fidelium pernicioſa, ſatis apparet ; dum fallacis hujus doctrinæ pallio non deponitur error, ſed abſconditur ; vulnus

puiſſant, & de ſes bien-heureux Apoſtres Pierre & Paul. D o n n e' à Rome à Sainte Marie Majeure, l'an de l'Incarnation du Sauveur, mil ſix cens ſoixante & cinq, le quinzième de Février, & de noſtre Pontificat le dixième.

Ainſi finit la cauſe ; mais l'erreur, quoique tant de fois frappée par le glaive Apoſtolique, ne finit pas par cela comme elle le devoit : car il s'eſt trouvé & il ſe trouve encore des gens qui n'acquieſcant pas à la vérité, & ne ceſſant point de réſiſter à l'Egliſe, à la faveur de pluſieurs diſtinctions ou plûtôt ſubterfuges, qu'ils inventent pour ſurprendre, & pour inſinuer l'erreur, troublent l'Egliſe, & veulent, autant qu'il eſt en eux, l'engager & l'embaraſſer dans des queſtions ſans fin : & ce qui eſt plus mauvais, par une entrepriſe toute temeraire, ils ont eu l'audace d'employer pour la défenſe de leur erreur les Decrets même émanez du Siege Apoſtolique pour la condamnation de leurs mauvais ſentimens : Et principalement au Bref de Clement IX. de pieuſe memoire, en date du 19. Janvier 1669. adreſſé à quatre Evêques de France, & deux autres Brefs d'Innocent XII. de ſemblable memoire du 6. Février 1694. & du 24. Novembre 1696. adreſſez aux Evêques de Flandre : Comme ſi Clement cy-deſſus nommé noſtre Predeceſſeur, qui a déclaré par ſondit Bref, qu'il s'attachoit tres-fortement aux Conſtitutions de ſes Predeceſſeurs Innocent X. & Alexandre VII. & qu'il vouloit que leſdits quatre Evêques s'y ſoûmiſſent avec une vraye & totale obéïſſance, en ſignant ſincerement le Formulaire dudit Alexandre VII. ſon Predeceſſeur, eût admit en effet quelque exception ou reſtriction dans une affaire ſi grave, dans le temps même qu'il proteſtoit qu'il n'en auroit jamais admis aucune ; & qu'Innocent XII. cy-deſſus nommé notre Predeceſſeur lorſqu'il a prononcé avec beaucoup de ſageſſe & de précaution, que leſdites cinq Propoſitions extraites du Livre de Janſenius cy-deſſus nommé avoient eſté condamnées dans le ſens qui ſe preſente d'abord, & que portent les propres termes des Propoſitions, n'eût pas eu en vûë le même ſens qu'elles preſentent dans le Livre de Janſenius, & que l'Auteur a luy-même entendu dans ce Livre, lequel ſens a eſté condamné par Innocent X. & Alexandre VII. nos Predeceſſeurs cy-deſſus nommé, mais quelqu'autre ſens different, & qu'il eût voulu adoucir, reſtraindre, ou alterer en quelque maniere que ce pût eſtre, leſdites Conſtitutions d'Innocent X. & Alexandre VII. par les mêmes Lettres, où il aſſuroit en termes tres-claires qu'elles avoient eû, & qu'elles avoient encore toute leur force, & qu'il s'y attachoit fortement.

Outre cela ces mêmes hommes inquiets, par un attentat injurieux pour le S. Siege Apoſtolique, & au grand ſcandale de toute l'Egliſe, n'ont pas répandu par tout des écrits & des libelles faits avec art, & avec affectation, à deſſein de tromper, où ils n'ont pas craint d'avancer que pour rendre aux ſuſdites Conſtitutions l'obéïſſance qui leur eſt dûë, il n'eſtoit pas néceſſaire de condamner interieurement comme heretique le ſens condamné, comme il a déja eſté dit, du ſuſdit Livre de Janſenius, dans les ſuſdites Propoſitions ; mais qu'il ſuffit de garder ſur cela un ſilence reſpectueux, ainſi qu'ils l'appellent : Maxime également abſurde & pernicieuſe, comme il paroiſt aſſez ; puiſque ſous le prétexte de cette doctrine ſéduiſante, on ne renonce point à l'erreur, mais on la cache, on couvre la playe,

ğ & on

tegitur, non curatur; Ecclesiæ illuditur, non paretur, & lata demum filiis inobedientiæ via flernitur ad fovendam filentio hæresim; dum ipfam Janfenii doctrinam, quam ab Apoftolicâ Sede damnatam Ecclefia Univerfalis exhorruit, adhuc interiùs abjicere, & corde improbare detrectant.

Quinetiam eo impudentiæ nonnullos devenifle compertum eft, ut veluti naturalis honeftatis, nedum Chriftianæ finceritatis obliti, aflerere non dubitaverint, præfatæ Formulæ à memorato Alexandro prædeceffore præfcriptæ fubfcribi licitè poffe, etiam ab iis, qui interiùs non judicant, prædicto Janfenii libro doctrinam hæreticam contineri. Quafi verò, contra quàm fcriptum eft: Qui loquitur veritatem in corde fuo. Et: Qui jurat proximo fuo, & non decipit; hujufmodi erroris Sectatoribus liceat Ecclefiam ipfam jurejurando decipere, fimulque Apoftolicæ Sedis providentiam fallere; dum, ejufdem Formulæ conceptis verbis loquuntur quod Ecclefia loquitur, quod tamen fentit ipfa non fentiunt, feque parere Conftitutionibus Apoftolicis profitentur, quibus animo contradicunt.

Hinc eft, quod nos ad opportunum, & efficax tam exitiali morbo, qui ut cancer ferpit, & quotidiè in deteriùs vergit, remedium adhibendum, non minùs demandatæ nobis omnium Ecclefiarum follicitudinis dubio, quam plurimorum Venerabilium Fratrum noftrorum diverfarum partium, ac præfertim Regni Galliarum Epifcoporum zelo, ac precibus excitati; ne hujufmodi pravi homines Catholicæ Ecclefiæ pacem fubvertere impunè pergant, & fimplicium, ac pufillorum mentibus imponere, docentes quæ non oportet; neve ullus, apud eos quoque, qui bona, ut aiunt, fide, ac falfis rumoribus decipi fe fortaffe patiuntur, de mente, ac fententiâ Apoftolicæ Sedis amplius ambigendi fuperfit locus; Divino priùs, tam privatis noftris, quàm publicè indictis precibus, implorato præfidio, ac re maturè difcuffâ, de nonnullorum Venerabilium Fratrum noftrorum S. R. E. Cardinalium confilio, auditifque complurium in Sacra Theologia Magiftrorum fuffragiis; primò quidem præinfertas Innocentii X. & Alexandri VII. prædecefforum Conftitutiones, omniaque, & fingula in eis contenta authoritate Apoftolicâ, tenore præfentium, confirmamus, approbamus & innovamus.

Ac infuper, ut quævis in pofterùm erroris occafio penitùs præcidatur, atque omnes Catholicæ Ecclefiæ filii Ecclefiam ipfam audire, non taceudo folùm (nam & impii in tenebris conticefcunt) fed & interiùs obediendo, quæ vera eft Orthodoxi hominis obedientia, condifcant; hac noftra perpetuò valitura Conftitutione: Obedientiæ, quæ præinfertis Apoftolicis Conftitutionibus debetur, obfequiofo illo filentio minimè fatisfieri; fed damnatum in quinque præfatis Propofitionibus Janfeniani libri fenfum, quem illarum verba præ fe ferunt, ut præfertur, ab omnibus Chrifti fidelibus ut hæreticum, non ore folùm, fed & corde rejici, ac damnari debere; nec alia mente, animo, aut credulitate fupradictæ Formulæ fubfcribi licitè poffe; ita ut qui fecus, aut contra, quoad hæc omnia, & fingula, fenferint, tenuerint, prædicaverint, verbo, vel fcripto docuerint, aut afferuerint, tanquam præfatarum Apoftolicarum Conftitutionum tranfgreffores, omnibus, & fingulis illarum cenfuris, & pœnis omninò fubjaceant, eâdem authoritate Apoftolicâ decerni-

& on ne la guerit point, on fe moque de l'Eglife, & on ne luy obéit point; & on ouvre aux enfans de défobéiffance une voye large pour fomenter l'herefie par le filence, en refufant de renoncer interieurement, & de condamner de cœur la doctrine de Janfenius condamnée par le Siege Apoftolique, & que l'Eglife univerfelle a en horreur.

On en a même vû quelques-uns venir jufqu'à cette impudence, qu'oubliant non feulement la fincerité Chrétienne, mais même, en quelque forte, l'honefteté naturelle, n'ont ofé affurer que ceux même qui ne jugent pas interieurement que le fufdit Livre de Janfenius contient une doctrine heretique, peuvent licitement foufcrire au Formulaire prefcrit par noftredit Predeceffeur Alexandre; comme s'il eftoit permis aux Sectateurs de cette erreur de tromper l'Eglife par un ferment, & de fe joüer ainfi des précautions du Saint Siege, en parlant précifément, & en termes formels le langage de l'Eglife par la foufcription qu'ils font du Formulaire, fans tenir ce qu'elle tient, & en faifant profeffion d'obéïr aux Conftitutions Apoftoliques qu'ils defavoüent interieurement; au lieu qu'il eft ordonné dans l'Ecriture de dire la verité felon fon cœur, & de ne point tromper dans le ferment que l'on fait au prochain.

C'eft pour cela, que pour apporter un remede convenable & efficace à un mal fi dangereux, qui comme la gangrene fe répand de tous côtez, & augmente tous les jours de plus en plus; n'eftant pas moins animez par le devoir de la follicitude pour toutes les Eglifes qui nous eft impofée, que par le zele, & par les prieres de nos Venerables Freres Evêques de differentes nations, & principalement de ceux de France; de peur que ces hommes dépravez ne continuent impunément de troubler la paix de l'Eglife Catholique, & d'impofer aux efprits des fimples & des foibles, en leur enfeignant ce qu'il ne faut pas enfeigner; & en même temps pour ôter tout lieu de douter de l'efprit, & du fentiment du Saint Siege à ceux-même qui fe laiffent peut-eftre tromper par une prétendue bonne foy & par de faux bruits; après avoir imploré le fecours Divin, tant par les prieres que nous avons fait en particulier, que par les prieres publiques que Nous avons ordonnées, & après avoir mûrement difcuté l'affaire, pris l'avis de quelques-uns de nos Venerables Freres les Cardinaux de la fainte Eglife Romaine, & entendu les fentimens de plufieurs Docteurs en Theologie: Premierement, d'autorité Apoftolique, Nous confirmons, approuvons, & renouvellons par ces Prefentes les Conftitutions ci-deffus inferées d'Innocent X. & d'Alexandre VII. nos Prédeceffeurs, & tout ce qui y eft contenu.

De plus, pour prévenir abfolument dans la fuite toute occafion d'erreur, & afin que tous les Enfans de l'Eglife Catholique, apprennent à l'écouter non feulement en gardant le filence (car les impies fe gardent dans les tenebres) mais encore en obéïffant interieurement, en quoy confifte la veritable obéïffance de l'homme fidele. Nous Décernons, Déclarons, Statuons & Ordonnons par cette même autorité Apoftolique par cette Conftitution, qui fera valide à perpetuité, que par ce filence refpectueux l'on ne fatisfait point à l'obéïffance qui eft dûë aux Conftitutions Apoftoliques ci-deffus inferées; mais que le fens du Livre de Janfenius, condamné dans les fufdites Cinq Propofitions, & que les termes dont elles font compofées portent d'eux-mêmes, comme il a efté dit ci-deffus, doit eftre non feulement de bouche, mais auffi de cœur, rejetté & condamné comme heretique par tous les fideles Chrétiens. Et qu'on ne peut licitement figner le Formulaire dans un autre efprit, dans une autre difpofition ou dans un autre fentiment, de maniere que ceux qui penferont, tiendront, precheront, enfeigneront ou affureront, foit de vive voix ou par écrit, le contraire fur toutes ces chofes que Nous venons d'exprimer, ou fur quelqu'une d'entr'elles

mus , declaramus , statuimus & ordinamus.

Decernentes pariter easdem præsentes, & præinsertas literas semper , & perpetuò validas , & efficaces existere, & fore , suosque plenarios & integros effectus sortiri & obtinere. Sicque per quoscunque Judices Ordinarios & Delegatos ubique judicari , & definiri debere , sublatâ eis , & eorum cuilibet quavis aliter judicandi & interpretandi facultate & authoritate ; ac irritum , & inane , si secùs super his à quoquam quavis authoritate scienter vel ignoranter contigerit attentari.

Quocircà Venerabilibus Fratribus Archiepiscopis, & Episcopis, aliisque locorum Ordinariis , necnon hæreticæ pravitatis Inquisitoribus , & Judicibus Ecclesiasticis , ad quos pertinet , committimus , & mandamus, ut singuli in suis respectivè Diœcesibus, ac locis suæ jurisdictioni subjectis, ipsas præsentes literas , & in eis contenta quæcunque exequantur, & exequutioni mandari , & observari ab omnibus curent, & inobedientes , & rebelles quoscunque per censuras , & pœnas præfatas, aliaque juris, & facti remedia , appellatione postpositâ , invocato etiam ad hoc , si opus fuerit , brachii secularis auxilio , omninò coerceant, & compellant.

Volumus autem ut earumdem præsentium transumptis, etiam impressis , manu alicujus Notarii publici subscriptis, & sigillo personæ in Dignitate Ecclesiastica constitutæ munitis , eadem fides prorsùs adhibeatur , quæ ipsis Originalibus literis adhiberetur, si forent exhibitæ , vel ostensæ.

Nulli ergò omninò hominum liceat hanc paginam, Nostræ Confirmationis , Approbationis , Innovationis , Decreti , Declarationis , Statuti , & Ordinationis infringere, vel ei ausu temerario contraire. Si quis autem hoc attentare præsumpserit, indignationem omnipotentis Dei, ac Beatorum Petri & Pauli Apostolorum ejus se noverit incursurum. DATUM Romæ apud Sanctam Mariam Majorem anno Incarnationis Dominicæ millesimo septingentesimo quinto , decimo septimo Kalendas Augusti , Pontificatûs nostri anno quinto.

I. CARD. PRODATARIUS.
         F. Oliverius.
Visa de Curia C. A. Fabronus.
    Loco † plumbi.
          P. Porta.
Registrata in Secretaria Brevium.

Et plus bas est écrit.

Anno à Nativitate Domini Nostri JESUCHRISTI millesimo septingentesimo quinto , indictione decima tertia , die verò decimâsextâ Julii , Pontificatûs autem Sanctissimi in Christo Patris & Domini nostri CLEMENTIS divinâ Providentiâ Papæ XI. anno quinto , suprâdictæ Literæ Apostolicæ affixæ & publicatæ fuerunt ad valvas Ecclesiæ S. Joannis Lateranensis , Basilicæ Principis Apostolorum, Cancellariæ Apostolicæ, Magnæ Curiæ Innocentianæ Montis Citatorii , in Acie Campi Floræ , & in aliis locis solitis & consuetis Urbis , per me Thomam de Unionibus ejusdem Sanctissimi D. N. Papæ Cursorem.

  Joannes Græcus Mag. Curs.

---

d'entr'elles , soient soumis comme transgresseurs des susdites Constitutions Apostoliques , à toute & chacune des Censures & peines qui y sont portées.

Ordonnons pareillement que les Presentes & celles qui y sont inserées soient valides & ayent leur plein & entier effet à perpetuité, & qu'en tous lieux tous les Juges ordinaires & deléguez jugent & ordonnent conformement à cela, leur ôtant tout pouvoir de juger & d'interpreter d'une autre maniere, & déclarant nul & invalide tout ce qui pourroit estre attenté au contraire avec dessein , ou par ignorance, par qui que ce soit, & avec quelque autorité que ce puisse estre.

C'est pourquoy Nous mandons & ordonnons aux Venerables Freres les Archevêques & Evêques , & aux autres Ordinaires des lieux ; comme aussi aux Inquisiteurs de l'Heresie , & aux Juges Ecclesiastiques à qui il appartient , d'executer , & de faire executer par tout le monde, chacun respectivement dans son Diocese , & dans les lieux soumis à sa jurisdiction les presentes Lettres , & tout ce qui y est contenu ; & de contraindre & reprimer ceux qui seront rebelles & qui y seront rebelles, par les susdites censures, & punitions , & par tous les autres remedes de droit & de fait, sans avoir égard à aucun Appel, & se servant aussi pour cela, s'il en est besoin, du secours du bras Séculier.

Voulons aussi qu'on ait la même foy aux Copies des Presentes mêmes imprimées , signées de la main de quelque Notaire public , & scellées du Sceau de quelque personne constituée en dignité Ecclesiastique, qu'on auroit à l'Original, s'il estoit montré & signifié à un chacun.

Que personne donc n'entreprenne d'enfreindre nostre presente Confirmation, Approbation , Renouvellement , Décret , Déclaration, Statut & Ordonnance, ou de s'y opposer par une hardiesse témeraire ; & si quelqu'un estoit assez impie pour attenter cela, qu'il sache qu'il encourroit l'indignation du Dieu tout puissant, & de ses Bien-heureux Apostres Pierre & Paul. DONNE' à Rome à sainte Marie Majeure, l'an de l'Incarnation du Sauveur mil sept cens cinq , le dixsept des Calendes d'Aoust , & de nostre Pontificat le cinquième.

J. CARDINAL PRODATAIRE
         F. Oliverius.
Visa de la Cour C. A. Fabronus.
   Place du Sceau † en plomb.
          P. Porta.
Registré au Secretariat des Brefs.

L'An de la Nativité de nostre Seigneur JESUSCHRIST mil sept cens cinq , indiction treizième, le seizième de Juillet , & du Pontificat de nostre-tres saint Pere le Pape par la Providence divine CLEMENT XI l'an cinquième, le Bref susdit a esté affiché & publié aux portes de la Basilique du Prince des Apostres, de la Chancellerie Apostolique , de la grande Cour d'Innocent, au Champ de Flore , & autres lieux de la Ville accoutumez , par moy Thomas de Unionibus , Huissier de nostre tres-saint Pere le Pape.

Signé Jean Græcus Maître des Huissiers.

LETTRES

Lettres Patentes du mois d'Aouſt 1705. ſur la Conſtitution du Pape, en forme de Bulle du 15. Iuillet de cette même année, qui confirme & explique les Conſtitutions des Papes Innocent X. & Alexandre VII. ſur le Janſeniſme.

LOUIS par la grace de Dieu Roy de France & de Navarre : À tous ceux qui ces preſentes Lettres verront, Salut. Quelques précautions que Nous ayons priſes pendant tout le cours de noſtre Regne, pour étouffer les conteſtations que les erreurs du Livre de Janſenius avoient fait naître, Nous avons appris neanmoins que des eſprits inquiets & indociles renouvellent tous les jours des diſputes auſſi temeraires que dangereuſes, ſur la condamnation de cet Auteur, ne ceſſent point de troubler la paix que Nous avons voulu procurer à l'Egliſe; & comme cette condamnation a eſté prononcée par le ſaint Siege, dont le jugement a eſté accepté par l'Egliſe de France, publié & executé dans nos Eſtats, en vertu de nos Lettres patentes, regiſtrées en nos Cours de Parlement, Nous avons crû ne pouvoir rien faire de plus utile, pour prévenir les deſſeins de ceux qui tâchent d'affoiblir le poids de cette condamnation, que de demander à noſtre Saint Pere le Pape qu'il luy pluſt d'affermir par une nouvelle Conſtitution l'execution de celles des Papes ſes Predeceſſeurs, qui ſont devenuës les Loix de noſtre Egliſe, par l'acceptation qu'Elle en a faite; Sa Sainteté excitée par les inſtances qui luy en ont eſté faites de noſtre part, & animée par ſon propre zele ayant donné à cet ouvrage toute l'attention que l'importance de la matiere pouvoit meriter, a fait une Conſtitution en forme de Bulle le quinziéme Juillet dernier par laquelle en confirmant de nouveau les Conſtitutions des Papes Innocent X. & Alexandre VII. reçûës & publiées dans noſtre Royaume, elle rejette & condamne tous les pretextes dont les défenſeurs de Janſenius ſe ſont ſervis pour en éluder l'execution; & le ſieur Gualtieri Archevêque, Evêque d'Imola ſon Nonce, ayant eu ordre de Nous preſenter de ſa part un Exemplaire de ladite Conſtitution, & de Nous demander noſtre protection pour la faire executer, Nous l'avons reçûë avec le reſpect que Nous avons pour le ſaint Siege, & pour la perſonne de noſtre Saint Pere le Pape, & Nous avons jugé à propos d'en envoyer une copie à l'Aſſemblée du Clergé qui ſe tient preſentement à Paris par noſtre permiſſion, afin qu'elle puſt déliberer ſur l'acceptation de cette Conſtitution dans les formes ordinaires, & que le ſuffrage des Evêques ſe joignant ainſi à l'autorité du Jugement du ſaint Siege; ce concours & ce conſentement unanime des membres avec leur Chef, puſt éteindre pour toûjours dans noſtre Royaume une diviſion de ſentiment ſi contraire au bien & à l'honneur de l'Egliſe. Les Déliberations de cette Aſſemblée ont répondu à noſtre attente, & par le procés verbal qui Nous en a eſté preſenté, Nous avons eu la ſatisfaction de voir que les Prélats de noſtre Royaume reconnoiſſans dans la Conſtitution de noſtre Saint Pere le Pape, l'eſprit & la doctrine de l'Egliſe, à laquelle le Clergé de France a toûjours eſté ſi inviolablement attaché, l'ont acceptée avec la déference qui eſt dûë au Chef viſible qu'il a plû à Dieu de donner à ſon Egliſe, & Nous ont ſupplié en même temps de faire expedier nos Lettres patentes & pour la faire publier & executer dans noſtre Royaume; & comme Nous reconnoiſſons avec plaiſir que la plus grande gloire d'un Roy Tres-Chreſtien conſiſte à employer toute la puiſſance qu'il a reçûë de Dieu, à faire révérer & obſerver inviolablement les déciſions de l'Egliſe; dont il a voulu que Nous fuſſions les défenſeurs & les protecteurs. A CES CAUSES, Nous avons dit & déclaré, diſons & déclarons par ces Preſentes ſignées de noſtre main, Voulons & Nous plaiſt, que la Conſtitution de noſtre ſaint Pere le Pape en forme de Bulle, attachée ſous le contre-ſcel de noſtre Chancellerie, acceptée par les Archevêques & Evêques de noſtre Royaume aſſemblés à Paris par noſtre permiſſion, ſoit reçûë & publiée dans nos Eſtats pour y eſtre executée, gardée & obſervée ſelon ſa forme & teneur. Exhortons à cette fin, & neanmoins enjoignons à tous les Archevêques & Evêques de noſtre Royaume de la faire lire & publier dans toutes les Egliſes de leurs Dioceſes, enregiſtrer dans les Greffes de leurs Officialitez, & de donner tous les ordres neceſſaires pour la faire obſerver d'une maniere uniforme, ſuivant les reſolutions qui ont eſté priſes ſur ce ſujet dans ladite Aſſemblée, en ſorte que la paix qui en doit eſtre le fruit, ſoit charitablement & inviolablement conſervée, & que les diſputes qui l'ont alterée juſques à preſent, ne puiſſent plus eſtre renouvellées; & attendu que tout ce qui regarde les Jugemens de l'Egliſe en matiere de doctrine eſt principalement reſervé à la perſonne & au caractere des Evêques, & ne peut leur eſtre oſté par aucun privilege, Nous voulons que le contenu en nos preſentes Lettres ſoit executé nonobſtant toutes exemptions, privileges, droits de Juriſdictions Epiſcopales, qui pourroient eſtre prétendus par aucuns Chapitres, Abbayes, Communautez Seculieres ou Regulieres, ou par aucuns particuliers de quelque qualité & condition qu'ils ſoient, auſquels Nous avons défendu & défendons d'exercer aucunes fonctions, ny actes de Juriſdictions en cette matiere en vertu deſdits privileges. SI DONNONS EN MANDEMENT à nos amez & feaux Conſeillers les Gens tenant noſtre Cour de Parlement à Paris, que s'il leur appert que dans ladite Conſtitution en forme de Bulle, il n'y ait rien de contraire aux ſaints Decrets, Conſtitutions Canoniques, aux droits & preéminences de noſtre Couronne, & aux Libertez de l'Egliſe Gallicanne, ils ayent à faire lire, publier & enregiſtrer nos preſentes Lettres, enſemble ladite Conſtitution, & le contenu en icelles garder & obſerver par tous nos Sujets dans l'étendûë du Reſſort de noſtredite Cour, en ce qui dépend de l'autorité que Nous luy donnons. Enjoignons en outre à noſtredite Cour & à tous nos autres Officiers chacun endroit ſoy, de donner auſdits Archevêques & Evêques & à leurs Officiaux, le ſecours & aide du bras ſeculier, lors qu'ils en ſeront requis dans les cas de droit pour l'execution de ladite Conſtitution : CAR tel eſt noſtre plaiſir, en témoin de quoy Nous avons fait mettre noſtre Scel à ceſdites Preſentes. DONNE' à Verſailles le dernier jour d'Aouſt l'an de grace mil ſept cens cinq;

& de noſtre Regne le ſoixante-troiſiéme. Signé, LOUIS. *Et plus bas*, Par le Roy, PHELY-PEAUX. Et ſcellées du grand Sceau de cire jaune.

Regiſtrées, oüy, & ce requerant le Procureur General du Roy, pour eſtre executées ſelon leur forme & teneur, & copies collationnées envoyées aux Bailliages & Seneſchauſſées du Reſſort, pour y eſtre lûës, publiées, & regiſtrées: Enjoint aux Subſtituts du Procureur General du Roy d'y tenir la main, & d'en certifier la Cour dans un mois, ſuivant l'Arreſt de ce jour. A Paris en Parlement le quatre Septembre mil ſept cens cinq. Signé, DONGOIS.

MANDEMENT DE SON EMINENCE MONSEIGNEUR le Cardinal de Noailles Archevêque de Paris.

Pour la Publication de la Conſtitution de Noſtre ſaint Pere le Pape Clement XI. du 16. Iuillet 1705. contre le Ianſeniſme.

LOUIS Antoine de Noailles, par la permiſſion divine Cardinal Prêtre de la ſainte Egliſe Romaine, du titre de ſainte Marie ſur la Minerve, Archevêque de Paris, Duc de ſaint Cloud, Pair de France, Commandeur de l'Ordre du ſaint Eſprit : A tous les Fideles de noſtre Dioceſe ; SALUT ET BENEDICTION. Nous avons veu avec une veritable douleur les efforts que des eſprits inquiets ont faits depuis quelques années pour renouveller les conteſtations ſur le Janſeniſme, & pour affoiblir par des écrits remplies de fauſſes & dangereuſes maximes, l'autorité des Conſtitutions des Souverains Pontifes, qui doivent aprés l'acceptation ſolemnelle, que le Corps des Paſteurs en a faite, eſtre regardées comme le jugement & la loy de toute l'Egliſe.

D'abord que ces écrits ont parû dans noſtre Dioceſe Nous les avons condamnez comme nous devions. Quelques autres Evêques en ont fait autant dans leurs Dioceſes.

Mais pour ôter toute occaſion de rappeller les erreurs proſcrites par l'Egliſe, il eſtoit à propos que les Conſtitutions des Papes Innocent X. & Alexandre VII. auſquelles on vouloit donner atteinte, fuſſent confirmées & renouvellées par la déciſion du Saint Siege. Il falloit pour réunir tous les eſprits que la même autorité, qui avoit condamné dans la naiſſance de ces conteſtations les cinq Propoſitions extraites du Livre de Janſenius, condamnât encore aujourd'huy les détours & les ſubtilitez que l'on avoit inventées pour mettre la doctrine de ce Livre à couvert des cenſures de l'Egliſe.

Pierre a donc parlé par la bouche de ſon digne Succeſſeur, celuy qui doit affermir la foi de ſes Freres, a rejetté toutes les nouveautez profanes qui pouvoient alterer la verité & troubler la paix. Le Chef des Paſteurs excité par les prieres du Roy a diſſipé par ſa Conſtitution du 16. Juillet dernier tous les vains prétextes auſquels on avoit recours pour ſe diſpenſer d'obéir aux déciſions de l'Egliſe. Il rappelle les Brefs de Clement IX. & d'Innocent XII. dont il fait voir la parfaite conformité avec les Bulles d'Innocent X. & d'Alexandre VII. Sa Sainteté prononce en termes exprés *que ne pas condamner interieurement comme heretique le ſens du Livre de Ianſenius condamné dans les cinq Propoſitions, mais prétendre que le ſilence reſpectueux ſuffit, ce n'eſt pas renoncer à l'erreur mais la cacher ; ce n'eſt pas obéir à l'Egliſe mais s'en mocquer.* Sa Majeſté ayant fait l'honneur à l'Aſſemblée du Clergé de luy envoyer cette Conſtitution, les Evêques qui la compoſoient ont reconnu dans la déciſion du Souverain Pontife la doctrine que le Clergé de France toûjours ſuivie, & la conduite que l'Egliſe a gardée dans tous les temps. C'eſt dans cet eſprit qu'ils l'ont receuë avec reſpect & ſoumiſſion, & d'un conſentement unanime : Et le Roy toûjours attentif à ce qui peut aſſeurer la paix de l'Egliſe, nous a fait l'honneur de nous écrire pour nous exhorter à faire publier & executer cette Bulle dans noſtre Dioceſe.

A CES CAUSES, aprés avoir fait de ſerieuſes réflexions ſur une affaire ſi importante, & LE S. NOM DE DIEU INVOQUE' ; Nous déclarons par noſtre preſente Ordonnance que nous nous conformons au jugement que les Evêques aſſemblez ont déja porté : Que nous acceptons comme eux avec reſpect & ſoumiſſion la Conſtitution du Saint Siege, & en nous renfermant abſolument à leur exemple, dans la déciſion qu'elle contient. Nous déclarons que l'on ne ſatisfait point par le ſilence reſpectueux à l'obéiſſance qui eſt dûë aux Conſtitutions des Souverains Pontifes Innocent X. & Alexandre VII. qu'il faut s'y ſoumettre interieurement, rejetter non ſeulement de bouche, mais même de cœur, & condamner comme heretique le ſens du Livre de Janſenius condamné dans les cinq propoſitions. C'eſt la doctrine que nous vous avions déja enſeigné par noſtre Ordonnance du 22. Février 1701. & nous avons la conſolation de la voir en tout conforme à la Conſtitution de noſtre Saint Pere le Pape.

Nous déclarons de plus, que Nous procederons par les voyes de droit contre ceux qui oſeront parler, enſeigner ou écrire contre la preſente Conſtitution, & que nous décernerons contre eux les peines qui y ſont portées.

Enfin nous ordonnons que la Bulle de N. S. P. le Pape avec noſtre preſente Ordonnance ſoit enregiſtrée au Greffe de noſtre Officialité, afin qu'on s'y conforme dans les Jugemens Eccleſiaſtiques : Que le diſpoſitif de ladite Conſtitution ſoit leû avec noſtre Ordonnance aux Prônes des Meſſes Paroiſſiales, & que l'on uſe la lecture de la Bulle en ſon entier dans toutes les Communautez ſeculieres & regulieres de nôtre Dioceſe ſoy diſant exemptes ou non exemptes. Si mandons aux Archiprêtres de ſainte Marie Magdelaine & de S. Severin, & aux Doyens Ruraux de nôtre Dioceſe d'envoyer & ſignifier ces preſentes à tous Abbez, Doyens, Prieurs, Curez, Superieurs de Communautez ſeculieres & regulieres de nôtre Dioceſe & autres qu'il appartiendra, ſoit diſant exempt ou non exempts, à ce que nul n'en prétende cauſe d'ignorance. Donné à Paris en nôtre Palais Archiepiſcopal le 30. Septembre 1705. *Signé* † LOUIS ANTOINE CARDINAL DE NOAILLES, Archevêque de Paris. *Et plus bas*, par ſon Eminence, CHEVALIER.

SUPPLEMENT
DU PREMIER VOLUME
DU TRAITÉ
DE LA POLICE.

ADDITION AU TITRE PREMIER APRE'S
le Chapitre Premier, page 14.

CHAPITRE SECOND.

De la Police des premiers âges du monde, fondée sur la seule Loy naturelle.

[a] Plat. liv. 6. des Loix. Aristote, de la répub. l.6. c.8. luy de la morale l. 5. & l. 10. & de la Rhetorique, l. 1. c. 13. Senec. de Benef. l. 4. c. 48. Cicer. l.t.c.4. id de legibus. Gregor. Tholosanus, de repub. lib. 1. Aliique omnes qui hanc materiā pertractarunt.

TOUS LES AUTEURS qui ont écrit de l'établissement & du gouvernement des Etats, (quoique fort differens en système,) se sont unanimement réunis en ce point, que sans une exacte observation des Loix de la Police, il auroit été impossible aux hommes d'établir entr'eux aucune societé, & de pourvoir à tous les secours qui sont necessaires pour rendre heureuse & pacifique leur union. [a]

Ces Loix sont puisées dans trois differentes sources, qui ont chacune leur époque, & qui remplissent tous le sujet de ce Traité. 1. Le droit divin naturel. 1. Le droit divin écrit. 3. Et le droit civil d'institution humaine.

[b] Proverb. c. 7. v. 3. Jeremie c.171. S. Paul. ad Rom. c. 2. v. 14. & 15. & ibi S. August. Lactant instit. divin. l. 3. c. 7. & lib.6. c.8. Yvus Parif. de Jure naturali à Deo constituto.

Les Livres saints & les sacrez Interpretes qui nous en ont facilité l'intelligence, nous aprennent que Dieu infusa dans l'ame du premier homme la connoissance de tous les arts & de toutes les sciences ; & qu'il imprima dans son cœur & dans son esprit les notions claires & distinctes d'une Loy qui devoit lui servir de regle ; qu'elle a passé par tradition de pere en fils à sa posterité ; que cette Loy enfin a depuis été nommée le Droit, ou les Loix de la nature. [b] La plûpart des Legislateurs ont été de ce même sentiment, & ont toûjours distingué cette Loy originaire, que les Rabins nomment oracle, d'avec les Loix écrites. Loix écrites que la malice des hom-

mes, les differentes constitutions des Etats & les diverses circonstances des temps ont depuis renduës necessaires : [c] Cette juste & sage distinction a été suivie de toutes les nations, quoyque d'ailleurs fort differentes en mœurs & en religion. [d]

Les Payens mêmes ont eu connoissance de ce premier droit, qui ne doit son origine qu'à Dieu seul ; c'est un appanage de la droite raison, dont il a doué l'homme, ce chef-d'œuvre de sa toute puissance, pour le distinguer de tous les autres animaux. *Est vera lex*, dit l'un de ces Sçavans, *recta ratio naturæ congruens diffusa in omnes, constans sempiterna quæ vocat ad officium, nec erit alia lex Romæ, alia Athenis, alia nunc, alia posthac sed & omnes gentes & omni tempore, una lex & sempiterna, Deus ille legis hujus, inventor, disceptator & lator* [e] On ne peut s'expliquer plus clairement sur l'institution divine de cette premiere Loy, son fondement, son objet, ses effets, son antiquité & son universalité ; mais ce seroit trop s'arrêter à établir ce que personne de bons sens un peu instruit de notre Religion & des maximes du monde, ne peut ignorer.

Cette Loy de la nature, selon ces mêmes Auteurs, est fondée sur ces trois principes. 1. La Religion. 2. L'amour propre, éclairé par la droite raison. 3. La sociabilité (si l'on peut se servir de ce terme.)

[c] Instit. Justiniani lib. 1. tit. 2. §. 21. L. 11. Jus plurib. ff. de Justitia & jure & ibiGothofred. L. 8. cas obligationes ff. de capite minutis.

[d] Kircher. œdip. Ægyptiacus c. 9. Sintagm. 1.

[e] Cicer. de Leg. l. 1.

LE PREMIER A POUR OBJET CE QUE LES HOMMES DOIVENT A DIEU.

De-là naissent ces sentimens intérieurs d'adoration, de reconnoissance, d'amour & de crainte, ce culte extérieur de prieres & de sacrifices qui a commencé dès la naissance du monde, & dont les exercices sont encore les principales obligations de notre sainte Religion.

Les plus sages d'entre les Payens, éclairez par les seules lumieres de cette Loy naturelle, s'en expliquent à peu près dans ces mêmes termes. C'est ce que l'on voit dans Sophocle, dans Ciceron & autres ; mais Seneque encore imbu du Polytheïsme, semble avoir recueilli tous leurs sentimens dans ce bel endroit de ses Epîtres. [a] *Primus est Deorum cultus Deos credere, deinde reddere illis Majestatem suam, reddere bonitatem, sine qua nulla Majestas est. Scire, illos esse qui præsident mundo, qui universa vi sua temperant, qui summam generis tutelam gerunt, interdum curiosi singulorum. Hi nec dant malum, nec habent, cæterum castigant quosdam & coercent & irrogant pœnas & aliquando specie boni puniunt, vis Deo propritiare ? bonus esto satis illos coluit, quisquis imitatus est.* » Le culte des Dieux » consiste à croire premierement qu'ils exis- » tent, ensuite à reconnoître leur Majesté Sou- » veraine & leur bonté, sans laquelle il n'y a » point de veritable grandeur, il faut aussi » être persuadé que ce sont eux qui gouver- » nent l'univers, qui par leur puissance re- » glent & conduisent toutes choses, qu'ils » prennent soin du genre humain, & qu'ils » entrent même quelquefois dans les affaires » des particuliers ; que comme ces êtres sou- » verains ne sont point susceptibles de mal, » ils n'en font point aussi. Il est vray pourtant » qu'ils châtient quelques personnes, & qu'ils » répriment leur malice ; quelquefois même » ils punissent lorsqu'ils semblent accorder » quelque faveur. Voulez-vous les avoir pro- » pices ? soyez gens de bien ; c'est les honorer » suffisamment que de les imiter. Retranchez de ces expressions là pluralité des Dieux, il n'y en reste aucune, dont les Chrétiens ne puissent se servir. [b]

LE PREMIER DEVOIR DE L'HOMME, PAR RAPPORT A LUI-MESME, QUI EST LE SECOND DE CES PRINCIPES DE LA LOY NATURELLE, C'EST DE TACHER A SE FAIRE UNE JUSTE IDE'E DE SA PROPRE NATURE ET DE SES AFFECTIONS.

Les anciens regardoient cette étude comme le principal moyen de parvenir à la vraie sagesse, doù vient qu'ils avoient gravé en lettres d'or sur le Temple de Delphes *connois-toi toi-même,* comme un précepte qu'ils croyoient tenir d'Apollon même. Un ancien fait sur cela cette remarque judicieuse. » Que » ce precepte ne prescrivoit pas à chacun de » connoître ses membres, sa taille ou la figu- » re : car nos corps (disoit il) ne sont pas » proprement ce que nous appellons *nous ;* cet Oracle vouloit dire, *apprends bien à connoî-tre ton ame :* En effet, ajoûte-t-il, le corps n'est que le vase, ou le domicile de l'ame, & il n'y a que ce que l'ame fait, qui puisse être regardé comme fait par nous-mêmes. *Nimirum hanc habet vim præceptum Apollinis quo monet,*

ut se quisque noscat. Non enim, id præcipit ut membra nostra, aut staturam, figuramve noscamus, neque nos corpora sumus cum igitur, nosce te, dicit, hoc dicit nosce animum tuum ; nam corpus quidem quasi vas est, aut aliquod animi receptaculum, ab animo tuo quidquid agitur, id agitur à te. [c] C'est ainsi que le sens de cette inscription avoit été interpreté long-temps auparavant par Socrate & par Platon, & qu'elle l'a été dans la suite par les Sçavans qui se sont le plus appliquez à cette étude.

LE SECOND DEVOIR DE L'HOMME, SELON CETTE MESME LOY, EST DE SE PERSUADER QU'IL TIENT SON ESTRE DE DIEU, COMME UN DE'POST SACRE' QU'IL EN EST COMPTABLE A SON CRE'ATEUR, QU'IL EST CONSEQUEMMENT OBLIGE' DE PRENDRE SOIN DE LA CONSERVATION DE SA VIE ET PAR UN TRAVAIL ASSIDU, AIDER SES DISPOSITIONS NATURELLES POUR LEUR FAIRE PRODUIRE DES ACTIONS DIGNES DE L'EXCELLENCE DE SA NATURE.

De-là naissent les vertus de continence & de temperance, la moderation dans les passions de l'ame, & dans le travail & les exercices du corps ; les soins d'avoir de la santé, d'endurcir son corps au travail, ne l'amolir par les délices & par l'oïsiveté ; prendre garde néanmoins de ne pas ruiner ses forces, par des travaux hors de raison, ou non necessaires, & en general par quelque dereglement que ce soit. De-là viennent aussi les précautions contre les dangers, & la sage conduite dans les perils, lorsqu'ils ne peuvent être évitez. Voicy là-dessus les paroles bien remarquables d'un Poëte qui renferment toute cette, doctrine.

Discite, vos miseri, & causas cognoscite rerum, Quid sumus & quidnam victuri gignimur, ordo Quis datus, aut metæ quà mollis flexus & unde, Quis modus argento, quid fas optare, quid asper Utile nummus habet ; patriæ, carisque propinquis, Quantum elargiri deceat, quem te Deus esse Jussit, & humanà quà parte locatus es in re, Disce. [d]

Apprenez mortels, apprenez donc de « bonne heure à vous connoître & à raisonner « sur les choses, apprenez ce que c'est que « l'homme, pourquoy il est au monde, quel « ordre il doit garder en tout, quel & quelles « précautions il faut éviter les écueils & les « dangers dans le cours de la vie, par où il « faut commencer ; jusques où l'on doit aller ; « la moderation avec laquelle on doit recher- « cher le bien ; à quoy nous devons borner nos « desirs ; quel usage on doit faire de l'argent ; « ce qu'on en doit employer pour ses proches « & pour sa patrie ; concevez bien ce que le « Ciel a voulu que vous fussiez en ce monde, « & le rang que vous y tenez. «

Il faut sur tout, selon Ciceron, dans cet excellent Traité de morale qu'il fit pour l'instruction de son fils, soumettre ses desirs à la raison, en sorte qu'ils ne la previennent point, & qu'aucune paresse ou lâcheté ne les empêche de la suivre ; ils doivent aussi être tranquilles & n'exciter aucun trouble dans l'esprit. De-là resulte tout ce que l'on appelle égalité d'ame & moderation dans les passions. *Efficiendum autem est ut appetitus rationi*

Marginal notes (left column):

a Senec. Ep. 95.

b Sophocl. in excerpta Grorii pag. 149. Epict. Enchirid. c. 38. Cicer. de legib. l. 2. c. 7. Idem, de natura Deorum.

Marginal notes (right column):

c Cicer. Tusc. cul quæst. l. 1, c. 21. Socrat. in Xenophon. de reb. mirab. Plat.de repub. Pers. Satyr. 3, v. 66. & ibi Casaubon. Marc-Anton. l. 2. §. 6.

d Pers. Sat. 3. v. 66. & seqq.

obediant , eamque neque præcurrant , nec propter
pigritiam , aut ignaviam deserant , sintque tran-
quilli atque omni perturbatione animi careant ex
quo elucebit omnis constantia , omnisque moderatio. [a]
Je n'ai pas cru necessaire de rapporter un plus
grand nombre de passages sur ces obligations
de l'homme par rapport à lui-même, l'amour
propre les lui fait assez sentir.

a Cicer. de
offic. l. 1. c. 29.

L'HOMME N'ETANT PAS NE' POUR LUI
SEUL , IL EST DESTINE' A VIVRE EN SO-
CIETE' AVEC SES SEMBLABLES ; CETTE SO-
CIETE' QUI EST LE TROISIE'ME PRINCIPE
DE LA LOY NATURELLE, E'TOIT ENCORE
NECESSAIRE POUR LES AGRE'MENS ET LES
DOUCEURS DE LA VIE.

On pourroit rapporter sur cela un grand
nombre d'autoritez des plus celebres d'entre
les anciens ; mais pour abreger, je me conten-
terai encore de ce beau passage de Seneque,
qui peut tenir lieu de tous les autres. Ce Philosophe, [b] pour prouver l'indignité de l'ingratitude, se sert de cette raison : » Que rien
» ne trouble tant la concorde & l'union du
» genre humain, que ce vice-là ; car , ajoûte-
» t'il, d'où dépend notre sûreté, si ce n'est des
» services mutuels que nous nous rendons ?
» Certainement il n'y a que le commerce de
» bienfaits qui rende la vie commode, &
» qui nous met en état de nous deffendre con-
» tre les insultes & les invasions imprévuës.
» Quelle seroit la condition du genre humain ,
» si chacun vivoit tout seul ? autant d'hom-
» mes, autant de proyes & de victimes tou-
» tes prêtes pour les autres animaux, un sang
» tres-aisé à repandre, en un mot, la foiblesse
» même : En effet, les autres animaux ont des
» forces suffisantes pour se deffendre ; tous
» ceux qui sont vagabonds, & à qui leur fe-
» rocité ne permet pas de vivre en troupes,
» naissent, pour ainsi dire, armez ; au lieu que
» l'homme est de toutes parts environné de
» foiblesse, n'ayant ny ongles, ny dents pour
» le rendre redoutable. Mais ces secours qui
» lui manquent naturellement, il les trouve
» dans la société avec ses semblables. La na-
» ture pour le dédommager lui a donné deux
» choses, qui de foible & de miserable qu'il
» auroit été, le rendent tres-fort & tres-puis-
» sant. Je veux dire la raison & la sociabilité,
» de sorte que celuy qui seul ne pourroit re-
» sister à personne, devient par cette union le
» maître de tout. La sociabilité lui donne l'em-
» pire sur tous les animaux, sans en excepter
» même ceux de la mer, qui naissent & qui
» vivent dans un autre élement. C'est aussi sa
» sociabilité qui arrête la violence des mala-
» dies, qui fournit des secours à la vieillesse,
» qui soulage nos douleurs, qui nous donne
» lieu d'implorer l'assistance d'autrui contre les
» accidens de la fortune, & qui nous inspire
» du courage pour les supporter ; ôtez la so-
» ciabilité, & vous détruirez en même temps
» l'union du genre humain, d'où dépend la
» conservation & le bonheur de la vie.
Mais il ne suffit pas de sçavoir l'origine &
les admirables effets de la sociabilité, il est
encore plus important à la Police, ou l'ordre
public, notre principal objet, d'en découvrir
les regles & les obligations, que l'on peut réduire à ces quatre principaux points.

b Senec. de Be-
nef. l. 4. c. 18.

I. NE FAIRE JAMAIS DE MAL
A PERSONNE.

L'homme de bien, selon le sentiment mê- «
me des plus sages d'entre les Payens, est ce- «
lui qui rend service à tout le monde autant «
qu'il le peut, & qui ne fait jamais de mal «
à personne, à moins que d'y être réduit par «
la necessité de repousser quelque injure : *Eum* «
bonum virum esse qui prosit quibus possit, noceat «
nemini nisi lacessitus injuria. [c] Belle maxime, «
s'écrie là-dessus un ancien Docteur Catholi- «
que, [d] si elle n'étoit pas gâtée par l'excep- «
tion renfermée dans les dernieres paroles ; «
car dès lors, dit-il, qu'un homme de bien «
fait du mal à autrui, ne cesse-t-il pas d'être «
homme de bien ? & y a-t-il moins de mal à «
repousser une injure qu'à la faire ? d'où «
viennent les disputes, les querelles les com- «
bats, si ce n'est qu'on aime mieux souvent «
exciter de grands troubles , que de se re- «
soudre à supporter une offense ? N'oppo- «
sons à la malice, ajoûte-t-il, qu'une tran- «
quille patience la plus juste de toutes les «
vertus & la plus digne de l'homme, & nous «
verrons cette malice s'étouffer incontinent, «
comme le feu s'éteint quand on y jette de «
l'eau. *O quam simplicem veramque sententiam duo-* «
rum verborum adjectione corrupit ! Quid enim opus «
fuerat adjungere , nisi lacessitus injuria ? Nocitu- «
rum esse dixit , bonum virum si fuerit lacessitus : «
Jam ex hoc ipso viri boni nomen amittat necesse est «
si nocebat , non minus enim mali si referre inju- «
riam , quam inferre, nam unde certamina inter «
homines, unde pugna contentionesque nascuntur, nisi «
quod improbitati opposita impatientia magnas esse «
concitat tempestates ? Quod si sapientiam , qua vir- «
tute nihil verius , nihil homine dignius inveniri po- «
test improbitati opposueris extinguitur protinus tan- «
quam si igni aquam superfuderis. «

c Cicer. de
Offic. l. 3. c.
19.
d Lactant. Ins-
tit. divin. l. 6.
c. 18.

2. NE FAIRE A AUTRUI QUE CE QUE L'ON
EN VOUDROIT SOUFFRIR SOY-MESME.

Cette maxime, qui est une suite & une consequence de la premiere, est encore si veritablement de cette Loy naturelle, qu'elle a été
de tout temps connuë de toutes les nations les
moins éclairées & les plus sauvages, de même
que par les plus sçavantes & les plus polies,
elles l'ont toutes regardé comme le plus ferme appuy de la société & de la tranquillité
publique. Tous les anciens Philosophes & les
plus habiles politiques ont été de ce sentiment , & les histoires des païs nouvellement
découverts disent la même chose ; je ne rapporterai que quelques témoignages des premiers pour abreger, les autres peuvent être
vûs dans les lieux citez en marge.
Aristote étant interrogé comment on en devoit user avec les autres, répondit par ce peu
de mots : *Il en faut user de même que nous sou-*
haiterions qu'ils en usassent avec nous. [e]
Un autre ancien [f] s'en explique d'une maniere plus étenduë. Voicy ses termes : » C'est «
un crime de nuire à sa Patrie, & par con- «
sequent c'en est un de nuire à un Citoyen «
qui est membre de la Patrie ; car si le tout «
est venerable, les parties le sont aussi ; il ne «
faut donc pas faire du mal à aucun homme, «
puisque tout homme est notre Concitoyen «
dans une bien plus grande ville. [g] Que se «
roit-ce si les mains tâchoient de blesser les «
pieds, & si les yeux d'un autre côté vou- «

e Aristot. apud
Diogen. Laert.
l. 5. Segm. 21.
f Senec. de
ira, l. 2. c. 31.
Idem Epist.
95.

g Le monde
entier.

» loient blesser les mains ? comme donc les
» membres du corps sont en bonne intelligen-
» ce, parce que de leur conservation dépend
» celle du tout : Les hommes, doivent aussi
» s'épargner les uns les autres, puisqu'ils sont
» nez pour la societé qui ne sçauroit subsister,
» si toutes les parties qui la composent ne s'en-
» tr'aiment & ne travaillent mutuellement à se
» conserver.

Ce même précepte de ne faire à autruy que
ce que l'on voudroit être fait à soy-même, fut
donné à Zoroastres aux Mages de Perse,
par Confucius aux Chinois, & par Yncaman-
co-Capac, fondateur de l'Empire du Perou,
à ses sujets. [a] Les Romains, ces sages politiques, ont toûjours agi dans ce même esprit,
& en ont fait le fondement de plusieurs de
leurs Loix. [b]

» Toutes les fois qu'on doute si ce qu'on
» veut faire aux autres est conforme, ou con-
» traire au droit naturel, il faut, dit un Phi-
» losophe Anglois, qui vivoit dans le der-
» nier siecle, se mettre à leur place; car alors
» l'amour propre & les passions qui faisoient
» fortement pancher la balance d'un côté,
» passant pour ainsi dire de l'autre, on verra
» aisément à quoy la raison nous doit por-
» ter. [c]

C'est enfin l'une des maximes de ce droit
naturel, que Jesus-Christ notre divin Legislateur a confirmé, & dont il a fait la conclusion de ce Sermon admirable de la montagne,
qui contient toute sa divine morale & le fondement de notre sainte Religion : *Omnia ergo
quæcumque vultis ut faciant vobis homines & vos
facite illis, hoc est enim lex & prophetæ.* Faites
donc aux hommes tout ce que vous voulez
qu'ils vous fassent, car c'est la Loy & les Prophetes. [d]

3. SI L'ON A FAIT SOUFFRIR QUELQUE
MAL, OU QUELQUE PRE'JUDICE A QUEL-
QU'UN, SOIT EN SA PERSONNE, EN SA RE'-
PUTATION, OU EN SES BIENS, LE RE'PARER
INCESSAMENT DE TOUT SON POUVOIR.

C'est cette maxime du droit naturel que
Dieu a autorisé depuis dans les Loix qu'il
donna à son peuple par le ministere de Moyse;
nous y lisons dans un fort grand détail, comment toutes les fautes que les hommes peuvent commettre les uns contre les autres, doivent être reparées, ou punies, il seroit trop
long d'en rapporter les dispositions, elles peuvent être vûës dans le Livre sacré qui les contient; il est public, il y a peu de nations disciplinées qui l'ignorent. [e]

Les plus éclairez d'entre les Payens ont eux-
mêmes regardé cette obligation de reparer le
préjudice que l'on a causé, ou fait souffrir aux
autres, comme un principe de probité, que
la nature même inspire, & comme une Loy
qui est le plus ferme appuy des Etats naiss-
sans, & qui en assure davantage la durée & la
tranquillité.

Romulus n'eût pas si-tôt fondé la ville de
Rome, qu'il défendit à ses Citoyens de se faire
injure les uns aux autres, & cette portion des
Loix qu'il leur donna, lui parut si importante, qu'il se reserva à lui-même & aux Rois
ses successeurs, la connoissance des injures les
plus atroces, & commit au Senat la correction
des autres : *Majorum injuriarum judicium penes
Regem esto minorum penes Patres esto.* [f] Les Latins

entendoient par ce mot *injuria*, toute sorte de
dommage, ou de préjudice fait à autrui en sa
personne, en son honneur, ou en ses biens,
en un mot tout ce qui se commettoit contre
le droit, ou la justice, *injuria iniquitas, inde
dicta quod non jure fiat. Omne enim quod non jure
fit, injuria dicitur sive verbis, sive re.* [g] Ce qui
a fait dire à Ciceron que la vie des scelerats
est remplie d'injures & d'iniquitez, & qu'ils
ne cherchent qu'à causer du dommage, ou a
faire injure à chacun : *injuriosa vita plena sce-
leribus & iniquitatibus, quæque alteri damnum in-
fert & injuriam.* [h]

Ces Loix Royales furent les seules du Peuple Romain pendant 244. ans que la Monarchie subsista, & les 58. premieres années da
la République, qui succeda à la Royauté. Les
affaires s'étant multipliées sous cette nouvelle
forme de gouvernement Aristo-democratique,
l'on eut besoin en même-temps d'adjoûter de
nouvelles Loix aux anciennes. Les Romains
ne crurent pas qu'il y en eût de meilleures que
celles de Solon Legislateur d'Athenes, ils y
eurent recours & s'y soumirent. [i] Ces Loix
tirées des plus sages d'entre les Grecs, sont
encore remplies de dispositions qui imposent
l'obligation de réparer les injures & les dommages que l'on a fait souffrir à autruy, soit en
sa personne par des meurtres, ou assassins,
des coups, ou mutilation de membres, en son
honneur par calomnies, ou injures de vive
voix, ou par des libelles diffamatoires; ou en
ses biens par des vols, des degats, ou des
enchantemens, le tout sous differentes peines
corporelles infamantes, d'amendes pecuniaires, ou de condamnation du double, ou du
quadruple du dommage souffert, selon la gravité, ou la circonstance des fautes. Il seroit
trop long de rapporter toutes ces Loix, elles
peuvent être vûës dans les lieux que j'ai citez
en marge.

Le peuple se dégoûta enfin de ces anciennes Loix étrangeres, conçûës en vieux langage; il les abrogea toutes dans l'une de ces
assemblées par une Loy plebiscite sur la remontrance d'Aquilius l'un de ses Tribuns,
d'où cette Loy porta le nom de ce Magistrat
populaire. *Lex Aquilia omnibus legibus quæ ante
se de damno injuria locutæ sunt, derogavit, sive duodecim tabulis, sive alia quæ fuit; quas leges nunc
referre non est necesse, quæ lex Aquilia plebiscitum
est cum eam Aquilius Tribunus plebis à plebe ro-
gaverit* [k] Mais cette Loy en abrogeant les anciennes, en renouvella plusieurs des principales dispositions concernant les réparations
des dommages & des injures, y changea peu
de-chose, les éclaircit & y en ajoûta de nouvelles; mais comme dans la suite il se presenta
plusieurs especes de fautes qui n'avoient pas
été prevûës, d'autres Loix encore plus amples
sur cette même matiere y furent ajoûtées de
temps en temps, à proportion que la malice
des hommes augmenta. [l]

Les Romains étoient bien persuadez que
cette obligation de réparer les dommages n'é-
toit fondée sur aucune Loy écrite, mais sur
ce droit de la nature qui comprend tous les
états sans aucune distinction ; c'est ainsi que le
Peuple en corps s'en expliqua par l'un de ses
Tribuns, se plaignant au Senat que les principaux des Citoyens par leurs dignitez, ou
par leurs richesses, vouloient s'en dispenser.
C'est, Messieurs, en vertu d'une Loy non
écrite, ni publiée, dit ce Protecteur du «
» Peuple,

à Martinus
histor. Sinic.
l. I. c. 25.
Garcias de la
Vega, hist. des
Yncas, l. I.
c. II.

b L. I. Hoc
Editum ff.
quod quisque
Juris in alte-
rum Statue-
rit ut ipse eo-
dem Jure uta-
tur.

c Hobbes de
cive c. 3. §. 26.
Id. Leviath. c.
15.

d S. Math. c.
7. v. 12.
S. Luc. c. 6. v.
31.

e Exod. cap.
21. & 22.

f Ex tabula in
Capitol. fixa.

Dion. Halic.
l. 2. antiq. Ro-
man.

g Ulpian. l. 1.
ff. de injur. &
fam. libell.

h Cicer. lib. 1.
de legib.

i Cicer. lib. 1.
& 5. de legib.
Idem quæst.
Tuscul. lib. 4.
Id. de rep.
Id. pro Milon.
Horat. lib. 2.
Ep. ad August.
Porphirion &
Acrone ejus
interpretibus.
Plin. lib. 17. c.

Id. lib. 18. c. 1.
& 3. & 30. c. 11.
Macrob. Satu-
ra. l. 1. c. 4.
Charondas
antiq. Roman.
Catalogus le-
gum antiq.
per Joannem
Ulricum Zasi-
num Collec-
tus.
Leges duod.
tabul. Collec-
tæ à Jacobo
Gothofredo.

k L. 1. ff. ad
legem Aqui-
liam, lib. 9.
tit. 2.

l Just. lib. 4.
tit. 1. 2. 3. 4.
& 5.
Digest. lib. 1.
tit. 18. leg. 6.
& leg. 14.
lib. 3. tit. 6.
de calumnia-
toribus.
Lib. 4. tit. 3.
de dolo malo.
Lib. 9. tit. 1.
Si quadrupes.
Ibid. de his
qui effude-
rint.
Ibid. tit. 4. de
Noxalibus.
Lib. 11. tit. 11.
de servo cor-
rupto.
Lib. 39. tit. 2.
de damno in-
fecto, &c.
Lib. 42. tit. 8.
quæ in frau-
dem, &c.
Lib. de vi
maris.
Ibid. tit. 36. de
arboribus cæ-
dendis.
Lib. 47. tit. 1.
de privat. de-
lictis.
Ibid. tit. 2. 7.
& 8. de furtis.
Ibid. de inju-
riis & famosis
libellis.
V. etiam Cod.
in multis lo-
cis.

» Peuple, mais de la Loy de la nature, que
» nous demandons que le peuple n'ait ni plus
» ni moins de droit que vous .... Nous
» laiffons à ceux d'entre vous qui font diftin-
» guez par leur merite, ou par leur fortune
» les charges, les dignitez & les honneurs ;
» mais pour ce qui eft de ne pas fouffrir les
» injures, & de tirer une jufte fatisfaction de
» ceux de qui on les a reçûës ; nous croyons
» avec raifon que c'eft un droit entierement
» commun à tous les membres d'un état. [a] Ce
fut cela même qui porta auffi l'Empereur Juftinien à définir le larcin, une action contraire
à la Loy naturelle. [b]

4. IL NE SUFFIT PAS DE NE POINT FAIRE DE MAL A AUTRUI, IL FAUT LUI FAIRE DU BIEN AUTANT QU'IL EST POSSIBLE.

Les Loix naturelles de la fociabilité ne s'ar-
rêtent pas à la défenfe de nuire à autruy, elles veulent encore que par des fecours, des
offices mutuels l'on faffe paroître des fentimens
dignes de la parenté & de la liaifon que la
nature a mife entre tous les hommes ; fur quoy
un ancien s'écrie, combien c'eft peu de chofe
de s'abftenir de nuire à qui l'on eft obligé de
faire du bien : *O quantulum eft non nocere cui
debeas prodeffe !* [c]

Le precepte de charité envers le prochain,
imprimé dans le cœur de l'homme, par l'auteur de la nature ; eft encore l'une des plus
pures maximes, autorifée par plufieurs paffages des Livres faints, tant de l'ancien que du
nouveau teftament. [d]

Quant aux Auteurs profanes, on ne peut
mieux exprimer quels étoient fur cela leurs
fentimens, que par ce beau paffage de Platon : [e] » Nous ne fommes pas feulement nez
» pour nous-mêmes, dit ce fage Grec, mais
» encore pour notre patrie & pour nos amis ;
» *il ajoûte, pour appuyer fon opinion,* que fui-
» vant la penfée des Stoïciens, fi les produc-
» tions de la terre font toutes pour l'ufage
» des hommes ; les hommes mêmes font été
» créez les uns pour les autres, c'eft-à-dire,
» pour s'entr'aider & fe faire du bien mutuel-
» lement ; que nous devons tous entrer dans
» les deffeins de la nature, & fuivre fa defti-
» nation, mettant chacun du nôtre dans le
» fonds de l'utilité, comme par un commerce
» reciproque d'eftime & de fervices ; em-
» ployant non feulement nos foins & notre
» induftrie, mais nos biens mêmes à ferrer,
» pour ainfi dire, de plus en plus les nœuds
» de la focieté humaine. Ce paffage fe trouve
cité & approuvé par Ciceron dans fes admirables inftructions qu'il donna à fon fils pour
regler fa conduite. [f]

Un ancien Poëte, quoyque Payen, fait un
portrait excellent de ce qu'il penfoit de ces
devoirs de fociabilité, rien ne reffemble davantage aux fentimens de notre morale la plus
pure fur ce fujet. Cela prouve toûjours de
plus en plus que c'eft une Loy de la nature
même, éclairée par la droite raifon. Loy que
toutes les nations, quelques éloignées qu'elles
ayent été de lieux, de temps & de religion,
ont également fentie & refpectée. Voicy comment ce Poëte s'en explique en parlant des
offices d'humanité. [g] » Donnez retraite, dit-
» il, à ceux qui n'ont point de couvert ; con-
» duifez les aveugles ; ayez pitié de ceux qui
» ont fait naufrage, car la navigation eft pé-

rilleufe & difficile ; tendez la main à ceux «
qui font tombez ; fecourez ceux qui n'ont «
perfonne auprès d'eux qui puiffent les re- «
tirer du danger où ils fe trouvent ; fi une «
bête, fût-elle à votre ennemi, eft tombée, «
relevez-la ; ne vous détournez point pour «
pour éviter de rendre fervice à un homme «
qui s'eft égaré de fon chemin, ou qui eft «
battu d'une furieufe tempête ; Dieu qui «
nous a fait mortels, veut que nous nous af- «
fiftions ainfi les uns les autres, & que par «
ces fecours mutuels, chacun tâche de dé- «
tourner de deffus la tête d'autrui, les mal- «
heurs qu'il apprehende pour lui-même. « Ne
diroit-on pas que ce Poëte auroit puifé
cette notion dans nos Livres faints ? [h] Ainfi
cela prouve encore que ces trois principes du
droit naturel, la religion, l'amour propre
éclairé, & la fociabilité, fe trouvent fouvent
joints enfemble, & ne fe nuifent jamais ; preuves bien évidentes qu'elles ont une même origine.

Tous ces bons offices de l'humanité font
grands & très-louables, mais ils ne demandent que des foins, & quelques legeres peines
qui ne coûtent rien, ce qui leur a fait donner fimplement le nom de fervices ; mais il
y a une maniere plus noble de témoigner des
fentimens dignes de la parenté que la nature a
mife entre les hommes ; c'eft de faire gratuitement en faveur de quelqu'un, ou par une
bienveillance & une inclination particuliere,
ou par pure generofité, ou par un mouvement
de compafion, quelque chofe qui demande
de la dépenfe ; ou des foins penibles pour fubvenir à fes neceffitez, ou pour lui procurer
quelque avantage confiderable ; c'eft ce que
l'on appelle par excellence, des bienfaits,
dont l'exercice bien ménagé par une grandeur d'ame, accompagnée de prudence, fournit la plus belle matiere d'acquerir de juftes
loüanges. [i]

Il eft vrai que cet exercice demande du ménagement & de la prudence ; car répandre fes
faveurs au hazard, fans choix & fans regle,
c'eft vanité, c'eft oftentation, c'eft prodigalité, en un mot toute autre chofe que liberalité :
*Ambitio enim jactantia & effufio & quidvis po-
tius quam liberalitas exiftimanda eft, cui ratio non
conftat.* [k]

Les Philofophes nous ont donné plufieurs
preceptes pour nous conduire avec prudence
dans cette difpenfation de nos biens & de nos
faveurs : Seneque en a fait un Traité exprès
qui feroit trop long à rapporter ; je me con-
tenterai d'un extrait des penfées de Ciceron
[l] fur ce même fujet. » Il n'y a rien, dit-il ; «
de plus digne de l'homme, & de plus con- «
forme à fa nature, que la beneficence & la «
liberalité, mais cette vertu demande beau- «
coup de précaution ; car premierement, il «
faut prendre garde qu'en croyant faire du «
bien à quelqu'un, on ne caufe du préjudi- «
ce, ou à lui-même, ou à quelqu'autre. En «
fecond lieu, il faut proportionner fes libe- «
ralitez à fes facultez. Enfin, il faut avoir «
égard au merite des perfonnes à qui l'on «
veut faire du bien. «

L'Empereur Marc-Antonin avoit là-deffus
des fentimens fort fages & fort nobles. » Quand
tu te plaindras, dit ce fçavant Prince, d'un «
ingrat & d'un perfide, ne t'en prends qu'à «
toi-même, car c'eft manifeftement ta faute, «
foit d'avoir crû qu'un homme ainfi difpofé, «

Margin notes (left column):

[a] Denys d'Ha-
licarnaffe l. 7.
[b] Inftit. Jufti-
niani Imperat.
l. 4. tit. 1. §. 1.

[c] Senec. Ep. 95.
[d] Exod. c. 22.
v. 21. & feqq.
Ibid. c. 23. v.
4. 9. & 11.
Levit. c. 19.
paffim.
S. Math. c. 5.
c. 39. & feqq.
Idem c. 22. v.
39.
S. Marc. c. 11.
v. 31.
[e] Plat. Epift.
ad Arhyt. Ta-
rentin.

[f] Cic. de Offic.
l. 1. c. 7.

[g] Phocylides.

Margin notes (right column):

[h] Exod. c. 23.
v. 4.
Deuteron. c.
22. v. 1. & feqq.

[i] Puffendorf
du droit de la
nature & des
gens, l. 3. c.
3. §. 15.

[k] Plin. Pane-
gyr. c. 38. b. 4.

[l] Senec. de be-
nefic.
Cicer. de offic.
l. 1. c. 14. 15.
16. 17. & 18.

» seroit reconnoissant du bien que tu lui au-
» rois fait, soit quand tu as fait ce plaisir, de
» ne l'avoir pas fait liberalement, sans en at-
» tendre aucune reconnoissance; car que veux-
» tu davantage? n'as-tu pas fait du bien à un
» homme? cela ne te suffit-il pas? & en fai-
» sant ce qui est selon la nature, demandes-tu
» d'en être recompensé? c'est comme si l'œil
» demandoit d'être payé, parce qu'il voit, &
» les pieds parce qu'ils marchent, Car comme
» ces membres sont faits pour cela, & qu'en
» remplissant leurs fonctions, ils ont tout ce
» qui leur est propre; de même l'homme est
» né pour faire du bien, & toutes les fois
» qu'il est dans cet exercice, ou qu'il fait quel-
» que chose d'utile à la société, il accomplit
» les conditions sous lesquelles il est au mon-
» de, & il a ce qui lui convient.

Après que les habitans de la terre se furent
multipliez, cette société generale du genre
humain se trouva composée de plusieurs societez particulieres sous le titre de familles, qui
prirent naissance des liens sacrez & indissolu-
bles du mariage, comme autant de petits Etats,
ou Gouvernemens indépendans les uns des
autres. Le pere de chaque famille y exerçoit
un pouvoir souverain, il en étoit le Prince &
le Prêtre, ou Sacrificateur; sa femme étoit sa
compagne & son aide pour le temporel, &
ils avoient pour sujets leurs enfans & leurs
serviteurs, ou domestiques: Ces familles, ou
petits Etats avoient aussi par les seules loix de
sa nature, des regles generales du gouvernement, & chacun des membres qui les composoient, leurs obligations à remplir.

L'union du mari & de la femme est si étroite, que selon le Texte sacré, [a] conforme en
cela au droit de la nature, ils ne doivent faire
ensemble qu'une même chair & une même
personne; d'où il s'ensuit, selon l'expression
du saint Esprit dans les Livres saints, que le
mary doit quitter tout ce qu'il a de plus cher,
& même jusqu'à son pere & à sa mere, pour
s'unir à sa femme, qu'il doit l'aimer tendre-
ment, la proteger, excuser ses défauts, supporter ses foiblesses qui n'interessent point son
honneur, soulager ses infirmitez, lui fournir
ses besoins autant que ses facultez lui peuvent
permettre, que l'Apôtre a renfermé dans
ce peu de mots: *Maris aimez vos femmes com-*
me Jesus-Christ a aimé l'Eglise, qui s'est livré lui-
même à la mort pour elle. Ainsi suivant ce divin model, un mary doit être plein de tendresse pour sa femme, & dans la disposition
continuelle de cœur & d'esprit, de répandre
jusques à la derniere goute de son sang pour
cette chere épouse s'il s'agissoit de son salut
éternel.

Les deux sexes au moment de la création
furent naturellement égaux, Dieu ne donna
de domination à l'homme que sur les poissons
de la mer, les oiseaux du ciel, les bêtes & les
reptiles de la terre, [b] le Seigneur forma la
femme semblable à Adam, *simile sibi;* [c] aussi
selon la remarque d'un Pere de l'Eglise, elle
ne fut tirée, ni de la tête pour commander,
ni du pied pour être esclave, mais du côté
pour être la compagne de l'homme; [d] & ce
fut, ajoûte ce même Pere, de la partie du
corps la plus proche du cœur, le siege de l'a-
mitié, pour faire comprendre tout ce que la
femme devoit esperer de l'affection de son mary: Ce ne fut qu'après le peché de nos premiers parens que Dieu ordonna à la femme,

Marginalia colonne gauche:

[a] Genes. c. 2. v. 18. c.3.v. 16. & 21. & seqq. Proverb. c.5.v. 15. c. 11. v.66. c. 12. v. 4. c. 18. v. 22. c.31. v. 10. & seqq. Ecclesiast. c. 26. v. 1. 2. 3. 4. 16. & seqq. ch. 36. v. 24. 25. & 27. S. Math. c.19. v. 5. & 6. S. Paul. Epist. ad Corinth. c. 11. v. 3. & 7. ad Ephes. c. 5. v. 25. 28.29.& seqq. ad Coloss. c. 4. v. 19. Epist. S. Petri v. 7.

[b] Genes. c. 1. v. 26. & 28.
[c] Ibid. c. 2. v. 18.

[d] S. Amb. in Genes. c. 1. v. 18.

pour une partie de sa pénitence, d'être soumise à la puissance & à la domination de son
mary. *In dolore paries filios tuos & sub viri potes-*
tate eris & ipse dominabitur tui. [e] Sur quoy saint
Augustin observe que cette soumission de la
femme à son mary, qu'elle s'étoit attirée par
son peché, & qui n'étoit point naturelle, étoit
neanmoins devenue dans la suite necessaire
pour éviter un plus grand mal & un plus grand
nombre de pechez. *Maritum habere Dominum*
meruit mulieris, non natura, sed culpa, quod ta-
men nisi servetur depravabitur amplius natura &
augebitur culpa. [f]

Mais cette domination dans la conduite des
Patriarches des premiers âges du monde étoit,
& elle est encore aujourd'huy dans celles des
gens de bien, toute volontaire, pleine de joye
& dans cette union parfaite de deux personnes, dont l'une obéit avec une amitié pleine
de respect, & l'autre commande avec une
prudence remplie de consideration & de tendresse.

C'est cette juste & sage harmonie des époux
qui a toûjours été si necessaire à la paix &
le repos des familles, & pour celles du public
qui en est composé, qui est si souvent recommandée dans les Livres Saints. [g] C'est cette
intime & douce union originairement fondée
dans la nature, & que le peché de nos premiers parens avoit troublée, qui a été avan-
tageusement rétablie par les Loix de notre
sainte Religion; elles ont ordonné au mary
d'aimer sa femme comme Jesus-Christ aime
son Eglise, & à la femme d'aimer son mary
comme l'Eglise aime Jesus-Christ son divin
Epoux. [h] De si parfaits models bien imitez,
il n'y auroit plus d'aigreur dans celui à qui
Dieu a donné l'autorité de commander, ni de
répugnance dans celle qui doit être soumise.

Les plus sages des Auteurs profanes, ceux
mêmes engagez dans le paganisme, éclairez
par les seules lumieres de la raison naturelle,
ont été favorables à cette parfaite union des
deux sexes, & se sont appliquez à temperer
la puissance du plus fort par la douceur & sa
condescendance pour le plus foible; les Souverains ont confirmé cette espece d'égalité,
fondée sur les Loix de la nature, & les Philosophes l'ont applaudi & en ont fait l'éloge
dans leurs écrits.

Romulus fondateur de la Ville, qui porte
son nom, voulant discipliner cette nouvelle
Colonie de gens rustiques & grossiers qu'il
avoit ramassez de toutes parts, ordonna &
suivant les Loix qu'il nomme sacrées, & qui
ne pouvoient en ce temps-là être autres que
celles de la nature, la femme seroit jointe au
mary, & lui seroit associée tant en fortune,
qu'en Religion; en sorte que comme il étoit le
maître de la maison, elle en seroit de même la
maîtresse: *Mulier viro secundum sacras Leges con-*
juncta fortunarum & sacrorum socia illi esto, utque
domus ille dominus, ita hæc domina; [i] & il défendit sous peine de la vie au mary d'abandonner
sa femme, *qui divortium cum uxore fecit diis in-*
feris sacrificato. [u]

Il seroit trop long de parcourir tout ce que
les anciens ont dit sur cette matiere, il me
suffira de citer quelques-uns de leurs principaux Auteurs.

La République, selon le témoignage de
Platon, est heureuse, dans laquelle l'on n'entend prononcer que tres-rarement ces deux
mots, tien & mien; mais encore, dit-il, plus

Marginalia colonne droite:

[e] Genes. c. 3. v. 16.

[f] S. August. de Genes. ad lit. 11. c. 3.

[g] Proverb. c. 5. v. 18. c. 12. v. 11. c. 14. v. 1. c. 18. v. 11. c. 31. v. 10. & seqq. Ecclesiast. c. 7. v. 21. c. 25. v. 1.& 2. c. 26. v. 1. c. 36. v. 24. & seqq. S. Paul. Epist. ad Ephes. c. v. 22.23.24.25. 18. & seqq.

[i] B. Marlianus tabula in Ca-pitolio fixa. Denys d'Hali-carnasse, Plutarque, vie de Romulus.
[k] Ibid.

heureux font les mariages où ces mots ne fe prononcent jamais , toutes chofes devant être communes entre le mary & la femme , & rien de particulier [a]. Xenophon , Ariftote & Plutarque entre les Grecs [b]. Caton & Ciceron entre les Romains [c] , ont tous tenu ce même parti , & fe font expliquez à peu près dans les mêmes termes.

La procréation des enfans eft la principale fin de cette union fainte de l'homme & de la femme , que Dieu benit au commencement du monde , & dont la fecondité qui leur fut ordonnée devoit remplir toute la terre [d]. Cette verité qui eft l'une des difpofitions fondamentales de la Loy naturelle , a été connue de toutes les nations. L'un des plus fages d'entre les Grecs s'en explique à peu près dans les mêmes termes que les Livres faints. » La joye » ou la confolation des époux , dit-il , eft de » mettre au monde des enfans qui perpétuent » la nature humaine , & ces enfans laif-» fent encore après eux d'autres enfans , afin » que cette pofterité les reprefente pour ren-» dre à Dieu le culte qui lui eft dû [e]. De-là naiffent les foins que ces mêmes Loix de la nature impofent aux peres & aux meres , pour s'acquitter des obligations de leur état envers leurs enfans. Obligations que l'on peut réduire à ces trois principaux points. 1. Le gouvernement de leur bas âge. 2. La nourriture & le vêtement. 3. l'éducation.

De tous les animaux l'homme eft le feul qui vient au monde du tout incapable de pourvoir à fes befoins. Les petits des bêtes naiffent vêtus , marchent d'abord , & courent à la nourriture qui leur eft propre , & que la nature leur a deftinée à chacun felon fon efpece. Il faut au contraire vêtir un enfant pour le garantir du froid , le porter à la mamelle , & même quelquefois , fi l'on n'y prend pas garde , il fe laiffe tomber des bras de fes parens , ou du fein de fa nourrice [f].

A ces premiers foins fuccedent tous les autres fecours dont un enfant a befoin , jufqu'à ce qu'il foit élevé & parvenu à un âge de fe les procurer lui-même ; & c'eft en cela que confiftent les obligations des peres & meres quant au corps & à la confervation de la vie naturelle de leurs enfans.

Ce ne font pas là néanmoins leurs principales obligations , ils doivent fur toutes chofes s'appliquer à former l'efprit & le cœur de leurs enfans par une bonne éducation , en cultivant & perfectionnant les facultez de leurs ames , pour les rendre un jour utiles à eux-mêmes , à leurs familles & à l'Etat. Tous les Auteurs facrez & profanes qui ont écrit fur cette matiere , concourent à exalter l'excellence de ces foins , que les peres & meres doivent prendre de l'ame de leurs enfans ; tous conviennent que c'eft le fondement de la vertu & de la probité , qui influent fur toutes les actions de leur vie , & qui contribuent à les conduire à la poffeffion du fouverain bien.

Les Livres faints tant de l'ancien que du nouveau Teftament , les plus fûrs Interpretes de la Loy naturelle , font remplis de confeils , ou de preceptes aux peres & meres pour fe bien acquitter de ce principal devoir de leur état. » Celui qui ne châtie pas fon fils , » dit le Sage , le hait veritablement ; ce-» lui au contraire qui l'aime d'un veritable » amour , veille fans ceffe à fon éducation ,

& ne lui pardonne rien. Prenez bien garde « de ne laiffer pas prendre trop de liberté à « vos enfans , & de les fouftraire par une trop « grande facilité à votre difcipline;car votre fils « ne mourra pas pour être un peu châtié , vous « le frapperez avec la verge , vous lui don- « nerez quelques coups , & vous delivrerez « en même temps fon ame de l'enfer , en l'em « pêchant par cette feverité raifonnable d'y « tomber [g]. «

Les peres & meres fujets par temperament à s'emporter dans la colere , auroient pû abufer de cette autorité , & par une correction trop outrée , jetter les enfans dans l'abbatement , ou le defefpoir , les eftropier , ou les faire mourir : mais Dieu qui leur a donné ce pouvoir de la correction , leur a en même temps prefcrit par la bouche des facrez Interpretes de fes volontez , la moderation avec laquelle ils en doivent ufer.

Corrigez votre enfant & n'en defefperez « pas , mais ne prenez pas une refolution qui « aille jufqu'à fa mort « ; ce font encore les pro-pres termes de Salomon [h] : Et c'eft dans ce même efprit que faint Paul inftruifant les pe-res , leur dit , » n'irritez point vos enfans par « une conduite trop rude & par un traitement « trop rigoureux , de peur qu'ils ne tombent « dans l'abbatement d'efprit & de cœur ; mais « ayez foin de les bien élever , en les corri- « geant & les inftruifant felon le Seigneur [i]. «

A ces preceptes generaux de l'éducation des enfans , j'ajouterai les principales inftructions que les Peres de l'Eglife ont données aux peres & aux meres , pour mettre utilement en ufage ces fages & divines regles , en y mêlant avec prudence la douceur à une feverité moderée par la raifon. Voicy comment ils s'en expli-quent [k].

Propofez de petites récompenfes à vos en-fans , pour les engager à retenir ce que vous leur enfeignez ; gagnez les par de petits pre-fens , & par les chofes qu'ils aiment davanta-ge ; faites-leur connoître des enfans de leur âge , & qui foient bien élevez , afin qu'ils ayent de l'émulation en les voyant agir , & que les louanges que vous leur donnerez les excitent à les imiter.

Ne reprenez pas vos enfans trop rudement , s'ils ont l'efprit un peu lent , mais animez-les quelquefois par des louanges , & d'autres fois faites-leur rendre compte de ce qu'ils auront appris devant ceux de leur âge ; faites en forte que tantôt ils fe réjouiffent de les furmonter , & que tantôt ils ayent de la confufion d'en avoir été vaincus.

Prenez garde fur-tout par trop de feverité & de réprimandes trop vives & trop fortes , de les jetter dans le découragement & de leur faire haïr les études , de crainte qu'en ayant pris averfion dès leur plus tendre enfance , ils ne la confervent dans un âge plus avancé ; tâchez au contraire de leur faire aimer ce qu'ils font obligez d'apprendre & de prati-quer un jour ; afin que ce ne foit plus alors un travail , mais un divertiffement , & qu'ils ne le faffent point par contrainte

Faites croître & nourriffez en eux l'amour du travail , en les tenant toûjours occupez , que les changemens des occupations fervent de divertiffement , & que les bonnes lec-tures fuccedent à la priere & aux ouvrages ; le temps leur paroîtra court , quand il fera ainfi diverfifié.

a Platon, livre 7. des Loix.
b Xenophon c. 4. du gouvernement œconomique.
Ariftote l. 1. de la Politique c. 8.
Plutarque des preceptes du mariage.
c Plut. vie de Caton.
Cicer. de finibus , c. 4. & 5.
Idem, de officiis , lib. 1.
d Genef. c. 1. v. 27. 28.
c. 1. v. 14. & ibi S. Auguft.

e Plat. L.6. des Loix.

f Quintil. de-clamat. 306.

g Proverb. Salom. c. 15. v. 24.
ibid. c. 29. v. 15. & 17.
ibid. c. 33. v. 13.

h Proverb. c. 19. v. 18.
i Epift. ad Ephef. c.6. v. 4.
ad Coloff. c. 3. v. 2. & 4. v. 21.
ad Galat. c. 4.
ad Timot. c. 2. v. 15.

k S. Cyril. Catech.
Tert. de corona milit.
Id. de fpectac.
S. Chryfoft. homel. 40. in 1. Epift. ad Timot. c. 1. c. 2. v. 15.
id. homel. 29. in Math.
id. homel. 35. in Math. c. 8. v. 10.
id. homel. 21. in Epift. ad Ephef. c. 6.
S.Hieron.Ep. ad Lætam.
S. Auguft. in Symb. ad Ca-tec. c. 1. & 2.
S. Bernard. in Tert.dominic. advent.

Ces soins de l'éducation des enfans entrent tellement dans le systême des Loix de la nature, que toutes les nations, quoyque souvent partagées sur les autres points de la morale, ont eu sur celuy-cy les mêmes sentimens : Nous venons de voir ce qui en est écrit dans les Livres saints, & ce qu'en ont dit les Peres de l'Eglise dans les instructions qu'ils ont données aux fideles sur cette matiere : Voicy ce que les Payens en ont aussi pensé, tiré des écrits de quelques-uns de leurs principaux Philosophes, ou Legislateurs.

a Platon l. 6. des Loix.

Les peres & meres, dit Platon, qui mettent au monde des enfans, doivent pourvoir à leur éducation ; c'est ainsi qu'ils peuvent perpetuer leur mémoire avec réputation, & conserver après eux des descendans qui rendent à Dieu le culte qui lui est dû *a.*

b Idem livre de la République.

Il faut veiller avec plus de soin à l'éducation de ceux qui sont nez avec un genie naturellement heureux ; car les plus excellens esprits sont ordinairement ceux qui deviennent les plus méchans, s'ils sont mal élevez ; les petits genies font peu capables, ni de grandes vertus, ni de grands vices *b.*

c Aristot. dans ses morales, 12.

La fin du mariage, selon un autre ancien, n'est pas seulement la procreation des enfans, il y en a une plus noble & plus importante, qui est celle de les bien élever & de les bien instruire pour la conduite de la vie. Tous les autres soins de la famille sont partagez entre le mary & la femme, chacun y a son office separé à remplir ; mais l'éducation de leurs enfans est un devoir qui leur est commun *c.*

Quant aux devoirs des enfans, ils ne sçauroient pousser trop loin la reconnoissance de ces bienfaits de la vie & de l'éducation qu'ils ont reçûës de leur pere & de leur mere ; c'est un devoir que Dieu leur a imposé par l'une des Loix sacramentales du Decalogue, & la seule à laquelle Dieu a attaché une récompense temporelle, *honora patrem tuum & matrem tuam, ut sis longævus super terram d.* Loix qui ne sont autres, selon le sentiment d'un sçavant Juif, que l'interpretation & la publication de celles de la nature dont Dieu a instruit l'homme dès la naissance du monde *e.*

d Exod. c. 20. v. 12.

e Philon, traité du Decalogue.

C'est un devoir que les enfans doivent rendre à leur pere & à leur mere, non seulement par des témoignages d'honneur & de déference, mais encore plus par une affection tendre & sincere, par des services réels, par toutes les assistances effectives qu'ils seront capables de leur rendre, & dont ils pourront avoir besoin dans la suite de la vie.

Le saint Esprit dans les Livres sacrez, en repetant le même Commandement, y ajoûte pour motif, que les enfans doivent conserver le souvenir, qu'ils ne seroient pas au monde sans leur pere & leur mere, le souvenir aussi des douleurs que leur mere a souffert à leur naissance, & des soins que l'un & l'autre ont apporté pour les bien élever : *Honorato patrem toto corde tuo & dolorum matris tuæ ne obliviscaris, memento quod per eos natus es, & quam gratiam referres pro meritis, quæ ab illis accepisti f.*

f Ecclesiast. c. 7. v. 29. & 30.

Ce Commandement est si grand & si general, qu'il n'y a que Dieu seul qui puisse y mettre quelque exception. *Enfans*, dit saint Paul, *obeïssez à vos peres & à vos meres* ; mais parce que cet Apôtre prévoyoit que le pere & la mere étant hommes, pourroient quelquefois commander à leurs enfans le contraire de ce que Dieu leur ordonne, il ajoute avec beaucoup de sagesse ; *obeïssez à vos peres & à vos meres en ce qui est selon le Seigneur, car cela est juste g.*

g Ad Ephes. c. v. 1. & 2.

Les Auteurs profanes s'accordent en cela avec les Livres saints, ce qui prouve toûjours que cette Loy est imprimée dans les cœurs de toutes les nations de quelque religion qu'elles soient. Je ne rapporterai que cet excellent passage de Platon, qui renferme les sentimens que tous les anciens ont eu sur ce point de moral, les autres peuvent être vûs dans les lieux citez en marge. » Il faut, dit ce sçavant Grec, qu'un enfant se mette dans « l'esprit cette premiere & plus ancienne de « ses dettes ; que tout ce qu'il a, & tout ce « qu'il possede appartient à ceux qui l'ont mis « au monde, & qui l'ont élevé ; qu'il doit leur « fournir autant qu'il lui est possible, les ri- « chesses, les biens du corps & ceux de l'ame ; « qu'il doit reconnoître les soins & les inquié- « tudes extrêmes qu'ils ont eu autrefois pour « lui, & qu'il le fasse sur-tout dans leur vieil- « lesse, où ils en ont plus de besoin ; qu'il « parle toûjours d'eux avec un grand respect « pendant toute sa vie ; qu'il souffre patiem- « ment leur reprimande & leur correction ; « enfin qu'après leur mort il leur dresse des « monumens, & qu'il honore leur memoire h. «

h Platon l. 4. Loix. Socrat. l. 2. Xenoph. inc. morab. Arist. Ethic. Nicom. l. 8. c. 16. de Benef. l. 3. c. 31. Arian. Epictet. l. 11. c. 10. Oppian. Halieut l. 5. v. 39. & seqq. Stob. sermo. 77.

Voilà ce qui s'observoit suivant les Loix seules de la nature dans chacun de ces petits Etats particuliers, vivant sous l'autorité du pere, ou du plus ancien de la famille *i.* Ce gouvernement qui approche si fort du Monarchique, a été nommé par les anciens Royaume de maison, œconomie Royale de famille, ou simplement, domination œconomique *k.* C'est aussi ce qui a donné lieu à cet excellent passage de Platon, qui nomme le mariage le Seminaire des plus grands Etats. J'en rapporterai la version Françoise, en faveur de ceux qui ne l'entendront pas dans sa langue originale.

i Arist. l. 1. de la politique. c. 2.

k Arist. l. 3. de la politique. 4. 5. & 11.

Pour bien former une République, il faut « commencer par établir les Loix qui doivent « servir à regler les mariages, faire ensorte « qu'aucun ne contracte cette alliance pour « son propre plaisir, mais pour l'utilité publi- « que ; c'est à cela même aussi que les Rois, « les Princes, les autres Fondateurs des Etats, « se sont principalement appliquez, & non « sans raison, puisque le mariage est le fonde- « ment & le seminaire de la République, & « qu'il est important qu'il soit legitimement « contracté, pour reprimer les salles & hon- « teuses passions du libertinage & de la dé- « bauche *l.*

l Platon, l. 6, des Loix.

Ciceron réunissant en peu de mots les sentimens de tous les autres Philosophes sur cette matiere, s'en explique à peu près dans les mêmes termes, que ce sage Grec : *Ac natura quoque tributum hoc esse dixerunt Philosophi, ut conjugia virorum & uxorum essent : ex hac stirpe orirentur cognationem amicitia & hoc esset principium urbis & quasi seminarium Reipublicæ constitueretur, prima societas in conjugio, proxima liberis, deinde una domus communia omnia m.*

m Cicer. de finibus, c. 4. & 5. idem lib. 1. officiorum.

Les peres de famille avoient aussi sous leur domination leurs serviteurs, ou domestiques ; mais comme tous les hommes ont été égaux originairement & par les Loix de la nature, il est difficile de fixer la veritable époque de la servitude. Les sacrez Cahiers nous apprennent, qu'encore bien avant dans le troisième âge du monde, les enfans des meilleures &

plus

plus confiderables familles, prenoient le foin de cultiver les terres, de faire les moiffons, & de mener aux champs les beftiaux ; ainfi je referve à parler des obligations des Maîtres & Maîtreffes, & du devoir des ferviteurs, dans la partie de ce Traité deftiné à cette matiere.

» V. cy-après livre 11.

A cette Police qui a pour objet les mœurs & le gouvernement, joignant celles des fciences & des arts, l'on en trouvera auffi l'ufage établi dans ces premiers âges du monde. Voici comment parle des fciences de ces premiers habitans de la terre, l'Hiftorien des Juifs. » Adam eut Seth, qui fut élevé auprès de » fon pere, & fe porta avec affection à la ver-» tu ; il laiffa des enfans femblables à lui, qui » demeurerent en leur pays, où ils vêcurent » heureufement & en parfaite union. On doit » à leur efprit & à leur travail la fcience de » l'Aftrologie, & comme ils avoient apris d'A-» dam que le monde périroit par l'eau & par » le feu, la crainte qu'ils eurent que cette » fcience fe perdit avant que les hommes en » fuffent inftruits ; ils bâtirent deux colomnes » l'une de brique & l'autre de pierre, fur lef-» quelles ils graverent les connoiffances qu'ils » avoient acquifes ; afin que fi un déluge rui-» noit la colomne de brique, celle de pierre » demeurât ; & l'on affure, ajoûte le même » Auteur, que cette colomne de pierre fe voit » encore aujourd'hui dans la Syrie.

a Jofeph. hift. des Juifs, l.1. c. 2.

L'Ecriture Sainte nous apprend que Caïn, après fon fratricide, fe retira vers la Region Orientale du lieu où le monde avoit pris naiffance, il y bâtit une Ville, qu'il l'appella Henoch, du nom de fon fils aîné, qu'il l'enferma de murailles & la peupla d'habitans. Comme il s'étoit adonné dès fa jeuneffe à l'agriculture, il continua cette profeffion, & il fut le

b Genef. c. 4. v. 16. & 17.

premier qui établit les poids & mefures, & qui mit des bornes pour diftinguer les heritages. Combien pour tous fes ouvrages eut il befoin de Maçons, de Charpentiers, de Charons & d'autres ouvriers.

c Jofeph. hift. des Juifs, L 1. c. 2.

Tous fes defcendans s'appliquerent aux arts liberaux, ou mécaniques.

Jobel fit des tentes & des pavillons.

Jubal fon frere, inventa la mufique, le Pfalterion & la Harpe.

Tubalcain inventa l'art de travailler au marteau, fut habile en toutes fortes d'ouvrages d'airain & de fer.

d Genef. c. 4. v. 20. 21. & 22.

Les Loix de la nature infpirées de Dieu à notre premier pere, & qu'il a tranfmifes à fa pofterité, ont donc fuffi aux hommes pendant les premiers fiecles du monde, pour regler leurs mœurs, leurs conduites, & pourvoir à tous leurs befoins, & ce font ces Loix que l'on a depuis nommées la Police, pour les raifons expliquées au commencement de ce Traité.

e V. cy-devant tit. 1. c. 1.

Les Empires & les autres grands Etats qui fe font formez dans la fuite, ou par l'union de plufieurs de ces petits Souverains peres de familles, pour leur utilité, ou pour leur défenfe commune, ou par la voye des conquêtes des plus forts fur les autres, ont engagé chacun des Souverains de faire écrire, & de publier ces mêmes Loix tirées du droit de la nature, pour en perpétuer la mémoire, & en étendre davantage la connoiffance ; ils y en ont ajoûté d'autres proportionnées à la forme de leur gouvernement, à la fituation de leurs Etats, aux difpofitions de leurs Sujets, & aux autres circonftances qui les ont renduës neceffaires, comme nous verrons dans les Titres fuivans.

TITRE II.

De la Police des Egyptiens.

DEux celebres Nations se disputerent autrefois la prérogative de l'ancienneté, & chacune d'elles s'efforçoit de s'en faire honneur : d'un côté les Assyriens se vantoient d'être les premiers peuples de la terre ; & leur situation la plus proche d'Eden, où le monde a pris naissance, étoit un fort argument pour eux. D'un autre côté les Egyptiens, peuples du midy, ne vouloient pas le ceder aux orientaux, & ils faisoient remonter leur origine plusieurs siecles plus haut, jusques à prétendre, par une opinion fabuleuse, d'avoir été long-temps gouvernez par les Dieux mêmes. Berose Assyrien, Prêtre de Belus à Babylone, fit l'histoire de sa Patrie sous le regne d'Antiochus Soter, & il ne manqua pas de vanter beaucóup son antiquité. Presque en même temps que cette histoire eut paru, Manethon Prêtre, natif d'Heliopolis, par émulation de Berose, & pour le contredire, fit aussi celle de l'Egypte avec encore plus d'éxageration d'antiquité ; il la dédia à Ptolomée Philadelphe : nous n'avons de ces deux histoires que quelques fragmens qui méritent de s'y arrêter ; car pour celles qui paroissent aujourd'hui sous le nom de ces Auteurs, elles sont rejettées de tous les Sçavans avec mépris, chacun étant persuadé que ce sont de ces ouvrages artificieux d'Annius de Viterbe, remplis de fables & de mensonges. Ainsi tout ce qu'il y a de plus certain touchant l'origine de ces deux premiers Empires du monde, ne se trouve que dans les Livres saints a. A l'égard des profanes, Joseph l'historien des Juifs, Philon, Jules Africain, Georges Syncelle & quelques autres Auteurs plus modernes & dignes de foy, en font aussi mention.

Nous y lisons qu'il y a eu deux partages de la terre entre les hommes en differens temps, l'un par Adam à ses enfans dans le premier âge du monde, & l'autre par Noé à sa posterité dans le second âge.

Il est sans difficulté qu'en considerant le monde dans le premier âge, la partie orientale qui a depuis été nommé Assyrie, fut la premiere peuplée ; ce fut là que nos premiers parens s'établirent, & dans la suite, Caïn leur fils aîné y bâtit la premiere ville du monde, qu'il appella Enoch, du nom de son fils ; que ce fut de-là que les hommes s'étendirent de proche en proche, & peuplerent les autres parties de la terre ; ainsi cette premiere époque est en faveur des Assyriens.

Il n'en est pas de même du second partage qui fut fait entre les enfans de Noé, & où commença le second partage du monde ; l'Arche qui les avoit sauvé de l'inondation universelle, & qui avoit purgé la terre des crimes qui s'y étoient commis, s'arrêta sur l'une des montagnes d'Armenie. Noë descendit avec sa famille, & offrit à Dieu un sacrifice d'action de graces c. Ce saint Patriarche, suivant les or-

dres qu'il en avoit reçûs, partagea toute la terre entre ses trois fils, Sem, Cham & Japhet. Leur posterité enfin, qui se multiplia en assez grand nombre, les obligea à se séparer. Assur fils de Sem, fut habiter avec sa famille la partie orientale qui prit du nom de ce Patriarche, celui d'Assyrie. Cham eut en partage le côté du midy, d'où vient que dans l'Ecriture cette portion se trouve nommée terre de Cham d ; il y en a qui prétendent qu'il y passa lui-même & y établit sa famille ; d'autres & en plus grand nombre, n'y font passer, & n'en mettent en possession que Mesraïm son second fils. Que ce fut lui qui fut le chef de cette premiere Colonie, d'où cette terre fut aussi nommée Mesrée, ses habitans Mesréens e ; ils ajoûtent qu'il y eut un second Mesraïm, petit fils du premier, & que celuy-cy eut pour fils Ægyptus, qui donna à cette partie de la terre le nom qu'elle porte encore aujourd'huy f.

Plusieurs graves Auteurs croyent sur le témoignage de l'Historien des Juifs, que ces Colonies d'Assur & de Mesraïm, ne furent composées que des plus sages d'entre les descendans de Noé, qui obéirent avec une prompte soumission au premier commandement que Dieu leur avoit fait de se séparer & de peupler la terre. Il n'étoit resté, prétendent-ils, dans les plaines de Senaar, que les moins disciplinez ; que ce fut à ceux-là que Dieu fit le second commandement de se disperser par Colonies, & de remplir la terre, & qu'ils n'y furent pas plus obéissans qu'ils l'avoient été au premier g.

Alors Nembrod fils de Chus, & petit-fils de Cham h, peu content du partage de son pere, s'empara d'une partie de l'Assyrie, & en forma le Royaume que l'on a depuis appellé des Chaldéens ; ce furent apparemment ceux qui le reconnoissoient pour leur chef, qui bâtirent la tour de Babel i : on sçait quel fut l'évenement de leur entreprise, la confusion des langues en fut la punition. Forcez de faire entre eux le partage qui leur avoit été ordonné, il se forma, dit-on, 72. Peuplades ou Colonies, qui donnerent commencement à toutes les differentes nations de la terre.

Ainsi les Assyriens, les Chaldéens & les Egyptiens ont eu une même origine dans ce second âge du monde, & furent sans contredit les premiers & les plus anciens Empires, ou Royaumes. Il n'est point de mon objet de m'étendre sur les évenemens qui les ont tant de fois fait passer d'une nation à l'autre, & changer de gouvernement & de fortune ; je ne rapporterai que ce qui concerne leur police, ou leur discipline.

Les Assyriens & les Chaldéens qui en faisoient partie, n'eurent aucunes Loix écrites, ils suivirent encore celles du droit naturel, rapportées dans le Chapitre precedent ; la beauté du climat qu'ils habitoient, & l'abon-

a Genes. c. 10. & 11.

b Berose & Manethon, apud Joseph, l.1. antiq. c.3. idem contra Appion. Philo in vita Moys. l. 1. Jul. African. Chron. Euseb. de præpar. Evangel. l. 1. Georg. Syncell. Chron. & alii.

c Genes. c. 8. & 9.

d Psalm. 77. Psalm. 104. v. 23. & 27. Psalm. 105. v. 22.

e Joseph. hist. Judæor. lib. 1.

f Kirker. Oedipus Ægyptiacus, t. 1. Syntagma 1. c. 9.

g Joseph. hist. Judæor. l. 1. c. 5.

h Genes. c. 10.

i Ibid. c. 11.

dance qui fe trouve de toutes les chofes neceffaires à la confervation & aux agrémens de la vie, les portent à la moleffe & à la volupté, & ils y conformerent leurs mœurs. La Geometrie, enfuite l'Aftronomie & la Magie, firent toutes leurs études. Ce fut chez eux que l'idolatrie prit naiffance par l'Apotheofe de Belus. C'eft peut-être le même dont l'Auteur de la fageffe fait mention [a], qui fut depuis connu fous le nom de Bel, ou Baal.

De toutes les nations, il n'y en eut aucune dans ces premieres âges qui ait eu plus de foin, & qui fe foit appliquée avec plus de fageffe & de vigilance que les Egyptiens, pour établir dans leur gouvernement une police & un bon ordre qui pût rendre un Etat heureux [b]; ils furent les premieres qui eurent des Loix écrites.

Que ce foit Cham lui-même, ou Mefraïm fon fecond fils qui ait conduit leur famille en Egypte, cette premiere Colonie n'eut encore aucune forme d'Etat, ou de Gouvernement; ils s'habituerent fur les bords du Nil, le pays le plus fertile du monde, ils le cultiverent, & y nourrirent leurs troupeaux.

Il y avoit 217. ans que ce Peuple menoit cette vie champêtre & paftorale, lorfque Menès fut choifi pour leur Chef; il fut le premier Roy d'Egypte [c], l'an 1904. du monde, 648. depuis le deluge, 2969. avant l'Ere Chrétienne.

Ce Monarque partagea l'Egypte en trois [d], la haute qui eut pour Capitale la Ville de This, depuis nommée Thebes, où il établit fa Cour, la moyenne & baffe, dont Memphis & Heliopolis furent les Capitales. Chacune de ces parties fut fubdivifée en dix Provinces, qu'ils nommerent Dynafties, & chacune de ces Dynafties, ou Provinces, partagée en trois Jurifdictions, ou Nomos felon la langue du pays, & en latin *Præfecturæ*.

Chacun de ces Sieges étoit compofé de dix Juges, qui étoient prefidez par leur Doyen, tous choifis entre les Prêtres, le Sacerdoce étant le premier Ordre du Royaume. Ils connoiffoient en premiere inftance de toutes les affaires de la Religion, & des civiles & criminelles. Les appellations de leurs Jugemens

étoient portées à celle des trois Nomos, ou Jurifdictions fuperieures de Thebes, de Memphis, ou d'Heliopolis, & il y avoit dans chacune de ces trois villes Capitales une Academie où la Jurifprudence & les autres fciences étoient enfeignées par des Profeffeurs que l'Etat y entretenoit; c'étoit entre ceux qui avoient fait leurs études dans ces Academies, que l'on choififfoit les Juges qui devoient remplir tous les Tribunaux, tant inferieurs, que fuperieurs [e].

Menès leur premier Roy, eut pour Secretaire, ou principal Confeiller, un excellent homme en fageffe & en fcience, venu de Phenicie, nommé dans la langue de fon pays *Tuttum* : par les Egyptiens *Touth*, & par les Grecs *Mercurium Trifmegiftum* [f], Epithete que les Etymologiftes difent avoir rapport au Latin *ter maximum*.

Les Egyptiens, par le confeil de cet habile Miniftre, furent partagez en trois Etats, le Roy, les Prêtres & le Peuple, ce dernier fut fubdivifé en Soldats, en Laboureurs & en Artifans.

Tous les Miniftres & les principaux Officiers du Roy & tous les Juges devoient être nobles, choifis entre les enfans des Prêtres, la feule nobleffe de la nation, qui fuffent âgez de plus de 20. ans, & de bonnes mœurs.

Les enfans étoient tenus de fuivre la profeffion de leurs peres, foit dans les fciences, la guerre, l'agriculture, le commerce, ou les arts; il ne leur étoit pas permis de la quitter pour paffer à d'autres conditions, & cette police perfectionna tous les Etats.

A l'égard des autres parties de la Police & du Gouvernement, Menès, par le même confeil, fit plufieurs Loix qui furent gravées en hieroglyphes fur des tables de pierre, & tranfcrites en plufieurs livres, Amofis, Bocchoris, & quelques autres de leurs Rois, chacun en leur temps, y ajoûterent plufieurs autres réglemens qu'ils firent recevoir au nombre des Loix; quelques-unes de ces principales Loix ont été recueillies, & la mémoire en a paffé jufqu'à nous; je les rapporterai traduites en notre langue dans le même ordre qu'elles fe trouvent dans les Auteurs qui ont eu foin de les conferver [g].

PREMIERE LOY.

Que les parjures foient punis de mort.

CEtte Loy étoit fondée fur ce principe, que les parjures violoient le refpect qui eft dû à Dieu, & banniffoient la bonne foy d'entre les hommes, les deux plus forts liens de la focieté civile. Ce vice en effet, qui renferme un double crime, l'un envers Dieu & l'autre envers les hommes, a été tres-étroitement défendu par le droit divin, & par toutes les Loix des nations les mieux difciplinées. Il n'y a point de Loix du Decalogue qui foient accompagnées de menaces, que celles qui défendent l'idolatrie & le parjure : *Non affumes nomen Domini Dei tui in vanum, nec enim habebit infontem Dominus eum qui affumferit nomen Domini Dei fui fruftra* [h]. Ce que le Sauveur du monde a expliqué en ces termes de l'Evangile : *Vous ne vous parjurerez point; mais vous vous acquiterez envers le Seigneur des fermens que vous lui avez faits* [i]. Et quand la Loy du Decalogue a ajoûté que Dieu

ne tiendra point pour innocent celui qui aura pris fon nom en vain; cela s'entend, felon les fçavans Interpretes, que Dieu punira comme d'un grand crime, celui qui aura deshonoré fon nom jufqu'à s'en fervir pour autorifer un parjure [k].

Les Egyptiens avoient un fi grand refpect pour leur Roy, qu'ils le reveroient comme une efpece de divinité, que s'ils avoient juré par fa vie & qu'ils fe fuffent parjurez, ils étoient condamnez à mort; le Prince leur accordoit quelquefois leur grace, mais c'étoit à condition de payer une amende d'un auffi pefant d'or que pefoit le criminel.

Les Grecs furent fort religieux obfervateurs de ce point de morale & de difcipline : l'un des plus anciens & des plus fages de leurs Philofophes met au nombre de leurs Loix, qu'il « n'eft permis à perfonne de jurer par le nom «

a Sapient. c. 14. v. 15.

b Athan. Kirker. Oedip. Ægyptiac.l. 1. Syntagm. 1. cap. 1. & 9.

c Herodot. l. 1. p. 141. Eratofthen. Apollodore. Jofeph. antiq. l. 8. c. 2. Diodor.Sicul. Jul. African. Chronolog. Eufeb. Syncell. Pezeron, de l'antiquité des temps.

d Strab. l. 17. Hugo Robinfon in annalib. mundi.

e Kirker. Syntagm. 1. c. 2. p. 120.

f Kirker. Oedip.Ægyptiac. Syntagm. 2.c. l. & 2. pag. 114. & feqq.

g Diodor. Siculus. Manethon apud Horm. Withi Ægyptiaca. apud Jofeph.hiftor. Judæor. Eufeb. chron. Jul. African. Anaft. Kirker. Oedipus Ægyptiac. Jeann. Nicolaus de Syndrio Ægypti.

k Theodofe in Exod. De Saci fur l'Exod. Joan. Marfhami Canon. Chronic.

h Exod. c. 20. v. 3. 4. 5. & 7. Levit. c.19. v. 11.

i S. Math. c.5. v. 33.

» des Dieux pour aſſurer un menſonge , ou » pour tromper, ſoit en parole , ou en effet, » s'il ne veut encourir la haine des mêmes » Dieux ; il ajoûte ce ſage avis, qu'il n'eſt pas » même juſte d'employer à tous propos le nom » des Dieux , & que tout ce qui le concerne » doit être traité avec beaucoup de ſageſſe &

de diſcretion [a]. «

Le Droit des Romains eſt rempli de diſpoſitions pour affermir la religion des ſermens, en puniſſant ſeverement les parjures ; mais il ne s'agit icy que de l'Egypte , & pour ne point ſortir de mon ſujet, je paſſe à ſes autres Loix.

[a] Plat. de legib. l. 11.

SECONDE LOY.

Si quelqu'un trouve en chemin un homme que l'on tuë, ou que l'on maltraite , & qu'il ne le ſecoure pas quand il le peut , qu'il ſoit condamné à mort ; que s'il n'étoit pas en ſon pouvoir de donner ce ſecours, il ſera obligé de dénoncer les voleurs, les accuſer & pourſuivre en Juſtice.

CEtte obligation eſt fondée ſur la Loy naturelle , la ſeule humanité , ſans autre motif, dit un ſçavant Juriſconſulte [b], engage tout homme à ſecourir ſon ſemblable qu'il voit en péril, quand il eſt en ſon pouvoir de lui rendre ce ſervice ; il s'enſuit de-là , ſelon les Auteurs qui ont écrit ſur cette Loy, que qui verroit un homme attaqué par une bête feroce , ou dans l'eau en danger de ſe noyer, doit faire autant ſon poſſible pour lui ſauver la vie, que l'on eſt dans l'obligation de donner à manger à un homme qui ſeroit dans un danger évi-

dent de mourir par inanition. Notre ſainte Religion a encore pouſſé plus loin cette Loy charitable, puiſqu'elle répute homicide celuilà même qui refuſeroit du ſecours dans le péril. C'étoit le ſentiment des plus ſages d'entre les Grecs : » Il n'y a rien , diſoient-ils , de plus « agréable & qui donne plus de plaiſir à l'hom- « me, que de conſerver la vie d'un autre hom- « me [c] ; ce même eſprit & ce même motif regne & eſt exprimé dans la plûpart des Loix Romaines, qui ont été faites ſur cette matiere [d].

[b] Petr. Gregor. Tholoſan.in prælud. optim. Juriſconſulti l. 2. c. 19. n. 5.

[c] Diog. Laërt. in Solone.

[d] L. Culpa 50. & 108. ſſ. de Reg. Jur.

TROISIE'ME LOY.

L'Accuſateur calomnieux ſubira la même peine qui auroit été impoſée à celui qu'il accuſera à faux.

LA calomnie a été odieuſe à toutes les nations , & a toûjours été ſeverement punie ; le même mot dans la Langue Grecque & la Latine , ſignifioit le diable ou malin eſprit , & le calomniateur Διάϐολος , diabolus.

Cette Loy par laquelle les Egyptiens puniſſoient de mort les calomniateurs , a pour fondement le droit naturel , qui défend de faire à autruy ce que l'on ne voudroit pas en ſouffrir ſoi-même [e].

C'eſt cette même Loy du Talion dont il eſt ſi fréquemment parlé dans les Livres ſaints , de rendre vie pour vie , œil pour œil , dent pour dent , brûlure pour brûlure , playe pour playe [f] ; c'eſt-à-dire , faire ſouffrir au coupable une peine ſemblable à celle qu'il a fait ſouffrir aux autres , ſelon l'étymologie de ce mot , talium tale [g].

Les anciens Romains précipitoient du haut de la roche Tarpeïenne les calomniateurs , & ainſi les puniſſoient de mort [h]. L'Empereur Tite , après les avoir fait fuſtiger dans la place publique & paſſer ignominieuſement dans le Cirque , comme une eſpece d'amende honorable , il les faiſoit transporter dans des Iſles ſteriles [i].

Marc - Antoine leur impoſoit la peine du Talion.

Nous liſons dans les anciens, ſix principaux motifs des Loix pénales contre les calomniateurs.

1°. Ils attaquent la réputation que l'homme de bien eſtime autant que ſa vie, & qu'il de-

ſire paſſionnément faire paſſer à ſa poſterité ; ce qui fait comparer les calomniateurs qui attaquent cette vie civile , aux homicides qui font perdre la vie naturelle [k].

2° Une legere calomnie , cauſe ſouvent des querelles & des diſſentions , quelquefois ſuivies de meurtres & d'autres accidens dangereux à la ſûreté publique ; ainſi rien n'étoit plus important de retrancher entre les Citoyens , que cette licence de ſe calomnier les uns les autres , & la ſûreté eſt le motif des Loix qui ont été faites ſur cette matiere [l].

3°. Il n'y a point de playe plus difficile à guerir , point de tache plus difficile à effacer , que celles qui ſont faites par la calomnie ; ainſi c'eſt avec juſtice que les Loix puniſſent de mort les calomniateurs [m].

4°. L'on ſe garantit des voleurs qui peuvent attaquer nos biens , & l'on peut dormir en repos dans ſon lit en prenant les ſûretez & les précautions neceſſaires ; mais perſonne n'eſt en ſûreté contre la calomnie , quelque ſoin que l'on prenne de n'y point donner occaſion [n].

5°. La réputation eſt neceſſaire pour parvenir aux charges de la République , les calomnies en éloignent ſouvent les plus gens de bien [o].

6°. La calomnie cauſe enfin ce dernier & plus dangereux des inconveniens, qu'elle peut induire en erreur le plus ſage & le mieux intentionné des Juges , & l'expoſer ſouvent à condamner l'innocent & juſtifier le coupable [p].

[e] V. ci-devant, c. 2.

[f] Exod. c. 21. v. 14. 23. 24. & ſeqq. Levit. c. 24. v. 17. & ſeqq. Deuteron. c. 19. v. 16.

[g] Iſidor. etymolog.

[h] Lex 53. de leg. duodecim tabularum.

[i] Sueton. in Tit.

[k] Plato, Epiſt. 2. idem de legibus l. 2.

[l] Idem l. 11. de legib. Ariſtot. Polit. l. 6. c. 5.

[m] Ariſt. l. 6. polit. c. 1.

[n] Demoſthen. in orat. contr. Theocrit. Iſocrat. in orat. de permuta.

[o] Plutarque , des preceptes pour gouverner la République. Cicer. de Amicitia.

[p] Herodote l. 7.

QUATRIE'ME

QUATRIE'ME LOY.

Il est ordonné à chacun d'aller chez le Magistrat déclarer son nom, quelle profession il exerce, & d'où il tire sa subsistance ; que si quelqu'un est convaincu d'avoir fait une fausse déclaration, ou de vivre d'un mauvais commerce, qu'il soit puni de mort.

L'Homme est né pour le travail, Dieu même lui en fit une Loy en la personne de notre premier pere au moment de sa création. S'il fut placé dans le Paradis terrestre, ce fut à condition d'y travailler *ut operaretur.* Tant que l'homme fut innocent, ce travail fut sans peine ; & plutôt, dit saint Augustin, un exercice agréable d'un bien-heureux, que comme la punition d'un coupable. Adam devint criminel par sa désobéïssance, fut chassé de ce lieu délicieux, & condamné à cultiver une terre ingrate pour en tirer sa nourriture avec beaucoup de fatigue & à la sueur de son visage ; ainsi en quelque état que l'homme ait été, soit innocent, soit coupable, l'obligation de travailler lui a été imposée ; l'oisiveté est donc une prévarication continuelle aux Loix de la nature & à celles de son divin Auteur.

Il n'est pas toûjours necessaire pour remplir ce précepte que l'homme ne s'applique qu'aux travaux corporels de l'agriculture, l'esprit dans l'étude des sciences & des arts, a ses sterilitez & ses secheresses à surmonter, ses ronces & ses épines à défricher. Le travail de l'ame est souvent plus pénible & presque toûjours plus rempli de soins & de difficultez, que l'on l'est celui du corps le plus laborieux ; ainsi l'homme de cabinet & studieux, satisfait à la Loy du Créateur du moins autant que celui qui ne s'employe qu'aux travaux de la campagne ; mais du moins il faut que chacun travaille, soit de l'esprit, soit du corps ; la Loy est generale, le Souverain comme ses Sujets, les Magistrats & les Puissances comme le Peuple, les riches & les pauvres y sont compris, il n'y a point d'exception.

Cette verité est tellement imprimée dans l'ame de tous les hommes, qu'il n'y a point de Legislateurs, point de Souverains qui n'ayent fait tous leurs efforts de bannir de leur nation, ou de leurs Etats ce pernicieux vice de l'oisiveté.

Nous en avons un exemple dans cette Loy des Egyptiens, qui est la plus ancienne sur cette matiere, dont la memoire nous a été conservée [a]. Elle passa aux Grecs, Draco premier Legislateur des Atheniens leur défendit l'oisiveté, à peine de la vie ; mais comme il ne leur avoi prescrit aucunes précautions pour découvrir ce vice, ou pour l'éviter, Solon qui vint dans la suite & qui avoit voyagé en Egypte comme je l'ai prouvé ailleurs, ajoûta à cette Loy de Draco toutes les conditions portées par celles du Roy d'Egypte. Voici ses propres termes : *Que chacun declare tous les ans au Gouverneur des Provinces de quoy il vit, qui ne le fera pas, qui vivra d'un commerce illegitime, sera condamné à mort* [b]. Cette même Loy étoit aussi observée à Corinthe [c]. Solon avoit déja commencé à se déclarer contre ce vice de l'oisiveté, lorsque pour le rendre encore plus odieux, & en éloigner de plus en plus ses Concitoyens par une Loy, il chargea les enfans de

nourrir leur pere & mere, sous peine d'infamie, par une Loy conçuë en ces termes. *Si quelqu'un ne nourrit pas de son travail son pere & sa mere, qu'il soit infame* [d]. Ce même Legislateur les dispense en même-temps par une autre Loy de cette obligation, si les pere & mere avoient négligé de leur faire apprendre à travailler de quelque profession [e].

Les Romains ne furent pas plus indulgens à l'oisiveté, Romulus leur Fondateur, après avoir mis son Etat naissant sous la conduite & le gouvernement des Senateurs & des Magistrats avec le Roy : *Patres sacra Magistratusque soli peragunto, ineuntoque jus reddunto, Rempublicam cum Rege gubernato.* Il fit une Loy expresse qui enjoignit aux Peuples de s'appliquer à l'agriculture & aux arts profitables. *Plebei agros colunto, pecora alunto, quæstuosa opificia exercento* [f]. Ainsi chacun devoit travailler selon son état. Ce fut dans le même esprit que les Empereurs Gratien, Valentinien & Theodose, mirent au rang des oisifs punissables les mendians valides, qui aiment mieux demander l'aumône & mener une vie fainéante & vagabonde, que de travailler à gagner leur vie, enlevant ainsi comme des voleurs le pain & la subsistance des veritables pauvres qui sont dans l'impuissance de travailler par leur grand âge, leur caducité, ou leurs infirmitez. Ces Princes ordonnerent qu'il se feroit des recherches exactes de ces vagabonds, qu'on les poursuivroit, que les esclaves ou domestiques seroient remis sous la puissance de leurs Maîtres, & ceux qui se trouveroient de condition libre seroient transportez aux Colonies pour les peupler [g]. C'est encore dans le même esprit qu'il fut enjoint aux Presidens des Provinces, de les purger de gens de mauvaise vie, *malos homines*, pour y maintenir la paix & la tranquillité ; c'est-à-dire, selon la remarque des Jurisconsultes, d'en bannir tous les oisifs, ou fainéans qui aiment mieux gueuser, que de travailler pour gagner leur vie, les vagabonds, gens sans religion, ni probité, ce que les Grecs resermoient sous ce seul mot φαῦλος, un méchant homme.

Il n'y a point de vice aussi contre lequel les Auteurs sacrez & les profanes se soient davantage élevez, que contre celui de l'oisiveté. Le sage nous represente sous differens portraits, le fainéant, ou paresseux, comme l'homme du monde le plus indigne & le plus méprisable [h]. Nous lisons ailleurs dans les Livres saints, que l'oisiveté a été la principale cause des péchez énormes de Sodome & de Gomore [i], qui ne purent être expiez que par le feu du Ciel, & qu'enfin tout homme qui ne veut point travailler est condamné à mourir de faim, *qui non laborat non manducet.* Platon qui est celui d'entre les profanes qui a le plus approché de nos saintes maximes, compare les oiseux, ou fainéans dans une République, aux bourdons, ou mousches guïespes, qui non contens de ne rien faire que du mal par leurs aiguillons,

Notes marginales (colonne gauche) :

[a] Manethon apud Euseb. Kircer. Oedip. Ægyptiac. Syntagm. 1. c. 10. p. 93.

[b] Lex 45. Solonis.

[c] Diphilus apud Athenæum l. 6.

Notes marginales (colonne droite) :

[d] Lex 4. Solonis.

[e] Lex Soloris 5.

[f] Lex

[g] L. unica de mendicantibus, lib. 11 titul. 25. & ibi Gloss. sub per rubric.

[h] Proverb. c. 6. v. 6. c. 10. v. 4. 5. 26. & passim.

[i] Ecclef. c. 33. v. 28. & 29. Ezech. c. 16. v. 49. S. Paul. ad Thessal.

Tome I. **D**

vivent aux dépens des laborieuses abeilles, les troublent daus leurs travaux, & mangent leur miel.

L'oisiveté, selon d'autres anciens, est la mere de tous les autres vices, la plus grande enne-mie de la discipline; qu'elle est pernicieuse dans un Etat & la source de toutes les séditions, en gâtant & corrompant le peuple; qu'elle amolit les forces des plus courageux, de même que la rouille ronge le fer; que l'oiseux, ou

faineant est plutôt un cadavre qu'un homme vi-vant: on le compare encore à un flambeau qui s'éteint dans le repos, & qu'il faut agiter pour le ralumer[a]. L'on ne finiroit jamais si l'on vou-loit rapporter tout ce qui a été dit contre ce vice; nous verrons dans la suite & en son lieu ce qui a été fait en France pour l'en bannir, quelles sont sur cette matiere les sages précau-tions & la feverité de nos Loix.

a Senec. de clementia. Idem, de offi-ciis. Ovid. de remedio amoris. Polyb. histor. l. 1.

CINQUIE'ME LOY.

Celui qui aura volontairement causé la mort à un Serviteur, sera puni de mort, comme homicide; car l'on ne doit pas dans la punition des crimes se regler sur la condition des hommes, mais sur la nature de l'action.

CEtte Loy est toute pleine d'équité, si la naissance, ou la fortune ont distingué les conditions, tous les hommes ne laissent pas d'être égaux dans l'ordre de la nature à diffe-rens égards.

La dureté des Maîtres pour leurs serviteurs a toûjours été blâmée; Dieu ordonna aux Is-raëlites par la voix de Moïse, que si un homme frappe son esclave, ou sa servante avec une verge, & qu'ils meurent entre ses mains, il sera coupable de crime, c'est-à-dire, selon les Interpretes, qu'il est coupable d'homicide, qui doit être puni de mort[b].

Les Livres saints sont remplis des obligations que le Saint Esprit impose aux Serviteurs de servir leurs Maîtres avec affection & fidelité; mais ces mêmes Loix de l'Esprit divin ordon-nent aux Maîtres d'avoir de l'humanité & de la douceur pour ceux qui les servent, de les soulager dans leurs besoins, & de leur payer exactement leurs salaires.

Le saint homme Job, dans l'accablement de ses douleurs, implorant la misericorde de Dieu pour le soulagement de ses maux, employe pour motif de ses esperances tiré des bons traitemens qu'il avoit toûjours faits à ses serviteurs; car, ajoûte-t-il, pour rendre raison de sa conduite; celui qui m'a créé dans le sein de ma mere, n'a-t-il pas créé aussi mon serviteur; & n'est-ce pas aussi le même Dieu qui nous a formez tous deux[c]? mais toute cette doctrine est renfermée dans cette excellente Lettre de saint Paul aux Ephesiens.

b Exod. c. 21. v. 20. & ibi. Corneli. à La-pide, & Vata-ble. Ecclesiast.

c Job. c. 31. v. 15.

Après avoir instruit les Domestiques de leurs devoirs, s'adressant aux Maîtres, il leur dit: Et vous Maîtres, témoignez de même de l'affection à vos serviteurs, ne les traitant point avec rudesse & avec menaces, sçachant que vous avez les uns & les autres un Maître commun dans le Ciel, qui n'aura point d'égard à la condition des personnes[d].

Ces sentimens sont si conformes à la nature éclairée par la droite raison, que les Auteurs profanes s'en sont expliqué à peu près dans les mêmes termes que les Livres saints.

Je m'en rapporterai ce témoignage tiré des écrits de Seneque & de Macrobe, en par-lant de la dureté des Maîtres pour leurs Escla-ves ou Serviteurs. » Ne semble-t-il pas, di-sent-ils, à vous voir traiter vos Serviteurs « avec tant de mépris & de dureté, qu'à peine « souffrez-vous qu'ils soient comptez au nom- « bre des hommes? Cependant quoiqu'ils « soient vos Esclaves ou Serviteurs, ils sont « hommes & de même nature que vous; ils ont « comme vous une ame qui tire son origine du « même principe; ils respirent le même air, « jouissent de l'aspect du même Ciel; ils demeu- « rent en même maison, sont nourris des fruits « & des légumes des mêmes jardins; & s'ils ont « cette conformité avec vous pendant la vie, « ils la finissent comme vous à la mort »: Ainsi tout concourt, profane comme le sacré, à prouver que cette Loy des Egyptiens étoit très-équitable, & qu'il seroit à desirer qu'il y en eut une semblable dans toutes les autres nations.

d S. Paul. ad Ephes. c. 6. v. 9.

SIXIE'ME LOY.

Les peres ou les meres qui auront tué quelqu'un de leurs enfa... ne seront point punis de peine capitale, n'estimant pas qu'on doive ôter la vie à ceux qui l'avoient donné à l'enfant qu'ils ont fait mourir; mais pour expier cette faute, on les contraindra sous bonne & seure garde, qui leur sera donnée, de tenir entre leurs bras continuellement trois jours & trois nuits, le corps mort de leur enfant, & la vûë de ce triste objet leur doit tenir lieu d'une assez grande punition.

IL n'y a point de nation qui n'ait donné beaucoup d'autorité aux peres & aux meres sur leurs enfans, pour les contenir dans le res-pect & l'obéissance qu'ils leur doivent; les Grecs, les Romains, les Gaulois, les Scythes,

& quelques autres nations avoient poussé au-trefois cette autorité, jusqu'a permettre aux peres & aux meres par une Loy barbare, de conserver ou d'ôter la vie à ceux qu'ils avoient mis au monde[e].

e Plutarq. in vita Solo. Dion. Hali-carn. l. 2. Cæsar. de bell. Gall. l. 6.

Les facrez Interpretes des Loix divines ont donné à cette autorité les juftes & fages bornes qu'elle doit avoir ; les peres & les meres y font excitez dans les termes les plus forts & avec menaces, s'ils y manquoient, de veiller fur les mœurs de leurs enfans, de ne leur point épargner la verge de la correction ; mais de prendre garde néanmoins, en les corrigeant, de ne les pas eftropier, ou d'interefler notablement leur vie, il leur eft même ordonné d'y agir avec tant de moderation & de prudence, que trop de rigueur ne jette leurs enfans dans le defefpoir, ou dans le découragement de leurs études [a].

Une correction fi douce & exercée avec tant de ménagement, auroit pû trouver des efprits fi rebelles, fi indociles, & fi vicieux, que les peres & les meres les plus attentifs & les plus vertueux ne pourroient pas vaincre le pernicieux tempérament & les mauvaifes habitude de quelques-uns de leurs enfans, il eft alors de l'interêt du pere & de la mere, & même en quelque façon de leur devoir, pour l'honneur, le repos de leur famille, & la tranquillité de la focieté civile, qu'un enfant de ce mauvais caractere foit puni. Ce fut le motif de l'une de ces Loix que Dieu fit donner à fon Peuple par le miniftere de Moïfe : voici ce qu'elle contient. » Si un homme a un fils opiniâtre & rebelle, qui ne fe rende, ni au commandement de fon pere, ni à celui de fa mere ; & fi en ayant été repris, il refufe avec mépris de leur obéïr ; le pere & la mere le prendront & le meneront aux anciens de cette Ville là . & à la porte où fe rendent les jugemens, ils leur diront ; voici notre fils qui eft un enfant opiniâtre & rebelle, quand nous lui faifons des

remontrances, il les méprife & il paffe fa vie « dans les débauches, dans la diffolution & « dans la bonne chere ; alors tout le peuple le « lapidera, & il fera puni de mort, afin que « vous ôtiez le mal du milieu de vous, & « que tout Ifraël entendant cet exemple, foit « faifi de crainte. La Loy de grace a beaucoup temperé la rigueur de cette Loy ancienne ; l'ufage n'eft plus de condamner à mort un enfant pour fimple défobéïffance, ou débauche, on le fait enfermer de l'Ordonnance du Juge dans une maifon de force & de correction , jufqu'à ce qu'il paroifle avoir changé de mœurs ; nous verrons dans la fuite de ce Traité quelles font nos Loix fur cette matiere [b].

Tout cela concourt à faire connoître combien celle des Egyptiens, qui vient d'être rapportée, étoit jufte & conforme à la droite raifon. Elle ne privoit point les peres & meres de l'autorité que la nature même leur donne fur leurs enfans ; mais elle étoit auffi bien éloignée d'approuver cette puiffance defpotique que tant d'autres nations, fur la vie & la mort de leurs enfans, fans aucune formalité de Juftice.

L'un de ces fages Legiflateurs de la Grece propofa une Loy fort finguliere pour contenir les peres & meres dans les juftes bornes d'une correction raifonnable ; la voici en François. » Si le pere ou la mere (ce qui eft rare) tuë fon fils, ou fa fille en colere, à force de « coups ou autrement. qu'ils s'en purgent com- « me les autres homicides , & foient exilez « pendant trois ansjqu'après leur retour le mary « foit feparé d'avec fa femme, & la femme de « fon mary, & qu'ils n'habitent point enfem- « ble pour avoir des enfans. «

Notes marginales (colonne gauche) :
a Proverb. c. 15. v. 24. c. 33. v. 13. c. 29. v. 15.& 17. Ecclefiaft. c.7.v.25. Ecclefiaft. c. 42. v. 5. Proverb. c. 19. v. 18.] S. Paul. ad Ephef. c. 6. v. 4. V. cy-devant, chap. 2.

b V. cy-après, titre de la fûreté publique.

SEPTIE'ME LOY.

Le parricide fera puni de cette peine choifie & inventée exprès, que le coupable foit percé dans tous les membres du corps, de rofeaux pointus, & puis couché nud fur un tas d'épines, où il fera brûlé vif, la Loy eftimant qu'il n'y a pas un plus grand crime que d'ôter la vie à celui de qui on l'a reçûë.

LE parricide eft pris icy dans la fignification la plus étroite, *parricida à patre*, ou *à parente*, pour l'enfant qui attente à la vie de fon pere, ou de fa mere ; il a depuis été étendu à tous les parens, *quafi parenticida*, & enfin les Romains ont nommé parricide un homme qui en tuë un autre fon femblable, tel qu'il foit, *parricidus à pari* [c].

Solon, Legiflateur d'Athenes, ne fit aucune Loy contre les parricides ; quelqu'un lui ayant demandé la raifon de ce filence, il répondit

qu'il ne croyoit pas qu'il y eût un homme affez fcelerat pour commettre un crime fi énorme [d].

Par une ancienne Loy des Romains, l'on coufoit le parricide dans un fac avec un chien, un coq, une vipere, & un finge, & l'on jettoit ce fac au fond de la mer [e]. Le choix de ces quatre animaux, pour tourmenter le parricide , étoit fondé fur quelque fimilitude que l'on croyoit remarquer de leurs vices avec ce crime , & les plus propres à faire fouffrir le coupable [f].

Notes marginales :
c Lex 2. Numæ Pompilii. Feftus. Cicer. orat. 5.

d Diogen. Laerce, vie de Solon.
e Valer. Maxim. l.1. c.13. Tit. Livi. l.68. Cicer. pro Rofcio Amer.
f Melchior Junius in quæft. politic. pag. 245.
Gregor. Thol. Jofan. præludio optimi Jurifconfulti, li 5. c. 7. n. 26.

HUITIE'ME LOY.

Si une femme condamnée à mort fe trouve enceinte, l'on differera fon fupplice jufqu'à ce qu'elle foit accouchée, n'eftimant pas qu'il fût jufte de faire mourir un enfant innocent, pour la faute de fa mere, joint que cet enfant appartient en commun au pere & à la mere, & que ce feroit punir le pere par la privation de fon enfant, pour une faute de la mere feule.

CEtte Loy eft conforme au droit divin, qui défend de faire mourir l'innocent & le jufte [g], ni de punir le pere pour les fautes

des enfans, ni les enfans pour celles du pere, étant jufte que chacun fouffre la peine qu'il a meritée [h].

Notes marginales :
g Exod. c. 23. v. 17.

h Deuteron. c. 24. v. 16.

a Vie de Licurgue par Plutarque, l. 1. §. 15. ff. de vent. in poft.

Ce même ufage a été obfervé par les Grecs, les Romains & toutes les autres nations bien difciplinées, l'eftimant fondé fur la nature. Outre les motifs portez par la Loy des Egyp-tiens, les Legiflateurs y ont ajoûté que l'en-fant n'appartient pas feulement au pere & à la mere, mais encore à la République, que l'on priveroit d'un citoyen, fi on le faifoit mourir a.

mit. l. 16. ff. de pœn. Dion.Halicar-naffæ, l. 8. l. 3.ff.de pœn.

NEUVIE'ME LOY.

Ceux qui dans la guerre abandonneront leur rang, ou qui n'obéïront pas au General, ne feront point punis de mort, mais ils feront notez de la plus grande des infamies, caffez ignominieufement, & renvoyez à leur premiere condition.

b Xenophon dans fes œco-nomiques. Le même de l'éducation de Cyrus.

LEs anciens Auteurs ont toûjours eftimé que la victoire dépend autant du bon ordre, que du grand nombre de troupes ; c'étoit la penfée de l'un d'eux également grand Capitai-ne, que bon politique, & la matiere de l'un des avis qu'il donna à un grand Prince auquel il étoit attaché b. » Il n'y a rien, difoit-il, de » plus beau, rien de plus agréable aux amis, & » de plus trifte & de plus terrible aux enne-» mis, que la vûë d'une armée en bon ordre.

La note d'infamie portée par cette Loy con-tre les deferteurs, ou contre ceux qui refuſu-foient de combattre, & jettoient leurs armes, confiftoit à revêtir d'habit de femmes celui qui en étoit convaincu, & en cet état l'obliger de demeurer affis pendant trois jours au milieu de la place publique du marché ; il étoit en-fuite chaffé du nombre des Citoyens, & con-traint de labourer, ou de s'employer aux plus vils travaux c.

c Plat. de re-pub. dialog.5. Diogen.Laert. l.3.inPlatone. Ariftot. l. 2. Rhetor. c. 6.& l. 3. polit. c.5. Diodor.Sicul.

DIXIE'ME LOY.

Il eft ordonné que ceux qui reveleront aux ennemis les fecrets, auront la langue coupée.

d Frontin. l.1. c. 1. Onofander. l. de optim. Imp. cap. de Confil. Vigetius l. 3. c. 16. Danæus in a-phorifm.polit. centur. 2. cap. 60. & 61. Georg. Rich-ler. in axiom-mat.œconom. axiom. 85.

IL n'y a rien de plus pernicieux au bien de l'Etat que ces traîtres qui entrent dans les fe-crets du Confeil des Princes, ou de celui de leurs generaux, & qui les revelent aux enne-mis, le gain ou la perte d'une bataille, la réuf-fite d'un fiege, la confervation d'une place, & les évenemens les plus importans à l'Etat en dé-pendent le plus fouvent ; c'eft pourquoy, felon les plus habiles politiques, il eft de la fageffe & ce doit être l'un des plus grands foins des Chefs de la République, ou des Armées,de faire punir feverement ces ennemis de la patrie d.

Les Grecs impofoient la même peine de mort à ces traîtres, qu'aux facrileges ; ils faifoient même exhumer les corps de ceux qui en étoient convaincus après leur mort, & en faifoient jet-ter les os hors du païs e.

Les Romains leur impoferent differentes-peines, la première fut de leur faire couper la main droite f ; ils les expoferent dans le Cirque en fpectacle au peuple ; ils les firent fouler aux pieds par des Elephans g, & enfin ils les préci-piterent de la roche Tarpeïenne h.

e Licurg. orat. adLeocratem. Xenoph. hift. l. 1.

f Julius Fron-tin. lib. 4. Stratagem.c.1 Valer.Maxim, l. 2. c.2. g Ibid. h Tit. Liv.

ONZIE'ME LOY.

Qui rognera, ou alterera les monnoyes, ou qui en fabriquera de fauffes, en diminuera le poids, changera la figure, ou qui en effacera les let-tres & y en mettra d'autres, aura les deux poings coupez afin qu'il foit privé pendant toute fa vie, des membres qui lui auront fervi à com-mettre ces crimes, & que fon exemple contienne ceux qui auroient deffein d'en commettre de femblables.

L'Origine, la fabrication, le cours & la va-leur des monnoyes, font des matieres qui ont tant de relation avec le Commerce, que je les ai comprifes enfemble ci-après dans le neuviéme Livre de ce traité.

DOUZIE'ME LOY.

Quiconque violera une fille, ou une femme qui ne foit point engagée dans le mariage, on luy coupera le membre qui fert à la generation.

TREIZIEME LOY.

Celui qui fera pris en adultere volontaire, fera fuftigé de mille coups de verges, & la femme aura le nez coupé, pour défigurer la beauté de fon vifage, qui aura pû fervir d'appas & donner occafion à commettre ce crime.

Tout ce qui concerne ces deux Loix, par rapport à la Police, peut être vû dans mon fecond Livre, où il eft traité des mœurs, & dans le fixiéme qui a pour titre, la fûreté publique, il n'y a rien à y ajoûter.

QUATORZIEME LOY.

Un créancier qui n'a point de titre par écrit du preft d'une fomme, fi cette créance eft deniée, l'on s'en rapportera au ferment de fon prétendu débiteur, n'étant pas à préfumer qu'un homme voulut abufer d'un acte de religion fi faint, pour fe liberer par un parjure d'une fomme qu'il devroit.

QUINZIEME LOY.

Si un créancier a un écrit, il peut fe faire payer de fon débiteur; mais il lui eft défendu d'éxiger par une ufure exceffive le double du principal.

SEIZIEME LOY.

Un créancier ne fe fera payer que fur les biens de fon débiteur, il eft défendu de le contraindre par corps, & de priver ainfi la patrie des fervices d'un Citoyen, qui peuvent lui être utiles en tout temps.

Solon donna cette même Loy aux Atheniens, & y ajoûta les défenfes de faifir les outils qui fervent à l'agriculture, ou aux ouages des artifans.
Toutes ces Loix des Egyptiens, concernant les matieres civiles, ne font pas precifément appliquées au fujet que je traite; mais en voicy une d'une police fort extraordinaire; & qui eft particuliere aux Egyptiens.

DIX-SEPTIEME LOY.

Ceux qui voudront être Voleurs fe feront infcrire chez le Chef des Voleurs, *apud furum Principem*, lui rendront compte chaque jour de tous les vols qu'ils feront, dont il tiendra Regiftre. Que tous ceux qui auront été volez s'adrefferont à ce même Chef des Voleurs, lui declareront le jour & l'heure du vol qui leur aura été fait, & ce qui leur aura été pris; & après cette declaration le Regiftre des Voleurs leur fera communiqué, & fi leur vol s'y trouve, il leur fera rendu, à l'exception d'un quart qui leur fera retenu pour récompenfe, étant plus avantageux, ne pouvant abolir totalement le mauvais ufage des vols, d'en retirer une partie par cette difcipline que de perdre le tout.

Il y a beaucoup d'apparence que l'exercice infâme des voleurs n'étoit pas alors fi odieux en Egypte, qu'il l'étoit ailleurs; la honte d'être connu de ce nombre auroit détourné de s'y faire infcrire; il femble même qu'ils étoient autorifez par les Loix, puifqu'ils formoient un corps qui avoit fon chef & fa difcipline, & que lorfqu'ils étoient découverts, au lieu de les punir, ils étoient quittes en rendant une partie du vol, & que la Loy les autorifoit d'en retenir le quart pour récompenfe.

Il n'y a jamais rien eû de femblable dans aucune autre nation. Il eft vrai que les Lacedemoniens, pour rendre leurs enfans robuftes, leur ouvrir l'efprit, leur donner de la fagacité, de la vigilance & de la fobrieté, ne leur donnoient rien, ou tres-peu de chofe à manger, qu'ils ne l'euffent derobé, foit dans les jardins, ou dans les lieux d'affemblée; mais ils devoient s'y conduire fi finement, qu'ils ne fuffent pas découverts de perfonne; car encore que ces vols ou petites rapines fuffent limitées aux feuls alimens neceffaires pour le foûtien de la vie, lorfque ces enfans y étoient furpris, on leur donnoit le fouet fort rudement [a]. Cette licence ainfi bornée & affujettie au châtiment, étoit bien differente des vols de l'Egypte, de toutes chofes fans bornes, fans punition, & au contraire avec récompenfe.

[a] Plutarque; vie de Licurgue.

ADDITION AU CHAPITRE V.

Jurisdiction de Police du Prevost de Paris, dans l'étendue du Bailliage du Palais, page 163. de l'ancienne édition.

Dans la Description que j'ay faite de la Ville de Paris, j'ay reservé à parler en cet endroit-ci de ce qui s'est passé à l'égard du Palais, son ancienne enceinte, les retranchemens que l'on y a faits & son état present.

Il y a de fortes conjectures, & qui approchent beaucoup de l'évidence, que c'est le même Palais qui servoit de demeure aux Gouverneurs des Gaules pour les Romains, dont il est parlé dans Amian Marcellin; ce Secretaire & Historiographe du Cesar Julien, rapporte que ce Prince ayant eû le gouvernement des Gaules, fit son séjour à Paris; & il fait mention de deux Palais, l'un dans la Ville au devant duquel il y avoit une grande place „& l'autre nommé des Thermes, pour les bains & les étuves du Prince, dans le Faux-bourg.

Ce Palais des Thermes servit de séjour à nos Rois de la première & de la seconde branche, comme étant le plus spacieux; & celui de la Ville fut occupé par les Princes du sang, il devint même de leur Domaine, après que Charles III. eut donné le Comté de Paris à titre de Fief relevant de la Couronne, à Hugues le Grand, qui avoit été son Tuteur.

Hugues Capet fils de ce Prince, étant parvenu à la Couronne, ne voulut point quitter la demeure de ses ancêtres; ainsi ce Palais commença de devenir en sa personne celui de nos Rois.

Cette grande place dont parle Marcellin n'y étoit plus, saint Eloy en avoit obtenu de Dagobert le don de la plus grande partie, & y avoit fait bâtir un Monastere, où il établit sainte Aure & ses Religieuses environ l'an 640.

Hugues le Grand employa le reste de la place aux bâtimens de l'Eglise de saint Barthelemy, & Huges Capet à la fondation du Monastere de saint Magloire l'an 975.

Philippe Auguste fit clôrre ce Palais, & le fit environner de Tours, dont les plus grosses subsistent encore aujourd'huy.

Cet usage de fortifier les Palais des Rois, étoit fort ancien, & tellement attaché à la souveraineté, que l'an 1216. le même Philippe Auguste refusa à Blanche Comtesse de Troyes, la permission qu'elle lui en demandoit pour l'un de ses Châteaux; ainsi ce Prince n'eut garde d'oublier cette décoration & ce symbole pour ainsi dire, de l'autorité Royale, à l'enclos qu'il fit faire à son Palais de Paris.

Philippe le Bel le ceda à son Parlement l'an 1302. Saint Louis l'avoit auparavant fait augmenter de l'appartement qui porte encore aujourd'huy son nom, & qui est occupé des Chambres que l'on appelle de la Tournelle, où les affaires criminelles sont jugées. Charles VIII. Louis XII. François I. & Henry II. l'ont beaucoup augmenté & embelly de nouveaux édifices.

Ce Palais étoit autrefois isolé, il n'avoit pour bornes au Nord & au Midy, que la riviere qui en baignoient les murs, à l'Orient une place que l'on nommoit de saint Michel, à cause de la Chapelle bâtie sous l'invocation de ce saint Archange, à l'entrée de cette place dans le Palais; & à l'Occident les deux Iles aux Treilles & de Bussy.

J'ay rapporté ailleurs comment & en quel temps ces deux Iles & leurs Quais furent bâtis & d'où viennent les noms qu'ils portent aujourd'huy ». *a V. ci devant tit. 6. c. 7.*

En 1578. Henry III. ayant formé le dessein de faire construire le Pont-neuf, jugea en même temps à propos, pour rendre ce passage utile au quartier de la Cité, d'ouvrir des Quays le long des murs du Palais, & continuer ceux qui étoient déja faits des deux côtez de la Place Dauphine. Suivant ce Plan, les Commissaires que le Roy avoit nommez, arrêterent le 12. Juin 1580. que pour faire un Quay le long du Palais du côté du midy, il étoit necessaire de prendre quatre toises de profondeur dans son enceinte; Sa Majesté autorisa ce résultat; le Controlleur General des Bâtimens & les Architectes du Roy transporterent sur les lieux, donnerent l'allignement necessaire pour faire ce retranchement, & bâtir de nouveaux murs au-delà de cette distance, ce qui fut fait.

Pour indemniser les Chanoines de la sainte Chapelle sur lesquels la plûpart de ces retranchemens avoient été faits, le Roy leur permit en 1630. de faire bâtir des maisons sur ce Quay le long des nouveaux murs. M. le President le Jay l'année precedente, en avoit fait aussi bâtir de l'autre côté en saillie sur la riviere, ainsi au lieu d'un Quay, ce fut une rue que l'on nomma de saint Louis.

La même année 1630. le President le Jay eut aussi la permission du Roy de faire ouvrir & percer une nouvelle rue dans l'enceinte, ainsi retranchée du Palais, & au bout de cette rue un pavillon pour servir de nouvelle clôture en cet endroit là, avec une porte pour y entrer, & cette rue fut appellée de sainte Anne, du nom de la Reine, comme celle de saint Louis l'étoit de celui du Roy.

Il ne fut pas si aisé d'ouvrir un Quay le long des murs du Palais du côté du Nord, tout ce côté étoit occupé de grosses tours, il étoit impossible d'en rien retrancher; ainsi l'on fut obligé de prendre sur le lit de la riviere, le Quay que l'on y ouvrit, que l'on nomma de l'Orloge, qui aboutit à celuy du grand cours de l'eau, & qui conduit jusqu'au Pont-neuf.

Ainsi par ce moyen tout ce qui passe sur le Pont, peut être conduit & aborder au Quartier de la Cité, par l'un ou par l'autre de ces deux Quays, ce qui remplit le dessein qui en avoit été formé par Henry III.

Il vient d'être observé qu'il y avoit autrefois deux Iles qui formoient une place triangulaire proche & hors les murs du Palais ; Philippe le Bel fit clôrre de murs une partie de l'une de ces Iles, & en fit un jardin qu'il joignit en dehors aux murs du Palais ; M.r le Premier Prefident de Harlay en 1606. obtint du Roy la permiffion de retrancher une partie de ce jardin, & y fit bâtir une rue qui porte fon nom.

Il fit encore d'autres retranchemens de ce jardin en differens temps ; & enfin M. le Premier Prefident de Lamoignon en 1671. acquit du Roy ce qui en reftoit, y fit bâtir ce que l'on nomme aujourd'huy la Galerie neuve, la Cour neuve, & les rues de Lamoignon & de Baf-

ville ; & en execution de ce même contrat, fit l'acquifition pour le Palais & dans fon enceinte même, d'un autre jardin plus beau & plus commode que n'étoit l'ancien. Tous ces nouveaux biens aboutiffans aux murs qui font l'enclos du Palais, que l'on fit percer au milieu de l'une de ces tours pour y donner un paffage au Public par une porte que le Portier du Palais eft obligé de fermer tous les jours, de même que les autres portes de l'enclos.

A l'égard de la Jurifdiction dans cette ancienne enceinte du Palais, & dans les nouveaux lieux qui s'y trouvent joints, elle a beaucoup varié.

Autre Addition , après la fin dudit CHAPITRE V. *page* 167. *de l'ancienne Edition.*

LE grand nombre de conflits qui arrivoient tous les jours entre les Jurifdictions qui s'exerçoient à Paris, apportoient beaucoup de troubles & de confufion dans l'adminiftration de la Juftice, tant civile que criminelle.

La Police en fouffroit les plus vives & les plus frequentes atteintes ; comme elle a pour objet tout ce qui concourt à maintenir l'ordre public, il eft impoffible d'y réuffir fans une connoiffance exacte & univerfelle de ce qui ᴬ V. ci-devant, tit. 6. ch. 4. & tit. 8. c. 3. & tit. 9. c. 1. n. 1. 2. 3. 4. 5. 6. 7. & 8. fe paffe à cet égard dans toute l'étendue de la Ville, une attention continuelle & une conduite uniforme pour y pourvoir efficacement, ce qui eft incompatible avec une multiplicité de Tribunaux pour en connoître ᵃ.

Ce fut auffi l'une des principales confiderations qui porterent le feu Roy Louis XIV. à réunir au Siege Prefidial & de la Prevôté & Vicomté de Paris, féant au Châtelet, le Bailliage du Palais & toutes les Juftices Seigneuriales qui s'exerçoient en la Ville & les Fauxbours de Paris, avec cette claufe néanmoins, que le Roy n'entendoit comprendre dans cette réunion, le dedans & enclos du Palais, & fes Galeries feulement.

Cette referve du dedans & de l'enclos du Palais, avec cette particule taxative *feulement*

fut d'abord interpretée dans fon fens litteral & naturel ; il vient d'être prouvé que les bâtimens neufs joints au Palais en 1672. ont été construits dans la partie d'une Ile qui avoit fervi à faire un jardin hors l'enclos du Palais, qu'ils s'en trouvent encore aujourd'huy feparez par le gros mur qui forme l'enceinte de cette Maifon Royale, & conféquemment qu'ils n'étoient point compris dans l'exception & & referve portée par l'Edit. Les Officiers du Châtelet furent en effet mis en poffeffion de la Police & de l'adminiftration de la Juftice dans cette étendue, de l'aveu même de M.r le Premier Prefident de Lamoignon, & des autres proprietaires de ces nouveaux édifices ; ils s'en demeurerent en paifible poffeffion jufqu'en 1711. qu'ils y furent troublez par le Lieutenant General au Bailliage du Palais : ce trouble donna lieu à une Inftance au Parlement ; le Roy eut la bonté d'en prendre connoiffance, & fit ceffer cette conteftation entre fes Officiers par des Lettres patentes du mois d'Octobre 1712. qui fixent la compétence & l'état prefent de l'une & de l'autre de ces deux Jurifdictions. Voici ce qu'elles contiennent.

LOUIS par la grace de Dieu, Roy de France & de Navarre : A tous prefens & à venir Salut. Les conteftations importantes que nos Officiers du Châtelet & ceux du Bailliage du Palais ont fait naître pour l'exercice de leurs fonctions, & pour l'étendue de leur Jurifdiction, durent depuis fi long-temps ; & elles ont été fi fouvent renouvellées, que Nous avons eftimé qu'il étoit neceffaire de nous faire rendre compte de leurs prétentions réciproques ; & comme les conflits de jurifdiction devenus tres fréquens entre nofdits Officiers, font également préjudiciables à leur caractere, à l'interêt de nos Sujets, & à l'ordre public, Nous avons réfolu d'en arrêter le cours, en terminant par prefent Edit les differens qui y ont donné lieu, afin que nos Sujets connoiffans les Juges dont ils font jufticiables, s'adreffent à eux d'autant plus volontiers, qu'ils feront feurs d'obtenir une juftice plus prompte ; & afin qu'il ne refte dorénavant entre nofdits Officiers qu'une émulation honorable & digne de louange, pour fe diftinguer en nous rendant leurs fervices, & en veillant avec foin à l'execution de nos Ordonnances dans le territoire que Nous leur avons confié. A CES CAUSES, & autres à ce Nous mouvans, de notre certaine fcience, pleine puiffance & autorité Royale, Nous avons par ces Prefentes fignées de notre main, dit, déclaré & ordonné, difons, déclarons & ordonnons, voulons & Nous plaît.

Octobre 1712. *Edit fervant de Reglement entre les Officiers du Châtelet, & ceux du Bailliage du Regiftré au Parlement le* 14. *Decembre de la même année.*

ARTICLE PREMIER.

Que le Bailly du Palais, fon Lieutenant general & autres Officiers dudit Bailliage exercent leur Jurifdiction Civile de Police & Criminelle, dans les Cours & Galleries neuves, ainfi que dans le refte de l'enclos du Palais.

ARTICLE II.

Permettons aux Commiſſaires du Châtelet, lorſqu'ils auront appoſé le ſcellé ſur les effets d'une perſonne domiciliée hors le territoire du Bailliage du Palais, qui aura auſſi laiſſé d'autres effets dans l'étendue dudit Bailliage, de s'y tranſporter pour y appoſer le ſcellé ſur leſdits effets, à la charge que reciproquement lorſque le ſcellé aura été appoſé par le Lieutenant generale au Bailliage du Palais ſur les effets d'une perſonne domiciliée dans ledit Bailliage, qui aura d'autres effets dans la Juriſdiction du Châtelet, ledit Lieutenant general pourra ſe tranſporter dans le territoire du Châtelet, pour ſceller leſdits effets, & ſeront les ſcellez, enſemble toutes les conteſtations qui naîtront en execution deſdits ſcellez & des inventaires portées devant les Juges qui auront appoſé leſdits ſcellez.

ARTICLE III.

Lorſqu'un Bourgeois de Paris aura fait arrêter les effets de ſes debiteurs Forains dans les cas de l'Article CLXXIII. de la Coûtume de Paris, la connoiſſance de cet arrêt appartiendra au Prevôt de Paris, conformément à l'Article CLXXIV. de la même Coûtume, ſans que le Lieutenant general au Bailliage du Palais en puiſſe connoître, quand même le Forain ou ſes effets auroient été arrêtez dans ledit Bailliage.

ARTICLE IV.

Ne pourra le Bailly du Palais ni ſon Lieutenant, connoître des conteſtations qui naîtront en execution des privileges de l'Univerſité, leſquelles ſeront portées devant le Prevôt de Paris, comme conſervateur deſdits Privileges, encore que les deux parties fuſſent domiciliées dans le Bailliage du Palais.

ARTICLE V.

Le Privilege des Huiſſiers & Sergens du Châtelet, qui conſiſte à ne pouvoir être pourſuivis, tant en matiere civile que criminelle, ailleurs que devant le Prevôt de Paris, aura lieu contre le Bailly du Palais, ainſi qu'il s'obſerve à l'égard des autres Juriſdictions, en telle ſorte que leſdits Huiſſiers & Sergens ne puiſſent être contraints de plaider pardevant le Bailly du Palais, ni ſon Lieutenant.

ARTICLE VI.

Tous Jugemens, Ordonnances, Sentences, ſoit préparatoires, ſoit définitives, rendues en matiere civile dans l'une des deux Juriſdictions, ſoit du Châtelet, ſoit du Bailliage du Palais, ſeront executées dans l'autre, ſans permiſſion ni pareatis, en les faiſant executer par les Huiſſiers qui ont pouvoir d'exploiter dans les deux Juriſdictions, ſinon leſdites Ordonnances & Jugemens ne pourront être executées qu'après en avoir obtenu la permiſſion des Officiers de la Juriſdiction dans laquelle il s'agira d'executer les Sentences & Jugemens émanez de l'autre Juriſdiction.

ARTICLE VII.

Le Bailly du Palais connoîtra de tous les cas Royaux arrivez dans l'étendue de ſon territoire, & pour ce qui concerne les cas Prevôtaux notre Declaration du 29 May 1701 ſera executée ſelon ſa forme & teneur, & conformément à icelle, le Bailly du Palais connoîtra dans ſon reſſort à la charge de l'appel en notre Cour de Parlement, dès cas énoncez dans l'Article XII. du Titre premier de l'Ordonnance du mois d'Août 1670. & à l'égard des crimes qui ſeront du nombre des cas Royaux & Prevôtaux, mais qui auront été commis par des perſonnes de la qualité exprimée dans le même Article; voulons pareillement que le Bailly du Palais ou ſon Lieutenant general en prenne connoiſſance, à la charge de l'appel en notre Cour de Parlement; exceptons néanmoins de la precedente diſpoſition les vagabonds & les bannis, à l'égard deſquels notre Declaration du 27 Août 1701. aura lieu, & en conſéquence leur Procès ſera fait & parfait par le Lieutenant general de Police, ou par le Lieutenant Criminel de Robe-courte du Châtelet, dans le cas & en la forme preſcrite par notredite Declaration.

ARTICLE VIII.

Ordonnons que l'Article XII. du Titre des Decrets, & l'Article XV. du Titre des Sentences, Jugemens & Arrêts de l'Ordonnance de 1670. ſeront executez ſelon leur forme & teneur, ſans qu'il ſoit beſoin dans les cas portez par leſdits Articles de permiſſion ni pareatis, ſoit qu'il s'agiſſe des Decrets & Sentences du Châtelet dans le territoire du Bailliage du Palais, ou de l'execution des Decrets & Sentences du Bailliage du Palais dans celui du Châtelet. Voulons en outre que toutes les Ordonnances rendues pour l'inſtruction des Procès criminels, tant par le Lieutenant Criminel de notre Châtelet, que par le Lieutennant Criminel de Robe-courte audit Châtelet, chacun dans les matieres de leur competence, ſoient executées dans le Bailliage du Palais ſans pareatis, ni permiſſion du Lieutenant general audit Bailliage, ce qui aura lieu reciproquement pour les Ordonnances rendues par le Lieutenant general audit Bailliage, pour l'inſtruction des Procès criminels, leſquelles ſeront executées ſans permiſſion ni pareatis des Officiers du Châtelet dans leur territoire.

ARTICLE

ARTICLE IX.

L'Article précedent aura lieu pareillement pour l'execution des Ordonnances rendues par le Lieutenant general de Police, dans les cas de sa compétance qui concerneront la sûreté & la tranquillité de notre bonne Ville de Paris, sans qu'en aucuns cas & sous quelque prétexte que ce puisse être, le Lieutenant Criminel du Châtelet, le Lieutenant Criminel de Robecourte, ni le Lieutenant general au Bailliage du Palais puissent faire ou faire faire aucun acte de Jurisdiction, faire arrêter ni recommander aucun prisonnier qu'en vertu d'Ordonnances rendues par écrit, & dans les formes en tel cas requises & prescrites par nos Ordonnances. Défendons aux Concierges & Geoliers des prisons de recevoir aucuns prisonniers, s'ils ne sont écroüez en vertu d'Ordonnances rendues dans la forme ci dessus marquée.

ARTICLE X.

Maintenons le Bailly du Palais & son Lieutenant dans le droit de connoître de toutes matiere de Police dans l'étendue de son territoire aux exceptions & modifications ci-après declarées.

ARTICLE XI.

Les Hôteliers, Aubergistes, & autres tenant Chambres garnies dans ledit territoire, seront tenus conformément aux Edits, Arrêts & Réglemens, de declarer au Lieutenant general audit Bailliage, les noms de ceux qui viendront loger chez eux, & de les écrire sur un Regiſtre qui sera cotté & paraphé, sans frais, par le Lieutenant general audit Bailliage, desquels Regiſtres & déclarations le Greffier dudit Bailliage remettra un double certifié de lui entre les mains du Lieutenant general de Police, de quinzaine en quinzaine, même plus souvent s'il en est par lui requis.

ARTICLE XII.

Les Marchands & les Maîtres de quelques Corps & Communauté qu'ils soient, qui voudront s'établir dans l'enclos dudit Bailliage, & y ouvrir boutique ou échope, feront enregiſtrer leurs Lettres de Maitrise au Greffe dudit Bailliage, pour lequel enregiſtrement sera payé pour tous droits la somme de deux livres.

ARTICLE XIII.

Les Maîtres & Gardes, Syndics, Adjoints & Jurez feront aussi enregiſtrer leurs Lettres de Jurande au Greffe dudit Bailliage, ils demanderont lors dudit enregiſtrement une permiſſion au Lieutenant general au Bailliage du Palais, de faire les visites qu'ils croiront neceſſaires chez les Maîtres de leurs Corps & Communauté, pendant tout le temps de leur exercice & Jurande, laquelle permiſſion le Lieutenant general audit Bailliage du Palais ne pourra leur refuser, & payeront lesdits Maîtres & Gardes, Syndics & Adjoints & Jurez, la somme de deux livres pour le droit d'enregiſtrement.

ARTICLE XIV.

Et quant aux visites qu'ils feront dans les limites dudit Bailliage, les rapports en seront faits pardevant le Lieutenant general de Police, & ne pourra connoître le Lieutenant general audit Bailliage, que des délits, rebellions, & autres empêchemens que les Marchands établis dans ledit Bailliage auront faits auſdites visites, sans préjudice néanmoins au Lieutenant general audit Bailliage de prendre connoiſſance des contraventions aux Statuts, Ordonnances & Réglemens de Police, lesquelles seront incidentes aux Procès civils & criminels portez devant lui par les parties intereſſées, ou d'ordonner sur la requisition qui sera faite d'office par le Subſtitut de notre Procureur General audit Bailliage, & lorsqu'il sera seul partie tout ce qu'il eſtimera neceſſaire pour l'execution de nos Ordonnances & Réglemens dans son territoire.

ARTICLE XV.

Dans le cours des visites qui seront faites dans le Bailliage du Palais, ne pourront les Maîtres & Gardes, Syndics, Adjoints & Jurez se faire aſſiſter d'autres Huiſſiers que de ceux de notre Cour de Parlement au dudit Bailliage du Palais, & dans les cas où ils doivent se faire aſſiſter d'un Commiſſaire au Châtelet, ils le feront aſſiſter dans l'enclos du Bailliage du Lieutenant general audit Bailliage, auquel à cet effet le Lieutenant general de Police adreſſera une Commiſſion rogatoire.

ARTICLE XVI.

Maintenons le Subſtitut de notre Procureur general au Châtelet dans le droit de proceder à la création des Maîtres & Gardes & Jurez, & à la reception des Maîtres, de délivrer & faire executer toutes contraintes neceſſaires, faire faire ſignifications de ses Ordonnances aux Maîtres demeurans dans l'enclos dudit Bailliage par les Sergens ordinaires du Châtelet, sans prendre congé ni *pareatis* des Officiers du Bailliage.

ARTICLE XVII.

Les marchez avec les Entrepreneurs & les Ouvriers pour les lanternes & pour le nettoyement des rues seront faits pardevant un des Commissaires du quartier de la Cité en la maniere accoûtumée, & toutes les Ordonnances concernant cette partie de la Police seront rendues par le Lieutenant general de Police ; mais la connoissance des contraventions ausdites Ordonnances arrivées dans le Bailliage du Palais, appartiendra au Lieutenant general audit Bailliage. Enjoignons au surplus ausdits Officiers du Châtelet & du Bailliage du Palais, d'éviter tous conflits de Jurisdiction ; & en cas qu'il s'en forme à l'avenir, de les faire regler en notre Cour de Parlement, sans qu'ils puissent rendre de part ni d'autre aucunes Ordonnances portant condamnation d'amende pour distraction de Jurisdiction, ni même aucune Ordonnance de quelque nature qu'elles soient, après que le conflit aura été formé.

SI DONNONS EN MANDEMENT à nos amez & feaux Conseillers, les Gens tenant notre Cour de Parlement à Paris, que notre present Edit ils ayent à faire lire, publier, registrer & executer selon sa forme & teneur, nonobstant tous Edits & Déclarations, Reglemens, Ordonnances & autres choses à ce contraires : Car tel est notre plaisir ; & afin que ce soit chose ferme & stable à toûjours, Nous y avons fait mettre notre scel. Donné à Versailles au mois d'Octobre, l'an de grace mil sept cens douze, & de notre Regne le soixantedixiéme. Signé LOUIS ; Et plus bas, Par le Roy, PHELYPEAUX. Visa, PHELYPEAUX. Et scellé du grand sceau de cire verte, en lacs de soye rouge & verte.

Fin du Supplément du premier Volume de la Police.

TABLE

De ce qui est contenu dans ce Supplément.

DE la Police des premiers âges du monde, fondée sur la seule loy naturelle, page 1

De la Police des Egyptiens, 10

PREMIERE LOY. *Que les parjures soient punis de mort,* 11

SECONDE LOY. *Si quelqu'un trouve en chemin un homme que l'on tuë, ou que l'on maltraite, & qu'il ne le secoure pas quand il le peut, qu'il soit condamné à mort ; que s'il n'étoit pas en son pouvoir de donner ce secours, il sera obligé de dénoncer les voleurs, les accuser & poursuivre en Justice,* 12

TROISIEME LOY. *L'Accusateur calomnieux subira la même peine qui auroit été imposée à celuy qu'il accusera à faux,* ibid.

QUATRIE'ME LOY. *Il est ordonné à chacun d'aller chez le Magistrat déclarer son nom, quelle profession il exerce, & d'où il tire sa subsistance ; que si quelqu'un est convaincu d'avoir fait une fausse déclaration, ou de vivre d'un mauvais commerce, qu'il soit puni de mort,* 13

CINQUIE'ME LOY. *Celui qui aura volontairement causé la mort à un Serviteur, sera puni de mort, comme homicide ; car l'on ne doit pas dans la punition des crimes se regler sur la condition des hommes, mais sur la nature de l'action,* 14

SIXI'EME LOY. *Les peres ou les meres qui auront tué quelqu'un de leurs enfans, ne seront point punis de peine capitale, n'estimant pas qu'on doive ôter la vie à ceux qui l'avoient donné à l'enfant qu'ils ont fait mourir ; mais pour expier cette faute, on les contraindra sous bonne & seure garde, qui leur sera donnée, de tenir entre leurs bras continuellement trois jours & trois nuits, le corps mort de leur enfant, & la vûe de ce triste objet leur doit tenir lieu d'une assez grande punition,* ibid.

SEPTIE'ME LOY. *Le parricide sera puni de cette peine choisie & inventée exprès, que le coupable soit percé dans tous les membres du corps, de roseaux pointus, & puis couché nud sur un tas d'épines, où il sera brûlé vif, la Loy estimant qu'il n'y a pas un plus grand crime que d'ôter la vie à celui de qui on l'a reçue,* 15

HUITIE'ME LOY. *Si une femme condamnée à mort ſe trouve enceinte, l'on differera ſon ſupplice juſqu'à ce qu'elle ſoit accouchée, n'eſtimant pas qu'il fût juſte de faire mourir un enfant innocent, pour la faute de ſa mere, joint que cet enfant appartient en commun au pere & à la mere, & que ce ſeroit punir le pere par la privation de ſon enfant, pour une faute de la mere ſeule,* ibid.

NEUVIE'ME LOY. *Ceux qui dans la guerre abandonneront leur rang, ou qui n'o-béïront pas au General, ne ſeront point punis de mort, mais ils ſeront noteZ de la plus grande des infamies, caſſeZ ignominieuſement, & renvoyeZ à leur premiere condition,* 16

DIXIE'ME LOY. *Il eſt ordonné que ceux qui reveleront aux ennemis les ſecrets, auront la langue coupée,* ibid.

ONZI'EME LOY. *Qui rognera, ou alterera les monnoyes, ou qui en fabriquera de fauſſes, en diminuera le poids, changera la figure, ou qui en effacera les let-tres & y en mettra d'autres, aura les deux poings coupeZ, afin qu'il ſoit privé pendant toute ſa vie, des membres qui lui auront ſervi à commettre ces cri-mes, & que ſon exemple contienne ceux qui auroient deſſein d'en commettre de ſemblables,* ibid.

DOUZIE'ME LOY. *Quiconque violera une fille, ou une femme qui ne ſoit point engagée dans le mariage, on lui coupera le membre qui ſert à la generation,* ibid.

TREIZIE'ME LOY. *Celui qui ſera pris en adultere volontaire, ſera fuſtigé de mille coups de verges, & la femme aura le neZ coupé, pour défigurer la beauté de ſon viſage, qui aura pû ſervir d'appas, & donner occaſion à commettre ce cri-me,* 17

QUATORZIE'ME LOY. *Un créancier que n'a point de titre par écrit du preſt d'une ſomme, ſi cette créance eſt deniée, l'on s'en rapportera au ſerment de ſon pré-tendu débiteur, n'étant pas à préſumer qu'un homme voulût abuſer d'un acte de religion ſi ſaint, pour ſe liberer par un parjure d'une ſomme qu'il devroit,* ibid.

QUINZIEME LOY. *Si un créancier a un écrit, il peut ſe faire payer de ſon débi-teur; mais il lui eſt défendu d'éxiger par une uſure exceſſive le double du prin-cipal,* ibid.

SEIZIE'ME LOY. *Un créancier ne ſe fera payer que ſur les biens de ſon débiteur; il eſt défendu de le contraindre par corps, & de priver ainſi la patrie des ſer-vices d'un Citoyen, qui peuvent lui être utils en tout temps,* ibid.

DIX-SEPTIE'ME LOY. *Ceux qui voudront être Voleurs ſe feront inſcrire cheZ le Chef des Voleurs, apud furum Principem, lui rendront compte chaque jour de tous les vols qu'ils feront, dont il tiendra Regiſtre. Que tous ceux qui au-ront été volez s'adreſſeront à ce même Chef des Voleurs, lui declareront le jour & l'heure du vol qui leur aura été fait, & ce qui leur aura été pris; & après cette déclaration le Regiſtre des Voleurs leur ſera communiqué; & ſi leur vol s'y trouve, il leur ſera rendu, à l'exception d'un quart qui leur ſera retenu pour récompenſe, étant plus avantageux, ne pouvant abolir totalement le mau-vais uſage des vols, d'en retirer une partie par cette diſcipline, que de perdre le tout,* ibid.

Juriſdiction de Police du Prevoſt de Paris, dans l'étendue du Bailliage du Palais, 18

Autre addition, 19

Edit ſervant de Reglement entre les Officiers du Châtelet & ceux du Bailliage de Palais, ibid.

Fin de la Table.

PRIVILEGE DU ROY.

LOUIS par la grace de Dieu , Roy de France & de Navarre : A nos amez & feaux
Conseillers, les Gens tenans nos Cours de Parlement , Maîtres des Requestes ordinaires
de notre Hôtel , Grand - Conseil , Prevôt de Paris , Baillifs, Senechaux, leurs Lieutenans,
& autres nos Officiers & Justiciers qu'il appartiendra , Salut. Notre cher & bien amé Conseiller Commissaire en notre Châtelet de Paris , le Sieur de Lamare nous ayant tres-humblement fait remontrer que depuis plusieurs années , il s'est appliqué avec beaucoup d'assiduité
& d'exactitude aux Ordonnances & Reglemens concernans la Police , dont il a composé un
Livre intitulé , *Traité general de la Police , contenant son origine , son progrès & sa division ; l'éta-*
blissement , les fonctions & les prérogatives de ses Magistrats & Officiers ; un recueil abregé des Régle-
mens anciens & nouveaux , concernant la Religion , les Mœurs , les Vivres , la Santé , la Sureté , la
Voirie , les Sciences & les Arts - Liberaux , le Commerce , les Manufactures , les Arts Méchaniques ,
les Serviteurs-Domestiques , les Manouvriers & les Pauvres ; tirez des Loix & des Usages des plus
celebres Républiques de l'Antiquité , des Capitulaires , des Edits & Déclarations & Lettres Patentes
de nos Rois , des Arrêts du Conseil & des Parlemens , & des Ordonnances des Magistrats ; avec une
description topographique & historique de la Ville de Paris en neuf plans gravez , representant son an-
cien état , ses differens accroissemens & son état present , & un recueil general de tous les Statuts &
Reglemens des six Corps des Marchands , & de toutes les Communautez des Arts & Métiers de cette
Ville : Lequel Ouvrage il desireroit donner au Public , s'il Nous plaisoit lui accorder nos
Lettres de privilege sur ce necessaires : Nous lui avons permis & accordé , permettons &
accordons par ces Presentes de faire imprimer par tel Imprimeur ou Libraire qu'il voudra
choisir , & débiter en tous les lieux de notre obéïssance ledit Livre en un ou plusieurs volumes conjointement ou separément , en telles forme , marge, caracteres , & autant de fois
que bon lui semblera , & de faire graver les Plans qu'il desire joindre audit Livre , pendant
l'espace de trente années , à compter du jour de la date des Presentes : Faisons très-expresses
défenses à tous Imprimeurs , Libraires , & autres personnes de quelque qualité & condition
qu'elles soient , d'imprimer ou faire imprimer ledit Livre en tout ou en partie , même les
planches & contenues , ni d'en vendre & distribuer en aucun lieu de notre obéïssance , sous
quelque prétexte que ce soit , même d'impression étrangere , sans son consentement par écrit ,
ou de ceux qui auront son droit , sous prétexte d'augmentation , de correction , de reduction , de changement de titre , fausses marques , ou autres déguisemens , en quelque maniere
que ce soit , & à tous Etrangers d'en apporter & vendre en ce Royaume , Pays & Terres de
notre obéïssance aucuns exemplaires de ceux qui pourroient avoir été imprimez ailleurs , à
peine de trois mille livres d'amende payable sans déport par chacun des contrevenans , applicable un tiers à Nous , un tiers à l'Hôtel-Dieu de Paris , & l'autre tiers à l'exposant ; de
confiscation à son profit des exemplaires contrefaits , des presses & caracteres qui auront servi
à les imprimer , & de tous dépens , dommages & interêts ; à condition que ces Presentes
seront enregistrées ès Registres de la Communauté des Imprimeurs & Libraires de Paris ;
que l'impression sera faite dans notre Royaume , & non ailleurs , en beau papier & bons caracteres , suivant les Reglemens faits pour l'Imprimerie & la Librairie ; & qu'avant que
d'exposer ledit Livre en vente , il en sera mis deux exemplaires dans notre Bibliotheque
publique, un dans la Bibliotheque de notre Château du Louvre , & un dans celle de notre
très-cher & féal Chevalier Chancelier de France le Sieur Phelypeaux Comte de Pontchartrain , Commandeur de nos Ordres , le tout à peine de nullité des Presentes ; du contenu
desquelles vous mandons & enjoignons de faire joüir pleinement & paisiblement l'exposant
& ceux qui auront droit de lui , sans souffrir qu'il reçoive aucun trouble ni empêchement
quelconque. Voulons que la copie des Presentes , qui sera imprimée au commencement ou
à la fin du Livre , soit tenue pour duement signifiée , & qu'aux copies collationnées par l'un
de nos amez & feaux Conseillers Secretaires , soy soit ajoûtée comme à l'original : mandons
au premier notre Huissier ou Sergent sur ce requis de faire pour l'execution des Presentes
tous actes requis & necessaires , sans demander autre permission , nonobstant clameur de Haro,
Charte-Normande & Lettres à ce contraires ; car tel est notre plaisir. Donné à Versailles le
24. Juin , l'an de grace 1703. & de notre Regne le 61. Signé par le Roy en son Conseil ,
MIDY. Et scellé du grand Sceau de cire jaune.

Registré sur le Livre de la Communauté des Imprimeurs & Libraires , conformément aux Reglemens.
A Paris , ce troisième Juillet mil sept cens trois. Signé , TRABOUILLET, *Syndic.*

A PARIS,

Chez MICHEL BRUNET, Grand' Salle du Palais, au Mercure Galant.

M D C C X X I I.

AVEC PRIVILEGE DE SA MAJESTE'.

TABLE
DES MATIERES.

A.

ABBAYE de sainte Croix & de S. Vincent, aujourd'huy saint Germain des Prez, sa fondation, *Page* 138

Abbaye de saint Germain des Prez, sa Jurisdiction restablie, & ses limites, 146. 147

Abbaye de sainte Geneviéve du Mont, autrefois Eglise Collegiale sous le titre de saint Pierre & de saint Paul, sa fondation, 138

Abbaye de saint Victor proche de Paris, sa fondation, 139

Abbaye de saint Martin de Paris, 75

Abbaye de saint Cir a ses causes commises au Chastelet de Paris, 103

Abbaye de sainte Colombe de Sens, a ses causes commises au Chastelet de Paris, ibid.

Abbaye de saint Faron, a ses causes commises au Chastelet de Paris, ibid.

Abbaye de Farmoutier, a ses causes commises au Chastelet de Paris, ibid.

Abbaye de saint Martin de Pontoise, a ses causes commises au Chastelet de Paris, ibid.

Abbaye de Nogent l'Artault, a ses causes commises au Chastelet de Paris, ibid.

Abbaye du Parc-aux-Dames lez-Crespi, a ses causes commises au Chastelet de Paris, ibid.

Abbaye du Pont aux-Dames, a ses causes commises au Chastelet de Paris, ibid.

Abbaye de saint Paul prés de Beauvais, a ses causes commises au Chastelet de Paris, ibid.

Abbaye de Vaux de Patsons, a ses causes commises au Chastelet de Paris, ibid.

Abbaye de Vaux de Cernai, a ses causes commises au Chastelet de Paris, ibid.

Abbaye du Val Nostre-Dame, a ses causes commises au Chastelet de Paris, ibid.

Abbé & Religieux de saint Germain des Prez, transigent avec Philippes le Hardy, 141

Abbé & Religieux de sainte Geneviéve du Mont, leur Justice dans Paris, 143

Abolition du Paganisme dans l'Empire Romain, 275

Abolition du Paganisme en France, 169

Abolition des restes du Paganisme en France, 277

Academies publiques des sciences, 200.

Academies pour les exercices, & du devoir de leurs Maistres & Ecuyers par rapport à la Police, 130

Academies de jeu défenduës, 130. 204. 451 & suiv.

Accroissement de la Ville de Paris, & sa seconde closture du temps des Romains, 71

Accroissemens de la Ville de Paris sous nos premiers Rois, 75

Accroissement & troisiéme closture de Paris sous Philippe Auguste, ibid.

Accroissement & quatriéme closture de Paris sous Charles V. 78

Accroissemens de la Ville de Paris, depuis Charles VI. jusqu'à la fin du regne de Henry III. 79

Accroissemens de la Ville de Paris sous les regnes de Henry IV. & de Louis XIII. & sa cinquiéme closture, 81

Accroissemens & embellissemens de la Ville de Paris sous le regne de Louis leGrand, 87

Acheter de gens inconnus & suspects, n'est permis 204

Actes anciens, & leur formule, 224. 225

Actes Judiciaires écrits autrefois sur des peaux. 260

Adalchmus Vicomte de Paris, 99

Adjutores Comitum, 184

Adjutores Magistratuum, 182

Adjutores Magistratuum, ancien titre des Commissaires-Examinateurs, 208

Administrateurs des Hospitaux assistent aux assemblées generales de Police du Chastelet, 120. 121

Adulteres, étymologie de ce mot, 483

Adulteres, comment punis par les Loix de Solon, 484.

Adulteres, étoient jugez par les Comtes premiers Magistrats sous la premiere & la seconde Branche de nos Rois, 485

Ædiles Officiers de Police des Romains, 11. 13

Ædiles incendiorum extinguendorum, 15

Ædiles incendiorum extinguendorum, supprimez & en leur place, création d'un Commandant du Guet, 19

Ædiles Cereales, 15

Ætius, dernier Gouverneur des Gaules pour les Romains, 69

Affiche des Ordonnances, & antiquité de cet usage, 161. 262.

Afficher, il n'appartient qu'au premier Magistrat ordinaire de le permettre, 261

Affiches des Ordonnances du Magistrat; défenses de les corrompre ou gaster, ibid.

Affiches doivent estre apposées de l'Ordonnance du Lieutenant General de Police, 164

Affiches défendues qu'après la publication faite par le Juré Crieur, 263

Agapes, repas communs des premier Chrestiens, 8

Age que doivent avoir les Officiers de Police dans les Provinces, 427

Agrippa Gendre d'Auguste, pourvû de l'Office de Préfet de la Ville, premier Magistrat de Police, 17.

Aides, les Commissaires au Chastelet de Paris sont exempts de cette imposition, 216

Air, comment il contribuë à la santé; & Réglemens faits pour en conserver la salubrité, 535

Albigeois, histoire de leur heresie, 292

Albigeois & Vaudois, conversion de leurs Chefs & Protecteurs, 293. 294

Albigeois, L'Ordonnance de saint Louis contr'eux est addressée aux Baillis & Seneschaux, 34

Alea, étymologie de ce mot, 448

Almanachs, comment doivent estre composez, 529

Amandus Chef des Bagaudes, Legion dans les Gaules, se revolte contre les Romains, 74

Amanuenses, Clercs domestiques, 105

Ambassade de trois Senateurs Romains vers les Villes de la Grece, pour en rapporter les Loix, 12

Amendes de Polices seront affectées aux frais necessaires pour la faire executer, 118

Amec, ce titre équipoloit autrefois celuy de Conseillers, 196

ã Amiart

Amiart Vicomte, de Corbeil, Commiſſaire au Chaſtelet de Paris, 194

Amicus uſque ad aras, d'où vient ce Proverbe, 222

Amour de la ſocieté naturelle à l'homme, 1

Andrezy, Bourg choiſi par les Romains, pour y laiſſer une Legion en garniſon, & s'aſſurer de Paris, 71

Année des Atheniens n'eſtoit que de 54. jours, 8

Annulus ſignatorius, 109

Anſelme de Garlande Prevoſt de Paris, ſes qualitez, ſes anceſtres & ſes alliances, 103

Apollon nommé Mithra par les Gaulois, 68

Apoſtats & Relaps, ſignification de ces noms, 310

Apoſtats & Relaps, de quelles peines doivent eſtre punis, ibid.

Apotiquairerie, défenſes à toutes perſonnes ſans qualité de l'exercer, vû le danger qu'il y a pour la ſanté, 587

Apotiquaires, précautions que l'on prend pour n'en recevoir que de bien capables, 586

Apotiquaires, comment reçus dans les Villes où il y a Univerſité, 598

Apotiquaires doivent avoir eſtudié la Langue Latine pour entendre les Auteurs, 592

Apotiquaires, précautions établies pour s'aſſurer de leur exactitude & fidelité dans la compoſition de leurs drogues, 587. & ſuiv.

Apotiquaires ne donneront aucuns remedes qu'ils ne ſoient ordonnez par un Medecin de la Faculté, ou des Maiſons Royales, 598. 599 & ſuiv.

Apotiquaires, comment doivent eſtre viſitez, 594. 596.

Apotiquaires ſeront viſitez par leurs Gardes & deux Medecins, & leurs rapports faits au Chaſtelet à la Police, 592

Apotiquaires des Provinces ſous la Juriſdiction des Lieutenans Generaux de Police, 45. 47. 52. 55. & 63.

Apotiquaires demeurans dans les Juriſdictions de S. Marcel & de ſainte Geneviéve, ſeront viſitez par leurs Gardes, & ſeront ſoumis à la Police du Chaſtelet, comme ceux de la Ville, 592

Apotiquaires, leurs Gardes blamez par le Parlement, pour avoir negligé leurs Viſites, 596

Apotiquaires, précautions contre le *qui pro quo*, 594

Apotiquaires, leurs devoirs en temps de contagion, 625.

Apotiquaires, précautions contre leurs Veuves qui veulent tenir boutiques, pour eſtre aſſeurez de la capacité de celuy qui en doit avoir la conduite, 586.

Apotiquaires ne vendront ou n'employeront aucunes drogues éventées, corrompuës ou ſophiſtiquées, 587.

Apotiquaires, Réglement pour le debit des poiſons, 530.

Appanage de Monſieur, Duc d'Orleans, n'y ſera eſtabli par Sa Majeſté des Officiers de Police, 42

Appellations des Sentences des Lieutenans Generaux de Police, où elles doivent eſtre relevées, 51. 56

Appellations des Sentences des Lieutenans Generaux de Police, dans quels cas elles ne pourront eſtre relevées qu'aux Parlemens, 62

Appretiateurs de grains ſous la Juriſdiction des Lieutenans Generaux de Police, 45

Aqueducs des Romains, & leurs magnifiques ſtructures, 545. & ſuiv.

Aqueducs d'Arcueil à Paris, 72. 548

Aracheurs de dents, 122

Arc de triomphe élevé à la place de la Porte ſaint Bernard, 88

Arc de triomphe élevé à la place de la Porte ſaint Martin, 89

Arc de triomphe élevé à la place de l'ancienne Porte ſaint Antoine, 88

Arc n'en ſera tiré dans les ruës, 204

Ἀρχὴ, étymologie de ce mot, 5. 8

Archevêché de Paris, ſa fondation, 138

Archevêque de Paris, origine de ſa Juſtice temporelle dans Paris, 140

Archevêque de Paris, quels Artiſans jouïſſent de ſa franchiſe, ibid.

Archevêque de Paris doit nommer au Roy ou au Prevoſt de Paris, les Marchands & Artiſans qu'il choiſit pour jouïr de ſa franchiſe, ibid.

Archevêque de Paris, ſa Juriſdiction ſpirituelle confirmée contre l'Abbé de ſaint Germain, ibid.

Archevêque de Paris, ſa Juriſdiction temporelle reſtablie, & ſes limites, 145. 146

Archevêque de Paris, Duc & Pair, 145

Archers du Prevoſt de la Santé, & leurs devoirs en temps de contagion, 619. & ſuiv.

Archers des Prevoſts de la Santé, quels ſont leurs gages en temps de contagion, 632

Archives publiques, quand ont commencé, 186

Archives du Palais de nos premiers Rois, 260

Ἀρχοντες Magiſtrats d'Athenes, 8

Arcueil fourniſſoit d'eau par ſon aqueduc le Palais des Thermes de l'Empereur Julien, à Paris, 72

Areopage, Tribunal ſouverain d'Athenes, 8

Argent qui vient de lieux ſuſpects de contagion, comment il doit eſtre purifié avant de le recevoir, 636.

Arianiſme ne pût penetrer en France, 290

Arianiſme condamné par l'Egliſe, & par les Loix Imperiales, 286 & ſuiv.

Arioli, étymologie de ce mot, 521

Ariſtocratie, l'une des eſpeces de Police, 2

Ariſtote, ſa definition de la Police, ibid.

Ariſtote, ſes ſentimens ſur l'étenduë que doit avoir une Ville, 70

Armes, le gouvernement des Armées retiré du Prevoſt de Paris, & des Baillis & Seneſchaux, 107

Armes dont la fabrique & le port ſont defendus, 128. 204.

Armes à feu, défenſes d'en tirer dans les ruës, 104

Armes à feu, défenſes d'en porter de jour dans Paris, certaines perſonnes exceptées, 29

Armes à feu, défenſes d'en porter la nuit dans Paris, ibid.

Armes, le port de celles qui ſont défenduës eſt de la Juriſdiction des Lieutenans Generaux de Police, 50

Armes ſeront depoſées entre les mains des Hoſtes ou Aubergiſtes en arrivant à Paris, 119

Armuriers par rapport aux armes défenduës, 128. 129

Ἀρμεινοι, l'un des noms des Commiſſaires de Police d'Athenes, 9

Arrierban, la ſeule partie du commandement des armes qui reſte aux Baillis & Seneſchaux, 107

Artiſans ſuivant la Cour, leur origine, 153

Artiſans ſuivant la Cour ſont ſoumis à la Juriſdiction de Police du Prevoſt de Paris, 155. & ſuiv.

Artiſans de Paris ne peuvent jouïr d'un privilege ſuivant la Cour, lors qu'il eſt incompatible avec leur profeſſion, 159

Artiſans que le Grand-Conſeil avoit eſtablis à ſa ſuite, ſont ſupprimez, 160

Artiſans qui ſont obligez de ſe ſervir de l'eau de la riviere, ce qu'ils doivent faire pour obtenir des bateaux & des places, 176

Artiſans qui employent le bois mairin, comment le doivent lotir, 175

Artiſans qui ſe retirent en lieux de franchiſes, les inconveniens qui en arrivent, 80

Artiſans à qui il eſt défendu de ſe retirer en lieux privilegiez pour y travailler, 119

Artiſans, les Compagnons tenus de ſe retirer chez les Maiſtres,

Maiftres, ou de fortir de la Ville, 121
Arts Liberaux, 106
Arts Mecaniques, ibid.
Arts & Meftiers ériger en Corps & Communautez, 114
Arts & Meftiers qui eftoient foumis aux Jurifdictions des grands Officiers de la Couronne, 148
Arts & Meftiers fous la Jurifdiction des Lieutenans Generaux de Police, 44. 47. 53. 55. 60. & 63.
Arts & Meftiers qui eftoient foumis à la Jurifdiction du Grand Chambrier, & ce qu'ils luy devoient, 148
Arts & Meftiers pour le fervice de la Garde-Robe du Roy, 151
Arts & Meftiers fuivant la Cour, en faveur de Monfieur le Maréchal du Pleffis-Praflin fupprimez, ibid.
Arts & Meftiers permis dans le Temple & dans l'enclos de faint Jean de Latran, & fous quelles conditions 147
Arts & Meftiers, n'en fera logé aucun dans le Cloiftre Noftre Dame, 146
Arufpices, étymologie de ce mot, 521
As, quelle monnoye chez les Romains, 429
Affailly (Pierre) premier Secretaire des commandemens de Charles VIII. eftant Dauphin, eft pourvû d'un Office de Commiffaire au Chaftelet de Paris, 192. 193. & 194
Affemblée de Police eftablie par l'Edit de Moulins, 36.
Affemblée de Police eftablie par le Réglement de 1567. 37
Affemblée generale de Police eftablie par l'Edit d'Amboife, de 1572. ibid.
Affemblée generale de Police au Chaftelet tous les Vendredys de chacune femaine, & de quelles perfonnes elle eftoit compofée, 110
Affemblée generale de Police fe doit tenir toutes les femaines une fois au Chaftelet, 118
Affemblée generale de Police au Chaftelet tous les mois, 126
Affemblée pour le reftabliffement de la Police de Paris, 127
Affemblées generales de Police, & quelles gens y doivent eftre appellés, 118
Affemblées generales de Police, comment doivent eftre tenuës, 56
Affemblées generales de Police ; les Baillis & Senefchaux ou leurs Lieutenans y préfident, 35
Affemblées pour Elections de Maires & Efchevins; les Baillis & Senefchaux, ou leurs Lieutenans y préfident, 35
Affemblée chez Monfieur le Premier Préfident du Parlement, pour prendre fes ordres quand la maladie contagieufe commence à paroiftre, 622
Affemblée generale de Police, au Palais à Paris en temps de contagion, 618
Affemblées défenduës, 205
Affeffores Magiftratuum, 181. 223
Affiffeurs Romains, le Magiftrat les choififfoit entre les perfonnes privées, & n'eftoient Officiers, 12. 14.
Affiffeurs des Magiftrats Romains faifoient ferment en chaque caufe; & après avoir jugé, leur fonction eftoit finie, 14
Affifes des Comtes, 30
Affifes du Comte ou premier Magiftrat de Paris, 98.
Affifes generales des Baillis & Senefchaux ; les Juges inferieurs font tenus de s'y trouver, 35
Aftrologie judiciaire, fon origine, 520
Aftrologues judiciaires condamnez par les Loix divines & les Princes Temporels, 523. & fuiv.
Aftrologues judiciaires, dernier Réglement contr'eux, 530.

A'ςυτόμοι, l'un des noms des Commiffaires de Police d'Athenes, 9
Athenes mere des fciences & des Loix, & la fource de toute Police, 3. 8
Athenes, fa Police, 8. 9
Athenes, fes Officiers de Police, ibid.
Atheniens, leurs Magiftrats pour la feureté de la nuit, 234.
Atheniens, leur modeftie, 382
Atheniens, leurs repas communs, 418
Attroupemens défendus, 204
Auberges, ce qui s'obfervoit à Rome à cet égard, 20.
Auberges, défenfes d'y loger gens de mauvaife vie, ny Breteurs, & de fouffrir d'y tenir jeux défendus, 121.
Aubergiftes, 204
Aubergiftes tiendront Regiftres ; & des avis qu'ils doivent donner aux Commiffaires, 121. 129
Aubergiftes qui logent à la nuit, ce qui leur eft défendu, 207
Aubergiftes, leurs devoirs en temps de contagion, 617
Audiance des Comtes Magiftrats François, 225
Audiance du Comte, ou premier Magiftrat de Paris, 98.
Audiances de Police du Chaftelet, quels jours elles doivent eftre tenuës, 125
Audiances de Police en Province feront tenuës par le Procureur du Roy, en l'abfence du Lieutenant General de Police, 62
Auditeurs du Chaftelet, 191
Auditeurs & Enquefteurs, même Office, 187
Auditeurs, Confeillers du Prevoft de Paris 217
Auditeurs du Chaftelet connoiffoient de la Police, 114. 149.
Augufte reforme la Police de la Ville de Rome, 16
Augufte reforme la Police des Provinces, 23
Augufte fait une nouvelle divifion des Gaules, & en multiplie le nombre des Provinces, 22
Aumônes volontaires pour la dépenfe neceffaire en temps de contagion, 631
Avocats du Fifc chez les Romains, leur dignité, leurs fonctions, & leurs privileges, 178
Avocats Generaux du Parlement, 178. 179. & 180
Avocats du Roy au Chaftelet de Paris, 180. 181
Avocats du Roy Confeillers du Prevoft de Paris, 217.
Avocats du Roy des Baillages & Senefchauffées, & des autres Jurifdictions, 180. 181
Avocats, leur origine, 178
Avocats fous la premiere & la feconde Branche de nos Rois, 179
Avocats, quand ont commencé d'eftre graduez, 198
Avocats & Procureurs des Baillages feront tenus de plaider devant les Lieutenans Generaux de Police, 53. 54 & 55
Aufpices, étymologie de ce mot, 521
Aziles des criminels défendus dans les Hoftels des Princes ou Grands-Seigneurs, 130

B

BACCHUS doit eftre approché des Nymphes, & comment cela s'entend, 581
Bacquet, fa définition de la Police, 2
Bagauda, Soldats d'une Legion Romaine, & la raifon de ce nom, 74
Baif (Jean de) ancien Poëte Comique François, 439.
Baillages Royaux, leur origine au nombre de quatre, 30.
Baillages & Senefchauffées, eftablis par les Ducs & les Comtes, après avoir obtenu les infeodations de leurs Provinces, ibid.
Baillages & Senefchauffées des Ducs & des Comtes, font

tons devenus Sieges Royaux par les réunions de ces grandes Terres à la Couronne, 31

Baillages donnez à ferme, 32

Baillages & Seneschauffées, reformez & la recette du Domaine, feparée des Offices des Baillis & Seneschaux, ibid.

Baillage de Paris feparé de la Prevofté, & depuis réuni, 108

Baillage du Palais, ses Officiers autrefois foumis au Prevoft de Paris, 154

Baillage du Palais réuni au Chaftelet de Paris, à l'exception de l'enclos, 108. 145

Baillis & Seneschaux leur origine, 30. 99. & 186

Baillivi majores & minores, fuperiores & inferiores, 31

Baillis & Seneschaux eftoient autrefois reçûs, & faifoient ferment en la Chambre des Comtes, 191

Baillis Royaux eftablis dans toutes les principales Villes qui appartenoient au Roy, leurs devoirs, leurs fonctions & leurs prerogatives, 31

Baillis reglez pour la premiere fois par Philippe Augufte, ils l'ont efté enfuite par faint Louis, & depuis par Philippe le Bel, ibid.

Baillis & Seneschaux, leurs Offices deftinez à la Nobleffe, 32

Baillis & Seneschaux doivent eftre de Robe-courte; & quelles font à prefent leurs fonctions, 33

Baillis & Seneschaux eurent d'abord toute l'Intendance des Armes, de la Juftice & des Finances de leurs Provinces, ils en abuferent. 32. 229

Baillis & Seneschaux, Magiftrats de Police, 34

Baillis & Seneschaux, ou autres Juges Préfidiaux préfident aux affemblées generales de Police, 35

Baillis & Seneschaux, le commandement des armes leur eft ofté, & il ne leur en refte que l'Arriereban, 32. 107

Baillis & Seneschaux, Juges des Domaines du Roy, 191

Baillis & Seneschaux depuis le reftabliffement de l'étude du Droit Romain en France, eurent la permiffion d'avoir des Lieutenans graduez: & l'adminiftration de la Juftice leur a enfin efté oftée & donnée à leurs Lieutenans, 33

Baillis & Seneschaux, leur fuperiorité fur les autres Juges ordinaires, 34

Baillis & Seneschaux feront graduez pour avoir voix déliberative, 107. 229

Baillis & Seneschaux avoient le choix de leurs Confeillers, 225

Baillis & Seneschaux fe mettent en poffeffion des fonctions des Commiffaires-Examinateurs, 186

Baillis & Seneschaux, l'adminiftration de la Juftice leur eft oftée, 229

Baillis & Seneschaux, ce qui leur refte du commandement des armes, & de leurs autres anciennes fonctions, 107

Baillis & Seneschaux, ou leurs Lieutenans préfident aux affemblées de Villes, 35

Baillis eftablis par des Seigneurs Particuliers dans leurs Terres, relevent neanmoins fous ce titre des Baillis Royaux, 31

Bailly: un Prevoft écrivant au Bailly fon fuperieur, le traite de haut & puiffant Seigneur: & le Bailly dans fa réponse ne qualifie le Prevoft que d'honorable homme, 34

Bailly du Palais, fous le nom de Concierge, reconnoift le Prevoft de Paris pour Juge, 163

Bailly du Palais, origine de fa Jurifdiction, 164

Bailly du Palais ne connoift de la Police generale, 128. 133. & 145

Bailly de faint Germain n'a point de Jurifdiction de Police dans la Foire, 145

Bailly de Meaux quitte fon Office & fe fait Commiffaire au Chaftelet de Paris, 193

Baldricus fait mention des Enquefteurs fous Henry I, 186.

Bains des femmes eftoient diftinguez de ceux des hommes chez les Romains, 486

Bancs ne feront mis fur ruës, 115

Bannieres, anciens Regiftres du Chaftelet, 261

Bannis qui ne gardent leur ban, 136

Bans ou publications n'appartiennent qu'au Roy dans Paris, 141

Baptême de Clovis, 69

Barbacolle, jeu défendu, 468

Barbier, Entrepreneur des Baftimens d'entre les Portes de faint Denys & de faint Honoré, 84

Barbiers fous la Jurifdiction des Lieutenans Generaux de Police, 45

Barbiers, comment doivent obferver les Dimanches & les Feftes, 353

Barbiers Chirurgiens, les Garçons fe retireront chez les Maiftres, ou vuideront la Ville, 121

Barrieres des Sergens à Paris, leur origine, d'où leur vient ce nom de Barrieres, & pourquoi eftablies, 74. 204

Bafilius Magiftrat d'Athenes, 8

Baffette jeu défendu, 465 & fuiv.

Bafteleurs, 122

Baftille baftie à Paris, 79

Baftimens, défenfes de baftir hors les bornes qui limitent l'eftenduë de la Ville de Paris, 85

Baftion de la Porte faint Antoine, bafti, 80

Baftion de l'Arcenal, 81

Baftion de la Porte de la Conference, bafti, 80

Baftons à épées, ou autres ferremens défendus, 128

Bateaux à leffives fur la riviere, 84

Bateurs-d'or, il n'y en a point de Privilegié fuivant la Cour, 159

Bayonnettes pour les Troupes, comment feront fabriquées & venduës, 129

Bayonnettes défenduës, 128. 204

Beaubourg prés de Paris renfermé dans la Ville, 139.

Beftes dangereufes ne feront fouffertes ny abandonnées dans les ruës, 204

Beftes à laines ne feront nourries dans les Villes, 539.

Beftiaux à pied fourché, 113

Beurre, difcipline de fon Commerce par rapport à la fanté, 124. 576

Beurres, défenfes de les mefler ou mixtionner, 576

Beurres, ne feront vendus par Regratiers ou Patroüilleurs, ibid.

Beurres ne feront vendus dans une même boutique avec du poiffon, ibid.

Beurres ne feront vendus par les Chandeliers ou autres qui manient des marchandifes de mauvaife odeur, ibid.

Beurriers & Beurrieres, 124

Biere ou cervoife, brûvage fort ancien, & il eftoit connu dans les Gaules & en Efpagne avant qu'il y euft des vignes, 561. 584

Biere condamnée par les Anciens prefque auffi-toft qu'elle a efté inventée, 561

Biere, comment doit eftre préparée pour ne point nuire à la fanté, 584

Biere, fes mauvaifes qualitez & fes mauvais effets pour la fanté, 561. 563. & 584

Biere fophiftiquée dangereufe à la fanté, 584

Biere, défenfes aux Revendeurs d'en vendre qui ne foit bonne, & fous quelles peines, 585

Biere, lieux où l'on en vend à pot, à quelles heures doivent eftre fermez, 130

Billets de fanté, & certificats qui font donnez en temps de contagion, 636

Blanchiffeufes, à quels lieux il leur eft défendu à Paris de laver leur linge pendant l'Efté, 557 & fuiv.

Blafphêmes,

Blafphême, étymologie de ce mot , 511
Blafphêmes, de quels maux font fuivis , 512
Blafphemateurs , 201
Blafphemateurs , de quelles peines punis dans l'ancien Teftament , 512
Blafphemateurs punis par les Loix de l'Eglife, & par celles des Princes Chreftiens , 512 & fuiv.
Blafphemateurs , de quelles peines punis en France, 513. & fuiv.
Blé , du foin des Romains que leur Ville en fuft pourvûë , 19
Blé fixé à bas prix pour les pauvres par les Romains , ibid.
Bled diftribué gratuitement au Peuple par les Romains , ibid.
Blé , combien il eft important d'en procurer l'abondance & le bon marché , 19
Blez , quelle Police y doit eftre obfervée , 121. 202
Bled , leur Commerce fous la Jurifdiction des Lieutenans Generaux de Police , 49
Blez , à qui en appartient la Police , 175
Blé amené par l'eau , qui en doit connoiftre , 172
Blé , le Prevoft de Paris avec les Officiers du Chaftelet pourvoit à la cherté du blé & du pain , 150
Blé , Marchands de blé , 122
Bœufs qui ont le fy ne doivent eftre vendus dans les Boucheries ; cette maladie eft aux bœufs , ce que la ladrerie eft aux porcs , 572
Bohemiens feront jugez en dernier reffort à la Police, 129.
Boigni près d'Orleans, premiere Maifon des Chevaliers de faint Lazare, 607
Boileau (Eftienne) Prevoft de Paris , fon éloge , 113.
Bois des environs de Paris , 69. 72. & 75
Bois à brufler pour les provifions de Paris, le Chaftelet en connoift dans le temps qu'il y en a difette , 177.
Bois mairin , à qui en appartient la Police , 175
Bon Pasteur , Maifon de retraite pour les filles débauchées qui fe convertiffent , 498
Bordels , étymologie de ce mot , 490
Bornes plantées aux environs de Paris, pour en fixer l'étenduë , 79
Bornes données à la Ville de Paris par Louis XIII. pour en fixer une feconde fois l'étenduë, 85. 86.
Bornes nouvelles de Paris en 1672. 88. 89
Boteleurs fur le Port au foin , 125
Bouchers , leur Police , 123
Bouchers , ce qu'ils doivent obferver dans le choix des beftiaux , & le debit de la viande par rapport à la fanté , 157 & fuiv.
Bouchers , les tueries de leurs beftiaux doivent eftre éloignées du milieu des Villes , 554
Bouchers de Paris , quelles précautions ils doivent prendre pour ne point caufer d'infections, ibid.
Bouchers doivent tenir propres leurs échaudoirs & boucheries , 538
Bouchers ne laifferont couler le fang de leurs abbatis par les ruës , 123
Bouchers vendoient autrefois toute la chair cruë; celle des porcs, comme celle des autres beftiaux, 571
Bouchers ne peuvent eftre Taverniers , & pourquoi , 572.
Bouchers , combien de temps peuvent garder les chairs après que les beftiaux font tuez , 571
Bouchers n'ouvriront leurs étaux dans le temps des chaleurs , 572.
Bouchers , quelle eft leur obligation dans l'obfervance du Dimanche & des Feftes , 349
Bouchers , par rapport à la fanté , 102
Bouchers , fous la Jurifdiction des Lieutenans Generaux de Police , 45

Bouchers fuivant la Cour , qui ont leurs étaux à Paris, font fous la Jurifdiction de Police du Chaftelet ; 138
Boucheries , 123
Boucheries pendant le Carême pour les malades , 355 & fuiv.
Boucherie où eftoit l'ancienne Porte Montmartre , 85.
Boucherie de l'Ifle Noftre-Dame , 84
Boucherie proche des Quinze-vingt , 85
Boues ne feront nourris dans les Villes , 539
Boües ne feront pouffées dans la riviere , 553
Boulangers , 122
Boulangers de Rome eftoient vifitez par les Ediles, 15.
Boulangers , leur Police , 202
Boulangers par rapport à la fanté , ibid.
Boulangers , comment l'obfervation du Dimanche & des Feftes doit eftre entenduë à leur égard , 347.
Boulangers de Paris, ce qu'ils doivent au Grand-Pannetier, & quelle eft fa Jurifdiction fur eux, 148.
Boulangers des Fauxbourgs ne font foumis à la Jurifdiction du Grand-Pannetier, 148. 151
Boulangers fujets à la lepre , 604
Boulangers condamnez pour avoir employé des farines de mauvaife qualité , 570
Bourgeois Intendans de Police , leurs fonctions & leur competence , 36. 118
Bourgeois , à quelles heures , & comment ils doivent fermer leurs portes , 205
Bourgeois , leur devoir auprès des Commiffaires , 204.
Bourgeois donneront main-forte aux Officiers de Juftice , 121
Bourgeois de Paris agiffant en Corps , & fous quel titre , 142
Bourgeois de Paris , leur privilege de ne pouv^ir eftre atirez hors de leur Ville pour plaider , 103
Bourgeois ne loüeront leurs maifons qu'à gens bien famez , 121
Bourgeois , déclarations qu'ils doivent faire aux Commiffaires en temps de guerre , 205
Bourgeois de Paris , Philippe Augufte leur aliene de fes droits Domaniaux pour la dépenfe de la clofture de Paris , 76
Bourgeois du Roy , en quoi confifte ce privilege, & d'où il tire fon origine , 30
Bourg faint Marcel , 78. 80. & 139
Bourg ancien de S. Germain l'Auxerrois , 139. 140
Bourg nouveau de S. Germain l'Auxerrois , 141
Bourg de S. Germain des Prez , 18. 139
Bourg l'Abbé , 139.
Bourg Thibouft , ibid.
Bourg de faint Paul & de faint Eloy , ibid.
Bourg de fainte Geneviéve , ibid.
Bourgs aux environs de l'ancien Paris, 75. 138, & 139.
Bourgs des environs de Paris au commencement du Regne de Philippe Augufte , & qu'il enferma dans une même enceinte , 75. 76. & 90
Brafferies , injonction de les tenir nettes , 585
Brafferies , quels beftiaux il eft défendu d'y nourrir, ibid.
Brelans défendus , 130
Brelans & academies de jeux , 451. & fuiv.
Brelans , défendu de les fouffrir dans fes maifons , 121.
Bric-Comte-Robert, Chaftellenie qui releve du Chaftelet de Paris , 98
Broderies d'or & d'argent défenduës , 395 & fuiv.
Bulletins pour logemens de gens de guerre, feront

ront paraphez par les Lieutenans Generaux de Police, 48. 50. 57. & 58
Bureau de Police establi à Paris en la Salle de la Chancellerie, & depuis supprimé, 118
Butte qui estoit derriere l'Eglise de saint Roch de Paris, est applanie, & douze ruës y sont basties, 81. 85. & 88
Buttes applanies sur les remparts de Paris, 90

C.

CABARETIERS, leur Commerce & leur Police, 123. 202. 204
Cabaretiers de Paris ne recevront chez eux les Habitans ou Bourgeois de la Ville, 124
Cabaretiers ne recevront chez eux gens de mauvaise vie, jeux, ny brelans, 121
Cabaretiers, ce qu'il leur est défendu d'avoir dans leurs caves & maisons, 583
Cabaretiers, il leur est enjoint de souffrir que l'on aille voir tirer le vin que l'on prend chez eux, ibid.
Cabaretiers ne feront aucuns mélanges de vins, ibid.
Cabaretiers par rapport à la santé, 202
Cabaretiers, comment doivent observer les Dimanches & les Festes, 352
Cabaretiers ne vendront que du petit pain, 569
Cabarets, il estoit défendu à Athenes de les frequenter, 9
Cabarets, à quelles heures doivent estre fermez, 130. 204.
Calendrier reformé, 332. 333
Calvinisme, son introduction & son progrés en France, 294
Calvinisme, quels maux il a causé en France pendant plus d'un siecle, ibid. & suiv.
Calvinisme aboli en France, 299
Calvinisme, ses Temples démolis en France, 301
Canal de la riviere, d'entre l'Isle, & le Terrain de Nostre-Dame, ne pourra estre comblé, 86
Casernes seront nourries dans les Villes, 539
Canons & Loix Civiles contre les Heretiq. 186 & suiv.
Canons & Loix de l'Eglise contre les Juifs, 180. & suiv.
Canons des Conciles touchant le respect dû aux Eglises, 323. & suiv.
Canons de l'Eglise contre les spectacles, 435
Capitulaires de nos premiers Rois, en quel temps ont commencé, 182
Capitulaires de nos Rois, en quel temps ils ont fini, 29. 186. & 225
Capucins du Fauxbourg saint Jacques visitent les Pestiferez de l'Hospital sainte Anne, 622
Capucins, leur ancien Convent est abbatu; & le Roy leur en a fait bastir un autre plus grand & plus beau, 90
Capurioni, Commissaires des quartiers de la Ville de Rome, & leurs fonctions, 218. 219
Caresme, son observation, 201. 255
Carmes, Religieux nommez les Barrez, & pourquoi, 77.
Cas reservez aux Justices Royales, 137
Cas Royaux exceptez dans l'érection des Pairies, 145.
Caves, les eaux qui s'y dégorgent dans les inondations en doivent estre tirées, 202. 538
Caves, leurs ordures ne seront jettées dans les rues, 125.
Causa regales, 151
Causa palatina, ibid.
Causa pro salute Patria & utilitate Francorum, ibid.
Causa rei publica, ibid.
Célestins ont leurs causes commises au Chastelet de Paris, 103

Celle, Village donné au Chapitre de Paris, nommé aujourd'huy, la Grande Parroisse, 138
Celtes, Idolâtres, d'où venoit leur Religion, 68. en marge.
Censeurs Romains, leur création & leurs fonctions, 12.
Censeurs pouvoient bien noter & reprimander, mais non pas condamner, 13
Centeniers Juges des petites Villes, Bourgs ou Villages, sous nos premiers Rois, 26. 27. & 98
Centum-viri de litibus judicandis, leur création & leurs fonctions, 14. 123
Ceres nommée Isis par les Gaulois, 68
Cervoise ou biere, bruvage fort ancien, 584
César se rend maistre des Gaules, & ce qui contribua à cette conqueste, 67
Chair de boucherie, Réglement de son commerce par rapport à la santé, 571. 572
Chairs de boucherie ne doivent estre venduës le même jour que les bestiaux ont esté tuez, 202. 572
Chaircuitiers: Réglemens qui les concernent par rapport à la santé, 202. 538. & 573
Chandellan ordinaire du Roy, l'une des qualitez du Prevost de Paris, & pourquoi, 106
Chambres des Enquestes, 189
Chambre des Comptes, les Baillis & Seneschaux, les Prevosts & les Commissaires-Examinateurs y estoient reçûs, 191
Chambre des Comptes de Dijon s'addresse au Prevost de Paris pour faire publier & afficher dans Paris, 163
Chambre souveraine pour la recherche des biens des Maladeries & autres lieux de pieté, 607
Chambres de Commissaires au Chastelet, 192. 209
Chambres garnies, ce qui s'observoit à Rome à cet égard, 20
Chambres garnies, leur Police à Paris, 104
Chambres garnies tiendront Registres, & des avis qu'ils doivent donner aux Commissaires, 121
Chambres garnies, défenses d'y loger gens de mauvaise vie, jeux, ny brelans, ibid.
Champ de Mars à Paris, 72
Champeaux, terroir de Paris, où sont à present les Halles, 75. 140
Chancelier de France, gardien des Loix & Ordonnances sous nos premiers Rois; & c'estoit de luy que les Evêques & les Magistrats les recevoient pour les faire observer, 18
Chancelier de France, 118. 119. 110. & 260
Chancellier de Lhospital, son éloge, & les soins qu'il prit de la Police de Paris, 37. 117. & 205
Chansons dissoluës, 202
Chanteurs de chansons, défenses de s'arrester dans les ruës ou places publiques, 122
Chapelle de saint Nicolas, où est aujourd'huy la Sainte Chapelle du Palais, 81
Chapelle de Braque, où est l'Eglise de la Mercy à Paris, 77
Chapelle de saint Pierre dans les bois de Paris, 69
Chapelle de Nostre-Dame des Bois, où est à present sainte Opportune à Paris, 69
Chapitre de Paris, sa fondation, 138
Chapitre de Paris, sa Justice & ses Privileges, 141. 142. & 144
Chapitre de Paris, sa Jurisdiction restablie, & ses limites, 146
Chapitre de Paris a ses causes commises au Chastelet, 141
Chapitre de Paris il luy est permis de vendre ses maisons canoniales aux Chanoines, 141
Chapitre de Beauvais a ses causes commises au Chastelet de Paris, 103
Chapitre de Senlis a ses causes commises au Chastelet

telet de Paris, ibid.

Chapitre de Meaux a ses causes commises au Chastelet de Paris, ibid.

Chardonnet, l'un des noms du terroir de Paris, quand fut commencé de bastir, 78

Charges de Ville & publiques, les Commissaires en sont exempts, 217

Charlemagne se qualifie Défenseur & Protecteur de la sainte Eglise, 272

Charlemagne, sa modestie, & combien il estoit ennemi du faste des habits, 386

Charles de Savoisi Concierge du Palais, 164

Charpentiers n'embarrasseront la voye publique, 125

Charta pacis, transaction, entre Philippe Auguste, & l'Evêque de Paris, 140

Chartiers du Port au foin, 124. 125

Chartiers ne seront montez sur leurs chevaux, 125

Chartiers conduiront à pié leurs harnois, 204

Chartiers ne feront courir leurs chevaux dans les rues, ibid.

Chartreux, à Paris, où estoit le Chasteau de Vauvert, 77

Chartreux de Mort-Fontaine ont leurs causes commises au Chastelet de Paris, 103

Chasteau de Vauvert à Paris, 77

Chasteau de la Bastille, 79

Chasteau des Parisiens, 71. 72

Chasteau des Thermes basti par l'Empereur Julien, à Paris, 72

Chasteau du Louvre basti par Louis le Gros, 78

Chasteau du Bois basti proche le Louvre par Philippe Auguste, ibid.

Chastelains, leur origine, 29

Chastelenies qui relevent du Chastelet de Paris, 98

Chastelets de Paris bastis par les Romains, 71

Chastelet de Paris l'une des plus anciennes Maisons Royales, 100

Chastelet, demeure du Comte, & ensuite du Vicomte, & en dernier lieu du Prevost de Paris, ibid.

Chastelet de Paris, éloge de cette Jurisdiction, 217

Chastelet de Paris, ses prérogatives, 30. 100. 102. 104. 139. & 150.

Chastelet de Paris, le premier des Tribunaux ordinaires du Royaume, 99

Chastelet de Paris, les Ordonnances y estoient autrefois publiées & registrées, 104

Chastelet de Paris principal manoir d'où relevent les Fiefs de la Vicomté & Prevosté, 100

Chastelet de Paris, seule Jurisdiction qui a un dais, ibid.

Chastelet de Paris, le Siege vacant, est tenu par le Procureur General du Roy, 99

Chastelet de Paris, son Tribunal honoré de la presence de nos Rois, ibid.

Chastelet de Paris reformé par saint Louis, 100. 104.

Chastelet de Paris change de face après la reforme de saint Louis, 106

Chastelet de Paris, combien de temps fut reformé avant les autres Jurisdictions du Royaume, ibid.

Chastelet de Paris, saint Louis y va rendre la Justice en personne, 104

Chastelet de Paris tenu au Louvre, 100. 153

Chastelet de Paris, ses seuls Officiers ont la Police generale en premiere instance dans tous les lieux privilegiez, comme dans les autres quartiers de la Ville, 130. 133. 150. & 592

Chastelet de Paris; Gardes Gardiennes qui attribuent Jurisdiction à ce Tribunal, leur origine, 103.

Chastelet, le plus ancien de ses Registres nommé, Livre blanc, ou premier Volume des Mestiers, 261.

Chastelet de Paris, les Justices des Hauts Justiciers y sont reunies, 140

Chastelet de Paris; partagé en deux Tribunaux, & Réglement de leur competance, 108. 145

Chastelet de Paris, réunion du nouveau Tribunal à l'ancien, 112

Cherté des vivres, & ce qui doit estre fait en ce temps, 202

Chevaliers Romains, leur origine, 11

Chevaliers Templiers & ensuite de Malte à Paris, 139.

Chevaliers du Temple transigent avec Philippe le Hardy, 141

Chevaliers de saint Jean de Jerusalem sont mis sous la protection du Prevost de Paris, ibid.

Chevaliers de Malte, leurs privileges, 142

Chevaliers de Malte ont leurs causes commises au Chastelet de Paris, 103

Chevaliers de l'Ordre de saint Lazare, leur origine & leur establissement en France, 607

Chevalier du Guet, 234

Chevalier du Guet nommé, Praefectus vigilum, par les Romains, 19. 20

Chevalier du Guet de la Ville de Paris, 236

Chevalier du Guet instalé par le Lieutenant Criminel, 244

Chevalier du Guet instalé par un Commissaire au Chastelet, 210

Chevalier du Guet, sa maison au milieu de Paris, 240.

Chevalier du Guet, récompense qui luy est donnée, au lieu de la maison qui appartenoit à son Office, 244

Chevalier du Guet aux Assemblées generales de Police au Chastelet, 120. 121

Chevaliers du Guet establis dans les Provinces, 244

Cheval de bronze du Pont-neuf, 83

Cheval de bronze de la Place Royale, 86

Chevaux ou mulets, défenses de les faire courir par la Ville, 123. 204

Chevaux, comment & en quel nombre seront conduits à l'abreuvoir, 125. 204

Chevres ne seront nourries dans les Villes, 539

Chiffonniers, Réglemens contre l'infection de leurs maisons, 543

Childebert fonde l'Eglise de saint Germain des Prez, & celle de saint Germain l'Auxerrois, 138

Childebert donne au Chapitre de Paris le Village de Celle, nommé aujourd'huy, la Grande-Partoisse, ibid.

Chimie, sans approbation des Medecins, défenduë, 203.

Chinois, leurs Villes distribués en quartiers, & de leurs Officiers de Police, 220

Chiromanciens, 512

Chirurgie, défendu à toutes personnes sans qualité de l'exercer, 598

Chirurgiens, précautions que l'on prend pour s'assurer de leur capacité, 602

Chirurgiens, comment reçus dans les Villes où il y a Université, 596

Chirurgiens sont sous la Jurisdiction des Lieutenans Generaux de Police, 44. 45. 47. 52. 55. 59. & 63

Chirurgiens par rapport à la seureté publique, 130. 204.

Chirurgiens avertiront les Commissaires des blessez qu'ils panseront, 130

Chirurgiens des Maisons Royales soumis à la Police de Paris, 163

Chirurgiens des Maisons Royales, & de la suite de la Cour, incorporez aux Chirurgiens Jurez de saint Cosme, ibid.

Chirurgiens, comment choisis & nommez pour panser les pestiferez, 623. & suiv.

Chirurgiens,

Chirurgiens, leurs devoirs en temps de contagion, 618. & *fuiv.*

Chirurgiens pour panfer les malades de contagion, quels font leurs gages, 632

Chirurgiens ne jetteront dans la riviere le fang des faignées qu'ils feront en temps de contagion, 616

Chirurgiens, comment parviennent à la maiftrife pour avoir panfé les malades de contagion dans les Hofpitaux, 624

Chonrardus, Comte de Paris, 99

Choüart, Bailly de Meaux, fe fait Commiffaire au Chaftelet de Paris, 193

χοπτμενδ*νοι* Commiffaire des quartiers des Villes de la Grece, 9. 182

Chreftiens, quand ce nom a commencé, 275

Ciceron avoit exercé l'Edilité, & l'eftime qu'il faifoit de cet employ, 15

Cimetiers hors de Paris, 72

Cimetiere faint Innocent hors la Ville de Paris, 75

Cimetiere des Religieufes de faint Martial, hors les murs de Paris, *ibid.*

Cimetiere des Juifs à Paris, 281

Cimetiere des Juifs de Paris donné aux Religieufes de Poiffy, 283

Cinquanteniers, Juges des petites Villes, Bourgs ou Villages, 26. 98

Cinquanteniers Officiers de Ville, leurs devoirs auprés des Commiffaires, 204

Cité ne peut fubfifter fans Police, 2

Cité, l'un des quartiers de Paris, d'où luy eft venu ce nom, 73. 76

Civitates fœderatas, quelles fortes de Villes, 97

Clarification du vin : difpute des Anciens fur cet ufage, s'il eft bon ou mauvais, 581

Clerc, pour Ecrivain, d'où vient ce môt, 100

Clerc du Prevoft de Paris, des Auditeurs & des Examinateurs, 191

Clercs, Greffiers Domeftiques des Magiftrats, 105

Cloaques, c'eftoit aux Ediles Romains à les faire entretenir, 15

Cloaques & décharges des immondices, 202

Cloiftre de Noftre-Dame de Paris, fes privileges, 141.

Cloiftre de Noftre-Dame, quelles perfonnes y peuvent loger, 142. 143. & 144

Cloiftre de Noftre-Dame, défenfes d'y loger des Marchands ou Artifans, 146

Cloiftre de fainte Opportune, 81

Clos de Vignes des environs de Paris, 75

Clos de Garlande, 76

Clos de Garlande encore en vignes l'an 1238. & fut commencé à baftir, 78

Clos-Bruneau ou Brunel, 76. 140

Clos de fainte Geneviéve, quand fut commencé à baftir, 78

Clos de faint Symphorien, quand fut commencé à baftir, 76. 78

Clos du Chardonnet, quand a efté bafti, 76. 80

Clos du Roy, 76

Clos des Francs-Mureaux, *ibid.*

Clos des Mureaux dépendoit du Palais, 164

Clos des Jacobins bafti, 80

Clos de faint Eftienne des Grez, quand fut commencé à baftir, 78

Cloſture premiere de la Ville de Paris, renfermée dans fon Ifle, 70

Cloſture feconde de la Ville de Paris, & fon premier accroiffement hors de fon Ifle du cofté du Nort, 72

Cloſture de la Ville de Paris par Philippe Augufte, 76. 139.

Cloſture de Paris par Philippe Augufte n'eft que la troifième, contre l'opinion commune, qu'elle eft la premiere, 72. 73

Cloſture de Paris fous Charles V. 72

Cloſture de Paris, depuis la Porte de la Conference, jufqu'au bout de l'ancien Fauxbourg S. Honoré, 80

Cloſture nouvelle de Paris projettée, 84

Cloſture nouvelle de Paris fous Louis XIII. 85

Clovis acheve la conquefte des Gaules, & choifit Paris pour Capitale, 26. 70.

Clovis, fa converfion & fon baptême, 89. 277

Clovis fonde l'Eglife de fainte Geneviéve du Mont, 138.

Coches, l'on change leur route en temps de contagion, pour les éloigner des lieux infectez, 636. 639

Coietier du Palais, 164

Colle de poiffon dans le vin, 202

Colleges baftis à Paris, & en quels temps, 78

Colleges, quelles gens y peuvent loger, 122. 105

Colleges, à quelles heures doivent eftre fermez, & du devoir des Principaux & autres Superieurs, par rapport à la Police, 121. 130

Colleges, Hoftels & tous autres lieux feront ouverts aux Officiers du Chaftelet, faifant la Police, nonobftant tous privileges, 128. 145

Colonia, quelles fortes de Villes, 97

Colporteurs, 115

Colporteurs ne doivent rien debiter fans la permiffion du Lieutenant General de Police, 263. 164

Colporteurs de hardes, ce qui leur eft defendu en temps de contagion, 627

Comedie Françoife, fon origine, & les Réglemens qui ont efté faits pour fa difcipline, 439

Comedies, 433 & *fuiv.*

Comes Palatii, 151

Comes Parifienfis, nom que prit le premier Magiftrat de la Ville de Paris, en quittant celuy de Prefet, 98

Comes formarum, Surintendant des fontaines à Rome, 23

Comites, origine de cette dignité, 23

Comites, à *Comitatu Principis*, 98

Comites majores vel primi ordinis, & *Comites minores vel fecundi ordinis*, 23. 98

Commanderie de faint Jean de Latran, fa Juftice reftablie, 147

Commerce, 206

Commerce, la bonne-foy y eftoit entretenuë par les Officiers de Police d'Athenes, 9

Commerce reftabli par Eftienne Boileau Prevoft de Paris, 114

Commerce interdit avec les lieux infectez de contagion, 636 & *fuiv.*

Commerce reftabli aprés la ceffation du mal contagieux, à condition d'un évent des marchandifes en la prefence d'un Commiffaire au Chaftelet, 646. 647.

Commiffaires, origine & étymologie de ce nom, 189. 190.

Commiffaires de Police des Hebreux diftribuez dans les quartiers de leurs Villes, 5. 6. & 7

Commiffaires de Police d'Athenes, leur pouvoir & Jurifdiction, 9. 10.

Commiffaires des quartiers des Villes de la Grece, premier échelon pour monter aux plus hautes dignitez, 10

Commiffaires des quartiers de la Ville d'Athenes nommez, Χοριτμευτης, & leurs autres noms par rapport à leurs fonctions, 9

Commiffaires de la Ville, ce nom fut ajoûté par les Romains aux Ediles, en leur attribuant les fonctions de Police, 13

Commiffaires des quartiers de la Ville de Rome, 218

Commiffaires des quartiers de la Ville de Rome font donnez pour Affeffeurs au premier Magiftrat, 17. 18

Commiffaires des quartiers de la Ville de Rome, nommez, *Curatores regionum Urbis*, & pourquoi ce nom, *Curatores*, leur fut donné, 18

Commiffaires

Commissaires des quartiers de la Ville de Rome sont mis au nombre des Magistrats, 17. 18

Commissaires des quartiers de la Ville de Rome avoient sous eux en chacun quartier deux Dénonciateurs, quatre *Vico-magistri*, & un certain nombre de Stationaires ou Sergens des barrieres pour les avertir des fautes, & leur prester main-forte, 20. 21.

Commissaires des quartiers de la Ville de Rome ; nouvelle creation de quatorze choisis dans les Familles Consulaires ; pour en augmenter le nombre jusqu'à 28. deux en chacun quartier, 18

Commissaires des quartiers de la Ville de Rome portoient la même robbe que les Magistrats, & avoient deux Licteurs & d'autres Huissiers pour les accompagner & executer leurs ordres, ibid.

Commissaires des quartiers de la Ville de Rome avoient voix deliberative, 182

Commissaires establis par Auguste dans les Provinces pour representer & soulager les Magistrats dans leurs fonctions, 24 & suiv.

Commissaires des Proconsuls Romains, ou Magistrats des Provinces comparez aux Enquesteurs & aux Commissaires des quartiers de la Ville de Rome, & preuves de cette comparaison, 21. 22

Commissaires des Proconsuls ou Magistrats des Provinces sont nommez *Legati*, & pourquoy, 21

Commissaires des Magistrats Romains dans les Provinces furent dans la suite nommez *Servatores loci*, & la raison de ce changement, 22

Commissaires des quartiers des Villes des Provinces, sont traversez dans leurs fonctions par les Magistrats Romains, & depuis restablis & maintenus par l'Empereur, 25

Commissaires des quartiers des Villes de Province, avoient des pensions du Prince du temps des Romains, ibid.

Commissaires des quartiers de la Ville de Rome y ont esté conservez jusqu'à aujourd'huy dans le même nombre de 28. qu'ils estoient sous les Empereurs, 18

Commissaires ; tous ceux qui portent ce titre en France, estoient nommez, *Curatores*, par les Romains dans leur Ville Capitale ; *Legati*, dans les Provinces, & furent nommez, *Missi* sous nos premiers Rois, 18. 184. & 190

Commissaires-Examinateurs establis par nos premiers Rois dans toutes les principales Jurisdictions, auprés des Comtes ou premiers Magistrats, 27. & 185.

Commissaires-Examinateurs auprés des Comtes, devoient sçavoir les Loix, 27

Commissaires des Comtes ne devoient recevoir aucuns presens, 28

Commissaires de nos Rois nommez, *Missi Dominici*, & *Missi Regales*, quitterent ces anciens noms pour prendre celuy d'Enquesteurs, 184. 187

Commissaires - Examinateurs prennent aussi le nom d'Enquesteurs, 188

Commissaires des quartiers des Villes ; qualitez qu'ils doivent avoir pour bien remplir tous les devoirs de cet employ, 23. 24. & 25

Commissaires des quartiers des Villes, estoient mis par les Anciens au nombre des Magistrats les plus necessaires, 10. 207

Commissaires-Examinateurs, leurs fonctions de Police sous nos premiers Rois, 200

Commissaires-Examinateurs comparez aux *Chorepiscopi*, 185

Commissaires-Examinateurs, Aides ou Coadjuteurs des premiers Magistrats, 185. 190. & 200

Commissaires-Examinateurs, leur estat, depuis Hugues Capet, jusqu'à Philippe le Bel, 186

Commissaires-Examinateurs, depuis le regne de Philippe le Bel : il n'y en eut plus que dans les Villes Royales, & pourquoy, ibid.

Commissaires-Examinateurs sont du Corps des Juges, 208. 212.

Commissaires-Examinateurs avoient originairement voix deliberative, 182

Commissaires-Examinateurs doivent estre graduez Avocats & reçus sur la Loy, 198. 208. & 211

Commissaires Examinateurs, quel rang ils tenoient entre les Officiers sous nos premiers Rois, 185

Commissaires-Examinateurs ; leur rang & seance, 213. 214.

Commissaires-Examinateurs ; leurs privileges, 215. 216. 217. & 218.

Commissaires-Examinateurs, leurs Offices unis à ceux des premiers Magistrats des Provinces, 208

Commissaires au Chastelet de Paris, estoient élus en la Chambre des Comptes ; dans le temps qu'une pareille élection s'y faisoit des Prevosts, & que les Baillis & Seneschaux y venoient faire serment, 191. 209.

Commissaires au Chastelet de Paris, comment qualifiez anciennement, 193. 194. & 196

Commissaires au Chastelet, au nombre de huit, furent augmentez jusqu'à douze, & ensuite jusqu'à seize, 191. 192. & 193

Commissaires-Examinateurs, ont par attribution six Chambres au Chastelet de Paris, deux en chaque Chambre ; & toutes les instructions se faisoient devant eux, 192

Commissaires au Chastelet de Paris sont examinez en leurs Chambres avant leur reception, 198

Commissaires au Chastelet sont tenus par les Réglemens de subir le même examen que les Conseillers à leurs receptions, 197

Commissaires-Examinateurs, du nombre des Juges & des principaux Officiers du Chastelet, 195. 196. & 212.

Commissaires-Examinateurs du Chastelet de Paris, avoient les mêmes Greffiers que le Prevost de Paris, 191.

Commissaires au Chastelet, Conseillers du Prevost de Paris, 196. 209. 210. & 227

Commissaires au Chastelet, le titre de Conseillers du Roy leur est attribué des premiers aprés les Magistrats, & leur a depuis esté confirmé, 198. 199. & 211.

Commissaires au Chastelet, procés criminels où ils ont opiné, 211

Commissaires au Chastelet, aux Assemblées generales de Police, avec voix deliberative, 209. 212

Commissaire au Chastelet, Procureur General du Roy sur le fait des Domaines, 194

Commissaire au Chastelet, qui avoit esté Bailly de Meaux, 193

Commissaires au Chastelet qui ont esté Lieutenans du Prevost de Paris, 193. 194. & 210

Commissaire au Chastelet de Paris, Vicomte de Corbeil, 194

Commissaires extraordinaires créez au Chastelet de Paris, avec retention des premieres Charges ordinaires qui viendroient à vacquer, 192. 193

Commissaires au Chastelet de Paris ; le Roy donne cet Office pour récompense des services qui luy avoient esté rendus par des Sujets de consideration, & en matieres importantes de l'Estat, 192

Commissaires au Chastelet ; l'un de ces Offices donné à Pierre Assailly premier Secretaire des commandemens du Dauphin de France, pour recompense des services par luy rendus auprés du Prince de Navarre, où il avoit esté envoyé par le Roy pour affaires & negociations concernant le bien de l'Estat, 192

Commissaires au Chastelet de Paris prenoient alliance dans les premieres Familles de la Robbe, 193

Commissaires au Chastelet aux publications de Paix, 213. 214.

Commissaires au Chastelet, ce seul titre leur est donné par François I. & renferme les deux autres d'Enquesteurs & Examinateurs, 195

Commissaires au Chastelet, leur nombre augmenté jusqu'à trente-deux, ibid.

Commissaires au Chastelet, les seize anciens s'opposent qu'il ne soit admis dans les Offices de nouvelle création, des gens qui ne soient de qualité à les remplir, ibid.

Commissaires au Chastelet de Paris, leur nombre augmenté jusqu'à quarante, 198

Commissaires au Chastelet, de Paris leur nombre augmenté jusqu'à quarante-huit, 199

Commissaires au Chastelet, leur nombre augmenté jusqu'à cinquante-cinq, ibid.

Commissaires au nouveau Chastelet, réunis à ceux de l'ancien, 134. 199

Commissaires-Examinateurs, leurs recusations seront jugées comme celles des Juges, 211

Commissaires-Examinateurs, estant tous recusez, leurs fonctions ne peuvent estre commises qu'à des Juges, ibid.

Commissaires, leurs fonctions de Police, 200 & si.i.

Commissaires du Chastelet de Paris, ont des Sergens de service auprès d'eux pour leurs fonctions de Police, 125

Commissaires au Chastelet, l'un d'entr'eux instale un Chevalier du Guet en son Office, 210

Commissaires ont inspection sur le Guet de nuit, 205. 239. & suiv.

Commissaires, leurs maisons sont un refuge asseuré, de jour & de nuit, à ceux qui sont en quelque peril; & en cela sont comparez aux Tribuns du Peuple dans l'ancienne Rome, 205

Commissaires chargez de la tranquillité publique, 205

Commissaires, leur assiduité jugée necessaire, 206

Commissaires, soins qu'ils doivent prendre des pauvres de leur quartier, 207

Commissaire au Chastelet commis avec un Conseiller du Parlement pour la Police de Paris, 210

Commissaires au Chastelet commis avec trois anciens Eschevins & deux autres notables Bourgeois, pour revoir les anciennes Ordonnances de Police, & les Memoires qui avoient esté donnez, pour estre sur leur rapport fait un nouveau Réglement, 211.

Commissaires-Examinateurs au Chastelet, chargez par le Parlement, de tenir la main à l'execution des Ordonnances concernant les Medecins & Apotiquaires, 594

Commissaires au Chastelet de Paris, leurs fonctions en temps de contagion, 617 & suiv.

Commissaires au Chastelet de Paris commis par le Roy, pour tenir la main à l'execution des Ordonnances pour l'évent des marchandises venans des Villes affligées de contagion, 644 & suiv.

Commissaires du Chastelet de Paris; il leur est enjoint par le Roy, de tenir la main, que les ponts, quais & places publiques, soient conservez en l'estat qu'ils sont, & qu'il n'y soit basti aucunes maisons, boutiques, loges ou échopes, 85

Commissaire au Chastelet appose scelle après une faillite d'un Marchand de grains, & fait description de ses effects sur la riviere & sur les ports, 173

Commissaires au Chastelet maintenus dans leurs fonctions pour les affaires extraordinaires renvoyées

au Chastelet, 155

Commissaire-Examinateurs faisoient les recollemens & confrontations, 211

Commissaires-Examinateurs des Provinces, leur origine, & l'accroissement de leur nombre, 194

Commissaires-Examinateurs des Provinces reduits aux grandes Villes du Domaine du Roy, & pourquoy, ibid.

Commissaires-Examinateurs seront reçus au Parlement ou aux Présidiaux, 211

Commissaires-Examinateurs sont appellez aux Assemblées des Villes, & y auront voix délibérative, ibid.

Commissaires-Examinateurs joüissent des mêmes privileges que les Conseillers du Siége, 199. 200

Commissaires, ce nom seul donné par François I. aux Enquesteurs & Examinateurs, 190

Commissaires-Enquesteurs & Examinateurs des Provinces, supprimez, & à l'instant d'autres créez en leur place & dans toutes les Villes, 199 200

Commissaires des scellez & des inventaires dans les Provinces, 199. 200

Commissaires des scellez & des inventaires ont seance & voix déliberative, ibid.

Commissaires de Police créez dans les Provinces, leurs fonctions & leurs privileges, 40. 41. 57. & 200

Commissaires des quartiers des Villes d'Espagne, nommez Rigidors, 219

Commissaires des quartiers des Villes d'Angleterre nommez Justice of peacé, Juges de paix, ibid.

Commissaires des quartiers des Villes d'Allemagne, nommez, Kluitmeisteres, 220

Commettimus des Commissaires au Chastelet de Paris, 212. 215.

Communautez Regulieres & Seculieres ne seront establies sans permission du Roy, 376

Communautez & autres lieux privilegiez doivent estre ouverts aux Officiers du Chastelet de Paris, en faisant la Police, 145

Compagnie de Juges pour connoistre de la Police à Paris dans la Salle de la Chancellerie, & que la même chose s'observeroit dans les autres Villes, 37.

Compagnons Chirurgiens se retireront chez les Maistres, 130

Compagnons de Mestiers se retireront chez les Maistres ou sortiront de la Ville, 121

Comte du Palais, son origine & ses fonctions; voir Prfet de Gaules, 27. 98. 100. & 151

Comte du Palais, sa suppression, 151

Comte, ou premier Magistrat de Paris, ses droits ou ses prérogatives, 98. 138. & 225

Comte de Paris fait publier les Ordonnances de nos Rois à son Audience, 160

Comte de Paris avoit ses Conseillers, 98

Comte de Paris cesse de rendre la Justice en personne, 99.

Comtes, tous les Magistrats & les Grands Officiers de l'Empire Romain prirent ce titre, 23

Comtes François, leur origine, 26. 225

Comtes, tous les Magistrats prirent ce titre, & pourquoy, 98

Comtes, premiers Magistrats des Villes, leurs fonctions, ibid.

Comtes, Réglemens de leurs fonctions par les Capitulaires de Dagobert, de Charlemagne & de Louis le Debonnaire, 27. 28

Comtes, devoient sçavoir les Loix, & rendoient la Justice, 17. 98

Comtes & leurs Commissaires jugeront selon les Loix, 17

Comtes, Réglement des jours qu'ils devoient tenir leurs

leurs Audiances, *ibid.*

Comtes devoient faire obferver les Loix & maintenir les droits du Roy, *ibid.*

Comtes, devoient faire executer les ordres du Roy dans leurs Provinces, 28

Comtes comparez aux Evêques, 185

Comtes devoient eftre unis étroitement avec leurs Evêques pour le bien de l'Eglife & de l'Eftat, 27. 28. & 173.

Comtes devoient une protection particuliere à l'Eglife, à fes Miniftres, à fes Serviteurs, aux Veuves, aux Orphelins & aux Pauvres, 28

Comtes avoient le gouvernement des armes, l'adminiftration de la Juftice, & la direction & recette des finances de leur Province, *ibid.*

Comtes recevoient les Ordonnances des mains du Chancelier, pour les faire publier & obferver dans leurs Provinces, 28. 140

Comtes, il leur eftoit défendu de recevoir aucuns prefens, 27

Comtes font les Protecteurs du Peuple, 28

Comtes devoient principalement s'appliquer à maintenir la tranquillité publique, *ibid.*

Comtes avoient toute l'intendance & la Jurifdiction de Police, 34. 113

Comtes qui trouvoient quelque refiftance dans l'exercice de leurs fonctions, devoient s'addreffer au Roy qui leur accordoit tous les fecours de fon autorité, dont ils avoient befoin, 28

Comtes & Ducs fe rendent maiftres de leurs Provinces, & en obtiennent les infeodations, & fous quelles conditions, 29

Comtes, en establiffant des Juges fous eux, fe refervent une Jurifdiction fuperieure, qu'ils exercent encore en perfonne avec leurs Pairs ou principaux vaffaux, dans leurs Affifes, 29. 30

Comtes de Paris font publier à leurs Audiences les Ordonnances de Police, 98

Comté de Paris infeodée, 30. 99. & 139

Comté de Paris réunie à la Couronne par droit de reverfion, *ibid.*

Comtez, leur origine, 137

Comtez qui relevent du Chaftelet de Paris, 98

Concierge du Palais, 163

Concile de Nicée contre les Ariens, 286

Concile premier de Paris contre les Ariens, 69. 190

Concile de Conftantinople contre les Iconoclaftes, 291.

Concile de Paris contre les Iconoclaftes, *ibid.*

Concile de Rome contre les Iconoclaftes, *ibid.*

Conciles & loix de l'Eglife contre les Apoftats & les Relaps, 310

Concours des deux Puiffances, la Spirituelle & la Temporelle dans le gouvernement de l'Eglife, 270.

Conditions, qu'il eft dangereux de les diftinguer par les habits, 383

Confrairie de la Paffion pour la representatino des Myfteres, 437

Confrairies en general, leur eftabliffement par les premiers Chreftiens, & comment elles ont commencé à s'introduire en France, 370. 371

Confrairies, leurs abus reformez par les Canons de l'Eglife, 370

Confrairies fupprimées par les Conciles, par les Ordonnances de nos Rois, & par les Arrefts du Parlement, 373. & fuiv.

Congiaria, lotterie de liberalité des Empereurs Romains, 450

Conneftable de France, fa Jurifdiction, 148

Conquefte des Gaules par les François, 26

Confeil fouverain des Gaules eftabli à Paris par Cefar, 67. 68. & 69.

Confeil du Prevoft de Paris, 227

Confeil eftabli pour le reftabliffement de la Police de Paris, 127

Confeil de fanté en temps de contagion, 636

Confeils de nos Rois de la premiere & feconde Branche, 151

Confeillers, leur origine, leurs prérogatives & leurs fonctions, 221

Confeillers eftablis chez les Hebreux, les Grecs & les Romains, 222. 223

Confeillers eftablis en France, 223

Confeillers nommes Jugeurs, 188

Confeillers du Parlement diftinguez en Jugeurs & en Enquefteurs ou rapporteurs, 187. 188. & 189

Confeillers & Préfidens du Parlement diftribuez dans les quartiers de Paris pour la Police, 118. 105

Confeillers de la Cour, en commiffion, eftoient autrefois au nombre de deux, 189

Confeillers du Comte ou premier Magiftrat de la Ville de Paris, 98

Confeillers au Chaftelet de Paris, leur création en titre d'Office, 209. 227. & 228

Confeillers au Chaftelet, le Doyen & le Sous-Doyen font appellez aux Affemblées generales de Police, 120. 121.

Confeillers du Roy, ce titre fut donné aux Commiffaires-Examinateurs, dans le temps que peu d'Officiers en avoient l'attribution, 198

Confeillers choifis par les Baillis & Senefchaux, 216. 217.

Confeillers des Préfidiaux, Baillages & Senefchauffees, leur création en titre d'Office, 227

Confeillers-Clercs, leur origine, 227

Confeillers qui doivent affifter les Lieutenans Generaux de Police, ne pourront eftre en plus grand nombre que deux, 56. 61

Confeillers des Préfidiaux, ou autres Siéges, tenus d'affifter les Lieutenans Generaux de Police, fi non fera permis de prendre des Graduez, 51. 62

Confeillers tenus d'affifter le Procureur du Roy lors qu'il préfidera à la Police en l'abfence du Lieutenant General, finon luy fera permis de prendre des Graduez, 65

Conferuateurs des privileges Apoftoliques de l'Univerfité de Paris, 103

Conftantin, fa converfion, 275

Conful Romain accordé à l'ordre Populaire, 13

Confuls Romains, leur création, 11

Contagion, 203

Contagion, la plus dangereufe des maladies, fon étymologie, & fa définition, 616

Contagion, fes caufes, & fes préfervatifs ou remedes, *ibid.*

Contagion, quels foins la Police y doit apporter, 616. & fuiv.

Contagion, ce qui doit eftre fait par le Magiftrat, & les Officiers de Police, quand elle commence à paroiftre, 622

Contagion, difcipline qui doit eftre obfervée dans ce temps de calamité, 619

Contagion, moyens generaux pour la prévenir, ou pour en arrefter le cours, 615

Contagion guerie en purifiant l'air par le feu, 616

Contagion, précautions qu'on doit prendre contre les lieux voifins ou éloignez qui en font infectez, 636

Contagion, quels foins les Adminiftrateurs de l'Hoftel-Dieu fe donnent pour faire fecourir les peftiferez dans leurs Hofpitaux, 622

Contagion, ce qui eft défendu aux convalefcens de cette maladie, & à leurs domeftiques, 629

Contracts,

Contracts, leur ancienne forme chez les Romains, 105.

Contracts, leur ancienne forme en France, ibid.

Contracts, en quel temps ont commencé d'estre passez pardevant des Notaires, 32. 105

Contracts & autres Actes publics, le salaire de leur expedition estoit du Domaine du Roy, 105

Contrescarpe du fossé de Paris, proche la Porte S. Victor, abbaissée pour rendre la montagne moins rude, 90

Contre-scel de la Chancellerie, son origine, 100

Conversion des Gaules, 69

Conversion des Parisiens par saint Denys, ibid.

Conversion des François au Christianisme, ibid.

Conviez aux repas, leur nombre fixé par les Grecs, les Romains, les Gaulois & les François, 428 & suiv.

Corbeil, Comté qui releve de celle de Paris, 98

Corneille remet en vigueur la Comedie Francoise, 440.

Corps des personnes mortes de contagion, comment seront inhumez, 630

Corroyeurs doivent estre éloignez du milieu des Villes, 554

Cour des Monnoyes reglée avec le Chastelet, pour les cris & publications, 261

Cours planté d'arbres au lieu des anciennes fortifications de Paris, 88. 89. & 90

Courtiers ou Visiteurs de chairs, lards & graisses de porcs, 573

Courtiers de foin, 124

Courtilles, jardins champestres, 75

Courtilles ou jardins des environs de Paris, 75

Coustumes & Usages qui prirent la place des Loix, 30.

Coustumes des Provinces, d'où tirent leur origine, 186. 226.

Coustumes de Paris, nommées, Coustumes de France, 102

Coustumes de Beauvoisis, 186

Couteliers, par rapport aux armes défenduës, 118. 129

Couteliers ne se retireront en lieux privilegiez, 129

Couvent des Capucines démoli, & un nouveau Convent plus grand & plus beau leur est basti aux dépens du Roy, 90

Couvreurs, quels signes ils doivent mettre où ils travaillent pour arrester les passans, 204

Couvreurs n'embarasseront la voye publique, 125

Creteil, Village donné au Chapitre de Paris par Ercembaldus Comte ou premier Magistrat de cette Ville, 98

Crieur, du Chastelet de Paris seul Officier pour les cris & publications, est payé sur les Ordonnances du Lieutenant General de Police, 264

Crieurs Jurez du Chastelet de Paris, 261

Crimes atroces, leur punition est l'un des cas Royaux, 137.

Crimes dont le Roy se reserve la connoissance à Paris, 140

Criminels estoient jugez à Rome par le Peuple, ou par des Commissaires qu'il nommoit, 11

Crocheteurs des Halles de Paris, 124

Croix du Tiroir, 81

Crosseurs dans les ruës, 204

Cuirs de Hongrie fabriquez à Paris, 556

Culture du Temple, bastie, 75. 82. & 83

Culture l'Evêque, 75. 140

Culture de sainte Anastase ou de saint Gervais, donnée à bastir, 75. 81. 87. & 88

Culture de saint Magloire, 75

Culture de saint Lazare, ibid.

Culture S. Martin, quand fut commencée à bastir, 75. 78.

Culture de saint Paul ou de saint Eloy, quand fut commencée à bastir, ibid.

Culture de sainte Catherine, bastie, 75. 80

Cultures, ou par corruption, Coustures des environs de Paris, 75

Curatores decentia & modestia mulierum, 382

Curatores urbis, nom qui fut donné aux Ediles Romains par rapport à leurs fonctions de Police, 13.

Curatores regionum urbis Roma, 190. 218

Curatores regionum urbis, leur création par Auguste, leur nombre & leurs fonctions, 17. 18. & 182

Curatores, comment se nom a esté changé par les François, en celuy de Commissaires, 18. 190

Curez & autres Superieurs Spirituels, leurs devoirs en temps de contagion, 622

D.

DAis au dessus du principal Siege du Chastelet de Paris, & pourquoy, 100

Dalegre (Gabriel) Prevost de Paris, 107

Dampmartin, Comté qui releve de celle de Paris, 98

Danses défenduës les Dimanches & les Festes, 272

Danseurs de cordes, 434

Debardeurs de foin, 124

Débauches, bouffonneries & chansons défenduës les Dimanches & les Festes, 272

De-Coligni (Jacques) Prevost de Paris, 107

Deffenseurs des Citez, leur assiduité dans leur Ville, 206.

Deffensores civitatis, sont traversez dans leurs fonctions par les Magistrats Romains, & depuis restablis & maintenus par l'Empereur, 25

De la Barre (Jean) Chevalier, Comte d'Estampes, Prevost de Paris, 107

De Loré (Ambroise) Seigneur de Loré, Baron d'Yvry, Prevost de Paris, 107

Democratie, l'une des especes de gouvernement, 2

De Monluc (Jean) Greffier du Parlement, le premier qui a mis les Arrests en Registres, 261

Demosthene a exercé dans sa Ville l'Office de Commissaire de Police, 10

Dentelles défenduës, 125. 395. 399 & suiv.

Denuntiatores, Officiers de Police, sous les Commissaires des quartiers de la Ville de Rome, 10

De saint Just Maistre des Comptes, Auteur du plus ancien Registre de la Chambre, 261

Description de la Ville de Paris, 67

Desgraisseurs, ce qu'ils doivent faire pour avoir des bateaux & des placés sur la riviere, 176

Destouteville (Jacques) Prevost de Paris, 107

De Thuilliers Commissaire au Chastelet de Paris, & Lieutenant Civil, 193. 210

Devins estoient punis par les Comtes sous la premiere & la seconde Branche de nos Rois, 27

Devins condamnez par les Loix divines & humaines, 201. 523. & suiv.

Devins, dernier Réglement contr'eux, 530

Dignitez Ecclesiastiques & Temporelles comparées ensemble, 185

Dimanche, étymologie de ce nom, 329

Dimanches & Festes, leurs observations, 201. 272. 328. & suiv.

Dimanches & Festes, distinctions des œuvres qui sont permises, & de celles qui sont défenduës dans ces saints jours, 345

Dimanches & Festes, les Meusniers ne conduiront par la Ville en ces jours leurs blez ou farines, 123.

Direction des Hospitaux dans les Provinces, les Lieutenans Generaux de Police auront rang & séance aux Bureaux, 51

Discours séditieux, 205

Disette

suite du D. E.f. et le commencement du G sont transposés 4 pages plus loin.

Gaules divisées en Peuples ou Citez, & en Cantons ou contrées ; & les Villes en Primaties, Metropoles & Capitales, 22. 67
Gaules conquises par Céfar, 67
Gaules soumises aux Romains & à leurs Loix, 21
Gaules, leur subdivision par les Romains, 68
Gaules, leurs nouvelles divisions par Auguste & ses Successeurs, & le nombre de ses Provinces sous Constantin, 22
Gaules conquises par les François, 26. 69
Gaules changent leur nom en celuy de France, 26
Gaulois, leur ancien Gouvernement, 67. 97
Gaulois, assiduitez de leurs Magistrats dans leurs Villes, 206
Gaulois, leur Religion, 68
Gaulois sacrifient des victimes humaines, *ibid.*
Gaulois, leur conversion au Christianisme, 69
Gaulois, leurs divisions, cause de leur ruine, 67
Gaulois, leur Conseil souverain transferé par Céfar en la Ville de Lutece, *ibid.*
Gaulois se soulevent contre Céfar, 68
Generaux des Monnoyes reglez avec le Chastelet pour les cris & publications, 261
Genethliaci, *vel Horoscopi*, 522
Gens sans aveu seront jugez en dernier ressort à la Police, 130
Gens de la campagne viennent s'establir aux Fauxbourgs de Paris, pour s'exempter de payer la taille, 80
Gens de Guerre, Réglement pour leur logement, entre les Lieutenans Generaux de Police, & les Maires & Eschevins des Villes de Provinces, 48. 50. 57. & 58
Gens de Lettres, en quel quartier se logent à Paris, 78
Gens de mauvaise vie vuideront la Ville, 121
Gentilhommes & autres Officiers des Troupes, quels biens sont destinez à leur récompense, 607
Gentilly proche de Paris, Maison Royale où fut tenu le Concile contre les Iconoclastes, 291
Gibier, 123
Gibier corrompu ne sera exposé en vente, 573
Gerardus Comte de Paris, 98
Gonesse, Chastellenie qui releve du Chastelet de Paris, *ibid.*
Gournay, Chastellenie qui releve du Chastelet de Paris, *ibid.*
Gouvernement de la Ville de Paris separé de la Prevosté, 107
Gouverneur de Paris, ou Lieutenant General pour le Roy, establi pour la premiere fois dans cette Capitale, *ibid.*
Gouverneurs des Provinces & des Villes particulieres, leur origine, 32. 107
Gouverneurs des Maisons Royales nommez autrefois Concierges, depuis Capitaines & ensuite Gouverneurs, 163
Graduez, il n'estoit point necessaire de l'estre pour exercer les Charges de Judicature, 107
Graduez, en quel temps il a esté necessaire d'estre Gradué pour estre Avocat ou Juge, 198
Grains, leur Police, 122. 201
Grains, à qui en appartient la Police, 175
Grains, Marchands de grains, 122
Grains, leur commerce sous la jurisdiction & la discipline des Lieutenans Generaux de Police, 45. 49.
Grand Aumosnier de France prend soin des Maladeries, 605. & *suiv.*
Grand Bouteiller, ses droits & sa jurisdiction sur les Cabaretiers de Paris, 149
Grand-Chambre du Parlement connoist des appellations de la Police de Paris, à l'exclusion de tous autres Juges, 118

Grd. d-Conseil, les Marchands & Artisans qu'il avoit establis à sa suite, sont supprimez, 160
Grand-Conseil ne connoist point des matieres de Police, 177
Grand Chambrier, sa Jurisdiction dans Paris, 148
Grand Chambrier, sa Jurisdiction soumise à celle du Prevost de Paris, 150
Grand Chambrier, sa Charge supprimée, 151
Grand Chambellan se fait attribuer la Jurisdiction qu'avoit le Grand Chambrier, ce qui fut reformé dans ces provisions, 151
Grand Chastelet basti par les Romains, 71
Grand Echanson, sa Jurisdiction dans Paris, 148
Grand-Maistre de France, sa Jurisdiction dans Paris, 148. 152
Grand Panetier, sa Jurisdiction dans Paris, 148 & *suiv.*
Grand Panetier, sa Jurisdiction soumise à celle du Prevost de Paris, 149. 150. & 151
Grand Panetier, & Grand Bouteiller, leurs entreprises corrigées, de l'ordre du Roy, par le Prevost de Paris, 150
Grand Panetier n'a aucune Jurisdiction sur les Boulangers des Fauxbourgs, 151
Grand Prevost de France, d'où vient ce titre, 153
Grand Prevost de France, origine de sa Jurisdiction, 151
Grand Seneschal, ou Grand-Maistre de France, sa Jurisdiction, 152
Grande-Paroisse, Village donné au Chapitre de Paris, 138.
Grands Officiers de la Couronne, infeodations de leurs Offices, 148
Grands Officiers de la Couronne, leurs Jurisdictions dans Paris, 148
Grange de saint Eloy, 75
Grange des Merciers proche de Paris, 155
Grecs estoient abondans & non énergiques, 1
Grecs, leurs Legislateurs ont eu communication des Livres de Moyse, 2
Grecs tirent leur Police des Hebreux, 7
Greffier de la Justice ordinaire doit tenir la plume aux Assemblées generales de Police, 38. 56
Greffier des Insinuations du Chastelet, 261
Greffier des grains doit se trouver à la Police au Chastelet, 120. 121
Greffiers Clercs du Prevost de Paris, des Auditeurs & des Examinateurs, 191
Greffiers, leurs Offices incompatibles avec celuy de Commissaire-Examinateur, 210
Greffiers, Clercs domestiques des Magistrats, 105
Greffiers des Commissaires-Examinateurs dans les Provinces, 190. 200. 208. 211. & 212
Greffiers de Police du Chastelet tiennent la plume aux Assemblées Generales de Police, 118
Greffiers de Police dans les Provinces, leur création, leurs fonctions & leurs privileges, 40. 41. & 48.
Greve, place & ancien marché de Paris, 72
Grimaldus premier Vicomte de Paris, 99. 139
Guet de nuit des Atheniens, 234
Guet de nuit à Rome, 20. 234. & 235
Guet de nuit, le soin en fut confié pendant un temps aux Ediles, 15
Guet de nuit establi en France sous nos premiers Rois, 236
Guet de nuit, ses Officiers estoient autrefois garents des vols qui se faisoient pendant la nuit, s'ils n'arrestoient le voleur, *ibid.*
Guet de nuit de la Ville de Paris, son establissement, 140. 141. & 236
Guet Bourgeois de la Ville de Paris, 236
Guet de nuit, Réglement du Guet de la Ville de Paris, 245
Guet

Guet, ses Officiers Archers tenus d'obéir au Lieutenant General de Police, 231

Guet de nuit ; son devoir envers les Commissaires, 205.

φυλακοφύλοι, Officiers de Police d'Athenes pour maintenir la décence & la modestie des femmes, 9. 382.

H.

HABITANS des Villes donneront main-forte aux Officiers de Justice, 111

Habitans ou Bourgeois n'iront au cabaret dans le lieu de leurs demeures, 124

Habits des Romains avec des falbala, 383

Habits d'étoffes d'or & d'argent, en quel temps cet usage a commencé, 387

Halle au blé, projet d'en faire bastir une pour la Beausse au Faubourg saint Germain, 85

Halles de Paris, 75. 76. & 124

Halles de Champeaux, 140

Hameaux, leur origine, 1

Harangeres, leurs trampis doivent estre éloignez du milieu des Villes, 554

Harangeres, Réglemens qui les concernent par rapport à la santé, 558

Harangeres ne falsifieront le poisson de mer en le faisant dessaler, 575

Harangeres ne feront aucun trampis de moruë en temps de contagion, 616

Hardes infectées de contagion, comment doivent estre airées & parfumées, 635

Hauts-Justiciers, 137

Hazard, origine de ce mot, 449

Hebreux, establissement de leur République, 5

Hebreux, excellence de leur Police, 3

Hebreux avoient peu de procès de la Jurisdiction Civile contentieuse, & la raison, 6

Hebreux exempts de procès, n'ont besoin de Tribunaux que pour la Police, 5

Heliogobal est le premier qui s'est vestu de soye, 387

Heresie, origine, étymologie & définition de ce mot, 286

Heretiques du premier siecle, ibid.

Heretiques, ennemis de l'Eglise, 269

Heretiques convertis, 289

Heribaldus Comte du Palais, fait sa marque au bas d'un Arrest, & déclare qu'il ne sait écrire, 100

Heus, le Mars des Gaulois, 68

Histrions, espece de Baladins, 435

Hocca, jeu défendu, 460 & suiv.

Hommes sont nez pour la societé, 1

Hommes de Chambre ne porteront épées, bastons ou autres armes, 121

Honorable homme & sage, titre des gens de Robe qui avoient dignité, & des Gens de Lettres, 196.

Honorable homme & sage, ancien titre des Commissaires au Chastelet qui n'estoient pas Nobles, ibid.

Honorable homme & sage, ce titre s'est aboli, 197

Hospital General a des lieux destinez pour enfermer les enfans incorrigibles, & les femmes de mauvaise vie, 496 & suiv.

Hospital de la Trinité à Paris, sa fondation, 438

Hospital de saint Louis basti par les soins du Bureau de l'Hostel-Dieu de Paris, 618

Hospital de saint Marcel destiné pour les pestiferez, ibid.

Hospital de S. Gervais transferé à l'Hostel d'O, 88

Hospitaux, 207

Hospitaux, les Infirmiers avertiront les Commissaires des blessez qui s'y retireront, 130

Hospitaux, comment doivent estre ouverts en temps de contagion, 622

Hospitaux, Chambre establie pour leur reformation, 606

Hospitaux des Provinces, leur reformation, 608 & suiv.

Hostel-Dieu de Paris, ancienne Maison d'Ercembaldus Comte de cette Ville, 98

Hostel-Dieu de Paris, la Salle du Legat bastie pour les malades de contagion, 618

Hostel-Dieu de Paris sous la puissante protection de Monsieur le premier President de Harlay, obtient du Roy Henry IV. les secours necessaires pour faire bastir l'Hospital de S. Louis pour les pestiferez, ibid.

Hostel-Dieu de Paris fournit charitablement aux Capucins & aux Recolets toute la viande qui leur est necessaire pendant le Caresme pour leurs malades, & pourquoy, 621

Hostel de Cluny, ancien Palais des Thermes de l'Empereur Julien, 72

Hostel de Ville de Paris comment qualifié, 149

Hostel de Ville, le Prevost de Paris y fait afficher en la Salle d'Audiance un Réglement de Police du Parlement, 151

Hostel de Ville de Paris, ses Officiers reglez avec ceux du Chastelet, pour la Police & le criminel, 167. & suiv.

Hostel du Comte de Forest, ruë de la Harpe, où estoit le Cimetiere des Juifs, vendu à Jean Duc de Bretagne, qui s'en défit à des particuliers qui le firent abbatre, & couvrir de maisons la place où il estoit, 285

Hostel de saint Paul abbatu, & des ruës basties à la place qu'il occupoit, 80

Hostel des Ducs de Bourgogne, acquis par les Confreres de la Passion, pour y establir leur Theatre, 438.

Hostel de Sillery abbatu pour faire une place publique devant le Palais Royal, 87

Hostel Sallé basti au Marais du Temple, 88

Hostel de Senneterre abbatu pour faire la place des Victoires, 90

Hostel Royal des Invalides basti, 88. 607

Hostel des Mousquetaires de la premiere Compagnie, 88

Hostel de Vendosme abbatu pour une place publique, 90

Hostels de Nemours & de Luynes démolis, & des ruës basties à leurs places, 88

Hostels des Princes ou des Grands Seigneurs, défenses d'y donner retraite aux criminels & aux vagabons, 130

Hostels, Colleges, & tous autres lieux seront ouverts aux Officiers faisant la Police, nonobstant tous privileges, 128. 145

Hostelliers par rapport au commerce du vin, 123

Hostelliers tiendront Registres, & quelles déclarations ils doivent faire aux Commissaires, 121 129.

Hostelliers, leurs devoirs en temps de contagion, 617.

Houblon, quels sont ses effets dans la bierre, 563

Hugues le Grand premier Comte hereditaire de Paris, 99. 139

Hugues Capet parvient à la Couronne, son éloge, 29.

Hugues Aubriot Prevost de Paris, a la conduite de la nouvelle enceinte & des fortifications de la Ville, 79

Huissiers du Chastelet instrumentent par tout le Royaume, & pourquoy, 102

Huissiers à cheval, leur origine, 229

Huissiers à cheval distribuez auprés des Commissaires-Examinateurs, pour la Police, 211

Huissiers de Police, leurs devoirs auprés des Commissaires, 204. 205 & 209

Huissiers

Huissiers de Police dans les Provinces, leur création leurs fonctions & leurs privileges, 40. 41. 57. & 63.

Huitres à l'écaille, 176

Huitres à l'écaille seront visitées avant que d'estre exposées en vente, 575

I.

JACQUES Cojetier Bailly du Palais, 164

Jansenisme, les troubles qu'il causoit dans l'Eglise, pacifiez, 313 & suiv.

Jardins, leurs ordures ne seront jettées dans les ruës, 125.

Jardiniers ne fumeront de fumier de porcs, ou de matieres fecales les terres où croissent les legumes, 569. 578

Iconoclastes ne purent penetrer en France, 290 & suiv.

Idoles, d'où venoit l'usage de bastir leurs Temples sur des montagnes ou dans des bois, 68

Idoles que les Gaulois adoroient, ibid.

Jean Juvenal des Ursins Concierge du Palais, 164

Jerusalem partagée en quatre regions, & de ses Officiers de Police, 6. 7

Jeunesse Athenienne bien disciplinée, 9

Jeu des échets, son origine, 447

Jeu de dez, ibid.

Jeu des cartes, ibid.

Jeu du lansquenet défendu, 467 & suiv.

Jeu de la bassette défendu, 465 & suiv.

Jeu du Pharaon défendu, 468

Jeu de barbacolle défendu, ibid.

Jeu du hocca défendu, 460 & suiv.

Jeu des ligues permis, & depuis défendu, 464. 467

Jeu de torniquets défendu, 122

Jeu de pour & contre défendu dans les caffez, 468

Jeux, leur origine & leur utilité, 446

Jeux necessaires à l'homme pour restablir ses forces, ibid.

Jeux & spectacles faisoient partie de la Police d'Athenes, 9

Jeux, leur division en jeux publics & jeux privez, & leur subdivision en plusieurs especes, 448

Jeux des Anciens, fort simples, 446

Jeux ou divertissemens de l'homme sage, ibid.

Jeux, saint Jean l'Evangeliste caresse une perdrix par recreation, 447

Jeux, sentimens des Peres de l'Eglise & des Philosophes touchant les jeux, ibid.

Jeux, ce qui doit estre observé pour les rendre licites, 448

Jeux, circonstances qui doivent estre observées dans les jeux même permis, 451

Jeux, personnes avec lesquelles il n'est pas permis de joüer, 452

Jeux qui sont permis, défendus ou tolerez, 448

Jeux du theatre, 433 & suiv.

Jeux gymnastiques, leur origine, ibid. & suiv.

Jeux du cirque, ibid. & suiv.

Jeux défendus ne seront soufferts, 121. 130. & 202

Jeux défendus, il estoit du soin des Ediles d'y veiller, 15

Jeux de hazard défendus, 449

Jeux de hazard, de combien de maux ils sont suivis, ibid.

Jeux de hazard défendus dés le temps du Paganisme, 453.

Jeux de hazard défendus par les Loix de l'Eglise, & celles des Empereurs Chrestiens, 454

Jeux de paume, 447. 455 & suiv.

Jeux de paume doivent estre éloignez des Eglises, 84.

Jeux de paume bastis à Paris dans l'Isle Nostre-Dame, 83. 84

Jeux des pois pilez, ancienne bouffonnerie de théatre, 438.

Jeux de merelle & de torniquets défendus, 204

Ignominia, d'où vient ce mot, ce qu'il signifioit chez les Romains, 13

Impies & libertins troublent la discipline de l'Eglise, 269.

Impost sur les denrées & marchandises du temps de saint Louis, 114

Imprimeries, leur Police, 201

Imprimeur & Libraire, il n'y en doit point avoir de privilegié suivant la Cour, 159

Imprimeurs, 125

Incendies, c'estoit aux Ediles d'y veiller, 15

Infamia, d'où vient ce mot, & ce qu'il signifioit chez les Romains, 13

Infeodation de la Comté de Paris, 99

Infeodations des Duchez & Comtez, & sous quelles conditions, 29. 99. 139. & 186

Infeodations des autres Terres & Seigneuries particulieres, 29

Infeodations personnelles en faveur des grands Officiers de la Couronne, 148

Infeodations, origine des Justices Seigneuriales, 137

Informations de vie & mœurs des Officiers, origine de cet usage, 197

Inhumation des corps morts de contagion, 630

Injures, presumé pardonnées lorsque les parties ont mangé ensemble, 427

Inondations, c'estoit aux Ediles d'y pourvoir, 15

Inondations, à qui appartient la Police des Ponts de Paris dans le temps des inondations, ou qu'ils sont en peril, 176

Inquisitores, 184

Inquisitores, Officiers Romains pour la recherche des crimes, 11

Inquisitores, les mêmes Officiers qui estoient nommez *Missi* sous nos premiers Rois, 187

Inquisitores fidei, 188

Inquisitores forestarum, ibid.

Inspecteur general du nettoyement des ruës à Rome, 10

Instruction des procés criminels à Rome depuis l'establissement des questions perpetuelles, 14

Instruction des procés sont plus de l'Office du Magistrat, que le jugement, 208

Intendans ou Commissaires envoyez par nos premiers Rois dans les Provinces, 27. 28

Intendans envoyez dans les Provinces pour proteger les Sujets du Roy contre les vexations des Seigneurs, 30

Intendans des Provinces nommez, *Missi*, sont qualifiez Enquesteurs, 187

Intendans des Provinces estoient autrefois envoyez au nombre de deux, 189

Intendans de Paris au nombre de deux sous Charlemagne, ibid.

Invalides, par les services rendus dans les armées, leur est basti un Hostel, 88

Invalides ou Hostel de Mars pour les soldats qui ne peuvent plus servir, 607

Jobel (Estienne) premier Auteur des Comedies & Tragedies Françoises, 439

Jocus & *ludus*, difference de ces deux mots, 448

Jongleurs, 435

Isle de Bussi à la pointe de l'Isle du Palais, 82

Isle Louvier, 88

Isle Nostre-Dame, ses Habitans sont subrogez à Marie & à ses associez en 1643. pour faire achever les ouvrages qui restoient à y construire, 86

Isle Nostre Dame achevée de bastir en 1647. 86

Isles de Paris, 82

Isles Nostre-Dame au nombre de deux, leur description au commencement du Regne de Louis XIII. 82

Isle

Isles Nostre-Dame, acquifes par le Roy, réunies & & baſties, 83. 86 & ſuiv.

Isles Noſtre-Dame, droits cedez par le Roy au Chapitre de Paris, 146

Isles du Palais au nombre de deux, leur deſcription, 82

Isles du Palais, leur jonction & baſties, ibid.

Issi, la Cerés des Gaulois, 68

Issy, Village proche de Paris, ibid.

Jubilé, ce qui doit eſtre obſervé quand il arrive dans le temps du Carnaval, 360

Justices ordinarii, nom que l'on donnoit aux Juges eſtablis par les Romains dans les Villes Capitales des Gaules, 23

Judices pedanai, Juges des petites Villes, ibid.

Juges doivent tenir leurs Audiances à jeun, 27

Juges ne recevront aucuns preſens, 28

Juges des Bourgs ou Villages, nommez *Magiſtri pagorum*, 23

Juges Royaux, cas qui leur ſont reſervez, 137

Juges ordinaires reſtablis dans l'adminiſtration de la Police, 38

Juges & Gardes de la monnoye reglez avec les Lieutenans Generaux de Police, 64

Juges de paix, Commiſſaires des quartiers des Villes d'Angleterre, 219

Jugeurs, ancien nom des Conſeillers, 188

Juifs ennemis de l'Egliſe, 269

Juifs vaincus par les Romains, & diſperſez dans toutes les parties du Monde, 279

Juifs dans les Gaules, 280

Juifs condamnez par l'Egliſe & les Princes temporels, ibid.

Juifs, marques infamantes qu'ils devoient porter ſur leurs habits, 282

Juifs, pluſieurs fois chaſſez & reſtablis en France, 280. & ſuiv.

Juifs, leurs uſures & leurs autres crimes, 280

Juifs punis pour conſpirations, 284

Juifs à Paris, 280

Juifs, ruës & autres lieux où ils ont logé à Paris, 281.

Juifs, leurs Synagogues à Paris, ibid.

Juifs rendus Serfs du Roy & des autres Seigneurs, 281.

Juifs condamnez pour avoir perverti l'un d'entr'eux nouveau Chreſtien, 283

Juifs punis pour avoir fait mourir un enfant Chreſtien la nuit du Vendredy-Saint, 285

Juifs attirez par la douceur à converſion, 279

Juifs convertis en France, 281

Juifs chaſſez pour la derniere fois de France, 285

Julien Proconful choiſi la Ville de Paris pour ſon ſéjour, 69. 72

Julien Proconful fait l'éloge de Lutece, aujourd'huy Paris, 69

Julien proclamé Empereur à Paris, ibid.

Jupiter nommé, πολιεύς, & pourquoy, 2

Jupiter nommé Thamaris par les Gaulois, 68

Juremens, étymologie de ce mot, 511

Juremens, quelles circonſtances les doivent accompagner pour les rendre permis, ibid.

Juremens, quand ſont pris en bonne ou mauvaiſe part, ibid.

Juré Crieur du Chaſtelet de Paris, eſt le ſeul Officier pour les cris & publications, 262. 263

Jurez Crieurs de vins à Paris, 76. 140

Jurez Crieurs de corps & de vins à Paris, ce qui leur eſt défendu en temps de contagion, 627

Jurez Boulangers eſtoient autrefois élus au Chaſtelet par le Prevoſt de Paris, en la preſence du Prevoſt des Marchands, 149

Jurez Contrôleurs de la marchandiſe de foin, 114

Jurez des Meſtiers ſont rapport des contraventions au Prevoſt de Paris, aux Commiſſaires, ou aux Auditeurs du Chaſtelet, 114

Juriſdiction des Hebreux, 122

Juriſdiction du Chaſtelet de Paris, ſes prérogatives, 102.

Juriſdiction du Chaſtelet de Paris, combien elle changea de face après la reforme de ſaint Louis, 106

Juriſdiction du Chaſtelet étenduë par les nouvelles conqueſtes de nos Rois, 192

Juriſdiction de Police conſervée aux ſeuls Officiers du Chaſtelet de Paris, contre les autres Juges, 127. 128.

Juriſdiction du Prevoſt de Paris ſur le Guet de nuit, 236. & ſuiv.

Juriſdiction univerſelle du Prevoſt de Paris dans tout le Royaume, pour les proviſions de cette Ville Capitale, 103

Juriſdiction des Maiſtres-d'Hoſtel du Roy, ſupprimée, 152

Juriſdiction du Baillage du Palais, ſon origine, 164

Juriſdiction des Enqueſteurs & Examinateurs fort neceſſaire pour le bien de la Juſtice, 194

Juriſdiction du Chapitre de Paris reſtablie, ſes limites, 146

Juriſdiction de l'Abbaye de ſaint Germain des Prez reſtablie, & ſes limites, 146. 147.

Juriſdiction de l'Archevêché de Paris reſtablie, & ſes limites, 145. 146

Juriſdiction ſpirituelle conteſtée entre l'Evêque de Paris, & l'Abbé de ſaint Germain, 139

Juriſdiction du Temple & de ſaint Jean de Latran, reſtablie, 147

Juriſdiction correctionnelle pour legere faute eſt neceſſaire aux Officiers qui ont la premiere inſpection de la Police, 15

Juriſdictions, leurs differens degrez ſous nos premiers Rois, 27

Juriſdictions des Grands Officiers de la Couronne dans Paris, 148

Jus prehenſionis, droit de faire empriſonner appartient aux Officiers de Police, 7

Jus vocationis, & *Jus prehenſionis*, 207. 208.

Juſtice a beſoin de la force pour ſe faire obéir, 129

Juſtice eſt un droit Royal, 137

Juſtice, comment elle ſe rendoit anciennement en France, 216

Juſtice n'eſtoit renduë qu'au nom du Roy, 137

Juſtice & Fief n'ont rien de commun, 138

Juſtice n'eſt ſous-entenduë ſi elle n'eſt exprimée dans les donations, 141

Juſtice reformée par ſaint Louis, 216

Juſtice Temporelle du Chapitre de Noſtre-Dame dans Paris, 141. 144

Juſtice de l'Iſle Noſtre-Dame avoit été conſervée au Chapitre de Paris, & a depuis eſté réunie au Chaſtelet, 86

Juſtice de ſaint Germain des Prez dans Paris, 141

Juſtice du Temple à Paris, ibid.

Juſtices Spirituelle & Temporelle, leur connexité, 140.

Juſtices Royales, leurs prérogatives, 137

Juſtices Seigneuriales, ibid.

Juſtices Seigneuriales du terroir de Paris, leur origine, 143

Juſtices Seigneuriales, combien leur multiplicité cauſoit de troubles & d'abus dans Paris, 143

Juſtices Seigneuriales qui s'exerçoient dans Paris, ſont ſaiſies & miſes en la main du Roy, ibid.

Juſtices Seigneuriales réunies au Chaſtelet de Paris, 108. 140. & 145.

Juſtices qui relevent du Chaſtelet de Paris, 98

Juſtices Municipales ne ſont ny Royales, ny Seigneuriales, 34. 35.

Juſtitias facere, explication de ces termes, 208

K.

Disette des vivres, & ce qui doit estre fait en ce temps, 202
Divertissement, étymologie de ce mot, 446
Divinations & sortileges défendus, 278
Divinité, opinion des Anciens, qu'elle habitoit particulierement dans les bois & sur les montagnes, 68.
Divinitez adorées par les Gaulois, & en particulier par les Parisiens idolâtres, ibid.
Division des Gaules du temps des Gaulois, 67
Division des Gaules par Auguste & ses successeurs, & le nombre de leurs Provinces sous Constantin, 22
Dizeniers, Juges des Villages, 26. 98
Dizeniers de la Ville de Paris, leurs devoirs auprés des Commissaires, 104
Domaine du Roy comprenoit les Notariats & les expeditions de toutes les écritures publiques, 105
Δοισμέτοι, Officiers de Police d'Athenes, 8. & 9
Draps ne seront mis en piles sur ruës, 115
Drogues, défenses à toutes sortes de personnes sans qualité d'en vendre ou distribuer, 587
Drogues des Apotiquaires seront visitées, & c'est aux Lieutenans Generaux de Police de connoître des contraventions, 52
Drogues que feront venir les Marchands Merciers, comment visitées, 595
Droguistes, comment visitez, 596
Droit public & Droit privé, 1
Droit écrit des Romains, son origine, 12
Droit Romain, quand estudié & reçu en France, 198.
Droit Romain, son estude restabli en France, 33
127.
Droit de suite des Commissaires-Examinateurs au Chastelet de Paris, motif d'augmenter leur nombre, 192
Druides, Prestres & Philosophes Gaulois, 97
Duc de France, ou Duc des Ducs, quelle estoit cette dignité, 27
Duchez, leur origine, 137
Duchez & Comtez donnez par nos Rois à titre d'Office & de benefice, 26
Duchez & Comtez de ces anciennes infeodations sont toutes réunies à la Couronne, 31
Duchez & Pairies, leurs Juges ne connoissent des cas Royaux, 145
Ducs, origine de cette dignité, 25
Ducs, Magistrats sous nos premiers Rois, 27. 28
Ducs, leur dignité dans l'Estat, comparée à celle des Archevêques dans l'Eglise, 185
Ducs & Comtes se rendent maistres de leurs Provinces, & en obtiennent les infeodations, & sous quelles conditions, 29
Duels, ou batailles privées abolies en France, 116

E.

EAU, ses éloges, & ce qu'elle contribuë à la santé, 544
Eau, quelle qualité elle doit avoir pour estre bonne, ibid.
Eau, quelles Loix, & quels Officiers les Atheniens establirent pour en conserver la pureté, 545
Eau, Police de France touchant les eaux de fontaines, & les eaux de puits, 548
Eau, de quelle eau les Parisiens se sont d'abord servis pour leur usage, ibid.
Eau, en quel temps elle a esté meslée avec le vin pour le boire, 581
Eau, combien son mélange avec le vin est utile, ibid.
Eau, dans quelle proportion elle doit estre meslée avec le vin pour en faire un bon usage, 581

Eau de riviere, ce qui doit estre défendu pour empêcher qu'elle ne soit infectée, 553
Eau de la riviere sera entretenuë nette de toutes immondices; principalement en temps de contagion, & enjoint au Prevôst de Paris d'y tenir la main, 626
Eau jettée dans les ruës pendant les grandes chaleurs en temps de contagion, 648
Eaux dans les caves, en doivent estre tirées, 202
Eaux & forests, Réglement entre leurs Officiers & le Chastelet, pour un vol fait sur la riviere, 169.
Ecclesiastiques, à quels jeux ils peuvent jouër & en quelles circonstances, 452 & suiv.
Edifices publics estoient du soin des Ediles, 13
Ediles, leur nombre, ibid.
Ædiles Curules, leur création, 13
Ediles sont choisis par les Censeurs, pour les soulager dans leurs fonctions de Police, 12
Ediles, leurs fonctions de Police, 15
Ediles Romains choisis par le Préteur pour ses Subdeleguez dans ses fonctions de Police, 14. 15
Ediles, accroissement de leur pouvoir & de leur dignité en faveur des fonctions de Police qui leur sont de nouveau attribuées, 13
Ediles, nommez, Curatores urbis, Commissaires de la Ville, par rapport à leurs fonctions de Police, ibid.
Ediles, tout le public se reposoit sur leurs soins & leur vigilance, 15
Ediles, leur jurisdiction correctionnelle pour legeres fautes, & comment ils l'exerçoient, 15. 18
Ediles n'eurent d'abord aucune Jurisdiction, 13
Ediles entreprennent sur la Jurisdiction du Préteur, 16.
Ediles, la Police de Rome leur est ostée par Auguste, pour la donner aux Commissaires des quartiers de la Ville, créez par ce Prince, 17. 18
Edit de Childebert pour l'abolition du Paganisme en France, 69
Edit de Cremieu qui regle les Baillis & Seneschaux avec les Prevôsts Royaux, 35
Edit de Moulins qui establit une nouvelle forme dans l'administration de la Police, 36
Edit du mois de Decembre 1549. pour fixer des bornes à la Ville de Paris, & ses motifs, 80
Edit du mois de May 1555. qu'il sera fait un recueil par Extrait des Ordonnances & Réglemens de Police, duquel sera mis une copie en chacun des Greffes, 117
Edit d'Amboise de 1572. qui establit une nouvelle forme dans l'administration de la Police, 37
Edit de 1666. pour le restablissement de la Police generale, 39. 128
Edits des Préteurs pour la Police de Rome, 14
Edits des Ediles n'estoient executez que sous l'autorité du Préteur, 16
Eglise, sa naissance dans la Palestine, 275
Eglise persecutée dans sa naissance, 269. 275
Eglise s'establit sans aucun secours des Puissances temporelles, 269
Eglise en paix par la conversion de Constantin, 275.
Eglise protegée par le concours des deux Puissances, la Spirituelle & la Temporelle, 269. 270
Eglise sous la protection du Prince, 178. 269
Eglise, les Magistrats la doivent proteger, 27
Eglise, les Lieutenans Generaux de Police connoissent du respect qui est dû aux Eglises, 53. 54. & 55.
Eglise Cathedrale de Paris, son premier bastiment, 72.
Eglise de saint Pierre & de saint Paul, aujourd'huy sainte Geneviève, bastie par Clovis à Paris, 75. 138

14

Eglise de S. Germain des Prez, sa fondation, 138

Eglise de S. Christophle, ancienne Chapelle d'Ercembaldus Comte de Paris, 98

Eglise de saint Eloy à Paris, sa fondation, 138

Eglise de saint Paul à Paris, 75

Eglise de saint Marcel, sa fondation, 75. 138

Eglise de saint Martin Deschamps à Paris, 75

Eglise de saint Victor proche de Paris, sa fondation, 139

Eglise de saint Julien-le-Pauvre à Paris, 76

Eglise de la Mercy à Paris, 77

Eglise de Nostre-Dame de Bonnes Nouvelles à Paris, 84

Eglise de saint Roch bastie au Faubourg saint Honoré, 80.

Eglises, premieres assemblées des Fidelles, 320

Eglises, respect qui leur est dû, 201. 320

Eglises basties par Constantin, 320

Eglises de Paris, premier bastiment des petites Paroisses du quartier de la Cité, 72

Eglises de Nostre-Dame Deschamps, de saint Benoist, & de saint Estienne des Grez, basties à Paris par saint Denys, 69

Eglises de saint Germain des Prez, & de saint Germain l'Auxerrois, basties à Paris, 75. 138

Eglises de Paris, leur nombre augmenté, 78

Embaras de la voye publique, défendus, 125

Empereurs qui ont fait leur séjour à Paris, 70

Empiriques n'exerceront leur Art, qu'ils ne soient approuvez par la Faculté de Medecine, 598. 599 *& suiv.*

Emprisonnemens de l'Ordonnance des Commissaires-Examinateurs, 208. 211. & 212

Enceinte de Paris sous Philippe-Auguste, 139

Enceinte nouvelle de Paris, projetée, 84

Enceinte de Paris bornée sous Louis XIII. 85. 86

Enchanteurs condamnez par les Loix divines, & par les Loix humaines, 47. 527. *& suiv.*

Enchanteurs, dernier Réglement contr'eux, 530

Enfans exposez, 207

Enfans incorrigibles enfermez dans les Maisons de Force, 495 *& suiv.*

Enquestes, ancien nom des procés par écrit, 189

Enquesteurs, leur antiquité, 187

Enquesteurs & Examinateurs, noms synonimes, 188

Enquesteurs, ce que signifie ce titre, & quelles sont leurs fonctions, 189

Enquesteurs & Examinateurs d'Athenes, Officiers de Police & leurs fonctions, 8. 6

Enquesteurs Romains, leur establissement & leurs fonctions sous les Rois & les Consuls, 11. 12

Enquesteurs Romains continuent d'exercer leurs fonctions sous le Préteur de la Ville, 14. 15

Enquesteurs Romains faisoient les instructions des procés criminels, & ils estoient toujours du nombre des Juges, 15. 182. & 187

Enquesteurs, Conseillers au Parlement, 188. 189

Enquesteurs, les Intendans des Provinces, les Commissaires pour les reformes, ou pour affaires extraordinaires, & les Conseillers de la Cour en commission, prennent ce titre, 187. 188

Enquesteurs & Auditeurs, même Office, 187

Enquesteurs sceloient de leurs Sceaux les Enquestes, ibid.

Enquesteurs se séparent des Examinateurs dans les Provinces, puis sont réunis, 198. 199

Enquesteurs de la foy, 188

Enquesteurs des forests, ibid.

Enregistrement, origine de ce mot, & son étymologie, 260

Enregistremens des Lettres Patentes & Ordonnances, 261

Entrée du Roy & de la Reine à Paris, en 1660. 88

Entrées qui se payent aux portes de Paris, antiquité de ce peage, 71

Epaminondas a exercé en sa Ville l'Office de Commissaire de Police, 10

Epidemie, la plus dangereuse des maladies, son étymologie & sa définition, 616

Ercembaldus Préfet de la Ville de Paris sous Clotaire III. 98

Ercembaldus quitte le titre de Préfet de Paris, & prend celuy de Comte de la même Ville, ibid.

Ercembaldus Comte de Paris, dons qu'il fait au Chapitre de Nostre-Dame, 98. 99

Ercembaldus Comte de Paris élevé à la dignité de Maire du Palais, 99

Eschafaux dans les places publiques, par qui doivent estre reglez, 176

Eschets mis au nombre des jeux défendus, & pourquoy, 452

Eschevins, origine, & signification de ce nom, 225.

Eschevins de Paris, ou Procureur du Roy au Bureau de la Ville, assistent à la Police du Chastelet, 119. 120. & 121

Eschevins reglez dans les Provinces avec les Lieutenans Generaux de Police, 46. 48

Escoliers, ce qui leur est défendu par rapport à la seureté publique, 122

Escoliers ne peuvent évoquer les causes de Police, en vertu de leurs privileges de scholarité, 177

Escriture, cet art a esté long-temps fort negligé, 100.

Escritures publiques, leur ancienne forme chez les Romains, 104. 105

Escritures anciennes sur des peaux, 160

Escritures publiques, leur ancienne forme en France, 105.

Escrivains nommez Clercs, & pourquoy, 100

Egousts de l'Isle Nostre-Dame, 86

Espées en bastons défendus, 118

Espées, leur longueur, 119

Espées, défenses d'en porter dans Paris, & quelles personnes sont exceptées, ibid.

Espicerie, défenses à toutes personnes sans qualité de s'en mesler, vû le danger qu'il y a pour la santé, 587

Espicier, précautions que l'on prend pour s'asseurer de leur capacité par rapport aux drogues qui servent à la Medecine, 586. 587

Espiciers n'employeront & ne vendront aucunes drogues éventées, corrompuës ou sophistiquées, 587.

Espiciers, Réglement pour le debit des poisons, 530.

Estalages des boutiques, 125

Estalages, c'estoit aux Ediles de les faire retirer, 15.

Estalages seront retirez à six pouces du gros mur, 125.

Estampes, Comté qui releve de celle de Paris, 98

Estaux du Domaine aux Halles de Paris, 124

Estaux, à Bouchers de l'Isle Nostre-Dame, 84

Estaux à Boucheries, 113

Estienne, premier Prevost de Paris, 98. 103

Estienne Boileau establi Prevost de Paris par saint Louis, & son éloge, 104. 113. & 191

Estienne Boileau Prevost de Paris, est le premier qui a fait écrire les actes de sa Jurisdiction en Cahiers ou Registres, 160

Estrangers qui arrivoient dans Rome, estoient enregistrez, & n'y pouvoient demeurer oisifs, 20

Estude du Droit cesse d'estre necessaire pour estre Juge ou Magistrat, 32. 33. & 107

Estude du Droit Romain restablie en France, 33

Estuves publiques, défenses d'y aller en temps de contagion, 628

Estuves

Estuves basties dans l'Isle du Palais, 82

Evangile fait progrès dans toutes les parties du Monde, 279

Event en grand air dans la campagne, pour parfumer ce qui vient de lieux suspects en temps de contagion, 636. 642 & suiv.

Evêché de Paris, sa fondation, 138

Evêque de Paris, sa transaction avec Philippe Auguste, 140

Evêque de Paris avoir un tiers des droits qui se levent à la Halle, 99. 140

Evêque de Paris debouté de sa prétention de faire faire le guet la veille de l'Assomption dans l'Eglise Nostre-Dame & aux environs, 238

Evêque de Paris, les habitans de sa Terre tenus de faire le guet comme les autres Bourgeois de Paris, 237.

Evêque de Paris, sa contestation avec l'Abbé de S. Germain, pour la Jurisdiction spirituelle dans la nouvelle enceinte, 139

Evêque de Paris ne pouvoit faire executer les Sentences de sa Justice temporelle contre les criminels, dans la Ville & Banlieuë, 141

Evêque de Meaux a ses causes commises au Chastelet de Paris, 103

Evêques envoyez dans les Gaules par saint Fabien Pape, 69

Evêques recevoient les Ordonnances des mains du Chancellier, pour les faire executer dans leurs Diocéses, 28

Evêques entretiendront la paix & l'union entr'eux & les Comtes, pour le bien de l'Eglise & de l'Estat, 27. 273.

Evêques de Beauvais, de Meaux & de Senlis Conservateurs des privileges Apostoliques de l'Université de Paris, 103

Evocation, les causes de la Police ne s'évoquent point, 177

Examen des Officiers avant leur reception, origine de cet usage, 197

Examen des Conseillers & des Commissaires au Chastelet avant leur reception; 198. 211

Examinateurs & Enquesteurs, noms synonymes, 188.

Examinatores, 184

Exemption des Commissaires-Examinateurs du droit d'Aides, de Tailles & autres impositions, 216

F.

FAINEANS vuideront la Ville, 121

Falbala des habits Romains, 384

Falcification du vin en usage chez les Anciens, 581.

Falco dernier Vicomte de Paris, 99

Farce de Patelin jouée en France, 439

Fardulfus Intendant de Paris sous Charlemagne, 189.

Farines aigres & corrompuës, défenses aux Boulangers d'en employer, 570

Farmoustier Abbaye, a ses causes commises au Chastelet de Paris, 103

Faubourg saint Germain, 78

Faubourg saint Germain beaucoup augmenté de bastimens & de nouvelles ruës, 80

Faubourg saint Germain joint à la Ville par la démolition des Portes de ce costé, 88

Faubourg saint Germain forme seul un dix-septiéme quartier de Paris, 81. 144

Faubourg saint Marcel, 78

Faubourg saint Marcel joint à la Ville par l'augmentation de nouvelles ruës, & par la démolition de la Porte, 80. 90

Faubourg saint Antoine, ses accroissemens, 81. 85

Faubourg saint Antoine pavé, 86

Faubourg nouveau de saint Honoré, 86

Faubourg saint Honoré pavé, 85. 86

Fauxbourgs de Paris du temps des Romains, 72

Fauxbourgs de Paris accrus de plusieurs bastimens, 80.

Fauxbourgs nouveaux se forment aux environs de Paris, 78

Fauxbourgs de Paris enfermez dans la Ville sous Charles V. 79

Fauxbourgs saint Michel, saint Jacques & saint Victor joints à la Ville par les démolitions des Portes de ce costé, 89

Fauxbourgs de Paris démolis pour fortifier la Ville, 79.

Fauxbourgs nouveaux formez à Paris sous le regne de Henry IV. 81

Fauxbourgs saint Honoré & Montmartre, renfermez dans la Ville sous Louis XIII. 84. 85

Femmes, Loix faites en leur faveur par Romulus, 485.

Femmes impudiques, instruction du Sage contre leurs pieges, 483

Femmes & filles débauchées, 121. 201. & 483

Femmes de mauvaise vie, si elles doivent estre souffertes dans les Estats bien disciplinez, 490

Femmes débauchées condamnées par les Loix divines & par les Peres de l'Eglise, 484

Femmes débauchées condamnées par les Legislateurs Payens, 484 & suiv.

Femmes débauchées, il ne s'en trouvoit aucune en Lacedemone, 485

Femmes débauchées, & ceux qui les frequentoient, comment punis par les Loix de Solon, 484

Femmes de mauvaise vie, comment punies dans la Ville de Cumes, 485

Femmes débauchées estoient sous la discipline des Ediles Romains, 15

Femmes de mauvaise vie, comment connuës & distinguées à Rome, 486

Femmes d'honnestes familles qui se prostituoient à Rome, à quelles peines condamnées, ibid.

Femmes de mauvaise vie condamnées par les Loix de l'Eglise, & par celles des Empereurs Chrestiens, 487

Femmes de mauvaise vie, quelle police est observée contr'elles en France, 489 & suiv.

Femmes de mauvaise vie chassées, & depuis souffertes en France, & sous quelle condition, 490 & suiv.

Femmes de mauvaise vie distinguées par leurs habits, & leurs demeures en France, ibid. & suiv.

Femmes de mauvaise vie, défenses de leur loüer aucuns lieux, 493 & suiv.

Femmes de mauvaise vie, les lieux publics pour leur commerce défendus à Paris, 493

Femmes de mauvaise vie enfermées dans les Maisons de Force, 495 & suiv.

Fermentation des alimens, comment se fait, 562

Fescennius Sisinnus Préfet de la Ville de Paris du temps des Romains, 98

Feste de Pâques, contestations qui ont partagé autrefois l'Eglise touchant le jour qu'elle doit estre celebrée, 332

Feste de Pâques solemnisée pendant deux semaines, reduites à trois jours, 333

Feste de la Pentecoste solemnisée pendant une semaine entiere, réduite à trois jours, 334

Festes des Payens, comment solemnisées, 350

Festes des Payens accompagnées de débauches & de réjoüissances prophanes, abolies par les Ordonnances de nos Rois, 351

Festes & Dimanches, 201

Festes, leur establissement dans le Christianisme, 331

Festes

Festes & Dimanches seront observées, 271. 328 & suiv.

Festes de Pasques & de la Pentecoste, 331 & suiv.

Festes de l'Ascension, de la Nativité & de l'Epiphanie, 334

Festes de la sainte Vierge, des Apostres, & autres Festes qui sont chommées dans le Diocése de Paris, 334 & suiv.

Festins des Grecs reglez, 9

Festins, il estoit du soin des Ediles d'y empêcher l'excés de la dépense, 15

Festins reglez, 202. 427

Festins défendus, 205

Feudism, explication de ce mot, 138

Feux allumez dans les ruës en temps de contagion, 628.

Fief & Justice n'ont rien de commun, 138

Fiefs personnels des grands Officiers de la Couronne, 148

Figuiers du terroir de Paris, 70. 72

Filles & femmes débauchées, 181

Filles Penitentes à Paris, 72. 73

Filles de mauvaise vie qui se convertissent, reçuës en la Maison du Bon Pasteur, 498

Filoux seront jugez en dernier ressort à la Police, 130.

Finance, la recette en est retirée du Prevost de Paris, 104. 191

Firmin Coquerel Chancellier de France, 101

Fisons, explication de ce mot, 138

Foin, Police de ce Commerce, 124

Foin, Jurez Contrôleurs de cette marchandise, ne peuvent estre attirez hors la Jurisdiction du Chastelet pour leurs droits & leurs fonctions, 177

Foire de saint Lazare à Paris, transferée aux Halles, 76.

Foire saint Germain, Réglement pour la Police, entre les Officiers du Chastelet & le Bailly, 145.

Foire saint Germain, contestation entre les Lieutenans Civil & Criminel, pour en faire l'ouverture, 119. 120

Foire au Parvis de Nostre-Dame de Paris; défenses d'y vendre des lards sursemez, sans une marque qui les fasse connoistre, 605

Foires interdites en temps de contagion, 640. & suiv.

Fonctions de Police des Hebreux après estre arrivez dans la Palestine, 7

Fondations faites par nos Rois à Paris, 138

Fontaines, leur eau est ordinairement la meilleure, 544.

Fontaines publiques d'Athenes; de quelle peine estoient punis ceux qui en troubloient l'eau, 545

Fontaines de Rome, quels Officiers en prenoient le soin, 20

Fontaines, quelle peine encouroit en France celuy qui en troubloit les eaux, sous la premiere Branche de nos Rois, 548

Fontaines de Paris, leur origine & leur Police, 88. 176. 548 & suiv.

Fontaines de Paris, Réglement entre le Chastelet & l'Hostel de Ville, 552

Fontaines de Paris sous la Jurisdiction du Chastelet, 168

Force est temperée par la Justice, 229

Formules des anciens actes, 224. 225

Fortifications de Paris à la Porte saint Antoine, 80

Fortifications de la Ville de Paris à l'occasion de la guerre contre les Anglois sous le Roy Jean, 78. 79.

Fortifications anciennes de Paris changées en un cours planté d'arbres, 88. 89. & 90

Fossez de la Ville de Paris, 78

Fossez de la Porte saint Antoine, 80

Fossez comblez du costé de l'Université en 1640. 87.

Fossez de Paris comblez pour élargir & achever le Cours sur les remparts, 85. 88. 89. & 90

Fourbisseurs par rapport aux armes défenduës, 128. 129.

Fourbisseurs ne se retireront en lieux privilegiez, 129.

Fourures sont en usage en France pour les habits, 385. 386.

Foy conservée dans sa pureté en France, plus longtemps qu'en aucun autre Estat, 190

Franc-salé des Commissaires-Examinateurs, 215

Francs-Mureaux, clos de vignes au Faubourg S. Jacques à Paris, 76

France, nom donné aux Gaules par les François après leur conqueste, 26

France dans une espece d'anarchie sur la fin de la seconde Branche de nos Rois, 29

France exempte d'heresie plus long-temps qu'aucun autre Estat, 190

Franchises du Temple & de S. Jean de Latran à Paris, pour les Arts & Mestiers, & sous quelles conditions, 142. 147

François, leur religion & leurs mœurs, 69

François font la conqueste des Gaules, 16. 69

François suivirent la même division qui avoit esté faite des Gaules en Primaties, Provinces, Peuples ou Citez, Cantons ou Contrées, 26. Voyez Gaules.

François se conforment aux Mœurs, aux Loix & à la Police des Romains, 3. 16. & 385

François, leur conversion au Christianisme, 69. 277

François autrefois ennemis du luxe, 385

Frippiers auront des Registres, 104

Frippiers, ce qui leur est défendu en temps de contagion, 617

Froger Entrepreneur de la nouvelle closture de Paris sous Louis XIII. 84

Fruittiers Beurriers, 124

Fruits & legumes seront visitez par les Jurez Jardiniers, 378

Fruits, discipline de leur Commerce par rapport à la santé, ibid.

Fumier de porcs ne sera employé à fumier les terres qui croissent les legumes, ibid.

Fumiers ne seront laissez dans les ruës, 125

Fumiers ne seront jettez dans la riviere, 553

Fuzées, défenses d'en vendre & d'en tirer dans les ruës, 204

Fy, le fy est une maladie qui vient au bœufs, comme la ladrerie aux porcs, 572

G.

Gaian Examinateur, Lieutenant du Prevost de Paris, 216

Gagne-deniers des Halles de Paris, 124

Garçons Barbiers & de toutes autres conditions se retireront chez les Maistres, ou sortiront de la Ville, 121

Garçons de riviere du Port au foin, 125

Garde-Robe du Roy, & quels Marchands & Artisans la doivent servir, 161

Gardes establis sur les chemins des Villes en temps de contagion, 636

Gardes-Gardiennes pour plaider au Chastelet de Paris: origine de ce privilege, 30. 103

Gardes-Gardiennes, quels sont les Corps, Communauté, ou personnes qui en doivent jouïr, ibid.

Garlande famille tres-noble de Paris, & qui a donné un Prevost à cette Ville Capitale, 103

Gaucourt premier Gouverneur de Paris, 107

Gaule partagée en Provinces, 21

Gaules

K.

KLUSTMEISTERS, Commissaires des quartiers de la Ville de Groningue en Frise, 210

L.

LAAS, l'un des noms du territoire de Paris, 76.

Laas, territoire de Paris, quand fut commencé à bastir, 78

Laboratoires sans permission, défendus, 531

Laboureurs ne fumeront leurs terres de matieres fecales, 569. 570

Lacedemone, sa Police, & quels Officiers en connoissoient, 9

Lacedemoniens, leurs repas communs, 427

Laicus, signification de ce mot, 230

Lait, discipline de son Commerce par rapport à la santé, 576

Laitues sont les meilleures legumes pour la santé, 562.

Langue Grecque abondante en noms énergiques, 1

Langayeurs de Porcs, 573

Lansquenet, jeu défendu, 467 & suiv.

Lapins ne seront nourris dans les Villes, 539

Laquais ne porteront épées, cannes, ny bastons, 121 204.

Latrines, l'obligation d'en avoir dans ses maisons, 202. 536 & suiv.

Latrines, défenses de les vuider sans permission en temps de contagion, 625

Legati Proconsulum, Subdeleguez des Magistrats Romains dans les Gaules, 21. 22

Legati Proconsulum comparez aux Enquesteurs & aux Commissaires des quartiers de la Ville de Rome, 21. 22.

Legati changez en *Missi*, & comment, 184. 187

Legio alaudarum, laissée par les Romains en garnison proche de Paris, 74

Legions Romaines laissées en garnison aux environs de Paris, 71

Legumes & fruits seront visitez par les Jurez Jardiniers, 578

Lemones & *Lena*, étymologie de ces mots, 491

Lepre, sa description, 603

Lepreux, 203. 603

Lepreux examinez, & précautions qu'on prend pour n'en estre infecté, 604

Lepreux separez de toute societé, 603 & suiv.

Lepreux, leur est enjoint de sortir de Paris, 605

Lepreux, leur nombre diminué en France, ibid.

Lepreux, le peu qui en reste en France est reçû en l'Hospital ou Maladerie de saint Mesmin prés d'Orleans, 607

Lepreux: des mendians & vagabons feignent d'avoir cette maladie, pour estre reçûs dans les Maladeries, ou recevoir des charitez, ce qui fut découvert, 606

Leproseries unies aux Ordres de saint Lazare & de Mont-Carmel, 607

Leproseries, leurs biens desunis des autres biens & revenus des Ordres de saint Lazare & de Nostre-Dame du Mont-Carmel, & destinez à d'autres œuvres de pieté, 608 & suiv.

Lettres Royaux nommées, *Charta regales*, & les Lettres des Juges, *Charta pagenses*, 224

Lettres qui viennent de lieux suspects de contagion, 637. 639.

Levain, de quoy composé, & ses effets dans la paste, 561

Levain, quelle est son utilité dans la façon du pain, 560.

Levain, moins propre que la biere à fermenter la paste, 563

Levain trop vieux s'aigrit & se corromp, 566

Levure de biere dans le pain, 202

Levure de biere en usage dans les Gaules & l'Espagne du temps de Pline dans la composition du pain, 564

Levure de biere dans le pain, quand l'usage en a commencé à Paris, 566. 568

Levure de biere, quand & pourquoi les Boulangers de Paris ont commencé de s'en servir, & quel est son effet dans le pain, 566

Levure de biere meilleure que le franc levain, 563

Levure necessaire dans le pain où il entre du lait & du sel, 564

Levure de biere, ses bonnes qualitez, & les bons effets qu'elle produit dans le pain, 562 & suiv.

Levure de biere, ses mauvais effets dans le pain, 561.

Levure de biere; la Faculté de Medecine de Paris consultée par le Magistrat de Police, & ensuite par le Parlement, au sujet de son usage dans le pain, 566

Levure de biere; avis des Medecins de la Faculté de Paris, touchant son usage dans le pain, ibid.

Levure de biere; les Medecins partagez sur son usage dans le pain, 561. 565. & 566

Levure de biere dans le pain, condamnée par quarante-sept Docteurs, & approuvée de trente-trois dans une assemblée de la Faculté de Medecine de Paris, 567

Levure de biere trop vieille ou éventée perd sa vertu fermentative, 563

Levure trop vieille rend le pain mal sain, 565

Levure de biere qui vient de Flandre ou de Picardie doit estre défenduë, 566. 567

Levure de biere; épreuve faite pour prouver qu'elle ne fait point aigrir le lait, 565

Levure de biere dans le pain, quels abus cet usage a introduit dans la Police des Boulangers, 568

Levure de biere, avis du Magistrat de Police touchant son usage dans le pain, 567

Levure de biere dans le pain, permise par Arrest du Parlement, & sous quelles conditions, 569

Levites, il y en avoit toujours deux entre les Conseillers des Tribunaux des Hebreux, 6

Lex Oppia contre le luxe, 383

L'hospital, Chancellier, son éloge, 37

Libelles diffamatoires défendus, 202. 204. & 205

Libraire & Imprimeur; il n'y en doit point avoir de privilegié suivant la Cour, 159

Libraires, 125

Librairie, combien sa Police est importante, 207

Librarii & *Notarii* estoient noms synonimes, 105

Licurgue, ses Loix contre le luxe, 381

Licurgue, ses Loix concernant les repas communs, 427.

Licurgue interdit l'usage du vin, & fait arracher les vignes en Lacedemone, 544. 581

Lieutenans du Prevost de Paris, Examinateurs, 210

Le Lieutenant Civil & le Lieutenant Criminel contestent pour la Police de Paris, & les raisons qui furent alleguées de part & d'autre; sur quoy la concurrence fut ordonnée par provision, 116

Lieutenant Civil establi seul Magistrat de Police au Chastelet de Paris, 118

Lieutenant Civil fait une Ordonnance generale pour remettre en vigueur tous les anciens Réglemens, 121.

Lieutenant Civil, la Jurisdiction de Police luy est de nouveau attribuée, avec pouvoir de juger en dernier ressort les voleurs, vagabons, gens sans aveu; & femmes débauchées, 125

Lieutenant Civil au Chastelet de Paris, son Office separé

separé en deux , l'un pour le Civil , & l'autre pour la Police, 108. 127. & 131

Lieutenant General de Police reglé avec le Prevost des Marchands , 175

Lieutenant General de Police conservé unique non-obstant la separation de la Prevosté de Paris en deux Tribunaux , 134. 199

Lieutenant General de Police , les Officiers & Archers du Guet , & tous autres sont tenus de luy obéir, 231

Lieutenant General de Police a seul droit de permettre de colporter ou afficher dans Paris , 265

Lieutenant General de Police juge en dernier ressort les Bohemiens , les vagabons , les filoux & gens sans aveu, 130. 134

Lieutenant General de Police , ses Ordonnances pour les provisions de Paris sont executées dans toute l'étenduë du Royaume , 103. 133

Lieutenant Criminel aux Assemblées generales de Police au Chastelet, 118. 120. & 121

Lieutenant Criminel de Robe-courte au Chastelet de Paris , son origine & ses fonctions , 229. 230

Lieutenant Criminel, & Lieutenant de Robe courte au Chastelet de Paris, reglez entr'eux pour leurs fonctions , 231

Lieutenant Criminel de Robe-courte aux Assemblées generales de Police du Chastelet , 110. 111

Lieutenant de Robe-courte , sa Jurisdiction sur les vagabons & gens sans aveu , 134

Lieutenant Criminel de Robe-courte au Chastelet de Paris, Réglement entre luy & le Prevost de l'Isle, 231.

Lieutenans des Prevosts, des Baillis & Seneschaux, 33. 106. 107.

Lieutenans Generaux seront Graduez , 33. 107. 198. & 229.

Lieutenans Generaux ont le commandement sur les Officiers d'épée, qui doivent prester main-forte à l'execution de leurs Jugemens, 229

Lieutenans Civil & Criminel du Chastelet , ce qui leur est ordonné par le Roy & par le Parlement sur le fait de la Police de Paris , 117

Lieutenans Generaux de Police dans les Provinces, leur création *ad instar* de Paris , 39

Lieutenans de Police des Provinces peuvent estre reçûs à vingt-cinq ans , 42

Lieutenans Generaux de Police ont voix déliberative aux Baillages & Siéges Présidiaux, 42. 43. & 45.

Lieutenans Generaux de Police , leur rang & séance, 42. 43. 45. 49. 51. 58. 61. & 63

Lieutenans Generaux de Police maintenus dans leurs fonctions contre les Officiers des Baillages & Seneschaussées , 53. 54. & 55

Lieutenans Generaux de Police, leur rang & séance aux Assemblées generales de Police, 56

Lieutenans Generaux de Police , leur rang & séance aux Hostels de Ville , 51. 57. & 60

Lieutenans Generaux de Police reglez avec les Maires & Eschevins pour les Assemblées de Ville, 46. 61

Lieutenans Generaux de Police reglez avec les Maires & Eschevins pour les logemens de gens de guerre , 48. 50. 57. 58. & 61

Lieutenans Generaux de Police seront avertis par les Huissiers des Assemblées en l'Hostel de Ville, 57.

Lieutenans Generaux de Police connoissent des contraventions au respect qui est dû aux Eglises , 53.

Lieutenans Generaux de Police , Juges des contestations qui arrivent pour les marches aux Processions , 55

Lieutenans Generaux de Police sont Directeurs des

Hospitaux , 51

Lieutenans Generaux de Police , leur Jurisdiction sur les Medecins , les Chirurgiens , les Apotiquaires , & sur les visites des drogues & remedes, 44. 45. 47. 52. 59. & 63

Lieutenans Generaux de Police ont Jurisdiction sur les appretateurs de grains , & les Bouchers, 45

Lieutenans Generaux de Police ont Jurisdiction sur les Orfévres , & quelles matieres en sont exceptées & doivent estre portées à la Cour des Monnoyes , 64

Lieutenans Generaux de Police , leur Jurisdiction sur le Commerce, les Arts & Mestiers, 44. 47. 53. 55. & 60

Lieutenans Generaux de Police auront la connoissance de tout ce qui concerne les Manufactures, 57.

Lieutenans Generaux de Police tiendront leur séance dans le Siege ordinaire de la Jurisdiction , 53.

Lieutenans Generaux de Police feront seuls toutes les instructions & la distribution des procés de Police , 56

Lieutenans Generaux de Police dans les Provinces, seront assistez de deux Conseillers du Siége, 56. 61

Lieutenans Generaux de Police , pour l'absence ou le refus des Conseillers qui les doivent assister , pourront prendre des Graduez , 51. 62

Lieutenans Generaux de Police , en quels lieux les appellations de leurs Sentences sont relevées, 51. 56

Lieutenans Generaux de Police , il est défendu aux Officiers des Baillages & Seneschaussées de donner des défenses d'executer les Sentences de Police , ibid.

Lieutenans & Conseillers des Siéges ordinaires dans les Provinces , visiteront les marchez une ou deux fois le mois , 38

Lieutenans Criminels , leur competance , 231

Lieutenans de Robes-courtes , leur rang , séance & privilege , 229. 233

Lieux privilegiez doivent estre ouverts aux Officiers du Chastelet faisant la Police , 145

Lieux privilegiez dans Paris , les Officiers du Chastelet y exercent la Police comme dans les autres quartiers de la Ville , 130

Lieux privilegiez , défenses d'y retirer des Fourbisseurs , des Couteliers , ou autres Ouvriers qui fabriquent des armes , 119

Lieux de débauche défendus, 202. 204

Limonadiers , à quelle heure doivent fermer , 104

Litarge mise dans le vin , ses pernicieux effets , 583

Livres écrits sur des peaux qu'on rouloit, d'où vient le mot de volume , 160

Livres défendus , les Ediles Romains les supprimoient , & les faisoient brusler , 15

Livres ne seront imprimez sans privilege ou permission , 125. 206

Livres défendus , leur suppression , 201

Livres de la Chambre du Procureur du Roy au Chastelet , 261

Livrées du Roy , défenses aux particuliers d'en faire porter à leurs domestiques, 395. 425

Locriens , leurs Loix contre le luxe , 382

Logement de gens de guerre ; Réglement entre les Lieutenans Generaux de Police & les Maires & Eschevins , 48. 57. 58. & 61

Logement de gens de guerre , les Commissaires en sont exempts , 216

Loix , leur origine , leurs effets & leur division , 1 258. 264.

Loix , combien il est important de les observer ,

Loix tirent leurs principes de Dieu ; à quelles fins elles

elles ont esté establies, leur éloge, & les regles qu'on doit suivre pour les bien observer, 258. 259.

Loix, doivent estre publiées & affichées, 259
Loix de Moïse, la source de toutes les autres, 3
Loix Romaines, leur origine, 12
Loix des douze Tables, ibid.
Loix Romaines, comment proposées & reçües du temps de la République, 262
Loix Romaines establies dans les Gaules, 97
Loix des Romains conservées par les François, 3
Loix addressées par le Chancelier aux Comtes ou premiers Magistrats des Provinces, sous la premiere & la seconde Branche de nos Rois, 260
Loix addressées à Estienne Comte de Paris, & publiées à son Audiance, ibid.
Loix, leur silence en France, & combien il a duré, 29. 186. & 225
Loix, leurs estudes restablies en France, 227
Loix, en petit nombre en France lors de l'establissement des Baillis & Seneschaux, 32
Loix de l'ancien Testament, touchant le respect dû aux lieux saints, 320
Loix de Constantin en faveur de la Religion, 276
Loix des Empereurs successeurs de Constantin, en faveur de la Religion, 277
Loix des Empereurs Chrestiens, en faveur de la Religion & des Ecclesiastiques, 271
Loix des Princes Chrestiens pour l'observation du Dimanche, 329. 330
Loix & Ordonnances concernans l'observation des Festes, 334 & suiv.
Loix & Ordonnances qui sont communes à l'observation du Dimanche, & à celle des Festes, 342. & suiv.
Loix des Empereurs contre les Juifs, 279
Loix des Empereurs Chrestiens contre les Heretiques, 287 & suiv.
Loix penales contre les Heretiques, 269
Loix des Princes Chrestiens contre les Apostats & les Relaps, 310
Loix Sumptuaires des Romains, 383 & suiv.
Loix Sumptuaires des Grecs & des Romains, touchant les repas communs ou particuliers, 428. & suiv.
Loix Sumptuaires de France, 386 & suiv.
Loix Sumptuaires de France touchant les repas, 430. & suiv.
Loix Romaines touchant les spectacles, 433 & suiv.
Loix de l'Eglise & des Empereurs Chrestiens contre les jeux de hazard, 453 & suiv.
Lotterie, étymologie de ce mot, 450
Lotteries, leur origine, 449
Lotteries, leurs distinctions, ibid.
Lotteries de liberalité des Princes, 450
Lotteries, quand ont commencé en France, 470
Lotteries Royales, 477 & suiv.
Lotteries défenduës aux particuliers, 474 & suiv.
Louvre, Maison Royale, 78.141
Ludi, étymologie de ce mot, 447
Ludus & jocus, difference de ces deux mots, 448
Lupanaria, lieu de retraite à Rome pour les femmes de mauvaise vie, 486
Lutece, Ville Capitale des Parisiens, 67. 68
Lutece conquise la premiere fois par César, 68
Lutece bruslée par ses Habitans, & prise une seconde fois par César, ibid.
Lutece, le Conseil des Gaules y est transferé du Pays Chartrain par César, 68. 69
Lutece, son éloge par Julien Proconsul des Gaules, 69.
Luxe, 102. 379
Luxe, sa difference d'avec la magnificence, 381
Luxe, a commencé dans l'Asie, ibid.

Luxe condamné par l'Ecriture sainte & par les Peres de l'Eglise, 380
Luxe condamné par les Legislateurs Grecs, 9. 381
Luxe, en quel temps il a commencé à Rome, & ses differents progrès, 382
Luxe des habits, il estoit du soin des Ediles de l'empêcher, 15
Luxe, combien les anciens François en estoient éloignez, 385
Luxe, en quel temps il a commencé à s'introduire en France, ibid.
Luxe porté à l'excés en France, & en quel temps, 388.
Luxe des ouvrages d'Orfévrerie, 387 & suiv.
Luxe des ouvrages d'Orfévrerie, défendu, 397
Luxe, par rapport aux dentelles & passemens, 115
Luxe, les Estats d'Orleans se plaignent de son excés & en demandent la reforme, 389
Lydiens inventent les jeux de cartes & de la paume, 447.
Lyon, Ville Primatiale de la Gaule Celtique, 22

M.

MAGASINS de vivres défendus à Athenes, 9.
Magie, son origine, 520
Magiciens, 201. 520
Magiciens condamnez par les Loix divines & par les Princes temporels, 523 & suiv.
Magiciens, dernier Réglement contr'eux, 530
Magistrat, étymologie de ce nom, & sa définition, 255.
Magistrat establi à Paris par les Romains, conservé par les François, 98
Magistrat de Paris conserve le titre de Préfet, pendant que tous les autres prennent celuy de Comtes, & pourquoy, ibid.
Magistrat de Police, combien sa vigilance & ses soins, tant qu'il est unique, font de bien à la Ville, 16
Magistrats, leur origine & leur dignité, 221
Magistrats, l'obéissance qui leur est dûë, 255
Magistrats, quelles qualitez leur sont necessaires, 256.
Magistrats, exhortez par nos premiers Rois, de concourir avec les Evêques pour s'acquitter mutuellement de leurs devoirs, 273
Magistrats font punir les méchans, & maintiennent les gens de bien en paix & en seureté, 27
Magistrats avoient l'exercice de la Justice & des Armes, 229
Magistrats doivent estre vestus modestement, 384
Magistrats, leurs assiduitez dans les Villes, 206
Magistrats Hebreux, leur division, 7. 221
Magistrats des Grecs, 222
Magistrats de Police d'Athenes, 8
Magistrats d'Athenes, leurs assiduitez dans les Villes, 206
Magistrats des Romains, 221
Magistrats Romains avoient la liberté de se choisir des Assesseurs pour le Conseil entre les personnes privées : mais pour les representer, ils estoient obligez de subdeleguer d'autres Officiers 12.
Magistrats Romains, leurs assiduitez dans leurs Villes, 206
Magistrats des Provinces prirent le nom de Comtes, & pourquoy, 23
Magistrats des Provinces militaires prirent le nom de Ducs, & pourquoy, ibid.
Magistrats des Gaulois, 97
Magistrats des Gaulois, leurs assiduitez dans leurs Villes, 206
Magistrats Romains envoyez dans les Gaules, & leurs

leurs fonctions, 21
Magistrats establis dans toutes les Villes des Gaules, 22. 23. & 97
Magistrats establis par les François dans toutes leurs Villes, 3
Magistrats François, leurs assiduitez dans leurs Villes, 206
Magistrats François, sous les titres de Ducs & de Comtes, 26
Magistrats François, sous la premiere & la seconde Branche de nos Rois, leurs devoirs & leurs fonctions, 27
Magistrats François, leur subordination, 28
Magistrats d'épées, 229
Magistrats des Provinces, Commissaires-Examinateurs, 208
Magister census, sa création par Auguste, & ses fonctions, 20
Magistri pagorum, Juges des Bourgs ou Villages, 23.
Magnificence, sa difference d'avec le luxe, 381
Maçons, quelles enseignes ils doivent mettre où ils travaillent, 204
Mail, défendu d'en joüer dans les ruës, ibid.
Major Domûs Regia, 151
Maire du Palais, 69
Maire du Palais, son origine & ses fonctions, 27. Voir Préfet des Gaules.
Maire ou Comte du Palais de nos Rois, ses fonctions, 151
Maire ou Comte du Palais, sa suppression, ibid.
Maires & Eschevins, il est ordonné qu'ils ne connoistront plus des matieres civiles, 36
Maires & Eschevins reglez avec les Lieutenans Generaux de Police, 46. 48 & 50
Maires & Eschevins reglez avec les Lieutenans Generaux de Police, pour la séance aux Hostels de Ville, & les logemens de gens de guerre, 57
Maires & Eschevins, il leur est défendu de troubler les Officiers de Police dans leurs privileges, 57
Maires des Villages, leur origine, 29
Maison du Bon Pasteur, & son establissement pour les filles de mauvaise vie qui se convertissent, 498
Maisons, défenses de les loüer qu'à gens bien famez, 127.
Maisons de Force pour enfermer les femmes débauchées, 495
Maisons, enjoint de les tenir propres en temps suspect de contagion, 615
Maisons infectées de contagion, comment doivent estre airées & parfumées, 635
Maisons de Santé establies pour faire quarantaine en temps suspect de contagion, 629
Maistre, cet ancien titre autrefois honorable, son origine & son étymologie, 196
Maistres des Requestes de l'Hostel du Roy, leur origine & leurs fonctions, 152
Maistres des Requestes, leur Jurisdiction, ibid.
Maistres d'Hostel du Roy, leur Jurisdiction, ibid.
Maistres d'Hostel du Roy, suppression de leur Jurisdiction, ibid.
Maladie contagieuse, 203
Maladie contagieuse, comment elle se contracte, 603.
Maladeries establies pour les lepreux, 604
Maladeries tombées en ruine ou usurpées, 607
Maladeries reformées, 605 & suiv.
Maladeries, & autres Hospitaux, Chambre establie pour les reformer, 606
Maladeries unies aux Ordres de saint Lazare & de Mont-Carmel, 607
Maladeries, leurs biens desunis des autres biens des

Ordres de saint Lazare & de Nostre-Dame du Mont-Carmel, & destinez à d'autres œuvres de pieté, 608 & suiv.
Malefices condamnez par les Loix divines & humaines, 523 & suiv.
Malte, l'Ordre de Malte a ses causes commises au Chastelet de Paris, 103
Manufacture de soye establie, 387
Manufacture d'étoffes de soye, d'or & d'argent, establie à Lyon, 342
Manufacture d'étoffes de soye, d'or & d'argent, establie à l'Hostel des Tournelles à Paris, 81.394
Manufactures & toutes leurs dépendances sont de la Jurisdiction des Lieutenans Generaux de Police, 57
Marais des environs de Paris, 72. 75
Marais des environs de Paris, dessechez, 75
Marais du Temple, bastis, 83. 84
Marchand de blé sur la riviere, banqueroutier, les Officiers du Chastelet en connoissent, 173
Marchandises de Paris, la visite n'en appartient qu'aux seuls Officiers du Chastelet, 115
Marchandises sujettes à passer par l'évent, & les parfums en temps de contagion, 642 & suiv.
Marchands de Paris érigez en Corps & Communautez, 114
Marchands & Artisans, leurs Corps & Communautez sont soumis à la Jurisdiction des Lieutenans Generaux de Police, 55
Marchands n'estoient reçûs autrefois dans les Charges publiques, que dix ans aprés avoir quitté leur Commerce, 256
Marchands de Paris qui estoient soumis aux Jurisdictions des grands Officiers de la Couronne, 148.
Marchands Merciers qui feront venir des drogues, comment visitées, 595
Marchands de grains, 122
Marchands de grains feront serment devant les Lieutenans Generaux de Police, 49
Marchands de bestiaux, leur Police, 123
Marchands de vin, ibid.
Marchands de beurres, 124
Marchands de foin, ibid.
Marchands & Artisans suivans la Cour, leur origine, 153
Marchands & Artisans de la Garde-robbe du Roy, 161.
Marchands & Artisans que le Grand Conseil avoit establis à sa suite, sont supprimez, 160
Marchands privilegiez suivans la Cour, en faveur de Monsieur le Mareschal du Plessis-Praslin, supprimez, 161
Marchands & Artisans suivans la Cour, establis à Paris, sont soumis à la Jurisdiction de Police du Chastelet, 155 & suiv.
Marchands & Artisans de Paris ne peuvent exercer un privilege suivant la Cour, d'une autre Profession incompatible, 159
Marchands n'embarrasseront les ruës par leurs montres, toiles, serpilleres, coffrets, piles de draps, ny autres étalages, 125
Marché ancien de Paris à la Place de Greve, 72
Marché aux bestiaux, 123
Marché aux bestiaux à Paris, 75. 123
Marché aux volailles & gibiers, 123
Marché aux chevaux & autres bestiaux, transferé, 85.
Marchez visitez par les Ediles, 15
Marché au pain, 123
Mareschaux de France, leur ancien nombre, 247
Marculphe, ses anciennes formules, 224
Marculphe nous a laissé les formules des anciens contrats, 105
Marculphe,

Marculfe, formules des conventions de son temps, elles estoient toutes sous signature privée, 32

Margu'lerie comptable, un Commissaire déchargé de l'accepter, 217

Maric, & ses associez, subrogez au lieu de la Grange pour les bastimens de l'Isle Nostre-Dame, 83. 84.

Mariniers qui amenent le foin, 125

Marionnettes, 122

Marquisats, leur origine, 137

Maquereaux & maquerelles, étymologie de ces mots, 491

Maquereaux & maquerelles, comment punis à Rome, 486.

Mars, nommé Heus par les Gaulois, 68

Martyre de saint Denys & de ses Compagnons à Paris, 69

Mascon, l'un des quatre premiers Baillages Royaux, 30.

Masques défendus, 205

Masques ne porteront des armes, 204

Massons n'embarrasseront la voye publique, 125

Matieres fecales ne seront employées à fumer les terres, 569

Maximien Empereur passe dans les Gaules contre les Bagauds rebelles, 74

Mecenas favori d'Auguste, exerce l'Office de Préfet de la Ville, premier Magistrat de Police, 17.

Medecine, sa division en Dogmatique, Pharmatique & Chirurgique, 586

Medecine, par qui peut estre professée, 203

Medecine ne sera pratiquée par aucun qui ne soit Docteur en cette Faculté, 596

Medecine ne sera pratiquée à Paris par aucun qui ne soit Licencié, ou Docteur, ou Medecin des Maisons Royales, 598

Medecins doivent estre approuvez, 203

Medecins assemblez par l'ordre du Magistrat de Police touchant la leveure de biere, 560

Medecins nommez pour panser les pestiferez, quel est leur devoir, 625

Medecins sous la Jurisdiction des Lieutenans Generaux de Police, 47. 51. 55. & 63

Megissiers de Paris n'infecteront la riviere de Seine, 556.

Megissiers doivent estre éloignez du milieu des Villes, 554.

Megissiers n'exerceront leur Mestier dans les Villes en temps de Contagion, 626

Meldois ou peuples de Meaux ne composoient qu'une même Cité avec les Parisiens dans les Gaules, 67.

Melons, saison de les défendre, 202. 578

Mendians, leur discipline est de la Jurisdiction des Lieutenans Generaux de Police, 51

Mendians valides, 207

Mendians, leur grand nombre & leurs infections, l'une des causes du mal contagieux, & ce qui doit estre fait à leur égard, 627. & suiv.

Mendians & vagabons feignent d'estre lepreux par oisiveté, 606

Mendicité interdite, 204

Merciers, leur droit de visite dans la Foire saint Germain, 145

Mercure porta l'idolatrie chez les Celtes, 68. En marge.

Mercure nommé Theutates par les Gaulois, 68

Merovée se rend le maistre de Paris, 69. 70

Mestiers de Paris, la visite n'en appartient qu'aux Officiers du Chastelet, 115

Mestiers qui employent le bois maitin, comment le doivent lotir, 175

Mestiers dont l'exercice cause des infections, doi-

vent estre éloignez du milieu des Villes, 554

Mesures & poids, 202

Mesures, Officiers de Police d'Athenes, pour les faire entretenir justes, 9

Mesures & poids sous la Jurisdiction des Ediles, 15.

Mesures à blé & à vin, le Roy se les reserve dans Paris, 140

Mesures à blé alienée aux Bourgeois de Paris, 76

Mesureurs de grains, 122

Mesureurs de grains doivent se trouver aux Audiances de Police du Chastelet, 120. 125

Metropoles, premieres Villes des Provinces des Gaules, selon leurs divisions, depuis Auguste, 22

Messagers, l'on change leurs routes en temps de contagion, 636. 639

Meubles infectez de contagion, comment doivent estre airiez & parfumez, 635

Meuniers, 123

Meuniers ne feront courir leurs chevaux ou mulets par la Ville, 123. 204

Miles, étymologie de ce nom, 236

Mimes & Pantomimes, 433. & suiv.

Minos, ses Loix concernant les repas communs, 427.

Missi & *Legati*, deux noms synonymes, 184

Missi au lieu de *Legati*, 187

Missi Discussores, 184

Missi Discussores, *Missi Comitum*, & missi Reipublica, 128

Missi Discussores, nommez Enquesteurs, 184. 187. & 188.

Missi Comitum, sont nommez Enquesteurs, 188

Missi changés en *Commissarii*, & comment, 189

Mission Apostolique pour la conversion des Gaules, 69.

Mithra l'Apollon des Gaulois, 68

Modestie, sa difference d'avec la bassesse, 381

Modestie des anciens Romains, 382

Modestie des anciens François, 385

Mœurs, 379

Mœurs, leur discipline, 202

Monarchie, l'une des especes de Gouvernement, 2

Monastere de saint Julien-le-Pauvre à Paris, 76

Monastere de saint Laurent, aujourd'huy de saint Lazare à Paris, 75

Monastere des Filles Dieu à Paris, 84

Monnoye au moulin, establie dans l'Isle du Palais, 82

Mons Lucotitius, à Paris, 69. & 75

Montagne de la Porte saint Victor abbaissée, 90

Mont-l'Hery, Comté qui releve de celle de Paris, 98.

Montmartre, où estoit le temple de Mars ou de Mercure, 68

Montmartre, d'où vient ce nom, 69

Moralitez representées sur le théatre, 437

Mortaillables, 138

Mousfeard, l'un des noms du terroir de Paris, 78

Moulin des Juifs à Paris, 281

Moulin de Bussy proche l'Isle du Palais, 82

Moulins de la butte du saint Roch, transferez, 85

Moutons ou brebis ne seront nourris dans les Villes, 539.

Moyse conducteur & Juge du Peuple de Dieu, 5

Moyse avoüe qu'il ne peut seul remplir les devoirs de son employ, & choisit des Officiers pour le soulager, ibid.

Moyse se choisit aussi des Conseillers, 6

Multiplicité de Tribunaux de Police causent le desordre & la confusion, 140. 150

Municipes, quelles sortes de Villes, 97

Murs anciens de Paris, 72. 73

Murs anciens de Paris abbatus, 85

Mysteres representez sur le théatre, 437

E e N.

N.

NETTETE' interieure des maisons contribuë à la santé, 535 & suiv.

N.ttoyement des ruës, 102. 106

Nettoyement des rues, combien cette Police est importante à la santé, 535. 625

Nettoyement & pavé des ruës commis aux Ediles Romains comme Subdeleguez des Censeurs, 12 15.

Nettoyement des ruës à Rome; il y avoit un Inspecteur general sous le titre de *Tribunus Nitentium*, 20

Nettoyement des ruës ne sera poussé dans la riviere, 553.

Noblesse Romaine aspire à l'Edilité, 13

Noble homme, la haute Noblesse s'en qualifioit anciennement, 196

Noble homme & sage, ancien titre des Commissaires au Chastelet, 193. 196

Noble homme, ce titre n'est plus d'usage, 197

Noces & festins défendus, & pourquoy, 205

Nogent-l'Artault, Abbaye, a ses causes commises au Chastelet de Paris, 103

Νομοφύλακες, Officiers de Police de Lacedemone, 9.

Nostre-Dame, Eglise Cathedrale de Paris son premier bastiment, 72

Nostre-Dame des Champs, où estoit le Temple de Mercure, 68

Nostre-Dame des Champs, Eglise bastie à Paris par saint Denys, 69

Nostre-Dame des Bois, Chapelle où est sainte Opportune à Paris, ibid.

Nostre-Dame de Bonnes-Nouvelles, Eglise bastie à Paris, 84

Notaires, leur origine, 105

Notaires n'ont esté créez en titre d'Office, que sous le regne de saint Louis, 31

Notaires, leurs Offices incompatibles avec ceux des Juges, 208

Notaires du Chastelet, leur origine, 104. 105. 191

Notaires au Chastelet, raison, sagesse & utilité de leur establissement, 105. 106

Notaires Jurez du Chastelet, Greffiers du Prevost de Paris, des Auditeurs, & des Commissaires-Examinateurs, 191. 209

Notaires avoient une Salle pour recevoir leurs actes au Chastelet, 105

Notaires au Chastelet rapportoient au Scelleur, pour le Roy, les trois quarts de leurs émolumens, 105.

Notaires & Huissiers du Chastelet, instrument dans tout le Royaume, & pourquoy 102

Notaires, Greffiers des Commissaires dans les Provinces, 199

Nouveaux Catholiques, Ordonnances & Réglemens concernans la discipline qu'ils doivent observer, 302. & suiv.

Nouvelle enceinte de Paris sous Louis XIII. 85

Nouvelles ruës basties au Marais du Temple, 84. 88

Nouvelles ruës à la place des Hostels de Nemours & de Luynes, 88

Nouvelles ruës basties au quartier de saint Honoré, 85.

Nouvelles ruës à la Butte saint Roch, 85. 88

Nuit, étymologie de ce mot, 234

O.

OBSERVATION du Dimanche & des Festes, & distinction des œuvres qui sont permises, & de celles qui sont défenduës en ces saints jours, 201. 328. 345 & suiv.

Observation du Carême, 201

Observatoire basti au Faubourg saint Jacques, 88

Odo, dernier Comte de Paris, 99. 139

Officiers de Police dans les Villes de l'appanage de Monsieur, Frere du Roy, 42

Officiers & Archers du Guet, & tous autres tenus d'obéir au Magistrat de Police, 131. 630

Officiers du Chastelet, la prévention leur est conservée contre les Seigneurs Hauts-Justiciers, 143. 144. & 147.

Officiers du Chastelet exercent leur Jurisdiction de Police sur la riviere & sur les ports, & en quels cas, 174

Officiers du Chastelet ont droit de visite dans tous les lieux privilegiez pour la Police, 145

Officiers, tous ceux qui avoient esté nommez *Missi*, prennent le nom d'Enquesteurs, 187

Officiers, il y en a peu qui ayent la preuve de leur establissement avant Philippe le Bel, 179

Officiers de Police, qualitez qu'ils doivent avoir, 23. 24.

Officiers de Police des Hebreux, leurs fonctions après estre arrivez en la Terre-Sainte, 7

Officiers de Police des Hebreux referent à Moïse, & reçoivent ses ordres, 5

Officiers de Police des Hebreux, leurs fonctions dans les affaires Civiles & Criminelles, 7

Officiers de Police choisis par Moïse; les qualitez qu'ils devoient avoir, & leurs fonctions, 5

Officiers de Police establis par les Romains auprés des Magistrats des Provinces, pour les representer & soulager dans leurs fonctions, 24

Officiers Romains ne pouvoient estre élus que par le Peuple dans ses comices ou assemblées, 12

Oisiveté punie par les Atheniens, 9

Olim, anciens Registres du Parlement, leur antiquité, & d'où leur vient ce nom, 161

Opera ou Academie de musique, son origine & ses Réglemens, 441 & suiv.

Operateurs pour les dents, 122

Or & argent dans les habits, d'où vient cet usage, & en quel temps il a commencé, 387

Ordonnance de Police de Charlemagne, addressée au Comte de Paris pour la faire publier, 98

Ordonnances doivent estre enregistrées, 261

Ordonnances addressées aux Archevêques & aux Comtes ou Magistrats des Villes Metropolitaines, pour les faire publier & observer, 140. 273

Ordonnances publiées aux Audiances, que tenoient les premiers Magistrats sous la premiere & la seconde Branche de nos Rois, 215

Ordonnances de nos Rois de la troisiéme Branche, en quel temps ont commencé, 215. 294

Ordonnances, injonction aux Juges de les sçavoir, 265.

Ordonnances seront suivies par les Magistrats dans leurs Jugemens, 266

Ordonnances de nos Rois enregistrées & publiées au Chastelet de Paris, & aux Baillages & Seneschaussées, 104. 150. & 260

Ordonnances de Police seront affichées dans les marchez & places publiques, 266

Ordonnances, il y en aura un exemplaire dans toutes les Chambres des Cours, & des Auditoires des Juges ordinaires, 265

Ordonnances & Réglemens de Police, qu'il en sera fait un recueil, & mis une copie en chacun des Greffes, 117. 265. & 266

Ordonnances affichées dans Paris, leur conservation commise au soin des Commissaires, 261

Ordonnances des Commissaires au Chastelet seront executées par les Sergens à verge, 210

Ordre militaire de saint Lazare, son origine, 607

Ordre militaire de Nostre-Dame du Mont-Carmel, son

ſon inſtitution & ſon union à l'Ordre de ſaint Lazare, *ibid.*

Ordre de Malte a ſes cauſes commiſes au Chaſtelet de Paris, 103

Ordre des Templiers, leur eſtabliſſement à Paris, 75.

Ordures ne ſeront jettées dans la riviere, 553

Orfelins doivent eſtre protegez, 27

Orfelins ſont ſous la protection du Prince, 178

Orſévres, auront des livres, 204

Orſévres, le poids de leurs ouvrages reglé, 387 & ſuiv.

Orſévres, il n'y en aura point de privilegié ſuivant la Cour, 159

Orſévres ſoumis à la Juriſdiction des Lieutenans Generaux de Police dans ſes Provinces, & ce qui en eſt excepté, 64

Orleans, rang & ſéance de ſon Lieutenant General de Police, 42

Ouvrages d'orſévreries, défendus, 387. 397

Oyes ne ſeront nourries dans les Villes, 539

P.

*P*AGANISME aboli, 269. 276

Paganiſme totalement aboli dans les Gaules, 277

Paganiſme des François aboli par leur converſion, depuis leur conqueſte des Gaules, 69. 271

Pages ne porteront épées, baſtons ny autres armes, 121.

Pain, nourriture la plus commune & la plus neceſſaire; ſa diſette cauſe les émotions populaires, 19.

Pain, quelle façon il doit avoir pour eſtre bon, 560. 561.

Pain de Chapitre, & celuy de Gonneſſe, trop peſans pour la ſanté, 565

Pain de Chapitre à charge aux Boulangers, 564

Pain avec de la leveure, 202

Pain avec leveure de biere, plus délicat & plus leger, 563. 564

Pain molet inventé par les Boulangers, pour le faire ſans regle & ſans meſure, de tel poids que bon leur ſemble, 568

Pain à la Reine, quand l'uſage en a commencé, & d'où luy vient ce nom, 560. 566

Pain, la Police en appartient au Prevoſt de Paris, 149.

Pain, ſon poids, & comment doit eſtre vendu, 122.

Pain, il n'appartient qu'au Roy d'y mettre le taux dans Paris, 141

Pairs des anciens Comtes, premiers vaſſaux qui relevoient d'eux, 30

Paix renduë à l'Egliſe des Gaules, 30

Palais de l'Empereur Julien à Paris, pour les bains & eſtuves, 72

Palais de nos Rois par qui la Juſtice y a eſté renduë, 151

Palais de Clovis ſur le Mont Lucotitius proche ſainte Genevieve à Paris, 75

Palais de Paris, autrefois le ſéjour de nos Rois, 163.

Palais de Paris, abandonné par nos Rois au Parlement, cette auguſte Cour repreſentant la Majeſté Royale, *ibid.*

Palais des Tournelles à Paris, 78

Palais des Tournelles vendu pour y baſtir des maiſons, 80

Palais des Tuilleries, *ibid.*

Palais de la Reine Marguerite, au Fauxbourg ſaint Germain, 83

Palamedes invente le jeu des échets, & celuy des dez, 447

Pantomimes, 433 & ſuiv.

Paragauda, habits Romains ſemblables aux habits d'aujourd'huy, où il y a des falbala, 384

Parallele des Puiſſances ſpirituelles & temporelles, 28. 140.

Parc-aux Dames, lez-Creſpy, Abbaye; a ſes cauſes commiſes au Chaſtelet de Paris, 103

Paredres, Aſſeſſeurs des Magiſtrats Grecs, 182

Parfums pour airier & purifier les maiſons, les perſonnes, les hardes & les meubles qui ont eſté infectez du mal contagieux, 634 & ſuiv.

Paris, Ville des Pariſiens nommée Lutece, 67

Paris, ſon ancien plan, 71

Paris, ſa ſituation avantageuſe, 70. 71

Paris, opinion de ſa premiere cloſture du coſté du Midy, refutée, 72

Paris, éloges & titres pompeux de cette Ville, 67

Paris, mœurs, & naturel de ſes Habitans, 70

Paris, la ſageſſe de ſes Loix & de ſa Police, *ibid.*

Paris conquis la premiere fois par Céſar, 67. 68

Paris aſſiegé & pris la ſeconde fois par les Romains, 71.

Paris, le Conſeil ſouverain des Gaules y eſt transferé du Pays Chartrain par Céſar, 68. 69

Paris, Préfecture des Romains, 97

Paris choiſi par Julien Proconſul pour ſon ſéjour ordinaire; les éloges & la deſcription de cette même Ville par ce Prince, 69. 70

Paris n'eſtoit originairement que Ville Capitale de l'un des cantons ou contrées de la Gaule Celtique: mais dès le temps des Romains, elle fut Metropole de l'une des Citez ou Peuples en chef, 22.

Paris, les François en firent la conqueſte, & en quel temps, 68. 69

Paris choiſie pour Capitale par Clovis, 26. 70

Paris, ſes differents degrez d'accroiſſement, 70

Pariſiens, quel rang tenoit leur Province dans les Gaules, 97

Pariſiens, leur ancien Gouvernement, *ibid.*

Pariſiens, leur Gouvernement du temps des Gaulois, 67

Pariſiens, leur Religion dans le temps du Paganiſme, 68

Pariſiens, éloge de leur valeur, 71

Pariſiens & Meldois qui ne faiſoient qu'un même Peuple dans les Gaules, furent diviſez en deux Provinces par les Romains, 67. 68

Pariſiens joints aux Senonois, firent la conqueſte de Rome, 68

Pariſiens ſe ſoulevent contre Céſar, ſont vaincus, & leur Ville priſe une ſeconde fois par les Romains, *ibid.*

Pariſiens convertis par ſaint Denys, 69

Pariſis, Province proche de Paris, 73

Parlement de Paris, la dignité de cette illuſtre Cour, 163.

Parvis de noſtre-Dame, 81

Paſſemens défendus, 125. 395. 399 & ſuiv.

Paſte, comment la fermentation s'en fait par le levain, ou par la leveure de biere, 561

Paſticiers, 122

Paſticiers eſtoient autrefois Cabaretiers, Rotiſſeurs, & Cuiſiniers, 351

Paſticiers doivent obſerver les Dimanches & les Feſtes, 350

Paſticiers, que les raiſons qu'ils employent pour ſe diſpenſer de l'obſervation du Dimanche & des Feſtes, ſont tirées des uſages du Paganiſme, 351

Patelin, premiere farce joüée en France, 439

Patrices comparez aux Primats, 185

Patriciats, Duchez & Comtez, Offices de Magiſtrature ſous nos premiers Rois, 28

Pavé & nettoyement des rües commis aux Ediles,

comme

comme Subdeleguez des Cenfeurs , 12. 15
Pavé de Paris, quand commencé , 77. 206 & 535
Pavé de Paris, les Habitans tenus de faire paver la premiere fois devant leurs maifons, clostures ou nouveaux baftimens , 86
Pavé du Faubourg faint Antoine , ibid.
Pavé du Faubourg faint Honoré , ibid.
Paumiers , comment doivent obferver les Dimanches & les Festes , 352
Paumiers , par rapport à la feureté publique , 204
Pauvres, leur Police a pris naiffance avec le Chriftianifme , 4
Pauvres font fous la protection du Prince , 178
Pauvres doivent eftre protegez, mais ils doivent eftre auffi corrigez lors qu'ils vivent fans difcipline , 27
Pauvres mendiants , 207
Pauvres honteux , ibid.
Payens , origine de ce nom , & fon étymologie , 217.
Peages alienez par Philippe Augufte à la Ville de Paris , pour fournir aux frais de fa closture , 76
Peages reglez par le Prevoft de Paris , 114
Pelerinages , 367
Pelerinages , leur origine ; privileges accordez aux Pelerins , & réformation des abus qui s'y peuvent commettre , ibid. & fuiv.
Pelletiers n'exerceront leur meftier dans les Villes en temps de contagion , 616
Penfions données par les Empereurs aux Commiffaires des quartiers des Villes dans les Provinces , 25
Perches , défenfes d'en mettre fur ruës , 115
Perils imminents des édifices , 204. 206
Perils imminents , c'eftoit aux Ediles d'y veiller , 15.
Permiffions de baftir hors les bornes de la Ville de Paris , feront regiftrées au Parlement , au Bureau des Finances & au Chaftelet , le Prevoft des Marchands & Efchevins appellez , 85
Perfecution des Chrestiens dans les Gaules , 69
Pefte ou contagion , 203
Pefte , la plus dangereufe des maladies , fon étymologie & fa définition , 616
Petards , défenfes d'en vendre & d'en tirer , 204
Petit Chaftelet de Paris bafti par les Romains , & rebafti par Hugues Aubriot , 71
Petit-Pont de Paris rebafti de l'amende prononcée contre les Juifs , 284
Pharaon , jeu défendu , 468
Pharmacie , combien il eft important de n'y recevoir que des gens de bien & fçavans dans leur Profeffion , 586
Pharmacie , défenfes à toutes perfonnes fans qualité de la profeffer , de vendre , ny debiter aucunes drogues , 587
Philippe Augufte commença de remettre les Loix en vigueur , 179
Philippe Augufte forme le deffein de renfermer dans une enceinte tous les Bourgs qui environnoient Paris , 76
Philippe Augufte tranfige avec l'Evèque de Paris, 140
Philippe le Hardy tranfige avec les Templiers , 141
Philippe le Hardy tranfige avec les Abbé & Religieux de faint Germain des Prez , 141
Philippe le Bel reforme la Juftice , 179. 227
Philippe de Beaumanoir fait mention des Enquefteurs, 186.
Piedefer Examinateur, Lieutenant du Prevoft de Paris , 210
Pierre Affailly premier Secretaire du Dauphin de France , Commiffaire au Chaftelet de Paris , 192
Pilou Entrepreneur de la nouvelle enceinte de Paris, fous Louis XIII. 84
Pigeons ne feront nourris dans les Villes , 538

Pilate envoye à Tybere les actes de la Paffion de N. S. J. C. 275
Piles de draps ne feront mifes fur la ruë , 125
Pilory des Halles de Paris , prifon deftinée aux lepreux , & en temps de contagion à ceux qui contreviennent aux Ordonnances de Police , 617
Pincourt , Village joint au Faubourg faint Antoine, 81. 85.
Piftolets de poches , défendus , 128. 204
Piftolets d'arçon , leur longueur , 129
Placards & difcours feditieux , 205
Place de la Greve à Paris , 72. 81
Place de la Croix du Tiroir , 81
Place du Chevalier du Guet , ibid.
Place des Halles , ibid.
Place Maubert , ibid.
Place du Palais Royal , 87
Place Royale de Paris , quand baftie , à quelle occafion , & fa defcription , 81. 82. & 394
Place Royale , la Statuë equeftre de Louis XIII. y eft érigée , 86
Place Dauphine , baftie , 82
Place de France au Marais du Temple , 83
Place des Victoires , 90
Place de Louis le Grand , ibid.
Places anciennes de Paris , 81
Places publiques , défenfes de les embaraffer , 125
Places publiques de Paris n'ont efté embellies & ornées d'architecture & de statuës , que depuis le regne de Henry IV. 81
Places publiques de Paris , défenfes d'y baftir aucunes maifons, boutiques, loges ou échopes ; enjoint aux Commiffaires du Chaftelet d'y tenir la main , 85
Places nouvelles bafties au quartier de faint Denys, 89
Plan de la Ville de Paris fous le nom de Lutece , du temps des Gaulois , 70
Plan de Paris , depuis fon premier accroiffement fous les Romains , 71
Plan de Paris fous le regne de Philippe Augufte, 75
Plan de Paris fous le regne de Charles VI. 78
Plan de Paris fous le regne de Henry III. 79
Plan de Paris au commencement du regne de Henry IV. 81
Plan de Paris fous Louis XIII. 83
Plan de Paris , & fon eftat prefent fous le regne de Louis le Grand , 87
Platon , fa définition de la Police , 2
Platon , fes fentimens fur l'étenduë que doit avoir une Ville , 70
Platon avoit eu communication des livres de Moïfe, 2
Plombiers auront des Regiftres , 204
Plutarque a exercé dans fa Ville l'Office de Commiffaire de Police , 10
Poids & mefures , 202
Poids faifoient partie de la Police d'Athenes , 9
Poids & mefures fous l'infpection des Ediles , 15
Poids du Roy , 124
Poids du pain , 112
Poignards , défendus , 128
Points coupez , défendus , 125. 395 & fuiv.
Points de Venife & de Genes , défendus , 395 & fuiv.
Poifon , Réglement pour ceux qui en vendent , 530
Poiffon de mer frais , combien de temps peut eftre gardé , 574
Poiffon de mer , ce qui doit eftre obfervé dans ce Commerce par rapport à la fanté , ibid.
Poiffon de mer , falé , défenfes de le falfifier dans les trampis , 575
Poiffon d'eau douce , comment doit eftre vifité par les Jurez , ibid.
Poiffon d'eau douce trouvé mauvais ou défectueux , fera coupé & jetté dans la riviere , ibid.
Poiffon d'eau douce , à qui appartient de connoiftre de ce Commerce , 176
Poiffons

Poiſſons vivent fort long-temps avec beaucoup de ſanté, & ils digerent leurs alimens tres promptement, 562

Poiſſonnerie de l'Iſle Noſtre-Dame, 84

Poiſſy, Chaſtellenie qui releve du Chaſtelet de Paris, 98.

Poiſſy, les Religieuſes de cette Ville diſpoſent du Cimetiere des Juifs à Paris, que le Roy leur avoit donné, 283

Πολεμάρχος, l'un des Magiſtrats d'Athenes, 8

Police, origine de ce nom, & ſon étymologie, 2

Police, ſes définitions & ſes éloges, ibid.

Police eſt inſeparable de la Cité, ibid.

Police, ce nom a paſſé des Grecs aux Romains; & de ceux-cy, aux autres Nations, ibid.

Police comparée au corps humain, 113

Police, en quoy elle conſiſte, 200 & ſuiv.

Police, ſes differentes eſpeces, 2

Police, ſa diviſion en Monarchie, Ariſtocratie, & Democratie, ibid.

Police, ſa diviſion en Eccleſiaſtique, Civile & Militaire, ibid.

Police ſe prend plus communément pour l'ordre public de chaque Ville, ibid.

Police des Hebreux, la plus ancienne, la plus excellente, & la ſource de toutes les autres, 3

Police, ſa diviſion par les Hebreux, les Grecs & les Romains, ibid.

Police, elle faiſoit les principaux ſoins des Magiſtrats Hebreux, 6

Police du pain, des autres vivres, & du Commerce eſtabli par les Hebreux, aprés eſtre arrivez en la Terre Sainte, 7

Police des Grecs, 8. 9

Police reſervée au ſeul Tribunal de l'Areopage d'Athenes, & en premiere inſtance au Prevoſt de la Ville, 8

Police de Lacedemone, 9

Police, ſes principales matieres diſtribuées entre les Commiſſaires des quartiers des Villes de la Grece, ibid.

Police des Romains formée ſur celle des Grecs, 12

Police de Rome confiée aux Ediles, comme Subdeleguez des Cenſeurs, ibid.

Police de Rome confiée aux Ediles, & en quoy conſiſtoient leurs fonctions, 15

Police de Rome partagée en pluſieurs Tribunaux, l'une des cauſes de la ruine de la République, 16.

Police de Rome réformée par Auguſte, ibid.

Police de Rome oſtée par Auguſte aux Ediles, & donnée par ce Prince aux Commiſſaires des quartiers de la Ville, 17

Police de Rome devoit eſtre ſuivie par toutes les autres Villes de l'Empire, 21. 67

Police ancienne des Gaulois, 97

Police des Romains eſtablie dans les Gaules, 430

Police des Romains paſſe dans les Gaules avec leur domination, 21

Police des Romains conſervée par les François aprés leur conqueſte, 3. 26

Police, ſa diviſion par les François, 3. 4

Police, le Proconſul ou le Préſident de la Province du temps des Romains, & les Comtes ſous nos premiers Rois en avoient eu toute la Juriſdiction; & les Baillis & Seneſchaux entrerent dans tous les droits de ces anciens Magiſtrats, 28. 34.

Police generale ne doit appartenir en chaque Ville qu'à un ſeul Tribunal; & la prévention & concurrence de la Police particuliere, à ce même Tribunal, avec les autres Tribunaux. Sentimens des Auteurs ſur cette matiere, 36. 38. 39. 113. 115. 117. 118. & 141

Police, ſes fonctions doivent eſtre ſoûtenuës avec dignité pour y réuſſir, 19

Police ne peut ſouffrir de partage, 8. 199

Police generale, l'un des cas Royaux, 36. 137. & 141.

Police ne doit eſtre confiée qu'aux Officiers du Roy, 137.

Police, par qui les Réglemens en doivent eſtre faits, 38.

Police doit eſtre exercée ſommairement ſans Avocat ny Procureur, 56. 118

Police n'eſt ſujette à renvoy ny évocation, 152. 177

Police, les conflits en cette matiere troublent beaucoup l'ordre public; les Eſtats de Moulins s'en plaignent au Roy, 36

Police, celle de la Capitale donnée pour modelle aux autres Villes, 67

Police de Paris eſt dans un ſens la Police generale du Royaume, ibid.

Police de Paris n'appartient qu'au Roy ou à ſes Officiers, & pourquoy, 115. 143

Police generale de Paris, en premiere inſtance, n'appartient qu'aux Officiers du Chaſtelet, 115. 130. 133. & 145.

Police generale a toujours appartenu au Prevoſt de Paris, à l'excluſion des autres Juges; & la particuliere par prévention ou concurrance, 36. 127. & 128.

Police de Paris ſera exercée par les Officiers du Chaſtelet, en tous lieux de la Ville, Fauxbourgs & Banlieuë; l'ouverture leur en ſera faite nonobſtant tous privileges, 128

Police du Chaſtelet de Paris, ſes Audiances & Aſſemblées, 125. 126

Police, le Roy ſera averti des contraventions qui s'y commettent, 118

Police de Paris ſous le regne de ſaint Louis, 114

Police de Paris reſtablie par Eſtienne Boileau Prevoſt de Paris, 113

Police de Paris ſous le Roy Jean, 114

Police de Paris retombe dans le deſordre pendant l'abſence du Roy, ibid.

Police de Paris troublée par la multiplicité des Juſtices, 145

Police de Paris dépend de la probité & de l'exactitude des Commiſſaires, 205

Police de Paris dans le deſordre par la negligence des Commiſſaires, ibid.

Police de Paris en deſordre; Monſieur le Chancelier de Lhoſpital vient au Parlement à cette occaſion; & ce qui fut arreſté, 117

Police de Paris conſervée aux ſeuls Officiers du Chaſtelet, 141

Police de Paris exercée concurremment par les Lieutenans Civil & Criminel, 116. 117

Police de Paris renvoyée au Lieutenant Civil ſeul, 119. 120.

Police, Ordonnance de Monſieur Moreau Lieutenant Civil, aprés que la Police eut eſté renvoyée à ſon Tribunal ſeul, 121

Police generale ſe doit tenir toutes les ſemaines une fois au Chaſtelet, 118

Police de Paris negligée faute d'en eſtudier les Ordonnances & les Réglemens. Le Roy, pour y remedier, ordonne qu'il en ſera fait un recüeil, & qu'il en ſera mis un exemplaire en chacun des Greffes, 117

Police de Paris retombe dans la confuſion; & ce qui fut fait pour la reſtablir, ibid.

Police de Paris en deſordre, & Aſſemblée generale au Chaſtelet pour y remedier, 117

Police, aſſemblée eſtablie à Paris en la Salle de la Chancellerie, pour en connoiſtre, & que cela ſeroit imité dans les autres Villes, 37. 118

Police de Paris renvoyée au Chaftelet & à l'Hoftel de Ville, chacun en droit foy , 38
Police de Paris tombe de nouveau dans le defordre & la confufion pendant les Guerres Civiles, 127 199.
Police de Paris reftablie & perfectionnée fous le regne de Louis le Grand , 39. 127
Police de Paris reformée par ordre du Roy ; & jufte difcernement de fa Majefté dans le choix de fes Magiftrats , 560
Police de Paris feparée de la Jurifdiction contentieufe , & creation d'un Lieutenant de Police , 117.
Police , les Appellations en feront jugées en la Grand-Chambre , 118
Police , attribution au Prevoft de Paris de juger en dernier reffort, & en quel cas, 126.130. & 134
Police des Arts, du Commerce & des Vivres, refervée par le Roy à fes Officiers, en accordant la Juftice de l'Evêque de Paris , 140
Police du Commerce, des Arts & Meftiers, confervée au Prevoft de Paris, contre le Grand Chambrier , 150
Police des grains confervée aux Officiers du Chaftelet , & en quels lieux , 175
Police du Chaftelet fur les ports & fur la riviere, & en quels cas , 121.171. & 172
Police des grains & du vin fur la riviere & fur les ports,appartenoit autrefois aux Officiers du Chaftelet , 122. 174
Police du bois maitin fur la riviere , confervée aux Officiers du Chaftelet , 175
Police du blé dans les temps de difette, appartient au Prevoft de Paris , 150
Police des Boulangers , confervée au Prevoft de Paris contre le Grand Pannetier , 149. 150
Police des vins , confervée aux Officiers du Chaftelet , & en quels lieux , 175
Police generale dans l'enclos du Palais , à qui appartient en premiere inftance , 164. 165 & fuiv.
Police du poiffon d'eau douce , confervée aux Officiers du Chaftelet , 176
Police fur les quais , confervée aux Officiers du Chaftelet , ibid.
Police pour la vifite des Apotiquaires dans les Juftices Seigneuriales , appartient au Chaftelet de Paris , 592
Police particuliere peut eftre faite par les Officiers des Seigneurs Hauts-Jufticiers , 145
Police confervée au Prevoft de Paris contre les Seigneurs Hauts-Jufticiers , 143. 144
Police des gens de forge , confervée au Prevoft de Paris , contre le premier Marefchal de l'Ecurie du Roy , 150
Police de Paris , confervée aux fouls Officiers du Chaftelet contre les Lieutenans du Prevoft de l'Hoftel , 159
Police des Arts & Meftiers de Paris , confervée à la Jurifdiction de Police du Chaftelet par plufieurs Arrefts , contre le Grand-Confeil & la Prevoft de l'Hoftel , 159. 160
Police de la Foire faint Germain , confervée aux Officiers du Chaftelet , 145
Police , en premiere inftance , attribuée aux Prevofts, & par appel aux Baillis & Senefchaux , 35
Police , elle eft confervée aux Prevofts & autres Juges , en premiere inftance , contre les Baillis & Senefchaux , 38
Police , les Baillis & Senefchaux ou autres Juges Préfidiaux préfident aux Affemblées generales, 35
Police generale concernant les affemblées illicites, émotions populaires, & port d'armes, demeurée aux Baillis & Senefchaux , par l'Edit de Cremieu. ibid.

Police , que dans les lieux où il y a diverfité d'Officiers , fera convenu d'un lieu commun pour s'affembler *ad inftar* de Paris , afin de conferver l'uniformité , 38. 118
Police fe tiendra dans le lieu de la Jurifdiction ordinaire , 38
Police , Affemblées generales de Police , comment elles doivent eftre tenuës dans les Provinces, 56
Police , ce qui eft arrefté dans les Bureaux extraordinaires , ou dans les Affemblées generales, doit eftre executé par le Juge ordinaire , 118
Police renvoyée aux Juges ordinaires , 38
Police , l'unité de Tribunal reftabli en chaque Ville, 37.
Police prétenduë par les Seigneurs Hauts Jufticiers, comme une dépendance de leurs Juftices , 36
Police conteftée entre les Juges Royaux & les Juges des Seigneurs ; raifons alleguées de part & d'autre , 35. 36
Police , il n'eft pas à préfumer que nos Rois l'ayent comprife dans les infeodations du droit de Juftice qu'ils ont accordé aux Seigneurs particuliers, 36.
Police , les Seigneurs Hauts-Jufticiers conviennent qu'il n'appartient qu'aux Officiers du Roy d'en faire les Réglemens , ibid.
Police , Arreft en faveur des Juges Royaux , contre l'Evêque de Soiffons , ibid.
Police de la fuite de la Cour par les Juges ordinaires , 152. 153
Police des Pauvres , fon origine , 4
Police des Pauvres eftablie par les premiers Chreftiens , ibid.
Ποληευς , l'un des noms de Jupiter , & la raifon , 2
Pompe du Pont Noftre-Dame , 88
Pont du Gas , ancien aqueduc des Romains , 548
Pont au Change , 87
Pont faint Michel , 89
Pont aux Meufniers , 87
Pont-Neuf , commencé à conftruire , 80
Pont-Neuf achevé en 1604. fa defcription , 81. 89
Pont de bois de l'Ifle Noftre-Dame , 84. 86
Pont Marie , 83
Pont de la Tournelle , 84. 87
Pout Rouge , 89
Pont des Tuilleries , fa defcription , & ce qu'il a coufté à conftruire , 89. 90
Pont-aux Dames , Abbaye , a fes caufes commifes au Chaftelet de Paris , 103
Ponts de Paris , défenfes d'y baftir aucunes maifons, échopes, loges ou boutiques ; enjoint aux Commiffaires du Chaftelet d'y tenir la main , 85
Ponts de Paris , à qui en appartient la Police dans le temps des inondations , 176
Porc , le plus fale des animaux , 573
Porcs ne feront nourris dans les Villes , 598
Porcs , ou autres beftes qui peuvent bleffer, ne feront foufferts dans les ruës , 204
Porcs nourris chez les Huilliers , les Barbiers ou Chirurgiens , ou dans les Maladeries , nuifent à la fanté , & les chairs en doivent eftre jettées aux champs , 572
Porcs , fujets à la ladrerie plus qu'aucun des autres animaux , 573. 202
Porcs , trois fortes d'Officiers eftablis pour les vifiter ; des Langayeurs , des Tueurs , des Courtiers ou Vifiteurs , 573
Port d'armes , cas Royal , 141
Port d'armes , défendu , 204. 205
Port d'armes eft de la Jurifdiction des Lieutenans Generaux de Police , 50
Port de la Greve élargi , 89
Port de la Tournelle , 88
Port au foin , 124
Port

Port au foin élargi, 89
Port de l'Iſle Louviers, 88
Porte de Paris au grand Chaſtelet, & la raiſon de ce nom, 73
Porte Baudets ou Baudoyé, & la raiſon de ce nom, 71. 73. & 74
Porte ancienne de Paris, nommée l'Archet de ſaint Mery, 73
Porte de Paris proche le Louvre, reculée juſqu'au lieu où elle eſt à preſent, 80
Porte Neuve, nommée Porte de la Conference, 86
Porte de Montmartre, 85
Porte nouvelle de Montmartre, ibid.
Porte de Richelieu, ibid.
Porte ſainte-Anne, au bout de la ruë Montorgueil, 78
Porte de Gaillon, ibid.
Porte nouvelle de ſaint Honoré, 84. 85
Porte Nouvelle ouverte au Palais au bout de la ruë ſainte-Anne, 84
Porte ſaint Antoine abbatuë, & un Arc de triomphe élevé à ſa place, 88
Porte ſaint Martin abbatuë, & un Arc de triomphe élevé à ſa place, 89
Porte de ſaint Denys abbatuë, & un Arc de triomphe élevé à la place qu'elle occupoit, 88
Porte ancienne de ſaint Honoré, abbatuë, 85
Porte ſaint Marcel démolie, & le Faubourg joint à la Ville, 90
Porte de ſaint Bernard, abbatuë, & un Arc de triomphe à la place qu'elle occupoit, 88
Portes de l'ancienne cloſture de Paris, 72
Portes de Paris ſous Philippe Auguſte, 76
Portes de Paris, aprés ſa quatrième enceinte par Charles V. 79
Portes anciennes de Paris, abbatuës, 85
Portes de Buſſy, de ſaint Germain & Dauphine, abbatuës, & le Faubourg ſaint Germain joint à la Ville, 88
Portes ſaint Michel, ſaint Jacques & ſaint Victor, démolies, & les Fauxbourgs joints à la Ville, 89
Portes de la Ville de Paris ſous la Juriſdiction des Officiers du Chaſtelet, 168
Porteurs d'eau, 176
Porteurs d'eau, Réglemens de Police qu'ils doivent obſerver, 550
Porteurs d'eau de Paris, en quels lieux il leur eſt défendu de puiſer pendant l'Eſté, 202. 557 & ſuiv.
Poſtes, ce qui doit y eſtre obſervé pour la reception & le port des lettres en temps de contagion, 636. 637. & 639
Poteau de la Greve, comment y a eſté mis, 171
Potiers d'eſtain auront des Regiſtres, 204
Potiers de terre, par rapport à la ſanté, 202
Potiers de terre, leurs fourneaux ſeront éloignez du milieu de Paris, 541 & ſuiv.
Poules, poulets, & poulets d'Inde ne ſeront nourris dans Paris par les Rotiſſeurs, 540
Poulailliers, 123
Poulailliers, leur diſcipline par rapport à la ſanté, 573.
Pouletier, l'un des Entrepreneurs des baſtimens de l'Iſle Noſtre-Dame, 84
Pour & contre, jeu défendu dans les Caffez, 468
Pourpre, couleur réſervée au ſeul Souverain, 384
Pourvoyeurs de la Maiſon du Roy ſous la Juriſdiction du Prevoſt de Paris, quant à la Police, 152
Pragmatiques Sanctions de ſaint Louis, 273
Præfecture, quelles ſortes de Villes, 97
Præfectus urbis, Magiſtrat Romain par commiſſion pendant l'abſence du Roy, 11
Præfectus urbis, Magiſtrat Romain par commiſſion

pendant l'abſence des Conſuls, ibid.
Præfectus urbis, ſa création par Auguſte en titre d'Office, pour eſtre ſeul Magiſtrat de Police, & ſes fonctions, 17. 36. & 113
Præfectus urbis, cet Office eſt rempli par Agrippa gendre d'Auguſte, & enſuite par Mecenas ſon favori, 17
Præfectus annonæ, ſa création par Auguſte, & ſes fonctions, 19. 172
Præfectus annonæ ſubordonné au Préfet de la Ville, 19.
Præfectus Vigilum urbis Romæ, 235
Præfectus Vigilum, & ſes fonctions, 19. 20
Præfectus Vigilum, ſubordonné au Préfet de la Ville, 20.
Præfectus Vigilum urbis Ravennatis, 235
Præfectus urbis regiæ, premier Magiſtrat de la Ville de Paris, 98
Præfectus urbis, titre donné au Prevoſt de Paris, 149.
Préfet du Prétoire des Gaules, 23
Préfet du Prétoire prend le titre de Comte du Palais, 98
Préfet ou Comte du Palais chez les Romains, 151
Préfet, premier Magiſtrat de la Ville de Paris, 138.
Préfet de Paris du temps des Romains, & ſous nos premiers Rois, 98
Préfet de la Ville, titre qui a eſté long-temps celui du premier Magiſtrat de la Ville de Paris ſeul, les Magiſtrats des autres Villes ayant pris celui de Comtes, & la raiſon de cette difference, ibid.
Préfet de Paris quitte enfin ce titre de Préfet, & prend celuy de Comte, ibid.
Premier Mareſchal de l'Eſcurie du Roy, ſa juriſdiction dans Paris, 148
Premier Mareſchal de l'Ecurie du Roy, ſa juriſdiction ſoumiſe à celle du Prevoſt de Paris, 150
Premier Mareſchal de l'Ecurie du Roy, ſes droits ſur les gens de forge à Paris, ibid.
Prérogatives du Chaſtelet de Paris, 100
Prérogatives du Sceau du Chaſtelet de Paris, ibid.
Préſens, quelle regle il faut obſerver pour les recevoir ou les refuſer, 256
Préſidens des Provinces y devoient demeurer avec aſſiduité, 206
Préſidens & Conſeillers du Parlement ſe diſtribuent dans les quartiers de Paris, pour y maintenir le bon ordre & la Police, 118. 205
Préſidiaux, leur création, 108
Préſidiaux, leur competence, 232
Préſervatifs generaux & particuliers en temps de contagion, 633
Preſtres de l'Hoſtel-Dieu auprés des malades de la contagion pour l'adminiſtration des Sacremens, & autres ſecours ſpirituels, 622
Préteur de la Ville de Rome, ſa création, 13. 14
Préteur, ſeul Magiſtrat Civil, de Police, & Criminel, 14. 15
Préteurs, leur nombre multiplié cauſe le deſordre dans la Police de Rome, & la ruine de la République, 16
Préteurs Romains, Auguſte en ſupprime la plus grande partie, retire de leur competence la Police & le Criminel, & les réduit aux ſeules matieres civiles, 17
Pretintailles des habits Romains, 384
Prévention des Officiers Royaux ſur les Juges des Seigneurs, 137
Prévention conſervée aux Officiers du Chaſtelet, contre les Seigneurs Hauts Juſticiers, 143 & ſuiv.
Prevoſt

Prevoſt de Paris, ſon origine, 30. 99

Prevoſt de Paris originairement de Robe & d'Epée, & les marques de ſa dignité, 229

Prevoſt de Paris eſt entré dans tous les droits du Vicomte, 99

Prevoſt de Paris avoit l'intendance des Armes, de la Juſtice & du Domaine, 104

Prevoſt de Paris avoit ſon Sceau particulier, 100

Prevoſt de Paris n'a point de Bailly au deſſus de luy, & la raiſon de cette prérogative, 30. 99

Prevoſt de Paris eſt le premier des Baillis, & ne reconnoiſt au deſſus de luy que le Roy & le Parlement, ibid.

Prevoſt de Paris, ſes prérogatives, 99. 102

Prevoſt de Paris, d'où vient ſa qualité de Chambelan ordinaire du Roy, 106

Prevoſt de Paris ſous ſaint Louis, ſon éloge, 113

Prevoſt de Paris n'eſt qualifié que Garde de la Prevoſté, 99. 108

Prevoſt de Paris avoit une Compagnie d'Ordonnance, 106. 129

Prevoſt de Paris a la conduite de la nouvelle enceinte & des fortifications de la Ville de Paris ſous Philippe Auguſte, 79

Prevoſt de Paris avoit ſon logement au Chaſtelet, 100.

Prevoſt de Paris a cent livres ſur le Domaine du Roy, au lieu de ſon logement au Chaſtelet, ibid.

Prevoſt de Paris, Baillis & Seneſchaux jugeoient en dernier reſſort, 108

Prevoſt de Paris, ſeul Juge de tous les delits & malefices qui ſe commettent en cette Ville, 115

Prevoſt de Paris, ſaint Louis le décharge de la recette du Domaine, 104

Prevoſt de Paris, le Roy luy retire le gouvernement de la Ville, & le commandement des Armes, 107.

Prevoſt de Paris, Baillis & Seneſchaux, ce qu'il leur reſte du commandement des Armes, & de leurs autres fonctions & prérogatives, ibid.

Prevoſt de Paris commis pluſieurs fois par nos Rois, pour faire la recherche & la punition des crimes dans tout le Royaume, & pourquoy, 106. 107

Prevoſt de Paris & autres Juges Royaux, quels cas leur ſont reſervez contre les Juſtices Seigneuriales, & que la police en fait partie, 140. 141

Prevoſt de Paris faiſoit executer dans Paris, ſous l'autorité du Roy, les criminels condamnez par les Juſtices Seigneuriales, 144

Prevoſt de Paris, la Police luy eſt conſervée contre le Bailly de ſaint Germain, & les autres Juges des Seigneurs, 144

Prevoſt de Paris donné pour Juge, par privilege, à pluſieurs Corps, Communautez, ou particuliers diſtinguez, 103

Prevoſt de Paris conſervateur des privileges Royaux de l'Univerſité, ibid.

Prevoſt de Paris donné pour Juge à pluſieurs Prélats, & aux Chapitres & Abbayes de fondation Royale, & la raiſon de ce privilege, 30

Prevoſt de Paris donné pour protecteur à l'Ordre de Malte, 141

Prevoſt de Paris, autrefois ſeul Juge des Domaines du Roy dans l'étenduë de ſa Juriſdiction, 114. 191.

Prevoſt de Paris, ſeul Juge de la Police generale en premiere inſtance, dans la Ville, Fauxbourgs & Banlieuë de Paris, 113. 114. 115. 130. 133. 139. 141. 145. 149. & 150

Prevoſt de Paris, ſes Ordonnances ſont executées dans toute l'étenduë du Royaume, pour les proviſions de cette Ville Capitale, 103. 133

Prevoſt de Paris, ſa Juriſdiction dans tous les autres lieux hors l'étenduë de ſon territoire, lors qu'il s'agit du bien public de cette Ville Capitale, 115

Prevoſt de Paris troublé dans ſa Juriſdiction de Police, & par qui, 113

Prevoſt de Paris, la Police luy eſt conſervée contre les Seigneurs Hauts-Juſticiers, & les autres Juriſdictions, 127. 128. & 143

Prevoſt de Paris maintenu ſeul Magiſtrat de Police, contre les Juriſdictions des Grands Officiers de la Couronne, 148

Prevoſt de Paris, ſa Juriſdiction de Police conſervée contre le grand Bouteiller de France, 149

Prevoſt de Paris conſervé dans ſa Juriſdiction de Police, contre le grand Chambrier, 148. 150

Prevoſt de Paris, ſa Juriſdiction de Police conſervée contre le grand Pannetier, 148. 149. 150 & 151.

Prevoſt de Paris corrige les entrepriſes des Officiers du grand Pannetier & du grand Bouteiller, ſur les Boulangers & les Cabaretiers, 150

Prevoſt de Paris, ſa Juriſdiction de Police conſervée contre le premier Mareſchal de l'Ecurie du Roy, ibid.

Prevoſt de Paris avoit autrefois l'inſtitution & la correction des Officiers du Baillage du Palais, 164.

Prevoſt de Paris, ſa Juriſdiction de Police dans le Baillage du Palais, 164. & ſuiv.

Prevoſt de Paris, ſa Juriſdiction ſur les ports de la Ville, les fontaines publiques, & la riviere, & en quels cas, 168. 174 & ſuiv.

Prevoſt de Paris, ſes fonctions de la juriſdiction criminelle ſur la riviere, 172

Prevoſt de Paris maintenu dans ſa Juriſdiction de Police & criminelle, contre les Officiers de l'Hoſtel de Ville, 167. & ſuiv.

Prevoſt de Paris, Ordonnance du Chaſtelet pour la Police des grains ſur la riviere, 112

Prevoſt de Paris, Ordonnance du Chaſtelet pour le Commerce du vin ſur la riviere, 113

Prevoſt de Paris reconnu premier Magiſtrat de la Ville, ſicut Præfectus urbis, par les Prevoſt des Marchands & Eſchevins, 143

Prevoſt de Paris maintenu dans ſa Juriſdiction ſur la riviere, contre les Officiers des Eaux & Foreſts, 169.

Prevoſt de Paris tenoit en perſonne les Audiences de Police, 115

Prevoſt de Paris faiſoit autrefois l'élection des Jurez des Meſtiers en la preſence du Procureur du Roy & du Prevoſt des Marchands, 114

Prevoſt de Paris, les permiſſions de baſtir hors les bornes de la Ville ſeront regiſtrées en ſa Juriſdiction, les Prevoſt des Marchands & Eſchevins appellez, 85

Prevoſt de Paris, ſa competence de juger en dernier reſſort à la Police les vagabons, gens ſans aveu, les femmes de mauvaiſe vie & les Bohemiens, 126. 130. & 134.

Prevoſt de Paris, Réglement entre luy, ſes Lieutenans, & les Conſeillers du Chaſtelet, 107

Prevoſt de Paris maintenu dans le droit de faire le guet dans l'Egliſe Noſtre-Dame, & aux environs la veille de l'Aſſomption, 238

Prevoſt de Paris a ſeul le droit de permettre les publications & affiches dans Paris, 261

Prevoſt de Paris, l'adminiſtration de la Juſtice luy eſt retirée & attribuée à ſes Lieutenans, 229

Prevoſt de la Conneſtablie, prend la qualité de Grand-Prevoſt de France, & comment, 153

Prevoſt

Prevost general de l'Isle de France , 248
Prevost de l'Isle aux Assemblées generales de Police au Chastelet , 120. 121
Prevost de l'Isle de France , Réglement entre luy & le Lieutenant Criminel de Robe-courte , 231
Prevost des Mareschaux attaché à la suite de la Cour, 153.
Prevost de l'Hostel , origine de cet Office , & ses fonctions , 151. 153. & 247
Prevost de l'Hostel & Grand-Prevost de France , cet Office est toujours rempli de Sujets distinguez , 153.
Prevost de l'Hostel , sa Jurisdiction sur les Marchands & Artisans suivans la Cour , ne s'exerce dans Paris , 155.
Prevost de l'Hostel n'a aucune fonction de Police dans Paris , 145. 153. & 154
Prevost de l'Hostel , défenses à ses Lieutenans d'entreprendre de faire la Police dans Paris , 128. 159
Prevost des Marchands & Eschevins , s'ils ont Jurisdiction criminelle sur la riviere, 168. & suiv.
Prevost des Marchands & Eschevins reconnoissent le Prevost de Paris comme premier Magistrat de la Ville , sicut Prafectus urbis , 149. 150
Prevost des Marchands assistoit au Chastelet , aux élections des Gardes & Jurez des Mestiers, 114 149.
Prevost des Marchands & Eschevins aux Assemblées generales de Police au Chastelet , 209. 243
Prevost des Marchands , l'un des Eschevins, ou le Procureur du Roy au Bureau de la Ville , estoient obligez par les anciennes Ordonnances d'assister toutes les semaines à la Police qui se tient au Chastelet , 38. 118
Prevost des Marchands & Eschevins , leurs titres & leurs fonctions expliquées par Monsieur l'Avocat General Servin , 170
Prevost des Marchands & Eschevins reglez pour la Jurisdiction de Police & la Criminelle , avec le Prevost de Paris, 567. & suiv.
Prevost des Marchands & Eschevins ne connoissent de la banqueroute d'un Marchand de blé sur la riviere , 173
Prevost des Marchands & Eschevins chargez par le Roy des embellissemens de Paris aux places des anciens remparts , fossez & autres fortifications, 90.
Prevost des Marchands & Eschevins de Paris, du soin qu'ils ont des fontaines, & de la conduite des eaux , 551
Prevost des Marchands & Eschevins donnent des places sur la riviere aux Artisans qui en ont besoin , 176. 556
Prevost des Marchands & Eschevins autrefois tenus d'entretenir le pavé de Paris en certaines ruës, 86
Prevost des Marchands & Eschevins s'opposent aux bastimens commencez sur les fossez de la Porte de saint Denys, & sont deboutez de leur opposition , 89
Prevost des Marchands reglé avec le Lieutenant General de Police , 175
Prevosts , leur origine , 19
Prevosts sont élûs en la Chambre des Comptes, 191
Prevosts sont maintenus dans la connoissance de la Police , contre les Baillis & Seneschaux , 38
Prevosts entreprennent sur la Police & les autres fonctions des Baillis, ce qui donne lieu à l'Edit de Cremieu , 35
Prevosts seront Graduez, & depuis quand , 107
Prevosts & autres Juges Royaux érigez en titre d'Office , 35
Prevosts Fermiers, desordres qui s'en estoient ensuivis , 100
Prevosts Royaux establis dans toutes les Villes du

Domaine de la Couronne , 30
Prevosts des Mareschaux , 246
Prevosts des Mareschaux , leur rang, séance & privilege , 233
Prevosts des Mareschaux , origine de leur Jurisdiction dans les cas prevostaux , 248
Prevosts des Mareschaux , leur competence , 231
Prevosts provinciaux des Mareschaux , leur origine, 230. 230
Prevosts de la Santé , & leurs devoirs en temps de contagion , 619 & suiv.
Prevosts de la Santé , quels sont leurs gages en temps de contagion , 631
Prevosté de Paris , son origine , 139
Prevosté de Paris separée du Gouvernement de cette Ville , 107
Prevosté de Paris donnée à ferme à des Marchands , & les inconveniens qui en arriverent , 103. 104
Prevosté de Paris n'est plus donnée à ferme , 191
Prevosté de Paris réformée par saint Louis , & separée des baux du Domaine , 32
Prevosté de Paris donnée en garde , & réformée par saint Louis , 100. 104
Prevosté de Paris , depuis la reforme de S. Louis , n'a plus esté remplie que par des Sujets d'une naissance & d'un merite distingué , 103. 106
Prevosté de Paris , combien elle change de face aprés la reforme de saint Louis , 106
Prevosté de Paris , les Justices Seigneuriales y sont réunies , 140
Prevosté de Paris separée en deux Sieges , & depuis réuni , 145
Prevosté de l'Hostel , Officiers dont elle est composée , 153
Prevostez données à ferme , 32. & 103
Prevostez données à ferme dans les Provinces long-temps aprés que cette reforme avoit esté faite au Chastelet de Paris , & les desordres que cela causoit , 106
Prevostez des Provinces reformées , & la recette du Domaine separée des Offices de Prevost , 32
Prevostez ne seront plus données à ferme , 107
Prevostez & Vicomtez qui relevoient des anciens Duchez & Comtez, devenues Sieges Royaux par les réunions de ces grandes Terres à la Couronne , 31
Prez des environs de Paris , 75
Prieuré de saint Eloy , sa fondation , 138
Primatie de la premiere Ville de chacune des quatre grandes Provinces des Gaules , 22
Prince , est le Pere commun de la Patrie , 178
Princes se font soumis eux-mêmes à leurs propres Loix , 178
Princes Chrestiens Protecteurs de l'Eglise , 269
Principes regionum vel pagorum , Magistrats Gaulois, 97.
Principaux & autres Superieurs des Colleges, leur devoir par rapport à la Police , 122. 130
Privilege de scholarité , inutile dans les matieres de Police , 177.
Privileges du Sceau du Chastelet de Paris , 215 & suiv.
Privileges des Commissaires-Examinateurs , 215 & suiv.
Privileges suivans la Cour , en faveur de Monsieur le Mareschal du Plessis Praslin, supprimez , 161
Procedures anciennes, fort simples & sans ministere d'Avocat ny de Procureur , 32
Procés Criminels , comment instruits à Rome, 11 12.
Procés ne s'instruisoient autrefois que par enquestes, procés verbaux ou interrogatoires , 32
Procés par écrit , nommez enquestes , 189
Procession du saint Sacrement , 243. 361
Procession du Jour de l'Assomption de la sainte Vierge ,

Vierge, & sa fondation par Louis XIII. 362
Procession de la Châsse de sainte Geneviéve, 364. & suiv.
Processions, leur institution dans l'Eglise, 361
Processions generales, 201
Processions, c'est aux Lieutenans Generaux de Police à connoistre des contestations qui arrivent pour la marche aux Processions, 55
Proconsul des Gaules choisit Paris pour son séjour, 69.
Proconsuls des Gaules, premiers Magistrats des Provinces, 23
Procurator Cæsaris, 178
Procureur General au Parlement, 179. 180
Procureur General du Roy, Garde de la Prevosté de Paris, le Siege vacant, 99
Procureur du Roy au Chastelet de Paris, 180. 181
Procureur General du Roy sur le fait des domaines, Commissaire au Chastelet, 194
Procureurs du Roy, leur origine, & leurs fonctions, 179.
Procureurs du Roy, Conseillers du Prevost de Paris, 227.
Procureurs du Roy des Baillages & Seneschaussées, &. des autres Jurisdictions, 180
Procureurs du Roy dans les Tribunaux de Police des Provinces, leur création, leurs fonctions, leurs privileges, leurs rang & seance, 40. 41. & 44.
Procureurs du Roy aux Tribunaux de Police dans les Provinces, tiennent les Audiances en l'absence du Lieutenant General de Police, 56. 61. & 65.
Procureurs ad lites, leur origine, 178
Procureurs au Chastelet, leur nombre fixé, 209
Procureurs & Avocats des Baillages seront tenus de plaider devant les Lieutenans Generaux de Police, 52. 55.
Προεδροι, Magistrats d'Athenes, 8
Pronostiqueurs, 201. 520
Provinces pacifiques, & Provinces militaires distinguées par les Romains, 23
Provinces de France distribuées par nos Rois aux Officiers Generaux de leurs Armées pour les gouverner, & y administrer la Justice sous les titres Romains de Ducs & de Comtes, 16
Provinces qui contribuent à la subsistance de Paris, 70.
Provisions de la Maison du Roy, le Prevost de Paris en connoist comme Juge de Police, 152
Provisions pour la subsistance de Paris; les Ordonnances du Lieutenant General de Police sur cette matiere sont executées dans toute l'étenduë du Royaume, 133
Publication des Loix, 259
Publication des Ordonnances à l'Audiance des Comtes, sous la premiere & la seconde Branche de nos Rois, 215
Publications, Enregistremens & Affiches, trois choses necessaires pour rendre les Loix publiques, 259.
Publications, il n'appartient qu'au Roy ou à ses Officiers de les permettre dans Paris, 141
Publications, une Ordonnance de Charlemagne addressée au Comte de Paris pour la faire publier, 98.
Publications de Paix, par qui doivent estre faites, 176.
Public, dans l'impuissance de se défendre soy-mesme, 178.
Publier & afficher, il n'appartient qu'au premier Magistrat ordinaire de le permettre, 261
Puissances spirituelles & temporelles comparées entr'elles par Walafride Strabon, 28. 148

Puits ne seront laissez découverts, 204
Puits, précautions qu'ils ne soient infectez, 352
Puits, soin de les curer, 201
Puits, les immondices qui en seront tirées en les curant, ne seront jettées dans les ruës, 115
Punition des grands crimes, l'un des cas Royaux, 137
Pythones, étymologie de ce mot, 521

Q.

QUÆSTORES, ou Quæsitores, Officiers Romains pour la recherche des crimes, 11
Quæsores paricidii, Officiers Romains, & pourquoy ce nom leur fut donné, 11
Quaincaillers, par rapport aux armes défenduës, 128. 129.
Quais de l'Isle du Palais, 82
Quai de l'Arsenal, basti, 81
Quai de la Tournelle, basti, 80
Quai des Orfévres, 87
Quai Malaquest basti, 83
Quai Malaquest est achevé de revestir, 88
Quai nouveau ou Pelletier contribuë à l'embellissement, à la commodité & à la santé de la Ville de Paris, 89
Quais de Paris, qui a droit d'y exercer la Police, 176.
Quais de Paris, défenses d'y bastir aucunes Maisons, boutiques, loges ou échopes; enjoint aux Commissaires du Chastelet d'y tenir la main, 85
Qualitez necessaires à un bon Officier de Police, 23 24
Quanouple, Examinateur & Lieutenant du Prevost de Paris, 210
Quarantaines que doivent faire les personnes qui viennent de lieux suspects de contagion, 629. 636
Quarteniers de Paris, leurs devoirs auprès des Commissaires, 204. 617
Quartier de la Cité à Paris, & la raison de ce nom, 73. 76
Quartier de Paris, nommé la Ville, & la raison de ce nom, 73
Quartier de l'Université de Paris, d'où luy vient ce nom, 78
Quartier de saint Germain des Prez ajouté pour dixseptiéme quartier, 90
Quartier de l'Isle Nostre-Dame fait partie de celuy de la Cité, 86
Quartier de saint Honoré augmenté de plusieurs Hostels, 80
Quartiers des Villes, d'où vient ce nom, 90. 181
Quartiers des Villes distribuez aux Officiers de Police, 181
Quartiers du Camp des Israëlites, distribuez entre les Officiers de Police, 5
Quartiers des Villes des Hebreux, distribuez à leurs Officiers de Police, 6
Quartiers des Villes de la Grece, & de leurs Officiers de Police, 9
Quartiers de la Ville de Rome, 17. 18
Quartiers de la Ville de Rome, leur subdivision en départemens nommez vicus, & les départemens, en ruës, 20
Quartiers de Paris, leur origine, 74
Quartiers de la Ville de Paris, inégaux, & pourquoy, 90
Quartiers de la Cité, de la Verrerie, de la Greve & de saint Jacques, les quatre de la premiere division de Paris, 90
Quartiers de sainte Opportune, de saint Germain l'Auxerrois, de saint André & de la Place Maubert, les quatre de la seconde division, qui furent joints aux quatre premiers, ibid.
Quartiers de saint Antoine, de saint Gervais, de sainte-Avoye, de saint Martin, de saint Denys, des Halles, de saint Eustache & de saint Honoré, les huit de la troisiéme division de Paris, ibid.
Quartiers

Quartiers du Palais Royal, du Palais de Luxembourg & de Montmartre, ajoûtez aux dix-sept anciens pour faire le nombre de vingt , *ibid.*

Questions perpetuelles establies par les Romains pour les instructions des procés criminels , 14

R.

RACHIMBVRGI, Conseillers des Magistrats sous la premiere & la seconde Branche de nos Rois , 186. 223. & 214

Raisins , en quels temps le Commerce en doit estre défendu par rapport à la santé , 202. 579

Rang & seance doivent estre maintenus , 213

Rang & seance des Lieutenans Generaux de Police aux Baillages , aux Présidiaux, & aux Hostels de Villes. 42. 43. 45. 47. 48. 50. 51. 57. & 58.

Rang & seance des Lieutenans Generaux de Police aux Bureaux des Hospitaux , 51

Rang & seance des Procureurs du Roy aux Tribunaux de Police des Provinces, 44. 49

Rang & seance des Commissaires Examinateurs, 213

Rang & seance des Commissaires - Examinateurs aux Assemblées generales de Police , 212

Receveur du Domaine separée de la Prevôté de Paris, 104. 191.

Receveur du Domaine de Paris , sa création , *ibid.*

Receveur des deniers destinez au netoyement des ruës & à l'entretien des lanternes publiques, leur création , 90

Recolets du Faubourg saint Laurent visitent les malades pestiferez de l'Hospital saint Louis, 622

Recollement & confrontation estoient faits autrefois par les Commissaires-Examinateurs du Chastelet de Paris, 211

Recreation , étymologie de ce mot , 448

Recusation , des Commissaires-Examinateurs seront instruites & jugées comme celles des Juges, 211

Refuge , Maison de force , où sont enfermées les femmes de mauvaise vie , 456. & suiv.

Regidors , Commissaires des quartiers des Villes d'Espagne , 219

Registre , étymologie de ce nom , 261

Registre de saint Just, le plus ancien de la Chambre des Comptes , *ibid.*

Registres , ancienne forme d'écrire les actes sur des peaux de parchemin que l'on rouloit , 114

Registres publics , quand l'usage en a commencé , 186. 260.

Registres des Jurisdictions , en quel temps ils ont commencé , 225

Registres du Parlement depuis les Olims , quand ont commencé , 261

Registres du Chastelet , leur origine , 114

Registres de la Chambre du Procureur du Roy au Chastelet , 261

Réglement general de Police, du 21. Novembre 1577. 118.

Réglemens de Police , à qui le droit d'en faire appartient , 38

Regratier , l'un des Entrepreneurs des bastimens de l'Isle Nostre-Dame , 85

Regrats de pain , défendus , 122

Regrats de beurres , défendus , 124

Relaps & Apostats , de quelles peines doivent estre punis , 310

Religieuses de l'Hostel-Dieu , leur charité & leur service auprés des malades de contagion , 622

Religieuses Hospitalieres de saint Gervais achetent l'Hostel d'O , & s'y logent , 88

Religio turbata politiam turbat , 268

Religion , 200. 267

Religion a esté le premier objet de tous les Legislateurs , 268

Religion est le premier & le principal objet de Police , 267

Religion bien observée comprend toutes les autres parties de la Police , *ibid.*

Religion faisoit partie de la Police d'Athenes , 9

Religion , les Ediles Romains veilloient qu'il ne s'y introduisist aucune nouveauté , 15

Religion des Gaulois , 68

Religion Chrestienne , son progrés dans les Gaules , 69.

Religion maintenuë par le concours des deux Puissances , à la spirituelle & à la temporelle , 268

Religion conservée dans sa pureté en France plus long-temps qu'en aucun autre Estat , 290

Religion , Ordonnance contre les Albigeois, addressée aux Baillis & Seneschaux , 34

Religion Prétenduë Reformée , 201. 202

Religion Prétenduë Reformée , son exercice aboli en France , 299 & suiv.

Remedes mis au rang des choses necessaires pour la conservation ou le restablissement de la santé , 586

Remedes de deux sortes, preservatifs & curatifs, *ibid.*

Remedes n'estoient tirez anciennement que des plantes, *ibid.*

Remedes ne seront distribuez sans approbation, 203

Remparts anciens de Paris , abbatus , 85

Remparts applanis en 1646. 87

Remparts de Paris couverts d'un cours planté d'arbres , 88. 89. & 90

Renvoy ou évocations n'ont lieu en matiere de Police , 152. 177

Repas en commun fort anciens , & leur utilité, 427

Repas des Gaulois , le nombre des conviez fixé , 430

Repas reglez par les François , & le nombre des conviez fixé , *ibid.*

Republique bien disciplinée peut estre gouvernée comme une seule famille , 113

Republique Romaine , son establissement , 11

Requestes de l'Hostel ou du Palais ne connoissent des matieres de Police , 152. 177

Respect dû aux Eglises & autres lieux saints , 320 & suiv.

Respect dû aux Eglises , c'est aux Lieutenans Generaux de Police d'en connoistre , 53. 54 & 55

Revenderesses publiques , 204

Revendeurs ou Revenderesses de meubles ou Hardes, ce qui leur est défendu en temps de contagion, 627

Reuilly , Village est joint au Faubourg saint Antoine, 81. 85

Rex alutariorum , 152

Rex armorum , *ibid.*

Rex arcariorum , *ibid.*

Rex arbalestariorum , *ibid.*

Rex juglatorum , *ibid.*

Rex merceriorum , *ibid.*

Rex ministellorum , *ibid.*

Rex Ribaldorum , son origine, ses fonctions & sa suppression , 152. 153

Ribaldi , ce que signifioit autrefois ce nom , 152

Riviere de Seine , à quelles peines doivent estre condamnez ceux qui en corrompent les eaux , 553

Riviere , Police pour regler les temps & les lieux que les Porteurs d'eau y peuvent puiser , conservée aux Officiers du Chastelet , 176

Riviere de Seine, le canal d'entre l'Isle Nostre-Dame & le terrain ne pourra estre comblé , 86

Riviere , défenses aux Bouchers d'y jetter le sang de leurs tüeries , 123

Riviere , défenses aux Chirurgiens d'y jetter le sang des saignées qu'ils font dans le temps suspect de contagion , 616

Rivieres dont l'eau est la meilleure , 544

Rivieres, quels sont les differens usages de leurs eaux , 82

& du soin que l'on doit prendre d'en conserver la pureté, 553
R vieres qui se rendent dans la Seine, 70
Romains, ils se nommoient les Seigneurs, les Maîtres & les Vainqueurs de toute la Terre, 21
Romains tirent leur Police des Grecs, 3
Romains envoyent trois Senateurs vers les Républiques de la Grece pour en rapporter les Loix, 12
Romains, leurs Magistrats & Officiers pour la seureté de la nuit, 234. 235
Romains plus doux & plus civilisez que les Gaulois, 68
Romains abolirent dans les Gaules les sacrifices des victimes humaines, ibid.
Romains, combien de temps ils ont esté les Maîtres des Gaules, ibid.
Rome n'a eu d'abord qu'une petite étenduë, & peu de Magistrats, 11
Rome, changement de son estat monarchique en Aristodemocratique, ibid.
Rome distribuée par quartiers, à un certain nombre de Commissaires, 218
Rome, éloges & titres pompeux de cette Ville, 67
Rome, Capitale du Monde, 21
Rome, sa Police donnée pour regle à toutes les autres Villes de l'Empire, 67
Romulus rend la Justice en personne, 11
Romulus, ses Loix touchant les repas communs, 428
Rotisseurs, 123
Rotisseurs, combien de temps ils peuvent garder la viande cuite, 573
Rotisseurs, leur discipline par rapport à la santé, ibid.
Rotula Parlamenti, ce que signifioient ces termes, 260.
Roüen, Ville Metropole, 22
Roule, Village, est joint au Faubourg de saint Honoré, 85. 86
Roy, nos Roys donnoient audiance un jour toutes les semaines pour entendre & juger les causes de leurs Sujets, 28
Roy sera averti des contraventions aux Réglemens de Police, 118
Roy, il n'appartient qu'à sa Majesté d'establir des Justices, 137
Roys d'Israël, leur pouvoir sur la discipline exterieure de la Religion, 268
Royaumes, leur origine, 1
Ruë & Tour du Pet au Diable, 281
Ruë d'Enfer à Paris, d'où luy vient ce nom, 77
Ruë Galande, d'où luy vient ce nom, 281
Ruë de la Drapperie, d'où luy vient ce nom, ibid.
Ruë de la Pelleterie, d'où luy vient ce nom, ibid.
Ruë de Loutcine, d'où luy vient ce nom, 78
Ruë du Jour, d'où luy vient ce nom, 76
Ruë Coquilliere, d'où luy vient ce nom, ibid.
Ruë des Noyers, d'où luy vient ce nom, ibid.
Ruë de Harlay, bastie, 82
Ruë saint Louis, bastie, ibid.
Ruë saint Louis proche le Palais, achevée de bastir, 84.
Ruë sainte Anne proche le Palais, bastie, ibid.
Ruë nouvelle à la Porte saint Victor, 90
Ruë Dauphine & autres ruës nouvelles, basties, 81. 82
Ruës nouvelles au Faubourg saint Germain, 83. 85
Ruës nouvelles basties aux quartiers de saint Denys, de Montmartre, de saint Eustache & de saint Honoré, 85
Ruës nouvelles basties aux quartiers de saint Denys, de Montmartre, de Montorgueil & de S. Roch, en 1646, 87
Ruës de Paris élargies, 88
Ruës nouvelles au quartier de saint Denys, 89
Ruës nouvelles aux quartiers de saint Denys & de saint André, 88

Ruës nouvelles dressées & basties aux places des remparts, fossez, & autres fortifications de la Ville de Paris, 90
Ruës de Paris affectées autrefois aux femmes de mauvaise vie, 490
Ruës, défenses de les embarrasser, 125

S.

SABBAT observé par les Juifs, transferé au jour du Dimanche, 328
Sacrifices cruels des Gaulois, 68
Sacrileges estoient punis par les Comtes sous la premiere & la seconde Branche de nos Rois, 27
Saillies des maisons, c'estoit aux Ediles d'y veiller, 15
Saint Benoist, Eglise bastie par S. Denys, 69
Saint Cyr, Abbaye, a ses causes commises au Chastelet de Paris, 103
Saint Cloud Bourg proche de Paris, érigé en Duché & Pairie, 145
Saint Denys vient à Paris & convertit les Parisiens, 69.
Saint Denys & ses Compagnons martyrisez à Paris, ibid.
Saint Denys de la Chartre, d'où vient ce nom, ibid.
Saint Denys du Pas, d'où vient ce nom, ibid.
Saint Eloy fait bastir un Monastere à Paris, 75
Saint Eloy, Prieuré, sa fondation, 138
Saint Eloy, Prieuré, sa Justice dans Paris, 73
Saint Estienne des Grecs à Paris, basti par S. Denys, 69.
Saint Faron, Abbaye, a ses causes commises au Chastelet de Paris, 103
Saint Georges, Chapelle des Religieux de saint Magloire à Paris, 72
Saint Germain des Prez, où estoit le Temple d'Isis, 68
Saint Germain des Prez, sa fondation, 138
Saint Germain des Prez, Eglise bastie à Paris sous l'invocation de saint Vincent, 75
Saint Germain des Prez, sa Justice dans Paris, 143
Saint Germain, Faubourg, 78
Saint Germain l'Auxerrois, Eglise bastie à Paris, 75. 138.
Saint Germain Evêque de Paris prie pour Childebert, & le guerit, 138
Saint Germain en Laye, Chastellenie qui releve du Chastelet de Paris, 98
Saint Honoré, quartier de Paris, quand a esté basti, 78
Saint Jean de Latran, ses privileges & franchises, 142.
Saint Jean de Latran, sa Jurisdiction restablie, 147
Saint Julien le Pauvre à Paris, 76
Saint Laurent, Monastere basti à Paris, 75
Saint Lazare Monastere à Paris, 76
Saint Lazare, ancienne Maladerie de Paris, 604
Saint Louis reforme la Justice, 76
Saint Louis reforme le Chastelet de Paris, & y vient rendre la Justice en personne, 104. 191
Saint Magloire, Abbaye à Paris, 72
Saint Marcel proche Paris, sa fondation, 75. 138
Saint Marcel, Faubourg, 78
Saint Martial, Monastere basti à Paris, qui a depuis esté nommé saint Aure, & ensuite S. Eloy, 75. 138
Saint Martin, Abbaye à Paris, & à present Prieuré, 75.
Saint Martin de Pontoise, Abbaye, a ses causes commises au Chastelet de Paris, 103
Saint Maur-des-Fossez, Monastere basti où estoit le Chasteau d'une Legion des Romains, 71
Saint Mederic, ancienne Eglise de Paris, 72
Saint Mesmin prés d'Orleans, Hospital destiné pour les Lepreux, 607
Saint

Saint Paul, Eglife de Paris, 75. 138

Saint Pierre & faint Paul, Eglife où eft aujourd'huy fainte Geneviéve du Mont à Paris, 75

Saint Paul, Abbaye prés de Beauvais, a fes caufes commifes au Chaftelet de Paris, 103

Saint Pierre, Chapelle dans les bois de Paris, 69

Saint Roch, Eglife bâtie, 80

Saint Victor proche Paris, fa fondation, 139

Saint Pierre fonde l'Eglife d'Antioche, 275

Saint Pierre fonde l'Eglife de Rome, ibid.

Saint Pierre le Mouftier, l'un des quatre premiers Baillages Royaux, 30

Sainte Colombe, Abbaye, a fes caufes commifes au Chaftelet de Paris, 103

Sainte Geneviéve du Mont, fa fondation, 138. 587

Sainte Geneviéve du Mont, fa Juftice dans Paris, 143.

Sainte Trinité, Eglife de Paris, aujourd'huy faint Benoift, 69

Salubrité de l'air, 535

Salubrité de l'eau de riviere, l'un des foins de la Police, 553

Samedy fanctifié par les premiers Chreftiens, comme le Dimanche, ce qui fut aboli dés le fecond fiecle, 329

Sanhedrin, Confeil fouverain des Hebreux, 6. 222

Santé, le plus grand des biens, 202. 533

Santé, combien il eft difficile de la conferver toujours égale, 586

Santé, précautions pour la maintenir, 534

Saré, étymologie de ce mot, 5.

Saré Alaphim, Préfets ou Intendans des quartiers ou tribus du Camp des Hebreux dans le Defert, ibid.

Saré Pelakim, Commiffaires de Police chez les Hebreux, 6. 182

Saré Meot, *Saré Hhamifchim*, & *Saré Hafaroth*, Officiers de Police des Ifraëlites, 5

Savoifi Concierge du Palais, 164

Scabini, origine & fignification de ce mot, 151 223. & fuiv.

Scabini Palatini, Confeillers du Maire du Palais, 151.

Scabini, Confeillers des Magiftrats, 186

Sceau particulier du Prevoft de Paris, changé en un Sceau Royal, 100

Sceau Royal du Chaftelet, fon origine & fon ancienne forme, 100. 101

Sceau du Chaftelet femblable au Contre-fcel de la Chancelerie, & le feul Royal pendant plus d'un fiecle, 100. 101. & 102

Sceau du Chaftelet, changemens arrivez dans fa figure, 101

Sceau du Chaftelet, l'on en fceloit les Lettres de la Chancelerie en l'abfence du grand Sceau, 101 102. & 237

Sceau du Chaftelet univerfel dans tout le Royaume, & pourquoy, 102

Sceau du Chaftelet, fes privileges & prérogatives, 100.

Sceau du Chaftelet attribuë jurifdiction, & attire de tout le Royaume à ce Tribunal, & pourquoy, 102.

Sceaux, leur ancienne forme, 100

Sceaux, leur origine & leur ancien ufage, ibid.

Sceaux, leur ufage chez les Romains, ibid.

Sceaux des Juftices Royales des Provinces, & leur origine, 101. 102

Sceaux des Enquefteurs, 187

Sceaux de la Prevofté des Marchands, volez, ils s'addreffent au Chaftelet pour en faire publier la révocation, crainte qu'il n'en fuft abufé, 262

Scellé appofé par un Commiffaire du Chaftelet, aprés la faillite d'un Marchand de grains fur la riviere & fur les ports, 173

Scelleur du Chaftelet, fon origine, 100. 164. 105. 191.

Scelleur du Chaftelet de Paris avoit fon Bureau proche la Salle des Notaires, 105

Sciences & Arts liberaux, 206

Scribe & *Notarii*, 105

Scriba vel Amanuenfes, Cletes domeftiques, 105.

Seigneurs Hauts Jufticiers, 137

Seigneurs Hauts-Jufticiers à Paris, origine de leurs Juftices, 139. 141

Seigneurs Hauts-Jufticiers ne connoiffent de la Police generale de Paris, 145

Seigneurs Hauts-Jufticiers, défenfes à leurs Officiers de troubler ceux du Chaftelet dans la Police, 128. 133

Seigneurs Hauts-Jufticiers ne pouvoient faire exécuter dans la Ville & Banlieuë de Paris les criminels condamnez par leurs Juges, 141. 144. & 263.

Seigneurs Hauts-Jufticiers ne decreteront contre les Sujets du Roy, & ne les condamneront à l'amende, pour s'eftre pourvû au Chaftelet, 144

Seigneurs Hauts-Jufticiers de Paris tenus de reprefenter leurs titres, 143

Seigneurs Hauts-Jufticiers, leurs Juftices réunies au Chaftelet de Paris, 140

Seine, fleuve qui arrofe Paris, & les commoditez qu'il y apporte, 70

Seine, riviere, fon canal d'entre l'ifle & le Terrain de Noftre-Dame, ne pourra eftre comblé, 86

Selles ne feront mifes fur ruës, 125

Semaine, étymologie de ce mot, & des noms de chacun des jours dont elle eft compofée, 328

Senateurs, étymologie & origine de ce nom, 221

Senateurs Hebreux eftablis par Moïfe, 6

Senateurs Romains, leur eftabliffement, 11

Senateurs, leur affiduité à Rome, 206

Senefchaux, leur origine, 30. 99

Senonois, Peuples des Gaules, 67

Sens, Ville Metropolitaine, 22. 68

Sens, Baillage Royal, l'un des quatre premiers, 30

Sens, rang & féance de fon Lieutenant General de Police, 43

Sentence des Lieutenans Generaux de Police; jufqu'à quelles fommes elles font executoires, nonobftant l'appel, 51

Sirgens à cheval & à verge, leur origine & leurs fonctions, 119

Sergens du Chaftelet inftrumentent par tout le Royaume & pourquoy, 102

Sergens du Chaftelet, de fervice auprés des Commiffaires pour la Police, 125. 204. 210. & 211

Sergens, obéiffance qu'ils doivent aux Commiffaires-Examinateurs, 205. 212

Sergens, origine de leurs Barrieres à Paris, 74

Serpillieres des boutiques, 125

Serruriers nommez pour fermer & cadenaffer les maifons en temps de contagion, & quels font leurs gages, 632

Servatores loci, Commiffaires des Magiftrats Romains des Provinces, 22. 124

Serviteurs domeftiques, 217

Sefterces, petites monnoyes Romaines, 429

Seureté publique, 200. 204

Seureté publique en temps de guerre, 205

Seureté publique pendant la nuit, 234

Seureté des grands chemins, 246

Simon le Magicien Chef des Heretiques, 286

Societé des hommes, comment formée, 1

Societez, comment, & par quelles caufes troublées, 1

Soldats ne marcheront en troupe, & plus de quatre enfemble dans Paris, 119

Soldats, en quel cas fe peuvent traveftir, 204

ü ü *Soldats*

Soldats aux Gardes Françoises ou Suisses, ne sortiront de leurs quartiers sans leurs habits uniformes & autres marques de leur estat ; & à quelles heures ils se doivent retirer, 121. 129. & 205

Solon confere avec le Prophete Jeremie, 2

Solon, ses Loix touchant les repas communs, 428

Sophistication du vin dangereuse à la santé, 582

Soophontol, l'un des noms des Commissaires de Police d'Athenes, 9

Sorbone, College basti à Paris, 78

Sorciers, 201. 520. 522. & suiv.

Sorciers condamnez par les Loix divines & humaines, 523. & suiv.

Sorciers de la Province de Brie, condamnez, & un fait surprenant arrivé à l'un d'eux, 531

Sortilege, étymologie de ce mot, 522

Sortileges, divinations, enchantemens & caractères, défendus, 278

Souliers à la Poulaine, chaussure extravagante, defenduë, 387

Soye vient originairement des Indes, & en quel temps apportée en Europe, ibid.

Soye apportée des Indes en Europe par deux Religieux, 384. 387

Soye venduë au poids de l'or, 387

Soye, son usage, apporté en France, & par qui, ibid.

Soye, son commerce establi à Paris, ibid.

Spectacles publics, 202

Spectacles, leur origine & discipline, 433 & suiv.

Spectacles faisoient partie de la Police d'Athenes, 9

Spectacles, quel rang ils tiennent dans nostre Police, 9

Spectacles, leur origine en France, & les Ordonnances de nos Rois sur cette matiere, 435. & suiv.

Spectacles ne doivent estre representez les Dimanches ny les Festes, 434. 435

Stationnaires ou Sergens des Corps-de-Gardes ou Barrieres, establis à Rome pour appaiser les émotions, & prester main-forte aux Commissaires des quartiers de la Ville, 21

Stationarii, Sergens Romains, d'où nos Sergens des Barrieres de Paris tirent leur origine, 74

Statuë equestre de Henry IV. érigée à la pointe de l'Isle du Palais, 83

Statuë equestre de Louis XIII. érigée dans la Place Royale, 86

Statuë equestre de Louis le Grand, érigée en la Place des Victoires par la Ville de Paris, 90

Statuts des Arts & Mestiers de Paris dressez par les Commissaires-Examinateurs au Chastelet, avec le Procureur du Roy, 209

Stephanus Intendant de Paris sous Charlemagne, 189

Stephanus Comte ou premier Magistrat de Paris du temps de Charlemagne, 98

Stephanus Comte de Paris, les dons qu'il a faits à l'Eglise de Nostre-Dame, 99

Subdeleguez des Magistrats Romains des Provinces, nommez *Legati Proconsulum*, 21. 22

Subsistance de Paris, d'où tirée, 70

Sugger Abbé de saint Denys, 72

Suifs, 123

Suitte de la Cour, la Police en est confiée aux Juges ordinaires, 152. 153

Suppression de l'Ordre des Templiers, 141

Suppression de l'Office de grand Chambrier, 151

Suppression des Marchands & Artisans suivans la Cour qui avoient esté establis en faveur de Monsieur du Plessis Praslin, 161

Synagogue des Juifs à Paris, 281

T.

*T*ABAC, il estoit défendu à certaines gens d'en vendre, 112

Tabac n'estoit vendu autrefois que par les Apoticaires, & par Ordonnance de Medecin, ibid.

Tabacs, lieux où l'on en donne à fumer, défendus, 122. 130. & 204.

Taille, qui se levoit à Paris, 141

Tailles, les Commissaires-Examinateurs en sont exempts, 216

Talismans, 522

Taneurs doivent estre éloignez du milieu des Villes, 554.

Taneurs éloignez du milieu de Paris, 89

Taneurs seront éloignez des Villes en temps de contagion, 626

Taneurs de Paris, en quels lieux doivent estre placez, 554. 555.

Taneurs de Paris n'infecteront la riviere de Seine, 556.

Taneurs, Réglemens qui les concernent par rapport à la santé, 202. 538

Taneurs de Paris sous la Jurisdiction du Chast. let pour la Police, & sous celle de l'Hostel de Ville pour leur placement sur la riviere, 556

Taneurs de Paris ont deux muids de sel d'attribution pour fabriquer les cuirs de Hongrie, ibid.

Tarquin, dernier Roy de Rome, 11

Tavernes estoient sous la discipline des Ediles, 15

Taverniers ne recevront gens de mauvaise vie, jeux ny brelans, 121

Taverniers ne peuvent estre Bouchers, & pourquoy, 572.

Taverniers, ce qu'il leur est défendu d'avoir dans leurs caves ou leurs maisons, 583

Taverniers, il leur est enjoint de souffrir d'aller jusqu'au tonneau voir tirer le vin, 583

Taverniers, droits qu'ils payoient à la Ville de Paris, 76.

Taverniers ne feront aucun mélange de vins, 583

Taxes imposées sur les Habitans des Villes pour la dépense necessaire en temps de contagion, 631

Teinturiers en pourpre, logez anciennement dans le Palais des Princes, 384

Teinturiers de Paris, en quels lieux doivent estre placez, 554. 555

Teinturiers n'exerceront leur Mestier dans les Villes en temps de contagion, 626

Teinturiers doivent estre éloignez du milieu des Villes, 554

Teinturiers éloignez du milieu de Paris, 89

Teinturiers, ce qu'ils doivent faire pour avoir des bateaux & des places sur la riviere, 176

Teinturiers, par rapport à la santé, 202

Temperance dans l'usage du vin, son éloge & ses bons effets, 581

Temple de Salomon, figure de l'Eglise, 310

Temple de Mercure, converti en Eglise par saint Denys, 69

Temple, Maison des Templiers à Paris, 75. 139

Temple, Maison des Chevaliers de Malte à Paris, ses privileges & franchises, 142. 147

Temple de Paris, ses Habitans tenus de faire le guet comme les autres Bourgeois, 237

Temple à Paris, Philippe le Bel y fait bastir, 78

Temples des Idoles, d'où vient l'usage de les bastir sur des montagnes, ou dans des bois, 68

Temples des Parisiens idolâtres, ibid.

Templiers, leur origine, 139

Templiers establis à Paris, 72. 75

Templiers transigent avec Philippe le Hardy, 141

Templiers, leur Ordre supprimé, ibid.

Terrain de Nostre-Dame, 83. 86

Terre de Laas au terroir de Paris, 76

Teudo Vicomte de Paris, 99

Tenture funebre défenduë en temps de contagion, 627

Thamaris,

Thamaris ; le Jupiter des Gaulois , 68
Theatre François ; son origine , 437
Theatre François establi d'abord dans l'Hospital de la Trinité , & ensuite à l'Hostel de Bourgogne ; 438.
Thermes ; Chasteau de l'Empereur Julien à Paris ; 72.
Theutates, le Mercure des Gaulois , 68
Theses doivent estre visées avant que d'estre imprimées ; 206
Thibouft, famille Parisienne qui a donné le nom au Bourg-Thibouft , 75
Thresor des Chartres de France placé au Palais proche la Sainte-Chapelle , 160
Tibere veut mettre Jesus-Christ au nombre de ses Dieux , 175
Tibre, fleuve de Rome, soin que l'on avoit d'en tenir le cours libre, & d'en réparer les quais , 20
Tignonville (Guillaume) Prevost de Paris , 106
Tonnes ou tonneaux ne seront laissez dans les ruës , 125.
Torcy, Chastellenie qui releve du Chastelet de Paris, 98.
Torniquets, jeu défendu , 122
Tour ancienne de Paris dans le Monastere de l'*Ave-Maria*, 77
Tour du Bois , *ibid.*
Tour de Nesle , *ibid.*
Tour de Billy , *ibid.*
Tour du Pet-au-Diable ; 181
Tours de Paris, il y en avoit quatre plus grosses que les autres aux extremitez , 77
Tours de l'ancienne closture de Paris , 73
Tournan, Chastellenie qui releve du Chastelet de Paris, 98
Tournelle, 77
Tours, Ville Metropole , 22
Tragedie , 433 & *suiv.*
Tragedie, son establissement en France , 439
Tragi-comedie, sa définition & son establissement en France , 439
Trampis des salines, leur infection & en quels lieux peuvent estre establis ; 574. 575
Tranquillité publique estoit du soin des Ediles , 16
Trapes de caves ne seront laissées ouvertes , 204
Tresoriers de France doivent faire planter des bornes aux extremitez de la Ville de Paris , 85
Tribunal unique en chaque Ville, & le bien qui en resulte , 140
Tribunal de Police partagé , cause en partie la ruine de la République Romaine , 16
Tribunal de Police restabli unique dans Rome par Auguste , 17
Tribunal du Chastelet de Paris honoré de la presence de nos Rois , 99
Tribunaux de Justice des Hebreux , 6. 222
Tribuns Romains , leur création , 11
Tribuns du Peuple, leur assiduité à Rome , 105
Tribuns du Peuple n'eurent d'abord à Rome aucune jurisdiction , 13
Tribuns entreprennent sur la jurisdiction du Préteur , & s'erigent un Tribunal , 16
Tribunus rerum nitentium, sa création & ses fonctions , 20
Triel, Chastellenie qui releve du Chastelet de Paris, 98. 98
Tripieres, Réglemens qui les concernent par rapport à la santé , 538
Tripieres, leurs échaudoirs doivent estre éloignez du milieu des Villes , 554
Tripieres ne feront aucun lavement de tripes en temps de contagion , 616
Tristan Lhermite Prevost des Mareschaux , à la suite de la Cour , 113

Trompettes du Juré Crieur , 262
Troubadours ; 435
Troubles arrivez en France sur la fin de la seconde Branche de nos Rois ; 29
Troubles nouveaux arrivez dans la Police ; Réglement de 1577. pour la restablir , 38
Tueurs de porcs , 573
Turquan Commissaire au Chastelet de Paris , & Lieutenant Criminel ; 193
Turgon Seigneur de Courcelles ; Commissaire au Chastelet de Paris , *ibid.*
Tutelles & Curatelles , les Commissaires-Examinateurs en sont exemts , 217

V.

Vaches laitieres ; comment doivent estre nourries , 576
Vagabons & gens sans aveu ; leur definition , 130. 134.
Vagabons, filoux ; gens sans aveu , & Bohemiens jugez en dernier ressort à la Police ; *ibid.*
Vagabons sont punis par les Lieutenans Generaux de Police ; 51
Vagabons vuideront la Ville , 121
Val-Nostre-Dame, Abbaye , a ses causes commises au Chastelet de Paris , 103
Valets de Chambre ne porteront épées ou autres armes ; 121
Vaudois, histoire de leur heresie , 292
Vaux de Parfons, Abbaye , a ses causes commises au Chastelet de Paris , 103
Vaux de Cernay , Abbaye , a ses causes commises au Chastelet de Paris ; *ibid.*
Vente de meubles , comment doit estre faite en temps de contagion , 616. 617
Vendeurs de bestiaux , 123
Vendeurs de biere à quelles heures ils doivent fermer. 130. 130
Vermande, ou saint Quentin , premier Baillage Royal , 30
Vertugadins , défendus , & ensuite permis , 391
Veterances des Commissaires-Examinateurs , 217
Veuves sont sous la protection du Prince , 27. 178
Ughelus fait mention des Enquesteurs , 186
Viande, sa Police par rapport à la santé , 571
Vicarii Comitum , 184
Vice-Comes , vel *Vicarius* , Lieutenant du Comte ; ou premier Magistrat , 98
Vice-Baillis & Vice-Seneschaux, leur origine ; 146. 148.
Vice-Baillis & Vice-Seneschaux, leur competence , leur rang, leur séance & leurs privileges, 231 233.
Vice-Magistri, Officiers de Police créez par Auguste, pour prester main-forte aux Commissaires des quartiers de la Ville de Rome , 20
Vicomte de Paris ; son origine , 30
Vicomte de Corbeil , Commissaire au Chastelet de Paris , 194
Vicomtes, leur origine , 29
Vicomtes de Paris , leur origine , 99. 139
Vicomtes des Provinces , 99
Victimes humaines des Gaulois ; 68
Vie commode & tranquille ; premier objet des societez , 1
Vignerons condamnez pour avoir falsifié leurs vins ; 583. 584.
Vignes arrachées par les ordres de Licurgue, en Lacedemone , 581
Vignes en Languedoc du temps de Pline , 582
Vignes des environs de Paris ; 70. 72. & 75
Vignes de l'Isle du Palais , 82
Vignoble à Paris , le long de la Seine , 76

Viguiers ;

Viguiers, leur origine, 29
Village de la Ville-L'Evêque joint au nouveau Faubourg saint-Honoré, & érigé en Paroisse, 86
Vlaçer, leur origine, 1
Ville-l'Evesque proche de Paris, 75. 139
Ville de Rome partagée en regions ou quartiers, 17
Ville de Paris, ses éloges, 71
Ville de Paris sa situation avantageuse, 70
Ville de Paris environnée de bois, de prez, de vignes & de marais, 72. 75. & 138
Ville de Paris conquise par César, 67
Ville de Paris, la conqueste en avoit esté difficile à César, 97. 98
Ville de Paris assiegée & prise pour la seconde fois par les Romains, 71
Ville de Paris fortifiée par les Romains, ibid.
Ville de Paris nommée Cité de Jules César, & pourquoy, ibid.
Ville de Paris, Préfecture des Romains, 97
Ville de Paris, son Palais ou Chasteau, 71. 72
Ville de Paris avoit une place dans ses dehors, nommée le Champ de Mars, 72
Ville de Paris, ses differens degrez d'accroissement, 70.
Ville de Paris, sa premiere division en quatre, d'où vient le nom de quartiers, 74
Ville de Paris entourée de fossez, 78
Ville, nom donné à l'une des trois grandes parties de Paris, & pourquoi, 73. 76
Ville de Paris choisie par Clovis pour Capitale, 26. 98.
Ville de Paris, quand & pourquoi elle a quitté le nom de Lutece, 73
Ville de Paris n'eut d'abord qu'un Magistrat, 138
Ville de Paris, sa Police donnée pour modele à toutes les autres, 115. 117. & 141
Ville de Paris, la plus fidelle à ses Rois, 117
Ville de Paris, son ancien plan, 71. 72
Ville de Paris, sa premiere closture du costé du Nord, 72
Ville de Paris, son premier accroissement, 72. 73
Ville de Paris, son accroissement par l'union de tous les Bourgs qui l'environnoient, qui furent renfermez dans son enceinte, 76
Ville de Paris, sa closture par Philippe Auguste, n'est que la troisième, contre l'opinion commune quelle est la premiere, 72. 73. & 76
Ville de Paris, Philippe Auguste luy aliene plusieurs droits, & luy en attribuë d'autres pour les frais de sa closture, 76
Ville de Paris, son premier pavé, 77
Ville de Paris fortifiée sous le Roy Jean, 78. 79
Ville de Paris, son accroissement, & sa quatriéme closture sous Charles V. 78
Ville de Paris, son accroissement par ses nouveaux Faubourgs renfermez dans sa quatriéme enceinte sous Charles V. 79
Ville de Paris, premier dessein de luy donner des bornes, 80
Ville de Paris, ses accroissemens sous les regnes de Henry IV. & de Louis XIII. 81
Ville de Paris, sa nouvelle enceinte projettée, 84
Ville de Paris, son nouvel accroissement des Faux-bourgs de saint Honoré, de Montmartre & de la Ville-neuve sur Gravois, 84. 85
Ville de Paris, défenses d'y faire bastir de neuf, 80
Ville de Paris bornée de nouveau sous Louis XIII. 85. 86.
Ville de Paris, la multiplicité de Tribunaux y cause du trouble & de la confusion, 140
Ville de Paris, sa nouvelle enceinte, ses accroissemens & ses embellissemens sous Louis le Grand, 87. 88. 89. & 90.
Ville de Paris est bornée de nouveau en mil six cens soixante-douze, 88. 89

Ville de Paris à l'abri des conquestes de Louis le Grand, n'a plus besoin de fortifications ; elle les fait abbatre, fait élever aux places qu'elles occupoient des arcs de triomphes, & y fait planter un cours pour les délices de ses Habitans, 87
Ville de Paris, sa nouvelle division en vingt quartiers, 90
Ville de Paris son ancienne division en quatre, puis en huit, en seize, en dix sept, & à present en vingt quartiers, 90
Ville de saint Marcel augmentée de nouvelles ruës, & jointe à la Ville de Paris, 80
Villes, leur origine, 1
Villes trop grandes, leurs inconveniens, 2. 86. & 89
Villes trop grandes, difficiles à discipliner, 80
Villes ne doivent estre ny trop petites ny trop grandes, pour estre heureuses & florissantes, 73
Villes ont esté divisées en differens quartiers par toutes les Nations, & pourquoi, 90. 182
Villes des Hebreux partagées en quartiers, & distribuées aux Officiers de Police, 6
Villes de la Grece partagées en differens quartiers, 9
Villes conquises par les Romains, distinguées en quatre classes, *Civitates fœderatæ*, *municipes*, *coloniæ*, *præfecturæ*, 97
Villes des Gaules presque toutes réduites par César en Préfectures, ibid.
Villes des Gaules divisées en Primaties, Metropoles & Capitales, 22
Villes de France fortifiées sous le regne de Philippe Auguste, 77
Villes de saint Germain & de saint Marcel, 78
Ville-neuve sur Gravois, 81. 84
Ville-neuve sur Gravois, renfermée dans la Ville, 85
Vin, ses éloges, 580
Vin, sentimens opposez, les uns d'approbation, & les autres de blâme sur son usage, ibid.
Vin, quelle Police doit estre observée dans son commerce, 123
Vin, à qui appartient la Police, 175
Vin le meilleur est celuy qui est le plus prompt à boüillir, & le plutost tiré de la cuve, 562
Vin, ce qui doit estre observé dans l'usage & le commerce que l'on en fait, par rapport à la santé, 580.
Vin, usage prudent que les Anciens en faisoient dans leurs repas, 581
Vin, mauvais effets qu'il produit aux intemperans, & son utilité estant pris moderément, 580
Vin se falsifie en trois manieres, clarification, mélange, sophistication, 581
Vin, comment clarifié par les Anciens, & si cet usage est bon ou mauvais, ibid.
Vin falsifié, dangereux, ibid.
Vin, ancien usage de le sophistiquer, 582
Vin sophistiqué ou frelaté, combien nuisible à la santé, 562
Vin mélangé ou renouvellé, combien cet usage est ancien, & qu'il est dangereux & mauvais à la santé, 582
Vins falsifiez en 1696. pernicieux effets qu'ils causerent, 583
Vin soufré ou méché, en quel temps cet usage a commencé, 582
Vin trempé d'eau, combien utile, 582
Vin, en quel temps l'on a commencé à le tremper d'eau pour le boire, ibid.
Vin, dans quelle proportion il doit estre mêlé avec l'eau pour estre utile, & ce mélange comparé à la proportion harmonique, ibid.
Vin falsifié par les Cabaretiers, 101
Vin, défenses aux Cabaretiers d'en faire aucun mélange, 583

Vin, il n'appartient qu'au Roy ou à ses Officiers d'y mettre le taux dans Paris, 141

Vin amené par eau, qui en doit connoistre, 123 172.

Vin de la Courtille, d'où vient ce proverbe, 75

Viscosité des alimens, sa définition & ses effets, 562

Visiteurs des chairs, lards & graisses de porcs, 573

Vivres, en quoy consiste leur Police, 102

Vivres, il estoit défendu à Athenes d'en reserver en magasins pour plus d'une année, 9

Vivres, du soin des Romains que leur Ville en fust pourvûë, 19

Vivres, c'estoit aux Ediles d'en procurer l'abondance, 15

Vivres pour les provisions de Paris, la Police n'en appartient qu'au seul Tribunal du Chastelet, 115

Vivres, leur taux appartient aux Lieutenans Generaux de Police, 46

Vivres, les Ordonnances du Prevost de Paris sont executées dans toute l'étenduë du Royaume pour les vivres de cette Capitale, 133

Vivres falsifiez ou corrompus, 102

Vivres en temps de guerre, 205

Uniformité de conduite, necessaire dans la Police, 35. 36. & 38

Unité de Tribunal necessaire pour maintenir une bonne Police, 16. 38

Unité de Tribunal pour la Police restablie en chaque Ville, 37

Unité de Tribunal combien utile, 140

Unité de Tribunal pour la Police, quels en sont les avantages, 150

Unité de Tribunal de Police restabli dans Rome par Auguste, 17

Université de Paris, ses privileges, 103

Université de Paris, Conservateurs de ses privileges apostoliques, & de ses privileges royaux, *ibid.*

Université, son privilege de scholarité inutile en matiere de Police, 177

Université, l'une des trois grandes parties de Paris, d'où luy vient ce nom, 78

Voie publique ne doit estre occupée, 125. 206

Voies publiques, c'estoit aux Ediles à les entretenir en bon estat, 15

Voirie du Roy dans Paris, 141

Voirie, en quoy consiste sa Police, 206

Voirie, par rapport aux estalages & autres embaras de la voye publique, 125

Voituriers ne seront montez sur leurs chevaux, *ibid.*

Voix déliberative des Lieutenans Generaux de Police aux Baillages & aux Présidiaux, 42. 43. 45. 58. 61. & 63

Voix déliberative des Lieutenans Generaux de Police aux Hostels de Ville, 60

Voix déliberative des Commissaires - Enquesteurs, 182. 188. 210. & 211

Voix déliberative des Commissaires au Chastelet, 209. 210. & 211

Voix déliberative retranchée aux Commissaires au Chastelet, 208

Voix consultatives & honoraires conservées aux Commissaires au Chastelet, 208. 211

Volailles, 125

Volailles étouffées, mortes d'elles-mêmes, ou corrompuës, ne seront exposées en vente, 573

Voleurs estoient punis par les Comtes sous la premiere & la seconde Branche de nos Rois, 27

Volume, étymologie de ce mot, 260

Usages des Romains estoient suivis dans toutes les Provinces de l'Empire, 21

Vvalafrid Strabon fait un parallele des dignitez Ecclesiastiques & des Temporelles, 18. 185

Y.

YVRESSE, sa définition par Plutarque, 581

Yvresse causée par l'usage de plusieurs vins mêlez, *ibid.*

Yvresse, ses pernicieux effets, 580

Yvrognerie défenduë, 430

Yvrognerie punie de mort par les Loix de Dracon, 9

Z.

ZALEUQUE, ses Loix contre le luxe, 581

Zekenim, Conseillers des Magistrats Hebreux, 6. 182

Zoroastre auteur de la Magie & de l'Astrologie Judiciaire, 520

Fin de la Table des Matieres.

FAUTES A CORRIGER.

PAge 68. col. 2. ligne 14. theutales, *lisez* theutates.

Page 78. col. 1. ligne 18. que Philippes Augufte fit baftir. *lisez* que Louis le Gro Baftir. ligne 19. le grand Marché des Halles qu'il y établit, *lisez* le grand Marché des Philippes Augufte y établit.

Page 121. col. 2. ligne 21. lors, *lisez* alors.

Page 207. col. 2. ligne 66. d'affigner, *lisez* d'affigné.

Page 214. col 1. ligne 35. au-deffus, *lisez* au-deffous.

Page 218. col. 1. la quatriéme ligne avant la derniere, ils font, *lisez* ils font.

Page 219. col. 2. ligne 11. dictim, *lisez* dietim.

Page 222. col. 2. προεδροι, *lisez* προεδροι.

Page 268. col. 2. ligne 48. Jeroboam, *lisez* Roboam. Et en marge, Paral. 3. c. 17. Paral. 2. c. 14. v. 2. & feqq. En la mefme marge *ibidem*, c. 14. v. 8. *lisez* ibidem. c. 17. v.

Page 571. col. 2. en marge, titre 10. art. 1. cette citation doit eftre relevée vis à vis la

Page 382. col. 1. ligne 51. *rayez ces mots* de leurs Rois.

Page 598. col. 1. ligne 24. feptiéme Livre, *lisez* huitiéme Livre.

Page 602. col. 1. ligne 24. feptiéme Livre, *lisez* huitiéme Livre.

Page 616. ligne 8. des préceptes, *lisez* les préceptes

Page 683. en marge. 2883. *lisez* 2083.

Dans la Préface.

PAge 4. ligne 49. *rayez le mot* icy.

Page 7. ligne 16. pour *lisez* par.

Page 13. ligne 7. au Commiffaire, *lisez* aux Commiffaires.

Page 14. ligne penultiéme, l'équipage, *lisez* les agrés.

www.ingramcontent.com/pod-product-compliance
Lightning Source LLC
Chambersburg PA
CBHW030016220326
41599CB00014B/1830